OEUVRES

DE

Mr P. BAYLE.

TOME II.

OEUVRES DIVERSES

DE
Mr. PIERRE BAYLE,

PROFESSEUR EN PHILOSOPHIE, ET EN HISTOIRE, A ROTTERDAM:

Contenant tout ce que cet Auteur a publié sur des matieres de THEOLOGIE, de PHILOSOPHIE, de CRITIQUE, d'HISTOIRE, & de LITTERATURE; excepté son DICTIONNAIRE HISTORIQUE ET CRITIQUE.

NOUVELLE ÉDITION CONSIDERABLEMENT AUGMENTÉE.

Où l'on trouvera plusieurs Ouvrages du même Auteur, qui n'ont point encore été imprimez.

TOME SECOND.

A LA HAYE,
PAR LA COMPAGNIE DES LIBRAIRES.

M. DCC. XXXVII.

AVEC PRIVILEGE.

TABLE

Des principales Matieres contenuës dans la

CRITIQUE DE L'HISTOIRE DU CALVINISME.

LETT.

T A B L E

Des principales Matieres contenuës dans les

NOUVELLES LETTRES DE L'AUTEUR DE LA CRITIQUE

GENERALE DE L'HISTOIRE DU CALVINISME.

Con-

de

TABLE

Des principales Matieres contenuës dans

LA FRANCE TOUTE CATHOLIQUE, &c.

Reponse

T A B L E

Des Principales Matieres contenuës dans le

COMMENTAIRE PHILOSOPHIQUE.

Tome II.

* * *

TABLE

Des principales Matieres contenuës dans la

REPONSE D'UN NOUVEAU CONVERTI A LA LETTRE D'UN REFUGIÉ.

TABLE

Des principales Matieres contenuës dans

L'AVIS AUX REFUGIEZ, &c.

Reponse

FIN DE LA TABLE DU II. VOLUME.

ADDITION

LETTRES SUR LES PETITS LIVRES PUBLIÉES CONTRE LA CABALE CHIMERIQUE.   665

DECLARATION DE Mr. BAYLE TOUCHANT UN ÉCRIT SOUS LE TITRE DE *Courte revûë de Morale*,   667

SOMMAIRES
DES
ENTRETIENS SUR LA CABALE CHIMERIQUE.

TABLE

DE LA CHIMERE DE LA CABALE DE ROTTERDAM.

AVIS AU PETIT AUTEUR DES PETITS LIVRETS *ſur ſon Philoſophe dégradé.*

NOUVEL AVIS AU PETIT AUTEUR DES PETITS LIVRETS,
concernant ſes Lettres ſur les différends de Mr. Jurieu & Mr. Bayle.

AVIS AU LECTEUR

NOUVEL AVIS AU PETIT AUTEUR DES PETITS LIVRETS.

NOUVELLE HERESIE DANS LA MORALE *touchant la haine du Prochain,* préchée par Mr. Jurieu dans l'Egliſe Wallonne de Rotterdam les Dimanche 29. de Janvier & 21. Février 1694. dénoncée à toutes les Egliſes Réformées, & nommément aux Egliſes Françoiſes, recueillies dans les différens endroits de leur éxil.

INDEX SECTIONUM
Quæ in JANUA COELORUM RESERATA continentur.

TRACTATUS PRIMUS,
In quo oſtenditur juxta Syſtema de quo hîc eſt quæſtio, ſalutem obtineri poſſe in Eccleſia Romana.

TRACTATUS SECUNDUS.

In quo ostenditur nullas esse Sectas Christianas diversas à Romana in quibus juxta Autorem Systematis salus obtineri nequeat.

TRACTATUS TERTIUS.

In quo oftenditur fequi ex principiis Autoris Syftematis, falutem obtineri poffe in omnibus Religionibus à Chriftiana diftinctis.

Fin de l'Addition à la Table du Second Volume.

CRITIQUE GENERALE

DE

L'HISTOIRE

DU

CALVINISME

DE

Mr. MAIMBOURG.

PREFACE,

DE LA PREMIERE EDITION, SOUS LE NOM DU LIBRAIRE.

Uoique les Protestans de France n'ayent jamais eu si peu de gens qui se mêlassent d'écrire qu'ils en ont presentement, on doit néanmoins être assuré que plusieurs d'entre eux en voudront decoudre avec le P. *Maimbourg*, & qu'on verra paroître quantité de Réponses, bonnes ou mauvaises, à son *Histoire du Calvinisme*. Il leur importe qu'un Ouvrage qui les décrie si furieusement, soit attaqué par toutes sortes d'endroits, & on ne doit pas attendre à faire imprimer quelque chose contre cette nouvelle *Histoire*, que l'on n'ait une Reponse en bonne & duë forme ; tout ce qui en pourra faire voir quelques foibles aura ses usages, & pourra servir au divertissement, & à l'instruction du Lecteur. C'est pourquoi m'étant tombé un assez gros recueil de Lettres entre les mains, qui contenoient une Critique générale de *l'Histoire du Calvinisme*, j'ai cru la devoir publier incessamment.

On m'a chargé de faire savoir au Lecteur, I. que ces Lettres ont été effectivement écrites à un Gentilhomme de Campagne du pays du Maine, dans le tems qui est porté par la date de chacune, de sorte que ce n'est ici qu'un ouvrage de quinze jours. Il y a tant d'esprits difficiles & méprisans, qu'il s'en trouvera assez qui diront, qu'ils ne doutent pas du peu de tems qu'on a employé à les écrire : Mais de bons Connoisseurs, qui ont vû le Manuscrit, m'ent assuré d'autre part, qu'ils s'en trouvera beaucoup, qui douteront qu'on ait pû écrire tant de bonnes choses en si peu de tems.

II. Que l'Auteur de ces Lettres, dont on ne m'a rien apris, n'ayant pas prétendu réfuter l'Histoire du Calvinisme, mais seulement faire quelques réflexions sur les faits qu'elle rapporte, il ne faut pas que le Lecteur prenne pour des faits avoüez par les Protestans, tous ceux dont il semble que cet Auteur demeure d'accord ; car son principal but a été de faire connoître quel jugement on devroit faire des choses, si on supposoit qu'elles sont telles que Mr. *Maimbourg* les rapporte. Ainsi on doit revêtir en lisant ces Lettres, un certain esprit qui fasse qu'on ne croye pas, que l'Auteur reconnoît la verité des faits dont il ne montre pas la fausseté. Son silence ne doit passer du tout pour un aveu, & on auroit grand tort de dire, voilà des endroits sur lesquels il n'a rien dit, c'est une marque qu'il passe condamnation. Ce n'est point cela du tout.

III. Qu'on s'est servi dans ces Lettres indifférement du mot de Calvinistes, de Huguenots, de nouvelle Réligon, de secte, peut-être même de celui d'Héretiques, pour designer les Protestans, & qu'au contraire on a donné à ceux de l'Eglise Romaine le magnifique titre de Catholiques sans queuë, presque par tout. C'est pour faire voir à ces Messieurs avides de noms honorables, qu'il ne tiendra pas à cela que les Protestans ne vivent bien avec eux. Mais du reste

reste comme fort souvent dans les Préliminaires d'une paix, on déclare que les noms & qualitez dont on s'est servi dans les Plein-pouvoirs, ne pourront être respectivement tirez à conséquence, on avertit ici le Public, que les titres n'y font rien & qu'on désavoue tous les avantages que ceux de l'Eglise Romaine en voudront prendre.

IV. Que l'on peut diviser cet Ouvrage en 3. Parties. La premiere, qui sera trouvée apparemment la moindre, ou si on veut, la plus foible de toutes est contenuë dans les cinq premieres lettres, & ne fait que batre la campagne, & s'écarter dans des considérations fort générales. La seconde s'attache un peu plus corps à corps à l'Histoire du Calvinisme, & lui porte divers coups assez vigoureux & hardis: elle s'étend jusques a la vingtieme Lettre inclusivement. La troisieme contenuë en deux Lettres seulement, réfute avec beaucoup d'exactitude & de force, tout ce que Monsieur Maimbourg a avancé, pour justifier la conduite que l'on tient en France depuis quelque tems envers ceux de la Religion. Le Jésuite, avec son adresse ordinaire, s'est efforcé de persuader à toute l'Europe, qu'on n'a rien fait contre les Calvinistes de France, qui ne soit fondé dans la justice, & dans la raison, & c'est sans doute l'endroit de son Livre le plus étudié. L'Auteur de ces Lettres réfute tout cet endroit, & fait voir à Monsieur Maimbourg que jamais Apologie n'a été plus vaine, que celle qu'il a mise a la fin de son Ouvrage. C'est apparemment ce que l'on trouvera de meilleur dans ce Livre, soit à cause que la matiere a favorisé l'Auteur, soit qu'il ait le tour d'esprit de plusieurs Savans, qui ne commencent à sentir leur imagination échauffée qu'a près 12. ou 15. jours de composition. Quoi qu'il en soit, je crois qu'on dira de ces Lettres, ce que Monsieur de Balzac a dit du fameux Sonnet d'Uranie, qu'elles sont comme les Cortéges d'Italie où les valets précedent le Maître.

On m'assure que le Gentilhomme Manceau est la seule cause de l'impression de ces Lettres, l'Auteur n'ayant songé à rien moins qu'à écrire pour le Public, & on s'attend même a le voir éclater en plaintes contre son Ami, à moins que le succès du Livre ne l'appaise. Il y a peu d'injures qui soient plus sensibles que celles que l'on reçoit en qualité d'Auteur, comme on l'a fait dire fort ingenieusement à Voiture dans ces quatre vers:

Un Auteur qui dans son écrit,
Comme moi, reçoit une offense,
Souffre plus que Job ne souffrit,
Bien qu'il eût d'extrêmes souffrances.

Mais il n'est point aussi d'injures que l'on pardonne plus volontiers, que celles qui sont cause que l'on devient Auteur loué, & approuvé du Public.

PREFACE,

DE LA SECONDE EDITION.

Jamais homme n'a été plus surpris que je le fus, quand je remarquai en lisant la Critique Générale de l'Histoire du Calvinisme, que c'étoit moi qui avois fait ce Livre-là. J'avois prié mon ami de brûler mes Lettres; mille raisons m'obligeoient à croire qu'il l'avoit fait: ainsi rien n'étoit plus capable de me surprendre, que de les voir imprimées.

Plusieurs personnes qui se mettront à ma place, & qui jugeront de moi par elles mêmes, ne manqueront pas de dire, que je fus surpris agréablement; qu'on m'auroit bien attrapé, si on m'avoit pris au mot; qu'on ne pouvoit pas m'obliger par un endroit plus sensible, qu'en se moquant de la priere que j'avois faite, de jetter mes Lettres au feu; & que la qualité d'Auteur a tant de charmes, pour ceux mêmes qui n'en ont l'obligation qu'au jugement favorable qu'ils ont porté de leurs Livres, ayant été les seuls qui les ayent jugez dignes d'être imprimez, qu'elle doit être infiniment agréable à ceux qui l'acquierent par le jugement d'autrui.

On en croira ce qu'on voudra: car après la coûtume que l'on a prise de tems immémorial, de faire des Préfaces pleines de faux exposez, je n'aurois pas raison d'exiger de mes Lecteurs, qu'ils se dépouillassant de leur liberté naturelle; pour ajouter foi à tout ce que je leur voudrai dire, à la tête de cet Ouvrage. Mais il est juste aussi que j'exige d'eux qu'ils me laissent jouir du droit qui est naturel à tous les hommes, d'affirmer certaines choses, qu'ils savent être véritables. Je protesterai donc que j'ai eu beaucoup de chagrin de voir qu'on avoit fait imprimer mes Lettres.

Je m'en suis plains à mon Ami; j'ai voulu savoir pourquoi & comment il a fait cela. Il m'a répondu mille choses obligeantes, s'est jetté sur le compliment, & m'a protesté qu'il avoit trouvé mes pensées fort propres à réussir, dans les conjonctures où nous sommes. Comme c'étoit une chose faite, & que d'ailleurs je ne voulois pas rompre avec un Ami, qui a beaucoup de vertu, de pieté, & d'érudition, pour un Gentil-homme, j'en suis demeuré là. On fait du bruit, & puis on se console.

Ce qu'il y avoit de plus chagrinant pour moi, étoit que je me souvenois d'avoir écrit avec beaucoup plus de négligence en certaines choses & beaucoup plus de liberté en quelques autres, qu'il n'en faut avoir, quand on travaille pour l'impression. Il est vrai au pied de la lettre, que je n'ai mis que quinze jours à composer cette Critique Générale, & je me garderois bien de m'en vanter, si j'avois eu pour but de la donner au Public, sachant assez que le respect qui lui est dû, ne veut pas que l'on se pique de promptitude, mais de beaucoup d'exactitude, dans les Ouvrages qui le concernent. Mais comme je ne songeois qu'à satisfaire au désir d'un Particulier, j'avoue que je me dispensai d'une partie des soins que l'on doit donner à la composition d'un Livre, & c'est la raison pourquoi il y a eu des fautes dans la Critique Générale, que je n'y eusse pas laissées, si je l'eusse mise au jour. On ne me niera pas que cela n'ait dû me causer quelque chagrin.

Ce que j'ai pû faire pour reparer ce desordre, a été de revoir incessamment la Piece, & d'y corriger ou d'y changer les endroits qui en avoient le plus de besoin. Je l'eusse fait avec plus d'exactitude, si je n'eusse craint qu'un retardement considerable de la seconde édition, ne donnât le tems à quelqu'un de nos Adversaires, de se ruër avec avantage sur ma Critique. J'y eusse fait aussi des additions plus considérables, si je n'eussent considéré, que quand il faut aller chercher un Imprimeur à deux cens lieües, le moindre retardement donne beau loisir à des Adversaires, qui ont toutes les commoditez imaginables sur les lieux.

Ain-

Ainsi j'ai été contraint de laisser beaucoup de choses, que je n'avois pas le tems de changer, & d'en supprimer beaucoup d'autres, que je n'avois pas le tems d'inserer dans le corps du Livre à ma fantaisie. Je dirai même que certaines raisons qu'on ne peut pas dire à tout le monde, m'ont obligé de laisser plusieurs choses comme elles étoient dans la premiere édition, que je n'eusse jamais souffert qui eussent été imprimées la premiere fois, si j'en avois été le Maître.

Quoiqu'il en soit, puisque cette seconde édition se fait à mon insçu & de mon consentement, je dois me rendre responsable des fautes qui y seront demeurées. C'est pourquoi s'il y a quelqu'un parmi ce grand nombre de gens d'esprit, de savoir & de loisir, qui sont dans l'Eglise Romaine, qui veüille examiner ma Critique, je le prie de s'attacher à cette seconde édition, & de ne s'en prendre pas à la premiere, car j'en désavoüe tout ce que je n'en ai pas transporté dans celle-ci.

Pour Mr. Maimbourg, on peut bien être assuré qu'il ne répondra point aux Livres que nous ferons contre son Histoire du Calvinisme, tant parce qu'il a d'autres affaires sur les bras, & qu'il se garde bien de prendre le change, que parce qu'il y a long-tems qu'il a déclaré publiquement qu'il ne vouloit point entrer en lice avec des gens qui ne diroient point leur nom. C'est une condition que nous ne pouvons gueres accomplir en écrivant contre lui, parce que c'est une de ces choses perilleuses, auxquelles ni le courage, ni la constance, ni l'amour de la verité n'engagent pas. Et s'il avoit la generosité de nous faire obtenir un saufconduit de la Cour par le credit qu'il y a, nous aurions lieu de craindre quelque distinction, ou quelque reservation mentale, qui gâteroit tout. Ainsi il vaudra mieux s'en passer, & faire des Livres anonymes.

Il n'a pas eu toujours cette grande délicatesse, de ne se vouloir battre qu'avec des gens dont il connût & le nom & la profession. Témoin les Sermons, qu'il a declamez contre le Nouveau Testament de Port-Royal, se fondant, entre autres raisons, sur ce que c'étoit un Ouvrage sans nom d'Auteur, & imprimé par consequent contre l'esprit du S. Concile de Trente. Ayant sçu que Mrs. de Port-Royal avoient refuté ses sermons de la maniere du monde la plus foudroyante, & qu'on croyoit dans le monde qu'un homme d'autant de résolution, ne laisseroit pas un tel affront impuni, il fit le brave à peu de frais, s'offrant de repondre à tout ce qu'on diroit contre ses prédications, pourvu que ses Adversaires écrivissent avec permission, & qu'ils se nommassent, qui étoit une condition qu'il savoit bien qui le dégageroit du combat. Voici les termes dont il se servit en prêchant. Nous (*) leur répondrons qu'ils n'en doutent point, pourvû qu'ils soient jolis garçons, qu'ils ayent permission, & qu'ils disent leur nom. Oüi-dà, Messieurs, ils le diront; car un honnête homme ne se hazarde pas de se battre contre un masque, parce qu'il se pourroit faire que ce ne seroit qu'un faquin. C'est un stile qui nerépond ni à la dignité du lieu, ni à la conduite que tenoit journellement le P. Maimbourg; car il prêchoit contre une Version, de laquelle les Auteurs ne lui étoient pas moins inconnus, que les Auteurs qui le refutoient.

(*) Déf. de la Trad. de Mons. 22. passage.
Tome II.

Si on veut savoir comment je sai que Mr. Maimbourg n'aime pas à prendre le change, je dis que c'est lui-même qui l'aprend à ses Lecteurs, dans une petite Préface qu'il a mise au devant du Schisme des Grecs, toute pleine d'esprit, mais d'un esprit fort malin & fort satyrique. Il semble que son principal but ait été de faire comprendre, qu'il ne lui est pas impossible de faire imprimer tous les ans, une Histoire de plusieurs siecles & de tous les Pays du monde, & d'y employer néanmoins tout le tems & toute l'exactitude nécessaire, & il expose pour cet effet, que Dieu lui a donné un grand fond de santé, avec un très-grand amour de la solitude, joint à une application continuelle à l'étude, sans visites, sans promenades, sans voyages de divertissement à la Campagne, pour y passer les beaux jours du Printems & de l'Automne; qu'il ne se pique point de voir ni le grand, ni le beau monde, cela n'étant point de sa profession; qu'il n'interrompt jamais son travail pour prendre le change, en s'amusant à d'autres choses beaucoup moins utiles qui font quelquefois des affaires à un Auteur, & toûjours une grande diversion des forces de l'esprit, & qu'enfin il s'applique sans cesse tous les jours depuis le grand matin jusqu'à bien avant dans la nuit, à ce qu'il a une fois entrepris. Qui ne diroit à l'entendre parler ainsi, qu'il a principalement en vuë, de se justifier du blâme d'écrire ses Histoires trop vite & avec précipitation? Ce n'est pourtant point ce qu'il veut dire principalement: il en veut en premier lieu à quelqu'un de ses Confreres, comme je l'ai remarqué (A) ailleurs. Mais quoiqu'il en soit, nous aprenons de cette Préface, qu'il n'aime pas à interrompre le travail qu'il a une fois entrepris.

Quoique mon petit Ouvrage se soit accru de la moitié, dans la revûë que j'en ai faite, pour une seconde édition, je me suis pourtant tenu renfermé dans les bornes que je m'étois prescrites: je ne suis point entré dans la discussion des faits, ni dans des recherches Historiques, qui fissent voir notre innocence. C'est pourquoi je renouvelle ici l'avertissement qui a été mis dans la Préface de la premiere édition, en ces termes.

» Que l'Auteur de ces Lettres n'ayant pas pré-
» tendu refuter l'Histoire du Calvinisme, mais
» seulement faire quelques reflexions sur les faits
» qu'elle rapporte, il ne faut pas que le Lecteur
» prenne pour des faits avouez par les Protestans,
» tous ceux dont il semble que cet Auteur demeu-
» re d'accord: car son principal but a été de fai-
» re connoître quel jugement on devroit faire des
» choses, si on supposoit qu'elles sont telles que
» Monsieur Maimbourg les rapporte. Ainsi on
» doit revêtir, en lisant ces Lettres, un certain es-
» prit qui fasse qu'on ne croye pas; que l'Auteur
» recônoît la vérité des faits dont il ne montre
» pas la fausseté. Son silence ne doit point passer
» pour un aveu, & on auroit grand tort de
» dire, voilà des endroits sur lesquels il n'a
» rien dit, c'est une marque qu'il passe con-
» damnation. Ce n'est point cela du tout.

Non seulement je ne me suis pas mis dans l'esprit de faire une réponse en forme à Monsieur Maimbourg, je me suis même abstenu de censurer plusieurs choses qu'une autre Critique n'eut pas épargnées, me contentant de faire des observations sur ce qui avoit du raport à notre cause. Ainsi je

(A) Ci-dessous Lettre IV.

A 2

je n'ai point blâmé l'Auteur d'avoir chargé l'Histoire du Calvinisme, de la description exacte de plusieurs Batailles. Il eût peut-être mieux fait de renvoyer tous ces détails à l'Histoire de France, comme il y a renvoyé plusieurs autres choses, que de les inserer dans notre Histoire, si travaillez, & si étendus, qu'on les prendroit pour une Relation envoyée au Bureau d'Adresse. Mais au lieu de l'en censurer, j'ai donné des éloges à la netteté d'esprit que je lui ai trouvée pour cela.

Je n'ai point non plus censuré ce grand éloge(*) de Gabriel de Mommorency, qui a été inseré dans la description de la Bataille de Dreux, assez longue d'elle-même, ni les loüanges qu'on y donne à sa beauté avec profusion, comme on avoit fait à celle de l'Empereur Gratien, dans le 7. livre de l'Arrianisme. Il y a bien des personnes (tant le monde est malin en ce tems ici) qui ne trouvent pas tout à fait édifiant, qu'on loue ainsi les jeunes Seigneurs, & qui voudroient que l'Historien eût profité de la disgrace de son Confrere & bon Ami, l'Auteur des Entretiens d'Ariste & d'Eugene, qui se vit fort mal-mené par (A) Cleanthe, pour avoir employé à faire le portrait d'un beau garçon certains Vers que Voiture avoit employez pour une fille :

> Sur tout il avoit une grace,
> Un je ne sai quoi, qui surpasse
> De l'amour les plus doux apas,
> Un ris qui ne se peut décrire,
> Un air que les autres n'ont pas,
> Que l'on voit, & qu'on ne peut dire.

Monsieur l'Abbé de Villars eut beau alleguer pour la défense des Entretiens, que ces expressions (B) pourroient être une traduction pure & simple de ce que David disoit : Jonatha decore nimis & amabilis super amorem mulierum ; Cleanthe ne se rendit pas, au contraire il releva vigoureusement l'impiété & l'impertinence de cette pensée. Et en effet qui ignore que le Roy David, quand même il ne parloit pas par l'inspiration du S. Esprit, pouvoit dire sans consequence, ce que certaines gens ne peuvent dire aujourd'hui sans se commettre.

Je me suis aussi fort soigneusement donné garde d'exercer ma censure ni en general, ni en particulier, sur les Portraits qui sont répandus dans les Histoires de Mr. Maimbourg. Je n'ignorois pas qu'il les regarde comme ses Chefs-d'œuvre, & comme les endroits favoris, & qu'on le met trop en colere, quand on y ose toucher. J'ai profité mieux que lui de la disgrace de l'Auteur des Entretiens d'Ariste & d'Eugene, qui s'attira un furieux orage d'injures & de railleries, pour avoir écrit, que dans ces sortes de Portraits, on se doit borner aux seules qualitez du cœur & de l'esprit. Ceux-là mêmes qui ont écrit cela (c'est Mr. Maimbourg (C) qui parle) ont changé aussi-tôt après de sentiment, ayant trouvé qu'en effet il est bon d'en faire qui representent le visage & les qualitez du corps, aussi bien que celles de l'ame ; & ils en sont si bien persuadez, qu'ils ont eu recours aux tailles-douces, pour les presenter dans leurs Livres aux yeux des Lecteurs ; Elles sont assurément plus commodes que ces autres Portraits, qui coutent autre chose que

de l'argent, & qu'on auroit peut-être un peu trop de peine à tirer des anciens Auteurs, avec lesquels on n'a pas toûjours assez d'habitude & de familiarité pour les prendre d'eux aussi hardiment que j'ai fait.

Pour avoir la clef de ce passage, il en faut consulter un autre qui se lit dans le 6. Livre du Schisme des Grecs, dans l'endroit où il est parlé des qualitez bonnes & mauvaises de Mahomet II. L'Auteur dit que ce Mahomet eut de la nature un corps extrêmement robuste, & capable de toutes les fatigues de la guerre, un temperament tout de feu, un naturel impétueux. Il n'y a que cela dans sa description qui se puisse raporter au corps, tout le reste concerne l'ame. Il ne laisse pas de dire qu'il a donné le vrai portrait du corps de ce redoutable Sultan. Voilà, dit-il, le vrai portrait du corps, de l'esprit, du cœur & de l'ame du fameux Mahomet II. Je ne l'ai pas tiré sur les tableaux qu'on en voit dans les Cabinets & dans les Galeries, avec ceux des Illustres du 15. siecle, ni sur les Tailles-douces qu'on en trouve en plusieurs Livres : car il y a grande apparence que tous ces portraits-là sont faux, & ne sont que le pur ouvrage de l'imagination d'un Peintre, ou d'un Graveur, puisque l'on y voit ce Prince tantôt avec de longues moustaches sans barbe au menton, comme dans l'Histoire des Turcs par le Sieur d'Embri, tantôt avec une longue barbe sans moustaches, comme dans l'Histoire de Pierre d'Aubusson ; & puis avec de longues moustaches & une grande barbe, comme dans la Chronique de Lonicer ; & que tous ces divers portraits n'ont rien du tout de ressemblant dans les traits du visage : de sorte qu'il n'y a personne qui ne les prit pour trois differens hommes & extrêmement dissemblables. C'est pourquoi j'ai cru qu'il valoit mieux le copier sur les originaux, que nous en ont donnez de bons Auteurs, & sur tout des Contemporains qui l'ont vû, comme Ducas & Phranzés.

On voit par-là, & par les circonstances de la Préface, que cet homme qui a reconnu enfin, qu'il se faloit servir de Portraits qui représentassent le corps, est le P. Bouhours, Auteur de l'Histoire de Pierre d'Aubusson : & on voit aussi que pour avoir glosé sur les Portraits qui se voyent dans les Histoires du P. Maimbourg, il a été déclaré incapable de puiser dans les sources des Auteurs Grecs, & réduit à la nécessité de se servir d'un Graveur, pour avoir une méchante copie, lui qui se vante (D) dans ses doutes sur la langue Françoise, tout travesti qu'il est en Gentil-homme bas-Breton, de savoir du Grec, & qui a été choisi pour instruire feu Monsieur le Comte de S. Paul, & Monsieur le Marquis de Seignelai. Quelle apparence qu'on ait choisi au fils ainé de Monsieur Colbert un Repétiteur ignorant ? C'est la colere qui a fait parler ainsi le P. Maimbourg, & c'étoit un avertissement à moi de laisser en repos tous ses portraits. Mais au reste il faut avouer que l'Auteur des Entretiens est bien malheureux en Tailles-douces ; car on ne peut pas être tourné en ridicule plus cruellement qu'il le fut par Cleanthe, à cause de la figure bizarre sous laquelle il avoit fait graver son Ariste & son Eugene, & voici que Mr. Maim-

bourg

(*) Histoire du Calvin. p. 298.
(A) C'est un Avocat au Parlement de Paris, qui s'appelle Mr. Barbier Daucourt.

(B) Traité de la Délicatesse.
(C) Préface du Schif. des Grecs.
(D) Epitr. dédic.

bourg, lui fait un procès sur la longue barbe sans moustaches qu'il a donnée à Mahomet.

Ceci pourra faire voir que l'on se tromperoit fort, si l'on croyoit que j'ai débité toute ma science dans mes Lettres contre l'Histoire du Calvinisme.

J'aurois mille choses à dire dans cette Préface, si je ne craignois de rebuter les Lecteurs ; il faut donc que je me contente d'ajoûter un petit éclaircissement sur le stile dont je me suis servi.

On l'a trouvé sans doute fort inégal, sérieux en plusieurs endroits, enjoüé dans quelques autres, & parsemé de plusieurs façons de parler trop populaires. Je ne demande pas que l'on me fasse quartier là-dessus, car je ne me serois rien pardonné de semblable : si j'avois preparé moi-même pour le Public, ce qu'un autre lui a donné sans ma participation. Je demande seulement que l'on considere, que parce que j'écrivois à un Ami, mon stile pouvoit être enjoüé & familier generalement parlant, & qu'il devoit être grave & serieux en quelques endroits, parce que je parlois de choses fort relevées. On trouvera que j'ai retranché plusieurs expressions empruntées du stile familier ; mais je crains qu'il n'y en soit encore demeuré beaucoup ; car j'avoüe qu'il me seroit plus facile de faire d'abord une composition exacte, que d'en bien corriger une qui ne le seroit pas. Faute de tems j'ai laissé passer plusieurs endroits qui me déplaisoient, & que je n'eusse pû changer sans leur donner tout un autre tour.

Outre que j'avoüe ingenuëment que j'ai toujours eu plus de soin de devenir capable de bien raisonner, que d'apprendre à bien parler, d'acquerir la maniere d'écrire dont parle Ciceron, quæ indicat non ingratam negligentiam de re hominis, magis quàm de verbis laborantis, que celle de ces Grammairiens scrupuleux, qui font consister toute leur gloire (*) à se mettre sous le joug de mille regles incommodes. Je sai bien ce que Mr. de Vaugelas a dit avec beaucoup de raison, qu'un mauvais mot fait plus de tort à un Prédicateur, ou à un Avocat, qu'un mauvais raisonnement ; car en effet de cent personnes qui écoutent, ou qui lisent un discours, il n'y en a pas deux qui se donnent la peine d'examiner severement si l'on prouve ce qu'on avance : mais pour un mechant mot, pour une façon de parler provinciale, il n'y a point de Lecteur, ou d'Auditeur qui ne l'apperçoive.

Avec tout cela je redoute plus un Critique Philosophe qui fait la guerre aux raisonnemens, qu'un Critique Grammairien, qui va à la chasse des mots & des phrases. C'est pourquoi me souvenant que j'ai proposé un Dilemme dans ma 8. Lettre en cette maniere : Ou ils croyent que la conversion d'un Huguenot extorquée par une somme d'argent le sauve, ou ils croyent qu'elle ne vaut rien ; & m'appercevant un peu trop tard, qu'il n'est pas composé de deux propositions immediatement opposées, je supplie ici les Lecteurs de supposer que je le propose ainsi : Ou ils croyent que la conversion &c. est bonne, ou ils croyent qu'elle ne l'est pas. S'ils croyent qu'elle est bonne, &c. S'ils croyent qu'elle n'est pas bonne, &c. Ce sera le moyen d'empêcher qu'un Critique ne prenne le change, & qu'il ne se distile en observations de Logique, contre la forme de mon raisonnement, au lieu de répondre à la difficulté, c'est assez la coû-

(*) Diligentiam putant facere sibi difficultatem. Quintil. Inst. l. 18. c. 2.

(A) (B) (C) Ici on a rapporté toutes ces choses dans

---

tume de ceux qui se trouvent pressez, de faire naître des incidens, pour dissiper l'attention du Lecteur, & la détourner de l'examen du fait principal : il faut leur en ôter les pretextes le plus que l'on peut.

Si on prend la peine de consulter la 27. Lettre, on trouvera quelques autres éclaircissemens sur cette seconde édition.

PREFACE
DE LA TROISIEME EDITION.

CE Livre ayant été composé en fort peu de tems, avoit grand besoin d'une seconde édition, qui remediât aux defauts de la premiere : & parce qu'il fut corrigé, & augmenté par une seconde édition, aussi en fort peu de tems, il avoit encore grand besoin qu'une nouvelle édition réparât les fautes de la seconde. On est très-persuadé qu'il en faudroit encore bien d'autres, pour le purger entierement, quoiqu'on l'ait revû pour cette troisieme édition sans se hâter, ou plûtôt avec beaucoup de lenteur.

Comme on est très-assuré que c'est ici la derniere fois qu'on l'imprimera, on auroit bien voulu l'approcher de la perfection autant qu'il eût été possible, y ajouter plusieurs choses, en ôter plusieurs autres, donner un meilleur tour à plusieurs autres. Mais on n'a osé le faire, de peur de trop chagriner ceux qui ont acheté déja ce Livre deux fois, & que l'on entend souvent se plaindre contre les nouvelles éditions revuës, corrigées & augmentées, parce qu'elles donnent du degoût pour les precedentes, & du regret d'y avoir mis son argent. Cette plainte peut avoir quelque raison, ainsi l'on s'est cru obligé d'y avoir égard. C'est pourquoi l'on a fait en sorte que cette troisieme édition ne fût pas fort differente de la seconde, & on avertit tous ceux qui ont la seconde, qu'ils peuvent s'en tenir là, & que celle-ci ne doit point leur donner de tentation. Ce n'est pas qu'elle ne soit moins mauvaise que les deux autres, c'est que l'avantage n'est pas assez grand pour meriter qu'on y songe. Voici en peu de mots en quoi consiste cet avantage.

On a changé (A) en plusieurs endroits les expressions qui paroissoient trop offensantes.

On a retranché (B) diverses petites choses, qui étoient jolies à la verité, mais peu nécessaires au sujet, & amenées d'un peu loin.

On a sur tout retranché (C) un long passage de Brantôme, qui sembloit interdire la lecture de ce Livre à la moitié du genre humain. Ceux qui l'ont imprimé à Geneve, en avoient déja retranché cela.

On a mis à la marge la plûpart des passages latins (D).

On a ajoûté plusieurs petites choses qui peuvent fortifier ce que l'on vouloit prouver, & qui apparemment ne seront pas jugées indignes de la place qu'on leur donne.

On a mis un Sommaire au commencement de chaque Lettre, divisée en plusieurs articles, dont chacun est marqué de son numero, que l'on met aussi à la marge, dans l'endroit où commencent les articles. On a fait cela afin de faciliter aux Lecteurs la recherche des choses particulieres qu'ils souhaiteront de voir. On a fait en sorte aussi, pour plus grande facilité, que l'on vît au haut des pages le nombre de chaque Lettre.

On

des Notes placées au bas des pages.

(D) On les trouvera ici au bas des pages.

A 3

On a coupé en deux les Lettres où il y avoit des digressions de controverse, & on a renvoyé à la fin du Livre ces digressions, afin qu'étant jointes aux Lettres qui traitoient expressément la Controverse, elles fissent comme un corps à part, détaché de la Critique de l'Histoire du Calvinisme. On a fait cela en faveur de ceux qui étant dégoutez de la Controverse, étoient fâchez de trouver ces digressions en chemin. On leur leve cet obstacle, & il ne tiendra plus qu'à eux de ne point entrer dans la dispute, car on les avertit du lieu où elle commence, & où elle est toute renfermée. Cette nouvelle disposition est cause qu'on verra ici 4. parties & 30. Lettres, au lieu que la seconde édition ne contenoit que 3. parties & 27 Lettres. Il ne faut pas que l'on s'imagine, que cette nouvelle édition est augmentée de trois Lettres. On en avertit expressément. Ce qui fait ici la Lettre 28. 29. & 30. se trouve presque tout entier dans la seconde édition.

Enfin on a fort travaillé à bien corriger le stile, par le retranchement des expressions ambiguës, ou rimées. Ceux qui connoissent notre Langue, & qui ont l'oreille délicate, avoüent qu'il n'y a point de travail plus accablant, que celui de vouloir écrire en François, de telle sorte qu'on évite les vers, les consonnances, & les phrases où un même mot se peut raporter à plusieurs autres, & faire differens sens, dont les uns sont quelquefois ridicules. Les nouveaux Grammairiens François nous donnent des regles qu'il est impossible de suivre, & ils mériteroient d'être regardez comme le fleau des Auteurs. Ils ont rendu la Langue Françoise celle de toutes les Langues, où il est le plus mal-aisé de bien écrire. Aussi trouve-t-on peu de gens qui écrivent selon ces regles. Nous n'avons presque point d'Auteurs, dont la prose ne soit toute remplie de vers, de chutes de periodes désagréables, de consonnances, & même de sons qui riment parfaitement, & d'équivoques continuelles. Ceux qui veulent éviter les équivoques, sont obligez de ranger les mots selon l'ordre naturel des pensées, & dans cette situation, qui est unique, on ne sauroit éviter les consonnances, parce que la Langue Françoise n'abonde ni en mots, ni en differentes terminaisons. En Latin rien n'est plus aisé que de chatouiller l'oreille, parce qu'on transpose les paroles comme l'on veut. Monsieur Sluse Chanoine de Liege, & l'un des meilleurs Mathématiciens de l'Europe, n'a pas fait assez valoir cet avantage du Latin dans les Lettres qu'il a écrites contre Monsieur le Laboureur au sujet du Livre que ce dernier avoit composé des avantages de la Langue Françoise. Monsieur Sluse avoit pourtant interêt de relever la Langue Latine, tant à cause de lui-même (car il a écrit fort agréablement en Latin) qu'à cause de Monsieur son frere Sécrétaire des Brefs du Pape.

L'Auteur de cette Critique a racommodé un bon nombre de periodes, qui n'étoient pas selon des regles des nouveaux Grammairiens : mais il en a laissé plusieurs autres dans l'état où elles étoient, quoiqu'il n'en fût pas trop content. Il eût falu refondre toute la Piéce pour la bien guérir, & on ne pouvoit songer à cela. Il eût, peut-être, bien fait de se dispenser de la peine qu'il a prise, car c'est un travail perdu, & dont personne ne lui tiendra compte. Ceux qui ne liront que la troisième édition, ne verront pas la peine qu'il s'est donnée pour corriger son Ouvrage, ceux qui ne liront que la seconde, ne s'apercevront point non plus de ce travail. Or on peut être assuré que ces deux sortes de Lecteurs comprennent tous ceux qui ont lu, ou qui liront cette Critique Générale. Qui est ce qui s'avisera de comparer ensemble les deux éditions.

On ne se répent pas néanmoins de la peine que l'on a prise ; car quoiqu'on ne doive pas s'assujettir à ces Tyrans de notre Langue, qui ne peuvent souffrir ni les consonnances, ni les ambiguitez, il faut reconnoître qu'ils ont quelquefois raison. On leur apliquera tant que l'on voudra, ce que Ciceron (*) a dit de quelques Délicats de son tems, il sera toûjours vrai, qu'on doit éviter des équivoques de Grammaire le plus que l'on peut, & que les Latins se sont donné en cela une licence très-vicieuse.

On a fait tort à Moliere de lui attribuer ce vere.

Et nul n'aura d'esprit hors nous, & nos amis.

Ayant consulté la Comédie des Femmes savantes, l'on a trouvé qu'il a dit, comme il faloit dire :

Nul n'aura de l'esprit hors nous & nos amis.

Mais comme la Lettre 13. étoit déja achevée d'imprimer, la faute n'a pû être corrigée. Le mal n'est pas grand, & néanmoins il peut nous aprendre combien il importe de ne s'en fier à personne en matiere de citations. L'Auteur de ces Lettres se souvenoit d'avoir vû ce vers dans la Préface de Phedre & d'Hyppolite, cité comme il l'a cité. Il croyoit bonnement, quoique l'expression lui semblât un peu barbare, que Moliere s'étoit exprimé ainsi. Qui ne l'auroit crû sur la foi d'un assez grand Poëte, pour disputer le prix à Mr. Racine ? Il ne faloit pourtant pas le croire, sans recourir à la source, & voilà ce que c'est que de n'avoir pas les choses de la premiere main.

La premiere édition de ce Livre a été achevée au mois de Juin 1682. La seconde au mois de Novembre 1682. Et la troisieme le 22. Mai 1684. Les choses dont l'Auteur parle comme étant presentes, ou comme ayant été faites depuis un certain tems, se doivent rapporter à la date des deux premieres éditions.

(*) Alieni sermonis molesti interpellatores, qui dum cautè & expeditè loqui volunt, infantissimi reperiuntur, nam dum metuunt in dicendo, ne quid ambiguum dicant, nomen suum pronunciare non audent. Cicer. l. 2. ad Heren.

CRITIQUE GENERALE
DE
L'HISTOIRE
DU
CALVINISME.
PREMIERE PARTIE,

Contenant quelques considerations générales sur le Livre & sur la personne de *Mr. Maimbourg*.

LETTRE PREMIERE.

I. *Conjectures sur les causes du retardement de cet Ouvrage de Mr. Maimbourg.* II. *Diverses causes de la grande animosité qu'il y témoigne contre nous.* III. *Qu'il est facile d'altérer la vérité de l'Histoire.* IV. *Incertitude de l'Histoire.*

MONSIEUR,

I.
Du retardement de l'Ouvrage du Pere Maimbourg.

Je vous aprens qu'enfin *l'Histoire du Calvinisme* est sortie de dessous la presse, lorsque l'on commençoit à s'ennuyer de l'attendre. On a fort raisonné sur la cause d'un si long retardement. Les uns ont cru que les persécutions, qui ont été faites au Pere Maimbourg par la Cour de Rome, l'ont empêché de travailler avec son assiduité ordinaire. D'autres ont dit que se sentant appuyé de la protection de notre Grand Monarque, il avoit tellement lâché la bride à son stile impetueux, pour se venger de sa Sainteté, qu'on avoit trouvé à propos de faire corriger son Livre par des Docteurs de Sorbonne ; & que ces Docteurs jaloux de sa réputation, se sont servis de mille artifices pour retarder la publication de cet Ouvrage. D'autres se sont imaginez, qu'ayant promis en quelque façon dans l'Epître Dédicatoire du *Lutheranisme*, de faire voir dans une seule & même Histoire, la naissance, le progrès & l'anéantissement du Calvinisme, il ne croyoit point pouvoir publier cette derniere Histoire avec honneur, sans attendre l'entiere extirpation des Huguenots. Mais il paroît par l'évenement qu'il ne s'est point réglé sur cela ; puis que son Livre est imprimé, & que les Huguenots subsistent encore ; si ce n'est qu'on dise qu'après avoir vainement attendu 5. ou 6. mois l'extirpation de la Secte dont il écrivoit l'Histoire, & voyant que sa plume alloit plus vîte que le zéle infatigable de S. M. extra-

ordinairement soûtenu par celui des Evêques, des Parlemens, des Gouverneurs, des Intendans, de tous les Juges & de tous les Curez de Village de son Royaume, il a jugé à propos d'en faire à plus d'une fois, & de lâcher la premiere partie de cette Histoire sans plus attendre, sauf à lui à proportionner de telle sorte le reste de son travail aux progrès des Convertisseurs, qu'on ne puisse pas lui reprocher d'avoir donné des espérances mal fondées.

Je pourrois vous alléguer encore d'autres conjectures, sur la cause qui a retardé l'impression de l'Histoire du Calvinisme : mais outre que ce n'est pas une chose dont vous vous souciez beaucoup, je ne voudrois pas répondre que tout ce que j'en dirois, & tout ce que j'en ai dit, ne soient de pures imaginations. Il n'est rien de si difficile que d'attraper, sur des apparences spécieuses, la vraye cause & le principal ressort des actions de l'Homme. Les plus fins sont bien souvent ceux qui s'y trompent le plus, & qui donnent le plus grand sujet de rire aux personnes qui savent tout le mystere.

De l'humeur dont je vous connois, je me figure que vous vous mettrez en colere tout de bon, en lisant cette Histoire du Calvinisme; car j'ai vû quantité de bons Huguenots, moins bilieux que vous, qui voyant l'inhumanité avec laquelle Mr. Maimbourg nous mal-traite, battoient des pieds, & s'emportoient à des exclamations

II.
Diverses causes de l'animosité qui y regne.

mations tragiques à tout moment. Pour moi qui fuis difficile à émouvoir, je n'ai point fenti la moindre tentation de colere en lifant ce Livre. Je l'ai lû d'un bout à l'autre avec un fens froid qui a peu d'exemples, & fi je fortois quelquefois de ce fens froid, c'étoit feulement, ou pour avoir pitié, (*) ou pour rire des emportemens de Mr. Maimbourg, que je me reprefentois fi acharné fur le Calvinifme dans cette chambre à cheminée, qui avec une penfion confidérable a été, ou la recompenfe, ou l'acquifition de fes fervices; qu'il me fembloit que pour fe mettre plus en colere, il s'étoit imaginé que fa plûme étoit devenuë l'épée de l'Ange exterminateur.

Mais je me trompois, il n'avoit que faire de s'irriter par un effort d'imagination auffi violent que celui-là. Il avoit affez d'autres grandes reffources pour envenimer fon ftile. Son tempérament plein de feu, & 55. ans qu'il avoit paffez dans la Société des Jéfuites avec beaucoup de diftinction, étoient une grande avance, pour avoir une merveilleufe facilité d'écrire d'un air fougueux. Il y a peu de gens qui ne remarquent dans le ftile des Moines un emportement peu commun; ce qui vient, dit-on, de leurs jeûnes, & de leurs difciplines, qui leur échauffent le fang extraordinairement, & les rendent exceffivement coleres. Mais je doute fort de cette raifon. Ces Meffieurs ne font pas fi ennemis de Nature qu'on le penfe: leur embonpoint témoigne affez clairement, que les jeûnes & les mortifications ne les fatiguent pas beaucoup.

Outre cette grande raifon tirée du tempérament de l'Auteur, & de fa vie Jéfuitique, il faut favoir que le Pere Maimbourg a été l'un des Tenans de la Société contre les Difciples de Janfénius; ce qui feul étoit capable de lui échauffer la bile d'une terrible maniere, tant parce que Meffieurs de Port-Royal ont diffamé les Jéfuites avec plus de force & avec plus de fuccès, que tous ceux qui l'avoient entrepris auparavant, que parce qu'en particulier le Pere Maimbourg a été horriblement fecoüé par ces redoutables Antagoniftes.

Chacun fait qu'avant que l'autorité du Roi eût fait taire les Janféniftes, les Jéfuites ne tenoient pas devant eux, & que pendant plufieurs années, Meffieurs de Port-Royal ont mené batant toute la Société avec un avantage fi vifible, que tout le monde s'étonnoit qu'un fi vafte Corps, qui fe pique de l'Empire de l'érudition, & qui fe vante (A) que fes gens naiffent tous le cafque en tête, que ce font des Heros intrepides, des efprits d'aigle, des lions généreux, dont chacun vaut une Armée, ne pût oppofer que de miférables plûmes aux Ecrits foudroyans

dont ces Mrs, l'accabloient. Les Révérends Peres avoient trouvé là à qui parler, & on leur fit connoître qu'ils n'étoient encore que des Novices dans la maniere d'écrire aigre, infultante, pleine d'injures & de chaleur, qu'ils croyoient être leur fort. On leur montra qu'on favoit dire des injures avec plus d'efprit qu'eux, & que pendant qu'ils n'ofoient fortir du païs Latin, on favoit les battre en ruïne dans un beau ftile François, qui convainquoit les véritables Savans par la force des raifons, & charmoit les plus délicats par le tour inimitable des penfées. Il n'eft pas étrange après cela, que des gens de leur humeur, fe foient fervis de tout le crédit que leurs intrigues leur ont procuré auprès des Puiffances, pour fe deffendre par l'autorité du bras féculier, contre un Ennemi, auquel ils ne pouvoient faire tête autrement. Je ne m'étonne plus de leur colere, & je leur pardonne, étant auffi hommes qu'ils le font, d'avoir conçu une haine irréconciliable contre un parti qui a terraffé tous leurs Ecrivains, & reprefenté, qui pis eft, tout leur Ordre fous les plus noires, & fous les plus affreufes couleurs du monde. On s'échauffe pour de moindres raifons, de forte que l'Auteur de l'Hiftoire du Calvinifme ayant été employé à prêcher contre Meffieuts de Port-Royal, & ayant très-mal-réüffi dans ce combat, il eft très-naturel de croire qu'il lui en eft demeuré un chagrin plein de fiel & d'amertume, qu'il décharge par tout où il il peut. Il étoit bouillant de fon naturel; il avoit acquis de nouveaux degrez d'impétuofité fous le caractere de Jefuite, & plus encore en confiderant que les Janfeniftes defoloient, & deshonoroient toute la Société par leurs Ecrits; il entra en lice fur ces entrefaites: il jetta feu & flame contre eux dans l'Eglife de Saint Loüis, prêcha contre la Verfion de Mons avec toute l'ardeur de fa colere; & il eut le malheur de voir fes Sermons & fa Critique reduits à néant, par la force victorieufe des réponfes qu'on y fit. Jugez, Monfieur, s'il n'y a pas là dequoi être fait aux manieres emportées, & fi le Pere Maimbourg, qui regarde (B) le Janfenifme comme une efpece de Calvinifme, pouvoit manquer de venir à nous fort en colere.

Ce n'eft pas tout: il faut encore favoir que le Pere Maimbourg s'eft vû toute la Cour de Rome fur les bras, quand il a travaillé à l'Hiftoire du Calvinifme. Il avoit écrit d'un ftile fi peu ordinaire aux Jéfuites en faveur de la puiffance des Rois, que pendant que la Cour de France reconnut par une groffe penfion cette grande fingularité, & l'affectation qu'on voyoit régner dans les Ouvrages d'un Jéfuite cé-

Mepris du Pere Maimbourg pour la Cour de Rome.

(*) Au lieu de ce qui fuit jufqu'à *Mais je me trompois*, il y avoit dans la premiere & dans la feconde Edition; „ ou pour rire des emportemens furieux „ de Mr. Maimbourg. Je me le reprefentois fi acharné „ fur le Calvinifme, qu'il me fembloit le voir très-per- „ fuadé que fa plume étoit un poignard dont il nous „ tuoit tous. Je croi que c'eût été un fpectacle bien „ divertiffant, que de le voir occupé à compofer ce „ dernier Ouvrage, dans cette Chambre à cheminée, „ qui avec une penfion confidérable a été, ou la ré- „ compenfe, ou l'acquifition de fes fervices. Il y a „ toutes les apparences du monde que le feu lui fortoit „ des yeux, qu'il faifoit toutes les grimaces d'un hom- „ me tranfporté de colere, qu'il pouffoit fa plume „ comme s'il eut voulu l'enfoncer dans le corps d'un „ Hérétique. Malheur au Huguenot qui feroit tombé „ en ce tems-là entre fes mains: pour rien du mon- „ de je n'euffe voulu me trouver dans fa Chambre fans „ Chappelet.

„ J'ay oüi dire que du Bartas, voulant faire la def- „ cription d'un Cheval, s'enferma dans une Chambre, „ & marchant à quatre, s'efforça d'imiter toutes les „ actions d'un Cheval, le henniffement, les ruades, „ le trot, le galop, &c. Et qu'Agrippa, voulant écrire „ fur la vanité des Sciences, fe reprefenta à lui même „ comme un chien qui aboyoit contre tout le mon- „ de; & que voulant compofer un Traité des Feux „ d'artifice, il s'imagina qu'il avoit été métamorphofé „ en un Dragon qui fouffloit le feu & le fouffre par „ la gueule, par les yeux, & par les oreilles. Affu- „ rément le Pere Maimbourg faifoit quelque chofe „ de femblable, lorfqu'il fe mettoit à travailler à l'Hif- „ toire du Calvinifme. & c'eût été une chofe curieu- „ fe que de le regarder par un trou, Mais je me trom- „ pois, &c.

(A) *Voyez le Livre intitulé*, Imag. primi fæculi Soc.
(B) *Epitr. dédica. du Lutheran.*

célebre, de flater les pafions dominantes, on fe plaignit à Rome de la doctrine du Jéfuite. Le Jéfuite fier de fa penfion, & de fon titre d'Hiftoriographe fpécialement protégé par le plus grand Prince du monde, ne fe mit guéres en peine d'appaifer la Cour de Rome: au contraire il affecta de répandre dans fes nouveaux Ouvrages mille digreffions inutiles, qui rendoient vifiblement à cenfurer la conduite du Pape, & celle de quelques Evêques qui avoient eu recours à lui. Il eut même la hardieffe de fe moquer, à la tête de fon Hiftoire du Luthéranifme, de la Congrégation de *l'Indice*, qui avoit cenfuré fon *Hiftoire du grand Schifme d'Occident*, & de s'en moquer d'un air le plus méprifant & le plus infultant du monde. Ce fut en avertiffant fes Lecteurs, qu'il s'étoit gliffé quelques fautes dans la derniere de fes Hiftoires, & en proteftant, après en avoir marqué deux des plus petites du monde, que c'eft tout ce qu'il y a de confidérable à corriger.

Vous & moi Monfieur, ne ferions pas fcrupule d'en ufer ainfi, & nous n'en ferions pas fort blâmables. Mais qu'un Jéfuite, demeurant Jéfuite, fe moque publiquement d'une cenfure faite fous l'autorité du Pape, & qui lie la confcience de la plûpart des Catholiques, s'en trouvant peu qui ofent lire des Livres défendus, fans avoir confulté leurs Directeurs; c'eft ce qui me paroît violent, & d'une ame la plus hardie, & la plus colere qui fut jamais.

La Cour de Rome a bien vû que ce Jéfuite affectoit de lui faire des infultes, & qu'il faloit châtier cela. Elle a pris des mefures affez vigoureufes pour en venir à bout, dont je ne fai pas le détail : mais nous favons tous que malgré les longues chicanes, avec lefquelles on a tâché d'éluder les ordres de fa Sainteté, ces mefures fe font enfin terminées par la dégradation actuelle du P. Maimbourg, lors qu'il achevoit de faire ce dernier Ouvrage. Voilà l'état où étoit cet Hiftorien en faifant l'Hiftoire du Calvinifme. Nouveaux fujets d'être de mauvaife humeur, nouvelles raifons de dechirer les Calviniftes avec la derniere malignité; car il faloit faire voir que ce n'étoit pas pour être fauteur des Hérétiques, que l'on avoit encouru la difgrace de la Cour de Rome. C'eft par une femblable vuë que les Princes, qui ont des Proteftans dans leurs Etats, affectent de les traiter avec rigueur, toutes les fois qu'ils ont des brouilleries avec le Pape, comme cet Hiftorien le remarque (*) de notre Roi Henri II. faifant le rigoureux Edit de Chateau-Briant le 27. Juin, 1552.

Mais la grande raifon qui a fait que le Pere Maimbourg a écrit l'Hiftoire du Calvinifme avec des emportemens fi outrez, & fi dignes d'un jeune Déclamateur, qui s'exerce fur les lieux communs de l'Invective, la voici, c'eft qu'il a vû la Cour de France déterminée à ruiner le Calvinifme, en auffi peu de temps qu'il en mettoit à compofer fon Hiftoire. Il a donc crû qu'il faloit préparer l'Apologie de toutes les violences que l'on employeroit pour venir à bout de ce grand deffein, & que pour bien faire cette Apologie il faloit repréfenter les Calviniftes fous les idées du monde les plus hideufes, toûjours prêts à fe révolter contre leurs

légitimes Souverains, & à plonger leur Patrie dans les plus lamentables défolations, qui puiffent être conçuës par les ames les plus enragées, les plus infernales, les plus facriléges; que laiffer vivre ces gens-là dans un Etat, c'eft y nourrir les bêtes les plus féroces, les lions & les tigres les plus alterez de fang; & qu'un Prince qui aime la gloire de Dieu, & qui veut pourvoir à la fûreté de fon Royaume, & à fa propre confervation, doit inceffament exterminer ces monftres, couper toutes les têtes de cette hydre formidable, écrafer ces peftes infernales ennemies de Dieu & de l'Etat.

Ce deffein lui a paru propre à deux ufages : 1. à juftifier la conduite que l'on tient en France à notre égard. 2. à donner une nouvelle vigueur au Roi & à fes Miniftres, en cas qu'ils n'allaffent pas auffi vîte que les Eccléfiaftiques le fouhaittent. Car c'eft une chofe étrange que les gens du monde, qui devroient être naturellement plus violens que les gens d'Eglife, font néanmoins plus modérez dans les perfécutions de Religion, que les gens d'Eglife. Ce font les gens d'Eglife qui animent les Rois & les Magiftrats; qui leur mettent le fer à la main; qui fe plaignent de leur moleffe, dès qu'ils femblent moderer la rigueur des Ordonnances; & qui leur font craindre mille périls chimériques, s'ils ne fe défont pour une bonne fois de tous ceux qui ne fuivent pas la Religion de l'Etat. Ils nous accufent en France d'avoir le cœur Républicain : fi nous étions tolérez dans une République, ils nous accuferoient d'avoir du penchant pour la Monarchie, réveillant ainfi contre nous les paffions & les jaloufies les plus délicates des Souverains. L'an 1656. l'Affemblée du Clergé, fous le nom plaufible de *Remontrance* mêlée de grands éloges, fit proprement la cenfure de la Cour de France, en parlant à la propre perfonne du Roi & de la Reine Sa Mere, & il falut que L. M. effuyaffent une longue Mercuriale, qui leur reprochoit avec toute l'éloquence impétueufe de Mr. l'Archevêque de Sens, qu'on avoit trop de bonté pour les Hérétiques; qu'on leur accordoit ceci, qu'on leur fouffroit cela, mal à propos. Entre autres chofes ils blâmerent le Roi, d'avoir confenti que Monfieur de Turenne achetât le Gouvernement de Limofin femblable à cet homme de la Parabole (A), dont l'œil étoit malin, parce que fon Maître étoit bon. Ils nous dépeignoient comme des Rébelles, qui fouloient aux pieds les ordres de S. M. qui *élevoient des Synagogues de Satan fur le patrimoine du Fils de Dieu*, defquels par conféquent il faloit châtier les entreprifes féditieufes. Vous ne verrez point de page dans l'Hiftoire du Calvinifme, où cet efprit ne foit répandu : fi on en croit l'Auteur, c'eft être ennemi de l'Etat & de fon Roi, que de fouffrir les Hérétiques, & un Roi qui les fouffre, fe rend coupable d'une négligence qui le perdra lui & fon Royaume.

Cette forte d'Ecrits font fort goûtez à la Cour de France préfentement; c'eft pourquoi le P. Maimbourg, dont la plume eft hypothéquée au Roi par une groffe penfion, n'avoit garde de nous épargner. Il favoit, avant que de commencer fon Hiftoire, qu'il nous faloit trou-

---

(*) *Hift. du Calvinifme l. 2. p. 94.*

(A) *Evang. felon Saint Matth. ch. 20.*

trouver coupables de mille féditions horribles. Plein de cet efprit il a feuilleté plufieurs Volumes; il y a choifi certains faits qui lui ont paru favorables à fes fins; & fans fe foucier beaucoup de l'ordre & de la véritable caufe de ces faits, il leur a donné le commencement, le progrès, & le motif qui lui ont plù, de forte qu'il nous a rendus tout auffi criminels qu'il l'a jugé à propos; & pour faire plus d'impreffion fur les Lecteurs, il s'eft chargé d'un grand nombre d'épithetes diffamatoires, & de defcriptions violentes qu'il a répétées mille & mille fois.

Il n'eft rien de plus aifé, quand on a beaucoup d'efprit, & beaucoup d'expérience dans la profeffion d'Auteur, que de faire une Hiftoire Satyrique, compofée des mêmes faits qui ont fervi à faire un éloge. Deux lignes fupprimées, ou *pour* ou *contre*, dans l'expofition d'un fait, font capables de faire paroître un homme, ou fort innocent, ou fort coupable : & comme par la feule tranfpofition de quelques mots, on peut faire d'un difcours fort faint, un difcours impie ; de même par la feule tranfpofition de quelques circonftances, l'on peut faire de l'action du monde la plus criminelle, l'action la plus vertueufe. L'omiffion d'une circonftance, la fuppofition d'une autre, que l'on coule adroitement en cinq ou fix mots ; un je ne fai quel tour que l'on donne aux chofes, changent entierement la qualité des actions. Cela paroît tous les jours dans le Barreau : il n'y a point de fait qui entre les mains de deux habiles Avocats appointez contraires, ne prennent des formes toutes différentes. Un Hiftorien comme Tacite, qui agiroit de mauvaife foi, feroit une vie de Louïs XIV. peu glorieufe, fur les mêmes faits qui porteront au fouverain dégré de la Gloire le nom de ce grand Monarque; & l'on peut dire (*) qu'à l'égard de la réputation, toute la deftinée des Princes eft entre les mains des Hiftoriens. Si cela eft vrai à l'égard des Hiftoriens primitifs & contemporains, il n'eft pas moins vrai que ceux qui longtemps après compilent une Hiftoire de plufieurs Recueils, la font plus ou moins avantageufe, felon qu'il leur plaît de confondre adroitement l'ordre des actions, de paffer fous filence certaine chofes, d'en relever d'autres. En un mot il n'y a point de *Filouterie* plus grande, que celle qui fe peut exercer fur les monumens Hiftoriques, quand on a autant d'efprit & de routine que Monfieur Maimbourg, fi bien qu'ayant entrepris l'Hiftoire du Calvinifme uniquement afin de nous charger de la haine & de l'exécration publique, & de juftifier, & fomenter le deffein qu'on a infpiré au Roi de nous perdre, il ne faut pas s'étonner, qu'il nous ait accommodez comme il a fait.

Voilà Monfieur, ce qui a été caufe que je n'ai pas été furpris de voir un emportement fi déchaîné dans cette Hiftoire, & un portrait fi hideux de la conduite de nos Prédéceffeurs. Je m'y attendois bien. Du refte comme je vous l'ai déja dit, jamais mon fens froid ne m'a quitté pendant toute cette lecture, fi ce n'eft pour avoir quelquefois pitié d'un Hiftorien, qui fe laiffe entraîner miférablement à la colere, par des préjugez d'éducation, par des motifs humains, & par cent autres illufions indignes de l'Homme. Je riois auffi quelquefois en moi-même,

de voir un Jéfuite qui a beaucoup d'efprit, & de l'âge plus qu'il n'en faut pour avoir mortifié fes paffions, s'acharner fur des Ombres & fur des Fantômes avec une fureur inconcevable, je veux dire, fur des gens de l'autre monde. Mais fur tout je me réjouïffois de trouver tant de faillies, & tant de boutades, par la raifon qu'il ne faut que cela pour décréditer toute cette Hiftoire. Le bon fens veut qu'on n'ajoûte point de foi à un Hiftorien, qui eft fi peu Maître de fa préoccupation, que fa colere & fa haine fautent aux yeux de tout le monde. Vous me traiterez de Stoïque, tant qu'il vous plaira, je ne faurois vous dire autre chofe, finon que j'ai lû l'Hiftoire du Calvinifme avec plus de joye que de chagrin.

Ne vous attendez pas que je vous rende raifon des citations, qui fe trouvent à la marge de cette Hiftoire, car franchement je n'ai pas fongé à en vérifier une feule. Si vous vous appliquez à ce travail, vous me ferez plaifir de m'apprendre vos découvertes. Ce n'eft pas que je fois fort en peine fur cela, car je vous avouë que je ne lis prefque jamais les Hiftoriens dans la vuë de m'inftruire des chofes qui fe font paffées, mais feulement pour favoir ce que l'on dit dans chaque Nation & dans chaque parti, fur les chofes qui fe font paffées. Quand je lis les Hiftoires des Guerres civiles du dernier fiecle, compofées par nos Auteurs, je trouve que les Proteftans de France n'étoient jamais dans leur tort. Mais qand je lis les mêmes Guerres dans les Hiftoriens du parti contraire, fur tout fi ce font des Moines ou des Eccléfiaftiques, je me trouve tranfporté dans un autre païs où je ne me reconnois plus. Les premiers prétendent que les Proteftans n'ont jamais été les Aggreffeurs; qu'il ont fouffert mille infultes & mille fupplices, avant que de repouffer la force par la force; que jamais ils n'ont eu autre deffein, que d'obtenir la permiffion de fervir Dieu felon les lumieres de leur confcience ; que l'obéiffance à leur Prince légitime a toûjours été une chofe facrée & inviolable parmi eux; & qu'ils ont feulement tâché de fe dérober à la fureur de leurs ennemis, qui obfédoit le Roi, ou d'empêcher que l'on ne renverfât les Loix fondamentales du Royaume pour la fucceffion à la Couronne, lefquelles les Catholiques avoient réfolu de ruïner de fond en comble, par la plus infame & la plus déteftable Ligue dont on ait jamais ouï parler. Mais les Moines renverfent toute cette œconomie. Ce font les Huguenots (difent-ils) qui ont pris les armes les premiers; ils ont confpiré contre la propre perfonne de nos Rois, ils ont brûlé & faccagé tout le Royaume, avant qu'on leur eût fait la moindre chofe ; il ne faifoient point de demarches, qu'avec les vuës les plus horribles que l'on puiffe concevoir ; les Catholiques avoient toûjours les meilleures intentions du monde ; pour des violences, ils en exerçoient fort peu dans les lieux où ils étoient les plus forts; quelquefois l'infolence & l'impieté des Heretiques les armoit d'une jufte indignation, mais l'Hiftorien coule là-deffus en deux ou trois mots. La Saint Barthélemi fut un acte de prudence néceffaire & légitime, pour prévenir l'Amiral de Châtillon, qui avoit réfolu de faire égorger tous les Catholiques (a)   Après

---

(*) *Certum eft omnes omnium virtutes tantas effe, quantas videri eas voluerint eorum ingenia qui miufcujufque facta defcripferint.* Vopifcus in Probo.

(a) Conférez ceci avec ce qui eft dit dans le *Dict. Hift. & Crit.* Art. Elizabeth, Rem. K.

Après cela n'eſt-ce point peine perduë que de lire l'Hiſtoire ? Car ſi d'un côté le bon ſens veut que je me défie d'un Hiſtorien Huguenot, & que je le ſoupçonne, ou de n'avoir pas pénétré les pernicieux deſſeins de ſon parti, faute de diſcernement, & à cauſe des préjugez qui l'aveuglent, ou de les avoir diſſimulez afin de ſauver l'honneur de ſa Religion ; de l'autre côté le même bon ſens veut auſſi, que je me défie d'un Hiſtorien de la Communion Romaine, & que je le ſoupçonne, ou d'avoir malicieuſement tû certaines circonſtances qui ſerviroient à la juſtification des Huguenots, ou de leur avoir imputé fauſſement des choſes qui les rendent haïſſables, ou d'avoir crû par des jugemens préoccupez, que tout ce qui ſe faiſoit dans ſon parti étoit légitime, & qu'au contraire ceux qu'il regardoit comme Hérétiques, n'étoient animez que d'un eſprit de rage, de fureur, & d'impieté. S'il m'eſt permis à moi qui ſuis de la Religion, de douter de la bonne foi d'un Miniſtre qui écrit l'Hiſtoire, à plus forte raiſon me doit-il être permis de revoquer en doute la bonne foi d'un Eccléſiaſtique Séculier ou Regulier. Bien entendu qu'un Catholique ſe donne une ſemblable liberté, de douter un peu moins de la bonne foi d'un Eccléſiaſtique, que de celle d'un Miniſtre. Vous voyez, Monſieur, que je ne ſuis pas trop mal fondé de ne chercher dans l'Hiſtoire, que l'eſprit, les préjugez, les intérêts, & le goût du parti dans lequel ſe rencontre l'Hiſtorien.

différence de Auteur ſur ce ſujet.

Sur ce pied-là, je ne crois en général autre choſe, ſinon que les Proteſtans de France ont été armez quelquefois ; qu'il y a eu une Bataille de Jarnac, & de Moncontour, & que certaines autres choſes reconnuës de tout le monde, ſe firent en ce tems-là. Ne m'en demandez pas davantage. Furent-ils les derniers à ſe ſervir des voyes de fait, & avant que d'en venir-là, obſerverent-ils pluſieurs précautions capables de faire leur Apologie ? Je n'en ſai rien ; leurs Hiſtoires le diſent, mais les Hiſtoriens du parti contraire les démentent. Les Catholiques furent-ils de bonne foi à obſerver les Traitez ? Employerent-ils les voyes de la douceur pour réduire le Calviniſme ? Ils ont des Hiſtoriens (*) qui l'aſſurent ; mais on s'inſcrit en faux contre eux, & on les traite d'Impoſteurs. Diſpute là-deſſus qui voudra, pour moi je veux être Pyrrhonien ; je n'affirme ni l'un, ni l'autre, & cela me ſuffit pour ne trouver, dans toutes ces Guerres, aucun préjugé légitime contre la Divinité de ma Religion ; car puis que je ne ſai rien des motifs & des circonſtances qui peuvent excuſer, ou non, la priſe d'armes que l'on reproche aux Calviniſtes, c'eſt à moi à juger de leur Doctrine par elle-même, ſans avoir égard à tous ces démêlez, dont il m'eſt impoſſible de débrouiller le cahos.

C'eſt tout ce que vous aurez de moi, Monſieur, au lieu d'une grande Critique que vous m'aviez demandé par avance, de l'Ouvrage de Mr. Maimbourg. *Quoi, rien que cela*, me direz-vous ? *& que voulez-vous que je faſſe d'une conſidération ſi vague & ſi générale ?* Patience, Monſieur, examinez bien ce que je vous dis, & vous trouverez que j'en dis aſſez. La paſſion eſt toute viſible dans le Livre dont il s'agit :

un Hiſtorien paſſionné n'eſt guere croyable; j'ai fait voir que Monſieur Maimbourg a eu des raiſons très-fortes & très-particulieres, de nous trouver coupables, & de nous dénigrer prodigieuſement : il eſt facile à un habile homme d'empoiſonner les faits les plus innocens. Que voulez-vous davantage pour ne vous ſoucier pas que l'Hiſtoire des Calviniſtes, compoſée par le Jéſuite Maimbourg, les charge d'injures & d'infamies ? Il n'oſeroit nier qu'il ne ſoit facile de faire une Hiſtoire, où les plus gens de bien paroiſſent des ſcelerats. Autrement que diroit-il des Hiſtoires de la Compagnie de Jéſus, écrites par les Ennemis de cette Société ? Que diroit-il du *Theatre Jeſuitique* compoſé par le P. Ildefonſe de S. Thomas, de l'Ordre des Jacobins, Evêque de Malaga, & fils naturel de Philippe IV. Roi d'Eſpagne ? Que diroit-il de tant d'autres Livres ſi deſavantageux à ſa Compagnie ? Pendant que les Jéſuites ſe repréſentent plus blancs que la neige dans les Annales de leur Ordre, leurs Ennemis font d'autres Annales de leur Ordre, qui les repréſentent plus noirs dans leur conduite, qu'ils ne le ſont dans leurs habits. Il faut donc que les Jéſuites avouent, qu'encore que les Proteſtans de France euſſent été les plus gens de bien du monde, leurs Ennemis euſſent pû les diffamer autant, ou plus, que le Jéſuite Maimbourg ne s'eſt efforcé de le faire. Je ſuis Monſieur Votre, &c.

✻✻✻✻✻✻✻✻✻✻✻✻✻✻

LETTRE SECONDE.

II. *Juſqu'où on peut pouſſer la certitude de l'Hiſtoire.* II. *Reflexion ſur la conjuration d'Amboiſe, & ſur celle des Catholiques d'Angleterre.* III. *Grande partialité des Hiſtoriens.* IV. *Particularité curieuſe ſur la mort de Marie Stuart, Reine d'Ecoſſe.*

MONSIEUR,

Je voi bien qu'il n'eſt pas auſſi aiſé de finir avec vous que je penſois. Vous m'avez fait une réponſe qui m'engage à retoucher la matiere, ſur laquelle j'avois fait rouler mes concluſions. Vous trouvez fort étrange que je réduiſe à ſi peu de choſe la certitude de l'Hiſtoire. A ce compte, me dites-vous, on ne peut être aſſuré ſinon qu'il s'eſt donné des batailles ; qu'on a fait main baſſe ſur les Huguenots en tel & en tel tems ; & qu'il eſt arrivé quelques autres choſes de cette nature. Vous ne trouvez point votre compte à une ſi grande réduction. Voici peut-être dequoi vous contenter davantage.

Je vous avoue aujourd'hui, que l'on peut quelquefois pouſſer la certitude de l'Hiſtoire juſques à quelque détail. Par exemple, l'on peut être perſuadé d'un fait, ou d'un deſſein, ou d'un motif particulier, lors que tous les partis en conviennent ; lors qu'étant infame à l'un des partis, il ne laiſſe pas d'être avoué par ceux à qui il eſt infame ; ou bien lors qu'étant glorieux à l'un des partis, il n'eſt pas conteſté par l'au-

I. Juſqu'où on peut pouſſer la certitude de l'Hiſtoire.

(*) Il y avoit dans la premiere & dans la ſeconde Edition. „ Il y a des Moines eſclaves de mille préju-
Tom. II.

„ gez, & hardis à mentir tout ce qui ſe peut, qui le „ débitent ; mais on s'inſcrit en faux, &c.

Litt. II.

l'autre. Sur ce principe, je ne doute pas que nous ne foyons en droit d'apporter en preuve de l'innocence de nos Peres, tout ce que Monfieur Maimbourg avoue au défavantage de fon parti ; tout ce dont il ne nous charge pas ; tout ce dont les Hiftoriens Catholiques demeurent d'accord, foit à notre décharge, foit à la honte de leur Eglife. Et cela étant, je ne fais nul doute, que fi quelqu'un des nôtres fe mêle de réfuter l'Hiftoire du Calvinifme, il ne puiffe le faire très-aifément, foit par le moyen de Meffieurs de Thou, & de Mezerai, qui demeurant bons Catholiques, ont eu la force, par une grandeur d'ame extraordinaire, de réfifter à la violence des préjugez, foit par Mr. Maimbourg lui-même, dans les chofes qu'il avoue contre fon parti & pour le nôtre ; car pour les autres chofes qu'il prône à la loüange des Catholiques & contre les Réformez, il ne faut pas les mettre en ligne de compte, à caufe de la paffion qu'il fait paroître, & de l'impureté des fources où il a puifé.

J'avoue encore qu'en examinant l'enchainure de plufieurs faits, en confidérant le génie des Acteurs, en pefant toutes les circonftances, en comparant enfemble ce qui a été dit par les uns & par les autres, on peut éclaircir bien des chofes, découvrir bien des impoftures, réfuter bien des calomnies. Mais en ces chofes-là, Monfieur, foyez affûré que l'Hiftorien qui a le plus d'efprit, eft ordinairement celui dont la caufe paroît la meilleure, & qu'il eft bien mal-aifé de parvenir jufqu'à l'évidence.

II.
De la Conjuration des Catholiques d'Angleterre.

Il n'en faut point d'autres preuves que la confpiration d'Angleterre, qui fait encore tant de bruit. Meffieurs de l'Eglife Romaine foutiennent, que c'eft une pure calomnie des Proteftans : ceux-ci foutiennent qu'il n'eft rien de plus réel. Les uns & les autres s'appuyent fur mille conjectures, tirées, ou de la qualité des témoins, ou de la nature des crimes en queftion, ou des circonftances des temps & des lieux, ou des opinions que les accufez ont fuccées avec le lait, touchant l'autorité fuprême du Pape, &c. Les Proteftans en particulier ont des preuves de la confpiration, telles qu'il en faut pour faire condamner un homme à la mort, felon les formes & les procedures ordinaires de la Juftice. Les procès font imprimez ; l'exécution d'une partie des accufez a été faite. Cependant les Catholiques foutiennent toûjours, que c'eft une injuftice criante, & font imprimer leurs Apologies. Lifez ces Apologies, vous ne croyez plus qu'il y ait eu de confpiration. Lifez une réponfe faite par quelque habile homme à toutes ces belles Apologies, vous jureriez qu'il y en a eu.

Que s'enfuit-il de tout cela ? C'eft que dans tous les fiecles à venir, les Proteftans reprocheront aux Catholiques d'Angleterre cette confpiration-ci, & que les Catholiques la nieront, & crieront à l'impofture. Chacun prendra parti felon les préjugez de fon ame. Les Proteftans aideront à la lettre, & ajoutant le poids de leur préoccupation, aux raifons qui tendent à prouver la confpiration, ils feront pancher la balance de ce côté-là. Les Catholiques la feront pancher de l'autre fens, prêtant de tout leur cœur le fecours de leurs préjugez aux raifons des Apologiftes. N'eft-il pas vrai qu'un

homme vuide de préoccupation dira là-deffus, qu'il n'y a rien de certain là-dedans, fi ce n'eft qu'on a inftruit le procès de quelques Jéfuites, qu'on les a condamnez, qu'on les a punis de mort, que le refte eft un champ de bataille pour les conjectures & pour les lieux communs, oùles Ecrivains des deux partis fe démentiront éternellement les uns les autres, & joueront à qui faura mieux manier une probabilité ? Quelle affurance pouvons-nous avoir de rien, puis que fur un fait auffi éclatant que la Confpiration, dont on accufe les Catholiques d'Angleterre, on ne fait à quoi s'en tenir ?

Et de celle d'Amboife.

Je demande à Meffieurs les Catholiques Romains, fi je n'ai pas autant de raifon de révoquer en doute la Conjuration d'Amboife, attribuée par leurs Hiftoires au Prince de Condé, Chef des Huguenots en ce tems-là, que leurs Neveux en auront de revoquer en doute la Conjuration, qu'on attribuë préfentement aux Catholiques Anglois ? S'ils me répondent que non, c'eft fans doute, parce qu'ils croyent que tout leur eft permis, & que rien n'eft permis aux autres : car du refte les chofes font à peu près égales. Nos Hiftoriens ont toûjours nié le fait tel que leurs Adverfaires le débiterent : de part & d'autre on a fait pendre quelques-uns des accufez, & on n'a pû leur faire rien confeffer. La différence eft néanmoins grande pour ce qui concerne les Chefs de parti. Les Seigneurs Anglois, qu'on accufe d'avoir confpiré contre leur Prince, font bienheureux de ne pouvoir être jugez que par le Parlement, qui pour des raifons très-délicates a été caffé, ou prorogé tant de fois, qu'il n'a pu vaquer à l'inftruction de leur affaire. Celui d'entre eux qu'on a eu le loifir de juger, a été puni de mort comme atteint & convaincu du crime de haute trahifon. On ne fait pas ce qui arrivera des autres. Mais pour le Prince de Condé, non feulement *il donna* (*) *le dementi en pleine affemblée de tout ce qu'il y avoit de grand à la Cour, à tous ceux, excepté le Roi, les Reines, & les Fils de France, qui oferoient maintenir qu'il s'étoit fait Chef de ceux qui auroient attenté contre la perfonne facrée du Roi, & contre fon Etat ; non feulement il s'offrit, fa Dignité de Prince du fang mife à part, à foutenir dans un combat d'homme à homme, ce dementi, qui ne fut relevé de perfonne ;* non feulement, après être forti de prifon, il dit au Duc de Guife, qu'il tenoit pour méchant & malheureux, celui & ceux qui avoient été caufe de fa détention : à quoi le Duc répondit (A), *qu'il le croyoit, & que cette parole ne lui concernoit, ni touchoit en rien :* mais auffi ayant demandé en plein Confeil, s'il y avoit quelques informations contre fa perfonne, il eut pour réponfe du Chancelier, que non ; *il fut juftifié* (B) *par un Arrêt du Confeil, le Roi préfent ; ce qui enfuite fut folemnellement declaré & homologué en plein Parlement, en prefence de tous les Princes, des Ducs & Pairs, des Officiers de la Couronne, & des Cardinaux, qui affifterent à cette importante action.* Si jamais le Parlement d'Angleterre en fait autant pour la mémoire du Vicomte de Stafford, & pour fes complices, je confens que l'on croye nulle leur confpiration. Qu'il nous foit donc permis d'ajoûter foi à un Arrêt du Confeil, donné le Roi y étant, & vérifié au Parlement avec la plus grande folemnité

(*) *Maimb. Hift. du Calvin. p.* 133.
(A) *Brantôme Vie du Duc de Guife.*

(B) *Maimb. ibid. p.* 163.

nité du monde. Je dis la même chose à l'égard de l'Amiral de Coligni, dont la mémoire, de l'aveu même du Pere Maimbourg, *fut réhabilitée* (*) *par un Arrêt solemnel du Conseil d'Etat, qui a mis hors de tout reproche tout ceux qui sont sortis d'une si illustre Maison.* Ecoutons ce que dit Brantôme sur ce sujet dans la Vie de l'Amiral: *Monsieur l'Amiral ne sçut jamais la dite conjuration d'Amboise, à ce que j'ai ouï dire à aucuns des plus anciens de Religion, & aussi à la Vigne, valet de la Renaudie, qui en sçavoit tout le secret; on ne la lui voulut jamais conferer, d'autant que les Conjurateurs le tenoient pour un Seigneur d'honneur, homme de bien, aimant l'honneur & la vertu, & pour ce les eut bien renvoyez, loin; rabrouez & reculé le tout, voire aidé à leur courir sus.*

*III.
Grande partialité des Historiens modernes.*

Au reste je ne suis pas le seul qui donne dans cette espece de Pyrrhonisme Historique. La partialité qui se remarque dans la plûpart des Historiens, entraine dans cette Secte-là un très-grand nombre de gens d'esprit. Cette partialité commence avec son plus grand desordre dans les Gazettes, & se repand de là au long & au large dans une infinité de méchans Historiens, qui ne composent leurs Rapsodies que de ces misérables pieces. Ce sont des Historiens qui ne valent rien à la vérité, mais leur grand nombre leur tient lieu d'un certain mérite, qui fait qu'on les oppose à l'autorité d'un bon Historiographe, & par là les choses deviennent problématiques. (A) Quelle diversité n'avons-nous pas vûë pendant la derniere guerre, entre les Relations imprimées à Paris, & celles qu'on imprimoit à Bruxelles, ou en Hollande ? La Bataille de Senef débitée dans les ruës de Paris, & celle qui fut débitée dans les ruës d'Amsterdam, ne conviennent en rien d'essentiel; ceux qui vainquirent dans celle-ci, furent batus sans ressource dans celle-là. Aussi fit-on des feux de joye magnifiques en Allemagne, en Espagne, & en Hollande, aussi bien qu'en France. Le moyen que la postérité sache qui fut batu en cette sanglante journée, puis que nous qui sommes contemporains ne le savons pas ? Car de dire, comme font quelques uns, que les Gazettes des autres païs ne disent jamais la vérité, & que les nôtres la disent toûjours, c'est la plus ridicule prévention du monde; les Etrangers n'en peuvent-ils pas dire autant en leur faveur ? Voulez-vous voir une plus absurde partialité, que celle d'un Historien François que je lisois ce matin, qui décrit fort amplement la levée du Siége d'Arras; mais quand il s'agit deux ans après, de la levée du Siége de Valenciennes, il se contente de dire en trois mots, que les Ennemis firent entrer du secours dans la Place, après quoi Monsieur de Turenne, croyant s'occuper plus utilement ailleurs, mena son armée vers le Quesnoi. Un Espanol, par une partialité aussi ridicule, fera un Livre entier de la levée du Siége de Valenciennes, & ne parlera qu'en passant du combat des Lignes d'Arras. Ces Historiens-là mériteroient d'être châtiez exemplairement.

Et des Historiens anciens.

Un des plus habiles hommes (B) de ce siecle, accuse les anciennes Histoires de la même partialité. Voici comme il parle. *Il est si difficile de s'empêcher, en écrivant l'Histoire, d'avoir la même aversion de nos ennemis, que nous leur avons témoignée en guerre ouverte, qu'il y a peu d'Historiens de l'Antiquité qu'on ne puisse blâmer d'avoir en cela trop donné à leurs passions. En effet je pense que si nous avions les guerres Puniques, écrites de la main de quelque Auteur Africain, & telles qu'elles se pouvoient débiter dans Carthage avant sa destruction, nous y verrions des descriptions de combats, bien differentes de celles que nous avons dans T. Live, & dans les autres Historiens Romains. Ceux-ci mettent quasi toûjours les victoires de leur côté, avec le moindre nombre de Soldats, par la seule vertu des Chefs, & la bonne Discipline de leur Milice. Qui doute qu'ils ne fussent controllez en cela par ceux du parti contraire ? La même diversité se remarqueroit vraisemblablement aux résolutions prises dans le Senat de Carthage, qui seroient accompagnées d'autant de raison & d'équité, qu'on verroit d'injustice en celui de Rome. Et s'il nous restoit ce qui peut avoir été écrit pour l'un & pour l'autre de ces deux grands partis, il est à croire que la bonne cause ne se trouveroit pas toûjours du côté de la bonne fortune, comme il est arrivé par le malheur des vaincus, dont on a supprimé les Ecrits avec la liberté & l'Empire. Car encore que les Historiens de l'une & de l'autre République, convinssent par nécessité des principaux évenemens, comme du Siége & de la prise des Villes, des Batailles données, & de choses semblables; c'est sans doute que la raison des conseils, les moyens tenus en l'exécution, & les circonstances de toutes les choses, seroient représentées bien differemment, selon le génie particulier de chaque Ecrivain, qui feroit son possible pour mettre le tort du côté de ses Ennemis.*

Quoi que je me sois déja trop étendu sur cette matiere, si faut-il que j'ajoûte encore le témoignage de Monsieur du Maurier, qui me donnera occasion de retourner à l'Histoire du Calvinisme.

La plûpart (c) *des Histoires* (dit-il) *sont des Panégyriques faits par des plumes gagées, qui élevent le vice & le crime dans le Ciel, ou des Pasquins faits par des ames venales & interessées, qui font passer les meilleurs Princes pour des Tyrans. Témoin tant d'Histoires & Imprimez satyriques des Huguenots contre les Princes Catholiques, entre autres, contre François de Lorraine Duc de Guise, parce que cet excellent Capitaine leur avoit fait la Guerre, & ces gros tas de Livres composez par des Moines & par des Catholiques superstitieux, contre la Reine Elizabeth d'Angleterre, la plus grande Princesse qui ait jamais porté Couronne; car il suffit à ces esprits passionnez d'être d'un parti & d'une Religion contraire, pour être accablé de calomnies, denigré & condamné.*

*IV.
Particularité sur la mort de Marie Stuart.*

Et là-dessus il nous apprend une chose qui vaut seule plus que cent découvertes de Physique, dont on fait aujourd'hui tant de cas. C'est que la Reine Elizabeth, lassée de toutes les Conspirations que la Reine Marie Stuat brassoit contre elle, lui fit faire son procès dans toutes les formes. Elle fut condamnée à la mort par plus de quatre cens Juges (car c'est ainsi qu'il faut dire avec Monsieur de Thou, & non pas quarante, comme Monsieur du Maurier, qui par mégarde a écrit un nombre pour un autre)

(*) *Histoire du Calvin.* p. 476.
(A) Conférez ceci avec ce qui est dit dans le *Dict. Hist. & Crit.* Art. GUICCIARDIN, Rem. B.

(B) *La Mothe le Vayer, Disc. sur l'Hist.*
(c) *Mémoire pour l'Hist. de Holl. Préf.*

B 3

autre) la plûpart Marquis, Comtes, Barons, Pairs d'Angleterre, Officiers de la Couronne, & Membres du Parlement. Néanmoins la Sentence fut long-temps surfise, & n'auroit jamais été exécutée, si la France n'y eût poussé Elizabeth. Le Président de Bellievre fut envoyé extraordinairement en Angleterre, en apparence pour solliciter en faveur de la Reine Marie, mais en effet pour hâter sa mort. Il avoit une très ample instruction, pour interposer les offices du Roi son Maître auprés de la Reine Elizabeth, en faveur de l'autre Reine; & il fit une harangue (dont Monsieur de Thou a inséré le précis dans son Histoire) qui étoit la plus touchante & la plus pressante du monde, pour détourner la Reine d'Angleterre de l'exécution de l'Arrêt. Mais, comme il l'avoua au Pere de Monsieur du Maurier, il avoit une autre instruction secrette de la main du Roi Henri III. pour exhorter la Reine d'Angleterre à faire décapiter cette ennemie commune de leurs personnes, & de leurs Royaumes. La raison d'une si étrange conduite étoit, que la Reine Marie étoit parente de Messieurs de Guise & entierement à eux; si bien que la succession d'Elizabeth plus âgée qu'elle, la regardant, il pouvoit arriver qu'elle devint Maîtresse de trois grands Royaumes; auquel cas Messieurs de Guise, soûtenus de tant de forces, eussent fait en France tout ce que bon leur eût semblé, c'est-à-dire, qu'ils eussent confiné dans un Monastere le Roi Henri III. tondu & revêtu d'un froc, selon la menace de ce Distique:

Qui dedit ante duas, unam abstulit, altera nutat;

Tertia Tonsoris est facienda manu.

Monsieur Maimbourg, bien loin de rejetter cette Histoire comme Apocryphe, la confirme (*) en quelque façon par un passage de Brantôme.

Quelles Comédies, bon Dieu! est-ce que les Rois & les Princes nous jouent? Envoyer un Ambassadeur extraordinaire à Londres; le charger d'une instruction publique, qui lui enjoint de solliciter vivement pour la vie d'une Reine; lui faire déclamer un long discours étudié, & rempli de Sentences Chretiennes & Politiques, pour montrer que les Têtes Couronnées doivent être inviolables; & en même tems lui donner ordre de solliciter le supplice de la même Reine, n'est-ce pas se moquer de Dieu & des hommes? Y eut-il jamais hypocrisie pareille à celle-là? Se Peut-il rien voir de plus Comédien? Quoi, Henri III. ce grand Persécuteur des Huguenots, toûjours environné de Moines, avoit la conscience si religieuse? Vraiment on nous en fait bien accroire, quand on éleve jusqu'aux Cieux la piété, la foi, la dévotion, le zêle Séraphique des Rois persécuteurs de l'Hérésie. Si leurs Ambassadeurs avoient des Confidens semblables au Pere de Monsieur du Maurier, nous apprendrions bien des choses contraires aux fla-

teries de leurs Panégyristes (A), & s'il n'y avoit ni des flateurs, ni des calomniateurs, je ne serois pas en peine de me justifier aujourd'hui auprès de vous: je serois des premiers à parler & à écrire pour la certitude de l'Histoire. Mais dans l'état où les choses sont réduites, horriblement travesties par la partialité des Historiens, dont les uns canonisent les mêmes personnes que les autres accablent de malédictions, vous me permettrez de perséverer dans les sentimens dont je vous ai fait confidence. Vous verrez par le premier Ordinaire quelque chose sur cette partialité, qui me raprochera de l'Histoire du Calvinisme. Je suis Monsieur Votre, &c.

✿✿✿✿✿✿ ✿✿✿✿✿✿

LETTRE III.

I. Préoccupation étrange des Catholiques pour la Reine d'Ecosse & pour la Maison de Guise. II. Vices énormes de cette Maison. III. Mœurs du Prince de Condé Chef des Calvinistes. VI. Mœurs de ceux qui ont persécuté nos Ancêtres. V. Imprudence de Mr. Maimbourg d'avoir renouvellé la mémoire de tant de désordres.

MONSIEUR,

Vous avez pû voir dans ma Lettre précédente le jugement que fait Monsieur du Maurier de tous ces Libelles satyriques, qui ont été composez, ou contre la Maison de Guise par les Huguenots, ou contre la Reine Elizabeth par les Moines & par les Catholiques superstitieux. Faisons, s'il vous plaît, aujourd'hui une remarque sur cette Reine d'Ecosse Marie Stuart dont notre Roi Henri III. fit solliciter le supplice. C'est dommage que les Prédicateurs de la Ligue n'ayent sû ce beau secret, car ils en eussent tiré mille nouvelles déclamations furieuses, pour faire détester ce pauvre Prince. Que n'eussent pas fait les Ligueux, s'ils avoient sû ce que nous savons, puis que sans avoir pénétré dans le mystere, ils ne laisserent pas *d'accuser* (B) *leur Reine, de connivence avec la Reine Elizabeth*, ne trouvant pas ce fut assez profiter des choses, que de *se servir de l'horreur de cette action, pour animer davantage les Peuples contre tous les Religionnaires?* La Sainte Ligue en eût augmenté prodigieusement, tant cette Reine d'Ecosse a donné dans la vuë à Messieurs de l'Eglise Romaine.

La plus grande partie de leurs Ecrivains en font une Sainte. A leur dire, elle a été martyrisée; sa foi, sa piété, sa constance à souffrir pour la gloire du bon Dieu, doivent être l'éternelle admiration des hommes & des Anges bien-heureux. Il falut que les Anglois (c) brûlassent le tapis & l'échaffaut, sur quoi on lui avoit coupé la tête, & qu'ils lavassent exactement tous les endroits où son sang avoit rejail-

---

(*) *Hist. du Calvin.* p. 186.

(A) Il y avoit dans la premiere & dans la seconde Edition. ,, Fasse le Ciel que ce Galant homme nous ,, enrichisse bien tôt de toutes les rares curiositez, ,, qu'il nous promet sur la fin de ses Mémoires. Comme il s'est délivré de cette basse & honteuse flaterie, qui regne aujourd'hui plus que jamais dans les ,, Auteurs, j'espere qu'il nous révélera des véritez im-
,, portantes, & plus précieuses que les découvertes des ,, Philosophes; car il vaut mieux connoître les profondeurs de l'esprit & du cœur de l'homme, que ,, celles du mouvement de la matiere. Si tous les ,, Auteurs étoient faits comme Mr. du Maurier, je ,, ne serois pas en peine de me justifier, &c.

(B) *Mezerai Abr. Chron. ad an.* 1587.

(C) *Monsieur de Thou. l.* 86.

rejailli ; autrement les Catholiques en eussent fait un objet de superstition. Ces mêmes Ecrivains font passer la Reine Elizabeth qui la fit mourir, pour un Monstre pire qu'un Diable. Cependant Monsieur de Thou, Monsieur de Mezerai, Monsieur du Maurier, qui se fortifie du témoignage de Monsieur de Castelnau, Intendant des affaires de la Reine d'Ecosse en France, conviennent que c'étoit un esprit inquiet & querelleux, qui ne cessoit de harceller la Reine d'Angleterre, & de donner dans toutes les intelligences, & dans toutes les conspirations qu'on lui proposoit, allassent-elles à la vie de cette Reine : pour ne rien dire de ses impudicitez, qui ont été les plus scandaleuses du monde, & qui l'ayant précipitée dans d'autres crimes atroces, la firent enfin chasser de son Royaume par les Etats. Ce n'étoit point une feinte, ni un artifice malicieux, comme dit Monsieur (*) Maimbourg, que la jalousie qu'on inspira à Jaques VI. son fils. Monsieur de Thou raporte qu'effectivement elle avoit engagé l'Ambassadeur d'Espagne, dans une de ses conspirations contre la Reine d'Angleterre, sous l'espérance qu'elle lui donna, que si son fils ne revenoit pas dans le giron de l'Eglise, on le dépouilleroit de ses Royaumes, qui reviendroient à elle de plein droit, & qu'elle en feroit héritier le Roi d'Espagne, comme le plus puissant Protecteur de la Religion. Messieurs de Guise, ses proches parens, favorisoient en France cette entreprise, & le Jésuite Ballard n'y épargnoit pas ses forces. Allez vous fier après cela aux Histoires.

A l'égard de Messieurs de Guise, je conviens avec Monsieur du Maurier, que plusieurs Ecrivains Protestants ont porté trop loin leurs invectives contre eux : mais on ne me sauroit nier que leur préjugé ne soit moins aveugle que celui des Ecrivains Catholiques, qui les ont préconisez comme les Anges Tutelaires de la Religion, & comme des Héros de la foi rongez du zele de la maison de Dieu. Vous avez ouï parler sans doute de ce (A) Prédicateur, qui apostrophant l'ame du Duc de Guise tué à Blois, & s'adressant à la Duchesse de Nemours sa mere, s'écria par une application profane & impie des paroles de l'Ecriture, *O saint & glorieux martyr de Dieu, béni est le ventre qui t'a porté, & les mammelles qui t'ont allaité !*

Ce ne sont, dira-t-on, que les saillies extravagantes d'un Prédicateur séditieux. Voici donc quelque chose de plus authentique. *La France étoit folle* (B) *de cet homme-là* (il paroît par toute la suite du discours, que Mr. de Balzac parle de ce même Duc de Guise, & non pas de celui qui fut tué devant Orleans) *car c'est trop peu de dire amoureuse. Il ne faut pas s'étonner si elle s'éloigna de son devoir comme elle fit. Une telle passion alloit bien près de l'idolatrie. Il y avois des gens qui l'invoquoient dans leurs prieres ; d'autres qui mettoient sa Taille-douce dans leurs heures : pour son Portrait il étoit partout ; quelques-uns couroient après lui dans les ruës ;*

pour faire toucher leur chapellet à son manteau ; *& un jour qu'il revenoit d'un voyage de Champagne, entrant à Paris par la porte Saint Antoine, non seulement on lui cria, VIVE GUISE : mais plusieurs personnes lui chanterent ; HOSANNA FILIO DAVID.* Monsieur de Thou raporte qu'après le massacre du Duc & du Cardinal de Guise, la Duchesse de Nemours, leur mere, ayant fait prier Henri III. de lui rendre les corps de ses fils, on représenta au Roi qu'il s'en faloit bien garder, parce que dans la préoccupation où étoient les peuples, on ne manqueroit pas de les leur faire adorer comme des Reliques des Saints, ce qui rendroit la personne du Roi plus odieuse (c) : de sorte que l'on fit consumer ces cadavres dans de la chaux, par une précaution presque semblable à celle qui fut cause, que Dieu ne voulut pas permettre que les Juifs sçussent où étoit le corps de Moïse. L'événement fit voir que ceux qui donnerent cet avis au Roi, avoient raison ; car entre les autres extravagances qui se firent dans Paris, après la mort de ces deux freres, Monsieur de Thou remarque que l'on portoit tous les jours au pied des Autels leur effigie, grande comme nature, & toute sanglante, & marquée des signes affreux de l'assassinat. (D)

Je dis que ce sont des excès de préoccupation infiniment plus déraisonnables, que les invectives des Huguenots, parce que si on ôte à ce Duc de Guise les qualitez qui peuvent faire un grand homme selon le monde, on lui ôte tout ; & qu'il faut s'aveugler volontairement, pour s'imaginer qu'il ait eu un véritable zele de Religion. Car enfin, ou l'Histoire n'a rien de certain, ou il est certain que ce Duc avoit résolu le plus grand & le plus effroyable crime qui se puisse commettre, savoir celui de s'emparer de l'autorité Royale, & de confiner dans une cellule le Roi légitimement régnant. Le Pape Sixte V. qui n'ignoroit pas l'ambition de ce Duc, ne put s'empêcher de s'écrier, en aprenant qu'il étoit allé trouver le Roi à Paris un peu avant les Barricades, (E) *O le grand fou de s'être ainsi livré témérairement entre les mains d'un Prince irité !* Mais aprenant tout d'un temps que le Roi l'avoit vû de bon œil, & qu'il ne s'étoit pas assûré de sa personne, ce Pape se récria une seconde fois, mais fort cavalierement, (F) *Que voilà un grand sot & un grand benêt de Prince, qui ayant une si belle occasion d'arrêter un Ennemi né pour être son fléau & sa ruine, ne l'a point fait !*

Une des choses qui firent autant résoudre Henri III. à faire mourir le Duc de Guise, fut qu'il apprit d'une maniere à n'en point douter, le vaste dessein que ce Duc avoit conçu, de se faire Roi. Ce fut le propre frere du Duc qui le fit savoir à Henri, par le Colonel d'Ornano ; & la Duchesse d'Aumale confirma ces mêmes avis au Roi, de la part de son mari. Une des raisons pourquoi le Duc du Maine révéla ainsi ce grand secret, fait voir que le Duc de Guise n'étoit pas un Chretien fort avancé dans la

(*) *Hist. du Calvin. p.* 183.
(A) *Le petit Feuillant. Voi. le Journ. du Regne d'Henri III. 8. Janv.* 1589.
(B) *Balzac Entret.* 24.
(c) *In Regis invidiam etiam tanquam beatorum fœlices exuvias ad adorationem vulgo exposituros.*
(D) *His accedebant libelli ineptissimi de martyrio fratrum eum imaginibus eorum inscitè pictis : nec contenti libris, eorundem effigies justâ hominis mensurâ ad pulvinaria templorum quotidie sistebant. ; sanguinolentias, & pallore violentâ mortis horridas.*
(E) *O temerarium hominem qui se tam imprudenter in manus irritati Principis consignaverit !* Thuanus. l. 90.
(F) *O ignavum & fatuum Principem qui inimicum hominem exitio suo natum data occasione e manibus sibi eripi passus sit !* Id. ibidem. l. 93.

 la sanctification. Ces deux freres s'étoient querellez (*) pour une femme (A), & en étoient venus si avant, qu'ils penserent se batre en duël, mais sur le point de l'exécution, un remords empêcha le Duc du Maine de se batre.

Voulez-vous quelque chose de bien précis? Lisez la Préface des Mémoires de Monsieur du Maurier; vous y trouverez que dans un Conseil secret, que tinrent Messieurs de Guise avec leurs principaux Affidez, pour délibérer de la déposition du Roi Henri, un de la compagnie plus modéré que les autres ayant demandé, *Qui seroit celui qui oseroit mettre le Roi dans un Cloître? le Cardinal de Guise d'un naturel impétueux, après lui avoir reproché sa mollesse, dit tout haut, qu'on lui livrât le Roi, qu'il lui mettroit la tête entre ses genoux, & lui feroit la Couronne de Moine avec la pointe d'un Poignard. Discours qui depuis lui coûta bien cher, car après que le Roi Henri III. eût fait tuer Mr. de Guise son frere, & qu'il balançoit ce qu'il devoit faire de ce Cardinal, qu'il avoit fait arrêter; le Colonel Alphonse d'Ornano l'ayant fait souvenir de ces cruelles paroles, & remontré que le frere vivant étoit plus dangereux que n'avoit jamais été le mort, le Roi jura qu'il en mourroit, & envoya aussi-tôt Mr. du Guast, Capitaine aux Gardes, avec ordre précis de l'expédier.*

On se cachoit si peu de ce dessein exécrable, que la Duchesse (B) de Monpensier, sœur du Duc de Guise, dit un jour à plusieurs personnes en montrant ses ciseaux d'or, qu'ils serviroient bientôt à tondre le Roi, afin qu'étant relegué dans le fond d'un Cloître, il laissât le Thrône dont il étoit indigne, en état de pouvoir être occupé par un homme plus capable de régner, & d'exterminer les Huguenots. Cet homme c'étoit son frere. Mr. Maimbourg ne disconvient pas (c) que ce Duc n'ait aspiré à la Couronne, du moins peu après la mort des Valois. *Il entra*, dit-il, *dans la Ligue pour se faire Chef d'un parti, qui après la mort des Valois, le pourroit encore élever plus haut.*

Les mœurs du Duc de Guise ne sentoient point du tout son bon Chretien; car outre qu'il fit assassiner l'Amiral de Coligni, qui s'étoit pourtant justifié aussi amplement qu'on le pouvoit faire, des soupçons mal-fondez qu'on avoit eus contre lui, au sujet de Poltrot qui tua le Duc de Guise, pere de celui dont je parle, durant le siége d'Orléans; outre cela, dis-je, il se conduisit dans toute la sanglante & barbare Tragédie de la Saint Barthélemi, en homme qui avoit les sentimens d'un Cannibale, ou d'un tigre forcené, plûtôt que ceux d'un Chretien. J'ai déja touché quelque chose de ses Amourettes. J'ajoûte ici, que ni le souvenir de ses rébellions énormes, & de ses attentats contre la propre personne de son Roi, ni les avis qu'on lui donnoit de toutes parts, durant la tenuë des Etats de Blois, du dessein qu'on avoit pris à la Cour de se défaire de lui, ne rabatoient rien de ses impudicitez accoûtumées. Il avoit passé la nuit qui précéda son assassinat, avec une Dame de la

Maison de la Reine; ce qui fut cause, qu'il se rendit plus tard que les autres au Conseil, & l'on crut même que le saignement de nez qui lui prit dans la Sale du Conseil, & qui l'obligea à demander quelques confitures, vint de ce qu'il avoit épuisé ses forces avec cette femme. Si vous ne voulez pas m'en croire, croyez-en à tout le moins Mr. de Thou, dont je vous raporte les paroles à la marge, (D) & admirez l'injustice de ce Duc. Parmi toutes les infidélitez (E) qu'il faisoit à son Epouse, il ne vouloit pas souffrir qu'elle lui en fît à son tour; car il fit cruellement assassiner un beau jeune Gentilhomme, nommé S. Megrin, l'un des Mignons du Roi, à cause de certains bruits qui couroient de lui & de Madame de Guise. N'en deplaise au Roi de Navarre, qui avoit ses raisons pour aprouver le châtiment de S. Megrin, cette action du Duc de Guise étoit un très-grand péché.

Pour peu qu'on fasse de réflexion sur tout cela, on comprend qu'il est impossible qu'une ame possédée de tant de passions criminelles, ait un véritable zèle pour la gloire de Dieu, & que tous les éloges qui se voyent dans une infinité de Livres, composez par des Moines, ou par des gens possédez d'un esprit de Moine, qui font de ce Duc un Zélateur incomparable de la foi, rempli de l'amour Divin, n'ont pas une étincelle de sens commun.

Aussi le P. Maimbourg, qui s'est toûjours piqué d'être au-dessus de l'esprit bigot & monachal, n'excepte point le Duc de Guise du nombre des Grands Seigneurs sans Religion, qui étoient à la Cour de Charles IX. Je lui sai bon gré d'en avoir excepté l'Amiral de Châtillon, & pour le reste je souscris sans grand scrupule à cet endroit de son Livre; *Les autres* (F) *grands Seigneurs de cette Secte n'avoient guéres que le nom de Calvinistes, ne sachant pas trop bien ce qu'ils étoient: & à dire sincérement la vérité, on vivoit alors dans une Cour très-corrompuë, où les Catholiques & les Huguenots n'étoient presque distinguez, qu'en ce que ceux-ci n'alloient pas à la Messe, ni ceux-là au Prêche; mais quant au reste, ils s'accordoient assez en ce que les uns & les autres, au moins pour la plûpart, n'avoient guéres de Religion, & point du tout de piété & de crainte de Dieu.*

Qui pourroit croire que Madame de Monpensier, sœur du Duc de Guise, étrangement passionnée contre les gens de la Religion, eût quelque zele pour la gloire de Dieu, elle dont les passions sentoiênt un emportement inimaginable, jusques là qu'on crut que pour induire le Moine Clément à tuer le Roi Henri III. elle lui fit espérer des récompenses extraordinaire, & l'impunité de son crime, en lui faisant voir qu'elle avoit en sa puissance des personnes, sur qui elle useroit de réprésailles, ce qui obligeroit les Royaux à épargner le meurtrier? Bien plus, on crut qu'elle s'abandonna à ce Moine jeune & gaillard, ne croyant pas le pouvoir tenter par quelque chose dont il eût plus d'appetit, que par les embrassemens d'une Princesse;

Haine de la Duchesse de Monpensier p[our] Henri III.

(*) *Idem ib.*

(A) Il y a voit, dans la premiere Edition, *pour une femme de joye.*

(B) *Mr. de Thou. l. 95.*

(c) *Hist. du Calvin. p. 491.*

(D) *Ultimus comparuit Guisius, quem ea nocte securum Veneri furtivæ cum quadam Gynæcei matrona, quam perditè deperibat, indulsisse, eoque tardius surrexisse constans rumor fuit.... Dulciaria quadam à Cubiculariis regiis ad refocillandas vires petiit, quod tamen ab aliis, non tam pavori quàm lassitudini, ex contubernio fæminæ illius cum qua concubuerat contracta, assignatum est.* Thuanus. l. 93.

(E) *Journ. d'Henri III. 21. Juillet. 1578.*

(F) *Hist. du Calvin. p. 462.*

celle; c'est Monsieur de Thou qui le raporte. (*)

La cause de la haîne de cette Duchesse pour le malheureux Henri III. a eu des commencemens, qui font voir qu'elle n'avoit pas beaucoup de vertu. *On raportoit au Roi* (dit (A) l'Histoire) *que la Ligue ne lui vouloit pas un moindre mal que de le faire Moine, & que la Duchesse de Mompensier montroit les ciseaux qu'elle avoit destinez pour le raser. C'étoit qu'il avoit offensé cette veuve, tenant des discours qui découvroient quelques défauts secrets qu'elle avoit; outrage bien plus impardonnable à l'égard des femmes, que celui qu'on fait à leur honneur.* Ces défauts connus du Roi signifient bien des choses, & il n'est pas nécessaire que je vous avertisse d'y faire réflexion. Assurément ce n'étoit pas à quelqu'une de ces Processions, qui se faisoient dans Paris pour dévoüer la personne d'Henri III. que ce Prince avoit pris connoissance de ces imperfections clandestines. Vous entendez bien que je parle du temps que la Ligue faisoit faire des Processions, où les femmes habillées de simple toile, un cierge à la main, chantoient je ne sai quelles prieres, & puis éteignoient leur cierge, souhaitant comme si c'eût été le tison de Méléagre, que cette cérémonie fût fatale au Roi. Les plus belles s'habilloient de certains habits si transparens, qu'on leur voyoit tout le corps, si bien que la jeune Noblesse (B) qui les aidoit à marcher par galanterie, n'avoit garde de se contenter du plaisir des yeux (c).

On dit que le Chevalier d'Aumale faisoit très-bien ses affaires auprès du sexe, parmi toutes ces belles & dévotes Processions, & que ses galanteries, jusques au pied des Autels, n'étoient pas fort édifiantes. Encore valoit-il mieux faire cela avec des personnes qui le vouloient bien, que de traiter (D) comme il fit une petite fille de Tours âgée de douze ans, qu'il prit pour sa part du butin, & qu'il força dans un grenier, lui tenant le poignard sur la gorge. Ce fut le jour que les Ligueux, sous la conduite du Duc de Mayenne, tâcherent d'enlever Henri III. à Tours, & l'eussent fait apparemment, si l'arrivée des Huguenots ne les eussent contraints de se retirer. (a)

J'avoüe qu'on peut aussi reprocher au Prince de Condé, Chef des Protestans, de n'avoir pas été fort chaste (b) mais, comme je l'ai déja dit, j'ai bien du penchant à croire qu'il y avoit plus d'ambition que de Religion dans son fait. Lisez bien ce qui suit, & vous ne m'accuserez pas d'avoir épargné le Chef de notre parti, après avoir parlé si librement du Chef de la Ligue. C'est ainsi qu'il en faut user, & je serois bien fâché de vous avoir donné lieu de croire, que la préoccupation m'empêche de tenir la balance égale.

III.
eurs du
nce de Con-

Le Prince étant devenu amoureux d'une des filles de la Reine, nommée Mademoiselle de Limeuil, lui en conta si bien, qu'ils en vinrent à ce qu'on appelle la conclusion du Roman. Elle en eut un fils dont elle acoucha sous le regne de Charles IX. le 25. de May, 1561. dans le Louvre même; mais la Reine qui en ce temps-là avoit besoin du Prince, pour balancer la puissance de la Maison de Guise qui s'élevoit trop, eut compassion de la fragilité humaine. C'est ainsi qu'en parle un bel Esprit dans une maniere de Roman, qu'il intitule *le Prince de Condé*, où l'on voit plusieurs traits historiques très-curieux, & très-fidellement raportez. Même aventure arriva à une autre fille de la Reine, au bout de deux ou trois ans: Catherine de Médicis, s'étant apperçuë que le Prince aimoit cette jeune Demoiselle, se voulut servir de l'occasion pour pénétrer ses desseins; c'est pour quoi elle excita la jeune fille, qui apparemment n'avoit pas besoin de solliciteur pour cela, à ne point faire la prude. Monsieur de Mezerai vous le dira mieux que moi, *la Reine (c) tâcha d'enchainer le Prince de Condé à la Cour par les charmes de la volupté, & par les apppas de l'une de ses filles d'honneur, qui n'ayant rien épargné pour servir sa maitresse, s'en trouva incommodée pour neuf mois, & fut quelque temps l'entretien de la Cour, à qui de semblables accidens donnent plûtôt du divertissement que du scandale.* Le Prince eut une autre galanterie de grand éclat avec la Veuve du Maréchal de St. André, & l'eut épousée, si l'Amiral n'eût paré ce coup en l'engageant dans un autre mariage, croyant par-là le ramener à une vie qui fît plus d'honneur à l'Eglise Réformée; car l'Amiral, dont les mœurs répondoient parfaitement à la Religion qu'il professoit, eut bien voulu que le Prince eût été sage. Il reconnoissoit que ces débauches dans le Chef du parti, décrioient tout le parti même, & il craignoit d'ailleurs qu'il ne se trouvât quelque fille, dont les attraits fussent plus puissans que les prêches de ses Ministres: si bien qu'il lui fit (d) de si fortes remontrances, qu'il l'obligea de rompre, par le lien conjugal, toutes ses pernicieuses attaches avec la Maréchale de St. André, qui en tâchant de donner de l'amour au Prince, en prit tant pour lui, qu'elle acheta son contentement au prix de sa terre de Valery, qu'elle lui donna. (e)

Brantôme nous a conservé un Vaudeville (f) qu'on fit au sujet de ce Prince:

Ce petit homme tant joli,

Toûjours cause & toûjours rit,

Et toûjours baise sa Mignonne,

Dieu gard de mal le petit homme.

(*) *Addunt qui rem criminosius rimati sunt, Monpenseriam jam diu ante nullo non blandimentorum genere artificiosè usam, ut scelus feroci Juveni persuaderet, facta conditionis optmioris spe, si periculum evaderet, quod & fore affirmabat, ob idque illos, quos dixi, vitæ ejus obsides futuros comprehendi curaverat. Verùm de stupro haud facilè crediderim, nisi si ardens ultione animus generosam feminam, ut ad alia scelera cœcam, sic etiam ut impotentem iram expleret, ad hoc fœditatis plenum flagitium impulit.* Thuan. l. 96.

(A) *Mezerai Abr. Chro. ad ann.* 1588.

(B) Il y avoit dans la seconde Edition, ,, si bien que la ,, jeune Noblesse, les aidant à marcher par galanterie, ,, repaissoit fort agréablement sa vûë, sans préjudice du ,, jeu des mains; faut voir comme on vous les manioit.

(c) *Linteis tantum tunicis tenuibus quasi multitiis velabantur, ita ut corpus pelluceret, & ad curiosos nobilium Adolescentium, dum incedentes officiosè adjuvabant, oculos interdum & improbas manus pateret.* Thuan. ad. ann. 1589.

(D) *Journ. du Regne d'Henri III. ad ann.* 1586.

(a) Voyez sur tout ceci, dans le *Dict. Hist. & Crit.* le III. Art. des GUISES.

(b) Il y avoit dans la premiere Edition, ,, J'avoüe ,, qu'on peut retorquer les mêmes reproches de paillardise, contre le Prince de Condé, &c. & dans la seconde, ,, d'impudicité.

(c) *Abr. Chron. ad ann.* 1563. *Mr. de Thou. l.* 35.

(d) *Mezerai ubi supr.*

(e) Conferez ceci avec ce qui est dit dans le *Dict. Hist. & Crit.* Art. LIMEUIL. Rem. A.

(f) *Vie du Pr. de Condé.*

Il ajoûte ces paroles ; *On tenoit ce Prince de son temps plus ambitieux que religieux , car le bon Prince étoit bien aussi mondain qu'un autre , & aimoit autant la femme d'autrui que la sienne , tenant fort du naturel de ceux de la race de Bourbon , & qui ont été fort d'amoureuse complexion* (*).

IV.
Mœurs de ceux qui ont autrefois persécuté les Réformez.

Je consens donc que l'on dise , si on le veut , que cet illustre Chef des Calvinistes , n'étoit ni un grand Religionnaire , ni un grand Saint. Mais qu'on me permette aussi de remarquer , qu'il n'y a jamais eu de plus insignes scélérats , que ceux qui nous ont persécuté le plus inhumainement. Le respect de la Majesté Royale m'empêche de parler de Charles IX. & de son frere le Duc d'Anjou , Roi 'e France après son aîné. On n'a qu'à lire Mr. Maimbourg même , & les Historiens qui n'ont point écrit en Esclaves , pour reconnoître , que les Héros de Tacite étoient d'honnêtes gens en comparaison. J'ai déja touché quelque chose des belles qualitez de nos grands Persécuteurs , le Duc de Guise , & sa sœur la Duchesse de Monpensier , & il me seroit facile de ramasser plusieurs traits de cette nature , si je ne craignois de vous arrêter trop long-temps sur une même matiere. Je me retiens pour l'amour de vous , mais je ne veux pas oublier l'un des plus grands Promoteurs de la Ste. Ligue , & l'esclave le plus dévoué qui fut sous le Ciel , à l'ambition de Messieurs de Guise , & à leur haine contre nous ; c'est l'Archevêque de Lion , Pierre d'Espinac , homme d'une vie abominable. Il se mit un jour à déclamer en présence du Roi Henri III. contre le Roi de Navarre , & à dire qu'il étoit indigne de succéder à la Couronne. Le Duc d'Epernon , justement choqué de ce discours , lui demanda , *s'il croyoit donc* (A) , *lui qui vouloit que l'on eût de si grands égards pour le mérite , qu'un homme qui commettoit inceste avec sa sœur , qui faisoit un commerce simoniaque de toutes les choses sacrées , qui avoit consumé tout son bien , & celui de sa famille dans les plus sales débauches , fût digne de l'une des premieres Prélatures de l'Eglise ?* Il se reconnut à cela , car il savoit bien que c'étoient-là les traits avec quoi on le dépeignoit dans le monde. Il se cabra , il demanda satisfaction au Roi sans l'obtenir , il fit faire des Libelles contre le Duc d'Epernon , qui y fit répondre par d'autres Libelles imprimez , où il reprochoit à l'Archevêque , non-seulement ses amours incestueuses , mais aussi sa Sodomie &c. Si vous avez jamais lû la *la Confession Catholique de Sancy* , vous vous souviendrez peut-être en cet endroit , de la surprise du Maréchal d'Aumont : *Mais Dieu* , disoit-il , *il n'y a que ces B.... qui nous menacent du tiers parti , & qui veulent chasser les Huguenots.* Et en effet il n'y eut point de gens qui solicitassent avec plus d'importunité le Roi Henri IV. à quitter la Religion Protestante , que ceux qui étoient soupçonnez de ce vice énorme , dont le nombre étoit déja fort grand dès ce temps-là à la Cour.

Que dirons-nous de ce grand Ennemi des Huguenots , le Duc de Monpensier , *qui ne parloit* (B) *à leur égard que de pendre , qui ne leur* donnoit point de quartier , ou qui ne leur tenoit nullement la composition qu'il leur avoit promise , soutenant qu'on n'étoit point obligé de garder sa foi à des gens comme ceux-là ? Si on veut savoir de quoi il étoit capable , on n'a qu'à lire Brantôme (c) , qui raconte que ce Prince livroit à la brutale lubricité de l'un de ses Officiers , toutes les belles Huguenotes qu'il prénoit durant la guerre (D). Voilà sans doute un grand serviteur de Dieu , & bien digne de l'éloge que le P. Maimbourg ** lui donne , *d'avoir fait hautement profession d'une pieté exemplaire , dans une Cour , où elle n'étoit guéres en crédit.*

Tout cela fait un préjugé favorable à notre cause , & fait voir en même-temps l'illusion de ces Panégyristes dupes ou flateurs , qui attribuent à un grand zele pour la Vérité , les persécutions que l'on fait à ceux qu'on croit Hérétiques. Ce n'est la plûpart du temps que férocité , colere , passion brutale , ambition , & choses semblables.

V.
Imprudence du P. Maimbourg d'avoir rappellé ces désordres.

On verra par ce petit échantillon , que Mr. Maimbourg eût bien fait de ne point rouvrir ces vieilles playes , ni réveiller ces vieilles calomnies , & ces horribles désordres de l'Histoire du dernier siecle. Il n'y avoit rien de plus propre à flétrir l'honneur de notre Nation , tant parce qu'il en avoüe assez , pour faire voir que les François sont capables de toutes les plus noires méchantetez , qui se puissent commettre ; que parce que ceux d'entre nous qui lui répondront , feront des recueils exacts & bien circonstanciez , de tout ce que les Catholiques commirent en ce tems-là , de perfide , de violent , & de barbare , & représenteront les François Catholiques infiniment plus criminels , que ne le sont les François de la Religion , dans le Livre du Jésuite : ce qui ne sauroit tourner qu'à la honte , & à l'infamie de la France , & que faire douter les Lecteurs si les François étoient Chrétiens en ce tems-là , comme le jeune Duc de l'Infantado en doutoit , à l'égard de l'Amiral de Coligni & de ses Amis , quand il aprit qu'on les avoit tuez comme des bêtes à la Saint Barthélemi : *Cum diablo* (s'écria-t-il quand il sut qu'ils étoient Chrétiens) *puede ser que pues que son Francese y assi Christianos se matan como bestias.* C'est Brantôme qui le raporte dans la vie de l'Amiral. Mais peut-être que Mr. Maimbourg , ayant composé cette Histoire dans l'espérance qu'elle ne paroîtroit qu'après l'anéantissement du Calvinisme , s'est imaginé qu'il ne réchaperoit personne qui pût vanger le parti : si cela est , & si par l'espérance de l'impunité , il a cru se pouvoir dispenser de raporter les choses fidellement , il est allé un peu bien vîte pour un homme de son âge. Nous n'en mourrons pas tous ; il en échappera quelques-uns , qui lui renouvelleront le sentiment de la peine qu'il eut autrefois , envoyant ses chers enfans , ses chers Ouvrages , impitoyablement traitez par les Jansénistes.

J'en reviens toujours pour toute conclusion à dire , que les Historiens sont tellement partagez , qu'il n'y a si grand scélérat qui n'ait un gros parti de Panégyristes , ni aucun Héros qui

---

(*) Il y avoit dans la premiere & dans la seconde Edition ,, On n'a qu'à lire la Généalogie de cette Maison , dans Mrs. de Sainte Marthe , & dans le P. ,, Anselme , pour voir cette vérité.

(A) *M. de Thou l. 90.*

(B) *Maimb. Hist. du Calvin. p. 418.*
(c) *Mémoir. Tom. 3. disc. du Duc de Momp.*
(D) Voyz ce passage de Brantôme dans la Lettre XXIX No. I.
** *Ubi supr.*

qui ne soit déchiré par mille plumes vénales, ou misérablement séduites par les préjugez, & qu'ainsi l'on doit faire peu de cas des accusations, que ce nouvel Historien nous intente ; qu'il n'y a qu'abus & qu'incertitude dans l'Histoire ; qu'il ne faut la lire que pour y reconnoître le génie de l'Historien, & celui de sa partialité. Vous aurez encore une Lettre de ma façon, qui vous entretiendra du caractere de notre Historien. Je suis, Mr. votre, &c.

※※※※※※※※※※※※※※※※

LETTRE IV.

1. Du stile de Mr. Maimbourg. II. Qualitez de son esprit & de ses Ouvrages. III. De son érudition. IV. De sa bonne foi. V. Il a témoigné son humeur vindicative par sa conduite avec Mrs. de Port-Royal, tant dans ses Sermons. VI. Que dans ses Livres. VII. Ses démêlez avec quelques-uns de ses Confreres.

Monsieur,

<table><tr><td>

I.
Du stile du Pere Maimbourg.

</td><td>

Je remarquai dans mes jeunes ans une chose qui me parut bien jolie, & bien imitable, dans l'Histoire de l'Académie Françoise. C'est que Mr. Pellisson, qui en est l'Auteur comme vous savez, nous apprend, qu'il a toûjours bien plus cherché en lisant un Livre, l'esprit & le génie de celui qui l'a composé que les choses mêmes dont il traite. J'ai toûjours imité cette méthode depuis ce tems-là. Je ne sai pas si je rencontre tout ce que je cherche, mais je croi du moins qu'à l'égard du P. Maimbourg, je n'ai pas toûjours cherché à faux.

</td></tr></table>

(*) Je ne sai pas trop bien si on peut connoître le génie d'un homme par le caractere de son stile, mais, quoi qu'il en soit, je ne néglige pas d'examiner les Auteurs par cet endroit-là. Ainsi je ne ferai pas difficulté de vous apprendre mon sentiment, sur la maniere d'écrire de Monsieur Maimbourg. Je la trouve libre, animée, brillante, & pleine de divers agrémens, quoi qu'il ne s'attache pas trop à cette exacte régularité de la Grammaire Françoise, que l'on admire dans Monsieur l'Abbé Flechier & dans le Pere Bouhours. Ces Messieurs ne sauroient souffrir un arrangement de paroles, qui puisse recevoir un double sens : les longues périodes leur semblent insupportables, ne considérant pas que c'est souvent parce que l'on veut être court, & renfermer plusieurs pensées dans un même circuit de paroles, que l'on se sert de périodes un peu longues. (A) Monsieur Maimbourg est fort éloigné du goût de ces Messieurs-là, pour ce qui regarde la longueur des périodes, car il y a long-tems qu'il a fait savoir au Public, qu'il n'a jamais pû (B) *s'accommoder d'un certain stile*

un peu trop coupé, qui fait, à ce qu'il lui semble, que le discours, au lieu de couler agréablement, ou de marcher toûjours également, & d'un pas mesuré, ne va que comme en santant & par bonds, par ces trop fréquentes reprises qui lui ôtent beaucoup de la grace qu'il devroit avoir, & sur tout cette belle harmonie, & cette cadence nombreuse & naturelle, que nous admirons dans les Ecrivains du siecle d'Auguste, & qui a tant de charmes pour les oreilles un peu délicates. Les regles de Grammaire du P. Bouhours sont assurément fort belles & fort subtiles, mais après tout, il est impossible de les observer ; & ceux qui se gênent pour cela, se dépouillent d'ailleurs de tant de graces vives & animées, qu'ils perdent plus d'un côté qu'ils ne gagnent de l'autre. Aussi voit-on plus de gens s'endormir à la lecture des Histoires de ce Jésuite, qu'à celle des Livres de Mr. Maimbourg, encore qu'il y ait incomparablement plus de justesse dans le stile du premier, que dans celui du dernier. Celui-ci ne se met pas fort en peine si un *le*, ou si un *que*, se peuvent rapporter à plusieurs personnes ou noms, & il fait bien, car il n'y a point de Lecteurs qui demeurent pris à ces petites ambiguitez. Du reste son stile, quoi que diffus, a du brillant & de l'éloquence, & sur tout beaucoup de vivacité.

<table><tr><td>

Cela, & un certain air de narrer les choses de bonne grace, & en ton de maître ; de ramasser de part & d'autre plusieurs ornemens empruntez, & de les inserer adroitement dans le corps de son Histoire, avec les portraits qu'il nous donne du corps & de l'ame de ses personnages, à la maniere des Romans, & avec les réfléxions malignes qu'il répand subtilement, dont on peut faire des applications, imposent tellement aux Lecteurs, qu'il y a très-peu de Livres qui soient d'un plus grand débit que les siens. Aussi faut-il avouer que c'est un homme qui a beaucoup d'esprit, beaucoup d'imagination, beaucoup de feu, & une grande fécondité d'idées pour tourner les choses en cent manieres adroites & agréables. Il connoît le monde & les différens caracteres du cœur humain, comme il paroît par les moralitez fines & délicates qu'il seme dans ses Histoires, sans épargner même les Grands & les Evêques de Cour.

</td><td>

II.
Qualitez de son esprit & de ses Ouvrages.

</td></tr></table>

<table><tr><td>

Il n'est point bigot. Au contraire il se donne quelquefois des grands airs de Cavalier ; & bien qu'il raporte quantité de miracles, il prend fort soigneusement les devans, sur tout dans ses derniers Livres, pour ne s'attirer pas les justes reproches de crédulité que l'on fait à ses Confreres. Je l'ai trouvé fort raisonnable là-dessus, & en même temps habile homme ; car il a pris un certain milieu qui ne donne point ouvertement prise sur lui aux bigots, & qui l'empêche d'être méprisé dans le grand Monde, & parmi les beaux Esprits, comme un petit esprit superstitieux.

Je n'oserois rien décider touchant son érudition,

</td><td>

III.
De son érudition.

</td></tr></table>

(*) Au lieu de cela, jusqu'à, „ je la trouve libre, „ animée, &c. Il y avoit dans la premiere & dans „ la seconde Edition. „ C'est un homme qui a beau„coup d'esprit, beaucoup d'imagination, beau„coup de feu, & ce qui suit jusqu'à „ Evêques de „ la Cour. Passage que l'Auteur a remis à la fin du paragraphe. II. „ Il écrit d'une maniere libre, ani„mée, &c.

(A) Au lieu de tout ce qui suit jusqu'à, „ mais

„ après tout il est impossible de les observer ; il y avoit dans la premiere & dans la seconde Edition. „ La Critique de la Princesse de Cleves a été faite „ toute, quant au stile, sur les regles de Grammaire „ du P. Bouhours. Il faut tomber d'accord que les „ remarques en sont belles & subtiles, mais après „ tout il est impossible de les observer, &c.

(B) *Préf. des Iconc.*

tion. Les trente ans qu'il a employez à prêcher pourroient être un préjugé, qu'il n'est pas profondément savant, car il est assez rare de voir un homme savant de cette maniere, lors qu'il fait son capital de la fonction de Prédicateur. On n'a besoin pour prêcher que de beaucoup d'éloquence, & de quelque pensées vives qui puissent tenir l'Auditeur attentif, & remuer ses passions. Une science superficielle suffit pour cela, lors qu'on ne manque point d'ailleurs d'une belle naissance pour la Chaire. Aussi voit-on que la plûpart des fameux Prédicateurs ne font pas des études fort profondes, sachant bien qu'ils ne sont pas appellez à s'enfoncer dans nos Mysteres, devant un Peuple qui n'y comprendroit rien, & qu'il faut plûtôt attaquer par des pensées probables, & populaires, tournées éloquemment, que par des raisonnemens profonds & solides. Ces Messieurs ne lisent guéres les Peres que pour y chercher quelques Moralitez, & quelques ornemens pompeux à étaler sur l'Evangile de la Magdelaine, par exemple, sur le Panégyrique de l'Assomption, &c. de sorte que si on s'en tenoit au préjugé, on pourroit croire que Mr. Maimbourg n'a fait qu'effleurer les Sciences. Mais je ne suis pas d'avis que nous nous en tenions à ce préjugé.

Si nous considerons d'ailleurs le grand nombre d'Histoires que cet Auteur a publiées, & le grand nombre de choses difficiles & curieuses, dont il a pris occasion de parler, & dont il a parlé plusieurs fois fort pertinemment, nous aurons un prétexte fort plausible de le regarder comme un abyme de science: car encore qu'il ne se soit pas amusé à faire des Dissertations, pour justifier par de bonnes preuves & bien raisonnées, le parti qu'il a choisi, on ne doit pas croire pour cela qu'il s'est contenté de prendre une légere teinture de ces matieres controversées, par ce que l'Historien du monde le plus consommé dans la connoissance d'une question, feroit fort mal de faire parade de sa grande littérature, dans une Histoire qui l'engageroit à parler de cette question. Ainsi nous n'avons pas droit de croire que Mr. Maimbourg est un Savant superficiel, sous prétexte que ses Histoires ne traitent pas profondément les questions de Théologie, ou de Critique Ecclésiastique, qu'elles rencontrent dans leur chemin.

Mais d'autre part il n'y a point lieu de conclure, qu'il est rempli d'une profonde érudition, de ce qu'il a parlé d'une infinité de choses en ton de maître, & d'un air qui paroît aisé; car les gens d'esprit ont ce bonheur, qu'ils paroissent plus avec un savoir médiocre, que ne font ces *Savantasses* chargez de toute la littérature du monde, sans aucun esprit. Si bien qu'il pourroit être que cette agréable & savante variété, qui se remarque dans les Livres de Mr. Maimbourg, n'est qu'un fruit de son adresse à faire valoir le peu qu'il sait. Du reste il ne seroit pas étonnant qu'un homme, qui pouvoit disposer d'une Bibliotheque si bien fournie, eût paru fort versé dans la connoissance de l'Histoire, quoi qu'il n'eût jamais sû les matieres, avant que de les traiter, & qu'il ne les eût apprises qu'à mesure qu'il composoit

Jusques-là, Monsieur, je ne vois rien qui me détermine à prononcer, ou pour, ou contre l'érudition de Mr. Maimbourg.

Ce qui me tente le plus de décider qu'il n'est point savant, ce sont les Sermons qu'il a prêchez contre la version de Mons, ou, comme il le disoit lui-même quelquefois, contre les Montanistes. J'ai de la peine à tenir contre une raison si convaincante; car il paroît par les Réponses de Messieurs de Port-Royal, que Mr. Maimbourg n'avoit lû ni les Peres, ni les Scholastiques, ni les Commentateurs modernes, ni les anciennes versions de l'Ecriture, ni même celles qui se sont faites de nos jours, ni les Rituels, ni enfin rien de tout ce qu'il faloit avoir consulté, avant que de se mêler d'une censure de cette importance. Mais néaumoins cela ne me détermine point tout à fait, parce qu'il est plus apparent que ce Prédicateur agissoit par passion, qu'il n'est apparent qu'il fût coupable d'une ignorance aussi prodigieuse, que celle où nous le voyons croupir dans la réfutation qui a été faite de ses Sermons. Ainsi, Mr. ce sera, s'il vous plaît, un point indécis entre nous, que l'érudition de ce Jésuite.

En récompense je m'en vais être un peu plus décisif sur un autre Chef, car pour de la bonne foi, je vous avoüé que je ne lui en crois pas beaucoup. Ce n'est pas qu'il n'en témoigne en bien des endroits, affectant de reconnoître les fautes du parti qu'il favorise, & certaines choses louables dans le parti contraire. Il fait fort valoir ces traits-là quand ils lui échapent, & il fait assez entendre qu'on lui en doit tenir un grand compte. Il n'épargne point son Baronius, en un mot il abandonne souvent le terrain à ses Adversaires de fort bonne grace. Mais tout cela m'est suspect, & je suis fort tenté de croire que ce n'est qu'un artifice & qu'une ruse. Il veut qu'on s'endorme sur sa bonne foi, & qu'on s'imagine que puis qu'il se rend à la raison en certains cas remarquables, par tout ailleurs c'est la même chose. Il veut se faire un chemin, par ces ingénuitez affectées, à tromper plus sûrement:

- - - Timeo Danaos & dona ferentes.

Ce qui me le rend suspect de mauvaise foi, c'est que je vois régner dans tous ses Ouvrages l'esprit de vengeance, & le désir de plaire à la Cour.

Vous avez vû dans la premiere de mes Lettres, les raisons qu'il a de n'être point ami de Messieurs de Port-Royal, & que c'est parce qu'ils l'ont blessé où il est le plus sensible, lui ayant fait voir qu'ils en savoient plus que lui, & plus que toute sa Compagnie. Etre plus habile que les Jésuites; faire voir les foibles les plus honteux de cette Société; réfuter les Sermons du P. Maimbourg, comme des Ouvrages d'un petit apprentif; sont des crimes qui ne se pardonnent point : la haine d'érudition est implacable : (*) de sorte que pour bien connoître l'esprit violent & vindicatif de Mr. Maimbourg, il faut voir comment il s'est comporté à l'égard des Jansénistes.

Sa violence & sa passion n'attendirent pas à éclater d'une maniere épouvantable, que Mrs. de

(*) Au lieu de tout ce qui suit jusqu'au No. VI. Il n'y avoit dans la premiere Edition que ces paroles. ,, Ainsi pendant que Mr. Maimbourg sera ca-,, pable de nuire, ne doutez pas qu'il ne cherche les ,, occasions de se venger du Port-Royal.

IV.
De sa bonne foi.

V.
De son emportement contre Messieurs de Port-Royal dans ses Sermons *au sujet de la version de Mons.*

de Port-Royal euſſent écrit contre ſes Sermons; car les Sermons que ces Meſſieurs ont refutez, ſont remplis du plus énorme emportement qui ſe puiſſe voir. Je n'en veux pas juger ſur le témoignage des Auteurs de la Réfutation, qui débutent par nous dire, que *quelques extraordinaires que ſoient les emportemens du P. Maimbourg, contre la nouvelle Verſion du Nouveau Teſtament, on peut dire qu'ils n'ont rien de ſurprenant ſi l'on conſidere la perſonne dont ils parlent. Que ce Pere a ce malheureux avantage, qu'il eſt maintenant incapable d'étonner le monde par ſes excès. Qu'il n'y a rien qu'on n'ait ſujet d'attendre de lui, & qu'il a tant pris de ſoin de ſe faire reconnoître depuis plus de 20. ans, par ſes déclamations ſcandaleuſes, que tout ce qu'il fait de nouveau, ajoûte peu à l'idée que l'on a déja de ſon génie & de ſon eſprit.* Que ſait-on ſi ce jugement, porté par des perſonnes intereſſées en la cauſe, eſt vuide de toute préoccupation? Je ne m'y arrête donc point.

Je me veux convaincre des emportemens du P. Maimbourg, par une autre route. I. C'eſt un fait conſtant & avoué de part & d'autre, qu'il inſiſtoit perpétuellement à déclamer, que la Traduction de Mons favoriſoit les Calviniſtes, & que les Auteurs de cette Verſion agiſſoient de concert avec Geneve. II. Il eſt conſtant qu'il a accuſé les Auteurs de cette Verſion, d'avoir falſifié quelques paſſages, afin de favoriſer l'amour propre, l'incontinence, & la fornication des jeunes gens. On dit même, qu'il tâcha *d'inſinuer* (*) *& par ſes paroles & par ſes geſtes, qu'on avoit été bien aiſe de tourner* continentia *par* tempérance, *pour ne pas défendre l'incontinence.* Une autre fois voulant repreſenter l'Hypocrite, voici l'exemple qu'il affecta d'en donner. *Un Eccléſiaſtique* (a) *ſe vantera de ne ſuivre que les Peres de l'Egliſe & la regle de l'Evangile, ne parlera que de tradition, que de mortification, que de pénitence, tels que ſont nos ſpirituels, qui ne parlent que de détachement, que d'union d'amour. Et néanmoins ſi on vient à les ſonder, on voit que ce ne ſont que des hypocrites, qui aiment leurs aiſes & la bonne chere, & font des choſes horribles que je n'oſerois dire. Ils ſont de ceux que décrit St. Pierre (* epiſt. 2. cap. 2. v. 9. & 10.)..... *magis autem eos qui poſt carnem in concupiſcentia immunditia ambulant* & principalement ceux qui ſuivent les impuretez de la chair. *Voilà ce que je n'oſois dire, & ce que font ces hypocrites:* c'eſt-à-dire, les Traducteurs de Mons, qu'il avoit expreſſément déſignez un peu auparavant. Dans un autre ſermon il renouvella un grand nombre d'accuſation cent fois refutées contre l'Abbé de S. Cyran, & il fit des ſermens horribles (b), même celui que les Théologiens appellent *exécratoire*, qu'il n'y avoit ni erreur, ni menſonge, ni prévention, ni paſſion contre les perſonnes, dans tout ce qu'il avoit prêché. III. Il eſt connu de tout le monde que dans le même ſermon, où il avoit employé ces ſermens horribles, il déclara en termes exprès qu'il pouvoit faire voir que les Traducteurs de Mons étoient (c) quaſi en tous les points, de la même créance que les Calviniſtes, ne croyant non plus qu'eux, ni la juſtification, ni l'invocation des Saints, ni le Purgatoire, ni même la réalité. IV. C'eſt

un fait notoire qu'il déclara un jour, *que tous ceux* (d) *qui liſoient cette nouvelle Traduction étoient excommuniez, & en état de damnation; qu'il le leur diſoit pour la décharge de ſa conſcience, & que s'il ne l'avoit fait, il y alloit auſſi de ſa propre damnation: qu'après cela s'étant acquitté de ſon devoir, il étoit tout prêt de mourir.* On ajoûte qu'il n'avoit point de plus ordinaires diſcours, que de dire de tous ceux qui n'aprouvoient point ſes égaremens, ou les relâchemens de ſa Compagnie, qu'ils ſeront (e) *damnez, damnez, damnez*, n'y apportant point d'autre correctif, ſi non *que ce ſera grand dommage que des Dames, ſi belles & ſi bien faites, ſoient damnées.* Correctif tout à fait indigne d'une homme qui parle ſérieuſement, & qui ne veut point cajoler une Maitreſſe: étant ſûr que la damnation d'une Dame moralement vertueuſe, pour ſi laide qu'elle ſoit, eſt plus à regreter que la damnation d'une belle femme ſans vertu: & il eſt ridicule à un Jéſuite de fonder le dommage de la perte du ſalut, ſur la beauté de la perſonne damnée.

Il faudroit être d'une ſtupidité incroyable, pour ne pas reconnoître la paſſion énorme, & la mauvaiſe foi du P. Maimbourg dans toute cette affaire-là. Car non-ſeulement les Apologies de la Verſion de Mons, auſquels je n'ai pas oüi dire que les Jeſuites ayant repliqué, ont juſtifié clairement, que tous les paſſages attaquez par leur Prédicateur, étoient conformes aux Verſions, & aux explications d'un grand nombre de Jéſuites, ou d'autres Théologiens reconnus très-orthodoxes dans l'Egliſe Romaine: mais auſſi la permiſſion que le Roi & les Prélats du Royaume accorderent peu après, d'imprimer, de vendre, & de lire cette Verſion, eſt une preuve manifeſte, que les erreurs dont elle avoit été accuſée, ſont des calomnies très-malicieuſes. Je dis, calomnies très-malicieuſes, parce qu'il ne me ſauroit jamais entrer dans l'eſprit, qu'un Jéſuite avancé en âge, & conſiderable dans ſon Ordre autant que le P. Maimbourg, ignorât que la Traduction de Port-Royal fût conforme à des Verſions qui n'avoient jamais été cenſurées. Il faut donc conclure que toutes ſes clameurs partoient d'un principe de malignité. Il ſavoit que rien n'étoit plus capable d'expoſer les Eccléſiaſtiques de Port-Royal à l'exécration publique, que de les faire paſſer pour des diſciples de Calvin; c'eſt pourquoi il faiſoit ſon fort de cette accuſation-là. L'évenement a fait voir qu'il avoit le plus grand tort du monde, puiſque dans l'accommodement de ces Démêlez, on a reconnu que le Port-Royal étoit Catholique, & déchargé de toute note d'Héréſie. Ce qui devoit couvrir de honte tout le parti des Jéſuites & réduire le P. Maimbourg nommément à n'oſer plus ſe montrer; car on ne ſauroit concevoir de plus grande mortification, pour un homme qui doit ſe piquer de conſcience, & de prudence, que de voir reconnoître publiquement pour Orthodoxes, des perſonnes ou des Livres, qu'il a mille fois décriez comme hérétiques; qu'il a aſſuré en chaire avec des ſermens exécrables être hérétiques, & pour la lecture deſquels il a déclaré les gens excommuniez

---

Lettre IV.

niez & en état de damnation. Quelles preuves d'emportement, & de mauvaise foi, ne peut-on pas tirer de tout cela contre le P. Maimbourg?

Remarques sur la conduite des Prélats qui confirmèrent son jugement.

Vous me direz peut-être, Monsieur, en faveur de ce Jésuite, que son jugement a été confirmé par celui de quelques Prélats, qui défendirent de lire la Version de Mons. Mais tant pis pour ces Prélats; car puis que dans la suite cette Version a été universellement reçuë dans le Royaume, il paroît qu'ils avoient eu tort de s'accommoder aux lumieres de la Société. Outre qu'on peut dire pour la justification d'un Prélat, plus de choses que pour celle des Jésuites; par exemple, qu'un Prélat ne condamne pas une Version de l'Ecriture, comme pleine d'Hérésies, mais afin d'éviter les abus que le peuple en pourroit faire, ou pour faire connoître aux Traducteurs, qu'ils ont manqué dans les formalitez. Et après tout il semble que les Jésuites soient incomparablement plus à blâmer là-dedans que ces Prélats, parce que ceux-ci occupez de mille embarras domestiques, du soin d'un grand revenu, d'un grand équipage, employez même souvent par S. M. dans des Ambassades pénibles, ayant souvent des affaires à la Cour, n'ont pas le temps d'examiner si une Version de l'Ecriture est comme il faut. Mais les Jésuites, qui font profession expresse d'être savans, ne sont pas excusables, quand ils prononcent en chaire un faux jugement d'une Version de la Parole de Dieu. Et puis que, selon la remarque du P. Maimbourg, les Jésuites (*) font la charge d'un bon chien de chasse qui fait lever le gibier, après quoi c'est aux Evêques & au Pape à le tirer; il semble que c'est aux Jésuites à bien distinguer la bête, & à n'en point donner une pour une autre au Chasseur.

Il est vrai que le meilleur seroit que les Prélats examinassent eux-mêmes ce qu'ils défendent, & ce qu'ils approuvent; & c'est aussi peut-être ce qu'ont fait la plûpart des Evêques de France, malgré les distractions qu'ils souffrent à cause de la grandeur humaine qui les environne. Il n'y en a pas eu beaucoup qui ayent été du sentiment du P. Maimbourg. Il y en a qui pour avoir défendu de lire le Nouveau Testament dont il s'agit, ont été fortement censurez par leur Métropolitain. Par exemple, Mr. l'Archevêque de Reims, qui est fort savant, & qui a voulu avoir du mérite, aussi bien que son illustre frere Mr. le Marquis de Louvois, quoi qu'ils fussent d'une de ces Maisons favorites, où il n'est pas nécessaire d'en avoir, pour arriver aux plus grandes Charges; cet Archevêque, dis-je, censura (A) fort vivement Monsieur l'Evêque d'Amiens, de ce qu'il avoit interdit à ses Diocésains la lecture du Nouveau Testament de Mons.

Pour les accusations intentées par le P. Maimbourg contre les mœurs de Messieurs de Port-Royal, elles ont fort l'air de calomnie, & à cet égard le Public est fort prévenu en leur faveur. Aussi ne s'amuserent-ils pas à se justifier sur cet article contre le P. Maimbourg, si ce n'est en lui faisant voir à lui, & à ses Superieurs, l'abyme où ils se précipitoient en avançant, & en souffrant que l'on avançât en

chaire des accusations de cette importance, sans en donner aucune preuve. A quoi ils ajoûterent ce petit avis, *qu'étant (B) arrivé tout nouvellement aux Peres Jésuites, des choses si humiliantes, de la nature de celles que leur Prédicateur avoit l'effronterie de reprocher faussement aux autres, ils étoient bien imprudens de donner par là sujet d'en renouveller le souvenir, au lieu de profiter de la modération de leurs Adversaires, qui ne leur en ont jamais voulu parler, même obscurément, quoi qu'il n'y eût, peut-être, personne à Paris, qui en fût mieux informé.*

A l'égard des sermens *exécratoires* du P. Maimbourg, je vous prie, Mr. de lire les réfléxions que Messieurs de Port-Royal firent sur cela, & vous verrez assurément de quoi n'être pas trop persuadé de la bonne foi de notre homme.

Et sur la Défense de ses Sermons.

Au reste, je viens de me souvenir d'une Défense des Sermons du P. Maimbourg faite par L. D. S. Théologien., & imprimée à Paris chez François Muguet .1668. de 50. pages in 4. Mais je ne sai si, pour cela je dois m'accuser d'avoir avancé faussement, que je n'avois pas ouï dire que les Jésuites eussent repliqué à l'Apologiste de la Traduction de Mons; car de ma vie je n'ai rien vû de si pitoyable que cette Piece, & à proprement parler, ce n'est point avoir vû de replique, que de n'avoir vû que cela. C'est néanmoins l'Ouvrage d'un homme, qui se vante de ressembler fort au P. Maimbourg: *Si quelqu'un* (dit-il) (c) *qui ne l'a jamais entendu, veut être informé de son stile, il le pourra connoître par le mien; car pour avoir été fort assidu à ses Sermons, j'ai tellement pris sa maniere & son genie, que je l'imite naturellement sans peine, & que j'écris à peu près comme il parle.*

Cet Auteur nous apprend dans sa Préface, que le P. Maimbourg a traité ce différend avec tout le zéle que demandoit une cause de cette nature; qu'il est encore vrai qu'il a fait tous les efforts d'esprit & de voix, dont un homme de sa sorte pouvoit être capable; que tout son déplaisir étoit de n'avoir pû se faire entendre dans tous les lieux, où cette infidelle Traduction a trouvé quelque entrée. Jugez par là de l'effroyable préoccupation où ce Jésuite s'étoit précipité, puis que peu de tems après, son Eglise a donné les mains à cette Version.

Il ajoûte que plusieurs des amis du P. Maimbourg, l'ont pressé d'écrire contre l'Apologiste, mais qu'il s'en est toûjours défendu, répondant agréablement, *qu'il ne croyoit pas qu'un homme qui avoit gagné son procès, dût encore faire un Factum.* Remarquez encore ici un nouveau trait du caractére de Mr. Maimbourg, qui est d'avoir une grande opinion de son mérite, & de cacher son foible en se vantant hardiment; car jamais on ne s'est vanté plus mal à propos d'avoir vaincu. Il est vrai qu'il avoit eu le don de divertir la nombreuse Assemblée devant laquelle il avoit prêché, & peut-être qu'il regardoit cela comme un triomphe: mais c'étoit sans raison; car il prêchoit d'une maniere si éloignée de la gravité, qu'il faisoit éclater de rire ses Auditeurs: de sorte qu'il avoit grand tort (D) de se glorifier un jour, en voyant la risée qu'il excitoit par ses continuelles

---

(*) *Déf. de la Trad. 3. reproche.*
(A) *1. Extraor. de l'Evêque de Cour.*
(B) *Déf. de la Traduct. 19. passage.*

(c) *Pag. 45.*
(D) *Défense de la Trad. 22. pass.*

nuelles Mommeries, *qu'il leur avoit bien dit qu'il ne les ennuyeroit pas*

Son Apologiste le défend fort mal sur cela, & sur ce que les Jansénistes disoient qu'ils alloient au Sermon du P. Maimbourg, comme à la Comédie. *C'étoit eux assurément* (dit-il *) *qui la faisoient, lors que s'étant dispersez partout l'Auditoire en plusieurs pelotons, ils attendoient le mot pour rire, & n'ayant pas l'esprit de le trouver, quand à l'exemple des Saints Peres on le disoit pour abatre leur orgueil, ils faisoient à contre-tems & de concert des éclats de rire, que les Catholiques bien plus forts qu'eux reprimoient bientôt, pour entendre,* &c. Quel Apologiste, bon Dieu! qui avouë que le Prédicateur qu'il défend, disoit le mot pour rire, mais que les Auditeurs n'ayant pas l'esprit de le trouver, rioient à contre-temps; en quoi seulement ils étoient blâmables, car s'ils eussent ri à propos, on n'y eût rien trouvé à redire, comme l'insinuë cet Auteur. C'est faire peu d'honneur à son Client, que d'avouer aussi bonnement qu'il le fait, qu'une partie des Auditeurs étoit obligée de réprimer les éclats de rire de l'autre. C'est comme quand les Précieux se moquent du faux goût du Parterre à la Comédie, en lui disant, *ris Parterre, ris,* pour tâcher de le faire taire. Je ne doute plus, après l'aveu de cet Apologiste, que Mrs. de Port-Royal n'ayent dit vrai dans ces paroles : *Le P. Maimbourg* (A) *fut près de deux heures en Chaire, le 30. d'Octobre 1667, ayant été souvent interrompu, par d'aussi grands éclats de rire, que si on eût été à la Comédie, comme on y étoit en effet, quoi que dans l'Eglise.* Il eût été à souhaiter pour l'honneur du P. Maimbourg, qu'il eût toûjours écrit des Histoires; car du moins les écrit-il d'un stile d'honnête homme, & qui répond à la gravité du sujet, au lieu qu'on l'accuse fort d'avoir trop plaisanté & trop bouffonné en chaire, le lieu du monde où il est le plus malséant de perdre la gravité.

Or si le Pere Maimbourg a été capable de si grands emportemens, avant que les Jansénistes eussent réfuté avec tant de force ses pauvres Sermons, jugez, Monsieur, quelle a dû être sa colere depuis ce tems-là.

VI.
Comment le P. Maimbourg traite Mrs. de Port-Royal dans ses Livres.

La passion de se venger a eu tant de force sur son esprit, qu'elle a bien été capable de lui donner un stile complaisant & honnête pour nous. Car dans le temps que Mr. Arnaud & Mr. Nicolle tournoient leur plume contre notre Religion, avec encore plus de violence qu'ils n'en avoient témoigné contre les Jesuites, le P. Maimbourg, pour prendre le contre-pied de ces Mrs.' s'avisa de faire des Traitez de Controverse doux, honnêtes, insinuans, flateurs, où il mêloit même des coups contre Mr. Arnaud, afin de nous mieux leurrer, & de nous aigrir d'autant plus contre lui. Il n'y a rien de plus vrai que les Jesuites (& je ne doute pas que le P. Maimbourg n'y ait eu sa bonne part) ont fait valoir les Livres de Mr. Claude, qu'ils les ont préconisez dans les Compagnies, en gardant pourtant le *decorum,* comme ils savent si bien faire, & qu'ils se sont laissez entendre que Mrs. de Port-Royal ne s'étoient pas bien défendus contre le Ministre, Dieu n'ayant pas voulu benir les armes de l'E-glise entre les mains des gens qui en vouloient déchirer l'unité. Cette pensée ayant paru digne de l'impression au P. Maimbourg, il la ficha dans un endroit de l'*Histoire des Iconoclastes* très-propre à faire sentir aux moins pénétrans, qu'il en vouloit à Port-Royal : car après avoir parlé des erreurs de Claude de Turin, & dit qu'il avoit la plume aussi facile, & aussi libre que la langue; que ce Claude est le Chef & le plus ancien Ministre des Protestans, &c. il convient que ceux qui écrivirent contre ce Claude, s'en acquiterent fort mal, parce qu'ils erroient eux-mêmes. *Il y a long-tems,* (poursuit-il) *qu'on a vû par expérience, que ceux qui manquent en un point, n'ont jamais rien valu pour combatre les Hérétiques dans un autre, principalement sur la même matiere, & que Dieu n'aime pas que son Eglise soit défenduë par les ames de certaines gens, qui les prennent contre elle, pour attaquer son autorité, quand il ne leur plait pas de s'y soumettre.*

Mais cette maniere de se venger des Jansénistes, en écrivant contre nous d'un stile tout-à-fait opposé à leur aigreur, & en leur donnant quelque coup de dent par même moyen, ne s'accommoda pas long-tems avec le génie du P. Maimbourg. Il s'avisa d'un expédient bien plus propre à satisfaire sa haine. Le voici. La Fortune n'ayant pas secondé les bonnes intentions qu'il a toûjours euës, d'acquerir une glorieuse réputation, ni du côté de la Chaire, ni du côté de la Critique, ni du côté de la Controverse, il chercha un autre emploi à son esprit, & s'avisa de devenir Historien. Si les défenses de S. M. n'eussent pas été si expresses, il eût volontiers entrepris l'Histoire du Jansénisme, pour décharger son mal-talent. Mais comme ç'eût été recommencer une guerre ouverte, contre l'intention de S. M. il se contenta de faire des courses clandestinement sur les Jansénistes, (B) dans l'Histoire qu'il composa de l'Arianisme. C'est-là qu'il leur en donne de tout son cœur. Il se plaît à faire des peintures de l'Arianisme & des Ariens, où l'on puisse reconnoître le Jansénisme & les Jansénistes. Il fait ses réflexions & ses applications d'une maniere empoisonnée. En un mot, en faisant le zélé contre les Hérétiques du quatrieme siecle, il se venge des affronts que le Port-Royal lui avoit faits dans une juste défense. Il y en a qui ont voulu dire que la raison qui le détermina à débuter par l'Histoire des Ariens, fut qu'il remarqua dans la vie de St. Athanase, composée par Mr. Hermant, que cette Histoire a plusieurs raports avec celle de notre temps, si bien qu'outre l'avantage de trouver les matériaux tout assemblez, il se voyoit en état faisant l'Histoire de l'Arianisme, de disposer d'un grand nombre d'allusions, & d'applications, qu'il cherchoit à placer depuis quelque temps. Cela sans doute pourroit faire naitre l'envie de devenir Historien, à qui ne l'auroit pas déja, ainsi je trouve fort apparent que ce fut la cause qui fit choisir au P. Maimbourg la matiere qu'il choisit.

Cette Histoire lui ayant extrêmement réüssi, il entreprit celle des Iconoclastes, qui ayant eu le même succès, fit juger au Pere Maimbourg qu'il avoit enfin trouvé son Element,

&

(*) Pag. 45.
(A) Défense pag. 29.

(B) Il avoit encore dans la premiere Edit. „ Et „ de les attaquer *ex insidiis,* dans l'Histoire; &c.

Lettre IV. & qu'il ne faloit plus songer qu'à composer des Histoires. C'est aussi ce qu'il a fait. Autant d'années, autant de volumes. En voilà déja dix de bon compte. Il travaille présentement à l'Histoire de sa sortie de chez les Jésuites, qui contiendra apparemment toute l'Histoire de sa vie, car il est bien raisonnable qu'il prenne cette occasion de composer son Histoire, après avoir été l'Historien de tant d'autres gens. Ce sera l'onzieme volume. La suite de l'Histoire du Calvinisme sera le douzieme, & peut-être le treizieme. Après cela, si Dieu lui donne vie, il a dessein d'entreprendre l'Histoire du Jansénisme tout à découvert ; car présentement il n'y a plus de mesures à garder avec ces gens-là ; & rien n'empêche qu'on ne leur coure sus impunément. C'est pourquoi M. Maimbourg se prépare à les attaquer à fer émoulu & à toute outrance, & il se propose, aussi-bien qu'à notre égard, de faire voir tout à la fois leur mort, & leur vie, leur anéantissement & leur naissance. Je ne sai pas quels sont ses autres desseins.

Dans toutes les Histoires qu'il a publiées, il n'a point laissé passer d'occasion de se ruër sur les Jansénistes, sans la prendre, & il en a même fait venir de bien loin à force de bras & de machines. Combien de fois n'a-t-il pas frondé les pauvres femmes, qui ont quelque curiosité pour les Controverses de Religion ? Combien de fois n'a-t-il pas remarqué, que c'est l'artifice ordinaire des Novateurs, de s'appliquer à séduire l'esprit des femmes, pour répandre par leur moyen le venin de leur doctrine ? Cela s'adresse tout droit aux Religieuses de Port-Royal, & à leurs Directeurs de conscience.

Ce qu'il dit de la Version de l'Ecriture par Luther.

Avec quelle joye ne s'est il-pas étendu à parler de la Version de l'Ecriture, qui fut faite par Luther en Langue vulgaire, & du soin particulier (*) qu'il prit de mal traduire, & de bien écrire dans le Nouveau Testament, de le faire imprimer à part en petit volume, de donner ordre que les Libraires, & les Imprimeurs qui étoient à lui, eussent grand soin de faire en sorte qu'il n'y eût rien de plus propre, & de plus correct que ses Livres, d'en faire imprimer une infinité d'exemplaires en plusieurs éditions, afin qu'on le fît courir promptement par toute l'Allemagne, d'y ajoûter de petites notes à la marge, de mettre à la tête de ce Nouveau Testament une Préface extrêmement artificieuse & maligne ? Il en veut plus là à la Version du Nouveau-Testament imprimée à Mons, qu'à celle du Docteur Luther, je vous en assure.

Et de Jerôme Emser.

Avec quelle joye encore ne s'étend-il pas à décrire les proüesses de Jerôme Emser, homme de qualité & d'esprit, très-habile dans les Sciences, divines & humaines, qui se signala par dessus tous les autres savans hommes qui entreprirent de montrer, que cette Version de Luther étoit infidelle & pernicieuse ? Quel plaisir pour lui de nous apprendre que ce Jerôme Emser, mû d'un grand zéle pour la Religion, fut des premiers à s'opposer à l'Hérésie naissante de Luther, & qu'il le suivit pas-à-pas ; que Luther, désespéré de le trouver éternellement en son chemin, s'anima tellement contre lui, que de tous ses Adversaires il n'y en a point contre lequel il ait écrit tant de libelles, & qu'il

ait accablé de tant d'injures ; mais que cet homme de Dieu, méprisant les emportemens & toutes les injures de Luther, & de ses Partisans, & se faisant même un mérite de s'exposer à la fureur de la cabale Lutherienne, entreprit généreusement le premier de tous de faire voir, & en particulier & en public, de vive voix & par écrit, les horribles corruptions de cette fausse Version du Nouveau Testament, dont il découvrit jusqu'à plus de mille faussetez ? Luther est ici le Port-Royal, & Emser le P. Maimbourg.

Et de l'Abbé Gradi.

Quel plaisir ne se fait-il pas d'insulter à l'Abbé Gradi Bibliothéquaire du Vatican, qui étoit venu en France l'an 1679. pour supplier très-humblement le Roi de vouloir aider la République de Raguse, sa patrie, à payer les sommes que le Grand Vizir lui demandoit ? Cet Abbé n'étoit rien moins que le bon ami des Jésuites, & il venoit tout fraîchement de faire imprimer un Livre contre le P. Fabri sur la probabilité. Que firent les Jésuites ? Ils firent accroire au Roi que l'Abbé Gradi n'étoit venu en France, que pour s'aboucher avec les Jansénistes ; que c'étoit un espion du Pape qui venoit reconnoître l'état où étoit le Jansénisme, pour pouvoir en instruire plus pertinemment Sa Sainteté. La conclusion fut que ce pauvre Ragusien, ayant préparé son équipage pour aller à sa premiere Audience, (Carosse, Livrée, tout étoit prêt : on avoit eu la malignité de lui laisser faire cette dépense) reçut ordre de se retirer incessamment. C'est à quoi fait allusion le P. Maimbourg, lors qu'ayant dit, que le Cardinal de Tournon dissuada François I. de faire venir Melanchton, duquel la Reine de Navarre, & quelques autres Dames de la Cour, prévenuës en faveur de la nouvelle doctrine, lui parloient éternellement, comme d'un saint homme qui savoit admirablement bien parler de nos mysteres ; il ajoûte, *C'est ce qui doit apprendre aux Rois, & sur tout aux Rois Très-Chretiens, qu'ils ne doivent jamais recevoir ni Lettres, ni Requêtes, ni Livres de ceux de leurs Sujets qui entreprennent de se distinguer, & de faire un parti dans l'Eglise & dans l'Etat, par la nouveauté de leurs dogmes, & que si, par les intrigues de leur Cabale, quelqu'un de dehors, tant soit peu suspect de cette nouveauté, entroit dans leur Royaume pour traiter avec eux sous quelque prétexte que ce pût-être, ils ne sauroient rien faire de plus agréable à Dieu, ni de plus efficace pour attirer sur eux les bénédictions du Ciel, que de les en faire promptement sortir, & de les renvoyer sans Audience d'où ils viennent.* Voyez, je vous prie, comment les choses les plus éloignées lui fournissent occasion de s'acharner sur le Port-Royal.

Et des Casuistes rigides.

Combien de fois n'est-il pas déchaîné contre les Casuistes rigides, avec une affectation bien mal entenduë pour un Jesuite du premier rang ? Ne savoit-il pas le décri où est toute la Compagnie, au sujet du relâchement de la Morale ? La bonne Politique ne vouloit-elle pas qu'on ne prît point si hautement parti contre les Directeurs séveres, ou que l'on se tût à tout le moins, pour ne pas donner lieu au monde de croire ce qui a été publié contre les Jesuites ? Ne suffit-il pas de débiter ces doctrines commodes dans les Confessionaux ? Pourquoi chercher les occasions de déclarer dans une Histoire

____
(*) *Hist. du Luthéran. l. 3.*

toire, qui n'a que faire de cela, que tous ces obstinez sectateurs de la plus austere Discipline doivent être suspects; qu'ils font souvent bien du mal, & choses semblables. En parlant d'un Archevêque de Cologne *de bonnes mœurs, d'esprit doux & paisible, très charitable envers les pauvres, & fort zélé pour la Foi Catholique,* mais qui avoit plus d'entêtement pour la severe Morale, que de science, ne nous dit-il pas que comme ce Prélat (*) *étoit bon homme, & naturellement peu fin & peu éclairé, on le surprenoit aisément, sur tout en matiere de pieté, & sous le beau prétexte de réforme, & que quand il s'étoit une fois laissé tromper, il étoit si opiniâtre, qu'on ne le pouvoit faire revenir de son erreur, parce qu'il n'avoit ni assez d'esprit pour la découvrir de lui-même, ni assez de docilité pour se laisser instruire, ce qui est assez ordinaire à ces prétendus gens de bien & dévots, qui font fort ignorans? . . . Qu'il vaut bien mieux pour le bien d'une Eglise, qu'elle soit gouvernée par un Evêque, qui ait beaucoup de capacité & de conduite, avec un peu moins de dévotion, que par un de ces bons hommes aisez à surprendre, qui n'ont ni discernement, ni science, ni esprit, & qui se piquent sur tout de réforme.* Si le P. Maimbourg n'eût sacrifié ses autres passions à sa haine contre les Jansenistes, il n'eût pas si souvent frondé les Casuistes rigides; mais parce qu'en les frondant il donnoit le foüet à ces Messieurs-là, & qu'en la personne de l'Archevêque de Cologne, il frappoit non seulement l'Evêque de Pamiers, mais aussi le Pape Innocent XI. grands Jansenistes, il a falu pour ce coup se satisfaire aux dépens de son Ordre. C'est assurément la seule raison pourquoi il revient tant de fois à la charge, contre ces chagrins qui ne veulent point d'accommodement avec les inclinations de la nature corrompuë; car ce que d'autres ont dit, ou pensé, qu'il faisoit cela pour se procurer la succession du P. Ferier, ne me paroît pas si vrai-semblable.

Mais comment épargneroit-il les Jansenistes, puisqu'il ne pardonne pas même à ses Confreres? La Préface qu'il a mise au devant de ses Sermons, n'est-elle pas une piquante censure du P. Rapin, qui avoit encouru son indignation, parce que faisant imprimer des Réflexions sur l'éloquence de ce tems, il avoit tacitement exclus le P. Maimbourg du nombre des bons Prédicateurs? L'offense est atroce, comme vous voyez: aussi ne demeura-t'elle pas impunie; on s'en vangea à la tête d'un Ouvrage de dévotion, à la tête d'un Recueil de Sermons, où on avoit expliqué les vérités Evangeliques. Je ne sai pas comment le P. Rapin repoussa l'insulte, mais il est apparent qu'il fit quelque chose qui déplut tout de nouveau au P. Maimbourg, puisque cet Esprit mal endurant revint à la charge dans une petite Préface, qui est au devant de l'Histoire du Schisme des Grecs, & fit là une Satyre contre le P. Rapin, & contre le P. Bouhours, tous deux Jésuites célébres. Il leur reproche, sans les nommer, leur mollesse, le temps qu'ils perdent à voir le grand & le beau monde, leurs promenades agréables, leurs divertissemens à la Campagne pendant

l'Automne, à quoi il oppose sa constance infatigable dans le travail.

Je ne prétens pas qu'il ait absolument tort de desapprouver l'assiduité du P. Bouhours dans les ruelles des Dames, où il a appris tant de choses qu'il se fût bien gardé de publier, s'il eût eu autant de jugement que de politesse; par exemple, (A) *que les conversations particulieres, où l'amour n'a point de part, fatiguent presque toûjours, que l'amour aprend à faire des vers, que nos chansons ont une maniere de tendresse, à quoi les Italiennes & les Espagnoles ne peuvent parvenir.* Si ses Supérieurs, pour le punir d'avoir publié tant de bagatelles, lui ont ordonné d'écrire des vies de Saints, comme quelques-uns se l'imaginent, qui ne sauroient croire qu'il ait renoncé de son propre mouvement aux Pieces de galanterie, ils sont fort loüables. Mais il est à craindre d'autre côté que le beau stile du P. Bouhours ne fasse tort à Saint Ignace, & à Saint François Xavier, parce que plusieurs personnes de l'une & de l'autre Réligion, qui connoissent ces Saints qu'en gros, liront leurs Vies désormais, & y verront mille choses ridicules. Le P. Maimbourg peut encore avoir raison de désaprouver les promenades de Basville, où se rencontroient quelquefois des Esprits railleurs, qui n'épargnoient pas les Révérends Peres, témoin la Chanson:

> Si Bourdaloüe, fort (B) sévere,
> Dit que c'est trop de liberté,
> Escobar, lui dit-on mon Pere,
> Nous le permet pour la santé.

Mais il falloit les avertir fraternellement de leurs défauts, & non-pas les publier dans un Livre.

Dans la même Préface le P. Maimbourg traite avec le dernier mépris les Ouvrages du P. Bouhours, ses entretiens d'Ariste & d'Eugene, ses Doutes & ses Remarques sur notre Langue: & non content de cela, il le maltraite encore dans le corps du Livre, d'une maniere qui frappe en même tems le P. Rapin, comme si le Schisme des Grecs devoit avoir de grandes liaisons avec les démêlez des Jésuites, qui vivent aujourd'hui dans Paris. Ceux qui n'ont point sû ces démêlez, n'ont rien compris sans doute dans cette longue censure du Grammairien George de Trébisonde, qui se lit dans l'Histoire du Schisme des (c) Grecs; car il n'est pas aisé de deviner pourquoi le P. Maimbourg s'échauffe si fort à marquer aux Grammairiens, les justes bornes dans lesquelles ils doivent se contenir, & à les rembarrer fierement lorsqu'ils s'émancipent à parler & à juger de quelqu'autre chose, à moins qu'ils ne soient de la force de M. Ménage, qu'il appelle le Varron de notre siecle; A quel propos loüer M. Ménage dans cet endroit-là? Il est vrai, c'est le Varron de notre siecle, mais ni cette censure, ni cet éloge ne sont pas en leur place. A quel propos nous faire savoir que George de Trébizonde a fait quelques Vers Latins assez suportables, un Livre sur les huit parties de l'oraison, & cinq sur la

la

(*) *Hist. du Lutheran. liv. 3.*
(A) *Entet. d'Arist. & d'Eug.*
(B) Ces vers, qui sont de Boileau, sont dans ses Œuvres de la maniere suivante.

> Si Bourdaloüe, un peu severe,
> Nous dit, craignez la volupté;
> Escobar, lui dit-on, mon Pere,
> Nous la permet pour la santé.

(c) *Liv. 5.*

Lett. IV. la Rhétorique, où il s'est fait pourtant honneur de ce qu'il a pris d'Hermogene ? Il est vrai, il a fait des Vers Latins, & des Livres de Rhétorique : mais ce détail des Ecrits d'un homme qui n'entre dans une Histoire que par incident, n'est pas en sa place. Pardonnez-moi, me dira-t'on, tout cela y est merveilleusement, pour le but & pour les passions de l'Historien, qui souhaitoit que l'on reconnût là les PP. Rapin & Bouhours ; & qu'ils apprissent à ne point sortir, comme ils faisoient, de la sphere de leur activité. Et parce que le P. Bouhours avoit une grosse querelle en ce tems-là avec le savant M. Ménage, le P. Maimbourg trouva plaisant de donner de grands éloges à celui-ci, car c'étoient autant d'injures pour l'autre.

Cela prouve que les Jésuites ne font pas si unis que l'on crois. Ceci fait voir deux choses ; premierement que les Jésuites ne vivent pas de si bonne intelligence que l'on se le persuade (*). A la vérité ils sont fort jaloux de la gloire de tout le Corps, & si quelqu'un des Membres est malmené par quelque Critique, presque tous les autres se remuënt en sa faveur. De-là vient aussi qu'ils s'entre-loüent beaucoup. Vous ne verrez guéres de Jésuite qui, étant consulté sur les bons Livres dont on doit faire provision, afin de bien étudier quelque science, ne vous indique d'abord tous Livres composez par quelqu'un de ses Peres : & si vous rencontrez un Livre Anonyme, qui vous renvoye à tout moment au Livre de quelque Jésuite, & qui ne cite presque point d'autres gens que des Jésuites, dites à coup sûr que c'est un Jésuite qui l'a fait. On commence aussi à connoître les Ecrits qui viennent de la plume d'un Janséniste, aux fréquentes citations des Ouvrages de quelqu'un de leurs Héros. Mais quoiqu'il en soit des Jésuites en général, il s'en trouve toûjours quelqu'un qui fait éclater sa jalousie contre quelqu'autre. Témoin non seulement les trois Revérends Peres que j'ai nommez, mais encore le Pere Vavasseur, qui pour punir le P. Rapin son Disciple, de ce qu'il l'avoit exclus un peu trop intelligiblement du nombre des excellens Poëtes, dans ses Réflexions sur l'Art Poëtique, critiqua cruellement ces Réflexions. Monsieur le premier Président de Lamoignon, qui aimoit fort le P. Rapin, accorda cette querelle, & fit supprimer les exemplaires de la Critique.

Et que le P. Maimbourg ne cherche qu'à se vanger de ses Ennemis. L'autre chose qui se peut recueillir de ce que j'ai dit, c'est que Mr. Maimbourg est tellement possédé du désir de mordre sur tout ce qu'il n'aime pas, qu'il semble chercher plûtôt les occasions de faire piece à ses ennemis, que les éclaircissemens de l'Histoire. On auroit raison de donner à ses Ouvrages le nom de *Romans* ; car comme les Auteurs des *Romans*, de Clelie, & de Cléopatre, par exemple, nous ont donné, sous des noms empruntez de l'Antiquité, le caractere de plusieurs personnes de leur connoissance, & des mœurs de notre siecle, ainsi les Histoires de Monsieur Maimbourg, sous les différens noms qu'il y a rencontrez dans son chemin, ou qu'il y a traînez par force, nous représentent les avantures & le caractere de quantité de gens morts depuis peu, ou encore pleins de vie. De sorte que si nous en avions la clef, comme on dit qu'on a celle de Rabelais, nous trouverions un Janséniste,

un Prélat, un Jésuite, un Duc de notre tems, où nous ne croyons trouver que des personnes très-éloignées de notre siecle. Un tel, dirions-nous, est Monsieur le Maître : un autre, Monsieur de St. Amour ; un autre, Monsieur de Pamiers ; un autre, Monsieur d'Alet ; une telle, la Mere Angelique, & ainsi du reste. A l'égard de Monsieur Arnauld, il n'est pas nécessaire d'attendre la clef des Ouvages de Mr. Maimbourg, pour savoir qu'on a voulu faire son portrait, en faisant celui d'Arnauld de Bresse, dans l'Histoire du grand Schisme d'Occident, car c'est une chose assez visible d'elle-même.

Voilà pour ce qui regarde l'amour propre, ou l'esprit de vengeance, qui regne dans les Ouvrages de Mr. Maimbourg. Je passerois maintenant à l'autre point, que j'ai dit, qui nous doit rendre suspecte sa bonne foi, savoir à sa complaisance pour les vües de la Cour, si je n'avois peur de vous avoir déja préparé trop de lecture pour une fois. Ce sera donc encore la matiere d'une autre Lettre. Je suis, Monsieur, votre, &c.

LETTRE V.

I. *Le P. Maimbourg possedé de l'esprit de Cour, a pris le parti de la puissance séculiere contre les prétentions des Papes.* II. *A affecté de répandre dans ses Histoires l'approbation de la Politique de France.* III. *Combien cela & le reste le rend suspect.* IV. *Pourquoi on n'a point écrit contre lui.* V. *Persécution suscitée aux Jansenistes, & sur tout à Mr. Arnauld.* VI. *Difficultez aux Huguenots à faire des Livres.*

MONSIEUR,

I. Le P. Maimbourg attaché à la Cour contre les Papes. J'entre en matiere, sans préambule, & je dis que la complaisance du Pere Maimbourg pour les vües de la Cour, est si grande que par une singularité inouïe, il abandonna, dans son Histoire des Iconoclastes, les maximes & les préjugez les plus précieux à son Ordre, touchant la puissance du Pape, afin de faire sa Cour au Roi, de devenir Jésuite de Cour, & Jésuite Pensionnaire.

C'est presque l'opinion générale de tous les Catholiques Romains, à la reserve des Prélats, & des Parlemens de France, & de la Sorbonne, que la puissance du Pape s'étend sur le temporel des Princes. Jusqu'ici les Jésuites s'étoient particulierement signalez, dans le cœur même de la France, par leur prévention pour ce faux dogme. Les Partisans de cette opinion, entr'autres preuves, font fort valoir celles de fait, par exemple, le déposition de Childeric III, le Couronnement de Pepin, la Translation de l'Empire Romain aux François en faveur de Charlemagne, &c. Ils soûtiennent que la seule autorité du Pape rendit ces changemens légitimes, qui sans elle n'eussent été qu'une pure usurpation. Les Partisans de l'Eglise Gallicane nient cela. On apporte des raisons &

des

(*) Il y avoit encore dans la premiere Edition, „ Et que l'envie regne parmi eux autant qu'en lieu

„ du monde. A la vérité &c.

des autoritez de part & d'autre, qui ne sont propres qu'à confirmer le Pyrrhonisme Historique dont je vous ai parlé (*) dans mes autres Lettres. Qu'a fait le P. Maimbourg ? Par une action de Transfuge de son Ordre, & par la vanité de se distinguer des Moines, & de se faire considerer à la Cour, il a enseigné la Doctrine de nos Parlemens, & soûtenu que le Pape ne confera point la dignité de Roi à Pepin, ni celle d'Empereur à Charlemagne, & qu'il étoit lui-même Vassal de Charlemagne, & des Empereurs qui lui succéderent.

Je ne sai s'il en eut quelque remords de conscience, ou s'il crut que pour se signaler plus utilement dans ses nouvelles opinions, il faloit s'attirer une approbation de la Cour de Rome; mais quoi qu'il en soit, il se comporta en bon Jésuite, dans l'Histoire du Schisme des Grecs, deux ans après qu'il eût publié celle des Iconoclastes. Aussi-bien voyoit-il qu'il n'y avoit rien à espérer de cette miserable nation Greeque, & que c'eût été mettre ses honnêtetez à fonds perdu, que de la menager le moins du monde. Ainsi il la sacrifia par tout, & fit voir toûjours la cause du Pape d'un fort beau côté. Il fit présenter son Livre au Pape Innocent XI. qui l'en fit remercier par une Lettre du Cardinal Cibo, pleine de termes obligeans. Il s'en fit beaucoup d'honneur, la fit imprimer à sa tête de l'Histoire du grand Schisme d'Occident; & comme il n'oublie jamais les Jansénistes, il prit occasion de les railler de ces nombreuses Approbations, qui se voyent à la tête de leurs Ouvrages. Il le fit pourtant avec moins d'aigreur que de coûtume, à cause sans doute des Prélats qui eussent pû s'en formaliser. Mais il fit clairement entendre au Lecteur, que sans *le fatiguer par une longue suite de grandes Aprobations*, il lui en feroit voir une seule, *mais une seule qui assurément en vaut plusieurs autres;* se donnant ainsi une grande supériorité sur le Port-Royal. Cette raillerie étoit fort déraisonnable; car c'étoit lui & ses Confreres, qui à force d'appeller Hérétiques les Ecrivains de Port-Royal, les avoient contraints de se munir d'un grand nombre d'Approbations. Au reste, je ne trouve pas étrange qu'elles déplussent au P. Maimbourg, car elles faisoient voir la témérité insuportable, qu'il avoit euë, d'accuser d'Hérésie des gens qui passoient pour Orthodoxes, dans l'esprit des Savans Prélats du Royaume, ausquels & non pas aux Jésuites, il appartient de juger décisivement de la qualité d'une opinion. Quoi qu'il en soit, le P. Maimbourg ayant obtenu ce qu'il cherchoit, ne parla plus des Papes au gré de la Cour de Rome, & cette même Histoire, qu'il a munie de la Lettre du Cardinal Cibo, déplut fort au delà des monts.

Mais il a bien fait pis depuis ce tems-là. Sachant que l'intention de S. M. étoit d'étendre la Régale sur toutes les parties de son Royaume, il choisit pour sa tâche annuelle de 1679. les Démêlez des Papes & des Empereurs: ce qui lui fournit un beau champ pour parler de la Régale, du droit des Investitures, de la dépendance des Evêques, &c. Il a traité cette matiere d'un air qui a autant plû à la Cour de

France, que déplu à la Cour de Rome. Et en effet, il donne presque toûjours le tort aux Papes; & ce qu'il y a de rare, c'est qu'afin de faire plus d'impression sur ses Lecteurs, il biaise, il ménage ses paroles, il glisse des assurances de respect pour le St. Siége, il cache sa passion & son but, qui est de montrer que si le Pape vouloit s'opposer à l'extension de la Régale, il seroit aussi mal fondé que ses Ancêtres, dans leurs premieres querelles avec les Empereurs. Mais les Italiens, qui sont aussi fins que lui pour le moins, quoi qu'ils n'ayent pas des Protecteurs aussi redoutables, ont bien apperçu, à travers ses obliquitez & son encens, qu'il n'étoit plus Jesuite, c'est-à dire, dévoué à la Cour de Rome; que le Jésuite l'avoit célé au Pensionnaire dans ses Ecrits, & là-dessus ils ont censuré son Ouvrage de la Décadence de l'Empire.

Je vous ai déja (a) dit, Mr. l'expédient dont il s'avisa, pour se mocquer de cette censure le plus cavalierement du monde. Après cela n'aspirant plus qu'à la gloire du fameux Okam, qui disoit à l'Empereur Louïs de Baviere, *défendez-moi avec votre épée, & je vous défendrai avec ma plume,* il a si bien continué à faire sa Cour au Roi, que son Histoire du Luthéranisme, au grand scandale de tous les Bigots, à été encore censurée à Rome, à cause principalement d'une longue digression qu'il a amenée sur la Scene par les cheveux, pour faire voir que le Pape & les Evêques de France, qui s'opposent à la Régale, ont le plus grand tort du monde.

Enfin sa complaisance pour les intérêts de la Cour s'est fait connoître si visiblement, qu'on devinoit à Paris, en remarquant les réflexions & les digressions qu'il semoit dans ses Histoires, les projets qui étoient sur le tapis, ou contre les Jansénistes, ou contre les Calvinistes, ou contre le Pape. Voyez un peu comme quoi, dans l'Histoire du Luthéranisme, il n'a garde de parler de la prise des trois Evêchez par Henri II. sans remarquer, en faveur des réünions que le Roi fait faire par la Chambre de Mets, que quand ces trois Evêchez ont été cédez par le Traité de Munster, *ç'a été avec un droit très-légitime sur toutes leurs anciennes dépendances.* Si on consultoit le P. Maimbourg, ennemi des Casuïstes rigides, il diroit assurément, & comme Historiographe à pension, & comme Théologien, & comme Directeur de conscience, que l'on peut avec justice réünir à la Couronne tout l'ancien Royaume d'Austrasie, dont Mets étoit autrefois la Capitale.

Il y a dans l'Histoire du Calvinisme (b) un trait d'une affectation encore plus grande. Vous ne devineriez jamais comment il a satisfait l'envie de fourrer quelque part dans cette Histoire, la conquête de Strasbourg. Je m'en vais vous l'apprendre: c'est à l'occasion de Henri de Mesmes, Conseiller d'Etat, & l'un des Députez de Charles IX. au Traité de Longjumeau, l'an 1568. L'autre Député s'appelloit Armand de Gontaut de Biron, depuis Maréchal de France. Celui-ci ne pouvant servir de rien au P. Maimbourg, a été laissé sans pere, sans mere, sans généalogie, sans successeurs: mais pour Henri de Mesmes,

(a) Ci-dessus p. 9.
(b) Liv. 5. p. 397.

LETTRE V.

mes, qui avoit quelque relation aux dernieres Conquêtes de S. M. ; il a eu non seulement un Pere illustre, mais aussi un fils illustre, & trois petits-fils encore plus illustres, l'un desquels a été Plénipotentiaire de France au Traité de Westphalie, & les deux autres ont été *Président à Mortier dans le premier & le plus auguste Parlement de France*. Ce Traité de Munster a fait souvenir notre Jésuite, tant il a les droits du Roi à cœur, que S. M. est entrée en possession depuis peu de la plus puissante Ville de l'Alsace, que l'Empire lui avoit cédée par ce Traité-là. Grande patience à la France d'avoir laissé ainsi son bien plus de trente ans entre les mains d'autrui, & un bien encore si clairement & si légitimement acquis !

Les arriere-petits-fils de Henri de Mesmes, l'un Président à Mortier *dans le premier & le plus auguste Parlement de France*, l'autre Plénipotentiaire au Traité de Nimegue, ne sont pas moins illustres que ses petits-fils ; cependant le P. Maimbourg n'en dit pas un mot, parce qu'il avoit déja ce qu'il cherchoit ; c'est-à-dire, qu'il avoit déja placé son Compliment au Roi sur la prise de Strasbourg. Ce silence me paroît fort incivil. Ou il n'en faloit pas tant dire, ou il en faloit dire davantage. Mais que voulez-vous, Monsieur ? la regle du P. Maimbourg la plus inviolable, c'est d'étendre ou d'accourcir ses digressions, selon qu'il y trouve son compte pour faire sa Cour au Souverain. Sans sortir de ce passage, je puis vous en donner une forte preuve. Il avoit besoin d'un Plénipotentiaire qui eût conclu le Traité de Munster, & il n'avoit en main que Monsieur le Comte d'Avaux, qui ne l'a point conclu, s'étant brouillé avec son Collegue Mr. Servient. Il n'a pas laissé pourtant d'allonger la négociation du Comte jusques à la conclusion du Traité, *Où il fit*, (dit-il, (*) *ce Traité si glorieux*, &c.

Avec la même affectation, il ne se contente pas de parler au long de l'échange de la Navarre & de la Sardaigne, qui fut proposé au Roi de Navarre, Antoine de Bourbon par les Espagnols; mais aussi tranchant du Politique, il nous dit dans un autre endroit, que ce Prince fit sagement de prêter l'oreille à cette proposition, *parce qu'on ne peut nullement douter après cela que le Roi, de l'aveu même des Espagnols, n'ait un nouveau droit incontestable de redemander la Navarre quand il lui plaira, ou du moins le Royaume de Sardaigne, s'il veut bien maintenant consentir à cet échange, après qu'on a manqué à la promesse solemnelle qui fut faite à son Bisayeul.* Voyez comment il travaille à conserver la paix, qui a tant de peine à s'affermir entre les deux Couronnes, & comment il excite S. M. à faire revivre des droits surannez, pour troubler le repos de l'Europe. Si le Roi l'en croyoit, il envoyeroit une flote dès demain en Sardaigne, pour se mettre en possession d'un Royaume qui lui a été cédé en la personne de son Bisayeul, & alors il faudroit bien que le Pape parlât François.

III. Combien cela & le reste le rend suspect.

Vous n'aurez point de peine, Monsieur, à comprendre désormais, qu'il ne doit y avoir guéres de bonne foi dans les Histoires du P. Maimbourg, excepté, peut-être, dans les choses qui n'ont aucun rapport ni aux desseins de la Fran-

ce, ni aux Jansénistes, ni aux Calvinistes, ni aux autres passions de ce Monsieur-là. Car enfin quand on est ainsi possédé d'une passion dominante de se venger, & de faire sa Cour aux Princes, on accommode les faits dont on a besoin à sa passion, à peu près comme ce Procruste, dont Thesée délivra le monde, égaloit ses prisonniers à la mesure de son lit: S'ils étoient plus grands, il leur coupoit le superflu ; s'ils étoient plus petits, il leur allongeoit les membres. La Préface de l'Histoire des Iconoclastes exprime si bien les effets de la prévention, qu'on jureroit que le P. Maimbourg en parle pour les avoir souvent éprouvez en sa personne. *Il y a de grands hommes (dit-il) qui soit par préoccupation, soit par engagement, veulent absolument que certaines opinions, qu'ils sont fort résolus de soutenir, soient les véritables, avant que d'avoir examiné de sens rassis si elles le sont effectivement ; ensuite ils tâchent toujours de retourner du côté de leur sentiment, tout ce qu'ils lisent, au lieu de conformer de bonne foi leur sentiment à ce qu'ils trouvent.* Ce qui est très-apparent à l'égard des autres Histoires de cet Auteur, doit presque passer pour indubitable à l'égard de son Histoire du Calvinisme, parce qu'outre qu'il avoue lui-même, *qu'on n'a jamais (A) accusé les Jésuites d'être trop indulgens & trop favorables aux Calvinistes, & qu'il n'a point peur (B) que la postérité le soupçonne d'avoir été ni Lutherien, ni Calviniste, ni même Janséniste ;* outre cela, dis-je, il a écrit ce dernier Ouvrage dans un temps où la Cour, dont il est la plume vénale, avoit déja résolu de nous ruïner, sous les meilleurs prétextes que l'on imagineroit.

IV. Pourquoi on n'a point écrit contre lui.

Mais d'où vient, me direz-vous, que personne n'a dit ses véritez au P. Maimbourg, ni écrit contre ses Histoires ? Messieurs de Port-Royal sont devenus bien patiens ; ils ont bien dégénéré de ce courage qui les rendoit autrefois si terribles. Qu'est devenu le tems où le P. Bouhours disoit d'un ton fort humilié : *Je ne doute pas (c) qu'il n'y réponde (Mr. Arnaud) car à quoi ne repondent-ils point ? Ils veulent écrire à quelque prix que ce soit, & je croi qu'ils feroient scrupule de laisser oisifs ces pauvres Imprimeurs qui travaillent pour le parti, & qui comme les faux monnoyeurs ne travaillent que dans les tenebres.* Ce temps est passé, Monsieur : la rigueur qu'on a exercée contre les Jansénistes, & la faveur extraordinaire où les Jésuites sont montez, a sauvé les Ouvrages du P. Maimbourg. Le premier qui osa écrire contre son Arianisme, & contre ses Iconoclastes, fut bien heureux de n'être pas découvert ; car, au lieu de faire brûler son Livre par la main du Bourreau, comme l'on fit, on l'eût châtié en propre personne. On a trouvé que Mr. Hermant, cet habile homme à qui le Public est redevable de la Vie des principaux Peres de l'Eglise, a été bien temeraire, de s'être plaint modestement, dans la Préface de la Vie de Saint Grégoire de Nazianze, qu'après avoir été pillé, il avoit été payé d'ingratitude, désignant le P. Maimbourg qui s'étoit fort accommodé de la Vie de Saint Athanase, pour faire son Histoire de l'Arianisme, & néanmoins avoit lancé quelques traits malins contre l'Historien de St. Athanase. Il n'y a pas presse à écrire *contre celui qui peut proscrire.* M. Maim-

---

(*) *Hist. du Calvin. p. 254. 284.*
(A) *Hist. du Calvin. p. 150.*
(B) *Hist. du Luther. l. 2.*
(c) *Lettr. à un Seig. de la Cour.*

Lettre V.

Maimbourg à des Patrons qui disposent des Lettres de cachet, comme bon leur semble, après cela frottez-vous-y. Il a eu toûjours la politique de s'attacher aveuglément aux PP. Confesseurs de S. M. ce qui montre encore bien clairement son esprit de complaisance pour la Cour. On l'appelloit autresois le Prédicateur du P. Annat, & l'on crut que ceux qui témoignoient condamner ses emportemens étranges contre la Version de Mons, & n'y donnoient point ordre pourtant, comme ils devoient faire, n'usoient de cette indulgence, que parce que (*) c'étoit un Jésuite, soutenu par le P. Annat. Le P. Annat, disoit-on, trouveroit mauvais que l'on fît taire son Prédicateur. Il faut que tout ployê sous cette consideration : on l'avoit prié de le faire taire lui-même : il ne l'a pas jugé à propos : DOMINUS est, nec ei potest quisquam dicere, cur ita facis ? Si le Prédicateur du P. Annat, étoit un homme redoutable, soyez assuré, Monsieur, que l'Historien du P. la Chaize, le doit être incomparablement davantage pour bien plus d'une raison.

V.
Persécution citée aux Jansénistes.

Comment est-ce que Messieurs de Port-Royal eussent pû durer, s'ils avoient entrepris d'écrire contre les Jésuites en faveur, puisque leur silence n'a pû les sauver d'une dissipation, & d'une dispersion, où ils mourront apparemment. Leurs ennemis ne se sentoient pas assurez, pendant qu'ils savoient Mr. Arnaud au Fauxbourg S. Jacques vivant en retraite. Ils ont fait accroire que sa Maison étoit un Rendez-vous de Mécontens ; qu'on y tenoit des Conférences pleines de cabale & de faction ; qu'on y préparoit des Mémoires pour la Cour de Rome ; en un mot, ils ont obtenu tout ce qu'il faloit pour le chasser avec le reste de sa troupe. Quand je me figure ce grand homme réduit à la dure nécessité de se cacher, je songe au fameux Annibal, & aux dernieres paroles que les injustes persécutions des Romains lui arracherent (A) : *Liberemus diuturna cura populum Romanum, quando mortem senis expectare longum censent,* &c. Il en a coûté bon à Mr. de Pomponne d'avoir un tel oncle.

Remarquez, s'il vous plaît, Monsieur, que je traite Mr. Arnaud de grand homme, quoi qu'il ait écrit contre notre Religion avec tous les emportemens imaginables, & avec un débordement de bile bien plus grand que celui du P. Maimbourg ; car il faut honorer le mérite par tout où on le rencontre, sans écouter son ressentiment. M. Arnaud est un des premiers hommes de l'Europe, & son éloquence seroit incomparable, s'il ne l'eût point ternie par l'impétuosité & par l'aigreur de ses expressions. Si les Pères de l'Eglise sont coupables de la même faute, tant pis pour eux, ils sont dignes de blâme, & par conséquent incapables de servir d'excuse à ceux qui les ont imitez. L'éloquence Chretienne se doit distinguer de la Payenne, par la tranquillité de ses mouvemens ; & si elle ne le fait pas, les grands noms des Grégoires & des Cyrilles, des Jerômes, & des Ambroises, ne la garentissent pas de blâme. Je remarque cela, parce qu'il y a des gens qui prétendent se justifier par ces grands exemples.

Lettre V.
VI.
Difficultez pour les Réformez à faire des Livres.

21. La même raison qui a sauvé les Histoires de Mr. Maimbourg des atteintes de Mrs. de Port-Royal, les a sauvées de la Critique des Huguenots. Helas ! nous n'avons pas besoin de nous faire des affaires, on nous en fait assez. La punition d'un Auteur, qui auroit osé censurer un Jésuite favori, se fût étenduë sur tout le Corps : nous n'avons ni le tems de songer à faire des Livres, ni des Libraires qui osent les imprimer, ou les débiter. On a établi une Inquisition si severe dans le Royaume pour les Livres, qu'il n'y a plus moyen de publier la vérité, quand elle choque des personnes qui sont en crédit. Si quelqu'un se persuade le contraire, Mr. Maimbourg lui apprendra qu'il se trompe grossierement.

Il se vante (a) d'avoir vû un gros Recueil de dix volumes *in folio*, tout rempli de libelles diffamatoires, composez par les Huguenots durant les désordres du dernier siecle, où il n'a trouvé qu'une malignité brutale destituée d'esprit & de jugement. Il ajoute, *ce que les Calvinistes faisoient alors, c'est ce que les anciens Hérétiques ont toûjours fait, & ce que nous avons vû de nos jours que leurs Disciples ont renouvelé, en semant par tout des libelles écrits avec une extrême impudence & une aveugle fureur, sans esprit, n'étant remplis que d'injures, & de calomnies contre tous ceux qui s'opposoient à leurs erreurs & à leurs dangereuses Nouveautez, & sur tout contre ceux d'entre les Prélats les plus illustres, qui, par un zele vrayement sacerdotal, s'appliquoient le plus efficacement, selon l'intention & les ordres exprès du Roi, à faire en sorte que la paix, que ce grand Monarque a donnée à l'Eglise aussibien qu'à l'Etat, soit maintenuë contre les entreprises de certains esprits brouillons & séditieux qui ne cherchent qu'à la troubler.* Voilà qui regarde uniquement les Jansénistes ; car pour nous qui n'avons rien à voir dans cette paix que Sa Majesté a donnée à l'Eglise, il est clair que nous n'avons point de part à cette longue tirade d'injures, où le Pere Maimbourg s'abandonne tellement à sa colere, qu'il accuse Mrs. de Port-Royal de manquer d'esprit. Il nous apprend ensuite que l'on pendit deux hommes l'an 1560. l'un pour avoir composé un libelle, l'autre pour l'avoir débité sous main, & il conclut par cette foudroyante menace : *cela doit faire trembler ces infames & miserables Ecrivains, qui peuvent se persuader qu'aujourd'hui que Loüis le Grand fait si bien regner la justice en France, les Magistrats n'auront pas moins d'adresse pour les découvrir, ni de zele pour les punir, qu'on en eut sous le regne du petit Roi François, pour reprimer une si scandaleuse licence.*

Qui oseroit se plaindre après cela ? Qui oseroit critiquer les Livres de ce Jésuite ? Car quand on ne feroit autre chose que relever ses fautes, ses impostures, sa mauvaise foi, comme celui qui écrivit contre son Histoire de l'Arianisme, & contre celle des Iconoclastes, il ne laisseroit pas de dire que ce seroit un libelle diffamatoire, & de mettre en campagne Mr. de la Reynie, pour en faire châtier les Auteurs, ou les distributeurs. C'est pourquoi il faut se résoudre à lui laisser écrire tout ce qu'il voudra. Ainsi

_____
(*) *Déf. de la Traduct. de Mons, 24. passage.*
(A) *T. Liv. l. 39.*

(a) *Hist. du Calvin. p. 152.*

Lettre V. Ainsi vous m'obligerez infiniment, si vous brûlez mes Lettres, dès que vous les aurez lûës.

Je voudrois inspirer le même esprit à quelques Catholiques à qui les mains demangent, & qui ne se peuvent empêcher de faire courir quelquefois des Satyres contre leurs Prélats. voluptueux. Qu'y gagnent-ils ? Rien. Ces Messieurs à la vérité font tout ce qu'ils peuvent pour supprimer ces Libelles, & pour ôter à tout le monde le courage d'en composer ; & par là ils donnent à connoître qu'ils craignent la touche, & qu'ils sont dans le cas dont il est parlé dans la premiere Satyre de Juvenal.

Ense velut stricto quoties Lucilius ardens
Infremuit, rubet auditor cui frigida mens est.
Criminibus, tacita sudant præcordia culpa.

Mais il se voit par expérience que si, malgré toutes leurs précautions, un de ces Libelles court le monde, ils n'en deviennent pas plus sages. Laissons-les donc vivre à leur mode, le tems peut-être les mettra à la raison. Ce qui me passe, c'est de voir que la faction, ennemie de Mrs. de Port-Royal, ne veut pas seulement consentir, que les Livres qu'ils font pour la Religion Catholique se débitent dans le Royaume. C'est pour cela que la Réponse à la *Politique du Clergé*, passe pour un Livre de contre-bande. C'est un Livre fort passionné contre nous, fort zélé pour faire voir l'innocence des Catholiques d'Angleterre, & qui parle assez honnêtement des Jésuites, & fort magnifiquement de l'autorité des Rois : mais après tout, il a le malheur d'être attribué à Mr. Arnaud, il a le péché Originel, comme on dit à Rome de tous les Cardinaux qui ne sont pas d'Italie, & on lui ferme les portes de France comme à un Pestiféré.

J'allois passer à une nouvelle réflexion, qui peut-être ne vous seroit pas désagréable ; mais je me suis aperçu tout d'un coup qu'elle n'est pas fort essentielle à mon sujet, & qu'ainsi il valoit mieux la laisser. Je vous dis donc Adieu, Monsieur, & je croi vous avoir assez prémuni contre l'Histoire du Calvinisme, pour ne vous rien écrire davantage. Je suis, &c.

CRITIQUE GENERALE

DE

L'HISTOIRE

DU

CALVINISME.

SECONDE PARTIE.

Contenant plusieurs Remarques particulieres, sur divers endroits du Livre.

LETTRE SIXIEME.

I. *Pourquoi on entre dans l'examen particulier de cette Histoire du Calvinisme.* II. *Examen de l'Epître Dédicatoire.* III. *Réfutation de ce qu'on y dit, que nous sommes traitez en France avec douceur.* IV. *Mr. Maimbourg avoüé, sans y penser, l'injustice qui nous est faite.* V. *Il tombe en contradiction.*

MONSIEUR,

Lettre VI.
I.
Pourquoi on entre dans l'examen particulier de l'Histoire du Calvinisme.

Il faut avoüer que vous êtes un étrange homme, de m'écrire que tout ce que je vous ai dit jusqu'ici contre l'Histoire du Calvinisme, & rien, c'est la même chose, si je ne la réfute pied à pied. Vous croyez après cela bien adoucir cette rudesse, en me disant que je suis propre à faire cette réfutation, & en me priant de l'entreprendre. Je n'en veux rien faire, Monsieur, reprenez votre compliment, s'il vous plaît, & ne vous attendez pas à cela.

A tout le moins, dites-vous, faites quelques remarques sur les endroits du Livre qui vous

pa-

paroîtront dignes de cenfure. Je voudrois bien vous refufer cela auffi : mais les raifons que vous m'alleguez font fi fortes, qu'il ne m'eft pas poffible de m'en défendre. Je m'en vais donc recommencer la lecture de cette Hiftoire, puifque vous le voulez abfolument, car il faut le vouloir abfolument, pour m'aller chercher des raifons de la nature de celle que vous m'avez propofées. En vérité vous n'êtes guéres complaifant de m'obliger à lire deux fois une longue & cruelle invective contre le grand ouvrage de la Réformation, & de me tirer de cet efprit de Pyrrhonifme avec lequel je l'ai déja luë, car il faut déformais que je la life avec les difpofitions d'efprit ordinaires aux autres hommes.

I I.
Examen de
l'Epitre Dédi-
toire.

Je commence ma feconde lecture par l'Epitre Dédicatoire, où, après le grand lieu commun des victoires de Sa Majefté arrêtées par fa feule moderation, lorfqu'elles étoient les plus impetueufes, je trouve une defcription du Calvinifme capable de faire trembler le Roi, fi elle n'étoit fuivie d'une autre defcription moins terrible. Cette feconde defcription eft celle du trifte état où Mr. Maimbourg fe vante de faire paroître le Calvinifme, *non feulement défarmé, abatu, humble, foûmis, & aux pieds de S. M. mais auffi prefque anéanti, tout languiffant & tendant manifeftement à fa fin, heureufement vaincu & dompté par une conduite également jufte, douce & charitable.*

I. Il oublie fans doute que ce n'eft encore ici que la premiere partie de notre Hiftoire, & que l'autre, qui nous menera jufqu'à cet état d'anéantiffement dont il parle, eft encore ou dans fon Cabinet, ou dans fa tête, & par conféquent dans un lieu où S. M. ne fauroit voir la langueur & les derniers abois du Calvinifme : il a donc tort de dire qu'il préfente aux yeux de S. M. le Calvinifme dans ce lamentable état. Il n'a conduit notre Hiftoire que jufqu'au maffacre de la S. Barthelemi, qui eft à la vérité un endroit du Calvinifme bien lugubre ; mais non pas un abatement qui foit l'ouvrage de Louïs XIV. & duquel on le puiffe complimenter. Ainfi l'Auteur commet une lourde faute dès l'entrée, dont il ne fauroit fe juftifier par les courtes remarques qu'il a faites à la fin de cette premiere partie, fur les Edits qui viennent d'être donnez contre nous, parce qu'il eft évident que ce n'eft pas là l'Hiftoire qu'il doit donner de la décadence du Calvinifme.

I I I.
Réfutation de
ce qu'ony dit.
que les Refor-
mez font trai-
tez en France
avec douceur.

II. Mais c'eft peu de chofe que cela. J'ai une remarque bien plus effentielle à faire, c'eftque Mr. Maimbourg, ne pouvoit pas mieux nous prémunir contre le poifon qu'il a verfé dans fon Ouvrage, que par les flateries dont il a rempli l'Epitre Dédicatoire ; car il n'y a point de Huguenot en France qui ne le traite d'Impofteur, lorfqu'il le verra appellant ce qui fe fait contre nous, *une conduite également jufte, douce & charitable, pleine de fageffe & d'équité, zélée pour le falut des ames, une voye douce de charité, oppofée à la rigueur & à la force.* Quoi, diront-ils, nous ajoûterons foi à un homme qui traite de fureur & de rage la conduite que nos Ancêtres ont tenuë il y a plus d cent ans, & qui appelle douceur & charité, une conduite que nous voyons, & que nous fentons journellement être une violence dont le poids nous fait gémir ? S'il a bien la hardieffe de mentir dans des chofes qui fe paffent actuellement à notre

vuë, & d'appeller douceur ce que nous fentons vivement n'être rien moins que cela, à plus forte raifon a-t-il déguifé la vérité, & perverti l'ufage des termes, dans des chofes qui fe paffoient du tems de Catherine de Médicis. Il appelle douceur une conduite qui contraint une infinité de gens à quitter la France, ou à fouhaiter d'en fortir ; qui nous appellant à mille fâcheufes épreuves, nous ferme les Ports de mer, afin que nous ne puiffions pas nous délivrer du joug ; qui ne nous donne pas feulement l'alternative de quitter nos biens, ou de changer de Religion ; qui enchérit fur la dureté des Efpagnols pour les Morifques : (car encore leur permit-on de fe retirer où ils voulurent avec leurs biens-meubles, & leur fournit-onde vaiffeaux pour leur tranfport) qui nous accable de logemens de gens de guerre ; jufqu'à ce que la licence effrénée du Soldat nous ait contraints d'aller à la Meffe ; qui par mille fupercheries emprifonna nos Miniftres, démolit nos Temples, & nous abandonne aux injuftices des Magiftrats ; qui nous ôte les moyens de gagner notre vie à la fueur de notre vifage ; qui nous fait un crime des devoirs les plus indifpenfables de l'humanité, comme de fortifier nos freres que nous voyons dans la tentation, de les aider de nos confeils, de les recommander à la charité des bonnes ames ; qui nous emprifonne pour n'avoir pas refufé à notre prochain certaines petites affiftances, que la nature & la Religion nous infpirent d'un commun accord : qui livre mille tourmens à notre confcience, à l'égard des enfans qui nous naiffent, & de nos malades. C'eft une conduite douce, cela ? N'eft-ce pas fe moquer du monde que de qualifier ainfi les chofes ?

Car pour ne rien dire du refte, quelle plus dure condition que celle d'un pere & d'une mere, qui croïans que leurs enfans feront damnez s'ils vivent dans la Communion de Rome, les voyent expofez dès leur naiffance à ce malheur, par les artifices d'une fage-femme fuperftitieufe, ou fubornée, & enfuite par mille rencontres inévitables ? Quel fupplice pour la confcience, que de craindre, quand ceux que nous aimons tendrement font malades, qu'un faux zéle ne les vienne ravir à la vraye Religion par des demandes captieufes, & par des piéges adroitement tendus à une ame affoiblie par fon mal ? Quel fupplice en particulier pour une femme, que de voir que la furprife qui fera faite à fon mari, entraînera dans une fauffe Religion tous fes enfans ? Que ce foit préoccupation, fuperftition, aveuglement, opiniatreté, n'importe. Une confcience bourrelée par de faux fcrupules n'eft pas dans un meilleur état, qu'une confcience travaillée de légitimes remords. Ainfi tout Arrêt qui bourrelle la confcience fuperftitieufe, & Hérétique, fi l'on veut, d'un Huguenot, le met dans un état de fouffrance ; de forte que Mr. Maimbourg appellant voye de douceur, la conduite dont je viens de rapporter quelques traits, paffera fort raifonnablement, dans l'efprit des Calviniftes, pour un homme de mauvaife foi, & capable d'appeller la patience & l'humilité de nos Ancêtres, fureur, barbarie & profanation brutale.

Mais non feulement il paffera pour une Hiftorien de mauvaife foi, dans l'efprit des Calviniftes de France, qui fentent le contraire de ce qu'il dit : cette bonne réputation se répandra encore dans tous les païs étrangers. Car il n'y a point d'homme de bon sens qui n'ajoûte plus de foi à cette multitude de François Huguenots, qui, malgré la prévoyance de leurs ennemis, trouvent moyen de sortir de France, qu'à une Epitre Dédicatoire du P. Maimbourg. Ce sont des preuves parlantes, & démonstratives de violence, que des familles entieres qui quittent leur païs, pour chercher une retraite parmi les étrangers, à qui elles n'ignorent pas que les mœurs de notre nation sont extrêmement désagréables. Je veux qu'on n'ajoûte point de foi à leurs clameurs, ni à leurs descriptions : leur seule présence n'en dit-elle pas assez, & plus que tous les Jésuites n'en sauroient dissimuler ?

N'est-il pas de notoriété publique, que plusieurs Princes Protestans, touchez des miseres de ceux de la Religion en France, ont donné ordre qu'ils trouvassent une retraite dans leurs Etats ? A-t-on pû répondre au Livre de la Politique du Clergé, à l'égard des violences dont nous nous plaignons ? Celui qui a fait l'Apologie des Catholiques pour l'opposer à ce Livre-là, tout habile homme qu'il est, ne s'est-il pas dispensé d'entrer dans cette discussion ? N'avons-nous pas présenté plusieurs Requêtes au Roi, contenant la liste des principales violences exercées en plusieurs endroits du Royaume, contre nous, & demandé à S. M. qu'il lui plût nous donner des Commissaires, devant qui nous puissions justifier & avérer tous les chefs d'accusations contenus dans nos Requêtes ; ce qui montre manifestement que nous avions en main les preuves les plus invincibles ? Et le refus qu'on a fait de voir nos preuves, ne montre-t-il pas incontestablement, qu'on savoit bien que nos plaintes étoient véritables ? Se peut-il rien voir de plus convainquant que ce qui s'est fait en Angleterre ? Je n'ai point ouï dire que le Roi de la grande Bretagne soit bigot ; ce n'est point assurément un reproche qu'on lui fasse, ni dans son Royaume, ni hors de son Royaume. Il a eu d'ailleurs toûjours une grande considération, & de grands ménagemens pour la France, & on peut dire qu'il a pour notre Roi une particuliere tendresse personnelle, ayant visiblement favorisé ses Conquêtes, & résisté vigoureusement aux pressantes sollicitations qu'on lui faisoit de les arrêter, tant pour le bien général de l'Europe, que pour celui de l'Angleterre en particulier, qui s'allarmoit avec raison de l'agrandissement d'un pareil voisin. Cependant voici comme parle S. M. B. dans des Actes qui ont été rendus solemnellement publics, à la vuë de Mr. de Barillon notre Ambassadeur.

Lettre du Roi d'Angleterre

à Mr. l'Evêque de Londres.

Très-Révérend Pere en Dieu, notre très-cher & féal Conseiller. *Salut.*

*A*Yant été informé qu'un grand nombre de Protestans François, même des familles toutes entieres, se sont retirez depuis quelque tems de leur païs, pour éviter les persécutions & les extrêmes souffrances, auxquelles ils étoient exposez à cause de leur Religion, & qu'ils sont venus chercher un asyle dans notre Royaume, ... sçachant d'un autre côté que la plûpart, peut-être même tous, ont été contraints d'abandonner les lieux de leurs demeure & leurs établissemens, avec beaucoup de précipitation & de désordre, & qu'ainsi ils sont entierement privez des moyens de subsister, & de se rétablir. A ces causes, &c.

Sa Majesté Britannique écrivit une autre Lettre de pareille teneur le même jour, qui étoit le 22. de Juillet 1681. à Milord Maire, pour lui recommander, aussi-bien qu'à Monsieur l'Evêque de Londres, ces misérables Réfugiez. Et en cela les charitables & généreuses intentions de ce Prince ont été exécutées avec une affection, qui sera éternellement glorieuse aux Anglois ; car sans écouter le peu de sympathie qu'il y a entre les deux nations, & les causes raisonnables qu'ils peuvent avoir de ne pas aimer ce qui vient de France, ils ont témoigné à nos pauvres gens de la Religion une bonté & une charité extraordinaire, pendant que ceux qui choisissoient la Hollande pour leur asyle, éprouvoient une semblable charité de la part des Particuliers, & des Magistrats.

Cela n'est il pas mille fois plus authentique, pour faire voir que l'on ne nous traite pas en France avec douceur, que cent mille volumes composez par des plumes vénales comme celle de Mr. Maimbourg, pour faire voir que l'on nous traite doucement ?

III. Je fais encore une remarque sur ce que Mr. Maimbourg dit au Roi, que Sa Majesté a mis le Calvinisme dans l'état pitoyable où il est, *par des Ordonnances toutes pleines de sagesse & d'équité, qui lui ôtent ce qu'il avoit usurpé contre les Edits, & par la grandeur de son zele qui donne tous les jours mille marques*, &c. Je vous prie de prendre garde qu'il attribuë à deux sortes de choses l'abaissement du Calvinisme. 1. à des Ordonnances pleines de sagesse & d'équité. 2. à une grandeur de zele qui se fait connoître tous les jours à mille marques. Les Ordonnances pleine d'équité ne nous ont pas fait grand mal, puis qu'au dire de M. Maimbourg, elles n'ont servi qu'à *nous ôter ce que nous avions usurpé contre les Edits*. Après avoir perdu cela, nous devions être dans l'état où nous étions du tems des Edits, c'est-à-dire, selon le témoignagne du P. Maimbourg, capables d'en extorquer à main armée, qui nous fussent très-avantageux. Si, non contens de la puissance que nous avions en ce tems-là, nous avions usurpé bien des choses contre les Edits, il faloit que nous fussions bien à notre aise. Les Ordonnances équitables de S. M. sont venuës nous dépouiller de nos usurpations : hé bien, nous voilà comme nous étions au tems de l'Edit de Nantes. Jusques-là notre condition n'étoit pas si fort à plaindre : tout ce qu'il faloit faire pour nous réduire à un état *presque anéanti*, *tout languissant*, & *tendant manifestement à la fin*, restoit encore à exécuter, & c'est-ce qu'a fait la grandeur du zele de notre Monarque Ainsi le zele a fait tout sans l'équité. Quels embarras, & quelles absurditez dans une très-petite Epitre Dédicatoire, que de dire à un grand Prince, qu'il a exterminé le Calvinisme par un zele destitué d'équité ! C'est ainsi que le P. Maimbourg, en distinguant les Ordonnances pleines d'équité, qui n'ont fait que nous mettre dans les bornes de notre juste possession, d'avec le zele qui nous a presque anéanti, a dit la vérité

IV. Le P. Maimbourg avouë l'injustice qu'on fait aux Réformez.

té sans la vouloir dire: voilà ce que c'est de vouloir biaiser dans une chose aussi manifeste, que l'injustice qui nous réduit à néant; on reconnoît, sans y penser, par un galimathias de flateries, que ce ne sont pas les Ordonnances pleines de sagesse & déquité, qui font notre mal; ce qui n'est pas fort glorieux ni à celui à qui on dédie le Livre, ni à celui qui le dédie.

Cela me fait souvenir de l'Epitre Dédicatoire du Luthéranisme, où il semble que cet Auteur éleve les Edits, que l'on donne contre nous, jusques à la dignité d'un Sacrement qui confere la grace *ex opere operato* mais dans le fond il dit des choses que Lucien, s'il étoit au monde, adopteroit de mot à mot pour tourner en ridicule la Religion. *Vos derniers Edits* (c'est le P. Maimbourg qui parle à S. M.) *soutenus de cette autorité que toute la terre révere, & sous laquelle tout plie sans résistance, ont réduit aux abois le Calvinisme, qui se voit tous les jours abandonné de ceux à qui ces Edits, bien plus efficaces que toutes les disputes des Controversistes, ont ouvert les yeux, par la grace que Dieu leur a donné en même tems, pour découvrir le foible & la honte de cette secte, & pour voir ensuite qu'on ne s'y peut sauver non plus pour le tems, que pour l'Eternité.* Je ne veux point faire un procès à M. Maimbourg sur l'esprit libertin & profane, qui se trouve répandu dans ses expressions: je veux croire qu'il n'y a point entendu d'autre finesse, que celle d'attribuer au Roi le privilége d'attacher à ses Edits la grace de Dieu, bien mieux que les Controversistes & le Pape même ne la peuvent attacher à leur Ecrits & à leurs paroles; mais il me permettra de remarquer, qu'en avouant, que les Edits de S. M. soutenus d'une autorité sous laquelle tout plie sans résistance, ouvrent les yeux aux Calvinistes, pour découvrir les miseres temporelles qui les attendent, s'ils n'embrassent la Religion de leur Souverain, il décrédite leur conversion, & fait connoître à tout homme de bon sens, que ce grand dessein de convertir les Hérétiques, n'est qu'une pure Négociation d'Etat, où le bon Dieu n'a aucune part. Il devroit sur toutes choses faire corriger ses Epitres Dédicatoires.

V.
Il tombe en
contradiction.

IV. Il le devroit faire d'autant plus soigneusement, qu'il paroît se révêtir de je ne sai quelles idées toutes nouvelles, dès qu'il songe qu'il dédie un Livre. Sur la fin de l'Histoire du Calvinisme, il nous étale la grande clémence du Roi pour ses sujets de la Religion, & il l'oppose à la dureté qu'il dit que l'on exerce contre les Catholiques, dans les Etats Protestans. Il dit que pendant qu'on les y traite si mal, le Roi laisse vivre paisiblement les Huguenots dans son Royaume, agir fort librement selon leur Discipline, & faire publiquement l'exercice de leur Religion, dans les lieux qui leur sont marquez. Mais dans l'Epitre Dédicatoire, qu'il a faite apparemment peu après avoir écrit les paroles que je viens de vous citer, il ne se souvient plus de cette heureuse tranquillité des Huguenots: il ne les regarde plus que comme *presque anéantis, tout languissans, & tendans manifestement à leur fin.* Ce sont des contradictions qu'on ne pardonneroit pas à un Ecolier. Si le Roi avoit de l'indulgence pour le Calvinisme, il ne l'auroit pas presque réduit à néant, comme il a fait, & si les Princes Protestans étoient plus rigoureux contre leurs sujets Catholiques,

qu'il ne l'est contre ses sujets de la Religion, les Catholiques ne seroient pas aujourd'hui plus en repos dans les Etats Protestans, qu'ils n'y étoient autrefois. Il est néanmoins vrai que si on excepte le petit orage qui ne fit que passer à Londres, lors que l'affaire de la derniere conspiration eût échauffé les esprits, l'état des Catholiques d'Angleterre n'a jamais été plus commode depuis la Reine Elizabeth, qu'il est sous le Roi à présent régnant. Je dis la même chose des Catholiques de Hollande. Mais nous verrons tout ceci plus à fond quand le tour en sera venu.

C'est assez de quatre remarques sur l'Epître Dédicatoire, sans conter les digressions. Je suis, Mr., votre, &c.

✻✻✻✻✻✻✻✻✻✻✻✻✻✻✻✻✻

LETTRE VII.

I. *Sortie du P. Maimbourg de chez les Jésuites.* II. *La conduite qui a été tenue à cet égard fait voir, que les Jésuites élevent la puissance du Roi au dessus du Pape dans les choses spirituelles.* III. *Les Carmes ont tenu une conduite qui fait voir la même chose.* IV. *Réflexion sur deux Arrêts du Parlement, qui concernent l'obéissance dûe par les Moines au Roi.*

MONSIEUR,

1.
Sortie du P.
Maimbourg de
chez les Jésuites.

Je vous rendrai conté cet Ordinaire de l'Avertissement, que Mr. Maimbourg a mis à la tête de son Livre. Il y expose en peu de mots sa sortie de chez les Jésuites, d'une maniere qui m'a paru fort raisonnable; car il ne s'emporte point; il ne traite pas de bagatelle l'indignation de la Cour de Rome; il parle du Pape avec beaucoup de respect & de soumission; & quoi qu'il semble se contraindre un peu pour paroître humilié, il est néanmoins certain qu'il se met dans une posture de modestie qui plaît à son Lecteur. Il reconnoît qu'encore qu'il ne se sente point coupable, il n'ose pas se croire innocent, parce que le Pape, *quand même il ne prononce pas ex cathedra, a bien d'autres lumieres & d'autres vuës que lui.* Voilà sans doute beaucoup de docilité. Il n'y a voir gueres plus d'un an qu'il avoit décidé, avec une fierté de Concile, qu'on avoit mal censuré ses Ouvrages à Rome, en quoi il reconnoissoit que ses lumieres & ses vuës étoient meilleures que celles d'un Pape, qui ne prononce pas *ex Cathedra.* Aujourd'hui il avouë tout le contraire; c'est faire bien des progrès en peu de tems.

Il nous promet une Relation exacte de tout ce qui s'est passé dans cette affaire. Pour le présent tout ce qu'il en touche se réduit à ceci, que le Général des Jésuites ayant fait un Décret, portant que pour obéïr aux ordres exprès du Pape, il mettoit le P. Maimbourg hors de la Société, & déclaroit qu'on le doit tenir désormais pour un homme qui n'est pas Jésuite, le Roi suspendit l'exécution de ce Décret: qu'après plus d'un an écoulé, lui P. Maimbourg voulant tirer les Jésuites de certains fâcheux embarras, où ils étoient à son occasion, avoit supplié très-humblement le Roi de laisser à leurs Supérieurs, la liberté de faire ce qu'ils jugeroient à propos à son égard, en suite des ordres qu'ils avoient reçus de Rome : que le Roi, par sa lettre du 10. de Janv. de cette année au Provincial des Jésuites, leurs a permis d'exécuter lesdits ordres, après quoi le Décret lui ayant été remis entre les mains ; il n'a plus été Jésuite par l'ordre du Pape, & par la permission que le Roi a donnée de l'exécuter.

Remarquez bien ces derniers mots, Mr. car on en peut tirer des conséquences bien incommodes. Quoi donc, les ordres du Pape pour une chose purement Ecclésiastique sont nuls, à moins que le Roi ne les approuve ? Quoi, un Jésuite demeurera Jésuite des années entieres, malgré les ordres exprès du Pape, qui lui défendent de se porter pour Jésuite, & de se croire Jésuite, & il attendra à se croire dispensé de ses vœux, que la Puissance Séculiere approuve l'absolution du Pape ? A ce conte, si le Pape remettoit les péchez à un homme, & qu'il plû au Roi de vouloir que cet homme demeurât encore dans les liens du péché, il y demeureroit, & n'en pourroit sortir, que quand il plairoit au Roi de lui donner main levée, en permettant à l'absolution du Pape d'être légitime. En effet, le droit du Pape à l'égard des vœux, qui constituent l'essence de la vie Religieuse, n'est pas moindre qu'à l'égard des liens du péché. De sorte que si un Prince peut arrêter l'effet des ordres du Pape, qui dégagent un homme de la profession Religieuse, il pourroit aussi arrêter l'effet d'une absolution, par laquelle un Pape auroit délié les péchez d'un homme : & par la même raison un Prince pourroit empêcher qu'un homme excommunié par le Pape, ne passât pour excommunié. Et en effet, Mr. Maimbourg nous aprend dans la pag. 331. que le Pape Pie V. ayant excommunié & déposé sept Evêques de France, Charles IX. *par ses Lettres Patentes défendit de publier les Brefs & les Décrets du Pape contenant cette condamnation, comme Sa Sainteté le vouloit, & ordonna que les Porteurs de ces Brefs, & tous ceux qui en poursuivroient l'exécution, fussent eux-mêmes poursuivis, arrêtez, & mis en prison.* C'est sans doute rendre les gens incapable d'être excommunié, quoi qu'ils fassent, ou quoi qu'ils disent, si le Roi le veut ainsi, & mettre l'Autorité Séculiere au-dessus de la Puissance Ecclésiastique, dans les choses de conscience. Qu'on nous aille reprocher après cela, que nous avons fait un Pape du Roi d'Angleterre. M. Maimbourg a raison de dire que les Jésuites ont été dans *certains fâcheux embarras*, à son occasion ; & sans l'inépuisable fécondité de leur esprit à trouver des accommodemens entre le Ciel & la Terre, entre la Conscience & la Politique, ils n'eussent pû être un seul moment en repos, après avoir reçu le Décret du Général, jusqu'à ce qu'ils l'eussent exécuté.

Car dès ce jour-là ils ont été obligez en conscience de faire sortir le Pere Maimbourg : & tout autant de fois qu'ils l'ont traité en Jésuite, & qu'ils l'ont reconnu Jésuite depuis le Décret, ils sont tombez dans une manifeste Apostasie contre le Pape, & ils ont violé les loix les plus saintes & les plus sacrées de leur Institut. Ils sont engagez à une obéissance aveugle aux ordres de leurs Supérieurs : leur quatriemé vœu les attache au souverain Pontife, de la maniere du monde la plus étroite, de sorte qu'il ne s'agit plus de raisonner, quand le Pape & le Gé-

néral ordonnent clairement & expressément une chose ; c'est à ceux qui ordonnent à répondre devant Dieu de la justice, ou de l'injustice du Décret ; mais en attendant, c'est aux Inférieurs à obéir, sous peine de péché mortel : & si une force majeure, comme est l'autorité du Prince, s'oppose à l'obéïssance, c'est une de ces épreuves délicates où il faut choisir entre Dieu & le Roi. Point de rébellion, j'en conviens, & je désavoue tous ceux qui enseignent le contraire : mais point d'obéïssance aussi : il faut donner dans ce juste milieu, qui fait qu'on se laisse plûtôt assommer que de trahir sa conscience, ou que de le faire un chemin par la force, à satisfaire sa conscience. Si jamais les Jésuites ont eu besoin d'invoquer à leur secours la Morale du P. Escobar, ou du P. Moya, ç'a été assûrément en cette rencontre. Il ne faut plus se plaindre qu'ils donnent la préférence au Pape ; car ils ont fait voir trop clairement qu'ils sacrifioient ses ordres à la volonté du Roi.

Je ne suis pas assez instruit des obligations qui lient les Moines avec le Pape, pour pouvoir faire aux Jésuites toutes les difficultez, qui naissent du peu de déférence qu'ils ont euë pour leur Général, parlant par l'ordre précis & formel de S. S. *obsequentes jussui & mandato S. D. N. Innocentii XI.* Ce seroit l'affaire d'un Janséniste, & une matiere bien propre pour le parti ; à présent qu'il a intérêt de faire valoir la puissance de la Cour de Rome. Jamais les Jansénistes ne l'ont eu plus beau pour désoler le P. Maimbourg, qui a cru qu'une simple défense d'exécuter le Décret du Général, émanée du Roi, suffisoit pour lui conserver son caractere de Jésuite, duquel il savoit bien qu'il avoit été dépouillé par le Pape. Jamais ils ne l'ont eu plus beau pour désoler les Supérieurs du P. Maimbourg, qui ont gardé plus d'un an un Décret de leur Général dans leur poche, *tanquam gladium in vagina reconditum*, sans y déférer le moins du monde. On ne sauroit assez admirer les ressorts de la Providence qui nous font voir, que les mêmes personnes qui ont tant reproché aux Jansénistes, d'être rébelles au Pape, tombent peu d'années après dans une semblable rébellion. C'est un juste châtiment de la fierté avec laquelle ils se vantent mal à propos de l'immobilité de leurs Principes.

Je ne sai pas si les Jésuites ont été aussi désobéïssans aux ordres du Pape, à l'égard des affaires de Pamiez, qu'à l'égard du P. Maimbourg ; mais il est aisé de connoître par l'Arrêt du Parlement du 20. Juin, 1681. qu'ils avoient déja manqué aux obligations, qui les attachent à la Cour de Rome. Le Pape avoit ordonné au Général des Jésuites d'envoyer aux Provinciaux de Paris & de Toulouse, une copie en forme authentique d'un Bref de Sa Sainteté, touchant les Grands Vicaires de Pamiez, afin que les Jésuites ne dissent plus, comme ils affectoient de faire, que ce Bref étoit supposé. Ont-ils obéï à cet ordre ? Nullement. Car Mr. Talon déclare au nom de Messieurs les Gens du Roi, qu'ils n'ont point à se plaindre de la conduite des Jésuites : *les reproches*, poursuit-il, *qu'ils reçoivent dans le billet écrit au nom du Pape, & dans la Lettre de leur Général, leur doivent parmi nous tenir lieu d'éloge, & sont des preuves certaines qu'ils ne se sont point écartez de leur devoir.* Monsieur le Premier Président, qui

avoit

avoit déja fait l'éloge de leur fidélité & de leur sagesse, déclare par ordre de la Cour, qu'elle étoit satisfaite de leur obéïssance. Et en effet ils avoient remis au Greffe le Paquet venu de Rome. Voilà les gens qui se font un grand mérite d'avoir renoncé non seulement aux biens du monde, & aux plaisirs du mariage, mais aussi à cet empire si cher & si doux que nous avons naturellement sur nos désirs. A les entendre parler, ce ne sont pas eux qui veulent, c'est la volonté de leur Supérieur qui regle toutes leurs actions. Et cependant voici des Jésuites qui font tout le contraire de ce que le Pape leur commande. Pure Commédie désormais que la Religion de Moines !

III.
peut tirer mêmes séquences la conduite Carmes.

Vous savez l'affaire du Prieur des Carmes, puisque vous m'avez écrit que vous aviez remarqué dans son discours le même tour de pensées, qui vous avoit tant plû, lors qu'étant à Toulouse pour un procés, vous l'entendites disputer une Chaire de Théologie. Hé bien, qu'en dites-vous, Monsieur ? Ne trouvez-vous pas que les Carmes ont la conscience presque aussi souple que les Jésuites ? Mr. le Procureur Général expose dans la Requête, que l'on prétend que N. S. P. le Pape a fait déclarer Frere Henri Buhi déchu des Priviléges accordez aux Réguliers par les Papes.... *à peine d'excommunication & de déposition aux Supérieurs des Monasteres où il se trouvera, s'ils permettent qu'il contrevienne à ce jugement.* Le Pere Loubaissin demeure d'accord qu'il a reçu une Lettre de Rome, qui lui ordonne de déclarer au P. de Buhi que le Pape l'interdit : il déclare qu'il lui a montré cette Lettre, & qu'il lui en a donné copie, & qu'après cela défenses ont été faites à lui Prieur, par une Lettre de cachet du Roi, d'exécuter aucun ordre de Rome à l'égard du P. de Buhi ; qu'il a reçû une seconde Dépêche de Rome, contenant une copie authentique de l'interdit de ce Pere ; qu'il l'a gardée trois semaines entieres sans faire semblant de rien ; mais qu'enfin il la remit entre les mains du Sécrétaire de leur Communauté, qui la lut en plein Chapitre, & l'enregistra dans le Livre des Délibérations.

Il nous représente fort vivement l'irrésolution où il s'est trouvé pendant trois semaines, considérant d'un côté, outre plusieurs autres raisons, cette circonstance redoutable, *que la Religion & leurs loix les obligent sous peine d'excommunication* ipso facto, *à notifier les ordres qui leur viennent de Rome :* & sentant de l'autre que la religion, qu'il a pour tout ce qui regarde les volontez & les intérêts du Roi, lui lioit les mains, & lui interdisoit la parole, dès qu'il songeoit à publier les dépêches : c'est-à-dire, que pendant trois semaines il a eu plus de peur de désobéïr à une Lettre de cachet, que de l'excommunication dans laquelle il étoit actuellement tombé *ipso facto.* Enfin il trouva moyen d'appaiser les troubles de sa conscience, & les inquiétudes sourdes de ses *Religieux timorez, & accoûtumez à une obéïssance simple & tranquille, principalement à l'égard de Sa Sainteté.* Et comment le trouva-t-il ? Par une distinction subtile que lui fournit la suscription du Paquet, adressé non seulement à lui, mais aussi à toute la Communauté. Il obéït donc au Pape en faisant lire ses ordres, mais en suite un Arrêt du Parlement lui ayant défendu de

Tome II.

déférer aux ordres de Rome, il a obéï à l'Arrêt, sacrifiant ainsi à la puissance temporelle, non seulement les obligations que ses vœux & sa Religion lui imposent d'obéïr à ses Supérieurs, mais aussi la peine d'excommunication *ipso facto.*

IV.
De 2. Arrêts du Parlement concernant l'obéïssance duë par les Moines au Roi.

L'Arrêt du Parlement, qui a été rendu dans cette cause, & celui dont j'ai déja fait mention, du 20. Juin 1681. sont fort préjudiciables aux prétentions de la Cour de Rome : car, à proprement parler, ils transferent au Roi toute la jurisdiction qu'elle a sur les Moines, excepté, dit-on, pour ce qui regarde la Discipline intérieure & ordinaire de leurs Maisons, faisant défenses aux Religieux d'exécuter aucuns ordres de leurs Généraux, qui ne regarderont pas cette Discipline intérieure & ordinaire, sans Lettres Patentes du Roi enregistrées en la Cour. Je voudrois bien savoir si l'interdiction, les censures & les pénitences d'un Moine *Discole,* n'appartiennent pas à la Discipline intérieure & ordinaire des Communautez Religieuses? Il me le semble fort. Néanmoins le Parlement de Paris vient de casser l'interdiction du P. Felix Buhi ; & sur le même Principe il peut casser un Décret du Général des Carmes, qui par les ordres exprès du Pape imposeroit quelque pénitence à un Carme débauché. Un Moine surpris avec une femme pourra, par une Lettre de cachet, arrêter tous les ordres de ses Supérieurs, & s'ils passent outre, le Parlement cassera tout ce qu'ils auront fait. Il me semble que la Discipline intérieure des Couvents est assujettie par-là à l'autorité séculiere, & qu'ainsi l'exception exprimée dans l'Arrêt du Parlement, ne signifie rien du tout.

Vous n'auriez pas crû Monsieur, qu'une Préface qui ne parle que de la sortie du P. Maimbourg, de chez les Jésuites, me pût fournir la matiere d'une assez longue Lettre. J'aurois bien d'autres choses à dire sur ce sujet-là, si je voulois l'épuiser ; mais je me contente de cette seule observation, c'est que pour mettre les choses dans l'égalité, il faudroit que comme on ne veut point en France que le Pape puisse absoudre les sujets du serment de fidélité, qu'ils ont juré à leur Prince, le Roi ne pût point non plus absoudre les Moines des Vœux qui les lient au Pape. Cependant le Roi le peut faire, comme il paroît par l'exemple du Pere Maimbourg, & de son Provincial, & de ses autres Supérieurs subalternes, que S. M. a dipensez pendant plus d'un an de l'obéïssance qu'ils avoient jurée au Pape. Il faut donc croire que le Pape a moins de jurisdiction sur les Sujets de l'Eglise, par exemple, sur les Religieux entant que Religieux, que le Roi n'en a sur les Religieux entant que François. Je suis votre, &c.

LETTRE VIII.

1. Notre Religion n'a point voulu s'établir par la violence. II. Si la violence étoit une marque de la fausse Eglise, nos adversaires seroient contraints d'avouer qu'il n'y avoit point de véritable Eglise au siecle passé. III. La longue possession n'excuse point la violence. IV. Réflexion sur la maniere dont on convertit les Huguenots. V. Sur la grande œconomie de Mr. Pelisson. VI. Et sur l'Avertissement Pastoral. VII. Que le Canton de Zurich a pû juger des affaires Ecclesiastiques.

MONSIEUR,

I.
La Religion Réformée ne s'est point établie par la violence.

Me voici enfin au corps du Livre. Je ferai quelques remarques puisque vous le voulez ainsi. Mais j'en ferai peu sur la fidélité, ou sur l'infidélité des citations, ou plûtôt je n'en ferai aucune sur ce point-là. Je n'opposerai point non plus Histoire à Histoire, laissant cela à de plus habiles gens que je ne suis, qui d'ailleurs ne me sens pas la patience nécessaire pour feuilleter, & pour confronter beaucoup de volumes. Comment est-ce donc que je m'y prendrai? Je n'en sai rien encore, vous le verrez dans la suite.

Je trouve dès la troisieme page quelque chose qui m'arrête. *Cette malheureuse secte* (dit Mr. Maimbourg) *fait voir manifestement par la seule maniere violente, & toute contraire à l'Evangile, dont elle s'est voulu établir, qu'elle est fausse & qu'elle ne fut jamais de Jesus-Christ, qui est le Dieu de paix.*

Je répons 1. qu'il est faux que ceux qui commencerent à se séparer de la Communion de Rome, ayent eu pour but de s'établir d'une maniere violente. Ils ne demandoient que d'être soufferts, & d'avoir leur saoul de prêches, comme le reconnut plusieurs années après Catherine de Medicis, en parlant des Huguenots de son temps. Ils souffrirent une longue persécution, accompagnée des supplices les plus douloureux, sans opposer à ses violences la débonnaireté des premiers Chrétiens; & lors qu'enfin ils prirent les armes, ce ne fut qu'à la suggestion des premiers Princes du sang, autorisez par la Reine (*) Mere. Sur quoi je vous renvoye à un Livre qui paroît depuis peu sous le titre, *Des derniers efforts de l'innocence affligée.* Vous y trouverez la prise d'armes dont on nous fait un si grand crime, réduite à ses véritables Principes. Ce Traité seul est une juste réponse à tout le gros Livre de Monsieur Maimbourg, je vous l'envoyerai avec cette Lettre; il est rare, & ne se vend que sous le manteau; vous aurez là dequoi vous amuser agréablement & utilement tout ensemble; on ne peut rien faire de mieux en ce genre-là.

II.
Les Principes des Catholiques au sujet de la violence retorquez contre eux-mêmes.

La 2. chose que j'ai à dire, c'est qu'il ne s'ensuit pas qu'une Religion soit mauvaise, de ce qu'elle n'imite pas entierement les premiers Chrétiens. Il seroit à souhaiter qu'on vêcut & qu'on eût toûjours vêcu comme ils ont fait, & je rachetterois au prix de cent vies, si j'en avois autant, ce qu'il y a eu dans la condui-

(*) *Voyez ci-dessous sur la Lett. 17.*

te de nos Ancêtres, qui ne sentoit pas la parfaite modération de la primitive Eglise. Mais enfin il ne faut pas condamner comme une Eglise réprouvée de Dieu, toutes les Sociétez où l'on ne voit pas régner l'esprit du véritable Christianisme. Autrement c'est fait du Christianisme, & de l'Eglise Romaine principalement; elle n'a qu'à renoncer toute la premiere à la qualité de vraye Eglise, puis qu'il n'y a rien de moins conforme au pur & ancien Christianisme, que l'esprit dont elle est animée depuis plusieurs siecles. J'aurai occasion d'en apporter quelques preuves, avant que d'achever la tâche que vous m'avez ordonnée.

Pour faire voir que la raison de Monsieur Maimbourg est un pur Sophisme, il ne faut considérer, sinon qu'elle prouve trop, car elle prouve que dans le siecle passé, il n'y avoit plus de véritable Religion Chrétienne en France. Selon lui, les Calvinistes n'étoient point cette véritable Religion ; pourquoi ? Parce qu'ils se servoient de violence pour s'établir, & que la violence est éloignée de l'Evangile, qui ne respire que la paix. Mais par la même raison les Catholiques n'étoient point la vraye Eglise; pourquoi? Parce qu'ils se servoient pour exterminer les Huguenots d'une violence aussi inhumaine, que celle des Empereurs Payens. Lequel vaut mieux? Nous n'imitions pas la patience des premiers Chrétiens, & les Catholiques imitoient la violence des Payens. Cela prouve manifestement, ou qu'il n'y avoit point de Christianisme dans ce Royaume, ou que la raison de Mr. Maimbourg ne prouve rien.

III.
La longue possession n'excuse point la violence.

Mais, dira-t-on, vous commenciez à vous établir; c'étoit à vous autres à imiter les premiers Chrétiens, plûtôt qu'à nous qui étions troublez dans une possession de seize cens ans. Voilà qui est bien débuter, comme si l'imitation des premiers Chrétiens & l'esprit de l'Evangile avoient certaines bornes, au-delà desquelles il fut permis de s'en départir. Si la violence est une marque de fausse Religion, jamais la vraye Religion ne se sert de violence ni dans ses commencemens, ni dans ses progrès : & si la vraye Religion peut subsister avec la violence, lors qu'elle a seize cens ans, elle pourroit être violente dès ses premiers jours, sans cesser d'être la véritable Eglise. Pour ce qui est de la longue possession, ou elle n'excuse point la violence, ou elle excuse la violence de Neron, & des autres Persécuteurs de l'Eglise, qui accusoient les Chrétiens de venir troubler un culte établi de temps immémorial. De sorte qu'il faut que nous renoncions les uns & les autres, à tous ces beaux lieux communs que nous tirons, nous des supplices que nous avons endurez, & nos adversaires, de ce que nous nous sommes enfin défendus de l'oppression par la voye des armes.

Trouvez-vous pas jolie la distinction de ces Messieurs? Ils ne veulent pas que la vraye Religion se puisse servir des voyes de fait pour son premier établissement, mais ils lui permettent de s'en servir, quand elle est une fois bien établie. Je ne sai pas si les Espagnols trouveront leur compte à cela, eux qui ont fait le premier établissement de la Religion Chrétienne dans l'Amérique, avec les plus épouvantables cruautez, & la perfidie la plus féroce dont on ait

ait jamais ouï parler ; ce qui nous fournit ce raisonnement :

Toute Religion, selon ces Messieurs qui va troubler une longue possession par des manieres violentes, est fausse :
La Religion Catholique est allée troubler la longue possession des Americains, par des manieres violentes :
Donc, selon ces Messieurs la Religion Catholique est fausse.

IV.
Réflexion sur la maniere dont on convertit les Réformez.

Que ne pourrois-je pas dire contre les Catholiques Romains, si je comparois leur maniere de convertir les gens avec celle dont les Apôtres, & les Chrétiens des premiers siecles se sont servis ! Quelle opposition, bon Dieu & quelle différence : Que fait-on pour convertir les Calvinistes ? D'abord on leur parle du péril où ils sont de se damner : on leur dit que hors de l'Eglise il n'y a point de salut : que les Ministres les abusent : que Mr. de Condom a fait un Livre qui aplanit toutes les difficultez. Mais parce qu'on s'apperçoit bien qu'ils ne comprennent pas toutes ces belles raisons, on passe à celles de l'intérêt temporel, beaucoup plus intelligibles que les autres. On leur fait voir qu'il y a tant à gagner pour ceux qui changent, & tant à perdre pour ceux qui ne changent pas : & de peur qu'ils ne prennent cela pour des paroles dites en l'air, on passe aux effets ; on éloigne ceux qui ne changent pas de Religion de toutes les commoditez de la vie ; on compte de l'argent à ceux qui se font Catholiques ; on les exempte de plusieurs corvées ; on les marie, s'ils paroissent le souhaiter, comme il arrive souvent aux jeunes filles surtout ; on leur fait gagner leurs procès ; on leur procure des avancemens, moindres à la vérité que ceux qu'on leur avoit promis, mais néanmoins on leur en procure. C'est ainsi qu'on fait dans les Provinces où les choses se passent le plus doucement. En Poitou & en Xaintonge, &c. les menaces les plus fieres, les coups de bâton, la terreur & l'insolence du soldat, suivent de près les premieres sommations. Par ce moyen on ne manque pas de gagner beaucoup de gens, dans un siecle où la véritable dévotion est rare par tout, & la France fort misérable.

Ces Messieurs les Convertisseurs ont trop d'esprit pour n'être pas convaincus que tous ces changemens sont feints. Ils voyent que malgré les peines établies contre les Relaps, leurs prisons en sont toutes pleines en Poitou. Ils voyent que ces nouveaux convertis ne vont à la Messe pour la plûpart que le moins qu'ils peuvent, qu'il faut les épier & les menacer, si on veut qu'ils y assistent. J'excepte ceux qui pour obtenir des récompenses magnifiques font les bigots, & les persécuteurs de ceux qu'ils ont abandonnez. On voit tout cela fort clairement, on ne laisse pas de redoubler la persécution ; & cela parce qu'à tout le moins on espere, que la génération qui viendra sera Catholique de bonne foi.

Ne voilà-t-il pas un dessein fort Apostolique ? On contraint par promesses, par menaces, par supercheries, par la tentation de la misere, & des biens du monde les Huguenots à changer

de Religion, non pas afin de les sauver (car on sait bien qu'un faux converti est dans le chemin des enfers, beaucoup plus qu'un Hérétique sincere) mais afin que leurs enfans soient un jour dans la bonne Religion : c'est-à-dire, qu'on fait mille actions injustes pour damner les Peres, afin que les enfans soient amenez dans le giron de l'Eglise. Il y a plus de Christianisme dans la Morale de Seneque, que dans celle-là.

V.
Sur la grande œconomie de Mr. Pelisson.

Il ne faut pas oublier la grande supercherie de Mrs. les Convertisseurs, de ne tenir pas leur parole à leurs Prosélytes. Pour les ébranler ils leur promettent de merveilles : mais ont-ils reçu une fois leur abjuration, ils en rabatent beaucoup. Nous voyons dans une Lettre imprimée à la fin *de la Politique du Clergé de France*, que Monsieur Pelisson, qui est le Trésorier Général de la Propagation de la foi dans ce Royaume, fait une si grande différence entre les conversions à faire, & celles qui sont déjà faites, *qu'il a renoncé solemnellement & comme par contract* à rien demander au Roi, si ce n'est pour ceux qui sont à convertir. Outre cela il déclare que si on veut qu'il acquitte les lettres de change que l'on tirera sur lui, il faut que ce soit pour des conversions faites depuis six mois. Il donne plusieurs autres instructions, qui font voir que la charité de ces Messieurs n'est pas fort grande ; car si elle l'étoit, ils n'useroient pas d'une aussi grande ménagerie, qu'ils font.

Je les prie de répondre à ce Dilemme. Ou ils croyent que la conversion d'un Huguenot extorquée par une somme d'argent est bonne, ou ils croyent qu'elle ne l'est pas. S'ils la croyent bonne, c'est manquer de charité, que de ne point leur donner autant d'argent qu'il en faut, pour achever de les convaincre, & Monsieur Pelisson est le plus cruel de tous les hommes d'écrire, comme il a fait à quelques Evêques, *qu'on ne laissat échaper aucune occasion pour convertir les familles du Peuple, quand il ne tiendra qu'à peu de chose, comme on avoit vû dans les Vallées, que pour deux trois, quatre ou cinq pistolles, on avoit gagné des familles nombreuses.* Car c'est abandonner à la damnation éternelle pour deux ou trois pistolles, plusieurs familles du Peuple qui peut-être se convertiroient, si on leur offroit cette petite somme, outre la taxe marquée par Mr. Pelisson. S'ils croyent que cette sorte de conversions extorquées par argent, ne sont pas bonnes, ils pechent d'une façon criante contre la charité lorsqu'ils en extorquent un si grand nombre avec des petites sommes d'argent. Outre qu'ils commettent l'honneur & la gloire de Sa Majesté, le plus magnifique de tous les hommes, en recommandant comme ils font, que l'on convertisse les Calvinistes au meilleur marché qu'il se pourra. *Messieurs les Prélats,* dit-on (*), *ou autres qui entreront charitablement dans ces sortes de soins, ne peuvent mieux faire leur Cour au Roi, devant les yeux duquel toutes ces listes de convertis repassent, qu'en imitant ce qui a été fait au Diocése de Grenoble, où presque jamais on n'est allé jusqu'à cette somme de cent Francs, & presque toûjours on est demeuré extrémement au dessous.* Cela est fort Chrétien, comme vous voyez.

VI.
Et sur l'Avertissement Pastoral.

Pour l'Avertissement Pastoral que Messieurs du Clergé viennent d'écrire à tous leurs freres errans, j'avouë qu'il est conçu d'une maniere

____
(*) *Pelisson ubi supra.*

E 3

LITT. VIII. niere qui femble ne refpirer que la charité : Il eft doux , téndre , pacifique , flateur. On nous promet même que l'exécution de ce projet fera accompagnée de modération , & de juftice. L'événement nous apprendra l'efprit de cette nouvelle attaque. A en juger par l'efprit qui a régné dans toutes les précedentes , c'eft un artifice & un piége deftiné à nous achever , & l'on ne fait tous ces beaux difcours , fi Chretiens & fi honnêtes , que pour s'en faire honneur dans les fiecles à venir , qui verront bien mieux ces Ecrits publics, que les actions particulieres qui les auront fuivies. On prétend avoir auffi par là dequoi fe vanter , que l'on s'eft fervi des moyens les plus propres à vaincre notre obftination : & fi on ne nous gagne pas , on prétend avoir droit de nous déclarer Hérétiques par pure opiniâtreté, indignes par conféquent de la tolérance que le Roi nous a accordée jufques-ici ; car on prétend que l'opiniâtreté eft ce qu'il y a de plus puniffable dans l'Héréfie, ce qui n'eft pas fort éloigné de l'efprit de Pline le Jeune (*), qui faifoit mourir les Chretiens , fans favoir ce que c'étoit que d'être Chrétien, faifant fon compte qu'ils étoient affez criminels , puifqu'ils étoient opiniâtres. Or bien loin que toutes ces Lettres qui parlent fi Chrétiennement , procedent d'une efprit Evangelique , quand les effets n'y répondent pas , qu'au contraire ce font de nouvelles contraventions à la loi , puifque ce font des ufurpations frauduleufes de la gloire , qui n'eft duë qu'à la vertu. (A)

S'il eft vrai que l'unique fin que Mr. Maimbourg s'eft propofée , quand il a entrepris d'écrire l'Hiftoire du Calvinifme , a été de montrer (B) , par la maniere dont notre Religion s'eft établie, qu'elle eft fauffe : il eft évident déformais qu'il a travaillé en vain.

VII. *Que le Canton de Zurich a pû juger des affaires Eccléfiaftiques.*

Avant que de finir cette Lettre , je fais une remarque fur ces paroles (c) de M. Maimbourg: *Le Sénat de Zurich, par une entreprife tout à fait infoutenable , convoqua une affemblée générale, pour ouïr les Catholiques & les Zuingliens dans une difpute reglée , & pour juger enfuite fouverainement par la parole de Dieu de ce différend. L'Evêque de Conftance épouvanté de cette hardieffe, y envoya fon Grand Vicaire , pour leur defendre de paffer outre, en leur repréfentant que c'étoit une chofe monftrueufe & inouïe dans l'Eglife, qu'une Affemblée de Laïques s'attribuât l'autorité d'un Concile, pour decider fouverainement des points de doctrine concernans la Foi.* Je n'examine point ici le droit des Puiffances fouveraines fur l'examen des points de Foi : c'eft un trop grand champ, & je pourrois fur cela citer bien des chofes, qui ont été dites par l'éloquent Mr. Talon contre feu Mr. l'Evêque d'Alet , qui ne trouvoit pas bon que le Roi propofât des Formulaires à figner. Je laiffe cela pour avertir Mr. Maimbourg d'une négligence prodigieufe , dont il s'eft rendu coupable. A peine avoit-il achevé de cenfurer les Magiftrats de Zurich, tant de fon chef que de celui de leur Evêque, qu'il nous aprend que les Evêques de Bafle, de Conftance , & de

Laufanne, firent en forte par leurs follicitations, qu'on tint une Affemblée Générale de tous les Cantons à (D) Bafle? Que ce fut-là qu'après avoir ouï difputer long-temps le Docteur Ekius Catholique , & Jean Oecolampade Zuinglien , la doctrine de Zuingle fut condamnée par un Décret folemnel , au nom de toute la Nation. Mr. Maimbourg ne trouve plus étrange que des Laïques s'attribuent l'autorité de juger d'une doctrine , & il nous apprend même que trois Evêques le folliciterent de s'affembler pour cela. Voilà de grands changemens en peu de temps. Je pourrois le mal-mener fur cela, mais je me contente de raifonner ainfi avec lui.

L'Affemblée Générale des Cantons, ayant ouï les raifons de part & d'autre, a prononcé fentence de condamnation contre la doctrine de Zuingle : Mr. Maimbourg ne les en cenfure point : leurs Evêques, qui les avoient exhortez à s'affembler pour terminer ces différends, n'avoient garde de les en blâmer non plus : donc M. Maimbourg a le plus grand tort du monde de blâmer le Sénat de Zurich, de s'être attribué le droit de prononcer fur la difpute des Zuingliens & des Catholiques , & l'Evêque de Conftance n'avoit pas raifon de s'y oppofer. De forte que la conduite de l'Affemblée Générale de tous les Cantons , qui décida la Controverfe d'entre les Zuingliens & les Catholiques, étant approuvée dans l'Eglife Romaine, juftifie le droit que le Canton de Zurich s'eft attribué en particulier , de juger de la même Controverfe ; & par conféquent il ne refte plus à examiner finon , s'il a bien fait de préférer la doctrine des Zuingliens à celle des Catholiques. Je fuis Mr. votre , &c.

❦❦❦❦❦❦❦❦❦❦❦

L E T T R E   IX.

I. *Que l'envie de fe marier n'a point fait quitter l'Eglife Romaine aux Réformateurs.* II. *Cinq commoditez particulieres que les Ecclefiaftiques & les Moines ont de fe divertir avec les femmes.* III. *Les gens voluptueux meprifent le mariage.* IV. *De la corruption du Clergé au temps de la Reformation.* V. *Qu'il s'enfuit de là que ceux qui ont renoncé à la vie cléricale, ne l'ont pas fait fimplement afin de fe marier.* VI. *Qu'en général l'envie de vivre voluptueufement n'a point contribué au progrès de la Reformation.* VII. *Que les Proteftans avoient à tout le moins les apparences de l'aufterité des mœurs.*

MONSIEUR,

Je vous entretiendrai aujourd'hui d'un fujet , qui me femble de la porté de tout le monde. Monfieur Maimbourg ne laiffe guere paffer fans reflexion les endroits de fon Hiftoire qui l'obligent à parler du mariage des Gens d'Eglife. Il égaye ces endroits-là , affez cha-

---

(*) *Lib. X. Epift. 97. Neque enim dubitabam , qualeſcunque effet quod faterentur , pervicaciam certè & inflexibilem obftinationem debere puniri.*

(A) Il y avoit encore dans la feconde Edition „ Dieu „ veuille que nous n'ayons pas fujet d'apliquer à „ Mrs. les Prélats cet ancien mot :

„ *Sic multi, animus quorum atroci vinctus malitia eft,*

„ *Compofita dicta è pectore evolvunt fuo ,*
„ *Quæ cum componas dicta fatis difcrepant.*
        „ Accius apud Non. Marcell.

(B) *Hift. du Calvin. p. 3.*
(c) *Pag. 6.*
(D) *Il faloit dire à Baden & non pas à Bafle.*

chatouilleux deux-mêmes, & les raconte affez plaifamment. En voici un qui m'a paru
fort joli. *Le Gardien* (*) *Bernard* (c'étoit un
Cordelier qui avoit fait foutenir des Thefes fur
cinq Points, entre autres, contre les vœux Mo-
naftiques) *pour faire voir à tout le monde, qu'il
étoit pleinement convaincu de la vérité de fes Thefes, quitta fur le champ fon habit de Cordelier,
& peu de jours après fe maria avec une jeune perfonne, fille d'un Imprimeur de Geneve* . . . . .
*Voilà pour l'ordinaire la grande raifon qui per-
fuade les Eccléfiaftiques déréglez, & les Moines
Apoftats; le défir d'avoir une femme, à laquelle
ils facrifient & leur Religion & leur falut.*

Il n'eft pas mal-aifé de renverfer cette maligne réflexion. Je dis donc, qu'il faut tomber d'accord que l'amour des femmes peut beaucoup fur les Moines & fur les Eccléfiaftiques;
il faut leur rendre cette juftice, & je croi qu'ils
n'ont pas fujet de fe plaindre qu'on ne la leur
rende pas; car il n'eft bon conte que d'eux,
& on ne s'entretient prefque d'autre chofe dans
les Compagnies gaillardes. Mr. de la Fontaine nous en fauroit que dire. Ce ne font point
au refte des contes inventez par les Huguenots, car dès avant la Réformation on voyoit
de gros volumes, qui n'étoient remplis que de
ces Hiftorietes. Mais en bonne confcience peut-
on fe perfuader que cette paffion pour les femmes, foit capable de déterminer un Eccléfiaftique, ou un Moine, à fe faire de la Religion ?
N'en peuvent-ils point paffer leur envie fans
cela, & ne le font-ils pas auffi ? Ils font feulement obligez à garder plus de mefures que
les gens du monde : mais cela même fert à le
leur faire trouver meilleur. Encore y en a-t-il
qui ne fe contraignent gueres, car, par exemple, qu'y a-t-il de plus galant & de plus co-
quet que cette multitude d'Abbez, dont la ville de Paris abonde, qui vont auffi à découvert à l'attaque d'une femme, que fauroient
faire les jeunes Marquis ? On entend fouvent
ces jeunes Marquis fe plaindre, qu'il n'y en a
que pour les petits colets; que toutes les bonnes fortunes font pour eux. Si cela eft vrai
aujourd'hui, que ne doit-on pas penfer du fiecle de la Réformation, où de l'aveu de nos
Adverfaires le Clergé menoit une vie la plus
fale, & la plus impure qui fe puiffe concevoir ?
C'étoit bien la peine en ce temps-là d'abjurer
fon état de Religieux, ou fa Prêtrife, pour fe
divertir avec une femme. Ceux qui l'auroient
fait euffent été de grands fots : ils euffent quitté, pour goûter les délices de la chair, un genre de vie, qu'il eût falu prendre, fi on ne l'eût
pas eu déja, afin d'affouvir plus délicieufement
fon incontinence.

Il eft certain que les Moines & les Prêtres
ont de grands avantages, pour fe mettre bien
dans l'efprit du fexe. Premierement ils connoiffent, par le moyen des Confeffions, les befoins
& les néceffitez de la nature, les penfées impures qui s'élevent dans l'imagination, certains
menus plaifirs que l'on fe donne en fecret, &
tout ce en général que l'incontinence fait faire
ou fouffrir. Ils font fi adroits & fi curieux
à queftionner leurs Pénitentes, qu'il n'y a fi
petite tentation qu'ils ne leur faffent avouer,
avec les circonftances des tems, des lieux, des
perfonnes, & des manieres. Et c'eft fans doute la raifon pourquoi les femmes font plus long-
tems à fe confeffer que les hommes; ce qui
n'arriveroit pas fi les Confeffeurs étoient des
femmes; car alors, comme le dit un jour fort
agréablement le feu Roi d'Efpagne, ce ne feroit pas les hommes qui feroient le plûtôt ex-
pédiez. Or qui doute qu'un homme qui connoît fi particulierement les inclinations, & les
actions les plus fécretes des femmes, ne foit plus
propre qu'un autre à les faire condefcendre à
fes défirs déréglez.

II. Outre cela ces Mrs. ont des adreffes mer-
veilleufes pour s'impatronifer dans les familles.
Ils trouvent les bonnes gens perfuadez que leurs
fréquentes vifites répandent la bénédiction du
Ciel fur une maifon : ils profitent d'une prévention fi favorable, & par ce moyen le fexe fe
familiarife avec eux fans qu'on y trouve à redire, parce que ces longs entretiens qu'on a
avec eux, ces tête-à-tête fi fréquens, peuvent
paffer pour des confultations fur quelques cas
de confcience, & fur les moyens de fe corriger de fes mauvaifes habitudes. Ne doutez pas,
Monfieur, que la nature ne fonge à elle dans
ces occafions. Ceux qui font un peu difficiles
fur ce Chapitre, & qui connoiffent bien les Moines & les Curez, n'augurent rien de bon de
tous ces commerces; & vous favez le Proverbe,
qui veut avoir bien nette fa maifon, &c.

III. De plus combien y a-t-il de bonnes
femmes, qui craignant l'indifcretion d'un jeune éventé, qui feroit bien marri que l'on dou-
tât dans le monde du fuccès de fes Galanteries, font des Lucreces à fon égard, pendant
qu'elles ne refufent rien à Monfieur le Curé,
au Révérend Pere celui-ci, Révérend Pere
celui-là, que la bienféance oblige à fe taire ?

IV. Combien y en a-t-il (car je puis bien
dire cela entre nous) qui préferent les careffes
amoureufes de ces Meffieurs, à celles d'un homme du monde, par cette infame raifon, qu'elles fe perfuadent que les hommes du monde,
n'ayant point de mefures à garder, s'épuifent
& s'énervent dans le trop fréquent ufage des
plaifirs, & que les autres n'ayant pas toûjours
l'occafion en main, font toûjours frais, vigoureux, & bien affamez? D'où que cela vienne, un homme forti de chez les Jéfuites nous
affure, que s'il ofoit nommer les grandes Dames, auffi bien qu'il nomme par nom & furnom ceux de fon Ordre qui ont eu des avantures impudiques, *il feroit trembler des Gentilshommes, frémir des Préfidents, rougir des Confeillers, blêmir des Avocats, pâlir même des Thré-
foriers, & des Gouverneurs de Places frontieres,
mais*, dit-il, *il faut ici faire par difcrétion comme les Perfes dans leurs Cérémonies, mettre le
doigt à la bouche, & admirer ces indicibles myfteres.* C'eft le P. Jarrige qui fe vante ainfi,
d'avoir en main dequoi jetter l'épouvante dans
l'ame de tant de Maris. Et qu'on ne me dife
pas qu'il a dit cela par un efprit de calomnie,
dont il s'eft repenti depuis publiquement ; car
felon la remarque de quelques Auteurs Catholiques, *il n'a défavoüé* (A) *en particulier aucune
des hiftoires fcandaleufes qu'il avoit raportées, ce
qui eft une preuve indubitable de leur vérité,
puifque les Jéfuites au milieu defquels il publia
fa Rétractation, n'auroient pû lui donner l'abfolution d'avoir avancé contre eux tant de calomnies,*

II.
Commoditez
que les Prêtres
& les Moines
ont de fe di-
vertir avec les
femmes.

(A) *Voyez la Préface de la Morale Pratique des Jéfuites.*

LETTRE IX. *nies, sans l'obliger à en reconnoître publiquement la fausseté, si les faits qu'il avoit raportez n'avoient pas été véritables.*

V. Enfin, puis qu'il faut tout dire; la multitude des Couvens de Religieuses, où il y a tant de filles dévorées par les flammes de l'incontinence, & où les gens d'Eglise ont toûjours eu l'adresse de s'insinuer, nous persuade, que les vœux du célibat favorisent fort les entreprises amoureuses, principalement lors que la Discipline est aussi relâchée qu'elle l'étoit au siecle de la Réformation. Encore aujourd'hui que la licence n'est pas si grande, la plûpart des filles aiment mieux un Cloître qu'un Mari, en Espagne & en Italie, parce que la garde sévere d'un Mari jaloux y est plus difficile à tromper que celle d'une Supérieure, *qua non ignara mali miseris succurrere discit.* Nos François qui ont voyagé en ces païs-là, étourdissent le monde du récit de leurs avantures avec des Nonnains, & se louent extrêmement de leur courtoisie. Ce ne sont pourtant point les Cavaliers qui font le mieux leurs affaires avec ces charitables Récluses: ce sont les Moines & les Ecclésiastiques par tout païs; ce qui est une nouvelle raison de juger, que ceux d'entre eux qui auroit eu l'amour des femmes dans la tête au tems de Luther, n'eussent pas quitté leur état, afin de satisfaire leur envie dans une nouvelle Religion.

III.
Les gens voluptueux méprisent le mariage.

Mais peut-être que ces bons Peres, & ces bons Ecclésiastiques, vouloient avoir une femme qui fût à eux légitimement. Ils n'étoient donc pas possédez de l'esprit de libertinage; car ceux qui le sont ne trouvent rien de plus incommode, que de fixer leurs amours à un seul objet, rien de plus doux que d'aller de belle en belle, & de se divertir tantôt avec la femme de son voisin, tantôt avec celle de son ami, tantôt dans un Cabaret, tantôt dans un Cloître. A les entendre parler, ceux qui accusent quelques-uns de nos premiers Réformateurs de s'être mariez, pour se délivrer du joug de la mortification, ne savent ce qu'ils disent; car quelle plus grande Croix que le mariage? Quoi de plus délicieux (ce sont eux qui parlent) quoi de plus exquis,

> Que le bon temps qu'on a, comme je croi,
> Quand Amour seul étant de la partie,
> A ses côtez on a femme jolie,
> Femme jolie, & qui n'est point à soi?

Joüir de la femme ou de la fille d'autrui, c'est plaisir tout pur, c'est voir toûjours le sexe par son beau côté: s'embarrasser dans le mariage, c'est payer bien cher le plaisir de la joüissance: c'est pour un plaisir mille douleurs. Il faut essuyer tous les chagrins de sa Compagne. Les soucis & les querelles domestiques, le soin des enfans & mille autres choses de cette nature, empoisonnent le peu de bien qu'on y peut gouter. (*)

IV.
De la corruption du Clergé au tems de la Réformation.

Si je voulois faire le portrait des mœurs des Ecclésiastiques, qui vivoient du tems de la Réformation, tel que je le pourrois copier d'après une infinité d'Ecrivains non suspects, je ferois voir clairement, qu'il étoit si peu nécessaire de sortir de la condition monachale, ou sacerdotale, afin de joüir des délices du péché; qu'au contraire c'étoit de toutes les conditions du monde, celle qui joüissoit le mieux des voluptez les plus déréglées. Mais je ne veux point faire le Compilateur: je me contente de vous renvoyer à la vie de St. Charles Borromée, écrite par le célebre Mr. Godeau, Evêque de Vence, & à quelques Traitez du fameux Jean de Montluc, Evêque de Valence, celui-là même qui, au rapport (A) de Mr. Maimbourg, opina si désvantageusement contre les mœurs & l'ignorance des Ecclésiastiques, à l'Assemblée des Notables qui se tint à Fontainebleau l'an 1560. Mr. Godeau vous aprendra que St. Charles Borromée, contemporain de nos premiers Réformateurs, trouva les Ecclésiastiques de son Diocese de Milan si corrompus, qu'on disoit en commun Proverbe dans le Milanois, *si tu veux te damner, fais toi Prêtre.* Machiavel n'en disoit pas moins de toute l'Italie en général: *Nous* (B) *avons,* dit-il, *nous autres Italiens, cette obligation à l'Eglise & aux Prêtres, d'être devenus sans Religion & méchans.* Cet Archevêque fit un hymne où il déplora ce grand désordre, & voici comment il s'en exprimoit, selon la version de Monsieur Godeau:

> Les sacrez Ministres des Temples,
> Y deshonorent les Autels
> Et des crimes les plus mortels,
> Y donne les plus noirs exemples.
> Les Pasteurs tirent des Brebis
> La nourriture, les habits,
> Boivent leur lait, tondent leur laine,
> Et sans soin d'un troupeau si doux,
> Le laissent errer dans la plaine,
> En proye à la rage des Loups.

> Ceux qu'une sainte solitude
> Par le vœu tenoit attachez,
> En ont tous les nœuds relâchez,
> En haïssent la servitude.
> Ils laissent leur bois innocens,
> Ils prennent la Loi de leurs sens,
> Leurs fautes ne sont plus sécretes;
> Et dans ce noir égarement,
> On voit se changer en Cometes,
> Les Etoiles du Firmament.

> Les Vierges, ces chastes Epouses
> Du chaste fils du Roi des Rois,
> De son amour, ni de ses loix
> Ne sont plus saintement jalouses.
> Au lieu de lui donner des pleurs,
> De sentir ses seules douleurs,
> De lui consacrer tous leurs charmes,
> Tous ces sentimens sont bannis,
> Et quand elles versent des larmes,
> C'est pour le trépas d'Adonis.

En parlant du voyage de cet Archevêque au païs des Grisons, voici les belles découvertes que Monsieur Godeau (c) nous communique. *On ne peut exprimer les désordres que St. Charles trouva, particulierement dans les Ecclésiastiques, qui pour la plûpart étant entrez dans leurs Béné-*

(*) Conférez ceci avec ce qui est dit dans le *Dict. Hist. & Crit.* Art. HELOÏSE, Rem. V.

(A) *Hist. du Calvin.* p. 146.

(B) *Habiamo adunque con la Chiesa e co'i Preti, noi Italiani, questo primo obligo d'essere diventati senza Religione e cattivi.* Disc. sur T. Live, l. 1. c. XII.

(c) *Vie de S. Charl.* l. 2. ch. 7.

Bénéfices par Simonie, vivoient comme des gens sans vocation, & ne menoient pas seulement une vie de gens d'honneur, bien-loin d'en mener une Chretienne, & Cléricale. Ils étoient dans une profonde ignorance des premiers Elemens de la Religion. Ils entretenoient des femmes publiquement. Ils faisoient un trafic à découvert comme des marchands. Ils ne prenoient aucun soin de leurs Paroissiens, qu'ils laissoient vivre dans toute sorte de licence, ne pouvant ou n'osant reprendre dans les autres, ce qu'ils ne vouloient pas corriger en eux-mêmes. Ils administroient les Sacremens, sans garder presque aucune des Cérémonies prescrites par l'Eglise. Leurs Eglises étoient si sales & si mal entretenuës, qu'elles ne différoient en rien des lieux profanes.

que Mezerai dit.

Si Monluc vous semble suspect, à cause qu'il a paru incliner vers les Calvinistes, vous n'aurez, Monsieur, qu'à jetter les yeux sur le discours, qui se voit à la fin de l'Abrégé Chronologique de Mr. de Mezerai ; vous y verrez que cet habile Historiographe, parlant de l'Eglise du XVI. siecle, confesse que *les déréglemens & les vices des Eccléstastiques monterent au plus haut point qu'on se puisse imaginer ; & devinrent si publics, qu'ils les rendirent l'objet de la haine & du mépris du peuple. Qu'on ne sauroit sans rougir parler des usures, de l'avarice, de la crapule, & de la dissolution des Prêtres ; de la licence & des vilaines débauches des Moines ; du luxe, de l'orgueil, & des vaines dépenses des Prélats ; de la honteuse faitardise, de la crasse ignorance, & des superstitions des uns & des autres. Que ces désordres n'étoient pas nouveaux ; qu'il y en avoit de pareils depuis long-tems, mais que l'ignorance, qui avoit régné dans ces siecles barbares, les avoit comme cachez & couverts de son ombre.* Pour l'Eglise Gallicane en particulier, il en touche plusieurs désordres, & dit *que les Eglises étoient sans Pasteurs, les Monasteres sans Religieux, les Religieux sans discipline, les temples & les maisons sacrées en ruine, & converties en spélonques de voleurs. Que les Evêques fuyoient leurs Dioceses comme des solitudes affreuses ; que les divertissemens de Paris, & les servitudes de la Cour faisoient leurs exercices ordinaires ; que l'Histoire marque que l'an* 1560. *Jean de Monluc, Evêque de Valence, disant un jour son avis dans le Conseil du Roi, se plaignit que l'on en avoit vû quarante tout à la fois à Paris, croupissants dans l'oisiveté & dans les délices ; qu'aussi le Parlement leur enjoignit par Arrêt, d'aller dans leurs Evêchez, faire leur devoir, autrement qu'ils y seroient contraints par la saisie de leurs meubles, & de leur équipage. Mais peut-être,* ajoûte fort judicieusement & fort spirituellement l'Historien, *que de la façon que la plûpart d'eux vivoient, leur absence causoit moins de scandale à leur tronpeau, que n'eût fait leur résidence.* Qu'on juge, après tout cela, si c'étoit la peine d'abandonner sa Religion, ses Bénéfices, ou son froc, pour épouser une femme.

V.
qu'ils s'ensuit de là que l'on n'a point renoncé à la vie cléricale simplement pour marier.

Disons donc que si ces prétendus Moines, ou Prêtres Apostats, ont souhaité de se marier, dans un temps où les mœurs des Ecclésiastiques étoient effroyables, il faloit qu'ils eussent de la vertu : car s'ils n'eussent point eu de vertu, ils n'eussent eu que faire de se marier ; ils eussent contenté la nature aux dépens d'autrui.

S'ils ont eu assez de conscience pour ne vouloir pas attenter à la femme d'autrui, à plus forte raison se fussent-ils fait un scrupule de conscience de violer leurs vœux, & de faire profession extérieure d'une Religion qu'ils eussent détestée dans l'ame. Si bien qu'ayant rompu leurs vœux, & fait profession de la Religion Réformée, il faut conclure qu'ils étoient persuadez de la nullité des vœux monastiques, & de la fausseté de la Communion Romaine. C'est donc une médisance avancée sans fondement, que d'accuser ces Ecclésiastiques d'avoir embrassé la nouvelle Religion par un esprit de libertinage. S'ils avoient vécu, comme font quelques-uns de ceux que l'on voit s'échapper des Cloîtres de temps en temps, que l'on ne peut nier être quelquefois de très-grands Frippons, sans étude & sans génie, on pourroit en faire ce jugement ; mais leurs grandes lumieres & leurs bonnes mœurs, les doivent mettre à couvert de cette insulte.

C'étoient des gens qui connoissoient les erreurs grossieres qui avoient inondé toute la face de l'Eglise, & qui voulant donner gloire à Dieu, embrassoient la Communion qui séparoit le bon grain d'avec la paille, je veux, dire qui écartoit du service divin les abus, & les cultes illégitimes qui l'avoient défiguré. Ensuite pour montrer au Peuple, qu'ils étoient convaincus de la nullité des vœux Monastiques, & de la Loi du célibat où ils avoient été engagez, ils prenoient une femme en mariage, selon la permission que l'Evangile en accorde aux Ecclésiastiques, aussibien qu'aux Laïques, laquelle par conséquent on ne peut traiter d'infame, comme fait (*) Mr. Maimbourg, sans être coupable de blasphême. Ce que je viens de dire se peut recueillir des propres paroles de l'Auteur, qui nous conte (a) que Calvin, âgé de trente ans, se maria à Strasbourg *par le conseil de Martin Bucer, qui vouloit que les Ministres pratiquassent, à son exemple, ce qu'ils enseignoient contre le célibat.* Calvin n'étoit donc guéres tenté de se marier, puis qu'il demeura si l'ong-temps garçon, & qu'il attendit à prendre femme qu'un homme de grande autorité sur son esprit, l'en sollicitât, en lui insinuant que sans cela il se feroit soupçonner de retenir les vieilles erreurs, touchant les vœux de continence.

Vous comprendrez mieux, Monsieur, la vérité de cette petite Apologie, si vous prenez garde que l'on croit (b) communément, parmi ceux de l'Eglise Romaine, que le mariage est un crime incomparablement plus atroce aux Prêtres & aux Religieux, que ni la fornication, ni l'adultere. Car il s'ensuit de là qu'un Prêtre & qu'un Moine, qui se seroient fait un scrupule de conscience d'avoir un commerce criminel avec une femme, s'en seroient fait un beaucoup plus grand de se marier D'où il s'ensuit que ceux qui se sont mariez, ont cru le pouvoir faire sans crime ; autrement crime pour crime, ils eussent choisi le moindre, qui est de se servir de la femme ou de la fille d'autrui. Or s'ils ont cru qu'ils se pouvoient marier sans crime, il est clair qu'ils étoient persuadez de la fausseté de leur Religion, & par conséquent qu'ils ne l'ont point quittée pour une femme.

Cela est encore plus vrai à l'égard de ces Prélats

(*) *Hist. du Calvin. p.* 76.
(a) *Ibid. p.* 64.

Tome II.

(b) *Bellarm. de Mon. l.* 2. *c.* 30. *Stanislaus Hosius Conf. fid. c.* 36.

F

lats (*) qui se marierent après avoir abandonné leur Evêchez, qu'à l'égard des Prêtres & des Moines; & Mr. Maimbourg n'y songe pas, quand il nous assure que l'Evêque de Nevers se fit Huguenot, pour avoir la liberté d'épouser une fille qu'il aimoit. Croit-il bien qu'il y ait un seul Evêque dans le monde, qui ayant à choisir, ou de demeurer Evêque sans pouvoir se marier, ou de devenir Curé de village avec la permission de se marier, abandonnât sa dignité de Prélat, & le gros revenu qui l'accompagne? Je suis fort assuré qu'il ne croit pas qu'il en ait un capable de faire un tel choix. A plus forte raison devroit-il croire, qu'il n'y a point d'Evêque persuadé de la bonté de sa Religion, qui soit capable d'abandonner un poste si doux, si respecté, si délicieux, pour devenir simple Ministre marié.

M. Maimbourg ayant rebatu cent & cent fois le lieu commun du prétendu libertinage de notre Réforme, il est juste que je réponde pour le moins à deux passages de cette nature. Examinons-en donc encore un autre; je le trouve dans ce qu'il observe, après avoir parlé de l'Edit du 17. Janvier, 1562. qui permettoit le libre exercice de notre Religion.

La nouveauté, dit-il (A), *la curiosité d'ouïr les Prêches, le plaisir qu'on s'imaginoit à se voir exempt des Loix sévères de la pénitence, des jeûnes, des mortifications de la chair, & des préceptes de l'Eglise dont la nouvelle Réforme enseigne à secouër le joug, pour jouïr d'une fausse liberté qui va droit au libertinage, grossit extrêmement en peu de jours le nombre de ceux qui . . . . . ne s'appelloient auparavant que le petit Troupeau. Ceux d'entre les Ecclésiastiques & les Moines, qui s'ennuyoient de leur profession, & du Célibat qu'ils avoient voüé, se faisoient Apostats pour avoir des femmes, & quelque part ensuite au Ministere.* J'ai déja répondu à ce qui concerne les Ecclésiastiques & les Moines, j'ajoûte seulement que le grade de Ministre est une fortune si médiocre, qu'il n'est guéres capable de tenter un ambitieux.

Pour ce qui regarde les Laïques, que l'on veut aussi qui soient passez dans la nouvelle Religion, par un esprit de libertinage, je croi pouvoir dire qu'il ne s'est jamais rien avancé plus légerement que cela. Car si ceux qui ont quitté l'Eglise Romaine ne l'ont fait, que pour jouïr des exemptions qu'ils rencontroient parmi nous, des exercices pénibles de la Discipline de l'Eglise, il s'ensuit qu'ils n'avoient ni conscience, ni Religion. Pourquoi? Parce que c'est être sans conscience & sans Religion, que de se determiner au choix d'une profession extérieure de Religion, non pas par la connoissance que l'on a de sa vérité, mais par les commoditez temporelles que l'on y trouve. Or il est évident qu'un homme, qui n'a ni conscience ni Religion, n'a pas besoin de sortir de la Communion Romaine, pour se mettre en liberté, ou pour se délivrer des Loix rigoureuses de la pénitence, des jeûnes, & de la mortification de la chair; car il ne tient qu'à lui de manger tout ce que bon lui semble dans sa maison, & même par tout ailleurs, sous le bénéfice d'une dispense obtenuë sur un faux exposé, & de ne point se confesser d'aucune chose qui puisse lui attirer une rude

pénitence, ou de ne point exécuter la pénitence qui lui aura été imposée.

Si on me répond qu'un homme qui feroit cela auroit peur de s'attirer la malédiction de Dieu, on suppose qu'il a de la conscience : & si on suppose qu'il a de la conscience, il faut supposer aussi, qu'il auroit autant de peur de se damner en professant une Religion qu'il croiroit fausse, qu'en désobéïssant à la Discipline de l'Eglise; & par conséquent si ceux qui embrassoient la Réforme de Calvin, étoient capables de le faire dans la seule vuë de n'être asservis à rien de pénible, ils étoient également capables de se dispenser, en demeurant unis à la profession extérieure de leur Eglise brillante & fortunée selon le monde, de toutes les mortifications qu'elle commande. Puis donc qu'ils en sont sortis, il faut croire qu'ils trouvoient du péché à faire les hypocrites, & à demeurer dans une Religion, sans en pratiquer les Loix. Ils avoient donc une conscience & une Religion. Ils n'embrassoient donc pas le parti des Réformez, sans le croire bien Orthodoxe, & sans consulter autre chose que les intérêts de la sensualité; car il est impossible d'avoir ni conscience, ni Religion, quand on donne la préférence à une Eglise par dessus une autre, seulement à cause qu'elle est plus au goût de nos passions déréglées.

Mais qu'est-il nécessaire de chercher par la voye du raisonnement, si ceux qui entroient en foule dans la nouvelle Religion, le faisoient par un esprit de débauche, ou par un véritable désir de se sauver? puis que c'est un fait d'une notoriété publique; 1. que la profession extérieure du Calvinisme exposoit les gens à des supplices affreux, ou du moins à mille traverses, à mille disgraces, & à toutes les incommoditez qui accompagnent un parti foible, haï, persécuté, dont on veut se défaire dès qu'on le pourra. 2. que les mœurs des Calvinistes étoient plus austeres, & plus éloignées des plaisirs de la sensualité, que les mœurs des Catholiques, & que la Discipline des Réformez s'exerçoit beaucoup plus rigoureusement, que celle des Catholiques. Henri IV. tout Roi de Navarre (B) qu'il étoit & Chef du Parti, se vit contraint par le Consistoire de la Rochelle à faire réparation d'un scandale, que sa conduite trop amoureuse avoit causé. Jamais l'Eglise Romaine n'a songé à rien de semblable contre lui, quoi que ce Grand Prince fournît la plus ample matiere du monde à de pareilles Censures. L'adultere étoit puni de mort à Geneve, & Monsieur Maimbourg (c) nous conte que Marot, quelque recommandable qu'il dût être, par la raison qu'il avoit souffert pour la bonne cause, & qu'il avoit mis en rime les Pseaumes que l'on chantoit dans les Temples, ne put obtenir autre modification de la peine qu'il avoit méritée, pour avoir débauché la femme de son hôte à Geneve, que d'être fouetté par tous les Carrefours de la Ville, & que sans le crédit de Calvin, il n'en eût jamais été quitte à si bon marché. Il n'avoit qu'à demeurer Catholique, pour pouvoir débaucher toutes les femmes de France, sans rien craindre du Magistrat. C'est une des raisons que Théodore de Beze mit en avant, pour répousser les calomnies de Claude de Xainctes.

Si

(*) *Jean Caraviol, Evêque de Troyes. Jacques Spifame, Evêque de Nevers.*
(A) *Hist. du Calvin. p.* 248.

(B) *Mr. de Perefixe vie de Henri IV. ad ann.* 1587.
(c) *Hist. du Calvin. p.* 99.

Si j'avois été adonné (lui dit-il) *à la débauche des femmes, me serois-je retiré dans une Ville, qui est presque la seule où ces sortes d'impuretez soient châtiées publiquement, & punies même du dernier supplice, lorsqu'elles vont jusqu'à l'adultere? N'aurois-je pas plûtôt accepté les emplois qu'on m'a si souvent offerts parmi vous?* Son Latin est encore plus expressif. C'est pour cela que je le mets à la marge. (*)

En général il est si vrai que les Calvinistes se distinguoient des autres par la pureté de leurs mœurs, qu'un Catholique qui n'osoit point faire des sermens, ni jurer Dieu pour la moindre chose dans la conversation, se rendoit suspect de Huguenotisme. Fuir le bal, la dance, les festins, la pompe, étoit une autre marque de la nouvelle Religion, & les Ministres tonnoient contre ces divertissemens profanes avec une vigueur surprenante. Monsieur de Mezerai (A) rend ce témoignage à Calvin, *qu'il défendit les juremens qui alors étoient horribles & très-ordinaires, ne permettant aux siens d'affirmer que par le mot de* certes *; il ôta les dances, les cabarets, les berlans, & les usures; il punit de mort les fornications & les adulteres, & recommanda la modestie des habits, la frugalité & la temperance, afin que ses Sectateurs parussent véritablement réformez, & les Catholiques par opposition plus déréglez & plus dissolus.* Ainsi un homme qui trouvoit les obligations du Christianisme trop dures à suporter dans l'Eglise Catholique, ne devoit songer à rien moins qu'à se faire de notre Religion, parce que nos Réformateurs avoient déclaré la guerre à une infinité de plaisirs, dont ceux de l'Eglise Romaine jouïssoient impunément. Et de là vient, que Catherine de Médicis témoigna avoir quelque penchant vers la nouvelle Religion, *afin de passer pour prude & pour pieuse,* comme dit Monsieur de Mezerai : signe évident que la qualité de Calviniste n'étoit point un préjugé de mauvaise vie, mais plûtôt un préjugé favorable de bonnes mœurs.

Cela est si vrai, que les Catholiques de meilleur sens attribuent à ces belles apparences de notre Réformation, les grands progrès qu'elle fit. Ils disent qu'elle imposa par ce moyen aux Esprits simples, & qu'à la faveur de cette belle Morale, & d'une maniere d'instruire les Peuples, dégagée des ridicules impertinences, dont les Moines avoient rempli la prédication de la parole de Dieu, & conforme à l'idée que nous avons assez naturellement de la simplicité Apostolique, elle n'eut point de peine à répandre son venin dans un siecle où la corruption étoit si fort venuë à son comble, que toutes les bonnes Ames en gémissoient. Un bel Esprit (B) s'en est exprimé fort noblement, dans un petit Traité qu'il a fait *de l'usage de l'Histoire.* Il y parle fort au long du célebre Jacques Amiot, & dit qu'ayant si bien étudié qu'on le soupçonna d'être de la nouvelle opinion, il fut obligé à sortir de Paris, comme beaucoup d'autres, tout innocent qu'il étoit; & là-dessus il fait cette réflexion, *que le Peuple est une bête qui n'entre*

dans aucune discussion des choses mêmes dont elle juge le plus criminellement. Qu'aussi n'est-elle pas capable de démêler ce que les nouvelles Sectes ont d'innocent, d'avec ce qu'elles ont de méchant, quoiqu'à dire vrai elles n'auroient assurément jamais en aucun succès, si parmi beaucoup d'erreurs, elles n'avoient dans leur naissance mêlé quelques réglemens loüables pour les mœurs, à la faveur desquels les Novateurs ont fait passer le reste; mais souvent la juste haine du Peuple pour ces Novateurs, a confondu injustement ceux qui n'avoient rien de commun avec eux, que ces reglemens des mœurs, avec ceux qui embrassoient leurs erreurs.

Mr. Maimbourg lui même ne s'éloigne pas toûjours de cette pensée, car en parlant de la Reine de Navarre, sœur de François I. il dit que les Protestans l'engagerent dans leur parti, en lui faisant *voir* (c) *de leurs écrits, & de leurs petits Livres proprement reliez, où sous les spécieux noms de Réforme, de Primitive Eglise, de pure parole de Dieu, d'adoration en esprit & en vérité, de liberté Chrétienne qui secouë le joug des superstitions & des traditions des hommes, pour s'attacher uniquement à Dieu, ils faisoient couler subtilement le venin de leur hérésie…. Que comme il n'y avoit rien* (D) *dans les mœurs de Gérard Roussel, qui ne parût extrêmement réglé, rien dans sa conduite qui ne respirât la Réforme & la pieté, qu'il préchoit d'un air fort dévot, & qu'il étoit sur-tout très charitable envers les pauvres, il passa bien-tôt pour un Saint, & se mit si bien dans l'esprit de la Reine, qu'elle le prit pour son Directeur…. & lui donna le moyen de jetter en Bearn les fondemens de l'Hérésie….. Que la même Reine entreprit de gagner le Roi son frere en faveur de ces* (E) *Novateurs, dont elle lui faisoit éternellement l'éloge, comme des gens de bien, savans & paisibles, qui n'avoient point d'autre intérêt que celui de la Vérité & de la gloire de Dieu, qu'ils tâchoient de procurer par la Réformation des mœurs, & par le retranchement de quelques abus & superstitions qui s'étoient glissez dans l'Eglise….. Qu'un Moine Apostat, nommé Pierre David, s'étant retiré à Nérac* (F), *après qu'on l'eut chassé d'Agen, où en faisant profession de prêcher la Morale étroite, pour s'attirer de la considération, il faisoit couler subtilement le Calvinisme, séduisit Antoine Roi de Navarre….. Que Jeanne d'Albret, Reine de Navarre, & mere de Henri le Grand, fut bonne* (G) *Huguenote, vivant dans une grande apparence de piété & de réforme.* Il paroît par tous ces discours, que les Protestans se sont multipliez, non pas en promettant la liberté de se plonger dans les voluptez sensuelles, mais plûtôt à la faveur de leur bonne vie, & de la séverité de leur Morale.

Je pourrois vous alléguer un bon nombre de témoignages irréprochables, qui font voir que les plus sensez de nos Adversaires reconnoissent que la mauvaise vie des Ecclésiastiques fut la principale cause des grands progrès de notre Réformation. Le Chancelier de l'Hôpital

---

(*) *Ubi meretrices illæ meæ, quarum amore si captus essem, nam in eam civitatem concessissem, in quâ pene solâ scortationes publicâ ignominiâ & non exiguis mulctis, adulteria vero capitaliter etiam vindicantur? Annon potius tuum illum Cardinalem, aut quemvis ex vestro Clero alium (quod centies oblatum repudiavi) essem affectatus?* Beza altera Claud. de Xain. Apolog.

(A) *Abr. Chr. sur la fin. Disc. de l'Egl.*
(B) *L'Abbé de S. Real.*
(C) *Hist. du Calvin. p. 17.*
(D) *Pag. 19.*
(E) *Pag. 21.*
(F) *Pag. 123.*
(G) *Pag. 462.*

LETT. IX. pital déclara dans les Etats, qui se tinrent à St. Germain l'an 1561. *Que l'Ordre (*) Ecclesiastique avoit été la cause par ses desordres, de tous les troubles dont l'Eglise & l'Etat étoient agitez;* en quoi il fut secondé par la Noblesse, & par le Tiers-Etat, qui *déclamerent terriblement contre le Clergé.* L'Evêque de Valence avoit opiné sur ce ton un an auparavant dans l'Assemblée de Fontainebleau, *blâmant* (A) *extrêmement les mœurs & l'ignorance des Ecclesiastiques, sur lesquels il rejettoit toute la cause des desordres & des troubles qui étoient dans l'Eglise, louant au contraire excessivement la doctrine, la pieté, & la modestie des Protestans.* On peut voir quelque chose de semblable dans la vie de Dom Barthelemi de Martyrs; & depuis quelques années un Auteur fort passionné contre nous, ayant fait un Livre de *Motifs de réunion à l'Eglise Catholique,* avoue de bonne foi, *que le sujet de la Réformation fut d'abord l'abus des Indulgences, & ensuite l'ignorance, l'avarice, & la vie scandaleuse des Ecclesiastiques; la superstition du menu peuple, qui n'étoit pas bien instruit; les richesses immenses & les profusions excessives des Prélats; le trop grand soin de l'extérieur dans la magnificence, ornement & augmentation des cérémonies; & le peu de dévotion pour le culte principal de Dieu; le zele indiscret des Confréries qui sembloient avoir oublié l'honneur du Maître, pour le donner à ses serviteurs; la Tyrannie qu'exerçoient les Peres & les Meres, pour mettre leurs enfans en prison dans les Cloîtres; l'impieté de ceux qui controuvoient des miracles, pour attirer chez eux le concours du peuple.* Comment seroit-il possible que l'esprit de débauche eût porté les hommes à sortir d'une Communion si pleine de déreglemens, pour se ranger dans une autre Communion qui ne prêchoit que la Réforme, & qui punissoit le vice en même-temps qu'elle étoit maltraitée elle même par ceux dont elle s'étoit séparée? Comment ne voit-on pas que ceux qui ont embrassé la Réformation, l'ont fait bien moins à cause qu'ils ne pouvoient pas s'accommoder de la sévere Discipline de Rome, qu'à cause qu'ils étoient scandalisez des infâmies qui se commettoient impunément dans sa Communion? Si la corruption des mœurs, qui se voyoit dans la Communion Romaine, a été cause des grands progrès de la nouvelle réforme, il est évident que ceux qui ont quitté le parti de Rome, étoient choquez de la dépravation de ses mœurs; & cela étant ils ne se faisoient pas Huguenots, afin de vivre dans la sensualité.

Mais pour bien connoître la fausseté de ce lieu commun, qui s'est étendu depuis le sceptre jusqu'à la houlette, c'est-à-dire, qui a été employé par toute sorte de gens, depuis les Cardinaux jusqu'au moindre Savetier, prêchant la Controverse sur un Théatre, à la maniere d'un vendeur d'Orviétan: pour en bien connoître, dis-je, la fausseté, il faut considérer sinon qu'encore aujourd'hui dans cet état d'anéantissement, où Mr. Maimbourg nous assure que le Calvinisme tend manifestement à sa fin, on nous reproche de n'être Huguenots, qu'à cause que nous ne voulons pas observer le Carême & les jours maigres, ni subir le joug de la Confession. C'est la plus grande de toutes les

absurditez; car c'est supposer que nous sommes capables de suporter une oppression accablante, & en même temps incapables de subir un joug auquel les Catholiques les plus voluptueux & les plus efféminez se soûmettent aisément. A ce compte un Capitaine de Vaisseau trouve plus supportable de croupir dans son village, privé d'une charge très-glorieuse, & très-lucrative, que de s'accommoder à l'usage de la Confession & du Carême, qui n'empêche point les Officiers & les Gentils-hommes Catholiques de se donner tout le bon temps qu'ils souhaitent; car on ne sauroit montrer un seul vice qui domine moins dans l'Eglise Romaine que dans les autres; & ce seroit faire beaucoup de grace à nos Adversaires, que de leur accorder qu'ils ne sont pas plus déreglez dans les mœurs que les Protestans. Je suis Monsieur, Votre &c.

❦❦❦❦❦❦❦❦❦

LETTRE X.

I. *Maniere dont la Ville de Geneve se réforma.* II. *Réflexion sur le refus de disputer sur une chose déja décidée* III. *La lecture des Peres n'est pas propre à éclaircir les difficultez.* IV. *Comparaison de ce que Mr. Maimbourg dit de la conduite de Geneve, avec ce qu'il dit de celle de Zurich.*

MONSIEUR,

Mettant à part toutes les superfluitez épistolaires, je commence par vous dire, qu'encore que Mr. Maimbourg ait parlé de la Réformation de Geneve assez humainement, il ne laisse pas de tourner en ridicule le Décret du Grand Conseil de cette Ville, qui abolit entierement l'exercice de la Religion Romaine. Car, dit-il, (B) *Messieurs du Grand Conseil de Geneve, tous bons Marchands, ou Artisans, ou pour le plus Légistes, n'ayant jamais rien appris que leurs Loix, leur négoce, ou leur métier, n'ayant lû ni Conciles, ni Peres, ni Docteurs approuvez de l'Eglise, pour y trouver le vrai sens que l'on doit donner au passages de l'Ecriture, n'avoient point droit de prononcer, comme ils firent, que les cinq Propositions soûtenuës dans les Theses du Gardien des Cordeliers, étoient orthodoxes, & que les articles contraires n'étoient que de fausses traditions humaines contre la parole de Dieu.*

Je répons que ces Messieurs se comporterent en gens qui cherchent sincerement la Vérité. Ils exhorterent (c) toutes sortes de personnes à assister à la Dispute qui se devoit faire dans le Couvent des Cordeliers, promettant que chacun auroit la liberté de dire tout ce qu'il voudroit. La dispute dura depuis le trentiéme de Mai jusqu'à la St. Jean. Il n'y eut, à ce que dit Monsieur Maimbourg, en tout ce temps-là, que deux Docteurs qui se présentassent pour disputer contre ces Theses, parce que le Duc de Savoye & l'Evêque de Geneve, défendirent étroitement à leurs Sujets de se trouver à ces Disputes. C'étoit un grand préjugé, que l'Evêque ne croyoit pas qu'on pût faire voir au Gardien qu'il se trompoit.

De

I.
Maniere dont
la Ville de Geneve se réforma.

(*) *M. Maimb. Hist. du Calvin. p.* 206.
(A) *Ib. p.* 156.

(B) *Hist. du Calvin. p.* 146.
(c) *Mr. Maimbourg ubi supr.*

De ces Docteurs qui difputerent, l'un qui étoit un fort habile Jacobin; réduifit & le Répondant & le Préfident à de grandes extrémitez; l'autre s'étant fait Proteftant n'agiffoit pas de bonne foi, & ne difputa pas auffi fortement qu'il l'eût pû, afin de laiffer l'avantage à fon parti. C'eft ainfi que Mr. Maimbourg le raporte fans aucune preuve; fi bien qu'on peut lui dire qu'à moins qu'il ne nous raporte le Certificat de l'Abjuration du fecond Docteur, par lequel il paroiffe qu'il étoit déja converti avant la Difpute, nous ne fommes point obligez d'ajoûter foi à cette circonftance, & nous fommes en droit de fuppofer, que c'eft une pure conjecture née dans des cerveaux remplis de leurs préjugez, qui s'imaginent que quand on ne réduit point au filence un Proteftant, c'eft qu'on l'épargne par prévarication. Ainfi en attendant le Certificat, nous pouvons fuppofer que le Confeil de Geneve, qui affiftoit à cette action comme Juge, & qui faifoit écrire par quatre Sécrétaires tout ce qui fe difoit de part & d'autre, fut témoin de bonne foi, que la caufe du P. Gardien triompha hautement du fecond des Difputans. Si on vit enfuite ce Difputant faire profeffion de la nouvelle Doctrine, ce fut une nouvelle marque de la force des réponfes, que le Défenfeur des Thefes lui avoit données. Car fous prétexte que Mr. Maimbourg fait bien qu'il y a des Huguenots, qui ayant déja conclu leur marché, & touché l'argent de leur converfion, demandent néanmoins une Conférence entre un Miniftre & un Miffionnaire, afin de perfuader au monde qu'ils ne fe rendent qu'à la Vérité; fous ce prétexte, dis-je, il ne doit pas être permis de faire valoir fes foupçons pour des preuves, contre un Moine qui s'eft autrefois converti.

A l'égard du Jacobin qui réduifit, nous dit-on, & le Répondant & le Préfident à de grandes extrémitez, nous difons qu'il ne fervit qu'à rendre la victoire du Gardien plus illuftre. Il eut à faire à un rude Jouteur, qui l'embarraffa fouvent, mais il ne laiffa pas de furmonter ces difficultez: les Juges en devoient être d'autant plus convaincus de la vérité de fa caufe. Il n'y auroit rien de plus abfurde que de juger qu'une Thefe eft fauffe, quand on voit que celui qui la défend, quoi-que très-habile, fe trouve quelquefois embaraffé. Cela fe voit tous les jours en Sorbonne, fur les principales véritez du Chriftianifme; fi-bien que nous pouvons très-raifonnablement fuppofer, que le Confeil de Geneve comprit par le fuccès de cette longue Difpute, que les cinq propofitions du Gardien étoient véritables.

Ils ne s'en fierent (*) pas à cela; ils confulterent encore environ deux mois: ils donnerent audience publique à Guillaume Farel, qui leur montra les defordres de l'Eglife Romaine fort éloquemment: ils examinerent pendant deux jours les actes de la Difpute: les Syndics les communiquerent aux Auguftins, aux Dominicains, & aux Cordeliers, & leur demanderent s'ils avoient quelque chofe à dire contre les cinq propofitions, qu'on avoit fi bien foutenuës. A cela ces bons Religieux ne purent répondre autre chofe, finon: *Qu'ils les tenoient pour hérétiques, & qu'ils n'avoient garde de mettre en difpute ce qui avoit été folemnellement défini par l'E-*

glife *Catholique, & reçu de tout temps par leurs Ancêtres.*

LETTRE. X.

II.
Du refus de difputer furune chofe déja décidée.

Une réponfe comme celle-là étoit un plein triomphe pour la caufe du Gardien; car tout le mieux que de Juges raifonnables & de bon fens puiffent penfer d'une partie, qui fe contente de dire gravement qu'elle a raifon, mais qu'elle fe gardera bien de mettre en compromis la juftice de fa caufe, c'eft qu'elle redoute les éclairciffemens; ce qui eft un préjugé légitime de fauffeté. On dit quelquefois des Grands, *que leur gravité eft un myftere du corps, inventé pour cacher les défauts de l'efprit.* On peut reprocher à Meffieurs de l'Eglife Romaine avec plus de raifon, que cette Majefté, dans laquelle ils fe retranchent, prétendant qu'il ne faut plus leur demander raifon de quoique ce foit, après que l'Eglife a prononcé, eft un myftere de fine Politique, inventé pour couvrir les foibleffes de la caufe, que l'on fait bien n'être pas à l'épreuve de la difpute. En particulier, je jurerois bien que ces Auguftins, ces Dominicains, & ces Cordeliers qui refuferent de difputer, ne le firent qu'à caufe qu'ils ne fe fentoient pas affez habiles pour tenir bon contre les Adverfaires, qu'on leur eût mis fur les bras; car conftamment en ce temps-là le parti des Réformez étoit plus favant que l'autre. Quand ces Meffieurs les Moines s'imaginent avoir plus de caquet qu'un Miniftre, ils ne demandent pas mieux que de difputer, & que d'étaler leurs miférables lieux communs. Ils ne fe fouviennent plus que la chofe a été décidée dans un Concile. C'eft donc parce que les Moines de Geneve voyoient leur défaite affûrée, s'ils fe hazardoient d'entrer en lice, qu'ils fe fauverent par un faux-fuyant fort commode, qui fut de dire en trois mots, qu'ils avoient raifon; qu'ils croyoient ce qu'il faloit croire, ce que l'Eglife avoit toûjours crû. Plaifante méthode d'éclaircir les difficultez par le Sophifme, qu'on appelle *Petitio principii!*

Le Confeil de Geneve vit alors affez clairement, que ces Meffieurs quittoient la partie; & fur cela aidez de la lumiere de leur bon fens; de la lecture de la parole de Dieu; des raifonnemens de quelques Docteurs habiles; de la victoire remportée par le Gardien; du filence obftiné des autres Moines, qu'ils avoient exhortez à plaider leur caufe; ils n'eurent point de peine a difcerner la Vérité. Car pour cette longue étude que Monfieur Maimbourg voudroit que l'on fît, de tous les Peres & de tous les Conciles, avant que de s'ériger en Juge d'une controverfe, je lui réponds qu'elle rend les gens bien plus propres à douter de tout, qu'à fe déterminer à quelque parti. Ces Meffieurs ont bien vû que quand nos Miniftres fe font voulu donner la peine de s'appliquer à cette étude, ils ont mis à tout le moins neuf ou dix fiecles en un tel état, qu'il eft fort incertain quelle a été la créance de l'Eglife fur l'Euchariftie, pendant ce grand intervalle. Pour s'en convaincre, il n'y a qu'à lire les volumes immenfes qui ont été compofez là-deffus.

Quand je dis que cela eft fort incertain, je ne prétens pas dire que je fois dans le doute là-deffus. Je croi fermement que l'ancienne Eglife n'a point crû ce que l'on croit aujourd'hui dans la Communion Romaine. Mais le bon fens

III.
La lecture des Peres n'eft pas propre à éclaircir les difficultez.

Lett. X.

sens ne veut-il pas que j'attribuë ma persuasion plûtôt à mes préjugez, qu'à l'évidence de la chose: & un Catholique Romain, s'il ne s'aveugle pas lui-même, volontairement, ne doit-il pas juger aussi de lui-même, que sa persuasion n'est fondée que sur ses préjugez; car si elle étoit fondée sur l'évidence de la chose, comment est-ce que Mr. Daillé, par exemple, & le Cardinal du Perron, qui avoient les yeux faits à peu près l'un comme l'autre, voyoient des choses si opposées dans les Ouvrages des Peres? Nous avons tant fait de Livres, pour montrer qu'il n'y a rien de si vague & de si incertain que la créance des Peres, que je m'étonne que Messieurs les Catholiques Romains nous osent proposer cette étude, comme un préliminaire essentiellement requis à quiconque veut juger d'un point de foi. Ne voyent-ils pas que plus nos Ministres étudient les Peres, plus ils font des Livres qui montrent que leur doctrine nous est favorable? Ne voyent-ils pas eux-mêmes, qu'ils ne sont point d'accord entre eux sur divers points, parce que le *pour* & le *contre* se fortifie d'une légion de passages des Peres?

IV.
Comparaison de la conduite que le P. Maimbourg dit que Geneve & Zurich ont tenue.

Vous remarquerez, Monsieur, quand vous lirez le Livre du P. Maimbourg, qu'il ne traite pas Messieurs de Geneve avec la même hauteur, qu'il traite le Magistrat de Zurich. Il se contente de dire du Grand Conseil de Geneve, qu'il décida une Controverse de Religion, sans avoir la science nécessaire pour cela: mais quand il parle de la résolution qui fut prise dans le Sénat de Zurich, de convoquer une Assemblée générale, pour ouïr les Catholiques & les Zuingliens dans une dispute réglée, & pour juger ensuite souverainement, par la parole de Dieu, de ce différend; il dit (*) que ce fut *une entreprise tout à fait insoûtenable*, & que l'Evêque de Constance, *épouvanté de cette hardiesse*, regarda comme *une chose monstrueuse & inouïe dans l'Eglise, qu'une Assemblée de Laïques s'attribuât la décision souveraine des points de doctrine concernants la Foi.* Il semble que Mr. Maimbourg ne blâme l'entreprise du Grand Conseil de Geneve, qu'à cause de l'ignorance de ceux qui le composoient; au lieu qu'il blâme l'entreprise de ceux de Zurich, parce qu'ils étoient Laïques: & c'est dans le vrai ce qu'il y a de plus blâmable dans cette entreprise, selon les Principes de la Religion de Mr. Maimbourg; car quelque grande que soit la capacité des Laïques, Messieurs de l'Eglise Romaine ne leur permettent pas de s'attribuer le jugement des Controverses; si bien qu'il semble avoir oublié un des articles de sa Religion, lors qu'il n'a trouvé mauvais ce qui fut fait par ces *Messieurs du Grand Conseil de Geneve*, qu'à cause qu'ils n'avoient lû ni Conciles, ni Peres, ni Docteurs; en quoi il insinuë manifestement, que s'ils eussent eu toute cette grande lecture, le jugement de cette affaire eût été de leur compétence. Cela est sans doute fort judicieux, car c'est la capacité & l'intégrité du Juge, & non pas sa qualité d'Ecclésiastique ou de Laïque, qui doit faire avoir bonne opinion de son jugement, soit sur les choses civiles, soit sur les matieres de foi; mais néanmoins ce n'est pas ainsi que l'entendent nos Adversaires.

J'ai déja fai doir ailleurs (A), par la conduite de tous les Cantons, approuvée de leurs Evêques, que celui de Zurich en particulier a pû très-légitimement connoître d'une Dispute de Religion. Si le Magistrat de Zurich a eu ce droit; celui de Geneve l'a eu aussi; de sorte qu'on ne peut avec justice les inquieter, que sur la décision même qu'ils ont faite. S'ils ont prononcé en faveur de la bonne cause, le peu de connoissance qu'ils avoient des Peres & des Conciles, n'est plus un reproche à faire. S'ils ont prononcé en faveur du Mensonge, la science la plus consommée ne serviroit qu'à les condamner. Il en faut donc venir à la discussion de chaque article, & c'est ce que nous demandons.

Pour dire quelque chose de plus précis, il faudroit montrer à Monsieur Maimbourg, que le Conseil de Geneve n'a rien fait que l'on ne fasse tous les jours dans la Communion de Rome. Il me seroit aisé de le lui montrer, mais je m'engagerois par là dans des questions de Controverse, qu'il n'est nullement à propos de traiter ici. Au premier Ordinaire l'article de Jean Calvin. Je suis votre, *&c.*

LETTRE XI.

I. *Si Calvin a été Théologien.* II. *Hardiesse du P. Adam contre St. Augustin.* III. *Qu'il est glorieux à Calvin d'avoir banni la pompe des Cérémonies.* IV. *Réflexion sur la Politique de l'Eglise Romaine.* V. *Que la pompe des Cérémonis ne contribuë pas à la dévotion, & que l'Eglise Romaine en est un exemple.* VI. *Réflexion sur le jugement qu'on fait des Papes Amateurs de la Réforme, comme celui d'aujourd'hui.* VII. *Qu'il est glorieux à Calvin de n'être pas l'inventeur de sa doctrine.* VIII. *Réflexion sur ce qu'à présent on reconnoît la fausseté de quelques accusations intentées à Calvin.*

MONSIEUR,

I.
Si Calvin a été Théologien.

Si je voulois éplucher fort exactement tout ce que je rencontre dans Mr. Maimbourg, concernant la personne de Calvin, je vous ferois une longue Lettre, & je suis sûr que vous ne vous en plaindriez pas. Mais c'est une matiere si rebatuë, que je passerai par dessus la plûpar des choses.

I. Ce qui m'a le plus surpris dans cet Article, c'est de voir qu'on prouve que Calvin (B) n'a point sû de Théologie, parce qu'il n'en a point fait de Cours dans aucun Collége. C'est un foible raisonnement, car il est bien vrai que les études de Théologie qui se font sous des Professeurs, & dans des Universitez célebres, contribuent extrêmement à faire un homme bon Théologien; mais il ne s'ensuit pas que tous ceux à qui ces avantages ont manqué, soient ignorans en Théologie. Ils peuvent par la bonté de leur esprit, par leur travail, par le choix des meilleurs Livres, par le conseil d'une bonne méthode, faire de très-bonnes études dans leur chambre. Cela étant, il ne faut pas accuser

Cal-

(*) *Hist. du Calvin. p. 7.*
(A) *Ci-dessus à la fin de la Lettre VIII.*

(B) *Hist. du Calvin. p. 55.*

Calvin d'ignorance dans la Théologie, sur le préjugé, qu'il ne fut jamais dans les Ecoles de Théologie ; il faut examiner les Livres qu'il a composez, & juger de sa capacité par-là.

Aussi est-ce par cette voye (me dira-t-on) que Mr. Maimbourg confirme le jugement qu'il a rendu de l'ignorance de Calvin ; car il prétend que ses Livres sont pleins *de faux raisonnemens, d'erreurs grossieres, d'embarras épouvantables, d'où il lui est impossible de se tirer qu'en avoüant certaines conséquences tout-à-fait insoûtenables, qu'on tire de ses Principes contre lui, & qui conduisent, malgré qu'il en ait ; tout droit à l'Athéïsme.* Il est vrai que Mr. Maimbourg dit cela (si c'est sur la foi d'autrui ou sur la sienne, c'est de quoi je ne vous saurois bien rendre raison : seulement vous dirai-je qu'il est fort probable, qu'il n'a jamais lû les Ouvrages de Calvin) mais on peut appeller de son jugement à celui de plusieurs grands hommes plus savans en Théologie que lui, qui ont admiré la profondeur & la justesse de Calvin, dans toutes les matieres de Théologie. Et quant à Théodore de Beze, à qui Mr. Maimbourg impute d'avoir avoüé que Calvin n'avoit jamais étudié en cette divine Science, il n'a jamais prétendu avoüer autre chose, sinon qu'il n'avoit jamais fait aucun Cours de Théologie, ni jamais pris ses Licences, ce qui est bien éloigné de l'aveu que Mr. Maimbourg lui a fait faire. Combien y a-t'il de gens qui n'ont jamais été au Collège, & qui néanmoins ont étudié à fond les Langues & les autres Disciplines, & y sont devenus consommez ? Je voudrois bien savoir si Saint Augustin a jamais été gradué, s'il a jamais soûtenu des Theses pour ses Licences, pour le Baccalauréat & pour le Bonnet de Docteur, & si sa Théologie n'est pas le fruit de ses études particulieres ; sa Théologie, dis-je, qui est la plus profonde & la plus méthodique qui se voye dans tous les Livres de l'Antiquité.

II.
Hardiesse du P. Adam contre St. Augustin.

Mais peut-être que Monsieur Maimbourg, s'il nous parloit sincerement de Saint Augustin, nous en diroit presque les mêmes choses qu'il a dites du Réformateur de Geneve, & nous assureroit qu'il est tombé souvent dans mille embarras, faute d'avoir fait un bon cours de Théologie Scholastique. Cette conjecture n'est pas tout-à-fait sans fondement, puisqu'il est certain que le Pere Adam, Confrere de Mr. Maimbourg, & grand ennemi des Janſénistes aussi-bien que lui, prêchant le second Jeudi du Carême de l'an 1650. à Paris dans l'Eglise de Saint Paul, s'emporta d'une maniere fort scandaleuse contre ce grand Docteur de la Grace, & *dit que Saint Augustin étoit embarassé & obscur dans ses Ecrits ; qu'étant un Esprit Africain, ardent & plein de chaleur, il s'étoit souvent trop emporté, étoit tombé dans l'excès, avoit passé audelà de la vérité, en combatant les ennemis de la Grace, comme il arrive quelquefois qu'un homme qui a dessein de fraper son ennemi, le frape avec tant de violence, qu'il le jette contre un arbre & lui donne un contre-coup contre son intention ; que Saint Augustin même en établissant contre les Pélagiens le péché originel, s'étoit emporté jusqu'à l'excès de l'erreur, en disant que le péché originel étoit* puni *dans les enfans qui mouroient sans Baptême,* *de la peine du feu & du dam, que Saint Augustin n'étoit pas bien assuré de ce qu'il a écrit, puisque, selon la remarque de Monsieur de Gamache, il a changé trois fois dans la matiere de la Grace.*

Quatre jours après ce Sermon, un Prédicateur très-digne de foi étant allé trouver le P. Adam, pour lui représenter le bruit que faisoit cette Prédication, & cette invective violente contre un Docteur si révéré dans l'Eglise, le Pere lui soûtint opiniâtrement tout ce qu'il avoit avancé, ajoûtant pour sa justification, que Gabriel à Porta, Jésuite, disoit souvent, *qu'il seroit à désirer que jamais Saint Augustin n'eût écrit de la Grace ;* à quoi l'autre répondit, *qu'en effet cela seroit fort à désirer aux Molinistes.* Peu de jours après on vit paroître la défense de Saint Augustin contre ce Sermon scandaleux, & entre autres choses, on n'oublia pas de remarquer que le P. Caussin (*) avoit parlé de St. Augustin & de St. Paul, comme de deux grandes mers, qui s'enflent par impétuosité d'esprit tellement en une rive, qu'ils semblent vouloir laisser l'autre à sec pour un temps, après quoi ils retournent dans une égalité paisible.

Mais à quoi bon tant de détours ? Les Oeuvres de Calvin sont entre les mains de tout le monde ; nous soûtenons que c'est un grand Théologien, & nous en faisons juges les habiles gens, qui voudront le lire sans préjugé.

III.
Qu'il est glorieux à Calvin d'avoir bani la pompe des cérémonies.

II. La seconde chose que je remarque dans le narré de Mr. Maimbourg (A) concernant Calvin, c'est qu'il dit que le Calvinisme n'est qu'un squelette de Religion, n'ayant ni suc, ni onction, ni ornement, rien qui sente & qui inspire la dévotion, & qui entrant par les sens dans le fond de l'ame, l'attire & l'éleve par les choses visibles au Dieu invisible, ainsi que lui-même l'ordonne : & que Calvin, qui a fabriqué une Religion toute seche, & toute conforme à son tempérament, n'est avec tout son bel esprit que le Disciple de Pierre Valdo, le plus idiot & ignorant de tous les Hérésiarques qui ont jamais été, & lequel il a pris grand soin de copier, en formant sa nouvelle Secte sur une si pauvre idée, & ne voulant aucune de ces sacrées Cérémonies dont l'ancienne Eglise s'est toûjours servie, pour faire l'Office divin avec bienséance, & avec cette sainte Majesté qui imprime dans l'ame de ceux qui les regardent avec un œil un peu spirituel, les sentimens d'une dévotion tendre & respectueuse, pour honorer Dieu dans ses redoutables Mysteres.

Voilà, ce me semble, ce que Messieurs de Port-Royal (B) appellent une certaine éloquence pompeuse & magnifique, *abundantem sonantibus verbis, uberibusque sententiis,* qui nous engage dans l'erreur par un faux éclat. Ce qui se peut dire de plus raisonnable sur ce Chapitre, se réduit à ces deux choses, du moins selon mon petit avis, 1. Qu'il n'y a rien de plus propre à séduire l'esprit des peuples, que la Majesté des Cérémonies, & à leur inspirer beaucoup de zele pour la profession extérieure de la Religion : mais qu'il n'y a rien qui inspire moins de ce zele spirituel, & véritable, que Dieu demande de ses vrais Adorateurs. 2. Que puis que Calvin, qui ne pouvoit pas ignorer cela, n'a point établi l'usage de plusieurs Cérémonies

(*) *Cour Sainte tom. 3. Maxime 6. n. 2.*
(A) *Hiſt. du Calvin. p. 71.*

(B) *Art de penſer 3. part. ch. 19.*

nies pompeuses, c'est une marque qu'il agissoit de bonne foi, & qu'il ne cherchoit pas les expédiens d'attirer & d'attacher les peuples à sa Secte, par quelque chose qui frapât leurs sens. S'il eût cherché sa gloire; s'il se fût fait une idée de Religion par des vûes de Politique (*); en un mot, s'il eût consulté la chair & le sang, il n'y a point de doute qu'il se fût bien éloigné de cette pauvre idée, que l'Auteur appelle un *squelette.* Ce n'est pas sous cette forme dégoûtante que l'on produit l'erreur & le vice; on les farde, & on les embellit de tous les ornemens dont on se peut aviser: mais la Vertu & la Vérité ne demandent point d'autre parure qu'elles-mêmes: leur simplicité, leur nudité, & si je l'ose ainsi dire, leur brute leur tient lieu de tout. De sorte que si on veut faire justice à Calvin, on avouera pour le moins, qu'il étoit très-persuadé, qu'il enseignoit le pur Evangile, & que la beauté naturelle de cette divine Verité se soûtiendroit par sa seule force, sans avoir besoin des artifices, que les fausses Religions n'ont jamais manqué de mettre en usage.

J'avoüe qu'il y eût eu plus de prudence humaine à ne point pousser les choses si loin: mais il s'agissoit de remettre les choses dans l'état, où Jésus-Christ & ses Apôtres nous les ont laissées: il faloit remonter à l'idée de pureté & de spiritualité, qui fait le caractere essentiel du Christianisme. Ainsi point de quartier, point de ménagement, point de restes du Judaïsme & du Paganisme, qui avoient peu-à-peu envahi tout le culte extérieur de la Religion. Nous avons la gloire de voir que l'on nous reproche la sécheresse & la maigreur de notre Réforme, & qu'on l'oppose à la Majesté pompeuse des Cérémonies Romaines, de la même maniere que les Payens opposoient l'éclat auguste de leurs Cérémonies, à la simplicité des premiers Chretiens. Car il est faux que les premiers siecles de l'Eglise ayent eu cet attirail de Cérémonies, que l'on nous vante tant comme un moyen sûr de remplir l'ame d'une dévotion respectueuse; elles n'ont commencé proprement à s'introduire dans le service divin que sous les Empereurs Chretiens. Et c'est aussi ce temps-là que l'on donne pour l'Epoque de la diminution des graces spirituelles de Dieu, & de l'augmentation des prospéritez temporelles.

On nous reprochera, tant qu'on voudra, avec le P. Maimbourg, que Luther s'est gouverné plus adroitement que Calvin, sur l'article des Cérémonies; nous faisons gloire de ce manque d'adresse, & nous ne nous piquons pas de cette fine prudence, dont Messieurs de l'Eglise Romaine donnent au monde depuis si long-temps de si admirables leçons, vérifiant hautement ce dire de l'Evangile (A), que *les enfans du siecle sont plus prudens en leur généra-tion, que les enfans de la lumiere.* La seule conduite qu'ils tiennent en France pour nous exterminer, est une production de Politique si fine, si rusée, si artificieuse, qu'elle peut servir de sujet de méditation, vingt-ans durant, à ceux qui se veulent perfectionner dans l'art

des Intrigues. Ces Messieurs se moquent du monde quand ils nous disent, que l'assistance particuliere de l'Esprit de Dieu se reconnoît manifestement à cette longue prospérité, dont leur Eglise jouït; car de la maniere qu'ils se sont fortifiez de tous les avantages temporels, qui peuvent faire subsister un Etat, il ne leur faut qu'une Providence très-générale pour durer éternellement. Il n'y a que des miracles, & que des coups redoublez d'une Providence particuliere, qui puissent ruïner leur Eglise. Ils peuvent se vanter hardiment, comme ces Généraux d'Armée, qui ont pris toutes leurs mesures pour bien battre l'ennemi, *que pourvû que Dieu ne s'en mêle pas, la victoire ne leur sauroit échaper.*

Pour ce qui est de cette remarque de Mr. Maimbourg, que nos Ministres ne feroient pas apparemment aujourd'hui ce que fit Calvin, & qu'ils (B) *voudroient bien qu'on n'eût pas poussé les choses si loin;* je n'y opposerai point d'autre réponse que de lui dire, que je ne doute pas que dans un siecle aussi dépourvû de véritables Chretiens, que celui-ci, nous n'ayons quelques Ministres, qui ne seroient pas marris d'avoir en main un culte externe, qui leur conciliât plus de respect, qui entêtât davantage les peuples, & qui fût d'un plus grand revenu. Je ne doute pas que Mr. Maimbourg, qui a tant de liaisons avec la sainte Cabale de la Propagation de la foi, ne connoisse quelques-uns de ces Ministres, hypothéquez aussi-bien que lui par des pensions, au service de la Couronne; car, qui le croiroit ? cette grande Intelligence, qui a des Créatures bien payées dans toutes les Cours de l'Europe, ne dédaigne pas d'en avoir dans les petits Synodes des Huguenots. Mais, Dieu merci, la meilleure partie de nos Ministres est encore présentement persuadée, qu'on a bien fait de réduire les cultes de la Religion, à la simplicité Apostolique où on les voit parmi nous.

Ce seroit tirer des coups en l'air, que de se servir de grands raisonnemens, pour montrer que la pompe des Cérémonies n'inspire point une véritable dévotion. Le plus court, à mon avis, est de consulter l'expérience. Messieurs de l'Eglise Romaine se trompent fort, s'ils croyent que leurs peuples sont fort dévots; car la vérité est qu'ils sont, ou profanes, ou superstitieux: ils vont aux Eglises avec un concours extrême, je l'avoüe; mais c'est par je ne sai quelle coûtume, & bien plus pour repaître leurs sens que leur cœur, bien plus pour entendre une belle Déclamation & un brillant Panégyrique, que pour s'humilier devant Dieu. Leur Musique, leurs Orgues, leurs Tableaux, leurs Dorures, leurs Pierreries, les Ornemens & les gesticulations de leurs Prêtres, tout cela laisse l'ame plus froide que glace, & ne va pas au-delà des sens, comme l'avouent les plus ingénus.

Dans le fond il ne faut pas attendre qu'une ame, qui est attaquée par tant d'objets sensibles, se puisse réserver beaucoup de forces, pour s'élever aux objets intelligibles: sa capacité étant bornée, il n'est pas possible qu'elle se porte vers

un

(*) Il y avoit dans la seconde Edition, ,, S'il eût ,, suivi le précepte de Machiavel, dont on blâme & ,, dont on pratique si soigneusement les Maximes, ,, qu'il faut (a) inventer, à l'exemple de Numa Pompilius, ,, quelque belle Religion, bien ornée, & bien parée de

,, Cérémonies, afin de dominer plus aisément sur les es-,, prits; en un mot s'il eût consulté la chair & le ,, sang, &c.
(A) Evang. selon S. Luc. ch. 16. v. 8.
(B) Hist. du Calvin. p. 71.

un objet que par l'abandon d'un autre, & c'est pour cela que l'Ecriture & les Livres de dévotion nous exhortent à ce recueillement interne, à ce détachement des choses sensibles, qui permet à l'ame de se porter toute vers son Dieu. Mais raisonnemens à part, ne considérons que l'expérience. Quel bruit & quel desordre ne voit-on pas dans les Eglises, où on attend un habile Prédicateur, lors même que le Saint Sacrement y est exposé ? Il n'y a point de Place Maubert qui en approche. Pour ne rien dire des galanteries scandaleuses, des entretiens mal-honnêtes, du langage des yeux, & quelquefois même des mains, qui se pratiquent dans les Eglises où le culte extérieur est le plus pompeux, à la Messe du Roi même, par les Seigneurs & les Dames, pendant que ce Grand Prince, qui a véritablement du zéle, fait ses dévotions. Brisons-là, *veritas odium parit.* Consultez Monsieur de Montluc, Evêque de Valence, au Chapitre 37. de la Réformation de son Clergé, & le passage de l'Auteur *des motifs de réunion*, que j'ai cité (*) quelque part.

Je ne m'étonne point que Monsieur Maimbourg se moque d'une Religion seche, sans suc, sans onction, sans ornement. Il a été élevé sans doute dans les maximes de l'Evangile Nouveau, révélé par le Cardinal Palavicin dans son Histoire du Concile de Trente, qui portent que l'Eglise doit être dans le monde sur le pied d'une Monarchie temporelle, avoir des Charges & des Emplois considérables à distribuer, & se concilier le respect des peuples, & l'estime des Infidelles, par la Majesté éclatante de ses dehors, par la beauté des Eglises, par des spectacles de dévotion, par des théâtres, par des parfums, par des concerts mélodieux, par des illuminations, & autres parties de la magnificence des Fêtes publiques. Les Papes qui n'ont que Dieu pour eux, font pitié au Cardinal Palavicin; il leur faut quelque autre chose que le Saint Esprit pour la conversion des Infidelles, & ce seroit une fort grand-pitié qu'un Pape qui n'auroit que cela pour lui. *Non ho* (A) *potuto d'hora in hora non compassionare i Pontefici con venti fra loro contrarii e tutti infesti al corso di lei, eccetto l'aura dello Spirito Santo.*

VI.
Du Jugement qu'on fait des Papes amateurs de la Réforme.

C'est dommage que le Cardinal Palavicin ne soit à présent en vie, pour plaindre le Pape Innocent XI. qui se trouve dans cet état-là, & qui assurément s'est laissé trainer dans une conduite (B) bien mal-entenduë pour le Chef d'une Cour si rafinée. Je ne sai pas comment il sortira de ce mauvais pas: il y a long-temps que la Cour de Rome ne s'étoit trouvée en telle détresse; & ce Cardinal n'avoit pas trop mauvaise raison de dire (c) du Pape Adrien VI. qu'encore qu'il fût très-homme de bien, désinteressé, pieux, savant, amateur de la Réforme, c'étoit néanmoins un pauvre Pape, *mediocre Pontefice*, parce qu'il ne savoit pas son monde, ni les souplesses de l'art de regner, s'accommodant peu aux circonspections du siecle, & formant des desseins zélez, qui n'étoient que des idées Platoniques.

On donne de grands éloges au Pape dans toutes les Pieces qui s'impriment à Paris: mais je

vous assure, Monsieur, que dans la conversation on le traite bien autrement, & on ne fait pas difficulté de l'appeller *Monsieur de Rome*, & de dire qu'il n'étoit propre qu'à être Gardien d'un Couvent de Cordeliers; parce que cette régularité à laquelle il s'attache trop vivement, & qui est fort nécessaire pour reprimer l'humeur licentieuse des Freres Mineurs, ne vaut rien à l'égard des Rois & des Evêques de Cour. S'il est vrai, comme Mr. Maimbourg nous l'enseigne si souvent, que les gens dévots, & qui se piquent de Réforme, sont pour l'ordinaire présomptueux & fort attachez à leur sens, il ne voudra pas en avoir le démenti. Mais comment faire donc ? Car il n'y a pas apparence que des Edits, *soutenus d'une autorité sous laquelle tout plie sans resistance*, demeurent sans aucun effet. Vous verrez, Monsieur, que la Cour de Rome, après avoir écrit des Lettres bien fortes, & avoir censuré bien rudement nos Prélats, comme des Esclaves & des Chiens muets, se radoucira tout d'un coup, & fera dire à Pasquin, *Et verbum caro factum est* : à moins que le Roi ne se relâche lui-même en faveur de son grand dessein de ruïner le Calvinisme, se persuadant que sa mésintelligence avec le Pape, recule notre conversion. Cela donne fort dans le sens de ceux qui se persuadent ici, que les Huguenots sont la vraye cause pourquoi l'on ne pousse pas à bout la Cour de Rome. *Salutem ex inimicis nostris.* Ce n'est pas le Pape seul que l'on croit qui nous a de l'obligation : on s'imagine aussi que nous sommes la vraye cause pourquoi la guerre n'a pas encore recommencé, & que l'Espagne & l'Empire ont bien sujet de prier Dieu, que la grande affaire de la réduction du Calvinisme que l'on veut terminer en France, avant que de commencer les autres, soit un Ouvrage de longue haleine.

III. En troisiéme lieu, je remarque que Monsieur Maimbourg affecte merveilleusement de représenter Calvin comme un Copiste, qui n'a presque rien dit de son cru, & qui s'est enrichi de la dépouille des Vaudois, & des Hussites, & des pensées de Luther. Il n'est pas le seul qui nous reproche que notre Confession de foi n'est qu'un ramas des erreurs de quantité d'Hérétiques, que l'Eglise avoit exterminez en divers tems depuis le dixieme siecle; c'est un lieu commun fort ordinaire aux Controversistes, & dont je n'ai jamais fait grand cas. Au contraire j'ai compris par là, que Calvin n'étoit pas un homme qui se piquât de la Nouveauté; qui ne voulût débiter que les imaginations de son cerveau; qui rejettât tout ce qui avoit été pensé par les autres : & dès-là j'ai eu bonne opinion de lui, & j'ai crû qu'il n'agissoit point par vaine gloire; car ceux qui veulent se signaler par l'érection d'une nouvelle Secte, se piquent de ne rien dire qui ne soit original; & quand ils ont autant d'esprit, & de dons, que les ennemis de Calvin avouent qu'il en avoit, ils affectent de n'enseigner que des choses singulieres. J'ai considéré de plus que les doctrines que Calvin a débitées, ayant été plusieurs fois mises en avant par des personnes de mérite, c'est un signe que l'Eglise Romaine enseigne

VII.
Qu'il est glorieux à Calvin de n'être pas l'inventeur de sa doctrine.

---

gne des choses qui ont paru choquantes & absurdes en divers tems à de grands hommes, ce qui jette de plus légitimes soupçons dans l'esprit, au préjudice de ces doctrines, que s'il n'y avoit que Calvin qui les eût désapprouvées. De sorte que Mr. Maimbourg fait plus de bien que de mal au Calvinisme, par la remarque que j'examine en cet endroit.

Car de dire que tous ceux qui avoient enseigné les choses que Calvin a renouvellées, ont été excommuniez & exterminez par l'Eglise, dans le sein de laquelle ils étoient nez, ce n'est pas aporter une preuve convainquante contre Calvin, parce qu'afin que ce fût une preuve convainquante, il faudroit établir pour principe universel, *que jamais la Verité n'est opprimée ni exterminée dans l'Eglise où elle se montre.* Or il n'y a rien de plus faux que ce Principe, comme nos Adversaires mêmes le doivent reconnoître nécessairement, puis qu'il est indubitable que pendant un assez long-temps, les Ariens & les Iconoclastes ont opprimé leurs Adversaires, & que le différend qui s'éleva dans l'Eglise Grecque du temps de Photius, & de Michel Cerularius, au sujet de la Primauté du Pape, y a été terminé en faveur de la doctrine que l'Eglise Romaine croit fausse, & tellement terminé, qu'encore aujourd'hui les Grecs peuvent dire, qu'ils ont exterminé au milieu d'eux l'Hérésie de la Primauté du Pape, qui s'y étoit établie.

Si on me dit que les Orthodoxes ont regagné enfin le dessus, & opprimé à leur tour la Secte des Ariens, & celle des Iconoclastes, ou qu'ils se sont maintenus avec éclat dans quelque partie du Monde, on ne me dit rien non plus qui soit convainquant, parce que je puis leur répondre. 1. Qu'enfin les opinions des Vaudois ont regagné aussi le dessus, en plusieurs endroits de l'Europe, savoir du temps de Luther & de Calvin. 2. Qu'il y a eu des Hérésies qui après leur condamnation, ont subsisté avec éclat, & subsistent encore dans le Monde, comme celle de Nestorius & celle d'Eutychès.

C'est pourquoi l'oppression des Vaudois, des Hussites, & des Albigeois, ne faisant point de préjugé légitime contre eux, je regarde d'autant plus favorablement la doctrine de Calvin, que je la vois conforme à celle de ces prétendus Hérétiques, parce que cela me fait voir; 1. Que Calvin n'a pas été frappé de la vanité ridicule de ne rien dire de ce que les autres avoient dit, quoi qu'il eût assez de génie pour inventer un Système tout neuf, s'il l'eût voulu entreprendre. 2. Que les mêmes difficultez qu'il a proposées contre l'Eglise Romaine, étoient déjà venuës dans l'esprit de plusieurs grands personnages. 3. Que Calvin, aidé des lumieres de ceux qui l'avoient précédé dans le dessein de réformer l'Eglise Latine, & bâtissant sur leurs fondemens, a pû s'en acquitter mieux qu'eux. 4. Que la maladie de l'Eglise Romaine devoit être bien invétérée, puis qu'on a été contraint de prêcher dans le XVI. siecle contre les mêmes corruptions, & les mêmes erreurs qui lui avoient été reprochées tant de fois.

IV. Permettez-moi, s'il vous plaît, Monsieur, de transporter ici du quatrieme Livre de l'Histoire du Calvinisme, une quatrieme remarque concernant la personne de Calvin. Je ne prétends pas que nous soyons fort redevables à Mr. Maimbourg, de ce qu'il veut bien se dé-

partir des basses & ridicules calomnies, qu'on a tant de fois publiées contre ce Ministre, *qu'il avoit eu la fleur de lys pour un crime infame & détestable; que c'étoit un voluptueux, un yvrogne, un impudique; que le libertinage & l'avarice le rendirent Chef de Parti,* &c. Cela est désormais trop clairement faux pour remercier un Historien, qui ne veut pas entierement rompre avec l'honneur, de ce qu'il en reconnoît la fausseté. Si Monsieur Maimbourg eût trouvé la moindre raison d'incertitude, ne doutez pas qu'il n'eût pris l'affirmative contre Calvin: si bien que puis qu'il nous accorde ce que nous demandons, pour la pureté des mœurs de ce serviteur de Dieu, pour sa sobrieté, pour sa chasteté, pour son désinteressement, il faut croire que ce sont des véritez de la derniere évidence. Or il n'y a rien de plus infame à l'Eglise Romaine que cette rétractation, qu'elle fait aujourd'hui en la personne d'un Historien passionné, de toutes les calomnies qu'elle a répanduës, pendant plus d'un siecle, sur la personne & sur la mémoire de Calvin; car cela montre la mauvaise foi, l'envie, la fraude, l'emportement, & l'aveugle préoccupation, qui conduisent la plume & la Langue des Controversistes, & des Missionnaires de la Communion de Rome; s'en trouvant peu, qui n'ayent orné leurs Livres de ces sots contes; qui ne les ayent préchez & tellement répandus par tout, que c'est le grand débit de toutes les petites disputes, qui naissent sur la Controverse entre les Paysans des deux Religions. Et néanmoins il n'y avoit rien de plus facile que de reconnoître que c'étoient toutes impostures, tant parce que Bolsec, le seul & unique témoin de cela, étoit l'homme du monde le moins croyable sur cette matiere, que parce que ces accusations ne furent alléguées pour la premiere fois qu'après la mort de Calvin, & trente-quatre ans après qu'il eût quitté sa patrie. Eût-on attendu si long-temps à couvrir de honte le nom d'un homme, qui étoit devenu si célèbre & si odieux, s'il eût été châtié publiquement d'une peine si flétrissante?

Au reste, il ne faut pas s'imaginer que puis que Mr. Maimbourg a rendu justice à Calvin en certaines choses, il soit fort croyable sur tout le portrait qu'il nous a donné de son ame & de son esprit. Il y a une grande différence à observer entre le bien que l'on avouë de son ennemi, & le mal que l'on en publie. Le bien ne doit plus passer pour une chose problématique; il faut qu'il soit si connu, si avéré, si évident, que l'envie, ni la préoccupation ne soient pas capables d'en douter, puisque l'ennemi l'avouë. Mais pour le mal il doit demeurer problématique, parce que les hommes ont un si grand penchant à mal juger de leurs ennemis, que la moindre probabilité les persuade; & d'ailleurs ils ont un si grand intérêt, pour satisfaire leur passion, que ceux qu'ils haissent soient ruïnez d'honneur dans le monde, qu'il est d'un homme qui ne précipite point son jugement, de se défier d'un ennemi, qui parle mal de son ennemi, & de soupçonner qu'il pourroit bien être que tout le mal qu'il en dit sont des impostures.

Je me souviens encore une fois de l'Histoire de l'Académie Françoise, où j'ai lû que le Comte Duc d'Olivarez jugeoit d'ordinaire des hommes plûtôt par le mal, que par le bien qu'on en disoit : c'est-à-dire, que s'il voyoit qu'on dît peu de mal de quelqu'un, ou avec peu de certitude, il en concevoit bonne opinion. La méthode est bonne universellement parlant ; mais de Turc à More, elle ne vaut rien. Quand c'est un ennemi qui parle, il faut juger de son ennemi plûtôt par le bien, que par le mal qu'il en dit : c'est-à-dire, qu'il faut ajoûter plus de foi aux louanges qu'il lui donne, qu'aux injures qu'il lui dit. Il y a une maxime dans le Droit, qui veut que le témoignage des amis de l'accusé, ne soit guères considérable pour le décharger, mais le soit beaucoup pour le charger, & qu'au contraire celui de ses ennemis n'ait guères de force pour le charger, mais en ait beaucoup pour le décharger.

Pour les autres choses qui concernent Calvin, je vous renvoye à feu Monsieur Drelincourt, qui a fait un Livre exprès pour le justifier des calomnies, qu'on a vomies contre lui. Ce n'étoit pas à sa personne seule qu'on en vouloit; les calomnies les plus atroces s'en prenoient à tout le Corps. Monsieur Maimbourg (*) nous apprend qu'à l'Assemblée des Etats de Saint Germain, les deux derniers Ordres opinerent qu'on devoit permettre aux Protestans les Assemblées publiques, quand ce ne seroit que pour détruire les calomnies, dont on les accabloit, & faire voir à tout le monde, qu'il ne se faisoit rien parmi eux de ces horribles abominations, dont on les avoit faussement accusez. Cela montre (A) que l'on avoit répandu parmi le peuple ces infames calomnies, toutes semblables à celles que les Payens divulguoient contre les premiers Chrétiens ; si bien qu'il se trouve que l'Eglise Romaine à doublement imité la conduite des Payens, contre l'Evangile de Jésus-Christ, 1. en faisant brûler les Réformez. 2. en les accusant de commettre des crimes abominables dans leurs Assemblées. Je suis votre, &c.

LETTRE XII.

I. Remarque générale sur le Massacre de Cabrieres & de Mérindol, tel qu'il est rapporté par Mr. Maimbourg. II. Quel est le Narré qu'il en donne. III. Réfutation de ce Narré par une réflexion générale sur le procès, qui fut intenté aux Exécuteurs du Massacre. IV. Cause de l'altération de cette Histoire. V. Imposture sur la mort du Président d'Oppede. VI. Réflexion politique sur la maniere dont un Souverain doit traiter ses sujets rébelles. VII. Et sur la rigueur exercée sur les Huguenots, pendant les guerres civiles.

MONSIEUR,

I.
Du massacre de Cabrieres & de Mérindol, au raport du P. Maimbourg.

Le second Livre de l'Histoire du Calvinisme commence par le récit de l'exécution de Cabrieres & de Mérindol. Quoi que Mr. Maimbourg nous eût promis de ne rien dissimuler, il est pourtant vrai qu'il extenuë le plus qu'il peut l'énormité de cette action, qui n'a peut-être point sa semblable dans tous les dix

(*) *Hist. du Calvin.* p. 206.
(A) Il y avoit dans la premiere Edition, ,, cela mon-

Tome II.

perséurions de la primitive Eglise. Je ne prétens point feuilleter aucun Livre, pour examiner jusqu'où va la dissimulation de ce Jésuite; je me fixe à cette remarque, que si la chose s'est passée comme il la raconte, on ne comprend plus rien ni dans la conduite de François I, ni dans la conduite de Henri II. son fils.

Ces deux Princes regardoient comme une action de pieté les supplices des Luthériens, brûlez à petit feu pour le seul crime d'hérésie ; & on nous dit ici que François I. peu avant sa mort, recommanda très-particulierement à son fils qui lui succéda, de faire faire justice de l'affaire de Mérindol; que cette affaire lui tenoit bien fort au cœur ; que le nouveau Roi, se souvenant de la recommandation du feu Roi son pere, commit d'abord des Juges pour connoître de cette cause, & ensuite donna ordre qu'elle fût jugée par le Parlement de Paris, ce qui fut fait après cinquante Audiences consécutives.

II.
Quel est le narré qu'il en donne.

Voilà bien du fracas pour peu de chose, car enfin cette terrible exécution, que l'on a représentée d'un air si tragique, n'est, à le bien prendre, selon le tour de ce nouvel Historien, que le châtiment d'une troupe de Révoltez, fiers & insolens, qui avoient pris les armes, couru & ravagé tout le plat païs, & occupé des Châteaux, & des lieux forts dans les Montagnes & dans les bois, pour mieux résister aux ordres du Roi. Le Parlement de Provence, obéïssant aux ordres du Roi réïterez coup sur coup, fit bien un Arrêt sévere contre cette Canaille mutine, mais les bonnes Garnisons que ces Rébelles avoient mises dans tous les villages & dans tous leurs Forts, rendoient l'exécution de cet Arrêt fort mal-aisée : outre qu'ils tenoient la Campagne aux environs, où ils faisoient mille désordres, pillant & emportant tout ce qu'ils trouvoient. Le Roi, qui crut pouvoir ramener par la douceur ces Rébelles & ces égarez, fit expedier des Lettres Patentes, par lesquelles il pardonnoit à tous ces dévoyez, pourvû qu'ils abjurassent leurs erreurs, à faute de quoi il ordonnoit à tous ses Officiers, & aux gens de guerre, de prêter main forte au Parlement pour l'exécution de ses Arrêts. Ces malheureux refuserent de se convertir ; le Roi eut encore la bonté de leur donner par deux fois de nouveaux délais, & eux la hardiesse de courir en armes par la Province, faisant mille insolences, renversant les Autels, brisant les images, & brûlant les Crucifix, & de s'assembler jusqu'au nombre de seize mille, à dessein de surprendre Marseille.

Ce que le Président d'Oppede fit dans cette occasion.

Alors le Roi fit expédier de nouvelles Lettres Patentes, pour l'exécution de l'Arrêt du Parlement d'Aix, & on l'exécuta enfin. Les Préparatifs qu'on avoit faits pour cela, ayant jetté la terreur dans l'ame de ces Hérétiques rébelles, le Président d'Oppede, qui étoit le Chef de cette expédition, trouva qu'ils avoient abandonné leurs maisons, pour se sauver dans les bois, & dans des Rochers inaccessibles : ainsi il entra sans résistance dans leurs villages, y fit mettre le feu pour empêcher qu'ils n'y pussent plus retourner, & commanda qu'on pas-

,, tre que le premier Ordre des Etats, qui est le Cler-,, gé, avoit répandu &c.

Lettre XII. pafsât au fil de l'épée tout ce qui n'avoit pû s'enfuir. Il étoit fort difficile que dans la chaleur de l'exécution, les Soldats ne s'emportaſſent au-delà des bornes, que la Raiſon & la Juſtice, qu'ils n'écoutoient plus dans ce tumulte, leur preſcrivoient : ainſi on pourſuivit ces malheureux par tout où l'on crût qu'ils s'étoient cachez ; on tua ce qu'on en put trouver ; les Payſans Catholiques ſe joignirent aux Soldats, & firent encore plus de mal qu'eux. Tout fut pillé & ſaccagé. Mérindol où on ne trouva perſonne, fut auſſi pillé & brûlé. Ceux de Cabrieres, méchante Place qui n'avoit qu'une ſimple muraille, perſiſtant dans leur rébellion, eurent la témérité & l'inſolence de ne répondre que par des injures & par des arquebuſades, quand on les ſomma de ſe ſoûmettre. Cette inſolence leur coûta cher, car ils furent contraints de ſe rendre à diſcretion, & de ſubir une rude peine, pour avoir eu l'audace d'attendre le Canon, & de faire périr pluſieurs braves hommes.

Ce ne fut point le Préſident d'Oppede qui châtia ceux de Cabrieres : il ſe contenta, pour appaiſer le murmure des Soldats, de faire exécuter à mort environ trente des plus coupables habitans, & du reſte il eut grand ſoin des femmes & des enfans qui voulurent ſe faire inſtruire, & les fit mettre en lieu de ſûreté. Mais le Commandant des Troupes d'Avignon n'en uſa pas tout-à-fait ſi honnêtement, car ſur l'avis qu'on lui donna, que quelques-uns de ces Rébelles étoient ſortis ſoudainement des Caves où ils s'étoient cachez, & qu'ils avoient repris les armes pour délivrer leurs compagnons, qu'on avoit enfermez dans les Chambres du Château, il fit maſſacrer de ſang froid tant les hommes que les femmes, ce qui étoit exécuter la ſentence d'Avignon, comme il le ſoûtint au Préſident, dont les troupes à leur retour firent à peu prés à Mus & à la Coſte, ce que les troupes d'Avignon avoient exécuté à Cabrieres. Enfin, par l'exacte ſupputation qui en fut, faite, il ſe trouve qu'environ trois mille perſonnes périrent en cette occaſion, que ſix cens hommes furent condamnez aux Galeres, que neuf cens maiſons furent brûlées en vingt-quatre villages, qui furent ſaccagez par les Soldats. Voilà un extrait fidele du récit que Mr. Maimbourg nous donne, de cette fameuſe exécution de Cabrieres & de Mérindol.

III.
Refutation de ce narré.

Je laiſſe à ceux qui feront l'Apologie de notre Réformation contre ce nouvel Hiſtoriographe, à rapporter la choſe plus fidellement, ou à faire les réflexions qu'ils jugeront à propos ſur ce que le Jéſuite en avoué. Pour moi je prends l'affaire d'un autre biais, & je dis qu'il n'y a rien de moins vrai-ſemblable que la narration qu'il nous a donnée. Car encore un coup, quel ſi grand ſujet y avoit-il de ſe plaindre du Préſident ? Quelle raiſon avoit François I. de tant de recommander à ſon fils, qu'il le fît mettre en Juſtice ? On m'avouera qu'un Roi, qui trouve ſes Sujets armez contre lui, peut exercer le même droit de la guerre ſur eux, qu'il peut exercer ſur les Sujets d'un autre Prince, ſon ennemi déclaré : & non ſeulement cela, mais il eſt évident qu'il a plus de droit de faire main baſſe ſur tous ſes ſujets rébelles, hommes & femmes, Orthodoxes & Hérétiques, que ſur les ſujets de ſon ennemi. S'il ne le fait pas, c'eſt un acte de clémence ou de Politique. Or nous avons vû de nos jours,

Monſieur de Luxembourg faire en Hollande, & Monſieur de Turenne dans le Palatinat, des exécutions ſanglantes des femmes & d'enfans, de vieillards, & de pauvres païſans, qui ne demandoient qu'à vivre, ſans que le Roi leur ait donné des Juges pour les punir ; & nous ne liſons pas que François I. ſe ſoit jamais plaint des remords de ſa conſcience, pour les déſordres que ſes troupes pouvoient avoir commis dans le païs ennemi. Il eſt donc probable qui ſi les habitans de Cabrieres & de Mérindol euſſent été dans une rébellion auſſi obſtinée, auſſi furieuſe, auſſi hardie à porter la déſolation ſur les choſes ſaintes, & ſur les prophanes, avec la derniere brutalité, que Mr. Maimbourg nous en aſſure, le Roi ſe fût applaudi de les avoir exterminez, eût recompenſé le zele du Préſident, & n'eût point ſenti ces *Fantômes injurieux qui troubloient ſon repos*, & qui l'obligerent à recommander à ſon ſucceſſeur de faire rendre Juſtice ſur cette affaire. Car dans le fond on n'eût rien fait que ſelon le droit des armes, & le Préſident n'eût pû être blâmé, ſinon d'avoir mis le Roi ſon maître pleincment dans l'exercice de ſon droit. C'étoient des gens qui au lieu d'implorer la clémence de S. M. avoient pris les armes pour s'oppoſer à ſes ordres ; qui avoient commencé à ſe ſervir des voyes de fait ; qui avoient voulu ſurprendre Marſeille ; qui au mépris de tous les délais, que la Cour avoit eu la bonté de leur accorder, continuoient leurs ſaccagemens dans le plat païs ; qui briſoient & brûloient images, autels, & Crucifix, avant que les Officiers du Roi euſſent uſé d'aucune rigueur contre eux ; en un mot, qui tenoient toute une Province en échec depuis long-tems, & faiſoient pis que les voleurs des grands chemins.

Je ne trouve rien de plaiſant comme de voir le Parlement de Paris employer cinquante audiences conſécutives à voir ſi un homme, qui châtie les Rébelles les plus criminels qui puiſſent être, par ordre de ſon Roi, & en exécution d'un Arrêt de Parlement, mérite la mort. Ils étoient bien de loiſir en ce tems-là Noſſeigneurs du Parlement. Et comment pouvoient-ils douter de l'innocence du Baron d'Oppede, exterminateur des Hérétiques armez & ravageans une Province, foulant aux pieds les images, & brûlant les Crucifix, eux qui condamnoient au feu les Hérétiques les plus innocens, & pacifiques comme des agneaux ?

Ainſi, Monſieur, tenons pour ſuſpecte l'enchainure de cette narration. Ces rébellions & ces ravages ſont de purs artifices des Provençaux. Tout cela eſt venu après coup, afin de diminuer l'infamie de ce carnage, & pour tenir l'innocence de ces pauvres reſtes des Vaudois. C'eſt ainſi que pour diminuer l'infamie du maſſacre de la St. Barthélemi, on ſuppoſa que les Huguenots avoient voulu aſſaſſiner tous les Catholiques : que les avis en avoient été donnez de bonne part, & que la ſeule voye de ſe ſauver de leur fureur, fût celle de les prévenir. Suppoſition ſi lâche, ſi fauſſe, ſi abſurde, que le Pere Maimbourg lui-même en reconnoît la fauſſeté. Les Provençaux dont le caractere eſt vain, frauduleux, & opiniâtre dans les choſes de Religion, euſſent plûtôt ſuppoſé les plus étranges abſurditez du monde, que de ne pas compoſer mille fables pour faire mieux leur Apologie. Voulez-

IV.
Cauſe de l'altération de cette Hiſtoire.

lez-vous une plus grande marque de leur prévention, que l'Arrêt du Parlement d'Aix, qui
condamna au feu un Traité de Mr. de Launoi, où ce savant homme examinoit si la Magdelaine est jamais venuë en Provence. Voilà
des Juges bien propres pour des procès de Religion.

préoccupation / use de l'incer- / ude de l'His- / re.

Au reste, cette maudite coûtume de supposer des crimes à un parti, afin d'excuser les
injustices qu'on lui a faites, est la principale
cause de l'incertitude de l'Histoire; car de cent
Catholiques qui lisent, il n'y en a pas deux
qui ayent jamais consulté nos Historiens: ainsi ne sachant pas la réfutation des crimes qu'on
nous impose, ils les croyent bonnement, & les
alleguent & les citent dans leurs Livres, toutes les fois que l'occasion s'en présente, de
sorte qu'enfin les plus noires calomnies se trouvent répanduës dans une infinité de Livres.
Après cela nous avons beau renouveller les protestations de notre innocence dans l'occasion,
nous ne pouvons gueres obtenir autre chose de
ceux qui ne sont pas dans l'Esclavage des préjugez, dont le nombre est fort petit dans la
Communion de Rome, sinon qu'ils suspen-
dent leur jugement. Un tel fait est-il vrai?
Les uns le nient, les autres l'assurent, c'est
ce qu'il y a de certain. Pour le reste, la vérité n'est gueres moins le désespoir de l'Histoire,
que celui de la Philosophie, à cause de la
malignité de l'homme, ou de sa préoccupation.

Pour avoir une bonne preuve de l'innocence des Vaudois, à l'égard du crime de rébellion que Mr. Maimbourg leur impute; prenez garde à ce qui suit. L'Auteur nous donnant (*) un précis du Plaidoyer du Président,
ne lui fait pas dire un seul mot des ravages
commis par ces gens-là, ce qu'il n'eût jamais
oublié de faire, s'ils eussent effectivement commis toutes les profanations, & tous les saccagemens qu'on leur attribuë.

V. / mposture sur / mort du / ésident / Oppede.

Quoi qu'il en soit, le Président fut renvoyé
pleinement absous: & tout fraichement Monsieur Maimbourg vient de l'honorer de la glorieuse couronne du Martyre, nous apprenant
que par l'effroyable crime d'un Opérateur
Protestant, qui voulut venger ceux de sa Secte en le sondant avec une sonde empoisonnée,
il mourut dans de cruelles douleurs. C'est mourir pour la Foi dans toutes les formes, puis
que c'est mourir de la main d'un ennemi de la
Foi, pour la seule raison que l'on étoit zélé
Catholique.

C'est encore une fable ridicule de quelque
Provençal passionné, que Monsieur Maimbourg nous débite ici, en dépit nonseule-
ment de Monsieur de Thou, mais aussi de
Dupleix, qui est bien le plus partial, & le plus
ridiculement partial de tous les Historiens contre nous, que vous ayez jamais vû. Le Maréchal de Bassompierre ne concevoit point de plus
grand plaisir; que celui de lui donner les étrivieres, pour les basses flateries, & les absurditez, dont il a rempli ses derniers Ouvrages.
Assurément ce n'est pas un témoin récusable
par les Catholiques, lorsqu'il nous épargne.

VI. / mment un / uverain doit / ter ses Su- / rébelles.

Je prévois que je vous écrirai (A) quelque
chose, qui semblera contraire à ce que j'ai posé dans cette Lettre; c'est pourquoi je vous prie
de remarquer 1. que quand j'ai dit que François I. & Henri II. & le Parlement de Paris, *LETTRE XII.*
devoient traiter de bagatelle, l'accusation intentée contre le Président d'Oppede, j'ai consideré l'action de ce Président, non pas en elle-
même, mais par raport à l'humeur de ces deux
Monarques, & à celle de leur Parlement, &
à la conduite qu'ils avoient tenuë contre ceux
de la nouvelle Religion. 2. Qu'encore qu'il
soit vrai qu'un Prince se servant de tout son
droit, puisse passer au fil de l'épée une ville
rebelle, qui bien loin de recourir à sa clémence, se défend jusques à la derniere extrémité,
il ne s'ensuit pas qu'il puisse la passer de droit
au fil de l'épée, si en se défendant elle obtient
une Capitulation. Quelque dur qu'il soit
à un Prince armé contre une partie de ses Sujets, de se dépouiller en quelque façon du caractere de Souverain à leur égard, il est néanmoins vrai que l'usage de toutes les guerres civiles, autorise cette espece de suspension des
droits de la Souveraineté; car il est obligé de
garder les Capitulations; d'observer la Treve;
de conserver aux Trompetes, qui viennent proposer quelque chose de la part des révoltez, le
privilége qui les rend inviolables par le droit
des gens; de consentir à l'échange des Prisonniers, & de s'abstenir des procedures ordinaires de la Justice: étant certain que s'il livroit
aux Présidiaux, ou au Parlement, les Prisonniers qu'il feroit sur les Rébelles, il exposé-
roit ses bons Sujets, & ses Soldats, à de fâcheuses Represailles, dont il seroit blâmé lui
seul, & non pas le Chef du Parti rébelle, car
on ne blâme dans celui-ci que le premier acte
d'hostilité; tous les autres, celui-là posé, sont
excusez comme nécessaires, pourvû qu'ils n'excedent point le droit des armes.

VII. / De la rigueur / exercée sur les / Réformez dans / les guerres ci- / viles.

Cela étant, j'aurai raison de vous écrire
avant qu'il soit peu, que la cruauté exercée par
les Catholiques sur les Huguenots pendant les
guerres civiles, est moins excusable, que celle
des Huguenots envers les Catholiques. Je ne
parle point de la rigueur que ceux-ci ont exercée, ou durant les combats, ou contre les Protestans qu'ils trouvoient actuellement armez,
& qu'ils forçoient dans quelque poste; car pour
celle-là on la peut pousser extrêmement loin,
si on veut se servir pleinement du droit des
armes; & c'est de cette espece de sévérité que
seroit celle du Président d'Oppede, si la chose s'étoit passée comme Mr. Maimbourg la raconte. Je parle de la rigueur que l'on exerçoit sur les Huguenots, qui ne portoient point
les armes, & que l'on ne rencontroit pas dans
une résistance actuelle, lesquels on ne laissoit
pas d'assommer comme des bêtes féroces, ou
de pendre à un arbre, & cela en vertu des Arrêts d'un Parlement, ou de l'ordre des Généraux. Ce sont des excès qui ne se pratiquent
point dans les guerres civiles ordinaires, & qui
partent d'un bien plus grand fond d'inhumanité, que les désordres commis par les Huguenots dans la chaleur de l'exécution. On n'a
point vû dans la derniere Guerre civile, que
le Parlement de Toulouse ait fait pendre les
Gascons de son ressort, qui étoient dans le parti de Monsieur le Prince; & quand Monsieur
le Comte d'Harcour faisoit des prisonniers sur
Monsieur le Prince, il ne les envoyoit point
aux Officiers de la Justice, pour leur faire faire
leur

(*) *Hist. du Calvin. p.* 92.   (A) *Voyez ci-dessous la Lettre* XVII.

leur procès. Toute la terre eût condamné ce Procédé. On peut donc dire que quand les Parlemens ont agi comme ils ont fait contre les Huguenots, durant les guerres civiles, ce n'étoit point comme Rébelles qu'ils les faisoient pendre, puisqu'on n'a pas accoutumé de traiter ainsi les Rébelles pendant le cours d'une guerre, mais comme Hérétiques : d'où paroît le principe de cruauté, dont l'Eglise Romaine est animée contre ceux qui ne sont pas dans ses sentimens.

J'aurois bien des choses à dire sur la distinction du Pape & du St. Siége, de laquelle Mr. Maimbourg fait mention, en parlant des démêlez de Henri II. & du Pape Jules III. mais comme c'est plûtôt un sujet de Controverse, qu'une justification de notre parti, je laisserai passer tout cela. Je suis, &c.

LETTRE XIII.

I. *Examen de la maxime de Mr. Maimbourg, que l'Hérésie est l'ennemie capitale d'un Etat.* II. *Obstination de la Ligue à refuser obéissance à un Roi de contraire Religion.* III. *L'Hérésie, ni l'Orthodoxie ne sont pas la cause de la désobéissance, ou de la soumission des Sujets.* IV. *Exemples du peu de soumission des Catholiques pour leurs Souverains de contraire Religion.* V. *Si les Protestans ont dû quelquefois se prévaloir des calamitez publiques.* VI. *Combien il importe qu'aucune Religion n'entreprenne de violenter les autres.* VII. *Preuves de la rébellion des Catholiques par l'exemple de Paris.* VIII. *Et de Toulouse.* IX. *Paroles effroyables de Monsieur Maimbourg.* X. *Conséquences impies qui en naissent.*

MONSIEUR,

Je tombe sur un endroit de l'Histoire du Calvinisme, qui me paroît malin & grossier en même temps. Vous en jugerez, voici le passage. *Ils crurent* (les Protestans) *qu'ils* (*) *pourroient tirer grand avantage de l'affliction publique, où l'on étoit après la Bataille de S. Quentin. Car l'Hérésie, qui sous un puissant Prince Catholique est toûjours foible, ne souhaite rien tant que de le voir fort affoibli, pour s'élever par son abbaissement, & même, si elle le pouvoit, sur les ruines de la Monarchie dont elle est l'ennemie capitale.* Il ajoûte qu'en effet ils se hazarderent en ce temps-là de faire leurs Assemblées en plein jour, dans les ruës le plus fréquentées de Paris. Je n'ai point vû de Livres de ce Jésuite qui ne soient parsemez de cette espece de réflexions. Il semble qu'il ait pris à tâche d'animer le Roi par les motifs de l'intérêt, à se défaire des Protestans. A son dire, ils ne songent qu'au bouleversement de l'Etat, ils s'affligent de son bonheur, & se réjouissent de ses miseres. Tout cela est fort malicieux, mais très-facile à réfuter.

Si nous supposons que Monsieur Maimbourg, quand il parle de la sorte, se sert des lumieres de sa raison, il faut supposer qu'il se fonde sur quelque Principe, par exemple, sur celui-

(*) *Hist. du Calvin. p.* 96.

ci, *que c'est le propre de l'Hérésie de souhaiter le renversement des Royaumes où on la souffre.* S'il se fonde sur cet Axiome, il faut de toute nécessité qu'il établisse cet autre Principe, *que les Orthodoxes ne souhaitent jamais le renversement de la Monarchie où on les souffre* ; car autrement il auroit tort d'attribuer cela à l'Hérésie, comme son propre, & véritable caractere. Outre que ses réflexions n'iroient qu'à prouver, qu'un Prince doit tenir pour ses ennemis capitaux, ceux d'entre ses Sujets qui ne suivent point sa Religion, ce qui seroit d'une dangereuse conséquence pour les Catholiques, qui ne vivent pas sous une domination Catholique. Mr. Maimbourg prétend donc, s'il entend bien ce qu'il dit, *que les Sujets Orthodoxes ne sont point ennemis de leurs Princes, quoique ces Princes soient Hérétiques ; mais qu'au contraire les Sujets Hérétiques sont ennemis irreconciliables de leurs Princes, lors que ces Princes sont d'une autre Religion.* Sur ce pied-là, je suis sûr qu'il se trouveroit bien embarrassé, s'il lui falloit justifier du crime d'Hérésie les Catholiques Romains ; car il n'y a point de gens au monde qui souhaitent plus passionnément qu'eux, la ruïne de tous les Etats, & de tous les Empires qui ne sont point de leur Religion. Les Principes de leur créance les conduisent à cela, & l'expérience fait voir qu'ils sont fort disciplinables là-dessus, & qu'ils se laissent fort bien mener par leurs Principes. Qui compteroit toutes les tantatives qu'ils ont faites, pour remettre sous le joug du Pape, les Royaumes de la Grande Bretagne, on en trouveroit un nombre qui feroit peur.

Mais, diront-ils, nous n'en voulons pas au renversement des Monarchies. Nous voulons seulement que les Rois se fassent de notre Religion, & moyennant cela nous serons les premiers à travailler de toutes nos forces à la gloire de l'Etat. Je les en croi sur leur parole. Il n'y a rien là de fort extraordinaire. Tous les Hérétiques en peuvent fort bien dire autant. Je ne pense pas que les Ariens eussent mieux aimé l'expulsion de l'Empereur Théodose par un Prince Arien, que de le voir embrasser avec ardeur la Profession de l'Arianisme ; & ce seroit être absurde de la dernier absurdité, que de dire que les Protestans, qu'il plaît à Mrs. de l'Eglise Romaine d'appeler *Hérétiques* par excellence, ne bornent pas leurs désirs à voir leurs Souverains se faire de la Religion, mais que leur intention est de les détrôner, & de bouleverser de fond en comble tous les Etats. Il faut toûjours raisonner sur des suppositions, qui n'ôtent pas à l'Homme le sens commun : or selon le sens commun, il doit suffire aux Hérétiques les plus factieux, que leur Souverain embrasse leur profession de foi, & les comble de biens & de graces ; & par conséquent on ne peut rien s'imaginer des Hérétiques, qui ne convienne parfaitement à ceux de l'Eglise Romaine, avec cette différence, comme je l'ai déja insinué, que jamais aucun parti Hérétique n'a poussé plus loin, qu'ils ont fait l'entêtement d'être sous un Prince de sa Religion.

Ces Messieurs s'aheurterent si bien à cela en France sur la fin de l'autre siécle, qu'ils contraignirent le pistolet à la gorge leur légitime Monarque à passer dans leur Eglise ; car j'appelle ainsi l'opiniâtreté qu'ils eurent à ne le pas recon-

reconnoître pour leur Roi, & qu'ils soûtinrent les armes à la main & avec les forces de l'Espagne, jusqu'à ce que ce grand Prince, désespérant de se voir jamais en possession de son Royaume, abjura comme par force sa Religion. C'est ce que signifient ces paroles de Monsieur de Mezerai (*), quoi qu'elles soient un peu plus radoucies que les miennes. *Si l'on vouloit juger de l'intention des Chefs de la Ligue par l'effet qu'elle produisit, on pourroit dire qu'elle fut bonne: car les ennuis & les traverses qu'elle avoit causez à Henri IV. le fatiguerent si fort, que redoutant encore pis, il reprit la Religion de ses Ancêtres pour s'assurer la Couronne.* L'obstination & la fureur des Ligueurs étoient montées à un excès, qu'ils refuserent pendant qu'elque tems de se soumettre à Henri IV. après même qu'il eût embrassé leur Religion, & ils firent mentir la regle que j'ai posée concernant Théodose & le Ariens, puis que ces bons & zélez Catholiques eussent mieux aimé l'expulsion du Roi de Navarre, par quelque Prince étranger ennemi juré des Huguenots, que sa conversion. Je ne suis pourtant point d'avis de rétracter ce que j'ai avoué en faveur des Catholiques; parce que non seulement la Ligue étoit une espece de fureur extraordinaire, mais aussi parce qu'il n'étoit guéres apparent que Henri IV. après sa conversion, persécutât les Hérétiques. Et c'est ce qui faisoit souhaiter aux Ligueux, qu'il ne fût jamais Roi de France.

Si le P. Maimobourg agissoit de bonne foi, ou si sa préoccupation lui permettoit d'examiner la chose de sens rassis, il verroit sans doute que l'Hérésie & l'Orthodoxie ne concourent que par accident à l'amour, ou à la haine des Sujets pour leur Souverain; c'est-à-dire, que l'on voit également les Hérétiques & les Orthodoxes affectionnez à leurs Princes, ou mécontens de leurs Princes, selon qu'ils en sont favorisez ou maltraitez. Pour l'attachement des Hérétiques aux Princes de leur Religion, & qu'ils croyent zélez pour leur Religion, on auroit tort de le croire moindre que celui des Orthodoxes pour leurs Princes Orthodoxes; puis qu'il est constant (A) par les Monumens de l'Antiquité, que les Nations Idolâtres ont eu pour leurs Princes une vénération plus forte, & une obéissance plus étenduë, que ni les Juifs, ni les Chretiens les plus Orthodoxes pour les leurs: & on n'ignore pas que les fils de Constantin, grands Promoteurs de l'Arianisme, ont eu tous les sujets du monde de se louer de la fidelité & de l'amour des Ariens. A l'égard du mécontentement des Hérétiques maltraitez par leurs Maîtres, je ne sai pas où sont les Orthodoxes qui le cedent aux Hérétiques. J'avoue que les Principes de la Religion Chretienne veulent que nous soyons obéïssans à nos Supérieurs, lors même qu'ils nous oppriment, & qu'ainsi les Orthodoxes devroient suporter plus patiemment la persécution, que les Hérétiques qui errent dans la question, *si l'obéïssance des Sujets est de droit divin*, (car pour ceux qui n'errent pas dans ce point-là, ils ne doivent pas être différens des Orthodoxes, pour les actions qui se rapportent à ce point-là.) Mais il ne s'agit pas de ce que l'on devroit faire; je demande qu'on me montre des Orthodoxes, qui suportent plus tranquillement la haine de leurs Supérieurs, que les Hérétiques. Celui qui me les pourroit montrer seroit bien fin, & en tout cas ce ne sont point Messieurs de l'Eglise Romaine qui sont de ces Orthodoxes. Dès le VIII. siecle toute l'Italie secoua le joug de son Empereur légitime, parce qu'il étoit devenu Iconoclaste, & cela sans attendre (à ce que nous dit le P. Maimbourg) (B) que le Pape l'eût dispensée du serment de fidélité; les peuples le firent de leur propre mouvement, en haine d'un Empereur qu'ils ne croyoient pas Orthodoxe.

Parlons sans prévention, & ne nous imaginons pas que les Orthodoxes s'ennuyassent moins de l'Empire des fils de Constantin, que les Arriens de celui de Constantin, ou de Théodose. Ne nous figurons pas que si St. Ambroise eût vêcu sous un Prince Hérétique, capable de se faire bien obéïr, sa patience eût été fort exemplaire. Mais comme l'Impératrice Justine, Arienne jusqu'à la bigoterie, n'avoit pas assez d'autorité pour obtenir de Saint Ambroise, qu'il voulût bien endurer que ses ordres s'exécutassent, ce grand Prélat se consoloit en quelque façon de vivre sous une domination Hérétique. Il n'est pas mal-aisé de s'en consoler, quand on se met en possession de désobéïr hautement à son Souverain, comme fit cet illustre & ce Saint Prélat.

L'Auteur de la *Réponse* (c) *des vrais Catholiques François à l'advertissement des Catholiques Anglois, pour l'exclusion du Roi de Navarre, de la Couronne de France*, prouve par plusieurs faits considérables, que les Catholiques ont été en possession de tout temps, de se soustraire à l'obéïssance de leurs Princes Hérétiques. Il nous apprend (D) qu'en l'an 445. les Chretiens de Perse, étant persécutez par leur Roi Varenes, Infidelle, prirent les armes contre lui, & implorerent l'assistance de l'Empereur Théodose I I, qui à la sollicitation du Patriarche de Constantinople, & des Prélats de l'Eglise Grecque envoya une grosse Armée à leur secours, & leur procura par ce moyen une pleine & entiere liberté. Il prétend (a) que Maxime fut élu Empereur par les Catholiques dans les Gaules, en haine de l'Impératrice Justine, grande Arienne, mere du Jeune Valentinien, & que Constantin Copronyme ayant été declaré Hérétique, le Sénat & le peuple de Constantinople, de l'avis du Patriarche, élurent (b) un Empereur à sa place, nommé *Artabasilus*, & demanderent du secours contre Constantin à Iranius, Prince des Arabes. Il dit qu'en l'an 811. Stauratius, qui avoit été couronné du vivant de l'Empereur Nicéphore (c) son pere, bon Catholique, n'eut pas été plûtot reconnu Iconoclaste, qu'il fut déposé par ses Sujets & confiné dans un Monastere. Il cite Nicéphore, pour nous apprendre que la haine de Licinius (d) contre les Chretiens, venoit de ce qu'il savoit, qu'au lieu de prier Dieu pour lui, ils faisoient des prieres expresses à Dieu, pour obtenir un Empereur de leur Religion. Il ajoûte que Constantin (e) sollicité par les prieres des Chretiens, sujets de l'Empereux

---

(*) *Abr. Chr. vers la fin Diſc. de l'Egl.*
(A) *Voſſius de Orig. Idol. l. 3. c. 16.*
(B) *Hiſt. des Iconoclaſt.*
(c) *Ce Livre eſt in 8. impr. en 1589.*
(D) *Pag.* 335.

(a) *Pag.* 357.
(b) *Pag.* 894.
(c) *Pag.* 421.
(d) *Pag.* 397.
(e) *Ibid.*

reur Maximin qui les perfécutoit, lui alla faire la guerre, & le contraignit de faire des loix en leur faveur. Il raporte plufieurs foulevemens populaires excitez par les Catholiques (*) dans les Villes, où l'Empereur Conftantius, Arrien, tâchoit d'établir des Evêques de fa Secte. Il remarque qu'après le baptême de Clovis, les Evêques Gaulois l'exciterent (A) à exterminer les Arriens dans toutes les Gaules, & à s'emparer des Provinces que les Wifigoths infectez de l'Arrianifme y occupoient, ce que leur propres Sujets Catholiques, au raport de Grégoire de Tours, défiroient paffionnément, bien fâchez de vivre fous la domination d'un Prince Hérétique; & c'eft pour cela qu'ils noüerent (B) des intelligences fecretes avec Clovis. Il déclare que s'il y a eu des Empereurs Hérétiques qui n'ayent pas été dépofez, c'eft parce que les Papes ont eu d'autres affaires qui ont empéché celle-là. Le Cardinal Bellarmin (c), d'une autorité tout autrement confidérable que celle de cet Anonyme, a dit & foûtenu hautement dans des Livres approuvez à Rome, que fi les premiers Chretiens avoient eu des forces temporelles, autant qu'il en falloit pour dépofer Néron, Dioclerien, Julien l'Apoftat, Valens, &c. ils euffent été obligez à les dépofer.

Ce que Mr. Maimbourg ajoûte, que les Proteftans fe prévalurent de l'affliction publique, pour fe donner plus de liberté de faire leurs Affemblées, qu'ils n'en avoient, eft encore une des chofes qui font communes à toutes les Religions bonnes & mauvaifes. Si bien qu'il eft étonnant qu'un Hiftorien s'amufe à décrier un parti, par des endroits qui peuvent à vingt lieües de là décrier la Religion qu'il croit Orthodoxe. Il ne faut que paffer la Manche, pour faire perfécuter les Catholiques d'Angleterre, fur les mêmes prétextes, qu'il employe pour nous rendre odieux. Il n'eft pas néceffaire d'être Hérétique pour fe procurer un peu de liberté de faire les exercices de fa Religion, dès qu'on en trouve des occafions favorables. Les plus Orthodoxes le font, & le peuvent faire innocemment. Les premiers Chretiens ne négligeoient pas les bons intervales & les répis qu'on leur donnoit. Dès qu'on faifoit ceffer la perfécution, ils ne manquoient pas de fe mettre au large; & quand ils croyoient qu'on les ménageroit un peu, ils ne faifoient point fcrupule de le porter un peu plus haut. J'avoue qu'il n'eft pas permis de fouhaiter l'affoibliffement de l'Etat: mais fi on le trouve affoibli, je ne vois pas que ce foit un crime à de bons Chretiens, de fe prévaloir de la conjoncture, pour mettre un peu la vérité à fon aife, pourvû qu'on fe tienne toûjours prêt à obéïr aux défenfes & aux ordres, qui viendront de la part du Souverain. En vérité les Catholiques d'Angleterre feroient-ils bien affez ftupides, pour ne point fe procurer la liberté de faire publiquement le fervice divin, s'ils voyoient l'Angleterre en un état fi languiffant, que perfonne n'ofât murmurer contre cette innovation? Ils en pourroient jurer par tous les Saints du Paradis, que je ne le croirois pas, fachant fort bien qu'ils ont profité des Allian-

ces de la France avec l'Angleterre, pour obtenir l'exercice public de leur Religion en 1672. qu'ils n'ont rien négligé pour fe prévaloir de la modération de S. M. B. & de la faveur de Monfieur le Duc d'Yorck, & que ceux qui nient la confpiration avec le plus de hardieffe, font contraints d'avouer à tout le moins, que les Catholiques ont fait plufieurs démarches, & plufieurs négociations, afin d'obtenir plus de liberté. Si ce font des chofes innocentes pour la vraye Religion, comment ne voit-on pas qu'elles ne peuvent point être criminelles pour les Hérétiques?

Eft-il poffible que les préjugez aveuglent fi fort Mr. Maimbourg, qu'il croye que les Huguenots tâchant de s'établir dans un païs, doivent être exterminez par le fer & par le feu; & que les Jéfuites tâchant de fe répandre dans le Japon & dans la Chine, & ménageant pour cela toutes les conjonctures que les révolutions des Etats leur préfentent; fe déguifant en toutes fortes de figures pour fe gliffer en Angleterre, malgré les défenfes qui leur ont été fi fouvent faites, d'y mettre jamais le pied, font une action très-légitime? Ne voit-il pas que par les Principes qu'il répand dans tous fes Ouvrages, afin de faire chaffer les Calviniftes & les Janféniftes, il met en droit les Rois de la Chine & du Japon, d'exterminer tous les Moines, & leurs dangereufes nouveautez? Ce fera un crime aux Calviniftes de France, d'avoir été bien-aifes que l'héritier préfomptif de la Couronne fût autrefois de leur Religion: & aujourd'hui c'eft une action méritoire aux Catholiques Anglois, de fe réjouir de ce que Monfieur le Duc d'Yorck fera régner leur Religion dans les trois Royaumes. Je croi que ces Meffieurs s'imaginent qu'il ne doit être permis qu'à eux d'avoir du bon fens, de la raifon, du fentiment, de la confcience, & du zéle felon les lumieres de la confcience, & qu'ils difent comme ces femmes de la Comédie:

(D) Et nul n'aura d'efprit hors nous & nos amis.

C'eft trop en vérité, & ils nous contraignent de leur tenir le même langage, qu'Arnobe tenoit aux Payens, (a) de grace, Mrs. n'ayez pas l'ambition de vouloir poffeder tout le bon fens, laiffez nous en un peu par pitié.

Il eft facile de voir qu'ils n'agiffent que par pure préoccupation, & que tout leur raifonnement n'eft que pure pétition du principe. Car fi on leur demande la raifon de toutes ces différences, ils ne répondent autre chofe finon qu'ils font la vraye Eglife, & que nous fommes Hérétiques. Mais nous voilà dans les mêmes termes, car nous croyons auffi que notre Religion eft la bonne, & que la leur ne vaut rien. De forte que fi leur perfuafion les met en droit de faire une chofe, notre perfuafion nous y met auffi.

Qu'ils fe tournent de tous les côtez imaginables, ils ne mettront jamais aucune certitude dans leur caufe, fi ce n'eft la certitude de leur perfuafion; c'eft-à-dire, qu'ils ne montreront jamais qu'il eft certain, qu'ils ont la vérité chez eux, mais feulement qu'ils croyent l'avoir;

(*) *Pag.* 400.
(A) *Pag.* 232.
(B) *Pag.* 411.
(c) *De Rom. Pontif. l.* 5. 6. 7. *de poteft. Papa contr. Barc. c.* 6. 7. 8, 21.

(D) Voici le vers tel qu'il eft dans Moliere;
Nul n'aura de l'efprit hors nous & nos amis.
Voyez ci deffus la troifiéme Préface de Mr. Bayle.
(a) *Si tenetis aliquam fequiminique rationem, & nobis aliquam portionem exifta ratione concedite,* Lib. 2. adv. Gentes

voir ; & en cela ils n'ont rien de plus que les Sectes les plus ridicules. Si en conséquence de leur persuasion, ils croyent avoir le droit de ruiner les autres Sectes, chaque Secte doit avoir le même droit, en conséquence de sa persuasion, de ruiner tous ceux qui ne sont pas de son sentiment. Or comme il n'y auroit rien de plus propre à faire du monde un sanglant Théatre de confusion & de carnage, que d'établir pour principe, *que tous ceux qui sont persuadez de la vérité de leur Religion, sont en droit d'exterminer toutes les autres*, comme ce seroit ramener le genre humain dans cet état de nature dont parlent les Politiques, où chacun étoit son Maître, & avoir droit sur toutes choses, pourvû qu'il eût la force de s'en saisir : il est clair que la vraye Religion, quelle qu'elle soit, ne doit point s'emparer d'aucun privilége de violenter les autres, ni prétendre que les choses qu'elle peut faire innocemment, deviennent des crimes, quand les autres les commettent.

Si je ne craignois de m'étendre plus que je ne dois le faire, dans une réponse aussi générale que celle que j'ai entreprise pour l'amour de vous, Monsieur, je ferois voir clairement à Monsieur Maimbourg, qu'il n'a guéres médité sur ce qu'il a dit & repeté tant de fois, que l'Hérésie est toujours prête à machiner le renversement de l'Etat. Mais comme nous n'avons point d'interêt à faire l'Apologie des Hérétiques, nous qui par la grace de Dieu ne le sommes point, je laisserai en repos cette matiere, me contentant de ce que j'ai déja établi, savoir, qu'à l'égard de l'affection qui unit les Sujets au Prince, ou de la mauvaise satisfaction qui les en dégoute, les Hérétiques & les Ortodoxes sont absolument dans les mêmes termes ; ils n'ont rien à se reprocher les uns aux autres ; ils souhaitent les uns & les autres d'être traitez favorablement ; s'ils sont bien dans leurs affaires, ils souhaitent la continuation de cet état ; s'ils sont malheureux, ils souhaitent de changer de condition : & Mrs. de l'Eglise Romaine auroient le plus grand tort du monde de prétendre, qu'en cela ils se sont comportez plus louablement que les autres Religions. C'est leur faire beaucoup de grace, que de les admettre à l'égalité.

Cet Historien voudroit faire accroire qu'un Roi qui souffre dans ses Etats ceux qui se sont séparez de l'Eglise Catholique, doit s'attendre à des révoltes continuelles. Illusion toute pure. L'esprit de révolte & de sédition ne procede pas d'une telle source : ce n'est pas à cause qu'on croit, *que le Pape n'est pas le Chef de l'Eglise, qu'il ne faut pas adorer l'hostie, ni se prosterner devant les images*, que l'envie de secouer le joug de son Prince prend aux gens. Cette envie vient presque toûjours, ou des mœurs des Peuples, ou de la maniere dont on les traite, ou de l'ascendant que quelques esprits ambitieux ont pris sur la multitude. Les meilleurs Catholiques y tombent si souvent, qu'il est étrange que Monsieur Maimbourg, qui a tant lû de Livres, ose faire une perpetuelle liaison du Schisme, & de la mutinerie ; car c'est dire ouvertement, qu'il n'y a que les Schismatiques qui se mutinent, & on ne sauroit dire cela sans une ignorance

crasse de ce qui s'est passé dans le monde.

Il n'y a point de gens sur la terre plus entêtez de la Catholicité que les Italiens, & jamais il n'y eut de nation où les guerres civiles, les conspirations, les changemens de maître & choses semblables ayent paru avec tant de rage & si souvent qu'en Italie. Jamais peuples n'ont été moins fidelles à leur Roi que ceux de Naples & de Sicile. Combien de séditions dans la Flandre ? Combien de batailles gagnées & perduës, pour dompter la rébellion des Flamans contre leurs Maîtres ; les uns & les autres étant les meilleurs Catholiques de l'Univers ? Monsieur Maimbourg (*) rend ce témoignage à la Ville de Paris, qu'elle s'est montrée de tout temps très-zelée pour la vraye Religion, & néanmoins ses révoltes contre son Roi ne sont pas en petit nombre. Sans parler du vieux temps, qui peut lire sans horreur ce qui se passa dans cette Capitale du Royaume, avant & après la mort de Henri III ? Il n'y eut jamais de Poëte, travaillant à déchainer toutes les Furies de l'Enfer, qui ait imaginé la centieme partie de ce qui se commit alors de crimes de leze-Majesté par le Parlement, par la Sorbonne, par les Prédicateurs, par les Moines, par le bon Bourgeois. J'ai oüi dire dans une conférence de gens d'esprit, & consommez dans la connoissance de notre Histoire, que le Parlement de Paris fit le Procès au Roi Henri III. qu'un Curieux en a le Manuscrit, où on voit le nom du Raporteur, & celui des Accusateurs, l'un desquels se nommoit Michon, & qu'il n'y a que Davila qui ait parlé d'une chose si extraordinaire, encore ne le fait-il qu'en général. Feu Mr. l'Archevêque de Paris, qui a composé la vie de Henri IV. pour l'usage du Roi à présent régnant, duquel il a eu l'honneur d'être Précepteur, parle de cette entreprise criminelle du Parlement de Paris, & dit que la veuve du Duc de Guise, ayant présenté Requête (A) à ce Parlement, pour informer de la mort de son mari, & demandé des Commissaires, pour faire le procès à ceux qui s'en trouveroient convaincus, *eut des conclusions favorables du Procureur General, & l'on proceda fort avant sur ce sujet, même contre la personne de Henri III. mais je ne puis pas dire*, ajoute-t-il, *jusqu'à quel point, parceque les feuilles furent arrachées des Régistres du Parlement, quand le Roi Henri le Grand rentra dans Paris*. Si le malheureux Henri III. fût tombé entre les mains des Parisiens en cemps-là, il n'en eût pas été quitte pour une cellule, & apparemment on l'eût fait mourir moins en Gentilhomme, que Cromwel ne fit mourir le Roi son Maître l'an 1649. justement lors que la Ville de Paris étoit assiégée pour sa rébellion. Elle avoit été toute l'année d'auparavant si mutine, qu'elle en étoit venuë jusqu'au Barricades, & il falut enfin par prudence que le Roi se retirât à St. Germain, n'étant pas trop assûré de sa liberté, s'il ne fût parti de sa Capitale en cachette. On assiégea cette Ville pour la châtier, & puis on lui pardonna. Mais l'esprit de mutinerie la possédoit tellement elle & son Prélat, qu'elle en vint enfin jusqu'à ouvrir ses portes à une Armée rebelle, que les troupes du Roi poursuivoient l'épée aux reins, & à faire tirer son Canon sur les Royaux. Il n'a pas tenu à cette Ville si Catholique, que la Fran-

---

(*) *Hist. du Calvin. p. 99.*
Tom. II.

(A) *Ad ann.* 1589.

H

LETT. XIII.

France n'ait eu un autre Monarque, que celui qui la gouverne avec tant de gloire & tant de bonheur.

VIII.
Et par l'exemple de Toulouse.

Un autre exemple. La Ville de Toulouse est sans contredit l'une des plus superstitieuses de l'Europe, & je ne sai même si jamais le Paganisme a été plus infatué de ses faux Dieux, qu'elle l'est des Reliques de ses Saints. Le culte qu'elle leur rend est si outré, que les Catholiques des autres endroits du Royaume en sont quelquefois surpris. Sa haine pour les Huguenots est la plus étrange du monde. Mr. Maimbourg (*) nous dit, *que le Parlement donna contre eux un si foudroyant Arrêt l'an 1562, & fit une si forte association des trois Etats de son ressort pour les exterminer, que depuis ce temps-là pas un seul Huguenot n'a osé s'établir dans Toulouse : de sorte que cette heureuse Ville toute Catholique, quoi qu'environnée de plusieurs Places infectées de l'Hérésie, a la gloire d'être semblable à celle dont le Saint Esprit fait l'éloge en disant, qu'elle est comme le lis entre les épines.* Les excès de ce Parlement se rendirent si manifestes, qu'il fut ordonné par le 27. article de l'Edit de Pacification de l'an 1570. qu'il ne connoîtroit d'aucune affaire de ceux de la Religion, quoique les autres Parlemens en jugeassent. Il fut aussi ordonné par les Edits qui nous accorderent des Chambres Mi-parties en 1576 & 1577, que les Officiers Catholiques, qui serviroient dans la Chambre du Languedoc, seroient pris du Grand Conseil & des autres Parlemens, à l'exclusion du Parlement de Toulouse, contre la pratique ordinaire. Cette distinction étoit en même temps un témoignage d'une extrême Catholicité, & une note d'infamie pour tout ce Corps, puis qu'il étoit publiquement déclaré par là incapable de faire justice, lors que ses passions s'y opposoient.

Violences qu'on y commit contre l'Effigie de Henri III.

Selon les Principes de Mr. Maimbourg, la Ville de Toulouse devroit être incapable de révolte contre son Prince. Cependant je doute fort qu'on puisse pousser plus loin le crime de Leze-Majesté, qu'elle le poussa sous le Regne de Henri III. Le premier Président Duranti, bon Catholique, mais aussi bon serviteur du Roi contre la Ligue, ayant taché en vain de contenir cette grande Ville dans l'obéïssance, devint si odieux, qu'il fut inhumainement assassiné, son corps traîné par les ruës, & pendu au gibet ordinaire. L'effigie du Roi fut penduë aussi vis-à-vis, chacun s'écriant (A) avec une insolence diabolique, *Te voilà maintenant avec ton Roi que tu aimois tant :* ADEO *Rex tibi charus erat, nunc licet ut eo fruaris & cum eo jaceas.* Je vous laisse le soin de chercher toute la signification de ces mots Latins. Le portrait du Roi fut ensuite arraché de la Maison de Ville, traîné par toute la Ville, & puis vendu à l'encan, *Clamante,* voici encore du Latin, *uno quasi præcone, licitatur Regem Carnifex quinque assibus ad restim sibi emendam.* Il ne faut pas oublier que l'Evêque de Comminge étoit le principal instigateur de ces furieuses émotions, aussi bien que de celle qui arriva dans la même Ville quelque temps après, contre le Seigneur de Joyeuse, de laquelle la description est (B) capable de faire dresser les cheveux.

Ce mépris horrible de l'autorité Royale me fait souvenir que S. Mallin, qu'on disoit avoir donné le premier coup de poignard au Duc de Guise, ayant été tué à l'attaque du faux-bourg de Tours, le Duc de Mayenne par Arrêt de son grand Prevôt, lui fit couper la tête, & le poing, & le fit pendre par les pieds avec un écriteau contenant, *que pour la punition exemplaire de sa damnable exécution, sa tête seroit portée à Montfaucon, attendant qu'elle fût accompagnée de celle de Henri de Valois, auteur de si lâche trahison.* Ce sont les propres mots extraits du livre imprimé à Paris par Nivelle Thierri, intitulé (c) *Discours ample & véritable de la défaite obtenuë aux Faux-bourg de Tours, sur les troupes de Henri de Valois.*

Excès du Parlement de cette Ville contre Henri IV.

Et qu'on ne m'aille pas dire que ce fut la seule populace qui se mutina si furieusement dans Toulouse ; car nous trouvons dans Mr. de Thou que le Parlement, sur les premieres nouvelles du parricide commis en la personne du Roi Henri III. donna un Arrêt, toutes les Chambres assemblées, par lequel la Cour ordonnoit à toutes personnes, de quelque qualité & condition qu'elles fussent, de travailler de toutes leurs forces à la conservation de l'Eglise Catholique, Appostolique, & Romaine, & de la Ligue ; exhortoit les Evêques & les Curez à faire des prieres publiques, pour la délivrance de Paris & des autres Villes du Royaume ; enjoignoit de faire tous les ans le premier jour du mois d'Août (c'est celui de la mort de Henri III.) des Processions publiques & solemnelles, pour le grand & signalé bienfait arrivé en ce jour-là ; défendoit sous de grieves peines de reconnoître pour Roi, Henri de Bourbon, soi-disant Roi de Navarre ; & enjoignoit (D) aux Evêques & aux Curez de faire publier tout de nouveau, & observer selon sa forme & teneur, la Bulle de Sixte V. en vertu de laquelle la Cour déclaroit ledit Henri de Bourbon indigne & incapable de succeder à la Couronne. Après une rébellion si atroce, il seroit superflu de parler de l'injustice, qui fut commise par le même Parlement, contre la bonne foi, & contre le droit des Gens, & contre l'autorité Royale en la personne de Rapin. C'étoit un Gentilhomme de la Religion, que Charles IX. avoit envoyé à Toulouse, après la paix de 1568, pour y faire (a) vérifier le Traité, & à qui le Parlement fit trancher la tête, sans aucun égard à la Majesté Royale, qui le devoit rendre sacré & inviolable aux nations les plus farouches ; aux Turcs mêmes, tout barbares qu'ils sont à l'égard des Ambassadeurs de France, encore aujourd'hui qu'on ne leur refuse guéres les nouvelles marques de respect, qu'ils demandent par tout ailleurs. Il n'y a que le pauvre Monsieur de Guilleragues, qui ne peut pas seulement avoir ce qui a été accordé à ces Devanciers.

Quand on fait tant de Livres, on n'a guéres le loisir de méditer sur les choses ; ainsi l'on ne doit pas tant s'étonner, que Monsieur Maimbourg raisonne si mal sur l'esprit de révolte contre son Prince.

Paroles effroyables P. Maimbourg.

Mais voici un passage, qu'on a de la peine à voir sans horreur. Il fait la clôture du récit de la conjuration d'Amboise. *Cela doit (b) apprendre à tous les Souverains, qu'ils n'ont point*

de

(*) *Hist. du Calvin. p.* 279.   (A) *Thuanus l.* 95.
(B) *Thuanus l.* 97.
(c) *Journ. du Reg. de Henri III. ad an.* 1589.

(D) *Thuan. l.* 67.
(a) *Id. lib.* 42. *sub fin.*
(b) *Hist. du Calvin. p.* 133.

de plus dangereux ennemis que ceux qui le font de *l'Eglife*, en la troublant par la nouveauté de leurs dogmes, & qu'ils ne pourront jamais regner paifiblement, s'ils ne s'appliquent fortement à étouffer leur cabale & leur herélie dans fa naiffance. Que veut dire cela, finon, qu'un Prince eft obligé d'exterminer par le fer, par le feu, & par les fupplices les plus énormes, tous ceux qui s'écartent de la doctrine de l'Eglife ? Or n'eft-ce pas là le langage d'un Polyphême altéré de fang ? Eft-ce ainfi que doit parler un homme qui a été 55. ans dans une Compagnie, qui s'appelle la *Société de Jéfus ?* Apprend-on cette férocité fanguinaire dans la Société du Prince de paix, qui nous a donné l'exemple de la douceur, & de la débonnaireté la plus accomplie? Dieu nous préferve d'un tel Confeiller de Prince, car il ne couche pas de moins que d'une nouvelle Saint Barthelemi ! Cette application forte à étouffer la cabale & l'Héréfie des Novateurs, c'eft juftement ce qui fut trouvé écrit de la propre main du Jéfuite Jean Guignard parmi fes Papiers, favoir, *Que la feule faute* (*) *que l'on commit en maffacrant les Huguenots, fut que l'on ne leur tira pas affez de fang, & qu'on leur laiffa un certain fang Royal, qui empira dans la fuite la maladie.* En vérité les Proteftans d'Angleterre font bien obligez à Mr. Maimbourg, de la leçon qu'il donne à Monfieur le Duc d'Yorck, pour quand il fera Roi. Le mal eft que cette leçon n'eft pas moins pour le Roi d'Angleterre à préfent régnant, que pour celui qui doit être fon Succeffeur; de forte que fi dès à préfent on fe conformoit à ce beau précepte, on tailleroit en pieces tous les Catholiques des trois Royaumes.

Car on ne peut pas dire que cette leçon eft uniquement pour les Catholiques contre les Hérétiques, parce que la même raifon qui prouve qu'un Roi Catholique doit exterminer les Hérétiques, prouve qu'un Roi Hérétique doit exterminer les Catholiques. En effet, felon le P. Maimbourg, un Roi Catholique doit exterminer les Hérétiques, parce qu'autrement il ne fauroit régner en repos. Cette raifon, comme je l'ai prouvé clairement, ne vient pas de la nature même de l'Héréfie, puifqu'il eft fûr que les Hérétiques font auffi fidelles à leurs Rois Hérétiques, que les Orthodoxes à leurs Rois Orthodoxes; elle vient donc uniquement de la différence qui fe trouve entre la Religion des Hérétiques, & la Religion de leur Souverain Orthodoxe. Si bien que les maximes de Mr. Maimbourg fe réduifent enfin à ceci, *Qu'un Prince ne fauroit régner paifiblement, s'il n'étouffe & s'il n'écrafe fes Sujets, qui ne font point de fa Religion.* Il eft clair qu'elles fe doivent réduire à cela, puis que l'expérience de plufieurs fiecles nous montre manifeftement, qu'à l'égard de l'obéiffance, ou de la défobéiffance, ceux que l'on appelle Hérétiques, & ceux que l'on appelle Catholiques, font tout-à-fait dans les mêmes termes, fi ce n'eft qu'on peut prouver par l'Hiftoire, que ceux qui s'appellent Catholiques, font plus entreprenans & plus féditieux contre leurs Princes non Catholiques, que ne le font ceux qu'on appelle Hérétiques, contre leurs Princes Catholiques; & ainfi la raifon d'E-

tat, qui engage les Princes Catholiques à l'extirpation des Héréfies, porte généralement contre toutes les Religions, qui font différentes de celle du Prince, & fur tout contre la Religion Romaine.

Cela étant, qui pourra lire fans horreur les préceptes Politiques de ce nouvel Hiftoriographe ? Car non-feulement ils tendent à faire de l'Europe une cruelle boucherie, mais ils juftifient auffi la conduite des Empereurs contre l'Eglife. En vertu de ces maximes, il fe trouvera que ceux qui gouvernoient la Judée n'y entendoient rien, puifqu'ils ne firent pas mourir Saint Jean Baptifte, dès fa premiere prédication. Il prêchoit la repentance, il introduifoit des nouveautez (A) *fous le beau prétexte de réforme, fe piquant fur-tout de réforme*, qui eft la chofe du monde qui doit être la plus fufpecte, felon les Principes de Mr. Maimbourg; il faloit donc étouffer ces dangereufes nouveautez dans leur naiffance, faire brûler à petit feu ce nouveau Prédicateur, & tous ceux qu'il auroit déja féduits. Il faloit pratiquer la même bonne & brieve Juftice, contre Jéfus-Chrift, dès la premiere fois qu'il ouvrit la bouche, contre les Scribes & les Pharifiens, qui étoient depuis fi long-temps en poffeffion de la chaire de Moïfe, & le traiter comme Perturbateur du repos public; & fi non-obftant cette rigueur, il fe fût formé quelque Secte, s'appliquer fortement à l'étouffer par le fupplice continuel des Sectaires, par tout où on les eût rencontrez; fi bien que ceux qui commandoient dans la Judée, n'ayant pas fait leurs diligences affez à tems, méritoient d'être dépofez par l'Empereur. En vertu de ces mêmes maximes, Néron, Domitien, Decius, Dioclétien, &c. ne font blâmables que parce qu'ils ne fe font pas affez fortement appliquez à l'extirpation de l'Evangile; & on ne doit faire aucun quartier à pas un Miffionnaire dans les Indes, bien moins quand ils attaquent la Religion dominante par leurs dangereufes nouveautez, que quand ils y vont négocier. Enfin en vertu de ces maximes, la vérité ne peut point fe répandre innocemment. Car fi ceux que Dieu a illuminez de la connoiffance de la vraye Religion, entreprenent d'aller prêcher l'Evangile parmi les Nations Idolâtres, ils méritent d'être exterminez; & le Prince qui régne dans les païs qu'ils tâchent de convertir, eft d'autant plus louable, qu'il s'applique plus fortement à écrafer dès leur naiffance ces innovations. Si l'amour qu'il a pour fa Religion, & pour fon Etat, l'oblige indifpenfablement à exterminer tous ceux qui viennent annoncer une nouvelle Doctrine, il eft clair qu'il fait mourir juftement les Prédicateurs de l'Evangile. S'il les fait mourir juftement, il eft clair qu'ils ne peuvent point entreprendre la converfion des Infidelles fans crime, puis qu'il eft indubitable qu'on ne peut point faire mourir juftement les innocens; de forte que l'Evangile ne fauroit paffer d'un lieu en un autre, que par une entreprife criminelle, ni s'établir quelque part qu'à la faveur de la bêtife des Princes qui y commandent : d'où il s'enfuit que la propagation de la foi fe fait fouvent par un double crime; l'un, de la part de ceux qui vont con-

---

(*) *San-Bartholomæo tumultu peccatum effe, quod venâ bafilicâ fanguis non miffus fit, quod fi factum effet, ex febre in phrenefim rem minimè recafuram fuiffe.*

Mr. de Thou. l. 112.
(A) *Voyez ci-deffus, Lettr. IV. N°. VI.*

Lett. XIII. convertir les infideles ; l'autre, de la part des Princes qui souffrent qu'on vienne chicaner leur Religion.

Ainsi on voit que Mr. Maimbourg pose des Principes, qui menent droit à l'Athéïsme, ou du moins au Déïsme ; car tous ces Politiques qui disent, qu'il ne faut jamais souffrir de nouveautez en matiere de Religion, sont des gens qui n'en croyent aucune, mais qui sont bien-aises pourtant qu'il y en ait une parmi le peuple, qui aille toûjours son train. Au premier jour je vous parlerai des Pseaumes de Clément Marot. Je suis, &c.

LETTRE XIV.

I. *De la personne & des mœurs de Clément Marot.* II. *Qu'on peut avoir une Religion sans avoir les mœurs réglées.* III. *Que Clément Marot n'a pas mal traduit le commencement du premier Pseaume.* IV. *S'il y a du stile burlesque dans nos Pseaumes.* V. *Stile pitoyable des Livres de dévotion dans l'Eglise Romaine.* VI. *De la Musique de nos Pseaumes, & de celle de l'Eglise Romaine.* VII. *Réflexion sur la remontrance de la Faculté de Théologie, touchant la version des Pseaumes.*

MONSIEUR,

I.
De la personne
& des mœurs
de Clément
Marot.

L'endroit où Mr. Maimbourg parle de la Version des Pseaumes, qui fut commencée par Clément Marot, vous divertira, tant il y a de choses contre le bon sens.

I. Il dit premierement, pour ce qui regarde la personne de ce Clément Marot, que *c'étoit de ces libertins qui ont de l'esprit, mais de l'esprit tourné à une certaine espece de plaisanterie, qui donnant sur les choses les plus saintes, d'une maniere beaucoup plus profane que finie & délicate, conduit droit à l'impieté & même à l'Athéïsme, comme il paroît en plusieurs pieces qu'il nous a laissées de sa Poësie.* C'est mal raisonner, ne lui en déplaise, car les plaisanteries qui donnent sur les choses les plus saintes, d'une maniere aussi fine & délicate que profane, sont aussi impies & même plus dangereusement impies, que celles qui ont moins de finesse que de profanation. Ce n'est point parce qu'une profanation est grossiere qu'elle conduit droit à l'impieté, ou même à l'Athéïsme ; au contraire elle semble alors plus propre à rebuter un esprit qu'à l'empoisonner ; c'est principalement lors qu'elle est débitée avec esprit, qu'elle répand son venin dans l'ame. Si on la considere par rapport à celui qui la débite, elle est grossiere, ou fine, selon le tour de son esprit ; mais pour être plus délicate, elle n'en est pas moins un signe d'indévotion, ni ne conduit pas moins droit à l'impieté.

Après avoir ainsi posé, que Marot avoit été conduit à l'impieté & même à l'Athéïsme, par ses plaisanteries profanes, Mr. Maimbourg ajoûte, qu'il se jetta des premiers dans la nouvelle Religion, *qui l'affranchissant des Loix de l'Eglise, étoit fort à son goût :* mais qu'ayant peur des peines que le Roi François I. dont il étoit un des Valets de Chambre, avoit établies contre les Hérétiques, il s'enfuit bien vîte en Bearn. Assûrément c'est ici un des plus monstrueux caracteres qui se puisse voir. C'est déjà une chose fort étrange, qu'un Athée donne dans une nouvelle Religion, afin de s'affranchir des loix de l'Eglise. Et ne s'est-il pas déjà assez affranchi par son Athéïsme, de ce qu'il y a d'incommode dans la profession extérieure d'une Religion ? Car il faut supposer qu'un Athée, qui va à Confesse, ne révele que ce qu'il lui plaît ; qu'il se moque des pénitences qu'on lui impose ; que, si les jeûnes l'incommodent, il feint une indisposition secrete qui lui en fait obtenir dispense, & ainsi de tous les autres exercices pénibles de la Religion. Mais d'ailleurs c'est une chose encore plus inouïe, qu'un Athée, qui a une bonne charge à la Cour, & qui voit son Roi fort en colere contre une Religion naissante, donne si opiniâtrement dans cette nouveauté, qu'il aime mieux s'exiler, que de faire semblant d'être de l'ancienne Religion. Tout cela est si éloigné de la vraisemblance, & sur-tout dans un homme nourri à la Cour, qu'il est étonnant que Mr. Maimbourg ne s'en soit pas apperçu. Profitons de sa faute, & disons que, puis que Clément Marot préféra la nouvelle doctrine à l'ancienne, il croyoit un Dieu, un Paradis, & un Enfer, & qu'il espéroit de sauver son ame dans la nouvelle Religion. Ce prétendu affranchissement des loix de l'Eglise est fort mal imaginé dans cette rencontre. Quand un homme cherche ses aises & ses plaisirs, il ne quitte pas une belle charge dans une Cour, aussi voluptueuse & aussi débauchée que celle de François I, pour chercher une retraite où il pourra.

Les autres choses que Mr. Maimbourg nous conte de Clément Marot, par exemple, qu'il a toûjours mené une vie très-licentieuse ; qu'il fut fouetté par tous les Carrefours de Geneve, pour avoir débauché la femme de son hôte ; que s'étant allé cacher au delà des Alpes, sans changer ni de créance, ni de vie, il mourut enfin vieux pecheur & Huguenot ; ces choses dis-je, sont peut-être très-véritables : du moins ne puis-je pas vous rien aprendre qui en fasse voir la fausseté ; je n'ai pas même fait aucune recherche ni aucune lecture, pour découvrir ce qu'il en faut croire. Je me souviens seulement d'avoir lû que Théod. de Beze ne rend pas un témoignage fort avantageux aux mœurs de Clément Marot ; car il confesse *que c'étoit un homme, qui ayant presque toûjours vêcu à la Cour, qui est une méchante Ecole de pieté & de vertu, ne put pas, même dans sa vieillesse, corriger ses mœurs, peu convenables à un Chretien* (*).

II.
Qu'on peut
avoir une Religion sans
avoir les mœurs réglées.

Si vous me demandez comment cela se peut accorder avec l'abandon qu'il fit de sa Charge, & l'exil où il s'en alla par deux fois pour l'amour de la vérité, je vous répons, Monsieur, que c'est une de ces choses que ni la Théologie, ni la Philosophie, ne comprennent pas trop bien, mais que l'expérience rend néanmoins indubitables. Nous voyons tous les jours des gens plongez dans toute sorte de débauches, & persuadez en même-temps de la vérité de leur Religion, pour laquelle même ils sont capables de donner des marques de zéle très-difficiles. C'étoit justement le tour d'esprit de Marot :

il

(*) *Quamvis, ut qui in aulâ, pessimâ pietatis & honestatis magistrâ, vitam ferè omnem consumpsisset, mores parùm Christianos ne in extremâ quidem ætate emendarit.* Beza in Iconibus.

il avoit été frappé de la doctrine de nos Réformateurs ; & convaincu qu'elle venoit du Saint Esprit, & que la croyance de l'Eglise Romaine le conduiroit en Enfer, c'est pourquoi il s'attacha à la nouvelle doctrine : mais son tempérament, & les mauvaises habitudes qu'il avoit contractées à la Cour, le suivant par tout, il fut toujours débauché. Cela n'empêche pas qu'il ne fût Huguenot par persuasion, & ne prouve nullement qu'il le soit devenu, à cause que les loix de l'Eglise Romaine l'importunoient ; car il seroit ridicule de croire, qu'un Valet de Chambre de François I. a craint de ne se pouvoir pas divertir tout son saoul en demeurant Catholique.

Que Mr. Arnaud en gronde tant qu'il voudra, il est sûr qu'une foi capable de faire souffrir pour la Religion, se peut trouver dans une ame souïllée de vices énormes, & il ne faut pas douter qu'il n'y ait bien des femmes prostituées, qui aimeroient mieux être fouëttées par la main du Bourreau, que de se faire Calvinistes. Ne vous allez point imaginer, je vous prie, que je tombe dans quelque contradiction, écrivant ici qu'un méchant homme peut être persuadé & entêté de sa Religion ; & dans ma troisieme Lettre, que nos grands persécuteurs ayant mené une vie abominable, il est absurde de les loüer d'un grand zele pour la gloire du bon Dieu. Examinez bien la chose, vous n'y trouverez pas la moindre ombre de contradiction.

III.
que Marot n'a as mal traduit commencement du I. Pseaume.

II. Mr. Maimbourg dit (*) en second lieu, passant de la personne de Marot à la Version qu'il fit d'une partie des Pseaumes ; *Qu'il n'y a rien de moins conforme à son Original que cette Version, où Marot a fait deux lourdes fautes dès le premier vers, en prenant tout à contresens le premier verset du premier Pseaume de David.* Il m'auroit fait plaisir de me marquer ces deux fautes, car il me semble que le sens du Roi Prophete est clairement enfermé dans les vers de son Traducteur, & je ne vois pas que la prose Latine ou Françoise, de quelque Bible que ce soit, ni la Paraphrase de Monsieur Godeau, fassent dire autre chose au Roi David, que ce que Marot lui fait dire, savoir, *qu'un homme qui renonce à la Societé des Méchans & des Moqueurs, pour s'attacher continuellement à la loi de Dieu, est heureux.* Puisque ce Nouveau Censeur réussit si mal dans l'exemple qu'il apporte, il est juste que nous croyions que les autres fautes qu'il ne marque pas, sont encore plus imaginaires. Ce n'est nullement son fort que la Critique des Versions de l'Ecriture : Messieurs de Port-Royal le devroient avoir guéri pour une bonne fois, de l'envie de se signaler par-là.

IV.
S'il y a du stile burlesque dans les Pseaumes des Réformez.

III. Il dit en troisieme lieu, qu'il y a des bévuës, & des manieres basses, *qui font pitié en cette Traduction, qu'on ne peut nier qui n'ait du moins quelque chose de l'air burlesque.* C'est prendre le change furieusement. Il ne faut pas juger de cette Version sur le pied de la Poësie d'aujourd'hui. Il faut voir si elle n'est point grave & serieuse, pour le tems auquel elle fut composée, & je soutiens que les connoisseurs démentiront en cela Mr. Maimbourg. Pour l'air burlesque, s'il y en a, ce n'est point

la faute de Marot, c'est plûtôt la faute de notre siecle, qui, contre l'usage de la bonne Antiquité, ainsi que l'a fait voir un savant (A) Jésuïte, s'est abandonné avec une telle fureur à ce stile-là, qu'on a oüi crier dans Paris, *la Passion de Notre Seigneur Jesus-Christ en vers burlesques.* Ce stile Burlesque s'étant chargé, entre autres ornemens, des mots & des phrases qui étoient à la mode sous François I. & long-tems après, a été cause que les Poësies composées en ce tems-là, ont acquis quelque conformité avec les Poësies Burlesques ; & comme la moindre chose suffit à nos Adversaires pour déclamer contre nous, ils n'ont pas manqué de nous reprocher, d'un air moqueur, le vieux Gaulois de nos Pseaumes, & de prétendre que c'est du Burlesque.

V.
Stile pitoyable des Livres de dévotion des Catholiques.

Il y a de l'imprudence à en user de la sorte, parce que cela nous avise de reprocher à nos Adversaires les pauvretez épouvantables, qui se trouvent dans les Hymnes de leur Eglise. C'est la plus grande pitié du monde que les vers & la prose de leurs Heures ; il n'y a ni quantité, ni élégance, mais de la barbarie rampante & dure comme du fer, tant qu'on en veut. Le Pape Urbain VIII. qui étoit Poëte, tâcha de racommoder un peu ces miserables vers estropiez : ses corrections ne sont pas mauvaises ; mais comme il les fit en qualité de Maphée Barberin & de Poëte, & non pas en qualité de Pape, elles n'ont pas eu la même autorité que la Réformation du Calendrier Grégorien. Pour le Burlesque, je vous garantis qu'il n'y manque point, puisqu'on y voit de ces Vers Léoniens ou rimez, en quoi on a tant fait de Poësies Macaroniques. Et la Bible Vulgate, quoi ? Se peut-il rien voir de plus bas, rien de plus rampant que ce Latin canonisé & déclaré authentique par le Concile de Trente? Vit-on jamais un Latin de cuisine plus plat ? Et la Messe, quoi ? N'est-ce pas un Centon de plusieurs pieces qui n'ont nul rapport les unes aux autres, & qui exposent la Majesté de l'Ecriture Sainte à la raillerie des prophanes, qui ne sauroient voir sans rire des lambeaux de la parole de Dieu, appliquez & ajustez si grossierement. Enfin on peut assurer que l'emploi de la Langue Latine dans le service divin, est une double barbarie. C'est une barbarie, à cause que le peuple n'y entend rien. C'est aussi une barbarie à l'égard des Doctes ; parce qu'ils ne trouvent rien là, qui ne soit infiniment éloigné de la beauté du Latin ; & c'est pour cela que ceux qui se sont piquez de bien écrire en cette Langue, ont évité avec soin le commerce de la Vulgate & du Breviaire, soit en ne lisant point du tout la Sainte Ecriture, comme Bembus, qui traitoit les Epitres (B) de Saint Paul d'*Epistolaccias*, & en déconseilloit la lecture aux amateurs de l'éloquence : soit en disant leur Breviaire traduit en Grec, comme le Jesuite Maphée. Il ne faut pas oublier la Version du Décalogue en vers françois, ni, les Commandemens de l'Eglise aussi en vers françois, qui sont des choses que l'on fait aprendre par cœur aux enfans de la Communion Romaine, & dont l'élégance est assurément inférieure à celle de Clément Marot.

S'il y a beaucoup d'imprudence à nous repro-

VI.
De la musique des Réformez, & de celle des Catholiques.

Lett. XIV.

(*) *Hist. du Calvin.* p. 98.
(A) *Franc. Vavassor, de ludicr. dict.*

(B) *Lautzius Orat. contra Ital. Scioppius de virtut. stili hist.*

procher le vieux stile de nos Pseaumes, il n'y en a pas moins à nous reprocher, comme fait Mr. Maimbourg, qu'ils *furent mis en musique en un certain air de chanson mol & effeminé, qui n'a rien du tout de dévot, & de majestueux, comme le chant de l'Eglise Catholique reglé par S. Gregoire.* Car cela nous fait songer à cette Musique effeminée, à ces fredons, à ces roulades, à ces ports de voix, dont on est si souvent regalé dans les Eglises. On mene les Dames à cette Musique les jours de grandes fêtes, comme on les mene à *l'Opera.* Il y a des Musiciens affectez aux Eglises Cathédrales & à plusieurs autres, qui composent pour les bons jours, des Motets & des airs les plus délicats, & les plus à la mode que l'art leur puisse fournir. On se rend en foule à l'Eglise, comme à un Concert, en ces jours-là; on y entre, & on en sort sans aucune dévotion, & pour la seule satisfaction de l'oreille. Les Italiens se soucient si peu de cette Musique mâle & majestueuse, reglée par Saint Gregoire, qu'il leur faut des voix d'enfans, & des voix d'Eunuques; & c'est pour cela qu'ils ont introduit dans le Christianisme la barbarie de la castration, à l'envie des infidelles. J'ai ouï dire qu'il y a (*) des Casuistes qui ne désapprouvent point cela, quand on le fait pour le chant des loüanges de Dieu; mais je doute fort que s'ils étoient appellez à les chanter à ce prix, ils eussent le courage de n'y avoir pas du regret. Le soin que l'on prend d'avoir dans presque toutes les Eglises, plusieurs Enfans de Chœur dont la voix soit délicate, n'est pas une trop bonne marque, que l'on fasse beaucoup de cas de la Musique mâle & majestueuse.

Quant à la Musique ordinaire des Vêpres, il ne faut pas l'accuser d'être faite pour le châtoüillement de l'oreille, car il n'est rien de plus pitoyable; & de peur qu'on ne m'accuse de prévention, je veux bien avoüer que si on joignoit la musique de nos Pseaumes avec celle des Vêpres, & le vieux Gaulois des uns, avec la basse latinité des autres, on ne manqueroit pas assurément de faire un composé fort gotique & fort barbare. J'avoüe même que si nous n'y prenons garde, nous tomberons dans l'inconvenient où se trouverent autrefois à Rome les Saliens (A), qui n'entendoient presque pas un mot des hymnes qu'il leur faloit chanter en faisant leurs processions. Mais comme, Dieu merci, notre Caractere n'est pas de s'attacher superstitieusement aux vieilles choses, il est à croire que peu à peu (B), on substituera la version des Pseaumes, revuë & changée par Mr. Conrart, à celle dont nous nous servons encore.

IV. En quatrieme lieu Mr. Maimbourg nous aprend que la Faculté de Théologie remonta au Roi, qu'il n'y avoit rien de plus dangereux que cette infidelle traduction des Pseaumes. C'est faire bien de l'honneur à ce Corps illustre, dont, l'Auteur ni ses Confreres ne sont pas trop bons amis, que de l'introduire faisant une semblable remontrance. Car je voudrois bien qu'on me dît un peu, quel péril il y a pour un Catholique Romain, dans la lecture des Pseaumes de Clement Marot. Il faudroit être fou pour dire qu'à cause des prétenduës falsifications, on y rencontre la moindre trace des dogmes qui nous divisent d'avec l'Eglise Romaine. Aux expressions près, qui ont perdu la beauté & l'élégance qu'elles avoient en ce tems-là, je ne pense pas que le plus bigot Docteur de Sorbonne, vivant aujourd'hui dans Paris, refusât son approbation à rien de ce qui est contenu dans ces Pseaumes.

Il faloit que la Faculté fût bien dégarnie de gens sages, puisqu'elle craignoit des Chimeres, & qu'elle se batoit ainsi contre des ombres. Ne seroit-ce pas pour la tourner en ridicule, que Mr. Maimbourg lui fait faire ce pas de Clerc? Cela est vrai-semblable, si on considere le caractere de son esprit, & la mauvaise intelligence qui regne entre l'Université & les Jesuites. Mais d'ailleurs il n'est pas moins vrai-semblable, que la Faculté de Théologie s'est allarmée sans raison, si on considere qu'environ ce même tems, la Sorbonne dépoüilla un Ecclésiastique d'un revenu très-considerable, parce qu'il prononçoit le Latin à la maniere des Professeurs (c) du College Royal, prononçant, par exemple, *quamquam, quisquis,* au lieu que le reste de l'Université prononçoit *Kankan, Kiskis.* Il y eut procès au Parlement pour cela. Ramus & ses Collegues intervinrent en la cause, pour empêcher l'oppression d'un jeune homme, qui n'étoit coupable que d'une Hérésie de Grammaire, qu'ils avoient introduite, & débutant pour l'indignité du sujet, parlerent si bien à Messieurs du Parlement, que l'Ecclesiastique fut rétabli. Messieurs de Sorbonne étoient en ce tems-là bien difficiles & bien soupçonneux; aussi difficiles que l'Empereur Auguste, qui destitua (D) un Proconsul, parce qu'il remarqua qu'il orthografioit *ixi* pour *ipsi.* Je suis, &c.

✻✻✻✻✻✻✻ ✱ ✻✻✻✻✻✻✻

LETTRE XV.

I. *Foiblesse qu'eut d'Andelot de laisser dire la Messe dans sa Chambre.* II. *L'Eglise Romaine se contente du dehors de ses Proselites.* III. *Réflexions sur la joie qu'on accuse les Huguenots d'avoir euë de la mort d'Henri I I.* IV. *La Religion ne fut point cause de la conjuration d'Amboise.* V. *Comparaison de cette entreprise avec d'autres faits dans ce siécle.* VI. *Remarques qui montrent l'innocence des Huguenots dans cette affaire.* VII. *Hardiesse du Connétable.* VIII. *Violence du Cardinal de Lorraine, & du Duc de Guise.* IX. *Pieces satyriques.* X. *Mauvaise foi des Catholiques Romains.*

MONSIEUR,

Si je voulois faire des remarques sur tout ce qui me paroît digne de censure dans l'Histoire du Calvinisme, nous en aurions encore pour long-tems. Laissons donc passer bien des chambre.

(*) *Voyez le Livre intitulé* Eunuchii Nati, Facti, Mystici. *Imprimé à Dijon in 4. l'an 1655. & le 14. vol. des œuvres du P. Théoph. Raynaud.*

(A) *Saliorum carmina vix Sacerdotibus suis satis intellecta, sed illa mutari vetat religio, & consecratis uten-*

dum est. Quintil. instit. l. 1. c. 6.

(B) Il y avoit dans la premiere & dans la seconde Edition, .. malgré la résistance de nos Barbons.

(C) *Thomas Freigius in vita P. Rami.*

(D) *Sueton. in Aug. c. 88.*

des choses : par exemple, passons légerement sur la grande delicatesse de Monsieur Maimbourg, qui ne peut souffrir que Théodore de Beze ait nommé *un très-grand scandale*, cette Messe que le Seigneur (*) d'Andelot, bon Protestant, consentit que l'on célébrât devant lui, vaincu par *les prieres de ses amis, & par les larmes de sa femme*. Il faut être bien chagrin pour faire une chicane là-dessus : car non seulement la chose dont il est question, étoit un scandale très-effectif pour les Huguenots, mais aussi pour les Catholiques. Pour les Huguenots, parce qu'ils croyent que l'on n'offre rien à Dieu dans le Sacrifice, de la Messe, que du pain & du vin ; d'où il s'ensuit qu'ils ne peuvent assister à ce Sacrifice, sans rendre à la Créature le souverain culte de latrie, qui n'est dû qu'à Dieu ; & pour les Catholiques, parce que n'ignorant pas quels étoient les sentimens de d'Andelot, ils devoient être persuadez, qu'il n'avoit assisté à leurs Mysteres, que pour se délivrer des importunitez qu'on lui faisoit, n'ayant du reste que du mépris, & de l'horreur, pour ces prétendus Mysteres, & par conséquent n'ayant pû que les profaner par sa présence.

Ce qu'il fit & ce qu'on fait faire tous les jours à tant de nouveaux Catholiques, que l'on contraint d'aller à la Messe, par la crainte des peines établies contre les Relaps, fait voir l'opposition énorme qu'il y a entre l'esprit des anciens Chretiens, & celui de l'Eglise Romaine. L'ancienne Eglise permettoit si peu aux faux Convertis d'assister à la célébration des Mysteres, qu'elle en excluoit même les Catéchumenes les plus dévots. Aujourd'hui la principale chose que l'on souhaite des Hérétiques, c'est qu'ils aillent à la Messe : & quoi qu'on ait une certitude morale qu'ils n'y ont aucune foi, même après leur abjuration, on ne laisse pas de les y faire aller, ou par menaces, ou par châtimens.

L'Auteur de la seconde partie *de la Politique du Clergé* remarque (A) fort à propos, que, de l'aveu même de notre Gazette, les conversions du Poitou ont été conduites de telle sorte, que Monsieur l'Intendant de Marillac recevoit les abjurations, & qu'ensuite Monsieur l'Evêque de Poitiers envoyoit des Missionaires aux Convertis pour les instruire, ce qui est un renversement horrible de l'ordre qui devroit être pratiqué. Esprit du Christianisme, qu'êtes-vous devenu ? & où étiez-vous dès le tems de Henri II. qui, ayant ouï dire que d'Andelot étoit Hérétique, (B) *donna ordre au Cardinal de Châtillon son frere, & à son Cousin le Seigneur François de Montmorenci, de faire en sorte que quand il l'interrogeroit sur sa créance, il lui parlât bien de la Messe*, qui étoit le mot par lequel on distinguoit les Catholiques ? Cela signifie que Henri II, qui avoit de la tendresse pour d'Andelot, souhaita, non pas qu'il ne fût point Hérétique, mais qu'il parlât comme un Orthodoxe, quand il seroit interrogé. Henri ne donne point ordre que l'on convertisse d'Andelot, mais seulement qu'on lui persuade de se servir de certains termes honnêtes touchant la Messe. On tâche de *lui persuader d'avoir au moins ce peu de complaisance pour son Maître* : il n'en veut rien faire, & il mon-

tre qu'il a plus de Religion que ceux qui l'appellent Hérétique : il aime mieux être disgracié & emprisonné, que de parler contre sa conscience. Ses amis, possédez du même esprit que leur Maître, ne travaillent pas à le convertir ; ils ne demandent sinon que, pour recouvrer sa liberté, il ait la complaisance de souffrir que l'on dise la Messe en sa présence. Il y consentit enfin, & c'est ce que Théodore de Beze a nommé très-justement *un grand scandale*, en quoi il a été censuré par Monsieur Maimbourg, qui néanmoins est fort prodigue de ce mot dans toute cette Histoire du Calvinisme.

Ce qu'il vient de nous apprendre de Henri II. au sujet de d'Andelot, ne s'accorde pas trop bien avec les grands éloges qu'il lui donne six pages plus bas. Il conclut ces éloges magnifiques par ces paroles. *Aussi (c) fut-il pleuré avec des larmes très-véritables, & infiniment regretté de tous ses Sujets, excepté des seuls Protestans, qui croyant être délivrez par sa mort de ce qu'ils appelloient la persécution de l'Eglise, firent éclater d'une maniere très indigne par leurs paroles, par leurs actions, & par leurs Ecrits scandaleux, la joye excessive qu'ils en avoient.* Cette remarque est fort malicieuse, & il ne faut pas douter qu'il n'exagere les choses. Je m'étonne seulement que, pour nous rendre plus odieux, il n'ait pas dit, selon sa coûtume, que c'est le propre des Hérétiques de se réjouir de la mort de leurs Monarques, & de les déchirer par leurs Ecrits scandaleux. S'il l'avoit dit, il auroit accusé d'Hérésie les plus éminens Peres de l'Eglise. Car pour ne point remonter aux Empereurs du Paganisme, Persécuteurs barbares de la Foi, desquels la mort n'a point été sans doute pleurée, ni la vie fort honorée d'éloges par les premiers Chretiens ; qui ne sait la joye qu'eurent les Catholiques, de la mort de Constantius, & de celle de Julien l'Apostat ? Qui ne sait que tout ce qui se peut écrire de violent & de hardi, pour rendre un homme détestable, a été écrit par les Catholiques contre ces deux Empereurs, dont le dernier, à la Religion près, & moralement parlant, étoit un des plus grands Empereus qui ayent jamais régné, & outre cela très-honnête homme, chaste, sobre, vigilant, ennemi du luxe & des voluptez, en un mot d'une toute autre pureté que les Chrétiens de son espece ? Je ne parle point des Empereurs Iconoclastes, dont on nous a fait des monstres ; car ce sont des Chretiens déja gatez, qui ont ainsi deshonnoré la Mémoire de ces Princes, quoique dans le fond il eût été à souhaiter que leur prétenduë Hérésie eût eu le dessus. Nous ne verrions pas toute la Chretienté remplie des monumens superbes de la plus effroyable hardiesse qui se puisse voir, à insulter le Dieu fort par le mépris de ses ordres les plus intelligibles.

Venons à l'entreprise d'Amboise. Je vous ai déjà déclaré que je ne prétendois pas opposer narrations à narrations, mais seulement faire quelques remarques sur les faits, qui se trouvent dans la nouvelle Histoire du Calvinisme.

Il paroît, par la déduction de cette affaire qui se lit dans Monsieur (D) Maimbourg, que le Prince de Condé étoit le Chef de cette entreprise, & que le but des entreprenans étoit d'éloigner les Guises du Ministere, qu'ils
avoient

III.
Les Réformez accusez de s'être réjouis de la mort de Henri III.

II.
Eglise Romaine se contente du dehors de ses profélites.

IV
La Religion ne fut point cause de la conjuration d'Amboise.

(*) *Hist. du Calvin.* p. 108.
(A) *Pag.* 114.　　(B) *Hist. du Calvin.* p. 107.

(c) *Hist. du Calvin.* p. 114.
(D) *Hist. du Calvin.* p. 127.

Lettre XV. avoient entierement envahi, & de faire cesser par-là les persecutions violentes, que ces Messieurs qui étoient les tout-puissans, & ennemis mortels de la nouvelle Religion, faisoient souffrir aux Calvinistes. Prenons la chose au pis, avouons-lui que le Prince de Condé étoit le Chef de cette entreprise, qu'en peut-on induire de si criant contre notre Religion ? Et pourquoi s'en prendre à la Religion, sous prétexte que ceux qui furent employez à exécuter cette affaire, étoient de la Religion pour la plûpart ?

Si on examine l'affaire sans bigoterie, on se representera le Prince de Condé à peu près dans les mêmes termes, où se sont vûs, sous le regne de Louïs le Juste, Monsieur le Duc d'Orléans, frere unique de S. M. & Monsieur le Comte de Soissons, Prince du Sang. Le Cardinal de Richelieu, qui avoit fait de son Maître le prémier de ses Sujets, disposoit de toutes choses à sa fantaisie; le seul moyen d'avoir des charges, quand on avoit l'honneur d'être parent de S. M. c'étoit d'épouser les Nieces de son Eminence. Si on les refusoit, un Prince du Sang n'avoit plus aucun credit à la Cour. Mr. le Comte de Soissons, indigné de cette conduite, anima si bien Mr. le Duc d'Orleans, qu'ils resolurent de se défaire de l'Eminence, à quelque prix que ce fût, la falût-il poignarder (*) inhumainement. Ils avoient quantité de grands Seigneurs à leur devotion, qui ne demandoient pas mieux que de les servir à la ruine de ce premier Ministre. On fit des Complots, des Conspirations, & cent autres choses de cette nature, mais tout cela fut heureusement éludé par le Cardinal. De bonne foi, si Monsieur le Comte de Soissons eût été Calviniste en ce tems-là, & qu'il eût employé trois ou quatre cens Calvinistes à exécuter son dessein; si Monsieur le Duc d'Orléans, aussi Calviniste, eût employé aux mêmes fins plusieurs Gentilshommes Huguenots, seroit-il à propos de dire que l'Hérésie de Calvin auroit été la cause d'une conspiration épouvantable contre l'Etat ? Qui ne voit que la Religion n'est là qu'un pur accident, tout de même que la peinture (pour me servir de l'exemple des Philosophes) n'est qu'une pure cause par accident de la construction d'un Palais, lors que l'Architecte est Peintre ?

Mais, dira-t-on, si le Prince de Condé n'eût pas été Huguenot, il n'eût pas voulu débusquer Mrs. de Guise. Quelle pitié ! Mr. le Duc d'Orléans étoit donc bon Huguenot, & le Comte de Soissons aussi, puis qu'ils ont voulu débusquer le Cardinal de Richelieu. Le Parlement de Paris, Mr. le Coadjuteur, Mr. le Prince, feu S. A. R. Monsieur le Duc d'Orléans, étoient donc bons Huguenots, puis qu'ils ont voulu chasser du Ministere le Cardinal Mazarin.

Tout ce qu'on peut dire de plus raisonnable là-dessus, est que le Prince de Condé, concevant toute l'indignation que son grand courage & sa naissance lui inspiroient, de voir son Roi esclave des Etrangers, pendant que lui Prince du Sang n'avoit aucun crédit à la Cour, & voulant remédier à ce désordre par le seul motif de l'ambition, qui fait naître différens partis dans toutes les Cours du monde, trouva fort commode d'intéresser à sa cause les Hu-

guenots, leur représentant que la Maison de Guise étoit la seule cause de leur misere, & que si une fois on l'avoit éloignée du timon, ils obtiendroient pleine liberté de conscience. Il les fit donner dans le paneau par ce moyen, & se servit d'eux pour exécuter un dessein, qu'il n'étoit nullement nécessaire que sa Religion lui inspirât, y ayant tant d'autres causes qui pouvoient le lui inspirer. A quoi si vous joignez l'aveu que Mr. Maimbourg fait (a) de bonne foi, que ce Prince n'étoit point Calviniste dans l'ame, vous verrez clairement, Monsieur, qu'il n'y a rien de plus inique que d'attribuer à la prétenduë Hérésie de Calvin l'esprit de révolte, & de la rendre responsable de l'affaire d'Amboise. C'est le Sophisme *à non causâ pro causâ*. Les longues & funestes dissensions d'entre la Maison de Bourgogne & celle d'Orléans, toutes deux très-Catholiques, eurent-elles aucune autre cause que la jalousie de l'autorité ? Disons la même chose de la querelle de la Maison de Bourbon avec la Maison de Guise.

Je n'examinerai point ici s'il est vrai, comme Mr. Maimbourg (b) nous en assure, qu'il n'y eut jamais rien de plus criminel que cette entreprise d'Amboise. Je me contente de dire que cette action, entreprise par les ordres d'un des premiers Princes du Sang, est tout-à-fait dans le cas des entreprises qui furent faites sous le Regne de Louïs le Juste, par Mr. le Duc d'Orléans, & par Monsieur le Comte de Soissons, contre le Cardinal de Richelieu : & pendant la minorité du Roi, par le même Duc d'Orléans, par Mademoiselle de Monpensier sa fille, par Messieurs les Princes de Condé & de Conti, par une bonne partie des Parlemens de France, contre le Cardinal Mazarin. Rien ne peut être plus semblable. Dans l'affaire d'Amboise, on voit d'une part un jeune Roi infirme, tirannjquement gouverné par Mrs. de Guise, qui tranchoient comme ils vouloient, & qui étoient absolument les arbitres de la fortune; & de l'autre, un des premiers Princes du Sang éloigné des charges & du crédit. Dans les entreprises contre le Cardinal de Richelieu, on voit d'un côté un Monarque, assujetti à son premier Ministre d'une maniere pitoyable, comme on peut le voir dans les Mémoires du Sieur de Pontis, publiez depuis quelque temps; & de l'autre, les premiers Princes du Sang n'ayant pour toute fortune, que ce qu'un Ecclésiastique avoit la bonté de ne leur pas refuser. Dans les entreprises contre le Cardinal Mazarin, on voit d'un côté le grand & invincible Prince qui nous gouverne : mais comment l'y voit-on ? Trop jeune encore pour régner par lui-même, prétant son Auguste nom, pour exécuter ce qu'un Ecclésiastique Italien trouvoit à propos; & de l'autre, les Princes & les Parlemens de France agissant vigoureusement, pour éloigner du Ministere cet Etranger-là.

Je ne demande point qu'on justifie de tout blâme l'action du Prince de Condé contre la Maison de Guise. Mais on ne sauroit me nier qu'elle ne soit dans l'espece des autres entreprises, dont je viens de faire mention. Après quoi, c'est aux Politiques à discuter s'il est permis quelquefois aux Princes du Sang, & aux Grands du Royaume, qui voyent un Roi Mi-

(*) *Memoir. de Montresor. Auberi, Hist. du Card. de Richel.*

(a) *Voyez ci-dessus, Lettre III. Nº. II. & III.*
(b) *Hist. du Calvin. p. 130.*

Mineur ou trop facile, servir d'instrument aux passions injustes & violentes d'un premier Ministre, d'y mettre bon ordre. Je trouve le P. Maimbourg bien décisif, de dire qu'il n'y a rien de si criminel : il n'eût pas dit cela, lors que le premier Parlement de France mit à prix la tête du Cardinal Mazarin, manifestement protégé par la Reine Régente, & par le jeune Roi Mineur, & qu'une partie de la France contraignit le Roi & la Reine à chasser ce premier Ministre, de la fidélité duquel ils ne doutoient pas. Il se fit en ce temps-là plusieurs Ecrits, qui montroient, par des preuves authentiques, à tout le moins que pareilles choses se sont pratiquées de tout temps en France, quand la nécessité l'a voulu : & après tout, les Auteurs des entreprises, semblables à celle d'Amboise, n'ont pas toûjours été regardez de mauvais œil : nous voyons encore aujourd'hui bien des gens qui y ont trempé, qui sont des plus avancez. Mais quand ce sont des Huguenots, il faut qu'ils en soient châtiez à la quatrieme génération, si on en croit notre Historien.

Je laisse à ceux qui feront l'Apologie de notre parti, contre les invectives de Mr. Maimbourg à remarquer, 1. Que ceux qui nouërent cette entreprise, voulurent avoir la décision du cas de conscience qui entroit dans cette affaire, ce qui est un signe évident, que l'esprit de rébellion ne s'étoit pas emparé d'eux ; car quand on est possédé de cette fureur, on ne consulte que l'intérêt de sa passion. 2. Que la décision que l'on eut du cas de conscience portoit (*) expressément, que l'on ne prendroit les armes que pour avoir le chemin libre, afin d'aller faire des Remontrances au Roi. 3. Que la resolution qui fut prise, n'alloit que jusques à s'asfûrer du Duc de Guise, & du Cardinal de Lorraine, pour leur faire faire leur procès par les Etats. Cela paroît non-seulement, parce que le Prince de Condé excepta toûjours, *qu'on n'attenteroit rien* (A) *contre le Roi & la Maison Royale, ni contre l'Etat* : mais aussi parce que la consultation des Théologiens & des Jurisconsultes, vouloir absolument que, vû le bas-âge & la captivité du Roi, on recourût à l'autorité des Princes du Sang, Juges nez de pareilles choses en pareils cas, pour faire rendre compte à Mrs. de Guise de leur administration, du consentement des Etats, ou du moins (B) de la meilleure & de la plus saine partie des Etats. Cela paroît encore parce que les dépositions faites par les Conjurez, dans les plus douloureux tourmens de la question, & les Actes de l'Assemblée de Nantes, que Mrs. de Guise firent déchiffrer, ne leur apprirent point autre chose. 4. Que Calvin (c) condamna cette entreprise avant même qu'elle éclatât, & fit ce qu'il put pour en dérourner ceux des nôtres qui s'y laissoient engager. 5. Que celui qui révéla toute l'affaire, étoit un Avocat de la Religion, qui a vêcu depuis, & qui est mort de la Religion, & qui se sentit poussé bien plus par sa propre conscience, que par aucun autre motif, à donner (D) des avis de ce complot au Cardinal de Lorraine. Monsieur Maimbourg étoit trop préoccupé, pour nous faire

justice sur ces favorables circonstances.

Voyez, je vous prie jusqu'où va sa préoccupation : il loüe (E) comme *une action digne d'un Héros Chrétien*, la hardiesse du Connétable de Montmorenci, qui ayant surpris Monluc, Evêque de Valence, prêchant au Louvre en chapeau & en manteau court, en présence de la Reine Mere, *la regarda d'un œil foudroyant, & se tournant vers ses gens, leur dit de cet air d'autorité qui lui étoit si naturel, qu'on m'aille tirer de cette chaire cet Evêque travesti en Ministre* : & il fait un crime à l'Amiral d'avoir présenté une Requête au Roi, pour lui demander, de la part de tous les Protestans de France, l'exercice de leur Religion. Il n'y a point de crime à demander une grace à son Prince, ne lui laisse-t-on pas toûjours la liberté de refuser ? Mais c'est un manque de respect effroyable, & qui a je ne sai quoi de brutal, d'oser interrompre d'un air si menaçant un Evêque, qu'une Reine de France écoute avec attention. C'étoit au Connétable à faire ses remontrances à la Reine, sur le déguisement de l'Evêque, après la fin du Sermon. Mais un sujet, qui ne veut point usurper une jurisdiction illégitime, en présence de son Maître, ne s'ingerera jamais de faire taire un Prédicateur, qui est écouté favorablement de son Roi, ou de sa Reine. Cependant, parceque c'est un Catholique qui fait cette brutalité-là, c'est une *action digne d'un Héros Chretien*.

La même prévent'on se remarque dans le tour malin que donne Mr. Maimbourg à la Requête de l'Amiral. *Comme* (F) *s'il eût voulu* (dit-il) *menacer & intimider le Roi, il eut l'audace d'ajoûter, qu'il feroit signer sa Requête par 50. mille hommes de la seule Province de Normandie.* Le tour naïf & naturel de cet endroit de la Requête, est de dire que l'Amiral faisoit comprendre à S. M. qu'il y avoit un si grand nombre de Calvinistes dans son Royaume, qu'ils méritoient bien qu'elle eût plus d'égard à leurs prieres, que s'ils n'eussent été qu'une poignée de gens ; & qu'il vouloit excuser la liberté qu'il prenoit de demander grace pour les Huguenots sur leur grand nombre, & faire voir en même temps que les supplices ne pouvant venir à bout de tant de sujets, sans affoiblir extrêmement le Royaume, il étoit de l'intérêt du Roi de relâcher la rigueur des Ordonnances. C'est ainsi que raisonna Pline, lors qu'il fit surseoir la punition des Chretiens par tout son Gouvernement, & qu'il consulta l'Empereur son Maître (G). C'étoit l'idée qui devoit tomber naturellement dans l'esprit de ceux qui virent la Requête des Huguenots : mais au lieu de cela nous aprenons (H) de Mr. Maimbourg, que le Cardinal de Lorraine & le Duc de Guise dirent fierement à l'Amiral, que le Roi avoit plusieurs millions d'hommes à opposer aux 50. mille de la Requête, à quoi ils ajoûterent plusieurs autres choses passionnées ; de sorte que comme leurs opinions & les Arrêts du Conseil n'étoient qu'une seule & même chose, la Requête fut rejettée à la honte de l'Amiral, & de l'Evêque de Valence, qui avoit opiné favorablement pour lui

---

(*) *Mezeray, ad ann.* 1560.
(A) *Maimbourg. p* 128.
(B) *Mr. de Thou, l.* 24,
(c) *Vid. Calv. Epistol. p.* 312. 313.
(D) *Mr. de Thou, Ibid.*

(E) *Histoire du Calvin. p.* 66.
(F) *Hist. du Calvin. p.* 145.
(G) *Visa est mihi res digna consultatione, maximè propter periclitantium numerum.*
(H) *Hist. du Calvin. p.* 151.

LETTRE XV. Entre les autres choses passionnées qui furent dites alors par le Duc de Guise, remarquez je vous prie, ces paroles : *Il approuvoit bien (*) que les Evêques & les Théologiens s'assemblassent pour terminer les différends de Religion, mais il protestoit hautement quoi qu'ils pussent dire dans leur Assemblée, qu'il ne se départiroit jamais de l'ancienne créance de l'Eglise Catholique, singulierement sur le point de la présence réelle.* Voilà un homme bien docile pour ses Prélats. Il veut bien qu'ils conferent entre-eux qu'ils disputent, & qu'ils raisonnent tant qu'il leur plaira, mais il n'en veut croire ni ni plus moins; il ne croira rien que ce qu'il croit : marque évidente qu'il n'étoit Catholique que par emportement & par passion, & que cette passion étoit le souverain Tribunal qui décidoit de sa foi; car ne doutez point que si on lui eût proposé un Concile, il n'eût dit la même chose, *qu'on s'assemble & qu'on dispute tant qu'on voudra, je proteste par avance, que je ne changerai jamais de foi.* C'est proprement se mettre au-dessus du Concile plus que le Pape ne s'y met, & ce grand deffenseur de la Religion Catholique ne savoit pas encore les Principes de la Catholicité.

IX.
Pieces Satyriques.

L'Auteur nous apprend en ce même endroit, qu'il a vû dix volumes *in folio*, tout remplis de méchantes Pieces Satyriques, composées par les Huguenots contre leurs persécuteurs, & sur tout contre la maison de Guise, & qu'il n'y a trouvé que des injures atroces, & de noires calomnies, brutalement répanduës sans jugement & sans esprit. Quand il voudra, nous lui ferons voir un recueil trois fois plus gros de méchantes Pieces Satyriques, composées par ceux de son parti contre les Princes de Condé, les Colignis, le Roi de Navarre, Henri III. la Reine Elizabeth, &c. je ne doute point, que pourvû qu'il en juge mieux (A) qu'il n'a fait des libelles de Port-Royal, contre lesquels il porte la même sentence que contre les autres, il ne reconnoisse qu'il y a encore & plus d'imprudence à mentir, & moins d'esprit & de jugement, que dans les Satyres des Huguenots; ainsi nous n'avons rien à nous reprocher les uns aux autres sur ce point-là ; ce sont des défauts qui se trouvent, & dans la bonne & dans la mauvaise Religion. La très-Catholique & très-zélée Ville de Paris a renouvellé de notre temps ces sortes de médisances, d'une maniere furieuse contre le Cardinal Mazarin, sans ménager aucunement l'honneur de l'incomparable Anne d'Autriche, mere de S. M. On peut recueillir de la Critique curieuse que Monsieur Naudé, Bibliothécaire de ce Cardinal, nous a laissée de toutes ces impertinentes Satyres, qu'elles sont à peu près de la force des dix volumes de Mr. Maimbourg. Mais ne lui en déplaise, les Ecrits de Port-Royal contre leurs Antagonistes, ne passent jamais devant des Juges éclairez & non suspects pour des Pieces sans esprit ; l'accusation vient un peu tard ; ce n'est pas de cela qu'on faisoit des crimes à ces Mrs. *novum crimen, Cai Cæsar, & ante hoc tempus inauditum !*

X.
Mauvaise foi des Catholiques Romains.

C'est une faute que de ne pas reconnoître le mérite d'un Livre, qui est écrit contre nous : mais elle est légere en comparaison d'une autre faute que Mr. Maimbourg a commise (B), par le faux jugement qu'il a porté sur une action de Morale. C'est en décrivant les mesures que l'on avoit prise pour l'entiere extirpation des Huguenots, peu avant la mort de François II. On devoit exécuter l'Arrêt de mort rendu contre le Prince de Condé, s'assûrer de l'Amiral qui s'étoit rendu des premiers à Orléans pour la tenuë des Etats, *ayant eu un peu bien hâte pour un homme aussi fin que lui*, dit Monsieur Maimbourg. Le Duc de Guise avoit gagné plus des deux tiers des Députez, & on avoit défendu à tous de parler de l'affaire de la Religion. On avoit résolu de faire signer à tout le monde le Formulaire de Foi, que la Sorbonne avoit dressé en l'année 1542. sur peine, pour la moindre punition, à tous ceux qui refuseroient de le signer, de confiscation de tous leurs biens, & d'être chassez du Royaume. Et pour tenir fort efficacement la main à l'exécution d'un dessein si bien concerté, trois Maréchaux de France devoient parcourir les Provinces, chacun avec de bonnes troupes qui étoient déja toutes prêtes.

Comment croyez-vous que Mr. Maimbourg appelle cela ? Il l'appelle de justes mesures dont la rupture fut une terrible punition de Dieu. Se peut-il bien faire que des gens d'esprit, & qui ont dû étudier la Morale de l'Evangile des soixante années de suite, ne voyent pas l'injustice énorme qui étoit dans ce dessein ? Y a-t-il de la justice à corrompre les Députez des Etats, comme avoit fait Mr. de Guise ? N'étoit-ce pas un attentat criant & digne de tous les fléaux du Ciel, que d'entreprendre de forcer la conscience, & d'envoyer des armées où l'on vouloit faire des conversions, afin que la terreur des violences du soldat vînt à bout de faire signer un Formulaire à ceux que la crainte de l'exil, & de la perte de tous leurs biens n'auroit pas suffisamment ébranlez. Une conduite si diamétralement opposée, non seulement à l'esprit de l'Evangile, mais aussi à la Raison, à l'équité naturelle, & à l'humanité, ne peut être appellée juste que par des gens, qui à force de vouloir paroître zélez, ont gâté entierement leur Raison & leur Conscience ; & rien ne témoigne davantage qu'il y a un Dieu protecteur de l'innocence opprimée, que de voir échouer cette sorte de desseins si bien concerté. Je suis, &c.

LETTRE XVI.

MONSIEUR,

Je vous ai assez entretenu de la Reine Marie Stuart dans mes premieres Lettres, pour me pouvoir

I.
De Marie Stuart & Catherine Médicis.

voir difpenfer de la difcuffion des faits, que Mr. Maimbourg nous étale dès le commencement du troifieme Livre, en parlant de l'établiffement du Calvinifme dans l'Ecoffe. Cette narration eft remplie d'artifices & déguife tellement les chofes, qu'on y voit le parti Huguenot toûjours méchant, & le parti de l'Eglife Romaine toûjours bon, & jufte. Souvenez-vous de Monfieur Maurier, bon Catholique, qui reconnoît de la fraude dans une infinité de Moines & de Catholiques fuperftitieux, qui ont écrit contre la Reine d'Angleterre en faveur de celle d'Ecoffe; & lifez Mr. de Thou, autre bon Catholique, vous y trouverez la réfutation de Mr. Maimbourg (*), & l'Apologie de notre parti.

J'ai été plus fatisfait de la fincérité de l'Auteur à reconnoître les artifices de Catherine de Médicis, & les belles qualitez du Chancelier de l'Hopital. Malgré le caractere artificieux de cette Reine, il n'eft pas impoffible qu'elle ait fouhaité fincerement d'embraffer notre parti : on n'eft pas tellement égal à foi-même, & abandonné à fon ambition, qu'on n'ait quelques bons momens. Au moins peut on reconnoître que fes penfées pour notre Religion ne venoient d'aucun mauvais principe. Elle eût eu befoin de faire ce bon changement, pour fe délivrer de tous ces Sorciers, de tous ces Empoifonneurs, & de tous ces Aftrologues, qu'elle avoit toûjours à fa fuite, & que notre Religion détruit bien mieux que ne fait l'Eglife Romaine. Combien de gens voit-on aujourd'hui de fa Communion, honteufement embarraffez dans ces infames defordres ? Cela eft venu à un tel excès, que les Magiftrats aiment mieux laiffer foupçonner leur conduite, que de faire éclater aux yeux du Public les abominations qu'ils découvrent. Graces à Dieu, on n'a point encore vû des nôtres mêlez dans ces infamies.

Pour Catherine de Médicis, qui ne fit faire des feux de joye qu'à regret, pour la victoire remportée fur les Proteftans à la bataille de Dreux, & qui fe contenta de dire fur le bruit qui avoit couru de la défaite des Catholiques, *Hé bien, il faudroit donc* (A) *prier Dieu en François,* fi l'on peut croire qu'elle avoit gouté la bonne femence; il faut croire auffi que felon la Parabole de l'Evangile, l'amour du monde, l'ambition, & la pompe des richeffes, étoufferent les lumieres de la grace dans fon cœur, de forte que ce fut une terre où la parole de Dieu ne put point germer. Il faut croire que la crainte de perdre fon autorité l'empêcha de devenir Huguenote; car elle fe vit traitée fi rudement, dès qu'elle parut pancher de notre côté, qu'elle vit bien que nous n'étions pas fon fait felon le monde. Et cela nous apprend à connoître le génie de Mrs. les Catholiques: non-feulement ils ne veulent pas que les particuliers puiffent difpofer de leur confcience, mais ils ne veulent pas même accorder cette liberté à leurs Rois. Ils forcerent Catherine de Médicis à demeurer Parmi eux. Nous n'y avons pas regret; une ame

de cette trempe n'eût pas fait beaucoup d'honneur au parti.

Tirons néanmoins quelque utilité du penchant qu'elle eut pour nous, & difons que cela juftifie nos Peres de l'audace que Mr. Maimbourg leur reproche, fur ce qu'ils firent leurs exercices publiquement, malgré les Edits. S'il vouloit leur faire ce reproche avec quelque couleur, il ne devoit pas nous apprendre, comme il fait, qu'il y avoit une intelligence fecrete entre la Reine Régente, & l'Amiral; que la Reine (B) avoit promis à l'Amiral de favorifer la nouvelle Religion; que le Roi de Navarre, declaré Lieutenant Général, repréfentant la perfonne & l'autorité du Roi dans tout le Royaume, favorifoit hautement la nouvelle Secte. Il me femble que quand on a fous une Minorité la permiffion du Régent, & de la Régente, de faire une chofe, on peut la faire très-innocemment, quoi que les Edits qui la défendent, ne foient pas folemnellement révoquez par un autre Edit. Tous les jours les Rois, ou par des conceffions verbales, ou par des Ecritures fecretes, permettent à qui bon leur femble de n'obéïr pas à certaines loix, & alors on y défobéït fans aucune rébellion.

Pour ce qui eft du Chancelier de l'Hopital, j'euffe voulu que Mr. Maimbourg n'eût pas (c) infinué, comme il a fait d'une maniere très-vifible, qu'il *n'avoit nulle Religion.* Il prend à témoin un homme qui franchit le pas, & qui dit tout net, que le Chancelier étoit Athée. Peu de gens comprendront comment cela fe peut accorder avec *cette mine auftere, ce vifage de St. Jerôme, comme on l'appelloit à la Cour, cette morale extrêmement fevere,* cette partialité pour les Huguenots que Mr. Maimbourg (D) reconnoît en lui. On ne croit guéres que les gens fans Religion s'amufent à feindre qu'ils font du parti difgracié, qu'ils fe faffent une affaire de l'auftérité de la Morale, & qu'ils ne foient pas toûjours de la Religion dominante, & toûjours ennemis des Sectes perfecutées. Ils feroient bien fous n'ayant point de Religion, de choifir pour les dehors celle qui conduit à la potence, préférablement à celle qui a les biens & les honneurs de fon coté. (E)

Mr. Maimbourg ajoûte que ce Chancelier n'a parlé *de fa fepulture dans fon teftament, qu'en des termes peu dignes d'un Chretien,* ayant dit *quant à mes funerailles & fepulture, que les Chretiens n'ont pas en grande eftime, &c.* Mais qui lui a dit que ce foit un langage peu digne d'un Chretien ? Je trouve au contraire qu'un langage oppofé à celui-là eft plûtôt d'un Infidelle que d'un Fidelle. Quand je vois la plûpart du monde fe mettre fort en peine du lieu où on les enterrera, & ordonner mille chofes là-deffus à leurs héritiers, je ne faurois m'empêcher de dire, que c'eft l'efprit du Judaïque & du Paganifme qui revit dans la Religion Chretienne; car à la referve de quelques Efprits Philofophes, qui ont témoigné une grande indifférence pour cela (F) les Payens fouhaitoient paffionnément d'être enterrez,

II.
Du Chancelier de l'Hopital.

III.
Si l'on doit avoir foin de fa fepulture.

(*) Il y avoit dans la premiere Edition. „ Cela étant „ nous n'avons que faire de nous tourmenter pour „ faire l'Apologie de notre parti fur ce Chapitre: nos „ Adverfaires nous en difpenfent. J'ai été plus fatis-„ fait, &c.

(A) *Mezer. Abr. Chr. ad ann.* 1562.
(B) *Hift. du Calvin. p.* 188. 189.
(C) *Hift. du Calvin. p.* 105.　　(D) *Ibid.*

Tom. II.

(E) Conférez ceci avec ce qui eft dit dans le *Dict. Hift. & Crit.* Art. Hospital (Michel) de L Rem. H.

(F) Il y avoit dans la premiere Edition : „ *Démonax,* „ par exemple, qui mourut à Rome dans le fecond „ fiecle, ne voulut point être enterré; & fur l'obje-„ ction qu'on lui fit, *qu'il feroit donc mangé des chiens,* „ *quel mal,* répondit-il, *fi je fers de quelque chofe après* „ *ma mort ?* Les Payens fouhaitoient &c.

terrez, s'imaginant par une penſée chimérique, que l'ame ne pouvoit être heureuſe, ſi le corps qu'elle avoit abandonné n'étoit en bon lieu. C'eſt pour cette raiſon qu'on ſouhaitoit aux défunts que la terre ne les incommodât point, *ſit tibi terra levis*,

> Dî (*) *majorum umbris tenuem & ſine pondere terram,*
> *Spiranteſque crocos, & in urna perpetuum ver.*

Mais les Chretiens, qui ſont épurez de ces imaginations ridicules, ne ſe mettent point en peine de ce que deviendra leur corps; qu'il ſoit mangé par les bêtes, qu'il ſoit réduit en cendres, n'importe; ils n'en ſont pas moins aſſurez de la félicité du Paradis, & de la Réſurreƈtion; & je ne ſaurois pardonner à Meſſieurs de l'Egliſe Romaine l'erreur où ils nourriſſent leurs peuples, de vouloir être dépoſez après leur mort en terre ſainte : car demander cela pour grace comme font les Criminels ſur l'échaffaut, c'eſt être perſuadé que la prétenduë bénédiƈtion d'un Cimetiere porte ſon influence bénigne juſques dans l'autre monde; ce qui eſt non-ſeulement contre les lumieres du bon ſens, mais auſſi contre les véritables Principes de la Religion. On peut même dire, que ſuppoſant les chimériques & creuſes doƈtrines du Purgatoire, il eſt inutile d'être enterré dans un lieu plûtôt que dans un autre, parce qu'il n'y auroit rien de plus abſurde que de s'imaginer, que la Juſtice divine reçoit en payement pour une ame ſéparée de ſon corps, ce qui arrive à ce corps, & qu'à cauſe qu'il ne pourrit pas dans une Egliſe, l'expiation des péchés de l'ame ſe fait beaucoup plus lentement.

Si ceux qui ont tant de ſoin de leur ſépulture, ne ſont pas encore dans quelques vieilles erreurs du Paganiſme, ils ſont du moins touchez d'ambition; ils veulent que leurs tombeaux paroiſſent avec éclat, qu'ils attirent les yeux du monde, & qu'on liſe dans leur Epitaphe l'éloge de leurs belles qualitez, pendant,

> Que (A) dans ces grands tombeaux où leurs ames hautaines
>
> Font encore les vaines,
>
> Ils ſont rongez des vers.

D'où que cela vienne, ce ſont des diſpoſitions de cœur peu convenables à un Chretien. Et ainſi tant s'en faut que le Chancelier de l'Hopital ait parlé peu Chretiennement de ſa ſépulture, qu'au contraire, il en eût parlé peu Chretiennement, s'il en eût parlé d'une autre maniere. Mr. Maimbourg n'a-t-il jamais lû que François de Sales, qui eſt à préſent un des grands Saints de la Communion de Rome, a légué ſon corps pour l'uſage de la Médecine, & qu'il étoit prêt de l'abandonner aux Chirurgiens, pour ſervir utilement à leur inſtruƈtion ? On a fort loué ſa charité en cela. C'étoit pourtant témoigner un grand mépris pour la ſépulture; & par conſéquent le P. Maimbourg ſe trompe de prendre ce mépris-là pour un ſentiment peu convenable à un Chretien. Un célebre Médecin de Paris, nommé Pietre, ne voulut point qu'on l'enterrât dans une Egliſe, de peur de nuire par les exhalaiſons de ſon cadavre à la ſanté des vivans, à laquelle il avoit très-utilement ſervi pendant ſa vie. Dira-t-on auſſi que c'étoit une penſée peu Chretienne ? Voici ſon Epitaphe :

> Simo (B) *Pietreus, Doƈtor Medicus*
> *Pariſienſis, vir pius & probus,*
> *Hic ſub dio ſepeliri voluit, ne mortuus*
> *Cui quam noceret, qui vivus*
> *Omnibus profuerat.*

I. Parlons un peu du Colloque de Poiſſi. L'Auteur prétend avoir pénétré dans fin de cette affaire; je ne m'y oppoſe pas. Il fait une horrible peinture des Miniſtres qui comparurent dans cette Aſſemblée; je ne m'y oppoſe pas non plus. Ce n'eſt pas que j'y reconnoiſſe des caraƈteres de vérité qui m'obligent au ſilence; mais c'eſt que ce ſont de vieilles calomnies réfutées mille & mille fois, & que Mr. Maimbourg n'a pas eu honte de remettre ſur le tapis, comme quelque choſe de nouveau, quoi qu'il n'ignore pas les réponſes qui ont été faites à ces fables. Tout fraichement Monſieur Turretin, Profeſſeur en Théologie à Geneve, ayant répondu à une Lettre, que le Cardinal Spinola, Evêque de Luques, avoit écrite à quelques familles de Geneve Originaires de Luques, a ſi bien prouvé la vie irreprochable de Pierre Martyr, ſon mérite & la bonne réputation qu'il avoit acquiſe dans ſon Ordre, qu'il n'y a rien à déſirer après cela. Quant à Théodore de Beze, dont Mr. Maimbourg fait un monſtre abominable, ſur la ſeule dépoſition de quelques témoins manifeſtement ſuſpeƈts, on n'a qu'à voir les défenſes qu'il a publiées lui-même contre les calomnies de ſes ennemis, & quantité de nos Auteurs, qui ont eu mille fois occaſion de repouſſer ces traits envenimez du Malin, & on ſe convaincra aiſément de la fauſſeté de ces médiſances. La matiere a été traitée fort pertinemment par Mr. Rivet, dans pluſieurs endroits de ſes Oeuvres, & ſur tout dans ſon *Jeſuita vapulans* : je vous conſeille de les conſulter. En général il ſuffit de ſe ſouvenir de l'intérêt manifeſte, que les Moines & les Prêtres avoient de décrier la vie de nos premiers Réformateurs, pour ſoupçonner, ſans faire des jugemens téméraires, qu'ils leur ont impoſé les crimes les plus propres à ruïner leur cauſe dans l'eſprit des peuples, par la voye du préjugé.

Les Eccléſiaſtiques de ce ſiecle-là étoient ſi peu faits à la Controverſe, qu'ils ne mettoient leur confiance que dans quelque méchant lieu commun, de la portée du plus petit Eſprit. *Calvin avoit eu la fleur de lis : Beze craignoit le fagot : Luther étoit en colere de ce que ſon Ordre avoit été depouillé de la commiſſion de prêcher les Indulgences; donc leur doƈtrine ne vaut rien.* Voilà les pivots ſur leſquels on faiſoit rouler l'innocence de l'Egliſe Romaine. On s'eſt aguerri depuis, & on a traité la Controverſe fort ſavamment, mais ſans renoncer aux premieres armes. Il eſt vrai qu'elles ſont demeurées en propre aux Miſſionnaires, & que les habiles gens ne s'en ſervent plus que par emprunt; néanmoins la voye du préjugé paroît ſi commode à nos Adverſaires, & la voye de diſcuſſion ſi périlleuſe, que leurs plus fameux Ecrivains ont employé toute leur éloquence ces années dernieres, à montrer, que notre Réformation n'eſt pas un ouvrage du Saint Eſprit, parce que nos Réformateurs ont été des gens de mauvaiſe vie. Nous nions le fait, & ils ont plus d'intérêt que nous à nier la conſéquence.

Car

(*) *Juvenal.*   (A) *Malherbe.*   (B) *Papir. Maſſon. Elog. tom.* 2.

Corruption de l'Eglise Romaine.

Car si ce raisonnement est bon, il y a long-tems que l'Eglise Romaine est tombée dans l'apostasie, puis que s'il est de l'ordre de la Providence, s'il est de la Sainteté de Dieu, de n'employer point à réformer son Eglise des personnes de mauvaise vie, il n'est point non plus de sa sainteté, ni de sa sagesse, de gouverner son Eglise par l'autorité infaillible d'un homme de mauvaise vie. Le bons sens nous montre, que si le St. Esprit ne peut point loger dans une ame souillée de crimes, & l'employer au rétablissement de l'ordre, il ne peut point non plus loger dans un scélérat, & l'employer à maintenir l'ordre par ses inspirations immédiates & infaillibles. Donc jamais Pape de mauvaise vie n'a été Chef de l'Eglise, & par conséquent l'Eglise Romaine n'est plus la vraye Eglise, puis qu'elle tient la plûpart des articles de sa foi de la décision des Papes, qui ont été presque tous pendant plusieurs siecles d'une vie très-scandaleuse. Ce ne sont pas les Protestans qui le disent; nous avons cet avantage sur nos Adversaires, qu'ils ne puisent les accusations qu'ils intentent à nos Héros, que dans des Auteurs Catholiques, au lieu que nous trouvons toutes les infamies des Papes, & de la Cour de Rome, dans des Ecrivains très-Catholiques, dans les Annales mêmes de l'Eglise Catholique. Un Evêque de Chartres (*) a dit froidement, *qu'il croyoit que la vie courte des Papes étoit une grande marque du soin que Dieu prenoit d'empêcher qu'ils n'infectassent toute l'Eglise.* Guicciardin, Historien célebre, remarque que la bonté des meilleurs Papes consiste en ce qu'ils n'ont pas été plus méchans que les autres hommes. Petrarque, Nicolas de Clemangis, Baptiste Mantuan, Alvarez, Platine, &c. tous bons Catholiques, en ont dit bien d'autres. Je vous envoyerai par la premiere occasion un assez gros Livre qui paroît depuis peu, composé par un Catholique Romain & intitulé, *Moyens sûrs & honnêtes pour la Réformation de l'Eglise, & pour la conversion des Hérétiques.* Vous y verrez les Papes sur la selette. Or cette avantage que nous avons de trouver dans les Livres de nos Adversaires mêmes, la honte de leur Eglise, n'est pas petit. Arnobe (A) le fait extrémement valoir en faveur de la Religion Chretienne contre le Paganisme, faisant voir que c'étoient les propres Livres des Payens, qui fournissoient les preuves de toutes les abominations qu'on leur reprochoit.

Imprudence du P. Maimbourg de rappeller tous ces désordres.

J'ai déja remarqué (B) ailleurs, & je le répete encore ici, que Mr. Maimbourg eût fort bien fait de ne point renouveller ces vieilles & ces sales accusations du dernier siecle; car il sera cause que l'on renouvellera la mémoire de je ne sai combien d'infamies, qu'on a presque mises en oubli, qui ne feront honneur ni à l'Eglise Romaine, ni au Christianisme, ni à la France. Si quelqu'un des nôtres s'avise d'employer la voye de récrimination, que ne pourra-t-il pas dire, & que ne dira-t-il pas? Combien de conspirations, de séditions, de massacres, de parricides, d'impietez, d'impudicité ne reprochera-t-il pas? Pour un Poltrot combien de Louviers, Monrevels, de Châtels, & de Barrieres n'objectera-t-il pas? Nous nous tenions dans le silence, nous tâchions même de ne plus nous souvenir de ces horribles désordres, sur lesquels nos Ancêtres ne se sont point tûs: on devoit nous laisser dans cette favorable disposition: notre silence est un grand bonheur à nos Adversaires, ils devroient se le ménager. Nous pourrions dire fort justement:

- - - (c) Ut pereat positum rubigine telum,
Nec quicquam noceat cupido mihi pacis. At ille
Qui me commôrit (melius non tangere, clamo)
Flebit, & insignis toto cantabitur orbe.

Sur tout il eût été de la prudence du Pere Maimbourg, de ne point parler de cette Epigramme, où il s'agit d'une Maîtresse & d'un Ami; car de la maniere qu'il l'explique, cela ne peut que réveiller dans l'imaginuation des Lecteurs, les idées de mille contes qui se font par tout, au désavantage des Cloîtres & des Colléges: & non seulement au désavantage de ces lieux de solitude, mais aussi présentement de ceux où la foule & la pompe du monde est la plus grande. Jamais on n'a eu plus de raison de dire avec ces beaux vers de Buchanan; (D)

Descende cœlo turbine flammeo
Armatus iras, Angelo, vindices,
Libidinum jam notus ultor
Exitro Sodoma impudica.
En rursus armis quod pereat tuis,
Lustrum Gomorrha suscitat amulum,
Syrûm propago, & execranda
Spurcitia renovat palastram.

Ce ne sera pas moi, Monsieur, je vous en assure, qui rouvrirai toutes ces vieilles playes. Je voudrois pour l'honneur de la Religion Chretienne, que la mémoire de tous ces désordres s'abolît entierement; car il me semble que si les Payens étoient aussi savans que nous, ils en tireroient de grands avantages, pour nous bien embarrasser.

De la priere de Beze à Dieu au commencement du Colloque.

VI.

II. J'admire que Mr. Maimbourg ose traiter (E) de bizarre, la maniere dont les Ministres commencerent les Conférences de Poissi. Il *commença (Théodore de Beze) sa Harangue d'une maniere assez bizarre, car comme il étoit grand Comédien . . . . . . dès qu'il eût dit les deux premieres periodes qu'il adressoit au Roi, il se mit à genoux avec tous les Ministres qui l'accompagnoient, & levant les yeux & les mains au Ciel, il fit comme par un soudain enthousiasme, une longue priere au Pere Céleste, qu'il termina par l'Oraison Dominicale, puis s'étant relevé il continua sa harangue.* Qu'y a-t-il là de bizarre? Qu'y a-t-il là qui ne soit plûtôt d'un véritable Chretien? Les Gentils feroient en cela la leçon au P. Maimbourg, puis que, selon la remarque de Pline, ils ne commençoient ni leurs actions, ni leurs discours que par l'invocation des Dieux (F), ce qu'il pratiqua lui-même dès l'entrée de son Panégyrique pour Trajan. C'est une chose étonnante qu'un homme, qui a vêcu 55. ans dans la vie Religieuse, tourne en ridicule la conduite d'un Ministre, qui commençant à parler d'une matiere très-importante, par le raport qu'elle avoit & à la gloire de Dieu, & à la prospérité de l'Eglise & de l'Etat, adresse ses prieres

---

(*) Joan. Sarisbur. Policrat. l. 6. c. 24.
(A) Lib. 4. adv. Gent.
(B) Ci-dessus Lettre III. No. V.
(C) Horat. l. 2. Satyr. I.

(D) Fratres Fraterrimi, No. XXX.
(E) Hist. du Calvin. p. 221.
(F) Ut rerum agendarum, ita dicendi initium à precationibus capere.

LETTRE.
XVI.

prieres au Pere Célefte pour lui demander fa bénédiction. S'il eût dit que cela parut fort nouveau à l'Affemblée, il eût parlé beaucoup plus raifonnablement; car il eft vrai qu'en ce tems-là l'ufage des prieres en François, étoit la chofe du monde la plus inconnuë, & que les prieres en Latin ne confiftoient que dans une fréquente répétition de certaines formules, marmotées fans application d'efprit. Encore aujourd'hui Mrs. de l'Eglife Romaine font fi peu habituez à faire des Oraifons à Dieu, qu'on embarrafferoit fort leurs Dévots, fi on les tiroit de leur Bréviaire, au lieu que non-feulement nos Miniftres, mais auffi plufieurs de nos bons Bourgeois, peuvent faire fur le champ de belles prieres, foit au lit d'un malade, foit dans quelque autre occafion. Demandez-en autant à ces Mrs. c'eft leur parler d'un autre monde. Il a falu que dans toutes les Conférences, qui fe font paffées entre leurs Controverfiftes & les nôtres, nos Miniftres ayent averti leurs Adverfaires, qu'il étoit à propos de commencer une action comme celle-là par l'invocation du St. Efprit, à quoi l'autre ne fongeoit point du tout; & après cet avertiffement, c'étoit le Miniftre qui prioit, fans qu'on lui conteftât aucunement l'avantage.

Remarque fur les délibérations du Concile de Trente.

Mr. Maimbourg ne traite pas feulement Beze de bizarre, pour avoir commencé fa harangue par une priere, mais il prétend auffi qu'il faifoit le Comédien & l'Enthoufiafte. Il ne fait pas que nos Miniftres font en poffeffion de fe faire un devoir indifpenfable, d'invoquer le nom de Dieu dans le commencement de leurs entreprifes, & qu'ainfi Théodore de Beze étoit allé à la Conférence préparé à la priere qu'il y fit. Il ne donnoit donc point cette priere comme l'effet d'une foudaine infpiration. Au refte il y a bien moins du Comédien en ce que firent alors les Miniftres, qu'en ce qui fe paffoit à Trente, où on faifoit chanter en pompe la Meffe du St. Efprit, le *Veni Creator Spiritus*, quoi que chacun fût déja ce qu'il vouloit opiner, & qu'il l'eût déja compaffé avec foin dans fa maifon. Il falloit dire, *Venez Poftillons du Pape, Couriers infatigables de la Cour de Rome, Meffagers du Sacré Collége, chargez de tous les Décrets du Saint Concile Oecuménique, Venez nous infpirer*, & non pas, *Veni Creator Spiritus*. C'eft pour la commodité des Couriers, que la Cour de Rome ne vouloit pas que l'on traitât des Controverfes de la Religion ailleurs que dans le Concile. La nouvelle du Colloque de Poiffi jetta l'allarme dans l'efprit du Pape, tant il craignoit que le Saint Efprit n'éclairât la France, fans attendre l'arrivée de fes Poftillons. Pour calmer fes craintes il dépécha un Légat au Roi, avec ordre de veiller fur les démarches de ce Colloque, & de faire en forte qu'on ne paffât point à la Décifion, mais qu'on renvoyât le tout au Concile, où Claude de Xainctes (*) reconnut fort bien, quand il y fut, qu'il y avoit plus du *Nobis*, que du *Spiritui Sancto*.

VII.
Combien l'Eglife Romaine craignoit la difpute.

Jamais on n'a vû une telle pufillanimité que celle de l'Eglife Romaine de ce tems-là. Elle s'imaginoit que le feul moyen de demeurer Catholique, étoit d'ignorer les nouvelles opinions, & que fi on admettoit les Miniftres à l'Audience, tout étoit perdu. De là vinrent les remontrances de la Sorbonne, & les fupplications qu'elle fit faire à la Reine, de ne pas écouter les Apologies des Miniftres. De là (A) encore le long difcours du Général des Jéfuites, Théologien du Légat, par lequel il eut l'audace de cenfurer la conduite de la Cour de France, & d'exclure (B) les Reines, les Princes, les Sénateurs, & toutes les perfonnes, qui ne font point profeffion de doctrine Eccléfiaftique, des affemblées où on examine les Controverfes de Religion, & de dire en propres termes, *qu'il n'y avoit rien de plus dangereux que de traiter de quelque voye d'accord avec les Hérétiques*. Que vouloit-il donc que l'on fît? Il vouloit fans doute que fans s'informer de leur doctrine, fans les ouïr en leurs défenfes, on les pendît tous. Plufieurs années après, le Nonce du Pape en France ayant ouï dire, qu'il devoit y avoir une Conférence à Fontainebleau, entre Monfieur du Perron & Monfieur du Pleffis Mornai, s'en allarma extrêmement, & n'y eût jamais donné les mains (C), fi Henri IV. ne lui eût donné fa parole, qu'on n'y débatroit pas de la vérité de la doctrine, mais feulement de la vérité de quelques citations.

VIII.
Inutilité difputes d les Princi de Rome.

Dans le fond il n'y avoit rien de plus inutile que ces Conférences, ces Colloques, ces Difputes, & même que le Concile Général. 1. Parce que Mrs. de l'Eglife Romaine ne vouloient point fe deffaifir de la qualité de Juges. 2. Parce que l'un de leurs plus grands Principes, eft l'infaillibilité & l'immutabilité de leurs décifions. Il eft évident que c'eft travailler en vain, que de plaider fa caufe contre des perfonnes, qui fe portent pour Juges & pour parties en même tems; & il n'eft pas moins certain d'ailleurs que les Controverfes dont il s'agiffoit, avoient déja été définies par l'Eglife Romaine. Si bien que fes Décifions ayant le privilége de l'infaillibilité, à ce qu'elle dit, il ne faloit pas attendre qu'elle fe coupât fi groffierement, & qu'elle ruïnât fon grand Principe, en donnant les mains à quelques-uns de nos dogmes; de forte que j'ai toûjours été furpris de voir qu'on exhortoit les Hérétiques à fe préfenter à l'Affemblée de Trente; car on ne pouvoit pas être bon Catholique, fans croire, que tout ce qu'ils diroient feroit faux, hérétique, & frappé depuis long-temps des foudres du Vatican. Or il eft abfurde d'exhorter un Théologien à dire fes raifons, fi on ne lui permet d'efpérer, qu'en cas qu'il prouve qu'il a raifon, on donnera les mains à la vérité; & c'eft ce que le Concile ne pouvoit pas permettre d'efpérer aux Proteftans, puis que felon les Principes de l'Eglife Romaine, il étoit impoffible que les Proteftans euffent raifon, & que le Concile connût jamais qu'ils avoient raifon. Promettre à quelqu'un de lui donner une chofe, pourvû qu'il en faffe une autre que nous croyons impoffible, & qu'il peut facilement connoître impoffible, c'eft proprement ne rien promettre, c'eft plûtôt le joüer.

A l'égard de la dignité de Juges, Monfieur Maimbourg approuve de toute fa force, que contre la volonté du Roi, les Evêques de France fe la foient attribuée hautement dans le Colloque de Poiffi, & même fi hautement, qu'ils déclarent à la Reine, que fi les Miniftres ne fignoient purement, fimplement & fans modification, le Formulaire qu'on leur préfenteroit, on ne traiteroit plus avec eux que comme avec des Hérétiques déclarez, que l'on fupplieroit très-humblement le Roi d'exterminer de fon Royau-

Royau-

(*) *Thuana.* p. 28.
(A) *Hift. du Calvin.* p. 214.

(B) *Ibid.* p. 230.
(C) *Mezer. Abr. Chr. ad. an.* 1600.

Royaume très-Chretien. Les Ministres avoient, entre autres choses, demandé au Roi que les Evêques ne fussent point leurs Juges : le Roi le leur promit solemnellement ; les Evêques entrerent en conférence sous cette condition ; néanmoins ils se porterent pour Juges, désobéïssant manifestement à leur Roi : l'exposant au reproche de fourberie, & se declarant eux-mêmes coupables de dissimulation, & de fraude. Le P. Maimbourg les en loüe comme d'une action Héroïque. Il ne feroit pas cela pour les Evêques d'aujourd'hui, s'ils ne se soûmettoient aveuglément aux volontez de la Cour. *Altri tempi, altri costumi.*

III. Monsieur Maimbourg fait une remarque (*) qui paroît assez spécieuse, sur le tour que le Cardinal de Lorraine prit, pour répondre à la Harangue de Théodore de Beze. *Il ne s'amuse pas*, dit-il, *à réfuter en détail tous les articles de la créance Protestante, que Beze avoit exposée fort au long . . . . . Il réduit tout à deux points*, à l'autorité d'un Juge souverain, & à l'Eucharistie. Pour le premier, il fit parfaitement comprendre, que de dire comme avoit fait Beze, qu'il ne vouloit point d'autre Juge que l'Ecriture Sainte, c'étoit ne vouloir point du tout de Juge, parce que l'Ecriture étant la Loi qui ne s'interprete pas elle-même, il faut nécessairement qu'elle soit interprétée par un Juge vivant & parlant. *Ensuite il prouva très-solidement que ce Juge ne peut être autre que la vraye Eglise, qui est sans contredit celle où étoient les premiers Contestans sur quelque article, avant qu'elle eût prononcé sur leurs différends, & qu'ensuite le particondamné s'en fût séparé.* Comme je ne prétens pas faire ici le Controversiste, je me contenterai de trois petites Réflexions.

La premiere est, que Mr. Maimbourg attribuë ici au Cardinal de Lorraine, un pensée dont il s'est fait lui-même honneur, comme d'une pensée qui venoit de son propre fond ; car c'est sur ce plan-là qu'il a bâti sa nouvelle méthode de convertir les Calvinistes, dans ses trois petits Traitez de Controverse, qu'il prétend être quelque chose de fort original.

La seconde chose que je veux dire est, que nos Adversaires ne prennent pas garde qu'ils s'exposent à un reproche aussi fâcheux, que le sauroit être celui qu'ils nous font. Ne vouloir point d'autre Juge que l'Ecriture Sainte, c'est, (disent-ils) ne vouloir point du tout de Juge. Et moi je leur dis que ne vouloir point d'autre Ecriture que le sens qu'il leur plaît de lui donner, c'est ne vouloir point du tout d'Ecriture. Lequel vaut mieux, ou ne vouloir point de Juge, ou ne vouloir point d'Ecriture ? Mais diront-ils, vous-mêmes, vous ne voulez point d'autre Ecriture que le sens qu'il vous plaît de lui donner. Je réponds que nous voulons un sens de l'Ecriture, qui se prouve par l'Ecriture même, & que l'on soit obligé de garantir être le sens de l'Ecriture, par l'Ecriture même : & en cela nous faisons voir que nous voulons l'Ecriture pour l'unique regle de notre foi. Mais ces Messieurs ne veulent pas être obligez à prouver par l'Ecriture, que le sens qu'ils lui donnent est le véritable sens, si bien qu'ils se mettent au-dessus de la Loi, & prétendent qu'on les en doit croire indépendamment de l'Ecriture. S'ils disent qu'à tout le moins ils prouvent par la Tradition, que le sens qu'ils donnent à l'Ecriture

est le véritable, ils n'échappent pas la difficulté, parce que la Tradition étant pour le moins aussi obscure que l'Ecriture, & dépendant des interprétations qu'il faut donner à une infinité de Livres, on a toûjours droit de leur demander comment ils prouvent le sens qu'ils donnent à la Tradition ; & alors s'ils répondent qu'ils le prouvent par la voye du raisonnement, on leur repliquera qu'ils devroient en user ainsi à l'égard de l'Ecriture même, comme nous le prétendons. S'ils répondent qu'ils ne sont pas obligez de prouver qu'ils interpretent fidellement la Tradition, il est clair qu'ils veulent en être crus sur leur parole, sans en donner aucune raison, de sorte qu'il est inutile après cela d'avoir l'Ecriture Sainte.

Je dis en troisieme lieu, que si la véritable Eglise est celle où sont les premiers Contestans sur quelque article, l'Eglise Greque doit passer pour la véritable Eglise ; car c'est celle qui a vû naître dans son sein la plûpart des Hérésies, & qui a prononcé sur les différends des Hérétiques & des Orthodoxes. C'est dans son sein que s'est élevée la dispute de la Primauté du Pape. Si le Pape a jugé à Rome que l'Eglise Greque se trompoit, l'Eglise Greque a jugé à Constantinople que le Pape se trompoit. C'est donc l'Eglise Greque qui a prononcé sur ce différend né dans son sein : c'est donc le Pape contre les prétensions duquel elle a prononcé, qui est Schismatique, pendant qu'elle est la vraye Epouse du Fils de Dieu.

Ce que Mr. Maimbourg raporte sur l'autre point, savoir sur l'Eucharistie, ne contient rien qui mérite d'être examiné dans une Réponse générale. Je suis, Monsieur, &c.

❄❄❄❄❄❄❄❄❄❄❄❄❄❄

LETTRE XVII.

MONSIEUR,

Je remarque au commencement du quatrieme Livre, que la faction opposée aux Huguenots remontra fortement à la Reine, qu'il ne faloit point *souffrir en France d'autre Religion que la Catholique, afin que comme il n'y a qu'un Dieu & qu'un Roi, il n'y eût aussi qu'une même foi & qu'une seule loi dans le Royaume.* On nous bat éter-

(*) *Pag.* 111.

éternellement les oreilles de cette grande Maxime encore aujourd'hui. Il ne faut, dit-on, qu'un Roi & qu'une Loi dans un Royaume. Mais il faut bien que ceux qui nous prônent incessamment ce lieu commun, n'en soient guéres persuadez, puisqu'ils s'efforcent de multiplier en Angleterre la multitude des Religions, qu'ils disent qui y sont permises. Pourquoi y envoyer tant de Missionnaires, & tant de Moines déguisez en Marquis, pour y planter une Religion différente de celle du Roi, s'il faut qu'il n'y ait dans un Royaume qu'une seule loi & qu'une seule foi ?

C'est, diront-ils, parce que nous sommes la bonne Religion. Dîtes plûtôt, repartirai-je, parce que nous croyons être la vraye Religion; & ainsi votre Maxime se réduira à celle-ci, *il ne faut dans un Royaume qu'une Religion, & cette Religion doit être celle que l'on croit la bonne.* Or par cette Maxime, comme je l'ai déjà remarqué plusieurs (*) fois, la Hollande & l'Angleterre sont en droit d'exterminer les non-Conformistes; le Turc, de faire main basse dans tous ses Etats sur les Chrétiens; les Chinois, les Indiens, & les Japonois, d'étouffer le Christianisme dans sa naissance; les anciens Romains ont très-bien fait de persécuter l'Eglise, & s'ils sont blâmables, c'est de n'avoir pas eu, ou l'adresse, ou la vigueur nécessaire pour l'anéantir; en un mot cette Maxime autorise les abominations les plus effroyables. Et néanmoins Monsieur de Guise est un Héros Chrétien, & un Martyr du plus haut étage, pour avoir succombé à une conspiration, qui avoit été formée sur cette belle Maxime. Si au contraire un Seigneur Anglois témoigne du zele pour le maintien de la même Maxime, c'est un scélérat, duquel il faut se défaire incessamment, pour la plus grande gloire de Dieu.

Il y a bien plus; si cette Maxime est bonne, nous sommes en droit de conspirer en France contre la Religion Catholique, & les Catholiques, de conspirer en Angleterre contre la Religion Anglicane. Pourquoi ? Parce qu'il ne faut qu'une Religion dans chaque païs, savoir celle qu'on croit être la bonne. Ainsi pendant que le Romain dit en France, *il ne nous faut qu'une Religion qui est la Catholique, que je croi la vraye Eglise*, le Protestant doit dire, *il ne nous faut qu'une Religion qui est la Reformée, que je croi la vraye Eglise*, & là-dessus ce sera à faire le *qui vive* dans les ruës, & à prendre les armes, pour voir qui aura plûtôt expédié l'autre Religion. Nous le perdrions hautement en France : mais à leur tour nos Ennemis le perdroient aussi hautement ailleurs. Si ces Maximes avoient lieu, le monde ne seroit pas tenable, il périroit bien-tôt nécessairement.

Les mêmes personnes qui firent à la Reine mere la Remontrance dont j'ai parlé, ne la voyant pas disposée à leur accorder leur demande, lui (A) *demanderent permission de se retirer de la Cour, n'y pouvant demeurer avec honneur, tandis qu'ils y voyoient l'Hérésie si fort en credit.* Voilà qui est séditieux au dernier point. C'étoit à eux à obéïr à l'autorité légitime qui gouvernoit la France, & ils étoient bien téméraires de censurer si aigrement la conduite de leurs Supérieurs. Je suis encore plus étonné de la hardiesse séditieuse de l'Historien, qui avoit dit peu au-

paravant, que *le Duc de Guise & le Connétable avoient trop d'honneur & de zele, pour souffrir qu'on ne contraignit pas les Huguenots de se soûmettre au Formulaire des Evêques.* C'est dire proprement que ces Mrs. n'étoient pas capables de souffrir que le Roi fût le Maître dans son Royaume, & que s'il s'avisoit d'avoir de la tolérance pour les Huguenots, ils avoient trop d'honneur & de zèle pour ne le pas forcer à n'en avoir plus. Mr. Maimbourg n'a pas fait encore tous les progrès qu'il faut faire, dans la doctrine de l'autorité suprême des Rois : il ne sait pas encore que quand il leur plaît de favoriser un parti, leurs Sujets ne sont pas en droit de les contraindre d'en user autrement. C'est néanmoins ce que firent le Duc de Guise, le Connétable de Montmorenci, & le Maréchal de Saint André, ayant fait une Ligue (B) contre la Reine Régente, mere du jeune Roi Charles, & contre le Roi de Navarre premier Prince du Sang, & Lieutenant Général par tout le Royaume, pour les forcer à perdre les Huguenots, dont ils savoient bien que ce Roi, & cette Reine favorisoient le parti. Ayant trouvé moyen dans la suite d'attirer le Roi de Navarre dans leur Triumvirat, leur rebellion n'en devint pas moins criminelle, tant parce que leur faction étoit déjà toute formée, avant que le Navarrois fût à eux, que parce qu'après cette conquête, ils s'en prirent directement à la Reine Régente, mere de S. M. comme je le ferai voir en son lieu. Mr. Maimbourg est tellement préoccupé qu'il ne s'apperçoit pas, qu'il dit des choses contraires aux droits de la Majesté Souveraine.

Bon Dieu, faut-il que les préjugez de l'enfance gâtent si fort les meilleurs esprits. Cette maudite force des préjugez entraîne si fort Mr. Maimbourg, tantôt d'un côté, tantôt de l'autre, que si nous l'en voulons croire, les Bourgeois de Paris très-bons Catholiques (c) attendirent à faire quelque petite émeute, que les Huguenots eussent attaqué en furie l'Eglise de S. Médard; qu'ils eussent rompu les portes qu'on avoit fermées; qu'ils y fussent entrez en foule les armes à la main; qu'ils eussent frappé à droit & à gauche indifféremment sur tout ce qu'ils rencontroient; qu'ils eussent renversé par terre Prêtres, Laïques, femmes & enfans; qu'ils eussent abatu, brisé & mis en pieces, autels, images, tableaux, bancs & chaire; qu'ils se fussent efforcez de mettre le feu au Clocher, pour y brûler ceux qui s'y étoient sauvez; qu'après un si bel exploit, ils fussent rentrez comme en triomphe dans la ville, emmenant avec eux trente à quarante prisonniers qu'ils avoient faits; qu'ils eussent eu l'insolence de repasser le lendemain en troupe, pour aller au lieu de leur Assemblée, en insultant au Peuple. Alors seulement les Parisiens irritez leur rendirent la pareille, en brisant & renversant tout dans leur temple; mais les Magistrats ne permirent pas qu'on poussât la chose plus loin.

La partialité est toute visible dans la maniere dont il parle de ces deux actions; de la premiere avec des expressions chaudes, vives, & qui vont dans le détail; de l'autre, en termes généraux. Outre qu'il nous dit sans preuve, que ce furent les Huguenots qui commencerent. Ce qui est manifestement suspect de fausseté; car comme ils étoient les plus foibles, & n'a-

voient

(*) *Ci-dessus, Lettre XIII. No. VI. & IX.*
(A) *Hist. du Calvin. p. 224.*

(B) *Hist. du Calvin. p. 196.*
(c) *Hist. du Calvin. p. 466.*

voient pû obtenir encore une permiſſion authentique de s'aſſembler ; & que les Catholiques étoient ardens à les pourſuivre, animez par le droit de poſſeſſion , & incomparablement plus forts qu'eux; la préſomption eſt, que les Calviniſtes n'ont pas commencé les émeutes, ſelon la remarque d'un (*) Hiſtorien, grand Politique, *que dans toute querelle celui qui eſt le plus puiſſant, quoi qu'il ait reçu l'injure, eſt néanmoins ſoupçonné de l'avoir faite, parce qu'il a plus de moyens de faire tout ce qu'il veut.* Si bien que ſur cette grande probabilité qui me favoriſe, je ſuis en droit de penſer, que Mr. Maimbourg a changé l'ordre, puis que dans un fait ſi éloigné de la vraiſemblance, il n'a point indiqué un fidelle procès verbal, qui fît foi que la ſédition des Huguenots eſt antérieure à celle des Catholiques. De plus quelle apparence que les Magiſtrats, qui prirent un ſi grand ſoin de réprimer les violences des Catholiques, à ce qu'on nous dit, n'ayent pas fait un pas, ni pour empêcher les Huguenots de faire tous ces épouvantables déſordres qu'on leur attribuë, ni pour les châtier par les voyes de la juſtice, quand le trouble fut ceſſé ? Monſieur Maimbourg ne nous dit pas qu'ils ayent fait ni l'un ni l'autre. Aſſûrément il ne prend point garde, qu'à force de vouloir noircir les gens on les juſtifie ; & pour moi je n'ai point beſoin d'aucun autre contrepoiſon contre ſon Hiſtoire, que de ſon Hiſtoire même, où je vois les faits dans un ordre ſi peu naturel, que ne voyant point de procès verbal inconteſtable, qui juſtifie cet ordre, je ne me ſens point la moindre diſpoſition à le croire véritable.

Pour le maſſacre de Vaſſi, notre Auteur dit (A) bien que les Miniſtres en ont fait grand bruit, mais il prétend que c'eſt à tort ; que ce n'eſt qu'une bagatelle; que ce furent les Huguenots qui commencerent, & qu'ils méritoient d'être encore plus punis. Voilà comment un homme, qui s'eſt mis dans la tête que ſon parti a raiſon, extenuë toutes ſes fautes, & aggrave celles du parti oppoſé, par une injuſtice doublement puniſſable.

IV.
Rébellion du Duc de Guiſe & du triumvirat contre la Régente

Prenez bien garde à ce que je m'en vais vous dire. Monſieur de Guiſe, enflé de la gloire d'avoir pris une grange à Vaſſi, & d'avoir fait maſſacrer les Huguenots qui y prioient Dieu, s'acheminant à Paris pour y faire ſon entrée triomphante après un ſi grand exploit, reçut ordre exprès & *en termes très-forts* de la Reine, de venir tout droit à la Cour (qui étoit alors à Monceaux) ſans entrer dans Paris. Il ſe moqua de ces ordres, & s'en alla tout droit à Paris où il entra en Roi triomphant, aux acclamations de toute la ville. Il n'y a point d'homme ſans préoccupation, qui ne reconnoiſſe, que cette conduite étoit un crime de leze-Majeſté, digne du dernier ſupplice *ipſo facto*. Mais Mr. Maimbourg, aveuglé par ſes Préjugez en parle bien autrement ; il nomme cette déſobeïſſance, & ce crime de félonnie *une reſpectueuſe fermeté.* Si un Seigneur Huguenot avoit ainſi foulé aux pieds le commandement de ſon Prince (car c'étoit le Roi repréſenté par la Régente ſa mere, qui avoit défendu au Duc de Guiſe d'aller à Paris) l'Auteur ne trouveroit point

de termes aſſez infames, pour exprimer cette inſolence rébelle.

Ce n'étoit point un caprice qui obligeoit la Reine à défendre au Duc d'aller à Paris ; c'étoit pour éviter que l'on ne fît de la Capitale du Royaume le Théatre d'une guerre civile. Les Huguenots, qui voyoient une redoutable Confédération ouvertement conjurée contre eux, ſongeoient à leur ſureté. Le Prince de Condé dans cette vûë ſe tenoit à Paris, pour obſerver les mouvemens du Triumvirat. Les Pariſiens, entêtez du Duc de Guiſe, étoient prêts à lui obéïr en toutes choſes. Le maſſacre de Vaſſi avoit irrité les Calviniſtes, qui ne pouvant pas deviner que le Duc de Guiſe déclareroit au lit de la mort, que cela s'étoit fait contre ſon gré, jugeoient fort raiſonnablement, que c'étoient les préludes de la guerre qu'on leur vouloit faire. Dans cette conjoncture, rien ne pouvoit être plus capable de gâter les choſes, que la préſence du Duc de Guiſe à Paris. C'eſt pour cela que la Reine quitta cette Ville, qu'elle mena le Roi à Monceaux, & qu'elle écrivit au Duc de Guiſe *en termes très-forts* de l'y venir joindre, ce qu'il ne fît point. Son Collegue le Maréchal de S. André, ayant reçu ordre de la Reine de s'en aller en ſon Gouvernement de Lyonnois, lui dit (B) *en face, qu'en l'état où étoient les choſes, ils ne pouvoient pas abandonner la perſonne du Roi.* Voilà des Catholiques bien obéïſſans à leur Souverain.

Sur tout du Maréchal de St. André.

Ce que Monſieur Maimbourg avoit dit un peu auparavant (c) eſt encore plus conſidérable. *Le Maréchal de Saint André, ayant découvert cette ſecrette intelligence que la Reine avoit avec les Chefs des Huguenots, la rendit tellement ſuſpecte & odieuſes, qu'encore qu'on la laiſſat préſider aux Conſeils où l'on ne concluoit rien qu'en apparence, il s'en tenoit d'autres en particulier, où l'on determinoit de toutes les choſes importantes, ſans qu'elle y eût aucune part.* Voilà qui eſt bien. Nos Adverſaires ne peuvent plus s'en dédire, *habemus confitentem reum* ; ce ſont eux qui ont levé les premiers l'enſeigne de la rébellion, & dépouillé une Reine Régente de toute l'autorité, qui lui avoit été légitimement conférée. Ils la trahiſſoient tous les jours, en délibérant de toutes les choſes importantes à ſon inſu, & ne lui laiſſoient qu'un vain fantôme de Régence. N'eſt-ce pas s'emparer, par un attentat ſacrilége, de l'autorité Royale ? Mais pourquoi donc favoriſoit-elle les Huguenots ? Belle demande ! Un Roi ne favoriſe-t-il pas qui il veut ? Et ſi une fois on poſe que les Catholiques ont pû ſe rébeller contre le jeune Roi Charles, parce qu'il favoriſoit les Calviniſtes, ne poſe-t-on pas dès-là qu'on ne doit aucune obéïſſance à un Prince Huguenot, qui eſt la grande accuſation de laquelle nos Adverſaires tâchent de ſe laver en toutes rencontres ? Non, non, les Chretiens, qui s'apperçurent de l'apoſtaſie de l'Empereur Julien, n'acquirent pas pour cela le moindre droit de lui refuſer obéïſſance ; à plus forte raiſon les Catholiques de France n'avoient point de droit de ſecouer le joug de leur Prince, & de dépouiller la Régente ſa mere, de toute ſon autorité, quand ils s'apperçurent qu'elle nous favoriſoit. Leur conduite fut une manifeſte & criminelle rébellion. Ils ont

---

(*) *In omni certamine qui opulentior eſt, etiamſi accipit injuriam, tamen quia plus poteſt, facere videtur.* Salluſt. bell. Jugurt.

(A) *Hiſt. du Calvin. p. 259.*
(B) *Mezer. Abr. Chr. an. 1562.*
(C) *Pag. 256.*

ont bonne grace après cela de nous reprocher nos fautes.

Poursuivons. Catherine de Medicis, voyant que le Duc de Guise avoit ouvertement levé le masque, & qu'il s'étoit emparé de la Capitale du Royaume, eut recours au Prince de Condé, le second Prince du Sang, *& lui écrivit* (*) *de Monceaux coup sur coup, & fort secrettement, quatre Lettres extrêmement fortes, où elle le pria, entre autres choses, de vouloir conserver la mere & les enfans, & le Royaume, en dépit de ceux qui vouloient tout perdre.* Elle entendoit par là ce fameux *Triumvirat* qui s'étoit formé en France, composé du Duc de Guise, du Connétable de Montmorenci, & du Maréchal de Saint André. Il est évident dès-là que le parti du Prince est devenu le bon parti, le légitime parti; & que l'autre parti n'est plus que faction & que rébellion. Cela paroît manifestement par ce qui s'est passé en France, sous la derniere Minorité. Tout le monde disoit qu'il n'entreprenoit rien que pour le service du Roi, & pour le bien du Royaume: cependant le seul bon parti étoit celui qui se tenoit au gros de l'arbre, je veux dire, qui reconnoissoit la Reine Mere. C'étoit ses ordres, sous le nom du Roi, qui justifioient la prise d'armes, & non pas les Commissions, ou des Princes du Sang, ou des Parlemens. Pourquoi faut il que la Reine Mere de Loüis XIV. fasse le bon parti, & que la Reine Mere de Charles IX. fasse le parti rébelle?

Voyons, je vous prie, comment Monsieur Maimbourg fait agir le Triumvirat (car c'est lui seul que je consulte.) Le Duc de Guise s'étant assuré de Paris, où il étoit regardé comme le Protecteur & le Défenseur de la Religion, & y ayant laissé un Gouverneur à sa poste, s'en alla trouver la Reine à Fontainebleau, & y mena le Roi de Navarre bien accompagné. Ce fut-là qu'ils dirent (A) *à la Reine sans façon, qu'elle pouvoit y demeurer, ou aller où il lui plairoit ; mais que pour le Roi il étoit absolument nécessaire pour le bien du Royaume, & de la Religion, qu'il vînt à Paris. Ainsi après avoir répandu bien des larmes inutilement, il falut enfin qu'elle se déterminât, ne pouvant plus prendre d'autre parti, à suivre le Roi à Paris.* Si nous consultions Monsieur de Mezerai (B) nous apprendrions en propres termes, *que le Roi de Navarre dit nettement à la Reine, que si elle ne vouloit pas venir, elle pouvoit demeurer-là ; qu'elle n'eut pas le tems de délibérer ; qu'il falut suivre ou bien perdre la partie, car sur le champ ils menerent le Roi tout pleurant à Melun, &c.*

Voulez-vous un attentat plus étrange contre l'autorité Royale? Un Triumvirat, sachant que Paris est entierement à sa dévotion, veut à toute force y avoir son Roi, l'arrache d'entre les mains de la Reine Regente, sa mere, lui déclarant avec la derniere fierté, qu'elle peut s'en aller ailleurs, si elle veut ; qu'on n'a que faire d'elle, mais que pour le Roi son fils elle n'en sera pas la Maîtresse ; qu'il faut absolument qu'il vienne avec eux dans un lieu, où ils ont toute sorte de pouvoir. Si ce n'est pas rébellion, usurpation de l'autorité Royale, emprisonnement honnête de son Prince, je ne sai pas ce qui le sera.

Remarquez encore ici, Monsieur, le même effet de la préoccupation, duquel j'ai tant de fois parlé. Quand le Prince de Condé entreprend de délivrer le petit Roi François II. de l'esclavage où les Guises le détenoient, c'est un crime. Mais quand son frere le Roi de Navarre, Agent du Triumvirat, & le Duc de Guise, arrachent violemment le petit Roi Charles d'entre les mains de sa mere, c'est une bonne action. Le Prince de Condé est le Chef des Huguenots, & il entreprend d'éloigner du Ministere une famille, qui le dépouille de l'autorité qui lui est duë, & qui s'empare de l'esprit d'un jeune Roi ; c'est l'Hérésie, dit-on, qui lui inspire cette exécrable conspiration. Le Duc de Guise, Protecteur & Défenseur déclaré de la Religion Catholique, chassé actuellement du gouvernement une Reine Régente ; se moque de ses larmes, & de ses sanglots mêlez aux pleurs du Roi son fils ; emmene de vive force le jeune Roi dans une ville dévouée aux intérêts du Triumvirat ; ne fait point d'autre parti à cette Reine désolée, que de lui permettre par grace de suivre, si elle veut, ou de s'en aller ailleurs ; c'est un véritable zele, dit-on, qui lui inspire cette sainte action de fidélité pour son Dieu, & pour son Monarque. Il n'en sera pas ainsi ; il se trouvera des gens désintéressez qui donneront les mêmes noms aux mêmes choses ; & s'il se trouve des gens de bonne foi au monde, il faut qu'on accorde l'une ou l'autre de ces deux propositions, ou que l'enlevement de Charles IX. par le Duc de Guise est une action criminelle, ou que l'entreprise du Prince de Condé est une action légitime. Si celui-là a pû innocemment, & sans flétrir la Religion Catholique, destituer une Reine Mere, & s'assurer de la personne du Roi, celui-ci Prince du Sang qu'il étoit, a pû innocemment, & sans flétrir la Religion Réformée, destituer Messieurs de Guise, & donner d'autres Tuteurs au jeune Roi, avec cette différence, qu'il est moins pardonnable d'attenter contre une Reine Mere Régente, que contre un Officier de la Couronne ; car pour l'autre différence, qui consiste en ce que l'entreprise du Prince ne réüssit point, au lieu que celle du Duc réüssit, je ne pense pas que des Juges équitables la veuillent compter pour une chose qui change l'espece de l'action.

Il paroît par tout ce que je viens de dire, que le Prince de Condé, ayant pris les armes par les ordres de la Reine Mere, qui lui demandoit instamment *de sauver la mere & les enfans, & le Royaume, en dépit de ceux qui vouloient tout perdre,* les a prises légitimement, & avec un plein droit de poursuivre le Duc de Guise comme un Rébelle, qui avoit enlevé à main armée la personne du Roi d'entre les mains de la Reine, sa mere, Régente du Royaume, & l'avoit livré prisonnier entre les mains des Triumvirs. Et il ne sert de rien de dire, qu'après cela la Reine Mere fit (c) *publier une Déclaration, par laquelle le Roi faisoit entendre à tout le monde, qu'il étoit parfaitement libre dans Paris, aussi-bien que la Reine sa mere,* & ordonnoit *au Prince & à ses adhérans de désarmer incessamment, sur peine d'être déclarez criminels de leze-Majesté ;* cela, dis-je, ne sert de rien, car la même violence qui avoit traîné la Reine Mere, & le Roi son fils dans la Capitale, où le Triumvirat étoit tout-puissant, contraignoit le Roi & la Reine à dire tout ce qu'il faloit, pour avancer la cause des Triumvirs. Si bien que le Prince avoit plus de rai-

(*) *Hist. du Calvin. p. 261.*
(A) *Hist. du Calvin. p. 262.*
(B) *Abregé Chron. ad an. 1562.*
(c) *Hist. du Calvin. p. 267.*

raison de déférer aux ordres, qu'il avoit reçus de la Reine parfaitement libre, qu'aux ordres de la Reine esclave & prisonniere dans Paris avec le jeune Roi Charles; & c'étoit une nouvelle raison pour lui de faire la guerre, que de voir que le Triumvirat opprimoit si cruellement la liberté du Roi & de la Reine, qu'il leur faisoit faire des Déclarations opposées, & à leurs veritables intentions, & à leurs veritables intérêts. Il n'est point de plus grande servitude, que d'être obligé à confesser, qu'on a fait librement les choses ausquelles on a été forcé; & de toutes les violences commises dans le Poitou par Monsieur de Matillac, je n'en trouve point de plus noire, que celle d'avoir contraint ceux qu'il avoit forcez à changer de Religion, de signer un Formulaire par lequel ils déclaroient, qu'ils avoient embrassé la Religion Catholique de très-bon cœur & de très-bon gré. Cet artifice est si peu fin, que si la Cour y a été trompée, c'est qu'elle l'a bien voulu.

Pour le Prince de Condé, il n'eut garde de se laisser duper par un artifice de cette nature. Il regarda tout ce qui étoit publié au nom du Roi, comme de nouvelles marques de l'esclavage, où S. M. étoit detenuë avec la Reine Catherine; & répondant à une Requête, qui avoit été présentée à la Reine par les Triumvirs le 4. de Mai, 1562. il fit une deduction de leurs pernicieux desseins; allégua que leur *ligue étoit plus dommageable & pernicieuse à ce Royaume, & plus sanguinaire, que ne fut celle de Sylla, celle de Cesar, & depuis, celle du Triumvirat de Rome . . . . & qu'il s'étonnoit que la Reine eût la patience de les écouter, attendu que dès qu'ils commencerent à faire leurs menées, elle en fut avertie, & sut jour par jour ce qu'ils ont fait, & ont voulu faire. A cette heure, poursuit-il, elle prend leurs bonnes paroles, tout ainsi comme si elle n'avoit été informée de leur intention, en quoi elle montre bien qu'elle est vrayement prisonniere, & plus que prisonniere. Car d'un acte si malheureux, & qui meritoit une vengeance publique, & duquel elle a été pleinement informée, elle fait semblant de ne l'avoir jamais su ni pensé. Et sans la peur qu'elle a d'être étranglée en son lit (comme l'on l'a fait menacer tous les jours, & de ce je m'en raporte à son serment) elle n'eut pas failli de rejetter leur Requête, & leur reprocher que par leur avarice & ambition ils sont cause de tout le trouble. Et puis que le danger où elle est presentement, empêche qu'elle ne peut, ni ose reconnoître le fait comme il est, & repondre à ceux qui par de belles paroles lui veulent déguiser les matieres, je suis contraint, pour soûtenir l'autorité du Roi & la sienne, de repondre à leur demande, & au nom de leurs Majestez, de la liberté desquelles je me suis rendu l'un des defenseurs. Esperant que si lesdits requerans ne veulent reconnoître leur faute, Dieu m'assistera, & favorisera la bonne intention qu'il m'a donné, & que tous les bons Sujets du Roi se joindront avecques moi, pour delivrer ce pauvre Royaume des mains de ceux qui le veulent tyraniser.*

L'Esprit de Politique eut plus de part aux troubles de la Minorité que la Religion.

Considérez maintenant, Monsieur, si l'Eglise Romaine a bonne grace de nous reprocher sans fin & sans cesse, comme elle fait avec des amplifications de jeune Ecolier, la premiere guerre civile, & si elle a raison de nous dire, que notre Religion s'est jettée dans la révolte contre son Monarque. C'est plûtôt la Religion du Duc de Guise qui s'est revoltée; ou plûtôt reconnoissons que ni le Duc de Guise, ni le Prince de Condé, n'ont agi par Principe de Religion, mais par cet esprit de Politique & de vanité, qui fait que les Grands d'un Royaume, Hérétiques, Schismatiques, Romains, Grecs, Turcs, Perses, Afriquains, Chinois, Chretiens, Infidelles, & tout ce qu'il vous plaira, forment plusieurs partis, pour se supplanter les uns les autres, principalement sous une Minorité.

Mr. Maimbourg semble pancher de ce côté-là, lorsqu'il dit que plusieurs Seigneurs du Royaume (*) *se firent Huguenots, non point par motif de conscience & de Religion, mais par engagement d'amitié, d'alliance, d'intérêt, ou de haine & d'inimitié contre ceux de Guise.* Qu'entre autres le Baron des Adrets, *se tenant offensé du Duc de Guise, se jetta* (A) *aveuglement, pour s'en venger, dans le parti des Huguenots, au commencement des premiers troubles.* Je suis bien-aise de cet endroit-là, & de ce qu'il avoit dit un peu auparavant, que ce Baron étoit d'un naturel féroce & tenant du tigre, brutal & emporté jusqu'à la fureur, quand il se mettoit en colere, ce qui lui arrivoit assez souvent. Car étant tel & n'ayant embrassé notre Religion, que par la passion aveugle de se venger du Duc de Guise, il y a de la mauvaise foi à rendre notre Religion responsable des barbaries qu'il commit.

Mr. Maimbourg se plaît fort à faire des descriptions étudiées des ravages, que les Troupes du Prince commirent. On voit bien qu'il donne l'essor à son stile impérieux, dans ces sortes d'occasions; & ne pouvant avec honneur dissimuler les horribles desordres, que les Troupes Catholiques exercerent, il fait tout ce qu'il peut pour en parler foiblement; & ce qu'il y a de plus inexcusable, il suppose toûjours que c'étoit les Huguenots qui commençoient, & que les Catholiques ne faisoient qu'user du droit de Représailles.

VIII.
De la séverité des Parlemens contre les Réformez durant la guerre.

Il leur cherche une autre excuse, qui est bien plus foible qu'il ne s'imagine, c'est que les Parlemens les avoient autorisez (B) *de courir sus aux Huguenots au son du tocsin, & de les tuer sans misericorde comme autant de bêtes féroces, de chiens & de loups enragez qui désoloient tout le Royaume.* Il est bien plus ignominieux à l'Eglise Romaine d'avoir eu des Magistrats, qui de sens froid ont ordonné, ou permis, tout ce qui se peut commettre de barbare, qu'à l'Eglise Reformée d'avoir eu des soldats, qui les armes à la main ont usé de violence dans la chaleur de l'exécution. Les Histoires sont pleines de plusieurs desordres effroyables, que les armées Catholiques ont commis à la prise de plusieurs Villes très-Catholiques, n'épargnant ni les Eglises, les Monasteres, ni les femmes, ni les enfans, ni les vieillards. L'Histoire des Croisades, que nous devons à la plume du P. Maimbourg, nous en fournit beaucoup d'exemples. Son Histoire du Lutheranisme nous fait voir les soldats Catholiques de l'armée du Connétable de Bourbon, aussi effrénez pour le moins que les Protestans, qui étoient dans la même armée à la prise de Rome. On pallie ces excès, & on les excuse en quelque maniere, sur la difficulté qu'il y a de retenir le soldat: on s'en prend au malheur inévitable de la guerre. Mais on ne peut pas dire la même chose, lorsqu'une Compagnie de venerables

Ma-

Lett. XVII.

Magistrats gravement assis sur les fleurs-de-lis, commande toutes ces violences, tous ces massacres, toutes ces désolations enragées & diaboliques. La St. Barthélemi tire sa plus grande atrocité de ce que ce fut un massacre medité, & resolu de sens froid, dans un Conseil où on représenta mûrement & tranquillement les raisons pour & contre. Si par une rencontre inopinée, les Gentilshommes de l'Amiral eussent pris querelle avec ceux du Duc de Guise, & que le Bourgeois prenant parti pour les uns, & les Huguenots allant au secours des autres, on en fût venu au carnage qui se commit, il faudroit excuser la chose sur la difficulté qu'il y eût euë à retenir des gens, qui se seroient échauffez dans le combat. Mais il n'y a plus d'excuse à donner, puis que la tuerie fut préméditée. C'est pourquoi les cruautez, les carnages, les barbaries les plus dignes d'un tigre forcené, qui ont été exercées contre nous, ayant été commises par les Catholiques, en consequence des Arrêts du Magistrat, comme nous l'apprend l'Auteur, on en peut tirer des consequences & des préjugez plus flétrissans à leur Eglise, que ne le sont à la nôtre les violences de nos soldats. Joint qu'il reconnoît que (*) *le Roi de Navarre, & le Connétable, & sur tout Monluc dans la Guyenne, qui avoit toûjours deux bourreaux à ses côtés, faisoient pendre tout autant de Huguenots, qu'il en tomboit entre leurs mains*; ce qui est moins excusable, que de ne pouvoir être maître de la fureur des gens de guerre, pendant le sac d'une Ville ou d'un village, comme il arrivoit à nos Généraux.

Le Prince de Condé proteste dans sa seconde déclaration, que pour ce qui est *des brisemens d'images faites à Tours & à Blois, lui & ceux de sa compagnie en ont reçu un très-grand déplaisir; de sorte qu'il a mandé aux Officiers du Roi ausdites Villes, qu'il leur aideroit & tiendroit la main forte, pour faire châtier exemplairement ceux qui ont commis tels actes.* En répondant à la Requête du Triumvirat, il renouvelle plus fortement sa protestation, & prend à témoin de sa sincerité, le supplice de ces briseurs d'images. Mr. de Mezerai nous assure (A) que ce Prince *ni par prieres, ni par remontrances, ni même par châtimens, ne put arrêter la fureur des Huguenots,* & Mr. Maimbourg lui-même (B) convient, que les cruautez du Baron des Adrets firent tant d'horreur à l'Amiral & au Prince de Condé, qu'ils lui ôterent son Gouvernement; ce qui fut cause, qu'il retourna dans le giron de l'Eglise dont il étoit sorti.

IX.
Qu'il faut imputer aux Catholiques tous les désordres de la guerre.

L'Auteur conclut la description des malheurs où la France se vit plongée, en disant (c) que ce furent les *funestes fruits du nouvel Evangile, bien contraire à celui de Jésus-Christ, qui ne veut que la paix qu'il a portée du Ciel en terre, & qu'il a laissée par testament à ses Diciples.* Que cette réflexion est plaisamment placée dans le Livre d'un Jesuite, qui sonne le tocsin contre ceux de la Religion! Je lui repons 1. qu'il ne doit pas ignorer que, selon la declaration expresse du fils de Dieu, l'Evangile en un certain sens n'a point apporté la paix au monde, mais la guerre, & que c'est une reflexion qui fut faite par les Payens, au desavantage du Christianisme. En effet la prédication de l'Evangile a été l'occasion innocente de mille désolations, & de mille saccagemens. Calvin est inimitable sur cette pensée,

dans la Préface de son Institution. Je dis en second lieu, que comme les Payens ne pouvoient pas imputer ces desordres à l'Evangile, sans la derniere absurdité, puisqu'il ne tenoit qu'à eux que la tranquillité publique ne fût maintenuë, laquelle les Chretiens ne cherchoient aucunement à troubler: ainsi il est absurde d'imputer au Calvinisme les desordres de la France, puisqu'il n'a tenu qu'aux François Catholiques, que le bonheur & la prospérité du Royaume ne se conservassent dans toute leur force. S'ils ne se fussent pas emparez d'un droit qui n'appartient qu'à Dieu seul, (car c'est Dieu seul qui doit regner sur la conscience) l'état des affaires publiques n'eût point souffert d'altération. La nouvelle Secte (puisqu'il leur plaît de se servir de ce mot) ne demandoit que la liberté de servir Dieu selon sa parole. Elle se fût estimée trop heureuse d'avoir permission de s'assembler en cachette, sans craindre la fureur de la populace, ni la recherche des Magistrats. Contente de cela, elle eût concouru avec les autres François à maintenir le bien de la Société puplique. Mais au lieu de lui accorder cette tolérance, on voulut à toute force, sur peine d'un cruel supplice, qu'elle vît les choses de la même maniere, qu'on les voyoit à Rome. On voulut avoir plus d'empire sur la conscience, que Dieu lui-même n'en prend; Dieu, dis-je, qui étant le Maître absolu de toutes choses se depouille entierement, selon la Théologie de ces Messieurs, de son autorité sur notre ame, afin de lui laisser son franc arbitre tout entier; & selon nous, il ne conduit notre ame où il la veut, que par des inflexions douces & bénignes. On s'attribua le pouvoir de contraindre l'ame à ne point penser ce qu'elle voudroit, elle qui est née libre, elle sur qui les Tyrans les plus féroces n'ont jamais pu étendre leur domination, comme l'ont reconnu tous les Sages de l'Antiquité.

X.
C'est une Tirannie que de vouloir dominer sur la conscience.

Et de quel droit cela, je vous prie? Qui est-ce qui a constitué les Parlemens Juges Souverains de la liberté de mes pensées; en sorte que si je n'ai pas l'esprit justement tourné comme eux, si je n'envisage pas une doctrine du même sens qu'eux, ils puissent m'envoyer au gibet sans quartier? Je vous avouë que je ne saurois penser à cela sans horreur. Qu'ils me punissent si je trouble mon voisin dans la possession de son bien, si je le tuë, si je le maltraite, si je fais quelque chose contre le service du Roi, j'y consens. Mais qu'il ne me soit pas permis de m'abstenir d'une maniere de servir Dieu, qui de la façon que j'ai l'esprit conditionné, me paroît illégitime; que je ne puisse pas honorer Dieu de la maniere, qui paroît la meilleure de toutes à ma conscience, sans craindre le feu de la Greve, ou de la Croix du Tiroir; c'est ce qui me paroît si tyrannique, que cela suffit pour me faire croire, que la Communion de Rome ne vaut rien; elle qui n'a jamais pû souffrir qu'on osât la contredire, sans exterminer par le fer & par le feu, tous ceux qui prenoient cette liberté; elle qui a fait tous ses efforts pour établir par tout le Tribunal de l'Inquisition, la plus infernale, & la plus exécrable maniere de conserver son autorité, qui soit jamais montée dans l'esprit de l'homme, & qui n'a jamais été pratiquée par ces abominables Religions du Paganisme, qui avoient la cruau-

---

(*) *Pag. 276.*
(A) *Abr. Chr. ad. ann.* 1562.

(B) *Hist. du Calvin. p.* 274.
(C) *Pag.* 277.

cruauté d'immoler des hommes à leurs Idoles. Cet Ambassadeur qui haranguant un Pape l'appella (*) *primatu Abel, gubernatu Noë, Oraine Melchisedech, dignitate, Aaron*, & enfin pour conclusion lui dit, *qu'il étoit le grand Turc des Chretiens*, avoit plus de raison qu'il ne pensoit ; car il est vrai que la Religion du Pape se gouverne, à l'égard de toutes les autres Societez Chretiennes, justement comme les Turcs se sont gouvernez, à l'égard de tous les Royaumes & de toutes les Républiques, qui ont été à leur portée. Ils n'ont fait grace à pas une, il a falu que tout ait subi le joug de leur barbare domination. De même la Religion Catholique par excellence, n'en souffre point d'autre, elle les accable toutes, & les massacre toutes quand elle peut ; &, ce qui est bien plus tyrannique, elle ne donne point d'autre raison de ce qu'elle fait, sinon qu'elle est infaillible. Si on ne l'en croit pas aveuglement sur sa parole, si on a la hardiesse de raisonner, si on n'étouffe pas toutes les lumieres de sa conscience & de son jugement en sa faveur, on est dès-là declaré rebelle à Dieu, ennemi de Jésus-Christ, & de son Eglise, excommunié, damné, pendable prévotablement. C'est encore une maxime du Grand Turc ; car il ne souffre point les Disputes, ni l'examen de la Doctrine ; il veut qu'on s'y soûmette aveuglément. Cet Auteur Anglois qui a fait un Livre intitulé *Turco-Papismus*, pour en réfuter un autre intitulé *Calvino-Turcismus*, composé contre la Reformation d'Angleterre par deux Anglois Catholiques, *Giffordus*, & *Reginaldus*, n'a pas manqué d'un beau champ de comparaisons. Si la matiere ne lui a point manqué, je vous assure qu'il n'a point manqué non plus à la matiere. Mais quelque odieux que l'on fasse ce parallelisme, il est pourtant vrai que les Turcs, tout Turcs qu'ils sont, inquietent moins les gens sur les choses de conscience, que ne fait l'Eglise Romaine. *C'est une chose étrange*, disoit un jour un Gentilhomme Catholique à un Curé, grand Persécuteur des Huguenots, *qu'il ne soit pas permis ici de se damner à son aise ; & laissez-les damner tout leur saoul, puisqu'ils le veulent, aussi-bien ne les sauvez-vous pas, car ce n'est point sauver un Hérétique que de le faire changer de Religion par force, par menaces, par une somme d'argent*, &c. Mais revenons à notre sujet.

Je dis, Monsieur, que si la France a été desolée par les guerres de Religion, ce n'est pas à nos Ancêtres qu'il s'en faut prendre, mais aux Catholiques, qui usurperent un droit sur eux qui ne leur appartenoit pas, savoir celui de les persecuter cruellement, & de les faire mourir dans les suplices les plus barbares. On n'a jamais fait une plus belle réponse, que celle que le Prince de Condé, fils de celui dont j'ai si souvent fait mention, fit à Charles IX. qui le pressoit d'abjurer son Calvinisme, après le massacre de la St. Barthélemi. *Que* (A) *Sa Majesté dont il étoit Sujet, pouvoit disposer comme il lui plairoit de sa fortune & de sa vie, mais non pas de sa Religion, dont il ne devoit rendre compte qu'à Dieu seul duquel il la tenoit.* Mr. Maimbourg ne prend point garde à ce qu'il dit, lorsqu'il préfere à cette réponse celle du Roi de Navarre, qui répondit au même Roi dans la même conjoncture, *que* (B) *n'étant nullement opiniâtre, il étoit tout prêt de se faire instruire, & d'embrasser de*

bonne foi la Religion Catholique, *quand on lui en auroit fait voir la verité, qu'il ne connoissoit pas encore.* C'est parler en homme qui à la verité a cela de bon, qu'il est toûjours disposé à suivre les lumieres qui lui seront communiquées, mais qui d'ailleurs est incertain encore s'il suit le bon parti ou le mauvais, qui ne sait encore ce qu'il doit croire, & qui n'a, à proprement parler, aucune conoissance ni de la Religion qu'il professe, ni de celle qu'il ne professe point ; ce qui est un état bien au dessous de celui d'un homme, qui dit d'un ton ferme & assuré, *qu'il tient sa Religion de Dieu, & que c'est à Dieu seul qu'il en rendra compte, & non pas aux Rois de la terre.* C'est un attentat assurément contre les droits de la Divinité, que de vouloir forcer la conscience, & c'est à un attentat de cette espece, que l'on doit imputer les malheurs qui désolerent ce Royaume. Si on eût voulu tolérer nos Ancêtres, on n'eût vû aucune guerre civile.

Et qu'on ne me dise pas que la raison pour laquelle on ne les a points tolérez, c'est parce qu'ils étoient rebelles, non-seulement à l'Eglise, mais aussi à leur Monarque, car il n'y a rien de plus faux. Ce n'est pas ici le lieu d'examiner s'ils avoient raison de soûtenir, qu'ils n'étoient rien moins que rébelles à l'Eglise. Mais pour la rébellion à leur Prince, il est de la derniere évidence qu'elle n'a pas été la cause, ni même le prétexte de la persecution qu'ils ont endurée, puis que les premiers actes de rebellion qu'on leur a imputez, sont du regne de François II. & que pendant les deux regnes précédens, ils ont été condamnez au feu sans misericorde par toute la France. Il s'ensuit delà que ceux de l'Eglise Romaine ne peuvent pas raisonnablement excuser les traitemens barbares qu'ils ont faits à notre Religion, sur la violence qu'elle exerçoit elle-même contre eux, puisque nous pouvons toûjours leur reprocher, qu'encore que nous eussions perseveré dans notre premiere patience, ils n'eussent pas laissé de nous faire périr dans les suplices les plus inhumains, comme ils l'avoient fait sous le Regne de François I. & de Henri II. avant que nous eussions donnée le moindre prétexte de nous accuser du crime de félonnie. Il s'ensuit encore de là, que nos Ancêtres sont incomparablement plus excusables que leurs Adversaires, parce que ceux-ci les ont traitez comme des bêtes féroces, avant que d'en avoir été offensez, au lieu que nos Ancêtres n'ont usé de violence, qu'après avoir été poussez à bout, & lors qu'ils virent que ce n'étoit plus leur Prince légitime qui les persecutoit, mais la Maison de Guise, qui s'étoit tyranniquement emparée de la souveraine puissance, au titre de Roi près, qu'elle laissoit par pitié à François II. & Charles IX.

Qu'on me dise pas non plus qu'il ne se faut point fier à une Religion tolérée, car l'exemple de la République de Hollande, qui tolere plusieurs Sectes avec beaucoup d'équité & de modération, & qui a tous les sujets du monde de se louer de leur fidelité, fait voir manifestement, que pourvû que l'on donne une raisonnable liberté aux Sectes, elles concourent toutes avec la Religion dominante au bien général de l'Etat. Il n'est pas jusques aux Catholiques Romains, qui sont de toutes les Sectes celle qui est la plus dangereuse à tolérer, qui ne se tiennent cois en Hollande, tant ils ont sujet de se louer de la mo-

---

LETT. XVII.

moderation & de la bonté de leurs Souverains. La Republique Romaine s'est parfaitement bien trouvée d'avoir toléré & adopté toute sorte de Religions, & c'est ce qui lui a frayé le chemin à la MonarchieUniverselle(*). La Politique fournit mille belles raisons, pour prouver qu'il est avantageux à un Etat de souffrir plusieurs Religions, & l'experience de la Maison d'Autriche, qui est tombée dans une espece d'aneantissement pitoyable, à force de n'en vouloir souffrir qu'une, fait voir que cette unité de la Religion, qu'on nous vante tant, ne sert de guéres pour la prosperité d'un Royaume. La Maison d'Autriche ne souffrant qu'une Religion, s'est ruïnée peut-être sans ressource, si les Protestans ne la soûtiennent dans le penchant de sa ruïne; & la France qui en a souffert deux jusques ici, est montée à un si haut point de gloire, qu'elle fait tout ce qu'elle veut par toute l'Europe.

XIII.
Humeur du Pape Pie IV.

Mr. Maimbourg qui nous reproche, que notre Evangile n'ayant pas été un Evangile de paix, a été contraire à celui de Jésus-Christ, n'a-t-il pas remarqué que c'étoit un trait contre le Pape Pie IV ? Ce bon Successeur de Jésus-Christ fut si faché de voir la France pacifiée par l'Edit de Mars, qui avoit néanmoins ôté à ceux de la Religion presque tous les avantages, qui leur avoient été concedez par celui de Janvier; il fut, dis-je, si mécontent de cette paix, qu'il fit tous les efforts imaginables, pour porter le Roi à la rompre. Voilà un plaisant Chef de l'Eglise, qui non-seulement ne conseille pas la paix, mais qui aussi sollicite les Princes à violer la foi de leur parole, pour rentrer en guerre. C'est ce même Pape (A) qui déclara le Cardinal de Châtillon de bonne prise, pour tous ceux qui se pourroient saisir de sa personne, afin de le livrer aux Prévôts & aux Magistrats, & le faire punir selon la rigueur des Ordonnances. N'est-ce pas ce que je disois(B) tantôt, que l'Eglise Romaine traite l'Hérésie *de cas prevotal;* car on n'a point de coûtume de décerner une plusgrande peine contre les voleurs des grands chemins, ni même contre les Parricides, que de faire commandement à toutes personnes de leur courir sus, de les prendre, & de les remettre entre les mains de la Justice? Je suis, &c.

<hr>

LETTRE XVIII.

I. *Refléxions sur le récit du voyage de Charles IX. par toute la France, après la premiere paix.* II. *Et sur ce qui concerne le Païs Messin.* III. *Origines des seconds troubles.* IV. *S'il faut aporter en preuve une Lettre de Charles IX. Justification de Sleidan.* V. *Refléxion sur les désordres de la Hongrie.* VI. *Et sur la conduite des Rois, qui favorisent les Hérétiques en un lieu, & les persécutent en un autre.* VII. *Réfutation de Monsieur Maimbourg qui a dit, que le Calvinisme est la plus cruelle de toutes les Sectes dans la prosperité, & la plus méprisable dans l'adversité.* VIII. *Les Reformez ne furent point la cause des troisiemes troubles.*

I.
De la relation du voyage de Charles

MONSIEUR,

L'Auteur nous aprend qu'après la pacification

(*) Il y avoit encore dans la premiere & dans la seconde Edition ,, Comme l'a judicieusement remarqué ,, l'un des plus grands Peres de l'Eglise; & dans la se- ,, conde seulement. *Dum omniumgentium sacra suscipiunt*

---

des premiers troubles par l'Edit de Mars, 1564. la Reine mena le Roi & toute la Cour dans la plûpart des Provinces du Royaume, continuellement (c) sollicitée par le Pape, par tous les Princes Catholiques, & sur tout par le Roi d'Espagne, & par le Duc de Lorraine, de ne tenir point sa parole aux Calvinistes. On peut connoître par là si c'est à tort que l'on accuse l'Eglise Romaine d'enseigner, qu'il ne faut point garder la foi aux Hérétiques. *IX. partout la France.*

L'esprit de la Reine & celui du Roi étant ébranlez par ces remontrances, *il ne faut pas s'étonner (* dit l'Historien D *) si les Huguenots ne furent pas trop favorablement traitez pendant ce voyage, quoi que l'on ne fit rien directement contre l'Edit de paix:* c'est-à-dire, que par de fausses gloses, & par des interprétations tirées par les cheveux, comme on a fait depuis, & comme on fait tous les jours à l'égard de l'Edit de Nantes, on fit voir aux Huguenots, que l'Edit de Mars ne contenoit rien moins que ce qu'il sembloit signifier.

Les Bourguignons supplierent très-humblement le Roi, quand il fut à Dijon, qu'il n'y eût point de Prêche dans tout le Duché, & on leur donna sur cela de bonnes paroles. C'est-à-dire, que le Roi leur promit d'annuler l'Edit de Mars en leur faveur, & de tromper par conséquent ceux qui se fioient à sa parole Royale.

*Dans les plaintes (*E*) que les Catholiques faisoient contre les Huguenots, & réciproquement les Huguenots contre les Catholiques, on traitoit toûjours plus favorablement ceux-ci que les autres, ausquels on donnoit ordinairement le tort.* A quoi songe M. Maimbourg, d'avouer cela de si bonne foi? Ne sacrifie t-il point par cet aveu l'honneur de la Cour de France de ce temps-là, & ne fait-il pas voir manifestement que ce voyage fut une enchaineure d'injustices, & de fourberies continuelles? Il n'y a point d'homme desintéressé qui ne comprenne, qu'il faut prendre au rabais tous les éloges que cet Historien donne à son parti, & à l'enchere, tout ce qu'il en avouë de mal-honnête; c'est-à-dire, afin que je me fasse entendre, qu'il faut diminuer beaucoup des éloges, & ajoûter beaucoup aux blâmes. Si bien que le peu qu'il avouë des injustices de la Cour de France, nous en donne une idée terrible. Les Huguenots avoient donc toûjours tort? C'étoit sans doute en vertu de la Maxime qui porte, que *Le P. Maimbourg en a trop sur ce ...*

La raison du plus fort est toûjours la meilleure.

Car c'étoit les Huguenots qui étoient les foibles; c'étoient les Catholiques qui étoient les forts. Si on joint à cela la superstition des Catholiques pour les Images, qu'ils voyent brisées par les désordres des derniers troubles; l'esprit général de leur Religion, qui ne peut souffrir le contrôle; l'ardente passion qui les aveugloit de maintenir la Religion de leurs Peres, & plusieurs autres choses dont il seroit ennuyeux de donner le dénombrement, on verra sans peine que la présomption étoit toute pour les Calvinistes, & qu'un Juge équitable eût toûjours trouvé que leurs parties avoient tort. Voilà sans mentir un voyage qui fait bien de l'honneur à la mémoire de Charles IX. Le devoir le plus essentiel d'un Roi qui fait le tour de son Royaume, s'est de

etiam regna meruerunt. St. August.
(A) *Ib. p.* 329.　(B) *No.* X.
(C) *Hist. du Calvin. p.* 344.
(D) *Pag.* 345.　(E) *Pag.* 346.

de rétablir la juſtice, & de voir ſi les Juges s'acquittent bien de leur charge, d'écouter les plaintes de tout le monde, ſans pancher plus d'un côté que de l'autre, & Charles IX. au contraire donnoit toûjours le tort aux Huguenots, qui s'alloient plaindre à lui des injuſtices qui leur étoient faites. N'étoit-ce pas les livrer en proye à la fureur de leurs Citoyens, & autoriſer viſiblement l'oppreſſion des foibles ? Je m'étonne qu'on ait fait rayer ce paſſage de l'Hiſtoire du Calviniſme.

Je laiſſe les autres choſes que Mr. Maimbourg avouë d'aſſez bonne foi ; par exemple, que la Reine Catherine (*) haïſſoit le Prince de Condé en ſon cœur ; & ſe défioit de l'Amiral, & ſoûtenoit alors beaucoup plus les Catholiques, qu'elle n'avoit fait autrefois les Huguenots ; Que la haine que le Roi avoit déja bien forte pour eux, s'augmenta tellement pendant ce voyage, en voyant les Egliſes ruïnées, qu'il proteſta hautement qu'un jour viendroit qu'il en tireroit la vengeance ; Que l'on donna l'ordre pour démolir les nouvelles Places, qu'ils avoient occupées durant la guerre ; Je laiſſe, dis-je, ces choſes pour remarquer qu'il eſt d'une malignité très-indigne d'un homme qui écrit l'Hiſtoire, & en même temps peu fine, d'avouer ce qu'avoue Monſieur Maimbourg, & de parler néanmoins de cette façon : *Ce qu'il y a de bien certain, c'eſt que dans ce voyage il ſe paſſa beaucoup de choſes, d'où les Chefs des Huguenots, ou crurent, ou feignirent de croire, pour avoir un prétexte de révolte, qu'on avoit réſolu leur perte.* Il n'y a rien de plus abſurde que de dire, que des gens qui ne manquoient point d'eſprit, feignirent de croire, &c. car comment auroient-ils feint de croire une choſe, qu'ils ne pouvoient pas ne point connoître manifeſtement ? Monſieur Maimbourg devoit mieux flater le Roi & la Reine, ou ne point accuſer les Chefs de notre parti d'avoir cherché des prétextes de rébellion. Ils n'avoient que faire d'en chercher, la mauvaiſe foi de la Cour leur donnoit d'aſſez juſtes cauſes de ſonger à leur ſureté.

II.
De ce qui concerne le Pays Meſſin.

La réflexion de l'Auteur pour faire voir que le Roi, dont il dit *que le zele pour la Religion n'agit que par les mouvemens que lui inſpirent la juſtice & la bonne foi, de laquelle il eſt grand obſervateur,* peut chaſſer de Mets les Huguenots, ſans qu'ils s'en puiſſent plaindre raiſonnablement ; cette réflexion, dis-je, me paroît être d'un eſprit qui cherche à jetter du feu par tout, ſans beaucoup de jugement. Car voyons le grand fondement ſur quoi ils s'appuye ; c'eſt, dit-il, que toutes les permiſſions qu'on leur a accordées depuis l'an 1552. que cette Ville fut réduite ſous l'obéïſſance de Henri II. ſont nulles, comme ayant été obtenuës ſous le faux Expoſé qu'ils ont fait, que Henri II. à ſon entrée dans Mets, avoit promis d'y maintenir libre, l'exercice de leur Religion. Je n'examine point s'il eſt vrai que cet Expoſé ſoit faux, je me contente de dire que l'Edit de tolérance, qui doit régler toute la chicane des Miſſionnaires, ſavoir celui de Nantes, permettant l'exercice de notre Religion pour l'avenir, dans les lieux où il étoit au temps de

l'Edit, il y a de la mauvaiſe foi à rechercher comment l'exercice s'étoit établi dans chaque lieu, avant l'Edit de Nantes ; car l'Edit ne porte pas que l'exercice ſera continué dans les lieux, où il a été introduit d'une certaine maniere, mais généralement dans tous les lieux où il ſe trouvoit alors établi.

III.
Origine des ſeconds troubles.

Pour ce qui eſt des ſeconds troubles, Mr. Maimbourg en juſtifie (A) ſans y penſer notre Religion, leur donnant pour véritable cauſe la perfidie de Catherine de Médicis, qui non ſeulement n'accorda pas au Prince de Condé, ce qu'elle lui avoit promis, pour obtenir de lui tout ce qu'elle ſouhaitoit, mais auſſi le fit maltraiter par le Duc d'Anjou, de la maniere la plus indigne qui ſe puiſſe, la plus ſanglante, & la plus inſupportable, je ne dirai pas au premier Prince du Sang, mais à un ſimple Gentilhomme. Je n'en connois point en France, qui après un tel affront n'allât prendre parti à Bruxelles, avec les meilleures intentions du monde de faire du pis qu'il pourroit contre le ſervice du Roi. Mr. Maimbourg dit de plus, que le Prince ne fit que couvrir la cauſe de ſon entrepriſe, *du prétexte de la Religion, qui n'eut que la moindre part, ſi toutefois elle en eut aucune, dans la violente réſolution qu'il prit, & dans la déteſtable & malheureuſe entrepriſe de Meaux.* Et en effet de quelque Religion que nous ſuppoſions un Prince du Sang, d'autant de cœur qu'il en avoit, Turc, More, Juif, Papiſte, Janſéniſte, Moliniſte, Calviniſte, nous concevons que ſi on le traite auſſi indignement, qu'on traita le Prince de Condé, il ſe porte à de fâcheuſes extrémitez. Si bien que c'eſt ſans raiſon que notre Auteur, oubliant ce qu'il venoit de dire, remarque un peu plus bas, que (B) *comme le propre de l'Héréſie dont le Prince faiſoit profeſſion, eſt d'endurcir le cœur, & de lui inſpirer toute la fureur dont l'eſprit de rebellion eſt capable, bien loin de déſiſter de ſa malheureuſe entrepriſe, il ſe mit en devoir de charger les Suiſſes qui couvroient l'eſcadron du Roi.* Apprenez, Monſieur Maimbourg, que ce n'eſt pas le propre de la Religion que ce Prince profeſſoit, puis qu'il eſt facile de faire voir que les Princes, que l'on regardoit en France comme les défenſeurs de la Religion Catholique, ont eu l'eſprit encore plus endurci, & plus rempli de toute la fureur que la rébellion inſpire. Pour un acte de rébellion que vous nous montrerez dans le Calviniſme, nous vous en ferons voir dix dans le Papiſme, chacun plus atroce que celui-là, ſans prendre qu'un pareil intervalle de temps.

Le Prince (c) n'avoit beſoin que de ſon courage, & de ſon temperamment chaud, pour entreprendre quelque choſe de hardi. Sa Religion ne lui ſervit que pour trouver des inſtrumens de vengeance, & il eſt ſûr que ſi on veut faire juſtice à nos Peres, on excuſera très-facilement les ſeconds troubles. Qu'euſſent-ils pû faire dans cette conjoncture-là, haïs à la Cour, & convaincus que l'on y avoit machiné leur perte ? On avoit réduit preſque à rien la liberté, qui leur avoit été accordée par les Edits : le peuple leur couroit ſus aux endroits où ils étoient les plus foibles : en ceux où ils ſe pouvoient défendre,

(*) *Hiſt. du Calvin.* p. 342.
(A) *Hiſt. du Calvin.* p. 363.
(B) *Hiſt. du Calvin.* p. 388.
(c) Au lieu de cela juſqu'au No. V. Il n'y avoit dans la premiere Edition que ce qui ſuit. „ Mais que peut-„ on voir de plus formel que l'Ambaſſade de France

„ aux Princes de l'Empire, pour leur faire entendre „ de la part du Roi, *qu'il ne s'agiſſoit nullement de la* „ *Religion Proteſtante dans la ſeconde guerre civile ?* Un „ Roi qui déclare que ce n'eſt point une guerre de Re-„ ligion, n'eſt-il pas plus croyable qu'un Jéſuite, qui „ dit que c'eſt une guerre de Religion?

Lettre
XIII.

dre, les Gouverneurs (*) se servoient de l'autorité du Roi pour les opprimer : il n'y avoit nulle justice pour eux dans les Parlemens ni au Conseil du Roi : on les massacroit impunément : on ne les rétablissoit point dans leurs biens & dans leurs Charges. Pouvoient-ils abandonner un Prince, qui étoit leur seul Protecteur dans le monde, & qui sans doute ne manqua pas de leur aprendre, qu'on avoit violé à son égard l'Edit de Pacification, & qu'au premier jour on l'aboliroit entierement ? Le Prince & les Colognis (A) s'étoient assemblez deux fois, pour examiner les plaintes que les Huguenots leurs porterent deux ou trois fois, de l'oppression où ils se trouvoient contre la foi des Edits, & leur réponse fut, *qu'il faloit tout endurer plûtôt que de reprendre les armes. Mais quand un des Principaux de la Cour leur eût donné avis bien exprès, qu'on avoit résolu de se saisir du Prince & de l'Amiral, pour tenir le premier dans une perpétuelle prison, & faire monter l'autre sur un échaffaut, l'avis de Dandelot le plus hardi de tous, les fit resoudre à reprendre les armes.* Voilà des circonstances essentielles que Mr. Maimbourg ne devoit pas supprimer, comme il a fait par une mauvaise foi inexcusable.

J'aurois quelque envie de me servir de la déclaration qui fut faite de la part du Roi, par les Ambassadeurs de France aux Princes de l'Empire, *qu'il ne s'agissoit* (B) *nullement de la Religion Protestante dans la seconde guerre civile.* Mais je craindrois que l'on ne me dît, que de la maniere que se conduisent les Souverains, les choses qu'ils font dire par leurs Ambassadeurs, sont bien moins celles qu'ils pensent, que celles qu'ils ont intérêt que l'on se persuade qu'ils pensent. Charles IX. avoit intérêt de persuader aux Princes Protestans d'Allemagne, qu'il ne s'agissoit nullement de Réligion entre lui & le Prince de Condé : c'est pour cela qu'il faisoit parler ainsi ses Ambassadeurs; mais ce n'est point du tout une marque, qu'il ne fût pas question de Religion.

C'est ainsi que l'on peut faire une solide Apologie pour Sleidan, contre les insultes du P. Maimbourg, qui l'accuse (C) *d'une insigne imposture,* en ce qu'il a écrit que l'Ambassadeur de François I. à l'Assemblée de Smalcalde, ayant conféré avec quelques Docteurs Luthériens sur les principaux articles de leur créance, leur avoit dit que le Roi son Maître, après avoir ouï sur tous ces points-là les Théologiens de Paris qui ne l'avoient pas satisfait, étoit presque en tout cela du sentiment de Mélanchthon. On prétend réfuter Sleidan en disant, que l'Ambassadeur ne pouvoit pas ignorer le zéle du Roi pour la Religion Catholique, puis qu'il l'avoit suivi quelques mois auparavant à une Procession très-dévote, au retour de laquelle S. M. fit brûler tout vifs à petit feu six hommes convaincus de Luthéranisme. Méchante réfutation. Le Roi pouvoit être très-grand ennemi des Luthériens, & faire dire pourtant aux Princes de cette Secte assemblez à Smalcalde, tout ce que Sleidan met à la bouche de l'Ambassadeur, parce qu'il étoit question de faire une Ligue contre Charles V. que François I. haïssoit encore plus qu'il ne haïssoit le Luthéranisme, & qu'il étoit important, pour venir à bout de conclure cette Ligue, que les Luthériens ne

demeurassent pas dans la prévention où ils étoient que le Roi de France haïssoit mortellement les Luthériens, & en faisoit bruler tout autant qu'il en trouvoit. Je vous assure, Monsieur, que si Sleidan a dit là une chose fausse, il a dit à tout le moins une fausseté très-vraisemblable, & je m'étonne fort que Mr. Maimbourg, qui se pique tant de connoître l'esprit du monde, & les manieres de la Cour, ait accusé cet Historien de s'être éloigné, non seulement de la vérité, mais aussi de *toute vraisemblance,* dans cette rencontre, où il fait bien voir, poursuit-il, *que Charles V. avoit raison, lors que voulant se divertir quelquefois, durant sa retraite, à la lecture de l'Histoire de cet Auteur, laquelle venoit de paroître, il disoit seulement, que l'on m'apporte mon menteur, & aussi-tôt on lui alloit querir un Sleidan.* Mr. Maimbourg cite Surius; mais on croit que le Jésuite Pontanus est le premier qui a débité cela, dans ses Notes sur Cantacuzene. L'Auteur de l'Apothéose (D) de Ruard Tapper, Chancelier de l'Université de Louvain, assure que Charles-Quint rendoit un témoignage tout contraire à Sleidan; d'autres nous donnent (E) pour une chose assurée, que cet Empereur disoit, ou que Sleidan avoit des Espions jusques dans le Conseil Impérial, ou qu'un Esprit familier lui fournissoit des Mémoires. Et quant à Surius, qui ne l'a pas accusé de moins que de quelques milliers de mensonges, ce n'est pas un fort redoutable personnage, car c'est le plus credule Compilateur qui fut jamais. Il avoit averti le Public, que deux célebres Auteurs refuteroient les impostures de Sleidan, mais on attend encore ces réfutations. Alanus Copus (F) avoit aussi publié, qu'un certain Barthélemi Latomus donneroit l'Histoire des onze mille mensonges de Sleidan; mais c'est ce qu'on n'a point encore vû, & qui apparemment ne seroit pas plus aisé à exécuter, que de soutenir l'Histoire des onze mille Vierges. Quoi qu'il en soit, croyez, Monsieur, à coup sur, que ce n'est pas au sujet de l'Ambassadeur de France que Charles-Quint a conçu mauvaise opinion de Sleidan. Il connoissoit trop les ruses de la Politique, pour douter en cela de la bonne foi de son menteur. Il y a long-temps que l'on définit un Ambassadeur, *un homme envoyé au loin afin de mentir pour le bien de la République.*

Ce que M. Maimbourg ajoûte (G) que le Calvinisme, selon sa coûtume, *n'a pas manqué d'exciter en la Hongrie ces troubles qui durent encore aujourd'hui, & qui par la division qu'il y a mise, pourroient bien donner lieu au Turc de s'emparer enfin de tout le reste de ce beau Ryoaume ;* cela, dis-je, est fort mal entendu pour un Jésuite, & sur tout pour un Jésuite qui est aux gages du Roi. Car il n'y aura personne qui en lisant cet endroit, ne se souvienne de deux choses, dont l'une n'est guéres honorable à la France, & l'autre est ignominieuse à la Société des Jésuites. La premiere est que toute l'Allemagne, & toute la Maison d'Autriche ne cessent de crier, que ce sont les Envoyez de France à la Cour de Vienne qui ont excité ces troubles dans la Hongrie ; que ce sont eux qui empêchent l'accommodement des Mécontens ; que Mr. de Bethune, Ambassadeur du Roi en Pologne, leur a en-

---

(*) *Mezer. Abr. Chr. ad an. 1567.*   (A) *Id. ibid.*
(B) *Hist. du Calvin. p. 222.*
(C) *Hist. du Luthéran. l. 3.*
(D) *Voyez les Mélanges Hist. de Mr. Colomiez.*
(E) *Constat Carolum ipsum de Sleidano dixisse, aut pro-*
ditores habemus consiliorum, aut scriptor iste familiaris spiritus revelatione ista didicit. Philip. Andreas Notit. Imperii Romano-Germ. p. 40.
(F) *Voyez Verheiden praestant. Theolog. effigies.*
(G) *Pag. 390.*

a envoyé des troupes confidérables commandées par un François, avec lefquelles ils ont fait mille défordres dans les Etats de l'Empereur; qu'encore aujourd'hui il y a des Agens de France, & en Tranfilvanie, & auprès du Comte Tekeli, pour empêcher qu'il n'accepte les conditions qu'on lui offre; fi bien que l'on dit par tout, que pendant que S. M. très-Chretienne extirpe l'Héréfie dans fes Etats, il la fomente dans les Etats d'autrui ; ce qui montre qu'on ne la hait pas en elle-même. La feconde chofe eft que toute la terre eft perfuadée, que ce font les Jéfuites, tout - puiffans à la Cour de Vienne, qui font la véritable caufe des tumultes de Hongrie, par le foin qu'ils ont pris de tout temps, d'infpirer aux Empereurs l'efprit de perfécution ; & par l'adjudication qu'ils ont obtenuë des biens des Hérétiques, & par le refus qu'ils font de les rendre : de forte que fi le Turc s'empare de toute la Hongrie, ce n'eft pas aux Hérétiques qu'il s'en faudra prendre.

Les réflexions que l'on fait fur les troubles de la Hongrie, & la harangue de l'Ambaffadeur de François I. me font fouvenir de la guerre que le Roi Henri II. entreprit en faveur des Proteftans d'Allemagne, pendant qu'il faifoit brûler fans miféricorde les Proteftans de fon Royaume. Mr. Maimbourg croit avoir juftifié pleinement cela, en difant (*) que le Roi ne fit cette guerre que *pour des intérêts d'Etat.* Méchante excufe: car s'il importe pour la gloire de Dieu & pour le bien de fon Eglife, que l'on faffe périr l'Héréfie Proteftante, le Roi Henri II. ne devoit pas empêcher que Charles-Quint ne la fît périr, & il devoit au contraire le feconder dans cette pieufe entreprife. Mais au lieu de le feconder, il fait une étroite Ligue avec les Proteftans, plus pernicieufe mille fois à la Catholicité, que le fupplice de quelques miférables François ne lui pouvoit être profitable. Les Princes ont beau faire & beau dire, on voit bien que pour fi jaloux qu'ils foient d'amplifier leur Religion, ils le font encore plus d'amplifier leur puiffance temporelle. Je vous renvoye encore une fois à Mr. du Maurier, qui vous apprendra dans fa Préface, que Philippe II. follicité par la Reine d'Angleterre fa femme de faire mourir Elizabeth, n'en voulut rien faire, craignant que cette mort appellant à la fucceffion du Royaume Marie Stuard, qui étoit alors mariée au Roi François II. ne fît un feul Corps du Royaume de France, & de celui de la Grande-Bretagne. Ainfi il aima mieux que l'Angleterre fût Hérétique, que de pouvoir devenir Françoife. Voyez de combien de chofes défavantageufes Monfieur Maimbourg nous fuggere le fouvenir, pour avoir imprudemment, & fauffement ofé imputer au Calvinifme, d'être le Perturbateur du repos public.

Je me fouviens d'avoir laiffé paffer un endroit de l'Hiftoire du Calvinifme, qui méritoit quelque réflexion. Revenons-y à cette heure, puis que nous venons de repouffer l'accufation que l'Auteur nous intente malignement, que c'eft l'ordinaire du Calvinifme d'exciter des troubles par tout où il s'établit. Ils firent enfin (dit-il) (A) en parlant des Calviniftes d'Ecoffe) *toutes ces horribles profanations, & ces barbares violences, qui*

font les effets ordinaires de l'Héréfie Calvinienne, qu'on a vû de tout temps être fans contredit la plus infolente & la plus cruelle de toutes, quand elle a le deffus, mais auffi la plus méprifable & la plus facile à détruire, quand on l'a une fois défarmée. On n'a jamais rien dit qui fût plus deftitué de bon fens.

I. Car premierement il eft faux que les Calviniftes ayent furpaffé les excès, que les Iconoclaftes ont autrefois commis contre les Images. Il eft faux qu'ils fe foient fervis des avantages qu'ils ont eus fur les Catholiques, avec plus d'infolence & de cruauté, que les Catholiques n'en ont fait paroître contre eux, par tout où ils ont été les plus forts. Il ne fe peut rien commettre de plus barbare, que ce qui a été pratiqué par le Duc d'Albe dans les Païs-Bas, & par Charles IX. en France. Les violences, qui fe commirent en Angleterre contre les Proteftans fous le regne de Marie, font incomparablement plus horribles, que le traitement qui avoit été fait à ceux de l'Eglife Romaine fous le regne d'Edoüard, & que celui qu'on leur fit depuis fous le regne d'Elizabeth. Il ne fe peut rien voir de plus inhumain, & de plus furieux, que le maffacre qui fut fait en Irlande d'environ cent mille Proteftans par les Catholiques, fous le regne de l'infortuné Charles I.

II. Il faut confidérer que les profanations, que les Catholiques ne commettent point quand ils brûlent nos Temples, ne font pas un effet de quelque refte de modération qui leur demeure; c'eft un pur accident qui vient de ce que nous n'avons pas un Dieu qui puiffe être foulé aux pieds comme le leur, ni des objets de Religion qui puiffent être abatus à coups de hache, comme les Statues, les Tombeaux, & les Images, aufquelles ils rendent un fervice religieux. Si nous avions un Dieu dans nos Temples, que l'on pût jetter dans la boüe; fi nous y avions des Idoles de bois & de pierre, affurément ces Mrs. ne les épargneroient pas, & ils déchargeroient là-deffus tous les excès d'un emportement incroyable. Quand ils abatent nos Tembles dans quelque émeute populaire, comme cela leur arrive fouvent, même depuis les Edits de Pacification, même tout fraîchement à quatre pas de la Cour, ils s'en prennent d'abord à la Bible, qu'ils foulent aux pieds, qu'ils déchirent, ou qu'ils brûlent, & puis aux bancs, à la chaire, & aux murailles. C'eft tout ce qu'ils peuvent faire. S'ils trouvoient des Autels, des Images, & des Reliques, ils poufferoient leurs profanations plus loin que les Huguenots ne firent jamais, & ainfi Mr. Maimbourg a le plus grand tort du monde d'avancer fi hardiment, que *l'Héréfie Calvinienne eft la plus infolente & la plus cruelle de toutes, quand elle a le deffus.* Dans l'endroit où il parle ainfi, il ne fait mention que de renverfemens d'autels, & de fimulacres; ce qui eft une cruauté & une infolence incomparablement moindre que celle des Catholiques, qui au lieu de fe contenter d'abatre nos Temples, paffoient fort fouvent au fil de l'épée ceux qu'ils y trouvoient affemblez pour prier Dieu. Pour ne pas dire que nous fommes perfuadez que la Religion des Reliques & des Images eft criminelle, au lieu que ces Meffieurs font perfuadez que la Bible, qu'ils profanent & qu'ils brûlent en infulL

(*) *Hift. du Calvin. p. 95.*
Tome II.

(A) *Hift. du Calvin. p. 170.*

L

LETT. XVIII. sultant nos Temples, est la parole du Dieu vivant.

III. Je suis surpris qu'il n'ait pas vû l'absurdité de cette pensée, *qu'il n'y a point d'Héréfie plus méprifable & plus facile à détruire, quand on l'a une fois défarmée, que celle de Calvin.* Car il faut néceffairement que ce caractere vienne, ou du génie de la Nation qui embraffe le Calvinifme, ou du génie particulier des dogmes du Calvinifme. S'il vient du génie de la Nation, il doit fe rencontrer auffi-bien dans le parti Orthodoxe que fubfifter dans cette Nation, que dans le parti Hérétique; & par conféquent s'il eft vrai, comme on le reproche aux François, qu'ils font les plus infolens du monde dans la profpérité, & les plus rampans dans l'adverfité, tout ce que Monfieur Maimbourg remarque de l'Héréfie Calvinienne, appartient auffi véritablement aux Catholiques de France.

Mais, dira-t-il, ce caractere vient de l'Héréfie de Calvin, comme de fa véritable fource. Je répons encore une fois que c'eft une abfurdité manifefte; car il n'y a point de dogme dans la prétenduë Héréfie de Calvin, qui ait quelque efficace particuliere, ou pour rendre cruel & infolent dans la profpérité, ou pour rendre poltron dans l'adverfité. On ne fauroit rien montrer dans nos Liturgies, dans nos Catéchifmes, ou dans nos Confeffions, qui ait relation à cela.

C'eft peut-être que la grace de Dieu ne nous accompagnant pas, il arrive que la profpérité & l'adverfité font leur effet ordinaire dans notre parti, qui eft d'enfler & d'abatre le courage, au lieu que l'Eglife Orthodoxe étant affiftée du St. Efprit, fe modere dans fa bonne fortune, & conferve fa fermeté dans la mauvaife. Mais cette réponfe feroit une nouvelle abfurdité; foit parce que certaines Nations Idolâtres ont eu de la modération dans la bonne fortune, & du courage dans la mauvaife; foit parce qu'on ne remarque point que l'Eglife Romaine foit fort modérée dans fa profpérité; foit enfin parce que fi la grace de Dieu produifoit dans la vraye Eglife une difpofition du cœur contraire à celle que fi Monfieur Maimbourg nous impute, il s'enfuivroit que la vraye Eglife défarmée, feroit encore formidable aux Princes par fa rébellion, & par fa réfiftance opiniâtre. Si c'eft là une marque de la vraye Eglife, il ne faut plus difputer cette qualité à Meffieurs de l'Eglife Romaine; car en plufieurs lieux du monde ils font auffi terribles, quand ils font défarmez, que quand ils ne le font pas. Ils ne font jamais faciles à détruire, tant ils font habiles & hardis à former des confpirations, à cabaler, & à femer la difcorde dans le parti ennemi.

Il n'y a donc rien de plus abfurde, que la réflexion que Mr. Maimbourg a fourrée dans la narration des affaires d'Ecoffe, tout à fait hors de propos, & fans autre néceffité que celle de contenter l'envie qu'il avoit de faire comprendre à la Cour, qu'on peut déformais tout entreprendre contre nous, fans avoir rien à appréhender. Pour apprendre cette vérité, il n'étoit pas néceffaire d'avancer une propofition auffi générale, & auffi fauffe que celle qu'il a avancée.

Au refte ce fut dans cette feconde guerre que mourut le Connétable de Montmorency, auquel Mr. Maimbourg) je ne fai pas de quel droit) accorde (*) la prérogative d'être allé au Ciel le jour même de fa mort, fans paffer par le Purgatoire. Vous avez lû fans doute fur une pareille chofe, la réponfe qui fut faite aux Députez de Sorbonne, qui étoient allez fe plaindre (A) de l'Oraifon funebre de François I. prononcée par Caftellan, Evêque de Macon.

Quant à la caufe des troifiemes troubles, je n'ai à dire autre chofe à Monfieur Maimbourg, finon que felon fa louable coûtume; il la met d'un fens contraire, fuppofant toûjours de la bonne foi du côté de la Cour, & de la mauvaife foi du côté du Prince. C'eft tout au rebours. Les remontrances du Pape & des Princes Catholiques, dont il nous a parlé, avoient tant fait d'impreffion dans l'ame du jeune Roi Charles, qu'il ne faifoit des Traitez de paix, qu'afin que le Prince perdît les occafions de mettre fes affaires en bon état; & dès que le Traité étoit conclu, on fe moquoit de lui. Il n'en étoit pas de même des Huguenots, car voici comme Brantôme parle de l'Amiral de Châtillon, qui étoit le bras droit & le Confeil de l'illuftre Prince de Condé. *Auffi-tôt que le Roi lui accordoit & à fes partifans l'exercice de leur Religion, le voilà qu'il mettoit auffi-tôt les armes bas, fans retenir une feule Ville pour fa fureté, & les rendoit auffi-tôt toutes, ce que n'ont fait les autres qui ont commandé après lui; & quand on lui difoit pourquoi il n'en retenoit aucunes pour foi & pour eux tous, il répondoit qu'ils ne fauroient fe rendre plus coupables que de cette façon, de tenir ainfi les Villes du Roi, & que puis qu'il leur permettoit ainfi la liberté de leurs confciences, & l'exercice de leur Religion, que vouloient-ils davantage? . . . . . Il fe fondoit toûjours fur ce grand point de la Religion; car, difoit-il, puis que nous avons notre Religion, que nous faut-il davantage? Donc par-là connoît-on combien il étoit plus homme de bien & religieux qu'on ne penfoit, auffi telle bonté le fit perdre,* parce que fon peu de méfiance le fit tomber enfin dans les embuches de la Cour.

Au commencement (B) des premiers troubles le Prince, prêtant favorablement l'oreille à un accommodement, eût pû comprendre fans peine, qu'il n'en faloit pas attendre un bon, pendant que les Guifes feroient en crédit; car il reçut avis fur ces entrefaites, *que les Huguenots qui fortoient du Prêche de Sens* (c) *avoient été maffacrez, & leurs maifons faccagées par les Soldats, dont on imputoit la faute au Cardinal de Lorraine, Archevêque de cette Ville-là.* Il en fut outré, mais il ne laiffa pas encore de renouer les Négociations, avec bien plus de bonne foi que de prudence; car fur la propofition que lui fit la Reine, *de faire fortir les Guifes & le Connétable de la Cour, s'il vouloit fe venir mettre entre les mains d'elle & du Roi de Navarre, le Prince donnant bien légerement dans le*

(*) *Hiftoire du Calvinifme p.* 385.
(A) *Thuan. l.* 3.
(B) Au lieu de cela jufqu'à la fin de la Lettre, il n'y avoit dans la premiere Edition que ce qui fuit. ,, Avant ,, que les Huguenots euffent remué la moindre chofe, ,, on n'avoit pas moins entrepris, contre la foi du Trai- ,, té de 1568. que d'enlever le Prince & l'Amiral,

,, comme des corps faints, après quoi on eût paffé au ,, fil de l'épée les pauvres Huguenots deftituez de Pro- ,, tecteur. Ayant évité ce dangereux piége, ils pour- ,, vûrent à leur fureté comme de raifon, & voilà les ,, troifiémes troubles. Je fuis, &c.
(c) *Mezerai Abr. Chron. ad ann.* 1562.

le piége, *alla trouver la Reine à Talsy, dès qu'il sut
que les Triumvirs s'étoient retirez, & par une seconde imprudence promit de sortir du Royaume, s'ils
ne revenoient point à la Cour.* Mais l'Amiral &
les autres Chefs de son parti, l'étant allé trouver, lui remontrerent (A) *qu'il n'avoit pû engager
sa parole, au préjudice de celle qu'il leur avoit
donnée, & de sa conscience;* & ainsi ils l'obligerent
à la retirer dès la prochaine Conférence, qui fut le
lendemain; puis ils le remenerent à son Armée. Tout
le monde s'étonnant que la Reine Mere ne les avoit
pas tous pris d'un beau coup de filet. A quoi sans
doute elle n'eût pas manqué, si c'eût été son intérêt de le faire.

On voit par là où étoit la bonne foi. Car
on ne peut pas dire, qu'avoir retiré sa parole
dans une seconde séance, soit une perfidie. On
sait assez que pendant le cours d'une Négociation, il est permis de se raviser, & qu'on ne regarde comme bien permis, que les articles qui
composent le Traité signé & ratifié de part &
d'autre.

Pour revenir aux troisiémes troubles, je dis
que Monsieur Maimbourg nous étale bien les
infractions, qu'il prétend que les Huguenots firent au Traité de Long-jumeau : mais il sup-
prime malicieusement celles que firent les Catholiques, si criantes que rien plus. *On ne laissoit point jouir les Huguenots* (dit Monsieur de
Mezerai (B) *ni de la paix, ni de la liberté de conscience : ils étoient en plus grand danger que durant
la guerre. En trois mois de tems il en fut tué plus de
deux mille en divers endroits, ou par leurs ennemis particuliers . . . . . ou par des émotions populaires.* Le Maréchal de Tavannes, de l'aveu même
de Monsieur (c) Maimbourg, entreprit d'enlever
le Prince & l'Amiral dans une maison de campagne, selon l'ordre qu'il en avoit reçu. Ce dessein
ayant été découvert, la Reine tâcha *d'enlever de
force le Prince, puis qu'on ne l'avoit pû par la ruse.*
Cependant il la faisoit supplier (D) *d'entretenir
la paix & les Edits ; mais c'est ce qu'il ne devoit
plus espérer, quand il vit que si quelqu'un étoit de
ce sentiment, on le traitoit de Libertin & de Politique,* c'est-à-dire qui n'avoit point de véritable
Religion, & que le Chancelier de l'Hospital, qui
donnoit des conseils pacifiques, fut . . . . relégué comme suspect d'être Huguenot. Renversement effroyable de l'esprit du Christianisme! Il faloit
conseiller la trahison & la violence, si on vouloit passer pour bon Chretien. Enfin le Prince
fut obligé, pour n'être pas investi à Noyers, de
chercher une meilleure retraite ailleurs, écrivant
ses plaintes & ses remontrances au Roi, & voilà
les troisiémes troubles. Je suis, Mr. votre &c.

LETTRE XIX.

I. *Qualité du Duc de Mompensier.* II. *Injustice
de Mr. Maimbourg de ne louer pas Mr. le
Prince.* III. *Réflexions sur ses moralitez au
sujet du Prince de Condé tué à Jarnac.* IV. *Et
sur ce qu'il avoué de la mauvaise foi qu'on eut
pour les Huguenots, principalement à la St.
Barthélemi.*

MONSIEUR,

Comme vous êtes bien-aise que je ne perde
point de tems en Préface inutiles, je vous dis
sans préambule, que ce fut pendant la troisieme
guerre que se donna la bataille de Jarnac, où le
Prince ayant été pris fut tué de sang froid par
Montesquiou, Capitaine des Gardes du Duc
d'Anjou frere du Roi, & par l'ordre exprès du
Duc d'Anjou. Monsieur Maimbourg en parlant
de cette bataille, nous dit des mervelles de ce
Duc de Mompensier, dont je vous ai déja écrit
quelque chose dans ma troisieme Lettre. *Il fit
hautement profession,* dit-il (E), *d'une pieté exemplaire dans une Cour, où elle n'étoit gueres en honneur & en crédit. Et comme il prenoit grand plaisir à se représenter & à dire qu'il étoit du sang de
Saint Loüis, il tâchoit aussi de se rendre digne de
cet honneur, en s'efforçant d'imiter les vertus de ce
grand Saint, & sur tout son zele pour la Religion,
qu'il fit éclater principalement dans la guerre qu'il
entreprit contre les Infidelles. C'est pour cela qu'il
se déclara l'ennemi irreconciliable des Huguenots,
quoi qu'un Prince de sa maison fût à leur tête. Il ne
les pouvoit du tout souffrir. Il en nettoya son Gouvernement d'Anjou, de Tourraine & du Perche,
où ils n'eussent osé paroître ; & son zele, qu'il ne
sut pas modérer, alla si loin, qu'il ne vouloit point
leur donner de quartier. Il ne parloit à leur égard
que de pendre ; & quand il en tomboit quelques-
uns entre ses mains par le sort des armes, il les
envoyoit à l'heure même à un Cordelier qui le suivoit par tout ; & aussi-tôt que ce bon Pere les avoit
un peu exhortez à se convertir, ce Prince les faisoit
expédier sans remission ; jusques-là même qu'il ne
put s'empêcher de dire au plus honnête homme d'entre les Huguenots, le vaillant & sage la Nouë,
quand il fut pris immédiatement avant la bataille de Jarnac :* Mon ami, vous êtes Huguenot,
votre procès est fait, songez à votre conscience,
*& sans le Vicomte de Martigues qui le lui deman-
da, prétendant qu'il étoit son prisonnier, c'en étoit
fait.* Il nous apprend ailleurs que pendant le massacre de la St. Barthélemi, le Duc de Mompensier couroit (F) *par les rues, animant le Peuple,
qui n'étoit déja que trop échauffé de lui-même, &
l'excitant à faire main basse sur tout, sans épargner
personne.* On peut voir dans Brantôme (o) les excès

I.
Qualitez du
Duc de Mom-
pensier.

(A) *Mezerai, Abr. Chron. ad ann.* 1562.
(B) *Id. ad ann.* 1568.
(C) *Hist. du Calvin. p.* 404.
(D) *Mezer. ad ann.* 1568.
(E) *Hist. du Calvin. p.* 418.
(F) *Hist. du Calvin. p.* 478.
(G) Au lieu de cela il y avoit dans la seconde Edi-
tion tout ce qui suit.

,, Pour achever le Portrait de ce bon dévot, Mr. Maim-
,, bourg eût dû ne pas oublier ce qui se lit dans Brantô-
,, me. Le voici, le passage est un peu long, & même
,, un peu sale. Mais comme je sai que vous n'avez
,, pas cet Auteur-là, & que je n'écris que pour vous,
,, je ne fais point scrupule de vous copier l'endroit,
,, *omnia sana sanis.*
,, Quand la premiere (*) guerre civile vint : Mr. de
,, Mompensier fut Lieutenant de Roi en tous ces Païs
,, d'Anjou, le Mans, le Perche, Touraine, & autres
,, Païs circonvoisins, & là en cette guerre voulant du
,, tout imiter le Roi S. Louis, son grand miroir contre
,, les Infidelles, celui-ci, disoit-on, de même se mon-
,, tra animé contre les Hérétiques, qu'il haïssoit mortel-
,, lement, jusques-là que quand il les prenoit à com-

(*) *Memoires
tom. 3. Disc. du
Duc de Momp.*

Lettre XIX.

II. Injustice du P. Maimbourg de ne pas loüer Mr. le Prince.

cès de brutalité où il se portoit à l'égard de ses prisonnieres.

Voilà quelle est la vertu, la pieté, & la dévotion des Héros du P. Maimbourg, & comme il prend pour zele, un véritable emportement brutal & féroce. Un Prince, qui se moule sur la pieté de Saint Louïs, peut-il traiter les hommes avec tant de cruauté? Peut-il faire commandement à ses gens de violer la Loi de Dieu, en violant les belles Huguenotes qui lui tombent entre les mains? (*)

Il y a une autre chose qui m'a surpris dans le récit de cette bataille, c'est que Mr. Maimbourg en faisant l'éloge du Prince de Condé tué à Jarnac, remarque, *que si l'on a sujet de déplorer le malheur des deux premiers Princes de Condé, Louïs & Henri, qui ont combatu de toute leur force jusqu'à la mort, pour maintenir en France le parti de l'Hérésie, on peut dire aussi d'autre part, qu'ils ont eu le bonheur d'avoir laissé un successeur en la personne du feu Prince de Condé Henri de Bourbon, qui a toûjours été l'un des plus zélez défenseurs de la vraie Religion, qu'il a fait glorieusement triompher, en combatant par les armes les Huguenots rébelles, & par la plume ceux qui prétendoient faire revivre sous un autre nom une partie du Calvinisme.* Que ne dit-il tout franc que cette Altesse a écrit contre les Jansénistes? A quoi bon tant de détours? Mais je voudrois bien savoir que lui a fait Mr. le Prince de Condé aujourd'hui vivant, l'un des plus grands Capitaines, & l'un des plus grands Esprits du monde; pour l'obliger à ne dire pas un pauvre petit mot de lui. L'occasion en étoit la plus belle qui se puisse souhaiter. Cette Altesse honore trop par ses grandes qualitez l'illustre Maison de Bourbon, pour n'en parler point à l'occasion du Prince son Pere. Est-ce que Mr. le Prince n'est pas assez bigot, ni assez persécuteur de Hérétiques, ni assez ami des Jésuites, pour le traiter du moins avec la même civilité que l'on a euë pour Mr. le Comte d'Avaux, Plénipotentiaire à Munster, dont on a parlé magnifiquement à l'occasion de son Ayeul? Est-ce ainsi qu'on reconnoît

la complaisance qu'a euë Mr. le Prince, de mettre Mr. le Duc de Bourbon, son petit fils, Pensionnaire au Collége de Clermont? Un si grand honneur ne mérite-t-il pas qu'on lui pardonne la part qu'il eut à (a) l'Ambrunade? Je voi bien ce que c'est. Mr. Maimbourg a craint d'irriter le Ministre. Autrement il eût parlé de Mr. le Prince, d'aussi loin que Mr. l'Abbé de la Chambre a parlé du Roi dans le Panégyrique de St. Louïs, prononcé depuis peu de mois dans la Maison Professe des Jésuites. Une bonne partie de ce Discours de pieté, & de cet acte de Religion, n'est qu'un éloge de notre Monarque.

III. Réflexion ses moralitez au sujet de la mort du Prince de Condé.

Mr. Maimbourg faisant réflexion sur l'indignité avec laquelle on traita le corps du Prince, s'écrie, *Spectacle pitoyable* (b) *qui aprend aux Grands du monde, que Dieu peut confondre leur orgueil, & l'abbaisser en un moment jusqu'au centre de la derniere bassesse, quand ils ont l'audace de s'élever contre l'autorité suprême de l'Eglise, & des Puissances légitimes, ausquelles il veut qu'ils soient soûmis comme tous les autres Sujets.* Cela est puérile; car 1. il s'explique d'une maniere qui fait penser, que Dieu ne peut confondre l'orgueil des hommes, que *quand ils ont l'audace de s'élever contre l'autorité suprême* des Papes & des Rois, ce qui seroit une impieté. 2. Les Histoires sont toutes pleines de pareils accidens arrivez à de Grands Princes, qui étoient infatuez de l'Eglise Romaine, & adorateurs de la Cour en même tems. Toutes ces petites moralitez, & l'affectation de flétrir la gloire de l'Amiral, en le rendant suspect de poltronerie, sont d'un homme qui n'est pas le maître de sa passion. Les Historiens devroient soigneusement prendre garde, non seulement à ne point faire de réflexions malignes, mais aussi à n'en point faire de fausses, & se bien persuader de cette excellente regle, *qu'il n'y a rien* (c) *de beau que ce qui est vrai;* ce qui retrancheroit de leurs Livres une infinité de vains ornemens, de pensées fausses, & de froides moralitez. Ils ont beau mettre des mains, ou quelque autre sorte de signal, à la marge de leurs Livres, pour avertir le Lecteur de ne point
passer

,, position, il ne la leur tenoit nullement, disant, qu'à
,, un Hérétique on n'étoit nullement obligé de garder
,, sa foi, ainsi qu'il le pratiqua bien à l'endroit du Ca-
,, pitaine des Marais, qu'il prit dans le Château de
,, Rochefort sur Loire par honnête capitulation, & sur
,, sa foi, & puis le fit exécuter aussi-tôt, se fondant sur
,, son Apophtegme que je viens de dire.

,, Quand on lui amenoit quelques prisonniers, si
,, c'étoit un homme, il lui disoit de plein abord seule-
,, ment, *vous êtes un Huguenot, mon Ami, je vous recom-*
,, *mande à Mr. Babelot.* Ce Mr. Babelot étoit un Cor-
,, delier, savant homme, qui le gouvernoit fort paisi-
,, blement, & ne bougeoit jamais d'auprès de lui, au-
,, quel on amenoit aussi-tôt le prisonnier, & lui un peu
,, interrogé, aussi tôt condamné à mort & exécuté.

,, Si c'étoit une belle femme & fille, il ne leur di-
,, soit non plus autre chose, sinon, *je vous recommande*
,, *à Mr. mon Guidon, qu'on la lui mene.* Ce Guidon étoit
,, Mr. de Montoiron de l'ancienne maison de l'Arche-
,, vêque Turpin, du tems de Charlemagne, & en
,, portoit le nom de Turpin.

,, Il étoit un très beau Gentilhomme, grand, de
,, haute taille, & avec cela si bien proportionné de son
,, membre, qu'on disoit être demesuré & extravagant
,, & insatiable. Avec cela il repaissoit ainsi ces pauvres
,, prisonnieres, lesquelles possible aucunes, même les
,, femmes, en étoient très-aises & contentes, & eus-
,, sent desiré toûjours telle punition.

,, Quand aux pauvres filles, je croi que le mal leur
,, étoit cuisant pour un tems. Je ne sai si tout cela est
,, vrai, mais j'étois présent un jour à un dîner de feu
,, Mr. de Guise, à qui on fit ce conte en présence de
,, Madame de Guise sa femme, de Mademoiselle de la
,, Nirande, & autres Dames, & filles de la Cour

,, qui étoient à table, ausquelles mondit Sieur de Gui-
,, se leur en fit à toutes la guerre, & ne fut sans bien
,, rire & homme & femme; & si ce mot se dit un
,, long-tems à la Cour parmi les Dames & Galans de
,, la Cour, qui leur disoient, *je vous recommande au Gui-*
,, *don de Mr. de Mompensier,* dont aucunes, qui en savoient
,, le *tu autem,* & demesurée proportion, disoient ou
,, par timidité, ou par hypocrisie, *Ah! Dieu nous en*
,, *garde.* D'autres disoient: *Il ne nous feroient que la raison.*

,, Voilà la punition de ces pauvres Dames Hugue-
,, notes inventée par Mr. de Mompensier.........Le
,, brave Guidon au bout de quelque tems, dépêché de
,, Monsieur Son Capitaine vers le Roi en poste, vint à
,, la Cour, où il n'avoit jamais été gueres vû; mais je
,, vous assûre qu'il fut là bien vû & connu, & fort ad-
,, miré pour sa grande vertu naturelle, & même des
,, Dames dont j'en vis aucunes qui en rioient bien sous
,, bourre, & en disoient bien leur ratelée.

,, Il a falu vous envoyer ce passage sans le tronquer,
,, parce que d'un côté il ne faloit pas dissimuler, que
,, Brantôme ne le garantit pas pour véritable, & que
,, de l'autre il ne faloit pas oublier les diverses circon-
,, stances, qu'il a raportées, & qui font une espece de
,, conviction.

,, Voilà quelle est la vertu, &c.

(*) Il y avoit encore dans la premiere & dans la seconde Edition;,, Joignez, Monsieur, à coup sûr ce galant
,, Prince aux autres Persécuteurs des Huguenots, que
,, je vous ai fait voir ailleurs, avoir été sans religion, &
,, sans conscience. Il y a une autre chose, &c.

(a) *Voi. le Recueil des Pieces sur le N. Testament, de Mons.* 1. *vol.* p. 339.

(b) *Hist. du Calvin.* p. 453.

(c) *Art. de penser* 3. *part. ch.* 19.

paſſer par-là ſans ſonger à ſa conſcience; on n'en
fait rien, tant la réflexion eſt puérile la plûpart
du temps. Ce n'eſt pas le tout que de dire des
choſes qui ont un air de dévotion, il faut de
plus qu'elles ſoient vrayes; or c'eſt ce qui ne
ſe trouve par dans l'exclamation de Mr. Maimbourg.

Je devrois la lui avoir pardonnée, pour l'a-
mour de pluſieurs belles remarques de Morale,
qui ſont répanduës dans ſes Hiſtoires : & après
tout il faut conſidérer, qu'il travaille bien plus
à faire faire des applications malignes à ſon
Lecteur, qu'à le toucher de la crainte des Jugemens de Dieu. Il ne faut point accuſer ſes Livres
d'inſpirer la dévotion, & il y a beaucoup d'apparence qu'ils plaiſent moins aux dévots, qu'à
ces perſonnes de l'un & de l'autre ſexe, qui veulent trouver le bel air par tout, & les manieres
aiſées. On a remarqué que l'Hiſtoire de l'Arianiſme, & celle des Iconoclaſtes, ſont de toutes
les Hiſtoires de ce Jéſuite, celle où il y a le plus
de miracles ſans correctif ; ce qui a fait dire
qu'au lieu de devenir bigot en vieilliſſant, il ſe
jettoit de plus en plus dans l'eſprit du monde.

Enfin Monſieur Maimbourg n'a plus trouvé
lieu de biaiſer, quand il a été queſtion du Traité de Paix de l'an 1570. Il avouë (*) que l'on
traita de mauvaiſe foi avec les Huguenots;
qu'on leur accorda une Paix fort avantageuſe;
afin qu'ils déſarmaſſent, & qu'ils puſſent être
conduits au piége qu'on leur tendoit, pour les
maſſacrer comme on fit deux ans après à la ſanglante journée de S. Barthélemi. Il eſt vrai qu'il
ne convient pas qu'on eût réſolu, dès-lors le
maſſacre général : il dit ſeulement qu'on y réſo-
lut de ſe défaire de leur Chef par quelque trait
de trahiſon. Mais en ces choſes-là, ce qu'il
avouë eſt incomparablement plus croyable que
ce qu'il n'avouë pas : & nous ne manquons
point de preuves ſolides, pour faire voir que
cette réſolution infernale enveloit dès le commencement la ruïne de tout le parti. Je ne m'amu-
ſerai point à ramaſſer les circonſtances infamantes qu'il a oubliées ; car il faut lui rendre cette
juſtice, qu'il en dit aſſez pour faire bien comprendre l'énormité de l'action, & la profonde
malice avec laquelle elle fut conduite. Il a oublié de remarquer que celui qui tira un coup
d'arquebuſe à l'Amiral (A), étoit appellé le
Tueur du Roi, ou le Tueur aux gages du Roi;
ce qui montre que la Cour l'employoit ſouvent
à faire des coups ſemblables à l'aſſaſſinant du
brave Mouï, grand Capitaine Huguenot, qu'il
tua traitreuſement.

Mais il n'a pas oublié les artifices & les calomnies dont on ſe ſervit, pour excuſer cette
cruelle boucherie ; par exemple, que le Roi lui-
même (B) étant allé tenir ſont lit de juſtice au
Parlement, y déclara, comme il le fit auſſi écrire
à tous les Gouverneurs de Province, qu'il avoit
ordonné ce maſſacre, pour prévenir la damnable
conſpiration que les Huguenots avoient faite
contre ſa perſonne, contre la maiſon Royale, &
contre toute la Monarchie ; que pour mieux
prouver cette conjuration, on fit le procès aux
vieux Briquemaud, Maréchal de Camp de l'Armée des Princes ; à Chavagnes, Chancelier du
Parti, & à la mémoire de l'Amiral ; qu'ils furent
tous trois pendus, celui-ci en effigie, & les deux

autres en effet, en préſence du Roi & de la
Reine; qu'on fut en proceſſion remercier Dieu
de ce qu'on avoit découvert heureuſement la
conſpiration des Huguenots, & qu'on avoit ſû
prévenir par ce maſſacre, celui que l'Amiral
vouloit faire ; qu'on fit dire la même choſe à
tous les Princes de l'Europe, &c.

Bon Dieu! que de crimes entaſſez les uns ſur
les autres ! Et que cela nous ſert d'une bonne
preuve, que toutes les violences qu'on dit que
les Huguenots ont faites, ſont de pures calomnies, inventées pour colorer & pour pallier la
damnable cruauté qu'on exerçoit contre le parti ! Car enfin nonobſtant toutes ces artificieuſes
& criminelles précautions, nos plus grands
Adverſaires ſont contraints de confeſſer, que les
Huguenots étoient entierement innocens de
cette prétenduë conſpiration. Qui croira, après
des exemples d'une ſi noire impoſture, tout ce
que l'on débite des Temples, des Vaudois, &
des Albigeois ? Si nous euſſions tous péri après
cette ſanglante journée, notre mémoire ſeroit
enſevelie ſous ce honteux reproche ; mais Dieu
a permis (c) que contre l'intention de Charles
IX. il ſoit demeuré de reſte pluſieurs Huguenots, pour lui reprocher la mort de l'Amiral,
ſuivie de celle de (D) *près de cent mille hommes*,
& pour juſtifier pleinement & authentiquement
ſon innocence. Qu'on aille après cela faire un
préjugé contre la divinité de notre Religion,
des crimes que l'on dit que nous avons commis
en France ; ſi ce préjugé eſt de quelque force, le
moins qu'il prouve, c'eſt que l'Egliſe Romaine
eſt la plus fauſſe de toutes les Religions. Je
ſuis, &c.

LETTRE XX.

*I. De l'Evéque de Liſieux empêchant le maſſacre
des Huguenots. Réflexion ſur cela. II. Que les
Huguenots ſe peuvent ſervir de tous les moyens
dont leurs Adverſaires ſe ſervent III. Réfutation de la maxime, qu'il faut conſerver la
Religion qui a ſubſiſté pendant tant de ſiecles. IV. Réflexions ſur les converſions qui ſe
font ſans miracles, ou par des miracles. V. La
vraie Religion n'a pas plus de droit que la fauſſe, d'uſer de contrainte. VI. La conduite de
l'Egliſe Romaine d'aujourd'hui ne prouve pas
qu'elle déſaprouve les violences du ſiecle paſſé.*

Monsieur,

L'Auteur conclut la narration du maſſacre,
par le récit (a) d'une action fort généreuſe de l'E-
vêque de Lizieux, qui empêcha l'exécution des
ordres que le Roi avoit envoyez au Lieutenant
de Roi de la Province, de faire maſſacrer tous
les Huguenots de cette Ville. Le Prélat déclara à ce Lieutenant, *qu'il s'oppoſoit, & qu'il s'op-
poſeroit toûjours à l'exécution d'un pareil ordre:
que les Huguenots étoient ſes Ouailles quoi qu'é-
garées ; qu'il ne voyoit pas dans l'Evangile, que le
Paſteur doive ſouffrir qu'on répande le ſang de ſes
brebis ; au contraire qu'il y trouvoit, qu'il eſt obligé de verſer ſon ſang & de donner ſa vie pour
elles ;*

(*) *Hiſt. du Calvin.* p. 453.   (A) *Brantôme.*
(B) *Hiſt. du Calvin.* p. 479. *& ſuiv.*

(c) *Hiſt. du Calvin.* p. 460. (D) *Pereſixe vie de Henri IV.*
(a) *Pag.* 436.

elles ; qu'on n'avoit qu'à s'en retourner avec cet ordre ; qu'on ne l'exécuteroit jamais, tandis que Dieu lui conserveroit la vie, qu'il ne lui avoit donnée que pour l'emploier au bien spirituel, & même au temporel de son troupeau. Cela est très-beau

Réflexion sur cela.

& très-louable, je l'avouë avec Mr. Maimbourg; mais je voudrois bien savoir ce que ce bon Prélat eût fait, si le Roi eût voulu être absolument obéï. Il n'y a point de doute qu'il se fût mis à la brèche, pour arrêter les Loups qui vouloient égorger son troupeau, & pour les empêcher de le faire. Si c'est le devoir d'un bon Pasteur de donner sa vie pour ses brebis, c'est aussi le devoir des brebis de sauver la vie de leur Pasteur, autant qu'elles peuvent ; ainsi les habitans de Lizieux eussent été obligez de s'opposer à la violence, que les Officiers du Roi eussent voulu faire à leur Evêque, s'opposant aux ordres de la Cour ; & par-là on eût vû ces habitans précédez de leur Evêque, repousser la force par la force, & empêcher l'exécution des ordres injustes de leur Monarque, & tout cela en vertu du devoir indispensable, qui oblige le Pasteur à mourir pour ses brebis, & les brebis à mourir pour leur Pasteur ; par conséquent leur résistance eût été louable. Or ne s'ensuit-il pas de là, que tous les Evêques ont droit de résister à un ordre qui tend à faire égorger leurs Diocésains, & par conséquent qu'ils ne sont pas toûjours obligez de se soûmettre à leur Prince.

Je ne sai pas trop bien si on s'accommoderoit à la Cour d'une doctrine comme celle-là, qui naît très-naturellement des éloges que Mr. Maimbourg a donnez à la désobéïssance de l'Evêque de Lizieux ; & comme il est bon Courtisan, je doute fort qu'il eût voulu parler de cette action, s'il en eût prévû les conséquences. Car avec cette Doctrine on pourroit aller bien loin. Un Ministre, se croyant le Pasteur actuel des Huguenots qui sont dans sa Ville, pourra dire par les mêmes motifs de conscience, qui faisoient parler l'Evêque, qu'il veut mourir pour ses brebis : ses brebis diront qu'elles veulent mourir pour leur Pasteur ; ainsi on en viendra aux mains, & voilà la force légitimement repoussée par la force.

II. Que les Réformez se peuvent servir des moyens que les Catholiques employent.

On ne manquera pas de me répondre qu'il y a bien de la différence ; le Ministre est faussement persuadé qu'il est Pasteur, l'Evêque en est véritablement persuadé. Mais cette réponse n'est rien ; car un homme n'est pas moins obligé d'agir selon les motifs de sa Conscience erronée, que selon les motifs de sa conscience bien éclairée. C'est la force de la persuasion qui nous fait agir, & non pas les raisons que nous avons d'être fortement persuadez. Si une raison peu solide me frappe & me convainc, aussi pleinement qu'une raison démonstrative convainc un autre, ma persuasion étant aussi forte que la sienne, je suis obligé d'avoir autant de zele que lui ; autrement il faudroit dire qu'un Païsan, qui croit fermement en Dieu sans savoir pourquoi, & sans jamais avoir raisonné sur cela, n'est point obligé d'aimer Dieu, ni de souffrir pour son nom, autant qu'un savant Théologien. Outre que la réponse dont il s'agit suppose ce qui est en question, savoir, qu'un Ministre croit faussement être Pasteur.

III. Réfutation de la maxime, qu'il faut

Je fais une semblable remarque sur ce qui est tant de fois insinué dans l'Histoire du Calvinisme, que les Rois de France considérant que la

(*) Perse.

Religion Catholique étoit sur le Thrône depuis le Grand Clovis, ne pouvoient endurer que l'Hérésie prît racine dans leurs Etats. C'est un lieu commun que Mrs. de l'Eglise Romaine ont extrêmement fait valoir, pour retenir leurs peuples qui sembloient vouloir venir en foule dans notre Parti. Quoi, quitter une Religion si ancienne, dont nos Ancêtres les plus reculez ont été ? La Reine Elizabeth s'être assise avec son Hérésie sur un Thrône, qui avoit été occupé pendant une si longue suite de siecles par des Rois si Catholiques ? *Ad* (*) *populum phaleras*, c'est proprement du Galimathias pompeux pour tromper les petits Esprits. Car si cet argument est bon, il s'ensuit que d'ici à 600. ans les Rois de Dannemarc & de Suede, persévérant dans le Luthéranisme, seront dans la véritable Religion, & qu'ils ne pourroient se faire dire la Messe en ce tems-là, sans encourir le même blâme que les Catholiques ont tant de fois jetté à la tête de la Reine Elizabeth, d'avoir quitté la Religion de tant de Prédécesseurs, qui avoient régné avec tant de gloire, & tant de pieté. De quel front oseroient en ce tems-là se produire dans les Royaume du Nort les Missionaires du Pape, pour exhorter les Rois & les Peuples à se faire Catholiques ? Ne leur diroit-on pas ce qu'on a tant de fois remontré dans le dernier siecle aux Rois de France, qu'il ne faut pas quitter la Religion qui subsiste depuis tant de siecles dans l'Etat ; qu'il faut rejetter toutes ces nouvelles doctrines ? En ce tems-là on donneroit à Messieurs de l'Eglise Romaine du revers de la médaille ; on crieroit contre les Missionaires, *aux nouveaux venus*, comme ils ont fait autrefois contre Luther.

Si on me dit que les Missionnaires du Pape pourroient faire voir aux Danois, que la véritable antiquité est pour le Pape, puis que les Rois qu'auroient vécu sept ou huit siecles auparavant, auroient été Catholiques & non Luthériens : je répons que si à cause de cela les Danois se devroient estimer vaincus, il faudroit dès aujourd'hui abjurer le Christianisme dans toute l'Europe, supposé que les Payens y envoyassent des Missionnaires, pour y replanter le culte des fausses Divinitez ; car par exemple, ils nous feroient voir que les Rois de France ont été plûtôt Payens que Chretiens, & que Clovis a été aussi criminel d'abandonner une Religion établie de temps immémorial, & sous les auspices de laquelle les Francs avoient acquis tant de gloire, & fondé la Monarchie, que la Reine Elizabeth d'avoir quitté la Religion de ses Ancêtres. La même chose se pouvoit dire de Constantin, lors qu'il eût mis sur le Thrône des Romains une Religion inconnuë & nouvelle, pour en chasser la Religion de tant d'Empereurs, de tant de Consuls, de tant de Dictateurs, de tant de Rois de Rome, de Rois d'Albe, de Rois de Troye, & ainsi jusqu'à l'origine des choses.

On me dira nécessairement, que Constantin & Clovis ont quitté une Religion idolâtre, pour embrasser l'Evangile de Jésus-Christ, au lieu que la Reine Elizabeth a quitté la bonne Religion, pour devenir Hérétique. Voilà qui est bien, je ne les demande pas mieux que là, c'est venir au fait. Il n'est donc plus question d'antiquité, & on m'accorde que si la Reine Elizabeth avoit quitté une fausse Religion, pour pren-

conserver la Religion qui a subsisté pendant tant de siecles prendre la bonne, elle seroit aussi louable que Clovis & que Constantin. Or c'est ce qu'elle a prétendu faire, & c'est ce qu'il faut exami- ner; & par conséquent tous ces beaux lieux communs d'antiquité, de Religion regnante de- puis Clovis, de zéle de tant de Prédécesseurs qui ont mérité le glorieux titre de Très-Chre- tien, ne sont que de vaines fanfares, & de pe- tites Déclamations de Sophistes qui cherchent,

---- *Bullatis* (*) *ut sibi nugis*
Pagina turgescat, dare pondus idonea fumo.

Ainsi quelque aversion que ces Messieurs ayent pour l'examen du fond de nos Controverses, il faut qu'ils abandonnent ces forêts de prescrip- tion où ils aiment tant à se cacher, & qu'ils examinent qui a tort d'eux ou de nous. Autre- ment nous n'avons que faire d'entrer en lice; nous n'avons qu'à lâcher contre eux le Paganis- me armé de leurs lieux communs, & nous les verrons périr par leurs propres armes, sous les coups qui leur seront portez par les ennemis de la Religion Chretienne.

Vous n'y entendez rien, me diront-ils; Clo- vis & Constantin se sont convertis au Christia- nisme, après des visions & des miracles surpre- nans, au lieu que la Reine Elizabeth a quitté l'Eglise Romaine sans de bonnes raisons. Je ré- pons que quand tout ce que l'on conte de Clo- vis & de Constantin seroit vrai, & que la preu- ve tirée des visions & des miracles seroit aussi forte qu'elle l'est peu, (comme le reconnois- sent quelques Catholiques Romains (A) après Tertullien & S. Augustin, qui se moque des miracles des Donatistes, comme d'une preuve illégitime de la vérité de leur Communion, & qui les appelle par mépris *Mirabiliarios*, faiseurs de miracles) cela ne feroit point de véritable dif- férence entre eux, & les Princes qui se réforme- rent du tems de Luther & de Calvin. Car que firent tous ces miracles? Rien autre chose, si- non qu'ils persuaderent Clovis & Constantin de la vérité de la Religion Chretienne. Mais je trouve cela même, sans l'intervention des mira- cles, dans les Princes qui se reformerent. Je les trouve persuadez de la vérité de la doctrine prêchée par Luther & par Calvin. Les raisons qui les ont persuadez seront foibles, si vous vou- lez, de purs Sophismes, de vaines illusions : si elles ont produit une persuasion aussi forte que celle que les miracles ont produite dans l'ame du premier Roi de France, & du premier Empereur Chretien, les Princes Réformez sont aussi loua- bles d'avoir quitté l'ancienne Religion, que Clo- vis & Constantin de l'avoir aussi quittée; car ceux-ci ne l'ont quittée que parce qu'ils se trou- voient pleinement persuadez qu'il le faloit faire : les autres pareillement ne l'ont quittée, que par- ce qu'ils se trouvoient pleinement persuadez qu'il le faloit faire. Les premiers ont eu peut- être de plus fortes raisons, mais néanmoins leur persuasion n'a pas été plus forte, ni plus vive, que celle des autres; & par conséquent les pre- miers ne sont pas plus louables d'avoir changé de Religion, que les derniers. Tout ce qu'on pourroit dire à l'avantage des premiers, seroit qu'ils ont été plus heureux que les derniers, dans le choix des raisons ausquelles ils se sont laissez convaincre; mais comme les autres n'en

demeureront pas d'accord, cela ne pourroit aboutir qu'à une dispute.

Bien plus, il est pour le moins aussi facile de donner un bon tour aux conversions qui arri- vent sans miracle, qu'un mechant tour à celles qui ne se font qu'après un miracle; parce qu'on peut dire que ceux qui ne se convertis- sent qu'à force de voir des miracles, ont une obstination extrême dans leur incrédulité,& ré- sistent autant qu'ils peuvent au S. Esprit, au lieu d'avoir la louable docilité de ceux qui se laissent aisément conduire à ses divines lumie- res. On peut ajoûter qu'il est demeuré une es- pece de flétrissure à la mémoire de l'Apôtre St. Thomas, parce qu'il voulut voir avant que de croire; que Jesus-Christ lui-même a censuré fort vivement ceux qui ne se rendoient qu'aux signes & qu'aux miracles; & qu'aujourd'hui Mrs. de l'Eglise Romaine se font un grand mé- rite devant Dieu, d'acquiescer à la doctrine de la Transsubstantiation, en dépit de la Raison & du Bon Sens, & nous accusent d'une opiniâ- treté punissable, à cause que nous ne sommes pas si crédules. Ainsi le défaut de miracles ne doit point rendre la conversion de la Reine Eli- zabeth inferieure à celle de Clovis & de Con- stantin.

Je tire de là cette conclusion, que la vraye Eglise quelle qu'elle soit, est aussi mal fondée à user de vertu coactive ou de persécution con- tre les autres, que les autres à en user contre el- le; car tout ce qui pourroit justifier la vraye Eglise dans les persécutions qu'elle exerceroit contre les autres, consisteroit en ce qu'elle est persuadée de leur fausseté : mais les autres ne font pas moins persuadées de sa fausseté, qu'elle de la leur; donc elles ont le même droit. Et cela fait voir l'injustice de l'Eglise Romaine qui, comme je l'ai remarqué plus d'une fois, appel- le fureur & rage, tout ce que les autres Reli- gions entreprennent contre elle, & loûe comme une pieté, & comme un zéle véritablement di- vin, ce qu'elle entreprend contre les autres.

Que n'eût-elle point dit, par exemple, si Charles IX. instruit dès sa plus tendre jeunesse à la nouvelle Religion, par les soins de Cathe- rine de Médicis, eût fait monter sur le thrône le Calvinisme, & eût ordonné à tous les Parlemens de son Royaume d'exercer contre les Catholi- ques les mêmes rigueurs, qui avoient été exer- cées contre les Protestans sous François I. & Henri II? Elle eût dit & soutenu pour le moins, que Charles IX. étoit un Tyran, un Neron, & un Bourreau. Charles IX. avec tout cela n'eût rien fait qu'il n'eût été en droit de fai- re, s'il est vrai que François I. & Henri II. ont eu droit de faire ce qu'ils ont fait. Il eût été Roi de France aussi légitimement que son pere & que son ayeul : il eût cru aussi ferme- ment qu'eux être dans la bonne Religion, & par conséquent il eût pû faire tout ce qu'ils avoient fait.

Vous oubliez le principal, me dira-t-on, Charles IX. eût cru être dans la bonne Reli- gion, & n'y eût pas été, au lieu que son pere & son ayeul avoient cru y être & y avoient été effectivement. Mais bon Dieu! se peut-il qu'on ne voye pas l'absurdité de cette réponse? Com- ment ne voit-on pas que Charles IX. eût soû- tenu au contraire, que c'étoit lui qui croyoit être

---

(*) *Persius.*
(A) *Second Entretien d'Eudoxe & d'Eucher. sur les Iconoclastes du Pere Maimbourg.*

Lettre XX. être dans la bonne Religion , & qui y étoit effectivement ; au lieu que ses Prédécesseurs s'étoient follement imaginez qu'ils y étoient : Comment ne voit-on pas que cette réponse sera éternellement alleguée par ceux qui se trompent , aussi-bien que par ceux qui ne se trompent point : ce qui fait que si on veut être raisonnable , il faut nécessairement établir une espece de Droit des gens entre toutes les Religions ; auquel la bonne Religion soit autant assujettie que les autres.

Je ne saurois m'empêcher de vous copier ici un beau passage de la Logique de Port-Royal , qui représente divinement l'injustice que l'Eglise Romaine exerce contre tous les autres Chretiens, en les condamnant par cette seule raison , qu'il n'y a qu'elle au monde qui connoisse la Vérité.

» On peut rapporter (*) à la même illusion de » l'amour propre, celle de ceux qui décident tout » par un Principe fort général & fort commo- » de, qui est, qu'ils ont raison, qu'ils connois- » sent la Vérité ; d'où il ne leur est pas diffi- » cile de conclure, que ceux qui ne sont pas » de leurs sentimens se trompent en effet ; la » conclusion est nécessaire.

» Le défaut de ces personnes ne vient que de » ce que l'opinion avantageuse qu'ils ont de » leur lumiere , leur fait prendre toutes leurs » pensées pour tellement claires & évidentes , » qu'ils s'imaginent qu'il suffit de les propo- » ser, pour obliger tout le monde à s'y sou- » mettre, & c'est pourquoi ils se mettent peu » en peine d'en apporter des preuves ; ils écou- » tent peu les raisons des autres, ils veulent tout » emporter par autorité, parce qu'ils ne distin- » guent jamais leur autorité de la raison ; ils » traitent de téméraires tous ceux qui ne sont » pas de leurs sentimens , sans considérer que si » les autres ne sont pas de leurs sentimens, ils » ne sont pas aussi du sentiment des autres, & » qu'il n'est pas juste de supposer sans preuve, » que nous avons raison, lors qu'il s'agit de » convaincre des personnes, qui ne sont d'une » autre opinion que nous, que parce qu'ils sont » persuadez que nous n'avons pas raison.

Si l'Eglise Romaine veut bien quelquefois s'humaniser avec les gens, & descendre de ce haut thrône d'infaillibilité où elle s'éleve, pour écouter les miserables Mortels qui ont quelques doutes , elle prétend qu'après une courte audience ; on doit acquiescer à ses ordres, à peine d'être déclaré opiniatre. Voici comment la même Logique condamne cet injuste procédé.

» Toute cette bizarrerie (A) naît encore de la » même maladie, qui fait prendre à chacun pour » principe, qu'il a raison ; car delà il n'est pas » difficile de conclure, que tous ceux qui nous » resistent sont opiniatres, puis qu'être opiniatre, » c'est ne se rendre pas à la raison.

Concluez , Monsieur, hardiment que l'Eglise Romaine n'a point de prétexte raisonnable de demander les priviléges qu'elle demande. Ose-t-on se servir de quelque violence contre elle ? Il n'en faut pas davantage pour être traité d'ennemi de Dieu , & de Tiran. Fait-elle bruler ceux qu'elle traite d'Hérétiques ? Il faut bien se garder de s'en plaindre , car elle ne le trouve pas bon , s'imaginant que c'est un droit le plus incontestable du monde , & duquel elle ne doit s'abstenir que quand les autres voyes sont inutiles.

VI. La conduite présente des Catholiques ne condamne point les violences du siécle passé.

C'est ce qu'on peut recueillir des réflexions , qui accompagnent la débonnaireté de l'Evêque de Lisieux dans l'Histoire du Calvinisme. Mr. Maimbourg nous conte, que cette débonnaireté convertit les habitans Calvinistes, mais que la rigueur des massacres ne fut point capable dans les autres Villes d'éteindre l'Hérésie dans le sang des Huguenots ; qu'au contraire ils en devinrent plus formidables, comme il le décrit (B) fort au long. D'où il conclut qu'il ne faut pas employer les suplices , quand une Hérésie est déja puissamment établie. De la maniere qu'il en parle, on voit manifestement, qu'il ne desaprouve pas que l'on se serve des buchers, des roües & des potences ; parce que c'est une cruauté éloignée de l'esprit de l'Evangile , & de l'équité naturelle, mais parce que c'est un moyen plus propre à enraciner une Religion dans un Etat, qu'à l'en extirper. Nous n'avons donc guéres d'obligation à ceux de l'Eglise Romaine, de ce qu'ils ne nous traitent pas, comme firent François I. Henri II. & Charles IX. puis que ce n'est qu'afin de nous mieux anéantir, qu'ils s'abstiennent d'une violence dont ils ont reconnu l'inutilité. Ils n'en sont pas pour cela meilleurs que leurs peres , & nous leur pouvons fort bien dire , avec les paroles du Fils de Dieu (c), *vous donc aussi achevez. de combler la mesure de vos peres.* En voilà assez pour aujourd'hui. Je suis , &c.

(*) *Art. de penser 3. part. ch. 19. n. 3.*
(A) *Ibid. n. 5.*

(B) *Pag. 787.*
(c) *S. Math. ch. 23. v. 32.*

CRITIQUE GENERALE
DE
L'HISTOIRE
DU
CALVINISME.
TROISIEME PARTIE,

Contenant la Réfutation de ce que Mr. Maimbourg a dit, pour justifier la persécution que l'on fait aux Protestans de France.

LETTRE XXI.

I. *Que la Ligue a été cause de la conversion du Roi Henri IV.* II. *Refutation de ce que M. Maimbourg a dit sur la démolition de nos Temples.* III. *Dissimulation & mauvaise foi de ceux qui en procurent la démolition.* IV. *Examen de ce que dit le même Auteur, sur la défense de se faire ou de redevenir Huguenot.* V. *Réflexion sur l'Arrêt des Bâtards.* VI. *Sur celui des Sages-femmes.* VII. *Sur la Parabole* contrain-les d'entrer. VIII. *Sur la cassation des Chambres mi-parties.* IX. *Sur l'éloignement des honneurs où on tient les Huguenots.* X. *Et sur le temps où nos Edits ont été donnez.* XI. *Comparaison de l'Edit de Nantes avec celui de Juillet.* XII. *Qu'il n'y a point de raison de revoquer celui de Nantes.*

MONSIEUR,

L'Histoire du Calvinisme s'est arrêtée à un endroit, qui sera l'éternelle honte de la Religion Romaine, j'entens le massacre de la S. Barthélemi. Elle ne peut désormais couvrir cette Histoire-là, jusqu'à ce qu'elle ait attrapé le commencement du siecle, que par des lieux infames à nos adverses parties; car elle est à deux pas de la Ligue, qui pendant plus de vingt ans a poussé la fureur de la rébellion aussi loin qu'elle peut aller, sous le beau prétexte d'exterminer l'Hérésie. Il s'est trouvé à la fin du compte, que le Roi Henri III. notre grand Persécuteur, a eu besoin de notre secours, & que nos armes n'ont servi qu'à le sauver de la rage des Ligueux. Mr. Maimbourg n'a pas la mine d'épargner la Maison de Guise; il a déja lâché quelques mots par avance, qui font voir qu'il ne fera pas le bigot sur cet article, & il est allé déja plus loin que Monsieur de Mezerai, qui comme je vous l'ai déja (*) écrit, reconnoît ingénûment que l'on doit à la Ligue le changement de Religion du Roi Henri IV. Monsieur Maimbourg ne veut pas seulement reconnoître, qu'on lui ait cette obligation : il réfute Monsieur de Mezerai, mais par un raisonnement pitoyable. *L'on ne peut pas dire*, dit-il, (a) *qu'elle ait eu une heureuse fin par la conversion de Henri IV. puis qu'elle n'en fut point du tout la cause, & qu'elle ne laissa pas de maintenir encore quelque tems avec une extrême, mais impuissante opiniâtreté, ses restes languissans après cette conversion, qu'elle affectoit malicieusement de ne vouloir pas reconnoître.* Il est évident que Monsieur Maimbourg prétend prouver, que la Ligue n'a pas été la cause de la conversion du Roi, parce qu'elle a subsisté encore après cette conversion. C'est une méchante preuve, parce qu'elle suppose que Henri IV. a prévu que sa conversion ne desarmeroit pas tous les Ligueux, & qu'ils affecteroient malicieusement de ne la vouloir pas reconnoître. Or il est sûr que Henri IV. n'a point pû prévoir cela, & par conséquent il a pû se convertir afin de dompter la Ligue, quoi qu'elle n'ait pas été d'abord domptée par ce moyen. Quand même on supposeroit que Henri IV. a prévu par un esprit prophétique, que la Ligue maintiendroit encore quelque temps ses restes, après qu'il se seroit converti, on ne laisse pas de concevoir, qu'il se seroit fait Catholique pour regner paisiblement, parce que la Ligue reçut un si grand coup de massuë par la conversion du Roi, qu'encore que ce ne fût pas le coup de mort, il valoit pourtant bien la peine d'aller à la Messe (b).

I. Sur la fin de son Histoire, Mr. Maimbourg fait plusieurs remarques concernant notre état présent. Il dit (c) que le Roi *a fait agir sa justice avec beaucoup de fermeté, 1. en faisant abatre les Temples que les Huguenots avoient usurpez depuis plus de 60. ans, & défendant l'exercice de leur prétenduë Religion en une infinité des lieux, où*

il

(*) *Ci-dessus, Lettre XIII. No. II.*
(a) *Hist. du Calvin. p. 493.*
(b) Il y avoit encore dans la seconde Edition; „Le Tom. II.

„ P. Maimbourg auroit encore besoin de quelques Le-
„ çons de Logique. Sur la fin de son Histoire, &c.
(c) *Hist. du Calvin. p. 491. 496.*

il se faisoit contre les Edits mêmes qui les favori-
soient le plus. Cela est bien-tôt dit, mais bien
difficile à prouver. Nous demeurons d'accord
que les Rois pèuvent tout dans leurs Etats,
faire des Edits & les revoquer comme bon leur
semble. Ainsi le Roi eût pû nous dire il y a
vingt ans, *je ne veux plus que vous ayez tant de
Temples.* Pourquoi, Sire ? *Parce que je ne le veux
pas, Tel est mon plaisir.* SIC VOLO, SIC
JUBEO, SIT PRO RATIONE VOLUN-
TAS. Mais au lieu d'en user ainsi, ce qui eût
été un procédé plus digne de sa grande ame,
on lui a conseillé de se servir de je ne sai quelles voyes obliques, dont l'artifice saute aux yeux.
Il y a long-temps qu'on a mis dans la tête de
S. M. de se défaire des Huguenots; & pour en
venir à bout sans violence, on lui a conseillé de
se couvrir toûjours du manteau de la Justice.
On n'a point manqué de Jurisconsultes Sophistes, qui ont fait voir par quelque vieille rubri-
que du Palais, & par des gloses pleines de chicanerie, que l'Edit de Nantes n'avoit pas le
sens qu'on lui avoit toûjours donné. L'exécution du Plan a commencé par faire cesser l'exercice de notre Religion en plusieurs lieux, &
par la démolition de plusieurs Temples. Ces
lieux furent choisis sur la Carte tous les plus
propres, à cause de leur situation, à nous faire
le plus de mal par leur perte. On nomma des
Commissaires de chaque Religion pour examiner
nos titres. Cela étoit fort spécieux, faisant voir
qu'on nous laissoit un Juge bien favorable, mais
ce n'est qu'une ruse ; car ou bien ils nous ont
donné un Commissaire Huguenot, qui avoit
pension pour nous trahir, ou bien on n'a point
eu égard, dans le jugement des partages, à l'avis
de notre Commissaire, qu'autant qu'on l'a jugé à propos pour ne nous pas précipiter tout à
coup.

Le Commissaire Catholique, qui savoit avant
que de voir nos titres, les lieux qu'on avoit
déja désignez sur la Carte pour être, ou inter-
dits, ou maintenus, armé de mille chicanes, ne
trouvoit bons que les titres des exercices qui
devoient être maintenus par cette désignation,
excepté quand les autres titres étoient fort défectueux ; car alors il les trouvoit les meilleurs
du monde, quoi qu'ils appartinssent à une Eglise déja condamnée sur la Carte, dont la raison
est qu'à la seconde revision des titres, les Commissaires qui en verront de si foibles, ne manqueront pas de conclure avec quelque fondement, à l'interdiction des exercices que les premiers Commissaires nous auront laissez.

C'est la chose du monde la plus rare, que
de voir les Principes sur lesquels le Commissaire
Catholique s'est fondé, pour conclure à l'interdiction ; car comme il n'étoit pas possible que
toutes les Eglises condamnées sur la Carte, eussent des titres qui donnassent la même prise à la
chicane, & qu'il faloit néanmoins qu'elles fran-
chissent toutes le pas, il a falu joüer des tours
de souplesse merveilleux, & alléguer quelquefois pour cause de cassation, ce qui en d'autres
rencontres avoit été jugé valable. Vous le savez mieux que moi, Monsieur : suffit de dire
que si jamais nous rencontrons un Ecrivain, qui
fasse l'Histoire de notre décadence dans le Royaume, ce sera un nouveau Mystere d'iniquité,
qui servira de second Tome au Livre de Monsieur Du Plessis, & de quoi faire une devise aux
Ministres de S. M. (qui a pris le Soleil pour

son symbole) de plusieurs Planetes emportées
par les obliquitez du Zodiaque.

Il me semble que sans entrer dans aucun détail, toute personne non préoccupée jugera, que
les Temples & les exercices qu'on nous a ôtez,
& que l'on nous ôte tous les jours, n'ont pas
été usurpez depuis plus de soixante ans, contre
la disposition des Edits, qui nous étoient les
plus favorables, comme le soûtient Mr. Maimbourg ; il me semble, dis-je, que cette personne jugera cela, pourvû qu'elle considere seulement la multitude de ces Temples & de ces exercices. Il est sûr qu'il y a eu des Commissaires
Catholiques, qui de vingt Eglises ont fait partage sur plus de quinze. Seroit-il bien possible
que les Huguenots, qui depuis la conversion de
Henri IV. sont toûjours allez en décroissant,
eussent néanmoins multiplié si prodigieusement
le nombre de leurs Eglises, que pour une qu'ils
en avoient de bonne guerre au temps de l'Edit
de Nantes, ils en eussent usurpé quatre ? Est-il
bien croyable que les Catholiques, qui les ont
toûjours épiez de près ; que les Moines & les
Prêtres, qui faisoient informer contre eux sur la
moindre chose ; que les Prélats, qui ne leur ont
jamais rien pardonné, même soûs le regne de
Henri le Grand; que les Parlemens, qui ont toûjours eu contre eux une rigueur inexorable,
eussent souffert tant d'usurpations ?

Je passe plus avant, & je dis que quand mê- *Motifs des
me nous aurions usurpé un grand nombre de *rêts rendus
Temples d'exercices, on ne pourroit pas rai- *sujet.*
sonnablement appeller justes, les Arrêts qui nous
en ont dépossédez ; parce qu'il paroît par l'événement, qu'on nous les a ôtez non pas à cause
de l'usurpation, mais à cause qu'on avoit formé le dessein de nous dépouiller de tout ce que
nous avions légitimement obtenu par l'Edit de
Nantes. Ce n'est plus une affaire dont on se
cache, que le dessein de notre ruïne : le Clergé s'en est hautement expliqué : un grand nombre de Livres publics nous l'apprennent : ces
volumes d'Arrêts, qui ont été donnez contre
nous, & qui s'augmentent tous les jours, le publient assez clairement. Ce n'est point non plus
une pensée qui soit venuë du soir au matin dans
l'esprit de S. M. ce sont de ces projets que l'on
examine long-temps, & que l'on exécute ensuite le mieux que l'on peut. Ainsi c'est une chose indubitable, que la résolution d'anéantir le Calvinisme, a été prise dès le temps qu'on a commencé à nous inquieter, & que tous les Arrêts,
qui ont été rendus en divers temps contre nous,
ont été autant de parties de l'exécution de ce
projet. Or il est indubitable que ce dessein pris
dans son tout, est injuste, puis qu'il ne peut
être exécuté que par l'abolition d'un Edit perpetuel & irrevocable, confirmé mille & mille
fois. Il n'est pas moins certain d'ailleurs que
tout ce qui se fait pour l'exécution d'un dessein
injuste, est injuste. Il est donc indubitable que
tous les Arrêts, que l'on donne contre nous depuis vingt ans, sont injustes, sans en excepter
même ceux qui nous ôtent ce que nous avons
usurpé, s'il est possible qu'il y en ait de cette
espece. Car il est sûr qu'un Parlement, qui auroit résolu de priver un homme de tout son
bien, & qui commenceroit par lui ôter celui qu'il
auroit injustement acquis, seroit injuste dès le
premier Arrêt, parce que ce seroit le premier
acte d'un dessein tout-à-fait inique. Et il n'est
pas moins évident qu'un Roi, qui voudroit ruï-

ner

ner un premier Ministre par les voyes ordinaires de la Justice, & qui l'ayant fait châtier des fautes dont on le convaincroit légitimement, lui en imputeroit d'autres dans la suite ausquelles il n'auroit jamais pensé, seroit injuste devant Dieu, même dans le châtiment des fautes actuellement commises, parce qu'il n'auroit puni le mal que pour s'ouvrir le chemin à faire du mal. Joignez à cela, Mr. que le dessein de nous ruïner ayant été pris avant que l'on eût avéré si nous étions des Usurpateurs, il est clair que l'on nous eût ôté nos Temples & nos exercices, aussi cruëment que l'on l'a fait, quand même nous n'aurions rien usurpé. Ce n'est donc point à cause de nos usurpations, que l'on nous a privez d'une si considérable partie de nos Temples & de nos exercices.

III.
Caractere de ceux qui procurerent la démolition des Temples.

La manifestation de ce grand projet de nous ruïner, nous découvre encore une autre injustice répanduë dans tous les Arrêts, qui ont été donnez contre nous depuis vingt ans; car nous y voyons des Préfaces étudiées, qui ne respirent que le désir de conserver la tranquillité publique, la bonne intelligence des Sujets de l'une & de l'autre Religion, & les priviléges accordez aux uns & aux autres par les Edits. En voici un exemple dans la Commission de ceux qui furent établis par S. M. dans chaque Province, pour connoître des infractions de l'Edit de Nantes; Commission qui a été la grande Machine destinée à nous sapper.

Abrégé de la Commission.

Loüis par la grace de Dieu, Roi de France & de Navarre, à notre Amé & Féal N. comme aussi notre Amé & Féal N. Ayant toûjours désiré de conserver l'union & la concorde entre nos Sujets tant Catholiques, que de la Religion P. R. Nous avons eu un soin particulier de les faire vivre sous le bénéfice des Edits de pacification, particulierement ceux de Nantes & de l'année 1629; que nous voulons être ponctuellement observez & executez en tout ce qu'ils contiennent. Mais comme depuis peu il nous a été porté beaucoup de plaintes de part & d'autre, des contraventions & innovations qui ont été faites, & aux autres Edits & Déclarations expédiées en consequence, Nous avons résolu d'envoyer dans chaque Province deux Commissaires, l'un Catholique, & l'autre de ladite Religion P. R. pour ouïr les plaintes de nos Sujets, tant de l'une que de l'autre Religion, & y pourvoir ainsi que de raison. . . . . . A ces causes & autres à ce Nous mouvans nous vous avons commis. . . . . pour informer & bien detument des entreprises, contraventions & innovations faites à l'Edit de Nantes, à celui de 1629. & autres Déclarations expédiées en consequence, recevoir & entendre sur ce sujet les plaintes de nosdits Sujets, tant Catholiques que de ladite R. P. R. pour y pourvoir, selon qu'il sera par vous trouvé juste & raisonnable, pour le bien de notre service & le repos de nosdits sujets, &c.

Le temps qui découvre toutes choses, nous a bien-tôt révélé que ceux qui dressoient la minute des Arrêts, ou n'étoient pas du secret, ou ne croyoient pas que l'on dût connoitre un jour le peu de sincérité de leurs Préfaces, ou ne se soucioient pas de faire parler S. M. en digne pe-

tit-fils de Henri le Grand, qui dit, entre autres choses, dans son discours aux Députez du Parlement de Paris, pour la vérification de l'Edit de Nantes, *Je ne trouve pas bon d'avoir une chose dans l'intention, & d'écrire l'autre: & si quelques-uns l'ont fait, je ne veux pas faire de même. La tromperie est par tout odieuse, mais elle l'est davantage aux Princes, dont la parole doit être immuable.*

LETT. XXI.

Voilà bien des injustices dans un seul Arrêt: suppression de quelque chose qui nous appartenoit légitimement; peu de sincérité, & néanmoins affectation (*) de justice, c'est-à-dire usurpation des louanges duës à la véritable vertu. Mr. Maimbourg n'a qu'à rayer de son Catalogue, cette premiere marque de la Justice que le Roi a fait agir contre nous.

II. La seconde marque (a) consiste en ce que le Roi a ôté aux Catholiques la liberté de changer de Religion, & aux Huguenots convertis celle de retourner au Calvinisme. Je ne vois pas quelle justice il y a dans cette sorte de défense; car outre que c'est s'emparer de l'empire de la conscience, qui n'appartient qu'à Dieu seul; qui ne voit qu'il y a de la contradiction à tolérer l'exercice du Calvinisme dans un Etat, & à ne vouloir pas néanmoins souffrir qu'il soit libre à un chacun de le professer, si le cœur lui en dit? Et quant aux Relaps, qui ne voit que c'est encore une violence extrême? Car si la profession de l'Eglise Catholique, au lieu de persuader une ame qui en a voulu goûter, lui fait de plus en plus connoître l'abyme où elle s'est précipitée, non seulement il n'y a point de justice à la retenir par force dans cette profession, mais aussi la charité voudroit qu'on l'exhortât à la quitter, puisqu'il est certain que le péril de se damner est plus grand pour un homme, qui vit dans la profession extérieure de la bonne Religion, lorsqu'il en déteste dans l'ame les cultes & les doctrines, que pour un homme qui professe une fausse Religion de bonne foi, adorant Dieu selon les lumieres de sa conscience.

IV.
De la défense de se faire ou de redevenir Reformé.

Mais, dit (b) le Pere Maimbourg, on ne vous avoit jamais accordé *de laisser aux Catholiques la liberté de professer le Calvinisme, laquelle n'a été permise par les Edits qu'aux seuls Huguenots qui l'avoient demandée.* Qu'est ce que cela veut dire? Pour moi j'avoüe que je n'y comprens quoi que ce soit. Prétend-on que quand Charles IX. accorda l'Edit de Janvier, il restreignit sa concession aux seuls Huguenots qui étoient en vie le jour de la date de l'Edit, à l'exclusion de ceux qui pouvoient devenir Huguenots le lendemain? Pretend-on que Henri IV. n'accorda l'Edit de Nantes qu'aux Huguenots qui vivoient en ce temps-là, & qui étoient en état de lui présenter une Requête? Cela seroit le plus absurde du monde.

Il n'y a rien dans les termes des Edits qui soit susceptible de ce sens, & d'ailleurs Henri IV. qui a survécu douze ans à l'Edit de Nantes, & qui ne s'est jamais opposé au changement de Religion que les Catholiques vouloient faire, est une preuve démonstrative, que son intention a été de nous accorder le privilége, que les Catholiques pussent se ranger à notre parti. Car si ce n'eût pas été son intention, il n'eût pas souffert qu'à sa vûë, ou à son sû, on eût enfraint un Edit de cette importance; & quand même il eût voulu conniver à ces infractions;

les

Lett. XXI. les Parlemens & le Clergé les euſſent aſſez ſoigreuſement relevées, pour les faire châtier. Il eſt donc manifeſte que l'Edit de Nantes a accordé aux Huguenots, que les Catholiques auroient la liberté de profeſſer le Calviniſme, puis que non ſeulement il n'y a rien dans cet Edit qui marque qu'on n'y ait point enfermé cette permiſſion ; mais auſſi que le Roi Henri IV. le véritable Interprête du ſens de ſes Loix, a fait clairement connoître, pendant les douze ans qu'il a ſurvécu à cet Edit, qu'il avoit entendu nous accorder cette liberté ; & depuis ſa mort pendant ſoixante-dix ans, la Cour a tenu une conduite qui confirmoit cette conceſſion. Je me ſouviens d'un Arrêt du Roi donné de nos jours, qui bien loin de défendre aux Catholiques de ſe faire Huguenots, leur donnoit pleine liberté de le faire, pourvû qu'ils ne ſe mariaſſent, qu'après avoir fait profeſſion du Calviniſme durant ſix mois. Or ſi c'eſt une liberté qui nous ait été accordée par l'Edit de Nantes, il faut que Mr. Maimbourg avouë que l'Arrêt qui nous en prive eſt injuſte, puiſque lui-même ne fonde la juſtice de cet Arrêt que ſur la ſuppoſition, *que les Edits ne nous avoient jamais accordé ce Privilége.*

Que tous les Réformez en général ſont compris dans les Edits rendus à leur ſujet.

La raiſon qu'il en allegue eſt la plus frivole du monde. C'eſt, dit-il, que la liberté de profeſſer le Calviniſme, n'a été permiſe par les Edits qu'aux ſeuls Huguenots qui l'avoient demandée. Si on prend ces termes, au pied de la lettre, les Edits n'ont été donnez qu'aux Députez que nous avions à la Cour, ou tout au plus qu'à ceux qui ſignoient les Requêtes que nous préſentions au Roi. Mais on voit aſſez que Mr. Maimbourg ne l'entend pas comme cela. Il faut donc qu'il entende, que les Edits n'ont été donnez qu'aux Huguenots qui vivoient alors, & à leurs enfans nez & à naître de légitime mariage. Si c'eſt le ſens de l'Edit de Nantes, il faut dire que les Etrangers Proteſtans, qui ſe ſont venus établir en France depuis l'an 1598. ont enfraint les ordres du Roi, & qu'ainſi Monſieur le Maréchal de Schomberg eſt auſſi puniſſable, quand il va à Charenton, que s'il étoit Relaps ou Catholique converti. Il s'enſuit que dès qu'un Seigneur Anglois ou Allemand entre dans nos Temples, pour prier Dieu avec nous, l'exercice nous doit être ôté, comme ſi nous avions reçu un Catholique converti, ou un Relaps. Il s'enſuit que l'on pourroit fort juſtement obliger tous ceux de la Religion à juſtifier par bons titres, qu'ils ſont deſcendus en ligne directe & maſculine d'un Huguenot vivant lorſque les Edits furent donnez, & traiter comme Relaps ou Catholiques convertis, tous ceux qui ne le pourroient pas prouver par des titres, qui fuſſent à l'épreuve de toute chicane. Il s'enſuit que le P. Meynier méritoit d'être privé de ſa penſion, pour n'avoir pas averti Mrs. du Clergé, qu'il y avoit un bon coup à faire contre nous, en nous obligeant à vérifier la généalogie de tous nos Artiſans & Païſans, à peine de caſſation de l'exercice. Toutes ces conſequences étant abſurdes, il eſt clair que Mr. Maimbourg eſt dans la plus grande illuſion du monde, de s'imaginer, que les Edits n'ont été accordez qu'aux Huguenots qui vivoient du temps de Henri IV. & à leurs deſcendans nez en légitime mariage. Ils ont été accordez & à eux & à leur poſtérité, & à tous les Etrangers ſéjournans, ou paſſans, ou s'établiſſans dans le Royaume, & en général à tous ceux qui s'aggrégeroient à leur Corps, d'où qu'ils vinſſent. C'eſt l'eſprit général de toutes les immunitez, & de tous les Priviléges, que l'on accorde à quelque Corps, ou à quelques Société que ce puiſſe être, à moins qu'on n'y appoſe des exceptions nommément & expreſſément. C'eſt ainſi que les Bourgeois de Paris jouïſſent des Priviléges, qui leur ont été accordez de temps immémorial, ſans être obligez de prouver qu'ils deſcendent d'un homme qui étoit Bourgeois de Paris, ou à tout le moins François de Nation, lorſque l'on accorda les Priviléges.

Si vous me demandez pourquoi j'ajoûte là clauſe, *nez & à naître de légitime mariage*, je vous répons, que c'eſt à cauſe que les Bâtards viennent d'être déclarez inhabiles à être de la Religion. Je ne ſai pas ſi on a trouvé dans quelque coin de l'Edit de Nantes, qu'on n'a jamais accordé aux Proteſtans de ce Royaume, le privilége d'élever leurs enfans naturels dans le Calviniſme ; mais toute la terre ſait qu'ils ont paiſiblement jouï de ce Privilége pendant 84. ans après l'Edit, & c'eſt une choſe qui parle d'elle-même. On ne fait jamais des Loix pour rendre la condition des enfans légitimes inférieure à celle des enfans illégitimes : au contraire on fait en ſorte que les naiſſances impures ſoient toûjours accompagnées de quelque peine flétriſſante. De-là vient ques les Bâtards des Gentilshommes ſont exclus de la ſucceſſion des fiefs, & de la jouïſſance du rang qui eſt dû à la maiſon d'où ils ſortent. Mais voici une nouvelle Juriſprudence qui éleve les Bâtards à un bonheur qu'elle ne confere pas aux enfans nez de légitime mariage, je veux dire, à la glorieuſe qualité d'enfans de l'Egliſe, qu'elle leur donne, pendant qu'elle laiſſe croupir les autres dans le chemin de la damnation. C'eſt aſſurément un déſordre dont Henri IV. ni les Juriſconſultes de ſon temps, n'étoient pas capables de s'aviſer. On ne vient pas tout d'un coup juſques au mépris de ce principe du ſens commun, *que ſi c'eſt un avantage à un enfant d'être tranſporté dès ſa naiſſance dans la Communion Romaine, il faut avoir plus de ſoin d'y tranſporter les enfans légitimes, que d'y tranſporter les Bâtards.* C'eſt d'ailleurs une choſe toute évidente, que s'il y a de l'injuſtice à diſpoſer, en dépit des peres, de la Religion de leurs enfans légitimes, il ne peut pas être juſte de diſpoſer, en dépit d'eux, de la Religion de leurs enfans naturels, puiſque toutes les Loix leur accordent l'exercice de l'autorité paternelle à l'égard de ces enfans-là. Qui eût jamais cru que l'on s'aviſeroit de convertir notre Religion en une eſpece de fief, affecté aux ſeuls enfans légitimes, ſur tout après avoir lû les vers qui ſont dans la Confeſſion Catholique de Sancy, *Huguenots, confeſſez que l'Egliſe Romaine, tient ſon giron*, &c.

Je ne ſaurois m'empêcher de ſonger à un paſſage de Salluſte, quand je conſidere que l'Egliſe, qui veut être appellée Catholique, ne ſe contente pas de nous enlever ces enfans, que l'amour & l'incontinence font par un crime ; mais qu'elle nous purge auſſi de la plûpart de ces Créatures débordées qui produiſent ces beaux fruits-là : ce qui pourroit bien être la cauſe de la difficulté où ſe trouvent ſouvent les bigots, quand ils cherchent un mari aux nouvelles Converties ; car il y a beaucoup de gens qui n'en veulent

point

V.
Réflexion ſur l'Arrêt des Bâtards.

point du tout, de peur de les trouver un peu trop instruites dans certains Mysteres, qu'il ne faut apprendre qu'en temps & lieu : & ils prétendent être fondez en exemples. Ce n'est pas la seule chose dont l'Eglise Romaine nous purge : joignez-y, selon votre discrétion, une partie de ce passage de Salluste, où il parle de ceux qui se rangeoient au parti de Catilina ; *Quicumque impudicus, adulter, ganeo, aleâ, manu, ventre, pene, bona patria laceraverat, quique alienum as grande conflaverat, quo flagitium, aut facimus redimeret ; præterea omnes undique parricida, sacrilegi, convicti judiciis, aut pro facti judicium timentes ; . . . . postremò omnes quos flagitium, egestas, conscius animus exagitabat, hi Catilina proxumi familiaresque erant.*

Mr. Maimbourg ne sauroit répondre à toutes ces objections. Qu'il raye donc hardiment de son Catalogue cette seconde marque de la justice du Roi.

III. Il peut à coup sûr rayer aussi la troisieme, qui consiste en ce que le Roi a ordonné, qu'il n'y ait que des Catholiques qui puissent accoucher les femmes. Car si S. M. n'a point eu d'autre intention que de pourvoir au salut de nos enfans, par l'administration du Baptême en cas de nécessité, elle n'a point fait un acte de justice qui serve à nous ramener dans la Communion Romaine. Que perdons-nous à cela ? Rien du tout. Nos enfans sont baptisez par une femme, il est vrai : mais ils n'en sont pas moins à nous & à notre Religion. Ce n'est donc point un de ces actes de justice dont il s'agit ici, & dont Mr. Maimbourg nous donne la liste ; un acte, dis-je, qui tende à la destruction de notre Parti. Que si S. M. a eu intention d'ordonner que tous les enfans, qui seront baptisez par les Sages-femmes, seront Catholiques, j'avouë que c'est un acte fort propre à nous affoiblir, parce que les Sages-femmes, instruites par leurs Confesseurs, trouveront toûjours nos enfans en danger de mort, & les baptiseront presque tous. Mais quand je verrois un Bourreau à mes côtez, on ne m'empêcheroit pas de crier que c'est un acte d'injustice.

Mr. Maimbourg m'avouera que si on induisoit un de nos enfans, âgé de trois ans, à se faire Catholique malgré l'opposition de son pere, on feroit une action injuste ; & le Roi ne manqueroit pas de déclarer nulle cette prétenduë conversion, puisque Sa Majesté veut que ces conversions ne soient tenuës pour valables, que lors que les enfans ont sept ans. Or s'il est injuste de tenir pour bonne la conversion d'un enfant de trois ans, lorsque son pere le reclame, & se pourvoit contre cette prétenduë conversion, à plus forte raison, seroit-il injuste de tenir pour bonne, malgré la protestation des peres & des meres, la conversion d'un enfant baptisé par une Sage-femme en venant au monde. Cela est si vrai que Mr. Maimbourg n'a pas eu l'assûrance de mettre entre les actes de la justice du Roi, la Déclaration qui donne le pouvoir aux enfans âgez de sept ans de se faire Catholiques ; ce qui est assez clairement reconnoître qu'elle est injuste ; car s'il n'y eût pas reconnu manifestement de l'injustice, jamais il n'eût oublié d'en parler, faisant le dénombrement des actions de la justice du Roi contre nous. Si cette Déclaration est injuste, l'autre le seroit incomparablement davantage qui confirmeroit la conversion d'un enfant bap-

tisé à la Romaine, dès le premier jour de sa vie. Lett. XXI.

Quand même on accorderoit que cette sorte de conversion est légitime, il ne laisseroit pas d'être vrai que la Déclaration, qui ordonne qu'il n'y ait que des Catholiques qui puissent accoucher les femmes, est injuste ; parce qu'on ne la peut rendre considérablement utile à la Religion du Roi (qui est le grand but que l'on se propose) qu'avec mille supercheries. Si on s'en tient précisément aux termes de la Déclaration, on baptisera seulement nos enfans en cas de nécessité, qui ne sauroit nous affoiblir le moins du monde. Il faut donc que contre la teneur de l'Arrêt, on ait eu intention d'incorporer à la Religion Romaine les enfans des Calvinistes, qui seroient baptisez par les Accoucheurs. C'est déja un piége, une réservation mentale, une fraude. Et parce que les enfans qui sont en péril de mort peu après leur naissance, ne sont pas en fort grand nombre, ou ne vivent pas long-temps, il faut que contre là teneur de l'Arrêt, on ait eu encore intention de faire baptiser par les Accoucheurs bien d'autres enfans, que ceux qui sont dans le cas de nécessité. C'est une seconde réservation mentale, c'est une seconde supercherie, & par conséquent il ne sauroit y avoir de justice dans cet Arrêt.

Comment est-ce que Mrs. les Convertisseurs ne voyent pas, que s'il y a une affaire au monde où il faille payer de sincérité, & de bonne foi, c'est principalement celle qu'ils ont entreprise ? Et où en sont-ils ? Se peuvent-ils bien persuader que Dieu bénira des moyens, si éloignez de la simplicité Chrétienne ; lui qui déclare qu'il n'a que faire de nos mensonges pour le soutien de ses intérêts ? Croyent-ils que le bras de Dieu soit tellement racourci, qu'il faille venir à son secours par les artifices de la prudence ? Il feroient mieux de repurger leur Eglise des vices qui la défigurent, & de laisser à Dieu le soin de convertir les Hérétiques, après l'avoir flechi par leurs prieres & par leur bonne vie. Ils se font peut-être plus de mal qu'ils ne s'imaginent. L'Eglise Gallicane pourroit bien, par ce grand nombre de conversions forcées, recevoir dans son sein un serpent qui la perdra.

Je connois plusieurs Catholiques même dans la Magistrature, qui m'ont avoué de bonne foi, qu'ils ne comprenoient rien dans ces conversions faites à l'âge de sept ans, & déclarées valides par les ordres de S. M. Je vous renvoye au Livre *des derniers efforts*, &c. pour voir l'étenduë de cette injustice vivement représentée & solidement prouvée : & si vous avez vû les Memoires, que nos Messieurs ont presentez au Roi sur ce sujet, vous serez surpris que des raisons de cette nature n'ayent pû flechir ce grand Prince.

J'ajoûte pour ma part une considération, qui naît des Principes que j'ai insinuez ci-dessus ; c'est qu'il n'y a point de doute que si les Princes Protestans ordonnoient une semblable chose, Messieurs de l'Eglise Romaine feroient des vacarmes épouvantables, & accableroient le monde de Livres contre un procedé si violent. Je le leur pardonnerois. Mais cela même leur doit faire voir l'injustice des Arrêts, qu'ils surprennent au Conseil du Roi. De toutes les Maximes il n'y en a point de plus universellement vraye dans la Morale, que le célebre (*) axiome ; *Qu'il ne faut point faire à autrui ce que nous ne voudrions pas qui nous fût fait* : & bien loin que l'Evangile ait dérogé

à ce

(*) *Quod tibi fieri non vis, alteri ne feceris.*

Litt. XXI. à ce grand précepte de la Religion naturelle, qu'il l'a rendu d'une nécessité absoluë, & l'a poussé encore plus loin. Ainsi la vraye Religion ne peut justement entreprendre contre les fausses, ce qu'elle trouveroit injuste, si les fausses l'entreprenoient contre elle ; de sorte que quand il seroit vrai (ce qui n'est pas) que l'Eglise Romaine seroit la véritable Religion, elle ne pourroit pas justement ni enlever nos enfans, ni ceux des Juifs, ni ceux des Turcs : puisqu'elle reconnoît que si nous enlevions les enfans des Catholiques pour les instruire dans notre Religion, nous ferions une injustice criante. Car de dire, comme font plusieurs, que la violence que l'on fait à nos enfans tourne à leur profit, puis qu'elle les retire de l'Enfer, ce n'est rien dire, parce que les Anglois, les Turcs, les Juifs, qui enleveroient les enfans Catholiques, pourroient se défendre par la même voye, n'étant pas moins persuadez qu'on se damne hors de leur Religion, que ceux de l'Eglise Romaine.

VII.
Sur la Parabole *contrain-les d'entrer.*

Je me sers de la même considération, pour répondre à l'argument, que l'on nous fait tant valoir depuis quelques jours, & que l'on emprunte de la Parabole (*) de l'Evangile, où il est dit que le Maître du festin ordonna à son serviteur, de contraindre d'entrer dans la salle tous ceux qu'il rencontreroit. Mr. Maimbourg nous dit (a) là-dessus, qu'il y a bien des Calvinistes *qui pour avoir, à ce qu'ils croyent, un spécieux prétexte de leur changement, voudroient déja qu'on les contraignît, selon l'Evangile, d'entrer dans la salle du grand festin de Jésus-Christ.* Pour faire voir l'abus que l'on fait de ce passage, je me contente de dire que tous les Chretiens se croyant les Dépositaires de l'Ecriture, & obligez de lui obéïr, il n'y en a point qui n'ayent autant de droit, que ceux de l'Eglise Romaine, en vertu de ce passage, de contraindre d'entrer dans leur Communion ceux qui n'y sont pas. Que diroient donc ces Mrs. si les Anglois les forçoient d'aller au Prêche, & leur alléguoient la Parabole de l'Evangile ? Diroient-ils que la contrainte, dont il est fait mention dans la Parabole, ne doit être pratiquée que par les véritables Chretiens : *mais c'est à cause de cela même,* répondroient les Anglois, *que nous voulons vous contraindre d'aller au Prêche. Nous sommes la vraye Eglise de Jésus-Christ, c'est elle seule qui peut contraindre d'entrer dans la salle du festin : quant à vous, Papistes, faux Chretiens que vous êtes, vous n'avez nul droit de contraindre selon la Parabole de l'Evangile.* Les Catholiques repliqueroient sans doute, que les Anglois se persuadent faussement qu'ils sont la vraye Eglise de Jésus-Christ. *Mais c'est vous-mêmes,* leur diroient les Anglois, *qui vous persuadez faussement que vous êtes la vraye Eglise, & que nous sommes des Hérétiques.* La conclusion la plus courte sans contredit, seroit de dire que la violence des Anglois seroit injuste. Mais si l'Eglise Romaine trouve qu'il y a de l'injustice à se servir de violence contre elle, pourquoi par la Maxime, *quod tibi fieri non vis,* &c. ne reconnoît-elle pas qu'elle est injuste, quand elle se sert de violence contre les autres Chretiens ; & par conséquent qu'elle prend fort mal le sens de la Parabole ? En effet, si une fois elle s'avise d'user de contrainte, en conséquence de la Parabole de Jésus-Christ, tous les Chretiens se pourront servir de la même voye avec autant de raison qu'elle,

& ainsi on ne verra dans la Chretienté que de grands coups de bâton, donnez & reçus pour faire des Prosélytes.

Si vous voulez mieux connoître la fausseté de l'interprétation, que ces Mrs. donnent à la Parabole, considerez seulement la différence qu'il y a entre S. Paul converti à l'Evangile, & S. Paul non converti. Avant sa conversion (b) c'étoit un homme qui alloit de maison en maison, pour en chasser hommes & femmes, & pour les trainer dans un Cachot, affin d'exterminer le nom Chretien par ces rigueurs. Depuis sa conversion, il n'employa que les armes de la Parabole de Dieu, la prédication de l'Evangile, l'instruction & la priere. Cependant si la Parabole nous enseignoit, qu'il faut contraindre les gens d'entrer dans le giron de l'Eglise, S. Paul, qui n'ignoroit pas l'intention du Saint Esprit, n'eût eu garde de changer ses manieres, il eût usé d'une plus grande contrainte encore après qu'il se fût converti, qu'il ne faisoit auparavant. Le vrai sens de ce passage est sans doute, que Dieu accorde à ses Elus une grace si victorieuse, qu'elle les ravit par une douce violence à leurs passions les plus opiniâtres.

IV. Le quatrieme acte de la justice du Roi, dans le Catalogue de Mr. Maimbourg, est la cassation des Chambres mi-parties, qui, à ce qu'il prétend, étoient devenuë l'asyle des scélérats de notre Religion, par le partage affecté que les Juges Huguenots faisoient le plus souvent, en faveur de nos Criminels. On n'a jamais rien dit de plus faux ; car les Juges de notre Religion dans ces Chambres mi-parties, craignoient si fort ce qui leur est enfin arrivé, que leur principal soin étoit de ne point donner de prise sur eux aux Juges Catholiques, qui etoient témoins de leur maniere d'agir, & qu'ils regardoient comme autant d'espions & de Censeurs dangereux, sur tout à Castres où les Juges Catholiques étoient tirez du Parlement de Toulouze, le plus injustement, & le plus excessivement passionné Tribunal qui soit non seulement en Chretienté, mais aussi en Turquie. On peut dire que les Conseillers de la Religion, par une sage condescendance, relâchoient souvent de leur droit, afin d'empêcher que l'on ne se plaignît de leur conduite : & ils savent bien que nos Ministres leur ont fait souvent entendre, qu'ils ne protégeoient pas nos Priviléges avec assez de fermeté, & qu'ils mollissoient en cent occasions, au grand préjudice de nos Eglises. De quoi ils se justifioient par la nécessité des temps, qui faisoit que qui eût voulu tout retenir, eût tout perdu. Jugez, je vous prie, si des gens qui en sont logez-là, entreprennent plus qu'ils ne doivent :

VIII.
Sur la cassat des chamb mi-parties.

Non ea vis animo, nec tanta superbia victis. (c)

Mais c'est à présent que l'on doit craindre l'éxcès opposé à celui que Mr. Maimbourg nous reproche injustement. Il dit que pendant que nous avions des Juges de notre Religion, nos criminels n'étoient point punis. Cela est faux. Mais nous devons bien craindre déformais, que n'ayant plus de Juges de notre Religion, nos criminels ne soient trop séverement punis, non inocens traitez comme criminels, nos plaidans traitez comme du tems que Charles IX. voyageoit par tout le Royaume ; c'est-à-dire, comme étant toûjours dans leur tort. Il est certain que Messieurs de l'Eglise Romaine

---

(*) *Luc.* 14. *v.* 23.
(a) *Pag.* 504.

(b) *Act. ch.* 1. *v.* 3.
(c) *Virgil. Æn.* 1. 533.

maine ont beaucoup plus d'entêtement pour leur Religion, que nous n'en avons pour la nôtre, soit que cela vienne de la crédulité, où on les nourrit pour tous les miracles qu'on leur débite, soit que la nature de leur culte en soit la cause, qui étant tout enfoncé dans la matiere, réveille davantage les passions. Outre cela rien ne les tient en respect; ils ne craignent point les suites de leurs jugemens; c'est être à la mode que de harceler un homme de la Religion; on peut espérer que la crainte de perdre un procès, ou d'être châtié sans raison, ouvrira les yeux à un Hérétique. Ainsi on s'abandonnera au torrent de la passion, pour ne nous rendre point justice, ni dans les procès civils, ni dans les procès criminels. Si bien que la cassation des Chambres mi-parties est injuste, non-seulement parce que c'est nous ôter un Privilége, dont nous n'étions pas moins dignes qu'autrefois, mais aussi parce que c'est ouvrir la porte à toute sorte d'injustices.

IX.
Sur l'éloigne-
ment des hon-
neurs où on
ôtient les Ré-
formez.

V. Le dernier acte de la justice du Roi, selon cet Historien, consiste en ce qu'on nous a ôté (*) *toute espérance de pouvoir prétendre déformais aux dignitez, aux honneurs, aux commandemens, aux charges, aux offices, & à toutes sortes d'emplois, de service, & de fonction.* J'avoüe que le Roi peut réserver ses faveurs pour qui bon lui semble, & que voulant se servir de toute la plénitude de son droit, il peut exclure de toute sorte d'emplois tel ordre de gens qu'il lui plaira; mais neanmoins cet usage de l'autorité Royale a toûjours passé pour illégitime, lorsque les sujets ne se sont pas rendus dignes de cette destitution. Il n'y a point de Souverain qui révoquant tous les priviléges des Gentilshommes, ou des Marchands, par la seule raison, que *tel est son bon plaisir*, ne passât pour abuser de la puissance que Dieu lui a conférée. Il faudroit à la vérité se soumetre à ce bon plaisir du Souverain; mais cela n'empêcheroit pas que ce ne fût un abus manifeste de l'autorité souveraine.

Outre cela cette maniere de convertir les Hérétiques est injuste, parce qu'elle est violente, & éloignée de l'esprit du Christianisme. Il est sûr que la véritable conversion est celle qui se fait ensuite de l'illumination de l'ame, & par les seuls motifs de l'amour de Dieu. Il est sûr encore que la véritable illumination & celle qui nous est communiquée sans le secours, qu'une basse passion d'intérêt, & les mouvemens déréglez de notre concupisence, prêtent aux raisons avec lesquelles on tâche de nous illuminer. Il est sûr enfin que toute la violence ne consiste pas à dire aux gens, *la mort ou la Messe*, qu'il y a de la violence pour un Gentilhomme de cœur, & qui a de l'ambition, à lui dire, *le mépris ou la Messe*, pour un homme qui craint la pauvreté, à lui dire *la misere, ou la Messe*; pour un homme enfin qui a exercé une belle charge avec honneur, ou qui en souhaite une passionnément, ou qui songe à s'établir pour soi & pour sa famille, à lui dire; *point de charge, ou la Messe*. On se peut facilement imaginer les violens combats, qu'une semblable alternative fait souffrir à l'ame, & connoître ensuite qu'une méthode de convertir les Huguenots, qui les réduit à ces dures extrémitez, ne leur donne pas la liberté de bien choisir leur parti, & par conséquent qu'elle est éloignée de l'esprit de la Religion Chretienne: qu'elle est violente, qu'elle est injuste.

Je sai bien que l'Evangile faisoit aussi quelque violence à l'homme, mais c'étoit une violence toute contraire à celles d'à présent. L'alternative de l'Evangile étoit, renoncer aux honneurs, aux biens, aux charges, aux plaisirs du monde, ou passer dans la Religion de Jésus-Christ. Ici tout au contraire on nous donne pour alternative, renoncer aux honneurs, aux biens, aux charges, aux plaisirs du monde, ou demeurer hors de l'Eglise. Autant que le choix de ceux qui passoient dans la Religion de Jésus-Christ, par le mépris des biens du monde, étoit glorieux à l'Evangile, autant est peu glorieux à l'Eglise Romaine le choix de ceux qui embrassent sa profession, pour se délivrer de la privation des biens du monde qui les désole.

Par ce que je viens de dire, Monsieur, je réfute suffisamment la premiere réponse de Mr. Maimbourg (A) à certains Ecrivains de notre parti, qui se sont plaints, dit-il, des choses que le Roi a faites contre les Huguenots; comme d'une injuste persécution opposée aux Edits des Rois ses prédécesseurs, & même à ceux de S. M.

X.
Et sur le temps
où leurs Edits
ont été don-
nez.

La seconde réponse qu'il y fait ne vaut pas mieux. Il dit qu'on sait assez que ces Edits n'ont été obtenus, les uns que durant la Minorité de Charles IX. les autres que par des Rébelles, qui les demandoient les armes à la main, soûtenus des forces de l'Etranger, quelques-uns que par provision, comme il est porté dans les Arrêts de leur enregîtrement, & tous enfin par l'urgente nécessité des temps, & pour certaines raisons qui ne subsistent plus. C'est proprement ce qu'on appelle des *Alibi*. Car à quoi bon nous aller parler de ces vieux Edits, sur lesquels nous n'appuyons point nos Droits? Quel sens y a-t-il à remonter jusques à la Minorité de Charles IX? Est-ce là notre titre? N'en va-t-il pas des Edits comme des Testamens, dont celui qui est la derniere volonté du Testateur est le seul bon. Tout de même le dernier Edit, qui a mis fin aux heures de Religion, & qui a fixé pour jamais les limites des deux partis, est le seul qu'il faille considérer. Or celui-là qui est le fameux Edit de Nantes, n'a été obtenu ni durant une Minorité, ni par des Rébelles qui le demandassent les armes à la main, soûtenus des forces de l'Etranger, ni par provision seulement, ni par l'urgente nécessité des temps, & pour certaines raisons qui ne subsistent plus maintenant. Donc la seconde réponse de Monsieur Maimbourg n'est d'aucune force.

Premierement il est si connu d'un chacun, que le Roi Henri IV. n'étoit point dans sa Minorité, lors qu'il fit l'Édit de Nantes l'an 1598. qu'il seroit ridicule d'en donner des preuves. 2. Il est si faux que nous ayons obtenu l'Edit de Nantes, les armes à la main, soûtenus des forces de l'Etranger, que c'étoient au contraire les Huguenots qui avoient délivré la France des forces de l'Etranger, que les Catholiques avoient fait venir; c'étoient eux qui depuis long-temps combatoient pour les Rois de France contre les Rebelles; c'étoient eux qui avoient le plus contribué à soûtenir le bon droit du Roi de Navarre. 3. Il paroît par les propres termes, dans lesquels l'Edit est conçu, qu'il n'a pas été accordé par provision seulement. 4. On ne sauroit nous montrer, qu'il n'a été obtenu que par l'urgente nécessité des temps, & pour certaines raisons qui ne sont plus de saison. Car

quelle

(*) Hist. du Calvin. p. 498.   (a) Hist. du Calvin. p. 498.

quelle est cette urgente nécessité ? Le Roi avoit
terrassé la Ligue, & terminé heureusement la
guerre qu'il avoit euë contre l'Espagne : les
Huguenots étoient désarmez, & sans Chef.
Quelles sont ces certaines raisons qui ne subsistent plus maintenant ? Il faudroit les dire, afin
qu'on sût s'il est vrai qu'elles ne subsistent plus ;
car pendant qu'on parle ainsi en l'air & d'une
maniere vague, on peut aussi-tôt avancer le faux
que le vrai, sans pouvoir être contredit. La vraye
raison de l'Edit de Nantes subsiste toûjours, qui
est qu'une Religion qu'on a tâché en vain de
ruïner dans un Etat, & qui ne demande que de
servir son Prince fidellement, avec la permission
de servir Dieu à sa maniere, doit être tolérée
pour le bien de l'Etat, qui ne doit jamais violenter les consciences, ni chercher rien tant que la
concorde des Sujets.

Mais, dit (*) Mr. Maimbourg, *puis que les
Huguenots ont trouvé bon que l'Edit de Juillet, favorable à la Religion Catholique, fût révoqué par
celui de Janvier, contre une possession paisible de près
de douze siecles, sur la remontrance du Chancelier
de l'Hôpital, qui fit extrêmement valoir cette Maxime, qu'il faut que les Edits s'accommodent aux
temps & aux personnes, & non pas les personnes
& les temps aux Edits, auroient-ils raison de se
plaindre, quand même, selon la Maxime qu'ils ont
voulu suivre, on révoqueroit les Edits qui leur sont
favorables, par un autre qui nous remit dans notre
ancienne possession, maintenant que les temps sont
bien changez, & que les personnes ne sont plus du
tout en l'état où elles étoient alors ?* Ne vous semble-t-il pas, Monsieur, de l'air dont cela est débité, que ce sont autant de démonstrations ? Cependant il n'y eut jamais rien de plus foible.

Grande merveille que nous ayons trouvé bon
qu'on ait révoqué un Edit, qui nous ôtoit toute sorte d'exercice, par un autre qui nous en accordoit un peu. Et quel mal est-ce que cela faisoit à l'Eglise Catholique ? Ne demeuroit-elle
pas toûjours en possession de ses revenus, & de
son crédit ? N'avoit-elle pas toûjours sa jurisdiction sur tous ses membres ? Car pour nos Peres, soit qu'ils eussent la liberté de s'assembler,
soit qu'ils ne l'eussent point, ils étoient également hors de son ressort ; de maniere que l'E-
dit de Janvier étoit favorable aux Protestans,
sans préjudicier le moins du monde aux Catholiques. Ainsi toute sorte de droit & d'équité
demandoit, qu'on sacrifiât l'Edit de Juillet à celui
de Janvier ; car tout le monde tombe d'accord
qu'une chose pouvant être utile à Titius, & ne
pouvant de rien servir à Mævius, doit être plûtôt adjugée à Titius qu'à Mævius. Si nous eussions demandé l'interdiction de l'Eglise Catholique, nous eussions été ridicules : nous devions
prier Dieu de l'illuminer, mais non pas demander
des Edits qui la troublassent dans sa possession.
Aussi n'en demandions-nous pas ; trop contens
si pendant qu'elle retiendroit tout son bien &
toute sa pompe, on nous permettoit de servir
Dieu selon les lumieres de notre conscience. Si
présentement on révoquoit l'Edit de Nantes par
le rétablissement de celui de Juillet, il est évident qu'on feroit une chose bien plus inique, &
bien plus violente, que ne le fut la révocation de
l'Edit de Juillet par celui de Janvier ; parce qu'en
révoquant l'Edit de Nantes on priveroit l'une des
deux Religions de tout, & on ne donneroit rien
à l'autre qu'elle n'eût déja : au lieu qu'en révo-

(*) *Hist. du Calvin. p. 469.*

quant l'Edit de Juillet par celui de Janvier, ou
de Nantes, on laissoit à l'une des deux Religions
tout ce qu'elle avoit, & on donnoit à l'autre ce
qu'elle n'avoit pas auparavant.

Quand je considere le véritable esprit de l'E-
vangile, je ne saurois assez m'étonner, de ce que
je me vois aujourd'hui contraint d'entrer en dispute, sur la chose du monde qui devroit être la
plus constante parmi les Chretiens. Est-il bien
possible qu'un Religieux, qui a 55. ans de Profession, mette en parallele un Edit qui fait tenir à
un Roi une conduite Payenne, avec un Edit
qui lui donne la modération Evangélique ? Que
fit-on, je vous prie, quand on donna l'Edit de
Janvier ? On fit cesser les manieres dont les Empereurs Romains se servirent, pour étouffer le
Christianisme dans sa naissance. Que feroit-on en
faisant revivre l'Edit de Juillet ? On rameneroit
ces manieres affreuses de s'opposer à l'accroissement d'une Secte, desquelles le Paganisme s'est
servi contre la vraye Religion. C'est donc un
aveuglement épouvantable de dire, que puisqu'on
n'a pas trouvé mauvais, que la France ait révoqué
l'Edit de Juillet par celui de Janvier, on ne doit
pas trouver étrange, qu'elle révoque celui de
Janvier par le rétablissement de celui de Juillet ;
car c'est la même chose que si on disoit que puis
qu'on n'a pas trouvé étrange que nos Rois cessassent d'imiter les manieres du Paganisme, on
ne doit pas trouver mauvais qu'ils recommen-
cent de les imiter. Voilà donc une raison tirée
de l'esprit de l'Evangile, qui prouve qu'il vaut
mieux maintenir l'Edit de Janvier, que de rétablir celui de Juillet. Prouvons maintenant qu'il
faloit, selon les regles de la bonne Politique, casser l'Edit de Juillet, quand on fit celui de Janvier.

La Maxime que le Chancelier de l'Hôpital fit
extrêmement valoir, *qu'il faut que les Edits s'accommodent aux temps & aux personnes, & non pas
les personnes & les temps aux Edits,* étoit fort importante sous le regne de Charles IX. Ce grand
Ministre voyoit la France dans un péril manifeste, à moins qu'on n'accordât la liberté de
conscience aux Huguenots. Ils étoient devenus
considérables par leur nombre, mais plus encore
par le mérite, & par la qualité des Princes & des
grands Seigneurs, qui s'étoient mis de leur parti.
Ils étoient irritez par les longues & cruelles persécutions qu'ils avoient souffertes. Ils voyoient
la puissance Royale exercée tyranniquement, sous
le nom du Roi, par la Maison de Guise. Les
Princes du Sang, maltraitez par cette Maison, ne
songeoient qu'à recouvrer l'autorité qui leur étoit
dûë. Le Prince de Condé, l'un d'eux, avoit de
l'ambition, un grand cœur, un grand mérite.
Il étoit aussi accrédité dans la nouvelle Secte,
que le doit être parmi des gens qui ont besoin
d'un bon Patron, un Prince de cette force. Que
ne devoit-on pas craindre de lui, justement indigné contre l'ambition déréglée de Messieurs de
Guise, qui de leur côté avoient eu l'adresse de
se faire adorer des Peuples, en persécutant cruellement ceux qu'on appelloit Hérétiques ? Les
moins clair-voyans avoient raison d'appréhender
une guerre civile, dans cette conjoncture-là. C'est
pourquoi le Chancelier devoit insister, comme il
fit, sur la Maxime, *qu'il faut accommoder les Edits
aux temps & aux personnes, & non pas les temps &
les personnes aux Edits,* & conseiller la révocation
des ordres, qui ôtoient la liberté de conscience à
ceux de la nouvelle doctrine.

Mais

XII.
Qu'il n'y a point de raison de révoquer celui de Nantes.

Mais nous n'en sommes pas aujourd'hui en ces termes-là. Le Roi ne doit rien apprehender des Huguenots : la révocation de l'Edit de Nantes n'est nullement nécessaire pour prévenir quelque désordre : la France peut aussi-bien conserver sa gloire, en tolérant désormais les Calvinistes, qu'elle l'a pû acquérir en les tolérant jusques ici. De sorte que c'est sans raison que l'Auteur nous renvoye au Chancelier de l'Hôpital. Cela seroit bon, s'il y avoit quelque grand malheur à craindre pour l'Etat, à moins qu'on ne supprimât les Edits de pacification, comme il y en avoit alors un très-grand à craindre, à moins qu'on ne supprimât les Edits, qui envoyoient au feu les Hérétiques, On n'a rien à craindre en nous tolérant, & ainsi c'est avec beaucoup de raison que nous nous plaignons de ce qu'on réduit à rien l'Edit de Nantes, quoique nous ayons fort approuvé, que l'on révoquât l'Edit de Juillet par celui de Janvier.

Mais, dira-t-on, votre parti nous cause un assez grand mal, puis qu'il est sûr que la France seroit encore plus puissante qu'elle n'est, si tous les François étoient d'une même Religion. Qui leur a révélé cela ? Ce sont des pures Chimeres. On ne sauroit rien alléguer que la France eût été capable de faire, au delà de ce qu'elle a fait sous l'invincible LOUIS LE GRAND, si elle eût été toute Catholique. On ne sauroit rien alléguer que la France puisse faire, pour devenir plus formidable après nous avoir exterminez, qu'elle ne pût faire tout aussi commodément pour le moins en nous tolérant. Et de plus est-ce bien fait à ces Mrs. les Convertisseurs de ne se pas contenter de cette grande & illustre gloire, dont notre Nation est toute brillante ? Ne devroient-ils pas imiter ce sage Romain, dont la modération a été loüé par un Auteur (*) si bon François, que les Espagnols faisoient brûler ses Livres à Bruxelles ? Le Romain dont je parle ; c'est Scipion l'Africain, qui changea le formulaire de la priere que l'on faisoit aux Dieux, pour leur demander qu'ils augmentassent la prospérité de la République, en un autre plus modeste, par lequel on les prioit seulement de conserver toûjours la Republique comme elle étoit (A).

Inconvéniens qui naissent de cette révocation.

A tout le moins, dira-t-on, avons-nous cet avantage, qu'on ne peut craindre aucun mal de la révocation de l'Edit de Nantes, & qu'on en peut espérer un grand bien pour l'Eglise Catholique. J'avoüe qu'on ne doit point craindre de sédition, quoi qu'on révoque l'Edit de Nantes, mais cela n'empêche pas plusieurs autres inconvéniens. N'est-ce rien que de dégoûter tant de gens de leur Patrie, & de leur inspirer je ne sai quelle tiedeur, qui fait qu'ils ne se soucient ni d'acheter des biens, ni d'en gagner au delà du nécessaire ? Est-ce là le moyen de faire fleurir un Royaume, par cette ardeur animée qui oblige les habitans à s'y procurer, pour eux & pour leur postérité, des établissemens honorables & commodes ? J'avoüe aussi que l'Eglise Romaine s'accroîtra beaucoup par la révocation de l'Edit de Nantes : mais en vérité il lui en coutera bon, car tous ceux qui se sont séparez d'elle &

qui sont en païs de liberté, concevront encore plus de haine & plus de mépris, qu'ils n'en ont pour ses dogmes, & pour ses maximes, & s'en expliqueront avec plus de force. Elle se remplira d'hypocrites, qu'elle aura achetez au prix de mille violences, & qui ne seront qu'un salaire d'iniquité. Elle rendra toute la nation odieuse, & inspirera aux Protestans plus de courage, pour ne point devenir païs conquis. L'Auteur des Dialogues sur la Politique du Clergé, vous en dira davantage, délicatement & solidement tout ensemble. Je vous parlerai dans une autre Lettre d'un autre grand mal, qui est le manquement de parole.

Pour ces changemens de temps & de personnes, je ne vois pas qu'on puisse les mettre en ligne de compte. Il est vrai que nous ne sommes pas aussi considérables qu'autrefois. Mais d'où vient cela ? C'est à cause qu'on nous retranche tous les jours nos Priviléges. Avant qu'on eût songé à nous ruïner, avec la précipitation que l'on employe depuis vingt ans, nous faisions encore quelque figure, & les temps n'étoient pas si fort changez. On n'a pas laissé pourtant de nous attaquer, & de nous miner ; on a fait de grandes breches à notre Corps, & on nous a couverts de playes ; ensuite on nous vient dire, que ce qui a été n'est plus, que nous sommes tellement tombez, que les raisons des Edits ne subsistent plus maintenant. Voilà qui est bien : ces Messieurs entreprennent de ruïner les Edits ; afin de faire changer les temps, & après cela pour achever de ruïner ce qui reste dans les Edits, ils nous objectent que les temps étoient changez. Cela montre qu'ils ne nous ont pas voulu ruïner parce que les temps étoient changez ; mais au contraire qu'ils nous ont voulu ruïner, afin de changer les temps. Je suis, &c.

✻ ✻ ✻ ✻ ✻ ✻ * ✻ ✻ ✻ ✻ ✻ ✻

LETTRE XXII.

I. Les premiers devoirs d'un Prince Chretiens sont de s'acquiter des obligations d'un homme Chretien. II. Qu'il n'y a point d'obligation plus essentielle à un Chretien, que de garder la foi promise. III. Réfutation des excuses que l'on pourroit alléguer, pour la révocation de l'Edit de Nantes. IV. Et en particulier de celle qui seroit fondée, sur ce que nous ne sommes pas les mêmes personnes pour qui il a été donné. V. Examen du reproche qu'on nous fait d'avoir contrevenu aux Edits. VI. Services rendus à la Coûronne par ceux de la Religion, depuis l'Edit de Nantes. VII. Combien le Roi affecte de passer pour un homme de parole. VIII, De la grande négligence que l'on a de corriger les mauvaises mœurs. IX. D'où vient que les Catholiques font changer tant de Huguenots. X. Corruption du Clergé.

Monsieur.

Tout ce que je vous ai écrit en dernier lieu, me fait penser à l'horrible dépravation, que la Mo-

(*) *Balsac dans son Prince, ch. 28.*
(A) *Africanus posterior cùm Censor lustrum conderet, inque solito fieri sacrificio scriba ex publicis tabulis solemne et precationis carmen præiret, quo Dii immortales ut Pop. Romanores meliores amplioresque facerent, rogabantur ; satis*

in quit, *bona ac magna sunt. Itaque precor ut eas perpetuò incolumes servent. Ac protinus in publicis tabulis ad hunc modum carmen emendari jussit : qua votorum verecundia deinceps Censores in condendis lustris usi sunt.* Valer. Max. l. 4. c. 1.

Morale de la Sainte Ecriture a soufferte entre les mains des Politiques. Quelles que soient les obligations des Souverains à l'égard du bien public, & quoi qu'il semble que pour le bien de leur Etat, ils soient dispensez de certains devoirs, dont l'observation est indispensablement ordonnée aux autres hommes, il est néanmoins vrai que les plus essentielles obligations d'un Prince Chretien, sont les devoirs d'un homme Chretien. Il ne faut pas qu'il dise, *Je suis Roi de France, & puis Chretien*; mais *Je suis Chretien & puis Roi de France*. Cela étant, il est obligé de s'acquitter de ce à quoi il est engagé en qualité de Chretien, préférablement à ce à quoi il est engagé en qualité de Monarque. En qualité de Chretien, il est obligé de garder la Religion du serment : en qualité de Monarque, il est obligé de pourvoir au bien de son Etat. S'il arrive donc qu'il ne puisse faire l'un & l'autre en même temps, il est clair qu'il doit s'attacher à la première de ces deux choses, & se reposer quant à l'autre sur la Providence de Dieu, & sur les précautions qu'il prendra, pour remédier aux inconvéniens, qui semblent devoir naître de l'observation ponctuelle de la parole qu'il a donnée. Au lieu de cela, la plûpart des Princes se croyent dispensez de leur serment, dès qu'ils croyent remarquer, que l'observation de leur parole est préjudiciable à la gloire de leur Etat.

C'est la véritable source de la dernière chose que j'ai réfutée dans le Livre de Monsieur Maimbourg. Les temps sont changez, dit-il ; les raisons des Edits ne subsistent plus ; il ne faut pas s'étonner si on abroge ces Edits. Cela signifie qu'on a bien eu toûjours le dessein de les révoquer, mais qu'on n'a pas jugé que la conjoncture fût favorable ; que ce n'est qu'à présent qu'on l'a trouvée, cette conjoncture-là. On s'imagine qu'un parti qui a pris les armes autrefois, pourroit bien à l'avenir tailler de la besogne à son Prince, ou sous une Minorité, ou pendant une guerre étrangere. Voilà des inconveniens que l'on prévoit, en cas que l'on conserve ce parti dans le Royaume. Il faut donc le ruïner. Mais un Edit solemnellement accordé comme perpétuel & irrevocable par Henri IV. confirmé tant de fois par d'autres Edits & Déclarations ; en un mot cette foi & cette parole Royale, tant de fois engagée aux Huguenots, ne doit-elle pas les sauver ? Non, parce qu'à présent ils sont si foibles, qu'on peut les pousser à bout impunément ; si bien qu'il faut se tirer cette épine du pied pour un jour à venir. Les temps sont changez ; un temps a été qu'il faloit les ménager ; la prudence ne vouloit pas qu'on violât la Religion du serment. Mais à présent on peut le faire, & par conséquent on doit le faire pour assurer le repos de notre postérité. Henri IV. vous aimoit, & vous avoit de l'obligation : Louïs XIII. vous craignoit, & avoit besoin de vous ; mais Louïs XIV. ne vous aime, ni ne vous craint, & se peut passer de vos services. On prétend que le Roi a dit lui-même cela, & c'est là-dessus qu'un grand (*) Poëte parmi les Jésuites a fait l'Epigramme qui suit :

LUDOVICUS ADEODATUS
Ad Calvinianos,

Cùm Henrici IV. & Ludovici XIII. nomina & facta identidem in causa sua opponerent.

Vos dilexit avus, timuit pater : ast ego neutram ;

  Nam quod amem, nihil est : quod metuam, minus est.

Rex eguit vobis : rex vobis debuit alter.

  Non vobis quicquam debeo, non egeo.

II.
Que la foi promise est la plus essentielle obligation d'un Chretien

Voilà les déplorables illusions où la Politique jette la conscience. Pour éviter un mal qu'on ne fait que deviner par une foible conjoncture, & qui peut-être n'arriveroit jamais, on tombe dans un crime épouvantable, savoir dans le violement de sa parole, & de la Religion du serment : Religion qui est la chose du monde qui nous devroit être la plus sacrée, & à laquelle il faudroit sacrifier plusieurs Provinces, si on ne pouvoit pas les retenir sans être violateur de sa foi. Ce Monarque, qui a été l'homme selon le cœur de Dieu, le Prophete David, avoit bien une autre idée de la Morale, que les Politiques d'aujourd'hui. Il pose en fait que le véritable Fidelle doit avoir, entre autres bonnes dispositions, celle-ci, *que* (A) *s'il a juré, fût-ce à son dommage, il n'y changera rien.* C'est pourquoi l'on peut soûtenir qu'un Prince, qui veut remplir les devoirs de sa qualité de Chretien, ne doit jamais rien promettre, qu'il n'ait une intention très-sincere de l'observer, quelque mal qui en puisse revenir : ou bien que s'il croit que l'observation de sa parole seroit préjudiciable à son Etat, il ne doit pas la donner. Charles IX. se voyant les Huguenots sur les bras, ne devoit jamais leur rien promettre, s'il n'avoit pas envie de le tenir, & leur ayant une fois solemnellement promis quelque chose, il a été obligé de l'effectuer, quelque préjudiciable qu'elle pût être.

D'où paroît combien étoit corrompuë la Morale du Pape Pie IV. qui sollicitoit (B) continuellement ce Prince à rompre le Traité, qu'il avoit conclu avec le Prince de Condé.

Je trouve bien plus belle la Morale de l'Auteur des *Considérations sur des affaires de l'Eglise, qui doivent être proposées dans la prochaine Assemblée générale du Clergé de France.* Je viens de lire ce Livre avec une extrême satisfaction. Voici ce qu'il dit sur le dessein que Monsieur l'Archevêque de Paris, & le Pere la Chaise, ont eu d'ôter pour toûjours aux Religieuses de Charonne, le droit qu'elles avoient par leur Regle d'élire leur Supérieure. *Quand on auroit gueres de sentiment de pieté, il ne faudroit qu'avoir un peu de bon sens & d'équité naturelle, pour juger combien cela est injuste. Car le plus grand fondement de la justice humaine, au regard de ceux-mêmes qui n'ont point connu les commandemens de Dieu, est la bonne foi qui oblige de ne point violer les accords que l'on a faits, & d'entretenir les choses dont on est publiquement convenu. C'est ce que les Jurisconsultes appellent* stare pactis. *Il n'y auroit point sans cela de Société humaine, & les Etats ne se sont formez parmi les hommes, qu'afin que cela fût observé. C'est ce qui fait que chacun se tient assûré de jouïr de ce qui lui appartient selon les loix reçuës, lors mêmes qu'on pourroit disputer* (remarquez bien

ces

(*) *Franç. Vavassor, l. 2. Epigramme 69.*
(A) *Pseaume 15.*

(B) *Voyez ci-dessus, Lettre XVII. No. XIII. & Lettre XVIII. No. I.*

ces paroles) si on n'auroit pas mieux fait d'ordonner le contraire de ce qui est prescrit par ces Loix. A plus forte raison devrions-nous être assurez de joüir de ce qui a été défini par l'Edit de Nantes, puis que dans l'état où étoient les choses, on n'eût pû prescrire le contraire, sans plonger le Royaume dans un abyme d'afflictions.

III.
Refutation de ce qu'on peut dire en faveur de la révocation de l'Edit de Nantes.

Outre qu'on ne peut raisonnablement rien craindre de notre parti, en cas de guerre civile, ou de Minorité ; car on a vû que dans le temps même qu'il y avoit parmi nous plusieurs de ces Officiers, qui avoient pris trop de goût aux guerres civiles, nous demeurâmes tout-à-fait fidelles à notre Prince. Je parle des mouvemens excitez dans le Languedoc par le dernier Duc de Montmorency, sous les auspices de feu Mr. le Duc d'Orléans. On sait que dans la guerre civile, qui a troublé la France sous la derniere Minorité, nous avons très-bien fait notre devoir. Pourquoi donc s'imagine-t-on qu'à l'avenir nous ne le ferions pas en pareilles occasions ? Il y a sujet de croire que nous le ferions mieux que nous ne l'avons fait par le passé. Nous n'avons plus de ces Grands Seigneurs ambitieux, qui, sous prétexte de nous maintenir, nous obligeoient à nous retrancher dans nos Places fortes, afin de se rendre plus considérables. Tous ces Officiers qui s'accoûtumoient aux troubles sont morts, & on nous a tellement affoiblis, que nous avons un intérêt extrême d'embrasser toutes les occasions qui se présenteront de témoigner, par notre fidelle obéïssance, que nous méritons de vivre. Il n'y a donc rien qui rende soutenable le dessein qu'on inspire au Roi, de nous manquer de parole.

On ne peut pas dire que la qualité du Roi Très-Chretien, engage à l'extirpation de l'Hérésie, préférablement à toute autre chose, & que c'est une obligation à laquelle on ne peut pas déroger par aucun serment ; car il s'ensuivroit de là que le Roi ne pourroit jamais donner un sauf-conduit, auquel un Hérétique se pût fier, ni faire aucun serment sur lequel les Princes non Catholiques pussent faire fond. Outre qu'il n'y a rien qui soit plus contradictoire, que de dire que parce qu'on est très-Chretien, on ne peut pas s'engager à une chose, par un serment authentique, sans retenir le privilége de le violer.

IV.
Et en particulier de ce que les Reformez ne sont pas, dit-on, les mêmes personnes pour qui on l'a donné.

On ne peut pas dire non plus, que nous ne sommes pas les mêmes personnes, à qui les Edits de pacification ont été donnez ; car il paroît par l'autorité de la parole de Dieu, que ces promesses faites par un Prince à une nation, obligent les Successeurs du Prince envers cette nation, quoi qu'elle ne soit pas composée des mêmes Individus. On ne peut rien voir de plus formel sur cela que l'exemple des Gabaonites. Ils avoient trompé Josué, & extorqué de lui par fraude un sauf-conduit. Trois jours après, Josué connut leur fourbe ; néanmoins lié par la Religion du serment, il ne les châtia pas ; au contraire il les secourut contre cinq Rois qui les vouloient exterminer. Quatre cens ans après, le Roi Saül, mû d'un zéle inconsidéré, extermina les descendans de ces Gabaonites. Dieu en fut si irrité, qu'il affligea le Royaume d'une famine extraordinaire, & déclara à David qui l'avoit consulté sur la cause de ce grand fleau, *qu'il* (*) *avoit ainsi châtié les Juifs, à cause de Saül & de sa maison meurtriere, qui avoit fait mourir les Gabaonites.*

De plus nous voyons que l'Ecriture parle de la conduite de Pharaon envers les Israëlites, avec une extrême détestation. Cependant, à juger de cette conduite par les maximes de la Politique humaine, elle n'a rien de fort étrange. Les fils de Jacob s'étoient établis en Egypte par le crédit de leur frere Joseph. Ils avoient obtenu du Roi des Priviléges & des graces. Leur postérité s'étant accruë devint suspecte à la Cour d'Egypte. On craignit que cette nation étrangere ne devînt assez puissante, ou pour favoriser les irruptions des Peuples voisins, ou pour déserter le païs. C'est pourquoi on chercha les moyens de la détruire. Ils ne manquerent pas sans doute de représenter les grands services de Joseph leur parent, & la bonne foi de ce Pharaon, qui avoit élevé Joseph à la charge de premier Ministre, & qui leur avoit accordé sa Royale protection. On leur répondit, comme fait aujourd'hui Monsieur Maimbourg, que les temps étoient changez ; qu'ils étoient d'autres personnes ; que les causes de la protection, qui leur avoit été accordée, ne subsistoient plus : en un mot, il s'éleva un Roi en Egypte, lequel n'avoit point connu Joseph, c'est-à-dire, qui ne voulut avoir aucun égard à tous les engagemens, où ses Prédécesseurs étoient entrez à cause de Joseph. Une conscience comme celle de M. Maimbourg, consultée par le Roi d'Egypte, n'eût pas manqué de lui dire, qu'il faloit ruïner incessamment ces gens-là ; que c'étoient des Hérétiques toûjours prêts à se soulever ; qu'il ne faloit pas se faire un scrupule de ce qui leur avoit été autrefois promis, parce que ce n'étoient ni les mêmes personnes, ni les mêmes temps. Ce n'étoit pourtant pas l'avis du Ciel, & Monsieur Maimbourg eût été bien loin de l'intention du Saint Esprit, qui fit clairement connoître au Roi d'Egypte, que le traitement qu'il faisoit à ces étrangers, contre la foi qui leur avoit été donnée par les Rois ses Prédécesseurs, étoit une perfidie & une cruauté exécrable, quelque fondé qu'il parût être sur les intérêts de l'Etat.

Application de ce principe.

Mais qu'est-il necessaire de prouver, par la parole de Dieu, que la foi des Traitez & des promesses ne doit point changer, encore que les personnes changent ? Ne voyons nous pas que c'est une Maxime, qui ne souffre point de difficulté parmi les nations policées ? La Societé des Jésuites n'a-t-elle pas obtenu des Papes & des Princes plusieurs considerables priviléges ? Voudroit-elle bien endurer qu'on les lui ôtât, sous prétexte que ni les Jésuites qui vivent aujourd'hui, ne sont pas les mêmes personnes qui les demanderent & qui les obtinrent, ni le Pape ou le Prince qui regne aujourd'hui, n'est pas le même qui les accorda ? Trouveroit-elle juste, qu'en dépit du Privilége dont elle joüit, d'être regie par des Superieurs de son Ordre, on ne lui donnât que des Dominicains pour Provinciaux & pour Recteurs ? Cela ne seroit peut-être pas inutile ; car l'Auteur des *Considérations* remarque fort bien, *qu'on connoît assez les Jésuites pour savoir qu'ils n'ont pas grande dépendance de leurs Superieurs, pour ce qui est de l'interieur ; & que chacun y vit assez, comme il lui plaît :* d'où vient sans doute, que les meilleurs amis des Jésuites les excusoient, de ce qu'ils souffroient que le P. Maimbourg exposât la réputation de leur Compagnie, par des Sermons (a) contre la Traduction de Mons,

que

<hr>

(*) *Liv.* 2. *de Samuel,* ch. 21.

(a) *Défens. de la Traduct. de Mons,* 5. *part.*

que l'on réfutoit invinciblement ; ils les excuſoient, dis-je, ſur ce qu'ils n'étoient pas les Maîtres d'un eſprit auſſi violent qu'étoit ce Déclamateur. Mais néanmoins la Societé ſe tiendroit fort injuſtement traitée, ſi on tiroit ſes Provinciaux, & ſes Recteurs, d'une autre Communauté de Religieux, quoi qu'on lui alléguât qu'elle n'eſt plus compoſée des mêmes perſonnes qui obtinrent ces Priviléges.

Je dis la même choſe touchant les immunitez, dont pluſieurs Villes du monde joüiſſent. Les Princes qui les leur ont accordées ne ſont plus : les habitans qui les obtinrent ne ſont plus : quelquefois même les Villes qui les obtinrent ne ſont plus, ayant été brulées, & puis rebâties. Néanmoins ſi on leur ôtoit aujourd'hui ces Priviléges de gayeté de cœur, on leur feroit une injuſtice criante. Cela eſt ſi vrai que ſi les Villes Anſéatiques, ou Impériales, étoient depouillées de leurs immunitez par l'Empereur, & qu'elles imploraſſent le ſecours de Sa Majeſté pour y être maintenuës, le Roi qui n'agit, ſelon la remarque (*) de Monſieur Maimbourg, *que par les mouvemens que lui inſpirent la juſtice & la bonne foi, de laquelle il eſt grand obſervateur,* ne manqueroit pas de leur envoyer tous les ſecours qu'elles voudroient, pour repouſſer l'injure qui leur ſeroit faite. La Ville de Cologne n'auroit qu'à parler, pour obtenir une bonne Garniſon Françoiſe, ſi l'Empereur ou quelque autre lui vouloient diminuer ſa liberté. Tout cela eſt fondé ſur la Maxime, que les Eſpeces, les Nations, & les Communautez ne meurent pas, quoi que les Individus periſſent.

Mr. Maimbourg ajoûte (A) pour concluſion, *que les Huguenots ont ſi ſouvent contrevenu aux Edits, par des entrepriſes très-criminelles contre l'autorité du Roi, même de nos jours, que l'on pourroit juſtement revoquer toutes les graces qu'on leur a jamais accordées.* Il cite à la marge une ſédition de Nîmes arrivée en 1650. un Synode des Sévennes de 1663. un autre de Nérac de 1672. Avez-vous jamais ouï parler de cela, Monſieur ? Pour moi, je n'étois pas en âge de connoiſſance lors de cette ſédition de Nîmes, & depuis ce temps-là n'en ayant jamais ouï parler, je trouve qu'il faut que ce ſoit bien peu de choſe (B). Je ne ſai ce que c'eſt que ce Synode des Sévennes de 1663. Pour celui de Nérac, je n'en ſai point d'autres particularitez ſinon que des perſonnes mal-intentionnées, & corrompuës par le Clergé, firent donner ces Miniſtres dans un panneau fort groſſierement tendu, qui étoit de faire réſoudre qu'on prêcheroit ſur les mazures des Temples ruïnez. C'eſt un fait que je déſaprouve extrêmement ; mais il ne s'enſuit pas que tout le parti ait mérité pour cela de perdre ſes priviléges. Trouveroit-on fort juſte que Henri IV. eût revoqué tous les Priviléges de l'Univerſité de Paris, parce que la Faculté de Théologie fit des actes d'une rébellion épouvantable pendant la Ligue ? Trouveroit-on bon que le Roi ôtât à la Bretagne tous ſes priviléges, à cauſe de la derniere ſédition de Rennes, ou qu'il établît la gabelle dans toute la Guyenne, à cauſe de la derniere ſédition de

Bourdeaux ? Mrs. du Clergé approuveroient-ils que tous les Evêques du Languedoc fuſſent encore aujourd'hui notez d'infamie, à cauſe que du temps du dernier Duc de Montmorency, il y en eut quelques-uns qui le ſuivirent dans ſa rébellion ? Je dis bien plus ; les Rois n'ont pas accoûtumé de punir tous ceux qui pêchent. La Province de Languedoc, repréſentée par ſes Etats, trempa dans la révolte de M. de Montmorency, par une réſolution priſe dans l'Aſſemblée deſdits Etats le 22. de Juillet 1632. Cependant on n'a point caſſé le privilége d'avoir des Etats, dont cette Province joüiſſoit. De ſorte que c'eſt inſpirer au Roi une conduite qui n'a point d'exemple, que de lui dire qu'il faut revoquer tous les Edits donnez en faveur de ceux de la Religion, puis qu'ils ont fait quelquefois des fautes.

Mais d'où vient que M. Maimbourg n'a rien dit des guerres de Montauban & de la Rochelle, qui ſont des événemens bien plus remarquables que la ſédition de Nîmes, & les Synodes des Sevenes & de Nérac ? Ce n'eſt point aſſurément qu'il ait voulu nous épargner : c'eſt ſans doute parce qu'il ſe réſerve à en parler amplement dans la ſeconde Partie de ſon Ouvrage. Nous verrons ce qu'il en dira, & ce qu'il faudra lui repondre. Nous ne manquerons point d'Apologie. Mais quand même nous en manquerions, il ſeroit toûjours vrai, qu'on ne peut pas avec juſtice nous dépouiller de nos priviléges ſur ce fondement. La raiſon eſt que ce ſont des fautes dont on nous a accordé une pleine & entiere amniſtie, & après leſquelles le Roi Loüis XIII. de triomphante mémoire, & Loüis le Grand, ſon fils, ont ſouvent donné des Déclarations confirmatives de l'Edit de Nantes.

Il n'y auroit rien de plus contraire, comme je l'ai déja (c) montré, à la premiere & à la plus eſſentielle obligation d'un Prince Chrétien, que de violer la Religion de ſon ſerment, ſa foi & ſa parole Royale, en nous privant d'une choſe qui nous a été ſi ſolemnellement promiſe en la perſonne de nos Peres. Si nos Peres ont merité de perdre les priviléges, que le Roi Henri le Grand avoit accordez à notre parti par l'Edit de Nantes, tant pour le bien du Royaume, que pour témoigner ſa reconnoiſſance aux Huguenots, des ſervices importans qu'ils lui avoient rendus dans ſes plus preſſans beſoins, il faloit les leur ôter quand on leur fit tomber les armes des mains en dernier lieu : & ſi on avoit deſſein de châtier leur réſiſtance, plus ſeverement que l'on ne fit, c'étoit-là le véritable temps. Il ne faloit ni leur rien promettre, ni leur rien pardonner. Mais puis qu'on a trouvé bon d'en uſer autrement, & d'abolir la mémoire de ce qui s'étoit paſſé, & de les rétablir pleinement dans la joüiſſance de leurs priviléges, c'eſt une affaire finie ; il n'y a plus de retour ; la généroſité, la bonne foi, mais ſur tout la crainte d'un Dieu, dont le nom rédoutable intervient d'une façon particuliere dans les promeſſes & dans les ſermens, & qui déclare dans ſa loi qu'il ne tiendra point pour innocent celui qui aura pris ſon nom en vain, ne permettent pas que l'on ſe retracte au bout de cinquante ou de ſoixante ans.

Car

(*) *Hiſt. du Calvin.* p. 361.
(A) *Hiſt. du Calvin.* p. 500.
(B) Il y avoit dans la premiere & dans la ſeconde Edition ; „ J'ai ſeulement ouï dire qu'une fois M. le Comte de Bioule, Lieutenant de Roi en Languedoc, étant „ allé à Nîmes pour y établir quelque maltôte, fut „ maltraité par les habitans. Mais outre que ce n'eſt „ pas là une affaire de Religion, qui ne voit que ceux „ de la Religion n'ont point plus de part à cela que les „ autres Bourgeois de Nîmes de la Communion de „ Rome. Je ne ſai ce que c'eſt, &c.
(c) *Ci-deſſus* N°. II.

Car enfin qui y auroit-il de plus injuste que d'avoir pardonné à ceux qui ont fait la faute, & de châtier plusieurs années après ceux qui n'étoient pas seulement au monde, quand la faute a été commise, & qui non contens de s'abstenir de semblables fautes, se sont opposez avec une fidélité incomparable à leurs Concitoyens rebelles, pendant la derniere Minorité ? Monsieur le Cardinal Mazarin, qui se trouva dans d'étranges embarras durant la derniere guerre civile, reçut de si grands services du petit Troupeau, qu'il nous en a toûjours voulu du bien dans la suite, quoi qu'il fût Ecclésiastique, & d'un païs où l'on a une aversion épouvantable contre nous. Il inspira les mêmes sentimens de bonté à la feue Reine Mere, toute Espagnole qu'elle étoit ; c'est-à-dire, d'une nation où on ne sait pas trop bien encore, si les Huguenots ne sont pas faits comme ces Diables que l'on peint avec des queuës, & des cornes ; si bien que pendant tout le temps que cette Reine & ce Cardinal ont gouverné, nous avons eu quelque support à la Cour, contre les injustices que l'on nous faisoit dans les Provinces. La fidélité de notre parti, durant les Troubles de la derniere Minorité, n'est pas une de ces choses dont on se vante quelquefois sans fondement : elle est attestée par des actes authentiques ; comme vous diriez la Déclaration du 21. May, 1652. où S. M. nous confirmant toutes les graces accordées par les Edits précédens, & en rendant même l'exécution plus facile, dit en propres termes : *Et d'autant que nosdits Sujets de la Religion P. R. nous ont donné des preuves certaines de leur affection & fidélité, notamment dans les occasions présentes, dont nous demeurons très-satisfaits :* Sa Majesté s'en expliqua plus amplement l'année 1655. dans une Lettre qu'Elle écrivit en Angleterre, contenant, entre autres choses, ce qui suit : *J'ai sujet de louer leur fidélité & zele pour mon service, eux de leur part n'obmettant aucune occasion à m'en donner des preuves, même au-delà de tout ce qui s'en peut imaginer, contribuant en toutes choses au bien & avantage de mes affaires.* La même chose fut aussi certifiée à Monsieur l'Electeur de Brandebourg, par une Lettre que le Roi lui écrivit le sixieme de Septembre, 1666. pour repondre à celle que cet Electeur lui avoit écrite, en faveur des Protestans de France, qu'on commençoit de persécuter. Voici les propres termes de la Lettre de Sa Majesté Très-Chretienne, dont j'ai vû une Copie collationnée à l'Original :

MON FRERE,

» Je ne serois pas entré avec un autre Prince » que vous, sur le sujet dont vous m'écrivez, » en faveur de mes Sujets de la R. P. R. mais » pour vous marquer l'estime particuliere que » j'ai pour vous, je commencerai par vous dire, » que des gens mal-intentionnez à mon service » ont publié chez les Etrangers des libelles sé- » ditieux, comme si on ne gardoit pas dans mes » Etats les Déclarations & les Edits, que les Rois » mes Prédécesseurs ont donnez en faveur de » mesdits Sujets de la R. P. R. & que je leur » ai confirmez moi-même : ce qui se feroit con- » tre mon intention, car je prens soin qu'on » les maintienne dans tous les privileges qui leur » ont été concedez, & qu'on les fasse vivre » dans une égalité avec mes autres Sujets. J'y » suis engagé par ma parole Royale, & par la » reconnoissance que j'ai des preuves qu'ils

» m'ont données de leur fidélité, pendant les der- » niers mouvemens, où ils ont pris les armes » pour mon service, & se sont opposez avec vi- » gueur & avec succès aux mauvais desseins, » qu'un parti de rébellion avoit formé dans mes » Etats contre mon autorité, &c.

Ce témoignage me paroît plus fort que tous les autres, parce qu'il a été rendu dans un temps où le Roi n'avoit aucun besoin de l'amitié de S. A. E. de Brandebourg, comme il avoit besoin de l'alliance des Anglois l'an 1655. & où sa puissance étoit si bien affermie, qu'aucune raison ne l'engageoit à dissimuler les sentimens qu'il avoit pour nous. On pourroit faire mille réflexions sur cette Lettre, par raport au traitement que nous avons reçu depuis ce temps-là ; mais je n'ai pas le loisir de m'y arrêter.

Je m'étonne de l'imprudence du Pere Maimbourg, qui n'ignorant pas les reproches que l'on fait à sa Compagnie, d'avoir renversé la Morale de Jésus-Christ, nous étale pompeusement les noires & infames maximes de Machiavel ; par exemple, qu'après avoir solemnellement pardonné un crime, & rétabli les gens dans la possession de leurs Priviléges, on peut les leur ôter à la premiere occasion, cinquante ou soixante ans après, si l'occasion ne s'en présente pas plûtôt, & cela sans autre prétexte que celui de la vieille faute déja pardonnée.

Ce qu'il y a de plus surprenant, c'est de voir que cette Morale corrompuë, qui enseigne à ne tenir point sa parole, a pû nous être funeste sous un Prince qui, parmi un grand nombre d'excellentes qualitez, se pique sur tout de fermeté à tenir ce qu'il a promis. Cela est si reconnu que le Cardinal de Bade désignoit S. M. par les termes de *non mentior*, dans des Lettres en chiffre qui furent interceptées l'an 1675, pendant qu'il cabaloit à Liege, pour y faire recevoir Garnison Impériale. Ceux qui avoient lû les Livres de Lisola, crurent que ce Cardinal prétendoit dire une contrevérité ; mais on ne le crut que quand on vit qu'il désignoit Mr. l'Eveque de Strasbourg par *bibamus*. Il paroît depuis quelque temps un petit Livre, intitulé, *La Suede redressée dans son véritable intérêt*, que l'on fait venir de la même plume qui a composé *l'Europe Esclave*, & *l'Empereur & l'Empire trahis*. Cet Auteur, mort depuis peu, Pensionnaire de l'Espagne, & par conséquent mal propre à flater le Roi, reconnoît néanmoins qu'une des principales raisons, qui ont obligé ce Prince à faire rendre à la Suede tout ce qu'elle avoit perdu, a été, *qu'il est trop délicat sur le point de sa réputation, & trop jaloux sur ce point de gloire*, pour manquer aux engagemens, où il entre à l'égard de ses Amis. C'est donc une chose bien étrange que nous perdions nos Privileges, sous un Prince si jaloux de sa réputation sur le chapitre de la bonne foi. Mais de quoi ne vient-on pas à bout, quand on a sû représenter le Calvinisme comme un ennemi redoutable, & toucher un Roi qui aime la gloire, de l'éclat d'une infinité de Panégyriques ? Tout passe après cela, quelque opposé qu'il soit à la sincérité, à la bonne foi, à l'équité, parce qu'on ne manque pas de le révetir de mille belles couleurs. Le mal est que toutes ces Decisions de Morale, accommodées à la Politique du monde, ne sont pas des jugemens en dernier ressort, & qu'il y a un Tribunal quelque part bien plus severe que le Confessional des Jésuites.

Au reste, Monsieur, ne trouvez pas étrange que j'attribuë à une pure Maxime d'Etat, le dessein qu'on a inspiré au Roi de se défaire de nous; car je ne vois presque point d'autre endroit, par où l'on s'efforce de nous rendre odieux à notre Monarque, que l'esprit de revolte dont on dit que nous sommes possédez. Et d'ailleurs si ceux qui conseillent avec tant d'obstination au Roi d'anéantir le Calvinisme, avoient un véritable zele pour le salut des ames, ils ne négligeroient pas autant qu'ils font leur propre salut, & le salut de ceux qui se perdent par le chemin du vice. Y ayant deux moyens de se damner, dont l'un consiste dans l'Hérésie, l'autre dans le crime, on ne songe en France qu'à l'extirpation du premier ; on ne travaille qu'à faire démolir des Temples; on ne s'avise point de faire fermer ces lieux d'infamie & de prostitution, qui se trouvent presque dans toutes les ruës des grandes Villes du Royaume. Si on savoit une maison dans Paris, où un Ministre fît un Sermon à trente ou à quarante personnes, le Commissaire du quartier seroit bientôt à lui, pour l'entrainer en prison. Mais pour une femme de mauvaise vie qui en a cinquante à ses gages (*), exposées à tout venant le jour & la nuit, elle ne craint rien ; on entre chez elle & on en sort sans façon. Les cabarets où on s'enyvre tant qu'on veut, les maisons où on jouë tant qu'on veut, où on blasphême le nom de Dieu tant qu'on veut, sont aussi des lieux connus d'un chacun (A), & où tout le monde peut entrer la tête levée. Personne ne s'avise d'inspirer au Roi, & à ses Parlemens, le dessein d'ôter tous ces scandales du Royaume ; on n'en veut qu'aux Temples des Huguenots, & cela fait voir que ce n'est pas par un véritable zele que l'on agit. Un véritable zele ne se dément point, ne se partage point, ne se contente point d'avoir fermé une porte, si plusieurs autres demeurent ouvertes : *Il n'y a que la vérité qui soit uniforme*, comme le remarque fort bien le P. Maimbourg, dans son Histoire des Iconoclastes, *l'erreur & le mensonge étant trop foibles pour se soutenir par une conduite suivie & mesurée.* D'où vous pouvez conclure en passant, qu'il n'y a rien de plus absurde que le prétendu zele des Inquisiteurs. Ils persécutent cruellement ceux qui nient quelque dogme, qu'ils ne sauroient croire avoir été révélé, & ils ne disent rien aux Courtisanes Professes & déclarées, qui au sçû de tout le monde se portent à des actions, qu'elles savent clairement & distinctement avoir été défenduës de Dieu.

On attend peut-être à travailler à la Réformation des mœurs, que l'on ait achevé la défaite du Calvinisme, de peur que ce ne fût trop entreprendre que d'attaquer deux ennemis à la fois. Si cela est, il sera bien-tôt temps que ces Messieurs prennent des mesures pour dompter le vice; car ils nous regardent desormais comme perdus, & il est vrai qu'humainement parlant nous le sommes. On nous a entrepris dans les plus favorables conjonctures qui se pouvoient souhaiter pour nous perdre ; dans un siecle où il y a peu de dévotion ; sous un Roi dont (B) *les Edits sont soutenus d'une autorité sous laquelle tous ploye sans résistance*, Parlement, Noblesse, Clergé, Moines, Cour de Rome; & par une maniere de persécution, qui apporte les principales incom-

moditez de celles de Charles IX. sans en apporter les commoditez. Les persécutions à supplices renflament le zele, donnent de la constance, lassent enfin les persécuteurs : celles d'aujourd'hui lassent au contraire les persécutez, les énervent, en font tomber beaucoup dans les précipices jonchez de fleurs qu'elles leur présentent, & se fortifient par ces bons succès. Outre cela nous avons été attaquez dans un tems, où nous avions perdu, par le commerce du monde, cette pureté de sentimens, cette vertu, ces mœurs si corrigées que l'on admiroit autrefois au milieu de nous ; & à la place de ces divins ornemens, nous nous étions parez de toutes les passions déreglées de nos Concitoyens. Quelles breches ne fait-on pas dans une Société disposée de la sorte, quand on l'attaque d'un côté par le mépris & par la misere, & de l'autre par les biens & par les honneurs ? Enfin nous avons été entrepris dans un temps, où la France est réduite à la derniere pauvreté. Quand je dis la France, je n'entends ni le Roi, ni ses Ministres ; car à cet égard elle est d'une richesse qui étonne toute l'Europe, & qui déconcerte toutes les mesures de ses ennemis. Monsieur de Mezerai a raison de dire, que la charge de Surintendant des Finances servit de beaucoup au Marquis de Roni, pour être envoyé Ambassadeur en Angleterre plûtôt qu'un autre. *Outre*, dit-il, (c) *que ses paroles auroient d'autant plus de force envers les Conseillers de Jacques, qu'il avoit la bourse pour les dorer, & pour les rendre efficaces.* C'est bien dit, *dorer des raisons*, & si le Marquis de Roni savoit comment on les dore aujourd'hui dans les lieux où il les a dorées autrefois, il admireroit la perfection où cet art est parvenu depuis sa mort.

Je croi que si Messieurs les Evêques, qui travaillent tant à la ruïne du Calvinisme, se veulent appliquer à la réformation des mœurs, après avoir achevé cet autre grand dessein-là, ils s'y trouveront un peu embarrassez, sur tout s'ils veulent commencer par eux-mêmes, comme il seroit raisonnable. Ecoutons un peu l'Auteur *des Considérations*, duquel je vous ai déja cité quelque chose : *Combien d'Evêques font-ils leur résidence à la Cour ? Les cinquante, qui se sont trouvez à la derniere Assemblée, dans le saint temps du Carême, y étoient-ils tous pour les affaires de leurs Eglises ? N'y en a-t-il point qui passent la plus grande partie de leur vie dans les plaisirs du siecle, à faire bonne chere, & à jouër aux cartes. N'y en a-t-il point contre lesquels il y a plus que des soupçons de péchez très-scandaleux ?* Ce ne sont pas des interrogations d'un homme qui doute; mais s'il vouloit qu'on lui répondît, je suis sûr que tout Paris lui répondroit, qu'il pourroit, sans se tromper, prendre la chose sur un ton plus élevé. Tout le monde a vû des copies de l'Inscription, qu'on eût souhaité de faire graver sur une Pyramide à l'Archevêché, & personne n'a trouvé qu'il y eût rien d'excessif. On eût seulement souhaité, qu'il y eût eu quelque place pour Madame la Cathédrale nommément & expressément. Mais cela n'empêche pas que Monsieur Maimbourg, & ses amis, ne publient dans leurs Livres, que les Jansenistes sement par tout des Libelles remplis d'injures, contre tous ceux qui s'opposent à leurs dangereuses nouveautez, & sur tout contre

les Bordels.

(*) Il y avoit dans la premiere Edition ; ,, Mais pour ,, une maquerelle qui a 50. putains à ses gages &c.

(A) Il y avoit dans la premiere Edition ; ,, comme

,, les Bordels.

(B) *Epitre Dédic. du Luther.*

(c) *Abregé Chron. ad an.* 1603.

tre ceux d'entre les Prélats (*) les plus illustres, qui par un zele vraiment Sacerdotal, s'appliquent le plus efficacement à faire en sorte, &c. Cela n'empêche pas qu'on ne voye des Epîtres Dédicatoires, où on compare les gens aux plus grands & aux plus saints Evêques de l'Antiquité, comme l'insinuë l'Auteur *des Considérations*, qui paroît être fort bon Catholique, & fort savant. Cela n'empêche pas qu'on n'ait appliqué (A) à Monsieur l'Archevêque de Paris dans un Sermon Synodal, ce qui a été dit autrefois de Jésus-Christ, *bene omnia fecit*, il a bien fait toutes choses, & qu'on n'ait repeté, comme par une maniere de *Chorus*, *bene*, *bene omnia fecit*: tant il y a de différence entre ce que l'on pense, & ce que l'on dit publiquement, comme l'a très-bien insinué le même Auteur *des Considérations*, en parlant des éloges que l'on donne au Président de l'Assemblée du Clergé du mois de May, 1681. dans le raport des Commissaires. Il est fort apparent que le Prélat qui fit le raport, ne louoit pas l'autre Prélat de bon cœur, mais peu nous importe. Je suis, Monsieur, votre, &c.

<hr>

LETTRE XXIII.

MONSIEUR,

Passons aujourd'hui à une autre considération de l'Auteur, *Le Roi*, dit-il (B), *pourroit faire sans aucune difficulté, & fort équitablement à l'égard des Huguenots, ce que les Princes Protestans font à l'égard des Catholiques. Il semble même qu'il le devroit faire pour sa gloire . . . . . Ne pourroit-il pas dire aux Huguenots fort justement, ou faites en sorte que ces Princes permettent le libre exercice de ma Religion chez eux, ou ne prétedez pas que je vous laisse la liberté d'exercer la vôtre & la leur en France ? Si vous voulez qu'on ait égard aux Edits qu'on y a faits en votre faveur, qu'ils en fassent donc de semblables en faveur des Catholiques.*

Sur cela il se propose la réponse, dont il dit qu'un de nos meilleurs Ecrivains s'est servi depuis peu, pour satisfaire, le moins mal qu'il lui a été possible, *à cette puissante raison qui nous désole*. Cette réponse est, qu'il y a une grande différence des uns aux autres à cet égard, en ce que les Catholiques croyant que le Pape peut déposer un Prince, que l'on tient à Rome pour Hérétique, ou pour excommunié, on a sujet de se défier d'eux, & de craindre qu'ils ne conspirent contre ce Prince ; ce qu'on ne peut pas dire des Protestans, qui sont bien éloignez de cette créance. Il répond à cela deux choses ; l'une qu'il a fait voir dans son Histoire du Calvinisme, que nous sommes capables des plus horribles conspirations, & des plus furieuses rébellions ; l'autre, que ce n'est point du tout leur créance, qu'un Pape puisse déposer les Princes, quand même ils seroient Hérétiques, absoudre leurs Sujets du serment de fidélité, & abandonner leurs Etats à ceux qui s'en pourront emparer les premiers. Il prouve que ce n'est point du tout leur créance, par les protestations que nos Rois ont fait faire *en toutes les occasions, contre cette prétension fondée sur une Doctrine, que tous nos Docteurs ont toûjours condamnée comme directement opposée à la divine.*

Jamais je n'ai mieux connu qu'en cet endroit les foibles de Mr. Maimbourg ; car ayant consulté en lisant son Livre, le Traité *de la Politique du Clergé*, d'où il tire l'objection que je viens de vous raporter, j'ai trouvé qu'il n'en a pris que ce qui l'accommodoit, & qu'il a laissé le reste. Il ne devoit pas faire connoître, qu'il eût lû ce Traité-là, ou bien il devoit répondre aux quatre raisons qu'on y aporte, pour renverser de fond en comble le parallele tiré entre l'état où nous sommes dans ce Royaume, & celui où se trouvent les Catholiques sous les Princes Protestans. Au lieu de répondre à ces raisons, il ne dit rien ni des deux premieres, ni de la derniere ; il s'attache seulement à la troisieme, parce qu'elle lui donne occasion d'étaler les Principes de l'Eglise Gallicane, qu'il a embrassez par une manifeste désertion de la Doctrine des Jésuites.

L'Auteur *de la Politique du Clergé* avoit dit quatre choses, 1. Qu'il est faux que les Catholiques soient maltraitez ni en Hollande, ni en Angleterre. Il le montre en décrivant les libertez & les douceurs dont on les y laisse jouïr. 2. Que si on compare la maniere dont on traite les Protestans par tout où la Maison d'Autriche domine, & dans toute l'Italie, avec la maniere dont les Anglois & les Hollandois agissent avec ceux de l'Eglise Romaine, on trouvera que tout le désavantage est du côté des Protestans, ce qu'il montre avec évidence. 3. Ce que j'ai déja raporté après le Pere Maimbourg, & outre cela des fortes preuves du fait. 4. Que les

Lettre XXIII. l'Auteur de la Politique du Clergé.

I. Du démêlé du Pere Maimbourg avec

(*) *Hist. du Calvin. p. 500.*
(A) *L'Evêque de Cour, article 3.*

(B) *Hist. du Calvin. p. 500.*

LETTRE
XXIII.

les Catholiques d'Angleterre & de Hollande, ne pouvant point alléguer aucune loi fondamentale, ou aucun Edit solemnellement verifié & ratifié, qui leur accorde la tolérence dont ils jouïssent, n'ont pas le même sujet de se plaindre que nous en avons, nous à qui on ôte des libertez accordées avec toutes les formes, qui doivent rendre une promesse perpétuelle & inviolable. Mr. Maimbourg fait semblant de n'avoir rien vû de tout cela. Quand on répond si *cavalierement*, il n'est rien de plus facile que de répondre à un Livre.

II.
Si les Catholiques sont mal-traitez dans les Etats Protestans.

Je voudrois bien savoir, pourquoi il suppose toûjours, après avoir lû ce Livre-là, que les Catholiques sont mal-traitez en Angleterre & en Hollande. Que ne prouve-t-il donc que les choses mises en fait par cet Auteur sont fausses ? Il ne sauroit, car les Ambassadeurs, que S. M. entretient & à Londres & à la Haye, savent trop b en, qu'à la réserve que les Catholiques n'ont point de Bâtimens, qui soient reconnus à leur Frontispice pour des Eglises, on ne peut pas vivre plus tranquillement ni faire le service divin plus tranquillement qu'ils le font. Ils vont à la Messe, à Vespres, au Sermon, à tout ce qu'il leur plaît, tout autant de fois que bon leur semble ; ils communient leurs malades ; ils confessent leurs pénitens ; ils baptisent leurs enfans ; ils enterrent (*) leurs morts ; ils chomment leurs fêtes ; ils observent leurs Vigiles, sans aucune difficulté. Ils exercent le négoce, les arts, les métiers, l'agriculture, la Profession d'Avocat & de Médecin, sans opposition, & sans les avanies qui nous désolent en France. S'il leur prend envie de se faire Protestans, & de retourner ensuite dans leur premiere Religion, personne ne les en empêche. Si un Protestant veut se faire Catholique, il peut le faire impunément. En un mot toutes ces persécutions des Catholiques d'Angleterre, que l'on fait tant valoir ici, pour avoir plus de prétextes de nous opprimer, ne sont fondées que sur des nouvelles de Gazette, qui nous apprennent qu'on a fait tel ou tel Acte dans la Chambre basse du Parlement. On ne considere pas que ce ne sont que des projets à communiquer à la Chambre des Seigneurs, & au Roi, & que ces Projets ne passent point ; ou s'ils passent, qu'on n'en parle plus, dès que le Parlement cesse. Ce n'est pas comme en France, où les projets du Clergé se convertissent en Arrêts du Conseil, que l'on exécute soigneusement.

Plût à Dieu que l'on nous réduisît dans la douce & paisible liberté, dont les Catholiques jouïssent en Hollande ! Nous n'aurions pas le chagrin d'être continuellement harcelez, épiez, bafouez, insultez. Nous n'aurions pas le chagrin, après avoir fait quatre lieuës pour chercher un Prêche, de trouver qu'on est déja trente dans la petite Assemblée, & que si nous osions y entrer pour faire le trente-uniéme, nous serions cause que le Ministre & son Consistoire seroient trainez en prison, avec interdiction de l'exercice. C'est la malheureuse condition de plusieurs de nos Eglises. Nous ne serions pas en allarme pour nos enfans, pour nos malades, pour nos Pasteurs, à qui on suscite perpétuellement de faux témoins. Nous ne courrions point le risque, en rencontrant un Prêtre, qui porte la Communion à un malade, d'être continuellement assommez, & ainsi du reste.

La plaisante pensée que Mr. Maimbourg conseille à S. M ! Il voudroit qu'Elle nous dît, *Voyez-vous, je ne prétends point vous souffrir, si vous n'obtenez pour les Catholiques dans les Etats des Princes de votre Religion, la même liberté que je vous accorde.* Comme si nous avions un grand crédit en Angleterre & en Hollande ! Sur ce pied-là le Roi d'Angleterre, & les Etats Généraux, devroient dire à leurs Sujets Catholiques, *ou faites en sorte que le Pape, le Roi d'Espagne, & les Princes d'Italie souffrent l'exercice de la Religion Réformée dans leur païs, comme nous souffrons ici l'exercice de la vôtre, ou ne prétendez pas jouïr davantage de ce privilége.* Sur le même pied le Grand Turc pourroit faire dire aux Chretiens, qui sont par toute la Turquie, *que dans deux mois pour plus long délai, il les fera tous pendre, s'il ne lui obtiennent de tous les Princes Chretiens, la liberté de bâtir des Mosquées dans les Villes de leur obéïssance.* Voilà une puissante raison qui, au dire du Pere Maimbourg, désole les Protestans. Par conséquent cette puissante raison désoleroit les Catholiques en Angleterre & en Hollande, & les Chretiens en Turquie, si on la leur proposoit. Outre cela, si par la seule considération de l'état, où sont les Catholiques en Angleterre & en Hollande, le Roi est en droit de nous réduire au même état, le Roi d'Angleterre est en droit de chasser tous les Catholiques de son Royaume, par la seule considération de l'état, où on a réduit les Protestans en Espagne & en Italie ; & le Grand Seigneur, de chasser de son Empire tous les Chretiens, par la seule considération de la maniere, dont on regarde la Religion Mahométane dans les Etats de la Chretienté.

N'est-ce pas quelque chose de surprenant (dit (A) Mr. Maimbourg) *de voir que certains Princes, qui sont infiniment inférieurs en toutes choses au Rois, ne veuillent pas souffrir que les Catholiques ayent le libre exercice de sa Religion dans leurs Etats, & que l'on préten de qu'il souffre que ceux qui professent la leur, l'exercent dans son Royaume ?* Et moi je dis, n'est-ce pas quelque chose de surprenant de voir que le Pape, le Duc de Florence, le Duc de Modene, le Duc de Mantouë, le Duc de Parme, qui sont infiniment inférieurs en toutes choses au Roi d'Angleterre, ne veuillent pas souffrir que les Protestans ayent le libre exercice de sa Religion dans leurs Etats, & que l'on prétende qu'il souffre que ceux qui professent la leur, l'exercent librement dans son Royaume ? N'est-ce pas quelque chose de surprenant de voir que la petite République de S. Marin, la Ville de Liége, la Republique de Genes & de Luques, qui sont infinimeut inférieures en toutes choses à la République de Hollande, ne veuillent pas souffrir que les Protestans ayent le libre exercice de sa Religion dans leurs Etats, & que l'on prétende qu'elle souffre que ceux qui professent la leur, l'exercent librement dans ses Provinces ? N'est-ce pas une chose étrange (dira le Moufti) que les Princes Chretiens, qui sont tous infiniment inférieurs en toutes choses à la glorieuse Porte du Sultan, ne veuillent pas souffrir que les Turcs ayent le libre exercice de sa Religion dans leurs Etats, & que l'on prétende qu'il souffre que ceux qui professent la leur, l'exercent librement en Turquie ? Il faut donc avouër que cette sorte de raisons prouvent trop, & qu'elles servent également pour le mal
                    & pour

III.
Si le Roi de... traiter les... formez com-me on trai... les Catholi-ques aille...

(*) *Il y a des villes en Hollande où les Catholiques sont enterrez dans les Temples des Protestans au son des Cloches.*

(A) *Hist. du Calvin.* p. 500.

& pour le bien, ce qui est la marque d'une méchante raison. Notre Auteur n'y songeoit pas quand il a écrit, que cette sorte de raisons nous désolent. Pour ne pas dire qu'il a conseillé à S. M. une conduite semblable à celle qui a été tenuë par le Roi Théodoric, grand fauteur des Arriens ; car dès qu'il eût apris les persécutions que Justin faisoit à l'Arrianisme dans son Empire, il envoya à Constantinople le Pape, & trois ou quatre autres personnes de marque parmi les Orthodoxes, pour signifier à cet Empereur, que s'il ne laissoit les Arriens en repos, lui Théodoric persécuteroit aussi & désoleroit les Catholiques en Italie. A quoi (*) l'Empereur eut égard, si nous en croyons Paul Diacre : mais Blondus prétend qu'il ne fit point conte de cette menace, & qu'aussi Théodoric fit périr dans la prison, les Députez qu'il avoit envoyez à Constantinople.

Quand je vois Mr. Maimbourg décidant (A) en peu de paroles, *que le Roi pourroit faire fort équitablement à l'égard des Huguenots , ce que les Princes Protestans font à l'égard des Catholiques , & qu'il semble même qu'il le devroit faire pour sa gloire* ; je trouve qu'il ne se connoît pas beaucoup ni en bonne conscience, ni en véritable gloire. *Dieu* (B) *nous garde de la Messe du Chancelier*, disoit-on en France du temps du Chancelier de l'Hôpital. On auroit plus de raison de s'écrier, Dieu nous garde de l'absolution d'un Jésuite ; car il y a bien des gens qui croyent que les procès qui se jugent dans leurs Confessionaux , sont fort sujets à révision, & souffrent appel *à minima*.

Je demande à Mr. Maimbourg ce qu'il pense de la conduite des Anglois, à l'égard des Catholiques Romains. Il croit sans doute qu'elle est injuste. Et comment donc ose-t-il dire, que le Roi pourroit faire fort équitablement à l'égard des Huguenots, ce que les Anglois pratiquent à l'égard de ceux de l'Eglise Romaine ? Il me semble fort qu'on ne peut pas être équitable, quand on imite ceux qui font des injustices. Prétons-lui une réponse, & supposons qu'il nous dit que le Roi peut faire justement ce que les Anglois font injustement, parce que le Roi feroit aux Hérétiques, ce que les Anglois font aux Catholiques; Il ne sera pas grand chose avec ce raisonnement. J'en ai déja fait voir la foiblesse plusieurs (C) fois ; & ce n'est, à proprement parler, que le Sophisme qu'on appelle dans l'Ecole, *petitio principii*. Il me resteroit à dire plusieurs choses encore sur cela, si je voulois en traiter à fond ; mais c'est ce que vous n'avez pas exigé de moi, & ainsi, Monsieur, je me contente de vous ramener à cette Maxime, *que la véritable Religion étant faite pour éclaircir les autres, & pour leur fournir un modele de perfection, doit leur donner un exemple de ce qu'il faut qu'elles fassent, & pratiquer par conséquent toute la premiere cette débonnaireté, qu'elle croit que les autres sont obligées d'avoir à son égard.* Si elle ne le fait point, elle autorise dès-là toutes les autres à la maltraiter. De plus si cette réponse est solide, voilà les Anglois en droit de maltraiter les Catholiques, plus que le Roi d'Espagne ne maltraite les Protestans; parce qu'ils se croyent Orthodoxes, & qu'ils tiennent ceux de l'Eglise Romaine pour Hérétiques.

Je vous prie de vous souvenir d'une remarque que j'ai faite dans ma vingtieme (D) Lettre, que si la vraye Eglise avoit le droit d'opprimer les autres, elle ne le pourroit fonder que sur la persuasion où elle est d'être la véritable Religion; ce qui paroît manifestement, parce que s'il étoit possible qu'elle fût la véritable Religion, sans en être persuadée, il faudroit qu'elle se rangeât à un autre Communion, bien loin de travailler à la conversion des autres. Il s'ensuit de là que si la véritable Religion a quelque droit d'opprimer les autres, toute la Religion a ce même droit, pourvû qu'elle soit persuadée qu'elle est la véritable Eglise de Dieu : ce qui étant faux & impie, il s'ensuit que Dieu n'a donné à son Eglise que la voye de la persuasion par des instructions paisibles, pour amener les autres à la vraye foi ; & par conséquent les Princes Chretiens n'ont pas plus de droit les uns que les autres de tourmenter les gens sur le chapitre de la Religion. Si quelqu'un d'entr'eux le fait, les autres ne peuvent pas pour cela le faire légitimement ; puisqu'il est sûr que l'imitation d'un crime ne peut pas être une action louable. Ainsi Mr. Maimbourg ne raisonne pas en bon Casuiste, lors que d'une part il se persuade que les Princes Protestans sont injustes, de ne point accorder aux Catholiques la liberté qu'ils demandent, & qu'il dit de l'autre, que le Roi pourroit faire fort équitablement la même chose à l'égard des Huguenots.

Voici une autre remarque que je vous prie, de bien peser. Quoi que les Princes n'ayent point de droit sur la conscience, ils peuvent néanmoins faire des loix plus ou moins séveres sur la tolérance des Religions ; & les choses peuvent être quelquefois en une telle situation, qu'il est de la prudence de chasser ceux qui professent une certaine Secte ; par exemple, quand on craint avec raison qu'ils ne conspirent contre l'Etat. Ceux qui sont ainsi chassez ne manquent pas de se plaindre ; ils tâchent de faire voir qu'ils sont innocens, d'obtenir leur rappel, & peu à peu d'autres avantages. S'ils ne peuvent pas obtenir tout ce qu'ils demandent, ils sont à plaindre peut-être ; mais il ne peuvent pas dire qu'on viole la bonne foi, & qu'on abolit à leur préjudice les loix les plus inviolables. Mais si après avoir obtenu des priviléges de leur Souverain, avec tous les engagemens de la foi publique, & après en avoir joüi paisiblement plusieurs années, on les leur ôte, il est sûr qu'on leur fait une injustice criante, dont il peuvent se plaindre comme d'un mépris visible de la religion du serment.

Le premier cas nous peut faire concevoir la condition des Catholiques d'Angleterre, & le second, celui des Calvinistes de ce Royaume ; & par là on voit manifestement, selon la quatrieme raison de l'Auteur de *la Politique du Clergé*, qu'il y a une énorme différence entre eux & nous. Ils ne peuvent se plaindre tout au plus sinon de ce que l'on observe régulierement les loix de l'Etat, & nous au contraire nous nous plaignons de ce qu'on les foule aux pieds, pour nous accabler. Toute la terre convient qu'il est plus (E) injuste de promettre & de ne pas tenir, que de ne point promettre du tout. Donc la persécution qui nous est faite, est plus injuste que le traitement que l'on fait à l'Eglise Romaine dans

---

(*) *Claud. de Xaintes, de lic. Sectar. cap. 8.*
(A) *Pag. 500.*
(B) *Hist. du Calvin. p. 204.*
Tom. II.

(C) Lett. XIII. No. V. & IX. Lett. XVII. No. I. Lettre XVIII. No. VII. & Lett. XXI. No. VII.   (D) No. V.
(E) *Turpius ejicitur quàm non admittitur hospes.*

dans l'Angleterre. Et par conſéquent Monſieur Maimbourg n'eſt guéres bon Caſuiſte, quand il ſoûtient que le Roi peut faire fort équitablement contre nous, ce que l'on fait en Angleterre contre les Catholiques. D'où il réſulte que cet Auteur ne ſe connoît pas en vraye gloire, puiſqu'il dit qu'il ſeroit de la gloire du Roi d'imiter à notre égard la conduite des Anglois. Il n'y a rien de moins glorieux devant Dieu & devant les hommes, pour un Prince Chretien, que de faire contre les engagemens de la foi publique, & des loix de ſon Etat, ce que d'autres Princes font ſelon les loix de leur Etat.

Pour ce qui eſt de la Hollande, j'accorde à l'Auteur de l'Apologie des Catholiques, qui a répondu à *la Politique du Clergé*, que les Provinces-Unies ſe confédérerent à Utrecht l'an 1579, par un Edit d'Union, qui permettoit indifféremment à chaque particulier l'exercice de ſa Religion. Mais il faut qu'il m'accorde auſſi, que cet Edit fut révoqué quant à cela quatre ans après. La mauvaiſe conduite du Duc d'Alençon avoit tellement brouillé les affaires de ces Provinces Confédérées, qu'il falut établir d'autres réglemens. On tint donc une autre Aſſemblée l'an 1583. dans laquelle les Provinces renouvellerent l'Union, & s'obligerent à faire en ſorte, qu'à l'avenir tous les points de la premiere fuſſent ponctuellemeut exécutez, s'ils ne l'avoient pas été juſques-là, à cauſe des troubles dont l'Etat avoit été agité; que les doutes qui ſe pourroient rencontrer dans les articles de la Confédération précédente, fuſſent éclaircis, & que tous les différends s'ajuſtaſſent. Quant à l'article qui concernoit la Religion, & qui permettoit l'exercice de la Romaine, toutes les Provinces-Unies s'accorderent alors à le changer, & à ordonner qu'à l'avenir la ſeule Religion Réformée fût prêchée & enſeignée par tout. Ainſi c'eſt une ſupercherie, ou une illuſion manifeſte à l'Auteur de l'Apologie des Catholiques, d'avoir inſulté, comme il a fait, à l'Auteur de *la Politique du Clergé*, ſur ce qu'il avoit écrit, *que les Provinces-Unies du Pais-Bas ſont entrées dans l'Union avec cette condition, de ne ſouffrir autre Religion dans leurs Etats que la Proteſtante*. Car puis que les déſordres de la guerre avoient tellement bouleverſé l'Union de 1579. qu'il en falut faire une autre quatre ans après, il eſt évident que celle de 1579. doit être regardée comme non-avenuë, & qu'il ne faut plus avoir égard qu'à celle de 1583. Les articles de la premiere n'ont aucune force qu'en vertu de la ſeconde; ſi bien que celui qui regardoit l'exercice des deux Religions n'ayant pas été confirmé dans la ſeconde, mais au contraire caſſé & annullé, du conſentement unanime de toutes les Provinces qui ſe confédéroient, ne doit plus être conté parmi les conditions de l'Union. Il arrive preſque toûjours dans les grandes révolutions, qu'il faut changer pluſieurs fois les loix, juſqu'à ce qu'on ſoit arrivé à un état de conſiſtence. On s'en tient alors aux derniers, & on ne fait plus aucun cas des autres, ſi ce n'eſt dans les points qui ont été confirmez. C'eſt ainſi qu'en France les guerres de Religion ayant enfin été heureuſement terminées par Henri IV. on fit une loi fixe, & on poſa une barriere perpétuelle entre les deux Religions, au lieu que tout ce qu'on avoit fait auparavant n'avoit été qu'un remede palliatif, & proviſionnel. Je ne trouve rien de plus admirable que la conduite de nos Adverſaires. Ils

voudroient qu'en Hollande on ſe réglât ſur les premiers projets de l'Union, au préjudice de l'Edit d'Union qui a fixé les loix de l'Etat : & au contraire, qu'on n'eût égard en France qu'à certains Edits proviſionels, au préjudice de celui de Nantes, qui eſt venu enſuite pour fixer & pour régler toutes choſes d'une maniere perdurable. Tout bien conté, il ſe trouve que les Catholiques ont en Hollande un exercice qu'ils ne devroient pas avoir, vû les loix de l'Etat, & qu'au contraire les Proteſtans ſont dépouillez en France d'un exercice qu'ils devroient avoir, vû les loix de l'Etat.

Mais Monſieur Maimbourg ne s'eſt pas contenté de diſſimuler les trois raiſons que j'ai retouchées, après l'habile Ecrivain de *la Politique du Clergé*; il s'eſt encore fort mal acquitté de la réponſe qu'il a entrepris de faire à l'une des quatre. Car eſt-ce répondre que de dire que l'on ne croit pas en France, que le Pape puiſſe abſoudre les Sujets du ſerment de fidélité? Les François ſont-ils toute l'Egliſe Catholique? Je veux que l'Egliſe Gallicane ſoit fort conſidérable par le mérite & par la capacité de ſes Prélats, eſt-ce à dire que ſon ſentiment ſoit la regle de la foi des Catholiques? Pendant que l'on verra le Pape, le Sacré Collége, la plûpart des Italiens, des Eſpagnols, des Allemans, des Polonois, des Grecs convertis, enſeigner que le temporel des Princes eſt ſujet au Pape, & que le Pape peut délier les Sujets du ſerment de fidélité, on aura raiſon d'attribuer cette doctrine à l'Egliſe Romaine, comme l'opinion la plus commune. Et cela étant, la raiſon de l'Auteur de *la Politique du Clergé* ſubſiſte toûjours; ſavoir, que les Princes Proteſtans ne peuvent point s'aſſurer de la fidélité de leurs Sujets Catholiques, 1. Parce qu'il n'y a guéres que les Théologiens François qui refuſent au Pape la puiſſance d'abſoudre les Sujets du ſerment de fidélité; ſi bien que les Hollandois & les Anglois Catholiques n'étant point François, on a ſujet de croire qu'ils ne ſont pas dans le ſentiment de l'Egliſe Gallicane, quant à ce point. 2. Parce qu'il paroît que les François eux-mêmes ont cru, du tems de la Ligue, avoir été dûëment abſous du ſerment de fidélité qu'ils avoient juré à leur Prince, & qu'en 1614. les Etats de France ne voulurent point appuyer l'article du cahier géneral du Tiers-Etat, qui portoit que le Roi ſeroit ſupplié de faire arrêter en l'Aſſemblée de ſes Etats, pour loi fondamentale du Royaume, qu'il n'y a point de Puiſſance ſur la terre, qui puiſſe dépoſer nos Rois, ni abſoudre leurs Sujets de la fidélité qu'ils leur doivent. 3. Parce qu'au pis aller l'opinion de la puiſſance du Pape ſur le temporel des Rois étant ſoûtenuë par la plus conſidérable partie de l'Egliſe, & ayant le Pape de ſon côté, qui fait lui ſeul, ſelon le ſentiment de la plûpart des Théologiens, la force d'une déciſion, il s'enſuit qu'elle eſt très-probable, & qu'elle peut être embraſſée innocemment, & *ſalvâ conſcientiâ*; de ſorte qu'on ne peut jamais être aſſuré, en voyant un Catholique, s'il n'a point pris plûtôt le parti des Théologiens du Pape, que celui des Théologiens François. Il eſt même plus probable, en voyant un Catholique ſans ſavoir s'il eſt imbu des maximes de nos Parlemens, ou non, de croire qu'il tient pour l'autorité ſuprême du Pape, qu'il n'eſt probable de croire qu'il eſt dans un ſentiment oppoſé, parce que l'eſprit géneral de la Communion de Rome eſt, qu'il faut ſe tenir au gros de l'arbre, c'est-à-dire, aux décisions du Saint Siege, & à la conduite de celui qui est le Chef de l'Eglise, le Vicaire du Fils de Dieu, & le Successeur du Prince des Apôtres.

Comme vous savez l'Anglois, je vous enverrai dès aujourd'hui un Traité, qui a été écrit depuis peu en cette Langue par M. l'Evêque de Lincoln, & qui prouve par quatre sortes d'argumens, que l'Eglise Romaine enseigne, *que le Pape peut excommunier & déposer les Rois, transporter leurs Royaumes à d'autres, & dispenser leurs Sujets du serment de fidélité.* 1. Par les témoignages des plus savans, & des plus illustres Ecrivains de la Communion de Rome. 2. Par le Droit Canonique. 3. Par les Brefs & par les Bulles des Papes. 4. Par les Décrets & les Canons des Conciles Généraux. Après quoi, ce savant Prélat montre les pernicieuses consequences qui naissent de ces principes, contre la vie des Rois, & contre la tranquillité des Etats. Il les prouve non pas par de simples raisonnemens, mais par la conduite actuelle des Catholiques Romains. L'Auteur de l'Histoire de l'Hérésie de Wiclef, que l'on vient de me prêter, en avoüe plus en quatre ou cinq lignes, que Monsieur l'Evêque de Lincoln n'en demande dans tout son Ouvrage. Si le Roi d'Angleterre, dit-il, se retint d'approuver les dogmes de Wiclef, *ce ne fut que par la crainte d'irriter les Papes, dont la puissance étoit alors plus redoutable sans comparaison, qu'elle n'est à present. Car encore qu'ils eussent beaucoup moins d'Etats, la plûpart des Peuples étoient obligez en conscience de se déclarer pour le S. Siége, lors qu'il se brouilloit avec leurs Souverains, quelque juste ou injuste que fût la cause de la rupture.* Si les Peuples étoient obligez en ce temps-là de désobéïr à leurs Souverains, brouillez avec le S. Siege pour une cause très-légitime, il est clair qu'ils sont encore aujourd'hui obligez à la même chose; car la foi & la conscience ne doivent point varier selon les tems & les lieux. Cet Auteur au reste est bon François, & très-passionné contre notre Religion.

Pour moi je ne trouve rien qui me convainque davantage; *Que les Protestans sont plus dignes de tolérance dans les Etats Catholiques, que les Catholiques dans les Etats Protestans,* que de voir l'esprit dont l'Eglise Romaine est animée. C'est un esprit sanguinaire & meurtrier, s'il en fut jamais. Une longue suite de siecles nous montre, qu'elle s'est toûjours servie de la cruauté des supplices, pour abolir tout ce qu'elle appelloit des Sectes & des Hérésies. Elle a prêché la Croisade contre les Albigeois, qui étoient meilleurs Chretiens qu'elle, & s'en est défaite par le glaive & par l'effusion du sang. Elle a établi, par tout où elle l'a pû, le sanglant Tribunal de l'Inquisition, pour se défaire, par la voye du dernier supplice, de ceux qui ne voudroient point l'en croire. Elle ne tolere les Sectes qu'après avoir tenté en vain de les écraser par les plus barbares violences; & si elle se voit forcée de les toler, c'est toûjours avec cette reserve, que quand l'occasion en sera bonne, elle retirera sa parole, & les abimera ou d'une façon ou d'autre.

C'est ainsi que les Empereurs d'Allemagne ont revoqué toutes les permissions, qui avoient été concedées aux Protestans, dans les terres héréditaires de la Maison d'Autriche, & qu'ils ont chassé de la Bohême l'exercice de la Religion,

& réduit les Hongrois à la dure nécessité d'implorer, contre un Prince qui se pique de la perfection Evangelique, l'assistance de l'ennemi du nom Chretien, après avoir vû leurs Ministres envoyez aux Galeres de Naples, & livrez à l'implacable cruauté des Espagnols. Les intérêts d'Etat, qui sont la grande raison des Princes, n'ont pû jusqu'ici l'emporter à la Cour de Vienne sur l'esprit de persécution. On a mieux aimé sacrifier l'honneur & la gloire de l'Allemagne, pendant la derniere guerre, que de souffrir que les Protestans de Hongrie priassent Dieu tranquillement, selon leur Confession de foi. Encore aujourd'hui on aime mieux laisser les Etats du Rhin dans de continuelles allarmes, que de contenter les Hongrois; ce qu'on pourroit faire en leur rendant leurs biens & leurs Temples: car il en va d'eux comme des pauvres Huguenots, que l'on dit que Catherine de Médicis n'apprehendoit pas beaucoup, *parce,* disoit-elle, *que pour si opiniatrement qu'ils parussent acharnez à se deffendre, on leur faisoit tomber les armes des mains quand on vouloit, en leur donnant tout leur saoul de Prêches.* Ces mêmes Empereurs ont essayé de bouleverser toute l'Allemagne, & tous les Traitez qui avoient reglé les affaires de Religion, parce que, selon l'esprit de leur foi, ils ne pouvoient se résoudre à laisser vivre les Protestans.

C'est par le même principe que le Duc de Savoye, se moquant de la longue possession des Vaudois, leur suscita mille chicanes; que voyant que cette voye de se délivrer de ces prétendus Hérétiques tiroit trop en longueur, il lâcha ses Armées contre eux; qu'il en fit périr un grand nombre d'une maniere extrêmement barbare; & qu'il chassa les autres, qui ne furent rétablis que par les pressantes sollicitations des Anglois, appuyées du Cardinal Mazarin, qui avoit besoin en ce temps-là de l'Angleterre.

C'est ce même Principe qui a fait que nos Parlemens ont puni de mort la prétenduë Hérésie des Lutheriens, pendant un assez long temps; qu'on a contraint, malgré qu'elle en eût, la Reine Catherine (*) de Médicis à demeurer Catholique; qu'on lui a desobéï hautement, dès qu'elle a paru favoriser la nouvelle Secte; qu'on l'a forcée à revoquer l'Edit de Janvier; que dans la suite on n'a jamais rien promis aux Huguenots, que pour les tromper, le Pape (A) lui-même, & tous les Princes Catholiques, se portant pour instigateurs de cette horrible deloyauté; qu'on s'est revolté contre Henri III. dès qu'il a paru moins ardent à faire massacrer les Huguenots, que n'auroit été le Duc de Guise, s'il eût été à sa place; qu'on n'a jamais voulu reconnoître Henri IV. qu'après l'avoir contraint d'abjurer le Calvinisme; qu'il a falu que ce Monarque ait fait joüer mille machines, pour faire consentir le Clergé & les Parlemens à l'Edit de Nantes; qu'il a été malheureusement immolé au ressentiment de nos ennemis, qui ne lui ont jamais voulu pardonner la tolerance qu'il nous avoit accordée; que depuis l'Edit de Nantes, on n'a cessé d'importuner nos Rois de le revoquer, ni de le violer en cent manieres diverses, jusques à ce qu'enfin les voilà à la veille d'en venir à bout.

Ce même esprit de violence sanguinaire a été cause qu'on a fait en plusieurs Villes de France
de

(*) Voyez la Let. XVI. Nº. I. & la Let. XVII. Nº. IV.
Tome II.

(A) Ib. Nº. XIII. & Lettre XVIII. Nº. I.
O 2

de grandes réjoüissances (*) pour le massacre de
la Saint Barthelemi ; que ce massacre fut appellé, en présence du Roi d'Espagne, *le triomphe
de l'Eglise militante* ; que le même Roi n'eut pas
plûtôt reçu cette agréable nouvelle, qu'il dépê-
cha un Courier à l'Amirante de Castille, pour lui
en faire part ; que le Courier étant arrivé au logis de l'Amirante, commença à crier dès la porte (A), *nuevas, nuevas, buenas nuevas ; todos los
Luteranos y de los mas principales son muertos y ma-
tados en Paris ai très dias* ; de quoi l'Amirante &
la Compagnie qui souppoit avec lui, furent très-
aises ; que le Pape Gregoire XIII. ayant été averti (B) de cette horrible tuërie par le Cardinal
de Lorraine, en fit rendre solemnellement graces à Dieu, dans l'Eglise de S. Loüis, où il se
rendit en procession, & y accorda Indulgence
pleniere, & ce qui s'ensuit.

Ce même esprit de violence sanguinaire se voit
aussi d'une façon étonnante, dans les Livres & dans
les Sermons (c) des Moines & des Curez. On
peut dire sans exaggérer, qu'ils ont mille fois
prêché la sédition dans ce Royaume depuis les
Edits, & mille fois eu la hardiesse de se plaindre du Gouvernement, sur ce qu'ils appelloient,
lâche & honteuse condescendance pour les Hérétiques ; & il n'y a rien de si vrai que la plûpart des Catholiques, animez de longue main
par les gens d'Eglise, ne souhaitent rien si passionnément, que de nous voir abandonnez sans
miséricorde à la fureur de la Populace. Voyez,
je vous prie, avec quelle fureur les Jésuites s'emportoient contre Messieurs de Port-Royal, pour
des disputes de néant, & connoissez par là ce
qu'il faut attendre de la Communion de Rome.
Grands, disoit leur P. Seguin dans un Livre intitulé, Sommaire de la Théologie de l'Abbé de
Saint Cyran & du Sieur Arnaud, *à qui Dieu
a donné la puissance de juger les hommes, vous savez mieux que moi, & votre pieté en est un témoignage public, que la premiere justice est celle qui
se rend à Dieu. Ouvrez les yeux au malheur qui
menace l'Etat, autant que la Religion, puis que le
changement de l'un n'arrive jamais sans la ruine
de l'autre. Le pire de tous les remedes est de tem-
poriser avec l'Hérésie naissante. L'Eglise est attaquée dans le cœur, & il faut joindre l'épée Royale
avec celle de l'Eglise, pour exterminer ce malheur
de nos jours.*

Les plus grands Prélats ont aussi donné dans
cas excès d'animosité. Je n'en saurois produire
de plus fortes preuves, que la Remontrance dont
j'ai déja fait mention (D) ailleurs, qui fut faite
à Sa Majesté en l'année 1656. par Mr. l'Archevêque de Sens, à la tête du Clergé de France.
Ce Prélat, illustre pour être sorti de l'ancienne
Maison de Montespan, mais plus illustre encore
par son esprit, par sa fermeté, & par la grandeur de ses sentimens, qu'il a témoignée dans des
occasions fort délicates, se laissa si fort maîtriser à la haine pour les Calvinistes, afin d'entrer
mieux dans l'esprit de l'Assemblée qui le faisoit
parler, qu'il dit les choses du monde les plus
éloignées du sens commun, faisant des lamentations plus tragiques que celles de Jérémie. La
pompe qui accompagne Messieurs du Clergé
n'étant pas fort propre à représenter la misere
du païs, il prévint ce petit scrupule en commençant de cette façon :

» La douleur que l'Eglise ressent, dans la per-
» sécution qu'elle souffre de ses ennemis, n'est
» pas capable de lui faire perdre ce rang de gloire
» qui a toûjours été venerable aux plus grands
» Rois . . . . C'est pourquoi, SIRE, en-
» core que nous soyons obligez de représenter
» à Votre Majesté le triste état de cette Mere
» affligée, & d'exposer à ses yeux les playes
» profondes qui lui sont faites tous les jours, par
» la violence de ceux de la prétenduë Religion
» Réformée, nous parlons néanmoins avec au-
» tant de confiance, que nous devons avoir de
» zele pour ses intérêts.

Après une Préface si nécessaire, voici comme il poursuit son discours.

» Cette Eglise, SIRE, qui est l'Epouse du
» Dieu vivant ; cette Sainte Mere, qui a donné
» à Votre Majesté une naissance vrayement Roya-
» le, par le Sacrement du Baptême, & qui vous
» a fait entrer dans les droits d'une Couronne
» éternelle ; cette Reine, sur laquelle le fils
» unique du Pere adorable a répandu tout l'é-
» clat de sa grandeur, & dont les augustes Pré-
» décesseurs de Votre Majesté ont été les géné-
» reux Défenseurs depuis tant de siecles : L'E-
» glise, dis-je, après avoir gémi long-temps
» dans le cœur de ses Prélats, qui sont ses Pe-
» res, & dans celui de tous les Fidelles, qui sont
» ses enfans, ne peut plus retenir ses plaintes ;
» & elle emprunte le ministere de ma parole, ou
» pour mieux dire, elle met dans ma bouche la
» parole de son Epoux, afin de chercher dans
» cette grande oppression, quelque autre soula-
» gement que celui de ses soupirs, & de ses
» larmes.

» Elle l'attend, SIRE, de votre Majesté,
» comme de celui de tous les Rois à qui Jé-
» sus-Christ a donné de plus insignes préroga-
» tives, & qui ne peut mieux faire voir qu'elles
» lui sont justement duës, qu'en lui accordant
» un prompt secours par son autorité souverai-
» ne, dans un temps où nous aurions grand su-
» jet de craindre son entiere ruine, si la Vérité
» même ne nous assuroit, que sa durée doit être
» égale à celle du Monde.

Le reste de la Harangue répond merveilleusement à ce but. Tout y est emporté, tout y
est déclamation. Ce n'est qu'une enchaînure de
faussetez & de calomnies, débitées avec la plus
grande assurance, & la plus odieuse Rhétorique
qui fut jamais.

Il n'est pas fort necessaire à un homme de bon
sens, pour se convaincre, que cette Remontrance est pleine de mauvaise foi, de lire la réfutation que l'on en fit, qui montre de la maniere la plus sensible, que cette pompeuse Harangue n'est qu'un tissu de fables malicieusement
forgées. Il suffit de considérer les deux premieres pages de cette violente invective, ou,
comme j'ai dit ailleurs, de cette Mercuriale du
Roi & de la Reine sa Mere. Les idées les plus
naturelles qu'elles excitent dans l'esprit du Lecteur, sont que les Calvinistes avoient ôté à Messieurs les Evêques leurs grands revenus, leurs
belles maisons de plaisance, leurs Droits Seigneu-
riaux, & les avoient réduits à la miserable condition

(*) *Maimb. Hist. du Calvin. p. 484.*
(A) *Brant. Vie de l'Amir. de Colig.*
(B) *Strada de Bel. Belg. Dec. 1. l. 7.*

(c) *Voyez ci-dessus, Lettr. XXIII.*
(D) *Ci-dessus Lettr. I. N°. 11.*

dition d'un chétif Curé de village ; qu'ils s'é-
toient emparez de toutes les Eglises du Royaume ; qu'ils avoient pillé les Couvens , les Prieu-
rez & les Abbayes , & contraint les Catholiques
à leur abandonner tous leurs biens. (*).

C'est-là l'idée qui se présente à l'esprit, en lisant cette Remontrance du Clergé ; & il n'en
faut pas davantage pour être convaincu, que c'est
l'ouvrage d'un emportement qui trouble si fort
les lumieres de la raison, qu'il conduit les gens,
qui devroient parler avec le plus de gravité, jusques au dernier ridicule. Car enfin il est de
notorieté publique, qu'en l'an 1656. le Clergé
de France jouïssoit tranquillement de tous ses
biens, & de toutes ses Dignitez, & que le parti Catholique avoit la faveur de son côté en toutes choses, pendant que les Protestans se tenoient
assez heureux d'être tolérez, & de perdre le moins
qu'ils pouvoient de la liberté qui leur avoit été
accordée par les Edits de Pacification, lesquels la
Religion dominante enfraignoit perpétuellement.

Pour mieux comprendre le ridicule des lamentations du Clergé, il ne faut que lire en détail
les griefs dont il se plaignit ; car on voit que
toutes ses plaintes, quoique fondées sur de faux
exposez, se réduisent à quelque Procession troublée, à quelque Temple bâti de nouveau, à quelque refus de tendre des tapisseries le jour de la
Fête-Dieu, à quelques Charges obtenuës par ceux
de la Religion, comme celle de Député Général
de nos Eglises conférée à Monsieur de Ruvigni,
& le Gouvernement de Limousin acheté par Monsieur de Turenne, l'homme du monde qui craignoit le plus le Clergé , & qui eût plûtôt fait
une injustice à un Ministre dans son Gouvernement, qu'à un Prêtre. Il falut même que pour
trouver de quoi se plaindre demi-heure, on nous
fît un crime des aumônes qui furent levées parmi nous , pour ces misérables Vaudois, qui ré-
chaperent du massacre dans les vallées de Piémont.

Il est fort probable que ces grandes exaggéra-
tions de la Remontrance du Clergé ne venoient
pas d'une simple chaleur d'imagination, qui fait
qu'un homme naturellement éloquent se remplit
si fort des idées de son objet, qu'il s'éleve jusques aux nuës, pour exprimer fortement les choses qu'il pense. Je crois, Monsieur, qu'il y avoit
du dessein dans tout cela. Et qui sait si ces Messieurs n'espéroient pas, qu'ayant à faire à un jeune
Prince, qui n'avoit pas encore assez d'experience,
pour savoir que les Gens d'Eglise mentent autant
que les autres hommes, ils lui persuaderoient tout
ce qu'ils voudroient ? Qui sait s'ils n'ont pas espéré, qu'après leurs lamentations pathétiques & outrées un Roi de dix-huit ans, dont il est probable
que les passions sont promptes & tumultueses,
concevroit un dépit si violent & une colere si ardente contre les Huguenots, que sans consulter ni
mere, ni Cardinal Mazarin, il donneroit ordre
qu'on les exterminât tous ?

Hélas nous étions si peu en état, dès ce temps-
là, de maltraiter les Catholiques , que nous ne
pouvions pas seulement obtenir d'eux, qu'ils consentissent à l'exécution des ordres du Roi donnez en notre faveur. Cela parut principalement
à Pamiers. Les habitans de la Religion ayant
été exposez, pendant quelques vingt-quatre ans,

à des rigueurs tout à fait injustes, obtinrent
enfin des Lettres de Sa Majesté l'année 1652. au
Gouverneur du Comté de Foix, qui lui ordonnoient de rétablir ces gens-là dans leurs maisons,
dans la jouïssance de leurs biens, & dans l'exercice de leur Religion. Deux mois après , Sa
Majesté donna une Déclaration qui confirmoit
la même chose, & enfin un Arrêt le 10. de
Septembre 1654. qui défendoit à l'Evêque , aux
Consuls , & aux habitans Catholiques , de troubler ceux de la Religion. En vertu de cela,
ces pauvres gens s'assemblerent hors de la Ville
pour prier Dieu. Mais les Catholiques de Pamiers & des environs, s'attroupant au son du tocsin, fondirent sur eux, les chasserent avec mille
violences, & démolirent la maison où ils faisoient
leur exercice de pieté. Le Sieur Arbussi , ci-
devant Ministre, en pourra rendre bon témoignage, si on le consulte ; car c'étoit lui qui prêchoit lors que cette émeute populaire arriva , &
il en a inséré la Relation dans une espece d'Apologie, qu'il fit imprimer avant sa révolte, contre
quelques-uns de ses Confreres, qui n'étoient pas
fort satisfaits de sa conduite. Le Parlement de
Toulouse , peu jaloux de l'autorité Royale , qui
avoit été indignement foulée aux pieds dans cette rencontre , donna divers Arrêts contre le rétablissement de ceux de la Religion dans Pamiers,
& contre ceux qui l'avoient sollicité ; & le Conseil du Roi même donna un Arrêt de surséance
de celui du 10. Septembre 1654. & nomma des
Commissaires pour examiner l'affaire , dont la
conclusion a été, que ceux de la Religion ont
perdu leur cause. Jugez un peu si des gens,
qui n'avoient pas même le pouvoir de se mettre
en possession des biens que Sa Majesté leur accordoit , ni d'avoir raison des violences qu'ils
avoient souffertes, au mépris des ordres du Roi,
étoient en état d'opprimer les Catholiques, comme l'Assemblée du Clergé de 1656. les en accusoit.

On voit aussi par-là quel est l'esprit des Evêques & des Parlemens : ils n'obéïssent au Roi
que quand il leur plaît , ou quand ils craignent
de ne pouvoir pas se maintenir dans leur désobéïssance. Dieu permit que l'Evêque de Pamiers , persécuteur opiniâtre de ceux de la Réligion, contre les ordres exprès de Sa Majesté,
soit tombé enfin dans une autre rébellion plus
périlleuse, qui lui a fait perdre tout son temporel, dans une espece d'impénitence finale,
qui lui a apris, qu'à force de retenir les choses
célestes, on perd bien souvent celles de la terre.
Il s'est opposé à la Régale jusques au dernier
soupir de sa vie, quoi qu'il fût environné d'u-
ne grande nuée de témoins, qui l'exhortoient
par leur exemple à faire l'Evêque de Cour ; &
à cause de cela il s'est vû réduit à mourir dans
la misere. Cela n'empêche pas qu'il ne soit
mort en odeur de sainteté ; & j'apprens , par
une Lettre imprimée depuis peu, que le Peuple
couroit à son tombeau , & lui rendoit des honneurs comme à un Saint : mais que les Jésuites
(A) ont detourné ce culte, s'efforçant de persuader aux gens que ce Prélat est damné, parce
qu'il avoit excommunié trois de leurs Peres. Ils
ne sont guéres fins les Jesuites de ce païs-là,
de réfuter la sainteté de l'Evêque de Pamiers,
par

---

par un argument que l'on peut révoquer en doute. Que ne disoient-ils, que c'est un crime de leze-Majesté, dont ils porteroient leurs plaintes à la Cour, que de tenir pour Saint un Prélat mort dans la disgrace de Sa Majesté Très-Chretienne? C'est le véritable moyen d'arrêter un peuple superstitieux, & je ne sai même si ce seroit un moyen assez efficace. Le peuple a des caprices bien enracinez: & puis que le Cardinal de Richelieu, qui venoit à bout de tant de choses extraordinairement difficiles, n'a pû obtenir que le peuple refusât son encens à une Piece de Théatre, l'autorité du Roi pourroit bien n'être pas assez forte, pour empêcher qu'un peuple superstitieux ne canonise son Evêque.

En vain (*) contre le Cid un Ministre se ligue,
Tout Paris pour Chimene a les yeux de Rodrigue:
L'Académie en Corps a beau le censurer,
Le Public révolté s'obstine à l'admirer.

XII.
Et sur la conduite du Parlement de Toulouse.

Pour ce qui est du Parlement de Toulouse, qui avoit autorisé les violences de l'Evêque de Pamiers contre ceux de la Religion, & qui est toûjours prêt à nous faire des injustices, Dieu a permis qu'il soit tombé dans l'esclavage de ses Archevêques, qui lui font donner les Arrêts du monde les plus surprenans. Tel fut celûi, qui au grand scandale de toute la France, ne condamna qu'à une petite peine le Marquis de Ganges coupable de l'assassinat de sa femme, mais hautement protégé par l'Archevêque (A) de Toulouse. Tel est celui qui a condamné à mort le P. Cerle élu canoniquement Grand Vicaire de Pamiers par le Chapitre, le Siége vacant, & confirmé par un Bref du Pape, qui défend à toute sorte de personnes, même au Metropolitain, sous peine d'éxcommunication, de le troubler dans l'exercice du Grand Vicariat. Monsieur l'Archevêque (B) de Toulouse s'est si peu mis en peine de l'autorité du Pape, qu'il a poursuivi un Arrêt de mort, & l'a obtenu contre le Pere Cerle, uniquement parce qu'il s'étoit porté pour Grand Vicaire de Pamiers. L'Arrêt n'ayant pû être exécuté contre le P. Cerle luimême, qu'on ne tenoit pas, a été exécuté sur un homme de paille habillé en Religieux, qu'on a mis dans un tombereau, & promené par les ruës de Toulouse, & conduit à la place où on punit les Criminels. Allez vous fier après cela à ces Juges iniques, qui s'entêtent d'un faux zele pour leur Religion: vous voyez qu'un Parlement bigot foule aux pieds la Majesté de son Pontife, de peur de déplaire au parti qui est en crédit à la Cour.

XIII.
L'Eglise Romaine inspire des sentimens denaturez.

Voulez-vous encore une marque de l'horrible haine des Catholiques, généralement parlant, contre les autres Religions, considérez qu'ils se dépouillent de tous les sentimens de l'humanité, envers les personnes qui sortent de leur Eglise, quelque recommandables qu'elles leur doivent être. Le Roi d'Espagne fut sur le point de faire brûler les os de l'Empereur Charles-Quint son pere, pour crime d'Hérésie, & n'en fut détourné que par (c) *cette considération, que si son pere avoit été Hérétique, il étoit déchu de ses Etats, & par conséquent n'avoit pas eu droit de les résigner à son fils.* On a cru que le suplice de Dom Carlos, fils du même Roi, vint en partie du penchant qu'on lui avoit reconnu pour la nouvelle Religion. Notre Roi François I. protesta un jour hautement, en présence d'une grande multitude de personnes de la premiere qualité, qu'il avoit tant d'horreur (D) de la nouvelle Religion, qu'il sacrifieroit même ses propres enfans à Dieu s'il savoit qu'ils fussent infectez de cette peste. Il ne faut pas douter que si Monseigneur, ou Monsieur, se faisoient de la Religion, le Roi ne les fît mettre pour toute leur vie dans un Cachot. On ne veut pas seulement souffrir que les Princesses de la Religion se marient avec nos Princes, sans abjurer leur créance, comme il parut l'an 1670. au Palatinat. S. A. E. Palatine ne put autrement acheter l'alliance de Monsieur, qu'en sacrifiant la Religion de sa fille; de quoi il eut tout le loisir de se repentir, car Monsieur de Turenne n'attendit pas à désoler son païs que cet Electeur eût été contraint de s'unir avec les Ennemis de la France, & depuis cela chacun sait comment il fut distingué. J'ai ouï dire que les Grands Seigneurs de notre Religion, qui l'ont abjurée, ont fait ôter du tombeau de leur famille les corps de leurs Ancêtres qui étoient morts Huguenots; ce qui est non-seulement une basse & honteuse superstition, mais aussi une espece d'impiété dénaturée, puis qu'il est sûr que les personnes qui font cela, sont prévenuës des opinions du Paganisme à l'égard de la sepulture, & qu'ils croyent qu'il ne faut pas violer la Religion des tombeaux. Depuis peu on a fait connoître à Rome, qu'on n'approuve pas qu'un Converti conserve quelque affection naturelle ni pour sa patrie, ni pour ses parens Hérétiques: car on n'a point voulu permettre que la Reine Christin fît des réjouïssances pour la naissance du fils du Roi de Suede. Enfin on peut dire que l'entêtement étrange que l'Eglise Romaine communique à ses Sectateurs, leur fait faire des choses si opposées à l'humanité, & à l'équité, que les profanes en prennent occasion de se plaindre, que la Religion qui devroit nous avoir été donnée pour rectifier nos passions, ne sert qu'à ruïner le peu de bon sens que nous avions reçu de la nature. Il y en a qui poussent leur blasphêmes horribles jusques à dire de la Religion ce que d'autres ont dit (E) de la raison: *Satius fuisset nullam omninò nobis à Diis immortalibus datam esse rationem, quàm tantà cum pernicie datam...... non enim ut patrimonium relinquitur, sic ratio homini est beneficio Deorum data, quid enim potiùs hominibus dedissent siiis nocere voluissent?*

XIV.
La débonnaireté des Protestans pour les autres Religions.

On ne peut pas faire les mêmes reproches aux Protestans. Au contraire les Catholiques leur font un procès de ce qu'ils souffrent toute sorte de Religions. Il est vrai qu'ils se plaignent de ce qu'on ne leur accorde pas tout ce qu'ils voudroient en Angleterre: mais s'ils n'étoient pas insatiables, & avides de dominer, ils se contenteroient de ce qu'ils y ont. Bien loin de se revêtir d'une ame dénaturée contre ceux qui les abandonnent, il paroît par l'exemple de l'Angleterre, que les Princes Protestans conservent pour eux toutes les mêmes bontez qu'ils avoient auparavant; car on ne peut rien voir de plus tendre que l'amitié de S. M. B. pour Monsieur le Duc d'York: & pour ce qui est des mariages,

---

(*) *Boil. Satyr. IX.*
(A) *Il s'appelloit Cesar d'Anglure de Bourlemont. Voi. les considér. sur les affaires de l'Eglise.*
(B) *Il est different de l'autre, & s'appelle Joseph de Montpezat de Carbon.*
(c) *Mezer. Ab. Chr. an.* 1559.
(D) *Hist. du Luthéran. livr.* 3.
(E) *Cotta apud Cicer.* 3. *de nat. Deor.*

ges, nos Princes ne font pas difficulté d'en contracter avec des femmes Catholiques, fans les obliger à l'abjuration. Les Rois d'Angleterre ne se marient pas autrement, & laiſſent leurs femmes ſervir Dieu toute leur vie comme elles l'entendent, au lieu qu'un petit Duc de Bar, qui avoit eu l'honneur d'épouſer une fille de France, ſœur unique de Henri le Grand, eut bien la hardieſſe de la chaſſer de ſon lit ſix mois après, parce qu'elle étoit de la Religion, & de promettre au Pape de la répudier, ſi elle ne ſe faiſoit Catholique. Henri IV. penſa ne trouver perſonne dans ſon Royaume pour benir ces nopces, & tous les Confeſſeurs & le Pape même, eurent la cruauté de réduire cette pauvre Princeſſe à l'état de (*) *veuve, au milieu de ſon mariage.*

Pour la bonne foi à obſerver ce que les Proteſtans promettent aux Sectes, on auroit tort de la révoquer en doute. Monſieur l'Electeur de Brandebourg a des Catholiques dans ſes Etats, qui ont encore toutes les libertez dont ils jouïſſoient quand ils devinrent Sujets de ſa Maiſon, au lieu que la Maiſon de Neubourg, qui avoit promis aux Proteſtans de la Duché de Juliers, de les laiſſer comme ils étoient ſous les derniers Ducs de Cleves, n'en a rien fait. Lors que le Roi prit Maſtricht en 1673. les Catholiques, après quarante ans de domination Proteſtante, étoient auſſi libres que ſous la domination Eſpagnole. Ils avoient ſeulement perdu la préſence des Révérends Peres Jeſuites, à cauſe d'une infame conſpiration qu'ils avoient tramée contre leurs légitimes Sóuverains; de quoi Meſſieurs les Etats ont ſi peu conſervé la mémoire, qu'ils n'ont pas fait difficulté de les rétablir à Maſtricht comme auparavant, lors que cette Ville a été renduë à la Hollande.

XV.
Réflexions ſur ſupplice de ſervet.

Pour ce qui eſt de la punition des Hérétiques, on a beau nous reprocher l'exécution de Michel Servet, jamais on ne prouvera, que nous ſoyons poſſedez de cet eſprit ſanguinaire, qui la croit juſte. Premierement, il y a bien de la différence entre le ſupplice d'un homme qui blaſphémoit contreDieu d'une maniere épouventable, & que l'on pouvoit juger ſur le pied de ces infames blaſphémateurs, que les Ordonnances de nos Rois, mal éxécutées, expoſent ou à l'extirpation de la langue, ou à quelque autre peine corporelle, & le ſupplice d'un nombre innombrable de gens de tout ſexe & de tout âge, dont le Livre de nos Martyrs, un des plus gros *in folio* qui ſe voye, eſt tout rempli. En ſecond lieu, l'intérêt qu'on avoit en ce temps-là de faire connoître que l'on n'approuvoit pas les Héréſies de Servet, & d'ôter à nos Adverſaires le prétexte qu'ils prenoient ſur la moindre choſe, de nous diffamer comme l'égout abominable de toutes les Héréſies, fit illuſion à l'eſprit de ceux qui eurent en main cette affaire. Mais après tout, le ſupplice de Servet eſt une action qui a été hautement déſaprouvée par les Proteſtans; & pour un qui l'excuſe, je ſuis ſûr qu'il y en a mille parmi nous qui la condamnent. Auſſi eſt-il certain que cet exemple n'a point été imité par les autres Proteſtans. Nous nous contentons en France de dépoſer un Miniſtre convaincu d'être Socinien, & nous n'imblorons pas l'autorité du Magiſtrat contre lui. On ne fait aucune violence à ces Hérétiques, ni en Angleterre, ni en Hollande. Il eſt inouï que nous ayons puni de mort des Catholiques Ro-

LETTRE.
XXIII.

mains, à cauſe de leur Religion, & il eſt ſûr que l'on auroit pour eux dans tous les Edits Proteſtans toute la tolérance imaginable, ſi l'on n'étoit perſuadé avec raiſon, qu'ils butent éternellement à devenir les Maîtres, & qu'étant Maîtres ils ne parlent que d'extirper par le fer & par le feu toutes les Sectes.

Il eſt facile de recueillir de tout ce que je viens de remarquer, que la tolérance des Proteſtans eſt incomparablement moins dangereuſe que celle des Catholiques. Je veux qu'accablez ſous la ſupercherie, & ſous la violence de la perſécution, nous ſoyons capables de nous rébeller contre nos Maîtres; toûjours ne s'enſuivra-t-il pas, que nous ſoyons également à craindre, nous & ceux de la Communion de Rome; parce qu'outre qu'ils ſont également capables de ſe rébeller, quand on les opprime, ils ont de plus des principes de Religion qui les animent, & qui les encouragent à cela merveilleuſement, ainſi que Mr. l'Evêque de Lincoln le leur prouve d'une maniere inconteſtable. Quand un homme eſt perſuadé que le larcin eſt un crime, & qu'en même temps il eſt avare & hardi, on peut craindre qu'il ne nous vole. Mais ſi, avec ſon avarice & ſa hardieſſe, il eſt perſuadé qu'il peut voler innocemment, & que s'il ne vole pas, il fait un crime, alors il eſt comme indubitable qu'il nous volera. La premiere ſuppoſition repréſente les Huguenots, ſi on veut; & la ſeconde, les Papiſtes: car il n'y a point d'homme qui liſe la Bulle de l'excommunication de Henri VIII. qui n'avoüe, ou qu'il eſt permis de ſe moquer du Pape, & des foudres du Vatican, ou qu'on a été obligé en conſcience de prendre les armes contre ce Roi. Et comme les mêmes peines repoſent encore ſur le Roi d'Angleterre à préſent régnant, puis qu'il ne paroît pas que cette Bulle ait jamais été révoquée, & qu'il eſt conſtant que l'Angleterre n'a point été réconciliée avec le Pape, depuis la mort de Marie, fille de Henri VIII. jugez un peu quelle confiance on doit avoir dans les Catholiques Anglois, s'ils agiſſent conſéquemment à leur Religion.

XVI.
Que les Proteſtans ſont plus dignes de tolérance que les Catholiques,

Vous ne ſerez pas fâché de voir quelques Extraits de la Bulle (a) fulminée contre le Roi d'Angleterre, par le Pape Paul III. l'an 1538. Le titre porte, *damnatio & excommunicatio Henrici VIII. ejuſque fautorum & complicum,* &c. Dans le corps de la Bulle, le Pape commande au Roi de caſſer les loix qu'il avoit faites contre l'autorité du St. Siége, & de comparoître devant lui, ou en perſonne, ou par Procureur, dans l'eſpace de trois mois; (pour ce qui eſt de ſes fauteurs & adhérans, il ne leur donne que deux mois de terme;) à faute de quoi, il le déclare déchu de ſes Royaumes & Etats, indigne de ſépulture, & adjugé à la damnation éternelle par la plénitude de ſa puiſſance, tant lui que ſes adhérans, s'ils meurent avant que d'avoir été abſous. Il ſoûmet toute la nation au même interdit; lui deffend les prieres publiques, les Meſſes, & les autres parties du ſervice divin; prive les enfans de Henri VIII. nez & à naître d'Anne de Boulen, & tous les enfans de ſes adhérans, & leurs deſcendans, ſans en excepter aucun, de tous leurs Droits, priviléges, & biens meubles & immeubles, & les déclare incapables de poſſeder à l'avenir aucune dignité, honneur, office, penſion, &c. Paſſant plus avant, il déclare le Roi & ſes adhérans, & leurs deſcendans, infames, inca-

pables

XVII.
Bulle du Pape contre Henri VIII.

(*) *Mezer. ad an. 1600.*   (a) *Extat ap. Bullarium   Cherub. Tom. I. p. 704. edit. Lug. 1655.*

pables de porter témoignage, de faire testament, de recevoir aucun legs ou bénéfice testamentaire. Il défend à toute sorte de personnes d'avoir aucun commerce avec eux, sous peine d'excommunication, &c. leur commande de les fuir & de les faire fuir aux autres, autant qu'il sera en leur pouvoir; défend à tous les Princes Chretiens, de quelque dignité qu'ils soient revêtus, aux Empereurs mêmes & aux Rois, de favoriser, de quelque maniere que ce puisse être, ce Roi & ses adhérans; annulle tous les sermens, accords & traitez faits ou à faire avec lui ou en sa faveur, ou en faveur de ses adhérans; donne pouvoir, commission & mandement à tous les Princes Chretiens, & à toute sorte de gens armez, ou sur mer ou sur terre, d'attaquer ce Roi & ses adhérans, & de les contraindre de rendre obéïssance au Pape; donne à quiconque s'en pourra saisir tous les biens de ceux qui obéïront à Henri, de quelque nature qu'ils soient, & en quelque lieu qu'ils soient situez; veut & entend que ceux qui prendront quelqu'un des fauteurs de ce Roi, Originaires d'Angleterre, ou y séjournans, puissent avoir sur eux le même droit qu'un Maître sur ses esclaves.

Sur cela on peut demander quel est l'effet d'une Bulle si expresse & si foudroyante? Je dis qu'il doit être, ou de persuader à un Catholique, qu'il peut faire en bonne conscience contre les Successeurs de Henri VIII, & contre la postérité de ceux qui lui ont été obéïssans, toutes les choses contenuës dans la Bulle; ou de lui persuader, qu'il ne peut être autrement sauvé qu'en obéïssant à cette Bulle. Car s'il est dans les principes d'une bonne partie de l'Eglise Romaine, qui croit que le Pape est infaillible, & que l'on est obligé de lui obéïr à peine d'être excommunié *ipso facto*, comme rébelle au Vicaire du fils de Dieu, il doit être persuadé qu'il n'y a point de Paradis pour lui, s'il n'exécute selon son pouvoir les ordres du Pape Paul III. à l'égard des Anglois persévérans dans le Schisme. S'il n'est pas tout à fait persuadé de la doctrine des Canonistes, touchant l'autorité illimitée du Pape, il peut croire à tout le moins, en bonne & saine conscience, que comme il lui est permis de n'obéïr pas au Pape en toutes choses, il lui est aussi permis de lui obéïr. La raison de cette étrange pratique vient de ce que, selon les principes de l'Eglise Romaine, on peut se déterminer en conscience par les argumens de l'autorité; c'est à dire, qu'un particulier peut faire en conscience les choses qui ne sont pas défenduës dans l'Eglise, ou qui sont enseignées avec l'approbation d'une bonne partie de l'Eglise, quoi qu'il ne comprenne pas distinctement de quel côté est la raison. Cela étant, un particulier qui voit la plus nombreuse partie de l'Eglise dans les intérêts de la suprême puissance du Pape, & que le parti opposé n'oseroit accuser d'Hérésie cette autre parti de l'Eglise; ce particulier, dis-je, peut très-raisonnablement, & très-conscientieusement obéïr sans restriction aux ordres du Pape. Remarquez bien, s'il vous plaît, Monsieur, que je n'ai point ici en vûë la doctrine de la probabilité: car j'aurois tort de dire que, selon les principes de l'Eglise Romaine, l'on se peut déterminer en conscience par les regles de cette infame doctrine. C'est bien le sentiment d'un grand nombre de Directeurs, mais il est condamné hautement par les autres. Je ne veux dire autre cho-

se sinon, que l'Eglise Romaine permet à chaque particulier de choisir, du pour ou du contre, ce qu'il veut, lors qu'une grande partie de l'Eglise soûtient une certaine opinion, & que l'autre partie de l'Eglise soûtient une opinion contraire.

Mais que dirons-nous de ceux qui font comme un troisieme parti, ne croyant ni qu'il faille nécessairement obéïr à toutes les Bulles du Pape, ni qu'il soit permis de le faire? Je dis, Monsieur, que ce sont des gens qui se coupent, & qui s'embarrassent en plusieurs contradictions, comme un Auteur célebre l'a prouvé il y a long-temps. Il s'appelle Leonard Lessius, savant Jésuite du Païs-Bas, qui a écrit sous le nom de Guillaume Singleton, contre un Gentilhome Anglois, nommé Widdrington, fort bon Catholique & fort savant. Ce Gentilhomme avoit écrit un Traité (peut-être par politique) pour montrer que ce n'est pas la doctrine de l'Eglise Romaine, que le Pape puisse déposer les Rois, & absoudre leurs Sujets du serment de fidélité. Mais le Jésuite dont je parle lui fit bien voir le contraire. Il lui prouva non seulement que c'est la doctrine de l'Eglise Romaine, mais aussi qu'il est impossible que l'Eglise Romaine soit la vraye Eglise, si cette doctrine-là n'est véritable. Il lui prouve par des raisons très-convaincantes, *que (*) si le Pape n'a point la puissance sur le temporel des Princes, que ses Partisans lui attribuent, il s'ensuit que l'Eglise Romaine, depuis cinq cens ans pour le moins, a erré dans une doctrine d'une très-grande importance, & fondamentale presque dans tout son gouvernement; qu'elle a erré volontairement & par ambition, & corrompant de propos délibéré la doctrine de l'ancienne Eglise, & des Saints Peres, touchant la puissance de l'Eglise; que les portes de l'Enfer ont prévalu contre elle; qu'elle est tombée en ruïne; qu'elle n'est plus la vraye Eglise de Jésus-Christ; & que tous les Princes & tous les Laïques ont une cause juste & raisonnable de se séparer de l'Eglise Romaine.*

Le célebre Cardinal du Perron, l'homme de France qui avoit le plus d'esprit & d'habileté, & qui pénétroit le mieux les conséquences qui se doivent tirer d'un principe, ne manqua point de reconnoître que Lessius raisonnoit juste, & de faire valoir ses Maximes dans la fameuse Harangue qu'il fit, de la part du Clergé, à la Noblesse & au Tiers Etat. Il s'agissoit d'un article que le Tiers Etat avoit mis à la tête de son Cahier, pour la condamnation solemnelle de la doctrine qui assujettit nos Rois à la puissance du Pape. Cette proposition jetta l'allarme dans la Chambre du Clergé; de sorte que, pour en arrêter les suites, il fut trouvé à propos de représenter à la Noblesse & au Tiers Etat, les inconveniens qui naîtroient de cette condamnation. C'est ce que fit admirablement bien ce Cardinal. Il harangua les deux Chambres, avec tant de force, & avec tant d'éloquence, qu'il fit évanouir le projet du Tiers Etat. Il leur représenta quatre grands inconvéniens où l'on tomberoit en condamnant, comme impie & détestable, la doctrine qui soûmet la personne sacrée de nos Monarques à la déposition. Le troisieme des inconvéniens, qu'il prétendoit en devoir naître, étoit un Schisme évident & inévitable contre le Pape, & tout le reste du Corps de l'Eglise; parce que ce seroit déclarer impie & détestable une doctrine, que le Pape & le reste de l'Eglise approu-

(*) *Singleton, discuss. decret. Conc. Lateran.*

approuvent, & croire par conséquent que le Pape & le reste de l'Eglise errent dans des choses qui appartiennent au salut. Outre le Schisme, il prétendoit qu'il y avoit là de l'Hérésie. *Cet article*, disoit-il, *nous précipite en une Hérésie évidente, nous obligeant de confesser que l'Eglise Catholique est périe depuis plusieurs siecles en la terre. Car si ceux qui tiennent la doctrine opposée, tiennent cette opinion contraire à la parole de Dieu, impie & détestable, le Pape donc depuis tant de siecles n'a point été Chef de l'Eglise, mais Hérétique & Antechrist.* Il ajoûtoit, *que l'Eglise aura perdu le titre de Catholique, & ne sera pas même demeurée en France, puisque tous les Docteurs François depuis tant de siecles ont tenu le contraire; que c'est le plus grand trophée qu'on puisse ériger aux Hérétiques, que d'avoüer que le Royaume visible de Christ soit péri de la terre, & que depuis tant de siecles il n'y ait eu ni Temple de Dieu, ni Epouse de Christ; mais par tout le regne de l'Antechrist, la synagogue de Satan, & l'Epouse du Diable. Et quelles plus fortes machines peuvent-ils désirer pour renverser la transsubstantiation, la confession auriculaire, &c. que de dire que l'Eglise qui les a décidées, les a décidées sans autorité? &c.*

Nous nous sommes toûjours récriez contre cette Harangue du Cardinal du Perron; tous nos Auteurs lui en font perpétuellement un crime: mais ils me pardonneront si je leur dis, qu'ils ne distinguent pas assez les choses. Ce Cardinal n'est point blamable pour avoir parlé comme il a fait, puisqu'étant Catholique c'étoit le véritable langage qu'il devoit tenir. Il n'est blamable que d'avoir été Catholique, & dans des principes qui l'entraînoient dans plusieurs faux dogmes. Ne vous allez pas imaginer pourtant, que j'adopte la pensée de (*) Bodin qui met toute l'impieté de Tacite non pas en ce qu'il a écrit contre les Chretiens, mais en ce qu'il n'a pas été Chretien. Je croi que sa distinction & celle du Jurisconsulte Marcellus dont il l'appuye, ne sont pas recevables universellement parlant; je ne veux dire autre chose, sinon qu'il y a des rencontres où après avoir reconnu qu'un Auteur suit un faux principe, il faut le loüer de ce qu'il se conduit, & qu'il raisonne, & qu'il parle conformément à ce principe. C'est la justice que je veux rendre ici à la mémoire du Cardinal du Perron, flétrie tout fraîchement, à ce qu'on m'a dit, par l'Assemblée du Clergé, qui a fait ôter de ses Registres la Harangue dont je parle.

...le est conforme / ...es principes.

Il est certain que ce fameux Cardinal, parlant à des Catholiques, avoit raison de soutenir, que c'étoit renverser de fond en comble l'autorité de l'Eglise, que de vouloir que les Laïques jugeassent d'un point de Foi, & il n'est pas moins certain qu'il avoit raison de dire, qu'en recevant la proposition du Tiers-Etat, on déclaroit le Pape Hérétique & Antechrist. Car si une fois on établit comme une verité révélée, *que les Rois sont immédiatement établis de Dieu, & qu'il n'y a point de Puissance sur la terre, ni temporelle, ni spirituelle, qui ait le droit de les deposer, ni d'absoudre leurs Sujets du serment de fidelité*; il n'y a point d'Hérésie, ni de crime qui soit comparable à la méchanceté d'un Pape qui dépose un Souverain. Car c'est renverser de son Trône

un homme que Dieu y avoit tellement posé, qu'il s'étoit reservé à lui seul le droit de l'en faire sortir; c'est faire un crime d'autant plus grand, que celui des Bandits, qu'un Royaume est un plus grand bien, que la bourse d'un voyageur; c'est engager une infinité de gens à désobéïr à celui à qui Dieu veut qu'ils obéïssent; en un mot, c'est ériger sur la terre un Tribunal qui puisse casser les loix de Dieu, ce qui est le propre & le véritable caractere de l'Antechrist. D'où il s'ensuit qu'une Eglise, qui a reconnu & qui reconnoît pour son Chef, un homme qui s'attribuë cette puissance; est actuellement tombée dans l'Apostasie. C'est donc l'état de l'Eglise Gallicane encore aujourd'hui, puis qu'avec toutes les insultes qu'elle fait au Pape, elle ne laisse pas de le reconnoître pour son Chef. Voilà, ce me semble, un point que Monsieur de Condom a oublié d'éclaircir. Il croit se tirer d'affaire, en disant que l'Eglise n'oblige pas à croire tout ce qu'on attribuë au Pape dans quelques Livres. Soit; mais je lui demande comment il est possible, que l'Eglise Gallicane conserve là pureté de sa Foi, en reconnoissant pour son Chef un homme qui est Hérétique. Si Mademoiselle de Duras n'avoit point mis ce doute sur ses tablettes, il devoit l'avertir d'en demander l'éclaircissement en présence de Mr. Claude; car quand on agit de bonne foi, on ne dissimule point les foibles de son parti, & on ne laisse pas sans replique quatre ou cinq réponses, pour faire des Discours sur l'Histoire universelle.

Que Barclai, que Fra-Paolo, que Widdrington, que Richer, que Mr. Gerbais, que Mr. Maimbourg unissent leurs forces tant qu'il leur plaira, je les défie de repondre jamais à la funeste conséquence que Lessius & le Cardinal du Perron, ont tirée de leurs principes contre l'Eglise Romaine. Et c'est ici que l'on se peut servir très-justement de la remarque de Mr. Maimbourg, touchant ceux qui écrivirent contre Claude de Turin, qu'ils ne firent rien qui vaille, parce qu'ils erroient eux-mêmes dans la matiere dont il s'agissoit. Nous pouvons dire pareillement, que les Catholiques Romains ne sont point propres du tout à écrire contre les Partisans du Pape, parce qu'ils sont eux-mêmes dans l'erreur à cet égard-là. Ils lui en attribuent trop pour pouvoir lui refuser le reste, & c'est pour cela que Suarez, Becan, Bellarmin, Baronius, Lessius, sont invincibles sur cet article, à moins qu'ils n'ayent à faire à des Protestans.

XX. Combien cela prouve qu'il y a du danger à tolerer les Catholiques.

Vous voyez par-là, Mr. qu'un Prince ne peut être assuré de la fidelité de ses Sujets Catholiques, qu'en supposant qu'ils n'agiront pas comme ils doivent agir naturellement; qu'ils feront tout le contraire de ce à quoi la doctrine de leur Eglise les doit porter par des conséquences évidentes, comme l'a démontré le savant Lessius, & qu'ils renonceront à un droit, dont ils doivent croire qu'ils sont obligez en conscience de se servir, ou du moins dont ils doivent croire qu'ils peuvent se servir légitimement. Quand il faut faire toutes ces suppositions pour être assuré d'une chose, je vous répons, Mr. qu'on n'a pas grande raison de s'en tenir assuré.

De-plus, l'esprit de l'Eglise Romaine étant de vouloir dominer par tout, & dès qu'elle a pû

par-

(*) *Quemadmodum Marcellus Ic. meretricem turpiter facere respondit, quod sit meretrix, non tamen turpiter accipere, cùm sit meretrix; ita quoque impiè fecit Tacitus, quod non fuerit Christianus, sed non impiè adversus nos scripsit, cùm gentili superstitione obligaretur.* Bodin. Met. Hist. c. 5.

Tome II.   P

Lett.XXIII.

parvenir au Thrône, de ne parler plus que d'écraser, que d'extirper, que d'étouffer, que d'exterminer toutes les autres Religions, il est clair qu'il n'est guéres sûr de tolérer les Catholiques; car il est toûjours à craindre que par leurs intrigues ils ne gagnent le dessus, & dèslà on n'a qu'à se retirer, parce que tôt ou tard il faut être la victime de leur ambition. Encore si on pouvoit espérer d'être souffert commodément, se pourroit-on délivrer d'inquiétude. Mais Mr. Maimbourg, nous découvrant le fin de la Morale Romaine, nous empêche de prendre la moindre confiance. Il nous apprend que pourvû qu'on puisse dire que les temps sont changez, & les personnes aussi, & que les raisons des Edits ne subsistent plus, on peut casser trèsjustement tous les Edits, & toutes les Déclarations du monde. Ainsi je ne vois point que les Anglois puissent en aucune façon calmer les terribles allarmes, où ils sont pour la Religion Protestanre.

Considération sur l'état de l'Angleterre.

Il est vrai que S. M. B. a offert à son Parlement, d'entrer dans tous les expédiens raisonnables d'assurer la Religion qui regne présentement, contre toutes les entreprises que l'on pourroit craindre, sous un Prince de la Communion de Rome. Mais quelque Capitulation que l'on fasse faire à Mr. le Duc d'Yorck, on ne peut pas s'en promettre un long succès. Je croirois aisément qu'il resistera pendant sa vie aux remontrances importunes des Jésuites, & des autres gens d'Eglise, qui ne cesseront de lui représenter qu'un Roi ne peut jamais régner en repos, tandis qu'il laisse vivre les Hérétiques; que le principal de ses soins doit être de s'appliquer fortement à écraser ces pestes ennemies de Dieu & de l'Etat. Mais sous un autre Regne, Adieu la Capitulation. On dira aux Protestans d'Angleterre, *qu'ils l'ont extorquée de vive force; qu'on ne l'avoit accordée qu'à cause de l'urgente nécessité des temps; que les temps sont changez,* & tous les autres beaux préceptes du nouvel Evangile, que Mr. Maimbourg nous a révélé dans son Histoire du Calvinisme, comme

un digne supplément de celui qui a été revelé par le Cardinal Palavicin, dans l'Histoire du Concile de Trente.

C'est encore à quoi se doivent résoudre les Villes Protestantes que le Roi prendra dans l'Allemagne. Ce sera beaucoup si dans vingt ans d'ici les Protestans de Strasbourg ont un Temple dans les Fauxbourgs de leur Ville; car avec la belle Maxime, *que les temps sont changez,* il n'y a point de promesse, ni point de Capitulation, que l'on ne réduise à néant.

Tous ces grands inconvéniens ne sont point à craindre, quand on tolere les Huguenots. Ils n'aspirent point à régner; & quand même la Providence divine les y appelleroit, ils ne croiroient pas qu'il falût exterminer, ni écraser les autres Sectes. Ils ne croyent pas qu'il soit permis de casser les promesses les plus solemnelles, avec un, *les temps sont changez.*

XXI Conclus

Tenez moi conte, Monsieur, de cette marque de ma complaisance. J'ai relu pour l'amour de vous l Histoire du Calvinisme, & j'ai fait quelques petites observations sur divers endroits. L'Ouvrage mérite d'être autrement examiné; j'espere que quelqu'un l'entreprendra: *Exoriare aliquis nostris ex ossibus ultro,* doivent dire les Manes de nos Ancêtres, qui ont tant souffert en France, avant que d'y établir le grand Ouvrage de la Réformation, que l'on vient tout fraîchement de déchirer. Il faut un habile homme, bien versé dans la connoissance de notre Histoire, & qui s'éloigne de l'emportement qui éclate dans Monsieur Maimbourg. Le bruit est grand, qu'une des meilleurs Plumes de ce siecle se prépare à lui répondre. C'est assez pour ma part d'avoir (*) composé cette Critique Generale pour vous. Adieu, mon cher Monsieur. Vous aurez du plaisir à lire la description des batailles raportées par Monsieur Maimbourg, vous qui avez été à la guerre. Il les a fort bien débrouillées, & quelques autres choses aussi; & il faut avouër qu'il a de beaux dons pour écrire. Je suis votre, &c.

(*) Il y avoit dans la premiere Edition, ,, d'avoir ,, tiré ce coup de pistolet à votre priere, qui me tien- ,, dra toûjours lieu de commandement. Jamais je n'a- ,, vois tant écrit en l'espace de 15. jours, que je viens ,, de le faire, pour vous envoyer cette Critique Gene- ,, rale, Adieu. &c.

CRITIQUE GENERALE
DE
L'HISTOIRE
DU
CALVINISME.
QUATRIEME PARTIE,

Contenant l'examen de quelques points de Controverse ausquels ce Livre de Mr. Maimbourg a donné lieu.

LETTRE XXIV.

I. *Du P. Alexandre Jacobin qui écrit pour le Roi contre les prétentions de la Cour de Rome.* II. *Contestations des Docteurs sur plusieurs points considérables de la Tradition.* III. *Et entre autres, sur le Sujet en qui réside l'infaillibilité de l'Eglise. Importance de cette dispute.*

**M**ONSIEUR,

I.
Du P. Alexandre Jacobin qui a écrit pour le Roi contre le Pape.

Je suis si accoûtumé à faire tout ce que vous me demandez, qu'encore que je sois ennemi de la contrainte, je me suis mis facilement à chercher dans mon imagination, la pensée dont vous dites que j'avois envie de vous faire part, quand je finis ma cinquieme Lettre. J'ai trouvé après un peu de méditation ce que c'étoit; le voici.

Je voulois vous faire remarquer une chose qui me paroît considérable, c'est que l'exemple du Jésuite Maimbourg a eu des influences merveilleuses, pour faire que le Roi pût dire de plusieurs Moines, ce qu'il a dit en quelques rencontres, du P. le Cointe de l'Oratoire qui avoit une pension de 500. écus (*), *que c'étoit un homme entierement à lui,* c'est-à-dire, qui n'étudioit que pour trouver dans les Livres les traditions qui sont favorables à la Monarchie, au lieu qu'il y a des François ingrats qui étudient en faveur du Pape, & qui ne cherchent dans les Histoires que les faits qui sont peu favorables à la France. De ce nombre de Moines, qui sont entierement au Roi, devons-nous mettre le P. Alexandre Dominicain, fameux par un grand nombre de Livres, qu'il a déja composez sur l'Histoire Ecclésiastique, en la parcourant siecle par siecle. Le volume qu'il a fait sur le huitieme siecle contient deux Dissertations, manifestement contraires aux Partisans de la puissance du Pape; car il s'efforce de prouver, contre les Cardinaux Baronius, Bellarmin & du Perron, non seulement que le Pape Grégoire II. n'a jamais pri-

vé l'Empereur Leon Isaurique des tributs qu'il levoit à Rome, & dans le reste de l'Italie, ni absous les peuples du serment de fidélité qui les lioit à ce Prince Iconoclaste; mais aussi que les Papes Zacharie & Etienne n'ont point déposé Childeric, ni contribué en aucune maniere à la translation de la Couronne, de la premiere race de nos Rois, à Pepin & à sa postérité. C'est parler François cela, & aller le grand chemin à une pension.

Ce qu'il a écrit sur le neuvieme & sur le dixieme siecle, n'est proprement qu'un recueil exact & bien étudié, de tous les faits qui favorisent la puissance des Princes, contre les prétentions de la Cour de Rome. Vous y voyez des Evêques qui déclarent, que si le Pape Grégoire IV. excommunioit Loüis le Débonnaire, & les Prélats qui étoient attachez à lui, ils ne se soumettroient point au Pape, & que son excommunication retomberoit sur lui-même. Vous y voyez le Pape Nicolas I. qui déclare, que s'il interpose sa médiation auprès de Charles le Chauve pour le Comte de Flandres, qui avoit eu recours à lui, ce n'est que par voye de priere. Vous y voyez un long détail des droits & de la Jurisdiction de nos Rois, sur les biens Ecclésiastiques, & sur la discipline des Monasteres. Vous y voyez un Archevêque de Reims, qui avoit eu la hardiesse de menacer Charles le Simple de l'excommunication, relancé vigoureusement, & le Cardinal du Perron aussi, qui avoit allégué cet exemple, pour prouver la puissance de l'Eglise sur le temporel des Rois. Vous y voyez un autre Archevêque de Reims, savoir le fameux Hincmar, qui ayant reçu ordre du Pape Adrien II. de tenir le Roi Charles le Chauve pour excommunié, s'il ne vouloit pas l'être lui-même, lui répondit qu'il alloit trop vîte dans cette affaire-là, & qu'il n'étoit pas informé du droit des Rois; que ces menaces d'excommunication étoient rudes & nouvelles; & que l'Eglise n'avoit point le droit de fulminer des Censures contre la personne des Rois, quand il ne s'agit que des droits de la Couronne & du Domaine. Vous y voyez aussi que le même Roi, ayant reçu des Lettres fort aigres du même Pape sur l'affaire d'Hincmar, Evêque de Laon, lui *répon-*

(*) *Journ. des Sav. du 3. Mars 1681.*

repondit fort fierement : ce qui obligea le Pape à lui en écrire d'autres très-honnêtes.

On voit manifestement que ces Recueils se font exprès dans la conjoncture presente, à cause que ce sont des choses qui ont une merveilleuse conformité avec les Démêlez du Roi & du Pape. Dans une autre conjoncture, le Pere Alexandre eût negligé presque tous ces faits. A present il ne cherche presque autre chose dans les Livres qu'il consulte : ce qui fait voir que l'envie de flater les Princes est souvent la seule raison, pourquoi les Livres roulent plûtôt sur un plan que sur un autre; & c'est ce qui fait que les Auteurs ne demeurent point toûjours fermes sur les mêmes principes. Sous une minorité comme celle de Loüis XIII. on ne se contraignoit pas beaucoup. Sous un Roi qui fait trembler toute l'Europe, c'est à qui aura plus de complaisance. Voilà le véritable dénouement de la prodigieuse diversité, qui se rencontre entre le Clergé de France de l'an 1614. & celui de l'an 1682.

Il n'y a rien qui me divertisse tant, que de voir Mrs. de l'Eglise Romaine, se réfuter les uns les autres sur les faits les plus illustres. Par exemple, on ne sait pas encore si le Pape Honorius a été Monothélite; si le Pape a conféré l'autorité Royale à Pepin; s'il a donné l'Empire à Charlemagne; s'il a dépouillé Leon Isaurique de son autorité; s'il a présidé à tous les Conciles Oecumeniques. Il y a un grand nombre d'habiles gens, Catholiques à bruler, qui tiennent l'affirmative dans tous ces points, & un grand nombre d'aussi habiles & d'aussi Catholiques que ceux-là, qui les nient tous. Les uns & les autres font de gros volumes, où il y a des raisonnemens & des citations à perte de vûë. A quoi s'en tenir ? Il faut s'en tenir, me dira-t-on, au sentiment des Docteurs François. Mais voilà qui est admirable; & un Italien ne dira-t-il pas avec autant de raison, qu'il faut s'en tenir à la doctrine des Italiens ? Outre que tous les François ne sont pas du même sentiment. Le Cardinal du Perron & le P. Alexandre, tous deux François, ne sont point d'acord, comme je l'ai remarqué (*) ci-dessus, ni sur la déposition de Childeric par le Pape, ni sur celle de l'Empereur Leon Isaurique.

Ce qu'il y a encore de rare, c'est que les Theologiens d'Italie ne raportent pas les mêmes choses dans leurs Histoires, que les Theologiens François. Un Historiographe d'Innocent XI. qui feroit présentement l'Histoire du neuvieme & du dixieme siecle, ne raporteroit peut-être pas cinq faits de ce grand nombre, que le Pere Alexandre nous étale avec tant d'affectation, pour prouver l'indépendance des Rois, & le droit de la Régale. Mais en recompense il en raporteroit beaucoup d'autres, pour prouver la soumission du temporel des Princes au S. Siege, lesquels ne paroissent pas dans les Livres du Jacobin : ce qui montre manifestement qu'il y a de la mauvaise foi, ou dans les Italiens, ou dans les François.

Le beau jour que cela nous donne, Monsieur, pour nous bien moquer de ce prétendu principe immobile & inébranlable, que Messieurs de l'Eglise Romaine se vantent d'avoir dans la Tradition! Ils nous insultent avec une fierté étonnante, sur la multitude des interprétations de l'Ecriture, qui nous empêche, disent-ils, d'avoir des principes assurez. C'est un nez de cire, ajoûtent-ils, que l'Ecriture, auquel on donne tel pli que l'on veut. Avant que de tant faire les fiers, l'ordre voudroit qu'ils eussent eux-mêmes de bons principes : car pour la Tradition, elle est encore plus nez de cire que l'Ecriture, puis que nous voyons que les Docteurs les plus consommez dans l'Histoire Ecclesiastique, se refutent continuellement les uns les autres sur les faits les plus éclatans. On ne sait pas encore ce qu'il faut croire, ni de la Conception Immaculée de la Sainte Vierge, ni de son Assomption dans le Ciel. Les Thomistes, qui nient la Conception immaculée, soutiennent que la Tradition est pour eux. Les Scotistes, qui sont dans un sentiment opposé, soutiennent aussi que la Tradition de tous les siecles de l'Eglise est poür eux, & attendent avec impatience le bien-heureux moment, où il plaira au Saint-Esprit de descendre dans l'ame de sa Sainteté, pour la faire prononcer une décision si conforme à la doctrine des Peres, & à la perpetuité de la foi de toute l'Eglise. Chose étrange, qu'ils voient si clairement une vérité, que les Papes avec tout leur Saint Esprit n'ont jamais pû reconnoître ? Quant à l'Assomption, on n'a qu'à lire les Traitez de Monsieur Joly, Chanoine de Notre-Dame, sur un endroit du Martyrologe d'Usuard, & les reponses qu'on y a faites, pour voir que, soit que l'on nie, soit que l'on affirme, on trouve fort bien son conte dans la Tradition. On ne sait pas encore le vrai état de la question sur l'Hérésie des Semi-Pélagiens. On ne sait pas encore si Saint Augustin a été Janseniste ou Moliniste, car chaque parti se fait fort de l'autorité de Saint Augustin. Autrefois on croyoit que Saint Augustin étoit contraire à la suffisance de l'attrition : mais il y a trois ans qu'un Capucin (A) nous a donné un gros Livre, pour prouver que ce grand Docteur est formel en mille endroits pour cette suffisance. Non seulement les Docteurs particuliers ne savent pas de quoi il s'agissoit proprement, entre les Hérétiques & les Orthodoxes, dans les Disputes de la Grace : mais le Pape même, instamment sollicité de dire ce que c'étoit, n'a sû que repondre, après avoir ouï amplement les raisons de part & d'autre. En effet, la question de *auxiliis* ayant été vivement agitée à Rome, sous le Pontificat de Clement XIII. entre les Thomistes & les Molinistes, toute la Décision qu'on put tirer de l'infaillibilité du S. Siége fut, qu'il eût été à souhaiter que l'on n'eût point remué cette question, mais qu'on n'entendoit pas neanmoins, que l'honneur de ceux qui l'avoient remuée, reçût aucune sorte d'atteinte (B). Qui a jamais ouï parler d'une aussi plaisante maniere d'Arrêt; & à quoi sert ce Tribunal infaillible de l'Eglise, cette lumiere infaillible de la Tradition, si le Procès décidé l'an 1604. regne encore plus que jamais entre les deux Parties ? Il a bien la mine de durer autant que l'Eglise Romaine. Bons argumens pour le Pyrrhonisme Historique.

J'ai oublié de parler d'une incertitude beaucoup plus importante que celles-là. Il ne sera pas mal que je vous en touche quelque chose, puis qu'elle me vient dans l'esprit. On ne sait pas encore à qui Jesus-Christ a conferé le privilege de l'infaillibilité, & les droits de l'Episcopat.

(*) No. I. vers le commencement.
(A) *Le Pere Charles Joseph de Troyes,*
(B) *A prudentissimo Pontifice controversia ita composita est, ut eam non motam ab initio optasse ostenderet, & in eâ decidendâ nihil existimationi illorum qui eam moverant, detractum vellet.* Mr. de Thou, l. 131. ad an. 1604.

côpât. Les Théologiens du Pape soûtiennent que Jésus-Chist a conféré à St. Pierre, & à tous ses Successeurs les Evêques de Rome, le Gouvernement Monarchique de l'Eglise; par conséquent que les Papes sont au-dessus des Conciles; qu'ils sont infaillibles, & que c'est par eux que les Evêques reçoivent de Dieu l'autorité de gouverner un Diocese. Ces Théologiens soûtiennent que la parole de Dieu & la Tradition, enseignent clairement toutes ces importantes véritez. L'Eglise Gallicane soûtient au contraire, que les Conciles sont au-dessus du Pape, & que les Evêques reçoivent immédiatement de Dieu leur autorité, & prétend qu'il n'y a rien de plus conforme à la parole de Dieu & à la Tradition, que cette doctrine-là. Ce n'est point ici une dispute de rien; il y va de tout.

Car s'il est vrai, par la parole de Dieu & par la Tradition, comme le prétendent les Théologiens du Pape, que Jésus-Christ a donné aux Papes la supériorité sur toute l'Eglise, l'infaillibilité, & la commission de conférer l'Episcopat; ceux qui enseignent le contraire sont Hérétiques, & les Evêques, qui croient avoir reçu immédiatement de Jésus-Christ leur autorité, sont non seulement Hérétiques, mais aussi rebelles à la puissance légitime que Dieu a établie dans l'Eglise. Ils sont par conséquent de petits Tyrans: les Conciles qui s'attribuent l'infaillibilité, sont rebelles à Dieu & à Jésus-Chist, renversent l'ordre qu'il a établi, & usurpent violemment les droits d'un autre. Si l'Eglise Gallicane a raison, il s'ensuit non seulement que le Pape & tous ses Théologiens sont Hérétiques, mais aussi qu'il usurpe tyranniquement la conduite souveraine de l'Eglise.

Il me semble qu'il seroit fort important de savoir au juste à quoi l'on s'en doit tenir, parce que pendant que la chose est indécise, on est en danger, ou de suivre le parti du Tyran général, ou celui d'un Tyran particulier; & l'un & l'autre vous met hors de la vraye Eglise de Dieu. Cependant ce point ne sauroit être vuidé par la Tradition, de laquelle on nous promettroit tant de merveilles; & ce qu'il y a de rare, c'est que les Papes, & les Evêques de France ne s'entre-regardent pas comme Hérétiques, & que le peuple ne se fait point de scrupules là-dessus: tant il est vrai que les hommes raisonnent peu sur les principes de leur Religion. Je suis, &c.

✿✿✿✿✿✿✿✿✿✿✿✿✿✿✿✿✿✿✿

LETTRE XXV.

M ONSIEUR,

Je souhaite que vous ne vous repentiez pas de m'avoir fait chercher dans ma mémoire, une réflexion à laquelle je ne songeois plus. J'en ai quelque sorte d'espérance, & c'est pour cela que je m'en vais travailler avec plus de satisfaction aux supplémens, que vous voulez que j'ajoûte à ma septieme Lettre, où j'examinois la jurisdiction que nos Parlemens exercent sur les Communautez Religieuses.

Il faut avouër, Monsieur, qu'il n'y a rien de plus légitime, que la prétention de nos Rois vigoureusement soutenuë par nos Parlemens, de ne dépendre que de Dieu pour les choses temporelles, & d'avoir jurisdiction sur tous les membres de leur Etat. Mais il faut avouër aussi que cela ne s'accorde pas toûjours avec les principes de leur Religion. Par exemple, c'est un privilége de notre Monarchie, qu'un Légat à *Latere* ne peut exercer aucune des fonctions de sa Charge en France, qu'après que les Bulles ont été enregistrées au Parlement de Paris; & le Parlement de Paris ne les enregistre jamais, qu'avec cette clause, *que le Légat ne pourra se servir de son pouvoir, qu'autant qu'il plaira au Roi.* Autrefois cette restriction s'écrivoit sur le repli de la Bulle, mais dans la suite on a trouvé plus honnête de l'insérer dans le Registre seulement.

Je souhaiterois bien de savoir ce qui arriveroit en cas qu'un Legat fît quelque fonction, avant l'enregistrement de sa Bulle. Cet acte seroit-il nul? S'il dispensoit, par exemple, de quelque cas reservé, l'absolution seroit-elle nulle? Il faut le dire dans les principes de Messieurs du Parlement. Or qui est-ce qui s'imaginera jamais qu'un Pape qui confere, par la plénitude de sa puissance, à un Légat à *Latere*, le pouvoir de faire plusieurs choses, & qui l'établit son Vicaire, comme il est lui-même le Vicaire de Jésus-Christ, ait besoin du concours d'un Parlement, afin que le Saint Esprit ratifie tout ce que le Légat fera par l'autorité du Pape? Le Légat aura reçu dans les formes ses plein-pouvoirs; le Saint Esprit par ordre du Pape reposera sur lui, & l'accompagnera dans son voyage, afin de délier tout ce qu'il déliera, & de lier tout ce qu'il liera, comme si le Pape y étoit en propre personne; & néanmoins si le Légat, dès son débarquement à Marseille, exerçoit quelqu'un des pouvoirs qui lui ont été communiquez par la Bulle de sa Légation, le Saint Esprit n'en seroit pas; il le laisseroit faire tout seul attendant tranquillement qu'il ait plû au Parlement de Paris d'enregistrer la Bulle. Y a-t-il rien au monde de plus absurde? Et où a-t-on trouvé que Jésus-Christ ait donné à l'Apôtre Saint Pierre une puissance subordonnée aux Parlemens, & que la grace du Saint Esprit, que le Pape communique à ses Légats, à ses Subdéléguez, à ses Commissaires, lors qu'il leur confere le pouvoir de faire quelque fonction Ecclésiastique, se regle sur les volontez d'un Roi; ensorte que si le Légat excede le moins du monde de la volonté du Roi, la grace de Dieu recule d'autant. Bongré malgré qu'on en ait, il en faut venir là; car si une fonction Ecclésiastique faite avant l'enregistrement des Bulles, & contre la permission du Roi, étoit accompagnée de la bénédiction de Dieu, & de l'influence du Saint Esprit, par laquelle l'Eglise est gouvernée, autant que si elle étoit faite après l'enregistrement des Bulles & selon la permission du Roi, on seroit obligé en conscience de la croire bonne. Or c'est ce qui n'est pas: cette fonction seroit cas-

 sée,

III.
Et sur ce qu'on n'obéït aux Bulles qu'après la permission du Roi.

fée, & déclarée nulle de toute nullité. Il faut donc qu'elle soit destituée de la vertu de Dieu, à cause du non-enregistrement des Bulles.

J'ai remarqué une autre chose qui a du raport à celle-là. Un particulier, qui a connoissance d'une Bulle émanée du Pape, ou d'une Constitution prononcée *ex Cathedra*, n'est point obligé de s'y conformer, avant que le Roi en ait permis ou ordonné la publication. Desorte que faire une chose que l'on sait avoir été déclarée illicite par le Pape, pourvû qu'on la fasse dans le temps qui court depuis qu'elle a été défenduë à Rome, jusqu'à ce que le Roi l'ait authorisée, est une action indifférente. Mais si on la faisoit après l'approbation de la Bulle, ce seroit un crime. N'est-ce pas établir que les véritez déclarées à Rome ne deviennent véritez, qu'en conséquence des ordres du Roi, & que les Décrets du Saint Siége Apostolique n'obligent la conscience de ceux qui les connoissent, qu'en vertu des ordres du Roi ?

Toute cette conduite pourroit faire justement soupçonner, que ceux qui reconnoissent de bouche que le Pape est le Chef de l'Eglise, & le Vicaire du Fils de Dieu, n'en sont pas persuadez dans l'ame : ou du moins cette conduite fait voir, que s'ils en sont persuadez dans l'ame, ils n'agissent pas conséquemment à leur croyance. Car après tout, est-ce être Chef de l'Eglise & Vicaire de Jésus-Christ, que d'être sujet au contrôle d'un Juge Séculier, pour des affaires qui concernent le bien de l'Eglise ? Si le Pape est assis légitimement sur la Chaire de S. Pierre pour gouverner l'Eglise, n'est-il pas raisonnable que les Fidelles suposent qu'il a raison d'ordonner ce qu'il ordonne ? Et qu'y a-t-il de plus scandaleux que de voir qu'un Parlement empêche l'exécution des Lettres Papales, s'il n'y a donné son attache ? Les Officiers du Parlement de Provence ayant été tous excommuniez, nommément par Jules II. pour avoir fait cela, Louïs XII. voulut que son Ambassadeur au Concile de Latran, (*) *ayant leur procuration spéciale, donnât un désaveu formel de tout ce qu'ils avoient fait contre les libertez de l'Eglise, & contre le respect dû au St. Siége,* & qu'il promît qu'à l'avenir ils seroient plus retenus. Si cela n'étoit pas assez d'un Roi absolu, il naissoit du moins très-naturellement des principes de sa Religion.

IV.
De l'opinion de Jacques Vernant sur la supériorité du Pape.

Si j'étois Catholique Romain, je m'accommoderois beaucoup mieux de la doctrine de Jacques de Vernant, que de celle de la Faculté de Théologie de Paris, qui la censura séverement l'an 1664. & dont la censure fut encore plus aigrement censurée un an après, par une Bulle du Pape Alexandre VII. Car quelques raisonnables que je trouve les sentimens de la Faculté de Théologie, contraires à la doctrine de Vernant, lorsque je les considere en eux-mêmes ; je ne laisse pas de les trouver insoûtenables, lorsque je les compare avec les autres doctrines de la Faculté, ou avec la pratique de son Eglise. J'en vais donner un exemple.

L'Eglise Gallicane ne nie pas que le Pape ne soit le Chef de l'Eglise, le Vicaire de Jésus-Christ, & le centre de l'unité Catholique. Les dernieres décisions du Clergé de France reconnoissent tout cela, & que c'est à lui principalement de connoître des matieres de Fói. La restriction qu'on y ajoûte, que son jugement a be-

soin du consentement de l'Eglise, pour acquerir la qualité d'un Arrêt irrévocable, ne détruit point les autres maximes. Or qu'est-ce qu'on nous veut apprendre, quand on nous dit, que le Pape est le centre de l'unité Catholique, le Chef de l'Eglise, le Vicaire de Jésus-Christ, si ce n'est 1. Que l'union des Fidelles à Jésus-Christ se fait par des lignes de communication, qui aboutissent toutes au Pape, comme les diametres d'un cercle se réunissent tous au centre du cercle, où ils tendent tous. 2. Que la grace du Saint Esprit ne découle sur les membres de l'Eglise, qu'entant qu'ils sont unis au Pape, de même que la vie & la nutrition ne se communiquent aux membres de l'homme, qu'à cause qu'ils sont unis à la tête. 3. Que les membres de l'Eglise ne peuvent être unis à leur tout, que par leur union avec le Pape, comme les rais d'une rouë ne peuvent être unis chacun avec tous les autres, que par leur union avec le centre de la rouë. 4. Que le Pape est le lien commun & comme la clef de la voûte, qui retient toutes les parties de l'Edifice en état. Si on n'entend point cela, on ne nous paye que de grands mots qui ne signifient rien, lorsqu'on nous dit, avec le P. Maimbourg, qu'en faisant rendre au St. Siége l'obéïssance qui lui est duë, on (A) *réunit tous les esprits dans le centre de l'unité Catholique : & que le lien d'une même Foi, & de la seule véritable Religion, ne se touve que dans l'Eglise Catholique, Apostolique, & Romaine, l'unique Bergerie de Jésus-Crist, sous un seul suprême Pasteur, qui en est le Chef visible, étant successeur de Saint Pierre & Vicaire de Jésus-Christ* (B).

PREMIERE PROPOSITION.

De l'opinion de l'Eglise Gallicane sur le même sujet, & ses conséquences.

Voilà donc une Proposition enseignée par l'Eglise Gallicane, *Il faut être uni au Pape, pour être uni à Jésus-Christ.*

SECONDE PROPOSITION.

On enseigne aussi dans la même Eglise, qu'il n'y a point d'union entre Jésus-Christ & un Hérétique, & qu'un Hérétique est un membre gangrené, & retranché *ipso facto* de la Communion du Fils de Dieu. Il est si connu que c'est la doctrine de l'Eglise Gallicane, qu'il seroit inutile d'en donner des preuves.

TROISIEME PROPOSITION.

On enseigne aussi dans la même Eglise, que c'est être Hérétique, que de croire un dogme formellement contraire à la parole de Dieu, à la Tradition, & aux Décisions d'un Concile. C'est le stile courant de tous les Docteurs : il seroit superflu d'en alléguer des témoignages.

Ce sont des doctrines, Monsieur, qui me semblent incompatibles avec celles qui ont été combatuës par Jacques de Vernant ; par exemple avec celles-ci : *Que le Concile est au-dessus du Pape ; que le Pape n'est point infaillible ; qu'il n'a point de puissance sur le temporel des Roïs,* &c. L'Eglise Gallicane prétend que ces doctrines sont fondées sur la parole de Dieu, & sur la Tradition, & qu'elles ont été définies par le Concile de Constance, & par celui de Basle. Or par la troisieme proposition, quiconque

croi

(*) *Mezer. Abr. Chr. vers la fin. disc. de l'Eglise.*
(A) *Ep. Dedic. du Luther.*

(B) *Hist. du Calvin. sub fin.*

croit une doctrine formellement contraire à la parole de Dieu, à la Tradition, & aux décisions d'un Concile, est Hérétique : Donc tous les Papes qui ont cru qu'ils étoient au-dessus du Concile, qu'ils étoient infaillibles, qu'ils pouvoient déposer les Rois, &c. ont été Hérétiques.

Or par la seconde proposition, il n'y a point d'union entre Jésus-Christ & un Hérétique : Donc il n'y a point d'union entre Jésus-Christ & ces Papes-là. S'il n'y a point eu d'union entre Jésus-Christ & ces Papes-là, il s'ensuit, par la premiere proposition, qu'aucun Chretien n'a pu être uni avec Jésus-Christ du temps de ces Papes, & par conséquent que les portes de l'Enfer ont prévalu contre l'Eglise durant ce temps-là.

Ces conséquences sont des Hérésies dans l'Eglise Gallicane, aussi-bien qu'au-delà des Monts : néanmoins elles naissent très-naturellement des principes de l'Eglise Gallicane. Le seul moyen de s'en sauver est de dire, comme on fait à Rome, que le Pape est infaillible : car par ce moyen on ne court jamais le risque de voir rompre le lien commun de la Foi, & boucher cette ligne ou ce Canal de communication, qui unit tous les Fidelles à Jésus-Christ dans un même centre. De sorte que l'Eglise Gallicane ne croyant pas l'infaillibilité du Pape, & croyant néanmoins qu'il est le Chef de l'Eglise, le Vicaire de Jésus-Christ & le centre de l'unité de tous les Fidelles, soûtient des choses qui se détruisent mutuellement. J'avois donc raison de dire que, si on compare les sentimens de la Faculté de Théologie contraires aux dogmes de Jacques de Vernant, avec certaines autres doctrines de la Faculté, on les trouve insoûtenables.

V.
a pratique de
Eglise Galli-
ne opofée à
qu'elle pen-
de l'autorité
u Pape.

Mais j'ai dit aussi, que si on les compare avec la pratique de son Eglise, on les trouve insoûtenables. Je le prouve en deux manieres ; premierement parce que l'Eglise Gallicane qui croit par la troisieme proposition, que ceux qui tiennent un dogme formellement contraire à la parole de Dieu, à la Tradition & aux décisions d'un Concile, sont Hérétiques ; ne croit pas pourtant que les Papes & les Théologiens de leur parti soient Hérétiques, quoi qu'ils soûtiennent la supériorité des Papes sur le Concile, leur puissance sur le temporel des Rois, & leur infaillibilité, contre la décision expresse des Conciles de Constance & de Basle, conforme à la parole de Dieu, & à la Tradition perpétuelle de l'Eglise. Je dis qu'elle ne les tient pas pour Hérétiques, puisqu'elle n'a point renoncé à leur Communion, & que d'ailleurs elle croit que c'est un crime exécrable aux Catholiques, d'être aggrégez à la Communion des Hérétiques. De notre temps le Pape Alexandre VII. a publié une Bulle contre la Faculté de Théologie de Paris, aussi aigre & aussi piquante qu'on en puisse voir, parce qu'elle avoit condamné, entre autres choses, la doctrine de Jacques de Vernant. Il étoit impossible de ne pas voir dans cette Bulle, à tout le moins que le Pape panchoit plus vers l'opinion condamnée par la Faculté, que vers l'opinion de la Faculté ; & cependant la doctrine condamnée par la Faculté seroit une une Hérésie manifeste, si l'on raisonnoit conséquemment, puisqu'elle est contraire, selon le sentiment de la Faculté, à la parole de Dieu, à la Tradition, & aux Canons des Conciles. Donc si l'on eût raisonné conséquemment, on eût traité

Lett. XXV.

d'Hérétique le Pape Alexandre VII. puisque dans les principes de ces Messieurs c'est une Hérésie que de douter si la décision d'un Concile est digne de foi. On ne l'a pourtant point fait, quelques mesures que l'on ait prises au Parlement de Paris contre cette Bulle du Pape. Il faut donc conclure, par la pratique de l'Eglise Gallicane, qu'elle ne croit point Hérétiques ceux qui ne se soûmettent pas à la décision des Conciles : ce qui forme un composé bizarre d'opinions qui se détruisent les unes les autres.

On le sent bien sans doute : mais comme l'esprit de l'Eglise Romaine n'est pas de chercher les éclaircissemens, qui pourroient porter préjudice à la crédulité qu'elle recommande sur toutes choses à ses Sectateurs, on couvre tous ces embarras sous des termes vagues. On dit par exemples selon les nouvelles décisions du Clergé, que les Papes ont la pleine puissance des choses spirituelles ; de telle sorte néanmoins qu'en même temps les Décrets du Concile de Constance, concernant l'autorité des Conciles Oecuméniques, retiennent toute leur force. C'est vouloir accorder des choses aussi incompatibles, que si on établissoit que le Royaume de France pourroit tomber désormais en quenouille, de telle sorte néanmoins qu'en même temps la Loi Salique seroit maintenuë dans toute son autorité. Mais que faire à cela ? Il faut bien dire quelque chose qui serve du moins de prétexte à la crédulité du peuple, qui n'aprofondissant jamais ces questions, ne verra jamais ce qui est caché sous des termes vagues & généraux.

VI.
Réflexion sur
l'autorité des
Evêques.

En second lieu, la Doctrine de la Faculté de Théologie, est, que les Evêques reçoivent immédiatement de Dieu leur jurisdiction. Pour raisonner conséquemment à ce principe, il faudroit dire qu'il n'y a point d'autre différence entre un Pape & les autres Evêques, que celle du rang & de l'ordre, & que le Pape est à l'égard des autres Evêques, ce que le Parlement de Paris est à l'égard des autres Parlemens de France. Mais la pratique de l'Eglise Gallicane fait bien voir qu'on ne raisonne pas ainsi. Car les Evêques prêtent un serment de fidélité au Pape, par lequel ils s'engagent envers lui à tout ce qu'un Vassal sauroit promettre à son Seigneur, & un Sujet à son Souverain, comme il paroît par le Formulaire (*) du serment, qui se lit au long dans la premiere partie du Pontifical Romain. Il n'y a point d'exemple au monde d'une subordination semblable à celle de la Hiérarchie Romaine. C'est Dieu (dit-on en France) qui établit immédiatement chaque Evêque dans son Diocese, & néanmoins ils jurent tous d'être fidelles à l'un d'entre eux comme à leur Maître : ce qui est aussi monstrueux que si les Parlemens de France, ayant reçu immédiatement du Roi le caractere de Compagnie Souveraine, chacun dans son ressort, s'avisoient pourtant de prêter serment de fidelité à celui de Paris, & s'assujettissoient à voir casser tous les jours leurs Arrêts, par celui de Paris. La subordination des Présidiaux au Parlement ne favorise pas la Hiérarchie reconnuë par l'Eglise Gallicane. Car il est bien vrai que les Présidiaux reçoivent immédiatement du Roi leur jurisdiction : mais il n'est pas vrai qu'ils prêtent serment de fidelité au Parlement, ni qu'ils puissent être supprimez par des Arrêts du Parlement, comme les Evêques de France prêtent serment de fidélité au Pape, & peuvent être dé-

(*) Titul. de consecr. electi in Episc. p. 57.

 déposez par le Gape, à tout le moins après avoir été jugez en France par des Commissaires de sa Sainteté *in partibus*. Il n'est pas vrai non-plus que les Evêques de France se bornent à n'avoir pas plus de jurisdiction dans leurs Dioceses pour le spirituel, que les Présidiaux pour le temporel. Mr. l'Archevêque de Paris, qui préside depuis plus de vingt ans aux Assemblées du Clergé, & à qui l'on donne à Rome le titre de *Pape d'au-delà des Monts*, comme autrefois(*) au Cardinal de Lorraine, n'accordera jamais que l'autorité du Châtelet est aussi grande dans Paris pour les choses temporelles, que la sienne pour les choses spirituelles. Outre cela, si la subordination des Evêques au Pape étoit comme celle des Présidiaux au Parlement, il s'ensuivroit que le Pape seroit le souverain Juge de l'Eglise, duquel on n'appelleroit pas à un Tribunal Supérieur ; ce qui est contraire à la doctrine de l'Eglise Gallicane. Concluons, que la doctrine de Jacques de Vernant, pour si fausse qu'elle soit, a du moins cet avantage par dessus l'autre, qu'elle est toute de plein pied, si j'ose m'exprimer ainsi pour signifier que ses parties se soûtiennent & se suivent mieux, que les parties de l'autre opinion. Il est presque impossible que l'erreur ait cet avantage : mais du moins y a-t-il des erreurs qui s'en approchent un peu plus que ne font les autres.

J'ai eu occasion ailleurs (A) de parler de cette matiere, & je vous ai allégué un savant Jésuite, fort prévenu de la puissance du Pape sur le temporel des Rois, qui désole les Docteurs de sa Communion qui ne sont pas de son sentiment, & les précipite dans des conséquences les plus étonnantes du monde. Jugez un peu qu'elle doit être l'absurdité des principes de l'Eglise Romaine, puis qu'après tout, le parti le moins déraisonnable que l'on y puisse suivre, est celui qui ne donne nulles bornes à l'autorité du Pape, & qui lui applique la promesse qui fut faite aux Romains par Jupiter.

His ego nec metas rerum, nec tempora pono,
Imperium sine fine dedi. (B)

Je vous assure, Monsieur, qu'entre les mains d'un habile homme, ces argumens ici pourroient devenir très-embarrassans. Je souhaite de tout mon cœur qu'il prenne envie à quelque savante Plume de les traiter à plein fond, & de montrer à Mrs. du Clergé de France, qui font tant de bruit des libertez de l'Eglise Gallicane, & qui croyent que, si toute Eglise Catholique étoit aussi Orthodoxe là-dessus, que la Gallicane, on remédieroit sans peine au Schisme des Protestans, qu'ils sont éloignez de leur conte. Ces libertez de l'Eglise Gallicane font une brèche si ruïneuse au Système de la Théologie Romaine, qu'elle ne peut plus avoir après cela des principes bien liez, ni raisonner conséquemment. Il faut, ou poser les principes des Anglois, ou les principes des Jesuites du temps passé ; c'est-à-dire, que pour avoir un Système bien lié, & qui ne craigne pas ce qu'on apelle dans l'Ecole, *argumenta ad hominem*, il faut, ou assujettir la puissance Ecclésiastique à la Séculiere, ou celle-ci à l'Ecclésiastique. Je suis votre, &c.

LETTRE XXVI.

I. *Que l'on fait tous les jours, dans la Communion de Rome, ce que Mr. Maimbourg a blâmé dans le grand Conseil de Genéve ; c'est-à-dire, que sans étude ni science on juge laquelle des deux Religions est la meilleure.* II. *Preuve de cela, parce qu'il faut qu'un Huguenot converti juge par ses propres lumieres que l'Eglise est infaillible.* III. *La connoissance, que Dieu dit une chose, n'est-point une preuve certaine sans la connoissance, qu'il est souverainement parfait.* IV. *Comparaison du Sénat de Zurich avec le Parlement de Paris.*

MONSIEUR,

Je serai plus reservé une autre fois à vous dire qu'il me seroit aisé de montrer telle ou telle chose ; car sur ce qu'il m'est échapé de vous écrire dans ma dixieme Lettre que je pourrois aisément montrer à Mr. Maimbourg, que le Conseil de Genéve n'a rien fait, que l'on ne fasse tous les jours dans la Communion de Rome, vous ne cessez de me demander comment je me prendrois à prouver cela. Je vois bien que le plus court pour moi sera de vous satisfaire. Voici donc comment je m'y prends.

On voit tous les jours des Huguenots se faire de la Religion du Roi, après quelques légeres instructions qu'on leur a données. N'est-il pas vrai que ces gens-là, sans avoir lû ni Conciles, ni Peres, ni Docteurs, décident souverainement dans leur tête des matieres de Foi, sur lesquelles nous sommes en différend avec les Catholiques Romains ? Si un particulier le fait, après quelques éclaircissemens bien minces, sans que l'Eglise Romaine l'accuse de témérité ; de quel front ose-t-elle blâmer une Assemblée de Magistrats, qui, après plusieurs longues & mûres délibérations, décide d'une Controverse où il s'agit de choisir une Religion ? Je sai bien ce qu'on me répondra, mais j'ai ma replique toute prête.

On me répondra qu'un Huguenot qui se convertit, ne s'ingere pas de décider, par ses propres lumieres, de ce qu'il faut croire ou ne pas croire ; qu'il ne fait que se soûmettre aux Décisions de l'Eglise, après avoir connu qu'elles ont été faites avec une pleine connoissance de cause, par ceux qui ont reçu de Dieu l'autorité de juger de ces choses-là. C'est la réponse, voici la replique.

Je dis qu'il faut que ce Huguenot décide, par ses propres lumieres, à tout le moins la grande Controverse qui regne entre les deux Religions, touchant l'autorité de l'Eglise ; car il ne sauroit se dispenser de l'examen de chaque point de Controverse, qu'en se persuadant qu'il y a une Eglise infaillible, qui a prononcé sur chacun d'eux ; & qu'il suffit, pour avoir la conscience entierement en repos, d'acquiescer aux décisions de cette Eglise. Pour se persuader cela, il faut qu'il décide le procès que nous faisons à l'Eglise Romaine sur l'infaillibilité qu'elle s'attribuë. Et comment décidera-t-il ? Sera-ce avec l'αὐτὸς ἔφα, l'Eglise l'a dit, qui est si commode pour les Esprits paresseux ? Il est évident

dent qu'il ne peut pas se servir de cette voye abrégée, jusqu'à ce qu'il ait connu que nous avons tort de disputer à l'Eglise Romaine le privilége de l'infaillibilité. Quand il aura une fois connu cela, j'avouë qu'avec ces trois mots *l'Eglise l'a dit*, il se tirera de tout mauvais pas. Mais avant que d'avoir connu ce Mystere, il est obligé à se conduire tout autrement; à regarder comme douteuses les raisons que Mrs. de l'Eglise Romaine alleguent pour prouver leur prétention, & à les comparer avec celles que nous apportons contre cette prétention. On peut . lui faciliter l'instruction de ce grand procès, je le sai bien: mais enfin tout ce qu'on lui en dit n'étant pas encore connu pour infaillible, c'est à lui à prononcer par les lumieres de son bon sens, ou que l'Eglise Romaine a raison de s'attribuer l'infaillibilité, ou qu'elle n'a pas raison. S'il prononce le dernier, le voilà encore Huguenot. Or je soûtiens que la décision de cette Controverse est d'une si grande importance, que si un Laïque ignorant se la peut attribuer sans témérité, il est en droit dès là de s'attribuer toutes les autres, & par conséquent Monsieur Maimbourg accuse fort mal à propos le Magistrat de Zurich *d'une entreprise tout-à-fait insoutenable*, & raille sans fondement *ces Messieurs du grand Conseil de Geneve*, de leur peu d'habitude avec les Peres & les Conciles, puis qu'ils n'ont rien fait qui n'ait lieu dans l'Eglise Romaine tous les jours. Oseroit-on bien soûtenir qu'il ne faut pas autant de lecture des Peres, des Conciles, & des Interpretes de l'Ecriture, pour savoir si l'Eglise Romaine est infaillible, que pour savoir si Jésus-Christ nous donne son propre Corps dans le Sacrement ?

Pour mieux connoître la vérité de ce que j'ai voulu établir, *que l'infaillibilité de l'Eglise doit être connuë indépendemment du témoignage qu'elle se rend elle-même*, il faut considérer que l'Eglise ne peut pas prétendre à une plus grande autorité que celle de Dieu. Or c'est une chose indubitable à ceux qui examinent les choses, que nous n'ajoûtons point une foi entierement certaine à ce que Dieu nous a révélé, précisément parce que nous savons que Dieu nous l'a révélé; mais parce que nous savons d'ailleurs, par l'idée claire & distincte que nous avons de Dieu, qui nous le représente comme un Etre souverainement parfait, que Dieu ne peut ni tromper, ni être trompé. Il est donc faux à bien plus forte raison, que nous ajoûtions une pleine & indubitable foi à ce que l'Eglise décide, précisément parce que nous savons que l'Eglise le décide; il faut nécessairement que nous connoissions d'ailleurs, que Dieu lui a donné le privilége de l'infaillibilité.

III.
Que les choses révélées de Dieu ne sont valables que pour ceux qui le croyent souverainement parfait.

Considérons le progrès de nos connoissances. Je demande à un Catholique Romain, pourquoi il croit la Transubstantiation; il me répond, parce que l'Eglise en a fait un article de Foi. Je lui demande encore pourquoi il croit que les décisions de l'Eglise sont véritables; il me répond, parce qu'il croit qu'elle est infaillible. Je continuë à lui demander pourquoi il croit qu'elle est infaillible; il me répond, parce que Dieu l'a dit. Je pousse encore plus loin mes questions, & je lui demande pourquoi il croit que les choses révélées de Dieu, sont vrayes ? Il doit me répondre, parce qu'il conçoit nécessairement Dieu comme un Etre souverainement parfait, & par conséquent incapable d'être trompé & de tromper. Je n'ai plus rien à demander après cela, car on m'a dit la derniere raison qui se puisse dire.

Il paroît par cette gradation de demandes & de réponses, que ceux qui prouvent qu'une chose est vraye, parce que Dieu l'a dite, se servent d'une raison qui en suppose nécessairement une autre, tirée de la connoissance de l'Etre souverainement parfait; car s'il étoit possible de se figurer la Divinité comme capable de tromper les hommes, ou de se tromper elle-même, il seroit très-possible d'être fermement assuré que Dieu a dit une chose, & de douter en même temps de la vérité de cette chose. Or si la raison tirée de ce que Dieu a dit une chose, n'en prouve nécessairement la vérité qu'à ceux qui connoissent d'ailleurs que Dieu est un Etre souverainement parfait, il est évident que la raison tirée de ce que l'Eglise a dit une chose, n'est une raison nécessaire, qu'à l'égard de ceux qui connoissent l'infaillibilité de l'Eglise : d'où il paroît évidemment que le témoignage que l'Eglise se rend à elle-même, n'est pas la vraye raison de la certitude de notre Foi, & que pour s'assurer de quelque chose sur ce témoignage, il faut connoître indépendemment de ce que l'Eglise dit, que son témoignage est infaillible. Or on ne peut connoître que le témoignage de l'Eglise est infaillible, qu'en connoissant que Dieu lui a donné ce privilége. Donc un Païsan Catholique découvre, par son propre jugement, que Dieu nous a révélé que l'Eglise ne peut errer. Je dis, par son propre jugement, parce que s'il connoissoit cela à cause que l'Eglise l'assureroit, il feroit un cercle ridicule, croyant que l'Eglise est infaillible, parce que Dieu l'a révélé : & se persuadant que Dieu l'a révélé, parce que l'Eglise est infaillible.

Ce raisonnement apliqué à l'infaillibilité de l'Eglise Romaine.

Il est donc évident qu'un Huguenot qui change de Religion, doit du moins être capable de décider sans l'autorité de l'Eglise, qu'il y a révélation touchant l'infaillibilité de l'Eglise. Ce pas étant fait, il s'assure des autres articles de sa Foi, par la connoissance qu'il a, que l'Eglise les a décidez. Mais comme son Curé, ni son Evêque, ni son Métropolitain, ni son Primat, n'ont pas le privilége de l'infaillibilité, il s'ensuit qu'il ne peut avoir aucune véritable certitude, s'il ne connoît par ses lumieres, que la doctrine de ses Pasteurs est conforme aux décisions de l'Eglise ; & par conséquent il est nécessaire qu'il compare ce que son Curé lui dit avec les Canons des Conciles, & qu'il juge que ces deux choses sont une seule & même doctrine : de sorte que le voilà le véritable Juge de sa Foi, aussi-bien que quand il étoit Huguenot. J'ai dit qu'il doit connoître, par ses propres lumieres, que ce qu'on lui enseigne est conforme à la doctrine de l'Eglise; parce que le témoignage d'un Curé, d'un Evêque, d'un Archevêque, d'un Synode même National, n'ayant point le don d'être infaillible, n'est pas capable de l'assurer qu'en croyant ce que ses Pasteurs lui enseignent, il est dans la Foi décidée par les saints Canons.

Afin que la comparaison soit plus juste, comparons le Sénat de Zurich & de Geneve avec le Parlement de Paris. Quoi qu'il y ait d'habiles & de savans hommes dans ce Parlement, il est sûr qu'il s'y en trouve aussi qui ne le sont pas, comme Monsieur Pelisson l'a remarqué sur un sujet assez agréable; savoir sur les alarmes où cet-

LETTRE. XXVI.

IV.
Comparaison du Sénat de Zurich avec le Parlement de Paris.

te augufte Compagnie se trouva, aprenant que le Cardinal de Richelieu vouloit ériger une Académie de beaux esprits, pour travailler à la politesse de notre Langue. Quand même on supposeroit que tous ces Mrs. du Parlement sont très-habiles, il seroit toûjours vrai qu'ils ne sont pas tous versez dans la connoissance des Peres, des Conciles, & des Interpretes de l Ecriture. Que dira donc le P. Maimbourg si je lui fais voir, qu'avant que le Grand Conseil de Geneve eût prononcé sur la Controverse des Zuingliens & des Catholiques, le Parlement de Paris avoit tellement prononcé sur le même différend, qu'il avoit fait mourir très-grand nombre de personnes du parti non Catholique?

Ce n'est pas une preuve, me dira-t-on encore un coup, que des Laïques ayent décidé d'une doctrine de Religion: ils ont seulement appuyé les décisions de l'Eglise. Mais encore un coup, ces Laïques, en condamnant les Novateurs, n'ont-ils pas décidé que leur doctrine étoit contraire à la doctrine de l'Eglise? Les Laïques peuvent donc décider de la conformité, ou de la contrarieté qui se rencontre, entre une doctrine, & celle qui nous vient du Ciel. De-plus, en condamnant les Novateurs, n'ont-ils pas déclaré par un Arrêt solemnel, que la doctrine de l'Eglise étoit véritable? Et pour déclarer cela, n'a-t-il pas falu qu'ils décidassent, ou que cette doctrine étoit conforme à la parole de Dieu, ou qu'elle avoit été décidée par un Juge qui ne peut errer? Je ne vois point d'autre voye que ces deux-là pour être certain de la vérité de sa Foi. S'ils ont décidé que la doctrine de l'Eglise étoit véritable, parce qu'ils connoissoient qu'elle étoit conforme à la parole de Dieu, il s'ensuit que des Laïques peu versez dans la connoissance des Peres & des Conciles, peuvent justement prononcer qu'une doctrine est conforme à la parole de Dieu. S'ils ont décidé que la doctrine de l'Eglise étoit véritable, parce qu'ils connoissoient que l'Eglise qui l'avoit décidée ne peut errer, il s'ensuit que des Laïques peuvent décider la grande & importante question, *s'il y a une Eglise infaillible dans le monde; & supposé qu'il y en ait une, si cette Eglise est la Romaine.* Je dis qu'ils la peuvent décider, parce qu'il ne serviroit de rien que l'Eglise nous dît, qu'elle est infaillible, si nous ne nous convainquions par nous-mêmes, de la bonté des preuves qu'elle en porte; si bien qu'afin qu'un homme soit légitimement persuadé que l'Eglise est infaillible, il faut qu'il juge que les raisons qui prouvent son infaillibilité sont bonnes & vrayes. Or pour peu qu'on examine la question de l'infaillibilité de l'Eglise sans préjudice, on avouera que quiconque est capable de la décider, est capable de décider quelque Controverse de Religion que ce puisse être.

Je me suis étendu sur cette matiere, parce qu'il est important de montrer à ces Messieurs, que quand ils nous objectent que nous permettrons aux Laïques d'être les Juges de leur Foi, d'avoir un esprit particulier, &c. ils ne voyent pas qu'ils sont sujets aux mêmes inconveniens, si inconveniens y a. J'aurai peut-être occasion un jour de parler plus amplement (*) avec vous de la matiere de l'infaillibilité. Je suis votre, &c.

(*) Voyez la Lettre XXIX.

LETTRE XXVII.

I. Réfutation de la distinction du Pape d'avec le S. Siége. II. Que cette distinction est contraire au droit des Rois. III. Que si on ne donne un certain sens à cette distinction, on tombe dans une doctrine absurde. IV. Combien est inexplicable le mot ex Cathedrâ dans la Théologie Romaine. V. Ce qui ruïne la susdite distinction. VI. Doutes qui doivent s'élever dans les esprits, à cause des démêlez qui sont à présent entre la France & la Cour de Rome. VII. Procédures du Pape contre un Arrêt du Parlement qui concerne les Religieuses de Charonne. VIII. Et contre le Livre de Mr. Gerbais. IX. Réflexion sur les approbations accordées par la Cour de Rome au Livre de Mr. de Meaux. X. Et sur deux Livres nouveaux concernant le P. Moya.

MONSIEUR,

Quoi que je fasse un cas tout particulier de l'honneur de votre approbation, j'aimerois mieux que vous estimassiez moins ce que j'écris, que de voir que l'on ne sauroit faire semblant d'avoir quelque chose à dire sur un sujet, qu'aussi-tôt vous ne demandiez avec instance qu'on vous l'écrive. Deux mots qui m'ont échapé sur la fin de ma douzieme Lettre, touchant la distinction du Pape d'avec le St. Siége, sont cause que pour finir vos persécutions, il me faut examiner cette affaire-là: voici comment je m'en tire.

En parlant de la prise d'armes du Roi Henri II. contre le Pape, Mr. Maimbourg fait (A) une remarque qui est bien du temps; c'est que le Roi ne fit point la guerre au Pape *comme le Chef de l'Eglise, mais comme à un Prince temporel, & qu'on vit clairement en cette occasion, que pour être mal avec Jules, il ne laissoit pas d'être fortement attaché au St. Siége: que son zele pour la Religion ne perdoit rien pour cela de sa force, & que les Hérétiques n'en pourroient tirer aucun avantage.* Il avoit remarqué une partie de ces choses plus au long dans l'Histoire du Luthéranisme, ayant été obligé à parler de cette guerre de Henri II. contre Jules III. & il avoit même fait venir sur les rangs, les deux célebres Historiens du Concile de Trente, Fra-Paolo, & le Cardinal Pallavicin; le premier pour dire, *qu'on trouva fort étrange à Rome, que le Roi protestât qu'il vouloit toûjours rendre au St. Siége le respect & l'obéissance qu'on lui doit, en même temps qu'il agissoit si fortement contre le Pape: ce qu'on disoit ne pouvoir s'accorder, parce que le St. Siége n'est autre chose que le Pape.* Et le dernier pour dire, *qu'on n'étoit pas si stupide à Rome qu'on n'y sût fort bien, qu'il y a grande différence à faire entre le St. Siége & le Pape quand il n'agit pas comme Pape, c'est à dire, comme Chef de l'Eglise, ex Cathedrâ, de la maniere que cette parole importante se doit entendre, & qu'on peut être bien avec le St. Siége qu'on aime & qu'on protege, & mal avec un Pape duquel on n'a pas sujet d'être satisfait.*

Mais n'en déplaise aux Jesuites Pallavicin & Maimbourg, le premier Historien du Concile me paroît beaucoup plus raisonnable qu'eux: & plût à Dieu, Monsieur, qu'un habile homme se

(A) *Hist. du Calvin.* p. 94.

se mît bien en tête de réfuter cette jolie distinction : vous verriez mener bien loin ceux qui s'en servent à tout propos. Qui est-ce, je vous prie, qui comprendra jamais que le Pape & le Chef de l'Eglise étant une seule & même personne, on puisse emprisonner le Pape sans emprisonner le Chef de l'Eglise ? Vous souvenez-vous de la pensée d'un Païsan, qui étoit fort scandalisé de voir un Archevêque de Cologne à la tête d'une Armée ; ce qui ne ne lui sembloit pas aussi Apostolique que le devoient être les Prélats ? On lui représenta que ce n'étoit pas entant qu'Archevêque que cet Electeur faisoit la guerre, mais entant qu'Electeur : *Mais quand Monsieur l'Electeur*, répondit-il *sera à tous les Diables, que deviendra Monsieur l'Archevêque ?* Il y a du bon sens à cela plus qu'on ne peut se l'imaginer.

Il est sûr qu'encore qu'il y ait plusieurs relations dans une même personne, qui ne soient pas également digne de notre considération, néanmoins s'il y en a une qui mérite notre respect, nous ne pouvons manquer de respect pour cette personne, sans être coupables. Pour s'en convaincre on n'a qu'à considérer, que si un homme batoit un Prêtre de mauvaise vie, il auroit beau alléguer qu'il ne l'a point batu entant que Prêtre, mais entant qu'homme débauché, il ne laisseroit pas d'encourir toutes les peines, que méritent ceux qui mettent les mains sur les personnes Ecclésiastiques. Si un fils donnoit un soufflet à son pere, il ne seroit point reçu à donner pour moyens de sa justification, le *Distinguo* d'entre la qualité du pere, & la qualité d'homme bizarre ; & il est certain qu'il seroit incomparablement plus châtié, que s'il avoit donné un soufflet à un autre homme : tant il est vrai que la seule relation de pere nous doit rendre toute la personne inviolable. Par la même raison la qualité de Chef de l'Eglise doit rendre toute la personne du Pape tellement sacré, que si à cause de ses déreglemens on s'émancipe à la châtier, on n'est pas moins coupable qu'un fils qui châtieroit son pere, dont il auroit reçu des affronts indignes.

Je ne trouve rien de plus pernicieux qu'une distinction de cette nature ; car à l'aide de cette distinction, un Gentilhomme qui rencontreroit un Evêque chassant sur ses terres, lui pourroit faire insulte, le pourroit charger de coups, & dire après cela, *qu'il n'a point mal-traité le Prélat entant que Prélat ; qu'il sait trop bien ce qui est dû à un Prince de l'Eglise ; qu'il ne confond point l'homme de Dieu avec l'homme du monde ; qu'ainsi il ne l'a mal-traité que comme chasseur.* En se rébellant contre un Roi Hérétique, on pourroit alléguer pareillement, qu'on ne lui désobéït pas comme à un Roi, mais comme à un homme retranché de la Communion de l'Eglise. En bonne foi, lors que le Pape Urbain VIII. disoit qu'il ne croyoit pas la conception immaculée comme Pape, mais qu'il la croyoit comme Maphée Barbarin, entendoit-il bien ce qu'il disoit ? Sentoit-il dans son ame, deux dispositions directement opposées en même tems ?

Ainsi à proprement parler, quand un Prince dit ; qu'il déteste le Pape, mais qu'il a une singuliere vénération pour le S. Siege, il ne veut dire autre chose sinon, que dès aussi-tôt que le Pape rentrera dans son devoir, il lui rendra l'obéïssance filiale. Ce respect que l'on conserve pour le Saint Siége, est comme la disposition qui se trouve constamment dans un honnête homme, à favoriser les justes prétentions de ses amis. Si ses amis prétendent à quelque chose injustement, conserve-t-il l'envie de les favoriser ? Ouï, il la conserve pour le temps auquel ils auront des prétentions raisonnables. Mais pour le temps où ils n'en ont pas, il n'a point du tout de disposition à les servir. De même quand un Prince a du mépris & de la haine pour le Pape, il en a aussi pour le Saint Siége à l'égard de ce temps-là. Mais parce qu'il est tout prêt d'honorer le Pape, dès qu'il le verra agir conformément à son devoir, il peut dire en quelque façon qu'il conserve du respect pour le St. Siége. A moins qu'on ne l'entende ainsi, ou d'une maniere fort approchante, c'est du pur galimathias que la distinction du Pape d'avec le St. Siége.

Lors que les Etats du Royaume déposerent autrefois le Roi Childeric, il est certain qu'ils n'estimoient en lui ni sa qualité d'homme, ni sa qualité de Roi, & qu'ils avoient le dernier mépris pour la Majesté Royale, par raport à lui. Il y eût eu du ridicule à lui dire, qu'ils ne vouloient point le mal-traiter comme Roi, mais seulement comme Childeric ; que méprisant Childeric, ils conserveroient pour sa Royauté toute sorte de soûmissions & d'obéïssance. Qu'est-ce donc qu'on pouvoit dire d'eux ? Qu'ils ne méprisoient point la Majesté Royale en général, & qu'ils étoient prêt de l'estimer, dès qu'ils la verroient dans un bon Sujet. Il en est de même d'un Prince qui à l'exemple de Charles V. tiendroit le Pape très-étroitement assiégé dans un Château. Il maltraiteroit tout ensemble & la qualité du Pape, & la qualité de Chef de l'Eglise, & le Saint Siége, & tout ce en général qui se trouveroit réüni dans la personne de ce Pape. Mais il ne laisseroit pas d'être prêt à honorer toutes ces qualitez-là, dès qu'elles seroient réünies dans un Sujet qui ne lui déplaîroit pas.

En un mot, le Saint Siége, & la Royauté n'étant point des idées vagues de Logique, mais quelque chose de réel qui existe dans un Individu, & qui est cet Individu même, il est aussi impossible de vénerer actuellement, & pour le tems présent, le Saint Siége & la Royauté, lors qu'on déteste cet Individu-là, qu'il est impossible d'aimer la nature humaine d'un certain homme, pendant qu'on a de la haine pour cet homme. Brutus, qui fit mourir ses enfans parce qu'ils étoient traîtres à leur Patrie, conserva-t-il de la tendresse pour la qualité de fils qui étoit en eux, & se contenta-t-il de haïr leur trahison ? Point du tout. A cause de leur trahison, il détesta toute leur personne, & ne les considéra plus comme ses fils. Je ne crois pas que jamais personne qui se soit bien examiné, ait senti les effets de cette admirable distinction dont nous parlons, autrement que comme je l'ai expliquée ; & on a eu raison de se moquer de la mommerie de Charles V. qui faisoit cesser (*) toutes sortes de réjouïssances en Espagne, & faire par toutes les Eglises des prieres publiques, pour la délivrance du Pape qu'il tenoit prisonnier. Assurez vous, Monsieur, que quand on affame un Pape dans le Château S. Ange, comme faisoient les Troupes de cet Empereur, il n'y a personne qui le sente plûtôt que le Vicaire de Jésus-Christ, que le S. Siége, & que le Chef
de

de l'Eglise : & ce seroit un fort méchant compliment pour un Pape qui auroit jeûné trois jours, que de lui dire qu'on ne l'empêcheroit pas de manger comme Chef de l'Eglise, mais qu'il se gardât bien de manger entant que Pape, autrement qu'on. . . . .

L'obstination des Papes à ne vouloir point de liaison avec les Princes Protestans, qui parut sur tout pendant les Négociations de Munster, prouve manifestement qu'ils ne font pas grand cas de la distinction du Pape & du St. Siége. Car si cette distinction étoit bonne, le Pape pourroit aussi-bien envoyer des Ambassadeurs en Angleterre, que le fils aîné de l'Eglise y en envoye ; & si quelque Bigot en grondoit, on lui diroit tout-aussi-tôt, que le Pape ne faisoit point cela en qualité de Successeur de S. Pierre, & de Chef de l'Eglise, mais comme Prince temporel.

IV.
Combien le mot *ex Cathé-drâ* est inexplicable.

Il ne sera pas inutile de vous avertir, que cette clause, *de la maniere que cette parole importante se doit entendre*, qui se voit immédiatement après le celébre mot *ex Cathedrâ*, dans le passage que j'ai cité de l'Histoire du Luthéranisme, est un des points les plus embrouillez de la Théologie Romaine. Vous en serez convaincu quand vous aurez fait la lecture d'un beau passage, que je m'en vais vous copier d'un Livre François imprimé à Munster l'an 1667. A Munster ? Ouï à Munster, & vous ne devez pas en être surpris, si vous vous souvenez de la 17. Lettre Provinciale, imprimé à Osnabruch avec une petite Apostille, où Mr. Pascal se plaint si agréablement du grand embarras que c'est d'être réduit à cette impression. Ce Livre donc imprimé à Munster contient, entre autres Pieces curieuses, l'avis de Mrs. les gens du Roi du Parlement de Paris, sur un Bref du Pape du 6. Avril, 1665. contre la Censure que la Faculté de Théologie avoit faite du Livre de Jacques de Vernant, & de celui d'Amadeus Guimenius. Après avoir raporté plusieurs exemples de Papes qui ont erré, & plusieurs belles remarques, voici comme parlent ces Messieurs :

»Quelques-uns, pour insinuer plus insensiblement la doctrine de cette infaillibilité, & »pour éluder ce grand nombre de raisons, d'exemple & de préjugez invincibles qui la combatent, ont inventé la fameuse distinction du »Pape parlant comme homme particulier, ou »décidant comme Pape, & prononçant *ex Cathedrâ*, comme un retranchement à leur doctrine. Mais cette subtilité n'est pas moins périlleuse, que l'infaillibilité même. Elle a été »inconnuë dans tous les premiers siecles. Il »ne s'en trouve aucun vestige, ni dans les Peres »de l'Eglise, ni dans les Canons des Conciles. »C'est une production des derniers tems, pleine d'obscurité, d'ignorance & de flaterie, »pour déguiser le mensonge & trahir la vérité. »Peut-on douter d'ailleurs qu'entre les exemples raportez il ne s'en trouve plusieurs, qui »rendent cette distinction absolument inutile, »puis que dès lors les Papes ayant agi & prononcé comme Souverains Pontifes, & dans »toute la plénitude de leur lumiere & de leur »puissance, ils n'ont pas laissé de se méprendre, & de tomber en erreur. Cette nouvelle »rêverie est semblable à une imagination corrompuë, qui donne telle forme qu'elle veut à »des objets fantasques qui n'ont aucune substance. Aussi parmi tant de Sectateurs qui

»l'ont soûtenuë, à peine en trouve-t-on qui »soient d'un même sentiment. Les uns enseignent que parler *ex Cathedrâ*, c'est parler à la »tête d'un Concile : les autres, que c'est prononcer après avoir consulté le seul Collége des »Cardinaux : d'autres, qu'une Assemblée de »Théologiens y est nécessaire ; que le choix pourtant en est libre : quelques-uns, que c'est décider en appuyant une vérité déja terminée »& reçûë dans l'Eglise : plusieurs, que c'est »rendre public ce qui a été déterminé, en affichant les Bulles ou les Constitutions qui le »contiennent pendant quelque tems aux Portes »de S. Jean de Latran, de S. Pierre, & de la »Chancellerie, & dans le Champ de Flore : il »y en a qui, outre un long examen & beaucoup de formalitez, désirent encore que la »Bulle porte expressément, que ce que l'on résout est un article de Foi : d'autres lui donnent »une pleine & entiere liberté de se servir des »moyens, que sa prudence jugera plus convenables : les derniers se contentent de l'établir »sur la définition du Pape, seule capable d'obliger tous les Fidelles sans avoir besoin d'appeller ni Concile, ni Assemblée de Cardinaux ; »non pas même d'invoquer le S. Esprit.

»Cette diversité de sentimens est une preuve »bien évidente, que cette opinion n'a aucun »solide fondement, & qu'elle n'est appuyée que »sur le caprice de quelques esprits, fertiles en »nouvelles imaginations, & en nouvelles chimeres. *&c.*

V.
Ce qui ruïne précédente stinction.

On ne peut rien dire de plus fort en faveur de Fra-Paolo, contre les Jésuites Pallavicin & Maimbourg ; car il est clair par ce discours que la distinction du Pape & du S. Siége n'a nulle réalité, & que ce n'est que de la poudre jettée aux yeux du peuple, pour prévenir le scandale qu'il prendroit de voir mal-traiter le Chef de l'Eglise. Si cette distinction étoit quelque chose, elle seroit nécessairement fondée sur l'*ex Cathedrâ*. Or il est impossible de déterminer ce que c'est que cet *ex Cathedrâ* : donc cette distinction n'est rien. Plus on pénétre dans les Mysteres de l'Eglise Romaine, plus on y découvre un Cáhos incompréhensible ; & bien en prend aux Peuples d'être accoûtumez à n'examiner point leur Religion, & à s'abandonner aveuglément à la conduite d'autrui ; car s'ils pénétroient dans le fond des dogmes, il leur seroit impossible d'être un seul moment en repos. Ils verroient qu'il n'y a nulle raison de croire que le Pape soit infaillible, puis que les Conciles ne le croyent pas : & s'ils pouvoient se persuader nonobstant cette raison, que le Pape est infaillible, ils verroient néanmoins que l'on peut révoquer en doute ses décisions, puis que l'Eglise ni le Pape lui-même n'ont point encore déterminé quelles sont les formalitez nécessaires pour prononcer *ex Cathedrâ*, sans quoi le Pape n'est point infaillible.

VI.
Doutes qui doivent causer les démêlez de la France & la Cour de Rome.

Je ne sai s'il y a eu effectivement une Dame qui ait eu des doutes, à l'occasion des différends qui regnent encore entre le Roi & la Cour de Rome, ou si la Lettre qu'on m'a fait voir d'une Dame à un Abbé, avec la Réponse (*) de l'Abbé, est un jeu d'esprit. Mais quoi qu'il en soit, j'y ai trouvé une fidelle peinture de l'état où devroient être tous les Catholiques, s'ils raisonnoient sur les principes de leur Religion. Cette Dame expose à son Ami Mr. l'Abbé, que durant les démêlez du Jansénisme, ses Directeurs la por-

porterent *à demeurer attachée, par une parfaite soumission, au Pape, sans examiner ses jugemens, &
sans faire de distinction, ni d'exception dans ce qu'il
commande, regardant la liberté que certaines personnes prenoient en cela, comme la vraye marque à quoi
l'on doit reconnoître les Hérétiques.* Elle est demeurée là bien en repos jusqu'à l'année passée: *mais
il faut dire la vérité (poursuit-elle) je ne sai plus
où j'en suis depuis ce tems-là. On publie tous les
jours des Arrêts du Parlement contre les Brefs du
Pape, & l'on soûtient publiquement dans ces Arrêts,
des maximes & des opinions toutes semblables à celles qu'on attribuoit autrefois aux Janfénistes, &
pour lesquelles on les traitoit d'Hérétiques & de rébelles à l'Eglise. J'ai demandé à mon Confesseur
ce que vouloit dire ce changement. Il ne me répond
autre chose sinon, que ce sont des Intérêts d'Etat
qui obligent d'en user différemment selon les temps.*

Cette réponse ne la satisfaisant point, elle prie
Monsieur l'Abbé de lui chercher de la lumiere,
afin qu'elle sache où s'en tenir. On consulte pour
cet effet un Carme nommé le P. César, Directeur de plus de personnes de qualité, que le
grand César ne soûmit de Peuples à son Empire. Il ne répond autre chose sinon, qu'il faut
se tenir au gros de l'arbre. Interrogé, si le Pape est le gros de l'arbre, & si le Parlement &
le Clergé se peuvent séparer de lui sans hérésie ;
il répond *qu'il n'entre point dans toutes ces disputes ; que ce n'est pas à lui de juger de ceux qui sont
établis pour juger des autres, mais qu'il soûtiendra
toûjours au péril de sa vie, qu'il faut se tenir au
gros de l'arbre.* C'est assurément le plus court
pour un homme qui veut aller son chemin, &
n'avoir rien qui l'inquiete dans la profession extérieure d'une Religion commode: car qui voudroit suivre le fil de toutes ces Controverses,
verroit finalement sapper tous les fondemens de
l'Eglise qui s'appelle Catholique.

Vous avez lû l'Arrêt du 24. de Septembre
1680. touchant l'affaire de Charonne, & le plaidoyé de Monsieur le Procureur Général ; vous
avez sçu de quelle maniere cela fut reçu à Rome,
& que le Pape ayant fait examiner cet Ecrit, par
plusieurs Cardinaux & Docteurs, ne se contenta
pas d'en interdire la lecture à tous les Fidelles,
sans excepter même ceux qui méritent d'être
nommément exprimez, mais excommunia aussi
ipso facto tous ceux qui l'imprimeroient, ou qui
le copieroient, ou qui le liroient, ou qui le garderoient chez eux, déclarant qu'ils ne pourroient
être absous des liens de l'excommunication, que
par le Pape seul, excepté à l'heure de la mort. Ce
n'est pas tout, il ordonna que tous ceux qui auroient des Copies ou des Exemplaires de cet Arrêt, les portassent ou aux Ordinaires des lieux,
ou aux Inquisiteurs, qui les brûleroient sur le
champ. Il déclara qu'il ordonnoit toutes ces choses *motu proprio, ac ex certâ scientiâ & maturâ de-
liberatione, deque Apostolica potestatis plenitudine.*
Il voulut & ordonna par la même puissance Apostolique, que la Bulle fût affichée, avec toutes les
formes authentiques, aux Portes de l'Eglise de S.
Pierre, & de la Chancellerie Apostolique, & au
Champ de Flore. Vous avez sçu le cas qu'on a
fait en France de cette Bulle, & qu'à la réserve
du feu & de l'excommunication, le Parlement
de Paris a ordonné les mêmes choses contre la
Bulle, que le Pape avoit ordonnées contre
l'Arrêt du 24. de Septembre. Vous avez
sçu que cet Arrêt a été réimprimé à Paris avec

Privilége, & que l'Assemblée du Clergé est entrée dans les intérêts du Parlement contre ceux
du Pape.

Je croi que le Parlement de Paris a raison ;
mais je dis que ces Arrêts sappent tous les fondemens de la foi des Catholiques. L'opinion
générale de leurs Peuples, est qu'il faut demeurer uni par une véritable obéïssance aux ordres
de sa Sainteté, & que pour arriver au port de
salut, il faut se laisser conduire à la direction du
Successeur de Saint Pierre. Le grand avantage
de l'Eglise, c'est, dit-on, que ses enfans n'ont
besoin que d'une humble docilité pour être Fidelles. Tout cela est ruïné, s'il est une fois
permis de croire qu'une Bulle expédiée dans toutes les formes, où le Pape prononce ses excommunications par la plénitude de la puissance
Apostolique, n'est qu'un Fantôme. On donne
lieu de juger que le Pape, lors même qu'il prononce *ex Cathedrâ*, ne mérite aucune sorte de soumission, parce que si le Pape se trompe lors qu'il assure lui même, qu'après avoir ouï les avis des
Cardinaux & des Docteurs, qu'il avoit expressément chargez d'une chose, il fait un tel Décret
*motu proprio, ac ex certâ scientiâ & maturâ deli-
beratione, deque Apostolica potestatis plenitudine,*
il est clair qu'il n'est point infaillible dans ce
qu'il ordonne en qualité de Chef de l'Eglise ;
ou ce qui est la même chose, par la plénitude
de la science & de la puissance qu'il a reçûë de
Saint Pierre. S'il n'est point infaillible, on a
droit d'examiner ce qu'il ordonne, & si on n'y
trouve point son conte, de le rejetter hautement.
On est donc tombé dans toutes les confusions
que l'on objecte aux Sectaires, & on a persécuté
les Jansénistes contre tout droit & raison, puis
qu'ils n'ont rien fait, que les Parlemens, &
les Evêques de France ne fassent aujourd'hui
impunément. Enfin, il est clair que l'Eglise
Gallicane ne reçoit les Bulles de Rome, que
quand elle les trouve conformes à ses opinions ; & cela étant, l'autorité du Pape ne sert
plus de rien pour fonder la Foi d'un particulier, & l'on peut dire que l'Eglise Anglicane
est aussi soumise au Pape que la Gallicane,
parce qu'il n'y a point de doute que si le Pape
faisoit une Bulle, qui fût conforme aux opinions de l'Eglise Anglicane, & aux maximes du
Parlement d'Angleterre, l'Eglise Anglicane l'approuveroit de tout son cœur.

Le Saint Pere étoit en si bonne humeur d'excommunier les gens le 18. de Décembre 1680.
qu'il condamna, de la maniere que je viens de
raporter, non seulement l'Arrêt du 24. de Septembre, mais aussi le Livre de Monsieur Gerbais,
de Causis majoribus. L'excommunion *ipso facto,*
les affiches aux Portes de Saint Pierre, & au
Champ de Flore, la plénitude de la puissance
Apostolique, le feu des Ordinaires & des Inquisiteurs, tout y étoit ; & outre cela il fut dit
que ce Livre contenoit une doctrine Schismatique, suspecte d'Hérésie, & injurieuse au Saint
Siége. Mais les Evêques qui se trouverent à
Paris quelques mois après, pour d'autres affaires, (ce qui arrive souvent à ces Messieurs)
ayant eu permission de s'assembler, pour examiner les différends que l'on avoit avec le Pape,
firent bien voir au Saint Pere qu'ils en savoient
plus que lui, avec toute la plénitude de sa science
& de sa puissance Apostolique, puis qu'après
avoir examiné le Livre, ils (*) prirent l'Auteur
sous

(*) *Proc. verb. de l'Assem. de 1681.*

Q 3

fous leur protection, louërent fon travail, fon érudition & fon zele, & lui ordonnerent de faire travailler à une feconde édition de fon Ouvrage, où il changeroit quelques expreſſions qui lui étoient échapées, & qu'ils eſtimoient avoir donné lieu au Bref du Pape. Ce qui eſt une pure Comédie, & traiter comme un petit garçon, qui ſe paye de quelques mots, un Pape qu'on affecte de loüer.

Il paroît par toutes ces choſes, qu'un François qui croit qu'une doctrine, condamnée à Rome comme ſchiſmatique, ſuſpecte d'Héréſie, & injurieuſe au Saint Siége, eſt la plus orthodoxe du monde, fait fort bien; & par conſéquent ſi on ne me donne point d'autre raiſon que la Cenſure du Pape, je puis croire que les 65 propoſitions de Morale, qui furent condamnées à Rome l'an 1679. ſont très-Catholiques; d'où s'enſuit que l'autorité d'un Chef viſible dans l'Egliſe ne ſert plus de rien, pour fixer la croyance des particuliers.

Vous vous ſouvenez ſans doute, Monſieur, des eſpérances que les Catholiques avoient conçûës de notre Converſion, par le moyen de la ſeconde Edition du Livre de Monſieur l'Evêque de Meaux, augmentée de pluſieurs éloges venus de Rome, & d'un Bref même du Pape. *Que pourront dire à préſent les Huguenots*, s'écrioient-ils ? *Voilà leur dernier retranchement forcé, qui étoit de dire que la Doctrine de ce Prélat n'étoit pas celle de toute l'Egliſe ?* Ces Meſſieurs nous prenoient pour des gens de l'autre monde, de s'imaginer comme ils faiſoient, que nous ignorions le cas que l'on fait en France des Brefs du Pape. Mais l'Anonyme qui avoit déja répondu à Monſieur l'Evêque de Condom, leur montra bien-tôt, par une ſeconde Réponſe, que nous n'ignorons pas que l'Egliſe Gallicane ne défere aux Brefs & aux Bulles des Papes qu'autant qu'elle le juge à propos, & leur allégua pluſieurs Bulles qui ont été caſſées, pour ainſi dire, par de Arrêts du Parlement, entre autres, celle du Pape d'à préſent qui condamne 65. Propoſitions de Morale, & celle d'Alexandre VII. qui condamnoit la Cenſure des Livres de Jacques de Vernant, & d'Amadeus Guimenius. En quoi il y a une particularité bien remarquable : c'eſt que la Faculté de Théologie avoit condamné dans Amadeus Guimenius la plûpart des 65 Propoſitions condamnée par Innocent XI. Il ne plut pas au Pape qui ſiégeoit en ce temps-là d'aprouver cette condamnation : mais en récompenſe lors qu'il a plû au Pape de condamner ces mêmes propoſitions, il n'a pas plû au Parlement de Paris d'approuver cette Cenſure. N'eſt-il pas bien raiſonnable que chacun ait ſon tour, encore que cela montre la mauvaiſe intelligence qui regne parmi ceux de l'Egliſe Romaine ? Or s'il eſt permis à un bon Catholique Romain de perſiſter dans ſes opinions, nonobſtant les Bulles & les Brefs du Pape, on avoit fort mauvaiſe opinion de nous, de croire que nous n'aurions rien à dire contre le Livre de Monſieur l'Evêque de Condom, aprouvé par un Bref de Sa Sainteté.

Encore une Réflexion ſur deux petits Livres que je viens de recevoir. L'un eſt une Bulle d'innocent XI. du ſeizieme Septembre 1680. condamnant le Livre d'Amadeus Guimenius, à quoi un Janſéniſte a joint quelques remarques, pour nous aprendre que les Jéſuites s'étant rendus les protecteurs de la Morale relachée, ont fait compoſer en France l'Apologie des Caſuiſtes par le P. Pirot, & en Eſpagne par le Pere Moya ſous le nom d'Amadeus Guimenius. Il ajoûte quelques Extraits du Livre de ce P. Moya qui font horreur, & pour concluſion il nous donne un Certificat du Provincial des Capucins de la Province de Paris, en date du trentieme Mai 1665. atteſtant que l'Approbation miſe par Amadeus Guimenius à la tête de ſon Ouvrage étoit ſuppoſée, n'y ayant jamais eu de Capucin qui s'appellât comme celui qu'on prétend avoir approuvé ce Livre; ni de Province dans l'Ordre des Capucins en Eſpagne, qui portât le nom mentionné dans cette Approbation-là.

L'autre Livre eſt une Réfutation du premier, faite (*) *per Daniel Campſordum* grand ennemi des Janſéniſtes. On y voit d'abord quantité de Certificats reçus devant Notaires & Témoins, pour atteſter que le Capucin, & la Province de l'Ordre des Capucins, dont il s'agit dans l'Approbation produite par Amadeus, ſont réellement comme il eſt énoncé dans l'Approbation; & on apprend que les Originaux de ces Actes ſeront montrez à quiconque les voudra voir, par un Profeſſeur en Théologie de Louvain, & Cenſeur des Livres, nommé Nicolas du Bois, dont l'approbation ſe voit à la fin du Livre. C'eſt peu de choſe pour des Capucins, que d'avoir ignoré le nom de l'une de leurs Provinces, & de l'un de leurs Peres : mais ils euſſent bien fait de ne donner pas des Certificats d'une choſe qu'ils ne ſavoient pas bien, & de ne s'imaginer pas que les Jéſuites commettent des fauſſetez ſi aiſées à découvrir. Ce qui ſuit dans le petit Livre eſt autrement conſidérable. On y entreprend l'Apologie d'Amadeus Guimenius (qui eſt le P. Moya, Confeſſeur de la Reine Mere d'Eſpagne) à peu près comme on a fait celle de Janſénius; c'eſt-à-dire qu'on demeure d'accord du droit, mais non pas du fait. Car on prétend qu'il n'a pas enſeigné les doctrines dont on l'accuſe. Quel plaiſir, ſi par une viciſſitude entiere nous voyions les Jéſuites ſe pourvoir contre les Bulles du Pape, par la diſtinction du fait & du droit, & les Janſéniſtes fondre ſur eux comme ſur des Hérétiques, à cauſe de cette diſtinction. Il ne faut déſeſpérer de rien. Je ſuis, Monſieur, votre, &c.

✶✶✶✶✶✶✶✶✶✶✶✶✶✶✶✶✶✶

LETTRE XXVIII.

I. Examen de la Déclaration de la Ducheſſe d'Yorc, que Mr. Maimbourg a miſe à la fin de ſon Ouvrage. II. Combien les Grands aiment à ſe déterminer par des raiſons populaires. III. Et toute ſorte de perſonnes auſſi. IV. L'Egliſe Romaine admet des choſes plus incroyables que celles dont la Ducheſſe s'eſt fait des préjugez contre la Réformation, V. Ce qu'il faut que nous répondions les uns & les autres à ces préjugez. VI. Continuation des remarques qui retorquent contre l'Egliſe Romaine les préjugez qu'elle forme contre nous. Maniere d'élire les Papes. VII. De la création du Pape Altieri, VIII. Les déſordres des Conclaves ſont un préjugé qu'on ne réſout point avec la diſtinction du Pape d'avec le S. Siége. Raiſons de cette diſtinction. IX. Les paſſions des Réformateurs, auſquelles on impute les at-
taques

(*) *Imprimé à Cologne in 8. apud W. Frieſſem.*

taques qu'ils ont livrées au Pape, ne sont point un préjugé légitime, ni ne doivent empêcher l'examen des dogmes. X. Preuve de cela par une Maxime de Morale. Illusion de la voye du préjugé. XI. Ce qu'il faut répondre à la demande pourquoi les Evêques d'Angleterre ont attendu à se réformer jusqu'au regne de Henri Huit. XII. Réflexion sur l'Histoire du Concile de Trente. XIII. Réponse à l'objection qui regarde la naissance de la Reine Elizabeth. XIV. Examen plus précis de la Déclaration. XV. Le retranchement de la priere pour les morts, & de la Confession auriculaire est peu de chose. XVI. Le dogme de l'adoration du Saint Sacrement rendoit la Réformation absolument nécessaire. XVII. Qu'il n'y a point de bonne raison qui autorise le sens littéral des paroles, ceci est mon corps.

MONSIEUR,

Je suis bien-aise d'aprendre qu'ayant enfin lû l'Ouvrage de Mr. Maimbourg, vous ayez trouvé que mes remarques sont sinceres; car je serois bien marri que vous me crussiez capable de prendre de travers les paroles d'un Auteur, afin de donner lieu à ma Critique. Mais vous me faites prendre garde à une chose dont je ne m'étois pas avisé; savoir, que je n'ai rien dit sur une addition considérable qui se voit à la fin de l'histoire du Calvinisme. Vous souhaitez que puis que j'ai fait mes réflexions sur l'Epitre Dédicatoire, & sur l'Avertissement au Lecteur, je les fasse aussi sur ce que vous appellez l'*Appendix*. J'aurois mauvaise grace de vous refuser une Lettre, après vous en avoir écrit un si grand nombre. Voyons donc ce que c'est que tout cela.

J'aprends de divers endroits que la Déclaration de la Duchesse d'Yorc, n'est pas une de ces fraudes pieuses dont Mrs. de l'Eglise Romaine ne font nulle difficulté d'enrichir le monde, sans beaucoup de cérémonies. D'ailleurs il est assez vraisemblable que c'est une personne de la premiere qualité, qui a fait cette Déclaration, parce qu'on y voit cette maniere de décider, qui ne coûte rien, & qui est à cause de cela fort au goût des Grands, naturellement paresseux pour tout ce qui n'a point de raport à leur Grandeur. S'il s'agit de prononcer sur une question difficile, ils s'arrêtent bien plus à certaines notions populaires, qu'ils ne tâchent de pénétrer jusqu'aux véritables principes de Métaphysique. C'est ce qu'a fait cette Princesse. Elle a trouvé je ne sai qu'elle lueur qui l'a éblouïe dans quelques circonstances de la Réformation d'Angleterre. Un Roi impudique irrité contre un Pape qui ne veut point aplaudir à ses adulteres. Un autre Roi, dont l'enfance est sous la conduite d'un oncle qui veut s'emparer des biens de l'Eglise. Une Reine qui, pour maintenir son injuste possession, a intérêt de se faire Protestante, sont trois argumens que l'on pénetre d'abord. Populairement parlant, ce sont des préjuges favorables aux Catholiques. Il faut lire & méditer beaucoup pour connoître le fond de nos Controverses. De grandes lectures & de longues méditations, ne sont pas ce qu'il faut à des Princes. C'est pourquoi la Princesse s'est arrêtée à ces trois préjuges que je viens de raporter, où elle a cru découvrir de grandes lu-

mieres. Voilà une conversion bientôt faite,

Peut-être me ferez vous prendre garde, qu'il y a bien d'autres gens que les Princes, qui n'aiment pas à examiner profondément les matieres, & qu'ainsi j'ai tort de dire que la Déclaration, qui se voit à la fin de l'Histoire du Calvinisme, a fort l'air d'avoir été faite par une Princesse. Si vous le souhaitez, Monsieur, je consens que cette remarque soit fausse; vous n'avez qu'à me le témoigner, car il faut demeurer d'accord qu'on n'aime guéres les pénibles recherches de la vérité dans le monde: presque tous les hommes en sont logez-là, selon la belle remarque de Messieurs de Port-Royal, dont il faut que vous me permettiez de vous raporter les paroles.

» La plûpart (*) des hommes ne se détermi-
» nent point à croire un sentiment plûtôt qu'un
» autre, par des raisons solides & essencielles, qui
» en feroient connoître la vérité, mais par certai-
» nes marques extérieures & étrangeres, qui sont
» plus convenables, ou qu'ils jugent plus con-
» venables à la vérité qu'à la fausseté.

» La raison en est que la vérité intérieure des
» choses est souvent assez cachée; que les esprits
» des hommes sont ordinairement foibles &
» obscurs, pleins de nuages & de faux jour, au
» lieu que ces marques extérieures sont claires &
» sensibles. Desorte que comme les hommes se
» portent aisément à ce qui leur est plus facile,
» ils se rangent presque toûjours du côté où ils
» voyent ces marques extérieures, qu'ils dis-
» cernent facilement.

Cela est si beau que j'aimerois mieux être le premier qui l'eût dit, qu'avoir fait certains volumes *in folio* que je connois. Mais quand ces Messieurs permettent un peu plus bas de rejetter notre Religion, à cause de quelques marques extérieures de fausseté qu'il semble qui lui conviennent, je prendrai la liberté de leur dire, qu'ils font un très-méchant usage d'un très-bon principe.

Car enfin s'il est permis de juger d'une Religion par les marques extérieures de fausseté qui lui conviennent, nous avons raison de condamner l'Egl ise Romaine sans l'entendre, & par la seule considération des préjugez que nous pouvons former à son préjudice. Ils ne sont pas en petit nombre; mais considérons seulement ceux qui ont le plus de conformité avec les trois préjugez qui ont illuminé la Princesse.

Je ne pouvois m'imaginer (dit-elle) & encore moins croire que le S. Esprit, qui gouverne la véritable Eglise, fût l'Auteur de trois points que je viens de remarquer, qui ont été l'unique fondement du renversement de l'anciene Religion, pour favoriser le libertinage de Henri VIII. l'usurpation de la Reine Elizabeth, & l'ambition jointe à l'extrême avarice de l'oncle du Roi Edouard VI. Ce préjugé n'est d'aucune force en la bouche d'un Catholique Romain, parce qu'il est obligé de reconnoître dans sa Communion des choses mille fois plus incroyables. Il est obligé de croire que le S. Esprit, qui gouverne la véritable Eglise, a inspiré à ceux qui ont élu les Papes pendant plusieurs siecles, de choisir les plus infames de tous les hommes, pour être les Chefs de l'Eglise, & les Vicaires du Fils de Dieu; que des gens d'une vie abominable, dont l'ambition a troublé toute l'Europe, & dont les entreprises ont obligé les Royaumes les plus Chretiens à faire mille reglemens vigoureux, pour donner
des

(*) *Art. de penser. 3. part. ch. 19. n. 6.*

des bornes à la puissance Ecclésiastique, ont été conduits par le S. Esprit pour gouverner l'Eglise Chretienne par une providence infaillible, au bien général de la Chretienté; & que pendant la fureur des Antipapes qui s'entre-excommunioient les uns les autres, il y a eu un véritable Chef de l'Eglise, dont néanmoins les excommunications ont été nulles, puis qu'il s'est trouvé enfin que les Chretiens de diverses Obédiences, ont été tous de bons Catholiques, & ont produit des Saints qui ont été cononisez. Je demande si une personne, qui peut croire cela ne peut pas croire qu'un Roi dégoûté de sa femme, ou avare, ou usurpateur, peut être l'instrument du S. Esprit pour la Réformation de l'Eglise?

Quand tout ce que Messieurs de l'Eglise Romaine nous objectent, concernant la personne de nos Réformateurs, seroit vrai; ce ne seroit pas à eux à nous faire sur cela des objections. Ils devroient les laisser faire aux impies qui nient la Providence, ou du moins la Révélation. Il n'y a qu'eux qui puissent nous attaquer pas cet endroit-là; car pour Messieurs les Catholiques, ils devroient être les premiers à faire des réponses pour nous, afin que nous les épargnassions sur des endroits de cette nature, qui donnent mille fois plus de prise à leurs ennemis, que nous n'en donnons aux nôtres. En un mot, il faut être en état de ne point craindre la rétorsion, quand on ose reprocher aux Protestans les irrégularitez que l'on croit voir dans les manieres de leur Réforme.

V.
Ce qu'il faut
que les deux
Religions ré-
pondent à ces
préjugez.

Pour ces Profanes qui attaquent la Religion Chretienne en général, & qui prétendent que si ce que nous disons étoit vrai, *que Dieu s'est choisi une Eglise dans le monde*, nous verrions toûjours cette Eglise servir Dieu purement, & renoncer aux désordres où tombent les autres hommes; pour ces gens-là, dis-je, nous avons tous intérêt, les uns plus, les autres moins, de les renvoyer à la dispute de la Providence: car si les réponses que l'on fait aux objections des Athées contre la Providence, sont bonnes, il s'ensuit que les objections des Déistes contre la divinité de la Religion Chretienne, tirées du désordre qui s'y voit, n'ont aucune force. Et après tout, on peut dire aux uns & aux autres que leurs difficultez, par cela même qu'elles sont fausses, doivent être comme insolubles. En effet, la Nature divine étant infinie en toutes ses perfections, il faut nécessairement que la sagesse, avec laquelle Dieu gouverne toutes choses, soit infinie, & par conséquent incompréhensible à l'homme; desorte qu'il est impossible de faire voir la raison prochaine & immédiate de la sagesse de Dieu, dans chaque évenement particulier, parce que nous n'avons point d'autres idées distinctes de sagesse, que celles qui reglent les devoirs de l'homme. Or selon la déclaration d'un (*) Prophete, il y a une distance infinie entre les voyes de Dieu, & les voyes de l'homme, & entre les pensées de Dieu, & les pensées de l'homme.

Il paroît par-là, comme je le disois toute à l'heure, que l'on s'arrête bien plus à quelque notion populaire, pour juger d'une question importante, que l'on ne monte jusqu'à de bons principes de Métaphysique. Combien y a-t-il de gens qui disent que la Réformation qui se fit dans le dernier siecle ne vaut rien, parce qu'ils n'y trouvent pas toute la justesse qu'ils croyent devoir briller dans les œuvres du Saint Esprit?

Et là-dessus ils se rangent dans l'Eglise dominante sans l'examiner autrement. Je dis qu'ils s'arrêtent à une notion populaire; car ils posent pour principe, *que le St. Esprit n'entre jamais dans un ouvrage où l'on remarque des irrégularitez:* ce qui n'est tout au plus que la pensée d'un homme qui s'imagine bonnement & faussement tout ensemble, que la Providence de Dieu s'est imposé les mêmes bornes & les mêmes regles, que la petite prudence humaine est obligée de garder. Mais ce qu'il y a de plus injuste, c'est que ces mêmes personnes, qui prononcent si témérairement au désavantage de la Réformation, passent dans une Eglise où ils sont forcez d'avouër que le S. Esprit fait mille choses pleines de désordre.

VI.
On contin-
de les retor-
quer contre
l'Eglise Ro-
maine Ma-
niere d'élire
les Papes.

Il n'y a point d'homme de quarante ans qui n'ait vû renouveller le Pontificat, & qui n'ait pû lire la relation d'un Conclave & quelques petits Livres, dont on renouvelle l'impression en ces tems-là, pour donner une idée de la Cour de Rome. Ce ne sont point au reste des Livres suspects, composez par des Huguenots: ce sont tous bons Catholiques qui les composent, & qui les vendent. On apprend-là bien des choses; Que le Sacré Collége se divise en plusieurs factions; Que les Créatures de chaque Pape se rangent sous un Chef, qui a été pour l'ordinaire Cardinal Neveu, c'est-à-dire, engagé dans tous ces désordres du Népotisme, qui en font tant souhaiter l'abolition aux Zélateurs de l'ancienne Discipline; Que la France a ses Pensionnaires, & l'Espagne aussi les siens; que les Ambassadeurs de ces deux Couronnes font à qui mieux, pour faire élire un Pape à leur gré; Que les présens, les promesses, les menaces, en un mot tout ce que l'Intrigue & la Cabale ont de plus fin est mis en œuvre, pour faire Pape plûtôt ce Cardinal-ci que celui-là; Que l'on n'oseroit faire Pape un Cardinal à qui la France ou l'Espagne ont formellement donné l'exclusion; Qu'un Sujet n'est point Papable quand il est François ou Espagnol, Dieu ayant reprouvé depuis quelques siecles, à l'égard de cette fonction, ces deux grands Royaumes; Que durant le Conclave la maxime des Cardinaux non Papables, est de se rendre considérables à leur Chef, de battre le païs, de faire des découvertes, de tenter des diversions, des détachemens, de donner des escarmouches, des assauts, de fausses allarmes, de se jouër les uns les autres par de petits gestes, de petits souris, de petites paroles affectées; Qu'il y a des Cardinaux qui se menagent de longue main les suffrages de leurs Collegues par des raisons d'intérêt, par des alliances, & par d'autres engagemens: Que d'autres feignent des maladies incurables, & font publier par leurs Médecins qu'ils mourront bientôt, afin de se faire choisir par l'espérance prochaine d'un autre Conclave, d'où est venu le bon mot qui se lit dans les lettres de Monsieur de Balzac (je ne sai pas s'il vient de plus haut) *que d'un Cardinal malade il se fait souvent un Pape qui se porte bien.* D'autres disent qu'à l'égard des Cardinaux malades, le Siége de S. Pierre, ou l'ombre du trône du S. Pierre, fait le même miracle que l'ombre du premier Apôtre faisoit dans les premiers jours de l'Eglise. On ne peut nier que ce ne soient de grandes irrégularitez, & qu'il ne faille avoir une ample provision de foi, pour croire que le Pape, qui sort d'un pareil
Con-

(*) *Esai ch. 55. v. 9.*

Conclave, eſt élu par l'inſpiration du Saint Eſprit. Cependant Mrs. de l'Egliſe Romaine ne
laiſſent pas de le dire, & leurs Convertis auſſi,
quoi que le motif de leur converſion ait été,
à ce qu'ils nous veulent faire accroire, la maniere irréguliere de notre Réforme incompatible
avec les opérations du S. Eſprit.

VII.
Création
de Altie-

Pour moi qui combats autant qu'il m'eſt poſſible le poids de mes préjugez, afin de voir les
choſes en elles-mêmes, & qui n'ai peut-être pas
toûjours combatu en vain, j'avoué que j'ai de
la peine à m'empêcher de condamner l'Egliſe Romaine, ſur la ſimple lecture d'un Conclave,
& des Relations qui nous viennent des Intrigues
de ce païs-là. Car comment s'imaginer que le
Cardinal Altieri, par exemple, qui fut fait Pape l'an 1670, ait été choiſi de Dieu pour le
ſouverain Monarque de l'Egliſe, quand on voit
de quelle maniere ce bon vieillard fut élevé au
Pontificat? Un Catholique Romain, François
de Nation, nous aprend, dans un petit Livre (*)
imprimé à Paris avec Privilége, que le Cardinal Barberin & le Cardinal Chigi, qui étoient
les Chefs de deux factions entierement oppoſées,
& qui ſe donnoient à entendre l'un à l'autre
qu'ils creveroient plûtôt que de plier, conféré-
rent enfin entre eux, que Barberin ayant conſenti à l'élection qui plaiſoit le mieux à Chigi, pourvû que l'on fît Pape une des Créatures de Clement IX. Chigi ſe fixa au Cardinal Emile Altieri, âgé de quatre-vint ans, &
fort propre pour le dépôt, outre bien d'autres
raiſons humaines, qui faiſoient que tous les Chefs
de parti pouvoient trouver leur conte à un tel
Pontificat, excepté l'Eſcadron volant, ou les
Créatures d'Innocent X; que pour empêcher les
Eſquadroniſtes de s'appercevoir de la trame, on
n'oſa point commettre l'affaire au Scrutin; de
ſorte qu'on prit le parti de déclarer Altieri Pape
par voye d'inſpiration. *Cela ſe fit*, ajoûte l'Auteur, *le 20. Avril. Après le Scrutin ordinaire
qu'on fait tous les matins, & qu'ils continuerent
de faire ce jour-là par forme, comme un chacun
ſortoit de la Chapelle pour ſe retirer en ſa Cellule,
attendant le dîner, on entendit par tout le Conclave une voix*, Altieri Papa, Altieri Papa. *Ce
concert commença par Barberin, Chigi, Roſpiglioſi,
Medicis, d'Eſte; & tous les autres de leur parti
ſuivirent*, Altieri Papa, Altieri Papa. *Ce fut un
éclat de Tonnerre pour l'Eſquadron volant. Mais
comme ils virent que tous alloient d'une voix à proclamer Altieri Papa; que c'étoit une choſe concertée; que leur répugnance ne ſerviroit de rien pour
l'empêcher, ils mêlerent leurs cris à celui des autres, & coururent tous à la Chambre du Cardinal
Altieri, &c.* Comment s'imaginer qu'il y ait
parmi tout cela du *viſum eſt Spiritui Sancto*?

...ment Mr.
...lot de la
...aye rapor-
...tte affaire.

Un autre François, bon Catholique, nommé
Mr. Amelot de la Houſſaye, ne raporte pas la
choſe tout à fait ainſi dans la Relation du même
Conclave, qu'il fit imprimer à Paris avec Privilége l'an 1676, mais il nous aprend mille intrigues, qui ſont peut-être pires que celle-là. Le
Cardinal Odeſcalchi, qui eſt aujourd'hui le
Pape Innocent XI. penſa être élu dès-lors: mais
Mr. le Duc de Chaunes, Ambaſſadeur Extraordinaire de France, ayant répondu à celui qui
le lui propoſa, *qu'il lui déplaiſoit que ce Cardinal
n'eût pas le bonheur d'être connu du Roi Très-Chretien ſon Maître*, traverſa ſon élevation. Mon-

ſieur Amelot n'en convient pas, & attribuë la
choſe à une cauſe plus vraiſemblable, ſavoir à
l'auſterité des mœurs de ce Cardinal. Voici
comme il parle:

» Il y en a qui diſent qu'il ſe ruina lui-mê-
» me pour avoir dit aux Cardinaux, que ſi on
» l'exaltoit, il étoit réſolu de réformer pluſieurs
» abus qu'il y avoit dans le Collége & dans la
» Cour de Rome. Mais ceux qui en ſont mieux
» inſtruits aſſurent, avec plus de vraiſemblan-
» ce, qu'il ne parla pas ainſi; mais que l'on
» avoit tourné ſes paroles de cette maniere, ſur
» ce qu'il avoit dit, qu'il n'avoit pas les grands
» talens qu'il faloit à un Pape, particulierement
» en ce tems-ci, où il y avoit quantité d'affai-
» res, & de déſordres à régler; ce que l'on ap-
» préhendoit à cauſe de l'auſtérité de ſes mœurs,
» & de l'innocence de ſa vie, que l'on pour-
» roit dire, ſans juger témérairement, avoir été
» le plus grand obſtacle de ſon élection. De-
» quoi les Romains jetterent charitablement le
» tort ſur les François, les accuſant de rompre
» tous les bons deſſeins, & d'avoir empêché
» que l'on ne donnât alors un Saint pour Suc-
» ceſſeur à Saint Pierre. Plaintes qui ne ſont
» pas beaucoup d'impreſſion ſur l'eſprit de ceux
» qui connoiſſent la Cour de Rome, où l'on
» ne craint rien davantage qu'un Pape exact &
» zélé pour la réformation de l'Egliſe. Ce qui
» faiſoit dire à pluſieurs Prélats Romains, *Che'l
» Cardinal Odeſcalchi era ottimo Eccleſiaſtico, mà
» che rinſcirebbe Pontefice poco idoneo*; qu'à la vé-
» rité Odeſcalchi étoit un très-bon Eccléſiaſti-
» que; mais qu'il n'étoit pas propre pour être
» Pape (parce qu'il n'étoit pas au goût de la
» Cour Romaine) qui eſt le jugement qu'elle
» faiſoit autrefois du Pape Adrien VI.

Comment ſe peut-on perſuader qu'un Collége, qui croit que les bonnes mœurs rendent un
homme mal propre au Pontificat, ſoit dirigé par
l'eſprit de Dieu à choiſir un Pape? Mr. Amelot ayant un don tout particulier pour connoître le génie des Cours qu'il étudie, comme
il l'a montré dans ſon Hiſtoire du Gouvernement de Veniſe, & profeſſant d'ailleurs une Religion qui l'oblige pour le moins à ne pas calomnier la Cour de Rome, il eſt très-probable
qu'en effet le Cardinal Odeſcalchi fut jugé mal
propre à la Chaire de S. Pierre; parce qu'il ſe
piquoit de Réformation; & il faut qu'il y ait
eû des reſſorts bien myſtérieux & bien impré-
vûs dans le Conclave ſuivant, puis qu'il y a
été fait Pape. On croit que les Cardinaux ne
s'y laiſſeront plus attraper, & comme ils ſont
auſſi las, que la Cour de France & que les Jéſuites, d'un Conducteur ſi auſtere, ils donneront bon ordre ſur toutes choſes que le Succeſ-
ſeur d'Innocent XI. ſoit un bon Vivant. Mais
encore un coup, comment ſe peut-on imaginer
qu'il y ait parmi tout cela du *viſum eſt Spiritui
Sancto*?

VIII.
Que la diſtinc-
tion du Pape
d'avec le St.
Siége n'a point
lieu dans les
Conclaves.

La prétenduë diſtinction du S. Siége & du
Pape, dont ſe ſert l'Auteur des *Mémoires ſur les
intrigues de la Cour de Rome*, n'ôte point la difficulté: Au contraire elle la fortifie, parce qu'il
eſt certain qu'elle n'a été inventée, que pour
cacher au yeux du monde la honte & la foibleſſe du Parti. Si on ne fût venu au ſecours
des Peuples juſtement ſcandaliſez du déſordre de
la Cour de Rome, & ſi on ne les eût trompez,
com-

---

* *Mémoires des Intrigues de la Cour de Rome, à Paris,
Tom. II.*   *chez Michallet*, 1677.

comme ils le souhaitent presque toûjours, par cette chicanne de Logique ils n'eussent jamais pû résister à la force de ce préjugé.

Voulez-vous savoir plus amplement les raisons de cette distinction? Le même Auteur vous les apprendra dans un Traité qu'il fit imprimer la même année, & qui s'intitule, *L'idée du Conclave présent*. Il les réduit à quatre. La 1. est, que par cette distinction les vrais Catholiques Romains trouvent des armes défensives, contre les invectives mal-fondées des Hérétiques; *Car si on leur fait voir qu'au même lieu où est le S. Siége il y a une Cour, & que l'un & l'autre se conduit par un esprit bien différent, par des intérêts & des maximes tout-à-fait éloignées, il sera bien aisé de rompre le col à tous leurs mauvais argumens, qui ne concluent au plus, sinon qu'il y a des hommes à Rome qui agissent par des principes humains, par des vûës d'intérêt, & par conséquent sujets ou à se tromper dans leurs mesures, ou à se laisser emporter à leur passions comme dans les autres Cours.* La 2. raison est, que, par cette distinction, les Monarques & les autres Princes, ou Etats, évitent les extrémités facheuses de renverser la Religion, & de perdre le respect pour les choses saintes, quand leurs démêlez avec Rome les obligent à la mortifier. C'est-à-dire en un mot, que la distinction est fort commode pour se pouvoir vanter de ne rien faire contre le Chef de l'Eglise lors qu'on châtie le Pape, & que c'est un moyen fort propre pour guérir tous les scrupules, qui pourroient s'élever dans l'esprit à cette occasion. La 3. raison est, que la Cour de Rome, voyant qu'on ne la confond plus avec le Saint Siége, apprend à n'abuser plus de la puissance Ecclésiastique, pour soûtenir des intérêts temporels, observe mieux sa conduite, & tâche de ne point s'attirer des mortifications, qu'on peut lui faire sans se rendre suspect d'Hérésie, & en protestant qu'on a le plus grand respect du monde pour sa Sainteté; ce qui lui ôte toutes les ressources qu'elle trouvoit autrefois dans la délicatesse de conscience des Fidelles. La 4. raison est, que par cette distinction on a *une honnête liberté d'écrire & de parler sincerement & historiquement des affaires de Rome, sans que les ames simples en soient choquées & offensées, & sans que les Hérétiques en puissent tirer aucune conséquence.*

C'est assurément la meilleure & la plus sincere Apologie que l'on puisse imaginer, de la distinction dont nous parlons. Mais bien loin qu'elle rende la distinction propre à lever les scandales, que nous trouvons dans la maniere d'élire les Papes, qu'au contraire elle est un nouveau Préjugé légitime contre l'Eglise Romaine; & néanmoins je n'approuve pas que l'on condamne cette Eglise, sur cette foule de préjugez. Je surmonte enfin ma tentation, je n'ose condamner ceux qui disent que Dieu se peut servir de nos passions pour faire son œuvre, & je conseille toûjours aux gens de pénétrer jusques dans le fond des dogmes, sans s'amuser à ces marques extérieures de fausseté.

En faisant cela, il est juste que j'exige la même chose d'un Catholique, & dès-là je suis fondé à condamner le P. Maimbourg, qui semble ne demander autre chose pour convertir un Protestant, si ce n'est qu'il considere que (*) *l'origine de son Hérésie se trouve dans quelque passion de dépit, de jalousie, d'ambition, ou de libertinage, qui a porté l'Auteur de sa Secte à se séparer*

(*) *Hist. du Calvin. addit. p. derniere.*

de *l'Eglise Romaine*. C'est une méthode de convertir les Protestans qui a été jugée si commode, que pour la faire mieux réussir, on a imputé aux Réformateurs une infinité de crimes supposez, & l'on ne fait encore aujourd'hui que rebatre perpétuellement les motifs honteux, que l'on dit qui ont porté tous les Hérétiques des derniers siecles à prêcher contre le Pape. C'est l'esprit qui regne dans une infinité de Livres, & sur tout dans l'Histoire de l'Hérésie de Wiclef, composé depuis peu à l'imitation de celles de Mr. Maimbourg: car c'est de lui que parle l'Avertissement, lors qu'il loüe les Histoires que *l'illustre Auteur de la Compagnie de Jésus* donne au Public. Le P. Bouhours n'approuvera pas cette équivoque: il dira sans doute que ce titre n'appartient qu'à Saint Ignace.

Je ne désapprouve pas ceux qui justifient nos Réformateurs, en faisant voir en détail, que ces passions de jalousie, de dépit, d'ambition, de libertinage, dont on les accuse, sont des fictions, ou des conjectures malicieuses. Mais je serois fort d'avis aussi que puis que l'on aime tant les méthodes abrégées, nous disions à ces Mrs. que nous voulons bien avec un *dato non concesso*, leur épargner la peine de disputer sur tant de choses. Prenons la chose au pis; accordons-leur ce qu'ils demandent concernant les secretes jalousies, le dépit & l'ambition de Wiclef, de Jean Hus, de Calvin, de Luther, & de Zuingle. On n'en peut conclure raisonnablement sinon, qu'ils doivent être suspects de fausseté dans les choses qu'ils ont déclamées contre le Pape, & c'est ensuite à la prudence du Lecteur à ne les croire sur rien, qu'à de très-bonnes enseignes. Mais cela même suppose nécessairement qu'il faut entrer dans la discussion des dogmes. Car de prétendre, sous prétexte qu'un homme n'est pas ami d'un autre, que tout ce qu'il en dit sont des calomnies, c'est ce qui ne se doit pas. Il faut rendre justice à tout le monde: il est probable que la haine séduit l'esprit: on seroit injuste de ne se pas défier d'un ennemi qui parle contre son ennemi: on peut aller même jusques à décider qu'il est plus apparent qu'il se trompe, qu'il n'est apparent qu'il a raison. Mais enfin il en faut venir au fait & aux preuves; autrement on tomberoit dans la plus ridicule de toutes les illusions, qui seroit de croire, qu'il suffit d'avoir des ennemis, & d'être l'objet de mille invectives, pour être innocent. Desorte qu'après avoir entassé préjugez sur préjugez, il se trouvera, si on veut procéder équitablement, que l'on n'a encore rien fait, puis qu'il reste à examiner encore les choses mêmes que disent ces Prédicateurs jaloux & chagrins, & qu'il faut encore discuter s'ils ont raison de faire tant de vacarmes; s'ils prouvent bien ce qu'ils disent contre l'Eglise, &c.

Tout cela est fondé sur une maxime de Morale que l'on ne sauroit révoquer en doute, qui est qu'un ennemi est incomparablement plus propre à découvrir les défauts de son ennemi, qu'un ami à découvrir les défauts de son ami. Mais, dira-t-on, la haine ne grossit-elle pas les défauts d'un ennemi? Je l'avoüe, elle les grossit: mais d'autre côté l'amour ne produit pas un effet plus raisonnable, puisqu'il exténuë les mauvaises qualitez d'un ami. Desorte qu'il se peut faire que nous ne cessons d'être aveugles à l'égard de nos amis, que lors que nous sommes brouillez avec eux; car alors le dépit & la colere, le ressenti-ment

LETTRE XXVIII.

ment & l'envie nous donnent des yeux perçans, à qui rien n'échappe, ou nous animent de la hardiesse necessaire à publier des défauts, ou que nous ne voyïons pas, ou que nous dissimulions. Que savons-nous si le dépit & la colere n'ont pas dégagé Luther & Jean Hus de la prévention, qui les aveugloit sur les désordres de l'Eglise? Que savons-nous si ces passions ne leur ont pas donné la force de discerner & de publier ce qu'ils ne connoissoient, ou ce qu'ils n'osoient pas publier auparavant? Mais que savons-nous aussi, dira un autre, si leur passion ne les a pas aveuglez sur les marques de divinité qui brillent dans l'Eglise Romaine? Que savons-nous si leur passion ne les a pas fait prendre la vertu pour un défaut? J'avouë que je n'en sai rien (doit dire celui qui cherche sincerement la verité). Voyons donc ce qu'ils ont dit; épluchons à la rigueur toute leur doctrine, pour voir si la haine les a fait aller au-delà de sa verité.

Réfutation de la voye du préjugé.

Il s'ensuit de tout cela que la voye de préjugé est une voye d'illusion & d'égarement, & qu'il n'y a que ceux qui veulent être trompez, qui ne la rejettent point. Car qu'y a-t-il de plus ridicule que ce raisonnement-ci? Wiclef & Jean Hus, Luther & Calvin, étoient fâchez contre le Pape: donc le Pape est honnête homme, donc le Pape est infaillible, donc l'Eglise Romaine est la vraye Eglise. Mr. Maimbourg nous méprise fort, puisqu'il croit que notre conversion ne dépend que de cela.

XI. *Réponse à la demande pourquoi la Réformation a été differée jusqu'au regne de Henri VIII.*

Je reviens à la Princesse, qui poursuit ainsi son discours. *Je ne pouvois non-plus comprendre comment les Evêques, qui se vantent de n'avoir eu autre dessein en se séparant de la Communion de l'Eglise Romaine, que de travailler au retablissement de la doctrine & de la discipline de la primitive Eglise, n'ont pensé à cette prétenduë réformation que lorsque Henri VIII. a entrepris de se séparer de l'Eglise Romaine, pour satisfaire à ses plaisirs criminels.* A cela je ne crois pas qu'il soit nécessaire de repondre autre chose que ces deux petites rematques. 1. Que les grandes revolutions de l'Etat, Civil & Ecclésiastique, ont été fixées par la providence de Dieu à certains tems, & que ce n'est pas à nous à demander pourquoi Dieu a fait ceci ou cela en un tems plûtôt qu'en un autre. C'est de Jésus-Christ lui-même que nous tenons cette grande verité; car ses Disciples lui ayant dit, (*) *Seigneur, sera-ce en ce tems-ci que tu rétabliras le Royaume à Israël?* Il leur fit reponse, *ce n'est point à vous de connoître les tems ou les saisons que le Pere a mises en sa propre puissance.* 2. Que les plus grands évenemens sont liez presque toûjours avec l'enchaînure ordinaire des causes secondes; d'où il arrive souvent qu'on ne remedie à de grands abus, que lorsqu'ils sont arrivez à leur comble; parce qu'alors la vertu des causes naturelles produit une espece de Crise, qui fait un grand changement, ou bien il arrive que la situation des affaires Politiques engage le Clergé à prendre certaines mesures, ausquelles il n'eût point songé sans cela. Par exemple, l'excommunication de Henri VIII. & la vigueur que ce Prince témoigna pour délivrer son Royaume du joug indigne, sous lequel une des plus courageuses nations du monde gémissoit, réveilla les Evêques d'Angleterre de leur assoupissement. Ils tournerent les yeux sur une affaire qui étoit de la derniere importance pour tout le Royaume. Ils s'appliquerent à pénetrer la question de l'autorité du Pape sur le temporel des Rois, & sur toute l'Eglise Universelle, & se gouvernerent selon les lumieres qu'ils eurent alors. Sans ce fracas de l'excommunication du Roi, ils fussent allez leur chemin: ce bruit les reveilla; qu'y a-t-il là de si merveilleux? C'est ainsi que le Clergé de France, qui ne songeoit à rien moins qu'à examiner, s'il est permis de se soustraire quelquefois à l'obéïssance du Pape, fut déterminé à examiner cette question, par la guerre que Jules II. porta, avec une extrême violence, dans les Etats du Roi Loüis XII. Ce Prince, ayant convoqué un Concile National à Tours en l'an 1510. voulut que l'on examinât ce qui concerne l'obéïssance düe au Pape, & il fut dit, (A) *que non seulement un Prince, pour la défense de ses Etats, & pour la protection de ses Sujets, & de ses Alliez, peut prendre les armes contre les usurpations des Papes, mais aussi se soustraire de leur obéïssance.* C'est ce Pape Jules, dont l'humeur étoit si guerriere, qu'ayant fait assiéger la Mirandole, & s'ennuyant de ce que le siége ne s'avançoit pas autant qu'il l'eût souhaité, il s'y en alla (B) en personne, tout vieux & malade qu'il étoit, & hâta les choses d'une maniere inconcevable, criant toûjours après les Officiers de l'Armée, se logeant proche de la baterie, & ne trouvant jamais que rien se fît assez-tôt. *Il délaissa* (dit (C) un de nos vieux Historiens) *la Chaire de Saint Pierre pour prendre le titre de Mars, Dieu des batailles, déployer aux champs les trois Couronnes, & dormir en eschauguette: & Dieu sait comme ces Mitres, Croix & Crosses étoient belles à voir voltiger parmi les champs. Le Diable n'avoit garde d'y être, car on faisoit trop bon marché de bénédictions.* Nous voyons encore aujourd'hui que les Lettres désobligeantes, que le Pape a écrites à Sa Majesté, ont donné lieu à l'Assemblée du Clergé de France d'offrir ses services au Roi, contre les entreprises de la Cour de Rome, & de faire de nouvelles décisions. Se faut-il étonner si les Evêques d'Angleterre ont pris occasion de songer aux désordres de l'Eglise, en voyant la fierté du Pape contre leur Roi? Après tout, nous faisons si peu de cas de la Réformation qui se fit sous Henri VIII. au delà de la mer, quoi qu'elle ait été un acheminement à quelque chose de meilleur, que nous en laisserons dire tout ce qu'on voudra. Je donnerai seulement ce petit avis à Mr. Maimbourg, qu'il eût bien fait de corriger, dans la Déclaration de la Princesse, tout ce qu'il semble poser en fait, à l'occasion des adulteres du Roi Henri VIII. que les Princes adonnez à l'impudicité & à l'adultere ne peuvent point être utiles à l'Eglise.

XII. *Reflexion sur l'Histoire du Concile de Trente.*

Comme il n'y a point d'apparence que vous attendiez de moi la justification des trois Regnes d'Angleterre, que la Déclaration a voulu noircir, je ne m'amuserai point à vous faire ici des Extraits de l'Histoire de ce païs-là. Je laisse aux Anglois tout le soin de faire leur Apologie, ou de renvoyer les Curieux aux savans Ouvrages qui ont été déja composez sur cette matiere. Pour moi, je me contente de dire que si la Princesse se trouva remplie de scrupules, en lisant l'Histoire de la Réformation de l'Eglise Anglicane

LETTRE XXVIII.

glicane, composée par le Docteur Heylin ; il y avoit bon moyen d'y remédier en lisant l'Histoire du Concile de Trente, composée par un Moine (*) de Venise, & fort approuvée par de bons Catholiques Romains ; cette Histoire n'est qu'un tissu perpetuel de factions, d'intrigues, & de cabales, ou, pour me servir des paroles d'un (A) Jésuite une suite de friponneries en friponneries. Il est mal aisé qu'un Huguenot chancelant, à cause qu'il trouve que la Réformation s'est introduite dans l'Angleterre sous des Rois impudiques, ou avares, ou usurpateurs, ne se rassure en voyant que le Concile, qui avoit été convoqué pour procurer une véritable Réformation, degénéra en Negociation de Politique, où la Cour de Rome employa tout ce que les fourberies Italiennes ont de plus artificieux.

XIII. Réponse à l'objection touchant la naissance d'Elizabeth.

Je dis de-plus que la remarque, qui concerne la Reine Elizabeth, n'a nulle solidité. *N'étant pas légitime héritiere de la Couronne* (dit-on) *elle ne pouvoit se maintenir dans l'injuste possession dans laquelle elle s'étoit mise, qu'en renonçant à la veritable Eglise, parce que la pureté & la droiture de sa doctrine n'auroit pû compatir avec l'usurpation du Royaume de la Grande Bretagne.* On ne peut rien dire de plus glorieux pour la Communion de Rome, puisque c'est dire, positivement & en propres termes, que tous ceux qui en sont, restituent de bonne foi ce qui ne leur appartient pas. Le mal est que l'expérience dément cela tous les jours, non seulement, par la conduite des particuliers, mais aussi par celle des Rois. Les Rois d'Espagne, Catholiques par excellence, ont-ils restitué le Royaume de Navarre à son véritable Maître ? Ont-ils restitué de bon gré le Royaume de Portugal, dont ils s'étoient injustement emparez ? Ou, s'ils s'en étoient rendus les Maîtres à juste titre, voyons-nous que les Rois de Portugal, qui ont chassé les Espagnols, leur restituent le Royaume ? Croyez-moi, Monsieur, si la Reine Elizabeth eût été bonne Catholique ; si elle eût chassé tous les Protestans de son Royaume, si elle eût été bigote pour les Moines, & pour les R. P. Jésuites principalement, elle eût été reçuë à bras ouverts par sa Sainteté, & reconnuë légitime Reine d'Angleterre. Elle eût trouvé autant de Casuistes qu'elle en eût voulu, pour lui ôter tous les scrupules que le divorce de Henri VIII. eût été capable de lui causer. Mais parce qu'elle a rétabli la Reformation dans ses Etats, & que sa vertu héroïque a été fort préjudiciable à la grandeur Romaine dans l'Europe, on n'a cessé de la déchirer insolemment. Monsieur Maimbourg même a bien osé écrire, dans le petit Commentaire qu'il a joint à la Déclaration, *que c'est une chose monstrueuse que la Foi Catholique ait été abolie par la Reine Elizabeth, pour son seul intérêt, & qu'enfin une femme comme elle, soit la fondatrice de l'Eglise & de la Religion Anglicane.* Ces termes, *une femme comme elle,* signifient en abrégé, dans l'intention de Mr. Maimbourg, toutes les injures dont les Moines & les Catholiques superstitieux se sont servis pour diffamer, s'ils eussent pû, une gloire aussi éclatante que celle de cette Reine.

J'admire que la Princesse, qui étoit d'un *excellent esprit,* à ce que témoigne l'Auteur, ait pu croire que la Reine Elizabeth renonça à la veritable Eglise, parce que l'usurpation de l'Angleterre n'auroit pû compatir avec la pureté & la droiture des dogmes, qui s'enseignent dans la Religion du Pape. Ces paroles signifient que, si cette Reine eût été bonne Catholique, elle eût cru que tous les enfans de Henri VIII. excepté ceux qui étoient nez de Catherine d'Arragon, étoient bâtards, & par conséquent qu'elle n'avoit aucun droit à la Couronne ; qu'afin donc de pouvoir régner sans connoître son usurpation, elle se fit Protestante.

Avec tout le respect qui est dû à une Altesse, je prendrai la liberté de dire, qu'il y a bien des fautes dans ce raisonnement-là. Je veux qu'Elizabeth eût été persuadée, si elle eût été Catholique, que tous les enfans de Henri VIII. étoient illégitimes, à la réserve de ceux qui étoient nez de Catherine d'Arragon, il ne s'ensuit pas pour cela qu'elle eût dû se croire incapable de succéder à la Couronne. Le Testament du Roi son Pere étoit formel en sa faveur ; un Roi peut disposer de ses Etats en faveur de ses enfans naturels, au defaut des légitimes ; les Peuples peuvent autoriser cela ; donc Elizabeth eût pû se persuader, étant Catholique Romaine, qu'elle succédoit légitimement à la Couronne, en vertu du Testament de Henri, & du consentement des Anglois. Si ce n'est qu'on dise qu'étant Catholique Romaine, elle eût cru que son pere n'avoit conservé aucun droit dans son Royaume, depuis son excommunication. Si c'est ainsi que la Princesse l'a entendu, il s'ensuit qu'elle a été persuadée qu'on ne peut être Catholique, sans croire la puissance du Pape sur le temporel des Rois, & la déposition de droit tous les Princes Hérétiques : ce qui fléttriroit sa conversion & celle de son Mari ; car il sembleroit qu'ils ont voulu se mettre en état de succeder bien-tôt à la Couronne d'Angleterre, supposant qu'elle est injustement possedée par un Prince excommunié.

Je dis outre cela qu'il n'y a rien de plus faux, que de soûtenir que la doctrine de l'Eglise Romaine est incompatible avec l'usurpation d'un fils naturel ; car, pour ne rien dire de cette multitude de Rois bâtards que l'on rencontre dans l'Histoire, qui ne sait que, du vivant de la Reine dont nous parlons, Dom Antoine Prieur de Crato, fils naturel d'un Prince de la Maison Royal de Portugal, se fit proclamer Roi à Lisbonne, & ne quitta la partie que de vive force ? Le peuple, les Moines & le Clergé étoient pour lui : il n'y avoit que les Jesuites qui lui fussent contraires, parce qu'ils (B) favorisoient le Roi d'Espagne, non pas à cause de son bon droit ; mais à cause de la grandeur de sa Maison. Dom Antoine ne songeoit à rien moins qu'à se faire Protestant, pour calmer les remords de sa conscience : il accomodoit parfaitement bien la doctrine Catholique avec son usurpation : cent autres personnes feroient la même chose aujourd'hui : on n'a qu'à leur laisser prendre un Royaume contre tout droit & raison, & on verra que, sans cesser d'être Catholiques, ils le garderont de toute leur ame.

Jusques ici, Monsieur, je n'ai presque fait autre chose qu'effleurer l'*Appendix* ; car que la Princesse ait employé beaucoup de tems à s'instruire, ou qu'elle ait été couvaincuë dès les premieres instructions, c'est toûjours une bonne œuvre faite, pourvû qu'elle soit passée du parti

XIV. Examen plus précis de la Declaration.

<hr>

(*) *Fra-Paolo.*
(A) *Le P. Rapin instruct. pour l'Histoire.*

(B) *Mezer. Abr. Chr. vie de Henri III.*

parti de l'erreur dans celui de la verité. Ce qui
revient à ce que je vous ai écrit dans quelqu'une
de mes (*) Lettres en comparant la converfion
de la Reine Elizabeth à celle de Clovis, & à
celle de Conftantin. Entrons préfentement dans
le fond de la difficulté, & faifons quelques remarques fur le refte de la Déclaration, qui contient
l'entiere conviction de la Princeffe, à quoi les
trois préjugez l'avoient difpofée fort vivement.

Elle nous affure qu'ayant examiné nos Controverfes le plus exactement qu'il lui a été poffible par l'Ecriture même, elle y a trouvé des
chofes qui lui ont paru fort claires & fort aifées
à comprendre; qu'elle a été particulierement &
fortement convaincuë de la préfence réelle de Jefus-Chrift au S. Sacrement de l'Autel, de l'Infaillibilité de l'Eglife, de la Confeffion, & de
la Priere pour les morts; qu'ayant conferé de
ces matieres avec les deux plus habiles Evêques
d'Angleterre, ils lui avoient avoué ingenument
qu'il y a bien des chofes dans l'Eglife Romaine, qu'il feroit à défirer que l'Eglife Anglicane
eût toûjours obfervées, comme la Confeffion,
& la Priere pour les morts.

Cet article de la Priere pour les morts m'a furpris, car l'ufage de cette pratique, quelque ancienne qu'elle foit, ne mérite pas d'être regretté.
Il n'a jamais été fondé que fur des erreurs grof-
fieres, & fi j'ofois me fervir, dans un fujet de
peu d'importance, de la liberté profane que Mr.
Maimbourg s'eft donnée en parlant du myftere de la prédeftination, je dirois que le Purgatoire, la Priere pour les morts, & tout ce qui
en dépend, font *des fadaifes*. Ce fut en prêchant
contre le Nouveau Teftament de Port-Royal,
tems funefte à la reputation du P. Maimbourg,
& en examinant le paffage de la 1. Epitre aux
(A) Theffaloniciens, *Dieu ne nous a pas choifis
pour être des objets de fa colere;* ce fut alors, dis-je,
qu'il employa cette burlefque expreffion. Il
avertit les Affiftans qu'il y avoit une erreur cachée fous ces mots, *ne nous a pas choifis;* parce
que la prédeftination y étoit marquée, qui n'é-
toit qu'une fadaife: ce qu'il repéta plufieurs fois
avec un extrême mépris; & il ajoûta: (B) *Prédef-*
-tination! He, Meffieurs, qu'on ne parle jamais de
prédeftination, cela porte au defefpoir. C'eft ce que
j'ai fait voir autrefois en prêchant à Notre-Dame,
où je montrai qu'il ne faloit jamais parler de pré-
deftination; que tout cela n'étoit que fadaife.

La Confeffion auriculaire ne vaut pas mieux
que la Priere pour les morts, & il n'y a que des
Eccléfiaftiques curieux & intereffez qui en puiffent regretter le retranchement. Car il paroît,
par l'exemple de ceux qui la pratiquent avec le
plus d'affiduité, qu'elle ne fert de rien pour la
Reformation des mœurs, comme l'avoüe (c) Mr.
Arnaud. Et oûtre cela, qui ne voit combien
il feroit néceffaire que des perfonnes qui font vœu
de continence, ignoraffent toutes les fottifes,
toutes les brutalitez, & tous les deréglemens de
la fenfualité, qu'on leur verfe dans le fein, &
dont les images impures reviennent fans ceffe à
leur efprit? Quelles tentations ne fouffre pas un
jeune Curé, galant & bien fait de fa perfonne,
lors qu'une jeune Demoifelle pleine de charmes,
& proflernée à fes pieds, lui révele d'un ton at-
tendri fes plus fecretes paffions, & qu'il la fait
expliquer, lui felon le dû de fa charge, fur les
faveurs grandes & petites qu'elle a accordeés à

fes Amans, fur le plaifir plus ou moins grand
qu'elle y a pris, &c? Les émotions de Mr. le
Confeffeur font quelquefois fi embrafées, à fon
grand regret quelquefois, que je n'oferois vous
dire ce qu'elles produifent. Jugez fi pour une
chofe qui n'a point été commandée de Dieu,
qui ne rend pas ceux de l'Eglife Romaine plus
gens de bien que les autres, dont on peut faire
& dont on fait actuellement de grands abus, on
doit expofer la continence des Eccléfiaftiques à
de fi perilleufes tentations. Ne vaut-il pas bien
mieux laiffer à la liberté de chaque Fidelle, de
confulter un bon Cafuifte autant que fa confcience le lui perfuade, fans impofer au monde la néceffité d'entrer dans un détail, capable de ruiner
la pudeur & du Confeffeur & du Penitent? Les
Temples & les Eglifes ne font point des lieux
où il faille faire le récit de tant d'impudicitez,

Nil dictu fœdum vifuque hæc limina tangat.

Mais fuppofons, avec les deux Evêques commodes confultez par la Princeffe, que la Priere
pour les morts & la Confeffion font deux chofes
que l'on auroit pû laiffer dans l'Eglife, il ne s'en-
fuivra pas pour cela que la Reformation n'ait été
abfolument neceffaire. Voici comment je le
prouve.

L'Eglife Romaine avoit decidé qu'il faut rendre au S. Sacrement de l'Autel le fouverain culte de latrie qui n'eft dû qu'à Dieu, & le lui
rendoit effectivement tous les jours, préfuppo-
fant comme une verité de Foi, que le corps de
Jéfus-Chrift s'y trouve fubftantiellement & lo-
calement préfent. Ce n'eft plus une chofe indifférente: il s'agit d'être idolâtre ou de ne l'être
pas. Si l'Eglife Romaine fe trompe, elle eft idolâtre, cela ne fouffre point de difficulté à l'é-
gard d'un efprit qui ne chicane pas avec Dieu.
La bonne intention n'eft pas toûjours une excufe: les Ifraëlites, qui adorerent le Veau d'or,
prétendoient adorer le Dieu d'Abraham, & d'I-
faac & de Jacob, qui les avoit tout fraîchement
delivrez de la fervitude d'Egypte; leur intention
n'étoit pas d'adorer cette maffe d'or qu'ils
avoient fonduë: ils vouloient célébrer une fête
à l'Eternel leur Dieu; c'eft-à-dire, au Dieu qui
avoit été fervi dans leur Nation de pere en fils
depuis Abraham; car il faudroit fuppofer une
chofe compliquée de mille abfurditez pour fuppofer que tout un Peuple, fans excepter même
Aaron qui avoit été employé depuis peu à une
Miffion extraordinaire, fameufe par les miracles
les plus étonnans, paffa, dans très-peu de jours,
de la connoiffance diftincte du Dieu fon Libérateur, dans l'ignorance totale de ce même Dieu,
& dans le deffein formel de ne reconnoître pour
Dieu, qu'une image d'or fabriquée des joyaux
de leurs propres femmes. Ce Peuple donc avoit
intention d'honorer Dieu fous la figure d'un
Veau d'or, & neanmoins fa bonne intention ne
l'empêcha pas d'être idolâtre: donc la bonne intention des Catholiques ne peut pas les empêcher
d'être Idolâtres, s'ils adorent le Sacrement fans
que Jefus-Chrift y foit, & ils n'oferoient nier,
qu'ils chafferoient de leur Communion non feulement comme Hérétique, mais auffi comme
Idolâtre, un homme qui croiroit que Jefus-Chrift
eft prefent corporellement dans l'eau du baprême,
& qui rendroit un culte de latrie au Sacrement
                                                    du

XV.
retranche-
ment de la
Priere pour les
morts & de la
Confeffion au-
riculaire.

XVI.
Le dogme de
l'adoration du
S. Sacrement
rendoit la Re-
formation ne-
ceffaire.

(*) *Lettr. XX. No. IV.*   (A) *Chap. 5. v. 1.*
(B) *Defenf. du N. T. de Mons 13. paff. p. 107. & 111.*

de l'Edit. de Cologne.
(c) *De la freq. Commun. part. 3. ch. 16.*

du baptême. C'est donc la seule verité de la présence réelle qui peut nous sauver de l'idolâtrie.

Cela étant, il est impossible que nous demeurions légitimement unis avec une Societé qui rend au Sacrement de l'Eucharistie, le souverain culte qui n'est dû qu'à Dieu, si nous venons à découvrir qu'il n'y a point de raison démonstrative qui prouve, que ce Sacrement est Jésus-Christ lui-même en propre personne. Pour demeurer sans crime dans une telle Societé, il faut de deux choses l'une, ou que la Ste Ecriture nous ait revelé la présence corporelle de Jésus-Christ sur nos autels aussi clairement que le mystere de l'Incarnation, & de la Passion du Fils de Dieu; ou qu'au défaut d'une revelation expresse, une Eglise douée d'une science infuse, qui ne puisse se tromper, perçant toutes les obscuritez de la Bible, & démêlant l'intention du S. Esprit au travers de mille phrases équivoques, décide souverainement que le Corps de Jésus-Christ est sous les signes du pain & du vin. Or comme nous n'avons ni l'une ni l'autre de ces raisons de croire la réalité, (je le ferai voir dans la suite) il est clair que nous avons été dans une obligation indispensable d'embrasser le parti de la Réforme.

Je demande à Mrs. de l'Eglise Romaine qu'ils ayent la bonté de me dire, en vertu de quoi ils enseignent la transubstantiation, qui suppose tant de miracles, & tant de choses contraires aux sens & à la raison, & plus incompréhensibles que tout ce qui s'est jamais dit d'incompréhensible. Ils me répondent que c'est à cause des paroles du Fils de Dieu qui a dit, *Hoc est corpus meum, Ceci est mon corps.* Voulez-vous rien de plus précis, ajoûtent-ils, de plus évident, de plus convainquant, que ces paroles? Ouï, Messieurs, je voudrois quelque chose de plus clair; car j'ai bien peur que vous ne bronchiez lourdement à la lettre de ce passage, & je vous déclare que si je trouve une explication plus commode que la vôtre, je la prendrai. Ne m'avouërez-vous pas qu'il n'y a rien de plus obscur que les passages où l'Ecriture Sainte attribuë à Dieu des pieds & des mains, & des yeux & une bouche, si on les explique au pied de la lettre? Je concevrai tout aussi-tôt un cercle quarré qu'un Dieu infini, immense, spirituel, qui a un corps comme vous, & comme moi. C'est pourquoi si nous voulons qu'il y ait de l'évidence dans ces passages, il faut leur donner un sens de figure. Que ne disons-nous la même chose à l'égard de ces fameuses paroles, *Ceci est mon corps?* Si je les explique litteralement, comme vous faites, elles me représentent un homme qui est en plusieurs lieux à la fois, qui est tout entier dans un point, qui se met à la place d'une substance anéantie sans remplir cette place, qui n'agit sur aucun de mes sens, qui est enveloppé des accidens du pain sans les soûtenir, ni sans qu'aucune autre substance leur tienne lieu de sujet. Je vous avouë que je n'ai aucune idée d'un homme de cette espece, & que je concevrois aussi-tôt un cercle quarré, que cet homme-là. Pour l'amour de Dieu, Mrs. recourons encore ici au sens de figure, comme nous avons fait à l'égard des passages qui attribuent à Dieu des pieds & des mains, & alors rien ne nous arrêtera.

Nous n'en voulons rien faire, me disent-ils. Pourquoi? Parce qu'il ne faut pas écouter les lumieres de la raison, après que Dieu a dit une chose, ni refuser de la croire sous prétexte que nous ne la comprenons pas. Hé bien, Messieurs, je vous promets de croire la transsubstantiation désormais: permettez-moi seulement de me prévaloir de vos lumieres, pour ajoûter un nouvel article de Foi à ma confession; permettez-moi de croire que Dieu est un corps organisé. Puisqu'il l'a dit si formellement, je veux le croire, Messieurs; car si je préferois les foibles vûës de ma raison à une parole de Dieu si expresse, j'aurois peur de tomber dans les Anathêmes que vous lancez contre ceux qui n'expliquent pas littéralement l'*Hoc est corpus meum.* Vous êtes bien hardi, me disent-ils, de disposer comme vous faites de votre raison & de votre Foi. Ce n'est pas à vous d'en disposer, c'est à l'Eglise votre mere. Elle veut que vous expliquiez littéralement, malgré la raison, le passage, *Hoc est corpus meum:* mais pour les passages qui attribuent un corps à Dieu, elle veut que suivant les lumieres de la raison vous leur donniez un un sens figuré.

Je vous entens, Messieurs: vous avouëz que si on suivoit les lumieres de la raison, il seroit aussi nécessaire de s'éloigner de l'explication littérale dans les paroles *Hoc est corpus meum,* que dans celles où il est dit, que Dieu a des pieds & des mains; que Jésus-Christ est une porte, un chemin, un sep, &c. mais qu'ayant été revelé à l'Eglise qu'il ne faut pas expliquer en figure l'*Hoc est corpus meum,* les Chretiens sont obligez de tirer ce passage-là, du rang de tous les autres semblables, presque infinis en nombre, que l'on explique figurément. C'est en effet l'aveu des Docteurs les plus sinceres de la Communion de Rome. Ils reconnoissent que l'autorité seule de l'Eglise rend l'explication littérale de ces fameuses paroles, préferable à l'explication figurée. D'où il s'ensuit que ces paroles n'ont pas la clarté que l'on s'imagine communément, & que ce n'est pas à cause de leur évidence que l'on croit la transsubstantiation, mais parce qu'il a plû à l'Eglise de choisir, entre les diverses explications qui leur pouvoient être données, celle qui enferme la transsubstantiation. Or cette conduite est d'autant plus surprenante qu'en une infinité d'autres lieux l'Eglise Romaine soûmet les termes de l'Ecriture, aux explications que la raison trouve plus commodes. Par exemple, quand il s'agit des passions, des doutes, & des membres que les Ecrivains sacrez attribuent à Dieu; quand il s'agit de la prédestination, du franc arbitre, de l'influence de Dieu dans les crimes des méchans, de ces paroles de l'Exode, *j'endurcirai le cœur de Pharaon,* aussi claires pour le moins, & aussi formelles que celles-ci, *Hoc est corpus meum,* l'Eglise Romaine ne veut point entendre parler d'explication littérale.

Cela confirme ce que j'ai remarqué (*) ailleurs, que l'Eglise Romaine se met au-dessus de l'Ecriture, & la rend inutile tout-à-fait. Car s'il est permis de dire qu'un tel passage signifie cela, & qu'un autre passage tout semblable signifie le contraire, contre toutes les regles du langage & de la raison, & contre l'esprit des autres passages de l'Ecriture, nous n'avons plus besoin de la parole de Dieu que nous avons aujourd'hui. Qu'on nous donne à la place de la Bible, l'Alcoran de Mahomet, ou les Dialogues

de

de Platon, on y trouvera tous nos mysteres par cette méthode, & bien d'autres encore selon les besoins qu'on en aura. Je dis, selon les besoins qu'on en aura, ayant égard à ce qui s'est pratiqué dans la Communion de Rome, où il est sûr que l'on a enseigné les choses avant que l'on sût qu'elles avoient été révélées. On ne s'est apperçu que l'Ecriture contenoit un certain sens, que quand on a vû qu'il étoit nécessaire de canoniser les opinions des Docteurs particuliers, qui étoient devenuës les plus générales. Desorte qu'au lieu d'accommoder ses opinions à la parole de Dieu, on a accommodé la parole de Dieu à ses opinions, ce qui est lui ôter honnêtement toute sa divinité. Mais je reviens à mon sujet.

Sur ce grand principe dont l'Eglise Romaine se sert si souvent, qu'il faut accommoder les expressions choquantes de l'Ecriture, aux lumieres de la raison, par une interprétation commode, un Chretien ne peut-il pas expliquer les paroles, *ceci est mon corps*, comme les Calvinistes les expliquent? *Non*, dit l'Eglise Romaine, *parce que c'est à moi uniquement à déterminer quand il faut suivre le sens littéral, & quand il ne le faut pas; & quiconque s'ingere à ne me point imiter est un méchant & pernicieux Hérétique*. Vous êtes donc infaillible, lui doit-on répondre. C'est cela, dit-elle. Vous y êtes, c'est le grand point, & la véritable pierre de touche de toute les Controverses.

Je me suis servi de ce détour, Monsieur, & de cette maniere de Dialogue, afin de réduire toutes nos disputes à celle de l'infaillibilité de l'Eglise. Nos adversaires ne demandent pas mieux: ce fut l'adresse de Monsieur l'Evêque de Condom dans sa Conférence avec Mr. Claude. Il expose dans sa Relation manuscrite, que Mademoiselle de Duras souhaita sur toutes choses de savoir quelle est la véritable Eglise, & il eut occasion par-là de proposer plusieurs belles & subtiles objections, ausquelles Monsieur Claude satisfit avec sa netteté & sa solidité ordinaires. Je ne demande pas mieux moi aussi que de disputer sur l'infaillibilité de l'Eglise; sur laquelle la Princesse nous assure qu'elle a été particulierement & fortement convaincuë. Je ne sai pas comment les autres ont l'esprit fait: mais je puis bien dire que de toutes les Controverses que nous avons avec ceux de l'Eglise Romaine, il n'y en a point où je trouve qu'on les puisse mieux mener batant que dans celle-là. Vous verrez par le premier Ordinaire, si c'est avec raison. Je suis &c.

<hr>

LETTRE XXIX.

MONSIEUR,

Cérémonies à part, je demande premierement à ces Messieurs les infaillibles, comment ils savent qu'ils sont infaillibles. Ils ne doivent pas trouver étrange que je leur fasse cette question, car il n'est pas juste de vouloir en être cru sur sa parole, principalement quand il s'agit d'un des plus grands, & des plus extraordinaires effets de la miséricorde de Dieu. Il faut qu'ils songent que s'ils se trompent dans ce point-là, ils risquent non seulement leur propre salut, mais aussi celui de tous les Chretiens. Car s'ils se persuadent faussement qu'ils sont infaillibles, ils croiront hardiment tout ce qui leur viendra dans l'esprit; & le peuple qui les croira infaillibles embrassera sans scrupule toutes leurs extravagances, ne pouvant reconnoître la fausseté d'aucune chose, parce qu'il n'osera s'en fier à sa raison, au préjudice de son Eglise, qu'il tiendra pour infaillible. Il est donc de la derniere importance, qu'une Eglise, qui se croit ornée du privilége de l'infaillibilité, justifie par des titres clairs & incontestables, qu'elle possede ce grand & rare thrésor.

Je leur demande en second lieu, s'il n'est pas vrai que cet admirable privilége est une pure liberalité du Saint Esprit. Ils ne sauroient le nier. Il n'est donc pas possible de tirer les titres de l'infaillibilité de l'Eglise, que de la révélation: ainsi l'Eglise Romaine est obligée de nous montrer dans l'Ecriture, que Dieu a établi dans la Chretienté un tribunal infaillible, & que cette infaillibilité est affectée à la Communion de Rome. Il faut que les passages de l'Ecriture qui contiennent ces véritez soient si clairs, qu'on ne puisse s'y méprendre, & que chaque Fidelle soit capable, par les seules lumieres de son esprit, de connoître qu'effectivement Dieu déclare ces véritez dans ces passages; car si c'étoient des passages susceptibles de plusieurs interprétations raisonnables, ensorte qu'il fût possible sans choquer l'Analogie de la Foi, & sans faire la moindre violence à l'Ecriture, de ne leur pas donner le sens de l'infaillibilité de l'Eglise, il est évident qu'il seroit libre à un chacun d'en croire ce qu'il voudroit. Si bien que l'infaillibilité de l'Eglise ne seroit plus un dogme qui obligeât la conscience. Il faut donc que ces passages déposent si clairement en faveur de l'infaillibilité de l'Eglise, qu'ils ne soient point susceptibles d'une interprétation contraire.

Car

I. Réfutation de l'infaillibilité de l'Eglise.

Sur quels titres cette infaillibilité doit être appuyée.

Car on ne peut pas recourir encore à l'infaillibilité de l'Eglise pour déterminer, par son autorité toute puissante, le véritable sens d'un paffage diversement expliqué par les Interpretes.
Nous cherchons s'il y a une autorité infaillible
parmi les Chretiens; nous examinons le droit
de l'Eglise Romaine qui s'attribue cette infaillibilité; pendant cette recherche ce droit demeure suspendu & hors d'exercice; si bien qu'il seroit absurde d'interposer l'autorité de l'Eglise
Romaine pour fixer les passages en question, au
sens qui lui attribuë l'infaillibilité que l'on examine: & puis que nous ne savons pas encore si
l'Ecriture a établi un Juge infaillible parmi les
Chretiens, il s'ensuit que l'on ne peut pas nous
obliger encore à déférer à aucune interprétation
émanée de ce Juge; & par conséquent il est
nécessaire que nous puissions découvrir, sans
le secours de l'Eglise, la certitude de son infaillibilité, dans les passages où le Saint Esprit
l'a révelée. Joignez à ceci les raisons par lesquelles j'ai prouvé, dans ma vingt-sixieme Lettre, qu'un Huguenot, qui embrasse la Religion
du Roi, décide, par les seules forces de son
esprit, la grande controverse de l'infaillibilité de
l'Eglise.

Cela étant posé, je dis en troisieme lieu, qu'il
est impossible que l'Eglise Romaine prouve jamais qu'elle est infaillible; car pour prouver
qu'elle est infaillible, il faut nécessairement qu'il
y ait dans l'Ecriture quelques passages qui contiennent si clairement cette infaillibilité, que le
peuple l'y puisse reconnoître sans l'intervention
de l'Eglise. C'est ce que j'ai établi dans ma seconde remarque. Or il n'y a point de passages
de cette nature dans l'Ecriture Sainte, comme
je m'en vais le faire voir: donc il est impossible
que l'Eglise Romaine prouve jamais qu'elle est
infaillible.

Pour prouver qu'il n'y a point dans l'Ecriture, quelques passages où le peuple puisse reconnoître l'infaillibilité de l'Eglise, sans l'intervention de l'Eglise, je me sers d'abord d'u-
ne raison qui combat l'infaillibilité de l'Eglise
par l'infaillibilité même. En effet, si le peuple peut reconnoître l'infaillibilité de l'Eglise
dans l'Ecriture sans l'intervention de l'Eglise,
il s'ensuit qu'à tout le moins à l'égard de certains passages, l'Ecriture est le seul juge des Controverses, & que le peuple n'a pas besoin d'une
autorité infaillible pour connoître la révélation,
& pour avoir l'un des principaux articles de sa
Foi. Or comme il est certain d'ailleurs que les
passages, qui contiennent l'infaillibilité de l'E-
glise, (supposé qu'il y en ait) sont des plus
difficiles de l'Ecriture, il s'ensuit que si le peuple les peut entendre sans l'aide d'une autorité
infaillible, il pourra sans le même secours entendre tout le reste de l'Ecriture, & par conséquent nous n'avons que faire de ce Tribunal
infaillible. On s'en passe pour les points les plus
obscurs, on s'en passera bien pour les autres.
Vous voyez, Monsieur, que l'infaillibilité de l'E-
glise Romaine est presque comme ces propositions, que les Logiciens appellent *seipsas falsi-
ficantes*; car par cela même que l'Eglise seroit
infaillible, son infaillibilité seroit inutile, puis
qu'il faudroit reconnoître nécessairement que
le peuple peut décider par lui-même, aidé de
la parole de Dieu, le point de l'infaillibilité,
qui est l'un des plus difficiles à appercevoir
dans l'Ecriture.

Je me sers après cela de l'aveu de nos Adversaires comme d'une nouvelle raison. Ils avouënt
que les interprétations, que le peuple & les Docteurs particuliers donnent aux passages de l'Ecriture, ne sont point des articles de Foi, & ne le
peuvent être qu'après les décisions de l'Eglise.
Donc ils reconnoissent qu'il n'y a point de passages dans d'Ecriture, où le peuple puisse découvrir l'infaillibilité de l'Eglise indépendament
des décisions de l'Eglise. Quand je parle de découvrir l'infaillibilité de l'Eglise dans un passage de l'Ecriture, je n'entens pas une découverte de probabilité, de conjecture, ou d'opinion;
car en ce sens-là rien n'empêche qu'un particulier qui feuillete la Sainte Ecriture, ne se persuade qu'il y a des passages qui promettent à l'E-
glise le don de l'infaillibilité. J'entens une découverte de conviction, & qui soit un vrai article de Foi, comme le doit être, dans les principes de la Communion de Rome, la créance
de chaque Fidelle touchant l'autorité de l'Eglise. Dans ces principes, chaque Fidelle doit
croire, comme un article de Foi fondamental,
que l'Eglise est infaillible; car s'il le croyoit seulement comme une chose probable, il s'ensuivroit
que les décisions de l'Eglise ne seroient que probablement infaillibles à son égard: ce qui seroit
une Hérésie, puis que, pour être bon Catholique, il faut qu'il croye fermement que les décisions de l'Eglise ne peuvent être erronées. Or,
selon la décision de l'Eglise Romaine, il n'y a
point d'article de Foi sans la décision de l'Eglise; donc le peuple ne peut point connoître,
sans la décision de l'Eglise, cet article de Foi
qu'on appelle l'infaillibilité de l'Eglise. Confiderez un peu, je vous prie, l'absurdité qui naît
de cela. Si le peuple ne peut être assuré qu'une
doctrine est de Foi qu'après la décision de l'E-
glise, il s'ensuit qu'avant que l'Eglise ait prononcé qu'elle est infaillible, le peuple n'a point une
certitude de Foi touchant l'infaillibilité de l'E-
glise; il croit donc seulement tout-au-plus qu'il
est probable que l'Eglise est infaillible. Mais si
cela est, comment peut-il être pleinement assuré
que quand l'Eglise prononce qu'elle est infaillible, cette décision est véritable? Qui ne voit
que le plus haut dégré de sa certitude sera de
croire, qu'il est probable que cette décision de
l'Eglise est infaillible, ce qui est croire qu'il peut
y avoir de la fausseté; & par conséquent si le
peuple ne connoît pas évidemment l'infaillibilité
de l'Eglise par lui-même, il ne la croira jamais
après les décisions des Papes, ou des Conciles
comme un article de Foi?

Mais la plus forte raison, à mon avis, pour
prouver que les passages de l'Ecriture, qui parlent de l'infaillibilité de l'Eglise, ne sont pas si
clairs que le peuple les puisse entendre, est de
dire qu'ils sont si obscurs que l'Eglise elle-même ne les entend pas. Il est facile de s'en convaincre en considérant, qu'il y a deux grands partis dans la Communion de Rome, fort opposez
touchant le Sujet où reside l'infaillibilité. Les
uns soûtiennent que c'est au Pape seul que Jésus-Christ a donné ce privilége: les autres, que
c'est à l'Eglise Universelle représentée par les
Conciles Généraux. Chacun de ces deux partis est obligé de produire ses titres de Noblesse, & ses Pieces originales tirées de la Sainte
Ecriture. Mais qu'arrive-t-il? C'est que les Partisans du Pape soûtiennent, que l'interpétation
des passages alléguez pour l'infaillibilité des Conciles,

elles, est fausse. On leur rend la pareille, car les Partisans du Concile soûtiennent que l'interprétation des passages alléguez pour l'infaillibilité des Papes, est contraire à la parole de Dieu écrite & non écrite. Il est clair dès-là à tout homme de bon sens, que les passages de l'Ecriture qui concernent l'infaillibilité, ne sont point faciles à entendre; car s'ils l'étoient, ils parleroient clairement, ou en faveur du Pape, ou en faveur du Concile. Or ils ne parlent clairement ni en faveur du Pape, comme le montrent divinement bien Mrs. de Sorbonne; ni en faveur des Conciles, comme le montrent divinement bien aussi les Théologiens du Pape. Il faut donc conclure que ce sont des passages très-obscurs. Ajoûtez à tout cela ce que j'ai insinué plusieurs fois, que l'Eglise Gallicane n'oseroit traiter d'Hérésie, l'opinion de ceux qui attribuent au Pape toute l'infaillibilité promise par Jésus-Christ, ni le Pape traiter d'Hérésie, l'opinion de l'Eglise Gallicane, qui attribuë cette infaillibilité au Concile. Preuve évidente que la révélation est fort ambiguë, aussi-bien à l'égard du Pape qu'à l'égard du Concile. Si la révélation est si ambiguë que le peuple, ni le Pape, ni le Concile ne sont point capables de déterminer précisément où est ce Tribunal infaillible, que l'on prétend avoir été établi par notre Seigneur Jésus-Christ; il est clair que l'infaillibilité que l'Eglise Romaine s'attribuë, est une Chimere.

Il s'ensuit de là que c'est une témérité criante à cette Eglise, d'avoir fulminé ses anathêmes contre ceux qui ont révoqué en doute son infaillibilité, & que c'est une témérité d'autant plus déraisonnable, qu'elle n'a pû les condamner sans se condamner elle-même. Car je demande à cette Eglise pourquoi elle nous a excommuniez? Est-ce à cause que nous ne croyons pas que le Concile soit infaillible? Mais en cela nous ne disons rien que le Pape même ne croye: veut-on que nous soyons plus Papistes que le Pape même? Est-ce à cause que nous ne croyons pas que le Pape soit infaillible? Mais en cela nous ne disons rien que l'Eglise Gallicane ne dise aussi-bien que nous: veut-on que nous soyons plus Catholiques que l'Eglise Gallicane? Pouvons-nous mieux faire, pour rendre justice aux uns & aux autres, que de prononcer à cause des raisons de l'Eglise Gallicane, que le Pape n'est point infaillible: & à cause des raisons du Pape, que le Concile n'est point infaillible nonplus? Ces deux partis me font souvenir d'un Electeur de Cologne, qui assistoit au Concile de Trente, & qui voulut ouïr un jour les disputes des Jacobins & des Cordeliers. Il leur dit à la fin de la dispute qu'il trouvoit leurs raisons solides, quand ils réfutoient l'opinion de leurs adversaires, mais non pas quand ils vouloient établir la leur propre. Il en va de même des Partisans du Pape & des Partisans du Concile.

On me dira sans doute que l'on nous excommunie, parce que non contens de rejetter l'une des deux opinions qui ont vogue dans l'Eglise, nous les rejettons toutes deux: mais il me semble qu'en cela nous ne nous rendons point dignes de l'excommunication; car encore un coup, nous pouvons impunément soûtenir que le Pape n'est point infaillible, & que le Concile n'est point

infaillible; donc nous pouvons soûtenir que ni l'un ni l'autre ne sont infaillibles. Si c'étoient deux opinions contradictoires, nous serions ridicules de les rejetter toutes deux: mais y ayant un milieu entre ces deux extrémitez; savoir l'opinion qui nie l'infaillibilité du Pape, & celle du Concile en même tems, il n'y a rien de plus conforme à la raison que de nous ranger à cette opinion moyenne. Il n'est pas impossible que ces extrémitez soient toutes deux fausses, mais il est impossible qu'elle soient vrayes toutes deux; de sorte qu'il y a plus de sûreté à les abandonner toutes deux. (*)

Si on avoit une fois prouvé que Jésus-Christ a établi sur la terre un Tribunal infaillible, j'avouë qu'il faudroit choisir l'un ou l'autre des deux partis, quoi qu'ils ne soient pas contradictoirement opposez. Mais c'est ce qu'on ne prouvera jamais; au contraire l'on peut prouver par les argumens de ces Mrs. que Jésus-Christ n'a point établi de Tribunal infaillible; car s'il en avoit établi un, il l'auroit confié ou au Pape, ou à l'Eglise. Or il ne paroît pas qu'il l'ait confié ni au Pape, puis que le Concile ne voit point cela dans l'Ecriture: ni au Concile, puis qu'une infinité de Théologiens, reconnus très-Orthodoxes, & le Pape qui plus est, ne voient point cela dans l'Ecriture? Donc &c. Outre cela, qui ne voit que c'est une tyrannie insupportable, de vouloir que nous reconnoissions que le Pape est infaillible, quoi qu'il soit permis de le nier en plein Parlement; ou que le Concile est infaillible, quoi qu'il soit permis de le nier en présence du Sacré College?

Il ne sert de rien de dire, comme font plusieurs, que l'on doit à tout le moins croire infaillible les décisions approuvées conjointement par le Pape & par le Concile; cela, dis-je, ne sert de rien. Car si le Pape n'est point infaillible sans le Concile, son approbation ne peut point rendre infaillible une décision qui ne l'est pas; & pareillement si le Concile n'est point infaillible sans le Pape, son approbation ne peut point rendre infaillible une décision qui ne l'est pas. La raison de cela est, qu'afin qu'un homme soit persuadé qu'il ne peut pas y avoir d'erreur dans la doctrine d'un Concile, il faut qu'il soit assuré qu'un Juge infaillible l'a reconnuë conforme à la révélation. Supposons que le Concile n'est point infaillible sans le Pape, il s'ensuit qu'avant l'approbation du Pape la décision du Concile n'est point infaillible. Que fera l'approbation du Pape? Fera-t-elle que je sois pleinement assuré qu'un Juge infaillible a reconnu, que la décision du Concile est conforme à la révélation? Ouï pourvû que le Pape soit infaillible de son Chef: mais il ne l'est pas sans le Concile, son approbation ne vaut pas plus que celle d'un simple Docteur. Supposons d'autre côté que le Pape n'est point infaillible sans le Concile, il s'ensuit qu'avant la confirmation du Concile, les Constitutions du Pape ne sont pas infaillibles. Si un Concile les confirme, le deviendront-elles? Ouï pourvû que le Concile soit infaillible de son Chef, c'est-à-dire pourvû qu'il puisse infailliblement connoître lui seul, qu'une doctrine est conforme à la parole de Dieu. Il est donc indubitable que si le Pape n'est pas infaillible lui seul, ou le Concile lui seul,

(*) Quorum opiniones cùm tam variæ sint tamque inter se dissidentes, alterum fieri profectò potest, ut earum nulla, alterum certè non potest, ut plus unâ vera sit. Cicero l. 1. de Natur. Deor.

S

seul, aucune décision ne peut acquérir le privilége de l'infaillibilité.

Vous n'avez pas oublié sans doute, Monsieur, les démêlez de la signature du Formulaire, & de l'inséparabilité du fait & du droit
dans la cause de Jansénius. Cela fut cause de
plusieurs désordres, & fit naître quantité de beaux
Ouvrages, dans lesquels on prouva si évidemment, qu'il n'y a point d'autorité infaillible dans
l'Eglise à l'égard des faits, que le parti opposé
aux Jansénistes se trouva forcé d'avouër, qu'on
n'étoit point obligé de croire que les cinq Propositions condamnées fussent dans le Livre de
Jansénius, quoi que le Pape l'eût dit. Voici
l'usage que je prétend faire de cette doctrine.

Nos Adversaires avouënt que l'Eglise n'est pas
infaillible dans les faits (car les Theses soûtenuës
au Collége (*) de Clermont, qui portoient
expressément que le Pape est infaillible, non seulement dans le droit, mais aussi dans le fait, ne
doivent pas être considérées comme l'opinion dominante.) Ils avouënt qu'on n'est pas obligé de
croire qu'un tel Livre enseigne un certain dogme, quoi que les Papes & les Conciles déclarent formellement qu'il contient ce dogme. Ils
avouënt qu'il est permis à un chacun d'examiner si le Livre contient ce dogme, & de ne
croire qu'il le contient, qu'en cas qu'il s'en convainque par son étude particuliere. Il s'ensuit
de là que toute la déférence, que l'Eglise Romaine peut exiger raisonnablement de nous, est
que nous nous soûmettions aveuglément à elle
dans les questions de droit. Et c'est ce que
nous ne lui refuserons pas; car quelles sont ces
questions de droit à votre avis? Je n'en trouve guéres qu'une, qui est de savoir si tout ce
que Dieu a révélé est véritable; & pour celle-
là, je lui réponds, au nom de tous les Protestans, que pourvû qu'elle la décide pour l'affirmative, comme elle fait, nous souscrirons tous
à sa décision sans l'examiner. Si descendant au
détail, elle s'ingere de décider, que Dieu a révélé qu'il faut aimer la vertu, & fuir le vice,
nous l'en croirons encore sans autrement nous informer de ce qui en est; parce que ces questions
du droit naturel ne doivent point souffrir de
difficulté. Si poussant plus avant ses décisions,
elle prononce que l'observation de certaines fêtes, & de certains jeûnes, a été révélé de Dieu;
nous l'arrêterons-là, pour lui dire que la question est changée, & que ce n'est plus une question de droit; qu'ainsi nous ne l'en croirons
qu'autant que nous trouverons, par nôtre étude particuliere, qu'elle a raison; que c'est agir
selon son esprit, puis qu'elle reconnoît elle-même, qu'elle n'est infaillible que dans les choses
de Droit. Si elle dit que c'est une affaire de
Droit, que de savoir qu'elle est la révélation de
Dieu sur une telle ou sur une telle chose, nous lui
dirons, qu'elle se trompe; que c'est une affaire
purement de fait, tout de même que c'est une
chose purement de fait, que de savoir si
Jansénius a dit ceci ou cela. Elle avouë de bonne foi que toute question, où il s'agit du sens
d'un Auteur, est une question de fait, & qu'elle
n'a point reçu de Dieu le privilége de l'infaillibilité pour decider que Jansénius, par exemple, a dit dans une telle page une telle ou une
telle chose. Elle doit donc convenir que quand
il s'agit de déterminer le sens d'un verset de
l'Ecriture, c'est une véritable question de fait,

pour laquelle Dieu ne lui a point accordé la
grace d'être infaillible. En effet, qu'y auroit-il
de plus monstrueux que de soûtenir que le S.
Esprit n'accorda pas au Pape ni au Concile,
les lumieres nécessaires pour développer infailliblement le sens d'un simple Théologien, lors
qu'il importe extrêmement pour le repos de l'E-
glise qu'il soit bien développé, & de dire en
même tems que le S. Esprit leur accorde une illumination suffisante, pour développer les profonds mysteres, qui sont contenus jusques dans les
moindres paroles de l'Ecriture? Cela n'a point
d'apparence. Disons donc que puis qu'il a été
permis aux Disciples de Jansénius de soûtenir,
que son Livre ne contient pas les cinq propositions que le Pape lui a imposées, il nous doit
être permis de croire que les Ecrivains sacrez ne
disent pas certaines choses, que l'Eglise Romaine leur attribuë. Ainsi dans ce Syllogisme,

Il faut croire tout ce que l'Ecriture nous enseigne;
L'Ecriture nous enseigne la transsubstantiation, dans
*   ce passage, ceci est mon corps;*
Donc il faut croire la transsubstantiation:

Nous recevons la *Majeure* pour vraye sans hé-
siter, c'est une affaire de droit. Mais pour la
Mineure, qui est une chose de fait, nous demandons du tems, pour consulter le passage même,
& pour voir si en étudiant l'Ecriture avec beaucoup d'application, nous y découvrirons le mystere dont on parle. Si nous l'y découvrons,
nous souscrirons à la Conclusion, comme à un
article de Foi : mais s'il nous est impossible de
l'y découvrir, nous demandons la même grace que les Jansénistes ont obtenuë, qui est que
nous ne soyons pas obligez de croire qu'un tel
Livre dit cela, quoi que l'Eglise l'assure. Il me
semble qu'ils se servent de cette comparaison.
Si un Pape commandoit de souscrire à ce Syllogisme.

Tout enfant qui meurt, peu après son baptême,
*   est sauvé;*
Cet enfant que vous voyez, enseveli, est mort peu
*   après son baptême;*
Donc il est sauvé:

Il est clair qu'il faudroit faire une grande différence entre la premiere & la seconde proposition.
Il faudroit souscrire, disoient-ils, à la premiere
comme à un article de Foi : on pourroit croire
la seconde, comme l'on croit une chose sur
le témoignage d'un homme de bien, & ainsi l'on
pourroit souscrire à la Conclusion, comme à une
chose attestée par un honnête homme. Mais ce
seroit une témérité horrible que de croire cette
Conclusion comme un article de Foi. Si néanmoins nous avions une évidence très-parfaite du
baptême de cet enfant, l'ayant vû baptiser de
nos propres yeux, nous pourrions croire de foi
divine qu'il est sauvé. Il en va de même de la
transsubstantiation. Si nous acquérons, en examinant la Sainte Ecriture, une conviction entiere de la vérité de ce dogme, nous pouvons
acquiescer à la Conclusion du Syllogisme, comme à un article de Foi : autrement nous ne sommes obligez à rien si nous ne voulons. *Il cre-*
dere è di cortesia, comme on dit en Italie.

Je ne doute pas que vous n'ayez ouï parler
de la réponse de Mr. Arnaud à un Docteur de
Sor-

Sorbonne nommé Mallet, qui avoit écrit contre la Version du Nouveau Testament de Mons: mais je suis fort assuré qu'elle n'est point encore arrivée à votre Village, tant il est difficile de tromper la vigilance importune des ennemis de Janſénius, & l'inquisition qu'ils ont introduite dans la Librairie. Ils en veulent surtout aux Livres de Mr. Arnaud ; c'est pour cela qu'on a tant de peine à les faire venir des païs étrangers où on les imprime. Si Mr. Maimbourg a quelque part aux obstacles qui empêchent le débit du Livre dont je vous veux parler, il mérite assurément quelque louange; car c'est une preuve manifeste qu'il ne cherche point à diminuer les sujets de sa mortification, en faisant connoître au Public, qu'un Docteur de Sorbonne partage avec lui la honte de sa défaite. Je ne crois pas que l'on ait jamais terrassé son homme aussi rudement que Mr. Mallet l'a été ; & il a bien fait de mourir, pendant que la presse rouloit contre sa pauvre Critique du Nouveau Testament de Mons, car il eût bien pû sécher sur le pied, s'il eût vû l'état pitoyable où on l'a réduit, convaincu de mille bévuës, de mille faussetez, & d'une infinité d'erreurs grossieres. Souvenez-vous, je vous prie, en cet endroit (*) d'un certain Jaſon Denores, & du Cavalier Guarini, si célebre par son *Pastor Fido*.

Cette réponse de Mr. Arnaud, que je suppose que vous n'avez point encore vuë, me fournit une pensée qui confirme ma derniere raison. Voici ce qu'il dit au Chap. 14. du 1. Livre. *Il est certain qu'encore que les passages de l'Ecriture puissent contenir des veritez du Droit naturel ; ce n'est pas néanmoins une vérité de Droit naturel, que telle & telle vérité soit contenuë dans un tel passage de l'Ecriture. C'est une vérité de Droit naturel que l'impudicité est mauvaise ; mais ce n'en est pas une qu'elle soit condamnée par tel & tel passage : & on peut être partagé là-dessus très-innocemment, pourvû qu'on demeure d'accord qu'elle est condamnée dans quelqu'un.* Ce que Mr. Arnaud dit là est très juste, & prouve, ce me semble, fort clairement, que de savoir si un tel passage signifie telle ou telle chose, est une véritable question de fait.

On ne manquera pas de se récrier que c'est une contradiction manifeste, de dire que l'Eglise est infaillible dans les questions de droit, & soûtenir en même temps, que la décision particuliere du sens de la révélation, est une chose de fait. C'est aussi ce que je prétends, & ce que je cherche. Je prétends que la doctrine de l'infaillibilité implique contradiction, & que Messieurs de l'Eglise Romaine ne pouvant point soûtenir, sans se rendre ridicules, que le Pape ou le Concile sont infaillibles dans le fait, c'est une conséquence nécessaire qu'il n'y a point d'infaillibilité dans l'Eglise, pour l'intelligence de la révélation, puis qu'il est de la derniere évidence, que de savoir si un tel passage de l'Ecriture, ou d'un Pere de l'Eglise, signifie telle chose, n'est pas moins une question de fait, que de savoir si Janſénius a dit une telle proposition dans un tel endroit de son *Augustinus*.

Admirons ici, Mr. la sage providence de Dieu, qui, pour nous aider dans les ténebres de notre ignorance, à reconnoître qu'il n'a point établi de Tribunal infaillible sur la terre, a permis que ceux qui ont eu la vanité de s'attribuer le privilége de l'infaillibilité, ont été contraints de tomber d'accord qu'ils se trompent tous les jours dans les faits. Il n'y a qu'un pas à faire après cela pour prouver, par la force de cet aveu, qu'ils ne sont donc pas infaillibles, quand il s'agit de déterminer si l'Ecriture ou la Tradition disent une telle chose, tant parce que cette détermination est un point de fait, comme je crois l'avoir prouvé, que parce que la raison principale, qui devroit établir que l'Eglise est infaillible à l'égard des questions de droit, devroit prouver la même chose à l'égard des questions de fait. D'où il s'ensuit que l'Eglise, n'étant pas infaillible quant au fait, ne l'est point aussi quant au droit. Je m'en vais un peu développer cette derniere considération.

Les preuves que l'on tire de la parole de Dieu, pour l'infaillibilité de l'Eglise, sont si foibles, qu'il faut venir nécessairement à leur secours, si on veut qu'elles ayent de la probabilité. On cherche donc dans les lumieres de la raison de quoi suppléer au silence de l'Ecriture, & l'on dit que Dieu ayant racheté son Eglise par son propre sang, & mis en elle son affection la plus tendre, ne l'a point sans doute abandonnée à la merci de toutes les bizarreries de l'Esprit humain, ni n'a point voulu permettre que l'on pût se joüer impunément de l'explication de sa parole. Les tendresses & les compassions éternelles de Dieu pour son Eglise, qu'il regarde comme son plus précieux joyau, & comme l'Epouse de Jéſus-Christ, l'ont porté sans doute à la revêtir d'une autorité qui refrénât l'audace des Hérétiques, & qui pût exiger d'eux une soûmission toute entiere très-justement. Il a donc falu qu'elle fût ornée du privilége de l'infaillibilité ; car sans cela les esprits les plus brouillons, & les plus déraisonnables, ont un prétexte plausible de soûtenir qu'ils ont raison, & qu'on les a condamnez injustement.

Avoüez de bonne foi, Monsieur, tout bon Huguenot que vous êtes, que cela vous éblouit, & vous ébranle. Pour moi j'avoüe que j'en suis tout éblouï, je n'en fait point le fin : je ne trouverois rien de plus commode que de pouvoir consulter sur tous mes doutes un Oracle vivant, qui me dit au vrai l'intention du S. Esprit sans se méprendre jamais : & de la maniere que je conçois les Chretiens, il me semble que si Dieu leur eût demandé au commencement, ce qu'ils aimoient mieux, ou d'être eux-mêmes les Interpretes de sa parole, ou d'avoir toûjours au milieu d'eux une inspiration immédiate du S. Esprit, qui la leur interprétât, ils lui eussent répondu dans un esprit bien différent de celui des Juifs : *Parlez à nous, Seigneur, Vous-même, & ne nous abandonnez pas aux caprices, aux ténebres, aux illusions, & à l'inconstance de notre Raison ; nous aimons mieux tomber entre vos mains à l'exemple de ce Prophete qui a été selon votre cœur, qu'entre les mains des hommes.*

Mais comme je suis un peu sur mes gardes, je ne me laisse pas vaincre à cet éblouïssement ; je laisse passer l'émotion que cela me cause ; je consulte ensuite, dans le silence des passions, les pures idées de la Vérité ; & je trouve que notre Raison est bien hardie, d'oser prescrire à Dieu ce qu'il devroit faire, & d'oser conclure qu'il a fait une chose, parce que nous nous imaginons, qu'il nous seroit fort commode qu'elle fût. Je

(*) *Voyez Mr. de Thou. l. 99.*
Tom. II.

Je trouve enfin une grande leçon d'humilité, & je conclus qu'il faut que la Raison de l'homme soit bien peu de chose, puis que ce qui nous semble le plus éloigné de prudence, est justement ce que la Sagesse infinie de Dieu a trouvé le plus à propos de faire.

Car enfin l'expérience m'apprend, que Dieu n'a pas trouvé à propos que l'Eglise Chrétienne fût exempte de Schisme, & d'Hérésies, & des autres désordres qui regnent dans les Sociétez profanes : & nos Adversaires mêmes m'avouënt que Dieu n'a pas trouvé à propos qu'elle fût infaillible dans les faits. Cet aveu ruïne de fond en comble la raison par laquelle ils veulent prouver, qu'elle est infaillible dans les questions de droit. Il faut qu'elle soit infaillible dans ces questions-là, nous dit-on, parce que sans cela on ne pourroit pas terminer les Disputes qui s'éleveroient dans l'Eglise. Cette raison prouve trop, & par conséquent ne prouve rien. Elle prouve que l'Eglise devroit être infaillible dans les questions de fait, parce qu'il est certain que le défaut d'infaillibilité à cet égard, l'empêche de pouvoir terminer une infinité de Controverses, qui peuvent la déchirer cruellement.

Nous en avons vû un exemple de nos jours. Une poignée de Janfénistes, retranchée dans la distinction du fait & du droit, a tenu tête un fort long-tems à tout le reste de l'Eglise qui l'accabloit de Brefs, de Bulles, de Constitutions, de Mandemens, & de Censures. Ces Janfénistes foudroyez en tant de manieres ont soûtenu, non seulement qu'ils n'étoient point Hérétiques, mais aussi que c'étoit une Hérésie que de croire qu'ils fussent Hérétiques ; & on peut dire sans leur faire grace, qu'en cela leur cause a remporté la victoire sur leurs ennemis. L'Eglise Romaine s'est vûe au bout de son Latin ; elle a vû un grand Schisme prêt à éclater, sans avoir la force d'y donner remede, parce qu'après tout on ne lui disputoit qu'une infaillibilité qu'elle avouë qu'elle n'a pas. Il a falu, pour prévenir tous ces désordres, que la puissance séculiere y ait mis la main, & que le Roi, comme autrefois Alexandre, ait coupé un nœud, que ni le Pape, ni l'Eglise Gallicane, ni les Conciles mêmes n'étoient pas capables de dénoüer. L'accord qui a été moyenné par les ordres de notre Monarque, a bien fait cesser les disputes ; mais personne n'a changé de sentiment, & les deux partis sont encore si mal satisfaits l'un de l'autre, que si on leur ouvroit le champ de Bataille, ils rentreroient en guerre avec plus de chaleur que jamais, pour se battre jusqu'à la fin du monde, toûjours sous la banniere de l'Eglise Catholique. Car les Disciples de Janfénius ne prétendent pas être moins Catholiques que les autres, & je suis sûr que pourvû qu'on laissât les choses dans les termes de la Dispute, je veux dire, qu'on n'employât pas les voyes de fait contre eux, ni la puissance du bras séculier, tous les Jéfuites appuyez du Pape & de l'Eglise Gallicane ne leur prouveroient jamais qu'ils sont Hérétiques. Cela montre que faute d'infaillibilité dans les faits, l'Eglise est incapable de terminer un grand nombre de différends considérables. Il eût donc été fort nécessaire pour le bien général de l'Eglise, que Dieu lui eût accordé cette espece d'infaillibilité. Il ne l'a pourtant point fait. Donc la raison que l'on employe pour prouver qu'elle est infaillible dans les questions de droit, ne prouve rien.

Pour vous délasser un peu après la lecture de tant de raisonnemens, je couche ici une petite pensée qui se présente à mon esprit, à l'occasion de ce que je viens de dire concernant les Janfénistes. Le plus grand creve-cœur de leurs ennemis a été de les voir combatre sous la banniere de l'Eglise Catholique, Apostolique, & Romaine. Il y a de l'apparence que le R. P. Bouhours, qui se plaît tant à exprimer ses pensées en vers Italiens, a dit souvent en lui-même,

Questo à quel che più inaspra i miei martiri.

J'ai lû dans la Réponse (*) qui fut faite à sa Lettre à un Seigneur de la Cour, comme il l'avoit bien prédit, que les Jéfuites prioient Dieu publiquement, que Mrs. de Port-Royal sortissent de la Communion de l'Eglise. *Ce sont les vœux criminels* (dit l'Auteur de cette Réponse) *& les prieres sacriléges que les Prédicateurs Jéfuites font publiquement dans les Chaires qu'on leur abandonne, & c'est ainsi que le dernier de tous, le furieux P. Maimbourg, prioit Dieu de toute la force de sa voix, afin qu'il plût à sa divine Majesté de chasser les Janfénistes hors de l'Eglise, & de les séparer de tous les fidelles.* Cela me fait souvenir de Cicéron (l'exemple ne déplaira pas aux Jéfuites) qui ne souhaitoit rien tant que voir sortir Catilina hors de Rome, & il me semble que si tout le Port-Royal se fût transporté à Geneve, ces bons Peres eussent ordonné à tous leurs Régens de faire la Harangue de l'ouverture des Classes, sur cette retraite-là, & de prendre mot à mot pour leur exorde le commencement de l'Oraison de Cicéron sur la fuite de Catilina, & de faire bien résonner l'*excessit, evasit, erupit.* On ne doute pas que si Mr. Arnaud faisoit mentir la Satyre de Mr. Despréaux, qui a mis entre les choses impossibles de voir,

Arnaud à Charenton devenir Huguenot.

La Société ne lui payât de très-bon cœur un gros appointement annuel, afin qu'il ne lui prît pas en vie de retourner dans le giron de l'Eglise. Après cette petite récréation voici de nouveaux raisonnemens.

La derniere raison qui me persuade, que Dieu n'a point établi dans son Eglise un Tribunal infaillible, vous paroîtra peut-être plus forte qu'aucune des autres. Voici ce que c'est. Je regarde que le principal fruit de ce Tribunal seroit sans doute de produire une ferme Foi dans l'ame de chaque Fidelle, en lui fournissant un principe inébranlable de certitude. Chacun seroit assuré de croire les véritez que Dieu nous a révélées, & non pas ce qu'un Docteur s'imagine que Dieu nous a révélé, ou ce qu'il croit découvrir lui-même dans la parole de Dieu. Cela ne seroit pas peu considérable, il en faut tomber d'accord. Mais d'ailleurs si nous avons besoin de ce Tribunal, afin d'avoir une parfaite certitude de Foi, il s'ensuit que nous avons besoin aussi d'être nous-mêmes infaillibles, ou d'être du moins instruits par des Curez infaillibles. Car s'il est nécessaire, pour avoir une vraye certitude de Foi, de connoître que ce que l'on croit a été décidé par un Juge inspiré du Saint Esprit, il n'y a point de bon Catholique qui ne doive connoître que ce qu'il croit est contenu

tenu dans les Saints Canons. Je demande comment il connoît cela ? Est-ce parce qu'il a lû lui-même les Conciles ? Mais qui le peut assurer qu'étant capable d'erreur comme il est, il ne s'est point abusé dans l'interprétation des paroles du Concile, qui ne sont pas toûjours si claires, que les Théologiens ne les empoyent quelquefois à prouver des sentimens fort différens ? Est-ce parce que son Curé le lui a dit ? Mais qui l'assurera que son Curé n'ayant pas le privilége d'être infaillible, ne se trompe point dans le sens qu'il donne aux décisions ? Qui sait si le Curé n'est pas Hérétique ? Oh, dira-t-on, s'il étoit Hérétique, son Evêque né tarderoit pas long-tems à le déposer, & à nous en donner un autre. Voilà qui est bien : mais qui nous assurera que l'Evêque n'a point lui-même quelques erreurs, qu'il souffre très-volontiers que l'on seme parmi le peuple. *Si cela étoit les autres Evêques ne le laisseroient pas en repos.* Bon. Mais si toute une Province, si tout un Royaume n'avoit que des Evêques infectez d'erreur, comment faire ? *Le Pape ne manqueroit pas en ce cas-là de faire connoître aux Peuples ces faux Pasteurs, & de leur en donner de plus Orthodoxes.* Ouï, mais il faut bien du tems pour déposer un Evêque, sur tout en France : & en attendant combien meurt-il de gens à qui on a communiqué une mauvaise doctrine ? En un mot (car on peut faire ici cent questions embarassantes de plus en plus) la connoissance, qu'un Curé est Orthodoxe, dépendant de l'approbation d'un Evêque approuvé de Rome ; il s'ensuit que pour avoir une entiere certitude de l'Orthodoxie d'un Curé, il faut savoir pour le moins que personne ne s'est plaint de lui à son Evêque ; que les autres Evêques ne se plaignent point de cet autre Evêque ; que le Pape ne trouve rien à redire dans les opinions de ces Evêques. Il faut bien du tems pour savoir toutes ces choses, & attendre l'arrivée de bien des Courriers. Veut-on qu'en attendant je ne fasse aucun acte de Foi, & que je demeure incertain si je crois ce qui a été décidé par les Conciles, ou si je ne le crois pas ? Il n'y a point d'apparence ; car il faut faire tous les jours des actes de Foi, sans hésitation, ni balancement. Il est donc clair qu'un Tribunal infaillible ne sert de rien pour la certitude de chaque Fidelle, à moins que tous les Fidelles, ou tous les Curez, ne soient infaillibles aussi.

Plus j'examine la chose, plus elle me paroît absurde. A quoi sert un Tribunal infaillible, dont les décisions sont commises à des Prélats capables de se tromper ? N'est-ce pas retomber dans les inconvéniens qu'on vouloit fuir ? Le Concile, si on veut, a été incapable d'Hérésie ; ses Canons sont la révélation toute pure. Mais de quoi sert cela, si ceux qui les exécutent, & qui les expliquent dans toute l'étenduë de l'Eglise, se peuvent tromper ? Quelle différence y a-t-il entre l'Eglise Gallicane & les Calvinistes ; l'Eglise Gallicane, dis-je, qui n'attribuë l'infaillibilité qu'au Concile, & qui par conséquent ne croit pas qu'il y ait présentement rien d'infaillible sur pied ? Tous les Evêques de France canoniquement assemblez peuvent faire des décisions Hérétiques, peuvent pervertir le sens des Canons, & de la parole de Dieu. A plus forte raison chaque Evêque le peut-il dans son Diocese, & chaque Curé dans sa Paroisse. A quoi sert donc à un Bourgeois de Paris, que le Concile de Trente qui n'est plus depuis six

vingt ans, n'ait pû se tromper ? Pour faire que le Tribunal infaillible nous sût de quelque usage en France, nous aurions besoin d'un Concile perpétuel, qui reçût incessament de toutes parts des extraits de la doctrine, que chaque Curé enseigne à ses Paroissiens, & qui déclarât *conciliaviter*, qu'elle est conforme, ou qu'elle n'est pas conforme, aux décisions infaillibles de l'Eglise. En attendant la réponse, chaque Paroissien tiendroit sa Foi en suspens. Mais que faudroit-il faire après l'arrivée du Courier ? S'il apportoit de bonnes nouvelles, faudroit-il croire du moins alors ? Ouï, pourvû que l'on sût assuré infailliblement que la réponse du Concile ne sût pas supposée ; ce qui ne demanderoit pas moins de quarante ou de cinquante ans, pour un Paysan qui ne sait ni lire ni écrire, ni discerner les faux seings, les fausses paraphes, &c.

De tout cela on peut conclure, que de la maniere que les hommes sont faits, il implique contradiction, que Dieu ait établi un Tribunal infaillible dans l'Eglise, comme un moyen nécessaire à la certitude de la Foi d'où il s'ensuit que c'est par le discernement que Dieu nous fait faire de sa Vérité, en lisant, ou en écoutant sa parole, que nous sommes assurez d'être Fidelles. Il y en a qui s'y trompent ; mais qu'y feroit-on ? Ce sont les secrets jugemens de Dieu qu'il faut adorer avec une profonde humilité, & non pas faire des hypotheses à notre fantaisie, pour mieux trouver notre compte.

XIII.
Que la Providence nous fait connoître que l'Eglise n'est point infaillible.

J'ai déja remarqué, Monsieur, que nous trouvons une grande avance pour connoître que l'Eglise n'est point infaillible, dans l'aveu que font ceux de la Communion de Rome, qu'elle n'est point infaillible quant aux faits. Ce n'est pas le seul secours que Dieu nous ait envoyé, pour nous aider à reconnoître l'erreur. Sa Providence a permis, que l'on pût reconnoître à tant de marques sensibles, que l'Eglise Romaine n'a point le privilége dont elle se vante, que je ne comprens pas comment se pourront excuser ceux qui le lui attribuent.

Pour une Dispensation comme celle où nous vivons, mêlée d'ombres & de lumiere, il semble que Dieu ne pouvoit pas confondre plus sensiblement l'orgueil de ces prétendus infaillibles, qu'en permettant comme il a fait 1. Qu'il y ait eu des Papes & des Conciles, qui ont erré même dans des points de doctrine très-importans. 2. Que les Papes & les Conciles ayent changé & cassé les uns ce qui avoit été ordonné par les autres. 3. Que malgré la Politique que l'on a dans l'Eglise, qui se vante de ne pouvoir errer, de bien garder le *decorum*, on ait mille fois remis en dispute, & soûmis à un nouvel examen les questions déja décidées. 4. Que l'on entende tous les jours dans les Parlemens plusieurs violentes invectives contre les prétentions de la Cour de Rome ; que l'on voye flétrir les Bulles qui viennent de ce païs-là ; que l'on en ait condamné quelques-unes à la derniere de toutes les infamies, savoir à être lacérées par l'Exécuteur de la haute Justice, & brûlées en un feu qui seroit allumé pour cet effet devant la grande Porte du Palais, comme on le peut voir plus amplement dans l'Arrêt du Parlement de Paris assemblé à Tours du 5. d'Août 1591, & raporté en substance par Monsieur, de Thou. 5. Que tout fraîchement le Clergé de France, pour complaire à S. M. ait consenti à la cassation d'un Décret du Concile Général de Lion,

l'un

l'un des plus nombreux & des plus célèbres qui aient jamais été tenus dans l'Eglise ; lequel Décret (*) n'a pas seulement été inséré dans le Corps du Droit Canon, mais il a été exécuté dans ce Royaume, & autorisé tant par les Ordonnances des Rois, que par les Arrêts du Parlement de Paris durant près de quatre siecles, ayant été fait en présence des Ambassadeurs de tous les Princes de la Chretienté, & en particulier de Philippe le Hardi Roi de France, & ayant défendu, sous peine d'excommunication, d'étendre la Régale plus qu'elle ne l'étoit alors. Ce qui montre qu'un grand Royaume, qui est le Patrimoine du fils ainé de l'Eglise, ne la reconnoît pas infaillible, puis que non seulement il tient (A) *pour douteux & indécis, ce qui a été solemnellement décidé par un Concile Général de plus de 500. Evêques, en présence des Ambassadeurs du Roi, qui se trouverent très-contens de la décision du Concile, bien-loin de reclamer contre ;* mais qu'il décide aussi le contraire en dépit de l'excommunication lancée par le Concile sur ceux qui n'obéïroient pas à son Décret. 6. Que nous ayons apris depuis peu par la bouche (B) d'un Grand Prélat, *que nos Rois ne prétendent pas être obligez de se conformer* en certaines choses, *à la Police & à la discipline de l'Eglise, & que l'Eglise a varié sur les matieres de discipline en des occasions bien plus importantes* que celle de la Régale. Ce qui renverse l'infaillibilité que l'Eglise s'attribuë quant aux dogmes, tant parce qu'il n'y a point de reglement de discipline, qui ne renferme un jugement faux ou vrai, que parce que l'Ecriture ne limitant point l'infaillibilité, que l'on dit qu'elle promet à l'Eglise, il n'y a point de raison de croire que l'Eglise est infaillible pour une chose, plûtôt que pour une autre. La distinction de Foi & de discipline n'est venuë qu'après coup ; & si la discipline n'avoit pas été visiblement changée plusieurs fois, on soûtiendroit aujourd'hui l'infaillibilité de l'Eglise quant aux matieres de discipline, aussi-bien que quant aux matieres de Foi. 7. Qu'il se soit formé deux grands Partis, dont chacun tâche de ravir à l'autre le privilége de l'infaillibilité, sans que ceux qui l'attribuent au Pape, soient encore d'accord des conditions qu'il faut qu'il observe, afin de parler *ex Cathedrâ,* ni ceux qui l'attribuent au Concile, des qualitez qu'il doit avoir pour être véritablement Oecuménique. 8. Que les Conciles soient devenus de pures Assemblées Politiques, où les intérêts des Souverains, & surtout la grandeur mondaine du Pape, sont le grand ressort de toutes choses. 9. Que la Cour de Rome se soit tellement engagée dans les intérêts de la terre, qu'il est de notorieté publique que c'est l'Ecole la plus rafinée des intrigues & des fourberies, & de tout ce en général qui est le plus opposé à l'esprit de Dieu. Je passe sous silence la vénalité des choses saintes, dont elle s'est renduë coupable, l'indévotion, les empoisonnemens, la Sodomie, &c. N'y ayant point de révélation expresse qui nous dise, que le Pape ou le Concile seront infaillibles jusques à la fin des siecles, mes deux dernieres remarques ont beaucoup de force, quoi que j'avouë que s'il y avoit une telle révélation, nous serions très-mal fondez de nier leur infaillibilité, sous prétexte de ces intrigues, &

de ces vices. Je dis ceci pour n'être pas accusé de me contredire moi-même.

De tout ce que j'ai établi contre l'existence d'un Tribunal infaillible, l'on peut conclure 1. Que ceux qui font des décisions dans les matieres de Foi, ne peuvent point exiger que l'on s'y soûmette sans les examiner, & avant que de s'être convaincu qu'elles sont vrayes & justes. 2. Que ces décisions peuvent être examinées en tous tems & en tous lieux ; car n'y ayant point de succession, pour si longue qu'elle soit, qui prescrive contre la vérité, il est évident que les hommes sont toûjours Mineurs à cet égard, je veux dire, qu'ils peuvent se relever toûjours des engagemens de la naissance, de l'éducation, & de la signature d'un Formulaire. D'où paroît combien est frivole la prétention de Mr. Maimbourg, qui a fait une Livre tout exprès, pour faire voir que notre doctrine touchant la présence réelle, ayant été condamnée en la personne de Béranger dans l'onzieme siecle, Calvin n'a pû la faire revivre sans Héresie. Qu'il sache qu'en matiere de Religion, de conscience, & de vérité les Peres ne s'engagent pas pour leur enfans. Nous n'avions point donné procuration à nos Ancêtres de signer pour nous le Formulaire *Ego Berengarius ;* c'est pourquoi nous l'avons pû soûmettre à notre censure, & le ratifier, ou le rejetter comme bon nous a semblé. Malheur à nous si nous l'avons rejetté sans raison : mais aussi malheur à ceux qui l'ont ratifié sans raison. Le consentement de nos Ancêtres pendant plusieurs siecles, la capacité des Assemblées Ecclésiastiques qui ont décidé une chose, & quelques autres prejugez samblables peuvent être considérez comme des motifs de *crédibilité,* je le veux ; mais enfin, il en faut venir au point capital, qui est de savoir, si la décision est conforme à la volonté de Dieu. Tout le reste n'engage point notre Foi. Sans cette derniere clause, je le dis & le repete, *il credere è di cortesia.*

Les deux grandes objections qu'on a coûtume de nous faire, ne m'étonnent pas. On nous dit 1. qu'un Particulier n'est pas capable de connoître si les Canons d'un Concile sont conformes à la parole de Dieu ; que cela demande trop de connoissances, trop de tems, & trop d'étude ; qu'ainsi l'ordre veut qu'il s'en raporte à l'Eglise. Or il ne peut s'en raporter sûrement à l'Eglise, si elle n'est infaillible : donc l'Eglise est infaillible.

Mais je demande à ces Messieurs, s'ils n'avouent pas qu'un Païsan est capable de connoître, qu'il est obligé d'acquiescer aveuglément à la doctrine de son Pasteur ? Il faut bien qu'il le connoisse, car il ne seroit pas Catholique sans cela. Mais pour connoître qu'il est obligé à cette soumission aveugle, ne faut-il pas qu'il sache qu'elle est conforme à la volonté de Dieu, & à la Tradition constante de toute l'Eglise ? Pour connoître que cette soûmission est conforme à la volonté de Dieu, & à la Tradition constante de toute l'Eglise, ne faut-il pas qu'il soit capable de juger, si une doctrine est conforme à la volonté de Dieu, & à la Tradition de seize siecles, ou si elle n'y est pas conforme ? Il est évident que tout cela lui est nécessaire. Or s'il a le tems, l'étude, & les connoissances nécessaires pour vuider par lui-même l'article de

----

(*) *V. le Livre intitulé* Considérations *sur les affaires de l'Eglise, imprimé en 1682.*
(A) *Ibid.*

(B) *Discours de Mr. l'Ar. de Reims dans le procès-verb. de 1681.*

de l'autorité de l'Eglise, je vous assure, Mr. qu'il en peut vuider bien d'autres. Ainsi l'objection est aussi forte contre ceux de l'Eglise Romaine que contre nous. J'ai dit, *vuider par lui-même*, car il seroit ridicule de juger qu'il faut se soumettre aveuglément à l'Eglise, parce qu'elle le dit, puis qu'avant que d'ajoûter aveuglément foi à sa parole, il faut être assuré que Dieu l'a fait infaillible. Joint qu'il paroît par beaucoup d'exemples raportez (*) par Mr. le Noir, qu'il y a eu des Evêques Hétérodoxes que le peuple a chassez, sans attendre les ordres du Supérieur, de quoi ensuite on ne l'a point censuré. Preuve évidente que l'on ne trouve pas toûjours mauvais, que le peuple juge si la doctrine de son Pasteur est conforme à la décision des Conciles.

L'autre objection qu'on nous fait est tirée des horribles confusions qui naissent dans une Eglise, lors qu'on permet à un chacun d'être le juge de sa croyance, & du sens de la parole de Dieu. J'avouë qu'à ne consulter que la Raison, il eût été à souhaiter que Dieu nous eût laissé un Juge parlant, & revêtu de tant de marques incontestables de sa charge, qu'il fût aussi aisé à tous les Chretiens de le reconnoître pour leur Juge Souverain, qu'il est aisé à tous les François de reconnoître que Louïs XIV. est leur légitime Monarque. Mais comme je l'ai déja dit ci-dessus, il y a une distance infinie entre ce qui est sagesse à l'égard de l'homme, & ce qui est sagesse à l'égard de Dieu. Il ne faut pas s'étonner que Dieu ait laissé son Eglise exposée aux divisions & aux Hérésies, après tant d'autres choses qui nous surprennent dans l'enchaînure des évenemens. C'est s'en prendre à la providence de Dieu, que de nous faire l'objection que l'on nous fait, & nous n'avons pour y répondre qu'à renvoyer nos Adversaires aux objections, que l'on fait contre la divine Providence. Leurs réponses sont toutes les mêmes que nous leur ferons.

Outre cela nous les prions de considérer que leur objection prouve trop, non seulement parce qu'elle prouve, comme je l'ai déja dit que l'Eglise doit être infaillible dans les faits, mais aussi parce qu'elle prouve que Dieu a soûmis tous les Rois de la terre à la puissance du Pape. Chacun sait combien il importe au bien général de la Religion Chretienne, que les Rois soient justes, moderez, sages, & zélez pour la gloire du vrai Dieu. Chacun sait à combien de désordres & de ravages est exposée la vie de tous les Chretiens, sous des Princes avares, violens, ambitieux, voluptueux, &c. Il faudroit donc conclure, selon la maxime de ces Mrs. qui porte que Dieu a laissé un Tribunal infaillible sur la terre, afin d'empêcher que l'Eglise ne fût troublée; il faudroit, dis-je, conclure sur ce pied-là, que Dieu a laissé sur la terre une puissance supérieure à tous les Princes, pour les changer, pour les déposer, pour les rétablir, selon qu'il seroit jugé nécessaire au bien commun de la Chretienté. On ne sauroit révoquer en doute, qu'un Lieutenant de Dieu en terre, établi pour faire rendre compte dès cette vie aux Souverains, de l'administration de leur puissance, ne fût un grand bonheur à la société publique, pourvû que Dieu revêtit son Lieutenant de la probité & de la force qui lui seroient nécessaires, tant pour agir équitablement,

que pour contraindre les têtes rébelles à subir la peine qu'il leur infligeroit. Si cela étoit, personne ne prendroit ombrage des desseins ambitieux d'un voisin remuant & incommode; il ne faudroit pas faire des Ligues pour arrêter le cours impétueux de ses injustes victoires; il ne faudroit pas, pour se défendre de ses violentes usurpations, exposer les peuples aux mêmes ravages, que l'Usurpateur leur fait souffrir; les peuples ne gémiroient pas long-tems sous le faix insupportable des impôts qui les succent jusques au sang; tous les Princes se piqueroient, afin de n'être pas déposez par le Lieutenant de Dieu, de faire fleurir la piété, & la Morale de l'Evangile. Tout cela seroit fort beau & fort commode à l'Epouse du fils de Dieu; qui en doute? Cependant Dieu n'a pas trouvé à propos d'établir au milieu de son Eglise une autorité comme celle-là. Donc les raisonnemens de ces Mrs. prouvent que Dieu a dû faire ce qu'il n'a point fait, & par conséquent ce sont des raisons qui prouvent trop.

Enfin nous les prions de considérer qu'ils n'évitent pas eux-mêmes l'objection: car ils prétendent que la sagesse de Dieu l'a obligé à laisser dans son Eglise une autorité infaillible. Pourquoi? Afin que cette Eglise ne fût point déchirée par la diversité des opinions. Mais il paroît par l'évenement qu'elle a toûjours été remplie de mille disputes, & qu'elle a été déchirée en mille & mille manieres. Il faut donc que Dieu lui ait laissé un remede très-inutile, & très-incapable de guérir le mal; ce qui seroit un aussi grand défaut de sagesse à un Médecin, que de ne rien ordonner du tout à son malade. Oh, diront-ils, le remede étoit fort propre à guérir le mal, mais la malice du malade l'a rendu inutile. Cette réponse ne dit rien, parce que la bonté d'un remede ne consiste pas dans un raport vague, mais dans un raport fixe & déterminé à une telle maladie; desorte que pour être bon, il faut qu'il soit propre à guérir, non pas la pleuresie, par exemple, en général, mais la pleuresie d'un tel homme accompagnée de telles & de telles circonstances. Tout de même afin qu'on pût dire que Dieu a laissé un bon remede à son Eglise, il faudroit qu'il eût laissé un remede capable de guérir, non l'ignorance en général, mais l'ignorance d'Arius, par exemple, accompagnée de toutes les passions accessoires qui le rendirent Hérétique. C'est pourquoi si on pousse Mrs. de l'Eglise Romaine à bout, on les contraindra bien-tôt d'avouër avec les autres, qu'il faut adorer les profondeurs de la Providence de Dieu qui n'a pas voulu permettre que le Christianisme fût exempt des confusions qui regnent dans toutes les autres Sociétez. Ce prétendu Juge infaillible n'étant point reconnoissable, étant *incognito* dans l'Eglise, comme Mr. le Maréchal de Grammont dit un jour à la Reine Mere, que les cinq Propositions étoient *incognito* dans le Livre de Jansénius, il n'est pas d'un plus grand usage au Christianisme, que s'il n'étoit point du tout.

J'aurois mille choses à dire sur l'inutilité de ce prétendu Juge infaillible, que l'Eglise Romaine se vante d'avoir, si je m'engageois à épuiser cette matiere: mais c'est à quoi je ne m'engagerai point. Il est certain que les choses sont venuës à un tel état, qu'ou bien on n'ose décider les choses, quand on craint que

(*) *Evêque de Cour, Entret. 5.*

la partie condamnée n'acquiescera point au Décret ; ou bien on a le déplaisir, si on hazarde une Bulle, de trouver de la désobéïssance. Les Peres du dernier Concile ne soufrirent-ils pas que Sôto & Catarin disputassent l'un contre l'autre avec la derniere animosité, sur une chose qui avoit déja été jugée ? Et n'eurent-ils pas la mortification, qu'en leur présence chacun de ces deux Antagonistes tira de son côté les paroles de leur Decret, sans qu'ils osassent leur declarer lequel des deux avoit raison ? Ce qui étoit une preuve manifeste, que ne voulant perdre ni l'un ni l'autre des contestans, ils avoient décidé la dispute d'une maniere vague, où chacun pouvoit prétendre de trouver la confirmation de son sentiment. A-t-on jamais osé décider la Controverse de la Conception immaculée, quoi que les Scotistes, apuyez de la superstition des peuples, l'ayent souvent demandé ? Et pourquoi refuse-t-on aux Scotistes ce qu'ils demandent, si ce n'est à cause que l'on voit bien que les Thômistes, qui font un parti considérable dans l'Eglise, feroient du bruit ? Qu'a-t-on gagné dans la grande Controverse des Molinistes & des Thômistes, agitée à Rome avec tant de chaleur, au commencement de ce siecle ? Rien du tout : on n'osa rien déterminer, de-peur de commettre mal à propos l'autorité du S. Siége. Et lorsqu'après mille dépenses & mille Négociations on a enfin obtenu les Décisions du monde les plus formelles dans la cause de Jansénius, qu'a-t-on gagné que de nouvelles matieres de dispute ? A quoi servent aujourd'hui tant de Brefs & tant de Bulles qui viennent de Rome ? Un Religieux élu Grand Vicaire de Pamiers par son Chapitre, & confirmé par un Bref du Pape, ne laisse pas d'être condamné à mort & exécuté en effigie, parce qu'il ose se porter pour Grand Vicaire. Les Agens du Clergé ne font point scrupule de le traiter de prétendu Grand Vicaire, ni l'Assemblée du Clergé de protester contre ce Bref de Sa Sainteté.

Je vous conseille de lire les *Considérations sur les affaires de l'Eglise*, &c. desquelles je vous ai déja cité plusieurs choses. Qu'il y a de bonnes remarques sur ce qui fut dit dans l'Assemblée du Clergé de l'année 1681, *Nous reconnoissons dans les Vicaires de Jésus-Christ une puissance sans bornes pour l'édification !* Cet Auteur montre au contraire, qu'on ne reconnoît presque plus en France de puissance dans le Pape que pour l'infraction des Canons, & pour le relâchement de la Discipline, pour transférer des Evêques d'un Siége à un autre, pour donner des Abbayes en Commande à des enfans de quinze ans. *Mais pour ce qui est de faire observer les Loix de l'Eglise, & d'en maintenir la Discipline ; bien-loin que l'on reconnoisse dans le Pape une puissance sans bornes, on a resserré par tant de bornes celle qu'on y reconnoît en général, qu'elle est présentement réduite à rien.* En un mot, comme il le dit en un autre endroit : *Tous les Décrets des Papes font infaillibles, quand ils font favorables à ceux qui font bien à la Cour. Les exemples en font encore assez récens. Mais si c'est le contraire, non seulement on ne se croit pas obligé de se rendre à ce qu'ils disent, mais on ne leur fait pas même l'honneur de les prendre pour quelque sorte de préjugé de la bonne cause de ceux qu'ils appuyent.*

Quand tout ce que je viens de remarquer se-

roit inutile, pour nous faire comprendre le peu de profit qu'aporte à la Foi ce prétendu Juge infaillible, que l'Eglise Romaine se vante d'avoir dans sa Communion : ce que je m'en vais vous dire suffiroit pour le faire comprendre clairement. Si l'Eglise Romaine a le bonheur dont elle se glorifie, d'où vient qu'elle ne décide pas pour une bonne fois, à qui c'est que les Fidelles font obligez de soûmettre leur Raison ? Les uns disent que c'est au Pape ; les autres, que c'est au Concile. Si c'est au Pape, il s'ensuit que l'Eglise Gallicane est Hérétique ; d'où vient donc qu'on ne l'excommunie pas ? Si c'est au Concile, il s'ensuit que la Cour de Rome est Hérétique ; d'où vient donc qu'on la regarde comme le centre de la Catholicité ? On ne sauroit répondre à ces questions qu'en disant, que la décision de ce point ruïneroit cette vaste machine qu'on appelle l'Eglise Romaine ; qu'ainsi pour un plus grand bien il faut laisser la chose indécise ; que les peuples n'y regardant pas de si près ne s'en font pas une affaire. Mais par ce malheureux principe, que ne laissoient-ils indécise la Transsubstantiation, & les autres matieres controversées ? Ils eussent peut-être tenu sous une même forme d'Eglise tous les Chretiens. Comment ne voyent-ils pas que si c'est un sacrilége de laisser croire à chacun ce qu'il veut sur tous les points, ce ne peut pas être une bonne œuvre de laisser croire à chacun ce qu'il voudra, ou que le Concile est infaillible, ou qu'il ne l'est point, ou que le Pape est infaillible, ou qu'il ne l'est point ? Car avec cette liberté de croire ou de ne pas croire, il n'est pas possible qu'un Chretien parvienne jusques à la Foi divine par le moyen de l'autorité. Je vous assure, Monsieur, que la Religion parmi tout cela n'est qu'une Idole, dont la réalité se soûtient en parti par l'ignorance, & en partie par la Politique.

Je m'apperçois que j'ai parlé des grandes dépenses qui furent faites à Rome pour l'affaire de Jansénius, & que je ne vous en ai point donné de garant. Vous l'aurez. C'est de Monsieur Brousse, Docteur en Théologie de la Faculté de Paris, & Chanoine de S. Honoré, que je tiens cela. Il raporte dans la Réponse qu'il fit à la Lettre du P. Bouhours, (*) *qu'il a entre les mains une Lettre écrite de Rome par feu Monsieur Hallier, & signée de lui du* 16. *Juin* 1653. *au feu P. Dinet Jésuite, & son correspondant à Paris, où il parle ainsi des grandes dépenses qu'ils avoient* »*faites à Rome* : *Il seroit très-juste qu'on nous* »*considérât en quelque chose, ayant fait des* »*dépenses entierement extraordinaires en cette* »*occasion. Vous ne sauriez croire l'argent qui* »*s'en va en manches & présens. Il n'y a petit* »*Saint qui ne veuille sa chandelle. . . . . les* »*Jansénistes ont dépendu ici plus de cent mil-* »*les livres, & peut-être plus de cent cinquante.*

Je doute fort que la Princesse se fût convaincuë de l'infaillibilité de l'Eglise, si les deux Prélats qu'elle consulta, lui eussent dit tout ce que je viens de vous étaler.

Je finis par ces belles paroles que je trouve dans l'avis (A) de Messieurs les Gens du Roi sur un Bref du Pape Alexandre VII. *Si les Constitutions qui ont comdamné la doctrine de Jansénius, ont été favorablement reçuës, ce n'est pas par l'aveugle principe de l'infaillibilité du Pape, mais par la lumiere certaine, qu'en cette rencontre il n'a pas* effec-

(*) *Recueil des Pieces concernant le N. T. de Mons.*

(A) *Impr. à Munster* 1667. *p.* 85.

effectivement failli. C'est ainsi qne parlent ceux qui mettent le Concile au-dessus du Pape. Mais ceux qui mettent le Pape au-dessus du Concile, diroient au contraire d'une décision qui auroit été reçuë sans l'intervention du Pape, que la lumiere certaine qu'en cette rencontre le Concile n'avoit pas effectivement failli, avoit été cause de cette favorable réception. C'est justement notre principe. Ce qui fait que nous nous soumettons aux décisions de nos Synodes, c'est la lumiere certaine, qu'encore qu'ils se puissent tromper, ils n'ont pas effectivement erré.

Je vous laisse faire toutes les réflexions que vous trouverez à propos sur cet endroit de *l'Appendix*, qui porte que puis que Jésus-Christ a permis, que la Communion sous une seule espece se soit introduite dans l'Eglise, en laquelle & avec laquelle il a promis de demeurer jusqu'à la fin du monde, c'est une marque que cela suffit pour le salut de ceux qui ne communient que sous une seule espece. Voilà le bel effet de l'infaillibilité. Ceux qui sont une fois imbus de ce principe, sont dans le plus déplorable état du monde ; les impiétez & les sacriléges les plus horribles ne les désabuseroient pas, ils diroient toûjours que puis que Dieu a permis que l'Eglise reçût ces énormitez, c'est une marque que ce sont de bonnes choses. Au lieu qu'il faudroit raisonner ainsi ; l'erreur s'est glissée dans l'Eglise ; donc l'Eglise n'est pas infaillible. On raisonne de cette façon ; l'Eglise est infaillible ; donc les erreurs qu'elle a adoptées ne sont pas effectivement des erreurs. Je dois lire bien-tôt un Livre nouveau composé par un P. de (*) l'Oratoire, qui veut prouver, à ce qu'on m'a dit, que la doctrine des Jansénistes n'est pas celle de S. Augustin, entre autres raisons par celle-ci, que l'Eglise condamne présentement la doctrine de Jansénius ; d'où il s'ensuit, qu'elle ne l'a jamais approuvé, autrement l'Eglise ne seroit pas infaillible : néanmoins l'Eglise a toûjours approuvé la doctrine de Saint Augustin ; il faut donc que cette doctrine soit différente de celle des Jansénistes. Si cette méthode s'introduit, on n'aura plus besoin de lire les Peres, parce qu'en vertu de l'infaillibilité on saura sans l'avoir jamais appris, que l'Eglise a toûjours cru ce qu'elle croit aujourd'hui.

Si les Peres Jésuites eussent sû prendre ce détour, ils se fussent délivrez du chagrin qu'ils ont témoigné quelquefois contre cette grande Lumiere de l'Afrique. Vous avez vû dans quelqu'une de mes (A) Lettres l'incartade que lui fit le P. Adam, prêchant à Paris dans l'Eglise de S. Paul : mais vous avez peut-être oublié l'histoire que je m'en vais vous dire, tirée d'une Lettre que nous lûmes ensemble durant la guerre du Nouveau Testament de Mons, & qui sert de réponse à un Livre du P. Annat.

» Quelques jours après la mort de Mr. le
» Cardinal de la Rochefoucault, les Jésuites
» lui éleverent, au milieu de la cour de leur
» Collége, un Mausolée à quatre faces, &......
» dégraderent S. Augustin du rang des Docteurs
» de l'Eglise ; de sorte qu'ayant mis les trois
» autres, Saint Grégoire, Saint Jérôme, &

» Saint Ambroise chacun sur une face, la quatrieme qui devoit être pour S. Augustin, fut donnée à S. Nicolas, & ils se vengerent ainsi d'un Saint qui a tant écrit, en mettant à sa place un autre Saint qui n'a rien écrit du tout.

La vengeance a tant de charmes pour la plûpart des gens, qu'il ne faut pas s'étonner de cette dégradation de S. Augustin. Les Payens faisoient pis que tout cela à leurs Dieux, quand ils en avoient reçu quelque mal, & la très-zélée & très-Catholique Ville de Paris, se porta à quelque chose de semblable durant la Ligue, à l'égard de sa Déesse Tutélaire Ste Genevieve. Le Chevalier d'Aumale, ayant résolu de surprendre Saint Denys, choisit la veille de cette Sainte, pour faire cette entreprise ; ce qui en fit concevoir bonne espérance. Mais jamais entreprise ne fut moins heureuse. Ceux qui purent regagner Paris en fuyant, y entrerent tous désolez, se plaignant d'avoir été abandonnez par la Patrone de leur Ville, & l'accusant de s'être renduë à leurs ennemis. En punition de quoi le peuple laissa refroidir sa dévotion pour cette Sainte. Cela est capable de faire paroître moindre l'injure faite à S. Augustin ; ainsi j'ai lieu d'espérer que les Jésuites me sauront gré de vous l'avoir écrit. Je vous allegue en marge les propresparoles de mon Auteur, pour vous empêcher de croire que ce soit ici une version Huguenotte. (B) Je suis votre, &c.

Fin de la quatrieme & derniere partie de la Critique Générale de l'Histoire du Calvinisme.

PREMIERE
ADDITION.
LETTRE XXX.

Contenant la justification de quelques endroits de la Critique Générale

I. On ne doit point imputer à tout le parti les sujets de plainte, qu'on peut avoir contre l'Auteur de cette Critique. II. Narré de la conduite de S. Ambroise envers l'Impératrice Justine. III. Jugement sur cette conduite. IV. Dispute éludée par S. Ambroise contre une Evêque Arrien. V. De quelque Religion que l'on soit, on souhaite d'être bien traité par son Prince. VI. La Religion dominante calomnie quelquefois les autres, sur la fidélité dûë au Souverain. VII. Les discours de quelques Particuliers ne prouvent pas la mauvaise disposition de tout un parti. VIII. Désordres de Pamiers. IX. Justification des termes peu honorables dont on s'est servi dans la Critique, pour désigner la Religion Réformée. X. Réflexion sur un passage du P. Ange de S. Joseph, concernant le titre de Musulmam. XI. Et sur un passage de Mr. Maimbourg qui marque son devouëment à la Cour. XII. Avertissement sur les Controverses traitées dans la Critique. Eloge d'un Livre de Mr. Pajon. XIII. Repro-

(*) Il s'appelle le P. le Poré.
(A) Lettre XI. No. II.
(B) Reliqui trepidâ fugâ ad Urbem se receperunt, se proditos, & Dea tutelaris, quam propitiam sibi fore speraverant, quasi adytis Urbis excessisset, & ad regios transfugisset, numen incusantes : ab eoque tempore observatum fuit, cultum ejus antea tantopere frequentem apud plebem Lutetia refriguisse. Thuanus l. 101.

Monsieur,

I.
On ne doit point imputer à tout le Parti les fujets de plainte qu'on peut avoir contre l'Auteur.

Si vous voulez que j'oublie le tour que vous m'avez fait, en publiant les Lettres que je vous avois écrites, & fur quoi je vous ai fait mes plaintes fi amplement, continuez à m'apprendre ce qu'on dit de notre Ouvrage : car encore que la feconde édition foit fi avancée, qu'il n'y a plus moyen de corriger les fautes dont on nous avertira, je ne laifferai pas de tirer quelque profit de ces avertiffemens.

J'ai fait tout ce qui m'a été poffible, pendant que j'ai travaillé à revoir & à corriger nos Lettres, pour favoir ce qu'on en difoit ; & j'avois cet avantage que n'en étant pas connu l'Auteur, j'étois en état d'être payé de fincérité, ce qui arrive rarement à ceux qui ont mis leur nom à la tête de leurs Livres. Mais comme Paris eft à préfent un véritable païs d'Inquifition pour la Librairie, je n'y ai trouvé prefque perfonne, qui eût feulement ouï dire, que l'on eût critiqué l'Hiftoire du Calvinifme ; & d'ailleurs comme c'eft affez le génie de la Nation de parler beaucoup d'une chofe qui eft fort nouvelle, mais de la laiffer tomber peu après l'Hiftoire du Calvinifme qui a fait du bruit en fon tems, eft un Livre dont on ne parle plus : on ne s'informe plus fi on y répond, ou fi on n'y répond pas. A peine ai-je pû favoir en gros le fentiment de trois ou quatre perfonnes employées à nos affaires, qui ayant lû la Critique fort en courant, n'en avoient qu'une idée fort générale. Elles m'ont affuré que tout le parti trouveroit mauvais, qu'on y eût un peu trop appellé les chofes par leur nom. Vous m'avez confirmé la même chofe en m'apprenant que tous les Huguenots de votre connoiffance, qui vous en ont parlé, defaprouvent ces manieres. Cela mérite d'être fû ; ainfi, Monfieur, puis que vous favez trouver des Imprimeurs lors qu'on ne vous en demande pas, faites-moi le plaifir à

préfent que je vous en prie, de faire imprimer la Déclaration que je fais ici, *que s'il y a des endroits dans ma Critique moins refpectueux qu'il ne faut, j'en fuis feul coupable, & qu'on ne doit pas dire que j'ai fuivi l'efprit qui anime notre Corps.*

Vous m'apprenez auffi qu'on eft fort choqué de ce que j'ai dit contre Saint Ambroife. *Ce n'eft pas ainfi, vous dit-on, que nous traitons les grandes Lumieres de l'Eglife Primitive.* C'eft donc encore une chofe que je dois mettre fur mon compte, & qu'on feroit très-injufte d'imputer à tout le parti. Examinant ce que j'ai touché (*) de ce Saint, qui ait pû choquer nos freres, j'ai trouvé que je n'en ai rien dit que je ne puiffe juftifier par Monfieur l'Abbé Fléchier dans la vie de Théodofe, & par le P. Maimbourg dans l'Hiftoire de l'Arianifme.

II.
Narré de la conduite de S. Ambroife envers l'Impératrice Juftine.

Ils conviennent l'un & l'autre, que l'Impératrice Juftine, mere du Jeune Valentinien, ayant entrepris d'établir un Evêque à Sirmium, & y ayant fait un voyage exprès pour cela, en eut le démenti hautement, parce que Saint Ambroife, *auquel il appartenoit de pourvoir à cette Eglife*, s'y tranfporta tout exprès pour s'oppofer au deffein de l'Impératrice, & s'y oppofa effectivement avec tant de force, qu'elle eut la honte de s'en retourner fans autre fruit de fon voyage, que d'avoir été le témoin du triomphe de Saint Ambroife. Le Pere Maimbourg, qui ne fongeoit pas en ce temps-là à la Régale, nous a raporté ce fait fans l'accompagner d'aucune réflexion, qui nous expliquât pourquoi il étoit permis à Saint Ambroife d'établir des Evêques contre l'intention du Souverain, au lieu qu'aujourd'hui c'eft un crime de n'applaudir pas aveuglement à la nomination du Prélat qui eft faite par Sa Majefté. S'il eût parlé de la réfiftance de Saint Ambroife dans l'Hiftoire du Luthéranifme, il n'eût pas oublié d'y ajoûter quelques petits éclairciffemens en faveur de la Régale.

Mais c'eft peu de chofe en comparaifon de ce qui fuit. La mort de Gratien ayant laiffé tout l'Empire d'Occident au Jeune Valentinien fon frere, il fit un Edit à la priere de Juftine, (a) *par lequel il permettoit aux Ariens l'exercice public de leur Religion, & declaroit tous ceux qui oferoient s'y oppofer, Auteurs de fedition, perturbateurs du repos de l'Eglife, criminels de leze-Majefté, & dignes du dernier fupplice.* Mais comme toutes les Eglifes étoient au pouvoir de Saint Ambroife, il fut queftion d'en prendre une contre fon gré. L'Empereur, voulant fe mettre en poffeffion de la Cathédrale, trouve que Saint Ambroife s'y étoit comme barricadé avec tout fon peuple, qui étoit *réfolu de deffendre & l'Eglife & le Pafteur, jufqu'a la derniere goute de fon fang.* Il fait inveftir l'Eglife & fommer Saint Ambroife, en vertu du dernier Edit, de la leur abandonner. Il répond, *qu'il n'en fortira jamais volontairement.* On remontre à l'Empereur les difficultez de cette affaire ; on lui confeille d'en fortir par quelque accommodement, puis que la Cour y étoit engagée ; l'Empereur fait dire très-civilement à Saint Ambroife, *qu'il lui laiffe fa Cathedrale, & fe contente d'une Eglife du Fauxbourg ; qu'il eft jufte que comme le Prince fe relâche de fon côté pour le bien de la paix, le Prélat fe relâche auffi du fien.* Tout cela eft inutile ; le peuple s'écrie tout d'une voix, fuivant les intentions de fon Pafteur, *qu'il n'y a point d'accommodement*

(*) *Lettre XIII. No. III.*　　　　(a) *Hift. de Théodofe l. 3. n. 52. & fuiv.*

commandement là-dessus ; qu'on laisse aux Catholiques les Eglises qui leur appartiennent. La Cour envoye des soldats pour se rendre Maîtres de l'Eglise du Fauxbourg, mais le Peuple prenant les armes, s'y oppose ; la Ville se trouve dans une effroyable confusion ; les Magistrats emprisonnent les plus mutins, & les condamnent à de grands supplices ; mais cela ne fait qu'irriter cette populace soûlevée. Plusieurs Seigneurs de la Cour viennent prier Saint Ambroise de retenir le peuple, & d'empêcher ce désordre, puis que l'Empereur ne lui demande qu'une Eglise des Fauxbourgs ; ils lui représentent qu'il est juste que l'Empereur soit le Maître dans son Empire. Le Saint Archevêque leur répond, (*) *que l'Empereur n'a point de droit sur la maison de Dieu ; qu'il n'en a pas même sur celle d'un Particulier, de laquelle il ne peut s'emparer par force, sans violer les droits de la justice ; que c'est un crime à un Evêque de rendre une Eglise, & un sacrilége à un Prince de s'en saisir ; que quant à lui, il n'excite point le peuple ; qu'il l'exhorte à ne se défendre que par les larmes & par la priere, mais que s'il étoit une fois en furie, il n'appartiendroit plus qu'à Dieu de l'appaiser.* L'Empereur & l'Impératrice, résolus d'aller eux-mêmes prendre possession de l'ancienne Basilique, envoyent des soldats pour y tendre le Dais Impérial ; Saint Ambroise *excommunie solemnellement tous les soldats qui avoient eu l'insolence de se saisir des Eglises* ; ce qui les étonne tellement, qu'ils se rangent dans son parti ; l'Empereur se voit réduit à la dure nécessité de craindre que tous ses Sujets ne l'abandonnent, & de dire à ses principaux Officiers : *Je vois bien que je ne suis ici que l'ombre d'un Empereur, & que vous êtes gens à me livrer à votre Evêque toutes les fois qu'il vous l'ordonnera,* & d'envoyer un de ses Secrétaires à S. Ambroise pour lui demander, *s'il étoit résolu de résister opiniâtrement aux ordres de son Maître, & s'il prétendoit usurper l'Empire comme un Tyran, afin qu'on se préparât à la guerre contre lui.* Le Saint répond, *qu'il n'est point sorti du respect qui étoit dû à l'Empereur ; qu'il révere sa puissance, mais qu'il ne la lui envie pas.* Il avoit raison de ne point la lui envier, car il avoit plus d'autorité que l'Empereur, comme il parut clairement à ce qu'à la fin il falut laisser les choses comme elles avoient été, & casser l'Edit donné en faveur des Ariens.

Voilà, ce me semble, une rebellion dans les formes. L'on voit d'un côté les Troupes de l'Empereur se mettre en état de s'emparer d'une maison, pour exécuter les ordres & les Edits du Souverain ; & de l'autre, une populace attroupée autour de son Archevêque, & résoluë d'employer jusqu'à la derniere goûte de son sang, pour s'opposer à l'exécution de ces Edits. On voit un Archevêque qui excommunie les Soldats employez à l'exécution des ordres de l'Empereur, & par conséquent qui dispense les Sujets du serment de fidelité qui les attache à leur Prince. On voit tout un Peuple prendre les armes, lors même qu'un Empereur se relâche de son droit. Et on voit arriver tout cela, non pas dans quelqu'une de ces circonstances où un Roi exige de ses Sujets, qu'ils fassent des actions défenduës par la Loi de Dieu, (la désobéïssance est juste en ces occasions-là ;) mais dans un tems où le Prince ne demande que des murailles, & laisse les gens croire tout ce qu'ils voudront, & servir Dieu à leur fantaisie partout ailleurs.

C'est une étrange illusion, que de croire qu'un Bâtiment qui a été destiné au service de Dieu, soit l'héritage de Jésus-Christ, sur lequel la Puissance séculiere ait perdu son droit. Il faut demander aux Ingenieurs du Roi, si on croit cela à la Cour, & s'il n'est pas vrai qu'ils font abatre sans scrupule & sans être repris, tout autant d'Eglises & de Monasteres qui empêcheroient la fortification d'une Ville. Le Comté de Vignori nous en diroit des nouvelles, s'il vivoit encore, lui qui ruïna quantité de lieux sacrez, pour mettre la Ville de Treves en état de défense, sans avoir égard aux Remontrances qu'on lui faisoit, que c'étoient des fondations de l'Empereur Charlemagne. Il n'y a pas beaucoup d'aparence que Mr. l'Archevêque de Paris imitât le zele de S. Ambroise, si S. M. vouloit faire de l'Eglise de Saint Germain l'Auxerrois un des appartemens du Louvre ; & il auroit très-grande raison de ne le pas imiter, car il importe peu que le service divin se fasse plûtôt en une ruë qu'en une autre ; & s'il imitoit la conduite de S. Ambroise, il n'y a point de doute que le Roi ne lui fît faire son procès. (A).

Le droit de Régale est assurément un plus grand mal, selon l'esprit & la disposition des Canons, que la perte d'un Edifice sacré : si bien qu'il semble qu'un Prélat qui s'oppose à la Régale, est plus excusable que S. Ambroise. Nous avons vû néanmoins que la Cour a séverement puni le feu Evêque de Pamiers, & que l'assemblée du Clergé (B) *a declaré qu'il auroit été à souhaiter que la conduite de ce Prélat eût été plus prudente, plus moderée & plus respectueuse envers le Roi.* Ce qui me fait croire fort raisonnablement, que si S. Ambroise étoit aujourd'hui l'un des Prélats de l'Eglise Gallicane, & qu'il traitât notre Monarque, comme il traita l'Empereur son Maître, non seulement on lui feroit faire son procès ; mais aussi que l'Assemblée du Clergé s'empresseroit fort à dresser des Actes, qui désaprouvassent la conduite de ce Saint. Et qu'on ne me dise pas qu'un Prélat ne peut point faire légitimement contre un Prince Catholique, ce que fit S. Ambroise contre Valentinien ; car il paroît par la réponse de ce St. Archevêque, qu'il ne s'opposa aux ordres de l'Empereur, que parce *que c'est un crime à un Evêque de rendre une Eglise, & un sacrilége à un Prince de s'en saisir.* Desorte qu'il eût également désobéi, soit que Valentinien eût voulu prendre une Église pour en faire un Palais, ou un Magazin, soit qu'il l'eût voulu prendre pour y servir Dieu à sa maniere. En effet si on dit que S. Ambroise n'a résisté que pour empêcher que les Ariens ne fissent le service divin dans Milan, on dit par une conséquence nécessaire, qu'il n'eût pas permis que l'Empereur eût fait bâtir une Église aux Ariens ; ce qui eût été le comble de la rebeilion.

(*) *Vie de Théod. ibid. Hist. de l'Arian. l. 7.*

(A) Il y avoit dans la seconde Edition. ,, Je n'ai pû ,, m'empêcher en faisant réflexion sur les vains efforts ,, de l'Impératrice Justine, de me souvenir de Catherine de Médicis, qui ayant destiné ailleurs la Charge de Grand Aumonier de France, que Charles IX. ,, avoit donnée à Amiot, fit apeler Amiot dans son ,, Cabinet, & l'y reçut avec ces effroyables paroles, ,, *j'ay fait* (*) *bouquer les Guises, & les Châtillons, les ,, Connétables, & les Chanceliers, les Rois de Navarre & ,, les Princes de Condé, & je vous ay en tête petit Pre- ,, stolé.* J'espere, Monsieur, &c.

(B) *Délibérat. du 6. Mai 1682.*

(*) Abbé de S. Réal, de l'usage de l'Histoire.

bellion. Desorte que pour l'excuser il faut dire, qu'il n'avoit pour but que d'empêcher la dissipation des biens de l'Eglise, & par consequent qu'il n'eût pas moins résisté à un Empereur Orthodoxe, qui eût voulu s'en emparer, qu'il résista à un Empereur Hérétique.

J'espere, Monsieur, qu'on ne trouvera pas étrange qu'après avoir developpé ce fait, je vous supplie de le faire imprimer, puisque je n'eusse pû me justifier autrement, dans l'esprit de ceux qui ont blamé ce que j'ai écrit de S. Ambroise. Je pourrois remarquer que nous ne savons les circonstances de cette action, que par ce qu'il en a publié lui-même, & que si nous avions les Relations qui en furent faites par les Ariens, nous en saurions beaucoup davantage; mais je craindrois de me rendre odieux, à force de vouloir éviter la partialité: n'en parlons plus. Qu'on se souvienne seulement que si j'en dis trop, c'est un affaire personnelle, & non pas l'esprit de ma Religion.

En lisant cette contestation de St. Ambroise avec l'Empereur & l'Impératrice, je me suis apperçu d'une chose dont il semble que nous soyons menacez. Justine, ayant fait conférer l'Episcopat à un jeune Scythe (*) nommé Auxentius, qui parloit aisément & hardiment, l'engagea à envoyer défier St. Ambroise à la dispute, devant les Juges qu'ils choisiroient tous deux, & en présence de l'Empereur, & de son Conseil, afin que celui des deux à qui l'Empereur adjugeroit la victoire, de l'avis de ceux qui assisteroient à ce jugement, fût reconnu pour le veritable Evêque de Milan. S'il refusoit, on esperoit de lui faire perdre son crédit, & s'il acceptoit, on esperoit (A) de le faire déclarer vaincu par des Commissaires gagnez, & de le chasser de sa Cathédrale. Mais S. Ambroise éluda toutes ces embuches, en refusant sous de beaux prétextes, le défi qu'on lui faisoit. On craint que Messieurs les Catholiques n'ayent dessein de pratiquer à notre égard, avec toutes ces Lettres circulaires & toutes ces sommations qu'ils ont publiées, quelque chose de semblable à ce que les Ariens comploterent contre St. Ambroise. Je passe à un autre endroit de la vie de Théodose.

Je n'ai garde de revoquer en doute la remarque que Monsieur Fléchier, a copiée presque mot-à-mot du P. Maimbourg; (B) *que les Ariens, piquez des rigoureuses Ordonnances qu'on avoit publiées contre eux, semoient malicieusement de faux bruits dans la Ville, & terminoient selon leurs désirs la guerre de Théodose contre Maxime, avant même qu'elle eût été commencée. Ils assuroient que Théodose avoit perdu la bataille; qu'il étoit à peine échappé, &c.* Je crois que tout cela est vrai; mais je crois en même tems que les Catholiques eussent fait la même chose, si Théodose eût été Arien, & qu'il les eût traitez aussi mal qu'il avoit traité l'Arianisme; car ce n'est nullement à cause que l'on croit Jésus-Christ Dieu, ou qu'on ne le croit pas Dieu, que l'on s'afflige, ou que l'on se réjoüit d'une victoire; c'est à cause que l'on est, ou maltraité, ou bien traité par celui qui la remporte. Ce qui doit apprendre aux Souverains, que s'ils veulent que tous leurs Sujets se réjouïssent de leurs victoires, ils

doivent se déclarer les Peres communs de tous, & à l'exemple du Soleil, répandre partout leurs bénignes influences; que comme la suprême région de l'air ne participe pas aux tempêtes des régions inférieures, ils ne doivent pas non-plus épouser l'entêtement de leurs Sujets; mais regarder du haut de leur esprit, & en tenant la balance égale, toutes les passions qui animent les Particuliers les uns contre les autres. C'est à faire à des Prêtres & à des Ministres, qui sont des personnes privées, à s'entêter, à criailler, à souhaiter par un zele mal conduit que leur parti opprime l'autre; mais un Roi doit être au-dessus de tout cela; il ne doit s'intéresser dans ces disputes, que pour empêcher les injustices, & l'abus que les plus forts font ordinairement de leur crédit; & il a par ce moyen la satisfaction d'apprendre, que tous ses Sujets, de quelque Religion qu'ils soient, s'intéressent à sa gloire & à sa bonne fortune à qui mieux mieux. On ne sauroit lire dans l'Histoire (c), que Henri III. se déclara le Chef de la Ligue, la signa de sa propre main, la fit signer à tous les Grands, & donna ordre qu'elle fût signée par tout son Royaume; on ne sauroit, dis-je, lire cela, sans avoir pitié de la foiblesse de ce Prince & sans approuver cette sage réflexion de Mr. Mézerai: *Voilà comme de Roi, il devint Chef de Cabale, & de Pere commun, ennemi d'une partie de ses Sujets.*

Mais encore que je croye que sous l'Empire de Théodose, le parti qui eût été le plus foible dans la Capitale, soit Arien, soit Orthodoxe, eût été bien-aise de le savoir engagé pour long-tems à la guerre d'Italie, je ne laisse pas d'être persuadé qu'il y a souvent de la calomnie, dans les bruits que la Religion dominante fait courir, au préjudice de la fidelité des autres Sectes. Je remarque que les Payens n'ont pas oublié ce beau lieu commun, soit que jugeant du Christianisme par eux-mêmes, il se persuadassent qu'on n'aime pas la prosperité d'un Souverain qui nous persécute, soit qu'ils crussent irriter par là les Empereurs. Quoi qu'il en soit, ils accusoient (D) les premiers Chretiens, de souhaiter le malheur public, d'aimer les mauvaises nouvelles, de se repaître de l'esperance d'un changement dans l'Etat de la naissance de plusieurs troubles, & de la defaite des Armées de l'Empire, de haïr (E) leur Patrie, de la maudire, & d'en parler avec mépris, & d'être ennemis des Dieux, des Empereurs, des Loix, des mœurs, & de toute la Nature. Peut-être y avoit-il des Chretiens, à qui l'injustice des Magistrats arrachoit quelquefois des discours de cette sorte; car il ne faut pas s'imaginer qu'ils fussent tous également regénérez: nous apprenons de Pline (F) qu'il en trouvoit qui abjuroient le Christianisme, ou qui l'assuroient qu'ils l'avoient abjuré quelques années auparavant. Ce qu'ils déposoient contre les Chretiens étoit tout-à-fait sincere; d'où on peut conjecturer que ce n'étoient point des Apostats mal-honnêtes gens selon le monde, & par consequent, qu'ils eussent perseveré dans le Christianisme, s'il eût été moins persécuté. Des gens ainsi faits étoient fort capables de témoigner, qu'ils souhaitoient que les Empereurs tombassent dans quelque misere, qui les

les

(*) *Hist. de l'Arian. l. 7.*
(A) *Hist. de Théod. l. 3. n. 53.*
(B) *L. 3. n. 99.*
(C) *Mézer. Abr. Chron. an. 1577.*

(D) *Lucien dans le Philopatris.*
(E) *Tertul. Apolog. c. 2.*
(F) *Epist. 97. l. 10.*

les empêchât de tourmenter les Chretiens ; & ces discours pouvoient servir de fondement aux plaintes des ennemis de la Religion Chretienne. Mais néanmoins c'étoit une calomnie très-malicieuse, de diffamer tout le Christianisme par cet endroit-là ; comme s'en est une de rendre suspecte notre fidelité, sous prétexte qu'on a peut-être vû des Particuliers de notre parti, moins gais qu'à l'ordinaire dans les réjoüissances publiques de l'an 1672. ou moins crédules que les autres à l'égard des nouvelles de notre Gazette.

VII. [Dis]cours [par]ticuliers [pe]uvent [venir de] la mau[vaise] disposi-[tion] de tout un [corps].

On seroit ridicule d'accuser la Noblesse de France, de manquer de zele pour le service de son Roi ; cependant je me souviens fort bien d'avoir ouï débiter cent fausses nouvelles à l'avantage des Espagnols l'an 1667. à plusieurs Gentilshommes, ou soi-disans tels, presque tous bons Catholiques, qui se plaignoient des malversations de ceux qui faisoient la recherche des faux Nobles. Ils ne croyoient la prise de Doüai, de Courtrai, & de Lille, que quand ils voyoient les feux de joye, & alors ils se retranchoient à dire, qu'il en coûtoit bon à la France. Il n'y avoit rien de plus ordinaire pendant la derniere guerre, que d'entendre dire à des Officiers, qu'ils souhaiteroient que le Roi perdît une bataille, afin que les choses devinssent un peu douteuses. Leur raison étoit, que pendant que les armes du Roi seroient accompagnées de tant de gloire, le Bureau traiteroit les Officiers avec hauteur, exerceroit plus féverement la discipline militaire, & ne souffriroit pas les extorsions des quartiers d'hyver, les Passe-Volans, & plusieurs autres choses que l'on n'ose réprimer, quand les affaires publiques étant délabrées, on a intérêt de ne point mécontenter les gens de guerre. Auroit-on raison de dire, sous ce prétexte, que les Armées de France ne servent pas fidelement ? Les Etrangers auront de la peine à croire ce que je viens de raporter, car vous savez qu'ils prennent tous les François pour des esclaves qui n'osent pas ouvrir la bouche. C'est un grand abus. On parle à Paris dans les Auberges, & dans les Promenades, & dans les visites, aussi librement de toutes choses, que l'on sauroit faire à Londres ; mais par maniere d'entretien seulement, sans songer à troubler la tranquilité publique. Je devrois me servir peut-être d'un autre exemple, car depuis quelque tems on s'accoûtume à la fatigue dans Londres, aussi-bien qu'aux autres lieux.

On vous connoit Huguenot à ce trait que vous venez de lancer contre la recherche des faux Nobles, me dira-t-on : *Car c'est assez votre ordinaire de publier*, qu'il se fait mille friponneries dans le Royaume, & d'ajoûter par maniere d'adoucissement, qu'elles se font sans que le Roi en sache rien. Je repons qu'étant une verité de fait, que les Provinces éloignées de Paris sont exposées à mille malversations, il est plus respectueux de dire que le Roi n'en sait rien, que de dire qu'il le sait & qu'il l'endure. Et où a-t-on trouvé que pour être bon Sujet, il faut soûtenir que le Roi est incapable de donner une

LETT. XXX.

charge à un homme qui ne s'en acquittera pas bien ? Ne seroit-ce pas élever une Créature à un degré d'intelligence qui ne convient qu'à Dieu ? Qu'on lise les réponses de Messieurs de Port-Royal aux Ecrits qui furent faits contre eux, en conséquence de la Requête de Monsieur l'Archevêque d'Ambrun, & on verra le jugement qu'il faut faire de ces lâches artifices, qui font un crime aux gens d'oser se plaindre que l'on surprend les Rois. Ne manquez point d'envoyer ceci à l'Imprimeur.

VIII. Desordres de Pamiers.

Pour faire voir que ce ne sont pas les seuls Huguenots qui font ces plaintes, j'alléguerai ici un passage de l'Auteur *des Considérations sur les affaires de l'Eglise.* Il s'agit d'une pensée de Mr. l'Archevêque de Toulouse, qui a écrit au Pape, *que la Regale ne peut porter aucun préjudice à la discipline de l'Eglise, à cause du choix excellent que le Roi fait de ceux à qui il donne ces bénéfices.* Voici ce qu'on répond.

» On sait en général sur qui le Roi se repose
» au regard de ces benéfices moins considerables,
» & qu'ils sont donnez à ces *loups béans*, qui
» sont continuellement autour du P. Confes-
» seur, pour en attraper quelqu'un. Mais on sait
» en particulier le ravage qu'a fait la Regale
» dans l'Eglise de Pamiers, qui étoit la gloire
» du Clergé de France, n'y ayant que cette
» Cathédrale seule où on voyoit revivre, dans
» toute sa perfection, le premier esprit de ces
» Saints Ecclésiastiques qui vivoient sous la dis-
» cipline de Saint Augustin. On y a envoyé
» des sangliers pour ravager cette vigne du Sei-
» gneur ; des misérables qui s'appellent *la bande*
» *joyeuse*, qui vont la nuit par les ruës chan-
» tant des chansons deshonnêtes, qui passent à
» joüer, à cajoler, & à boire, le tems que ces
» pieux serviteurs de Dieu employoient à la
» priere, & à toutes sortes d'œuvres de pieté,
» & enfin qui sont tels que leur vie licencieuse
» & dereglée fait rougir ceux mêmes qui les
» protegent.

Cet Auteur nous apprend en un autre endroit, qu'on a fait plusieurs emprisonnemens, pour faire reconnoître le grand Vicaire Regaliste ; mais qu'on a fait tout cela *avec si peu de précaution, qu'on a signifié des Lettres de cachet, datées de Versailles du jour précédent, auquel on les signifioit, & pour des choses arrivées le jour d'auparavant. On a vû de plus cruelles persécutions & plus violentes, mais on n'en a jamais vû de si irréguliere, & où on ait fait les choses avec moins d'égard, ne gardant pas même les apparences, & négligeant de donner quelque couleur aux choses les moins raisonnables.* (*)

Ce passage justifie les Huguenots en bien des choses, & en particulier il justifie ce que j'ai dit (A) de ces Lettres de cachet, dont les amis du P. Maimbourg disposent si aisément. Il sera bon de le faire réimprimer dans cette Lettre.

IX. Justification des termes peu honorables dont l'Auteur s'est servi pour désigner les Reformez.

Si vous trouvez des gens qui se soient scandalisez, de ce que je me suis servi sans façon de divers termes injurieux, pour désigner la Religion Reformée, pendant que je donnois à nos Adversaires des titres fort honorables, je vous prie

---

(*) Il y avoit dans la seconde Edition. ,, Cette ma-
,, niere de datter si peu judicieuse m'a fait souvenir d'un
,, passage, que j'ay lû dans la Bibliotheque Françoise
,, de Sorel, contre certaines Histoires où on trouve les
,, Gazetes toutes crues & indigestes. On a vû, pour-
,, suit-il, *de ces Livres si grossiers & si impertinens, qu'ils
,, disoient par exemple,* une telle Ville a été rendue par ,, Capitulation, de quoi le Marquis d'un tel lieu ap-
,, porta la nouvelle hier au soir, *comme si le temps &
,, les journées ne changeoient point, & si l'on se trouvoit
,, éternellement au Samedi de la Gazette.* Le passage de
,, l'Auteur *des Considérations* justifie les Huguenots, &c.
   (A) *Lettre V. No. IV.*

T 3

prie de leur faire considerer, qu'il y a des noms qui deviennent tellement propres à certaines choses, qu'on les leur donne sans consequence, lors même que ce qui est signifié par ces noms ne leur convient point. C'est ainsi que S. Paul appelle Festus, *très-bon*, ou *très-excellent*, parce que c'étoit un titre affecté à la dignité de Festus, sans prétendre qu'en effet il fût, ou très-bon, (*) ou très-excellent. C'est ainsi encore que les Evêques Catholiques, dans la conférence de Carthage, donnoient du *sanctissimus* aux Evêques Donatistes, quoi qu'ils crussent que le schisme les rendoit incapables de sainteté; mais ils avoient égard à la coûtume introduite dans l'Eglise, de donner l'éloge de *Saint* ou de *très-Saint* à tous les Evêques, comme on leur donne à présent du *Monseigneur*, de l'*Illustrissime* & du *Révérendissime*. Nous voyons dans le Code Théodosien plusieurs Loix, où les Patriarches des Juifs sont régalez (A) du titre d'*Illustrium*, ou *Spectabilium*, sans que pour cela les Juifs eussent le moindre droit d'en conclure, qu'on reconnoissoit la bonté de leur créance. Disons aussi que le terme de *Catholique*, qui signifie originairement, *Universel*, & qui dans la suite a été affecté aux Orthodoxes, peut être donné présentement à ceux de l'Eglise Romaine sans consequence. Ils auroient le plus grand tort du monde de s'imaginer, que parce que nous les appellons Catholiques, nous les reconnoissons Orthodoxes; car nous n'employons ce mot que pour désigner une Société de Chretiens, qui ne s'est point reformée avec les autres, mettant à part la question, si c'est à bon droit qu'elle s'approprie un titre qui étoit autrefois affecté à la veritable doctrine. De même quand nous nous appellons *Calvinistes*, nous ne prétendons pas confesser que nous tenons notre Religion d'un homme qui s'appelloit *Calvin*; nous prétendons désigner une Communauté de Chretiens, qui se réformerent dans le 16. siecle, mettant à part la question, s'il est vrai qu'ils suivent Calvin comme la regle de leur créance. Il en va de même du mot de *Secte*, qui n'ayant rien de choquant en Philosophie, pourroit aussi être donné aux differens Partis qui se sont formez dans la Religion, si ce n'est qu'il a plû à quelques-uns des Chretiens, par un pur caprice, de l'affecter à l'Erreur; en quoi ils se sont montrez plus délicats que l'Empereur Constantin, & que le souverain Sacrificateur des Juifs, Aristobule, qui n'ont pas fait difficulté de donner le nom (B) d'Hérésie, l'un à la Religion Chretienne, & l'autre à celle des Juifs. Mais on n'a qu'à dire à ces certains Chrétiens, que pour éviter les disputes de mots, on veut bien être appellé Secte, & les appeller Catholiques, sauf à bien examiner, qui sont ceux qui errent, ou qui sont dans le parti de la Verité. A peu près comme on accorde à certains Fanatiques Espagnols la glorieuse qualité d'*Alumbrados*, sans reconnoître qu'ils ont une vraye illumination, & qu'on appelloit anciennement les Novatiens, *Cathares*, c'est-à-dire, les purs, sans tomber d'accord, qu'ils fussent effectivement purs. D'où paroit la fausse délicatesse de Mrs. les Catholiques, qui croiroient faire un grand préjudice à

leur Corps, s'ils nous appelloient, les Reformez. Ils ajoûtent avec grand soin, *les prétendus Réformez*, & se rendent ennuyeux dans la Conversation avec leurs grandes trainées de mots, *c'est un homme de la Religion prétenduë Réformée qui a fait cela, j'ai voyagé avec un Gentilhomme de la Religion prétenduë Réformée*. Qu'ils disent hardiment *un Gentilhomme de la Religion*, afin d'abréger, je leur répons que nous ne les tirerons pas en justice pour leur dire, qu'ils reconnoissent que nous sommes la Religion par excellence.

Nous avons plus de raison de rejetter l'Epithete de *prétenduë Réformée*, qu'ils n'en ont de s'en servir; & néanmoins je trouve bien fausse la délicatesse de quelques-uns des Nôtres, qui sont si scrupuleux que quand ils rencontrent, en lisant un Arrêt du Roi, ces trois Lettres R. P. R. ils lisent *Religion purement Réformée*, au lieu de lire, selon l'intention de l'Arrêt, *Religion prétenduë Réformée*; ce qui ne sauroit manquer de faire un sens ridicule, qui suffiroit aux Missionaires, s'ils en avoient deux témoins, pour faire un procès criminel à ces bonnes gens-là, & pour les faire châtier rigoureusemt.

L'Auteur de la version Latine de la Pharmacopée des Perses, qui s'apelle le R. P. Ange de St. Joseph, Carme Déchaussé de Toulouse, se plaint fort d'un abus populaire, qu'il dit qui ne sauroit être trop évité par nos Ecrivains, & qui consiste en ce que nous donnons communément aux Sectateurs de Mahomet l'éloge de *Mussulmans*, qui signifie Confesseurs & Professeurs de la vraye Foi, au lieu que, pour parler Chretienement & correctement, il faudroit qu'on les appellât les *Messulmans*, c'est-à-dire, *Prétendus*, comme l'on dit à proportion les *Prétendus Réformez*. (c) Je ne veux point blâmer le zele qu'il témoigne pour la bonne cause; mais il me permettra, s'il lui plaît, de croire qu'il n'est pas fort important à la propagation de la Foi, de donner un nom plûtôt qu'un autre aux Infidelles. Croit-on que ce seroit fort disposer les Turcs à se faire baptiser, que de les nommer *Messulmans*, ou Prétendus Fidelles? Croit-on que ce seroit fort avancer les affaires de l'Evangile, que de s'abstenir du titre de *Mussulmans*, en parlant des Sectateurs de Mahomet? Assurément ce n'est pas de là que dépendent les destinées de la Chretienté; & nos Rois, qui s'appellent par excellence *Très-Chretiens*, & les fils ainez de l'Eglise, croient si peu qu'il faille prendre garde de ne donner pas le glorieux titre de Fidelles aux Turcs, qu'ils le donnent toûjours au Sultan à la tête des Lettres qu'ils lui écrivent. Voici la suscription de la Lettre que le Roi lui écrivit l'an 1662.

Au (D) Très-Haut, Très-Excellent, Très-Puissant, Très-Magnanime, & Invincible Prince, le Grand Seigneur, Empereur des *Mussulmans*, Sultan Mahomet, en qui tout honneur & vertu abonde, &c.

Et ce qui est bien plus remarquable, le Formulaire (E) des Lettres, que nos Rois écrivent au Moufti, porte qu'ils prient Dieu *de le conserver dans la foi des Mussulmans*.

Le

X.
Réflexion sur
un passage du
P. Ange de St.
Joseph touchant le titre
de Musulmans.

(*) *Art. de penser* 2. p. c. 25.

(A) *Théod. l.* 16. *tit.* 8. *l.* 13.

(B) *Apud Eusebium præpar. Evang. l.* 13. *c.* 12.

(c) Au lieu de ce qui suit jusqu'à *la propagation de la Foi*, il y avoit dans la seconde Edition, voilà qui est »bien Missionnaire, c'est-à-dire, pédantesque & supersti-»tieux» comme s'il étoit fort important à la propagation de la Foi, &c.

(D) *Voyez l'Hist. des* 3. *derniers Empereurs des Turcs par Ricaut.*

(E) *Voyez les Voyages du Sr. le Loir.*

Le même Carme se plaint d'un autre abus qui regne parmi les Chretiens du Levant ; c'est qu'ils ne se contentent pas d'appeller les Sectateurs de Mahomet, *Mussulmans*, ils s'appellent aussi eux-mêmes dans le discours familier, *Ghi-aour*, *Kafer*, *Tersa*, qui sont des termes Synonimes pour signifier Infidelles & Idolâtres. Que chacun en juge selon son goût. Pour moi, je ne vois pas que ce soit un fort grand crime à ces Chretiens Levantins, que de ne point tant faire les delicats sur des mots avec la Religion dominante. Le mot de *Ghi-aour* qui a été donné originairement, & principalement dans la Perse, à ceux qui ont retenu l'ancienne Religion des Perses, & l'adoration du feu, desquels le nombre (*) est fort grand dans les Etats du Sophi, & qui occupent un des Fauxbourgs d'Ispahan ; ce mot, dis-je, est enfin devenu général parmi les Mahométans, pour designer tous ceux qui ne sont pas de leur Religion, à peu près comme le mot de *Gentes* signifioit parmi les Juifs, & le mot de *Barbare* parmi les Grecs & les Romains, toutes les autres nations. Si bien que quand un Chretien se nomme lui-même *Ghi-aour*, il ne veut dire autre chose, selon le langage du païs, sinon qu'il est d'une Religion differente de celle de Mahomet. Y a-t-il du mal à cela ? J'avoue qu'en avouant cela, les Turcs & les Perses prétendent qu'il se dit d'une Religion infidéle, mais ne le croiroient-ils pas aussi quand même il s'appelleroit Chretien ? Ainsi je ne vois pas qu'il soit plus étrange à un Chretien de se donner dans le Levant le titre de *Ghi-aour*, qu'il le seroit à un Chinois habitué à Paris, de s'appeller *Payen*. Les Poëtes Grecs (A) n'ont pas cru violer le *decorum*, en introduisant sur le Théatre un Perse & un Troyen, qui se donnoient à eux-mêmes le titre de *Barbares*, & Justin Martyr n'a pas fait difficulté de donner le même nom à Abraham, dans la seconde Apologie. Tout cela, parce que le mot de *Barbare*, qui étoit infâme au commencement, ne servoit plus dans la suite qu'à signifier qu'on n'étoit pas Grec, ou Romain.

Ce que je viens de dire n'empêche pas que je ne blâme, avec le R. P. Ange de Saint Joseph, l'Auteur de la Version de l'Evangile en Langue Persane, insérée dans la Bible Polyglote d'Angleterre, d'avoir traduit ces paroles de S. Marc, *celui qui aura été baptisé, sera sauvé*, par celles-ci, *celui qui aura été fait infidelle par l'eau, sera sauvé*. Il eût mieux fait de dire, celui qui aura été fait Chretien par l'eau du baptême. On ne sauroit être trop exact en traduisant les Livres sacrez.

Quoiqu'il en soit de tous ces titres qu'on peut se donner, ou qu'on ne doit pas se donner, sur lesquels on me blamera de m'être trop étendu, parce qu'on ne saura pas les raisons particulieres que j'en ai euës, j'approuve de tout mon cœur la précaution que vous avez prise dans la Préface (B) de ce Traité, en ces termes.

» Qu'on s'est servi dans ces Lettres indiffé-
» remment du mot de Calvinistes, de Hugue-
» nots, de nouvelle Religion, de Secte, peut-
» être même de celui d'Hérétiques, pour dé-
» signer les Protestans, & qu'au contraire on
» a donné à ceux de l'Eglise Romaine le magni-
» fique titre de Catholiques, *sans queuë*, pres-
» que partout. C'est pour faire voir à ces
» Messieurs avides de noms honorables, qu'il
» ne tiendra pas à cela que les Protestans ne
» vivent bien avec eux. Mais du reste, com-
» me fort souvent dans les Préliminaires d'une
» Paix, on déclare que les noms & les qualitez
» dont on s'est servi dans les Pleinpouvoirs, ne
» pourront être respectivement tirez à conse-
» quence, on avertit ici le Public que les titres
» n'y font rien, & qu'on desavouë tous les
» avantages que ceux de l'Eglise Romaine en
» voudroient prendre.

Cette précaution étoit d'autant plus nécessaire, que nous savons que le Concile de Trente abusa des termes de civilité, & des éloges pompeux, dont se servirent les Ambassadeurs de Brandebourg, & qu'il prétendoit, que c'étoit un acte authentique d'obéissance, tirant avantage des moindres choses, à l'exemple de la Cour de Rome, selon la remarque de Fra-Paolo. M. Maimbourg (c) accuse en cela cet Historien d'avoir été malin sans esprit, & il avoit déja fait l'Apologie de la Cour de Rome quelques pages auparavant. Voici ses paroles :

Cela nous fait une belle leçon, pour nous apprendre qu'on n'a que faire à la Cour de Rome ni de flaterie, ni de zele indiscret ; que ce n'est point là servir que de se mettre en danger, pour lui plaire, d'offenser les Princes, en blâmant leur conduite dans les choses qu'ils croyent avoir droit de faire..... & qu'à l'exemple de S. Ignace, qui en cette rencontre satisfit pleinement l'Empereur sans offenser le Pape, nous devons être tellement attachez au S. Siege, comme tous les bons Catholiques le sont, que nous ne choquions jamais par un faux zele, sous prétexte de Religion, les veritables interêts des Princes & leurs droits, afin que nous puissions exercer librement partout nos fonctions à la gloire de Dieu.

Monsieur Maimbourg a si bien profité de cette leçon, qu'il a évité sur toutes choses de se mettre en danger d'offenser les Princes. Mais il n'a pas eu l'adresse de son S. Ignace, qui satisfit le Pape & l'Empereur en même temps. Pour lui, il s'est entierement jetté dans les interêts de son Maître temporel, & il a si fort irrité son Saint Pere, qu'il se voit aujourd'hui, par ses ordres, Jesuite Sécularisé. Cela montre, ou qu'il s'est trompé en disant qu'on n'a que faire à la Cour de Rome ni de flaterie, ni de zele indiscret, ou que son crime ne consiste pas en ce qu'il a manqué de faux zele, & d'esprit flateur pour la Cour de Rome ; mais en ce qu'il n'a point eu le zele & la complaisance légitime, qu'il devoit à cette Cour-là. Du reste il n'y a point de Morale plus commode que celle-ci ; car elle veut que, pour s'attirer la protection des Princes, *on ne se mette jamais en danger de les offenser, en blâmant leur conduite dans les choses qu'ils croyent avoir droit de faire.* Cela va loin, car il y a des Princes (je ne dis pas que le Roi soit de ceux-là, Dieu m'en garde !) qui croyent avoir droit de faire tout ce qui leur plaît, *quod libet licet.* Il y en a d'autres à qui l'on persuade qu'ils ont droit de faire des choses, qui sont injustes ; car enfin, pour être Souverain, on ne laisse pas d'être homme, & par consequent sujet à faire de faux jugemens. Faut-il donc qu'un Evêque, qu'un Confesseur, qu'un Auteur, applaudisse à tout ce que les Princes croient avoir droit de faire ? Il est clair que non, & qu'ainsi Mr. Maimbourg se devoit con-

---

(*) On les appelle *Parsi* ou *Farsi dans les Etats du Grand Mogol. Voyez Bespier. not. sur l'Emp. Ottoman du Sr. Ricaut.*

(A) *Æschyle.*   (B) *C'est dans la premiere.*
(C) *Hist. du Luther. l. 5.*

contenter de nous apprendre, qu'il ne faut jamais blâmer la conduite des Princes, dans les choses qu'ils ont droit de faire. Mais il n'aime pas le péril, & il a cru que, pour n'avoir rien à craindre, il falloit pousser la complaisance jusqu'aux choses que les Princes croient avoir droit de faire. Sur ce pied-là l'Eglise Anglicane, sous Henri VIII. fit bien d'approuver la répudiation de la Reine Catherine, & le mariage du Roi avec Anne de Boulain; car il est indubitable que ce Roi croyoit être en droit de faire ces choses, ou que s'il ne le croyoit pas effectivement, il disoit du moins qu'il le croyoit; ce qui suffit pour juger qu'un Prince croit avoir droit de faire une chose, & par conséquent pour se mettre de son parti contre le Pape, selon les préceptes du P. Maimbourg. L'Auteur de l'Apologie des Catholiques débite (*) une Morale bien plus honnête, faisant voir qu'on fait une injure signalée aux Princes, quand on leur attribuë *cette pensée indigne de Chretiens & même d'honnêtes Payens, que quoi qu'ils commandent, juste ou injuste, il le faut faire aveuglement, & que c'est être rebelle que de leur représenter la vérité & la justice qu'on peut leur avoir cachées.* Ne seroit-ce pas la doctrine qu'il étale dans tout ce Chapitre-là, qui auroit servi de prétexte aux amis du Pere Maimbourg, d'empêcher le debit du Livre?

Je crains une chose, Monsieur, que m'étant mêlé de traiter dans cette seconde édition quelques matieres de Controverse, je ne me sois éloigné des idées ordinaires des Controversistes. Si cela est, je déclare que je ne l'ai pas fait avec dessein, mais uniquement à cause que je n'en ai qu'une connoissance très-médiocre. Je n'ai gueres lû de Livres de controverse, j'en fais ma confession fort bonnement; & je m'attens bien que si quelqu'un me fait l'honneur de me repondre, il me dira qu'il n'étoit pas necessaire que je fisse cet aveu; qu'il paroît assez que je me suis mêlé d'une chose où j'étois encore fort Novice. A la bonne heure, pourvû qu'on reponde bien.

Il est si vrai que je n'ai gueres lû de Livres de Controverse, qu'encore que je susse, par la voix publique, que la reponse de Mr. Pajon au Livre des Préjugez, étoit un des meilleurs Livres qui ayent paru dans ce siecle, je ne l'avois pourtant point lûë, avant que vous m'eussiez averti, qu'on y avoit traité fort délicatement la matiere de l'infaillibilité de l'Eglise, sur laquelle vous aviez vû que j'ai fait quelques reflexions dans ma derniere Lettre. Cet avertissement a été cause que j'ai consulté le Livre de Monsieur Pajon, & j'ai trouvé qu'en effet il a renversé de fond en comble l'infaillibilité de l'Eglise. J'ai lû cet Ouvrage avec une incroyable satisfaction; & si vous n'eussiez pas envoyé déja mes deux dernieres Lettres à l'Imprimeur, je les eusse retirées, pour les fortifier de plusieurs belles pensées, que j'ai lûës dans ce Livre. J'eusse cité l'Auteur comme il est bien raisonnable.

Le veritable moyen de traiter la Controverse seroit, si je ne me trompe, de pratiquer, à l'égard de l'Eglise Romaine, ce que Mr. Pajon a pratiqué à l'égard de Messieurs de Port-Royal,

qu'il a désolez en les battant par leurs propres armes. Il faudroit bien étudier tous les dogmes de nos Adversaires, & les faire combattre les uns contre les autres, & contre la pratique de leur Eglise. Je suis sûr qu'on les ruïneroit ainsi les uns par les autres, d'une maniere à ne s'en relever jamais, comme Monsieur Pajon a réduit le Port-Royal, par des argumens *ad hominem*, à la dure nécessité de se taire; le Port-Royal, dis-je, qui faisoit quitter la partie à tout le monde, en multipliant les repliques à l'infini, & qui a remporté mille victoires sur cette redoutable Société, qui se vante (A) que ses gens naissent tous le casque en tête,(B) & que chacun d'eux vaut une armée.

Une des choses qui m'ont autant rebuté de la lecture des Livres de Controverse, c'est que je voyois les deux Partis se faire éternellement les mêmes reproches tour à tour, & s'accuser mutuellement de préoccupation, de mauvaise foi, d'opiniâtreté, d'ignorance, d'emportement, de chicanerie, comme quand les Plaideurs s'entr'accusent d'allonger les procès, & de couvrir la vérité par des adresses artificieuses. *Ainsi* (C) *ceux qui ont raison, & ceux qui ont tort parlent presque le même langage, & font les mêmes plaintes, & s'attribuent les uns aux autres les mêmes defauts; ce qui est une des choses les plus incommodes qui soient dans la vie des hommes, & qui jette la Vérité & l'Erreur, la Justice & l'Injustice dans une si grande obscurité, que le commun du monde est incapable d'en faire le discernement; & il arrive de là que plusieurs s'attachent au hazard & sans lumiere à l'un des Partis, & que d'autres les condamnent tous deux, comme ayant également tort.*

Jamais je n'ai mieux connu ce desordre, qu'en lisant une Satyre que les Jésuites firent imprimer l'année passée contre Messieurs de Port-Royal, sous le titre, d'*Artifices des Hérétiques.* Ces artifices sont des choses qu'on pourroit imputer indifféremment à toutes sortes de Sectes; & si ceux qu'on accuse d'Hérésie s'avisoient de chercher, parmi ceux qui s'appellent Orthodoxes, l'Original de tous les portraits qu'on nous donne dans ce Livre-là, ils l'y trouveroient infailliblement. Ils trouveroient dans l'Eglise Catholique des gens qui prêchent contre la Morale relâchée; qui affectent de mener une sainte vie; qui se forment un stile agréable, & des manieres douces & flateuses; qui font des assemblées secretes; (*les premiers Chretiens n'en faisoient point d'autres*) qui s'attachent à gagner les femmes; (*S. Jérôme avoit un commerce perpetuel avec elles, & tous les Ordres de Moines ont leurs Beates qu'ils cultivent avec grand soin*) qui se servent de l'Ecriture pour défendre leurs opinions; (*la plaisante marque d'Hérésie!*) qui se plaignent de la rigueur & de la médisance de leurs Adversaires; qui ne parlent que de l'Antiquité; qui deplorent l'état present de l'Eglise; qui font de grandes plaintes de ce qu'on leur impute des opinions hérétiques, &c. Le caractere d'Arnaud de Bresse, que le P. Maimbourg a cherché si curieusement dans plusieurs (D) Auteurs, dont il a quelquefois paraphrasé les paroles un peu trop, afin de les faire mieux servir au portrait de Mr. Arnaud; ce caractere, dis-je,

---

(*) *Chap.* 11.
(A) *Voyez le Livre intit.* Imago primi sæc. Soc. J.
(B) Il y avoit dans la seconde Edition; ,,que ce sont ,,des Heros intrepides, des esprits d'Aigles, des Lions ,,généreux, dont chacun vaut une Armée, la fleur ,,de la Chevalerie. Une des choses, &c.
(C) *Art de penser*, 3. p. c. 19.
(D) *Décad. de l'Emp.* l. 4.

je, sur lequel le Livre dont je parle s'est extraordinairement étendu, pour les mêmes vûës que Mr. Maimbourg, se peut rencontrer dans des personnes qui n'ont point passé pour Hérétiques. L'affaire est de le savoir chercher, & de n'ignorer pas le tour du bâton. En un mot, ces artifices des Hérétiques sont si peu le propre de l'Hérésie, que les Gentils en eussent pû objecter beaucoup aux douze Disciples du Fils de Dieu; car il est remarqué expressément au premier Chapitre des Actes, que les femmes étoient régulierement dans leurs Assembléesclandestines. On sait d'ailleurs qu'ils prêchoient éternellement contre la corruption du siecle, qu'ils citoient perpétuellement aux Juifs la Sainte Ecriture, &c. St. Chrysostôme cherchoit le beau tour du langage jusques dans les Comédies les plus effrontées; il tonnoit contre les désordres de son tems; il se plaignoit de la médisance de ses ennemis, desorte qu'on auroit qu'à changer le nom des personnages, pour faire de ce petit Libelle une Satyre des Orthodoxes. Si les Jésuites rencontroient une Princesse qui après s'être fait expliquer à fond toutes les disputes de la grace, devînt Moliniste, & leur fondât un beau Collége dans ses terres, je suis sûr qu'ils ne blâmeroient point sa curiosité. A quel propos donc s'en prennent-ils avec tant d'affectation aux femmes Théologiennes? Il me semble que ce soit une nécessité qu'il ne se fasse rien sans les femmes ni en bien, ni en mal, ni pour avancer la vérité, ni pour avancer le mensonge. Ainsi chacun tâche de les mettre dans ses intérêts. Le Fils de Dieu ne leur a point refusé son affection la plus tendre, & il a tellement souffert qu'elles le suivissent, que le Jésuite Vavasseur (*) s'est servi de cet Argument, pour prouver que Jésus-Christ n'avoit pas une beauté de visage extraordinaire. Car s'il l'avoit euë, les Pharisiens n'eussent-ils pas dit que c'étoit par-là qu'il attiroit à sa suite tant de femmes?

Mais rien ne m'a plus choqué dans les Livres de Controverse, que les injures atroces dont ils sont pleins. Je n'examine pas ici si la fierté, avec laquelle on a déchiré notre Religion, a été un prétexte légitime à nos Ecrivains de répondre un peu fortement, & de payer en même monoye. Mais je puis bien dire que jamais les anciens Sophistes de la Grece, qui faisoient consister une des principales Parties de leur (A) Art, à savoir bien injurier, & qui se faisoient des Dictionnaires & des Répertoires d'injures, pour en avoir de toutes prêtes dans l'occasion, n'ont écrit avec plus d'emportement, qu'il en paroît dans une infinité de Livres composez contre notre Religion.

Il y en a qui commencent à nous déchirer dès le titre, & il suffit d'en voir les affiches en gros caracteres dans les ruës, pour connoître la fureur de celui qui l'a composé. Au moins devroient-ils attendre à nous traiter ainsi, Messieurs les Auteurs, qu'ils eussent conduit leur Lecteur aux endroits où ils prétendent avoir prouvé que nous sommes des Hérétiques. La derniere Assemblée du Clergé, qui nous a écrit un Avertissement Pastoral fort honnête, si on le compare au stile dont elle a coûtume de se servir, parle d'un air si cavalier de la Religion Protestante dans sa Lettre au Pape, du

6. Mai 1682. qu'il faut avoir un grand fond de Stoïcité, pour ne s'en mettre pas en colere. *La piété du Roi au-dedans de la France a déja étouffé, accablé, & écrasé toutes les têtes de l'hydre, c'est-à-dire, toutes les forces de l'Hérésie sous le poids de la multitude de ses Edits. Son zele au-dehors a porté, il y a déja plusieurs années, sur les ailes de la Victoire, la Foi de l'Eglise Romaine dans les Provinces les plus reculées, & dans les Villes les plus imprenables des Hérétiques; & tandis-que l'Europe étoit en admiration & l'Hérésie au désespoir, sa Religion n'a-t-elle pas fait rentrer l'Eglise, les palmes à la main, dans la puissante Ville de Strasbourg, d'où le malheur des Sectes l'avoit exilée; & y ayant expié le Sanctuaire, n'a-t-il pas fait attacher les Etendars de la Foi Catholique à ses portes, & à ses voûtes sacrées, que l'impiété des Hérétiques avoit prophanées depuis si long-temps?*

C'est ainsi que parloient en l'année 1672. les Prédicateurs, les Harangueurs, les Poëtes, & les faiseurs d'Epîtres Dédicatoires, au sujet des Villes occupées sur les Hollandois, dans lesquelles le Roi avoit rétabli la Messe. Si, après la retraite des François, les Ministres de Hollande, qui ont repris les Eglises où on avoit dit la Messe, ont remercié Dieu de ce qu'il avoit ôté l'Abomination hors du Lieu Saint, & n'avoit pas voulu permettre plus long-tems, que ces lieux, ou sa vérité avoit retenti, fussent profanez par l'idolâtrie; si, dis-je, les Ministres de Hollande ont prêché cela, en conscience Messieurs de l'Eglise Romaine ont-ils droit de s'en piquer? N'est-ils pas évident que nous avons autant de raison de les traiter d'idolâtres, qu'ils en ont de nous traiter d'impies? Et s'ils veulent que l'on ait de l'honnêteté pour eux, ne faut-il pas qu'ils en ayent pour les autres?

Cette Lettre du Clergé nous apprend un petit secret, que Mr. Verjus n'a point sans doute communiqué à la Diete de Ratisbonne, c'est que la réduction de Strasbourg est un ouvrage de la piété de Sa Majesté, & de son zele pour l'extirpation des Protestans, dont le Pape lui doit tenir un grand compte. Voilà comment une même chose se tourne différemment, selon les gens avec qui l'on traite. Monsieur Verjus se garde bien de dire que le Roi s'est saisi de Strasbourg, parce qu'il y vouloit établir la Religion Catholique. On n'a point dit cela non-plus ni à S. M. B. ni à Mrs. les Etats Généraux, ni au Roi de Danemarc, ni au Roi de Suede, ni en général à pas un des Princes Protestans d'Allemagne. Il se peut faire qu'on l'ait dit à l'Empereur, afin de lui faire mieux digérer un si dur morceau, comme c'est un Prince fort semblable aux Athéniens du 17. Chapitre des Actes; mais pour ce qui regarde le Pape, on ne lui propose cette conquête que par le côté de la Religion. Mrs. d'Etrée font fort valoir cela à Rome; & de-peur d'en diminuer le mérite, ils ne disent pas, comme on fait ailleurs, que le Traité de Munster en est l'unique fondement. Cela est bon à dire dans un Ouvrage du P. Maimbourg, qui ne vouloit pas faire la Cour au Pape pour sa Majesté; mais dans la bouche du Duc & du Cardinal d'Etrée, ce n'est que zele de Religion, & du plus fin encore, que la prise de la Capitale de l'Alsace. (B)

On ne se contente pas de faire vavoir auprès du

(B) Il y avoit dans la seconde Edition. „ Celle de „ la Principauté d'Orange, & celle d'Alger aussi. Mr.

XIV.
Injures atroces des Livres de Controverse.

même dans les actes de l'assemblée du Clergé

Motif que cette Assemblée donne à la réduction de Strasbourg.

Et à l'entreprise sur la Hollande.

LETTRE.
XXX.

du Pape la conquête de Strasbourg, comme une marque du zele de Sa Majesté pour la Religion Catholique, nous voyons dans la même Lettre qu'on fait valoir aussi des conquêtes qui ne subsistent plus. *Il y a déja plusieurs années (disent Mrs. du Clergé) que le zele du Roi a porté sur les aîles de la Victoire, la Foi de l'Eglise Romaine dans les Provinces les plus reculées, & dans les Villes les plus imprenables des Hérétiques.* Ils veulent parler de la derniere guerre de Hollande, & ils insinuent fort clairement qu'elle ne fut entreprise que par des motifs de Religion. C'est en effet le motif que tous les Missionnaires en publioient par toute la France, comme vous savez, Monsieur, & ils en prenoient occasion de nous insulter cruellement & de nous menacer d'une prochaine destruction. *Croyez-vous, disoient-ils, que le zele de Sa Majesté, qui ne lui a point pû permettre que l'Hérésie subsistât plus long-temps dans la Hollande, lui permette de vous laisser vivre dans ses Etats ? Préparez-vous à être écrasez, en retour de cette main victorieuse qui écrase présentement vos Confreres.* Ces mêmes motifs de Religion, étoient aussi dans la bouche de tous les Bigots; on en parloit en Chaire, on en parloit dans les Ouvertures des Parlemens, on en parloit dans des Livres imprimez. Monsieur le Duc d'Etrée se tuoit d'en parler au Pape. Mais malheureusement il avoit à faire à un Cardinal Neveu, qui n'en croyoit rien, & qui faisoit si peu de fond (*) sur toutes ces conquêtes Catholiques, qu'il étoit fort aisé que le Nonce de Cologne lui écrivît, que ce ne seroit qu'un feu de paille, & que plusieurs Princes se préparoient à secourir les Hollandois. Il est difficile de tromper un Italien aussi fin que le Cardinal Altieri.

XV.
Les Ministres
de France parlent autrement
des desseins du
Roi aux Protestans qu'au
Pape.

Les autres Ministres, que le Roi avoit dans les païs étrangers, faisoient entrer la Religion dans les motifs de la guerre de Hollande, ou ne l'y faisoient pas entrer, selon les lieux où ils se trouvoient. A Mayence & à Cologne, c'étoit le zele de la Religion Catholique. A Munster, il n'étoit pas nécessaire d'en venir là, parce que le Prélat étoit plus prenable par l'ambition, & par le commandement des Armées, que par les intérêts de la Messe. A Munich, on en touchoit quelque chose, mais fort peu, parce que la Duchesse de Baviere, qui se comptoit déja pour belle-Mere de Monseigneur le Dauphin, & qui gouvernoit tout, avoit le cœur assez François. A Vienne, c'étoit la grande machine qu'on faisoit jouër, & elle avoit si bien réüssi, que le Baron Lisola eut toutes les peines du monde à dissiper les illusions qu'elle avoit causées. Il tira quelque usage de cette machine lui aussi, car il fit comprendre à tous les Princes Protestans, qu'on en vouloit à leur Religion, & que, s'ils vouloient servir Dieu selon les lumieres de leur conscience, il étoit tems de se liguer contre un Prince qui vouloit établir la Catholicité par toute l'Europe. On dit même qu'il leur montra des Lettres, qu'il disoit avoir interceptées, par lesquelles la France assuroit la Cour de Rome, que c'étoit le fin des desseins de Sa Majesté. Mais au contraire nos Ambassadeurs, & nos Résidens protestoient à Berlin,

à Zell, à Osnabruck, à Dresden, & en Suisse, qu'on n'en vouloit point du tout à la Religion; & pour le mieux persuader, on alléguoit notre alliance avec l'Angleterre. On obligea même un Officier Suisse, qui a été autrefois Ministre, & qui est encore de la Religion, extérieurement pour le moins, à publier plusieurs Lettres qu'ils avoit écrites à un Théologien de son païs, pour persuader aux Cantons Protestans, que la guerre de Hollande n'étoit rien moins qu'une guerre de Religion, & qu'ils ne devoient point faire scrupule de donner des Troupes au Roi pour cette guerre.

Je n'entreprens point d'examiner, qui sont ceux qui parloient plus sincerement, ou ceux qui disoient que la Religion étoit le motif de cette guerre, ou ceux qui le nioient; je me contente de dire qu'en cas de Livres imprimez, comme sont les Actes de l'Assemblée du Clergé, il y a plus de Politique à dire, comme fait Mr. Maimbourg, que le Roi s'empare des Villes Protestantes, en vertu du Traité de Munster, qu'à dire, comme font Mrs. les Evêques, qu'il le fait afin d'extirper l'Hérésie de l'Europe; car si les Princes Protestans s'imaginent, comme il est fort naturel de le faire, que le Roi ne souffriroit pas qu'on le louât publiquement du dessein d'établir la Catholicité par toute l'Europe, s'il n'en étoit quelque chose, ils prendront mieux leurs mesures pour conserver leurs Etats & leur Religion, qu'ils ne les auroient prises s'ils avoient ignoré ce grand dessein.

J'ai remarqué dans ma 18. Lettre, (A) en parlant de ce que les Princes font dire par leurs Ministres, quelque chose qui a du raport à ce que je viens d'insinuer.

XVIX.
Du Livre intitulé, *Apologie pour les Catholiques.*

Au reste, je prie ceux qui verront l'Apologie des Catholiques imprimé en France, de ne m'insulter point sur ce que j'ai dit, que les ennemis de Monsieur Arnaud empêchoient que ce Livre ne se débitât; car il est de notorieté publique qu'ils l'ont empêché. Et si, pendant l'impression de ma Critique, il s'est trouvé des gens à Rouen qui ont fait imprimer en secret l'Apologie, ce n'est pas à dire que les ennemis de l'Auteur se soient laissez vaincre aux sollicitations de plusieurs personnes, ni que j'aye avancé une chose fausse. Qu'il y a d'emportement dans la seconde partie de cet Ouvrage-là ! On ne peut pas écrire plus en colere qu'a fait cet Auteur. Monsieur Spanheim, Monsieur Claude, & l'Auteur de la Politique du Clergé, sont les principaux Sujets sur qui sa bile se décharge. Je lui répons qu'il auroit à faire à forte partie, s'ils avoient autant de loisir, & autant de correspondans que lui. Il paroît qu'il a des espions jusques dans la Hollande, qui lui fournissent des Mémoires, & qui lui cherchent des argumens jusques dans la Gazette Flamande. J'ai aussi parlé de Mr. l'Evêque de Meaux un peu autrement que je n'eusse fait, si j'avois eu connoissance du nouveau Livre qu'il vient de donner au Public; mais qui peut deviner qu'un Ouvrage sortira de dessous la presse, précisément après qu'on a envoyé son Manuscrit dans les païs étrangers ? *Nescit vox missa reverti :* ainsi ce qui est écrit est écrit. Je n'ai

Et de celui de
Mr. de Meaux
sur les deux
Especes.

pas

,, Maimbourg cherche cependant quelque Généalogie
,, qui lui donne lieu de publier dans le premier Livre
,, qu'il fera, que le Roi s'est saisi d'Orange en exécu-
,, tion du dernier Traité de Nimegue ; & pour Alger
,, il se reglera sur le Régent de Rhétorique du College
,, de Clermont, que l'on dit qui a déja sa Harangue
,, toute faite pour la prochaine Saint Remy, sur la con-

,, quête d'Alger, & sur les châtimens de ces infames
,, Pirates, qui ont osé déclarer la guerre à la France
,, dans un tems où toute l'Europe ne l'ose faire.
On ne se contente pas, &c.
(*) *Mémoires des intrigues de la Cour de Rome*, à Paris 1677.
(A) No. IV.

pas grand lieu de craindre qu'on m'en fasse de reproches ; car j'ai seulement fait l'étonné de ce que cet habile Prélat aime mieux faire des discours sur l'Histoire Universelle, que de défendre son Livre contre quatre ou cinq bonnes réponses qu'on y a faites ; & il se trouve que ce nouveau Livre ne défend pas le premier, mais s'attache uniquement à la Controverse du retranchement de la Coupe.

Cet Ouvrage m'a paru fort délicat, fort spirituel, & d'une honnêteté envers nous, qui ne peut être assez louée ; serré, judicieux, & déchargé de tout ce qui ne fait pas à la question. On voit bien qu'il ne veut pas fatiguer les Huguenots par la lecture d'un gros Livre, & qu'il souhaite que les plus impatiens se hazardent de le parcourir. Cela & le soin que l'on prend de distribuer partout des exemplaires proprement reliez des Livres de ce Prélat, me feroient demander volontiers à Monsieur Maimbourg, ce qui lui semble de cette conduite, & s'il ne voit pas qu'il l'a condamné dans les Luthériens, dans les Jansénistes, & dans les Calvinistes, les ayant raillez de ce qu'ils avoient grand soin que leurs petits Livres proprement reliez allassent partout. Il n'y a pas encore bien des années que Monsieur l'Evêque de Lavaur étant allé à Puy-Laurent, y fit quantité de présens de l'*Exposition* de Mr. l'Evêque de Condom, aux gens de la Religion, s'imaginant peut-être qu'on la liroit mieux quand on sauroit qu'elle n'avoit rien couté. Ainsi voilà les Catholiques dans les mêmes ruses que Mr. Maimbourg a imputées aux Novateurs.

Il y a des gens qui ont la tête si remplie d'une certaine chose, qu'ils la trouvent dans tout ce qu'ils lisent. Tel étoit cet Auteur dont il est parlé dans la *Recherche* (*) *de la vérité*, qui voyoit des croix partout, parce qu'il avoit fait plusieurs volumes sur la Croix, & qui fut raillé avec raison par le P. Morin, *de ce qu'il croyoit qu'une Médaille représentât une croix, quoiqu'elle représentât toute autre chose.* On ne m'accusera pas, je m'assure, d'un semblable entêtement, si je dis, que la premiere découverte que j'ai faite, dans le nouveau Livre de Mr. l'Evêque de Meaux, a été la ruine des principes de son Eglise ; car il étoit fort naturel de faire cette réflexion, après celles que j'ai fait couler dans plusieurs endroits de mes Lettres. Ce Prélat employe une bonne partie de son Livre à justifier, contre la prétention des Ministres, que la Communion sous une espece n'a pas été hors d'usage durant les dix premiers siecles. Il s'ensuit manifestement de-là que la Tradition, ce grand & ce cher principe de la Foi Romaine, n'est pas seulement capable de nous apprendre avec certitude ce qu'on pratiquoit autrefois dans l'Eglise. Si la Tradition n'est point capable de décider les questions purement de fait, & qui regardent une cérémonie de la derniere importance ; il est clair, qu'elle ne sauroit être capable de décider les questions de droit, puisqu'elle n'est capable de prouver qu'une chose est bonne, qu'en justifiant qu'elle a été pratiquée de tout temps.

Il n'y a personne qui ne voye, que rien ne seroit plus capable de reculer la conversion d'un Philosophe Payen, que la lecture du Livre du Docteur Calixte, par exemple, & celle du dernier Ouvrage de Mr. l'Evêque de Meaux. Ce-

lui-là soutient que l'ancienne Eglise ne communioit point les Fidelles sous une seule espece, & en donne quantité de preuves ; celui-ci soutient le contraire, & en donne quantité de preuves aussi. Que diroit le Philosophe sur cela ? Il diroit sans doute, *de grace, Messieurs, accordez-vous, avant que de m'engager à me faire baptiser. Montrez-moi premierement la regle à laquelle on peut connoître qui sont ceux d'entre vous qui se trompent. Vous, Mr. l'Evêque de Meaux, vous croyez que cette regle est la Tradition ; mais Monsieur Calixte, que voilà, vous contredit, & lors que par complaisance, il veut bien examiner par votre regle la vérité d'une chose, il trouve qu'il n'en sauroit venir à bout ; car après avoir épuisé tous ses esprits à avérer par la Tradition, que la Communion sous une seule espece ne se pratiquoit pas dans l'ancienne Eglise, vous lui venez soûtenir qu'il se trompe ; vous apportez des faits qui semblent vous favoriser, vous les rendez probables par quelque réflexions ingénieuses. Vous en avez la pour toute votre vie, & quand est-ce donc que vous pourrez terminer le fond même de l'affaire, je veux dire la question, Si le retranchement de la coupe est légitime ?*

Il est clair que ce sont des articles fort différens ; car quand Mrs. de l'Eglise Romaine pourroient justifier, par des actes incontestables, que l'ancienne Eglise se servoit de la Communion sous une seule espece, ce ne seroit encore avoir rien prouvé de décisif. Nous serions toûjours dans notre Fort ; il faudroit encore qu'on nous prouvât que l'ancienne Eglise a eu raison de supprimer l'un des signes, & en cela notre cause seroit d'autant plus favorable, que nos Adversaires sont contraints de confesser que l'administration de l'Eucharistie se faisoit anciennement d'une maniere, qu'ils ne voudroient pas suivre pour rien du monde, & qui envelope une erreur grossiere.

La primitive Eglise communioit les enfans, ce qui suppose qu'elle avoit de fausses idées du Sacrement de l'Eucharistie. Car il faloit qu'elle crût, ou que c'est un Sacrement sans lequel il est impossible que les enfans soient sauvez, ou que du moins il est propre à conférer la grace aux enfans qui le reçoivent. La premiere pensée est fausse, au jugement même de nos Adversaire, puis qu'ils l'ont anathématisée dans le Concile de Trente. La seconde ne l'est pas moins, puisqu'elle suppose que l'Eucharistie peut sanctifier une ame, qui n'a ni vertu, ni foi, ni connoissance ; je ne pense pas que ces Messieurs m'en désavouent, puis qu'ils ne souffrent pas que l'on communie les petits enfans.

J'infere de-là 1. que l'autorité de la primitive Eglise, à l'égard de la maniere d'administrer le St. Sacrement, n'est point une preuve nécessaire de vérité ; car puis qu'elle a été dans une erreur très-grossiere à l'égard du Sujet capable de communier, elle a pû errer aussi à l'égard des choses qui constituent l'intégrité, ou la substance du Sacrement. 2. Que l'Eglise Romaine n'a pû abroger la coûtume de communier les petits enfans, sans reconnoître que les idées de l'ancienne Eglise étoient fausses : ce qui ruine l'infaillibilité de l'Eglise ; car si on a mal jugé que ces idées étoient fausses, on est tombé dans l'erreur ; & si on a bien jugé que ces idées étoient fausses, l'Eglise étoit anciennement dans l'erreur.

Aprés

Après tout, ce dernier Ouvrage de Mr. l'Evêque de Meaux n'est guéres propre à rapeller les Protestans, parce qu'il ne suffit pas pour les rapeller, de savoir se battre en retraite, & trouver quelques excuses à sa faute, comme fait ce savant Prélat. Cela même suppose que nos räisons sont victorieuses, & que le plus grand avantage de nos Adversaires consiste à ne pas fuir en désordre devant nous. Il faudroit pour nous rapeller avec honneur, n'être pas continuellement obligé à faire des Apologies, & des *Factums*; car cela seul est capable de nous faire connoître que nous avons pris le meilleur parti. Qu'on ne s'avise pas de se jetter sur le lieu commun si on m'attaque. Je sai fort bien la différence qu'il y a entre Apologie & Apologie, & qu'il y en a qui ne sont pas la marque du parti batu. (*)

Le silence de Monsieur de Meaux est un plein triomphe pour notre cause, quoi qu'on fasse remporter à son premier Livre mille victoires sur nous, par les moyens que chacun sait, par les extorsions des Soldats, par des distributions d'argent, &c. Lors qu'il n'écrivoit point d'autres Livres, on pouvoit croire qu'il n'avoit pas assez de loisir pour repliquer à nos Ecrivains; mais à présent que l'on voit qu'il n'en manque pas, que peut-on dire pour lui, sinon qu'il ne se sent pas capable de remonter sa machine, qu'on lui a démontée de tant de façons? J'ai vû des gens qui s'étonnoient de ce qu'il ne donnoit point charge à quelqu'un de ces Abbez *Loups-béans*, dont il étoit perpétuellement obsédé, de répondre aux livres que nous avons publiez contre son *Exposition*; mais c'est un étonnement mal fondé. Si Monsieur de Meaux ne peut pas le faire, ces Messieurs les Abbez, qui cherchent à faire fortune, n'ont garde d'en être capables; la peine de cultiver leur Patron leur dérobe trop de temps, & l'Auteur des *Considérations* remarque fort bien que Messieurs les Agens du Clergé avoient si mal conçu l'affaire, dont ils parlerent à l'Assemblée Extraordinaire de 1681. *qu'il paroît bien qu'ils sont plus habiles à faire leur Cour à Monsieur de Paris & au P. de la Chaise, que dans le droit Canonique.*

J'acheve par cette considération, qu'il n'y a rien de moins apparent, que ce que l'Auteur de l'Apologie des Catholiques nous débite avec tant de pompe, que le Livre (A) de Mr. l'Evêque de Meaux convertit beaucoup de gens, en leur faisant voir que nos Péres n'ont eu aucune raison de se séparer de l'Eglise, & que nos Ministres ont été des Calomniateurs. Il prétend qu'après la lecture de ce Livre, toutes nos Controverses sont réduites à la question : Si on peut demeurer en conscience dans une Société de Schismatiques, qui ont calomnié l'Eglise leur Mere? Mais il se trompe: un Huguenot, qui cherche sincerement la Vérité, doit réduire nos Controverses, après avoir lû le Livre de Mr. de Meaux, à ces deux questions. 1. S'il est vrai que ce Prélat ait exposé fidelement la créance de son Eglise. 2. Si, après toutes ses modifications, l'Eglise Romaine est une Société Orthodoxe.

L'ordre veut qu'un Huguenot, qui cherche

la solution de ces deux difficultez, demande à ceux que l'on accuse d'avoir calomnié l'Eglise Romaine, ce qu'ils ont à repondre pour leur justification. Demandant cela, il trouve qu'on lui met en main tout aussi-tôt cinq ou six Réponses au Livre de Monsieur de Meaux, qui s'accordent toutes à dire que ce Prélat a déguisé la doctrine de son Eglise, & que nonobstant ses déguisemens, il en dit assez pour nous tenir éloignez de sa Communion. Qu'y a-t-il à faire après cela? Il faut voir si Mr. de Meaux se justifie de l'accusation qu'on lui intente; car s'il ne s'en justifie pas, on doit présumer pour la cause des Ministres. Or c'est justement ce qui est arrivé : Monsieur de Meaux n'a point repliqué aux Réponses que nous avons publiées contre son Livre, & ainsi l'ordre veut que l'on croye qu'il avoit accusé mal à propos les Ministres d'avoir grossi les objets, & que lui-même n'a pas assez bien déguisé sa créance, pour ne laisser pas dans toute leur force les principales raisons de notre séparation; par exemple l'adoration de l'Eucharistie.

La seule chose qu'il a faire, c'est de faire négocier à Rome l'approbation de son Ouvrage, sous un Pontificat si suspect de Jansénisme, que les Jésuites (B) ont fait prier Dieu dans des Monasteres de Religieuses, pour la conversion d'Innocent XI. ce qui fournit un juste prétexte de penser que le Pape n'a point approuvé ce Livre par l'esprit universel de l'Eglise, dont il est le dépositaire, mais par le génie dont il est pourvu personnellement. Au pis aller, cela ne remédie qu'à la moindre des difficultez que nous avions proposées à Monsieur l'Evêque de Meaux. La plus grande reste toûjours: qui est, que la doctrine qu'il nous expose, malgré tous les adoucissemens dont il se sert, est encore un juste sujet de séparation. Et pour l'autre difficulté, il est certain qu'elle subsiste aussi toûjours; car dans l'état où l'Eglise Romaine a mis les choses, on ne peut point être assuré qu'une doctrine, approuvée par un Bref du Pape, & par un bon nombre de Prélats, soit Orthodoxe.

On l'a prouvé clairement, & sans qu'on y ait repliqué, dans une des Réponses qui ont été faites à la seconde édition du Livre de Mr. l'Evêque de Meaux. J'en parle dans ma vingt-septieme (c) Lettre.

Nous ne cessons de reprocher à Messieurs de l'Eglise Romaine le mépris indigne qu'ils ont eu pour les Décrets du Pape, qui supprimoient un Office de la Conception Immaculée, & plusieurs Indulgences ridicules. Nous fait-on raison sur cela? Le Pape condamne le Livre de Mr. Gerbais; le Clergé de France en fait l'éloge & en ordonne une seconde édition. Nous apprend-on comment cela se peut accorder avec l'autorité que l'on attribue au Bref, qu'il approuve le Livre de Mr. de Meaux? N'est-il pas indubitable que si le Pape peut condamner la bonne doctrine, il peut approuver la mauvaise? Comment donc veut-on sur son témoignage que nous prenions les pensées d'un Prélat, pour le vrai & le pur esprit de la doctrine Catholique? Outre que nous avons clairement justifié que les dog-

---

(*) Il y avoit dans la seconde Edition. „ Souvent c'en „ est une marque, & c'est pour cela que notre Gazet-„ te nous apprit un jour, qu'on remarquoit depuis quel-„ que tems, que les Généraux des Alliez publioient „ beaucoup de Manifestes, ou envoyoient plusieurs „ Mémoires à leurs Maîtres pour se disculper. Mais „ quelquefois aussi, les Apologies ne sont point une

„ marque qu'on ait tort. Je sai tout cela, & je con-„ nois par cela même, que les Apologies des Catholi-„ ques ne sont pas de la bonne marque, ainsi on fera „ bien de ne pas chicaner là-dessus.
Le silence de Monsieur de Meaux, &c.
(A) 2. part. (B) Considérat. sur les affaires de l'Eglise.
(c) N°. IX.

dogmes, que ces Messieurs se plaignent que nous imputons à leur Eglise, sont contenus dans des Ouvrages aussi munis de quantité d'approbations que celui de Mr. l'Evêque de Meaux ; & je mets en fait que si le P. Crasset s'en vouloit donner la peine, il mettroit cent fois plus d'approbations Episcopales à la tête de son Livre, que ce Prélat n'en a mis au-devant du sien, & je défie le Pape d'oser défendre la lecture du Livre de ce Jesuite.

Cela fait voir deux choses considérables. La premiere, que l'Eglise Romaine est un gouffre qui reçoit tout, c'est-à-dire, qu'elle approuve en même temps mille doctrines opposées les unes aux autres : la seconde, que nos Ministres n'ont point calomnié l'Eglise Romaine, puis qu'ils ne lui ont imputé que des choses qui se font ou qui s'enseignent avec son approbation, ou sa permission, & selon l'esprit des Peuples, & le chemin batu de la plûpart des Théologiens. Que si ceux qui blâment ces choses, trouvent aussi des Approbateurs, cela ne prouve pas que nous ayons calomnié l'Eglise Romaine : cela prouve seulement que d'une même bouche elle souffle le chaud & le froid ; ce qui, selon l'Apologue, est une légitime cause de renoncer à la Société d'une personne.

Il est donc certain, que le Livre de Mr. l'Evêque de Meaux n'est propre qu'à convertir ceux qui ont déja été illuminez par les Arrêts de S. M. bien plus efficaces que les Livres des Controversistes, au dire (*) du P. Maimbourg, & qu'ainsi l'Apologie des Catholiques ne nous doit pas empêcher d'attribuer les conquêtes, que l'on fait sur nous, à la violence, à l'avarice, à l'ambition, & à cent autres passions criminelles.

Il ne faut pas oublier cette circonstance, qu'on fait un mérite de l'approbation de la Cour de Rome, à l'*Exposition* de Monsieur l'Evêque de Meaux, justement lors qu'il se passe dans le Royaume cent choses qui énervent cette approbation. Il n'y a pas encore quinze mois que nous avons vû une Assemblée du Clergé souffrir que ses Agens traitassent de prétendus Grands-Vicaires, ceux qui avoient été confirmez par un Bref du Pape ; ce qui a fait dire à l'Auteur des *Considérations sur les affaires de l'Eglise*, que dans un différend, entre un Archevêque mondain appuyé de la Cour, & un bon Religieux armé de l'autorité du Pape, on ne fait pas même l'honneur aux Decrets du Pape, de les prendre pour quelque sorte de préjugé de la bonne cause de ceux qu'ils appuyent. La condamnation de 65. Propositions que le même Pape avoit publiée, après un long examen, avoit été supprimée par un Arrêt du Parlement quelque temps avant cela, *& parce qu'on* (A) *avoit mis dans l'Arrêt, que ce n'étoit qu'à cause de l'Inquisition, & non que la condamnation ne fût juste, tout Paris sait que ce fut le Pere de la Chaise qui le fit changer, pour en ôter cette clause, lors qu'il y en avoit déja une expedition delivrée.*

Quelles peuvent être, sur cela & sur plusieurs autres choses de pareille force qui se sont passées depuis peu, les pensées d'un bon Huguenot qui va son chemin sans trop approfondir les choses ? La sevérité que l'on a pour nous lui doit faire croire que le Roi, étant si bon Catholique, a mis sa conscience entre les mains du plus éclairé & du meilleur Catholique de son Royaume ; d'où

il resulte que le P. de la Chaise est un des meilleurs & des plus éclairez Catholiques de l'Univers : si bien que le Pape ayant condamné 65. Propositions, que ce Jesuite n'a pas trouvées dignes de Censure, puis qu'il a fait rayer de l'Arrêt du Parlement la clause qui parloit de la justice de cette condamnation, il s'ensuit que le Pape ne sait pas encore ce qu'il faut croire, & qu'il doit être renvoyé au Catechisme. Comme il d'ailleurs tâché de supprimer bon nombre de petites dévotions, il est aisé de croire que c'est un de ces Catholiques, qui ne font pas grand cas du menu de la Religion ; & sur ce pied-là de quelle force peut être son Bref à la tête du Livre de M. de Meaux, pour convertir un Huguenot ?

Pour ceux d'entre nous qui ont plus de pénétration, ils font d'autres jugemens, mais qui s'accordent avec ceux-là, à ne trouver aucune force dans les approbations que l'on a fait venir de Rome pour l'*Exposition de la doctrine Catholique*. Si bien que ceux qui nous abandonnent, puisent ailleurs les raisons de leur changement.

Mais je ne m'apperçois pas qu'au lieu de m'excuser en deux mots de ce que j'avois remarqué, touchant l'Auteur de l'*Exposition de la doctrine Catholique*, je m'enfonce trop avant dans la Reflexion. Il faut que nous pardonnions cela aux premiers mouvemens d'imagination qui suivent la lecture d'un Livre nouveau ; & comme il arrive quelquefois qu'en allant de pensée en pensée, on détruit à la fin ce qu'on avoit établi au commencement, il faut que vous me permettiez d'examiner si cela m'est arrivé. J'aurai bien-tôt fait.

J'ai voulu prouver que les Princes Protestans ont lieu de revoquer en doute la fidélité de leurs Sujets Catholiques, parce que l'on croit à Rome que le Pape peut déposer les Souverains ; toute ma preuve s'appuye sur la deférence que l'on a pour le Pape dans la Communion de Rome. Ne semble-t-il pas que je détruis tout cela, en faisant voir qu'on a si peu d'égards pour les sentimens du Pape, que nous sommes autorisez à croire que son Bref à la tête du Livre de Mr. de Meaux n'a nulle force.

Non, Monsieur, je ne détruis rien de ce que j'ai voulu prouver ailleurs, car il y a beaucoup de difference entre nous & les Catholiques à l'égard de l'autorité du Pape. Pendant que nous demeurerons Protestans, nous serons obligez de repondre aux Missionaires tout ce qui pourra justifier notre persévérance ; & par conséquent nous serons obligez de faire valoir contre eux, tout ce que l'on fait à Paris au préjudice de la Cour de Rome, & de refuter solidement par-là, le poids que l'on donne à un Livre de Controverse, qui a été approuvé du Pape. Mais il n'en est pas de même des Catholiques. Je veux que les décisions du Clergé & des Arrêts du Conseil, leur fassent prendre le parti qui est le moins favorable à l'autorité du Pontife, il ne laisse pas d'être vrai qu'ils peuvent suivre en conscience le parti qui lui est le plus favorable ; & il est même certain que, suivant le génie de leur Eglise, ce parti leur doit paroître le plus probable & le plus sûr. Le Roi peut bien interdire les Professeurs qui refusent d'enseigner les articles nouvellement décidez, il peut reléguer pour cela

____

(*) *Epitre Dédicat. du Lutheran.*

(A) *Id. ibid.*

V 3

cela qui bon lui semble ; mais, avec toute sa puissance, il n'est pas en état de faire déclarer Hérétiques tous ceux qui croient la supériorité du Pape ; si bien que le dogme de la Supériorité du Pape étant très-compatible avec la foi & l'état d'un bon Catholique, il n'y a point d'homme dans la Communion Romaine que l'on ne puisse soupçonner d'en être imbu, si l'on n'a des preuves convaincantes du contraire : & ainsi les affronts que l'on fait au Pape ont beaucoup de force pour empêcher les Huguenots de s'en rapporter à lui, mais non pas pour empêcher les Catholiques de demeurer fermement attachez au gros de l'arbre. Ces bonnes gens du Diocese de Pamiers en sont une forte preuve ; car généralement parlant ils abhorrent les Régalistes, & les regardent comme des excommuniez, parce qu'encore qu'ils ayent le Roi & le Clergé de France pour eux, le Pape leur est contraire. Le fameux P. César, dont je vous ai déja parlé, ce Directeur de tant de consciences, n'a point changé de sentiment, quoi qu'il ait vû que son Système n'étoit pas celui de la Cour. Le voilà presque Martyr du gros de l'arbre ; le voilà tout noir fumant des anathêmes que les Lettres de cachet ont lancez sur lui. Et néanmoins tout Paris est persuadé qu'il est meilleur Catholique que tous les Evêques de Cour.

Si vous continuez à m'apprendre les objections que vous entendrez faire contre notre Critique, je tâcherai d'y satisfaire, ou bien je me rendrai à la raison. Faisons mieux ; en envoyant ceci à votre Imprimeur, établissons-le notre Commis pour recevoir les plaintes & les avertissemens, qu'on voudra nous signifier. Pendant que me voilà en train, je ne refuse pas de vous écrire de quoi faire un autre Volume de Lettres. Je suis, Monsieur, votre, &c.

SECONDE ADDITION.

J'Avois déja fermé cette Lettre, lors que j'ai reçu vos derniers avis : mais comme elle étoit encore en mon pouvoir, je l'ai ouverte tout aussi-tôt, afin d'y joindre cette Apostille.

On trouve, me dites-vous, que j'ai donné beaucoup de prise à nos Adversaires, & qu'il paroît bien que je n'ai pas crû que je serois critiqué à mon tour ; on blâme fort cette confiance, parce que pour agir prudemment, un Auteur doit croire qu'il sera appellé à rendre compte de tout ce qu'il aura écrit.

Vous savez aussi-bien que moi qu'il faut répondre à cette censure, que n'ayant écrit que pour vous, je n'ai pas dû me précautionner contre des attaques publiques. Mais puisqu'enfin il se trouve que j'ai écrit pour le Public, répondez hardiment, Monsieur, qu'on ne se mette pas en peine pour ma Critique Générale ; si on l'attaque, nous tâcherons de montrer qu'elle ne donne pas toute la prise que l'on se figure. Peut-être même que personne ne s'avisera de nous critiquer.

Pour Monsieur Maimbourg, on peut bien être assuré, qu'il ne répondra point aux Livres que nous ferons contre son Histoire du Calvinisme, tant parce qu'il a d'autres affaires sur les bras, & qu'il se garde bien de prendre le change, que parce qu'il y a long-temps qu'il a déclaré publiquement, qu'il ne vouloit point entrer en lice avec des gens qui ne diroient

(*) *Dif. de la Trad. de Mons 22. passage.*

point leur nom. C'est une condition que nous ne pouvons guéres accomplir en écrivant contre lui, parce que c'est une de ces choses périlleuses, auxquelles ni le courage, ni la constance, ni l'amour de la Vérité n'engagent pas. Et s'il avoit la générosité de nous faire obtenir un sauf-conduit de la Cour, par le crédit qu'il y a, nous aurions lieu de craindre quelque distinction ou quelque réservation mentale, qui gâteroit tout. Ainsi il vaudra mieux s'en passer, & faire des Livres anonymes.

Il n'a pas eu toûjours cette grande délicatesse, de ne se vouloir battre qu'avec des gens, dont il connût & le nom & la Profession. Témoin les Sermons qu'il a déclamez contre le Nouveau Testament de Port-Royal, se fondant, entre autres raisons, sur ce que c'étoit un Ouvrage sans nom d'Auteur, & imprimé par conséquent contre l'esprit du St. Concile de Trente. Ayant sû, que Messieurs de Port-Royal avoient réfuté ses Sermons de la maniere la plus foudroyante, & qu'on croyoit dans le monde qu'un homme d'autant de résolution ne laisseroit pas un tel affront impuni ; il fit le brave à peu de frais, s'offrant de repondre à tout ce qu'on diroit contre ses Prédications, pourvû que ses Adversaires écrivissent avec permission, & qu'ils se nommassent : qui étoit une condition qu'il savoit bien qui le dégageroit du combat. Voici les termes dont il se servit (*) en prêchant : *Nous leur repondrons, qu'ils n'en doutent point, pourvû qu'ils soient jolis garçons, qu'ils ayent permission, & qu'ils disent leur nom. Oui dà, Messieurs, ils le diront ; car un honnête homme ne se hazarde pas de se batre contre un masque, parce qu'il se pourroit faire que ce ne seroit qu'un faquin.* C'est un stile qui ne répond ni à la dignité du lieu, ni à la conduite que tenoit journellement le Pere Maimbourg, car il prêchoit contre une Version de laquelle les Auteurs ne lui étoient pas moins inconnus, que les Auteurs qui le réfutoient.

Si on veut savoir comment je sai que Mr. Maimbourg n'aime pas à prendre le change, je dis que c'est lui-même qui l'apprend à ses Lecteurs, dans une petite Préface qu'il a mise au-devant du Schisme des Grecs, toute pleine d'esprit, mais d'un esprit fort malin & fort satyrique. Il semble que son principal but ait été de faire comprendre, qu'il ne lui est pas impossible de faire imprimer tous les ans *une Histoire de plusieurs siecles & de tous les païs du Monde*, & d'y employer néanmoins tout le temps & toute l'exactitude nécessaire ; & il expose pour cet effet, *que Dieu lui a donné un grand fond de santé, avec un très-grand amour de la solitude, joint à une application continuelle à l'étude, sans visites, sans promenades, sans voyages de divertissemens à la Campagne, pour y passer les beaux jours du Printems & de l'Automne ; qu'il ne se pique point de voir ni le grand, ni le beau monde, cela n'étant point de sa profession ; qu'il n'interrompt jamais son travail, pour prendre le change, en s'amusant à d'autres choses beaucoup moins utiles, qui font quelquefois des affaires à un Auteur, & toûjours une grande diversion des forces de l'esprit, & qu'enfin il s'applique sans cesse tous les jours, depuis le grand matin jusqu'à bien avant dans la nuit, à ce qu'il a une fois entrepris.* Qui ne diroit, à l'entendre parler ainsi, qu'il a principalement en vûe de se justifier du blâme d'écrire ses Histoires *trop vite & avec précipitation ?* Ce n'est pourtant point été qu'il veut dire principalement, il en veut en premier lieu à quelques-uns de ses Confreres, comme je l'ai remarqué (*) ailleurs. Mais quoi qu'il en soit, nous apprenons de cette Préface, qu'il n'aime pas à interrompre le travail qu'il a une fois entrepris.

On trouve aussi, me dites-vous, que mon Ouvrage n'a pas été assez étendu. Mais ceux qui disent cela entrent-ils dans les vûes que je me suis proposées ? Je ne le crois pas, ainsi leur censure est fausse. Je n'ai pas eu dessein de répondre dans les formes à Mr. Maimbourg, mais seulement de faire des observations générales sur son Livre, & pour cela je m'assure que j'ai été assez long.

J'ajoûte qu'encore que ce petit Ouvrage se soit accrû de la moitié, dans la revûë que j'en ai faite, pour une seconde édition, je me suis pourtant tenu renfermé dans les bornes que je m'étois prescrites, & que je ne suis point entré dans la discussion des faits, ni dans des recherches d'Histoire, qui fissent voir notre innocence. C'est pourquoi je vous suplie de renouveller l'avertissement qui a été mis dans la Préface de la première édition, en ces termes :

»Que l'Auteur de ces Lettres n'ayant pas
» prétendu réfuter l'Histoire du Calvinisme,
» mais seulement faire quelques réflexions sur
» les faits qu'elle raporte, il ne faut pas que
» le Lecteur prenne pour des faits avoüez par les
» Protestans, tous ceux dont il semble que cet
» Auteur demeure d'acord : car son princi-
» pal but a été de faire connoître quel juge-
» ment on devroit faire des choses, si on sup-
» posoit qu'elles sont telles que M. Maim-
» bourg les raporte. Ainsi on doit revêtir, eu
» lisant ces Lettres, un certain esprit qui fasse
» qu'on ne croye pas que l'Auteur reconnoît
» la vérité des faits, dont il ne montre pas la
» fausseté. Son silence ne doit point passer pour
» un aveu, & on auroit grand tort de dire :
» *Voilà des endroits sur lesquels il n'a rien dit,*
» *c'est une marque qu'il passe condamnation.* Ce
» n'est point cela du tout.

Non seulement je ne me suis pas mis dans l'esprit de faire une réponse en forme à Mr. Maimbourg ; je me suis même abstenu de censurer plusieurs choses qu'un autre Critique n'eût pas épargnées, me contentant de faire des observations sur ce qui avoit du raport à notre cause. Ainsi je n'ai point blâmé l'Auteur d'avoir chargé l'Histoire du Calvinisme, de la description exacte de plusieurs batailles. Il eût peut-être mieux fait de renvoyer tous ces détails à l'Histoire de France, comme il y a renvoyé plusieurs autres choses, que de les inserer dans notre Histoire si travaillez & si étendus, qu'on les prendroit pour une Relation envoyée au Bureau d'Adresse. Mais au lieu de l'en censurer, j'ai donné les éloges à la netteté d'esprit que je lui ai trouvée pour cela.

Je me suis aussi fort soigneusement donné garde d'exercer ma censure, ni en général ni en particulier, sur les Portraits qui sont répandus dans les Histoires de Monsieur Maimbourg. Je n'ignorois pas qu'il les regarde comme ses Chefs-d'œuvre, & comme les endroits favoris, & qu'on le met trop en colere quand on y ose toucher. J'ai profité de la disgrace de l'Auteur *des Entretiens d'Ariste & d'Eugene,* qui s'attira un furieux orage d'injures & de railleries, pour

avoit écrit : *Que dans ces sortes de Portraits, on se doit borner aux seules qualitez du cœur & de l'esprit.* Ceux-là-mêmes qui ont écrit cela (c'est Mr. Maimbourg qui parle (A) ont changé aussitôt après de sentiment, ayant trouvé qu'en effet il est bon d'en faire qui représentent le visage & les qualitez du corps, aussi-bien que celles de l'ame, & ils en sont si bien persuadez, qu'ils ont eu recours aux *Tailles-douces,* pour les présenter dans leurs Livres aux yeux des Lecteurs. Elles sont assurément plus commodes que ces autres Portraits qui coûtent autre chose que de l'argent, & qu'on auroit peut-être un peu trop de peine à tirer des anciens Auteurs, avec lesquels on n'a pas toûjours assez d'habitude & de familiarité, pour les prendre d'eux aussi hardiment que j'ai fait.

Pour avoir la clef de ce passage, il en faut consulter un autre qui se lit dans le VI. Livre du *Schisme des Grecs,* dans l'endroit où il est parlé des qualitez bonnes & mauvaises de Mahomet II. L'Auteur dit, que ce Mahomet eu de là nature un corps extrêmement robuste, & capable de toutes les fatigues de la guerre, un tempérament tout de feu, un naturel impétueux. Il n'y a que cela dans sa description qui se puisse raporter au corps, tout le reste concerne l'ame. Il ne laisse pas de dire qu'il a donné le vrai portrait du corps de ce redoutable Sultant. *Voilà,* dit-il, *le vrai portrait du corps, de l'esprit, du cœur & de l'ame du fameux Mahomet II. Je ne l'ai pas tiré sur les tableaux qu'on en voit dans les Cabinets & dans les Galeries avec ceux des Illustres du quinzieme Siecle, ni sur les Tailles-douces qu'on en trouve en plusieurs Livres. Car il y a grande apparence que tous ces portraits-là sont faux, & ne sont que le pur ouvrage de l'imagination d'un Peintre, ou d'un Graveur, puis que l'on y voit ce Prince tantôt avec de longues moustaches sans barbe au menton, comme dans l'Histoire des Turcs par le Sieur d'Embri : tantôt avec une longue barbe sans moustaches, comme dans l'Histoire de Pierre d'Aubusson, & puis avec de longues moustaches & une grande barbe, comme dans la Chronique de Lonicer ; & que tous ces divers portraits n'ont rien du tout de ressemblant dans les traits du visage. Desorte qu'il n'y a personne qui ne les prît pour trois différens hommes & extrêmement dissemblables. C'est pourquoi j'ai crû qu'il valoit mieux le copier sur les Originaux, que nous en ont donnez, de bons Auteurs, & surtout des contemporains qui l'ont vû, comme Ducas & Phranzès.*

On voit par-là, & par les circonstances de la Préface, que cet homme, qui a reconnu enfin qu'il se faloit servir de portraits qui représentassent le corps, est le P. Bouhours, Auteur de l'Histoire de Pierre d'Aubusson : & on voit aussi que, pour avoir glosé sur les Portraits qui se voyent dans les Histoires du P. Maimbourg, on l'a déclaré incapable de puiser dans les sources Grecques, & réduit à la nécessité de se servir d'un Graveur, pour avoir une méchante copie, lui qui se vante, dans ses *Doutes sur la Langue Françoise,* tout travesti qu'il est en Gentilhomme Bas-Breton, de savoir du Grec, & qui a été choisi pour instruire feu Monsieur le Comte de S. Paul, & Monsieur le Marquis de Seignelai. Quelle apparence qu'on ait choisi au fils aîné de Monsieur Colbert un Répétiteur ignorant ? C'est la colere qui a fait parler ainsi le P. Maimbourg, & c'étoit un avertissement

vertiſſement à moi de laiſſer en repos tous ſes Portraits. Mais au reſte il faut avouër que l'Auteur des Entretiens eſt bien malheureux en Tailles-douces, car on ne peut pas être tourné en ridicule plus cruellement qu'il le fut par Cléanthe, à cauſe de la figure bizarre ſous laquelle il avoit fait graver ſon Ariſte & ſon Eugene; & voici que Mr. Maimbourg lui fait un procès ſur la longue barbe ſans mouſtaches qu'il a donnée à Mahomet.

Ceci pourra faire voir à ces Meſſieurs qui ſe plaignent tant de ma brieveté, qu'ils ſe trompent fort s'ils croient que j'ai débité toute ma ſcience, dans mes Lettres contre l'Hiſtoire du Calviniſme.

NOUVELLES LETTRES
DE L'AUTEUR DE LA
CRITIQUE GENERALE
DE
L'HISTOIRE
DU
CALVINISME.

AVIS AU LECTEUR.

PRÈS *avoir eu beaucoup de peine à con-*
sentir que l'on commençât d'imprimer
cette suite de la Critique Généra-
le, j'ai été souvent tenté d'en inter-
rompre l'impression. Mais puisque c'est un Ouvra-
ge que l'on s'en va débiter, il paroît que j'ai resis-
té à mes scrupules. J'eusse peut-être mieux fait de
succomber à la tentation.

Mes scrupules n'ont pas été sans fondement ; car
il est rare de n'échouer pas, lors qu'après avoir fait
un Livre qui a eu quelque sorte de succès, on se
hazarde de lui donner une suite. Ces suites font
dire presque toûjours, que l'Auteur ne s'est pas
soûtenu, qu'il en devoit demeurer où il en étoit,
qu'il devoit mieux connoître ses forces, & qu'il
a eu grand tort de s'exposer à ne pas repondre
à l'opinion qu'on avoit conçuë de lui.

Ces jugemens sont quelquefois raisonnables; mais
le plus souvent ils sont très-injustes.

Ils sont quelquefois raisonnables, parce qu'il ar-
rive quelquefois qu'un Ecrivain emploie dans un
premier Ouvrage toute la fleur de son esprit, tout
son plus beau feu, & les plus belles observations
qu'il eût faites durant le cours de ses études : si
bien qu'il se trouve tout épuisé pour une seconde
production, & qu'il n'y peut mettre que des pen-
sées de rebut, ou bien des répétitions peu agréa-
bles, quoique deguisées. Car on a beau refondre
les ornemens qu'on a déja employez, le Lecteur
ne laisse pas de sentir qu'il en a déja été regalé, &
de se dégoûter par cette idée de vieillesse.

Il arrive aussi quelquefois qu'un Auteur qui
commence à se produire, n'oublie rien pour per-
fectionner son Ouvrage, n'ignorant pas que pour l'or-
dinaire tout dépend des commencémens, & qu'il est
presque impossible de faire revenir le Public, quand
on en a été méprisé dans les premieres tentatives.
Ces soins, & cette grande application ayant produit
leur effet, un Auteur a le plaisir de voir son pre-
mier Ouvrage favorablement reçu. Il s'imagine
là-dessus qu'après de si beaux commencemens il n'a

qu'à faire des Livres, & que sa gloire fera toû-
jours des progrès. Il se relâche, il s'endort, il
se repose sur sa bonne fortune, & sur la bonne
opinion qu'il a conçû de lui-même. Il prétend
que ses pensées sont dignes dès leur naissance d'être
envoyées à l'Imprimeur, & qu'il n'a plus besoin de
les polir. En un mot il fait un très-méchant Livre,
après en avoir produit un bon.

Mais le plus souvent, si une suite de Livre n'est
pas aussi estimée que l'Ouvrage qui a précédé, ce
n'est pas tant par la faute de l'Auteur, que par
celle des Lecteurs.

Se porter simplement pour Juge de la bonté d'un
Ouvrage, c'est quelque chose. Mais juger qu'un
Livre est meilleur qu'un autre, c'est bien plus.
Le discernement du bon d'avec le meilleur flate tout
autrement notre vanité, que le discernement du
bon d'avec le mauvais. Ainsi on se sent porté par
l'amour propre à juger, que de deux Ouvrages
composez par un habile homme, l'un est plus par-
fait que l'autre. Ce n'est pas assez, pour satisfaire
notre vanité & notre malignité naturelle, il faut
pour trouver notre compte à cet égard, que le pre-
mier Livre soit beaucoup meilleur. Par ce moyen
nous avons la joye de connoître que la reputation
d'un homme diminuë, au lieu d'augmenter. De
sorte que si la supériorité du second Livre ne saute
pas aux yeux du Lecteur, c'est toûjours le premier
Livre auquel on donne la preférence.

Il faut considerer de-plus qu'un Auteur, ayant
jetté son feu, & toutes les saillies de son imagina-
tion dans un premier Livre, se dégoute bien sou-
vent lui-même de son brillant, & s'attache plus
à une solidité réguliere. Plus un homme écrit, (je
me sers des paroles d'un de nos Auteurs (*) mo-
dernes) plus il se perfectionne ; le stile se forme
l'imagination se regle, & le bon sens prend la
place du brillant. Mais on peut dire que cette
métamorphose coûte quelquefois bien cher à un Au-
teur. Il avoit plû par les traits brillants d'une ima-
gination vive ; on trouvoit à chaque page je ne sai
quoi

---

quoi qui piquoit & qui reveilloit l'attention. S'il ne met dans un autre Ouvrage que du bon sens, s'il châtie & son langage & ses pensées, s'il retranche avec trop de severité tout ce qui n'est pas solide, il ne sauroit manquer de passer pour sec. Un Lecteur, qui s'attend a retrouve les premieres manieres de cet Auteur, n'y trouvant que de la justesse, & que du bon sens, au lieu du vif, & des ragoûts qu'il espéroit, se plaint que tout y est plat & insipide; & voilà l'Auteur décrié parmi la plus grande partie des Lecteurs, car ils jugent de son Ouvrage comme de celui d'un peintre. Ceux qui ne savent pas à fond les finesses de la peinture, jugent toûjours de la beauté d'un Tableau par la vivacité du coloris: ils ne sont presque sensibles qu'aux enlumineures: les manieres les plus finies qui ont toûjours quelque chose de sec, ne les touchent pas. Il en va de même de la plûpart des Lecteurs. Un Livre où l'on ne s'est rien pardonné, & d'où l'on a banni rigoureusement tous les ornemens superflus ne leur paroît qu'un squelette desagréable.

Ajoûtons à cela que l'amour de la nouveauté nous préoccupe d'une maniere bien étrange. Les premieres (*) fleurs & les premiers fruits de la terre ne sont point comparables en beauté, ni en bonté, à ses autres productions, & neanmoins ses premiers présens nous plaisent infiniment plus que les autres. C'est qu'ils sont nouveaux. Nous voulons de la nouveauté en toutes choses; nous ne nous contentons pas d'en trouver dans les pensées d'un Auteur, nous en voulons même dans sa personne: & c'est pour cela que dès que nous sommes accoûtumez à son stile, & à ses manieres de trouver les choses, nous n'en sommes plus touchez. Cela sans doute est souvent cause que les premiers Ouvrages d'un homme sont plus admirez que les suivans. On ne le connoissoit pas encore, quand il a donné son coup d'essai, on l'a reçu comme quelque chose de nouveau, on s'est rejoüi de son Livre comme d'une nouvelle decouverte. Mais à la seconde & à la troisieme fois qu'il fait imprimer ses Ouvrages, on ne sent plus cette même curiosité: de qui parlez vous, dit-on? N'est-ce pas d'un tel? Oh nous le connoissons, nous avons déja vû tel & tel Livre, qu'il a donné au Public. Il semble, quoi qu'on n'y pense pas toûjours distinctement, qu'à cause que sa qualité d'Auteur n'a plus pour nous la grace de la nouveauté, ses Ouvrages doivent être de moindre prix, & sur ce pied-là ils nous plaisent beaucoup moins, qu'ils ne nous ont plû la premiere fois. Nous avons tort d'en conclure que l'Auteur ne se soûtient pas, & qu'il recule au lieu d'avancer, car ce n'est pas lui qui se relâche, c'est le Lecteur. Les mêmes viandes ne paroissent pas aussi delicates à ceux qui en goûtent sur la fin d'un grand repas, qu'à ceux qui en goûtent à jeun. Dira-t-on pour cela que le Cuisinier n'est plus le même? Le Cuisinier fait toûjours bien, & peut-être même qu'il se perfectionne; mais la satieté deprave le goût des Conviez. C'est ce qui arrive souvent à ceux qui ne trouvent pas qu'un Auteur écrive ses derniers Ouvrages avec autant de force que les premiers.

Enfin il y a lieu de croire que la preférence que l'on donne aux premieres productions d'un Auteur, vient quelquefois d'une certaine malignité naturelle qui fait que nous sommes bien-tôt las d'admirer les mêmes choses. Un Auteur fait parler de lui depuis quelque temps, on ne s'entretient que de ses Ouvrages. Cela commence à ennuyer. Là-dessus il vient à paroître un Livre d'une plume qui n'étoit pas encore connuë. Le public est bien-aise qu'on fasse diversion à ses loüanges, il favorise cette premiere production; il l'éleve quelquefois jusques aux nuës, soit pour faire dépit aux vieux Auteurs, par l'encens que l'on accorde au nouveau venu, soit qu'en toutes choses on soit plus disposé à faire sa cour au Soleil levant qu'au Soleil couchant, plures adorant solem orientem quàm occidentem. Mais quand ce nouveau venu a servi aux desseins du Public, s'il continuë à faire des Livres, on n'en dit plus tant de bien, on croit qu'il a eu sa part, on commence à se lasser de lui, on cherche un Auteur plus neuf; desorte que ses derniers Livres mille fois plus beaux que les premiers, ne laissent pas de tomber dans une espece d'indifference.

On ne sauroit donner un plus grand exemple de toutes ces bizarreries que l'illustre Mr. de Balzac. Ce qu'il écrivit dans sa Jeunesse fait pitié aux gens de bon goût, ou est du moins fort éloigné du merite des Ouvrages qu'il a composez dans sa solitude. Cependant c'est par ses premieres Ouvrages qu'il s'est acquis cette grande reputation, qui l'a fait regarder assez long-temps comme le plus éloquent homme de l'Europe, & qui l'a exposé à l'envie d'une infinité de Sçavans. On ne parloit que de lui, & de ses premieres Lettres; mais quand la premiere chaleur fut passée, & qu'on eut été acoûtumé à son stile, on ne parla plus de ses Ecrits, que comme des autres, & la premiere edition en duroit long-temps. Voici ce qu'en a écrit un Auteur (A) contemporain. Mr. de Balzac a fait depuis cinq ou six Volumes de Lettres, où il s'est si bien accommodé aux sentimens de la plûpart du monde, qu'on auroit peine à y trouver les mêmes sujets de reproche que contre le premier. Il faut observer que la régularité de ces derniers Lettres ne leur a jamais donné tant de cours qu'aux premieres, qui avec toutes leurs figures extraordinaires ont été imprimées quantité de fois; & il y a tel Volume des dernieres, que possible on n'auroit jamais pensé à réimprimer, sans le dessein que les Libraires ont pris de faire un Corps de toutes les Oeuvres de ce fameux Auteur. Cela ne prouve rien que l'affection des hommes pour la nouveauté, & que l'abondance des bonnes choses les peut quelquefois lasser.

Ce que l'on vient de dire ne regarde pas tous les Auteurs. Il y en a qui ne lassent jamais le Public, & dont les derniers Ouvrages sont attendus avec d'autant plus d'impatience, qu'on a souvent goûté le plaisir de lire les précedens. Leur nom est un préjugé favorable, principalement à l'égard de certains Esprits, qui ne sauroient croire qu'un Livre soit bon, s'il n'est fait par une personne celebre (car malgré tout ce que je viens de dire, j'avoue qu'on passe quelquefois dans ces extrémitez-là) & qui sont même capables de rejetter un Livre avec le dernier mépris, si le nom de l'Auteur ne leur donne pas une belle idée. J'en raporte un exemple dans la Lettre 22. No. 11. (B) & j'ai lû quelque part, que (c) le Poëte Théophile, ayant ouï parler d'un nouvel Auteur dont le nom étoit vil & desagréable, dit QU'IL N'A-VOIT PAS UN NOM A BIEN FAIRE. On ajoûte que

---

(*) ..... Primis sic major gratia pomis,
Hyberna pretium sic meruere rosa.
Est quoque cunctarum novitas gratissima rerum. Ovid.
3. de Ponto. 9. Eleg. 3.

(A) Sorel Biblioth. Franç. p. 135.
(B) Voyez aussi le Dict. Hist. & Crit. 1. Art. de Balzac. Rem. A.
(c) Sorel connoiss. des bons Livres, ch. 2.

que ce même Poëte abandonna son surnom de Viau, laid & chétif, afin qu'il n'en reçût point (*) de préjudice à la Cour, & que si Mr. de Balzac eût mis son nom de Jean Guez à la tête de ses Oeuvres, il n'eût pas si bien réussi dans le monde, parce qu'en voyant Lettres de Mr. Guez, on ne s'en fût pas formé une belle idée. Voilà des bizareries de toutes les especes. Mais laissant cela je dis, que si l'on excepte ce petit nombre d'Ecrivains privilégiez qui préoccupent ainsi le Public, & surtout les personnes fort susceptibles de certaines préventions, tous les autres, grands & petits, ont sujet de craindre la comparaison que l'on fait entre leurs Ouvrages, si le premier n'a pas tout à fait déplû.

Or si jamais personne a eu sujet de redouter cette sorte de comparaison, c'est moi, parce que je ne me trouve plus soûtenu de mille circonstances extérieures, qui ont produit apparemment tout le succès de la Critique Générale, s'il est vrai qu'elle n'ait pas été rebutée.

On l'attribua d'abord à un de nos plus fameux Auteurs, & ce bruit allant de lieu en lieu préoccupa tellement tout le monde (car c'est un de ces Ecrivains privilégiez, dont j'ai parlé) qu'on lut le Livre avec des dispositions très-favorables, qui empêcherent plusieurs Lecteurs de s'appercevoir que ce n'étoit pas une production assez forte pour venir d'où on disoit.

Ceux qui s'en apperçûrent, passerent dans d'autres dispositions favorables, tirées de ce qu'ils trouvoient là un Auteur tout neuf & inconnu. Le plaisir de faire des conjectures, la coûtume que l'on a de grossir l'idée de ce qu'on ne connoît pas, & cent autres petits jeux d'imagination, amusoient le monde, & faisoient parler avantageusement du Livre.

Que dirai je de la réputation de Mr. Maimbourg, qui seule pouvoit exciter la curiosité du Public pour une Critique de l'Histoire du Calvinisme, surtout dans le tems qu'elle fut faite? Les Histoires de ce Jésuite plaisoient beaucoup; on les lisoit en tout païs; celle du Calvinisme intéressoit un Corps considérable dans l'Europe; les procédures du Pape contre cet Auteur avoient appliqué tout de nouveau sur lui les yeux de tous ceux qui aiment à lire; on attendoit avec impatience ce que diroient les Calvinistes, touchant ce nouvel Historien de leur Religion; tout le parti souhaitoit passionnément qu'on réfutât un tel homme; & dans l'envie qu'on y réussit, il étoit fort disposé à croire, & à faire accroire, pour peu qu'on s'approchât de la médiocrité, qu'on avoit admirablement défendu la cause; les Livres de contrebande avoient été fort rares jusqu'à ce tems-là, quoique la persécution des Huguenots eût fait du bruit. Voilà bien des circonstances externes fort propres à faire réussir une Critique du Calvinisme. Présentement je me trouve dénué de tous ces secours.

On ne me prendra plus pour cet habile homme, dont le nom seul feroit vendre le plus méchant Livre.

Je n'ai plus la grace de la nouveauté. On ne cherchera plus cet inconnu dont plusieurs grossissoient l'idée. On viendra tout droit à moi, & j'ai tout à craindre d'un Lecteur, qui n'aura pas dans l'esprit toutes les images qu'il y pouvoit avoir, en lisant pour la premiere fois la Critique du Calvinisme.

La matiere que l'on doit naturellement s'imaginer que je traite, est un fruit dont on est désor-

mais rassasié, & comme on étoit curieux de voir un Livre sur ces choses-là, peu après que Mr. Maimbourg eût écrit, on est à présent sur ce sujet dans toute l'indifference qui vient à la suite d'une copieuse nourriture. On a vû tant tourner & rebatre cette affaire en peu de temps, que peu s'en faut qu'on n'en soit malade de réplétion.

Je n'ai presque plus rien à démêler avec le fameux Adversaire que j'avois alors; & quand ce seroit avec lui que j'aurois à disputer, je ne devrois plus attendre les favorables effets de la curiosité publique, parce que comme je viens de l'insinuer, elle a été si pleinement rassasiée, qu'elle ne se tourne plus de ce côté-là.

Du côté de la cause que je soûtiens présentement, je n'ai plus les mêmes avantages qu'autrefois. Si je dis quelque chose pour le parti, c'est indirectement, & comme par occasion. Je ne fais, à proprement parler, que l'Apologie de quelques endroits qu'on m'a critiquez. Desorte qu'au lieu d'une querelle de parti, je ne soûtiens presque qu'une querelle personnelle, qui est une chose où le Public n'entre que fort rarement, & où même ceux pour qui j'ai écrit la premiere fois, s'intéresseront fort peu; car il n'importe pas fort à la Religion Réformée, qu'un de ses Apologistes se soit contredit quelquefois, ou qu'il ait commis en quelque lieu des fautes de jugement. Outre qu'on a déja perdu les idées de ma Critique Generale, & que pour des Livres de cette nature, qui ne sont bons qu'au tems de leur nouveauté, le Public n'a pas de coûtume de revenir de bien loin.

Enfin le Public n'est plus affamé de Livres de contre-bande, on lui en a donné tout son soû; & quand même il auroit encore quelque envie d'en tâter, il ne trouveroit pas ici son compte. On a gardé autant de mesures, que les Puissances en peuvent souhaiter raisonnablement. On ne verra que fort peu d'endroits qui ne puissent passer partout la tête levée. On ne trouvera gueres de lieux (A) Ædilem metuentia.

J'ai donc grand sujet d'appréhender que mes Lecteurs ne jugent, que cette suite de la Critique est une Cadete qui fait deshonneur à son aînée. De là sont venus les scrupules dont j'ai parlé au commencement de cette Préface, & la tentation où je me suis vû souvent d'interrompre le cours de l'impression. Je me confirmois dans cette envie, lors que je voyois qu'insensiblement je m'étois engagé dans des matieres fort éloignées de mon sujet principal, & qui pour dire les choses comme elles sont, ne contiennent rien de fort nécessaire, ou de fort utile au monde. Ce sont certaines petites choses qui bien souvent coûtent plus à un Auteur que les belles, & que les grandes; mais le Public n'entre point dans toutes ces facilitez ou difficultez; il cherche des objets qui soient considérables par eux-mêmes.

Si l'on veut savoir comment j'ai pû vaincre une tentation si plausible, qu'on se représente un homme qui cherchant cette bien-heureuse indépendance, dont Epictete nous a donné de si admirables leçons, a l'ame assez philosophe, pour se consoler aisément, & peut-être même pour n'avoir pas besoin de se consoler, du desavantage qu'on jettera sur ce nouveau Recueil de Lettres. Et que gagneroit-on, je vous prie, en étudiant, si on demeuroit comme les autres dans la servitude du Public, je veux dire, dans la dépendance du jugement d'autrui? Non, il ne faut pas demeurer dans cet esclavage. Or ce seroit y
être

„ (*) MS. Mézerai aparemment prit ce nom au lieu „ de Eudes par une semblable raison. Voi. son Art. „ dans Moreri

(A) MS. Voi. *Senec. de vitâ beatâ. c. 7.*

être que de suprimer des Livres à moitié imprimez, par la crainte que le Lecteur n'en dise ceci ou cela. Il faut donc leur laisser courir fortune, & se prouver à soi-même par expérience, que l'on est libre. J'en ai trouvé ici une fort belle occasion, & j'en ai voulu profiter, bien muni de ces paroles d'un ancien Poëte contre tout évenement.

Omnia prævidi, atque animo mecum ante perigi.

Il faut pourtant que je dise un mot pour prévenir les jugemens téméraires du Lecteur. On trouvera dans le second tome quelques endroits qui n'ont pas toute la gravité qu'on attend peut-être de ce Livre-ci. On trouvera même apparemment qu'il y en a quelques-uns qui penchent trop vers la bagatelle. On m'en blâmeroit sans doute, si je ne déclarois ici bien expressément, que je n'ai point prétendu écrire en Docteur, ni pour les personnes sçavantes. Je ne me sens pas assez de forces pour prendre la chose sur un si haut ton. J'écris pour une infinité de personnes qui aiment à lire, mais qui n'ayant pas beaucoup d'étude, ne sont pas bienaises qu'on les applique à des choses qui en demandent. Ils ne cherchent, à proprement parler, qu'un honnête amusement, qui les instruise, & qui ne les fatigue pas. Ceux qui voudront juger de ce Livre, doivent se souvenir que tel a été le but de l'Auteur. Sans cela ils ne sauroient éviter de faire un jugement téméraire, parce qu'ils l'accuseroient d'avoir choisi des manieres peu convenables à un Docteur, qui écrit pour des Docteurs; & ce n'est nullement une chose qu'il faille blâmer en lui, car n'ayant pas voulu écrire ni en Docteur, ni

pour des Docteurs, il est évident qu'il n'a point dû prendre de telles manieres. On dira peut-être qu'il devoit vouloir écrire sur ce pied-là; mais il répondra que chacun doit connoître ses forces, & agir selon cette connoissance.

Au reste la date que l'on verra à la fin de la premiere Lettre, ne regarde pas le temps auquel elle a été écrite, mais celui où elle a été imprimée. La plûpart de celles qu'on donne dans ces deux Volumes & plusieurs autres encore, étoient faites avant qu'on commençât l'impression de celles-ci; de sorte qu'il n'a tenu qu'à la lenteur des Imprimeurs (source inépuisable de querelles entre les Auteurs & eux) qu'on n'ait vû depuis six mois cette premiere partie. Il est même vrai que les vingt premieres Lettres étoient toutes imprimées au commencement d'Octobre, & que tout le premier Volume étoit achevé d'imprimer au commencement de Juin. Il sera aisé de le deviner en voyant qu'on n'a rien dit qui ait du raport au triste & lugubre état, où les Réformez de France ont été réduits, depuis la conclusion de la Treve générale. On avoit dessein au commencement de faire suivre cette premiere partie par deux autres, dont la premiere devoit contenter ceux qui ont dit qu'on avoit touché en trop peu de mots dans la Critique Générale, plusieurs choses dignes de grande considération, comme le Colloque de Poissi, la premiere prise d'armes, la version des Pseaumes, &c. & la seconde devoit expliquer quelques difficultez de Controverse. Mais quoique depuis assez long-temps on ait quelque chose de prêt sur l'une & l'autre de ces deux parties, il y a beaucoup d'apparence que d'autres occupations empêcheront d'y mettre la derniere main.

Achevé d'imprimer pour la premiere fois,
le 5. Janvier 1685.

NOUVELLES LETTRES

DE L'AUTEUR DE LA

CRITIQUE GENERALE

DE

L'HISTOIRE

DU

CALVINISME.

PREMIERE PARTIE,

Où en juſtifiant quelques endroits de la Critique, qui ont ſemblé contenir des contradictions, de faux raiſonnemens, & autres mépriſes ſemblables; on traite par occaſion de pluſieurs choſes curieuſes, qui ont du raport à ces matieres.

LETTRE PREMIERE.

I. *Il eſt plus aiſé de critiquer que de ſe défendre.* II. *Les Auteurs n'aiment pas à être repris.* III. *Diviſions des objections envoyées à l'Auteur de cet Ouvrage.* IV. *Choix de celles qu'il veut réfuter.*

MONSIEUR,

I.
t plus aiſé
ritiquer
de ſe dé-
re.

Qu'on a raiſon de dire que dans les guerres d'eſprit, il eſt plus mal-aiſé de ſe défendre, que d'attaquer! Je m'en apperçois déja par ma propre expérience; il y a deux ans que je fis en très-peu de jours la Critique de l'Hiſtoire du Calviniſme, & à cette heure qu'il s'agit de faire l'Apologie de cette Critique, j'ay bien de la peine à trouver un commencement. J'y travaille depuis deux jours, corrigeant, rayant, & reprenant cent fois une même choſe; & enfin n'eſpérant plus de trouver un Préambule qui me ſatisfaſſe, je prens le parti de n'en faire aucun, & de commencer bruſquement par ces paroles: *Voici, Monſieur, la Réponſe aux objections que vous m'avez envoyées. La premiere regarde, &c.*

Mais quelque envie que j'aye d'aller promptement au fait, il me ſemble qu'il ne ſera pas mal que je vous diſe quelque choſe pour vous-même, avant que de vous entretenir de ce qui concerne mes Cenſeurs. La digreſſion ne ſera pas longue; je leur parleray bien-tôt. En attendant, voici un petit diſcours qui s'adreſſe à vous d'une façon plus particuliere, que les autres parties de l'Ouvrage. Ceux qui veulent à toute force qu'il y ait aux premieres pages d'un Livre quelque eſpece d'Introduction, en trouveront ici une, s'ils en ſouhaitent.

Vous vous êtes ſi bien acquité, Monſieur de la commiſſion que je vous avois donnée, de remarquer tout ce qu'on diroit dans le monde contre la *Critique Générale*, que je ne vous conſeillerois pas de ſervir avec la même fidélité tous les Auteurs qui vous en ſupplieroient. Vous courriez grand riſque de les chagriner mortellement, & par même moyen de vous expoſer à toutes les fâcheuſes ſuites de leurs colere; car c'eſt une eſpece d'hommes qu'il ne fait pas bon aller informer de tout ce que l'on dit d'eux & de leurs Ouvrages, quand on en parle un peu librement. Ne ſaviez vous pas cela, Monſieur? Ou ſi vous le ſaviez, comment avez vous pû vous réſoudre à m'envoyer un ſi gros recueil d'objections deſobligeantes? Ne m'alleguez point, je vous prie, le peu de préoccupation que vous aviez cru autrefois remarquer en moi, pour les petites productions de mon eſprit; ce n'eſt pas une raiſon aſſez valable; il y bien à dire de la bonne opinion qu'on a de ſoi-même avant que d'être Auteur, à celle que l'on en a quand on eſt devenu Auteur. Ainſi vous avez dû croire que j'étois tout un autre homme, depuis l'impreſſion de la *Critique Générale*. D'où vient donc que vous m'avez ſi peu ménagé? D'où vient que vous n'avez point fait ſcrupule de m'aprendre ſans aucun déguiſement, qu'on a cenſuré une infinité de choſes contenuës dans ma Critique?

Que ces queſtions ne vous mettent pas en peine, Monſieur, vous m'avez fait un très-grand plaiſir d'en uſer ainſi, & je ne voudrois pas pour rien du monde que vous euſſiez agi autrement, ſoit qu'en effet j'aye conſervé pour mes Ecrits imprimez la même indifférence, que vous m'avez toûjours vûë, avant que je fuſſe Auteur; ſoit que je croye qu'il m'eſt beaucoup plus utile d'être cenſuré, que d'être loüé; ſoit que je n'aye rien vû dans ce grand nombre d'objections que vous m'avez envoyées, à quoi il ne me ſemble que

LETTRE
I.

II.
Les Auteurs
n'aiment pas à
être repris.

X 3   je

LETTRE
I.

je puis répondre solidement. Quoiqu'il en soit, je vous suplie de croire que je changerai bien d'humeur, si je me sers jamais de la priere, qui a été faite par une Dame, à celui qui vouloit continuer de critiquer un (*) Roman qu'elle avoit donné au Public. *Je* (A) *croi, disoit elle, que celui qui a écrit est de mes amis, & dans cette opinion, je me persuade que je ne hazarde rien à consentir qu'il continuë ses remarques. Néanmoins si je me trompe, & s'il a quelque chose à remarquer, où l'on ne pût pas répondre, il me fera grace de ne pas examiner trop severement ces sortes d'endroits. Je m'aime assez pour ne vouloir point paroître avec mes défauts, du moins avec des défauts inexcusables; & puis qu'on me demande mon consentement, on me pardonnera, si en ce cas je ne consens à rien. On excusera bien cette vanité dans un sexe, que les flateries de celui de l'Observateur ont accoûtumé à présigner beaucoup de soi-même.* Excusons effectivement cette amitié excessive pour les enfans de l'esprit, dans un sexe à qui la tendresse est échuë en partage: mais nous autres hommes, ne nous faisons pas une honte d'avouër que nos Censeurs ont raison, lors qu'ils nous convainquent de quelque faute. C'est tout ce que j'avois à vous dire en particulier. Je passe maintenant à l'examen des objections que vous avez ouï faire, contre la *Critique de l'Histoire du Calvinisme.*

III.
Division des objections envoyées à l'Auteur.

Il y a beaucoup de différence des unes aux autres, & il doit y en avoir nécessairement, puis que vous avez pris la peine de recueillir les sentimens d'une infinité de personnes de différent goût & de différente profession. Vous ne trouverez pas mauvais que je me regle sur cette diversité, & que je vous renvoye les plus foibles de ces objections, ou avec de petites réponses à la marge, qui ne seront que pour vous, ou sans aucune réponse, me contentant de travailler pour le Public, dans l'examen de quelques-unes des principales. Vous seriez le premier à me blâmer, si je répondois à une Censure destituée de raison, & ma faute seroit encore plus inexcusable, si je faisois imprimer une réponse de cette nature. Aussi sai-je bien que votre intention ne fut jamais, que je réfutasse tout ce que vous m'avez communiqué. Vous avez cru seulement que je tirerois quelque profit, même des observations les moins raisonnables. Et en effet il est très-utile de comparer ensemble les divers jugemens qui se font d'une même chose, & de chercher avec soin ce qui peut avoir donné lieu aux fausses vuës de ceux qni n'ont pas bien critiqué.

IV.
Choix de celles qu'il veut réfuter.

Pour les objections qui méritent quelque réponse, vous me permettrez, Monsieur, de les diviser en deux Classes, & de ne vous rien écrire que sur celles du dernier rang. Je mets dans la premiere Classe toutes les difficultez qu'on a proposées sur le Pyrronisme Historique; sur la tolérance des Hérésies; sur l'indépendance des Rois de toute autre Jurisdiction que de celle de Dieu; sur l'obligation de se soûmettre aux ordres de son Souverain, en tout ce qui n'est point contraire au salut; & sur le droit de rejetter toutes les décisions de l'Eglise, qu'on ne trouve pas conformes à l'Ecriture. On prétend que j'ay outré toutes ces matieres, & qu'il naît de fâcheuses conséquences des principes que j'ai suivis. Je pourrois montrer qu'on se trompe: mais parce que pour traiter dignement des matieres aussi importantes que celles-là, il faudroit

faire un Livre entier sur chacune, j'aime mieux n'en rien dire, que d'en parler superficiellement. Outre qu'on a déja fait tant de bons Traitez sur toutes ces belles questions, qu'il vaut mieux y renvoyer les gens, que multiplier le nombre des Livres, dont la République des Lettres n'est déja que trop accablée. Voilà sans doute un plan qui réduit à bien peu de chose ce grand nombre d'objections que vous avez recueillies. Tant mieux pour vous, Monsieur, car vous en serez d'autant plus tôt quitte de la peine de lire mes Lettres. Je n'intéresse que vous à cela, parce que je suppose que les autres hommes se dispensent assez d'eux-mêmes, de la lecture d'un Livre qui leur paroît trop long; mais ceux qui reçoivent des Lettres d'un bon Ami, se font un devoir de les lire d'un bout à l'autre. Je suis, &c.

✻✻✻✻✻✻✻✻✻✻✻✻✻✻

LETTRE II.

Où il est parlé des contradictions des Auteurs.

MONSIEUR,

Je trouve si peu de bonnes remarques parmi les objections, que je vous ai dit que j'avois mises à part afin d'y répondre, que j'ay presque envie de vous signifier aujourd'hui, qu'il n'y aura point d'*Apologie de la Critique Générale.* S'il y en a, soyez assuré que ce sera moins à cause de la force des accusations, qu'à cause qu'on m'aura objecté des choses, qui me conduiront assez naturellement à en dire d'autres, que je ne jugerai pas tout-à-fait indignes de la curiosité d'un honnête homme.

I.
C'est une lourde & fréquente faute que celle de se contredire.

Je remarque que la plûpart de ceux qui m'ont critiqué s'accordent à soûtenir, que je suis souvent tombé en contradiction. Ils ont eu bien de la joye, je n'en doute point, de penser qu'ils m'a-

---

(*) „Ce Roman s'appelle, *la Duchesse d'Estramene.*
(A) „Ce passage est tiré d'une Lettre employée dans le

„Merc. Galant du mois de Juin 1682. pag. 30.

m'avoient surpris dans cette faûte : mais j'en ai eu aussi beaucoup à mon tour, de voir qu'ils ne connoissent pas encore ce que c'est que se contredire. Je vous prouverai en temps & lieu qu'ils ne le connoissent pas. Permettez-moi, avant que j'en vienne là, de vous dire quelque chose touchant les contradictions.

Il n'est point de plus grand triomphe (*) pour un Critique, que de trouver de cette sorte de fautes dans les Ouvrages qu'il se mêle de censu-rer : & il semble que ce ne soit pas un plus grand échec à une femme, d'être surprise en flagrant délit, qu'à un Auteur d'être convaincu d'avoir avancé deux choses contradictoires. Ce n'est pourtant point une chose rare que de voir des contradictions dans un Livre ; car non seu-lement on en trouve quand on compare ce qu'un Auteur a écrit sur quelque sujet en un certain temps, avec ce qu'il a écrit en un autre tems, sur un sujet opposé ; mais on en trouve aussi, quand on compare ce qu'il a écrit dans un Cha-pitre, avec ce qu'il a écrit dans un autre Cha-pitre du même Livre : & ce qui est bien plus étrange, on en trouve quelquefois en comparant le commencement d'une page avec la fin. Je ne vous dis rien là dont je n'aye des preuves solides, qui s'augmentent de jour en jour à me-sure que je lis de nouvelles Pieces. Et puisque j'ay tant de ces preuves, jugez combien en doi-vent avoir ceux qui ont lû plus que moi, & avec plus de pénétration que moi.

I. Quand je cherche la cause d'un si grand desordre, il me semble qu'il y a bien des raisons qui y contribuent. Je trouve premierement qu'un génie plein de feu est fort sujet à se contredi-re, lorsqu'il entreprend de combatre plusieurs sortes d'Adversaires les uns après les autres. Car il se remplit tellement de son sujet, qu'il outre tous les principes & toutes les conséquences qui s'y raportent. Il ne songe qu'à la seule Contro-verse qu'il a en main. Il s'occupe si fort du présent, qu'il néglige l'avenir. Le desir de vain-cre qui le transporte l'empêche de voir qu'il s'engage dans le païs ennemi. En un mot il imite les soldats, qui pour parer un coup de sa-bre qu'ils voient venir sur leur tête, abandon-nent la défense des autres parties du corps. Qu'ar-rive-t-il à ces esprits ardens & impétueux ? C'est qu'après avoir porté toutes leurs pensées d'un cer-tain côté sans garder aucunes mesures, ils les rejettent du côté opposé avec les mêmes manie-res outrées, dès-qu'une autre Controverse dont ils s'entêtent, les y engage ; & de cette façon ils se contredisent & se refutent eux-mêmes mi-sérablement. Des esprits de cette trempe dispu-tant contre Nestorius, deviendroient Eutychiens, & disputant trois mois après contre Eutychès, deviendroient Nestoriens. (A) S'ils vouloient ré-

futer l'opinion des Stoïques touchant le destin, ils porteroient la liberté de la créature jusques à l'indépendance de Pélage ; & s'ils disputoient contre Pelage, ils donneroient tête baissée dans la fatalité des Stoïques, point de milieu pour eux. S'ils loüent quelque chose, c'est pour l'é-lever au plus haut faîte de la gloire ; s'ils la blâ-ment, c'est pour la précipiter au plus bas degré de l'infamie ; desorte que les mêmes objets sont un jour les plus excellens, ou les plus méchans de tous, & un autre jour ils ne le sont pas. (B)

On a quelquefois le plaisir dans une même semaine d'entendre plaider (c) un même Avocat pour un mari contre sa femme, & pour une femme contre son mari. S'il a l'imagination ex-cessive, il ne parle dans son premier plaidoyé que de l'Empire des maris : il le fonde sur la Na-ture, sur la raison, sur la parole de Dieu, sur l'usage. Il cite l'Ecriture, il cite les Peres, il cite les Jurisconsultes, il cite les Voyageurs. Il décla-me contre les femmes, & il ne raisonne que sur des propositions universelles. Mais deux jours après ce n'est plus cela. Il passe dans des maximes toutes opposées, il traite d'usurpation l'autorité des maris, il parcourt la Ste Ecriture, le Code, la Physique, l'Histoire, & la morale en faveur des femmes, raisonnant toûjours sur des prin-cipes universels ; car un esprit véhément ne croit rien prouver s'il n'affirme ou s'il ne nie sans exception, & par conséquent s'il s'engage à sou-tenir des intérêts opposez, il faut necessairement qu'il se contredise.

Monsieur de Saumaise nous en fournit un grand exemple, dans les Livres qu'il a compo-sez contre la Primauté du Pape, & pour le Roi d'Angleterre Charles I. Car en écrivant contre le Pape, il étendit le plus qu'il put les maxi-mes du Gouvernement Aristocratique ; mais quel-ques années après, il changea de ton, afin d'écri-re contre les Rébelles d'Angleterre, qui avoient fait mourir leur Roi, & leur allégua tout ce que l'on dit de plus fort pour les droits de la Monarchie. Cette inconstance & cette variété de principes lui fut cruellement reprochée par Milton, & le fit regarder comme un homme qui faisoit des Livres, non pas pour apuyer ce qu'il croyoit fermement être veritable ; mais pour soûtenir à tort & à travers toutes les matieres que la Fortune lui présentoit, à l'exemple de ces Avocats qui plaident toutes sortes de cau-ses, & qui raisonnent chaque jour sur de nou-velles maximes ; ce qui n'est guéres different de la profession d'un Comédien, qui change tous les jours de personnage. Il y a quelque apparen-ce que la faute de Monsieur de Saumaise ne consistoit, qu'en ce qu'il poussoit trop loin les principes qui lui étoient nécessaires pour chaque matiere. (D)

Il

(*) ,, MS. Voici ce que dit un Rabin chez M. Arn.
,, réflex. p. 248.

,, (A) MS. Dans le *Suplem. du Comment. Philos.* c.
,, 12. on a remarqué que les Protestans contre les Ca-
,, tholiques, disent que l'Ecriture est capable de faire
,, sentir sa divinité ; & le nient contre les Pajonistes.
,, Voyez dans l'*Auct. miseriarum Parai* p. 29. la reponse
,, qu'on tâche de faire pour Bellarmin, prouvant en un
,, lieu contre les Enthousiastes touchant l'Ecriture, ce
,, qu'il nie contre les Calvinistes. Mr. Daillé *Empl.*
,, *des Peres* p. 150. raporte des exemples de tout ceci.
,, *Confer. qua de S. August.* Critique Générale, Lettre IX.
,, No. II.

(2) ,, MS. Voyez sur les contradictions des Poëtes
,, & des Orateurs, l'Antibaill. 2. part. p. 175.

(c) ,, MS. Voyez ce qui est dit de Farinacius *apud*
,, *Konig. Bibl. Vet. & Nov.*

,, N'oublions pas que les contradictions procedent
,, aussi de ce qu'un homme change d'opinion comme
,, fit Porphyre *apud Eunapium in ej. vit.* p. m. 21.
,, Mais touchant les Avocats rien n'est plus à propos
,, qu'un passage de Ciceron *pro Cluentio*, p. m. 116.
,, du 2. T. où il dit que M. Antoine l'Orateur n'avoit
,, jamais voulu rien publier, &c. Ce que Glandorp
,, raporte p. 72.

(D) ,, MS. Mr. Sarrau, grand Ami de Saumaise, lui
,, écrivit le 18. Fév. 1650. qu'il avoit été surpris de lire
,, dans sa Préface, que les Evêques lui sembloient né-
,, cessaires en Angleterre, au lieu que dans un autre
,, Livre, *adeo acriter eos infectatus es, ut forsan inde ar-*
,, *repta sit si non nata occasio eos penitus amovendi.* Dans
,, un autre Lettre, il lui dit que dans le corps de l'Ou-
,, vrage il a insisté fortement sur ce qu'il avoit touché
,, dans

Il faudroit, pour remédier à cette premiere source des contradictions, avoir cette justesse d'esprit qui fait découvrir en chaque matiere le point fixe où il se faut arrêter. Mais comme cette justesse d'esprit est fort rare, on pourroit recourir à une méthode plus facile, qui est de reduire les principes particuliers des matieres que l'on traite, à des principes plus généraux ; car par ce moyen on peut entreprendre des Disputes opposées, sans faire aucun préjudice aux dogmes que l'on a déja établis. Je m'étonne que Mrs. de Port-Roïal avec toute leur Géometrie, & toute leur Métaphysique, & cette grande justesse d'esprit qui brille dans leurs Ouvrages, n'ayent pas évité l'écueil dont il s'agit en cet endroit. Ils l'ont si peu évité qu'on les citera toûjours, quand on voudra donner des exemples de gens qui ont renversé en un lieu ce qu'ils avoient bâti dans un autre. On leur a montré si clairement l'opposition qui se trouve entre leur maniere de disputer contre nous, & celle dont ils s'étoient servis contre les Jésuites, qu'ils n'ont pû encore se tirer de ce mauvais pas.

I I. La seconde cause des contradictions est, à mon avis, l'obscurité de nos connoissances, & a beaucoup de liaison avec la premiere. Nous connoissons si mal les choses, que nous disputons presque sur tout. Il faut donc que les objets se présentent à notre esprit sous diverses faces, qui portent chacune les couleurs de la vérité, & que les principes qui prouvent les choses, soient combatus par d'autres principes. Il est certain outre cela que les veritez que nous connoissons, n'ont pas toutes une telle liaison entre elles, qu'elles puissent servir de preuve les unes aux autres également. Il y en a qui ne servent de rien pour en prouver d'autres, quoy qu'elles servent pour en prouver quelques autres. Tel étant l'état de nos connoissances, que croyez-vous, Monsieur, que nous faisons ? Nous avons besoin un certain jour de notre vie qu'une certaine proposition soit vraie, parce que nous faisons un Livre, où nous avons entrepris de la prouver. Nous cherchons des principes, & nous n'avons point de peine à en trouver de ceux qui ne sont pas universellement & nécessairement veritables, & qu'on peut par conséquent tenir pour douteux. Nous trouvons que ces Principes ont beaucoup de liaison avec le dogme que nous avons en main. Il faut donc s'en servir, disons-nous, & aussitôt nous bâtissons sur ces fondemens avec toute l'adresse qui nous est possible. Nous ne prévoyons pas alors qu'il nous surviendra des Disputes, où ces mêmes principes nous seront si contraires, qu'il nous les faudra rejetter ; c'est pourtant une chose qui arrive assez souvent : nous n'examinons pas même si tout ce que nous enseignons ailleurs s'accorde bien avec ces principes, nous ne songeons qu'au présent, & c'est ce qui fait que nous les embrassons avec chaleur ; car si nous connoissons qu'ils ne nous favorisent pas en d'autres rencontres, nous agirions avec plus de retenuë.

J'ay quelquefois disputé avec des gens qui se retranchoient dans des réponses, dont il n'y avoit pas moyen de les tirer. Je leur demandois ce qu'ils croyoient de certaines propositions générales, qui paroissoient éloignées du sujet de notre Dispute, quoy qu'au fond elles pussent la bien éclaircir. Eux craignant quelque embuscade n'avoient garde de me répondre : ils vouloient savoir auparavant ce que je prétendois inférer de ces sortes de propositions ; & s'ils en craignoient la conséquence, ils les nioient hardiment : s'ils ne la redoutoient pas, ils me les accordoient sans peine. C'est ainsi que les hommes sont faits. Ils donnent aisément les mains à plusieurs principes, lorsqu'ils n'ont point en vuë certaines choses : mais quand il s'agit tout de bon de ces choses, ils ne veulent plus de ces principes. De là vient que l'on affirme ou que l'on nie tant de choses dans la chaleur de la Dispute, que l'on n'affirmeroit pas, ou que l'on ne nieroit pas, si on s'entretenoit d'une matiere indifférente avec ses amis. De là vient aussi qu'il y a tant de contradictions dans les Livres.

Revenons à l'homme qui en fait un, & reprenons les paroles dont je me suis déja servi. *Nous trouvons que certains principes ont beaucoup de liaison avec le dogme que nous avons en main. Il faut donc s'en servir, disons-nous, & aussi-tôt nous bâtissons sur ces fondemens avec toute l'adresse qui nous est possible.* Cependant ce sont les mêmes principes que nous avions rejettez dans une autre conjoncture, soit parce qu'ils ne servoient de rien pour prouver ce que nous avions alors dans l'esprit, soit parce que notre Adversaire s'en vouloit servir pour prouver son sentiment. Nous tombons donc en contradiction ; car pour rendre inutile le dessein de notre Adversaire, nous lui avions nié son principe simplement & absolument, & aujourd'hui que nous en avons besoin, nous parlons de ce même principe comme d'une chose indubitable, cet air décisif étant nécessaire, parce que ceux qui nient ou qui affirment quelque chose d'un ton mal assuré, se font plus de tort que s'ils gardoient le silence.

Mais ne nous souvenons-nous pas d'avoir nié autrefois ces mêmes principes ? Ouï, nous nous en souvenons quelquefois. Que faisons-nous quand nous nous en souvenons ? Le voulez-vous savoir, Monsieur ? Si nous avons toute la bonne foy & toute la prudence qu'un bon Auteur doit-avoir, nous abandonnons ces principes. Mais tout le monde n'est pas capable de renoncer à un avantage présent, pour éviter un mal incertain. C'est un bien présent que de répondre à des objections qui nous pressent : nous n'y pouvons répondre qu'en disant des choses contraires à ce que nous avons dit ailleurs. N'importe, disons-nous, répondons toûjours à bon compte ; qui s'apercevra de notre contradiction ? Deux ou trois personnes peut-être parmi cent qui n'en verront rien, & qui admireront nos réponses. Et pour ce qui est des Adversaires, s'ils nous accusent de nous être contredits, nous en serons quittes pour dire qu'ils ne comprennent pas notre pensée. Qui s'amusera à confronter les Pieces justificatives ?

III. Je vous donné là une étrange idée des Auteurs. Mais je m'en vais le corriger, en vous disant qu'ils ne se souviennent pas toûjours d'avoir nié en un endroit, ce qu'ils ont envie d'affirmer en un autre ; & c'est ici la troisieme source des contradictions, & peut-être même la plus féconde. Vous, Monsieur, qui ne vous êtes jamais mêlé de faire des Livres, quoique vous

,, dans la Préface, & qu'on lui reprochera de souffler
,, le chaud & le froid. Voyez un autre de ses Lettres
,, p. 290. Il lui représente aussi une autre contradic-

,, tion, c'est de dire souvent que jamais Roi n'avoit
,, été ainsi supplicié, & d'en raporter des exemples de
,, Rois d'Ecosse.

vous soyez affez favant pour cela, vous croi-rez mal-aifément qu'un Auteur oublie fes pro-pres penfées. *Quoi*, me direz-vous, *fes pro-pres penfées, qu'il aime, & qu'il eftime tant, & qui lui ont tant coûté! Je croi bien qu'il ou-blie celles des autres, mais pour les fiennes, je......* Defabufez-vous de cela, Monfieur, il eft certain qu'il y a une infinité de chofes dans les Livres, dont celui qui les y a mifes ne fe fouvient plus au bout d'un an. Il arrive même quelquefois qu'il a déja oublié la premiere partie de fon (*) Ouvrage, avant que d'avoir achevé la feconde. Et il ne s'enfuit pas pour cela necef-fairement que l'on oublie fes propres penfées; car vous favez bien que tout ce qu'un Auteur dit dans un Livre, ne vient pas de lui, & qu'il en dit même beaucoup qu'il ne fauroit oublier, proprement parlant, parce qu'il s'eft contenté de les copier, fans les comprendre, ou fans les mettre jamais dans fa mémoire.

Meffieurs les Auteurs des gros Dictionnaires Hiftoriques, Poëtiques, Géographiques, &c. ne fe facheront point, s'il leur plaît, fi je dis que la mémoire leur manque fouvent, & qu'ils tombent à caufe de cela en mille contradictions. Ce feroit une ingratitude, & une malhonnêteté inexcufable, que de prendre plaifir à les cenfurer, eux qui fe donnent tant de peine pour le Public, & dont les doctes fatigues foulagent une infinité de Savans. Auffi n'eft-ce point ma penfée de les choquer le moins du monde. Si je parle de leurs méprifes, je reconnois en même temps, qu'elles font prefque inévitables, & que c'eft principa-lement pour eux que l'on doit faire valoir cette penfée d'un ancien Poëte, (A) *Qu'il doit être per-mis dans un grand Ouvrage de s'endormir quelque-fois.* Après avoir pris ainfi les devans, je ne ferai pas difficulté de déclarer, que ces Meffieurs ne fe fouviennent pas toûjours, en travaillant fur un article, de ce qu'ils ont dit fur un au-tre. Ils nous parlent d'Annibal, non feulement lors que fon tour vient dans la Lettre A, mais auffi aux mots, *Carthage, Scipion, Marcellus, Fabius, Antiochus, Flaminius*, & ailleurs. Il en va de même d'une infinité d'autres fujets, dont il faut qu'ils parlent néceffairement en plufieurs articles, à caufe de la liaifon mutuelle qui fe trouve entre plufieurs chofes. Or c'eft en ces occafions-là qu'il leur arrive un peu trop fou-vent de varier, & de mettre en telle peine leur Lecteur, qu'il ne fait en quels endroits le Dic-tionnaire mérite plus de créance, ou lors qu'il dit une chofe d'une façon, ou lors qu'il la ra-porte d'une maniere toute oppofée.

Sur cela vous me pourrez dire deux chofes. L'une, que fi ces Meffieurs imitoient l'Académie Françoife, ils ne tomberoient pas dans cette faute. Mais je vous répons, que ce remede feroit pire que le mal. Il vaut bien mieux qu'on nous donne des Dictionaires imparfaits, que d'i-miter cette illuftre Académie qui fait attendre le fien depuis cinquante ans, malgré les plaifan-teries qu'on a faites fur fa lenteur, & qui peut-être ne le donnera jamais. Elle a beau s'excufer fur les grandes & immortelles actions de LOUIS le Grand, qui demanderoient encore plus de for-ces qu'elle n'en a pour être dignement célébrées. Meffieurs les Académiciens ont beau dire, qu'ils ne peuvent foutenir le poids d'une gloire fi écla-

rante, & que le feul emploi de loüer un fi grand Heros épuiferoit le travail de toutes les Acadé-mies du monde; le Public ne fe paye pas de ces raifons, & il fe confole de ne voir pas ce Dictionnaire fi attendu, c'eft parce qu'on lui fait efpérer bien-tôt celui de Mr. Richelet avec des additions confidérables. Mais je ne fai ce que l'on fera de tant de traits fatyriques, dont la premiere Edition de ce Dictionnaire a été af-faifonnée. En craignez-vous, ou en efpérez-vous le retranchement dans cette nouvelle Edition? Je me répons pour vous même que vous l'efpérez; vous êtes trop honnête homme pour le craindre.

L'autre objection que vous me pouvez propofer, eft que les Auteurs des gros Lexi-cons ne rapportent diverfement les chofes, que parce qu'ils fuivent différends guides; d'où il s'enfuit que je n'ai pas eu raifon de les accufer d'oubli. Outre qu'il y a mille chofes qu'ils copient, fans les examiner autrement, ou fans fe foucier de les retenir; d'où il s'enfuit que par ma propre remarque, ils ne peuvent pas être accufez d'un oubli proprement ainfi nommé. Je n'ai rien à vous repondre, Monfieur, fi ce n'eft que je ne chicane pas fur des mots, & que votre cenfure eft trop générale, pour pouvoir être légitime.

Raillerie à part, on ne doit pas trouver étran-ge qu'un Auteur oublie jufqu'aux chofes, qui font réellement & uniquement à lui dans fon Li-vre; car comme il applique toutes les forces de fon efprit aux penfées qu'il a dans chaque mo-ment, il eft prefque impoffible qu'il n'abandon-ne les idées précédentes. Ainfi pendant qu'il digere, & qu'il roule dans fon efprit la matiere du dixieme chapitre, par exemple, & qu'il s'y attache tout entier, comment voulez-vous qu'il fe fouvienne exactement de tout ce qu'il a écrit dans le troifieme? Si on examine bien la chofe, je m'affure qu'on m'accordera, qu'en faifant le Chapitre dixieme, il peut avoir dans l'efprit quelques images oppofées à ce qui a été déja couché dans les Chapitres précédens; & parce qu'il n'a pas alors préfentes à fa mémoire toutes les chofes contenuës dans les Chapitres précédens, il s'enfuit qu'il ne connoît pas l'oppofition qui eft entre ces images & les idées précédentes: & ainfi charmé de la beauté de ces images, il les infe-re dans le dixieme chapitre, ce qui fait une contra-diction. Montagne nous parlant de fes vices & de fes vertus, n'a pas oublié la coutume qu'il avoit d'oublier fes propres penfées. *Et mes Ecrits mêmes,* dit-il, (B) *je ne trouve pas toûjours l'air de ma premiere imagination. Je ne fai ce que j'ai voulu di-re, & m'échaude fouvent à corriger, & y mettre un nouveau fens, pour avoir perdu le premier qui valoit mieux... Maintes fois, comme il m'advient de faire volontiers, ayant pris pour exercice & ébat à mainte-nir une contraire opinion à la mienne, mon efprit s'appliquant, & tournant de ce côté-là, m'y at-tache fi bien, que je ne trouve plus la raifon de mon premier advis & m'en dépars.*

Il y auroit un bon remede aux contradictions qui viennent d'oubli, c'eft qu'il faudroit relire fouvent, & avec une attention extrême tout ce qu'on a compofé, & ne donner jamais rien à l'Imprimeur qu'après avoir vû exactement, fi toutes les parties font bien concertées enfem-ble. Il faudroit, felon le confeil d'Horace, gar-der

---

(*) „ MS. Naudé. Apoll. p. 386.
(A) *Verùm opere in longo fas eft obrepere fomnum.*
Tom. II.

Horat. de Arte Poët.
(B) „ Effais l. 2. ch. 2.

 der (*) neuf ans un Manuscrit dans un coffre : il faudroit le relire de tems en tems, & le faire lire à des personnes sinceres, & éclairées. Mais outre qu'il n'est pas toûjours possible de se servir de ce conseil, il faut savoir qu'un Auteur se remplit tellement l'esprit de ce qu'il compose, qu'aussi-tôt qu'il commence d'en relire une page, il reprend toutes les idées qu'il a eües en la composant, & s'en occupe si fort, qu'il croit voir sur le papier ce qui doit y être. C'est par cette raison apparemment, qu'il est demeuré des Solécismes (A) dans des Livres, dont les Auteurs possédoient à fond le Latin. Il en est aussi demeuré dans quelques autres, parce que les Auteurs n'ont pas pris la peine de relire leur Manuscrit, par une négligence qu'on peut justement compter pour la quatrieme source des contradictions, qui se rencontrent dans les Livres.

V.
Et la bonne opinion de soi-même en est une quatrieme.

IV. Car il y a de grands hommes si éclairez sur leur propre habileté, qu'ils ne croient pas que leurs premieres pensées ayent besoin de correction. D'autres sont si éblouïs de la beauté des pensées qui leur viennent en composant, qu'ils ne peuvent se resoudre à leur faire subir un examen rigoureux, de crainte que ne les trouvant pas assez solides, ils ne fussent tentez de les rejetter. *On dira*, s'imaginent-ils, *que ces pensées ne sont pas justes, mais on ajoûtera qu'elles sont brillantes, & pleines d'un beau feu d'imagination; l'un vaut bien l'autre.* Il y en a qui se laissent encore plus éblouïr par le brillant de leur esprit, car ils se persuadent que leurs pensées sont trop belles pour n'être pas solides, & ainsi sans les examiner à la rigueur, ils les placent incessamment, ou bien ils ne les examinent que pour les admirer de plus en plus. Enfin un grand homme plein de soi-même, & fort décisif, se flate de l'esperance, que s'il se trompe, il aura assez de lecture & de génie pour soutenir tout ce qu'il aura avancé; & dans cette confiance il décide de tout hardiment, & précipitamment. Tout ceci fait qu'il n'y a guéres d'Ouvrages plus remplis de contradiction & de bevûës, que ceux de quelques grands hommes incomparables en savoir & en vanité. Monsieur de Saumaise nous servira d'exemple encore une foi. J'ai ouï dire dans une Assemblée de Savans, à un jeune Abbé d'une litterature prodigieuse, qu'en quelque lieu que l'on ouvre les Livres de ce grand Critique, on ne sauroit poser la main sur les pages qui se présentent, sans toucher deux ou trois bévûës. Il y a de l'hyperbole assurement dans cette expression : mais les plus grands admirateurs de ce Héros ne sauroient nier, qu'il n'y ait une infinité de fautes dans ses Ouvrages.

VI.
Les grands hommes sont plus sujets à faire des fautes.

Il y a long-temps qu'on a (B) remarqué qu'il n'appartient qu'aux Génies sublimes de faire des fautes. L'élévation de leur esprit ne leur permet pas de descendre dans l'observation scrupuleuse des regles : ils se mettent au-dessus de cela par un noble orgueil, qui leur inspire la hardiesse de marcher sans guide, & ils laissent aux Genies mediocres le petit avantage de penser & de parler toûjours juste. Et en effet un Genie mediocre s'assujettissant aux regles avec la derniere circonspection, & ne se hazardant pas dans des païs inconnus, ne bronche presque jamais, au lieu que les Esprits du premier ordre s'élevant au-dessus des nuës, s'égarent & se perdent de temps en temps. (c)

Cette pensée est d'un Auteur que vous m'avez fort loüé dans quelqu'une de vos Lettres. C'est dans celle où vous m'appreniez que la nouvelle Préface, qui a été mise au-devant de la traduction de Longin, a fait naître une contestation fort curieuse entre le savant Monsieur Huet, & Monsieur Des-Préaux, où il s'agit de savoir s'il y a du sublime dans le stile de Moïse. Ce Longin que vous m'avez tant loüé dit, *Qu'une* (D) *Grandeur au-dessus de l'ordinaire n'a point naturellement la pureté du mediocre; qu'en effet dans un discours si poli & si limé, il faut craindre la bassesse; & qu'il en est de même du sublime que d'une richesse immense, où l'on ne peut pas prendre garde à tout de si près, & où il faut, malgré qu'on en ait, negliger quelque chose; qu'au contraire il est presque impossible pour l'ordinaire, qu'un esprit bas & mediocre fasse des fautes : car comme il ne se hazarde & ne s'éleve jamais, il demeure toûjours en sureté, au lieu que le Grand de soi-même & par sa propre Grandeur est glissant & dangereux.... Que les fautes que l'on remarque dans Homere, & dans tous les plus celebres Auteurs, doivent être simplement regardées comme des méprises, & de petites negligences qui leur sont échapées, parce que leur esprit qui ne s'étudioit qu'au Grand, ne pouvoit pas s'arrêter aux petites choses..... Qu'encore qu'Apolonius, celui qui a composé le Poëme des Argonautes, ne tombe jamais, & qu'il n'y ait rien dans les veritables Productions de Théocrite, qui ne soit heureusemeut imaginé, personne n'aimeroit mieux être Apolonius, ou Théocrite, qu'Homere. Qu'il n'y a rien à reprendre dans l'Erigone d'Eratosthene, & qu'il n'est pas avec tout cela plus grand Poëte qu'Archiloque, qui se brouille à la vérité, & manque d'ordre & d'œconomie en plusieurs endroits de ses Ecrits, mais qui ne tombe dans ce defaut qu'à cause de cet esprit divin dont il est entrainé, & qu'il ne sauroit regler comme il veut..... Que Bacchilide & Ion ne font jamais de faux pas, & n'ont rien qui ne soit écrit avec beaucoup d'élegance & d'agrément; qu'il n'en est pas ainsi de Pindare & de Sophocle, car au milieu de leur plus grande violence, durant qu'ils tonnent & foudroient, pour ainsi dire, souvent leur ardeur vient mal à propos à s'éteindre, & ils tombent malheureusement; qu'il n'y a néanmoins aucun homme de bon sens qui daignat comparer tous les Ouvrages d'Ion ensemble au seul Oedipe de Sophocle.* Il y a une Lettre parmi celles du jeune Pline, toute pleine de traits semblables. On

aura

(*) . . . . . *Si quid tamen olim*
Scripseris, in Mæii descendat judicis aures,
Et patris, & nostras, nonumque prematur in annum.
Horat. de Art. Poët.

(A) „ Le P. Vavasseur en raporte des exemples. *lib. de Epigramm. c. 21.*

„ Præservido autem & præcipiti Salmasio Solœcismorum affatim provenisse minus miror, quam illi „ copiam & segetem vitiorum probri loco Io. Miltonus objicit... Sed illud mirum pariter & festivum, „ quod is quo loco & quibus planè verbis attribuit Salmasio Solœcismos, iisdem ipse Solœcismum, aut „ Solœcismo flagitium non minus admittat, cùm qui-

„ dem dicat, VALPVLANDVM SE PRÆBVIT. „ *Vavasser ubi supr.*

( )B MS. ἐν δὲ τῦτο διαχυρίζομαι ὅτι ἀκ ἔςι μεγάλων „ ἐπιτύχειν ἐν ἀδενὶ τρόπω μὴ τοιαῦτα τολμῶντα, καὶ „ παρακβαλλόμενον ἐν οἷς, καὶ σφάλλεσθαι ἀναγκαῖον. „ *In hoc enim uno affirmat eum res magnas nullo modo consequi posse, quòd non ejusmodi etiam audeat & suscipiat „ in quibus errare necessum est.* Cn. Pompejus Magnus „ Epist. ad Dionys. Halicarn. citante Gonzales de Salas „ de Dupl. Terrâ. Rec. Fr. Lettr. F. p. 694.

(c) Conferez ceci avec le *Dict. Hist. & Crit.* Art. Bautru (Guillaume) Rem. B. à la fin.

(D) „ Traité du Sublime, ch. 27.

aura du plaisir apparemment, si on compare le Grec avec le Romain. C'est pour cela que j'avertis le Lecteur que la Lettre dont je parle, est la vingt-sixiéme du neuviéme Livre.

Un Auteur (*) moderne, qui ne vous est pas inconnu, a fait allusion à ces pensées de Longin, & de Pline, en parlant d'un Traité de Politique de Hobbes. *C'est une entreprise,* dit-il, *qui demande du courage, & en l'exécution de laquelle je dirois volontiers, quand quelcun vient à faillir, ce que le Poëte Martial dit à l'avantage de Mucius Scævola :*

Si non errasset, fecerat ille minus.

En effet les petits Génies, & qui vont terre à terre, sont bien moins sujets à s'égarer, que ceux qui veulent prendre l'essor, & qui s'enfoncent plus avant dans un païs inconnu, pour nous en raporter quelque découverte. C'est par une semblable raison que Mr. Morus (A) a justifié le grand Scaliger de quelques incongruitez de langage, qu'on lui avoit reprochées. Il prétend que c'est une marque de petit esprit, que de s'attacher si soigneusement aux regles de la Grammaire, dans un sujet relevé; il cite Pline (B) le jeune qui le condamne comme une faute dans un de ses amis, de ce qu'il n'en faisoit point du tout : & après avoir cité Longin, il raporte deux passages, l'un d'Anastase Sinaïte, qui porte, *que ceux qui s'attachent aux choses se mettent peu en peine des Solécismes;* l'autre de Plutarque qui témoigne que Chrisippe donnoit pleine liberté aux Philosophes, d'écrire & de parler mal, & d'aller même jusqu'aux Solécismes. *Les aigles,* dit Mr. Morus, *ne s'amusent pas à prendre des mouches, & les Auteurs qui ont l'esprit grand & héroïque ne se rendent pas esclaves de la Grammaire, ni de l'exactitude des Pédans.* L'Eglise se dispense aussi de la même servitude, comme nous l'apprend un Vers que le fameux Jean Despauterre a inséré dans ses barbares & formidables Poësies :

Grammatica leges plerumque Ecclesia spernit.

Voilà sans doute un beau moyen d'excuser les contradictions, qui se trouvent si fréquemment dans les Ouvrages des Esprits les plus sublimes, & en même temps voilà dequoy bien mortifier les petits Auteurs, qui prennent de si près garde à toutes choses, qu'ils ne font presque jamais un faux pas. De la maniere que j'en parle, ne semble-t-il point que c'est le propre d'un grand Auteur (c) de se contredire, & de se méprendre, & le propre d'un petit Auteur d'éviter tous ces inconvéniens ? Que direz-vous donc du dessein que j'ay de montrer que je ne me suis point contredit ? Ne direz-vous pas que je travaillerai plûtôt à ma honte qu'à ma gloire ? Vous en direz ce qu'il vous plaira, Monsieur, je me connois; je n'aspire point aux Priviléges des grands hommes; je sai que la liberté de faire des fautes ne s'acquiert que par d'importans & de longs services rendus à la République des Lettres, & je me contente d'être au rang de ceux qui connoissant leurs infirmitez, se contiennent roûjours sur leurs gardes. Nous

allons voir si je me vante avec raison de ne m'être pas contredit.

C'est ce qu'il faloit voir d'abord, me direz-vous : car quel besoin étoit-il de remarquer tant de choses sur les Auteurs qui se contredisent ? A quoy bon ces égaremens ? Vous m'embarrasserez fort, si vous me pressez sur cette question, puis qu'assurément je ne sai pas trop bien moi-même à quoy peut servir cette Lettre-ci. Néanmoins puis qu'elle est faite, je suis fort d'avis qu'on l'imprime. Si on ne disoit dans un Ouvrage que ce qui est précisément nécessaire au sujet, que feroit-on de tant d'Imprimeurs. Et que sait-on si parmi cette prodigieuse diversité de goûts, que l'on remarque dans le monde, il ne se trouvera pas bien des gens qui approuveront cette Lettre, & qui en tireront du profit ?

Je la finis par une considération, qui vaut mieux peut-être que toutes les précédentes. C'est que l'on se trompe de s'imaginer, comme l'on fait ordinairement, que c'est assez pour répondre à un Auteur, de lui montrer qu'il a reconnu en un lieu le contraire de ce qu'il avoit soutenu dans d'autres. On conclut de cette variété de sentimens, ou qu'il s'est réfuté lui-même, & qu'ainsi on n'a que faire de le réfuter; ou qu'il n'est pas persuadé de ce qu'il dit, & qu'ainsi on n'en doit tenir aucun compte. Je dis, Monsieur, que cette maniere de raisonner est trompeuse, & un peu trop *cavaliere;* car si un homme a soutenu par de solides raisonnemens, une opinion contraire à la nôtre, que nous sert-il de remarquer qu'il l'a quitté en un autre endroit ? Les raisonnemens solides dont il s'est servi, ne changent point de nature pour cela, & nous n'avons pas moins de tort qu'auparavant. Il ne sert de rien non plus de supposer qu'il n'est point persuadé de ce qu'il dit; car cette supposition peut bien faire tort à sa personne, mais non pas empêcher que la cause ne demeure toûjours la même. On ne prend pas assez garde que la force d'une preuve ne dépend point de la disposition d'esprit de celui qui la propose; & de là vient que l'on s'imagine faussement avoir bien plaidé sa cause, qand on l'a remplie de différends personnels, où l'on a eu l'avantage. Il y a beaucoup d'abus dans tout cela, quoy qu'il soit souvent permis de faire sentir à son Adversaire les variations & les égaremens où il tombe : mais il faut toûjours se souvenir, qu'en lui portant un tel coup, on ne vuide pas le fonds de la Controverse.

Il y a une infinité de gens qui auroient besoin de cet avis, & entre autres, cet Auteur (D) moderne qui n'a répondu aux cruelles invectives de Pétrarque contre la Médecine, qu'en remarquant les contradictions où il est tombé. Qu'on juge s'il ne doit pas être bien difficile de fuir cet ecüeil, puis que Pétrarque, tout endurci qu'il étoit dans une habitude invétérée de médire des Médecins, n'a pû éviter de dire d'eux en un endroit, le contraire de ce qu'il en avoit dit dans un autre. Un de ses amis étoit revenu d'une grande maladie, sans s'être servi d'aaucun Médecin; il l'en loüe & l'en félicite, & dit

LETTRE II.

VIII. C'est mal réfuter un homme que de dire simplement qu'il s'est contredit.

(*) „ Sorbiere Ep. Dédic. de la version du traité *deCive.*
(A) „ Voyez la Préf. de la 2. Edit. de l'Eusebe de *Scalig.*
(B) „ Voyez aussi Cunæus *de Repub. Hebr. Prolog.* in *l.* 3.
(c) *Nec quemquam hoc errore duci oportet, ut si quid Socrates aut Aristippus contra morem consuetudinemque civilem fecerint, locutive sint, idem sibi arbitrentur licere:* magnis illi & divinis bonis hanc licentiam assequebantur. Cicero l. 1. de Offic.
„ MS. Voi. *Infrà* Lett. VI. No. VIII. La Mothe „ le Vayer T. 5. p. 121. & 122. la pensée apliquée par „ Mr. de Beauv. à Mr. Jurieu.
(D) „ Mr. de Bezançon dans le Livre intit. *les Médecins à la Censure.*

LETTRE II.

dit nettement, *qu'il n'est point de chemin plus court pour arriver à la santé, que de manquer de Médecin.* Mais dans une autre Lettre qu'il écrit au Pape Clément VI. son Maître, de la vie duquel il avoüe que toute sa fortune dépend, il lui conseille, pour guérir de sa fievre qui le tourmente; de choisir, sur un grand nombre, un Médecin habile & affectionné. Je ne raporte point les autres exemples. Vous vous contenterez apparemment de celui-ci.

Réflexions sur la Réponse de St. Ambroise à la Relation de Symmaque.

VIII. Contradiction où St. Ambroise est tombé en réfutant un Payen.

J'Allois finir cette Lettre, lors que je me suis avisé d'une chose qui m'a obligé de l'allonger. Je me suis souvenu que je n'ay encore rien dit de Mr. Maimbourg; & comme il ne semble pas être dans l'ordre, qu'on soit si long-tems sans m'entendre parler de luy, j'ai craint de déplaire à mes Lecteurs, si je n'en disois quelque chose, avant que de commencer ma troisieme Lettre. J'ai donc pris la résolution sur le champ de chercher quelque détour, pour aller à luy. Pourquoi détour? me direz-vous; il ne faloit que chercher des contradictions dans ses Ouvrages; il ne vous eût pas été difficile d'y en trouver, & vous auriez eu là une porte très-aisée & très-naturelle, pour l'introduire de plein pied dans votre discours. Je l'avoüe, j'eusse trouvé là un bon exemple de ce que j'ay dit dans cette Lettre; mais j'en souhaitois un plus grand. Je me suis donc écarté pour le chercher, & je pense l'avoir rencontré dans un Ouvrage de St. Ambroise. Mr. Maimbourg ne s'offensera pas de se voir mis au-dessous d'un des quatre premiers Peres de l'Eglise, & s'il étoit capable d'en concevoir quelque chagrin, il auroit du moins la sagesse de ne le pas témoigner. Disons donc hardiment que j'ai trouvé un plus grand exemple d'un homme qui se contredit, qu'il ne l'est luy-même; montrons-luy cet exemple, & parlons de luy en passant.

Chacun sait l'ardeur avec laquelle Symmaque, Préfect de Rome, soûtint les ruïnes du Paganisme vers la fin du quatrieme siecle. On sait surtout les efforts qu'il fit auprès du jeune (*) Valentinien, pour le rétablissement de l'Autel de la Victoire. La Requête qu'il luy présenta se voit encore; il y déploye les grandes figures de la Rétorique, & toutes les voiles de l'éloquence; mais pour des raisonnemens convainquans, n'y en cherchez point. St. Ambroise réfuta cette éloquente Requête par deux Ecrits encore plus éloquens. C'est dommage qu'il n'y ait mieux raisonné, & qu'il les ait remplis de tant de Paralogismes. Je suis sûr qu'il y a dit des choses tout-à-fait opposées à d'autres choses, qu'il avoit déja dites en plusieurs rencontres, ou qu'il a dites depuis ce temps-là. Et cependant il proteste, *qu'il a cherché la solidité du raisonnement, laissant à Symmaque toute la gloire de l'éloquence & de la politesse; parce que c'est le propre des sages Payens, d'éblouir l'esprit par des couleurs aussi fausses que leurs Idoles, & de dire de grandes choses, ne pouvant en dire de véritables.* (A) Je me sers de la traduction de Mr. Fléchier.

Croyez-vous, Monsieur, qu'un homme qui prêchoit avec autant de feu d'imagination, & avec autant d'éloquence, que St. Ambroise, soit monté en Chaire vingt fois, sans étaler aux yeux du peuple la sévérité de la justice divine, qui punit les péchez de l'homme par les fléaux de la guerre, de la peste, & de la faim. Il est moralement impossible qu'un homme qui prêche souvent, ne dise cela plusieurs fois. Ainsi sans exiger de moi que je lise tous les Sermons de St. Ambroise (on m'embarrasseroit fort avec une telle Commission) vous me devez permettre de supposer que ce grand Saint a prêché souvent cela. Il s'est donc contredit lors qu'il a tourné en ridicule Symmaque, pour avoir représenté à l'Empereur, que les Dieux avoient envoyé la famine sur la terre, afin de venger les injures qui avoient été faites à leurs Ministres (B). *Si leurs Dieux* (c), dit St. Ambroise, *se vengent sur tout l'Empire du tort qu'on a fait à quelques particuliers, ils sont injustes, & la vengeance est pire que le crime.* Quand on parle ainsi, on reconnoît que Dieu ne venge jamais sur le Public, le tort qui a été fait à quelques particuliers, & on pose pour le principe de son raisonnement, que la justice de Dieu ne luy permet pas d'envelopper dans une même peine les innocens avec les coupables. Or c'est une proposition directement opposée à la doctrine que je suppose avoir été souvent prêchée par St. Ambroise; savoir, que la peste, la guerre & la famine sont des fléaux dont Dieu se sert pour punir les hommes. Donc Saint Ambroise s'est contredit en réfutant la Requête de Symmaque. Il est clair que la peste n'épargne non plus les enfans que les plus insignes débauchez; que la famine désole aussi-bien les petits enfans que les personnes avancées en âge; & que les désordres de la guerre ruïnent indifféremment toutes sortes de conditions. Desorte que quand on dit que la guerre, la peste, & la famine sont les fléaux de la justice de Dieu, on dit nécessairement, que Dieu peut envelopper dans une même peine les innocens avec les coupables. A quoy songe donc St. Ambroise de se moquer d'un homme qui avoit dit, que les Dieux avoient envoyé la disette dans l'Empire, pour venger l'affront fait à leurs Ministres. Répondez tout ce qu'il vous plaira pour ce grand Saint, vous ne ferez que l'Apologie de la pensée de Symmaque.

Mais non seulement la réponse de Saint Ambroise ne s'accorde pas avec ce qu'il a dit en d'autres endroits; elle est encore directement opposée à l'Ecriture, qui nous aprend (D) que la seule vanité de David fut cause que Dieu fit mourir soixante-dix mille Israëlites, sans que David reçût aucune incommodité en sa personne, & que le crime du seul Achan fut cause qu'une partie de l'Armée de Josué fut défaite. Je ne dis rien de plusieurs autres exemples semblables, non-plus que du péché Originel, qui seul devoit avertir St. Ambroise de n'aller pas si vîte, dans la réfutation qu'il faisoit. Il devoit mieux considérer les conséquences de sa réponse, & il l'auroit fait indubitablement, s'il n'eût été ébloüi par le beau coup qu'il luy semble qu'il avoir à faire sur cet endroit de Symmaque. Il vit d'abord

IX. Opposition de sa pensée à l'Ecriture.

(*) „Voyez les Epitres de Symm. l. 10. Ep. 54.

(A) „Vie de Théod. l. 3, n. 31.

(B) *Nec rubigo segetibus obfuit, nec avena fruges nocavit, Sacrilegio annus exaruit. Necesse enim fuit perire omnibus, quod religionibus negabatur.* Symmach. Ep. 54, l. 10.

(c) *Quæ autem æquitas ne paucis sacerdotibus delatus victum negarum, ipsi omnibus denegarent, cùm inclementior esset culpa diæta quam culpa?* D. Ambrosius. Ep. 31.

(D) „2. Livre de Samuel ch. 24. Josué ch. 7.

bord une grande abſurdité dans la penſée d'un homme, qui ſoûtenoit que les Dieux avoient fait périr de faim une infinité de gens, pour venger un petit nombre de Prêtres. Il crut qu'il n'en faloit pas davantage, non ſeulement pour tourner en ridicule ſon Antagoniſte, mais auſſi pour terraſſer toutes les Divinitez des Gentils, convaincuës d'une injuſtice criante: & il ſe laiſſa tellement occuper l'eſprit par ces agréables idées, qu'il oublia & ſon Ecriture ſainte, & ſes Sermons, & ſon Syſtême de Théologie. Ce qui doit aprendre à tous les Auteurs, qu'il ne faut pas juger des choſes ſur les premieres apparences, de-peur de condamner comme abſurde ce qui ne l'eſt pas, étant bien examiné. Voilà, Monſieur, un exemple qui confirme ce que j'ay dit touchant les Auteurs qui ſe contrediſent. Vous allez voir comment il me donnera ſujet de dire quelque peu de mots de Mr. Maimbourg.

Il ſeroit bien embarraſſé, s'il avoit à juſtifier la Théologie de St. Ambroiſe, luy qui a dit tant de fois dans ſon Hiſtoire des Iconoclaſtes, que Dieu envoya toutes ſortes de malédictions ſur l'Empire d'Orient, afin de punir les Empereurs qui faiſoient la guerre aux ſaintes Images. Ces fléaux de la juſtice divine étoient d'une telle nature, qu'ils tomboient indifféremment ſur ceux qui déteſtoient l'Héréſie, & ſur ceux qui la ſuivoient. C'étoient des peſtes, des famines, des tremblemens de terre, & des irruptions des Sarazins; toutes choſes, comme chacun ſait, qui frapent ſans diſcernement tout ce qu'elles trouvent. Il faut donc que Mr. Maimbourg entre dans mes intérêts contre St. Ambroiſe, & qu'il avoue que ce grand Saint n'a pas trop bien raiſonné dans l'endroit que je critique. Qui croiroit après cela qu'en s'éloignant des vûës de St. Ambroiſe, il ait etré auſſi-bien que lui? C'eſt néanmoins ce qu'il a fait; car ayant été aſſez téméraire pour écrire que Dieu châtia les hommes, à cauſe d'une certaine opinion que les plus forts avoient renduë la dominante, il n'eſt pas moins tombé dans l'erreur, que s'il avoit dit avec Saint Ambroiſe, que la juſtice de Dieu ne peut point venger par un mal public l'injure de quelques particuliers. On feroit mieux, ſi on ne ſe mêloit point de juger des Myſteres de la Providence, comme font tant de perſonnes de l'un & de l'autre parti; car Monſieur Maimbourg n'eſt pas le ſeul qui auroit beſoin de recevoir ſur cela des leçons un peu bien rudes, & de la force de celles qu'on luy a faites dans le Dialogue ſur les Iconoclaſtes, & dans la grande réponſe (*) à l'Hiſtoire du Calviniſme.

La premiere de ces deux leçons a cela de remarquable, qu'elle accuſe cet Hiſtorien de peu de ménagement pour les Têtes Couronnées, & de beaucoup de partialité pour la Cour de Rome. Croyez-vous, dit-on, qu'il ſoit permis de dire d'un Roi, d'un Empereur hérétique, ou d'un Souverain dans les Etats duquel il y a des hérétiques, lorſqu'on les en voit dépoüillez, qu'ils les ont perdus à cauſe de leurs héréſies, ou à cauſe de celles qui ſe ſont élevées dans leurs Terres? Cela n'approche que trop de cette déteſtable doctrine, condamnée d'héréſie dans le Concile Général de Conſtance; car ſi

l'on peut dire d'un Prince qui a perdu ſa Souveraineté, qu'il en a été privé de Dieu pour ſes crimes, pour ſon héréſie, ou pour celles qui régnoient dans ſes Etats, n'eſt-ce pas dire que ces crimes méritent qu'il ſoit privé de ſes Etats? En ce temps-là le P. Maimbourg nageoit encore entre deux eaux, & gardoit tant de meſures avec le Pape, que les Janſéniſtes lui reprocherent qu'il ne s'étoit declaré qu'à demi en faveur de l'autorité des Rois. Il a bien changé de ſtile depuis ces reproches, les bienfaits de ſon Monarque ayant achevé de l'illuminer, comme nous l'avont vû dans la cinqueme Lettre (A) de la Critique Générale.

Mais il ne faloit pas deſcendre ſi bas pour trouver des témoins contre S. Ambroiſe. Le Code de Théodoſe nous fournit un paſſage qui lui fait entierement ſon procès: voici comme on y parle. (B) Souffrirons-nous plus long-temps que les ſaiſons ſoient renverſées par la colere du Ciel, dont la perfidie Payenne a tellement troublé la conſtitution, qu'il ne peut plus garder les proportions de la Nature? Car d'où vient que le printems a quitté ſes beautez accoûtumées? D'où vient que l'été ſans moiſſons, a trompé l'eſpérance du laboureur? D'où vient que le froid immodéré de l'hyver a rendu la terre ſtérile, ſinon de ce que l'ordre de la Nature ſe détraque, afin de châtier l'impiété? Qu'eût pû dire St. Ambroiſe ſur cela? Il faloit néceſſairement qu'il avoüât, ou que l'Edit de l'Empereur faiſoit Dieu injuſte, ou que Symmaque avoit été réfuté par une méchante raiſon. C'eſt une choſe étrange qu'il y ait certaines Maximes, dont toutes les Religions ſe ſervent preſque également, mais d'une telle maniere qu'après en avoir tiré quelques uſages on ne fait pas difficulté de les rejetter, ſi on voit que l'ennemi s'en veüille ſervir. Pendant que les Payens combatoient le Chriſtianiſme en lui imputant les miſeres de l'Etat, les Chrétiens ſe moquoient de cette miſérable raiſon, mais ils ne laiſſerent pas de s'en accommoder dans la ſuite. On peut faire la même remarque à l'égard de quelques autres lieux communs, comme il paroîtra par ce qui ſuit.

Car il faut que vous ſachiez, Monſieur, qu'un homme qui accuſe St. Ambroiſe de pluſieurs Paralogiſmes, eſt néceſſairement obligé de prouver ce qu'il avance, autrement il feroit ſoulever tout le monde contre lui. C'eſt pourquoi je ne ſaurois encore finir cette Lettre, quelque envie que j'en aye. Il faut y ajoûter encore trois ou quatre Obſervations.

I. S. Ambroiſe ne ſe contenta pas de traiter d'abſurde la penſée de Symmaque, par la raiſon que le vengeance des Dieux ſe feroit étenduë ſur trop de gens. Il lui demande encore d'un air moqueur: Pourquoy (c) ils avoient ſouffert pendant une ſi longue ſuite d'années, qu'on abolît les priviléges de leurs Temples? Pourquoy ils avoient ceſſé de ſe venger au bout d'un an, comme l'abondance de la ſeconde année le montroit? Pourquoy il y avoit eu des Provinces fertiles dans l'année même de la diſette? (D) On voit d'abord que tous ces raiſonnemens ſont les mêmes objections, que les profanes ont ſi ſouvent en la bouche contre la divine Providence; car ſi vous leur parlez des fléaux que

___

(*) „ Pag. 29. de l'édit. in 4.
(A) No. I.
(B) „ V. Novellam 3. Theodoſii de Judæis, &c.
(c) Et certè ante plurimos annos templorum jura tota orbe ſublata ſunt. Madone de damus Diis Gentilium venit in mentem ſuas injurias ultum ire? &c. D. Ambr. epiſt. 31.

(b) „ MS. Je trouve un paſſage d'Arnobe l. 7. apud „ Leſcalop. Cic. de nat. Deor. p. 646, où il réfute les Payens „ ſacrifiant aux Divinitez qui pourroient nuire. Sa „ preuve iroit là que Dieu ne nuit jamais. Voi. p. „ 588. Lactance repris pour de ſemblables Paralogiſmes,

que Dieu emploie pour venger le mépris de ses loix, ils vous demandent tout aussi-tôt, pourquoy s'en avise-t'il si tard, ou pourquoy ne continuë-t'il pas? Et ils vous montrent des Nations entieres qui n'étant pas meilleures que les autres, joüissent néanmoins d'une douce prospérité, lors que les calamitez publiques sont le plus universellement répanduës. C'étoient donc de fort petites armes entre les mains de Saint Ambroise.

II. Symmaque avoit introduit la Ville de Rome suppliant les Empereurs de lui rendre cette ancienne Religion, qui l'avoit sauvée des attaques d'Annibal & des Gaulois. Saint Ambroise répond à cela deux choses qui ne sont pas fort solides. Il raille (*) premierement les Dieux des Romains, de ce qu'ils n'ont délivré la Ville qu'après avoir été insultez & assiégez par les ennemis, & demande où étoit Jupiter lors qu'il n'y eut que les cris des oyes qui sauverent le Capitole. Il remarque en second lieu, qu'Annibal ayant honoré les mêmes Dieux qui étoient honorez dans Rome, il faloit nécessairement qu'ils eussent été vaincus dans l'Armée des Carthaginois, s'ils avoient été victorieux parmi les Romains. N'admirez-vous pas, Monsieur, qu'un des premiers Evêques de l'ancienne Eglise ne se soit pas souvenu, en écrivant contre Symmaque, que l'Ecriture sainte (A) raporte en une infinité d'endroits, que les ennemis du peuple de Dieu lui faisoient les mêmes insultes, qu'il fait aux Dieux des Romains? Si on me répond qu'il n'avoit pas oublié ces endroits de l'Ecriture, je demande pourquoy il se servoit de railleries, qui ne pouvoient avoir aucune force, puis que les Payens les avoient faites mille fois au vrai Dieu, & que Symmaque les pouvoit rétorquer contre sa vraye Religion? Les Juifs n'avoient-ils jamais été insultez & bannis? Le Temple de Jérusalem n'avoit-il jamais été pillé & brulé? Les Eglises des Chretiens étoient-elles imprenables? N'avoient-elles jamais été saccagées? Et quant à la seconde réponse, il ne faut pour en voir le foible, que considérer les Monumens que les François & les Espagnols ont consacrez à Dieu, pour le remercier de quelque victoire. Ils sont d'une même Religion, & par conséquent le même Dieu qui a triomphé en France, a été batu en Espagne. Un Payen qui nous feroit cette objection ne seroit-il pas bien fin?

III. Symmaque avoit représenté aux Empereurs, qu'ils devoient se procurer principalement l'assistance secrete de la Religion de Rome, qui avoit rendu tant de services à leurs Ancêtres. (B) *Que cette Religion*, disoit-il, *vous protege, & que nous pratiquions son culte.* Comment croyez-vous que St. Ambroise repousse ce trait? En disant qu'on ne veut point de la protection des Idoles, & que si elles peuvent protéger leurs Sectateurs, qu'elles le fassent. Voilà qui est bien jusques là; mais quand il poursuit en ces termes parlant aux Empereurs, (c) *si ces Dieux ne peuvent pas assister ceux qui les adorent, comment pourroient-ils vous proteger, vous qui ne les ado-*

rez pas? Il me semble qu'il copie les Payens mêmes; car quand les Chretiens promettoient aux Empereurs l'assistance de leurs prieres, tout chassez & persécutez qu'ils étoient, qui pouvoit empêcher les Idolâtres de leur dire: *Que ce n'étoit pas à eux qui ne pouvoit être délivrez de la main de leurs Bourreaux par la Divinité qu'ils adoroient, à promettre sa bénédiction à ceux qui ne l'adoroient pas?* Ainsi ces petites raisons qui se peuvent rétorquer, ne sont point dignes de St. Ambroise.

IV. Mais que dirons-nous de la différence qu'il met entre les Gentils & les Chretiens? (D) *Les uns*, dit-il, *prient les Empereurs de donner la paix à leurs Dieux, & les autres prient Jésus-Christ de donner la paix aux Empereurs.* Que cette pensée est fausse! Je ne saurois voir sans chagrin qu'un si grand homme se soit amuse à des chicanes, ou pour mieux dire, à des pointes. Il faut combatre le sens de son Adversaire, & ne point subtiliser sur ses expressions. Il est clair que Symmaque n'a prétendu autre chose, par cette paix qu'il demande aux Empereurs pour ses Dieux, que la liberté de les adorer selon l'ancienne coûtume; & on voit manifestement dans sa Requête, qu'il promet aux Empereurs la protection de ces mêmes Dieux. Où est donc l'opposition entre les Chretiens & les Payens, que Saint Ambroise s'est imaginée? Avoit-il oublié que Justin Martyr, Athénagoras, Tertullien, & en général tous les Apologistes de la primitive Eglise, avoient exhorté les Empereurs à ne la point persécuter? N'étoit-ce pas demander la paix pour Jésus-Christ aux Empereurs, au même sens que Symmaque la demandoit pour les Idoles? Il eût fait beau voir les Philosophes du Paganisme venir railler froidement les premiers Chretiens, sur ce qu'ils servoient un Dieu qui avoit besoin qu'on demandât aux Empereurs la liberté de lui rendre un culte public?

V. St. Ambroise remarque encore d'autres différences. *Les uns*, dit-il, (E) *ne sauroient souffrir le moindre retranchement de leurs revenus sans se plaindre, & les autres se dépoüillent de leurs biens, & donnent même leur vie volontairement. Il faut des priviléges & des pensions aux Vestales, comme si elles ne pouvoient être chastes gratuitement; au lieu que les Vierges Chretiennes se contentent d'un voile grossier qui cache leur visage, & renonçant pour toûjours aux richesses aussi-bien qu'aux plaisirs, elles trouvent tout le prix de leur vertu dans la vertu même.* Je n'ay que des loüanges à donner à ce discours; mais je remarquerai pourtant que S. Ambroise s'est fort exposé à la censure en parlant ainsi. Il s'est attiré sur les bras toute l'Eglise Catholique de neuf ou de dix siecles pour le moins; car il a condamné tout ce qu'il y a eu jamais d'Ecclésiastiques & de Moines, qui ont plaidé pour la conservation, ou pour le recouvrement de leurs revenus. Voyez où cela va. Un Roy qui auroit à dos une Armée aussi nombreuse que celle de Ninus, ou de Xerxès, ne seroit pas plus mal situé, que St. Ambroise poursuivi par ces innombrables légions

de

(*) *Dum sacrorum potentia prædicatur, infirmitas proditur. Ergo Annibal diu sacris insultavit Romanis, &c.* D. Ambr. ibid.

(A) „ Pseau. 42. 79.

(B) *Faveant Clementia Vestra Sectarum omnium arcana præsidia, & hæc maximè quæ majores vestros aliquando juverunt: vos defendant, à nobis colantur.* Symm. ep. 54. l. 10.

(c) *Sibi habeant præsidia sua: suos si possunt, illa defendant: Nam si iis à quibus coluntur auxilio esse non sunt, quomodo possunt vos defendere à quibus non coluntur?* Ambr. ibid.

(D) *Vos pacem Diis vestris ab Imperatoribus obsecratis, nos ipsi Imperatoribus à Christo pacem rogamus.* ibid.

(E) „ Mr. Fléchier, vie de Théod. l. 3.

de gens d'Eglise, qui ont si opiniâtrement combatu pour leur temporel. Et s'il faloit accuser tous ces gens-là d'être semblables aux Gentils, comme les en accuse ce grand Prélat, où en seroit-on encore aujourd'hui, que nous voyons les Rois & les Magistrats continuellement obsédez de ces Messieurs, & accablez de leurs Requêtes, & de leurs poursuites? Tant s'en faut qu'ils se dépoüillent de leurs biens, qu'ils les augmentent le plus qu'ils peuvent; on ne sauroit guéres avoir de voisins plus redoutables qu'eux en procès; les Religieuses plaident perpétuellement contre quelqu'un, & attirent dans leur Couvent le plus de revenu qu'il leur est possible. *Elles ne veulent plus être chastes gratuitement, & ne trouvent plus le prix de leur vertu dans la vertu même.* Enfin le Clergé est si peu d'humeur à céder son bien, qu'il prétend que dès qu'on y touche, on enleve le Patrimoine de Jésus-Christ, & là-dessus on ne sauroit dire quelles sont ses lamentations & ses vacarmes. Nous ferions de belles Histoires si nous voulions parler de tous les désordres qui sont nez de l'avarice des Ecclésiastiques. Mais c'est de quoi je ne m'embarasse pas pour le présent; c'est à ceux qui nous citent tant les Peres à voir comment ils s'accorderont avec celui qui a réfuté Symmaque. Je ne crois pas que ceux qui publierent la damnation de Charles Martel, à cause qu'il s'étoit emparé du bien de quelques Eglises, ayent été bien-aises que ce Symmaque ait été réfuté à leurs dépens. Cela s'entend s'ils avoient jamais lû la réponse de St. Ambroise, de quoi on pourroit douter. Quoiqu'il en soit, ils noircirent la mémoire de Charles Martel, (*) *& ne lui pardonnerent pas même en l'autre monde. Car ils assurerent que selon la révélation de St. Eucher, Evêque d'Orleans, il brûloit en corps & en ame dans les flâmes éternelles, & que son tombeau ayant été ouvert, on n'y avoit trouvé qu'un gros serpent, & une puante noirceur, marques du mauvais état de son salut.* Ces gens-la n'étoient point plus propres à être opposez aux Prêtres & aux Vestales du Paganisme redemandans leurs pensions par la plume de Symmaque, que le Clergé du dix-septieme siecle.

L'Europe se sent encore des profondes playes qu'elle reçut pendant cette guerre de trente ans, qui fut enfin terminée à Munster l'an 1648. On ne peut pas nier que les Ecclésiastiques n'en soient la premiere cause, tant parce qu'ils commencerent à se servir des voyes de fait dans la Bohême, que parce qu'ils pousserent Ferdinand II. à publier l'Edit du sixiéme de Mars 1629. qui ordonnoit, *Que toutes les Abbayes & autres biens Ecclésiastiques, qui avoient été usurpez sur les Catholiques par les Protestans, contre les articles du Traité de Passau de 1552. (les Protestans n'en demeuroient pas d'accord) seroient rendus à ceux à qui ils appartenoient selon les fondations.* Cet Edit fut extrêmement approuvé du Pape, comme il paroît par le Bref qu'il écrivit à l'Empereur, *pour lui témoigner sa joye aussi-bien que celle de tout le Consistoire des Cardinaux, de ce rétablissement du Clergé & des Religieux dans leurs biens.* On ne sauroit dire les désordres que l'exécution de cet Edit causa par toute l'Allemagne; soit à cause que les Commissaires de l'Empereur se faisoient obéïr à main armée, soit à cause de l'avidité excessive de ceux qui redemandoient

leur bien. Les démêlez qu'ils eurent avec les Jésuites, pour les raisons que l'on peut voir dans le premier tome de la Morale pratique de ces bons Perès, augmenterent fort ces désordres. Ce fut alors (vous voulez bien que je dise cela en passant) que les Jésuites voulurent être compris en Allemagne sous le nom de Moine, qu'ils avoient toûjours rejetté, & qu'ils rejettoient encore partout ailleurs; car ils reprochoient à l'Abbé de S. Cyran déguisé sous le nom de *Petrus Aurelius,* comme *une erreur, de vouloir* (A) *que Religieux & Moine fût la même chose.* La raison de cette difference étoit, qu'en Allemagne il y avoit des Abbayes de Moines à enlever, mais non pas dans les autres païs du monde. Gustave étant venu au secours des Protestans, il s'éleva une guerre dans l'Empire, dont la conclusion n'a pas été avantageuse au Clergé. Aussi a-t-on vû la paix de Munster condamnée par une Bulle (b) d'Innocent X. ce qui est une belle marque de cet esprit, que St. Ambroise loüoit si fort dans les Chretiens de son temps. Nous avons là une grande conformité à objecter aux Catholiques, entre eux & les Payens du temps de Symmaque. Le lieu commun que ce Symmaque fait tant valoir, *qu'il faut suivre les vieilles coûtumes en matiere de Religion,* nous fournit un autre belle conformité.

XIII.
Des Argumens
empruntez des
Peres contre
les Protestans.

Au reste tous les faux raisonnemens que je viens de remarquer dans la réponse de ce grand Prélat, nous doivent faire prendre garde à une chose, qu'il est bon que Messieurs de l'Eglise Romaine sachent. Ils s'imaginent qu'en se servant des mêmes armes, dont les Peres de l'Eglise se sont servis contre les Sectes que nous détestons aussi bien qu'eux, ils nous réduiront au silence; & ils se trompent de s'imaginer cela, parce que comme S. Ambroise s'est servi de fort méchantes raisons pour réfuter la Requête d'un Sénateur Romain, lui & les autres Peres de l'Eglise ont souvent très-mal raisonné contre les Sectaires; desorte qu'en avoüant qu'ils combatoient pour la vérité dans le fond, nous ne laissons pas de dire qu'ils l'appuyoient quelquefois sur des preuves assez méchantes. Après quoi peu nous importe qu'on nous fasse certaines objections, qui ont été proposées par les saints Peres contre les Hérétiques de leur temps.

Par exemple, on trouve que les anciens Peres ont prouvé que les Hérétiques n'étoient point la vraie Eglise de Jésus-Christ, parce qu'on pouvoit montrer le commencement de leur Secte au-dessous du temps des Apôtres. On trouve qu'ils ont prouvé l'Orthodoxie d'une Société de Chretiens, en montrant qu'elle avoit été toujours incorporée dans l'Eglise, qui subsistoit sans interruption depuis les Apôtres. Mrs. de l'Eglise Romaine concluent de là que notre Religion ne vaût rien, puis qu'elle est dans le cas des anciennes Sectes, qui ont été condamnées par l'Eglise que nous reconnoissons pour la véritable. Nous répondons mille choses, dont celle-cy me semble suffire; c'est que les anciens Peres ont très-souvent raisonné sur de méchans fondemens. Nous l'avons vû dans la réponse de Saint Ambroise à un Sénateur Payen, où on établit pour principe, *qu'un Dieu qui laisse assieger, & prendre une Place qu'il a prise sous sa protection, est un faux Dieu; que des Prêtres qui redemandent leurs* biens

***

(*) „ Mézer. Abr. Chron. ann. 741.
(A) „ Morale Prat. des Jésuit. p. 147.

(b) Voy. la réfutation de cette Bulle par Hoornebeck.

biens font de faux Prêtres, &c. D'autres ont pris pour un axiome d'une vérité éternelle tout ce qu'ils n'avoient pas vû démenti par l'expérience: en cela véritables Péripatéticiens qui ont crû l'incorruptibilité des Cieux, entre autres raisons, parce qu'on n'y avoit encore remarqué aucun changement. N'ayant donc point vû encore que le Corps des Eglises qui subsistoient depuis Jésus-Christ fût tombé dans l'Hérésie, ils ont conclu avec trop de précipitation, comme un principe universellement vrai, *que tous ceux qui commençoient une nouvelle forme d'Eglise, séparée de celle qui subsistoit depuis Jésus-Christ, étoient ou Schismatiques, ou Hérétiques.* C'est conclure du particulier au général. Des objections fondées sur de pareils axiomes, destituez d'évidence, & contraires à l'esprit universel de la Nature, où un jour découvre ce qui ne s'étoit jamais vû, font plus de pitié que de chagrin. C'est donner dans le lieu commun que les Peres de l'Eglise, & entre autres, S. Ambroise dans cette même réponse à Symmaque, ont si solidement réfuté, savoir *qu'il faut toûjours suivre la Religion de ses Ancêtres.*

Et en particulier de S. Augustin. On pourroit faire plusieurs semblables remarques qui ne déplairoient pas aux bons Protestans, sur la maniere de raisonner des anciens Peres; mais comme ce n'en est pas ici le lieu, je me contente de remarquer, que St. Augustin le plus autorisé d'entre eux, soûtenoit souvent la bonne cause par des principes, qu'il ne comprenoit pas trop bien luy-même, & qui passent pour très-faux dans l'esprit de tous les hommes, si vous en exceptez une partie des Cartésiens. Par exemple, dans les Disputes contre Pélage qui nioit le péché originel, il se sert avec une grande force de cette Maxime, *que sous un Dieu juste, qui que ce soit ne peut être misérable, s'il ne mérite de l'être; sub justo Deo, quisquam nisi mereatur, miser esse non potest.* Comment pouvoit-il dire cela, luy qui croyoit avec le reste du monde, que les bêtes sont exemptes de toute sorte de péché, & sujettes à mille douleurs? Il est clair que cette chaleur de la Dispute, qui selon la remarque que j'ai faite en un autre endroit, est cause bien souvent qu'on se contredit, l'a porté au-delà des bornes, & qu'il n'a fait en ce lieu-là sa proposition universelle, que parce qu'il avoit besoin qu'elle le fût. Car si quelcun s'étoit servi de cette même Maxime, pour prouver que les bêtes ne sentent point, comme le P. Poisson de l'Oratoire s'en est vigoureusement servi, il n'y a pas bien long-temps dans un (*) Ouvrage qui l'a exposé à la persécution des Jésuites; il ne faut point douter, Monsieur, que S. Augustin ne l'eût resserrée par tant de distinctions, qu'elle n'auroit plus servi de rien contre l'Hérésie de Pélage. Mais il fut assez heureux pour n'avoir pas à faire à des gens aussi subtils qu'on le seroit aujourd'hui. Or si ce grand Saint à employé une Maxime, qui toute conforme qu'elle est aux idées du sens commun, n'a aucune force ni dans sa bouche, ni contre des Hérétiques qui croyent que les bêtes ont du sentiment; qui nous assurera que les raisons qu'il employe contre les Donatistes sont fort solides? Tous les jours on nous objecte que St. Augustin a donné certains caracteres à l'Eglise Catholique, à cette Eglise dont il ne se faut jamais séparer, qui, conviennent à l'Eglise Romaine, & non pas aux Sociétez des Protestans. Hé bien quand cela se-

roit, quel grand mal y auroit-il? Puis que St. Augustin en disputant contre Pélage a fait une proposition universelle, d'un axiome dont il voyoit tous les jours des exceptions, suivant les principes de sa Philosophie, il a bien pû nous donner pour caracteres inséparables de la vérité, certaines marques équivoques qui n'avoient point encore paru fausses, & qui nuisoient aux Donatistes contre lesquels il disputoit en ce temps-là. Je ne vous explique pas pourquoy j'ay dit qu'il ne faloit excepter *qu'une partie des Cartésiens;* car vous n'ignorez pas qu'ils sont déjà divisez en deux factions à l'égard de l'ame des bêtes; les uns disant qu'elle n'est point distincte du corps, & par conséquent qu'elle ne sent rien; & les autres qu'elle est un esprit, & par conséquent qu'elle pense.

XIV.
Les Paralogismes de S. Ambroise peuvent être apellez des contradictions.

En s'écartant peu à peu de son sujet, on s'en trouve finalement fort éloigné. Je n'avois amené St. Ambroise sur la Scene qu'à propos des contradictions, & me voilà pourtant en dispute avec les Controversistes. Le pas est glissant; je m'en retire de bonne heure pour vous supplier de croire, que je ne suis pas aussi loin que vous pensez de mon sujet. Car on vous peut soûtenir que tous les Paralogismes de St. Ambroise sont en quelque sorte des contradictions, puis qu'il est comme indubitable que si un impie ou un Hérétique l'eût attaqué de la maniere que je m'en vais supposer, ce Prélat eût répondu tout le contraire de ce qu'il répondit au Préfet de Rome.

Supposons qu'un impie lui eût objecté les victoires remportées sur les Juifs par les Payens, la profanation du Temple de Salomon, les miseres de la primitive Eglise, & qu'il eût conclu de tout cela que le Dieu des Juifs & des Chretiens n'est pas le vrai Dieu; il n'y a point de doute que S. Ambroise auroit solidement montré l'impertinence de ces objections. Il se seroit donc contredit, car il auroit rejetté en un temps les mêmes raisons qu'il avoit débitées pour bonnes en un autre. Supposons aussi qu'un Empereur Hérétique ayant dépoüillé les Evêques, les Prêtres & les Religieux de leurs biens, eût été supplié de les leur rendre, & qu'il eût donné leur requête à examiner à un Avocat, supposons que cet Avocat écrivant contre la Requête eût apostrophé les supplians, & leur eût dit : *Messieurs, vous croyez être les véritables Chretiens, vous devez donc renoncer aux biens du monde; vos vierges doivent être chastes gratuitement, & trouver le prix de leur vertu dans la vertu même;* n'est-il pas indubitable que Saint Ambroise eût desaprouvé la conduite de cet Avocat? Donc il auroit blâmé dans un lieu les réflexions qu'il avoit emploïées, dans un autre; car comme il a été dit ci-dessus, il trouva mauvais en réfutant la Requête des Payens, que leurs Prêtres & leurs Vestales ne se pussent point passer de pensions. Ceux qui savent sa vigoureuse résistance (a) à l'Empereur Valentinien voulant ôter une Eglise aux Orthodoxes trois ans après la réfutation de Symmaque, ne douteront pas de ma conjecture.

XV.
Penchant des hommes à juger des choses par l'intérêt qu'ils y ont.

Ceci me donne lieu de faire une petite remarque sur l'une des plus grandes imperfections de l'esprit humain; c'est que nous jugeons presque toûjours des choses, par rapport à nous. Ce qui nous est utile nous paroît juste; mais si la même chose nous est contraire, nous la trouvons injuste. De-là vient que nous jugeons

---

(*) „ Explicat. de la méthode de Des Cartes.

(a) „ Voy. la Crit. Génér. Lett. XXX. Nᵒ. II.

geons si diversement de la même conduite, quand
elle est tenuë par nos ennemis, & par nos amis.
Les actions de nos amis nous paroissent bonnes,
nous en faisons l'apologie, nous les loüons.
Mais quand nos ennemis les commettent, nous ne
trouvons plus qu'elles soient dignes de loüange, nous les critiquons vivement. A la vérité
nous croïons voir, que nos amis n'agissent pas
de la même maniere que nos ennemis; mais cette différence n'est qu'une illusion de notre cœur,
qui disparoît aussi-tôt que nos amis cessent de
nous vouloir du bien, & reparoît dès que la réconciliation est faite. Cette maniere injuste &
bizarre de juger des choses nous commet avec
nous-mêmes incessamment, & paroît surtout
dans les persécutions de Religion. Qu'on
demande aux Catholiques Anglois, si l'on fait
bien de les inquiéter en Angleterre, ils diront
que non, & ils vous le prouveront par les mêmes argumens dont les partisans de la tolérance
ont coutûme de se servir. Demandez aux Catholiques de France, soit aux naturels du païs, soit
à ceux qui s'y sont réfugiez d'Angleterre, si le
Roi fait bien de tourmenter les Huguenots, ils
vous répondront qu'il fait fort bien, & ils se
moqueront de toutes les preuves de la tolérance.
Nous avons des Protestans qui ont le même tour
d'esprit, & il se pourroit bien faire que si quelques-uns de nos Réfugiez à Londres, étoient
priez de mettre la main à la plume, pour justifier
la persécution que souffrent les non-Conformistes, ils accepteroient le parti, (car il y a des
loups béans partout, & que l'espérance d'un Bénéfice leur feroit trouver valables les mêmes raisons, qu'ils auroient trouvées ridicules dans la
bouche d'un Catholique Romain. Cela me fait
souvenir de la réponse de Diogene à un Philosophe, qui lui proposa ce Sophisme : *Vous n'êtes
pas ce que je suis, or je suis un homme, donc vous
n'êtes pas un homme.* Votre raisonnement, lui répondit-il, sera fort bon, pourvû que vous commenciez par moi. Nous faisons le même jugement, du moins d'une façon implicite, des raisons dont on colore la violence. Nous les trouvons bonnes pourvû que nous les employons
contre les autres; mais elles nous semblent mauvaises, quand on s'en sert contre nous. C'est
de là que procedent une partie des contradictions
qui se trouvent dans les Livres. On n'a point
d'idées générales pour juger de la nature des
actions, & ainsi on donne différens noms aux
mêmes choses, selon l'intérêt qu'on y a. Vous
avez lû *le non-Conformiste Anglois* imprimé à
Londres depuis un an : ainsi je ne vous avertis pas, qu'on y donne des exemples de ce que
je viens de dire. C'est un Ouvrage bien malin contre les Presbytériens. Comment ne le
seroit-il pas, puis qu'on paye si largement les recherches de l'Auteur ?

Je ne finis qu'en tremblant, non pas à cause
de vous, Mr. car je sai que vous avez de l'indulgence, mais à cause de ces Lecteurs séveres,
qui veulent que l'on aille toûjours serré, & droit
au gîte. J'ay fait trop de digressions pour espérer leur suffrage. Ils ne me pardonneroient pas,
quand même il me seroit arrivé ce qui arrive aux
Chymistes, qui trouvent souvent dans leur chemin, & sans qu'ils les cherchent, des choses capables de les consoler de n'être point au but de
leur espérance. Il faut donc tâcher de s'endurcir contre les censures de ces terribles Lecteurs.
Je suis votre, &c.

Tom. II.

LETTRE III.

I. *Les contradictions apparentes sont quelquefois la
faute du Lecteur, & non pas celle de l'Auteur.*
II. *De la maniere de juger des dogmes, qui apartient aux Evêques, & aux Docteurs.* III. *Des
Errata des Livres.* IV. *Que les Evêques peuvent juger des matieres de Foi.* V. *Changement
de nom du Collége des Jésuites de Paris.* VI.
*Publication de la Conférence de Monsieur Clau-
de avec Monsieur l'Evêque de Meaux.* VII.
*Réflexion sur les deux Relations, qui ont paru
de cette Conférence.* VIII. *Et sur un Ouvrage
auquel Mr. de Meaux travaille, pour montrer
que les Réformez ont varié.* IX. *Pourquoi on
parle ici d'une cinquieme cause des contradictions
des Auteurs, savoir, de la flaterie.* X. *Contradiction de Ciceron par ce principe.* XI. *Et des
Auteurs qui avoient loué le Cardinal de Richelieu, ou le Cardinal Mazarin.* XII. *Réflexion
sur le sentiment des Espagnols d'aujourd'hui,
touchant les alliances avec les Hérétiques.*

MONSIEUR,

Je vous avertis que je n'ay pas prétendu épuiser le Chapitre des contradictions, dans ma Lettre précédente, & que je ne trouverai nullement
mauvais, qne l'on croye, que je n'ai pas marqué toutes les sources de ce vilain mal. Je serai assez satisfait de moi-même, pourvû qu'on
trouve que je ne me suis pas mépris dans celles
dont j'ai parlé. C'est une Déclaration qu'il est
à propos de faire, non seulement dans les matieres de fait, comme Monsieur Pellisson l'a très-
judicieusement reconnu, mais aussi dans celles
de raisonnement. *Je ne prétens pas,* dit-il dans
son Histoire de l'Académie, *ne rien oublier de ce
qu'ont fait les personnes dont je parle...... C'est
bien assez qu'on puisse prendre pour vrai, ce que je
dirai, sans rejetter comme faux ce que je ne dirai
point. Et c'est, si je ne me trompe, avec cette
même discrétion, qu'il faut lire toute sorte d'Ecrivains, jusques aux plus exacts, à qui après tout
il est impossible qu'il n'échape beaucoup de choses.*
Ne trouvez-vous pas que si j'avois autant profité
de tous les Livres que j'ay lûs, que de l'Histoire de l'Académie Françoise, je n'aurois pas
trop mal emploïé mon temps ?

Je vous avertis de-plus, que si j'avois voulu
parler indifféremment des contradictions réelles
& apparentes, qui se rencontrent dans les Ouvrages d'une même personne, il m'eût falu de toute
nécessité ajoûter une cinquieme cause, à celles dont
je vous ai entretenu. Mais comme je ne considérois dans ma Lettre précédente que les contradictions réelles, il n'a pas été à propos que je
recherchasse la cause des contradictions, que l'on
objecte sans sujet à un Ecrivain. C'est à cette
heure qu'il sera plus à propos de vous en toucher
quelque chose, parce qu'il s'agit d'une éspece de
contradictions, que je soûtiens n'avoir aucun fondement. Je dis donc, Mr. qu'il y a bien des Lecteurs par le monde qui ont un certain esprit faux,
qui leur fait trouver des erreurs où il n'y en eut jamais. Ils ont un commencement d'habileté qui leur
persuade qu'ils entendent les choses à demi mot :
ils s'en font accroire ; ils décident promptement :

ils

persécu-
de Reli-
en sont
reuve.

I.
Les contradic-
tions apparentes
viennent quel-
quefois du Lec-
teur & non pas
de l'Auteur.

LETTRE
III.

ils font les subtils: ils comparent un passage avec un autre; & parcequ'ils se persuadent faussement qu'ils sont entrez dans le véritable sens de l'Auteur, au lieu qu'ils ont pris quelquefois à gauche tous les endroits qu'ils comparent, ils prononcent que l'Auteur s'est contredit, & ils sont si fiers de cette prétenduë découverte, qu'ils ne l'examinent plus, & se contentent de dire & de répéter dans l'occasion, qu'il s'est contredit. Desorte que la vanité, & la mauvaise foi des Auteurs ne forment pas plus de contradictions réelles, que l'esprit faux des Lecteurs & leur précipitation à décider, en forment de chimériques. Examinons, s'il vous plaît, tout présentement celle qui m'a été objectée sur le sujet de l'Autorité Episcopale.

PREMIERE OBJECTION.

II.
De la maniere de juger des dogmes qui appartient aux Evêques & aux Docteurs.

» L'Auteur de la Critique (vous a-t-on dit) » prétend que c'est aux Evêques, & non » pas aux Jésuites qu'il apartient de juger (*) de la » qualité d'une opinion. Ce sont ses paroles (dans » la page 87.) (A). Cependant il avoit dit (dans la » page 64.) (B) que les Jésuites sont plus blâma- » bles, quand ils jugent mal d'une doctrine, que » les Evêques qui en font un semblable jugement, » & il en avoit donné pour raison, que les Evê- » ques n'ont pas autant de loisir que les Jésuites; » que ceux-ci font profession expresse d'être sça- » vans, & qu'ils sont à l'égard des doctrines » condamnables, ce que sont les chiens à l'é- » gard du gibier; c'est-à-dire; qu'ils doivent dé- » clarer où est l'Hérésie; il n'a donc point pû » soûtenir sans contradiction, que ce n'est pas » aux Jésuites à juger de la qualité d'un dogme.

IL NE FAUT pour répondre à ces Mrs. que raporter bien fidellement le premier de ces deux passages. Je ne les accuse pas d'en avoir supprimé quelque chose par supercherie, car j'avouë qu'ils le raportent tel qu'il se lit dans la page 87. (C) Mais néanmoins je les accuse d'une précipitation inexcusable, puis qu'ils m'ont condamné sans jetter les yeux sur l'*Errata* de mon Livre, qui leur eût apris que je n'attribuois aux Evêques préférablement aux Jésuites, que le droit de *juger décisivement de la qualité d'une opinion*. Quand on lit un Livre simplement pour se divertir, on n'est pas obligé de consulter ni les Préfaces, ni les Indices, ni les *Errata*. Ce sont toutes choses où bien des Lecteurs ne regardent pas, quoiqu'il y en ait beaucoup qui ne consultent que les Préfaces & les Tables des Chapitres. Mais quand on lit pour critiquer, il faut tout lire, & principalement les *Errata*, parce qu'il faut tenir pour dit, ou pour nié par l'Auteur, tout ce qu'il ajoûte, ou qu'il retranche dans cet endroit-là. Mon sens est donc que c'est aux Evêques à décider qu'une doctrine est vraye ou fausse, & non pas aux Jésuites; ce qui n'empêche pas que ceux-ci n'ayent le droit de juger, en qualité d'Avocats ou d'Accusateurs. Monsieur Maimbourg (D) ayant dit que les Jésuites font la fonction d'un bon chien de chasse, qui fait lever le gibier, après quoi c'est aux Evêques & au Pape à tirer dessus, nous a fait connoître qu'ils doivent *flairer, fureter, & tourner de côté*

& d'autre, pour découvrir les Hérésies à ceux qui les doivent condamner. Il s'ensuit de là que le prenant par ses propres termes, je lui ai soûtenu avec raison, que lui & ceux de son Ordre, sont indispensablement obligez à s'instruire de la véritable nature d'un sentiment, & qu'ils sont fort blâmables, s'il prennent pour une Hérésie, ce qui ne l'est point, parce qu'ils exposent la vérité aux Anathêmes de Messieurs les Prélats, qui n'ayant pas toûjours le loisir d'examiner les Disputes, s'en raporte au témoignage des Accusateurs. Il est clair que je ne me suis point contredit; car personne ne nie qu'un Avocat n'ait le droit de juger qu'une certaine cause est juste ou injuste, personne ne nie qu'un Accusateur n'ait le même droit, & qu'il ne l'exerce effectivement : & néanmoins ce ne sont pas eux qui décident les causes. Il en va de même dans les Controverses de Théologie. Les Evêques s'en disent les Juges pour décider ce qu'il en faut croire; mais en attendant leur décision, chaque Théologien peut prendre parti, & juger, l'un qu'une doctrine est orthodoxe, l'autre qu'elle ne l'est pas.

III.
Des Errata des Livres.

En voilà plus qu'il n'en faut contre les Auteurs de l'objection ; je pense que désormais ils seront plus soigneux de consulter les *Errata*; car je veux croire charitablement qu'ils n'ont point lû celui de *la Critique Générale*, quoi que je n'ignore pas que plusieurs personnes qui aiment à critiquer, censurent malicieusement jusqu'à des fautes d'Impression. Je ne voudrois pas assurer que le P. Bouhours soit du nombre de ces Critiques, car il se pourroit bien faire que le reproche que lui a fait Monsieur Courtin, ne fût pas absolument vrai. Les railleries d'un homme qui se venge doivent être suspectes, & surtout quand il se venge d'un traitement aussi rude que celui qui à été fait à la *Civilité Françoise* de Monsieur Courtin. Quoiqu'il en soit, il a dit (a) que le P. Bouhours *censuroit les fautes d'impression, & que le Public lui étoit bien redevable de ce qu'il faisoit* l'Errata *des Livres*. Mais s'il y a des Ecrivains à qui l'on impute les fautes de l'Imprimeur, il y en a aussi en récompense, qui font des bévuës dont on ne les charge pas, parce que l'on s'imagine qu'elles viennent de l'Imprimeur; & ils savent bien dire qu'elles en viennent, dès qu'on leur en fait un procès : d'où vient que plusieurs ne font point d'*Errata*, afin de pouvoir jetter sur le dos des Imprimeurs, les méprises qu'ils ne pourront point justifier, surtout à l'égard des noms propres, des dattes, & des citations (b).

SECONDE OBJECTION.

IV.
Que les Evêques peuvent juger des matieres de Foi.

MAis passons à une autre difficulté que l'on a faite sur le même endroit de la Critique. Ceux qui ont pris garde que j'y avois » inséré le mot de *décisivement*, ont avoué que » je ne m'étois pas contredit: mais ils prétendent » que j'ay eu tort d'atribuer aux Evêques le » droit de juger décisivement de la qualité d'une » doctrine.

IL FAUT, Monsieur, que ces gens-là soient, ou fort ignorans de ce qui se passe en France, ou absolument dévoûëz aux principes des Ultramontains

---

(*) Ces citations étoient ainsi dans la seconde Edition, mais on y peut substituer les citations qui suivent.

(A) Lettre V. N°. I.

(B) Lettre IV. N°. V.

(C) ,, Lettre V. N°. I.

(D) ,, Défen. de la Version de Mons p. 81. de l'edit. in 8.

(a) ,, Voi. les nouv. Remarq. sur la lang. Franç. à l'ar,, ticle *demander excuse* Et les Observ. de M. Mena,, ge sur la lang. Fr. 1. part. p. 384.

(b) ,, MS. Voi Rec. de Serm. p. 417. Mr. Claude con,, tre le P. Nouet. 5. part. ch. 4. p. 460. Rec. Fr. *in* ,, 4. à l'index. Lett. 7.

tramontain; car il est de notorieté publique, que les Evêques de France croyent avoir reçu de Jésus-Christ le pouvoir de définir, chacun dans son diocese, qu'une Doctrine est Hérétique ou Orthodoxe. Si bien que ce que j'ai dit se trouve plenement conforme à leurs prétentions; & par conséquent je n'ai point erré dans le fait, mais tout au plus dans le droit; c'est-à-dire dans la question, *si c'est au Pape privativement & exclusivement aux Evêques, à prononcer sur la qualité d'une doctrine.* Or j'avouë que je n'ay point prétendu en cet endroit-là, interposer mon jugement sur cette question, & j'en laisse volontiers toute la dispute aux Théologiens du Pape, & à la Sorbonne. J'ay seulement dit quelque part, qu'il me sembloit (*) que le Système des Ultramontains, quelque faux qu'il fût, étoit mieux lié que celui des Théologiens de France. Mais quoiqu'il en soit, j'ay eu beaucoup de raison de dire, que c'est aux Evêques & non aux Jésuites, *qu'il appartient de juger décisivement de la qualité d'une opinion.*

L'exemple que l'on tire contre moi, de la conduite des Prélats de France, à l'égard des cinq Propositions de Jansénius, est plus propre à établir ce que j'ay dit, qu'à le détruire; car il paroît par la Relation des Délibérations du Clergé de France, sur la Constitution, & sur le Bref du Pape Innocent X. que l'Assemblée du Clergé de l'an 1655. qui fit dresser cette Relation, voulut faire savoir à toute l'Europe, que si quelques Evêques François avoient envoyé au Pape les Propositions de Jansénius, sans y ajoûter leur jugement, cela ne doit point être tiré à conséquence, contre le pouvoir qu'ils avoient reçu du St. Esprit de juger les matieres de Foi. Comme ce Livre est entre les mains de tout le monde, & qu'il contient manifestement la confirmation de ce que j'ay dit, je n'en parlerai pas davantage. On ne sauroit être trop court sur un sujet comme celui là.

Je passerois dès à présent à une autre chose, si un Livre qui paroît depuis peu ne m'apprenoit, que les Jésuites ont fait soûtenir des Theses le mois de Juin dernier, qui expliquent clairement tous les points des deux objections, ausquelles je viens de répondre. J'ajoûterai donc encore ce peu de mots; c'est que par la seconde de ces Theses, les Jésuites attribuent à tous les Docteurs particuliers, le droit de juger des matieres de Foi, en instruisant, *instruendo.* Mais dans la These suivante ils disent, que les Evêques ont le droit de juger des mêmes matieres avec jurisdiction, *jus decendo.* Voilà clairement la distinction que j'ay observée. J'ay dit que c'est aux Prélats & non aux Jésuites, qu'il apartient de *juger décisivement de la qualité d'une opinion,* mais que néanmoins les Jésuites en peuvent juger, comme des Avocats qui instruisent le procés.

Si vous n'avez pas lû encore le Livre nouveau dont je vous parle, je vous conseille de le lire le plûtôt que vous pourrez. Il s'intitule, *Examen des méthodes proposées par l'Assemblée du Clergé de France en l'an 1682.* Il est beau, il examine savamment nos Controverses, il est rempli d'une agréable & curieuse érudition, & pour faire son éloge en deux mots, il est orné d'un témoignage fort honorable de l'approbation de Mr. Jurieu. Vous y verrez tout du long les

Theses dont je viens de vous parler, & je vous aprens par avance qu'elles contiennent des choses, sur quoi il y auroit bien des Réflexions à faire. Les Jésuites les ont soûtenuës dans leur Collége de Clermont.

Ne vous allez pas imaginer, je vous prie, que j'entens le Collége de Clermont de la ruë St. Jacques: je parle de Clermont en Auvergne, je ne suis pas assez mal instruit de ce qui se passe en France, quoique je le sois fort peu, pour ignorer que le Collége des Jésuites de Paris ne se nomme plus le Collége de Clermont, mais le Collége de LOUÏS LE GRAND. En vain Guillaume du Prat (A), Evêque de Clermont, établit les Jésuites en quelques endroits du Royaume: en vain les reçut-il à Paris dans son Hôtel: en vain leur laissa-t-il par son Testament un fonds de trois mille livres de rente, & plusieurs sommes de deniers, dont ils acheterent l'an 1563. la maison où ils commencerent de bâtir leur Collége: en vain, dis-je, fit-il toutes ces choses, s'il prétendit immortaliser son nom, car à peine ce nom a-t-il pû conserver son poste six-vingts ans. Je serois fort d'avis que l'Auteur des Dialogues des Morts fît parler Guillaume du Prat sur cette avanture, & que dans une seconde Edition il le fît intervenir au Dialogue de Cosme de Médecis & de Bérénice. Je ne voudrois pas qu'il se plaignît comme le Grand Duc de Florence, à qui l'on fait dire, *qu'il faut que le monde soit présentement bien méchant, & bien envieux de la gloire d'autrui,* puis qu'on a ôté le nom d'*Astres de Médicis,* aux quatres Planetes découvertes par Galilée. Il faudroit plûtôt qu'il s'estimât trèsheureux d'avoir eu pour Successeur le plus grand de tous les Rois: mais après avoir rendu cette justice à Louïs XIV. il ne seroit pas mal, qu'il moralisât un peu sur l'inconstance des choses humaines. C'est un lieu commun qu'on n'épuisera jamais, & sur lequel Guillaume du Prat pourroit débiter tant de bonnes pensées, que Cosme de Médicis se verroit souvent tenté de répéter les paroles qu'on lui a fait dire. Il y auroit encore un lieu commun qui leur ouvriroit un beau champ, c'est celui du culte des Divinitez terrestres, toûjours plus actif & plus animé que celui des Divinitez Célestes.

Savez-vous bien que quand on me dit que l'inscription du Collége des Jésuites avoit été effacée, je me souviens d'un beau Sonnet de Scarron, qui finit par ces trois vers:

Si vos marbres si durs ont senti son pouvoir,

Dois-je trouver mauvais, qu'un méchant pourpoint noir,

Qui m'a duré deux ans, soit percé par le coude ?

Vous aurez quelque peine à comprendre, vous qui avez l'imagination fort juste, que la premiere de ces deux choses ait pû rappeller l'idée de la seconde, mais écoutez par quel milieu s'est fait ce passage-là. Je n'ay pû me réprésenter le nom de *Clermont* ignominieusement chassé de son siége, sans me souvenir d'une Epigramme d'Ausone, qui fait voir que la dureté des marbres est un garant mal assuré de la durée d'un nom, & qui finit par ces deux vers: (B)

Miremur periisse homines? Monumenta fatiscunt.

Mors etiam saxis, nominibusque venit.

Mais

<hr>

(*) „ Critique Génér. Lettre XXV. No. VII.
(A) „ Du Breuil, Antiq. de Paris l. 2. p. 556.

(B) *Epigr.* 35.

Mais eſt-il vrai qu'outre le *Claromontanum*, on ait auſſi rayé ſans miſéricorde, le Societatis Jesu ? Eſt-il vrai que l'on n'a remis le nom de Jesus, qu'après avoir connu par un diſtique, qui fut affiché de nuit ſur la porte du Collége, le ſcandale horrible que ce ſacré nom effaçoit dans Paris ? C'eſt à vous, Mr. à me l'apprendre. Je ſuis préſentement plus loin de la ſource que vous, & pis que Provincial. Je ſais bien le diſtique que l'on dit avoir été affiché ; mais comme je ne ſuis pas certain de la choſe, je n'ai garde de l'inſérer dans cette Lettre. On dit tant de choſes fauſſes, qu'on ne ſauroit être trop défiant.

Je prévois que les objections de Controverſe que vous m'avez envoyées, m'engageront à vous écrire quelque choſe ſur ces Theſes des Jéſuites. Mais je garderai cela pour la fin, m'imaginant que le Lecteur aimera mieux trouver les matieres de Controverſe toutes enſemble en ce lieu-là, que ſemées en divers endroits. Et de-plus, ce que je vous ai écrit ſur l'infaillibilité de l'Egliſe, dans les dernieres (*) Lettres de la Critique Générale, demandant quelques éclairciſſemens, & quelques confirmations, où pourrois-je les mieux placer que dans les dernieres Lettres de cette Défenſe ? Ne croyez pas pourtant que j'aye deſſein de m'engager dans le détail de toute cette grande Diſpute ; quand j'en aurois bonne en vie) ce que je n'ai pas) la Conférence de Monſieur Claude avec Mr. l'Evêque de Meaux me la feroit perdre, parce qu'on ne ſauroit prendre un meilleur parti, que de renvoyer à un ſi beau Livre ceux qui auroient quelques doutes. Je n'ai donc autre deſſein que de pouſſer deux ou trois penſées, qui manquoient à ma Critique.

J'ai admiré auſſi-bien que vous, Monſieur, que l'on ait enfin permis à Monſieur Claude de faire imprimer ſa Relation, & ſa Réponſe. Ce n'eſt pas qu'on pût le lui refuſer ſans une injuſtice manifeſte ; mais c'eſt que les choſes les plus juſtes ſont preſque impoſſibles à obtenir à ceux de la Religion, & principalement ſi elles peuvent affermir dans la bonne cauſe ceux qui auroient été ébranlez par des objections étudiées & ſubtiles. Or tel eſt le Livre de Monſieur Claude, car il répond à toutes les ſubtilitez de Mr. de Meaux, avec une ſolidité & une clarté qui ſe font ſentir à toutes ſortes de perſonnes. Je ne ſai ſi on doit croire certain bruit qui a couru, que les Jéſuites & les Prélats de leur Faction, n'aimant pas Monſieur de Meaux, avoient fait en ſorte ſous main, que Monſieur de la Reynie eût permiſſion de permettre à Monſieur Claude de publier ſa Conférence. Ils voyent avec chagrin, diſoit-on, que la gloire de ce Prélat ſe fût augmentée par la publication de ſa Diſpute avec un Miniſtre ſi célebre. C'étoit à la vérité un grand avantage pour l'Egliſe Catholique, mais après tout c'étoit un avantage dont on donnoit tout l'honneur à un homme qu'ils n'aimoient pas. Il eſt aſſez ordinaire de prendre plus à cœur les intérêts de ſa jalouſie, que ceux de ſa foi : ainſi on a cru que ces Meſſieurs ont été bien-aiſes que Monſieur Claude renverſât tous les trophées de Monſieur de Meaux, quoiqu'ils viſſent que cela nuiroit à l'Egliſe ; car ils ſe faiſoient fort d'ailleurs de réparer amplement ce mal, avec le crédit qu'ils ont d'obtenir tous les Arrêts qu'ils demandent contre nous. Voilà à quoi pluſieurs attribuent la permiſſion qui a été accordée à Mr. Claude.

Mais parce que pour avoir une réponſe poſitive de Mr. de la Reynie, à l'égard de cette permiſſion, il a été néceſſaire de le ſolliciter long-temps, pluſieurs perſonnes ont cru que les amis de Monſieur de Meaux, ayant découvert le complot de ces envieux, l'avoient traverſé par des voyes indirectes. On a cru auſſi que pendant ces allées & venuës les mêmes amis de cet illuſtre Prélat, ont fait copier l'Ouvrage de Monſieur Claude, afin qu'on y fît une replique pendant le cours de l'impreſſion. Ce qu'il y a de bien vrai, c'eſt qu'on a répandu un bruit par toute la France, que la Replique de Mr. de Meaux paroîtroit auſſi-tôt que l'Ouvrage du Miniſtre ; & je vous avouë, Monſieur, que ce bruit étant venu juſqu'à moi, je crus que la choſe ſeroit ainſi. Mais ayant lû depuis le Livre de Monſieur Claude, j'ai tout-à-fait changé d'opinion, & je ne doute plus apréſent que Monſieur de Meaux n'en demeure là. Le ſujet de leur Diſpute eſt fécond en difficultez, je l'avouë, & ſuſceptible de mille rafinemens ; mais Monſieur Claude a ſi bien montré les ſources de l'illuſion, & les embarras inexplicables de la Doctrine Romaine, qu'il eſt impoſſible de revenir à la charge, ſans faire voir qu'on n'en peut plus. C'eſt ainſi qu'il faudroit traiter ſes Adverſaires dans toute ſorte de diſputes, ſi on le pouvoit. Il faudroit leur marquer ſi préciſément ce à quoi ils doivent répondre, & leur fermer ſi exactement toutes les fauſſes portes par où ils s'échappent, quand on les preſſe, qu'ils fuſſent obligez, ou de garder le ſilence, ou de confeſſer les grands embarras de leur opinion. Mais il n'eſt pas toûjours poſſible de réduire la diſpute en un tel état. On ne trouve pas partout de cette ſorte de Défilez : la plûpart des Controverſes ſont un corps à pluſieurs têtes & à pluſieurs queuës, qui ſe répandent au long & au large ; deſorte qu'un homme qui a du ſavoir & de l'eſprit trouve quelque reſſource preſque toûjours. Je ne crois pas que les difficultez, que Monſieur Claude a retorquées à Monſieur de Meaux, ſoient de cet ordre, & c'eſt pour cela que je m'imagine que l'affaire n'ira pas plus loin. Ce Prélat n'eſt pas du nombre de ces Auteurs qui écrivent ſeulement pour écrire. N'avez-vous pas été ſurpris de la diverſité qui ſe trouve entre la Relation de Monſieur de Meaux, & celle de Monſieur Claude ? Bien des gens ont dit qu'il en va de cette affaire comme de la Bataille de Senef, où chaque parti publia qu'il avoit vaincu. Tel a été preſque toûjours le deſtin de ces ſortes de Conférences. (a) Elles étoient autrefois fort à la mode, comme vous ſavez ; mais on s'en degoûta enfin, non pas tant à cauſe du génie de la nation, qui n'aime pas long-tems les mêmes choſes, que parce qu'on remarqua que chacun des Diſputans s'attribuoit l'honneur du triomphe, par des Relations imprimées. A l'égard de cette derniere Diſpute, peu importe à la bonne cauſe que l'affaire ſe ſoit paſſée, ou comme Monſieur de Meaux, ou comme Monſieur Claude la raportent. Ce qu'il y a de bon à faire, c'eſt de voir qui des deux auroit gagné, s'il avoit dit effectivement ce qu'il publie. Je louë fort la modération de ces Gentilshommes Catholiques, dont vous m'avez parlé dans quelqu'une de vos Lettres, qui étant à l'Hôtel de * * * dirent franchement, *qu'il étoit beaucoup plus aiſé de voir que Monſieur de Meaux & Monſieur Claude avoient infiniment de*

(*) En particulier dans la XXIX.
(a) ,, MS. Dans l'Epiſ. 174. de St. Auguſtin, on voit

,, qu'une conférence fut diverſement raportée.

de l'esprit, *que de voir de quel côté étoit la justice.* C'est un acheminement à reconnoître que Mr. Claude plaidoit pour la vérité; & plût à Dieu que tous ceux de l'Eglise Romaine eussent les mêmes avances. Il est certain que Monsieur de Meaux a soûtenu cette affaire en très-habile homme, & que son Livre se soûtiendra lors même que les circonstances qui l'ont fait naître, auront été mises en oubli. Il en sera de même de l'Ouvrage de Monsieur Claude; si bien que Mademoiselle de Duras n'eût sçû prendre un meilleur chemin, pour immortaliser son non, que de faire disputer ces deux Illustres. Monsieur le Duc de Richelieu & Madame la Duchesse sa femme, qui l'ont tant sollicitée à changer de Religion, auront aussi leur part à cette immortalité; car Monsieur l'Evêque de Meaux a rendu témoignage à leurs bons offices dans sa Préface. Je ne m'étonne pas du zele de cette Duchesse, car on loüe fort sa vertu, & dans les Livres, & dans le discours familier; mais j'ay du dépit que des Dames décriées dans le Monde, s'érigent en Convertisseuses. Je le leur pardonnerois, si elles méritoient les loüanges que le P. Rapin a données à Madame la Duchesse de Richelieu, & je suis sûr que si on ne se mêloit du métier des Missionnaires qu'à cette condition-là, il n'y auroit pas beaucoup de Dames qui s'en mêlassent. Ecoutons le P. Rapin (*). *On seroit sage & circonspect dans le monde, en vous voïant marcher au travers de tant de précipices dont la Cour est environnée, sans faire un faux pas; conserver dans l'inégalité & dans l'inconstance de la vie qu'on y mene, cette égalité d'ame qui vous est si ordinaire; suivre scrupuleusement les lumieres d'une raison, qui ne vous laisse rien aimer que votre devoir; ne rien perdre de la solidité naturelle de votre esprit, parmi tout ce que la faveur a de vain & de frivole; faire tous les honneurs de votre charge, & rendre ce que vous devez à la Reine votre Maitresse, sans rien oublier de ce que vous devez à Dieu; être dévote sans critiquer la dévotion des autres; vertueuse sans être incommode à personne; & faire toutes choses avec un air de grandeur & de qualité, sans cesser d'être humble & d'être Chretienne.* Sans mentir voilà de belles idées, & si Madame la Duchesse de Richelieu les remplit (dequoy je n'ay aucune raison de douter) c'est une personne incomparable, & qui mérite de vivre autant que la double Relation de la Dispute faite pour Mademoiselle de Duras. N'est-ce pas vous, Monsieur, qui m'avez une fois écrit que quand on est inséré dans de pareils Livres, on se doit tenir assuré d'une durée éternelle; & qui avez appliqué sur ce sujet un beau (A) passage Latin? Mais pour reprendre mon discours, je dois vous dire que selon toutes les apparences Monsieur de Meaux ne repliquera point à Monsieur Claude.

Ce Prélat trouvera mieux son compte dans l'Histoire de nos *Variations*, à laquelle on dit qu'il travaille. Il prétend montrer que nous n'avons pas toûjours cru ce que nous croïons aujourd'hui, & suivre le fil & le progrès de nos changemens. Il aura sans doute dequoy battre bien du païs, car c'est un sort dont la Providence n'a jamais exempté les Théologiens, que de s'appliquer plus fortement à la discussion de certaines choses en un temps qu'en un autre, & d'acquérir de nouvelles lumieres, ou par l'étude, ou par la dispute, ou par le calme des passions qui avoient aigri les esprits. C'est ce qui fait qu'il y a tel dogme sur lequel on se roidit en un certain temps, comme sur un point de la derniere conséquence, que l'on abandonne ensuite, ou que l'on sacrifie à la paix, comme de très-petite considération. Je ne vois pas ce que l'on prétend gagner, en nous accusant de cette espece de changemens. Nous n'avons jamais cru que ceux qui ont réformé l'Eglise dans le dernier siecle, fussent la derniere borne, & le *non plus ultrà* de l'esprit humin, ni que nous devions être plus privilégiez que l'âge d'or du Christianisme, où il est sûr qu'il arrivoit des variations considérables tous les cent ans. On peut montrer à l'Eglise Romaine même, que depuis qu'elle s'attribuë la qualité d'infaillible, elle a souffert mille innovations. C'est le destin de toutes choses; Dieu les a toutes assujetties à l'inconstance; & toute la grace qu'il fait à son Eglise, c'est de lui susciter des Réformateurs, qui lui redonnent sont premier éclat, après qu'une infinité de nouveautez insensiblement introduites l'ont défigurée. Voilà les Luthériens presque Molinistes depuis fort longtemps, quoyqu'ils ayent commencé leur Réforme par combattre le franc arbitre avec une extrême chaleur, comme il paroît par la fameuse Dispute de Leipsic, entre Eckius & Carlostad, l'an 1519. & par le Livre que Luther composa contre Erasme *de servo arbitrio* l'an 1524. S'ils s'éloignent ainsi à l'avenir des autres dogmes de leurs Ancêtres, il viendra un tems où ils chercheront en vain leur doctrine dans la Confession d'Augsbourg, & peut-être qu'ils feront alors ce que les Moines ont fait à la Regle de leurs Patriarches; c'est-à-dire, qu'ils remettront les choses sur le premier pied. *Sed nostros maneat eacura Nepotes.* Je vous donne plein-pouvoir de supprimer tout cecy, & je crois que vous le supprimerez effectivement, comme tout-à-fait inutile. Si vous ne le faites pas, ajoûtez-y du moins ce Correctif, que je n'accorde point à Monsieur de Meaux ce qu'il demande quant au fait (car peut-être nous ira-t-il parler de mille variations qu'on lui niera) je dis seulement qu'au pis aller, il n'apportera pas un préjugé légitime contre notre Réforme.

Quand je songe que je n'ay encore répondu qu'à deux objections, je me figure que mon Lecteur se dépitera furieusement contre moi, de ce qu'il avance si peu dans le droit chemin en lisant mes Lettres. J'en ai honte moi-même, & je vais tout de bon remédier à ce désordre, en m'attachant uniquement à mon sujet. Tout de ce pas j'examinerois la seconde contradiction qui m'a été objectée, si je ne considérois que Monsieur Arnaud y étant interessé, la réputation d'un si grand homme demande que je destine à cela une Lettre toute entiere. Je finis donc celle-cy sans entamer rien de nouveau. Ce sera un grand hazard si la matiere que je vais traiter ne m'engage, après bien des détours & bien des circuits, à vous parler d'un Livre qui fait grand bruit, & qui est d'une beauté surprenante, & le plus curieux que vous aïez jamais vû Il s'intitule *l'Esprit de Mr. Arnaud.* Quelques-uns y trouvent un peu trop d'aigreur; mais j'espere de montrer que cette aigreur est excusable, quoyque je doive dire
plusieurs

(*) ,, Epitre dédicat. de la Perfect. du Christian.
(A) *Auguror, nec me fallit augurium, historias tuas immortales futuras, quo magis illis, ingenuè fateor, inseri cupio. Nam si esse nobis cura solet ut facies nostra ab optimo quoque artifice exprimatur, nonne debemus optare ut operibus nostris similis tui scriptor prædicatorque contingat.* Plinius ad Tacitum. ep. 33. l. 7.

pluſieurs choſes, contre les Auteurs qui écrivent avec trop d'emportement, Je ſuis, &c.

APOSTILLE,

Contenant une cinquieme cauſe des contradictions des Auteurs.

IX.
D'une cinquieme cauſe des contradictions des Auteurs, ſavoir, de la flaterie.

J'Etois ſur le point de cacheter cette Lettre, lors que votre paquet m'a été rendu. J'ay d'abord tout quitté pour le lire, & j'ay eu bien de la joye d'aprendre votre bon état, & le ſuccès de votre voyage de L.... Tout ma plû dans votre Lettre, excepté l'endroit où vous m'aprenez, qu'ayant communiqué à quelques-uns de vos Voiſins, ma Diſſertation touchant les contradictions qui ſe trouvent dans les Livres, vous aviez ſçu d'eux que j'avois oublié une choſe très-conſidérable. Vous ajoûtez qu'ils ont fort gloſé ſur cette omiſſion, & vous me conſeillez, pour les contenter, de remplir le vuide dont ils ſe plaignent. Pour l'amour de Dieu, Monſieur, ne montrez plus mes Lettres : on attendra bien qu'elles ſoient publiques, & il nous importe à vous & à moi, qu'on attende qu'elles le ſoient; parce que ſi on les voit en Manuſcrit, on y critiquera quelque choſe; vous me l'apprendrez, je pourrai être tenté d'y répondre, & cela ne ſeroit que me détourner davantage de mon but, qui eſt, ou qui doit être du moins, de ſatisfaire aux objections qu'on a propoſées contre la Critique Générale. C'eſt un but dont je m'écarte aſſez de moi-même, ainſi je n'ay pas beſoin que de nouvelles chicanes viennent faire diverſion. Outre que la choſe iroit à l'infini, ſi pendant que je ſerois l'Apologie de la Critique Générale, on m'obligeoit à juſtifier ce que j'aurois déja mis dans l'Apologie. Je vous prie donc, Monſieur, de faire en ſorte que j'en ſois quitte pour cette fois. Je m'y attens, & ce n'eſt que dans cette eſpérance que je m'en vais travailler au ſupplément, que vous me conſeillez de vous envoïer pour vos Voiſins.

Je le commence ce ſupplément par me féliciter d'avoir commencé ma troiſieme Lettre, comme je l'ay commancée. On diroit que j'ay eu quelque preſſentiment de ce qui m'eſt arrivé; c'eſt-à-dire, que prévoïant qu'on m'accuſeroit de n'avoir pas remarqué toutes les cauſes des contradictions, j'ay déclaré par avance que je n'avois pas prétendu les étaler toutes. Si ç'avoit été ma penſée, je ne doute pas que je n'euſſe bientôt trouvé, que la flaterie doit tenir ſon rang parmi les autres cauſes; & vos Meſſieurs me font tort de me comparer à ceux qui ne ſe ſervent de leur vuë, que pour chercher les objets les plus éloignez, ſans prendre garde à ceux qui les environnent. Mais laiſſant là toutes ces plaintes, diſons un mot des contradictions où l'eſprit de flaterie fait tomber.

X.
Contradiction de Cicéron par ce principe.

Je ſuis bien fâché qu'un des hommes de l'ancienne Rome, dont je lis les Ouvrages avec le plus d'admiration, me fourniſſe un exemple auſſi honteux à ſa mémoire, que l'eſt ce que je m'en vais vous dire (*). Vous avez lû les Harangues de Cicéron pour Ligarius, pour Marcellus, & pour Dejotarus; vous ſavez que la clémence de Céſar y eſt exceſſivement loüée; vous avez remarqué ſans doute l'endroit où cet Orateur témoigne tant de chagrin, du mépris qu'il avoit ouï dire que Céſar avoit pour la vie, & où il l'exhorte à ſe conſerver ſoigneuſement pour le bien & pour la gloire de l'Etat. (A) Il lui repréſente qu'il eſt de notorieté publique, que le ſalut de tous les particuliers dépend de lui, & que tout eſt perdu, s'il ne vit encore quelques années. Il ajoûte, qu'à cauſe de cela tous ceux qui étoient affectionnez au bien public, l'exhortoient & le conjuroient d'avoir un ſoin tout particulier de ſa vie : *Et afin*, pourſuit-il, *que je diſe pour les autres ce que je ſens en moi-même, nous vous promettons tous, puis que vous croyez qu'il y a quelque choſe à craindre, non ſeulement de monter la garde devant votre porte, mais auſſi de faire un bouclier de nos corps pour couvrir votre perſonne.* Comparez cela avec ſa ſeconde Invective contre M. Antoine, & vous verrez la plus manifeſte contradiction qui ſe puiſſe voir. Car outre les éloges que Cicéron y répand à pleines mains ſur les meurtriers de Céſar; outre que lui ayant été reproché qu'il avoit eu part à cette conſpiration, il s'en juſtifie d'une maniere qui fait voir qu'il ſe fût eſtimé très-glorieux, d'en avoir été accuſé avec fondement; outre cela, dis-je, il déclare (B) *que tous les gens de bien ont tué Céſar autant qu'ils l'ont pû, & que ſi les uns n'ont pas eu l'eſprit, ou le courage, ou l'occaſion de le faire, ils en ont eu tout du moins le déſir.* Je paſſe ſous ſilence le mal qu'il dit du même Céſar en divers endroits de ſes Offices, l'appellant Tyran, & ſoûtenant que ſes violences avoient été plus funeſtes à la République que celles de Sylla. Belle image de la différence qui ſe trouve dans tous les ſiecles, entre ce que l'on publie des Souverains, lors qu'il eſt important de les flatter, & ce que l'on juge d'eux dans ſon ame, ou que l'on en dit librement, lors que la flaterie n'eſt plus de ſaiſon !

XI.
Et des Auteurs qui avoient loué le Cardinal de Richelieu ou le Cardinal Mazarin.

Avez-vous pris garde à une contradiction où nos plus celebres Ecrivains ſont tombez, après la mort du Cardinal Mazarin. Tout le monde ſait que le Roy déclara publiquement, dès que cette Eminence fut morte, qu'il ne vouloit plus de premier Miniſtre, & qu'il entendoit que l'on s'adreſſât à lui directement. Cette parole tout-à-fait digne d'un grand Roy qui veut régner par lui-même, devint auſſi-tôt le ſujet de mille loüanges. Chacun s'empreſſa de féliciter la France du bonheur qu'elle alloit avoir, ſous le gouvernement immédiat de ſon Roy. On regarda les deux Miniſteres précédens comme une éclipſe de la Majeſté Royale, ou comme une nuit éclairée de la Lune. Il n'y aura plus (diſoit-on) de corps opaque, dont l'interpoſition nous empêche de recevoir les rayons, & les influences du Soleil. Nous les recevrons ces bénignes influences immédiatement de notre Roy même; le Monarque & les Sujets ne ſeront plus ſéparez par aucun mur mitoyen; & là-deſſus on ne ſauroit dire combien de penſées on débita contre les Rois, qui ſe repoſent de leurs affaires ſur les ſoins de leurs Miniſtres Depuis
la

(*) ,, MS. Voy. Camerar. vol. 3. l. 2. p. 162. & pour ,, d'autres défauts ou excuſes de Cicéron *infrà* Lettre ,, VI. No. XIII. Rec. de Serm. p. 132. Voi. de Lancre ,, de l'inconſt. p. 354. & ſuiv.

(A) *Quis eſt omnium tam ignarus rerum, tam rudis in republ. tam nihil unquam nec de ſuâ, nec de communi ſalute cogitans, qui non intelligat tuâ ſalute contineri ſuam, & ex unius tui vitam pendere omnium.... non modo excubias, & cuſtodias, ſed etiam laterum noſtrorum & corporum oppoſitus pollicemur.* Cicero pro Marcello.

(B) *Omnes boni, quantùm in ipſis fuit, Cæſarem coiderunt : aliis conſilium, aliis animus, aliis occaſio defuit, voluntas nemini.* Cicero Philip. 2. ,, MS. Epiſt. 28. l. 10. ad famil. Journ. des ſçav. 1685. p. 281.

la fable qui fait tant valoir *l'œil du Maître*, juf-qu'aux plus graves fentences d'Ariftote, tout fut employé à faire l'éloge de la réfolution que le Roi venoit de prendre.

On n'a rien à dire contre les Auteurs qui com-mençoient à parler en ce temps-là; mais pour ces Auteurs à cheveux gris, qui avoient tant encenfé les deux Cardinaux, on ne fauroit leur pardonner l'inconftance qu'ils temoignerent en cette ren-contre. Flateurs perpetuels du préfent, ils ne fe fouvinrent plus des éloges qu'ils avoient donnez aux Princes, qui partagent les foins de la Royau-té avec un fage Favori. Ils ne fe fouvinrent plus qu'ils n'avoient eu que des loüanges à donner à Loüis le Juste, quoi qu'il eût laiffé pren-dre une telle autorité au Cardinal de Richelieu, que felon la remarque du Duc d'Epernon, il ne s'étoit réfervé que le pouvoir de guérir des écroüelles. Ils ne fe fouvinrent plus qu'ils avoient nommé ce Cardinal *l'Atlas de la Royauté*, & que pour faire paffer ce mot, ils avoient dit (*) que comme le même Dieu, à qui les Poëtesdonnoient le gouvernement fuprême de l'Univers, ne laif-foit pas de pofer la machine des Cieux fur les épaules d'un autre,

------ (A) *Maximus Atlas*
Axem humero torquet, ftellis ardentibus aptum.

Ainfi le Roi ne laiffoit pas d'être un véritable Roi, quoi qu'il fît porter à fon Eminence le poids de la Monarchie. Ils ne fe fouvinrent plus qu'ils avoient dit, que comme Dieu employe des Intelli-gences Motrices pour faire rouler les Cieux fur nos têtes, ce qui eft la fource de la fécondité de nos Elé-mens, ainfi un Roi, la vivante Image de Dieu en terre, doit faire le bonheur de fes peuples par les foins d'un fage Miniftre. Ils ne fe fouvinrent plus de l'application qu'ils avoient faite de ces paroles d'un Ancien, *affumptus eft in laborum curarumque confortium, unicum auxilium feffis rebus futurum*, & qu'ils avoient prouvé par le témoignage de plufieurs graves Auteurs, que les grandes affaires ont befoin de grandes aides, & de fortes affiftan-ces, & que celui qui veut tout gouverner par lui-même, a plus de préfomption qu'il n'a de pruden-ce. Ils ne fe fouvinrent plus d'avoir dit que les Princes qui croiroient être deshonorez, s'ils fe fer-voient des yeux d'autrui, pour le foulagement de leur vuë, étoient blamables; que leur pauvre peuple pâtit de l'ambition qu'ils ont d'agir feuls; & qu'il paroît affez en leurs affaires qu'ils n'ont point de Confidens. Ils ne fe fouvinrent plus de ce qu'ils avoient remarqué au defavantage de Loüis XI. qui vouloit tout faire de fa tête, d'où vint ce bon mot d'un Galant (B) homme de fa Cour, *il n'eft point au monde de cheval fi fort que celui du Roi, car il porte tout à la fois fa perfon-ne & tout fon Confeil.* Enfin ils oublierent tous les exemples, tous les préceptes & toutes les ma-ximes qu'ils avoient ramaffées avec grand foin, pour montrer qu'il importe aux Rois & aux Peu-ples, qu'ils foient feparez les uns des autres, par l'interpofition d'un premier Miniftre femblable au Cardinal de Richelieu, ou au Cardinal Mazarin. Un paffage d'Hérodote (c) s'en étoit mêlé entre autres, qui porte *qu'il n'y a pas moins de prudence à*

fe bien fervir d'un bon confeil qu'à le donner. Mef-fieurs les Auteurs s'appercevant que la déclara-tion que fit le Roi après la mort du Cardinal Mazarin, les obligeoit à prendre d'autres mefu-res, les prirent en effet. Et voilà comment le défir de plaire fait tomber les gens en contradiction.

Ces Meffieurs avoient befoin de ce change-ment, car ils avoient épuifé pour les deux Emi-nences tous les lieux communs de Mécénas & d'Agrippa; il étoit temps qu'Auguste lui-mê-me, Cefar & Alexandre vinffent au fecours de leur Rhétorique. On avoit déja été contraint de les employer quelquefois au fervice des Car-dinaux. Vous m'y fites prendre garde, un jour que nous lifions enfemble les Lettres de Monfieur Coftar. Nous tombâmes fur la 174. de la fe-conde partie, qui eft une Lettre de confolation à Monfieur le Cardinal Mazarin, fur la mort d'Alfonfe de Macini fon Neveu, & nous y vî-mes fon Eminence comparée avec l'Empereur Auguste. *La Fortune*, Monseigneur, (c'eft ainfi que parle Monfieur Coftar) *vous traite à peu près comme elle faifoit autrefois Auguste; ut valida Divo Augusto in Rempublicam Fortuna, ita domi improfpera fuit.* (D) C'eft-à-dire, que cet Empereur étoit auffi malheureux dans fa famil-le, qu'il étoit heureux dans les affaires de de-hors. Quel compliment pour fon Eminence! Et qu'il faloit avoir peu de jugement, pour tou-cher cette comparaifon à l'égard d'un homme qui avoit tant de belles Nieces!

Pour ce qui eft de la feconde remarque de vos Voifins, *que je ne devois pas oublier les Efpagnols, qui font tombez de nos jours dans une contradiction vifible*; je répons, Monfieur, que mon deffein n'étoit pas d'épuifer tout mon fujet. On recon-noîtra aifément que ç'a été ma véritable raifon, & que toutes celles que vos Meffieurs ont ima-ginées, font des conjectures fans fondement. J'avouë avec eux que je me pouvois fervir fort à propos de l'exemple des Efpagnols, qui ayant déchiré le Cardinal de Richelieu d'une maniere étonnante, fur les liaifons qu'il avoit avec les Hérétiques Hollandois & Suedois, cultivent au-jourd'hui très-foigneufement l'amitié & l'allian-ce de ces mêmes Hérétiques. C'eft vifiblement la confirmation de ce que j'ai dit, que nous ne ju-geons des chofes que felon l'intérêt que nous y avons: l'alliance des Proteftans paroiffoit une Hé-réfie aux Efpagnols, lorfque la France en tiroit du profit contre eux; mais aujourd'hui qu'elle leur eft neceffaire contre la France, ils n'y trou-vent aucun venin. Ils firent tout ce qu'ils pu-rent pour mettre Cromwel dans leurs intérêts, & n'ayant pû en venir à bout, ils trouverent que le Cardinal Mazarin, qui avoit mieux réüffi qu'eux dans cette entreprife, étoit un fauteur des Hé-rétiques & des Tyrans. Je ne fai même fi après qu'il eut remis Dunkerque entre les mains des Anglois, ils ne l'appellerent pas le *Cardinal Luthé-rien*, & le *Cardinal de Châtillon*, comme ils avoient donné ces beaux titres au Cardinal de Richelieu, après qu'on eut pacifié les troubles de France, pour favorifer l'irruption du Roi de Sue-de; mais je fai bien qu'ils publierent, qu'en livrant ainfi cette Fortereffe aux Anglois, on avoit fait une playe fanglante à l'Eglife Catholique. C'étoit en-

XII.
Du fentiment
des Efpagnols
touchant les
alliances avec
les Hérétiques.

(*) ,, MS. Voyez Rec. de Serm. p. 408. au fujet de ,, Mr. Godeau.

(A) *Virgilius Æn. 4.*
    Atlantis duri cælum qui vertice fulcit. Id. ib.

(B) ,, Brezé. grand Sénéchal de Normandie

(c) ἐςὶν ἐκεῖνο βασιλῆ παρ' ἐμοὶ κέκριται, φρονέειν τὸ εὖ καὶ τῷ λέγοντι χρηςτὰ ἐθελέειν πείθεσθαι. *Herodot. l. 7. c. 17.*

(D) MS. C'eft Tacite qui dit cela. Pline dans fon Pa-,, neg. de Trajan, oppofe le bonheur qu'il avoit d'avoir ,, une femme illuftre & accommodante, au malheur do-,, meftique de quelques Empereurs heureux au dehors.

Lettre III. encore un reste de l'esprit du Roi Philippe Second, qui avoit tellement accoutumé ses Sujets à donner un tour de Religion à toutes les affaires d'Etat, qu'ils appelloient Hérétique tout ce qui étoit contraire à l'Espagne, & Catholique, tout ce qui lui étoit favorable. Ce qui obligea un Poëte à leur dire, au sujet d'une Flotte que les tempêtes leur avoient ruinée, qu'ils feroient bien d'accuser Dieu d'être Hérétique : (*)

Ecce Deus Pelago classem modo mersit Iberam;
Restat ut hæreticum sentiat esse Deum.

Alliances des François avec es Protestans, Le besoin qu'ils ont eu des Protestans les a enfin désabusez de ces chimeres, & leur a apris à dire, au dépens d'une petite contradiction, que les alliances qui étoient impies autrefois, sont à présent très-innocentes. Il ne tint pas à eux que le Pape Urbain VIII. n'excommuniât (A) Loüis le Juste, sous prétexte qu'il avoit favorisé les conquêtes des Suédois, quoi qu'au fond il n'y ait rien de plus certain, que sans la considération de la France, Gustave n'eût pas eu pour la Religion Catholique tous les ménagemens qu'il eut. Il auroit fait servir le droit des armes à venger l'oppression que les Protestans avoient soufferte dans l'Empire, & on ne pouvoit mieux prévenir les maux, que la Maison d'Autriche avoit attirez sur la Catholicité, qu'on les prévînt en mettant les François dans les intérêts du Roi de Suede.

Je ne sai si vos Messieurs se contenteront de ce que je viens de rapporter, & s'ils se repentiront d'avoir rendu si peu de justice à ma bonne foi, & à mon désintéressement. Mais vous pouvez fort bien leur dire, qu'ils n'ont pas lieu de se tant glorifier, de ce que la France ne décrie pas aujourd'hui l'Espagne à son tour, sur ses étroites alliances avec des Etats Réformez. Car outre que la mémoire du passé est encore trop recente, ne sait-on pas que les plus fidelles Alliez de sa Majesté Très-Chrétienne sont des Princes Protestans ? Et de-plus, l'Espagne pouvoit-elle s'empêcher durant la derniere guerre, de recourir au secours des Réformez, puis que la France lui enlevoit tous les secours des Catholiques ? En effet si vous exceptez l'Evêque de Munster, il n'y a point eu de Prince Catholique dans l'Empire qui ait soutenu la cause commune. Le Duc de Baviere persista toûjours dans les intérêts de la France; le Duc d'Hanover, le seul Prince non Protestant de la Maison de Brunswic, tint ferme dans les mêmes intérêts, & l'Electeur de Cologne aussi. J'admire qu'on fasse valoir comme un grand exemple de modération, de n'imiter pas aujourd'hui ce que les Espagnols ont fait autrefois contre les Ministres de France, contre lesquels ils publioient une infinité de libelles. Ne sait-on pas que cette conduite est le propre de ceux dont les affaires vont mal ? Ou plûtôt ne sçait-on pas que les Espagnols ont abandonné d'eux-mêmes cette licence, quoi que la bonne fortune s'obstine à les négliger ? Croyez moi, Monsieur, on se doit mettre peu en peine d'une satyre, quand on est heureux. Si vous ne m'en croyez pas, croyez-en du moins le Comte Duc d'Olivarez, le grand Rival du premier Ministre de France sous Philippe IV. Mr. de Bautru se plaignant un jour à ce Comte-Duc, (B) *que les Imprimeries de Flandres sembloient ne servir qu'aux libelles diffamatoires, qui se faisoient contre le Roi & contre son*

Conseil, le Comte-Duc lui dit, qu'il feroit *tout ce qu'il pourroit pour empêcher ce désordre, y étant lui-même intéressé en qualité de Ministre : mais que pour ce qui regardoit la conduite du Cardinal* (de Richelieu) *il avoit souvent déclaré dans les Conseils de sa Majesté Catholique, que son plus grand malheur étoit d'avoir rencontré dans les affaires de France, le Premier Ministre qui eût paru depuis mille ans dans la Chretienté, & qu'il souhaiteroit de bon cœur que les affaires du Roi son Maître allassent aussi-bien que celles de sa Majesté Très-Chrétienne, & qu'on fît imprimer tous les jours des Bibliotheques entieres contre lui.*

Il y a peu d'*Apostilles* aussi longues que celle-ci, mais qu'importe ? On n'a qu'à supposer que c'est une Lettre toute entiere. Si on n'a pas l'esprit de se guérir par de semblables suppositions, du dégoût qui prend quand on voit certaines irrégularitez, on ne mérite pas qu'un Auteur en fasse des excuses. Je ne dis point cela pour vous, je sai assez que vous êtes votre propre Médecin. Jeudi sans faute je vous envertai une Lettre, où il sera parlé de Mr. Arnaud.

✿✿✿✿✿✿✿✿✿✿✿✿✿✿✿✿✿✿

LETTRE IV.

Où il est parlé de la qualité de grand homme, *& du mauvais effet des loüanges.*

I. *Foiblesse de l'objection qu'on fait contre ce qui a été dit de Monsieur Arnaud, que c'est un grand homme, mais trop emporté.* II. *Réflexion sur un passage de Seneque. Monsieur de Balzac mal repris par Monsieur de la Mothe le Vayer sur un passage de Virgile.* III. *Que l'usage des meilleurs Auteurs est pour ceux qui donnent le titre de* Grand, *à des personnes qui ont des défauts. Réflexion sur la maniere dont le P. Maimbourg a parlé de l'incontinence de Charlemagne.* IV. *De ceux qu'on apelle* Grands *parmi les Doctes. Prodigalité de ce titre.* V. *L'emportement est fort commun parmi les grands hommes de la République des Lettres. Raisons de cela.* VI. *Les loüanges excessives qu'on leur donne les rendent vains & emportez.* VII. *Passage de Mr. Sorbiere.* VIII. *Etrange proprieté des loüanges.* IX. *Citations concernant Mr. de Balzac. Titres extraordinaires inventez pour le loüer.* X. *Les grands hommes se loüent eux-mêmes. Autres citations sur cela concernant M. de Balzac.* XI. *Il a reconnu enfin l'abus, & a fondé un prix pour celui qui composeroit le mieux un Ouvrage de pieté.* XII. *L'Académie Françoise, ni ceux qui aspirent au prix, n'exécutent pas l'esprit de la fondation.*

MONSIEUR,

L'objection que j'ai dessein de refuter aujourd'hui est si foible, que je me garderois bien d'y répondre, si je n'esperois de rencontrer dans mon chemin quelque matiere plus importante. Cela est si vrai, que j'ai bien peur qu'on ne m'accuse d'avoir fait moi-même cette pitoyable Critique, afin de triompher aisément, ou plûtôt afin de m'ouvrir une porte pour me jetter dans les lieux communs. Je ne serois pas le premier qui ait

I. Foiblesse de l'objection f ce qu'on a d que M. Arnau est un grand homme, mai trop emporté.

<hr>

(*) MS. De Poury, Method. p. 672.
(A) Auberi Hist. du Card. de Richel. l. 4. ch. 46.

(B) Auberi Hist. du Card. de Richel. l. 7. ch. 3.

ait été accusé d'une semblable finesse. Je ferai donc fort bien, pour prévenir tout soupçon & toute chicane, de déclarer ici que je garde soigneusement en Original les objections que vous m'avez envoyées.

TROISIEME OBJECTION.

» **V**Oici cette redoutable censure. On prétend
» que je suis tombé en contradiction en
» parlant de Mr. Arnaud, parce que je l'ay traité
» de grand homme, dans le même lieu (*) où
» j'ai avoüé, qu'il a *écrit contre notre Religion*
» *avec tous les emportemens imaginables, & avec*
» *un débordement de bile bien plus grand que celui*
» *du P. Maimbourg.* J'ai dit un peu plus bas que
» que c'est une tache qui ne se doit point trouver
» dans l'éloquence Chretienne; & en blâmant le
» stile emporté de Mr. Maimbourg, j'ai préten-
» du l'accuser d'un défaut très-considérable. J'ai
» donc cru qu'on peut être grand homme avec de
» très-grands défauts; cependant (remarquez
» bien la subtilité de mes Censeurs) ces deux cho-
» ses sont incompatibles, & ils le prouvent par
» ces paroles du célebre Mr. de Balzac; (A) *Tite-*
» *Live est repris aigrement par Séneque pour avoir*
» *dit de quelque brouillon de son siecle, qu'il n'a-*
» *voit pas l'esprit moins grand que méchant;*
» *car ce Philosophe estime qu'il est impossible que*
» *ces deux qualitez subsistent ensemble, & qu'elles*
» *sont aussi contraires que grand & petit.* Si ces
» Messieurs avoient pris la peine de recourir à
» l'Original, ils y eussent trouvé une petite
» confirmation de leur remarque, puisqu'il est
» certain que Séneque (B) joint à la grandeur,
» la tranquillité intérieure de l'esprit, comme un
» assortiment que l'on n'en peut jamais séparer,
» & qu'il exclut nommément de la grandeur,
» le fracas horrible d'une ame tumultueuse &
» transportée de colere. Apparemment ils se sont
» servis de quelque Edition du *Prince*, où le
» passage est mal cité, comme dans celle dont
» je me sers, & ils n'ont pas eu la patience de la
» chercher ailleurs.

II.
exion sur
passage de
eque.

Vous n'ignorez pas que Séneque est l'un de mes grands Héros, ainsi je respecterai son autorité dans l'objection de mes Adversaires. J'avoüe qu'il reprend (c) T. Livre, & si j'étois Séneque je le reprendrois aussi; c'est-à-dire, si je parlois en Philosophie Stoïcien, qui regarde toutes choses de haut en bas, à moins qu'elles ne soient la pure vertu, & le pur caractere du Sage. Il est certain que pour un homme qui en est là, tout ce qui n'est pas vertueux est petit; & que c'est abuser des termes que de donner l'éloge de *grand homme* à celui qui ne remplit pas toute l'idée de sagesse, dont les Docteurs (D) du Portique nous ont parlé. La morale Chretienne la plus pure est aussi dans ce même esprit, &

avec plus de raison, que les Stoïciens, comme Messieurs de Port-Royal (E) l'ont prouvé avec beaucoup d'éloquence, & beaucoup de force. Ils ont fait voir qu'il n'y a point de veritable grandeur que dans la conformité avec la souveraine justice de l'Etre infini. Encore un coup, Monsieur, si j'avois parlé Séneque, j'aurois blâmé Tite-Live, & degradé Monsieur Arnaud de la qualité de grand homme; car il n'y a rien de plus éloigné du caractere de perfection que les Stoïciens ont attribué à leur Sage, que l'emportement. Mais vous savez bien que les Lettres que je vous écris, ne s'élevent pas jusqu'à la haute region, où ces Philosophes guindoient leurs pensées. J'y parle comme les autres hommes; & me conformant à l'usage, j'y donne de la grandeur à des gens qui possedent des qualitez éminentes, quoique mêlées de quelque vice. Ces Messieurs qui me censurent mériteroient d'aller au plûtôt dans le petit Réduit, où Virgile (F) a placé le Tribunal du sévere Caton, qui ayant opiné toute sa vie dans le Sénat, comme s'il eût été dans le païs (G) des idées, obtint après sa mort un apartement separé de tous les autres pour y régner avec un petit nombre de personnes de son humeur. Mais comme il faudroit mourir afin d'aller dans un lieu où l'on parle si exactement, & que ces Messieurs sont peut-être bienaises de vivre, il vaut mieux leur souhaiter quelque autre chose que ce Réduit. Souhaitons-leur donc que quelque grand Prince renouvelle de nos jours, le projet de l'Empereur Gallien & de l'Impératrice Salonine, qui pour essaïer si les idées de Platon pourroient être réduites en acte, permirent au Philosophe Plotin (H) d'établir dans une Ville d'Italie qu'ils lui assignerent, le gouvernement dont Platon a donné la forme dans ses Livres de la République. Souhaitons que ce dessein réüsisse mieux qu'il ne fit en ce temps-là, & que ces Messieurs obtiennent l'Intendance d'un païs si bien policé. Je leur promets de n'y aller jamais troubler leur repos, par des expressions impropres, & abusives. Au reste qu'on ne m'aille pas faire un procès sur ce que je prens le Caton du Vers de Virgile, pour le même Caton duquel Ciceron a parlé dans l'une de ses Lettres à Atticus. Car n'en deplaise à ce savant (I) homme qui maltraite si fort Mr. de Balzac, pour avoir ainsi entendu la chose, on peut fort raisonnablement l'entendre ainsi avec le Commentateur Servius; & il est bien étonnant qu'un si terrible Censeur tombe dans une faute puérile, dans le lieu même où il censure les autres, car il soûtient que Servius est contraire à l'explication de Balzac, & il n'en est rien.

Si je n'avois à faire qu'à vous, je me contenterois de ce que j'ai déjà dit dans cette Lettre pour ma justification; mais comme vous le voyez vous-même, il y a des gens si étranges & si
difficiles

Mr. de Balzac mal repris par Mr. de la Mothe le Vayer.

(*) „ Crit. Gen. Lettre V. No. V.
(A) „ Au Traité du Prince n. 261.
(B) *Magnitudinem animi inconcussam intelligo, & introrsus solidam, ab ima parem firmamque .... Nihil ergo in irâ ne cum videtur quidem vehemens, Deos hominesque despiciens, magnum, nihil nobile est.* Sen. de irâ l. 1. cap. ult.
(c) *Non est quod existimés verum esse, quod apud disertissimum virum Livium dicitur,* vir ingenii magni magis quàm boni, *non potest illud separari: aut magnum & bonum erit, aut nec magnum.... Omnia ista non refert in quantum procedant, extendantque, se angusta sunt misera, depressa. Sola sublimis, & excelsa virtus est; nec quicquam magnum est nisi quod simul & placidum.* Idem, ibid.
(D) „ MS. Voyez Leopard. c. 21. l. 9. traitant de ce

Tome *II.*

„ mot: οὐκ ἐν τῷ μεγάλῳ τὸ ἓν ἀλλὰ ἐν τῷ ἓν τὸ μέγα.
(E) „ Voyez le Traité des veritables idées, au 2.
„ Tom. des Essais de Morale.
(F) *Secretosque pios, his dantem jura Catonem.* Virg. Æn. VIII.
(G) *Cato nocet interdum reipublica, dicit enim tanquam in Platonis πολιτεία, non tanquam in Romuli face sententiam.* Cicero ad Attic. ep. 1. l. 2.
(H) „ MS. Voyez sur cela le P. Rapin, compar. de
„ Plat. & d'Arist. Voyez aussi le Journ. de Leips. 1687.
„ p. 580. où il est parlé de l'Eutopie.
(I) „ Voyez l'Aristippe de Balzac, disc. 6. & l'Hexam.
„ rust. de la Mothe le Vayer, 5. Journ.

LETTRE IV. fi difficiles dans le monde, qu'un Auteur fait fagement de fe précautionner fur les moindres chofes. Je m'en vais donc faire voir que je fuis fondé non feulement fur l'ufage du ftile ordinaire; mais auffi fur l'exemple des plus graves & des plus célebres Auteurs.

III.
Les meilleurs Auteurs donnent le titre de *Grand* à des perfonnes qui ont des défauts.

Les Hiftoriens nous parlent éternellement d'Alexandre le Grand, Antiochus le Grand, du Grand Pompée, du Grand Conftantin, du Grand Théodofe, de Charlemagne, d'Othon le Grand, & de Henri le Grand, & néanmoins ils reconnoiffent qu'il y avoit bien de méchantes qualitez dans tous ces grands Princes

Car pour commencer par le dernier, qui ne fait que M. de Péréfixe, ayant blâmé le trop grand attachement que le Roi Henri I V. avoit au jeu, & l'avarice qu'il y témoignoit, ajoûte ces belles paroles ? *Il feroit à fouhaiter pour l'honneur de fa mémoire, qu'il n'eût eu que ce défaut; mais cette fragilité continuelle qu'il avoit pour les belles femmes, en étoit un autre bien plus blâmable dans un Prince Chretien, dans un homme de fon âge qui étoit marié, & à qui Dieu avoit fait tant de graces, & qui rouloit tant de grandes entreprifes dans fon efprit. Quelquefois il avoit des defirs qui étoient paffagers, & qui ne l'attachoient que pour une nuit; mais quand il rencontroit des Beautez qui le frappoient au cœur, il aimoit jufqu'à la folie, & dans ces tranfports il ne paroiffoit rien moins que* HENRI LE GRAND. Il raconte après cela quelques-unes des baffeffes qu'il fit pour des femmes.

Charlemagne étoit fi frappé de la même maladie, que la vieilleffe qui en devroit être le remede fouverain, ne l'en fauva pas. Ecoutons parler Pafquier au fixieme Livre(*) des Recherches de la France. *Or que Charlemagne fut grandement adonné aux Dames fur la fin de fon âge, même que fes propres filles qui étoient à fa fuite fuffent quelque peu entachées du péché d'amourettes, Aimoïn le Moine vivant du temps du Débonnaire nous en eft témoin authentique, qui dit qu'à l'advenement de Loüis le Débonnaire à la Couronne, la premiere chofe qu'il eut en recommandation, fut de bannir de fa Cour les grands troupeaux de femmes qui y étoient demeurées, depuis le décès de feu fon pere, & auffi de confiner en certains lieux fes fœurs, qui ne s'étoient pû garantir des mauvais bruits, pour la diffoluë frequentation qu'elles avoient euë avec plufieurs hommes.* Une infinité d'autres Hiftoriens

De la maniere dont le Pere Maimbourg a parlé de l'incontinence de Charlemagne.

font le même aveu de ce vice de Charlemagne, & de là vient qu'un fi grand nombre d'honnêtes gens ont été fcandalifez de ce que le P. Maimbourg a parlé d'une maniere fi radoucie de l'incontinence effrénée de cet Empereur. Voici comme il en parle : (A) *On peut dire qu'il eut toutes les vertus de Prince, & qu'il n'eut point de vice que celui de* L'INFIRMITÉ DE L'HOMME, *laquelle fervit encore à fa gloire, en lui fourniffant la matiere de la penitence qu'il fit, & qui termina fi glorieufement fa vie.* Que voilà des expreffions foibles pour un homme qui fait fi bien exagérer quand il veut, & qui avoit à parler d'un vice que Charlemagne avoit fait regner fi long temps, & avec un fcandale fi étrange ! Il eût autant valu n'en point parler; on n'eût pas mieux fait naître l'envie à un chacun de chercher la caufe de ce grand

ménagement. Et pour ce qui regarde la pénitence dont parle cet Hiftorien, il faut, ou qu'elle foit imaginaire, ou qu'elle ait été fort courte; car fi elle avoit été feulement de quelques mois, le Succeffeur de Charlemagne n'eût pas eu au commencement de fon regne, les occupations dont le Moine Aimoïn nous a parlé. Concluons que Charlemagne, avec toute fa qualité de GRAND n'a pas été fans reproche.

Je ferois trop long, fi je voulois en prouver autant de tous les Princes à qui le furnom de GRAND a été donné, defquels vous pourrez voir un grand nombre dans le Traité des Médailles du favant Mr. Spanheim; je ferois, dis-je, trop long fi j'en voulois venir à la preuve à l'égard de tous; ainfi je m'arrête au feul Alexandre, qui (B) eft tellement connu pour s'être également fignalé par fes bonnes & par fes mauvaifes qualitez, que le P. Strada qui parle fi bien, fuppofe comme une verité manifefte, que ce Prince a fait entrer dans fon caractere de grands vices & de grandes vertus égalez enfemble. L'Hiftorien Juftin avoit dit plufieurs fiecles auparavant, (C) *qu'Alexandre avoit été plus Grand que fon pere & en bien & en mal*; ce qui eft bien éloigné de la fauffe délicateffe de Séneque, dont nous avons parlé ci-deffus. Il s'eft bien trompé, s'il a cru n'attaquer que T. Livre; car un Auteur qui ne lui devoit pas être inconnu, puifqu'il a écrit fous l'Empire de Tibere, avoit dit en propres termes (D) *qu'Annibal avoit laiffé en doute s'il avoit été plus Grand que méchant.* Les Grecs n'ont pas été à cet égard plus fcrupuleux que les Latins, puifque Polybe (E) a blâmé l'Hiftorien Timée, de ce qu'en parlant d'Agathocles, il s'étoit contenté de le traiter de Tyran, fans ajoûter qu'il étoit auffi un grand homme. Mais Séneque a fait bien pis que de condamner tout à la fois plufieurs Ecrivains célebres; il s'eft condamné lui-même & s'eft contredit miférablement; car dans fa confolation à Marcia, qui eft un Ouvrage Philofophique & guindé, il reconnoît (F) *que fi l'on ne veut pas convenir que les Gracches ayant été des gens de bien, on doit à tout le moins convenir qu'ils ont été de grands hommes.* Une contradiction de cette force ne pourroit-elle pas avoir fa place dans la feconde Lettre de cette Apologie ? Si vous voulez que je vous dife lequel des deux paffages de Séneque j'approuve le plus, ou celui de la confolation à Marcia, ou celui qui cenfure Tive-Live, je vous répons fans héfiter que c'eft celui de la confolation à Marcia; parce que l'autre n'eft bon que dans le païs des idées, & ne vaut rien dans un monde comme celui-ci, où toutes les grandeurs font mêlées de baffeffe, & toutes les vertus ternies par quelque défaut. Les Romains nous décriront tant qu'il leur plaira, des Héros & des Héroïnes qui n'ont pas la moindre tache, la Nature ne change pas pour cela fon train; tous les hommes qu'elle a produits fe fentent de l'infirmité humaine. Or qui doute qu'il ne vaille mieux parler felon les réalitez de la Nature, que felon les fictions de notre efprit ? Cela étant, je trouve que Séneque a pû dire avec beaucoup de raifon, que les Gracches étoient de grands hommes, quoiqu'ils n'euffent pas toute la vertu d'un bon Citoyen.

Ceux

(*) ,, Ch. 3 2.
(A) Hift. des Iconocl. l. 4. fur la fin.
(B) *Statium inter Poëtas (id quod Alexander inter Heroas) magnas virtutes magnis vitiis adaquaffe.* Prolus. Academ 2. l. 2.
(C) *Huic Alexander filius fucceffit & virtute & vitiis patre major.* Juftinus l. 9. cap. 8.

(D) *Quo evenit ut alioqui infignem nominis fui memoriam relicturus in dubio, majorne an pejor vir haberi deberet, poneret.* Valer. Maxim. l. 9. c. 6.
(E) *Polybius l. 12. & 16.*
(F) *Tib. Gracchum & Caium quos etiam qui honos viros negaverit, magnos fatebitur.*

IV.
[C]eux qu'on
[appel]le *Grands*
[comm]e les Doc-
[p]rodigalité
[du] titre.

Ceux qui parmi les gens de Lettres sont si liberalement regalez du titre de Grand, ne sont pas plus heureux que les autres Grands, pour ce qui est de ne sentir pas les imperfections attachées à notre espece. Ils les sentent autant ou plus que qui que ce soit, & on peut conclure de là que le nombre des grands hommes qui ont beaucoup de défauts, n'est pas petit; car il faut reconnoître de bonne foi, que l'on prodigue trop aux Sçavans le magnifique titre de *grand homme*. C'est un éloge que l'on met à tous les jours, & nous connoissons un homme vous & moi, qui ayant ouï dire dans une Compagnie de beaux Esprits, un bon mot qu'on attribuë au Cardinal Mazarin, *nous ferons tant de Chevaliers de l'ordre, qu'il sera ridicule de l'être & ridicule de ne l'être point*, s'écria tout aussi-tôt que l'on pouvoit appliquer cette raillerie aux gens de Lettres, parce qu'ils acquierent tous les jours le titre de grand homme à si bon marché, qu'il sera desormais ridicule de l'être & ridicule de ne l'être point. L'Auteur d'*Athênes ancienne & nouvelle* s'est moqué fort ingénieusement de cet abus. Vous ne serez pas fâché que je vous raporte ses paroles; c'est un homme dont vous avez fort aprouvé tous les Ouvrages, excepté la Dispute qu'il a euë avec Monsieur Spon (ce qui vous a fait souvenir (A) d'un passage d'Aulugelle) & je sai que vous avez été bien-aise qu'on l'ait fait Historiographe de l'Adémie d'Architecture & de Sculpture. Il en veut (B) principalement aux Antiquaires, comme s'il n'y avoit qu'eux qui s'entre-loüassent, & il se trompe en cela. Quoiqu'il en soit, voici ce qu'il dit.

»Qu'un de ces Auteurs ait heureusement dé»couvert une Médaille de *Domitia* en or, ou en »bronze, il se contentera d'être traité de *Cla-*»*rissimus*, dans le premier Livre qu'un autre Auteur »Antiquaire fera imprimer. Pour un grand Bron-»ze de *Plautilla*, il ne demandera à la Renom-»mée que le simple éloge d'*Ornatissimus*. Le »titre d'*Eruditissimus* suffira pour la découverte »d'un *Britannicus* en tous métaux. L'*Amplissimus* »pour une *Octavia*, ou pour une *Popœa*. Le *Doc-*»*tissimus* pour une Médaille d'*Antinous*, Favori »d'Adrien. Modestes & désinteressez dans des »services importans, qui mériteroient que les »gens d'érudition leur élevassent des statuës, ils »se réduisent humblement à un attribut de *bis* »*vel ter Eruditissimus*, pour avoir déterré un »*Othon* en Bronze. Est-ce la peine?

Je ne sai pourquoi il ne dit rien ni du titre de *Magnus*, ni de celui de *Maximus*, qui sont si communs, qu'il a falu les exprimer en Grec, quand on les a voulu approprier aux Sçavans du plus haut étage. En effet vous ne voyez guéres dans les Lettres imprimées des sçavans hommes les noms de *Josephus Scaliger, Claudius Salmasius, Hugo Grotius*, sans l'addition de ὁ μέγας, ὁ πάνυ, qui marche tout aussi-tôt; & il est certain que l'on a la discrétion de ne se pas servir de ces éloges pour des Sçavans de médiocre réputation, à qui néanmoins on donne très-largement le titre de *Maximus*, d'*Illustrissimus*, de *Clarissimus*. Il semble que le Grec ait une vertu particuliere d'arrêter la profanation des loüanges, & qu'une barriere toute hérissée de Grec soit l'Asyle des plus grands hommes.

V.
[L']emporte-
ment est fort
commun par-
[m]i les Savans.

Pour revenir à Monsieur Arnaud, je vous déclare, Monsieur, que l'éloge que je lui ai don-

Lettre IV.

né n'est pas un effet de l'abus qui regne parmi les gens de Lettres, & dont je viens de faire mention. J'ay prétendu dire que c'est un grand homme, en prenant ce terme dans un sens fort raccourci, & comme on le prend lors qu'on l'attribuë aux personnes d'un esprit, & d'un savoir extraordinaires. Mais vous avez dit en même temps (m'objectera-t-on) que c'est un Ecrivain emporté, & plus furieux que ceux qui versent le plus de bile dans leurs Ouvrages. Ouï je l'ai dit, & je le veux avoir dit; & bien-loin qu'en disant cela j'aye attribué à Monsieur Arnaud une qualité incompatible avec celle que je lui avois donnée, qu'il semble au contraire que l'emportement soit une propriété inséparable des Savans du premier ordre. Si bien que quand je n'aurois pas prouvé, par l'usage des meilleurs Auteurs, que la qualité de grand homme est compatible avec plusieurs vices, il me seroit du moins aisé de prouver qu'elle est compatible avec celui dont j'ai accusé Mr. Arnaud.

Il y a long-temps que l'on remarque dans les Ecrits des grands hommes, qu'ils ne sauroient se défaire d'un tour d'esprit, qui leur est commun avec les plus miserables Ecrivains, & qui consiste à verser sur le papier des torrens de bile la plus amere. Voyez-moi un peu comment les deux Scaligers ont traité tous ceux qui n'étoient pas de leur sentiment. Voyez un peu la fierté qui regne dans tous les Ouvrages de Monsieur de Saumaise, & les injures atroces que le P. Petau a vomies contre lui, & contre Joseph Scaliger. N'est-ce pas que le tempérament qui fait les Raisons de cela. grands hommes est semblable à ces terres fortes, qui produisent de bonnes & de mechantes herbes abondamment? Ou bien n'est-ce pas que la bile la plus seche forme la vivacité de l'esprit, & que les veilles & les méditations, par lesquelles on devient grand homme, échauffent extrêmement les humeurs? Ou enfin n'est-ce pas que les grands hommes connoissant parfaitement ce qu'ils valent, s'imaginent que les moindres injures qu'on leur fait, sont des crimes qu'il faut châtier exemplairement, afin d'aprendre au Public à honorer le veritable merite? On connoît par les lumieres du sens commun, que la reparation d'une injure doit être proportionnée au mérite de celui qui a été offensé, & qu'il faut aggraver la peine, à mesure qu'il y a plus de différence entre la grandeur de la personne offensée, & la bassesse de l'offenseur. Desorte que les grands hommes ayant les yeux merveilleusement perçans, pour découvrir les qualitez excellentes que la Nature leur a données, ne peuvent qu'avoir une très-grande opinion de leur mérite; d'où ils concluent que ceux qui ont la hardiesse de les choquer, sont en parlant d'eux avec quelque espece de mépris, soit en s'éloignant de leurs sentimens, sont dignes d'une severe punition. De-là vient qu'ils se mettent fort en colere contre ces gens-là, & qu'ils croyent faire des actes de justice en les accablant d'injures atroces. D'où que cela vienne, il est certain que ces grands Esprits, & ces prodiges de science sont fort sujets à écrire sanglamment. Mais au reste il ne faut pas les acculer d'être seuls la cause de la bonne opinion qu'ils ont d'eux-mêmes; je crois que ceux qui les loüent avec excès, y contribuent beaucoup (c).

Vous

___

(A) *Adolescens hic sine controversiâ disertus est.* A. Gellius l. 9. c. 15.

(B) »*Dissertat. sur le voyage de M. Spon.* p. 25.

(c) »MS. Voyez l'aveu que fait Mlle. Schurman sur »les loüanges *apud Selden. de lib.* p. 353.

Lettre
IV.
VI.
Les louanges
qu'on leurdon-
ne les rendent
vains & em-
portez.

Vous ſavez la remarque de Tacite (*), qu'il y a une très-dangereuſe eſpece d'ennemis, qui font leur coup en loüant. Vous ſavez qu'il n'entend point parler des flateurs, mais ſa penſée ne laiſſe pas de leur convenir, & en général à tous ces admirateurs perpetuels qui s'étudient à loüer les grands hommes avec eſprit, & à leur préparer l'encens, tantôt juſqu'à une certaine doſe, tantôt juſqu'à une autre, & toujours de telle maniere qu'il y en ait une bonne quantité, & qu'on ait lieu de leurdire, d'un air rien moins que rebutant:

Ah ceſſez, l'encens eſt trop fort,
J'apprehende qu'il ne m'entête.

On ne ſauroit jamais aſſez déplorer le préjudi-ce que ces ſortes d'amis font à leur Héros, en lui inſpirant des penſées de vanité qui le gâtent, & qui enfin lui cauſent moins de joye que de cha-grin, quand il voit qu'il n'eſt pas le ſeul pour qui tant de belles choſes ſe diſent.

J'avoue qu'on eſt bien embarraſſé lors qu'on veut loüer un grand Auteur : car ſi on ne ſe ſert que des termes, qui expriment au juſte les ſen-timens que l'on a pour lui, on le confond avec une infinité d'Auteurs médiocres, pour qui l'on employe les mêmes termes, ſelon l'uſage courant des loüanges. Il faut donc ſe ſervir d'un autre ſtile en faveur de ce grand homme, & employer des phraſes qui aillent au-delà de notre perſua-ſion. Et comme il y a long-temps qu'on eſt ainſi obligé de chercher des termes plus expreſſifs que ceux qui s'emploient pour les Sçavans ordi-naires, parce que ceux-ci joüiſſent impunément de mille louanges qui ne leur conviennent pas, on ne ſait plus comment s'exprimer, quand on loüe ceux qui ont des talens ſublimes. C'eſt à in-venter mille tours nouveaux, à-peu-près comme pour les modes, qu'il faut perpétuellement chan-ger, parce que les Bourgeois s'emparent d'abord de celles que l'on invente pour les Seigneurs de la Cour. Or qu'arrive-t-il de ces loüanges hyperbo-liques & recherchées, qu'il faut imaginer pour les grands hommes ? C'eſt qu'elles les rempliſſent de plus en plus d'une vanité inſupportable, qui leur donne un emportement étrange contre ceux qui oſent les contredire. Ils prennent au pied de la let-tre tous les éloges qu'on leur donne, au lieu de conſidérer que ce ſont des expreſſions outréesdont il a falu ſe ſervir, parce que celles qui euſſent été plus juſtes, avoient été indignement profanées par les flateurs. Mais il vaut mieux que je vous explique cette penſée, par les paroles d'un hom-me que je vous ai déja cité. Cela eſt d'autant plus à propos que je les tire d'une Lettre, où il parle de l'emportement des grands hommes, & principalement de celui de Monſieur de Saumai-ſe. Je ſupplie mon Lecteur de conſulter cette Let-tre-là en liſant ceci, car il y trouvera des choſes qui confirment admirablement tout ce que je viens de dire. Voici le paſſage en queſtion.

VII.
Paſſage de Mr.
Sorbiere.

» J'ai recherché (A) quelquefois d'où pouvoir
» procéder cette préſomption & cette inſolence
» de Meſſieurs nos Maîtres, & j'ai trouvé que
» nous autres leurs Diſciples la leur avions don-
» née. Nous les traitons avec civilité, & ils
» reçoivent nos termes de compliment, comme
» un tribut qui eſt dû à leur mérite. Ils s'ima-
» ginent d'être tout ce que nous leur diſons qu'ils

» ſont, & encore au-delà. Et pource que d'or-
» dinaire ces gens-là ont aquis de bonne heure
» beaucoup d'eſtime, ils ont manqué d'expérien-
» ce en leur jeuneſſe, & n'ont pas ſu, lors qu'on
» a commencé de les loüer, que les loüanges ſe
» devoient prendre au rabais, & qu'on y ſurfai-
» ſoit prodigieuſement la marchandiſe. Les
» loüanges ne font point tourner la tête à ceux
» qui ſont avertis de cette méthode, qui ont
» déja fait quelque réflexion ſur les choſes, &
» auſquels la ſcience a enſeigné les titres de ce
» qu'ils ne ſavent pas. Mais à ceux qui n'ont
» guéres raiſonné, il eſt dangereux que l'Eugè,
» le Bellè, le ευφὸς, & le θαυμασιος, ne produi-
» ſent l'effet que nous remarquons en notre (B)
» Gladiateur de robe longue.

Mettez la main ſur votre conſcience, Mon-ſieur, quand vous lirez les premieres lignes de ce paſſage, & voyez ſi vous n'êtes point coupable de la profuſion de ces Diſciples, qui gâtent l'eſ-prit de leurs Maîtres. N'avez-vous jamais loüé les Auteurs, ſans être perſuadé qu'ils en fuſſent dignes ? Ne leur avez-vous jamais écrit que vous aviez dévoré leurs Ouvrages, & que vous ne pouviez vous laſſer de les admirer ? Ne leur avez-vous point, dis-je, écrit toutes ces douceurs, ſans avoir ſeulement lû la premiere page de leur Li-vre ? Si vous l'avez fait, vous n'êtes pas inno-cent de la vanité qu'ils ont conçuë ; & ſi vous ne l'avez point fait, il n'y a guéres de gens au monde qui vous reſſemblent.

Autre Réflexion ſur les paroles de Monſieur Sorbiere. Il croit qu'un Auteur qui devient grand homme un peu tard, eſt à couvert du mauvais effet des loüanges, parce qu'en ayant donné long-tems avant que d'en recevoir, il a pû connoître le peu de fonds qu'il y faut faire. Ce raiſonnement ſe raporte à une réflexion que j'em-prunte du Tybere, que Monſieur Amelot vient de nous donner. Liſez le Chap. 88. vous y ver-rez ces paroles : C'étoit-là ce qui ruinoit les fla-teurs auprès de lui. Peut-être auſſi que l'ayant été lui-même ſous le Regne d'Auguſte, où il avoit eu de puiſſans Rivaux à combattre, il ſavoit par ſa propre expérience toutes les ruſes & les adreſſes dont la fla-terie ſe ſert, pour empaumer l'eſprit des Princes. Et c'eſt la raiſon qu'allegue Tacite (c) pourquoi il étoit ſi difficile de réüſſir par ces artifices auprès d'O-thon, parce qu'il les avoit tous pratiquez, lors qu'il étoit homme privé. Cela eſt bien dit, mais je doute fort que nos grands hommes profitent tous de leur propre expérience ; ils croyent aiſément que leur mérite convertit en véritables éloges, ce qui n'eſt qu'un vain compliment, lors qu'on l'adreſſe à d'autres perſonnes. Et néanmoins (étrange bi-zarrerie de la condition humaine !) ils voyent avec chagrin les louanges qu'on donne à autrui.

Oüi, Monſieur, il y a quelque choſe qu'on ne comprend pas dans la vanité de l'homme à l'é-gard des louanges. Il y a mille choſes qu'il mé-priſe, dès qu'il voit qu'elles ſont communes à trop de gens. C'eſt ce qui a fait évanoüir tous les Barons qui faiſoient autrefois tant de bruit en France, & c'eſt ce qui fera perir un jour le nom de Marquis, dont le Royaume ſe trouve préſentement inondé. C'eſt ce qui avilit les mo-des du plus grand goût. C'eſt ce qui fait que les complaiſances d'une belle Dame ne tiennent point lieu de bonne fortune. Mais pour les louanges

VIII.
Etrange pro-
prieté des lo-
anges.

____

(*) *Peſſimum inimicorum genus laudantur.*
(A) » Sorbiere, lettre 79. p. 554.
(B) » Saumaiſe.

(c) *Arduus rerum omnium modus, & privato Otho-ni nuper atque eadem dicenti, nota adulatio.* Tac. Hiſt. 1.

gès c'est une autre chose, elles ne sont jamais
de rebut, on a beau les prostituer à tout venant, on ne laisse pas de les faire avaler à longs
traits, & avec le plus grand plaisir du monde.
Il n'y a point de Prédicateur qui ne puisse gagner à peu de frais un témoignage public de
capacité. Pour un écu la Gazette vous l'érigera
en homme qui a prêché avec l'applaudissement
de tout l'Auditoire. Le Mercure Galant sera
encore plus officieux, car il lui donnera pour
rien un éloge très-magnifique. Qui croiroit après
cela qu'on fût fort friand de pareilles recomman-
dations ? Cependant on y court comme au feu.
Marque évidente qu'on fait un grand cas des
louanges les plus communes.

Y a-t-il eu jamais de Roi qui n'ait été mis
sans exception au-dessus de tous les Rois du
monde, dans les Livres qu'on lui a dédiez, ou
dans les Panégyriques qu'on a composez pour
lui ? Ce qu'on a dit de la vraye Religion, que
c'est un terme qui est devenu très-équivoque,
puis qu'en la bouche d'un Turc il signifie le Mahométisme ; en la bouche d'un Catholique Romain, le Papisme ; en la bouche d'un Danois, le
Luthéranisme, & en celle d'un Genevois, le Calvinisme ; cela, dis-je, ne convient-il pas à ces
mots, *le plus grand Roi du Monde* ? Dans un Panégyrique fait à Madrid ces mots ne désignent-
ils pas le Roi d'Espagne, comme ils désignent
à Paris le Roi de France ; à Londres, le Roi d'Angleterre ; à Varsovie, le Roi de Pologne , &
ainsi des autres païs ? Ces mêmes mots ne sont-
ils pas équivoques dans un même Royaume, à l'é-
gard de différens regnes ? Comme ils signifient
à présent en France Louïs XIV. n'y ont-il pas
signifié successivement tous les Rois à qui on a
fait des Harangues, présenté des Vers, ou dédié
quelque Livre ? Ne peut-on pas soûtenir la mé-
me chose de ces mots, *le plus parfait Ministre
d'Etat qu'on ait jamais vû* ? Ne les attribuë-t-
on pas toûjours aux Ministres de sa Nation, &
toûjours aux vivans au préjudice des morts ?
Après la mort du Cardinal de Richelieu, n'é-
leva-t-on pas au-dessus de lui le Cardinal Mazarin ? Combien de fois a-t-on dit à Monsieur
Fouquet, que les Finances n'avoient jamais été ni
ne seroient jamais aussi-bien administrées, qu'elles l'étoient de son temps ? Ne l'a-t-on pas dit
ensuite de Monsieur Colbert, & ne le dit-on
pas aujourd'hui de Monsieur le Pelletier ? Ainsi
voilà une infinité d'éloges ambulatoires, & qui
comme des chevaux de louage se donnent aujourd'hui à celui-ci, demain à celui-là. Une
telle prostitution de superlatifs ne devroit-elle pas
dégoûter les Grands ? Néanmoins ils s'en repais-
sent avec un plaisir incroïable. Et si le Cardinal de Richelieu (*) *déclara un jour hautement,
qu'il ne vouloit point être loué par un homme* comme Balzac, *capable de donner au moindre des siens
les mêmes éloges qu'il eût pû recevoir de lui*, c'é-
toit plûtôt une marque de son chagrin contre la
personne du Panégyriste, qui n'a jamais eu de
part à ses bonnes graces, que de son mépris pour
les Panégyriques communs.

Si on vous demandoit qui sont les Duppes en
cette matiere-là, ou ceux qui loüent, ou ceux
qui sont louez, je pense, Monsieur, que vous
ne seriez pas du sentiment de la célebre Madame
Des-loges qui gronda un jour Mr. de Balzac, (A) *de ce qu'il étoit la Duppe de tous les Ré-
gnes, & se laissoit excroquer ses loüanges à tous ceux
qui faisoient semblant de valoir quelque chose*. Je
crois lire dans votre pensée, que ceux qui ajoûtent foi aux Panégyristes, ont encore plus de
simplicité que ceux qui les flatent , & je ne
doute pas que vous ne conveniez avec moi, que
les loüanges sont une espèce de sorcelerie ; car
puis qu'elles nous plaisent, quelque communes
qu'elles soient, il faut que par je ne sai quel en-
chantement nous nous persuadions qu'on flate les
autres, quand on les leur donne, mais qu'on ne
dit que la pure vérité en nous les donnant. Si
cela est, pourquoi sommes-nous fâchez de ce qu'on
loüe les autres ? C'est assurément un fonds d'orgueil bien capricieux. (B)

La Galanterie & la coûtume générale qui regne
dans le monde de conter des douceurs au sexe, con-
firmeroient puissamment les véritez que je viens
d'insinuer ; mais je passe par-dessus cela. J'aime
mieux me servird'une autre sorte de confirmation,
c'est celle que me fournit un beau passage de la Logique de Messieurs de Port Royal. Je ne serai point
paresseux à vous le transcrire ; car je prétens si peu
à la gloire de l'invention, que j'ai un plaisir incroyable de citer des gens de plus grande autorité
que moi. C'est par la complaisance, disent ces Messieurs, (C) *qu'on a rendu les louanges si communes, &
qu'on les donne si indifféremment à tout le monde, qu'on
ne sait plus qu'en conclure. Il n'y a point de Prédicateur
qui ne soit des plus éloquens dans la Gazette, & qui
ne ravisse ses auditeurs par la profondeur de la science :
tous ceux qui meurent sont illustres en piété ;
les plus petits Auteurs pourroient faire des Livres
des éloges qu'ils reçoivent de leurs amis ; de sorte que
dans cette profusion de loüanges que l'on fait avec si
peu de discernement, il y a sujet de s'étonner qu'il
y ait des personnes qui en soient si avides , & qui ramassent avec tant de soin celles qu'on leur donne*. (D)

Puis que j'aime tant à citer, je n'aurai point
de peine à suivre l'avis que vous m'avez donné
tant de fois, de n'avancer rien sans en aporter quelque preuve. Je m'en vais vous obéïr tout de
ce pas, en prouvant par un exemple ce que j'ai
dit ci-dessus, qu'il faut que ceux qui veulent
louer les grands hommes, s'avisent de quelque nouvelle invention. Et en effet les termes d'*Illustrissimus*, d'*Ornatissimus*, de *Clarissimus*, d'*Amplissimus*,
d'*Eruditissimus*, de *Maximus* & semblables, se donnent à si bon marché, & à tant d'Esprits vulgaires,
qu'on n'ose presque s'en servir ni pour les Sçavans de la première grandeur, ni pour ceux de
la seconde. Les Italiens , comme l'a remarqué
Mr. Spon dans sa réponse (E) à l'Auteur d'A-
thênes ancienne & nouvelle, *traitent tous les Chirurgiens d'Excellens, & les Medecins d'Excellen-
tissimes. Les Allemans donnent de* l'Excellence
aux Docteurs, & de la Magnificence *aux Professeurs*. Après cela ne faut-il pas inventer de nouveaux termes pour ceux qui se distinguent ? Croyez-vous que Monsieur de Balzac se fût contenté

Elles sont si
communes
qu'elles ne dé-
vroient point
toucher, ou qu'il
faudroit en in-
venter de nou-
velles.

(*) „ Voi. la Mothe le Vayer, Hexam. rust. Journ. 5.
(A) „ Voi. une Dissertat. qui est à la fin du Socrate
Chret.
(B) „ MS. Pour voir des exemples de flatterie, voyez
„ les Vers sur la prostitution des Muses 1. Lettre
„ P. 53. Les notes *in Sannaz.* edit. 1689. p. 116.
„ où l'on se plaint du Strozzi & autres qui ont loué

„ les Borgia. Manuce en dédiant les Vers des Strozzi
„ à Lucrece Borgia, la loüé extrêmement.
(C) „ Art de penser 3. part. ch. 20 n. 8.
(D) „ MS. Du peu de cas qu'il faut faire de ces élo-
„ ges, voi. Baudius.
(E) „ P. 22.

tenté du titre d'Illustre, lui qui reprend si aigrement Scévole de Sainte-Marthe d'avoir mis cette
qualité à si vil prix, (*) *qu'il n'y a point de Maître
d'Ecole à qui il ne l'abandonne pour trois feuilles
de mauvais Latin?* Assurément il ne s'en seroit
pas contenté; car comme il vouloit régaler les
autres de ses hyperboles, il vouloit aussi que les
autres le régalassent des leurs.

J'avois souvent l'encensoir en main (dit Monsieur Costar (A) en parlant du temps qu'il culti-
voit l'amitié de cet Illustre) *& le remplissoit de
parfums exquis, tantôt plus délicats & tantôt plus
forts, ayant éprouvé qu'il les aimoit de toutes
les sortes.* Il en vint jusqu'à le traiter de son
Héros, ensuite il y ajouta l'Epithete d'*Illustrissime*; & parce que *Héros Illustrissime* avoit été
donné à Scaliger, lors que les Cardinaux ne
s'appelloient encore qu'*Illustrissimes*, Monsieur Costar se crut obligé de rencherir sur cet
Eloge, qui étoit descendu des Cardinaux aux
Evêques, depuis qu'Urbain VIII. avoit donné
à ceux-là le titre d'*Eminentissimes*, l'an 1628.
C'est pourquoi il inventa pour son Héros (B) le
titre d'Hyperillustrissime, à peu près comme l'Eglise Romaine a inventé le terme d'Hy-
perdulie, pour élever les honneurs de la S. Vierge au-dessus du culte des autres Saints. Il ne faisoit pas difficulté d'appeller les Ouvrages de Monsieur de Balzac, *des productions divines*, de le
traiter d'*incomparable Demi-Dieu, de Dieu de l'éloquence, auquel à l'exclusion de tous les autres, il
faloit dédier des Autels* ; & de lui écrire, *qu'il
n'avoit pas été un seul moment sans penser en lui,
ou pour s'expliquer plus courageusement, sans l'adorer
en pensée.* Ces titres pompeux me font souvenir
de la vanité des Grecs, qui ont poussé le titre
d'Auguste, ou de *Sebastos* (c) jusques à celui de
Panhypersebastos, sous l'Empire d'Alexis
Comnene. Ce qui nous montre combien les Romains s'étoient abusez, qui avoient cru s'épuiser
en conférant le titre d'*Auguste* au second de leurs
Empereurs, monté au suprême dégré de la gloire. Les Grecs étoient bien autrement difficiles,
puis qu'ils rehausserent de trois étages ce titre
pompeux, pour des gens d'un mérite fort médiocre. Encore aujourd'hui dans la misere qui
les accable, ils donnent au Patriarche de Constantinople un nom plus superbe que celui que
les Latins donnent au Pape; car au lieu que celui-ci se contente d'être appellé Sa Sainteté,
on donne au Patriarche, (D) de la Toute Sainteté; le titre de Sainteté ne sert que pour
les simples Prêtres.

Pour revenir à Monsieur Costar, je dis qu'il
a bien changé de langage depuis ce tems-là pour
son Héros plus qu'Illustrissime, car il l'a déchiré
cruellement. Mais le mal étoit déja fait ; ses
flatteries avoient eu déja le temps d'empoisonner le pauvre Prince de l'Eloquence. Il ne
faut pas douter que plusieurs autres personnes
ne lui écrivissent du même stile, & que tous les
grands hommes ne reçoivent plusieurs semblables
complimens. J'ai vû une Lettre (a) manuscrite
de Monsieur Morus, où il fait des lamentations
fort étudiées, sur le faux bruit qui avoit couru de la mort de Monsieur de Saumaise à qui

il l'écrit, & avec qui il n'étoit pas encore
brouillé. Il souhaite, entre autres choses, que
l'on dissipe la voix funeste qui avoit été entenduë, Le Grand Pan est mort.

Il ne faut point douter non-plus qu'une telle
profusion de loüanges n'acheve de ruiner la modestie des grands hommes, qui ne s'affoiblit que
trop par la connoissance qu'ils ont de leurs rares
qualitez. Se voyant louez de toutes parts d'une
maniere si outrée, ils se persadent qu'ils sont au-
dessus du genre humain, & malheur alors à quiconque leur résiste; car ils ne parlent à son égard
que de foudroïer, ou plûtôt que d'écraser comme un chétif ver de terre. Ils se croyent tellement au-dessus des loix, qu'ils se louent eux-
mêmes sans mesure. Monsieur de Balzac en donne divers exemples dans son troisieme Entretien,
& entre autres, celui de Scaliger le pere, & celui
du Jurisconsulte Charles du Moulin. Il avoit
besoin de ces illustres Compagnons, pour justifier la liberté qu'il avoit prise de se donner à
lui-même de grands éloges. Cette liberté lui
attira une cruelle raillerie, de l'homme du monde
qui étoit le plus redoutable en bons mots, savoir
de Monsieur Bautru, *(b) qui lui manda par l'un
de ses Confidens, sur le sujet de ses fréquentes fluxions,
qu'il les attribuoit à la mauvaise coutume qu'il avoit
de parler toûjours de soi-même, & de n'en parler
jamais qu'il ne mît la main au chapeau, & qu'il
ne se tint découvert.* Monsieur Costar, dans le
commencement de leur froideur, lui asséna un autre coup bien terrible. *(c) En conscience*, lui dit-
il, *futes-vous jamais loué plus hautement, & plus
noblement, depuis que vous ne vous en mêlez plus
vous-même, depuis que distribuant la gloire aux
autres, vous n'en prenez plus votre part, & que
vous avez cessé de vous payer par ces mêmes mains,
qui seules peuvent couronner les vertus éminentes &
extraordinaires?* Il raporte ailleurs que Monsieur
de Balzac *répondit une fois fort galamment à je ne
sai quel Gentilhomme de Province qui l'accabloit de
belles paroles, à propos de quelqu'une de ses Lettres*, ”*j'avois tant pris de peine à me louer*
”*moi-même, que je pensois avoir épargné cet-*
”*te fatigue à tous mes amis.* Voici un troisieme
coup qui part d'une main bien seche; je le rapporte parce qu'il confirme en même temps deux
ou trois choses que j'ai remarquées. *(d) On ne sauroit nier avec raison que Balzac n'ait extrêmement
mérité de notre Langue; & s'il eût pû attendre là-
dessus les loüanges qu'il vouloit extorquer presque par
force, je pense que peu de personnes les lui eussent
refusées. Que voulez-vous? tout le monde a son foible : le sien étoit de ce côté-là ; & ceux qui pour lui
complaire, ou par raillerie, inventoient en sa faveur
des termes nouveaux de Héros hyperillustrissime, &
autres semblables, acheverent de perdre l'esprit de
ce siecle le plus ambitieux ; au lieu de le remener doucement à la modération, s'il en eût été capable.*

Pourquoi n'en eût-il pas été capable? Il est
certain qu'il a reconnu sur ses vieux jours, qu'il
avoit eu tort de se donner des éloges à lui-même,
& de tant louer les autres. Sa retraite (e) le fit
revenir des égaremens où le monde l'avoit jetté.
Il n'est point mort Impénitent; il a reconnu la
vanité des louanges, & il a laissé un fonds par
son

(*) „ Dans la Dissert. ci-dessus citée.
(A) „ Suite de la deff. de Voiture p. 19.
(B) „ Voi. la Replique de Girac ch. 5. & la Préf.
des Entret. de Balzac.
(c) „ Voi. *Chron. Carionis* l. 4.
(D) „ 1 *Panagio tita sou.* Voyag. de Mr. Spon tome 1.
„ p. 205. edit. de Holl.

(a) „ Mr. Colomiez a publié cette Lettre dans sa *Gal-
„ lia Orientalis,*
(b) „ Lettres de Costar 1. partie p. 128.
(c) „ *Id.* defense de Voit. p. 21.
(d) „ Hexamer. rustiq. Journ. 5.
(e) „ Voi. la fin de son 3. Entret. & sa Dissert. à D.
„ André de Saint Denis.

son Teſtament, pour expier les fautes qu'il avoit commiſes de ce côté-là. Il a voulu que ce fonds fût employé à donner un prix de deux ans en deux ans, à celui qui au jugement de l'Académie Françoiſe, feroit le meilleur Diſcours ſur certaines matieres pieuſes qu'il marqua. Le ſujet pour la premiere fois fut marqué par lui en ces termes: *De la louange & de la gloire. Qu'elles appartiennent à Dieu en propriété, & que les hommes en ſont ordinairement uſurpateurs.* NON NOBIS, DOMINE, NON NOBIS, SED NOMINI TUO DA GLORIAM. C'eſt une marque évidente qu'il avoit reconnu le foible de l'homme, & qu'il ſouhaitoit de réparer ſes fautes par une eſpece de pénitence publique.

XII.
démie
cuta pas
t de la
tion. Mais il a eu le malheur de s'être mal adreſſé. L'Académie Françoiſe n'étoit pas propre pour un homme comme lui, qui dès l'an 1644. avoit écrit ces paroles : „ Je ne ſaurois plus ſoufrir „ les Orateurs Paraſites, & l'Eloquence eſclave „ de la Grandeur. (*) *Malè illi ſit per quam malè* „ *audiunt noſtra Dea, & quam nos quoque lauda-* „ *vimus.* Mais j'en demande pardon à Dieu „ dans toutes les prieres que je lui fais. Je vous „ dirai bien d'avantage ; ma mauvaiſe humeur „ s'en prend aux plus juſtes & aux plus légi- „ times louanges. Elle va juſqu'à vouloir ſup- „ primer Nazarius, Mamertinus, Latinus Pa- „ catus, &c. & ſi davanture on réimprimoit à „ Leyden les Adages du Docteur de Rotterdam, „ je vous prie d'y faire ajoûter celui-ci pour l'a- „ mour de moi, *Auſſi menteur qu'un Panégyri-* „ *que*, ou *qu'une Oraiſon funebre.* Il faloit à Monſieur de Balzac dans l'humeur où il étoit, lorſqu'il deſtina un prix à celui qui montreroit le mieux *que la louange & la gloire appartiennent à Dieu en propriété*; il lui faloit, dis-je, d'autres Exécuteurs Teſtamentaires, que ceux qu'il a eus; car il eſt viſible, que s'il n'a pas prétendu ôter aux grands Princes la gloire qui leur eſt duë, il a pour le moins ſouhaité qu'on ne mêlât pas leurs louanges avec celles de Dieu. Il faloit pour le moins laiſſer à Dieu ſeul la journée, où le prix de Mr. de Balzac ſeroit donné. C'eſt pourtant ce qu'on n'a point fait, car au lieu qu'il ne s'étoit trouvé qu'un ſeul Académicien qui eût laiſſé un fonds pour ceux qui louëroient Dieu, il s'en eſt trouvé trois qui ont établi un prix pour ceux qui louëroient l'une des grandes actions de Sa Majeſté. L'Académie Françoiſe a agréé & loué le zele de ces trois Académiciens, & prend pour donner leur prix le même jour où elle donne celui de Monſieur de Balzac ; de ſorte que contre l'intention de ce grand homme, on partage la gloire entre la Créature & le Créateur, dans le même temps, avec cette différence que celui qui louë le mieux l'une des grandes actions de Sa Majeſté, remporte un prix de trois cents francs ; mais celui qui louë le mieux le Créateur, ne remporte qu'un prix de deux cents livres.

Je l'ai déja dit, il n'y a que les circonſtances qui choquent ; car du reſte on eſt très-perſuade, qu'il n'eſt point de Roi ſur la terre qui mérite plus de loüanges que LOUÏS LE GRAND. On ne trouve donc à redire ſi ce n'eſt qu'il ſemble, qu'on ait voulu ériger autel contre autel à la même heure, & faire entrer en concurrence les Panégyriſtes de Dieu avec les Panégyriſtes

du Roi, comme ſi c'eût été trop d'honneur à Dieu d'être ſeul le ſujet d'un Eloge, qui devoit obtenir une récompenſe honorable. Pour ne pas dire que ces trois Académiciens en feroient peut-être tout autant, pour qui que ce fût qui régnât en France.

Ni ceux qui aſ-
pirent au prix. Si on vouloit cenſurer les Aſpirans au prix de Monſieur de Balzac, on en trouveroit encore plus de raiſon, car il leur fut impoſſible de compoſer un petit Diſcours de demi-heure ſur le NON NOBIS, DOMINE, NON NOBIS, SED NOMINI TUO DA GLORIAM, ſans faire des digreſſions à la louange de Sa Majeſté. Il y eut même un Docteur en Théologie (A) qui dédia le ſien à Madame la Ducheſſe de Meckelbourg, autrefois Madame de Châtillon, & qui lui dit, que la gloire ne ſauroit être mieux employée, que pour honorer les grandes vertus qui paroiſſent avec tant de perfection, & tant d'excellence, dans la perſonne de ſon Alteſſe Séréniſſime, & qu'encore que les hommes uſurpent la gloire ordinairement, comme il doit le montrer, ſon Alteſſe la poſſede *néanmoins avec tant de juſtice, qu'on peut dire qu'elle lui appartient en propriété.* Il ajoûte qu'elle a de rares perfections, des qualitez éminentes, la plus belle de toutes les ames unie avec le plus beau de tous les corps, un admirable mélange de graces & de vertus, & que les attraits de ſa piété joints à la puiſſance de ſes charmes ont converti le Duc ſon mari. *C'eſt pourquoi*, conclut-il, *bien que je m'engage à prouver que la loüange n'appartient qu'à Dieu, néanmoins puiſque vous participez ſi excellemment à ſes perfections, je ne puis nier qu'on ne doive à une ſi excellente Copie, quelque partie de l'honneur qu'on rend à ce parfait Original : & bien que j'entreprenne de ruiner le Temple de la Gloire, & d'en écarter tous ceux qui vont tous les jours offrir de l'encens à cette Idole, j'y laiſſerai néanmoins toujours un Autel conſacré au mérite de V. A. S. afin que je n'y cherche point d'autre gloire que celle d'être toute ma vie le très-humble*, &c.

Qu'eût dit Monſieur de Balzac, s'il eût vû un Docteur en Théologie aſpirer au prix avec une diſpoſition de cœur ſi étrange, & entrer ſi mal dans le ſens & dans le but de ſon Texte ? Aſſurément il ne prétendit jamais que les Autels de la Gloire demeuraſſent ſur pied, pour . . . . . Mais laiſſons cela.

J'ai dit dans quelqu'une de mes Lettres que c'étoit un privilége des grands hommes, que de ſe contredire. Je dis dans celle-ci que c'en eſt un autre, que de s'emporter, & de ſe vanter. Il faut bien que la derniere de ces deux choſes ſoit leur privilége ; car comment ſouffriroit-on ſans cela que Malherbe (B) eût publié des Ouvrages fort ſérieux, où il ſe donne des éloges plus dignes d'un Capitan de Théatre, que d'un honnête homme. Je n'en veux point charger cette Lettre ; peu s'en faut que je ne m'en faſſe une honte, à cauſe de la communauté de Nature qui eſt entre Malherbe & moi. Au reſte, c'eſt ſans médiſance ce que j'en dis. Dieu me garde de me régler ſur la Maxime (c) qui ſe voit dans les Eſſais de Montagne, *puiſque nous ne pouvons pas arriver à la grandeur, vengeons-nous à en médire.* Si j'avois à reprendre quelcun, ce ſeroit plûtôt les donneurs de loüanges immodérées, que ceux qui ſe laiſſent trop louer. Mais il eſt temps que je

LETTRE IV.

(*) „ Lettr. choiſ. l. 3. lett. 23.
(A) „ Il ſe nomme Mr. de la Volpiliere.
(B) „ Voi. Coſt. déf. de Voit. & Lett. 1. part. p. 116.

„ Voyez auſſi les obſerv. de Mr. Menage ſur Malherbe, p. 331.
(c) MS. *Confer qua* Penſées ſur les Comet. §. 188.

Lettre V. je finisse cette Lettre. Nous parlerons encore de Monsieur Arnaud dans celle qui suit. J'attens de vos nouvelles avec la derniere impatience, & suis votre, &c.

LETTRE V.

Où on applique à Monsieur Arnaud ce qui a été dit en général dans la Lettre précédente.

I. *Diverses causes de l'emportement de Monsieur Arnaud.* II. *Il a été fort loué, & s'est acquis une grande réputation.* III. *Remarque sur le caractere de l'éloquence de Messieurs de Port-Royal.* IV. *Livres composez par Monsieur Arnaud depuis sa sortie de France.* V. *Examen de la Maxime*, il n'y a que la verité qui offense. VI. *Les Jesuites n'ont pas été, en état de reprocher aux Jansénistes, que leur stile emporté étoit un relâchement de la Morale de Jésus-Christ.*

MONSIEUR,

I.
Diverses causes de l'emportement de Mr. Arnaud.

Vous direz tant qu'il vous plaira, que la digression est ma figure favorite, comme l'Ironie l'étoit du philosophe Socrate, vous aurez bien de la peine à me corriger de ce défaut. Je ne fais pas tous les efforts que je pourrois faire pour seconder vos loüables intentions, parce que si je me renfermois exactement dans mon sujet, je ne dirois pas des choses qui valussent mieux, que celles que je rencontre en m'égarant. Mais je puis dire de-plus, pour justifier les digressions de ma Lettre précédente, que j'y ai presque toûjours en vûë Mr. Arnaud ; car si vous y prenez garde, tout ce que j'ai remarqué sur les causes de l'emportement des grands hommes, se peut raporter à ce Héros de Port-Royal.

Il a reçu de la Nature le tempérament qui forme l'activité & la pénétration de l'esprit, & qui fait vouloir ardemment & fortement tout ce qu'on veut. Jamais homme n'a plus étudié, ou médité, ou composé que lui. Ses occupations ont été non seulement fort sérieuses, mais aussi fort contentieuses ; car il a eu toûjours à combattre contre les Jésuites, dont la haine lui étoit héréditaire. Je l'ay autrefois comparé à Annibal trop opiniatrement persécuté par les Romains : je ne sais si je ne pourrois pas le comparer au même Annibal promettant à son Pere dès ses plus tendres années, qu'aussi-tôt qu'il seroit en âge de porter les armes, il feroit la guerre à ces mortels ennemis de sa patrie (car c'étoit l'opinion qu'il avoit d'eux.) On sait que Monsieur Arnaud est fils de ce célebre Antoine Arnaud, Avocat au Parlement de Paris, qui plaida si éloquemment pour l'Université contre les Jésuites l'an 1594. & qui n'oublia rien pour persuader aux Juges, qu'il ne faloit point les souffrir dans le Royaume. Cette action le rendit odieux à toute la Société, autant ou plus que la Société ne lui étoit odieuse. Il est fort apparent qu'il inspira à ses fils les sentimens qu'il avoit pour les Jésuites ; au moins est-il bien certain qu'en cela ils n'ont point dégénéré de la vertu de leur Pere. Celui dont je vous parle étant d'un naturel plus ardent que ni Monsieur Arnaud

d'Andilli, ni Monsieur l'Evêque d'Angers, ses freres, s'est engagé plus avant qu'eux dans le combat contre les Jesuites, & a essuïé aussi de plus rudes persécutions. Il s'est vû contraint d'abandonner la Sorbonne, de la Maison de laquelle il étoit Docteur, & de se confiner dans le Couvent de Port-Royal, où il a demeuré enfermé plusieurs années, écrivant toûjours pour la cause de Jansénius, avec le regret de la voir opprimée sous le crédit, & sous la cabale de ses ennemis. C'étoit proprement jetter du bois dans le feu, & fournir un aliment continuel à une passion dévorante. Voilà bien des choses qui nous apprennent, d'où vient que Mr. Arnaud est si fier, & si emporté dans ses Ecrits.

Après que le démêlé des Jesuites & des Jansénistes eût été assoupi l'année 1668. Monsieur Arnaud ne fut pas sans exercice. Il s'occupa tout entier à soûtenir le démêlé, qui s'étoit mû quelques années auparavant entre Monsieur Claude, & l'Auteur de la perpétuité de la foi, qu'on croit être Mr. Nicole. Jamais guerre de plume n'a fait plus de bruit que celle-là, ni n'a été soûtenuë de part & d'autre, avec plus d'esprit, plus de savoir & plus d'éloquence. La bile de Monsieur Arnaud s'y est étrangement échaufée, soit parce qu'étant accoûtumé à vaincre des Légions entieres de Molinistes, il trouvoit insupportable qu'un seul Ministre de Charanton se défendît si bien contre lui ; soit parce qu'il voyoit une bonne partie des Catholiques loüer hautement les Ouvrages de Mr. Claude, & témoigner quelque crainte qu'il ne remportât toute la victoire. Il continua à s'échaufer prodigieusement sur la Controverse de l'inamissibilité de la Grace ; & enfin les mauvais offices qu'on lui a rendus auprès du Roi, auquel on a fait acroire que Mr. Arnaud étoit un Esprit factieux, l'ayant obligé de s'exiler volontairement, sa bile s'est aigrie plus que jamais, & avec d'autant plus de raison qu'on lui faisoit quitter la partie sous des prétextes qui le flétrissoient, & ceder à des ennemis dont le crédit étoit monté au comble de la puissance; ce qui faisoit évanoüir les veilles & les travaux de Messieurs de Port-Royal. Pour peu qu'on ait de disposition naturelle au chagrin, voilà dequoi en concevoir contre la plus grande partie du monde.

11.
Il a été fort loué, & s'acquis une grande réputation.

Pour cette autre cause de l'emportement des grands hommes, qui consiste dans la bonne opinion qu'ils conçoivent de leur mérite, tant sur la découverte qu'ils en font eux-mêmes un peu trop curieusement, que sur les louanges excessives qu'ils reçoivent de leurs amis, il n'y a point d'homme en qui elle ait dû faire éclater davantage sa force, qu'en Monsieur Arnaud ; car il a commencé de si bonne heure à donner des marques d'un grand esprit, & à être aplaudi d'une maniere très-distinguée, qu'il est moralement impossible qu'il se soit défendu des piéges de la vanité. Je ne saurois mieux vous donner l'idée de la réputation qu'il s'est acquise dans son parti qu'en me servant des expressions d'un cébre (*) P. de l'Oratoire, que vous ne cessez d'admirer, & qui est très-bien instruit de ce dont il parle. Voici ce qu'il dit dans une Réponse qu'il vient de faire au Livre de Monsieur Arnaud, *Des vrayes & des fausses Idées.* (A) *La réputation de Monsieur Arnaud domine de telle maniere dans l'imagination de bien des gens, qui d'ailleurs pourroient juger des choses par eux-mêmes, que je crois devoir les obliger par mes réponses, ou à se taire,*

(*) „ C'est l'Auteur de la Recherche de la verité.

(A) „ Pag. 2.

faire, ou à examiner les contestations sur lesquelles ils veulent opiner. Et dans la page 10. *je savois bien ce que fait sur l'esprit une prévention de cinquante années; la considération où est Monsieur Arnaud dans un parti, qui l'a toûjours regardé comme le généreux défenseur des sentimens contraires aux miens, & tant d'autres qualitez qui ne donnent que du mépris pour tout ce qui peut venir d'une personne qui me ressemble.* Et ailleurs: (*) *Je serai content pourvû que vous soyez persuadé, que Monsieur Arnaud n'a pas pû prendre le change, ni dû le donner aux autres ...... & surprendre ainsi le Public par la réputation qu'il a heureusement acquise, & dont j'appréhende pour lui qu'un jour il ne rende compte.* Et dans la page 45. *J'ay sur les bras deux puissans Adversaires, Monsieur Arnaud & sa réputation: Monsieur Arnaud, la terreur des pauvres Auteurs, mais qu'on ne doit pas néanmoins craindre beaucoup, lors qu'on défend la vérité; & sa réputation qu'on a grand sujet d'appréhender, quelque vérité qu'on soutienne. Car c'est un phantôme épouvantable qui le précede dans les combats, qui le déclare victorieux, & par lequel je suis déja depuis trois ans au nombre des vaincus.* Et en un autre endroit. (A) *Je ne suis pas, comme Monsieur Arnaud, aguerri dans les disputes. Quand il parle, la prudence veut qu'on ait de la défiance: sa réputation, son esprit, ses manieres, & même a l'égard de bien des gens l'état de ses affaires, imposent étrangement. Mais moi, je n'ay nulle adresse ni nulle qualité pour ce que la vérité ne soûtient pas. Desorte que si ma réputation est un préjugé qui peut favoriser l'erreur, & contre lequel on doit être en garde, certainement je puis dire que celle de Monsieur Arnaud est capable de faire entrer dans l'esprit, les erreurs les plus dangereuses & les plus insoûtenables. Il me semble que pour renverser ces sentimens, il suffit de réfuter les raisons qui les appuyent; ..... mais quand j'aurois détruit l'ouvrage de Monsieur Arnaud de fonds en comble, j'appréhenderois encore avec raison que sa réputation ne fût un préjugé assez fort pour le rétablir, & pour l'affermir dans l'esprit de bien des gens.*

Il y a une éloquence si naturelle & si forte dans ces passages, que j'aurois été tenté de les insérer dans cette Lettre, quand même ils n'auroient pas servi de preuve à ce que j'avois à confirmer. Si vous ne le saviez pas, vous apprendrez en lisant cecy, que Monsieur Arnaud & l'Auteur de *la Recherche de la vérité* sont aux prises. La chose se passe jusqu'icy assez honnêtement. Ce sont deux Génies d'une grande pénétration, & s'ils se poussent à bout sur les véritez abstraites de la Métaphysique, de telle sorte qu'ils soient obligez à s'expliquer rondement, il nous meneront bien loin, & renverseront bien les Systêmes de Théologie.

Si la remarque de Monsieur Sorbiere est juste, Mr. Arnaud n'a pas bien connu le prix des louanges qu'on lui a données; car il est certain qu'elles ont prévenu son expérience, & qu'elles l'ont accueilli, pour ainsi dire, à son avenement au monde; & s'il les a prises au pied de la lettre, il est sûr qu'il regarde toute la terre au-dessous de lui depuis très-long-temps. Quels rafinemens de louanges ne verroit-on pas, si on imprimoit tous les éloges qui lui sont venus par la poste! J'ay ouï dire à un fort savant Ecclésias-

tique pourvû d'un Bénéfice considérable, & en passe d'en avoir un jour de meilleurs, qu'il renonceroit avec joye à toute sa fortune présente & à venir, pour être simple Copiste de Monsieur Arnaud. Vous avez peut-être ouï dire des choses encore plus fortes; & peu de personnes liront cecy, sans se souvenir d'avoir vû élever Monsieur Arnaud au-dessus des nuës. Or si on en a tant dit en son absence, jugez de la profusion de ceux qui lui ont écrit des Lettres; ou qui l'ont loué dans leurs Livres. Je me souviens à ce propos que l'illustre Monsieur Ménage, voulant justifier la conduite qu'il avoit tenuë dans son Eglogue intitulée *Christine*; où s'étant donné le nom de Ménalque, il se fait donner de grands éloges par le Berger Daphnis; répond à ses Censeurs ce que je m'en vais vous copier: *Je sais bien que toutes ces louanges qui ont été mal reçuës, & mal interpretées par quelques* (B) *personnes, sont bien au-dessus de celles que je mérite: mais outré que la Poësie aime l'Hyperbole ...... il est très-vrai que toutes ces louanges & même de plus grandes; m'ont été données par plusieurs Ecrivains de mes amis, comme je le pourrois justifier, s'il en étoit question.* Il ajoûte, *que quand il s'est introduit lui-même sous le nom de Ménalque, il s'est introduit parlant de soi avec modestie, & rejettant bien loin toutes ces louanges.* C'est la seule chose qui le puisse justifier; car ce qu'il dit ensuite, que selon le privilége des Poëtes, il eût pû se louer lui-même, n'est qu'une honnêteté ou une complaisance pour Malherbe, & pour le Jésuite Casimir Sarbiewski, dont il raporte une Ode la plus belle & tout ensemble la plus fanfaronne du monde. Voyez par l'exemple de Monsieur Ménage, combien d'éloges les grands hommes sont sujets à recevoir. Encore un coup je crois qu'il y en a un terrible nombre parmi les papiers de Mr. Arnaud.

Après tout ce que je viens de dire, il y a moins lieu de s'étonner, que cet habile homme ait écrit d'une maniere si emportée. On croit que c'est lui qui a donné aux Ecrivains de Port-Royal, cette idée d'éloquence qui a régné dans leurs Ecrits, & qui outre toutes choses, & principalement l'invective. Monsieur l'Abbé de Villars leur en a fait la guerre de fort bonne grace, dans sa réponse pour le P. Bouhours, à la Critique des Entretiens d'Ariste & d'Eugene. Il supposoit faussement que ces Messieurs avoient composé cette Critique (ce qui faisoit voir dès lors que Monsieur d'Aucour étoit digne d'entrer dans l'Académie Françoise, comme il a fait depuis peu à la place de Monsieur de Mézerai) ou qu'ils avoient fourni des Mémoires à Cléanthe. Dans cette fausse supposition il les maltraira en divers endroits, mais surtout dans celui (c) où il s'agit des hyperboles injurieuses, qui leur avoient été reprochées par l'Auteur des Entretiens, ou plûtôt par le Jésuite Vavasseur, dans un Ouvrage Latin qu'il adressa à Monsieur Arnaud en l'année 1653. Il s'intitule *de Libello Suppositio*: Je l'ay lû il n'y a pas long-temps avec beaucoup de plaisir; on y explique & on y censure le caractere de l'éloquence de ces Messieurs, & entre autres vices, on y remarque les expressions emportées. "Si "les ennemis des Jansénistes (dit le P. Vavas-"seur) affirment quelque chose, c'est *par la* "*plus*

Mr. Ménage se trouve à peu près dans le même cas.

III. Du caractere de l'éloquence de Mrs. de Port-Royal.

(*) "Pag. 29.
(A) "Pag. 239.
(B) "Entre autres, par M. Boileau le Traducteur d'E- "pictete, qui a fait un Discours intitulé, *Avis à Mr. Ménage, &c.*

(c) "Traité de la Délicatesse, Dial. 2.

Lettre
V.

« *plus étrange témérité, ou par la plus grossiere* « *ignorance qui fût jamais.* S'ils nient quelque « chose, *c'est par la plus grande & la plus punis-* « *sable de toutes les hardiesses.* S'il objectent ou « s'ils réfutent quelque chose, *c'est par la plus* « *sanglante de toutes les invectives.* Il n'est pas « jusqu'aux sommaires, aux titres, & aux « narrations, où doit régner la plus grande sim- « plicité du monde, qu'ils n'embellissent de ces « agréables ornemens, *par la plus insigne de tou-* « *tes les fourberies : par la plus lâche prévarication* « *qui fût jamais : par une audace qui n'eut ja-* « *mais de pareille : par une ignorance grossiere &* « *stupide : par une hardiesse insupportable : par une* « *insolence punissable.* » Le P. Bouhours n'a pas oublié de joindre aux remarques de son Confre-re, les injures qui le concernoient personnelle-ment ; car il rapporte (*) que celui qui a réfuté la Lettre à un Seigneur de la Cour, s'est servi des épithetes suivantes, *une impertinence signa-lée, un égarement prodigieux, un attentat insup-portable, un emportement diabolique, un effroïa-ble excès de malice & de folie.*

IV.
Livres compo-
sez par Mr. Ar-
naud depuis sa
sortie de Fran-
ce.

Mais de tous les Ouvrages de Messieurs de Port-Royal, ceux qui me semblent les plus em-portez, sont les Livres que Monsieur Arnaud a mis en lumiere depuis sa sortie de France. Il a commencé par une nouvelle défense de la Tra-duction de Mons, contre un Docteur de Sor-bonne nommé Mallet, dévoüé aux ennemis des Jansénistes, & a continué par l'Apologie des Ca-tholiques, contre les Dialogues sur *la politique du Clergé.* Outre toutes les causes de chagrin que je vous ay étalées, il en voit une particuliere con-tre le Nouveau Critique de la Traduction de Mons, parce qu'ayant demandé permission de le réfuter, il ne l'avoit obtenuë qu'avec peine, & sous une condition qu'il ne crut pas devoir accep-ter; ce qu'il prit pour une marque que les ordres de S. M. qui avoient défendu aux parties d'écri-re les unes contre les autres, n'avoient pas été faits pour les Jésuites, mais seulement pour Mes-sieurs de Port-Royal. Mr. Arnaud vengea le par-ti sur le pauvre Docteur Malet, & l'écrasa, pour ainsi dire. On tient que c'est l'un de ses meil-leurs Ouvrages. J'ay admiré comment il avoit pû finir le second tome, d'une maniere qui ne respi-re que la dévotion, après avoir dit tant d'inju-res à son adversaire. Cela fait bien voir, comme l'Apôtre St. Jacques (A) le dit, & le désaprouve, que la bénédiction & la malédiction partent de la même bouche, & que par la langue nous bénis-sons Dieu notre Pere, & maudissons les hommes créez à l'image de Dieu. Cette réflexion n'a pas fait que j'aye été moins touché d'une conclusion aussi pieuse, que celle de ce second tome. Vous n'y avez pas peut-être pris garde en lisant le Li-vre. Si cela est, je vous conseille d'y revenir. Il y en a qui ont cru y reconnoître, que Mr. Ar-naud n'est point sorti du Royaume avec des sen-timens semblables à ceux de Scipion l'Africain. Celui-ci (B) maltraité par les Romains, se retira dans sa Maison de Campagne, & ordonna par son testament, que ses os ne fussent point portez à Rome, & que l'Inscription de son tombeau fît foi, qu'il n'avoit pas voulu que son ingrate patrie les possédât. Si vous n'avez pas les yeux assez bons pour voir, dans le discours que Mon-sieur Arnaud adresse à Dieu à la fin du second to-

me, qu'il souhaiteroit de ne mourir pas exilé, ne laissez pas de m'aprendre votre jugement sur ce beau passage.

V.
Examen de la
maxime, il n'y
a que la vérité
qui offense.

Les injures que cet Auteur à versées à grands flots sur Monsieur Mallet, sont des douceurs en comparaison de celles qu'il a répanduës dans son Apologie pour les Catholiques. On croit avec quelque apparence de raison, que ce violent accès de colere vient des attaques sourdes, que l'Auteur *de la Politique du Clergé* a livrées à Mrs. de Port-Royal, en renouvellant contre eux les accusations de Déïsme, ou de Socinianisme, que les Jésuites leur ont tant de fois intentées. On n'a pas oublié sur cela le vieux quolibet, *qu'il n'y a que la vérité qui offense.* Mais comme il faut ren-dre justice à tout le monde, je me crois obligé d'avoüer qu'il y a plus de malignité que de so-lidité dans cette remarque. Je ne touche point au fonds de l'affaire, ni ne veux examiner si les Jan-sénistes croient, ou ne croient pas tout ce qu'ils disent; je dis seulement que la Maxime, *il n'y a que la vérité qui offense,* est un quolibet qui ne prouve rien ; car il est bien vrai qu'en quelques rencontres nous nous moquons d'une accusation parce qu'elle est fausse, ou en sommes en colere parce qu'elle est vraye ; mais il y a cent autres rencontres où l'accusation nous est d'autant plus sensible, que nous sommes persuadez de la fausseté.

Qu'on dise d'une femme, qu'elle est laide, on l'offense mortellement si elle l'est ; mais si elle est belle, l'injure ne lui fait aucun déplaisir. Qu'on dise qu'elle se gouverne mal, on l'irrite, soit que l'on mente, soit que l'on ne mente pas. D'où vient cette différence ? La voici à mon avis, quand on nous accuse d'une chose dont la faus-seté est manifeste, nous ne faisons qu'en rire ; c'est pour cela qu'une belle femme auroit plus de pitié que de colere, pour un homme qui l'accu-seroit de laideur ; au lieu que si on l'accusoit de certains défauts corporels, dont elle ne pourroit pas se justifier hautement, on lui causeroit un chagrin horrible ; & plus fâcheux encore si l'ac-cusation étoit véritable, que si elle ne l'étoit pas. C'est à peu près la raison pourquoi les femmes que l'on accuse d'un commerce deshonnête s'en fâchent extrêmement, quelque vertueuses qu'el-les soient ; car il n'en va pas de la beauté de l'a-me comme de celle du corps ; celle-ci paroissant aux yeux du Public justifie sur le champ les bel-les femmes, que l'on auroit l'impudence d'ap-peller laides ; mais la plus austere vertu ne se pouvant produire au-dehors que par des signes équivoques, parce qu'on les peut contrefaire, la justification d'une femme injustement accusée de mauvaises mœurs, ne peut point aller jusqu'à une évidence sensible ; & ainsi une honnête femme a toûjours lieu d'apréhender qu'il ne reste quel-ques soupçons dans les esprits ; desorte qu'elle se chagrine & qu'elle s'irrite contre son calom-niateur, selon toute l'étenduë de la sensibi-lité qu'elle a pour la gloire. D'où il s'ensuit, qu'il n'y auroit rien de plus injuste que de lui aller citer le quolibet, *il n'y que la vérité qui offense.*

De l'origine de
cette maxime.

Ce qui a donné naissance à ce quolibet, suf-fit pour le réfuter ; car il est sûr qu'il est venu de ce que les personnes justement accusées de quel-que fautes, affectoient de se fâcher extraordi-nairement

---

(*) „ Entret. 2. d'Ar. & d'Eug.
(A) „ Chap. 3. v. 9. 10.
(B) *Voluntarii exilii acerbitatem non tacitus ad inferos tu-*

lit, sepulchro suo inscribi jubendo. INGRATA PATRIA NE OSSA QVIDEM MEA HABES. Valer. Maxim. l. 5. cap. 3.

nairement, afin de perſuader au monde qu'on les
accuſoit à tort. Cela ſuppoſe que le monde eſt
naturellement prévenu de cette penſée, que l'innocence s'irrite contre les calomniateurs; & en effet les anciens Payens n'approuvoient pas qu'une
femme vertueuſe traitât de bagatelle (*) la médiſance. Ils croïoient que celles (A) qui ne redoutoient pas la mauvaiſe réputation, ne craignoient
pas le crime; & c'eſt apparemment ſur ce pied-
là que nous jugeons encore aujourd'hui, qu'un
homme qui ſe plaint trop froidement d'avoir été
offenſé, nous fait un conte. Vous trouverez
dans la vie de Démoſthene (B) un fait qui confirme pleinement cela. Un homme qui le vouloit
prendre pour ſon Avocat, lui racontoit froidement qu'il avoit reçu des coups de bâton. Démoſthene n'en crut rien, juſqu'à ce qu'il l'eût vû
ſe mettre en colere de ce qu'on doutoit de ſa
bonne foi. Cicéron ne (C) croïoit pas qu'un Accuſateur qui parloit trop poſément, fût perſuadé
de ce qu'il diſoit. Il faloit donc anciennement
que ceux qui vouloient perſuader que la vérité
étoit pour eux, (D) priſſent la matiere à cœur:
c'eſt ce qui a donné naiſſance au Proverbe que
j'examine, & ainſi la colere que l'on témoigne
quand on ſe voit accuſé, eſt depuis long-temps
un ſigne très-équivoque. Originairement il appartient à ceux que l'on calomnie, mais les autres s'en ſervent par uſurpation. D'où je conclus que l'animoſité exceſſive de Monſieur Arnaud contre ceux qui ont accuſé de Déïſme, ou
de Socinianiſme, le Port-Royal, ne prouve ni
pour ni contre. Quoiqu'il en ſoit, il s'en faut
beaucoup quel'emportement qu'iltémoigna contre les Jéſuites (E) il y a environ trente ans en ſemblable cas, ne ſoit auſſi farouche que celui qui
paroît dans ſa Reponſe à la *Politique du Clergé*.

VI.
Jéſuites
: pû repro-
aux Jan-
tes leur
ortement.

Je veux bien vous dire icy, Monſieur, qu'encore qu'il ſoit très-permis de repouſſer vigoureuſement la calomnie, Monſieur Arnaud ni ſes Confreres n'ont pas eu raiſon de ſe ſervir d'une éloquence auſſi aigre,& auſſi chargée d'injures, que
celle qu'ils ont adoptée. Ils ont aſſurément en
cela donné beaucoup de priſe ſur eux à leurs ennemis. Il eſt vrai qu'ils ont eu à faire à des gens
qui n'étoient pas en état de leur reprocher quelque choſe ſur ce chapitre, parce qu'ils étoient
eux-mêmes fort emportez. Ainſi les Janſéniſtes
ont pû reprocher aux Jéſuites, tant qu'il leur
a plû, le relâchement de leur Morale, ſans craindre que les Jéſuites puſſent leur reprocher le mépris de ce grand & inviolable précepte de l'Evangile, qui nous défend d'injurier notre prochain.
Je dis que ce précepte eſt inviolable, & qu'il eſt
étonnant qu'il ſe ſoit trouvé des Théologiens, qui
ont voulu juſtifier par l'Ecriture les excès de leur
tempérament bilieux. On m'a prié de réfuter ce
dangereux Paradoxe.Ne trouvez-vous pas à propos que je le faſſe en cet endroit? Je vous nommerai quelque jour les perſonnes qui m'ont fait
cette priere, & je m'aſſure que vous conviendrez qu'elles méritent bien d'autres marques de
complaiſance. Nous verrons ſi je pourrai m'acquitter de leur Commiſſion, mais non pas dans
cette Lettre; ce ſera,s'il vous plaît,dans celle qui
ſuivra celle-ci. Le ſujet merite bien qu'on lui
deſtine un lieu à part. Je ſuis votre, *&c.*

Où on examine ſi l'exemple de Jéſus-Chriſt &
des Apôtres, peut juſtifier les Auteurs qui
écrivent d'un ſtile emporté.

*I. Les Janſéniſtes ont fait l' Apologie des Ecrits bur-
leſques & emportez, par l'Ecriture, & par les
Peres. II. Injuſtice de ce procédé. III. Les
Jéſuites l'avoient déja ſuivi. IV. Le Cardinal
Baronius l'avoit auſſi ſuivi en écrivant contre la
Monarchie de Sicile. On explique ce que c'eſt.
V. Que l'Ecriture nous commande la modération.
VI. Examen des paſſages qui ſemblent favoriſer
l'emportement. VII. La connoiſſance parfaite que
Jéſus-Chriſt & ſes Apôtres avoient des défauts
d'autrui, & leur pleine autorité, leur donnoient
plus de droit que nous n'en avons, d'uſer de termes offenſans. VIII. Inconveniens qui naiſſent
de la methode de ceux qui juſtifient leurs invectives par la parole de Dieu. IX. Remarque ſur
ce qu'on s'autoriſe de l'exemple des anciens Peres. Les Janſéniſtes & les Jéſuites le font. X.
L'Auteur ne ſait pas ſi les premiers Réformateurs l'ont fait. Le P. Bouhours cité. XI. Remarque ſur l'aigreur du ſtile qu'on reproche aux
premiers Réformateurs. XII. L'emportement eſt
moins blâmable en Latin qu'en Langue vulgaire.
XIII. Quelle eſt la raiſon de cela. XIV. La
lecture des Anciens peut inſpirer la mauvaiſe coûtume de ſe loüer ſoi-même. XV. Enthouſiaſmes à
la louange de Mr. Arnaud. Nom de Dieu donne au Cardinal de Richelieu.*

MONSIEUR,

Je n'ai point préſentement le gros Livre de
Monſieur Arnaud ſur le renverſement de la Morale, ni ne me ſouviens plus de quelle maniere
il y juſtifie dans un Chapitre exprès, la véhémence & l'aigreur des expreſſions; mais je me
ſouviens d'un autre Ouvrage de Port-Royal, où
avec toute la gravité poſſible, on entreprend la
défenſe des Pieces burleſques que l'on fait pour
tourner les gens en ridicule, & des invectives
les plus fortes. Cet Ouvrage a été réïmprimé
depuis peu par les ſoins des Janſeniſtes,auſſi-bien
que le Poëme burleſque auquel il ſert de Protecteur, & qui s'apelle, *Les enluminûres du fameux Almanach des PP. Jeſuites, &c.* Il n'eſt
pas neceſſaire de vous en dire davantage; vous
vous remettrez ſuffiſamment ces Livres-là, qui
ſont publics depuis trente ans. Ne m'avouerez-
vous pas, Mr.que l'Apologie des Enluminûres eſt
quelque choſe de bien ſcandaleux? Si on l'eût
faite d'un air badin, & ſans y mêler la Religion,
on en pourroit rire tout de même que d'une autre piece de plaiſanterie; mais au lieu de cela,
on y prend un air ſérieux, & on y prouve fort
gravement, par l'exemple, & par l'autotité des
Peres, qu'il eſt permis de bouffonner; (car c'eſt
à quoi rend cet Auteur, puis qu'il a pour but
de juſtifier les Enluminûres) & ce qu'il y a de
plus étrange, on fait venir ſur la Scene non ſeulement

I.
Les Janſeniſtes
ont fait l'Apo-
logie desEcrits
burleſques &
emportez.

(*) „ MS.Voi.Apulée.Apol.près du commencement.
„ *Eſt enim prudentis animi & verecundi,*
„ *Vel falſa vituperatione gravari,* &c.
(A) *Quæ poteſt non timere opinionem adulterii,poteſt non
timere adulterium.* Seneca l. 2. Controv. 7.

(B) *Apud Plutarchum.*
(C) *An iſta ſi vera eſſent, ſic à te dicerentur.* Cicero.
(D) *Tu iſtud, M. Calidi, niſi fingeres,ſic agares?* Valer.
Max. l. 8. c. 10.
(E) „ Voi. ſa ſeconde lettre.

lement Elie se moquant des fausses Divinitez, mais aussi Dieu lui-même raillant Adam après sa déplorable chûte. On passe ensuite à la justification des injures que l'on dit à ses Adversaires, & l'on prouve non seulement par les Peres de l'Eglise, mais aussi par l'exemple de Jésus-Christ & de ses Apôtres, que c'est une fort bonne œuvre & un acte de charité. Si tout le monde abusoit ainsi de la parole de Dieu, je vous avouë, Monsieur, que je ne trouverois pas si étrange, que l'on défendît de la lire.

N'est-ce pas une chose bien surprenante, que non contens d'avoir des défauts, nous voulions encore les canoniser, nous tâchions de les rendre vénérables sous la protection divine? Cela ne me semble guéres meilleur que la prétenduë pieté de ceux qui partagent avec Dieu leurs brigandages. Que dis-je, meilleur? Cela me paroît beaucoup plus méchant que cette prétenduë pieté; car au moins celui qui rend à Dieu ce qu'il a pris au monde, fait part à Dieu de quelque bien; mais celui qui couvre ses emportemens, ou ses goguenarderies, sous le manteau de la parole de Dieu, fait tomber sur la divinité même, entant qu'en lui est, le blâme & le châtiment qu'il mérite. Quel scandale ne seroit-ce pas à un Payen nouvellement converti, & charmé de la Morale Evangélique, si on lui montroit par l'Ecriture, qu'il est permis de bouffonner & de dire aux gens toutes les injures imaginables? Quelle idée ne se formeroit-il pas de notre sainte Religion? Que ne diroit-il pas de Dieu même, si on lui permettoit de donner un sens littéral aux paroles de la Genese, dont on abuse pour justifier la raillerie? On eût été fort obligé à ces Messieurs, s'ils se fussent contentez de repousser par des inventions burlesques, ou par des invectives violentes, les Ecrits de même nature que l'on publioit contre leur parti. Pourquoi n'en point demeurer-là? Pourquoi faloit-il que l'Ecriture & les Peres en pâtissent? Vous ne haïssez point la raillerie, ni moi non-plus; mais au moins avons-nous la discrétion de ne pas prétendre que ce soit une vertu Chretienne. Nous avouons que c'est un défaut, & une suite du peché originel, dont nous nous serions déja guéris, si notre régeneration étoit un peu plus avancée. Nous avouons la même chose des injures qui nous échapent, & je me souviendrai toute ma vie, qu'un jour que nous avions lû une (*) Satyre burlesque, où on tourne cruellement en ridicule le Président Lizet, nous souhaitâmes (A) que ceux qui la donnent à Théodore de Beze, ne dissent point vrai. Car si on a fort bien dit, que Moliere, tout Comédien qu'il étoit, ne devoit pas prostituer son génie à composer des (B) Farces, qui le défiguroient extrêmement, combien plus étoit-il indigne de Théodore de Beze, de plaisanter de cette force? Reconnoit-on là ce grand homme qui se fit tant admirer au Colloque de Poissi? J'avouë que les Livres de Controverse de ce Président Lizet

étoient pitoyables; mais ils ne s'ensuit pas qu'il fût bien-séant à un chacun de le bafouër. Nous n'oubliâmes pas à ce propos ce bon mot d'une ancienne (c) Comédie:

- - - Nam si ego digna hac contumeliâ
Sum maximè; at tu indignus qui faceres tamen.

Ce fut moi qui vous en fis souvenir, & en récompense vous me citâtes deux beaux passages, l'un de (D) Polybe, l'autre de (a) Saluste, qui reviennent à la même chose. Je les mets à la marge en faveur de ceux qui entendent le Latin, mais qui n'aiment pas à se détourner de leur lecture, pour chercher les passages qu'on leur indique.

Comme les Jesuites ont eu besoin de tout tems de justifier l'aigreur qui se remarque dans leurs Ecrits, ils ont le malheureux avantage par-dessus les Jansenistes d'avoir commencé bien plûtôt qu'eux, à se couvrir de l'autorité de l'Ecriture, & de celle des anciens Peres. La chose est si connuë qu'il suffit d'en alléguer deux exemples. Le premier sera celui du Jesuite Eudæmon-Joannes, dans sa réponse à la Lettre que Casaubon écrivit au P. Fronton du Duc, touchant la conspiration des poudres. Le second celui du P. Labbe, connu de toute la terre par la multitude de ses Livres, & par l'amour propre qu'il y fait paroître, véritable Copie du Grammairien Appion, que l'Empereur Tibere appelloit (b) *Cymbalum mundi*, & qu'il eût pû appeller plus justement, *publica fama tympanum*. Ceux qui voudront voir les dernieres pages du premier tome qu'il a composé *des Ecrivains Ecclésiastiques*, trouveront qu'après avoir dit plus d'injures à quelques-uns des nôtres, que jamais Harengere de la place Maubert n'en a dit, il s'avise de prévenir sur cela l'esprit des Lecteurs, & de leur aprendre que si quelqu'un s'en scandalise, il doit consulter Jésus-Christ, ses Apôtres & les Peres, qui lui aprendront de quels éloges il se faut servir pour désigner les Heterodoxes; & là-dessus il nous étale les titres donnez par Jésus-Christ aux Pharisiens, & par les Apôtres aux Corrupteurs de la doctrine de l'Evangile, &c. (c)

On pourroit joindre aux Jesuites bien d'autres gens de tout ordre, qui se sont servis du même bouclier de l'Ecriture, & des Peres, pour défendre le fiel dans quoi ils avoient trempé leur plume. Mais je me contenterai de l'exemple du célebre Cardinal Baronius.. Vous savez, Monsieur, combien les Espagnols se sont choquez du Livre qu'il composa contre ce que l'on appelle la *Monarchie de Sicile*, & qu'il inséra dans l'onzieme tome de ses Annales. Vous savez qu'ils ont mis ce volume dans l'indice des Livres défendus. Vous savez aussi que cette *Monarchie de Sicile* est quelque chose de bien singulier, puisqu'on entend par ces mots, un droit qui donne au Roi de Sicile dans ses Etats, autant d'autorité

(*) *Epistola Magistri Benedicti Passavantii.*

(A) „ MS. Mr. le Grand *in Burnet.* dit quelque chose
„ d'aprochant de quelques Pieces d'Erasme.

(B) „ Dans ce sac ridicule, où Scapin s'envelope,
„ Je ne reconnois plus l'Auteur du Misantrope. *Des-*
„ *Preaux, Art Poët. chant* 3.

(c) *Terent. Eunuch. act.* 5. *sc.* 2.

(D) Περὶ τῶν λοιδοριῶν ἠ τί τοῖς ἐχθροῖς ἀπόβει-
ζει, τοῦτο πρῶτον ἠγητέον, ἀλλὰ &c. *Cùm alicui probra dicunt non id primo est attendendum, quod inimicos audire convenias: verùm id, ut summè necessarium est, potius cogitandum quid nos deceat dicere. Illos enim qui irâ atque odiis suis omnia metiuntur, necesse est temerè quidvis effutire, & in*
omnibus quæ dicant modestiæ fines longè migrare. *Polyb.l.* 12.

(a) *Magis quod se dignum foret, quàm quod in illos jure fieri posset, quærebant. Hoc item vobis providendum est, Patres Conscripti, ne plus valeat apud vos P. Lentuli & ceterorum scelus, quàm vestra dignitas, neu magis ira vestra quàm fama consulatis. Cæsar apud Sallust. in bello Catilin.*

(b) *Plinius præf.*

(c) „ MS. Voi. *Theop. Rayn. Erotem.* 9. & l'*Auct. mi-*
„ *seriarum Parei c.* 3. Boule, Essai de l'Histoire des
„ Protestans p. 22. & 23. Voi. *Nicius Erythr. Pin.* 1. p.
„ 241. d'un savant Médisant. *Schookius de san. unc.* p.
„ 99. fait une liste des injures de Gronovius. Voi. Lo-
„ meyer, *Biblioth.* p. 255.

torité sur les choses spirituelles, que le Pape s'en attribuë sur toute l'Eglise. Le Roi d'Espagne qui est à présent Roi de Sicile prétend être Legat à *latere*, & Legat né du S. Siege; & c'est pour cela que ses Vice-Rois exercent la même jurisdiction, qu'un Legat *à latere*. Ils ont droit d'absoudre, de punir, & d'excommunier les Ecclésiastiques, & les Laïques, les Evêques, & les Cardinaux même qui résident dans le Royaume. Quoiqu'ils avoüent que le Pape a conféré autrefois ce privilége, ils ne le reconnoissent pas néanmoins pour Chef, & on n'appelle point d'eux au Tribunal de sa Sainteté: le Roi d'Espagne, disent-ils, est Souverain, & Monarque pour le Spirituel; son droit de supériorité est irrévocable, & ne doit pas être considéré comme délégué, mais comme propre. Aussi voit-on que ce Prince, ou ceux qui exercent sa Jurisdiction en sa place, quoique personnes Laïques prennent la qualité de *beatissimo & santissimo padre*, & président aux Conciles Provinciaux. Desorte que le Royaume de Sicile tombant en quenouille, & ayant été actuellement possédé par la mere de l'Empereur Charles V, une femme a été Chef de l'Eglise de Sicile, & a possédé le titre de *beatissimo & santissimo padre*. Un Auteur moderne bon Catholique conclut de-là fort justement, qu'il n'y a plus lieu de tant crier contre la Reine Elizabeth, qui a pris la qualité de Chef de l'Eglise Anglicane, & il ajoûte agreablement, (*) *que l'on peut dire qu'il y a deux Papes, & deux Sacrez Colléges dans l'Eglise, savoir le Pape de Rome, & le Pape de Sicile, ausquels on peut encore ajoûter le Pape d'Angleterre; car*, dit-il, *le Roi d'Angleterre prétend aussi être le Pape de l'Eglise Anglicane*. Le fondement de cette Monarchie de Sicile est une Bulle, qu'on prétend avoir été accordée par Urbain II. à Roger, & à ceux qui lui succéderoient. Vous savez tout cela, & cependant j'ai cru qu'il faloit le dire ici. Il y a tant de gens qui souhaitent qu'on leur explique les choses qu'ils n'entendent pas, & qui aiment mieux qu'on fasse une digression, que de les laisser à sec, c'est-à-dire, que de ne leur pas faire connoître en quoi consistent les choses dont on leur parle dans un Ouvrage, que j'espere que cette petite explication de la Monarchie de Sicile, plaira à plusieurs Lecteurs.

Pour revenir à Baronius, je dis qu'il s'est extrêmement emporté contre la prétention des Rois d'Espagne. Le Cardinal Ascagne Colonna lui en fit une petite censure, & lui remontra que ce n'est pas ainsi qu'on doit refuter l'erreur. Il lui allegua quelques sentences des Peres, & des Sages du Paganisme, qui nous recommandent de soutenir les interêts de la vérité, sans sortir des bornes de la modestie. Mais le Cardinal Baronius fit peu de cas de la remontrance. Il repondit (A) qu'il avoit reglé son stile sur celui du fils de Dieu, & sur celui des Saints Peres. *Mes Annales Ecclésiastiques*, dit-il, *raportent presque tous les ans une infinité d'exemples de la vigueur, avec laquelle les Peres ont écrit contre les ennemis de la vérité. Ils ont lancé contre eux des discours piquans com-*

me autant de coups de foudre, & c'est en lisant souvent, & en copiant leurs Ouvrages, que je me suis fait un stile semblable, lequel je n'ai pas cru devoir negliger, sachant fort bien que c'est plûtôt un don de l'esprit de Dieu, qu'une production de notre industrie. Paroles horribles! comme si la lecture des Harangues de Ciceron, ou le commerce des Charetiers, & des Harangeres, ou la Nature toute seule dans un tempérament chaud, n'étoient pas assez capables de nous enseigner une maniere d'écrire violente, sans recourir au doigt de Dieu, & aux dons de son esprit. Baronius ne se contente pas de cela, il dit que le zele est une espece de tyrannie insurmontable, qui entraîne, & qui dévore celui en qui il se trouve. Il cite David, & Esaïe, & Jesus-Christ même chassant du Temple à coups de fouët, ceux qui en profanoient la sainteté par un sordide trafic. Il n'oublie pas les funestes suites de la moderation d'Heli, ni les passages où les Apôtres ont employé des termes injurieux; & quand il compare ce qu'il a fait à ce qu'il étoit obligé de faire, il se reconnoît indigne de la pourpre. *Voulez-vous savoir*, dit-il, *le devoir d'un Cardinal? Il doit imiter envers les Rois, la conduite de S. Jean-Baptiste; envers les Egyptiens, celle de Moïse; envers les Fornicateurs, celle de Phinées; envers les Idolâtres, celle d'Elie; envers les Avares, celle d'Elisée; envers les Menteurs, celle de S. Pierre; envers les Blasphémateurs, celle de S. Paul; envers les Profanateurs du Temple, celle de Jesus-Christ; c'est-à-dire, qu'armé perpetuellement de zele contre les pécheurs, il doit les exterminer en tout temps, & en tout lieu.* Epouvantable caractere d'un Ministre ordinaire du Christianisme, qui est la Religion de la souffrance, & non pas celle qui répand le sang de ses Adversaires! Apparemment Baronius se croyoit bien modéré, puis qu'il ne fouëtoit, ni ne faisoit mourir personne, & qu'il prétendoit suivre l'exemple des invectives Apostoliques. Je le redis encore une fois, Monsieur, c'est faire un préjudice inestimable à la Morale de l'Ecriture, que d'en faire un semblable usage; & rien n'est plus propre à persuader aux Esprits forts, que les propositions le plus clairement contenuës dans le Nouveau Testament, sont renversées par d'autres propositions.

Car enfin si la patience, & la débonaireté, ne sont point clairement commandées dans l'Ecriture, quelle chose pourra passer pour claire? Et qu'est-ce qu'un Pyrrhonien ne ruïnera pas par les propres armes de l'Ecriture? Il est certain que l'esprit général de la Religion Chretienne est la douceur, la modestie, l'humilité, la patience. Toute la vie de Jesus-Christ nous est un modele de ces admirables vertus. Ses discours ne respirent que cela; il nous recommande sans cesse de n'offenser personne, non pas même ceux qui nous offensent, & il nous déclare (B), que celui qui aura dit à son frere, *Racha*, meritera d'être condamné par le Conseil, & que celui qui lui aura dit, *vous êtes un fou*, meritera la damnation éternelle. La vie & les exhortations de ses
Apô-

(*) „ Voiez le Livre intitulé, *l'Histoire de l'origine, & „ du progrès des revenus Ecclésiastiques*, par Jerôme à „ Costa, imprimé l'an 1684.

(A) *Habeo post Christum sanctissimos Patres, quorum in scribendo sequar exemplum, qui infractâ animi constantiâ pro tuendâ veritate, adversus eam pugnantes, non humili, enervato, mollique stilo sunt usi, sed grandi, fortique, miscentes etiam reprehensionum acrimoniam, in eos sententias aculeatas instar fulminis intorserunt. Sunt innumera horum exempla, annis fermè singulis in ipsis Annalibus Ecclesiasticis recensita, quorum ex usu, dum lego frequenter atque describo, idem mihi dicendi genus inhasit, quod haud despiciendum putavi, probè sciens illud dono Spiritûs, potius quàm humanâ industriâ comparatum.* Baronius resp. Apolog. adv. Card. Colum.

(B) „ St. Math. ch. 5. v. 22.

Apôtres tendent principalemont à nous former à la pratique de ces vertus. S. Pierre nous propose Jesus-Christ à imiter par ce bel endroit. *Jesus-Christ*, dit-il, (*) *a souffert pour nous, vous laissant un exemple afin que vous marchiez sur ses pas, lui qui n'avoit commis aucun péché, & de la bouche duquel nulle parole trompeuse n'est jamais sortie. Quand on l'a chargé d'injures, il n'a point répondu par des injures : quand on l'a maltraité, il n'a point fait de menaces, mais il a remis sa cause entre les mains de celui qui juge selon la justice.* Et nous croyons après cela pouvoir remplir un Livre d'injures atroces, contre la réputation d'un homme que nous désignerons par son nom; nous croirons, dis-je, le pouvoir faire sans nous éloigner de l'esprit de l'Evangile? Pur abus, pure illusion. Cela seroit fort commode, je l'avouë; & que ne donneroient pas les Dévots bilieux, pour pouvoir dire qu'en déchirant les gens, on fait une œuvre de miséricorde? La bonne vieille qui lisant le Décameron de Bocace s'écria, *Plût à Dieu que ceci fût dire ses heures!* n'auroit pas eu plus de joye d'aprendre que son vœu étoit exaucé, qu'en auroient tous ces Messieurs, de savoir qu'on accomplit parfaitement les préceptes de l'Evangile, en disant bien des injures. L'invention eût été bonne pour trouver facilement de bons Chretiens.

Mais, dira-t-on, c'est un fait incontestable, 1. que S. Jean-Baptiste a nommé *engeance de viperes*, les Pharisiens & les Saducéens. 2. que Jesus-Christ a donné aux mêmes Pharisiens plusieurs noms infâmes, comme celui d'hypocrites, celui d'insensez, celui de sépulcres blanchis, de serpens, d'aveugles, &c. 3. que les Apôtres se sont servis plusieurs fois dans leurs Epitres de termes très-offensans, pour ceux qui traversoient leur saint Ministere. Voilà, Mr. une objection qui paroît terrible : si je ne l'examine pas à fond, ne dira-t-on pas que c'est par finesse, & par crainte de n'en point sortir honorablement? On en dira ce qu'on voudra, j'ai promis de la réfuter ; je m'en fais fort sans m'engager bien avant dans la matiere : n'est-ce pas assez? Qu'un autre fasse le reste.

I. Je répons premierement, que les Ecrivains que l'on appelle emportez, ne se renferment pas dans les bornes des exemples qu'ils alleguent; car il est certain qu'ils se servent d'injures incomparablement plus accablantes, qu'ils les exaggerent, & les outrent, & qu'ils n'oublient rien pour leur donner plus de poids.

II. Il faut savoir en second lieu, que presque tous les exemples empruntez de l'Ecriture sont généraux, je veux dire, qu'ils ne concernent pas une certaine personne marquée & désignée, mais en général les personnes qui font certaines choses, que l'on sait être mauvaises. Cela fait une grande différence. Car il est fort permis à tout bon Chretien de dire, que les hypocrites sont des gens abominables; que les médisans sont les pestes de la Société; que les traitres ont l'ame basse, & diabolique ; que ceux qui abusent de la simplicité des bonnes ames, pour les détourner de la vérité, & pour introduire le désordre dans le monde, sont des Emissaires de Satan. Mais quand il s'agit d'appliquer toutes ces idées générales à telle ou à telle personne, il ne faut pas prendre la chose sur un si haut ton. La raison en est que nous savons bien, que ceux qui ont ces mauvaises qualitez sont très-dignes de tous

ces blâmes; mais nous ne savons pas certainement si telle ou telle personne a ces mauvaises qualitez, ou en quel dégré elle les a, & par quelles causes. Savons-nous bien précisément, si un homme qui passe pour Hypocrite, est Hypocrite? Savons-nous bien précisément, si celui qui s'oppose au progrès de la vérité, le fait par malice, ou par ignorance? Ne faut-il pas que l'indignation qui nous est permise contre le vice en général, s'appaise en faveur de la personne vicieuse qui nous doit être toûjours chere? Ne faut-il pas que les déclamations véhémentes poussées contre le péché en général, se convertissent en douces exhortations, quand il s'agit de guérir le péché en particulier? Car si vous traitez la personne du pécheur comme vous traitez le péché, ce que vous faites a plûtôt l'air d'une querelle d'Allemand, que d'une œuvre charitable. Vous voyez bien, Monsieur, que ni les Jesuites, ni les Jansenistes, ne doivent pas fort se prévaloir des exemples de l'Ecriture, puis qu'ils ont appliqué toutes leurs injures à des personnes particulieres, dont ils croyoient savoir le nom.

Je fais cette remarque en passant, c'est que je ne prétens pas qu'il faille porter la modération du stile jusqu'à n'oser pas traiter d'absurde, & de ridicule, une proposition qui l'est effectivement. Je croi ces expressions très-innocentes en plusieurs rencontres ; mais il faut les faire tomber sur la pensée, & non pas sur son Auteur. La raison en est la même que j'ai raporté toute à l'heure ; savoir, qu'il est fort permis de maltraiter les mauvaises qualitez considérées en elles-mêmes, ou comme on parle dans l'Ecole, *in abstracto* ; mais qu'il faut se radoucir quand on les considere dans une certaine personne, ou comme disent les Logiciens, *in concreto*. Outre que le titre de ridicule ne doit pas être donné à tous ceux qui disent une chose ridicule, tout de même que l'éloge de sage ne doit pas être donné à tous ceux qui font quelques actes de sagesse. Chacun sait que les Epithétes qui dénotent une bonne ou une mauvaise qualité, n'appartiennent qu'à ceux qui par la fréquente réïteration des mêmes actes, ont contracté une bonne ou une mauvaise habitude. Desorte qu'il n'y a rien de plus malhonnête, ni de plus illégitime, que ce que font les Ecrivains emportez, qui n'ont pas si-tôt trouvé dans le Livre qu'ils réfutent une proposition destituée de bon sens, qu'ils traitent l'Auteur de fou, d'insensé, de ridicule, d'homme qui n'a pas le sens commun.

III. Je dis en troisiéme lieu (& c'est une troisieme réponse qui naît de la précédente) que Jesus-Christ & ses Apôtres, connoissant certainement les défauts de ceux qu'ils injurioient, ne peuvent point nous servir de regle quant à cela, à nous qui ne connoissons que par conjecture si tels & tels sont Hypocrites, s'ils combattent malicieusement la vérité, s'ils sont réprouvez, si Dieu se veut servir de nos invectives pour les corriger, ou pour les confondre. Dans cet état de connoissance mêlée d'obscuritez, le plus sûr pour nous est sans doute de nous ranger au chemin battu de l'Evangile qui est celui de la douceur, & de la modération. Nous devons considérer que Jesus-Christ, étant le souverain Maître de toutes choses, a pû exercer sur les hommes telle jurisdiction qu'il lui a plû, toutes les fois qu'il l'a jugé à propos, & se dispenser quelquefois de sa patience accoûtumée, afin de punir

nit

(*) 1. Epitre, ch. 2.

nir par les arrêts de sa bouche, cette détestable Secte dont il connoissoit la déloyauté. Il faut considérer aussi que ses Apôtres, revêtus de la plénitude de sa puissance, & conduits par les inspirations de son esprit, ont pû selon les rencontres, foudroïer & anathématiser, & pour ainsi dire abandonner le grand chemin de l'Evangile, qui a été marqué aux autres Fideles. Mais nous petits hommes que nous sommes, sans autorité Apostolique, sans inspiration immédiate, nous ne devons pas nous attribuer les mêmes droits. Apliquons-nous cette pensée de St. Paul, *la loi n'a point été faite pour les justes, mais pour les pécheurs.* Observons la regle, laissons l'exception pour ceux qui étoient infaillibles.

Car s'il étoit une fois permis à chaque Particulier de choisir pour regle de sa conduite, non pas l'esprit universel qui regne dans la parole de Dieu, & dans la vie de Jésus-Christ, des Prophetes, & des Apôtres, mais certains faits peu ordinaires qui s'y rencontrent ; où en seroit-on ? Il n'y auroit point de petit Ecclésiastique, qui ne se crût en droit de tuer le premier blasphémateur qu'il entendroit dans la ruë, comme Phinées tua l'Israëlite qu'il surprit avec une femme infidelle. Il n'y auroit point d'homme zélé pour les pauvres, qui ne se crût appellé à poignarder le premier riche qui ne leur seroit pas assez libéral, comme St. Pierre fit mourir de mort subite Ananias & sa femme. Car si cette action de St. Pierre méritoit d'être imitée, il faudroit que ceux qui n'auroient pas le don des miracles, emploïassent les voyes ordinaires de tuer les gens, & ils ne seroient pas plus criminels de se servir de l'épée, ou du pistolet, que St. Pierre le fut de se servir de la toute-puissance divine. Dans quels abymes ne tomberoit-on pas, si on se régloit sur quelques actions particulieres, contenuës dans la parole de Dieu ? Et que deviendroit le monde, si tous ceux qui se croïent les véritables Chretiens, imitoient le Prophete (*) Elie massacrant sans miséricorde tous les Prêtres de Bahal ? Il faut dire sur tous ces faits particuliers, qu'ils sont dans l'Ecriture, non pas pour être l'objet de notre imitation, mais celui de notre admiration. *Que supra nos nihil ad nos.* Cela est si vrai, qu'encore qu'il eût été défendu à tout le peuple de sacrifier hors du Temple, le même Prophete Elie (A) ne laissa pas de faire un autel au nom du Seigneur sur la montagne du Carmel, & d'y offrir des victimes. Où étoit le Lévite qui en eût osé faire autant ?

*eur modé-
qu'on doit*

IV. L'autorité suprême du fils de Dieu & des Apôtres, sur le genre humain, sert donc de beaucoup pour nous faire entendre comment ils ont pû lancer la foudre de leurs injures sur les têtes criminelles ; mais ce n'est point du tout une raison qui nous autorise à déchirer ceux qui sont dans de mauvais sentimens. Au contraire c'est une raison bien forte qui nous interdit les manieres emportées. Car ce seroit fort mal raisonner que de dire, le Roi & les Officiers de la Couronne traitent rudement ceux qui ne font pas leur devoir ; donc il est permis à un Sujet de censurer rudement un autre Sujet qui a commis une faute. Mais ce seroit fort bien raisonner que de dire, le Roi & les Officiers de la Couronne censure avec douceur ceux qui ne font pas leur devoir ; donc un Sujet est obligé de censurer doucement un autre Sujet qu'il trouve en faute.

Puis donc que Jésus-Christ & ses bien-heureux Apôtres se sont servis très-souvent d'une singuliere modération, quoi que la supériorité de leur caractere leur donnât le droit d'exercer un sévere jugement ; il s'ensuit que nous sommes obligez de prendre pour notre regle la douceur qu'ils ont employée, & non pas la sévérité qu'ils ont aussi employée quelquefois. Si les Apôtres eussent proposé à Jésus-Christ d'imiter quelque action bienfaisante d'Elie, comme étoit celle de multiplier la farine de la veuve, croyez-vous qu'ils eussent été censurez aussi vivement qu'ils le furent, lorsqu'ils lui proposerent d'imiter une autre action de ce Prophete, où il paroît des marques d'une grande sévérité ? Il y a toutes les apparences du monde, qu'ils eussent obtenu au premier cas tout ce qu'ils eussent voulu ; mais ce fut tout autre chose dans le second cas. St. Jacques & St. Jean s'étant ingérez de demander à leur Maître, s'il ne seroit pas bon de faire consumer par le feu du Ciel les habitans d'un Village, comme avoit fait autrefois Elie, reçurent cette terrible censure, (B) *vous ne savez de quel esprit vous êtes menez.* Belle leçon pour nous, quand l'esprit de vengeance nous transporte ! Si nous avions alors la vertu d'Elie, ou celle de son Successeur Elizée, le feu du Ciel seroit bien-tôt allumé, & les bêtes farouches bien-tôt déchainées contre ceux qui nous auroient fait un affront. Mais Jésus-Chrit nous aprend que ce n'est pas par cet endroit-là que nous devons imiter les Saints. Si nous voulons nous regler sur le stile de St. Pierre, imitons la modération qu'il garda en parlant du Traître Judas. Jamais homme n'a mérité autant que celui-là les titres les plus infâmes : cependant Saint Pierre se contente d'exposer nuëment la peine qui avoit suivi son crime, auquel il ne donne point de nom plus atroce, que celui d'iniquité ; & un peu plus bas lui & toute l'Assemblée des Chretiens se contente de dire, (c) que Judas avoit quitté la charge d'Apôtre pour s'en aller en son lieu.

VIII.
Inconvéniens
de la justifica-
cation des in-
vectives par la
parole de
Dieu.

V. Enfin je remarque qu'il y a tant d'inconvéniens à vouloir justifier les invectives les plus aigres, par la parole de Dieu, qu'il est de l'intérêt de tous les Chretiens de renoncer à cette justification. Car si Mrs. de Port-Royal prouvent une fois par cette voye, que tous leurs emportemens sont légitimes, les Jésuites ne manqueront pas de se servir de cette même méthode pour justifier les leurs. Les Luthériens & les Calvinistes trouveront là leur Apologie toute faite, quand on leur reprochera, comme l'on fait si souvent, que les premiers Prédicateurs de la Réforme ont déclamé contre l'Eglise Romaine avec trop de violence. Les Sociniens pourront s'emporter à toutes les injures qu'il leur plaira. Que leur pourroit-on dire ? N'allégueroient-ils pas pour eux les exemples dont se servent les Jansénistes ? On dira sans doute que ces exemples n'autorisent que les injures qui partent d'un véritable zele pour la vérité, & qu'ainsi les Hérétiques ne peuvent pas s'en servir. *Vous avez raison*, répondra le Socinien, *& ainsi tout ce que vous êtes de Papistes & de Calvinistes dans le monde, devez vous départir de l'exemple des Apôtres, & me le laisser à moi, qui parle pour la vérité contre les Hérésies que vous enseignez.* Et là-dessus ce seroit à s'entr'appeller Hérétiques ; on n'entendroit autre chose de part & d'autre que, *c'est vous-même qui êtes Hérétiques*, & en attendant

(*) „ 1. Liv. des Rois ch. 18.
(A) „ Ibid.

(B) „ Ev. de St. Luc. c. 9. v. 55.
(c) „ Act. ch. 1. v. 18. & 27.

LETTRE
VI.

dant que le procès fût vuidé, chacun s'attribue-
roit le privilége de déchirer à belles injures son
ennemi, toûjours sur le compte des Apôtres. Il
ne se peut pas une pensée plus pernicieuse à toute la Chretienté; car sur ce pied-là, le plus misérable Auteur défendroit les plus infâmes, &
les plus grossieres injures, par l'autorité de la parole de Dieu, ce qui seroit un désordre abominable. Hé quoi? Quand il seroit indubitable
que des personnes assises sur douze Thrônes, pour
juger les douze Tribus d'Israël; des personnes
à qui les Démons étoient soûmis; des personnes
que le St. Esprit conduisoit d'une façon particuliere, auroient accablé d'injures les faux Docteurs; quand, dis-je, cela seroit indubitable,
pourroit-on souffrir que le premier venu s'attribuât la même prérogative? Souffrez, Monsieur,
que pour exprimer cette indignité, je me reserve
des expressions véhémentes (*) d'un homme qui
entendoit l'invective, autant ou plus que qui
que ce soit. Consultez la marge, car je ne veux
point hérisser mes Lettres de beaucoup de Grec
& de Latin.

IX.
De ce que l'on
s'autorise de
l'exemple des
anciens Peres.

Pour ce qui regarde les Saints Peres, je n'entreprens point leur Apologie, ne me sentant point
assez de capacité pour cela. Je dirai seulement
que cette chaleur de stile, & cette animosité, qui
éclatent dans leurs Ecrits, pourroient bien être
l'effet d'un zele inconsidéré, ou trop impérieuse-
ment maîtrisé par les impressions du tempérament. Il n'y a point de Livre de leur façon qui ne
se sente de l'humanité; ainsi nous ne devons suivre leurs traces qu'avec beaucoup de réserve. Il
eût été à souhaiter qu'ils eussent prévu la vénération excessive, qui les attendoit dans la suite
de tous les siecles; car étant aussi charitables qu'ils
l'ont été, ils se fussent plus soigneusement abstenus de plusieurs défauts, que l'on imite & que
l'on respecte comme de précieux morceaux de leur
vertu. Les Jansénistes, tout habiles qu'ils sont, ne
se servent pas de leurs lumieres, pour discerner
ce que les Peres ont de bon d'avec ce qu'ils ont
de mauvais. *On vous a reproché il y a long-temps
(leur disoit un Jésuite (A) fort célebre) que vous
faites entrer les Peres partout; que vous les faites
servir à tous vos desseins. Quand vous avez voulu
railler & faire les plaisans, vous avez justifié vos
bouffonneries par l'exemple & par les paroles des
Peres. Quand vous vous êtes emportez en des injures atroces contre vos ennemis, vous ne l'avez fait
que pour imiter les Peres qui en ont usé ainsi, selon
vous. Mais vous n'avez jamais plus abusé de leurs
pensées que dans la Lettre sur la constance.*

Si ce sont les Jésuites qui ont fait ces reproches
à Messieurs de Port-Royal, comment n'ont-ils
point vû qu'ils attaquoient par même moyen plusieurs de leurs Peres, qui ont tâché de justifier les
emportemens de leur plume par l'exemple des Docteurs de la Primitive Eglise? Pour ne pas répéter
ce qui a déja été dit du Jésuite Eudæmon-Joannes, & du P. Labbe, ne sait-on pas que Monsieur Maimbourg a confessé, *qu'à l'exemple des
saints Peres, il disoit le mot pour rire dans ses Sermons, pour abatre l'orgueil des Jansénistes.* J'ay
cité le passage dans l'une des Lettres (B) de la Critique. Il est tiré d'une Apologie qui fut publiée
pour le P. Maimbourg l'an 1668. On m'a

assuré depuis quelque temps qu'il en est lui-même l'Auteur; j'ay quelque peine à le croire, car
je ne l'y trouve pas, je n'y vois pas sa vivacité.
Mais c'est du moins un Ouvrage qui n'a pas été
publié sans sa participation. Et ainsi voilà les
Jésuites obligez de faire ce qu'ils condamnent.

X.
L'Auteur ne
sait pas si les
premiers Ré-
formateurs
l'ont fait.

Comme je n'ay pas lû beaucoup de Livres de
Controverse, vous ne vous étonnerez pas, s'il vous
plaît, si je vous dis que j'ignore la réponse qu'il
faudroit faire à ceux qui me demanderoient,
quelle a été la conduite de nos premiers Réformateurs, touchant la justification de leur stile.
J'avouë de bonne foi que je ne sais point s'ils ont
recouru à l'autorité des Apôtres & des Peres,
pour justifier ce qui pouvoit être de trop piquant
dans leurs expressions. Sils l'ont fait, quel mal
en peuvent dire les Jésuites & les Jansénistes,
qui ne tourne à leur propre honte? Ce qui me
feroit croire qu'ils ne se font point servis de cette
maniere d'Apologie, est que le P. Bouhours,
qui a tant reproché à Messieurs de Port-Royal
qu'ils faisoient entrer les Peres partout, & qu'ils
imitoient les Calvinistes, ne leur a point dit qu'à
l'exemple de ceux-ci, ils avoient justifié leurs emportemens par l'autorité des Peres. Cela eût pourtant été fort à propos dans la Lettre que j'ai citée, où vous voyez en un lieu ces paroles: (c) *Messieurs de Charenton pourroient vous disputer le titre
de petit Troupeau, si vous n'étiez assez de leurs
amis pour joüir de leurs titres & de leurs priviléges.
Ils ne vous feront point d'affaire là-dessus apparemment, tandis que vous défendrez avec chaleur la
doctrine de Calvin, & que vous résisterez au Pape
de toute votre force, comme vous avez fait jusques
à cette heure.* Et dans un autre lieu celles-cy: (D)
*Vous avez lû apparemment le Martyrologe des Cal-
vinistes, vous qui avez tant lû Calvin, & vous y
avez remarqué sans doute qu'ils comptent entre les
persécutions de l'Eglise, les guerres que l'Eglise même leur a faites; qu'ils citent les passages des Peres
comme vous, pour s'exciter à défendre leur cause,
qu'ils appellent la cause de Dieu; qu'ils déclarent
comme vous, qu'il faut souffrir pour maintenir la
vérité de l'Evangile.* L'Auteur raporte après cela
un fort long passage tiré de l'Histoire de nos Martyrs, & puis il poursuit ainsi: *Tout le reste est de
cette force; il n'y a rien de plus conforme à votre
Lettre sur la constance, que ce Chapitre de la patience Huguenote: & ce Gentilhomme Huguenot,
qui s'est imaginé que votre Requête étoit une Copie
de celle de Calvin, seroit un homme à se mettre en tête que votre Traité de la constance & du courage
qu'il faut avoir pour la vérité, est un abrégé de
leur Martyrologe.* Si nos Réformateurs avoient
justifié leur stile par l'autorité des Peres, il y a

Le P. Bou-
hours cité.

grande apparence que le P. Bouhours l'eût sû;
& s'il l'eût sû, il n'eût pas manqué d'en parler
dans une Lettre, où il affectoit de faire honte
aux Jansénistes de leur conformité avec nous.
Puis qu'il n'a point parlé de cela, c'est un signe
que nos Réformateurs ne se sont point justifiez
par l'exemple des anciens Peres. En tout cas; je
ne suis pas le seul qui ignore s'ils l'ont fait, le
P. Bouhours me tient compagnie. Au reste ne
croyez pas que je vous aie allégué tous ces
passages, par le seul plaisir de citer. Figurez-
vous plûtôt que c'est pour une autre raison,
sa-

(*) *Si violentior aliquâ in re C. Cæsar fuisset: si eum ma-
gnitudo contentionis, studium gloriæ, præstans animus, excellens nobilitas aliquò impulisset, quod in illo viro & ferendum
rendum esset, & maximis rebus quas postea gessit obliteran-
dum: id tu tibi, furcifer, sumes, & Vatinii latronis ac sacrilegi vox audietur, hoc postulantis, ut idem sibi concedatur quod Cæsari. Cicero in Vatinium.*

(A) „ Le P. Bouhours, Lettre à Mrs. de Port-Royal con-
„ tre celle qu'ils ont écrite à Mr. l'Arch. d'Ambrun. p. 11.
(B) „ Lettre IV. No. V. vers la fin.
(C) „ Pag. 14.
(D) „ Pag. 18.

savoir, parce qu'ils servent de preuve à la remarque que je fais ailleurs, que nous jugeons roûjours des choses par raport à nous. En effet vous voyez ici un Jésuite qui trouve étrange, que le Port-Royal se serve de l'autorité des Peres pour justifier ses plaisanteries, ses emportemens, & son intrépidité; mais il ne blâme pas les Jésuites qui se servent d'une semblable justification.

XI. L'aigreur que l'on reproche aux premiers Réformateurs.

Après tout ce que j'ai dit, vous devinerez aisément que si nos Docteurs avoient fait l'Apologie de leur stile, de la même maniere que les Jésuites & les Jansénistes ont fait l'Apologie du leur, je ne les croirois guéres bien justifiez. La meilleure Apologie qu'on puisse faire pour eux, est apparemment celle que vous pourrez voir dans un Ouvrage (*) de Mr. Claude. J'y renvoye le Lecteur; il y trouvera quatre raisons qui doivent diminuer de beaucoup l'impression choquante, que la maniere d'écrire de nos gens du dernier siecle peut d'abord exciter dans les esprits. Il seroit à souhaiter, comme Monsieur Claude le confesse à l'égard de Luther, qu'ils eussent eu plus de modération & de retenuë; mais au fonds il faut observer à l'égard des Ecrivains coleres, la même équité qu'à l'égard des autres vices. J'ai dit ci-dessus, qu'il ne faut pas traiter de la même maniere un défaut considéré en général, & un défaut considéré dans un certain homme. Disons la même chose de l'emportement. Quand on le regarde sans l'appliquer à aucunes circonstances, il ne semble pas mériter qu'on l'excuse; mais il n'en va pas de même lorsqu'on l'applique à certains Sujets, posez en tel ou en tel état.

Un de nos Ministres a fait une réflexion qui peut avoir ici justement sa place. Il dit que l'aigreur qui paroît dans le stile de Calvin, (A) *doit être imputée au siecle où il vivoit, qui n'étoit pas si poli que le nôtre;* .... *Que si Virgile eût fait parler ses Héros dans le siecle d'Auguste, comme Homere fait quelquefois parler les siens, il ne tiendroit pas parmi les Poëtes Latins le rang qu'Homere tient parmi les Poëtes Grecs; Que si nos Poëtes François faisoient quereller leurs Generaux d'Armée aussi grossierement, que ce Pere de tous les Poëtes fait quereller Achille & Agamemnon, les honnêtes gens les placeroient plûtôt sous les Halles, ou dans les marchez, que sur le Parnasse* .... *Qu'on prenoit autrefois des libertez sur le Théatre, qu'on n'oseroit prendre aujourd'hui, & que la Satyre est maintenant plus chaste & plus modeste qu'elle n'étoit autrefois; Qu'il faut distinguer les siecles des Théologiens, comme les siecles des Poëtes, & avoir quelque indulgence pour ceux qui se laissent emporter au torrent de la coûtume; Que si Calvin écrivoit aujourd'hui, il prendroit sans doute plaisir à se conformer à la douceur, & à la civilité du siecle où nous vivons.* Cela est fort bien pensé. Ce savant Ministre joint à cela d'autres remarques qui méritenr d'êtres luës.

XII. L'emportement est moins blâmable en Latin qu'en Langue vulgaire.

Non seulement il faut distinguer les siecles, mais aussi les Langues, pour bien juger de l'emportement des Auteurs. Il est certain que ceux qui écrivent en Latin, se peuvent servir de certains termes, sans donner dans les injures trop fortes, desquels pourtant ils ne se pourroient servir en François, sans passer pour trop violens. Qu'on ne s'étonne pas de cela, car la même raison qui fait qu'on n'ose dire en notre Langue certaines choses, que l'on dit fort bien en Latin, sans choquer aucunement la pudeur, fait qu'un injure dite en François offense plus vivement que la même injure dite en Latin. Notre Langue est devenuë si délicate, que les Médecins mêmes, qui font des discours Anatomiques en François, expriment cent choses en Latin, quoiqu'il n'y ait que des hommes qui les écoutent. Les termes qu'ils empruntent de la Langue des Sçavans, signifient la même chose que les mots François dont ils n'osent se servir, & néanmoins ils sont moins choquans que les mots François. On dira si on veut que c'est un caprice bien bourru, la chose ne laisse pas d'être très-réelle, & il est même certain que l'on en donne de bonnes raisons dans la Logique (B) de Port-Royal. Pendant que les esprits seront ainsi disposez, on aura raison de croire que de deux hommes qui disent la même chose, l'un en François, l'autre en Latin, celui-ci est plus modeste que l'autre; parce qu'encore qu'il réveille l'idée de l'objet signifié par les paroles Françoises dont il évite de se servir, il ne réveille pas l'idée de l'effronterie & du manque de respect, que l'on attache à ces paroles Françoises. Appliquons ceci aux termes choquans, & nous verrons que les Epithetes Latines, qui signifient la même chose que certains termes François, ne doivent pas néanmoins passer pour une injure aussi piquante, que ces mêmes termes François; parce que pour se servir en notre Langue d'une expression injurieuse, il faut passer par-dessus tous les égards, que les délicatesses & l'honnêteté de la Nation ont mis en usage dans ce siecle: au lieu qu'on peut dire des injures en Latin, sans témoigner qu'on méprise la nouvelle civilité. On n'attache point de nouvelles idées à cette Langue; la politesse moderne n'en a point rendu les expressions plus dures & plus cruës qu'elles ne l'étoient anciennement. Cette derniere remarque n'est pas inutile, pour faire excuser ce que l'on trouve de trop aigre dans le stile de nos premiers Réformateurs, puisque ce qu'ils n'ont pas écrit en Latin, a été composé en vieux Gaulois, qui n'est presque qu'une rude ébauche d'une Langue formée de la Latine.

XIII. Quelle est la raison de cela.

Mais vous me demanderez peut-être, d'où vient que l'on se donne plus de licence, quand on écrit en Latin, que quand on écrit en François? D'où vient qu'il y a plus d'injures dans les Livres, que l'on compose contre quelqu'un en la Langue des Sçavans, que dans ceux que l'on compose en Langue vulgaire? Je vous réponds, Monsieur, premierement, qu'il me semble que cela vient de ce que ceux qui écrivent en Latin, sont pour l'ordinaire des gens qui ne se sont pas polis par le commerce du monde, ni par la lecture des Livres que l'on écrit en François, ou en quelque autre Langue vivante. Desorte qu'ils suivent en écrivant le goût qu'ils ont contracté dans leur Cabinet. Or il est bien difficile de ne s'accoûtumer pas aux injures, quand on lit beaucoup de ces Ouvrages Latins, dont les Auteurs se réfutent les uns les autres. Je joins à ceci ce que je vous disois tanrôt, savoir qu'on remarque fort aisément que la politesse de ce siecle s'irrite davantage contre les injures dites en François, ou en quelque autre Langue vivante, que ceux qui entendent la Langue Latine ne s'irritent contre des injures exprimées en Latin. Je répons en
second

(*) „ Défense de la Réform. 2. part. ch. 6. n. 13.
(A) „ Voyez le Liv. intitulé, *l'Eglise Protestante justifiée par* „ *l'Eglise Romaine*, p. 261.
(B) „ 1. Partie ch. 13.

Tom II. C c

second lieu, que ce qui fait que la lecture continuelle des Livres Latins nous accoûtume aux manieres emportées, n'est autre chose que les injures dont ils sont remplis pour la plûpart. Si vous continuez à me questionner pour savoir d'où vient ce désordre, j'ajoûterai encore cette observation à toutes celles que j'ai déja proposées, c'est qu'il me semble que la maniere dont on nous fait étudier, produit cet abus. On nous fait aprendre le Latin dans les plus violentes invectives qui se puissent voir, dans les harangues de Cicéron qui étoit le plus médisant, le plus emporté, & le plus satyrique de tous les hommes. Si ces Lettres se réimprimoient, je ne me dédirois point de cette censure du Maître de l'Eloquence, comme l'Auteur de (A) l'éducation d'un Prince s'est dédit dans une seconde Edition, de l'avoir appellé *grand parleur*. J'admire l'éloquence de ce grand homme, son esprit, ses belles pensées; mais je ne laisse pas de dire qu'il déchiroit trop cruellement ses ennemis, pour être le modele de l'éloquence Chretienne. Cependant je ne remarque pas que ceux qui régentent la Rhétorique, nous avertissent de ce grand défaut de Morale qui regne dans les Ecrits de Cicéron. Ils nous choisissent les Harangues contre Catilina, & contre M. Antoine, pour nous le faire aprendre de mot à mot; ils nous ordonnent de composer des Dissertations, tantôt contre (B) Phalaris, tantôt contre Denys le Tyran, & nous font employer là toutes les phrases les plus violentes, & toutes les figures les plus outrées. Ils nous font aussi aprendre les Panégyriques de César, & de Pompée, dans les Harangues de ce célebre Orateur, & composer des éloges sur ce modele, dans lesquels la flaterie ait autant de lieu, que la Satyre en a dans les autres Dissertations. En un mot ils font si bien, que nous n'avons aucun goût pour la Latinité modeste, & que nous trouvons fades & insipides toutes les Pieces, qui ne portent pas jusqu'à l'excès la loüange ou le blâme. Nous ressemblons à ceux qui s'accoûtument si bien à l'eau de vie, que le meilleur vin leur paroît foible. Il nous semble surtout que les injures sont nécessaires, pour bien arrondir une période; & en effet il y a des gens qui ont de recueils de phrases à déchirer un ennemi, lesquelles donnent au discours une très-nombreuse cadence, & remplissent admirablement la bouche. On a tort de nous laisser prendre ce méchant goût, & puis qu'on trouve à propos que nous lisions au Collége les Ecrits des anciens Romains, il faudroit non seulement nous ôter de devant les yeux les impuretez d'un Martial & d'un Catulle, mais aussi nous prémunir contre la contagion des invectives qui se trouvent dans les anciens Auteurs. C'est ce que l'on ne fait pas; au contraire on les donne à imiter, comme il paroît par le *Candidatus Rhetorica* d'un Jésuite (c) de Lion. C'est un Livre qui a été réimprimé plusieurs fois, qui a grand cours dans les Colléges de la Société, & qui est tout plein de sanglantes invectives contre Luther & Calvin, proposées aux Ecoliers comme un modele d'amplification, & un exemple de l'usage qu'il faut faire des figures de la Rhétorique, de l'Exclamation, de l'Apostrophe,

de la Prosopopée, &c. & des phrases foudroïantes des Anciens.

Je dirai en passant qu'il faudroit aussi nous prémunir contre la contagion de l'amour propre, qui regne dans les Auteurs Classiques. Cicéron se loüe lui-même avec une liberté, ou plûtôt avec une licence si effrénée, que cela ne peut être que de très-mauvais exemple. Il faudroit donc que nos Régens nous avertissent que la vanité, & la colere, qui se rencontrent dans les Ecrits des Payens, sont un écueil, & un renversement de Morale, que la jeunesse Chretienne doit soigneusement éviter. Peut-être que si on nous donnoit de bonne heure ces bons avis, on ne verroit point parmi les Poësies des Modernes, ni tant de Satyres piquantes, ni tant de vanteries ridicules. Combien croyez-vous, Monsieur, que les Vers du troisieme des Georgiques, où Virgile promet à Mantouë sa patrie, & à l'Empereur Auguste, de les immortaliser par ses Ouvrages, ont fait mentir de méchans Poëtes, qui ont dit à l'imitation de celui-là, que leurs Vers dureroient éternellement? Parce qu'Horace & Ovide ont dit que leurs Vers dureroient plus que les marbres, & qu'ils résisteroient à toutes les injures du tems, n'y a-t-il pas eu une infinité de Poëtes bons & mauvais, qui ont prophétisé eux-mêmes l'immortalité de leurs Poësies? *O imitatores servum pecus!* Je vous parlerai au premier jour d'une autre chose, qui peut excuser en quelque rencontre les Auteurs emportez. Pour le présent je ne veux vous dire autre chose sinon que je suis votre, &c.

APOSTILLE.

N'Admirez-vous pas les caprices de ma mémoire? J'avois lû dans Monsieur Claude que pendant la guerre de la *perpétuité de la Foi*, un des Admirateurs de Monsieur Arnaud publia des Enthousiasmes en Vers, où il loüoit le Livre de son Héros de la maniere la plus excessive. Cet objet qui m'avoit fort réjoüi dans la derniere Réponse de Monsieur Claude, où il est accompagné de quelques réflexions agréablement tournées, s'est présenté à moi peut-être cent fois en différentes rencontres, sans que je m'en souciasse. Mais dans tout le temps que j'ai employé à vous écrire ces six Lettres, il ne m'est point venu dans l'esprit, que l'on eût jamais publié des Enthousiasmes à la loüange de Monsieur Arnaud. Voyez néanmoins combien il semble que j'aye dû m'en souvenir, en parlant des hyperboles que l'on invente pour les grands hommes, & des louanges excessives qui ont été données au même Monsieur Arnaud. Comment s'est-il pû faire que j'aye pensé à tant de chose de même nature, sans me souvenir de celle-là? Et d'où vient que lorsqu'il n'étoit plus temps de s'en souvenir, & que je ne songeois même à rien d'approchant, je me suis trouvé tout d'un coup saisi d'une telle idée, en voulant cacheter ma Lettre? On diroit que notre esprit & notre mémoire se jouent de nous, & se plaisent à nous faire admirer leurs bizarreries, & il y auroit bien de profondes spéculations à faire sur ce sujet.

N'ap-

(A) „ Voyez la Préface du 2. tom. des Ess. de Morale.
(B) *Nos qui adolescentes tot sub magistris exudare in umbra eloquentiam solemus, vimque ejus demonstrativam in vituperatione haud minus quàm in laude arbitramur esse positam, tyrannorum antiqua nomina fortiter sanè ad plu-* *seum concidimus, & Mezentium, si sors ferat, putidis rursum antithesis enecamus, aut Agrigentinum Phalarim tristi enthymematum mugitu, quàm in suo tauro exquisitiùs torremus.* 10. Miltonus défens. pro se adv. Morum.
(c) „ Le P. Pomey.

N'apprehendez pas que j'y touche, je vous laisse la liberté de consulter Mr. Claude, sans perdre aucun temps. Vous trouverez le passage au chap. 6. du premier Livre, & au chap. 1. du Livre second. Vous y verrez les miracles du Livre de Mr. Arnaud comparez à ceux de notre Seigneur Jésus-Christ, & le mot de *Numen* ou de Divinité, souvent mis en œuvre. C'est un mot qu'on n'a guéres plus épargné que les autres, & que les Flateurs se sont vûs bien-tôt obligez de profaner, trouvant tous les autres déja pris. Vous savez bien la plaisanterie de Monsieur de *de Dieu* Bautru. Il disoit fort agréablement, après que *au Car-* le Cardinal de Richelieu fût mort, qu'il étoit *le Riche-* facile de prouver que son Eminence étoit un Dieu; car comme on prouve tous les jours dans les Ecoles une opinion incertaine, en citant l'autorité de plusieurs graves Auteurs, jusques-là que l'on soûtient qu'une opinion peut-être suivie en conscience, lorsque deux ou trois Docteurs l'ont enseignée, il disoit aussi qu'on pouvoit prouver la Divinité du Cardinal, par une infinité de passages de Chapelain, de Boisrobert, de Benserade, & des autres Beaux-Esprits. Doit-on s'étonner après cela, que l'on ait si souvent donné au Pape le nom de Dieu? Je pourrois vous parler d'un autre caprice (*) de ma memoire, mais vous vous en passerez bien.

❀❀❀❀❀❀❀❀❀❀❀❀❀❀❀

LETTRE VII.

I. *Les Auteurs emportez ne demeurent pas impunis, & pourquoi.* II. *Il est necessaire quelquefois au repos public, de maltraiter un Auteur qui s'est emporté.* III. *Joseph Scaliger a porté la peine de sa plume trop envenimée. (Remarque sur le Scaligeriana)* IV. *Et Mr. de Saumaise aussi.* V. *Monsieur Arnaud plus heureux d'un côté que ces deux Messieurs, a sujet de l'autre de se chagriner, parce qu'il a eté l'agresseur.* VI. *D'un Livre intitulé,* l'Esprit de Mr. Arnaud. VII. *Factum de Monsieur Deslyons.* VIII. *On n'offense point un homme en lui disant qu'il a oublié son Grec.* IX. *Conduite de Mr. de Châtillon envers les Anglois.* X. *Touchant les Zélateurs Juifs.*

Monsieur,

I. J'espere que cette Lettre sera plus courte que *Auteurs* la précedente: aussi la commençai-je sans exor- *portez ne* de par vous dire, que l'emportement des Au- *meurent pas* teurs est une des choses qui verifient le mieux *punis, &* cette sentence de Jésus-Christ: (A) *On vous ver- pourquoi,* *sera dans le sein une bonne mesure pressée, entassée, & qui se repandra par-dessus; car on se servira envers vous de la même mesure, dont vous vous serez servis envers les autres.* En effet les querelles des Auteurs n'étant point soumises au bras séculier, c'est à eux-mêmes qu'ils demandent la vengeance des injures qu'ils croient avoir reçûës, & c'est ce qui fait que pour un coup ils en rendent quelquefois dix. Les Magistrats n'étant pas personnellement intéressez dans les réparations d'injure qu'ils ordonnent, se contentent de

les proportionner à l'offense; mais s'ils se régloient aux desirs de la personne offensée, ils ne s'arrêteroient pas au point de la proposition. Jugez sur ce pied-là quelle doit être la vengeance d'un Auteur, puisqu'il la prend lui-même sans sortir de son Cabinet, à couvert des poursuites de la Justice, & qu'il employe des armes qui plaisent naturellement à une infinité de personnes. Car combien y en a-t-il qui de gayeté de cœur entreprennent la Critique d'un Livre, & y témoignent autant de colere que si on les avoit offensez? Si ceux qui écrivent d'une maniere moderée ne peuvent guéres éviter les insultes, comment se pourroient sauver ceux qui écrivent avec passion? C'est d'eux que l'on a très-grande raison de dire, qu'ils font des choses dont ils sont appellez à rendre compte avant le jour du jugement. En effet si celui qu'ils offensent brutalement se soucie peu de se vanger (ce qui est rare) il se trouve d'autres gens qui prennent le fait & cause pour lui, soit qu'on les en prie, soit qu'ils suivent en cela leur inclination, soit qu'ils jugent qu'il est de l'intérêt public de la République des Lettres, de réprimer ces plumes envenimées, qui comme des bêtes féroces déchirent tout ce qui ne leur plaît pas.

Voilà, Monsieur, ce que je voulois vous dire *II.* en finissant ma derniere Lettre. Il y a des cir- *Il est quelque-* constances où l'on doit excuser les emportemens *fois necessaire* d'un Livre, parce qu'il faut les regarder comme *de maltraiter* un châtiment nécessaire de ces Tyrans qui veu- *un Auteur em-* lent dominer sur les esprits. Il importe au bien *porté.* général de la Republique des Lettres, la plus libre, & la plus indépendante de toutes les Socieiez, que personne n'entreprenne impunément sur la liberté des autres, & que l'on fasse sentir avec usure à ceux qui foulent aux pieds les regles de l'honnêteté, ce qu'ils ont fait sentir à leurs Confreres. Le Public a besoin de temps en temps de ces grands exemples dont parle (B) Tacite, qui ayant quelque chose d'excessif, & si on veut, de trop dur à l'égard des Particuliers, recompensent largement ce petit mal par l'utilité qui en resulte pour tout le monde. Monsieur Arnaud a été fait un de ces exemples depuis quelques années. J'en parlerai sur la fin de cette Lettre plus amplement.

Vous me direz peut-être, Monsieur, qu'il y a lieu de douter, si ces grands exemples aportent le même profit à la Republique des Lettres, qu'à la Société civile. Je vous avoüe qu'il y a lieu d'en douter, puisque Monsieur Arnaud s'est si peu servi de la disgrace de tant de grands hommes, qui l'ont précédé. Mais n'importe, il faut toûjours fournir le remede, s'en sert qui peut. Ce seroit une étrange chose, si dans un si grand nombre de gens qui en ont besoin, il ne s'en trouvoit pas un qui en profitât.

Je n'aurois jamais fait, si je voulois faire l'his- *III.* toire de tous les grands hommes, qui se font mal *Joseph Scali-* trouvez d'avoir écrit d'un stile emporté. Vous *ger a porté* vous contenterez sans doute de deux exemples, *la peine de sa* qui seront celui de Joseph Scaliger, & celui de *plume enveni-* Monsieur de Saumaise. Il seroit difficile d'en *mée.* choisir de plus illustres. Le premier de ces deux grands hommes avoit une érudition extraordinaire, l'esprit élevé, pénetrant, vaste, en un mot c'étoit un prodige, & un miracle de la Nature.

S'il

(*) Vous trouverez ce que c'est dans l'Addition qui est après la Lettre suivante.
(A) „ Ev. de St. Luc. ch. 6. v. 38.

(B) *Habet aliquid ex iniquo omne magnum exemplum, quod contra singulos utilitate publicâ rependitur.* Annal. l. 14.

S'il eût été modeste parmi tant de rares qualitez, il eût été le plus glorieux & le plus heureux de tous les Savans ; mais il avoit une si grande opinion de son merite, qu'il croyoit que les autres hommes n'étoient rien en comparaison de lui. (*) C'est pour cela qu'il parloit avec un mépris extrème de la plùpart des gens doctes, & qu'il traitoit comme des chiens, ceux qui désaprouvoient ses opinions. Les deux freres Vassan, Neveux de Pierre Pithou, sont cause que nous savons l'excès où la vanité de ce Héros étoit montée. Ils logeoient dans sa maison, & ne laissoient tomber à terre aucune parole qui lui sortît de la bouche ; car s'étant retirez dans leur Cabinet, ils écrivoient dans un Livre tout ce qu'il disoit en leur présence à ceux qui le venoient voir, & tout ce qu'il leur avoit dit à eux-mêmes, en causant familierement avec eux, ou à table, ou auprès du feu. Ces beaux recueils ont enfin produit, à

la honte des Mânes du grand Scaliger, le Livre intitulé *Scaligeriana*, ou *Scaligerana*, (A) qui parmi cent belles choses qui témoignent sa prodigieuse érudition, fait voir qu'il se louoit lui-même d'une maniere insupportable, & qu'il mettoit en pieces une infinité d'habiles gens. J'ai vû une édition de ce Livre, où l'on a mis une Préface Latine fort éloquente, que l'on attribuë à l'un de nos plus sçavans Auteurs. (B) Il admire Scaliger ; mais il ne lui pardonne pas son effrénée médisance, dont il fait une description fort vive. Il se plaint de l'indiscrétion de ceux qui ont publié cet Ouvrage, & de la sotte admiration que l'on a pour tout ce qui vient des grands hommes dont on s'entête. Il compare cet entêtement à la dévotion que l'on a dans l'Eglise Romaine, pour les cheveux, & pour les ongles des Saints, & pour quelques petits lambeaux de leurs habits. Il nous parle de la préoccupation excessive des Italiens pour leur Pétrarque, dont ils (c) conservent précieusement le buffet, la chaise, & les squelettes de la chate, & il assure que Scaliger n'eût jamais permis, si la chose eût dépendu de lui, que l'on publiât cette sorte d'Entretiens. Je n'en doute pas. Mais cela n'est point capable de justifier sa conduite. La vertu ne souffre point non seulement que l'on publie de pareilles choses ; mais aussi que l'on les dise, ou que l'on les pense. En supprimant ses Entretiens, il eût eu l'adresse de ne rendre pas publique la connoissance de ses défauts, & il auroit même conservé un reste de ménagement pour le monde ; mais son intérieur eût toûjours eté gâté, & infecté de cette grande maladie, que nous connoissons si bien présentement. Car ces discours domestiques sont une image beaucoup plus fidele de la disposition de son cœur & de son esprit, que les Livres qu'il a publiez. On se déguise, & on se contraint par bien-séance, lorsqu'on met au jour quelque chose, & il est certain que le Scaliger qui parle dans les Recueils des Neveux de Pierre Pithou, est bien different du Scaliger qui écrit des Livres : néanmoins on voit assez dans ses Ecrits qu'elle

étoit la passion dominante de son cœur.

Comment traita-t-il un célebre Professeur (D) en Théologie dans l'Université de Heidelberg, nommé *David Pareus*, pour n'avoir pas approuvé toutes ses supputations chronologiques ? Il le traita d'une maniere si méprisante & si outrageuse, que ce pauvre Professeur attribuant cette fierté à l'entêtement que l'on avoit alors pour les études de la Chritique, dit un jour à son fils, (E) qu'*assurément le Diable étoit l'Auteur de cette sorte d'érudition*. Y a-t-il rien en quoi l'on doive souffrir plus patiemment d'être refuté, qu'en matiere de Chronologie, la chose du monde la plus obscure & la plus inexplicable? Cependant vous voyez combien le grand Scaliger y étoit mal-endurant. Puisqu'il traitoit ainsi les Théologiens de sa Religion, il n'y a point d'apparence qu'il épargnât les Jesuites, dont il étoit haï comme la mort. (F) *Avez-vous vû* (dit Lipse à un Sçavant de ses amis) *le Livre de Scaliger contre* (G) *Serrarius? Quelle manie est-ce que cela? J'aimerois mieux n'écrire jamais que de salir le papier de tant d'injures.* Lipse étoit un peu suspect, parce qu'à force de faire sa Cour aux Jesuites, il s'étoit accoûtumé à écrire d'un air bigot ; mais comme des gens non suspects font le même jugement que lui, laissons passer ce qu'il dit, & ce que dit aussi le fils de *Pareus*, qui seroit un autre témoin suspect, si la chose ne parloit assez d'elle-même. Il blâme les amis de Scaliger, de ce qu'ils publierent ses Lettres (H) après sa mort, dans lesquelles on voit cruellement déchirée la réputation d'une infinité d'honnêtes gens.

Qui sont ce qui ont le maltraité Scaliger.

Mais il remarque une autre chose, qui est justement ce que je cherche ; c'est qu'au même temps que Scaliger maltraita si fort *David Pareus*, il souffrit la plus rude & la plus cruelle de toutes les attaques ; car ce mal-honnête homme de Scioppius l'entreprit avec une fureur si enragée, qu'on n'a jamais rien vû de semblable en ce genre-là. Ce fut un coup qui remplit d'ennui & de tristesse l'ame de ce Héros illustrissime, comme l'appelloient ses amis. Les éloges qu'il recevoit de toutes parts, ni les ïambes de Baudius contre Scioppius, aussi satyriques pour le moins que ceux d'Hipponax qui obligeoient les gens à se pendre, ni tout ce qu'on écrivoit contre ce Scioppius, ne consoloient point Scaliger. Quoiqu'il fît, & quoique fissent ses amis, la playe saignoit toûjours, & on croit que cette affaire lui abrégea le cours de la vie. Le voilà bien payé d'avoir montré aux Auteurs l'exemple d'un stile incivil.

Scioppius n'a pas été le seul (I) qui s'est déchaîné contre ce grand personnage : on feroit une Bibliotheque des Livres que l'on imprima contre lui ; la mort même ne mit point de fin à l'horrible persécution qu'on lui avoit suscitée. Vous savez avec quel emportement le redoutable P. Petau a écrit contre cet illustre Mort, qui ne pouvoit plus se défendre ; mais vous ne savez pas peut-être une petite particularité, que Mr. Morus a publiée. Il nous aprend, comme l'ayant

remar-

(*) „ MS. Voyez *Spanhem. Histor. Jobi* p. 385.

(A) „ MS. Voyez *Scavenias apud Placcium de Pseudon.* „ N°. 5.

(B) „ MS. Les Lettres manuscrites de Mr. Bigot assu„rent que c'est Mr. Daillé le fils. C'est peut-être le „ pere. J'avois ouï dire que c'étoit Mr. le Moine.

(c) „ Voyez le *Petr. rediviv.* de Philippe Tomasin „ ch. 19.

(D) „ MS. Voyez *Salden, de libr.* p. 84. Voyez *Beran.* „ *de* . . . . p. 78.

(E) *Omnino credo Diabolum esse autorem Critices.* Phil. Pareus in vitâ Patris.

(F) *Scaligeri libellum in Serrarium vidisti? Qua impotentia hac scribendi est? Ne unquam calamus chartam mihi tangas, bis conviciis inarandam !* Lips. ad M. Velserum.

(G) „ MS. *Amphiteatr. Honor.* donne une liste des in„jures dites à Serrarius.

(H) *Mirari subit quid animi fuerit illis, qui etiam post mortem non desierunt nuper ejus Manes lacessere, editis Jos. Scaligeri epistolis διασυρτιταῖς posthumis, in quibus quorumvis bonorum virorum, qua viventium, qua mortuorum, fama inciviliter planè profciditur.* Phil. Pareus Ibidem.

(I) „ MS. voyez Th. Raynaud Erot. 9. p. 115.

remarqué dans les visites qu'il rendoit au P. Petau, que ce Jesuite (*) ne pouvoit pas seulement oüir prononcer le nom de Scaliger, sans se mettre fort en colere, jusqu'à s'emporter à des injures. *Ce Pere Petau (c'est Monsieur Gui Patin qui parle dans la seconde de ses Lettres datée du 16. Fevrier 1645.) est un des plus sçavans d'entre les Jesuites ; mais homme fâcheux, mordant, & médisant, qui n'a jamais écrit que pour réfuter quelqu'un. Il a fait deux Volumes in folio pour réfuter Joseph Scaliger, contre lequel il a vomi des charettées d'injures, bien qu'il fût mort vingt ans auparavant .... Il n'a écrit sur S. Epiphane, que pour reprendre à chaque page le Cardinal Baronius. Il a fait imprimer un autre Tome intitulé* Vranologium, *afin de draper Monsieur de Saumaise.* Je ne sais comment accorder cela avec ces paroles de Monsieur Colomiez, dans ses Mélanges historiques : *Monsieur Patin m'a assuré que le P. Petau lui avoit dit au lit de la mort, que s'il eût vû, avant que d'ecrire contre Scaliger, ses divines Epîtres (ce sont les termes du Jesuite) il ne l'auroit jamais attaqué.*

A l'Egard de Monsieur de Saumaise, il seroit superflu de dire, qu'il avoit une mémoire & une science la plus vaste qu'on ait jamais vû ; car qui ne le sait? Personne n'ignore aussi qu'il trempoit sa plume dans la bile la plus amere. On eût (A) dit qu'il avoit posé son trône sur un monceau de pierres, afin d'en jetter sur tous les passans, & bien-loin qu'il falût lui rendre graces d'avoir assuré la liberté de la Republique des Lettres, comme Monsieur de Balzac lui en rendoit, qu'il semble au contraire avoir aspiré à établir sa tyrannie par tout l'Empire de l'érudition. Voici le passage de Mr. de Balzac, vous me saurez dire s'il le raille finement, ou s'il le flatte : (B) *Vous faites quelquefois la guerre (lui dit-il) & si la necessité le desire, vous la faites à outrance, & avec toutes les forces de la Raison, & toutes les machines de l'Autorité. Malheur à la fausse science & à l'erreur enflée de présomption, quand elles osent tenir devant vous. Comme vous protégez les foibles, vous châtiez les tyrans : & il faut encore avouer, que si vous n'étiez venu à notre secours, il n'y auroit tantôt plus de liberté dans un Etat, que jusqu'ici on avoit estimé Aristocratique.* Mais si Monsieur de Saumaise a dit bien des injures, il en a aussi bien reçu, & en reçoit encore tous les jours. Les Jesuites ne parlent guéres de lui qu'en le déchirant. Le petit Traité du P. Briet (c) *de Poëtis Latinis* en est une preuve. C'est peu de chose en comparaison des invectives de Milton, puisqu'on a crû que le grand Saumaise, qui devoit être si aguerri à cette sorte de combats, succomba néanmoins en cette rencontre. J'ay ouï dire que Milton se glorifioit hautement d'avoir été la cause de la mort de ce grand homme, & il en pourroit bien être quelque chose ; car il est certain que depuis cette fatale production de l'Apologiste de Cromwel, Mr. de Saumaise n'eut presque plus de santé. Il fut percé jusqu'au vif de se voir tourné en ridicule par un si petit Auteur, & accablé de railleries qui regardoient son Domestique. Cela

joint à l'humeur impérieuse de sa femme, qui avoit été une sappe continuelle à sa santé, reveilla ses maux, & l'ôta enfin du monde, travaillant à une replique contre Milton, qui a depuis été publiée. Ouvrage qu'on peut appeller imparfait à double titre ; car outre qu'il n'est pas achevé, il se sent fort du mauvais état où étoit l'esprit de son Auteur. Voilà comment il arrive bien des fois qu'un homme perit par ses propres armes, je veux dire, par les armes dont il montre aux autres à se servir.

Si pareil malheur arrivoit à Monsieur Arnaud, il auroit plus de raison de s'en consoler, que n'en ont eu les deux Héros que j'ay apportez en exemple, Scaliger & Saumaise ; car au lieu que ceux-cy ont eu le chagrin de tomber entre les mains de fort mal-honnêtes gens, qui ne meritoient pas d'entrer en lice avec eux, Mr. Arnaud a été foudroyé par deux ou trois Livres si pleins d'esprit & de science, qu'il faut être grand homme pour écrire de cette force. C'est mourir d'une belle épée, c'est être terrassé par un coup illustre, que de succomber à de semblables ennemis, & c'est icy que l'on peut très-justement appliquer ces paroles de Virgile :

§ *Hoc tamen infœlix miseram solabere mortem,*
　　Ænea magni dextrâ cadis.

Mais d'autre côté, c'est un grand sujet de chagrin, que de voir qu'on s'est attiré à soi-même son infortune, & qu'on s'est mis en état par sa conduite, de n'être pas plaint dans sa disgrace. C'est l'état où se trouve Monsieur Arnaud. Il ne tenoit qu'à lui de donner un bon exemple à ceux contre qui il vouloit écrire. S'il eût observé en leur faveur les loix de l'honnêteté ; s'il n'eût point rempli son Apologie pour les Catholiques, de tout ce qui se peut dire de plus sanglant & de plus méprisant à un Auteur, il est indubitable qu'on lui eût répondu modestement ; & si malgré sa modestie, on lui eût répondu de l'air qu'on a fait, tout le monde blâmeroit ses Adversaires, & se jetteroit dans son parti. Mais parce qu'il n'a gardé aucunes mesures, & qu'il s'est abandonné à tout ce que la colere peut faire dire de plus outrageant, on ne trouve pas qu'il soit à plaindre, d'avoir eu à faire à des ennemis qui ne lui ont fait aucun quartier. Chacun dit que cela lui sied fort bien : ceux mêmes qui trouvent qu'on eût mieux fait d'avoir un peu plus d'indulgence pour lui, reconnoissent que si on l'eût traité plus doucement, on lui eût fait plus de grace que de justice. D'autres en fort grand nombre soutiennent, que le Public est redevable à ceux qui se sont vangez si terriblement, parce que cela pourra faire peur désormais à ceux qui auroient quelque envie d'attaquer malhonnêtement ceux qui ne l'ont pas merité. Les disputes des gens de Lettres étant une image de la guerre, pourquoy n'approuveroit-on pas que l'on ait pris à l'égard de Mr. Arnaud, l'expedient dont se servit le Seigneur de Châtillon (qui a été depuis le fameux Amiral de Coligni) pour obliger les Anglois à traiter plus
humai-

(*) *Ne nominari quidem Scaligerum ferre poterat, quin excandesceret, ac stomachum in contumeliosas voces & homine partibus addicto, quàm erudito, magis dignas erumperet.* Alex. Morus Præf. in Chron. Eusebii.

(A) „ MS. Voyez Suite de la déf. de Voiture, p. 16. „ Replique de Girac p. 17.

(B) „ Lettr. choisies. liv. 3. lettr. 1.

(c) *Cùm huic authori (Salmasio) juranti non sit adhibenda fides .... Salmasius quamvis homo andacissimus.... Vide, si otium est, qua habet Author iste de Solino, in suis ad illum prolixissimis & confusissimis Prolegomenis, quæ reliquo operi, ut caput membris, sine dubio respondent.* Briet.

(D) Æneid. l. 8. v. 829.

humainement leurs Prisonniers. Il donna ordre que l'on rencherît sur leurs manieres cruelles, & par ce moyen il fut cause qu'ils convinrent d'agir déformais sur un autre pied. (Je chercherai le passage où il est parlé de cela.) C'est ainsi que les Vénitiens aprirent si bien aux Turcs, à souhaiter qu'on se donnât quartier reciproquement dans la derniere guerre de Candie, qu'il n'a tenu qu'aux Géneraux de la Republique que l'on ne fît des reglemens fort humains.

Plusieurs de mes amis m'ont confirmé ce que vous m'aviez écrit, que les Catholiques mêmes de France ont desaprouvé l'Apologie de Mr. Arnaud, à cause de l'emportement grossier qu'il y témoigne, contre l'Auteur des Dialogues sur *la Politique du Clergé de France*. Mr. Arnaud se connoît trop bien en bons Livres, pour n'avoir pas jugé que ces Dialogues étoient l'Ouvrage d'un très-habile homme : & s'il eût été capable de méconnoître une verité si évidente, l'approbation universelle qu'avoit ce Livre, & l'empressement de tous les Curieux de l'une & de l'autre Religion pour le recouvrer, devoit nécessairement lui faire naître cette pensée, que l'Auteur de cette Ouvrage ne pouvoit être qu'un homme illustre. Ainsi il a été obligé par toute sorte de raisons à le traiter, comme on traite les honnêtes gens que l'on refute, & c'est ce qu'il n'a point fait ; & de-là vient qu'on ne le plaint pas d'avoir été traité sans miséricorde. J'ay déja parlé à plusieurs personnes qui lui ont appliqué ce passage de Térence, *s'il croit avoir été trop maltraité, qu'il considere qu'on n'a fait que lui repondre, & que c'est lui qui a commencé la querelle :*

(*) *Tum si quis est, qui dictum in se inclementius*
Existimas esse, sit existimet : sciat
Responsum, non dictum esse, quia laesit prior.

Or selon la Morale du monde, le premier coup en vaut dix, & vous n'avez pas oublié la pensée d'un Empereur Romain, (A) *qu'il ne faut pas médire d'un Sénateur, mais qu'il est juste de lui rendre la pareille, s'il use de medisance.*

Il n'est pas nécessaire que je vous parle de tous les Ouvrages, qui sont tombez coup sur coup sur Mr. Arnaud, d'une roideur accablante. Vous avez déja lû & admiré la grande réponse à Mr. Maimbourg, & le Livre qui s'intitule le *Janseniste convaincu de vaine Sophistiquerie*. Il ne faut seulement que vous rendre compte de l'Ouvrage, qui a paru en dernier lieu sous le titre d'*Esprit de Monsieur Arnaud*. C'est ce dernier Livre-ci qui est capable de donner le coup de mort à ces Héros du Jansenisme, & de venger tout à la fois les Jesuites & les Huguenots, de toutes les injures qu'ils ont reçuës de Messieurs de Port-Royal. Si Monsieur Arnaud avoit une femme semblable à celle de Monsieur de Saumaise, l'affaire seroit immanquable; mais étant Prêtre comme il est, & accoûtumé de longue main à donner & à recevoir des coups, il pourra bien survivre à cette rude tempête, & à cette affreuse grêle d'injures, quoiqu'elles soient d'autant plus terribles, qu'elles sont dites avec esprit, & soûtenuës de beaucoup d'éloquence, de savoir, & de raison.

Car il faut vous imaginer, Monsieur, que le Livre qu'on appelle l'*Esprit de Monsieur Arnaud* est le plus curieux Ouvrage qui se puisse voir. On y trouve une infinité de Pieces rares & divertissantes, commentées par l'Auteur. Ses notes & ses gloses valent bien le texte, tant elles sont pleines de ce sel Attique, qui est d'un si grand prix aux personnes de bon goût. On y trouve cent Reflexions sur la conduite des Jansenistes ; on y trouve le portrait de la Cour de France, & c'est un endroit aussi fin & aussi travaillé qu'il s'en puisse voir ; on y parle librement des affaires d'Angleterre ; on y entremêle divers faits personnels qui ne pas sont fort connus; on y flate peu les gens ; on a eu soin qu'il y eût des choses à l'usage de tout le monde. Les Cavaliers y trouveront bien leur fait ; ceux qui aiment les plus profondes subtilitez de la Théologie & de la Philosophie, ne manqueront point là d'exercice. Les divers sens qu'on a donnez aux cinq Propositions de Jansenius, y sont examinez dans la derniere précision ; & le stile est partout si plein de feu, de netteté, & d'agrémens, qu'il seroit seul capable de faire valoir le Livre. Vous voyez bien qu'un homme qui fournit à tant de differens caracteres, est un terrible ennemi, & qu'on ne sauroit manquer d'être diffamé par tout le monde, quand on l'est dans un Ouvrage de cette trempe. Etre raillé ou injurié dans un Livre qui vaut peu de chose, n'est qu'un très-petit malheur ; mais quand cela nous arrive dans un Ouvrage recommandable par autant d'endroits que l'*Esprit de Mr. Arnaud*, nous en avons jusqu'au jour (B) du jugement. J'en prens à témoin Mr. le Chevalier de Meré, qui a dit dans quelqu'un de ses Ouvrages, (c) *que la médisance est bien a craindre, quand elle s'explique par de bons mots, parce qu'on se plaît à les redire, & qu'on releve toûjours quelque chose de bien pensé.* C'est donc un grand malheur à Mr. Arnaud, que son portrait formé avec de si noires couleurs, paroisse dans un Ecrit qui sera recherché & lû par toute la terre. Si ce grand homme fût mort peut après avoir si bien répondu au Sieur Mallet, sa fortune lui eût épargné bien des disgraces. C'est ainsi que Pompée (vous voyez que je compare toûjours Mr. Arnaud avec les premiers hommes de l'Antiquité) eût reçu une faveur insigne de sa Fortune, si les vœux qu'on fit pour sa guérison, n'eussent pas été exaucez :

§ *Provida Pompeio dederat Campania febres*
Optandas : sed multae urbes & publica vota
Vicerunt.

J'ai déja ouï dire que les Jesuites ont fait éclater leur joye pour la publication de l'*Esprit de Mr. Arnaud*, & qu'ils donnent de grands éloges à l'habileté de l'Auteur. On croit qu'en considération du mal qu'il a dit du Jansenisme, ils lui pardonneront génereusement celui qu'il peut avoir dit de leur Corps. Je ne sais s'ils sont bien-aises de ce que Messieurs les Etats de Hollande ont defendu le débit du Livre, à la sollicitation de l'Envoyé Extraordinaire d'Angleterre. Ils peuvent s'imaginer d'un côté, que l'Ouvrage sera connu de moins de personnes ; mais ils peuvent espérer aussi d'un autre côté, que plus de gens seront curieux de le voir. Je crois pour moi que cette défense contribuera beaucoup à faire vendre le Livre, & qu'il sera incomparablement plus facile

<hr>

(*) *Prol. Eunuch.*
(A) *Non oportere maledici senatoribus, remaledici civile fasque esse.* Vespasianus apud Suetonium. c. *9.*

(B) „MS. Voi. *Senec. de irâ. l. 3. c. 23. de Timagene.*
(c) „Traité de l'esprit.
(§) „ Juven. Satyr. *10.*

cile de l'acheter en Hollande, qu'il n'est facile de trouver en France le *Factum* de Monsieur Deslyons, Doyen & Théologal de Senlis. C'est encore une Piece bien accablante pour Monsieur Arnaud. Je vous prie de vous informer si lui ou quelqu'un de ses amis y ont repliqué, & de m'envoyer le *Factum* du Prêtre qui plaide contre Monsieur Deslyons. Je ne saurois bien juger de cette affaire, sans entendre les deux parties. Il me semble que Monsieur le Doyen de Senlis ne dit pas tout ce qui regarde l'affaire, & qu'il se contente de parler de ce qui lui est favorable. Il a bien de l'esprit & de la force, & sans faire le railleur, il sait bien enfoncer le poignard. Il parle de son Adversaire comme d'un très-savant homme, qui en aprouvant une chose, lui sert d'un merveilleux préjugé; mais en rendant justice à ses beaux talens, il ne laisse pas de lui porter de rudes coups. Il s'en excuse sur ce qu'il ne fait que se deffendre. (*) *Si je fais mal en vous répondant, souffrez, lui dit-il, que je vous dise avec respect, que vous avez encore plus mal fait de commencer cette querelle contre moi.* Quelle désolation pour un homme de se voir percé de mille traits en même temps, par les Catholiques, & par les Hérétiques, après avoir été leur Aggresseur!

'III.
'offense
t un hom-
en lui di-
qu'il a
ié son
.

C'est ce que j'avois à dire passant d'une chose à une autre, pour me justifier de la contradiction qui m'a été objectée au sujet de Monsieur Arnaud. A la vérité j'eusse pû justifier en moins de mots, qu'il n'y a point de contradiction à dire qu'un grand homme est fort emporté, & j'avouë que l'accessoire prévaut ici sur le principal; mais c'est une chose faite, c'est à vous à la suprimer si vous le jugez à propos. Pour moi je ne saurois y retoucher davantage. Je ne veux pas même y ajoûter deux (A) Vers Grecs, qui s'ajusteroient admirablement à cet endroit-ci, & je fais bien, car cela m'engageroit à vous faire excuse de ce que je vous parlerois en une Langue que vous avez oubliée, & me conduiroit insensiblement où je ne veux pas être conduit. Je n'ai pas peur de vous offenser en disant que vous avez oublié le Grec, vous n'êtes pas de profession à cultiver cette Langue; & quand vous le seriez, quel grand mal y auroit-il de confesser ingénûment ce défaut de votre mémoire, après l'aventure de Monsieur l'Archevêque (B) d'Ambrun, & l'aveu de Monsieur l'Abbé le Tellier? Je ne sais même si vous n'auriez pas quelque honte, à l'exemple du Maréchal de (c) Biron, d'être plus savant en Grec que les Maîtres des Requêtes. Je ne sais si vous ne me saurez pas mauvais gré de vous avoir fait citer Polybe. En tout cas je déclare ici, que vous ne le connoissez que dans ses versions. Il y a bien des gens qui vous ressemblent en cela, & même parmi ceux qui traduisent les Anciens. Je suis, &c.

racontée, je ne vous alléguai point mon Auteur. Je m'imaginai qu'à quelques heures perduës je chercherois le passage, ne prévoïant pas que je n'y songerois plus, après avoir commencé une autre Lettre, comme il m'est arrivé effectivement. Par bonheur j'ai rêvù la minute de cette Lettre tandis qu'elle s'imprimoit, & m'étant aperçu de mon oubli, j'ai parcouru Brantôme, & j'ai trouvé mon passage, avant qu'il falût imprimer la huitieme Lettre. Je l'ai donc fait placer à l'endroit où vous l'allez lire. Il est tiré du quatrieme tome, & il se raporte au temps que l'Amiral de Châtillon étoit Colonel Général de l'Infanterie Françoise, & commandoit devant Boulogne contre les Anglois.

» Avant cette guerre (dit cet Auteur) il aprit » aux Anglois un proverbe, Ah cruel & demi, » ou bien du tout, car ils étoient si cruels à nos » François, & l'avoient tant été, qu'ils n'en » pouvoient désapprendre, tant ils l'avoient pris » en habitude. Qu'aussi-tôt qu'un paûvre Fran- » cois étoit tombé entre leurs mains, il ne faloit » point parler de merci, car la vie s'en alloit, » & se plaisoient quelques-uns à prendre leurs » têtes, & les ficher au bout de leurs lances & » picques, & en faire leurs parades, à la mode » des Mores & Arabes. Mais Monsieur l'Amiral » leur rendit bien-tôt leur change, & leur en fit » de même, voire pis: si bien qu'ils en vinrent » aux Requêtes, & à demander la bonne guer- » re, qui leur fut octroïée à la mode du Pié- » mon, entre les François & les Imperiaux. Je » tiens ce conte de Monsieur l'Amiral même, » qui me le fit en Périgord sur le sujet qu'il prit » de faire le massacre des Païsans, qui avoient si » mal-traité les Provenceaux à leur défaite, de » la main desquels plus en furent tuez que des » soldats; & pour ce, me dit-il, qu'il vouloit » faire lesdits païsans sages pour telles tueries & » cruautez, comme il avoit fait les Anglois de- » vant Boulogne . . . . . . Tant y a que l'on a » tenu mondit Sr. l'Amiral fort cruel; mais il » faloit qu'il le fût, & même lui le confessoit, » comme je l'ai vû souvent confesser que rien ne » le fâchoit que les cruautez; mais pour les po- » lices & les conséquences il y forçoit son natu- » rel & son humeur. Comme lors qu'il faloit » montrer une douceur & miséricorde, il étoit » certes bon, doux & gracieux.

Je n'entens pas les premieres paroles de ce passage, *avant cette guerre il aprit aux Anglois un proverbe, ah cruel & demi, ou bien du tout.* J'entendrois beaucoup mieux la pensée de Brantôme s'il avoir dit, *dans cette guerre il aprit aux Anglois un proverbe, à cruel, cruel & demi, ou bien du tout.* En effet sa conduite se régla sur le proverbe, A TROMPEUR, TROMPEUR ET DE-MI, qui a le même sens que, A CRUEL, CRUEL ET DEMI.

Preuve de ce qui a été dit ci-dessus, touchant la maniere dont le Seigneur de Châtillon réprima la cruauté des Anglois.

IX.
nduite de
de Châtil-
envers les
glois.

LOrs que je vous ay parlé de l'Amiral de Châtillon, je savois bien que j'avois lû dans Brantôme ce que je disois; mais n'ayant pas le loisir alors de chercher le lieu où cette affaire est

ADDITION

Pour la Sixieme Lettre.

X.
Touchant les
Zélateurs
Juifs.

QUoi, Monsieur, vous voulez que je vous aprenne tous mes défauts, dans des Lettres que nous destinons au Public? Cela n'est gueres honnête, & vous deviez vous contenter de

---

(*) *Et si culpa est respondisse, quæso, ut patienter audias, multo major est provocasse.* Hieronym. inter epist. August. epist. 18.

(A) » Athenée liv. 5. au commencement.

(B) » Voi. le Rec. des pieces touchant le N. T. de » Mons 1. part. p. 340.

(c) » Balzac, entret. 4.

de l'ingénuité que j'ai euë, de vous aprendre le caprice de ma mémoire, à l'égard des Enthousiasmes publiez sur un Livre de Mr. Arnaud. Pourquoi voulez-vous savoir cet autre caprice, dont je ne vous ai touché qu'un petit mot? Croyez-vous qu'on soit bien-aise de tant particulariser les contre-temps, & les bizarreries de son esprit? Pour une fois, passe; mais en vérité les rechutes ne sont pas plaisantes. Cependant je ferai ce que vous voulez. Le temps passé m'a fait trop connoître, que vous ne vous rendez pas aisément à mes raisons.

Sachez donc, Monsieur, qu'en cachetant ma sixieme Lettre, je me souvins, je ne sai comment, de deux choses tout à la fois, qui se raportoient admirablement à la question que j'avois traitée, & qui en mille rencontres s'étoient présentées à mon esprit; mais pourtant qui ne m'étoient jamais venuës dans l'imagination, pendant que je vous écrivois sur cette matiere. Mon Apostille vous a fait savoir l'une de ces deux choses, l'autre regarde certaines gens qu'on appelloit *Zélateurs* parmi les Juifs.

C'étoient des gens qui s'attribuoient l'autorité de tuer (*), sans aucune forme de procès, ceux qu'ils surprenoient en certains crimes, comme le blasphême, le sacrilége, la profanation, la fornication avec une femme idolâtre, la hardiesse d'un Sacrificateur qui auroit osé faire sa charge, sans s'être purifié, &c. Les Juifs étoient dans une si étrange prévention, qu'ils souffroient fort patiemment que ces personnes exerçassent le droit de leur prétendu privilége; & leurs Docteurs mêmes soûtenoient, que Dieu avoit donné à Moyse sur la montagne de Sinaï une parole non écrite, qui établissoit le droit de ces Zélateurs. Tant il est vrai que les hommes sont accoûtumez depuis longtemps à recourir à la Tradition, lors que l'Ecriture ne leur est pas favorable! On croit avec quelque fondement que l'exemple de Phinées, dont on abusa, comme on abuse aujourd'hui de celui de Jésus-Christ, & de ses Apôtres, pour s'emporter aux injures les plus violentes, fut la source du prétendu privilége des Zélateurs, & que lorsqu'il eût passé en coûtume, on s'avisa de supposer une loi de Dieu, que Moïse n'avoit pas insérée dans le Pentateuque. La suite fit voir à quoi on s'expose, quand on laisse établir de si étranges abus; car nous aprenons de Josephe (A), que ces Zélateurs remplirent la Ville de Jérusalem de toute sorte de miseres, & qu'ils furent la principale cause de sa ruïne. Bon Dieu, que serions-nous devenus, si St. Pierre armé encore de son épée s'en étoit servi pour tuer Ananias, comme il s'en étoit servi autrefois pour couper l'oreille à Malchus? Assurément il se seroit élevé des bigots, qui auroient crû que c'étoit un exemple à suivre. Si j'avois eu cette remarque à ma main, lorsque je réfutois les Ecrivains emportez, je l'aurois mise dans son jour, & j'en aurois pû tirer quelques usages. Ici elle ne me sert pas de beaucoup. J'en conclus seulement, que si la prétenduë autorité des *Zélateurs* étoit une usurpation, ou une illusion déplorable parmi les Juifs, à la faveur de laquelle on pouvoit commettre mille crimes, en abusant de l'exemple particulier de Phinées, à plus forte raison se doit-on garder parmi les Chretiens, d'imiter les actes de rigueur qui se lisent dans l'Ecriture.

(*) „ Voi. Seldenus de jure Natur. & Gent. l. 4. c.
(A) „ De bello Judaic. l. 4.

✻✻✻✻✻✻✻✻✻✻✻✻✻✻✻✻✻✻

LETTRE VIII.

Où il est parlé de quelques Arrêts donnez contre ceux de la Religion.

I. Examen de ce que l'Auteur a dit, que le Roi eût pû détruire le Calvinisme d'une maniere plus digne de sa grande ame. II. Chicane du Grammairien Cresconius réfutée par St. Augustin, & par l'usage ordinaire. III. Qu'il y a des voyes qui conduisent à la gloire, plus glorieuses que les autres. Comparaison de la force & de la ruse. IV. Que le Roi a tant de grandeur d'ame naturellement, que s'il ne s'en fût pas raporté aux gens d'Eglise, il eût choisi d'autres voyes de ruïner le Calvinisme. V. Réflexion sur l'Arrêt qui déclare valable la conversion des enfans. VI. Réfutation du Sieur Soulier. Quelle est la connoissance des enfans. VII. Comparaison entre le choix d'une femme, & le choix d'une Religion. Trois désordres dans la nouvelle Jurisprudence Françoise. VIII. Autres réflexions sur le même Arrêt, & réponses aux objections. IX. Réflexion sur l'Arrêt qui ordonne la perte de l'Exercice, si on reçoit un Catholique, ou un Relaps, dans le Temple. X. Réflexion sur la démolition du Temple de Montpellier.

MONSIEUR,

Je répondrai aujourd'hui à une objection qui est fort semblable à la précédente, & il vaut mieux sans doute qu'à cause de cette conformité, je l'examine présentement, que de la renvoyer à une autre fois. On m'accuse encore de la même contradiction, que l'on a crû remarquer dans ce que j'ai dit de Monsieur Arnaud; mais il y a cette grande différence, qu'on veut que celle-ci concerne sa Majesté. Nous allons voir ce que c'est.

QUATRIEME OBJECTION.

» L 'Auteur de la Critique Générale, (dit-on)
» tâche de prouver à cor & à cri, que les
» Arrêts qui s'obtiennent au Conseil du Roy
» contre les Calvinistes, sont injustes. Il fonde
» ses prétentions sur l'Edit de Nantes confirmé
» par plusieurs autres Edits, & il fait assez con-
» noître par-là, que de quelque maniere que Sa
» Majesté dépouillât les Huguenots de la liberté
» dont ils jouissent, il s'en plaindroit comme
» d'une action très-injuste. Il avouë cependant,
» que si le Roi eût fait abatre les Temples de
» ceux de la Religion simplement & absolument,
» parce que tel eût été son bon plaisir, (B) *ce*
» *procéde eût été plus digne de sa grande ame*; &
» par conséquent il reconnoît deux choses qui
» font contre lui; l'une, que les manieres dont
» le Roi se sert pour la ruïne du Calvinisme,
» sont dignes de sa grande ame, car autrement
» les autres manieres n'en pourroient pas être
» dites plus dignes; l'autre, qu'il y a de la gran-
» deur d'ame à faire du mal, ce que l'on a ré-
» futé par un beau passage de Séneque, comme
» une évidente contradiction.

Qu*

(B) „ Lettre XXI. No. II.

II.
...ne de
...onius ré-
...ar S. Au-
& par
...ordi-

Que voilà de terribles gens ! Et à quoy fon-giez-vous, Monfieur, quand vous m'avez com-mis avec de fi fins & de fi fubtils Antagoniftes ? Ils n'ont pas lû, à ce que je vois, la Difpute de S. Auguftin avec un Grammairien Donatif-re, nommé Crefconius, ou s'ils l'ont luë, ils ne fe fouviennent pas que S. Auguftin a folide-ment refuté la miferable chicane qu'ils me font. Il avoit dit que les Catholiques avoient plus de raifon de reprocher aux Donatiftes, d'avoir livré les Livres facrez, que les Donatiftes n'en avoient de le reprocher aux Catholiques. Sur cela Cref-conius faifant le fubtil, & recourant aux regles de la Grammaire, ne manqua pas de conclure que les Donatiftes avoient raifon de reprocher aux Catholiques, le crime qu'ils leur reprochoient; *car*, difoit-il, *s'ils nous le reprochent avec plus de raifon, il s'enfuit que nous le reprochons avec rai-fon, puis que le comparatif ne fait qu'augmenter la fignification du pofitif.* Permettez-moi de rendre ce-ci intelligible à tout le monde par un exemple. Grand eft un terme que les Grammairiens nom-ment *Pofitif*; plus Grand eft un terme qu'ils nomment *Comparatif*; fi on va jufques à dire le plus Grand, ils nomment ce terme, le *Superlatif*. Ainfi, felon la remarque de Crefconius, quand on dit qu'une chofe eft plus grande (*) qu'une autre, on reconnoît à la vérité que la grandeur de l'une furpaffe la grandeur de l'autre : mais quoi qu'il en foit, on avouë qu'il y a de la grandeur dans toutes les deux. Deforte que fi ce Gram-mairien Sophifte, & plus Sophifte que celui qui aidoit Monfieur de Balzac à faire la Critique des deux Sonnets, a raifon, j'ai avoué que ces ma-nieres artificieufes, dont on a confeillé au Roi de fe fervir pour détruire les Huguenots, font dignes de fa grande ame. Si elles en font dignes, elles font juftes ; car ce qui eft injufte n'eft pas digne d'une grande ame.

Mais que répond S. Auguftin aux chicanes de ce Grammairien ? Il le refute non feulement par la parole de Dieu, mais auffi par les Au-teurs les plus celebres. Si tous ceux qui liront cette Lettre n'ont pas en main un St. Auguftin, pour fatisfaire l'envie qu'ils pourront avoir de connoître ces paffages, je leur aprens que la Logi-que de Port-Royal (A) leur en indiquera quel-ques-uns, & fatisfera pleinement à tous leurs doutes. Après cet avis, je ne crois pas qu'il me refte rien à faire, pour refuter la premiere partie de l'objection; je dois feulement ajoûter que fans recourir aux Livres, on peut aifément connoître que j'ai fuivi l'ufage de tous ceux qui parlent avec le plus d'exactitude. Car on dit tous les jours, quand un veuf d'une laide & petite fem-me en époufe une autre grande & belle, que fa feconde femme eft plus grande & plus belle que la premiere; & fi quelqu'un alloit glofer là-deffus, comme fi en difant cela, on reconnoiffoit que la premiere a été jolie & de belle taille, il s'expofe-roit à la rifée publique.

Pour ce qui regarde la feconde partie de l'objec-tion, je n'ai pas befoin de la refuter tout de nou-veau, je crois l'avoir affez ruïnée en répondant au paffage de Séneque; ainfi je pourrois paffer à d'au-tres chofes, & j'y pafferois effectivement dès

à cette heure, fi je ne confiderois que fa Ma-jefté Très-Chretienne étant mêlée dans cette qua-trieme objection, il eft jufte qu'à caufe d'un fi grand Roi, je m'y arrête davantage.

Je dis donc que ce Monarque eft auffi digne du furnom de GRAND qu'on lui a donné, qu'au-cun de ceux à qui les Anciens, ou les Moder-nes ayent fait porter ce glorieux titre; mais cela n'empêche pas qu'il ne foit fujet à fe méprendre, dans le choix des moyens par où il tend à la gloire. C'eft encore une chofe qui ne doit pas être révoquée en doute, que l'on fe peut écarter plus ou moins du véritable chemin de la gloire. Car premierement on s'en écarte toutes les fois que l'on préfere une grande réputation à une bonne réputation ; mais comme cette doctrine tient un peu de celle qui regarde les chofes dans leurs véritables idées, je ne dois pas y infifter au-trement. Je vous ai déclaré que je ne m'éleve point jufques à la fuprême region; je parle à la maniere des hommes, & je laiffe ou aux Phi-lofophes Stoïciens, ou à nos Prédicateurs, à fou-tenir qu'il n'y a point de gloire fans la juftice & fans la vertu. Pour moi j'appellerai gloire, tout ce que les hommes admirent dans les Conquerans, & tout ce que les Orateurs, les Poëtes, & les Peuples élevent jufques au Ciel par leurs acclama-tions & par leurs éloges. Sur ce pied-là je remar-que en fecond lieu, qu'il y a une infinité de rou-tes qui conduifent à la gloire ; les unes d'une façon, les autres d'une autre ; les unes d'une maniere qui fent plus la grandeur d'ame, les autres d'une maniere qui la fent moins. Par exemple fi un Roi, qui ayant une guerre ci-vile très-dangereufe fur les bras, fe voit atta-qué en même temps par fes voifins, repouffe toutes les Troupes ennemies, & dompte la fu-reur des Rebelles, fans employer que la vive force, rejettant avec mépris toutes fortes de fu-percheries; fi un Roi, dis-je, fait tout cela, toute la terre demeure d'accord qu'il va à la gloire avec plus de grandeur d'ame, que s'il fai-foit les mêmes chofes par fineffe. On peut rai-fonner ainfi de toutes les autres actions de la vie. Quand on vient à bout d'un grand deffein, on ne manque jamais d'être loué, & on a effective-ment des talens qui méritent d'être louez ; car fi on n'eft point vertueux, on eft du moins vi-gilant, inventif, ferme, intrepide, rufé, ou quelque autre chofe. Mais il eft fûr que plus les moyens dont on s'eft fervi pour venir à bout de l'entreprife, font éloignez de la fineffe, plus auffi trouve-t-on qu'il y a de grandeur d'ame dans celui qui en eft venu à bout.

C'eft une notion commune, que l'air de gran-deur eft mieux imprimé dans les qualitez du Lion, que dans celles du Renard, & c'eft pour cela que les fondateurs des grands Empires ont paffé pour avoir d'autant plus de courage, & de gran-deur d'ame, qu'ils ont aimé à vaincre fans ftra-tagême. C'eft ce qui diftingue fi fort Alexan-dre parmi tous les autres Conquerans. N'eft-il pas vrai que fi on donnoit à choifir une ame à un foldat affamé de réputation, il aimeroit mieux mille fois l'ame de Monfieur le Prince de Con-dé, que celle de Monfieur de Turenne ? Je fai bien

LETTRE VIII.

III.
Qu'il y a des voyes qui con-duifent à la gloire, plus glo-rieufes que les autres.

Comparaifon de la force & de la rufe.

(*) ,,MS. Garaffe a blâmé Charron, pour avoir dit que ,, la Religion Chretienne eft la meilleure ; mais S. Cy-,, ran le rabrouë terriblement, tom. 4. p. 64. & lui mon-,, tre plufieurs paffages de l'Ecriture femblables ; com-,, me, *melius eft nubere quam uriri* ; & dans l'Ecclef. 7. ,, un homme patient eft meilleur qu'un arrogant ; & en ,, S. Marc, *il vaut mieux entrer avec un œil*, &c.

(A) ,, Art de penfer 2. part. ch. 7.

LETTRE
VIII.

bien qu'il y a des Officiers de guerre qui suivent plûtôt les principes du dernier, que ceux du premier ; mais c'est parce que n'ayant pas naturellement le courage si élevé, ils se sont insensiblement accoûtumez à laisser dominer leur esprit sur toutes leurs entreprises, au lieu que le grand Condé tout brillant d'esprit, n'a pourtant jamais voulu soumettre à cet esprit, l'invincible & l'héroïque courage qu'il a reçu de la Nature. On ne sauroit mieux juger du caractere de ces deux grands Capitaines, qu'en comparant Monsieur de Turenne à Fabius le *Cunctateur*, & Monsieur le Prince de Condé à Marcellus. Les Romains donnerent de grands éloges à la prudence & au phlégme de Fabius. Ils le surnommerent le bouclier de la République, & ils reconnurent qu'il l'avoit sauvée par sa lenteur. *Unus homo nobis cunctando restituit rem.* Mais ils ne laisserent pas de donner à Marcellus un éloge encoré plus ⬤ieux ; car ils le nommerent l'épée de la République. Ils firent connoître par cette distinction, qu'ils regardoient Marcellus comme leur bras droit, & Fabius comme leur bras gauche ; que le premier étoit propre pour conquérir & pour attaquer, & que l'autre savoit garder & défendre. J'avouë qu'il y a des occasions où il est plus avantageux de se tenir sur la défensive, que de provoquer l'ennemi : mais on doit reconnoître qu'en tout temps, il y a plus de grandeur d'ame à soutenir le caractere de Marcellus, que celui de Fabius, & qu'il faut plus de courage pour se servir de l'épée, que pour se servir du bouclier. Un homme médiocrement courageux, & qui n'oseroit attaquer, se défend pourtant si on l'attaque (*).

Qu'on en dise ce qu'on voudra, il est certain que la finesse dans son origine n'est qu'un supplément de la force, ou pour parler plus exactement, qu'un remede au manque de forces. Tous les hommes conviennent, qu'il y a plus de grandeur à faire les choses en suivant toûjours le grand chemin, qu'en cherchant les petits sentiers détournez. Si en suivant le grand chemin on exécute un dessein injuste, c'est toûjours une injustice ; mais c'est une injustice moins éloignée de la grandeur d'ame, que celle qui s'exécute par les voyes de la dissimulation, & c'est ce que j'ai voulu dire dans ces paroles, *le Roi eût pû nous dire il y a vingt ans,* je ne veux plus que vous ayez tant de Temples. *Pourquoi, Sire ?* Parce que je ne le veux pas. Tel est mon plaisir, SIC VOLO SIC JUBEO, SIT PRO RATIONE VOLUNTAS. *Mais au lieu d'en user ainsi, ce qui eût été un procédé plus digne de sa grande ame, on lui a conseillé de se servir de je ne sai quelles voyes obliques, dont l'artifice saute aux yeux.*

I V.
Que sans les Ecclesiastiques le Roi eût choisi d'autres voyes de ruiner le Calvinisme.

Je souhaite que tous mes Lecteurs ayent été assez équitables, pour ne donner pas à ces paroles un autre sens que le mien. Je déclare ici, & je proteste que ma pensée n'a pas été de diminuer l'idée de grandeur, sous laquelle toute l'Europe se représente sa Majesté très-Chretienne, & qu'il n'y a personne qui rende plus de justice que moi, aux grandes qualitez dont elle brille. Je n'ai donc prétendu autre chose, sinon que ce grand Monarque, incapable par lui-même de se servir de voyes obliques, a été surpris par son Conseil de conscience. Comme l'art de régner fait principale étude, & que les soins de la guerre, ceux de se faire obéïr dans son Royaume, & ceux de veiller sur les entreprises de ses

ennemis, ont toûjours fait ses principales occupations, il ne faut pas s'étonner que pour des choses Ecclésiastiques, il ait eu moins de confiance en ses propres lumieres, qu'en celles de son Clergé. Plût à Dieu qu'à cet égard il eût mieux connu toute l'étenduë de son esprit ! car s'il l'eût connuë, il se fût appliqué lui-même à examiner les moyens de réduire les Hérétiques, & il eût apparemment discerné ceux qui sont contraires à l'esprit du Christianisme, & au caractere d'un grand Monarque, d'avec ceux qui ne le sont pas. Mais parce qu'il a cru, par une modestie qui nous est très-préjudiciable, que ses lumieres n'étoient pas aussi propres à faire ce discernement, que celles des gens d'Eglise, il s'en est entierement raporté à eux. Ceux-ci abusant de la confiance de ce grand Prince, & s'abandonnant trop à leurs passions, ou bien à leurs préjugez, ont imaginé ou fait imaginer mille chicanes par de petits esprits mercenaires, & les lui ont proposées avec tant d'art, qu'il y a donné les mains. C'est donc à eux & non pas au Roi que s'adressent les paroles de la Critique Générale que j'ai citées ; ce sont eux qui ont détourné le Roi du chemin de la grandeur, par l'adresse qu'ils ont euë de lui témoigner qu'ils brûloient du zele de la maison de Dieu, & que le temps n'avoit jamais été plus favorable pour purger le Royaume à petit bruit, d'une Secte très-dangereuse.

J'ose dire que le Roi n'a point de Sujets qui l'aiment, & qui l'honorent plus sincerement que ceux de la Religion ! mais cette passion si légitime ne doit pas les aveugler de telle sorte, qu'ils ne soient plus capables de discerner le bien & le mal. Ainsi on auroit grand tort de prendre pour une hardiesse incomparable avec la qualité de bon Sujet, la liberté qu'ils se donnent de soutenir, qu'on fait faire à Sa Majesté des choses qui ne répondent nullement au reste de ses actions. Par exemple, peut-on facilement accorder l'Arrêt qui déclare valable la conversion des enfans, avec la juste réputation que sa Majesté s'est acquise d'un grand esprit & d'un grand Roi ? Ne demandera-t-on pas pendant que le monde sera monde, comment il a pû se faire que Loüis XIV. qui par la grandeur de son esprit, s'est rendu presque aussi absolu où il ne regne pas qu'où il regne, se soit laissé persuader à trois ou à quatre Ecclésiastiques, qu'un enfant âgé de sept ans est assez habile pour discerner la véritable Religion d'avec la fausse ? Que dira la postérité, soit qu'elle croye que Loüis XIV. a cru que les enfans pouvoient faire ce discernement, soit qu'elle croye qu'il ne l'a point cru ? S'il ne l'a point cru, pourquoi donc, demandera-t-on, a-t-il ordonné que la conversion des enfans seroit valable ? S'il l'a cru, par quelles machines, demandera-t-on, a pû pénétrer dans une tête si sage, une opinion si évidemment erronée.

Je voudrois bien, Monsieur, que ce grand Prince, qui aura tant de part à l'admiration de la postérité, fît serieusement réflexion, qu'il n'en sera pas de lui comme des Constantins & des Théodoses. S'ils ont été surpris par les gens d'Eglise, cela ne fait guéres de tort à leur mémoire, parce que les plaintes qu'on a pû faire contre ces surprises, sont demeurées en chemin, & n'ont presque point été connuës dans les siecles suivans ; desorte que nous voyons la gloire de ces Empereurs toute pure dans les Ecrits de ceux dont ils favorisoient le parti. Mais pour Loüis XIV.

V.
De l'Arrêt déclare valable la conversion des Enfans.

(*) ,, MS. Vei. *Cie. de Offic.* l. 1. *p.* 159. in 4. Wolf.

,, Voyez *Lactannus de Cal. p.* 53. *Tollii* & 115.

on peut s'affurer, qué les Catholiques pour lef-quels il a tant de complaifance, ne feront pas les feuls qui publieront fa gloire dans les fiecles à venir. A la vérité leurs Panégyriques, & leurs Vers, y feront un très-grand bruit, & étourdi-ront le monde du fracas des Temples ruïnez, & des Converfions ménagées; mais les Ecrits des Proteftans ne laifferont pas de fendre la preffe, & d'interrompre ces clameurs, pour donner à connoître aux hommes qui vivront en ce temps-là, les circonftances que les Catholiques auront adroitement fupprimées. La poftérité apprendra par ces Ecrits, que l'Arrêt des Sages-femmes, & celui des Enfans ont été exécutez, nonobftant les fupplications très-humbles des Huguenots, qui expoferent d'une façon très-pathétique aux yeux de S. M. l'exemple de Dom Emanuël Roi de Portugal, dont la mémoire eft odieufe à tous les honnêtes gens, pour avoir enlevé les enfans des Juifs, afin de les inftruire à la Religion Chre-tienne. L'action de ce Prince eft condamnée par fon propre Hiftorien Oforius, Evêque des Al-garves, comme on le fit voir au Roi dans la Re-quête que ceux de la Religion lui préfenterent, & à tout le monde dans la *fuite de la Politique du Clergé*. On auroit pû fortifier le témoignage d'Oforius par celui du célebre Mariana, qui quoi que Jéfuite condamne hautement le procedé d'E-manuël: (*) *Ce fut un Arrêt tout-à-fait étrange (dit il) Quoi contraindre les hommes par des tour-mens à profeffer le Chriftianifme, & les dépouiller dans la plus importante affaire de toutes, de la li-berté que le Ciel leur a accordée, & dont Dieu veut qu'ils joüiffent? C'eft un très-grand crime, & il ne doit pas même être permis, fous ce prétexte, d'ar-racher les enfans à leurs Peres.* La même Reque-te & le même Livre repréfenterent auffi l'exem-ple de Sifebut, Roi d'Efpagne, dont la con-duite envers les Juifs, qu'il obligeoit à fe faire baptifer fous de grieves peines, fut défaprouvée par un Concile de Tolede. On ajoûta à ces exem-ples bien des raifons. Que pourra donc dire la poftérité, quand elle aprendra d'une part dans les Livres des Catholiques, le zele du Roi pour l'extirpation des Huguenots, & de l'autre dans les Livres de ceux-ci, qu'il ne craignit point d'expofer fa gloire aux comparaifons les plus odieufes? Dira-t-on que les Requêtes des Hu-guenots ne venoient point à fa connoiffance? Mais ce feroit une excufe qui flétriroit fa mémoi-re. Dira-t-on qu'il les voyoit, & les méprifoit? Mais comment digérer tout cela, & l'accorder avec ce difcernement & cette folidité d'efprit qui lui font propres? Quel bonheur feroit-ce pour nos freres de France, fi le Roi avoit plus d'égard à ce que dira la poftérité, qu'à ce que difent aujourd'hui les Eccléfiaftiques qui l'environnent! C'eft à la poftérité qu'il faut principalement s'étudier de plaire, comme l'Orateur (a) Romain le repréfenta finement à Jules Cefar. Or quelle apparence que les fiecles à venir, voyant les cho-fes de fens froid, ne condamnent pas la maniere dont on ruïne la Religion Réformée en France? Nous pouvons appliquer à nos freres très-jufte-ment ce que Monfieur Arnaud a écrit à Monfieur

l'Archevêque de Reims, touchant la perfécution des Janféniftes: *On n'ira pas fi loin que Séneque (dit-il) qui a prétendu que toutes les belles actions d'Alexandre avoient été ternies par la maniere dont il avoit traité Callifthene; mais on ne pourra peut-être pas s'empêcher de croire, que les Hifto-riens de la vie du Grand Louïs, qui fera remplie de fi grandes chofes, auront de la peine à excufer ce qu'on lui a pû faire faire contre des perfonnes, qui malgré tous les efforts de leurs ennemis ne paffe-ront certainement dans la poftérité, ni pour de mauvais Sujets, ni pour de mauvais Catholiques, ni pour de malhonnêtes gens.*

Mais il me femble que j'entends Monfieur Soulier qui nous vient dire (b) fort gravement, que le Roi ne déclare nos enfans capables de fe faire Catholiques, qu'après qu'ils font arrivez à l'âge d'offenfer Dieu. C'eft la feule & unique raifon qu'on a pû imaginer pour donner quelque couleur à l'Arrêt; ou la débita dès qu'il fut ex-pédié, & on ne fut pas long-tems fans la voir bien réfutée, dans les Mémoires que les Députez Huguenots préfenterent au Confeil. On peut ne s'étonner pas que cette raifon ait été mife en avant par ceux qui n'avoient point connoiffance de nos réponfes; mais Monfieur Soulier qui ne les a point ignorées, eft tout-à-fait inexcufable de fe fervir encore de cette raifon, fans dire un feul mot contre nos réponfes. Il n'eft rien de plus indigne d'un bon Auteur que cette conduite, car pour me fervir des termes de Mr. Arnaud, (b) *les difputes iroient à l'infini, fi le Public fouffroit fans quelque indignation, qu'on lui propofat de fang froid des objections ruinées, en diffimulant & laif-fant dans toute leur force les réponfes qui auroient été faites.* Nos Députez répondirent, qu'il y avoit bien de la différence entre voir une notion générale du bien & du mal, & connoître en par-ticulier que ceux de l'Eglife Romaine ont raifon, dans les Controverfes qui féparent les deux Egli-fes. C'étoit renverfer de fonds en comble la pré-tenduë raifon de l'Arrêt; car c'étoit la détruire par une remarque dont tout le monde comprend la force. Que doit-on donc dire d'un Miffionnai-re, qui ne fait pas femblant d'en avoir ouï parler?

On peut connoître à fept ans, par les inftincts de la confcience fortifiez des lumieres de l'éduca-tion, qu'il y a des chofes mauvaifes; deforte que fi on les commet, malgré l'idée que l'on a d'un Dieu qui nous les défend, à peine d'encou-rir fon indignation, on fe rend coupable. Mais on ne peut pas connoître à cette égard-là, fi l'Eglife Romaine a confervé la pureté de la Foi. C'eft une affaire de trop longue difcuffion. Com-ment eft-ce que nos enfans connoîtroient alors, que l'Eglife Romaine fuit la véritable doctrine, eux qui ne favent pas feulement fi notre Réfor-mation eft bonne? Nous leur difons tous les jours que l'Eglife Romaine s'eft détournée du bon chemin, & que notre Communion eft là vérita-ble Eglife de Jéfus-Chrift. Ils croïent là-deffus tout ce qu'on leur dit, mais ils croïent fans avoir examiné les raifons de part & d'autre; & s'ils étoient capables de croire par la voye du raifonnement, ce feroit plùtôt la fauffeté de la

---

(*) *Infolens decretum maximè: malo cogas homines Chriftiana facra fufcipere? Libertate caelo datâ in re omnium graviffimâ fpolies, quos Deus fui arbitrii effe voluit? Grave id piaculum fit: ac ne filios quidem à parentibus eo ftudio abftrahere liceat.* Mariana, hiftor. l. 26. c. 13.

(a) *Servi igitur iis etiam judicibus, qui multis poft faculis de te judicabunt, & quidem haud fcio an incorruptius quàm nos; nam & fine amore & fine cupiditate, & rurfus fine odio, & fine invidiâ judicabunt.* Cicero pro Marcello.

(b) ,, Hift. des Edits de Pacif, l. 9.

(c) ,, Calvinifme convain. p. 154.

LETTRE VIII.

la Communion Romaine que la fausseté de la nôtre, parce qu'on les instruit sur ce pied-là. Puis donc qu'ils ne connoissent pas dans ses principes, & par l'intelligence des preuves, la vérité de notre créance, à plus forte raison ignorent-ils que les preuves dont l'Eglise Romaine se sert pour appuïer ses sentimens, soient solides. D'où il s'ensuit qu'on doit laisser les enfans dans la Religion où on les éleve, jusques à ce qu'ils soient capables d'en choisir une autre, par la comparaison des preuves.

Ceci est fondé sur la loi générale de l'Univers, que toutes choses doivent demeurer dans l'état où elles se trouvent, si les raisons de changer sont égales aux raisons de ne changer pas. C'est une loi que Dieu lui-même suit inviolablement. Il ne souffre jamais qu'un corps se remuë, lors que sa résistance est égale à la force de l'impulsion, ou lors qu'il est également poussé par des forces opposées. Il ne souffre jamais que notre ame se détermine, lors qu'elle ne voit pas plus d'avantage dans le choix de l'un des partis, que dans la suspension. Si bien que si on demande pourquoi un enfant, qui n'entend pas mieux les preuves d'une Religion, que celles d'un autre, demeure plûtôt dans une Religion que dans une autre, je répons que c'est à cause que Dieu l'a fait naître dans une Religion plûtôt que dans une autre. C'est un poste que la Nature lui a donné, & qu'il doit garder jusques à ce qu'il connoisse clairement & distinctement qu'il desobéïroit à son Créateur, s'il y demeuroit davantage. Il ne suffit pas pour en sortir, qu'il connoisse que s'il en sort on lui donnera des dragées, & des rubans, au lieu du foüet & du travail qu'il redoute dans la maison de son Pere ; cela, dis-je, ne suffit point : il faut pour sortir avec raison, qu'il connoisse distinctement que Dieu qui l'avoit mis dans ce poste, lui commande de le quitter. Vous voyez donc, Monsieur, qu'à moins d'un enthousiasme, on ne peut pas justifier les enfans de sept ans qui quittent leur Religion, Mais c'est de quoi nous parlerons plus amplement dans les Lettres de Controverse. Pour cette heure contentons-nous de la remarque qui suit.

Ils ne pourroient pas rendre raison de leur Foi.

Nous défions l'Eglise Romaine de nous montrer un seul enfant converti à l'âge de sept ou huit ans, qui puisse rendre la moindre raison de sa conduite. Je veux bien croire qu'après avoir demeuré quelque temps parmi ces personnes qu'on appelle de la *Propagation*, il auroit apris à répondre quelques mots à ceux qui l'interrogeroient sur son changement. A force de le siffler, on lui aprendroit à dire, *que notre Religion est nouvelle ; que Calvin notre Patriarche avoit eu la fleur de lis ; que hors de l'Eglise il n'y a point de salut ; que nous faisons mal de n'invoquer pas* NOTRE DAME. Mais si on se persuade que cela suffit pour changer de Religion avec connoissance de cause, on est dans une illusion la plus puérile qui se puisse voir. Voilà une belle raison dans la bouche d'un Enfant, *votre Religion est nouvelle ?* Et comment sait-il qu'elle est nouvelle ? N'est-ce pas parce qu'il l'a ouï dire à ses nouveaux précepteurs ? Mais il avoit aussi ouï dire à ses parens, qu'il est faux qu'elle soit nouvelle. Comment a-t-il discerné que ceux qui affirment qu'elle est nouvelle, ont plus de raison que ceux qui le nient ? Il est clair qu'il ne peut rendre aucune raison de ce prétendu discernement.

Je dis la même chose sur ce qui concerne les fleurs de lis de Calvin. Le petit enfant n'ajoûte foi à ce fait, qu'à cause qu'il l'entend dire dans la maison de la *Propagation*. Mais il l'avoit ouï nier dans la maison de son Pere. Quels principes a-t-il pour discerner les faux témoins d'avec les véritables témoins ? Et quand même il pourroit se tirer d'affaire dans ces petites questions de fait, comment s'en tirera-t-il à l'égard des questions de droit qui y sont mêlées ? Par exemple, on ne peut s'assurer d'un fait contesté, qu'en établissant pour principe que le concours de certaines circonstances est une preuve de vérité. Ce principe a besoin de quelques preuves, & ainsi voilà une question de droit. Outre cela, si on arrive jusques à la certitude à l'égard des mœurs de Calvin, il s'éleve d'abord une autre question de droit fort importante, qui est de savoir si un homme qui a été châtié pour les déreglemens de sa vie, est propre à prêcher la vérité. Comment est ce qu'un petit garçon peut discerner là-dedans la vérité d'avec le mensonge ? Et la question, *s'il est nécessaire d'invoquer les Saints,* comment la décidera-t-il ? Et de cette autre, *si la Communion de Rome est l'Eglise hors de laquelle il n'y a point de salut,* comment s'en tirera-t-il ? En un mot nous défions hardiment tous ces jeunes convertis, quoiqu'ils ayent été siflez plusieurs jours, de tenir plus d'une minute devant un homme qui leur demanderoit raison de leur Foi ; car si après avoir répondu, *votre Eglise a été fondée par Calvin qui avoit eu la fleur de lis,* on lui repliquoit ; *mais, mon pauvre petit enfant, comment savez-vous que Calvin a été flêtri de cette peine ? Avez-vous comparé les preuves que l'on en cite, avec nos réponses ? Comprenez-vous bien qu'un homme noté de cette infamie ne peut pas devenir un grand serviteur de Dieu ? Ne vous souvenez-vous pas que St. Paul avoit fait des crimes incomparablement plus atroces, que ceux qu'on punit en France avec un fer chaud ?* Si, dis-je, on lui repliquoit cela, cette petite Créature ne seroit-elle pas au bout de son rôle, quelque joliment qu'elle caquetât d'ailleurs ? Comment pourroit-elle répondre à toutes ces difficultez, puisqu'il est certain que la plus grande partie des Laïques de la Communion Romaine, de quelque âge qu'on les suppose, n'y sauroient répondre ? Un Prêtre d'Egypte disoit un jour à Solon, (*) *vous autres Grecs vous êtes toûjours enfans.* C'est ce qu'on peut dire de la plûpart des Chretiens, pour ce qui regarde la Religion.

VII. Comparaison entre le choix d'une femme & le choix d'une Religion.

Que diroit Monsieur Soulier, si quelqu'un raisonnoit ainsi ; puisque c'est une chose raisonnable de permettre aux enfans de se choisir une Religion, dès qu'ils peuvent offenser Dieu, c'en seroit une raisonnable de leur permettre de se choisir une femme, dès qu'ils peuvent offenser Dieu. Donc les loix qui cassent les promesses de mariage faites par des enfans, sont injustes. Je ne vois pas ce que l'on pourroit répondre à un homme qui voudroit ainsi renverser toute la Jurisprudence, & introduire un Paradoxe qui apparemment ne se trouve ni dans les Livres de Sanchez, ni dans ceux de Tiraqueau sur les causes matrimoniales, quoiqu'on y ait recueilli avec tant de soin tout ce qui se peut dire sur une si féconde & si curieuse matiere. Ce seroit en effet un étrange Paradoxe, que de soutenir qu'un enfant de sept ans est capable de se choisir une femme, telle qu'il la lui faut pour le reste de

Trois désordres dans la Jurisprudence Françoise.

ses

(*) *Plato in Timæo.*

fes jours, & néanmoins ce Paradoxe eſt moins étrange que celui qu'on vient d'introduire; car non ſeulement il eſt beaucoup plus malaiſé à un enfant de juger ſi les preuves de l'Egliſe Romaine ſont meilleures que les nôtres, que de juger s'il vaut mieux épouſer une telle qu'une telle femme; mais auſſi les conſéquences du mauvais choix ſont infiniment plus terribles en matiere de Religion, qu'en matiere de mariage. C'eſt un triſte ſort, à ce qu'on dit, que d'être mal marié; mais ce n'eſt pas un mal ſans remede. Mille choſes y peuvent faire diverſion: la patience, les voyages, la vieilleſſe, & ſi malheureuſement tout ſe trouvoit inutile, au moins la mort y mettroit-elle bon ordre, & c'eſt une affaire tout au plus de ſoixante, ou de ſoixante-dix ans; c'eſt-à-dire, que ce n'eſt rien en comparaiſon des peines éternelles que l'on s'attire, en choiſiſſant une fauſſe Religion. Voilà ſans doute un déſordre prodigieux dans la Juriſprudence Françoiſe. Défendre d'un côté aux enfans de ſe marier contre le gré de leurs Superieurs, & leur permettre de l'autre de ſe choiſir une Egliſe en dépit de leurs Supérieurs.

Mais voici un autre déſordre qui n'eſt pas moindre. Si un jeune homme au-deſſous de vingt-cinq ans, ayant paſſé un contract d'achat ou de vente, ſe met dans la fantaiſie qu'il lui eſt plus avantageux de retirer ſa parole, que de la tenir, les loix lui tendent les bras, & le relevent d'un engagement qu'il trouve préjudiciable. Tous les plus grands Légiſlateurs ont jugé cette précaution néceſſaire, afin de remédier aux déſordres, où les jeunes gens ſe précipitent, ſoit par l'impétuoſité de leurs paſſions, ſoit par les fineſſes d'autrui. Ne ſeroit-il donc pas bien néceſſaire que ſi un jeune homme qui auroit changé de Religion, croïoit voir dans la ſuite qu'il auroit abandonné la bonne cauſe, les loix lui tendiſſent les bras, comme elles font dans toute autre ſorte de marché, & lui permiſſent de dégager ſa parole? Si les intérêts du ſalut nous doivent être infiniment plus chers que les richeſſes, ne faudroit-il pas que nous trouvaſſions dans la ſageſſe des Légiſlateurs encore plus de facilitez, pour calmer les inquiétudes de notre conſcience, que pour réparer un dommage temporel? Le ſens commun nous dicte que cela devroit être ainſi; cependant voilà les Arrêts du Roi qui bouleverſent tout cet ordre, & qui ne permettent pas même de ſe dégager, à un jeune homme qui a horreur d'avoir quitté la Religion Proteſtante à l'âge de ſept ans; âge où l'on vendroit bien ſouvent toute la ſucceſſion de ſon pere pour une pomme, ou pour un coûteau.

Voici un troiſieme déſordre. On n'eſt point ſujet avant l'âge de puberté, aux peines que les magiſtrats infligent aux violateurs des loix. Toutes les Nations bien policées obſervent cette Maxime. La voilà pourtant renverſée en France; car ſi la Converſion d'un enfant âgé de ſept ans doit tenir, il s'enſuit que retournant dans la premiere Religion un an après, il eſt ſujet à toutes les peines établies contre les Relaps. On chercheroit en vain dans les Arrêts obtenus contre ceux de la Religion, ce qu'il faudra faire ſi un enfant âgé de huit ans devient Relaps; car ou bien on n'a pas prévû l'incompatibilité de l'ancienne Juriſprudence avec ces nouveaux Arrêts, ou ſi on l'a prévûë, on n'a eu aucun ſoin d'en régler les fâ-

LETTRE VIII.

cheuſes conſéquences; on s'eſt contenté d'accumuler Arrêts ſur Arrêts, ſans obſerver nuls principes. Après cela peut-on eſpérer que la poſtérité fera grace à la mémoire de Louïs le Grand, ſur des choſes qui ne ſe peuvent pas comprendre, bien-loin qu'on en puiſſe faire l'apologie.

Un Hiſtorien moderne qui a ſuivi très-exactement la maxime, (*) qu'il ne faut pas que l'on connoiſſe dans une Hiſtoire la Religion de l'Hiſtorien, & qui aſſurément ſe préoccupe fort peu dans ſes Livres pour la Religion Huguenote, fait des Réflexions que je vous conſeille de lire ſoigneuſement, ſur le même Arrêt que nous examinons ici. Il a loué ſa Majeſté très-Chretienne autant qu'il lui a été poſſible, dans un Panégyrique qu'il eut l'honneur de lui préſenter l'an 1680, & il la loüe extraordinairement dans l'endroit de ſon Hiſtoire d'Angleterre, dont je parle. Il paroît tout rempli, & tout pénétré d'admiration pour les vertus de ce grand Monarque, & il ſoûtient qu'il a pour la gloire de ce Prince autant de zele qu'on s'en puiſſe imaginer. Mais il ne laiſſe pas de dire. 1. Que cette Ordonnance eſt la plus rigoureuſe, la plus ſévere, & la plus inhumaine dont on ait jamais parlé. 2. Qu'il n'eſt pas poſſible qu'une telle penſée ſoit venuë dans l'eſprit d'un Roi ſi Auguſte, & ſi bénin, & qu'il faut que cet Arrêt ſoit ſorti de la tête d'un Miniſtre, qui ſache mieux la ſévérité Eſpagnolle, que la civilité Françoiſe. 3. Qu'il eſt inouï que les enfans ayent été ſujets aux loix avant l'âge de diſcretion, & qu'un Prince les ait contraints de rendre raiſon de leur croïance devant Dieu, & devant les hommes. 4. Que par les loix des Romains, les Enfans ne pouvoient être mis en Juſtice avant l'âge de quatorze ans; qu'avant l'âge de douze, leur témoignage ne ſervoit de rien à Athenes ni pour le vrai, ni pour le faux; que les Lacédémoniens châtioient tous ceux qui ſe faiſoient faire quelque promeſſe par un enfant, qui n'avoit pas encore quinze ans; que les Sabins tenoient pour une impiété de prendre en ôtage des enfans qui n'avoient pas dix ans accomplis; & que les Sibarites firent un Décret portant, que les enfans ne commenceroient qu'après l'age de douze ans, à ſe joindre avec les autres dans les ſacrifices publics, leur ſemblant que ce ſeroit ſe moquer de Dieu, que d'admettre à la communion des choſes ſaintes, de petites Créatures qui ne ſavent ce que c'eſt que de prier. 5. Que par tout le monde l'âge où l'on a été tenu de rendre compte de ſes actions au Souverain, a été celui de quatorze ans; que s'il s'eſt trouvé des loix qui ayent fait commencer cet âge à onze ans, on les a publiquement blâmées; qu'il n'y en a point qui n'excluent les enfans de l'adminiſtration de leurs biens, pour le moins avant l'âge de quatorze ans; & qu'il eſt bien étrange qu'on permette de diſpoſer de ſon ame, à celui à qui l'on ne permet pas de jouïr d'un pouce de terre. 6. Que cet Arrêt de la Cour de France fait dreſſer les cheveux aux gens, & ſemble n'avoir été inventé que pour tenir la gloire de Louïs XIV, tant il fait dire de choſes déſavantageuſes à ſon honneur, dans tous les païs étrangers. 7. Que les Papes ne ſe ſont jamais aviſez d'une pareille ſévérité, puis qu'au contraire Clément VII. défendit, par une Bulle, de contraindre les Juifs avant l'âge de 14 ans à quitter leur Religion,

VIII.
Autres Réflexions ſur le même Arrêt.

(*) Theatro Britannico di Gregorio Leti, lib. 8. part. 2.

ligion, & que Clément VIII, Grégoire XV. & quelques autres Papes, ont expreſſément ordonné, que ſi un enfant Juif étoit préſenté au Baptême par d'autres perſonnes, que par ceux qui ont ſur lui la juriſdiction de pere ou de Tuteur, on ne l'acceptât point, mais qu'on le mît dans un ſéminaire, pour y être inſtruit juſqu'à l'âge de 14 ans. Je vous conſeille de lire le reſte dans l'Auteur même, qui ſemble s'être ſurpaſſé en cet endroit. Je n'ai pû le lire ſans ſentir renaître avec de nouvelles forces, tous les étonnemens que j'avois eus autrefois de cette prodigieuſe affaire.

Je me ſuis ſouvenu de ce que l'on a coûtume de dire, quand on fait des réflexions ſur l'infirmité humaine. On dit qu'il y a certains momens dans la vie, où les plus ſaints ſuccomberoient à la tentation, ſi Dieu ſouffroit que les objets s'en préſentaſſent, & que la plus grande grace que le St. Eſprit nous puiſſe faire, eſt de détourner ces objets durant ces momens de fatalité. Les Guerriers diſent auſſi que les plus braves ſe trouvent quelquefois dans une ſi méchante diſpoſition, qu'ils fuiroient lâchement s'ils voïoient quelque péril, & que ceux qui ne ſe démentent jamais, n'ont pas un plus grand fonds de bravoure que les autres; ils n'ont que le bonheur de n'être jamais en danger, durant ces momens funeſtes où ils ſont ſi mal diſpoſez. Cela me fait croire que les plus ſages Politiques ſont expoſez à la fatalité de ces momens; c'eſt à dire qu'ils ſont capables en certaines occurrences, de tomber dans les plus énormes bévûës, ſi on les leur propoſe durant ces momens; & je ne ſaurois croire, quelque deſſein que l'on ait inſpiré au Roi de tourmenter les Huguenots de ſon Royaume, que l'Arrêt des Enfans ne ſoit une de ces ſurpriſes, qui aveuglent l'eſprit à la faveur de ces momens de fatalité.

Car je veux que l'eſpérance mal fondée de plaire à Dieu, ait levé tous les ſcrupules de conſcience, qui euſſent pû arrêter une main Royale prête à ſigner cet épouventable Arrêt, comment n'a-t-on pas appréhendé la juſtice humaine pour le moins? Eſt-ce que les Rois ne craignent point la juſtice humaine? J'avouë que leur dignité met leur perſonne au-deſſus des peines, que les Juges font ſouffrir aux Violateurs des loix; mais il y a une eſpece de peine à laquelle les grands Rois ſont extrêmement ſenſibles, & que les hommes ſont très-capables de leur infliger; c'eſt celle de la médiſance. Plus un Roi eſt grand par ſes triomphe, plus eſt-il ſuſpect & terrible à ſes voiſins. Or comme on n'aime jamais ce que l'on craint, & que lors qu'on hait quelqu'un, on ſe plaît à en dire le plus de mal que l'on peut, il n'y a point de Rois de qui on médiſe tant, que de ceux qui ont le plus de forces. On ne leur pardonne rien, on leur fait un crime de tout, on leur porte envie, & c'eſt aſſez pour empoiſonner leurs actions les moins criminelles; deſorte que le Tribunal de la médiſance regne ſur les Rois de la Terre, auſſi-bien que ſur les particuliers; & c'eſt ſouvent à ce Tribunal qu'il faut exhorter les Souverains de prendre garde, ſi on veut les empêcher de commettre des injuſtices. Il y en a qui leur diſent, *que s'ils ne craignent pas les hommes, ils doivent du moins craindre Dieu*;

(*) *Si genus humanum & mortalia temnitis arma:*
At ſperate Deos memores fandi atque nefandi.

Mais je vous aſſure qu'en quelques rencontres,

(*) *Virgil. Æneid.* x.

il eſt plus à propos de leur dire: *Si vous n'avez pas peur de Dieu, ayez au moins peur des hommes, qui vous déchireront par leurs médiſances, & qui obſcurciront cette gloire pour laquelle vous travaillez tant.* Je ſuis très-perſuadé que Louïs XIV. ne mépriſe point la juſtice humaine, au ſens que je viens de dire, & qu'étant auſſi éclairé qu'il l'eſt naturellement, & auſſi inſtruit du plaiſir que l'on ſe fait en bien des Cours de l'Europe de ternir l'éclat de ſa gloire, il regarde, avant que de faire une choſe, au qu'en dira-t-on. D'où vient donc qu'il a ſigné l'Arrêt des Enfans? Je ne ſaurois me débarraſſer de cette queſtion, que par ces momens de fatalité où les plus ſages ſe trouvent tout ebloüis, & où les plus vertueux rendent les armes, après dix ou douze années de combat. Vous voyez bien que ce n'eſt pas le jugement ſeul de la poſtérité que le Roi doit craindre, mais auſſi la médiſance de la plûpart des Peuples de l'Europe aujourd'hui vivans.

L'Hiſtorien dont j'ai parlé ſe propoſe de la part des Catholiques quelques objections, auſquelles il ne répond point. Souffrez, s'il vous plaît, Monſieur, que j'y réponde. Il leur fait dire, 1. Que tout ce que le Roi ordonne dans cet Arrêt ne tendant qu'à retirer les enfans des Hérétiques du chemin de la perdition, pour les introduire dans la voye du ſalut, ne doit paſſer que pour un acte de charité véritablement paternelle. 2. Que ſa Majeſté n'entend pas contraindre les enfans de ſept ans à changer de Religion, mais ſeulement recevoir pour bonne l'abjuration de ceux qui ſe voudront convertir dans cet âge-là, & que puis que ſelon les loix d'Angleterre, il eſt permis à une fille de ſept ans de promettre mariage à qui bon lui ſemble, il peut bien être permis aux enfans de cet âge-là en France, de s'engager dans la Religion Catholique.

Je répons à la premiere objection, qu'elle prouve trop; car ſi elle étoit bonne, il s'enſuivroit que pour agir en Roi charitable & bien pieux, ſa Majeſté ſeroit obligée de faire inſtruire dans ſa Religion tous les enfans hérétiques de ſon Royaume; & ſi les Peres s'en plaignoient, il n'y auroit qu'à leur dire, qu'ils devroient rendre graces à Dieu & au Roi, de ce qu'on retire leurs enfans des flâmes éternelles de l'Enfer. Puis donc qu'on n'en uſe pas ainſi, il eſt clair qu'on ne fonde la juſtice de l'Ordonnance que ſur la ſuppoſition, qu'à ſept ans les enfans peuvent diſcerner la fauſſe Religion d'avec la bonne. Or comme cette ſuppoſition ſe réfute d'elle-même, il s'enſuit que le fondement de cette Ordonnance eſt tout-à-fait nul.

Mais pour mieux voir la nullité du prétexte qu'on nous aporte, je vous ſupplie, Monſieur, de conſidérer avec moi, qu'il y a certaines actions qui, étant injuſtes quand on les conſidere dans une vûë générale, peuvent devenir légitimes en certains cas. Le meurtre, par exemple, eſt ordinairement conçu comme un crime, quand on le propoſe d'une certaine maniere générale: comme ſi l'on dit, *un tel a tué un tel*, nous nous repréſentons d'abord une action commiſe contre le commandement de Dieu. Mais ſi on ajoûte, *un tel a tué un tel à ſon corps défendant*, l'idée de crime s'évanoüit, ſelon les principes de la plûpart des Caſuïſtes. Si on ajoûte, *il l'a tué un jour de bataille*; c'eſt un bourreau qui a eu ordre de lui faire ſauter la tête, on n'y trouve plus

plus de crime. D'où il faut conclure , qu'il y a des circonstances particulieres qui convertiffent en bonne action, ou qui déchargent de la qualité de crime, une action qui fans ces circonstances feroit un crime. Il s'enfuit de-là, que fi cette action n'eft point commise dans ces circonstances particulieres, elle retient fa premiere qualité de crime. Afin donc qu'une chose devienne bonne, parce qu'on la fait pour introduire les Hérétiques dans la bonne Religion , il faut que l'intention de fervir Dieu foit une de ces circonftances particulieres dont j'ay parlé, *qui convertiffent en bonne action, ou qui dechargent de la qualité de crime , une action qui fans ces circonftances feroit un crime.* Et par conféquent fi l'intention de fervir Dieu n'eft pas une de ces circonftances particulieres, une action ne devient pas bonne , parce qu'on la fait pour introduire les Hérétiques dans la bonne Religion. Or felon les idées de tous les bons Cafuiftes , l'intention de fervir Dieu ne convertit pas une action criminelle, en une action innocente: on ne ceffe pas d'être larron, quand on vole pour faire bâtir une Eglife ; ou meurtrier, quand on tuë ceux qui deshonnorent le nom de Dieu. Il n'eft pas permis de calomnier un méchant homme, afin de fauver la réputation d'un homme de bien : il n'eft pas permis à une femme de s'abandonner a un Prince, afin d'en obtenir des loix favorables à la bonne Religion. Il n'eft donc point permis de faire une action mauvaife, afin d'introduire les Hérétiques dans le giron de l'Eglife , & une telle fin ne rectifie pas le mal qu'il y a dans ce que l'on fait. Or c'eft une action mauvaife, que d'abufer de l'ignorance & de la fimplicité d'un petit enfant de fept ans, pour faire quelques conventions avec lui ; & ce feroit une injuftice criante que de vouloir qu'il acomplît ce qu'il auroit promis dans cet âge-là, contre le confentement de fes Supérieurs, & dont il fe repentiroit dans la fuite. Donc l'intérêt de la Religion qui fe peut trouver mêlé dans tout cela, ne rectifie pas l'injuftice de cette affaire. Ainfi, Monfieur, voilà toute la queftion réduite à ceci ; favoir fi un Traité paffé avec un enfant de fept ans, injufte en toutes manieres, fi on le regarde fans aucun raport à la Religion, devient jufte lorfque la bonne Religion en retire quelque profit. Où fera le Cafuifte affez perdu d'honneur, de probité & de confcience, pour répondre, qu'un pareil Traité devient jufte dès que la bonne Religion en retire de l'avantage? On ne fauroit répondre cela fans avoüer en même temps, que toute forte de crimes font permis pour le bien de la bonne Religion ; ce qui feroit la plus execrable doctrine, & le blafphême le plus infâme du monde.   Concluons donc que le prétexte de procurer le falut d'un petit enfant Hérétique, n'excufe point l'Arrêt que nous réfutons ici ; & par conféquent que la conduite de la France doit paffer pour très-inique, même dans l'efprit de ceux qui reconnoiffent que les Huguenots font dans une fauffe Religion. Que n'en doivent donc pas dire les Huguenots, perfuadez qu'ils font qu'on leur enleve leurs enfans, pour les précipiter dans la damnation éternelle ?

Pour ce qui eft de la feconde objection, je crois l'avoir déja ruïnée, en faifant voir que les loix ne condamnent pas feulement ceux qui féduiroient des enfans, mais auffi ceux qui accepteroient leurs offres. A l'égard de la loi d'Angleterre

je répons que je ne fais pas s'il y a jamais eu de Légiflateur affez bizarre , pour permettre à une fille de fept ans de fe choifir un mari en dépit de fes Supérieurs: mais je fuis perfuadé que les Juges d'Angleterre ont trop de fens commun, pour fouffrir qu'une telle loi s'exécute: S'ils le fouffrent, je ne fais point difficulté de dire, qu'un défordre fi manifefte & fi blâmable, aggrave la faute de ceux qui l'imitent, bien-loin de la juftifier ; car il faut être bien incorrigible, pour ne pas fuir un abus, dont on voit l'abfurdité dans la pratique d'un Peuple voifin. Il femble qu'inventer une injuftice foit un moindre dégré d'aveuglement que de l'adopter, parce que ceux qui l'adoptent en ont pû mieux connoître le venin, que ceux qui l'ont inventée. J'ai vû quantité de perfonnes qui m'ont dit, qu'il y a des loix en Angleterre qui leur paroiffent incompréhenfibles ; je leur répondois qu'apparemment les Juges ne s'attachoient pas à la letttre de ces loix, & qu'ainfi l'abus n'en étoit pas grand. Je ne me fouviens pas de ce qu'ils me repliquoient. Mais ce qui me fait croire que ces loix bizarres font fort mal exécutées , c'eft qu'il y en a quelquesunes qui maltraitent fort les femmes, & cependant il n'y a point de païs au monde où les maris foient plus complaifans,& plus commodes qu'en celui-là. On dit auffi que les jeunes gens s'y marient fans de grands Préliminaires,& qu'on leur laiffe beaucoup de liberté là-deffus. C'eft peut-être par cette indulgence des loix, que l'engagement d'une fille de fept ans eft réputé bon. Mais il faut préfupofer que ce n'eft que lors qu'elle en eft contente, & que fi la chose lui déplaît, on la déclare degagée de fa premiere promeffe ; ce qu'on ne fait pas en France à l'égard de l'abjuration d'un petit enfant. On parle d'une loi d'Angleterre qui déclare légitimes les enfans nez onze mois après la mort, ou l'abfence du mari, pourvû que la mere ne foit point fortie du Royaume. Voilà d'un côté une grande complaifance pour le fexe, & de l'autre une condition fort finguliere, comme fi un voyage devoit avancer les accouchemens, ou comme fi l'on ne trouvoit pas des Etrangers fans paffer la mer. Je remarque cela, afin qu'on voye l'illufion de ceux qui fe cherchent une Apologie dans un Code où il y a tant de loix étrangeres , & je conclus, que la conféquence ne vaut rien quand on raifonne ainfi : *Il y a une loi en Angleterre, qui permet aux filles de s'engager dans le mariage a l'âge de fept ans ; donc le Roi de France fait fort bien de permettre aux enfans de pareil âge de fe faire Catholiques.* J'ai montré ci-deffus la difproportion qui fe trouve entre ces deux fortes d'engagemens. Mais quand on raifonne ainfi, la conféquence eft néceffaire. *Tous les fages Légiflateurs caffent les promeffes de mariage que fe feroient des enfans mineurs ; donc il n'eft pas permis d'ordonner, que le choix de Religion fait par un enfant de fept ans, tienne pour toute fa vie.*

Que dites-vous de l'Arrêt qui ordonne que fi l'on reçoit un Relaps à la Communion, le Temple foit démoli, l'Exercice interdit , & les Miniftres condamnez au banniffement & d'autres peines ? Pour moi, Monfieur, je ne fauois m'empêcher de dire, que c'eft une de ces chofes, où l'on méprife avec le plus de hauteur le jugement de toute la poftérité, & de tous les hommes de fon fiecle. Il eft impoffible qu'on n'ait pas prévu que toute la terre blâmeroit une Déclaration auffi extraordinaire que celle-là ; fi bien que

IX. De l'Arrêt qui ordonne la perte de l'exercice, fi on reçoit un Catholique ou un Relaps dans un Temple.

puis

puis qu'on l'exécute, il faut qu'on se soucie peu des aparences & de tout ce qu'on en pourra dire. C'est traiter d'*Allobroges* avec un peu trop de dédain, tous les hommes présens & à venir. Peut-être faut-il imputer encore ceci à ces momens de fatalité, dont je vous parlois tantôt. Je cr indrois seulement que sur ce pied-là ces momens ne parussent s'être convertis en habitude. Faisons quelques petites réflexions sur cette Ordonnance.

. I. Je remarque premierement que le but de tous les sages Légiflateurs, c'est qu'on obéïffe à leurs loix. Au contraire le but de la Déclaration dont nous parlons, est que l'on n'y obéïffe pas(*). Chose étrange! Messieurs du Clergé seroient bien fâchez que la vigilance des Consistoires fût assez bonne, pour éloigner de nos Assemblées tous ceux qu'on appelle des Relaps. Ils sont bien-aifes qu'il s'y en fourre quelqu'un, & l'on croit même qu'ils ont des Relaps à leur poste, payez pour s'y glisser furtivement; d'où naissent de grands procès, qui se terminent par l'interdiction des Exercices. Je ne sais qui je dois plus admirer, ou ceux qui ont si peu de conscience, ou ceux qui se scandalisent si peu d'un si horrible relâchement de la Morale : car qui est-ce parmi les Catholiques Romains qui condamne ce procédé?

. Il ne faut pas qu'on vienne crier ici à la calomnie, car en trois mots je leur prouverai ce que j'avance. Ils ne nient pas que le dessein de la Cour soit de ruïner les Huguenots, & que tous les Arrêts qui se publient contre eux ne tendent à cette fin. Il faut donc qu'ils avouent que l'Arrêt dont je parle a pour but notre destruction. Or il n'auroit point ce but; s'il avoit été donné afin qu'on y obéît. Il a donc été donné afin qu'on n'y obéît pas, & c'est-là ce qu'on peut appeller la plus étrange & la plus inoüie Jurifprudence du monde. Qu'arriveroit-il si nous obéïffions ponctuellement à l'Arrêt? On n'auroit pas le prétexte que l'on cherche de nous ôter une Eglise. Donc on est bien-aife que nous n'y obéïffions pas; & par conséquent le but que l'on se propope dans tous ces Edits, c'est qu'ils ne soient pas observez. (A)

II. Je remarque en second lieu que l'esprit de tous les sages Légiflateurs, est de proportionner la peine au crime, & d'avoir plus d'égard à la malice de ceux qui violent la loi, qu'à la violation même. Mais c'est ce qui ne paroît pas dans cet Arrêt, car c'est assurément une faute de très-peu de conséquence, pour le bien public de la Religion Catholique, que de prêcher devant un Relaps, & de le laisser faire la Cêne avec les autres. Cela rend-il les affaires des Huguenots plus florissantes? La Religion du Roi en est-elle moins heureuse? Et néanmoins on ordonne pour si peu de chose, que les Temples soient rasez, que l'Exercice soit interdit, que les Ministres subissent un sévere châtiment. Si on avoit tant soit peu d'équité, on verroit bien que supposé que les Consistoires désobéïffent à l'Arrêt, ce n'est point par malice qu'ils le font, mais par la seule difficulté de connoître tous ceux qui ont abjuré notre Religion. Et cela étant, l'équité ne souffre pas que les peines de l'Arrêt soient exé-

cutées. Ce devroit être tout au plus un Arrêt Comminatoire; on en fait & on en doit faire de cette nature, selon les diverses occasions. Il est quelquefois nécessaire, pour rendre les peuples attentifs à leur devoir, de menacer d'une rude punition ceux qui commettront une assez petite faute : mais s'il arrive qu'ils y tombent malgré toute leur diligence, l'équité ne souffre pas qu'on leur impose la peine dont on les a menacez; car il est évident qu'ils n'ont pas désobéï par malice : or c'est la malice que tout sage Légiflateur se propose de châtier.

X. Réflexion la démol du Temp Montpell

Qu'y avoit-il de plus aifé que de connoître que l'Eglise de Montpellier n'avoit point cru contrevenir à l'Arrêt, en donnant la Communion à cette fille de Ministre, qui a causé la désolation de ce Troupeau? Elle juroit & protestoit que jamais elle n'avoit été Catholique. C'est ce qu'elle a déclaré à tout le monde de l'un & de l'autre parti, & elle étoit si assurée de son fait, qu'elle se remit prisonniere à Toulouze volontairement, pour soûtenir son innocence. Il est donc clair que les Ministres de Montpellier n'ont point crû qu'elle eût jamais changé de Religion. Ainsi quand ils l'ont admise à la Cêne, ils n'ont point cru contrevenir à l'Arrêt contre les Relaps; & par conféquent il n'y avoit dans leur conduite aucun mépris pour les ordres de sa Majesté. Ils ne méritoient donc pas une punition aussi févere que celle qu'ils ont soufferte. Et de plus faut-il qu'un sage Légiflateur enveloppe dans la peine de trois ou quatre personnes, qui auront résolu, si on veut, de donner le Cêne à un Relaps, une Assemblée de trois à quatre mille Communians, qui n'avoient nullement participé à la faute, si faute y a?

Vous devez savoir mieux que moi, Monfieur, les circonstances du Procès qui a été fait à la fille de ce Ministre révolté, après qu'elle se fut volontairement constituée prisonniere à Toulouze. On dit qu'on a fait de fort beaux *Factums* sur ce procès : je ne les ai point vûs. Je sais seulement par les Nouvelles publiques, que la Demoiselle tint ferme jusqu'à ce qu'elle se vit condamnée à demeurer toute sa vie en prison; qu'alors ébranlée par les promesses d'une pension, & flatée même, à ce qu'on ajoûte, de l'espérance d'un bon mariage, elle changea. Mais cette abjuration ne charge point les Ministres de Montpellier, ni ne fait pas qu'ils ayent sû son autre abjuration, supposé qu'il y en ait eu une autre. Il est toûjours vrai que sa constance à la nier a suffi pour leur faire croire très-raisonnablement, qu'elle avoit toûjours été de la Religion.

Plus je considere ce Arrêt, & les ravages qu'il a déja produits dans nos Eglises en France, plus je suis épouvanté de l'injustice de ceux qui s'en servent contre nous; car peuvent-ils bien croire que s'il arrive à nos Ministres d'y désobéïr, ce ne soit pas uniquement par un malheur inévitable? Et s'ils voient clairement que c'est par un malheur inévitable, peuvent-ils bien avoir la dureté de mettre en exécution toutes les peines de l'Arrêt? Ne se souviennent-ils pas que l'esprit des Légiflateurs n'est point de punir ceux qui ne pêchent que par ignorance, ou par l'impoffibilité

(*) „ MS. Voi. le Traité de la foi humaine, part. 1. ch. 13. p. 542.

(A) „ MS Voi. ce que dit contre des Loix faites ex-„ près pour avoir prétexte de punir, Silhon 3. part. du „ Ministre d'Etat p. 194. *Confer. qua* Mr. de Meaux *la-*„ *eu citato.* Crit. Génér. Lettr. XXI. No. IV. Voi. aussi Phi-„ lostr. vie d'Apoll. l. 7. *p. m.* 314. Cic. *in Verr,* art. „ 2. p. 243. *in usum Delph.* Le Laboureur Addit. l. 1. p. „ 670. dit qu'il est assez commun en Angleterre, si les „ loix anciennes ne suffisent pas d'en faire une sur le „ cas pour lequel on a arrêté prisonnier celui qu'on veut „ perdre.

possibilité d'observer le commandement ? Je veux qu'ils n'ayent pas une fort grande opinion de la prudence de nos Ministres, ils ne leur refuseront pas à tout le moins les lumieres du sens commun, & un zele qui ne les empêche pas de savoir que de deux maux il faut éviter le pire. Or par les lumieres du sens commun, & par un zele tel que celui-là, on connoît évidemment que c'est un moindre malheur d'exclure un Relaps de nos Assemblées, que de perdre le droit d'Exercice dans des Villes, où nous avons trois à quatre mille Communians. Il faut donc que l'on reconnoisse que nos Ministres n'ont pas été capables à Montpellier, à Montauban & à Bergerac, de recevoir à la Cêne un homme reconnu pour Relaps, au hazard de perdre le droit d'Exercice. Comme nous ne croyons pas que les Sacremens soient d'une absoluë necessité pour le salut, nous aurions fort bien dit à un Relaps qui eût souhaité de communier avec nous, qu'il étoit plus à propos qu'il se privât de cette douce consolation, en y suppléant par ses ardentes prieres, que de causer à nos Eglises une breche lamentable. Nous lui aurions plûtôt conseillé de se retirer en païs de liberté, que de se joindre à nos Assemblées avec tant de risque pour nos Exercices. Toutes ces pensées viennent si naturellement dans l'esprit, qu'il est indubitable que ceux qui ont obtenu ce funeste Arrêt, les ont bien vûës, & ainsi ils n'ont pas fondé leurs espérances sur la hardiesse qu'auroient les Ministres de ne s'y pas conformer, mais sur ce qu'il seroit facile, ou de suborner quelque nouveau Converti, qui se glisseroit dans nos Assemblées un jour de Communion, à la faveur du grand nombre, ou de susciter un procès à quelque Particulier, comme si autrefois il avoit donné parole d'aller à la Messe, ou de cacher la Conversion d'un Huguenot pendant quelque temps, jusques à ce qu'il eût encore communié une fois parmi nous, ou de trouver quelque autre chicane. C'est par de semblables artifices que l'on a déja fait sauter plusieurs de nos plus célébres Eglises, à ce que disent ceux qui en ont lû les *Factums*. Encore un coup, je ne sais dequoi il faut que je m'étonne davantage, ou de ce qu'il se trouve tant de gens capables de si noires obliquitez, ou de ce qu'il n'y a personne en France parmi les Catholiques, qui paroisse scandalisé d'une si énorme dépravation. Il faut avouer que le monde est bien méchant aujourd'hui, puisqu'on regarde l'injustice avec tant d'indifférence, & qu'on la loüe même excessivement, qui pis est ; car on feroit peut-être un gros Volume *in folio* de tous les Vers, Harangues, Prédications, Epitres Dédicatoires, & autres choses de pareille nature, où on a fait le Panégyrique de la destruction des Temples de Bergerac, de Montpellier, de Montauban, &c. Nous sommes bien simples de croire, sur la foi des gens d'Eglise, tout le bien qu'on nous chante de Constantin & de Theodose.

III. Enfin je remarque que jamais sage Legislateur n'a ordonné sous de grieves peines une chose, dont l'observation est d'une très-petite utilité, & presque impossible. C'est néanmoins ce qu'on a fait faire au Roi en surprenant sa Religion ; car comme je l'ai déja dit, c'est un fort petit avantage pour nous, qu'un Relaps fasse la Cêne dans nos Eglises, & on avoit assez bien pourvû aux intérets de l'Eglise Romaine de ce côté-là, par les peines où l'on avoit assujetti les

Relaps ; on y avoit, dis-je, assez bien pourvû, pour se flater que la Religion dominante ne recevroit pas un grand préjudice du retour des Convertis. D'ailleurs, il n'y a rien de plus difficile que d'empêcher qu'aucun homme qui nous ait quittez, ne se fourre dans nos grandes Assemblées un jour de Communion ; rien de plus inévitable que les pieges que l'on nous peut tendre sur cela, & vous voyez cependant de quelles peines on châtie ceux qui n'évitent pas les embûches.

On pourroit faire plusieurs autres observations sur les deux Arrêts que je viens de considérer. On en pourroit faire aussi plusieurs sur tous les autres qui ont été surpris contre nous. Je voudrois qu'un Avocat, que nous connoissons très-particulierement vous & moi, Monsieur, y travaillât. Comme il sait le Droit dans ses principes, & qu'il possede à fonds la Jurisprudence moderne, il pourroit nous donner le Code Catholique de Loüis le Grand avec des Commentaires, qui feroient voir un entassement prodigieux d'obliquitez. Et ce seroit alors que le Public verroit clairement la vérité des paroles qu'on a critiquées ; savoir que si le Roi nous eût chassez avec un TEL EST MON PLAISIR, ce procédé eût été plus digne de sa grande ame, que celui que les Ecclésiastiques lui ont suggéré. Je suis, &c.

✤✤✤✤✤✤✤✤✤✤✤✤✤✤✤✤✤

LETTRE IX.

Où il est parlé du droit de la conscience erronée, & des erreurs de bonne foi.

I. *Explication de ce qui a été dit, que les Rois ont droit de faire des injustices.* II. *Du droit de la verité, & de l'erreur, prises en elles-mêmes, & dans un sens abstrait.* III. *Et prises par rapport à un homme particulier.* IV. *Les droits de la verité dependent de la condition, pourvû qu'elle soit connuë.* V. *Exemples pour le prouver. L'entendement est le Concierge de l'ame.* VI. *Raison Métaphysique pour prouver cette condition.* VII. *Consequence tirée de cette raison, & prouvée par les exemples ci-dessus employez.* VIII. *La condition d'où dependent les droits de la verité, constituë toute l'essence & tout le fondement de ces droits.* IX. *Preuve de cela par les enfans nez d'adultere.* X. *Si l'erreur d'un homme qui croit être pere, enferme quelque chose de moral. Comparaison des erreurs politiques avec les morales.* XI. *Examen de la conduite d'une femme qui prenant un homme pour son mari, lui rend tous les devoirs d'une femme.* XII. *Qu'il y a bien des caprices dans le jugement des hommes sur ces matieres.* XIII. *Reflexion sur la Fable d'Amphitrion.* XIV. *Et sur l'ignorance invincible.* XV. *Consequence contre l'Eglise Romaine tirée de toute cette doctrine.* XVI. *Que tout le monde y a interêt.* XVII. *Examen de quelques pensées qui semblent contraires à cette doctrine, & qui sont contenuës dans un Livre de Messieurs de Port-Royal.*

MONSIEUR,

Enfin j'ai trouvé une objection que j'expédierai en fort peu de mots, & qui ne me fournira point d'occasion de m'écarter. Elle regarde aussi-bien

Lettre IX.
dit, que les Rois
ont droit de
faire des injuf-
tices.

que la précédente, le tort que l'on fait aux Calviniftes.

CINQUIEME OBJECTION.

» L'Auteur de la Critique s'eft contredit grof-
» fierement (vous difoit-on) en parlant des
» perfécutions de France. Il avouë (*) *que le Roi*
» *peut referver fes faveurs pour qui bon lui femble,*
» *& que voulant fe fervir de toute la plénitude de*
» *fon droit, il peut exclure de toute forte d'emplois,*
» *tel ordre de gens qu'il lui plaira :* mais il ne
» laiffe pas immédiatement après d'appeller illé-
» gitime cet ufage de l'autorité Royale. Com-
» ment fe peut-il faire que fi l'on a droit de fai-
» re une chofe, on la faffe injuftement ? Peut-
» on voir des termes plus contradictoires, que
» celui de *droit* & celui *d'illegitime ?* C'eft l'en-
» tendre cela. Se contredire dans une même pa-
» ge eft un trait bien plus fingulier, que fi on
» mettoit l'intervalle de plufieurs Chapitres entre
» les deux membres de la contradiction.

Ces Meffieurs ont triomphé avec plus de
pompe, que s'ils avoient fait une folide remarque ; tant il eft vrai qu'un efprit faux eft plus
utile à fon Maître, pour lui procurer d'agreables
imaginations, qu'un efprit droit ! J'admire la
petite étenduë de leurs connoiffances. Et quoi !
Ils fe mêlent de parler de contradictions, & ne
favent pas encore la diverfe fignification des termes : il faut les inftruire. Dites-leur donc, Monfieur, fi vous les voyez, que le mot de *droit,*
quand il s'applique aux Monarques, fe prend en
deux façons ; premierement, pour le pouvoir de
faire une chofe fans en pouvoir être châtié ; fecondement, pour la juftice avec laquelle on fait
une chofe. J'ai fuppofé dans tout mon Livre l'o-
pinion courante de nos Auteurs, qui foutiennent
contre les Canoniftes, que l'autorité des Rois releve immédiatement de Dieu, & qu'ils ne font
jufticiables qu'au Tribunal de Dieu. L'Univerfité d'Oxford a confirmé folemnellement cette
doctrine depuis quelques mois. Ceux qui enfeignent le contraire parmi nous font fi peu en
nombre, que Mr. Arnaud (A) n'en a cité que
trois ou quatre, dans un Livre où il s'efforce
de noircir notre doctrine, touchant la fouveraineté des Rois. Suppofant donc le fentiment général de nos Auteurs, j'ai entendu que la fouveraine puiffance que Dieu a conférée aux Rois
eft telle, qu'ils peuvent faire mille chofes injuftes,
fans que leurs Sujets ayent droit de leur en faire
rendre raifon. Cette puiffance eft effectivement
un droit, & je n'ai parlé qu'avec l'Ecriture en
lui donnant ce nom-là, puifque nous lifons au
chapitre 8. du premier Livre de Samuel, que ce
grand Prophete voulant avertir les Ifraëlites de
l'oppreffion à laquelle ils feroient fujets fous un
Roi, leur aprend que *le droit du Roi* feroit de
commettre plufieurs injuftices. Il n'entendoit
pas que le Roi en fe gouvernant ainfi feroit un
ufage légitime de fa puiffance ; il avertiffoit feulement le peuple, que le Roi feroit au-deffus des
loix, & ne feroit refponfable qu'à Dieu de l'u-
fage qu'il feroit de fon pouvoir. Voilà juftement
les deux chofes que j'ai obfervées. J'ai dit que
le Roi de France, par le privilége de fa Souveraineté, pouvoit difpofer à fa fantaifie de fes biens
& de fes faveurs ; j'ai appellé cela fon droit : mais
j'ai dit auffi que l'ufage de ce droit n'étoit pas

toûjours légitime. Non feulement cette diftinction eft fondée dans la parole de Dieu, mais auffi
dans les Auteurs profanes qui ont écrit avec le
plus d'exactitude, comme on le peut voir dans
le chapitre 4. du troifieme Livre *de Jure Belli &*
Pacis, où le favant Grotius a ramaffé plufieurs
beaux paffages, qui décident clairement cette
queftion. Cela eft bon, me direz-vous, pour ceux
qui auront le Livre de Grotius en lifant ceci : mais
que feront les Lecteurs qui n'ont point de Bibliotheque ? Ils m'en croiront s'il leur plaît, &
n'exigeront pas de moi que je copie vingt citations. Pour un à qui je plairois, je donnerois du
dégoût à trente, & je n'ai déja que trop de fujet
de craindre, qu'on ne dife que j'aime trop à citer : outre qu'il n'eft rien de plus facile que de
trouver l'Ouvrage de Grotius. On peut auffi
confulter Mr. (B) Arnaud, pour voir avec la
derniere évidence, que la contradiction qu'on
m'objecte ici eft la plus chimérique du monde.

Mais pendant que nous fommes fur les diverfes fignifications du mot de *droit,* il ne fera pas
hors de propos que j'examine une difficulté qui
m'a été faite, fur ce que j'ai tant de fois dit &
redit dans la Critique Générale, que fi la veritable Religion a droit de faire une chofe, la fauffe
Religion l'a pareillement. On s'eft fort recrié
là-deffus. Tâchons de juftifier ce qu'il a plû à
bien des gens de traiter de *Paradoxe impie.* Je
ferai tout ce que je pourrai, pour me défendre
d'une maniere qui foit intelligible à ceux qui
n'ont point d'étude ; mais comme je ne fais pas
trop bien fi j'en pourrai venir à bout, j'avertis
ici les Cavaliers & les Dames (fuppofé qu'il y
en ait qui veuillent prendre la peine de lire ce
Livre, comme vous m'avez affuré qu'il y en a
eu qui ont fait cet, honneur à la Critique Générale) que la fuite de cette Lettre contiendra
quelques termes d'Ecole, qui leur donneront
peut-être du dégoût, s'ils ne les évitent en fau-
tant toute la réponfe que je m'en vais faire.

II.
Du droit de
vérité & de
l'erreur prif
en elles-mê-
mes & dans
fens abftrait.

SIXIEME OBJECTION.

» C'Eft une chofe étrange (a-t-on dit) que
» l'on ait ofé publier, que la vérité & le
» menfonge n'ont point plus de priviléges l'un
» que l'autre. On ne fauroit lire cela fans hor-
» reur. Quoi, le menfonge a-t-il quelque droit
» de fe répandre ? N'eft-ce pas à la feule vérité
» que l'Auteur de toutes chofes a donné le droit
» d'entrer dans le cœur, & dans l'efprit ? Cela
» étant, il ne s'enfuit pas que fi l'on peut faire des
» loix pour l'extirpation de l'erreur, on en puiffe
» faire pour l'extirpation de la veritable doctrine.

Voilà, je crois, la troifieme fois que j'ai à faire
à des Cenfeurs qui me menent dans le païs des
Idées, & qui voudroient que je parlaffe comme
on parleroit dans l'Utopie de Thomas Morus,
ou dans la République de Platon. Il faut donc
que je repete encore ici, que je n'ai jamais af-
piré à cette exactitude de langage, & que j'ai
accommodé mon ftile à l'état corrompu du monde, où parmi cent opinions différentes, on ne
trouve point de gens qui ne croient avoir raifon.
J'avoue avec ces Meffieurs, que fi on confidere
la vérité & le menfonge dans une vûë tout-à-
fait abftraite, il n'y a que la vérité qui ait droit
de nous demander audience, & de fe faire obéïr.
Mais c'eft toute autre chofe, quand on defcend

de

---

de ces considérations abstraites ; & de ces préci-
sions de Logique, où l'on voit la vérité & l'erreur absolument & en elles-mêmes ; c'est, dis-je,
toute autre chose, quand on descend de ces vûës
générales, à la considération particuliere de la
vérité & de l'erreur, par raport à chaque personne. Presque toûjours c'est passer du blanc au noir ;
la fausseté absoluë se change en vérité respective,
comme la fausseté respective se fait de la vérité
absoluë ; c'est-à-dire (car je sens bien que tout
le monde n'est pas obligé d'entendre des termes
empruntez de la barbarie de l'Ecole) que ce qui
est vrai en lui-même, ne l'est pas à l'égard de certaines gens, comme ce qui est faux en lui-même,
ne l'est pas pour plusieurs personnes. L'expérience ne nous le fait que trop voir. Nous croïons que
le Corps de Jésus-Christ n'est point au Sacrement
de la Cêne ; d'autres croïent qu'il y est. Nous croïons
qu'à notre égard il n'y a point de différence entre
la vérité considérée en elle-même, & la vérité telle
qu'elle nous paroît. Ceux de l'Eglise Romaine pareillement ne croïent pas qu'il y ait de la différence entre la vérité absoluë, & la vérité qu'ils
croïent voir. Il faut nécessairement ou qu'ils se
trompent, ou que nous nous trompions. Il faut
nécessairement que les idées de Dieu, qui sont la
regle de la vérité absoluë, soient contraires ou à
ce que nous croïons, ou à ce qu'ils croïent ; &
par conséquent il y a une erreur absoluë, qui
est une vérité respective ou pour eux, ou pour nous,
& il y a une vérité absoluë qui est une erreur respective ou pour eux, ou pour nous. Mais je retombe dans des expressions scholastiques peu agréables
aux honnêtes gens. Disons donc, pour être mieux
entendus, qu'il y a une vérité qui se présente sous
l'image du mensonge, ou aux Catholiques, ou
aux Réformez, & une erreur qui se présente sous
l'image de la vérité, ou à ceux-ci, ou à ceux-là.

    Or que croyez-vous, Monsieur, qui arrive à
la vérité, lorsqu'à notre égard elle est revetuë
des apparences du mensonge ; ou au mensonge,
lorsqu'à notre égard il est revetu des apparences
de la vérité ? Il se fait alors un si étrange bouleversement, que la vérité n'a plus de Jurisdiction
sur nous, & que l'erreur succede à tous les droits
dont la vérité est dépouillée. Ce n'est point-là
un paradoxe impie : Il y faut venir, ou échouer
sur des écueils encore plus dangereux. Car je
vous prie, afin que les droits qui appartiennent
à la vérité soient mis en exécution, ne faut-il pas
les notifier à ceux qui sont obligez de les reconnoître, tout de même qu'on est obligé de montrer ses titres, quand on veut prendre possession
d'un bien que l'on soûtient nous avoir été ravi ?
On ne sauroit nier, qu'afin que la vérité reçoive les hommages qui lui sont dûs, il est absolument nécessaire qu'elle soit reconnuë pour
ce qu'elle est. D'où il s'ensuit que si elle
se tient cachée, ses droits sont suspendus, &
cessent de nous obliger à lui obéïr. Or si durant cette suspension la fausseté se couvre des
apparences de la vérité, & en contrefait si naïvement l'air & les manieres, qu'on la prenne
pour la vérité, il est clair que ceux qu'elle trompe sont obligez de lui rendre les mêmes respects
qui sont dûs à la vérité ; & par conséquent lorsque l'erreur devient une vérité à notre égard,
elle entre en possession de tous les droits de la
vérité à notre égard ; & lorsque la vérité se montre à nous sous la forme du mensonge, elle perd
tout ce qu'elle avoit d'autorité sur nous.

    Pour mieux faire comprendre ceci, j'ajoûte

que les droits que Dieu a donnez à la vérité, dépendent d'une condition si absolument nécessai-
te, que l'on ne sauroit rendre sans crime les
moindres hommages à la vérité, si cette condition lui manquoit. Or comme par cette condition l'on ne doit entendre autre chose ; si ce n'est
que Dieu nous oblige à aimer & à respecter la
vérité, pourvû que nous la connoissions ; il est
évident qu'aussi-tôt que la vérité nous est inconnuë, elle perd tout son droit à notre égard, &
qu'aussi-tôt que l'erreur nous est connuë sous la
forme de la vérité, elle en acquiert tous les droits
à notre égard ; car comme se seroit déplaire à
Dieu, que de respecter la vérité que l'on s'imagineroit être le mensonge, ce seroit aussi l'offenser que de ne pas respecter le mensonge, que l'on
croiroit être la vérité. Un exemple va merveilleusement éclaircir ce prétendu *paradoxe impie.*

    Supposons qu'un Maître qui s'en va faire un
long voyage, donne ordre à l'un de ses Domestiques de ne laisser entrer personne dans la maison,
s'il ne produit un billet marqué de telles Enseignes, il est clair dans cette supposition, que le
Domestique doit laisser entrer tous ceux qui produisent un tel billet, fussent-ils des bandits &
des scélérats ; & qu'il doit fermer la porte à tous
ceux qui ne le produise point, fussent-ils les
enfans du Maître. Cet exemple est plus propre
qu'il ne semble, parce qu'il est sûr que quand
Dieu joint notre ame avec notre corps, il établit
l'entendement Concierge de l'ame (qui est alors
comme une maison toute vuide) & lui ordonne
de ne rien laisser entrer, s'il ne porte les caracteres de la vérité. On voit aisément la force de
cette comparaison ; car puisque le Domestique
dont je parle doit laisser entrer tous ceux qui produisent le billet, & repousser tous ceux qui ne le
produisent pas, l'entendement doit admettre
tout ce qui se présente revêtu des caracteres de
la vérité, & n'admettre rien qui ne soit orné de
ces caracteres. Il arrive de-là de grands inconvéniens : qui en doute ? Il se peut faire que
les enfans de la Maison perdent le billet que
leur Pere leur a laissé, & soient exclus quand
ils se présentent. Il se peut faire qu'un Etranger trouve ce billet, découvre l'ordre que le
Maître a donné en partant ; se présente à la Maison, soit reçu, & joüisse d'un avantage qui ne
lui apartient pas, pendant que ceux qui le devroient posséder ne savent que devenir. Il se peut
faire aussi qu'un fourbe, venant à savoir qu'elles
sont les Enseignes de reconnoissance, les con-
trefasse, & à la faveur de cette falsification s'introduise dans le logis. Cela & plusieurs autres
choses peuvent arriver : j'en tombe d'accord.
Mais ce sont des suites inévitables de l'ordre qui
a été donné au Concierge, & ce n'est pas son
Office de rectifier cet ordre. Tout ce qu'il doit
faire, c'est de bien examiner les billets, & de se
tenir sur ses gardes, afin d'éviter toute surprise.
Il n'est responsable que de la négligence qu'il
aporteroit à considérer les Enseignes d'introduction. Si on lui faisoit passer pour un vrai
billet, celui dont la supposition seroit manifeste, ou du moins reconnoissable en la bien examinant, il mériteroit d'être châtié. Mais si on ne
lui présentoit que les billets que le Maître auroit lui-même marquez, qui seroient venus au
pouvoir d'un Etranger, ou par hazard, ou par
fraude, que pourroit-on justement lui dire ? Si
on ne lui présentoit aussi que des billets marquez
avec tant d'habileté sur le modele des véritables,

que les experts les plus confommez n'en fauroient connoître la fuppofition, y a-t-il aucun Tribunal au monde qui le condamnât, au cas que fon Maître lui fît un procès ? Difons donc qu'à l'égard de ce Concierge, ceux qui perdroient les billets que le Maître leur auroient donnez, perdroient en même temps le droit d'entrer, & que ceux qui les trouveroient, acquerreroient en même tems le droit d'entrer. Il en va de même des objets qui fe préfentent à notre ame. L'entendement qui fait fentinelle à la porte, ne doit rien laiffer entrer, s'il n'eft marqué au coin de la vérité. L'inftruction qu'il a reçuë de Dieu porte cela. S'il arrive donc que la vérité perde fa marque en chemin, & fe transforme en menfonge, l'entendement ne doit point l'admettre ; & fi au contraire l'erreur fe revêt des caracteres de la vérité, l'entendement la doit recevoir. J'avouë que par-là on court rifque de n'avoir dans fon ame qu'une foule de fauffetez, & qu'on peut être très-coupable de s'être chargé d'une fi méchante marchandife ; mais c'eft feulement lorfqu'on a prévariqué ; c'eft-à-dire, qu'on a laiffé entrer dans fon ame des objets contre lefquels on avoit de juftes foupçons, ou bien lorfque l'on a été trompé par des apparences, dont il eût été facile de découvrir le déguifement. En un mot fi l'entendement, établi Concierge de l'ame, n'a pas emploïé tous fes foins, & toutes les précautions dont il a été capable, pour empêcher que les objets n'entraffent à fauffes enfeignes, il mérite d'être châtié, comme ayant été caufe par fa négligence que les ennemis ayent occupé la place qui lui avoit été confiée. Mais s'ils ne font entrez que parce qu'après toutes les queftions, & toutes les recherches imaginables, ils ont paru apartenir à la vérité, on ne comprendra jamais quelle peut être la faute de ce Concierge. Ce que je dis eft tellement vrai, que ceux-là même qui le traitent de paradoxes, n'oferoient dire que les véritez dont l'ignorance damne les hommes, foient impoffibles à découvrir ; & par conféquent ils avoüet que quand on les ignore, c'eft parce qu'on a eu ou trop de pareffe, ou trop de corruption de cœur, pour les chercher.

Plus on preffe les exemples en cette matiere, plus on découvre la vérité de ce que je dis. Le Gouverneur d'une Place ne doit-il pas recevoir tous ceux qui y viennent de la part du Prince, & rejetter tous ceux qui y feroient envoyez par les ennemis ? Cela ne fouffre point de difficulté. Or de-là il s'enfuit que tout homme qui a l'adreffe de lui perfuader qu'il vient de la part du Roi, acquiert le droit d'entrer dans la Place à fon égard, & que tout homme qui a le malheur de paffer pour un Efpion, perd le droit d'y entrer à fon égard. Ceci non-plus ne fouffre point de difficulté, quand même on fuppoferoit que celui qui paffe pour un Efpion eft un Envoyé du Prince, & que l'autre eft effectivement un Efpion. Ce qu'il faut que le Gouverneur faffe, c'eft de prendre garde que l'un ne paffe pas pour l'autre : mais étant une fois convaincu que celui qui eft en effet un Efpion, vient de la part de fon Maître, il doit le recevoir, & que celui qui en effet vient de la part de fon Maître eft un Efpion, il doit le punir ? Car de quel droit épargneroit-il un homme qu'il prendroit pour un Efpion ? Ou de quel droit maltraiteroit-il un homme qu'il croiroit venir avec les ordres de fon Maître ? On voit manifeftement qu'il n'a nul droit pour cela, & par conféquent qu'il feroit

coupable, s'il agiffoit felon la vérité abfoluë, plûtôt que felon ce qui eft vérité par raport à lui.

Mais (dira-t-on premierement) il feroit mieux de chaffer celui qu'il prend pour un bon ferviteur du Roi, quoiqu'il foit un Efpion, que de lui faire un bon traitement. Il feroit mieux, je l'avoüe, pour le fervice de fon Maître, mais non pas pour l'acquit de fa confcience ; car tandis qu'il eft convaincu qu'un homme eft l'Envoyé de fon Prince, il doit le confidérer, autrement il manque de refpect & de fidélité à fon Prince.

Mais (dira-t-on en fecond lieu) s'il prend l'un pour l'autre, c'eft-à-dire, s'il fe laiffe perfuader qu'un Efpion des ennemis lui vient aporter des ordres du Roi, on le punit ; donc fon erreur eft un crime. Je répons qu'à la vérité il s'expofe à la rifée du monde ; qu'on le punit même quelquefois, & que plus le piége a été groffier, plus fa difgrace eft funefte. Mais on ne peut tirer de-là aucune conféquence contre ma doctrine, 1. Parce qu'on fait affez que la punition des hommes eft bien plus pour les malheureux, que pour les coupables. 2. Parce qu'un Prince ne pénétrant pas dans l'intention, s'imagine facilement que le Gouverneur d'une Ville, qui fe plaint d'avoir été trompé par un faux ordre, qu'il prenoit pour véritable, ne fe fert de cette excufe que pour colorer fa perfidie. 3. Parce qu'on croit qu'en tout cas la punition d'un homme qui a été dans l'erreur de bonne foi, tiendra les autres Gouverneurs dans une plus exacte vigilance ; & comme le but que la juftice humaine fe propofe dans les peines qu'elle inflige, eft principalement d'exciter dans les efprits les paffions qui font néceffaires au bien de la Société, on n'examine pas toûjours fi ceux que l'on punit en font dignes ; on fe contente bien fouvent de l'utilité qui réfultera de leur châtiment. 4. Parce que la juftice humaine ne punit pas tant la malice du pécheur, que le mal qu'il aporte à la Société publique ; car on pend un homme qui en tuë un autre d'un feul coup de bâton, quoiqu'il foit très-apparent qu'il n'a pas eu deffein de faire un meurtre, & on ne pend pas celui qui bleffe fon ennemi de trois ou quatre coups d'épée, dont pas un n'eft mortel, quoi qu'il foit très-apparent qu'il n'a pas voulu épargner la vie de fon ennemi. 5. Parce qu'on fuppofe qu'un Gouverneur qui a été pris pour dupe, eft coupable à tout le moins d'une négligence, & d'une précipitation, qu'on ne doit pas laiffer impunies. Car s'il avoit été trompé par une fineffe à laquelle l'homme ne foit point capable de remédier, comme feroit l'artifice d'un Démon qui contreferoit parfaitement le fein & le cachet du Prince, il n'y a point d'homme raifonnable qui ofât accufer d'infidélité un Gouverneur, à qui un tel piége auroit fait commettre quelque chofe contre le fervice de fon Maître. Tant il eft vrai que chacun a droit d'agir felon les lumieres de fa confcience, & qu'il n'eft blâmable dans fes erreurs qu'à proportion de la pareffe, ou de la malice, qui les ont laiffé enraciner dans fon ame. Remarquez bien, s'il vous plaît, Monfieur, & fouffrez que je prie tous mes Lecteurs de bien remarquer, que je ne renverfe point ici ce que j'ai pofé dans ma Lettre précédente, touchant le but des fages Légiflateurs. Je raporte ici ce qui fe pratique felon le cours ordinaire de la Juftice, & là je confidérois ce qui fe doit pratiquer. Ce font deux chofe très-différentes, & ainfi l'on peut, fans fe contredire, en parler diverfement. Reprenons notre fujet.

Il n'est pas nécessaire de recourir à des exemples d'une fourberie diabolique : les tromperies humaines nous suffisent. Imaginons-nous qu'un Ayde de Camp aille porter à un Colonel un faux ordre de quitter son poste, & que ce Colonel obéïssant à cet ordre qu'il voit signé de son Général, se retire & fasse perdre la bataille. Y a-t-il un Conseil de Guerre au monde qui soit capable de faire mourir ce Colonel, justifiant qu'il a reçu un billet, où il a vû le sein de son Général si parfaitement imité, qu'un goûte d'eau n'est pas plus semblable à une autre ? L'Ayde de Camp mérite seul d'être châtié ; & si on étend la peine sur le Colonel, c'est par cette brutale fureur qui oblige les Généraux après la perte d'une bataille, à se disculper aux dépens d'autrui, & à sacrifier à leur chagrin les victimes les plus innocentes.

Il est si facile de comparer l'entendement de l'homme à ce Gouverneur de Place, ou à ce Colonel, que chacun en pourra faire de lui-même l'application avec les exceptions nécessaires. J'avertis seulement que par le terme d'entendement, j'entens, à la manière des vieux Philosophes, cette faculté de l'ame qui affirme & qui nie. Je sais que la Secte de Monsieur Des-Cartes attribuë ces actions de l'ame à la volonté : mais pourvû que l'on s'entende, il n'y a point de mal de parler comme le vulgaire.

Je vous prie de bien peser ce que j'ai dit ci-dessus, que *les droits que Dieu a donnez à la vérité dépendent d'une condition si absolument nécessaire, que l'on ne sauroit rendre sans crime les moindres hommages à la vérité, si cette condition lui manquoit.* J'ai expliqué ensuite cette condition, qui n'est autre chose qu'un *pourvû que l'on connoisse la vérité.* Je m'en vais faire deux considérations sur cela, que je vous prie de bien peser.

I.
Méta-
[q]ue pour
[prouve]r cette
[conditi]on,

Je remarque premierement qu'il est très-certain que les droits de la vérité dépendent de cette condition, de la matiere que j'ay dit ; car il ne faut point douter qu'il n'y ait un nombre infini de véritez éternelles, dont nous n'avons nulle connoissance, & qui à cause de cela n'ont aucune ralation avec nous. Il ne faut point s'imaginer que toutes les idées de l'honnêteté nous soient connuës ; nous ne connoissons que certains devoirs que Dieu a jugé nécessaires au bien public, & au salut de ses Elus. Il eût pû, s'il l'avoit voulu, nous inspirer outre cela les idées d'une infinité d'autres devoirs, ou nous révéler qu'il avoit soûmis notre ame à l'observation d'une infinité d'autres regles. Ainsi tenons pour constant, que les véritez morales, aussi-bien que les véritez physiques, ne nous ont été révélées que jusqu'à une certaine mesure. Or comme il est évident que les véritez morales qui ne nous ont pas été révélées, ni par le secret instinct de la conscience, ni par aucune voie extérieure, n'ont pas plus d'autorité sur nous, que si c'étoient des Chimeres, il est clair que toute la soûmission que nous devons à la vérité, dépend nécessairement de cette clause, *pourvû que nous la conoissions.* D'où il s'ensuit que la vérité absoluë, & considérée dans cette notion générale, où l'on ne conçoit pas encore que Dieu l'ait destinée à l'homme, n'a aucun droit réel sur nous. Si l'on conçoit la vérité comme ayant été destinée de Dieu à être l'instrument du bonheur de l'homme, on conçoit qu'elle entre dans un droit fort réel sur l'homme ; mais ce n'est encore que sur l'homme en général, sur cet homme *in communi* dont on nous fatigue tant la tête, quand on nous explique les Uni-

versaux. Cet homme *in communi* n'est qu'une idée de l'entendement divin ; desorte que quand on dit que la verité acquiert un droit sur l'homme, on ne veut dire autre chose, sinon que Dieu établit un certain raport entre deux idées, par lequel l'une doit être soûmise à l'autre. Mais comme il est impossible que ce raport, ou ce droit de domination, soit jamais exécuté sur cet homme en général, que nous concevons y avoir été soûmis, & qui ne peut jamais exister dans la nature des choses, il est absolument nécessaire, pour l'exécution de ce droit, qu'on l'applique à Jean & à Jacques, & aux autres Individus qui existent. Et nous voici enfin arrivez à ce que je cherche ; car si nous voulons parler raisonnablement des droits de la verité sur notre ame ; il faut considérer la verité non pas dans son idée Métaphysique, mais telle qu'elle est dans chaque personne. Cela résulte manifestement de ce que j'ay dit, que le droit de la verité ne peut s'exercer que sur Jean & Jacques ; c'est donc par raport à chaque personne particuliere qu'il faut voir quel est le droit de la vérité. Or à cet égard tous les droits de la verité dépendent *d'un pourvû qu'elle soit connuë,* puisque ce seroit une absurdité, & une foiblesse d'enfant, d'obéïr à une verité que l'on ne connoîtroit pas : donc les droits de la verité dépendent de la condition que j'ay marquée, & de la maniere que j'ay marquée.

VII.
Conséquence
tirée de cette
raison, & prou-
vée par les
exemples ci-
dessus em-
ployez.

J'infere de tout cecy cette conclusion, qu'en vertu de ce droit de la verité, l'erreur travestie en verité nous oblige aux mêmes choses que la verité. Je recours encore à mes exemples. Le Gouverneur d'une Place, qui sait que son Maître veut & entend que l'on obéïsse aux ordres qu'il enverra, est obligé d'obéïr à tous les ordres qu'il croira venir de son Maître, lors même qu'ils n'en viennent pas. Une Lettre supposée a le même droit à son égard qu'une véritable, pourvû qu'il la croye véritable. Mais d'où peut venir ce droit, me dira-t-on, à cette Lettre supposée ? N'est-ce pas la volonté du Roi, son commandement, son sein, son cachet, qui donnent à une Lettre toute l'autorité qu'elle a dans le Royaume ? Comment donc une Lettre supposée peut-elle avoir quelque autorité ? Je répons qu'elle n'a point d'autorité en elle-même, & si on la considere simplement & absolument. Mais si on la considere dans l'effet qu'elle produit sur l'ame du Gouverneur, lui persuadant qu'elle vient du Roi, je dis qu'elle acquiert tous les droits & toute l'autorité d'une Lettre véritable, parce qu'elle se met en possession de tout ce qui fait l'essence & le fondement d'une Lettre véritable. La volonté du Roi, son commandement, son sein, son cachet, seront la source, tant qu'il vous plaira, de l'autorité d'une Lettre ; il ne laisse pas d'être vrai que cette Lettre n'est que du papier & de l'encre sans force ; ni jurisdiction, si l'on ne la reconnoît pour être du Prince. Donc le fondement prochain & l'essence immédiate de son autorité, consiste dans la persuasion que c'est une Lettre du Prince. Donc une Lettre supposée qui produit une semblable persuasion, acquiert tout le fondement & toute l'essence de l'autorité d'une Lettre véritable. Et qu'on ne me demande pas en vertu de quoy elle l'acquiert ; car il est visible que c'est en vertu des loix générales de l'Etat, qui obligent chaque Particulier à obéïr à son Prince. Chacun appliquera, s'il lui plaît, ces raisonnemens à l'affaire dont il s'agit, & me dispensera de

 lui

lui dire qu'y ayant une loi générale dans l'univers, qui oblige l'homme à se soûmettre à la verité qu'il connoîtra, toutes les erreurs qui se couvrent des caracteres de la verité, & qui nous persuadent sous ce faux semblant, qu'elles sont la verité, entrent en possession des droits exprimez dans la loi générale de la Nature. Ce qui se confirme par cette nouvelle observation.

C'est que comme les droits de la vérité ne se peuvent exercer que sur des Individus, ainsi la verité ne peut agir, si elle ne devient particuliere, & pour ainsi dire, individuelle. Quelle est donc la verité qui oblige l'homme ? C'est celle qui s'applique à Jean & à Jacques, & qui devient elle-même idée particuliere à Jean & à Jacques; car pour la verité en elle-même & dans son idée Métaphysique, comment obligeroit-elle l'homme, puisqu'elle n'existe pas même parmi les hommes, tout ce qui existe étant ceci ou cela en particulier ? C'est donc l'idée particuliere de chaque homme qui est à chacun sa verité. De sorte que si malheureusement cette idée particuliere n'est qu'une verité travestie, ce n'est qu'à la verité travestie que chaque particulier peut obéir. Mais par quel droit cette fausseté masquée exige-t-elle l'obeïssance ? C'est parce qu'elle se trouve dans le cas, & dans la condition qui fonde le droit; savoir; dans la réputation d'être véritable. Il en va comme de ceux qui promettent par des Affiches cent Louïs, à celuy qui leur rendra un diamant. Il est clair que tout homme qui rend ce diamant accomplit la condition sous laquelle on avoit promis la somme, & qu'il a droit de demander les cent Louïs, & que ceux qui ont perdu le diamant sont obligez de les lui compter, quand même ce seroit un Fripon qui l'auroit volé à un autre. Donc la raison est qu'ils n'ont pas promis cette somme à celuy qui rendroit le diamant par telle ou par telle voye, mais simplement à celuy qui le rendroit. La condition est accomplie pourvû qu'on rende le diamant; donc cela suffit pour mériter la récompense promise, sauf à l'autre à se pourvoir contre celuy qui lui a enlevé le diamant.

Quoique je dise, & quoique je fasse avec tout ce grand attirail d'exemples, je sens bien que la plûpart des Lecteurs auront de la peine à digérer, que la fausseté se puisse rendre maîtresse de tous les droits de la verité. Ainsi tâchons de mettre ce Paradoxe dans un plus grand jour. C'est le sujet de la seconde considération que je voulois faire.

Je remarque donc en second lieu, que les droits de la verité ne dépendent pas d'une condition qui soit de la nature des autres. La plûpart du temps ce que l'on appelle des conditions, *conditio sine qua non*, ne sont que certains accessoires, ou certains *adminicules*, manifestement distincts de la cause & de l'essence de la chose. Par exemple, l'ouverture de la fenêtre est une condition sans quoy le Soleil n'illumine point la chambre; on ne dira point pourtant qu'elle soit la cause de l'illumination. On conçoit clairement que ceux qui ouvrent une fenêtre ne font qu'ôter les obstacles externes de l'illumination, sans que pour cela le Soleil acquiere aucune vertu intérieure qu'il n'eût pas auparavant. On ne peut pas dire la même chose de la condition à laquelle j'ay dit que les droits de la verité sont liez; car elle fait tout le fondement & toute l'essence des droits de la verité à notre égard. Je m'en vais le prouver en forme.

L'essence d'une chose est un attribut qui étant ôté, fait cesser d'être cette chose, quand même tous les autres attributs demeureroient; & qui étant posé, fait être la chose, quand même tous les autres attributs seroient ôtez.

Or cette condition, *pourvu qu'elle soit connuë*, est un attribut des droits de la verité, qui étant ôté les fait cesser d'être, quand même tous leurs autres attributs demeureroient; & qui étant posé les fait être quand même tous les autres attributs seroient ôtez.

Donc cette condition est l'essence même des droits de la verité. Il ne faut donc pas s'étonner si l'erreur acquiert les droits de la verité, lorsqu'elle accomplit cette condition.

La premiere de ces trois Propositions n'a pas besoin d'être prouvée, car elle est manifeste par la seule intelligence des mots qui la composent, & il est aisé de la vérifier par l'exemple de tous les êtres dont l'essence nous est connuë. Mais la seconde proposition n'est pas si claire; prouvons-la donc.

On ne m'accusera pas de médisance, à ce que je crois, si je suppose que tous les enfans qui naissent dans le mariage, ne sont pas fils de celui qui se l'imagine. Je ne demande pas qu'on m'accorde qu'il y en a beaucoup de ceux-là. Un petit nombre me suffit, & je pourrois même supposer qu'il n'en est point de cette espece; mes raisonnemens n'en perdroient rien de leur force; ainsi ce que j'en fais, c'est pour ne pas recourir à des suppositions purement possibles, lorsqu'on en trouve de réelles. Soit donc conclu qu'il y a quelques enfans dans le monde, qui ne sont pas fils du mari de leur mere. C'est ainsi qu'il faut s'exprimer, selon la remarque d'un Janséniste, dans *la Réponse à l'Auteur de la Lettre à un Seigneur de la Cour*. Permettez-moi d'en inférer ici le passage. Le P. Annat (*) voulant prouver qu'il y a des faits qu'on est obligé de croire intérieurement, quoiqu'ils ne soient pas appuïez sur une autorité infaillible, demandoit, *s'il y a une autorité infaillible qui oblige un enfant de croire qu'il est fils de son pere*. Le Janséniste le revele sur cela, & avertit le Lecteur que le P. Annat a voulu dire, *du Mari de sa mere*. Puis il lui montre qu'il y a bien de la différence entre croire simplement un fait, & l'assurer publiquement par un serment solemnel. *Demandez vous-même* (poursuit-il, en s'adressant au Jésuite qu'il réfute) *au P. Annat qui ne vous cachera rien, s'il voudroit jurer sur l'Evangile, qu'il est* NON PAS LE FILS DE SON PERE (*car cela est évidemment infaillible*) *mais* LE FILS DU MARI DE SA MERE, *qui est le véritable sens de son exemple. Il seroit à propos que je sçusse cela, avant que d'en dire davantage sur ce point, & c'est pourquoi je suis résolu d'attendre sa réponse, ou la vôtre*. Cette petite digression vous délassera, & servira même à faire voir que la supposition que j'employe, est souvent mise en exemple.

Voici maintenant comment je raisonne. Un mari persuadé qu'il est le pere des enfans de sa femme, quoiqu'il ne le soit pas, ne peut les déshériter, ni les maltraiter, sans être tout aussi coupable devant Dieu & devant les hommes, que s'il les déshéritoit ou les maltraitoit, en croïant avec raison qu'ils sont ses enfans. Au contraire un homme qui a des enfans qu'il ne connoît pas, les peut maltraiter sans se rendre

plus

LETTRE
IX.
...rtes d'enfans
& de leur pere.

plus coupable, que s'il faisoit un semblable traitement à d'autres personnes. Un enfant qui ne connoît pas son pere, & qui le rencontre sans le saluer, ou même qui lui dit des injures, n'est coupable que d'une incivilité, ou d'une insolence plus ou moins grande, selon les circonstances du cas. Mais s'il rencontroit celui qu'il croit faussement être son pere, & qu'il ne le saluât pas, ou même qu'il l'injuriât, alors son crime auroit toute l'énormité qui se rencontre dans la rébellion des enfans contre leurs véritables peres. Ni la justice de Dieu, ni la justice des hommes, ne mettent point de différence entre l'action d'un infame scélérat qui tuë celui qu'il regarde comme son pere, & qui l'est effectivement, & l'action d'un autre scélérat qui tuë celui qu'il croit faussement être son pere. L'une & l'autre de ces actions est un véritable parricide, & devant le Tribunal de Dieu, & devant celui des hommes. La diversité de circonstances peut bien faire que l'un de ces parricides soit plus énorme que l'autre : mais la circonstance tirée de ce que l'un de ces hommes a tué son véritable pere, au lieu que l'autre n'a tué qu'un homme qui ne lui étoit rien dans le fonds, ne change en aucune maniere le dégré du crime. Il s'ensuit delà que l'action d'un homme qui tuë son pere sans le connoître, n'est qu'un simple homicide, & que l'action d'un homme qui tuë celui qu'il croit faussement être son pere, est un parricide effectif : tout de même qu'un homme qui tueroit ses propres enfans, sans savoir qu'ils lui appartinssent, ne seroit coupable que d'homicide, au lieu que tuant des enfans, qui ne lui appartiendroit pas plus qu'à son chien, quoiqu'il en crût être le pere, il se rendroit coupable d'un parricide. D'où je conclus qu'il n'y a que l'opinion qui fasse toute l'essence, & tout le fondement des droits de la vérité. Car voilà un homme qui est véritablement pere ; cependant parce qu'il ne le croit pas, il perd toute l'autorité de pere. Voilà le véritable fils d'un homme ; cependant parce qu'il ne le sait pas, il est déchargé de toutes les obligations de respect & d'obéïssance, auxquelles la Nature nous engage envers nos peres. Voilà un homme qui n'est point pere ; cependant parce qu'il le croit, il exerce légitimement toutes les fonctions de pere ; il commande, il châtie, revêtu d'autorité suffisante pour cela, & il est obligé d'avoir toute la tendresse d'un pere. Voilà un enfant né des amours impudiques d'une femme infidelle à son mari ; il n'est point le fils de ce mari : cependant parce qu'il le croit, il se porte justement pour son héritier, il receuille justement sa succession, & il entre dans tous les droits & dans toute la dépendance d'un fils véritable. Tout manque à un pere putatif excepté l'opinion ; & cependant il possede tout entier le droit de pere. Rien ne manque à un pere qui ne connoît point son fils que l'opinion, & cependant il n'a nulle part au droit paternel. Il est donc évident que l'essence & les droits de la véritable paternité consistent dans l'opinion, puisque l'opinion seule étant posée, tout le reste étant ôté, le droit paternel subsiste, & que l'opinion seule étant ôtée, tout le reste demeurant, le droit paternel périt. J'ay donc prouvé, par un exemple très-convainquant, la seconde proposition du syllogisme.

Je demande à mes Adversaires d'où vient le droit d'un mari sur les enfans de sa femme, lorsqu'il ne les a point faits, & le droit qu'ont ces enfans de succéder aux biens de ce pere prétendu. N'est-il pas certain qu'à considérer les choses dans leurs idées, comme ils veulent que l'on fasse à l'égard de la vérité & du mensonge, le droit de pere n'est fondé que sur la génération ? D'où vient donc qu'un fils supposé doit obéïr à son pere prétendu ? D'où vient qu'il partage la succession avec les enfans légitimes ? N'est-ce point uniquement parce que la génération putative entre dans tous les droits de la génération véritable, de même que j'ai dit tant de fois que l'erreur prise pour la vérité, entre en possession des privileges de la verité ? On ne peut pas me dire qu'un pere qui exerce la même autorité sur les enfans qu'on fait à sa femme, que sur ceux qu'il lui fait lui-même, soit un usurpateur des droits d'autrui, ni que ces enfans illégitimes volent la part qu'ils prennent dans la succession de leur beau-pere ; cela, dis-je, ne se peut pas soûtenir, & n'a jamais été avancé par aucun Casuïste, que je sache. S'il y a du vol là-dedans, la mere & son adulterre en sont seuls coupables ; mais pour les enfans, leur bonne foi les justifie de toute sorte d'usurpation ; la part qui leur est échuë de l'héritage, est aussi justement à eux que s'ils étoient les véritables fils du mari trompé. Voilà néanmoins une image des Hérétiques & des Orthodoxes. Ceux-ci sont les enfans de la vérité, & le croient être ; les autres le croient être, & ne le sont pas. La destinée de ces deux sortes de gens est fort différente : mais à l'égard du droit de respecter, & de cultiver ce qu'ils prennent pour la verité, ils sont tout-à-fait égaux, de même que les enfans supposez & les enfans légitimes ont une obligation égale d'obéïr à celui qu'ils croient être leur pere, & un droit égal de partager sa succession. En un mot, qu'on me donne un peu la disparité de cet Enthymeme.

Ceux qui se persuadent à tort que le mari de leur mere est leur pere, sont aussi obligez de l'aimer, de lui obéïr, & de procurer son avantage, que s'ils en étoient persuadez avec raison.

Donc ceux qui se persuadent à tort qu'une certaine doctrine est véritable, sont aussi obligez de l'aimer, de la soûtenir, & de la faire fleurir, que s'ils en étoient justement persuadez.

I. On me peut répondre trois choses. Premierement qu'il y a bien de la différence entre une erreur politique, & une erreur de Religion ; que de prendre pour son pere un homme qui ne l'est pas, n'est qu'une méprise dans un fait qui se rapporte à la Société humaine, & qui ne sauroit lui être fort préjudiciable ; au lieu que se tromper dans les matieres de Religion, est une chose où il y va de notre salut, & de la gloire de Dieu. Je suis assuré, Monsieur, que cette disparité ne vous paroîtra pas fort solide, & cela pour deux raisons.

La premiere est, qu'on a tort de convertir en pure méprise politique, l'erreur de ceux qui prennent pour leur pere, celui qui ne l'est pas ; car il est certain qu'il y entre du moral. C'est un des principaux articles de la loi de Dieu que celui qui nous commande d'honnorer nos Peres. Nous ne pourrons donc les mépriser sans violer l'un des principaux articles de la loi de Dieu. Or nous sommes perpétuellement exposez

X.
Si l'erreur d'un
homme qui
croit être pere
enferme quelque chose de
moral.

LETTRE
IX.

sez au péril de mépriser nos peres , si nous attribuons cette qualité à celui à qui elle n'est point
dûë ; parce qu'en la lui attribuant nous rédui-
sons notre véritable pere à la condition d'un
homme , à qui nous ne devons que des civi-
litez générales. Donc il importe, pour l'acquit
de notre conscience envers Dieu , que nous sachions au vrai qui est notre pere , & ainsi ceux
qui ne le savent pas , sont dans une erreur qui se
raporte au respect que l'on doit à Dieu.

La seconde raison est beaucoup plus forte que
la premiere ; car si une fois on m'accorde que
s'agissant de l'interêt de la Société publique, les
hommes peuvent faire très-justement pour l'erreur travestie en vérité , tout ce qu'ils seroient
obligez de faire pour la vérité elle-même, j'en
conclurrai avec beaucoup de raison, que s'agissant de la gloire de Dieu , ils ont droit de faire pour ce qu'ils appellent la vérité , tout ce
que la vérité même leur pourroit prescrire, si
elle leur apparoissoit. La justice de la conséquence paroîtra sans doute à tous ceux qui con-
sidéreront un peu de près, que plus une vérité
nous semble importante, plus aussi doit-elle remuer nos passions, & nous donner des remords
si nous ne la cultivons pas. Desorte que les
véritez de Religion devant nous inspirer un
grand zele, les erreurs qui prennent la place de
ces véritez, nous doivent aussi inspirer beaucoup d'ardeur. Remarquez bien , je vous prie,
qu'on ne peut se servir de la premiere réponse

Comparaison
des erreurs po-
litiques avec
les morales.

que je réfute, qu'en prenant mal les choses. Il
est bien vrai que les erreurs en matiere de Religion, étant beaucoup plus dangereuses que les
erreurs de politique , doivent être évitées avec
plus de soin ; mais il n'est pas vrai que si elles
entrent une fois dans l'ame, leurs effets doivent
être moindres que ceux d'une autre méprise. Ils
doivent être tout aussi grands que le demande
l'impression que l'erreur fait sur notre esprit. Si
l'erreur nous semble une vérité fondamentale
très-nécessaire au salut, & à la gloire de Dieu,
ses effets doivent être tout semblables , dans une
ame consciencieuse, à ceux que la vérité opposée à cette erreur produiroit dans la même ame.
Il ne faut donc pas que l'on cherche des disparitez dans la différence qui se trouve entre les
erreurs civiles , & les erreurs de Religion ; car
il semble au contraire que plus une erreur se
met en la place d'une verité capitale , plus elle
doit être chérie , respectée, & cultivée , parce
que la conscience nous pousse plus vivement à
la culture d'un objet , quand elle se persuade
qu'il en viendra de plus excellens avantages.

XI.
De la conduite
d'une femme
qui rend à son
mari tous le
devoirs d'une
femme

II. On me peut répondre en second lieu, que
mon exemple ne prouve rien , parce qu'il peut
être renversé par un autre exemple :

Nil agit exemplum , litem quod lite resolvit.

Qu'en effet s'il semble qu'un homme, faussement persuadé qu'il est le pere des enfans de sa
femme , entre dans tous les droits de pere , il
n'est pas moins sûr d'autre côté, qu'une femme
faussement persuadée qu'un certain homme est
son mari , n'entre point dans les droits d'une
épouse légitime , & ne peut sans adultere le traiter comme son mari. Je répons , Monsieur,
que cet exemple n'est pas aussi favorable qu'on

se l'imagine à ceux contre qui je dispute ; car
je leur mets en fait (*) que si une femme trompée par la ressemblance qui seroit entre son véritable mari & un autre homme, accordoit à
cet autre homme tous les privileges du mariage, elle ne donneroit aucune atteinte à sa chasteté. Qu'on crie tant que l'on voudra , *au Paradoxe*, je le dis , & je le repete , une telle femme ne feroit aucune injure réelle à son mari , &
il seroit le plus injuste de tous les hommes , s'il
l'accusoit d'avoir violé la foi conjugale. Bien
entendu qu'elle n'auroit pas aidé à se tromper.
Car si l'impatience de recouvrer un mari, la
faisoit passer par-dessus tous les soupçons qui
s'éleveroient dans son ame, à la vûë d'un homme qui ressembleroit à son mari, & qui se produiroit sous ce titre ; si de-peur de ne goûter
pas sans remords les plaisirs du mariage, elle se
dispensoit de le bien examiner ; en un mot, si à
force de souhaiter que ce fût son véritable mari, pour les raisons que j'insinuë, elle venoit à
le croire, imposant silence à tout ce qui la tenteroit d'en douter, je rabatrois fort de la bonne
opinion que j'aurois conçûë de son mérite , &
franchement je ne blâmerois pas trop son
Epoux , s'il ne la croïoit chaste qu'à demi , &
s'il comptoit son honneur parmi ceux qui sont
chancellans. Ainsi ce n'est pas d'une telle femme que je veux parler. Je fais ma supposition
d'une femme qui voïant dans un homme , l'air,
la taille , les traits, & la voix de son mari , sans
qu'aucune raison de douter que ce ne fût son
mari, se présentât à son esprit, agiroit avec cet
homme sur le pied des gens mariez ; & je dis
que cette femme seroit non seulement excusable
d'en user de cette façon, mais aussi tout-à-fait
inexcusaale, si elle en usoit autrement. (A) Car
si elle refusoit ses caresses à un tel homme , elle
ne pourroit s'en justifier que par la raison qu'elle douteroit si ce seroit son véritable mari : mais
nous supposons qu'elle n'auroit pas le moindre
doute sur ce point-là ; donc le refus de ses caresses seroit entierement blâmable , & le véritable mari auroit très-grande raison de s'en plaindre. Vous jugez bien pourtant qu'il ne s'en fâcheroit pas, & qu'il se fâcheroit au contraire , si
sa femme caressoit cet homme ; vous le jugez
bien, dis-je , & vous voyez bien en même
temps, qu'en ces sortes de matieres l'homme se
conduit bien plus par caprice, que par raison.

Il faut bien qu'il y ait du caprice dans ces
sortes de matiere, puisqu'il est indubitable que
si un homme masqué, & méconnu de sa femme, en venoit avec elle aux dernieres privautez,
comme on assure qu'il arrive quelquefois durant
les confusions d'un Bal, cet homme se tiendroit
pour enrôlé dans la Confrairie aussi réellement
que s'il n'étoit pas lui-même la cause de sa disgrace. La femme dans un pareil cas n'a commerce qu'avec son mari, & néanmoins si elle a
méconnu son mari, elle n'est pas moins criminelle, que si elle avoit consenti aux désirs d'un
étranger, & le mari n'a point tort de se croire
deshonoré dans toutes les formes. D'où il
s'ensuit que les caresses qu'une femme fait à un
homme qu'elle ne prend pas pour son mari,
quoiqu'il le soit effectivement , sont un adultere proprement dit , & à toute rigueur, Donc
par

XII.
Qu'il y a b
des caprices
dans le juge-
ment des hom-
mes sur ces
matieres.

(*) Conferez ceci avec le *Dict. Hist. & Crit.* Art.
,, PENELOPE Rem. D.
(A) MS. *Si quis cum uxore tanquam cum alienâ con-
,, cubet , adulter erit, quamvis illa adultera non sit. Se-
,, nec. Tract. quomodo in Sapient. non cadat injur, apud Tyraq.*

,, *in 2. Connub. p.* 55. Dans le Journ. des Sçav. 1691.
,, p. 465. il est dit que les Rabins croyent que le pere
,, de David crut coucher avec une servante, & fut dès-
,, là adultere.

par la loi des contraires, les careſſes qu'une femme fait à un homme qu'elle prend pour ſon mari, quoiqu'il ne le ſoit pas, ſont très-innocentes. Deſorte que ſi la raiſon veut qu'un homme méconnu de ſa femme, & admis néanmois aux plus ſecretes faveurs, ſe croye trahi, la même raiſon devroit faire qu'un homme ne s'eſtimât point trahi, s'il voïoit ſa femme entre les bras d'un autre homme, qu'elle prendroit pour ſon véritable époux. Mais comme je l'ay déja dit, le caprice l'emporte ici ſur la raiſon. Or puiſque c'eſt le caprice qui gâte tout, nous devons croire qu'où il n'y a point de caprice, l'on ne voit point cette inégalité de jugement. Deſorte que ſi la verité étoit une perſonne, nous devons croire qu'elle prendroit pour une infâme prévarication, la conduite de ceux qui la recevroient, quoiqu'elle leur parût ſous la figure du menſonge, & qu'elle ne trouveroit pas mauvais qu'on fît accueil au menſonge, lorſqu'il ſe préſenteroit tout brillant des ornemens de la verité, & ſi ſemblable à la verité qu'on le prendroit pour elle-même. Les hommes, tout capricieux qu'ils ſont, ne gronderoient pas contre leurs femmes, s'ils en étoient rebutez, lorſqu'ils ſe préſenteroient à elles ſous une figure inconnuë; elles pourroient les battre & faire pis que tout cela, qu'ils ne s'en offenſeroient pas, comme Bocace le raconte aſſez plaiſamment. Je vous le diſois bien, Monſieur, que l'exemple allegué par mes Adverſaires ne leur eſt pas auſſi favorable qu'ils ſe s'imaginent.

En conſcience ſi l'avanture d'Amphytrion étoit vraye, ſe pourroit-on figurer que ſa femme auroit fait la moindre faute? Il faudroit être le plus injuſte, & le plus bourru de tous les hommes, pour trouver mauvais qu'Alcmene eût paſſé la nuit avec l'Amphytrion ſuppoſé. J'avoüe que ce faux mari conſidéré abſolument, n'avoit point de droit d'exiger d'Alcmene cette faveur; mais ſi nous le conſidérons par raport à l'état où il avoit mis l'eſprit d'Alcmene, lui ayant perſuadé qu'il étoit ſon véritable mari, nous concevons qu'il avoit acquis le droit de la traiter comme ſa femme; parce que dans l'état de perſuaſion où elle étoit, elle n'avoit plus la liberté de lui refuſer aucune choſe; elle étoit donc obligée de lui complaire. Or il implique contradiction qu'on ſoit obligé à faire des choſes pour un homme, qui n'a nul droit de les exiger; il faut donc qu'un homme qui paſſe dans l'eſprit d'une femme pour être ſon véritable mari, acquiere les droits de mari. Il ne s'enſuit pas pour cela qu'il puiſſe ſe ſervir innocemment de ſes droits: car comme il les a acquis par une impoſture criminelle, il ne ſauroit en joüir ſans crime. Souvenons-nous de ce qui a été remarqué au commencement de cette Lettre. Les Souverains ont le droit de faire des injuſtices à leurs Sujets, puiſqu'il n'eſt pas permis aux Sujets de s'y oppoſer, & cependant les Souverains ne ſe peuvent pas ſervir de ce droit, ſans être coupables devant Dieu.

Permettez-moi d'inſérer ici le diſcours que Moliere fait tenir à Jupiter, lorſqu'il veut remettre le calme dans l'eſprit d'Amphytrion, terriblement troublé de la ſupercherie qui lui avoit été faite.

Je n'y vois pour ta flâme, aucun lieu de murmure,
   Et c'eſt moi dans cette avanture,

Qui, tout Dieu que je ſuis, dois être le jaloux.
Alcmene eſt toute à toi, quelque ſoin qu'on employe,
Et ce doit à tes feux être un objet bien doux,
De voir que pour lui plaire, il n'eſt point d'autre voye,
   Que de paroître ſon epoux;
Que Jupiter orné de ſa gloire immortelle,
Par lui-même n'a pû triompher de ſa foi,
   Et que ce qu'il a reçu d'elle,
N'a par ſon cœur ardent été donné qu'à toi.

Avoüez-moi, Monſieur, que cela eſt beau, & qu'il ſeroit difficile de penſer plus juſte. Si l'erreur & la verité étoient des perſonnes, c'eſt ainſi que l'une devroit conſoler l'autre de l'avoir bannie de ſon ſiége. *Conſolez-vous*, diroit-on à la verité, *c'eſt à vous proprement que l'eſprit de l'homme a rendu hommage, puiſqu'il a falu toûjours pour y entrer ſe réclamer de votre nom, & ſe couvrir de vos livrées.*

Je ſais bien que le Poëte a inſinué, que Jupiter avec tous ces beaux diſcours ne guériſſoit pas la playe qu'il avoit faite; car non content d'avoir fait dire à Soſie,

Le Seigneur Jupiter ſçait dorer la pillule;

Il lui met certaines autres paroles dans la bouche, qui font connoître, qu'Amphytrion ſe ſouviendroit long-temps, & avec chagrin, de ce qu'après tout un autre que lui . . . . . Ces autres paroles ſont à la ſuite du compliment, qu'un des amis d'Amphytrion alloit lui faire, ſur ce que le plus grand des Dieux le récompenſeroit largement des faveurs qu'il avoit remportées de ſon épouſe.

N A U C R A T E S.

Certes je ſuis ravi de ces marques brillantes. . . .

S O S I E.

Meſſieurs: voulez-vous bien ſuivre mon ſentiment?
   Ne vous embarquez nullement
   Dans ces douceurs congratulantes:
   C'eſt un mauvais embarquement,
Et d'une & d'autre part, pour un tel compliment,
   Les phraſes ſont embaraſſantes.
Le grand Dieu Jupiter nous fait beaucoup d'honneur,
Et ſa bonté, ſans doute, eſt pour nous ſans ſeconde:
   Il nous promet l'infaillible bonheur,
   D'une fortune en mille biens féconde,
Et chez nous il doit naître un fils d'un très-grand cœur;
   Tout cela va le mieux du monde.
   Mais enfin coupons aux diſcours,
Et que chacun chez ſoi doucement ſe retire:
   Sur telles affaires, toûjours,
   Le meilleur eſt de ne rien dire.

Je ſais bien, dis-je, que Moliere a voulu ſignifier par-là, qu'un mari ne ſe paye pas entierement de l'excuſe que lui feroit ſa femme, *que ſi elle a couché avec un autre homme, ce n'a été que parce qu'elle le prenoit pour ſon mari*; mais cela ne fait rien contre l'opinion que je défens; car qui ne fait qu'en ces choses-là les hommes ne font presque jamais raisonnables ? Ils n'en jugent que par les fantômes d'une imagination bleſſée, au lieu de conſulter les idées diſtinctes de la raiſon. Si l'on conſulte ces idées, on voit clairement qu'Alcmene n'a rien fait contre ſon devoir, & par conſéquent que ſon honneur n'a reçu aucune atteinte, & qu'auſſi-bien que celuy d'Amphitrion, il eſt ſorti ſain & ſauf d'entre les mains de Jupiter. Il ne m'en faut pas davantage ; je n'ay jamais prétendu qu'en ſe ſervant de ſon droit, on ne chagrineroit jamais les gens. Le monde eſt ſi corrompu, qu'on croit avoir toûjours ſujet de douter ſi une femme qui s'excuſeroit ſur la reſſemblance, rapporteroit bien fidellement tout ce qui ſe ſeroit paſſé dans ſon eſprit ; & de-là vient qu'un malheureux Amphitrion eſt expoſé non ſeulement à ſes propres incertitudes, mais auſſi à celles de ſon prochain, & aux plaiſanteries qu'ils font ſur ſon avanture, matiere inépuiſable de ſots diſcours. On n'a point à craindre cela d'un Juge équitable, & qui connoît nos plus profondes penſées. Mais je me retire promptement d'icy ; il ne faut pas y arrêter trop le Lecteur, ſi on veut qu'il conſerve le ſerieux qu'il doit apporter à la lecture de cette Lettre.

Je n'ajoûte qu'un mot ſur ce chapitre, c'eſt que pour mieux voir la ſolidité de mon ſentiment, il faut reduire la choſe à un exemple pareil à celui d'Amphitrion ; car la reſſemblance naturelle qui ſe trouve entre deux hommes n'eſt preſque jamais ſi parfaite, qu'elle ne ſe démente en quelque choſe ; d'où l'on peut conclure qu'une femme qui s'y laiſſe tromper, agit trop légerement. En cela même l'excuſe ne lui manque point ; car où trouve-t-on des femmes qui faſſent difficulté de recevoir leur mari, après quelques mois d'abſence, ſi premierement il n'avere ſa qualité de mari ? Le voyant entrer dans leur chambre ſur la brune, avant qu'il y ait des chandelles, ne lui vont-elles pas au-devant, & ne ſont-elles pas prêtes à lui témoigner toute ſorte de complaiſance, ſans s'informer d'autre choſe ? Quelcun les blâme-t-il en cela ? Si on ne les blâme pas, pourquoy blâmer une pauvre malheureuſe trompée par un Impoſteur, qui auroit eu toutes les apparences du mari, que l'on en peut voir dans une chambre mal éclairée ? Il eſt clair que ſi on la blâme, on doit blâmer toutes les femmes qui en uſent ainſi avec leurs véritables maris ; car ſelon la droite raiſon, on ne juge pas des choſes par le ſuccès, & devant Dieu deux actions ſemblables dans leur cauſe ne changent point d'eſpece, quoique l'une réüſſiſſe par accident, & quel'autre par accident ait de malheureuſes ſuites.

III. Voici une meilleure réponſe à mon Enthythême. On me dira que la véritable raiſon pourquoi les peres & les enfans putatifs, ont les mêmes droits que les peres & les enfans légitimes, c'eſt parce que l'exacte connoiſſance de la vérité dans ces choſes-là, eſt au-deſſus de l'eſprit humain. Comment voulez-vous qu'un mari ſache d'une certitude parfaite, que ſa femme ne s'eſt jamais écarté de ſon devoir ? Comment un fils déterrera-t-il jour par jour, & heure par heure, toutes les démarches de ſa mere ? Toute la vie de l'homme ne ſuffiroit pas à cela, & cependant le bien de la Société civile demande que les hommes ſoient bien-tôt déterminez à faire toutes les actions, que la qualité de pere & de fils leur impoſent. C'eſt aſſurément une fort bonne réponſe, mais dont une infinité d'Hérétiques ſe

prévaudront, en diſant qu'il s'enſuit de-là qu'à tout le moins ceux qui errent, quelque ſoin qu'ils ayent pris de ſe détromper, ſont en poſſeſſion de tous les droits de la vérité ; c'eſt-à-dire, qu'ils peuvent entreprendre pour la propagation de leurs erreurs, tout ce que les Orthodoxes ont droit d'entreprendre pour la propagation de la véritable doctrine. Ils pourront encore alléguer, que la vie du véritable Chretien ne conſiſtant pas en ſpéculation, il faut être promptement déterminé aux actions que la conſcience nous ſuggere ; deſorte que ſi l'on ſe trouve pleinement perſuadé, qu'une certaine doctrine qu'on n'a pas fort examinée, eſt véritable, on ne doit pas être un ſeul moment ſans l'aimer, & ſans être prêt de mourir pour elle. Ni vous ni moi ne prendrons pas l'affaire de ce biais-là, nous ſommes pour l'examen très-exact, & très-pourſuivi.

Mais voici, ſelon mes petites lumieres à quoi l'on pourroit ſe fixer. C'eſt de dire premierement, que toutes les erreurs où l'on eſt de bonne foi, ont le même droit ſur la conſcience, que l'Orthodoxie, ſoit que l'on ait embraſſé ces erreurs un peu trop légerement, ſoit qu'on les ait fait paſſer par l'examen le plus rigoureux dont on ait été capable. Car de quel droit ſe tiendroit-on en ſuſpens, malgré la perſuaſion où l'on ſeroit, qu'une choſe eſt revelée de Dieu ? Peut-on être un ſeul moment ſans l'aimer, avec une telle perſuaſion ? Si l'on ſupçonne qu'elle n'eſt pas revelée, qu'on ſuſpende ſon amour ; à la bonne heure, j'y conſens ; & non ſeulement cela, mais je conſeille de toutes mes forces qu'on le ſuſpende, & qu'on examine fort & ferme. Mais ſi on n'a le moindre ſoupçon, le meilleur parti qu'on puiſſe choiſir, eſt aſſurement d'aimer ce qu'on croit avec tant de certitude venir de Dieu. Il faut bien qu'il ſoit quelquefois permis d'avoir du zele pour des opinions que l'on n'a pas examinées : car ſi cela n'étoit pas permis, que deviendroit le zele d'un ſi grand nombre d'honnêtes gens, qui ſont dans la bonne Religion, ſans avoir jamais lû le moindre Livre de Controverſe ?

On peut dire en ſecond lieu, qu'encore que les erreurs deguiſées en veritez, acquierent tous les droits de la verité, il ne s'enſuit pas que l'exercice de ces droits ſoit toûjours une choſe innocente. On rendra compte un jour à Dieu de tout ce que l'on aura fait, en conſéquence des erreurs que l'on aura priſes pour des dogmes véritables : & malheur dans cette terrible journée, à ceux qui ſe ſeront aveuglez volontairement ; à ceux qui plongez dans une lâche oiſiveté, n'auront pas voulu prendre la peine d'examiner leur créance ; à ceux enfin qui auront favoriſé l'introduction des erreurs dans leur eſprit, parce qu'elles s'accordoient avec leurs paſſions déréglées. Ils auront acquis un droit, je l'avoüe, d'agir conformément à leurs erreurs ; mais comme c'eſt un droit mal acquis, & qui tire ſa ſource, ou de la malice du cœur, ou d'une indifférence prodigieuſe, ou d'une pareſſe inexcuſable, il ne peut qu'empoiſonner tous les fruits qu'il aura fait naître. Employons encore ici nos exemples.

Le Gouverneur d'une Ville, qui obeït aux ordres qu'il croit venir de la part du Roi, ne découvrant avec toutes ſes lumieres aucune marque de ſuppoſition, ne mérite aucun châtiment. Mais le fourbe qui l'a trompé, & qui contrefait ſi parfaitement le ſein & le cachet du Prince, ne doit attendre que la roüe pour la punition de

ſon

son attentat. Un Chretien qui suit une mauvaise doctrine, qu'il croit être contenuë dans la parole de Dieu, mérite grace, supposé qu'avec la meilleure intention du monde, avec une sincérité achevée, avec une ame vuide de préjugez, & duëment préparée par l'invocation du St. Esprit, il ait en vain cherché le vrai sens de l'Ecriture. Si le Démon a si naïvement contrefait la voix du Pasteur, s'il s'est déguisé en Ange de lumiere avec tant d'art, qu'il n'ait pas été possible à l'homme de le démasquer, l'artifice du fourbe étant supérieur à la prudence de celui qu'il trompe, on doit esperer que l'erreur sera pardonnée. Mais celui qui aura été son propre séducteur, & qui aura aidé lui-même à revêtir l'héréfie des apparences de la verité, afin de se procurer un faux repos, ne doit point se promettre le pardon de ses erreurs. C'est de lui & de ses semblables qu'il a été dit, *l'ignorant périra avec son ignorance.*

Je me suis fort étendu sur cette question, non pas tant afin de répondre à ceux qui en votre présence, m'ont accusé plusieurs fois d'avoir avancé un *paradoxe impie*, qu'afin de montrer à ceux de l'Eglise Romaine, le droit inaliénable que nous avons, aussi-bien que le reste des hommes, de faire profession des doctrines que nous croïons conformes à la pure verité. Ce droit inaliénable renferme tous les moïens honnêtes de répandre nos sentimens, d'avoir des Docteurs & des Ministres, & d'écrire contre ce que nous appellons des erreurs. D'où paroît l'injustice véritablement Anti-Chretienne, qui a poussé l'Eglise prétenduë Catholique à perfécuter les Réformez. Je ne pense pas qu'on puisse mieux représenter cette injustice, qu'en montrant, comme j'ai tâché de faire, que les hommes ne sont obligez d'obéïr à la verité, qu'à condition qu'elle se présente à eux sous la forme de la verité.

Quelque fortes que je trouve les raisons que j'ai alleguées, je sens bien qu'elles ne le paroîtront pas beaucoup à la plûpart des Lecteurs; c'est pourquoi je leur en garde ici une qui me semble plus proportionnée à toute sorte d'esprits. *Vous voulez donc* (dirai-je à ceux qui ne sont pas de mon sentiment) *qu'il n'y ait que la verité qui ait droit de se produire. Vous voulez qu'un homme qui erre ne puisse pas aimer ce qu'il prend pour une verité fondamentale, ni avoir pitié de ceux qu'il croit marcher dans le chemin de la damnation, ni leur tendre les bras pour les instruire, ni fortifier ceux qu'il voit tentez d'abandonner ce qu'il appelle la bonne cause. Vous voulez tout cela; hé bien, j'y consens. Mais permettez-moi donc de vous dire, parce que vous êtes dans l'erreur, que vous n'avez aucun droit de prêcher, ni de sentir aucun de ces mouvemens raisonnables qui naissent de la conviction de l'esprit. La seule Religion que je professe, a cette prérogative.* Ainsi on ne gagne rien à soûtenir, que l'erreur travestie en verité ne participe point aux droits de la verité; car comme chaque Secte se persuade, qu'elle est la seule qui prend pour la verité ce qui l'est effectivement, chacune s'applique tout ce qui se dit en faveur de la verité, & rejette sur les autres tout ce qui se dit contre le mensonge; & c'est le moïen de n'avoir plus aucun principe commun de raisonnement, & de voir réduire la destinée des Religions aux loix du plus fort, & à ces ridicules maximes : *Ceci est très-bon quand je le fais; mais quand un autre le fait, c'est une action détestable.*

Je finis cette longue Dissertation, en vous fai-

sant souvenir d'un Livre que les Janséniftes publierent l'an 1673. & qu'ils intitulerent *Réfutation de la réponse d'un Ministre Luthérien, sur la Conférence de Luther avec le Diable.* La Réponse de Monsieur Claude au Livre des préjugez, avoit déja paru, & on attendoit de jour à autre la replique de ces Messieurs, parce que tout le monde jugeoit qu'il y alloit de leur honneur de demeurer sans repartie. Le petit Livre dont je vous parle vint faire savoir tout d'un coup, qu'ils ne repliqueróient pas. Je ne veux pas dire qu'on y trouvât cela en propres termes; mais on ne laissoit pas de le deviner sans beaucoup de pénétration, à cause qu'on y voyoit la réfutation de quatre endroits du Livre de Monsieur Claude, qui avoient laissé quelque prise à la subtilité de ces Messieurs. D'où l'on conclut, que s'ils avoient trouvé à mordre sur tout le reste de l'Ouvrage, ils n'eussent pas manqué de le réfuter tout entier. C'est ainsi qu'on raisonnoit en ce temps-là, comme vous savez. Pour eux ils ont raisonné tout autrement depuis peu; car ils ont publié dans la nouvelle Edition *des préjugez*, que puisqu'on avoit si promptement répondu à quatre endroits du Livre de Monsieur Claude, on eût bien répondu à tout, si on l'avoit jugé nécessaire. On en croira ce qu'on voudra à l'avenir, mais jusqu'ici on n'a pas trop favorablement jugé de leur silence. Vous devinez bien pourquoi je vous fais souvenir du Livre sur la Conférence de Luther.

C'est parce qu'il y est parlé du droit que l'on a de suivre les mouvemens de sa conscience. A la verité l'Auteur ne fait nulle grace au défaut de persuasion; il le regarde comme criminel, & prétend que tout ce qu'il fait faire l'est aussi. Il dit que les Calvinistes persuadez en leur conscience, que l'Eglise Romaine est dans des erreurs mortelles, pêchent quoiqu'ils fassent. S'ils obéïssent à cette Eglise, ils pêchent, parce que leur conscience y répugne; & s'ils suivent leur conscience, ils pêchent aussi, parce qu'ils n'obéïssent pas à l'Eglise dont les loix ne laissent pas d'obliger. S'ils adorent Jésus-Christ dans l'Eucharistie, ils pêchent; & s'ils ne l'y adorent pas, ils pêchent aussi. Dans l'un ils pêchent contre ce que la Foi véritable ordonne, & dans l'autre ils pêchent contre leur conscience. Mais quoiqu'il dise toutes ces choses & plusieurs autres semblables, il ne laisse pas d'avoüer, *que les Calvinistes étant persuadez par erreur que l'Eglise Romaine étoit engagée dans des héréfies capitales, leur conscience les obligeoit à refuser de faire profession de sa doctrine, puisque la conscience erronée impose cette nécessité.* Il ne laisse pas de dire que c'est un état de perplexité, *entre deux droits, & entre deux obligations, toutes deux indispensables.* Il reconnoît donc que les erreurs travesties en verité nous imposent une obligation indispensable, & nous donnent droit d'agir. Il faut donc qu'il reconnoisse que si l'on ne prouve pas que nous avons tort de regarder l'Eglise Romaine comme infectée de grandes erreurs, notre séparation d'avec elle est légitime.

Je passe plus avant, & je dis, que quand même on supposeroit que nous sommes persuadez par erreur, que l'Eglise Romaine est engagée dans des Héréfies capitales, notre séparation d'avec elle seroit juste, parce qu'elle seroit fondée sur un principe de Morale d'une éternelle verité, qui est *que de deux maux inévitables il faut toûjours éviter le pire.* Or c'est un péché incomparablement

plus

Lettre IX.

plus grand d'agir contre les lumieres de sa conscience que d'agir contre des loix que l'on ignore. Donc une ame qui se trouve dans cet état de perplexité dont parle l'Auteur, est obligée de suivre plûtôt les lumiéres de sa conscience, qui lui imposent la nécessité de sortir de la Communion de Rome, que les loix de la même Eglise. Si l'on n'est plus obligé d'agir selon les instincts de la conscience erronnée, que selon les loix de la verité absoluë, & que l'on ne connoît point, il est évident que l'erreur travestie en verité dans notre ame acquiert le droit de nous faire les mêmes actions, que la verité nous commanderoit.

S'il y a un milieu à prendre en cela.

Mais, dira-t-on avec cette Auteur, il y a un milieu à cela, c'est de rendre sa conscience conforme à la verité, en renonçant sincerement à ses erreurs: Oui, mais c'est-là la grande question. Chacun croit avoir sa conscience conforme à la verité absoluë, chacun exhorte ses Adversaires, à renoncer sincerement à ses Heresies. On est si persuadé la plûpart du temps, que ce qui nous paroît veritable l'est en effet, qu'on ne songe nullement à s'en défaire. Or il n'est pas possible que pendant cet état de quietude, l'on suspende les instincts de sa conscience. Demeurer neutre lorsque la conscience a pris son parti, avoir de l'indifference pour une verité que l'on reconnoît indubitable, est un crime qui n'est guéres moindre que celui de faire le contraire de ce que la conscience nous dicte. Desorte qu'ayant trois partis à prendre pour un homme qui est fermement persuadé d'une Heresie; le premier, celui de suivre les fausses lumieres de sa conscience; le second, celui de faire tout le contraire; & le troisieme, celui de demeurer en suspens, il se trouve que le premier est le moins mauvais de tous: Donc on est obligé de le prendre préférablement aux deux autres: donc on a un droit légitime de le faire. Le mieux seroit à la verité de prendre un quatrieme parti; savoir, de tenir pour suspecte sa persuasion, mais il n'est pas donné à tout le monde d'être soupçonneux en ces sortes de matieres. Il faut, pour douter, un certain dégré d'esprit que tout le monde n'a pas; rien n'est plus mal-aisé que de douter comme il faut; car ceux qui ont assez d'esprit pour douter, n'en ont pas toûjours assez pour faire un choix raisonnable; ils ne doutent que pour mieux s'ancrer ensuite dans l'erreur; & dautres s'étant mis une fois à douter, doutent toute leur vie.

Quant à ce que dit cet Auteur, que nous pêchons en n'adorant pas Jésus-Chist dans le Sacrement de l'Eucharistie, & que nous pêcherions en l'y adorant, je m'étonne qu'il n'ait point vû qu'on le peut retorquer contre lui-même; car on peut dire aux Catholiques sur le même pied, vous pêchez quoique vous fassiez; si vous adorez Jésus-Christ dans le Sacrement, vous pêchez contre ce que la Foi véritable ordonne; & si vous ne l'y adorez pas, vous pêchez contre votre conscience. Je suis, &c.

APOSTILLE.

Quel est l'égard qu'on doit à la verité.

IL n'y a qu'un moment que j'ai lû dans un Livre de Monsieur Arnaud, une pensée qui m'est trop favorable venant d'un tel lieu, pour ne la point employer ici. Je la tire de sa défense contre la Réponse de l'Auteur de la Recherche de la verité au Livre des vraies & des fausses Idées.

(*) » Pag. 220.

» Ce que l'on doit à la verité, dit Mon-
» sieur (*) Arnaud, est préférable à ce que l'on
» doit à tous les amis. Les Payens mêmes l'ont
» reconnu: *Amicus Plato, amicus Socrates, sed
» magis amica veritas.* Ce seroit une honte à des
» Chretiens de n'être pas dans la même dispo-
» sition.

» Cette maxime doit être reglée, non sur ce
» qui est verité au jugement de Dieu, mais sur
» ce que chacun de ceux qui disputent croit de
» bonne foi être la verité, quoiqu'il faille né-
» cessairement que de deux disputans il y en
» ait un qui se trompe, & qui soûtienne la faus-
» seté croïant soûtenir la verité .... L'a-
» mour de la verité nous oblige à en révérer
» l'ombre même dans notre adversaire; c'est-à-
» dire, à trouver bon que notre adversaire em-
» ploye toutes sortes d'argumens, pour soûtenir
» ce qu'il croit être la verité.

Il cite (A) après cela St. Augustin, qui parle ainsi à un homme qui avoit écrit contre son Traité de l'origine de l'ame: *Je vous loüe de ce que vous avez préferé, non la verité que vous eussiez bien compris, mais ce que vous avez pris pour la verité, à la considération d'un homme.*

LETTRE X.

Où l'on justifie ce que l'on a remarqué sur un Ecrit de Monsieur Pélisson, qui regarde les conversions.

I. *Lettres remplies de citations plus difficiles que les autres.* II. *Examen de ce que Monsieur Arnaud a dit pour justifier Monsieur Pélisson.* III. *Comparaison entre la maniere dont les Grands aiment à rendre service, & celle dont on récompense les Convertis. D'où vient l'œconomie des Convertisseurs.* IV. *Cette œconomie ne prouve pas que l'argent qu'on donne aux Convertis, soit un pur effet de charité. Réponse sur cela à Monsieur Arnaud.* V. *Comment on peut comprendre qu'une petite somme peut faire changer de Religion.* VI. *La plûpart des Convertis sont d'une autre espece que n'a dit Monsieur Arnaud.* VII. *La charité qui l'oblige à faciliter le conversion d'un homme qui appréhende la pauvreté, n'a point de lieu dans les conversions d'aprésent* VIII. *Une telle charité n'est point blamable.* IX. *Les aumônes que les Apôtres faisoient faire aux indigens, ne pouvoient pas rendre suspecte la conversion des pauvres. Trois différences entre la liberalité des Apôtres, & celle des Convertisseurs d'aujourd'hui.* X. *Examen d'un passage de Lucien.* XI. *Coutume rigoureuse contre les Juifs nouveaux convertis.* XII. *On n'imprime pas un Commentaire Variorum sur l'Ecrit de Mr. Pélisson.*

MONSIEUR,

I. Lettres remplies de citations plus faciles que les autres.

Je ne sais pourquoi je m'amuse à vous écrire des Lettres remplies de citations, car elles me coûtent dix fois plus de temps que celles où je ne cite personne. Je l'ai éprouvé visiblement dans la derniere que vous avez reçue de moi, qui a été achevée bien-tôt; parce que n'étant question que de chercher des raisonnemens; je n'avois
pas

(A) » Pag. 226.

pas befoin de me détourner, pour chercher & pour vérifier des paffages. Si je reffemble aux autres Auteurs, on a très-grand tort de dire que ceux qui citent à perte de vûë, le font parce qu'ils fouhaitent de compofer un gros Ouvrage en très-peu de temps, & fans peine. Pour moi j'aurois befoin d'un fort grand & fort long loifir, fi je voulois compiler un gros Volume. (*)

II. que Mr. d a dit ttifier lffon.

Je ne fuis pas encore forti d'affaire fur le fujet de Monfieur Arnaud : au contraire, me voici dans la néceffité d'entrer en lice avec lui. Il faut que je juftifie ce que j'ai avancé touchant les motifs de ceux qui nous quittent, & que j'examine ce que Monfieur Arnaud a répondu à l'Auteur de *la Politique du Clergé*, qui s'étoit fervi d'une Lettre de Monfieur Péliffon, pour confirmer le jugement défavantageux qu'il avoit fait de nos Convertis. Comme j'ai cité la même Lettre, & que j'y ai fait quelques réflexions, j'ay quelque intérêt dans cette Difpute, & je trouve parmi vos Lettres une objection qui fe raporte à cela. Nous la verrons dès aujourd'hui, fi vous m'en croyez.

SEPTIEME OBJECTION.

» ON ne trouveroit pas étrange, vous a-ton
» dit, que l'Auteur (a) de la Critique eût
» cité la Lettre de Monfieur Péliffon, s'il n'a-
» voit exagéré peu auparavant les faveurs tem-
» porelles qu'on fait à ceux qui fe convertif-
» fent. Mais il eft entierement inexcufable après
» une telle exagération, d'avoir produit une
» Lettre qui le réfute, puis qu'elle aprend
» qu'on donne fi peu aux Convertis, que cela
» lui donne fujet d'imputer aux Convertiffeurs
» une ménagerie fordide. C'eft un écueil fur le-
» quel on échouë bien fouvent, lors qu'on prend
» à tâche de rendre odieufe la conduite d'une
» perfonne On lui impute des chofes entiere-
» ment oppofées, & on fe laiffe fi fort aveugler
» à fa paffion, qu'en fe contredifant foi-mê-
» me, on juftifie fans y penfer celuy qu'on
» accufe.

Je ne puis pas dire que cette objection m'ait furpris; car j'avouë qu'en citant Monfieur Péliffon, je m'apperçus que je fourniffois une petite matiere de cenfure, non pas aux Efprits juftes & folides, mais à certains Lecteurs demifçavans, qui prennent leur parti fur les premieres aparences, & qui ayant, pour ainfi dire, tout leur efprit placé fur les avenuës, s'allarment pour peu de chofe avant que d'avoir bien reconnu l'ennemi. Mais quoique je préviffe qu'on me feroit une affaire fur cet endroit, je ne crus pas qu'il falût que je m'exprimaffe d'une autre maniere. Il me fembla qu'il me feroit aifé de répondre, & que je ne courois aucun rifque en ne me précautionant pas contre l'attaque que je prévoïois. Nous allons voir fi j'ai eu cette confiance mal à propos.

III. mparaifon re la ma- re dont les nds fervice, celle dont récompen- les Conver-

Vous favez bien ce que l'on dit des Grands Seigneurs, qu'ils font les plus obligeans du monde, & les plus prêts à récompenfer leurs Domeftiques, pourvû qu'il ne leur en coûte que des Lettres de recommandation. Et en effet nous voyons par expérience, qu'ils procurent fouvent un emploi fort lucratif à des perfonnes qu'ils laifferoient mourir de faim, s'il faloit leur don-

net cent piftoles argent comptant, pour les tirer de la mifere. Auroit-on bonne grace de m'accufer de contradiction, fi je difois que les Grands emploient volontiers leur crédit, pour faire gagner un procès à leurs Créatures, ou pour leur faire donner quelque Charge, & qu'avec tout cela ils leur retiennent une partie de leurs gages, & font d'une avarice prodigieufe, quand il s'agit de leur faire du bien en argent ? Pour peu qu'on fache fon monde, on voit qu'un difcours comme celui-là feroit très-conforme à l'expérience, bienloin qu'il enfermât aucune contradiction. J'ai donc pû fans me contredire citer d'une part une Lettre, qui commande qu'on ne donne que trèspeu d'argent aux Convertis, & affurer de l'autre qu'on les exempte de plufieurs courvées ; qu'on les marie s'ils paroiffent le fouhaiter ; qu'on leur fait gagner leurs procès, & qu'on leur procure des avancemens. Si j'ai dit auffi qu'on leur compte de l'argent, je n'ai point menti ; car il paroit par la Lettre même de Monfieur Péliffon, qu'on leur en donne, & cela eft affez manifefte d'ailleurs. Il eft vrai qu'on y aporte fouvent une œconomie fordide ; mais ce que j'ai dit ne laiffe pas d'être vrai, favoir *qu'on leur conte de l'argent*. Je n'ai point fpécifié fi on leur en compte peu, ou beaucoup.

D'où vient l'œconomie des convertiffeurs.

Il n'eft pas mal-aifé de deviner pourquoy Meffieurs les Convertiffeurs font ménagers en certaines chofes, & libéraux en quelques autres, à l'égard de leurs Convertis. La raifon de cette doubie conduite eft toute la même qui fait que les Grands en ufent de la maniere que je viens de remarquer. D'où vient qu'ils n'épargnent pas leur crédit, pour faire obtenir une Commiffion à leurs Domeftiques, ou pour leur faire gagner un procès ? C'eft parce qu'une Commiffion n'eft pas une chofe que les Grands puiffent poffeder euxmêmes ; c'eft parce qu'en faifant gagner un procès à un homme, ils lui font du bien aux dépens d'autrui. Mais s'ils donnoient de l'argent, ils fe priveroient d'une chofe dont ils peuvent joüir eux-mêmes ; ainfi ils font fort foigneux de le garder pour leur propre ufage. C'eft à peu près l'efprit de Meffieurs les Convertiffeurs. Un Evêque ne trouve pas trop fon compte à donner de l'argent aux Convertis, parce qu'il en a befoin lui-même pour foûtenir fa Grandeur. Mais en les avançant aux Charges des Villes, en les exemptant du logement des gens de guerre, en faifant juger leurs caufes à leur avantage, il ne s'ôte rien, il donne ce qu'il faudroit laiffer néceffairement au pouvoir d'un autre. Ainfi ce ne font pas proprement Meffieurs les Prélats qui payent les Abjurations ; il leur en coûte incomparablement moins qu'à ceux qui fans la révolte des Huguenots auroient eû les Charges & les profits qu'on procure aux n'ouveaux Catholiques, ou à ceux qui époufent les nouvelles Catholiques. Car il ne faut pas oublier, que la plus douce récompenfe des Converties, & le moïen le plus propre pour en attirer plufieurs autres, confiftant à leur trouver un mari, on s'empreffe fort à faire du bien aux perfonnes qui les époufent. Et fur cela, Monfieur, fouffrez que je vous fupplie de me permettre d'inférer ici ce que vous m'avez écrit autrefois : » Qu'il y a des Catholiques qui
» font un peu fcandalifez, de ce qu'aucune Hu-
» guenote ne change de Religion pour fe faire
» Religieufe. Qu'on ne fauroit blâmer leur
» fcru-

(*) Conférez ceci avec ce qui eft dit dans le *Dict.*
» *Hift. & Crit.* Art. Epicure Rem. D. vers la fin.

(a) » Lettre VIII. No. V.

» furprife. Qu'il n'eſt pas édifiant de voir une » ſi grande froideur pour le Célibat, dans des » filles qui veulent que l'on croie, que le zele » de la Maiſon de Dieu les a introduites dans » une Communion, qui fait un cas extraordi-» naire de la vie Religieuſe. Que ceux qui li-» ſent le Mercure Galant remarquent bien, que » la converſion des Huguenots y tient une bon-» ne place, mais non pas le choix qu'ils font de » de la vie Monaſtique. Et que les Railleurs ont » dit, que c'eſt à bon droit que l'Auteur de cet » Ouvrage parle ſi ſoigneuſement des Conver-» ſions; car comme il s'en fait un grand nombre » pour le Sacrement, où ſeroit-il plus à propos » d'en parler que dans ce Mercure? (*)

Ce qui ſurprend davantage dans la prodigieu-ſe œconomie de Meſſieurs les Convertiſſeurs, eſt de voir qu'ils ſont ſi bons Ménagers de l'argent du Prince. S'ils payoient de leur bourſe, on ne s'étonneroit pas tant de les voir aller au bon-marché; mais puiſque la libéralité du Souve-rain leur fournit dequoi ſoûtenir la dépenſe, pourquoi n'en uſent-ils un peu plus libéralement? Je ne ſais, Monſieur, ſi vous aprouverez le dé-noüement que je m'en vais vous écrire de cette queſtion. Il n'eſt pas néceſſaire de parler de la magnificence du Roi: elle eſt aſſez connuë de toute l'Europe: laiſſons donc cet article, & di-ſons que Meſſieurs les Convertiſſeurs, n'igno-rant pas que pour ſoûtenir les prodigieuſes dé-penſes de l'Etat, l'on eſt contraint de bien mé-nager les Finances, ont cherché ou approuvé les manieres de convertir les Hérétiques, qui coûteroient le moins à ſa Majeſté. Or comme il n'y a point de méthode qui lui puiſſe moins coûter, que celle de favoriſer les Huguenots convertis dans la pourſuite de leurs affaires, on s'eſt jetté de ce côté-là. Deſorte qu'au lieu de les païer largement en argent comptant, (ce qui eût chargé l'Epargne) on les a protégez dans leurs procès, on les a favoriſez dans l'impoſition des Tailles, & dans le logement des Troupes; on les a mis à couvert de la perſécution de leurs Créanciers, & on les a diſtinguez en pluſieurs autres manieres ſemblables; ce qui ne peut être à charge tout au plus qu'à quelques Particuliers, & ce n'eſt pas une affaire. Quoiqu'il en ſoit, Monſieur Péliſſon avoüe que le fonds des Con-verſions eſt trop petit, pour permettre qu'on donne beaucoup d'argent à ceux qui ſe conver-tiſſent.

Monſieur Arnaud, qui ſait donner un tour ſpécieux à toutes choſes, prétend tirer avan-tage de la petiteſſe de ces fonds, & de la mer-veilleuſe œconomie que l'on obſerve en gra-tifiant les Convertis. *Ils ont obligé le monde, dit-il* (a), *de donner cette Lettre de Monſieur Pé-liſſon, quoiqu'ils l'ayent donnée très-défigurée, & fort differente de l'Original. Car on eſt aſſuré que tous ceux qui la liront avec un peu d'équité, quand ils ſeroient Proteſtans, n'y trouveront rien que de Chretien, & d'édifiant. Tout ce qui paroit par cette Lettre, eſt que quand des perſonnes ont réſolu de ſe convertir, ayant été perſuadez par des Con-férences avec des Cathotiques, qu'ils ne ſauroient faire leur ſalut dans la Religion où ils ſont nez, ſi ce changement les met en état, comme il arrive ſouvent, d'avoir beſoin d'aſſiſtance, on croit que la charité oblige de ne la leur pas refuſer dans une telle conjonĉture.* Après quoi il demande, ſi la charité n'oblige pas à donner quelque choſe à

une ſervante, qui ſe voit ſans condition après nous avoir quittez; à une pauvre famille qui en nous quittant, perd l'aſſiſtance que nous lui donnions; & à un Miniſtre chargé de femme & & d'enfans, qui perd ſa penſion de Miniſtre en abjurant ſa Religion. *Le peu qu'on donne, pour-ſuit-il, fait aſſez voir que ce n'eſt qu'une charité de la maniere que je viens de dire, & non pas un mo-tif pour faire changer de Religion à des gens qui n'auroient point d'envie de le faire par principe de conſcience.* Et comme Mr. Péliſſon dit dans ſon Memoire, qu'on a converti ſept à huit cens per-ſonnes dans les Vallées de Pregelas, ſans autre diſtribution que d'environ deux mille écus, Mr. Arnaud infere que ce n'eſt *qu'environ huit francs pour chaque perſonne, l'une portant l'autre*; & il ſoûtient qu'il eſt incroïable, que ſept à huit cens perſonnes *habituées depuis long-temps dans des villages, & qui y demeurent depuis leur converſion comme auparavant*, ayent changé de Religion *pour une auſſi petite récompenſe que celle-là*, & qu'ainſi l'on doit conclure qu'on leur avoit changé le cœur, en les convaincant de la fauſ-ſeté du Calviniſme. C'eſt ainſi qu'il lui plaît de tourner la choſe. Ce tour me parut brillant la premiere fois que je le lûs; mais après l'avoir examiné, j'ai été ſurpris qu'un homme d'autant de pénétration n'ait pas vû les embarras où il s'étoit engagé.

I. Je lui répons premierement, qu'il ne doit pas être reçu à nous accuſer d'avoir falſifié la Lettre de Monſieur Péliſſon, puiſqu'il ne l'a point produite ſelon l'Original, & qu'il n'a marqué aucun endroit dans lequel nous l'aïons falſifiée. Je ne voudrois pas nier que la multi-tude des Copies n'en ait défiguré quelques ex-preſſions; cela eſt inévitable dans tous les Ma-nuſcrits qui courent de main en main, & dont on tire pluſieurs Copies. Mais ce qui me fait croire qu'on n'a point altéré les endroits ſur quoi nous fondons nos reproches, c'eſt que Mon-ſieur Arnaud ne l'a point dit. Or il n'eût pas manqué de s'en plaindre nommément, ſi cela nous étoit arrivé; parce qu'avec cette plainte juſtifiée il auroit ruïné nos railleries, & les con-ſéquences honteuſes à ſon Egliſe, que nous ti-rons de cet Ecrit. Je m'étonne qu'il ait oſé faire une plainte générale, auſſi inutile que cel-le-là.

II. Je lui réponds en ſecond lieu, qu'il n'eſt pas auſſi incroïable qu'il ſe l'imagine, qu'un Payſan des Vallées de Pragelas change de Religion pour une piſtole. Pour comprendre cela, il ne faut que ſe repréſenter l'extrême diſette d'argent, que l'on ſouffre dans les Provinces de France éloignées de Paris, & ſurtout à la Campagne. Ce manque d'argent eſt cauſe que trois écus y valent une groſſe ſomme, parce qu'ils ſuffiſent à acheter un grand nombre d'autres choſes qui ſont fort cheres dans les païs riches. Cela fait encore que la ſomme de ſept ou huit francs s'offre à l'ima-gination d'un pauvre homme ſous l'idée d'un grand bien, & qu'elle le détermine à des actions périlleuſes. Si on veut trouver de faux témoins dans Paris, il faut leur parler d'une ré-compenſe conſidérable; car ils ſe moqueroient d'un homme qui ne leur offriroit que dix écus. La raiſon en eſt qu'à cauſe que l'argent y rou-le beaucop, l'imagination n'eſt pas ébranlée par une petite ſomme. On ſait par expérience que dix écus ne ſauroient nourrir un homme que
fort

(*) „ MS. Voi. les Variat. de Mr. de Meaux p. 64. l. 2.

(a) „ Apol. pour les Cath. 2. part. p. 257.

fort peu de jours dans cette florissante Ville, & par ce moyen on ne se fait pas une grande idée de cette somme. Mais dans des pays miserables, c'est tout autre chose. Un homme qui est capable d'être faux témoin, se croit dignement payé quand on lui donne un écu, parce qu'un écu lui suffit pour s'enyvrer chaque jour pendant un mois, ou pour nourrir sa famille pendant quinze jours. Une servante qui ne gagne dans ces païs-là que six ou sept francs par an, trouve que c'est un bien considerable que d'en gagner huit dans une heure. Huit francs sont pour elle un objet d'une grande force; si bien que considerant qu'une seule Messe lui aportera plus d'argent, que les services d'une année, elle se laisse persuader de se faire Catholique pour huit sancs. Si elle a peur d'un côté de ne pouvoir pas demeurer chez sa Maitresse, elle espere de l'autre de trouver condition ailleurs. Il est plus aisé à une servante Catholique de trouver une Maîtresse, qu'à une servante Huguenote, & principalement lorsqu'elle est recommandée par sa qualité de Convertie. Ainsi l'inconvénient que Monsieur Arnaud apprehende pour les servantes qui abjurent notre Religion, n'est pas fort à craindre. Je crois que dans les Maisons de la Religion il y a moins de Domestiques Protestans, que de Domestiques Catholiques. Après tout il y a de l'artifice à s'arrêter sur la petite somme de huit francs, sans faire prendre garde à la disette où sont ceux à qui on les donne. Huit frans dans l'idée d'un Lecteur ne sont rien, mais dans l'idée d'un miserable paysan, qui n'a jamais sauté un fossé avec trente sols, pour me servir du vieux quolibet dont se sert le petit peuple, ils sont d'un poids extraordinaire. Il vous semblera en lisant ceci, que je rehabilite Monsieur Pelisson; mais ne vous y trompez pas, je suis toûjours dans ma premiere pensée, & je ne refute point ce que j'ai écrit ailleurs. Car encore qu'un Paysan des Alpes regarde une pistole comme un beau présent, ce n'est pas à dire que la Lettre & le Mémoire de Monsieur Pelisson, ne sentent une mesquinerie prodigieuse. Au milieu de l'abondance qui est à Paris, on ne peut pas recommander sans une avarice sordide, qu'on fasse des Conversions par toute la France, comme dans les Vallées de Pragelas, à huit francs la piece.

III. Je réponds en troisieme lieu, que Monsieur Arnaud, quoiqu'il fasse, ne peut point se faire honneur de la petitesse des sommes que l'on donne aux Huguenots convertis, & je le prouve de cette façon. Il veut que les gratifications qui leur sont faites, ne soient pas le motif de leur changement, mais un acte de charité des Catholiques, qui font en sorte que les Convertis ne perdent pas en nous quittant les moyens de subsister, qu'ils rencontroient parmi nous, & il se sert de trois exemples pour rendre la chose plus manifeste: de celui d'une servante qui se voit obligée de sortir de chez sa Maitresse; de celui d'une pauvre famille que nos Consistoires faisoient subsister, & de celui d'un Ministre chargé de femme & d'enfans, qui n'avoit pour tout revenu que sa pension de Ministre. Il dit que ce seroit *une dureté criminelle* de ne pas donner de quoi subsister à ces sortes de Convertis, & il ajoûte immédiatement après, que le peu qu'on donne fait assez voir que ce n'est qu'une charité, de la maniere qu'il vient de dire; il suppute après cela la dépense de sept à huit cent conversions, & il trouve qu'elles n'ont coûté qu'environ huit francs chacune, l'une portant l'autre; d'où il conclut que ces Convertis n'ont pas changé de Religion pour une aussi petite récompense que celle-là. C'est une suite de raisonnemens où il est impossible de rien comprendre.

Car s'il étoit vrai que les gratifications qui ont été faites aux prétendus Convertis, leur ont tenu lieu des avantages temporels qu'ils perdoient en se faisant Catholiques, il faudroit qu'on leur eût donné beaucoup plus, que ce qui est porté par le Mémoire de Monsieur Pelisson; puisqu'il est évident qu'une servante qui perd ses gages, & la nourriture qu'elle avoit chez sa Maitresse, & qu'une pauvre famille qui perd la subsistance que les Consistoires lui fournissoient, ne se dédommagent pas de leurs pertes par une somme de huit francs. Si l'on soutient, selon ce que j'ai remarqué dans ma seconde réponse, qu'une pistole est une somme très-considerable en certains pays, & tellement considerable qu'elle peut être un plein dédommagement de toutes les pertes que souffrent certaines personnes converties, je dirai qu'il s'ensuit de-là, qu'une pistole a pû être un motif de conversion aux habitans des Vallées, & qu'ainsi le raisonnement de Mr. Arnaud devient nul. Selon lui, c'est une prétention absurde que de dire, que sept à huit cens personnes habituées dans des villages ont changé de Religion, pour toucher chacun la somme d'environ huit francs. Pourquoi est-elle absurde & tout-à-fait incroyable, cette prétention? Il est clair que, selon la pensée de Monsieur Arnaud, c'est à cause de la petitesse de cette somme. Mais cette somme ne sera plus petite, si l'on suppose, comme fait Mr. Arnaud, qu'elle tient lieu aux Convertis de tout ce qui les faisoit subsister avant qu'ils changeassent. Il est donc clair que la raison de Monsieur Arnaud est nulle, s'il est vrai que la somme de huit francs soit assez considerable dans les Vallées de Pragelas, pour dédommager un Huguenot converti de la subsistance qu'il perd en se faisant Catholique. Monsieur Arnaud choisira le parti qu'il lui plaira, je suis sûr qu'il se trouvera embarrassé de part & d'autre. S'il dit que ce que l'on donne aux Convertis est un effet de charité, par lequel on les dédommage de la subsistance qu'ils trouvoient au milieu de nous, on le réfute invinciblement par l'Ecrit de Monsieur Pelisson, qui témoigne qu'on ne leur fournit qu'environ huit livres. S'il dit que cette petite somme est suffisante dans les Vallées de Pragelas, pour entretenir une servante jusqu'à ce qu'elle ait trouvé une condition, & pour nourrir une pauvre famille qui étoit entretenuë par nos Consistoires, on lui replique qu'il est donc croyable qu'une somme de huit francs est d'un assez grand poids en ce pays-là pour tenter un homme, & pour l'entraîner dans une autre Religion. Vous voyez, Monsieur, comment les plus grands Esprits sont sujets à dire des choses qui s'entre-détruisent. Je suis persuadé que vous attribuerez ceci à la mauvaise cause que Monsieur Arnaud avoit entrepris de soutenir. Mais vous ne feriez pas mal de croire qu'il a manqué aussi, pour n'avoir pas assez médité sur ce qu'il disoit.

On demandera peut-être comment il est possible que tant de personnes, qui ne sont ni des gueux, ni des vagabonds, ayent abjuré la Religion de leur naissance, pour une miserable som-

me

LETTRE X.

V. Comment on peut comprendre qu'une

LETTRE
X.

petite somme
fait changer de
Religion.

me de huit francs. Je reponds qu'il y a beaucoup d'apparence qu'on avoit fatigué de mille chicanes les habitans de ces Vallées ; qu'on les intimidoit tous les jours ; qu'on leur faisoit voir combien étoit douce la condition des Catholiques, au prix de celle des Huguenots ; qu'on leur promettoit des préférences & des gratifications, & qu'ainsi vaincus en partie par les menaces, & en partie par les promesses, & surtout par l'argent comptant que l'on leur donnoit, ils se firent Catholiques. Ce n'est donc pas à la seule somme de huit francs qu'il faut imputer leur abjuration : elle ne fit qu'achever ce que les traverses précédentes, la crainte de l'avenir, & les douceurs qu'ils se promettoient de la protection de leur Evêque, avoient fort avancé dans leurs ames mal élevées. Il est bon de considerer qu'en ces pays-là huit francs ne font pas subsister une famille, & ne sont pas capables de fournir le dédommagement que Monsieur Arnaud s'est imaginé ; mais ils ne laissent pas d'accommoder un Paysan, ou un petit Artisan. Desorte que ces petites gens-là voyant qu'en renonçant au Calvinisme, ils retiendront tous les moyens de subsister qu'ils avoient auparavant, & qu'ils les retiendront quittes de tous les pieges qu'on leur tendoit à toute heure, & qu'outre cela ils toucheront quelque pistole, succombent à la tentation.

VI.
La plûpart des
Convertis sont
d'une autre espece que n'a
dit M. Arnaud.

IV. Voici une quatrieme reponse. Je dis que Monsieur Arnaud se moque de nous, quand il nous assure que les gratifications que l'on fait aux Convertis, se réduisent à assister ceux qui perdent la subsistance qu'ils avoient au milieu de nous, comme sont les servantes qui ne peuvent plus demeurer chez leur Maîtresse Huguenote ; les familles qui étoient entretenuës par le Consistoire, & les Ministres qui n'avoient que leur pension. Comment ose-t-on dire cela, pendant que l'on voit toute la France semée de Convertis, qui ne sont d'aucune de ces trois sortes de gens, & qui néanmoins ont été recompensez de leur conversion prétenduë ? Je ne sais si parmi les sept à huit cens personnes, qui abjurerent notre Religion dans les Vallées de Pragelas, & qui eurent environ huit francs par tête, l'une portant l'autre, il y en avoit seulement vingt qui fussent du caractere dont nous parle Monsieur Arnaud.

Je me confirme de plus en plus dans la pensée qu'il a écrit trop vîte cet endroit ici ; car enfin pourquoi donne-t-on sept ou huit francs à une servante qui se convertit ? C'est, dira-t-on, afin qu'elle puisse subsister, jusqu'à ce qu'elle entre chez une Maîtresse Catholique ? Mais si elle est une année entiere sans y entrer, n'est-il pas évident que la gratification qu'on lui a faite est trop courte ? Que deviendra donc la charité des Convertisseurs ? Si elle trouve une Maîtresse le lendemain qu'elle s'est renduë Catholique, n'est-il pas évident que la somme qu'on lui a donnée ne sert plus aux fins, pour lesquelles Monsieur Arnaud dit qu'on la donne ; savoir, afin qu'elle dédommage le Converti de ce qu'il perd par sa conversion ? Si ce que Monsieur Arnaud nous dit étoit vrai, on ne donneroit pas tout à la fois une certaine somme à une servante convertie, mais on se regleroit selon ses besoins. Si elle trouvoit une nouvelle Maîtresse dès le lendemain de sa conversion, on ne lui donneroit nulle récompense. Si elle n'en trouvoit pas pendant un an, on lui fourniroit dequoi subsister durant ce temps-

là. Mais bien-loin que cela se fasse, Monsieur Pelisson dénonce, qu'il ne peut rien faire pour les anciens Convertis, c'est-à-dire, pour ceux qui sont convertis depuis six mois. Toute sa Lettre & tout son Memoire nous font voir, que l'esprit des Convertisseurs ne tend qu'aux conversions à venir, & que ceux qui se convertissent marchandent leur conversion. Ce qui réfute invinciblement la prétenduë charité, que Monsieur Arnaud nous vante tant envers de pauvres Convertis, qui periroient (dit-il) si on ne les assistoit après qu'ils sont sortis du gouffre de l'Hérésie.

Au reste j'approuve de tout mon cœur ce qu'il dit sur la fin de ce Chapitre 12. savoir, que c'est un œuvre de charité que de donner de l'argent si une personne qui ne persevere dans le mal, qu'à cause qu'il craint de mourir de faim, s'il se convertit. Voici le passage de Monsieur Arnaud. (*) *C'est ne pas connoitre le cœur de l'homme, que de ne pas savoir qu'il arrive très-souvent qu'un homme est persuadé qu'il est en mauvais état, & qu'il a même desir d'en sortir, sans que néanmoins il en sorte, parce qu'il y a des considerations qui l'arrêtent, qu'il n'a pas la force de surmonter, n'ayant encore que peu de vertu. La plus ordinaire de ces tentations est la crainte de manquer du necessaire à la vie, ou d'être reduit dans une grande pauvreté. C'est ce que les Payens même ont reconnu :*

> (A) *Magnum pauperies opprobrium jubet*
> *Quidvis & facere & pati,*
> *Virtutisque viam deserit ardua.*

Il faudroit donc renverser toutes les regles de la charité, pour ne pas demeurer d'accord qu'elle oblige dans ces rencontres à ôter autant que l'on peut le sujet de la tentation, qui met une ame foible hors d'état de pouvoir executer la resolution qu'elle a prise, de faire le bien qu'elle connoit & qu'elle veut embrasser, mais d'une volonté qui n'est pas encore assez parfaite & assez forte, pour surmonter cet obstacle. Il faudroit être le plus déraisonnable de tous les hommes pour n'acquiescer pas à cette doctrine, & je ne crois pas qu'il y ait aucun Protestant, à qui les fréquentes revoltes des Huguenots ayent donné assez de chagrin, pour lui faire condamner la conduite des Convertisseurs, s'ils ne faisoient que soulager les miserables ; mais rien n'est plus faux que l'application qu'on fait du beau lieu commun que je viens de vous copier.

Afin que l'application en fût juste, il faudroit que l'on nous montrât, que ceux dont on recompense la conversion, pouvoient vivre plus commodément parmi nous, que parmi les Catholiques, ou qu'ils ne pouvoient nous quitter sans devenir miserables. Or on ne sauroit nous montrer cela. J'avouë qu'on le pourroit dire de quantité de Ministres, parce que les gages annuels qu'on leur donne parmi nous, leur sont necessaires pour s'entretenir ; desorte que si l'on n'avoit fait autre chose qu'accorder aux Ministres convertis, une pension semblable à celle qu'ils recevoient de leur Eglise, nous n'aurions pas sujet de nous plaindre que l'on achete les ames, & il seroit plus équitable de souffrir, que les Catholiques donnassent à cela le bon tour qu'y donne Monsieur Arnaud, sauf à nous à voir si les fonctions penibles du Ministere n'ont pas étonné l'ignorance d'un Paresseux. Mais comme

VII.
La charité
facilite la
version d'
homme q
craint la p
vreté, n'a
point lieu
les conver

me on ne se contente pas d'assigner à ces Ministres une petite pension, qui les dédommage de
celle qu'ils perdent, (car on la leur fait meilleure, & on en voit même beaucoup que l'on
pousse dans les Charges de la Robe, & dont
on place les enfans en divers emplois) il est clair
qu'on ne peut plus dire que la seule chose que
l'on se propose, est de leur lever l'obstacle qui
les retenoit dans notre parti ; savoir, la crainte
de ne trouver pas dans l'autre la subsistance que
leur Eglise leur fournissoit annuellement. Toutes les apparences sont que l'espoir d'une meilleure fortune temporelle, les a déterminez à se
faire Catholiques. Ainsi voilà l'Apologie de Mr.
Arnaud incapable de produire son effet, à l'é-
gard même de ceux pour qui elle sembloit la
plus propre à conclure quelque chose. Que sera-ce donc si nous l'appliquons à d'autres Sujets.

Quel usage en tirera-t-on si nous l'appliquons
à un Paysan, à un Artisan, à une Servante ?
Un Paysan qui abandonne le Calvinisme perd-il
sa maison, son jardin, ses bœufs, ses moutons ?
Un Artisan perd-il sa boutique, ses outils, son
industrie ? Une Servante perd-elle sa force, &
sa santé ? Il est clair que non ; & par conséquent
toutes ces personnes ont sujet d'être assurées,
qu'en se faisant Catholiques, elles n'auront pas
moins le moyen de subsister, qu'en demeurant
dans notre parti. Je veux qu'il y ait des familles
Huguenotes qui cessent de se servir d'un Artisan après son abjuration ; c'est une perte peu considérable, & que les Dévots de l'Eglise Romaine réparent abondamment, par le soin qu'ils
prennent de faire trouver de la besogne aux Artisans convertis. Outre que nos Bourgeois n'osent
pas témoigner cette espece de ressentiment contre
ceux qui nous abandonnent, ils craindroient de
se rendre trop odieux aux Magistrats, en témoignant cette affectation ; ils craindroient même que par represailles les Catholiques qui se
servent d'une Artisan Huguenot, ne le quittassent ;
& ce qui est plus considérable, ils craindroient
de faire interdire tous nos Artisans. On sait que
plusieurs des nôtres ont été en peine, pour avoir
changé de conduite à l'égard de ceux qui avoient
abjuré notre Religion : on sait en particulier qu'il
n'est pas permis à un pere de traiter moins favorablement ses enfans, lorsqu'ils se révoltent,
que lorsqu'ils demeurent fermes : on sait qu'une
Servante peut trouver cent Maîtresses Catholiques, pour une qu'elle en perdra de la Religion :
en un mot, il faut se crever les yeux pour ne point
voir, qu'à la réserve des pauvres qui sont entre-
tenus par nos Consistoires, & des Ministres,
Lecteurs, & Portiers qui ont des gages par an
parmi nous, il n'y a point de Huguenots qui sans
toucher un sou pour leur prétenduë conversion,
ne puissent vivre aussi aisément dans la Communion Romaine que dans la nôtre. Il est donc
faux que l'argent qu'on distribuë aux Convertis
soit l'effet d'une charité Chretienne, qui veut
délivrer un homme de la peur qu'il a de mourir
de faim, s'il quitte notre Communion.

Mr. Arnaud eût mieux fait de dire, que cet
argent acheve de déterminer ceux qui sont las de
leur pauvreté, & qui malgré cette lassitude ne
changeroient point de parti, s'ils étoient assurez qu'ils ne gagneroient rien au change ; suivant
en cela cette maxime du sens commun, que pauvre pour pauvre il vaut mieux l'être en demeu-

rant où l'on est, qu'en se transportant ailleurs. LETTRE X.
Sur ce pied-là un homme qui craint de mourir
de faim en demeurant parmi nous, a besoin qu'un
peu d'argent l'illumine, parce que s'il devoit
avoir la même crainte parmi les Catholiques Romains, ce ne seroit pas la peine de nous quitter
pour aller à eux. Or tout ce que l'on pourroit
reprocher à nos Adversaires, au cas qu'ils se-
courussent des familles misérables, que la faim
chasseroit de notre parti, seroit que la conversion de ces gens-là leur devroit paroître un peu
suspecte. Mais dans le fonds on ne pourroit pas
crier contre leur conduite, pourvû qu'ils ne sollicitassent pas ces misérables à l'abjuration, par
les offres d'une somme d'argent (ce qui auroit
fort l'air d'une tentation diabolique) & pourvû qu'ils se contentassent de les secourir, après
qu'ils auroient témoigné de leur propre mouvement, qu'ils vouloient vivre & mourir dans la
Communion Romaine. Si la chose se passoit
ainsi, nous ferions mieux de déplorer la condition malheureuse de ceux que la crainte de mourir de faim expose à la tentation, que de trouver étrange la conduite de Messieurs les Catholiques. Mais il n'en demeurent point là. Ils offrent de l'argent à qui ne leur en demande point.
Ils en donnent à qui s'en pourroit bien passer.
Ils menacent ceux qui ont une charge, de la
donner à un autre. Ils excluent des avancemens,
ceux qui souhaitent d'y parvenir par leurs servi-
ca ; & bien-loin de ne soulager que ceux qui
manquent du nécessaire, ils s'adressent aux Gen-
tishommes qui font le plus de figure parmi
nous, & leur tiennent à peu près le langage
que le jeune Cyrus tenoit à ceux qu'il vouloit
rendre complices de sa rébellion. (*) *Je donnerai* (disoit-il) *des chevaux à ceux qui viendront à pied ; des chariots à ceux qui viendront à
cheval ; des Villages tout entiers à ceux qui auront
une Ferme ; & des Villes à ceux qui auront des
Villages.* Ces choses sont si connuës par toute la
France, que si Mr. Arnaud n'eût pas été caché
dans quelque coin du Païs-Bas, lorsqu'il écrivoit cette Apologie, il les eût sçuës ; & je doute fort que s'il en eût été informé, il eût voulu publier que l'argent des conversions n'est employé
qu'à secourir des misérables, qui mourroient de
faim après s'être convertis, si on ne les assistoit pas.

Quand j'ai dit que Messieurs de l'Eglise Romaine devroient tenir pour suspecte le conversion
d'un Hérétique, si pauvre, qu'il n'a pas du pain
à manger, il ne faut pas que l'on s'imagine, que
j'ai prétendu en faire une proposition générale,
qui se puisse appliquer à tous ceux qui entrent
dans une Eglise, où l'on pourvoit aux nécessitez
d'un chacun. Dieu me garde de faire ce tort
aux premiers Chretiens, qui sortant d'une extrême pauvreté pour embrasser l'Evangile, trouvoient dans la charité des Fideles un soulagement
à leur indigence. Mr. Arnaud n'a pas oublié de
se servir de ce fait, pour faire honneur aux Convertisseurs d'aujourd'hui. (A) *Si les Juifs du temps
des Apôtres,* dit-il, *avoient été aussi déraisonnables
que cet Auteur, ils n'auroient pas manqué de dire
que la plûpart de ceux qui se convertissoient dans la
Ville de Jérusalem, le faisoient pour avoir part aux
charitez que les Apôtres faisoient aux nouveaux Fidelles, en distribuant à chacun ce dont il avoit besoin ; desorte qu'il n'y en avoit point parmi eux qui
fût pauvre, & qui manquât du nécessaire à la vie.*
Les

Les Chretiens des premiers siecles n'avoient pas moins de soin d'assister tous ceux qui embrassoient la Foi de Jésus-Christ. Les Payens ne l'ignoroient pas, & il y avoit même des fourbes qui en abusoient, comme il paroît par un Dialogue de Lucien. Auroient-ils dû retrancher ces charitez, de-peur qu'on ne soupçonnât que ceux qui embrassoient la Religion Chretienne, le faisoient pour y avoir part? Ce détour est fort spécieux, & fort capable d'imposer au peuple, qui n'examine guéres en quoi les choses qui se ressemblent d'un côté, ne sont pas conformes. Réfutons, si vous m'en croyez, cette nouvelle adresse de Mr. Arnaud.

Je dis, Monsieur, qu'il y a trois grandes différences entre ceux qui sortent aujourd'hui de la Religion Reformée, pour se faire Catholiques, & ceux qui sortoient anciennement ou du Judaïsme, ou du Paganisme, pour se ranger parmi les Chretiens. La premiere différence est, que ceux qui embrassoient la profession du Christianisme, entroient dans une Eglise cruellement persécutée, & fort sévere dans sa Discipline; desorte que tous les Fripons qui auroient voulu s'unir à ce Corps, pouvoient prévoir aisément qu'ils seroient exposez d'un côté à la fureur des Payens, & de l'autre à la nécessité de vivre extérieurement comme les Fideles. Or c'étoient deux choses si peu au goût d'un mal-honnête homme, & d'un Fripon, qu'il n'y avoit aucune apparence qu'on aimât mieux se faire Chretien, pour vivre de la bourse des pauvres, que de faire le métier de gueux. Ainsi la conversion d'un pauvre Juif dans Jérusalem ne devoit point être suspecte aux Apôtres; & cela avec d'autant plus de raison, qu'ils avoient fait un exemple si terrible de la punition des fourbes, en la personne d'Ananias & de Saphira sa femme, qu'il n'y avoit point d'aparence qu'aucun hypocrite osât se joüer à de tels Maîtres. Je ne parle point de la conversion des riches; car il est assez évident qu'ils ne quittoient pas leur Religion par des vûës d'intérêt, puisque pour être dans l'ordre, ils devoient mettre leurs biens en commun avec les autres Fideles, & les sacrifier à la subsistance des familles nécessiteuses. Les choses étant telles que je viens de dire, il auroit été aisé de montrer aux Juifs leur ridicule, s'ils eussent été assez déraisonnables pour publier, que les charitez des Apôtres étoient la cause des conversions. Mais nous n'avons pas à craindre qu'on nous réfute aujourd'hui d'une semblable maniere. L'Eglise où l'on entre en nous quittant joüit d'une profonde paix. Tout y abonde. C'est elle qui dispose des honneurs & des richesses, pendant que nous sommes dans l'oppression. D'ailleurs il n'est nullement pénible de s'accommoder à sa profession extérieure. Elle ne penetre plus, comme faisoient les Apôtres, dans le cœur des hypocrites. Elle n'a point, comme eux, le don de les châtier par des miracles. Elle est pleine de mondains & de débauchez, qui vivent tranquillement dans sa Communion, & qui sont un gage assuré aux Huguenots mal-honnêtes gens, que la severité de sa Discipline ne les empêchera pas d'agir comme il leur plaira.

La seconde différence consiste en ce que les premiers Chretiens ne faisoient des fonds de charité que pour les pauvres; car si un riche Payen se fût converti, bien-loin de lui faire part de ces fonds, on l'eût exhorté à se défaire d'une partie de son bien, pour entretenir les misérables. Mais l'Eglise Romaine fait tout le contraire; plus on est riche quand on passe dans sa Communion, plus on se ressent de ses libéralitez. Une famille du peuple qui se convertit, ne touche que peu de chose. Mr. Arnaud lui-même a supputé, que les Paysans de Pragelas ne reviennent qu'à la somme d'environ huit frans chacun, l'un portant l'autre. Monsieur Pélisson veut par son Memoire, que si les familles du peuple demandent trop, on les laisse dans leur Héresie, & qu'on les convertisse seulement lorsqu'il ne tiendra qu'à peu de chose. Voici ses termes. *Je répondis par ordre du Roi. . . . . . qu'on ne laissat échaper aucune occasion pour convertir les familles du peuple,* QUAND IL NE TIENDRA QU'A PEU DE CHOSE, *comme on avoit vû dans ces Vallées que pour deux, trois, quatre, ou cinq pistolles on avoit gagné des familles nombreuses.* Mais si Mr. le Comte de Roye, qui est un Seigneur fort riche, demandoit pour la recompense de sa conversion, ou le Gouvernement d'une Province, ou le Bâton de Maréchal, ou une pension considerable, il l'obtiendroit, & ainsi des autres à proportion. On les récompenseroit plus ou moins, non pas selon la disette plus ou moins grande où ils seroient, mais selon la figure qu'ils feroient dans le Royaume. Car il ne faut point douter que si un Gentilhomme fort pauvre offroit à se convertir, on ne se contentât de lui donner le nécessaire, & que s'il étoit fort riche, on ne lui donnât une charge qui l'éleveroit beaucoup. Mr. Pélisson fait voir clairement la différence qu'il faut faire d'une famille à une autre. Il y en a pour qui il permet d'aller jusques à cent francs, si on ne peut pas en avoir meilleur marché; mais cela n'empêche pas, dit-il, *que pour des coups plus considérables, n'en donnant avis auparavant, on ne puisse fournir des secours plus considérables, suivant que sa Majesté à qui on s'expliquera, le jugera à propos.* Et ailleurs: *Je répondis par ordre du Roi, qu'il n'étoit pas possible d'envoyer des fonds en tant de lieux; mais que chacun travaillât de son côté, qu'il donnât avis des conversions à faire pour des familles considérables, afin que sa Majesté y pensât & y pourvût.*

La troisieme différence consiste en ce que les premiers Chretiens se servoient des aumônes des Fideles, non pas pour offrir dequoi vivre aux Payens nécessiteux, & pour les tenter par-là à renoncer à l'idolâtrie; mais pour entretenir les misérables qui se trouvoient dans leur Communion. On n'en use pas ainsi dans la Communion Romaine. Le principal usage des fonds regarde les Huguenots à convertir; on les sollicite de changer de Religion en leur promettant de l'argent, & on leur donne tout à la fois la somme qu'on a intention de leur donner; après quoi on ne leur fait guéres de bien en argent. Il paroît par le Memoire de Monsieur Pélisson, que l'on marchande de part & d'autre, avant que de conclure l'affaire. C'est ce que signifient ces paroles *Quelques-uns de Messieurs les Evêques m'ayant fait l'honneur de m'écrire, qu'ils voyoient aussi beaucoup de conversions à faire dans leurs Dioceses, si on leur envoyoit des fonds, je répondis par ordre du Roi, qu'il n'étoit pas possible d'envoyer des fonds en tant de lieux; mais que chacun travaillât de son côté, qu'il donnât avis des conversions à faire pour des familles considérables, afin que Sa Majesté y pensât, & y pourvût; même qu'on ne laissat échaper aucune occasion pour convertir les familles du peuple, quand il ne tiendra qu'à peu de chose. . . . . Je marquai même qu'on pourroit*

aller

aller jusqu'à cent francs &c. ce n'est pas à dire que l'intention soit qu'on aille toujours jusques-là.... parce que si l'on donne cent francs aux moindres personnes, sans aucune famille qui les suive, ceux qui seront tant soit peu plus relevez; ou qui entraîneront après eux nombre d'enfans, demanderont des sommes beaucoup plus grandes. Il est visible par ce discours qu'on sonde les gens, pour savoir ce qu'ils demandent, & qu'on tâche de les obliger à rabatre quelque chose de leurs prétentions, à peu près comme quand on achete quelque chose dans les boutiques.

Cette troisieme difference me fournit une reponse à ce que l'on nous objecte de Lucien. Monsieur Arnaud insinuë, que les Catholiques souffrent aujourd'hui les mêmes reproches, que les Payens faisoient aux anciens Chretiens, sur ce qu'il y avoit des fourbes qui faisoient semblant d'abjurer le Paganisme, afin d'avoir part aux charitez de l'Eglise. Je reponds que les Chretiens n'étoient nullement responsables de ces abus. Ils avoient établi un ordre plein de charité & de justice; savoir, qu'on assisteroit les Domestiques de la Foi. Un établissement si loüable pouvoit faire naître l'envie à des Fripons, pendant que l'Eglise joüissoit de quelque calme, de profiter de ses aumônes, en faisant semblant de se convertir. C'étoit une suite inévitable d'un reglement très-necessaire & très-utile; c'est pourquoi l'on n'avoit aucune raison de blâmer les premiers Chretiens: & si l'Eglise Romaine ne faisoit que secourir les miserables Huguenots qui se jetteroient entre ses bras, nous ferions mal de crier contre elle. Mais il y a ici tout autre chose. Elle provoque les gens à se jetter dans son sein; elle les attire par des promesses & par des menaces; ainsi on a lieu de lui reprocher ses séductions, & de se moquer des Dupes de tant de faux Convertis: ou plûtôt on a lieu de déplorer la condition miserable de tant d'Hypocrites, du crime desquels on doit rendre responsables ceux qui ont tendu des pieges à leur avarice, à leur ambition, ou à leur necessité.

Il n'y a pas long-temps que j'ai lû dans un Ouvrage du P. Mabillon (*) une Lettre de Charles VI. Roi de France, qui abroge une coutume fort incommode (A) aux Juifs nouveaux convertis, laquelle se pratiquoit dans tout le Royaume, & dans Rome même. C'est qu'on confisquoit tous leurs biens, & Charles VI. ordonna que l'on ne le feroit plus. Le P. Mabillon ayant recherché la cause d'une coutume si extraordinaire; a cru avec quelque fondement, qu'on faisoit cela pour être assuré de la bonne foi de ces nouveaux convertis; car comme on soupçonne cette Nation de cacher son Judaïsme sous un dehors Chretien, toutes les fois qu'il le faut pour ne perdre pas sa fortune temporelle, on se defioit d'un Juif converti; mais il n'y avoit plus de sujet de défiance, lorsque la conversion reduisoit à la pauvreté; on crut donc qu'il se faloit servir de cette épreuve. Cela est fort vrai-semblable, & nous montre combien est mauvaise la coutume d'aujourd'hui, directement opposée à celle-là, puisqu'au lieu d'ôter quelque bien aux Convertis, on leur en donne. On peut être assuré, que si Loüis le Grand mettoit les nouveaux Catholiques à l'épreuve dont Charles VI.

dispensa les nouveaux Chretiens; sa Majesté ne perdroit guéres de rems à examiner les listes qu'on lui envoie des Huguenots qui ont abjuré l'Hérésie. Il n'en faudroit pas tant. Qu'il ordonne qu'on cesse de les gratifier en la moindre chose; & de chicaner ceux qui persistent, on verra bientôt cesser les abjurations.

Je finis en vous avertissant; qu'il n'est pas vrai que l'on imprime en Hollande la Lettre & le Mémoire de Monsieur Pelisson; cum notis variorum; ainsi que le bruit en a couru. Ce n'est pas qu'il ne fût facile de recueillir un gros Commentaire sur cet Ecrit. Vous m'avez communiqué les Remarques de Monsieur *** & l'on m'a écrit d'une Ville de Province, que Monsieur *** en a composé de fort bonnes sur le même texte. Je connois un Bel-Esprit en ce pays-ci, qui s'est exercé sur ce Chapitre. L'Auteur (B) des pensées diverses sur les Cometes a touché le même sujet dans l'Article 97. On y poutroit joindre les notes que je viens de faire dans cette Lettre, & celles qui ont déja paru dans la 8. Lettre de la Critique Général. Mais pour avoir un bon Commentaire Variorum sur cet Ouvrage de Mr. Pelisson, il faudroit que l'Auteur de l'esprit de Mr. Arnaud le commentât, lui qui a si bien glosé les Pieces qu'il a employées. Je suis, &c.

❧❧❧❧❧❧❧❧❧❧❧❧❧❧

LETTRE XI.

Où on repond à ce que Monsieur Arnaud a publié, pour prouver qu'il y a de la sincérité dans les Convertis.

I. *Eloge de cet endroit de Mr. Arnaud. On a mal reconnu ses services.* II. *Abregé du même endroit.* III. *Comparaison entre les Donatistes & les Reformez.* IV. *Toutes les Religions se peuvent servir des raisons de Monsieur Arnaud.* V. *Ces raisons condamnent le procedé de l'Eglise Romaine à notre égard.* VI. *S'il est plus aisé à un Protestant de connoître qu'il se trompe, qu'à un Catholique Romain.* VII. *Que nous ne calomnions pas l'Eglise Romaine au sujet de l'Idolatrie.* VIII. *S'il est aisé de connoître que nous sommes Schismatiques.* IX. *La pensée que l'Eglise Romaine est idolâtre, fait qu'il est difficile que nous tombions dans l'erreur de croire qu'elle est l'Eglise de Dieu.* X. *L'opposition qui est entre son culte & le nôtre rend cela même difficile.* XI. *Comme aussi le dogme de la Transsubstantiation.* XII. *Refutation des moyens que l'on voudroit supposer propres à nous persuader ce dogme.*

MONSIEUR,

Vous ne seriez pas content, si je n'ajoûtois à tout ce que je vous ai écrit dans ma Lettre precedente, quelques reflexions sur l'Apologie que Monsieur Arnaud (c) a faite pour les Arrêts du Conseil, qui tendent à faire abjurer leur Religion aux Huguenots. C'est pourquoi je ne laisserai pas entierement sans Replique l'endroit où ce celebre Docteur traite de cela. Examinons un peu tout à l'heure ce qu'il en dit.

I. Ma

X.
...n d'un
...de Lu-

XI.
...ume ri-
...euse con-
...s Juifs
...eaux con-
...s.

XII.
On n'imprime pas un Commentaire Variorum sur l'Ecrit de Mr. Pelisson.

I.
Eloge de cet endroit de Mr. Arnaud.

___

(*) *Veter. Analect. tom.* 3.
(A) MS. Voi. la Relat. de Sandis ch. 41. p. m. 394.
(B) Mr. Bayle lui-même.

(c) ,, Voyez l'Apol. pour les Cathol. 1. part. p. ,, 226. & suiv.

Lettre
XI.

I. Ma premiere Réflexion est, qu'il me semble qu'il y a infiniment de l'esprit & de l'adresse, dans cet endroit de l'Apologie de Monsieur Arnaud. Je puis me tromper ; je puis être trop facile ; je puis ne me pas connoître en bonnes choses ; & j'avoue que j'ai plus de penchant à trouver qu'un Livre est bon, qu'à trouver qu'il est mauvais. Mais je ne saurois qu'y faire ; je ne disputerai pas du droit ; je soutiendrai seulement une chose qui est de fait, savoir, qu'il me semble que Monsieur Arnaud a fait paroître beaucoup d'esprit, dans l'Apologie qu'il fait pour les Arrêts des Conversions.

On a mal reconnu ses services.

C'est une chose étrange que ceux que sa Majesté Très-Chretienne comble de bienfaits, & qui lui suggerent les méthodes de convertir les Calvinistes, ne publient rien pour justifier ces méthodes, quoiqu'ils sachent qu'on les a publiquement accusées de mille défauts ; c'est, dis-je, une chose étrange, que ceux qui devroient parler en cette rencontre se taisent, & que Monsieur Arnaud, persecuté de la Cour, plaide seul la cause du Roi & de ses Ministres. Si je disois que c'est cela même qui l'a mis plus mal qu'il n'étoit à la Cour de France, parcequ'au lieu de se taire, il a voulu rendre raison de la conduite de sa Majesté ; ce qui est en quelque façon avilir le rang sublime où la providence de Dieu l'a élevée, je dirois sans doute une chose qui plairoit à beaucoup de Lecteurs ; car les fausses pensées sont bien souvent celles qui plaisent à plus de monde : mais je suis si convaincu que c'est une fausse pensée, que j'aime mieux ne la point dire, que m'attirer un bon nombre d'applaudissemens. Au lieu de la dire, disons & repétons qu'il est bien étrange que le seul Mr. Arnaud ait écrit pour justifier la Cour. Disons aussi qu'il est bien étrange qu'on ait si mal reconnu ce service, même après les plaintes qu'il a faites (*) de la dureté qu'on avoit pour lui. Assurément ce service méritoit quelque recompense ; car voici le beau tour qu'il a donné à l'affaire des Conversions.

II.
Abregé du même endroit.

Il justifie les Arrêts du Roi par le bonheur qu'ils ont eu, de faire rentrer dans le giron de l'Eglise un nombre très-considérable de Huguenots. Mais parce que les Protestans ont publié, que ces Huguenots sont tous de faux convertis, il tâche de faire voir le contraire ; & pour cet effet il étale plusieurs lieux communs fort beaux & fort specieux, & fort capables de persuader à bien du monde, que la plus grande partie des Calvinistes qui ont abjuré leur créance, l'ont fait sincerement, & de bonne foi.

1. Il représente d'abord l'énormité du jugement téméraire, dans lequel il croit que tombent ceux qui attribuent à un mauvais principe, le changement de tous ces gens-là.

11. Il dit ensuite, que plusieurs de ces Convertis témoignent une grande joye de leur changement, & menent une vie fort édifiante ; sur quoi il raporte l'Histoire d'une celebre conversion faite en Auvergne.

111. En troisieme lieu il dit, qu'encore qu'un Converti soit deréglé dans ses mœurs, ce n'est pas une preuve qu'il n'ait point changé de Religion par un motif de conscience ; parceque la lumiere qui fait connoître la verité de la Religion, est differente de la dévotion qui en fait pratiquer les regles, & que la seule crainte d'être damné peut faire changer de Religion à une personne, sans l'engager à mener une vie vraiment Chretienne.

IV. Il dit en quatrieme lieu, qu'il faut distinguer ce qui a donné occasion à une personne d'examiner s'il n'étoit point dans une fausse Religion, de ce qui l'a déterminé à la quitter pour en embrasser une autre : Qu'une vûë temporelle peut l'avoir porté à faire cet examen, quoi que ce ne soit que la verité que cet examen lui a fait trouver, qui l'a fait resoudre à ce changement : Qu'ainsi c'est juger du prochain contre la regle de l'Evangile, que de dire, un tel auroit perdu son emploi, s'il ne s'étoit fait Catholique : donc il ne s'est point fait Catholique par motif de conscience, mais seulement pour conserver son emploi.

V. Après cela il montre que le loisir de s'instruire, que l'on accorde à ceux que l'on veut éloigner d'un emploi, s'ils ne changent de Religion, rend plus temeraire le jugement désavantageux que nous faisons de nos Convertis. Et sur cela il fait l'éloge du Livre de Monsieur de Meaux, comme s'il n'y avoit rien de plus facile à un Huguenot qui cherche la verité, que de se convaincre par cet Ouvrage de la fausseté de sa Religion.

III.
Comparaison entre les Donatistes & les Reformez.

VI. En sixieme lieu il considere ce qui arriva à beaucoup de Donatistes, que les loix des Empereurs qui les condamnoient à des amendes considérables, avoient portez à se rendre Catholiques. Il raporte un long passage de S. Augustin qui temoigne, que plusieurs de ces Schismatiques s'étoient convertis sincerement, quoique la seule crainte d'être privez de quelque bien temporel, dont ils étoient menacez par les loix imperiales, les eût comme forcez d'examiner la verité. Il suppute en combien de manieres differentes ces loix avoient été cause de la conversion des Donatistes, selon le raport du même S. Augustin. 1. Elles avoient obligé à se convertir sans retardement, ceux qui avoient quelque envie de le faire, mais qui cherchoient de vaines excuses pour differer. 2. Elles avoient dégagé des liens de l'accoutumance ceux qui étant déja convaincus de la verité, demeuroient pourtant dans le Schisme par je ne sai quelle crainte du changement. 3. Elles avoient porté à se faire instruire, ceux qui ne sachant point dans quel parti se trouvoit la verité, ne se fussent pas souciez de s'en enquerir, si la peur de quelques pertes temporelles, inutiles pour l'autre monde, n'eût reveillé leur negligence. 4. Elles avoient desabusé ceux qui ne rentroient pas dans l'Eglise Catholique, à cause qu'on faisoit courir d'elle plusieurs faux bruits ; car une raison d'intérêt leur ayant inspiré l'envie de rentrer dans cette Eglise, ils avoient examiné ces bruits, & en avoient connu l'imposture. 5. Elles avoient fait choisir le parti de l'Eglise Catholique, à ceux qui étoient persuadez, que pourvû qu'ils fussent Chretiens, il n'importoit pas en quelle Communion ils le fussent.

VII. Il fait ensuite l'application de cela aux Huguenots convertis, & il prétend que quand même l'on supposeroit que les Arrêts du Conseil auroient été cause de leur conversion, on n'auroit point lieu de les accuser d'hypocrisie ; parce qu'il se peut bien faire qu'ils ayent été dans quelqu'une des dispositions où étoient les Donatistes, que de grosses amendes ramenerent de l'égarement.

(*) Voyez la Lettre qu'il a écrite à M. l'Archevêque de Reims.

ment. Il trouve possible qu'il y ait des Huguenots convaincus de la fausseté de leur Religion, qui ne peuvent pourtant se délivrer des liens de l'accoûtumance, ni s'exposer au reproche des parens & des amis, à moins que quelque autre considération humaine opposée à celles-là, faisant le contre-poids & empêchant l'impression que les premieres faisoient sur leur cœur, ils ne se trouvent en état de suivre plus facilement la vérité qu'ils connoissent. Il croit qu'il y en a bien davantage qui étant nez dans la Religion prétenduë Reformée, ne savent si c'est une bonne ou une mauvaise Religion, & ne veulent pas même s'en informer, de-peur que les éclaircissemens ne leur donnent du scrupule ; mais si un intérêt humain reveille leur attention, ils examinent le fondement de leur Foi. Or dans la supposition de Mr. Arnaud, il est plus facile de se convaincre, quand on y procede sérieusement, que notre Religion est fausse, qu'il n'étoit aisé aux Donatistes de s'assurer qu'ils n'étoient point dans la véritable Religion. Ainsi ces gens-là se peuvent convertir par un motif de conscience, quoiqu'un intérêt humain les ait portez à examiner. Il croit aussi que plusieurs personnes ne demeurent dans notre Eglise, que parce qu'on leur a fait accroire dès leur enfance, que l'Eglise Catholique adore les Créatures. *Quand rien ne les remuë*, dit-il, *comme ils ne se détrompent point de ces calomnies, ils n'ont garde de penser à se convertir. Mais la crainte de perdre quelque avantage temporel les rendant plus attentifs, ils découvrent aisément qu'on les a trompez.* Il ajoûte que la derniere disposition des Donatistes, qui est qu'on peut être sauvé partout pourvû qu'on soit Chretien, est présentement très-commune parmi les prétendus Réformez, & que si elle empêche la conversion de ceux qui n'ont aucun interêt à se convertir, elle leur peut être une occasion à le faire avec moins de peine, quand ils y trouvent de l'avantage. *Et ce que cela fait au moins*, dit-il, *est qu'ils n'ont pas tant d'opposition à se faire instruire.* Or les Ministres savent fort bien, que dès qu'un Religionaire veut de bonne foi écouter ce que les Catholiques lui peuvent dire, & y faire une attention sérieuse, il est à demi gagné, & ils le comptent tellement comme perdu, qu'ils refusent presque toûjours de conférer avec les Catholiques, quelque instance qu'il en fasse.

VIII. Enfin il conclut par ces paroles : *L'exemple des Donatistes & la connoissance que l'on a de ce qui se passe dans le cœur de l'homme, font donc voir manifestement que toutes ces manieres de changer de Religion sont très-possibles. Or il suffit que cela soit possible, pour convaincre d'une manifeste calomnie ceux qui décrient les conversions qui se font en France, comme n'y en ayant presque aucune qui se fasse par un motif de conscience. Car il faut renverser l'Evangile, ou demeurer d'acord que quand une action peut être faite par divers motifs, dont l'un est bon & l'autre mauvais, c'est un très-grand peché devant Dieu de l'attribuer au mauvais motif sur de purs soupçons, & sans en avoir aucune preuve convaincante, surtout si on veut par-là faire passer des gens pour n'avoir point de Religion.*

Voilà un Abregé de l'Apologie des Conversions. Je ne pense pas qu'on m'accuse d'en avoir obmis aucune remarque essencielle. Vous m'avouërez que Monsieur Arnaud y a donné le meilleur tour qu'on y pût donner. Faisons présentement nos Réflexions sur tout ceci, ou plûtôt n'en faisons que quelques-unes ; car com-

me je suis encore fort loin de cet art de brieveté, qui fait que l'on dit en peu de mots tout ce qu'il faut dire, je donnerois dans une longueur fatiguante, si j'entreprenois d'épuiser cette matiere. Vous avez déja vû ma premiere Réflexion. Voici la seconde.

II. Je dis, Monsieur, que je ne me repens point d'avoir donné à toutes ces pensées de Monsieur Arnaud le titre de *lieux communs*, puisqu'il est certain que ce sont toutes remarques générales dont toutes les Religions du monde se pourroient servir également, dans une situation d'affaires semblable à celle où les Protestans de France se trouvent réduits. Supposons que les Princes Protest ns qui ont des Sujets Catholiques, fissent des loix contre eux si severes, qu'ils en fissent changer de Religion à un très-grand nombre ; je suis sûr que nos Adversaires publieroient, que la plûpart de ces changemens ne seroient accompagnez d'aucune persuasion intérieure, & qu'ils ne procederoient que d'ambition, ou d'avarice, ou de foiblesse. Qui nous empêcheroit alors d'employer contre de tels Ecrivains toutes les maximes de Monsieur Arnaud, & toutes les dispositions des Donatistes dont parle S. Augustin ? Qui nous empêcheroit de conclure, que c'est une témerité, & une calomnie très-criminelle, d'attribuer à un méchant motif un changement qui en peut avoir un bon ? Les Mahométans mêmes se pourroient vanter, si leurs violences faisoient tomber plusieurs Chretiens dans l'apostasie, que leur dureté n'étoit qu'une occasion aux Chretiens d'examiner sérieusement les deux Religions, & qu'en cherchant à s'instruire de bonne foi, on ne manquoit pas de reconnoître les erreurs du Christianisme, & les faux bruits qu'on y fait courir contre la Religion des Musulmans. J'avouë que les Chretiens auroient raison de se moquer de la prétenduë clarté, que les Sectateurs de Mahomet attribueroient à leur doctine, à l'égard de tous ceux qui l'examineroient sans prévention ; mais comme il faudroit descendre dans l'examen particulier des dogmes, si on vouloit leur répondre sur cela, il est clair qu'avec les maximes générales de Monsieur Arnaud ils nous soûtiendroient toûjours, que d'attribuer à un méchant principe le changement des Chretiens qui se seroient faits Mahométans, seroit un jugement téméraire très-criminel.

III. Ma troisieme Réflexion est, que si l'on pêche contre les regles de l'Evangile, en attribuant à un mauvais motif le changement des Huguenots, qui en peut avoir un bon, puisqu'il est très-possible qu'une persuasion intérieure le leur suggere, toute l'Eglise Catholique est coupable de ce désordre. Car elle a toléré, & aprouvé qu'un nombre infini de gens prêchassent, & publiassent, que ceux qui ont embrassé l'Hérésie du Luther & de Calvin l'ont fait, ou par vanité, ou par dépit, ou pour avoir une femme, ou pour secouër le joug de la confession, & des jeûnes. Je puis appliquer à ceux qui se réformerent tous les lieux communs de Monsieur Arnaud. Par exemple, s'il ne veut pas qu'on raisonne ainsi : *Un tel auroit perdu son emploi, s'il ne s'étoit fait Catholique : donc il ne s'est point fait Catholique par motif de conscience, mais seulement pour conserver son emploi* : il n'a nul droit de raisonner de cette maniere : *Un tel n'eût point pû avoir une femme, s'il ne se fût rendu Huguenot : donc il ne s'est point rendu Huguenot par mo-*

motif de conscience, mais seulement pour épouse une femme. Si l'on me dit que l'envie de conserver une emploi, n'est pas le motif qui pousse un Huguenot à se faire Catholique, mais seulement une occasion qui réveille sa négligence, & qui l'oblige à se faire instruire, après quoi il n'y a qu'un pas à faire pour voir la fausseté du Calvinisme; je dirai aussi que le désir de se marier n'est pas le motif qui a poussé quelques-uns de nos Ministres à quitter l'Eglise Romaine, mais une occasion seulement d'examiner la doctrine de cette Eglise, & de la comparer attentivement avec la parole de Dieu, après quoi il n'y a qu'un pas à faire pour voir la fausseté du Papisme. Cet exemple suffit pour connoître, que toutes les autres maximes de Monsieur Arnaud se peuvent appliquer à ceux qui embrasserent la Réformation dans le dernier siecle, & à ceux qui sortiroient aujourd'hui de la Communion de Rome, pour conserver leurs biens, si les Princes Protestans les mettoient à cette épreuve.

IV. On m'objectera sans doute, qu'il y a une remarque capitale dans les lieux communs de Monsieur Arnaud, de laquelle je ne puis pas me servir. C'est qu'il suppose comme le fondement de ses conclusions, qu'il est si aisé à un Huguenot de connoître qu'il est hors de la vraie Eglise, qu'il n'a besoin pour cela que de chercher sincerement de quel côté se trouve la vérité, & de lire le Livre de Monsieur de Meaux. Je répons, 1. (& c'est ma quatrieme Réflexion) que pour ce qui regarde le Livre de cet Evêque, je crois avoir montré (*) en deux mots, qu'il n'est point capable d'éclairer suffisamment les Hérétiques qui cherchent la vérité; parce qu'on n'a point satisfait encore à des difficultez essencielles, que trois ou quatre de nos Auteurs ont proposées contre ce Prélat, & qu'il est évident qu'un homme qui se veut instruire à fonds d'un procès, doit ouïr les deux parties dans leurs Repliques. Je répons en 2. lieu, qu'il n'y a rien dans tout le chapitre de Monsieur Arnaud, que nous soyons plus en état de nous appliquer que la remarque capitale dont on nous parle. Car c'est une opinion presque généralement répanduë parmi nos peuples, & même parmi nos Docteurs, que si on se donnoit la peine d'examiner notre créance sans préjugé, on verroit bientôt qu'elle est vraie, & que celle de l'Eglise Romaine est fausse. Je ne dispute point ici du droit, je ne parle que du fait, & je soutiens que si l'on interroge cent Huguenots sur ce chapitre, on en trouvera quatre-vingt-dix qui paroîtront épouvantez de ce qu'il y a si peu de gens qui abandonnent l'Eglise Romaine, & qui en attribueront la cause à l'ignorance que les Prêtres entretienne dans l'esprit de leurs Paroissiens, ou aux calomnies que l'on divulgue contre notre Religion, ou au peu de fortune que l'on fait quand on entre dans notre Eglise. Marque évidente que l'on suppose parmi nous, que si un Catholique Romain cherchoit sincerement la vérité, il connoîtroit bientôt qu'elle est parmi nous; & par conséquent nous nous servirions de la maxime capitale de Monsieur Arnaud, autant ou plus que de ses autres remarques, si nous avions à justifier la conversion des Catholiques que nos Princes procureroient par la voie des tentations.

V. Mais afin de voir si Monsieur Arnaud est mieux fondé dans sa prétention, que nous dans la nôtre, examinons dans une cinquieme Réflexion le fondement sur quoi il s'appuye. Je vois qu'il se fonde principalement sur ces trois suppositions. La premiere, que Monsieur de Meaux a fait un Livre d'une clarté merveilleuse. La seconde, que les calomnies des Ministres contre l'Eglise Catholique sautent aux yeux, dès qu'on en cherche la vérification. La troisieme, que notre Schisme est plus visible que celui des Donatistes; que nous avons érigé un nouveau Ministere, sans avoir aucune véritable Mission; & qu'on s'apperçoit bientôt, pour peu qu'on y prenne garde parmi nous, que l'on ne croit pas une chose parce qu'on l'a trouvée dans l'Ecriture, mais parce qu'on l'a ouï dire à un Ministre : ce qui, selon nos propres principes, n'est pas un fondement assuré. Il n'est pas nécessaire de rien dire sur la premiere de ces trois suppositions, je commence donc par examiner la seconde.

Les calomnies dont Monsieur Arnaud veut parler, regardent principalement le culte des Créatures. Or je soûtiens que ceux qui voudront vérifier ce que nos Ministres disent là-dessus contre l'Eglise Romaine, n'y trouveront jamais nulle calomnie. Car nous ne disons pas que cette Eglise arrête son culte au bois & à la pierre, ou au pain devant quoi elle se prosterne; nous ne disons pas qu'elle attribuë aux Saints une puissance aussi absoluë que celle de Dieu : nous avouöns qu'elle reconnoît que toutes choses dépendent de Dieu; que l'autorité de la Ste Vierge, des Anges, & des Saints leur est communiquée de Dieu; & que le St. Sacrement n'est adorable, qu'à cause de la présence de l'humanité du fils de Dieu. Nous disons seulement qu'elle adresse des vœux & des prieres aux Saints & aux Anges; qu'elle leur consacre des Fêtes, des Temples & des Autels; qu'elle pose leurs Images dans les lieux de dévotion; qu'elle les honore d'un culte extérieur & religieux devant leurs Images, & qu'elle adore le S. Sacrement. Cela se peut-il nier? Et en parcourant tous les lieux où l'Eglise Romaine domine, peut-on nous convaincre que nous l'accusons à faux? J'avouë que nous déclamons terriblement contre ce culte des Saints, & que dans les lieux où nous pouvons dire ce que nous pensons, nous ne faisons pas difficulté de l'appeller *Idolâtrie*; mais comme nous n'entendons alors par ce mot que le culte d'invocation, accompagné de certaines dépendances, qu'il est de notorieté publique que l'on rend aux Saints dans la Communion Romaine; il est clair que nous ne la calomnions pas, en l'appellant Idolâtre. J'avouë aussi que nous appellons *Idolâtrie* l'adoration du S. Sacrement; mais comme nous n'entendons alors par ce mot, que le culte de latrie que l'Eglise Romaine prétend rendre à Jésus-Christ (car nous ne sommes pas assez injustes pour dire, que ce culte de latrie se rend à un morceau de pain reconnu pour tel) il est évident que nous ne calomnions pas nos Adversaires, en les appellant Idolâtres. Tout au plus notre crime ne consiste qu'en ce que nous définissons mal l'Idolâtrie, & ainsi ce ne sera plus qu'une vaine question de nom.

Si je voïois un jeune homme qui dît des injures à son pere, & que je lui disse : *Vous manquez de respect à celui qui vous a donné la vie; or c'est une inceste; donc vous êtes un incestueux,* me pourroit-on accuser avec justice de calomnier cet homme? Il est clair que non, & que toute ma

fau-

faute confifteroit en ce que j'aurois mal défini la chofe. A la verité ceux qui ne m'entendroient dire que ces paroles *vous êtes un inceftueux*, pourroient croire que je le calomnierois ; mais il feroit abfurde d'avoir la même croyance, fi on avoit entendu tout mon difcours. Ainfi j'avouë que fi nous ne difons jamais autre chofe, finon, *l'Eglife Romaine eft Idolâtre*, l'on fe pourroit plaindre que nous abuferions de l'équivoque d'un mot, pour la rendre odieufe : mais nous expliquons le fens que nous donnons à ce mot ; tous nos Livres de Controverfe mettent en fait que l'on peut être Idolâtre, quoiqu'on n'ait en vûë que d'adorer le vrai Dieu ; nous le prouvons par l'exemple du veau d'or ; nous nous en fervons pour juftifier l'accufation que nous intentons à nos Adverfaires ; & nous faifons paroître clairement par-là, que nous ne les accufons pas de la même efpece d'Idolâtrie, dont les Payens étoient coupables. Il eft donc clair que nous ne fommes pas calomniateurs, & qu'on ne fe peut plaindre tout au plus, finon que nous définiffons mal l'Idolâtrie. C'eft donc une pure queftion de nom, & nous difons fur cela 1. que Mrs. de Port - Royal reconnoiffent dans leur Logique, qu'il eft permis à un chacun de donner aux mots telle fignification que bon lui femble, pourvû qu'il en avertiffe le Lecteur. 2. Que nous juftifions par des raifons, & par des exemples, notre définition de l'Idolâtrie.

Je ne faurois affez m'étonner de ce que nos Adverfaires n'ont pas, ou affez d'équité, ou affez de compréhenfion, pour reconnoître la prodigieufe différence qu'il y a entre calomnier une perfonne, & mal définir une chofe. Bien-loin de fe pouvoir plaindre que nous fommes leurs calomniateurs, ce font eux qui nous calomnient ; car lorfqu'ils fe plaignent que nous les accufons d'Idolâtrie, ils entendent que nous foûtenons qu'ils adorent les Images, fans s'élever à celui qu'elles repréfentent, & qu'ils rendent un culte religieux aux Créatures, fans aucun égard pour le Créateur. Or il eft très-faux que nous entendions cela. Nous difons bien qu'un culte défendu de Dieu, ne fe termine pas à Dieu, parce que Dieu le rejette : mais nous ne difons pas que celui qui rend ce culte, ne puiffe avoir intention de le raporter à Dieu finalement.

Pour répondre à la troifieme fuppofition de Monfieur Arnaud, je dis qu'il n'y a point de Huguenot qui puiffe s'affurer raifonnablement que nous fommes Schifmatiques, s'il n'a bien examiné la Controverfe. Or comme c'eft une affaire d'une longue difcuffion, il s'enfuit qu'il n'eft pas aifé de fe convaincre que nous fommes Schifmatiques. La raifon pourquoi il faut bien examiner la Controverfe, afin d'être raifonnablement affuré que nous fommes Schifmatiques, eft que felon nos principes, la féparation d'avec une fauffe Eglife n'eft pas un Schifme. Nous difons & nous répetons mille fois ce principe à nos Enfans ; tous nos Livres de Controverfe en font pleins. Deforte qu'il n'y a point de Huguenot qui n'en foit imbu. D'où il s'enfuit qu'afin qu'il fe puiffe convaincre que nous fommes Schifmatiques, il faut qu'on lui faffe voir, ou que nous nous fommes féparez de la vraie Eglife, ou que la féparation d'avec une fauffe Eglife peut être un Schifme. Nos Adverfaires n'oferoient le tromper, jufques au point de lui faire accroire (*) la feconde de ces deux chofes. Il

faut donc qu'ils lui montrent, que nous nous fommes féparez de la véritable Eglife. Or c'eft une grande affaire que de perfuader cela à un homme qui a paffé par les mains de nos Miniftres ; parce qu'ils ont rempli la tête de plufieurs dogmes, qui en ferment l'entrée aux argumens de ceux de l'Eglife Romaine. Vifibilité perpétuelle, fucceffion non interrompuë, Siége Apoftolique, néceffité d'un Juge parlant, infaillibilité, Traditions, tout cela eft bon à dire à des enfans, ou à de pauvres Américains, qui font une table d'attente fufceptible de tout ce qu'on veut ; mais pour des gens à qui on a fait lire de bonne heure les Oeuvres de Monfieur du Moulin, & à qui on a montré cent fois commentfaut il réfuter ce qu'on appelle les vaines chicanesde la Communion de Rome, toutes ces belles chofes ne font que blanchir.

Mais, dira-t-on, un Artifan ne s'appercevra-t-il pas bien, s'il s'examine, qu'il ne croit les chofes que fur la foi de fon pafteur ; & s'il a du fens, n'aimera-t-il pas bien mieux, crédulité pour crédulité, s'en raporter à une Eglife qui fubfifte depuis Jéfus-Chrift, qu'à une Eglife qui ne fubfifte que depuis un fiecle. Je réponds que c'eft cela même que l'Artifan Huguenot nie de toute fa force, inftruit qu'il eft dès fon enfance, que la veritable antiquité eft celle de la doctrine, & que pour être ancien, il ne faut pas avoir duré fans interruption fous une forme vifible, depuis le commencement ; mais qu'il fuffit d'être conforme à la premiere origine, comme il paroît par l'exemple du mariage d'un avec une, que Jéfus-Chrift reconnut pour la veritable antiquité, quoique la Polygamie lui eût fait perdre la poffeffion durant un temps immémorial. Cet Artifan donc imbu de cette hypotefe vraie ou fauffe, que notre Religion eft plus ancienne que la Romaine, ne croira pas que celle-ci mérite plus de créance que celle-là ; & s'il avoit à croire fur la foi d'autrui une doctrine plûtôt qu'une autre, il s'en tiendroit infailliblement à celle qu'il auroit fuccé avec le lait, à laquelle il eft tout apprivoifé ; qu'il comprend, ou qu'il croit comprendre ; contre laquelle il n'a pas été prévenu. Vous voyez, Monfieur, que je prens la chofe au pis, & que je laiffe paffer à Monfieur Arnaud ce qu'il fuppofe de la crédulité de nos peuples pour leurs Miniftres. Je pourrois difputer fur cela avec lui, mais j'aime mieux m'épargner cette difpute. Je me contente de montrer qu'en lui accordant ce qu'il veut, il me refte affez de quoi le combattre. Il faut peu connoître l'efprit humain pour croire qu'un homme de trente ans, armé d'un million de préjugez contre l'Eglife Romaine, & d'un million de maximes oppofées à fes preuves, puiffe connoître aifément qu'elle eft l'Epoufe du fils de Dieu, & qu'on n'a pas de Miffion valable pour fe féparer d'avec elle. Quand on convient qu'une certaine Société eft Orthodoxe, comme les Donatiftes l'avoüoient de celle dont ils s'étoient féparez, il eft aifé de voir en l'examinant férieufement, qu'on n'a pas dû rompre avec elle. Mais fi on eft perfuadé qu'elle eft dans des erreurs capitales, il eft prefque impoffible de ne pas voir la néceffité d'en fortir. Jugez par-là s'il eft raifonnable de prétendre, que nous pouvons connoître plus aifément notre Schifme, que les Donatiftes le leur.

Il faudroit que j'examinaffe préfentement, fi
nous

nous avons raison de penſer, que ceux de l'Egli-ſe Romaine peuvent aiſément ſe convaincre de la verité de notre Egliſe, en ſe donnant la peine de l'examiner. Mais parce que je n'ai déja été que trop long ſur ces matieres, & que d'ailleurs il me ſemble en mon particulier que c'eſt une choſe très-difficile, que de perſuader un dogme de Religion à ceux qui ont été élevez dans une croyance contraire, & armez, ou de toutes pie-ces pour ſe défendre, ou d'une prévention enra-cinée, qui a ſeule plus de force que la meilleure inſtruction, je paſſe à une autre choſe qui ne ſe-ra pas hors de mon ſujet. Je m'en vais prouver par trois remarques, qu'il eſt tr.s mal-aiſé qu'un homme de la Religion ſe défaſſe de ſes préju-gez contre l'Egliſe Romaine.

Je dis donc premierement, que l'idée de l'i-dolâtrie paroît ſi affreuſe à tous les Chrètiens, à cauſe que l'Ecriture & les Peres en ont parlé comme d'un monſtre abominable aux yeux de Dieu, qu'il n'eſt rien qui les éloigne davantage d'une Religion, que la penſée qu'elle eſt Idolâ-tre. Meſſieurs de l'Egliſe Romaine n'en diſcon-viendront pas, à mon avis; car le plus grand de leurs ſoins eſt celui de ſe juſtifier du crime d'I-dolâtrie, & la plus atroce de leurs plaintes celle d'en être accuſez par les Proteſtans. Or comme il eſt ſûr que dans notre Religion on inſiſte par-ticulierement à nous inſpirer dès l'enfance cette penſée, que l'Egliſe Romaine eſt Idolâtre, au ſens que j'ai expliqué ci-deſſus, il s'enſuit que nous devons contracter beaucoup d'averſion pour ſon ſervice divin. Je n'examine point ici le droit; je ne cherche point ſi nous avons raiſon ou non de traiter ainſi la choſe; je me contente de poſer le fait, ſavoir, que telles ſont les maximes de ceux qui nous inſtruiſent à la Controverſe. Mr. Arnaud le ſait bien, puiſqu'il a commencé l'un de ſes Livres par cette Réflexion : (*) *Que les plus méchantes raiſons nous paroiſſent bonnes, pour-vû qu'on en concluë que les Catholiques ſont idolâ-tres, & que c'eſt par-là qu'on nous endurcit contre les remords, que nous devrions avoir de l'origine ſchiſmatique de nos nouvelles Egliſes.* Tous les Con-troverſiſtes Catholiques font la même plain-te, & attribuent à un ſemblable artifice notre ob-ſtination. Il s'enſuit de-là, que nos préjugez con-tre l'Egliſe Romaine doivent être d'une grande force, & qu'il eſt bien apparent que ceux qui nous quittent, ne le font pas parce qu'on leur éclaire l'eſprit, mais parce que la tentation les emporte. On ſe plonge tous les jours dans certains péchez, que l'on connoît très-clairement être des péchez. On peut bien auſſi ſe réſoudre à ſe proſterner de-vant une hoſtie chaque jour, quoiqu'on con-noiſſe très-clairement que c'eſt un péché. Qu'on ne me diſe pas que nous prouvons mal notre dé-finition de l'Idolâtrie; car il eſt ſûr qu'à l'égard d'un homme vuide de tout préjugé, nos raiſons ſeroient pour le moins auſſi fortes que celles du parti contraire, & par conſéquent qu'elles doi-vent emporter la balance, dans un eſprit qu'elles trouvent favorablement diſpoſé par les préjugez de l'éducation. Si on me dit qu'un Hérétique qui veut conſerver une charge, ſe défait de ſes préjugez, je répondrai, qu'au lieu de ſes préju-gez il s'entête du déſir de trouver nos raiſons foibles, afin de conſerver ſa charge, & que ſon ambition ou ſon avarice l'aveuglant, il eſt im-poſſible qu'il juge bien. Son eſprit eſt la dupe de ſon cœur. Il n'aprouve pas l'Egliſe Romaine

parce qu'elle eſt la vraie Egliſe; mais il croit qu'elle eſt la vraie Egliſe, parce qu'il aime les avantages qu'elle confere.

Je remarque en ſecond lieu, que les Proteſtans de France ont un culte ſi oppoſé à celui de l'E-gliſe Romaine, qu'il n'eſt pas poſſible qu'ils ne croient qu'il y a de grands abymes entre les deux Religions. Deſorte que plus ils ſe perſuadent que leur Religion eſt bonne, plus auſſi croient-ils que l'autre eſt mauvaiſe, & il arrive de-là que la ſeule penſée d'y paſſer leur doit faire horreur. D'où vient donc que tant de perſonnes font ce trajet ? Il faut ſans doute que d'autres raiſons s'en mêlent, que celles qu'un examen paiſible leur fournit. Lorſque deux Religions ſont ſembla-bles dans les cérémonies extérieures, & qu'elles ne different qu'en quelques dogmes de ſpécula-tion, rien n'eſt plus aiſé que de paſſer de l'une dans l'autre; cela ſe fait ſans qu'il ſemble que l'on change de païs. Mais on ſent naturellement de la répugnance à ſe ſervir de cérémonies de Reli-gion, toutes contraires à celles que l'on eſt ac-coûtumé de pratiquer. La machine du corps a quelque part à cela, ſelon toutes les apparences.

Je remarque outre cela, que le dogme de la Tranſſubſtantiation eſt d'une telle nature, qu'il ne paroît pas poſſible qu'il entre naturellement dans une ame qui a été élevée à le rejetter. C'eſt un dogme qui demande un eſprit tout neuf, un eſprit de cinq ou ſix ans, qui n'ait pas encore la force d'examiner s'il y a des choſes qu'on doive refuſer de croire, lorſqu'on les entend dire à une perſonne d'autorité. On prend à cet âge-là tout ce que les autres veulent, & il n'y a point de chimere que l'on ne ſe laiſſe perſua-der, comme un article de Foi. Non ſeulement on embraſſe tous les articles de Foi que les au-tres nous préſentent, mais on s'en laiſſe occuper de telle ſorte, qu'on a toutes les avenuës de l'a-me bouchées pour un ſentiment different. Si cela eſt vrai, lorſqu'un dogme n'eſt point com-batu par les notions les plus claires de la raiſon, combien plus le doit-il être, lorſqu'un dogme ſe trouve combatu par toutes les lumieres naturel-les ? Le bon ſens nous fait juger qu'il n'y a guéres qu'une force au-deſſus de l'homme, qui nous puiſſe changer l'eſprit en ce cas-là. Or eſt-il que tous ceux qui ſont élevez dans notre Egli-ſe ſont dans ce cas. Il n'y a donc guéres d'ap-parence qu'ils changent jamais de perſuaſion, puiſque d'un côté l'on ne reconnoît plus les in-ſpirations immédiates, & les illuminations extra-ordinaires de l'eſprit de Dieu, & que de l'autre il ne ſe fait plus de miracles bien prouvez dans la Communion de Rome. Il faut croire qu'il eſt pour le moins auſſi difficile à un Huguenot, de paſſer dans la croyance de la Tranſſubſtantiation, qu'à un Cartéſien de paſſer dans la croyance des formes ſubſtantielles, & des accidens abſolus. Or on m'avoüera, pour peu que l'on ſoit inſtruit des opérations de notre ame, qu'un Philoſophe qui eſt une fois bien affermi dans les principes de Monſieur Des-Cartes, ne ſe laiſſera jamais perſuader qu'il y ait des formes ſubſtantielles, & des accidens abſolus dans les corps. Il eſt donc très-apparent qu'un homme qui a cru pluſieurs années de ſuite, que Jéſus-Chriſt ſelon ſa nature humaine n'eſt que dans le Ciel, & qu'il eſt de l'eſſence de cette nature humaine de n'occuper jamais qu'un certain eſpace, n'eſt point capable de croire le dogme de la Tranſſubſtantiation.

Monſieur

(*) „ Réflex. ſur le préſervatif.

Monsieur Arnaud nous dit, *que la connoissan-ce que l'on a de ce qui se passe dans le cœur de l'homme, fait voir manifestement, que les manieres de changer de Religion desquelles il a parlé, sont très-possibles*; & moi je lui dis, que la connoissan-ce que l'on a de ce qui se passe dans l'esprit de l'homme, fait voir manifestement, qu'un hom-me bien préoccupé contre la Transsubstantiation est presque incapable de la croire. Nous sommes préoccupé contre la Transsubstantiation, 1. Par-ce qu'on nous enseigne dès l'enfance, que c'est la plus étrange chimere qui soit jamais venuë dans l'esprit de l'homme. 2. Parce qu'à mesure que nous avançons en âge, nous y découvrons de nouvelles impossibilitez, les plus vives, & les plus impérieuses impressions de la lumiere natu-relle nous criant sans cesse, qu'un corps humain ne peut pas être en un million de lieux à la fois, réduit à l'espace d'un point. 3. Parce que les Livres de Controverses, ou les instructions de nos Ministres, fortifient continuellement les im-pressions de la lumiere naturelle, & le témoi-gnage de nos sens, par un recueil étudié qu'ils nous proposent d'une infinité de conséquences absurdes, qui naissent de la Transsubstantiation. 4. Parce qu'on ajoûte à tous ces motifs de re-jetter cette doctrine, plusieurs raisons de con-science, qui seroient seules capables de nous éloigner de ce sentiment, quand même la rai-son nous y conduiroit. On nous montre que si nous embrassons ce dogme, nous résisterions à la lumiere de l'Ecriture qui nous enseigne clairement, qu'encore que Jésus-Christ se soit servi des paroles, *ceci est mon corps*, il n'a donné néanmoins que du pain à ses Disciples. On nous montre qu'en croïant ce que l'Eglise Romaine croit, nous dépouillerions le fils de Dieu de la gloire que Dieu lui a conferée après l'œuvre de la Rédemption, & que nous l'exposerions à un état d'anéantissement & d'ignominie, pire que celui qu'il a souffert autrefois. Enfin on nous montre, que nous nous exposerions par-là à rendre à la Créature, à un morceau de pain, & à quelques goutes de vin, le souverain culte de latrie, que nos Adversaires mêmes confessent n'être dû qu'au Dieu vivant qui a fait le Ciel & la Terre. Comment se figurer qu'une ame armée de tous ces préjugez contre la Transsub-stantiation, la reconnoisse jamais pour vérita-ble? Je n'en vois guéres qu'un seul moyen, qui seroit de la faire passer par le fleuve *Lethé*, com-me celles dont parle Virgile, qui se préparoient à retourner dans les corps:

(*) - - - *Anima quibus altera fato*
　Corpora debentur, Lethai ad fluminis undam,
　Securos latices, & longa oblivia potant.

XII. [station] des [s]ens em-[ploy]ez pour [pers]uader ce [mê]me aux [Pro]testans.

On ne peut pas dire, que pourvû qu'un Hu-guenot écoute attentivement l'instruction d'un Missionnaire, tous ces grands préjugez s'évanouï-ront; car tout ce qu'un Missionnaire peut allé-guer de plus plausible, se réduit à ceci; 1. Que Jésus-Christ a dit lui-même, *ceci est mon corps*. 2. Que l'Eglise a toûjours cru ce que l'on croit aujourd'hui dans la Communion de Rome. 3. Que Dieu est tout-puissant. 4. Qu'il faut capti-ver son esprit sous l'autorité de l'Eglise. 5. Qu'on a reconnu dans un Synode de Charenton,

(*) *Æneid. 6.*
(A) „ Crit. Génér. Lettre XXVIII. No. XVI.
　Tom. II.

que la présence réelle n'est pas un dogme dan-gereux. En peu de mots je fais voir que ces ar-gumens ne peuvent pas rompre la force du char-me, supposé qu'un charme & une illusion fas-sent la Foi des Calvinistes.

1. Pour ce qui est du passage, *ceci est mon corps*, les explications que nous y donnons sont appuyées de tant d'autres passages de l'Ecriture, qu'il n'est point capable de nous faire de la pei-ne. Je fis voir (A) il y a deux ans, que c'est un poste que nos adversaires ne sauroient garder, sans recourir à l'autorité de l'Eglise.

2. Pour ce qui est de la perpétuité de la Foi de l'Eglise, c'est une chose incapable d'ébranler un Protestant, parce qu'il sait qu'on en dispute tous les jours, & que pour peu qu'il ait de lumieres, il a ouï dire que (B) du Plessis-Mor-nai a fait un Livre contre la Messe, où il a ra-porté quatre mille passages des Peres pour son opinion, parmi lesquels il n'y en avoit que cinq cens de faussement alléguez, ou tronquez, ou altérez, à ce que prétendoit le plus habile (C) Controversiste Catholique. Il s'ensuit de-là qu'il en avoit allégué fidellement 3500. On n'avouoit pas à du Plessis qu'ils fussent effectivement fa-vorables à son Eglise; mais il faloit avouer de toute nécessité qu'ils le paroissoient; d'où il s'ensuit que la Foi de l'ancienne Eglise est douteuse sur ce point-là, & incapable par con-séquent de l'emporter dans l'esprit d'un Hu-guenot, sur les préjugez vifs & sensibles, dont il est plein contre la Transsubstantiation. Je prens la chose au pis, comme vous voyez, & je comp-te comme non avenus non seulement les beaux Livres que Monsieur du Plessis-Mornai a mis en lumiere pour justifier ses citations, mais aussi ceux que tant d'habiles Ministres ont publiez pour assurer à notre parti la déposition des té-moins des premiers siecles. Depuis peu Mr. Claude a montré à Messieurs de Port-Royal, que tous leurs raisonnemens, pour prouver la perpé-tuité de la Foi de l'Eglise touchant la présence réelle, n'ont rien qui puisse convaincre.

3. Pour ce qui regarde la toute-puissance de Dieu, un Huguenot n'a qu'à dire, que par la propre confession de ceux de l'Eglise Romaine, Dieu ne peut point séparer l'essence d'une chose d'avec cette chose, après quoi il ne sera plus question de la puissance divine : il ne s'agira que de savoir si l'étenduë est de l'essence du corps; & sur cela, il est certain que ceux qui tiennent la négative, ne disent rien que de pitoyable. Ou-tre cela nous disons, que quand il seroit possible à Dieu de mettre un corps d'homme sous un point en mille lieux différens, il ne s'ensuivroit pas qu'il le fît. Ainsi le quatrieme lieu commun des Missionnaires est la chose du monde la moins propre à tromper un Huguenot : *Toute l'Université retentit, depuis St. Yves jusqu'à sainte Genevieve*, de cette Axiome, A POTENTIA AD ACTUM NON VALET CONSEQUENTIA. Per-mettez-moi cette expression de Balzac.

4. Pour l'autorité de l'Eglise, nous avouons qu'il faudroit y soumettre son entendement, si elle étoit infaillible : mais comme son infaillibi-lité est aussi obscure & aussi mal-aisée à prouver que la présence réelle, il est évident que les pré-jugez d'un Réformé ne reçoivent pas la moin-dre atteinte, par la déclaration que lui fait un
Mis-

(B) „ Mézerai Abr. Chron. *ad ann.* 1600.
(C) „ Du Perron.

LETTRE XI.

Miſſionnaire, que l'Egliſe a défini le dogme de la Tranſſubſtantiation. C'eſt ce qu'il me ſeroit aiſé de prouver, comme on l'a vû dans la vingt-ſixieme (*) Lettre de la Critique Génerale.

Enfin la tolérance des Luthériens eſt un argument de ſi peu de force, que ceux qui s'en voudroient ſervir pour me combattre, tomberoient dans le Sophiſme qu'on appelle *ignorationem elenchi*. Car tout ce qu'on pourroit prouver en vertu du Synode de Charenton ſeroit, qu'un Huguenot peut regarder l'Echariſtie Romaine comme une erreur excuſable. Or ce n'eſt pas dequoi il s'agit ici, puiſque nous ne cherchons pas ſi un Huguenot eſt capable de tolérer dans les autres la croyance de la Tranſſubſtantiation, & de s'unir à eux pour ſon intérêt temporel, encore qu'il les voye dans cette fauſſe croyance; mais s'il eſt capable de paſſer lui-même dans leur ſentiment. Ce ſont deux choſes très-différentes, & je ne doute pas qu'il n'y ait de nos prétendus Convertis qui concluent dans leur tête, que les erreurs des Catholiques Romains ſont de celles qu'on peut tolérer. Mais ils n'en ſont pas moins pour cela de faux Convertis, tant parce qu'ils ne ſont pas perſuadez de ce qu'ils ſont profeſſion de croire, que parce qu'ils trompent l'Egliſe dans laquelle ils entrent, puiſqu'il eſt conſtant que l'un de ſes dogmes fondamentaux, eſt qu'il faut ajoûter foi à ſes déciſions.

Ce que c'eſt que l'erreur de ſpéculation & l'erreur de pratique.

De-plus il ne faut pas que l'on s'imagine, que le Synode de Charenton leur donne un juſte prétexte de regarder l'Euchariſtie Romaine comme un erreur tolérable. Il y a bien de la différence entre une erreur de ſimple ſpéculation, & une erreur de pratique. La premiere ſe peut beaucoup mieux tolérer que la ſeconde, comme on le comprendra aiſément par cet exemple familier. C'eſt une erreur de ſimple ſpéculation que de nier la circulation du ſang; mais ſi quelque Chirurgien s'aviſoit, enſuite de cette erreur, de ſaigner les gens au-deſſus de la ligature, ce ſeroit une erreur de pratique, pour laquelle on l'interdiroit, ou du moins on ne voudroit point ſe ſervir de lui, quelque ſoin qu'il prît de montrer qu'il agiſſoit conſéquemment à la doctrine, qui a été enſeignée pendant pluſieurs ſiecles dans toutes les Univerſitez. On ſe moqueroit de lui, & de ſon exactitude à errer ſelon ſes principes, & on le quitteroit pour d'autres qui niant auſſi-bien que lui la circulation du ſang, agiroient néanmoins comme s'ils ne la nioient pas. Voilà juſtement où nous en ſommes à l'égard des Luthériens & des Catholiques. Ceux-là errent & agiſſent comme s'ils étoient Orthodoxes: ceux-ci errent & agiſſent ſelon leur erreur. Il faut donc traiter les premiers comme on traite les Chirurgiens qui ſaignent bien, quoique contre leurs principes; & les derniers comme on traiteroit les Chirurgiens qui ſaigneroient mal, quoique ſelon leurs principes.

Je conclus de tout ceci, que le jugement que nous porrons des motifs qui font changer tant de Huguenots, n'eſt pas auſſi téméraire que Mr. Arnaud le prétend. Mandez-moi ſi vous ſouhaitez que j'en diſe davantage ſur cette matiere. Je le ferai ſi vous le voulez, mais je ſouhaite fort que vous ne le vouliez pas. Je ſuis, &c.

✳✳✳✳✳✳✳✳✳✳✳✳✳✳✳

LETTRE XII.

Où on continuë de traiter la matiere de la précédente.

I. Pourquoi on n'a point fait à Monſieur Arnaud une objection, qu'il ſemble qu'on lui pouvoit faire. II. Pourquoi l'Auteur n'a point reproché à Meſſieurs du Clergé, qu'ils nous menaçoient dans leur Avertiſſement paſtoral. III. Tous les Auteurs ne ſont pas auſſi obligez que les Philoſophes de ne ſe rendre qu'à l'évidence. IV. Objection pour faire voir qu'il faut attendre l'évidence pour juger des actions d'un homme. V. Inconvéniens qui naîtroient ſi l'on écoutoit cette objection. VI. Si l'Evangile nous défend de juger de notre prochain. VII. Ce que c'eſt qu'une preuve convaincante, ſelon Monſieur Arnaud. VIII. Embarras où il s'eſt jetté. IX. Regles pour juger d'un fait. X. Autres Embarras où l'on tombe, en ſoûtenant que l'évidence eſt neceſſaire pour juger des faits. XI. On avouë qu'en jugeant il vaut mieux être favorable que contraire. XII. Réflexion ſur cette maxime. XIII. Mr. Arnaud n'a point ſuivi les regles qu'il a données aux autres. XIV. Jugement qu'on peut faire des Particuliers qui ne veulent pas diſputer. XV. Et des Miniſtres qui le refuſent. XVI. Preuves contre Mrs. les Convertiſſeurs. XVII. On ne peut pas ſe ſervir de toutes ſortes de moïens, pour ôter la diverſité des Religions. Penſée de Monſieur de Priezac ſur l'Inquiſition. XVIII. Contradiction du même Auteur.

MONSIEUR.

J'acquieſce à vos avis, & j'avouë que vous avez raiſon de m'écrire, que je ne n'ai pas entiement ſatisfait aux objections de Monſieur Arnaud. Je ſouhaitois de ne toucher plus à cette matiere; mais y ayant un peu penſé par complaiſance pour vous, j'ai trouvé qu'il me reſtoit quelque choſe à conſidérer. Achevons s'il ſe peut aujourd'hui.

I. Pourquoi on n'a point fait à Mr. Arnaud une objection qu'on pouvoit lui faire.

Meſſieurs ✳✳✳ à qui vous avez montré ma derniere Lettre, ne comprennent pas pourquoi j'ay épargné Mr. Arnaud, ſur une choſe où il leur ſemble que je le pouvois confondre. Il a dit qu'il eſt préſentemeut très-commun parmi les prétendus Réformez de croire, qu'on ſe peut ſauver partout, pourvû que l'on ſoit Chretien; & il a conclu de ce principe, que nous avons tort d'accuſer de mauvaiſe foi ceux qui abandonnent notre parti. Au contraire, diſent ces Meſſieurs, cela prouve que notre accuſation eſt juſte; car ſi l'on ne paſſe dans la Communion de Rome, que parce que l'on eſt perſuadé qu'on y peut faire ſon ſalut auſſi-bien qu'ailleurs; c'eſt-à-dire, que parce que l'on ſe trouve dans la diſpoſition que Mr. Arnaud dit être commune parmi nous: il s'enſuit que l'on eſt fort méchant Chretien, & que l'on ne quitte pas le Calviniſme à cauſe de ſes erreurs, mais à cauſe de ſes diſgraces; & cela étant, il eſt clair que les prétendus Convertis, n'ont guéres de Religion, & qu'ils ne changent point de Secte par un bon motif, & qu'ils trompent l'Egliſe Romaine. En effet ils rejettent

tent intérieurement le principal de ses dogmes, savoir, *qu'hors de l'Eglise Romaine il n'y a point de salut.* N'est-il donc pas bien étrange, disent ces Messieurs, qu'on n'ait pas relevé cette bévûë de Mr. Arnaud, & qu'on ne lui ait pas dit à tout le moins, qu'il établissoit lui-même ce qu'il avoit dessein de détruire ?

Je connois ces Messieurs, & je suis sûr que vous ne m'avez pas fait savoir la centieme partie de ce qu'ils ont dit contre l'aveuglement de Monsieur Arnaud, & contre ma stupidité. Ils ont l'esprit vif, ils font bien du chemin en peu de temps; leur imagination s'échauffe pour peu de chose, & ils exagerent alors tout ce dont ils parlent. Dites-leur, s'il vous plaît, Monsieur, (& ne craignez pas de me désobliger en cela) que j'ai peu de vivacité naturelle, & que cela est cause que j'examine lentement, & avec beaucoup de sens froid, les choses que je refute. Il est difficile de s'éblouïr quand on a ce temperament; ainsi on perd en plusieurs rencontres le plaisir imaginaire de triompher d'un Auteur fort mal à propos; on le perd, dis-je, parce qu'on trouve en examinant tranquillement un passage, qu'il ne contient nulle absurdité. C'est à cause de cela que je n'ai point trouvé dans Monsieur Arnaud, la faute que ces Messieurs se sont imaginez qu'il avoit faite. J'ai consideré attentivement tout ce qu'il a dit, & j'ai trouvé qu'il avoit prévenu la chicane. En effet il ne dit pas que ceux qui se convertissent, à cause qu'ils ont cru, étant parmi nous, qu'on se peut sauver dans toute sorte de Religions, pourvû que l'on soit Chretien, conservent ce sentiment lorsqu'ils se font Catholiques; il dit seulement que la disposition où ils étoient, les a portez sans peine à se faire instruire. Or la bonne foi veut que l'on suppose, qu'il a prétendu que cette instruction les a guéris de l'indifference qu'ils avoient auparavant. On ne pouvoit donc faire sur cela qu'un mechant procès à un Auteur, & je serois bien fâché de l'avoir fait, encore qu'il me paroisse indubitable qu'un grand nombre de Lecteurs m'en auroient loué. J'entens de ces Lecteurs qui ne confrontent jamais exactement le Livre que l'on refute, avec celui qui le refute.

teur est le même l'égard du Maimbourg.

J'avois eu à l'égard de Monsieur Maimbourg une équité, & une prévoyance semblables. Il avoit dit dans l'Epitre Dédicatoire du Lutheranisme, que les Edits de sa Majesté, bien plus efficaces que toutes les Disputes des Controversistes, ont ouvert les yeux aux Huguenots, *par la grace que Dieu leur a donnée en même temps, pour decouvrir,* &c. Si j'avois eu la vivacité de ces Messieurs, j'eusse tout aussi-tôt accusé cet Historien de reconnoître, que les Edits du Roi font la seule cause de la conversion des Huguenots, & je lui eusse fait mille insultes sur cette confession prétenduë; mais je n'allai pas si vite; je vis manifestement qu'il faisoit intervenir la grace du Ciel, & sur ce pied-là je me contentai (*) de lui dire, qu'il *attribuoit au Roi le privilege d'attacher à ses Edits la grace de Dieu, bien mieux que les Controversistes, & le Pape même, ne la peuvent attacher à leurs Ecrits & à leurs paroles.* J'avouai, comme je devois, qu'il disoit que ceux qui se convertissent, recevoient d'en-haut une grace qui les éclaire, en même temps que le Roi fait exécuter ses ordres. Je ne laissai pas de remarquer, qu'il en disoit trop pour des per-

sonnes qui ont l'esprit pénétrant; mais enfin je convins de bonne foi de la précaution qu'il avoit prise, en inserant dans sa période la clause qui faisoit mention de la grace du S. Esprit. Je ne sais pas si l'Auteur de la Lettre au Cardinal Cibo a usé d'une précaution semblable, lorsqu'il a dit que plus de cinquante mille Calvinistes de France sont rentrez dans le giron de l'Eglise depuis peu d'années, en partie par la crainte des peines, & en partie par l'espoir des récompenses, *partim pœnarum metu, partim spe præmiorum.* On attribuë cette Lettre au P. Rapin, elle parut l'an 1680. je ne l'ai point vûë, j'ai vû seulement ce passage en citation, dans une Reponse aux Méthodes du Clergé. Je ne doute point de l'exactitude de celui qui a cité ce passage : mais comme je n'ai point vû toute la Lettre, je ne me hazarde point à décider que l'Auteur a reconnu simplement, & absolument, que la conversion de ces cinquante mille Calvinistes n'est que crainte des peines, & espoir des recompenses. Il ne faut pas faire les gens plus sinceres que nous ne le connoissons certainement. Continuons nos Reflexions. Je crois que j'en suis demeuré à la cinquieme.

HUITIEME OBJECTION.

II.
Pourquoi on n'a point reproché à Mrs. du Clergé leurs menaces contre les Reformez.

» MAis n'allons pas si vîte. Je me souviens » d'une chose qui m'arrête. Ces mêmes » Messieurs me blâmerent fort il y a deux ans » de ce que j'avois publié (A), *que l'Avertissement* » *Pastoral adressé par les Evêques de France à* » *leurs freres errans, ne respiroit que la charité* » *Chretienne, & que tout y étoit doux, tendre,* » *pacifique, flateur.* Où avoit-il les yeux, (di-» soient-ils en parlant de moi) quand il a écrit » ces choses ? Pourquoi n'a-t-il point vû ces » malheurs plus terribles que les précédens, » dont la conclusion de la Lettre Pastorale nous » menaçoit ?

VOUS SAVEZ quelle est ma réponse à cette difficulté, car je vous expliquai ce petit mystere dès ce temps-là. Je vous écrivis que ce n'étoit pas ma coûtume d'intenter une accusation aux gens, lorsque je voyois qu'il leur seroit trèsfacile de la refuter. J'ajoûtai que les termes de la Lettre Pastorale pouvant recevoir deux sens differens, ce n'étoit pas à moi à les prendre dans la signification la plus odieuse, & que si Messieurs du Clergé s'étoient servis adroitement d'une expression équivoque, il leur étoit fort facile de soutenir, qu'ils n'avoient pas entendu ce que je leur aurois imputé. Vous vous rendîtes à mes raisons, & vous m'avouâtes que quand on écrit contre quelque Livre, il faut se repondre à soimême pour l'Auteur, tout ce que nous pouvons concevoir qu'il peut dire raisonnablement pour sa défense. C'est ce que je fis en ce temps-là à l'égard de l'Avertissement Pastoral. Je voyois bien que ces paroles Latines, *& quemadmodum hic error vester novissimus erit pejor priore, sic erunt novissima vestra pejora prioribus,* que Messieurs du Clergé eux-mêmes ont traduites par celleci, *& parceque cette derniere erreur sera plus criminelle en vous que toutes les autres, vous devez vous attendre à des malheurs incomparablement plus épouvantables : Et plus funestes que tous ceux que vous ont attirez jusqu'à present votre revolte & votre Schisme : Je voyois bien, dis-je, que ces* paro-

paroles se pouvoient entendre d'une menace de persécution. Mais comme elles se pouvoient entendre très-naturellement des supplices de l'Enfer, j'aimai mieux les prendre ainsi, tant parce qu'il me sembla que c'étoit le sens le mieux lié avec le reste de la Lettre, que parce qu'il me sembla que l'honnêteté Chrétienne & la prudence, nous obligent à donner plûtôt un bon tour qu'un méchant tour, à une chose qui est susceptible de tous les deux (*). Je dis que la prudence y oblige ; car si on s'arrête au sens criminel, les interessez ne manqueront pas de vous donner le démenti, & en usant du droit inaliénable qu'ils ont de déclarer ce qu'ils entendent par telles ou telles paroles, ils vous feront passer pour un Chicaneur malicieux. Or en prenant la menace de Mrs. du Clergé pour un avertissement des peines, que les damnez souffriront dans l'autre monde, j'ai pû fort bien dire qu'elle ne respiroit que la charité. Il y eut un Jesuite à Paris dans le dernier siecle, qui prononça plusieurs Harangues très-éloquentes, pour montrer qu'il faloit persévérer dans l'ancienne Religion. Vous comprendrez bientôt que je parle du P. Perpinien, dont on a publié quelques Lettres depuis peu. Cet homme avoit fort parlé du supplice des Hérétiques ; on en murmura. Voici ce qu'il repondit dans la Harangue suivante (A) : *Si j'ai touché quelque chose des supplices, je n'ai pas eu en vûë ceux qui finissent par la mort, quelque douloureux qu'ils soient : j'ai entendu les supplices qui attendent les damnez dans les Enfers, & je prens Dieu à temoin, que je n'eusse pas même parlé de ceux-là, n'eût été que je souhaite avec la même ardeur que pour moi-même, que ceux qui se disent nos ennemis soient exempts de ce malheur éternel.* N'ai-je pas eu raison après cela de m'attendre à une semblable interpretation (B) ? Rien ne m'arrête à présent. Continuons nos reflexions ; j'en suis demeuré à la cinquieme.

VI. Je fais présentement celle-ci ; c'est qu'il faut faire une grande difference entre un Auteur qui écrit en Philosophe, ou en Geometre, & un Auteur qui écrit ou une Histoire, ou un Ouvrage de Critique, de Politique, ou de Morale. En bonne Philosophie, c'est agir temerairement que d'affirmer une chose, si l'on n'en a une idée claire & distincte. C'est pour avoir fait prendre garde que cette loi oblige tout homme qui veut devenir Philosophe, que Monsieur Descartes a tant contribué dans ce siecle à perfectionner la raison humaine, & qu'il l'a mise en état d'exterminer les vieilles erreurs, & d'éviter les autres à l'avenir. Il nous a donné pour regle, de ne pas donner à nos jugemens plus d'étenduë que n'en ont nos conceptions claires & distinctes ; c'est à-dire, de n'affirmer que ce que nous concevons clairement & distinctement : & il nous a fait comprendre que ceux qui n'ont pas cette sage précaution, sont coupables d'une grande témérité. Il faut donc suspendre son jugement en matiere de Philosophie, jusques à ce que l'évidence nous contraigne de le porter. Mais il n'en va pas de même pour toutes les autres choses qui sont l'objet de nos connoissances ; car si elles ont quelque raport à un bien public,

ou particulier, attaché à quelque action, il faut se determiner sur les apparences, & sans attendre une pleine certitude. Ainsi on peut affirmer, qu'il est necessaire de faire un voyage, quoique l'on ne sache pas par demonstration ou évidemment, les faits qui le rendent necessaire, & on peut affirmer sans témérité, qu'il faut manger d'une telle viande, quoiqu'on n'ait nulle certitude si elle est empoisonnée ou non. A l'égard des actions des hommes, la coutume est d'en juger par les apparences, & on ne passe pas pour un juge téméraire, lorsque sans attendre une certitude Métaphysique, ou Physique, on prononce sur la qualité d'un fait, selon la probabilité la mieux fondée. On voit donc manifestement, qu'il ne faut pas exiger d'un homme qui écrit des Reflexions sur ce qui se passe dans la Société civile, la même exactitude que d'un Philosophe qui recherche les veritez naturelles. C'est néanmoins ce qu'il semble que Monsieur Arnaud ait prétendu ; car sous prétexte qu'il est possible que les Huguenots ayent des motifs de se convertir, bien differens de ceux qu'il est très-probable qui les determinent, il ne veut pas que l'on juge qu'ils changent de Religion par les motifs qui nous semblent si apparens.

Je sens de loin une très-grande difficulté. Si c'est le devoir d'un Philosophe, me dira-t-on, de n'affirmer que les choses dont il a une pleine évidence, à plus forte raison est-ce le devoir de tout honnête homme, & principalement de tout bon Chretien, de ne blâmer jamais une chose, s'il n'est évidemment assuré qu'elle est blâmable ; car on n'offense point Dieu en assurant témérairement, faussement, & sans le bien concevoir, que les pierres tombent d'elles-mêmes ; mais on ne peut assurer sans crime qu'un tel homme est fourbe, si on l'assure témérairement, faussement, & sans être bien certain de ce que l'on dit. Ainsi la retenuë est mille fois plus necessaire à un homme qui veut juger d'une action, qu'à un Philosophe qui veut juger de la nature des choses. Nous savons de-plus, que l'Evangile ne nous a point défendu de juger des effets de la Nature, comme bon nous sembleroit ; de dire, par exemple, que les couleurs sont des accidens attachez aux corps, ou qu'elles sont des sensations de notre ame : mais il n'en va pas de même des actions de notre prochain : l'Evangile ne veut pas que nous en jugions. Il est bien vrai que cette défense ne signifie pas, que si nous voyons clairement & incontestablement qu'un homme est méchant, nous ne devons pas juger qu'il l'est ; mais elle signifie pour le moins que s'il n'y a pas d'évidence, il ne nous est pas permis de prononcer jugement. Et d'ailleurs ne sait-on pas que l'esprit de l'Evangile nous doit beaucoup plus porter à faire un jugement favorable des actions d'un homme, qu'un jugement desavantageux ? La charité, dit S. Paul, n'est point soupçonneuse. *Il faut donc renverser l'Evangile* (je repete les paroles de Monsieur Arnaud, qui vous ont si fort ébranlé) *ou demeurer d'accord que quand une action peut être faite par divers motifs, dont l'un est bon, & l'autre mauvais, c'est un très-grand péché devant Dieu de l'attribuer au mauvais*

(*) „ MS. Voyez S. *Augustin l. 1. de animâ & ejus
„ orig. c. 2.* Voyez ci-dessus Let. XI. No. III. ci-dessous
„ Let. XII. No. VI. & No. XII. & Let. XVIII. No. II.
„ *Salden. Otiap.* 366.
(A) *Si quid attigi de suppliciis, non hæc ego supplicia, quæ ut sunt acerbissima morte finiuntur ; sed illa sempiterna significabam, tanto horribiliora, quanto diuturniora, quæ*

sunt improbis post mortem apud inferos constituta. Quorum ipsorum ita mihi Deum propitium esse velim, ut mentionem nullam fecissem, nisi eos qui se nobis inimicos esse profitentur, tam illa cuperem effugere quàm me ipsum. Perpinianus orat. 15.
(B) „ MS. Elle a été donnée dans une reponse aux
„ considerations de Mr. Claude p. 224.

vais motif, sur de purs soupçons, & sans en avoir une preuve convaincante. C'a donc été un grand crime à ceux de la Religion, d'assurer que Monsieur de Turenne est sorti du petit Troupeau par un principe de vanité ; car ils ne fondoient ce jugement sur aucune preuve convaincante. Il est possible que cela soit vrai, il est possible que cela soit faux. Notre expérience propre nous peut convaincre, qu'un esprit adroit & persuasif nous présentant le mensonge par un beau côté, nous fait accroire cent choses qui ne sont pas, & l'Ecriture Sainte nous dit que Dieu envoye quelquefois (*) *un esprit d'erreur si efficace, que l'on croit au mensonge.* Qui peut dire que Monsieur de Turenne, dont la capacité étoit excessive dans le métier des armes, mais assez médiocre dans la dispute, n'a pas été embarrassé, & ensuite tout-à-fait vaincu par des raisonnemens captieux & subtils ? Qui peut savoir si Dieu le voulant punir ne lui a point envoyé un esprit d'erreur si efficace, qu'il crût au mensonge, comme nos Théologiens soûtiennent qu'il le peut faire, sans blesser sa parfaite sainteté, ce qu'ils prouvent par l'exemple de Pharaon ? Il est donc possible que Monsieur de Turenne ait changé de Religion, persuadé que la nôtre ne valoit rien. Donc nous sommes très-blâmables d'assurer, comme si nous l'avions lû dans son ame, que l'ambition est la seule cause de sa révolte, & qu'ensuite par une autre espece de vanité, il n'a point voulu demander de récompense, afin de nous ôter les preuves de sa conversion.

Pour vous dire franchement la vérité, je n'espere pas de pouvoir répondre à cette instance; desorte qu'en attendant que des personnes plus éclairées que moi y répondent, j'ai quelque petit pressentiment que j'avouërai, qu'il y a des occasions où nous ferions bien de ne pas nous ériger en souverains Juges des motifs de conversion. Néanmoins je m'en vais faire quelque remarques, pour ne paroître pas assommé du coup.

V.
nvéniens
naîtroient
n écoutoit
: objec-

1. Je dis donc premierement, que l'on ne sauroit nier la différence que j'ai observée entre un Philosophe, & un autre Auteur; car si on m'objecte d'un côté, que le jugement que nous faisons de la nature des choses, sans consulter exactement les idées distinctes & évidentes, n'est point criminel, lors même qu'il est très-faux, au lieu qu'en blâmant une action, sans être parfaitement assuré qu'elle est blâmable, l'on fait un crime; je ferai voir d'un autre côté, qu'en ne jugeant jamais des choses en matiere de Philosophie, sans être parvenu jusqu'à l'évidence, on ne sauroit faire aucun mal, au lieu que si on attendoit cette évidence, pour juger des actions de l'homme, on tomberoit dans des inconvéniens très-fâcheux. Il s'ensuit de-là manifestement, que tous les hommes ne sont pas soumis à la regle que les Philosophes doivent suivre, pour éviter les erreurs de leur Profession.

Il m'est aisé de montrer les grands inconvéniens où la Société publique tomberoit, si on étoit aussi réservé pour juger des actions de l'homme, que les Philosophes le doivent être pour juger de la nature des choses. On voit clairement qu'en ce cas-là, les Juges ne pourroient pas châtier la centieme partie des crimes qui se commettent; car il n'est pas évidemment vrai, qu'un homme accusé par deux témoins

est coupable ; il est très possible qu'il soit innocent lors même que toutes les adresses dont on se sert, pour faire tomber les témoins en contradiction, ne produisent rien de favorable pour lui. Si on se regloit sur la Maxime de Monsieur Des-Cartes, qui porte qu'il ne faut point donner à nos jugemens plus d'étenduë que n'en ont nos idées claires & distinctes, les Juges ne prononceroient, sinon, qu'il y a des gens qui déposent contre un certain homme. C'est tout ce qu'ils connoissent clairement & incontestablement. Le reste, savoir, que cet homme a commis effectivement le crime dont on l'accuse, n'est qu'une conséquence qu'ils tirent d'un principe fort douteux ; & par conséquent ils enferment plus de choses dans leur jugement, qu'il n'y en a dans leurs idées distinctes. Leur principe est que deux hommes en telles & telles circonstances, n'en accusent pas un autre sans raison. Or qui ne voit manifestement, que ce principe n'est tout au plus que probable; qu'il peut être souvent très-faux, & qu'on feroit néanmoins très-mal de ne le point suivre, pour condamner un homme accusé. Puis donc que le bien de la Société publique demande, que les Juges prononcent en dernier ressort, sans attendre une pleine certitude, il s'ensuit qu'on tomberoit dans de grands inconvéniens, si tous les hommes suivoient la regle des Philosophes.

De-plus, que deviendroit la vie civile, si l'on introduisoit dans le monde cet esprit des Pyrrhoniens, qui les obligeoit à suspendre leur jugement, jusques à ce qu'une évidence invincible les entraînât à l'affirmation ? Combien de choses y a-t-il que l'on n'oseroit blâmer, ni louer, qu'il est néanmoins très-important de punir, ou de récompenser en cette matiere ? Combien de devoirs verroit-on anéantis ? Quelle temerité ne seroit-ce pas que de juger qu'on est fils du mari de sa mere ? Quelle inaction ne verroit-on pas dans les Villes mieux peuplées ? L'opinion des Stoïciens ne rendroit pas nôtre vie à beaucoup près aussi morne & aussi languissante, que seroit un tel Pyrrhonisme. On ne pourroit pas aller au secours d'un homme, vers lequel on verroit que deux autres s'avanceroient à grands pas, peu après en avoir reçu un affront. Car encore qu'il soit très-probable, qu'en ces circonstances-là ces deux hommes ont dessein de maltraiter l'autre, il est possible qu'ils n'ayent pas ce dessein ; il est possible qu'ils n'ayent envie que de lui faire peur; il est même possible qu'ils ayent envie de se reconcilier avec lui. Que sait-on si la grace de Dieu n'a point opéré dans leur ame, à la vuë de cet homme ? Que sait-on si une réfléxion Philosophique ne s'est pas élevée tout à coup dans leur esprit ? Il est clair que ceux qui les voyent s'avancer vers l'homme qui les a offencez peu auparavant, ne connoissent pas avec évidence qu'ils ont un mauvais motif. Il est clair que ce mouvement peut avoir un bon motif. Dira-t-on que c'est faire un jugement téméraire, que de se persuader qu'ils s'avancent pour un méchant dessein ? Et ne fera-t-on pas au contraire une action très-généreuse, & très-charitable, si on court à cet endroit-là, pour empêcher le désordre qu'on ne prévoit qu'apparent ? Je m'assure qu'il n'y a point de Casuiste assez déchaîné contre les jugemens temeraires, pour ne me pas avouer, non seulement qu'il est

alors

(*) 22 2. Epitre aux Thess. ch. 2. v. 11.

alors très-louable de s'avancer, pour être en état de prévenir une insulte ; mais qu'il est aussi permis d'affirmer dans son entendement, que ces deux hommes s'avancent avec un mauvais dessein vers celui qui les a offensez depuis peu. D'où je conclus manifestement, que le bien public est incompatible avec cet esprit Philosophe, qui veut que dans les matieres spéculatives on n'affirme que ce qui est évident. Par exemple dans la supposition que j'ai faite, il ne faudroit affirmer, sinon, que l'on voit deux hommes qui s'avancent. On n'a point d'idée distincte & évidente de ce qu'ils feront ; il n'en faut donc pas juger.

VI.
Si l'Evangile nous défend de juger de notre prochain.

II. Je remarque en second lieu, que l'Evangile n'ayant pas pour but de ruïner les Sociétez, ne nous défend pas absolument de juger de notre prochain. Il est donc permis d'en juger en quelques rencontres. Ouï, me dira-t-on, cela est permis, lorsqu'on connoît clairement ce de quoi l'on juge. Et moi je soûtiens que cela est aussi permis, lorsqu'on se peut appuïer sur des apparences extrêmement fortes comme sont celles dont j'ai parlé. Je soûtiens qu'on peut affirmer, sans être contraire à l'Evangile, que deux hommes qui ont été offensez depuis peu par un troisieme, & qui s'avancent vers lui à grands pas, ont dessein de le mal-traiter. Je soûtiens que l'on n'a point alors toute l'évidence, que les Cartésiens veulent que l'on ait avant que de faire un jugement. Je soûtiens même qu'on n'est point dans le cas de l'exception de Monsieur Arnaud. Repetons encore une fois ses paroles : *Il faut renverser l'Evangile, ou demeurer d'accord que quand une action peut être faite par divers motifs, dont l'un est bon, & l'autre mauvais, c'est un très-grand peché devant Dieu de l'attribuer au mauvais motif* SUR DE PURS SOUPÇONS, ET SANS EN AVOIR UNE PREUVE CONVAINQUANTE. J'ai fait voir qu'il est très-possible que ces deux hommes s'avancent vers le troisieme par un bon motif ; donc leur mouvement n'est pas une preuve convainquante de mauvais dessein. Ce n'est tout au plus qu'une preuve très-probable, & qu'une apparence très-forte ; & cependant l'Evangile ne nous défend pas d'attribuer ce mouvement à un dessein criminel. Il n'est donc pas contraire à l'esprit de l'Evangile, de juger sur de grandes apparences, que notre prochain a fait une chose par de méchans motifs.

VII.
Ce que c'est qu'une preuve convainquante, selon Mr. Arnaud.

Ce qui fait que j'attribuë à Monsieur Arnaud de ne prendre pas pour une preuve convainquante, les apparences extrêmement fortes, c'est qu'il prend pour un jugement temeraire très-criminel, la liberté que nous nous donnons d'attribuer à quelque passion humaine, la prétenduë conversion de ceux qui nous quittent. Il se fonde sur ce qu'il est très-possible qu'ils nous quittent par un bon motif, & il prétend à cause de cette possibilité, que toutes les apparences qui sont pour nous, quelque fortes qu'elles soient, ne forment pas une preuve convainquante ; car s'il croïoit qu'elles formassent une telle preuve, nous serions dans le cas de son exception, je veux dire, francs de calomnie, & de jugement téméraire. Il faut donc qu'il croie qu'on n'a des preuves convainquantes, que lorsqu'il n'est pas possible d'attribuer un action à un motif différent de celui auquel ces preuves nous fixent. Or par-là on exclut du nombre des preuves convainquantes les apparences les plus plausibles ; j'ai donc raison de croire qu'il ne prend point les apparences, quelles

qu'elles soient, pour une preuve convainquante. Je crains que mon raisonnement ne soit point clair pour une partie de mes Lecteurs ; c'est pourquoi je vous supplie de souffrir que je l'éclaircisse par deux exemples.

Supposons qu'une fille fort coquette, & fort peu instruite, tombe dans quelque faute qu'elle ne puisse cacher aux yeux du Public, & que sur l'espérance qu'on lui donne de lui trouver un mari qui se chargera de sa faute, pourvû qu'elle se fasse Catholique, elle abjure sa Religion, épouse ce bon mari, & continuë de vivre dans le désordre ; toutes les apparences sont qu'elle ne s'est pas convertie par un bon motif. Supposons aussi qu'un soldat fort débauché commette un crime, pour lequel il soit condamné à la mort, & qu'en cet état on lui promette la vie, pourvû qu'il change de Religion : S'il accepte le parti, & qu'il continuë dans ses débauches, ne faisant aucun scrupule de manger de la viande aux jours défendus, ni de n'aller point à la Messe les jours de fête, toutes les apparences sont que c'est un faux Converti, & je ne sais pas quelles apparences plus fortes on en sauroit demander. Cependant toutes ces apparences-là ne font point une preuve convainquante, selon les principes de Monsieur Arnaud. On peut répondre que l'espérance d'un mari qui sauve de l'infamie, & la promesse de n'être pas puni de mort, ne sont qu'une occasion qui réveille la négligence de la Coquette & du Soldat, & qui les porte à se faire instruire attentivement, ce qui leur fait connoître la vérité de l'Eglise Catholique. Si après leur conversion ils ne changent pas de train de vie, ce n'est pas une marque qu'ils n'ayent point connu la vérité : c'est seulement une preuve qu'ils n'ont point encore la charité qui fait pratiquer la vertu. Voilà comment Monsieur Arnaud réfute les soupçons que l'on forme contre les nouveaux Convertis. Il s'ensuit de-là évidemment qu'il n'y a point d'apparences, quelque plausibles qu'elles soient, qui puissent passer pour une preuve convainquante, selon lui. Or il soûtient qu'on est coupable de calomnie, lorsque sans une preuve convainquante, on attribuë à un méchant motif, une action qui en peut avoir un bon ; il faut donc qu'il reconnoisse qu'on est coupable de calomnie, lorsqu'on juge que les deux hommes dont j'ai parlé ci-dessus, s'avancent vers un troisieme pour le mal-traiter. Je le prouve, parce que leur mouvement peut avoir un bon motif, & que les apparences de mauvais motif ne sont pas plus fortes en cette rencontre, que dans l'exemple du Soldat & de la Coquette, comme on le reconnoîtra, si on compare bien ces choses.

Je vous prie de considérer présentement l'abyme où Monsieur Arnaud s'est jetté ; car il s'ensuit de ses principes, qu'on ne pourroit presque jamais juger de l'action de son prochain, sans faire un jugement temeraire, puisqu'on en feroit un fort criminel, en jugeant que les deux hommes dont j'ai parlé, auroient dessein de mal-traiter l'autre. Je m'assure qu'il se défiera désormais de ses lieux communs, voyant qu'ils prouvent trop, & qu'ils seroient fort propres à faire voir, que la plûpart des censures qui nous paroissent très-justes, sont fondées sur des jugemens téméraires, & que presque tout ce que les Peres de l'Eglise ont déclamé contre les Hérétiques de leur temps, étoit une espece de calomnie, puisqu'ils supposoient sans des preuves con-

convainquantes, telles que Monsieur Arnaud les veut, que les Hérétiques faisoient par de méchans motifs, ce qu'il étoit possible qu'ils fissent par de bons motifs, je veux dire, par les instincts de leur conscience. Voilà une assez bonne preuve, que l'Evangile ne nous défend pas d'avoir mauvaise opinion de notre prochain, lorsqu'un certain amas d'apparences très-plausibles fait contre lui. D'où je tire une puissante confirmation de ce que j'ai dit ci-dessus; savoir, qu'il faut faire une grande différence entre un Philosophe ou un Géometre, & un autre homme qui écrit populairement. Desorte que si l'on a dit, ou dans des Dialogues, ou dans des Lettres, que ceux qui abjurent notre Religion ne le font point par zele pour la vérité, on ne mérite pas pour cela l'accusation atroce de calomnie, que Mr. Arnaud intente à ceux qui font un semblable jugement; car on ne fait rien en cela que les honnêtes gens ne se soient toûjours permis lorsqu'ils ont été fondez sur une extrême vrai-semblance. Pour ne pas dire, que Mr. Arnaud ne parle point en détail des faits qui fortifient nos conjectures : S'il les a sçûs, il est fort blâmable de les avoir dissimulez: S'il ne les a point sçus, il nous permettra de lui dire, que ceux qui les savent sont plus en état que lui de juger des motifs des Conversions. J'entends par ces faits les violences exercées en plusieurs Provinces; les continuelles supercheries où l'on se voit exposé partout; la rigueur qu'il faut avoir contre les Relaps, &c.

IX.
...es pour ju-
...'un fait.

Avant que de passer à d'autres choses, permettez-moi de me prévaloir du témoigage d'un des amis de Monsieur Arnaud. Je parle de celui qui a composé *l'Art de penser.* Il nous a donné (*) quelques regles, pour bien conduire notre raison dans la créance des évenemens, qui dépendent de la foi humaine; & quoi qu'il déclare, qu'il *ne parle pas du jugement que l'on fait si une action est bonne ou mauvaise, digne de louange ou de blâme, parce que c'est à la Morale à le régler; mais seulement de celui que l'on porte touchant la verité ou la fausseté des évenemens humains, ce qui seul peut regarder la Logique;* encore, dis-je, qu'il fasse cette déclaration, il ne laisse pas de s'approcher de notre sujet. Car il ne s'agit pas tant ici de savoir si les nouveaux Convertis ont bien fait, que de savoir s'ils ont changé par un principe de conscience. J'avouë qu'on ne sauroit juger que leur changement n'a point eu de bon motif, qu'on ne juge en même temps qu'il ne vaut rien; mais cela n'empêche pas que notre première recherche ne soit, *s'il est vrai qu'ils ont eu de bons motifs.* C'est sur quoi tombe notre Dispute directement. Le reste vient par conséquence. Ainsi les regles de *l'Art de penser* peuvent être fort bien appliquées à cette Dispute. Voici le passage. Il me confirme dans mes pensées: » Pour juger de la vérité d'un évenement, » & me déterminer à le croire, ou à ne le pas » croire, il ne le faut pas considérer nuëment » & en lui-même, comme on feroit une pro- » position de Géometrie; mais il faut prendre » garde à toutes les circonstances qui l'accom- » pagnent, tant intérieures, qu'extérieures. » J'appelle circonstances intérieures, celles qui » appartiennent au fait même; & extérieures, » celles qui regardent les personnes par le témoi- » gnage desquelles nous sommes portez à le croi- » re. Cela étant fait, si toutes ces circonstan-

» ces sont telles, qu'il n'arrive jamais, ou fort » rarement, que de pareilles circonstances soient » accompagnées de fausseté, notre esprit se porte » naturellement à croire que cela est vrai, *& » il a raison de le faires surtout dans la conduite » de la vie, qui ne demande pas une plus grande » certitude que cette certitude morale, & qui se doit » même contenter en plusieurs rencontres de la plus » grande probabilité.*

» Que si au contraire ces circonstances ne font » pas telles qu'elles ne se trouvent fort sou- » vent avec la fausseté, la raison veut, ou que » nous demeurions en suspens, ou que nous te- » nions pour faux ce qu'on nous dit, *quand » nous ne voyons aucune apparence que cela soit » vrai, encore que nous n'y voyions pas une entiere » impossibilité.*

Voilà qui nous justifie, quand nous refusons de croire que les Païsans du Poitou se soient convertis sincerement. L'Auteur avoit déja parlé en ces termes dans la page précedente.

» Ces évenemens étant contingens de leur na- » ture, il seroit ridicule d'y chercher une vérité » nécessaire; & ainsi un homme seroit tout-à-fait » déraisonnable, qui n'en voudroit croire aucun » que quand on lui auroit fait voir, qu'il seroit » absolument nécessaire que la chose se fût passée » de la sorte.

» Et il ne seroit pas moins déraisonnable, s'il » me vouloit obliger d'en croire quelqu'un, com- » me seroit la conversion du Roy de la Chine » à la Religion Chretienne, par cette seule raison » que cela n'est pas impossible. Car un autre qui » m'assureroit du contraire se pouvant servir de » la même raison, il est clair que cela seul ne » pourroit pas me déterminer à croire l'un plû- » tôt que l'autre.

» Il faut donc poser pour une maxime certai- » ne & indubitable dans cette rencontre, que » la seule possibilité d'un évenement n'est pas » une raison suffisante pour me le faire croire, *» & que je puis aussi avoir raison de le croire, quoi- » que je ne juge pas impossible que le contraire soit » arrivé* : de sorte que de deux évenemens je » pourrai avoir raison de croire l'un, & de ne » pas croire l'autre, quoique je les croie tous » deux possibles.

» Mais par où me déterminerai-je donc à croi- » re l'un plûtôt que l'autre, si je les juge tous » deux possibles ? Ce sera par cette maxime (El- le est contenuë dans le premier passage que j'ay cité de la Logique de Port-Royal.)

On peut ruïner par ces maximes la prétention de Monsieur Arnaud, qui voudroit que les circonstances qui nous portent à croire la fausseté d'une conversion, ne fussent comptées pour rien, parce qu'après tout il est possible que cette conversion soit bonne. Je supplie le Lecteur de consulter dans cette même Logique (A) l'endroit où l'on parle des circonstances, qui nous donnent droit de croire qu'un certain Acte signé par deux Notaires est faux.

III. J'adjoûte cette troisieme remarque aux deux que j'ay déja faites, sur l'objection que je me suis proposée; c'est que si l'on veut soûtenir opiniatrement, que la loi de l'Evangile nous engage à être aussi réservez dans le jugement de notre prochain, que les Cartésiens le sont dans le jugement de la Nature, on posera comme une conséquence nécessaire, qu'il n'est pas permis de juger que les Huguenots se convertissent par un
bon

X.
Autre embar-
ras si l'on sou-
tient que l'évi-
dence est né-
cessaire pour
juger des faits.

(*) Part. 4. ch. 12.

(A) » 4. part. chap. 14.

bon motif. Je le prouve parce qu'on ne me sauroit nier, qu'il ne soit tout-à-fait possible qu'ils changent pour conserver, ou pour obtenir un emploi, ou pour quelque autre considération humaine. Mr. Arnaud ne me le niera pas ; car il se contente de prouver qu'il est possible qu'ils se convertissent par un motif de conscience, ce qui suppose évidemment qu'il ne doute pas que le contraire ne soit possible. Or selon la Maxime des Cartésiens, il ne faut jamais affirmer que ce que l'on conçoit clairement & distinctement être véritable. Il n'est donc point permis par cette maxime, d'assurer que les nouveaux Convertis sont sinceres, puisqu'il est possible qu'ils ne le soient pas, & que nous n'avons aucune évidence de ce qu'ils ont dans le cœur.

On me dira sans doute, qu'on n'a pas dessein de suivre l'exactitude de la Métaphysique Cartésienne à tous égards, & qu'on veut bien permettre à ceux qui ne peuvent s'empêcher de prendre parti, de juger des actions de l'homme, pourvû qu'ils suivent le génie de la charité Chretienne, qui penche toujours vers les interprétations favorables. En un mot, me dira-t-on, si vous avez tant d'envie de dire votre sentiment sur une action qui peut être attribuée à un bon & à un méchant motif, dîtes-le ; mais choisissez plûtôt le bon motif que le méchant. Avouons de bonne foi, Monsieur, que c'est ici le fort de nos Adversaires ; car nous ne saurions nier qu'il ne soit plus conforme au génie de l'Evangile, de juger charitablement des actions des autres hommes ; c'est-à-dire, de leur donner le tour le moins criminel que nous pouvons, que d'en juger séverement. Et c'est ce que j'avois en vûë, lorsque je vous ai dit que je prévoïois que j'accorderois quelque chose à la force de l'objection. Il me semble que nous ne devons pas faire le même jugement de tous ceux qui nous abandonnent, ni nous ériger en arbitres souverains du motif de leur changement, pour prononcer en dernier ressort, qu'ils sont tous des lâches ou des Hypocrites. On ne peut avec prudence prononcer cela que lorsqu'on connoît les mœurs des gens, l'état de leurs affaires, leurs passions, leurs desseins, la maniere dont ils ont été tentez, les suites de leur révolte, & choses semblables. Si le concours de ces circonstances ne nous éclaire, il vaut mieux suspendre son jugement, & adorer en silence le doigt de Dieu, qui trouve à propos d'humilier son Eglise de temps en temps, par la chute d'une partie de ceux qui étoient dans sa Communion extérieure. Tout ce que nous pouvons faire, sans blesser ni la justice, ni la charité, est de faire voir à ceux qui tirent avantage de la bonne vie de quelques-uns des prétendus Convertis, que ce sont tous signes équivoques. Le désintéressement que Monsieur de Turenne a témoigné après avoir abjuré sa créance, ni son empressement à faire des prosélytes, ne prouvent pas nécessairement la sincérité de sa conversion. Messieurs les Catholiques peuvent croire par charité ce qu'il leur plaira : mais il nous doit être permis de considérer, qu'un même effet peut venir de diverses causes, & de tenir en suspens notre jugement, à moins qu'un certain amas d'apparences très-fortes & très-plausibles, ne nous portât à juger. Si cela ne vous contente pas, je vous conseille de recourir à l'Auteur de *l'Esprit de Mr. Ar-*

naud, qui a décidé cette question épineuse avec son habileté ordinaire.

"Quand nous disons, dit-il, que ceux qui
" nous quittent, le font par intérêt, Monsieur
" Arnaud se récrie : (*) *On ne sait que penser,*
" *quand on entend parler des gens de la sorte.* Cela
" est bien peu judicieux. Quand ce que nous di-
" sons seroit faux, nous serions obligez de le
" croire & de le dire ; car il est certain que l'on
" ne quitte jamais une bonne Riligion pour une
" mauvaise, par un bon principe : l'intérêt &
" l'amour propre sont toûjours les premiers mo-
" biles de ces fausses Conversions ; & même en
" ceux qui croient changer par conscience, il se
" trouve toûjours un intérêt secret, & un amour
" propre déguisé, qui est le premier ressort de
" leurs mouvemens. Ou il faut que nous disions
" que les faux Convertis changent de Religion
" par intérêt, ou que nous avouïons qu'ils chan-
" gent, parce que leur conscience est pénétrée
" des lumieres de la Grace : Je ne vois pas de
" milieu. Nous ne saurions avouer le second : il
" faut donc que nous disions que le premier est
" vrai. Cependant cet homme parle, comme si
" nous faisions en cela un jugement souveraine-
" ment téméraire, & contraire à toutes les loix
" de la charité.

J'aurois bien des choses à dire, si je voulois examiner pourquoi les loix de la charité, qui nous engagent à donner plûtôt un tour favorable aux actions de notre prochain, qu'un tour désavantageux, sont si contraires à la raison. Mais je laisse à examiner cela à quelque Docteur en Théologie. Je me contente de prouver qu'il y a effectivement une grande différence à cet égard, entre les loix de la Raison, & celle de la charité.

Cette proposition, *l'homme est incomparablement plus porté au mal qu'au bien, & il se fait dans le monde incomparablement plus de mauvaises actions que de bonnes,* est aussi certaine qu'aucun principe de Métaphysique.

Il est donc incomparablement plus probable qu'une action faite par un homme, est mauvaise, qu'il n'est probable qu'elle soit bonne. Il est incomparablement plus probable que les secrets ressorts qui l'ont produite sont corrompus, qu'il n'est probable qu'ils soient honnêtes. (Je vous avertis que je parle d'une action qui n'est point mauvaise extérieurement.)

Donc la raison veut, que si nous connoissons simplement qu'une action a été faite par un homme ; c'est-à-dire, si nous ne connoissons pas le cœur de la personne qui l'a faite, nous jugions qu'il est incomparablement plus probable que cette action a eu de méchans motifs, qu'il n'est probable qu'elle ait eu de bons motifs.

Et cependant les loix de la charité veulent, qu'à moins d'avoir une connoissance très-probable de la méchanceté d'une action, nous jugions plûtôt qu'elle est bonne, que de juger qu'elle est mauvaise.

Donc la charité nous porte à faire tout le contraire de ce que la Raison veut. Ce n'est pas le seul sacrifice que la Religion nous ordonne de faire de notre Raison.

Il est certain que comme on démontre, qu'il est plus probable qu'un Particulier perdra dans les Loteries, qu'il n'est probable qu'il y gagnera, on peut démontrer aussi qu'il est plus probable,
qu'un

qu'un homme agit par des vûes intéressées &
artificieuses, qu'il n'est probable qu'il agisse par
un bon motif. Il seroit difficile de déterminer
en quelle proportion l'un est plus probable que
l'autre, parce qu'on ne connoît pas exactement
la proportion qu'il y a entre le bien & le mal,
cachez dans le fond du cœur. La matiere seroit
digne des recherches d'un subtil Mathématicien.

Mais laissons cette matiere, elle est trop
odieuse. Nous n'avons déja que trop de penchant
à juger mal de notre prochain. Il n'est nullement nécessaire qu'un Géometre nous vienne
fortifier dans cette passion maligne, par ses
supputations, & pas ses démonstrations.

VII. J'ai déja fait six (*) Réflexions sur l'A-
pologie de Monsieur Arnaud; en voici une septieme. On s'étonnera moins de ce qu'il a exposé toute son Eglise à la même accusation des jugemens téméraires qu'il nous intente, si l'on
prend garde qu'il n'a pû s'empêcher lui-même
d'agir contre la regle de ses lieux communs, dans
le même chapitre où il les étaloit si pompeusement. En voici la preuve. Il dit 1. qu'il y a plusieurs prétendus Réformez, qui ne savent si leur
Religion est bonne ou mauvaise, qui ne veulent
pas même s'en informer, & qui fuient ceux qui
leur en parlent, de-peur que cela ne leur donne
du scrupule. 2. Qu'il est présentement très-
commun de croire parmi nous, *qu'on peut être
sauvé partout pourvû qu'on soit Chretien.* 3. Que
les Ministres savent fort bien, que dès qu'un Religionnaire veut de bonne foi écouter ce que les
Catholiques lui peuvent dire, & y faire une attention sérieuse, il est à demi gagné, & ils le
comptent tellement comme perdu, qu'ils refusent
presque toûjours de conférer avec les Catholiques qui ont commencé de lui parler. Je dis,
Monsieur, que ce sont trois jugemens téméraires, qui selon la regle de Monsieur Arnaud,
doivent passer pour une calomnie manifeste.

Car premierement d'où sait-il qu'il y ait tant
de personnes parmi nous qui ne savent si leur
Religion est bonne ou mauvaise, & qui ne veulent pas même s'en informer? C'est attribuer aux
gens une très-criminelle disposition; il faudroit
donc en être bien assuré, quand on hazarde à
leur en faire des reproches. Mais comment le
peut-on être? Les Huguenots qui se convertissent, s'accusent-ils de cette effroïable indifférence? Cela n'est guéres apparent; car pour peu
qu'ils ayent d'esprit, ils doivent dire que celui
qui les a gagnez à Dieu, a fait une chose bien
mal-aisée, & les a retirez d'un bourbier où ils s'é-
toient bien enfoncez. La gloire du Convertisseur en devient plus grande, & on fait mieux
valoir son changement. Pour les Huguenots bêtes qui se convertissent, je pense qu'on ne leur
demande guéres les raisons qui les attachoient au
Calvinisme; & quand même ils n'allégueroient
aucunes raisons, il ne s'ensuivroit pas qu'ils
ayent été chancelans dans le parti; car c'est le
propre d'une infinité de personnes ignorantes, d'ê-
tre fermement persuadées de la bonté de leur Religion, quelle qu'elle soit, sans l'avoir jamais examinée contradictoirement. Pour les Huguenots
qui persévèrent, je ne pense pas qu'ils aillent faire confidence aux Catholiques de la disposition
criminelle dont parle Mr. Arnaud; & il seroit
bien embarrassé, s'il faloit qu'il donnât le nom

de ceux qui lui ont révélé ce beau secret.

On dira peut-être qu'on la sçû par raisonnement; savoir, parce qu'on a vû des gens de la Religion qui fuïoient ceux qui les vouloient instruire. Mais cette maniere de raisonner (A) seroit
la plus pitoïable du monde; car dans l'état où
sont les affaires des Réformez en France, ils devroient tous souhaiter que l'Eglise Romaine fût
la véritable Eglise, & que Dieu leur fît la grace
de reconnoître cette vérité. Desorte qu'il faut
que ceux qui refusent d'examiner si cette Eglise
est véritable, soient fermement persuadez qu'elle ne l'est pas, & que la Religion Réformée
est la vraie Eglise de Jésus-Christ. C'est cette
ferme persuasion qui les oblige à refuter toute
sorte d'éclaircissemens. Ils craignent que par
de fausses subtilitez on ne trouble le repos de
leur conscience, & qu'on ne leur rende moins
aimable la verité qu'ils ont résolus d'aimer toute
leur vie; ou bien ils craignent de scandaliser
leurs Freres par des Conférences avec des Prêtres; ou bien ils veulent éviter le péril de la tentation, n'ignorant pas qu'il faut avoir quelquefois une juste défiance de ses forces, & ne s'exposer pas à des Entretiens, où on cherche beaucoup plus le foible de nos passions, que le foible de notre doctrine. Messieurs de l'Eglise Romaine ne blâment pas leurs ignorans qui refusent
de lire nos Livres, ou de disputer avec nos Ministres, de-peur que cela ne leur jette des scrupules dans l'esprit. Ils leur commandent au contraire d'avoir cette prévoïance; & bien-loin de
les regarder comme ne sçachant s'ils sont dans la
bonne ou dans la mauvaise Religion, ils les
croient fermement persuadez de ce qu'ils professent, & touchez d'un grand désir d'en demeurer
toute leur vie fermement persuadez. Pourquoi ne
croient-ils pas à tout le moins, qu'il est très-possible qu'un homme de sa Religion qui refuse de
conférer avec un Prêtre, le fait par quelqu'une des
raisons que j'ai dites? Où est donc la preuve de ce
que Mr. Arnaud avance? Comment se peut-il
justifier d'avoir fait un jugement téméraire?

Je lui fais presque les mêmes difficultez à l'é-
gard du second article. Où sont les Huguenots
qui se vantent d'être persuadez qu'on peut se sauver dans toutes les Sectes du Christianisme? Ceux
qui nous quittent oseroient-ils bien se vanter d'a-
voir cru un dogme qui les devroit rendre suspects
à l'avenir? Car il seroit naturel de croire que
des gens qui auroient été imbus de cette maxime,
seroient passez dans la Communion de Rome,
seulement parce qu'elle surpasse les autres en prospérité temporelle. Ce n'est donc point un secret
dont les nouveaux Convertis fassent confidence
aux Convertisseurs. Il est assez évident que ceux
qui persévèrent dans notre parti, ne sont point
imbus de cette maxime, & qu'ils ne s'en vantent
point. On ne la prêche point parmi nous; on
ne la publie pas dans nos Livres. D'où est-ce
donc que Monsieur Arnaud a pris une accusation
si infâme, lui qui ne veut point que nous jugions en mal de notre prochain sur des soupçons, pourquoi le fait-il?

Le troisieme article est tout-à-fait téméraire,
car il accuse nos Ministres de trahir les lumieres
de leur conscience. C'est ce qu'il insinuë assez
clairement lorsqu'il dit, qu'ils savent assez que
dès qu'un Religionnaire écoute de bonne foi les
rai-

(*) „ Voyez ci-dessus la 3. Réflexion, Lett. XI. No. V.
(A) *Me verò delectas, idque primùm ita esse, deinde*
    etiamsi non sit, mihi tamen persuaderi velim. Cicero
    Tuscul. 1.

raisons des Catholiques, il est à demi converti. Ils savent donc que les raisons des Catholiques sont convainquantes, lorsqu'on les écoute de bonne foi, & par conséquent ils savent que l'Eglise Romaine est la vraie Eglise; & néanmoins ils ne se contentent pas des'en tenir éloignez, ils font tout ce qu'ils peuvent pour en éloigner les autres. C'est assurément la plus horrible méchanceté qui se puisse concevoir. Il seroit donc nécessaire d'avoir des preuves convainquantes, lorsqu'on en accuse les Ministres. Il faudroit ou qu'on leur eût ouï dire qu'ils sont dans cette criminelle disposition, ou qu'on le pût inferer clairement de leur doctrine, ou de leur conduite. Il est bien sûr qu'ils ne s'en sont point vantez. Leurs Livres, ni leurs Sermons ne l'ont point apris. Pour leur conduite, Mr. Arnaud ne nous marque que le refus qu'ils font de disputer avec les Convertisseurs. Mais c'est une preuve extrêmement foible à son égard, parce qu'il est très-possible de donner une autre cause très-vraisemblable à ce refus, & qui est en effet la véritable. C'est que nous croïons qu'une personne, qui demande que pour l'éclaircissement de ses doutes un Ministre veuille conférer avec un Prêtre, n'a pour but que de faire connoître au monde, en changeant de Religion à la sortie de la Conférence, que le Ministre a été battu. Franchement nous soupçonnons que ces personnes ont déja conclu leur marché, & qu'elles ne cherchent qu'un triomphe à Mr. le Missionnaire, un procès au pauvre Ministre, & à elles-mêmes la loüange de ne s'être renduës qu'à la verité bien combatuë, & mieux défenduë. On se trompe peut-être quelquefois dans ce jugement; mais quoiqu'il en soit, cette erreur est seule capable d'obliger un Ministre à n'entrer point en Dispute. Pourquoi donc Mr. Arnaud attribuë-t-il ce refus à une cause plus criminelle? Ne se declare-t-il-pas lui-même calomniateur, en vertu de ses propres maximes? C'est un grand hazard, dit-il, si de tout ce nombre de Convertis l'Auteur de la *Politique du Clergé* en connoît 40. ou 50. Je crois que c'est un plus grand hazard, si Monsieur Arnaud connoît 40. ou 50. personnes de la Religion, & s'il a de sa vie vû un Ministre.

VIII. Ma derniere Réflexion est plus importante que les autres; je vous supplie, Monsieur, de la bien peser. Le but de Monsieur Arnaud est de justifier le Conseil du Roi, mais il n'en sauroit venir à bout. Car quand nous lui accorderions qu'il est possible que les peines à quoi on soûmet ceux de notre Religion, en avertissent plusieurs de se faire instruire soigneusement, & les conduisent par-là au giron de l'Eglise Catholique par un motif de conscience; quand nous lui accorderions que nous sommes coupables d'un jugement téméraire très-criminel, & d'une calomnie manifeste, pour avoir dit que presque tous les nouveaux Convertis sont des gens sans Religion, il ne s'ensuivroit pas que les Arrêts qu'on a rendus contre nous, & la conduite que l'on tient à notre égard, fussent justes. Nous pourrons être blâmables dans nos plaintes & dans nos accusations, sans que ceux qui ont surpris tous ces Arrêts, & inspiré cette conduite, soient excusables. En voici la preuve.

On peut démontrer qu'il est très-probable, que ces Arrêts & cette conduite sont cause d'un très-grand nombre de profanations, de sacriléges, d'hypocrisies, & de troubles de conscience.

Donc c'est un crime de faire donner & exé-cuter ces Arrêts, de la maniere que l'on s'y prend.

La premiere de ces deux propositions paroîtra indubitable, à tous ceux qui prendront la peine de considérer la corruption énorme du cœur de l'homme. C'est le joüet de mille passions criminelles; c'est la proye de l'avarice, de l'ambition, & de l'envie; c'est le thrône d'un désir insa iable de la volupté, auquel on sacrifie tout.

Un petit nombre de gens se délivrent de cette contagion infernale, par une assistance particuliere de l'esprit de Dieu, ou par leur tempérament. Quelques autres se contraignent par les égards qu'ils ont pour l'honneur du monde; & s'ils perdent quelque chose d'un côté, ils s'en dédommagent de l'autre en s'abandonnant à tous les plaisirs qui ne sont point accompagnez d'infamie. D'autres craignent la justice humaine, & c'est la seule raison pourquoi ils ne sont pas plus méchans. Je n'ay point besoin d'exagerer, la chose est trop manifeste; il ne faut qu'avoir des yeux & des oreilles, pour être convaincu de la corruption déplorable du genre humain: ce n'est pas d'aujourd'hui que ce mal regne dans le monde: l'Histoire de tous les siecles ne nous parle d'autre chose. C'est donc une Démonstration *à posteriori*, que l'homme est une source inépuisable de passions impures & déréglées. Or il s'ensuit de-là manifestement, qu'il est très-probable (je pourrois me servir d'un terme plus fort, si je n'aimois mieux relâcher un peu de mon droit, que m'en servir dans toute son étenduë) que quantité d'hommes se porteront à de mauvaises actions, lorsqu'ils n'auront rien à craindre de la part des Magistrats, s'ils les commettent; lorsqu'ils auront des récompenses en les commettant, & lorsqu'ils craindront d'être malheureux, s'ils ne les commettent.

Je raisonne présentement de cette maniere. Les Arrêts qui ont été rendus contre ceux de la Religion, & la conduite que l'on observe à leur égard, leur font voir, qu'en faisant semblant de se convertir ils se procureront des avantages considérables, & se délivreront d'une infinité de traverses; qu'ils feront un grand plaisir à leur Prince, adoré dans ses Etats, admiré par tout l'Univers, & rempli d'une abondance inépuisable de graces qu'il peut faire à qui bon lui semble; qu'ils seront loüez d'avoir secoüé le joug de l'Hérésie; qu'ils seront protégez & avancez, & qu'ils n'auront plus à craindre la persécution. Il faudroit entierement méconnoître le cœur de l'homme, pour n'être pas persuadé que plusieurs font semblant de se convertir à ce prix-là. (*) Or il est si indubitable que ces faux-semblans sont accompagnez de profanations, de sacriléges, d'hypocrisies & de troubles de conscience, qu'il seroit ridicule de s'amuser à le prouver. Voyez si le P. Rapin a eu raison d'étaler au Cardinal Cibo, comme un glorieux triomphe de l'Eglise Catholique, la conquête de plus de 50. mille Huguenots qui ont abjuré leurs erreurs, *en partie par la crainte des peines, & en partie par l'espoir des récompenses?*

Qu'on ne me vienne point dire, qu'il est possible que ces inconvéniens n'arrivent point, car ce n'est pas une excuse suffisante. Il suffit, pour condamner la conduite dont nous parlons, qu'il soit très-probable qu'elle fera naître ces grands inconvéniens. Une conscience droite n'aprouve ni les choses qui produisent infailliblement le

mal,

---

mal, ni celles qui selon toutes les apparences le produiront. J'avoüe que les moyens dont Dieu nous commande de nous servir, pour exécuter un dessein, doivent être mis en usage, quoiqu'on prévoie qu'il en arrivera du désordre; mais il n'en va pas de même de ceux que les hommes inventent. Il faut les supprimer entierement, lorsqu'ils sont propres à faire commettre plusieurs crimes, quelque utilité qui en pût naître d'ailleurs. C'est une maxime indubitable, qu'il n'est pas permis à l'homme d'aller au bien par le mal, & personne ne peut soutenir que la diversité des Religions soit un de ces maux, pour la guérison desquels Dieu nous permet toute sorte de remedes. J'ajoûte cela afin qu'on ne me vienne pas alléguer, qu'il doit être permis aux Princes de sauver par le sacrifice de quelques-uns, l'Etat & la vérité menacez d'une ruïne totale & infaillible.

S'il étoit permis d'employer toutes sortes de moyens pour ôter la diversité des Religions, on pourroit y employer la voie des armes, & des supplices les plus énormes; mais cette doctrine qui a long-temps régné dans l'Europe, commence depuis quelque temps à être décréditée par la force des preuves qui la combatrent. On pourroit aussi se servir du Tribunal de l'Inquisition, que les Rois de France n'ont jamais voulu laisser introduire dans leur Royaume. Si vous en voulez savoir une raison, Mr. de Priezac, Conseiller d'Etat, vous la dira dans sa réponse à un sanglant Livre composé contre la France, par le célebre Jansenius, sous le titre de *Alexandri Patricii Armacani, Theologi, Mars Gallicus.* On n'avoit pas oublié de reprocher à Loüis le Juste, dans ce libelle, ses alliances avec les Suédois & avec les Hollandois, & les Edits qu'il avoit renouvellez en faveur des Calvinistes de son Royaume. On n'avoit pas oublié non plus d'opposer à cet esprit de tolérance, l'Inquisition Espagnolle. Mais voici la réponse de Monsieur de Priezac. *Dieu ne lance point sa foudre sur la multitude des pécheurs, ni n'ensevelit point la terre sous les eaux du déluge, il tolere plusieurs choses qu'il désaprouve. La Foi est un don infus qui vient de lui, & un rayon de son éternelle lumiere; c'est pourquoi il faut la faire entrer dans l'esprit par la voie de la persuasion & de l'instruction, & non pas par la voie du commandement, de la force, & des menaces. Un Roi ne peut pas dominer sur les esprits; ils sont désobéissans de leur nature, & leur mouvement de feu les porte vers les choses qu'on leur défend.* (*) *La France rejette les Inquisiteurs, & les abhorre; car ils ne sont propres qu'à faire masquer les gens, & ce sont de Saints Espions qui attachent plus de personnes aux intérêts du Roi d'Espagne, qu'au service de Dieu.* Le grand nombre d'Infideles qui sont en Espagne déguisez en Chretiens, justifie cette réponse. Ne vaudroit-il pas bien mieux permettre à ces Mécréans de se démasquer, que de leur faire profaner les choses saintes? N'est-il pas bien édifiant de voir des Religieux en ce païs-là, qui après avoir dit vingt ans la Messe, & avoir mê-

me enseigné publiquement la Théologie, déclarent à l'article de la mort, (A) *qu'ils sont Juifs de créance, bien que Chretiens de profession:* ou qui à l'ouverture de l'assemblée générale de leur Ordre déclarent, *qu'il y a quinze ans qu'ils sont Religieux, mais qu'il n'y en a que cinq qu'ils sont Chretien?* Voilà le bel effet de la contrainte sur le chapitre de la Religion; voilà ce qu'on doit attendre à proportion des Maximes des Convertisseurs de France.

Je ne saurois m'empêcher de remarquer en passant une contradiction visible de Monsieur de Priezac. Vous avez vû qu'il a dit en propres termes dans la page 154. pour louer la conduite modérée du Roi Loüis XIII. envers ses Sujets de la Religion, (B) *qu'il faut persuader la Foi par des instructions & des avertissemens, & non pas la commander l'épée à la main, ou avec menaces.* Cependant il avoit représenté dans la page 151. comme des exploits très-glorieux aux Rois de France, les efforts qu'ils avoient faits d'exterminer les Hérétiques par la voie des armes, & il avoit ajouté qu'ils n'avoient changé de méthode, que parce que les remedes violens ne leur avoient pas réüssi, (c) de sorte qu'ils avoient fait comme les Médecins habiles, qui voyant que les saignées, les fers chauds, la coupure des Membres, & les brûlures, ne font qu'envenimer la playe, recourent à des lénitifs. N'est-ce pas bien faire voir qu'on a pratiqué ce qu'il loüe tant dans la page 154?

Je finis ici ma dispute avec Monsieur Arnaud. Je suis fâché d'avoir été si prolixe; mais c'est un défaut dont je ne me saurois corriger, quelque envie que j'en aye. La peur que j'ay que toutes sortes de Lecteurs ne m'entendent pas, contribuë beaucoup à ma longueur excessive. J'en ai moins de honte, depuis que j'ay vû dans un Livre de Monsieur Arnaud imprimé depuis quatre jours, qu'il fait excuse de la grosseur de son Ouvrage sur une semblable défiance. Je vous conseille de lire ce Livre-là. C'est une Replique à l'Auteur *de la Recherche de la verité,* touchant la nature des idées. La matiere est fort abstraite comme vous savez; on n'a que faire-là si on n'est bon Philosophe, ou si l'on n'aime les raisonnemens bien poussez. Je vous dis donc une douceur en vous conseillant cette lecture.

Au reste vous ne me reprocherez pas d'avoir entrepris cette réponse à un Chapitre de l'Apologie de Monsieur Arnaud, par la vanité de disputer avec un homme si habile & si célebre; car j'ay été obligé d'entrer dans cette Dispute, non seulement parce que j'avois dit quelque chose dans la Critique Générale, contre les manieres de convertir les Huguenots, lesquelles Mr. Arnaud a tâché de justifier; mais aussi parce que vous m'avez envoyé une objection, qui a exigé de moi que j'examinasse ses pensées là-dessus. Voi-ci l'objection.

Neu-

(*) *Inquisitores autem fidei respuit Gallia, eorumque oculos horret & expavet, fictiones quippe ea res inducit, & per hos sacros indagatores Hispani Reges plures purpura sua quàm Dei cultores efficiunt.* Vindiciæ Gallicæ, p. 154.

(A) ,, Balzac, Apol. contre le Doct. de Louvain.

(B) *Suadenda est, non imperanda, oratione quidem non ferro, docendo non jubendo, monendo non minando.* Vindic. Gall. ibid.

(c) *Fecerunt illi quod periti solent Medici, qui cum ustionibus, ferro candente, detractioneque sanguinis non morbum jam adultum & prævalidum, sed ægrotum ipsum furiosum confici, & oscitantem dolorem exulcerari potius quàm permulceri vident, mitiora parant fomenta, nec ultra feriunt venas, nec membris manus admovent, nec acri medicamine pestiferam edacemque serpiginem naturam relinquendam lacessunt.* Id. p. 151.

NEUVIEME OBJECTION.

» N'Est-ce pas être bien hardi, que d'assu-
» rer (*) que tous les changemens de Re-
» ligion, que l'on a vus dans ces dernieres an-
» nées, sont feints ? A quoi songe cet Auteur
» de juger ainsi de la conscience de son pro-
» chain ? Les violences dont il se plaint, les ar-
» tifices, les promesses, & les libéralitez de
» Messieurs les Convertisseurs, ne peuvent-elles
» pas être des occasions pour se faire instruire ?
» Qu'il voie, qu'il voie ce qu'en a dit Monsieur
» Arnaud, & il aprendra à parler plus sagement
» une autrefois.

On l'a vû, on l'a vû, selon leur ordre ;
& s'il a falu aprendre quelque chose, on n'a
pas eu honte de le témoigner. Je suis votre,
&c.

❖❖❖❖❖❖❖❖❖❖❖❖❖❖❖❖❖

LETTRE XIII.

Où il est parlé des motifs de la Noblesse de
France, tant pour rejetter la Réformation,
que pour l'embrasser.

I. *Jugement sur les Lettres précedentes. Difficulté
de contenter le Public.* II. *Ce que l'on disoit de
la Noblesse, qui abandonna l'Eglise Romaine dans
le dernier siecle.* III. *Il faut juger des Grands
Seigneurs qui changent de Religion, autrement
que des autres hommes.* IV. *Si l'on peut demander par quels motifs on demeure dans la Religion où l'on est né, comme on peut demander
par quels motifs on la quitte.* V. *L'accusation
de témérité, que l'on intente à ceux qui embrasserent la Reformation, retorquée contre ceux qui
ne l'embrasserent pas.* VI. *Considération des motifs qui retinrent la Noblesse dans la Communion
de Rome. Discours du Connétable de Montmorenci à son fils.* VII. *S'il faut souhaiter plûtôt l'établissement de la verité, que la tranquillité de l'Etat.* VIII. *Le changement de Religion
n'entraîne point celui du Gouvernement.* IX.
Autre motif du Connétable. X. *Ceux qui disent que le Christianisme n'est point aujourd'hui
tel qu'anciennement, sont plus croyables sans preuves que ceux qui disent le contraire. Exemples
de changement.* XI. *Même dans la Religion.*
XII. *Exception à la maxime, c'est à celui qui
accuse à prouver son accusation.* XIII. *Les
Bénefices empêcherent plusieurs Prélats de se réformer. Abus dans les Bénefices.* XIV. *Conférence avec le Roy de Navarre.*

MONSIEUR,

Je crois avec ceux de vos amis, à qui vous
avez montré mes Lettres, qu'elles n'auront pas
beaucoup de succès. C'est me traiter en ami que
de ne me point cacher les conjectures de ces Messieurs. Je vous en remercie très-humblement,
& je vous supplie de croire que si quelque chose m'en chagrine, c'est de ne savoir pas comment je profiterai de leurs avis. Je n'y vois

qu'un seul remede, qui est de ne rien faire imprimer ; car pour ce qu'ils disent, que la plûpart de ces Lettres sont trop longues, & sur des
sujets qui ont été si rebatus qu'on en est las,
& dégarnies de la gayete & de certains petits
agrémens qu'ils croient que l'on a trouvez dans
la Critique Générale, je ne vois pas que j'y
puisse remedier. Je n'ai pas le temps d'en faire
d'autres, & j'en aurois fait plûtôt d'autres, que
de mettre celles-ci en l'état où on les voudroit.
Les matieres que j'ai traitées ne sont pas susceptibles de la gayeté qu'on demande. Je me suis
bien apperçu moi-même, qu'un si long sérieux
endormiroit le Lecteur ; mais je prévoyois en
même-temps le dépit de quelques autres, si je
perdois ma gravité. Si j'abrege, je crains qu'il
ne m'arrive de retrancher le meilleur, ou de n'ê-
tre pas entendu de tous ceux qui se donneront
la peine de lire ce que j'écris. J'ai éprouvé plus
d'une fois, que quand j'ai voulu m'exprimer en
peu de paroles, on s'est plaint que l'on ne m'entendoit pas. (A) En verité on ne sait guéres à
quoi on s'engage, quand on entreprend de faire des Livres ; & si j'étois à commencer, j'y
renoncerois pour toûjours ; car le moyen de contenter un Public où il se trouve des humeurs si
différentes ? Savez-vous ce que nous ferons ?
Après avoir travaillé jusques ici pour les personnes graves & sérieuses, donnons quelque chose
désormais à ceux qui aiment à trouver dans les
Livres une honnête récréation. Vous n'aurez
garde de me désaprouver en cela, puisque je ne
ferai que suivre votre conseil.

DIXIEME OBJECTION.

» ON n'a jamais pû mieux connoître que
» dans ces dernieres années, vous disoit-
» on, que votre Secte se sert de double mesu-
» re, & de double poids. Car voilà l'Auteur
» de la Critique Générale, qui ne peut pas sou-
» frir que Monsieur Maimbourg attribuë à des
» motifs humains, l'abandon que tant de gens
» firent de l'Eglise Romaine dans le dernier sie-
» cle ; & cependant il attribuë à cette sorte de
» motifs, l'abandon que l'on fait du Calvinisme
» sous le Regne de Loüis LE GRAND. Il faut
» n'avoir guéres bonne opinion du Public, pour
» oser tenir une conduite si inégale. L'Auteur
» a-t-il bien pû se promettre qu'on lui pardon-
» neroit cette faute ?

Nous voilà donc encore sur les motifs des
conversions. Je crains que nous n'ayons jamais
fait, tant cette matiere me paroit inépuisable.
Apportons-y le plus d'ordre qu'il se pourra, &
commençons par le jugement que nos Adversaires ont porté de ceux qui se réformerent dans le
dernier siecle. Nous avons déja vû en général
(B) en un autre endroit, ce que Mr. Maimbourg a débité touchant les motifs des Moines,
des Prêtres, & du peuple. Voyons présentement
ce que l'on disoit de la Noblesse.

Mr. de Varillas nous apprend, (c) lorsqu'il
parle de l'Armée des Calvinistes, & de ses principaux Officiers, qu'on prétendoit que le Comte de Grammont *cherchoit à vanger la mort du
Vidame de Chartres, son Oncle, dont il croyoit que
la Maison de Guise fût coupable : Que le Comte
de la Rochefoucaut avoit embrassé le Calvinisme,*

(*) » Crit. Génér. Lettre VIII. No. IV.
(A) *Brevis esse laboro,*
Obscurus fio. Horatius.

(B) » Crit. Génér. Lettr. IX. No. I. & VI.
(C) » Hist. de Charl. IX. l. 3. p. 161. édit. de Holl.

me, afin d'épouser *la belle-sœur du Prince de Con-dé, qui ne lui avoit été promise qu'à cette condition: Que le Vicomte de Rohan espéroit d'épouser la fille unique de Soubise: Que les deux Genlis, Freres, croyoient être intéressez à défendre le Cal-vinisme, parce que Calvin étoit fils d'un de leurs Domestiques, & qu'il étoit né dans leur maison: Que Pienne vouloit tirer par les armes la répara-tion de l'injure faite par le Connétable à sa sœur, lorsqu'il avoit rompu son mariage avec le Maré-chal de Montmorenci. Voilà* (continuë Monsieur de Varillas) *les motifs qu'attribuoient aux princi-paux Officiers de l'Armée Calviniste, ceux qui ju-geoient la Noblesse Françoise trop ignorante, pour se déterminer prudemment, & avec connoissance de cause, en matiere de Foi.* Il dit dans un autre (*) lieu, que le Baron des Adrets s'engagea dans no-tre parti par la raison principalement, qu'il sou-haitoit *de se vanger de la Maison de Guise, qu'il soupçonnoit avoir empêché la Cour de lui rendre jus-tice, contre le Vidame d'Amiens.* (A)

Monsieur Maimbourg avoit déjà remarqué (B) la même chose touchant ce Baron; & pour ce qui regarde les autres Seigneurs Huguenots, il prétend qu'ils entrerent dans le parti (c) *non point par motif de conscience & de Religion; mais par engagement d'amitié, d'alliance, d'intérêt, ou de haine & d'inimitié contre ceux de Guise.* Il insi-nuë que l'amour du Cardinal de Châtillon pour la Demoiselle de Haute-ville, une des filles d'honneur de la Duchesse de Savoye, (D) contri-bua fort à son changement de Religion. Il dit que Jaques Paul Spifame, Evêque de Nevers se fit Huguenot, (E) *pour avoir la liberté d'épouser une belle Huguenote qu'il aimoit éperdûment:* & il avoit dit dans l'Histoire de l'Arrianisme (F), que l'Evêque des Cinq-Eglises, André Dudithius, l'un des plus habiles hommes de son siecle, étant devenu éperdûment amoureux d'une belle Po-lonoise, à la Cour Du Roy Sigismond Augus-te, où il étoit allé en Ambassade de la part de l'Empereur Maximilien, se laissa tellement em-porter à cette folle passion, que pour épouser cette Demoiselle, il se fit Calviniste. Voilà bien des femmes qui nous ont gagné des hommes dans l'autre siecle. Le même Auteur nous a dit dans l'Histoire de la Ligue, qu'il y a de l'apparence que Claude de la Trimouille se fit Huguenot, bien plus parce qu'il avoit une sœur qui étoit recherchée par le Prince de Condé, que par un motif de conscience & de Religion. Il a dit aussi que cette sœur se fit Huguenote pour avoir l'honneur d'épouser le Prince, & il a joint à cela une exclamation morale. Que je voudrois savoir sur toutes choses le sentiment de Mr. Arnaud, qui les a si fort combatuës sans y pen-ser, dans son Apologie pour les nouveaux Con-vertis!

III. *Il faut juger des Grands qui changent de Religion aussi-bien que les autres hommes.*

Ne vous attendez pas. Monsieur, à me voir faire l'Apologie de nos Grands Seigneurs, com-me dans la neuvieme Lettre de la Critique Gé-nérale, j'ai fait l'Apologie des Moines & des Ecclésiastiques, que l'on accuse de n'avoir quit-té l'Eglise Romaine, qu'afin de se marier. Je reconnois une grande différence entre ceux-ci, & ceux-là; & quoique je ne détermine rien tou-chant les motifs, qui ont porté plusieurs person-nes de la principale Noblesse de France, à se fai-re Calvinistes, je n'e voudrois pas fort soûtenir que les motifs rapportez par Monsieur de Varil-las, leur sont faussement attribuez. On n'avoit pas tout le tort que l'on s'imagine de juger de la Noblesse Françoise trop ignorante, pour se dé-terminer avec connoissance de cause, en matiere de Religion; mais je voudrois que l'on ne se fût pas contenté de faire ce jugement de la No-blesse Calviniste; car en ne disant rien de celle qui persévéroit dans la Communion Romaine, il semble qu'on la loûë d'avoir persévéré par de bons motifs, & rien n'est plus faux que cela.

IV. *Si on peut demander pourquoi on demeure dans la Religion où on est né, comme on peut demander pourquoi on l'a quitté.*

On ne peut pas me répondre, qu'il n'a pas été nécessaire de faire mention des motifs qui ont retenu les Catholiques dans la Religion de leurs Peres, comme il a falu faire mention des motifs qui ont porté quelques-uns à l'abandon-ner; on ne peut pas, dis-je, me répondre cela; car encore que généralement parlant il soit plus juste de demander pourquoi on change de con-duite, que pourquoi on continuë dans les mê-mes manieres, il est néanmoins fort vrai qu'il y a des occasions, où il est aussi nécessaire d'exami-ner pourquoi on ne change pas de conduite, que pourquoi on en change; & alors ceux qui per-séverent dans leur premier train, sans de bonnes & de grandes raisons, ne sont pas moins blâma-bles que ceux qui changent sans un légitime su-jet. Jamais il n'y a eu des occasions de cette na-ture plus importantes, que lorsque Luther & Calvin prêcherent contre l'Eglise Romaine. A-vant cela un Gentilhomme qui n'examinoit point sa Religion, pouvoit dire pour son excuse, que la voyant aprouvée de tout le monde, il ne s'a-visoit point de douter qu'elle ne fût la seule & la veritable Eglise de Dieu. Mais quand les ac-cusations atroces, que les Predicateurs Protestans intentoit à cette Eglise, eurent fait une si for-te impression sur les esprits, que non seulement des Royaumes tout entiers l'abandonnerent; mais aussi plusieurs personnes de savoir & de probité, dans des païs où il leur en coutoit la vie; il fut d'une nécessité absoluë à ce Gentilhomme d'e-xaminer sa Religion, & de chercher s'il n'étoit pas plus important pour son salut de la quitter, que de ne la quitter pas. Soit qu'il l'ait quittée, soit qu'il y ait persévéré, il est clair qu'il s'est rendu juge des accusations intentées à cette Egli-se par les Protestans. S'il l'a quittée, il a ju-gé que les accusations étoient justes; s'il ne l'a point quittée, il a jugé qu'elles étoient injustes: desorte qu'il est aussi nécessaire de demander les motifs, qui ont obligé une partie de la Noblesse Françoise à demeurer dans l'ancienne Reli-gion, que de demander les motifs qui ont obli-gé l'autre partie à se faire Calviniste.

On

(*) „P. 197.
(A) „MS. On voit dans l'Histor. de Socrate l. 3. p. m.
„200. que Porphyre se fit Payen de colere, ayant été
„battu par quelques Chretiens. St. Cyran contre Ga-
„rasse l. 2. p. 176. cite le passage en Latin, portant
„seulement qu'il avoit été censuré, *reprehensus*. Le
„Roman du Prince de Condé p. m. 12. lui fait dire,
„que si les Guises se faisoient Huguenots, le lende-
„main il se feroit Catholique. Cela se raporte à un sou-
„hait du Pape, raporté dans un Ecrit sur l'insulte faite
„par le Mar. de Montmor. au Card. de Lorr. p. 111.

„Dans le même Livre, on introduit ce Cardinal di-
„sant qu'il savoit que Mlle de Guise étoit de la Reli-
„gion, & qu'elle fesoit instruire &c. & on lui avouë
„qu'il fesoit accroire cela aux Allemands. Monluc.
„Mem. p. 217. l. 6. avouë l'ambition des Chefs de
„part & d'autre.
(B) „Hist. du Calv. p. 272.
(c) „P. 264.
(D) „P. 199.
(E) „P. 108.
(F) „Livr. 12.

Lettre
XIII.
V.
L'accusation
de témerité
que l'on inten-
te à ceux qui
embrasserent
la Réforme, re-
torquée con-
tre ceux qui
ne l'embrasse-
rent pas.

On peut voir par-là en passant, que la difficulté qu'on nous fait, sur ce qu'il y a eu des
Villes où la Réformation a été reçûë par une decret des habitans, & à la pluralité des suffrages,
peut être fort bien retorquée contre les Catholiques Romains. Quelle témerité, disent-ils, &
quel orgueil insupportable n'est-ce pas, qu'une
troupe de Paysans & de Bourgeois entreprenne
de décider, que la doctrine de Calvin est meilleure que celle de Rome ? N'est-ce pas décider
que Calvin a mieux entendu l'Ecriture lui seul,
que tous les Peres, que tous les Docteurs & que
tous les Conciles qui ont été depuis Jésus-Christ ?
Et n'est-ce pas décider cela, sans avoir jamais lû
ni les Originaux de l'Ecriture, ni les interprétations de ceux qui ont précédé Calvin ? C'est
ce que l'on nous objecte d'un air plein de confiance, & tout-à-fait insultant. Mais nous pouvons dire a-peu-près les mêmes choses contre les
Villes, qui ayant mis en délibération si elles imi-
teroient celles qui s'étoient réformées, con-
cluoient ou à la pluralité des suffrages, ou d'un
consentement unanime, que l'on laisseroit les
choses comme elles étoient. N'est-ce pas une témérité insuportable (pouvons-nous-dire) qu'u-
ne troupe de Paysans & de Bourgeois entreprenne
de décider, que la doctrine qui lui a été enseignée par son Curé, est meilleure que celle de
Calvin ? N'est-ce pas décider que Calvin a interprété les Ecritures autrement qui'il ne faut,
& que ne les ont interprétées les anciens Docteurs
& les Conciles ? Et n'est-ce pas décider cela,
sans avoir jamais lû ni les Ecritures, ni les anciens Interpretes, ni les Conciles ? Si on me répond, que pour connoître certainement que la
Doctrine de Calvin est fausse, il suffit de savoir
qu'elle est nouvelle ; je demande si ce n'est pas
une témerité prodigieuse à cette troupe de Bourgeois & de Paysans, de décider qu'une doctrine
est nouvelle, sans avoir jamais lû quoique ce
soit de l'Antiquité ? Se peut-il une injustice plus
criante que de condamner un homme de nouveauté, sans avoir pris la peine d'examiner s'il se
trompe, lorsqu'il se vante dans des Livres publiez, de s'être rendu conforme à la primitive
Eglise, en retranchant une infinité d'innovations
que l'Eglise Romaine avoit adoptées ?

Qu'on en dise ce qu'on voudra, il est certain
que les Païsans qui demeurent Catholiques, furent non seulement aussi décisifs que ceux qui se
réformerent, mais aussi beaucoup plus hardis
dans leurs décisions. Car ils déciderent à tout le
moins, que ce qu'ils croyoient avoit toûjours été
cru, & ils n'eurent point d'autre fondement de
leur décision que le témoignage de leur Curé ;
desorte que même après la tenuë du fameux Concile de Trente, ils ne pouvoient raisonner que
comme ceci : *Le dernier Concile a enseigné ce qui
a toûjours été cru dans l'Eglise ; mon Curé m'enseigne ce que le dernier Concile a enseigné ; je crois
ce que mon Curé m'enseigne ; donc je crois ce qui a toûjours été cru dans l'Eglise.* Afin que la derniere
proposition soit certaine, il faut être sûr de la
premiere & de la seconde. Or un Paysan n'en est
sûr, qu'à cause qu'il croit sur le témoignage de
son Curé que l'Eglise est infaillible, & que la
doctrine de son Curé est conforme aux décisions
du dernier Concile. Ainsi on ne peut nier que
la décision du Paysan ne soit toute fondée sur
le témoignage de son Curé. Or comme c'est la
plus étrange de toutes les témérirez, qu'un Pay-

san qui ne sait ni A ni B, qui n'a jamais lû ni
ouï lire, décide néanmoins sur le témoignage de
son Curé, qu'on a toûjours cru ce qu'il croit,
& que ceux qui disent que la Foi s'est alterée de
temps en temps, sont des calomniateurs ; il s'ensuit que nos Adversaires n'évitent pas la difficulté, qu'ils croient nous proposer comme très-em-
barrassante. Mais je reviens à la Noblesse Françoise.

VI.
Motifs qui tin-
rent la Noblef-
se dans la
Communion
de Rome. Dif-
cours du Con-
nétable de
Montmorenci
à son fils.

Si nous supposions que celle qui ne se fit point
Calviniste, persévéra dans sa Religion, parce
qu'elle crut que la Foi de ce temps-là étoit la
même que celle de l'Eglise Chretienne de tous
les siecles, nous lui ferions assurément beaucoup
de grace ; car il est fort apparent que plusieurs Seigneurs se servirent de morifs moins raisonnables
que celui-là. Ecoutons la réponse que le Connétable de Montmorenci fit au Maréchal de
Montmorenci, son fils aîné. Le Maréchal lui représentoit les avantages qui arriveroient à leur
Maison, si elle ne se mêloit pas dans la querelle des Châtillons & des Guises. (*) *Son Discours
étoit si pressant, que le Connétable incapable de revenir, n'y répondit qu'indirectement. Il dit à son fils
d'un ton qui lui défendoit de repliquer, qu'il avoit
assez vécu pour aprendre que les Etats ne changeoient
point de Religion sans changer de forme, & que si les
Calvinistes obtenoient enfin la liberté qu'ils prétendoient, la Monarchie dégénereroit du moins en Démocratie, si elle ne passoit jusqu'à l'Anarchie. Qu'il
étoit redevable de sa fortune à François I. & que
tant que les petits-fils de ce Prince vivroient, il étoit
résolu par reconnoissance autant que par devoir, de
dépenser tout son bien, & de répandre tout son sang
pour les maintenir sur le Thrône. Qu'il n'appré-
hendoit point qu'ils lui ôtassent ce qu'il tenoit de la
liberalité de leur Pere & de leur Ayeul, & que
quand il n'y auroit que le seul motif de conserver
la réputation des trois derniers Rois, il ne consen-
tiroit jamais que l'on permît dans leur Royaume,
la profession d'un culte qu'ils avoient si souvent puni par le fer & par le feu.* Il n'y a pas un seul
mot qui aille tout droit à Dieu, dans ce discours du Connétable. La seule raison pourquoi
il veut soutenir l'Eglise Romaine, est qu'il se
figure 1. Que la conservation de la Monarchie
dépend de la conservation de cette Eglise. 2. Que
les Calvinistes établiroient une forme de gouvernement, qui seroit la ruïne de la grandeur des
Montmorencis. 3. Que les biens immenses qu'il
avoit reçus de François I. & de Henri II. l'engagent à maintenir sur le Trône leur postérité. 4.
Qu'il n'a rien à craindre pour sa fortune temporelle, pourvû que l'ancienne Religion subsiste. 5.
Qu'il lui seroit honteux de souffrir, que par la
tolérance du Calvinisme, on declarât injuste la
rigueur que les trois derniers Rois de France
avoient euë pour cette Secte. Voilà de pures
considérations humaines. Tout pour le monde
& rien pour Dieu. Est-on bien zélé pour la vraie
Religion ? Est-on bon Chretien, lorsqu'on persévere par ces sortes de motifs ?

VII.
S'il faut sou-
haiter plûtôt
l'établissement
de la verité,
que la tranquil-
lité de l'Etat.

Il faut reconnoître de bonne foi, que le Connétable agissoit en honnête homme selon le monde, car il avoit tous les sentimens d'un Sujet qui
aime son Roi, & qui ne veut pas être ingrat des
faveurs qu'il en a reçuës ; mais il faut reconnoître
en même temps qu'il n'agissoit guéres en bon
Chretien, puisqu'il préféroit à toutes choses la
conservation du gouvernement qu'il voyoit établi dans le Royaume. Un bon Chretien ne fait
pas cela ; il cherche premierement *le regne de
Dieu,*

Dieu, & sa justice, l'établissement de la vraie Religion, les intérêts de la Foi, & en second lieu la prospérité temporelle de l'Etat. C'est-à-dire, que s'il faloit choisir nécessairement entre ces deux choses, ou de voir changer la forme du gouvernement par l'introduction de la vraie Religion, ou de voir l'Etat retenir tout à la fois son ancienne forme & sa fausse Religion, il devroit plûtôt souhaiter le premier parti que le dernier. Prenez bien garde que je ne dis pas, qu'il devroit emploïer toutes sortes de moyens pour introduire la véritable Religion, lors même qu'il en devroit couter à l'Etat son ancienne forme. Je dis seulement, qu'il devroit faire des souhaits pour le premier parti, plûtôt que pour le second. Je ne voudrois pas lui interdire les autres voies permises de favoriser la bonne cause; mais je ne voudrois pas qu'il se melât d'aucune entreprise, qui tendît à l'affoiblissement des droits de son Souverain. C'est ainsi que les Apôtres en ont usé. Ils savoient que l'Evangile troubleroit le repos du monde; ils n'ont pas laissé pour cela de le prêcher; & quand ils auroit prévu que les habitans d'une Ville, après avoir cru en Jésus-Christ, destitueroient leurs Magistrats Idolâtres, ils n'auroient pas fait scrupule de convertir cette Ville, recommandant bien expressément à leurs Convertis, d'obeïr comme de coûtume à leurs supérieurs temporels.

Afin qu'il ne reste point d'équivoque, souffrez que je vous dise, Monsieur, ce qu'il me semble que tout bon Chretien droit faire, dans une révolution Ecclésiastique, semblable à celle qui arriva du temps de Luther & de Calvin. Il doit premierement souhaiter, que si la doctrine de ceux que l'on appelle Novateurs est fausse, elle soit bientôt confonduë; & si elle est vraie, que tout le monde y donne les mains. Il doit ensuite l'examiner, & l'embrasser, s'il la trouve véritable. Après cela il doit souhaiter que si le Prince ne l'embrasse pas, il souffre du moins qu'elle soit prêchée. Enfin il doit contribuer, selon les talens que Dieu lui a confiez, à l'affermissement de cette doctrine, & souhaiter toûjours qu'elle ne cause aucun désordre, ni directement, ni indirectement. Le zele qu'il a pour la vérité ne doit pas lui faire naître l'envie de secoüer le joug de l'autorité temporelle. Il a beau connoître qu'en chassant du Gouvernement ceux qui l'occupent, on délivrera l'Eglise d'une dure persécution, il ne doit pas entreprendre de rien innover de ce côté-là. Il faut attendre tranquillement que la providence de Dieu y remédie. Mais si c'étoit une fatalité inévitable, que la propagation de la vérité changeroit la forme du gouvernement, il ne pourroit pas s'opposer au progrès de la véritable doctrine, sous prétexte de conserver le gouvernement civil. A la vérité il ne faudroit pas qu'il entreprît quelque chose dans la vûë de préjudicier à l'autorité du Souverain, mais il devroit favoriser la saine doctrine par tous les moïens raisonnables, remettant à Dieu qui donne & qui ôte les Empires comme il lui plaît, à faire son œuvre.

On peut connoître par ce Tableau, que le Connétable de Montmorenci n'a pas fait l'office d'un bon Chretien, puisque sans avoir examiné si la doctrine des Calvinistes étoit bonne ou mauvaise, il a conclu qu'il faloit l'exterminer, à cause qu'elle seroit capable de changer la Monarchie en Démocratie. Il n'a point préfé-

ré la Religion Catholique à la Religion Réformée, parce qu'il savoit que celle-ci ne valoit rien, mais parce qu'il croyoit qu'elle feroit de la France une République. C'est la meilleure raison qu'il sut alléguer à son fils. Il ne lui dit pas : *J'ai abandonné mes Neveux de Châtillon dans leurs démêlez avec la Maison de Guise, parce qu'en les favorisant, j'eusse favorisé les Huguenots, au préjudice de la verité & de la gloire de mon Dieu.* Il lui dit simplement, qu'il a de l'obligation à François I. & qu'il ne veut pas que ses petits-fils courent risque de leur fortune. Les autres raisons qu'il allegue font pitié, quand on les compare avec l'idée d'un bon Chretien; car on voit qu'il ne favorise les Catholiques, que parce qu'il espere d'être en faveur, pourvû qu'ils soient les plus puissans, & parce que la mémoire des trois derniers Rois ses bien-faiteurs lui est chere. N'est-ce pas être bien instruit, que de préférer une Religion à une autre, parce qu'elle a produit trois Rois qui nous ont comblé de faveurs, & qui ont fait brûler ceux qui professoient cette autre ?

Voilà une forte objection contre le Connétable de Montmorenci, supposé qu'il eût craint avec raison le changement de la Monarchie, au cas que l'on eût toléré le Calvinisme. Que sera-ce donc, si on lui montre que sa crainte a été fondée sur une crasse ignorance ? *J'ai assez vécu*, dit-il, *pour apprendre que les Etats ne changent point de Religion sans changer de forme, & que si les Calvinistes obtenoient enfin la liberté qu'ils prétendent, la Monarchie degénereroit du moins en Démocratie, si elle ne passoit jusqu'à l'Anarchie.* Où avoit-il apris cela ? L'Empire Romain avoit-il changé de forme, par les Edits de tolérance que les Empereurs Payens accorderent en divers temps aux Fideles, qui s'étoient multipliez dans le monde d'une maniere surprenante ? Avoit-il changé de forme, lorsque Constantin s'étoit fait Chretien, ou lorsque l'Arrianisme l'avoit presque tout inondé ? Le Royaume de France avoit-il changé de forme, lorsque le Christianisme s'y établit ? La Suede, le Dannemarc, les Etats Protestans d'Allemagne, avoient-ils changé de forme, lorsque le Luthéranisme y avoit été reçu ? Les Cantons Suisses avoient-ils changé leur Gouvernement Républicain, en adoptant la nouvelle Religion ? L'Angleterre qui avoit changé trois ou quatre fois de Religion du vivant du Connétable, n'étoit-elle pas toûjours demeurée dans la même forme de gouvernement ? Sans mentir c'étoit un homme fort propre à choisir une Religion par un bon motif.

Voyons, je vous prie, les argumens que Catherine de Médicis lui proposa, pour le détacher d'avec ses Neveux de Châtillon. Elle lui fit craindre la perte de sa réputation, si à l'âge de 75. ans il souffroit que l'on alterât la (*) Religion de ses Ancêtres, *qui lui avoient laissé pour leçon aussi-bien que pour Divise, Dieu aide au premier Chretien, comme s'ils eussent eu dessein de l'avertir en particulier, que la Maison de Montmorenci, qui s'étoit renduë la plus illustre du Royaume en recevant la premiere de toutes le baptême, & s'étoit maintenue aussi ancienne que la Monarchie, en retenant inviolablement la Foi Catholique qu'elle avoit alors embrassée; commenceroit à décliner, & périroit enfin, aussi-tôt qu'elle cesseroit de s'opposer en toute maniere au progrès de l'Hérésie.*

l'*Héréfie*. A proprement parler, il n'y a là que des confidérations humaines. On fait craindre à un Seigneur ignorant, que la malédiction de Dieu ne tombe fur fa Maifon, & on le pique d'honneur par l'entêtement qui eft naturel aux Grands pour l'antiquité de leur Race. Une Médaille frapée pour quelqu'un de leurs Ancêtres, une Divife, une Tradition, des Armoiries, remuent tellement leur machine, qu'ils font tout ce que l'on veut quand on fait les toucher par-là. Le Duc de Longueville écoutoit tout ce qu'on vouloit, pour faire la guerre en France durant la derniere Minorité; mais on gâta tout en lui parlant des Troupes Angloifes dont on feroit fecouru. Ce mot réveilla les idées du célebre Comte de Dunois, (*) le Duc fe fouvint que fa Maifon tiroit fa gloire des exploits de ce Héros contre la Nation Angloife, & ce fouvenir le bouleverfa tellement, qu'il s'écria qu'il ne vouloit point entendre parler d'un tel fecours. Il arriva la même chofe au Connétable, quand on le fit fouvenir de fa Divife; *Dieu aide au premier Chretien*. Ce qu'on raconte de fes Ancêtres, le baptême de Clovis, & toutes fes fuites, fe préfenterent en même temps à fon imagination, & le pouffèrent machinalement à fe bander contre le Huguenotifme.

Si on me dit qu'à tout le moins c'étoit un Seigneur qui y alloit bonnement, & qui croyoit de bonne foi travailler pour la Religion de fes Ancêtres, je réponds que ce n'eft pas là le véritable état de la Difpute; car il ne s'agit ici que de favoir fi la Nobleffe qui a rejetté la Réformation, a eu plus de connoiffance de ce qu'elle faifoit, que la Nobleffe qui l'a embraffée. Je foûtiens que non, & je prouve manifeftement que le Connétable ne favoit ce qu'il faifoit. Il s'imaginoit combattre pour la même Religion que Clovis avoit trouvée en France, & il n'avoit jamais lû les Livres où on examine contradictoirement, s'il s'eft fait des innovations dans la doctrine, & dans le culte des Chretiens. Ainfi fa prétention étoit pleine de temerité, & d'autant plus inexcufable, qu'on ne voit rien parmi les hommes qui perfévere dans fon état. Tout y change de telle forte, que la préfomption eft pour ceux qui foutiennent, que le Chriftianifme n'eft plus aujourd'hui ce qu'il étoit il y a douze ou quinze cens ans; & il s'en faut beaucoup qu'ils ne foient auffi obligez d'aporter des preuves de ce qu'ils avancent, que ceux qui foûtiennent le contraire. Ecoutez un peu comment je prouve cette derniere propofition.

Lorfqu'on a un très-grand nombre d'exemples d'une chofe qui eft arrivée en certaines occafions, tout le monde demeure d'accord qu'il eft apparent qu'elle eft arrivée, fi ces mêmes occafions fe font offertes. Un homme va fouvent dîner chez fes amis, & ne manque jamais pendant vingt ans d'en revenir fou; les apparences font fort grandes que s'il a dîné aujourd'hui avec fes amis, il s'eft ennyvré. J'avouë que l'on ne peut pas conclure cela avec une entiere certitude; mais on le peut du moins avec une telle probabilité, qu'il n'y a point de gens raifonnables qui ne traitaffent de ridicule, celui qui fans avoir des preuves certaines & pofitives, nieroit la conclufion. Voilà une grande différence que l'on met entre ces deux fortes de perfonnes. Celui qui s'appuye fur l'expérience, ou fur de grandes apparences, eft écouté fans qu'on l'oblige de prouver; mais on demande de fortes preuves à celui qui nie l'expérience, ou les apparences.

Appliquons ceci à Luther & à Calvin d'une part, & au Clergé Catholique de l'autre. Luther & Calvin foûtenoient, que le Chriftianifme du feizieme fiecle n'étoit point femblable à celui des trois premiers; le Clergé foûtenoit tout le contraire. Je dis que la préfomption étoit contre le Clergé, & que pour agir fagement, il faloit regarder la propofition de Luther & de Calvin comme très-probable, & la propofition du Clergé comme un Paradoxe qui tomboit de lui-même, fi on ne le foûtenoit par des preuves victorieufes. La raifon en eft que la propofition du Clergé eft combatuë par une infinité d'expériences inconteftables, qui donnent à la prétention de Luther & de Calvin une probabilité peu ordinaire. Tout change parmi les hommes, comme je l'ai déja dit. Les fciences qui devroient être moins fujettes que les autres chofes au changement, ont néanmoins leurs révolutions. On n'enfeigne plus aujourd'hui ce qui s'enfeignoit autrefois. Je ne veux pas dire feulement qu'il fe forme diverfes Sectes de Philofophie & de Médecine; je veux dire auffi qu'une feule & même Secte, prétendant n'avoir point quitté la doctrine de fon Fondateur, s'en trouve fort loin après un certain nombre d'années. Les Péripatéciens d'aujourd'hui croient enfeigner les fentimens d'Ariftote, tout comme les enfeignoient les premiers de fes Succeffeurs. Cependant voïez quelle différence il y a entre leurs Livres, & ceux d'Ariftote même. Je ne penfe pas que s'il revenoit au monde, il fe reconnût dans les Ecrits de fes Difciples. Il auroit apparemment grand befoin que fes Commentateurs lui expliquaffent ce qu'ils veulent dire. Quelle différence ne voit-on pas entre les Scholaftiques d'aujourd'hui, & ceux du fiecle paffé? Ne voïons-nous pas des gens qui trouvent dans Hippocrate & dans Ariftote, la nouvelle Philofophie? Si elle y eft, il s'enfuit néceffairement que ceux qui ont fait profeffion de fuivre ces deux grands hommes, ont altéré leur doctrine fans y penfer, & par cette fatalité générale qui ne laiffe rien en repos, lorfque les hommes en font les Difpenfateurs. Si les François du cinquieme fiecle revenoient au monde, ils ne retrouveroient plus en France ni leur Langue, ni leurs mœurs, ni leurs manieres de s'habiller, de bâtir, d'aprêter les viandes, de faire la guerre, de terminer leurs procès, &c. & fi l'on parcourt toutes les Nations du monde, & que l'on compare les loix, les mœurs, la Langue qu'elles ont en un certain fiecle, avec les loix, les mœurs, la Langue qu'elles avoient dix ou douze fiecles auparavant, on y trouve des différences énormes. (A) C'eft un préjugé légitime contre la prétion du Clergé Romain.

Car on ne peut pas me répondre que la Religion ait en cela quelque privilége, puifque nous favons par expérience, qu'il eft arrivé des changemens à la vraie, & aux fauffes Religions. Celle des Juifs étoit tellement changée lors que le fils de Dieu vint au monde, qu'il fut obligé de leur faire des reproches continuels, de ce qu'ils avoient altéré, & perverti la loi de Moyfe par leurs traditions. La chofe eft encore plus évidente

---

(*) *Ad nomen Anglicum exhorruit Longavilleus, Joannis Dunonenfis proles, qui gentem invifam Galliæ finibus gloriosè expulit. Malo meis fumptibus (inquit) fcribere mi-* litem. Priolo Hift. Gall.

(A) „ MS. Tertullien fe fert de cette remar-„ que, Apolog. c. 6. *apud Dallæum*, Empl. des Peres p. 506.

dente à l'égard du Paganisme. Les Romains avec toute leur superstition, & toute leur vénération pour le culte que Numa Pompilius avoit établi, s'en trouverent si éloignez au bout d'environ quatre cens ans (*), que le Senat fit bruler les Livres de Numa, de crainte que le peuple ne découvrît l'alteration avec un scandale terrible. On trouveroit de semblables changemens dans la Religion des autres Peuples, si l'on avoit les monumens qu'il faudroit avoir, pour faire les comparaisons necessaires : quand on les a, on ne manque pas de trouver les changemens ; & s'il y a quelque difference entre la Religion, & les autres choses, quant à l'inconstance, ce n'est que du plus au moins.

On me dira sans doute, que la Religion Chretienne a des prérogatives particulieres. Je l'avoüe ; mais les Prédestinez en ont aussi : les promesses que Dieu a fait à son Eglise, ne sont pas plus expresses que celles qu'il fait à ses élûs : cependant Messieurs de l'Eglise Romaine soutiennent, que les promesses que Dieu fait aux Prédestinez ne regardent que la persévérance finale, & n'empêchent pas qu'ils ne tombent quelquefois, pour trente ou quarante ans, dans la servitude du péché. Qui nous empêchera de croire, que Dieu n'a promis à son Eglise que la grace de ne point s'abâtardir pour toûjours ? Il faut donc de toute necessité, que l'Eglise Romaine justifie par des preuves de fait claires & incontestables, que Luther & Calvin se trompent. Pour eux ils pourroient ne se pas presser de prouver leur prétention, parceque l'expérience universelle de toutes les choses qui passent par les mains & par le caprice des hommes, est un grand préjugé pour elle, ou plûtôt une preuve tout-à-fait probable. D'où je conclus en passant, que l'Auteur *des Préjugez* s'est fort abusé, lorsqu'il a dit qu'on peut renvoyer & condamner nos Réformateurs, sans les oüir ; car comment pourroit-on faire cette injustice à des gens, dont la simple déposition est une preuve très-vraisemblable ? Ils ne sauroient dire que la Religion Chretienne s'est alterée pendant le cours de seize cens ans, qu'ils ne mettent dans leur parti, comme des témoins non suspects, & comme des preuves sensibles, l'experience de toutes les choses humaines. Ils peuvent en demeurer-là, & se promettre qu'un Juge désinteressé leur donnera gain de cause, si leur partie ne prouve clairement & fortement, que le Christianisme a été excepté de la regle générale. Ainsi la simple accusation de Luther & de Calvin sans des preuves particulieres, termine le procès à leur avantage, si le Clergé de Rome se contente de nier, & ne se justifie pas positivement.

XII.
[Excep]tion à la
[Maxi]me, C'est
[à celu]i qui accu-
[ser à p]rouver son
[accus]ation.

Je n'ignore pas la Maxime (A), *que c'est à celui qui accuse à prouver son accusation* : mais je sais en même temps qu'il y a des cas exceptez de cette regle. Par exemple, il seroit ridicule de demander qu'un homme qui accuseroit de falsification la Généalogie du Duc de Lerme, prouvât cette falsification. Il s'est trouvé un Espagnol (B) qui a fait une Généalogie pour le Duc de Lerme, qui commençant à Adam finit à ce Duc, par une suite de cent-vingt & une générations non interrompuë. Sandoüal a fait une autre Généalogie de Philippe III. Roi d'Espagne, qui comprend cent dix-huit successions bien comptées & bien suivies, depuis Adam jusques à ce Roi. N'osera-t-on dire que ce sont des impostures, & des visions chimeriques, sans avoir un sac de preuves en main ? Il est évident qu'il n'est pas necessaire d'avoir des preuves, pour soutenir que ces Généalogistes sont les plus grands menteurs du monde. La connoissance que l'on a (pour peu que l'on soit éclairé) qu'il est impossible de trouver dans les Archives, ni dans les Livres, une suite de générations claire & nette pendant mille ou deux mille ans, tient lieu de preuve à l'accusateur. C'est à l'accusé à fournir des preuves solides. Il en va de même à proportion, dans tous les procès où celui qui accuse a pour lui l'experience de tous les siecles. Si cette Maxime du droit, *Quilibet præsumitur bonus, donec probatur malus,* n'autorise pas cela dans les accusations d'homme à homme, c'est parce qu'elles ne sont point fondées sur une experience assez générale. On voit tous les ans des voleurs, de faux témoins, & des assassins ; mais on voit incomparablement plus de personnes innocentes de ces crimes. Ainsi c'est avec raison que l'on présume, qu'un particulier accusé de meurtre, n'en est point coupable, jusques à ce qu'on l'ait prouvé ; mais on présumeroit tout le contraire fort raisonnablement, si l'accusé avoit contre lui l'experience générale.

Témérité du
Connétable de
Montmorenci à
cet égard.

Je conclus de-là, que le Connétable de Montmorenci a été incomparablement plus temeraire, que ceux qui ont crû, sur la foi d'un simple Ministre, que l'Eglise avoit besoin de reformation. Lui qui se vantoit si mal à propos *d'avoir assez vécu, pour apprendre que les Etats ne changent point de Religion sans changer de forme,* comment étoit-il devenu si vieux, sans remarquer l'inconstance de toutes sortes de coûtumes ? Ou plûtôt comment n'avoit-il point fait de reflexion sur cette inconstance, afin d'en conclure, que le Christianisme s'étoit apparemment bien alteré dans l'espace de seize cens ans ? Je l'accuse d'avoir plûtôt oublié à faire des reflexions sur l'inconstance, que de n'avoir pas remarqué l'inconstance ; car c'eût été un prodige, si à l'âge de soixante-dix ans passez il n'eût fait souvent des plaintes de la grande difference qu'il remarquoit entre les manieres d'alors, & celles qui étoient en usage pendant sa jeunesse (c) : C'est le langage ordinaire des vieillards, que lorsqu'ils étoient jeunes, les choses n'alloient pas ainsi. Le Connétable avoit donc souvent parlé de la sorte ; mais il avoit oublié le principal, qui étoit de conclure de tout cela, qu'il devoit bien y avoir de la difference entre ce qui se pratiquoit de son vivant, & ce qui s'étoit pratiqué sous le regne de Pharamond & de Merovée, non seulement pour le Civil, mais aussi pour l'Ecclésiastique. Car comme je l'ai déja montré, la Religion n'est point exceptée de la regle générale ; les Docteurs les plus bigots & les plus passionnez contre nous, sont contraints de l'avoüer à l'égard des Cérémonies ; & de-là vient que ceux qui en traitent, font ordinairement une Histoire de leurs changemens, qui nous y fait voir une infinité de faces. Grand préjugé pour l'inconstance des dogmes.

(*) „ Plutar. vie de Numa.
(A) „ MS. *Confer.* Rep. à la Défense de la Reform. „ tom. I. p. 293.
(B) „ Pegnafiel Contreras.

(c) . . . . *Laudator temporis acti*
Se puero, censor castigatorque minorum.
        Horat. de Art. Poët.

dogmes. Ainsi tout prêchoit au Connétable que l'Eglise étoit déchuë de son ancienne pureté, & par conséquent sa persévérance dans la Communion de Rome n'a été qu'un aveugle entêtement. Ce qui soit dit aussi de la plûpart de la Noblesse Catholique, qui n'en savoit guéres plus que le Connétable. Cela suffit pour prouver que les Grands Seigneurs qui se reformerent, agirent moins témérairement, que ceux qui persévererent dans leur Religion.

Je ne sais pourquoi je m'arrête tant sur une chose, qui selon toutes les apparences ne paroît plus douteuse aux Catholiques de bon sens. Ils voyent bien qu'en l'état où étoient les choses dans le dernier siecle, il falut nécessairement que chacun fît choix d'une Religion; car il y avoit deux partis à prendre exposez aux yeux de tout le monde, ou celui de sortir de la Communion Romaine, ou celui d'y demeurer. S'ils croyent que la Noblesse n'étoit pas assez savante, pour choisir le Calvinisme avec connoissance de cause, ils doivent croire en même temps, qu'elle ne choisit pas le Papisme avec connoissance de cause. Et s'ils recourent à des interêts humains, pour comprendre ce qui détermina une partie de la Noblesse à faire profession du Calvinisme, ils doivent aussi recourir à des intérêts humains, pour comprendre ce qui détermina l'autre partie de la Noblesse à persévérer dans le Papisme. Il n'est pas bien malaisé de trouver ces considérations humaines, à l'égard de ceux qui ne changerent pas de parti. Ils voyoient que François I. & Henri II. avoient témoigné une haine implacable contre la nouvelle doctrine; que les Parlemens & les Peuples l'avoient en horreur; que la Cour étoit déclarée contre elle; en un mot que son parti étoit le plus pauvre, & le plus foible. Que veut-on davantage?

Pour la Noblesse de France qui étoit engagée dans le Clergé, on peut fort vraisemblablement assurer, que la crainte de perdre ses Bénéfices lui servit d'une forte preuve. Monsieur de Varillas reconnoît (*), que l'Edit de Janvier ayant fait faire de si grands progrès au Calvinisme, que les Ministres *deliberoient déja de demander les Eglises desertes, pour y faire plus commodément leurs fonctions*; le Clergé qui prévoyoit en ce cas la perte des plus riches Bénéfices, pressa le Cardinal de Lorraine de prévenir le mal par de nouvelles remontrances. Il ajoûte que ce Cardinal, *qui possedoit en France plus de Bénéfices que nul autre, & de plus grand revenu*, en parla fortement à leurs Majestez, à cause de quatre considérations qui se raportoient à ses revenus, & à sa grandeur temporelle. Mais rien n'est plus expressif que ce passage de Monsieur de Mézerai, que je m'en vais vous copier : Je l'emprunte de son discours sur les affaires de l'Eglise du seizieme siecle.

»Il y a sujet de douter, dit-il, s'il faut mettre les richesses des Ecclésiastiques, & les trésors des Eglises, entre les causes qui avancerent »les erreurs, ou entre celles qui en empêcherent le progrès; car comme il est certain que ce fut un aiguillon qui irrita l'avarice des »Princes & de la Noblesse, & qui les porta à »favoriser la prétenduë Reforme, pour avoir »sujet de piller ces grands biens; aussi est-il »vrai que beaucoup de Prélats, & de riches »Bénéficiers, eussent franchi le saut, s'ils n'eus-

sent été retenus par la crainte qu'ils eurent de »perdre ces moyens, sans lesquels ils n'eussent »pû vivre dans les délices & dans l'abondance, comme ils avoient accoûtumé.

On a raison d'avouer que le Cardinal de Lorraine possedoit de grands Bénéfices. Il auroit pû imiter le Cardinal de Granvelle, qui se nommoit-lui-même (à ce qu'on dit) *l'Alphabet des Bénéfices*, pour signifier, ou qu'il en avoit autant qu'il y a de lettres dans l'Alphabet, ou qu'il n'y avoit point de lettre dans l'Alphabet qui ne commençât le nom de quelqu'un de ses Bénéfices. L'abus étoit plus grand en ce temps-là qu'aujourd'hui, à cet égard. Un autre Cardinal de Lorraine, oncle de celui dont nous parlons, avoit étéen même temps (A) sous le regne de François I, Archevêque de Lyon, de Reims, & de Narbonne; Evêque de Metz, de Toul, de Verdun, de Téroüenne, de Luçon, d'Albi, & de Valence; & Abbé de Gorle, de Fescamp, de Cluni, & de Marmoutier. *Il étoit venu chercher sa fortune en France, & l'avoit faite au mépris des Canons sacrez, & des plus anciennes loix de l'Eglise*, comme Monsieur de Varillas le remarque judicieusement. Cette observation historique nous peut servir, car elle nous montre que la Maison de Lorraine avoit un interêt temporel très-considerable à étouffer la Reformation; & l'on peut même assurer que toute la Noblesse de France y étoit interessée, parcequ'elle avoit bonne part aux biens que les Reformez vouloient ôter à l'Eglise, soutenant que pour recouvrer son ancienne pureté, elle devoit rendre au monde les richesses qu'elle en tenoit. Mr. de Mézerai sera encore mon temoin. Voici comme il parle (B).

»On connoît par les remontrances du Clergé »quels étoient alors les desordres de l'Eglise »Gallicane. On y voit que les Evêchez, les Ab-»bayes, & les Eglises Collegiales, étoient entre »les mains des Capitaines. Qu'on entendoit »souvent en leur bouche ces mots, mon Evê-»ché, mon Abbaye, mes Prêtres, mes Chanoines, mes Moines. Que par Arrêt du grand »Conseil, on avoit employé les deniers de la »vente d'un Evêché à acquitter les dettes du »vendeur. Qu'au Conseil du Roi une Abbaye »avoit été adjugée à une Dame, comme lui »ayant été baillée en dot, avec déclaration ex-»presse, qu'après son decès les héritiers en joüi-»roient par égale portion. Que plusieurs Evê-»chez étoient sans Evêques, & leurs biens usur-»pez par des personnes profanes. Qu'en près »de huit cens Abbayes ausquelles le Roi nom-»moit, il n'y avoit pas cent Abbez Titulaires »ou Commendataires, & que ceux-ci la plûpart »ne faisoient que prêter leur nom à d'autres, »qui en effet joüissoient du revenu.

La Conférence du Roi de Navarre avec le Duc d'Epernon, & avec le Seigneur de Roquelaure, nous fournit une belle image de ce qui se passoit dans l'esprit de la Noblesse, touchant le choix d'une Religion. Le Duc, comme favori de Henri III. qui avoit un grand besoin des forces du Roi de Navarre contre le Duc de Guise, souhaitoit passionnement la conversion de ce Roi. Roquelaure ne le souhaitoit pas moins, parcequ'il avoit beaucoup de part en l'amitié de ce Prince. Ils firent tous leurs efforts pour le convertir, dans l'Audience secrete qu'il

(*) »Hist. de Charles IX. p. 50.
(A) Hist. de François I. L. 7. ad ann. 1535.

(B) Ibid.

qu'il donna au Duc d'Epernon, Envoyé du Roy Henri III. Ils lui proposerent les raisons qui leur paroissoient les plus convainquantes, & ausquelles, en pareil cas, ils n'eussent pas manqué de déférer. C'étoient toutes raisons humaines tirées *de la Couronne de France*, comme le raporte Mr. Maimbourg, (*) *qu'ils lui faisoient valoir incomparablement plus que les Pseaumes de Marot, que la Cène, & que tous les Prêches de ses Ministres.* Le Chancelier & le Ministre du Roy de Navarre détruisirent cette raison de l'intérêt, par des motifs spirituels & tout divins, & par la parole de Dieu, *sans que ces bons Seigneurs qui n'y entendoient rien du tout, eussent de quoi leur repartir.* Monsieur Maimbourg dit, que *cette Conférence ne se fit pas trop régulierement, ni même d'assez bonne foi.* Pour la régularité, je lui accorde qu'il n'y en eut pas trop; mais pour de la bonne foi, il y en eut assurément une fort bonne provision, & je ne sais où on en trouveroit davantage. Les deux Seigneurs Catholiques n'userent d'aucune finesse; ils déclarerent du premier mot, où consistoit l'importance. Point de détours, point de faux-fuyant; *l'Eglise Catholique*, dirent-ils, *vaut mieux avec une Couronne de France, que les Pseaumes de Marot, & que les Prêches des Ministres sans cette Couronne.* C'est ainsi que raisonnoient les Grands Seigneurs en ce temps-là. J'aime mieux cette candeur que tous les artifices des Missionnaires, qui commencent toûjours leurs Conférences avec ceux de la Religion, par des raisonnemens spirituels, & ne recourent aux considérations temporelles, qu'après avoir senti l'inutilité des autres. Ils commencent par l'esprit, & finissent par la chair, sans aucun égard à la censure que Saint Paul (A) a faite aux Galates.

Vous me direz peut-être, Monsieur, que j'ai assez bien montré que la Noblesse Catholique n'a pas eu de meilleurs motifs, pour ne changer pas de Religion, que la Noblesse Réformée pour en changer, mais qu'après tout ce n'est pas justifier notre Noblesse; ce n'est pas guérir la playe qu'on a reçûë, c'est seulement en faire une autre à notre ennemi. Je vous réponds qu'il faut pratiquer dans la dispute ce qui se pratique dans la guerre, où vous savez qu'on doit abandonner un poste qui n'est pas en état de défense. On est tellement persuadé dans le monde, que les Grands ne se servent de la Religion, que pour des intérêts temporels, que je ne me sens point capable de persuader à mon Lecteur le contraire de ce que Monsieur de Varillas raporte, touchant les Officiers de l'Armée Calviniste. Il n'est pas jusqu'à la ridicule raison qui concerne les Seigneurs de Genlis, qui n'ait quelque vrai-semblance, & ils ne seroient pas les seuls qui se seroient déterminez dans les plus grandes affaires, par des motifs aussi externes & aussi casuels, que celui qu'on leur attribuë. Quoi donc! me dira-t-on, vous abandonnez à la merci de la médisance la mémoire de tant de braves Seigneurs, qui ont mille fois exposé leur vie pour le salut de votre parti? Je ne saurois qu'y faire. C'est à ceux qui les accusent d'irreligion à examiner leur conscience, & à voir s'il y a trop de témérité dans leur jugement. Pour moi qui n'ai point de preuves convainquantes contre leurs soupçons, je ne puis que laisser toute cette affaire à Dieu. Je dirai pour-

tant trois choses dans la premiere Lettre que je vous écrirai. Je suis, &c.

※※※※※※※※※※※※※※※※※※※※

LETTRE XIV.

Où il est parlé du mariage des Evêques qui changerent de Religion.

I. On ne doit pas s'engager à prouver tout ce que l'on croit véritable. II. Il y a des Grands qui ont beaucoup de piété. III. Qu'on ne peut pas soupçonner Messieurs de Châtillon d'avoir été Huguenot par intérêt. IV. Ni le Cardinal de l'avoir été pour se marier. Par quels degrez lui & ses semblables sont passez au mariage. V. Que ceux qui embrassent un genre de vie qui leur interdit le mariage, prennent leur pli pour n'aimer que celles qui ne leur parleront point de mariage. Réflexions sur ceux qui se marient desavantageusement. VI. Qu'une poursuite constante a pour but le mariage. VII. Ce qu'il faudroit penser d'un Evêque qui deviendroit amoureux d'une Hérétique. VIII. De Spifame, Evêque de Nevers. Deux méprises de Monsieur Maimbourg à ce sujet. IX. Fausse comparaison entre Salomon, & cet Evêque. Mariages de conscience. X. Différence entre les Evêques François qui se réformerent, & ceux des autres pais, un Electeur de Cologne, par exemple. XI. Réflexion sur le penchant pour les femmes, qui peut rester dans ceux qui font vœu de Célibat. XII. Pourquoi il faut juger diversement de ceux qui changerent de Religion dans le dernier siecle, & de ceux qui en changent aujourd'hui. Belle Discipline de l'Armée des Huguenots. XIII. Différence entre ceux qui changerent, & ceux qui ne changent pas.

Monsieur,

Je ne vous prie pas de remarquer, qu'il y a beaucoup de différence entre croire une chose, & s'engager à la persuader aux autres, car vous ferez assez de vous-même cette réflexion. Il y a mille choses qu'on croit, parce qu'on envisage d'un certain sens les raisons qui les établissent; mais on ne laisse pas de voir, qu'il est malaisé de faire servir ces raisons à la conviction d'un Adversaire, qui les tourne d'une autre sens que nous. Alors le plus court parti est de ne disputer pas, & de laisser chacun dans ses sentimens. Passons aux trois choses que j'ai à dire dans cette Lettre.

I. La premiere regarde les Grands en général. On leur fait tort de les croire tous sans Religion. Il y en a qui ont une piété plus solide, & une conscience plus délicate qu'aucun Artisan. Il y a des Dames de la premiere qualité qui sont plus dévotes que des Bourgeoises. La superstition même la plus outrée gagne quelquefois les Grands de l'un & de l'autre sexe, & leur fait faire une infinité de choses. Je ne pense pas que le zele des Calvinistes soit aussi ardent, à beaucoup près, dans ce siecle que dans le siecle passé. Cependant il se trouve encore parmi la premiere Noblesse de France quelques personnes de l'un & de l'autre sexe, qui témoignent pour notre Religion un zele admirable, & qui sacrifient généreusement

ment

(*) „ Hist. de la Ligue L. 1. *ad ann.* 1584.
Tom. II.

(A) „ Chap. 3. v. 3.

K k 2

III.
On ne peut pas
soupçonner
Mrs. de Châ-
tillon d'avoir
été Réformez
par intérêt.

ment leur fortune, la faveur du monde, & l'injustice du temps, à l'amour de verité.

II. Je dis en second lieu, qu'il faut soigneusement distinguer les Grands Seigneurs qui se réformerent avant la premiere prise d'armes, d'avec ceux qui le firent après ce temps-là. Il est fort possible que les derniers ayent abjuré l'Eglise Romaine aussi sincerement que les autres; mais il est plus difficile de prouver leur sincérité, parce qu'après la Déclaration de la guerre, il y eut des emplois considérables à espérer parmi ceux de la Religion, au lieu que durant les regnes précédens il n'y avoit eu pour eux que des disgraces, & que des supplices. Ainsi quand nos Adversaires ne demeureroient pas d'accord, vû la conduite que l'Amiral de Châtillon a toûjours tenuë, qu'il étoit bon Huguenot dans l'ame, nous pourrions le leur prouver par un raisonnement très-plausible, en les priant de considérer qu'il embrassa notre Religion, dans le tems où elle étoit la plus odieuse au Roi son maître. Il ne quitta point la Cour pour cela, ni ne renonça aux avancemens que sa naissance, ses services, & ses amis lui pouvoient promettre. Il cacha ses sentimens à Henri II. l'ennemi mortel des Calvinistes, & servit Dieu en secret, selon la nouvelle doctrine. Qui ne voit qu'un homme qui en use ainsi, est persuadé que notre Religion est bonne, & nécessaire au salut? Car quelle autre raison auroit-il de se séparer de la Religion dominante? Est-ce que n'ayant nulle ambition il aime autant le parti que le Roi son Maître persécute, que le parti en grace? Mais on ne peut pas dire cela de l'Amiral, puisqu'il continuë à faire sa Cour au Roi, & qu'il lui cache ses sentimens, de-peur d'encourir sa haine. Est-ce qu'ayant beaucoup d'ambition, il se promet de la contenter plus aisément dans le Calvinisme, que dans la Religion de sa naissance? Mais on ne sauroit avoir cette pensée de l'Amiral, puisqu'il entre dans le parti des Huguenots, sous un Prince qui est leur grand persécuteur, qui a déconcerté la fortune de Charles-Quint, qui est brave, & résolu, & qui selon toutes les apparences doit vivre plus que l'Amiral. La seule raison plausible qui nous reste est de dire, qu'il renonça à la Communion Romaine, parce qu'ayant examiné la nouvelle Religion, il la trouva véritable. Par la même circonstance du temps nous justifions sans peine d'Andelot, & le Cardinal de Châtillon, puisqu'il est certain qu'ils se convertirent du vivant de Henri II. (*) Le Cardinal de Granvelle intercepta une Lettre que d'Andelot écrivoit à l'Amiral, prisonnier aux Païs-Bas depuis la prise de St. Quentin, & qui témoignoit qu'ils étoient tous deux Calvinistes, car elle avoit été envoyée à l'Amiral avec quelques Livres de Geneve, qui lui devoient servir de consolation & d'entretien durant sa prison. Nous avons vû ailleurs (A) que d'Andelot fut emprisonné par les ordres de Henri II. à cause de son Calvinisme. Le Roi lui ayant demandé, après une amiable remontrance, ce qu'il croyoit de la Messe, il répondit, (B) *qu'il la tenoit pour une très-abominable invention des hommes?* Est-ce le langage d'un homme qui fait semblant d'être Huguenot pour des intérêts temporels?

IV.
Ni le Cardinal
de l'avoir été
pour se marier.

III. Mais que dirons-nous de ces Prélats, que l'on accuse d'avoir embrassé l'Hérésie afin d'é-

pouser une femme? Monsieur Maimbourg insinuë (c) quelque chose de semblable touchant le Cardinal de Châtillon, auquel il donne d'ailleurs de très-grands éloges; car il dit qu'il étoit fort habile dans les affaires, fort sçavant, fort civil, fort libéral, & fort généreux. Je dis, Monsieur (& c'est la troisieme chose que j'avois à remarquer) qu'il n'est nullement vraisemblable, que ce Cardinal ait changé de Religion par ce motif. On pourroit seulement dire, qu'ayant connu & abjuré intérieurement les erreurs de la Communion de Rome, il s'étoit regardé comme un Sujet capable de se marier, & que sur ce principe il n'avoit point combatu la passion qu'il sentoit naître dans son ame pour la Demoiselle de Hauteville; qu'au contraire il l'avoit laissé devenir si forte, que pour la contenter innocemment, il avoit épousé la Demoiselle. Je ne voudrois pas nier qu'un Prélat ne puisse devenir si amoureux, que ne pouvant satisfaire sa passion qu'en épousant celle qui la cause, il ne soit capable de renoncer à tout, afin de se marie avec elle; mais il est incomparablement plus vraisemblable, que les Evêques qui se sont mariez, ont pris un autre chemin.

Par quels dé-
grez lui & ses
semblables
sont passez au
mariage.

Ils ont prêté l'oreille d'abord à la nouvelle doctrine, & l'ont trouvée raisonnable. Ils se sont ensuite fortifiez peu-à-peu dans la connoissance de la vérité. Ils ont connu que l'Eglise n'a point la puissance de faire des loix, qui nous dépouillent des priviléges que l'Evangile nous accorde; d'où ils concluent que la loi du Célibat étoit injuste, & qu'ils pouvoient se marier très-innocemment. Alors si quelque fille les a touchez, ils n'ont pas combatu cette passion, & par ce moïen ils se sont disposez au mariage; desorte que leur conscience les poussant d'ailleurs à se déclarer hautement, ils ont quitté leur Mitre & leur Crosse; ils ont fait ouverte profession de la vérité, & ont épousé la personne qu'ils aimoient. S'ils n'avoient pas aimé auparavant, ils ont jetté les yeux peu après sur quelque personne qui leur fût propre, & l'ont épousée. Conclure de-là qu'ils ont quitté leur Religion & leur Evêché pour une femme, c'est commettre le Sophisme qu'on appelle dans l'Ecole *post hoc, ergo propter hoc.*

Pour rendre plus vraisemblable le progrès que je fais faire à ces Prélats vers le mariage, je vous prie de considérer combien il est difficile que la pensée du mariage vienne à un homme, qui croit qu'en se mariant il se ruïnera de réputation, il perdra ses biens & sa dignité, il commettra un horrible crime. Voilà quelle est la disposition d'un Evêque qui croit que sa Religion est bonne. Il connoît manifestement que s'il se marie, il violera des vœux très-légitimement faits, il se rendra exécrable, & perdra son rang, son bien & sa dignité. Une chose qui coûte tant ne peut paroître que très-odieuse, & ainsi l'on ne conçoit pas que le dessein de se marier entre dans une ame disposée comme j'ai dit. Il faut pour le moins, afin de faciliter l'entrée, que la notion de crime s'évanouïsse. Car si l'on se persuade une fois que l'on peut se marier sans offenser Dieu, on croit que les vœux de célibat sont nuls, & que l'Eglise qui les commande se trompe. Après quoi il n'est pas fort difficile de découvrir qu'on se doit séparer de sa Communion; & alors si l'on aime assez la vérité pour la préférer

(*) ,, M. Maimb. Hist. du Calvin. p. 106.
(A) ,, Crit. Génér. Lettr. XV. No. II.

(B) ,, Maimb. *Ibid.* p. 107.
(c) *Ibid.* p. 199.

férer aux honneurs & aux richesses qui accompagnent l'Episcopat, on renonce à l'Episcopat. Cela étant fait, & même avant que cela soit fait, pourvû que l'on connoisse l'injustice de ses vœux, on se peut disposer au mariage. Je m'assure que tous mes Lecteurs comprendront fort bien ma pensée, qui est que le dessein de se marier n'est qu'une suite de la connoissance qu'un Prélat acquiert de la nullité de ses vœux; au lieu que nos Adversaires prétendent que le dessein de se marier a précedé cette connoissance, ou qu'il a obligé les Evêques à feindre qu'ils avoient acquis cette connoissance.

N'avez-vous jamais ouï dire (il sera plus édifiant de parler selon le raport d'autrui) que rien n'étonne plus un jeune homme qui n'aime pas pour le Sacrement, que la question, *s'il veut faire une promesse de mariage?* On évite autant qu'on le peut ces sortes d'éclaircissemens; on craint de trouver un pere ou une mere qui vous demandent, *si vos visites sont pour une bonne fin;* & lorsque la personne aimée s'avise de former des difficultez sur l'incertitude des évenemens, qui est cause qu'elle voudroit bien savoir à quoi on se résoudra si le cas y échet, on ne sait le plus souvent que répondre, & parlant ingénûment on lui répondroit,

Votre difficulté mon esprit embarrasse.

Bien des gens vous avoüeront que pendant une amourette, où ils ne cherchoient qu'à se divertir, sans songer au lien conjugal, la proposition du mariage à quoi ils ne s'attendoient pas, les décontenança tout-à-fait. Ce mot frapant leur oreille démonta toute leur machine, comme si on leur avoit jetté sur la tête un plein seau d'eau. *Quand je vous avoüerois mille fois,* me direz-vous, *que j'ai ouï dire toutes ces choses, quel usage en feriez-vous? Que fait cela à votre dessein?* Attendez, s'il vous plaît, Monsieur, un petit moment, je m'en vais vous le montrer toute à l'heure.

Je conclus de tous ces faits, que l'homme est tourné d'une telle sorte, que pendant qu'il croit le mariage désavantageux à sa fortune & à sa réputation, il ne le regarde que de travers, quelque amoureux qu'il puisse être. La proposition l'en étonne, & le guérit quelquefois de sa passion. Cela est surtout véritable pour les personnes qui sont revenuës des premiers feux de la jeunesse, & qui usent de réflexion, & qui ont déja goûté le plaisir de tenir bien son rang dans le monde. Ceux qui en sont là peuvent bien avoir de l'amour pour des filles qui leur sont inférieures en toutes choses, en biens, en naissance, en mérite, en réputation; mais ils ne les aiment pas pour le Sacrement, comme on parle. Ils tâchent de s'en faire aimer afin de contenter leur passion; & s'ils voient qu'il n'y ait rién à faire à moins que d'être mari, soit parce que la fille a effectivement de la vertu, soit parce qu'elle espere qu'en contrefaisant la vertueuse, elle arrivera à ses fins; ils se dégagent par quelque diversion, ou par quelque autre maniere. Rarement voit-on qu'un homme qui a quelque conduite, se laisse si fort maîtriser par son amour, qu'il lui sacrifie par un mariage sa réputation, & sa fortune. On prend pour l'ordinaire si bien ses mesures, qu'ou bien on ne s'engage pas dans une passion indigne, ou bien on s'en dégage avant que d'être incapable de secoüer un joug qui nous précipiteroit dans une més-alliance

honteuse & pernicieuse. *Quand on vous avoüeroit cela mille & mille fois,* me direz-vous encore un coup, *quel avantage vous feroit-on? Vous n'allez point au fait, vous n'y êtes pas.* Un peu de patience, je vous en prie, j'y serai bientôt.

Je dis, Monsieur, que puisque c'est la coûtume des hommes de se régler de telle sorte dans leurs amours, qu'ils ne se marient que rarement aux dépens de leur honneur & de leur fortune, il est hors de toute apparence, qu'un Evêque soit assez dereglé, pour sacrifier à une femme sa conscience, son caractere, sa dignité, le rang sublime qu'il tient dans le monde, & ses richesses. Prenez bien garde que je ne dis pas simplement, que les hommes ne se marient guéres aux dépens de leur fortune; j'y ajoûte une autre chose. Je dis qu'ils ne se marient guéres aux dépens de leur honneur & de leur fortune. Je sais fort bien qu'il se fait des mariages par un amour accompagné de tant d'estime, & quelquefois d'un emportement si grand. qu'on ne prend point garde à la pauvreté prochaine; mais du moins est-on assuré alors, qu'on ne passera point pour un coquin & pour un lâche. On espere qu'on en sera quitte pour le blâme d'avoir été imprudent, & qu'on sera même loüé par quelques-uns de ne s'être point marié par intérêt. Si on prévoïoit quelque infamie, on auroit certainement plus de force pour ne se pas engager dans le mariage. De-là vient qu'il arrive si rarement qu'un honnête homme épouse une Garse qui n'a point de bien. Il se fait aussi quelques mariages, j'en tombe d'accord où l'homme se mésalie étrangement, & avec quelque espece de déshonneur, sans faire aucune fortune. Mais prenez-y garde, vous verrez que pour l'ordinaire cet homme est un bon vieillard, qui n'attend plus rien de la Fortune; qui a ou qui croit avoir encore quelques restes de vigueur; qui souhaite des héritiers n'en ayant point; ou qui veut se vanger de ceux qu'il a. Il me semble qu'une simple Demoiselle jeune & bien faite, belle & vertueuse, vaut bien un vieux Comte ou un vieux Duc tout usé, qui n'a plus rien à attendre de la Fortune. Décidez, s'il vous plaît, qui sacrifie le plus, ou la Demoiselle vertueuse (car il faut la supposer sage, autrement il seroit trop facile de décider) ou le vieillard. Vous ne me nierez pas que je n'aye de mon côté le train ordinaire du monde, quand je dis que les hommes prennent tellement leurs mesures dans leurs amours, qu'ils ne s'engagent pas dans le mariage pour s'apauvrir, pour se dégrader de leur rang, & pour se faire regarder avec horreur. Ils combattent une passion naissante qui pourroit avoir de telles suites, & ils occupent ailleurs leur faculté amoureuse. Me voici au fait.

Il est indubitable qu'un Evêque Catholique est persuadé que pour vivre en homme de bien, il doit vivre dans une parfaite continence, & que pour conserver son Evêché, il doit vivre nécessairement dans le Célibat. Il s'ensuit clairement de-là, que s'il est homme de bien, il prend toutes les précautions imaginables pour conserver sa chasteté, regardant les femmes comme le fruit défendu, & étouffant dans leur naissance toutes les pensées qui le pourroient engager dans un commerce mal-honnête. S'il n'a pas un si bon fonds de piété, si son témperament le porte aux femmes, & s'il est capable de se résoudre à joüir d'elles, malgré les vœux qu'il a faits, il flate ses pensées impudiques; mais de telle sorte qu'il n'aime les femmes que pour son divertissement, je veux dire, que pour assouvir la passion brutale qui s'allume dans son cœur. Il n'a garde de les aimer pour le Sacrement; la seule idée du mariage le feroit frémir, car elle ne se pourroit présenter qu'accompagnée des foudres de l'excommunication, & de l'appareil lugubre d'une dégradation infâme, & d'un scandale énorme qui redoubleroit le crime de l'impudicité, & sur le tout, de la bassesse d'une condition privée. Il n'aime donc point pour se marier; il prend son pli sur cela, & il y dispose sa machine. Ensuite dequoi il est évident qu'il ne s'attache qu'à des femmes commodes, qui ne lui demanderont jamais qu'il répare leur honneur en les épousant. Son caractere le met assez à couvert de la question redoutable, *s'il aime pour être mari*; & s'il rencontre des personnes qui refusent de le satisfaire, parce qu'il ne seroit pas en état de les épouser, lorsque la nécessité voudroit que quelqu'un couvrît leur faute; s'il rencontre, dis-je, de telles personnes parmi le sexe, sans qu'il y ait apparence de les fléchir, il les laisse-là, & porte son offrande ailleurs. Il trouve aisément qui l'accepte.

C'est un fait constant, qu'un Laïque ne s'opiniâtre guéres dans un amour, que lorsque la personne qu'il aime est un Sujet propre au mariage. Où voit-on des gens qui s'obstinent plusieurs années de suite à vaincre la résistance d'une femme mariée, ou d'une fille qu'ils ne veulent que débaucher? Il est certain qu'on y renonce dès qu'on ne voit aucune apparence d'y réüssir. Les attachemens de cette espece qui durent beaucoup, ont bien la mine de tenir un peu du concubinage. Il n'en va pas de même lorsqu'on a dessein de se marier; l'amour est alors de plus de durée, non pas toûjours, mais à tout le moins quelquefois. On ne se rebute pas pour les prémieres froideurs, ni pour les obstacles de la parenté; & il y a tel qui n'a recueilli aucun fruit de sa constance qu'au bout de dix ou douze ans, plus ou moins, car je n'ai pas compté avec tous ces Messieurs-là. Or si un homme du monde se défait promptement d'une inclination qui ne produit rien, à plus forte raison doit-on croire qu'un Prélat renonce bien-tôt à une amourette infructueuse. Il a moins de temps à perdre à cela, qu'un autre: tous les momens lui sont précieux; ainsi il se hâte de conclure, & s'il ne peut pas le faire en un lieu, il cherche fortune ailleurs. Cela fait qu'il est moralement impossible, que ses passions lui inspirent la pensée du mariage.

Mais, dira-t-on, ne peut-il pas devenir amoureux d'une hérétique qui lui dira rondement: *Si vous voulez joüir de moi, il faut vous résoudre à devenir mon mari, & à faire profession de ma Religion?* Je reconnois que c'est une chose qui n'est pas absolument impossible: mais comme il est incomparablement plus vraisemblable qu'une telle proposition sera rejettée, qu'il n'est vraisemblable qu'elle sera acceptée, je dis qu'il seroit absurde d'affirmer qu'un Evêque s'est fait Calviniste par un semblable moïen. Il faut supposer qu'un Evêque, bien persuadé en sa conscience des dogmes qui s'enseignent dans la Communion de Rome, regarde les Calvinistes comme des damnez. Cette persuasion le prémunit contre les charmes d'une beauté Huguenote, parce qu'il n'a nul commerce avec les Hérétiques, &

qu'il ne les regarde que de haut en bas. Outre qu'il combat plus fortement les impressions que cette beauté auroit pû faire sur son ame, que les impressions venuës d'ailleurs; car il auroit honte de découvrir la foiblesse d'un Prélat à une Hérétique, qui la pourroit divulguer avec insulte. Il a de-plus toutes les avances & tous les antidotes contre le mariage, dont j'ai parlé. Il n'y a donc nulle apparence, que le discours d'une Huguenote puisse faire goûter au Prélat une action qu'il croit criminelle, & qu'il voit accompagnée d'une infamie, & d'un dommage inévitable. Je suppose toûjours que cet Evêque est persuadé de la verité de sa Religion. S'il l'est, il trouve une infamie réelle, & un scandale donné dans son mariage. Et croit-on que cette consideration, jointe aux remords de sa conscience, & à la perte temporelle qu'il fait, tombant de l'Episcopat à une vie privée fort obscure, n'éteint point les ardeurs de son amour? Si on suppose qu'il est impie & sans conscience, on ne lui ôte pas pour cela tout ce qui lui rend odieux le lien conjugal: la crainte de perdre toutes les grandeurs & toutes les douceurs temporelles de son Evêché, est encore un puissant remede contre l'amour pour le Sacrement.

Il est donc certain, qu'il n'y a pas la moindre ombre de vraisemblance, dans ce que disent Messieurs de l'Eglise Romaine, touchant la cause de la prétenduë apostasie de quelques-uns de leurs Prélats. Mais si l'on prend le biais que j'ai pris, l'on expliquera la chose d'une maniere tout-à-fait plausible. J'ai supposé que la doctrine de Calvin avoit paru vraie à ces Prélats. Dès ce moment-là ils se crurent mal engagez dans le vœu de ne se marier point; ils eurent beaucoup plus d'horreur pour le concubinage qu'auparavant; ils se familiariserent avec l'idée du mariage; ils purent diriger à ce but l'inclination que certaines femmes leur inspiroient; & enfin lorsque leur conscience fut assez forte pour les obliger à préférer à leurs Evêchez la profession ouverte de la Religion Réformée, ils se marierent. Au reste comme j'ai dit (*) dans la Critique Générale, que la sincérité avec laquelle Clément Marot professa notre Religion, ne le guérit point de ses vices, je veux bien déclarer ici que je ne crois pas, qu'encore que les Evêques qui embrasserent notre Religion, le fissent sincerement, ils eussent tous beaucoup de vertu.

Car je trouve que Jaques Paul Spifame, Evêque de Nevers, a été puni de mort à Geneve pour des actions criminelles. Il avoit épousé une femme dont il avoit eu un fils avant que de l'épouser, & de-peur que ce fils (A) *ne fût déclaré bâtard, il avoit fait faire un faux Contract de Mariage antidatté, & même de faux Sceaux, pour l'autoriser davantage.* Si nous en croïons Scaliger, (B) cet Evêque n'avoit jamais fiancé, ni épousé cette femme en face d'Eglise; mais il l'avoit débauchée, à son mari, & gardée trois ans dans sa maison, le mari étant encore plein de vie. Quoiqu'il en soit, voilà une preuve manifeste contre ce que Monsieur Maimbourg raporte de la cause qui fit abandonner à ce Prélat son Evêché de Nevers, avec quarante mille livres de rente: *Pour avoir la liberté,* dit-il, (C) *d'épouser une belle Huguenote qu'il aimoit éperdûment, il en vint, tout habile homme qu'il étoit, jusqu'à cette extrémité de folie, que de se faire Huguenot comme elle.* Il recon-

---

(*) „ Lettr. XIV. No. II.
(A) „ Spon Hist. de Geneve, l. 3. p. 47.

(B) „ Voi. le Scaligeriana.
(C) Hist. du Cal. p. 109.

reconnoît Monsieur Spon pour un Historien *assez sincere*, & il croit sur sa parole, que Spifame
*témoigna une grande repentance de ses fautes, par
une belle remontrance qu'il fit au peuple sur l'Echafaut.* Il croit même sur ce témoignage, que
Dieu a fait miséricorde à cet homme, parce qu'il
prétend que son repentir fut une abjuration solemnelle de l'Hérésie. Il faut donc qu'il reconnoîs-
se que l'autre partie du récit de Monsieur Spon est
véritable. Or Monsieur Spon raporte, que Spifame avoüa sus l'Echafaut l'antidate de son faux
Contract, & les faux Sceaux. Il en étoit donc
coupable, & par conséquent il ne quitta point
son Evêché pour épouser une Huguenote; car
puisqu'il en avoit eu un enfant avant que de
l'épouser, il en joüissoit avec la même liberté
que si elle eût été sa femme. Quel besoin avoit-
il donc de l'épouser? C'est, dira-t-on, qu'elle le
pressoit de le faire. Je réponds qu'il n'étoit plus
temps, & qu'une femme qui a été au pouvoir
d'un homme pendant plusieurs mois, court grand
risque d'être prise au mot, si elle le menace de
rompre. Elle a donné ce qu'on estimoit le plus
en elle, & on n'achete pas le reste quarante mille
livres de rente. Il faudroit que la conscience
s'en fût mêlée; mais si cela étoit, l'Evêque auroit été persuadé de la bonté du Calvinisme,
comme je le prétens; car s'il n'en eût pas été
persuadé, il auroit cru violer ses vœux, en se
faisant Huguenot, & fouler aux pieds les plus
saints Mysteres de l'Eglise. Or il auroit cru
commetre un plus grand peché par-là qu'en n'é-
pousant point une femme qu'il auroit entretenuë.
Donc il eût mieux aimé la tromper, que de se
révolter contre l'Eglise. Ce n'est pas la seule
faute de Monsieur Maimbourg en cet endroit.
Ce qu'il ajoûte de la conversion de Spifame en
est une autre bien grande. Comment auroit-il
abjuré solemnellement l'Hérésie sur l'Echafaut,
puisque la Remontrance qu'il fit au peuple, ne
contenoit rien qui sentît le Catholique?

Disons un mot de la comparaison que Monsieur Maimbourg a faite entre Salomon, & l'E-
vêque de Nevers. *Comme Salomon*, dit-il, *nonobstant toute sa sagesse, devint fou & Apostat par
l'amour des femmes, qui lui firent perdre le jugement, & abandonner Dieu pour se faire idolâtre
comme ses Maîtresses, aussi ce Spifame, &c.* Il
n'y a rien de plus foible que cette comparaison,
parce que l'on voit d'un côté un Evêque très-
habile homme quitter tout son bien, & tous ses
honneurs pour épouser une femme, & de l'autre
un Prince très-éclairé ne perdre pas un pouce de
terre, ni la moindre partie de sa puissance pour
ses Maitresses; mais seulement honorer leurs
Dieux. Encore ne le fit-il que lorsque l'âge
lui eût affoibli l'esprit & le jugement. Si jamais
comparaison a cloché, c'est celle-ci, puisqu'elle ne montre pas que ses deux termes soient conformes dans le point dont il est principalement
question. Il s'agit de savoir, non pas si un grand
Prélat est capable de faire beaucoup de dépenses,
& de folies, pour une Maitresse; qui en doute?
mais s'il est capable de se réduire à la simple condition de petit Ministre, afin d'épouser une femme. C'est dequoi il s'agit, & l'on nous vient
parler de Salomon, qui sans cesser d'être Roi
aussi absolu, & aussi riche qu'auparavant, honore les Dieux de ses Maitresses! Que fait cela
pour prouver ce qu'on a dit contre l'Evêque de
Nevers? Si on avoit dit que par complaisance

pour une Maîtresse, il avoit protegé l'Hérésie,
bien assuré qu'il ne lui en coûteroit rien, la comparaison de Salomon seroit souffrable. Mais c'est
ce que l'on n'a point dit, ni que l'on n'a point
pû dire.

Je trouve assez vraisemblable ce que disent
quelques-uns, que Salomon ne tomba dans le précipice que peu-à-peu. Permettez-moi de vous
décrire le progrès de ses désordres, de la même maniere que je l'ai lû dans une Lettre (*) qui fut
écrite à un Abbé il y a trois ans, sur un Sermon du P. Begat. On prétend que ce Jésuite
prêchant à Lyon dans l'Eglise Collégiale de St.
Paul, le 21. Mars 1681. & voulant montrer
*qu'en négligeant les choses de peu de conséquence,
on en vient enfin aux derniers excès,* se servit de
ces paroles.

” Vous savez quelle étoit la sagesse de Salo-
” mon. Cependant il se laissa aller à regarder des
” femmes étrangeres, & désira de les faire ve-
” nir dans son Palais. La chose, dit-il, paroîs-
” soit de peu de conséquence; car pourquoi ne
” les pas laisser entrer, disoit Salomon lui-mê-
” me à ses Prêtres; au bout du compte ce ne
” sont que des femmes, elles n'ont pas des cor-
” nes. Les femmes entrent. Le Prince les ai-
” me encore plus éperduement; il veut se ma-
” rier avec elles. Les Prêtres s'y opposent. Mais
” enfin pourquoi non? Le mariage n'est pas
” mauvais. Il se marie donc avec ces Etrange-
” res, & au milieu de leurs baisers & de leurs
” embrassemens, il se laisse persuader par elles de
” permettre qu'on place leurs Idoles dans un
” coin de la Cour. Ce n'étoit pas là encore le
” sujet d'un grand scrupule. Cependant à for-
” ce de caresses, les femmes obtiennent que l'I-
” dole montera dans la chambre. Enfin on lui
” érige des Autels, & le Prince vaincu offre de
” l'encens à l'Idole. De-là il tombe dans les
” derniers excès, & s'abandonne à toute sorte
” de crimes.

Je ne me rends point garand de la vérité de
cette Histoire. Je demande seulement qu'on m'accorde, qu'il est tout-à-fait apparent que Salomon ne tomba point dans l'Idolâtrie, dès le
commencement de ses amours, mais après plusieurs assauts que ses Maîtresses livrerent à son esprit affoibli par les années. Cela ruïne encore la
comparaison; car on ne voit pas que les Evêques
convertis ayent aimé des personnes qui les ayent
sollicitez peu-à-peu à quitter l'Eglise Romaine.
On sait bien que des Maîtresses de Roy sont
capables de lui demander des Graces pour leur
Religion : mais les Maîtresses d'un Sujet qui
voyent que s'il favorisoit une Secte persécutée,
il seroit ruïné & elles aussi, ne se mêlent point
de solliciter pour leur créance. Elles aiment mieux
avoir pour Galant un homme qui ait le dos
chargé de bons Benefices, qu'un petit Ministre
de Geneve.

On me dira peut-être que si les femmes de Salomon l'avoient prié de renoncer à sa couronne,
& à la Religion Judaïque, il l'auroit fait; &
qu'ainsi il n'est pas fort étonnant qu'un Evêque
ait renoncé à sa prélature, à la sollicitation d'u-
ne Maîtresse. Je réponds que je n'ai pas assez de
loisir pour perdre mon temps à raisonner sur des
suppositions incertaines, ou purement possibles.
Néanmoins si l'on veut supposer à toute force
que la passion d'un Prélat peut devenir si violente, qu'il ne refuse rien à la personne qu'il aime,

(*) ” Cette Lettre est imprimée, & dattée de Lyon   ” le 23 Mars 1681. Elle contient 8. pages in 8.

me, nous trouverons un milieu pour accorder les intérêts de l'amour, avec ceux de l'ambition. Un mariage de conscience, un contract passé en secret fera cette affaire. Le prélat y donnera aisément les mains, s'il n'a nulle Religion. S'il est Catholique dans l'ame, il faudra qu'il se résolve à deux choses qu'il croit criminelles; l'une est son incontinence, l'autre est son mariage. Puisqu'on suppose que malgré les lumieres de sa conscience, & les loix de sa Religion, il peut tomber dans un commerce mal-honnête, on peut aussi supposer, si on le veut, qu'en dépit des mêmes lumieres & des mêmes loix, il donnera dans le mariage, s'il ne lûi est pas autrement possible de satisfaire sa passion. C'est ainsi que le fameux Evêque de Valence, Montluc, se maria clandestinement, soit qu'il eût adopté nos dogmes, soit qu'il ne fût ni Catholique, ni Huguenot. Mais comme il se contenta de se marier, sans faire un éclat qui détruisît sa fortune, il est de la derniere vraisemblance, que tous les Evêques qui auroient voulu se marier, sans être bons Protestans, l'auroient fait en cachette, afin de retenir leur Evêché. Il faut donc que ceux qui se sont mariez hautement, se soient convertis avec connoissance de cause. Car on ne peut pas dire que leurs Maîtresses ne se seroient pas contentées d'un mariage de conscience; cela, dis-je, ne se peut pas soûtenir. 1. Parcequ'une femme qui s'en laisse compter à un Evêque, n'est pas d'une fort grande vertu. 2. Parceque si elle a de la conscience, ou si elle veut faire accroire à son amant qu'elle en a, il lui doit suffire que le Prélat l'épouse en secret. 3. Parcequ'elle peut vivre plus à son aise étant marieé *incognito* avec un riche Prélat, que si elle devenoit publiquement la femme d'un Evêque dépouillé de ses Benefices. Toutes les apparences nous portent à présumer, que la Concubine de Paul Spifame se fût contentée d'un contract secret, & que si elle en eût voulu davantage d'un Evêque non résolu de donner gloire à la verité, on l'eût laissée.

Mariages de conscience.

X.
Différence entre les Evêques de France qui se réformerent, & ceux des autres pays.

Vous remarquerez, s'il vous plaît, Monsieur, que mes remarques ne sont pas également fortes contre toutes sortes de Prélats. Aussi n'ai-je prétendu les faire servir que pour les Evêques François qui se réformerent. Car pour ceux qui pouvoient se réformer sans perdre ni leur spirituel, ni leur temporel, comme Gebard Truchses, Archevêque de Cologne, c'est une autre question. Je n'entre point dans l'examen de son affaire. Je dis seulement qu'il espéra de se maintenir dans la possession de l'Electorat, nonobstant son mariage avec la belle Agnès de Mansfeld, & qu'il craignit d'être poignardé par les freres de la belle, s'il ne l'épousoit: ainsi sa conversion n'est pas bien nette aux yeux des hommes. Il fut chassé, (*) & *se retira à la Haye en Hollande, où il languit le reste de ses jours dans l'obscurité & dans le chagrin, éprouvant à loisir qu'une femme sans biens est une chose bien plus incommode qu'un Benefice sans femme.* C'est Monsieur de Mézerai qui le dit. On fait un conte d'un homme qui abandonna une Prébende pour une femme. Comme il s'en faisoit un mérite auprès de sa nouvelle épouse, elle lui répondit, *vous avez été bien fou de vous défaire de votre Prébende, vous deviez la retenir, vous n'eussiez pas laissé de m'avoir.* Ce conte vrai ou faux représente naïvement cette verité, c'est

qu'une Maîtresse de Prélat n'est point femme à l'exhorter de se faire Calviniste, afin de devenir son mari dans les formes.

On murmurera peut-être de ce que j'ai insinué assez clairement, que tous les Evêques ne gardent pas bien le saint vœu de continence; mais je ne saurois qu'y faire. Je me souviens qu'un fameux Jésuite (A) a fait autrefois une Devise, pour montrer qu'une personne consacrée à Dieu peut donner de l'amour comme une autre. Le Corps de cette Devise étoit un Cierge allumé sur un Autel; ces mots lui servoient d'ame, ET SACER URIT. Le P. Bouhours a fort loüé (c) cette pensée, & voici comme il la raporte en vers:

XI.
Du penchant pour les femmes, qui restent dans ceux qui vœux de bat.

> Mon corps est pur, & plus pure est mon ame;
> La pieté me nourrit d'une flame,
> Qui me consume & les jours & les nuits;
>   Mais que sert-il de feindre?
>   Je suis encore à craindre,
> Et pourrois vous bruler tout sacré que je suis.

Il avoüe qu'il y a long-temps qu'il sait ces vers par cœur. Cléanthe le croit bien; car *quand on les a une fois apris*, dit-il, *on ne manque pas d'occasion pour ne les pas oublier.* Cela paroît bien malin, il semble qu'on nous veut dire par-là, que les personnes consacrées à Dieu font ou reçoivent de ces sortes de complimens en plusieurs rencontres. Mais peu nous importe que l'Auteur ait voulu ou n'ait pas voulu dire cela. Je m'en tiens à la Devise, & je demande si un Cierge n'est pas composé de deux parties, dont l'une brûle, & l'autre est brûlée? Cela ne se peut pas nier, & il est même constant qu'un Cierge ne brûle les choses qu'il touche, que parcequ'il est composé d'un matiere fort combustible, dont quelques parties sont toujours brûlées actuellement. Ainsi on a autant de raison de dire, ET SACER URITUR, que ET SACER URIT. Les personnes consacrées à Dieu peuvent recevoir de l'amour, & en donner comme un autre:

>   Mais que sert-il de feindre?
>   J'ai bien encore à craindre,
> Et puis être brûlé tout sacré que je suis.

Je sais bien que toute comparaison cloche; mais celle du Cierge ne le fait pas trop, quoiqu'on l'étende beaucoup plus que P. le Moine ne l'a étenduë. Il est certain que la meilleure méthode de se faire aimer, est d'aimer, & qu'un cœur déja brûlé est fort propre à en brûler d'autres, tout de même qu'un Cierge allumé allume facilement un autre Cierge. On peut donc trouver de grands raports, & quant à la brûlure active, & quant à la brûlure passive, entre un Cierge, & les personnes qui se consacrent à Dieu, quoiqu'on y trouve d'ailleurs cette différence, que dans un Cierge la brûlure active suit toujours la brûlure passive, au lieu qu'il arrive souvent dans les maisons Religieuses, que la brûlure passive vient après la brûlure active, ou pour parler plus clairement, que l'on n'aime qu'après avoir donné de l'amour.

C'est cette méchante Machine du corps qui en est cause. Un homme disoit autrefois dans une Tragédie d'Euripide:

> J'ai juré de la langue & non pas de l'esprit.

Il en

(*) „ Abrég. Chronol. *ad ann.* 1583.
(A) „ Le P. Moine.

(c) „ Voi. l'Entretien 6. d'Ariste & d'Eug.

Il en va tout autrement dans l'émiſſion des vœux de continence; c'eſt l'eſprit qui jure, & non pas le corps. L'eſprit ſe flate, & promet ſincerement (du moins pour l'ordinaire) l'obſervation de la chaſteté. Il tâche enſuite de dompter cette faculté rébelle, qui s'oppoſe à ſes déſirs. Mais comme on a promis pour le corps ce qu'il ne promettoit point lui-même, il s'empare bien-tôt du gouvernement. Les loix de l'union de l'ame & du corps ſont telles, qu'on diroit qu'elles n'ont en vûë que la conſervation de notre eſpece, par la génération de nouveaux hommes. La Machine du corps humain eſt montée ſur un tel ton, qu'il n'y a preſque point d'objets qui ne touchent à cette corde; & de-là vient que les ſolitudes les plus affreuſes, & les macérations les plus opiniâtres, ſont bien ſouvent inutiles pour troubler l'harmonie de ce concert. Que ſera-ce donc, lorſqu'on ſe trouve perpétuellement parmi des machines de même eſpece, montées ſur le même ton à-peu-près, & dont les unes ſervent de reſſort aux autres ?

Si je me ſuis fort étendu ſur cette matiere, croyez, s'il vous plaît, que c'eſt afin de fortifier la réponſe que je fis il y a deux ans (*) à Monſieur Maimbourg, touchant le mariage des Prêtres & des Moines qui embraſſerent notre Réforme. Tout ce que j'ai dit des Prélats, ſe peut appliquer à toutes ſortes de gens d'Egliſe, en gardant les proportions.

Il eſt facile maintenant de répondre à la dixieme difficulté qu'on m'a faite. On m'accuſe d'une choſe dont je ſuis très-éloigné, & dont j'ai montré le ridicule plus d'une fois. On veut que j'aye double poids & double meſure, c'eſt-à-dire, que je blâme, ou que je loûë les mêmes choſes, ſelon qu'elles incommodent, ou qu'elles accommodent le parti que je ſoûtiens. Le Public a vû ſi j'ai épargné ceux qui ſont dans cette abſurde préoccupation, & j'eſpere que ſi on lit attentivement mes Lettres (je dis attentivement, car on ne peut rien ſe promettre d'un Lecteur qui ne fait que courir ſur un Ouvrage, il vous attribuë mille choſes à quoi vous n'avez jamais ſongé) l'on verra que je ne donne point dans la faute que j'ai réfutée. Qu'on prenne garde ſeulement à ce qui ſuit.

Je prétens que ceux qui ſe convertirent à notre Religion dans le dernier ſiecle, ne le firent point par des conſidérations humaines, & que ceux qui nous ont quittez ſous le Regne de Loüis le Grand, l'ont fait pour des intérêts temporels. Je ne fonde pas cette différence ſur ce que les premiers ſont venus à nous, au lieu que les derniers ſe ſont ſéparez de nous. Nullement, cela ſeroit ridicule. Je la fonde ſur ce que les premiers ont quitté une Religion triomphante, & tout-à-fait relâchée pour ce qui regarde les mœurs & ſont entrez dans une Religion perſécutée, & fort rigide dans ſa diſcipline. Ce ſont deux faits ſi notoires, qu'il n'eſt pas néceſſaire de les prouver. Néanmoins je les ai (A) prouvez. A l'égard de ceux qui nous quittent aujourd'hui, il eſt évident qu'ils ſortent d'une Religion perſécutée, pour entrer dans une Religion triomphante. Il ne faut donc pas s'étonner ſi l'on juge tout autrement d'eux, que de ceux qui ſortirent de l'Egliſe Romaine, ſous le Regne de François I. & de Henri II.

Mais que dirons-nous de ceux qui ſe réformerent vers le temps de la premiere guerre civile ? Je dis que ſi l'on excepte les Grands Seigneurs, qui pouvoient ſe promettre de meilleurs emplois dans l'Armée Calviniſte que dans celle des Triumvirs, ou qui avoient quelque haine perſonnelle contre les mêmes Triumvirs; tous les autres Huguenots doivent paſſer pour ſinceres dans leur Religion, auſſi-bien en ce temps-là, que ſous les Regnes précedens. Pour s'en convaincre, il ne faut que lire dans Mr. de Varillas la deſcription de la ſévere diſcipline qui s'exerçoit dans l'Armée Huguenote. Il dit (B), entre autres choſes, qu'il y avoit un Miniſtre pour chaque Compagnie, qui n'y ſouffroit ni la licence, ni les blaſphêmes ſi communs parmi les Catholiques, & que c'étoit principalement à cette marque que l'on diſtinguoit les deux Camps. Que dans celui des Calviniſtes on prioit Dieu régulierement, & que la correction publique ou particuliere ſuivoit de près la qualité des fautes, & leur étoit toûjours proportionnée. Qu'on n'y chantoit que les Pſeaumes; qu'on n'y jouoit ni pour le divertiſſement, ni pour le gain; qu'on n'y étaloit que les viandes groſſieres & abſolument néceſſaires, & que ſi les Vivandiers en apportoient d'autres, ils étoient ſéverement punis. Que les filles de joye ne s'y pouvoient ni garder, ni cacher, & qu'auſſi-tôt que l'on en découvroit une, on obligeoit celui qui l'entretenoit à l'épouſer. Que les Soldats ne s'écartoient jamais de leurs Enſeignes, pour aller à la Picorée. Qu'on n'y vit qu'un crime public durant la premiere guerre civile, ſavoir le violement d'une villageoiſe de Beauſſe par le Seigneur de Courtenai, & qu'on demanda qu'il fût puni exemplairement; mais que le Prince de Condé craignant de commettre ſon pouvoir, lui fit grace. Cet Hiſtorien raporte (c) en un autre endroit, qu'au temps que la premiere paix fut ratifiée, les Calviniſtes punirent de mort dans Orléans l'adultere d'un Gentilhomme, nommé la Londe, avec la femme d'un Bourgeois. Il ne faut qu'un peu de ſens commun pour connoître évidemment, que des Soldats & des Officiers qui n'auroient pas été retenus par des motifs de conſcience, ne ſeroient point demeurez dans une Armée dont les loix étoient ſi dures, & qui étoit ſi voiſine d'une autre où la licence étoit exceſſive.

Je finis ma Lettre par cette conſidération. C'eſt qu'outre le péril que l'on couroit dans le dernier ſiecle, en quittant l'Egliſe Romaine, & outre les autres difficultez dont j'ai parlé, il falloit ſurmonter un fantôme qui a beaucoup de pouvoir ſur l'eſprit de l'homme. Le titre de Novateur, & de Pertubateur du repos public, a quelque choſe de ſi odieux, & au contraire celui d'enfant docile de l'Egliſe a quelque choſe de ſi favorable, qu'on a bien de la peine à renoncer à celui-ci, pour encourir l'infamie de celui-là. En général, comme l'a fort bien remarqué Monſieur Arnaud (D), *le deſſein de changer de Religion a quelque choſe qui étonne, & l'on a quelquefois de la peine à l'exécuter, lors même qu'on y eſt tout réſolu.* Il ſe ſert de cette remarque en faveur des Huguenots convertis. Pour moi, ce que je dis ici ne tend pas à faire une oppoſition entre ceux qui nous quittent aujourd'hui,

d'hui,

---

d'hui , & ceux qui quitterent autrefois l'Eglise Romaine. Je veux opposer ceux qui se réformerent à ceux qui ne se réformerent pas. Je soutiens que ceux-ci n'avoient presque nul besoin d'aucun motif de conscience , pour faire ce qu'ils faisoient. Le nom odieux de Novateur , & d'homme qui déchire le sein de sa mere ; le nom favorable d'homme qui respecte l'Antiquité , & qui marche constamment sur les traces de tous les Chretiens qui ont vécu depuis les Apôtres , suffisoit pour les retenir dans le giron de leur Eglise. Mais ceux qui en sortoient , avoient besoin d'une conscience qui les pressât vivement , puisqu'outre la persécution , il leur faloit surmonter la répugnance naturelle qu'on a pour les reproches odieux. On me dira que la Nouveauté a de grands charmes. Je réponds qu'en matiere de Religion , il n'y a que des Esprits fort fins , & fort vains , qui méprisent les vieilles choses. Le reste des hommes compte pour beaucoup le préjugé de l'antiquité. Je suis , &c.

LETTRE XV.

Où il est parlé de l'efficace du mariage pour faire changer de Religion.

I. *De Catherine-Charlotte de la Trimouille qui épousa un Prince de Condé.* II. *Reflexion sur le jugement qu'on fait de ceux qui se convertissent à la bonne Religion, pendant qu'elle est florissante. Ce qu'ils doivent faire pour se laver de tout soupçon.* III. *Que l'Auteur n'a point affirmé & nié la même chose du mariage, par raport aux mêmes personnes.* IV. *Etat des Prêtres & des Moines, à l'égard desquels il a dit que le mariage n'avoit pas été un motif de conversion.* V. *Raison pourquoi le mariage attire aujourd'hui les Huguenotes, & n'attiroit pas ceux de l'Eglise Romaine autrefois.* VI. *Cette raison n'est pas que le pouvoir du beau sexe soit diminué.* VII. *D'où vient qu'il y a plus de femmes que d'hommes qui se revoltent pour se marier.* VIII. *Extrait d'une Lettre écrite à une Demoiselle prête à se faire Catholique & à se marier.* IX. *Remarques sur cette Lettre.* X. *Comparaison des Convertis d'aujourd'hui de l'une & de l'autre Religion.*

MONSIEUR,

J'oublie toujours quelque chose à quoi vous me faites prendre garde ensuite , & bien m'en prend que vous soyez plus exact que moi. Vous remédiez par là à mes fautes , & vous me procurez un plaisir fort doux ; car c'est une grande douceur que de savoir qu'un ami de votre importance se donne la peine de lire fort exactement ce qu'on lui écrit. Vous espériez toujours en lisant ma Lettre précédente , que je parlerois de Charlotte-Catherine de la Trimouille , mais vous avez reconnu enfin que cet article m'étoit échapé. Revenons-y , puisque vous le souhaitez. Ce sera une affaire de peu de lignes.

Vous savez qu'elle est la conjecture de Mr. Maimbourg, touchant la cause qui obligea cette Demoiselle à se faire Hugnenote. Il dit que

ce fut pour avoir l'honneur d'épouser le Prince de Condé , & il ajoûte que Claude de la Trimouille , son frere , changea aussi de Religion , par complaisance pour ce même Prince. Je ne vois pas que nous puissions bonnement condamner cette conjecture ; car si aujourd'hui une Demoiselle de notre Religion , & de la qualité de Charlotte-Catherine de la Trimouille , étant recherchée par un Prince Catholique , semblable au Prince de Conde qui rechercha cette Charlotte , abjuroit notre Religion , nous ne ferions pas difficulté d'assurer , qu'elle l'auroit fait pour avoir l'honneur d'épouser un Prince. Il ne faut donc pas trouver étrange qu'on n'en dise autant de la Delle. de la Trimouille , qui se maria avec le Prince de Condé ; & pour moi je trouve fort vraisemblable , que l'honneur d'être Princesse fit le plus beau côté par où elle considéra notre Religion. Je ne sais pas si son frere sauva bien les apparences , s'il disputa long-temps , s'il se fit bien instruire par des Ministres ; mais qu'il l'ait fait , ou non , je trouve fort vraisemblable que l'honneur d'être beau-frere d'un Prince du Sang , & les avantages temporels qui lui en pouvoient revenir , beaucoup plus considérables apparemment que ceux que l'on auroit eu en partageant avec tant d'autres les emplois de la Ligue , ou ceux de l'Armée de Henri III. qui avoit toûjours tant de Favoris ; je trouve , dis-je , fort vraisemblable que tous ces motifs temporels furent les meilleures raisons , les raisons du cœur , pour faire préférer la Religion Réformée à la Religion Romaine. Voyez-vous , Monsieur , il y a de l'homme & de la femme partout. Un mariage , & surtout un mariage qui donne un plus haut rang , est toûjours une puissante amorce pour une fille. L'autorité & les Charges n'en sont pas une moindre pour un homme.

La conjecture de Mr. Maimbourg se confirme puissamment par le retour de la Princesse de Condé à l'Eglise Catholique. Si elle eût embrassé la nôtre avec connoissance de cause , & par un véritable zele pour la Religion , elle ne se fût pas replongée dans le bourbier , comme elle fit après que le changement du Roy Henri IV. eût élevé l'Eglise Romaine infiniment audessus de la Protestante. N'ayez pas peur que j'ôte le voile de dessus les procédures qui furent faites contre elle par les parens de son mari. Je consens que tout cela demeure caché sous les ténebres d'un profond silence. Je dirai seulement qu'elle eut l'adresse de diférer sa seconde abjuration , jusques à ce qu'elle eût gagné son procès. Elle savoit bien qu'elle avoit de trop bons patrons pour le perdre ; ainsi elle eut la Politique de ne prodiguer pas les fruits de sa conversion. Il n'étoit pas nécessaire qu'elle se convertît pour se tirer d'affaire honnorablement , & néanmoins si elle se fût convertie avant la fin de son procès , on eût dit qu'elle auroit acheté le gain de sa cause aux dépens de sa Religion. Il étoit donc de la prudence de diférer son changement , jusques à ce que l'Arrêt définitif eût été expédié. Aussi le diféra-t-elle jusqu'à ce temps-là , comme le remarque (*) Mr. de Thou. Depuis que nous avons tant crié contre les conversions achetées , on s'est avisé en France d'un pareil tour. On fait toucher quelquefois à nos gens de marque le prix de leur révolte , quelques années ou quelques mois avant qu'ils changent de Religion,
& on

(*) Ne potiùs eo facto gratiam causâ suâ apud Judices quarere , quàm quod salutare sibi ad vitam æternam crederet , consilium videretur. Histor. l. 117. ad an. 1596.

& on dit après cela, *que pourront dire les Hugue-*
nots ? Voilà un Converti qui s'étoit pouffé avant
que d'être Catholique. Depuis qu'il l'est, on ne l'a
pas avancé ; donc il ne s'est converti que pour faire
fon falut. La rufe eft bonne, mais on ne laiffe pas
de l'éventer. Ils n'ont qu'à en chercher d'autres.

Je m'apperçois d'une petite difficulté qu'il eft
bon d'expédier, avant que de paffer outre. On
me demandera s'il eft poffible qu'un homme forte d'une méchante Religion par un bon motif,
lorfqu'il fait une grande fortune en abjurant fes
erreurs. Je réponds que cela ne me paroît pas impoffible ; mais je dis néanmoins qu'il n'eft pas aifé de perfuader au monde, que ces changemens
fe faffent pour l'amour de la vérité, parce qu'on
foupçonne toûjours que les avantages temporels
y ont eu la meilleure part. Tous les hommes
font enclins à mal juger de leur prochain, & il
y en a qui vous difent fort ferieufement, qu'ils
ne fe font jamais mal trouvez de l'avoir fait.
La charité, je l'avoüe, nous oblige à donner
plûtôt une interprétation favorable, qu'une interprétation défavantageufe, aux actions que
nous ne connoiffons pas dans leur principe, &
dont les circonftances font équivoques ; mais la
raifon ne s'accorde pas en cela avec les préceptes
de la charité :

(*) *Stat contra ratio, & fecretam garrit in aurem.*

Car nous connoiffons fi clairement, que pour
une action défintereffée l'homme en fait mille
qui ne le font pas, & que l'amour du monde
a un Empire incomparablement plus étendu,
que l'amour de la verité ; nous connoiffons, dis-
je, cela fi clairement, que lorfque les circonftances ne nous déterminent pas à un jugement
avantageux, nous nous fentons portez par une
force prefque invincible à juger, qu'un homme
fe laiffe plus toucher aux objets de la vanité,
qu'aux objets fpirituels ; & ainfi nous fommes
très-difpofez à croire que s'il fort d'une méchante Religion, où il croupiffoit dans le néant, &
s'il fait fortune en paffant dans la vraye Eglife,
il change de Religion bien plus afin de vivre à
fon aife, qu'afin d'obéïr à Dieu. Nous pouvons recueillir de-là quel eft le devoir d'un homme qui fe convertit à la vraye Religion, pendant qu'elle eft floriffante. Je dis qu'il eft dans
une obligation particuliere de mortifier fon ambition ; parce que s'il ne la mortifie pas, il donne fujet de croire qu'il n'aime que les avantages
temporels de la vérité, ce qui eft un grand fcandale pour les uns, & une occafion de raillerie
pour les autres. Il s'enfuit de-là, qu'encore qu'on
doive toûjours faire profeffion de la vérité connuë, foit qu'elle gémiffe fous le poids des afflictions, foit que Dieu la laiffe dans la pompe, il
n'eft pas également permis à toutes fortes de perfonnes de briguer les biens temporels qu'elle confere. Les nouveaux Convertis font obligez à une
plus grande abftinence, s'ils veulent être en
édification à leurs freres, & faire honneur à la
vérité. Si nonobftant cette conduite il refte encore des foupçons dans les efprits, à caufe du
mauvais état de la Secte qu'ils ont quittée, ils
s'en doivent confoler par le témoignage de leur
confcience. Je fuppofe que leur converfion foit

fincere. Paffons maintenant à une nouvelle objection.

ONZIEME OBJECTION.

» C'Eft une chofe plaifante, vous a-t-on dit
» en parlant de moi, que de l'entendre
» dire en un lieu, que les gens d'Eglife ne fe
» font point rendus Calviniftes afin de fe ma-
» rier ; & en un autre, que les filles Hugue-
» notes fe font Catholiques afin d'avoir un ma-
» ri. Se peut-il rien voir de plus bizarre que
» cette conduite ? Quand il s'agit des Moines
» & des Prêtres, le mariage n'eft qu'un joug ;
» mais quand il s'agit des Hérétiques, ce joug
» devient le plus agréable du monde. Dans la
» Lettre VIII. (A) il met parmi les principales ré-
» compenfes de ceux qui abjurent la prétenduë
» Réforme, le foin qu'on prend de leur trouver
» un mari, ou une femme. *On les marie,*
» dit-il, *s'ils paroiffent le fouhaiter, comme il*
» *arrive fouvent, aux jeunes filles furtout.* Mais
» dans la Lettre (B) (l'intervalle n'eft pas fort
» grand) il fe tuë de crier que le mariage a dû
» faire peur aux Moines & aux Prêtres, tant
» s'en faut qu'il ait pû les induire à fe jetter
» dans le parti des Réformateurs. Comment
» peut-on fauver cela ?

FORT FACILEMENT, Monfieur, & j'admi-
re que les Auteurs de cette difficulté s'embarraf-
fent à fi peu de chofe. N'ont-ils jamais ouï parler du *fub diverfo refpectu*, qui eft fi ordinaire
en Philofophie, & qui fait que les termes les
plus oppofez fe difent d'une même perfonne fans
la moindre contradiction ? C'eft ce qui fe remarque au fujet du mariage, il eft tout enfemble un grand bien & un grand mal, *fub diverfo*
refpectu, par raport à différentes perfonnes. Il
peut obliger certaines gens à changer de Religion, & n'y point obliger d'autres. Cela eft
inévitable, vû la diverfité des goûts, & la diverfe fituation où les affaires humaines fe rencontrent. Ainfi pour me propofer une difficulté confidérable, il faudroit qu'on me convainquît d'avoir foûtenu, que le mariage oblige les
Proteftans à changer de Religion, & n'y oblige
pas les Catholiques, quoique les Proteftans & les
Catholiques foient dans les mêmes circonftances.
Or c'eft ce qu'on ne me montrera jamais. Il
eft clair comme le jour que je n'ai point fuppofé ces deux fortes de Profélytes dans une femblable pofture.

Premierement à l'égard des Prêtres & des Moines qui embrafferent la Réformation, j'ai fuppofé comme une chofe reconnuë par nos Adverfaires, qu'ils ne fe marierent point par intérêt.
Ce n'eft nullement de cela qu'on leur fait un
crime. On dit au contraire qu'ils avoient une
fi furieufe impatience d'avoir une femme, qu'ils
e ruerent, pour ainfi dire, fur la premiere que
la providence de Dieu leur préfenta ; que tout
leur fut bon, pourvû qu'ils fatisfiffent leur fou-
gue amoureufe, & que moïennant cela ils ne
fongerent guéres fi leur Compagne étoit jolie,
fi elle avoit des biens, ou des parens confidérables. On fuppofe, felon la penfée d'un ancien
Poëte (c) Romain, que comme ceux qui ont jeûné

(*) *Perfius Saty. 3.*
(A) » No. IV. pag. 37.
(B) » No. II. pag. 39.
(c) *Num tibi cùm fauces urit fitis, aurea quæris*
    Pocula ? num efuriens faftidis omnia, præter
Tome II.

Pavonem rhambumque? tument tibi cùm inguina, nam fi
Ancilla, aut verna eft præfto puer, impetus in quem
Continuo fiat, malis tintigine rumpi ?
Horat. Saty. 2. l. 1.

né long-temps ne font pas fort difficiles fur le choix des viandes, ainfi, &c. Quand il ne feroit pas évident que c'eft-là l'efprit de l'accufation, & des railleries de nos Adverfaires, il feroit aifé de prouver qu'en effet nos premiers Miniftres n'épouferent point des femmes dont les biens & les parens fuffent une bonne fortune.

. Sur cette premiere fuppofition j'ai dit en fecond lieu, qu'il n'y a nulle apparence que ces Prêtres & ces Moines ayent embraffé la Réformation afin d'avoir une femme. Je l'ai prouvé en faifant voir, qu'ils fe pouvoient divertir avec le fexe fort aifément, fans qu'il fût néceffaire de changer de condition. La preuve eft bonne; car s'ils n'ont voulu avoir une femme ni à caufe de fes biens, ni à caufe de fes perfections, ni à caufe de fa parenté, mais uniquement afin d'affouvir leur incontinence, il eft clair que la pouvant affouvir fans changer de Religion, ils n'en ont pas changé pour le mariage.

. Mais parce qu'on me pouvoit dire, qu'ils vouloient époufer une femme afin de goûter innocemment les délices de l'amour, j'ai fait voir en troifieme lieu que cettederniere penfée ruïne les autres. Car s'ils ont voulu fe marier afin de joüir d'une femme fans crime, il s'enfuit qu'ils avoient de la confcience, & que la peur d'offenfer Dieu en ne gardant point la chafteté dans le Célibat, les a portez à fe marier. Si cela eft, ils n'ont point cru que la Communion Romaine fût la véritable Eglife; car s'ils l'euffent cru, ils euffent craint de commettre un plus grand péché, en fe mariant, & en la quittant, qu'en fe divertiffant avec une femme hors du mariage. Or nous avons fuppofé qu'ils avoient la confcience fi tendre, qu'ils ne pouvoient fe réfoudre à goûter les douceurs de l'amour qu'avec une femme légitime. Donc ils euffent encore moins pû fe réfoudre à fortir de l'Eglife Romaine. D'où il réfulte néceffairement dans cette troifieme fuppofition, que puifqu'ils ont abjuré l'Eglife Romaine, ils étoient perfuadez qu'elle étoit fauffe; & par conféquent ils l'ont quittée à caufe qu'ils la croyoient fauffe, & non pas à caufe qu'ils fe vouloient marier.

Si on me dit que c'étoient des gens libertins & fans Religion, je reviens à ma feconde réponfe, favoir que rien ne les devoit induire à quitter l'Eglife Romaine; car puifqu'ils ne cherchoient une femme ni pour fa beauté, ni pour fa nobleffe, ni pour fa vertu, ni pour fes biens; mais feulement afin de joüir avec elle d'un plaifir brutal, il leur devoit fuffire de ne manquer pas de femmes. Or eft-il que leur condition de Moine ou de Prêtre leur laiffoit abondamment les bonnes commoditez d'en avoir, & cela comme les gens libertins débauchez les fouhaitent, c'eft-à-dire, fans la fervitude du mariage. Il n'étoit donc pas néceffaire qu'ils embraffaffent la Réformation. Voici mon raifonnement fous la forme d'un dilemme. Ou ils ont eu de la confcience, ou ils n'en ont pas eu. S'ils en ont eu, ils n'ont point quitté leur Eglife fans être perfuadez qu'elle étoit fauffe. S'ils n'en ont pas eu, ils n'ont point quitté leur condition, mille fois plus douce que celle d'un homme chargé de femme & d'enfans, expofé aux perfécutions les plus violentes, & obligé de s'affujetir à une févere difcipline.

. Voilà, Monfieur, l'état où j'ai repréfenté ces gens-là. Si ceux de nos prétendus Convertis, que nous accufons de fe rendre Catholiques,

afin de fe marier, font dans ces termes, je confens qu'on dife que le mariage n'a nulle part à leur converfion. Mais il eft faux que ce foit-là leur état, tant parce qu'ils fe propofent d'époufer un bon parti, que parce qu'il ne leur feroit pas aifé de le trouver, s'ils ne changeoient pas d'Eglife.

Je finirois ici ma réponfe à l'objection, fi je ne me fouvenois d'une certaine queuë qui y eft jointe, & qui eft beaucoup plus difficile à dénoüer que tout le corps. On vous a demandé, 1. Pourquoi j'ofe foûtenir qu'aujourd'hui les hommes dans l'Eglife Romaine ont la force de convertir les filles de la Religion, & qu'au dernier fiecle les filles de la Religion n'avoient pas la force de convertir les hommes de l'Eglife Romaine? Je réponds encore une fois, que je me fonde fur le différent état des deux Religions. Les Catholiques qui fe convertiffoient dans le dernier fiecle, perdoient leur fortune au lieu de la trouver parmi nous; mais ceux de la Religion qui fe font aujourd'hui Catholiques entre d'un parti opprimé dans un parti favorifé. Il ne faut donc pas s'étonner, qu'il y ait des gens de la Religion aujourd'hui qui entrent dans l'Eglife Romaine, pour y contracter mariage; mais il feroit furprenant qu'au dernier fiecle les Catholiques Romains fuffent paffez dans notre parti, pour s'y marier. Car il auroit falu qu'ils fe fuffent propofé l'une ou l'autre de ces deux chofes, ou de trouver une femme qui fît leur fortune, ou de trouver fimplement une femme. Il feroit ridicule de fuppofer, qu'ils efpéroient de faire fortune en paffant dans la nouvelle Religion, perfécutée à feu & à fang, ou du moins engagée dans une guerre civile où elle avoit toûjours du deffous. Il feroit encore plus ridicule de fuppofer qu'ils cherchoient fimplement une femme, puifqu'il n'y avoit rien de plus facile que d'en trouver dans la Communion de Rome. J'excepte de tous ces cas un petit nombre de particuliers, qui ont pû trouver de grands avantages en époufant des Huguenotes, comme le Vicomte de Rohan, & le Comte de la Rochefoucault, dont le premier époufa la fille unique de Soubife; & le dernier, la belle-fœur du Prince de Condé.

En faifant ces exceptions, je fais voir manifeftement que je ne fuppofe pas, que le pouvoir du beau fexe foit moindre aujourd'hui qu'il n'étoit au fiecle paffé. Ce feroit une penfée ridicule. Je fuis trèsperfuadé que toutes chofes étant égales il y auroit pour le moins autant de Catholiques que de Réformez qui changeroient de Religion aujourd'hui pour fe marier; & je ne doute point que fi l'on faifoit en France pour la Religion Réformée, tout ce que l'on y fait pour la Catholique, on ne vît autant de filles Catholiques abjurer leur Religion pour avoir un mari, que l'on voit préfentement de filles de la Religion aller à la Meffe dans la même vûë. Ainfi, Monfieur, qu'on ne croie pas que je raifonne fur ces chofes, par des préjugez ou par des erreurs populaires. Si je foûtiens que l'amour des femmes ne fut point caufe de la converfion des Eccléfiaftiques dans le dernier fiecle, ce n'eft pas que je m'imagine qu'elles manquaffent de charmes & d'attraits en ce fiecle-là; je me fonde fur d'autres raifons que j'ay affez expliquées, & je conviens que lorfqu'une Huguenote pouvoit faire la fortune d'un homme, ou du moins ne la pas traverfer, elle étoit fort capable de le gagner

à

à nôtre parti. Si je soûtiens que présentement, au lieu de nous gagner des hommes, elles se laissent gagner elles-mêmes, ce n'est pas que je prétende qu'elles ayent moins de beauté, moins d'esprit, moins d'adresse qu'autrefois. J'entens seulement que le siecle ne leur est pas favorable, parce qu'un Catholique qui les voudroit épouser, seroit contraint de s'enfuir, & d'abandonner tout ce qu'il auroit au monde. D'autre côté, comme elles voient qu'en allant à la Messe, il leur sera plus facile de trouver un mari qui les fasse vivre commodément, elles songent fort peu à convertir un Catholique; bien-loin de là elles se donnent à convertir. Ainsi va le monde, Monsieur. La pente du cœur humain vers les biens terrestres, est de tous les temps & de tous les âges. Il ne faut pas s'imaginer que les révoltes que nous voïons aujourd'hui si fréquemment, soient une marque d'inconstance; elles sont plûtôt l'effet de cette malheureuse constance du cœur de l'homme à souhaiter les faux biens, de laquelle le changement continuel qui arrive aux autres choses, ne peut guérir notre Nature. Tout devient à la mode, & hors de mode successivement: la seule inclination aux plaisirs du monde est une mode perpétuelle. Louons cependant la vertu de ceux & de celles qui perséverent dans la profession de notre Foi, au milieu de tant de tribulations.

Mais voici le point le plus délicat, & le plus embarrassant de l'objection. On vous a demandé 2. Pourquoi j'ai temoigné si visiblement qu'il y a plus de filles que d'hommes, qui désertent le Calvinisme afin de se marier? Pourquoi j'ai donné plus de charmes au mariage, à l'égard des Huguenotes d'aujourd'hui, qu'à l'égard des Moines & des Prêtres du dernier siecle? Je vous laisse vuider cette question comme vous pourrez, puisque vous m'avez avouë que vous étiez cause qu'elle avoit été agitée en fort bonne Compagnie chez Monsieur ***. Je ne veux point m'en mêler. Je ne veux point avoir d'affaires. Je serai seulement votre Copiste. Voici donc ce que vous répondîtes; vous vous en souviendrez bien; & si vous avez gardé votre minute, vous trouverez qu'encore que je ne raporte pas tout ce que vous dites, je ne vous fais pourtant rien dire, que vous ne m'ayez écrit. Votre These générale fut simplement, absolument & sans nul détour, *que le mariage est plus ardemment souhaité par les femmes que par les hommes*; & pour le prouver vous dites.

I. Que l'inclination que la Nature donne aux deux sexes à s'unir ensemble, trouve plus de moïens de se contenter dans les hommes que dans les femmes. Car une femme qui a de l'honneur, n'a que le seul mariage pour ressource: mais les hommes, comme chacun sait, ont donné de plus larges bornes à ce qu'ils appellent leur honneur.

II. Que les femmes ont plus de besoin d'un mari qui leur serve de Protecteur & de couverture, & qui leur fasse tenir un rang dans la République, que les maris n'ont besoin de femme. Sur quoi vous citâtes les Entretiens de Voiture, où l'on raporte que (*) *les Romains disoient bien à leurs femmes, lorsqu'ils les épousoient, où je serai Caius, vous serez Caia; mais les femmes ne disoient point à leurs maris, où je serai Caia, vous serez Caius.*

III. Qu'il s'est répandu dans les esprits un préjugé fort général, fort ancien, & fort entaciné, qu'une fille qui ne se marie point tombe dans une espece de déshonneur, & sur cela vous citâtes ces fameuses paroles d'un Prophete, (A) *sept femmes prendront un homme seul, & lui diront: Nous pourvoirons à notre nourriture & à nos habits; seulement que ton nom soit reclamé sur nous, ôte notre opprobre.* Par où il paroît que l'on a regardé de tout temps le Célibat comme une espece de flétrissure pour les femmes; car en voici sept qui demandent comme une grace une septieme portion de mari, & qui offrent de se nourrir & de s'habiller à leurs dépens, trop heureuses si seulement on veut les avouer pour sa femme, & les délivrer par-là de l'ignominie.

IV. Enfin qu'on ne juge pas des hommes de la même maniere. Ils peuvent vieillir impunément sans se marier. Le titre de vieux garçon ne passe pas pour honteux; ceux qui le portent s'en font quelquefois honneur, ou en raillent tout les premiers; au lieu que le titre de vieille fille est fort incommode, & passe la raillerie, si on le donne à celles à qui il est dû le plus justement. C'est une grande injure que de dire à une femme qu'elle est vieille; la Duchesse d'Etampes, Maîtresse de François I. offensa tellement la Sénéchale de Normandie, Maîtresse du Dauphin, pour avoir dit, (B) *qu'elle étoit née le même jour que la Sénéchale avoit été mariée*, qu'il fut impossible d'appaiser la Sénéchale; mais c'est bien pis quand on donne le même éloge à une fille.

Je passe sous silence vos autres raisons, & vos autres Réflexions: pour l'amour de Dieu tirons-nous promptement d'ici: l'endroit est périlleux, & la matiere trop odieuse. Agréez seulement que je me serve de votre cinquieme raison, qui regarde en particulier les Huguenotes, & qui sert à faire voir pourquoi la tentation du mariage en fait révolter si grand nombre.

V. C'est qu'elles n'ont point parmi nous le refuge que l'on trouve dans la Communion Romaine. Une fille Catholique qui craint de ne pouvoir pas se marier, se peut faire un honneur de sa disgrace, en se faisant Religieuse. Un Cloître la met à l'abri de la raillerie, & la délivre de la présence importune de ceux qui lui pourroient causer du chagrin à cet égard. Elle peut même en se retirant un peu de bonne heure, faire dire qu'elle a renoncé de son propre mouvement au mariage, & ce bruit lui est glorieux. Dans notre Religion on n'a pas ces avantages. Il faut vieillir dans le monde, à la vûë des jeunes gens, & à la portée de leurs sottes plaisanteries, sans qu'on puisse avoir le moindre prétexte de dire, qu'on n'a point attendu la fortune jusqu'à la derniere extrémité. Qui doute après toutes ces raisons, qu'il ne soit infiniment plus probable, qu'une fille Huguenote se fait de la Messe afin d'épouser un mari, qu'il n'est probable qu'un Prêtre se soit rendu Protestant, afin d'épouser une femme? Quoiqu'il en soit, on ne peut guéres témoigner plus d'inclination au mariage, que les nouvelles Catholiques en témoignent.

Je lisois il n'y a pas long-temps un Livre nouveau qui s'intitule, *Lettres diverses de Monsieur le Chevalier d'Her ***.* Elles sont écrites avec beaucoup de feu, & de brillant. Permettez-moi de vous en raporter un passage, que j'emprunte

___

(*) „ Lettre 27. p. 233.
(A) „ Esaïe ch. 4. v. 1.

(x) „ Varillas Hist. de Franç. I.

Lett. XV.

prunte de la Lettre xx. écrite à une Demoiselle Huguenote qui étoit prête a faire le fault. *On m'a mandé*, lui dit-il, *qu'après avoir abjuré votre Héréſie, vous abjureriez auſſi votre indifference en faveur de Monſieur le Marquis de C.... c'eſt bien fait de quitter toutes vos erreurs en même temps, & de prendre tout d'un coup toutes les opinions ſaines. Après cela vous ſerez toute renouvellée; nouvelle Catholique, nouvelle Mariée; nouvelle doctrine dans l'eſprit, nouveaux ſentimens dans le cœur. Vöiez l'obligation que vous aurez à l'Egliſe; dès que vous l'aurez reconnuë pour votre Mere, elle vous fera voir par expérience ce que c'eſt que le Sacrement de Mariage, que vous autres Hérétiques vous vous obſtinez a ne pas reconnoître pour un Sacrement. Elle ne peut pas vous convaincre de vos erreurs d'une maniere plus douce, ni en même temps plus forte. Vous avouerez ſans doute, que vous aviez grand tort de conteſter au Mariage la dignité que nous lui donnons, & que quand il n'y auroit que cet article-là, il ne ſeroit pas pardonnable d'être Calviniſte. Je ne veux pas entrer plus avant dans ce point de Controverſe; Monſieur le Marquis eſt plus ſavant Théologien que moi, & il vous en inſtruira mieux. Après ce qu'il vous enſeignera, vous pourrez diſputer en Sorbonne. Il a fait en vous convertiſſant un trait d'une grande habileté; il accommode les interêts de la Religion, & les ſiens; il s'aſſure mille plaiſirs avec vous, & il faudra encore qu'en l'autre monde on lui tienne compte de ces plaiſirs-là.*

IX.
Remarques ſur cette Lettre.

Cet Auteur s'imagine peut-être qu'il ne fait que plaiſanter, mais dans le fonds il dit pluſieurs choſes qui ſont vraies au pied de la lettre; ceci par exemple : *L'Egliſe ne peut pas vous convaincre de vos erreurs d'une maniere plus douce, ni en même temps plus forte, qu'en vous faiſant voir par expérience ce que c'eſt que le Sacrement de Mariage.* Non aſſurément elle ne peut pas mieux illuminer une Hérétique qu'en lui donnant un mari, cela vaut une démonſtration. Et ceci, quoi ? *Vous avouerez ſans doute, que vous aviez grand tort de conteſter au mariage la dignité que nous lui donnons.* Ouï aſſurément elle le confeſſera. Qu'on donne ſeulement un mari à une Huguenote, vous la verrez toute prête à avoir du mariage les plus grands ſentimens du monde, & à regretter de n'avoir pas connu plûtôt la dignité d'un ſi agréable myſtere. Pourſuivons. *Il a fait en vous convertiſſant un trait d'une grande habileté.* C'eſt donc ſon mari qui l'a convertie. On a raiſon de l'avouer, un Galant à contract diſpute mille fois mieux qu'un Miſſionnaire : mais au reſte il ne faut pas qu'il ait une grande habileté. C'eſt aſſez qu'il ſoit bon parti, ſa diſpute va bientôt à la conviction.

X.
Comparaiſon des Convertis de l'une & de l'autre Religion.

Le Gentilhomme Catholique, qui me vint voir de votre part au commencement de cette année, m'avoua ce que vous m'avez écrit autrefois, (*) que l'on n'eſt pas édifié en France, de ce qu'aucun Converti ne ſe met en Religion; mais, ajoûta-t-il, ce n'eſt pas une choſe particuliere à ceux qui ſe font Catholiques; on ne voit pas que les Moines & les Prêtres qui ſe font de votre Religion, ſoient long-temps ſans ſe marier; ainſi nous ne pouvons nous rien reprocher les uns aux autres. Je lui répondis qu'il y avoit une grande différence entre les Convertis des deux Religions. Ceux qui ſortent de la nôtre entrent dans une Egliſe, où l'on éleve juſqu'aux Cieux la ſainteté du Célibat : deſorte qu'en comparant la vie des gens mariez à celle d'un bon Religeux, on y met la même différence qu'entre un malade, & un homme qui ſe porte bien. On vous dit qu'un bon Religieux mene la vie d'un Ange, ou d'un Saint glorifié, plûtôt que celle d'un homme; mais que ceux qui vivent dans le mariage, quelque vertueuſement qu'ils ſe comportent, ſont des Chretiens infirmes, qui ſont toûjours dans les remedes, & qui par l'uſage même des remedes groſſiers, ſe matérialiſent de plus en plus. Voilà des dogmes inconnus aux Proteſtans. On ne dit rien dans leur Communion qui rende ſuſpect le mariage, rien qui tende à faire embraſſer le Célibat, comme un moyen plus aſſuré d'arriver au Ciel. Ainſi l'on ne doit pas être auſſi ſurpris que nos Proſélytes ſe marient, que de voir que les nouveaux Catholiques ne ſe mettent pas dans un Couvent. J'ajoûtai que les Prêtres & les Moines qui abjurent leur Religion, peuvent craindre que s'ils ne ſe marioient pas, ils ne fuſſent ſoupçonnez de retenir encore les vieilles erreurs ſur le vœu de continence. (A) Outre qu'ils ne trouvent pas un revenu fixe parmi nous, comme l'on en trouve dans l'Egliſe Romaine; cela fait qu'ayant tout quitté, ils ont beſoin d'une femme qui leur donne de quoi vivre. En un mot ceux à qui on les recommande, ne manquent jamais de les exhorter à ſe marier. (B) Il eſt donc moins étonnant qu'ils ſe marient, que de voir que les nouveaux Catholiques ne ſe mettent point en Religion.

Le Gentilhomme me repliqua, qu'il ne croïoit pas que nos Proſélytes euſſent grand beſoin d'être exhortez au mariage. *Avez-vous*, me dit-il en ſoûriant, *les Lettres de Monſieur Patin ? Je m'en vais vous montrer ce qu'il jugeoit du Démon qui chaſſoit les Moines de leur Cloître.* Ayant pris leLivre il me montra ces paroles dans la page164. *Il rencontrera quelque belle Huguenote qui ſecouera le Cordelier, & chaſſera ſon Diable, comme la bonne femme Alibec de Bocace chaſſa ſubtilement & agréablement le Diable de l'Hermite.* Reprenant ſon ſerieux, il me dit qu'il étoit à croire que Meſſieurs les Convertiſſeurs exhortoient auſſi de leur côté les nouvelles Catholiques à ſe marier. Je me mis à rire, & nous étions ſur le point de convenir; lui qu'il n'étoit pas extremement néceſſaire d'exhorter au mariage les Huguenotes qui abjurent; moi qu'on perſuadoit ſans peine à un Moine défroqué, ou à un Chanoine converti, de ſubir le joug conjugal; mais quelqu'un entra qui fit changer le diſcours. Je n'ai point vû le Gentilhomme depuis ce temps-là. Mandez-moi comment vous conclurez cette affaire, car il vous en parlera ſans doute.

J'avois deſſein de finir par une petite Apologie du beau ſexe, contre ceux qui voudroient abuſer de ce qui a été dit cy-deſſus. Mais il ſera plus à propos de faire une Lettre ſur cela, & ſur quelques autres penſées qui naîtront aſſez naturellement de la premiere. Je ſuis, *&c.*

(*) „ Cy-deſſus Let. X. No. III. p. 229.
(A) Conférez ceci avec le *Dict. Hiſt. & Crit.* Art. Reg- „ ming. Rem. D.

(B) „ MS. Voi. les Tables du P. Taullier ſæc. II. ſous „ le mot Nicolaïtes *p. m.* 636.

LETTRE XVI.

Où l'on examine philosophiquement pourquoi les hommes font moins de cas du mariage que les femmes, & qu'elle est la cause de l'amitié des peres & des meres pour leurs enfans.

I. Quelles sont les causes qui font tant aimer le mariage au sexe, & combien est admirable la providence de Dieu dans tout cela. II. Combien est admirable la maniere dont Dieu a interessé l'ame à la conservation du corps. III. Et les peres & meres à la conservation de leurs enfans. IV. Reflexion sur l'amitié paternelle qui n'est fondée que sur l'opinion. V. Que l'amour des peres & des meres pour leurs enfans n'est point fondé sur la raison, mais que c'est un instinct aveugle très-sagement établi de Dieu. VI. Reflexion sur la honte que les femmes ont d'être stériles. De Sara, & de Rachel. VII. Preuves à l'égard des peres de ce qui a été dit de leur amitié. VIII. Et à l'égard des meres. Réponse de Philippe II. à Dom Carlos. IX. Combien les instincts & les passions déraisonnables sont nécessaires. X. Reflexion Théologique d'un Medecin contre la génération. XI. Sans les dispositions machinales du corps, & les prejugez de l'esprit, la Religion & la Raison n'auroient pas la force de faire marier les femmes.

MONSIEUR,

I.
[pour]quoi le
[sexe] aime tant
[le m]ariage.

Vous avez montré par plusieurs raisons, que le motif du mariage a moins de force sur notre sexe que sur l'autre ; mais je doute que vous ayez approfondi cette matiere autant qu'il le faloit, pour pénétrer jusqu'à la premiere origine. Si vous y songez, vous me direz vos conjectures. En attendant voici les miennes. Je suis fâché de ne pouvoir les débiter populairement, & d'un air qui plaise aux gens du monde. Si la matiere le souffroit, j'aurois tâché de lui donner quelques agrémens. Puisque cela ne m'est point possible, ayons du moins l'honnêteté d'avertir les Cavaliers & les Dames, que cette Lettre ne méritant pas de les arrêter, ils feront bien de la passer toute. Entrons en matiere.

Il y a des gens fiers & décisifs qui se moquent de l'inclination des femmes pour le mariage, & qui condamnent comme une foiblesse déraisonnable le chagrin qu'elles conçoivent, lorsqu'elles passent toute leur vie sans se marier. Ils ont tort d'en demeurer-là : il devroient s'élever à une cause supérieure, & ils trouveroient que ce qui est un désordre à l'égard de notre petite Raison, est un trait d'une sagesse admirable à l'égard de la Raison universelle qui gouverne toutes choses. Car il y auroit long-temps que le genre humain seroit péri, si les femmes n'avoient pas l'esprit tourné comme elles l'ont, à l'égard du mariage ; & il est certain que si elles n'avoient consulté que la Raison, elles auroient toutes renoncé à la qualité de mere ; (*) rebutées par les incommoditez de la grossesse, par les douleurs de l'enfantement, & par les soins qu'il faut prendre des petites créatures qu'elles produisent, la Religion n'auroit pas eu plus de force que la Raison. En vain leur eût-on préché que Dieu veut

qu'elles se marient, afin que le monde se conserve : tous ces beaux sermons auroient été inutiles, & si une force plus puissante que la Religion & que la Raison ne s'en fût mêlée, on eût vû bien-tôt cesser les générations.

Lettre
XVI.

Quelle est donc cette force, me direz-vous ? Je la fais consister, 1. En ce que les loix de l'union de l'ame & du corps font naître un plaisir excessif dans l'ame, à la présence des mouvemens corporels d'où dépend la génération. 2. En ce que l'esprit est tout plein de préjugez qui le poussent de côté-là. Ces deux principes emportent la balance, sur tout ce que la Raison & le bon sens pourroient inspirer aux femmes, pour les dégoûter du mariage. Le premier est une certaine machine corporelle tellement montée, qu'elle pousse l'esprit qui lui est uni, à souhaiter ardemment la présence des mouvemens qui unissent les deux sexes. Le second est un certain concours de jugemens, qui excitent certaines passions qui poussent l'esprit à souhaiter la même chose. Par ces jugemens l'ame trouve qu'un certain état de vie lui sera honteux ; qu'elle en concevra mille chagrins ; qu'un état de vie opposé lui sera honnorable, & très-agréable. Ces jugemens font naître dans l'ame une telle crainte de l'un de ces deux états, & un tel désir de l'autre, que tout ce que la Raison peut alléguer au contraire est rejetté comme une fable, *autant en emporte le vent.* Ainsi on ne compte que pour bagatelle les incommoditez du mariage. Or comme les deux sexes n'ont pas eu également à craindre ces sortes d'incommoditez, il n'a pas été nécessaire de les pousser également au mariage. L'un des deux principes a suffi pour notre sexe ; mais il a falu tous les deux pour bien déterminer l'autre, & voilà pourquoi il a été nécessaire que les femmes fussent remplies de tant de préjugez, dont les hommes sont exempts, par raport au mariage.

Combien la providence de Dieu est admirable en cela,

Avouëz-moi, Monsieur, que c'est une fort bonne Apologie ; car puisque ces préjugez sont si nécessaires pour lever les obstacles qui arrêteroient le cours des générations, sans lesquelles les desseins de Dieu seroient accrochez, il est évident qu'ils sont préferables aux conseils d'une Raison épurée, qui fortifieroit ces obstacles. Disons donc que ces préjugez sont un instinct, ou une impression de la Raison universelle qui gouverne toutes choses, & que les lumieres de notre bon sens qui combatent ces préjugez, ne sont qu'une impression particuliere de notre Raison. Disons que ces préjugez se raportent au bien général de l'univers, au lieu que les lumieres de notre bon sens ne se rapportent qu'au bien de notre personne. Or comme il est plus glorieux d'être conduit par la Raison universelle, qui raporte toutes choses au bien général de l'Univers, que par une Raison particuliere, il s'ensuit qu'on ne doit pas tant blâmer le sexe, ni lui faire honte, des préjugez où il est par raport au mariage. Cela n'empêche pas que celles qui sacrifient leur conscience & leur Religion au plaisir de se marier, ne commettent un grand crime. Je souhaite que tous ceux qui liront ceci l'entendent aussi-bien que vous ; mais je suis sûr que tout le monde ne m'entendra pas.

Voici une pensée qui me rendra plus intelligible. Un des plus grands caracteres de la sagesse de Dieu, par raport à l'union de l'ame avec la matiere, consiste en ce qu'ayant voulu intéres-

II.
Combien est admirable la maniere dont

(*) ,, MS. Voyez dans Tacite ann. l. 4. c. 53. la de- ,, mande que fait d'un mari Agrippine à Tibere.

Lettre XVI. Dieu, a intéressé l'ame à la conservation du corps.

ser l'ame à la conservation de la machine du corps, il s'est plûtôt servi du sentiment, que de la Raison. Il auroit pû intéresser l'ame à la conservation du corps, en lui ordonnant de l'éloigner des objets nuisibles, & de l'approcher des objets utiles. Il auroit pû aussi lui aprendre à discerner les objets nuisibles d'avec les objets utiles, par la proportion qu'ils auroient avec les différentes parties de notre corps; mais comme c'eût été une affaire qui eût demandé un long examen, & une Raison fort appliquée, Dieu n'a point pris ce chemin-là; il en a pris un plus court qui consiste à faire sentir à l'ame du plaisir, ou de la douleur, selon que les objets qui agissent sur notre machine sont utiles, ou nuisibles. C'est l'intéresser puissamment à la conservation de notre corps, & en même temps lui aprendre à discerner promptement la nature des objets, sans étude, sans examen, sans raison. On ne peut rien concevoir de plus sage.

Dieu a fait à-peu-près la même chose, pour intéresser l'homme à la conservation du genre humain. La voie du raisonnement n'y eût pas été fort propre; car où est la femme qui se voudroit exposer aux douleurs de l'enfantement par cette seule considération, *qu'il est raisonnable de ne pas laisser périr un Etre aussi beau que l'homme?* Il a donc falu recourir à la voie du sentiment, c'est-à-dire, nous intéresser à la conservation de notre espece, par la joüissance d'un grand plaisir attaché à la production des enfans, & par plusieurs autres passions accessoires, comme vous diriez la honte d'être vieille fille, la vanité d'être féconde, chagrin de ne l'être pas, l'envie de dominer dans une Maison, &c. D'où paroît combien il est quelquefois nécessaire au bien général de l'Univers, de suivre plûtôt les préjugez, les erreurs populaires, & les instincts aveugles de la Nature, que les idées distinctes de la Raison. Quand j'appelle ces instincts aveugles, je ne veux pas dire qu'ils dépendent d'une cause non intelligente, (car ils ne peuvent être qu'une impression de la providence de Dieu) je veux dire seulement qu'ils sont tels, eu égard à notre raison.

III. Et les peres & meres à la conservation de leurs enfans.

Il eût été inutile pour la conservation du genre humain, d'intéresser les deux sexes à produire des enfans, si on ne les eût aussi intéressez à les conserver après leur naissance. Mais quel a été le véritable moyen de les y intéresser? N'est-ce pas la Raison? Nullement. Il y a long-temps que les hommes ne seroient plus, si Dieu n'eût intéressé les peres & les meres à élever leurs enfans, qu'en leur faisant voir que cela est raisonnable. L'homme est si froid & si tranquille, quand il n'est poussé aux choses que par les idées de la Raison, qu'on eût fort mal fait de confier à cette Raison la vie des petits enfans. A la vérité si on n'eût rien à faire de plus agréable, on se seroit levé de son siége pour retirer un enfant du feu; mais s'il eût falu quitter pour cela ou les cartes, ou le verre, ou quelque autre divertissement, on eût senti un tel combat, que l'enfant eût été brûlé, avant qu'on se fût mis en état de le sécourir. Il ne faudroit pas s'étonner de cette conduite, car nous la suivrions très-assurément à l'égard même de notre corps, si rien ne nous engageoit à le conserver, que cette pensée, *qu'il est raisonnable de ne pas laisser périr une si belle machine.* On verroit en ce cas-là brûler sa main, sans prendre la peine de la retirer du feu; s'il faloit se détourner d'une imagina-

tion agréable, afin de faire ce mouvement. Cela montre combien il a été nécessaire, que les sentimens de douleur & de plaisir nous déterminassent à prendre soin de notre corps. C'étoit le véritable moyen de nous engager à cet emploi, & c'est aussi la maniere que Dieu a choisie pour intéresser les peres & les meres à la conservation de leurs enfans. Il a mis une telle proportion entre les organes de ceux-ci, & les organes de ceux-là, que tout ce qui incommode, ou qui accommode le corps des petits enfans, produit dans la machine de leurs peres & de leurs meres, les dispositions qui en vertu de l'union de l'ame & du corps, excitent dans l'ame un vif sentiment de chagrin ou de plaisir. Il ne faut plus demander après cela, pourquoi on s'empresse si fort à procurer à ses enfans tout ce qui peut conserver leur vie. On le fait par la même loi qui nous porte à retirer notre main du feu, lorsque nous sentons la douleur de la brûlure. La vûë d'un enfant malade afflige mortellement sa mere. C'est assez, ne craignez pas qu'elle néglige de le guérir. Elle sent une joye incroyable en le voyant; s'il gazouille, s'il sourit, s'il fait quelque petit geste, elle nage dans la joye: c'est assez, ne craignez pas qu'elle le néglige. Nous n'admirons pas comme nous devrions, la bonté des expédiens que Dieu a choisis pour nous intéresser à certaines choses.

IV. Réflexion sur l'amitié paternelle qui n'est fondée que sur l'opinion.

Car outre ce que je viens de dire, il a établi une telle correspondance entre les pensées de l'ame, & les mouvemens du corps, que quand un homme s'imagine être le pere d'un enfant, cette seule imagination, quoique mal fondée, suffit pour produire dans son cerveau & dans ses organes les dispositions qui sont cause, selon les loix de la Nature, que la vûë d'un petit enfant, ses cris & ses gestes, donnent de la joye, ou du chagrin, à ceux qui l'ont engendré. Voilà pourquoi les enfans sont aimez & caressez aussi tendrement par celui qui se persuade sans raison qu'il est leur pere, que par celui qui se le persuade avec raison. Il faut admirer en cela la Providence; car comme elle a prévu de tout temps la mauvaise conduite de plusieurs femmes mariées, elle n'a point fait dépendre l'amitié des peres pour leurs enfans, de la seule proportion qui se trouveroit entre leurs machines, en vertu de la génération. Elle a ordonné de-plus que la croyance où seroit un homme, qu'il est le pere d'un enfant, produiroit dans son cerveau les traces & les dispositions machinales qui forment l'amitié paternelle. Nous savons par expérience, que les pensées de notre esprit nous communiquent plusieurs habitudes. Il ne faut donc pas s'étonner de ce que je dis ici, que la pensée qu'on est pere, produit dans la machine du corps les mêmes dispositions à aimer, que la qualité réelle de pere y produit. Rien ne pouvoit être plus sagement ordonné pour la conservation du genre humain; car si l'amitié des peres eût dépendu de la conformité de leur machine avec celle de leurs enfans, un homme n'eût point aimé les enfans qu'il n'auroit pas engendrez, & eût reconnu à ce défaut d'amitié les infidélitez de sa femme. Cela eût causé mille désordres dans les familles, & eût exposé les petits enfans à un abandon funeste. Il a donc falu pour le bien de la Société civile, & pour la conservation du genre humain, que Dieu ait établi l'opinion cause occasionnelle des dispositions machinalles, qui font sentir de la joye ou du chagrin

à un homme, felon qu'un certain enfant fe porte, ou ne fe porte pas bien. Or comme c'eft
la fource & le fondement de l'amitié paternelle,
il s'enfuit que l'opinion feule infpire tout autant
d'amour, que fi elle étoit accompagnée de réalité. J'avouë que cette loi entretient quelquefois les hommes dans une fauffe penfée; mais
c'eft peu de chofe en comparaifon du grand bien
qui en réfulte à la Societé civile. Il importe peu
au genre humain, qu'un homme connoiffe s'il
eft le pere des enfans qu'il nourrit dans fa maifon, ou s'il ne l'eft pas. Mais il importe beaucoup que les enfans qui naiffent dans une famille, y foient élevez foigneufement. Ainfi le bien
général du monde demande, non pas qu'un mari
difcerne fes enfans d'avec les bâtards de fa femme, mais qu'il les aime, & qu'il les éleve. Or
pour les aimer, il faut qu'il fente machinalement du plaifir ou du déplaifir, felon qu'ils
fe portent bien, ou felon qu'ils fe portent
mal; & pour fentir cela, il faut ou qu'il les
ait engendrez, ou qu'il fe perfuade de les avoir
engendrez. C'eft donc avec une fageffe infinie
que Dieu a pofé cette loi, *que l'opinion difpofe-*
roit la machine de notre corps à fentir du plaifir,
ou du déplaifir, felon que nous verrions un enfant
fe porter bien, ou fe porter mal; car comme je
l'ai déja remarqué, c'eft ce fentiment-là qui
produit toute l'amitié des peres & des meres.

Qu'on ne fe plaigne point de cette doctrine.
J'avouë qu'elle fuppofe qu'au lieu d'un amour
raifonnable, les peres & les meres n'ont qu'un
amour d'inftinct, & aveugle pour leurs enfans;
mais rien n'eft plus vrai. L'on n'a point pour
fes enfans un amour de choix, un amour libre,
un amour fondé fur la Raifon; on n'a qu'un
amour machinal, pour ainfi dire, & tout-à-fait
femblable à celui que l'on a pour fon propre
corps. Nous n'aimons point notre corps parce
que nous y découvrons des perfections, mais
parcequ'il n'eft jamais en bon état, fans que nous
fentions du plaifir, ni jamais en mauvais état,
fans que nous fentions de la douleur. C'eft la
feule raifon pourquoi nous fouhaitons qu'il fe
porte bien. Il en va de même des petits enfans.
Ceux qui les ont mis au monde, ne les aiment
pas à caufe des perfections qu'ils voyent en eux,
mais à caufe qu'ils reffentent du plaifir ou de
la trifteffe, felon le bon ou le mauvais état de
ces enfans. On peut dire que l'amour pour les
enfans n'eft qu'une extenfion de l'amour qu'on
a pour fon propre corps. D'où il s'enfuit que
comme l'on n'aime point fon corps d'un amour
de choix & de raifon, l'on n'aime point non-
plus fes enfans d'un amour de connoiffance. On
aime tout cela par une impreffion, ou par un
inftinct aveugle, qui dépend d'une loi très-fage
du Créateur, par laquelle il nous rend les inftrumens de la confervation du genre humain. Rien
n'empêche que vous ne preniez ceci pour l'A-
pologie de l'amour extrême que les femmes ont
pour leurs enfans. On a quelquefois pitié des
baffeffes & des puerilitez ridicules où cet amour
les précipite; mais ce font des folies incomparablement plus falutaires au genre humain, que la
fageffe d'un Philofophe. C'eft cet amour d'inftinct, cet amour aveugle, cet amour indépendant de notre raifon, qui conferve les Societez.

Vous avez bien ouï parler d'un certain homme qui fe fouhaitoit un cou de gruë, afin de
fentir plus long-temps le plaifir de boire. Ce
fouhait nous femble tout-à-fait extravagant. Il

eft néanmoins certain qu'il y a quelque chofe de
femblable dans l'envie d'être pere; car fi l'on
s'examinoit bien, on trouveroit que cette envie
n'eft proprement qu'un defir d'être uni à plufieurs corps, afin de multiplier fes fenfations
agréables par la multiplication de fes organes.
Prenez bien garde que par l'envie d'être pere, je
n'entens pas l'envie de jouïr du fexe. Il y a
beaucoup de différence entre ces deux fortes d'envie. Mais, dira-t-on, en multipliant ainfi fes
organes, un homme ne s'expofe-t-il pas à fouffrir par plus d'endroits? L'experience ne nous
apprend-elle pas que les enfans caufent mille
chagrins à leurs peres? Je réponds que c'eft une
nouvelle preuve de ma doctrine, puifqu'il faut
reconnoître dans tout ceci une impulfion dominante d'un inftinct qui fait taire la Raifon, & qui
nous ferme les yeux à l'égard du méchant côté,
& nous applique fortement à confiderer la chofe dans fes avantages. Bien-plus comme il a falu pour les raifons que j'ai dites, que l'envie
d'avoir des enfans fût plus forte dans les femmes que dans les hommes, la providence de Dieu
a fagement ordonné que les meres euffent plus
de tendreffe que les peres; c'eft-à-dire, qu'elles fentiffent plus de joye qu'eux du bonheur
de leurs enfans, & plus de douceur de leurs incommoditez. La fenfibilité pour ces incommoditez eft fort néceffaire au monde, parce qu'elle applique les meres à ne rien négliger pour le
bien de leurs enfans; mais il n'eft pas neceffaire
qu'avant qu'ils foient nez, on fonge à la fenfibilité qu'on aura pour leurs infortunes. Cela nuiroit aux deffeins de la Providence; & c'eft pour
cela qu'on ne fonge qu'aux plaifirs que l'on efpere qu'ils procureront.

Eft-ce par Raifon, ou par un inftinct aveugle
que les femmes mariées s'affligent de n'avoir pas
des enfans? On m'avouëra fans doute que la Raifon n'a point de part à tous ces chagrins; car la
Raifon nous fait voir évidemment, qu'un défaut
dont nous ne fommes point caufe, ne nous doit
point affliger, & furtout lorfqu'il ne nous empêche pas de fervir Dieu, & qu'il laiffe notre
ame, la principale partie de l'homme, dans l'exercice libre de fes facultez. Outre cela fi nous ré-
glions nos véritables intérêts par les lumieres d'un
amour propre qui confultât la Raifon, nous trouverions qu'il eft beaucoup plus commode de
n'avoir aucun fouci pour des enfans, que d'ê-
tre dans de continuelles inquietudes pour eux.
Cela eft principalement vrai pour les femmes mariées, qui n'ayant point d'enfans, goûteroient
les douceurs du mariage toutes pures, fi elles
avoient leur efprit dégagé d'erreur. Il faut donc
que l'on reconnoiffe que le chagrin qu'elles ont
de fe voir ftériles, vient d'un préjugé déraifonnable, & d'une caufe occulte très-fagement ménagée au bien général du monde, par l'Auteur
de toutes chofes. Il eût été à craindre que le
defir de vivre fans nul fouci, & de goûter les
plaifirs du mariage fans aucune fuite fâcheufe,
ne portât beaucoup de femmes à fe rendre ftériles: mais on y a remedié par la fauffe honte
qu'elles fe font de ne faire point d'enfans. Ainfi
l'on voit que la Providence travaille à la confervation du genre humain, dans tous les états
où le fexe fe rencontre. Elle y travaille à l'é-
gard des filles, par le defir qu'elles ont de fe marier, fondé fur certaines difpofitions du corps,
& fur quelques préjugez de l'efprit. Elle y travaille à l'égard des femmes mariées, par le def-

V.
ar quoi eft
idé l'amour
s peres &
s meres pour
urs enfans.

Lettre
XVI.

VI.
Réflexion fur
la honte que
les femmes
ont d'être fté-
riles.

honneur qu'elles attachent à la sterilité, & par le plaisir qu'elles attendent de leurs enfans. Elle y travaille à l'égard de ceux qui sont déja meres, par l'amour actuel que leur inspire leur extrême sensibilité pour le bien & pour le mal de leurs enfans. Mais prenez-y garde, vous verrez qu'elle n'y travaille point par le moïen d'une Raison bien éclairée. Ce n'est qu'instinct, que machine, que préjugé.

Quand je vois ces bonnes & saintes femmes dont nous parle l'Ecriture, Sara, Lia, Rachel, ne faire point de difficulté de prostituer leurs servantes à leurs maris, afin d'avoir quelque part à la gloire de leur sexe, je me confirme puissamment, & necessairement dans cette opinion, que les impressions de l'instinct reglent toutes ces affaires. N'étoit-ce pas une chose tout-à-fait destituée de raison, que ces femmes s'affligeassent de leur sterilité comme d'un opprobre ; qu'elles crussent ôter cet opprobre par la fecondité d'autrui, & que pour l'ôter en cette maniere, elles sollicitassent leurs maris & leurs servantes à des actions si éloignées de la veritable chasteté ? Mais après tout il en faut revenir-là ; les foiblesses & les erreurs de ces bonnes femmes, qui menaçoient de mourir si on ne leur faisoit des enfans, & qui faisoient négoce des nuits de leur homme, ont eu des suites merveilleuses dans la main de Dieu ; & si elles n'eussent suivi que les idées de la raison, il y a long-temps que le monde ne seroit point ce qu'il a été. Supposez qu'Ismaël, ni les quatre enfans des deux servantes de Jacob, ne soient jamais nez, vous bouleversez la plûpart des évenemens qui ont conduit le monde au point où il est. Supposez que les deux filles de Lot n'ayent pas été possedées de la fureur d'avoir des enfans, & de la crainte de mourir filles, vous ruïnez des Nations entieres qui ont eu beaucoup de part aux évenemens admirables du Peuple de Dieu.

On dit ordinairement que la prodigieuse inclination des femmes Israëlites à faire des enfans, partoit d'un principe de pieté, à cause qu'elles savoient que le Messie devoit naître dans leur Nation. On pourroit leur faire la grace de le croire charitablement, si on ne savoit pas l humeur des femmes Payennes & Chretiennes. Mais quand on lit les infamies que les plus honnêtes femmes du Paganisme faisoient, pour attirer sur leur mariage le bonheur de la fecondité ; quand on voit les vœux, les pelerinages, & les remedes à quoi on court aujourd'hui pour la même fin, on ne peut croire autre chose, sinon, que telle est la la nature des femmes soit Juives, soit autres, qu'elles souhaitent d'avoir des enfans, & cela sans aucun égard à la Religion. Vous savez avec quelle force Arnobe (*) & St. Augustin (A) ont reproché aux Payens la sotte coutume, qu'ils faisoient suivre à leurs nouvelles mariées. Il étoit impossible de l'observer sans éteindre tous les sentimens de la pudeur, & je m'étonne que les saints Peres n'ayent pas eu honte de la décrire aussi vivement qu'ils l'ont fait. Cependant les filles les plus honnêtes se mettoient au-dessus du scrupule, dans l'esperance que cela leur serviroit à devenir meres. Je ne dis rien des femmes qui, pour le même dessein, se faisoient foüetter en pleine

ruë. Le Sénat Romain étoit sans douté bien-aise de les voir ainsi soigneuses de la multiplication, & il eût été bien fâché qu'on les eût guéries de cette foiblesse. Elle étoit trop utile au Public pour ne la point fomenter.

En général il est vrai de dire que le monde ne se conserve dans l'état où nous le voyons, qu'à cause que les hommes sont remplis de mille faux préjugez, & de mille passions déraisonnables ; & si la Philosophie venoit à bout de faire agir tous les hommes, selon les idées claires & distinctes de la Raison, on peut être très-assuré que le genre humain périroit bien-tôt. Les erreurs, les passions, les préjugez, & cent autres défauts semblables, sont comme un mal necessaire au monde. Les hommes ne vaudroient rien pour cette terre si on les avoit guéris, & la plûpart des choses qui nous occupent seroient inutiles, comme Quintilien (B) l'a reconnu nommément de l'éloquence. Ne nous étonnons plus tant de ce que la Philosophie & la Religion font si peu de progrès parmi les hommes. Elles n'en sauroient faire beaucoup, que ce ne fût autant de pris sur l'empire de l'instinct. Or c'est l'instinct qui est à présent en regne. Son empire cessera un jour, & alors la Religion & la Raison seront la regle des actions de l'homme. Mais en attendant cette belle révolution qui nous fera dire :

Magnus ab integro saclorum nascitur ordo :

Il faut s'attendre à voir l'instinct & le préjugé entraîner la plûpart des hommes, malgré les beaux discours des Philosophes en faveur des idées claires & distinctes de la Raison. Il est important néanmoins qu'il y ait toûjours quelqu'un qui combatte pour les intérêts de la Raison, parce qu'on prouve très-solidement l'éxistence d'un Etre tout-puissant & tout sage, en faisant voir qu'il y a parmi les hommes un amour d'instinct, indépendant de notre liberté & de notre Raison, qui est néanmoins dirigé à une fin très-necessaire pour la conservation des especes. Or c'est ce qu'on ne sauroit faire voir, si l'on ne conserve claires & nettes les idées de la Raison. Je ne sais point si vous avez médité sur cela ; pour moi je l'ai fait plus d'une fois, & je m'offre de vous fournir quand il vous plaira, une démonstration solide de l'éxistence de Dieu, en prouvant la consequence de cet Enthymeme :

*Les hommes aiment leurs enfans d'un amour qui
   n'est point fondé sur leur Raison.
Donc il y a un Dieu.*

Vous ne souhaiterez jamais peut-être que je vous prouve cette consequence, & si vous ne me le demandez pas, je ne vous en dirai jamais rien ; mais pour l'antecedent, je n'attendrai pas à vous le prouver, que j'aye sû si vous le souhaitez ou non. Je m'en vais le prouver tout à cette heure. Commençons par l'amour des peres.

*Si un pere aimoit ses enfans par Raison, il les aimeroit d'un amour d'estime, ou d'un amour de
   reconnoissance.
Or il ne les aime ni d'un amour d'estime (car quelles qualitez peut-il estimer dans un enfant de*
                                               qua-

(*) *Etiamne Mutunus cujus immanibus pudendis, horrensique fascino vestras inequitare matronas & auspicabile ducitis & optatis.* Arnob. l. 4.

(A) *In celebratione nuptiarum super Priapi scapum nova nupta sedere jubebatur.* August. de civit. l. 7. c. 24.

(B) *Si mihi sapientes judices dentur, sapientum conciones, atque omne concilium, nihil invidia valeat, nihil gratia, nihil opinio præsumpta, falsique testes, per quam sit exiguus eloquentiæ locus.* Quintil. l. 2. c. 17. ,, MS. Voyez aussi p. le dial. de causis corr. eloq. sur la fin.

*quatre jours ?) ni d'un amour de reconnoiſſan-
ce, car quel bienfait a-t-il reçu d'un enfant de
quatre jours ?*
Donc il ne les aime point par Raiſon.

On me dira ſans doute qu'il les aime parce
qu'ils ſont ſes enfans, & que c'eſt une aſſez bonne raiſon d'aimer. D'autres diront qu'il eſt bien
juſte de les aimer, puiſqu'ils ont tant de beſoin
qu'on les aime. D'autres diront qu'il eſt raiſon-
naple de les aimer, parce qu'un jour ils nous
rendront beaucoup de ſervices. Je ne penſe pas
qu'on puiſſe alléguer des raiſons qui ne ſe raportent à ces trois-là. Ainſi en réfutant ces trois-
là, je réfuterai toutes les autres. Commençons par la premiere qui eſt la plus forte de
toutes.

Ces paroles, *un Pere aime ſes enfans parce
qu'ils ſont ſes enfans*, ſignifient que la raiſon pourquoi un Pere aime ſes enfans, eſt parce qu'il a
fourni une partie de ſa ſubſtance, pour former
leur corps. Je dis, Monſieur, que l'amour des
peres n'eſt point fondé ſur cette raiſon, & je
le prouve manifeſtement, parce que ſi c'étoit
une raiſon d'aimer, on aimeroit toutes les choſes qui ſeroient formées d'une partie de ſa ſubſtance. Par exemple un homme qui après avoir
été ſaigné, feroit tracer de ſon ſang pluſieurs figures de Géometrie ſur un papier, aimeroit ces
figures comme ſes propres enfans, ce qui eſt abſurde & contraire à l'expérience; donc, &c.
Qu'on y prenne garde, & qu'on examine d'un
côté ce qu'un pere contribuë à la génération de
ſes enfans, & de l'autre ce que cet homme contribuë à la formation de ces figures de Géométrie,
& je ſuis perſuadé que l'on trouvera qu'un pere
n'a pas plus de part à la production de ſes enfans,
que cet homme à la formation de ces figures.
Un pere ne ſongeant qu'à ſes plaiſirs donne quelque choſe de ſa ſubſtance, & en laiſſe faire à la
Nature tout ce qu'elle voudra; il ne s'en mêle
plus, & ne s'en ſauroit plus mêler. La Nature
convertit cette portion de ſubſtance en un petit
homme, qui naît quelques mois après. Il n'y a
rien là de la part du pere, plus que s'il faiſoit
tracer de ſon ſang une figure d'homme ſur du
papier. Or il eſt indubitable qu'un homme n'a
nulle affection pour une figure faite de ſon ſang,
& néanmoins il faudroit qu'il l'aimât comme
ſon fils, s'il étoit vrai qu'un pere aime ſes enfans,
parce qu'il fournit de ſa propre ſubſtance une
partie de la matiere dont la Nature forme leur
corps. Donc cette raiſon de l'amour d'un pere
pour ſes enfans eſt fauſſe.

Ignorans & Savans, je prévois que vous me répondrez tous comme de concert, qu'il y a bien
de la différence entre une figure de Géométrie,
& une créature humaine faite à l'image de Dieu,
& qu'il ne s'enſuit pas de ce que l'on eſt indifférent pour quelques lignes tracées ſur du papier,
qu'on le doive être pour ſon image vivante. Je
vous replique à tous en même temps : Vous n'y
êtes pas, & vous ſerez bien-tôt obligez de chercher un nouveau terrain. Vous renoncez à la
raiſon qui avoit été empruntée de ce que les enfans ſont formez de la ſubſtance du pere; vous y
renoncez, dis-je, ne pouvant pas la défendre :
car il eſt trop évident que cette raiſon ne prouve rien, parce que l'expérience nous montre,
qu'un homme ne ſe ſent pas plus d'affection pour
une figure tracée de ſon ſang, que pour une autre figure. Et l'on ſait de-plus qu'un homme ne

ſentiroit pas plus d'affection pour une ſouris formée de la ſubſtance qu'il auroit fournie, que pour
une ſouris ordinaire. Il ſemble même qu'il regarderoit avec averſion une ſouris que la Nature
auroit formée de la ſorte dans le ſein de ſa femme. D'où je conclus que ſi un pere aimoit ſes
enfans par la raiſon qu'ils ſont ſes enfans, ce ne
ſeroit pas à cauſe que leur corps a été formé
d'une matiere qu'il a fournie; mais uniquement
parce que ce ſont des créatures de même eſpece
que lui, & formées à l'image de Dieu.

Je montre manifeſtement que cette raiſon eſt
fauſſe; car ſi un pere n'aime ſes enfans, que par-
cequi ce ſont des créatures humaines formées
à l'image de Dieu, il s'enſuit qu'il aime les enfans d'autrui autant que les ſiens. Or la conſéquence eſt fauſſe, donc le principe l'eſt auſſi.
Voilà, Monſieur, nos gens bien embarraſſez, de
quelque côté qu'ils ſe tournent. S'ils diſent que
la raiſon pourquoi un pere aime ſes enfans, n'eſt
pas fondée toute entiere ſur ce qu'ils ſont de même eſpece que lui, & formez à l'image de Dieu;
mais qu'elle eſt auſſi fondée ſur ce qu'ils ſont
formez d'une partie de ſon propre corps, je les
réfute invinciblement par l'expérience, qui nous
montre que l'homme n'a nulle affection pour les
monſtres qui ſe forment de ſa propre ſubſtance
dans le ſein de ſa femme. Il eſt clair que ſi la
raiſon tirée de ce que les enfans ſont formez de
la ſubſtance de leur pere, contribuoit quelque
choſe à les faire aimer, tout ce qui ſeroit formé de la ſemence d'un homme auroit quelque
part à ſon affection; & ainſi un rat qui en ſeroit
engendré lui devroit être plus cher qu'un rat
ordinaire. (Je me ſers de cet exemple, parce
qu'on dit qu'il y a des femmes qui ont quelquefois mis au monde de cette eſpece d'animaux.)
Je conviens qu'il devroit être moins aimé qu'un
enfant, parce que ſelon cette hypotheſe, l'amitié d'un pere pour ſon enfant ſe fonde ſur deux
raiſons, dont il n'y en a qu'une qui ſe raporte
à ce rat : mais après tout il devroit être plus
aimé qu'un autre rat, puiſqu'aucune des deux
raiſons ne convient à cet autre rat, & qu'il y
en a du moins une qui lui apartient à lui. Or
tant s'en faut qu'un homme ait plus d'amitié
pour un rat monſtrueuſement formé dans le ſein
de ſa femme que pour un autre, qu'au contraire il en a plus de dégoût & plus d'averſion. Il
faut donc qu'on ſe retranche uniquement dans
ce principe : *Un pere aime ſes enfans parce qu'ils
ſont de même eſpece que lui, & formez à l'image
de Dieu.* La ſeconde partie de ce principe eſt
fauſſe, non ſeulement à l'égard d'un très-grand
nombre de peres, qui ne ſavent pas le dogme de
l'image de Dieu en l'homme, & qui néanmoins
aiment leurs enfans, mais auſſi à l'égard de ceux
qui ſavent ce dogme; car ſi elle étoit véritable
à leur égard, elle prouveroit trop, ſavoir qu'il
faudroit aimer également tous les enfans. L'au-
tré partie du principe eſt fauſſe de la derniere
fauſſeté, puiſque ſi elle étoit vraie, il faudroit
qu'un pere aimât les enfans d'autrui autant
que les ſiens.

Je réfute la ſeconde raiſon par les dernieres paroles que je viens de dire, puiſqu'il eſt ſur que
tous les enfans à un certain âge, ont à-peu-près
également beſoin qu'on les aime; ainſi on les
devroit aimer tous également, ſi le beſoin qu'ils
en ont étoit la cauſe de l'amitié que les peres ont
pour leurs enfans.

La troiſieme raiſon ſe peut réfuter en pluſieurs

*peres ai-
leurs en-
arce qu'ils
urs en-*

*Si c'eſt parce
que leurs enfans
ſont formez à
l'image de Dieu
ou de même eſ-
pece qu'eux, &
formez de leur
ſubſtance.*

*On parie qu'ils
attendent des
ſervices de leurs
enfans.*

maniere. 1. Parce que l'espérance de recevoir du bien de quelqu'un, n'est pas un motif suffisant d'aimer ce quelqu'un ; car combien y a-t-il de gens qu'on n'aime pas, quoiqu'on en reçoive mille services, & quoiqu'on fasse semblant de les bien aimer ? 2. Parce que si vous consultez tous ceux qui ont des enfans, ils vous répondront qu'ils ne songent pas à leurs services à venir, lorsqu'ils ont tant de tendresse pour eux. 3. Parce que nous voïons que cette tendresse ne s'affoiblit pas dans le cours d'une maladie mortelle, & cependant un pere ne peut plus espérer que ses enfans lui rendront un jour de grands services. 4. Parce qu'un grand-pere quelque âgé qu'il soit, a ordinairement plus de tendresse pour ses petits-fils, qu'il n'en a eu pour ses fils ; à tout le moins est-il sûr qu'il en a beaucoup : & cependant il est assuré qu'il sera mort, avant que ses petits-fils soient venus en âge de lui rendre du service. 5. Parce qu'un homme qui se marie sur ses vieux jours a une tendresse particuliere pour ses enfans, quoiqu'il ne voie nulle apparence qu'il les verra hommes faits avant sa mort. L'Ecriture (*) nous dit que Jacob aimoit Joseph plus que tous ses autres enfans, *parce qu'il l'avoit eu en sa vieillesse.*

Voilà une forte preuve, si je ne me trompe, de la proposition que j'ai nommée en stile de Philosophie, *Antécédent.* Mais il me reste à la prouver à l'égard des meres.

Il faut demeurer d'accord qu'en fait d'amour *machinal,* ou d'instinct, elles surpassent les peres ; c'est encore un trait de la sagesse infinie du Créateur ; car comme elles sont appellées à prendre plus de peine pour leurs enfans, il a fallu que la nature les attachât davantage à eux par les liens de la tendresse, qui adoucissent les fatigues les plus rebutantes. Outre cela, il y a raison pourquoi l'amour *machinal* est plus fort dans les meres que dans les peres ; savoir, parce qu'elles ont incomparablement plus de part à leur formation. Qui le croiroit ? Les incommoditez de la grossesse, & les douleurs de l'enfantement, fortifient leur amitié, & il se trouve des meres qui aiment avec plus d'ardeur les enfans qui les ont le plus incommodées. Cela paroît bizarre, car il semble qu'il faudroit au contraire aimer plus tendrement celui qui a été porté & enfanté sans douleur. Mais il y a un préjugé qui l'emporte ; savoir, celui qui nous fait conserver plus cherement ce que nous avons eu plus de peine à acquérir. Je ne touche cela qu'en passant. N'entamons point d'autres questions. Achevons celle-ci bien-tôt, s'il se peut.

Je dis donc qu'outre tout ce qui a été allégué en faveur de l'amitié prétendue raisonnable des peres, on peut dire en faveur des meres, que leurs enfans se forment dans leurs entrailles, qu'ils y commencent à vivre, qu'ils s'y nourrissent plusieurs mois, & qu'ils s'y achevent. Après cela, dira-t-on, une mere n'a-t'elle pas la plus grande raison du monde d'aimer son enfant ? Je réponds que si cette preuve étoit valable, il faudroit qu'une femme aimât tendrement tout ce qui se forme dans son corps, & qui s'y nourrit plusieurs mois. Or cela est faux ; car si elle s'accouche d'un Monstre, d'un rat, ou de quelque autre telle chose : si une Méde-

cine chasse de son estomac ou de ses intestins des vers qui s'y sont engendrez, & qui se sont nourris de sa substance pendant long-temps, elle sent plûtôt de l'horreur que de la tendresse pour ces sortes de productions.

Ma mémoire me vient ici au secours bien plus à propos qu'en d'autres rencontres ; car je me souviens d'un mot du Roy d'Espagne Philippe II. qui se peut très-commodément appliquer au sujet que j'ai en main. Son fils Dom Carlos (a) ayant été condamné à mort, se mit à genoux devant lui, & le pria de considérer, *que c'étoit son sang qu'il alloit répandre.* Philippe lui répondit froidement, *que quand il avoit de mauvais sang, il donnoit son bras au Chirurgien pour le tirer.* C'est ainsi que parleroient tous les hommes en pareil cas, si l'étude, si la réflexion, si la Philosophie les avoient transportez de l'Empire de l'instinct, dans celui de la Raison. Je suis surpris que l'homme étant si enclin à admirer tout ce qui le passe, on ait si peu admiré cette réponse de Philippe. A la verité les Inquisiteurs d'Espagne ne furent pas ménager de leur encens. Il préférerent à l'obéïssance d'Abraham, le Sacrifice que ce Roy fit des sentimens de la Nature au repos de son Royaume, *& ils comparerent tout d'une voix ce Prince au Pere Eternel, qui n'avoit pas même pardonné à son fils unique pour le salut des hommes.* Mais les étrangers & surtout les Historiens de France déclamerent terriblement contre cette action, & encore aujourd'hui toutes les fois que l'occasion s'en présente, on en fait un crime énorme à Philippe. Pour moi je me range volontiers au petit nombre qui, pourvû que Dom Carlos n'ait pas été innocent, & que son pere n'ait point agi par jalousie, admire la grandeur d'ame qu'il témoigna dans cette occasion, & le bon sens qui regne dans sa réponse. Car enfin comme disoient les Inquisiteurs, le Pere de tous les croyans, & Dieu lui-même, nous ont apris pas leur exemple, que les sentimens de pere doivent céder à la Raison.

Je me souviens encore d'une autre réponse, savoir celle que fit Aristippe, quand on lui reprocha la dureté qu'il témoignoit à son fils. *Quelque fripon qu'il soit,* lui disoit-on, *vous devez considérer qu'il est né de vous.* Aristippe se moqua de cet argument : *Ne jettons-nous point,* répondit-il, *les poux & les phlegmes qui se forment de notre corps ?* Voilà, Monsieur, à quoi la Raison nous conduit, quand elle n'est point étouffée par les dispositions machinales. Avoir fourni un peu de substance qui devient un petit enfant au bout de neuf mois, ne prouve pas en bonne Philosophie qu'il faille aimer cet enfant plus qu'un pou, ou qu'une feuille d'arbre qui se seroit formée de notre sueur. (b) Mais ces sentimens ne sont pas bons pour la Société publique. Ils ne doivent point entrer dans le commerce ordinaire, & il y a bien de l'apparence que si Aristippe eût vû raisonner de la sorte une personne du commun, il en auroit censuré, & lui auroit conseillé d'avoir des sentimens plus bourgeois. *Vous qui n'êtes pas Philosophe,* lui auroit-il dit, *faites comme les autres hommes.* C'est ainsi que (c) Thémistocle en usa à l'égard d'une autre passion. Voyant les cadavres de quelques Perses étendus sur le rivage de la mer, & chargez

___

(*) „ Genese Ch. XXXVII. v. 3.
(a) „ Voyez la nouvelle Historique intitulée *Dom
„ Carlos.*

(b) „ MS. Voi, l'Ep. 85. de Lipse *cent. 1. ad Belg.* &
„ ce que M. Chardin dit de la Mingrelie.
(c) *Plutarch. in Themist.*

gez de pierreries, il ne daigna point s'arrêter à ce butain; mais se tournant vers un homme qui le suivoit, *prens cela pour toi*, lui dit-il, *car tu n'es pas Thémistocle*. Comme s'il eût voulu dire qu'il y a certains sentimens réservez pour les grandes ames, ausquels les gens du commun ne doivent pas même aspirer.

Je conclus que l'amitié des peres & des meres pour leurs enfans, n'est point un effet de leur Raison. C'est un instinct qui vient de plus haut, & qui est à la vérité déraisonnable par rapport à l'homme, puisqu'il ne sort pas du fond de notre Raison, mais qui est très-raisonnable, très-juste, très-sage, & très-nécessaire, par raport à l'Etre infini qui gouverne toutes choses. Je supplie tous mes Lecteurs de bien prendre garde à cet endroit; car autrement ceux qui ne liroient cette Lettre que par morceaux, seroient capables de m'attribuer des opinions ridicules; par exemple, que je désaprouve la tendresse des peres pour leurs enfans, & que je la traite de déraisonnable. Je ne crains pas cette injustice de ceux qui auront la patience de lire toute la Lettre; mais il y a tant de gens qui ne lisent les choses qu'à demi, qui les prennent de travers, & qui jugent sans entendre, qu'on ne sauroit trop s'en défier, ni les avertir trop souvent de leur précipitation. C'est pour les rendre inexcusables, en cas qu'ils ne prennent pas bien ma pensée, que je dis & que je répete ici, *que rien ne pouvoit être mieux ordonné que l'amour d'instinct qui attache les peres & les meres à leurs enfans.*

La précaution que je prens seroit superfluë, si les hommes entendroient bien ce qu'ils disent cent fois le jour; car ils comprendroient assez d'eux-mêmes que l'amitié que l'on a pour ses enfans, n'est qu'une impression de l'instinct. (*) Il n'y a rien de plus ordinaire que d'entendre dire, *qu'il faut être dénaturé pour n'aimer pas ses enfans, & que c'est la Nature qui nous inspire la tendresse que l'on sent pour eux.* (A) Si l'on voit des peres & des meres qui n'ayent pas cette affection, on les renvoie tout aussi-tôt à l'école des animaux; on leur donne pour patron l'amitié que les bêtes sentent pour leurs petits, non pas par un effet de Raison, (on est assez persuadé qu'elles ne sont pas raisonnables) mais par une impulsion aveugle de la Nature. Que je vous interroge un peu s'il vous plaît, Monsieur. Si les hommes faisoient réflexion sur ce qu'ils disent le plus souvent, ne verroient-ils pas bien qu'ils distinguent la tendresse paternelle d'avec l'amitié raisonnable, & qu'ils opposent en quelque maniere la raison à la Nature? Ne comprendroient-ils pas bien, qu'ils supposent que cette tendresse part d'un principe commun à toute sorte d'animaux? Or ils sont très-persuadez que la Raison n'est point commune à toute sorte d'animaux. Ils supposent donc nécessairement & sans y penser, que l'amitié paternelle ne vient pas de la Raison, mais de la Nature; c'est-à-dire, d'une certaine disposition machinale, car c'est ce qu'il faut entendre par la Nature dans ces occasions. Il est facile de le prouver.

On demeure d'accord, pour peu que l'on ait de sens commun, que la Nature détermine toutes sortes d'animaux à se conserver, à fuir tout ce qui les peut détruire, & à chercher tout ce qui leur est nécessaire. Cicéron suppose cela comme un principe incontestable, en mille endroits de ses Livres. Contentons-nous de ce seul passage. (B) *Principio generi animantium omni est a naturâ tributum, ut se, vitam corpusque tueatur, declinetque ea quæ ei nocitura videntur, omniaque quæ sunt ad vivendum necessaria inquirat, & paret, ut pastum & latibula.* Quand il fait l'application de ce principe aux hommes en particulier, il dit (c) que nous n'apprenons pas dans les Livres, ou par l'instruction de nos maîtres, la loi de nous conserver, mais que nous la puisons dans le sein même de la Nature. Nous en avons un bel exemple dans les enfans qui marchent, ou sur une planche, ou sur la glace; car dès qu'ils se sentent prêts à tomber d'un côté, ils se balancent de telle sorte, & ils étendent de telle maniere leurs bras, qu'ils forment un certain équilibre dans leur corps qui l'empêche de tomber. Demandez-leur où ils ont apris l'utilité de ces postures, & l'art de les faire si à propos, ils ne sauront que vous dire, parce qu'il est très-certain qu'ils n'ont point eu d'autre maître pour cela que la Nature. Mais la Nature comment leur a-t-elle apris ce secret? N'est-ce pas en leur donnant un esprit qui sent le péril, & qui en imagine le remede? Nullement: chacun est très-convaincu par sa propre expérience, que ces balancemens du corps précedent toutes les résolutions de l'ame, & souvent même la crainte, ou le sentiment du péril. Il est du moins bien certain que s'ils ne précedent pas la connoissance du mal, ils ne la suivent point; d'où il s'ensuit qu'elle n'en est pas la cause, & par conséquent qu'il faut recourir à la seule disposition machinale de notre corps, qui produit deux choses en même temps, lorsqu'il est prêt à tomber; l'une, qu'elle fait joüer les ressorts qui servent à le tenir en équilibre; l'autre, qu'elle excite dans l'ame un sentiment confus de crainte, qui contribuë dans la suite au jeu des ressorts. C'est ainsi qu'il faut expliquer ce que font les bêtes pour leur deffense; & ainsi ce que l'on appelle Nature, quand on dit que la Nature aprend à toutes sortes d'animaux à se conserver, n'est nullement la Raison, mais une certaine Méchanique qui fait mouvoir leurs organes. Je n'aurai nulle peine désormais à prouver que l'amitié paternelle n'est point un effet de la Raison, puisqu'on m'accorde qu'elle vient de la Nature; c'est à dire, d'une loi commune à toutes sortes d'animaux. (D) En un mot sans faire de si grands détours, je demande s'il n'est pas vrai que les choses que nous empruntons de la Nature, sont indépendantes des Livres & des préceptes, & qu'elles précedent l'étude & la réflexion? On ne me le sauroit nier, & cela me suffit: chacun tirera la conséquence: chacun dira que l'affection paternelle est dans l'ordre de la Nature, ce qu'est l'amour de Dieu dans l'ordre de la vie spirituelle.

C'est

(*) *A naturâ ipsâ, ut eos quos genuerimus amemus, impellimur.* Cicer. 3. de Finib.

(A) *Id. a naturâ tributum est ut ii qui procreati essent à procreatoribus amarentur.* Id. 4. de Finib.

(B) *L.* 1 . *Officior.*

(c) *Est non scripta sed nata lex, quam non didicimus, accepimus, legimus; verùm ex naturâ ipsâ arripuimus, hausimus, expressimus; ad quam non docti, sed facti, non*

instituti, *sed imbuti sumus, ut si vita nostra in aliquas insidias, si in vim, in tela aut latronum aut inimicorum incidisset, omnis honesta ratio esset expcaienda salutis*, Cicero orat. pro Milone.

(D) *Commune omnium animantium est conjunctionis appetitus procreandi causâ, & cura quædam eorum quæ procreata sunt.* Cicero L. Offic.

LETTRE.
XVI.

*Du soin que les
bêtes prennent
de leurs Petits.*

C'est la grace qui produit l'amour de Dieu dans nos cœurs, sans l'aide du franc arbitre, *in nobis sine nobis*, & c'est la Nature qui produit l'amour des enfans sans l'aide de notre raison, *in nobis sine nobis*

Je ne saurois sortir d'ici, sans faire une petite réflexion sur le soin que prennent les bêtes de leurs petits. C'est une confirmation très-forte de ma doctrine; parce qu'on connnoît par-là manefestement, que la liaison qui se trouve entre ceux qui engendrent, & ceux qui sont engendrez, est une impression ou un instinct fort nécessaire à la conservation des especes. Plusieurs Philosophes croient aujourd'hui que les bêtes n'ont nul sentiment, & presque tout le monde tombe d'accord que leur ame ne se détermine à rien par elle-même, mais seulement par la force des objets. Il faut bien que cela soit ainsi; car si elles pouvoient remuer leurs organes par leurs pensées, les chiens & les autres mâles ne garderoient pas la continence comme ils font, durant tout le temps que les femelles ne sont point chaudes; ils se porteroient à tous les déreglemens où l'homme se porte, par l'abus qu'il fait de l'empire que son imagination exerce sur certaines parties du corps. Or s'il n'y a que les objets extérieurs qui déterminent les bêtes, il est évident que le soin qu'elles prennent de leurs petits, n'est qu'un jeu de la machine, très-sagement subordonné à la conservation des especes. Aussi voïons-nous que ces soins finissent dès que ces petits se peuvent passer de leurs peres & de leurs meres. Alors plus de marques d'amitié. La Nature est parvenuë à son but; elle n'a plus que faire d'instinct. Je vous assure, Monsieur, qu'il se passe quelque chose de semblable parmi les hommes. Il est certain que leur tendresse est beaucoup plus forte quand leurs enfans sont petits, que quand ils les voient hommes faits; & comme d'ailleurs on remarque que l'amour descend plus qu'il ne monte, on peut dire qu'il n'est qu'un instinct dont Dieu se sert pour la conservation du genre humain, sans le concours de notre Raison. Il est plus important au bien général de notre espece, qu'on aime une petite créature de cinq ou six ans, qu'il n'importe que-l'on aime un homme âgé qui se peut garder soi-même. C'est pour cela que l'amour suit le train que je viens de dire. Je dis donc encore une fois, QUE RIEN NE POUVOIT ETRE MIEUX ORDONÉ QUE L'AMOUR D'INSTINCT QUI ATTACHE LES PERES ET LES MERES A LEURS ENFANS.

Mais je veux bien que l'on sache, que cela n'empeche pas qu'il ne se commette des excès d'entêtement & de préoccupation dans cette amitié, & même des bassesses & des puérilitez honteuses que la Raison devroit détruire; car encore qu'il soit de l'intérêt du genre humain, que l'instinct prévaille sur la Raison, il ne s'ensuit pas que la Raison ne doive tenir l'instinct dans certaines bornes. Je ne sais même si je ne devrois pas dire, au hazard de me retracter de ce que j'ai dit ci-dessus, qu'il faudroit que chacun fît tous ses efforts pour n'être ébranlé que par des sentimens raisonnables. Je ne me dédis point de ce que j'ai avoué à l'avantage de l'instinct; je persiste à soutenir qu'il est d'une utilité, & même d'une nécessité singuliere, & que c'est une impression de la cause toute sage & toute puissante qui gouverne l'Univers. Mais quoi? N'y a-t-il pas des choses qui sont dans l'ordre de la Providence, & sans lesquelles Dieu seroit frustré de ses intentions, qui néanmoins n'imposent aucune nécessité à personne? Il n'y a point de particulier qui soit obligé de suivre le penchant que la Nature lui donne pour le sexe. Il est permis à un chacun de combattre ce penchant, de ne se marier jamais, de n'avoir jamais de commerce avec les femmes. Il n'y a point non-plus de particulier qui ne pusse mener une vie solitaire; cependant si tous les hommes s'abstenoient des femmes & du commerce de la Société civile, le monde périroit en peu de temps, & ainsi l'on ruïneroit les desseins de Dieu. Il faut donc tomber d'accord, qu'il y a des choses que tous les hommes feroient fort mal d'éviter, & que pourtant il est permis & quelquefois même très loüable à chaque particulier de ne point faire. Il y a sans doute là-dessous plus de sujets de méditer que l'on ne pense. Lisez, je vous prie, le premier chapitre de la Morale de l'Auteur de la Recherche de la vérité, & vous verrez comment il distingue la Nature d'avec la loi du Créateur. *On peut suivre la Nature*, dit-il, *& se dérégler; car la Nature est déréglée. On peut au contraire résister à l'action de Dieu sans contrevenir à ses ordres. . . . Celui qui prétendroit obéir à Dieu en se soumettant à sa puissance, en suivant & respectant la Nature, blesseroit l'ordre, & tomberoit à tous momens dans la désobéissance.*

IX.
Combien les
instincts & les
passions dérai-
sonnables sont
nécessaires.

Je n'épuiserois jamais la matiere de l'instinct, si je la voulois pousser. Il y a là-dedans des profondeurs impénétrables; car qui pourroit entrevoir sans quelque sorte d'épouvantement, que les erreurs, que les passions déreglées, que les préjugez déraisonnables sont si nécessaires au monde, pour être le Théatre de cette diversité prodigieuse d'évenemens qui font admirer la Providence? Qui pourroit, dis-je, s'apercevoir sans étonnement, que cela est si nécessaire au monde, que qui réduiroit les hommes à n'agir que selon les idées claires & distinctes de la Raison, ruïneroit la Société civile? Si l'on réduisoit l'homme dans cet état, il n'y auroit plus de désir de gloire; & n'y ayant plus de désir de gloire, n'est-il pas vrai que le genre humain ne seroit que glace? Je dis qu'il n'y auroit point de désir de gloire; car la droite raison nous montre qu'il ne faut pas faire dépendre notre félicité du jugement des autres hommes, & par conséquent qu'il ne faut pas travailler pour faire dire aux autres ceci ou cela de nous.

Vous m'avez envoïé un Livre qui contient quatre Dialogues qu'on attribuë à deux Abbez, dont je sais que vous connoissez l'un assez particulierement. J'y ai trouvé, entre autres bonnes pensées, celle-ci, que l'envie d'être loué après sa mort est un instinct de Morale, que Dieu par sa sagesse infinie a imprimé dans l'esprit de l'homme, pour entretenir la Société. (*) Ce qu'il y a de certain, c'est que cette envie a été cause des plus grands évenemens, & cela nous doit aprendre que le monde a besoin de plusieurs instincts, qui étant examinez selon les idées de notre Raison, sont ridicules & absurdes. Car il n'y a rien de plus opposé à la Raison que de se tourmenter dans cette vie, afin d'être loué après sa mort, puisque ni la Philosophie, ni l'expérience, ni la Foi,
ni

(*) . . . . *Ad hac se
Romanus, Grajusque & barbarus Induperator
Erexit; causas discriminis atque laboris*
*Inde habuit. Tanto major fama sitis est quàm
Virtutis.* Juvenal. Satyr. 10.

ni rien que ce soit ne nous montre, que les louanges qu'on nous donnera après notre mort, nous apporteront quelque bien. Ce seroit donc une chose raclée du cœur de l'homme, si nous n'agissions que selon les lumieres de la Raison; & combien de desseins feroit-on tomber en même tems? L'Auteur des Nouveaux Dialogues des Morts fait dire (*) à Lucrece sur cela de très-bonnes choses.

X. Réflexion théologique d'un Médecin sur la génération.

J'ai dit ci-dessus que si la machine du corps, & les erreurs populaires, ne portoient les femmes au mariage, la Raison & la Religion n'auroient pas assez de force sur leur esprit pour les y resoudre. Sur cela permettez-moi de vous faire souvenir d'un Paradoxe qui fut un jour soutenu chez vous par une de ces imaginations spacieuses & contagieuses dont l'Auteur de la Recherche de la verité nous parle. C'étoit un Médecin qui avoit femme & enfans, non pas pour ses péchez, à ce qu'il disoit, mais plûtôt pour le repos, & pour le plaisir de sa vie. Il soutenoit néanmoins que quand St. Paul avoit dit : (A) *Je voudrois que tous les hommes fussent comme moi,* il avoit entendu à toute rigueur que tous les hommes renonçassent au mariage, pour ne songer qu'aux choses célestes. Nous lui objectâmes tous presque en même temps, qu'il attribuoit à St. Paul un vœu qui tendoit à la ruine du genre humain. *Voilà bien de quoi,* nous (B) répondit-il; *est-ce si grand'chose que le genre humain, pour mériter que St. Paul ne souhaite point sa ruine ? Je ne regarde point cette affaire,* poursuivit-il, *du même sens que le Maréchal de Gassion* (C) *la regardoit, à qui l'on a ouï dire en plusieurs rencontres, qu'il n'estimoit pas assez la vie pour en vouloir faire part ou présent à qui que ce fût au monde; je la regarde par le côté de la Religion. N'est-ce pas une chose étrange,* continua-t-il en s'échauffant, *que les gens de bien même soient si peu sensibles à la gloire du vrai Dieu ? Ils croiroient avoir fait un crime, s'ils avoient souhaité la ruine du monde, & au contraire c'est en faire un que de ne la souhaiter pas. Quoi de plus monstrueux que de voir durer depuis si long-temps la propagation du peché ? C'est contre toutes les loix de la Nature; car les Monstres n'engendrent point, & voilà l'homme pécheur qui est le plus monstrueux de tous les Etres, qui ne laisse pas de se multiplier & de couvrir toute la terre. Puisque nous ne pouvons pas arrêter cette suite funeste de générations monstrueuses, qui deshonorent Dieu & la Nature, du moins devrions-nous souhaiter avec saint Paul, que tous les hommes lui ressemblassent, & on verroit cesser dans une cinquantaine d'années l'engeancé du peché, dont la multiplication ne fait qu'accroître le nombre des Creatures rebelles à leur Souverain. Ne souhaitons-nous pas tous les jours, en récitant la priere Dominicale, que le regne de Dieu vienne ? Ne dit-on pas dans l'Apocalypse, venez, Seigneur Jesus, venez ? Si l'on veut que ces souhaits s'accomplissent, il faut souhaiter que le monde prenne fin, & qu'il vienne de nouveaux Cieux & une nouvelle terre. La corruption est trop inveterée dans la posterité d'Adam, pour esperer qu'elle s'amende jamais. Cela nous devroit confondre, tout ce que nous sommes de gens qui travaillons à perpetuer le genre humain. C'est travailler pour la plus étrange Anarchie qui ait jamais été vûë. Chacun est Maître chez soi, selon le proverbe. Dieu seul n'a point ce privilege, Dieu seul qui est le vrai Maître du mon-*

de, est meconnu, & foulé aux pieds dans ses Etats. On n'y fait rien de ce qu'il commande, on y fait tout ce qu'il deffend. Peut-on ne pas s'emporter, si on aime Dieu, contre ceux qui perpetuent cette vilaine tyrannie ? Ne voit-on pas que les conseils de Jesus-Christ tendent à la ruine des passions & des occupations, sans lesquelles la Société humaine ne peut subsister ? Ne voit-on pas que si tous les hommes executoient de point en point les conseils Evangeliques, tout le monde deviendroit une Abbaye de la Trape? N'est-ce pas nous avoir declaré assez nettement que Dieu est ennuyé de cette generation, & ne devrions-nous pas entendre ce que cela signifie ? Ne nous mettons pas en peine de ce qu'en faisant cesser les generations, nous diminuërons le nombre des Predestinez, car Dieu ne manquera point de Creatures qui le glorifieront éternellemen? N'y a-t-il pas des millions d'Anges qui le loüent sans fin & sans cesse ? Et s'il peut de ces pierres faire naître des enfans à Abraham, il saura bien créer sans nous des Esprits qu'il prédestinera à la gloire. Et après tout, si cette raison avoit lieu, il faudroit nous opposer de toutes nos forces au jour du jugement; ce qui est absurde. On feroit pendre un homme par toute terre, qui imiteroit notre conduite. Nous sommes assurez que tous les enfans naissent ennemis de Dieu, & que de cent mille qui naissent, il n'y en a pas deux qui ne vivent & qui ne meurent ennemis de Dieu; & cependant nous introduisons dans le monde, autant qu'il nous est possible, de ces ennemis de Dieu. Si on introduisoit dans le Royaume cent ennemis, sous esperance que trois ou quatre d'entr'eux deviendroient très-bons François, ne meriteroit-on pas la corde ? Quel crime n'est-ce donc pas à un Chretien. . . . . . Il alloit continuer ses paradoxes & ses invectives lorsque nous nous mîmes tous à crier pour l'interrompre, & la chose en demeura-là. Je fus si frapé de ce discours debité d'un air dominant, que je le mis par écrit dès que je fus dans ma chambre. Je m'en suis souvenu comme d'un songe en composant cette Lettre; je l'ai cherché parmi mes papiers, & l'ayant trouvé j'en ai fait une copie pour vous. Voici l'usage que j'en veux tirer.

XI. Quelles dispositions portent les femmes à se marier.

Je crois que si la conception se faisoit avec autant de douleur que l'enfantement, ou du moins si elle se faisoit sans aucun plaisir, & que l'on nettoïât notre ame de cinq ou six préjugez, il faudroit beaucoup d'éloquence à Messieurs les Prédicateurs, pour persuader au monde de se marier. Ils auroient beau dire que c'est la volonté Dieu, & citer les passages de l'Ecriture, qui portent qu'il faut que les femmes se *marient & qu'elles procréent lignée,* on répondroit à cela par d'autres passages, & je ne doute point qu'on ne montât jusques aux réflexions du Medecin. Aujourd'hui qu'il y a tant de raisons qui portent les femmes à obeïr à cet agréable commandement, il ne faut pas croire que la Religion soit la cause de leur prompte obeïssance. Quand on leur dit quelquefois, que l'on s'étonne qu'elles ayent le courage de s'exposer à tant de dégoûts, & à des périls où plusieurs d'entre elles laissent la vie journellement, on en voit qui répondent, *que telle est la volonté de Dieu;* mais ce n'est qu'un *modus loquendi,* une façon de parler. Que seroit-ce si tant de raisons ne facilitoient pas l'obeïssance ? Il seroit plus rare alors de voir des femmes, qu'il ne l'est à présent de trouver des
Reli-

(*) „ 2. partie, Dial. 12.
(A) „ 1. Epit. aux Cor. Ch. 7. v. 7.
(B) „ MS. Voi. la vie de Tertullien p. 2. *ex ejus lib.*
„ *ad uxor.* 1. c. 3.
(C) „ Voiez la vie de ce Maréch. composée par
„ l'Abbé de Pure, to. 4. p. 330.

Lettre XVI.

Religieuses. La raison de cette différence n'est pas mal-aisée à deviner. Messieurs les Prédicateurs auroient beau dire que le mariage est un Sacrement, & fortifier leur éloquence par les sollicitations d'un jeune Marquis bien fait, qui sont à présent si persuasives, on parleroit à des sourdes. Tant il est vrai que la Raison & la Religion auroient peu de force pour porter au mariage, si la machine du corps bien montée pour ce dessein-là, & cinq ou six erreurs populaires dans l'esprit, ne venoient à leur secours. En cet état on est la plus docile du monde, & sans qu'un Prédicateur s'en mêle, les leçons d'un jeune Marquis font de grands Progrès. Elles rendent bientôt l'Ecoliere capable de soutenir contre tous les Calvinistes, que le Mariage est un Sacrement, & la disposent bien-tôt à y participer avec les préparations convenables. Me voilà revenu d'où j'étois parti. Le retour n'est pas malheureux, puisque je n'ai pas eu besoin d'un *mais* semblable à celui de Cicéron dans sa Harangue pour Marcellus, *sed ut unde est orsa, in eodem terminetur Oratio mea.* Je suis, &c.

✿✿✿✿✿✿✿✿✿✿✿✿✿✿✿✿

LETTRE XVII

Contenant quelques Réflexions sur les utilitez
de la jalousie.

I. *Occasion de cette Lettre.* II. *Réflexion sur l'origine du* Tien *& du* Mien. *Du Mariage, & des Sociétez.* III. *La jalousie, passion très-déraisonnable, a été cause des mariages.* IV. *Pensée d'Aristippe.* V. *De quelle raison on entend parler, quand on dit qu'elle n'a pas été la cause des mariages.* VI. *En quel sens la raison y a eu part.* VII. *Comment la jalousie en a été cause, & de la politesse de l'esprit. On ne sauroit déterminer lequel des deux sexes a été plûtôt amoureux.* VIII. *Utilité de l'instinct & des préjugez par raport à la vertu.* IX. *Par quels moyens la jalousie a conservé la pudeur & l'honnêteté.* X. *La crainte d'être deshonoré par la mauvaise vie de sa femme, contribuë à la vertu des femmes.* XI. *Si les soupçons d'un mari contribuent à sa disgrace.* XII. *Ce qu'on entend proprement ici par jalousie. Condamnation de celle des Italiens.*

MONSIEUR,

I.
Occasion de
cette Lettre.

J'admire comme nous nous rencontrons. Je n'eus pas plûtôt fait partir ma derniere Lettre, que je me repentis de n'y avoir point placé les pensées qui m'étoient venuës, touchant un instinct fâcheux qu'on appelle *jalousie*, & je vois par vôtre billet que vous avez été marri de ne rien trouver dans ma Lettre, qui se rapportât à cette passion. Il seroit aisé de rencontrer un moyen qui nous contentât tous deux, car il ne faudroit pour cela que faire une Lettre sur la jalousie, à quoi je me sens tout préparé. Mais vous avez rendu cet expédient fort épineux, en montrant ma seizieme Lettre à Madame de ✳✳✳ & en lui promettant que je vous en écrirois une sur la jalousie. Je ne sais plus comment m'y prendre. Vous avez beau m'assurer qu'elle aime la solidité toute pure, & qu'encore qu'elle ne témoigne pas toute sa science, elle se connoît en

raisonnemens, je ne laisse pas de sentir que cette matiere m'embarrasse. Je ne songe à rien moins qu'à la traiter galamment, & il faudroit pourtant que je le fisse, puisque vous en avez fait fête à une Dame. Ce qui me soutient un peu, c'est que vous ne lui avez pas dit, que vous me feriez savoir que ma Lettre lui seroit montrée. Ainsi j'agirai comme si je ne savois pas ce qui s'est passé entre vous deux; & j'espere que si elle croit que je ne l'aye point sû, elle ne trouvera pas mauvais que je traite cette question un peu philosophiquement, & sans aucune flaterie galante. Je serai beaucoup plus court qu'à mon ordinaire, & je ne ferai qu'effleurer. Imaginez-vous que les choses que je m'en vais dire, sont une suite de ce qui a été remarqué sur la force & sur les usages de l'instinct. Retenant bien cela, vous comprendrez la liaison de mon discours; c'est pourquoi je commence ainsi sans aucun exorde.

II.
Du Tien & du
Mien.

Il n'est pas jusqu'à la ridicule crainte du cocuage, qui n'ait son utilité dans le monde. Pour vous expliquer cette pensée, je prens la chose d'un peu haut; & je dis qu'il n'y a point de doute que la jalousie n'ait empêché l'introduction de la communauté des femmes, qui eût été une source de confusion dans la Société civile. Les hommes ayant naturellement beaucoup d'amour pour eux-mêmes, ont toûjours cherché leur avantage plûtôt que celui d'autrui ; desorte qu'au commencement chacun s'est accommodé le mieux qu'il lui a été possible, sans se soucier beaucoup de la commodité des autres. Mais comme ceux qui s'étoient mis à leur aise, avoient sujet d'apréhender qu'un plus fort ne les dépouillât de leur prise, l'amour du repos, & la crainte, porterent bientot les hommes à convenir mutuellement, que chacun se contenteroit de ce qu'il avoit occupé ; & voilà l'origine du *Tien* & du *Mien*. Ce partage ne regarda point les choses qui peuvent être possedées toutes entieres par plusieurs personnes, je veux dire, qui peuvent servir aux uns, sans que les autres en reçoivent du préjudice; car les hommes furent bien aises de ne point multiplier les sujets de leurs querelles ; & ainsi ils consentirent de n'avoir point en proprieté ce qui pouvoit être sans diminution à l'usage de tous les autres ; & c'est pour cela que l'air, & que les rivieres ne subirent point le partage du *Tien* & du *Mien*. Sur ce pied-là, les hommes ne devoient pas établir aucun droit de proprieté sur les femmes : ils les devoient laisser au rang des choses qui se possedent par indivis. Rien ne trouble davantage leur repos que l'interêt du *Tien* & du *Mien*, c'est la source de leurs inquietudes ; & par conséquent un amour propre qui auroit été dirigé par la Raison, n'eût pas multiplié la matiere des querelles par le partage des femmes. On les eût laissées un bien commun comme l'eau d'une riviere ; & cela avec d'autant plus de fondement, que le nombre des femmes est égal à-peu-près à celui des hommes : ce qui eût fait qu'il n'eût pas été necessaire que les uns attendissent la commodité des autres, comme l'on fait à présent à l'égard de certaines choses qui sont d'un usage public ; car par exemple, les habitans d'une Ville ne peuvent pas moudre tous à la fois. Il eût été donc fort à craindre, si Dieu n'y avoit remedié, que l'amour propre, l'amour du repos, l'interêt bien entendu, n'introduisissent dans le monde la communauté des femmes.

Du mariage
& des Societez.

On se recriera sur ceci, je le prévois, & on dira

dira tout auffi-tôt que la raifon, & les idées de
l'honnêteté, ont fuffifamment mû les hommes à
établir la propriété des femmes ; mais on me permettra de répondre que ceux qui raifonnent ainfi,
font l'homme beaucoup plus raifonnable qu'ils
ne doivent. Il faut fe défabufer une fois pour toutes de l'opinion que l'on a, que les hommes fe
font conduits par les idées de la raifon, dans
l'établiffement des Societez. S'ils avoient confulté la raifon, ils n'auroient pas fait ce qu'ils
ont fait à l'égard du fexe. Ils auroient vû que
pour n'avoir pas tant de chofes à garder, il faloit faire une grande difference entre la poffef-
fiond'un champ, oud'une vigne, & la poffeffion d'une femme, puifqu'un champ eft une
forte de biendont un homme ne fauroit recueillir le fruit, fans l'ôter à tous les autres, au
lieu que les femmes font comme cet arbre d'or
de la Sibylle,dont on pouvoit arracher les branches fans qu'il en reftât moins,

(*) ──── Primo avulfo non deficit alter
Aureus, & fimili frondefcit virga metallo.

Ainfi la Raifon eût plûtôt confeillé la communauté que la propriété des femmes. Mais je dis
outre cela, qu'il ne faut point croire que les hommes ayent eu beaucoup d'égard, dans les commencemens des Societez, au bien, ou au mal à venir. Ils n'ont fongé qu'à remedier aux maux
dont ils avoient déja fait l'experience, ou qu'ils
regardoient comme prochains. Or fi nous les
fuppofions fans jaloufie, nous trouverions que
la communauté des femmes ne leurauroit étéd'a-
bord d'aucune incommodité ; ils ne fe feroient
donc guéres fouciez de l'abolir. Et quant aux
defordres qui pouvoient naître à la longue,
croyez-moi,Monfieur, ils ne s'en fuffent pas trop
tourmentez. On ne portoit pas fa vûë fi loin
en ce temps-là, & pour moi je ne faurois me
perfuader que lesSociétez fe foient formées,parce
que les hommes ont prévu, en confultant les
idées de la Raifon, qu'une vie folitaire ne feroit
honneur ni à leur efpece, ni à leur Créateur, ni
à l'Univers en général. Le plaifir préfent, &
l'efpérance prochaine de vivre en fureté, ou bien
la force, ont produit les premieres Republiques,
fans qu'on ait eu en vûë les loix, le commerce,
lesarts, les fciences, l'aggrandiffement desEtats,
& toutes les autres chofes qui font la beauté de
l'Hiftoire. On ne prévoyoit pas ces fuites au
commencement; & quand même on les eût pré-
vûës par les lumieres d'un efprit deftituéde paffions, on ne s'en feroit pas remué. Je l'ai déja
dit, nous fommes trop froids lorfqu'il n'y a
que la raifon qui nous pouffe, & le fort des
Societez humaines eût été remis en de fort mauvaifes mains, fi les hommes n'euffent été folli-
citez à vivre enfemble, que par cette feule confidération, *qu'il n'eft pas raifonnable qu'une crea-
ture propre à la Société, vive dans la folitude.* De
la maniere que nousfommes faits, il faut qu'on
nous porte aux chofes par la voie du fentiment,
& nous ne ferons capables d'agir par pure raifon
& par lumiere, que lorfque nous ferons dans ce
bien-heureux état dont nous parle Jefus-Chrift
(A), où l'on ne prend, ni l'on ne donne des femmes en mariage, mais où l'on eft comme les An-
gés de Dieu au Ciel,

*Vous vous perdez, dans les airs, me dira-t-on;
c'eft raifonner à perte de vûë fur des chofes abftraites
& fublimes, & il ne s'agiffoit que d'une petite calamité humaine, que vous avez defignée par fon
nom un peu trop librement. Que peut avoir de commun la difgrace d'un mari à femme galante, avec
toute cette Philofophie guindée ?* Vous ferez peut-
être le premier qui me ferez cette objection ;
écoutez donc bien ce que je m'en vais y repondre, & faites-le bien comprendre à Madame
de * * *.

Je reponds que notre raifon n'étant pas propre
à empêcher que la communauté des femmes ne
s'introduisît dans le monde, il a falu fe fervir
d'une autre machine pour l'empêcher. Or cette
machine n'eft autre chofe que ce fentiment inquiet & rongeant, que l'on appelle jaloufie, & qui
accompagne l'amour qu'on a pour une femme.
Cette paffion tout-à-fait deraifonnable a été caufe dès le commencement, qu'un homme qui devenoit amoureux d'une fille, fouhaitoit de l'avoir
en propre, parce qu'il fentoit un granddeplaifir
de ce qu'un autre la vouloit. Or eft-il que cette
paffion, & la crainte du C. . . . font de même
efpece; donc cette crainte a empêché la communauté des femmes, *ce qu'il faloit prouver.*

J'ai dit que cette paffion eft tout-à-fait deraifonnable, & j'en ai déja touché quelques preuves. Mais qu'eft-il befoin de chercher des preuves d'une chofe qui faute aux yeux ? N'eft-il
pas de la derniere évidence,qu'on ne doit pas faire confifter fon malheur dans la mauvaife conduite d'autrui, ni s'affliger quand on ne perd rien ?
Qu'un homme s'afflige de ce qu'on lui derobe
fon argent, ou les fruits de fon jardin, cela eft
pardonnable, parcequ'il ne peut plus fe fervir
ni de fon argent, ni des fruits de fon jardin. Mais
il n'en va pas de même quand fon Epoufe favorife fes Galans ? Qu'on me dife un peu ce qu'il
y perd ? N'eft ce pas l'arbre de la Sibylle où l'on
ne trouvoit jamais la place du rameau qui en
avoit été enlevé ? N'y trouve-t-il pas tout autant
de fruits qu'auparavant, & plus même qu'il n'en
peut prendre ? Voyez neanmoins combien ce miferable préjugé, cette erreur aveugle, cet inftinct
qui fait dire fi triftement,

Ciel ! faites que mon front foit exemt de dif-
   grace,
Ou bien s'il eft écrit qu'il faille que j'y paffe,
Donnez-moi tout au moins pour de tels accidens,
La conftance qu'on voit à de certaines gens.

Voyez, dis-je, combien cette fotife eft neceffaire
au bien général du monde.

Je trouve encore ici notre Ariftippe. C'étoit
un homme qui fe mettoit au-deffus des préjugez, & un veritable Transfuge de l'inftinct.
Quelqu'un le reprenoit unjourdece qu'il s'attachoit à une fille de joye (B): *Trouvez-vous,* lui re-
pondit-il, *qu'il vous importe beaucoup, lorfque
vous êtes dans un logis, ou dans un vaiffeau, que
ce foit plûtôt un logis, ou un vaiffeau dans quoi
perfonne n'ait jamais mis le pied, qu'un autre* (C).
C'eft ainfi qu'on parle, quand onécoute les confeils de la raifon, dans le filence des paffions &
des préjugez. Maiscomme ces confeils introdui-
-roient dans le monde de très-grands defordres,
il eft important qu'on ne les écoute pas, & qu'on
laiffe

(*) „ Virgil. Æneid. 6.
(A) „ Evang. de S. Matth. c. 22, v. 30.
Tome II.

(B) „ MS. Voyez la Bibl. de du Verdier, p. 989.
(C) Voyez le *Dict. Hift. & Crit.* Art. Laïs. Rem. E.

laisse parler à leur place les préjugez & les passions. On met par-là les choses dans leur bon état; *l'ordre que la Nature a voulu établir dans l'Univers, va toûjours son train: tout ce qu'il y a à dire, c'est que ce que la Nature n'auroit pas obtenu de notre Raison, elle l'obtient de notre folie.* Ne diroit-on pas que l'Auteur des *Nouveaux Dialogues des Morts,* (*) a dit ces paroles pour moi, tant elles s'ajustent à mon discours?

V.
De quelle Raison on veut parler, quand on dit qu'elle n'a pas été cause des mariages.

Au reste quand j'ai dit que la réponse d'Aristippe est conforme aux conseils de la Raison, je n'ai pas entendu une Raison accompagnée de sainteté, comme elle l'est dans les Anges & dans les ames du Paradis, ou comme elle l'étoit dans le premier homme avant sa chute. Je sai trop bien que si l'homme écoutoit les ordres d'une semblable Raison, il abhorreroit tout ce qui seroit mal-honnête, & par conséquent qu'il auroit de l'aversion pour une femme immodique, & qu'il établiroit la pratique du mariage, selon les idées d'une exacte pureté. Ce n'est donc point cette raison que je considere ici, & je supplie tous mes Lecteurs de s'en souvenir. Je considere la Raison séparée de la Grace, & de la lumiere de la Foi; je ne la prens que pour cette faculté qui est en nous de juger des choses, & de choisir, selon certains principes communs, tel ou tel moïen pour être content. Tous les hommes, quelque corrompus ou quelque ignorans qu'ils soient, ont un fonds de raison qui leur persuade, *qu'il ne faut rien faire d'inutile; qu'il ne faut point préférer un bien à un autre, s'il n'est point meilleur que l'autre; qu'il ne faut pas exclure les autres hommes de la possession d'un bien, lorsqu'ils en peuvent joüir sans nous faire aucun préjudice.* A ne suivre que cette Raison, il est bien certain que l'on ne chercheroit pas plûtôt à satisfaire les désirs de la Nature avec une fille, qu'avec une femme de joye, toutes choses étant égales d'ailleurs, & qu'on ne feroit pas plus de difficulté de prêter sa femme, que de prêter un Livre. C'est ici où mon Lecteur verra clairement combien les préjugez & les passions déraisonnables, nous sont nécessaires; car il verra bien que si les hommes n'eussent pas été sujets à la jalousie, ils n'auroient pas rempli leur esprit de tant d'imaginations creuses qui les portent à faire dépendre leur bonheur de la sagesse d'autrui, & à préférer une Novice à une Maîtresse passée & bien expérimentée. Cela choque toutes les regles du bon sens, & néanmoins il est bon que les hommes ayent ce faux goût, ces instincts aveugles, ces préjugez, ces passions; parce qu'autrement la pudeur, l'honnêteté & l'état du mariage, seroient peut-être inconnus au monde. (A) Helas! si chacun étoit du sentiment de ceux qui disent, que les premieres faveurs d'une fille sont les ragouts des sots, (B) & qui loüent la pratique de quelques Peuples d'Orient, où le mari ne veut point coucher avec sa femme, qu'après qu'un autre payé pour cela a passé la premiere nuit avec elle, les choses seroient bien différentes de ce qu'elles sont.

VI.
En quel sens la Raison y a eu part.

J'ai dit une autre chose qui a besoin d'être expliquée. J'ai nié que les hommes se soient conduits par les idées de la Raison dans l'établissement des Societez, & j'ai avoüé cependant qu'ils ont consenti à se contenter chacun du sien, afin d'en joüir en repos. N'est-ce pas avoir consulté la Raison? Si telle est la cause qui a porté les hommes à vivre en Société, sous la promesse réciproque que les uns ne troubleroient pas les autres dans la possession de ce qui leur seroit échu, n'est-ce pas la Raison qui les a tirez de la vie solitaire? Pour résoudre cette difficulté, qui a l'air d'une contradiction à l'égard de ceux qui en trouvent facilement dans ce qu'ils critiquent; je dis, Monsieur, qu'il est necessaire de distinguer la Raison qui précede les passions, d'avec la Raison qui vient à leur suite. La Raison qui précede les passions est une certaine faculté de l'ame qui juge des choses par des principes généraux, & par des idées universelles d'honnêté, de justice, de perfection. Mais la Raison qui est precedée par des sentimens & par des instincts, ne juge des choses que par raport à l'état particulier où l'on se trouve. Or quand j'ai dit que les hommes n'ont point consulté la Raison en établissant les Societez, je n'ai point entendu le mot de raison au second sens, mais au premier. Je sais fort bien que dans l'état où les hommes se sont trouvez, craignant de perdre à tout moment ce qu'ils avoient occupé dans le monde pour leur subsistance, la Raison a voulu que pour se tirer de cette inquietude perpétuelle, ils se confederassent entr'eux, & convinssent de se protéger les uns les autres. Ils ont donc agi par Raison, je l'avoüe; mais par une Raison qui s'accommodoit à la crainte, & qui au lieu de suivre les idées génerales du bon, du beau, du grand, & de l'honnête, ne consultoit que ce qui étoit utile par raport à l'état présent. En ce sens-là il ne se fait rien sans raison; car il n'y a point d'entreprise, pour si témeraire qu'elle soit, dont l'Auteur ne juge qu'il vaut mieux s'y engager, que de ne s'y engager pas; & par conséquent il a ses raisons pour se conduire comme il fait. Qu'ai-je donc nié? Que les hommes ayent formé des Societez, par ces considerations, si dignes d'une créature raisonnable, *qu'il leur seroit plus glorieux de vivre sous une belle forme de gouvernement, que de vivre comme des bêtes; que par le commerce qu'ils auroient ensemble, ils se perfectionneroient, & deviendroient en quelque façon plus hommes, &c.* S'il eût falu attendre que ces vûes générales déterminassent les hommes à former des Societez, je ne sais pas quand elles eussent été formées. Il a donc falu emploïer un moyen plus efficace, savoir la crainte, l'amour du repos, & quelques autres passions semblables. J'ai dit ailleurs par quels moïens plus efficaces que la Raison, Dieu a porté l'homme à produire des enfans.

Présentement il faut que je dise, que ces moïens si efficaces n'eussent point pû fixer les hommes à un seul objet, si une autre passion, qu'on appelle jalousie, ne s'en fût mêlée. L'incontinence eût bien porté les deux sexes à s'unir ensemble; mais comme je l'ai déja remarqué, les hommes ne se fussent pas souciez d'avoir une femme en propre, s'ils n'eussent été sujets qu'à l'incontinence. En ce cas-là ils eussent fait ce que font aujourd'hui les chasseurs, quand la soif les presse. Ils vont à la premiere fontaine, ou au premier Cabaret qui se présente, ils s'y désalterent, & ne sont nullement fâchez que d'autres en fassent autant. (c) C'est ainsi qu'on

---

(*) „ Nouv. Dialog. des Morts 2. part.

(A) „ MS. Innocent 3. disoit que c'est une œuvre méri-„toire que d'épouser une Putain. Journ. de Leips. dec. 82.

(B) „ Voiez le 1. Dialog. d'Orasius Tubero, & *Lidaä* „ *Sermones convivales* p. m. 82.

(c)   *Ut jam decipiant, quid perditis? Omnia constant:*

Mille licet sumant, deperit inde nihil.
Conteritur ferrum, silices tenuantur ab usu:
Sufficit, & damni pars caret illa metu.
Quis vetet apposito lumen de lumine sumi?
Quisve cavum vastas in mare servet aquas.
            Ovidius de arte am. l. 3.

qu'on eût usé à l'égard des femmes. Tout le monde eût été du goût d'Aristippe, & par cette indifférence on eût causé de la confusion dans la Société civile, & l'on eût effacé toute sorte de pudeur. Ces inconveniens, dira-t-on, n'eussent-ils pas déterminé l'homme à établir le mariage ? Nullement, parce qu'une Raison destituée de sainteté apperçoit moins clairement ce désordre, que ce principe: *Il ne faut pas s'embarrasser de la proprieté d'un bien qui ne nous porte pas plus de commoditez, lorsque nous les possedons seuls, que lorsque nous les possedons avec d'autres; & c'est une bassesse très-sordide de priver les autres d'une chose dont ils peuvent joüir, sans qu'il nous en revienne le moindre dommage.* Pour empêcher les effets de ce principe, il a falu que l'homme ait été jaloux, & ainsi la Providence est arrivée par la jalousie au but que la Raison n'eût sû atteindre. Je parle de la Raison au premier sens que j'ai donné à ce mot, car je sais bien qu'au second sens la Raison conduit les hommes au mariage.

VII. [c]omment la [jalou]sie en a [été la] cause.

J'en ai assez dit pour faire entendre cette pensée : mais parce que vous devez montrer ceci à une Dame qui n'ose pas témoigner qu'elle entend tout ce qu'elle entend, il faut que je m'explique de telle sorte, qu'elle ose en faisant bien la modeste, demeurer d'accord qu'elle m'a compris. Je remarque donc que deux choses ont été nécessaires pour établir dans le monde la propriété des femmes, par la voie des passions, ou de l'instinct. La premiere qu'il y eût des femmes plus propre à donner de l'amour à certains hommes qu'à d'autres; la seconde, que l'amour fût accompagné de la crainte que l'objet aimé ne se donnât à plusieurs.

Pour venir à bout de la premiere de ces deux choses, la Nature a sagement mis une telle proportion entre certaines machines humaines, que les unes n'ont presque qu'à se présenter devant les autres, pour exciter en elles le mouvement du sang, & des esprits animaux, qui produit l'amour. On ne sauroit mieux désigner cela qu'en disant que c'est un *je ne sai quoi*, si ce n'est que l'on se veuille servir de la comparaison d'une clef, & d'une serrure. Cette comparaison n'est pas mauvaise; car puisqu'il y a des gens qui voient une infinité de femmes assez familierement, sans en devenir amoureux, & qu'ils le deviennent d'une autre dès la premiere vûë, il faut bien dire qu'elles ne touchent point par leur action sur les yeux, & sur les oreilles de ces hommes, l'endroit du cerveau qui s'ouvre pour donner passage aux esprits qui vont échauffer le cœur, au lieu que cette autre va frapper du premier coup sur cet endroit. Or n'est-ce pas être la clef que la Nature avoit faite pour cette serrure ? Par ce moïen les desirs vagues d'un chacun ont pû s'arrêter de telle sorte sur certaines femmes, qu'il ait méprisé pour elles toutes les autres. (*)

Mais comme cela ne suffisoit pas pour former le bien conjugal, il a falu que la Nature ait joint ensemble l'amour & la jalousie : il a falu que par cela même qu'un homme étoit amoureux d'une femme, il souhaitât qu'un autre n'en fût point aimé; & afin qu'il le souhaitât, il a falu qu'il sentît beaucoup de chagrin de toutes les marques d'amitié qu'elle accordoit à un autre. Voilà de la jalousie toute pure. Les inquiétudes & les désirs qui l'accompagnent, ont produit un fort bon

Lettre XVII.

effet; car c'est de-là que sont venuës les caresses & les complaisances, les plaintes & les soûpirs qui ont fait préferer un homme à tous ses Rivaux. Celle qui avoit donné de l'amour, en a reçu, & n'a pas été moins jalouse que son amant. Sur cela on s'est promis une fidélité reciproque, & les hommes ont regardé leurs femmes comme un bien incommunicable.

De la politesse.

On ne sauroit croire l'activité qu'a eu cette jalousie pour polir l'esprit; car il est indubitable que si l'homme eût aimé le sexe sans jalousie, il seroit toûjours demeuré dans un usage brutal de ses plaisirs, & dans des manieres féroces ; mais l'intérêt qu'il a eu de se faire aimer exclusivement à tout autre, lui a inspiré mille soins, mille complaisances, & mille jolies inventions. C'est ce qui a introduit la civilité & la galanterie dans le monde, & tant de réflexions délicates qui accoûtument les gens à souhaiter la possession du cœur, aussi ardemment que celle du corps. Délicatesse inconnuë parmi les bêtes, & parmi les Nations brutales. Voici quatre ou cinq Vers Latins que vous expliquerez, s'il vous plait, à Madame de * * *.

(A) *Inde casas postquam, ac pelleis, ignemque pararunt,*
Et mulier conjuncta viro concessit in unum,
Castaque privata veneris connubia lata
Cognita sunt, prolemque ex se videre creatam,
Tum genus humanum primùm mollescere cœpit.

Faites-lui bien comprendre que sans entrer dans les complimens, j'avouë que son sexe a été la principale occasion, & le meilleur instrument de la civilité & de la politesse qui s'est vûë parmi les hommes, & qu'il a donné de l'amour avant que d'en recevoir.

On ne sauroit déterminer lequel des deux sexes a été le plûtôt amoureux.

Si l'on me demandoit où j'ai trouvé que l'amour a commencé plûtôt par les hommes que par les femmes, on m'embarrasseroit un peu ; car franchement je ne suis pas trop certain que cela soit vrai. Mais comme d'ailleurs je n'ai point de certitude que cela soit faux, je trouve plus civil & plus honnête de parler comme j'ai fait, que de dire le contraire. C'est le meilleur parti à prendre dans les choses Problématiques. On me dita 1. que puisque les filles sont plûtôt prêtes à marier que les garçons, c'est une marque qu'elles sentent plûtôt la force de la Nature ; mais c'est une pauvre raison, parce que la Nature n'a pas établi que l'on aimeroit qu'une personne de son âge, & ainsi avant qu'une fille ait douze ans, un garçon de dix-huit peut avoir conçu de l'amour pour elle. En second lieu l'on me pourra dire que parmi les animaux, ce sont toûjours les femelles qui commencent à devenir amoureuses. Mais c'est encore une fort pauvre raison, tant parce que la Nature n'a établi parmi les bêtes qu'un certain temps pour les opérations de l'amour, que parce qu'elle ne leur a point donné la force d'irriter leur convoitise par leurs pensées. Au contraire dans le genre humain, non seulement les objets émeuvent les puissances, mais aussi les puissances s'émeuvent entre elles. Ce qu'il y a de plus vraisemblable c'est qu'à tout le moins les hommes ont été les premiers à faire paroître l'amour qu'ils sentoient ; car si la Nature ne les a pas faits plus susceptibles de tendresse que les femmes, elle les a faits

pour

(*) Conferez ceci avec le *Dict. Hist. & Crit.* Art. FAREL. Rem. J.

(a) *Lucretius l. 5.*

pour le moins plus hardis, & plus résolus. Ainsi ils ont fait le personnage d'attaquans, & le sexe s'est tenu sur la défensive. Un Auteur moderne a dit (*) avec beaucoup de bon sens, que les hommes ont pris pour eux le parti le moins difficile, & que la sagesse de la Nature a fort paru en cela : sa raison est. 1. Que les hommes suivent leur penchant quand ils attaquent les femmes, au lieu que les femmes s'opposent à leur penchant, quand il faut qu'elles se defendent. 2. Que le sexe defendeur n'a dû ni être si foible qu'il se rendît d'abord, ni si fort qu'il ne se rendît jamais ; que c'est-là le caractere des femmes, & que ce ne seroit peut-être pas celui des hommes. Mais je reviens à la jalousie. Il me reste à remarquer, touchant ses utilitez, une chose qui surpasse tout ce que j'en ai dit jusques ici.

VIII.
Utilité de l'instinct & des préjugez par raport à la vertu.

Permettez-moi de citer encore une fois votre Ami Mr. l'Abbé de ***. Il remarque que le désir d'être loué après sa mort, est aussi vain qu'il est naturel. *C'est pourtant*, ajoûte-t-il, (a) *la source de la plûpart des bonnes actions de ceux qui n'agissent point pour plaire à Dieu. Mais ce Dieu sage & prévoiant, qui savoit bien que tous les hommes ne feroient pas assez bon usage de leur liberté, pour se porter à des actions difficiles par le seul désir de lui plaire ; qui connoissoit que ceux même qui seroient assez sages pour agir quelquefois par ce bon principe, ne l'auroient pourtant pas incessamment devant les yeux, & qui vouloit cependant pourvoir à l'entretien de la Société à laquelle il avoit destiné les hommes, & pour laquelle la vertu est nécessaire ; Dieu, dis-je, a mis dans leur esprit ces inclinations qui les portent naturellement au bien, & qui les poussent quasi malgré eux à faire de bonnes actions, dans le temps même qu'ils croient n'agir que pour leur propre utilité.* Il avoit dit peu auparavant, *qu'entre les mains de Dieu les choses qui d'elles-mêmes paroissent méprisables, deviennent les plus importantes.* Je vous assure, Monsieur, que cette doctrine s'accorde fort bien avec la mienne, puisque je prétends que Dieu a tiré de la jalousie des hommes, les plus grands motifs qui conservent la chasteté sur la terre. Voici par quelle gradation il me semble que cela s'est fait.

IX.
Comment la jalousie a conservé la pudeur & l'honnêteté.

L'homme ayant senti un cruel chagrin, lorsqu'il a vû que la personne dont il étoit amoureux, étoit caressée par un autre, a fait tout ce qu'il a pû pour être le seul aimé. Il a redoublé ses soins, ses présens & ses caresses ; les femmes ont connu par-là, que pour se faire honorer dans le monde, & s'y acquérir l'empire, elles devoient se mettre en réputation de chasteté ; & ainsi toutes celles qui ont eu du cœur & de l'honneur, ont pris des manieres modestes ; ce qui a fait que les autres qui communiquoient trop libéralement leurs faveurs, sont tombées dans le mépris. Voilà l'origine de la coûtume presque universelle dans le monde, que l'honneur des femmes consiste dans la réputation de pudicité. Or comme cette honneur du monde est le grand mobile de ceux qui n'ont point la grace du St. Esprit dans leur cœur, c'est à cette cause, & par conséquent à la jalousie qui l'a produite, qu'il faut attribuer l'honnêteté qui s'est conservée sur la terre.

X.
La crainte d'être deshonnoré par la mauvaise vie de sa femme, contribuë à sa vertu.

Ajoûtons à cela que la sotte crainte d'être C.... n'est pas toûjours inutile à la vertu d'une femme ; car si elle aime son mari, elle se fortifie dans la résolution d'être honnête, par la considération du chagrin & du deshonneur qu'elle lui feroit en le trahissant. Si elle ne l'aime pas, elle souhaite à tout le moins qu'il la traite bien, & elle a sujet de craindre qu'il ne la maltraite, au cas qu'elle le trahisse. Outre qu'un mari sensible observe les démarches des Galans, & veille sur les intrigues de sa femme. Or il ne faut point douter que cela n'inspire quelque retenuë. Je ne dis pas que cela prévienne tous les accidens que l'on craint, je dis seulement que la jalousie n'est pas toûjours inutile. Le peut-on nier ? Si avec tant de précaution & tant de motifs on ne peut éviter la disgrace, que seroit-ce si on lâchoit la bride, & si les maris n'avoient aucune sensibilité ?

XI.
Si les soupçons d'un mari contribuent à sa disgrace.

La plûpart de mes Lecteurs me contrediront ici ; car vous savez, Monsieur, que c'est une opinion assez générale parmi les François, que la jalousie n'est bonne qu'à hâter le malheur que l'on redoute. C'est ainsi que les Partisans du sexe font le procès aux maris jaloux ; mais c'est fort mal plaider la cause des femmes, & je ne sais si on peut médir d'elles plus malignement. Il est certain qu'une femme injustement soupçonnée, doit prendre de plus près garde à sa conduite, qu'elle ne faisoit ; & tant s'en faut que les injustes soupçons de son mari puissent excuser les fautes où elle tombe, qu'au contraire ils les rendent infiniment plus criminelles. Je crois donc que ceux qui plaident ainsi contre les maris jaloux, ont dessein de composer une Satyre contre les femmes, ou qu'ils ne s'entendent guéres en Apologie. Quoiqu'il en soit, j'ai pour moi le suffrage de presque tous les peuples du monde, qui de temps immémorial tiennent les femmes dans une espece de captivité. Je n'examine point s'ils font bien, ou s'ils font mal, je me contente d'inférer de leur pratique, que la plûpart des gens se persuadent que la jalousie des maris sert de quelque chose. Je crois même que si elle n'étoit bonne qu'à hâter les accidens que l'on appréhende, l'on s'en seroit apperçu ; & en ce cas là l'on auroit mis en liberté des prisonnieres qui auroient fait plus de mal dans la servitude, qu'elles n'en eussent fait étant sur leur bonne foi. Demandez aux Turcs, aux Grecs, aux Italiens, & aux Espagnols, si après l'expérience de tant de siecles, ils n'ont pas envie d'accorder à leurs femmes la liberté qu'elles ont en quelques païs ; ils vous répondront que non. Marque évidente que s'ils ne se trouvent pas aussi-bien de leur méthode, qu'ils le voudroient, ils la trouvent du moins meilleure que la méthode Angloise, ou Françoise.

De-plus j'ai pour moi le sentiment de tous les Directeurs de conscience, qui sont des Juges aussi compétens qu'on en sauroit souhaiter en ces matieres ; parce que par le moïen des Confessions ils savent les secrets les plus cachez des familles. Demandez-leur si on fait fort bien d'accorder aux femmes toute la liberté qu'elles veulent. Demandez-leur si leurs maris ont plus de sujet de craindre, lorsqu'elles menent une vie retirée, que lorsqu'elles sont toûjours en compagnie ; ils vous répondront qu'il y a incomparablement plus de danger dans ce dernier parti, que dans l'autre. Je ne vois pas que les Prédicateurs Italiens exhortent les maris à donner plus de liberté à leurs femmes, & je vois que les Prédicateurs François exhortent perpétuellement les femmes à se tenir dans leurs maisons, à s'y occuper du soin du ménage.

(*) „ Nouv. Dialog. des Morts 1. part. Dialog. 8.

(a) „ Dans le 2. des quatre Dialogues.

nage, sans recevoir les visites d'un soupirant, & sans aller avec lui à des parties de plaisir. C'est un grand préjugé qu'ils apprennent dans les Confessionaux, les chutes fréquentes que cela fait faire.

Enfin je trouve que tous ceux qui nous prônent tant l'inutilité des soins d'un mari, se fondent sur quelques Contes de Boccace, sur quelques Romans de Scarron, sur quelques Comédies de Moliere, & sur quelques autres livrets qui se lisent dans les Compagnies, & dont les principes se répandent au long & au large parmi tous ceux qui font profession d'être Galans. Ils font valoir ces Historiettes le mieux qu'ils peuvent, & la Morale qu'ils en tirent, c'est que l'amour est plus fin que tous les jaloux, & qu'avec toutes leurs précautions il les enrôle *parmi les Saints que célebre Bussi.* Grand éloge pour les femmes! De ce premier point de Morale, ils en tirent un autre non moins important; savoir, qu'il faut accorder au sexe toutes les libertez qu'il souhaite. Prenez bien garde, Monsieur, que ceux qui insistent le plus sur ces Maximes, font de ces Galans de profession, qui cherchent éternellement de bonnes fortunes, & cela seul est capable de montrer la fausseté de leurs dogmes; car si les précautions d'un mari étoient un moyen plus assuré pour l'enrôler, que son indifférence, Messieurs les Galans devroient exhorter tous les maris à être jaloux; leur montrer les fâcheuses suites des libertez qu'ils accordent à leurs femmes, & avoir cent Contes tout prêts sur cela. Ils s'en gardent bien. N'est-ce pas un signe évident qu'ils tâchent de prévenir une coûtume qui leur seroit incommode? Ils la rendent suspecte aux maris de-peur qu'on ne l'introduise; ils n'en publieroient pas les commoditez, si elles étoient aussi réelles qu'ils voudroient le persuader.

des hommes pour déli-les femmes ut scrupule.

Cela me fait souvenir d'une autre de leurs Maximes. Ils font tout ce qu'ils peuvent pour ôter de l'esprit du sexe les scrupules & les égards pour l'exacte bienséance, & ils tâchent de l'accoûtumer aux manieres libres, & à un certain enjoûment dont ils se trouvent fort bien. Afin d'en venir à bout, ils médisent éternellement de celles qui font les scrupuleuses; ils ont toûjours mille Historiettes à en conter; (dont quelques-unes ne sont que trop véritables, car il faut avouer de bonne foi que la Nature est fragile dans toutes sortes d'humeurs) & pendant qu'ils emploient jusqu'à des proverbes contre elles, & qu'ils parlent des femmes un peu dévergondées, comme si c'étoient des personnes qui à la vérité souffrent quelques libertez, mais au fonds très-incorruptibles, & qui arracheroient les yeux à un homme qui voudroit toucher à l'affaire capitale; pendant, dis-je, qu'ils étalent tous ces beaux discours, ils font le meilleur marché du monde de l'honneur des femmes modestes. Pourquoi tout cela, si ce n'est afin d'exterminer les manieres qui les incommodent le plus? Car s'il étoit vrai que les femmes effrontées fussent les plus chastes, ils ne manqueroient pas de crier contre l'humeur effrontée, & de recommander l'humeur prude. Ecoutons un de ces Messieurs dans la Préface d'un Livre qui s'intitule *Académie Galante,* où l'on voit des Dames qui parlent assez cavalierement. *Si elles entrent un peu aisément dans les conversations Galantes,* dit-il, *elles n'en font pas dans*

le fonds *moins féveres, ni moins circonspectes. Je souhaite à ceux qui n'approuveront pas ce petit Livre, des Maîtresses aussi vertueuses, & aussi propres à les bien faire enrager. Les filles qui ont vu du monde, & vécu avec quelque liberté, ne sont pas celles que cherchent les gens mal intentionnez; ils trouvent mieux leur conte avec des Agnès, qui n'ont jamais oui parler de l'amour qu'à leurs meres.* Je croirois aisément ce qu'il dit, que les Agnès font une conquête très-facile. Mais ce n'est pas dequoi il étoit question; il y a un milieu entre la niaiserie, & l'effronterie; toutes celles qui font scrupuleuses & rigides sur la bienséance, ne font pas pour cela des Agnès. Je ne pense pas que celles que l'on nous dit être si propres à faire enrager le monde, mettent beaucoup de Galans au tombeau: si elles y en mettent, ce n'est point assurément à force de les faire jeûner: elles ne font pas aussi méchantes qu'on voudroit nous faire croire.

Quant à ces femmes qui vous disent hardiment, *que si l'on ne s'assuroit pas aveuglément sur leur vertu, elles se sentiroient plus tentées de mal faire,* prenez-y garde; vous trouverez qu'elles font un peu Coquettes, & qu'elles n'ont en vûë que de faire peur à leur mari, afin qu'il leur laisse continuer plus commodément leur premier train. Il est sûr que les honnêtes femmes d'Italie ne se plaignent point des mœurs du païs, & qu'elles conviennent qu'il y a plus de bienséance dans leurs coûtumes, que dans les nôtres. Mais celles qui ne veulent rien valoir, trouvent si insupportable la contrainte, que la plûpart secoüent le joug de la pudeur, en se rendant Courtisannes. Cela me fait croire que celles qui soûpirent tant après une entiere liberté, n'ont pas de trop bonnes intentions. Oh, dit-on, c'est un grand plaisir que de tromper un mari jaloux; c'est satisfaire tout à la fois son amour & sa vengeance, & il y a longtemps qu'on a reconnu que l'empêchement ne fait qu'irriter les passions. Tant qu'il vous plaira; ceux qui débitent le plus souvent ces maximes font très-persuadez, que si tout étoit permis dans le monde, il s'y feroit infiniment plus de mauvaises actions, qu'on n'y en voit faire. Ils ne croient donc pas que les obstacles que l'on met au-devant de nos passions, ne servent de rien. (*) On peut dire sans flaterie, non seulement que ces obstacles arrêtent plusieurs actions extérieures, mais aussi qu'ils introduisent dans l'esprit, par le moïen de l'éducation, un certain pli qui fortifie plusieurs personnes contre le penchant naturel.

Mais à quoi est-ce que je songe? Ce n'est pas de cela dont il s'agissoit. Je n'ai que faire des coûtumes de l'Italie, JE LES BLAME, JE LES CONDAMNE, & je marque en gros caracteres cette condamnation, afin que personne ne soit excusable, s'il m'accuse d'en avoir voulu faire l'Apologie. Je n'avois à soûtenir, sinon, que la jalousie des hommes n'est pas inutile pour conserver la pudicité parmi le sexe. Par cette jalousie je n'entens qu'un je ne sai quoi, qui fait qu'un homme sent du chagrin, lorsqu'il sait qu'un autre est aussi bien venu que lui auprès de sa femme. Peu m'importe qu'il la tienne captive, ou qu'il lui donne une pleine liberté; il est toûjours certain, généralement parlant, qu'il est sensible à l'honneur de ce côté-là: Or c'est cette sensibilité commune presque à tous les humains, que j'ay prétendu

---

(*) . . . . *Tolle periclum,*
Jam vaga prosiliet frænis natura remotis.

Horat. Saty. 7. l. 2.

LETTRE XVII.

tendu n'être pas inutile dans le monde.

Vous avez bien ouï parler du différend qu'un Médecin de Paris, nommé Lami, a eu avec un autre Médecin, pour savoir si ce seroit une perfection à l'homme que d'avoir des ailes. L'autre Médecin, entre autres preuves, se servit de cette raison, *que si les femmes avoient des ailes, il n'y auroit pas möien de les arrêter sous les liens d'une Société conjugale, & que les Espagnols & les Italiens naturellement jaloux ne seroient pas en sûreté, si leurs femmes pouvoient voler. Voilà en effet,* répondit Monsieur Lami, *un étrange inconvénient. Cependant comme les jaloux ont de l'esprit pour se tourmenter, & pour tourmenter les autres, ils auroient pû, je pense, pour les retenir, leur arracher les plumes des ailes, ou les enfermer dans une cage, & ne laisser aux Curieux que la liberté de les siffler. . . . . Pour moi qui ne connois point la jalousie, je voudrois qu'avec leurs pieds elles eussent encore des ailes, afin que l'amour seule pût les assujettir.* Je souscris à tout cela; soit fait comme il le dit. Le meilleur moyen de banir la politesse du monde seroit de tenir les femmes recluses; car leur conversation est la meilleure école de civilité & d'honnêteté, & il n'y a rien qui leur éveille davantage l'esprit, ni qui leur donne plus d'agrémens, que l'envie de plaire aux hommes.

Répétons ici la conclusion que j'ai déja insérée dans ma Lettre précédente; savoir *que si on ôtoit aux hommes leurs erreurs & leurs préjugez, on les rendroit inutiles à cette terre.* Les nouveaux Dialogues des Morts dont j'ai emprunté déja plusieurs citations, m'en fournissent ici encore une. C'est un Livre rempli d'une Morale bien fine. Considérez ces paroles (*).

ARTEMISE.

Il n'est donc pas inutile que les hommes soient trompez ?

R. LULLE.

Comment inutile ? Si par malheur la vérité se montroit, tout seroit perdu : mais il paroît bien qu'elle sait de quelle importance il est qu'elle se tienne toûjours cachée.

Je ne sais comment je me suis engagé peu-à-peu dans ces matieres. Je vous puis protester que j'aurois juré il y a quinze jours que jamais je ne vous écrirois sur cela; voïez donc comment une chose en amene une autre insensiblement. J'appréhende que le jugement des Lecteurs ne m'en fasse repentir, quoiqu'après tout il n'y ait rien de plus louable que de chercher Dieu jusques dans nos passions & dans nos instincts. C'est peut-être une nouvelle maniere de prouver la Providence; mais qu'importe qu'elle soit nouvelle, pourvû qu'elle soit bonne. Je voudrois que le peu que j'en ai dit, obligeât quelqu'un à examiner la chose plus profondément. On a bien raison de dire qu'il ne faut point chercher Dieu dans des païs éloignez; chacun le peut trouver partout, & sans sortir de chez lui. *Jovis omnia plena.* Je suis, &c.

LETTRE XVIII.

MONSIEUR,

S'il étoit permis de comparer les petites choses aux grandes, il s'en faudroit bien peu que je ne commençasse cette Lettre à-peu-près comme T. Live (A) a commencé le trente-unieme Livre de son Histoire, dans lequel il se voïoit hors de la guerre d'Annibal. J'étois si las de tant remuer ces motifs de conversions, ces jugemens téméraires, ces inclinations au mariage, & je craignois si fort de ne voir jamais la fin de toutes les questions incidentes que je voyois naître de celles-là, qu'il me semble à présent que j'en suis sorti; qu'on ma délivré d'un pesant fardeau. C'est plus pour moi, que toute la guerre d'Annibal pour T. Live. J'appréhende bien qu'on ne me demande pourquoi j'ai conçu tant de matieres les unes à la queuë des autres, & à quoi peut servir tous ce fatras de pensées si mêlées. Ce seroit sans doute une objection mille fois plus difficile, que tout ce que vous m'en avez envoyé, & je vous avertis par avance de ne me la faire point ni en votre nom, ni au nom de qui que ce soit, si vous voulez que j'y réponde; car assurément je n'y répondrois pas un mot. Il faudra laisser dire au monde tout ce qu'il voudra. En attendant, je sentirai bien de la joye de ce que ma Lettre précédente n'a pas déplu à Madame de ***. Je craignois qu'elle n'en condamnât beaucoup de choses, & qu'elle ne m'accusât de n'avoir point sacrifié aux Graces. Mais votre derniere Lettre m'a rassuré. Vous m'avez écrit en propres termes, *que cette habile personne ayant douté quelque temps si elle ne critiqueroit pas cinq ou six endroits, avoit enfin donné son approbation à toute ma Lettre, & declaré qu'elle aimeroit mieux que ses deux filles en reçussent de semblables, que de ces billets galans qu'on ne leur écrit que trop.* L'oserai-je publier ? Vous ajoûtez, *que si cette Dame en étoit cruë, on joindroit ma Lettre avec tous ces beaux Traitez de Morale, qu'un homme recommande tant à sa fille dans ces quatre vers de Moliere,*

Lisez-moi comme il faut, au lieu de ces Sornettes,
Les Quatrains de Pibrac, & les doctes Tablettes
Du Conseiller Mathieu, Ouvrage de valeur,
Et plein de beaux Dictons à reciter par cœur.

La seule chose qui l'ait surprise est que j'ai loüé les quatre Dialogues de Mrs. les Abbez. . . . . . Tout Paris, vous disoit-elle, parle mal de ce Livre-là,

I.
Les matieres précédentes ont été difficiles à traiter.

II.
De l'aprobation des quatre Dialogues des Abbez de . . . . .

(A) *Me quoque juvat, velut ipse in parte laboris ac periculi fuerim, ad finem belli Punici pervenisse.* Livius.

& les deux Interlocuteurs proteſtent chacun de ſon côté, qu'il n'a nullement conſenti à la publication de l'Ouvrage. L'un d'eux ſoutient qu'ils ne parlent jamais de ces matieres, & on l'en croit. Je ſuis ſurpris de cette nouvelle, car ayant lû ces Dialogues depuis ce que vous m'en avez écrit, je n'ai point changé de ſentiment; je les ai trouvez tout auſſi bons qu'à la premiere lecture, & cela m'a fait penſer à deux choſes. L'une eſt, que le ſort des Livres eſt un pur effet de Cabale; l'autre, que je ne me connois pas encore aſſez en bons Livres. Je ne me ſuis point arrêté à la premiere de ces deux penſées, mais j'ai fort examiné la ſeconde, & j'ai trouvé que c'eſt mon ancien & perpetuel défaut. Quand un Livre eſt bon, je le trouve bon; mais il y en a que je trouve bons, qui ſont fort mepriſez par les plus habiles. Ceux qui trouvent peu de choſes qui leur agréent ont dequoi ſe glorifier, parce qu'ils ont là une preuve de la pénétration de leur eſprit, qui découvre les defauts les plus cachez. C'eſt donc une penſée bien humiliante pour un homme, que de voir qu'il approuve un Livre qui eſt mepriſé par les Connoiſſeurs. Néanmoins comme toutes choſes ont deux faces, un homme qui chercheroit dequoi ſe glorifier, en trouveroit aſſurément une raiſon dans le jugement favorable qu'il feroit d'un Livre, que d'autres deſaprouveroient; car il n'auroit qu'à ſe figurer qu'il a plus de pénétration d'eſprit qu'eux, pour découvrir les beautez cachées. Or les plus grands Maîtres (*) demeurent d'accord, qu'il faut beaucoup plus d'eſprit pour decouvrir le bien, que pour découvrir le mal; ainſi pour peu qu'on ſe flate, la facilité qu'on ſe trouve à approuver les Ecrits d'autrui, eſt un plus grand ſujet de vanité, qu'un goût qui ſe contente malaiſément. Quoiqu'il en ſoit, Monſieur, je renonce à l'avantage, & je vous fais ici une confeſſion publique, que ma facilité me ſemble une marque de petit eſprit, ſans qu'il faille pour cela conclure la même choſe partout ailleurs; car par exemple, le Public eſt aſſez perſuadé que Monſieur Arnaud eſt un des plus grands Génies du ſiecle; & cependant il a confeſſé depuis peu, qu'il a moins de diſpoſition à deſaprouver un Livre, qu'à l'aprouver. Voici comme il parle à ſon ami, dans ſa Defenſe du Livre *des vraies & des fauſſes idées* (A).

» Vous ſavez, Monſieur, auſſi-bien que tous » ceux qui me connoiſſent, que je ne ſuis » point naturellement critique, & que liſant les » Livres ſimplement pour les lire, & non pour » en faire une étude, je pécherai bien plûtôt » du côté de l'indulgence, que du côté de la » rigueur (B): c'eſt-à-dire, qu'il m'arrivera bien » plûtôt de laiſſer paſſer des choſes qui meri- » teroient d'être repriſes, ſans y trouver à redi- » re, que d'en critiquer qui ne le devroient pas » être, ou de critiquer trop durement ce qui ne » ſeroit qu'un leger défaut. Ainſi lorſque rien » ne m'oblige de prendre l'eſprit de Cenſeur, » comme je m'occupe plus de ce qui me plaît » ou qui m'édifie dans un Ouvrage, que des » fautes qui s'y pourroient rencontrer, je ne » ſuis pas trop difficile à contenter, quand c'eſt

» ſurtout le Livre d'un homme de bien, & que » je crois n'avoir en vûë que la verité.

Continuons à repondre aux objections. La premiere qui ſe préſente eſt celle que l'on m'a faite, ſur ce que j'ai dit de l'autorité des Bulles, qui ne ſont pas encore publiées dans le Royaume.

DOUXIEME OBJECTION.

» L'Auteur de la Critique Générale a eu grand » tort (à ce qu'on prétend) de dire (c) que » *puis qu'un particulier qui a connoiſſance d'une* » *Bulle émanée du Pape, ou d'une Conſtitution pro-* » *noncée ex Cathedra, n'eſt point obligé de s'y con-* » *former, avant que le Roi en ait permis ou or-* » *donné la publication;* c'eſt une marque que les » veritez de Rome *ne deviennent veritez, qu'en* » *conſequence des ordres du Roi, & que les Dé-* » *crets du S. Siege Apoſtolique n'obligent la con-* » *ſcience de ceux qui les connoiſſent, qu'en vertu* » *des ordres du Roi.* C'eſt mal raiſonner, dit- » on; ne ſait-il pas bien que les François qui ont » connoiſſance d'un Arrêt du Roi, ne ſont pas » obligez d'y obéïr avant qu'il ait été publié » & enregiſtré dans le Parlement, ou dans le » Préſidial dont ils relevent? Et néanmoins où » eſt l'homme aſſez ignorant, pour s'imaginer » que la force d'un Arrêt ne procede que de ſa » publication?

Je reponds, qu'il y a une ſi prodigieuſe différence, ſelon les principes de l'Egliſe Romaine, entre les Bulles d'un Pape parlant *ex Cathedra*, & les Ordonnances d'un Prince, qu'il eſt étonnant qu'on m'attaque par la comparaiſon que je viens de rapporter?

Premierement, les Sujets ſont perſuadez que les Princes & leurs Miniſtres, généralement parlant, ne ſongent qu'à l'augmentation des droits de la Souveraineté, & qu'ainſi la plûpart des nouveaux Edits ſont un nouveau joug poſé ſur les épaules du peuple. Il eſt donc fort naturel qu'ils attendent à y obéïr, qu'ils ayent vû qu'il n'y a plus de remede.

En ſecond lieu, ſi l'on remonte juſqu'à la premiere origine, on trouvera que le changement des loix, & la publication des nouveaux Edits, a dependu en partie du conſentement des peuples; deſorte que comme les Rois d'Angleterre ne donnent point aujourd'hui à leurs déſirs la force de loi, ſans l'approbation de leur Parlement, de même autrefois en France la ſeule volonté du Prince ne ſuffiſoit pas pour établir une loi; il faloit que les Etats du Royaume l'aprouvaſſent. Et lorſque les Parlemens furent rendus ſédentaires, il fut établi que l'on y feroit verifier les Edits du Roi, & que ſans cela les Sujets ne ſeroient point obligez de s'y ſoumettre. C'eſt ce que ſignifient ces paroles de Monſieur de Varillas, au ſujet d'un Edit de Charles IX. adreſſé aux Gouverneurs des Provinces, & favorable à ceux de la Religion (D). *Le Parlement averti de ce que contenoit l'Edit, ordonna que très-humbles Remontrances ſeroient faites à leurs Majeſtez, & empêcha cependant qu'il ne fût publié. Elles ſe reduiſoient au renverſement de l'ordre le mieux éta-*
bli

(*) *Adeſt fere nemo quin acutiùs atque acriùs vitia in dicente quàm recta videat. Ita quidquid eſt in quo offenditur, id etiam illa quæ laudanda ſunt obruit.* Cicero l. 1. de Orat.
Facilior eſt turpium quàm honeſtorum intellectus. Quintil.

(A) » L. 3. c. 8. pag. 185.

(B) » MS. Voyez Quintil. l. 10. c. 1. *apud Morhof. de* » *Patavin.* p. 17. *Conf. ſup.* n. Lett. IX. No. VIII. Rec. » Fr. p. 419. Ciceron ſe declare de cette humeur, 1. » *Catilin.* à l'égard des Criminels.
(c) » Lett. XXV. No. III.
(D) » Voyez la vie de Charles IX. de l'edit. de Hol- » lande p. 49. & aux additions du 1. tome.

bli dans la Monarchie Françoife, dont les Fondateurs avoient fagement ordonné, que les Edits du Roi s'adrefferoient indifpenfablement à leur Cour Souveraine, & n'auroient ni le nom, ni la force de loi, qu'après qu'ils y auroient été verifiez. Les autres États Monarchiques de l'Europe, excepté l'Empire Ottoman, gardent à-peu-près encore un pareil ufage. Je fais bien qu'on eft aujourd'hui en France fur un autre pied, & que la verification des Edits n'y eft plus qu'une pure cérémonie ; mais cela n'empêche pas qu'elle ne foit encore une condition préalable qui s'obferve regulierement, & fans laquelle le Prince eft (*) cenfé n'avoir pas deffein de faire executer fes ordres, ni punir ceux qui ne les fuivront pas. Ainfi l'on a beaucoup de raifon d'attendre à les fuivre, que l'on fache qu'ils ont été verifiez.

Enfin l'on eft fi perfuadé que les Princes, je dis les Princes qui ont les meilleures intentions, font fujets à prendre des fauffes mefures ; on connoît tellement par l'experience qu'ils font obligez à caffer eux-mêmes leurs propres Arrêts, à y changer, à y ajoûter mille chofes, felon que l'exécution a des fuites differentes de ce qu'ils avoient prévû, ou même felon les avis qu'ils reçoivent avant que de proceder à l'exécution ; on eft, dis-je, tellement inftruit de cela, qu'un particulier qui auroit connoiffance d'un Edit expédié, qui mettra fa famille à l'Hôpital, feroit bien fimple d'y obéïr, avant que de le voir vérifié & enregiftré. Que fait-il fi cet Edit aura lieu ? Quelle affurance a-t-il que le Confeil de fon Prince ne changera point fes mefures, fur les Remontrances qui lui pourront être faites ? On feroit bien fou de tant précipiter fon obéïffance ; car il en va fouvent des Arrêts comme de la Fortune de la Cour. On aprend quelquefois dans les Provinces éloignées l'élevation d'un de fes amis : on s'empreffe de lui écrire pour lui rendre hommage, & c'eft un homme qui bien fouvent eft déja ruïné à l'arrivée de la pofte. Si vous aimez mieux cette penfée en ftile de Balzac, il y aura moyen de vous contenter, car voici ce qu'il écrivit un jour à Mr. Conrart. *Les changemens de la Cour fe font fi fubitement, qu'il n'eft pas étrange fi nous nous adreffons quelquefois à des gens qui ne font plus, & fi nous portons nos offrandes fur des Autels renverfez, puis qu'il ne faut qu'un moment pour perdre les gens, & pour renverfer les Autels :*

Tant la Fortune eft volage,
Et prompte en fes changemens.

Ou fi vous voulez que je le dife en une autre langue..

*Rapidè fi che torbida procella,
De cavernofi monti efce piu tarda.*

Il en va quelquefois de même des Déclarations des Rois. Tel Provincial qui auroit obéï à un Edit, dès qu'il auroit fû qu'il avoit été fcellé, & qui voudroit envoyer par la pofte un Certificat de fa foumiffion, trouveroit qu'avant l'arrivée du Courier l'Edit auroit été pendu au croc. Il n'y a pas long-temps qu'on fignifia en France à ceux de la Religion un Arrêt, qui leur faifoit inhibitions & défenfes, fous des peines inoüies, de laiffer entrer aucun Catholique dans leurs Affemblées, & quinze jours après on leur en fignifia un qui leur commandoit de marquer un banc dans chaque Temple, pour les Catholiques qui

vouloient affifter aux prêches. Allez-moi obéïr à des ordres fi differens. On a donc raifon de fufpendre fon obéïffance, à l'égard des ordres du Prince, jufques à ce qu'ils ayent été duëment fignifiez.

Mais on ne peut pas fe difpenfer d'obéïr au Pape fous de femblables prétextes. Car premierement on doit être perfuadé, felon les principes de Rome, qu'il eft le Vicaire de Jefus-Chrift, & que Dieu l'anime de fa grace pour le bien général de fes enfans. Ainfi on doit croire que tout ce qu'il defend eft mauvais ; que tout ce qu'il commande eft jufte, & que fes ordres font la déclaration de la volonté de Dieu. Or cela étant, on peut à la verité établir certaines formalitez pour la publication de fes Bulles ; mais néanmoins il faut demeurer d'accord que tout particulier qui les connoît, avant que l'on les publie felon les formes ufitées en chaque païs, eft obligé de s'y conformer ; & par conféquent c'eft un principe qui choque le fens commun, que de pofer en même temps que le Pape eft le Lieutenant de Dieu en terre, pour gouverner fon Eglife en Chef, & de foumettre néanmoins fes ordres à l'examen d'un Tribunal Séculier.

Je fais bien ce qu'on me dira, c'eft que la Cour de Rome s'attribuant plus qu'elle ne doit, la prudence oblige les Princes à faire examiner fi elle fe tient dans fes juftes bornes. Mais dès-là on ruïne les privileges des Papes ; car s'il faut vivre dans une perpetuelle défiance avec eux, & prendre bien garde qu'ils n'ufurpent le bien d'autrui, quelle apparence qu'ils foient les Chefs de l'Eglife établis de Dieu, pour empêcher les defordres qui arrivent dans les Societez Chretiennes, qui n'ont point de chef ? On efperoit qu'un Pape nous delivreroit par l'autorité de fes ordres, de la neceffité de chercher nous-mêmes les articles de notre Foi, & voilà qu'on nous dit que fes ordres peuvent être fort captieux & fort injuftes. Quelle confiance peut-on avoir après cela en ce qu'il decide ? Il y a donc bien de la difference entre ce que l'on doit aux ordres d'un Pape, & ce que l'on doit aux ordres d'un Prince, avant qu'ils foient notifiez felon les formalitez ordinaires.

Cette difference eft fort fenfible dans le fecond point que j'ai touché ; car il eft certain que toutes les Monarchies Chretiennes ont été dans leur origine un peu temperées par le gouvernement Ariftocratique ; ce qui fait qu'à l'égard de certaines chofes, comme l'établiffement de nouvelles loix, le Roi & les Députez de fon Royaume font deux Puiffances collatérales ; d'où il s'enfuit que chaque particulier peut attendre très-juftement à obéïr, que ces deux Puiffances foient d'accord. Cela fe pratique en Angleterre pour certaines chofes. Mais felon les principes de l'Eglife Romaine, il eft très-faux que les Papes & les Rois foient deux Puiffances collaterales ; les chofes Eccléfiaftiques font tout-à-fait du reffort des Papes ; l'autorité feculiere n'y a rien à voir : ainfi c'eft contre le bon fens qu'on fe difpenfe d'obéïr à une Bulle, fous prétexte qu'un Légat n'en a pû obtenir encore l'enregiftrement, ou fous prétexte qu'un Roi n'en a point permis encore la publication. Si l'on s'en difpenfe fous ces prétextes, c'eft croire *que les veritez de Rome ne deviennent veritez, qu'en confequence des ordres du Roi, & que les Decrets du St. Siege Apoftolique*
n'o-

<hr>

(*) „MS. Voyez la Reponfe à la Lettre touchant „l'infulte que le Maréchal de Montmorency fit au

„Cardinal de Lorraine.

n'obligent la conscience de ceux qui les connoissent, qu'en vertu des ordres du Roi. C'est-à-dire, que les Bulles des Papes sont comme le droit Romain, qui n'auroit aucune vertu pour terminer les procès, si les Princes aujourd'hui regnans ne lui donnoient force de loi en quelques lieux. La comparaison est juste; car comme l'autorité des Souverains d'aujourd'hui est indépendante de celle des Empereurs Romains, il s'ensuit que ces deux autoritez ne concourent pas à l'établissement d'une loi; & par consequent si les loix des Empereurs Romains ont quelque vertu en France, ce n'est point en partie parce qu'elles ont été faites par des Empereurs, & en partie parce qu'elles sont approuvées par les Rois de France, c'est uniquement à cause de l'approbation; le partage ne peut avoir lieu qu'à l'égard de deux Puissances collaterales. Or les Papes & les Rois de France ne sont point deux Puissances collaterales. Il faut donc que l'autorité des Bulles vienne toute ou des Papes, ou des Rois de France: elle ne vient point toute du Pape, puisqu'avant la permission du Roi personne ne s'y doit soumettre: elle vient donc toute du Roi, aussi-bien que celle du Code de Justinien.

Je souhaite que l'on prenne garde, que je ne considere point ici ni l'opinion de ceux qui attribuent au Pape la superiorité sur le Concile, ni l'opinion opposée à celle-là. Je sais qu'il y a des Docteurs qui croyent que le gouvernement de l'Eglise n'est point purement Monarchique, & que les Evêques peuvent examiner les ordres du Pape. Mais je n'ai point d'égard à tout cela: je ne parle que de l'autorité Seculiere, & je dis que si la puissance du Pape n'est pas absolument Monarchique, ce n'est point parce que celle des Rois doit concourir avec elle. Tous les Catholiques reconnoissent, qu'à cet égard l'autorité du Chef de l'Eglise est indépendante. Or c'est dans cette supposition que je dis, qu'il est absurde de ne point acquiescer aux Décrets des Papes, lorsque le Prince ne les a point encore aprouvez.

VII.
Explication de troisieme difference.

Le troisieme point ne nous fournit pas une moindre difference entre les Constitutions des Papes, & les Déclarations des Princes; car si les Papes sont les Vicaires de Jesus-Christ, & les Chefs de son Eglise, il faut croire que leurs Décisions sont la regle de notre Foi, & que Dieu leur dicte invisiblement tout ce qu'ils prononcent. Il ne faut donc pas apprehender qu'ils prennent de fausses mesures, ou que l'artifice de quelques esprits brouillons, ou bien les Remontrances de quelques personnes sages, bouleversent le contenu de leurs Bulles. Ainsi dès qu'on sait ce qu'elles contiennent, on est obligé de s'y soumettre comme à la volonté de Dieu, sans attendre si le Roi l'aprouvera. Voilà, Monsieur, ce qui suit naturellement du principe de nos Adversaires. S'ils repondent qu'avant qu'on ait permis en France la publication d'une Bulle, il peut arriver que le Pape mieux informé change sa résolution, comme il arrive que les Arrêts du Conseil tombent quelquefois par terre, avant qu'on les verifie; je dis qu'on ruïne par-là l'Hypothese Catholique, parceque si le Pape est sujet à des surprises & à des retractations, il est incapable de fixer la Foi, & nous voilà dans l'état des Protes-

tans qui doivent examiner si leurs Conducteurs les trompent. C'est assez pour cette objection. A une autre.

TREIZIEME OBJECTION.

» ON vous a dit, Monsieur, que j'avois
» horriblement calomnié toute la Justice
» du Royaume, en disant (*) que Marot n'avoit
» qu'à demeurer Catholique, pour pouvoir débaucher
» toutes les femmes de France, sans rien craindre
» du Magistrat. A ce conte, vous disoit-on,
» un homme n'avoit rien à craindre, lorsqu'il
» forçoit, ou qu'il enlevoit la femme, ou la fille de son voisin. Cependant il est de notorieté publique, que ces attentats n'ont jamais été impunis en France, & que les Parlemens & les Présidiaux ne sont jamais tombez dans l'épouvantable relâchement que cet Auteur leur impute.

VIII.
De ce qu'on a dit, *que Marot eût pû debaucher les femmes sans craindre le Magistrat, en restant Catholique.*

IL FAUT bien avoir l'esprit de travers pour me calomnier de la sorte. Ai-je dit que les Parlemens souffroient que l'on enlevât, ou que l'on forçât les femmes? N'y a-t-il point d'autres manieres de les débaucher; & pourvû que quelques-unes de ces manieres soient permises, n'ai-je pas eu raison de parler comme j'ai fait? Si je disois que l'on peut mentir sans rien craindre du Magistrat, cela signifieroit-il que les Magistrats laissent impunis toutes sortes de faux témoignages? Il est évident que non, & qu'il suffiroit, afin que je disse vrai, qu'il y eût quelques especes de mensonge que la Justice humaine ne punît point. J'ai dit donc vrai, pourvû qu'il y ait quelques especes de séduction que l'on peut exercer impunément à l'égard des femmes. Or cela est indubitable, & conforme à l'expérience de tous les jours. Les présens, les regals & les caresses, font perpetuellement que quelque femme oublie ce qu'elle doit à son mari. Le voisinage s'en apperçoit, on en cause, le mari en devient quelquefois maigre & grondeur; mais il est très-rare qu'il porte ses plaintes à la Justice. Je sais fort bien qu'on écouteroit ses plaintes, & qu'une partie des Juges prendroit beaucoup de plaisir à ouïr plaider sur cela les Avocats; mais on est si favorable là-dessus aux femmes (A), quelque interessez que soient les Juges à faire des exemples de sévérité, pour tenir les leurs en crainte, qui ne sont pas toûjours les plus vertueuses; on est, dis-je, si favorable au sexe dans ces sortes d'occasions, qu'un mari perd presque toûjours sa cause. S'il la gagne, il se fait déclarer C..... par Arrêt du Parlement; & quoiqu'il en arrive, il se fait moquer de lui, & se rend l'entretien de toutes les Compagnies. Pour ce qui est du Galand, il est très-rare qu'on le nomme dans le procès, & plus rare encore qu'il soit condamné à la moindre peine. Son sort est si peu digne de pitié, que tous les rieurs souhaiteroient (B) d'être à sa place, lorsque la Dame est jolie. Ainsi l'on ne doit pas s'étonner qu'on recoure si rarement aux voies de la Justice pour de pareilles injures. *C'est folie*, dit agreablement (c) Montagne, *de vouloir s'éclaircir d'un mal, auquel il n'y a point de Médecine qui ne l'empire & le rengrege, duquel la honte s'augmente & se publie principalement par la jalousie, duquel la vengeance blesse plus nos enfans qu'elle ne*
nous

(*) „ Crit. Gener. Lettr. IX. No. VII.
(A) „ Conferez ceci avec le *Dict. Hist. & Crit.* Art.
„ Saint-Cyre, Rem. B.

(B) „ Voyez ci-dessous le passage d'Ovide.
(c) „ Essais, l 3. ch. 5.

LETTRE
XVIII.

nous guerit. Vous asséchez & mourez à la quête d'une si obscure verification. Combien piteusement y sont arrivez ceux de mon temps, qui en sont venus à bout? . . . . . On ne se moque pas moins de celui qui est en peine d'y pourvoir, que de celui qui l'ignore. Le caractere de la cornardise est indelebile: à qui il est une fois attaché, il l'est toûjours. Le châtiment l'exprime plus que la faute. Il fait beau voir arracher de l'ombre & du doute nos malheurs privez, pour les trompeter en des échaffaux tragiques & malheureux, qui ne pincent que par le raport.

Les anciens Poëtes nous ont clairement apris, qu'il n'y a rien à gagner dans cette sorte de procedures; car lorsqu'ils nous parlent de la sotise de Vulcain, qui fit voir aux Dieux les déreglemens de sa femme, ils n'oublient pas de remarquer que les Dieux ne firent qu'en rire:

—(*) --- Illi jacuere ligati
Turpiter, atque aliquis de Diis non tristibus, optat
Sic fieri turpis. Superi risere, diuque
Hac fuit in toto notissima fabula cœlo.

Je m'étonne que ceux qui cherchent tant le sens mystique des Fables, n'ayent pas trouvé dans cet endroit des Métamorphoses, la triste issuë des procès qu'un mari fait à sa femme pour cause d'adultere.

Qu'on juge après cela, si Marot avoit grand sujet de redouter la justice des Parlemens. Il n'étoit pas assez simple, pour n'aimer pas mieux aller voir ses Maitresses dans leurs maisons, que courir le monde avec elles; & d'ailleurs il se pouvoit passer de la force ouverte, puisqu'il vivoit dans une Cour où il lui étoit facile de se faire aimer:

Le bel esprit au Siecle de Marot,
Des dons du Ciel passoit pour le gros lot;
Des Grands Seigneurs il donnoit accointance:
Menoit par fois à noble jouïssance,
Et qui plus est, faisoit bouillir le pot.

IX.
Les Poëtes du temps de Marot étoient heureux en amour.

Ce n'est pas une pure plaisanterie. Il ne faut point douter qu'en ce siecle-là les Poëtes ne fussent plus propres qu'en celui-ci, à se faire aimer par les grandes Dames. C'est présentement une chose trop commune que de voir des Poëtes; les personnes de qualité se mêlent de l'être, & y réüssissent quelquefois admirablement. La Cour fourmille de Vers, & même de bon Vers: ainsi un Poëte ne fait plus la même impression sur le sexe, qu'il faisoit du temps de Marot, où il étoit rare de voir des Poësies ingenieuses & galantes. D'abord on admiroit les Esprits qui faisoient de si jolis Vers, on les regardoit comme des personnes extraordinaires, on se plaisoit ensuite à les entendre parler, & à être loué d'eux, & peu-à-peu on sentoit, je ne sais quels mouvemens, qui étant connus de ces beaux esprits, les *menoient par fois à noble jouïssance* (A). Croiez-vous que si Alain Chartier, le plus laid homme de son temps, a pû faire une telle impression par la beauté de ses Poësies, sur l'esprit d'une jeune (B) Princesse, qu'elle ne pût s'empêcher de l'aller baiser, le trouvant couché sur un lit; un autre Poëte de bonne mine & galant n'ait pas pû se faire aimer d'une grande Dame? Si Alain Chartier eût été bel homme, & aussi galant qu'Ovide, je ne sais pas trop ce qui en seroit arrivé, ni ce qu'il eût fait, après avoir sû qu'on se plaisoit à le baiser (c). Je ne vous dis point de quelle maniere la Princesse se justifia, car c'est une chose trop connuë, *cui non dictus Hylas & Latonia Delos?* Je vous dirai seulement que quand je parle d'Ovide, je sais fort bien ce que je dis. C'étoit un Maître homme qui par ses Vers, & par son esprit porta ses Conquêtes bien près du Trône, dans un temps où la fille de l'Empereur n'étoit pas aussi familiere avec tout le monde, qu'elle l'a été ensuite.

X.
Si l'esprit est de quelquefois ce en amour.

Vous avez lû le Livre de Mr. le Marquis Pignatelli, intitulé *quanto piu alletti la bellezza dell' animo che la bellezza dell' corpo,* où il veut prouver, *qu'en ce monde l'on est ordinairement plus amoureux de la beauté de l'esprit, que de la beauté du corps.* Mandez-moi ce que vous en croyez. Je crois pour moi qu'un Poëte galant, & bel-esprit, lorsque ces qualitez sont rares, *va plus facilement à noble jouïssance,* que plusieurs sots de bonne mine. Montagne (D) semble être d'une autre opinion lorsqu'il dit: *Je puis dire avoir vû souvent que nous avons excusé la foiblesse de leurs esprits (il parle des femmes) en faveur de leurs beautez corporelles; mais que je n'ai point encore vû qu'en faveur de la beauté de l'esprit, tant rassis & mûr soit-il; elles veuillent prêter la main à un corps, qui tombe tant soit peu en décadence. Que ne prend-il envie à quelqu'une de faire cette noble harde Socratique, du corps à l'esprit, achetant au prix . . . . . . une intelligence & génération Philosophique & spirituelle, le plus haut prix où elle les puisse monter?* Montagne, dis-je, en parlant ainsi semble condamner mon opinion; mais si vous y prenez bien garde, vous trouverez qu'il combat plûtôt celle de Mr. Pignatelli que la mienne; car je n'ai point prétendu parler des Poëtes ou des beaux-esprits fort âgez: au lieu que dans le passage de Montagne l'on joint ensemble la caducité du corps, & la beauté de l'esprit.

XI.
Particularitez concernant Malherbe.

Je n'ai point prétendu parler d'un Poëte sur le retour, Malherbe par exemple qui à l'âge de soixante-dix ans se plaignoit ainsi à l'un de ses bons amis (E). *Du côté des Bergeries son cas va le mieux du monde; mais certes pour ce qui est des Bergeres, il ne sauroit aller pis. Cette affaire veut une sorte de soins dont sa non-chalance n'est pas capable. S'il attaque une place, il y va d'une façon qui fait croire que s'il l'avoit prise il en seroit bien empêché; & s'il la prend il la garde si peu, qu'il faut croire qu'une femme a été bien surprise, quand elle a rompu son jeûne pour un si miserable morceau.* Non, ce n'est point d'un tel Malherbe que j'ai prétendu parler, du Malherbe qui n'avoit que des paroles, comme on le lui reprocha au nom d'une (F) Dame, & qui étoit si frilleux qu'ayant *numeroté* ses bas par les lettres de l'Alphabet, de-peur de n'en mettre pas également à chaque jambe, il avoua un jour (G) qu'il en avoit
jus-

(*) *Ovid. Metam. l. 4.*
(A) „ Conferez ceci avec ce qui est dit dans le *Dict.* „ *Hist. & Crit.* NAPLES I. Art. Rem. N.
(B) „ Elle s'appelloit Marguerite d'Ecosse, & étoit „ femme du Dauphin qui fut depuis Louis XI.
(c) „ MS. Voïez touchant Bocace, Remarques de „ Richelet, p. 211.
(D) „ Essais, l. 3. ch. 5. sur la fin.
(E) „ Malherbe, Lettre à Mr. de Balzac.

(F) „ Mr. Gombaut est l'Auteur de l'Epigramme „ qui finit par ces trois vers:

Les femmes y sont vos idoles,
Mais à grand tort vous les aimez,
Vous qui n'avez que des paroles.

„ Il la fit pour Madame des Loges. *Voiez Mr. Mesna-* „ *ge, Observ. sur Malh. p.* 556.
(G) „ Racan, vie de Malherbe.

jufques à L. Enfin je ne le regarde pas dans le temps où Berthelot lui fit cette raillerie :

(*) Avoir quatre chauffons de laine,
 Et trois Cafaquins de fuitaine,
  Cela fe peut facilement.
 Mais de danfer une bourée,
 Sur une Dame bien parée,
  Cela ne fe peut nullement.

Je regarde ces Meffieurs dans leur jeuneffe, où l'on ne fauroit nier que la beauté de l'efprit n'ait fouvent beaucoup de part à l'amour. Je veux bien croire qu'en ce fiecle où le bel-efprit eft fi commun, il n'a pas la même puiffance qu'au temps de Marot; mais il en a néanmoins. N'eft-ce pas pour fon efprit, par fes Vers, & par fes Lettres que Voiture s'eft fait aimer ? Il n'étoit point de bonne maifon, & cela ne l'empêchoit point d'en conter aux Dames du plus haut rang. Il a aimé depuis le Sceptre jufqu'à la Houlette, depuis la Couronne jufqu'à la Calle ; mais non pas fans être aimé. L'Auteur de fa pompe funebre, qui l'a traité un peu à la maniere de Xénonophon, reconnoît qu'il avoit été fort heureux dans fes amourettes. *Les Amours*, dit-il, *portoient les marques de plufieurs victoires galantes, des bracelets de cheveux, des bagues, des rubans, des bourfes pleines d'argent, des bavolets, & des apreftadors de pierreries*. . . . .

Un certain Amour de refpect,
Amour d'ordinaire fufpect,
Et qui demande davantage
Qu'il ne montre dans fon vifage,
Avec un autre Amour difcret,
Qui fe pique d'être fecret,
Suivoient cette brave vingtaine,
Portant deux caffettes d'ébeine.

Ces caffetes étoient remplies, l'une de pouletes, & l'autre de Boëtes de portrait. Les Poulets étoient cachettez, & les Boëtes de portrait fermées. Si l'on faifoit la Chronique de Meffieurs les beaux-Efprits vivans, nous y verrions que leurs téméritez amoureufes ne font pas toûjours fans fuccès.

Il n'eft pas jufqu'aux Courtifanes qui n'ayent eu quelquefois de la confidération pour le bel-efprit. Loyfe Labe, célébrée entre les Ecrivains François dans la Bibliotheque de du Verdier, *recevoit gracieufement en fa maifon Seigneurs, Gentilshommes, & autres perfonnes de mérite avec entretien, devis, & difcours, Mufique tant à la voix qu'aux inftrumens où elle étoit fort duite, lecture de bons Livres Latins, & vulgaires Italiens & Efpagnols dont fon Cabinet étoit copieufement garni, collation d'exquifes confitures ; enfin leur communiquoit privément les pieces les plus fecretes qu'elle eût ; & pour dire en un mot, faifoit part de fon corps à ceux qui forçoient : non toutefois à tous & nullement à gens méchaniques & de vile condition, quelque argent que ceux-là lui euffent voulu donner. Elle aima les favans hommes fur tous, les favorifant de telle forte, que ceux de fa connoiffance avoient la meilleure part en fa bonne grace, & les eût préferez à quelconque Grand Seigneur, & fait courtoifie à l'un plûtôt gratis qu'à l'autre pour grand nombre d'écus, qui eft contre la coûtume de celles de fon métier & qualité.* Cette courtoifie méritoit bien

les Ecrits que divers Poëtes ont compofez à la loüange de Loyfe Labe, tant en Grec & en Latin, qu'en François & en Italien. Démofthene eût été bien-aife que la Courtifane Laïs eût reffemblée à cette autre; il n'auroit pas fait le voyage de Corinthe inutilement, ni éprouvé :

Qu'à tels feftins un Auteur, comme un fot,
A prix d'argent doit payer fon écot.

Me voilà, ce me femble, juftifié de la calomnie dont on m'accufe de m'être fervi en parlant de Clément Marot. Paffons donc à une autre chofe. Deux ou trois termes que j'ai fupprimez du paffage de Montagne, me font fouvenir que j'en devois faire autant de tout un paffage de Brantôme que j'ai cité dans la Critique. Vous m'avez écrit qu'on en a fort murmuré. Nous le verrons dans une autre Lettre. Je fuis, &c.

✿✿✿✿✿✿✿✿✿✿✿✿✿✿✿✿✿✿✿✿

LETTRE XIX.

Où il eft parlé d'un paffage de Brantôme qui a été rétranché de la 3e édition de la Critique Générale, & des Moralitez répanduës dans les Hiftoires de Mr. Maimbourg.

I. *L'Objection contre l'emploi de ce paffage eft fort bonne.* II. *Reponfe à la premiere excufe qu'on en voudroit faire.* III. *Reponfe à la feconde. Mauvais effet de la lecture des chofes fales.* IV. *Reponfe à la troifieme. En avertiffant qu'un endroit eft fale, on fait plus de mal que de bien.* V. *Reponfe à la quatrieme. Quelque grande que foit la corruption de l'homme, la lecture d'un bon Livre fait diverfion aux penfées mal-honnêtes.* VI. *Qu'en confidération des femmes on a dû ne point employer ce paffage. Caufe de cela.* VII. *Un Livre plein de réflexions morales peut être fort mal propre à infpirer la dévotion. Remarque fur* Fra-Paolo. VIII. *Paffages de Mr. Maimbourg contre les Evêques de Cour.* IX. *Contre les Grands.* X. *Contre les femmes.* XI. *Contre les Maîtreffes des Princes.* XII. *Contre le* Népotifme. XIII. *Particularité du Pontificat d'Alexandre Septieme.*

MONSIEUR,

Voici enfin une objection victorieufe, bongré malgré que vous en ayiez. Vous avez fait tout ce que vous avez pû pour ma juftification; j'en ai beaucoup de reconnoiffance ; mais enfin il a falu fuccomber. Raportons ici cependant la fubftance de votre difpute, que vous avez eu la bonté de m'écrire.

QUATORZIEME OBJECTION.

» ON ne fauroit voir fans fcandale, vous
» difoit-on, cette abominable Hiftoire (a)
» du Guidon de Monfieur de Montpenfier, ra-
» portée toute nuë, & avec des expreffions les
» plus impudiques qui fe puiffent voir. Faloit-il
» qu'un Livre qu'on deftinoit à la défenfe de fa
» Religion, contînt un endroit fi propre à remplir l'ame de penfées criminelles ?

I. Vous

I.
L'Objection
contre l'emploi de ce paffage eft bonne.

XII.
: la Courti-
ne Loyfe La-

Lettre
XIX.

II.
Reponse à la
premiere ex-
cuse qu'on en
voudroit faire.

I. Vous avez répondu premierement, que comme j'avois pour but de repréfenter les cruelles injuftices qui avoient été faites aux Huguenots, & la mauvaife foi de Mr. Maimbourg, qui ayant tû un fait fi étrange, avoit donné de grands éloges au zele du Duc de Montpenfier; j'avois été obligé en quelque façon de raporter cet évenement, tout tel qu'on le trouve dans Brantôme. Mais on vous a repliqué qu'il fuffifoit de faire connoître en deux mots l'énormité de cette conduite, & que le refte, favoir les remarques de Brantôme fur la taille de l'Exécuteur, fur les railleries qui s'en firent à la table du Duc de Guife, fur ces Dames qui difoient ou qui penfoient ceci ou cela, n'étoit propre qu'à exciter plufieurs fales imaginations dans l'efprit; qu'ainfi on n'a point eu de raifon de s'y arrêter. Si on a dit autrefois qu'il vaut mieux ne dire pas les chofes éloquemment, que de les dire d'une façon malhonnête, *Tanti non erat effe te difertum*, on peut foûtenir auffi qu'il vaut mieux ne point dire la verité, que de la dire malhonnêtement, (*) *Tanti non erat effe te veracem.*

III.
Reponse à la
feconde.

II. N'ayant point pû vous fauver par cette premiere réponfe, vous avez dit en fecond lieu qu'il n'y a pas eu fujet de craindre, que ce paffage fît quelque mauvais effet dans l'imagination des Lecteurs, parce que le refte du Livre les avoit fuffifamment préparez à détefter la brutalité du Guidon, & la férocité de fon Maître. Et pour rendre votre réponfe plus plaufible, vous avez ajoûté qu'il n'y a guéres que de bonnes ames qui lifent les Apologies de Religion. Or à leur égard il eft bien certain que ce paffage de Brantôme n'a point été à craindre. Mais on vous a repliqué, que les fentimens de déteftation, qui fe fuffent élevez infailliblement dans l'efprit de ceux qui auroient lû la malhonnêteté de ce Prince, font étouffez dans leur naiffance par les plaifanteries impures que l'Hiftorien a jointes à fa narration. On vous a dit que la corruption de l'homme eft fi grande de ce côté-là, qu'il eft prefque impoffible que des objets préfentez fous cette forme, ne faffent naître dans fon ame plufieurs fentimens déréglez; & on a conclu de cette remarque, que même les plus gens de bien ont plus de difpofition à rire de cette avanture, de la maniere qu'elle fe lit dans Brantôme, qu'à concevoir une jufte horreur pour le Duc de Montpenfier, & pour fon Guidon. Outre qu'il n'eft pas vrai, vous a-t-on dit, qu'il n'y ait que les bonnes ames qui lifent une Apologie Ecciéfiaftique; car fi le Livre auquel on répond a fait quelque bruit, ou fi quelques autres circonftances réveillent la curiofité du monde, routes fortes de gens veulent voir ce que l'on répond. En tout cas n'eft-il pas jufte, furtout dans un temps de perfécution, que les femmes fe fortifient en la Foi, par la lecture des Livres qui réfutent les libelles de l'Adverfaire? Mais comment leur oferoit-on préfenter un Livre, où elles rencontreroient le paffage de Brantôme? Celles qui ont un grand fonds de modeftie & de pudeur, en feroient bleffées mortellement. Celles qui n'ont pas tant de vertu, y trouveroient des amorces de volupté, &

Mauvais effet
de la lecture
des chofes fa-
les.

ni les unes ni les autres n'ont pas befoin qu'on leur mette davant les yeux ces objets de tentation. On a de tout temps trouvé à propos qu'elles en fuffent éloignées, & c'eft pour cela que Romulus (A), voulant témoigner aux Sabines fa recon-

noiffance, de la paix qu'elles avoient moyennée entre les Romains & les Sabins, ordonna qu'il ne feroit point permis aux hommes de rien dire de malhonnête devant elles. Or s'il a jamais été à propos d'obferver cela, c'eft affurément dans ce fiecle, parce que la corruption en eft fi grande, que les termes tant foit peu groffiers foulevent mille paffions. De-là vient fans doute l'extraordinaire chafteté de ftile dont fe fervent les Prédicateurs & les Auteurs. Cela va fi loin qu'il fe trouve des gens de la Religion, qui évitent de faire lire dans leur famille certains endroits de l'Ecriture, entre autres, le premier chapitre de l'Epitre de St. Paul aux Romains.

IV.
Reponse à la
troifieme. En
avertiffant
qu'un endroit
eft fale, on fait
plus de mal
que de bien.

III. Chaffé de votre feconde réponfe auffi bien que de la premiere, vous avez répondu en troifieme lieu, que j'ai averti les Lecteurs que le paffage de Brantôme étoit fort fale. C'eft à eux après cela à s'examiner. S'ils croient le pouvoir lire impunément, qu'ils le lifent. S'ils craignent qu'il ne corrompe leur imagination & leur cœur, qu'ils ne lifent pas. S'ils le lifent malgré cette jufte crainte, à leur dam; ils ne doivent point s'en prendre à l'Auteur, qui les a fuffifamment avertis du piége. Pourquoi ne l'ont-ils pas évité? Mais on vous a fait voir que votre réponfe étoit une pure illufion. Car bien-loin qu'en avertiffant le monde qu'il y a des paroles fales dans un tel endroit d'un Livre, on empêche le Lecteur d'examiner ce que c'eft, qu'au contraire on lui en fait naître un plus grand défir; c'eft mettre une Enfeigne, c'eft attirer les paffans par une Montre curieufe; & qui voudroit après cela s'excufer fur ce qu'il auroit averti fon Lecteur, feroit femblable à un Hôte qui pour s'excufer de ce qu'on fe feroit enyvré dans fa maifon diroit, *au moins ce n'eft pas ma faute, mon Enfeigne avertiffoit que mon vin étoit le plus excellent du mo de.* De la maniere que l'homme eft fait, un conte lafcif eft une chofe qui réveille extrémement fa curiofité, & qui l'attire par des charmes prefque infurmontables. Deforte que le mieux feroit de n'en imprimer jamais; & fi c'eft un mal d'en mettre quelqu'un dans un bon Livre, c'en eft un autre bien pernicieux d'avertir du lieu où on l'a placé: car comme il y a une infinité de gens qui ne font que parcourir les Livres, & qui paffent toutes les citations, il y en eût eu beaucoup qui n'euffent point lû le paffage de Brantôme, dans la *Critique Générale*, fi l'on n'avoit pas averti de ce qu'il étoit. Après un tel avertiffement, tout le monde l'a voulu lire; & combien y a-t-il eu de Lecteurs qui ont mis une marque à cet endroit, afin de le retrouver aifément?

V.
Reponse à la
quatrieme. La
lecture d'un
bon Livre fait
diverfion aux
penfées mal-
honnêtes.

IV. Ne pouvant pas repliquer à ces raifons, vous avez cherché une quatrieme réponfe, favoir que la même corruption de l'homme dont on fe fervoit contre vous, étoit ma juftification, (B) parce que le paffage de Brantôme ne difoit rien fur quoi les Lecteurs n'euffent déjà des idées routes formées depuis long-temps, & qu'ainfi on ne leur aprenoit pas de nouvelles imaginations impures. Mais on vous a repliqué, qu'une femblable Apologie pourroit fervir pour les Livres les plus infâmes; car ils ne peuvent dire guéres de chofes que la jeuneffe ne fache déjà. Vous ne prouvez donc rien, vous difoit-on, parce que vous prouvez trop. Ne vous fauvez pas dans la malice de l'homme. De-plus n'eft-ce rien que d'in-

---

(*),, MS. Voyez Rouillard *Capitul*, au comment. en
,, *Seneca.*

(A) *Plutarch. in Romul.*
(B) ,, MS. Ovide a mille penfées fur ceci, l. 2. *Trift.*

d'interrompre le cours de plusieurs bonnes pensées? Quelque inclination qu'ayent les hommes
à l'impureté, il faut pourtant qu'ils n'y songent
pas toûjours. Leur imagination étant bornée,
& cent autres sortes d'objects se présentant nécessairement à eux, il faut de toute nécessité que
les désirs impudiques laissent la place de temps
en temps à d'autres pensées. C'est ce qui arrive
surtout pendant la lecture d'un Livre de Critique & de Controverse. On fait alors diversion
aux pensées d'impureté, par l'attention que l'on
prête aux raisonnemens & aux remarques d'un
Auteur. C'est l'état où l'on se doit figurer ceux
qui lisoient la Critique Générale de l'Histoire du
Calvinisme, quelque peu vertueux qu'ils fussent.
Pourquoi les en a-t-on tirez? Pourquoi leur a-
t-on présenté des objets sales, qui apparemment
ont effacé de leur esprit les impressions que la
lecture précédente venoit d'y faire, & ont réveillé mille passions déréglées qui dormoient?
Outre que vous n'avez pas répondu, poursui-
voit-on, à ce qui concerne les femmes.

V. Sur cela, Monsieur, vous avez répondu ce
qui suit. Qu'on ne manque pas de respect envers le sexe, lorsqu'on insere dans un Livre un
vilain conte, & qu'on en marque l'endroit. Que
Romulus défendit fort sagement aux hommes
d'user de termes malhonnêtes devant les femmes,
parce que sans cela elles n'eussent pas pû se garentir de l'insulte, n'étant point en notre puissance d'ouïr ou de n'ouïr pas, lorsque l'on parle
devant nous; mais qu'il est en notre puissance
de lire ou de ne pas lire. Qu'il suffit donc, pour
ne pas offenser le sexe, de l'avertir qu'on a mis
dans un tel ou tel endroit d'un Livre, quelque
chose qui peut blesser la pudeur. Qu'on déso-
bligeroit même les femmes après cet avis, de ne
dire pas ce que l'on voudroit, parce que ce seroit témoigner quelque défiance de leurs forces.
Qu'ainsi l'Auteur de la Critique a dû supposer
qu'il avoit pris à leur égard toutes les précautions nécessaires, & que leur honnêteté les ga-
rentiroit assez de la tentation.

*Eh mon Dieu! vous a-t-on dit, laissons-là les
complimens, & les discours de Galanterie. Vous
n'êtes pas peut-être trop assuré que l'Auteur de la
Critique ait eu les vûes que vous lui attribuez.
Les femmes seront tout aussi chastes qu'il vous plaira. Elles s'offenseront, si vous voulez, de ce qu'on
parle trop librement devant elles, non seulement parce qu'on témoigne par-là qu'on ne les respecte pas,
mais aussi parce qu'intérieurement leur pudeur &
leur vertu s'en chagrinent. Il ne laisse pas d'être vrai
qu'elles ont une imagination aussi-bien que nous, &
une curiosité fort vive pour les fonctions matrimoniales; desorte que si elles ne sont pas soûtenuës par
les égards de la bienséance, il est à craindre que
dans l'occasion cette curiosité ne leur occupe l'esprit.
La Nature porte à cela machinalement, & tout le
remede que la vertu y peut apporter, consiste à faire des diversions par le moyen d'autres pensées, &
à inspirer la ferme résolution d'en demeurer à la simple théorie, jusqu'à ce qu'il plaise à Dieu d'ameyer
le bien-heureux temps où on y pourra joindre la
pratique par des voies innocentes. Nous serions des
fous & des ridicules, si nous en exigions davantage. Laissons-leur la spéculation; c'est bien assez qu'elles en demeurent-là. Or il s'ensuit de cette remarque indubitable, que l'Auteur que vous voulez excuser a très-mal fait d'avoir tendu un piége si dan-*

*gereux au sexe. On lisoit son Livre avec les meil-
leures intentions du monde, on y cherchoit l'Apologie des guerres de Religion contre les Invectives d'un
Jesuite passionné, & l'on tomboit tout à coup sur
une page qui avertissoit qu'on alloit lire un long discours de Brantôme plein de saletez. La curiosité naturelle dont nous parlions tout à l'heure, s'élevoit
avec tant de force, qu'elle faisoit lire tout cela. On
l'examinoit, on y pensoit, on s'en souvenoit, & cela
ne pouvoit laisser que de dangereuses impressions dans
l'esprit. Voyez ce que Montagne (*) nous raporte de
sa fille. Sa Gouvernante l'ayant fait passer rudement pardessus le nom d'un arbre, parce que c'é-
toit un nom fort aprochant d'un vilain mot, causa mille desordres dans l'imagination de cette jeune
Novice. Le commerce de vingt laquais, dit-il,
n'eût sû imprimer en sa fantaisie de six mois l'intelligence & usage, & toutes les conséquences du
son de ces syllabes scélerées, comme fit cette
bonne vieille par sa réprimande & son interdiction. Lisez la suite de ce passage, & vous comprendrez 1. Qu'il n'y a point de matiere qui vérifie mieux
que celle-là, ce qu'Aristote remarque de notre espece, qu'elle désire naturellemsnt de savoir. Omnes homines naturâ suâ scire desiderant. 2. Qu'il
n'y a point de matiere dans quoi l'on fasse plus aisement grands progrès que dans celle-la. C'est
pourquoi au lieu de justifier l'Auteur, en disant qu'il
a supposé que son avertissement serviroit de bonne
barriere, vous feriez mieux de vous en tenir à
l'une de vos réponses, & de l'appliquer à l'un & à
l'autre sexe; c'est-à-dire, que vous devriez supposer que le passage de Brantome n'a point pû faire de
mal, parce qu'il a trouvé l'imagination du Lecteur
déja imprimée des objets qu'il représente. Quand
il seroit vrai que plusieurs femmes ont eu la force de
ne lire point ce passage, l'Auteur seroit toûjours
coupable de les avoir mises dans la nécessité de hé-
siter, & de regarder souvent derriere elles comme
la femme de Loth; car c'est ce qui arrive lorsqu'on
a pû vaincre sa curiosité, à l'égard de ces matieres; on a toûjours quelque regret à ce qu'on quitte. Enfin ce passage de Brantome a fourni matiere
à cent sottes conversations remplies de plaisanteries
criminelles; car comme les Livres nouveaux servent
souvent d'Entretien aux deux sexes, que n'a-t-on
point dit, que n'a-t-on point demandé à celles qui
avoient lû, ou qui vouloient lire la Critique Générale? La prudence a obligé sans doute les Meres à
ne la point laisser lire à leurs filles.*

Avec toute votre présence d'esprit, Monsieur
vous avez pensé demeurer muet, après une si longue replique de vos Adversaires. Vous vouliez
continuer à me défendre serieusement, & vous
n'en voyïez pas le moyen. Cela vous a jetté dans
quelque sorte de suspension, pendant laquelle
vous avez pris votre parti, qui a été de répondre d'un air moins grave à ces Mrs. qu'ils se
mettoient trop en peine pour le beau sexe; qu'ils
lui attribuoient une imagination trop fragile;
& qu'ils joüoient à se faire dire un jour ce qui
fut répondu à Tartuffe.

Aplication d'un
passage de
Moliere.

TARTUFFE.

Par des pareils objets les ames sont blessées,
Et cela fait venir de coupables pensées.

DORINE.

Vous êtes donc bien tendre à la tentation,

Et

Et la Chair sur vos sens fait grande impression ?
Certes, je ne sai pas quelle chaleur vous monte,
Mais à convoiter, moi, je ne suis point si prompte,
E je vous verrois nu du haut jusques en bas,
Que toute votre peau ne me tenteroit pas.

Ce fut la conclusion de la Dispute. Vous vous en tirâtes en raillant. (*) Cela n'est pas d'un mal-habile homme. Mais je ne laisserai pas d'a-voüer que nous avons eu grand tort vous & moi ; vous d'avoir souffert que le passage de Brantô-me fût imprimé dans la premiere édition, & moi d'avoir eu la complaisance de laisser dans la se-conde, à la priere du Libraire, qui espéroit de mieux vendre toute la Piece, si l'on y laissoit cette partie. Je l'ai ôtée de la troisieme édition, quoique je n'eusse pas encore apris les vacar-mes des gens de bien sur ce malheureux pas-sage.

Je voudrois que ceux qui ont fait l'objection suivante, eussent fait celle que nous venons d'e-xaminer, car ils seroient batus à leur tour. Voyons dequoi il s'agit. C'est encore une con-tradiction qu'on m'impute.

QUINZIEME OBJECTION.

» QUe veut dire cet Auteur-là (vous a-t-on
» dit en parlant de moi) d'avoüer (A)
» *Que Mr. Maimbourg seme des Mor alitez fines*
» *& délicates dans ses Ouvrages, sans épargner*
» *même les Grands, & les Evêques de Cour*, &
» de dire néanmoins dans la même page. . . . .
» (B). *Qu'il ne faut point accuser ces Livres d'ins-*
» *pirer la dévotion*. N'est-ce pas l'inspirer que de
» faire bien sentir aux hommes leurs défauts
» par de belles Réflexions ? Il y a donc ici une
» contradiction manifeste.

Mais j'ai bien plus de sujet de demander à ces Messieurs ce qu'ils veulent dire, & com-ment ils peuvent être assez ignorans pour trou-ver que je me suis contredit. Car non seulement il est vrai que tous ces faiseurs de réflexions fines & délicates n'inspirent point la dévotion ; mais il est encore vrai qu'ils l'étouffent, ou qu'ils l'affoiblissent, parce qu'ils rendent les Lecteurs extrêmement soupçonneux, & qu'ils les accoutû-ment à juger malignement de la conduite d'au-trui. Il n'y a rien de plus moral, rien de plus délicat & de plus sensé, que les réflexions de feu Mr. de la Rochefoucaut : cependant on ne dira jamais que ce soit un Livre propre à inspirer la dévotion. Un Livre où il y a beaucoup d'esprit & de finesse, ne touche point la conscience. Il polira, si vous voulez, l'esprit du Lecteur ; il lui aprendra à connoître les rafinemens de l'a-mour propre ; il pourra le dégager de quelques erreurs; mais enfin cela n'aboutit point à le ren-dre homme de bien. Au contraire cela le dispo-se à interpréter tout en mal, & l'éloigne de l'es-prit de charité. Il ne faut pas qu'il y ait beau-coup d'esprit dans un Livre de dévotion ; il y faut de la simplicité, de la candeur, de l'humi-lité. Point de railleries, ni de bons mots ; l'onc-tion est incompatible avec cet esprit, & je vous avoüe franchement que le Cardinal Pallavicin me paroît très-judicieux, lorsqu'il dit qu'on ne voit

aucune marque de dévotion dans les Livres de Fra-Paolo. (c) *In quest' huomo trattando materie si pie, non si trova mai una stilla di tenerezza verso Dio, una scintila di devozione, un zelo di carita; ma solo il zelo rabbioso de' Satirici.* Ces dernieres paroles sont trop fortes; mais d'ailleurs je ne fe-rois pas difficulté de croire que le P. Paul n'étoit pas un fort grand Dévot. C'étoit un très-hon-nête homme, qui vivoit bien, qui avoit un grand fonds de probité & de modestie ; mais pour de la dévotion, c'est une autre chose ; je ne pen-se pas qu'on en puisse gagner beaucoup, en li-sant l'Histoire qu'il a composée du Concile de Trente. C'est un chef-d'œuvre ; l'esprit, le bon sens, les réflexions morales, y paroissent avec éclat. C'est un bon modele pour un Historien ; mais je n'en conseillerois pas la lecture à qui vou-droit devenir bon Catholique, & si je voulois inspirer de la dévotion à un homme, je lui con-seillerois beaucoup plus de lire Thomas à Kem-pis, que Fra-Paolo. Un veritable Dévot, quel-que talent qu'il ait d'ailleurs, ne s'occupera ja-mais à écrire selon l'esprit de Tacite. Cela obli-ge à être trop médisant, je veux dire à révéler les défauts de notre prochain, d'une maniere bien tournée, & ce ne sera jamais l'occupation de la charité Chretienne. Il est bon qu'il y ait de cette espece d'Historiens dans le Christianisme, afin que l'iniquité ne demeure point inconnuë : mais encore un coup les vrais Dévots ne se char-gent jamais de cet emploi.

Me voilà donc à couvert de la nouvelle con-tradiction qu'on m'a imputée. Présentement j'ai à me défendre d'une accusation toute diférente. On vous a soûtenu que Monsieur Maimbourg sait trop bien son monde pour avoir raillé les Grands, & les Evêques de Cour, & qu'ainsi je l'en ai accusé témérairement. C'est à moi à fai-re voir par des preuves authentiques, la vérité de ce que j'ai dit. Je les fournirai sans beaucoup de peine, car ses Livres en sont tout pleins. Ne craignez pas que je les produise toutes; je ne se-rai pas si prodigue de mon temps, & d'ailleurs on pourra juger de toutes les autres par quel-ques-unes. On verra lorsqu'une action est éloi-gnée de notre siecle, les Historiens ne lui sont pas aussi favorables, que lorsqu'elle se fait de leur temps. Commençons par deux passages qui concernent les Evêques de la Cour.

» On ne peut nier que comme tout avoit été
» dans un effroyable désordre sous l'Empire de
» Valens, (D) il n'y eût dans ce nombre de 150
» Evêques, beaucoup moins de vieux & de
» saints Prélats que de ces jeunes Evêques, qui
» étant de la Cour & du monde, & n'ayant en
» vûë que l'établissement de leur fortune, s'ac-
» commodoient au temps, & trouvoient toû-
» jours que la croyance du Prince étoit la meil-
» leure. Et comme ils étoient alors Catholiques
» sous Théodose, afin de retenir leurs Evêchez,
» ils avoient été Ariens sous Valens, pour les
» impétrer, quoique plusieurs d'entre eux
» eussent d'assez méchantes qualitez, & qu'ils
» fussent même d'une profession, & d'une
» vie qui les rendoit indignes de l'Episco-
» pat.

» On a toûjours vû que (E) c'étoit la destinée
» de ces lâches Evêques, qui trahissent leur caractere

(*) . . . . *Ridiculum acri,*
Fortius & melius magnas plerumque secat res.
    Horat. l. 1. Saty. 10.
(A) » Lettre IV. No. II. & Lettr. XIX. No. III.

(B) » Lettre XIX. Nº. III.
(C) » Introduzione, c 3.
(D) » Hist. de l'Arrian. l. 6. p. 621.
(E) » Hist. des Iconocl. l. 3. p. 232.

» ractere pour se rendre esclaves des Princes dont
» ils devroient être les Peres , d'être obligez de
» faire des bassesses qui leur attirent le mépris
» qu'ils en font, & qui fait qu'effectivement ils leur
» déplaisent , & qu'après tout on ne leur tient
» compte de rien.

Monsieur le Noir a cité non seulement ces deux passages dans le troisieme Entretien de son *Evêque de Cour* ; mais aussi un autre qui est bien fort, & qui se trouve dans le 2 livre de l'Histoire des Iconoclastes, p. 159. On en trouve plusieurs de même force dans l'Histoire du Schisme des Grecs.

IX.
Contre les
Grands.

A l'égard de l'humeur des Grands, je ne veux rapporter qu'un seul passage, où je trouve un portrait naïf de ce qu'ont fait apparemment quelques Huguenots de qualité, lorsqu'ils sont passez dans la Religion dominante. M. Maimbourg y parle d'Irene , qui pour épouser le fils aîné de Constantin Copronyme, abjura le culte des Images.

» Elle voulut bien se persuader,(*) qu'elle pou-
» voit non seulement dissimuler sa créance, pour
» devenir Impératrice, mais aussi jurer comme
» elle fit sans grand scrupule , & même sur les
» choses les plus saintes, qu'elle renonçoit de tout
» son cœur au culte des Images. Ainsi la vo-
» lonté séduit aisément l'esprit, pour le faire rai-
» sonner selon les inclinations de l'amour propre,
» plûtôt que suivant ses propres lumieres ; &
» quand on souhaite trop ardemment un bien
» qui éblouit les yeux de l'ame, cette ame éblouie
» de la sorte, devient ingénieuse à se tromper
» elle-même , jusqu'à trouver de quoi justifier
» les plus grands crimes qui lui sont utiles pour
» l'acquérir.

Voyez les pages 63. & 113. de (A) l'Histoire des Iconoclastes, la page 156. de (B) l'Histoire du Schisme des Grecs, la page 313. du 2. tome des Croisades , &c.

X.
Contre les
femmes.

Il n'a point épargné le caractere de plusieurs femmes. Je n'en veux alléguer pour preuve que l'Histoire qu'il rapporte dans le 6 Livre des Iconoclastes. Je l'ai luë avec beaucoup de plaisir, & je sais que vous avez eu le même goût. Nous avons trouvé l'un & l'autre qu'il a merveilleusement représenté la maniere dont l'Empereur Théophile choisit une femme, parmi toutes les Beautez qu'il avoit assemblées à Constantinople, & qu'il a fait des réflexions fort jolies sur la cause du malheur d'Icasia. Il en a été censuré par l'Auteur des Entretiens d'Eudoxe & d'Eucharïste, qui n'a pû souffrir qu'un Jésuite sçût discerner les Demoiselles qui ont de *l'adroit & du solide*, d'avec celles qui ont *ce qu'on appelle le brillant du bel esprit , qui donne ordinairement dans la bagatelle. Qu'est-ce à dire, demande-t-il, ce qu'on appelle le brillant du bel esprit dans une jeune fille, qui donne ordinairement dans la bagatelle? Est-ce ici du Roman? Est-ce du Burlesque? Est-ce un Prédicateur de l'Evangile qui a blanchi dans la Chaire, ou un vieil amant qui tient ces sortes de discours pour nourir sa passion? Cela ne me paroît pas trop divertissant, ni assez honnête, pour être souffert en une bouche Chretienne & Religieuse. Il faut aimer la bagatelle pour en parler de la sorte: il faut s'être trouvé comme le P. Maimbourg assidûment à quelques ruelles , pour savoir que le brillant du bel esprit dans une fille , donne ordinairement dans la bagatelle. Je vous avouë* que cette censure me paroit un peu trop chagrine,

& je vous déclare qu'en cela je prens le parti du P. Maimbourg contre l'Auteur des Entretiens.

XI.
Contre les
Maîtresses des
Princes.

Il n'y a point lieu de s'étonner que ce Pere ait remarqué les défauts des femmes, puisqu'il n'a point même épargné les Maîtresses des Empereurs. Je n'ai jamais rien vû de mieux poussé que la description qu'il nous a donnée du zele de Nicéphore Blemmidas. L'Empereur Vatace, tout marié qu'il étoit (c) avec la sœur de Mainfroi Roi de Sicile, devint si amoureux d'une Demoiselle Italienne, nommé Marcesine, qu'il laissa disposer absolument de toutes les graces qu'on pouvoit attendre de lui. Cela fit que tout le monde s'empressa de faire la Cour à cette femme. Le seul Nicépore Blemmidas parloit tout ouvertement contre ce désordre, *& le condamnoit même par écrit avec une grande liberté , que Marcesine qui ne trouvoit que cet obstacle voulut arrêter. Un jour donc qu'il y avoit grand monde à la Messe qu'on celebroit dans l'Eglise du Monastere de S. Gregoire Thaumaturge , que Nicéphore avoit fait nouvellement bâtir , elle y vint dans un magnifique appareil , avec toute la pompe d'une Impératrice , accompagnée d'une longue suite de Courtisans , & environnée de ses Gardes, croïant éblouïr par ce grand éclat les yeux de Blemmidas, de le gagner par la grace qu'elle lui faisoit de visiter son Monastere , ou du moins de l'épouvanter par cette superbe montre de sa puissance, & de l'obliger enfin à fléchir les genoux, comme tous les autres, devant l'Idole. Mais elle aprit bien-tôt qu'un Serviteur de Dieu est toûjours libre , & qu'il ne craint rien que de craindre quelque autre puissance plus que la sienne. Car Nicéphore n'ayant point pû empêcher qu'elle n'entrât dans l'Eglise, quoiqu'il en eût fait fermer les portes , & qu'une partie de ses Moines se fussent barricadez en-dedans, alla droit à elle, (D) lui lança mille éclairs de ses yeux tout étincellans de ce divin feu du zele de la Maison de Dieu, dont son ame étoit embrasée ; protesta d'une voix tonnante qu'il périra plûtôt de mille morts , que de souffrir que le Temple de Dieu, & les saints & redoutables Mysteres, soient indignement profanez par la présence d'une si scandaleuse & si abominable Créature, & sans lui donner le loisir de se reconnoître . . . . , la prit par le bras , l'entraîna ; la pressa, la poussa, & malgré ses cris & ses menaces la jetta enfin hors de l'Eglise, referma les portes sur elle, & fit ensuite fort paisiblement achever le saint sacrifice.* Le P. Maimbourg s'est épuisé en éloge pour une action si généreuse, faite *en une occasion très-délicate.*

Il avoit déja loüé (E) magnifiquement le zele & la hardiesse d'un Patriarche de Constantinople, qui n'eut point d'égard au crédit immense de Bardas , Oncle de l'Empereur Théophile , & Maître absolu des affaires. Ce Bardas vivoit dans un adultere incestueux à la vûë de tout l'Empire, & cela ne l'empêchoit point de s'acquiter extérieurement des fonctions de Religion. Mais s'étant présenté à la suite de l'Empereur un jour de l'Epiphanie , *pour recevoir selon la coutume le cierge bénit, & participer ensuite aux sacrez Mysteres , le saint Patriarche le repoussa devant toute la Cour, & protesta hautement qu'il ne souffriroit jamais qu'un si méchant homme & si scandaleux profanât l'Eglise de Dieu par sa présence, & les redoutables Mysteres de la Religion par un abominable sacrilége.*

Jo

(*) *Ib. l. 3. p. 223.*
(A) » De l'édit. de Paris, in 4.
(2) » De l'édit. de Holl.

(c) » Hist. du Schisme des Grecs, l. 4. *ad ann.* 1245.
(D) » MS. Voi. la dissert. de Front. *de Philol.* p. 10.
(E) » Hist. du Schis. des Grecs , l. 1.

Je vous ai ouï dire une fois, qu'il faut avoir beaucoup de courage, non seulement pour faire de semblables actions, mais aussi pour les raporter avec tant d'éloges ; car il vous sembloit qu'en les loüant on s'érigeoit en donneur d'avis, on faisoit des leçons, & des reproches. Vous vous trompez de la moitié ; il n'y a pas beaucoup de courage à faire ainsi le Panégyriste, parce que ceux qui pourroient croire qu'on veut leur aprendre leur devoir, ont trop d'esprit pour faire semblant de prendre les choses en ce sens-là, ou pour témoigner la moindre colere. Ceux qui ont voulu dire que dès ce temps-là le P. Maimbourg songeoit à railler finement la Cour de Rome, me paroissent trop spéculatifs, & même d'une imagination chimérique. Il est vrai qu'on croit à Rome, *qu'il est avec le Ciel des accommodemens*, & que les preuves du zele se donnoient un peu trop à fer émoulu à Constantinople, du temps du Patriarche Ignace, & du Moine Nicéphore Blemmidas. Il est vrai que le Pape Paul IV. envoïa de magnifiques présens à la Duchesse de Valentinois(*) par le Cardinal Caraffe, son Neveu, Légat *à latere* en France. Il est vrai encore que Henri le Grand ne fit aucune difficulté de faire baptiser avec une pompe extraordinaire, & à la vûë d'un Cardinal Légat, une fille qu'il avoit euë de (A) Gabrielle d'Etrée, ni de parler au même Légat fort passionnément des qualitez de cette Maîtresse, & de la tendresse extrême qu'elle avoit pour lui. Il est vrai même (B) qu'Innocent XI. a fait depuis peu des présens, que le Moine Nicéphore n'eût point peut-être voulu envoïer ; mais après tout il faudroit être visionnaire, pour dire que Mr. Maimbourg ait porté sa vûë sur aucune comparaison.

Il y a plus d'apparence qu'il a voulu railler les les Papes dans l'endroit de la Décadence de l'Empire, où il fait l'éloge d'Adrien IV. *Il tint le St. Siege près de cinq ans, dit-il, durant lesquels il donna de rares exemples de toutes les vertus Chrétiennes, & surtout d'un très-grand détachement de la chair & du sang, quoiqu'à parler sincerement il le porta trop loin, & bien au-dela des bornes que la vertu qui garde en toutes choses un milieu, nous prescrit. Car bien-loin qu'on le blâme, comme l'on a fait quelques autres Papes, d'avoir eu trop de passion pour l'agrandissement de ses Neveux, & de ses autres parens qui étoient fort pauvres, je trouve qu'on le loüe mal à propos de les avoir tellement abandonnez, qu'il ne leur voulut jamais donner un seul obole, jusques-la même qu'il se contenta de recommander sa mere qui étoit fort vieille & dans une extrême pauvreté, à la charité & aux aumônes de l'Eglise de Cantorberi, qui en prit si peu de soin après la mort de ce Pape, que la pauvre femme en pensa mourir de faim & de misere. Cela sans doute est ce qu'on appelle outrer la vertu qui veut bien qu'on s'éloigne d'une extrémité, mais sans donner dans l'autre, principalement quand elle est, comme celle-ci, contre la loi de Dieu, laquelle ordonne aux enfans d'honnorer leur pere & leur mere, & de les tirer, s'ils le peuvent, de la nécessité, quand ils y sont. Mais une plus longue réflexion sur ce sujet seroit fort inutile ; car il n'y a pas lieu de craindre que ce mauvais exemple soit jamais suivi des autres Papes*

qui auront toûjours l'ame trop grande, pour aller jusques à cet excès de dureté à l'égard de leurs parens.

Il a raison. Les Papes n'ont pas besoin qu'on les exhorte à faire du bien à leur famille, & lors que le P. Maimbourg écrivoit cette réflexion, il n'y avoit pas long-temps qu'on étoit sorti d'un Pontificat, sous lequel le Cardinal Neveu avoit exercé une puissance absoluë, & d'une maniere qui avoit souvent chagriné la France. Vous voïez bien que je parle du Pontificat de Clement X. Celui d'Alexandre VII. a été encore plus énorme :

(c) *Quamquam vultus erat multa & præclara minantis.*

On voit dans une Histoire de son Conclave, traduite d'Italien en Latin par Monsieur Shwarzkopsius, Conseiller de Monsieur le Duc de Brunswic, qu'on lui trouva un rude cilice sur la peau, quand on le revêtit des habits de Pape ; qu'étant Cardinal il avoit toûjours couché sur un lit fort dur, & jeûné deux fois la semaine ; qu'après son exaltation il ne changea rien dans ce genre de vie austere ; que pendant la cérémonie de l'adoration, il voulut à toute force se tenir au coin de l'autel, & non pas au milieu comme font les autres Papes ; que pendant que cette cérémonie dura, il fut prosterné à terre un crucifix entre les bras ; qu'étant arrivé au Vatican, il fit mettre sous son lit le cercueil dans lequel il vouloit être enseveli ; qu'il refusa la visite de la Donna Olympia, en lui faisant entendre qu'il n'est pas de la bienséance que des femmes entrent dans le Palais Pontifical ; qu'il refusa tous les présens qu'on lui voulut faire ; & qu'enfin il défendit à tous ses parens de venir à Rome sans son ordre. Il y en a qui ajoûtent, qu'il s'engagea par serment sur le crucifix à ne recevoir jamais dans Rome sa parenté. On se promettoit des merveilles d'un si beau commencement, pour le moins l'abolition du Népotisme. (D) Mais on fut bien étonné peu de temps après, quand on vit venir à Rome toute la famille *Chigi*, & recevoir du St. Pere, leur parent, les marques de la plus excessive libéralité. Le serment lui avoit fait quelque peine ; mais on dit que le Jésuite Palavicin, son Confesseur, qui a depuis été Cardinal, lui leva la difficulté, en lui faisant voir que son serment ne l'engageoit qu'à ne point recevoir ses parens dans Rome, & qu'ainsi pour ne le point violer, il faloit qu'il leur allât au-devant, & qu'il les reçût en chemin. Ce conseil fût trouvé bon. Il en coûta un prologue fort travaillé au P. Palavicin ; car comme il trouvoit une grande matiere de louanges dans la premiere conduite du Pape, il ne manqua pas de composer un Panégyrique sur ce que sa Sainteté s'étoit élevée au dessus dela chair & du sang. Ce Panégyrique devoit être mis au-devant de l'Histoire du Concile de Trente, & il étoit déja imprimé. Il falut le suprimer nécessairement, quand on vit les desordres du Népotisme, & changer de lieux communs. La chose fut sans doute plus aisée au Cardinal Palavicin, qu'au pauvre Cardinal de Pellevé, lorsqu'il fut contraint de réformer la Harangue qu'il avoit préparée pour l'Ouverture des Etats de la sainte Ligue. (E) Le
jour

(*) ,, Mr. de Thou, l. 117.
(A) *Cùm affectatâ digressione mentionem Estreæ injecisset, Optull amores perspectasque erga se caritatem efficim ipsum depereuntis, exquisitissimis verbis laudaret.* Id. l. 120.
(B) ,, Voyez le Mercure Galant du Mois de Mai 1682.
,, p. 199.

(c) *Horat. Saty. 3. l. 2.*
(D) ,, Voyez l'*Historia Papatus* de Heideggerus, p. 431.
,, & 432.
(E) *Quod multum Cardinali Pelevæo incommodavit, qui orationem meditatus fuerat, occasione ex conversione B. Pauli*
sump-

jour que l'on avoit pris étoit celui de la converſion de St. Paul. L'Orateur avoit pris ſes
meſures ſur cela, & cherché pluſieurs belles alluſions. Par malheur pour lui l'Ouverture fut
renvoïée au lendemain, jour & fête de St. Polycarpe. Il falut donc rengaîner les alluſions,
ou leur donner mille tours de gêne, pour les
faire convenir à St. Polycarpe, & après bien des
ſueurs le bon homme ne fit que s'expoſer à la
riſée de tout le monde.

Hé bien, Monſieur, ai-je tort d'avoir avancé que les Hiſtoires de Mr. Maimbourg contiennent des Moralitez, qui n'épargnent ni les Grandeurs du ſiecle, ni les Grandeurs de l'Egliſe ?
Je ſuis, &c.

❦❦❦❦❦❦❦❦❦❦❦❦❦❦

LETTRE XX.

Où il eſt parlé de la Science des Prédicateurs, &
de l'omiſſion qui a été faite de Mr. le Prince
de Condé dans l'éloge de ſes Ancêtres.

I. *Pourquoi on a fait cette Lettre.* II. *Juſtification de ce qui a été dit*, que pour l'ordinaire
les grands Prédicateurs ne ſont pas profondément ſçavans. III. *Aveu du P. Giroult ſur
cela, & du P. Rapin.* IV. *Réflexions ſur un
Sermon de Mr. l'Abbé Deniſe.* V. *Le P.
Maimbourg ménageoit la Cour de Rome au commencement.* VI. *Du P. Alexandre Noël Dominicain. Parallele entre lui & Mr. Maimbourg.*
VII. *Pourquoi Mr. Maimbourg devoit pouſſer ſa
digreſſion juſqu'à Monſieur le Prince de Condé
aujourd'hui vivant. Eloge de ce Prince.* VIII.
*Digreſſion forcée du Cardinal Pallavicin, pour
loüer Chriſtine, Reine de Suede.* IX. *Réflexion
ſur ce que Mr. Maimbourg n'a point réparé ſa
faute dans l'Hiſtoire de la Ligue.* X. *Concluſion.*

MONSIEUR.

Le plaiſant chagrin que j'ai eu ! Je voulois finir
ici la premiere partie de ma Réponſe, mais j'é-
tois fâché que mes Lettres ne fiſſent pas un nombre rond. Dieu merci je n'attache aucune vertu
ni au nombre pair, ni au nombre impair; cependant ce nombre de dix-neuf ne me plaiſoit pas.
Je ſavois bien qu'il y avoit pluſieurs de mes Lettres qui ſont aſſez longues pour être coupées en
deux. Mais où les trouver ? Je n'en ai plus la copie : c'eſt vous ſeul qui les avez. Il faudroit
attendre que vous me les euſſiez toutes renvoïées,
ſi je voulois choiſir celle qui pourroit ſe diviſer
plus commodément. Encore faudroit-il après
toute cette patience faire de nouveaux ſommai-
res, & de nouveaux exordes, ce que je n'aime point du tout. Pour me tirer de cet embarras, j'ai pris le parti de travailler à une nouvelle Lettre, qui remplit le nombre de vingt. Mais
j'ai eu bien de la peine à trouver des objections
qui fuſſent dignes de réponſe, parmi toutes celles

qui me reſtoient à examiner, du monceau qui
regardoit cette premiere partie. On le croira, ſi
l'on peut ſe perſuader, comme il eſt vrai, que
les meilleures que j'aye trouvées dans ce reſte,
ſont les deux qui ſuivent.

SEIXIEME OBJECTION.

» **Q**Uavoient fait les Prédicateurs à cet hom-
» me, pour l'obliger à dire qu'ils ne ſont
» que des ignorans. On lui en montreroit qui
» lui feroient bien avoüer le contraire, & qui
» l'accableroient ſous le poids de leur vaſte éru-
» dition, s'il oſoit s'attaquer à eux. Cela eſt
» mal-honnête d'expoſer ainſi au mépris un
» Corps illuſtre, une Nation de ſçavans pour
» qui les plus pompeuſes acclamations ſont fai-
» tes. S'il avoit lû le P. Rapin, il eût parlé au-
» trement.

C'EST OUTRER les choſes d'une maniere inexcuſable. Je n'ai point dit ce que l'on m'impute.
Voici ce que j'ai dit, & dont je ne me dédis
pas. (*) *Les trente ans qu'il a employez* (Monſieur Maimbourg) *à prêcher, pourroient être un
préjugé qu'il n'eſt pas profondément ſçavant; car il
eſt aſſez rare de voir un homme ſçavant de cette maniere, lorſqu'il fait ſon capital de la fonction de
Prédicateur.* J'ai ajoûté qu'une ſcience ſuperfi-
cielle leur ſuffit, & qu'on voit que la plûpart
des fameux Prédicateurs ne font pas des études
fort profondes. Ce n'eſt point dire que les Prédicateurs ne ſont que des ignorans, & je m'en
raporte à tous ceux qui ſavent juger de l'impreſſion que la maniere d'exprimer les choſes fait
ſur l'eſprit. Je n'ai point même prétendu que jamais les plus grands Prédicateurs n'ont une
ſcience profonde. Je me ſuis contenté d'avancer
que pour l'ordinaire ils ne l'ont pas. La raiſon &
l'expérience ſont pour moi; car comme je l'ai
déja dit dans l'endroit que l'on critique, le but
des Prédicateurs étant de toucher leur Auditoire, & de le tenir attentif, ils ont plus de beſoin
d'éloquence, d'imagination, de penſées probables & populaires, d'ornemens & de moralitez,
que de raiſonnemens profonds & ſolides ; &
ainſi la Raiſon nous perſuade qu'ils employent
tout leur temps à chercher les fineſſes de l'éloquence, & qu'ils renoncent à la profonde érudition, qui généralement parlant ne leur ſerviroit pas de beaucoup en Chaire. L'expérience
eſt auſſi pour moi; car par exemple nous ne
voïons pas parmi les Jéſuites que les Frontons
du Duc, les Sirmonds, les Petaus, & les Suarez ayent été grands Prédicateurs, ni que ceux
qui ont été grands Prédicateurs, ayent acquis
par leurs Ouvrages la réputation de très-ſavans
hommes. (A)

Voulez-vous, Monſieur, que je vous diſe ce
qui en eſt ? Un homme qui a beaucoup d'eſprit
& de jugement ſe peut ſervir avec avantage de la
ſcience ; par raport aux Prédications, mais pour
l'ordinaire la profonde ſcience nuit plus à un Prédicateur, qu'elle ne lui ſert. D'ailleurs, comme
il eſt rare que ceux qui ſont nez pour les profondes études, s'attachent aux brillans de l'éloquence,

---

ſumptâ quam tranſlato in ſequentem diem conventu vix ac
ridiculè ad B. Polycarpi feſtum accommodare conatus eſt.
Thuanus, l. 105. ad ann. 1593.
  (*) » Crit. Génér. Lettr. IV. No. III.
  (A) » MS. L'Abbé de S. Cyran dans ſa cenſure de la
» ſomme du P. Garaſſe lui dit p. 8. de l'avis au P. Ca-
» raſſe, *vous m'avez fait connoître par expérience, ce que*

» *j'avoiſoui dire quelquefois auparavant, qu'il eſt très-diffi-*
» *cile d'être Prédicateur & bien ſavant tout enſemble.* Im-
» perialis dans ſon *Muſæum Phyſ.* l. 2. c. 7. réfute le
» mieux qu'il peut Huarle, qui a dit. c. 9. que les Ora-
» teurs n'étoient pas propres à être ſavans. Vol. Bal-
» zac, Diſſ. après le Court. Chret. p. 12.

ce, qui exigent un fort grand travail; il eſt rare auſſi que ceux qui ſont propres à la Chaire, aiment les profondeurs de l'érudition, qui demandent un eſprit abſtrait, & qui ſe puiſſe accommoder de la ſéchereſſe. Un homme qui peut avoir l'un & l'autre, c'eſt-à-dire, qui eſt tout enſemble fort ſavant & très-bon Prédicateur, mérite de grands éloges; mais on fait cette diſtinction entre ſes deux beaux talens, qu'on dit de ſon éloquence, qu'elle lui eſt néceſſaire, & de ſa profonde doctrine, que puiſqu'il l'aporte, on ne la refuſe point : au lieu que ſi un Philoſophe eſt habile & éloquent, on dit de ſon habileté, qu'elle lui eſt néceſſaire, & de ſon éloquence, que c'eſt une ſuperfluité qu'on n'attendoit pas de lui, & qu'on ne mépriſe pas néanmoins. (*) Lucien a dit quelque choſe de ſemblable de l'Hiſtoire : *l'utile eſt ſon affaire capitale; & ſa fin unique; ſil'agreable s'y trouve auſſi, tant mieux :* il en va comme des Athletes; il n'eſt pas néceſſaire qu'ils ſoient beaux & bien faits; s'ils le ſont, on les en louë, mais ils ont néceſſairement beſoin de force. Voilà l'image de l'eſprit Philoſophique. Celui du Prédicateur eſt tout différent.

Au fonds ſi je me trompe, j'ai le P. Giroult pour compagnon de ma faute. C'eſt un témoin qui ne ſauroit être ſuſpect, puiſqu'étant célebre Prédicateur, toutes les apparences veulent qu'il n'ait point dit une fauſſeté, au préjudice du Corps. Ecoutons ce qu'on lui fait dire dans les Entretiens d'Eudoxe & d'Euchariſte. Je ſuis fâché qu'il y ait des choſes déſobligeantes pour Mr. Maimbourg dans ce paſſage, & je ne le raporterois pas tout entier, ſi cela n'étoit néceſſaire pour aprendre à mon Lecteur, que pluſieurs années avant que je ſongeaſſe à la Critique de l'Hiſtoire du Calviniſme, un Théologien de Paris avoit eu mauvaiſe opinion du ſavoir de cet Hiſtorien Prédicateur.

»En effet (ce ſont les paroles de l'Auteur des »Entretiens) un homme qui a conſumé ſon »temps dans les Prédications, qu'il avoit bien »de la peine à compoſer en rapetaçant divers »Sermons Eſpagnols & Italiens, écrits à la main, »dont il coûtoit plus de cent écus de penſion »chaque année à la Société, me pardonnera bien, »*ſi je ne puis croire qu'il ſoit fort éclairé en Théolo-* »*gie.* Si cela lui fait de la peine, au moins il »n'en fait pas au Pere Giroult, que les Sçavans »eſtiment cent fois plus & pour la Prédi- »cation, & pour la Théologie, que le P. »Maimbourg. Le Pere Giroult ſortant l'année »derniere avec Mr. Santeuil, d'un Acte de »Théologie, en l'Abbaye de St. Victor, avoüa »ingénument, *que quoiqu'il ſçût autrefois ces* »*queſtions qu'on agite ſur les bancs, elle lui* »*étoient fort eloignées préſentement, & dit fort* »*franchement* Qu'un Prédicateur de vingt »Anne'es comme lui est un The'ologien »fort confus.

Comment ne le ſeroit-il pas, puiſqu'il eſt en quelque façon obligé de rompre avec la Théologie, afin de ne chercher que de beaux mots, & que des penſées brillantes? Il eſt certain qu'une explication ſimple & littérale de l'Ecriture, ne fait pas beaucoup d'honneur aux Prédicateurs Catholiques : ils ont trop accoûtumé leurs Auditeurs à la pompe de l'éloquence, aux figures, & aux fauſſes penſées, pour ſe pouvoir arrêter impunément à la pure & ſolide vérité. Auſſi ſe gardent-

ils bien de s'y arrêter. Aprofondiſſez leurs raiſonnemens, vous trouverez que ceux qui ont le plus ſurpris l'Auditeur, ne font que des fauſſetez pompeuſes. Je m'en vais vous en donner un exemple.

Monſieur l'Abbé Deniſe, Chanoine de Troyes, commence à faire du bruit parmi les Prédicateurs. C'eſt lui qui fit à St. Euſtache l'Oraiſon funebre de la Reine Marie Théreſe, & qui a prêché cette année devant l'Académie Françoiſe le jour de St. Louïs. Il avoit prêché avant tout cela dans la Cathédrale de Troyes, le jour de l'Aſſomption 1682. peu de temps après la naiſſance de Monſieur le Duc de Bourgogne. C'eſt ſur ce Sermon que je veux dire quelque choſe. La coûtume eſt à préſent en France que les Prédicateurs faſſent l'Eloge du Roi, le plus ſouvent qu'il leur eſt poſſible, & ce ne ſeroit pas être à la mode que d'oublier une ſi belle fonction. Ce Chanoine, pleinement inſtruit de ſon devoir à cet égard, n'y manqua pas. Il fit un dénombrement des choſes qui diſtinguent le Regne de ce grand Prince, & il conclut par cette penſée, qu'on pouvoit s'aſſurer déſormais que les ſiecles à venir croiroient ce que l'Hiſtoire leur aprendra d'un tel Héros, puiſqu'il venoit de lui naître un petit-fils. *En vain les beaux arts,* s'écria-t-il, (A) *& les Lettres lui promettoient cette immortalité glorieuſe, qui eſt duë aux Conquérans & aux Grands Rois. Les ſiecles à venir, frappez & ſurpris des prodiges du nôtre, demanderont de meilleurs garands que des Hiſtoriens & des Orateurs, & à moins qu'ils ne voient dans les Rois qui doivent ſuivre, ces traits divins que nous voions briller dans la perſonne de notre Auguſte Monarque, la poſtérité étonnée croira toûjours être en droit de refuſer l'idée éclatante qu'on aura tâché de lui donner de la grandeur du Regne ſous lequel nous aurons vêcu. Qui pouvoit lever cet obſtacle, Meſſieurs, ſinon l'heureuſe fécondité de la famille Royale ? Elle établit, pour ainſi dire, une perpétuité de Témoins contre l'incredulité des ſiecles jaloux de la gloire du nôtre. Il faut être de ce ſang & aſſis ſur ce trône, pour forcer la poſtérité de croire ce que l'on aura écrit de notre Roi, & il n'y a que les enfans de Louïs XIV. qui puiſſent rendre un témoignage inconteſtable de la vie de leur Pere.*

Je ne doute point que cet endroit du Sermon n'ait été fort aplaudi, & que la plus grande partie des Auditeurs ne l'ait trouvé d'un tour fort nouveau; cependant qu'eſt-ce que tout cela, quand on l'examine bien, qu'un amas de fauſſes penſées? Quoi les actions ſurprenantes d'un Conquérant atteſtées par les Hiſtoriens, & par toutes ſortes de Monumens publics, ne paroîtroient que des Fables à notre poſtérité, ſi elle ne voyoit ſur le trône un Prince deſcendu de ce Conquérant; & dès auſſi-tôt qu'elle le verra ſur le trône, elle ne doutera plus de la vérité de ces actions ſurprenantes? Sur quel principe ſe fonde-t-on en diſant cela? Eſt-ce la Raiſon, ou bien eſt-ce l'expérience qui nous fourniſſent ces idées? Ni l'une ni l'autre n'en font rien, & ne connoiſſent rien dans tout ce pompeux Galimathias. Car pour ce qui eſt de la Raiſon, elle ne nous montre point que les Deſcendans d'un homme prouvent autre choſe, ſi ce n'eſt qu'il a engendré des enfans; ce qui eſt l'action du monde la plus populaire, & par conſéquent la plus incapable de perſuader que cet homme

---

(*) *Si adferat eloquentiam non aſpernor : ſi non habent non admodum require.* Cicero.

(A) „ Voyez le Merc. Galant du mois de Sept. „ 1682. 1. part. p. 7.

me ait été un grand Héros. La Raison ne nous montre point que les grandes qualitez qu'on voit dans un Prince, ont appartenu à ses Ancêtres, & appartiendront à ses Descendans; & ainsi le mérite extraordinaire d'un Monarque ne prouve rien pour la gloire de ses Ayeux, & ne rend point vraisemblable ce que l'Histoire leur attribuë. Pour ce qui est de l'expérience, elles nous montre visiblement que la posterité des grands hommes n'autorise point leur Histoire. Qu'ils ayent laissé, ou qu'ils n'ayent point laissé des enfans, c'est toute la même chose à l'égard de la facilité, ou de la difficulté de persuader au Public les merveilles de leur vie : on n'en croit pour cela ni plus ni moins, comme il paroît par l'Histoire d'Alexandre, & par celles de Jules César & d'Auguste. Où est l'homme qui se soit jamais avisé de douter de la verité de ces trois Histoires, par la raison que ces Conquérans n'ont point fait des fils qui leur ayent succedé ? Où est l'homme aussi qui ait trouvé plus croyables les grandes conquêtes d'Amurat, de Mahomet & de Soliman, parce qu'ils ont été les peres de leurs Successeurs ? Cyrus a laissé un fils qui a été Roi de de Perse après lui. Cependant l'Histoire que Xénophon nous a laissée de Cyrus, ne passe guéres que pour un Roman.

On me dira sans doute, que Mr. Denise suppose que la postérité de Louïs XIV. lui ressemblera. Mais qui le lui a dit ? C'est une supposition qui n'est appuïée ni sur la Raison, ni sur l'expérience des siecles passez. Et d'ailleurs voici ce qui arriveroit en ce cas-là, c'est qu'on s'occuperoit de telle sorte à parler de la gloire des vivans, qu'on ne songeroit plus aux morts. Ainsi ce n'est pas un moyen trop assuré de perpétuer sa gloire, que d'avoir des Successeurs qui nous égalent.

Vous trouverez peut-être que je m'amuse mal à propos à cette Critique, & vous me direz apparemment qu'il ne faut point prendre à la rigueur cette sorte de pensées, mais pour ce qu'on nous les donne. Je vous réponds, Monsieur, qu'il ne seroit pas inutile de critiquer séverement les Orateurs, surtout si des gens de plus de poids & d'autorité que moi, le faisoient; car si on ne leur faisoit pas perdre la coûtume de nous payer de fausses pensées & de Sophisme, on feroit du moins connoître à l'homme la foiblesse qu'il a d'admirer ces faux brillans; ce qui pourroit le mortifier, & il lui est bon qu'on le mortifie. Quel mal y auroit-il après tout, si on pouvoit accoûtumer tous les Auteurs à bien raisonner, & à fuir même cette sorte de fausses pensées, que Mr. le Chevalier de Méré a critiquées dans Voiture?

Savez-vous bien que les personnes de bon goût souhaiteroient passionnément que les Prédicateurs se pussent guérir une bonne fois de la maladie de mal raisonner? J'avoüe qu'en cela on n'a point d'égard au goût des petits Esprits, qui comme chacun sait, preferent les faux-brillans à des beautez simples, vraies & naturelles :

Et le clinquant du Tasse à tout l'or de Virgile.

Mais qu'importe ? Si chacun en ce monde souhaite la préférence à son parti; si chacun y est pour soi, ne doit-il pas être permis à ceux qui ont raison, de souhaiter qu'on accommode les choses comme ils les veulent ? Ecoutons l'Auteur de *l'Art de prêcher*, qui a dit si bien tant de bonnes & de belles maximes, après son Confrere le P. Rapin, dont il faudra que je parle aussi :

Je te l'ai déja dit, sois toûjours véritable,
La vérité rend seule un Sermond profitable :
Si lorsque je t'entens, je puis m'apercevoir,
Que le principe est faux, dont tu veux m'émou-
 voir,
Qu'ici loin du droit sens cette preuve est outrée,
Et de cet argument la force exagérée;
Que d'un passage ailleurs tu détournes le sens,
Le reste m'est suspect, d'abord je me défends :
Et te quittant, pour fruit de ta vaine éloquence,
J'accuse ta malice, ou bien ton ignorance.

J'oubliois une chose sur le chapitre de la science des Prédicateurs, qui mérite d'être examinée. C'est qu'un Prédicateur qui passe pour ignorant, se fait mépriser même par les personnes du commun; nos Artisans ne font point difficulté de dire, s'ils entendent loüer l'éloquence, la voix, le geste, les mœurs d'un Ministre; *oui, mais il n'a point de fonds, il n'a pas beaucoup de savoir,* comme si avec ce *mais* ils renversoient tous ses éloges. Quelqu'un a dit, qu'encore que la valeur ne soit pas le partage des femmes, elles l'aiment néanmoins dans les hommes, & se font un grand mérite d'être servies par un Guerrier & par un Brave. Il semble aussi qu'encore que l'érudition ne soit pas le fait du peuple, il la souhaite passionnément en ceux qui montent en chaire, & se pique d'être servi en cela par de grands Docteurs. Il est certain que les ignorans sont quelquefois assez injustes, pour mépriser comme de la boüe un Prédicateur qui a, ou la réputation de ne rien savoir, ou le malheur d'être pris par eux-mêmes pour un ignorant, parce qu'ils comprennent bien tout ce qu'il leur dit; car voilà les deux manieres dont le peuple juge quelquefois, qu'un Prédicateur est ou n'est point d'une érudition profonde. 1. Par le raport des Sçavans. 2. Par la profonde obscurité, ou par la grande clarté de ce qu'il débite. J'ai lû autrefois dans un Livre, intitulé *le Prédicateur de la parole de Dieu,* fait par un Jésuite nommé Sirmond, (je ne me souviens plus si c'est le grand Sirmond ou un autre) que *certaines femmes dédaignent les Prédicateurs, s'ils n'enfoncent si avant dans les intrigues de l'Ecole, qu'ils s'y perdent eux-mêmes avec elles.* L'Auteur de l'Art de prêcher raporte que Biroat, célebre Prédicateur, ne put se faire goûter à des Religieuses, que lorsqu'il leur parla du Mystere de la Trinité d'un air où elles ne voyoient goûte. Souffrez que je raporte le passage : on le lira sans s'y ennuïer.

Un Pédant quelquefois peut réüssir aux Grilles,
Et l'on m'a raconté qu'en un Couvent de filles,
Biroat fit un jour un excellent Sermon:
Mais il étoit trop clair, il ne parut pas bon,
On s'en plaignit. Comment tant de filles se taire?
Hé bien, dit Biroat, il faut les satisfaire.
Je prêche encore demain. Il le fait, & d'abord
Jusqu'à la Trinité mon homme prend l'essord,
De ce Mystere obscur il parle avec emphase,
Répete sans besoin subsistance, hypostase;
Et de termes savans fit un Galimathias,
Qui charma des esprits qui ne l'entendoient pas.

Si je vous disois, Monsieur, que cette nouvelle difficulté m'embarrasse, assurément vous n'en croiriez rien; car vous voïez assez de vous-même que cela n'est d'aucune force contre moi. 1. Parce que je n'ai point dit qu'il faut qu'un Prédi-

  cateur

Lettre XX.

dicateur soit ignorant ; je me suis contenté de dire que pour l'ordinaire les grands Prédicateurs ne sont point d'une vaste & profonde érudition. 2. Parce qu'encore qu'il y ait parmi le peuple des gens tels qu'on vient de représenter, il ne s'ensuit pas que les grands Prédicateurs s'accommodent à ce caprice. Ils ne s'amusent point à ces profondeurs où leur Auditoire ne comprend rien (*).

De ce que dit sur ce sujet le P. Rapin.

Mais venons au P. Rapin, puisqu'on m'y renvoie. On ne pouvoit pas me faire plus de plaisir, que de m'obliger à relire ses Réflexions sur l'éloquence ; car j'y ai trouvé en propres termes, (A) que *la plûpart des Prédicateurs sont fort ignorans, parce qu'ils sont trop répandus dans le commerce du monde, trop extérieurs, & trop peu appliquez.* Il est vrai qu'il croit que la parfaite éloquence demande, entre autres talens, (B) *une connoissance profonde des Lettres, une grande capacité, un grand attachement à l'étude, & une grande assiduité au Cabinet.* Mais il avoüe enmême tems, que le commerce des Scholastiques peut êtreplus préjudiciable auPrédicateur qu'avantageux; que c'est un air fort contraire à l'éloquence que celui de l'Ecole ; que la lecture de St. Thomas, tout Solide & tout méthodique qu'il est, a plus fait de mauvais Prédicateurs que de bons ; que les autres Théologiens qui sont venus après lui, sont aussi dangereux que lui pour l'éloquence de la Chaire; qu'elle se laisse dessécher à ces subtilitez de raisonnemens, qui peuvent donner des nerfs & de la force au discours, mais qui lui ôtent sa grace & son embon-point. Il ajoûte que l'étude des Peres Latins est aussi contraire à l'éloquence, que l'étude des Théologiens. Nous serions bien-tôt d'accord le P. Rapin & moi. Il prétend qu'un parfait Orateur, c'est-à-dire, qui avec un grand esprit, & une belle imagination, a le meilleur sens du monde, & le jugement le plus solide, doit être très-savant. N'ai-je pas dit aussi qu'un homme qui *a beaucoup d'esprit & de jugement, se peut servir avec avantage de la science, par raport aux Prédications ?* Et pour ce qui est du fait, ne convient-il pas que lesPrédicateurs ne sont point sçavans, & que pour l'ordinaire la Théologie Scholastique leur fait plus de mal que de bien ? Ne dit-il pas que le grand défaut de l'éloquence moderne est d'être établie sur des raisonnemens, ou trop recherchez, ou peu suivis, ou faux même & chimériques, & que les Prédicateurs n'ont, ou aucun soin de s'instruire dans la Logique, la principale piece de leur art, ou aucun talent naturel pour la pratiquer ? Je ne m'en dédis point, Monsieur, il est plus préjudiciable aux Prédicateurs, de passer pour ignorans, que de n'être pas savans.

Et un Pere de l'Oratoire.

Il faut que je vous produise encore un autre témoin. Ce sera un P. de l'Oratoire fort habile homme. (c) *Il ne faut point,* dit-il, *proposer à ceux qu'on destine pour la Prédication de grands desseins d'études, qui ne s'accordent pas avec cet emploi, qui laisse peu de temps pour étudier ; en un mot une science médiocre suffit à un Prédicateur qui n'a que le peuple pour disciple . . . . . . Il doit étudier la Philosophie, passant les questions de l'Ecole pour s'appliquer à bien connoître l'esprit & le cœur de l'homme, dont la conscience lui est principalement*

nécessaire. *Il ne faut pas qu'il ignore la Théologie Scholastique ; mais il suffit qu'il lise un Théologien qui soit court, pour y aprendre les manieres de parler qui sont aujourd'hui reçües & autorisées. Il lira l'Abrégé de l'Histoire Ecclésiastique de Sponde, une Somme des Conciles, & les Livres de pieté les plus considérables. Puisqu'il ne peut point entreprendre de lire tous les Peres, qu'il se contente de ceux qui sont plus moraux . . . . Il y a de certaines matieres que le Prédicateur doit savoir à fonds, ce qui ne lui peut être difficile en ce temps ; nous avons d'excellens Traitez, où l'on trouve tout ce que les Peres ont dit sur les sujets dont on parle ordinairement en Chaire, comme sur l'aumône, sur l'éducation des enfans, sur chaque peché, sur la fuite des occasions, sur les quatre fins de l'homme.* Comparez ceci avec ce que j'ai dit sur ce sujet, ou dans la Critique Générale, ou dans cette Lettre ; vous verrez clairement que la doctrine de cet Auteur, & ce que j'ai dit, reviennent à la même chose. Le Prédicateur de ce Pere est un homme tout-à-fait superficiel.

N'oublions pas un autre passage, où ce même Pere de l'Oratoire fait l'éloge d'un Prédicateur qu'il estime infiniment (D). Il propose, dit-il, *des comparaisons familieres, il ne dit rien qui ne soit à la portée de tout le monde, si ce n'est que pour réveiller l'attention, & s'acquérir l'estime du peuple, autant qu'il est nécessaire pour le tenir appliqué, il cite quelque passage Latin, & autorise ce qu'il avance. Le peuple n'écouteroit pas avec plaisir, s'il ne croioit que celui qui lui parle est sçavant, & il ne le croiroit pas sçavant, s'il ne parloit quelquefois Latin.* C'est ce que je disois tantôt, qu'un Prédicateur qui passe pour ignorant, se fait mépriser même par les personnes du commun ; & qu'il lui est plus préjudiciable de passer pour ignorant, que de n'être pas savant. Malheur à lui s'il passe pour ignorant, car il s'expose à cent railleries : témoin celui qui tomba malade pendant le Carême qu'il devoit prêcher devant le Roy. On eut la malice de croire que c'étoit une incommodité de commande, & de dire qu'il étoit malade *d'inanition.* J'ai vû faire la même plaisanterie d'un jeune Ministre, qui devoit prêcher deux ou trois fois un jour de jeûne, selon la coûtume du païs, & qui fit dire après la premiere action, qu'il étoit tombé malade.

V. Le P. Maimbourg ménageoit la Cour de Rome au commencement.

Au reste en cherchant dans lesEntretiens d'Eudoxe & d'Euchariste ce qui concerne le P. Giroult, j'ai trouvé un autre passage qui ma semblé digne d'être un peu considéré. L'Auteur de ces Entretiens trouve fort mauvais qu'on ait dit dans l'Histoire des Iconoclastes, *que le Pape Grégoire II. après avoir condamné, & excommunié dans un Synode d'Italie l'Empereur Léon Isaurien, comme un hérétique connu, déclaré & incorrigible, défendit aux Romains, & à tout le reste de l'Italie de lui payer aucun tribut.* Il accuse sur cela le P. Maimbourg *de favoriser l'horrible sentiment de ces partisans aveuglez de la Cour de Rome, qui disent que l'Eglise ou le Pape peuvent priver un Empereur ou un Roy hérétique, de l'Empire ou du Royaume qu'ils possedent, ou tout au moins exempter leurs Sujets de l'obligation qu'ils ont de leur payer le tribut.* Il admire la témérité & la Politique de ce Pere, qui ose attaquer si visiblement l'autorité de

---

(*) „MS. Remarquez qu'encore queCicéron soutienne dans ses Liv. *de Orat.* & surtout dans le 3. qu'un „Orateur doit être universel, il dit que L. Crassus, „& M. Antoine, les plus estimez Orateurs de leur siecle, passoient pour très-peu savans ; *Cic. Init l.* 3. „& qu'ils n'avoient pas été fâchez, étant savans au

„fonds, de ne le pas paroître.
(A) „Pag. 92.
(B) „Pag. 7. 9.
(c) „Entretiens sur les Sciences. Entret. 7.
(D) „Suite du 7. Entret.

de son Roy dans un Livre qu'il lui présente, & qui *mêle en même temps la vérité & le mensonge dans un même Livre, pour en faire un présent qui lui puisse concilier la bien-veuillance d'une Puissance, sans tomber dans la disgrace de l'autre; car, dit-il, ce Pere avoüant avec raison dans son Livre des Iconoclastes, que Charlemagne ne doit point son Empire au Pape, rend une justice à la Couronne de France, qui n'est pas une petite faveur dans la bouche d'un Jésuite, ce qui lui fait espérer une récompense du Roy. Mais l'injustice qu'il fait à la Majesté des Souverains du monde, en disant que le Pape Grégoire II. défendit à l'Italie de payer aucun tribut à Léon Isaurien, permet à son ambition d'espérer des récompenses de la Cour de Rome.*

Cela nous montre 1. que cet cet Auteur ne s'est pas trompé dans sa conjecture, lorsqu'il a dit que le Roy récompenseroit le P. Maimbourg. 2. Qu'au commencement ce Jésuite n'étoit qu'à demi illuminé, ou qu'il vouloit avoir des amis partout en même temps, à la Cour de France, & à Rome. C'est ce que j'ai remarqué, en donnant le caractere (*) de Monsieur Maimbourg. 3. Qu'il est devenu dans la suite fort éclairé sur le droit des Princes, après avoir senti les douceurs de sa pension.

Si l'Auteur de ces Entretiens a été heureux dans sa conjecture, à l'égard du P. Maimbourg, je ne l'ai pas été moins dans la mienne à l'égard du P. Alexandre; car après avoir raporté quelques faits qu'il étale avec beaucoup d'affectation, pour prouver l'indépendance des Princes, j'ai dit (A) ces propres paroles. *C'est parler François cela, & aller le grand chemin à une pension.* Cela s'est trouvé véritable peu de temps après, car il joüit d'une pension de six cens livres depuis la derniere Assemblée du Clergé, & lorsqu'il fut question en Sorbonne de censurer une proposition de l'Archevêque de Strigonie, il mérita un présent de cent Loüis d'or, que Monsieur Colbert lui envoia, pour l'encourager à soûtenir en toutes rencontres, comme il avoit fait alors, les Libertez de l'Eglise Gallicane. Il s'en acquitte si bien qu'enfin la Cour de Rome en a été irritée. On a vû un (B) Bref du Pape, qui condamne sans distinction les douze premiers siecles de l'Histoire Ecclésiastique, que ce Dominicain avoit déja donnez au Public. Il n'y avoit pourtant une grande distinction à faire; car les premiers volumes sont fort favorables au Pape, &, lui accordent ce qu'il souhaite touchant la Primauté, le droit des appellations, la convocation, & la présidence des Conciles, &c. L'auteur copioit assez bien alors son Baronius, son Bellarmin, & son Du Perron, & les préféroit aux Ouvrages de Messieurs de Marca, de Valois, & de Launoi. Ce qui nous montre de plus en plus la conformité de son sort avec celui de Monsieur Maimbourg. Il a gardé au commencement beaucoup de mesures avec le Pape, aussi-bien que le Jésuite: peu-à-peu-à son exemple il est devenu plus fier: il est arvé à la pension, aussi-bien que lui, quoiqu'il ne l'ait pas obtenuë si forte: la pension lui a donné plus de lumieres, & plus de courage, comme elle avoit fait à l'autre: enfin il a vû condamner ses Livres à Rome, aussi-bien que ceux

du Pere Maimbourg. Mais il reste encore une grande différence entre eux, puisque le P. Alexandre est toûjours Dominicain, & qu'il ne s'appelle point encore *Monsieur* à la tête de ses Livres. Je pense qu'on riroit bien, si cela lui arrivoit. Avoüons que le présent Pontificat est bien traversé par les Religieux François. Que ne peut point sur l'esprit de l'homme l'envie de se distinguer, ou d'obtenir des pensions! (c) Milton accusoit faussement Mr. de Saumaise d'être prêt à écrire en faveur du Pape pour de l'argent. Mais cela n'est que trop vrai à l'égard de quelques-uns de nos Convertis. D'ailleurs il n'est pas moins vrai qu'il y a des Moines capables d'écrire contre le Pape par des vûës intéressées, & il s'en trouveroit bien davantage, si le Pape n'étoit pas si vigoureux. Il l'est sans doute beaucoup; n'avez-vous pas oüi dire que le P. Buhi lui a été sacrifié?

Je voudrois être en état de vous satisfaire, sur les premiers volumes de l'Histoire Ecclésiastique du P. Alexandre. On vous a dit que ce qu'on y trouve de meilleur, a été emprunté de quelques Cachiers Manuscrits sur l'Histoire Evangélique, qui courent depuis long-temps, & dont Monsieur le Fevre, Docteur de Sorbonne, est en partie. l'Auteur. On vous a dit que Monsieur le Fevre, voulant reclamer son bien, avoit fait un Livre qui s'intituloit, *Animadversio in librum cui titulus, selecta Historia Ecclesiastica capita,* &c. qu'il le faisoit imprimer à Roüen chez François Vautier l'année 1679. que les trois premiers siecles étant déja imprimez & le quatrieme fort avancé, le P. Alexandre en eut le vent, & recourut à Mr. Colbert pour faire arrêter cette Critique: que Monsieur le Fevre, qui avoit essuyé quelque persécution par ce canal, quatre ou cinq ans auparavant, n'osa se commettre avec un Ministre si accrédité, & qu'il lui accorda que tous les Exemplaires de son Ouvrage seroient suprimez, & que s'il le faisoit réimprimer, il en ôteroit le nom du P. Alexandre. Vous avez oüi dire tout cela; & moi aussi, Monsieur: / c'est toute la réponse que je puis vous faire sur cet article. Vous êtes plus près de la source que moi; c'est à vous à m'aprendre ces sortes de choses.

Je me hâte de finir; c'est pourquoi je ne m'arrêterai point à l'objection qui m'a été faite, sur ce que j'ai raporté (D) de l'Ambassade de Théodoric, Prince Arrien, vers l'Empereur de Constantinople. Je vous renvoie à la savante Dissertation de Monsieur Blondel, contre la Bulle du Pape Innocent X. qui condamnoit la paix de Munster. C'est un Ouvrage où Monsieur Blondel, déguisé sous le non d'*Amand Flavien,* a examiné à fonds le fait de Théodoric, & traité fort sçavamment de la liberté de conscience.

Il ne me reste plus qu'une objection à examiner, avant que de mettre fin à cette premiere partie. Voici ce que c'est

DIX-SEPTIEME OBJECTION.

,, C'Est une plaisante querelle d'Allemand, ,, vous a-t-on dit, que de chicaner Mon- ,, sieur Maimbourg sur ce qu'il n'a point fait
,, l'é-

(*) Crit. Génér. Lettr. IV.
(A) ,, Crit. Génér. Lettr. XXIV. No. I.
(B) ,, Voi. ce Bref dans les *Nouv. de la Rép. des Lettr,* ,, Octobre, 1684. Art. 7.
(c) *Quod si dolosi spes refulserit nummi;*

Ipse Antichristi qui modo primatum Papa
Minatus uno est dissipare sufflatu,
Cantabit ultro Cardinalitium Melos.
Milton. def. pop. Anglic.
(D) ,, Crit. Génér. Lettr. XXIII. No. III.

,,l'éloge de Monsieur le Prince de Condé, dans
,,son Histoire du Calvinisme. A ce compte il ne
,,seroit pas permis de faire une petite digression
,,pour parler d'un Prince, sans être obligé de
,,parler aussi de ses Descendans. On feroit de
,,belles Histoires par ce moïen ; c'est dommage
,,que ce Critique n'en compose sur un si parfait
,,modelle. Qu'il aprenne que le grand secret
,,d'un Historien, c'est de s'arrêter à propos.
,,Il peut faire de petits écarts pour éclaircir
,,une chose, mais il doit faire sa retraite promp-
,,tement.

C'EST UN BEAU précepte, j'en conviens, quoique je me gêne peu afin de le mettre en pratique ; mais il est toûjours indubitable que Monsieur Maimbourg ne s'est point arrêté à propos.
Monsieur le Prince de Condé a un mérite si extraordinaire, qu'on ne peut sans une affectation
visible, lui refuser un tribut de loüanges quand
on passe près de lui. C'est un Temple d'où l'on
ne doit point s'aprocher, sans y faire fumer
l'encens. C'est un Demi-Dieu à qui l'on devroit
venir rendre hommage des lieux les plus reculez.
Et l'on prétendroit n'être point coupable, de ne
lui avoir rendu aucun culte dans sa propre maison ? Abus tout pur. Où est le Prince qui ait fait
tant d'honneur aux Lettres que lui, par les progrès surprenans qu'il y a faits ? Dans sa plus
grande jeunesse on le crut très-propre, à cause de
la réputation de son esprit & de sa science, à être
le Protecteur de l'Académie Françoise (*) à la
place du Cardinal de Richelieu. Que n'a-t-il
point fait dans les armes ? Combien de Batailles
gagnées, combien de Villes prises ? En un mot de
quelque côté qu'on le regarde, c'est réellement le
plus glorieux Prince de la terre. Tout est grand
en lui, l'esprit, les sentimens, la valeur, la fortune, le savoir. Ainsi c'est malicieusement que Mr.
Maimbourg, ayant fait l'éloge des Prédécesseurs
de ce Prince jusques au Pere inclusivement, n'a
point poussé la digression jusques à lui. Il devoit
faire ce qu'a fait depuis l'éloquent P. Bourdaloüe,
dans l'Oraison funebre de Henri de Bourbon,
pere du Héros dont je parle. Ah, Monsieur,
que ce Pere Bourdaloüe m'a charmé dans l'éloge qu'il a fait du fils, en finissant celui du pere !
Qu'il a exprimé noblement les grandes qualitez
de ce fils ! Qu'il a touché délicatement celles du
petit-fils ! Que tout cela est beau ! Peu s'en faut
que je ne me pare de ces ornemens, pour faire
honneur ici au Prince, que j'ai cru que Mr.
Maimbourg devoit loüer. On m'avoüera désormais que ma censure a été juste.

Ce n'est pas que je prétende établir par-là un
lieu commun, ou quelque regle générale qui porte, *qu'aussi-tôt qu'on loüe un Prince dans une Histoire, il faut faire l'éloge* de toute sa postérité. A
Dieu ne plaise que j'aye une pensée si ridicule :
ceux qui m'imputent cela le font, ou sans aucune
bonne foi, ou par un esprit extrêmement faux ;
car j'ai fait entendre assez clairement ma pensée à
ceux qui ont le discernement bon, c'est qu'à
cause du mérite extraordinaire du GRAND CON-
DÉ, il ne faloit pas l'oublier en parlant de ses Ancêtres. Et qu'on ne me dise pas que le mérite
de ce Prince est si connu de lui-même, qu'un
Historien suppose qu'il n'est pas besoin de le
loüer ; car si c'étoient les principes de Monsieur Maimbourg, comment oseroit-il loüer le
Roi son Maître à propos & hors de propos, &

ad nauseam usque, comme disoient les Latins ?
Vous êtes aussi assuré que moi, Monsieur, que
le silence de l'Historien a eu des raisons particulieres, & d'autant plus particulieres, qu'il n'y a
point d'homme au monde qui se serve plus souvent que lui du secours de la digression, pour
donner de l'encens à qui bon lui semble. Je crois
néanmoins qu'il n'en a point fait d'aussi longue
& d'aussi forcée que celle que nous lisons dans le
quinzieme Livre de l'Histoire du Concile de
Trente par le Cardinal Pallavicin. Je ne saurois
mieux vous représenter la chose qu'en me servant des termes de Monsieur Amelot de la Hous-
saïe ; agréez donc que je les copie.

,,L'on ne pourroit jamais, dit-il, (A) ôter la
,,valeur de quatre pages de toute l'Histoire de
,,Fra-Paolo, qu'elle n'en fût défectueuse. Car
,,tout y est *ad rem*, tout y est instructif, tout y
,,est naturel, sans art & sans déguisement. Il
,,marche toûjours bride en main, & arrive toû-
,,jours où il va, & s'il s'écarte quelquefois du
,,Concile, jamais il ne le perd de vuë. Mais le
,,Cardinal est presque toûjours ailleurs, & ses
,,digressions qui sont éternelles le jettent si loin,
,,que l'on croit souvent qu'il abandonna le
,,Concile, & qu'il n'y reviendra plus. Fra-
,,Paolo dit en passant, que le Nonce Commen-
,,don étant à Lubec, envoïa demander un passe-
,,port à Fréderic, Roi de Dannemarc, pour
,,l'aller trouver de la part du Pape. Que fait le
,,Cardinal qui ne trouve rien là à contrôler ?
,,Il quitte Fra-Paolo, & va chercher la Généa-
,,logie des Rois de Suede & de Dannemarc,
,,qu'il veut montrer qu'il sait sur le doigt.
,,Puis il raconte comment Christierne II. fut
,,chassé par les Danois, & Frederic, Duc de
,,Holstein, son oncle, mis sur le Trône. Com-
,,ment Gustave, de simple Chevalier Suédois
,,trouva moïen de se faire Roi de Suede, à l'ex-
,,clusion de Christierne II. qui avoit auparavant
,,subjugué ce Royaume. Enfin il développe tout
,,ce qu'il sait des affaires de Suede ; la trahison
,,que le Roi Henri, fils de Gustave, vouloit
,,faire au Duc de Finlande son frere ; l'empri-
,,sonnement & la déposition de ce Roi, puis
,,l'intronization du Duc de Finlande. Et tout
,,cela n'est que pour venir de main en main à la
,,Reine Christine, dont il paroît qu'il cherche
,,l'éloge. Certes il n'appartient qu'au Cardinal
,,de faire des Histoires, & quand on en voit la
,,fin, le Lecteur a sujet de s'écrier, comme
,,fit Diogene au bout d'un Livre ennuïeux, *Ah
,,je vois terre !*

On a raison de trouver mauvais que ce Cardinal ait fait venir sur la Scene, à force de bras & de
machines, l'éloge d'une Princesse qui a choisi la
Ville de Rome pour le lieu de son séjour, après
avoir embrassé l'Eglise du Pape, & renoncé à
une Couronne. L'occasion d'un tel éloge devoit
être plus naturelle que ne l'est un passeport de
cent ans, & l'on ne sauroit nier que Mr. Maimbourg n'ait loüé Christine incomparablement
plus à propos, dans les dernieres pages de l'Histoire du Lutheranisme. Mais il faut avoüer néanmoins que le Cardinal Pallavicin seroit blâmable, si ayant conduit sa digression jusques à
Gustave Adolphe, il en fût demeuré là sans dire
un seul mot de la fameuse Christine sa fille. Tant
il est vrai qu'il faut, ou ne pas s'écarter de son
sujet, ou prendre en s'en écartant tout ce qui se
pré-

(*) ,,Voïez l'Hist. de l'Académ.
(A) ,,Préface de sa traduc. de l'Histoire du Conc. de
,,Trente par le P. Paul.

préſente à nous ſous un éclat extraordinaire.

Au reſte l'on s'eſt étonné que Mr. Maimbourg, au lieu de réparer ſa faute dans l'Hiſtoire de la Ligue, ait affecté plus que jamais de loüer les Ancêtres de Monſieur le Prince, ſans faire mention de lui. L'Auteur d'un fort joli petit Livre, qui s'intitule *Tolérance des Religions*, & celui qui publie tous les mois *des Nouvelles de la République des Lettres*, (*) ont fait la guerre de ce double & opiniâtre ſilence à l'Hiſtorien; mais ils devoient prendre garde qu'il ne pouvoit pas bonnement loüer Monſieur le Prince de Condé, dans l'Hiſtoire de la Ligue. Il n'étoit plus temps; les rieurs n'euſſent pas manqué d'alléguer leurs quolibets, & de dire *que ces loüanges venoient après le dégel*, *& qu'elles étoient du ſecond bond*; que ce n'étoit pas la juſtice qui les produiſoit, mais le reproche d'un Adverſaire. Outre qu'en loüant ce Prince, Mr. Maimbourg eût reconnu qu'il avoit eu tort dans ſon Hiſtoire précédente, & qu'il avoit profité de la cenſure. Or il n'eſt pas d'un vieux Auteur de profiter ainſi des lumieres d'un Critique, & moins encore de l'avoüer publiquement, ou par ſes actions, ou par ſes paroles. D'autre coté il n'eſt pas loüable de perſévérer juſques à la fin dans ſes fautes, & de faire des rechutes. Le meilleur parti à prendre étoit de ne plus parler du feu Prince de Condé.

Voilà, Monſieur, ce que j'avois à répondre à ceux qui ont prétendu que je me ſuis contredit, & que j'ai fait des bévuës & de faux raiſonnemens. Il me reſte à examiner 1. Les plaintes qui ont été faites contre le peu d'étenduë que j'ai donné à quelques matieres importantes, c'eſt-à-dire, contre mes omiſſions. 2. Les difficultez que vous avez ouï propoſer contre mes Lettres de Controverſe. Ce ſera le ſujer de la ſeconde & de la troiſieme partie de ma Défenſe, pourvû que j'aye le temps d'y travailler, dequoi je doute fort. Quoiqu'il en arive, ceci ſera toûjours fait; & puiſqu'il faut encore courir le hazard de l'Impreſſion, nous pouvons dire que le Public ou ne perdra pas tout, ou ne gagnera pas tout; car c'eſt faire gagner un méchant Livre au Public, que de ne le point publier. Adieu, Monſieur, & ſachez qu'il y a beaucoup d'apparence que de long-temps je ne vous écrirai des Lettres publiques. Je n'en ſerai pas moins votre, &c.

XXXXXXXXXXXXXXXXXXXXXXXXXXXXXXX

LETTRE XXI.

Où il eſt encore parlé du mariage des premiers
Réformateurs ſortis du Cloître, ou de
l'état de Prêtriſe.

I. *Pourquoi on retouche cette matiere.* II. *L'Auteur de cette nouvelle objection trouve mauvais qu'on ait adopté les plaiſanteries qui ſe font contre le mariage.* III. *Origine & vanité de toutes ces plaiſanteries.* IV. *Infidélité des Poëtes & des faiſeurs de Romans à repréſenter le naturel.* V. *D'un Roman intitulé* la Princeſſe de Cleves. *Le Duc de Nemours y eſt mal repréſenté.* VI. *Autre Roman intitulé* la Ducheſſe d'Eſtramene. VII. *Réflexion ſur la manière dont ces mêmes Auteurs parlent de leurs tourmens amoureux.* VIII. *Différence entre leur ſtile Poëtique, & leur ſtile journalier, par l'exemple de Malherbe.* IX. *Combien les Pieces de Théatre cho-*

quent la vrai-ſemblance. X. *Paſſage du Sr. de Rampalle, & de Mr. Arnaud ſur le mariage.* XI. *Paſſage de l'Evêque du Bellai contre les Miniſtres mariez, de Surius, &c.* XII. *Qu'il ne faut point confondre ce qui ſe dit contre le mariage des Moines, avec ce qu'on dit contre le mariage des gens d'Egliſe en général.* XIII. *Difficulté particuliere contre le mariage de ceux qui avoient voüé le célibat.* XIV. *Si le vœu de continence ſe peut obſerver. Trois grands inconvéniens pour ceux qui le nient. Exemples curieux de continence.* XV. *Bon remede à l'incontinence.* XVI. *Réponſe à quelques objections.* XVII. *Si l'Egliſe Romaine défend de ſe marier, & ſi elle fait bien de préférer les gens non mariez.* XVIII. *Réflexion ſur ce qu'on n'a pas eu égard aux vœux qu'avoient fait les Réformateurs.* XIX. *Réflexion ſur l'impertinence de l'homme.* XX. *Et ſur celle des Auteurs en particulier.* XXI. *Eloge du mariage.*

MONSIEUR,

Non, je ne ſaurois me perſuader que vous ne m'ayïez joüé cette Piéce. Vous aviez vû que j'avois témoigné un très-grand plaiſir d'avoir achevé le grand chapitre du motif des converſions, & celui du mariage, & que tout glorieux d'être enfin ſorti d'une matiere ſi féconde, j'avois mis peu après la derniere main à la premiere partie de mon Livre. Là-deſſus vous avez conçu le deſſein de me faire une petite malice, en ſuppoſant qu'on vous a fait une grande difficulté depuis peu de jours, ſur ces mêmes matieres du mariage. Vous m'avez auſſi-tôt écrit ce que c'étoit, & vous m'avez témoigné qu'on ne croïoit pas que je pûſſe parer un ſi rude coup. Avoüez la vérité: c'eſt vous-même qui êtes l'Auteur de cette nouvelle baterie: vous aimez à vous divertir, pourvû qu'il ne m'en coûte que de la peine. Je voudrois me perſuader, que je vous accuſe à tort. Faites tout ce que vous pourrez pour votre juſtification: j'aiderai puiſſamment vos excuſes, & qu'ainſi ne ſoit, vous allez voir que j'agirai tout comme s'il ne me reſtoit aucun ſoupçon. J'attribuerai à votre Monſieur Criſante la Lettre que vous me dites qu'il vous a écrite; & comme elle pourra ne pas ennuïer le Lecteur, je l'inſéterai toute dans la mienne. La voici. Je me trompois bien quand je vous préparois dernierement à ne recevoir point de moi, pendant pluſieurs mois, des Lettres à imprimer.

DIX-HUITIEME OBJECTION,

Contenuë dans une Lettre écrite à l'ami de l'Auteur de la Critique Générale le 3.
d'Octobre 1684.

»ON vient de me dire, Monſieur, non ſeule»ment que vous connoiſſez l'Auteur de la »Critique Générale de l'Hiſtoire du Calviniſ»me, mais auſſi que c'eſt à vous qu'il l'a écri»te. Je ne ſaurois donc mieux faire que de »m'adreſſer à vous, pour lui faire voir ſon éga»rement, & les Sophiſmes dont il a tâché de »colorer le mariage des Moines & des Prêtres »Apoſtats. Juſques ici les Miniſtres s'étoient »contentez de juſtifier ces conjonctions ſacrilé»ges, par la raiſon qu'il vaut mieux ſe marier

\# que

Margin notes (left column):

IX. que Mr. [Maim]bourg [n'ait] réparé [ſa] faute [à l']Hiſtoire [de la] Ligue.

X. [Concl]uſion.

Margin notes (right column):

I. Pourquoi on retouche cette matiere.

II. De ce que l'Auteur a adopté les plaiſanteries contre le mariage.

» que brûler, ou que se souiller avec des femmes
» illégitimes ; ils s'étoient contentez de parler
» magnifiquement *du saint état de mariage, que*
» *Dieu a si grandement honoré*, comme dit votre
» Liturgie, & de faire cent déclamations odieu-
» ses contre la prétenduë tyrannie du célibat ;
» mais voici un nouveau Critique qui prend une
» route toute différente. Si on l'en croïoit, les
» premiers Réformateurs n'ont rompu leurs
» vœux, qu'afin de trouver dans le mariage une
» maniere de mortification mille fois plus rude
» que toutes les disciplines & les macérations du
» Cloître ; & pour prouver ce Paradoxe, il nous
» étale les fausses plaisanteries de quelque Esprits
» mal tournez, qui ont parlé du mariage com-
» me d'un joug accablant, & des faveurs que
» l'amour nous fait sentir hors de l'Hyménée,
» comme de la chose du monde la plus délicieu-
» se. Dites-lui, Monsieur, que c'est un procédé
» peu sincere. C'est vouloir jetter de la poudre
» aux yeux ; c'est vouloir mettre les rieurs de
» son côté, & empêcher, par le faux plaisir
» d'une raillerie, que le Lecteur ne s'apperçoive
» de la foiblesse d'une cause.

» Il semble qu'il ait lû les anciens Poëtes.
» D'où vient donc qu'il a si mal profité de la re-
» marque de celui (*) qui a dit, *que c'est quelque*
» *chose que de faire rire, mais que cela ne suffit pas?*
» Vous pouvez même l'assure que tous les rieurs
» ne sont pas pour lui. J'en connois qui se mo-
» quent de son Sophisme, & qui disent haute-
» ment qu'ils n'y trouvent point le mot pour
» rire. Pour moi qui n'ai jamais passé pour un
» Caton, & qui aime à me divertir aussi-bien
» qu'un autre, je puis bien vous dire que je n'ai
» pû voir cet endroit de la Critique sans indi-
» gnation. Je connois le monde, Dieu merci :
» mais je ne me suis point apperçu que les li-
» bertains fuient le joug d'une femme. Ils se
» marient d'aussi bon cœur que les Dévots, &
» vivent souvent en aussi bonne intelligence avec
» leurs femmes, que les gens de bien.

» La vérité est que tous ces bons mots qu'on
» débite contre le mariage, ne sont que des amu-
» semens de conversation, & de misérables lieux
» communs, dont les Poëtes embellissent leurs
» Ouvrages. Tous ces Messieurs à Pieces Galan-
» tes, tous ces faiseurs de Madrigaux, & de bil-
» lets doux, ont intérêt à crier contre les maris,
» & à les rendre odieux à leurs femmes, comme
» n'ayant point pour elles toutes les complaisan-
» ces d'un amant. Ils opposent l'ardeur des
» amans au dégoût qui vient, disent-ils, à la sui-
» te de la jouïssance. Ils ont leur but, mais au par-
» tir de là chacun songe à se marier ; imitant en
» cela ceux qui frondent éternellement la Méde-
» cine, & qui divertissent les Compagnies par
» tous les contes que l'on fait des Médecins, dont
» ils sont après cela les premiers à se servir, dès
» qu'ils sont malades. Je veux même croire que la
» plûpart de ces Poëtes qui disent tant de mal
» des femmes, vivent fort bien avec les leurs,
» excepté quelques-uns qui en ont de fort galan-
» tes & de fort incommodes, d'où vient même
» la mauvaise humeur qu'ils témoignent con-
» tre tout le sexe. Moliere n'eût jamais dé-
» chiré les femmes, comme il a fait en tant
» d'endroits de ses Comédies, s'il eût été bien
» marié ; & autant en pourroit-on dire de plu-
» sieurs de ses Confreres, que je ne nomme pas,

» & qui font tant de jolis Vers contre le sexe &
» contre le mariage. Mais pour mieux connoî-
» tre le peu de fondement qu'il y a dans tous
» leurs discours, nous n'avons qu'à considérer
» qu'ils déguisent & qu'ils falsifient toutes cho-
» ses. Comment auroient-ils été fideles copistes
» de la Nature, ou fideles raporteurs de ce qui
» se passe dans le monde à l'égard du mariage,
» eux qui ont masqué tout ce qui leur a passé
» par les mains ?

» Voïez-moi un peu leurs Romans : y eût-il
» jamais rien de plus opposé à l'Histoire vérita-
» ble & vraisemblable, que les peintures qu'ils
» nous font de certains amoureux transis, qui
» se font aimer enfin après mille peines &
» mille poursuires, & qui cependant demeurent
» dans une immobilité auprès de l'objet aimé,
» de laquelle on n'a point d'exemples dans le
» monde ? Les femmes mêmes se moquent de
» tout cela, quand elles le lisent, quoique ce
» soit pour faire honneur à leur chasteté qu'on
» traite ainsi de l'amour. Il n'y a pas long-
» temps qu'une femme de qualité Espagnole,
» lisant le Roman de Cléopatre, & tombant
» sur une conversation passionnée d'un Amant
» & d'une Amante, se moqua de l'Auteur
» comme d'un méchant Copiste de la Na-
» turr, *Que d'esprit mal emploïé*, dit-elle ; *à quoi*
» *bon tous ces beaux discours quand ils sont ensem-*
» *ble ?*

» Il sembloit qu'on se fût voulu un peu apro-
» cher de la Nature, par ces petits Romans qui
» ont succédé à ceux de dix tomes ; & en effet
» les choses s'y passent un peu plus humaine-
» ment ; mais néanmoins on n'y parle pas de cent
» choses qui ne manquent jamais de se pratiquer
» entre les personnes qui s'aiment ; desorte qu'il
» semble que la Nature ait été contrainte de se
» réfugier dans les Romans de Hollande ; car on
» dit qu'il s'y en débite qui sont très-conformes
» à l'Histoire naturelle.

» Nos petits Romans donnent quelquefois des
» caracteres si outrez & si chimériques, que ceux
» qu'on faisoit il y a trente ou quarante ans en
» plusieurs Volumes, n'ont rien de plus excessif.
» Par exemple qu'y a-t-il de plus imaginaire que
» le Duc Nemours, & la Princhesse de Cleves,
» dans le Roman qu'on a fait pour eux ? Il est
» aimé, il sait qu'il est aimé, il est le plus ga-
» lant homme, le mieux fait, & le plus aima-
» ble de son siecle, & il n'ose pas seulement dire
» un mot de son amour. Sa Maîtresse sent une
» passion pour lui extrêmement violente, &
,, nonobstant tout cela ils ne font rien, ni de
,, disent rien. Le monde ne produit point des
,, gens de cette espece, ils ne sont que le pur
,, Ouvrage d'un Romaniste. Je voudrois bien
,, qu'on me montrât une Dame en France, qui
,, fût le vrai Original de la Princesse de Cleves.
,, S'il y en avoit une, je vous promets que j'irois
,, la voir, quand il me faudroit faire quatre cens
,, lieües à pied. Mais je crois qu'il seroit encore
,, plus rare de trouver l'Original du Duc de Ne-
,, mours parmi les Seigneurs de la Cour. On ne
,, connoît point cette grande timidité, ni ce
,, grand respect dans notre siecle. On se plaint,
,, & on demande quand on souffre, & on
,, connoît assez le naturel de celles qui sont
,, cause qu'on souffre, pour espérer qu'elles ne
,, seront pas fâchées qu'on se plaigne, & qu'on
,, de-

(*) *Ergo non satis est risu diducere rictum*
Auditoris, & est quadam tamen hic quoque virtus.

Horat. Saty. 10. L. 1.

» demande. Non seulement notre siecle est ainsi
» fait, mais aussi tous les siecles précédens ont
» été de même, & surtout celui où le Duc de
» Nemours vivoit. Lui en particulier étoit in-
» capable de retenuë, comme on le peut recueil-
» lir de Brantôme qui l'a connu, & qui en parle
» de cette maniere.

» Qui n'a vû Monsieur de Nemours en ses an-
» nées gayes, il n'a rien vû, & qui l'a vû le peut
» baptiser par tout le monde, la fleur de toute Che-
» valerie, & pour ce fort aimé de tout le monde,
» & principalement des Dames, desquelles (au moins
» d'aucunes) il a tiré des faveurs & bonnes fortu-
» nes plus qu'il n'en vouloit, & plusieurs en a-t-il
» refusé qui lui en eussent bien voulu départir. J'ai
» connu deux fort grandes Dames, des belles du
» monde, qui l'ont bien aimé, & qui en ont brû-
» lé à feu découvert & couvert, que les cendres
» de discretion ne pouvoient tant couvrir qu'il ne
» parût. Plusieurs fois leur ai-je vû laisser les Ves-
» pres à demi dites, pour l'aller voir jouër ou à la
» paume, ou au ballon, en la bassecourt des logis de
» nos Rois : pour en aimer trop une & lui être fort
» fidele, il ne voulut aimer l'autre qui pourtant l'ai-
» moit toûjours. Je lui ai ouï raconter plusieurs fois
» de ses avantures d'amour; mais il disoit que la plus
» propre recepte pour jouir de ses amours étoit la
» hardiesse, & que qui seroit bien hardi en sa pre-
» miere pointe, infailliblement il emporteroit la for-
» teresse de sa Dame, & qu'il en avoit ainsi conquis
» de cette façon plusieurs & moitié à demi force,
» & moitié en jouant en ses jeunes ans.

» Jugez si ce n'est pas avoir bien choisi, que
» d'avoir fait joüer au Duc de Nemours le per-
» sonnage qu'il joüe dans le Roman de la Prin-
» cesse de Cleves, qui est d'ailleurs fort beau.
» Si les grands Esprits gâtent ainsi la Nature &
» la vérité, que sera-ce des petits Auteurs, &
» des Poëtes ?

VI.
Roman
de la Du-
d'Estra-

» On a fait depuis un autre Roman qui a de
» l'air de celui-là, & qui nous donne le caracte-
» re le plus outré qui se puisse voir, d'un hom-
» me qui ne sauroit aimer sa femme, parce que
» c'est sa femme. Ce Roman s'intitule la Du-
» chesse d'Estramene. La finesse, la délicatesse,
» l'esprit, la vivacité n'y manquent point. Il
» n'y a que la Nature qu'on n'y trouve pas as-
» sez. On y trouve de l'amour, & cela est fort
» naturel : mais cet amour est accompagné de
» tant d'égards pour une vertu quintessenciée,
» qu'on voit bien que ce n'est qu'un jeu d'i-
» magination ; ce n'est plus la Nature. Il eût
» mieux valu la bannir tout-à-fait de ce Roman,
» que de l'y faire entrer par un côté, & sortir
» par l'autre. S'il faut de l'amour dans un Ro-
» man, qu'on y en mette ; mais qu'on y mette
» aussi les effets naturels & ordinaires de l'amour.
» Pour revenir au personnage de ce mari dégoûté,
» son caractere est si excessif, qu'on n'a pû s'em-
» pêcher de s'en plaindre publiquement. Voici
» ce qui en a été dit dans une Lettre imprimée,
» & adressée à l'Auteur de ce Roman.

» Le Duc d'Estramene (*) me paroît un homme
» bien extraordinaire. Ne pouvoir pas seulement
» souffrir sa femme, elle qui étoit si aimable ! Cela
» est étrange. Passe encore, s'il eût eu quelque chose
» dans le cœur, mais il n'y avoit rien. Vous al-
» lez rejetter la cause de cette aversion sur le maria-
» ge, & m'expliquer la vertu qu'il a de gâter le
» mérite de la personne du monde la plus accom-

» plie. Mais à qui parlez-vous ? Je ferois leçon
» aux autres sur ce chapitre-là, & si vous me con-
» noissiez, vous n'en douteriez pas. Cependant j'ai
» peine à me figurer de quel caractere étoit le Duc
» d'Estramene. Il estimoit sa femme ; il ne la croyoit
» prévenuë d'aucune passion ; il n'en étoit point pré-
» venu non-plus ; il n'y avoit rien de plus aimable
» que la personne qu'il venoit d'épouser, & la seu-
» le haine qu'il a pour les engagemens lui inspire de
» l'horreur pour elle. En verité je me croyois bien
» libertin, mais je le cede au Duc d'Estramene.
» J'avoüe que j'aurois bien pû vivre un mois ou
» deux avec une femme comme la sienne, sauf à la
» quitter après cela comme il fit ; car à cela près
» qu'il la quitta trop tôt, je ne désaprouve point
» son procédé. Mais ce n'est pas dans les com-
» mencemens que le mariage est le plus mauvais. Il
» produit alors même entre les personnes qui ne sont
» pas destinées à s'aimer, un certain feu de peu de
» durée qu'on prendroit pour de l'amour, si l'on ne
» s'y connoissoit pas. Franchement je pardonnerois
» encore plûtôt à la Duchesse sa vertu, qu'au Duc
» son libertinage. L'action qu'il fait est sans exem-
» ple, & à ce que je crois, sans fondement.

» Voilà comment ceux-mêmes qui n'ont pas
» trop de disposition à aimer leurs femmes, con-
» damnent les excès vraisemblables dont les
» Romans font mention. Or comme ces sortes
» de Livres sont à la portée de tout le monde, ils
» introduisent cent lieux-communs dans le lan-
» gage ordinaire, qui ne changent pas pour cela
» la conduite de la vie. Et delà paroît l'illusion
» de votre ami, qui adoptant tous les lieux-
» communs qui prennent leur origine dans les
» Romans, dans les Comédies, & dans tels au-
» tres petits Livres, sans être fondez sur la pra-
» tique des hommes, nous a voulu persuader
» que si les Moines ou les Prêtres qui donnerent
» dans la prétenduë Réforme, n'eussent pas été
» d'honnêtes gens, ils auroient fuï le mariage
» comme la peste. Le beau début ! Comme s'il
» n'y avoit que les gens de bien qui épousassent
» des femmes.

VII.
De la maniere
dont ces mê-
mes Auteurs
parlent de
leurs tourmens
amoureux.

» Pour mieux faire comprendre les égaremens
» où l'on tombe, lorsque l'on juge des choses
» par les descriptions des Poëtes & des faiseurs
» des Romans, je n'ai qu'à vous avertir de la
» coûtume perpetuelle qu'ils observent, lorsqu'ils
» parlent de leurs tourmens amoureux. Ils di-
» sent que les rigueurs de leur Maitresse déchi-
» rent leur cœur plus cruellement que ne firent
» jamais les vautours de Prométhée; qu'elle est cent
» fois, mille fois plus cruelle, que n'est le Tygre aux
» bois, que les Rochers sont incomparablement
» moins durs qu'elle, &c. Ils emploient toutes
» les raisons imaginables pour la fléchir, ils lui
» font une peinture de l'amour & de ses plai-
» sirs la plus charmante du monde ; ils la mena-
» cent du temps à venir, temps où sa beauté sera
» passée, & où elle se repentira d'avoir si mal pro-
» fité du printems de ses beaux ans. Ils font au
» sexe mille Sermons pour l'exhorter à se defai-
» re de son indifference, ou plûtôt de son im-
» placable dureté : on lui dit qu'il y a de la folie
» à en user de la sorte, & que la sagesse de la
» jeunesse, c'est de savoir joüir de ses apas. Tou-
» tes les Pieces galantes & les Opera sont rem-
» plis de ces pensées. Je vous prie, quel tort
» ne feroit-on pas au beau sexe, si on en ju-
» geoit par cette sorte de Livres ? Si des gens
» ve-

» venoient du monde de la Lune en France avec
» une science infuse de notre Langue ; & si avant
» que de voir le sexe, ils lisoient ces beaux Li-
» vres-là, quelle idée fausse & plus éloignée de
» la vérité que le Ciel ne l'est de la terre, ne se
» formeroient-ils point des femmes ? Ils s'ima-
» gineroient qu'elles sont toutes des furies & tou-
» tes des bêtes à cornes, à griffes, à dens aiguës &
» acerées, qui mordent, qui ruent, & qui dé-
» chirent les pauvres hommes en même temps.
» A tout le moins croiroient-ils que se plaindre
» à une statuë, & lui demander quelque grace,
» comme faisoit Diogene pour s'accoutumer aux
» refus, & soupirer auprès d'une fille, c'est tou-
» te la même chose. Or vous savez aussi-bien
» que moi, Monsieur, que ce n'est pas ainsi
» qu'il faut se représenter les femmes. La Na-
» ture ne leur a point donné ces méchantes qua-
» litez. Rien n'est plus humain, ni plus doux,
» ni plus honnête, ni plus civil qu'elles. C'est
» avec elles que les hommes aprennent à être ci-
» vils & complaisans ; & bien-loin que la cruau-
» té soit leur partage, qu'au contraire la Nature
» les porte à la compassion, avec plus de force
» qu'elle n'y porte les hommes. Pour ce qui est
» de l'amour, elles n'y sont pas insensibles. Si
» nous faisons le premier pas, elles font pour l'or-
» dinaire les deux suivans :

» S'il l'aima fort, elle de son côté,
» (Dont bien nous prend) ne lui fut pas cruel-
» le (*).

» Chacun sait qu'elles ont un grand plaisir à
» se voir entourées de Galans. A peine savent-
» elles parler, qu'on leur en promet, pourvû
» qu'elles fassent ce qu'on leur commande, & on
» voit, (tant est grande la force de la Nature en
» cela !) qu'elles en aprennent mieux leur leçon,
» lorsqu'on leur fait ces belles promesses. Les
» Diseuses de bonne avanture n'ont point de
» meilleur secret, pour excroquer un présent aux
» jeunes filles, & pour les bien divertir, que de
» les assurer qu'elles se marieront bien-tôt (A).
» Quand on auroit la dureté de leur montrer ce-
» la en éloignement, comme on fit l'Empire à
» Galba (B) & tu, Galba, quandoque degustabis im-
» perium, & vous aussi vous en tâterez un jour, on
» ne laisseroit pas de leur dorer la pillule (C). Les
» petites filles, qui ont le plus de disposition à
» la chasteté, ne laissent pas de lever l'oreille à
» ce doux mot de mariage, & de vaincre par le
» secours de ce charme leurs autres passions.
» Je n'en saurois produire de meilleur témoin
» que la feuë Reine. Un jour (D) que Philippe
» IV. se promenoit en gondole al buen Re-
» tiro, on ne la put jamais engager à s'embar-
» quer, tant elle craignoit l'eau, que quand le
» Roi s'avisa de la menacer qu'elle ne seroit donc
» point mariée à Loüis XIV, parce qu'il faloit
» passer la mer pour entrer en France. Cette
» menace eut un tel pouvoir sur l'Infante,
» quoiqu'elle n'eût encore que cinq à six ans,
» qu'elle se jetta d'abord & hardiment dans la
» barque. On ne sauroit faire plus mal sa Cour
» au sexe qu'en prêchant contre le mariage, &
» c'est le moyen le plus propre de diminuer leur

» caquet dans les Compagnies, où elles l'ont si
» joli, & si abondant. Aussi ont-elles une
» aversion implacable contre les hommes qui
» donnent dans les passions Italiennes, parcequ'en
» tant qu'en eux est, ils bannissent le mariage
» du monde. Il ne faut pas tant s'étonner si
» les plus vertueuses aspirent au mariage comme
» à leur souverain bien, puisqu'elles le regardent
» comme la recompense des combats & des pei-
» nes qu'elles endurent, pour conserver cette fleur
» que tant de gens muguetent, & qu'elles ne
» sauvent quelquefois que comme par feu. On
» diroit que le jeune Pline a fait allusion à cette
» pensée, lorsqu'il a dit que quand on choisit
» un mari à une fille (E), il ne faut pas compter
» pour peu de chose la bonne mine du garçon,
» sa vigoureuse corpulence, & son teint frais &
» vermeil ; car, dit-il, on doit cela à la chasteté
» des filles comme un salaire. Il fait bon vous
» entendre, vous autres Messieurs les Hugue-
» nots, quand vous déclamez contre la bar-
» barie de ces Peres & Meres dénaturez, qui
» confinent leur filles dans des Couvens. As-
» surement vous n'avez pour but que de ren-
» dre odieuse l'Eglise ; mais il faut avouer que
» vous entrez assez bien dans les sentimens de la
» Nature, & que vous attrapez souvent l'état ve-
» ritable de ces pauvres filles, qui ne deman-
» doient qu'un mari, & qui au lieu de cela se
» voient condamnées à garder une intégrité
» qui leur pese comme une montagne, & dont
» une bonne nôce leur ôteroit le fardeau à leur
» honneur & contentement. C'est pour vous
» montrer que l'esprit de contradiction ne me pos-
» sede pas de telle sorte, que je n'avoue ce en
» quoi vous pouvez avoir raison. S'il y a quel-
» que chose où vous en ayez, c'est sans doute
» dans le point, qu'un Couvent n'accommode
» pas une jeune fille, & que laissant là le mieux
» dont parle Saint Paul, elle veut le bien dont
» parle le même Apôtre, qui consiste en ce qu'un
» Pere donne un mari à sa fille. Il couroit l'an-
» née passée un Madrigal de Mr. Quinaut, fort
» joli, & qui étant venu jusqu'à mon Canton,
» me persuada que l'Auteur avoit raison de par-
» ler comme il y parle. Ecoutons-le :

D'un Madrig.
de Quinaut,
des deux Répo-
ses qu'on y a fai-
tes.

L'Opera difficile.

» Ce n'est pas l'Opera que je fais pour le Roi,
» Qui m'empêche d'être tranquille :
» Tout ce qu'on fait pour lui paroît toûjours fa-
　　　» cile.
　　» La grande peine où je me voi,
　　» C'est d'avoir cinq filles chez moi,
　　» Dont la moins âgée est nubile.
» Je dois les établir, & voudrois le pouvoir.
» Mais à suivre Apollon on ne s'enrichit guere :
» C'est avec peu de bien un terrible devoir,
» De se sentir pressé d'être cinq fois beau-pere.
　» Quoi ? Cinq Actes devant Notaire,
　» Pour cinq filles qu'il faut pourvoir ?
　» O ciel, peut-on jamais avoir
　» Opera plus fâcheux à faire ?

» Il a couru aussi deux réponses à ce Madri-
» gal, desquelles j'ai vû la Copie. La premiere

___

(*) Sarrazin.
(A) » Conferez ceci avec le Dict. Hist. & Crit. Art.
» GONZAGUE (ISABELLE DE) Rem. A.
(B) Tacit. Annal. l. 6.
(C) » MS. Confer qua Cayet, Hist. Sept. p. 63. tou-
» chant la sœur de Henri IV.

(D) » Mr. l'Abbé de la Chambre, Or. fun. de la Reine.
(E) Est illi facies liberalis multo sanguine, multo rubore
suffusa. Est ingenua totius corporis pulchritudo & quidam
Senatorius decor : qua ego nequaquam arbitror negligenda :
debet enim hoc castitati puellarum quasi præmium dari.
Plinius, Epist. 14. l. 1.

» re ne me plaît point du tout. On représente à » Mr. Quinaut qu'il doit imiter le pere & la » mere, & tous les autres parens des Muses, » qui ne se sont jamais tourmentez pour les ma- » rier, quoiqu'elles soient neuf en nombre toutes » très-nubiles. Ils se sont reposez de cette affaire » (lui dit-on) sur la sagesse du Destin, & on » lui conseille de s'en reposer pareillement sur les » soins de sa Majesté. La belle consolation pour » ces cinq jeunes Demoiselles! Je suis assuré que » cela ne leur a point plû. Cet exemple des » neuf sœurs qu'on appelle Muses, & qui sont » demeurées Vierges jusques à l'extrême vieil- » lesse où elles sont déja parvenuës, n'est pas » de bon augure, & a dû leur faire grand peur; » & cette résignation au Destin, & aux soins d'un » grand Monarque qui a tant d'autres choses à » faire, n'accommode point assurément cinq fil- » les dont la plus jeune est toute prête. Mais » l'autre réponse me paroît incomparable, en » voici la teneur:

J'en sais, galant Auteur, qui ne vous plaignent
        guére,
De vous sentir pressé d'être cinq fois beau-pere.
      Si cet empressement
Vient des partis qui brûlent pour vos filles,
    Et qui cherchent votre agrément,
    Pour les mettre dans leurs familles;
Vous savez l'art de feindre, & pouvez finement
Aporter des délais à leur contentement.
Si c'est d'elles qu'il vient; ah, c'est une autre
      affaire.
Le danger, en ce cas, suit le retardement.
Il faut pour l'éloigner veiller exactement;
A cinq dots à la fois qui pourroit satisfaire?
    L'embarras n'est pas ordinaire;
L'un est un Opera, l'autre un fâcheux tour-
    ment.
Je vous en plains, & plains extrêmement.

» Et moi aussi, Monsieur, quoique je ne » sache pas au vrai si l'empressement vient des » Galans ou des filles. Au premier cas le Poë- » te remarque judicieusement que les délais se » peuvent trouver, mais qu'au second ils sont » dangereux. Je connois à ce seul trait, qu'il » a de l'esprit & du monde. Un homme qui » veut se marier renvoye plus aisément la partie, » que ne le fait sa Maîtresse qui a le même vou- » loir. Ainsi l'on peut présupposer sans beaucoup » de témérité, que Mr. Quinaut est à plaindre. » J'en parle par expérience. Tandis que j'avois » deux filles à marier, veritables filles de pere, » & qui ne dégeneroient pas, je me sentois un » fardeau terrible sur les épaules. Je les ai pla- » cées, Dieu merci, il y a long-temps, & n'en » suis plus en peine, & souhaite le même sou- » lagement à tous ceux qui en ont besoin. Que » voulez-vous qu'on y fasse? Puisque la Nature » le veut, il faut la contenter, & je suis bien-aise » que notre sexe plaise à l'autre comme l'autre » nous plaît aussi. Je louë de tout mon cœur » les femmes, de ce qu'elles sont portées de si » bonne volonté pour nous, & je voudrois que » tout le monde les en louât, au lieu de faire » tant de Vers qui les décrient, contre tout droit » & raison, comme des barbares & des tigresses. » Avoüons la verité, ces hommes venus de

» la Lune qui pratiqueroient nos Dames, après » avoir luës nos Poësies, seroient bien surpris de » les trouver si peu conformes au portrait qu'ils » en auroient vû dans les Livres. Encore un » coup rien n'est plus humain, ni plus affable, » ni plus tendre que le beau sexe. Ces Messieurs » d'un autre monde trouveroient assurément que » nous faisons des exhortations bien inutiles, puis » que nous en employons tant à persuader aux » femmes une chose à quoi elles sont si portées » d'elles-mêmes, savoir, *à profiter du printems de* » *leurs beaux ans, à se donner à la tendresse, & à ne* » *perdre point ces précieux momens.* Mais que ne di- » roient-ils pas quand ils verroient autel contre » autel, je veux dire, quand au sortir de l'Eglise ils » iroient à l'*Opéra?* Ils verroient que ce sont deux » lieux où il y a de la Musique, & grande As- » semblée, & un Bureau pour recevoir de l'ar- » gent. A l'*Opéra* l'on condamne la Jeunesse qui » ne se donne pas toute entiere aux doux plai- » sirs de l'amour, & on la traite de fole. Au » Sermon au contraire l'on nous dit que la vé- » ritable sagesse consiste à renoncer aux faux » plaisirs. Ne demanderoient-ils point avec éton- » nement à quoi il s'en faut tenir parmi des » Prédicateurs si opposez, & où est la Comédie, » à l'Eglise, ou sur le Théatre?

» Remarquez, s'il vous plaît, la différence » qui se trouve entre le stile des Poëtes, quand » ils écrivent à leurs Maîtresses, & quand ils » écrivent à leurs amis. Malherbe nous en four- » nira un bel exemple; les Vers qu'il faisoit pour » elles les représentent dures comme du fer; mais » voici ce qu'il écrivoit lorsque l'âge le rendoit » incapable de profiter de leur douceur. *Mon* » *souhait* (*) *ne s'arrête point à la privation de la* » *douleur, il va aux délices, & non pas à tou-* » *tes; car je ne confonds point l'or avec le cui-* » *vre, mais à celles que nous font goûter les fem-* » *mes en la douceur incomparable de leur commu-* » *nication. Toutes choses à la verité sont admira-* » *bles en elles, & Dieu qui s'est repenti d'avoir fait* » *l'homme, ne s'est jamais repenti d'avoir fait la* » *femme. Mais ce que j'en estime le plus, c'est* » (*remarquez bien*) *que de tout ce que nous posse-* » *dons, elles sont seules qui prennent plaisir d'être* » *possedées. Allons-nous vers elles, elles font aussi-* » *tôt la moitié du chemin. Leur disons-nous mon* » *cœur, elles nous répondent mon ame. Leur de-* » *mandons-nous un baiser, elles se collent sur notre* » *bouche. Leur tendons-nous les bras, les voilà* » *penduës à notre col. Que si nous les voulons voir* » *avec plus de privauté, y a-t-il péril ni si grand,* » *ni si présent où elles ne se précipitent pour satisfaire* » *à notre desir. Si après cela il y a malheur égal* » *à celui de ne pouvoir plus avoir de part en leurs* » *bonnes graces, je vous en fais juge, & m'assure* » *que vous aurez de la peine à me condamner.* » *Mais il ne faudroit guéres continuer ce discours* » *pour me porter à quelque desespoir.* Le bon hom- » me avoit trouvé les femmes si commodes & si » débonnaires, & tant de plaisirs dans leurs ca- » resses, qu'il ne se pouvoit consoler de s'en » voir exclus par les infirmitez de l'âge. Te- » moin ce qu'il dit un jour à Monsieur de Bel- » legarde: (A) *Vous faites bien le galant & l'amou-* » *reux des belles Dames; lisez-vous encore à Li-* » *vre ouvert? C'étoit sa façon de parler, pour dire,* » *s'il étoit encore prêt à les servir. Monsieur de* » *Bellegarde lui dit qu'oüi. Malherbe répondit*
                    » *en*

(*) „ Lettre de Monsr. de Balzac.
   Tom. II.

(A) „ Vie de Malherbe, p. 19.

Lettre XXI.

» en ces mots, parbleu, Monsieur, j'aimerois » mieux vous ressembler en cela, qu'en votre Duché » & Pairie.

» Si votre ami a tant soit peu de sincerité, » il reconnoîtra qu'il a eu grand tort de juger » de la disposition des hommes, par quelques » discours de plaisanterie qu'on lit dans certains » petits livrets. On s'en peut divertir dans les » Compagnies, & en faire la guerre à son pro-»chain pour tuer le temps. Mais c'est tout » l'usage qu'on en doit faire : cependant il en a » voulu tirer une raison d'importance, pour jus-»tifier le mariage des Ecclésiastiques Apostats. »Grande illusion !

IX. Combien les Pieces de Theatre choquent la vraisemblance.

„ N'a-t-il pas pû remarquer que les Comé-»dies les plus agréables & les plus jolies, com-»me celles de Moliere, qui devroient être une » image de la vie, & peindre fidellement nos » mœurs, vont toûjours au-delà du naturel, & » cela pour l'ordinaire parce qu'on veut à tou-»te force faire entrer l'amour partout ? Il n'y » auroit rien de plus beau que le Misantrope » Moliere, s'il ne l'avoit pas gâté, en donnant » à ce bourru d'homme une foiblesse, & une » opiniâtreté du côté de l'amour, qui choque » toute vraisemblance. C'est une fatalité pour les » Poëtes, que dès qu'ils se mêlent de parler d'a-»mour & de mariage, ils nous jettent dans les » espaces imaginaires où l'on ne se reconnoît plus, » Ce n'est pas qu'ils ne choquent la vraisem-»blance qu'en cela, c'est qu'ils ne la choquent » point tant dans les autres choses. Toutes les » Piéces de Théatre, du commencement jusqu'à » la fin, ont quelque chose d'opposé à la Na-»ture; car où voit-on des laquais qui fissent un » message en Vers, ou des Rois & des Reines » qui accusent la fortune par sentences bien ri-»mées & bien cadencées ? C'est bien pis dans » l'Opéra où l'on meurt, & où l'on se querelle » en chantant. Vantons-nous après cela que le » goût de ce siecle est si bon, que tout ce qui » s'écarte de la Nature & du vraisemblable, lui » déplaît. Le succès des Pieces de Théatre nous » dément, & nous convainc de fausseté tous les » jours sur ce point-là. Un de mes amis se » plaignoit à moi depuis peu, qu'au lieu de di-»re avec un Auteur moderne, (*) *qu'il n'y a pres-»que plus rien de naturel chez beaucoup de Dames » du grand monde, ni teins, ni tailles, ni senti-»mens, & que la Nature s'est refugiée chez les » Grisettes;* il faudroit dire, qu'elle ne trouve » aucun asyle nulle part, & qu'on farde géné-»ralement toutes choses. Je lui répondis qu'il » avoit raison en un certain sens, mais que d'ail-»leurs il étoit fort vrai que la Nature avoit par-»tout de bonnes & sûres retraites, & qu'il la » trouveroit assez, & peut-être plus qu'il ne » voudroit, partout où il porteroit ses pas.

X. Passage de Rampale & de M. Arnaud sur le mariage.

» Mais revenons à votre ami. Il eût mieux » fait de consulter Mr. Arnaud que certains Au-»teurs Satyriques & Goguenards qui ont plai-»santé sur le mariage. L'un d'eux (A) après une » longue invective où il a debité cent fausses pén-»sées, comme que si une femme commande » souvent au même valet, le mari se persuadera »qu'elle l'aime, puisqu'elle s'agrée à ces ser-»vices; & ne le commandant point, il croira » de même qu'elle l'aime, puisqu'elle l'épargne;

(*) „ Lettres du Chevalier d'Her. . .
(A) „ Rampale dans son 5. Discours Académique.
(B) *Pone seram, cohibe. Sed quid custodiet ipsos Custodes ? cauta est, & ab illis incipit uxor.* Juvenal. Sat. 6.

»de-plus, que si nous lui laissons trop de liber-»té, l'occasion la fera pêcher, & si nous la te-»nons trop contrainte, cette difficulté lui en aug-»mentera l'envie; qu'ayant trop de licence elle » trouvera tant de commoditez que quelqu'une » la tentera, & n'en ayant point elle se servira » de la premiere; ses gardes deviendront les com-»plices de notre honte (B): il faudra de nouveaux » espions pour veiller sur la fidelité des premiers; »& si nous sommes trop curieux à nous éclair-»cir de nos soupçons, nous craindrons de ren-»contrer dans notre infamie la verité de nos » défiances; après avoir, dis-je, poussé cent » Lieux-communs de cette force, il conclut, *qu'il » n'est que trop vrai qu'après la Religion des Ca-»pucins, celle des mariez est la plus austere.* Vo-»tre ami semble donner là-dedans; car peu s'en » faut qu'il n'introduise les Moines qui embras-»serent la prétenduë Réforme, choisissant des » femmes, parcequ'ils ne trouvoient pas que la » discipline du Couvent fût une assez bonne » mortification. A son dire ils imitoient Epicure » *qui se faisoit mignarder à la goutte, & mépri-»sant les douleurs moins âpres (comme dit Mon-»tagne) (c) dédaignant de les luiter & les com-»battre, il en appelloit & desiroit de fortes, poi-»gnantes, & dignes de lui :*

„ (D) *Spumantemque dari pecora inter inertia votis*
„ *Optat aprum, aut fulvum descendere monte leonem.*

» Ces pensées me font pitié, & si vous étiez » capable de les approuver, je pense que je rom-»prois avec vous. C'est pousser la plaisanterie » dans des excez ridicules :

„ (E) *Quanto rectius is qui nil molitur inepte ?*

» Je veux dire Monsieur Arnaud, qui soutient » que le célibat des Prêtres étoit en usage du tems » du Schisme des Donatistes, par cette raison, que » s'en étant converti un si grand nombre, (F) *il ne » s'en est pas trouvé un seul qui eût une femme avec » laquelle il eût vecu en mari, ce qui auroit fait » une difficulté à laquelle il auroit falu pourvoir. » Or,* ajoûte-t-il, *l'homme laissé à lui-même est » si naturellement porté au mariage, que s'il leur » eût été libre de se marier, comme il l'est présen-»tement aux Evêques & aux Prêtres d'Angleter-»re, il eût été moralement impossible qu'il ne s'en » fût trouvé plusieurs qui eussent voulu user de cette » liberté.*

XI. Passage de l'Évêque de Bellai, de Surius, &c. contre les Ministres mariez.

» C'est parler juste cela, & non pas comme vos » Déclamateurs. Tant s'en faut que l'homme » ait quelque éloignement pour le mariage, qu'au » contraire il y tend comme à son centre, & » qu'il faut un contrepoids extraordinaire pour » l'arracher de cet élement. Vous avez pû re-»marquer, Monsieur, en lisant les Livres de » Controverse, que vos Ministres nous reprochent » éternellement les éloges excessifs, que les Dé-»vots de la sainte Vierge lui donnent. On leur » répond entre autres choses, qu'ils ne doivent » pas prendre cela au pied de la lettre, & qu'ils » savent bien que l'amour nous met dans la bou-»che mille termes ardens & outrez : que quand » ils caressent leurs femmes, ils ne reglent pas » trop leur stile, & qu'il y auroit de la chica-»ne à leur faire des procez sur cela. Voici com-
„ me

(c) „ Essais, l. 2. ch. 2.
(D) „ Virgil. Æneid. 4.
(E) „ Horat. de Arte Poët.
(F) „ Remarque sur une Lettre de Mr. Spon, p. 71.

»me Monfieur le Camus, Evêque de Bellai,
»parle au Miniftre Drelincourt. *Vous autres*
»*Meffieurs les Pafteurs de l'Eglife Proteftante, qui*
»*avez de cheres moitiez, n'ont tant comme des ac-*
»*cidens infeparables de votre fubftance, que comme*
»*les os de vos os, & la chair de votre chaire, voire*
»*qui n'êtes qu'une chair en deux perfonnes, dites*
»*bien d'autres termes plus careffans à ces ames devos*
»*ames, à ces vies de vos vies, à ces vies de vos cœurs*
»*& de vos ames, à ces ames de vos vies & de*
»*vos cœurs, que le monde n'entend pas; car vous*
»*êtes ces Spirituels qui jugez tout le monde, voi-*
»*re les Anges, à plus forte raifon les Romains,*
»*fans pouvoir être jugez de perfonne.* Ce Prélat
»fait fans y penfer l'éloge de vos Miniftres;
»car il reconnoît qu'ils font de très-bons maris,
»& qu'ils careffent bien leurs femmes, comme
»tout honnête homme doit faire. Je veux croi-
»re que cet éloge eft jufte, & qu'ainfi votre
»faifeur de Critique Generale devoit à tout le
»moins excepter vos premiers Réformateurs,
»du nombre de ceux qui regardent le mariage
»comme un joug.

»Surius en a fait un jugement plus confor-
»me à la Nature quand il a dit, *que ceux qui*
»*fortent du Cloître font tels qu'ils font en danger*
»*de mourir de froid, s'ils ne prennent promptement*
»*pour mettre dans leur couche une belle jeune pucelle,*
»*pour les rechauffer & reveiller.* La force de la ve-
»rité a contraint quelques-uns de ces défroquez
»d'avoüer, que la dure loi du célibat étoit la
»premiere erreur qu'ils avoient découverte dans
»l'Eglife. Je vous cite un des Auteurs qui ont
»répondu à Monfieur Maimbourg. * *Ce fut*
»*dans la verité, dit-il, une erreur que Zuin-*
»*gle détefta dans la Communion de Rome, mais*
»*ce ne fut pas la feule qui lui déplut, & qu'il tâ-*
»*cha de détruire. D'un mal l'on en decouvre*
»*un autre; ainfi du celibat, joug d'interêt & de*
»*politique du Siege Romain, l'on paffé aux autres*
»*abus.* (A) *J'ai oüi dire,* pourfuit-il, *à un hom-*
»*me digne de foi, avoir entendu de la bouche de*
»*feu Monfieur François Cupif, Gentilhomme An-*
»*gevin, Docteur de la Maifon & Societé de Sor-*
»*bonne, & qui eft mort Pafteur à Leyde, que cet*
»*Article du celibat, fi injuftement ordonné & fi mal*
»*obfervé, avoit été la premiere erreur qui lui avoit*
»*ouvert les yeux pour découvrir les autres.* C'eft
»cela. On fent les aiguillons de l'amour, on
»brûle d'envie de tenir une femme entre fes bras,
»on eft dans une Religion qui ne vous laiffera
»pas marier, ayant fait des vœux du contraire;
»on en voit une autre qui vous applaudira, fi
»vous y allez vous marier. Le cœur féduit l'ef-
»prit là-deffus, & nous perfuade qu'une Reli-
»gion qui nous offre les douceurs de la vie que
»nous fouhaitons le plus, eft meilleure que celle
»qui nous les défend. Pourquoi eft-ce que vo-
»tre ami n'a point vû cette illufion, ou s'il l'a
»vûë, pourquoi a-t-il eu la mauvaife foi de
»n'en point parler?

XII.
[di]fférence en-
[tre] le mariage
[des] Moines, &
[ce]lui des gens
[d']Eglife en gé-
[né]ral.

»Il faut que je lui reproche une autre mau-
»vaife foi, qui lui eft commune avec tous vos
»Ecrivains. Quand nous vous parlons des Moi-
»nes qui commençoient leur prétenduë Réforme
»par époufer une femme, vous ne nous répon-
»dez autre chofe, finon que dans la primitive
»Eglife il y a eu des Evêques & des Prêtres
»mariez, & que la Parole de Dieu ne défend
»le mariage à qui que ce foit; qu'au contraire
»il nous y eft prédit, que des gens qui enfei-
»gneront des doctrines diaboliques, défendront
»de fe marier. Souffrez, Mr. que je vous dife
»qu'en cela vous donnez le change tout-à-fait
»mal-honnêtement, & que pour fuir la difficulté
»vous la prenez à gauche, & fort de travers.
»Monfieur Nicole vient de le montrer (B) à votre
»Monfieur Claude d'une maniere vifible. Il
»n'étoit point proprement queftion fi l'Ecriture
»permet ou ne permet pas le mariage aux Ec-
»cléfiaftiques, & fi dans les premiers fiecles
»l'Eglife le leur permettoit; il étoit queftion
»de favoir fi un homme qui a promis folemnel-
»lement à Dieu de ne fe point marier, le peut
»faire en bonne confcience, & fur cela l'on
»vous défie de répondre. Vos Meffieurs fentent
»bien que c'eft un nœud indiffoluble; c'eft
»pourquoi ils font femblant de ne pas voir que
»c'eft-là la difficulté : ils font accroire à leur
»Lecteur qu'il s'agit de toute autre chofe.

XIII.
Difficulté par-
ticuliere con-
tre le mariage
de ceux qui
avoient voüé
le célibat.

»Pour vous donner une idée de cette dif-
»ficulté, je vous prie de confiderer. 1. Que
»pour le plus on ne peut inférer de l'Ecriture,
»finon qu'il eft libre aux Ecclefiaftiques de fe
»marier. Il feroit impertinent de croire qu'el-
»le le leur commande, comme elle commande
»à tous les hommes d'aimer Dieu & fon pro-
»chain. Or nous tombons tous d'accord, qu'un
»homme peut renoncer aux droits dont il lui
»eft libre de fe fervir, & par conféquent qu'il
»peut renoncer à la permiffion du mariage. Nous
»croyons auffi tous tant que nous fommes de
»Chretiens, que l'on peut s'engager à Dieu
»par certains vœux, à l'égard de certaines
»chofes qu'il eft en notre puiffance de faire,
»ou de ne pas faire. Par exemple un Marchand
»peut voüer à Dieu la dixieme ou la cinquieme
»partie de fon gain. Il n'eft pas obligé à faire
»ce vœu, on l'avoüe; mais il peut le faire fans
»qu'on puiffe l'en blâmer, & il eft même loüa-
»ble s'il le fait, & s'il prévient ainfi l'incon-
»tance de fes defirs. Quand il a fait une fois
»ce vœu, il ne lui eft point libre de le violer.
»Il pouvoit avant cela ne point deftiner à des
»ufages pieux précifément telle ou telle portion
»de fon profit; mais l'ayant une fois voüée, il
»ne peut la retenir, fans fe rendre coupable d'une
»infidelité directe & immédiate envers la Di-
»vinité. Difons la même chofe du mariage. Il
»étoit libre à Luther, avant que de fe faire
»Moine, de prendre une femme. Il pouvoit
»ne point s'engager au célibat. Il pouvoit de-
»meurer dans le monde garçon, jufques à un
»certain âge, ou même toute fa vie, prêt à fe
»marier, quand il le trouveroit à propos, prêt
»à refufer tous les partis, s'ils ne lui agréoient
»pas : les loix divines ni les loix humaines ne
»forcent perfonne là-deffus. Mais ayant choifi
»un certain parti, favoir de promettre à Dieu
»folemnellement qu'il renonceroit aux femmes,
»il n'a pu fe marier fans un crime atroce.

»Confiderez en fecond lieu, s'il vous plaît,
»Monfieur, qu'il y a certaines chofes dont on
»n'eft pas difpenfé, fi on les a une fois voüées,
»quoiqu'on change de Religion. Et c'eft à
»quoi vos Docteurs ne fongent pas. Répréfen-
»tous-

(*) Voyez le Livre intitulé *Hift. veritable de la Ré-*
»*formation,* imprimé à Amfterd. 1683. pag. 11.
(A) »MS. Voi. Lett. Hiftor. de Gen. t. 4. p. 228.

(B) Voyez le Livre intitulé *les prétendus Réformez*
convaincus de Schifme. l. 3.

Lettre
XXI.

» tons-nous un Turc qui auroit voüé à Dieu
» de donner l'aumône aux pauvres, selon ses for-
» ces, douze fois l'an. Croyez-vous qu'en abju-
» rant le Mahométisme pour se faire baptiser,
» il seroit dispensé de son vœu ? Non assurément.
» Sa conversion ne l'engageroit qu'à renoncer
» aux promesses qu'il auroit faites de suivre la
» Religion Mahometane, dans ce qui la distin-
» gue de la Chretienne. S'il avoit fait des vœux
» pour cela, il en seroit quitte par son baptême,
» cela est indubitable. Mais s'il avoit fait des
» vœux à l'égard des choses indifferentes, & com-
» munes aux Chrétiens & aux Turcs, par exem-
» ple, s'il étoit engagé par vœu à ne point bâtir
» des Maisons, & à visiter des Hôpitaux, il seroit
» obligé à ne point faire l'un, & à faire l'autre ;
» car il lui est tout aussi permis de professer la
» nouvelle Religion qu'il embrasse, savoir la
» Chretienne, en observant son vœu, qu'en la
» rompant. Appliquons ceci à nos Moines, &
» nous verrons bien-tôt que votre cause est per-
» duë.

» Ils avoient voüé à Dieu de ne se point marier,
» & ils étoient, dites-vous, dans les erreurs de
» l'Eglise Romaine. Depuis cela Dieu les a il-
» luminez, & les a tirez de Babylone. Que
» fait cela pour le mariage ? Rien du tout. S'ils
» ont vû que l'Eglise Romaine enseignoit des
» Doctrines abominables ; qu'ils ne les ayent
» point crûs, à la bonne heure. S'ils ont vû
» qu'ils ne pouvoient demeurer dans sa commu-
» nion sans être idolâtres & damnez ; qu'ils en
» soient sortis, j'y consens. Mais le vœu subsis-
» te toûjours, parce qu'il se raporte à une cho-
» se que l'on peut observer aussi-bien hors de
» l'Eglise Romaine, que dans l'Eglise Romaine.
» Il ne s'agit que de demeurer garçon, &
» c'est un état fort compatible avec celui d'un
» bon Huguenot. La prétenduë Réforme n'e-
» xigeoit point de ses Prosélytes, qu'ils épou-
» seroient des femmes necessairement & abso-
» lument. Donc un Moine pouvoit s'y ranger,
» sans en observer moins pour cela la promesse
» qu'il avoit faite à Dieu de se sevrer des plaisirs
» du mariage.

XIV.
Si le vœu de
continence se
peut observer.

» Remarquez en troisieme lieu, (& c'est ici
» le dernier coup qui abat votre forteresse (qu'on
» ne peut pas dire que le vœu de continence est
» de ceux que l'on ne peut observer. C'a été
» le refuge de vos Ministres ; ils nous ont dit
» que la continence est à la verité une grande &
» signalée vertu, fort propre à un bon Chre-
» tien, qui par-là se voit bien mieux en état de
» se détacher de la terre ; mais qu'après tout
» c'est une grace extraordinaire d'enhaut, que
» Dieu a donnée quelquefois aux Saints, com-
» me le don des Langues, le don des Miracles,
» & la Prophetie ; qu'ainsi ce seroit tenter Dieu
» que de se promettre qu'il renouvelleroit en no-
» tre faveur ces dons miraculeux qui ont cessé
» depuis long-temps ; desorte qu'il n'y a point
» d'autre parti à prendre pour ceux qui se sont
» témérairement engagez dans le vœu de ne se
» marier point, que d'avoir des Concubines,
» ou de rompre leur vœu en épousant une fem-
» me. Or tout le monde reconnoît qu'un vœu
» que l'on ne peut observer sans faire un crime
» est nul, & qu'on est dispensé ipso facto de
» l'accomplir. Donc il a falu que les Moines
» Réformateurs se mariassent. Je dis, Monsieur,
» que c'est la réponse du monde la plus témé-

Premier in-
venient pour
ceux qui le
nient.

» raire, & qui vous engage dans trois inconvé-
» niens très-fâcheux.

» Le premier est qu'en faisant une telle suppo-
» sition, on se trouve obligé par une conséquence
» nécessaire à soutenir, que de tout ce nombre in-
» nombrable de Religieux & de Religieuses, de
» Prêtres & d'Evêques qui ont vêcu dans pres-
» que toutes les parties de l'univers depuis dou-
» ze cens ans, il n'y en a quasi point qui au dé-
» faut du mariage, ne se soit plongé dans un
» commerce impudique. Or il est certain que
» cette pensée fait horreur, quand on l'aprofon-
» dit un peu. Quoi ! tant d'Evêques des pre-
» miers siecles, parmi lesquels on n'en trouve
» qu'un petit nombre qui ayent été mariez, en-
» core ne sait-on pas bien s'ils n'ont pas quitté
» leur femme en recevant la consecration ; tant
» d'Evêques, dis-je, dont le zele éclate dans leurs
» Ecrits, auroient été des Concubinaires ? Ah,
» Monsieur, ne vous engagez pas dans une pen-
» sée qui choque la conscience de tout bon Chre-
» tien. Je ne nie pas qu'il n'y ait eú des sie-
» cles d'une corruption abominable, où le Cler-
» gé, les Moines, les Nonnes se portoient à des
» impuretez effrenées ; mais encore faut-il croire
» que comme autrefois Dieu se reserva sept mille
» hommes qui n'avoient point fléchi le genou
» devant l'Idole de Bahal, doctrine dont vous
» savez bien vous servir en faveur de la prétenduë
» invisibilité de l'Eglise ; de même il s'est toû-
» jours reservé plusieurs Temples de chasteté, par-
» mi ceux & celles qui la lui avoient voüée, &
» dont un grand nombre profanoient indigne-
» ment la Religion de leur vœu. Quoi ! si c'est un
» crime de penser que les filles qui demeurent
» dans le monde, & qui vieillissent en bonne ré-
» putation sans se marier, ne sont point vierges ;
» quel crime n'est-ce pas de faire ce jugement
» des Religieuses qui s'occupent à des exercices
» de pieté, hors de la vûë des objets mondains,
» & qui s'entendent dire mille fois le jour,
» qu'elles ont la gloire d'être les épouses du Fils
» de Dieu, qui couronnera leur chasteté d'une
» récompense spéciale, & qui les abhorrera si el-
» les succombent à l'incontinence ?

Exemple cu-
rieux de conti-
nence.

» J'avouë que tous ces grands secours & mo-
» tifs n'empêchent pas qu'il n'y en ait qui font
» des enfans, & je ne révoque nullement en dou-
» te ces communications souterraines, dont la
» Chronique scandaleuse a tant parlé. Je lisois
» l'un de ces jours la résolution d'un cas de con-
» science qui me fit rire, dans les *Decisiones*
» *Theologico-legales* (*) d'un Carme Déchaussé de
» Milan, nommé le *P. Cassien de S. Elie.* La
» question étoit si une Religieuse qui se ren-
» doit par un long chemin souterrain jusques à
» la breche du mur du Couvent, & là couchoit
» sur de la paille avec son Galant, en partie hors
» de l'enceinte, & en partie dans l'enceinte
» du Couvent, encouroit les peines de celles qui
» ne gardent pas la Clôture. Il faut être un peu
» de loisir, pour examiner un tel cas de part &
» d'autre ; car qui ne voit que pour laisser la moi-
» tié de son corps dans l'enceinte du Couvent,
» un homme entre ses bras, une Religieuse n'est
» pas moins coupable, que si elle sortoit tout-à-
» fait au-delà du mur ? Néanmoins il s'en est
» trouvé qui ont cru ne pécher qu'à demi, en
» donnant un rendez-vous criminel sur la bre-
» che. Sans doute qu'il s'en est trouvé bien
» d'autres, qui sans scrupule s'en sont fait don-
» ner

(*) » Ce Livre est imprimé à Bologne in fol. 1682.

» ner comme elles ont pû. Mais avec tout cela
» ce feroit abfurdité également criminelle &
» ridicule, que de penfer que dans les fiecles de
» la plus grande corruption, il n'y a point eu plu-
» fieurs Moines, Prêtres, Chanoines, & Non-
» nes, qui font morts avec leur virginité.

» Comment pourroit-il être vrai que la con-
» tinence feroit impoffible à un Prêtre, & à un
» Religieux qui fe vouënt à cela, & qui s'eu-
» tretiennent perpétuellement des chofes de l'au-
» tre monde, puifqu'il y a bien eu des Princes
» qui malgré la corruption des gens de Cour, (*)
» ont pû fe contenir au péril même de leur vie?
» Nous lifons que Frideric, Duc de Suaube, fe
» trouvant incommodé dans la fleur de fa jeuneffe,
» durant le voyage de la terre Sainte, où il avoit
» accompagné l'Empereur Barberouffe, fon Pere,
» Chef de la troifieme Croifade, rejetta la pro-
» pofition que lui firent les Médecins du Le-
» vant, qu'il pouvoit aifément guérir par
» l'ufage des femmes : il leur répondit fans
» héfiter un feul moment, *qu'il aimoit mieux
» perdre la vie, que de la conferver par cette
» forte de remede.* Trois cens ans après, le
» Prince Cafimir, fils du Roi de Pologne Ca-
» fimir, imita de rares exemples dans un pareil
» âge; (A) on en trouve quelques autres dans de
» fimples particuliers dont l'Hiftoire conferve le
» nom. Ne nous allez donc plus chanter que
» la continence eft une vertu femblable à celle
» de reffufciter les morts & de chaffer les Dé-
» mons.

» On a fort bien dit, qu'en fait de vertu les
» hommes pour l'ordinaire ne croient poffible,
» que ce qu'il leur eft aifé de pratiquer. (B) Ju-
» geant des autres par eux-mêmes, ils fe perfua-
» dent temerairement, que dès qu'ils fe rebutent,
» les autres fe rebutent auffi. C'eft apparemment
» la fource du jugement temeraire que vous fai-
» tes de nos Eccléfiaftiques. Vous croyez, parce
» que vous trouvez quelque peine à vous con-
» tenir, & que vous fuccombez à la tentation
» en n'y réfiftant pas fortement, que les autres
» y trouvent des peines infurmontables. Je fuis
» fûr qu'ils y en trouvent, & il le faut même
» afin que leur continence foit plus méritoire;
» mais ils n'y en trouvent point d'infurmonta-
» bles, lorfqu'en fe recommandant à Dieu pre-
» mierement, ils ufent de bons remedes, com-
» me la fobriété, le travail, la méditation fré-
» quente des devoirs de leur vocation, & la fuite
» des objets nuifibles. L'efprit eft prompt, mais
» la chair eft foible, il eft vrai; mais Dieu ne
» nous affure-t-il pas que fa vertu s'accomplira
» dans l'infirmité de notre nature ? (c)

» Quand il feroit vrai que dans les fiecles
» d'abanbon & de relâchement, la continence
» feroit rare parmi ceux qui s'y engagent par
» vœu, au moins faudroit-il confeffer qu'elle ne
» l'eft point dans les fiecles où la vigilance des
» Prélats, & le voifinage des Hérétiques font cau-
» fe que la difcipline de l'Eglife eft bien obfer-
» vée. Nous avons vû de nos jours que Monfieur

» de Péréfixe, Archevêque de Paris, s'étant trou-
» vé obligé de procéder contre les Religieufes
» de Port-Royal, qui lui étoient devenuës très-
» odieufes & très-fufpectes, au fujet de la figna-
» ture du Formulaire, & ayant fait examiner fé-
» verement toute leur conduite avec plus d'envie
» d'y trouver à mordre, que de l'approuver,
» leur rendit un témoignage public, *qu'elles étoient
» pures comme des Anges, mais fuperbes comme
» des Démons.* Une de ces Religieufes qui com-
» munioit fort fouvent, étant interrogée par le
» grand Vicaire l'an 1661. fi elle alloit auffi fou-
» vent à confeffe, lui-repondit, (D) *que non. Mais,*
» ajoûta-t-il, *quand vous faites des fautes, com-
» muniez-vous fans vous en être confeffée ? Elle
» répondit, je les dis à notre Mere ; & fi elle
» juge que je ne dois pas communier fans aller à
» confeffe, ou que je ne dois pas laiffer de le faire,
» je lui obéis fimplement. Mais, dit-il, fi vous
» faifiez des péchez mortels ? Cette parole la fur-
» prit, & elle repartit auffi-tôt : O, Monfieur, des
» Religieufes font-elles des péchez mortels ? Mais fi
» j'étois affez malheureufe pour y tomber, ce feroit
» alors que je me fentirois plus portée à lui décou-
» vrir le fonds de ma confcience. (a)* Vous autres
» Meffieurs de la Religion, vous vous moquez
» le cela, & le traitez ou d'un orgueil pire que
» le pharifaïque, ou d'une hypocrifie détefta-
» ble. Mais vous vous faites grand tort ; car
» vous agiffez en cela comme les Profanes, qui
» traitent de fables tout ce qu'on leur dit des
» douceurs fpirituelles de la dévotion, & des joyes
» inexprimables d'une ame qui ne vit que pour
» fon Dieu. Ils difent que ce font des fantô-
» mes ridicules, parce qu'ils ne font pas capa-
» blés de fentir rien d'approchant. Tout de mê-
» me dans votre Religion, vous ne fauriez vous
» imaginer qu'il y ait des Religieufes qui fe pré-
» fervent du péché mortel, & des Religieux qui
» dans le feu de leur jeuneffe, foient chaftes pref-
» que comme s'ils n'avoient point de corps. Ces
» vertus vous paffent ; vous n'en voïez point
» d'exemples parmi vous, & vous croïez que par
» tout ailleurs c'eft la même chofe. (b) Ne me-
» fure zpas fi fort tous les hommes à votre aune.

» On fe peut coëffer de certaines vertus auffi-
» bien que d'un défaut, c'eft-à-dire, les aimer
» avec un entêtement extraordinaire. C'eft ainfi
» que font ces Religieux Payens du Royaume
» de Siam à l'égard de la chafteté, qui ne veulent
» pas feulement nourrir des poules, parcequ'elles
» font du fexe féminin, (c) & ces Chretiens de
» Syrie qui ne mangent jamais de la femelle d'au-
» cun animal. Le celebre docteur Jean Grop-
» perus, l'un des bons Antagoniftes qui ayent
» réfifté à Luther, tint un peu de cet entêtement ;
» car ayant trouvé un jour en (d) *retournant de
» Matines, qu'une fervante s'etoit ingerée de faire
» fon lit en l'abfence de fon valet, il la chaffa bien
» vîte de fa chambre, & tirant à l'heure même &
» enveloppant avec précipitation draps, traverfin,
» & matelats, il les jetta par la fenêtre au milieu
» de la ruë, comme fi fon lit eût été infecté de la
» pef-*

<hr>

(*) » Voyez l'Hift. des Croifades par le P. Maimb. l.
» 5. fur la fin.
(A) » MS. Gafpar. a Reies p. 571. 572.
(B) » MS. Voi. Salluste *quafibi quifque facilia factu &c.*
» & S. Auguft. Epit. 31. Rec. de ferm. p. 386. &
» combien les Proteftans croyent difficile la conti-
» nence, voyez. Rec. de ferm. p. 435. Neron voyoit
» tout le monde impudique. Suet. c. 29.
(c) » MS. Voi. Lactan. l. 6. c. 23. p. m. 436.

(D) » Voiez l'Apologie pour ces Religieufes, impri-
» mée l'an 1665.
(a) » MS. S. Ambroife confeffe *in præp. ad miffam prec.*
» 2. qu'il a gardé fa virginité en fon adolefcence, quoi-
» qu'il vecût parmi une grande diffolution de la Jeunef-
» fe de Rome. S. Cyran contre Garaffe t. 2 p. 107.
(b) » MS. Un Moine difoit après avoir baptifé une
» fille, qu'il la faloit noyer ; *apud Bunon. Geogr. p. m.* 158.
(c) » Voi. la Syrie fainte du P. Beffon.
(d) » Hift. du Luthéran. par le P. Maimb l. 3.

,,peste, pour avoir été seulement touché par une fem-
,,me. C'est ce que des Auteurs très-graves & très-
,,serieux, quoiqu'il y ait en cela quelque chose
,,d'un peu surprenant, ont pourtant jugé digne d'ê-
,,tre mis dans les éloges qu'ils ont faits de ce saint
,,homme. (*) Je vous allegue mon Auteur à la
,,marge.

,,Vos Ministres content quelquefois entre les
,,précurseurs de la Réformation le Docteur Faber
,,d'Etaples. Voïez, je vous prie, ce que votre
,,Monsieur Rivet (A) a écrit de lui, après un
,,certain Hubertus Thomas, Conseiller de Fri-
,,deric II. Electeur Palatin du Rhin. Ils nous
,,content que ce Docteur mourut d'une maniere
,,surprenante à la Cour de la Reine de Navarre,
,,après avoir protesté devant cette Reine, que
,,quoiqu'il eût cent & un an, il n'avoit jamais
,,connu de femme. Vous êtes intéressez à croi-
,,re cela, puisque vous faites de cet homme
,,un de vos Saints. Il est donc possible de se
,,contenir sans une grace telle que le don de
,,Prophétie, & des miracles. Je ne vous parle
,,point de Postel, qui se vantoit à l'âge de près
,,de cent ans d'avoir encore son pucelage, au
,,raport de Monsieur de Thou (B); car vous
,,n'êtes point gens à croire cela, ni peut-être ce
,,que le le P. Alegambe témoigne du Jésuite Ma-
,,riana mort l'an 1664. après avoir vécu près
,,de nonante ans dans l'étude de la plus exacte
,,chasteté; d'où est venu peut-être, ajoûte l'His-
,,torien, (c) que ses mains furent aussi souples
,,& maniables après sa mort, que s'il eût été en
,,vie. J'avoüe franchement que je ne vois pas la
,,liaison de ces deux choses. (D) Mais si je ne vous
,,allegue point des gens que vous puissiez recu-
,,ser, quoique sans sujet valable, je ne me
,,tairai point à l'égard d'un Patriarche de Con-
,,stantinople, qui ne vous doit pas être sus-
,,pect.

Et de celle d'un
Patriarche de
Constantinople.

,,Quelque temps après la prise de Constantino-
,,ple par les Turcs, le Patriarchat de cette Vil-
,,le fut donné à Denys, Archevêque de Philip-
,,popolis. L'ayant tenu huit ans fort en re-
,,pos, il se vit accusé par quelques Ecclésiasti-
,,ques d'avoir été circoncis par les Turcs, en-
,,tre les mains desquels il étoit tombé n'étant
,,encore que Prêtre, à la prise de Constantino-
,,ple. On fit sonner bien haut le mot de circon-
,,cision, & on dit qu'un homme marqué du
,,caractere de la Religion Mahométane, méri-
,,toit l'exclusion du Patriarchat. Ces plaintes
,,firent assembler un Synode General, où ce Pa-
,,triarche entendit proposer les points de l'accu-
,,sation, & fit incontinent ses protestations pu-
,,bliques contre cette calomnie, & les accom-
,,pagna des sermens les plus solemnels; mais on
,,crioit d'autant plus qu'ayant la tache d'un cir-
,,concis, il ne pouvoit donner aucune autorité

,,à ses sermens. *Cependant la retenuë & l'honnêteté
,,ne souffroient guéres là-dessus d'éclaircicement. Le
,,mot reiteré de circoncis (* je me sers des termes
,,d'un Auteur (E) moderne, qui a sans doute tra-
,,vaillé longtemps à décrire ce fait d'une maniere
,,qui ne choquât point le pudeur) qui en par-
,,tageant la creance des Peres & du peuple, leur
,,frapoit l'imagination d'une ombre d'obscénité, &
,,donnoit une délicate atteinte à leur modestie, fit
,,aussi chanceller quelque temps la pudeur du chaste
,,Patriarche. A la fin suspendant un peu cette ver-
,,tu, pour faire triompher la verité, & se tour-
,,nant de toutes parts vers l'Assemblée des Peres &
,,du peuple, il fit leurs yeux arbitres de la question,
,,& ne se trouva pas seulement justifié par des mar-
,,ques contraires à la circoncision, mais encore par
,,celles d'une pudicité qui n'avoit jamais été cor-
,,rompuë. On ne pouvoit pas traduire plus modes-
,,tement ce passage de Crusius, surgit erecto cor-
,,pore Patriarcha; in medio circumstantis populi
,,stat; oram vestimentorum quæ gestabat tollit,
,,particulam carnis suæ monstrat populo, quoquo-
,,versus se convertens, pro eo ac sedebant Princi-
,,pes, Sacerdotes, & Clerici, & primores, totus
,,denique populus. (E) Apparuit ibi castissimi ho-
,,minis puritas virginalis, quam cum summà ad-
,,miratione obstupuerunt, quia nullum carnis indi-
,,cium in fistulà seu virgâ erat, sed tantum parva
,,pars cutis conspiciebatur. (G) Voilà un specta-
,,cle fort nouveau dans un Synode, dont cha-
,,cun fut regalé selon son rang, car l'accusé se
,,tourna de toutes parts, & fit tout le tour du
,,compas. Je m'imagine & vous aussi, Mon-
,,sieur, que cet Evêque (H) qui en mitre & en
,,chape dans une grande solemnité, sortit de sa
,,place du Chœur avec deux Chanoines qui te-
,,noient les deux côtez de sa chape, & mar-
,,chant gravement traversa une aîle de l Eglise,
,,(le peuple s'atendant à quelque ceremonie nou-
,,velle, d'autant que cette action n'étoit pas mar-
,,quée dans les Rubriques) arrive à la grande
,,porte qui donne sur une ruë passante, & là
,,sans se tourner du côté de la muraille de l'Egli-
,,se, mais exposé en vûë à tous les passans, les
,,deux Chanoines à ses côtez, il urina in Pon-
,,tificalibus; je m'imagine, dis-je, que cet Evê-
,,que ne montra pas les mêmes marques de vir-
,,ginité que le Patriarche Denys.

,,Mais c'est assez sur le premier inconvénient Second & tri-
,,où se jertent vos Controversistes, en soûtenant sieme inconv-
,,l'impossibilité de la continence. Aux deux au- niens.
,,tres.

,,Le second est de dire que les Ministres (I) qui
,,se marient après trente ans passez, (il y en a
,,très-peu qui le fassent avant cet âge) n'ont
,,point gardé la continence; car s'il est impos-
,,sible de la garder, c'est sur tout avant trente
,,ans, & on m'avoüera qu'un homme qui l'a
,,pû

(*) ,,MS. Voi. l'Hist. de S. Grég. p. 336. Alegambe
,,p. 401. parlant de Petrus Spiga. Voi. ce que l'Anti-
,,baill. rapporte part. 2. p. 332. de la chasteté des PP.
,,Sirmond & Possevin. Rec. de serm. p. 471.

(A) In epist. ad fratr. de senectute, tom. 2. operum.

(B) Hist. l. 64. ad ann. 1581.

(c) Castitatis cultor studiosissimus, cujus aliquis effectus
esse potuerit quod mortuo manus fuerint ita tractabiles ac si
viveret. ,,MS. Voi. ce qu'Aleg. dit du P. Coton. p. 379.
,,& du P. Coster, du P. Ægidius p. 369. Col. 1. Le
,,P. Jarrige Jésuites sur l'échafaut, raporte ce qui fut
,,répondu par les Jésuites de la Cour de Philip. II. qu'ils
,,avoient une herbe qui les rendoit chastes. Le P.
,,Abram. in Philip. II. p. 599. le raporte plus au long.

(D) ,,MS. Voi. Polygamia Triumph. p. 314. où on
,,raporte que les impudiques avec les Nones meurent
,,virgâ tensâ. La Mothe le Vayer. t. 10. p. 32. fait
,,mention d'un Roi qui ne vouloit pas de lait trait par
,,une femme.

(E) ,,Guillet, Hist. de Mahomet II. t. 2. p. 129.

(F) ,,MS. Voi. Salm. in Pancir. part. 2. p. 88. ce
,,que fit Agnodice devant les Aréopag. apud Hyginum
,,p. m. 329.

(G) Voiez encore le Dict. Hist. & Crit. Art. Hie-
,,ROPHILE, Rem. B.

(H) ,,Voiez l'Evêque de Cour, Entret. 4.

(I) ,,MS. J'ai trouvé depuis peu (en 1690) que
,,le Satyrique Rebout avoit entierement poussé ce
,,raisonnement dans la Satyre Menipée, contre le Sy-
,,node de Montpellier p. 194. & seq. Voi. aussi la
,,Harangue prétenduë de Chambrun dans la Cabale du-
,,dit Rebout p. 70. & seq. Plus le P. Gaulrier, Tabl.
,,Chronogr. lorsqu'il traite du célibat.

„ pû gardé jusques à cette âge, pourra la garder
„ encore mieux à mesure que ses forces décline-
„ ront. (*) Choisissez de ces deux partis celui
„ qu'il vous plaira, vous vous embarrasserez.
„ Si ces Messieurs n'ont point gardé la continen-
„ ce avant que de se marier, ce sont des infâmes
„ déposables. S'ils l'ont gardée, il s'ensuit qu'on
„ peut dompter la chair, lorsqu'elle est la plus
„ fougueuse; or qui peut le plus peut le moins;
„ donc s'ils vouloient, ils se pourroient conte-
„ nir toute leur vie; & s'ils le peuvent, pour-
„ quoi les Moines qui se sont érigez en Réfor-
„ mateurs ne l'auroient-ils point pû ?

„ Le troisieme inconvénient me paroît encore
„ plus terrible, parce qu'il intéresse la sagesse,
„ la bonté & la justice de Dieu. Pour voir cela,
„ convenez avec moi de ce principe Evangéli-
„ que, *que pendant le mariage tout commerce d'un
„ homme avec une autre femme que la sienne, ou
„ d'une femme avec une autre que son mari, est un
„ adultere.* Il s'ensuit de-là que si le don de con-
„ tinence n'est point en notre pouvoir, la loi de
„ l'Evangile est aussi tyrannique que celle du cé-
„ libat des Prêtres; ou s'il y a quelque différen-
„ ce, elle n'est que du plus au moins. En voici la
„ preuve. Ce qui fait à votre avis la tyrannie de
„ la loi du célibat, imposée aux Moines & aux
„ Prêtres, c'est qu'elle les oblige à se passer d'un
„ plaisir auquel la Nature les porte invincible-
„ ment. Si donc je montre que la loi de l'Evan-
„ gile fait la même chose, en plusieurs rencon-
„ tres, j'aurai ce que je cherche. Or le voici,
„ puisqu'il est certain qu'il y a plusieurs per-
„ sonnes mariées, qui sont inutiles l'une à l'au-
„ tre pendant très-longtemps; & quand cela n'ar-
„ riveroit guéres, toûjours seroit-il vrai que le
„ mariage seroit un remede d'incontinence très-
„ défectueux; si bien que pour mettre la sagesse,
„ la justice, & la bonté de Dieu à couvert, il
„ faudroit dire, ou qu'il a permis le concubina-
„ ge, au cas que l'un des conjoints soit infirme,
„ ou que l'homme est capable de se contenir,
„ quand il s'en veut donner la peine. Si vous
„ prenez le dernier parti, vous vous coupé la
„ gorge à vous-même : si vous prenez le premier,
„ vous donnez cause gagnée aux protecteurs sen-
„ suels du concubinage & de la Polygamie, que
„ tous les Orthodoxes conviennent être incom-
„ patible avec la Religion de Jésus-Christ. Il ne
„ reste donc qu'à soutenir, comme fait l'Eglise,
„ que l'homme n'est point invinciblement porté
„ aux plaisirs du mariage. Dans cette supposi-
„ tion le mariage d'un avec une n'est point ty-
„ rannique, quoiqu'il arrive souvent, selon le
„ cours de la Nature, qu'une femme ou un mari
„ tombent dans une maladie de langueur qui du-
„ re plusieurs années. Mais selon la pensée de vos
„ Ministres, cette loi doit passer pour aussi ty-
„ rannique que celle du célibat des Prêtres, &
„ c'est peut-être la raison qui faisoit dire à Lu-
„ ther en pleine Chaire, d'une maniere si scan-
„ daleuse : *Si votre femme refuse, faites venir la
„ servante.* Cela suit naturellement du principe,
„ que les brûlures de la chair sont une juste rai-
„ son de violer le vœu de continence. (A)

LETTRE XXI.

„ Je vous prie de faire réflexion présentement
„ si vous avez bonne grace de nous reprocher la
„ dureté des vœux Monastiques, puisqu'en con-
„ damnant la Polygamie, vous imposez le même
„ joug sur les épaules d'une jeune femme, dont
„ le mari peut être blessé à l'Armée, d'une manie-
„ re qui le rendra toute sa vie inhabile au de-
„ voir conjugal, ou tomber dans des langueurs
„ qui produiront le même effet. Vous l'imposez
„ aussi sur les épaules d'un jeune mari, dont la
„ femme peut tomber dès la premiere couche,
„ ou autrement, dans des incommoditez qui
„ lui procurent la même incapacité. Tous ces
„ embarras s'évanouissent, en supposant que si
„ l'on y veut travailler de bonne maniere, on peut
„ résister à l'incontinence, & en triompher.

XV.
Bon remede à
l'incontinence.

„ C'est une espece de Diable qui ne sort sinon
„ par oraison & par jeûne. Je veux croire que
„ l'oraison seule n'en vient pas à bout dans un
„ tempéramment chaud, parce que Dieu ne fait
„ guéres de ces graces qui troublent les loix de
„ la Nature : mais je ne doute pas qu'une forte
„ diete & un bon jeûne joint à l'oraison, ne
„ dompte cet ennemi domestique. Les Payens ont
„ fort bien dit, que Venus ne fait que languir
„ dans un Corps qui ne mange, ni ne boit, *sine
„ Cerere & Baccho friget Venus.* Ainsi voilà un
„ remede tout prêt à ceux qui ont envie de se
„ marier, nonobstant leurs vœux; qu'ils se met-
„ tent au pain & à l'eau; qu'ils ne mangent qu'au-
„ tant qu'il est nécessaire pour ne pas mourir,
„ & ils verront que le feu de leur convoitise sera
„ bien foible. Si tout cela ne suffisoit pas, plû-
„ tôt que de tromper Dieu en violant les ser-
„ mens qu'on a prêtez sur ses Autels, & dont
„ il a été pour ainsi dire le premier stipulant &
„ acceptant, il faudroit acheter un bon rasoir,
„ & ... imitant cette femme d'Athenes (B) qui
„ se coupa la langue avec les dents, & la cracha
„ au visage du tyran qui la pressoit de décou-
„ vrir une chose qu'elle étoit obligée de ne point
„ dire. C'est en pareilles occasions qu'il faudroit
„ se souvenir de la maxime de l'Evangile, qu'il
„ vaut mieux être manchot & boiteux & aller
„ en Paradis, qu'avoir tous ses membres & être
„ damné. Mais sans en venir à ces violences con-
„ damnées par l'ancienne Eglise dans les Héréti-
„ ques Valesiens, reprochées vivement par les
„ I eres aux Payens (c) qui les avoient permises
„ aux Prêtres de la Déesse Cybele, & pour lesquel-
„ les on se moque tous les jours d'Origene com-
„ me d'un fou, & les Jacobins (D) d'Espagne
„ chassèrent au dernier siecle un fort savant
„ homme de leur Corps, nommé Ambroise Mora-
„ lez; sans, dis-je, cette violence, les disciplines,
„ les jeûnes, les macérations, & la fuite des ob-
„ jets, avec un désir sincere d'être chaste, ne man-
„ queront pas de surmonter la tentation. (E)

„ Mais qui a requis cela de vos mains, disent
„ les Ministres? Pourquoi se tant tourmenter,
„ lorsque Dieu nous offre un remede incompa-
„ rablement plus agréable par le moïen du lit
„ nuptial? C'est encore une suite, c'est toûjours
„ prendre les difficultez de travers; car au lieu
„ que je vous parle d'un homme qui a consacré

XVI.
Réponse à
quelques ob-
jections.

(*) Conférez ceci avec le *Supl. du Dict. Hist. & Crit.*
„ Art. Hall. (Joseph) Rem. F.
(A) „ MS. Voyez Rec. de serm. p. 432.
(B) *Polyænus. l. 8.*
(c) *August. de civit. Dei. l. 7. ch. 24.*
(D) „ Monsr. de Thou. l. 99.
(E) „ MS. Gens qui se sont châtrez dans Guyon di-

„ vers leçons, ch. 3. l. 1. qui paroît avoir puisé dans
„ Montagne, Essais l. 2. ch. 29. p. m. 676. Voyez
„ *Saldenus de Eunuch. Otia Theol.* & Apol. d'Herod. p.
„ 148. & 149. Voi. ce que publioit de lui un Savant
„ dans Nicius Erithr. *in Zoylo, Pyn.* I. p. 244. Voyez le
„ même Guyon l. 5. ch. 11.

Tom. II.

,, té à Dieu ſa virginité par un ſerment ſolem-
,, nel, vous me propoſez un homme libre. Je
,, vous avoüe que ceux qui ſont demeurez dans
,, l'état de leur naiſſance, n'ont que faire de tant
,, tourmenter leur corps; ils peuvent ſe conten-
,, ter en jouïſſant du bénéfice que la bonté de
,, Dieu leur fournit dans le mariage; mais pour
,, ceux qui ont renoncé à ce bénéfice par un vœu
,, & par un ſerment, il faut bien d'autres reme-
,, des, & c'eſt à eux à en chercher dans les jeû-
,, nes & dans les mortifications du corps.

,, Oüi, mais en faiſant cela on expoſe ſa ſan-
,, té, & on court riſque de la vie. Quand cela ce-
,, la ſeroit, il n'y auroit point là dequoi faire le
,, rétif. C'eſt à faire à ne devenir pas tout-à-fait
,, ſi vieux, & c'eſt peu de choſe que dix ans de
,, plus ou de moins, en comparaiſon de l'ac-
,, quit de ſa conſcience. Pompée dit un jour
,, un très-bon mot, n'en déplaiſe à feu Monſieur
,, de Balzac, (*) autrefois mon bon voiſin. Prêt
,, à s'embarquer il répondit à ceux qui lui re-
,, préſentoient le péril de la navigation, *il eſt né-*
,, *ceſſaire* (A) *que j'aille, mais il n'eſt pas néceſſaire*
,, *que je vive.* C'eſt ainſi que doit raiſonner un
,, bon Chretien, quand il eſt queſtion d'être fi-
,, delle à ſon Dieu. *Il eſt néceſſaire que je faſſe tel-*
,, *le ou telle choſe, mais il n'eſt pas néceſſaire que*
,, *j'aye de l'embonpoint, ou que je vive.* Et en
,, effet ne vaut-il pas bien mieux mourir à la
,, peine, en s'acquittant de ſon devoir, que de
,, trahir lâchement ſon Seigneur, en lui fauſſant
,, la foi qu'on lui a donné? Dût-on crever, il
,, faut tenir ſa parole, quand on l'a donné à un
,, homme. Aplus forte raiſon la faut-il tenir à
,, ſon Dieu, dût-on en crever mille fois. Voilà
,, certes des gens bien délicats, qui aiment mieux
,, fouler aux pieds un ſerment prêté à Dieu,
,, que de s'expoſer à la maigreur ou à une ma-
,, ladie. Croïez-vous que quand l'Ecriture dit,
,, que ſi l'on a juré fût-ce à ſon dommage, il
,, n'en faut changer rien, elle entende ſeule-
,, ment une ſomme de deniers, un jardin, ou
,, une vigne? Non certes. Elle entend auſſi tout
,, ce que nous avons de plus précieux, la ſanté,
,, la vie, la réputation.

,, Que votre ami réponde, s'il peut. Si la
,, peine que l'on trouve à tenir une parole don-
,, née en face de l'Egliſe, diſpenſoit de la tenir,
,, un homme mal marié qui au lieu d'une femme
,, nourrit un Diable dans ſa maiſon, ne pourroit-
,, il pas ſe démarier? Il ne le peut point pour-
,, tant, il faut qu'il attende patiemment que
,, Dieu l'en délivre. Son mariage eſt plus difficile
,, à garder que le vœu de continence, & néan-
,, moins il ne lui eſt pas permis de le rompre;
,, pourquoi ſeroit-il donc permis de rompre le
,, vœu de continence?

,, La belle demande, me direz-vous! C'eſt
,, parce que la parole de Dieu nous défend de
,, répudier une femme, de quelque humeur qu'el-
,, le ſoit, pourvû qu'elle ne tombe pas dans l'a-
,, dultere, au lieu que l'Ecriture ne nous dé-
,, fend pas de nous marier. Pitoïable réponſe,
,, vaine & frivole chicane! C'eſt prendre toû-
,, jours le change; il ne s'agit point d'un hom-
,, me libre, il s'agit d'un homme qui s'eſt en-
,, gagé par ſerment à la continence; & d'un
,, tel homme, l'on vous ſoutient, Monſieur,
,, qu'il eſt auſſi negagé à ne devenir point mari,
,, qu'un mari eſt engagé à le demeurer. Car ce

,, n'eſt point parce que l'Ecriture défend le di-
,, vorce nommément & expreſſément, qu'un mari
,, doit demeurer avec ſa femme, c'eſt parce que
,, ſachant la condition ſous laquelle le mariage ſe
,, contracte, il l'a ſubie & a promis devant Dieu
,, de l'obſerver. C'eſt le conſentement à cette
,, loi, & la promeſſe volontaire de la ſuivre qui
,, lie les mains au mari; & il ne ſeroit pas moins
,, lié, quand même l'Ecriture ne parleroit point
,, du divorce, s'il avoit épouſé une femme avec
,, ſerment de la garder toute ſa vie. En effet ſi
,, on faiſoit dépendre la validité des ſermens de
,, ce qu'ils auroient pour objet une choſe men-
,, tionnée dans l'Ecriture, les Princes qui ont
,, juré la paix de Nimegue, ne ſeroient point
,, obligez d'obſerver le ſerment prêté, puiſqu'il
,, eſt indubitable qu'aucun des articles de cette
,, paix n'eſt réglé dans l'Ecriture. Ainſi l'enga-
,, gement du mariage dépend de ce qu'un hom-
,, me qui pouvoit demeurer garçon, s'il avoit
,, voulu, renonçant à ce droit & à cette liberté,
,, promet devant Dieu de vivre avec une femme.
,, Or la même choſe ſe rencontre dans les vœux
,, du célibat. Un homme qui peut ſe marier, s'il
,, veut, renonçant à ce droit & à cette liberté,
,, promet ſolemnellement à Dieu de n'avoir ja-
,, mais de commerce avec une femme; il eſt donc
,, auſſi indiſpenſablement obligé à ne ſe marier
,, jamais, qu'un mari eſt obligé à garder ſa fem-
,, me, & un Roi à obſerver les Traitez de paix.

,, La ſeule choſe qu'il me ſemble qui vous puiſ-
,, ſe reſter à répondre, c'eſt de dire qu'un hom-
,, me qui ruïneroit ſa ſanté, afin de garder le vœu
,, de continence, ſeroit homicide de lui-même,
,, ſe rendroit incapable de travailler pour ſon
,, prochain, & priveroit l'Egliſe & l'Etat des en-
,, fans qu'il peut faire en ſe mariant. Mais je vous
,, aſſure que ſi votre ami ſe ſert de cette vaine dé-
,, faite, je n'aurai pas trop bonne opinion de ſes
,, lumieres. Car premierement ſi de-peur d'être
,, homicide de ſoi-même, il faloit éviter les fa-
,, tigues qui ſelon toutes les apparences ruïneront
,, nôtre ſanté, il ne ſeroit pas permis à un Evê-
,, que de complexion délicate de travailler avec une
,, forte application au bien de ſon Dioceſe: Il ne
,, lui ſeroit pas permis d'aller par les pluyes, les
,, neiges, & les glaçons, viſiter les Paroiſſes des
,, montagnes; beaucoup moins pourroit-il y al-
,, ler, s'il étoit à craindre que les Voleurs, ou les
,, Hérétiques ne lui dreſſaſſent des embuches,
,, dans un tems où ſa préſence ſeroit néceſſaire
,, pour empêcher la diſſipation des Oüailles. En
,, un mot tous les Martyrs qui bien-loin de ſe
,, ſauver avec toutes les précautions poſſibles, s'of-
,, froient eux-mêmes à la mort, ne ſeroient que
,, des Meurtriers, dignes de l'infamie qu'on infli-
,, ge à ceux qui ſe pendent. Fi donc de tous ces
,, principes, la réponſe de Pompée eſt meilleure
,, mille fois que tout cela. Un ſoldat mis en un
,, certain poſte y doit demeurer, quelque rume,
,, ou quelque bleſſure qu'il y puiſſe gagner. Le ſer-
,, ment qu'il a prêté en s'enrôlant l'y engage. Com-
,, ment donc ſe pourroit-il faire qu'un homme qui
,, a promis à Dieu une choſe, ſe diſpenſât légiti-
,, mement de la tenir, parce qu'elle incommode-
,, roit ſa ſanté? Voilà une plaiſante Morale. Les
,, bons Caſuïſtes vous ſoûtiennent & les gens
,, même délicats ſur l'honneur du monde, que
,, quand on gagne une maladie dont on meurt en
,, s'acquittant de ſon devoir, & en gardant ſa
,, paro-

(*) ,, Balzac Entret. 20.

(A) ,, Πλεῖν ἀναγκη, ζῆν ὐκ ἀνάγκη. *Navigare neceſſe*

,, *eſt, vivere neceſſe non eſt.* Plutarch.

» parole, on est plus louable que de conserver
» précieusement sa santé en trompant. Voilà
» pour un.

*services
atinence
voit de*

» Pour ce qui est des services que l'on peut
» beaucoup mieux rendre à son prochain, lors-
» qu'on se menage, que lorsqu'on prodigue sa
» santé & sa vie ; je dis en second lieu, que cela
» me fait souvenir de ces Capitaines poltrons qui
» se réservent toûjours pour leur parti, & qui
» couvrent leur lâcheté sous ce beau manteau.
» Mais comme ce sont de vaines excuses qui ne
» préservent pas de l'infamie, & quelquefois mê-
» me du supplice, je ne pense pas qu'on ne doive
» tirer des comparaisons en faveur de ceux qui
» veulent se porter bien, quoique leur santé s'op-
» pose à leur continence. Le premier de tous
» nos devoirs est sans doute de tenir ce que l'on
» a promis, & plus la personne à qui l'on a pro-
» mis est relevée, plus aussi est-on obligé de s'ac-
» quitter de sa promesse. Tout autre devoir doit
» être postposé à celui-là. Que l'Auteur de la
» Critique se souvienne de ce qu'il a tant pressé
» sur la Religion du serment. Il a dit en pro-
» pres termes, que si un Prince ne peut garder
» cette Religion, & pourvoir au bien de son Etat
» en même temps (*), *il doit s'attacher à la pre-
» miere de ces deux choses, & se reposer quant à
» l'autre sur la providence de Dieu, & sur les pré-
» cautions qu'il prendra pour remedier aux inconvé-
» niens qui semblent devoir naître de l'observation
» perpetuelle de sa parole.* Il a dit, *que la Religion
» du serment est la chose du monde qui nous doit
» être la plus sacrée, & à laquelle il faudroit sacri-
» fier plusieurs Provinces, si on ne pouvoit pas les
» retenir sans être violateur de sa foi* (A). Cela ne
» regarde-t-il pas l'Edit de Nantes, dont il n'est
» pas fait plus de mention dans l'Ecriture, que
» des vœux de continence de Martin Luther ?
» Mais c'est assez la coûtume de vous autres Mes-
» sieurs, de vous servir des regles de la Morale,
» lorsqu'elles vous accommodent, & de les mé-
» priser, quand elles ne vous duisent pas.

» Enfin pour ce qui est des enfans qu'on peut
» fournir à l'Eglise & à l'Etat, je dis que c'est
» la réponse du monde la plus absurde ; car pour
» ne pas dire qu'il y a plus d'apparence qu'on
» fournira des fripons que des gens de bien, qui
» ne voit qu'un homme qui est consacré à Dieu
» par une étude particuliere de chasteté, ne doit
» plus songer à peupler le monde ? Dequoi se
» met-il en peine ? N'y a-t-il pas assez de gens
» qui le font ? N'est-ce pas une Manufacture
» de tout temps & de tout païs ? Hélas le mon-
» de n'est que trop plein, & s'il ne se faisoit
» pas de temps en temps plusieurs purgations
» violentes dans la Société humaine, l'on s'em-
» barrasseroit trop les uns les autres. Malherbe
» eut fort bonne grace de se moquer d'un Con-
» seiller de Provence, auquel il avoit demandé
» pourquoi il étoit si triste, & qui lui avoit
» repondu (B), *que les gens de bien ne pouvoient
» avoir de joye, après le malheur qui venoit d'ar-
» river de la perte de deux Princes du Sang, par
» les mauvaises couches de Madame la Princesse ;
» Monsieur, Monsieur, repartit Malherbe, ce-*
» la ne vous doit point affliger, vous ne man-
» querez jamais de Maître. Nous pouvons dire
» aussi à ceux qui prétextent tant le bien public,

» lorsqu'ils sentent une grande demangeaison de
» peupler, malgré la Religion du serment, *Mon-
» sieur, Monsieur, cela ne vous doit pas donner
» du souci, vous ne manquerez jamais d'héritiers,
» ni de compatriotes, le monde se soutiendra bien sans
» vous.*

*Dangereuses
conséquences de
ce principe.*

» De-plus, quelle énormité ne seroit-ce point
» que de prétendre qu'une action devient légiti-
» me, parcequ'on se peut proposer en la faisant
» des vûës qui pourront être utiles à l'Eglise,
» & à la Société publique ? A ce compte il sera
» permis à un homme, engagé par le serment de
» son baptême, à ne connoître point d'autre fem-
» me que celle qu'il épousera, de faire des en-
» fans partout où on voudra l'écouter, & il n'au-
» ra qu'à dire pour légitimer son action, qu'el-
» le sert au bien de l'Etat, & à celui de l'Egli-
» se. Un autre homme engagé par un nouveau
» serment, savoir par son mariage, à s'abstenir
» de toutes les femmes du monde, à la reserve
» de la sienne, pourra faire des enfans ailleurs,
» sous le beau prétexte que les bâtards étant pour
» l'ordinaire pleins d'esprit & de cœur, il four-
» nira ou de grands Docteurs à l'Eglise, ou de
» bons soldats à sa patrie ; & par ces mêmes prin-
» cipes une femme auroit raison d'offrir ses ser-
» vices aux Braves & aux Theologiens célebres,
» afin d'avoir de leur race, qui feroit un jour
» l'ornement & peut-être l'appui de l'Eglise &
» de l'Etat. Qui ne voit le ridicule de ces pen-
» sées ? On peut à la vérité, & on doit même
» se proposer en se mariant, l'éducation d'u-
» ne famille qui craigne Dieu, & qui hono-
» re le Roi, mais c'est seulement lorsqu'on
» est libre de se marier, ou de ne se marier
» pas. Car si l'on s'est ôté cette liberté par
» un vœu de Religion, il n'est plus temps ; le
» mariage nous est alors aussi peu permis, sous
» quelque prétexte que ce soit, que la pluralité
» des femmes à un homme bien & dûëment marié.
» Ainsi comme la Polygamie est criminelle, lors
» même qu'on auroit en vûë de multiplier le
» nombre des bons Sujets & des bons Chretiens,
» & cela, parceque l'adultere est un violement
» d'une promesse faite devant Dieu de ne s'atta-
» cher qu'à sa femme, tout de même le maria-
» ge d'un Prêtre & d'un Moine est criminel,
» quelque vûë qu'ils ayent de travailler à la pro-
» pagation de bonnes ames, puisquils violent la
» promesse qu'ils ont faite à Dieu de renoncer à
» cette espece de travail. Mais encore un coup
» qu'ils ne se tourmentent point pour cela, je
» veux dire, pour fournir des gens au monde,
» on les en tient quittes ; c'est se donner un soin
» superflu du bien public, & s'il n'y a que cette
» seule consideration, ce n'est pas la peine de
» rompre son jeûne. Aussi n'est-ce point le vé-
» ritable motif d'un Moine qui se marie, il ne
» songe qu'à se veautrer dans le plaisir. Un
» homme de bien ne se doit jamais mettre dans
» la tête, que Dieu a besoin de lui pour don-
» ner des Saints à son Eglise, & l'on doit avoir
» assez bonne opinion de la Providence, pour croi-
» re qu'encore qu'on garde le vœu de chasteté
» que l'on a fait, Dieu ne manquera pas de gens
» qui feront son œuvre. Il se pourvoira de bê-
» te pour l'Holocauste, comme disoit Abraham
» à son fils, & comme il l'éprouva effective-
                                        ment,

(*) » Lettre XXII.
(A) » MS. Voiez Casaub. *in Basen. p. m.* 192. où Au-
» guste ne défend pas de vivre garçon ; mais il veut
Tom. II.

» qu'en cas d'impudicité, on soit sujet aux mêmes
» peines que les Vestales.
(B) » Racan, vie de Malherbe.

» ment, après que la victime qu'il avoit dessein
» d'immoler lui eût été arrachée. Que votre
» ami se souvienne, s'il peut, de sa maxime ; sa-
» voir, *qu'il faut se reposer sur la providence de*
» *Dieu, des inconvéniens qui pourront naître de*
» *l'observation exacte de notre parole, & la garder*
» *cependant.*

» Dira-t-on (car pour ne rien oublier je dois
» encore prévenir cette chicane) que ces paroles
» de la Genese, *croissez & multipliez,* étant un
» commandement qui n'oblige pas moins que
» les préceptes du Décalogue, tout vœu de con-
» tinence est nul & illégitime, & qu'ainsi ceux
» qui l'ont fait ne sont pas dans l'obligation de
» le tenir ; qu'au contraire s'ils ont eu le mal-
» heur de s'y engager & de frustrer la Nature
» de ses droits, en se soustraïant au précepte de
» la Genese, ils doivent reparer cette faute sans
» délai, se marier incessamment, & s'appliquer
» aux œuvres de la génération avec d'autant plus
» de diligence, qu'ils ont chommé plus long-
» temps. Je ne sais si on osera me faire cette
» réponse, quoique j'aye bonne mémoire d'a-
» voir ouï dire à un homme de la Religion,
» *que la loi du célibat n'étant tout au plus qu'u-*
» *ne loi d'Eglise, au lieu que le mariage a été insti-*
» *tué de Dieu, & est fondé sur les loix de la Na-*
» *ture, il vaut mieux désobéir à la loi du célibat*
» *qu'à celle du mariage.* Pourquoi non ? La
» Nature n'est-elle pas antérieure à l'Eglise,
» & par conséquent n'est-il pas plus raison-
» nable de desobéïr à la Sainte Mere Eglise,
» qu'à Sainte Mere Nature ? Vous nous pre-
» nez quelquefois par nos Maximes. Nous
» disons que plus une doctrine est ancienne, plus
» elle est excellente ; or est-il que l'esprit de se
» marier, & de se multiplier est plus ancien que
» la loi du célibat, puisqu'il se voit répandu
» dans tout l'ancien Testament, où nous voïons
» même que le Souverain Sacrificateur n'avoit
» pas la liberté d'épouser autre qu'une pucelle,
» comme si les Priviléges de sa charge l'eussent
» appellé à goûter plus de douceurs dans le ma-
» riage ; il s'ensuit donc par nos principes que
» l'on est plus obligé de se marier, que de ne
» se marier pas. Vous trouvez assez bien votre
» compte dans les coûtumes des Juifs, qui re-
» gardoient la sterilité comme une infamie, & la
» génération de beaucoup d'enfans comme une
» marque de Prédestination. Faire quelque cho-
» se qui tendît à traverser le cours des généra-
» tions, étoit un crime parmi eux qui ne se par-
» donnoit point. Une femme qui auroit vû son
» mari se battant avec un autre, être plus foible
» que cet autre, & fort maltraité, & qui pour de-
» gager son mari auroit été prendre cet autre par
» les parties viriles, devoit être condamnée sans
» remission à avoir le poing coupé. C'est Dieu
» qui l'ordonne ainsi dans le 25 chapitre du Deu-
» teronome. Nous avons une loi en France, à
» ce qu'on dit, qui porte que tout homme qui
» touche nos Rois en cet endroit-là, est digne
» de mort ; & qu'ainsi ne soit, le Sr. Daubigné
» raporte (*) que Villandri ayant saisi par-là
» Charles IX. seulement pour lui faire lâcher
» prise, parceque ce Prince l'étrangloit presque
» en folâtrant avec lui, eût été envoyé sur l'échaf-
» faut, si l'Amiral de Châtillon n'eût obtenu sa
» grace, qui avoit été refusée aux deux Reines
» & au Duc de Montpensier.

» Mais croyez-moi, Monsieur, ne vous servez

» jamais de ces miserables défaites ; car premiere-
» ment il est faux que ces paroles *croissez & multi-*
» *pliez,* ayent imposez aux hommes la nécessité
» de produire des enfans. C'étoit plûtôt une bé-
» nédiction de Dieu qu'un précepte adressé à cha-
» que particulier, & l'on vous prouve claire-
» ment par l'Ecriture, que Noé après ce préten-
» du précepte vêcut trois cens ans sur la terre,
» sans engendrer aucun enfant, quoiqu'au sor-
» tir de l'Arche, il n'y eût que trois autres hom-
» mes sur la terre.

» En second lieu, je vous soutiens que quand
» même ces paroles auroient eu anciennement une
» signification impérative, elle auroit cessé de-
» puis plusieurs siecles, c'est-à-dire, depuis que
» le monde est repeuplé. Si cela n'étoit pas vrai,
» le devoir de chaque homme seroit encore au-
» jourd'hui de travailler à la multiplication des
» Individus, dès qu'il le pourroit, & partout
» où il le pourroit, & comme beaucoup de gens
» le font, il s'ensuivroit qu'au lieu de censures
» ils mériteroient des éloges, comme des enfans
» d'obéïssance. En ce cas-là plus on semeroit
» d'enfans partout où l'on passeroit, laissant cet-
» te belle marque de son passage en tous lieux,
» & plus on s'acquitteroit des devoirs d'un bon
» Chretien & Citoyen, surtout quand ce se-
» roient des enfans bien faits, & qui ne feroient
» pas dire de leur pere, ce Vers cité par Plutar-
» que, & traduit pas Amiot :

,, Cetui, malgré Phœbus, va semant des enfans.

» Ou bien quand ce seroient des enfans qui
» serviroient bien l'Eglise, comme l'on raporte
» faussement que Gratien, Lombard & Comestor
» étoient trois freres bâtards, dont la mere se
» voulut jamais confesser de ses désordres, disant,
» *que ses trois enfans avoient trop bien mérité de*
» *l'Eglise, pour croire que ses pechez eussent besoin*
» *de pénitence.* Vous voyez, Monsieur, que ces
» consequences étant impies, je n'en puis rien
» conclure que de foudroyant contre la cause de
» votre ami.

» Vous m'allez dire, que pourvû qu'on fasse
» cela selon la méthode préscrite, qui est de se
» marier, tout ira le mieux du monde. Mais je
» vous réponds en troisieme lieu, que vous vous
» trompez, parce qu'il s'ensuivroit de votre ré-
» ponse que le mariage est une affaire d'obliga-
» tion ; ce qui est faux : car St. Paul nous dé-
» clare expressément que ce n'est qu'un pis
» aller, & que ceux qui peuvent se contenir, font
» mieux de ne se marier pas, que de contracter
» mariage. La pratique de votre Eglise montre,
» selon vous-même, que le mariage n'est pas un
» commandement, mais une affaire de permission,
» & un remede pour ceux qui en ont besoin ;
» car si vous prétendiez que ce fût un comman-
» dement, vos Consistoires & vos Synodes de-
» vroient procéder contre les jeunes gens de l'un
» & de l'autre sexe d'âge nubile, qui ne sont
» point mariez, comme ils procedent contre les
» yvrognes, les blasphémateurs, les larrons, les
» paillards, &c. lesquels vous excommuniez dans
» toutes vos Cenes. Cela seroit plaisant d'excom-
» munier ceux & celles qui ne seroient point dans
» les liens de l'Hymenée, dès aussi-tôt que l'âge
» de puberté seroit venu. Combien y en auroit-il
» qui diroient, *pourquoi m'excommunie-t-on ? Il*
» *ne tient pas à moi que je n'aye un mari ou une*

fem-

(*) ,, Tom. 2. p. 6.

„ *femme, je ne demande pas mieux; ce n'est pas*
„ *ma faute.* Vous voyez, Monsieur, que tous
„ les biais que l'on sauroit prendre pour justifier
„ votre parti, vous jettent dans le ridicule; si
„ bien qu'il faut confesser avec nous, que l'hom-
„ me naît avec une pleine liberté de renoncer au
„ mariage; que la continence est une matiere lé-
„ gitime de vœu; & que ce vœu étant une fois
„ lâché, oblige plus que cent autres considéra-
„ tions humaines.

„ J'ajoûte qu'il y a telles considérations hu-
„ maines, en faveur desquelles l'Eglise dispen-
„ seroit un homme de la loi de célibat. Par
„ exemple, nous aprenons dans l'Histoire de Ve-
„ nise, qu'en l'an 1156. le Doge Vital Micheli
„ ayant porté la guerre en Grece contre l'Empe-
„ reur Emmanuel, tous ceux de la famille des
„ *Justiniani* y périrent (*). Le Doge, pour ne
„ laisser pas éteindre une Race si illustre, obtint
„ permission du Pape de faire sortir du Cloître
„ Frere Nicolas Justiniani, Moine de St. Bé-
„ noît, & lui donna en mariage sa fille. Le Moi-
„ ne s'acquitta très-bien de son devoir, & répon-
„ dit merveilleusement à l'espérance que l'on
„ avoit conçuë de sa personne. Il fit à sa femme
„ plusieurs enfans, & c'est de lui que descen-
„ dent tous les Justiniani qui sont encore très-
„ considerables à Venise. Mais quand il eût re-
„ marqué qu'il avoit suffisamment pourvû à la
„ conservation de sa Maison, il reprit son pre-
„ mier état de Moine, faisant peut-être une ac-
„ tion aussi illustre que celle de ce Dictateur
„ Romain, qui ayant été tiré du labourage
„ pour aller vaincre les ennemis, ne les eût pas
„ plûtôt vaincus, qu'il retourna promptément
„ à sa charruë.

„ Je ne doute point que si une famille qui au-
„ roit rendu de grands services à l'Eglise & à son
„ Roi, alloit perir, & qu'il ne tînt pour la conser-
„ ver qu'à tirer du Cloître un mâle de cette famil-
„ le, sa Sainteté ne consentît, en étant dûement
„ requise, qu'il se mariât. S'il arrivoit aussi, ce
„ qu'à Dieu ne plaise, une grande mortalité par-
„ mi les hommes du siecle, & qu'il restât plu-
„ sieurs femmes veuves & plusieurs filles, je ne
„ doute point que l'Eglise, comme une bonne
„ mere, ne dispensât de leurs vœux les Moines,
„ qui se sentiroient les plus propres à reparer la
„ mortalité, & à consoler le sexe rechapé de ce
„ ravage. Il seroit bien juste qu'en tel cas l'Eglise
„ rendît au monde ce qu'elle lui doit. C'est le mon-
„ de qui lui fournit tant d'Ordres de Religieux
„ dont elle se glorifie; & alors l'Eglise fourniroit
„ au monde de bonnes troupes auxiliaires, qui
„ rempliroient les places vacantes, & qui feroient
„ bon nombre d'enfans; car il en iroit de ces
„ Troupes comme des terres qu'on laisse incultes
„ pendant quelques années, & qui étant défrichées
„ puis après, fructifient merveilleusement. Je
„ crois que ces bons Religieux, qui se sacrifie-
„ roient au bien général du monde dans ces cas de
„ nécessité, feroient avouer à leurs Compagnes,
„ que ce ne sont pas toûjours ceux qui se reti-
„ rent des emplois, qui sont les moins propres
„ à les remplir, & qu'il y a des gens qui demeu-
„ rent dans le monde, & qui s'y marient avec em-
„ pressement, qui negligent beaucoup plus leurs
„ obligations, que ne feroient ceux qui se sont
„ jettez dans la retraite. J'espere que ces Trou-

„ pes fournies au monde par l'Eglise, seroient
„ voir que quand il s'agit du bien public, elles
„ sont faites au poil & à la plume; & il est-mê-
„ me vrai qu'elles confondroient la doctrine des
„ Philosophes, qui nous disent, quand ils nous
„ parlent des habitudes, *que ce sont des qualitez*
„ *qui s'acquierent par la frequente réitération des*
„ *mêmes actes, & qui disposent le sujet à produire*
„ *facilement, alaigrement, & promptement ces mê-*
„ *mes actes.* Il y a des exceptions à cela. *Experto*
„ *crede Roberto.* Certaines choses se font mieux
„ lorsque la frequente réitération n'y est pas in-
„ tervenuë. De grace n'allez pas me dire que
„ les Moines & autres Clercs n'attendent pas ces
„ cas de nécessité pour peupler le monde; car ce
„ seroit une médisance d'Hérétique, ou de Sa-
„ tyrique, qui ne vous feroit pas d'honneur.
„ Laissons cela, & disons que si vos Réformateurs
„ s'étoient mariez dans un cas de nécessité, &
„ avec dispense d'un Supérieur pourvû d'auto-
„ rité légitime, on n'auroit rien à dire contre
„ eux.

„ Vous en reviendrez à vos Juifs, & à la ho-
„ te qu'encouroient dans cette Nation les person-
„ nes infécondes. Mais ne savez-vous pas que le
„ Nouveau Testament a été fait sous de meilleures
„ promesses? Ne savez-vous pas que la Pedagogie
„ Mosaïque a fait place à une Religion plus pure
„ & plus dégagée des sens, & des interêts mon-
„ dains? Et ne savez-vous pas que Dieu condam-
„ na les préjugez de son peuple, lorsqu'il ordon-
„ na à son Prophete Isaie (a) de déclarer à ces per-
„ sonnes infécondes, *que pourvû qu'elles fissent sa*
„ *volonté, & s'attachassent à son alliance, il leur don-*
„ *neroit un nom meilleur que celui qui vient des fils*
„ *& des filles; un nom éternel qui ne seroit jamais*
„ *effacé?* Ne lûtes-vous jamais ce qui fut répon-
„ du par Jesus-Christ à celui qui le vouloit quit-
„ ter pour quelques jours, afin d'aller ensevelir
„ son pere? *Suis-moi seulement, & laisses les morts*
„ *ensevelir leurs morts.* Autant en diroit-il à tout
„ homme qui seroit assez ridicule pour s'in-
„ quieter dans l'observation de son vœu de con-
„ tinence, de ce qu'il ne rendroit pas à la Na-
„ ture le tribut qu'il croiroit lui devoir; c'est-à-
„ dire, qui ne donneroit pas à un autre l'être
„ qu'il a reçu d'un autre: *Tiens ta parole, & ne*
„ *te mets pas en peine du reste; laisses les vivans*
„ *faire des vivans. Pour toi qui est mort & cruci-*
„ *fié au monde, & à qui le monde est crucifié, tu*
„ *ne dois plus songer qu'aux choses celestes, &*
„ *à fructifier en bonnes œuvres. Le monde se*
„ *passera bien des enfans que tu pourrois faire,*
„ *& je te prépare des biens infiniment plus ex-*
„ *cellens, que ceux que tu quittes pour l'amour de*
„ *moi.*

„ Je n'ai plus qu'un mot à dire sur cette ma-
„ tiere. Vos Ministres abusent du passage de St.
„ Paul, où il est prédit qu'il s'élevera des gens
„ qui enseigneront des doctrines de Diable, dé-
„ fendant de se marier. Vous avez tort d'im-
„ puter cela à notre Eglise; car elle ne défend
„ point le mariage, elle se sert seulement par pré-
„ férence de ceux qui ne se marient point, &
„ qui se résolvent à cette abstinence de leur propre
„ mouvement. Elle ne force personne à faire le
„ vœu de célibat; mais trouvant une infinité
„ de personnes qui le font, elle les préfere à ceux
„ qui ne le font pas, à-peu-près comme les Grands
„ Sei-

<hr>

(*) „ MS. Voyez Journal des Sçav. du 17. Avril
„ 1688. Extrait des Antiquitez de Toulouse, & Journ.

„ de Leipsic 1687. p. 250.
(a) „ Chap. 56.

» Seigneurs aiment mieux être servis par des gens
» à marier, que par des gens chargez de famille.
» Qu'y a-t-il en cela de blamable? Chacun ne
» choisit-il pas ses domestiques à sa guise? Qui
» doute que des gens mariez ne soient moins pro-
» pres à servir l'Eglise, que ceux qui ne le sont
» pas? Je ne vous en dirai que cette seule raison
» éloquemment touchée par Monsieur Arnaud,
» dans la 2. partie de son Apologie pour les Ca-
» toliques.

» *Quand ils auroient eu droit*, dit-il, (*) *de ne*
» *point obliger leurs Pasteurs au célibat, ce seroit*
» *toûjours une marque de bien peu de vertu, & donc*
» *ils devroient avoir de la honte, de ce qu'il ne s'en*
» *trouve presque point qui croient se pouvoir passer*
» *de femme, pour exercer son Ministere avec moins*
» *d'empêchement, & donner un plus grand exem-*
» *ple de mortification en ce point à ceux qui ne sont*
» *pas encore mariez, & que diverses rencontres*
» *obligent de vivre dans la Chasteté. Car qui doute*
» *que les Sermons d'un Ministre sur ce sujet n'aient*
» *moins de force pour persuader, quand de jeunes*
» *gens qui ne trouvent pas si-tôt à se marier lui peu-*
» *vent dire: Il vous est bien facile de nous prêcher*
» *la continence ayant toûjours une jeune femme à*
» *votre côté, & il est indubitable que ce qu'un Prê-*
» *tre Catholique dit sur cela, doit avoir bien plus*
» *de poids, ne portant les autres qu'à ce qu'il s'est*
» *obligé de pratiquer le premier pendant toute sa*
» *vie.* (A)

» Je suis épouvanté quand je songe que les
» véritez les plus évidentes n'ont point frapé les
» yeux de tant de gens qui ont suivi Luther
» & Calvin; car qu'y avoit-il de plus aisé à des
» Chretiens qui savent comme leur *Pater*, que le
» parjure & le violement des vœux sont les plus
» grands crimes qu'on puisse commettre, que de
» connoître la fausseté de la Réformation de Lu-
» ther par cette unique considération, que s'il
» croïoit qu'il lui étoit permis de violer ses vœux,
» & de les faire violer à une Nonne, il étoit dans
» une hérésie monstrueuse de Morale, qui suffi-
» soit pour le faire rejetter; & s'il ne le croïoit
» pas, quoiqu'il se fût marié avec cette Nonne,
» il faloit qu'il fût un scelerat. Malgré cette
» grande évidence, des Royaumes tout entiers
» ont suivi ce nouvel Apôtre, & aujourd'hui
» quand nous faisons cette objection, on nous
» païe de plaisanteries. Il faut avoüer que l'hom-
» me est une étrange sorte de Créature.

» De tous les animaux qui s'élevent dans l'air,
» Qui marchent sur la terre, ou nagent dans la
»   mer,
» De Paris au Perou, du Japon jusqu'à Rome,
» Le plus sot animal, à mon avis, c'est l'homme.

» Voilà les plus beaux quatre vers, & les plus
» véritables qui ayent jamais été faits. Je les ai en
» gros caracteres d'or sur la cheminé de ma cham-
» bre, afin que s'il étoit possible que j'oubliasse
» l'esprit de Malherbe & de Montagne, dont je
» suis tout penetré à cet égard, cet objet fra-
» pant à tous coups mes yeux me préserve de ce
» faux pas. Rien ne m'a tant plû dans les ma-

» ximes de Malherbe, que le grand mépris qu'il
» avoit pour tous les hommes en general. Son
» Historien nous conte qu'après avoir fait le récit
» du péché de Caïn, & de la mort d'Abel son
» frere, il disoit à-peu-près, *voilà un beau dé-*
» *but,* (B) *ils n'étoient que trois ou quatre au mon-*
» *de, & l'un d'eux va tuer son frere! Que Dieu*
» *pouvoit-il espérer des hommes après cela? N'eût-*
» *il pas mieux fait d'en éteindre dès l'heure même*
» *pour jamais l'engeance?* Pour ce qui est de Mon-
» tagne, il y a long-temps que je sais par cœur
» la reflexion judicieuse qu'il a faite sur le pro-
» cedé d'Héraclire & de Démocrite; (c) pré-
» férant le goût de celui-ci au goût de celui-
» là. Permettez-moi de raporter tout ce qu'il
» en dit.

» (D) *Democritus & Heracritus ont été deux Phi-*
» *losophes, desquels le premier trouvant vaine &*
» *ridicule l'humaine condition, ne sortoit en public*
» *qu'avec un visage moqueur & riant. Heraclitus*
» *ayant pitié & compassion de cette même condition*
» *nôtre, en portoit le visage continuellement triste, &*
» *les yeux chargez de larmes:*

» (E) - - - - - - - *Alter*
» *Ridebat quoties à lumine moverat unum*
» *Protuleratque pedem, flebat contrarius alter.*

» *J'aime mieux la premiere humeur, non parce*
» *qu'il est plus plaisant de rire que de pleurer;*
» *mais parce qu'elle est plus dédaigneuse, & qu'el-*
» *le nous condamne plus que l'autre, & il me sem-*
» *ble que nous ne pouvons jamais être meprisez selon*
» *notre mérite. La plainte & la commiseration sont*
» *mêlées à quelque estimation de la chose qu'on plaint.*
» *Les choses dequoi on se moque, on les estime sans*
» *prix.* JE NE PENSE POINT QU'IL Y AIT
» TANT DE MALHEUR EN NOUS, COMME
» IL Y A DE VANITÉ, NI TANT DE MALI-
» CE COMME DE SOTISE: *nous ne sommes pas*
» *si pleins de mal comme d'inanité; nous ne sommes*
» *que misérables comme nous sommes vils.*

» Tout le reste du chapitre est sur le même
» ton. Montagne y compare Diogene estimant
» les hommes des mouches, ou des vessies pleines
» de vent, avec Timon le Misantrope, *ou le hais-*
» *seur des hommes. Le premier,* dit-il, *étoit bien*
» *juge plus aigre & plus poignant, & par consé-*
» *quent plus juste à mon humeur que Timon;* car
» *ce qu'on hait on le prend à cœur. Cettui-ci nous*
» *souhaitoit du mal,* fuïoit notre conversation
» comme dangereuse; l'autre nous estimoit si peu
» qu'il laissoit autre compagnie, non pour la
» crainte, mais pour le dédain de notre com-
» merce; il ne nous estimoit capable ni de bien,
» ni de mal faire: *de même marque,* poursuit-il,
» *fut la réponse de Statilius auquel Brutus parla,*
» *pour le joindre à la conspiration contre César. Il*
» *trouva l'entreprise juste, mais il ne trouva pas*
» *les hommes dignes, pour lesquels on se mit aucu-*
» *nement en peine.*

» Cela paroît outré, mais à qui? Sinon à des
» gens qui n'ont jamais reflechi sur la sotise &
» sur l'impertinence de l'homme, sur le composé
» bizarre de ses passions & de sa Raison, & sur
»   l'as-

» les Rois fols le font aux Philosophes. Voi. Rep. des
» Lettr. touchant Democr. Art. 3. de Fevr. 1686.

(*) » Pag. 355.
(A) » MS. Joignez à ceci ce que dit Lettr. de
» Lambin. f. 34. du spectacle que ce seroit, si on
» pouvoit voir toutes les imaginations des Rois; & ajou-
» tez ce que Philostr. vie d'Apoll. l. 4. *p. m.* 185, qu'un
» Roi impudent est un grand spectacle à un Philoso-
» phe, & que comme l'homme *est Dei Indibrium,* ainsi

(B) » Ceci pourroit entrer dans le discours du Méde-
» cin raporté ci dessus Lettre XVI N°. X.
(c) » Voyez Séneque *de tranquill. c.* 15.
(D) » Essais, l. 1. ch. 50.
(E) *Juven. Sat.* 10.

,, l'affemblage monftrueux qu'il renferme de mil-
,, le chofes contradictoires. Affurément ceux qui
,, ont dit que l'homme eft un Ouvrage du ha-
,, zard, ont été bien fots; car il feroit impoffible
,, que le hazard rencontrât jamais un pareil ou-
,, vrage; il a falu de toute néceffité qu'une caufe
,, intelligente s'en foit mêlée, & fi Dieu étoit ca-
,, pable de fe former des idées par méditation,
,, au lieu qu'il fait de tout temps & tout d'un
,, coup tout ce que fa nature infinie eft jamais
,, capable de connoître, il faudroit dire qu'il
,, n'auroit fait l'homme qu'après y avoir fongé
,, long-temps. (*) *Cogitavit nos ante natura, quàm
,, fecit, nec tam leve opus fumus ut illi potuerimus
,, excidere . . . . . . fcias non effe hominem tumultua-
,, rium & incogitatum opus.* J'aprouve fort cette
,, penfée de Séneque, fi ce n'eft en ce qu'il la
,, fonde fur les prétenduës perfections de l'hom-
,, me.

,, Je vois que toutes les bêtes font réglées dans
,, leurs paffions, l'homme feul eft déreglé, les
,, bêtes ont un certain temps pour les plaifirs de
,, l'amour : ont-elles une fois conçu, elles n'y
,, fongent plus. Notre efpece feule continuë dans
,, fes brutalitez au-delà de la génération, vérita-
,, ble fangfuë de nouvelle forte, (A) puis qu'au
,, moins les autres fangfuës lâchent-elles prife
,, quand elles font pleines; mais c'eft alors com-
,, me les Naturaliftes l'ont remarqué, que parmi
,, nous l'appétit eft plus ardent. Lorfque les
,, Galans de Julie, fille d'Augufte, lui deman-
,, doient comment il fe pouvoit faire, vû fes énor-
,, mes proftitutions, que fes enfans reffemblaffent
,, à fon mari; *c'eft*, dit-elle, (B) *que je ne reçois*
,, *perfonne dans mon Navire que lorfqu'il a fa char-*
,, *ge.* C'étoit donc alors que fa lubricité fe dé-
,, ployoit davantage. Encore un coup:

,, Le plus fot animal, à mon avis, c'eft l'homme.

,, Ce qu'il fait eft fi ridicule, qu'il ne faut qu'en
,, faire autant devant lui, & auffi-tôt vous le
,, voïez qui creve de rire, comme l'a dit depuis
,, peu quelqu'un (c) au fujet de la Comédie.

,, On me va dire que la Religion fait de l'hom-
,, me une Créature incomparable, & l'éleve à un
,, dégré de perfection extraordinaire, mais on
,, feroit mieux de ne pas toucher cette corde. On
,, devroit pour l'honneur de l'homme ne pas faire
,, prendre garde à cela. Il eft vrai qu'il n'y a rien
,, de plus raifonnable, ni de plus jufte que d'a-
,, dorer Dieu qui a fait, & qui gouverne toutes
,, chofes, & qu'ainfi la Religion confidérée en
,, elle-même eft une perfection d'un prix infini.
,, Mais dès auffi-tôt qu'elle a eu paffé par l'ef-
,, prit de l'homme, elle n'a plus été que de la
,, bouë. On a bien raifon de dire que la pire de
,, toutes les corruptions eft celle des meilleures
,, chofes; car jamais coruption n'a été plus épou-
,, vantable que celle de la Religion, de cela feu-
,, lement qu'elle eft defcenduë en terre pour fe
,, communiquer à l'homme. Tant eft grande la
,, baffeffe & la fotife de notre être, qui par
,, une fatale contagion fe communique à tout
,, ce qu'il touche! Helas! bien-loin que la
,, Religion faffe honneur à l'homme, qu'au
,, contraire rien ne le rend plus vil & plus con-
,, temptible, que les extravagances des Payens an-
,, ciens & modernes dans le fervice divin. Ce

,, font là proprement les parties honteufes de l'a-
,, me, & l'on ne fauroit condamner ce qu'en di-
,, foient les Epicuriens. (D) Exceptant les Juifs
,, d'autrefois que gagnera-t-on ? Un homme fage
,, contre trois millions de fous, empêchera-t-il
,, que le genre humain ne foit appellé juftement
,, fou ? Et de-plus les Juifs ne gâterent-ils pas
,, bien-tôt la Religion que Dieu leur avoit enfei-
,, gnée ? Les Chrétiens font-ils une exception
,, confidérable ? Selon vous, le vrai Chriftianifme
,, ne fe trouve que dans vôtre Communion, qui
,, peut-être n'eft pas à l'égard de tous les hom-
,, mes ce qu'eft un à l'égard de mille millions. Se-
,, lon nous, tous les Chretiens qui ne font pas de
,, l'Eglife Catholique, Apoftolique & Romai-
,, ne font perdus : nous faifons donc bien pe-
,, tites les bornes de la vraie Religion. Et
,, combien peu y a-t-il de bons Chretiens par-
,, mi vous & parmi nous ? Où font les Chre-
,, tiens, dont la Religion ne confifte en pré-
,, jugez & entêtement ? Que faifons-nous qu'é-
,, crire les uns contre les autres, & nous déchi-
,, rer d'injures & de fauffes imputations, tan-
,, tôt par mal-entendu, tantôt par mauvaife foi;
,, nous entre-damner, nous perfécuter tout à
,, tour, felon que nous fommes forts ou foibles ?
,, Et quand nous avons eu l'avantage, nous
,, croyons que Dieu nous admire & nous pré-
,, pare l'honneur du triomphe. Pauvres fots
,, que nous fommes, de ne pas voir l'i-
,, nanité où notre fauffe foi nous jette, &
,, les baffes erreurs que nous mêlons à la vé-
,, rité. Quand je confidere tous ces Parlemens
,, de deçà la Loire, qui emprifonnent des Mi-
,, niftres, qui font rafer des Temples, qui con-
,, fifquent des biens, parce qu'un certain perfon-
,, nage a mieux aimé aller paffer une heure dans
,, un Prêche que de fe tenir au lit, & que je vois
,, ces Cours Souveraines & les Prélats s'aplau-
,, dir de ces beaux exploits, & prétendre que
,, tous les Eloges que leur donnent les Miffion-
,, naires, ne font pas la millieme partie de ce
,, qu'ils méritent, je vous affure que cela me fe-
,, roit pitié, fi je ne me fouvenois qu'il vaut
,, mieux imiter Démocrite qu'Héraclite; & fi
,, vous autres Meffieurs de la Prétenduë Religion
,, concevez de la haine pour vos Juges & pour vos
,, parties, affurément vous leur faites honneur
,, & grace : tout votre reffentiment ne devroit
,, aller qu'à admirer la fotife & l'inanité du genre
,, humain. Nos gens s'abufent étrangement de
,, croire que ce foit un bon ufage de fon zele,
,, que tout ce qu'ils font. C'eft tomber dans la
,, petiteffe, & dans le néant. Ils ont raifon
,, dans le fonds de vous regarder comme des
,, Schifmatiques ridicules. Etoit-ce l'affaire de
,, deux ou trois petits Preftolez de bouleverfer
,, tout l'Occident ? C'eft bien à nous, petits par-
,, ticuliers que nous fommes, à réformer une doc-
,, trine cruë depuis fi long-temps partout ? Ne
,, reftoit-il pas affez de bonnes chofes dans l'E-
,, glife pour le falut des bonnes ames ? Pour-
,, quoi donc vos Réformateurs n'imitoient-ils
,, pas leurs peres & leurs ayeux qui s'y étoient
,, bien fauvez, car vous n'oferiez les damner ?
,, Mais quelque tort que vous ayïez, nous n'a-
,, vons pas droit de vous ruïner par un entaf-
,, fement de petites chicaneries. Cependant c'eft-
,, là

Religion le
plus par-

(*) *De benefic. l. 6. c. 23.*
(A) *Non miffura cutem nifi plena cruoris hirudo.*
   Horat. de arte.
(B) *Nunquam nifi navi plenâ tollo vectorem.* Macrob.

Saturnal. l. 1. c. 5.
(c) ,, Nouv. Dialog. des Morts.
(D) *Humana ante oculos fœde cum vita jaceret,*
   In terris oppreffa gravi fub relligione. Lucret. l. 1.

» là ce qu'on appelle la plus grande gloire du
» monde, & la joye de la Cour céleste. Qui
» pourroit voir cela sans se bien moquer de
» l'homme ?

(*) „ *Egregiam verò laudem & spolia ampla refertis,*
„ *Tuque puerque tuus, magnum & memorabile nomen,*
„ *Una dolo Divûm si fœmina victa duorum est !*

C'est ainsi qu'on pourroit apostropher notre
» Eglise. Je crois qu'on se moque bien de nous
» dans les païs hérétiques, & de nos procédu-
» res de justice contre vos gens. Ils se rendent
» je n'ose dire quoi.

D'un Ancien qui remercia les Dieux de l'avoir fait homme.

„ Je ne sçaurois pardonner à cet ancien Phi-
» losophe son peu d'ambition, ou son méchant
» goût, d'avoir remercié les Dieux, entre autres
» choses, de ce qu'ils l'avoient fait homme. On
» dit que c'est Epicure qui a fait ce remerci-
» ment, mais je n'en crois rien ; il ne croïoit pas
» que Dieu se mêlât de nos affaires, & qu'il
» voulût s'abaisser à s'informer seulement si un
» être si abjet étoit au monde. J'aimerois mieux
» qu'on remerciât de ce qu'ayant été fait hom-
» me, on a reconnu le néant de cet animal. Mais
» très-peu de gens sont capables de cette sorte
» d'action de graces, & celui qui a dit que les
» Dieux font fort sagement de donner la vie à
» l'homme, sans lui demander s'il la veut, parce
» qu'ils évitent par-là le refus qu'on feroit de
» leur présent, se trompe fort ; car c'est une des
» plus générales sotises du genre humain que
» de faire un cas presque infini de la vie. Virgi-
» le (A) me semble beaucoup plus raisonnable,
» lorsqu'il dit que ceux qui se sont tuez eux-mê-
» mes, s'en mordent les doigts dans les enfers,
» & qu'il ne tient pas à eux qu'ils ne reviennent
» au monde, quand ce seroit pour y vivre dans
» les plus tristes miseres ; il me semble, dis-je,
» plus raisonnable en cela, que lorsqu'il dit un
» peu plus (A) que les ames qui après avoir de-
» meuré long-temps aux champs Elysées, doi-
» vent revenir en ce monde, sont envoïées au
» fleuve d'oubli, afin qu'elles souhaitent de ren-
» trer dans quelque corps. (B) Il suppose que
» sans cet oubli, elles ne pourroient pas se ré-
» soudre à souhaiter encore une fois la vie de
» ce monde ; mais je le crois dans l'erreur ; je ne
» pense pas qu'il soit nécessaire de leur faire rien
» oublier. C'est assez qu'elles ayent fait partie
» de l'homme, pour n'avoir pas même ce peu
» de bon sens qui suffit pour souhaiter, quand
» on est une fois délivré de cette prison, de
» n'y retourner jamais plus.

„ Si vous me demandez, Monsieur, d'où vient
» que faisant si peu de cas de l'homme, j'ai
» tant travaillé à la multiplication du genre hu-
» main (car j'avouë que j'y ai fait de mon mieux,
» & le fais encore, & le ferai tant que je pour-
» rai) vous n'aurez point d'autre réponse sinon,
» que c'est encore une des sotises à laquelle
» notre nature uous assujettit, que nous con-
» noissons l'un, & faisons l'autre. Je suis de
» l'avis de Malberbe, que l'homme ne méritoit

» pas de durer, & que si on lui eût fait justice,
» on l'eût exterminé dès la troisieme génération ;
» mais puisqu'il en a été autrement ordonné,
» je suis bien-aise qu'il dure par le moïen des
» femmes. Je condamne de tout mon cœur la
» pensée d'Hippolite dans Euripide, qui se plaint
» de ce qu'il faut se servir des femmes quand on
» veut avoir des enfans, & qui voudroit que
» pour en avoir il fût seulement nécessaire de faire
» quelque présent aux Dieux, sans s'embarrasser
» d'une femme ; qu'il faut bien, dit-il, qui soit
» un grand mal, puisque ceux mêmes qui l'ont
» faite & elevée donnent une bonne somme
» d'argent à ceux qui les en délivrent. Pour
» moi je trouve qu'il n'y entend rien, & je m'en
» tiens à la méthode ordinaire. C'est la meil-
» leure chose que je trouve au monde, que
» de devenir pere comme on le devient, j'en-
» tens par le mariage d'un avec une ; car j'ai tou-
» jours abhorré ces amours qui courent les ruës,
» cette Venus que Lucrece appelleroit *Volgi-*
» *vaga* ; cela m'a toujours paru trop bête. Vive
» le mariage bien observé de part & d'autre !
» Comme chacun a sa marote, c'est peut être la
» mienne.

„ Je suis surtout fort mal satisfait des Auteurs
» qui écrivent les uns contre les autres. Ils sont
» un exemple convaincant de la bassesse du gen-
» re humain. Ils s'insultent mal à propos : ils ne
» s'entendent pas, ou ne veulent pas s'entendre :
» ils se réfutent de mauvaise foi ; l'un estropie
» les passages de l'autre ; celui-ci à son tour lui
» fait dire ce à quoi il ne songea jamais : quand
» ils ne savent que dire, ils font les fiers, & trai-
» tent avec mépris leur Adversaire, ou bien ils
» font les goguenards. Ils s'entre-accusent éter-
» nellement de mauvaise foi, & de fausses glo-
» ses, & ils ont raison en cela de part & d'autre,
» car chacun fait à l'autre ce dont il l'accuse.
» (c) Je n'ai jamais pris la peine de confronter
» le Livre réfuté avec celui qui réfute, sans trou-
» ver des malhonnêtetez innombrables ; ce qui
» m'a quelquefois fait écrier comme Néron,
» lors qu'il lui faloit soussigner un Arrêt de
» mort, *utinam nescirem litteras*, plût à Dieu
» que je ne susse ni lire, ni écrire ! Je ne connoî-
» trois pas les infirmitez de mon espece, & je
» n'aurois pas tant de honte d'en être. Le Saty-
» rique François a dit quelque part, qu'un mé-
» chant Auteur peut d'ailleurs être un parfaite-
» ment honnête homme : pour moi je dis au con-
» traire qu'un homme qui est honnête en toute
» autre chose, devient mal-honnête, dès qu'il
» prend la plume pour faire un Livre contre quel-
» qu'un. Il se défait dès lors de toute sa bonne foi ;
» & s'il la reprend, c'est lorsqu'il ne soûtient
» plus le personnage d'Auteur. Je dirois que
» c'est une grande méchanceté, mais je ferois
» plus d'honneur aux gens qu'ils n'en méritent,
» j'aime mieux dire que c'est foiblesse,
» bassesse, inanition. On m'avoit dit que vo-
» tre ami s'étoit tiré de pair d'avec les autres
» Ecrivains Critiques, par je ne sai quelle bonne
» foi qu'il affectoit. Mais l'ayant lû, j'ai trou-
» vé

(*) *Virgil* Æneid. 4.
(A) *Proxima deinde tenent mœsti loca, qui sibi lethum*
Insontes peperere manu, lucemque perosi,
Projecere animas, quàm vellent æthere in alto
Nunc & pauperiem & duros perferre labores !
Æneid. 6.
(B) *Has omnes, ubi mille rotam volvere per annos,*
Lethæum ad Anvium Deus evocat agmine magno,
Scilicet immemores supera ut convexa revisant,

Rursus & incipiant in corpora velle reverti. Ibid.
(c) „ MS. Joignez ce qu'Achille dit à Ulisse dans Ho-
» mere, & le Dialogue d'Ach. & d'Antil. dans Lucien
» t. 1. p. 259.
(D) „ MS. Voi. *infr.* Lettr. XXII. No. IX. Rec. de
» serm. p. 404. Ce que le Sr. Dacier dit, que Despréaux
» le reçut en honnête homme & non pas en Au-
» teur.

» vé qu'il ne vaut pas mieux que ſes Confreres.

» Qui pourroit ſouffrir qu'il nous vienne juſ-
» tifier le mariage des Prêtres & des Moines,
» par la raiſon que s'ils euſſent été libertins, ils
» n'auroient pas voulu d'une femme. Et moi
» je lui dis que de l'aveu des honnêtes gens &
» des malhonnêtes gens, le mariage eſt l'état le
» plus commode où l'on ſauroit vivre, & que
» ſi Dieu nous avoit laiſſez libres là-deſſus, il eût
» falu nous impoſer à nous-mêmes cette douce
» néceſſité. Le diſcours de Metellus le Numidi-
» que me paroît d'un homme de jugement. Il
» harangua un jour le peuple Romain pendant
» qu'il étoit Cenſeur, & exhorta tout le monde
» à prendre une femme. *Si nous pouvions vivre*
» *ſans elles, Meſſieurs,* leur diſoit-il, (*) *nous*
» *nous paſſerions tous de cette incommodité; mais*
» *puiſque la Nature a établi qu'il y auroit quelque*
» *incommodité avec elles, & qu'abſolument l'on ne*
» *pourroit vivre ſans elles, il eſt juſte de paſſer par-là.*

» Je ſuis fâché que les ſaints Peres ayent imi-
» té les Philoſophes du Paganiſme en ce qui eſt
» de dire du mal des femmes, & je ſuis plus
» édifié de nos Moines d'aujourd'hui, qui ſont
» leurs plus grands Panégyriſtes, & qui font des
» Livres à perte de vûë en leur honneur, que de
» ce Marbodus, Evêque de Rheims, dont le
» P. Hommey vient de publier un petit Poëme
» Latin dans ſon *ſupplementum Patrum;* lequel
» Poëme traite des trois plus grands ennemis de
» l'homme, qui ſont, dit l'Auteur, les femmes,
» l'avarice, & l'ambition. N'en déplaiſe aux go-
» guenards, le ſuffrage des Moines eſt ici de con-
» ſéquence; car on a beau dire qu'ils ne louent
» les femmes, que parce qu'ils ne les connoiſ-
» ſent qu'en qualité de pénitentes, ou bien de cha-
» ritables envers eux en tout ſens, c'eſt-à-dire,
» & entant qu'ils ne ſont pas mariées, & entant
» qu'ils n'ont point de bien; on a beau dire qu'ils
» prennent les deux temps les plus favorables
» pour juger avantageuſement du ſexe, ſavoir
» *dum jacet in thalamo, dum jacet in tumulo,* en-
» tendant par *tumulus* le Confeſſionnal où elles
» s'enterrent dans la pénitence; je ſoûtiens que
» ce ſont des médiſances enragées des Héréti-
» ques, ou des Fauteurs des Hérétiques, & que
» puiſque les Moines diſent tant de bien des
» femmes, connoiſſant par le moyen de la Con-
» feſſion ce qu'il y a de plus caché dans le fonds
» de l'ame, c'eſt une marque qu'elles poſſedent
» des perfections infinies.

» On parle tant de méchans ménages, j'en
» connois peu de tels, & j'en connois une infini-
» té de bons. Un Auteur de quatre jours qui a
» publié un Livre intitulé *Sentiment des Grands*
» *Hommes ſur la conduite des mœurs,* nous donne
» fort gravement ce précepte en quatrain comme
» un nouveau Pibrac:

» Soyez fort circonſpeƈs en fait de mariage,
» Soit à le conſeiller, ſoit à le contraƈter,
» Gardez par ces attraits de vous laiſſer flatter.
» On voit beaucoup d'époux, mais point de bon
» ménage.

» Voilà qui eſt violent. Ne diroit-on pas que

» le mariage eſt une Navigation d'où perſonne
» ne revient? Et pourquoi donc chacun en veut-
» il goûter non pas une fois, mais deux & trois,
» ſi le cas le porte? Ce ſont de grands donneurs
» de billeveſées que tous ces Déclamateurs; ils
» ſont les premiers à ſe moquer de ceux qui
» croient ce qu'ils diſent ſur ce chapitre. Ils font
» preſque tous comme Euripide, qui blâmoit les
» femmes ſur le Théatre avec beaucoup d'empor-
» tement, & au partir de-là c'étoit l'un de leurs
» plus grands Adorateurs. Voyez-moi Ovide (A)
» qui a débité tant de penſées choquantes contre
» le ſexe. A peine étoit-il ſorti de l'enfance qu'il ſe
» maria, & n'ayant pas trop bien rencontré la
» premiere fois, il prit une ſeconde femme, &
» puis une troiſieme, qu'il aima paſſionément
» toute ſa vie, & à laquelle il écrivit de ſon
» exil les choſes les plus honnêtes, les plus ten-
» dres, & les plus flateuſes; faiſant connoître
» qu'un de ſes plus rudes tourmens étoit de ſe
» voir ſéparé de ſa chere femme, & de penſer
» au chagrin où elle étoit de ſe voir ſéparée de
» ſon mari. (B) Si Auguſte ſe fût réglé ſur les
» prétenduës maximes de nos Plaiſans, il ſe fût
» bien donné garde de ſouffrir qu'Ovide allât au
» païs des Scythes ſans ſa femme, il lui eût or-
» donné de la mener avec lui afin qu'elle fût ſon
» fléau. Mais il étoit trop habile homme pour
» laiſſer une ſi douce conſolation à un Poëte ré-
» légué. En mon particulier je ſuis tellement
» pour le mariage, qu'encore que je puiſſe dire,

» Il a neigé ſoixante ans ſur ma tête,

» Et que la femme que j'ai préſentement ſoit
» la troiſieme, je n'attendrois pas au bout de l'an
» à me marier pour la quatrieme fois, ſi Dieu
» me privoit de ma chere Compagne que j'aime
» tendrement: & cette quatrieme femme que je
» prendrois, je la choiſirois tout auſſi jeune qu'il
» me ſeroit poſſible, me moquant du vieux
» quolibet:

» Autant vieillard à la barbe fleurie,
» Pour ſes voiſins, que pour ſoi ſe marie.

» Je vous baiſe très-humblement les mains,
» & ſuis tout à vous,

CRISANTE.

Afin de laiſſer reſpirer le Leƈeur, je remets
à répondre à cette difficulté dans une autre Lettre. Je ſuis, &c.

✿✿✿✿✿✿✿✿:✿✿✿✿✿✿✿✿

LETTRE XXII.

Où l'on répond à l'objeƈion contenuë dans la
Lettre précédente.

I. *Changement d'opinion touchant l'Auteur de l'ob-*
jeƈion précédente. II. *Que Monſieur Criſante,*
Auteur de cette objeƈion, n'a point raporté fide-
lement l'endroit qu'il a voulu réfuter de la Criti-
que Générale. Véritable ſens de cet endroit. III.
Examen de ce qu'il a dit, que les inveƈives con-
tre

(*) Si ſine uxore, Quirites, poſſemus eſſe, omnes eâ moleſ-
tiâ careremus: ſed quoniam ita natura tradidit ut, nec cum
illis ſatis commodè, nec ſine illis ullo modo vivi poſſit, ſaluti
perpetuæ potius quàm brevi voluptati conſulendum. A.
Gellius noƈ. artic. l. 1. c. 6.

(A) Triſt. l. 4. eleg. 9.
(B) » MS Séneque aimoit fort ſa femme, Epit. 104.
» Voyez Stace. Silv. l. 3. où il loue tant ſa femme.
» Mart. l. 12. Ep. 21.

Lettre XXII. *(marginal)*

MONSIEUR,

I. Changement d'opinion touchant l'Auteur de l'objection précédente. *(marginal)*

Je fuis bien changé. Je vous difois au commencement de l'autre Lettre, que je ne pouvois me perfuader que vous ne fuffiez l'Auteur de la derniere objection, & préfentement je ne croirois pas que vous le fuffiez, quand même vous m'en jureriez. Je me garderai bien une autrefois d'aller fi vîte dans mes jugemens. Je n'avois lû que certains endroits détâchez de la longue Lettre que vous m'aviez communiquée, comme vous ayant été écrite des Quartiers de la Charante, & fur cela j'allai croire trop promptement & trop bonnement, qu'elle ne venoit que de vous. Mais je fuis préfentement très-perfuadé du contraire, & je vous fupplie d'agréer la réparation d'honneur que je vous fais publiquement. L'attention avec laquelle j'ay examiné cet Ecrit, m'a fait voir que vous n'êtes pas capable de penfer, ni de parler avec fi peu de juftefle. Votre ftile eft autrement pur & châtié que celui de Monfieur Crifante (je l'appelle ainfi puifqu'il le veut) & vous ne pourriez pas faire autant de fautes de jugement qu'il en a fait, quand même vous en auriez quelque envie. Je ne répondrai point à toute fa Lettre; car qu'ay-je affaire de me mêler dans tous les procès qu'il fait aux gens à droite & à gauche : Je me contenterai de répondre en auffi peu de paroles que je pourrai, à ce qui me concerne directement.

II. Qu'il n'a point raporté fidelement l'endroit qu'il critique. Véritable fens de cet endroit *(marginal)*

I. Je dis donc en premier lieu qu'il ne m'a pas bien compris. Je n'ai jamais prétendu que nos premiers Réformateurs fe foient mariez, afin de donner dans une mortification plus rafinée, & je n'ai rien dit qui puiffe être entraîné à ce fens-là avec la moindre couleur. J'ai toûjours cru qu'ils n'ont point cherché d'autre myftere en fe mariant que celui que les gens de bien y cherchent. Si j'ai parlé des dégoûts & embarras du mariage, ce n'eft qu'au nom des gens débauchez & des libertins, & voici mon fens. Il étoit queftion de favoir fi l'incontinence avoit arraché du fein de l'Eglife Romaine nos premiers Réformateurs. M. Maimbourg le foûtenoit. Je lui répondis qu'il n'y avoit aucune apparence à cela, parce qu'il leur étoit aifé de trouver des femmes commodes, fans renoncer à la Prêtrife, ou à l'état Monachal. Là-deffus je me propofai cette objection. Il eft vrai, ils euffent pû fe divertir avec des femmes, mais ils en vouloient une qui fût à eux légitimement. Je répondis à cela, que s'ils avoient cette

envie, (*) ils n'étoient pas poffedez de l'efprit de libertinage, parce que ceux qui le font ne trouvent rien de plus incommode, que de fixer leurs amours à un feul objet, rien de plus doux que d'aller de belle en belle. Enfuite de quoi je me fervis de quelques Difcours qu'ils tiennent ordinairement, & qui montrent qu'ils regardent le mariage comme une Croix. Je défie tout homme équitable de trouver autre chofe dans cet endroit de la Critique. Il eft donc certain que l'Auteur de l'objection ne m'a point compris, ou qu'il m'a imputé malicieufement une penfée que je n'ai pas euë; favoir, que nos premiers Réformateurs fe font mariez, pour renchérir fur les macérations & les difciplines du Cloître.

III. De ce qu'il a dit que les invectives contre le mariage ne font fondées que fur des fictions Poëtiques. *(marginal)*

Il a donné un autre tour à la chofe, examinons-le préfentement. Il veut qu'encore que ces gens-là ayent été des impies & des libertins, ils n'ont point dû s'éloigner du mariage, & il le prouve, 1. Parce que tout ce qui fe dit contre le prétendu joug du mariage, ne font que de fauffes plaifanteries de Roman, ou de converfation. 2. Parce que l'expérience nous montre, que les plus francs fcélerats fe marient très-agréablement. Répondons, s'il vous plaît, à ces deux chofes.

Sur le premier point j'ai à vous dire, Monfieur, qu'il feroit à fouhaiter pour le repos de bien des gens, qu'en effet tout ce qui fe dit des incommoditez du mariage, ne fuffent que de vaines plaifanteries des Poëtes & des Comédiens, comme le prétend Monfieur Crifante. Mais je doute fort qu'il en foit avoüé de tout le monde. Quoiqu'il en foit, c'eft aux Lecteurs à juger de ce différend ; & comme ce n'eft pas trop mon affaire, je veux bien qu'on en juge fans qu'on attende mon plaidoyé ? Je n'ai ni le deffein, ni l'envie de me charger de cette caufe. Je fouhaite feulement qu'on fache le vrai état de la queftion. C'eft de favoir, *fi les libertains, les voluptueux fans Religion, & fans confcience, n'aiment pas mieux fe divertir avec les femmes tantôt ici, tantôt là, que de fe fixer à une feule par le mariage.* Il s'agit auffi de favoir, *fi à l'égard de ces gens-là, même de plufieurs autres, le mariage n'eft pas un attiédiffement d'amour, & fi tout ce qui fe dit fur ce fujet, ne font que des licences Poëtiques.* Voilà le fujet du procès. Que le Lecteur en juge.

Confidération fur les Comédies de Moliere. *(marginal)*

Mais puifque Monfieur Crifante a plaidé contre les témoins qui ne lui font pas favorables, on me permettra, je m'affure, de dire un mot pour leur juftification. J'avoüe avec lui que les Romans & les Comédies outrent les chofes, & qu'on n'y a pas pour le vraifemblable le refpect qu'il faudroit avoir. Cependant je lui foûtiens que ceux qui écrivent ces fortes de Livres, prennent dans les mœurs du fiecle le fondement des caracteres & des portraits qu'ils nous font. Car par exemple, s'il n'étoit pas ordinaire que les Bourgeois fe donnaffent de grands airs de qualité, quand ils ont du bien; s'ils n'affectoient pas les manieres des Gentilshommes, jamais Moliere n'eût produit fur le Théatre un *Mr. Jourdain.* Il a pouffé ce caractere au-delà du vraifemblable, j'en tombe d'accord; puifqu'il n'y a point de païs au monde où l'on ne donnât des Curateurs à des gens faits comme celui-là, au lieu de permettre qu'ils fe mélaffent parmi les honnêtes gens, comme fait *Monfieur Jourdain.* Mais néanmoins une partie des chofes qu'on lui fait

faire

faire, se voit fort communément parmi les hommes. Il en faut dire tout autant des autres impertinences que Moliere a représentées sur le Théatre; elles paroissent en partie pour le moins dans les mœurs du siecle; desorte qu'il faut conclure que ce qu'on nous dit dans les Poësies & dans les Romans, touchant le dégoût des gens mariez, est en partie véritable. Si je me trompois en parlant ainsi de la Comédie, mon Adversaire auroit fait une bevuë (*) en se servant d'une pensée des Nouveaux Dialogues des Morts. Il veut bien en cet endroit-là que le Théatre représente fidellement les sotises du genre humain; & il le veut parce qu'il y trouve son compte pour médire plus fortement de l'homme. Croit-il qu'on lui permettra de soutenir le contraire, lorsqu'il y trouvera son compte pour soutenir une autre opinion? S'il y a quelque chose en quoi le sel de la Comedie tombe sur des vices réels, c'est sans doute lorsqu'elle parle sur le mariage.

Au moins, Monsieur, remarquez bien que je ne prétens point faire ici une regle generale. Je n'oublie pas que j'ai dit ailleurs (A), qu'il y a certaines plaisanteries fondées sur quelques contes de Bocace, sur quelques Romans de Scarron, sur quelques Comédies de Moliere, & sur semblables petits Livres, & je suis surpris de la conformité qui se trouve à certains égards entre la pensée de Monsieur Crisante & la mienne; j'admire que deux hommes si éloignez l'un de l'autre se soient rencontrez en cela, sans s'être consultez auparavant. Mais au fonds nous ne disons pas la même chose, il s'en faut bien. Il y a des Lieux-Communs qui ne passent guéres dans la pratique. D'autres y sont tout fondez. C'est à ceux qui ont du discernement à ne pas confondre des objets qui se ressemblent. Quand on les confond, & qu'on blâme ceux qui en parlent comme de deux êtres différens, on est seul digne d'être blamé.

J'oubliois d'avertir l'Auteur, qu'il n'est pas necessaire de recourir aux Romans de Hollande, pour trouver une Copie fidelle du Monde. Il s'est fait quelques Romans à Paris qui ne font guéres de tort à la Nature, & qui méritent de passer pour Historiques, s'ils ne le sont pas en effet. L'Ariane est de cet ordre. Les Héroïnes y ressemblent fort aux autres femmes, & tout y est assez bien à la portée du siecle. L'Auteur du *Parnasse Reformé* introduit Ariane qui en fait ses plaintes à son Romaniste. *On ne trouve chez moi, dit-elle, que des lieux infames; chaque Livre en fournit un pour le moins, & les Héros du Roman sont si bien accoûtumez à fréquenter ces endroits, qu'on les prendroit pour des Soldats aux Gardes, ou des Mousquetaires. Me rendre visite, & aller au (vous m'entendez bien) n'est plus qu'une même chose; on confond maintenant l'un avec l'autre, & je suis devenüe le répertoire de tous les bons lieux.* Je pourrois nommer d'autres Romans, d'où la pruderie a été chassée aussi-bien que de celui-ci; mais peut-être ne seroient-ils pas d'une autorité si considérable. L'Ariane après tout a été faite par Monsieur Desmarets qui a été un des beaux Esprits de son temps, comme il seroit aisé de le prouver par l'estime que le grand Cardinal de Richelieu a euë pour lui. Je ne sais si tout le monde voudra croire ce que Monsieur Desmarets pénitent nous raconte de sa faveur auprès de

cette Eminence. A tout hazard je m'en vais vous dire ce que j'ai lû sur ce sujet. Il nous assure (B) qu'aussitôt que ce Cardinal avoit emploïé quelques heures à resoudre toutes les affaires d'Etat, il se renfermoit souvent avec un sçavant Théologien, pour traiter avec lui les plus hautes questions de la Religion, & que son esprit prenoit de nouvelles forces dans ces changemens d'entretien. *Après cela, poursuit-il, d'ordinaire il me faisoit entrer seul pour se divertir sur des matieres plus gayes & plus délicates, où il prenoit des plaisirs merveilleux; car ayant reconnu en moi quelque peu de fertilité à produire sur le champ des pensées, il m'avouoit que son plus grand plaisir étoit lors que dans notre conversation il rencherissoit de pensées par-dessus les miennes. Que si je produisois une autre pensée par-dessus la sienne, alors son esprit faisoit un nouvel effort avec un contentement extrême. Or jugez, ajoûte-t-il, si je ne goûtois pas aussi par fois ce même plaisir qui lui sembloit si grand, puisqu'il m'arrivoit souvent de renchérir de pensées par-dessus les siennes.*

Je ne parle pas du Roman d'un autre (c) Académicien, parce qu'il le fit pour se moquer des autres Romans, & que dans cette vûë il affecta de choisir des évenemens trop vulgaires. Mais je ne saurois m'empêcher d'avertir Mr. Crisante qu'il se trompe manifestement, lorsqu'il dit que les Nouveaux Romanistes ne se sont pas aprochez de la Nature. On n'a qu'à lire la *Duchesse de Montpensier*, qui est un petit Roman qu'on estime fort, & que l'on attribuë à une Dame de beaucoup d'esprit; on n'a qu'à voir les *Annales Galantes* de Madame de Ville-Dieu, & son *Journal Amoureux*, & l'on verra que les nouvelles Héroïnes de Roman ne sont pas meilleures que les femmes ordinaires. Vous vous souviendrez en cet endroit-ci de la visite que nous rendîmes ensemble à Monsr. . . . . dans sa belle Maison de. . . . Nous y trouvâmes une de nos Amies, qui s'emporta un peu contre le *Journal Amoureux*, & qui nous dit qu'il étoit fort scandaleux qu'une femme fît imprimer de telles Histoires. Nous lui montrâmes, pour l'appaiser, la Préface d'un tome de ce *Journal*, où Madame de Ville-Dieu renonce pour une de ses productions un des tomes précedens, dans lequel il y avoit des choses un peu trop libres. Sur quoi quelqu'un se mit à chanter, *ne vous en déplaise, chez vous je sais qu'on baise, votre jeunesse n'est point tigresse,* &c. appliquant aux Héroïnes de la Dame de Ville-Dieu, la Chanson que Monsieur le Comte de Guiche avoit faite sur les mœurs d'une jeune troupe de Demoiselles de sa connoissance. L'application étoit juste; car il est certain que les Romans de cette Dame sentent fort la Nature. J'en pourrois nommer cent autres qui ont été faits apparemment sur le modele de ceux-là, & sur celui de *la Duchesse de Montpensier*, chacun ayant cru que la meilleure méthode pour bien décrire le caractere des femmes, étoit d'imiter les Romans écrits par des femmes; mais ce que je viens d'en dire suffit. Revenons à notre sujet. Nous disions que la Comédie n'imite jamais plus fidellement le monde que lorsqu'elle parle du mariage. Finissons cet article-là par cette petite interrogation.

Qui ne sait qu'on dit ordinairement, lorsqu'on voit un homme d'une vie dereglée, qu'il fau-

---

(*) ,, Ci-dessus, Lettr. XXI. No. XIX.
(A) ,, Ci-dessus, Lettr. XVII. No. XI.
(B) ,, Délices de l'Esprit. p. 105.
(c) ,, Mr. Furetiere, Auteur du *Roman Bourgeois.*

faudroit le marier, & qu'il arrive même assez souvent qu'un Débauché qui se marie, renonce peu-à-peu à ses débauches, & s'applique à ses affaires, soit que l'adresse de sa femme le corrige, soit que le désir de laisser quelque chose à ses enfans l'éloigne de son mauvais train ? On voit aussi certains Débauchez qui se dégoûtant de leurs désordres, recourent au mariage comme à un remede qui achevera de les dompter, & qui consumera les restes de leur humeur libertine. Mais ceux qui ne veulent pas changer de vie, ne songent à rien moins qu'à ce Sacrement. Je m'assure qu'on reconnoîtra que je ne dis rien ici qui ne soit de notorieté publique, qui ne fasse un plus bel éloge du mariage que ne l'est celui que votre Monsieur Crisante en a voulu faire, & qui enfin ne soit très-oposé à sa prétention.

Mais, dit-il, les Libertins & les Débauchez ne se marient-ils pas aussi-bien que les autres hommes ? C'est la seconde chose que je dois examiner. Je conviens du fait, mais non pas que ces gens-là, lorsqu'ils ne se convertissent point à Dieu par une bonne & sainte vie, épousent une femme par un principe de conscience.

Les uns se marient afin de se procurer des patrons & des établissemens ; d'autres afin de laisser des Successeurs qui perpétuent leur nom, & qui recueillent leurs biens & leur charges, ce que ne pourroient pas faire des enfans illégitimes ; d'autres parce qu'ils deviennent amoureux d'une personne, dont ils ne sauroient joüir que par la voie du mariage ; d'autres enfin parce qu'ils n'ont aucune envie d'être scrupuleux sur la fidélité qu'ils doivent à leur épouse, & qu'ils ne prétendent pas renoncer aux Amourettes qui les pourront ragoûter de temps en temps. Il faudroit donc qu'il fût possible de supposer quelques-uns de ces motifs à nos premiers Réformateurs, pour comprendre comment ils auroient pû alier dans leur cœur l'irreligion & l'envie de se marier. Or il n'est nullement possible de leur supposer ces motifs ; car comme je l'ai dit ailleurs (*) ils n'ont fait aucune fortune en se mariant, & nos Adversaires mêmes avoüent, que l'impatience d'avoir une femme ne leur a point permis d'être difficiles sur le choix. On ne leur reproche point des infidélitez conjugales, ou l'ambition d'avoir des enfans qui fissent honneur à leur mémoire, & qui succédassent à leurs charges, on ne leur reproche que leur demangeaison de se marier. Qu'on examine bien cela, je suis bien trompé si l'on ne trouve qu'un Moine qui n'a que son incontinence à vaincre, & qui peut vivre aussi licentieusement qu'on faisoit au siecle de la Réformation, ne s'exposera jamais aux périls de la sortie pour gagner la simple qualité de mari.

La meilleure chose que Monsieur Crisante ait dite est celle-cy ; qu'il a pû se faire que l'envie de se marier ait tellement obscurci l'esprit à ces prétendus Réformateurs, qu'ils ayent crû qu'une Religion qui leur défendoit de se marier étoit mauvaise. Si cela est, ils ont quitté l'Eglise Romaine par les instincts d'une conscience qu'une passion impure avoit endormie ; & par conséquent ils se sont rendus très-criminels. Pour répondre à cette objection, je n'ai besoin que des choses que j'ai amplement exposées en un autre endroit, & dont le précis est celui-ci : *Qu'il n'y a pas la moindre apparence que la passion de se marier obscurcisse l'esprit à un homme, qui*

voit *des peines & des infamies attachées à la désertion de son poste, & qui a d'ailleurs mille & mille commoditez d'appaiser son incontinence.*

II. Voici une seconde Réflexion sur la Lettre qui vous a été écrite. On s'y est fort étendu sur la Religion des vœux, afin de prouver que le mariage de nos premiers Réformateurs a été un parjure & un sacrilége abominable. Comme on a fait une infinité de Livres sur cette matiere, je ne prétens pas m'y engager, j'y renvoie mon Lecteur. Je dirai seulement à Monsieur Crisante qu'en prévenant nos réponses aussi soigneusement qu'il a fait, il n'a pas laissé d'oublier la principale. C'est celle-cy.

Tous les Philosophes reconnoissent qu'il y a une ignorance qui rend nos actions involontaires, & qui par conséquent les empêche d'être morales. Cette ignorance s'appelle *antecedente* dans le stile de l'Ecole, & a pour principal caractere, que si elle n'eût pas été dans la cause, l'action n'auroit pas été commise. Desorte que pourvû que je fasse voir que les vœux de continence faits par nos premiers Réformateurs, ont été involontaires en ce sens-là, je montrerai qu'ils n'ont pas été d'obligation. Or il n'y a rien de plus aisé que de montrer, que ces vœux ont été faits avec un ignorance *antecedente*, parce qu'ils ont été faits par des gens qui ne s'y seroient jamais engagez s'ils n'eussent été plongez dans les ténebres du Papisme : il est donc aisé de montrer que ces vœux ont été involontaires, d'où il s'ensuit qu'il ont été nuls.

Ainsi quand Monsieur Crisante compare Luther à un Turc qui embrasseroit le Christianisme, après avoir fait vœu de ne point bâtir de maison, & de visiter les pauvres tant de fois chaque semaine, il prend les choses fort de travers ; car il y a une merveilleuse différence entre ces deux hommes. Le Turc, quoiqu'il abandonne la Religion qu'il professoit quand il fit son vœu, est obligé de le garder, parce qu'il ne l'avoit point fait en qualité de Mahométan, mais en qualité d'homme, qui par les lumieres de la Religion naturelle fait qu'on peut promettre à Dieu certaines choses, & qu'on est obligé d'être charitable. Ainsi ne renonçant point à la Religion naturelle, lorsqu'il quitte le Mahometisme pour embrasser le Christianisme, il est obligé de garder son vœu aussi soigneusement dans le Christianisme, que s'il fût demeuré Turc. Mais il n'en va pas de même de Luther. Il avoit fait vœu de virginité, non en qualité de Sectateur de la Religion naturelle, ou de la Religion Chetienne, mais en qualité de Catholique Romain ; desorte qu'en se défaisant de la qualité de Catholique Romain, il secoüa l'obligation de son vœu. S'il avoit voüé durant qu'il portoit le froc, de composer tous les mois un petit discours à la loüange de Jésus-Christ, il eût été obligé de le faire également, après qu'il eût quitté l'Eglise Romaine ; car ce vœu n'auroit pas été fondé sur les dogmes qui la distinguent des autres parties du Christianisme ; mais pour les vœux qu'il avoit faits, fondez sur des dogmes faux & particuliers à l'Eglise qu'il quitta, ils devinrent nuls par la grace que Dieu lui fit de reconnoître la fausseté de ces dogmes. Il est indubitable que le vœu du célibar est fondé sur un dogme qui distingue l'Eglise Romaine d'avec la Religion Protestante, & duquel les Réformateurs connurent la fausseté. Pour ne pas dire

dire que la plûpart avoient fait ce vœu par l'ordre de leurs parens, & dans un âge où ils ne connoissoient pas l'importance & les suites de ce qu'ils voüoient.

VI.
de certaines femmes de Bosnie.

Je demanderai un peu à Monsieur Crisante, qui nous prêche tant la Religion des vœux Monastiques, s'il croit que les femmes de la Bosnie fussent obligées de garder le vœu que leurs maris leur laissoient faire (*). Ces miserables maris en partie Manichéens, & en partie de Religion Grecque, souffroient, entre autres choses, lorsque leurs femmes étoient malades, qu'elles fissent vœu d'employer un certain temps après qu'elles seroient guéries au service de quelques Moines libertins, & que sous prétexte de ce vœu elles menassent avec ces Moines une vie scandaleuse. Il faloit que ce fussent de bonnes gens, & qui n'eussent guéres peur de la disgrace de leur tête, puisqu'ils donnoient ainsi leurs brebis (a) à garder aux loups (b). Je crois tout de bon que ces vœux étoient d'une vertu souveraine, par l'impression puissante que faisoit sur l'esprit de la malade le plaisir à venir, & les caresses passionnées de ces Moines affamez, qu'elles devoroient déja par esperance. Mais pour revenir à notre Monsieur, je le prie d'agréer que je le consulte sur la valadité des vœux de ces femmes de la Bosnie.

Il n'osera soutenir qu'elles faisoient bien d'accomplir leur vœu, parcequ'elles s'exposoient à un péril manifeste de se débaucher avec ces Moines libertins. Elles faisoient donc fort mal de s'engager à un tel vœu, & de le tenir, après s'y être engagées. Mais la même raison ne nous montre-t'elle pas qu'il est permis à un homme témérairement engagé dans le vœu de continence, de s'en dégager? Croit-on que le péril où une femme qui se mêle parmi des Moines expose sa pudicité, soit plus grand, que celui où un homme s'expose quand il s'engage dans le vœu du célibat? Le temperament, la jeunesse, la vûë des femmes qui viennent éternellement roder dans les Eglises, & se confesser de leurs plus secrets désirs, & des victoires que l'esprit d'impureté remporte sur leur vertu, ne sont-ils pas un Tentateur aussi dangereux à l'égard d'un homme, que les Moines à l'égard des femmes? Au reste puisque Monsieur Crisante a cité le Carme *Cassien de St. Elie*, je veux le citer aussi. Il examine un cas de conscience considerable; savoir, si un homme qui a eu cinq concubines, & qui fait serment en reconnoissance des bons & agréables services qu'il en a reçus, de dire une fois le jour pour chacune l'Ave Maria, pêche en le disant, ou en ne le disant pas. Puisqu'on fait de cela une question, c'est une marque que toutes sortes de vœux n'obligent point.

VII.
flexion sur le passage cité de l'Evêque de Bellai.

III. Il ne me reste presque plus rien à dire sur la longue Lettre de Monsieur Crisante; car je ne veux point le suivre dans ces longs & inutiles raisonnemens qui le guindent jusques aux nuës, lorsqu'il traite de la possibilité de la continence, attaquant tout au plus quelques-uns de nos Docteurs, & non la doctrine de tout le Corps. Mais vous me blâmeriez, si je ne lui répondois rien sur le passage qu'il rapporte de Monsieur l'Evêque de Bellai. Que veut-il prou-

ver par-là? Que la tendresse des maris pour leurs femmes est la plus grande du monde? Il n'en viendra pas à bout; car personne ne peut nier que les termes caressans, que les flateries, que les hyperboles, & que les transports d'un mari pour sa femme, ne soient moindres que ceux d'un Galant pour sa Maitresse. Il n'y a point de femme mariée qu'on ne puisse hardiment citer pour témoin. Elle avouera sans scrupule, que le stile de son mari, quand il ne l'étoit pas encore, étoit plus flateur, plus tendre, plus passionné, plus ardent, qu'il ne l'a été durant le cours du mariage. Monsieur Drelincourt (c) en toucha quelque chose à Monsieur l'Evêque de Bellai, sans faire semblant de rien. *Je ne sai, dit-il, qui lui en a tant apris. Et ne puis pas répondre de ce que disent ceux qui ont des femmes à la dérobée. Mais un personnage grave, qui vit en un chaste mariage, ne s'étudie point à une si extravagante Rhétorique.* Il entend parler de ces termes caressans, dont le Prélat avoit fait reproche aux Ministres mariez. N'est-ce pas une plaisante maniere de justifier les éloges excessifs que les Moines ont donnez à la Ste. Vierge, que de dire que les maris qui aiment leurs femmes inventent mille termes nouveaux, pour leur exprimer l'excès de leur affection? Que ne se servoit-il de l'exemple d'un Amant, qui en invente de bien plus significatifs pour sa Maitresse? En verité Monsieur le Camus se faisoit justice, lorsqu'il disoit à Monsieur de Salles, Evêque de Geneve (d), *plût à Dieu que je vous pusse donner de la mémoire qui m'afflige souvent de sa facilité; car elle me remplit de tant d'idées que je suis suffoqué en prêchant & même en écrivant, & que j'eusse un peu de jugement,* MAIS DE CETTUI-CI JE VOUS ASSURE QUE J'EN SUIS FORT COURT. Sur quoi l'autre se prit à rire, & l'embrassa tendrement, & lui dit ces propres paroles: *Je n'ai jamais trouvé qu'un homme avec vous qui m'ait dit* QU'IL N'AVOIT GUERES DE JUGEMENT.

IV. Je ne m'amuserai point à faire des reflexions sur ces gens qu'il nous fait venir de la Lune, ni sur l'idée bizarre qu'il leur prête d'un animal qui a des griffes, & qui ne laisse pas de ruer. Je lui ferai seulement prendre garde à une chose, c'est qu'ayant été contraint de se plaindre, de ce qu'on souffre Autel contre Autel, il a eu tort de prétendre que les soins qu'on prend d'exhorter le sexe aux intrigues de galanterie, sont superflus; car quand il seroit vrai, comme il le suppose, que les femmes y ont assez de penchant naturellement, il seroit néanmoins necessaire que les Galans les y exhortassent. En voici la cause. On prêche sur le Theatre qu'il faut aimer, & on vend une infinité de Livres qui prouvent la même Thèse. Mais on prêche ailleurs qu'il faut fuïr la galanterie, & on vend une infinité de Livres qui le prouvent fortement. La moindre justice que l'on doive au sexe, est de penser que les Sermons domestiques d'un pere & d'une mere, les instructions d'un Cathéchisme, les leçons d'un Directeur de conscience, le tonnerre des Prédicateurs, font équilibre avec la Nature dans l'esprit d'une bonne partie

---

(*) „ Voyez l'Hist. de Mahomet II. par Mr. Guillet, tom. 2. p. 8. „ MS. Voyez *Polyg. Triumph.* p. „ 268.

(a) *Eheu quid volui misero mihi? Floribus austrum Perditas, & liquidis immensi fontibus apros.*
                    Virgil. Eccl. 2.

(b) „ MS. Le faux Eunuque de Terence dit, *avem „ lupo commisit*, touchant la fille qu'on lui donna en „ garde.

(c) „ Avant-cour. à la repl. à Mr. de Bellai, p. 36.

(d) „ Voyez le Livre intitulé, Esprit du B. Fr. de „ Salles, part. 1. section 44. p. 157.

Lettre
XXII.

Remarques sur Desmarêts, Ménage & Coſtar.

tie des femmes. Deſorte que ceux qui veulent en obtenir des faveurs, ſont obligez de combattre les maximes dont l'éducation & la Religion les ont armées. On dira tant qu'on voudra que s'ils peuvent détruire ce contrepoids, l'affaire eſt faite, & que la Nature fait ſeule le reſte & tombe par ſa propre peſanteur; il ſera toûjours vrai qu'il faut détruire ce contrepoids, & l'on ne ſauroit nier que les maximes galantes pouſſées paſſionnément & éloquemment, n'ayent une grande force pour cela. D'où paroît la vérité de ce que j'ai dit ailleurs (*) touchant les bonnes fortunes des Poëtes beaux-Eſprits.

Mr. Deſmarets dont j'ai déja parlé, nous fournit ici un bel exemple. Il a été Poëte, il a fait des Comédies & des Romans, & il a brillé dans l'Académie Françoiſe. Il s'étoit fort diverti; mais enfin s'étant apperçu que les plaiſirs de Bacchus & de Venus *ruïnoient ſon corps & ſa fortune*, il en chercha *de plus relevez*; il ſe jetta dans la plus myſtique Théologie, & devint grand ennemi de Meſſieurs de Port-Royal (A). Ecoutons la Confeſſion qu'il a faite de ſes péchez dans la pag. 73. des *Délices de l'eſprit*. *Je devrois pleurer des larmes de ſang, penſant au mauvais uſage que j'ai fait de l'éloquence auprès des femmes; car je n'y employois que des menſongez déguiſez, des malices ſubtiles, & des trahiſons infâmes. Je tâchois à ruïner l'eſprit de celles que je feignois d'aimer. Je cherchois des paroles artificieuſes pour le troubler, pour l'aveugler & pour le ſéduire, afin de lui faire croire que le vice étoit vertu, ou pour le moins choſe naturelle & indifférente. Je trahiſſois Dieu même en interprétant malicieuſement ſes loix, & en faiſant valoir les faux & damnables raiſonnemens des voluptueux & des impies, & mon éloquence faiſoit toute ſorte d'efforts pour éteindre la vertu dans une ame.* Connoiſſez par-là Monſieur, que le vice dont Mr. Ménage accuſe les jeunes gens qui deviennent amoureux, ſe rencontre quelquefois pour le moins parmi les Doctes qui ont des Maîtreſſes.

Comme leur fin ſera (je vous cite les paroles que Sarrazin (B) attribuë à Mr. Ménage, en le faiſant parler contre l'amour des jeunes gens) *non pas de s'arrêter à l'union des volontez & des cœurs, mais d'aller, ainſi qu'ils diſent, à quelque choſe de plus ſolide; ils emploiront les derniers efforts de leur eſprit, à débaucher la conſcience des femmes par une pure malignité de nature. Sans avoir aucune raiſon de douter, comme ont les ſavans Libertins; ils ſe railleront de la Religion; ils feront cent actions indécentes dans les Egliſes; ils ſauront trois ou quatre petits contes de Moines; & avec cinq ou ſix paſſages de Charon & de Montagne, que les plus habiles d'entr'eux prêcheront aux autres, ils prétendront renverſer toute la Théologie, & défieront à la Conference tout ce qu'il y a de Directeurs dans les Monaſteres & dans les Parroiſſes de Paris.* Mais ſi en cela les Doctes ſont ſemblables quelquefois aux autres Amans, ils les ſurpaſſent de beaucoup dans l'effet que leurs paroles produiſent. Qu'un jeune éventé diſe & rediſe après

un ancien Poëte Latin (C), *aimons-nous pendant que nous le pouvons, & moquons-nous de la Murale des vieilles gens; le Soleil ſe couche & ſe leve, mais pour nous il n'y a pas de retour, rien à craindre, ni à eſperer après cette vie* (D); il ne ſera pas la même impreſſion ſur l'eſprit de ſa Maîtreſſe, que ſi un homme d'étude lui diſoit la même choſe d'un air ſerieux. Avouons qu'un bel-Eſprit, fort éloquent, eſt preſque auſſi dangereux en galanterie, qu'un bel homme, ou qu'un homme riche. Monſieur Coſtar (E) rapporte une Hiſtoriette dans la page 200. de ſes Entretiens, qui nous aprend que dès la premiere fois qu'il parla d'amour à une certaine femme fort jolie, & de bonne renommée, il lui tourna ſi bien l'eſprit par ſes raiſons, qu'il en eut tout ce qu'il voulut (car on prétend que c'eſt à lui que l'aventure qu'il raconte (F) eſt arrivée) & c'eſt pour cela qu'il ſe compare à Céſar ſur la fin de ſa narration. *Quemadmodum Cæſar aliquando venerat, viderat, vicerat, vidit, venit, luſit.* C'eſt ainſi que porte ſon Livre imprimé; mais il avoit mis dans l'Original (G) au lieu de *luſit*, le gros mot de l'Epigramme d'Auguſte contre Fulvia. Monſieur de Voiture auquel il avoit écrit cette Hiſtoriette en Latin, la trouva ſi bien tournée qu'il lui rendit ce témoignage (H): *Si votre Hiſtoire ou la mienne étoient écrites comme cela, on ne liroit point Petrone;* preuve évidente que ces deux Meſſieurs n'avoient pas été trop malheureux en galanterie.

Et ſur ce que Marbodus dit des femmes.

Qu'on nous vienne dire après cela, avec cet Evêque de Reims cité par Monſieur Criſante, que les femmes occupent le premier lieu parmi les trois plus grands ennemis de l'homme, il vaudroit mieux dire que les hommes ſont le premier des trois plus grands ennemis des femmes, puiſqu'ils emploient juſqu'à l'impieté pour les faire tomber dans le piége. Quand je dis qu'ils ſont ennemis des femmes, je prens ce mot comme ceux qui diſent que les loups ſont ennemis des moutons. Quand on parle ainſi, on a plus d'égard au mal que le loup fait aux moutons, qu'à la diſpoſition où il ſe trouve; car bienloin qu'il ait de la haine pour les moutons, qu'au contraire il les aime tendrement; & quoiqu'il en tuë & qu'il en dévore tout autant qu'il peut, il ne s'enſuit pas qu'il ait de l'antipathie pour leur eſpece; n'en tuons-nous pas & n'en mangeons-nous pas incomparablement plus que lui, & ſommes-nous pour cela ennemis des moutons? Or ſi ayant égard au mal que le loup leur fait, l'on peut dire qu'il eſt le plus grand de leurs ennemis; on doit dire par une ſemblable raiſon que l'homme eſt le plus grand ennemi des femmes, puiſque la tendreſſe extrême qu'il a pour elles, tend à les damner éternellement. Mais comme je n'ai pas deſſein de faire un ſermon, en voilà plus qu'il n'en faut ſur cet article.

J'ajoûterai néanmoins que Marbodus eût mieux fait de dire, que l'incontinence, l'avarice, & l'ambition ſont les trois plus grands ennemis de l'hom-

---

(*) „ Ci-deſſus, Lettr. XVIII. No. IX.

(A) „ Temoin ce Vers de Mr. Deſpreaux:
    St. Sorlin Janſeniſte, & S. Pavin bigot.
Car c'eſt Mr. Deſmarets qu'on entend par St. Sorlin.

(B) „ Dans le Dialogue, *s'il faut qu'un jeune homme „ ſoit amoureux.* p. 176.

(C) *Vivamus, mea Lesbia, atque amemus,*
    Rumoreſque ſenum ſeveriorum
    Omnes unius æſtimemus aſſis.
    Soles occidere & redire poſſunt:

Nobis cum ſemel occidit brevis lux,
Nox eſt perpetua una dormienda. Catullus.

(D) „ Voyez une Traduction Françoiſe & Italienne „ de ces Vers de Catulle dans les Obſerv. de Mr. Mé„ nage ſur Malherbe, p. 524.

(E) „ Voyez auſſi le *Dict. Hiſt. & Crit.* Art. Thomas „ (Paul) Rem. F.

(F) „ Replique de Mr. de Girac. ch. 3.

(G) *Id. ibid.*

(H) „ Entret. de Voit. & de Coſtar. p. 209.

l'homme, parce que ce sont les trois plus grande sources du peché, comme il semble que St.
Jean (*) nous l'enseigne, lorsqu'il parle de la
convoitise de la chair, de la convoitise des yeux,
& de l'orgueil de la vie. Il eût, dis-je, mieux
fait de prendre la chose ainsi ; car comme dans
le stile de l'Ecriture, & dans le langage ordinaire, on entend l'un & l'autre sexe par le mot
d'homme, lorsqu'on dit par exemple, *que l'homme est enclin au mal*, *que l'homme doit craindre
Dieu*, *que l'homme n'aime que ce qu'il croit lui
être propre* ; il est évident que ceux qui disent selon les idées de l'Ecriture, que l'incontinence,
l'avarice & l'ambition sont les trois plus grands
ennemis de l'homme, entendent tous les deux
sexes. Il est clair qu'ils entendent que l'amour
des voluptez impudiques, des richesses & des
honneurs est la principale source des péchez où
les hommes & les femmes se précipitent. Mais
comment trouvera-t-on que cela soit véritable,
selon la glose de cet Evêque de Reims, qui change le terme *d'incontinence* en celui de *femmes* ?
Il s'agit d'un ennemi de toute l'espece, d'un
ennemi de tous les deux sexes, & ce Prélat ne
nous allegue que les femmes. Il se trouvera court
dans son calcul ; car dans le sens où il prend la
chose, les femmes ne sont nullement ennemies
entre elles ; il y a peu de Saphos ; elles se peuvent entrevoir nuës impunément ; ce ne sont pas
de tels objets qui les tentent ; ce sont les hommes qu'elles doivent regarder comme leurs grans
ennemis ; ce sont eux qui leur donnent de l'a-
mour, autant ou plus quelquefois qu'ils n'en
reçoivent. Ainsi je trouve de plus en plus que
le Poëme de cet Evêque n'est pas trop sensé.
Voyons s'il y a quelque autre remarque à faire
sur la Lettre de Mr. Crisante.

V. Je ne réfuterai point l'invective qu'il a faite
au genre humain, comme il me seroit aisé de la
réfuter solidement, si c'en étoit ici le lieu, ou si
cela étoit necessaire, après que le souverain & veritable Juge de toutes choses a déclaré si autenti-
quement l'excellence de notre nature, par le mystere de l'Incarnation. Je l'avertirai seulement
qu'il ne s'est pas souvenu du procès qu'il fait à
Moliere sur la Comédie du Misantrope ; car s'il
peut bien, lui qui est pis que Misantrope & âgé
de soixante ans par sa propre confession, songer
à un quatrieme mariage, au cas que sa chere
femme meure, pourquoi trouve-t-il mauvais que
Moliere donne de l'amour à un Misantrope ? Il
y a cent fautes de jugement semblables à celles-
là dans sa Lettre, que je ne prens pas la peine de
remarquer. Il tombe fort dans le défaut que les
Latins expriment beaucoup plus heureusement
que nous, par les termes de *non sibi constare*. Si
vous voulez savoir pourquoi j'ai dit qu'il est
pis que Misantrope, c'est qu'il croiroit faire
trop d'honneur au genre humain en le haïssant.

Mais je ne m'apperçois pas que je lui fourni un
grand prétexte de m'accuser de prendre le change;
car il me peut soûtenir que ses invectives contre
l'homme ne regardent que l'homme pecheur, au
lieu que si je faisons l'Apologie de notre nature,
en disant que Dieu l'a honnorée de l'union hypos-
tatique, je ne la regarderois point comme tombée
dans le désordre, mais entant qu'elle est simplement un composé de corps & d'esprit. Il me dira
qu'à prendre les choses selon cette vûë, il n'a
point de mépris pour le genre humain; qu'au con-

traire il admire l'idée de perfection qui se trouve
dans la correspondance des pensées d'un esprit,
avec les mouvemens du corps, selon certaines
loix générales. S'il l'entend ainsi, notre procès
est presque vuidé, je lui abandonne volontiers
le genre humain, tel qu'il est présentement; qu'il
le traite comme il lui semblera bon ; je désaprou-
verai bien quelques-unes de ses pensées ; si j'a-
vois à écrire contre lui en faveur de l'homme,
ce ne seroit qu'en faveur de l'homme innocent.

Car je lui accorde que dans l'état où notre espece se trouve réduite, elle ne vaut pas la peine
d'en parler. Ce n'est pas qu'il n'y ait des esprits
parmi les hommes, qui par je ne sai qu'elle apparence de grandeur, & par les lumieres extraordinaires d'un beau génie, ou d'une vaste littérature, se rendent fort admirables ; mais c'est
que tous ces grands Génies sont si vains, que par
cela même ils montrent une pauvreté & une petitesse inimaginable. Ils sont fiers. Et dequoi ?
De ce qu'ils savent quelque chose ? Mais s'ils
avoient l'esprit bon, ignoreroient-ils que ce quelque chose differe si peu du rien, eu égard à ce
qu'ils ne savent pas, qu'au lieu de leur inspirer de la vanité, il devroit leur donner de la pitié pour eux-mêmes ? Leur vanité ne prouve-t-
elle pas invinciblement, que leurs connoissances
ne vont pas même à l'idée du parfait & de l'imparfait ? Car s'ils avoient cette idée, ils connoîtroient si clairement qu'ils ne sont rien que ténebres & qu'imperfection, qu'ils auroient pitié
de leur esprit. Scaliger humble comme un enfant eût fait honneur au genre humain ; mais
Scaliger orgueilleux le deshonnoroit, parce qu'il
témoignoit par son orgueil qu'il étoit un petit
Génie, un esprit de trois doigts, & aussi digne
de pitié qu'un enfant qui n'ayant jamais vû de
l'eau que dans un verre, s'imagine quand il voit
un ruisseau qu'il voit toutes les eaux de l'Univers, & se jette dans les extases de l'admiration.
Nous savons si bien nous moquer d'un petit enfant, qui se voyant une Pistole, se croit aussi riche
qu'un Monarque ; & nous ne nous moquons pas
d'un Sçavant qui a de la vanité. Nous nous contentons de dire que son orgueil rend haïssables
ses grands talens, & les grandes lumieres de son
esprit. Mais c'est mal expliquer les choses, c'est
les traiter autrement qu'elles ne méritent. Un
orgueilleux ne doit pas être châtié par la haine ;
c'est lui faire trop d'honneur ; il n'est digne que
de pitié, & que de mépris ; & au lieu de le croire fort éclairé, il faut le croire très-ignorant &
d'une petitesse de génie incroable ; car puisqu'il
ne se méprise pas, il faut ou qu'il prenne pour une
grande perfection le peu qu'il a, & c'est juger
des choses en enfant de sept ou huit mois, ou
qu'il ne sente pas ce qui lui manque ; & c'est être
d'une stupidité prodigieuse, ou d'une sotise qui
ne fait attention qu'à des loüanges données par
des flateurs ou par des esprits mercénaires, ou
par des dupes. Est-ce avoir de l'esprit que de
s'appliquer tout entier à la considération des éloges que l'on reçoit, sans rentrer jamais en soi-
même, pour y voir un néant pitoyable qui saute
aux yeux, pour peu qu'on le cherche ? On a dit
de la Nature (b) qu'elle n'est jamais plus grande
que dans les petites choses; mais on peut dire de
l'homme tout le contraire, il n'est jamais plus
petit que dans les Génies les plus relevez. Je ne
voudrois pas pour cela conclure que l'homme

fût

Lettre
XXII.

<hr>

(*) „ 1. Epitr. ch. 2. v. 16.
(a) *Cùm rerum Natura nusquam magis quàm in mini-*

mis tota sit. Plin. l. 11. cap. 2.

fût le plus déraisonnable & le plus chétif de tous les Etres, car apparemment les Démons font encore plus abfurdes ; & fi nous pouvions lire leurs Annales (fuppofé qu'ils en ayent) ou voir tout ce qui fe paffe dans leur cœur, nous y trouverions plus de baffeffe, plus de fotifes, plus de paffions extravagantes & ridicules , & plus *d'inanition* que dans l'homme, & nous ditions d'eux ce que les bêtes diroient de nous , fi elles nous connoiffoient,

Ma foi, non-plus que nous, ils ne font que des bêtes.

Il y a une autre efpece de fauffe grandeur qui fait admirer quelques perfonnes, c'eft le courage & l'ambition des Conquérans. Je vous renvoye au Satirique François qui a dit avec beaucoup de juftice , qu'Alexandre étoit un fou à mettre aux petits Maifons. Il eft certain qu'à le bien prendre ces fortes de gens ont un dégré de folie, dont on feroit une fureur dans les formes , pour peu qu'on y ajoûtar. Il n'y a rien de plus oppofé à la Raifon que leur Vanité, & les Maîtres d'Ecole châtient tous les jours mille fotifes qui font infiniment plus pardonnables que celle d'Alexandre le Grand, qui fe faifoit traiter en Dieu, quoiqu'il eût autant de befoin du dormir & du manger & des remedes de la Médecine, que le plus chétif des hommes. (*) Les Auteurs de la troifieme objection verront ici que je parle enfin comme ils le fouhaitent.

Mais, dira-t-on, la Raifon ne nous met-elle pas dans un rang fublime parmi toutes les créatures ? C'eft encore une objection que Monfieur Boileau a folidement réfutée ; ainfi je me contenterai de remarquer, qu'affurément la Raifon nous diftingueroit du refte des créatures avec avantage, fi nous la prenions pour la regle perpétuelle de notre conduite. Mais c'eft ce que nous ne faifons pas. On a beau définir *un animal raifonnable*, nous ne laiffons pas d'agir en toutes chofes fans raifon.

(A) - - - - - *Quid enim ratione timemus,*
Aut cupimus ? Quid tam dextro pede concipis , ut te
Conatus non pœnitent , votique peracti ?

Je vous affure , Monfieur , que l'on pourroit dire de la Raifon , ce qu'Euripide avoit dit dans le commencement de l'une de fes Tragédies , & qu'il corrigea enfuite à caufe des murmures du peuple , (B)

O Jupiter, car de toi rien finon,
Je ne connois feulement que le nom.

A l'égard de la faculté dont je parle , nous n'en connoiffons guéres que cela ; fi bien qu'il y auroit lieu de fe moquer des plaintes de ce Philofophe (c) Payen qui trouvoit, que la Raifon eft

un préfent incommode que les Dieux nous ont envoyé pour notre ruïne : car c'étoit fuppofer que la Raifon fe mêle de nos affaires, & il n'eft pas vrai qu'elle y prenne part. Nous n'agiffons que par préjugé, que par inftinct, que par amour propre, & que par les refforts de mille paffions qui entraînent & qui tournent notre Raifon, comme bon leur femble ; deforte qu'on pourroit très-juftement définir le principe qui nous regle & qui nous domine , *un amas de préjugez, & de paffions qui fait tirer des conféquences.* Je me fouviens d'avoir vû un homme qui n'ayant jamais ouï parler du Cotta de Cicéron, difoit néanmoins auffi-bien que lui, qu'il vaudroit mieux que Dieu ne nous eût pas fait raifonnables, parce que la Raifon empoifonne toutes nos affaires, & nous rend ingénieux à nous affliger. Quelqu'un lui dit en raillant, *qu'il avoit été fervi felon fon défir, & qu'il avoit reçu en partage fi peu de Raifon, que ce n'étois pas la peine de fe plaindre.* Pour moi je tournai la chofe autrement , & je difqu'on avoit grand tort de murmurer contre la Raifon, puifque ce n'eft point elle qui nous conduit, & qu'il n'eft pas même trop poffible qu'elle le faffe, fans bouleverfer l'ordre qui regne dans le monde depuis fi long-temps.(D) Le favant Erafme, pourfuivis-je, mérite d'être lû là-deffus. Il a fait un éloge de la folie, où il fait voir qu'elle répand fes influences partout , & que fans elle le monde feroit bien-tôt renverfé. Je ne penfe pas , Monfieur , que vous ignoriez le mérite de cet Ouvrage. L'Auteur y dit en riant les plus grandes véritez du monde, & je ne fais même s'il a cru être auffi profond Philofophe qu'il l'a été dans cette ingénieufe Satyre. Je ne répete point ici ce que je vous ai déjà écrit plus (E) d'une fois. J'y ajoûte feulement un petit mot de réflexion, qui ne m'eft point venu alors dans l'efprit. C'eft qu'il ne paroît pas poffible que pendant que l'homme fera fi fujet aux paffions, il foit raifonnable , & délivré du joug de la fotife & de la folie, & qu'ainfi la doctrine des Stoïciens eft plus fenfée qu'on ne penfe. S'ils ont eu tort d'enfeigner que l'homme pouvoit vivre fans paffion, (F) ils n'ont pas eu tort, pour le moins de foûtenir , que pour être fage , c'eft-à-dire, pour fe régler par les lumieres de la Raifon, il ne faloit être expofé ni aux paffions, ni aux préjugez dont elles rempliffent l'ame. (G) On n'a point rendu juftice à leur Secte.

Vous voyez que j'entre affez bien dans le fentiment de Mr. Brifante, & que non-plus que lui je ne fuis pas entêté de l'excellence de notre nature, telle que nous la connoiffons. Vous me direz, quand il vous plaira, fi c'eft être véritablement homme que de juger de l'homme en cette maniere. Je fais que vous ne défaprouvez pas la réponfe d'un ancien Sage , à qui l'on difoit un jour : *Pour un Philofophe , vous faites bien peu de cas de la Philofophie : Et c'eft cela même ,* répondit-il, *qui eft être Philofophe.* Mais je n'aprouve

pas

(*) ,, MS. Plut. *Sympos.* l. 8. c. 2. p. 196.
(A) *Juven. Satyr.* 10.
(B) ,, Plutarque , Traité de l'Amour.
(c) ,, C'eft Cotta dans Ciceron. Le paffage a été cité dans la Crit. Géner. Lettre XXIII. No. XIII.
(D) ,, MS. Voyez z. La Mothe le Vayer l. 9. p. 266.
(E) ,, Ci-deffus , Lettre XVI. & XVII.
(F) ,, MS. Thomafius *Sched. Hift.* p. 43. prouve que
,, Clement Alexandrin. Strom. 6. p. 468. a reconnu des
,, Chretiens qui étoient arrivez à l'apathie, & il cite
,, pour cette apathie St. Jerôme Tom. 3. f. 115. par-
,, lant d'Evagrius qui en avoit écrit, & dont l'Hift.
,, Socrate a laiffé des Extraits *p. m.* 235. Il cite un

,, Chartreux nommé Pierre Garnefelt, qui dans fes *Elu-*
,, *cidationes Sacr in* 5. *libros de imaginib. antiquorum*
,, *Ermitarum* à Cologne 1622. p. 645. dit que la Sainte
,, Vierge avoit une virginité pénétrative, *ut vocant,*
,, qui faifoit que ceux qui la regardoient, quelque belle
,, qu'elle fût , ne fentoient rien que de chafte, & que S.
,, Jofeph avoit le don qu'on apelle d'*infrigidationis,* qui
,, l'empêchoit de fentir ni au corps, ni à l'ame , rien
,, d'impur. Il cite auffi des Peres qui ont condamné
,, cette doctrine de l'apathie renouvellée par des Chre-
,, tiens.
(G) Conférez ceci avec le *Dict. Hift. & Crit.* Art.
,, OVIDS Rem. G.

pas en tout le sentiment de Monsieur Crisante.
Il eût mieux fait de préférer (*) Séneque à Montagne, je veux dire de prendre un milieu entre
Démocrite & Héraclite, qui est de regarder
tranquillement la Commédie de la vie humaine.

VI. Ce qu'il dit contre les Auteurs est un
peut fort ; mais pour vous dire la verité, Monsieur, il y en a un très-grand nombre qui sont
bien dignes de cette censure. Je ne confronte
guéres les Livres que l'on réfute avec ceux qui
les réfutent, sans remarquer beaucoup de mauvaise foi & de mal-honnêteté. Chacun ne
songe qu'à vaincre, ou du moins qu'à ne paroître pas vaincu. Pour ce qui est de la verité, on
s'en met fort peu en peine. On se fie trop à la
négligence des Lecteurs, & à la coûtume qu'ils
ont de ne vérifier rien, & de ne jetter pas même
les yeux sur les Ouvrages du parti contraire. Si
chaque Lecteur étoit un sévere Critique, les
Auteurs en vaudroient mieux ; nous les gâtons
en favorisant trop ceux qui combattent pour
notre cause. Quand je dis *nous*, j'entens toute
sorte de partis.

Monsieur Crisante ne me veut point faire la
grace qu'il dit que quelques autres m'ont faite,
de ne me point envelopper dans l'accusation générale. Il dit que je suis frappé de la maladie
de tous mes Confreres ; mais comme il se contente de le dire en général, je ne compte son injure
pour rien. Des plaintes & des accusations vagues
ne sauroient diminuer ma tranquillité, & je lui
promets de ne me point fâcher contre lui, que
quand il les aura clairement prouvées. En attendant je l'assure que cet affront ne m'empêche
pas de faire des vœux pour lui, à l'égard des
des choses où il paroît le plus sensible.

Cela signifie, Mr. que je souhaite non pas
que Madame sa femme meure ; mais que si elle
mouroit, comme nous sommes tous mortels, il
convole heureusement en quatriemes nôces, &
rencontre une aussi jeune femme qu'il la souhaitera, sans tomber dans les inconviens qui sont
à craindre en pareil cas. Je ne puis pas faire les
mêmes souhaits, dont un ancien Poëte s'est servi
pour l'Hymen de deux personnes de même âge ;
mais j'en puis emprunter quelque chose. Il leur
souhaite que la femme aime son mari lors même
qu'il sera vieux, & qu'elle ne lui paroisse point
âgée lors même qu'elle le sera.

(A) *Candida perpetuo reside concordia lecto,*

 Tamque pari semper sit Venus æqua jugo.

 Diligat ipsa senem quondam, sed ut illa marito.

 Tunc quoque cùm fuerit non videatur anus.

Pour moi ce que je souhaite à Monsieur Crisante, si jamais il épouse cette quatrieme femme fort jeune, c'est d'un côté qu'il ne s'apperçoive pas qu'elle ait un peu trop de jeunesse, &
de l'autre qu'elle ne s'apperçoive pas qu'il soit
un peu trop âgé. Si je savois faire des Vers, j'en
ferois quatre en Latin sur cette pensee, & il
pourroit les placer sur sa cheminée à côté de
ceux qu'il a tirez d'une Satyre de Monsieur Des-
Préaux ; à moins qu'il n'aimât mieux les mettre
dans un lieu plus retiré, pour empêcher que son
épouse n'en demandât l'explication à quelqu'un
qui pourroit y faire des gloses.

La bonne disposition où je suis pour lui, fait
que j'ai regret d'avoir publié son âge. Il ne vous
en avoit pas fait confidence apparemment, afin
que je le fisse imprimer ; car un homme qui veut
épouser une jeune femme, ne se vante pas d'avoir soixante ans, ou s'il s'en vante, c'est une
preuve infaillible qu'il en a bien près de soixante-dix. C'est le jugement d'un Auteur moderne,
en parlant du Maréchal de St. André : *Il étoit
tout blanc,* dit-il (B), *& les fatigues de la guerre,
toutes grandes qu'elles eussent été, y avoient moins
contribué que cinquante-cinq ans qu'il avouoit, cela
s'appelle en avoir pour le moins soixante : car un
vieillard qui a une jeune femme en cache toûjours
un peu.* A plus forte raison en cache-t-il quand
il ne l'a pas encore, parce qu'il lui est plus facile, & de plus grande importance, d'en cacher.
Cela rend en quelque sorte la condition des Princes & des Grands Seigneurs de la Cour, plus
mauvaise que celle d'un simple Gentilhomme.
Car s'ils veulent se remarier sur leur vieux jours,
ils ne sauroient se dérober une année, à cause
que l'Etat de la France, les Tailles-douces du Cimetiere St. Innocent, & les Almanachs, vous
apprennent le jour & l'heure de leur naissance. Je
crains fort que notre Monsieur ne me sache mauvais gré d'avoir publié sa Lettre, & l'âge qu'il
avoue en même tems ; car comme il a fait connoître sa Province, il sera aisé de le déterrer aux
Enseignes qu'il a données d'un homme qui a de
l'étude & qui s'est marié trois fois, & ainsi
comment cachera-t-il son grand âge, en cas
qu'il devienne veuf ?

L'incommodité que j'ai remarquée touchant
l'âge des Princes & des Grands, n'est pas moindre pour l'autre sexe. Les filles des Rois & des
Princes, des Ducs & des Officiers de la Couronne, ne peuvent jamais cacher leurs années,
parce que le jour de leur naissance se trouve imprimé en mille lieux, & affiché pour ainsi dire
aux coins des rües. C'est assurément un sujet
de mortification quelquefois ; car aussi-bien
pour elles que pour les autres, les maris ne se
trouvent pas toûjours à point nommé : il faut
donc vieillir au sçu de toute la terre, sans qu'aucun mensonge officieux puisse retarder dans la
notorieté publique le cours des ans. Or que ce
soit une chose très-fâcheuse pour les filles que de
savoir qu'on sait leur âge, un Auteur moderne
vous l'apprendra mieux que moi. Je m'en vais
vous dire ce qu'il écrit à une fille, en lui envoïant l'Extrait de son Baptême. *Vous ne songiez
peut-être pas à quoi vous vous exposiez en me rendant maître du secret de votre âge. C'est pourtant
un secret que le beau sexe garde bien inviolablement,
& je crois que c'est le seul. Plusieurs femmes m'ont
confié les affaires de leur maison, leurs amours même, aucune ne m'a confié son âge. J'en ai vû d'assez
raisonnnables pour prendre leur parti dans les occasions, avec beaucoup de fermeté & de constance ;
je n'en ai point vû qui pussent faire un assez grand
effort de courage & de raison, pour dire leur âge.
La verité est que plus on a d'années, plus on voit
de quelle importance il seroit de n'en avoir pas tant.
Pour vous, Mademoiselle, qui ne vous êtes point
ménagée, vous ne savez pas combien vous tremblerez
un jour qu'il ne m'échape quelque indiscrétion. Votre destinée dépendra de moi, & il n'y aura rien à
quoi*

(*) *Humanius est deridere vitam quam deplorare . . . . sed
satius est publicos mores & humana vitia placidè accipere, nec
in risum, nec in lacrimas excidere.* Seneca de tranquil. c. 15.

(A) *Martial. l. 4. epigr.* 13.
(B) „ Voyez une Historiette qui s'intitule *le Prince de*
„ *Condé.* imprimée à Paris l'an 1675.

Quoi je ne vous contraigne, en vous mettant au lieu de poignard, l'Extrait de votre Baptême sur la gorge.

Si l'on souhaite de savoir dans le païs où ces Lettres seront imprimées, qui est l'Auteur d'un passage si joli, on n'aura qu'à demander les Lettres diverses de Monsieur le Chevalier d'Her *** C'est un Auteur qui a infiniment de l'esprit. Le Mercure Galant du mois de Juin 1683. raporte une avanture curieuse sur ces *Lettres diverses,* qui nous fait voir que la bizarrerie des hommes les porte souvent à mépriser un bon Livre, parce qu'il ne porte pas sur le front le nom d'un Auteur connu. *Monsieur le Chevalier d'Her ....* disoient quelques-uns, *d'Herbois, d'Herouville, si l'on veut, qu'est-ce que Monsieur le Chevalier d'Her .... est capable de faire de bon? .... Il est capable de toute incapacité d'écrire assez bien pour plaire aux habiles.* D'autres trouvant ce Livre sur une Table, & en ayant lû seulement trois lignes, & vû la premiere page, le remettoient en disant: *Je suis le très-humble Serviteur de Monsieur le Chevalier d'Her ...* L'ayant lû ensuite à la priere d'un ami, & trouvé que tout y étoit piquant & délicat, ils disoient tout de nouveau: *Je suis le très-humble Serviteur de Monsieur le Chevalier d'Her .... Tout homme qui auroit véritablement ce nom, n'auroit point fait de si jolies Lettres, elles sont de certitude d'un fort habile homme .... qui a voulu déguiser son stile ainsi que son nom.* N'est-ce pas un plaisant caprice? Je parlerai d'une autre espece de bizarrerie dans ma Préface.

VII. J'ai bien peur que vous ne me trouviez un peu bizarre moi-même, puisqu'après avoir fait des vœux si bénignement pour le mariage futur de Monsieur Crisante, je m'en vais lui reprocher qu'en cela il oublie son caractere. Mais tout coup vaille, je me mets à votre discretion ; il faut qu'il essuie encore cette Critique.

Il vous a dit d'un air dolent, (*) *Helas! le monde n'est que trop plein, & s'il ne se faisoit pas de tems en tems plusieurs purgations violentes dans la Societé humaine, l'on s'embarrasseroit trop les uns les autres.* Il semble en parlant ainsi, qu'ils ne désaprouve pas trop les Maximes de Lucilio Vanini, qui disoit (A) *que comme les Bucherons entrent tous les ans dans les grandes forêts pour les visiter, pour reconnoître le mort-bois, ou le bois-mort, & effeneler la forêt, retranchant tout ce qui est inutile & superflu ou dommageable,* (B) *pour retenir seulement les bons arbres ou les jeunes baliveaux d'espérance; tout de même il faudroit tous les ans faire une rigoureuse visite de tous les habitans des grandes & populeuses Villes, & mettre à mort tout ce qui est inutile, & qui empêche de vivre le reste, comme sont les personnes qui n'ont aucun métier profitable au Public, les vieillards caduques, les vagabonds & fainéans : il faudroit effeneler la Nature, éclaircir les Villes, mettre à mort tous les ans un million de personnes, qui sont comme les ronces ou les orties des autres pour les empêcher de croître.* On pratiquoit autrefois dans l'Islande (C) quelque chose d'approchant, si nous en croïons l'Auteur des Préadamites. Il raporte qu'il y avoit dans cette Isle des Baillifs dont un des principaux soins étoit *de réfréner la licence des*

(*) „ Ci-dessus, Lettr. XXI. No. XVI.
(A) „ Voi. la Doctr. Cur. du P. Garasse, l. 7. ch. 4.
(B) „ MS. Voi. Muret *Var. Lect.* l. 8. c. 24. *in Plaut. de contrad. Stoicor. apud Altam. in Cicer. pro Dejot.* p. 448.
(C) „ La Peirere, Relat. d'Islande p. 34.
(D) „ MS. Voi. Joli, éducat. des enfans p. 188.

Mandians volontaires, contre lesquels les loix étoient rigoureuses. Car il étoit permis de les tuer ou de les chatrer impunément, de-peur qu'ils ne multipliassent, & ne fissent d'autres coquins comme eux. Il étoit même défendu sur peine de l'exil à un homme pauvre de se marier avec une femme pauvre comme lui, & il n'étois pas permis sur la même peine à celui qui n'avoit dequoi que pour lui seul, de prendre une femme qui n'avoit pas dequoi pour elle. Je connois une petite République où les les Directeurs des Hopitaux ont droit de former opposition au mariage des personnes pauvres, & l'on m'assura quand j'y passai, qu'ils avoient eu dessein depuis peu de s'opposer au second mariage d'un Auteur célebre, qui est encore plein de vie; mais pour certaines considérations ils avoient passé par-dessus leur droit. Monsieur Crisante approuveroit fort que l'on mît ordre que le monde ne fût pas si plein, & cependant il avoué qu'il a travaillé & qu'il travaillera à le remplir, selon toute l'étenduë de ses forces. C'est vouloir que les autres soient plus prudens que soi-même, & cela n'est pas trop bien; mais comme il ne se défend pas d'être en cela peut-être fort déraisonnable, ne le poussons pas sur cet article. (D)

Au lieu de cela demandons-lui, puisqu'il aprouve tant les pensées de Malherbe, ce qu'il croit des maximes du Médecin dont j'ai parlé dans quelqu'une (E) de mes Lettres. J'ai rencontré par hazard depuis deux jours un endroit de Polidore Virgile (F) qui est entierement opposé aux prétentions de Monsieur Crisante, à l'égard du célibat des Prêtres. *Tant s'en faut,* dit cet Auteur, *que cette chasteté forcée ait surpassé celle des gens mariez, qu'il n'y a point de vice qui ait causé plus de honte au Clergé, plus de mal à la Religion, & plus de chagrin aux bonnes ames, que l'impudicité des Prêtres. C'est pourquoi il seroit peut-être également à souhaiter & pour le bien de la République, & pour celui des Ecclésiastiques, qu'enfin on leur réstituât le droit de contracter mariage, dont il leur seroit plus aisé d'observer les loix sans infamie, que de ne se point souiller dans le célibat.* Mais j'ai trouvé au même chapitre un passage de St. Augustin extrêmement favorable & à Malherbe, & au Médecin dont il est ici question; car il paroît que ce Pere a été persuadé que les intérêts de la gloire de Dieu demandoient, que ces paroles de St. Paul (*je voudrois que tous les hommes fussent comme moi*) eussent leur accomplissement au pied de la terre. (G) *Je connois des gens,* dit St. Augustin, *qui disent en murmurant : Hé quoi, si tous les hommes s'abstenoient des femmes, comment subsisteroit le genre humain? Plût à Dieu que chacun le voulût faire d'un cœur pur, & d'une saine conscience, & avec une charité, & une foi parfaite!* LA CITE' DE DIEU SEROIT BEAUCOUP PLUTÔT ACHEVE'E, ET LA FIN DU MONDE SEROIT HATE'E. ET A QUELLE AUTRE CHOSE PAROIT-IL QUE St. PAUL NOUS EXHORTE QUAND IL DIT? *Je voudrois que tous les hommes fussent comme moi ; & en un autre endroit: Or je vous dis, frere, le temps est court, il reste donc que ceux qui ont des femmes se comportent comme s'ils n'en avoient point.* Si notre Médecin avoit sû qu'un si grand Docteur de l'Eglise étoit de son sentiment, il n'auroit pas oublié de s'en faire honneur.

VIII.

(E) „ Ci-dessus, Lettr. XVI. No. X.
(F) *De rerum inventor.* l. 5. c. 4.
(G) „ MS. Voi. *Nouv. de la Républ.* 1686. Déc. „ Art. 6. Porphyre répond à l'Objection *que deviendroit le monde, si tous faisoiens comme les Brachmanes.*

des hom-
à la vie.

VIII. Monsieur Crisante me permettra bien, je m'assure, de m'étonner de ce qu'ayant rapporté plusieurs jolies remarques sur l'étrange attachement que les hommes ont à la vie, il a oublié de nous citer son Montagne qui a parlé de cela fort spirituellement. C'est dans le chapitre 37. du second Livre. Voici ces paroles : il parle d'une colique qui le tourmentoit depuis long-tems. *En dix-huit mois ou environ qu'il y a que je suis en ce mal-plaisant état, j'ai déja apris à m'y accommoder. J'entre déja en composition de ce vivre coliqueux : j'y trouve dequoi me consoler & dequoi espérer. Tant les hommes sont accoquinez à leur être misérable, qu'il n'est si rude condition qu'ils n'acceptent pour s'y conserver : Oïez Mécenas :*

> *Debilem facito manu,*
> *Debilem pede, coxa.*
> *Lubricos quate dentes :*
> *Vita dum superest, benè est.*

Et couvroit Tamburlan d'une sotte humanité, la cruauté fantastique qu'il exerçoit contre les ladres, en faisant mettre à mort autant qu'il en venoit à sa connoissance, pour, disoit-il, les délivrer de la vie qu'ils vivoient si penible ; car il n'y avoit nul d'eux qui n'eût mieux aimé être trois fois ladre, que de n'être pas. La vie est un mets si délicieux, quelque mal assaisonné qu'il soit, que l'homme en est insatiable. Il se lasse de tout autre chose, du dormir, des femmes, de la danse, de la musique, du manger, du boire : il n'y a que la vie dont il n'est jamais rassasié (*) :

> *Cur non ut plenus vita conviva recedis.*

Et quand l'Ecriture dit des Patriarches, qu'ils moururent vieux & rassasiez de jours, si elle entend non pas que Dieu leur accorda une vie si longue qu'ils en dûrent être rassasiez ; mais qu'ils le furent effectivement, il faut croire que ce fut un coup de la Grace. Généralement parlant l'homme est si accoquiné à la vie, qu'on en voit peu à qui ces paroles de Monsieur de Balzac (A) ne pussent être appliquées. *Ce leur est assez que la mort soit remise à une autrefois, & que cependant on les laisse jouir de quelque intervalle de mauvaise vie. Sans doute ils seroient de l'opinion du Poëte Espagnol qui disoit, que la fievre quarte étoit une bonne chose, parcequ'avec elle on étoit assuré de vivre un an ; pour le moins de vivre six mois ; pour le moins de ne mourir pas de mort subite.* Cet amour démesuré de la vie est une des plus grandes marques de la lâcheté de l'homme, si l'on ne s'éleve pas à cette Providence occulte dont j'ai tant parlé, qui par des instincts dont elle est seule Maîtresse, & sans l'aide de notre Raison, nous conduit au but général qu'elle se propose. Quoiqu'il en soit, écoutons un Poëte Italien qui représente fort naïvement le goût du monde.

(B) *Quel piu tosto volea che lungamente*
Vivesse senza fama & senza honore,
Che con tota la lode che sia al mondo,
Mancasse un anno al suo viver giocondo.

Monsieur Crisante me saura peut-être gré que j'ajoûte ce petit supplément à sa pensée.

IX. Il y a une autre chose sur laquelle je suis surpris qu'il n'ait point cité Montagne ; car cette citation eût admirablement confirmé son sentiment. Souffrez que je répare ce défaut de sa mémoire. Vous vous souviendrez, s'il vous plaît, qu'il nous accuse de douter de l'exacte continence des Moines, parceque nous nous sentons incapables de cette vertu. Il pouvoit après cette fausse supposition, nous opposer la prudence de Montagne, qui parle ainsi dans le chapitre 36. du premier Livre. *Je n'ai point cette erreur commune de juger d'un autre selon que je suis ; j'en crois aisément des choses diverses a moi . . . . pour n'être continent, je ne laisse d'avoüer sincerement la continence des Feüillans & des Capucins, & de bien trouver l'air de leur train. Je m'insinuë par imagination fort bien en leur place, & les aime & les honore, d'autant plus qu'ils sont autres que moi. Je desire singulierement qu'on nous juge chacun à part soi, & qu'on ne me tire en consequence des communs exemples. Ma foiblesse n'altere aucunement les opinions que je dois avoir de la force & vigueur de ceux qui le meritent* (c). Sunt qui nihil suadent quam quod se imitari posse confidunt. *Rampant au limon de la terre, je ne laisse pas de remarquer jusques dans les nuës la hauteur inimitable d'aucunes ames héroïques.*

X. Une des choses qui me paroissent les plus judicieuses dans la longue Lettre de Mr. Crisante, est l'éloge qu'il donne à la loi du mariage qui exclut la polygamie & les divorces ; car c'est assurément le meilleur parti pour ceux qui veulent se marier, que de le faire avec une seule femme pour toute leur vie. Car pour ne point me servir de la médisance de quelques Plaisans, qui disent que le moins qu'on peut avoir d'une telle chose, c'est toûjours le mieux (pensée que je n'adopte point, & je vous prie de prendre garde à mon désaveu) il est certain par l'expérience des païs où la polygamie est soufferte, que la tranquillité domestique n'y est pas si grande qu'en païs de Chretienté ; & pour ce qui est de ces Railleurs qui voudroient qu'on prît les femmes à l'essai, & à telle condition qu'il seroit libre de la quitter si on ne s'en accommodoit pas, je leur répons que si cette liberté n'étoit que pour les maris, ils s'approprieroient injustement ce privilége, & que si elle étoit réciproque, les maris se trouveroient bien attrapez ; car lorsqu'ils voudroient bien s'en tenir au premier marché, leur compagne n'en voudroit rien faire, & surement ils se verroient bien-tôt obligez de remettre les choses comme elles sont, pour éviter de plus grands chagrins (D). Ces Railleurs ne tiendroient pas ce langage, s'il falloit que de part & d'autre l'on se mariât à l'essai. Quelque résolus qu'ils paroissent, ils trembleroient de peur que leur compagne mécontente ne voulût bien-tôt essaïer si un autre homme seroit mieux son fait. Et comme jamais un Domestique ne sert mieux que pendant les deux ou trois premieres semaines, & qu'à coup sûr cela seroit vrai du service des nouveaux maris que l'on prendroit à l'essai, il seroit à craindre que les femmes ne passassent toute la fleur de leur vie dans ces essais. Cela étant nos Railleurs seroient bien loin de leur compte ; car peut-être que jamais on ne reviendroit à eux. Ainsi le
plus

(*) Πάντων μὲν κόρۛ ἐςὶ καὶ ὕπνε καὶ φιλότη{Θ},
Μολπῆς τε γλυκερῆς, καὶ ἀμύμον{Θ} ὀρχθμοῖο.
                    Homer. Il. L. XIII.
(A) ,, Dans l'Aristippe.

(B) ,, L'Arioste chant. 7. Stac. 39.
(c) ,, Cicero, Epist. ad Brut.
(D) ,, MS. Sozom. l. 1. ch. 8. p. 411. Voyez Manuc.
,, in Philip. 2. p. 760.

Lettre XXII.

plus court & le meilleur seroit de s'en tenir à l'Institution Chretienne, quand même les ordres de Dieu ne l'autoriseroient pas.

Je ne trouve rien de plus absurde que la pensée de Vanini, lorsqu'il se fâche de ce que l'Eglise Romaine a fait du mariage un Sacrement; parceque, dit-il (*), *les hommes ont coûtume de faire une chose avec longueur & mépris, quand elle est revêtuë de quelque condition dévote, & par ainsi le mariage des Chretiens étant accompagné de cette condition & circonstance de* SACREMENT, *fait que les esprits s'y portent par maniere d'acquit* (A), d'où il arrive que les enfans naissent comme bêtes & sans génie. *Et pour moi,* ajoûte-t-il, *je désirerois de tout mon cœur être né hors de legitime mariage & être bâtard, car je serois assuré que j'en aurois meilleur esprit & meilleure complexion de corps.* Si ce prétendu bonheur de naître bâtard lui fût arrivé, il l'auroit dit dans quelqu'un de ses Ouvrages, comme a fait Cardan qui a eu si peu de soin de cacher les désordres de sa mere, qu'il a publié non seulement qu'il devoit la vie à une femme impudique, mais aussi qu'elle avoit usé de divers remedes pour perdre son fruit. L'expérience dément si fort l'impie Vanini, qu'il seroit absurde de refuter ses impertinences. Les Chretiens ne surpassent-ils pas en esprit, en savoir, & en toutes choses le reste des hommes, & les plus effrenez Infideles sur le chapitre du mariage ?

XII. Succès des beaux-esprits en galanterie.

Il ne me reste, Monsieur, qu'à satisfaire à votre difficulté contre l'endroit de la Lettre dixhuitieme, où je parle des bonnes fortunes des Poëtes & des beaux-esprits (B). Vous me menacez d'une Legion d'adversaires qui me prouveront par une infinité de témoins, que je me trompe. Vous en eussiez dit davantage très-assurément, si vous aviez lû cette Lettre-ci, où j'ai poussé la chose beaucoup plus loin ; car au lieu que je m'étois contenté de dire *qu'un Poëte galant & belesprit, lorsque ces qualitez sont rares,* va plus facilement à noble jouissance, *que plusieurs sots de bonne mine,* j'ai ajoûté depuis peu, *qu'un bel-esprit, fort éloquent, est presque aussi dangereux en galanterie, qu'un bel homme, ou qu'un homme riche.* Ce dernier mot vous fera trembler pour moi, parceque vous savez un million de belles sentences sur le pouvoir des richesses. Vous savez ce qu'une des plus belles Dames de France répondit une fois à un Galant, qui lui avoit offert deux mille pistoles par un billet (c) : *Je ne savois pas encore,* lui-répondit-elle, *que vous écrivissiez si bien que vous faites : Je n'ai jamais rien vû de si joli que votre Lettre, & je serai ravie d'en recevoir souvent de semblables.* Elle lui confirma la même chose dans un tête-à-tête qu'elle lui accorda peu après : *Personne,* lui dit-elle, *Monsieur, n'écrit en France comme vous, ce que je vais dire n'est pas pour faire le bel-esprit, mais il est certain que je connois peu de gens qui en ayent. La plûpart ne vous disent que des sottises, & quand ils veulent écrire des Lettres tendres, ils pensent avoir bien rencontré de vous dire qu'ils vous adorent,* &c. Voilà, me direz-vous, comment on mesure le bel-esprit en matiere de galanterie. Or comme il est fort certain que les Poëtes n'en peuvent pas donner de telles preuves, il s'ensuit qu'un ri-

che, quelque sot qu'il soit, avance mieux ses affaires qu'eux auprès du beau sexe. On se soucie bien des Vers sans finance. Ovide le premier homme de son temps en Poësies galantes, nous assure que les Vers ne servent de rien. *On les loüe,* dit-il, *mais on ne demande pas moins de magnifiques présens, & vous pourriez être Homere, & venir accompagné des neuf Muses, qu'on ne laissera pas de vous chasser, si vous venez sans argent. Mais quelque rustique que soit un autre, il plaira, pourvû qu'il ait des pistoles* (D). *Le temps est passé, où on faisoit plus de cas du bel-esprit que de l'or, c'est à présent une horrible barbarie que d'être pauvre.*

(E) Carmina laudantur, sed munera magna petuntur,
Dummodo sit dives barbarus, ille placet.

. . . .

Ipse licet venias Musis comitatus, Homere;
Si nihil attuleris, ibis, Homere, foras.

Tous les Poëtes anciens & modernes sont pleins de pareilles doléances (F); je le sais bien, Monsieur, & je vous arrête-là, s'il vous plaît, afin que nous n'insistions point sur une chose trop connuë, Mais je ne laisserai pas de justifier ce que j'ai dit, ou du moins de m'expliquer plus distinctement. Ecoutez bien.

Ma pensée n'a jamais été que les forces du bel-esprit soient égales à la toute-puissance des richesses, ni qu'on puisse faire comparaison entre les Poëtes & les Financiers.Si le bel esprit
fait autant de
progrès que les
richesses.

Jamais Sur-Intendant ne trouva de cruelles.

Au lieu que les Poëtes & les beaux esprits peuvent essuïer des rebuts. Qu'est-ce donc que j'ai voulu dire ? Le voici ; qu'à l'égard de certaines Maîtresses qui ne sont ni pauvres, ni avares, ni ambitieuses, le pouvoir du bel-esprit, de l'éloquence, de la Poësie n'est pas moindre que celui de la bonne mine & de la liberalité. Est-ce qu'on ne voit pas des gens qui s'aiment pour rien, & qui font échange de leurs cœurs but-à-but ? J'avertis que j'excepte outre cela les beaux-esprits avancez en âge, & les pauvres Poëtes crotez, qui n'ont presque pas le necessaire. Pour ce qui est des doléances qu'on voit dans les Poësies, je dis, Monsieur, qu'elles viennent ou d'ingratitude, ou de manque de discernement. Après avoir reçu mille services de leur Poësie, ces Messieurs en médisent, & voudroient nous faire accroire qu'elle ne leur a servi de rien, ni dans leurs amours, ni dans leur fortune. Cela n'est pas bien. C'est être ingrat. Que s'ils n'ont pas réüssi à cause que s'étant une fois embarquez, sans avoir connu du désintéressement dans une Dame, & de la sensibilité pour les beaux discours, ils ont persévéré dans cette fausse démarche, ils ne doivent se plaindre que de leur bévûë. Et au reste je suis fort de l'avis de Monsieur Crisante, qu'il ne faut pas trop compter sur les plaintes de ces Messieurs (G). Ils parlent bien autrement quand ils veulent. Monsieur Sarrazin fait avoüer à un de nos plus illustres Savans, qu'ayant couru les mers d'amour de rivage en rivage, il a grand sujet de s'en loüer. *J'ai aimé,* dit-il, *& souvent sans faire le vain, mon avanture a été telle :*

Que

(*) „ Garasse Doct. Cur. l. 8. sect. 8.

(A) *Ex quo stupidos nasci contingit liberos atque ineptos, & per consequens Religioni Christiana, quæ pauperibus Spiritu beatitudinem pollicetur, suscipienda satis idoneos.*

(B) „ Ci-dessus, No. X.

(c) „ Histoire Amour. des Gaules par Monsieur de „ Bussi Rabutin.

(D) *Ingenium quondam fuerat pretiosius auro,
   At nunc barbaria est grandis, habere nihil.*
       Ovidius, Eleg. 3. lib. 3.

(E) *Id. de arte aman. l. 2.*

(F) „ MS. Voyez Bibl. de du Verdier, p. 1140. la Sa„ tyre de Calignon.

(G) *Ubi supra.*

Que de la même ardeur que j'ai brûlé pour elle,
Elle à brûlé pour moi.

Ovide n'avoit-il pas bonne grace de se plaindre qu'il n'y avoit rien à faire auprès des femmes, quand on n'avoit pas de grands biens, quelque esprit que l'on eût d'ailleurs ? Où est l'homme que l'amour ait autant favorisé ? Que dirai-je d'Horace (*) qui n'est poussé que par ses Vers, & qui avoué qu'il a combatu avec la gloire sous les enseignes de Venus ? Cela signifie-t-il que les bonnes fortunes sont pour les gens de Finance, ou pour les beaux blondins ?

C'est à présent que je me vante d'être à la fin, puisque je suis résolu, quelques objections que vous puissiez m'envoïer de n'y faire aucune réponse dans cette premiere partie. Si quelqu'un trouve que mes Lettres sont trop chargées de citations, dites-lui de ma part que j'en ai usé ainsi, afin de les rendres plus agréables, & de rassembler des morceaux de très-bon goût, que l'on ne sauroit rencontrer, qu'en lisant plusieurs volumes. Si j'en procure le plaisir au Lecteur, en lui épargnant la peine de lire beaucoup, ne doit-on pas m'en rendre graces, au lieu de me critiquer ? Je suis, &c.

※ ※ ※ ※ ◇ ※ ※ ※ ※

Eclaircissement sur ces paroles de la Lettre XI. N°. VIII. *Nos Adversaires n'oseroient le tromper, jusques au point de lui faire accroire la seconde de ces deux choses, c'est-à-dire, que la separation d'avec une fausse Eglise peut être un Schisme.*

XIII. ...exion sur ...rnier Li-...e Contro-...de Mr. ...lle.

Quand je vous ai écrit cela, Monsieur, je n'avois pas encore vû le nouveau Livre de Monsieur Nicolle. Je savois bien qu'il avoit dit dans son Livre des *préjugez*, que quand même nous aurions eu quelque raison de nous séparer de l'Eglise, nous ne laisserions pas d'être coupables de l'usurpation du ministere. C'étoit dire ce que j'ai cru que nos Adversaires n'oseroient jamais soûtenir. Mais je croïois alors, qu'il ne faloit regarder cela que comme un sentiment avanturier, que l'on produisoit en passant pour voir ce qu'on en diroit, & ainsi je n'y ai eu aucun égard. J'ai pourtant vû dans la suite, que cet Auteur regarde cette pensée comme une preuve invincible, & quel'ayant trouvée fortcommode pour nous combattre, il l'a poussée autant qu'il a pû. C'est pourquoi je dois vous avoüer ici que je me suis trop hâté. J'ai soûtenu trop hardiment que nos Adversaires n'oseroient pousser leurs prétentions jusques aupoint, où il se trouve qu'en effet il les ont portées, & où ils continueront à les porter ; car assurez-vous qu'on se servira désormais de cette nouvelle machine dans la Controverse. Cela me fait voir de plus en plus combien il faut être reservé dans ses affirmations & ses négations, en matiere de faits. Il faudra y prendre de plus près garde à l'avenir. Or puisque la faute est déja faite, tâchons de la réparer en disant, *que si nos Adversaires entreprennent de prouver à un Huguenot,* QUE LA SEPARATION D'AVEC

UNE FAUSSE EGLISE PEUT ETRE UN SCHISME, *ils s'engageront dans une dispute de longue haleine, où ils auront contre eux toutes les lumieres du sens naturel; desorte que pour combattre les notions communes dont tous les Chretiens sont armez, & la préoccupation naturelle qui nous attache à ce que nous prenons pour la vérité, il faudra faire de longs circuits & de longs raisonnemens, que peu de personnes examineront, parce que plus ils seront subtils, plus aussi seront-ils suspects aux bonnes ames. A quoi il faut ajoûter que les raisons que l'on allégue pour justifier de Schisme ceux qui passent du parti de l'erreur, dans de parti de la verité, sont si fortes, qu'il n'y a point d'apparence qu'on puisse gagner la victoire, quand on dispute contre de bons Huguenots sur cette matiere-là. Il faut donc les prendre par un autre biais, c'est-à-dire, leur montrer que nous nous sommes séparez de la véritable Eglise. On verra dans la même page (*) . . . . . la réflexion que j'ai faite sur ce dernier expédient.*

Lettre XXII.

But de cet Auteur.

Mais quand j'examine bien la chose, je ne sais pas trop bien si je dois me rétracter de ce que j'ai dit ; car il ne faut point s'imaginer proprement parlant, que Monsieur Nicolle ait dessein de nous persuader ce Paradoxe, *qu'on peut être Schismatique en se séparant de la fausse Eglise.* Ce n'est qu'un détour qu'il prend pour nous faire voir, qu'il n'est jamais permis de sortir de la Communion de Rome, & il faut comparer sa méthode en quelque façon avec celle de St. Paul, qui pour mieux convaincre les Fidelles qu'il ne faut jamais abandonner la doctrine des Apôtres, leur fait une supposition impossible, savoir que quand même un bon Ange leur prêcheroit un autre Evangile, ils seroient obligez de lui crier ANATHEME. Il est clair que Monsieur Nicolle a le même but. A le bien prendre, il ne prétend pas prouver que le Ministere des Réformateurs seroit nul, quand même leur doctrine seroit celle des Apôtres ; mais il veut prouver que puisque leur Ministere n'est point venu de degré en degré de celui qui avoit été établi par Jésus-Christ, il s'ensuit qu'ils ont quitté la Communion de la vraie Eglise ; car c'est une preuve incontestable, selon lui, qu'il ne faut jamais quitter l'Eglise, de voir que Dieu ne nous a pas declaré ce qu'il faudroit observer pour la réhabilitation du Ministere, quand on auroit rompu avec ceux qui s'en trouveroient en possession. Il ne veut pas non-plus prouver proprement & directement, que nous serions Schismatiques supposé même que nos plaintes contre l'Eglise Romaine fussent véritables ; mais il veut dire seulement que puisque la séparation d'avec cette Eglise seroit necessairement accompagnée d'une temerité inexcusable à l'égard des simples, c'est une preuve que Dieu ne permet jamais qu'une telle séparation soit nécessaire, étant contre la sagesse de Dieu de réduire les Chretiens à la nécessité de faire une chose qu'ils sont incapables d'exécuter innocemment. Je suis assuré que Mr. Nicolle n'a point d'autre but, ni d'autre vuë, quoiqu'il emploie la principale partie de son Livre à montrer que les simples qui ont embrassé la Réformation, n'ont pû s'assurer de la justice de ce qu'ils faisoient; d'où il infere que leur séparation à été necessairement accompagnée d'une temerité criminelle.

Mépris qu'on a pour son Ouvrage.

Je suis surpris de ce que vous m'aprenez qu'on ne fait aucun cas de ce Livre-là, & que les Con-

___

(*) *Vixi puellis nuper idoneus,*
    Et militavi non sine gloriâ. Horat. l. 3. od 26.

(a) Ibid.

Lettre
XXII.

Connoisseurs de l'une & de l'autre Religion s'accordent parfaitement à le mépriser. C'est à ce coup que j'y renonce & que je ne sis plus que croire de moi; car j'avoue ingenûment que cet Ouvrage me paroît digne de son Auteur, & c'est beaucoup dire. Si c'étoient les seuls Protestans qui le méprisassent, je ne m'en étonnerois pas tant, parce que pour l'ordinaire on ne sauroit se persuader qu'il se puisse faire un bon Livre contre la vraie Religion; mais vous ajoûtez, que les Catholiques mêmes parlent hautement de cette derniere Réponse avec le dernier mépris. Voilà qui me passe: il faut qu'ils soient devenus bien difficiles à contenter: & comment veulent ils donc qu'on les serve? Cela doit faire peur à tous les Auteurs, & à moi tout le premier; car si des Ouvrages de cette force sont le rebut de Paris, comment subsisteront les autres? Je gagerois tout ce qu'on voudroit, que Monsieur Nicolle ne sait rien de toutes ces fâcheuses Nouvelles, & que tous ceux qui lui écrivent, ou qui lui parlent, l'assurent, comme s'ils en avoient reçu Procuration du Public, que tout le mond l'admire. Voyez un peu le fonds que les Auteurs doivent faire sur les louanges qu'on leur dit, ou qu'on leur écrit.

Comment on y
peut repondre.

Je souhaiterois fort, Monsieur, qu'on ne jugeât pas indigne de Réponse l'Ouvrage de cet Auteur. On lui peut repondre en deux manieres; savoir en rétorquant contre lui ses argumens, & en faisant voir par des preuves directes & immédiates, que les simples peuvent faire choix d'une Religion sans une temerité criminelle. La premiere sorte de réponse embarrassera terriblement Mr. Nicolle: car il a beau dire que selon ses principes les ignorans substituent l'examen de l'Eglise au leur, toûjours faudra-t-il savoir s'ils font bien de se reposer sur l'examen de l'Eglise. Ils seront coupables d'une temerité criminelle, s'ils font cette substitution avant que s'être assurez légitimement, qu'elle est juste, qu'elle est nécessaire, qu'elle est suffisante, & que leur propre examen est illégitime, inutile, insuffisant, & superflu. Or comment s'assureront de tout cela les simples de l'Eglise Romaine? Sera-ce par la seule voie du raisonnement? Mais Monsieur Nicole ne nous dit-il pas (*) qu'il y a des gens, *que l'on a droit de condamner sur cela même qu'ils raisonnent, parceque c'est un défaut certain de vouloir décider par raisonnement des questions, & des manieres qui dépendent uniquement de l'autorité?* La question dont il s'agit ici n'est-elle pas de ce nombre? Ne dépend-elle pas uniquement de la volonté de Dieu? Il est donc nécessaire de consulter l'Ecriture & la Tradition, pour savoir si les ignorans doivent substituer à leur examen celui que fera l'Eglise. Il faut donc que les ignorans s'assurent par la parole de Dieu écrite & non écrite, de tous les points que j'ai marquez. Comment le feront-ils mieux que les simples de notre Communion? Voilà donc la difficulté bien rétorquée. On peut se souvenir ici de ce qui a été remarqué dans un autre lieu, savoir qu'au temps de Luther & de Calvin tous les Chretiens d'Occident (A) se trouverent également obligez de reflechir sur leur croiance, & de chercher s'ils demeureroient comme ils étoient, ou s'ils embrasseroient la nouvelle Religion. Les uns & les autres eurent besoin d'examiner; car ceux qui se réformerent, dûrent examiner les accusations qui furent intentées à la Communion de Rome: ceux qui perseverererent

dans la Religion où ils étoient nez, dûrent examiner à tout le moins, pourquoi il ne faloit pas qu'ils examinassent chaque article, & pourquoi il s'en faloit raporter à ce qu'en diroient les Prélats de Trente.

Mais pour dire naïvement ma pensée, je ne voudrois pas qu'on se contentât de répondre à Mr. Nicolle par la seule rétorsion, parce que si on ne faisoit que cela, les dangereuses armes qu'il a fournies sans y penser aux Libertins, aux Deïstes, ou à ceux qui croient qu'on se peut sauver dans toutes les Societez Chretiennes, & qu'ainsi l'on doit toûjours vivre dans celle où l'on a pris naissance, ou bien se ranger dans la plus heureuse selon le monde; ces armes, dis-je, qu'il a fournies à ces Esprits-là leur demeureroient entre les mains avec une nouvelle force. Voici pourquoi. C'est qu'ils diroient: *Les Catholiques font bien voir que les Protestans n'ont point de certitude légitime de leur croiance; mais les Protestans rejettent les Catholiques sur le même écueil; donc il est impossible de s'assurer de la verité revelée: il n'y a donc point d'autre choix à faire, que de se tenir où l'on se trouve, ou d'être toûjours de la Religion dominante.* Vous voïez, Monsieur, qu'il importe extrêmement d'ôter ces armes des mains de ces gens-là, en prouvant directement que les simples de notre Religion peuvent parvenir à une certitude légitime de la verité celeste.

Que les ignorans
peuvent parvenir à la verité.
Certitude des
veritez celestes.

Pour le bien prouver, il faut établir ce principe, *qu'en matiere de Religion il ne faut point suspendre son consentement; jusques à ce que l'on ait acquis toute l'évidence qu'on attend dans la Philosophie de Monsieur Des-Cartes, avant que de prendre parti.* Pour établir ce principe, il en faut poser un second, à peu près tel que celui-ci, *qu'en matiere de Religion, la regle de juger n'est point dans l'entendement, mais dans la conscience;* c'est-à-dire, qu'il faut embrasser les objets nonpas selon des idées claires & distinctes, acquises par un examen severe, mais selon que la conscience nous dicte qu'en les embrassant nous ferons ce qui est agréable à Dieu. Il en faut venir-là nécessairement, tant parceque la foi que le S. Esprit nous communique, nous remplit d'une pleine persuasion sans l'aide d'un long examen, que parce que si on vouloit s'en tenir aux lumieres de l'entendement, il ne faudroit pas embrasser les dogmes d'une Religion, sans avoir observé tous les préceptes de Monsieur Des-Cartes. Or c'est une chose qui surpasse les forces de presque tous les Chretiens, & qui ne sauroit être nécessaire sans qu'il s'ensuivît, que de dix mille Chretiens il n'y en a pas deux qui croient autrement que par une temerité criminelle.

Remarques sur
la conversion
des Bourreaux
des Martyrs.

Je n'en excepterois pas même ces persécuteurs des anciens Chretiens, qui à la vûë de la constance de nos Martyrs, ont quitté le personnage de bourreau, pour avoir part sur le champ à la glorieuse Couronne du Martyre. Je soûtiens que la foi que Dieu leur a communiquée à la vûë de ces grands objets, n'a point éclairé leur Raison de la maniere que Monsieur Des-Cartes le demande, pour éviter le consentement temeraire. Car pour éviter cette sorte de consentement, selon l'esprit de ce Philosophe, il auroit falu que ces Martyrs eussent fait ce raisonnement:

Il vaut mieux mourir avec ceux qui souffrent pour une verité que Dieu lui-même a revelée, que vivre.

Or

(*) „ Liv. 3. c. 6.

(A) „ Ci-dessus, Lettr. XIII.

Or ces Chretiens-ci souffrent pour une verité que Dieu lui-même a revelé:
Donc il vaut mieux mourir avec ces Chretiens, que vivre.

La *majeure* de ce Syllogisme est fort aisée à comprendre, mais la *mineure* a besoin d'une grande discussion, si avant que de la croire on la veut examiner à la maniere de Monsieur Des-Cartes. Car afin que cette proposition soit évidente *Cartésiennement*, il faut savoir que la constance qui brilloit dans ces Martyrs, ne pouvoit proceder d'aucune autre cause, que de la ferme persuasion d'une verité que Dieu lui-même avoit revelée; & afin de savoir cela, il faut pour le moins connoître deux choses à fond: l'une, que depuis qu'il y a des hommes au monde, il ne s'en est jamais trouvé, qui par des motifs humains ayent enduré la mort avec autant de constance qu'en avoient les Martyrs du Christianisme; l'autre, que l'homme n'est point capable de souffrir avec une telle constance, s'il ne souffre pour une verité que Dieu lui ait revelée. (*) Il est bien certain qu'un Bourreau des anciens Martyrs, qui est devenu lui-même Martyr sur le champ, n'a connu ni l'une ni l'autre de ces deux choses; car il n'a pas eu le temps de feuilleter toutes les Histoires; les Histoires n'ont par raporté tous les exemples de constance; elles n'ont pas developé les secrets ressorts du cœur: & pour ce qui est de la nature de l'homme, c'est un abyme d'une capacité infinie successivement; desorte qu'il n'y a que Dieu qui en connoisse toute l'étenduë. Les combinaisons du tempérament, des passions & des préjugez, se peuvent varier en plus de façons que nous ne sommes capables de connoître, & cette conséquence ne vaut rien, *une telle chose n'étoit jamais arrivée à aucun homme, donc elle n'est point arrivée aujourd'hui à un homme.* Savons-nous toutes les manieres dont notre ame dépend du reste des créatures spirituelles? Savons-nous tous les caprices des Esprits plus puissans que nous? Il est donc certain que ces Chretiens d'un moment n'ont point connu les deux choses que j'ai marquées, & cependant ils ont crû à l'Evangile de la maniere la plus sainte, la plus agréable à Dieu, & la plus exempte de temerité. Donc la persuasion du Chretien ne demande pas cette recherche Philosophique, sans laquelle notre entendement est coupable de temerité, lors même qu'il consent à des objets veritables.

Qu'on ne me dise pas que la foi de ces Bourreaux convertis étoit si vive, quelle leur donnoit plus de connoissances qu'ils n'en eussent pû acquerir par une étude de trente ans; car tous les Chretiens demeurent d'accord, qu'encore que la Foi nous remplisse d'une certitude achevée, & plus ferme que celle de Géometrie, elle ne nous donne point les mêmes raisons de certitude, dont les sciences humaines appuyent leurs démonstrations. Tout le monde Chretien demeure d'accord, que la Foi ne supplée point le défaut de connoissance en matiere de faits, c'est-à-dire,

que si pour être assuré d'une verité revelée, il falloit entendre les Langues originales de l'Ecriture, jamais on ne seroit Fidele sans avoir étudié le Grec & l'Hébreu; & par conséquent les Bourreaux devenus Martyrs n'ont point reçu une foi qui ait fait en eux le même effet que l'Etude de l'histoire. D'où il s'ensuit qu'ils sont morts Martyrs, sans avoir eu plus de connoissance de ce qui s'étoit passé dans le monde, qu'ils n'en avoient avant le moment de leur conversion. Cependant la connoissance exacte de l'Histoire est une condition requise, pour être assuré raisonnablement de la *mineure* raportée ci-dessus; & c'est même une condition qui ne suffit pas pour exclure l'incertitude. Donc la foi de ces Martyrs n'a point suppléé l'ignorance des faits, & ne les a point conduits à la certitude, par les mêmes gradations de principes & de conséquences, qui font qu'en Philosophie on est assuré d'un dogme, sans avoir précipité son jugement. Cela n'empêche pas qu'un Chretien à qui Dieu en donne le loisir, ne puisse employer les armes de la Raison, pour se convaincre de cette *mineure*. Mais quoiqu'il en soit, il n'est pas besoin pour la croire sans témerité, de l'avoir examinée selon les regles de Monsieur Des-Cartes. J'ai fait voir ailleurs (A) qu'on n'est pas obligé de suivre ces regles dans les matieres de fait.

Je n'entre pas plus avant dans cette question; elle me paroît trop pleine de difficultez, pour un homme qui a déja fini son Ouvrage, & qui ne vous écrit plus que par forme d'Apostille. On me dira peut-être, que ceci ne me paroît environné de difficultez, qu'à cause de la petitesse de mon esprit. On aura raison. C'est pourquoi je serai fort aise qu'un habile homme éclaircisse ce beau sujet, & qu'il fasse voir, qu'on ne peut pas dire de la Religion ce qui a été remarqué de tant d'autres choses; savoir, que la providence de Dieu nous y conduit, non pas par la voie de la Raison, mais pas celle de l'instinct. Quelcun a dit (B) qu'on ne s'informe pas comment on est devenu riche, mais qu'il le faut être. Ne peut-on pas dire la même chose de la Foi? N'importe par quelles routes elle vienne dans notre esprit, ou par l'éducation, ou par des préjugez, ou par un coup de hazard, ou par des raisonnemers; l'importance est de l'avoir, (c) *unde habeas quærit nemo, sed oportet habere.*

Je le dis encore un coup; pour bien répondre à Mr. Nicolle, il ne faut pas se contenter de la rétorsion. La plûpart du temps cela n'est propre qu'à faire des Pyrrhoniens, & j'ai déja fait pour la suite de cette Apologie une Lettre, où je montre les illusions des argumens que l'on tire de la foiblesse de ses adversaires.

- Je vous envoie la Réponse de Monsieur Pajon à l'Avertissement Pastoral. Elle est très-bonne. Dîtes à ceux qui se sont tant plaints (D) de ce que j'avois si bénignement interprété les menaces de cet Avertissement, que Mr. Pajon les interprete comme moi.

(*) „MS. Osiander, *in Sist. de Jure belli, Observ. 6.*
„fait des remarques sur la preuve tirée des miracles
„dans l'*Anct. miseriar. Parai,* p. 42. Il dit qu'il y a des
„Convertis aux Indes prêts à souffrir le martyre, qui
„croyent en J. C. avant que de croire la divinité de
„l'Ecriture.

(A) „Ci-dessus, Lettr. XII.
(B) *Isne tibi melius suadet, qui ut rem facias, rem*
Si possis recte: si non, quocumque modo rem.
     Horat. ep. 1.
(c) *Juvenal. Satyr.* 14.
(D) „Voyez ci-dessus, Lettr. XII.

FIN DES NOUVELLES LETTRES CRITIQUES, &c.

CE QUE C'EST QUE LA FRANCE TOUTE CATHOLIQUE, SOUS LE REGNE DE LOUIS LE GRAND.

LE LIBRAIRE AU LECTEUR.

CE Manuscrit m'ayant été mis en main par un Missionnaire nouveau, revenu de Londres, j'ai suivi le conseil qu'il m'a donné de le mettre sous la presse, afin que l'on connoisse l'esprit de l'Hérésie qui n'inspire que l'emportement. On verra la différence du stile entre la Lettre d'un Réfugié & celle d'un Chanoine. On verra même qu'il se trouve parmi ces Fugitifs de France, des personnes assez sinceres pour blâmer la bile excessive de leurs Confreres. Ainsi, ami Lecteur, prens à présent le petit présent que voici.

Il contient trois Pieces. La 1. est la Lettre d'un Ecclésiastique de France à un Huguenot qui s'est retiré à Londres, dans laquelle on le prie de dire son sentiment sur la seconde Piece, qui est un Libelle violent écrit audit Ecclésiastique par un autre Réfugié. La 3. Piece est la réponse faite à l'Ecclésiastique par le Huguenot, auquel il avoit écrit.

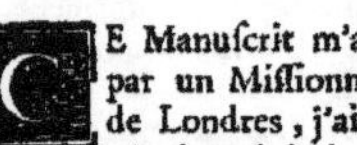

LETTRE DE Mr. L'ABBÉ DE * * *

Chanoine de Notre-Dame de * * * à Monsieur .....

FAites-moi raison, je vous prie, Monsieur, d'un Ecrit qui m'est venu depuis deux jours par la poste d'Angleterre, avec ce titre, Ce que c'est que la France toute Catholique sous le Regne de Louis le Grand. Il n'y a point de seing, mais celui qui l'a écrit n'ignore pas que je connois son écriture ; il a donc voulu que je n'ignorasse pas qui est celui qui m'écrivis. De ma vie je n'ai été plus surpris qu'en lisant une telle Lettre, & je vous avoüé que je me suis recommandé à Dieu plus d'une fois, pendant que je tenois un papier rempli d'un égaremens si énorme. Je prie ce bon Dieu de vous pardonner à tous vos injustices, & je vous crois trop raisonnable pour ne pas condamner avec moi un emportement si criminel. Lisez-le, s'il vous plaît ; je veux savoir sur cela votre pensée, avant que de répondre comme il le mérite, à celui qui a eu l'audace de m'exposer à cette lecture. Mais je me trompe ; je ne lui répondrai que selon les maximes Chrétiennes, qui me commandent de rendre le bien pour le mal, & de benir ceux qui me maudissent. L'Eglise m'a appris un autre langage que celui que vous avez contracté dans les tenebres de votre Schisme & de votre Heresie funeste ; & les leçons de ces grandes lumieres de l'Eglise, de ces anciens Peres dont les Ecrits respirent une onction, & une suavité si salutaire, ne me laisseront pas suivre, s'il plait à Dieu, les exemples de vos Ecrivains. Ou plûtôt, mon cher Monsieur, au lieu de répondre j'épandrai mon cœur & à l'Oratoire & à l'Autel, tant pour rendre graces à mon Dieu d'avoir beni si efficacement les voyes douces, zélées & charitables dont le plus grand Roi de la terre s'est servi contre une Religion rebelle à Dieu & à l'Eglise, que pour obtenir, s'il m'est possible, la grace de votre conversion. Vous vous êtes retiré en Angleterre, vous soustrayant aux lumieres de la Grace, mais il n'y a point de pays où cette Grace ne puisse se déployer. Je prie mon doux Sauveur & sa sainte mere de vous ramener converti dans votre Patrie, ou prêt à vous convertir ; & si vous me faites la grace de m'écrire bien-tôt votre sentiment sur le Libelle qui suit, vous m'engagerez de nouveau à vous recommander à Dieu ; car je vous ai connu toûjours si moderé & si raisonnable, que je ne fais point de doute que vous ne désavoüiez pleinement, & que vous ne condamniez votre Confrere. Je sçais que vous le connoissez ; mais je suis sûr qu'il n'auroit pas osé vous communiquer l'Ecrit qu'il m'a adressé. Je ne sais pourquoi il m'a choisi plûtôt qu'un autre, pour le dépositaire de son invective ; car au fonds il m'a de l'obligation, quoique je n'aye pû le servir comme il m'en avoit prié, dans la retraite précipitée qu'il a faite peu avant la révocation de l'Edit de Nantes. Après tout, quand on auroit fait quelques désordres dans vos maisons, ne seroit-il pas raisonnable de les souffrir patiemment, & de baiser la main qui vous frappe, puisque ce n'est que pour vous sauver éternellement que l'on vous prive de quelques commoditez temporelles. Si vous aviez lû les incomparables Epîtres du Docteur de la Grace, le grand S. Augustin, vous y auriez vû ruinées toutes vos plaintes comme très-injustes, & les voyes dont vous dites que notre grand Monarque s'est servi, justifiées par avance sans qu'on y puisse repliquer. Lisez-le, je vous en conjure, mon cher Monsieur, & rentrez dans le giron de votre mere qui vous tend les bras, & qui vous offre non seulement les biens de la terre, mais aussi la gloire éternelle du Paradis qui ne se peut pas trouver hors de l'Eglise, dont vous êtes malheureusement séparé. Au plûtôt, s'il vous plaît, renvoyez-moi avec votre jugement la Lettre dont la teneur s'ensuit.

LETTRE

LETTRE ÉCRITE DE LONDRES
A Mr. L'ABBÉ DE ***
CHANOINE DE NOTRE-DAME DE ***

❦❦❦❦❦❦❦❦❦❦❦❦❦❦❦❦❦❦❦❦❦❦❦

CE QUE C'EST QUE
LA FRANCE TOUTE CATHOLIQUE
SOUS LE REGNE DE
LOUIS LE GRAND.

Souffrez, Monsieur, que j'interrompe pour un petit quart d'heure vos cris de joie, & les félicitations que l'on vous écrit de toutes parts, pour l'entiere ruïne de l'Hérésie. Vous avez été pour le moins un demi-Convertisseur ; vous êtes Prêtre ; vous croyez avoir du zele ; vous faites le Courtisan ; ainsi je crois que vous ne parlez d'autre chose que des triomphes que votre Eglise a remportez, & tous vos amis sans doute vous en témoignent leur joye, ou de vive voix, ou par écrit. Je viens vous tenir un autre langage, que vous trouverez apparemment un peu rude ; mais que faire à cela ? Une petite mortification vous seroit fort nécessaire, & vous la méritez si bien tous tant que vous êtes, qu'on vous fait justice de vous dire vos véritez les plus fâcheuses sans compliment.

Il est donc vrai, Monsieur, que vous êtes à présent en France tous Catholiques. Si on savoit la force & la signification présente de ce mot-là, on n'envieroit point à la France, d'estre toute Catholique sous le Regne de Louis le Grand ; car il y a si long-tems que ceux qui se sont donné ce nom par excellence tiennent une conduite qui fait horreur, qu'un honnête homme devroit regarder comme une injure d'être appellé Catholique ; & après ce que vous venez de faire dans le Royaume très-Chrétien, ce devroit être désormais la même chose que de dire la Religion Catholique, & de dire, la Religion des malhonnêtes gens. Je consens donc, Monsieur, que vous vous ventiez que la France est aujourd'hui toute Catholique ; car selon la veritable signification que doit avoir ce mot-là, jamais Royaume n'a mieux mérité ce titre. Je ne parlerai point de ceux qui étoient de la Religion avant les derniers désordres, & qui pour conserver leurs biens, ou pour n'être plus exposez à l'insolence du soldat, ont fait semblant de nous quitter. On doit excuser la foiblesse de quelques-uns ; mais il y en a d'autres qui ne valent rien, & qui seroient à peine dignes d'être reçus dans la plus basse société ; ils sont néanmoins trop bons pour l'Eglise qu'ils ont choisie, & quand ils ne seroient que de grands fourbes,

ils auroient des titres suffisans de naturalité & de noblesse, pour entrer dans un si beau Corps. Mais ne parlons pas de ceux-là, parlons de ceux qui sont Catholiques de naissance.

Je ne saurois jetter les yeux sur ce qu'ils ont fait, que je ne m'écrie *qu'ils sont tous de très-malhonnêtes gens, & que jamais le Pseaume 14. où il est dit*, que Dieu ayant regardé sur les hommes n'en trouva pas un seul qui valût rien :

> Mais tout bien vû, a trouvé que chacun
> A fourvoyé, tenant chemins damnables,
> Ensemble tous sont faits abominables,
> Et n'est celui qui fasse bien aucun,
>   Non jusqu'à un,

n'a été plus vrai qu'à l'égard de vos Catholiques de France. Se peut-il bien faire que parmi une si grande multitude de gens, il n'y ait pas eu un honnête homme ? Oüi cela se peut, puisque cela est ; car dites-moi, je vous prie, où est le Juge parmi cette multitude effroyable de gens, assis sur les fleurs de lis, qui n'ait lâchement accordé son ministere à toutes les basses & indignes chicaneries, & à toutes les obliquitez déloyables dont on a persécuté ceux de la Religion pendant vingt ans ? Où est le Prélat, où le Curé, où le Prêtre, où le Moine parmi ces légions innombrables de gens d'Eglise qui fourmillent dans le Royaume, qui n'ait été le premier ressort de ces honteuses procédures, ou qui ne les ait loüées, aprouvées, ou souhaitées ? Où est l'homme de Cour qui n'ait dit *Amen* à tout cela ? Où le Bourgeois & le Païsan, qui n'ait vû avec une maligne joie les progrès de ces chicanes ? Et quand enfin on a été las de la chicane, & qu'on s'est résolu d'en venir à la violence & aux logemens de Dragons, s'est-il trouvé un seul Catholique d'épée, de robe, de froc, ou de tonsure, qui ait témoigné qu'il désaprouvoit cette barbare maniere de convertir ? Vous avez donc été tous les complices de ces crimes ? Ceux qui ne les ont pas commis, les ont conseillez, ou loüez, ou du moins ne les ont pas désaprouvez & ont eu de la joie de les voir commettre. Ainsi vous avez tous été, sans en excepter un seul, de très-mal malhonnêtes gens. Mais parmi tous ces coupables, je n'en trouve pas de plus criminels que ceux de votre Ordre, puisque leurs continuelles sollicitations, leurs Harangues, leurs Panégiriques, leurs députations en Corps, leurs basses flateries, ont été une huile continuelle qui a nourri le feu de la persécution chicaneuse, & qui a enfin allumé la persécution Dragonne.

Flaterie extrème des Courtisans de Loüis XIV.

On a de la peine à comprendre qu'une Nation, d'ailleurs féconde en grands hommes, & présentement plus florissante que jamais, ait été si destituée d'honnêtes gens. C'est-là que Diogene auroit eu raison de chercher avec sa lanterne, ou plûtôt, il ne seroit pas sorti de son tonneau, s'il eût vécu en France de notre tems ; car il auroit été assuré que sa recherche auroit été vaine. Jamais Prince n'a été plus digne que Loüis le Grand d'avoir de fidelles amis, parce qu'il a fait du bien à une infinité de personnes ; cependant il ne s'est trouvé aucun, parmi tant de Créatures, qui lui ait osé représenter qu'on avoit surpris sa Religion, & qu'il donnoit trop d'autorité à des gens qui ne devoient se mêler que de leur Breviaire. Ni Ministre, ni Conseiller d'Etat, ni Maréchal de France, ni Duc, ni Pair ne s'est soucié de donner un bon avis à un grand Maître qui eût été fort capable d'en profiter, si on s'y fût pris de bonne heure, & comme il faut. Tous ces Courtisans infidelles & flateurs ont aplaudi à l'esprit de bigoterie ; & au lieu de lui disputer le terrain comme ils auroient pû, ils ont fait semblant d'en être eux-mêmes malades. Les Héroïnes de Bussi elles-mêmes ont tâché par-là, s'il étoit possible, de réparer leur honneur mal-mené, & je ne sais même s'il ne s'est pas trouvé des maris assez coëffez en toutes manieres, pour effacer tous lours soupçons à la vûë de ce beau zele, qui vaut bien la Politique de l'Hélene des Grecs, lorsqu'elle voulut appaiser son homme :

(*) *Scilicet id magnum sperans fore munus amati,*
Et famam extingui veterum sic posse malorum.

Faveur des Catholiques contre les Réformez. Portrait de l'Eglise Romaine.

Vous ne serez pas touché de la dépravation universelle dont je vous parle, & vous n'en croirez rien, parce que la joie que vous sentez au milieu de vos triomphes, ne vous permet pas de bien examiner les choses. Vous croïez en gros & par un honteux préjugé, que tout ce qui a été fait contre nous est juste, puisqu'il a été suivi d'un si glorieux succès à la vraie Religion. Mais ne vous y trompez point ; vos triomphes font plûtôt ceux du Déisme que ceux de la vraie Foi. Je voudrois que vous entendissiez ceux qui n'ont d'autre Religion que celle de l'équité naturelle. Ils regardent votre conduite comme un argument irréfutable, & lorsqu'ils remontent plus haut & qu'ils considerent les ravages & les violences sanguinaires, que votre Religion Catholique a commises pendant six ou sept cens ans par tout le monde, ils ne peuvent s'empêcher de dire, que Dieu est trop bon essenciellement pour être l'Auteur d'une chose aussi pernicieuse que les Religions positives ; qu'il n'a révélé à l'homme que le droit naturel ; mais que des esprits ennemis de notre repos sont venus de nuit semer la zizanie dans le champ de la Religion naturelle, par l'établissement de certains cultes particuliers, qu'ils savoient bien qui seroient une semence éternelle de guerres, de carnages & d'injustices. Ces blasphêmes font horreur à la conscience ; mais votre Eglise en répondra devant Dieu, puisque son esprit, ses maximes & sa conduite les

excitent dans l'ame de ces gens-là. Qui peut considérer sans scandale que cette même Eglise, qui paroît plûtôt avec l'équipage d'une Mégere, dans le portrait que l'Apologie de la Réformation vous en a tracé, qu'avec l'équipage de l'Epouse de Jésus-Crist, soit sur le point d'inonder encore une fois toute l'Europe. C'est ainsi que vous en parlez dans les transports de votre joie, ennivrez de votre bonne fortune. On dit que vous prenez tant de goût à voir fourager les maisons des Hérétiques par le soldat, que vous vous demandez déjà les uns aux autres : *Est-ce que nous ne pousserons pas le Roi à nous envoyer avec ses Armées victorieuses, à la conversion de tous les Etats Protestans ? Est-ce que nous n'irons pas aider le Roi d'Angleterre à faire dans son Royaume ce qu'on vient de faire dans celui-ci ?* Si jamais vous regagnez ce que la Réformation avoit délivré de votre cruelle tirannie, je ne sais pas où se cacheront ceux qui tiennent encore bon pour la Providence. Mais il faut espérer que Dieu ne nous abandonnera pas à une telle insulte des Esprits-forts. Quoi donc, on verroit encore la seule Maîtresse du Christianisme, une certaine Religion qu'on appelle Catholique, qui ressemble plûtôt, quand on la voit dans son Histoire, à cette Furie infernale que Junon déchaîna contre les Troïens, qu'à une bonne Religion ?

(a) *Luctificam Alecto Dirarum ab sede sororum,*
Infernisque ciet tenebris : cui tristia bella,
Iraque, insidiaeque, & crimina noxia cordi.
Odit & ipse pater Pluton, odere sorores
Tartarea monstrum : tot sese vertit in ora,
Tam saeva facies, tot pullulat atra colubris.

Marque caractéristique de cette Eglise.

Voilà le portrait le plus fidelle qu'on ait jamais vû de votre Eglise, & l'Adversaire de Mr. Maimbourg, qui nous a donné depuis quelque tems la parallele du Calvinisme & du Papisme, n'a fait ce semble que paraphraser & prouver au long ce texte-là. Si vous en exceptez ce trait, *Odit & ipse pater Pluton*, tous les autres conviennent à votre Eglise admirablement ; mais pour celui-là il ne lui convient point du tout ; car je crois que jamais fille n'a été plus chérie de son pere que celle-ci l'est des Esprits malins qui lui ont donné naissance : cela est naturel, chacun aime son semblable, & entre ses enfans, un pere a toûjours plus de tendresse pour ceux qui sont faits comme lui. Or où se trouvent mieux que chez vous les deux traits & les deux linéamens par lesquels Jesus-Christ a caractérisé le Démon, quand il a dit qu'il est menteur meurtrier dès le commencement : ce qui revient à ces paroles de Virgile :

— — — — — — — *cui tristia bella,*
Iraque, insidiaeque, & crimina noxia cordi.

La violence & la mauvaise foi sont les deux marques caractéristiques de votre Eglise : elle en laisse une si mauvaise odeur dans tous les lieux de son passage, que sa hardiesse à mentir n'a pû empêcher que l'Histoire ne nous ait conservé ces honteux vestiges. Lisez, si vous ne l'avez pas luë, l'Histoire du Papisme dans l'Apologie de la Réformation ; Histoire si bien prouvée que votre Mr. Ferrand payé & gagé par le Clergé pour écrire contre nous, n'a osé toucher à cette corde, s'étant contenté de répondre à d'autres petites objections ; ce qui est justement imiter un Chirurgien qui se contenteroit de guérir une égratignure à un homme, qui auroit six ou sept coups d'épée à travers le corps.

Le bon Dieu veuille que ce malheur n'arrive pas à l'Europe, je veux dire, celui de retomber

sous

fous votre joug ; car combien de crimes, de facriléges, de profanations, de violences, & de faux fermens cela ne vous coûteroit-il pas ? Et fi jamais vous y arriviez, ce feroit alors que l'on pourroit dire ce que dit Lucrece (*) du fiecle d'Epicure :

Humana ante oculos fœdè cum vita jaceret
In terris oppreſſa gravi fub religione,
Quæ caput à cæli regionibus oftendebat
Horribili fuper adfpectu mortalibus inftans.

Il faut avoüer, Monfieur, que votre perféverance dans le même caractere eft une chofe bien digne d'étonnement. On fe laffe de tout, & l'Univers eft un théatre de viciffitudes continuelles. Cependant votre Communion fe trouve toûjours fur fes deux pieds, qui font la mauvaife foi & la violence. De quelque côté qu'elle fe tourne, & de quelques machines qu'elle veuille faire effai, il faut que ces deux-là viennent toûjours fur les rangs. On en a vû tout fraichement un bel exemple. Il fembloit que vous euffiez quelque envie de vous en tenir à votre mauvaife foi ; car on vous a vû pendant quelques années ne faper la Réformation que par des Arrêts, par des procès & des chicanes. Bien des gens fe perfuadoient que vous continueriez ce train-là. Mais vous vous êtes bien-tôt laffez d'une pofture & d'une démarche fi contraire ; c'étoit proprement ne marcher ou ne fauter que fur un pied. Vous vous vous êtes donc remis dans votre ancienne & naturelle fituation qui eft la fourberie & la violence ; vous avez rempli nos maifons de foldats ; & après avoir commis cent cruautez, vous foûtenez avec la derniere effronterie qu'on n'a ufé que des voies de la douceur. Vous écrivez cela partout, vous en faites la matiere de vos panégiriques, de vos fermons, & de vos Epîtres Dédicatoires, & perfonne parmi vous n'ofe témoigner ou qu'il ne croit pas que tout fe foit paffé doucement, ou qu'il blâme ceux qui les foûtiennent. Et après cela nous ne dirons pas *que vous êtes tous de fort malhonnêtes gens ?*

Çà, Monfieur, que je vous queftionne un peu. Lifez-vous de fang froid ce que vos Ecrivains difent fur les derniers moïens dont on s'eft fervi pour nous pervertir ? Si vous les lifez fans remarquer l'impudence de ces flateurs, n'avezvous pas honte de vous-même de vous trouver l'efprit fi abruti, fi enforcellé, ou fi enchaîné dans les piéges d'une baffe fuperftition, qu'il croit aveuglément toutes les fables qu'on lui débite ? Mais fi vous le remarquez, n'êtes-vous pas bien malheureux de vous taire, & de ne pas délivrer votre Eglife de la honte & de l'infamie qui l'attend, pour avoir ajoûté à fes violences furieufes la mauvaife foi la plus inoüie, fans que perfonne ait fait femblant d'en être choqué.

Quand je fonge à cette mauvaife foi fi monftrueufe, il me femble que l'on peut la regarder comme un jufte jugement de Dieu, qui frappe d'un efprit d'étourdiffement ceux qui ont oprimé la bonne caufe par des manieres fi indignes. Car fi vos Auteurs avoient un peu de jugement, ils verroient bien que leurs flateries font feules capables d'empêcher la converfion de ceux qu'on a contraints de figner. Le moïen que ces gens-là ceffent d'avoir en horreur une Religion qui les a tant tourmentez, & qui leur nie en face à euxmêmes qu'on leur ait fait aucun mal ? Cette feule

expérience de fourberie & de menterie palpaple, ne doit-elle pas naturellement infpirer cette penfée à ces prétendus Convertis, que vos Prêtres & vos Moines font des impofteurs, qui ne méritent aucune créance en rien, qui font vendus à l'iniquité, & qui prêcheroient dans trois jours une croifade pour le Mahométifme, fi la Cour les envoïoit pour cela à la fuite des Dragons. Si la jufte Providence de Dieu vous laiffoit en votre fens naturel, n'y a-t-il pas apparence que vous craindriez ces mauvaifes fuites de votre mauvaife foi ? Mais c'eft apparemment de quoi l'on fe met peu en peine chez vous ; pourvû qu'on figne & que l'on aille à la Meffe, vous laiffez croire à vos Convertis tout ce qu'il leur plaît, & vous vous confolez fur ce qu'au moins leurs petits enfans feront, par l'inftruction machinale, dans l'état où vous fouhaitez les gens. Ainfi fans recourir à une Providence particuliere, fi ce n'eft pour dire que Dieu ménage fi bien les chofes, que l'on peut toûjours reconnoître votre origine aux deux traits, & aux deux linéamens inféparables du Démon, il vaut mieux penfer que votre mauvaife foi eft en cette rencontre un effet de votre habitude. Le menfonge vous eft devenu fi naturel, que vous ne fauriez vous en départir, lors même qu'il ne vous eft pas trop néceffaire. Ne feroit-ce pas que vous craignez de vous enroüiller, fi vous difcontinuïez à mentir ? Cela pourroit bien être ; car puifque vous faites tant de Livres, pour prouver qu'il eft jufte de faire entrer par force dans l'Eglife ceux qui n'y veulent pas entrer de bon gré, & que cependant vous ne voulez pas avoüer que vous avez emploïé la force, quoique tout le monde le fache, vous donnez clairement à connoître que vous aimez mieux mentir fans néceffité, que d'interrompre un exercice où vous fouhaitez de vous tenir toûjours en haleine, & d'être toûjours frais émoulus. C'eft ainfi que Catilina ordonnoit à fes gens de n'être jamais fans faire des crimes utiles ou non, car au moins fervoient-ils à fortifier l'habitude. Après tout ne nous étonnons pas fi vous aimez fi fort à mentir, c'eft le métier que vous doit avoir enfeigné celui qui a imprimé fi bien à votre Eglife les deux marques caractériftiques que Jéfus-Chrift a défignées dans le Chapitre VIII. de St. Jean v. 44.

Mais au moins devriez-vous après une habitude de tant de fiecles, & après une exercice fi continuel, mentir plus adroitement que vous ne faites. Vous vous jettez dans les contradictions les plus puériles. Vous caractérifez l'Héréfie par l'opiniâtreté ; je pourrois vous citer mille paffages de vos Auteurs qui difent, que c'eft le propre des Hérétiques d'être opiniâtre ; vous croïez que nous fommes Archi-hérétiques, & cependant, fi l'on vous en croit, tous les Réformez de France fe font convertis en dernier lieu, fans qu'il ait falu fe fervir que de quelques inftructions courtes & familieres, & de quelques heures de conférence. Si vous faviez mentir adroitement, vous introduiriez les Huguenots fur la fcene, fi opiniâtres, fi obftinez, fi aheurtez que rien plus. Il eft vrai qu'enfuite il faudroit demeurer d'accord que pour vaincre leur obftination, il falut faire diffiper leurs biens par le foldat, les emprifonner, les reléguer, enclôtrer leurs femmes & leurs filles, les empêcher de dormir, &c. & ce n'eft pas votre compte que d'avoüer une telle chofe. Voilà comment il n'eft rien de tel que de dire la vérité ;

fans

fans cela on s'enferre comme un fanglier, ou dans un épieu, ou dans un autre.

Seroit-il bien vrai ce que difent quelques-uns, que vos impostures ne font pas un effet de votre malice, parce que comme les chofes ne pefent pas dans leur élement, ainfi le menfonge étant dans votre Eglife comme dans fon centre & dans fon païs natal, ne s'y fait pas fentir à la confcience. Si cela eft, Monfieur, vous êtes beaucoup plus à plaindre que fi la confcience vous faifoit paffer de méchans momens parmi tant de fourberies.

Par la même raifon on devroit dire, que tout de bon vous ne croïez pas avoir ufé de violence contre nous, mais plûtôt d'une bénignité & d'une douceur que nous ne faurions méconnoître fans ingratitude; car puifque votre caractere paternel renferme le meurtre & le menfonge, & que pendant plufieurs fiecles vous avez dignement répondu à cette qualité héréditaire, il faut qu'à préfent les violences ne vous coûtent rien, & qu'elles foient bien exceffives, lorfque vous les croïez dignes de ce nom-là. Il faut auffi que vous foïez très-perfuadez qu'on vous a de grandes obligations, lorfque vous n'écorchez pas les gens tous vifs, & lorfque les roües & les potences ne font pas mifes en campagne. En effet, pendant plufieurs fiecles elles ont été vos ornemens de tous les jours. Voulez-vous que fur ce pied-là, nous appellions des bienfaits votre derniere conduite ? Je ne vois pas que vous puiffiez vous fauver que par-là; mais ne voiez-vous pas l'abîme où vous vous précipitez ? Ne voïez-vous pas que d'abord vous tombez entre les mains de Cicéron pour être foudroïez, comme il foudroïa Marc Antoine dans la feconde Philippique ? Lifez un peu ce qu'il répondit fur ce qu'on lui compta pour un bon fervice de ce qu'on ne l'avoit pas tué. C'eft bien pis, quand après cela l'on vous fait voir que Tibere (*) crut avoir donné une fi grande marque de clémence, en ne faifant pas étrangler & traîner à la voirie la vertueufe Agrippine, qu'il voulut que le Sénat fît un Arrêt pour l'en remercier folemnellement, & pour faire des offrandes au Jupiter du Capitole à ce fujet. Il n'eft pas jufques aux fables d'Efope qui ne vous abîment; lifez la remontrance que fit un loup à une cicogne qui ne fe voïoit pas affez païée de fes fervices, par la bonté qu'il avoit euë de ne la pas étrangler. A vous dire le vrai, Monfieur, vos Dragons ont quelque raifon de fe vanter qu'ils n'ont pas été fort violens, & vos Miffionnaires ont eu quelque raifon d'écrire, qu'il ne s'étoit pas fait des violences; & les uns & les autres ont lieu de fe plaindre, à l'imitation du loup d'Efope, de l'ingratitude de nos gens; car puifqu'on eft forti de leurs mains la vie fauve, & fans voir fes maifons brûlées, on leur doit mille remercimens. Une troupe de Dragons, animée par des Miffionnaires, devoit naturellement être plus barbare qu'elle n'a été, & vos Troupes accoûtumées à faccager de longue-main, pis qu'à la Turque, la Hollande, le Palatinat, le païs de Liége, le païs de Julliers, la Flandre Efpagnole, cette derniere au milieu de la paix, fe doivent croire douces comme des Agneaux, lorfqu'elles ne jettent pas pêle-mêle les meres & les enfans au milieu des flammes. Et au refte, puifque vous avez foûtenu que les plus cruels faccagemens du païs-Bas Efpagnol,

n'étoient point des actes d'hoftilité, & n'altéroient en rien la bonne amitié que vous aviez pour Sa Majefté Catholique, il ne faut pas trouver étrange que tout ce qu'ont fait vos foldats chez ceux de la Religion, paffe dans votre bouche pour des actes de civilité & de charité. Vous dites que vous n'avez aucune haine contre nous, mais plûtôt une tendreffe de frere. Mais vous difiez auffi en faccageant barbarement les pauvres Flamans, que vous ne laiffiez pas d'obferver la paix avec eux comme avec les Sujets d'un Prince ami & allié. On a eu raifon de vous appliquer cette chanfon de Moliere (A) :

Si vous traité ainfi, belle Iris, qui vous aime,
Helas ! que pourrez-vous faire à vos ennemis ?

Pour l'amour de Dieu, Monfieur, ceffez enfin de vous moquer ainfi de Dieu & des hommes; & puifque vous vous fervez d'une Langue humaine, auffi bien que les autres Nations, ne donnez pas aux mots un fens différent de celui que les autres Nations leur donnent, ou bien avertiffez le monde que vous ne prétendez pas parler comme font les autres; dites-nous comment vous définiffez les mots, & ce que c'eft parmi vous que violence, hoftilité, rupture de paix; car vous confondez tellement ces termes, qu'on n'entend plus rien dans votre jargon. Je ne crois pas qu'on ait jamais vû d'exemple d'une Nation, qui ait méprifé toute la terre au point que vous faites. Vous agiffez tout comme fi les autres peuples qui vous regardent n'étoient que des chiens, ou même des Marionnetes: point de refpect pour la Renommée, pour la bienféance, pour le *decorum*. Ou vous croïez que les autres hommes n'auront pas l'efprit de remarquer vos actions, ou vous ne vous fouciez pas davantage de ce qu'ils en penferont, que de ce qu'en penferoient vos chevaux, s'ils étoient témoins de votre conduite. En confcience, fi vous étiez perfuadez qu'il y a des gens dans l'Europe, qui favent la Jurifprudence & le devoir d'un bon Juge, ou fi croïant qu'il y en a, vous aviez quelques égards pour l'eftime qu'ils feroient de vous, auriez-vous jamais ofé juger, comme vous avez fait, les procès de la plûpart de nos Eglifes, fur des accufations ridicules & mal prouvées, & foulant aux pieds vos propres principes, & les maximes les plus anciennes de votre Palais, & cela groffierement & fans favoir, ou vouloir cacher votre tromperie. Si vous croyez que les autres hommes ont le fens commun, ou fi vous leur faifiez la grace d'être bien-aife qu'ils vous eftimaffent, oferiez-vous ruïner, exiler, emprifonner tant de gens, mettre tant de foldats déchaînez à bride abatuë dans les Maifons de ceux de la Religion, & aller à main armée fommer & exécuter les Villes, & foûtenir néanmoins dans vos imprimez, qu'on ne fe fert que de la douceur ?

Je le dis encore un coup, pour une Eglife fi routinée à la tromperie & à la mauvaife foi, on vous trouve fort groffiers dans vos artifices. Je fais bien que plufieurs de nos Auteurs vous ont donné la loüange de grands Politiques, dans la maniere dont vous vous preniez à nous ruïner. L'un d'eux dans un Ouvrage contre le P. Maimbourg a porté fi haut la chofe, qu'il a dit en propres termes : (B) *La feule conduite que Meffieurs de l'Eglife Romaine tiennent en France pour nous*

exter-

(*) *Sueton. in vita Tiber. c. 13.*
(A) *Bourgeois-Gentilhomme.*

(B) ,, Critique génér. du Calv. Lett. 11. No. 4.

exterminer, *est une production de Politique, si fine, si rusée, si artificieuse, qu'elle peut servir de sujet de méditation, vingt ans durant, à ceux qui se veulent perfectionner dans l'art des Intrigues.* Il se trompe, & si le reste de son Livre n'étoit pas plus véritable, il auroit fait une fort mauvaise Critique du Calvinisme de M. Maimbourg. Ce n'est point par ressentiment, ou par esprit de vengeance que je dis, que votre conduite a été tout-à-fait grossiere. Je sais bien que c'est vous offenser plus vivement que si on disoit, que vous avez une malice souverainement méchante & rafinée ; vous n'avez pas même ce petit dégré de vertu, qui fait que l'on aime mieux être accusé d'imprudence, que d'une malice accompagnée d'esprit ; ainsi l'on vous mortifiera davantage, si l'on publie que vos manieres ne sentent pas l'habile homme, que si l'on publie qu'elles ne sentent pas le bon Chretien. Cependant ce n'est pas dans cette vûë que je vous dis, que votre Politique a été la plus grossiere & la plus étourdie du monde, c'est parce que cela paroît incontestable à tout homme de bon sens. Oh, dit-on, il faut bien que la trame ait été sagement & finement conduite, puisqu'elle a enfin réüssi à la ruïne de tout le parti. Belle raison ! Y a-t-il de Boucher assez mal-adroit qui ne vienne enfin à bout de tuer un bœuf, & de le mettre en cent pieces ? Dira-t'on pour cela qu'il a été bien habile, puis qu'après tout il a réüssi ? Ou si vous voulez une comparaison moins odieuse que celle-ci, que j'aurois pû aggraver facilement, y a-t-il de si misérable Veneur qui ne puisse prendre des Cerfs en faisant mille fautes contre les regles & les principes de la Chasse. Croïez-moi, Monsieur, on est toûjours heureux quand on réüssit dans son dessein ; mais la réüssite ne prouve pas qu'on s'y soit bien pris.

Je dis donc malgré le bon succès que vous avez eu, que rien n'a été plus indigne d'une bonne & sage Politique, que la maniere dont vous avez travaillé à notre renversement. Je ne parle pas du tort que vous avez pû faire à l'Etat, ou pour le présent, ou pour l'avenir. Je laisse au tems à nous en instruire. Je ne parle que de vos manieres. On en peut juger, puisque c'est un fait passé. Vit-on jamais plus de machines inutiles & mal concertées, que l'on en voit dans cette révolution ? Combien d'Arrêts qui ne sigifient rien ! Que de vétilles & que de minuties réglées fort sérieusement, publiées, affichées & enregistrées ! Je n'ai pas compté tous les Arrêts qui ont été donnez contre nous depuis le mariage du Roi, je sais seulement qu'ils peuvent composer plusieurs Volumes ; mais je crois pouvoir dire avec vérité qu'il n'y en a qu'un qui ne soit pas une Piece hors d'œuvre, & une fausse démarche. C'est l'Edit du mois d'Octobre dernier qui a révoqué tous ceux de pacification. Voilà par où un grand Politique auroit commencé, & la seule piece qu'il auroit mise dans le corps de son Ouvrage ; & je me trouve en cela de l'avis de l'Auteur que je réfute. A quoi bon s'amuser pendant vingt ans, tantôt à faire défendre le port des robes, tantôt à régler l'heure des enterremens, & le nombre de ceux qui y iroient, tantôt à faire ôter les bancs à dos qui étoient aux Temples, tantôt à faire arpenter l'entre-deux des Temples & des Eglises ? Comment a-t'on eu le courage d'avilir les soins d'un grand Roi sur toutes les petites chicaneries,

qu'un misérable Missionnaire de cent écus de gages savoit inventer ? Ne sait-on pas la maxime *de minimis non curat Prætor ?* Un grand Roi doit-il fraper d'autres coups que de grands coups ? On s'étonne avec raison que les Evêques de France si occupez à bâtir, à joüer, à chasser, à faire leur Cour, à voir les Dames, à tenir table, aient pû s'abaisser à toutes les bagatelles que leurs Sindics, vrais solliciteurs de procès en bas-Normands, leur suggéroient. Combien plus est-il étonnant qu'un si grand Monarque s'en soit fait une affaire capitale ? Puisqu'il a toujours eu dessein de révoquer l'Edit de Nantes, comme il l'assure dans la Préface de l'Edit de révocation, il devoit le faire par la voie la plus courte, qui est toujours celle d'un habile Ouvrier, ou du moins il ne faloit pas accumuler sans nécessité Arrêts sur Arrêts, dont les uns détruisoient quelquefois les autres. *Non sunt multiplicanda entia sine necessitate,* dit-on en Philosophie. Je trouve bonne la pensée de ceux qui ont dit, qu'il ne faut pas s'ébahir que vos Arrêts se détruisent, puisqu'il étoit si mal-aisé, dans un si grand nombre, de se souvenir des uns, lorsque l'on dressoit les autres.

N'étoit-ce pas une chose fort nécessaire que d'ordonner, que désormais les Ministres ne demeureroient que trois ans dans le même lieu, & qu'au bout de ce terme, ils iroient servir pour autant de tems une autre Eglise ? On avoit résolu de révoquer entierement l'Edit de Nantes dans peu de tems, & on s'amusoit à régler la transmigration triennale des Ministres. C'est comme si dès Juges qui auroient condamné un Criminel à être pendu dans trois jours, ordonnoient qu'il changeroit de prison tous les deux mois. L'Arrêt qui fut donné quinze jours avant la révocation, est encore plus admirable. On y permet fort gravement aux Ministres qui avoient été nommez pour baptiser les Enfans, de bénir aussi les mariages. C'étoit avoir bien envie de faire des Arrêts, & dans le fonds c'étoit commettre la Majesté & la sagesse du Prince ; car autant que faire se peut, on ne doit pas publier des Ordonnances qui soient cassées dès le lendemain.

J'avois toujours eu de l'éloignement pour les hypoteses du P. Mallebranche : mais j'avoüe, Monsieur, que vos manieres me font goûter ce qu'il dit. Je trouve quelque chose de si indigne d'une Intelligence sage de faire tant d'Arrêts particuliers, d'avancer, de reculer, d'aller à droit, d'aller à gauche, de se rétracter, de s'expliquer mieux, en un mot de vivre au jour la journée, je veux dire, de faire de nouveaux reglemens à chaque séance de Conseil ; cela, dis-je, me paroît si éloigné de l'idée de la perfection, lorsque je le considere dans votre conduite à notre égard, que je commence à croire avec ce nouveau Philosophe, que Dieu n'agit que par un petit nombre de loix générales.

Vous avez été si peu Politiques, que vous avez donné des Arrêts qui ont fait crier toute l'Europe contre vous, & vous ont exposé aux comparaisons les plus odieuses, sans que vous en aïez tiré aucun profit. Je parle de l'Arrêt qui permettoit aux enfans de sept ans de se faire Catholiques. (*) On vous a foudroïez sur cela par les armes de la Raison ; mais comme ce n'étoient que des armes de Raison, qui ne vous étonnent guéres, & que vous n'estimez pas trop, vous n'avez pas corrigé la faute. Il est vrai aussi qu'el-
lo

le vous eſt demeurée fort inutile , car avez-vous converti beaucoup d'enfans de ſept ans ? Et vos ſages-femmes (*) vous en ont-elles procuré beaucoup ? Fort peu , ce n'étoit pas la peine de faire des Arrêts ſi étranges. Vous avez fait là deux lourdes bévûës ; l'une d'ordonner que ces converſions ſeroient valables ; l'autre de ne pas enlever autant d'enfans de ſept ans que vous auriez pû ; ou plûtôt il faloit faire ce que vous avez fait enfin , c'eſt-à-dire , déclarer que tous les enfans qui naîtroient en France ſeroient cenſez Catholiques. Un de vos Miſſionnaires à penſion a crû faire des merveilles , pour juſtifier les converſions de ſept ans , en diſant qu'à cet âge-là les enfans peuvent pécher , & diſcerner la vertu d'avec le crime. C'eſt toute la raiſon qu'il a donnée. Je voudrois qu'il nous dît préſentement pourquoi on veut que nos enfans ſoient Catholiques dès leur naiſſance. Eſt-ce qu'en venant au monde ils connoiſſent le bien & le mal, ou eſt-ce qu'on peut faire aujourd'hui ſans raiſon , ce que l'on ne faiſoit autrefois qu'avec raiſon ? Soïez ſûr , Monſieur, que ſi l'on vous pouſſe ſur ces matieres, l'on vous réduira, ou à vous taire, ou à ne dire que des abſurditez extravagantes. Si vous avez droit de vous emparer de nos enfans , dès qu'ils viennent au monde, pourquoi attendiez-vous autrefois qu'ils euſſent ſept ans ? Pourquoi ne les preniez-vous à ſix , & à trois , & même le premier jour ? Si vous attendiez l'âge de ſept ans, parce qu'alors , & non pas plutôt, il pouvoit choiſir avec connoiſſance , il faut que vous avoüiez qu'alors vous vous conduiſiez par quelque ombre de raiſon, mais qu'à préſent vous n'agiſſez que de pure force. Si vous aviez ſû faire les choſes en grands Génies & en grands Politiques, il y a long-temps que vous vous ſeriez épargné la peine de tant d'inutilitez honteuſes.

Si les Catholiques peuvent ſe juſtifier en diſant qu'il étoit néceſſaire de tromper les Réformez.

Le ſeul moïen de vous diſculper, eſt de dire, 1. qu'il y a mille Déclarations qui ſemblent ne ſervir de rien, & qui pourtant ont été fort ſagement publiées, parce qu'elles ont trompé les Proteſtans , & caché le but où l'on tendoit. Mais cela même vous démonte ; car non ſeulement vous vous juſtifiez en avoüant que votre but a été de nous tromper , & que votre conduite a été marquée du caractere de la bête, qui eſt le menſonge , vous tombez encore dans l'inconvénient d'une tromperie inutile : car que vous importoit-il de nous tromper ? Craigniez-vous que nous ne ſortiſſions du Roïaume ? Mais n'aviez-vous pas les mêmes moïens de l'empêcher, que vous avez eu l'année derniere ? N'eſt-il pas viſible que vous n'avez emploïé la fourbe & le déguiſement, que parce que vous y êtes tellement accoûtumez, que vous ne ſauriez marcher ſans cela. Je vous avoüe que la Politique humaine permet la diſſimulation & la tromperie, & qu'un Roi qui ſait perſuader à ſes voiſins qu'il n'a pas deſſein de leur nuire, quoiqu'il y travaille fortement, eſt loüé ſelon les maximes du monde, lorſque ces déguiſemens ſont néceſſaires, & qu'une conduite franche expoſeroit le Roïaume à un puiſſant ennemi ; mais tromper de bonnes gens dont on n'a point lieu de ſe défier, qu'on ne doit point craindre, qui n'ont ni la volonté de nuire, ni le pouvoir ; qu'on peut détruire, ſi on veut, à jeu découvert, c'eſt aſſurément aimer la tromperie, parce qu'elle eſt tromperie , ou tout au moins, c'eſt multiplier les Etres ſans néceſſité. Se défen-

dre par la ruſe , lorſqu'on ne peut réſiſter autrement à ſon ennemi , n'eſt pas une choſe blâmable ſelon la Politique mondaine ; mais uſer de ruſe & de fraude contre un innocent qui ſe repoſe ſur la bonne foi , qui fait tout ce qu'on peut attendre d'un Sujet fidelle , c'eſt une action qui crie vengeance , & devant Dieu , & devant les hommes.

Une autre voie de vous diſculper, c'eſt de dire, qu'on n'a pas toûjours agi ſelon les mêmes idées & ſelon le même plan, & qu'ainſi l'on a été obligé de faire pluſieurs Arrêts qui paroiſſent ſuperflus. Ils ne l'étoient pas par raport au premier projet, mais ils le ſont par raport à d'autres meſures qu'on a priſes. Je crois une partie de tout cela. Je ne doute point que tous ceux qui ont dirigé ce fameux & grand projet, cette grande affaire de la Cour de France, n'aient fait mille changemens dans leurs petites idées, & que leurs bizarreries ne les aient jettez dans mille tours & retours, ſans préjudice des Crieurs d'Arrêts, qui avoient chaque jour un nouveau ramage à déguiſer dans les ruës de Paris contre ceux de la Religion prétenduë Réformée. Mais tout cela montre manifeſtement, que vos vûës ont été fauſſes, & que votre prétenduë fine Politique ne voïoit pas plus loin que ſon nez en bien des occaſions. Je ne voudrois pas jurer que vous n'aïez été les Dupes de vos Miſſionaires à gages & de vos Sindics du Clergé, qui en véritables ſolliciteurs de procès ont pû faire comme ces Médecins & ces Chirurgiens, qui pour faire durer les maladies & les plaïes, ne vont au bon remede que par des circuits. Ces gens-là , pour faire durer leur emploi, & pour être long-tems néceſſaires, ont propoſé cent incidens chicaneux, où la Cour a donné tout de ſon long, tantôt à droit, tantôt à gauche.

Une 3. voie de vous deffendre ſeroit de dire , que vous avez été contraints de tromper les Huguenots, & de les miner peu-à-peu, avant que de frapper le grand coup de la ſupreſſion des Edits, parce que vous craigniez un ſoûlevement, ſi on eût commencé l'affaire par la révocation de l'Edit de Nantes. Mais je vous réponds que c'eſt en cela même que vous paroiſſez, non ſeulement un peu poltrons, mais auſſi très-peu clair-voïans. Et où avez-vous les yeux, puiſque vous ne voïez pas , qu'il n'y avoit rien à craindre d'une troupe de gens diſperſez, ſans Villes, ſans munitions , ſans Généraux, ſans argent, environnez par tout des autres Sujets du Roi, & ſous un Monarque qui avoit les meilleures & les plus nombreuſes Armées de l'Europe, craint & redouté partout. Je dis cela par raport au temps du Traité d'Aix-la-Chapelle, ou du moins par raport au temps qui ſuivit la paix de Hollande. Pourquoi s'amuſer alors à des vétilles d'Arrêts , & à des réviſions de vieux parchemins ? Cela eût pû être ſouffrable, en cas qu'on eût eu deſſein de nous reſſerrer dans les termes des Edits : mais on vouloit les abolir entierement ; il faloit donc, puiſque l'on avoit la force en main, exécuter cette penſée rondement, & en grand homme. Je ne ſuis pas le ſeul qui vous faſſe ce reproche. D'autres (A) vous l'ont déja fait publiquement.

Voici votre 4. & derniere Apologie. On a voulu, direz-vous, commencer par les voies de la douceur, & on a eſpéré qu'elles rameneroient dans le giron de l'Egliſe le plus grand nombre
des

Ou qu'on obligé de f[aire] pluſieurs A[rrêts] ſuperflus, [&] qu'on n'a [agi] toûjours ſ[elon le] même plan[...]

Ou qu'on contraint [de] tromper le[s Pro]teſtans, [avant] qu'on tra[...] qu'ils ne [ſe] levaſſen[t]

Ou enf[in] qu'on [a voulu] ramen[er par la] douceur[...]

(*) Voy. la *Crit. Génér. du Calvin.* Lett. 21.
(A) Voy. la *Crit. Génér. du Calvin.* Lett. 21. No. 2.

,, & les *Nouv. Lett. ſur l'Hiſt. du Calvin.* Lettr. 8.

des Sectaires. Nous sommes donc très-loüables de n'avoir pas pris les choses de hauteur, ni employé les forces du Prince. Tout cela ne vaut pas mieux que vos trois autres moyens ; car il faut être très-peu clairvoyant, pour espérer de convertir une Secte que l'on croit très-opiniâtre, par une longue suite de petites chicaneries, où la mauvaise foi étoit si grossiere, qu'il n'y avoit point de Ministre de Village qui ne la montrât au doit à ses Paroissiens. Ces injustices palpables, basses & honteuses, ne faisoient qu'aliéner les esprits, excepté quand un homme qui n'avoit point de Religion, vendoit sa profession extérieure le mieux qu'il lui étoit possible. C'est assurément un bon moyen de gagner un homme à une Religion qu'il croit idolâtre, de lui faire voir qu'elle se sert, outre cela, de la fraude & de la supercherie pour s'agrandir ; qu'elle fait une foire d'ames, ou plûtôt de gestes extérieurs, où elle achete les uns deux écus, les autres une pistole, & ainsi du reste. (*) L'expérience vous a montré un furieux mécompte, car tant que vous n'avez fait que chicaner, vous n'avez conquis que très-peu de gens. L'Arrêt qui cassa tous ceux de la Religion qui étoient dans les Finances, vous parut un coup de filet qui enleveroit une grande quantité de poissons; mais vous fûtes pris pour Dupes ce coup-là, car vous n'y gagnâtes qu'une très-petite proie, & cependant vos Finances ne sont pas une trop bonne Ecole, ni de Religion, ni de vertu. Vous n'avez fait des conversions considérables, que lorsque vous vous êtes avisé en Poitou de faire saccager par des soldats les maisons des Païsans & des Bourgeois, dont vous exposiez la personne à mille insultes & à mille violences. Le bruit, que cela excita dans toute l'Europe, sembloit vous avoir causé quelque honte ; car vous suspendîtes ces conversions Dragonnées, qui vous rendoient l'exécration de tous les honnêtes gens. Vous continuâtes donc vos chicaneries, vos Arrêts sans nombre, & vos foires d'ames, & vous n'avanciez guéres dans votre dessein. Il est vrai que vous interdisiez beaucoup de Ministres, & que vous faisiez tomber beaucoup de Temples ; mais les le fit re- dra- Convertis étoient plus rares que jamais. Il a falu, dit-on, que l'un des Sécrétaires d'Etat ait fait prendre garde au Conseil, qu'on ne verroit jamais la fin du Calvinisme par ces procédures de Barreau & de Marchand; mais que si on l'en vouloit croire, on verroit bien-tôt l'affaire finie. Son avis fut de faire par tout le Royaume ce qui avoit déjà été pratiqué dans le Poitou ; on goûta cette pensée Diabolique, & l'on répandit un Déluge de soldats par toute la France, qui ont achevé la grande affaire des conversions, & en même-tems nous avons vû l'inutilité des fausses & indignes voies que vous aviez suivies pendant tant d'années. Vous eussiez pû vous en vanter comme d'un expédient admirable, quoique lent, s'il n'eût pas falu l'abandonner pour se servir des Dragons; mais aiant été obligez de vous servir de cette derniere voie, après n'avoir presque rien fait durant vingt ans par la persécution chicaneuse, vous devez avoir la confusion de ceux qui pour éviter un précipice, font cent circuits, & vont chercher des passages fort éloignez, & se retrouvent enfin, après bien du tems perdu, & après bien des fatigues, au bord de ce précipice, où ils tombent la tête la premiere. Tomber pour tomber, il valoit bien mieux le faire au commencement. C'est votre portrait. Vous avez préféré les tours de Renard aux violences de Lion, & vous vous êtes servi de la ruse pendant plusieurs années ; mais n'en ayant tiré que peu de fruit, il a falu recourir à la violence. Vous voyez combien cela doit mortifier votre Politique. J'espere que vous n'êtes pas au bout, & que comme il vous a falu une Campagne pour extorquer des signatures, il vous en faudra quelques autres pour obliger les gens à assister à la Messe. Vous mériteriez bien cette confusion; mais je ne sais si cela seroit capable de vous arracher de la bouche cette verité, *qu'on n'avoit pas signé volontairement*. Comment vous le feroit-on avoüer, puisque dans vos Formulaires d'abjuration vous faites dire, que de bon gré & sans contrainte on embrasse la Foi Catholique. Autre violence, autre perfidie. Peut-on croire qu'il y a une justice vengeresse dans le Ciel, lorsqu'on fait jurer à un homme, qu'il fait volontairement ce qu'il est visible qu'il ne fait que pour se délivrer d'une vingtaine de Dragons qui le mangent jusqu'aux os ?

Quand j'ai dit que vos chicanes ne vous avoient presque rien valu, je compte, non pas les Temples, mais les Convertis. Pour les Temples, j'avoüe que vous aviez trouvé un si bon amas de perfidies, que vous les aviez fait sauter presque tous. Qu'il vous est glorieux, Monsieur, cet exploit-là, & qu'il seroit à souhaiter que celui qui a fait un si joli Poëme sur le Lutrin, ou sur l'allée des Noïers, en fît un semblable sur le triomphe que vous avez remporté sur les *Prêches* des Huguenots ! O Moliere où es-tu !

J'ai une autre question à vous faire. Suppo- *De la Religion du serment.* sons qu'on ait pû tromper notre partie par toutes les Préfaces d'Arrêts, que nous avons vûës durant plus de trente ans, qui nous aprenoient que l'intention de Sa Majesté étoit de nous maintenir dans la paisible joüissance des Edits de pacification, ce qui étoit très-faux, puisqu'elle a déclaré à la tête de son dernier Edit, qu'elle a eu pour but toute sa vie, de supprimer & de révoquer celui de Nantes; Supposons, dis-je, que tous ces mensonges publics & imprimez soient une légitime punition des fautes de nos Ancêtres, qui, à ce que vous dites, se firent donner par force les Edits de pacification : Ne contestons point sur cet article, que vous auriez bien de la peine à laver : mais au moins dites-moi, s'il est permis de traiter de la même maniere les descendans de ceux qui n'étoient point vos Sujets, & qui l'étant devenus, ont stipulé par une Capitulation dans les formes, la conservation de leur liberté de conscience. C'est ici où je vous tiens. Vos lâches & perfides Missionnaires, Flateurs à gages, & dignes de porter un colier, comme les Mores, ne font pas scrupule de dire, que le S. Esprit a inspiré au Roi tout ce qu'il a fait contre nous. Si on leur parle de la Religion du serment, ils répondent que les Edits ne furent accordez que pour éviter de plus grands désordres, & qu'ainsi dès qu'on n'a pas eu sujet de nous craindre, on a pû se dédire de ce que nous nous étions fait promettre. C'est-à-dire, que parce que nous avions extorqué l'Edit de Nantes, à ce qu'on prétend, on a pû avec justice le révoquer. Mais si c'étoit la raison pourquoi on le casse, on ne devroit pas ôter l'exercice de la Religion, des lieux où il n'étoit pas en vertu de l'Edit de Nantes. C'est néanmoins ce que l'on a fait à Sedan. *Comment le Roi a traité la Ville de Sedan.* C'étoit un Etat souverain, comme chacun sait, jus-

juſques en l'année 1642. Le Duc de Bouillon le céda au Roi Loüis XIII. moyennant d'autres avantages. Le Roi en prit poſſeſſion, avec promeſſe de laiſſer les choſes en l'état qu'il les trouvoit. Sa M. à préſent régnante ratifia le Traité, & régla tellement les choſes, que la Religion Proteſtante devoit y être maintenüe avec tous les droits & Priviléges, dont elle ſe trouvoit en poſſeſſion. Néanmoins on y a tout bouleverſé, & les gens de guerre y ont fait plus de violences brutales qu'en la plûpart des autres lieux. Mais ce qui montre une mauvaiſe foi encore plus inexcuſable, c'eſt qu'on a trompé ces pauvres gens de Sedan, dans une eſpece de convention qu'on leur fit faire. Mr. l'Archevêque de Reims leur promit ſolemnellement, que s'ils vouloient céder au Roi leur Temple de bonne grace, S. M. leur permettroit d'en bâtir un autre dans les Fauxbourgs, & les en laiſſeroit jouir tranquillement. Ils accepterent le parti, ne croyant pas que même dans ces ſortes de contracts, qui ſemblent ſe faire comme de particulier à particulier, & comme quand un Roi achete un cheval ou une montre, on voulût ſe ſervir du privilége de ſe dédire. Ils céderent donc leur Temple, & ſe mirent à en bâtir un autre dans le lieu qui leur fut manqué. On les laiſſa faire; mais ſix mois après dans ces dernieres révolutions, on les a compris ſous l'Edit de Nantes, & on les a contraints, à force de logemens de ſoldats, à ſigner. Avoüez-moi, Monſieur, que rien ne ſauroit être plus petit que cette conduite. Eſt-il bien digne, ou d'un Roi, ou d'un Prélat, de tromper une pauvre Ville, ſeulement pour avoir le plaiſir de lui faire dépenſer 10. ou 12. mille Francs. J'aimerois autant dire à un Bourgeois de Paris: *Donnez-moi vos pierreries & en échange je vous permets de bâtir une maiſon, qui aura de grands Priviléges.* J'aimerois autant, dis-je, lui faire cette propoſition, & après avoir eu les pierreries, & laiſſé bâtir la maiſon à ce Bourgeois, le condamner au baniſſement. Voilà néanmoins une choſe, pour laquelle vos Nouvelliſtes publics donnerent au Roi de très-grandes loüanges. Je parle de la convention paſſée entre Sa Majeſté & les Bourgeois de Sedan. Que n'aurois-je pas à dire, ſi je parlois des violences que vous avez commiſes dans la Principauté d'Orange, où vous ne pouvez pas prétexter que la Religion ait été établie par des Edits obtenus par force. Obſervez-vous bien la Capitulation de Straſbourg ? Ou plûtôt êtes-vous capables de ne pas tromper ? Je ne ſaurois quitter cette funeſte matiere ſans vous faire honte, ſi vous en êtes capable, des menſonges prodigieux dont l'Edit d'Octobre eſt rempli.

1. On y aſſure que la révocation (*) de l'Edit de Nantes, qu'on vient de faire, n'eſt que l'exécution d'un deſſein qu'Henri IV. avoit formé. Il avoit donc eu envie de caſſer ce même Edit qu'il avoit ordonné ſi expreſſément aux Cours Souveraines d'enregiſtrer; qu'il avoit conçu dans les termes les plus ſignificatifs d'une loi perpétuelle & irrévocable, & à l'occaſion duquel il avoit dit aux Députez du Parlement de Paris, mandez pour cet enregiſtrement : *Qu'il ne trouvoit pas bon d'avoir une choſe dans l'intention, & d'écrire l'autre ; que ſi quelques-uns l'avoient fait, il ne vouloit pas faire de même ; que la tromperie eſt partout odieuſe ; mais qu'elle l'eſt davantage aux Princes, dont la parole doit être immuable.* Il

(*) Conferez ceci avec les *Nouvelles de la Republi-*
» *que des Lettres,* Mai 1686. Art. 4.

avoit donc été doublement fourbe, 1. En déclarant, contre ſon intention, qu'il vouloit que l'Edit de Nantes ſervît de loi perpétuelle. 2. En déclarant, qu'il n'avoit pas une choſe dans l'intention, & une autre dans ſon écriture. Si cela eſt, il aimoit bien à tromper la poſtérité. Je ne réfute point cette fable. D'autres le feront apparemment. Je ne dirai qu'une choſe que j'ai lûë dans un Auteur ci-deſſus cité; c'eſt que Loüis XIV. n'avoit pas encore découvert ce grand deſſein de ſon Aïeul, lorſqu'il dit, *qu'Henri I V. avoit aimé les Huguenots, que Loüis XIII. les avoit craints; mais que pour lui, il ne les aimoit, ni ne les craignoit.* Il y a toutes les apparences du monde, qu'il a dit cela ſur les remontrances qu'on lui faiſoit en notre faveur, fondées ſur les conceſſions de ſon Pere & de ſon Grand-Pere, puiſqu'un (A) Jeſuite fameux l'aſſure dans une Epigramme Latine, qui fut imprimée l'an 1672. Mais il ne faut pas s'étonner ſi l'on a decouvert dans l'Hiſtoire de Henri le Hrand, un deſſein ſi peu connu ; les Rois ont des Priviléges particuliers en toutes choſes ; on leur aprend l'Hiſtoire autrement qu'aux autres hommes, & puiſqu'on a pû empêcher que Loüis le Grand n'ait apris que les Jéſuites ont été autrefois bannis de France (car on aſſure que les Députez de Troies le ſurprirent fort, quand ils coulerent un mot de cela dans leur Harangue, il n'y a pas bien des années) il ne faudroit pas s'étonner, qu'on lui eût apris de ſon Ayeul bien des particularitez que perſonne n'a jamais ſûës. Mais s'il eſt très-excuſable de ne ſavoir pas exactement l'Hiſtoire, ayant tant d'autres choſes plus importantes à ſoigner, ſes Miniſtres, qui ont ou dreſſé, ou examiné l'Arrêt, ne le ſont pas d'y avoir laiſſé des choſes fauſſes, trahiſſant ainſi le plus digne Maître qui ſe puiſſe voir d'être aimé d'eux, puiſqu'il les comble inceſſamment de bienfaits.

En 2. lieu, on aſſure dans l'Edit de révocation, que tout ce qu'on a pû faire juſques à l'année 1684. a été *de diminuer le nombre des exercices de la R. P. R. par l'interdiction de ceux qui ſe ſont trouvez établis, au préjudice de la diſpoſition des Edits, & par la ſupreſſion des Chambres miparties.* Comment oſe-t-on dire cela publiquement, puiſqu'il eſt de notorité publique qu'en ce temps-là on avoit fermé un très-grand nombre de Temples, & empriſonné je ne ſai combien de Miniſtres, pour de prétendües contraventions, non pas aux Edits de Nantes & de Nîmes ; mais à d'autres petits Arrêts de 3. jours, que des miſérables Miſſionnaires avoient ſuggérez, comme un moyen inévitable de ſuſciter des procès aux Conſiſtoires.

En 3. lieu, on fait dire au Roi, que dès ſon avenement à la Couronne, il a eu deſſein de faire ce qu'il faiſoit alors, c'eſt-à-dire, d'annuller tous les Edits de pacification. Mais d'où vient qu'il a dit tout le contraire à la tête de ſes Arrêts pendant près de 40. ans, & ſur-tout dans la célebre Commiſſion qu'il donna aux Intendans, peu après la paix des Pirenées, d'informer avec un Commiſſaire de notre Religion, des contraventions faites à ces mêmes Edits ? D'où vient qu'il a dit tout le contraire dans une Lettre écrite à M. l'Electeur de Brandebourg, en l'année 1666. où il dit, *qu'il prend ſoin qu'on maintienne ſes Sujets de la R. P. R. dans tous les Priviléges, qui leur ont été concédez, & qu'on les faſſe vivre dans une*

(A) „Crit. Géner. du Calviniſme, Lettre 22. No. 1.

une égalité avec ses autres Sujets; Qu'il y est engagé par sa parole Royale, & par la reconnoissance qu'il a des preuves qu'ils lui ont données de leur fidelité pendant les derniers mouvemens. D'où vient enfin qu'en l'année 1652. il leur accorda une Déclaraton si favorable (*)?

Mais la mauvaise foi la plus criante qui se trouve dans cet Edit, & celle qui montre le plus manifestement qu'on se moque de Dieu & des hommes, est contenuë au dernier article. Voici comme on y parle. *Pourront au-surplus lesdits de la R. P. R. en attendant qu'il plaise à Dieu les éclairer comme les autres, demeurer dans les Villes & lieux de notre Royaume, pays & Terres de notre obéïssance, & y continuer leur commerce, & jouir de leurs biens, sans pouvoir être troublez, ni empêchez sous prétexte de ladite R. P. R. à condition, comme dit est, de ne point faire d'exercice, &c.* Peut-on rien voir de plus précis & de plus clair, ni qui promette plus solemnellement la liberté de conscience sans trouble ni empêchement. Néanmoins, dans le tems même que l'Edit se publia, il y avoit des Villes où les Dragons fourrageoient chez ceux de la Religion; & fort peu après, Roüen, Dieppe, Caen & toute la Normandie, ont souffert des logemens de soldats qui ont forcé tout le monde, ou à s'enfuir, ou à signer; les habitans de Paris ont été exposez, environ le même tems, à mille souffrances; les Anciens de Charenton ont été releguez en divers lieux, & foulez de gens de guerre dans le lieu de leur exil; plusieurs autres Chefs de famille ont été aussi bannis ou emprisonnez, & l'on a ravagé les maisons de Campagne de quelques-uns. Je vous prie de me dire, si ce n'est pas aimer la tromperie de pure gaieté de cœur? Est-ce la force invincible de l'habitude qui vous fait mentir sans necessité, ou est-ce un juste jugement de Dieu qui vous étourdir, & qui vous empêche de voir que vous vous rendez dignes de l'execration publique, par le mépris insuportable que vous faites du jugement de toute la terre, & des apparences de la bonne foi? Quel besoin aviez-vous de faire cette promesse? On ne sauroit assez décrire le peu de justesse, & l'égarement qui éclate dans tout cela.

Au reste si Henri IV. son fils, & son petit-fils, avoient tant d'envie de réunir les Protestans avec l'Eglise Romaine, ne pouvoient-ils pas le faire aussi-bien en tems de guerre qu'en tems de paix? Est-ce qu'en tems de guerre ils manquoient de Prédicateurs, la voie legitime & Apostolique de convertir les errans? Cette question n'est plus difficile à soudre; on a vû par l'expérience, que la paix étoit necessaire à ce grand dessein; car comme on l'a executé par la voie des armes, & par la violence de la soldatesque, il est clair qu'il ne faloit pas que les Troupes fussent occupées au-dehors. Nous voïons présentement le ridicule de tant de panégiriques, qui ont dit que le Roi avoit donné la paix à l'Europe, par un effet incomparable d'une moderation désinteressée, qui mettoit des bornes à la victoire, lesquelles il n'y avoit qu'elle seule qui y pût mettre. On voit aussi le dénoüement d'une affaire, qui surprenoit tout le monde. On a vû la France faisant mille insultes chicaneuses à l'Espagne, & ravageant le Païs-bas Espagnol, sans prétendre que ce fût violer la Paix. On la croïoit sur cela fort affamée de guerre, & l'on crut que, pourvû que l'Espagne la lui déclarât, elle l'accepte-

roit de grand cœur. Cependant on la vit saigner du nez, & demander avec des instances réiterées, & qu'aucunes longueurs ne rebuterent, une paix ou une treve de vingt ans. Elle l'obtint enfin. On a soupçonné que c'étoit l'effet d'une foiblesse intérieure du Royaume, peu connuë aux Etrangers, mais fort connuë aux Ministres d'Etat. Quelques-uns même ont crû, qu'on redoutoit les ennemis qu'on se pouvoit voir en tête; mais ce n'étoit point cela. On vouloit avoir la paix, afin d'employer les Troupes au fourrage de ceux de la Religion; on vouloit laisser en repos les Etrangers, afin de faire la guerre au bien & à la conscience des François mêmes. Ne sont-ce pas-là de beaux desseins, & bien dignes d'avoir été inspirez par des personnes de votre Robe? Car c'est vous, Prêtres & Moines, qui avez causé ce désordre, aussi-bien qu'un nombre infini d'autres dans tout le monde, pendant mille ans.

Après tout, dites-vous, ce nous est un grand avantage, qu'on ait réduit tous les Calvinistes sans aucune effusion de sang. Ne vous glorifiez pas trop de cela; car pour ne pas vous renvoyer à Ciceron, à Tibere & à la Fable d'Esope, comme tantôt, sachez qu'il y a des manieres de tourmenter les gens, qui ne font pas tant d'éclat que d'autres, & qui ne paroissent pas d'abord si odieuses, qui néanmoins sont aussi cruelles. Un Ancien (A) a eu raison de dire, qu'il y a bien de la difference entre le grand & l'éclatant. C'est une chose d'un grand éclat, dit-il, à une femme, que de se plonger un poignard au sein, de l'en tirer, de le donner à son mari pour en faire au tant, & de lui dire que ce n'est rien. Voilà des idées qui frapent fortement l'imagination; cependant il se fait des choses quelquefois dans le domestique, qui ne viennent à la connoissance de personne, ou qui ne font pas beaucoup d'impression sur les esprits, où il y a plus de grand, & qui demandent plus de force d'ame. Croyez-vous que mourir sur un échaffaut pour sa Religion, qui est une chose d'éclat, soit plus pénible & plus difficile à s'y résoudre, qu'à se voir mangez par des soldats, qui vous font mille indignitez, qui vous cornent aux oreilles, qui vous empêchent de dormir, ou du moins qui vous ruïnent & qui vous mettent en état que vous ne voyez aucune fin à vos maux, ni par la fuite, ni par la mort. Vous fermez tous les Ports & toutes les issuës du Royaume; vous condamnez aux Galeres ceux qui se voudront sauver; vous empêchez davoir de quoi vivre ceux qui ne changent pas de Religion; on ne voit aucune fin à la misere; vous enviez aux misérables le dernier asile qui les tireroit de peine, c'est à savoir la mort, & après cela vous pourriez-vous glorifier de ce qu'on ne pend personne? C'est un nouveau genre de cruauté plus insuportable que celui de vos peres; car encore sous leur direction avoit-on le plaisir de ne souffrir pas long-tems, & de mourir pour sa cause; mais de la maniere que vous vous y prenez, offrant à un homme de la Religion une longue suite de miseres, sans autre ressource que la patience, qui s'épuise aisément, lorsqu'on ne sait pas jusqu'où on en aura besoin, vous ôtez toute consolation, & vous réduisez une ame au plus triste état où elle puisse être. Desorte qu'il est beaucoup plus difficile de vous résister, que de résister aux Empereurs Payens; & ainsi quoique

vos

(*) Voyez la *Critique Gener. de l'Histoire du Calvinisme*, Lettre 23. No. 6.

(A) *Plin. Epist l. 3.*

vos perſécutions n'ayent pas l'idée d'une auſſi grande ſeverité, il eſt ſûr qu'à tout prendre, elles ne ſont pas moins dures, ou plûtôt qu'elles le ſont davantage. Ne diroit-on pas que vous donnez dans la maxime de cet Empereur, qui envioit aux patiens la fin de leurs peines, & qui vouloient qu'ils ſe ſentiſſent mourir, (*) *ita feri ut ſe mori ſentiat* ? Je ſuis ſûr qu'il y avoit quantité d'honnêtes gens parmi nous, qui ont ſigné, qui ſeroient allez gaiement au ſupplice; mais quand ils ont conſideré que leur conſtance les expoſeroit à voir gaſpiller leurs biens, ce qui eſt un déchirement d'entrailles ſi grand pour bien des gens,

(Viſcera noſtra tua dilaniantur opes,

diſoit la femme d'Uliſſe à ſon mari) qu'ils aimeroient mieux ſe ſéparer de leurs richeſſes par la mort, que de voir leurs richeſſes ſe ſéparer d'eux: quand ils ont vû que leur conſtance les feroit vivre long-tems dans la miſere, ſéparez de leur femme & de leurs enfans, qu'on auroit diſtribuez dans des Cloîtres; en un mot, quand ils ont vû qu'on ſe joüeroit d'eux en une infinité de manieres, ſans leur donner la conſolation de preſcrire un terme à leurs vexations, ſans écouter ces plaintes:

Jam ſatis eſt, Caſar, finém pro munere poſco.

Quem das finem, Rex magne, laborum.

Ils ont ſuccombé dès le premier choc. Aſſurément on étoit moins malheureux ſous les Empereurs Païens, à le bien conſiderer, puiſqu'ils ſauvoient un homme de la captivité de la conſcience, en lui offrant une prompte voie de ſouffrir, pour une bonne fois, tout ce qu'il pouvoit ſouffrir. Et au fonds, on nous en a bien fait accroire ſur le chapitre des dix perſécutions; votre Martirologe ſe pourroit réduire à un bien petit volume, ſi l'on en avoit ôté toutes les fables. Liſez, liſez l'Ouvrage qui a été réimprimé à Oxfort depuis un an, compoſé par Mr. Dodwel, ſous le titre de *diſſertationes Cyprianica*, & vous verrez, en parcourant avec lui les dix perſécutions de l'Egliſe, qu'il n'y a eu que peu de Martirs dans tout cela. Je vous accablerois de paſſages, ſi je voulois vous prouver par autorité, que c'eſt un genre d'inhumanité le plus cruel de tous, que de n'en vouloir pas à la vie, n'en voici qu'un:

Nil anima lethale datum, moremque nefanda

Dirum ſcavitia pereuntis parcere morti.

Il ſemble que ce ne ſoit rien que des ſoldats ſe relayent pour chatouiller, pour faire danſer, pour berner, pour ſe joüer d'un hôte en pluſieurs manieres, parce qu'après tout, dit-on, ce n'eſt pas le battre ni le tuer; mais eſt-ce peu de choſe que de lui ôter le ſommeil, la choſe du monde ſans laquelle il nous eſt autant impoſſible de ſubſiſter, & que ceux qui ſont travaillez d'inſomnie acheteroient au poids de l'or. Il y a des Auteurs qui diſent, que les Cartaginois, pour tourmenter cruellement Regulus, ne ſe ſervirent point d'autre artifice que de le faire veiller par force.

L'Egliſe Romaine eſt perduë de réputation. Je ne ſuis pas aſſez injuſte pour vouloir dire, que vos manieres n'ayent eu pour but de ménager la réputation de votre Egliſe; mais croïez-moi, Monſieur vous vous aviſez trop tard de ménager quelque choſe; il y a long-tems que votre Egliſe n'a plus de réputation à perdre, & qu'elle s'eſt couverte d'une infamie ineffaçable par ſes deux caracteres indélébiles dont j'ai tant de fois parlé, la mauvaiſe foi & la violence.

Confiance du Parlement d'Angleterre pour le Roi à ſujet de la Religion. Cette mauvaiſe foi eſt tellement enracinée dans vos maximes, qu'on ne ſauroit aſſez s'étonner de ceux qui ont blâmé le Parlement d'Angleterre, de n'avoir pas fait jurer le Roi à préſent Regnant, qu'il laiſſeroit les choſes de la Religion dans l'état qu'il les a trouvées. Bien-loin de blâmer cela, on doit loüer la ſageſſe de cette auguſte Compagnie, qui s'eſt contentée de la parole que le Roi avoit donnée, en qualité d'honnête homme & d'homme d'honneur. Cet engagement eſt une fois plus fort que les ſermens qu'il eût pû prêter en qualité de Catholique; car comme ſous cette qualité ce Monarque releve des perſonnes de votre Ordre, vous lui auriez bientôt fait voir, que ſon ſerment n'étoit pas un lien indiſſoluble, & qu'il n'obligeoit qu'à tems, c'eſt-à-dire, pendant que l'occaſion de le rompre n'étoit pas favorable; deſorte qu'il ne faudroit pas ſe fier aux ſermens qu'il auroit prêtez comme Chretien à la Romaine; mais pour la parole qu'il a donnée en qualité de Prince honnête homme, qui aime la réputation d'homme ſincere, franc & genereux, qui aime la gloire ſur les idées tout autrement pures que celles que vous inſpirez aux Princes; pour les rendre l'inſtrument de vos injuſtes paſſions, on s'y peut fier. A cet égard il n'eſt point ſous la juriſdiction Eccléſiaſtique, car cette juriſdiction ne ſouffre pas la qualité d'honnête homme dans les lieux où elle ſe peut établir. Puis donc que le Roi d'Angleterre eſt très-honnête homme, il faut conclure qu'il a ſouſtrait à votre juriſdiction, cette précieuſe qualité, & que c'eſt un réduit inviolable, où la bonne foi défendra vigoureuſement ſes immunitez contre vos attentats importuns ? Que c'eſt un ſanctuaire où le ſouverain Pontife même n'aura pas le droit d'entrer. Si je me trompe dans ma Conjecture (& le temps ſeul peut nous apprendre ce qui en ſera, & pour vous dire franchement ma penſée nous ſouhaitons plus que nous n'eſperons de votre coté) ſi, dis-je, je me trompe, ce ſera parce que l'eſprit Catholique, gangrène très-contagieuſe, l'emportera ſur l'honnête homme. Des ſermens Catholiques. Et en tout cas, le Parlement ſera toujours très-loüable de n'avoir exigé aucun ſerment; car de la maniere que vous conduiſez les conſciences, cela n'eût ſervi de rien; il n'y a point de nœud aſſez fort pour vous. Deſorte que quand on a de la charité, il ne faut pas vous faire jurer, & alors au moins on vous épargne le parjure. Vous en êtes quitte pour un ſimple manque de parole; petite affaire pour vous. Pour moi déſormais, ſi j'ai à faire à des Catholiques, je leur demanderai d'abord, *en quelle qualité traiterez-vous avec moi ? Eſt-ce comme Catoliques ? S'ils diſent qu'oüi, je leur répondrai* qu'ils n'ont qu'à ſe retirer; que je ne ſaurois prendre confiance en eux ſous cette relation; mais s'ils veulent traiter comme honnêtes hommes, ce ſera un autre choſe. Vos ſermens, comme Catholiques, ne ſont qu'une toile d'araignée que vous rompez en ſoufflant deſſus. On n'a qu'à vous dire, qu'en faiſant tort à un Huguenot vous le diſpoſerez à ſe faire Catholique, pour avoir raiſon du procès qu'il vous feroit, & vous croïez faire une bonne œuvre de vous parjurer, & ainſi des autres actions.

Reflexion ſur la proſperité de l'Egliſe Romaine. Quel triomphe encore un coup n'eſt-ce point pour

pour ceux qui difent, que Dieu ne nous a point révélé d'autre Religion que la lumiere naturelle, qui ne manqueroit pas de nous montrer sûrement l'équité, & l'honnêteté, & notre devoir envers Dieu & le prochain, si nous ne l'obscurcissions pas par tant de cultes & par tant de dogmes, dont un Etre ennemi, sans doute, de notre repos, disent-ils, nous a subtilement & imperceptiblement coëffez; quel triomphe, dis-je, pour ces impies de voir que la seule Religion qui a des marques éclatantes de Divinité, soit tombée, pour sa plus ample partie, dans une si énorme dépravation, & qu'elle se propose d'engloutir l'autre partie, & de la corrompre, C'est la meilleure leçon de Mallebranchisme qu'on sauroit donner; car s'il étoit digne de Dieu d'agir souvent par des volontez particulieres, & par des miracles, auroit-il souffert qu'une Eglise aussi corrompuë que la vôtre, qu'une Eglise qui par l'énormité de ses maximes, & la bassesse de quelques-uns de ses dogmes, a mérité l'horreur & le mépris de toute la terre, s'accrût au point qu'elle a fait, & opprimât par une longue suite de supercheries grossieres, entremêlées de Dragons & de Soldats, qui ont été enfin les *Faêtotum* de cette belle entreprise, un parti Réformé, une Troupe d'innocens, qui servoient Dieu selon la pureté de l'Evangile ? Disons donc avec ce Pere de l'Oratoire, que Dieu aimant mieux la Sagesse que toute autre chose, aime mieux que sa conduite porte le caractere d'un Agent sage, qui ne trouble pas la simplicité & l'uniformité de ses voyes pour éviter un désordre particulier, que de remédier à tout coup, en s'opposant aux progrès des loix générales, aux maux qui arrivent dans le monde. Je commence à croire, quoiqu'en venant en ce païs, sans avoir eu le tems de bien méditer sur cela, je fusse très-opposé à ces visions, comme je les appellois alors; je commence, dis-je, à croire que cette doêtrine est véritable. Que les impies ne disent donc plus de votre longue & fatiguante prosperité, ce qu'ils disoient autrefois de Sylla; (*) ell'n'est point une faute de la Providence : il faut plûtôt ici s'écrier, comme faisoit l'infortuné Empereur Maurice, exposé à la cruelle discrétion de Phocas: *Justus es, Domine, & justa sunt judicia tua.* Le monde est si mechant, qu'il est de l'ordre de cet ordre immuable, qui est la Loi souveraine de Dieu, qu'il soit tout ensemble & malheureux & ridicule. Or comme Dieu est un Agent infiniment sage, il doit punir le monde par les voyes les plus courtes & les plus propres, & je ne pense pas qu'il y ait de moyen plus propre, plus court, plus efficace, pour mettre le genre humain dans l'état où il mérite d'être par ses péchez; un état, dis-je, ridicule & de souffrance, que de conserver l'Eglise Romaine dans une grande prospérité & crédit. Ne craignez pas que les autres hommes manquent à être bien tourmentez en mille manieres, pourvû que votre Eglise soit florissante. Ce sera un fléau de la justice divine, toûjours prêt à mettre en œuvre. Vous êtes donc nécessaires au juste Juge des hommes, pour lui épargner des volontez particulieres & des miracles; car en suivant les simples loix naturelles, pourvû que vous soïez sur pied, le monde ne sauroit éviter la peine qu'il mérite. Où auroit-on trouvé des hommes, sans les faire exprès, qui eussent été capables de mettre le Nouveau Monde, dans le triste état où vous l'avez réduit par vos carnages, & par la communication de vos débauches, qui y étoient nconnuës. Ainsi Dieu, qui vouloit châtier cette génération d'Ameriquains & d'Indiens, avoit besoin que vous fussiez en état d'agir; & cela posé, tout le reste est venu naturellement, & sans sortir de la voie simple & uniforme que la Providence doit garder. Pour le ridicule de l'homme, votre Eglise en est un Elixir le plus exquis qu'on ait jamais vû; & assurément votre Histoire bien méditée & bien étudiée, fournit un morceau du monde aussi ridicule qu'il en puisse être. Ne craignez donc point de tomber de l'érat où vous êtes. Vous devez durer autant que la corruption de l'homme, comme la voie la plus courte & la plus simple d'exercer la justice de Dieu. On peut bien dire de votre Eglise, en se servant des expressions d'un de nos Poëtes, que

> C'est un Monstre qui dans la paix
> Fait les maux de la guerre,
> Et dont l'orgueil ne connoît point de loix;

Mais pour ce que Malherbe ajoûte;

> En quelque haut dessein que ton esprit s'égare,
> Tes jours sont à leur fin, ta chûte se prépare,
> Regardes-moi pour la derniere fois.
> La Fortune t'appelle au rang de ses victimes,
> Et le Ciel accusé de supporter tes crimes,
> Est résolu de se justifier.

Je pense que de long-tems nous ne serons assez gens de bien, pour que cela se puisse faire commodément.

N'est-ce pas un ridicule qu'on ne sauroit assez déplorer, que votre prétendu zele ? Il faut qu'une infinité d'honnêtes gens, qui craignent & qui servent Dieu selon sa parole, se voient chassez de leurs maisons & de leurs biens, tourmentez en leurs corps, séparez de leurs femmes, de leurs enfans & de leurs amis, le jouet d'un détachement de Dragons insolens, & que ceux qui leur causent ces désordres, leur viennent dire que c'est par le zele qu'on a de la gloire de Dieu & de leur salut. Et malheureux que vous êtes, si vous avez tant de zele pour le salut des autres; que n'en avez-vous pour vous mêmes ? Pourquoi vivez-vous si mal ? Pourquoi êtes-vous le scandale de tout le peuple par vos impudicitez & par vos mondanitez ? Pourquoi employez-vous les biens qui ont été donnez si mal à propos à l'Eglise; mais néanmoins avec de très-bonnes intentions; à mener une vie molle, effeminée, dans le luxe, dans la bonne chere; Carrosse, équipages, toûjours à Versailles; Concerts, Festins &c ? Pourquoi faut-il, que plus vous êtes plongez dans ces profanes & vilains engagemens, plus vous persécutiez les autres Religions ? Est-ce pour expier vos crimes ? Mais c'est en cela que paroît l'aveuglement ridicule de votre esprit; c'est-là le fin & le précis de votre risible & de votre Comique. Quoiqu'il en soit, c'est-là le fait. On se consoleroit si la persécution nous étoit livrée par des gens d'une Morale rigide; par des Anacoretes de la Thébaïde; par un Abbé de la Trape, par exemple; car nous pourrions croire qu'il y auroit quelque chose de sérieux, & quelque bon motif intérieur dans cette conduite : Mais que des

des Prélats efféminez & superbes, que des Intendans voluptueux, que des Courtifans pourris de crimes, que des Courtifannes, fe rendent les Promoteurs de nos maux, & y emploient des Dragons, qui pour être bons, doivent être, felon vos propres Poëtes, *Un Anathême, fans Dieu, fans foi, fans Crême & fans Baptême.* En vérité l'on ne fauroit en revenir. C'eft une Comédie de votre part, & une Tragédie pour nous qui fouffrons, & il réfulte de tout cela quelque chofe de fort fâcheux, & en même temps de fort bourru.

N'eft-ce pas une chofe qui fait honte au nom Chretien, & qui eft capable de porter un Déïfte à fe féciliter de fon état, que pendant que votre Soldatefque a été logée dans les maifons de ceux de la Religion, les Gouverneurs, les Intendans, & les Evêques ayent tenu table ouverte pour les Officiers des Troupes, où on raportoit, pour divertir la Compagnie, tous les bons tours dont les foldats s'étoient avifez, pour faire peur à leurs hôtes, pour leur excroquer de l'argent, & enfin pour venir à bout de leurs fignatures. On fait que vos gens de qualité & d'autorité, emploïez dans les Provinces pour ces vexations, divertiffent les Dames, en leur faifant de bons contes de tout ce qui s'eft paffé fous leur reffort. Et après cela vous voulez qu'on croie que ces gens-là ont une Religion! Vous ne voulez pas qu'on vous dife, que vous dégoutez un honnête homme d'avoir du zele, par le mauvais ufage que vous faites du vôtre, fuppofé que vous en aïez!

Vous m'irez dire peut-être, qu'il n'y a plus en France que des gens de bien parmi les Catholiques. Vous pouvez le faire, puifque tout votre Clergé, haranguant le Roi en Corps, l'a dit d'une maniere très-pofitive, & qui ne fouffre point d'équivoque, comme quand il fait des Décifions de Théologie. La Harangue en eft imprimée; tout le monde y a pû lire, que la piété & les bonnes mœurs regnent dans tout le Royaume, par les foins & par l'exemple du Roi; que c'eft maintenant un honneur de pratiquer la vertu, & que fi le vice n'eft pas tout-à-fait détruit, au moins eft-il réduit à fe cacher. A proportion, je ne penfe pas que jamais aucun Poëte du Paganifme ait débité une flaterie fi outrée, & j'avouë, qu'encore que les plus grands défordres me paroiffent dignes de vos gens, & naître dans leur ame comme dans leur terre naturelle, ceci me paffe tout-à-fait, & me femble quelque chofe de tranfplanté ou d'infpiré par le mauvais Ange, que vous donnez à chaque perfonne, & à chaque efpece de gens, qui vouloit apparemment empêcher que l'on ne fût affez aveugle, pour ne pas voir votre foible. A préfent comment ne le verroit-on pas? N'eft-ce point proftituer votre caractere, la bonne foi, & les égards qu'on doit au Public, que de parler de ce ton-là en Corps de Députation, & de le faire imprimer? Ne voïez-vous pas, que le plus bête de tous les hommes vous peut démentir par fes yeux & par fes oreilles? A t-on jamais vû une volée de jeunes Seigneurs à la Cour plus perduë qu'aujourd'hui? Ne les faut-il pas reléguer à tas & à piles, & faut-il bien être curieux pour aprendre la vie qu'on mene? Vraiment il s'en faut bien que le vice foit plus réduit à fe cacher qu'autrefois. Il feroit à fouhaiter que vos flateries, fi indignes de gens qui font appellez à corriger les

autres de leurs défauts, & non pas à les encenfer, fi indignes même d'un homme grave, & qui ne veut pas faire le Poëte Efpagnol en profe férieufe, fuffent réduites à fe cacher, comme vous dites fauffement que le vice y eft réduit.

Eft-ce que vous ne laifferez pas quelque avantage pardeffus vous au Paganifme? Pour l'amour de Dieu contentez-vous d'être, en bien des chofes, plus ridicules que les Païens; laiffez-vous furpaffer au culte des hommes vivans. Si l'on ne vous arrête, vous ferez bien-tôt en paffe de les égaler. Ce que vous venez de faire à Caen n'eft-il pas bien beau? Je ne blâme pas qu'on éleve des ftatuës à l'honneur des Princes morts & vivans, & qu'on les orne d'infcription; j'approuve, au contraire, cette marque de refpect & d'amitié des Sujets pour un Souverain. Mais les Gens d'Eglife devroient laiffer faire cela aux Magiftrats, & n'y pas intervenir avec les cérémonies de la Religion; car c'eft un acheminement périlleux à l'Idolâtrie. Vous ne fauriez croire le fcandale que votre Meffe du St. Efprit, par où vous avez commencé à Caen l'érection de la ftatuë du Roi, jette dans l'efprit des Etrangers. Ceux qui ont plus de reffentiment contre vous que de véritable piété, en ont de la joie, & s'imaginent malignement qu'ils vivront affez, pour vous voir ôter le chapeau dans les ruës davant les ftatuës du Roi, comme en paffant auprès des Croix, & en un mot aller plus loin qu'on n'a été dans l'ancienne Rome pour *Divus Auguftus,* mort ou vif. C'eft à vous à y prendre garde; le pas eft gliffant, & j'ai affez de zele pour le nom Chretien, pour ne vous pas refufer en cela un mot d'avis. Quoi! pour une cérémonie purement civile, comme d'élever la ftatuë d'un Roi vivant, il faut que les proceffions marchent, que l'Evêque Diocéfain officie pontificalement, qu'il célebre la Meffe du St. Efprit, comme s'il s'agiffoit dans un Concile de faire des articles de Foi, qu'au milieu du Sacrifice du Corps de notre Seigneur on s'arrête pour entendre, non pas l'explication d'un Evangile, ou en général un Sermon, mais le Panégirique d'un homme vivant; que toute la journée fe paffe en partie dans des actes profanes, & en partie dans des actes de Religion, par raport à l'érection de la ftatuë & de celui qu'elle repréfente. Allez, Monfieur, allez, fi vous ne faites ceffer bien-tôt ces abus, que je crois qui feroient très-défagréables au Roi, s'il les favoit, ou s'il en confidéroit les circonftances, vous irez bien loin avant la fin de ce fiecle. Où font aujourd'hui les Prélats qui faffent ce que faifoit, fous François I. Pierre Caftellan, pour s'oppofer aux mauvais effets de la flaterie des Courtifans, qui font les plus dangereux Empoifonneurs qui fe puiffent voir. Mais ce n'eft pas d'aujourd'hui que le Clergé a été le poifon des Cours. Depuis que les Princes, amorcez par les loüanges immodérées des gens de votre caractere, & enchaînez par leurs beaux difcours captieux & infidieux, les ont fait regorger de biens, & leur ont donné entrée familiere dans leurs Palais, ils y ont fait plus de mal que les Courtifans, & c'eft par-là que s'eft introduit l'efprit de perfécution qui a fait tant de ravages, & qui finalement à converti le Chriftianifme en Eglife Romaine, c'eft-à-dire, en Eglife meurtriere & menteufe. *Pace* (*) *veftrà liceat dixiffe, primi omnium eloquentiam perdidiftis.* Ne vous en déplaife, Meffieurs les Clercs, c'eft vous, qui

les

(*) Petrone.

les premiers de tous avez ruïné la Réligion, de laquelle vous deviez être le soûtien & la colomne.

Je ne sais si je dois vous accuser, vous autres Ecclésiastiques, d'avoir trempé dans l'abomination des autres François, qui marque la plus excessive flaterie du monde, & même une espece d'impiété; car enfin on a vû vos Intendans & vos Magistrats, vos Capitaines & vos Dragons, commander aux Huguenots de se convertir, parce que le Roi le vouloit. Voïez-vous, leur disoit-on, il ne faut pas vous flater, le Roi ne démord de rien qu'il ait entrepris. Il veut que vous soïez de sa Réligion, & après les avances qu'il a faites pour y réüssir, ne croïez pas qu'il souffre qu'il en ait le démenti; il faut donc que vous changiez, il le veut, & on vous traitera comme des Rébelles & des criminels d'Etat, si vous ne faites ce qu'il vous commande. Paroles horribles, & qui marquent une extinction totale du Christianisme dans un homme: desorte que quand même les Evêques & les Prêtres, & les Moines n'auroient pas parlé ainsi, ce seroit pourtant à eux une faute impardonnable de n'avoir pas apris à leurs Laïques, que la Réligion ne doit pas être embrassée, parce qu'un Roi le commande, & que les ordres de la Puissance séculiere ne sont pas un bon motif de crédibilité en ces choses-là. A le bien prendre, on a commis en cela une grande absurdité contre les principes de votre Réligion; car enfin vous ne croïez pas que les Rois soient les Oracles du S. Esprit, & que Dieu explique par leur bouche ses loix révélées. D'où vient donc que pour faire qu'un Hérétique croye une chose, vous lui alléguez que le Roi le lui commande? Que diriez-vous davantage de Dieu? C'est tout ce que l'on pourroit dire si, comme Moïse & Aaron, vous receviez de Dieu une Mission extraordinaire, pour nous faire rentrer *à main forte & à bras étendu* dans votre parti. Parlant au nom du Dieu vivant qui a fait le Ciel & la terre, & qui vous auroit chargé d'une Commission spéciale, vous pourriez bien nous aporter pour une raison valable de vos semonces, que Dieu le veut; que c'est la volonté de Dieu: mais puisque vos Laïques n'ont eu qu'un ordre verbal, ou par écrit, d'un homme mortel, c'est une flaterie impie, c'est une irreligion & une profanation criante, que d'alléguer les ordres d'un Prince sujet à erreur, pour motif inévitable de sortir d'une Réligion.

Ce que la plûpart de vos Officiers ajoûtoient, étoit encore plus execrable. Signez, disoient-ils, & croïez ce que vous voudrez. Et pour vous autres gens d'Eglise, vous êtes venus à la traverse avec votre mauvaise foi, votre fidelle & inséparable compagne; car vous veniez dire aux gens: *Et pourquoi ne rentreriez-vous pas dans l'Eglise, puisque vous ne croïez pas qu'il soit impossible de s'y sauver, & que la transsubstantiation soit une hérésie damnable?* Vous proposiez ensuite divers formulaires vagues & équivoques, pour tromper ceux qui avoient des scrupules; vous promettiez en divers lieux d'écouter les plaintes que l'on voudroit faire contre les superstitions; & depeur que cette mauvaise foi ne vous pût un jour être reprochée, ou qu'elle ne déplût à Rome, vous avez eu soin de faire imprimer un Formulaire d'abjuration, où vous mettiez toutes vos erreurs fort en détail & exactement; ce qui ne vous lioit pas les mains, en cas qu'un particu-

lier voulût signer un Formulaire manuscrit plus vague que celui-là. Vous voïez qu'à chaque pas on vous trouve en flagrant délit, commettant une tromperie; car n'est-ce pas se moquer du monde que de proposer à un Huguenot de se convertir, parce qu'il croit qu'un Papiste de bonne foi peut être sauvé? Outre que c'est une chose fort douteuse parmi les Protestans, est-ce le point de la question, & cela suffit-il pour être bon Catholique? Pour être bon Catholique ne faut-il pas croire, qu'il est impossible d'être sauvé hors de la Communion Romaine? N'est-ce pas donc filouter les ames, & pour nommer les choses par leur nom, n'est-ce pas une friponnerie visible, que de disputer si l'on peut, ou si l'on ne peut être sauvé dans la Communion de Rome? Car je veux qu'un homme vous réponde qu'il croit cela; que ferez-vous ensuite? Lui direz-vous: Entrez donc parmi nous, puisque vous croïez que l'on y peut être sauvé? Mais, vous répondroit-il, je ne laisserois pas d'être Hérétique, selon vous, en croïant cela, si je ne damnois aussi tous les autres hommes, & c'est ce que je ne puis croire; ainsi puisque je serois aussi-bien Hérétique d'un côté que d'autre, il vaut mieux que je me tienne dans une Communion, où je puis sans hipocrisie & sans tromper mes Freres, laisser au jugement de Dieu le sort des Catholiques Romains, que si j'entrois dans votre Eglise, où je ne saurois être sans vous tromper cruellement, sans vous trahir, & sans être moi-même trompé & dupé, puisqu'il me faudroit faire semblant de croire que les Protestans sont damnez, & que c'est un point que je crois très-faux. Une réponse comme celle-là ne vous fermeroit pas la bouche, parceque vous vous contentez d'un seing & d'une présence corporelle dans vos Eglises. Vous voulez bien être trompez; vous ne demandez qu'à faire des Prosélites; vous faites comme ces Pharisiens, qui tournoient la mer & la terre afin d'en faire, lesquels ils rendoient fils de la gehenne au double plus qu'eux, puisqu'ils en faisoient des hipocrites, & quant aux dogmes, & quant aux mœurs le plus souvent.

N'est-ce pas une chose surprenante, que vous piquant, autant que vous faites, de lire les Peres, vous n'aïez pas l'adresse d'éviter les précipices où les Païens tombent dans leurs écrits. Voiez Minucius Felix, qui dit que les Païens mettoient les Chretiens à la question, non pas pour leur faire dire la vérité, mais pour leur faire avoüer faussement qu'ils étoient Païens; & dès que quelqu'un l'avoit avoüé, vaincu par la force des tourmens, tout aussi-tôt on lui faisoit mille caresses. Tertullien se plaint aussi dans son Apologétique, que les Païens renversoient tout l'ordre de la justice, à l'égard des Chretiens. *Vous tourmentez, leur dit-il, les autres criminels pour leur faire confesser ce qu'ils nient, & vous tourmentez les seuls Chretiens pour leur faire nier ce qu'ils confessent. Vous ne pouvez souffrir qu'un Chretien vous déclare ce qu'il est, & vous voulez qu'il vous dise ce qu'il n'est pas. Vous qui êtes établis pour tirer la vérité de la bouche des Criminels, vous vous efforcez de tirer le mensonge de la bouche des Chretiens; & au lieu que vous n'ajoûtez pas foi aisément à ce que vous disent les autres, lorsqu'ils nient ce que vous leur demandez, vous nous croïez sur la moindre parole, s'il arrive que nous soïons assez misérables pour nier ce que nous sommes. Que cette conduite si inégale & si opposée*

 vous

vous devienne enfin suspecte, & craignez qu'il n'y ait quelque malignité cachée, qui vous porte à violer ainsi toutes les formes de la justice, dans la conduite que vous tenez à notre égard. Contemplez vous-là, comme dans un miroir fidelle, Prêtres, Juges, Dragons, Intendans & autres François Convertisseurs. Vous avez tourmenté les pauvres gens de la Religion en mille manieres, non pas afin qu'ils vous avoüassent ce qu'ils étoient (car vous le saviez assez) mais afin qu'ils vous avoüassent ce qu'ils n'étoient pas. Monsieur le Procureur Général, & Monsieur de la Reynie ont-ils jamais lû ce passage de Tertullien ? S'ils l'ont lû, sans y voir la condamnation des signatures qu'ils ont arrachées par la force des menaces, je veux dire par la dénonciation d'une volonté du Roi, qu'il n'y avoit pas moïen d'éviter, ils ne sont guéres gens à réflexion.

Je ne sais si je passe le quart d'heure que je croïois vous donner, je le crois quasi; mais le moïen de ne dire pas ce que je dis, quand on en a le cœur si gros ! Quoi qu'humainement parlant vous ne méritiez pas qu'on vous plaigne, je ne laisse pas de vous plaindre de vous voir dans une si furieuse disproportion de l'esprit du Christianisme. Mais je plains encore davantage le Christianisme que vous avez rendu puant, pour me servir de l'expression de l'Ecriture, auprès des autres Religions. Il n'y a rien de plus vrai que le nom Chretien est devenu justement odieux aux Infidelles, depuis qu'ils savent ce que vous valez. Vous avez été, pendant plusieurs siecles, la partie la plus visible du Christianisme; ainsi c'est par vous qu'on a dû juger du tout. Or quel jugement peut-on faire du Christianisme, si on se regle sur votre conduite ? Ne doit-on pas croire que c'est une Religion qui aime le sang, & le carnage; qui veut violenter le corps & l'ame; qui pour établir sa tirannie sur les consciences, & faire des fourbes & des hipocrites, en cas qu'elle n'ait pas l'adresse de persuader ce qu'elle veut, met tout en usage, mensonges, faux-sermens, Dragons, Juges iniques, Chicaneurs & Solliciteurs de méchans procès, faux-témoins, Bourreaux, Inquisitions, & tout cela, ou en faisant semblant de croire qu'il est permis & légitime, parce qu'il est utile à la propagation de la Foi, ou en le croïant effectivement, qui sont deux dispositions honreuses au nom Chretien ? Je me suis vingt fois étonné que les Juifs, qui haïssent si obstinément ce nom-là, & qui étant répandus par tout le monde, savent ce qui s'y passe, & peuvent transporter les Nouvelles par tout païs, n'ayent pas traduit en diverses Langues, Chinoise, Japonoise, Malabaroise, l'Histoire des Chrêtiens; car ils eussent disposé par-là toutes ces Nations, à ne souffrir pas que les Chretiens s'établissent chez elles. Il faut croire que cela vient de la prodigieuse avarice des Juifs, qui ne songent qu'à transporter les especes de Monnoies dans les lieux où elles ont plus de prix, & nullement à la traduction des Livres. Mais il est fort apparent que sans ce secours, les Infidelles ont oüi parler du caractere violent des Chretiens Romains, & qu'aïant confondu toutes les Sectes du Christianisme, ils en ont jugé de la même maniere. Cela étant, il ne faudroit pas s'étonner, que les Hollandois eussent nié qu'ils fussent Chretiens, en se présentant à ces Idolâtres Orientaux, (je parle selon la supposition qu'apparemment on leur a prêtée) car outre qu'une juste

défiance les auroit pû porter à tenir un tel discours à un peuple qu'ils devoient croire horriblement animé contre les Chretiens, sur ce que la renommée avoit pû répandre de leurs maximes pernicieuses & odieuses, c'est qu'il est vrai, qu'en prenant le nom de Chretien, selon la signification qu'il a acquis enfin chez ceux qui jugent d'une Nation par sa conduite, les Hollandois pouvoient dire justement, qu'ils n'étoient pas Chretiens, c'est-à-dire, d'une Religion qui ne cherche qu'à faire abjurer aux autres hommes leur Religion, ou de gré, ou de force, soit qu'ils croient, soit qu'ils ne croient pas, & qui pour obtenir des signatures, emploie ouvertement la mauvaise foi & la violence, & fort souvent même, une violence de buchers, de roües & de Gibets.

Sur ce même principe je ne blâmerois pas trop les mêmes Hollandois, s'il étoit vrai, comme quelques-uns l'ont dit, qu'ils firent chasser les Missionaires du Japon; car enfin tous les hommes sont liez entre eux par certains devoirs, que ni la distance des lieux, ni la différence des Religions ne doivent point rompre. Ainsi par cette charité générale que nous devons à tous les hommes, par les devoirs indispensables de l'humanité, on est obligé d'avertir un peuple qu'on trompe, qu'il prenne garde à lui, & qu'assurément s'il n'y prend garde, on le trompera. Or quelle plus grande tromperie y peut il avoir, que celle de votre Eglise ? Elle envoie d'abord des Missionnaires qui ne demandent que permission de voïager, qui se déguisent, qui, pour en juger charitablement, veulent instruire les Infidelles de nos véritez. Comme vous croïez, ou du moins que vous le pratiquez (& c'est la même chose quant à la nécessité d'être sur ses gardes) que le manque de parole n'est pas un mal, lorsqu'il sert à la propagation de la Foi, ils font accroire à ces bonnes gens tout ce qu'ils croient le plus propre à les gagner; en un mot, leur fin unique est d'avoir bien-tôt le plus grand nombre de Sectateurs qu'ils pourront, & si après cela l'autre partie ne se veut pas convertir, de l'y contraindre par la force, selon la maxime de l'Evangile, *contrains-les d'entrer*, en commençant par le Roi, comme celui dont l'exemple est de plus de force. Or comme l'exécution de cela est naturellement & inévitablement, selon toutes les apparences du moins, cause de mille meurtres, désolations, & guerres civiles, ou de mille hipocrisies, profanations de nos Misteres, Baptêmes sacriléges, reçus par des gens qui ne s'y soûmettent que le couteau à la gorge, l'humanité veut que l'on avertisse ces malheureux Infidelles, de ne souffrir point au milieu d'eux une telle espece d'Etrangers; car en ne les avertissant pas, on se trouve coupable de tous les carnages, de toutes les hipocrisies, de tous les remords de conscience, & en un mot de toutes les désolations qui viennent à la suite d'une Religion qui se vient établir par force. Voilà ce qu'on pourroit répondre très-pertinemment pour les Hollandois, supposé qu'ils eussent fait ce qu'on dit. Et je ne doute point, que les mêmes loix de l'humanité n'obligent un honnête homme, à faire savoir à l'Empereur de la Chine ce qui vient de se passer en France, afin qu'il prenne ses mesures pour recevoir, comme il faut, les Missionnaires que le Roi vient d'envoïer en ce païs-là sur le pié de grands Mathématiciens. On est obligé en conscience d'avertir cet Empereur, que ces gens-là, qui ne demandent d'abord que d'être souffoufferts, n'ont pour but que de fe rendre les Maîtres, & de contraindre enfuite tout le monde, le couteau à la gorge, à fe faire baptifer, fans fe foucier d'aucun ferment, ni Edit, ni Traité fait & paffé pour la fureté de l'ancienne Religion. Car fuppofons que ces Miffionaires perfuadent à une partie des Chinois de fe faire Chretiens, & qu'avec cette partie ils entreprennent de contraindre l'autre, croyant y être obligez par la parabole, *contrains-les d'entrer*; fuppofons auffi que l'Empereur de la Chine s'oppofant de vive force à leurs progrès, on en vienne à une guerre déclarée, il ne pourra s'affurer fur aucun accord paffé avec fes Sujets Chretiens, puifque dès auffi-tôt que l'occafion en fera opportune, les Miffionaires diront aux Chretiens Chinois, qu'ils n'ont promis à l'Empereur de fe tenir en repos fans forcer les autres Chinois à fe convertir, que pour un tems & par provifion, & fauf le droit de l'Eglife & de l'Evangile. Il n'y auroit pas en cela plus de mauvaife foi, à tout bien compter, que dans la révocation de l'Edit de Nantes. N'êtes-vous pas bien méchans, & n'avez-vous pas bien fujet de craindre la juftice Divine, puifque vous rendrez odieufe aux hommes, la plus fainte & la plus précieufe faveur que Dieu ait faite à l'homme; c'est à favoir la Religion de fon fils unique? Dieu bénit éternellement, vous en rendrez compte un jour à Dieu.

On dit qu'un Roi de Portugal envoyant des Peuplades dans le Nouveau Monde, eut foin de n'y envoyer ni Avocats, ni Procureurs, afin qu'ils n'y aportaffent la femence des Procès. Mais il eût bien mieux valu n'y envoyer ni Prêtre, ni Moine; car c'est une gangrene qui ronge toûjours, & qui chaffe du fonds de l'ame toute forte d'équité & d'honnêteté naturelle, pour y introduire à la place la mauvaife foi & la cruauté, toûjours au guet pour exciter des féditions, des guerres civiles & ↙

des Croifades, qui contraignent à vive force, felon le prétendu fens de la Parabole, tout le monde à faire les grimaces qu'ils fouhaitent. Si je favois un coin du monde, où ils ne portaffent pas leurs maximes perfécutantes ou en graine, ou en herbe; há! que de bon cœur je m'y tranfporterois dès demain, & je voudrois que la Fontaine eût ofé dire de vous autres ce qu'il a dit du Pédant & de l'Ecolier;

> Et ne fais bête au monde pire
> Que l'Ecolier, fi ce n'eft le Pédant;
> Le meilleur de cés deux pour voifin, à vrai dire,
> Ne me plairoit aucunement.

Et s'il vous arrive de vous impatronifer ici, dès le lendemain je partirai, fi je puis, pour le Groënland :

(*) *Ultra Sauromatas fugere hinc libet & glacialem Oceanum.*

Qu'on a eu raifon de dire de vous tout le contraire de ce que Platon a dit des Philofophes; car je ne crois pas que plus grand malheur pût arriver fur la terre que fi ou vous régniez, ou fi ceux qui regneroient étoient Prêtres. Je fuis tellement outré & tellement indigné de vos frauduleufes & violentes maximes, que fi la République de Platon fe pouvoit établir quelque part, je ne ferois pas du goût d'un Auteur moderne, qui a déclaré qu'il ne s'y tranfporteroit pas; & peu s'en faut que dans les tranfports de mon indignation, à la vûë du trifte état où vous avez réduit la qualité de Chretien, je ne fuive l'exemple d'Averroës qui s'écria, *que mon ame foit avec celle des Philofophes, vû que les Chretiens adorent ce qu'ils mangent*; & moi j'ajoûte, *vû qu'ils fe mangent les uns les autres, comme les loups les brebis.*

(*) *Juvenal, Sat. 2.*

<hr>

REPONSE DE MONSIEUR.....

A Mr. L'ABBÉ DE ***

CHANOINE DE NOTRE-DAME DE ***

VOus ferez fatisfait fans doute de ma réponfe, Monfieur, puifque je vous dis dès l'entrée que j'ai vû, lû & condamné l'Ecrit qu'il vous a plû de faire paffer par mes mains, pour en avoir mon jugement. Je veux croire, comme vous me l'infinuez, que vous vous êtes armé de quelques fignes de croix en lifant cette Lettrelà, dans les lieux furtout où elle introduit les profanes blafphémiant contre la Religion en général. Ces endroits-là m'ont fort déplu, & j'ai été auffi-tôt trouver notre ami l'Auteur de l'Ecrit, pour le cenfurer de la belle maniere. Il m'a répondu qu'il s'étoit effectivement trouvé dans des Compagnies, où certains Libertins

graves, qui font les plus dangereux, faifoient fort férieufement, fort douloureufement, ce fembloit, les reflexions qu'il vous a marquées touchant cela, à l'occafion de ce qui s'eft fait en France en dernier lieu, chofes qui reveillent le fouvenir de votre conduite paffée. Je ne me fuis pas contenté de cenfurer notre homme fur ces endroits; j'ai blâmé en général fes expreffions trop générales & hiperboliques. Mais comme c'eft un jeune homme vif & fenfible, & qui apparemment eft déja habitué à outrer les chofes dans fon efprit, à quoi fans doute a fort contribué l'inclination qu'il a pour la Poëfie; je n'ai pas gagné grand chofe fur lui. S'il n'outroit les chofes qu'a-

qu'avec la langue ou avec la plume, je pourrois
esperer de le faire revenir; car il auroit pardevers
lui une regle ou une mesure, qui lui feroit connoître la disproportion de ses termes avec les
objets; mais comme c'est son imagination qui
commence à outrer les choses, il ne s'apperçoit
pas que ses termes soient hyperboliques, parcequ'en les comparant avec ses idées & avec sa
persuasion, il ne trouve pas qu'ils excedent les
objets tels qu'il les conçoit. Prenez donc, Monsieur, s'il vous plaît, ce qu'il vous a écrit, comme ce que les Italiens appellent *Sfogo di mente*,
Vivezze d'ingegno, & comme ce que nos Poëtes
appellent *Caprice*; & n'allez pas vous imaginer,
qu'il soit le fidelle Interprete des sentimens de
tous les Protestans fugitifs de France. Il n'y en
a point qui ne sache, qu'il y a en France une
infinité d'honnêtes gens de tout sexe, de toute
condition & de toute profession, qui ont com-
pati généreusement à nos miseres, & qui auroient
souhaité, ou qu'on eût laissé les choses de la
Religion dans l'état où elles étoient il y a dix
ans, ou qu'on n'eût employé contre nous que
les voyes d'instruction, ou tout au plus celle de
quelques gratifications pour ceux qui renonceroient à notre parti. Je connois des Prêtres, &
des Moines même, qui m'ont paru dans ces honnêtes dispositions, & combien y a-t-il de Catholiques, qui ont rendu bien des services à nos gens,
soit en les cachant dans leurs maisons, soit en ser-
rant leurs meubles, soit en favorisant leur retraite?
Combien y en a-t-il qui en auroient fait cent fois
davantage, si les peines qu'on dénonçoit à ceux
qui en useroient ainsi envers nous, & que l'on
exécutoit séverement, ne leur eussent lié les mains?
Distinguons donc, & n'allons pas déclamer, comme fait la Lettre, *qu'il n'y a pas eu un seul honnête
homme en France*. C'est en trop dire, il suffit
d'affirmer cela de tous ceux qu'on appelle Convertisseurs, je veux dire, ou qui ont exécuté les
ordres de la Cour, ou qui ont inspiré les moïens
à employer, ou qui ont poussé le Roi à faire ce
qu'il a fait: & tout ce qu'on peut dire des autres, c'est qu'ils n'ont pas eu le courage de désaprouver ouvertement & de bouche, ce que leur
cœur désaprouvoit. C'est sans doute un reproche
à faire à beaucoup de Magistrats, qui ont jugé
les procès de nos Temples & de nos Ministres.
Pour Messieurs les Convertisseurs, ou tous, ou
du moins la principale partie, agréez, Monsieur,
que je ne dédise pas mon Confrere, & que je
les abandonne à tous les traits de sa plume, & à
toute l'étenduë de ses invectives. Ce sont des
ames lâches & fourbes, cruelles & impitoyables,
& de qui on peut dire ce qui a été dit des Dieux
Infernaux:

Nesciaque humanis precibus mansuescere corda.

Je souhaite pour l'amour d'eux, qu'ils n'agissent
point contre leur conscience, ni par des motifs
humains, mais par zele pour l'Eglise qu'ils croient
seule veritable; mais si c'est par zele, ah! dès
aujourd'hui je fais résolution de prier Dieu soir &
matin, de ne me donner jamais un tel zele; j'aimerois mieux de l'indifference, qu'un zele, ou
qu'une dévotion, qui me feroit faire tant de
choses contraires aux idées de l'équité.

Je vous crois, Monsieur, si honnête homme,
que vous ne ferez pas difficulté de condamner,
entre autres gens, ceux d'entre vous qui nient
qu'on ait employé la violence contre nous. Pour
ceux-là, je les abandonne aussi à tous les traits

de l'indignation de nos Ecrivains. Et je suis assez ami du genre humain, pour contribuer tout
ce qui me sera possible, à guérir mes compatriotes d'un défaut qui est capable de deshonorer
notre Nation. Celui qui vous a écrit, remarque
que l'union qui doit être entre tous les hommes, & les liens de l'humanité, ont dû porter les
Hollandois, ou les doivent porter aujourd'hui,
à avertir les Peuples de l'Orient, des maux qu'ils
peuvent craindre des Missionnaires. A combien
plus forte raison, les Chretiens quoique differens de Secte, sont-ils obligez de s'avertir de
leurs défauts. Ainsi, Monsieur, renonçant à
l'injuste & maligne joie, de voir vos Auteurs se
ruïner de réputation chez les Etrangers, & y
passer pour des gens que l'envie de flater, ou
la bigoterie, rendent plus bêtes que des chevaux,
& tellement étourdis, qu'ils osent faire imprimer
les choses les plus pueriles, je vous avertirai charitablement du mauvais effet que cela produit,
& du mépris où cela expose tous les Ecrivains
Catholiques du Royaume, afin que connoissant
cela, vous évitiez ce précipice, si vous devenez
Auteur, & que vous tâchiez de le faire éviter
aux autres. Je serai bien-aise que vous me répondiez précisément & sans équivoque sur cette
question.

Aprouvez-vous que l'on publie tous les jours
dans Paris, que le Roi a détruit le Calvinisme
sans y employer que les voies de la douceur &
de la charité Chretienne?

Vous voyez que je n'ai pas fait difficulté de
condamner ce que j'ai trouvé d'excessif dans la
Lettre d'un Réformé de ma connoissance. J'attens de votre équité que vous désaprouverez aussi
les excès de menterie de vos Auteurs. Nous verrons comment vous me répondrez.

Par exemple, Monsieur, n'est-ce pas une chose
qu'on a de la peine à croire en la voyant de ses
deux yeux, que celle que Mr. Varillas vient de
publier dans sa Dédicace au Roi, à la tête de son
Histoire des Hérésies? *Votre Majesté*, lui dit-il,
*pour ruïner le Calvinisme n'a fait autre chose, que
d'obliger les François qui le professient, à l'exacte
observation de l'Edit de Nantes, & d'en punir les
contraventions par les peines qui y étoient marquées.
Il n'a falu que cela pour réduire les Hérétiques à un
si petit nombre, que le même Edit n'étant plus d'u-
sage, il y a eu lieu de le revoquer.* Une des choses qui me paroissent les plus incompréhensibles,
c'est qu'un homme de réputation & qui a écrit
tant d'Histoires fort estimées, ose publier cela &
le dire à son Roi même; car ou bien il croit ce
qu'il dit, ou il ne le croit pas. S'il le croit, il
faut qu'il ne s'informe de rien, ou qu'il ne considere rien, & que néanmoins il ait la témérité
d'affirmer des faits dont il n'a pris aucune peine de s'instruire; ce qui est le plus impardonnable défaut d'un homme qui écrit l'Histoire,
& qui s'occupe de cela tout seul. S'il ne le croit
pas, il est non seulement mal-honnête homme, en
publiant de telles choses contre sa conscience, mais
aussi il a très-mauvaise opinion de son Roi, puisqu'il ose le loüer d'une chose que le Roi sait
être fausse; car sa Majesté ne peut pas ignorer
les ordres qu'elle a donnez de détruire tous les
Temples dans lesquels seroit entré un Catholique
devenu Huguenot, ou un Relaps, (peine qui
n'est nullement pour aucune contravention à l'E-
dit de Nantes, & qui a été la ruïne de nos principales Eglises) & de mettre des gens de guerre
chez ceux de la Religion qui ne se convertiroient
point

point. Il faut de-plus que Mr. Varillas n'ait aucune envie de passer pour honnête homme dans l'esprit du Roi, ni dans l'esprit même des Catholiques qui le liront ; car peut-on estimer un homme, qui se charge du débit d'une imposture connuë à tout un Royaume. Pour moi je ne comprens pas comment tous ces Auteurs qui font des Livres à Paris, fort à leur aisé & dans leur chambre, ne se proposent point de ce que diront d'eux, par exemple, les habitans Catholiques du Bearn, du Poitou, de Guienne, de Paris, & de Normandie. Ils ont été témoins, pour le moins, qu'on a mis des gens de guerre chez ceux de la Religion, vendu des meubles pour payer ces soldats, emprisonné ceux qui ont fait les opiniâtres, comme vous parlez ; ils ont vû tout cela, dis-je ; que penseront-ils donc de vos Ecrivains, qui assurent publiquement, que pour ruïner le Calvinisme, le Roi ne s'est servi que des voies de la douceur ? Ils doivent les méprifer comme des plumes vénales, ou comme des ignorans qui ne s'informent de rien, & qui écrivent sans savoir ce qu'ils disent. D'où vient donc que vos Auteurs s'exposent à ce mépris ? Il faut qu'ils ne s'en soucient pas, & je les trouve, si cela est, bien étranges ; car pourquoi écrit-on, si l'on ne se soucie pas de passer pour honnête homme, & si l'on aime autant être méprisé, qu'estimé ? Celui qui vous a écrit diroit peut-être, que vos Historiens sont si assurez que vos Peuples sont incapables de faire réflexion, ou de méprifer un homme qui dit les plus grossieres impostures en faveur de la Catholicité, qu'ils sont assurez de ce côté-là qu'ils peuvent tout écrire impunément, & sans aucun risque de réputation. Je me garde bien de juger si desavantageusement de vos Peuples. Ils ont à la verité la discretion de ne se pas scandalifer aisément ; mais ils ne laissent pas de juger de ceux qui sont mal-instruits des Histoires qu'ils publient. Pour les gens de guerre, je suis sûr qu'ils ne seront pas assez bonnes gens, assez bigots, ou assez malhabiles, pour ne pas detester dans leur ame & même dans leurs conversations, tous les Historiens & tous les Missionaires qui publieront que tous les Huguenots se sont convertis volontairement, & sans qu'il ait falu leur faire la moindre violence. Il y a présentement parmi les Troupes quantité d'Officiers qui ont étudié, qui lisent, qui ont de l'esprit, qui sont habiles ; je suis sûr qu'ils traiteront comme des faquins, & Mr. Varillas, & Mr. Maimbourg, & tous les autres qui oseront publier le contraire de ce que ces Officiers savent, pour en avoir été les Exécuteurs.

Une autre chose veux-je savoir de vous, Monsieur, s'il vous plaît. L'on vous écrit que Mr. l'Archevêque de Reims a proposé à ceux de Sedan de céder au Roi leur Temple de gré à gré, & qu'en échange le Roi leur donneroit un lieu pour en bâtir un autre ; que la transaction en ayant été passée, on les laissa bâtir & se morfondre en frais inutiles, & qu'au bout de six mois on les accabla de gens de guerre, & on les priva, aussi-bien que les autres Sujets, de tout exercice. Je vous prie de me mander ce que c'est ; car je ne trouve là aucune ombre de vraisemblance ; je crains que notre homme n'ait eu là une imagination Poëtique. De la maniere dont toute ma vie j'ai ouï parler de Mr. l'Archevêque de Reims, ce n'est pas un Prélat qui soit capable de s'abaisser & de s'humilier jusques au point de vouloir tromper une poignée de gens qu'il regarde comme de la canaille. On m'a toûjours dit, que son caractere est de vouloir emporter

les choses de haute lute. Comment seroit-il donc possible qu'il eût voulu s'abaisser jusques à une convention à l'amiable, & tout cela pour engager ces pauvres gens-là à une dépense inutile de trois ou quatre mille écus. Je ne vois goute dans tout cela. Tirez-moi de peine, si vous pouvez.

Je vous ferai une 3. question, & puis c'est tout. Vous, Monsieur, qui êtes Casuiste, ou qui le devez être, que dites-vous de ce petit cas de conscience ?

Un Roi qui fait accroire à ses Sujets, pendant 20 ou 30 ans, à la tête de ses Arrêts, qu'il les veut maintenir dans l'exercice de Religion dont ils joüissent, quoique sa veritable intention soit de les dépouiller ; qui même lorsqu'il les en dépouille promet solemnellement de les laisser paisibles d'ailleurs dans leurs biens & dans leurs maisons, quoique son intention soit dès le lendemain de les forcer par la voie des logemens de gens de guerre, de la prison, & de la perte des biens, à renoncer à leur croyance, fait-il une action si Chretienne, si sainte & si pieuse, qu'il mérite qu'on lui dise que c'est le S. Esprit qui la lui a inspirée, ou qu'on l'en loüe du moins partout excessivement, jusques à fonder des Messes en mémoire d'une telle chose, sous prétexte que par ces continuelles dissimutions, il est venu enfin à bout de l'Hérésie ? Répondez-moi sur cela précisément. Je vous donne l'exemple du désaveu de mes Confreres. Aurez-vous le courage de le suivre ?

Voici une autre question, mais je ne vous demande pas d'y faire réponse. Est-il vrai que vos Auteurs se trouvent merveilleusement embarrassez, comment ils se gouverneront, s'ils continueront de nier, ou s'ils confesseront les logemens & les violences des soldats. Ils ont déja senti que les Ecrivains Protestans leur livrent de terribles atteintes, & cela leur est un prognostic d'une furieuse tempête qui les abîmera ; car après tout c'est vouloir tenir en rase campagne, quand on n'a qu'une 50. de soldats, contre une Armée. Comment n'ont-ils pas prévû cela ? Des logemens de gens de guerre, qui innondent tout un Royaume, qui font fuir tout ce qui se peut sauver, des emprisonnemens, des banniss-mens, sont-ce des choses qu'on puisse nier, & prouver fausses quand elles sont vraies, & que plusieurs bonnes plumes résoluës à les prouver vraies, & animées à cela par zele, ou par ressentiment, emploient toute leur force pour les prouver, & pour accabler de confusion ceux qui ont soutenu le contraire ? Pour dire le vrai, Monsieur, vos Ecrivains ont fait là un fort mauvais pas, & se sont jettez dans une démarche la plus étourdie du monde. On dit qu'ils s'en repentent, mais qu'ils ne savent comment revenir, la mauvaise honte les empêchant de se rétracter, ou d'avoüer des violences, qu'ils apprehendent qui ne diminuent la gloire du succès des conversions. Je trouve qu'ils ont raison de se croire embarrassez ; mais il vaudroit encore mieux qu'ils se rétractassent sous prétexte d'avoir été mieux informez, que de persévérer dans une négative, qui ne passera, & dedans & hors du Royaume, qne pour une opiniâtre & invincible mauvaise foi. Ils songent, dit-on, à répondre aux Ecrivains Protestans, que ce n'est pas à eux à toucher cette corde ; qu'on se souvient bien de leurs violences, & qu'on n'auroit fait après tout que se servir de représailles. Allons donc, Monsieur, voilà qui va bien. Convenez une fois du fait, après cela vous le justifierez sur les représailles : mais avant toutes choses avoüez la dette. Je prévois que ces Messieurs-là s'embarrasseront encore dans ces représailles : car si l'on cherche qui est-ce qui a commencé les violences, où en serez-vous ? Si vous n'aviez pas plus d'avantage sur nous, les armes que la plume à la main, vous seriez bien à plaindre. Et surtout dans cette Histoire de notre décadence vous allez être furieusement balotez, principalement ceux qui ont nié qu'on y ait fait entrer la moindre rigueur. Ils essuieront plus de coups de plume que les persécuteurs mêmes. Dieu veuille les convertir, ou en vivant ou en mourant, afin qu'ils en soient quittes, les uns & les autres, pour la peine historique, qui est bien peu de chose au prix de ce qu'ils ont mérité.

Respect qu'on doit aux Souverains.

Je souhaite de tout mon cœur que nos Ecrivains se contiennent dans une modération achevée, & qu'ils ne perdent jamais le respect qui est dû aux grands Monarques. C'est en cela que j'ai le plus condamné l'Ecrit que je vous renvoie. J'ai dit à l'Auteur qu'au lieu d'étudier la Métaphysique du P. Mallebranche, dont il veut très-mal à propos se coëffer, à ce qu'il dit, il étudie sa Morale dans le 20. Chapitre de la 2. partie, où l'Auteur dit si bien, qu'il ne faut pas régler notre respect & notre estime sur l'amitié que les gens nous portent, mais sur leur merite absolu : D'où il conclut qu'encore *que nous puissions en quelque maniere manquer de bienveillance pour nos persécuteurs, sans manquer à nos devoirs à leur égard, la persecution qu'ils nous font ne doit point par elle-même diminuer l'estime que nous leur devons; elle doit au contraire l'augmenter en ce sens, que nous devons leur en donner des marques plus sensibles & plus frequentes.* Voilà la seule chose que j'ai conseillée à notre homme d'étudier, & de pratiquer de tout ce qui est contenu dans les Ecrits de ce Philosophe.

La moderation dans les Ecrits & dans les discours des Catholiques est ridicule.

Je vois, Monsieur, que vous vous faites un grand honneur de votre modération de stile, par opposition, dites-vous, à *celui que nous avons contracté dans notre hérésie funeste.* Mais si l'Eglise nous a apris un autre langage, d'où vient qu'elle ne vous aprend pas à traiter doucement par vos actions les autres Chretiens? Sans mentir ceci est considérable. L'Eglise vous aprend d'un côté de forcer les gens par les prisons, les bannissemens, l'enlevement des enfans, la dissipation des biens livrez aux Dragons, le dernier supplice même, à entrer dans son giron, & puis après elle vous met dans la bouche & au bout de la plume des paroles douces comme du miel. Permettez-moi de vous dire, que ce langage ne vous sied pas bien : je ne parle pas principalement à vous, Monsieur, que j'honore & que je respecte, & à qui en particulier je ne veux dire aucune verité qui vous offense; je m'adresse ici à tous vos Auteurs, & je dis que la modération ne fait pas un bon effet dans vos Livres, ni dans vos discours. Croyez-moi, parlez comme des gens violens, & vous aurez l'éloquence des bienséances, qui est un art & un secret dont les Rheteurs font un cas extrême. Rien n'est plus loüable que de parler conformément à ses maximes & à son génie; dès qu'on se contraint & se force, dès qu'on sort de ce naturel & dece naïf, on tombe dans une disparité plus choquante que ne fait l'uniformité toute vicieuse. Vous croyez que les violences sont permises & même commandées dans la parole du fils de Dieu, & vous ne perdez aucune occasion d'exécuter rigoureusement ce prétendu précepte de la parabole; que vous sert-il après cela d'avoir un langage doucereux & modéré? C'est presque donner la Comédie. Vive M. Arnaud, & le P. Labbe, & tous ceux qui écrivent conformément à ce beau Canon du Concile de Clermont sous Urbain II. *Que ce n'est pas un meurtre que de tuer un Hérétique par zele de Religion.* Pour être bon Catholique après cela, il ne faut point écrire en termes doux & courtois contre nous. Mais comme j'ai dit ci-dessus, qu'il se trouve dans votre Eglise un très-grand nombre d'honnêtes gens, même à notre égard (en quoi peut-être ils s'écartent de leurs principes) il se trouve aussi beaucoup d'Ecrivains parmi vous qui ont beaucoup d'honnêteté pour tout le monde.

Les Catholiques François n'ont point agi comme Catholiques, mais comme François.

Celui qui vous a écrit m'a soutenu, quand je lui ai représenté le grand nombre d'honnêtes gens que nous avons trouvez lui & moi parmi les Catholiques de France, que tous ces Messieurs avoient agi en cela non pas comme Catholiques simplement, mais comme François, & qu'il faut faire plus de fonds sur un homme, entant qu'instruit des regles de la civilité & de l'honnêteté Françoise, qu'entant qu'instruit par son Curé dans le Catéchisme de sa Religion. Je me suis moqué de sa distinction; mais il m'a montré un Cahier traduit en Anglois, où cette pensée se trouve. C'est un Livre, Monsieur, où je vous renvoie pour repondre à ce que vous m'alléguez de S. Augustin.

Commentaire Philosophique sur ces paroles, Contrains-les d'entrer.

Il y a ici un savant Presbytérien, bon Philosophe, qui a fait un Commentaire Philosophique sur ces paroles de la parabole, *contrains-les d'entrer* (*), lequel Commentaire n'est pas encore imprimé. On le traduit en notre Langue. On m'en a prêté quelques Cahiers, que j'ai lûs avec un singulier plaisir. Les Anglois sont les gens du monde qui ont l'esprit le plus profond, & le plus méditatif. Je ne pense pas que jamais on ait mieux prouvé que toute contrainte est vicieuse & contraire à la Raison & à l'Evangile, en matiere de Religion. S. Augustin & les deux Lettres ausquelles on nous renvoye y sont abimez, & on lui fait voir que s'il n'avoit pas mieux raisonné contre les Hérétiques de son siecle que pour les Persécuteurs, les Conciles qui ont condamné Pélage sur le raport, & oui sur ce les conclusions de S. Augustin, auroient été bien faciles à contenter ou à mécontenter. Je hâterai le plus qu'il me sera possible la traduction & l'impression de cet Ouvrage. Je suis sûr qu'il se trouvera bien des Catholiques qui l'approuveront, nonobstant l'esprit dominant des personnes de votre Robbe. .... J'ai lû dans un des Historiens de Loüis XIII. (C'est Jean-Baptiste le Grain p. 299.) que lorsque le jeudi 4. Août 1616. on eût enregistré au Parlement une Lettre Patente du Roi, par laquelle S. M. déclaroit, *qu'elle n'avoit pas entendu comprendre ses Sujets de la Religion P. R. au serment & protestation faite en son sacre, d'employer son épée & moyens pour l'extirpation des hérésies;* cette Déclaration déplut à la verité à ceux qui sous prétexte de Religion fomentent de main en main, & de pere en fils, les divisions, & favorisent les pratiques de ceux qui ne veillent qu'à l'invasion de l'Etat : *mais qu'elle ne fut aucunement trouvée extravagante par les bons François, qui aiment la grandeur du Roi & la paix de leur Patrie.*

Exhorte à faire R[e...] Conseque[nce...] la hard[iesse...] Catholi[ques...] assurer l[es...] les plus [...]

Au reste, Monsieur, je vous suis très-obligé des souhaits que vous faites pour ma conversion : je ne saurois mieux vous en témoigner ma reconnoissance qu'en faisant des vœux pour la vôtre. Je voudrois de tout mon cœur que Dieu vous fît la grace de reconnoître les erreurs de votre Eglise, & vous inspirât le courage de renoncer à votre Patrie & à vos Bénéfices, pour venir dans notre Communion, où vous ne trouveriez pas à la verité les mêmes douceurs terrestres que vous possédez en France; mais vous possederiez la saine doctrine, le plus précieux Thrésor de tous, quoiqu'ordinairement & par une sage institution de la Providence, ce soit le chemin de l'incommodité temporelle. Comme il n'y a que Dieu qui puisse rompre vos engagemens, je vous recommande à sa sainte miséricorde.

J'ai oublié deux choses, Monsieur; l'une que la remarque qu'a faite celui qui vous a écrit, & qui concerne les précautions que les Chinois devroient prendre contre vos Missionnaires, supposé votre principe de la contrainte & de la force, que vous fondez sur le prétendu précepte de la parabole de Jesus-Christ, a été tirée, comme il me l'a avoüé, du Commentaire Philosophique manuscrit en Anglois, dont je vous ai parlé n'agueres. L'autre est, qu'il est bon de vous faire prendre garde, que la hardiesse de vos Ecrivains à nier tout ce qui se fait présentement & de leurs tems, à la vûë du soleil, est capable de ruiner toute la foi de l'Histoire dans les causes les plus importantes; car enfin, dira quelqu'un, les hommes ont toûjours été faits comme ils sont à cette heure. Si donc aujourd'hui ils publient avec la derniere assurance les choses les plus fausses concernant le tems présent, & cela en s'adressant aux Rois & aux Princes, que deviendra la preuve que l'on tire en faveur des Apologies de Justin Martyr, d'Athénagoras, de Tertullien, de ce qu'ils assuroient à la face des Payens, & en s'adressant aux Empereurs, que cela ou cela s'étoit fait, ou se faisoit. S'ils avoient, dit-on, eu intérêt d'avancer des choses fausses, ils ne l'auroient pourtant osé faire de-peur d'en recevoir le démenti avec honte par les Payens; mais ce raisonnement invincible jusqu'ici, perd toute sa force par la hardiesse de vos Ecrivains, qui sans craindre la honte du démenti & de la conviction de fausseté denotre part, assurent toûjours à bon compte les choses les plus fausses. Ne vaudroit-il pas mieux être sincere que tenir une conduite qui rendra suspecte celle des Anciens auprès des gens mécréans? Songez-y, Monsieur, & y faites songer les autres.

(*) C'est un Ouvrage de Monsieur Bayle, qui suit immédiatement celui-ci.

FIN DE LA FRANCE TOUTE CATHOLIQUE, &c.

COMMENTAIRE
PHILOSOPHIQUE

SUR CES PAROLES DE

JESUS-CHRIST,

CONTRAINS-LES D'ENTRER;

Où l'on prouve,

PAR PLUSIEURS RAISONS DEMONSTRATIVES,

Qu'il n'y a rien de plus abominable que de faire des Conversions par la Contrainte;

Et où l'on réfute

tous les Sophismes des Convertisseurs à contrainte, & l'Apologie que St. AUGUSTIN
a faite des Persécutions.

TRADUIT DE L'ANGLOIS

du Sieur JEAN FOX DE BRUGGS

Par M. J. F.

DISCOURS

Préliminaire qui contient plusieurs Remarques distinctes de celles du Commentaire.

UN François que j'avois vû assez souvent, pendant un voyage que je fis en France il y a 7. ou 8. années, s'étant refugié en Angleterre après l'expedition des Dragons, me disoit toutes les fois que nous parlions ensemble, que de toutes les cavillations dont les Missionaires (& par ce mot il entendoit Prêtres, Moines, Procureurs du Roi, Juges, Intendans, Officiers de Cavalerie & d'Infanterie, & autres personnes de toute condition & sexe) l'avoient fatigué, il n'y en avoit point qui lui eût paru plus sotte, & en même tems plus litigieuse & perplexe, que celle qu'ils fondoient sur ces paroles de Jesus-Christ, Contrains-les d'entrer, pour apuyer la persecution, ou comme ils disoient, la charitable & salutaire violence qu'ils faisoient aux Heretiques pour les retirer de leurs égaremens. Il me temoignoit souhaiter passionnément que l'on refutât cette chimere des persecuteurs; & comme il croyoit avoir remarqué en moi non seulement une alienation extrême des persecutions, mais aussi quelque coutume de chercher les bonnes raisons des choses, il me dit qu'il me croyoit propre à cette entreprise, & il me représenta qu'y réussissant, comme il l'espéroit, je pourrois rendre un grand service à la bonne cause, & même à tout le monde. Il ajoûtoit qu'il avoit un Traducteur tout prêt, qui mettroit sinon en beau François, au moins en stile bien intelligible, ce que je composerois en ma Langue.

Je lui repondis que je ne présumois pas assez de ma suffisance, pour croire que je pusse rien produire de ce qu'il me disoit-là, & que j'avois encore moins bonne opinion des Convertisseurs, que je croyois incapables de se corriger jamais, au point où étoit venue leur bizarre préoccupation; & qu'en general les Livres ne faisoient qu'amuser le monde, après avoir donné bien de la peine aux Auteurs, d'où il leur arrivoit nouvelle matiere de chagrin, en voyant que ce dont ils s'étoient promis de grands effets, ne produisoit aucun changement. Comme c'est un homme (*) d'un esprit ardent, comme il l'a temoigné dans un petit Livre qu'il a nommé, Ce que c'est que la France toute Catholique sous le regne de Loüis le Grand, il me pressoit à outrance toutes les fois qu'il me voyoit, sans faire aucun compte de mes excuses. Enfin, tant pour me delivrer de son importunité, que pour voir dequoi je serois capable, sur un sujet qui me paroissoit fort évident d'un côté; mais de l'autre entraînant à des consequences un peu bien dures, si on ne les éclaircit pas bien, je lui promis de faire un Commentaire Philosophique sur les paroles de la parabole nuptiale, dont les Convertisseurs, c'est-à-dire, les persecuteurs, abusent; car desormais ce sera la même chose que Convertisseur, & mal-honnête homme, & persecuteur, & tout ce qu'on peut dire d'injures: ainsi je me servirai indifféremment de ces termes, ce qu'il étoit à propos de marquer dès l'entrée.

Il est arrivé au mot de Convertisseur la même chose qu'à celui de Tiran & de Sophiste. Au commencement le mot de Tiran ne vouloit dire autre chose que Roi, & celui de Sophiste que Philosophe; mais parceque plusieurs de ceux qui exerçoient l'autorité Souveraine en abuserent vilainement & cruellement, & que plusieurs de ceux qui professoient la Philosophie, tomberent dans de fausses & ridicules subtilitez propres à obscurcir la vérité, leurs noms devinrent odieux & ne signifierent plus que de malhonnêtes gens, & respectivement que des cruels, des oppresseurs, des chicaneurs & des fourbes. Voilà l'image naïve de la destinée du mot de Convertisseur: il devoit originairement signifier une ame veritablement zélée pour la verité & pour détromper les errans; mais il ne signifiera plus qu'un Charlatan, qu'un fourbe, qu'un voleur, qu'un saccageur de maisons, qu'une ame sans pitié, sans humanité, sans équité, qu'un homme qui cherche à expier, en faisant souffrir les autres, ses impudicitez passées & à venir, & tous ses dereglemens; ou si l'on trouve que tous ces attributs ne conviennent pas précisement à chaque Convertisseur, disons en moins de mots quel sera le sens juste & legitime desormais de ce terme. Il signifiera un monstre moitié Prêtre & moitié Dragon, & qui, comme le Centaure de la fable réunissoit en une même personne l'homme & le cheval, confond en un seul supôt les personnages differens de Missionnaire qui dispute, & de Soldat qui bourrele un pauvre corps, & qui pille une maison. On dit qu'il y a déja quelques Cabarets en Allemagne qui ont pour Enseigne le Convertisseur habillé sur le modele de quelques Tailles-douces, qui ont couru, à ce qu'on dit, de l'Evêque de Munster Bernard de Galen, où on lui voyoit sur la tête une moitié de mître & une moitié de casque; une crosse d'une main & un sabre de l'autre; une moitié de rochet & une moitié de cuirasse sur le corps, & ainsi du reste à proportion, faisant sonner le monte à cheval à la moitié de sa Messe, & la charge à l'endroit où il auroit falu donner la bénédiction, & l'Ite Missa est. C'est, dit-on, sur ce modele, mutatis mutandis, les choses à changer étant changées, qu'on a fabriqué l'enseigne du Convertisseur, fameuse Auberge déja, ou Cabaret, dans quelques Villes Impériales. Voyez si M. Arnaud mérite qu'on lui reponde, sur ce qu'il a tant relevé ce qu'avoit dit l'agreable Auteur de la Politique du Clergé, comme un éloge des Protestans, qu'ils ne se mettent pas dans le monde sur le pied de Convertisseurs. Il y a dequoi s'étonner que les Imagers de Hollande se soient laissez primer par les Allemans.

M'étant donc resolu de travailler à un Commentaire de nouveau genre sur les fameuses paroles, Contrains-les d'entrer, je crus qu'il faloit dépaïser un peu Messieurs les Convertisseurs, je veux dire, les tirer de leurs lieux-communs, & leur proposer des difficultez sur lesquelles ils n'ayent pas eu encore le tems d'inventer des échapatoires; car voilà le grand but des Ecrivains de ce parti-là; ils s'attachent bien moins à prouver leur Thèse, qu'à éluder les raisons dont on les accable, semblables à ces faux témoins, Grecs de nation, desquels Ciceron a si bien depeint le caractere, nunquam laborant quemadmodum probent quod dicunt, sed quemadmodum se explicent dicendo. Ainsi je prévois que

s'ils

Y y 3

D'où vient qu'on repond aux meilleurs Livres.

s'ils me répondent, ils laisseront mes principales dif-ficultez, & chercheront si je ne suis contredit en quelque lieu, si j'ai fait quelque remarque qui soit un faux raisonnement, si mes principes ont des con-sequences absurdes. S'ils ne font que cela, je leur déclare de bonne heure que je ne me tiendrai pas pour réfuté, ni ma cause moins victorieuse dans le fonds; car la victoire d'une cause ne se perd pas, parcequ'il sera arrivé à un Avocat de ne raisonner pas toûjours juste, d'avoir des pensées en un lieu qui ne sont pas tout-à-fait la suite de celles qu'il a eües en un autre, de pousser trop loin en certains endroits sa pointe, de s'égarer quelquefois. Tout cela m'est arrivé peut-être; mais comme nonobstant ces défauts qui ne sont que ceux de la personne du Défenseur, & non pas ceux de la cause, je crois avoir dit des choses qui établissent incontestablement ce que j'ai voulu soutenir, je déclare encore un coup, que si les Convertisseurs veulent se justifier, il faut qu'ils répondent à ce que je dis de fort & de raisonnable, & qu'ils n'imitent pas cette méthode des Controver-sistes, qui fait qu'il n'y a point de Livre si terras-sant contre lequel on ne publie de reponses, & qui consiste en ce qu'on cherche les endroits où un Au-teur aura mal cité un passage, employé une raison tantôt d'une maniere, tantôt d'une autre, & que l'on peut rétorquer, & commis tels autres défauts pres-que inévitables. Un homme qui sait ramasser tous ces endroits, & détacher quelque raison de ce qui en fait l'apui dans les pages précédentes, & la verita-ble fin ou allusion auquel l'Auteur l'avoit destinée, fait une grosse réponse au meilleur Livre, laquelle paroît triompher à ceux qui ne comparent pas exac-tement & sans préoccupation les deux Pieces. Voilà d'où vient qu'on répond à tout, mais à proprement parler ce n'est pas réfuter un Livre; c'est laisser sa cause dans les fers, c'est seulement faire l'Errata de son Adversaire, & pour moi si on ne fait au-tre chose contre ce Livre, je me tiendrai pour Vain-queur.

Comme je l'ai fait à la priere d'un François Ré-fugié, & pour être traduit en François, & à l'oc-casion des persecutions qui ont été faites en France aux Protestans, je n'ai point cité d'autres Livres que ceux qui sont très-connus aux Convertisseurs François. Sans cela j'aurois pû renvoyer souvent mon Lecteur à de très-excellens Ouvrages qui ont été écrits en Langue Angloise sur la question de la tolérance. Il n'y a point de Nation qui produise au-tant d'Ecrits sur cela que la nôtre, parcequ'il y a bien des Sectes qui depuis long-tems y sont traver-sées par la Dominante. Les Papistes eux-mêmes

Plainte ridicule des Catholiques Anglois.

sont les premiers en ce païs-ci à crier, qu'il n'y a rien de plus injuste que de vexer la conscience. Pen-sée ridicule en leur bouche, & non seulement ridi-cule, mais traîtresse & de cette mauvaise foi qui est leur compagne inseparable depuis tant de siecles; car ils n'attendroient pas trois ans à brûler & égor-ger tous ceux qui ne voudroient pas aller à la Mes-se, s'ils acqueroient des forces bastantes pour cela, & si l'on avoit la lâcheté de tant de parasites de Cour, ames vénales, & indignes de la Religion Protestante dont ils ont du moins l'exterieur, qui travaillent au renversement de la barbarie fondamen-tale qui balance si salutairement la puissance monar-chique. Mais j'espere qu'il restera d'assez bonnes ames & d'assez bons Patriotes & bons Protestans, pour corriger les mauvais effets de la complaisance de ces faux freres, & qu'ainsi Dieu nous conservera le calme dont nous joüissons, quoique sous un Souve-rain Catholique. Les malheurs qui sont arrivez à nos freres de France, tourneront, comme il y a

apparence, à notre profit. Ils nous ont remis dans la necessaire défiance du Papisme; ils nous ont fait voir que cette fausse Religion ne s'amende pas par le long âge; qu'elle est toûjours comme au tems ja-dis animée de l'Esprit de fourbe & de cruauté, & que malgré la politesse, l'honnêteté, la civilité qui regne dans les manieres de ce siecle plus qu'en aucun autre, elle est toûjours brutale & farouche. Chose étrange! Tout ce qu'il y avoit de grossier dans les mœurs de nos Ancêtres s'est évanoui: à cet air ru-stique & sauvage des vieux tems a succédé par toute l'Europe Chretienne une douceur & une civilité ex-trême. Il n'y a que le Papisme qui ne se sent point du changement, & qui retient toûjours son ancien-ne & habituelle férocité. Nous nous imagi-nions, nous autres Anglois, que c'étoit une bête apprivoisée, un Loup & un Tigre qui avoit oublié son naturel sauvage: mais Dieu merci aux Con-vertisseurs de France, nous nous sommes desabu-sez, & nous savons à qui nous aurions à faire si notre sort étoit entre leurs mains. C'est principale-ment des vices de Religion que l'on peut dire qu'ils ne s'aprivoisent jamais de bonne foi, nunquam bonâ fide vitia mansuescunt. Dieu veuille que de plus en plus nous profitions de la calamité de nos freres, pour nous tenir dans une juste précaution.

La politesse universelle du siecle n'a rien sur la férocité du Papisme.

Cette ferocité du Papisme ne doit pas être supu-tée, comme on faisoit il y a un an, par un parallele entre l'augmentation de politesse de ce siecle, & la diminution des peines dont il s'est servi pour les con-versions. Nous disions, il y a autant de barbarie à dragonner, encachoter, encloîtrer, &c. les gens de contraire Religion dans un siecle poli, éclairé, honnête comme le nôtre, qu'il y en avoit à les su-plicier par la main des bourreaux dans des siecles d'ignorance, grossiers, sauvages, où l'on n'avoit pas bienquitté les mœurs Scithes, Gothiques, Vanda-liques & Sarmatiques, des peuples qui inonderent autrefois l'Empire Romain, & qui y fonderent les Royaumes & Etats qui sont aujourd'hui dans l'Eu-rope Occidentale. C'est moins à des gens qui n'ont pas encore dépouillé cette barbarie de leurs Ancêtres, & qui n'ont pas eu le tems de s'habituer avec de nouvelles opinions, de faire mourir ceux qui les professent, qu'il ne l'est à des gens qui ont dépouillé tout-a-fait la rouille de leur premiere origine, qui se sont civilisez par la culture des sciences & des beaux arts, qui ont vêcu toute leur vie dans les mêmes villes, mêmes conversations, mêmes parties de divertissement, bien souvent avec ceux de la Re-ligion, porté les armes pour les mêmes intérêts, & de la même affection avec eux, de les chicaner, in-quieter, tourmenter, vexer en leurs biens, & en leurs personnes, comme on l'a fait en France. Voilà comment nous trouvions l'égalité, & quelquefois même la longueur des peines nous sembloit emporter la balance; mais néanmoins ce dernier suplice, cet-te mort par la main du Bourreau, qui ne se trou-voit pas dans la derniere persecution, empêchoit la plûpart des gens de la trouver égale avec celle des siecles passez, à moins qu'on ne fit compensation de ce qu'il avoit de moins de rigueur dans ce siecle-ci, avec ce qu'il y avoit de plus d'ignorance & de ferocité grossiere dans les autres temps. Mais sans toutes ces compensations, voici l'égalité toute nette entre persecution & persecution. Qu'on les compare but-à-but & par abstraction aux circonstances du plus ou du moins de politesse des siecles, on les trou-vera égales, depuis la Déclaration du mois de Juil-let dernier, qui défend à peine de la mort par tout le Royaume de France, tout exercice d'autre Religion que de la Romaine, & qui s'exécute sans remis-sion

sion partout où l'on a le courage de faire le moindre exercice. Supposons les Réformez de France aussi courageux que l'étoient leurs Ancêtres sous François I. & Henri II. ou que l'étoient les Anglois sous le regne de Marie, vous ne verriez pas moins de potence aujourd'hui qu'autrefois. Pesons bien cela, & considérons quel malheur nous pendroit sur la tête, si nous laissions croître le Papisme dans ces bienheureux Climats. Je ne veux pas que cela nous porte à faire aucunes represailles sur les Papistes; non je deteste ces imaginations; je souhaite seulement qu'ils n'aquierent pas la force d'exécuter sur nous ce qu'ils savent faire.

Quand je dis que les Protestans ne se doivent pas servir de represailles, lorsqu'ils le peuvent, ce n'est pas pour la pitoïable raison qu'en donne un Auteur François, dans un (*) Livre qu'on m'a prêté depuis que mon Commentaire est imprimé. Cette raison est si bourruë, que je n'aurois jamais deviné qu'on s'en serviroit; & c'est pour cela que je ne m'en suis pas fait une objection. Mais j'avois tort de croire qu'il y ait quelque chose de trop absurde pour ces Messieurs-là; il semble qu'ils prennent pour leur caractere de se rendre aussi ridicules dans leurs Apologies, que terribles dans leurs exploits, & on ne sauroit assez admirer que dans une Nation où il y a tant de bonnes plumes, on laisse imprimer tant de méchantes justifications de ce qu'on a fait. Il vaudroit mieux se taire que se défendre si pitoïablement. Voici la plaisante pensée de cet Auteur. Il introduit quelques personnes craignant que les violences faites à ceux de la Religion en France, ne nuisent aux Catholiques en d'autres pays.

Toûjours est-il à craindre, disent quelques-uns, que les Protestans voyant la maniere dont on les traite présentement en France, ne se croyent en droit de traiter ainsi les Catholiques dans les lieux où ils sont les maîtres. Mais en vérité il faudroit avoir perdu toute honte pour prétendre que des gens sortis de l'Eglise, depuis moins de deux cens ans, & de la maniere que tout le monde sait; des gens qui n'ont d'autorité que celle qu'ils se sont donnée à eux-mêmes, & que quiconque voudra se séparer pourra se donner avec tout autant de couleur, fussent dans les mêmes droits que l'Eglise Catholique, qui aïant été fondée par Jésus-Christ & par les Apôtres, s'est maintenuë sans interruption dans la succession de tous les siecles, & se maintiendra jusques à la fin du monde, sans que la malice & les artifices de toutes les Sectes qui s'en séparent puisse jamais la faire méconnoître.... Il faut donc avoir perdu toute honte encore une fois, pour prétendre que des enfans révoltez eussent autant de droit sur leur mere qu'elle en a sur eux, & que pour faire entrer dans leur Communion ceux qui n'en ont jamais été, ils pussent prendre les mêmes voies que l'Eglise est en droit de prendre, pour faire rentrer dans la sienne ceux qui ne sauroient disconvenir d'en être sortis. Ainsi il ne faut pas craindre que ce qui se passe présentement en France, puisse être tiré à conséquence en faveur des Protestans. Ils peuvent faire la même chose dans les lieux où ils sont les plus forts : mais ce qui est à l'égard de l'Eglise une conduite sainte & réguliere, parce qu'elle est fondée sur une autorité légitime, ne seroit à leur egard qu'une opression tirannique, parce que l'autorité leur manque. Comme les Rois punissent du dernier suplice ceux qu'ils trouvent les armes à la main contre eux, des Révoltez ont quelquefois fait le même traitement à des prisonners qu'ils avoient faits sur les Troupes du Roi. D'où vient donc que la même chose est une action de justice à l'égard du Souverain, & un attentat à l'égard des autres? C'est que d'une part elle se fait avec une autorité légitime, & que de l'autre elle se fait sans autorité. Il en sera de même quand ceux qui se sont revoltez contre l'Eglise, voudront faire entrer les Catholiques dans leur Communion, par les mêmes voies par où l'Eglise tâche de les faire entrer dans la sienne.

Je demande pardon à mon Lecteur de lui mettre ici devant les yeux la copie d'un si long tissu d'impertinences. Est-ce que ces gens-là seront toûjours des enfans, & raisonneront toûjours en enfans, avec toute l'habileté qu'ils peuvent avoir d'ailleurs? Est-ce que jamais on ne leur fera comprendre ce qui saute aux yeux de tout le monde, qu'il n'y a rien de plus ridicule que de raisonner en supposant toûjours ce qui est en question? Il s'agit entre eux & nous si l'Eglise Romaine est la véritable Eglise; le bon sens veut que nous prouvions qu'elle ne l'est pas, par des principes communs, & non pas par notre prétention même qu'elle ne l'est pas, & qu'eux de leur côté prouvent qu'elle l'est, non pas par leur prétention (cela n'est pas pardonnable à un écolier à Despautere,) mais par des maximes qui nous soient communes à eux & à nous. On leur a représenté cela mille & mille fois, on l'a fait serieusement; on l'a fait en les tournant en ridicules; mais rien ne les sauroit guerir; ils reviennent toûjours à leur vieux jargon, nous sommes l'Eglise, & vous êtes des Rebelles; donc nous pouvons vous châtier, sans que vous nous puissiez rendre de droit la pareille. Quel fonds de patience est suffisant pour ces choses!

Il y a des gens qui nous disent avec le même sang froid, & le même air d'extravaguer gravement, que pour bien juger si les Huguenots ont droit de se plaindre, il faut se représenter le jugement que l'Eglise Gallicane fait d'eux, c'est qu'elle les considere comme des enfans rebelles, sur lesquels elle a retenu l'autorité du châtiment, pour les faire entrer dans leur devoir. Il faut que j'avouë que je ne comprens plus où ces gens-là puisent tant de miserables pagnoteries (qu'il me soit permis de me servir de ce mot-là pour representer des fadaises dont on ne peut assez exprimer la bassesse & le ridicule) ne voient-ils pas que la prétention des Protestans une fois posée, leur donne un pretexte plus plausible de persecuter le Papisme, que ne l'est celui que le Papisme emprunte de sa prétention.

La prétention des Protestans est, que l'Eglise Romaine bien-loin d'être cette Epouse de Jesus-Christ, qui est la mere des vrais Chretiens, n'est qu'une infame Prostituée qui s'est saisie de la maison, assistée d'une troupe de Rufiens, de coupe-jarets, & de gens de sac & de corde; qui en a chassé le pere, la mere & les enfans; qui a égorgé de ces enfans le plus qu'elle a pû; qui a forcé les autres à la reconnoître pour la Maîtresse légitime, ou les a contraints de vivre exilez. Ces enfans exilez, ces enfans qui ne peuvent plus vivre dans la honte de faire semblant de reconnoître pour leur mere une putain qui a chassé leur mere, & qui a tué une partie de leurs freres, ce sont les Protestans; ou du moins ils le prétendent. Voilà donc d'un côté une Eglise qui prétend être la mere de famille, & que ceux qui ne la reconnoissent pas pour telle sont des enfans desobeissans, & voilà de l'autre des enfans qui prétendent que ce n'est qu'une abominable paillarde, qui s'est ce avec celle d'Afrique.

Si les persécutions faites aux Protestans leur donnent lieu d'en faire aux Catholiques.

Les Protestans auroient plus de raison de persécuter que les Catholiques.

(*) „Conformité de la conduite de l'Eglise de France...

s'est saisie par force de la Maison & on a chassé la véritable Maîtresse & les véritables heritiers, pour y introduire ses satellites, & les complices de sa débauche. A ne considérer que les prétentions respectives des parties, la rigueur est plus naturelle & plus raisonnable dans les Protestans que dans l'Eglise Romaine. Car l'Eglise Romaine en suposant ses prétentions, doit conserver une tendresse de mere pour les Protestans, & ne doit se servir que d'une correction modérée, pour les ramener à l'obéissance. On sait comment David donna ordre que l'on épargnât son fils Absalon, qui avoit armé contre lui, & poussé la rebellion aussi loin qu'il avoit pû; & il y a bien peu de meres qui n'aiment mieux souffrir les insolences de leurs enfans, que de les accuser devant les Juges, lorsqu'elles croient qu'ils en seroient punis de mort. Ainsi les suplices effroiables que l'Eglise Romaine a fait souffrir aux Hérétiques, pendant tant de siecles, sont une rigueur d'autant plus dénaturée & monstrueuse, que plus on suposera ses prétentions.

Mais en suposant les prétentions des Protestans, leurs rigueurs les plus severes seroient dans l'ordre des choses humaines. Car lorsqu'il s'agit de venger une mere indignement chassée de sa maison par une putain, & de la rétablir chez elle, la Nature souffre que des enfans ayent toute la vigueur, & toute la véhémence imaginable; & on ne trouve point mauvais qu'ils n'ayent ni pour cette vilaine femme qui avoit usurpé leur bien, ni pour ses fauteurs & adhérans, aucune indulgence.

Sans que j'épluche période par période le passage ci-dessus cité, le Lecteur intelligent connoît déja quel en est le ridicule, & que jamais rien n'a été plus raisonnable que le seroit la crainte de ces quelques-uns, si les Protestans vouloient imiter l'Eglise Romaine. Car qu'on se représente un peu l'état où les deux Religions vivoient il y a vingt ans, en suposant leurs prétentions respectives. L'Eglise Romaine se croiant la mere de tous les Chretiens, avoit trouvé à propos pour le bien des enfans qui la reconnoissoient, de ne pas poursuivre ses droits sur ceux qui persevéroient dans leur désobéissance. L'Eglise Protestante croïant la Romaine une adulteresse, qui au préjudice de ses droits faisoit la Maîtresse dans la maison, souffroit pour le bien de la paix qu'elle en ocupât les plus beaux apartemens, & suspendoit le droit qu'elle avoit de poursuivre la punition des fauteurs & des adhérans de cette impudique usurpatrice. C'étoit donc un état de Treve; l'Eglise Romaine vient à violer la Treve, & se met à poursuivre ses prétentions, contraignant tout ce qui étoit en France dans le parti de sa Rivale, à se ranger dans son parti. Qui ne voit que la Protestante a tous les droits du monde, sur le pié où nous concevons la chose, de poursuivre la punition de complices de l'usurpatrice. Desorte que l'Eglise Anglicane pourroit dire aujourd'hui à tous les Papistes Anglois. Je vous ai remis la peine qui avoit été dûë, pour avoir persevéré dans le parti d'une putain, qui m'avoit chassée de la maison, moi qui étoit la véritable mere de la famille; mais puisquelle maltraite mes fideles enfans, je ne veux plus differer la peine qui vous est dûë.

Ce que pourroit dire l'Eglise Anglicane aux Catholiques.

Qu'on voie le jugement de cet Auteur qui dit par deux fois, qu'il faut avoir perdu toute honte, pour prétendre que des enfans révoltez eussent autant de droit sur leur mere, qu'elle en a sur eux. Mais qui lui a dit que les Protestans sont des enfans révoltez, sinon sa propre marotte, de suposer toûjours ce qui est en question? Il faloit pour être un peu exact, proposer ainsi l'état de la ques-

tion; il faut avoir perdu toute honte, pour prétendre que des enfans qui ne veulent pas reconnoître pour leur mere, celle qu'ils croient n'être qu'une brigande adulteresse, prostituée à tout venant, eussent autant de droit de la châtier, qu'une mere en a sur ceux qu'elle prétend être ses enfans. La chose étant ainsi proposée, bien-loin qu'il faille avoir perdu toute honte pour prétendre cela qu'il faut avoir perdu le sens commun pour ne le prétendre pas; car quel droit peut être plus légitime que celui des enfans pour chasser de leur maison une vilaine femme, qui déshonnore leur famille & la mémoire de leur pere, qui exclut leur mere de son douaire & de tous ses droits de viduité, & gaspille leurs biens avec un parti de Débauchez valets & servantes qu'elle a séduits? Demeurer dans son parti après même que la mere exilée a été rétablie dans sa maison, comme elle l'a été Dieu merci en Angleterre par ses fidelles enfans, c'est comme si après le rapel du Serenissime Roi Charles II. & son rétablissement au trône de ses ancêtres, on avoit voulu persévérer dans le parti de Cromvel. Et qu'on ne dise pas qu'il y a bien de la différence, puisque l'usurpation de Cromvel n'avoit duré que neuf ou dix ans; car nous convenons tous de ce principe commun, qu'il n'y a point de prescription contre la verité; & ainsi encore que ce seroit à présent une entreprise injuste aux Descendans de Charlemagne, s'il y en avoit, de vouloir detrôner les Descendans de Hugues Capet, la longue possession ayant rectifié l'injustice qui fut faite à la famille de Charlemagne par ce Hugues, n'est jamais une injustice de vouloir au bout de mille, de deux mille ans & plus de possession du mensonge, rapeller la vérité de son exil, & la remettre dans tous ses droits. Et par-là on fait tomber, & on les a fait tomber si souvent qu'on a honte de le redire, tous les lieux communs des Papistes, sur la succession non interrompuë, &c. Tout ce qu'ils peuvent dire n'empêchant pas que le mensonge n'ait pû chasser la verité, il faut voir si la chose est effectivement arrivée, comme le prétendent les Protestans. Il faut voir qui a droit ou qui a tort dans le fonds; car s'il ne s'agit que de prétendre, & si cela suffit pour persécuter, tout le monde persécutera: chacun dira qu'il est persécuté injustement & qu'il persécute justement; & en attendant que Dieu vuide ce grand procès à la fin du monde, les plus forts oprimeront toûjours les plus foibles à bon conte. Ne sont ce pas là de beaux principes?

La vé[rité] ne souffre [point de] prescr[iption] comm[e] y[au]m[e]

Il est donc clair que le droit de persécuter ne sauroit être contesté aux Protestans, par la raison ridicule dont s'est servi cet Auteur, mais seulement par celles que j'ai établies dans cet Ouvrage, qui l'ôtent universellement à toutes les Religions.

Je ne dirai rien en particulier sur l'exemple dont il se sert, d'un Roi qui châtie ses Sujets révoltez, & de ceux-ci qui usent quelquefois de réprésailles sur les prisonniers qu'ils font sur les Troupes du Roi; car l'application qu'il en fait n'est que la marotte ordinaire de son parti. Il faut qu'il sache que les Protestans se regardent comme ceux qui combatent pour la Reine légitime, & les Papistes comme les Sujets rébelles de cette Reine, qui l'avoient dépouillée de presque tous ses Etats, & qui lui en retiennent encore la plus considérable partie, demeurant opiniâtrement dans l'obéissance d'une adulteresse très-légitimement répudiée, & qui continuë ses prostitutions.

Présentement il faut que je dise quelque chose sur une objection qu'on me peut faire, sur ce que les loix de ce Roiaume excluënt de toutes charges les Papistes, & exigent d'eux le serment de suprématie. N'est-ce pas tenter les gens, dira-t-on? Un ambitieux ne

Juge[ment] les l[oix] [d'An]gleter[re] les [Papistes]

se

se portera t-il pas à trahir ce que sa conscience lui dicte, lorsqu'il verra une belle charge pour récompense de son hipocrisie? Je réponds, selon mes principes, qu'il y a sans doute quelque défaut dans ces loix, en ce qu'elles n'excluent pas aussi tous les nouveaux convertis; car si elles les excluoient pour toute leur vie, & leurs enfans qui n'auroient abjuré le Papisme qu'après y avoir été amplement instruits, je ne trouverois rien de plus raisonnable & de plus nécessaire que ces loix: non pas que je croie que la fausse Religion des Papistes, considérée simplement comme telle, soit une juste raison de faire des loix contre ceux qui la professent. Non ce n'est point cela. Je crois que la justice de ces loix n'est fondée que sur ce qu'ils ont des dogmes incompatibles avec le repos public d'un Royaume où ils ne dominent pas, comme, qu'il faut contraindre d'entrer les Heretiques; qu'un Roi heretique ne doit pas être obéi &c. car je veux qu'il y ait des particuliers qui ne croient pas que l'obéissance à un Roi heretique soit mauvaise: il suffit que chaque particulier le puisse croire comme un dogme véritable, & plus goûté à Rome, & plus conforme à l'esprit de plusieurs Conciles, que le sentiment opposé; cela, dis-je, suffit pour qu'on ne se fie jamais à des Sujets Catholiques, qu'à bonnes enseignes, d'autant plus qu'ils introduisent clandestinement dans le pais des Moines, & des Emissaires de la Cour de Rome, qui cherchent toutes les occasions de brouiller, & de faire tomber la Souveraineté sur des têtes de leur Religion, après quoi ils ne parlent que d'abattre les têtes de l'hidre infernale de l'Heresie, & de sacrifier à cela toutes promesses faites au contraire. Le regne d'Elizabeth & celui de son successeur (pour ne rien dire des deux suivans) ont fait voir jusqu'où ils poussent l'horreur & l'enormité de leurs entreprises, contre les Souverains de contraire Religion; desorte qu'il y auroit eu une imprudence très-criminelle dans cette nation, si elle ne se fût pas précautionnée contre ce parti, en lui fermant l'entrée des charges, dont il auroit abusé pour se mettre en état d'exécuter les noires & infames maximes de persecution, qui sont sa doctrine favorite. Et quant au serment de suprématie, je trouve qu'on a été bien simple, & qu'on a bien fait de l'honneur aux Papistes, de croire que cela servît de quelque chose contre eux; car tout homme qui croit que l'on peut contraindre d'entrer, comme on le croit dans la Communion Romaine, où se feroit une hérésie que d'assurer que la contrainte est mauvaise, puisqu'elle a été si souvent commandée par les Conciles & par les Papes, peut croire que le Décalogue n'est pas fait pour ceux qui travaillent à l'augmention de la Religion; desorte que comme ils sont dispensez de la défense de dérober & de tuer, ils sont nécessairement dispensez de celle de se parjurer, & ainsi il n'y a aucun fonds à faire sur tous leurs sermens. On a beau dire que le Concile de Constance n'a point défini qu'il ne faut point garder la foi aux Heretiques; n'est-ce pas assez qu'on croie qu'il les faut faire mourir? Car par-là on se croit dispensé à leur égard de l'obligation de ne point tuer. Or cette obligation n'est pas moindre que celle de tenir ce qu'on a promis. Mais je n'insiste pas sur ceci; on le verra traité plus au long dans ce Commentaire.

C'est une doctrine si abominable que celle qui autorise de forcer d'entrer dans la Religion qu'on croit bonne, qu'avec toute l'aversion que j'ai pour l'intolérance, je ne crois pas qu'on puisse souffrir sans crime que le Papisme aquiere les forces nécessaires de contraindre; ainsi une prudence indispensable oblige de le bannir des lieux où il peut être suspect, &

d'y exautorer tous les Grands, tous les Magistrats, & toutes personnes constituées en dignité, dès qu'il apert de leur Catholicité. J'excepte la personne des Rois, car l'éminence de la Royauté & l'onction sacrée de leur personne, doit faire en leur faveur une exception aux loix les plus générales; & ainsi il leur doit être permis, sans courir nul visque de ce qui leur apartient par le droit de leur naissance, d'être Papiste, s'ils veulent, Juifs, Turcs & Payens. Mais pour tous les autres, ou il faut les faire décamper, ou leur ôter tout moyen de troubler le repos public.

Par les seuls motifs d'une sage Politique, d'une Politique qui travaille au bien général de tous les hommes, il seroit à souhaiter que tout ce qu'il y a de Princes Chretiens non Papistes, s'unissent ensemble pour ôter de dessus le Christianisme l'oprobre dont il est couvert, à cause des horribles persecutions qu'il a pratiquées de tems immémorial. Si cette Ligue ne suffit pas, souhaitons-lui l'adjonction de tous les peuples Infideles de l'un & de l'autre Continent, jusques à la concurrence d'un corps capable de mettre à la raison le Papisme, le deshonneur de la Chretienté & même du genre humain. Ce ne seroit pas une Ligue moins honnête que celle qu'on feroit contre les Corsaires de Barbarie; & comme on pourroit exiger de ceux-ci fort justement qu'ils ne voleroient plus, qu'ils ne troubleroient plus le commerce par leurs infames Pirateries, de même on pourroit réduire fort justement la Papauté à promettre de ne persécuter plus, & à casser tous les Décrets des Conciles, toutes les Bulles des Papes, & toutes les Décisions des Casuistes qui autorisent la persecution. Mais parce qu'il seroit juste de craindre qu'elle ne se relevât de sa promesse, dès que le péril seroit passé, pour obvier à ce mal, il faudroit lui demander des ôtages, & mettre des conditions si onéreuses à son dédit, qu'elle n'osât jamais violer le Traité que l'on feroit avec elle. Voilà des projets qui seroient fort propres à épargner au monde de grandes désolations; mais ils ne laissent pas d'être chimériques; & comme l'a fort bien dit l'Auteur qui est cause qu'on a fait ce Commentaire, le Papisme est trop nécessaire à la Providence, qui doit vouloir, pour punir le genre humain, qu'il soit ridicule & malheureux, pour espérer que rien soit capable d'en délivrer le monde; & je connois un fort bon esprit, qui ayant mis en question, s'il y auroit une Eglise Romaine dans les Enfers, c'est-à-dire, un corps de gens qui se gouvernât par les furieuses & abominables maximes de cette Religion, répondit qu'oui, & que sans cela il manqueroit quelque chose au malheur de ceux qui doivent demeurer dans ces noirs abîmes.

Ce n'est pas sans raison que dans mon projet imaginaire, j'y ai fait entrer les Infideles de l'un & de l'autre Continent; car quoiqu'ils n'aient pas un intérêt aussi prochain que nous à l'abolition du dogme impie de la persecution, ils y en ont tous un plus ou moins éloigné, selon qu'ils sont plus ou moins reculez des lieux où les Missionnaires se fourrent, & surtout cette forte & noire machine qui étend ses bras jusques à la Chine. Il ne faut point douter que le but du Pape & de ses suppôts ne soit de subjuguer tout le monde. Ils y sont portez par l'intérêt de dominer & d'amasser des richesses, & par la confusion où les jettent les Protestans, toutes les fois qu'ils leur montrent combien il est ridicule de s'attribuer le titre d'Eglise Universelle, pendant qu'il y a tant de peuples qui n'en ont pas seulement ouï parler. Or pour satisfaire leur ambition, & leur avarice, & n'avoir plus la honte de ne répondre rien qui vaille à cette objection des Protestans, il ne faut point douter qu'ils n'en-

---

Marginalia :

ion Rois.

Projet dont l'exécution seroit utile contre le Papisme.

Raisons des Missions.

n'emploient aussi-tôt qu'ils le pourront chez les Infideles leur chere & aimable Compagne, la contrainte des signatures. Les Jesuites ont avoüé eux-mêmes, du vivant de leur fondateur, qu'ils l'avoient emploïée dans les Indes. On trouve dans leurs Lettres écrites de ce païs-là, que les Brachmanes ne sachant que répondre se retranchoient dans cette seule raison, qu'ils vouloient vivre comme leurs Ancêtres, & qu'ils s'y opiniâtroient tellement, qu'ils ne vouloient se rendre à aucune preuve qu'on leur alléguât, pour si forte qu'elle fût; qu'alors le Vice-Roi pour abréger cette affaire, apliqua un coin dur à ce nœud dur, faisant publier une loi, que tous ceux qui ne se convertiroient pas dans 40. jours seroient exilez, & que ceux qui ne voudroient pas sortir perdroient tous leurs biens, & seroient menez aux Galeres.

Reproche de Scioppius aux Jesuites.

C'est Scioppius qui reproche cela aux Jesuites, dans sa Critique de Famianus Strada, où il remarque plusieurs choses à ce propos qui sont très-bonnes, mais les plus mal placées du monde dans cet Auteur, puisqu'il avoit déja été un boute-feu par ses Ecrits, & que son Classicum belli sacri imprimé l'an 1619. est rempli des plus exécrables maximes qui se puissent voir, par rapport à la destruction de ceux qu'on croit Hérétiques. Il a néanmoins raison de reprocher aux Jesuites l'instabilité de leurs dogmes, sur ce qu'ils avoient fait imprimer en Allemagne depuis sept ans un Ecrit intitulé Justa defensio, où ils se moquoient de quelques Moines qui soûtenoient qu'il ne faloit employer que les armes Apostoliques pour la conversion des errans. Cela est bon, disoient-ils, à l'égard des Infideles, mais non pas à l'égard des Heretiques; le véritable moïen pour ceux-ci sont les menaces & les châtimens. Pourquoi donc emploient-ils aussi le même moïen contre les Payens dans les Indes?

Embarras des Apologistes des persécutions.

La verité est que ceux qui ont à faire l'apologie des persécutions, ne savent comme s'y prendre. S'ils n'ont persécuté que les Heretiques, & qu'on leur allegue l'exemple des Apôtres, ils répondent que cet exemple seroit à suivre, si on avoit à faire à des Infideles comme avoient les Apôtres; mais que les Heritiques étant des enfans rébelles, l'Eglise retient plus de droit sur eux que sur les Payens. Ils ne voient pas que c'est fournir des armes aux Juifs & aux Payens, contre ceux d'entre eux qui se convertissoient à l'Evangile, & les leur fournir de telle sorte, que si les Convertis avoient voulu contraindre ceux qui persistoient dans la Religion de leurs peres, on auroit pû leur dire, qu'il faut avoir perdu toute honte, pour prétendre que le droit des enfans rébelles sur leur mere soit le même que celui de leur mere sur eux. Que si on contraint les Infideles, comme on l'a fait dans les deux Indes d'une maniere qui fait dresser les cheveux, alors il faut qu'on se serve nécessairement d'une nouvelle tablature, alléguer les Empereurs Chretiens, qui fort ignorans de la distinction qu'on fait aujourd'hui entre les Heretiques & les Infideles, condamnoient à la mort les Payens, & citer la parabole à pur & à plein, & sans nulle restriction. Ainsi on a tels ou tels principes selon le besoin, rien d'arrêté, partout des contradictions, comme on le verra, si ou prend la peine de lire avec soin ce que le Pape Grégoire le Grand & son nouvel Historien (*) Maimbourg, ont

Citation du P. Maimbourg.

dit, sur la maniere de convertir les Juifs & autres. Pour faire voir que ces Messieurs ont des principes à temps, il ne faut que considérer que le Sr. Maimbourg écrivant dans un tems, où l'on ne forçoit pas encore les gens à communier en France, désaprouve hautement cette contrainte; car il dit qu'en contraignant les Juifs de recevoir le St. Bap-

tême, malgré qu'ils en essent, on causoit autant de profanation d'une chose si sainte, & de Sacriléges, qu'il y avoit de baptisez parmi les Juifs. En condamnant la crainte du Baptême, on condamne nécessairement celle de communier. Il aprouvoit en ce tems-là tous les moyens dont on s'étoit servi contre les Réformez; mais parce que celui de contraindre à communier n'avoit pas besoin d'Apologie, & qu'il ne prévoyoit pas qu'il en auroit, il le condamna hardiment; aujourd'hui il faudra qu'il trouve une autre défaite.

Passage de Diroys con[tre] les Professi[ons] forcées.

Mr. Diroys (A) que j'ai cité dans le corps de mon Commentaire, se doit trouver bien embarrassé de sa contenance; car il s'ensuit de ce qu'il a dit, que sa Religion ne vaut rien. Ecoutons-le, taillant en pieces le Mahométisme, sans prendre garde qu'il perce de part en part des mêmes coups le Catholicisme.

Le 4. caractere de fausseté, dit-il, dans cette Religion de Mahomet, c'est qu'au lieu que les véritables Religions, comme celles des Juifs & des Chretiens, ne reçoivent personne à en faire profession, s'il ne paroît qu'il est persuadé de leur vérité, parce que l'hipocrisie ne fait qu'augmenter l'impiété, celle de Mahomet exige en plusieurs rencontres une confession forcée des personnes qui la détestent. Si un homme a donné, quoique sans y penser ou étant y ivre, quelque marque extérieure qu'on l'aprouve, s'il en a parlé avec mépris, s'il a frapé un Mahométant même en se défendant, s'il a abusé d'une femme de cette Religion, ou s'il l'a épousée, il n'y a point d'autre moïen d'expier ces crimes ou véritables ou prétendus, que de faire profession extérieure de cette Religion, quoique la répugnance que l'on témoigne, fasse voir qu'on n'en est nullement persuadé.

On a fait voir, continué-il, en parlant de la Religion des Gentils, que cette exaction d'une profession forcée d'une Religion dont on n'est pas persuadé, est une preuve évidente que l'esprit qui l'a conduit est un esprit ennemi de la verité & de la piété, puisque rien n'est plus opposé à la verité, à la vertu, & à la piété véritable, que la profession extérieure d'une Religion qu'on ne croit pas. Les Juifs avant Jésus-Christ & quelquefois les Chretiens depuis son avenement, ont à la verité puni de mort les crimes que l'on commettoit contre leur Religion; mais on ne se délivroit point de cette peine en la recevant. Ainsi ce n'étoit que la crainte de Dieu & la persuasion de la verité, qui pouvoit porter ces criminels à reconnoître leur faute, & la Religion qu'ils avoient blasphemée. A tant Monsieur Diroys.

O le beau Commentaire qu'on pourroit faire sur ce passage! Mais il n'en est pas besoin, chaque Lecteur le fera, & appliquera à la conduite de la France chaque coup de foudre qui lui convient dans ce discours. Je remarquerai seulement que ce savant Docteur de Sorbonne est du même avis que j'ai posé dans mon Livre; savoir que ceux qui condamment à mort les Heretiques, à telle condition qu'ils peuvent rachetter leur vie en disant qu'ils abjurent leur Hérésie, font beaucoup plus mal que s'ils les condamnoient sans remission. Les Espagnols & les Portugais qui font frémir tous les ans les vrai Chretiens, avec leurs détestables autos de fe, dont les Gazettes nous parlent, font fort bien; leur premier crime une fois posé, je veux dire, le suplice d'un pauvre Juif, de ne lui point donner la vie, en cas qu'il dise qu'il

se

(*) „ Hist. du Pont. de St. Grég. p. 241. & suiv. éd. de Holl.

(A) „ Preuve de la Relig. Chret. l. 6. ch. 6.

se fait Chretien , & ils feroient encore mieux de n'adoucir point sa peine en se contentant de l'étrangler , y ayant bien apparence que c'est la peur d'être brulé vif qui lui extorque une feinte conver(s)ion.

Je voudrois bien savoir comment Mr. Diroys, envoyé Missionnaire à la Chine avec son Livre, pourroit soutenir la vûë de quelques Chinois qui le liroient après avoir lû les relations que les Protestans leur pourroient & leur devroient fournir, de ce que fait & qu'a fait le Papisme dans l'Europe , dans l'Amérique , & dans les Indes. Ne diroient-ils pas à Mr. le Missionnaire , que par ses propres principes l'exaction d'une profession forcée est une preuve qu'une Religion est conduite par un esprit ennemi de la verité & de la pieté ? Il ne le sauroit nier. Ne lui diroient-ils pas aussi que tout nouvellement en France la Religion , que lui Mr. Diroys vient prêcher , a exigé une profession forcée , jusques à contraindre de communier ceux qu'on venoit de contraindre de signer, & à menacer des Galeres ceux qui guériroient après avoir refusé de communier, & d'être traînez sur une claie à la voirie ceux qui mourroient après un semblable refus ? Il n'oseroit le nier, s'il voyoit que les Protestans envoyassent à la Chine les arrêts qui se publient à Paris , ou pour mieux dire , s'il étoit honnête homme comme on le veut croire. La conclusion est inévitable comme ceci ; donc la Religion que Mr. Diroys , Docteur de Sorbonne , vient annoncer, est conduite par un esprit ennemi de la verité & de la pieté : Sur quoi tous les honnêtes gens Chretiens & non Chretiens s'écrioient εὖ καὶ ὕστερον, bellè , optimè , nihil supra. Au reste je m'étonne grandement , que la facilité de réfuter Mr. Diroys en ce qu'il aplique à l'Eglise Romaine, exclusivement à toutes les autres , les preuves de la verité de la Religion Chretienne , n'ait porté personne à le faire. Si je m'en mélois moi indigne , je suis sur que je lui montrerois bien-tôt, qu'il ne dit sur cela que de pures pétitions de principe , & des paralogismes à contradiction.

Quelques personnes de ma connoissance ont été merveilleusement ébahies , lorsqu'elles ont vû les ordonnances de la traînerie sur les claies des corps morts de ceux qui auroient refusé de communier, & de la condamnation à mort de tous ceux qui feroient quelque exercice de la Religion Reformée en France, & de tous les Ministres qui entreroient dans le Royaume sans permission , avec une grosse recompense à tous les dénonciateurs , & grosse peine à tous ceux qui les cacheront, à peu-près comme on en usoit durant les Triumvirats à Rome envers les proscripts. Ces personnes m'ont dit qu'elles n'auroient jamais crû que dans un siecle poli & éclairé comme le nôtre, une nation qui passe pour fort civilisée en vînt à ces cruelles extrémitez. Je leur ai levé ce scrupule, en leur faisant voir qu'il y avoit beaucoup plus de raisons de s'ébahir de ce que l'Eglise Romaine avoit marchandé si long-tems à en venir aux derniers suplices ; & comme c'est son œuvre accoûtumée & l'opération qu'elle a le plus pratiquée , & le blanc que ses traits décochez ont le plus souvent touché , il faloit , selon le cours ordinaire de la Nature & le train des choses humaines , qu'elle eût frapé beaucoup plûtôt ce coup-là , & que la fleche qui a donné au milieu de son blanc , n'eût pas été la 4. ou 5. centieme decochée contre le Huguenotisme. Et quant à ce qu'ils me disoient de la civilité du siecle , je leur ai fait entendre raison , c'est à savoir que les fausses Religions sont exeptées du nombre des choses qui s'humanisent. La cruauté est leur caractere indelébile ; elles ont bien pû effacer dans le cœur des pe-

res & des meres la tendresse pour leurs enfans , que la Nature enracine si vivement ; elles ont bien pû les porter à rôtir & à immoler ces innocentes créatures.

(*) Aulide quo pacto Triviai Virginis arma
Iphianassaï turparunt sanguine fœdè
Ductores Danaûm delecti prima virorum.

Pourquoi épargneroient-elles la vie de leurs Adversaires ? C'est à présent que l'Eglise Romaine est dans la posture qui lui sied le mieux ; tout ce qu'elle avoit fait jusqu'ici en France pouvoit bien avoir le fonds & la réalité d'une grande cruauté ; mais il y manquoit l'éclat ; présentement tout y est , & ainsi elle a tant tourné autour de son gîte , qu'elle s'y est couchée de son long , & fort à son aise.

Il me reste à dire deux mots à ceux qui prétendent , que les principes de la tolérance introduisent mille confusions dans la Republique , & qui le veulent prouver par le conseil que Mécene donne à Auguste , dans l'Historien Dion Cassius au Livre 2. Servez Dieu , lui dit-il , en tout tems & en toutes manieres selon la Religion de vos Ancêtres , & faites que les autres en fassent autant. Haïssez & réprimez ceux qui innovent quelque chose dans les matieres de Religion, non seulement à cause des Dieux ; mais aussi parce que ces Novateurs, en introduisant de nouvelles Divinitez, poussent plusieurs personnes à troubler l'Etat, d'où naissent des conjurations, des séditions , des conciliabules, choses préjudiciables à la Monarchie. Ces paroles considérées en gros , & comme venant d'un Politique Payen , paroissent de fort bon sens ; néanmoins rien ne peut être plus ridicule que de s'en servir , comme font éternellement les Catholiques Romains , pour pousser les Princes à persécuter les autres Communions Chretiennes ; car 1. en vertu de ce conseil , Auguste & ses successeurs auroient dû persécuter les Juifs , & les Chretiens , & les Empereurs du Japon, de la Chine, &c. devroient s'opposer de toutes leurs forces à ceux qui leur parlent du Christianisme ; à quoi le Pape ni ses adhérans ne s'accorderont pas ; & ainsi il faudra qu'ils fassent de la maxime generale de Mécene , cette maxime particuliere : Servez Dieu à la maniere de vos Ancêtres ; lorsqu'ils auront bien servi Dieu , opposez-vous aux innovations, excepté quand elles sont bonnes, & dès-lors c'est un discours vague qui ne peut décider rien. En 2. lieu la maxime de Mécene étoit plus judicieuse en ce tems-là qu'elle ne l'est aujourd'hui, parce que les Romains accordant pleine liberté de conscience à toutes les Sectes du Paganisme, & adoptant souvent les cultes des autres pays , la présomption étoit qu'un homme qui ne trouvoit point son conte dans un culte si étendu & si libre, & qui cherchoit des innovations , avoit pour but de se faire chef de parti , & de cabaler en matiere de Politique , sous le prétexte du service des Dieux. Mais on ne doit pas aisément présumer cela d'un Chretien, tant parce qu'il est persuadé que Jesus-Christ nous a laissé une certaine regle qu'il faut suivre exactement, que parce que l'Eglise Romaine impose la nécessité de croire tout ce qu'elle décide ; après quoi un homme qui n'est pas persuadé qu'elle ait raison , doit en conscience , & pour éviter l'hipocrisie , sortir de son sein.

Pour montrer évidemment l'absurdité de ceux qui accusent la tolérance de causer des dissensions dans les Etats , il ne faut qu'en apeller à l'expérience. Le Paganisme étoit divisé en une infinité de Sectes, & rendoit à ses Dieux des cultes fort differents les uns des autres , & les Dieux même principaux d'un pays n'étoient pas ceux d'un autre pays ; cepen-

(*) Lucret. L. I. v. 85.

dant je ne me souviens point d'avoir lû qu'il y ait jamais eu de guerre de Religion parmi les Payens, si ce n'est contre des gens qui pilloient le Temple de Delphes, par exemple : Mais de guerre fai-te à dessein de contraindre un peuple à quitter sa Religion pour en prendre une autre, je n'en vois point de mention chez les Auteurs. Il n'y a que Juvenal qui parle de deux Villes d'Egypte qui se haïssoient mortellement, à cause que chacune soûte-noit qu'il n'y avoit que ses Dieux qui fussent des Dieux. Partout ailleurs grand calme, & grande tranquillité; & pourquoi? Parce que les uns tolé-roient les rites des autres. Il est donc vrai, comme je le montre dans mon Commentaire, que c'est la non-tolérance qui cause tous les désordres qu'on im-pute faussement à la tolérance. Les Sectes de Phi-losophie n'ont point troublé le repos public des Athé-niens; chacun soûtenoit son sentiment & réfutoit celui des autres; & leur dissension n'étoit pas sur peu de chose; quelquefois c'étoit sur la Providence, sur le Souverain bien. Cependant comme les Magistrats leur permettoient à toutes d'enseigner leurs senti-mens, & qu'ils ne contraignoient point les unes à s'incorporer malgré elles aux autres, la République ne souffroit aucune altération de cette diversité de sentimens; mais si elle avoit usé de cette contrainte, elle eût tout mis en combustion. C'est donc la tolé-rance qui est la source de la paix, & l'intolérance qui est la source de la confusion & du grabuge.

Les Chretiens sous Neron succomberent à la force des tourmens : ils sont pourtant au Martirolo-ge.

Je finis ce discours Préliminaire par une remarque qui servira d'illustration à ce que j'ai dit des mau-vais effets de la contrainte. J'ai dit que la violen-ce des tourmens fait succomber des personnes pleine-ment persuadées de la verité de ce qu'ils nient de bouche. Nous en avons un grand exemple ès Chre-tiens du premier siecle, accusez d'avoir mis le feu à Rome du tems de Néron. Ce Scélérat d'Empereur étoit la cause de cet incendie, & on le croyoit aussi. Il faisoit en vain tout ce qu'il pouvoit pour dissiper ces soupçons; enfin il s'avisa de jetter la faute sur les Chretiens, & leur fit souffrir de rudes tortures. Il y en eut qui avouèrent qu'ils étoient coupables, & qui en accuserent un très-grand nombre d'autres; ils étoient pourtant tous fort innocens; mais comme les bourreaux sans doute leur déclaroient que le but des tourmens qu'on leur infligeoit, étoit qu'ils se confes-sassent les Auteurs de l'incendie, & qu'ils déclaras-sent qu'ils avoient beaucoup de complices (car par ce moyen Néron espéroit de se disculper) ils donnerent dans ce panneau, accablez sous le poids de la dou-leur. Ce qui prouve qu'il est extrémemeut difficile de ne pas mentir, lorsqu'on est exposé à la tentation des tourmens. Ce qu'il y a de remarquable, c'est que le Martirologe célebre comme des Martirs, tous ces premiers Chretiens qui furent supliciez en cette occa-sion, tant ceux qui eurent la foiblesse de mentir en s'avoüant coupables, & en accusant leurs freres d'une action très-infame au nom Chretien, que ceux qui ne tomberent pas dans cette foiblesse. *Igi-tur primò correpti qui fatebantur*, dit *Tacite*, *Livre* 15. de ses *Annales*, deinde indicio eorum multitudo ingens haud perinde in crimine in-cendii quàm odio humani generis convicti.

De ceux qui di-sent que pour ruiner les Pro-testans il faloit le plus grand Roi du monde.

Quand on considere ce qu'ont pû les violences sur ces premiers Chretiens, qui devoient avoir toute l'ardeur qu'une Religion naissante inspire, quand el-le est soutenüe par tant de marques visibles & fraî-ches de la divinité de son fondateur; quand on con-sidere outre cela les succès qu'ont eü tous ceux qui se sont voulu mêler de persécuter à outrance, on ne peut que concevoir un mépris mêlé de beaucoup d'in-dignation pour tant d'Ecrivains François qui nous étourdissent les oreilles de leurs basses flateries, di-sant que la destruction du Calvinisme de France est un Ouvrage qui demandoit le plus grand & le plus ac-compli Monarque qui ait jamais été au Monde, c'est-à-dire, Loüis XIV. Un de ces Ecrivains, Prédicateur de son métier (ce que je remarque non pas pour augmenter la surprise de mon Lecteur, mais plûtot pour la diminuer) prononça en pleine Sorbonne un Panégirique l'année passée, où il dit qu'il faloit (*) plusieurs grandes choses pour abattre les Hu-guenots; une paix solide avec les voisins, la gloire du Prince répandue dans tout l'univers, la terreur de son nom portée chez les Etrangers, une grande puissance, beaucoup de douceur, &c. Il ajoûta que Loüis le Grand avoit tous ces avantages; que les Rois ses Prédecesseurs avoient employé le fer & le feu pour détruire les Heresies de leur tems; quel-ques-uns avec succès, quelques autres sans y réüssir; mais que Sa Majesté, sans employer ces moyens licites, avoit terrassé l'Hérésie par sa douceur, par sa sagesse & par sa piété. Voilà le langage d'une infinité d'autres Auteurs, même parmi ceux qui ne sont ni Harangueurs, ni Ser-monneurs. Qui n'en riroit, si les maux dont on voit accablé son prochain, permettoient qu'on rît des choses les plus ridicules? Il faloit, disent-ils, une gloire répandue dans tout l'Univers, une terreur de son nom porté chez les Etrangers, & une grande puissance. Pourquoi cela? Pour convertir des He-retiques par la douceur, par la sagesse & par la piété. Qui a jamais vû de telles extravagances? Cette terreur, cette puissance, cette gloire serviroient, je l'avoüe, efficacement à contraindre d'entrer dans le giron d'une Eglise ceux qui le refuseroient, & à extorquer par force une signature; mais quand on ne se veut servir que de la douceur, de la sagesse & de la piété, comme ce Mr. l'Abbé Robert dit dans son Panégirique que le Roi l'a fait, je ne vois pas à quoi peut servir de s'être rendu terrible à tou-te l'Europe. Mais laissant cette contradiction, lais-sant le reproche qu'on peut faire à ces déclamations vénales, de dire d'un côté qu'on a tout fait par la douceur, & de l'autre qu'il étoit nécessaire d'être terrible aux Etrangers, & d'être muni de très-gran-des forces, ce qui marque du moins qu'on avoit des-sein de faire peur, & d'employer les violences contre ceux qui ne se rendroient pas de bon gré; laissant, dis-je, tous ces reproches, je me contente de soûte-nir qu'il étoit si peu nécessaire d'avoir acquis la gloi-re que le Roi de France s'étoit acquise par les succès de ses armes, pour contraindre ses Sujets par les voies qu'on a employées à l'abjuration; qu'il n'y a point eu de Roi fainéant sous la 1. & 2. Race qui n'en eût bien fait autant, s'il eût eu à faire à des Sujets conditionnez comme étoient les Huguenots, dispersez dans un grand Royaume, sans chef, sans Villes, sans Magazins, entourez & obsédez par-tout des Sujets Papistes & de gens de guerre. Prenez-moi telles gens qu'il vous plaira, de telle Religion qu'il vous plaira, semez-les en France comme ceux de la Religion y étoient, précisément selon les mêmes situations; supposez un Roi le plus chetif qui ait ja-mais porté couronne, mais qui ait des Dragons & des Soldats en quantité; qu'il leur donne seulement ordre de traiter leurs hôtes comme on a traité en Fran-ce les prétendus Hérétiques, je suis sûr, & tout hom-me de bon sens m'en avoüera s'il y pense mûrement, que les gens que je suppose changeront de Reli-gion

---

(*) „Voyez le Journal des Sav. du 10. Déc. 1685. „dans l'Extrait du Panégirique prononcé par Mr.

„l'Abbé Robert.

ligion presque tous. Mais d'où vient donc que Charles IX. ni Henri III. n'ont pû terrasser la Secte? Ce n'est pas à cause qu'il leur manquoit des qualitez personnelles qui se trouvent dans le Roi à présent régnant, c'est que les Huguenots étoient armez, & en état de se servir de represailles, & outre cela bien zelez pour leur Religion. Si ces Princes avoient trouvé cette Religion dans leur Royaume, au point où elle y étoit il y a dix ans, ils l'eussent aussi-bien ruïnée qu'on vient de la faire. Je dis donc que son affoiblissement une fois posé, qui est dû principalement à Loüis XIII. il n'a plus falu ni gloire formidable dans les païs étrangers, ni de grandes qualitez porsonnelles; il n'a falu d'un côté que la capacité de se représenter d'un air sec & impitoyable le sacagement d'une partie de ses Sujets, & la captivité de quelques familles, & de l'autre plusieurs Soldats accoûtumez à la barbarie; il n'a falu, dis-je, que cela pour l'exploit que l'on vante tant. Les Chilperics & les Wenceslas y seroient aussi propres que les Charlemagnes, dans les circonstances ci-dessus marquées.

D'où paroit de plus en plus le manque de jugement des Panégiristes François, qui ne sauroient dire trois mots avec quelque justesse, & sans se couper. Je m'étonne tous les jours que parmi tant de Refugiez, qui écrivent sur les affaires présentes de Religion, il n'y en ait pas eu qui ayent compilé des Extraits de tout ce que les Catholiques de France en disent dans leurs Livres. On y verroit le plus étrange cahos de pensées incompatibles & inaliables entre elles, qui se puisse voir. Quelqu'un m'a dit qu'on vouloit prier Mr. Colomiez de se donner cette peine.

A peine exceptai-je l'ancienne Eglise primitive de ce que j'ai dit en general. Je sais qu'il a été de l'ordre de la Providence qu'elle s'etablit sans le secours du bras de la chair, & malgré les traverses du monde, & que pour cela il a inspiré un zele extraordinaire aux Fideles de ce tems-là; mais je ne laisse pas de croire que le calme dont ils jouissoient de tems en tems, & quelquefois pour plusieurs années, a fort contribué à l'établissement du Christianisme. Il est certain que nous n'avons l'Histoire des dix persécutions que par des Historiens peu exacts, & que cela est tout plein de déclamations & d'hiperboles, & assurément le Christianisme eût péri, Dieu ne faisant point un miracle continu pendant trois siecles, si les Empereurs Payens se fussent tous apliquez comme il faut à le ruïner; mais Dieu leur faisoit naître d'autres pensées & d'autres affaires qui les obligeoient à laisser en paix les Chretiens; & c'est ce qui a autant prosperé l'Eglise Chretienne que la patience dans les persécutions.

Je ne saurois finir sans une réflexion sur ces paroles du panégirique de Mr. l'Abbé Robert, Grand Penitencier de l'Eglise de Paris; que Sa Majesté n'a point employé les moyens licites, savoir le fer & le feu, dont ses Ancêtres se sont servis contre les Hérésies de leur tems. Voilà comment on parle devant toute la Sorbonne; voilà en general le langage du Papisme; le fer & le feu sont des moyens bons & permis contre ceux qui ne sont pas Orthodoxes. Si cela est, comment est-il possible que le Duc de Guise, qui fut tué par Poltron, ait prononcé avec tant d'emphase la sentence qu'on lui attribuë, & dont on lui fait tant d'honneur. On conte qu'au siége de Roüen un Gentilhomme Huguenot lui ayant été amené, qui avoit eu dessein de le tuer, & qui lui avoüa que ce n'étoit point par haine qu'il eût conçuë contre sa personne; mais qu'il avoit crû y être obligé pour servir sa Religion, le Duc en le relachant lui dit: Va-t'en, si ta Religion te commande d'assassiner ceux qui ne t'ont jamais offen-

sé, la mienne m'oblige à te donner la vie que j'ai droit de te faire perdre; juge par-là quelle est la meilleure. Ce seroit avoir parlé sagement & chretiennement, si l'on n'avoit pas été Catholique & à la tête d'une armée persécutante; mais quand on songe que celui qui parle ainsi est un persécuteur de Religion, on ne peut que se moquer de lui, comme d'un homme qui agit en Comédien, & qui fait de la Religion une Mommerie; qui pardonne par faste & par bravade à un simple particulier digne de mort, pendant qu'il exerce une cruauté sauvage & abominable sur tout un grand Corps de gens innocens. Ce Duc de Guise n'étoit-il pas de même Religion que François I. & Henri II? N'avoit-il pas aprouvé & conseillé l'Edit de Château-Briant, & celui de Romarantin qui soumettoient les Protestans à la mort? N'avoit-il pas travaillé de tout son pouvoir à l'établissement de l'Inquisition en France; ce qui eût été proprement établir une boucherie d'hommes, une Chambre ardente toûjours siégante & environnée de bourreaux? N'avoit-il pas été le principal promoteur du dessein que la mort précipitée de François II. rompit, qui étoit d'envoyer des Troupes par toutes les Provinces, & de faire signer un Formulaire à tous les François, à peine pour les refusans (& c'étoit la plus douce punition) d'être chassez du Royaume & d'être dépouillez de tous leurs biens? Mais combien en auroit-on fait mourir? N'étoit-ce pas encore ce même Duc qui avoit souffert que ses gens massacrassent à Vassi plusieurs Huguenots qui prioient Dieu dans une Grange? En un mot l'obstination qu'il témoigna pour que ces pauvres gens fussent toûjours punissables du dernier suplice, ne fut-elle pas la cause des guerres civiles de Religion, qu'on n'eût jamais vûës en France, si on les eût laissé prier Dieu à leur maniere? Et ne faisoit-il pas cela par zele de Religion? L'auroit-il fait s'il eût été Payen? N'auroit-il pas souffert les Protestans aussi-bien que les Papistes? Ce qu'il en faisoit n'étoit-il pas approuvé par le Pape & par le Clergé? Comment donc pouvoit-il dire que sa Religion lui ordonnoit de pardonner à ceux qui l'avoient offensé, puisqu'elle l'engageoit à faire mourir & à tourmenter en mille manieres une infinité de gens qui ne lui faisoient aucun mal, & qui ne demandoient qu'à servir Dieu selon les lumieres de leur conscience? Voilà l'énorme turpitude, & qui tient d'une espece de Farce, des Religions qui persécutent & qui contraignent d'entrer. Un homme d'une telle Religion ne fera pas difficulté de protester, que pour ce qui le concerne en sa personne, il pardonne à un homme de différente Religion les offenses qu'il en a reçües; mais il ne laisse pas de l'envoyer au gibet ou aux galeres, sous prétexte qu'il n'a pas la veritable Foi, & fut-ce une personne de qui il auroit reçu du service. En bonne foi ce Duc ne songeoit gueres à ce qu'il disoit, puisqu'il osoit comparer les deux Religions, & donner l'avantage à la sienne en ce qui regarde la charité. Le Gentilhomme qui avoit conspiré contre lui, croyant que sa mort seroit avantageuse à la Religion Protestante, ne suivoit pas la vraie doctrine de son parti; car il n'y a point de Théologien Protestant qui ne dise, prêche, & soûtienne, qu'il n'est pas permis, afin de procurer l'avantage de sa Religion, d'assassiner; mais le Duc conformément à une doctrine aprouvée, & mille fois commandée dans sa Religion, opinoit dans le Conseil du Roi à faire des Edits qui condamnassent à mort une infinité de bonnes gens, & il n'avoit veine qui ne tendit à l'extirpation de la Secte par les voies les plus violentes. Avec ces dispositions n'est-ce pas se moquer du monde, que de se glorifier qu'on a une Religion qui ordonne de pardonner? C'est à

quoi

quoi je prie les Convertisseurs de faire attention. Ils
se mettent dans un état que toutes les plus belles maximes de la Morale Chrétienne deviennent dans leur
bouche des sornettes , & des ironies de farceur , ou
un vain galimatias. Car oseront-ils dire que pour
l'amour de Jésus-Christ ils sacrifient leur ressentiment , ils pardonnent les injures qui leur sont faites ,
ils cherchent la paix & la justice ? Oseront-ils dire
cela , lorsqu'on pourra leur reprocher , que par la
contrainte qu'ils croient pouvoir faire chrétiennement
à la conscience , ils sont dans l'engagement de piller ,
de battre , d'emprisonner , d'enlever , de faire mourir
une infinité de personnes qui ne font nul tort à
l'Etat , ni à leur prochain , & qui ne font nulle
autre faute , que de ne pas croire par respect pour
Dieu ce que d'autres croient aussi par respect pour
Dieux ?

　　Notre siecle , & je crois que les précedens ne lui
en doivent guéres , est plein d'Esprits-forts , & de
Déistes. On s'en étonne ; mais pour moi je m'étonne qu'il n'y en ait pas davantage , vû les ravages
que la Religion produit dans le monde , & l'extinction qu'elle amene par des conséquences presque
inévitables de toute vertu , en autorisant pour sa
prospérité temporelle tous les crimes imaginables ,
l'homicide , le brigandage , l'exil , le rapt , &c.
qui produisent une infinité d'autres abominations ,
l'hipocrisie , la profanation sacrilége des sacremens ,
&c. Mais je laisse à mon Commentaire à pousser
cette matiere.

Tous le c
autorisez
ce siecle.

COMMENTAIRE PHILOSOPHIQUE,

SUR CES PAROLES DE

L'EVANGILE SELON S. LUC,

CHAP. XIV. VERS. 23.

Et le Maître dit au Serviteur : Va par les Chemins & par les hayes,
ET CONTRAINS-LES D'ENTRER,
afin que ma Maison soit remplie.

PREMIERE PARTIE,

Contenant la réfutation du sens litteral de ce passage.

CHAPITRE PREMIER.

Que la lumiere naturelle, ou les principes généraux de nos connoissances, sont la regle matrice & originale de toute interpretation de l'Ecriture, en matiere de mœurs principalement.

JE laisse aux Théologiens & aux Critiques à commenter ce passage, en le comparant avec d'autres, en examinant ce qui précede & ce qui suit, en faisant voir la force des termes de l'Original, & les divers sens dont ils sont susceptibles, & qu'ils ont effectivement en plusieurs endroits de l'Ecriture. Je prétens faire un Commentaire d'un nouveau genre, & l'appuïer sur des principes plus généraux & plus infaillibles que tout ce que l'étude des Langues, de la Critique & des lieux-communs me pourroit fournir. Je ne chercherai pas même pourquoi Jésus-Christ s'est servi de cette expression *contraindre*, ni à quel légitime sens on la doit réduire, ni s'il y a des misteres sous l'écorce de ce mot; je me contente de réfuter le sens littéral que lui donnent les Persécuteurs.

Je m'appuie (pour le réfuter invinciblement) sur ce principe de la lumiere naturelle, *que tout sens littéral qui contient l'obligation de faire des crimes, est faux.* S. Augustin (*) donne cette regle & pour ainsi dire, ce *Criterium*, pour discerner le sens figuré, du sens à la lettre. Jésus-Christ, dit-il, déclare que si nous ne mangeons la chair du fils de l'homme nous ne serons point sauvez; il semble que ce soit nous commander un crime : c'est donc une figure qui nous enjoint de communiquer à la passion du Seigneur, & de mettre agréablement & utilement en la mémoire, que sa chair a été crucifiée & navrée pour nous. Ce n'est pas ici le lieu d'examiner si ces paroles prouvent que S. Augustin n'a pas été de l'opinion de ceux de l'Eglise Romaine, ou s'il applique bien sa regle : il suffit de dire qu'il raisonne sur ce principe fondamental & sur cette clef assurée pour entendre bien l'Ecriture, *c'est que si en la prenant littéralement, on engage l'homme à faire des crimes, ou (pour ôter toute équivoque) à commettre des actions que la lumiere naturelle, les préceptes du Décalogue & la Morale de l'Evangile nous défendent, il faut tenir pour tout assuré que l'onlui donne un faux sens, & qu'au lieu de la révélation divine, on propose aux peuples ses visions propres, ses passions, & ses préjugez.*

A Dieu ne plaise que je veuille étendre, autant que font les Sociniens, la jurisdiction de la lumiere naturelle & des principes Métaphisiques, lorsqu'ils prétendent que tout sens donné à l'Ecriture qui n'est pas conforme à cette lumiere & à ces principes-là est à rejetter, & qui en vertu de cette maxime refusent de croire la Trinité & l'Incarnation : Non non, ce n'est pas ce que je prétens sans bornes & sans limites. Je sais bien qu'il y a des axiomes contre lesquels les paroles les plus expresses & les plus évidentes de l'Ecriture ne gagneroient rien, comme *que le tout est plus grand que sa partie; que si de choses égales on ôte choses égales, les residus en seront égaux; qu'il est impossible que deux contradictoires soient véritables, ou que l'essence d'un sujet subsiste réellement après la destruction du sujet.* Quand on montreroit cent
foi

(*) „ Au 3. l. de la doctr. Chret.

fois dans l'Ecriture le contraire de ces propositions; quand on feroit mille & mille miracles,
plus que Moïse & que les Apôtres, pour établir
la doctrine opposée à ces maximes universelles
du sens commun, l'homme fait comme il est
n'en croiroit rien; & il se persuaderoit plutôt,
ou que l'Ecriture ne parleroit que par Métapho-
res & par contre-véritez, ou que ces miracles
viendroient du Démon, que de croire que la lumiere naturelle fût fausse dans ces maximes. Cela
est si vrai que ceux de l'Eglise Romaine, tout intéressez qu'ils sont à sacrifier leur Métaphisique,
& à nous rendre suspects tous les principes du
sens commun, reconnoissent que ni l'Ecriture,
ni l'Eglise, ni les miracles ne peuvent rien contre
les lumieres évidentes de la Raison; par exemple contre ce principe, *le tout est plus grand que
sa partie.* Il faut voir sur cela le P. Valerien
Magni, Capucin célebre, dans le Chap. 8. & 9.
du 1. Livre de son jugement sur la regle de Foi
des Catholiques; & de-peur qu'on ne m'objecte
que ce n'est qu'un particulier, & que cette objection ne m'engage à citer une infinité d'autres
Auteurs Catholiques, je remarquerai en général
que tous les Controversistes de ce parti nient que
la Transsubstantiation soit contraire à la bonne
Philosophie, & qu'ils inventent mille distinctions & mille subtilitez, pour montrer qu'ils ne
ruinent pas les principes Métaphisiques. Les Protestans, non-plus qu'eux n'acordent point aux
Sociniens, que la Trinité ou l'Incarnation soient
des dogmes contradictoires; ils soutiennent &
montrent qu'on ne sauroit leur prouver cela. Ainsi tous les Théologiens, de quelque parti qu'ils
soient, après avoir relevé qu'il leur a plû la révélation, le mérite de la foi, & la profondeur
des Misteres; viennent faire hommage de tout
cela aux piez du trône de la Raison, & ils reconnoissent, quoiqu'ils ne le disent pas en autant
de mots (mais leur conduite est un langage assez
expressif & éloquent) que le tribunal suprême
& qui juge en dernier ressort & sans apel de tout
ce qui nous est proposé, est la Raison parlant
par les axiomes de la lumiere naturelle, ou de
la Métaphisique. Qu'on ne dise donc plus que
Que les Théo-
logiens ren-
dent homage à
la Philosophie.
la Théologie est une Reine dont la Philosophie
n'est que la servante; car les Théologiens eux-
mêmes témoignent par leur conduite, qu'ils
regardent la Philosophie comme la Reine & la
Théologie comme la servante; & de là viennent
les efforts & les contorsions qu'ils livrent à leur
esprit, pour éviter qu'on ne les accuse d'être
contraires à la bonne Philosophie. Plûtôt que
s'exposer à cela ils changent les principes de la
Philosophie, dégradent celle-ci ou celle-là, selon
qu'ils y trouvent leur compte; mais par toutes
ces démarches ils reconnoissent clairement la supériorité de la Philosophie, & le besoin essenciel qu'ils ont de lui faire leur Cour. Ils ne feroient pas tant d'efforts pour se la rendre favorable & pour être d'acord avec ses loix, s'ils ne reconnoissoient que tout dogme qui n'est point
homologué, pour ainsi dire, vérifié & enregistré
au Parlement suprême de la Raison & de la lumiere naturelle, ne peut qu'être d'une autorité
chancelante & fragile comme le verre.

Si l'on cherche la véritable raison de cela, on
ne manque point de la trouver; c'est qu'y aïant
une lumiere vive & distincte qui éclaire tous les
hommes, dès aussi tôt qu'ils ouvrent les yeux
de leur attention, & qui les convainc invinciblement de sa vérité; il en faut conclure que c'est

Dieu lui-même, la Vérité essentielle & substan-
tielle, qui nous éclaire alors très-immédiate-
ment, & qui nous fait contempler dans son essence les idées des véritez éternelles, contenuës dans
les principes, ou dans les notions communes de
Métaphisique. Or pourquoi feroit-il cela à l'é-
Les véritez
particulieres
doivent être
examinées
la droite
son.
gard de ces véritez particulieres, pourquoi les
révéleroit-il ainsi dans tous les tems, dans tous
les siecles, à tous les peuples de la terre moyennant un peu d'attention, & sans leur laisser la
liberté de suspendre leur jugement? Pourquoi,
dis-je, se gouverneroit-il ainsi avec l'homme, si
ce n'est pour lui donner une regle & un *Critere*
des autres objets qui s'offrent continuellement à
nous, en parti faux, en partie vrais, tantôt très-
confus & très-obscurs, tantôt un peu plus dévelopez; Dieu qui a prévu que les loix de l'union
de l'ame & du corps ne permettroient pas que
l'union particuliere de l'ame avec l'essence divine (union qui paroît réelle aux esprits attentifs
& méditatifs, quoiqu'on ne la conçoive pas
bien distinctement) lui manifestât clairement
toute sorte de véritez, & la garantît de l'erreur,
a voulu néanmoins présenter à l'ame une ressource qui ne lui manquât jamais pour discerner le
vrai du faux; & cette ressource c'est la lumiere
naturelle, ce sont les principes Métaphisiques,
ausquels si on compare les doctrines particulieres
qu'on rencontre dans les Livres, ou qu'on aprend
de ses précepteurs, on peut trouver comme par
une mesure & une regle originale, si elles sont
légitimes ou falsifiées. Il s'ensuit donc que nous
ne pouvons être assurez qu'une chose est véritable, qu'entant qu'elle se trouve d'acord avec cette lumiere primitive & universelle que Dieu
répand dans l'ame de tous les hommes, & qui
entraîne infailliblement & invinciblement leur
persuasion, dès qu'ils y sont bien attentifs. C'est
par cette lumiere primitive & Métaphisique
qu'on a pénetré le véritable sens d'une infinité de
passages de l'Ecriture, qui étant pris selon le sens
littéral & populaire des paroles, nous auroient
jettez dans les plus basses idées de la Divinité qui
se puissent concevoir.

Je le répete encore une fois. A Dieu ne plaise
Précaution
y a à prend
dans cet ex
men.
que je veuille étendre ce principe autant que font
les Sociniens; mais s'il peut avoir certaines limitations à l'égard des véritez spéculatives, je ne
pense pas qu'il en doive avoir aucune à l'égard
des principes pratiques & généraux qui se raportent aux mœurs. Je veux dire, que sans exception, il faut soûmettre toutes les loix morales à
cette idée naturelle d'équité, qui, aussi-bien que
la lumiere Métaphisique, *illumine tout homme
venant au monde.* Mais comme les passions & les
préjugez n'obscurcissent que trop souvent les
idées de l'équité naturelle, je voudrois qu'un
homme qui a dessein de les bien connoître les
considérât en général; & en faisant abstraction
de son intérêt particulier, & des coûtumes de sa
patrie. Car il peut arriver qu'une passion fine,
& tout ensemble bien enracinée, persuadera
à un homme qu'une action qu'il envisage comme très-utile & très-agréable pour lui, est conforme à la Raison: il peut arriver que la force
de la coûtume, & le tour que l'on a donné à
l'ame en l'instruisant dans l'enfance, feront trouver de l'honêteté où il n'y en a pas. Pour donc se
défaire de ces deux obstacles, je voudrois qu'un
homme, qui veut connoître distinctement la lumiere naturelle par raport à la Morale, s'élévât
au-dessus de son intérêt personnel, & de la coûtume

tume de son païs, & se demandât en général :
Une telle chose est-elle juste, & s'il s'agissoit de l'in-
troduire dans un païs où elle ne seroit pas en usa-
ge, & où il seroit libre de la prendre, ou de ne la
prendre pas, verroit-on, en l'examinant froidement,
qu'elle est assez juste pour mériter d'être adoptée ?
Je crois que cette abstraction dissiperoit plusieurs
nuages, qui se mettent quelquefois entre notre
esprit & cette lumiere primitive & universelle,
qui émane de Dieu pour montrer à tous les hommes les principes généraux de l'équité, pour
être la pierre de touche de tous les préceptes
& de toutes les loix particulieres, sans en excepter même celles que Dieu nous a révélé ensuite extraordinairement, ou en parlant lui-même à nos oreilles, ou en nous envoïant des Prophetes inspirez de lui.

Je suis persuadé, qu'avant que Dieu eût fait
entendre aucune voix à Adam, pour lui aprendre ce qu'il devoit faire, il lui avoit déja parlé
intérieurement, en lui faisant voir l'idée vaste
& immense de l'Etre souverainement parfait, &
les loix éternelles de l'honnête & de l'équitable ;
ensorte qu'Adam ne se crut pas tant obligé d'o-
béïr à Dieu, à cause qu'une certaine défense
avoit frapé ses oreilles, qu'à cause que la lumiere intérieure qui l'avoit éclairé, avant que Dieu
eût parlé, continuoit de lui présenter l'idée de
son devoir & de sa dépendance de l'Etre suprême. Ainsi à l'égard même d'Adam, il sera vrai
de dire que la verité revelée a été comme soûmise à la lumiere naturelle, pour en recevoir
son attache, son sceau, son enregistrement & sa
vérification, & le droit d'obliger en titre de loi ;
& pour dire ceci en passant, il y a bien aparence
que si les sentimens confus de plaisir qui s'exciterent dans l'ame de nos premiers parens, lorsque la proposition de manger du fruit défendu
leur fut faite, ne leur eussent fait perdre de vûë
les idées éternelles de l'équité, par la limitation
essencielle des esprits créez, qui ne leur permet
pas d'être apliquez aux spéculations immaté-
rielles, pendant que les sensations vives & confuses du plaisir les occupent ; il y a, dis-je, bien de
l'aparence que sans cela ils n'eussent point trans-
gressé la loi de Dieu. Ce qui nous doit être un
avertissement continuel de ne perdre jamais de
vûë la lumiere naturelle, qui que ce soit qui
nous vienne faire des propositions de faire ceci,
ou cela, par raport à la Morale.

Si donc un Casuïste nous venoit dire qu'il
trouve dans l'Ecriture qu'il est bon & saint de
maudire ses ennemis, & ceux qui persécutent les
Fideles, tournons d'abord la vûë sur la Religion
naturelle fortifiée & perfectionnée par l'Evangile, & nous verrons à l'éclat de cette verité intérieure qui parle à notre esprit sans dire mot,
mais qui parle très-intelligiblement à ceux qui
ont de l'attention ; nous verrons, dis-je, que la
prétenduë Ecriture de ce Casuïste n'est qu'une
vapeur bilieuse de tempérament. En trois mots
on réfutera l'exemple que le Psalmiste lui fournit,
c'est qu'un fait particulier où Dieu aura présidé
par une providence spéciale, n'est pas la lumiere
qui nous conduit, & ne déroge pas à la loi positive qui est proposée universellement à tous les
hommes dans l'Evangile, d'être débonnaires &
humbles de cœur, & de prier pour ceux qui nous
persécutent ; encore moins à la loi naturelle &
éternelle qui montre à tous les hommes les idées
de l'honnêteté, & qui a fait voir à tant de Païens
qu'il est loüable & très-digne de l'homme de

pardonner à ceux qui nous ont offensez, & de
leur faire du bien, au lieu du mal qu'ils nous
ont fait.

Mais ce qui est fort apatent à l'égard d'Adam,
savoir qu'il a connu la justice de la défense verbale de Dieu, en la comparant avec l'idée qu'il
avoit déja de l'Etre suprême, cela même est
devenu d'une nécessité indispensable après sa chute ; car aïant éprouvé qu'il y avoit deux sortes
d'Anges, qui se mêloient de lui proposer ce qu'il
devoit faire, il falut de toute nécessité qu'il eût
une regle de discernement, pour ne confondre
pas ce que Dieu lui réveleroit extérieurement
avec ce que le Démon, déguisé sous de belles
aparences, viendroit lui conseiller, ou lui ordonner. Et cette regle n'a pû être autre chose
que la lumiere naturelle, que les sentimens
d'honnêteté imprimez dans l'ame de tous les
hommes ; en un mot que cette Raison universelle
qui éclaire tous les esprits, & qui ne manque jamais à ceux qui la consultent attentivement, &
surtout dans ces intervales lucides, où les objets
corporels ne remplissent pas la capacité de l'ame,
soit par leurs images, soit par les passions qu'ils
excitent dans notre cœur. Tous les songes, toutes les visions des Patriarches, tous les discours
qui ont frapé leurs oreilles, comme de la part de
Dieu, toutes les apparitions d'Anges, tous les
Miracles, tout en général a dû passer par l'étami-
ne de la lumiere naturelle ; autrement comment eût-on sçû si cela venoit du mauvais principe qui avoit séduit Adam, ou du Créateur de
toutes choses ? Il a falu que Dieu ait marqué ce
qui venoit de lui d'une certaine empreinte, qui
fût conforme à la lumiere intérieure qui se communique immédiatement à tous les esprits, ou
qui du moins n'y parût pas contraire ; & cela
fait, on recevoit agréablement, & comme venant de Dieu, toutes les loix particulieres d'un
Moïse & d'un autre Prophete, encore qu'elles
ordonnassent des choses indifférentes de leur
nature. On sait que Moïse lui-même ordonna
de la part de Dieu aux Juifs de ne se fier pas à
tout faiseur de Miracles, ni à tout Prophete,
mais d'examiner ce qu'il disoit, & de le recevoir ou de le rejetter, selon qu'il seroit conforme ou non à la loi venüe de Dieu. Il y a donc
cette différence entre les Juifs d'après Moïse &
les premiers Patriarches, que ceux-ci devoient
seulement comparer la révélation avec la lumiere
naturelle, & les autres avec la lumiere naturelle
& avec la loi positive. Car cette loi positive une
fois vérifiée sur la lumiere naturelle, acqueroit
la qualité de regle & de *criterium*, tout de même qu'en Géométrie une proposition démontrée
par des principes incontestables, devient un
principe à l'égard d'autres propositions. Or tout
de même qu'il y a des propositions que l'on se ré-
soudroit aisément d'embrasser, si elles n'avoient
pas des conséquences fâcheuses, mais que l'on
rejette tout aussi-tôt qu'on en voit les conséquences ; ensorte qu'au lieu de dire, *ces conséquences*
sont vraies, puisqu'elles naissent d'un principe qui
est vrai, on dit, *ce principe est faux, puisqu'il en*
naît des conséquences qui sont fausses ; il y a des
gens qui croiroient sans peine que certaines
choses ont été révélées de Dieu, s'ils n'en consi-
déroient pas les conséquences ; mais quand ils
voient à quoi ces choses conduisent, ils concluent qu'elles ne viennent pas de Dieu, & c'est
une preuve *à posteriori* pour eux qui leur vaut
une démonstration.

Partie I.
Chap. I.

Réflexions sur les loix de Moïse.

C'est ainsi qu'au commencement de (*) l'empire des Sarrazins, plusieurs Juifs abadonnerent leur Religion pour se consacrer à la Philosophie païenne, parce qu'ils prétendoient trouver dans la loi cérémonielle de Moïse une infinité de préceptes inutiles ou absurdes, qu'ils ne voïoient fondez sur aucune bonne raison de défense ou d'ordonnance, d'où ils conclurent que cela n'étoit point venu de Dieu. Leur conséquence étoi sans doute bien tirée, mais il supposoient mal : ils n'étoient pas assez apliquez aux preuves incontestables de divinité, que Dieu lui-même avoit données de la Mission de Moïse ; preuves qui soûtinrent amplement & en toute rigueur leur examen, devant les idées pures & vives de la Méthaphisique naturelle ; après quoi chaque loi particuliere de Moïse portoit implicitement une bonne raison avec soi. Outre cela ils n'eurent pas l'esprit assez fort ou assez vaste pour considérer le but des loix cérémonielles qui par raport au caractere des Juifs, & à leur penchant idolâtre, ou à la représentation tipique de l'Evangile, étoient fondées toutes sur de bons motifs : ainsi ils errerent dans le fait ; & quoique leur conséquence sortît légitimement & nécessairement de leur faux principe, ils s'égarerent : mais on voit par cet exemple combien il importe que la lumiere naturelle ne trouve rien d'absurde dans ce qu'on lui propose comme révélé ; car ce qui pourroit paroître d'ailleurs comme très-certainement révélé, ne le paroîtra plus dès qu'il se trouvera contraire à la regle matrice, primitive & universelle de juger & de discerner le vrai & le faux, le bon & le mauvais. Un esprit attentif & philosophe conçoit clairement que la lumiere vive & distincte, qui nous accompagne en tous lieux & en tous tems, & qui nous montre *que le tout est plus grand que sa partie, qu'il est honnête d'avoir de la gratitude pour ses bienfaiteurs, de ne point faire à autrui ce que nous ne voudrions pas qui nous fût fait, de tenir sa parole, & d'agir selon sa conscience* ; il conçoit, dis-je, clairement que cet lumiere vient de Dieu, & que c'est une révélation naturelle : comment donc s'imaginera-t'il que Dieu vienne après cela se contredire, & souffler le chaud & le froid, en parlant lui-même à nous extérieurement, ou en nous envoïant d'autres hommes, pour nous aprendre tout le contraire des notions communes de la Raison ? Un Philosophe (A) Epicurien raisonne fort juste (quoi qu'il aplique mal son principe) lorsqu'il dit que puisque nos sens sont la premiere regle de nos connoissances, & la voie originale par où les véritez entrent dans nos ames, il faut qu'ils ne soient pas sujets à l'erreur. Il se trompe en posant la regle ou la pierre de touche de la verité dans le témoignage des sens ; mais il a raison, en supposant cela, de conclure que nos sens doivent être les juges de nos controverses, & décider de nos doutes. Si donc la lumiere naturelle & métaphisique, si les principes généraux des sciences, si ces idées primitives qui portent elles-mêmes leur persuasion, nous ont été données pour nous faire bien juger des choses, & pour nous servir de regle de discernement, il est de toute nécessité qu'elles soient notre juge souverain, & que nous soûmettions à leur décision tous les différends, que nous aurons sur les connoissances obscures. Desorte que si quelqu'un s'avise de soûtenir que Dieu nous a révélé un précepte de Morale directement opposé aux premiers

Importance & nécessité de consulter la lumiere naturelle.

principes, il faut lui nier cela, & lui soûtenir qu'il donne dans un faux sens, & qu'il est bien plus juste de rejetter le témoignage de sa Critique & de sa Grammaire, que celui de la Raison. Si on n'en vient pas-là, adieu toute notre foi, selon la remarque du bon Pere (B) Valerien. *Si quelqu'un, dit-il, me fait une instance, qu'il faut captiver notre entendement à l'obéissance de la Foi, jusques à révoquer en doute ou même à croire fausse en certain cas la regle de juger que la Nature nous a donnée, je dis que par cela même on ruine la foi nécessairement, puisqu'il est absolument impossible de croire à qui que ce soit, sans un raisonnement qui concluë que celui à qui on croit ne trompe, ni n'est trompé : lequel raisonnement, comme il est manifeste, ne sauroit valoir sans la regle naturelle de juger qui a été expliquée jusques ici.* C'est à quoi se terminent tous les grands discours des Catholiques Romains contre la voie de la Raison, & pour l'autorité de l'Eglise. Sans y penser ils ne font qu'un grand circuit pour revenir après mille fatigues, où les autres vont tout droit. Les autres disent franchement & sans ambages, qu'il faut s'en tenir au sens qui nous paroît meilleur : mais eux disent qu'il s'en faut bien garder, parce que nos lumieres nous pourroient tromper, & que notre Raison n'est que ténebres & qu'illusion ; qu'il faut donc s'en tenir au jugement de l'Eglise. N'est-ce pas revenir à la Raison ? Car ne faut-il pas que celui qui préfere le jugement de l'Eglise au sien propre, le fasse en vertu de ce raisonnement : *L'Eglise a plus de lumieres que moi, elle donc plus croyable que moi ?* C'est donc sur ses propres lumieres que chacun se détermine ; s'il croit quelque chose comme révélé, c'est parce que son bon sens, sa lumiere naturelle, & sa Raison lui dictent que les preuves qu'elle est révélée sont bonnes. Mais où en sera-t-on, s'il faut qu'un particulier se défie de sa Raison, comme d'un principe ténebreux & illusoire ? Ne faudra-t-il pas s'en défier lors même qu'elle dira : *L'Eglise a plus de lumieres que moi, donc elle est plus croyable que moi ?* Ne faudra-t-il pas craindre qu'elle se trompe, & quant au principe, & quant à la conclusion qu'elle en tire ? Que fera-t-on aussi de cet argument ? *Tout ce que Dieu dit est vrai : Or il dit par Moïse qu'il a créé un premier homme, donc cela est vrai.* Si nous n'avons pas une lumiere naturelle qui soit une regle sûre & infaillible, & par laquelle il faille juger absolument de tout ce qui vient en question, sans en excepter même la question, *si une telle ou une telle chose est contenuë dans l'Ecriture,* n'aurions-nous pas lieu de douter de la *majeure* de cet Argument, & par conséquent de la conclusion ? Comme donc ce seroit le plus épouvantable cahos, & le Pirrhonisme le plus exécrable qui se puisse imaginer, il faut nécessairement en venir-là, *que tout dogme particulier, soit qu'on l'avance comme contenu dans l'Ecriture, soit qu'on le propose autrement, est faux, lorsqu'il est réfuté par les notions claires & distinctes de la lumiere naturelle, principalement à l'égard de la Morale.*

✹✹✹✹✹✹✹✹✹✹✹✹✹✹✹✹✹✹

CHAPITRE. II.

Premiere Réfutation du sens littéral de ces paroles
Contrains-les d'entrer, *par la raison qu'il est contraire*

___

(*) *Guillelmus Parisiensis de legibus.*
(A) *Lucret. l. 4.*

(B) *Ubi supra,* au commencement de ce Chap.

traire aux plus diſtinctes idées de la lumiere naturelle.

APrès ces remarques préliminaires, que j'ai cru devoir mettre devant les yeux de mon Lecteur sous une image d'universalité, je viens au sujet particulier & à la matiere spécifique de mon Commentaire, sur ces paroles de la parabole, CONTRAINS-LES D'ENTRER, & voici comment je raisonne.

Le sens littéral de ces paroles est contraire aux idées les plus pures & les plus diſtinctes de la Raison.

Donc il est faux.

Il ne s'agit plus que de prouver *l'antecédent;* car je crois avoir assez prouvé la conséquence dans le I. Chapitre. Je dis donc,

I. Que par les plus pures & les plus diſtinctes idées de la raison, nous connoissons qu'il y a un Etre souverainement parfait, qui gouverne toutes choses, qui doit être adoré de l'homme, qui aprouve certaines actions & les recompense, & qui en desaprouve d'autres & les punit.

II. Nous connoissons par la même voye, que l'adoration principale que l'homme doit à cet Etre, consiste dans les actes de l'esprit; car si nous concevons qu'un Roi ne regarderoit point comme un hommage fait à sa personne, par des statuës, la situation où le vent les poseroit en les faisant tomber par hazard lorsqu'il passeroit, ou bien la situation à genoux dans laquelle on mettroit des Marionettes, à plus forte raison doit-on croire que Dieu qui juge surement de toutes choses, ne compte point pour acte de soumission & de culte, ce qu'on ne fait pour lui qu'extérieurement. Il faut donc dire que tous les actes externes de Religion, toutes les dépenses que l'on fait en Sacrifices, en Autels, & en Temples, ne sont aprouvez de Dieu qu'à proportion des actes internes de l'ame qui les accompagnent.

III. Il s'ensuit clairement de-là, que l'essence de la Religion consiste dans les jugemens que notre esprit forme de Dieu, & dans les mouvemens de respect, de crainte & d'amour que notre volonté sent pour lui; ensorte qu'il est possible que par cela seul un homme fasse son devoir envers Dieu, sans aucun acte extérieur. Mais comme ces cas ne sont point ordinaires, il vaut mieux dire que la disposition intérieure en quoi consiste l'essence de la Religion, se produit audehors par des humiliations corporelles, & par des signes qui fassent connoître l'honneur que l'ame rend à la majesté de Dieu. Quoiqu'il en soit, il est toûjours vrai que les signes extérieurs dans un homme qui ne sent rien pour Dieu, je veux dire, qui n'a ni les jugemens, ni les volontez convenables à l'égard de Dieu, ne sont pas plus un honneur rendu à Dieu que le renversement d'une statuë, par un coup hazardeux de vent, est un hommage rendu par cette statuë.

IV. Il est donc clair, que la seule voie légitime d'inspirer la Religion est de produire dans l'ame certains jugemens, & certains mouvemens de volonté, par rapport à Dieu. Or comme les menaces, les prisons, les amendes, les exils, les coups de bâton, les supplices, & généralement tout ce qui est contenu sous la signification littérale de contrainte, ne peuvent pas former dans l'ame les jugemens de volonté, par rapport à Dieu, qui constituent l'essence de la Religion; il est clair que cette voye-là d'établir une Religion est fausse, & par conséquent que J. C. ne l'a pas comandée.

Je ne nie pas que les voyes de contrainte, outre les mouvemens exterieurs du corps, qui sont les signes ordinaires de la Religion intérieure, ne produisent aussi dans l'ame des jugemens & des mouvemens de volonté; mais ce n'est pas par rapport à Dieu, ce n'est que par rapport aux Auteurs de la contrainte. On juge d'eux qu'ils sont à craindre, & on les craint en effet; mais ceux qui auparavant n'avoient pas de la Divinité les idées convenables, ou qui ne sentoient pas pour elle le respect, l'amour & la crainte qui lui sont dûës, n'acquierent ni ces idées, ni ces sentimens, lorsque la contrainte leur extorque les signes externes de la Religion. Ceux qui avoient auparavant pour Dieu certains jugemens, & qui croyoient qu'il ne faloit l'honorer que d'une certaine maniere, opposée à celle en faveur de qui se font les violences, ne changent point non-plus d'état intérieur à l'égard de Dieu. Leurs nouvelles pensées se terminent toutes à craindre les persécuteurs, & à vouloir conserver les biens temporels qu'ils menacent d'ôter. Ainsi ces contraintes ne font rien pour Dieu; car les actes intérieurs qu'elles produisent, ne se rapportent point à lui; & pour ce qui est des extérieurs, il est notoire qu'ils ne peuvent être pour Dieu, qu'entant qu'ils sont accompagnez de ces dispositions intérieures de l'ame, qui font l'essence de la Religion: ce qui donne lieu de recueillir ainsi toute cette peuve.

La nature de la Religion est d'être une certaine persuasion de l'ame par rapport à Dieu, laquelle produise dans la volonté l'amour, le respect & la crainte que mérite cet Etre suprême, & dans les membres du corps les signes convenables à cette persuasion, & à cette disposition de la volonté; desorte que si les signes externes sont sans un état intérieur de l'ame qui y réponde, ou avec un état intérieur de l'ame qui leur soit contraire, ils sont des actes d'hypocrisie & de mauvaise foi, ou d'infidélité & de revolte contre la conscience.

Donc si l'on veut agir selon la nature des choses, & selon cet ordre que la droite Raison, & la souveraine raison que Dieu même doit consulter, on ne doit jamais se servir, pour l'établissement de la Religion, de ce qui n'étant pas capable d'un côté de persuader l'esprit, & d'imprimer dans le cœur l'amour & la crainte de Dieu, est très-capable de l'autre de produire dans les membres du corps des actes externes qui ne soient point le signe d'une disposition religieuse d'ame, ou qui soit le signe opposé d'une disposition intérieure d'une ame.

Or est-il que la violence est incapable d'un côté de persuader l'esprit, & d'imprimer dans le cœur l'amour & la crainte de Dieu, & est très-capable de l'autre de produire dans nos corps des actes externes qui ne soient accompagnez d'aucune réalité intérieure, ou qui soient des signes d'une disposition intérieure très-differente de celle qu'on a véritablement; c'est-à-dire, que ces actes externes sont, ou hypocrisie & mauvaise foi, ou révolte contre la conscience.

C'est donc une chose manifestement opposée au bon sens & à la lumiere naturelle, aux principes généraux de la raison, en un mot à la regle primitive & originale du discernement du vrai & du faux, du bon & du mauvais, que d'employer la violence à inspirer une Religion à ceux qui ne la professent pas.

Comme donc les idées claires & distinctes que

La contrainte est incapable d'inspirer la Religion.

nous avons de l'essence de certaines choses, nous persuadent invinciblement que Dieu ne peut pas nous révéler ce qui seroit contraire à ces choses (par exemple, nous sommes très-assurez que Dieu ne peut pas nous révéler que tout est plus petit que sa partie ; qu'il est honnête de préférer le vice à la vertu ; qu'il faut préférer son chien à tous ses amis & à sa patrie ; que pour aller par mer d'un lieu à un autre, il faut galoper à toute bride sur un cheval ; que pour bien préparer une terre à produire une abondante récolte, il ne faut pas y toucher) il est évident que Dieu ne nous a pas commandé dans sa parole de forcer les gens à coups de bâtons, ou par autres telles violences, à embrasser l'Evangile ; & ainsi si nous trouvons dans l'Evangile un passage qui nous ordonne la contrainte, il faut tenir pour tout assuré que c'est en un sens métaphorique & non littéral, à-peu-près comme si nous trouvions dans l'Ecriture un passage qui nous ordonnât de devenir fort savans dans les Langues & dans toutes sortes de Facultez, sans étudier, nous croirions que cela se devroit entendre par figure ; nous croirions plûtôt, ou que le passage est falsifié, ou que nous n'entendons pas toutes les significations des termes de l'Original, ou que c'est un mistere qui ne nous regarde pas, mais d'autres gens qui viendront après nous, & qui ne nous ressembleront point, ou enfin que c'est un précepte donné à la maniere des Nations Orientales, c'est-à-dire, par Emblêmes, & par des images simboliques & énigmatiques ; nous croirions, dis-je, cela plûtôt que de nous persuader que Dieu, sage comme il est, ordonnât à des Créatures, telles que l'homme, littéralement & proprement d'avoir une science profonde sans étudier.

Objection sur ce sujet.   La seule chose qu'on peut m'opposer est, qu'on ne prétend pas se servir des violences, comme d'une maniere directe & immédiate d'établir la Religion, mais comme d'une maniere indirecte & médiate ; c'est à-dire, qu'on demeure d'accord avec moi, que la voye naturelle & légitime d'inspirer la Religion, est d'éclairer l'esprit par les bons endoctrinemens, & de purifier la volonté par l'amour qu'on lui inspire pour Dieu ; mais que pour mettre en œuvre cette voye, il est quelquefois necessaire de violenter les gens, parceque sans ces violences ils ne s'apliqueroient pas à se faire instruire & à se dégager de leurs préjugez ; qu'ainsi la violence ne sert qu'à lever les obstacles de l'instruction, après quoi on se sert de la voye légitime, on rentre dans l'ordre, on instruit les gens, on agit selon les lumieres primitives, que je prône tant comme le Tribunal souverain, ou comme le Commissaire qui doit passer en revûë les révélations, pour rejetter celles qui n'auront pas son caractere.

Je me reserve à réfuter en un (*) autre lieu cette exception qui est une chicane fort spécieusement tournée, une illusion ingénieuse, & j'espere de la réfuter si pleinement, qu'elle ne pourra servir qu'à ces Ecrivains du bas Empire, à ces Missionnaires de village, qui n'ont jamais honte de produire les mêmes objections, sans se proposer les réponses qui les ont ruïnées de fond en comble.

✿✿✿✿✿✿✿✿✿✿

CHAPITRE III.

Seconde Réfutation du même sens littéral, par la rai-

(*) Voyez la seconde Partie, Chap. I.

Avant que de proposer ma 2. preuve, je prie mon Lecteur de se souvenir de ce que j'ai dit dans le Chapitre I. *Qu'une loi positive une foi vérifiée sur la lumiere naturelle acquiert la qualité de regle & de* CRITERIUM, *tout de même qu'en Géométrie une proposition demontrée par des principes incontestables, devient un principe à l'égard d'autres propositions.* La raison pourquoi je repete ici cette remarque, est que je veux prouver dans ce Chapitre la fausseté du sens littéral de ces paroles, *Contrains-les d'entrer,* en faisant voir qu'il est contraire à l'esprit général de l'Evangile. Si je faisois ce Commentaire en Théologien, je n'aurois pas besoin de monter plus haut ; je suposerois de plein droit que l'Evangile est la premiere regle de la Morale, & que n'être pas conforme à la Morale de l'Evangile, c'est sans autre preuve être manifestement dans le crime ; mais comme j'agis en Philosophe, je suis contraint de remonter jusques à la regle matrice, & originale qui est la lumiere naturelle. Je dis donc que l'Evangile étant une regle qui a été vérifiée sur les plus pures idées de la droite Raison, qui sont la regle primitive & originale de toute verité & droiture, c'est pécher contre la regle primitive elle-même, ou ce qui est la même chose, contre la révélation intérieure & muette, par laquelle Dieu aprend à tous les hommes les premiers principes, que de pécher contre l'Evangile. J'ajoûte même cette considération, que l'Evangile ayant mieux dévelopé les devoirs de la Morale, & étant une extension très-considérable du bien honnête, que Dieu nous avoit révélé par la Religion naturelle, il s'ensuit que toute action de Chretien, non conforme à l'Evangile est plus énorme & plus injuste que si elle étoit simplement contraire à la raison ; car plus les regles de la justice, & les principes des mœurs sont dévelopez, éclaircis, & étendus, plus est-on inexcusable de ne s'y pas conformer : desorte que s'il se trouve que la contrainte en matiere de Religion soit contraire à l'esprit de l'Evangile, ce sera une seconde preuve plus forte que la premiere pour montrer que cette contrainte est injuste, & contraire à la regle primitive & originale de l'équité & de la raison.

Mais pour ne laisser aucun encombrier dans notre chemin, disons un mot sur une difficulté qui se présente. On me dira que par le principe que j'ai établi dans le Chapitre I. l'Evangile n'auroit pas dû être reçu comme une révélation divine, puisque si on en compare les préceptes avec ma regle originale, on ne les y trouvera pas conformes ; car rien n'est plus conforme à la lumiere naturelle que de se défendre lorsque l'on est attaqué, que de se venger de son ennemi, que d'avoir soin de son corps, &c. & rien n'est plus opposé à l'Evangile. S'il faloit donc juger qu'une doctrine qu'on nous prêche comme descenduë du Ciel, n'est pas divine dès qu'elle n'est pas conforme à la lumiere naturelle, à la révélation primitive, perpetuelle & universelle de la Divinité envers l'homme, il auroit falu rejetter comme fausse la doctrine de Jesus-Christ ; & aujourd'hui elle ne pourroit pas passer pour une seconde regle compulsée sur l'originale, & par conséquent je ne pourrois rien prouver par ma méthode, en prouvant ici que la contrainte est contre l'esprit de la Morale Evangelique.

Je réponds que tous les enseignemens moraux de Jesus-

Jéſus-Chriſt ſont tels qu'étant peſez à la balance
de la Religion naturelle , ils ſeront trouvez de
bon alloi ; deſorte que comme Jéſus-Chriſt a fait
d'ailleurs un ſi grand nombre de Miracles qu'il
n'y auroit que l'oppoſition de ſa doctrine à quelque vérité évidente de la révelation naturelle, qui
eût pû faire douter de la divinité de ſa Miſſion,
l'on doit être tout-à-fait en repos de ce côté-là.
Il a fait des Miracles pour le maintien d'une doctrine, qui bienloin d'être contraire aux notions
de la Raiſon , & aux plus purs principes de l'é-
quité naturelle, les étend , les éclaircit , les dé-
velope, les perfectionne ; il a donc parlé de la
part de Dieu. La lumiere naturelle ne dit-elle
pas clairement à tous ceux qui la conſultent avec
attention, que Dieu eſt juſte, qu'il aime la vertu,
qu'il déſaprouve le mal, qu'il mérite nos reſpects
& notre obéïſſance, qu'il eſt la ſource de notre
bonheur, & que c'eſt à lui qu'on doit recourir
pour avoir ce qui nous eſt neceſſaire ? Cette lumiere ne dit-elle pas à ceux qui la contemplent
avec ſoin, & qui s'élevent au-deſſus des ſombres
nuages, que leurs paſſions & la materialité de leurs
habitudes forment ſur leur eſprit, qu'il eſt honnête
& louable de pardonner à ſes ennemis, de moderer ſa colere , de dompter toutes ſes paſſions ?
D'où viendroient toutes ces belles maximes, dont
les Livres des Païens ſont tout pleins , s'il n'y
avoit pas pour cela une revelation naturelle adreſ-
ſée à tous les hommes ? Cela étant il a été facile
de voir qu'il n'y a rien de plus raiſonnable , &
de plus conforme à l'ordre, que de commander
à l'homme l'humilité, l'oubli des offenſes, la mortification & la charité ; car notre Raiſon connoiſſant fort clairement que Dieu eſt le ſouverain
bien, goûte & aprouve les maximes qui nous
uniſſent à lui. Or rien n'eſt plus capable de nous
unir à Dieu que le mépris de ce monde & la
mortification des paſſions; donc la Raiſon a trouvé tout à fait dans l'ordre la Morale de l'Evangile;
& bien-loin que cette Morale ait dû la porter à
douter ſi les Miracles de Jéſus-Chriſt prouvoient
ſa divinité, elle a dû au contraire en être une ſolide confirmation. Il n'en ſeroit pas de même de
la Morale qu'on prétend trouver dans ces paroles,
contrains-les d'entrer; car ſi elles ſignifioient *emploie
les priſons, les tortures & les ſuplices , pour obliger
à la profeſſion du Chriſtianiſme tous ceux qui ne s'y
voudront pas ſoûmettre de bon gré,* notre Raiſon, notre Religion naturelle auroient eu ſujet d'entrer
dans de grandes défiances , & de regarder Jéſus-
Chriſt comme un Emiſſaire du Démon, qui venoit
ſous les belles apparences d'une Morale auſtere &
fort ſpiritualiſée, ſoûtenuë de grands prodiges,
gliſſer le plus mortel venin qui puiſſe ruïner le genre humain, & le rendre le Théatre affreux & continuel des plus ſanglantes & des plus effroiables
Tragedies. Mais propoſons par ordre cette ſeconde preuve. Voici mon raiſonnement.

Une interprétation de l'Ecriture tout à fait contraire à l'eſprit de l'Evangile ne peut être que fauſſe.

Or eſt-il que le ſens littéral de ces paroles, *Contrains-les d'entrer,* eſt tout-à-fait contraire à l'eſprit de l'Evangile.

Donc le ſens littéral de ces paroles ne peut être
que faux.

Je ſuppoſe avec raiſon, que la *majeure* de cet
argument n'a plus beſoin d'être prouvée. Je ne
prouverai donc que la *mineure.*

de   Pour cet effet je remarque 1. que l'excellence
ſur de l'Evangile par-deſſus la Loi de Moïſe , con-
py- ſiſte, entre autres choſes, en ce qu'il ſpiritualiſe

l'homme , qu'il le traite plus en créature raiſonnable & d'un jugement formé , & non-plus en
enfant, qui avoit beſoin d'être amuſé par des
ſpectacles & par de grandes ceremonies, qui fiſſent diverſion à ſon penchant vers l'idolâtrie Payenne. Or de là il s'enſuit que l'Evangile demande
très-particulierement qu'on le ſuive par raiſon,
qu'il veut avant toutes choſes éclairer l'eſprit de
ſes lumieres , & attirer enſuite notre amour &
notre zele, qu'il ne veut pas que la peur des
hommes , ou la crainte d'être miſérables , nous
engage à le ſuivre extérieurement, ſans que notre
cœur ſoit couché, ni notre Raiſon perſuadé : il
ne veut donc pas qu'on force perſonne; ce ſeroit
traiter l'homme en eſclave, & tout comme ſi l'on
ne ſe vouloit ſervir de lui que pour une action
manuelle & machinale, où il importe peu qu'il
travaille de bon gré, pourvû qu'il travaille : mais
en matiere de Religion, tant s'en faut que ce
ſoit faire quelque choſe que de la faire contre
ſon gré, qu'il vaudroit mieux vivre tout-à-fait
en repos que de travailler par force. Il faut que
le cœur ſans mêle & avec connoiſſance de cauſe;
il faut donc que plus une Religion demande le
cœur, le bon gré, le culte raiſonnable , une perſuaſion bien illuminée, comme fait l'Evangile,
plus elle ſoit éloignée de toute contrainte.

Je remarque en ſecond lieu que le principal caractere de Jéſus-Chriſt, & la qualité, pour ainſi
dire dominante de ſa perſonne, a été l'humilité, la patience, la débonnaireté. *Aprenez de moi,*
diſoit-il à ſes Diſciples, *que je ſuis débonnaire &
humble de cœur.* Il eſt comparé à un agneau qui
a été mené à la tuerie ſans ſe plaindre : Il dit
que bien-heureux ſont les débonnaires, les pacifiques & les miſéricordieux. Quand on lui a dit
des outrages, il n'en rendoit point , mais ſe remettoit à celui qui juge juſtement. Il veut que
nous béniſſions ceux qui nous maudiſſent , &
que nous prions pour ceux qui nous perſecutent;
& bien-loin de permettre à ſes Sectateurs de perſécuter les Infideles , qu'il ne veut pas même
qu'ils oppoſent à leur perſécution autre choſe que
la fuite : *Si l'on vous perſecute en une Ville* , dit-il,
fuïez en une autre. Il ne leur dit pas , tâchez de la
faire ſoulever contre ceux qui la gouvernent, a pel-
lez à votre ſecours les Villes qui ſont pour vous,
& venez aſſiéger celle qui vous a perſécutez, pour
la contraindre de vous croire ; il leur dit, ſortez-
en pour vous transporter en un autre lieu. Il veut
bien , en un autre endroit, qu'ils proteſtent dans
les ruës contre ceux qui ne les auront pas voulu
écouter : mais c'eſt toute la procédure qu'il leur
permet, après quoi il leur ordonne de ſe retirer.
Il ſe compare à un Berger qui va devant ſes brebis , *& elles le ſuivent ; car elles connoiſſent ſa voix.*
Qu'on remarque bien ces paroles; il ne dit pas
qu'il chaſſe devant ſoi le troupeau à coups de
verge, comme quand on le veut contraindre d'aller dans un lieu contre ſon inclination ; il dit
qu'il ſe met devant, & qu'elles le ſuivent , parce qu'elles le connoiſſent ; ce qui marque la
pleine liberté qu'il leur donne de ſuivre pendant
qu'elles le connoîtront , & de s'écarter ſi elles
venoient à le méconnoître , & qu'il ne veut
qu'une obéïſſance volontaire, précédée & fondée
ſur la connoiſſance. Il fait oppoſition de ſa Miſſion à celle des larrons & des brigans, qui comme des loups ſe jettent dans la Bergerie, pour
enlever par force des brebis qui ne leur appartiennent point, & qui ne connoiſſent pas leur voix.
Quand il ſe voit abandonné par les troupes, il

n'arme point ces légions d'Anges, qui étoient toûjours comme à la solde, & il ne les envoie pas à la chasse de ses deserteurs, pour les contraindre de retourner; bien-loin de là il demande à ses Apôtres qui ne l'avoient pas quitté, s'ils n'ont pas envie de le faire, *& vous, ne vous en voulez-vous point aussi aller?* Comme pour leur aprendre qu'il ne vouloit retenir personne à son service, qui n'en fût bien aise. Quand il monte au Ciel, il ne commande à ses Apôtres de ne convertir les nations qu'en les enseignant, les endoctinant & les baptisant. Ses Apôtres ont suivi l'exemple de sa débonnaireté, & nous ont enjoint d'être les imitateurs & d'eux & de leur maître. Il faudroit copier presque tout le Nouveau Testament, si l'on vouloit apporter toutes les preuves qu'il fournit de la bonté, de la douceur & de la patience, qui font le caractere essenciel & distinctif de l'Evangile.

Raisonnons presentement ainsi.

Le sens littéral de ce texte de l'Evangile, *Contrains-les d'entrer,* est non seulement contraire aux lumieres de la Religion naturelle, Loi primitive & originale de l'équité, mais aussi à l'esprit dominant & essenciel de ce mêmeEvangile & de son Auteur; car rien ne peut être plus opposé à cet esprit que les cachots, que les exils, que le pillage, que les Galeres, que l'insolence des soldats, que les suplices & les tortures:

Donc ce sens litteral est faux.

Je ne crois pas qu'on puisse rien imaginer de plus impie & de plus injurieux à Jésus-Christ, ni d'une plus dangereuse conséquence, que de soûtenir qu'il a donné un précepte general aux Chretiens de fairedes conversionspar la contrainte; car outre qu'une maxime aussi contraire que celle-là au bon sens, à la Raison, & aux principes generaux de la Morale, pourroit faire croire que celui qui la débite ne parle pas de la part de ce même Dieu qui en a déja revelée une toute diférente, par la voie de la lumiere naturelle; de Dieu, dis-je, incapable de se contredire si grossierement; outre cela, quelle idée se peut-on former de l'Evangile, si l'on y voit d'un côté tant de préceptes de clémence & de douceur, & de l'autre un ordre general qui enferme dans son enceinte tous les crimes de fourberie & de cruauté que l'Enfer peut imaginer? Qui ne diroit que c'est un amas bizarre de pensées contradictoires, d'un esprit qui ne savoit pas bien sa leçon, & qui ne s'entendoit pas lui-même? Ou plûtôt qui ne diroit qu'il ne sauroit que trop sa leçon, & que l'ennemi du genre humain qui l'avoit séduit, se servoit de son organe pour introduire dans le monde le plus épouvantable déluge de désolations qui puisse être conçu, & qu'afin d'y réüssir il lui sit couvrir son jeu d'une feinte & sucrée modération, pour tout d'un coup lui faire lâcher l'arrêt foudroiant & funeste de contraindre & de forcer toutes les nations à professer le Chistianisme? Voilà les abîmes où se jettent les infâmes defenseurs du sens littéral de la parabole, qu'on pourroit plûtôt nommerDirecteurs généraux des bouchers & des bourreaux, qu'interpretes de l'Ecriture. Un Pere de l'Oratoire, nommé Amelote, disoit durant les démêlez des Jansénistes, *que si on* [*] *avoit, sur le fait de Jansenius, une évidence de la nature de celle qu'on a par les sens ou par les premiers principes, alors ceux qui auroient les yeux éclairez, d'une telle lumiere, auroient sujet de se défier de la diligence & de la fidelité du Pape & des Evêques qui leur*

(*) „Voyez le Traité de la foi humaine, 1. part. c. 17.

seroient opposez, & pourroient exiger une revelation évidente de ceux qui les voudroient obliger de sacrifier leur persuasion, & de la soûmettre malgré leur connoissance. Il apelloit l'évidence fondée sur les sens, ou sur les premiers principes, un *poste inexpugnable.* Je conclu de son principe que le moins qu'un homme doive faire, pour nous persuader le sens litteral de ces paroles, *Contrains-les d'entrer,* opposé à toutes les lumieres de la Raison & de l'Evangile, c'est de nous prouver par une revelation nouvelle & très-évidente, qu'il interprete bien ce passage. Et je ne crois pas même qu'hors quelque cas particulier où Dieu peut faire des exceptions à ses loix, on dût jamais se fier à une revelation semblable, quelque évidente qu'elle fût. Je veux dire, que si un Prophete faisant des Miracles pour le maintien du sens litteral, en faisoit un précepte general, & non limité à quelque circonstance particuliere, comme étoit, par exemple, le meurtre de Phinées, nous aurions droit de le prendre avec ses Miracles pour un Imposteur.

CHAPITRE IV.

Troisieme Réfutation du sens litteral, par la raison qu'il bouleverse les bornes qui séparent la justice d'avec l'injustice, & qu'il confond le vice avec la vertu, à la ruine universelle des Societez.

MAis c'est trop amuser le bureau par des preuves qui ne sont que médiocrement bonnes, en comparaison de ce qu'on va dire. Frapons dès ici le grand coup écrasant sur la tête du sens littéral de la parabole.

Un sens littéral de l'Ecriture est necessairement faux, lorsqu'il contient le renversement general de la Morale divine & humaine, qu'il confond le vice avec la vertu, & que par-là il ouvre la porte à toutes les confusions imaginables.

Or c'est ce que fait le sens litteral de ces paroles, *Contrains-les d'entrer:*

Donc il est necessairement faux.

La majeure est si claire par elle-même qu'il seroit ridicule de la vouloir prouver. Passons donc à la preuve de la mineure qui semblera d'abord paradoxique.

Je suis d'assez bonne foi pour avouër aux Convertisseurs de France, qu'en supposant que Jésus-Crist ait commandé de convertir les gens par force, ils n'ont fait qu'obéïr à Dieu, en contraignant les Réformez par les logemens de soldats, par les prisons & autres voies violentes, à se faire Catholiques, & qu'ainsi ces violences ne sont point des crimes, mais de fort bonnes actions. Mais je leur demande s'il n'est pas vrai que la seule raison pour laquelle ce sont des bonnes actions, est, qu'elles ont été faites pour l'avantage de l'Eglise, & dans la vûë d'amplifier le Royaume de Jésus-Christ. Je ne pense pas qu'on me le nie; car si on me répondoit qu'un Roi, aussi absolu que celui d France, peut loger les soldats chez qui il lui plaît, leur permettre telle ou telle licence, les retirer de chez un homme qui a mérité cette distinction en signant un Formulaire, & qu'ainsi la raison pourquoi les violences ne sont pas criminelles est parce qu'elles sont permises à un Roi dans ses Etats; si, dis-je, l'on me faisoit cette réponse, je n'aurois pas grand' peine à m'en relever.

Car

Car je demanderois si, suposé que ce que le même Roi de France vient de faire, il l'avoit fait sans autre raison, vûë, ni motif que se divertir par un capricieux exercice de sa puissance, cela ne seroit pas une action injuste, & que Dieu pourroit punir très-justement ? Je ne conçois pas qu'il y ait des géns assez flateurs, ou assez aveugles, pour me répondre que non; il faut donc qu'un Roi, qui vexe ainsi une partie de ses Sujets, en faisant piller leurs biens, en séparant les enfans d'avec les peres, les femmes d'avec les maris, en emprisonnant les uns, en encloîtrant les autres, en démolissant des maisons, en faisant couper des bois, en permettant même que des soldats tourmentent leurs hôtes en personne, ait une autre raison d'agir ainsi, que celle de sa souveraineté & de son bon plaisir; autrement tout le monde voit que c'est un abus injuste & tiranique de la puissance Roïale.

eux qui
que les
ans ont
venu
its.

On me dira, peut-être, que ces vexations ont été fondées sur ce qu'une partie des Sujets ne se conformoient pas aux Edits du Roi, Or un Roi punit justement ceux d'entre ses Sujets qui n'obéïssent pas à ses Edits. Mais cette réponse non seulement supose faux, savoir que l'on n'ait châtié par des logemens de géns de guerre, que ceux qui n'avoient pas obéï aux Edits Roïaux, puisqu'il est certain que ces logemens ont précédé la révocation de l'Edit de Nantes, ou le tems que cette révocation accordoit aux Protestans pour se faire instruire, mais aussi cette réponse est trop vague pour être bonne; car afin que les peines qu'un Roi fait soufrir à ses Sujets qui n'ont pas obéï à ses Ordonnances, soient justes, il faut que ces Ordonnances soient fondées sur quelque bonne raison; autrement un Roi pourroit justement punir ceux d'entre ses Sujets qui n'auroient pas les yeux bleus, le nez aquilin, les cheveux blonds, qui ne trouveroient pas bonnes certains viandes, qui n'aimeroient pas la chasse, la musique, l'étude, &c. il pourroit, dis-je, les punir très-justement, suposé qu'il eût publié des Ordonnances qui enjoignissent à tous ses Sujets d'avoir dans un certain tems les yeux bleus, &c. & de se plaire à l'étude, &c. Mais chacun voit que comme ces Ordonnances seroient injustes, les peines des contrevenans le seroient aussi; desorte qu'il faut demeurer d'accord que pour vexer des Sujets justement, il ne suffit pas de dire d'une maniere vague qu'ils ont contrevenu aux Ordonnances; il faut dire en particulier qu'ils ont contrevenu à des Ordonnances ou justes, où du moins telles qu'il n'y avoit qu'une négligence déraisonnable qui y fît contrevenir. On me dira que les Ordonnances du Roi Louis XIV. étoient de cette nature. Je n'en disputerai pas; mais qu'on m'accorde donc que la raison pour laquelle il a pû traiter, sans faire aucune injustice, ses Sujets de la Religion comme il les a traitez, est qu'il a fait tout cela pour l'avantage de l'Eglise Romaine, qui est selon lui la seule bonne Eglise qu'il y ait au monde. Il en faut venir-là, & tout se réduit à ce fondement, c'est de dire, que ce qu'on vient de faire en France à ceux de la Religion seroit injuste, s'il s'étoit fait non pas pour l'avantage de la vraie Religion, mais pour faire, par exemple, qu'ils avoüassent qu'ils sont persuadez que la terre tourne; que la chaleur que nous attribuons au feu est une sensation de notre ame; qu'une telle sausse est meilleure qu'une autre; mais que puisqu'on n'a pas violenté les Huguenots, pour leur faire avoüer des choses de cette nature, mais les

véritez révelées aux Chretiens, le traitement qu'ils ont reçu est fort juste, étant conforme au commandement de Jésus-Christ. On ajoûtera que c'est abuser des termes que de nommer ces traitemens persécution. Il n'y a que les maux qu'on fait aux Fideles qui soient persécution. Ceux qu'on fait aux Hérétiques ne sont qu'actes de bonté, d'équité, de justice & de Raison. Voilà qui est bien. Convenons donc *qu'une chose qui seroit injuste, si elle n'étoit pas faite en faveur de la bonne Religion, devient juste lors qu'elle est faite pour la bonne Religion.* Cette maxime est très-clairement contenuë dans ces paroles, *Contrain-les d'entrer,* suposé que Jésus-Christ les ait entenduës littéralement; car elles signifient, *battez, foüetez, emprisonnez, pillez, tuez ceux qui seront opiniâtres, enlevez-leur leurs femmes & leurs enfans; tout cela est bon quand on le pratique pour ma cause: en d'autres circonstances ce seroient des crimes énormes, mais le bien qui en arrive à mon Eglise purge & nettoïe ces actions parfaitement.*

Le droit de
contraindre
est le renverse-
ment général
du Décalogue.

Or c'est ce que je dis être la plus abominable doctrine qui ait été jamais imaginée, & je doute qu'il y ait dans les enfers des Diables assez méchans pour souhaiter tout de bon que le genre humain se conduise par cet esprit. Desorte qu'attribuer cela au Fils éternel de Dieu, qui n'est venu au monde que pour y apporter le salut, & pour y enseigner aux hommes les véritez les plus saintes & les plus charitables, c'est lui faire la plus sanglante de toutes les injures; car considérez, je vous prie, les horreurs & les abominations qui viennent à la suite de cette Morale détestable, c'est que toutes les barrieres qui séparent la vertu d'avec le vice, étant levées, il n'y aura plus d'action si infâme qui ne devienne un acte de piété & de Religion, dès qu'on la fera pour l'affoiblissement de l'Héréfie. Ainsi dès qu'un Hérétique par son esprit, par son éloquence, par ses bonnes mœurs confirmera les autres dans leur Héréfie, & persuadera même aux Fideles qu'ils se trompent, il sera permis de le faire assassiner, ou empoisonner, ou de divulguer contre sa réputation mille calomnies infâmes, & gagner de faux témoins pour les appuïer. Car on aura beau dire que cela est injuste, la réponse est toute prête. *Cela seroit injuste à la vérité en d'autres cas, mais s'agissant de l'intérêt de l'Eglise il n'y a rien de plus juste.* On voit, sans que j'entre dans un détail odieux, qu'il n'y auroit point de crime qui ne devînt un acte de Religion; les Juges condamneroient à tort les Hérétiques dans tous leurs procès; on voleroit impunément les Hérétiques, & on leur manqueroit de parole dans les affaires les plus importantes; on leur enleveroit leurs enfans, on leur susciteroit de faux témoins, on débaucheroit leurs filles, afin qu'une grossesse honteuse les obligeât à chercher de l'apui dans la bonne Religion; en un mot on leur feroit toutes les avanies imaginables; la violence & la fourbe s'entre-succederoient contre eux, persuadé que l'on seroit qu'on les lasseroit de vivre, & qu'on les obligeroit à changer de Religion; & moïennant ce motif que l'on auroit, on se persuaderoit de bien faire. Quoi de plus horrible ?

Ce ne seroit pas le seul parti qui auroit droit dans le fonds, qui feroit tout ce beau manége; chacun se croiroit en droit de le faire, parce que chaque Religion se croit seule la véritable, ou du moins la plus véritable, & regarde les autres comme ennemies de Dieu, ou comme défectueuses, & prétend qu'en les convertissant on rend

un

un grand service à Dieu. Je n'entre pas pour le présent dans la question si elles ont toutes un droit égal, supposé la persuasion de bonne foi d'agir pour l'extirpation de ce qu'elles croient faux; mais au moins est-il vrai que Jésus-Christ auroit prévu que son commandement porteroit tous les Chrétiens à user de violence, contre ceux qui ne seroient pas de leur secte; ce qui seroit une source inépuisable de crimes, & une Iliade de miseres pour le bon parti. Or il n'y a nulle aparence que la seule prévision de tant de désordres, ausquels son commandement formel donneroit lieu, & serviroit d'une excuse très-plausible, ne l'eût seule détourné de le donner, quand il n'en auroit pas été détourné d'ailleurs suffisamment par l'injustice essencielle & inaliénable qui se trouve dans les persécutions de Religion.

Quoique je ne veuille pas spécifier en détail les confusions abominables qui naîtroient de ce que les actions les plus injustes deviendroient justes, par l'emploi qu'on en feroit pour l'extirpation de l'erreur, si faut-il que je dise qu'il en naîtroit, entre autres, ce grand inconvénient, que les Rois & les Souverains ne seroient jamais en sûreté, lorsque leurs Sujets seroient d'une diférente Religion. Les Sujets se croiroient obligez en conscience de les déposer, & de les chasser honteusement, s'ils ne vouloient pas abjurer leur Religion, & ils croiroient en cela ne faire qu'une action très-légitime; car enfin, diroient-ils, l'Evangile veut que l'on contraingne d'entrer; il faut donc que nous contraignions notre Roi à changer, que nous lui refusions obéïssance jusques à ce qu'il ait changé; & s'il s'opiniâtre, que nous le déposions & que nous le confinions dans un Monastere. Peut-être que la vûë de tant de maux temporels l'apliquera à se faire instruire, & le dégagera de ses préjugez: en tout cas nous procurerons l'avantage de la Religion, en chassant un Roi qui lui est contraire, & en lui en substituant un autre qui la favorisera. Or cela suffit pour rendre justes les actions qui seroient sans cela très-criminelles. Déposons donc, ou même faisons mourir nos Rois hérétiques, puis qu'encore que ce soit un parricide infernal, quand on s'y porte pour d'autres considérations, c'est une bonne œuvre dès qu'on s'y porte pour le bien de la Religion. Ainsi tour à tour les Souverains & les Sujets se persécuteroient de la bonne sorte. Ceux-là contraindroient à vive force leurs Sujets de diférente Religion à la quitter, & ceux-ci dès qu'ils le pourroient en feroient autant à leur Prince, les uns & les autres obéïssant aux ordres du Fils de Dieu. N'auroit-on pas une belle obligation à Jésus-Christ de s'être incarné, & d'avoir été crucifié pour nous, si dans ces trois mots, *Contrains-les d'entrer*, il nous étoit venu enlever tous les foibles restes de la Religion naturelle, qui s'étoient sauvez du naufrage du premier homme; s'il étoit venu confondre toutes les idées du vice & de la vertu, & renverser les bornes qui désunissent ces deux Etats, en faisant que le meurtre, le vol, le brigandage, la tirannie, la révolte, la calomnie, le parjure, & généralement tous les crimes cessassent d'être de mauvaises actions, dès qu'on les feroit contre les Hétérodoxies, & devinssent des vertus d'obligation & très-nécessaires à pratiquer. Ce seroit avoir eu pour but de ruïner toutes les sociétez, & de confiner l'homme dans les cavernes, afin d'éviter son semblable comme la plus dangereuse bête qu'il pût rencontrer.

Ce qu'il y a d'absurde dans plusieurs des Catholiques Romains, & notamment dans les François, c'est que voulant d'une part que Jésus-Christ nous ait commandé la contrainte, ils ne veulent pas que cela regarde les Rois, ni que l'Eglise ait droit de les déposer. Cela est du dernier pitoïable. Ils veulent bien que les Rois, en conséquence de ce passage, soient autorisez de Dieu pour ruïner leurs Sujets hérétiques, les emprisonner, les dragonner, les pendre & les brûler, & ils ne veulent pas que le même passage donne droit aux peuples, dès que le Pape ou l'assemblée Ecclésiastique jugera que le tems en est venu, de chasser un Roi qui ne se voudra pas convertir, & d'établir en sa place un homme orthodoxe. Quel sens y a-t-il à cela? Jésus-Christ auroit commandé les violences partout ailleurs, excepté dans les cas où elles peuvent être les plus avantageuses à l'Eglise, par la perte d'un seul homme! Car qui ne voit que la ruïne d'un Prince hérétique & bigot peut éviter plus de maux à l'autre Religion, que la ruïne de cent mille païsans ou artisans? Ainsi supposé que ces paroles, *Contrains-les d'entrer* signifient: Pille, tuë, emprisonne, pends, roüe jusques à ce que personne n'ose refuser de signer, je ne vois pas de quel droit on se moque de Suarez, de Becan & de plusieurs autres qui disent que dans ces paroles, *Pais mes brebis*, est contenu le pouvoir de traiter les Rois hérétiques tout de la même façon que les Bergers traitent les loups, qu'ils exterminent *omni modo quo possunt*, par tous les moïens à eux possibles.

On me dira que Dieu déclare expressément que c'est par lui que les Rois regnent, & que qui résiste à leurs Ordonnances résiste à Dieu, mais cela n'y fait rien. N'est-il pas incontestable que le meurtre, la calomnie, le vol, le parjure sont expressément défendus de Dieu? Si donc nonobstant cette défence, ils deviennent de bonnes actions quand ils sont emploïez au bien de la Religion, ne doit-on pas dire la même chose de toute autre action défenduë, sans en excepter la déposition d'un Roi? Et la vérité est que ceux même qui témoignent tant d'éloignement d'exposer les Rois à la peine de déposition, lorsqu'ils ne sont pas orthodoxes, se démentent dans la pratique, comme on le vit en France du tems de la Ligue. Tant il est vrai que c'est une suite naturelle & nécessaire du sens littéral que je réfute, de n'épargner ni Têtes couronnées, ni rien qui soit au monde, quand il s'agit d'avancer la prospérité de la Religion.

Je prie tous mes Lecteurs de réfléchir un peu sur ces pensées, & je m'assure qu'ils trouveront qu'un ordre qui seroit naturellement enchaîné (vû comme le monde est fait) avec cette horrible suite de profanations, & avec cette extinction totale des principes généraux de l'équité naturelle, qui sont des loix éternelles & immuables, ne peut pas être parti de la bouche de celui qui est la vérité essencielle & substancielle. Le sens donc littéral que je combats est faussissime.

❋❋❋❋❋❋❋❋❋❋❋❋❋❋❋❋

CHAPITRE. V.

Quatrieme Réfutation du sens littéral, par la raison qu'il fournit un prétexte très-plausible & très-raisonnable aux Infideles de ne laisser entrer aucun Chré-

Chretien dans leur pays, & de les chasser de tous les lieux où ils les trouvent.

J'Ay dit que je ne voulois pas toucher en détail les désordres qui naîtroient du principe que je réfute ; cependant je m'apperçois qu'il y en a quelques-uns qu'il est necessaire de déveloper, afin de mieux faire comprendre les horreurs & l'énormité de la pensée qu'on impute si faussement au Fils de Dieu. Je ferois donc tort à ma cause, si j'évitois le détail à cet égard. J'y entrerai donc pour certains chefs qui me paroissent considérables. J'argumente ainsi.

Tout sens littéral de l'Ecriture qui fournit aux Infideles un sujet légitime & raisonnable de défendre l'entrée & le séjour de leurs Etats aux Prédicateurs de l'Evangile, est faux :

Or le sens littéral de ces paroles : *Contrains-les d'entrer*, fournit ce sujet aux Infideles :

Donc il est faux.

On ne peut pas nier la *majeure* ; car quel sens y auroit-il d'ordonner d'un côté à tous les hommes de se convertir, & de leur donner de l'autre des motifs très-raisonnables de ne le pas faire ? Ne seroit-ce pas se jouer cruellement de l'homme, & frustrer la Providence de ses fins, qui sont de rendre les hommes inexcusables, s'ils ne se servent pas des secours que Dieu leur fournit ? Prouvons seulement la *mineure*.

Supposons pour cela que des Missionnaires du Pape se présentent aujourd'hui pour la premiere fois au Royaume de la Chine, afin d'y prêcher l'Evangile, & qu'ils soient assez sinceres pour répondre nettement aux questions qu'on leur fera. Je suppose en même tems un principe qu'on me niera peut-être, si on ne l'examine pas attentivement, mais non pas si on l'examine bien, c'est que tout homme ayant éprouvé qu'il est sujet à l'erreur, & qu'il voit ou croit voir en vieillissant la fausseté de plusieurs choses qu'il avoit cru veritables, doit être toûjours disposé à écouter ceux qui lui offrent des instructions, en matiere même de Religion. (*). Je n'en excepte pas les Chretiens, & je suis persuadé que s'il nous venoit une flotte de la Terre Australe, où il y eût des gens qui fissent connoître qu'ils souhaiteroient de conferer avec nous sur la nature de Dieu, & sur le culte que l'homme lui doit, ayant apris que nous avons sur cela des erreurs damnables, nous ne ferions pas mal de les écouter, non seulement parceque ce seroit le moyen de les désabuser des erreurs où nous croirions qu'ils seroient, mais aussi parce que nous pourrions profiter de leurs lumieres, & que nous devons nous faire de Dieu une idée si vaste & si infinie, que nous pouvons soupçonner qu'il augmentera nos connoissances à l'infini, & par des degrez & des manieres dont la varieté sera infinie. Comme donc nous sommes persuadez que les peuples de la Terre Australe seroient dans l'obligation d'écouter nos Missionnaires, en vertu de la seule proposition que les Missionnaires leur feroient en général, qu'ils viennent pour les désabuser de leurs erreurs sur la Religion, nous devons croire que nous serions dans la même obligation à l'égard de la flote dont je parle ; car l'obligation des peuples Austraux ne pourroit pas être fondée sur ce que nos Missionnaires leur apporteroient la verité, puisque je suppose qu'ils seroient dans l'obligation, en vertu de l'offre générale qui leur seroit faite, & avant qu'on leur eût fait connoître par aucune preuve, petite ou grande, la verité de ce qu'on leur voudroit annoncer, ou avant qu'ils fussent entrez dans aucun doute sur la verité de leurs créances. J'entens un doute distinct & particulier, & non pas un certain doute implicite, vague & général, qui semble inséparable de tout homme qui sait raisonner sur ces maximes : *J'ai cru mille choses fermement que je ne crois plus, & ce que je crois encore je vois qu'un grand nombre de gens qui valent autant que moi ne les croyent pas ; je me détermine à croire bien souvent, non pas sur des démonstrations qui me paroissent ne pouvoir être autrement, & qui paroissent telles aux autres hommes, mais sur des raisons probables qui ne le paroissent pas aux autres hommes.* Si donc les peuples de la Terre Australe seroient obligez d'écouter nos Missionnaires, avant qu'aucun préjugé particulier les déterminât ou à douter de leur ancienne Religion, ou à soupçonner qu'on leur vient offrir la verité, il est évident que leur obligation seroit fondée sur un principe qui regarde universellement tous les hommes, savoir qu'il faut profiter de toutes les occasions que l'on trouve d'étendre nos connoissances, par l'examen des raisons qu'on peut proposer contre nous, ou pour l'opinion des autres.

Mais pour ne pas incidenter, laissons-là ces réflexions : il n'est pas necessaire de montrer que les Chinois seroient obligez d'écouter les Missionnaires du Pape en question. Representons-nous un peu leur premiere conversation : Que l'Empereur de la Chine au milieu de son Conseil fasse venir ces bons Peres, & qu'il leur demande d'abord d'où vient qu'ils ont entrepris ce long voyage. Ils répondront sans doute que c'est pour annoncer la veritable Religion que Dieu lui-même a revelée par son fils unique, & là-dessus ils diront cent belles choses sur la pureté de la Morale de Jesus-Christ, sur la felicité qu'il promet à ses Fideles, & sur le tort qu'on fait à la Divinité dans les Religions Payennes. Il pourroit bien arriver que ce Prince leur répondroit, comme fit notre Ethelrede aux Moines que Saint Gregoire le Grand envoya dans ce pays-ci, que ce qu'ils venoient de dire étoit beau pourvû qu'il fût vrai, & que de bon cœur il y acquiesceroit, s'il ne trouvoit plus de certitude dans ce qu'il tenoit de ses Ancêtres ; qu'il consentoit que tous ceux qui la trouveroient veritable en fissent ouverte profession. Mais supposons que le Conseil de la Chine s'avise de faire cette question aux Missionnaires : *Quels ordres avez-vous pour ceux qui après avoir oui cent fois vos sermons, ne voudront pas vous croire ?* Et que ces Moines, dans la sincerité que nous leur avons supposée d'abord, répondent : Nous avons reçu commandement de la part de notre Dieu qui s'est fait homme, de contraindre à se faire Chretiens tous les opiniâtres, c'est-à-dire, tous ceux qui après nos instructions refuseront de se faire baptiser ; & en consequence de cet ordre notre conscience nous oblige, dès que nous en aurons le pouvoir, & qu'il n'y aura pas à craindre un plus grand mal, de chasser à coups de bâton dans les Eglises Chretiennes tous les Chinois Idolâtres, de les emprisonner, de les réduire à l'aumône, d'en pendre quelques-uns pour l'exemple, de leur enlever les enfans, de les abandonner à la merci du soldat, eux, leurs femmes, & leurs biens. Si vous

Supposition de la demande que devroit faire un Roi de la Chine aux Missionnaires du Pape.

(*) Voyez encore sur ce sujet le 5. Chap. de la 2. partie.

Tom. II.

Bbb

vous en doutez, voilà l'Evangile ; voilà le commandement clair & net, *Contrains-les d'entrer ;*
c'eſt-à-dire, employe toutes les violences les plus
propres à venir à bout de la réſiſtance opiniâtre
des hommes.

Et de la Ré-
ponſe de ces
Miſſionnaires.

On conçoit aiſément que la ſincerité que je
ſuppoſe à ces Miſſionnaires, eſt une chimere ;
mais je puis néanmoins faire cette ſuppoſition,
afin de conduire plus clairement mon Lecteur où
je ſouhaite qu'il vienne. Que penſons-nous à cette
heure que l'on penſeroit & que l'on diroit dans
le Conſeil ? Ou ce ſeroit des Conſeillers ſans
eſprit, ſans jugement, ſans raiſon, des machines parlantes, ou ils conſeilleroient à l'Empereur
de faire ſortir inceſſamment de ces Etats tous ces
Miſſionnaires, comme des peſtes publiques, &
de faire défenſes expreſſes d'en laiſſer jamais entrer aucun. Car qui ne voit que c'eſt introduire
dans ſon Roïaume la ſemence perpetuelle du carnage & de la déſolation des Villes & du plat pays,
que de laiſſer prêcher ces gens-là ? Au commencement ils ne feront que prêcher, qu'inſtruire,
que flater, que promettre un Paradis, que menacer d'un Enfer, ils perſuaderont beaucoup de
monde, & il arrivera qu'ils auront dans toutes les
Villes & dans tous les ports pluſieurs ſectateurs ;
& alors ou par les ſecours étrangers, ou même
par les ſeules forces de ceux qui les ſuivent, ils
commenceront leurs violences contre tous ceux
qui voudront perſeverer dans leur ancienne Religion. Ceux-ci n'auroient garde d'endurer qu'on
les vexe dans les lieux où ils pourront ſe défendre ; ainſi on viendra aux mains de tous côtez, & on ſe tuëra comme des mouches, & tout
autant de Chretiens qui mourront dans le combat
voilà tout autant de Martyrs, au dire des Miſſionnaires, attendu qu'ils auront perdu la vie en
executant l'ordre précis & formel de Jeſus-Chriſt,
Contrains-les d'entrer. Où eſt l'ame aſſez Papale
ou Monachale, pour ne pas friſſonner d'horreur
à la vûë de ces affreuſes déſolations ? Mais ce
n'eſt pas le tout, il faut que l'Empereur lui-
même ſaute tôt ou tard, s'il n'a pas des forces
baſtantes contre ſes Sujets Chretiens.

Suite que doit
avoir la Ré-
ponſe.

Car, comme je l'ai déja dit, il ſeroit abſurde
que Jeſus-Chriſt eût commandé la contrainte à
l'égard d'un pauvre petit Bourgeois, artiſan &
payſan, dont la converſion n'eſt que peu importante par raport à l'amplitude de l'Egliſe, &
qu'il ne l'eût pas commandée à l'égard des Rois,
dont l'exemple & l'autorité eſt ſi utile pour
fomenter une Religion. Ainſi, ſuppoſé le ſens litteral que je réfute, la premiere choſe que devroient
faire les Miſſionnaires dès qu'ils auroient converti
une partie des Chinois capable de ſe faire craindre, c'eſt de faire ſavoir à l'Empereur que s'il
ne ſe faiſoit pas Chretien, ils ne lui obeïroient
plus, qu'ils lui feroient du pis qu'ils pourroient,
qu'ils feroient venir des Croiſades de l'Occident
pour lui ôter ſa Couronne, qu'ils ſe feroient un
autre Roi fidele enfant de l'Egliſe, & qu'ayant
groſſi leur nombre par les voyes de la contrainte,
ils l'obligeroient enfin à ſe faire Moine, ou le
tiendroient toute ſa vie entre quatre murailles,
ou à embraſſer leur Religion. Et s'il arrivoit
que ſe mettant en Campagne pour repouſſer la
force par la force, il vainquît ſes Sujets Chretiens, & les obligeât à lui faire ſerment de fidélité, & à lui promettre de ne plus violenter perſonne ; il ne pourroit faire aucun fonds ſur ce
Traité, ni ſur ce ſerment, parce qu'il compren-

droit bien que puiſque la loi du Chriſtianiſme légitimeroit le vol, le meurtre, la révolte,
quand cela ſeroit utile à la Religion, elle au-
toriſeroit auſſi l'infidelité dans les ſermens ;
deſorte qu'il auroit ſujet de craindre que dès
qu'il auroit retiré ſes Troupes, ſes Sujets Chretiens ne recommençaſſent leurs fureurs au mépris
de leurs ſermens, qu'ils ſubordonneroient toûjours, comme à une condition ſous-entenduë,
à l'amplification de l'Egliſe. Il ne ſeroit donc
jamais en repos ni pour lui, ni pour ſes Sujets,
tandis qu'il auroit dans ſes Etats de tels perturbateurs du repos public, que rien n'eſt capable
de lier, & qui ſe croiroient tout permis & neceſſaire, pourvû qu'il ſervît à leur Religion.

Par conſéquent toutes ſortes de raiſons voudroient qu'il fît ſortir de ſon Royaume, après
une audience de deux heures, tous les Miſſionnaires Chretiens ; & ainſi avec raiſon & juſtice
il demeureroit éternellement dans ſa fauſſe Religion. Conſéquence horrible, & qui naiſſant
très-naturellement du ſens litteral, montre qu'il
eſt faux, impie & abominable.

Je dis qu'avec raiſon & juſtice il chaſſeroit
ces Miſſionnaires ; car 1. la Raiſon & la juſtice
veulent qu'un Prince qui voit venir des Etrangers dans ſon Etat, pour y annoncer une nouvelle Religion, s'informe ce que c'eſt qu'une telle
Religion, & ſi elle accorde la fidélité que les
Sujets doivent à leur Prince avec celle qu'ils
doivent à Dieu ; & par conſéquent cet Empereur
de la Chine doit dès la premiere converſation
s'informer de ces Miſſionnaires, de quelle nature
eſt leur doctrine, par raport au bien public & aux
loix fondamentales qui font le bonheur des Sujets & des Souverains. Je ne fais pas difficulté
de dire qu'un Roi qui ne s'informeroit pas de
cela, pécheroit contre les loix éternelles, qui veulent qu'il veille au repos public du peuple que
Dieu lui a ſoumis. Soit donc conclu qu'en bonne juſtice il doit queſtionner les Miſſionnaires
ſur le point que j'ai touché, de la maniere
dont ils ſe comporteroient envers ceux qu'ils
croiroient opiniâtres. Or comme il apprendroit d'abord des choſes horribles, contraires
à l'équité naturelle, & pernicieuſes à ſes Sujets, dangereuſes à ſon trône ; qu'il apprendroit,
dis-je, cela avant que d'être venu à ce degré de
connoiſſance du Chriſtianiſme qui oblige l'homme à l'embraſſer, il eſt clair que de deux obligations où on ſe le peut repreſenter ſucceſſivement,
l'une de travailler au repos de ſes Sujets, l'autre
de profeſſer le Chriſtianiſme, celle-là précede
l'autre ; & ainſi il chaſſe très-juſtement les Chretiens de ſon Etat, & n'en veut plus ouïr parler,
après quoi la 2 obligation ne viendra jamais, puiſqu'il implique contradiction qu'un Prince ſoit
obligé de ſe faire Chretien, avant que d'être bien
inſtruit de la verité du Chriſtianiſme, ou qu'il
ſoit bien inſtruit du Chriſtianiſme ſelon le train
des choſes humaines, ſans avoir pluſieurs conferences avec des Chretiens. Qu'on ſe ſouvienne
de la maxime d'un Auteur (*) moderne, que pour
n'être pas ſchiſmatique il ne ſuffit pas de s'être
ſéparez d'une fauſſe Egliſe, mais qu'il faut de-plus
avoir eu une certitude légitime de la fauſſeté de
cette Egliſe. Ainſi afin qu'un Roi de la Chine a-
bandone juſtement ſa Religion, il ne ſuffit pas qu'il
embraſſe la Chretienté qui eſt bonne, il faut de-
plus qu'il connoiſſe par de bonnes & ſolides inſtructions, qu'elle eſt bonne ; autrement il ne feroit qu'un

I. Pr
cette
tion.

equip

(*) Nicole, prét. Réf. convaincus.

coup téméraire & étourdi, dont Dieu ne lui tiendroit aucun compte. Il est donc certain que le Christianisme n'oblige que ceux qui en connoissent clairement la divinité, ou qui ont été en état de s'en faire instruire. Ceux donc qui n'ont pas été en cet état, à cause qu'un devoir indispensable les a obligez de chasser ceux qui auroient pû les instruire, demeurent légitimement hors du Christianisme ; d'où paroît de plus en plus l'énormité du sens littéral par les conséquences funestes qui en naissent.

Mais je dis, en 2. lieu, que cet Empereur ne pourra être blâmé par une personne raisonnable, de ce qu'il jugera par cette premiere conversation, que la Religion de ces Missionnaires est ridicule & diabolique ; ridicule en ce qu'il verra qu'elle est fondée par un Auteur qui dit d'un côté, qu'il faut être humble, debonnaire, patient, sans aigreur, pardonnant les injures, & de l'autre qu'il faut roüer de coups de bâton, emprisonner, exiler, pendre, fouetter, abandonner au pillage du soldat tous ceux qui ne voudront pas le suivre. Il verra qu'elle est diabolique, puisqu'outre son opposition diamétrale aux lumieres de la droite Raison, il verra qu'elle autorise tous les crimes, dès qu'ils seront entrepris pour son avantage, & qu'elle ne laisse plus d'autre regle du juste & de l'injuste, que son profit, ou sa perte ; qu'elle ne tend qu'à rendre l'Univers un théatre affreux de carnage & de violence.

Enfin je dis, que si cet Empereur croit une Divinité, comme il est sûr que tous les Païens en ont connu une, il doit par un principe de conscience, loi éternelle & antérieure à toutes les Religions de droit positif, chasser les Chretiens de son Etat. En voici la preuve. Il aprendroit par ces Missionnaires, que c'est une des loix fondamentales du Christianisme, & un des ordres les plus exprès & les plus clairs du Fils de Dieu, de contraindre les hommes par les tourmens & les violences à la profession de l'Evangile. Or c'est une chose, humainement parlant, très-inséparable d'une infinité de crimes contre la premiere & la plus indispensable de toutes les loix, plus noirs par conséquent & plus offensans la Divinité, que tout ce que l'on pourroit faire contre le Christianisme mal connu. Donc tout Prince est obligé en conscience d'empêcher qu'une telle chose ne s'introduise dans son Royaume, & l'on ne conçoit pas que Dieu puisse le censurer de ce qu'il a chassé des Chretiens, lorsqu'il a clairement reconnu qu'ils deviendroient les causes moralement nécessaires de cette longue suite de crimes ; car tout homme qui craint Dieu doit emploïer toute son autorité à prévenir le crime ; & quels crimes y a-t-il qu'il faille prévenir davantage, que les hypocrisies de Religion, que les actes que l'on fait contre les instincts & les lumieres de la conscience ? Or voilà ce que produisent infailliblement les maximes du sens littéral. Etablissez des peines contre tous ceux qui pratiqueront certains actes de Religion, & qui refuseront d'en pratiquer d'autres, exposez-les à la violence des gens de guerre, battez-les, enfoncez-les dans des cachots puans, privez-les des honneurs & des charges, envoïez-les aux mines ou aux Galeres, pendez ceux qui feront plus les entendus, comblez de biens & d'honneurs ceux qui abandonneront leur culte, vous pouvez être assurez qu'une infinité de gens renonceront, quant à l'extérieur, à la Religion qu'ils croient

bonne, & professeront celle qu'ils croient mauvaise. Actes d'hipocrisie & de félonnie contre la divine Majesté au premier chef, puisqu'elle n'est jamais plus directement offensée, que lorsqu'on fait ce que la conscience, je dis, la conscience la plus erronnée, dicte clairement lui être désagréable. Desorte qu'un Prince qui veut empêcher, entant qu'en lui est, que ses Sujets ne devienne méchans, & ne commettent le crime le plus désagréable à Dieu qui se puisse commettre, & le plus certainement crime, doit chasser soigneusement les Chretiens persécuteurs. Et qu'on ne me dise pas que c'est une erreur de fait en lui ; car absolument, universellement, & dans les idées éternelles de Dieu, regle primitive, originale & infaillible de la droiture, c'est un péché très-criant que de faire semblant d'être Chretien, lorsque la conscience nous montre que la Religion Chinoise, que nous abjurons extérieurement, est la meilleure de toutes. Ainsi cet Empereur ne se pourroit empêcher d'éloigner ces Missionnaires, sans exposer ses Sujets à la tentation presque insurmontable de commettre le plus grand de tous les crimes, & sans s'y exposer lui-même ; car comme personne ne peut s'assurer qu'une Religion nouvelle qu'on lui présente lui paroîtra véritable, & qu'un Roi exposé à l'alternative ou de se voir détrôné, ou de faire semblant d'être d'une Religion qu'il croit fausse, doit craindre très-raisonnablement de succomber à la tentation ; l'amour qu'il a pour la droiture & pour la Divinité qui reluit dans sa conscience, quoiqu'il se trompe, l'engagent nécessairement à prévenir ces dangers, par l'expulsion de ceux qui les apportent avec eux, partout où ils viennent avec leur maxime prétenduë Evangelique, *Contrains-les d'entrer.*

Je ne pense pas désormais qu'il y ait quelque chose à désirer à la preuve de la 2. proposition de mon sillogisme ; car qui ne voit qu'un Prince chasse de ses Etats les Missionnaires Chretiens avec raison & justice, lorsqu'il les chasse,

1. Parce que sa qualité de Roi l'y engage, entant que l'ordre nécessaire & immuable veut qu'il éloigne de ses Etats tout ce qui y apporte le désordre, la confusion, les guerres civiles, les séditions & les révoltes.

2. Parce que la Religion naturelle l'y engage & toutes les idées du droit moral, entant que l'ordre nécessaire & immuable veut que toute personne, & les Rois principalement, chassent & éloignent tout ce qui vient renverser les bornes qui séparent le vice & la vertu, & convertir les actions les plus abominables en actions de piété, dès qu'on les fera pour l'amplification de la Religion.

3. Parce que les droits de la conscience, qui sont directement ceux de Dieu même, l'y engagent, entant que l'ordre nécessaire & immuable veut qu'on éloigne, autant que faire se peut, toutes les circonstances qui mettent l'homme dans l'occasion prochaine & dans un péril presque inévitable de trahir sa conscience & son Dieu.

Après cela il n'est pas besoin de prouver en particulier, que tout Prince qui trouveroit les Chretiens établis dans ses Etats, soit par la négligence de ses Ancêtres, soit parce qu'il auroit conquis leur païs, auroit droit de les chasser, toutes les fois qu'il feroit réflexion sur leurs pernicieuses maximes.

La seule chose qu'on m'oposera, ce me semble, c'est de dire, que l'Empereur Chinois manqueroit du prétexte que je lui donne, d'autant qu'il ne faudroit pas lui dire d'abord que Jésus-Christ

pas avoüer au Roi de la Chine que J.C. eût ordonné la contrainte.

nous ait commandé d'user de contrainte. Mais outre que j'ai prévenu cette objection, en montrant que lui & son Conseil tomberoient dans une négligence très-criminelle, s'ils ne questionnoient ces nouveaux venus sur la nature de leur doctrine, par raport aux Princes & aux Sujets qui ne voudroient pas donner dans leurs nouveautez; laquelle question étant faite, il faudroit que nos Missionnaires s'expliquassent rondement, ou fussent des fourbes; outre cela, dis-je, qui ne voit non seulement que c'est avoüer que le sens littéral de la parabole est une doctrine dont on a honte, mais aussi que c'est traiter la publication de l'Evangile à la maniere des intrigues d'un Machiavel? Ce qui fait horreur quand on y pense, & qui seul seroit capable de faire détester le Christianisme comme une fourbe maudite. Quoi, l'on trouveroit à propos que l'on s'insinuât au Royaume de la Chine sous les aparences d'une grande modération, & en Renards, afin d'agir ensuite comme des Tigres & comme des Lions, sur ces bonnes gens que l'on auroit trompez par ces belles aparences? Non, cela ne se peut pas, & rien ne seroit plus capable de décrier la Morale de Jésus-Christ, que de supposer qu'il auroit commandé à ses disciples d'user de violence, dès qu'ils le pourroient sûrement; mais qu'en attendant cela ils se gardassent bien de le dire, que ce devoit être un Mistere entre eux à faire éclore seulement lorsqu'ils seroient les plus forts, & à cacher soigneusement sous une modération & une patience la plus comédienne qu'ils pourront, afin qu'on n'en soupçonnât rien; à peu près comme un assassin, qui ne veut pas qu'on se défie de lui, cache soigneusement son poignard ou son pistolet dans sa poche, & ne le tire que quand il voit beau à

Infamie du Christianisme en cas qu'on pût attendre à déclarer cet ordre jusqu'au tems propre pour l'execution.

faire son coup. Pour moi, si cela est, je ne vois pas qu'on puisse nier qu'il en va de la Religion Chretienne, comme d'un homme qui s'éleve en Tartuffe dans les hautes dignitez par le mépris des injures, par les austéritez, par la soûmission, par la civilité la plus populaire, & qui tout d'un coup leve le masque étant arrivé à ses fins; & devient le fleau du genre humain par ses cruautez, & par sa fierté tirannique. Si un Historien a comparé l'Empire Romain à un homme, qui nous empêchera de *personifier* le Christianisme par une semblable comparaison? Son enfance & sa premiere jeunesse ont été employées à se pousser, malgré les obstacles de la fortune; il a fait le doux & le modeste, l'humble & le bon Sujet, le charitable & l'officieux, & s'est tiré enfin par ce moyen de la misere, voire même s'est élevé haut; mais après avoir ainsi gagné le dessus il a quitté son hypocrisie, & fait agir sa violence, ravageant tout ce qui s'est voulu opposer à lui; portant par ses Croisades la désolation au long & au large, & enfin abîmant le nouveau monde par des cruautez qui font horreur, & cherchant d'en faire autant aujourd'hui au reste de la terre qu'il n'a pas encore ensanglanté, la Chine, le Japon, la Tartarie, &c. Nous ne saurions empêcher que les Infideles ne disent cela, puisqu'ils peuvent le voir dans l'Histoire; & l'Eglise Romaine qui a tenu le haut bout dans le Christianisme pendant si long-tems, ne peut pas empêcher que les sectes qui l'ont quittée ne lui mettent toute la charge de ces reproches sur le dos. Mais si nous ne pouvons pas empêcher que la Religion Chretienne ne demeure couverte de cette infamie, au moins sauvons l'honneur de son fondateur & de ses loix, & n'allons pas dire que tout cela

s'est fait à cause qu'il nous a commandé la contrainte. Disons que les hommes n'étant pas trop accoûtumez à vivre conséquemment à leurs principes, les Chretiens n'ont pas suivi les leurs, & qu'ils ont été violens, en préchant un Evangile qui ne leur commande que la débonnaireté; nous sauverons par là le Christianisme aux dépens de ses sectateurs. Mais si nous disons que toutes les violences que le Papisme a exercées, ont été les suites légitimes & naturelles du précepte de Jésus-Christ, *Contrains-les d'entrer*, alors ce sera tout le contraire; nous mettrons l'honneur des Chretiens à couvert, aux dépens de leur Religion, & du fondateur adorable de leur Religion. Or quelle abomination n'est-ce pas que d'imputer à Jésus-Christ toutes les cruautez des Papes & des Princes, qui l'ont reconnu pour Chef de l'Eglise? Cependant il n'y a pas lieu de l'éviter, si l'on suit le sens littéral de la parabole. Tout ce qu'ils auront fait en matiere de violences & de barbaries, ne sera que des actes de piété & d'obéïssance filiale au fils de Dieu. C'est donc une nécessité de dire que ce sens littéral est non seulement une fausse interprétation de l'Ecriture, mais aussi une impiété exécrable.

CHAPITRE. VI.

Cinquieme Réfutation du sens littéral par la raison qu'il ne peut être exécuté sans des crimes inévitables. Que ce n'est pas une excuse que de dire qu'on ne punit les Heretiques, que parce qu'ils ont contrevenu aux Edits.

ON vient de voir combien le prétendu précepte de Jésus-Christ rendroit odieuse justement à toute la terre sa divine Religion: formons de ce qui a été dit au chapitre précédent une nouvelle preuve, en cette maniere:

Tout sens littéral qui enferme un commandement universel dont l'exécution ne peut qu'être compliquée de plusieurs crimes, est faux;

Or tel seroit le sens littéral de ces paroles, *Contrains-les d'entrer*;

Donc il est faux.

La majeure est une proposition qui se persuade elle-même, ainsi ce seroit une peine inutile que de la prouver. Arrétons-nous donc seulement sur la 2. proposition: mais arrétons-nous-y peu, puisque dans toutes les preuves déja établies se trouve l'éclaircissement de celle-ci, qui à proprement parler, n'est qu'une branche de notre *medium* général. Je me mets peu en peine si on m'accusera de multiplier mes preuves sans nécessité; j'aime mieux en user ainsi, que de laisser trop envelopées & conglomérées les diverses faces de mon argument général. Il aura sans doute plus de force, lorsqu'on en considerera séparément les parties.

Les plus grands Persécuteurs m'avoüeront, que le commandement de contraindre n'a pas été commis au caprice de chaque particulier; ainsi je ne leur veux pas reprocher les désordres effroïables qui naîtroient de leur principe, par les émotions populaires, & par le zele inconsideré d'un petit Curé ou Juge de Village, qui feroit sonner le tocsin sur les sectaires de son ressort, toutes les fois que la fantaisie lui en prendroit. On me répondroit aisément, que ce n'est pas ainsi qu'ils prennent la chose; qu'ils prétendent que
Jésus-

Jéſus-Chriſt n'adreſſe ſon commandement qu'à ceux qui dans chaque païs ont le droit du glaive, & l'autorité Politique, auſquels il veut que les gens d'Egliſe aient leur recours, quand il faut contraindre d'entrer les Hérétiques. Voïons donc avec cette explication qui met hors de ligne de compte les violences tumultueuſes des particuliers ſéditieux & emportez, ſi nous trouverons dans la maniere légitime, ſelon nos Adverſaires, d'exécuter le commandement de Jéſus-Chriſt, une grande complication de crimes. Je pouſſerai même ma complaiſance pour eux, juſqu'à ne pas me ſervir de ces exécutions ſanguinaires que l'Hiſtoire nous marque; je m'arrêterai à celle qu'ils croient la plus réguliere & la plus modérée de toutes, ſavoir à ce qui vient de ſe faire en France.

Combien de crimes, bon Dieu! ne s'eſt il pas commis durant le cours de cette perſécution ? Combien d'Arrêts du Conſeil ſans ſincérité & ſans bonne foi ? Combien d'Arrêts de Parlement contre les regles ? Combien de témoins ſubornez ? Combien de chicanes ? Qu'on ne diſe pas que ce ſont les fautes perſonnelles des Exécuteurs de la parabole; car ce ſont des ſuites naturelles & inévitables du ſens littéral qu'on lui donne. En effet ce ſens enfermant, comme on le prétend, la contrainte, c'eſt aux Princes de chaque païs à choiſir ſelon leur zele & leur prudence, l'eſpece de contrainte qui leur ſemble la meilleure. On a choiſi d'abord en France celle des procès contre les Miniſtres & les Temples, & des traverſes des particuliers dans les affaires civiles. Voilà donc un choix fondé ſur l'ordre de Jéſus-Chriſt: il s'enſuit donc que les voies qu'on imagine pour contraindre dans ce genre-là, ſont des dépendances de ce choix; & ſi ces dépendances ſont tellement néceſſaires, que ſans elles il n'y auroit pas de contrainte, il eſt clair qu'elles ſont une ſuite naturelle & légitime de l'ordre de Jéſus-Chriſt, & non un défaut perſonnel de celui qui obéït à cet ordre. Or il eſt bien certain que la contrainte eût été fort peu de choſe, ſi on eût aporté dans les procès l'équité & la bonne foi. Il faloit néanmoins de la contrainte afin d'obéïr à l'ordre de Jéſus-Chriſt; il a donc falu mêler la chicane & la mauvaiſe foi dans les procédures, afin que le dommage temporel qu'elles cauſeroient aux Proteſtans, les contraignît de ſe faire Catholiques.

Voilà donc bien des crimes à la ſuite de cette contrainte qu'on a choiſie, en exécution des commandemens de Dieu; car croit-on que cela n'excite pas mille paſſions & dans l'ame de ceux qui ſouffrent, & dans l'ame de ceux qui font ſouffrir ? Cela n'aigrit-il pas les eſprits ? Cela n'allume-t-il point la haine dans le cœur les uns contre les autres? Cela n'engage-t-il pas à médire cruellement les uns des autres, & à ſe faire encore mutuellement plus méchant qu'on n'eſt ? Suppoſé que le Papiſme fût la bonne Religion, cela n'engageroit-il pas les Hérétiques qui ſouffrent, à blaſphémer contre elle dans l'ame, à la déteſter, & par-là ne ſont-ils pas jettez dans l'occaſion prochaine de pécher, & de s'obſtiner dans leur Héréſie ? Qu'on y ſonge un peu froidement, je m'aſſure qu'on conviendra que rien n'eſt plus propre à bannir du cœur cette tranquillité Evangélique, ce calme des paſſions humaines & déreglées qui eſt ſi conforme à l'eſprit de la piété, & qui fait tant germer les vertus Chretiennes.

Mais le mal que je viens de dire n'eſt rien, en comparaiſon de ce qui s'eſt fait enfin dans le même Roïaume, quand on a contraint par le logement des gens de guerre les Proteſtans à promettre qu'ils renonceroient à leur Religion; car d'un coté combien d'inſolences ces ſoldats n'ont-ils pas commiſes, & de l'autre combien d'hipocriſies & de profanations les Proteſtans qui ont ſigné n'ont-ils point faites ? Combien d'intempérances par les ſoldats, combien de rapines, combien de blaſphêmes, combien d'injures contre leur prochain ? Ne faut-il pas mettre ſur le compte de la perſécution tous les déreglemens qu'ils ont commis ? Je ſerois fort curieux de ſavoir comment un Confeſſeur ſe gouverne, lorſqu'un Dragon ſe confeſſe qu'il a battu ſon hô‑e Huguenot. Si le Confeſſeur ne prend pas cela pour un péché, il faut qu'il tombe dans l'inconvénient que j'ai relevé ci-deſſus, *qu'une action qui ſeroit un crime ceſſe de l'être, lorſqu'elle eſt commiſe contre un homme d'une fauſſe Religion que l'on veut attirer à la bonne*; inconvénient qui ouvre la porte au plus effroïable cahos qui ait jamais été imaginé. Si le Confeſſeur prend cela pour un péché, comme il le doit faire, il s'enſuit que la derniere perſécution a engagé néceſſairement & inévitablement les ſoldats à commettre une infinité de péchez, puiſqu'il a falu néceſſairement qu'ils aient maltraité leurs hôtes ou en leurs biens, ou en leurs perſonnes; autrement il n'y eût pas eu de contrainte, & on n'eût pas ſuivi les ordres du Fils de Dieu. Soit que le Dragon ſe confeſſe, ou ne ſe confeſſe pas du tort qu'il a fait à ſon prochain, l'action ne laiſſe pas d'être très-réellement contraire à la défenſe qui nous eſt faite dans l'Evangile, de ne point maltraiter notre prochain.

On demandera peut-être ici ſi en qualité d'Exécuteurs des ordres du Prince, les ſoldats ne peuvent pas innocemment battre leur hôte, comme innocemment ils le pourroient pendre, s'ils étoient revêtus de la charge d'Exécuteurs de la haute juſtice. Je réponds à cela deux choſes. La premiere, qu'en tout cas leurs inſolences & leurs mauvais traitemens ne laiſſeront pas d'être des péchez, pour le compte de celui qui leur commande d'agir ainſi; deſorte que le nombre des crimes ſera toûjours le même. La 2. qu'il eſt auſſi infaillible que les choſes humaines le peuvent être, que tous les mauvais traitemens que l'on commandera aux ſoldats, deviendront des péchez pour eux, parce qu'ils les exécuteront avec plaiſir, & qu'ils en feront même plus qu'on ne leur ordonnera. Chacun voit qu'un Bourreau qui pend un homme innocemment, lorſqu'il ne fait qu'obéïr aux ordres de la Juſtice, fait un péché manifeſte contre la charité envers le prochain, lorſqu'il eſt bien-aiſe de faire ſa fonction, lorſqu'il ſe plaît à faire ſouffrir ſon patient, & qu'il cherche des adreſſes pour agraver ſa ſouffrance; ainſi l'on ne peut nier que des Dragons ne ſe rendent fort criminels, exécutant avec joie, & avec mille paſſions baſſes & blâmables, les ordres qu'ils reçoivent de vexer un homme. D'où il s'enſuit que tous leurs déſordres ſont des péchez & pour eux, & pour celui qui les leur commande, ou les leur permet; ſi bien que ces déſordres étant néceſſaires pour contraindre d'entrer les Hérétiques, il ſe trouvera ſelon nos gens que Jéſus-Chriſt aura commandé une contrainte, à laquelle une infinité de crimes auront été néceſſaires. Qui ne frémiroit d'ouïr cela ?

Que ſera-ce ſi l'on joint à tous les péchez des ſol-

soldats, les fourberies qui intervenoient de la part des gens d'Eglise, & de la part des perfécutez? Les gens d'Eglise venoient promettre qu'on se contenteroit d'une profession de foi vague, & recevoient en effet plusieurs personnes à l'abjuration, moïennant cela. Ils faisoient aussi cent mensonges, faisant accroire à ceux qui tenoient bon, ou en prison, ou dans les Cloîtres, que tels & tels avoient signé, afin que par ces supercheries ils ébranlassent la constance d'un homme, qu'ils croient qui se conduiroit par l'exemple de quelques autres. Cette mauvaise foi a été générale par tout le Roïaume, avec celle de promettre des pensions, des biens, des Charges, qu'on ne vouloit pas accorder, du moins si grandes qu'on disoit, ou pour si long-tems qu'on disoit. Mais les malheureux persécutez sont tombez encore dans une fourberie plus criminelle, puisqu'ils ont fait semblant de renoncer à leur Religion, quoique dans leur ame ils en fussent plus persuadez que jamais. Que de gémissemens de conscience sortent tous les jours de là? Que de remords, que d'amertumes de vie, soit pour tâcher de se sauver dans les païs étrangers au hazard d'y être pauvres, soit en voïant que si on se sauve on laisse ses enfans dans l'abîme? Mais par raport à l'Eglise Romaine, combien de profanations de ses Sacremens les plus augustes se commet-il? Qu'il est édifiant de voir qu'un homme ne veut pas communier à l'article de la mort, & qu'il faut sévir sur son cadavre, afin de faire peur aux autres? Cela n'est-il pas beau que le corps du Fils de Dieu soit jetté à la tête de gens qui n'en veulent point, & qu'une action qui est la mort de l'ame, pour celui qui n'est pas légitimement préparé par foi & par amour, soit commandée sous de grosses peines à des gens qu'on sait qui n'ont aucune foi pour cela, mais beaucoup d'obstination intérieure pour ce qu'on apelle leurs Hérésies. Il est manifeste que ce n'est plus le zele qui porte à ces procédures, mais la pure vanité de n'en avoir pas le démenti, & de n'avoir pas pris tant de peine pour le triomphe du Papisme, & se voir ensuite trompé par de fausses signatures.

Je ne comprens pas comment les personnes d'esprit, qui ont été complices avec sa Majesté Très-Chretienne, du dessein d'inonder tout son Roïaume de soldats, pour faire abjurer les Huguenots, ont pû soûtenir l'idée de cette affreuse multiplicité de crimes, enchaînez queuë à queuë les uns aux autres, à la suite de cette exécution. Ils sont trop habiles pour n'y avoir pas songé; mais comment donc ont-ils fait pour se charger de toutes les brutalitez que commettroient les Dragons, de toutes les menteries dont se serviroient les Missionnaires, de toutes les hipocrisies de ceux qui succomberoient à la tentation, de toutes les communions sacriléges, & profanations de Sacrémens qu'ils commettroient, de tous les soupirs & gémissemens des consciences tendres, de tous les déchiremens d'entrailles de ceux qui se verroient séparez de leurs biens & de leurs enfans, & en un mot de toutes les passions de haine, de ressentiment, de vanité, d'insulte, qui s'éleveroient respectivement dans les persécutez & dans les persécuteurs? Dire après cela que Jésus-Christ est l'auteur d'un pareil dessein, & d'une contrainte si bien liée avec ce gros attirail de crimes, c'est en vérité blasphêmer le plus criminellement du monde.

Mais prévenons ici quelques objections. On me pourra dire 1. que l'on n'a pas dû prévoir toutes ces suites, & que Jésus-Christ, qui a prévu les désordres que son Evangile a causez dans le monde, n'a pas laissé de charger ses Apôtres de le prêcher à toutes nations. 2. Que la grande utilité qui en est arrivée à la vraie Eglise, rectifie tous ces désordres. 3. Qu'un Roi étant le maître dans son Roïaume, & l'Exécuteur de ses loix, peut punir comme bon lui semble ceux qui enfraignent les ordres qu'il publie, qu'on ait à se conformer à sa Religion.

Je réponds à la premiere difficulté, qu'encore que les hommes n'aient pas une connoissance certaine de l'avenir, ils le conjecturent néanmoins à l'égard de certaines choses avec assez d'évidence, pour devoir régler sur cela leurs desseins & leurs projets; de maniere que quand des conjectures très-probables & tout-à-fait aparentes leur aprennent qu'ils seront cause de beaucoup de crimes, en donnant de certains ordres, ils sont très-criminels, s'ils les donnent. Or je soûtiens que les persécuteurs de France sont dans le cas: il faudroit ignorer les choses les plus manifestes pour ne savoir point que des gens de guerre logez chez des Hérétiques, avec ordre de les inquiéter, & de les ruïner jusques à ce qu'ils promettent de changer de Religion, commettront cent insolences & cent violences, & feront succomber un très-grand nombre de gens; c'est-à-dire, qu'ils en feront des hipocrites & des profanateurs des Misteres. Aïant vû la chose très-apparente, & moralement inévitable, ils n'ont pû faire ce qu'ils ont fait sans se rendre très-criminels; & si Jésus-Christ leur avoit commandé de le faire, il les auroit engagez à faire des crimes. Il faut donc qu'ils soient dans une erreur très-damnable, de croire qu'il leur ait ordonné de contraindre les Hérétiques à se faire Catholiques. On ne peut nier que l'une des qualitez qui rendent le Diable plus odieux à Dieu, est celle de Tentateur; il faut donc qu'il pêche grièvement lorsqu'il nous tente, encore qu'il ne voie que par conjecture le succès de sa tentation. Ainsi tout homme qui peut voir par conjecture, qu'il extorquera de feintes abjurations, en tentant les gens par la crainte de la misere, & d'une soldatesque insolente, en a assez pour être un Tentateur très-criminel. L'envoi des Apôtres pour la prédication de l'Evangile n'a rien de semblable; car ils ne devoient que prêcher, qu'instruire, que persuader; & c'est la chose du monde la plus innocente. Si elle a irrité le monde, & l'a porté à cent excès, c'est uniquement la faute du monde; l'Evangile n'en a été cause que par accident; il laissoit à un chacun qui ne voudroit pas l'embrasser, ses biens, sa maison, ses honneurs & sa famille; & ainsi il ne tendoit pas à l'hipocrisie; il n'exigeoit point de ses sectateurs qu'ils mentissent, qu'ils battissent les opiniâtres; il vouloit seulement qu'ils instruisissent. On ne peut donc pas lui imputer ni les fautes des Convertisseurs, ni l'emportement des Païens: mais ici c'est tout le contraire; on ordonne aux Convertisseurs de maltraiter les gens, de dissiper leurs biens, de leur ôter leurs enfans, de les mettre en prison, &c. Ainsi les violences des Convertisseurs sont directement commandées, & la tentation de signer par hipocrisie est directement mise devant les piez.

La 2. difficulté n'a pas besoin de réponse après ce qui a été dit ci-dessus; car chacun voit que si l'on juge d'une action par l'utilité qui en revient

vient à l'Eglife, nous n'avons plus de bariere qui fépare le vice d'avec la vertu , & que la calomnie , le meurtre , l'adultere , & en général tout ce qui fe peut concevoir de plus atroce, deviendra une action pieufe, dès qu'elle fera exploitée contre les Hétérodoxes. Vraiment voilà des gens qui s'y entendent! On a fait difparoître en peu de temps tous les Hérétiques de France : Donc tous les crimes des Dragons , & toutes les prophanations des Sacremens font devenuës de bonnes œuvres :

..... Scelera ipfa nefafque
Hac mercede placent,

A-t-on dit autrefois pour flater Neron. Combien y a-t-il de François qui en difent aujourd'hui autant ? Puifque tout ce grand attirail de crimes a procuré à notre invincible Monarque la gloire & le contentement de ne voir qu'une Religion dans fes Etats , il eft jufte , beau & infiniment agrèable qu'ils ayent été commis ,

.... Scelera ipfa nefafque
Hac mercede placent.

Il y a long-temps que l'on a dit dans la Communion Romaine , qu'en contraignant les peres à être hipocrites , on gagnoit du moins les enfans : maudite & déteftable maxime ! Et fi cela eft , pourquoi n'envoye-t-on pas des Corfaires enlever en pleine paix tous les enfans qu'ils pourront en Angleterre , en Turquie , en Grece , en Suede & en Hollande ? Pourquoi a-t-on blâmé ceux qui ont voulu contraindre les Juifs à faire batifer leurs enfans ? Pourquoi ne feroit-on pas affaffiner des Miniftres, qui empêchent par leurs prédications que l'Eglife ne gagne des Payfans ignorans ? Oh , dira-t-on , nous n'y allons pas ainfi ; nous n'en voulons point au fang ; nous nous contentons de la prifon & des amendes, & nous déteftons les perfecuteurs à rouës & à gibets : pauvres gens, vous êtes dans une grande illufion , & je vous montrerai en un autre lieu, que dès qu'on autorife la contrainte,quelle qu'elle foit , il n'y a point de fixe pour s'arrêter , & que les mêmes raifons qui prouvent qu'on peut mettre un homme en prifon pour fait d'Héréfie , prouvent encore mieux qu'on peut le pendre.

Refte la 3. objection qui eft un Lieu-Commun fort rebattu par tous les flateurs François, gens de qui on peut dire fans aigreur , que l'efprit d'une baffe flaterie & indigne de Chrétiens, indigne même de ces infâmes délateurs qui vivoient fous les dix ou douze premiers Empereurs, les a tellement infatuez,qu'ils n'ont aucun égard à ce qu'ils donnent fujet à toute l'Europe de les tourner en ridicules. Ils bercent tous les jours leur Prince de ces éloges , qu'il n'a converti fes Sujets que par fa charité & par la juftice toute manifefte de fes Edits. Si l'on veut favoir le fens de cela , c'eft que fi on a employé quelque rigueur , ce n'a été que contre ceux qui avoient contrevenu aux Arrêts de fa Majefté , & nommément à la déclaration que l'on a fait dans chaque Ville , avant que de donner des billets aux foldats, que le Roi ne vouloit plus qu'une Religion en fon Royaume, & qu'il feroit fentir à ceux qui ne fe conformeroient pas à fa volonté, les effets de fa puiffance. Il a pû les condamner, dira-t-on , à l'exil , à la perte des biens , de la

liberté , de la faculté d'exercer aucune charge ou métier , en cas qu'ils perfiftaffent dans leur Héréfie ; ils y ont perfifté , n'eft-il pas bien jufte que les gens de guerre leur faffent fouffrir les peines encouruës par leur défobéïffance ? Cette objection mérite d'autant plus d'être réfutée , qu'il y a d'honnêtes gens ennemis de la perfecution, à ce qu'ils croyent , & grands partifans des immunitez de la confcience , qui difent que les Souverains ne peuvent pas à la verité châtier ceux d'entre leurs Sujets qui ont une telle foi, mais qu'ils peuvent fous certaines peines leur défendre d'en faire profeffion publique; & s'ils le font, les châtier après cela non comme imbus de telles ou de telles opinions,mais comme infracteurs des loix. C'eft venir pitoyablement s'échoüer, après un long circuit inutile , au même écueil où les autres vont directement.

Car s'il ne faloit pour être perfecuteur que punir les fectateurs d'une Religion , avant que d'avoir publié des loix contre elle , il n'y auroit rien de plus facile que de commettre les violences les plus cruelles , fans être en façon du monde perfecuteur ; il ne faudroit qu'avoir la patience de faire publier un Edit enjoignant à toutes perfonnes de venir, par exemple, dans une certaine Eglife affifter au Service Divin , à peine de la corde , & après cette patience de peu de jours, on verroit ceux qui n'auroient pas affifté aux Divins Offices,& on les pendroit comme rebelles. Or comme ce feroit fe moquer du monde que de prétendre que ce ne feroit pas une perfecution proprement ainfi nommée , il eft facile de voir que les Edits préalablement publiez & enregiftrez ne font rien à la queftion , & n'empêchent pas qu'on ne violente la confcience, & qu'on ne puniffe très-injuftement.

Je fouhaiterois que tous ces Ecrivains flateurs luffent un peu leur S. Thomas, ou du moins le Traité *de la foi humaine*, publié par les Janfeniftes; ils y verroient au chap. 8. de la 7. partie, *qu'une loi qui n'eft pas jufte n'eft pas une loi, & qu'elle ne participe à la force de la loi , qu'autant qu'elle participe à la juftice,..... qu'elle doit être poffible felon la nature , neceffaire , utile, regarder l'utilité publique,& non pas l'intérêt particulier:* Car, comme difent ces Auteurs un peu plus bas: *Il faut que les Loix Eccléfiaftiques tendent au bien particulier de ceux à qui elles font impofées, n'étant pas permis dans l'Eglife de faire un mal à des particuliers , fous prétexte de procurer un bien au Public.* Quoiqu'il en foit de ces conditions d'une loi , que je ne crois pas toûjours néceffaires , afin qu'un particulier s'y foumette (car quand il ne s'agira que d'un intérêt temporel , il fera fagement de fe foumettre à une loi injufte) je dis, felon la remarque propofée ci-déffus dans le chapitre 4. que quand on veut prouver qu'un Prince châtie juftement fes Sujets , il ne fuffit pas d'alleguer en général , qu'ils n'ont pas fait ce qu'il leur avoit commandé ; il faut de-plus que l'on montre qu'ils pouvoient faire en honneur & en confcience ce qu'il leur avoit commandé : car fi un Prince , méchant Poëte , s'avifoit de faire un Edit enjoignant à tous fes Sujets de déclarer au Greffe de la Paroiffe,qu'ils font perfuadez que les Vers du Roi font beaux, à peine d'être condamnez au banniffement, & s'il fe trouvoit plufieurs Sujets femblables à Philoxene , qui ne pût jamais être affez diffimulé pour loüer les Poëfies de Denys le Tiran , trouveroit-on jufte l'exil de ces Sujets ? Cependant il feroit fondé fur la

dé-

Conditions
neceffaires à
une Loi.

désobéissance d'un Edit. Trouveroit-on raisonnables les amendes qu'on infligeroit à des gens qui refuseroient de croire que la terre tourne, que les couleurs ne sont pas dans les objets, que les bêtes sont des automates, après qu'un Roi auroit publié que tous ceux qui ne croiroient point ces trois choses seroient taxez à tant au profit du Fisc. Ou bien trouveroit-on juste qu'un Roi ordonnât sous des peines executables, que tous ses Sujets aimassent l'étude, les parfums, les poissons, certaines sausses ; qu'ils eussent les yeux bleus, la barbe épaisse, &c. Ne seroit-ce pas une Tirannie toute visible, que d'envoyer vivre à discretion des Dragons chez un homme qui n'obeïssoit pas à cette sorte d'Edits ? C'est donc une ignorance crasse, ou plûtôt une flaterie ridicule que de prétendre que les traitemens faits à ceux de la Religion sont justes, parce qu'ils ne se sont pas conformez à l'ordre verbal qui leur étoit fait un peu avant la distribution des billets aux Troupes, qu'ils eussent à être de la Religion du Roi ; car pour d'Edit notifié & registré touchant cet ordre, je ne sache pas qu'il y en ait eu avant l'expedition d'une partie du Royaume, & j'ai déja dit que la révocation de l'Edit de Nantes donnoit un certain tems pour aviser à ce qu'on auroit à faire, mais que ce n'a été qu'une tromperie la plus grossierement infidele qui se soit vûë.

Les Protestans en désobéissant à des ordres injustes n'ont pû être justement punis.

Puis donc que, généralement parlant, ce que les Sujets ne se sont pas conformez à la volonté de leur Prince, ne prouve pas qu'ils soient justement punis des peines dont il a menacé les délinquans ; il faut examiner en particulier à quelle sorte de loix ils n'ont pas obeï, lorsqu'on veut connoître s'ils sont avec justice soumis au pillage & à la discretion de la soldatesque. Or cet examen particulier nous feroit voir, si nous le faisions, que les Edits pour l'inobservation desquels l'on pourroit prétendre, que les Protestans François ont merité d'être exposez aux Dragons, sont essenciellement injustes ; & par consequent les peines que l'on fait souffrir à ceux qui ne les ont pas executez, sont injustes *ipso facto* & par leur nature. On ne peut donc pas éluder par-là la force de mon argument, qui est (ce que je prouve par l'exemple de la derniere persecution de France) que Jesus-Christ n'a pas commandé de contraindre à suivre sa Religion, puisque ce seroit un ordre qu'on ne pourroit executer sans une complication de plusieurs crimes.

Pour montrer en peu de mots l'injustice de la déclaration verbale qui étoit faite aux Protestans, que le Roi ne vouloit plus qu'une Religion dans son Royaume, & que tous ceux qui ne se conformeroient pas à cette sienne volonté, éprouveroient les rigueurs de sa justice. Je ne m'amuserai pas à citer l'Edit de Nantes, ni tant d'autres promesses solemnelles ; car ce ne sont que des bagatelles pour les Rois, promesses, sermens, Edits, ce ne sont que des pis-aller dont ils se servent à propos, & qu'ils soufflent comme des toiles d'araignée dès qu'ils en ont tiré quelque utilité. Je remonte à ce raisonnement primitif & essenciel.

Toute loi qui est faite par un homme qui n'a point droit de la faire, & qui passe son pouvoir, est injuste ; car, comme dit Thomas d'Aquin, pour qu'une loi soit juste, il faut, entre autres choses, *que celui* (*) *qui la fait ait l'autorité de la faire, & qu'il ne passe pas son pouvoir.*

Or est-il que toute loi qui oblige à agir contre sa conscience, est faite par un homme qui n'a point d'autorité de la faire, & qui passe son pouvoir :

Donc toute telle loi est injuste.

Pour montrer la verité de ma seconde proposition, je n'ai qu'à dire que toute l'autorité des Souverains vient ou de Dieu immédiatement, ou des hommes qui entrent en societé sous certaines conditions.

Défaut essenciel de l'autorité des Souverains pour faire des loix en matiere de Religion.

Si elle vient de Dieu, il est clair qu'elle ne s'étend pas jusqu'à pouvoir faire des loix qui engagent les Sujets à agir contre leur conscience ; car autrement il s'ensuivroit que Dieu pourroit conferer à l'homme le pouvoir d'ordonner la haine de Dieu, ce qui est absurde & necessairement impossible, la haine de Dieu étant un acte essenciellement méchant. Pour peu qu'on examine la chose, on verra que la conscience, par raport à chaque homme, est la voix & la loi de Dieu, connuë & acceptée pour telle par celui qui a cette conscience : Desorte que violer cette conscience est essenciellement croire que l'on viole la loi de Dieu. Or faire une chose que l'on croit être une désobéissance à la loi de Dieu, est essenciellement ou un acte de haine, ou un acte de mépris de Dieu, & cet acte est essenciellement méchant, de l'aveu de tout le monde. Donc c'est la même chose commander d'agir contre sa conscience, & commander de haïr ou de mépriser Dieu. Desorte que Dieu ne pouvant pas conferer le pouvoir d'ordonner que l'on le haïsse ou méprise, il est évident qu'il ne peut pas conferer l'autorité de commander qu'on agisse contre sa conscience.

Par la même raison il est évident que jamais les hommes qui ont formé des societez, & qui ont consenti à déposer leur liberté entre les mains d'un Souverain, n'ont prétendu lui donner droit sur leur conscience. Ce seroit une contradiction dans les termes ; car pendant qu'un homme ne sera pas fou à lier, il ne consentira point qu'on lui puisse faire commandement de haïr son Dieu, & de mépriser ses loix clairement & nettement signifiées à la conscience, & intimement gravées dans le cœur ; & il est certain que lorsqu'une troupe de gens s'engagent pour eux & pour leur posterité, à être d'une certaine Religion, ce n'est qu'en supposant un peu trop legerement, qu'eux & leur posterité auront toûjours la conscience telle qu'ils se la sentent alors ; car s'ils faisoient reflexion aux changemens qui arrivent dans le monde, & aux differentes idées qui se succedent dans notre esprit, jamais ils ne feroient leur engagement que pour la conscience en général ; c'est-à-dire, qu'ils diroient, nous promettons pour nous & pour notre posterité de ne nous départir jamais de la Religion que nous croirons la meilleure ; mais ils ne feroient pas tomber leur pacte sur tel ou tel article de Foi. Savent-ils si ce qui leur paroît vrai aujourd'hui le leur paroîtra d'ici à 30 ans, ou le paroîtra aux hommes d'un autre siecle ? Ainsi ces engagemens sont nuls de toute nullité, & excedent le pouvoir de ceux qui les font, n'y ayant homme qui se puisse engager pour l'avenir, beaucoup moins engager les autres à croire ce qui ne leur paroîtra pas vrai. Puis donc que les Rois n'ont ni de Dieu, ni des hommes, le pouvoir de commander à leurs Sujets qu'ils agissent contre leur conscience, il est manifeste que tous les Edits qu'ils publient sur cela sont nuls de droit, & une pure usurpation ; & ainsi les peines qu'ils

y

(*) Voyez le Traité de la Foi hum. *Ubi suprà.* chap. 3. à la fin.

y opposent pour les contrevenans sont injustes.

Je tire de là une nouvelle preuve démonstrative contre le sens littéral de la parabole; car s'il étoit vrai, il donneroit droit aux Princes de faire des loix qui engageassent leurs Sujets à professer une Religion contre les lumieres de la conscience; ce qui seroit la même chose que donner aux Rois la faculté d'établir des loix pour la haine & pour le mépris de Dieu, dans tous leurs Etats: ce qui étant de la plus outrée impieté, il s'ensuit que ces paroles, *Contrains-les d'entrer*, ne signifient pas ce que l'on prétend; puisque si elles le signifioient, ce seroit surtout aux Princes qu'elles seroient adressées, afin que d'abord ils fissent des loix severes contre les autres Religions, & qu'ensuite ils infligeassent les peines portées par ces loix, à quiconque les enfraindroit.

J'examinerai ailleurs (*) l'illusion de ceux qui disent que les Princes ne prétendent pas faire des loix contre la conscience, mais faire changer de conscience aux gens par les menaces & par les peines temporelles; mais je dirai par avance que s'ils peuvent faire cela, ce n'est nullement en vertu de la parabole; c'est par des raisons de Politique, lorsqu'une secte leur est justement odieuse, par raport au bien public; & en ce cas-là, s'ils croïent que son peu d'attachement pour la Patrie vienne de sa Religion, & qu'ils voient que les moïens naturels & légitimes de la convertir, qui sont les conférences amiables, les Livres, les instructions familieres, ne la convertissent pas, ils peuvent, le jugeant necessaire raisonnablement au repos de l'Etat, leur ordonner d'aller demeurer ailleurs, & d'y transporter sûrement leurs biens & leurs familles: mais de faire comme en France où on n'a voulu ni souffrir qu'on sortît du païs avec ses biens, ni sans ses biens, ni qu'on y demeurât sans exercice public, priant Dieu à sa maniere dans sa chambre; mais où on a voulu nécessairement l'une ou l'autre de ces deux choses, ou que l'on allât à la Messe, ou que l'on fût mangé jusqu'aux os par des soldats, & tourmenté à petit feu en mille manieres, c'est ce qui ne se sauroit excuser, & qui rencherit sur les plus injustes violences dont on ait memoire.

Demandons un peu à ces gens qui nous viennent dire que puisque le Roi de France ne fait qu'infliger les peines dont il a menacé les infracteurs de ses Edits, on ne doit pas l'accuser d'injustice, mais se reconnoître coupable d'opiniâtreté, & de désobéïssance à son légitime Prince; demandons-leur, dis-je, si ce n'est pas établir que toutes peines sont justement infligées, lorsque ceux qui les souffrent ont désobéï aux loix du Roi; car s'il n'y avoit que quelques peines qui fussent justes, leur réponse seroit illusoire; elle nous laisseroit l'embarras de discuter en particulier, si les peines des Huguenots sont du nombre des peines justes, & qu'ainsi ce ne seroit que rentrer dans la dispute du fonds: il faut donc, s'ils veulent repondre quelque chose qui vaille, qu'ils se servent d'une proposition universelle: mais en ce cas-là, que deviendroit le supplice des enfans Hébreux qui furent jettez dans la fournaise de Babilone? Ne faudroit-il pas dire qu'il fut juste? N'en avoient-ils pas été menacez par Edit public, s'ils ne se mettoient à genoux devant la statuë du Roi?

Demandons encore à ces Messieurs ce qu'ils penseroient, si Louis le Grand ordonnoit par un Edit, que tous ses Sujets s'agenouillassent devant la statuë que le Duc de la Feuillade lui a fait dresser. Je n'examine point ici les conjectures de certains Esprits oisifs, qui disent que si les choses alloient du train qu'elles vont encore quinze ou vingt ans, il arriveroit de trois choses l'une; ou que la Cour de France ordonneroit un culte public à cette statuë, ou que si la Cour ne le faisoit pas, le peuple s'y porteroit de lui-même; ou que si le peuple ne le faisoit pas, le Clergé commenceroit le branle par ses processions, & par ses Apostrophes de Chaire. Il en sera tout ce qu'il plaira à Dieu, & je suis assez occupé du présent, pour ne songer pas à toutes ces spéculations creuses de l'avenir:

> *Prudens (a) futuri temporis exitum*
> *Caliginosâ nocte premit Deus:*
>   *Ridetque si mortalis ultra*
>   *Fas trepidat: quod adest, memento*
> *Componere aquus, catera fluminis*
> *Ritu feruntur.*

Mais je demande si cela arrivoit, je veux dire, si le Roi ordonnoit qu'on invoquât sa statuë, qu'on l'encensât, qu'on se prosternât devant, à peine d'une amende arbitraire, ou de châtiment corporel, les Catholiques de France qui refuseroient de le faire (je ne doute pas qu'il ne s'en trouvât surtout parmi les Laïques) ne seroient-ils pas mis à l'amende très-injustement, & châtiez criminellement? Ni Maimbourg, ni Varillas, ni Ferrand, n'oseroient dire aujourd'hui le contraire.

On parle de Basilide, Grand Duc de Moscovie, qui faisoit des loix les plus dures, & qui y apposoit la peine de mort pour les contrevenans; il commandoit à ses Sujets de traverser en hyver les rivieres à demi-glacées, de s'ensevelir tout nuds dans la neige, de sauter dans les brasiers ardens, de lui porter à son lever, quand il geloit à pierres fendre, un verre de leur sueur, un millier de puces de compte fait, tant de grenouilles & de rossignols. C'étoit la plus énorme tirannie du monde; cependant, à le bien prendre, il ne commandoit pas des choses plus impossibles que l'est à certaines gens de croire ceci ou cela, en matiere de Religion. Ils sueroient plûtôt au milieu des neiges, ils tireroient plûtôt de leur chair & de leurs os du vin & de l'huile, que de leur ame une telle ou une telle affirmation. J'avouë que la difficulté n'est pas à beaucoup près si considérable pour la langue & pour la main; car on peut dire aisément de bouche & signer de sa main qu'on croit ceci ou cela, & faire toutes les postures du corps qu'un convertisseur exige; mais ce n'est point ce qu'un Roi qui conserve du moins les apparences de la Religion, doit exiger en premiere instance. Il ne doit pas ordonner que l'on parle ou que l'on signe qu'après que l'ame a changé intérieurement; c'est donc ce changement intérieur, ces affirmations & ces négations de l'ame, qu'un Roi qui fait des loix pour la conversion des Sujets, leur doit commander. Or c'est ce que je dis aussi impossible & plus même que la sueur qu'exigeoit le grand Duc de Moscovie; car pour peu qu'on sache que nous ne croïons les choses que quand elles nous paroissent

(a) *Horat. od. 29. l. 3.*

roiſſent vraïes, & qu'il ne dépend pas de nous qu'elles nous paroiſſent vraies, non-plus qu'il ne dépend pas de nous qu'elles nous paroiſſent blanches ou noires, on verra qu'il eſt plus facile de trouver des puces & de la ſueur en hyver, que d'affirmer mentalement ceci ou cela quand on eſt ſtilé à voir d'abord les raiſons qui nous portent à le nier, & qu'on eſt accoûtumé à prendre cette négative pour le ſervice du vrai Dieu, & qu'on a l'eſprit prévenu d'une fraïeur religieuſe contre les raiſons qui portent à affirmer. Je ſais bien que l'eſprit ſe laiſſe quelquefois corrompre par le cœur, & que dans les choſes douteuſes les paſſions & la cupidité peuvent faire affirmer à l'ame ce qui lui paroît encore confus ; mais cela même ſeroit une horrible perverſité de vouloir qu'un homme choiſît une Religion, en ſéduiſant lui-même ſon eſprit ; & de-plus cette ſéduction eſt peu poſſible à l'égard de certains dogmes qu'on eſt accoûtumé d'enviſager comme abſurdes & contradictoires ; par exemple qu'il faut manger ſon Dieu, que les rats le mangent quelquefois, qu'un corps d'homme eſt en mille lieux à la fois, ſans y remplir aucun eſpace. Bref, comme il ne dépend pas de nos paſſions que la neige nous paroiſſe noire, mais qu'il faudroit pour cela ou qu'on la noircît, ou qu'on nous mît dans un certain poſte & avec de certains yeux, qui cauſaſſent dans notre cerveau les mêmes modifications que les objets noirs ; il faut pour nous faire affirmer ce que nous nions, qu'on le rende vrai à notre égard ; ce qui ſuppoſe une certaine proportion entre les objets & nos facultez, laquelle n'eſt pas en notre puiſſance toûjours.

Ayons des exemples moins odieux que celui de Nabuchodonozor & de Baſilide. Que diroit-on ſi Alphonſe, Roi de Caſtille, avoit envoïé des ſoldats par tous les Bourgs, Villes, & villages de ſon Roïaume, pour déclarer que ſa volonté étoit que tout le monde fût de ſon opinion, à l'égard du nombre des Cieux, des Epicicles, des Criſtalins, &c. & qu'à moins qu'onne ſignât qu'on le croïoit, on ſe verroit accablé de gens de guerre ? Que diroit-on ſi le Pape (*) Adrien V. qui aimoit extrêmement le Merlus, & qui avoit même inſpiré ce goût aux Courtiſans, deſorte que ce poiſſon aſſez méchant d'ailleurs enchérit ſous ce pontificat, à la grande riſée de toutes les poiſſonnieres, ſe fût aviſé d'ordonner, non pas entant que Pape, mais comme Souverain de l'Etat Eccléſiaſtique, que déſormais chacun eût à ſe conformer à ſon goût, à peine d'une groſſe amende, de priſon, ou de logement de ſoldats ? Il n'y a point d'homme raiſonnable qui ne trouvât cette conduite ridicule & tirannique. Cependant à tout bien prendre elle ne le ſeroit pas tant, que ſi l'on diſoit dans un païs où il y a pluſieurs Religions, nous voulons & ordonnons que déſormais chacun déclare qu'il a ſur la Religion les mêmes ſentimens que la Cour, à peine pour ceux qui ne l'avoüeront pas, de la priſon, ou de la confiſcation de tous ſes biens : je dis que cette conduite ſeroit pire que l'autre, car il eſt plus difficile de croire à un Proteſtant que Jéſus-Chriſt eſt préſent ſelon ſon humanité, dans tous les lieux où l'on celebre la Meſſe, que de croire le Siſtême d'Alphonſe ; & il eſt plus facile d'accoûtumer ſon palais à certaines viandes, que ſon eſprit à certaines opinions, & ſurtout lorſque l'on ſe trouve fortement perſuadé qu'elles expoſent à la damnation éternelle. Tout honnête homme,

bon Catholique Romain, avoüera, s'il s'examine, qu'il auroit beaucoup plus de peine à s'accoûtumer aux méchans ragoûts des Tartares, où à croire toutes les viſions d'Ariſtote & de Deſcartes, qu'à croire qu'il eſt impie d'invoquer les Saints, ce qu'on l'obligeroit de ſigner ici, ſi l'on y traitoit les Papiſtes comme l'on a traité les Réformez en France. Arriere donc d'ici ces méchans ou ces ignorans Théologiens, qui diſent que les Rois peuvent commander à leurs Sujets d'avoir une telle ou une telle Religion. Tout ce qu'ils peuvent, c'eſt de commander qu'on examine, qu'on étudie une Religion : mais il eſt auſſi abſurde à un Roi de commander que ce qui lui paroît vrai le paroiſſe auſſi à ſes ſujets, que de commander qu'ils aient le viſage fait comme lui, ou le même temperament que lui. Grotius a cité deux beaux paſſages d'Origene & de S. Chryſoſtome, qui montrent que de routes les coûtumes, il n'y en a point de plus difficiles à quiter que celles des dogmes de Religion. *De jure belli & pac. l. 2. cap. 20. art. 50.* Il cite là-même Galien, diſant qu'il n'y a point de gale plus malaiſée à guérir que les préjugez de ſecte.

<hr>

CHAPITRE VII.

Sixieme Réfutation du ſens litteral, par la raiſon qu'il ôte à la Religion Chretienne un fort argument dont elle ſe ſert contre le Mahometiſme.

CE Chapitre ſera beaucoup plus court que les précedens, parce qu'il y a un Docteur de Sorbonne, nommé Mr. Diroys, qui a fait depuis peu d'années un Livre intitulé, *Preuves & prejugez pour la Religion Chretienne*, où il montre amplement & par de bonnes raiſons la fauſſeté des Religions Idolâtres, & de la Mahométane, en leur donnant, entre autres caracteres, celui de perſécuter, & d'exiger des profeſſions à vive force ; à quoi il oppoſe la maniere douce, pacifique, enſanglantée de perſécution paſſive, & non d'active dont le Chriſtianiſme s'eſt établi. C'eſt par-là que nous diſſipons la chicane que nous font les libertins, quand nous leur propoſons, comme une preuve de la divinité de la Religion Chretienne, les grands progrès qu'elle a faits au long & au large en peu de tems. Ils nous répondent que ſi cette preuve étoit bonne, la Religion de Mahomet le ſeroit auſſi, parce qu'en peu de tems elle s'eſt répanduë dans une infinité de pays ; mais nous repliquons que cela n'eſt pas étonnant, parce que Mahomet & ſes ſectateurs ſe ſont ſervis de la contrainte, au lieu que les Chretiens n'ont oppoſé au Paganiſme que leur conſtance à ſoufrir. Il n'y a rien qui ne ſoit très-raiſonnable & très-fort de la part des Chretiens dans cette diſpute ; mais ſi une fois il étoit prouvé que Jéſus-Chriſt a commandé la contrainte, il n'y auroit rien de pluspitoyable que cette attaque que nous ferions aux Mahometans : d'où j'argumente ainſi.

Un ſens litteral qui ôte à la Religion Chretienne une forte preuve contre les fauſſes Religions, eſt faux.

Or tel eſt le ſens litteral de ces paroles, *Contrains-les d'entrer*.

Donc il eſt faux.

Que pourrez-vous dire contre les violences des Païens & des Sarrazins ? Leur irez-vous faire hon-

honte, comme fait Mr. Diroys, de ce *qu'une ado-*
ration forcée, une hipocrifie évidente, un culte no-
toirement contre la confcience, pour obéïr aux hom-
mes, paffent parmi eux pour des actes de piété &
de Religion? Leur direz-vous que leur Dieux &
leurs adorateurs ne demandent qu'autant de Reli-
gion qu'il en faut pour détruire la veritable, puifqu'ils
font auffi fatisfaits d'une adoration forcée que d'une
fincere? Mais ne voyez-vous pas qu'on fe moquera de vous, & qu'on vous renverra en France
chercher la réponfe à vos queftions? Ne voyez-
vous pas qu'on vous répondra, qu'ils n'ont fait
que ce que Jéfus-Chrift a commandé fi expreffément; & au lieu de vous laiffer prétendre que
fes premiers Difciples font plus à loüer que ceux
de Mahomet, qu'on répondra au contraire que
ceux-ci ont beaucoup mieux fait leur devoir,
n'ayant point perdu de tems à fe fervir d'une
voie commandée de Dieu, courte, & efficace.
On vous dira que les Chretiens des trois premiers fiecles ont été, ou des contempteurs pu-
niffables des ordres de Jéfus-Chrift, ou des lâches
& des poltrons, qui n'ont ofé faire ce qui leur
étoit commandé, ou des gens fimples & bêtes
qui ne connoiffoient pas la centieme partie de
leurs droits, au lieu que les Mahométans y ont
été d'abord très-inftruits, & les ont fait valoir
en braves gens, fort zélez pour obéïr à une loi
qui ne peut être que jufte, puifque nous fommes contraints d'avoüer qu'elle eft émanée de
Jéfus-Chrift. Et pour ce qui eft de leurs grands
progrès, fi d'un côté nous en diminuons le mérite, à caufe des forces qu'ils ont eûës en main,
ils le releveront de l'autre, en difant que Dieu
a beni vifiblement le zéle & le courage, avec lequel ils ont établi, fans perdre tems, la divine
Religion de fon Prophete, par les voies que nous
avoüons nous-mêmes être très-faintes & commandées expreffément de Dieu.

❀❀❀❀❀❀❀❀❀❀❀❀❀❀❀❀❀❀

CHAPITRE VIII.

Septieme Réfutation du fens littéral, par la raifon
qu'il a été inconnu aux Peres pendant une lon-
gue fuite d'années.

Cette preuve feroit forte contre ceux de l'E-
glife Romaine, fi c'étoient des gens qui euffent des principes fixes; mais ce font des Protées
qui s'échapent par mille tours de foupleffe, &
fous toute forte de Métamorphofes, quand on
croit les tenir. Ils difent en toute autre rencontre, que lorfqu'on eft en difpute fur le fens de
quelque paffage, il faut confulter la Tradition,
& s'en tenir à l'explication des Peres; deforte
que quelque raifonnable que foit une explication
de l'Ecriture, fi elle eft nouvelle, ils difent qu'elle ne vaut rien, qu'elle vient trop tard, & qu'il
y a prefcription contre. A bien raifonner fur ce
fondement, il auroit falu rejetter dans le fiecle
de Théodofe & de S. Auguftin, toutes les preuves qu'on tiroit de l'Evangile en faveur des violences, puifque c'étoit lui donner un fens tout-
à-fait nouveau, qui venoit trop tard, & contre
lequel il y avoit prefcription. Mais nos Adverfaires ne font pas pour s'étonner de fi peu de chofe; ils diront que la véritable autorité des Peres
n'eft pas lorfqu'ils font partagez fur quelque

doctrine, mais lorfqu'ils s'accordent unanime-
ment, & qu'ainfi les grandes lumieres du 4. fiecle n'ayant pas confenti aux fentimens précédens
quant à la perfécution, les plus anciens Peres ne
font pas un bon préjugé pour l'opinion que je
foûtiens. Quand on les preffe, en leur difant qu'il
n'y a rien en quoi tous les Peres s'accordent, ils
ont d'autres tours d'anguille pour s'échaper, &
n'ont nulle honte de foûtenir le fens littéral, quoique de leur propre aveu, le confentement unanime des Peres, marque néceffaire de verité,
ne lui convienne pas. Cela ne m'empêche point
de raifonner en cette maniere.

Il n'y a pas apparence que fi Jéfus-Chrift avoit
ordonné de faire des Chretiens par force, les Peres des trois premiers fiecles euffent raifonné comme très-perfuadez que la contrainte eft une chofe
très-opofée à la Religion; car en fait de Morale
Evangélique, de préceptes, ou de confeils (fi
l'on veut) de Jéfus-Chrift, il n'y a point de gens
qui ayent été mieux éclairez qu'eux fur le fens
de l'Ecriture; & fi Dieu leur avoit caché le fens
d'un précepte auffi important, jufques au point
qu'ils euffent raifonné comme croyant qu'un tel
précepte feroit impie, il n'y a perfonne qui ne
dût être choqué & fcandalifé de cela. Je dis donc
encore un coup, qu'il eft contre toutes les apparences de la verité & de la Raifon, que Jéfus-
Chrift ait commandé de forcer les Juifs & les
Infideles à fe faire batifer, & que cependant les
Apôtres ou n'ayent pas compris cela, ou que
l'ayant compris, ils n'ayent pas averti leurs principaux Difciples, d'être réfervez à condamner les
violences, de-peur qu'en les condamnant en général, ils ne prononçaffent une Héréfie, & ne donnaffent un cruel démenti à J. C. & ne fourniffent
même des armes pour un jour à venir à ceux que
les Chretiens violenteroient, & qui pourroient
s'écrier à l'énorme contradiction qu'ils verroient
entre le 1. Chriftianifme, & le fuivant. C'étoit
le moins qu'on devoit attendre des Apôtres & de
leurs premiers Diciples, les plus fûrs Dépofitai-
res de la Tradition: s'il n'étoit pas à propos &
de la prudence d'exécuter l'ordre de Jéfus-Chrift,
en contraignant d'entrer au commencement, du
moins faloit-il avertir qu'un jour viendroit, où
cela fe pourroit pratiquer fort faintement, &
qu'ainfi on eût à fe menager dans cette matiere,
& à ne pas traiter généralement cette conduite de
marque de fauffeté. Cependant c'eft ce qu'ont
fait les Peres & de la maniere la plus forte, même dans le 4. fiecle, lorfque les Arriens fe mirent à perfécuter. *Cela feul*, dit S. Athanafe, *eft*
une preuve manifefte qu'ils n'ont ni piété, ni crain-
té de Dieu. C'eft le propre de la piété (dit-il *)
non de contraindre; mais de perfuader à l'imitation
du Seigneur, QUI NE CONTRAIGNANT PERSON-
NE *laiffoit à la volonté d'un chacun de le fuivre:*
pour le Diable, comme il n'a rien de veritable, il
vient avec des haches & des coignées rompre les por-
tes de ceux qui le reçoivent; mais notre Sauveur eft
fi débonnaire qu'il enfeigne bien à la verité, en difant,
fi quelqu'un veut venir après moi; & celui qui
voudra être mon Difciple; mais ne CONTRAINT
aucun en venant vers nous, heurtant plûtôt & di-
fant, ma fœur, mon époufe, ouvres-moi, & en-
tre quand on lui ouvre, & fe retire quand on tarde
& que l'on ne lui veut ouvrir, parce que ce n'eft pas
(Remarquez bien ces paroles, Meffieurs du Confeil de confcience de Loüis XIV. Roi très-Chretien

PARTIE I.
CHAP. VIII.

tien de France & de Navarre) AVEC LES ÉPÉES, ET LES DARDS, NI AVEC SOLDATS ET MAIN ARMÉE, QUE S'ANNONCE LA VERITÉ, MAIS PAR PERSUASION ET CONSEIL. N'est-ce pas une preuve évidente, que les Apôtres n'avoient rien dit de ce prétendu mistere de persécution contenu dans la parabole, & que Jesus-Christ a souhaité non seulement qu'il demeurât inconnu aux premiers siecles du Christianisme, mais aussi qu'il a trouvé bon qu'il y fût condamné & flétri d'ignominie, comme une impiété cruelle & diabolique : ce qui paroîtroit absurde, si l'on supposoit qu'il eût effectivement commandé les persécutions ; car comment comprendre qu'il ait souffert qu'un point de Morale de cette conséquence ait été foudroyé & anathématisé par la plus sainte & la plus pure partie du Christianisme, pendant très-long-tems, & qu'on se soit servi de ces anathêmes pour réfuter les ennemis de la verité, en soûtenant que Jésus-Christ avoit enseigné à ses Disciples de ne contraindre personne. Non seulement on a dit cela avant que les Empereurs Chretiens se fussent servis de la violence ; mais aussi long-tems après. Notre (*) venérable Bede, en parlant du Roi Ethelrede, sous lequel le Pape S. Grégoire envoya le Moine Augustin & quelques autres, pour convertir notre Isle, dit expressément que ce Roi s'étant converti à la Foi Chretienne, *ne contraignit aucun de ses Sujets à l'imiter, se contentant de témoigner plus d'amitié à ceux qui se faisoient Chretiens ; car il avoit apris,* dit-il, *de ses Docteurs & des Auteurs de son salut que le service de Jesus-Christ doit être volontaire & non contraint.* Cette notion, savoir que Jesus-Christ n'a ordonné que la persuasion, l'instruction, le service volontaire, & nullement la violence, est si fortement gravée dans nos esprits, qu'on la débite comme indubitable, dès qu'on ne songe plus actuellement à flater ou à ne pas irriter les Princes qui persécutent, ou qu'on ne prend pas pour sujet d'un Livre de justifier les persécutions. Tous les jours on imprime en France des Livres où cette notion se trouve exprimée, ce qui fait un ridicule prodigieux pour les Ecrivains Papistes de cette nation ; car quelquefois dans les mêmes Livres où ils disent qu'il est licite de contraindre, ayant actuellement en vûë les dragonneries qui ont ravagé les Protestans, il leur échape de dire que l'Evangile n'est qu'une loi de douceur, & qui ne demande que des offrandes volontaires; c'est qu'ils perdent de vûë pour ce moment leur fin principale d'excuser & de flater, & qu'alors les notions du cœur & de l'esprit se produisent d'elles-mêmes. Joint qu'ils nient que leur Roi se soit servi de violence, en quoi ils semblent convenir de la fausseté du sens littéral.

Je ne raporte pas les passages des Peres qui condamnent en général les persécutions & les violences que l'on exerce en matiere de Foi : ils sont connus de tout le monde. Grotius (A) en a cité quelques-uns, & les François mêmes gagez pour faire les Apologies des persécuteurs, ne dissimulent pas ces autoritez des Peres, comme on l'a pû voir dans le Livre d'un Avocat nommé Ferrand.

CHAPITRE IX.

Huitieme Refutation du sens littéral, par la raison qu'il rend vaines les plaintes des premiers Chretiens contre les persécutions Payennes.

LA preuve contenuë dans le Chapitre précédent ne me semble pas à beaucoup près aussi forte que quelques-unes des autres, quoique prise *ad hominem* elle puisse jetter dans quelque embarras ceux qui ne nous parlent que de tradition, & de voie de prescription. Quoiqu'il en soit, elle a beaucoup de connexité avec celle-ci, & c'est pour cela que je serai moins long dans ce chapitre, sur le principal de cette preuve que sur ses accessoires. Voici mon coup :

Un sens littéral qui rend vaines les plaintes des premiers Chretiens contre leurs persécuteurs, est faux ;

Or tel est le sens littéral de ces paroles, *Contrains-les d'entrer* ;

Donc il est faux.

Je prouve la *mineure* en cette maniere. Je suppose que les Chretiens ayent envoyé des Députez à la Cour présenter leurs Apologies, & se plaindre de ce qu'on les exiloit, emprisonnoit, livroit aux bêtes, suplicioit. Je suppose que le sens littéral en question fût connu aux Chretiens & aux Payens, ayant été lû des uns & des autres dans l'Evangile de S. Luc, dont les Payens avoient connoissance, s'ils vouloient. Je suppose encore qu'un Commissaire de l'Empereur soit entré en conférence avec ces Députez Chretiens, & qu'ayant sçu le sujet de leurs plaintes, il leur ait dit : *Messieurs, de quoi vous plaignez-vous ? On vous traite comme vous nous traiteriez, si vous étiez à notre place : ainsi vous devez aprouver notre prudence, & vous plaindre du tems & non pas de nous. Le tems ne vous est pas favorable, nous sommes les plus forts : la prudence veut que nous ne manquions pas aux occasions que la fortune nous donne de fouler aux piez une secte, qui en veut non seulement à nos Temples & à nos Dieux, mais aussi à nos vies & à nos consciences. Votre Dieu vous a commandé expressément de contraindre à le suivre tout venant ; que feriez-vous donc, si vous aviez la force en main, que faire mourir tous ceux qui ne pourroient pas se résoudre à trahir les lumieres de leur conscience, pour adorer votre Dieu crucifié ?* Il faudroit répondre à cela, si l'on étoit tant soit peu sincere, & selon les sentimens que je réfute : *Il est vrai, Monseigneur, que si nous étions les plus forts, nous ne laisserions personne au monde qui ne se fît baptiser ; mais en cela paroîtroit notre charité pour le prochain ; nous voyons qu'on se damne éternellement, si l'on ne suit notre Religion; nous serions donc bien cruels de n'employer pas la contrainte. Mais nous ne ferions pas cela cruellement comme font les Payens envers nous; nous ferions perdre des procès à ceux qui ne voudroient pas se convertir, nous leur ferions des chicanes, nous les empêcherions d'avoir des assemblées de Religion ; & si cela ne leur rendoit pas la vie assez triste, nous envoyerions des soldats chez eux qui les ruineroient, qui les battroient; nous les empêcherions de s'enfuir ; si nous les atrapions fuyans, nous les*

(*) *Ut nullum tamen cogeret ad Christianismum, sed tantummodo credentes arctiori dilectione quasi concives Regni cælestis amplecteretur; dedicerat enim & à Doctoribus* auctoribusque suæ salutis servitium Christi voluntarium, non coactitium, debere esse. *Beda l. 1. c. 26.*

(A) *Ubi suprà*, à la fin du chap. VI.

les enverrions aux Galeres, nous mettrions les femmes & les enfans en sequestre ; en un mot, il ne leur resteroit que l'un de ces deux partis à prendre, ou de traîner leur vie dans la misere d'un cachot, ou de se faire baptiser : mais pour les tüer, Jà à Dieu ne plaise ; peut-être que quelquefois les soldats outre-passant l'ordre leur donneroient tant de coups qu'ils en mourroient ; mais cela seroit rare, & peu aprouvé. On voit que bien-loin d'empoisonner la réponse, je la réduis aux termes les plus honnêtes & les plus moderez que nos Adversaires puissent souhaiter, puisque je la dresse sur le plan de la persécution de France, le modele, selon eux, le plus régulier & le plus Chretien qui s'étoit vû encore de la contrainte Evangélique. Il ne tiendroit qu'à moi de régler cette réponse sur l'Inquisition, sur les Croisades de S. Dominique, sur les Buchers de la Reine Marie, sur les Massacres de Cabriers & de Mérindol, & des Vallées de Piémont, sur les suplices de François I. & de Henri II, & sur la S. Barthelemi ; mais j'adoucis les choses autant qu'il m'est possible. Voyons ce que repliqueroit le Ministre de l'Empereur Payen.

Sans mentir, Messieurs, (diroit-il sans doute) vous êtes d'admirables gens ; vous comptez pour une grande charité de ne faire pas mourir tout d'un coup, mais de rendre un homme misérable pour fort long-tems, soit qu'il se résolve à pourrir dans un cachot, soit qu'il ait la foiblesse de faire semblant de croire ce que sa conscience lui montre comme une impiété détestable. Allez, Allez, Messieurs, outre que cette prétenduë charité ne vous empêcheroit pas de faire comme nous faisons, c'est-à-dire, d'inventer de cruels suplices, lorsque vous jugeriez que le tems & les lieux le demanderoient (car votre Maître ne vous commande qu'en général de contraindre, & c'est à vous à choisir la maniere de contrainte que vous croyez la meilleure ; celle des chicanes & des logemens de soldats, quand vous la croyez plus propre que les Massacres & que les inventions les plus exquises des Bourreaux, & ceci quand vous le croyez plus utile que les amendes, les chicanes & l'insolence de la soldatesque.) Outre cela, dis-je, je vous trouve drôles de vous glorifier d'une rusée Politique, qui est la vraie cause pourquoi vous n'en voulez pas au sang de vos Sujets ; c'est que vous êtes bien-aises de n'en diminuer pas le nombre, afin d'être toûjours puissans temporellement, & de vous vanter d'avoir plus fait sans suplices, que les autres par les suplices. Prenez-le comme il vous plaira ; nous ne serons pas assez sots si nous pouvons l'empêcher, pour vous laisser venir à l'état où vous feriez tant de désordres ; résolvez-vous donc à souffrir. L'Empereur mon Maître doit ce sacrifice au repos public de son siecle & de toute la postérité, dont vous seriez le fléau.

La vraisemblance ne souffre pas que je fasse encore parler ces Députez ; car après la réponse que je leur ait fait faire, il n'y a pas apparence qu'on les eût laissez long-tems en liberté ; néanmoins pour mieux donner à entendre à mon Lecteur ce que je veux lui prouver, je suppose encore cette duplique aux Députez.

Monseigneur, pardonnez-nous, s'il vous plaît, si nous vous disons que notre sainte doctrine vous a été déguisée par nos ennemis ; ce n'est que par accident & avec le plus grand déplaisir du monde, que nous en viendrions à la violence. Nous tâcherions d'abord par nos instructions de persuader nos veritez, nous nous servirions

des voies les plus douces & les plus caressantes ; mais si nous avions le malheur de rencontrer des esprits malicieux & obstinez, qui se roidissent contre les lumieres de la vérité que nous ferions briller à leur esprit ; alors malgré nous, mais par une charitable *mordacité*, nous leur ferions faire par force ce qu'ils n'auroient pas fait volontairement, & nous aurions même la charité de n'exiger pas deux qu'ils avoüassent qu'ils signent par force ; ce seroit un monument de honte pour eux & pour leurs enfans, & pour nous aussi ; nous les obligerions de signer qu'ils font tout cela volontairement. Au reste, Monseigneur, il ne s'ensuit pas de ce que nous avons le droit de contraindre, que vous l'aïez aussi : nous parlons pour la verité, & à cause de cela il nous est permis de faire violence aux gens ; mais les fausses Religions ne possedent pas ce privilége : ce qu'elles font est une cruauté barbare ; ce que nous faisons est tout divin, & une sainte charité.

Si j'ai choqué la vraisemblance en supposant que ces Députez auroient été admis à la duplique, je la choquerois beaucoup plus, si je supposois que le Ministre de l'Empereur tripliqueroit à cela autrement que par cent coups d'étriviere, qu'il feroit donner par ses Estafiers aux Députez, sans préjudice de l'Amphithéâtre où il les enverroit périr au premier jour. Néanmoins supposons qu'il seroit assez flegmatique, pour ne se mettre pas en colere d'oüir tant d'absurditez ; supposons-le, dis-je, pour mieux conduire le Lecteur où nous le voulons faire aller, il n'y a point de doute qu'il leur diroit en ce cas-là :

Mes bonnes gens, vos maximes n'ont que ce défaut qu'elles font mal apliquées ; il n'y a que la Religion de mon Maître qui puisse parler ainsi, parce qu'elle est la véritable. Je vous promets de sa part qu'il ne maltraitera que les opiniâtres d'entre vous : Faites-vous instruire & convertissez-vous, vous éprouverez les effets de sa clémence ; mais autrement votre opiniâtreté armera justement son bras, & avec justice, au lieu que si vous usiez de violence contre la Religion établie depuis si long-tems, vous tomberiez dans une injustice effroyable.

Un homme ennemi de toute persécution, & qui auroit quelque habitude avec l'esprit de raisonnement, pourroit ajoûter ce qui suit en s'adressant à ces Députez.

Au reste ce que vous dites me paroît rare, que ce n'est que par accident que vous feriez de la peine ; car puisque votre Maître vous ordonne de contraindre les gens de vive force à entrer dans son parti, il faut que votre but soit non seulement de faire Chretiens ceux que vous avez persuadez ; mais aussi ceux qui demeureront convaincus que votre Religion est fausse. Mais si votre fin directe se porte à ceux-là, il faut qu'elle enferme naturellement & directement les moyens qui vous y conduisent, savoir la force & la violence ; & ainsi ce n'est plus par accident que vous vexez le monde, mais par une suite très-nécessaire & très-naturelle de votre projet.

On peut chicaner peut-être sur cette raison, mais au fonds je la crois solide, & j'en tire cette nouvelle preuve contre le sens littéral de la parabole :

Si quelque chose pouvoir excuser les violences enfermées dans l'ordre de faire Chretiens tous les hommes, ce seroit de dire qu'elles n'y sont enfermées que par accident.

Duplique du
Commissaire.

Autre instance
contre les Députez.

Or il est faux qu'elles n'y seroient enfermées que par accident;

Donc rien ne les peut excuser.

La *majeure* n'est pas assez évidente pour des esprits que les passions & une malheureuse éducation des principes de Religion, qui ne sont à proprement parler que la Nature corrompuë adroitement cachée sous la profession de servir Dieu, ont misérablement gâtés & couverts d'épaisses ténebres; tâchons donc de l'éclaircir.

Preuve que la violence auroit été commandée directement & non par accident.

Je dis que des persécutions enfermées directement & absolument dans le dessein de convertir les Infideles, seroient tout-à-fait inexcusables, je le prouve parce que l'ordre que Dieu a établi entre les opérations des esprits, est qu'ils connoissent avant que d'aimer, & que les lumieres de l'entendement précedent les actes de la volonté. Cet ordre paroît être une loi nécessaire & immuable; car nous ne connoissons pas plus clairement que deux & deux sont quatre, que nous connoissons que pour agir raisonnablement, il faut douter d'une chose qui paroît douteuse, nier une chose qui paroît évidemment fausse, affirmer celles qui paroissent évidement vrayes, aimer celles qui paroissent bonnes, haïr celles qui paroissent mauvaises. Cela est tellement dans l'ordre, que nous convenons tous qu'un homme agit témérairement & commer même un crime, lorsqu'il jure qu'une telle chose s'est fait, qui s'est faite réellement; mais qu'il croit qui ne s'est point faite; & nous ne doutons pas que ce ne fût un très-grand désordre d'aimer la vertu, si on étoit persuadé qu'elle fût mauvaise & défenduë par une autorité légitime. Cela étant, un homme ne peut être dans l'ordre lorsqu'il embrasse l'Evangile, s'il n'est préalablement convaincu de sa verité; ainsi tout dessein & tout projet de faire embrasser l'Evangile à un homme qui n'est pas persuadé de sa verité, sort des regles & de la route de l'ordre éternel & nécessaire, qui fait toute la droiture & toute la justice d'une action. Or tout dessein qui en fermeroit directement & de plein vol les violences à exercer sur ceux qui ne voudroient pas se convertir à l'Evangile de bon gré, tendroit directement & de plein vol à faire embrasser l'Evangile à ceux même qui ne le croyent pas véritable; donc un tel dessein sortiroit des regles & de la route de l'ordre, & seroit par conséquent vicieux. Il est clair qu'on ne peut pas avoir intention directement de violenter un homme, sans avoir un dessein direct de lui faire faire une chose, lors même qu'il y aura de la répugnance; il est donc clair, comme je l'ai dit, que tout homme qui destineroit les violences aux signatures du simbole des Apôtres, comme un moyen direct de parvenir à ses fins, auroit dessein directement de faire signer ce simbole à ceux même qui le croiroient faux. Puisdonc que ce dessein seroit évidemment contre l'ordre, il faut que jamais les violences directement enfermées dans le dessein de convertir, ne soient légitimes; d'où il s'ensuit que le seul moyen de les excuser, est de dire qu'elles n'entrent qu'indirectement dans le projet des conversions. Voilà donc la *majeure* clairement prouvée, ce me semble. Venons à la *mineure*.

Exemple d'un voyage, & aplication de cet exemple.

Je demande à mes adversaires si le dessein de faire un voyage enferme par soi ou par accident un vaisseau. Ils me répondront sans doute, & ils auront raison, que c'est une chose purement accidentelle à un voyage qu'un vaisseau. Mais si au lieu de me tenir à la notion vague de voyage, je descens à ce cas particulier, qu'un homme ait dessein de faire un voyage de France en Angletere, ne sera-t-il pas vrai alors, par raport à ce dessein, qu'un vaisseau n'est plus une chose accidentelle; mais un moyen naturellement nécessaire? Apliquons ceci au dessein de *Christianiser* le genre humain.

Ou vous avez ce dessein en général, ou vous vous proposez en particulier certains moyens. Si vous n'avez que ce dessein en général, toutes voies particulieres vous seront accidentelles; mais si vous descendez au dessein particulier d'obtenir de gré ou de force que tout le monde reçoive le baptême, il est clair que vous enfermez proprement & directement la violence dans votre dessein, puisqu'au cas que vous trouviez de la résistance, vous êtes résolus de la vaincre par la force. Je veux que la violence ne soit là que conditionellement, c'est-à-dire, que vous souhaitiez de venir à bout de votre dessein de gré à gré; tant y a que si ce souhait n'a point de lieu, vous avez dessein d'en venir aux violences. Je conclus manifestement de-là, que ces violences n'entrent pas dans votre dessein par accident, mais par votre propre choix, & par une destination qu'on apelleroit dans l'école *secundariam*. Car comme ceux qui craignent la mer, seroient bien-aises de ne se servir jamais de vaisseau dans leurs voyages; mais néanmoinss'ils se résolvent de passer de France en Angleterre, ils veulent directement & proprement se servir d'un vaisseau: ainsi tout homme qui seroit bien-aise de convertir les gens par la seule Prédication, souhaiteroit de n'employer pas la violence; mais s'il se résolvoit à convertir les humains, lors même que la Prédication n'y suffiroit pas, & que la violence seroit nécessaire, il voudroit proprement & directement la persécution. En un mot lorsqu'il ne tient qu'à nous de poursuivre, ou de laisser un certain dessein, le cas avenant que nous rencontrions certains obstacles, il est clair que si nous le poursuivons en ce cas-là, nous témoignons que nous avons voulu très-proprement cette poursuite, & que les moyens indispensablement nécessaires à cela sont voulus, & consentis par nous très-proprement. Ils ne sont donc pas là par accident, au sens que ce mot se prend, lorsqu'il peut excuser les suites d'une affaire, ou les fautes d'une personne.

Il n'est nécessaire ni de prouver que Jésus-Christ seroit dans le cas, puisqu'il ne tiendroit qu'à lui de ne forcer personne, ni de prouver par cent raisons & par cent exemples que tout homme qui voudroit aller à son but par un certain moyen, préférablement à tous les autres; mais qui est fermement résolu d'y aller par un autre moyen, s'il se voit exclus de celui-là, veut très- proprement & par sa faute (s'il agit librement & que faute y ait) cet autre moyen; d'où il s'ensuit que les violences seroient dans le dessein de la conversion des hommes à l'Evangile proprement, & par la destination de Jésus-Christ; en sorte qu'il formeroit ainsi son projet: *Je veux que les hommes soient persuadez, de la verité de l'Evangile & en fassent profession; mais si je ne puis pas les persuader, je ne laisse pas d'entendre qu'ils le professent.* Or je dis & je soûtiens que ce dessein choqueroit les loix éternelles de l'ordre, qui est la loi indispensable de Dieu lui-même, & par conséquent qu'il est impossible que Jésus-Christ l'ait formé. Toutes les chicanes imaginables sur la phrase *être par accident*, n'empêcheront pas que la *mineure* de mon dernier sillogisme ne soit démontrée

montrée autant que ces matieres le souffrent. Quoiqu'il en soit, ce que je prétens dans ce chapitre me paroît clairement prouvé, savoir que des Chretiens qui auroient dû convenir qu'à la place des Payens ils auroient fait à-peu-près les mêmes persécutions, n'étoient capables que de leur présenter des Requêtes ridicules.

CHAPITRE X.

Neuvieme & derniere Réfutation du sens litteral, par la raison qu'il exposeroit les vrais Chretiens à une oppression continuelle, sans qu'on pût rien alleguer pour en arrêter le cours que le fond même des dogmes contestez, entre les persecutez, & les persecuteurs; ce qui n'est qu'une chetive petition de principe, qui n'empêcheroit pas que le monde ne devînt un Coupegorge.

ON a déja vû en deux endroits, savoir dans le Chapitre précédent & dans le 5. le préjudice que feroit à la véritable Religion, l'ordre d'user de contrainte sur ceux qui ne voudroient pas se convertir, & il est certain que cela seul considéré en gros & en général, forme un préjugé fort plausible de fausseté; car quelle apparence que Dieu ait voulu ordonner à son Eglise une conduite qui la rend ridicule, lorsqu'elle se plaint de l'oppression qu'elle souffre, & qui donne un prétexte raisonnable de la chasser. Si S. Augustin se fût bien souvenu d'une excellente maxime, qu'il a débitée dans son Traité *de genesi ad litteram*, il ne se fût pas embarassé, comme il a fait, à soutenir la cause des persécuteurs; car il dit dans cette maxime qu'il est honteux, pernicieux, & extrêmement à fuir, qu'un Chretien se mêle de parler des choses, selon ses principes, en présence des Infideles, avec tant d'impertinence que les Payens ne se puissent tenir de rire. Comment n'a-t-il pas vû qu'il s'exposoit à la risée des Payens lorsqu'il soutenoit que Dieu autorise dans sa parole les persécutions de Religion; en effet il n'y a rien de plus insensé que de blâmer en autrui les mêmes actions que l'on canonise, lorsque l'on les fait soi-même, & rien n'est plus absurde que de trouver mauvais, qu'un Prince qui croit que la Religion Payenne est véritable, & que Dieu lui commande de maintenir le repos public, ne tolere point une secte qui ravageroit le monde par ses violences, si elle avoit assez de forces. Mais ce qui n'est qu'un préjugé, lorsqu'on le regarde en gros, devient une preuve solide, lorsqu'on prend la peine de le développer un peu exactement. C'est ce que nous avons tâché de faire dans les deux Chapitres alleguez, & que nous ferons encore dans celui-ci le moins mal que nous pourrons. Voici notre derniere preuve:

Un sens littéral qui jetteroit toutes les parties du Christianisme dans une guerre continuelle, sans fournir autre remede à ce grand mal que ce qui en sera prononcé à la fin du monde ne peut pas être véritable.

Or tel est le sens littéral de ces paroles, *Contrains-les d'entrer*;

Donc il n'est pas véritable.

La 1. proposition me semble assez claire d'elle-même; car encore que Dieu n'ait pas parlé dans son Ecriture d'une maniere qui ait été parfaitement propre à empêcher les divisions des Chretiens, il faut pourtant croire que si d'un coté il a permis que son Eglise se partageât, il n'a point pû vouloir de l'autre qu'elle fût sans aucune regle, ni sans aucuns principes communs, qui continssent les parties désunies dans leur devoir, & qui montrassent qu'il ne se faut pas déchirer comme des bêtes. Les obscuritez de l'Ecriture ne tombent guéres que sur les dogmes de spéculation: ceux de Morale ayant été plus necessaires pour la conservation des societez, & pour empêcher que le vice n'éteignît entierement ce qui reste de vertu, sont demeurez plus intelligibles à tout le monde. Mais qu'ils soient assez clairs ou non pour empêcher qu'on ne les détourne à de faux sens & à des abus, au moins est-il certain que l'intention du S. Esprit a dû être sainte, juste & innocente, & fort éloignée de servir d'excuse très-plausible aux désordres de l'Univers. Or c'est ce qu'on ne pourroit pas dire, s'il étoit vrai que Jesus-Christ eût donné ordre à ses Sectateurs de persécuter.

Je passerai sous silence les désordres qui arriveroient dans le monde par l'avantage que les Infideles prendroient sur les Chretiens, en voyant que ceux-ci autorisent les violences: je ne dirai pas qu'ils se serviroient de toutes les raisons des Chretiens, pour tourmenter tous ceux qui n'auroient pas les mêmes sentimens qu'eux; je ne regarderai point cela; je ne considererai que ce qui se passeroit de secte à secte du Christianisme. Il est certain que si J. C. a entendu le sens de persécution & de contrainte de signer un formulaire, lorsqu'il a dit, *Contrains-les d'entrer*, la partie orthodoxe du Christianisme peut violenter, autant qu'elle le juge convenable, la partie qui erre; cela est sans difficulté. Mais comme chaque partie se croit orthodoxe, il est clair que si Jesus-Christ avoit commandé la persécution, chaque secte se croiroit obligée de lui obéïr, en persécutant par outrance toutes les autres, jusques à ce qu'elle les eût contraintes à se conformer à sa profession de Foi: ainsi on verroit une guerre continuelle soit dans les ruës des Villes, soit dans les campagnes, soit entre les nations de différent sentiment, & le Christianisme ne seroit qu'un Enfer perpetuel pour ceux qui aiment le repos, & pour ceux qui se trouveroient le parti foible. Mais ce qu'il y a de ridicule là-dedans, c'est qu'on ne sauroit sur quoi fonder les reproches que l'on feroit au parti victorieux & persécutant; car si on lui disoit, *il est bien vrai que Jesus-Christ a ordonné à ses Disciples de persécuter, mais cela ne vous regarde pas, vous qui êtes hérétiques; il n'y a que nous qui sommes la vraye Eglise qui puissions exécuter ce commandement;* il répondroit qu'il demeure d'accord du principe, mais non pas de l'application, & que c'est lui qui a seul le droit de contraindre, puisqu'il a la vérité de son côté. On voit clairement par là, que l'on ne pourroit blâmer ni l'insolence qui seroit permise aux Dragons, ni les emprisonnemens, ni les amendes, ni les enlevemens d'enfans, ni aucune autre violence, parce qu'au lieu de discuter ces Faits, & de les examiner à quelque regle commune de Morale, il faudroit traiter du fonds des Controverses, examiner qui a tort ou qui a raison dans sa profession de Foi. Cette affaire est de longue haleine, comme chacun sait; on n'en voit jamais la fin: Desorte que comme en attendant le jugement définitif du procès, on ne pourroit rien prononcer sur les violences, elles demeureroient en sequestre pour le moins, & ce seroit toûjours de l'avantage pour le parti victorieux : le parti souffrant ne feroit que se morfondre à traiter une par une ses Controverses , & ne pourroit jamais avoir le plaisir de dire , *on me traite injustement* , si ce n'est en supposant son principe, & en disant je suis la vraye Eglise. Mais , diroient les autres sur l'heure: *Vous n'êtes pas la vraye Eglise ; donc on vous traite justement. Vous n'avez pas encore prouvé votre prétention , on vous la nie ; attendez donc à vous plaindre que le procès soit vuidé.*

Vaine & ridicule excuse sur ce que l'on auroit la vérité de son côté.

Je ne conçois point d'état plus triste , & tout ensemble plus digne de la moquerie de tous les profanes & de tous les libertins , & même de tous les hommes , que celui-là; c'est quelque chose de beau & de fort glorieux au nom Chretien , que de comparer les plaintes qui ont été faites contre les persécutions Payennes & Arriennes , avec les Apologies de la persécution qu'on faisoit souffrir aux Donatistes. Quand on a bien examiné tout cela , on se trouve réduit nécessairement à ce beau principe : *J'ai la verité de mon côté ; donc mes violences sont des bonnes œuvres. Un tel erre ; donc ses violences sont criminelles.* Dequoi servent , je vous prie , ces raisonnemens ? Guerissent-ils le mal que font les persécuteurs , ou les peuvent-ils faire rentrer en eux-mêmes ? Ne faut-il pas nécessairement, pour guérir la fureur d'un emporté qui ravage tout un païs, ou pour la faire connoître, le tirer des disputes particulieres, & le rapeller à des principes communs aux deux partis, tels que sont les maximes de la Morale, les préceptes du Décalogue de Jesus-Christ & de ses Apôtres , touchant l'équité, la charité, l'abstinence du vol, du meurtre, des injures du prochain ? Ce seroit donc déja un fort grand inconvénient dans le commandement de Jesus-Christ , qu'il ôteroit aux Chrétiens la regle sure & commune de juger si une

action est bonne ou mauvaise. Ce n'en seroit pas un moindre, que tous les Chretiens en prendroient droit de persécuter ceux qui ne seroient pas de leur communion ; ce qui ne se feroit que par mille violences d'une part, & par mille hypocrisies de l'autre. C'en seroit un 3. fort considérable , que tous les Chretiens pourroient soutenir avec raison, que les persécutions qu'ils livrent aux autres sont justes ; d'où s'ensuivroit que la persécution de la vérité seroit une action pieuse; car tout de même que les préceptes d'honorer son pere & sa mere, de ne point se souiller dans les brutalitez de la chair, de ne point tuer, ni dérober, d'aimer son prochain comme soi-même, d'aimer Dieu, de pardonner à ses ennemis, regardent les Arriens, les Nestoriens, les Sociniens, aussi pleinement que les Réformez & que les Catholiques, & que ceux qui sont l'élite des prédestinez ; ainsi doit-on dire que le précepte de contraindre est adressé indifféremment à tous les Chretiens : autrement si vous le restraignez aux seuls Orthodoxes, pourquoi ne leur apropriez-vous pas aussi le commandement d'être sobre , charitable ? Or si le commandement de contraindre au sens littéral, est adressé à tous ceux qui croyent à l'Evangile, chaque secte doit se l'appliquer & y obéïr en faveur des dogmes qu'elle prend pour l'Evangile, en faveur de la Religion qu'elle croit la véritable; car si elle ne le faisoit pas, elle désobéïroit formellement aux ordres de son Createur; elle seroit donc obligée de persécuter pour obéïr à Dieu. Nouvelle preuve de la fausseté de ce précepte; car il implique que Dieu commande des choses ausquelles la plûpart de ceux qui obéïroient , commettroient des crimes. Mais il sera parlé plus amplement en un autre lieu (*) du droit que peuvent prendre sur la parabole les societez non orthodoxes.

(*) Dans la III. Partie , Chap. XVII. & suivant.

COMMENTAIRE PHILOSOPHIQUE,

SUR CES PAROLES DE

L'EVANGILE SELON S. LUC,

CHAP. XIV. VERS. 23.

CONTRAINS-LES D'ENTRER.

SECONDE PARTIE,

Contenant la réponse aux objections qu'on peut faire contre ce qui a été prouvé ci-deſſus.

CHAPITRE PREMIER.

Premiere objection. On n'uſe point de violence afin de gêner la conſcience, mais pour réveiller ceux qui refuſent d'examiner la vérité. Illuſion de cette penſée. Examen de ce qu'on apelle OPINIATRETE'.

POUR faire voir la futilité de cette excuſe, je ne me ſervirai que de deux remarques ; l'une, que le moïen d'examiner la verité, que propoſent ces Meſſieurs, eſt le plus déraiſonnable du monde ; l'autre, qu'il ne leur peut ſervir preſque de rien, pendant qu'ils en demeureront aux termes où ils ſemblent vouloir ſe réduire. Développons un peu l'une & l'autre de ces deux conſidérations.

Tout ce qu'il y a eu jamais de gens ſages & éclairez ſur la nature des choſes & ſur celle de l'homme en particulier, ont reconnu que l'un des plus grands obſtacles que l'on trouve dans la recherche de la verité, eſt que les paſſions viennent nous obſcurcir les objets, ou faire une diverſion perpétuelle aux forces de notre eſprit. C'eſt pour cela qu'ils ont tant recommandé d'être les maîtres de ſes paſſions, de les faire taire, & de les chaſſer. C'eſt pour cela qu'ils ont dit que l'office d'un bon juge eſt d'écouter les raiſons des deux Partis froidement & ſans paſſion, & ils ont crû que ſans cela il ne ſeroit pas en état de rendre bonne juſtice. Il n'eſt pas juſques à la pitié & à la miſéricorde, qualité très-néceſſaire dans la ſocieté civile & dans la Religion, qu'ils n'aient crû capable d'obſcurcir l'eſprit d'un juge, & de le faire pancher du côté du faux. Il eſt fort certain qu'un eſprit qui demeureroit tranquille dans ſon aſſiette naturelle, & qui regarderoit les miſérables ſans ces émotions de commiſération qui attendriſſent le cœur, ſeroit bien plus propre à dérouiller les artifices du menſonge, & à donner dans le point de vûë de la verité ; car enfin un miſérable dont l'équipage lugubre nous fait pitié, & nous émeut toutes les entrailles, peut avoir fait les crimes dont on l'accuſe ; & s'il y a voit des obſcuritez & des brouilleries dans le Fait qu'un Juge intelligent & ſans paſſion pourroit diſſiper par la pénétration de ſon génie, il s'en trouveroit incapable, lorſque la pitié l'attendriroit, & le préviendroit de bonne opinion en faveur de l'accuſé. En un mot rien n'eſt plus vrai que cette maxime d'un Hiſtorien (*) Romain : *Tous ceux qui conſultent de choſes douteuſes doivent être vuides de haine, d'amitié, de colere & de compaſſion ; car lorſque ces diſpoſitions empêchent l'ame, elle ne diſcerne pas facilement la vérité.* Je pourrois remplir vingt pages de ſentences ſemblables, ſi je voulois ſeulement conſulter le *Polyanthea.* Qui ne voit déja combien eſt déraiſonnable l'objection que je veux réfuter dans ce Chapitre ? Nous ne voulons pas (diſent les Convertiſſeurs) qu'un homme trahiſſe les lumieres de ſa conſcience, afin de ſe délivrer des incommoditez que nous lui faiſons ſouffrir ; nous voulons ſeulement que l'amour qu'il a pour les douceurs de la vie, & la crainte de la miſere chaſſent ſon engourdiſſement, & l'apliquent à l'examen des deux Religions ; & nous ſommes ſûrs que

(*)*Omnes homminies qui de rebus dubiis conſultant, ab odio, amicitiâ, irâ, atque miſericordiâ vacuos eſſe decet; nam animus haud facilè verum providet ubi illa officiunt.* Saluſt. de bell. Catil.

L'état où les
persécuteurs
mettent les
gens pour les
obliger d'exa-
miner, les em-
pêche de bien
choisir.

que cet examen lui fera voir la fausseté de la sienne, & la verité de la nôtre. C'est-à-dire, nous voulons que s'agissant de l'examen de deux choses de grande importance, tant à cause des raisons à alléguer pour & contre, qu'à cause des suites du bon & du mauvais choix, l'homme s'y porte non pas avec les lumieres paisibles & tranquilles de sa Raison, les passions étant calmées, mais avec tous les nuages & les ténebres que plusieurs passions violentes excitent dans son esprit. Peut-on rien voir de plus absurde ? S'il s'agissoit de terminer un diférend de trois écus entre deux laquais, on ne trouveroit pas bon qu'on leur donnât un arbitre qui fût en colere contre l'un d'eux, ou qui espérât quelque service de l'un d'eux, ou qui en craignît le ressentiment; & ici où il s'agit de la plus grande gloire de Dieu, & du salut éternel de l'ame, on veut bien que les arbitres qui doivent juger qui à tort ou qui a raison, des Catholiques ou des Protestans, aient l'ame pleine de ressentiment, de cupidité, d'espérances & de peurs mondaines: on veut qu'un homme qui pese les raisons de part & d'autre, au lieu d'appliquer toutes ses lumieres à cet examen, soit distrait d'un côté par la vûë prochaine de sa famille ruïnée, exilée, encloîtrée, de sa propre personne dégradée de tout honneur, tourmentée par des soldats, enfermée dans un noir cachot; & de l'autre par l'espérance de plusieurs biens tant pour lui que pour sa famille. Sans mentir le voilà bien en état de trouver qui a raison; car s'il est bien persuadé que sa Religion soit bonne, & s'il a assez de crainte de Dieu pour avoir une grande répugnance à professer une Religion qu'il croit mauvaise, il se fortifiera davantage dans la sienne, par la haine qu'il concevra pour les moïens tiranniques qu'on veut emploïer contre lui: s'il aime le monde plus que Dieu & sa Religion, il fera de deux choses l'une; ou il s'aveuglera le plus qu'il pourra, afin de se faire acroire que sa Religion n'est pas bonne, ou il la quittera sans voir que l'autre soit meilleure; il se déterminera par les avantages temporels que celle-ci lui offre, & par les persécutions où l'autre l'exposeroit. Tout ce que je dis est si connu à quiconque s'est examiné soi-même, & a connu le pouvoir impérieux des passions, que j'ai bien peur que l'on ne se plaigne que j'insiste trop sur les preuves d'une chose que personne ne croit douteuse.

Mais sans craindre ce reproche, ne laissons rien à désirer, s'il se peut, pour rendre palpable cette verité, & ôter tout échapatoire aux Convertisseurs. Croïent-ils qu'un homme qui compare ensemble deux raisons, dont l'une est soutenuë par l'espérance d'un bien temporel, & l'autre affoiblie par la crainte d'un mal temporel, soit en état de bien trouver l'équilibre, ou le juste panchant naturel de la balance ? Croïent-ils que toutes choses étant égales naturellement, il ne se détermineroit pas pour la raison qui seroit accompagnée du bien temporel ? Croïent-ils qu'y ayant plus d'évidence à son égard dans la raison qui est affoiblie par la crainte du mal temporel, il ne fera pas souvent compensation de ce plus d'évidence avec le plus de bien temporel qui lui est promis de l'autre côté ? Croïent-ils que la corruption du cœur ne soit pas capable non seulement de faire cette compensation, tandis que le plus d'évidence paroît d'un côté, mais aussi de faire que ce plus d'évidence s'évanouïsse peu à peu ? Croïent-ils que cette compensation ne se fera pas selon plus ou moins de dégrez, à mesure

que la cupidité de cet homme sera plus grande; ensorte que si trois dégrez d'évidence de plus d'un côté succombent par la contrebalance de deux cens écus, par raport à un homme médiocrement avare, six dégrez d'évidence de plus succomberont, quand ils seront balancez avec une charge lucrative & glorieuse, par raport à un homme qui a beaucoup d'avarice & de vanité ? S'ils ne croïent rien de tout ce que je suppose ici comme très-probable, je ne sais pas dans quel païs ils ont vécu, quels Livres ils ont lû, & quelle sorte d'esprit ils ont reçu, & je serois fort d'avis de les traiter selon la maxime, *adversus negantem principia non est disputandum*. Mais il n'y a pas aparence qu'ils me puissent nier les principes que je suppose, & d'où je conclus nécessairement qu'il n'y auroit rien de plus fautif, rien de plus irrégulier, rien de plus indigne d'une intelligence médiocre, que d'avoir établi comme un moïen légitime de trouver la verité disputée, de l'examiner précisément dans le tems que plusieurs passions seroient excitées dans le cœur, & que l'on sauroit qu'en cas que l'on trouvât véritable l'une des parties de la question, on seroit exposé aux dernieres ignominies & miseres; & qu'au cas que l'on trouvât véritable l'autre partie, on seroit honnoré & recompensé de plusieurs faveurs. Toutes les idées de l'ordre, toutes les lumieres du bon sens, tout ce que l'expérience des choses humaines nous donne de jugement, s'éleve contre cela; desorte que si Jésus-Christ avoit ordonné la maniere de contraindre que l'on suppose dans cette objection, nous ne pourrions pas le justifier d'avoir très-mal aparié les choses, & d'avoir très-mal adapté les moïens aux fins; ce qui étant impie, ne doit être pensé en façon quelconque. Un examen de deux Religions fait en pareilles circonstances, ne peut produire qu'un grand embarras & une confusion dans l'esprit de certaines gens; un affermissement dans leur Religion dans quelques autres, & une détermination vers le parti qui a le bien temporel de son côté, soit que d'ailleurs il ait aussi la fausseté, soit qu'il ne l'ait pas, dans tous ceux qui sont possedez de l'amour du monde.

Cela se confirme par cette considération, c'est que tous les discours de Jésus-Christ & de ses Apôtres nous préparent à être haïs du monde, dans la tribulation, dans les croix, dans l'exercice continuel de la patience, au milieu des persécuteurs de la verité. Si bien qu'il est naturel de croire à une bonne ame, & qui ne veut se déterminer que selon la crainte de Dieu, que la verité se rencontre du côté des maux temporels, & non pas du côté qui nous menace, qui nous afflige, si nous persévérons dans notre Foi, & qui nous promet mille avantages terrestres, si nous allons à lui. Je ne vois pas qu'on puisse trouver de l'obscurité dans cette hipotese, si l'on y songe bien; ainsi quand on supposera que ceux qui feront l'examen des deux Religions, auront l'ame bien Chretienne, ce sera le moïen de les empêcher de connoître leur erreur que de leur dire qu'on les persécutera, s'ils ne professent une autre Foi; car cela même qu'on les menace de persécution leur servira de preuve, ou de préjugé, qu'ils suivent cette verité Evangelique, que l'Ecriture a prédit qui seroit mal voulüe du monde, & persécutée sur la terre. On voit donc que le moïen de trouver la verité que ces Messieurs nous assignent comme ordonné de Jésus-Christ, est très-propre à confirmer dans l'erreur, & cela à

cause

cause des prédictions de Jesus-Christ même, toute ame qui sincerement préfere ce qu'elle croit la vérité aux commoditez de la vie. D'ailleurs ce moyen est très-propre d'arracher d'entre les bras de la vérité, extérieurement pour le moins, toutes les ames foibles, & attachées au monde par quelques fortes passions; d'où je conclus que ce moyen ne vaut rien, & n'a jamais été ordonné de Dieu.

Passons maintenant à notre 2. remarque. Je voudrois savoir de Messieurs les Convertisseurs, s'il est vrai qu'ils ne veulent point faire violence à la conscience, mais seulement appliquer les gens à examiner les deux Religions, ce qu'ils négligeoient de faire pendant qu'il ne leur en coutoit rien de ne les pas examiner. Il est sans doute qu'au cas qu'ils ayent cette intention, les peines de leurs Arrêts doivent être seulement comminatoires; c'est-à-dire, qu'ils doivent seulement menacer de mauvais traitement ceux qui dans un tems marqué ne se seront pas fait instruire; car s'ils passent jusques à l'exécution contre ceux qui au bout du terme déclareront qu'ils ont eu beau se faire instruire, qu'ils n'en sont pas moins persuadez qu'auparavant de la divinité de leur Religion, il est manifeste qu'ils veulent faire violence à la conscience, & engager à la profession extérieure de leur Foi ceux mêmes qui s'étant appliquez à examiner soigneusement la controverse n'ont pas changé de créance. Voici donc nos gens dans un défilé entre les deux pointes menaçantes de ce fâcheux Dilemme.

Ou ils veulent que leur contrainte tombe uniquement sur le soin de se faire instruire, ou ils veulent qu'enfin elle tombe sur la conscience.

Si c'est le 1. ils entendent seulement qu'on ne demeurera pas dans sa Religion par coûtume & par habitude, sans examiner si elle est bonne, & sans la comparer avec l'autre; mais qu'on en fera un examen fort exact, & une comparaison avec l'autre fort attentive; & alors ils n'auront rien à prétendre contre un homme qui ayant écouté leurs conférences & leurs instructions, & lû leurs Livres, leur déclarera au bout du compte, qu'encore qu'il ne puisse pas leur rendre raison de toutes leurs objections, il demeure très-persuadé intérieurement qu'ils sont dans un mauvais chemin, & qu'il a la vérité de son côté, & ainsi tous leurs Arrêts comminatoires demeurent-là pendus au croc, sans force ni vigueur, puisqu'on a fait tout ce qui étoit de l'intention du Législateur; savoir qu'on examineroit soigneusement les raisons de part & d'autre. D'où paroît que dans cette supposition, ces Messieurs se départent du sens littéral des paroles, *Contrains-les d'entrer*, puisque dans le vrai ils ne contraindroient personne; car ce n'est pas la contrainte dont il s'agit ici, que celle qui oblige à disputer, à lire, & à méditer.

Si c'est le 2. ils renoncent visiblement à leur objection; ils avouent qu'ils veulent forcer la conscience, & ainsi mes preuves retournent sur eux avec toute la force qu'elles pouvoient avoir, avant qu'ils y eussent opposé ce méchant retranchement.

Il ne leur reste, ce me semble que de dire que les peines que je dis ne pouvoir être tout au plus que comminatoires, & comme un essai de ce que l'examen peut produire, sont exécutées légitimement, lorsqu'on a vû que toutes les Conférences,

Missions, Disputes, Livres, & instructions imaginables, n'ont pas persuadé un homme; car c'est une marque qu'il est dans une opiniâtreté & un entêtement prodigieux; & s'il ne mérite pas d'être puni de ce qu'il n'est pas de la bonne Religion, il le mérite de ce que c'est un opiniâtre & un entêté. Mais qui ne voit que c'est la plus miserable défaite du monde, puisque sur un pareil fondement (*) Antiochus fit mourir quantité de Juifs, les regardant comme coupables d'une folle opiniâtreté, d'autant que la menace d'un suplice afreux ne pouvoit pas les induire à manger de la chair de porc, action en elle même très-licite. Sur un pareil fondement Pline (A) fit mourir beaucoup de Chretiens. *Je leur demandois*, dit-il, *s'ils étoient Chretiens, & quand ils l'avouoient, je le leur demandois encore deux fois avec menace du dernier supplice, duquel je les faisois punir actuellement lorsqu'ils persistoient; j'étois assuré que pour si petite que fût la chose qu'ils avouoient,* leur OPINIATRE-TÉ, *pour le moins,* & ENTETEMENT *inflexible étoit punissable.* On voit déja que c'est une illusion puerile, & un mechant prétexte dont les Payens se sont servis fort brutalement: mais enfonçons un peu la matiere. Que veut-on dire quand on prétend qu'un homme, pour qui on auroit d'ailleurs quelques égards, n'en mérite plus dès qu'on voit qu'il est opiniâtre? Cela signifie-t-il qu'un homme qui persevere dans ses erreurs, après qu'on lui a montré manifestement que ce sont des erreurs grossieres, & qu'on l'en a convaincu en sa conscience, mérite d'être traité sans quartier? A la bonne heure, je m'intéresse fort peu à la tolérance d'un tel personnage, qui en effet n'en mérite point; car puisqu'il persevére contre le dictamen de sa conscience dans la profession d'une opinion, c'est une marque infaillible qu'il y a du caprice & de la malice dans son fait, & qu'il n'a pour but que de faire dépit à son prochain, & pour ainsi dire, de faire bouquer ses Superieurs qui travaillent à son changement. Mais comment saura-t-on qu'on a convaincu cet homme de ses erreurs? Un Convertisseur a-t-il les yeux assez perçans pour lire dans la conscience d'un homme? Partage-t-il avec Dieu l'attribut incommunicable de *Scrutateur* des cœurs? Ce seroit une impertinence la plus extravagante du monde de le penser. Ainsi pendant qu'un homme qu'on a instruit le mieux qu'on a pû, vous dira qu'il est toûjours persuadé en sa conscience que sa Religion est la seule bonne, on n'a nul droit de prétendre qu'on l'a convaincu interieurement & évidemment de ses erreurs; & sur ce pied-là il ne sera point opiniâtre, ni digne des peines que mérite l'entêtement: desorte que si après deux mois, ou quatre, ou cinq, selon le terme qu'il a plû au Prince d'accorder aux gens pour s'instruire, avec menace que si après ce tems-là ils persistent dans leurs erreurs ils seront punis, ils déclarent qu'ils sont les mêmes qu'auparavant, aussi persuadez que jamais de la vérité de leur créance; il faut ou les laisser-là, ou donner dans la contrainte directe & immédiate de la conscience dont on veut se justifier dans cette premiere objection, & le vain prétexte d'opiniâtreté n'est point ici de mise.

Un Convertisseur dira très-assurément (car ces Messieurs sont en possession de toutes les fausses pensées) qu'encore qu'on ne soit pas Scrutateur des cœurs, on ne laisse pas d'avoir une assurance

Examen de ce qu'on appelle *opiniâtreté*. Impossibilité de la discerner de la constance.

(*) Josephe au traité de la domination de la Raison.

(A) *Epistol. l. 10.*

surance raisonnable qu'un homme est dans l'opiniâtreté dont nous parlons, c'est-à-dire, dans la malignité de professer ses anciennes doctrines, après même qu'il a été pleinement convaincu qu'elles sont fausses ; on en est assuré, dira-t-on, parcequ'il n'a sû que répondre, quand on l'a poussé sur les difficultez de sa créance, & son Ministre même en sa présence a été réduit à se taire ; outre que les veritez de l'Eglise sont si évidentes, qu'il n'y a qu'à vouloir les envisager sans prévention pour en toucher au doigt la divinité, & la fausseté des opinions Calvinistes, par exmple. Voilà donc deux moyens de connoître qu'on a illuminé l'esprit d'un homme, quoiqu'il le nie de bouche ; l'un, qu'on a fait ou à lui-même, ou à ses Ministres, des objections à quoi ils n'ont sû répondre ; l'autre, que les raisons qu'on leur a dites sont claires comme le jour : mais il me sera aisé de refuter pleinement ces deux moyens.

Perfister dans la Religion après avoir été réduit au silence par un Controversiste, n'est pas une marque d'opiniâtreté.

Il n'y a, pour confondre ces Messieurs sur le 1. qu'à leur demander s'ils croyent qu'un Paysan, qu'un Artisan, qu'une Dame Catholique Romaine, engagez dans la dispute de Religion avec un Evêque de Lincoln, un Docteur Stillingflier, un du Moulin, un Daillé, auroient pû repondre à toutes les objections qui leur auroient été faites: je veux bien que ces personnes ignorantes se fassent assister par le Curé de la Parroisse, ou par son Vicaire, par quelque Moine, ou autre Controversiste. Sera-t-on bien assuré dans ce cas, que toutes les objections proposées par un savant Protestant, qui se sera préparé sur les plus embarrassées, seront clairement resoluës, & que jamais on ne se verra réduit à ne savoir que dire de raisonnable ? Il faudroit n'avoir ni méditation, ni connoissance de l'esprit de l'homme pour avoir ces espérances ; car quand on juge sainement des choses, on sait qu'en matiere de disputes un homme d'esprit présent, qui a la parole en main, qui est subtil & grand Logicien, & d'une grande mémoire, triomphera toûjours dans les matieres problématiques d'un autre homme à la vérité savant, mais qui n'a pas de boute-hors, qui s'exprime avec difficulté, qui est timide, qui n'a pas l'esprit présent, ni beaucoup de mémoire. Conclure delà que celui qui se laisse confondre soutient la méchante Religion, c'est mettre en risque sa propre cause, & tomber même dans l'inconvénient, ou que toutes les Religions sont fausses, ou que la même est vraye en un lieu, & fausse en un autre, se pouvant faire que dans un même jour un Ministre disputant contre un Moine, le met à *quia*, & qu'un Moine disputant dans une autre chambre contre un Ministre, le démonte, & lui fasse perdre terre, comme dans les Duels à plusieurs seconds il arrive qu'il y a des gens vaincus & vainqueurs de part & d'autre. Il faut donc ou pécher contre le bon sens, ou convenir que ce n'est pas une bonne marque de fausseté pour une Religion, que de voir que tous ceux qui la professent ne sont pas capables de répondre à toutes les difficultez que les savans Controversistes de l'autre parti leur proposent ; & ainsi un Protestant qui aura éprouvé que ni lui, ni son Ministre, n'auront pas bien satisfait à quelques questions subtiles, & qu'il croira même chicaneuses d'un Missionnaire, ne doit pas croire nécessairement à cause de cela que sa Religion est fausse. C'est donc témérairement que l'on juge qu'il est convaincu en sa conscience de la fausseté de sa Religion, quoiqu'il soutienne que ces disputes ne l'ont nullement ébranlé. En un

mot si ce 1. moyen étoit légitime, il n'y auroit point de Catholique ignorant que l'on ne pût soupçonner de trahir sa propre conscience, après qu'il auroit disputé avec nos Savans ; car il est bien sûr qu'il ne sauroit que leur répondre en certaines choses, & que plusieurs Moines s'y trouveroient aussi embarrassez que lui. Un homme ne doit pas être assez imprudent pour faire dépendre sa Religion de l'habileté, de la mémoire, & de l'éloquence d'un Ministre. Ce seroit une autre chose si quelque Ministre que ce fût, disputant avec quelque Papiste que ce fût, le plus savant de tous les Ministres avec le plus ignorant de tous les Papistes (n'en mettons pas tant, contentons-nous du plus ignorant de tous les Moines) étoit toûjours confondu jusques à ne répondre rien qui vaille ; j'avouë qu'alors un particulier seroit dans une obstination inexcusable, s'il ne se défioit pas de sa Religion ; mais comme ce cas n'est jamais arrivé, & qu'il est impraticable, il ne sert de rien à l'affaire.

L'évidence une qualité rélative.

Le 2. moïen n'est pas meilleur que le précedent ; car outre que c'est trop s'avancer que de dire que les matieres controversées sont claires & évidentes comme le jour, chacun sait, ou doit savoir que l'évidence est une qualité rélative ; c'est pourquoi nous ne pouvons guéres répondre, si ce n'est à l'égard des notions communes, que ce qui nous semble évident le doit paroître aussi à un autre. Cette évidence que nous trouvons dans certains objets peut venir ou du biais selon lequel nous les envisageons, ou de la proportion qui se trouve entre nos organes & eux, ou de l'éducation & de l'habitude, ou de quelques autres causes ; ainsi il n'y a point de conséquence de nous à notre prochain, parcequ'un autre homme n'envisage pas les choses du même biais que nous, n'a pas les organes qui servent à la comprehension modifiez comme nous, n'a pas été élevé comme nous, & ainsi du reste. Plusieurs personnes regardent un même tableau, Chef-d'œuvre d'un Michel-Ange, & en font mille jugemens différens. Celui qui est dans le point de vûë, & qui est connoisseur le trouve admirable ; d'autres qui le regardent d'un autre point, & qui n'ont nul goût, ni habileté, le méprisent. Le Connoisseur pourra se moquer tant qu'il lui plaira de leur ignorance, ou en avoir pitié ; mais il seroit ridicule s'il les accusoit de mentir, & de soutenir malicieusement que le Tableau ne vaut rien, pendant qu'ils savent le contraire. Oh ! mais la beauté de ce Tableau est si visible qu'il n'y a pas moyen de ne la voir pas ! Qui vous a dit cela, & vous-même qui la connoissez si bien, voyez-vous la bonté & la beauté de certaines pierreries qu'un Joüaillier prétend qui doit sauter aux yeux de tout le monde ? Vous trouvez peut-être le vin de Canarie si bon, que vous croyez qu'il ne faut qu'avoir une langue pour sentir cette bonté ; mais combien y a-t-il de gens qui valent autant que vous, & qui ne boivent que de l'eau, qui ne sauroient mettre dans leur bouche ce vin sans le trouver très-mauvais. Ainsi c'est une ignorance crasse du monde, & de l'homme principalement, que de juger du goût d'autrui par le nôtre.

Mais, diront les Missionaires, cela seroit bon avant nos éclaircissemens, mais nous en avons donné de si manifestes qu'il n'est pas possible d'y resister. Je répons qu'il est très-juste d'avoir assez méchante opinion de l'esprit de la plûpart de ces Messieurs-là, pour croire qu'ils sont sinceres, lorsqu'ils parlent de la sorte de leurs éclaircissemens ?

femens ; ce seroit leur faire plus d'honneur qu'ils ne méritent que de croire qu'ils soient assez dé-pétrez des entraves tenebreuses de leurs préjugez, pour s'appercevoir que leurs Lieux-communs sont pitoïables, & qu'on les refute solidement. Croyons donc qu'ils les trouvent évidens, puis qu'ils le disent; mais qu'ils ne prétendent pas que les autres hommes nourris & élevez dans d'autres principes, qui envisagent les choses d'un autre biais, & qui n'ont pas la même compréhension qu'eux, y trouvent la même évidence. D'où paroît que pour juger s'il y a de l'entêtement & de l'o-piniâtreté dans un homme, c'est-à-dire, perseve-rance dans une profession après même qu'il en a connu la fausseté, ou dessein formel de ne point apliquer son esprit aux raisons qui la com-battent, depeur d'en connoître la fausseté que l'on veut ne pas connoître en cas qu'elle y soit, il faut être Scrutateur des cœurs, & Dieu lui-mê-me ; car c'est une prétention extravagante que de dire qu'on ne persevere dans sa Religion, après plusieurs conferences de Missionnaires, que parce qu'on ne veut pas appliquer les forces de son esprit à la considération des argumens de ces Mission-naires, de-peur de les trouver solides; ou parce que les aïant trouvez solides & convaincans, on aime mieux trahir sa conscience, que de donner aux Convertisseurs la satisfaction d'être venu à bout de leur entreprise; cette pretention, dis-je, est extravagante, puisqu'il y a tant d'autres raisons très-probables de penser que les argumens des Missionnaires n'ont point paru évidens, à cause du peu d'esprit, ou des préjugez involontaires de ceux que l'on vouloit convertir. Je le dis & je le repete; il n'y a que Dieu qui connoisse la mesure des esprits, & les degrez de lumiere qui leur suffisent, cette mesure de suffisance variant à l'infini, ou du moins incomparablement plus que la mesure des alimens suffisans. La portion des viandes qui suffit à un homme, se trouve ou trop grande ou trop petite pour un autre; mais cela ne varie point entre des termes aussi amples que ceux qui concernent les degrez de clarté suffisans pour la conviction d'un tel & d'un tel, &c.

Le seul moyen qui reste de convaincre un hom-me d'opiniâtreté c'est de dire en general, que tout refus d'embrasser la vérité suffisament expliquée, est une opiniâtreté toute pure : mais comment fera-t-on l'application de cette définition ? Ne se-ra-ce pas retomber dans deux disputes inépuisa-bles; la 1. sur le fonds des diférends; car chaque parti prétend avoir la verité de son côté; desorte qu'avant que de convenir qu'il soit opiniâtre selon cette définition, il demandera qu'on lui prouve que ce qu'il refuse de croire est vrai, & quand est-ce qu'on verra la fin de cela ? La 2. est sur la suffisance de l'explication; car personne n'ayant une idée distincte des esprits, non pas même du sien propre, il est aussi absurde de dire qu'une certaine explication est suffisante pour la convic-tion d'une telle ame, que de dire qu'une telle por-tion de viande suffit pour les animaux qui sont dans le monde de la Lune, que nous ne con-noissons point. On croit que tout ceci en termes couverts est la même chose que de dire,

La raison du plus fort est toûjours la meilleure;

J'ai droit parce que je m'appelle lion; & que c'est réduire les hommes à la ridicule controverse de se dire réciproquement, *tu es opiniâtre parce que je soutiens la vérité*, sans qu'aucune regle com-mune nous puisse venir tirer de ce jeu de mots

& de ce combat d'enfans qui se jettent & rejet-tent la même pierre, de ce jeu de paume où la même bale va & revient incessament. Voilà où nous en sommes, selon les beaux principes de ces Messieurs, sans aucun moyen de discerner la constance d'avec l'opiniâtreté que par la petition du principe, & parce qu'il nous plaît de donner de beaux noms à ce qui nous appartient, & des noms infâmes à ce qui convient aux autres.

CHAPITRE II.

Seconde objection. On rend odieux le sens littéral en jugeant des voies de Dieu par les voies des hommes, encore que les hommes soient en état de mal juger lorsqu'ils agissent par passion, il ne s'en-suit pas que Dieu ne fasse son œuvre là-dedans par les ressorts admirables de sa providence. Fausseté de cette pensée, & quels sont les effets ordinaires des persécutions.

AVant que de passer à des objections plus considérables, je répondrai à une instance qu'on me peut faire, sur ce que j'ai dit que notre Seigneur auroit très-mal adapté les moïens aux fins, s'il avoit voulu que l'on excitât les pas-sions dans l'ame, afin de lui faire discerner la bon-ne Religion de la fausse. On me dira que si un homme en usoit ainsi, il feroit très-mal, mais que les voies de Dieu n'étant pas nos voies, Jésus-Christ a pû fort bien agir de cette maniere; que quand il a voulu guérir un aveugle, il a fait une chose qui sembloit devoir l'aveugler, s'il ne l'eût été déja; que cependant il lui rendit la vûë par un moïen qui paroissoit si mal propre. Pourquoi ne pourroit-il pas attacher l'assistance de son es-prit à un examen que l'on feroit des deux Reli-gions, durant les tempêtes des esperances & des craintes humaines ? Répondons à cette chicane.

En 1. lieu je remarque que cette proposition, *les voies de Dieu ne sont pas nos voies*, ne pouvant pas avoir ce sens général, *jamais Dieu ne fait les choses par les moïens par lesquels les hommes les font*, puisqu'il y a cent exemples où il se sert des mêmes moïens que les hommes; on n'en peut rien con-clure de favorable pour l'intelligence particuliere de ces paroles, *Contrains-les d'entrer*, à moins qu'on ne montre d'ailleurs & par des preuves propres, qu'elles se doivent entendre au sens litteral, & qu'il n'y a point de conséquences absurdes qui nous empêchent de les y entendre. S'il étoit une fois prouvé clairement que Jésus-Christ nous or-donne la contrainte, alors j'avouë que l'on pour-roit justifier ce commandement par l'éminence su-prême des droits de Dieu, qui lui fait prendre quelquefois des routes contraires à celles que nous prenons; mais pendant qu'on disputera con-tre le sens litteral de ce passage par des raisons in-nombrables, dont il y en a de tirées de l'esprit universel de l'Evangile, vouloir récourir à la ma-xime, *les voies de Dieu ne sont pas nos voies*, c'est en vérité radoter, & qui pis est, jetter toutes les connoissances humaines & même la revelation divine dans le Pyrronisme le plus détestable. Car il n'y a point de texte de l'Ecriture auquel en ce cas on ne peut donner un sens tout opposé aux paroles; je dirois, par exemple, que quand Jésus-Christ nous promet qu'il recompensera nos bon-nes œuvres dans le Ciel, il veut dire qu'il dam-nera ceux qui feront des bonnes œuvres; car les

De ceux qui auroient re-cours à la ma-xime, *les voies de Dieu ne sont pas nos voies.*

voies

voies de Dieu n'étant pas nos voies, il ne doit pas parler comme nous, mais entendre les paroles dans un sens tout contraire à celui que nous leur donnons; & ainsi on ne pourroit rien prouver par l'Ecriture, ni même par la Raison, d'autant qu'on diroit que les principes du raisonnement qui seroient des regles du vrai & du faux, si un pere les donnoit à son fils, ne doivent point l'être venant de Dieu, qui doit prendre le contrepié de l'homme en toutes choses. Arriere donc d'ici ces extravagances qu'on nous objecte.

Difference entre labouë employée contre l'aveuglement du corps, & la persécution employée contre l'aveuglement de l'esprit.

En 2. lieu je dis que l'exemple de la bouë employée à rendre les yeux, enferme deux differences essencielles; l'une, que c'est un fait particulier de Jésus-Christ que nous ne lisons pas que ni lui, ni ses Apôtres aient jamais réïteré, au lieu que l'ordre de contraindre est conçu en termes universels; l'autre, que la matiére n'ayant aucune répugnance ni à ce mouvement, ni à celui-là, ni à cette figure, ni à une autre, peut servir très-commodément entre les mains de Dieu à toute sorte d'effets; mais l'ame de l'homme se conduisant par Raison, & par une certaine gradation de pensée, l'ordre veut que Dieu s'accomode à cette gradation; desorte que si elle porte que les passions soient suivies de tenebres dans l'entendement, & de précipitation dans la volonté, Dieu ne fera pas qu'universellement la voie de démêler la verité de la fausseté, soit celle de ces tenebres de l'entendement, & de cette précipitation de la volonté.

Veut-on des exemples infinis de la conformité des voies de Dieu avec celles de l'homme, on n'a qu'à lire l'Evangile; autant de versets presque qu'on lira, en seront autant de preuves, puisqu'il est certain que Dieu y parle comme feroit un précepteur qui instruiroit des disciples. Un Précepteur parle, & se sert de termes usitez dans le pays, ou connus à ses auditeurs; voilà les voies de l'homme quand il endoctrine. Ne sont-ce pas aussi celles de Dieu? Ne parle-t-il pas le langage de ceux ausquels il s'adresse, & ne donne-t-il pas très-souvent aux mots le même sens qu'ils lui donnent partout ailleurs? Mais voici des exemples qui sont plus encore de notre sujet.

Quand Dieu a converti les Païens, il est sûr qu'il y a employé des instrumens tout autres que ceux que les hommes auroient employez pour un Ouvrage semblable; mais néanmoins il y a eu beaucoup des manieres humaines; car l'instruction de vive voix & par écrit, les censures, les disputes, & telles autres choses avec quoi les hommes s'instruisent les uns les autres, y sont constament intervenuës, & on n'a point d'exemple qu'aucun peuple se soit converti sans la voie de la Prédication, non-plus qu'on n'a point d'exemple qu'un Ecolier qui n'a jamais oüi parler de Platon, croie tout ce qui est dans Platon. L'ordre naturel & humain est qu'un homme aprenne ce qu'a dit Platon ou en le lisant, ou en écoutant ceux qui le savent. Dieu se sert tellement de ce moïen, qu'il est inoui qu'aucun homme ait sû qu'il y a eu un Jésus-Christ que par la lecture de l'Evangile, ou par le témoignage d'un autre homme. N'attendez pas que les peuples de la Terre Australe se fassent Chretiens, avant que des Prédicateurs Chretiens leur aillent annoncer l'Evangile. Je dis de-plus qu'après que le S. Esprit a converti un homme au Christianisme, il l'accommode à son tempérament, d'où vient que les empreintes de ce tempérament se trouvent dans les actions pieuses de cet homme; preuve évidente que Dieu ne

bouleverse pas l'ordre établi pour l'union de l'ame & du corps, quand il s'agit des choses de Religion. Comme donc cette loi generale de l'union de l'ame & du corps met une telle gradation entre les pensées de l'ame, que la crainte d'un mal temporel est suivie d'un trouble qui ofusque les lumieres du jugement, qui traverse l'usage du libre arbitre, & fait pancher l'ame vers le côté qui lui promet de la délivrer de ce mal; (je dis le même des autres passions) il faut croire que Dieu ne va pas contre le fil de cette chaîne naturelle de pensées, & je ne doute pas même que lors qu'il convertit un pecheur extraordinairement, comme il convertit S. Paul, il n'entre dans le courant de cette chaîne par quelque côté, & qu'il ne le suive puis après selon sa progression naturelle. Je sais bien qu'il se sert des passions de l'ame pour nous porter à lui, & pour nous détacher du monde: mais c'est de telle sorte qu'il nous défend de faire à notre prochain le mal dont sa providence se servira pour le salut de notre prochain. Par exemple, il n'y a point de doute que Dieu ne se puisse servir, pour convertir un jeune étourdi, d'une blessure qui l'estropiera, d'un vol qui le réduira à l'aumône, d'une calomnie qui le ruinera de réputation, & qui le contraindra de se confiner dans une retraite, où il ne songera qu'aux choses du Ciel; mais ces bons usages que Dieu sait tirer de ces disgraces, n'empêchent pas que celui qui estropie, qui vole, qui calomnie cet homme, ne commette un très-grand péché. Ainsi quand j'accorderois que les persécutions détermineroient plusieurs persécutez à examiner leur Religion, & à la quitter pour embrasser la véritable, il ne laisseroit pas d'être vrai qu'elles seroient criminelles, & par conséquent défenduës de Dieu, bien-loin d'être commandées dans ces paroles, *Contrains-les d'entrer.* Cette remarque me paroît seule décisive; car puisque le vol, les mutilations, les calomnies, les emprisonnemens, & autres procédures semblables, seroient criminelles si on s'en servoit contre ces jeunes Débauchez, qui ne violant point les loix de l'Etat, ni les coûtumes municipales, ne sont châtiez d'aucune peine par les Magistrats; puis, dis-je, que ces procédures seroient criminelles, quoique Dieu en pût tirer la correction de ces jeunes gens, il faut dire aussi que les Souverains sont très-criminels lorsqu'ils ruïnent un homme d'autre Religion, qu'ils le font battre, qu'ils l'emprisonnent qu'ils le tourmentent en mille manieres, quoique Dieu se puisse servir de ces maux pour éclairer cet homme, par les secrets ressorts & incompréhensibles adresses de sa grace. Par où l'on voit l'illusion grossiere des persécuteurs, qui croyent se disculper de toutes leurs injustices, en supposant que Dieu en profite pour illuminer les errans. Mais ne profiteroit-il pas tout de même des injustices qu'ils feroient à un joüeur, à un impudique, à un buveur? D'où vient donc qu'ils ne croyent pas qu'il soit permis de lui envoyer cinquante Dragons, de lui arracher son bien, sa femme, ses enfans, de lui suborner des faux-temoins, de le flétrir d'une ignominie publique? N'est-ce pas à cause que nous avons une loi de Dieu qui nous prescrit certaines actions, sans nous permettre d'en faire d'autres, sous prétexte que Dieu en tireroit la manifestation de sa gloire, & le salut des prédestinez? Et pourquoi ne disent-ils pas la même chose touchant les violences persécutantes?

Preuve tirée de ce qu'il n'est pas permis de faire tort à un homme, pour le corriger de ses vices.

Que sera-ce présentement si je dis en 3. lieu, que bien-loin que Dieu se serve souvent des persécutions

L'expérience que les

fécutions, pour faire connoître la vraie Religion aux perfécutez, l'expérience nous enfeigne qu'elles ne font de nul ufage par raport à la converfion à la véritable Foi; ce qui nous doit convaincre pleinement que Dieu n'a pas établi les violences caufe occafionnelle de fa grace. C'eft ce que les perfécuteurs devroient fuppofer, pour que leur 2. objection valût quelque chofe: ils devroient dire que les violences confidérées en elles-mêmes, & felon leur nature, font injuftes & défenduës de Dieu; mais que comme l'eau du batême, incapable de fa nature de nous fanctifier, a été élevée par l'inftitution de Dieu à la qualité de caufe morale, ou occafionnelle pour le moins, de la regéneration; de même les violences ont été élevées, par la volonté de Dieu à la qualité de caufes inftrumentales & occafionnelles de l'illumination des Hérétiques; cela étant, elles feroient une efpece de Sacrement, & par la vertu de ces paroles Sacramentales, *Contrains-les d'entrer*, elles feroient tranffubftantiées ou tranfélementées en action toute fainte & toute divine, d'injuftes qu'elles étoient auparavant.

Sur cela j'ai à dire deux ou trois chofes; 1. qu'il ne paroît pas poffible qu'une action contraire à l'équité naturelle, à la loi & à l'Evangile, infâme par fa turpitude interne & par l'interdit de Dieu, foit choifie par Jéfus-Chrift comme l'inftrument du falut des hommes, appliqué & exécuté par ces mêmes hommes à qui elle a été défenduë. Si c'étoit un Etre indifférent de fa nature comme eft l'eau, qui moralement parlant n'eft ni bonne, ni mauvaife, je ne parlerois pas ainfi. Je dis 2. que fi une telle action avoit été choifie de Dieu pour la caufe inftrumentale de l'illumination des errans, il faudroit que Dieu l'eût révelé de la maniere du monde la plus expreffe, la plus exempte d'équivoque, & la moins fujette à difficulté; il faudroit qu'il eût prévenu fur cela nos doutes, éclairci nos fcrupules, & concilié toutes les contradictions aparentes qui euffent été entre cette conduite & l'efprit de tout l'Evangile. Or bien-loin d'avoir ufé d'une telle révélation, qu'il ne fe trouve qu'un petit verfet faifant partie d'une parabole, dans lequel on voïe ce mot de *contrainte*, mot qui en cent autres occafions fignifie les empreffemens de civilité & d'honnêteté qu'on témoigne à une perfonne, pour l'obliger par exemple à refter à dîner: & ce verfet n'étant attribué qu'au pere de famille, n'eft point appliqué nommément à la contrainte qu'il faudroit faire aux non-Chretiens; application qui eût été fort néceffaire dans un cas fi éloigné du génie de Jéfus-Chrift & de fa divine doctrine. Enfin je dis que l'expérience continuelle de tous les fiecles nous a apris, que les violences en matiere de Religion ne font point forties de leur état naturel, car elles produifent les même effets en cela qu'en toute autre chofe.

Suppofons pour un moment que l'Eglife Romaine foit la véritable Eglife, & voïons les fuites de fes violences, & les comparons avec les fuites des violences exercées par les autres Religions; l'on verra que ce font toûjours à peu près les mêmes fuites. Pendant que le Roi de France n'a fait qu'inquiéter fes Sujets de la Religion, que publier des Arrêts qui diminuoient leurs priviléges, & qui les privoient de plufieurs commoditez, que menacer des plus rudes traitemens fi l'on perfiftoit dans l'Héréfie; qu'eft-il arrivé finon que les Proteftans, à la réferve d'un petit nombre, font devenus plus zélez pour leur Re-

ligion qu'ils ne l'étoient auparavant? C'étoient des jeûnes continuels, des humiliations extraordinaires, des retranchemens de luxe; c'étoit la chofe du monde qui leur venoit le moins dans l'efprit, que de croire que Dieu les châtioit, parce qu'ils étoient dans une fauffe Religion; car au contraire ils attribuoient éternellement, & dans leurs Prédications & dans leurs difcours férieux, les maux qu'on leur faifoit & qu'on vouloit leur faire, à la négligence qu'ils avoient euë pour leur Religion, au mépris des affemblées, à leur dégoût pour les véritez que leurs Miniftres leur annonçoient, & ils ajoûtoient que le véritable moyen de détourner ces malheurs, étoit d'apaifer la colere de Dieu par une bonne vie, & par une fervente dévotion, felon la foi Proteftante. Cela eft bien éloigné de ce que prétendent les convertiffeurs, que les violences défabufent un homme de fes Héréfies. Je fuis fort perfuadé que fi un Prince Proteftant avoit traité fes Sujets Romains, de la même maniere que le Roi de France a traité fes Sujets Proteftans, ils euffent femblablement fait des prieres extraordinaires pour apaifer Dieu & les Saints, qu'ils auroient crû en colere contre leur peu de dévotion, & qu'ils feroient devenus encore plus Papiftes qu'auparavant. Les Turcs deviendroient en pareil cas plus obftinez dans le Mahométifme, les Juifs dans le Judaïfme, & ainfi du refte.

Confidérons maintenant ce qui eft arrivé, lorfque le Roi de France a lâché la bride à fes Dragons, & a réduit fes Sujets Proteftans à la dure néceffité, ou de fe faire de la Meffe, ou de traîner leur vie dans une longue & prefque infinie concaténation de mifere. Ils ont fuccombé prefque tous à la tentation; les uns demeurant très-perfuadez que leur Religion étoit bonne, & que la Romaine étoit déteftable; les autres fe jettant peu à peu dans l'indifférence des Religions, & fe perfuadant qu'ils fe fauveroient dans une fauffe Religion, en n'adhérant point de cœur à fes faux cultes. Ceux qui font les bigots & même les perfécuteurs, valent encore pis; car la plûpart n'agiffent que par vanité & par avarice; ils ne veulent pas qu'on les foupçonne d'avoir changé fans perfuafion, & ils afpirent aux penfions & aux Bénéfices, & cela fignifie en bon François qu'ils ne croyent en Dieu que par bénéfice d'inventaire. Ces fuites font très-mauvaifes; & bien-loin d'illuminer une ame, elles la mettent dans une condition pire que la précédente, fuppofé que la précédente fût une Héréfie de bonne foi. On ne peut pas nier ce que je fuppofe des difpofitions des tombez, puifqu'on en voit fi peu qui aillent à la Meffe de bon gré, & qu'il faut faire la garde du monde la plus exacte dans tous les Ports & Frontieres, pour empêcher qu'ils ne fe fauvent, & qu'il faut donner des Arrêts terribles contre ceux qui refufent de communier étant malades; & que tous les jours il faut traîner des cadavres pour cela fur des claies à la voirie. Il ne faut point douter qu'un Prince Proteftant qui auroit tenu la même conduite contre fes Sujets Papiftes, n'eût produit avec fes Dragons les mêmes effets; la plûpart euffent figné le papier qu'on leur eût offert, mais avec plus d'horreur pour le Calvinifme qu'ils n'en avoient auparavant, ou avec des femences de Déïfme. Plufieurs euffent efpéré de fe fauver, moïennant les invocations domeftiques de la Vierge, & des images de poche, & des confeffions & communions clandeftines par des Prêtres traveftis:

très-

très-peu auroient été illuminez ; & ainsi supposant présentement que la Religion Réformée soit
la véritable, les persécutions ne lui serviroient de
rien, par raport à des conversions sinceres, & à
une propagation légitime. Les persécutions faites
à des Turcs, à des Juifs, à des Païens, ou par
eux à d'autres, ne produisent point autre chose :
hipocrisies, & irreligions, & rien plus. Peut-
être que Dieu ne permet pas que les Infideles
fassent des progrès par leurs violences. Mais rien
n'est plus réfuté par l'Histoire. Pline écrit à son
Empereur, que plusieurs Chretiens qu'il avoit
citez ayant d'abord avoüé qu'ils étoient Chretiens, l'avoient nié puis après, avoüant qu'ils
l'avoient été, mais qu'ils ne l'étoient plus. Il
ajoûte, que la Religion Païenne qui avoit été
comme abandonnée dans la Bithinie, reprenoit
courage : ce qui montre que la peur du châtiment fit apostasier beaucoup de monde. Sous
l'Empereur Decius c'étoit une chose effroïable,
que la multitude des Chretiens qui succomberent. Il faut lire sur cela S. Cyprien. On sait
combien de peuples les Sarrazins, sectateurs de
Mahomet, ont arrachez par leurs violences à la
foi Chretienne. Concluons donc que la contrainte n'a point été tirée de son ordre naturel, qui est
ou d'affermir les gens dans leurs opinions, ou de
les engager à les dissimuler par crainte, par vanité, par ambition ; ou de leur faire naître l'indifférence. Convaincons-en nos Adversaires par
leurs propres maximes.

Ne disent-ils pas que la séverité de notre Henri
VIII. fut cause que la plûpart de ses Sujets renon-
cerent à la primauté du Pape ? Ne disent-ils pas
que sous le Roi Edoüard on n'eût pas introduit
en Angleterre la Prétenduë Réforme, si l'on n'eût
emploïé l'autorité du bras séculier contre le Catholicisme ? Ne disent-ils pas qu'après que la
Reine Marie eût si bien rétabli l'Eglise Rómaine
dans son Roïaume, Elizabeth n'y eût pas remis
l'Hérésie, si elle n'avoit usé de contrainte, &
n'eût promulgué des Edits très-séveres, & des
loix pénales contre ceux qui demeuroient Papistes ? Ne croyent-ils pas encore, comme il paroît par l'interprétation favorable qu'ils tâchent
de donner aux machinations de Colleman, contenuës dans ses propres Lettres, que si on permettoit publiquement le libre exercice du Papisme dans l'Angleterre, & qu'on abrogeât les
loix pénales, le Roïaume se convertiroit bien-
tôt ? Ne disent-ils pas, pour montrer que la
Religion Protestante n'est point véritable, qu'elle s'est établie par les armes & par la force ? On
ne veut point disputer ici de ces faits-là. On se
contente d'en conclure qu'ils avoüent que la
contrainte, & que la menace des peines, produisent le même effet contre la bonne Religion,
que contre la fausse ; & ainsi ce seroit une
extrème impertinence de supposer que Dieu
n'accompagne de sa bénédiction que la contrainte que l'on fait aux Hérétiques ; car si
cela étoit, le sort des Orthodoxes persécutez ne
seroit pas semblable à celui des Hérétiques persécutez ; & il s'ensuivroit même cette absurdité,
c'est que les Orthodoxes persécutez seroient
abandonnez de Dieu, & qu'au contraire les Hérétiques persécutez en seroient cheris. Desorte
que pendant que d'un côté la persécution chasseroit de la bergerie les Oüailles qui y avoient
été nourries & élevées, elle y feroit entrer de
l'autre, les étrangeres. Les succès de la con-

trainte. Mahométane devroient confondre nos
misérables Convertisseurs.

Mais quand on ne considéreroit que les suites
des persécutions de Chretien à Chretien, on y
trouveroit assez de quoi se convaincre que Dieu
n'a pas pû les établir cause occasionnelle de la
grace illuminante. En voici la raison. S'il avoit
fait cela par l'efficace de ces paroles, Contrains-les
d'entrer, chaque secte Chretienne qui comprendroit l'intention du fils de Dieu, & qui auroit
assez de zele pour la suivre, persécuteroit les autres avec espérance que Dieu les convertiroit par
cet instrument ; & ainsi Dieu seroit cause que
l'instrument de la Grace seroit emploïé beaucoup
plus souvent en faveur de la fausseté qu'en faveur de la vérité, sans qu'il pût raisonnablement, ce semble, reprocher aux Hérétiques l'a-
bus qu'ils feroient des persécutions ; car comme
ce n'est pas un péché à un Hérétique de donner
l'aumône, en obéïssant au commandement que
Dieu en fait dans son Ecriture, ce ne seroit pas
un péché à lui de contraindre en obéïssant au
commandement que Jésus-Christ en auroit fait.
Et qu'on ne dise pas, ce commandement n'est
pas fait pour avancer les affaires de l'erreur, mais
celles de la vérité, & qu'ainsi un Hérétique qui
exécute l'ordre que Jésus-Christ a donné dans
la parabole, commet un crime ; car par cela
même l'on prouveroit qu'un Hérétique fait très-
mal de donner l'aumône à ses confreres, puis
qu'en leur donnant l'aumône, il les empêche de
recourir aux Diaconies des Orthodoxes qui le
convertiroient, en ne lui donnant du pain que
sous cette condition. Ce seroit aussi un péché
que de prier Dieu de tout son cœur & d'être vertueux dans une société hérétique, parce que le
zele qu'on témoigne en cela, & la bonne vie
qu'on mene, avancent les affaires de l'erreur ; de
sorte que tous les devoirs seroient confondus, &
les commandemens de l'Evangile adressez à tous
les Chretiens, ne regarderoient que les Orthodoxes, & pour les autres ils feroient fort mal
d'y obéïr. Qui a jamais vû de plus monstrueuses
idées de Morale que celles-là ?

S'il pouvoit y avoir des murmures plausibles
contre la très-sage & très-adorable providence de
Dieu c'en seroit un assurément que de trouver un
peu mauvais que Dieu permette que ceux de la
vraie Religion soient exposez à des tentations,
aussi difficiles à soûtenir que le sont les tourmens
& les suplices ; car il y a bien peu d'ames qui soient
à l'épreuve de cela, & qui pour se délivrer de la
douleur ne trahissent leur conscience. On autorise
dans le cours de la justice criminelle l'usage de la
question ; mais tout le monde ne l'aprouve pas,
parce que la douleur qu'on fait souffrir à un accusé, l'oblige souvent à s'accuser d'un crime qu'il
n'a pas commis, & à charger des innocens qu'on
soupçonne, & contre lesquels on souhaite sa déposition. Montagne (*) est fort judicieux sur cela : *C'est une dangereuse invention*, dit-il, *que celle
des gehennes, & semble que ce soit plûtot un essai
de patience que de vérité : & celui qui les peut soufrir cache la vérité, & celui qui ne les peut soufrir. Car pourquoi la douleur me fera-t-elle plûtôt confesser ce qui en est, qu'elle ne me forcera de
dire ce qui n'est pas ? Et au rebours si celui qui n'a
pas fait ce dequoi on l'accuse, est assez patient pour
suporter ces tourmens, pourquoi ne le sera celui qui
la fait un si beau gurdon que de la vie lui étant
proposé ... pour dire vrai, c'est un moïen plein
d'incer-*

(*) Essais l. 2.

d'incertitude & de danger. Que ne diroit-on, que ne feroit-on pour fuir de fi grieves douleurs ? Etiam innocentes cogit mentiri dolor : *D'où il advient que celui que le juge a gehenné pour ne le faire mourir innocent, il le faffe mourir & innocent, & gehenné.* Voilà dans la verité les effets les plus ordinaires des cruelles douleurs qu'on fait fouffrir à un homme à qui on tiraille les membres. Veut-on qu'il dife qu'il ne croit pas ce qu'il croit, qu'il n'eft pas Chretien, quoiqu'il le foit effectivement ? Il dira fuccombant à la douleur qu'il n'eft pas Chretien. Veut-on qu'il dife qu'il croit ce qu'il ne croit pas, qu'il eft bon Papifte quoiqu'il foit bon Calvinifte ou bon Luthérien, ou qu'il eft bon Calvinifte quoique dans l'ame il foit bon Papifte ? Il le dira ne pouvant foûtenir la gêne qui l'accable, & voïant que fa diffimulation & fa menterie le délivrera fur le champ de l'oppreffion. Le Sr. de Cinq-Mars décapité à Lion, pour confpiration contre le Cardinal de Richelieu, mourut avec beaucoup de conftance, & témoigna un grand mépris pour la vie ; mais en même tems il témoigna une telle peur de la queftion, qu'il eft très-probable que fi on la lui eût donnée, il eût avoüé tout ce qu'on auroit voulu, & les chofes mêmes les plus contraires aux idées qui lui étoient les plus cheres de l'honneur & de la réputation.

Or fi c'eft une chofe que la Raifon a quelque peine à digérer, que le même Dieu qui a ordonné, en uniffant notre ame avec notre corps, qu'elle fût fi fenfible à la douleur, lorfque ce corps eft remué d'une certaine maniere, permette que notre corps foit foumis à la rage des perfécuteurs qui nous font fentir les douleurs les plus cruelles, à telle condition qu'ils nous lafferont en repos, & nous combleront de biens, pourvû que nous voulions dire que nous croïons le contraire de ce que nous croyïons auparavant ; fi, dis-je, c'eft une chofe difficile à digérer à notre Raifon, que feroit-ce s'il faloit que Jéfus-Chrift lui-même eût ordonné que l'on expofât les hommes à ces fouffrances, & fous cette condition ? Je ne vois pas qu'on pût rien dire de raifonnable, pour calmer les murmures d'un homme qui rejetteroit toute Religion, au lieu qu'en fuppofant que l'ordre & la volonté de Dieu déclarée aux hommes, eft qu'ils ne faffent aucun mal à leur prochain, on comprend qu'il peut néanmoins ne le pas forcer à faire du bien, lorfque leur volonté fe porte au mal. D'où il s'enfuit qu'il peut permettre qu'ils fe portent aux perfécutions, auquel cas il foûtient fes enfans de fa fainte Grace, ou les laiffe fuccomber pour les relever plus glorieufement par la repentance.

Ce que j'ai dit de la queftion fe doit appliquer, en gardant le plus & le moins, à toute autre épreuve, comme à celles où les François viennent d'être expofez, battus ou mangez par des Dragons, & enferrez dans une telle détreffe, qu'ils ne voyoient que des cachots, & miferes fur miferes, en cas qu'ils diffent ouvertement ce qu'ils avoient dans le cœur. Il y a eu des Provinces, dit-on, où on a défendu aux Meuniers & aux Boulangers de moudre du bled pour les nouveaux Convertis, & de leur vendre du pain, s'ils n'aportoient un certificat de Catholicifme. Ils étoient donc réduits, ne pouvant fortir du païs fans aller ramer toute leur vie en cas qu'ils fuffent attrapez, ou à mourir de faim, eux & leurs

enfans, ou à communier. Tout homme de bon fens m'avoüera que la faim qu'une mere fouffre, & qu'elle voit fouffrir à fes enfans, eft une tentation qui n'eft guéres moindre que la gêne, & à l'égard de plufieurs plus rude qu'une gêne, d'où fi on fort fans avoir rien confeffé, on eft affuré qu'on fera hors de cour & de procès.

Mais s'il eft incroïable que Jéfus-Chrift ait ordonné les perfécutions, parce que les aïant ordonnées il feroit caufe immédiate du mal que les Hérétiques feroient fouffrir aux Orthodoxes, & médiate des hipocrifies où ceux-ci fe précipiteroient, de la même maniere qu'il eft caufe immédiate des aumônes que les Hérétiques font à leur prochain pour obéïr à l'Evangile, & médiate des fuites naturelles qu'ont ces aumônes ; fi, dis-je, cela eft incroïable par cette raifon, il ne l'eft pas moins par celle-ci, c'eft qu'y aïant dans toutes les fectes des gens intrépides, courageux, & fortement perfuadez de leur Religion, elles ont toutes des martyrs quand on les perfécute ? Or ces martyrs font le moïen le plus affuré qui fe puiffe voir de maintenir une Religion ; car ils affermiffent leurs confreres dans la perfuafion qu'ils croient la verité. Ainfi fi Jéfus-Chrift eût commandé la contrainte, il eût lui-même mis des obftacles aux progrez de la verité, parce que l'inflexibilité de quelques errans, & leur courage à mourir pour leurs erreurs, en eût perfuadé plus fortement tous les autres. Un Hiftorien (*) François a dit fort judicieufement, que le Martyre d'Anne du Bourg *gâta plus de gens que n'euffent fait cent Miniftres avec leurs prêches.* Je fais bien qu'on a dit que ce n'eft pas le fuplice, mais la caufe, qui fait le martyr. Mais que fait tout cela ? N'eft-ce point ou une queftion de nom, ou petition de principe ? Et fans compter que la joie intrépide avec laquelle on voit mourir un homme pour fa Religion, peut avoir un effet rétroactif fur fes dogmes, pour en perfuader ceux qui les croïent très-faux, n'y aïant guéres de raifons plus propres à toucher un peuple que ces fpectacles & ces preuves de fentiment ; fans dis-je, compter cela, n'eft-il pas du moins inconteftable que ceux qui font de la même Religion que celui qui meurt pour elle, le tiennent pour un vrai Martyr, perfuadez qu'ils font qu'ils meurt pour la bonne caufe ? Nous en fommes à l'égard du martyre dans la même puérilité qu'à l'égard de mille autres chofes ; nous vétillons fur des mots ; chaque fecte veut que ceux qui meurent pour elle foient les feuls dignes du nom de Martyr. On ne peut, ce me femble, fouhaiter que la prétenduë inftitution des violences comme caufe occafionelle de la Grace, foit plus fortement réfutée. Ainfi je paffe à une nouvelle objection.

✺✺✺✺✺✺✺✺✺✺✺✺✺✺✺✺✺✺✺

C H A P I T R E   III.

Troifieme objection. On outre malignement les chofes, en faifant paroître la contrainte commandée par Jéfus-Chrift fous l'image d'échafauts, de roües & de gibets, au lieu qu'on ne devoit parler que d'amendes, d'exils & d'autres petites incommoditez. Abfurdité de cette excufe, & que fuppofé le fens littéral, le dernier fuplice eft plus raifonnable que les manieres chicaneufes, & que les

---

(*) „ Mézerai, Abr. chron. t. *6. p. m.* 413.
Tom. II.

E e e

les pilleries & les captivitez, dont on s'est servi en France.

Votre dispute, une dira-t-on, est pleine de mauvaise foi, car vous supposez éternellement que pour obéïr au précepte, *Contrains-les d'entrer*, il faut dresser des potences dans toutes les ruës, & inventer les suplices les plus exquis; ce n'est pas ainsi que nous l'entendons : nous voulons que le Prince en qui réside légitimement le pouvoir de faire des loix, distingue par ses faveurs ceux qui suivent sa Religion, & ne fasse point de graces aux autres; qu'il leur dénonce même que s'ils réfusent opiniâtrement de se faire instruire, il sera contraint malgré lui de les taxer, de les charger de plusieurs corvées, de loger chez eux ses Troupes, &c.

Je réponds 1. qu'on a pû voir que je n'ai pas pris pour modele les exécutions les plus odieuses & les plus criantes au jugement de tout le monde, & que la plûpart du tems je n'ai raisonné que selon la persécution que nos Adversaires font passer pour la plus douce de toutes, savoir la derniere de France. 2. Que j'aurois eu droit de me regler sur ce qui se pratique actuellement dans tous païs d'Inquisition, & sur ce que les Princes Catholiques ont fait à l'instigation du Pape & de ses supôts, en plusieurs rencontres, comme en ce païs-ci sous le Regne de Marie, & en France sous celui de François I. & Henri II. C'étoient alors des Gibets & des Buchers, on ne peut le nier.

Mais ma plus forte réponse la voici; c'est que la contrainte prétenduë commandée par Jésus-Christ ne pouvant s'exécuter que par des actions qui seroient mauvaises, en cas que l'ordre de Jésus-Christ & l'utilité publique de l'Eglise ne les rectifiât pas, il s'ensuit que pour juger si une certaine espece de contrainte est injuste, il faut prendre garde à deux choses : 1. si elle est défenduë de Dieu, 2. si elle est mal propre à procurer le bien de l'Eglise; & posé le cas qu'elle ne soit ni l'un ni l'autre, il s'ensuit évidemment dans les principes que je combats, qu'elle est juste. Si donc les rouës & les suplices les plus affreux ne se trouvent, selon ces principes, ni dans l'un ni l'autre de ces deux cas, il s'ensuit qu'on les emploïe fort justement contre les sectaires. Or il est facile de prouver qu'ils ne se rencontrent dans l'un ni dans l'autre.

1. On ne peut pas dire qu'ils sont défendus de Dieu; car en disant cela il faudroit dire par une conséquence nécessaire, que les autres manieres de contrainte, les amendes, les exils, les prisons, les logemens de soldats, ne sont point permises de Dieu pour contraindre d'entrer dans la bonne Religion. Il est évident que ce sont des choses défenduës & très-criminelles en d'autres rencontres; mais ces Messieurs prétendent qu'en cas de contrainte de Religion, elles deviennent permises, commandées & bonnes; & ainsi la raison générale que Dieu a défendu le meurtre, & commandé aux Souverains de ne punir pas les innocens, ne peut pas prouver qu'il ait défendu de faire brûler les Hérétiques, puisque cette raison ne sauroit prouver cela, qu'il ne s'ensuivît manifestement que Dieu a défendu d'emprisonner les Hérétiques, & de les réduire à l'aumône, étant évident que Dieu a défendu aux Souverains, non seulement de faire mourir les innocens, mais aussi de les maltraiter, ou de les priver de leur patrimoine. Si donc la défense generale de maltraiter les innocens devient nulle, à l'égard des Heretiques que l'on veut contraindre de venir à la bonne Religion, il faut que la défense de faire mourir les innocens devienne aussi nulle, par raport à ces mêmes Heretiques, à moins que Dieu lui-même ne regle les exceptions qu'il fait à sa loi, lorsqu'il commande de contraindre d'entrer. Mais il est notoire qu'il n'en fait aucune, puisqu'il dit simplement & absolument, *Contrains-les d'entrer*. Il n'y a donc point de raison qui permette, en obéïssant à cet ordre, de désobéïr à celui de ne dérober point, qui ne permette aussi de désobéïr à celui de ne tuer point. L'ordre de contraindre est general : il faut donc, ou qu'il ne déroge à nul des préceptes de la 2. table du Décalogue, ou qu'il déroge à tous; & jamais on ne prouvera qu'il dispense de se conformer à l'un, qu'on n'en concluë qu'il dispense de se conformer aux autres. Je l'ai dit ailleurs, puisque Jésus-Christ n'a rien particularisé sur les especes de contrainte, il a laissé au franc-arbitre de chacun le choix des contraintes qu'il jugeroit les plus propres; & ainsi l'on ne peut pas dire que les rouës & les gibets aient reçu l'exclusion.

On me dira peut être que l'analogie de la Foi nous fait aisément discerner les contraintes que Jésus-Christ n'a point permises, & que comme l'esprit de son Evangile est la douceur & la patience même, il faut juger, selon les lumieres du bon sens, que lorsque Jésus-Christ nous dispense de cette douceur, il veut que nous en gardions le plus qu'il nous sera possible, & que nous nous éloignions de ces suplices affreux qui inspirent la cruauté. C'est, ce me semble, ce que l'on peut m'objecter de plus raisonnable quoiqu'il ne le soit guéres.

Car s'il faloit poser les bornes de la contrainte selon l'analogie de l'Esprit Evangelique, on n'iroit jamais plus loin que les exhortations vives & pressantes, que la représentation en tems & hors tems des promesses d'une vie à venir, & des peines de l'Enfer; ou tout au plus qu'une diminution de priviléges, lorsqu'on verroit quelque abus de la trop grande liberté. On ne se croiroit jamais permis de s'écarter de la douceur Evangelique, jusques au point de séparer les maris d'avec les femmes, les peres & meres d'avec leurs enfans, de les exposer à la pillerie de la soldatesque, de les enfoncer dans des cachots, & de leur ôter les moïens de subsister. Et quoiqu'il y ait moins de cruauté & de férocité à cela en certains sens, qu'à faire empaler un homme graissé de matieres combustibles pour le faire servir de fanal, ou qu'à le faire griller dans le Taureau de Phalaris, il est certain qu'il y a assez d'inhumanité & d'injustice dans l'autre espece de contrainte, pour pouvoir dire que Jésus-Christ ne la permet pas. Autrement on pourroit dire qu'il défend seulement les crimes énormes, mais non pas les moindres, au lieu qu'il défend jusqu'aux moindres injustices & humanitez. Si on dit que c'est par charité que l'on fait ainsi tourmenter un homme par des Dragons, que c'est afin de le sauver comme par le feu, qui ne voit que cela s'appliquera aux suplices les plus cruels? Car qui empêchera de répondre qu'on y condamne les Heretiques par un excès de charité très-Chretienne; soit afin que la crainte des tourmens les oblige à se convertir, soit afin que l'exemple de quelques-uns tourmentez d'une maniere exqui-

se,

se faſſe peur à toute la Secte ? Mais c'eſt de quoi nous allons parler plus amplement, puiſque c'eſt aſſez avoir montré la 1. des deux choſes que j'ai ſuppoſées; ſavoir, que ſelon le ſens litéral de la parabole, l'on ne peut pas dire que les ſuplices les plus affreux ayent été défendus aux Fideles pour contraindre d'entrer les Hérétiques.

II. L'autre choſe que j'ai ſuppoſée, que ces ſuplices ne ſont pas mal propres à procurer le bien de l'Egliſe, c'eſt-à-dire, à groſſir le nombre de ceux qui la profeſſent. A divers égards toute contrainte y eſt mal propre & fort propre; car il y a des perſonnes qui s'affermiſſent dans leurs opinions, à cauſe qu'on les y chicane, & dans leſquelles le ſang d'un Martyr, vrai ou faux, fait de merveilleuſes impreſſions; mais il y a encore plus d'autres perſonnes, généralement parlant, qui lâchent le pié & qui ſuccombent aux perſécutions de Religion qu'on leur livre. Il eſt mal aiſé d'établir en cela des regles, parce que l'effet des perſécutions varie ſelon les tems, les lieux, & les habitudes de ceux que l'on perſécute. Tout ce qu'on peut dire, ce ſemble, de plus certain eſt, que ſi une médiocre perſécution peut groſſir une Egliſe, une groſſe perſécution la groſſira encore davantage; c'eſt pourquoi quand même il ſeroit moins éloigné de la douceur Evangélique de perſécuter par des amendes, des priſons, & des quartiers d'hiver Dragoneſques, que de perſécuter à toute outrance & comme Dioclétien, il ſeroit néanmoins, tout bien compté, plus expédient de perſécuter de cette 1. maniere que de l'autre, parce que ce qu'il y auroit de moins Evangélique d'un côté ſeroit largement compenſé de l'autre, par l'utilité plus grande qui en reviendroit à l'Egliſe. Pour mieux comprendre cela, voyons les utilitez que nos Convertiſſeurs prétendent tirer de leurs violences mitigées, c'eſt-à-dire, des priſons des exils, de la privation des biens & des charges, &c.

1. Diſent-ils, cela oblige ceux qui s'endorment dans leur fauſſe Religion, & qui n'y ſont qu'à cauſe de leur naiſſance, ſans jamais avoir examiné les raiſons des deux partis, à examiner ſérieuſement leur Religion, & dans cet examen ils rencontrent la vérité.

Mais je demande à toute perſonne raiſonnable ſi on ne réveillera pas mieux ces endormis, en les menaçant des galeres qu'en les menaçant d'une amende; en les menaçant d'une priſon perpétuelle, qu'en les menaçant de les mettre à la taille; en un mot en les menaçant de la rouë, qu'en les menaçant de l'exil. Je ne penſe pas qu'on puiſſe me le nier, & ainſi on gagne plus par les perſécutions très-violentes que par les moins violentes, par raport à obliger un pareſſeux qui n'eſt de ſa Religion que par habitude, à examiner pourquoi il en eſt.

2. Diſent-ils, la crainte de la pauvreté & d'une petite ſouffrance temporelle, porte à examiner ſans préjugé les raiſons de ſon parti : on ſe défait du faux amour que l'on a pour la ſecte de naiſſance, on ſecoue les liens de l'habitude, quand on conſidere qu'il nous ſera avantageux de ſortir de l'examen, fort déſabuſez de nos opinions, & fort perſuadez que l'Egliſe qui nous menace eſt plus utile pour le tems, auſſi-bien que pour l'éternité. Or cette diſpoſition heureuſe fait trouver que l'Egliſe eſt veritable.

Mais je demande encore à toute perſonne de jugement, s'il n'eſt pas vrai que ſi la crainte d'une petite ſouffrance peut ôter le charme de l'habi-

rude, & les forces des préjugez, & prévenir d'affection & d'un ſouhait implicite pour le moins, que ce que l'on a crû faux, ſoit trouvé véritable dans l'examen que l'on en va faire; je demande, dis-je, s'il n'eſt pas vrai que la crainte d'une petite ſouffrance pouvant produire ces effets, la crainte des roües, des bûchers & des galeres, les produira encore d'avantage. Ceux qui ont un reſſentiment humain contre les Convertiſſeurs, devroient ſouhaiter qu'ils fuſſent capables de ſe rendre aſſez ridicules, pour répondre que non à une telle demande.

3. Diſent-ils, par les menaces de quelque privation d'honneurs & de biens, on fait que les Hérétiques ambitieux & avares abandonnent leurs erreurs, & s'ils ne ſe convertiſſent pas intérieurement, même par l'habitude d'aller à la Meſſe à quoi on les oblige, toûjours gagne-t-on leurs enfans & toute leur poſtérité.

Mais encore un coup ne gagnera-t-on pas tout cela, & beaucoup plus ſurement, ſi on menace de la mort tous les Hérétiques ? Ne vaincra-t-on pas mieux leur obſtination, plus les peines dont on les menacera ſeront affreuſes ? Combien de gens ſe réſoudroient à payer une groſſe amende tous les ans, pour ſe racheter d'aller à la Meſſe, qui ne voudroient pas s'en racheter au prix de la vie ? Ainſi on ſera aſſuré du gain d'un plus grand nombre d'enfans, ſi on réaggrave les peines. En un mot on n'a qu'à ſuivre la derniere perſécution, depuis ſes commencemens juſques à la fin, pour voir qu'elle n'a produit ſes effets d'une maniere conſidérable, que quand elle s'eſt ſervie de l'alternative, ou de faire mourir les gens de male-faim, à petit feu, & dans des cachots, le joüet d'une troupe inſolente de ſoldats, ou de ſigner le formulaire. Toutes les chicaneties précedentes n'avoient pas payé la peine de ſigner, de ſceller & d'enregiſtrer tant d'Arrêts : il a falu ou perdre le fruit de ſes travaux, ou réduire la perſécution à des termes qui, à le bien prendre, ſont plus rigoureux que la mort. Voilà donc confirmé par un exemple récent ce que je dis; ſavoir, que plus les perſécutions ſont rudes, plus elles groſſiſſent la Communion perſécutante généralement parlant.

4. Diſent-ils, on épargne à l'Egliſe le reproche d'avoir trempé ſes mains dans le ſang, lorſqu'on ſe contente des perſécutions à la mode de Louis XIV. Or l'épargne de ce reproche n'eſt pas un petit gain, c'eſt un lucre d'autant plus précieux, qu'on conſerve en vie pluſieurs perſonnes, qui deviennent par l'accoûtumance bons Catholiques.

Je réponds 1. qu'en cas de la gloire du Chriſtianiſme, c'eſt épargner peu de choſe que de lui ſauver la plus noire honte; car pour qu'il ſoit bon, ce n'eſt pas aſſez que de ne donner pas dans l'extrémité de la malice; c'eſt une aſſez grand mal pour lui que d'être bien méchant, quoiqu'il le pût être encore plus. 2. Que les Proteſtans ſe plaignent par leurs Ecrits, qu'ils aimeroient mieux avoir été perſécutez à la mode de François I. & de Dioclétien, qu'à la mode de Louis XIV. & ainſi ces perſécutions prétenduës mitigées n'ont pas empêché qu'on ait autant décrié l'Egliſe Gallicane, que ſi elle avoit trempé ſes mains dans le ſang. 3. Que s'il eſt avantageux d'un côté de laiſſer vivre les Hérétiques ſous l'aparence de bons Catholiques, ce qu'ils deviennent quelquefois, cela eſt de l'autre bien pernicieux, à cauſe qu'ils peuvent inſtruire leurs enfans dans

PARTIE II.
CHAP. III.

leur Hérésie, au lieu qu'en faisant main basse sur les peres & meres, on peut s'assurer de leurs enfans. 4. Que c'est par pure vanité ou par Politique qu'on ne fait pas mourir les Hérétiques, se contentant de les dragonner jusqu'à ce qu'ils signent. C'est qu'on veut se vanter & se faire dire dans mille & mille fades Panégiriques (*) & Poësies, qu'on a plus fait sans les suplices, que tous ses Ancêtres par les suplices. C'est qu'on a craint d'echoüer par les suplices, comme firent François I. Henri II. Charles IX. &c. Outre qu'on est bien-aise de ne perdre pas un Sujet, pour des motifs purement humains.

Incapacité des Auteurs François pour insulter aux Espagnols sur l'Inquisition.

C'est la chose du monde la plus pitoyable que de voir les Auteurs François disputer contre les Espagnols sur les services rendus à l'Eglise Catholique. Les Espagnols se glorifient de leur Inquisition, & reprochent aux François la tolérance des Calvinistes. Les François (je parle de ceux qui ont écrit avant la derniere persécution) répondent mille bonnes choses, & citent les anciens Peres à perte de vûë, pour prouver qu'il ne faut pas violenter la conscience, & disent contre les suplices de l'Inquisition autant de mal que les Protestans. Ils continuëront encore, & reprocheront aux Espagnols, que leurs bûchers, & la cruauté de leurs Tribunaux d'Inquisition, font honte au Christianisme, & que s'il faut persécuter, il faut garder les mesures qu'on a gardées en France. J'espere de vivre assez pour voir quelque habile Espagnol montrer l'absurdité & le ridicule de ces objections; car en effet on a le plus beau jour du monde de se moquer des invectives sanglantes que les Ecrivains François ont poussées contre l'Inquisition Espagnole, non pas que dans le fonds ils la blâmassent à cause d'elle-même, mais seulement parce qu'elle n'étoit pas établie chez eux; car si on l'y établissoit, aussi-tôt on en verroit cent panégiriques affichez aux coins des ruës. La vérité est qu'à la réserve de quelques procédures dans l'instruction des procès, lesquelles ne sont pas dans l'ordre, rien ne peut être plus lié avec le sens littéral des paroles *Contrains-les d'entrer*, que l'Inquisition; rien ne peut être plus juste ni plus loüable, que de faire mourir les Hérétiques comme font les Espagnols, posant une fois que Jésus-Christ commande de forcer d'entrer. Quelle horreur qu'il y ait un dogme parmi les Chretiens, lequel une fois posé, il s'ensuit que l'Inquisition est le plus saint établissement qui ait jamais été sur la terre !

Peut-être que la plûpart de mes Lecteurs n'auront pas assez médité ces choses, pour tomber d'accord de tout ce que je viens de dire; mais du moins suis-je assuré qu'ils conviendront de ce qui suit.

Nouvelle Apologie des persécutions les plus atroces, posé le sens de contrainte.

C'est que les mêmes raisons qui autorisent les Croisades Dragonnes, & autres procédures à la nouvelle mode de France, pouvant autoriser les persécutions à roüës & à bûchers, il ne s'agit que de voir en quels tems & en quels lieux la premiere sorte de contrainte est préférable à la seconde; après quoi, pour connoître si l'Inquisition d'Espagne est meilleure que les Dragonneries de France, il faudroit savoir laquelle de ces deux voies a plus de proportion avec les sujets sur quoi elle doit servir; car de dire que l'Inquisition fait mourir les gens, & que la Dragonnerie se contente de les ruïner, ce n'est rien dire. Les Espagnols auront bien-tôt répondu qu'ils ont à faire à une sorte de gens, qui ne peut être corrigée que par la brûlure, au lieu que les François ont à faire à des gens plus disciplinables, & voilà le procès fini; chacun de ces peuples se sert des moyens qu'il croit les plus propres. S'il fait mal, ce n'est pas qu'il contrevienne à l'ordre de Jésus-Christ; c'est seulement qu'il n'a pas assez de connoissance du caractere Espagnol, ou qu'il connoît mieux le caractere François. Or devant Dieu c'est une bien légere faute, ou une vertu très-mince, que d'ignorer plus ou moins le génie d'une nation. Et pour ce qui est du jugement des hommes, les Espagnols n'ont justement rien à craindre, puisqu'ils se trouvent fort bien du Tribunal de l'Inquisition & qu'ils conservent l'unité autant qu'il est possible; ainsi ils peuvent se glorifier d'avoir sagement aproprié les moyens aux fins. Quand même il arriveroit qu'un Prince qui, pour obéïr au précepte, *Contrains-les d'entrer*, choisiroit mal à propos, comme fit le Duc d'Albe dans le Pays-Bas, la voie sanglante des suplices, il n'auroit pas beaucoup de peine à s'excuser devant des personnes équitables; car il n'auroit qu'à leur dire qu'il ne faut pas juger des choses par l'évenement, & que fort souvent les moyens qui selon la prudence humaine sont les plus propres, ont une très-méchante issuë, on pourroit même assurer que le Roi d'Espagne avoit trouvé dans les manieres du Duc d'Albe le vrai moyen d'abolir la Réforme du Pays-Bas, s'il avoit eu la patience de le laisser encore continuer quelques années; & il y a beaucoup d'apparence, politiquement parlant, que si ce fut une faute à Philippe d'envoyer un tel homme en Flandre, c'en fut une plus grossiere de l'en retirer. Il faloit ou ne le mettre pas en train, ou voir comment il acheveroit l'ouvrage. Les Convertisseurs de ce tems-là les moins malhonnêtes gens, souhaitoient sans doute quelque chose d'aprochant de ce qu'un illustre (A) Romain souhaitoit, touchant l'union de César & de Pompée. Une infinité de gens, & surtout en France, ont crié & invectivent encore tous les jours contre Charles V. comme si pour n'avoir pas employé ses forces rigoureusement contre le Luthéranisme, il avoit été cause de son établissement en Allemagne, où il auroit pû périr bien-tôt, disent-ils, si cet Empereur l'eût écrasé de bonne heure. Ainsi on confesse qu'il n'est rien tel ordinairement, pour bien obéïr au précepte de la parabole, que d'aller aux extrêmes séveritez.

Il paroît de-là, ce me semble, fort clairement, que le sens littéral que je réfute, est avec justice rendu comptable des roüës, des gibets, des tortures, des Taureaux de Phalaris, & en général des massacres les plus inhumains, puisqu'il les entraîne par une suite fort juste & fort naturelle, partout où l'on jugera que les moyens moins rigoureux ne contraindroient pas assez d'entrer.

Remarque contre Alexandre minicain.

Et ici je ne puis que je ne traite de ridicule la pensée d'un Moine François, qui, après (B) *avoir prouvé par l'Ecriture Sainte, & par l'Histoire de l'Eglise, que le Concile de Latran a eu raison de livrer les Hérétiques Albigeois au bras séculier pour les punir des peines temporelles, ajoûte que cependant la clémence des Princes qui les traitent d'une maniere plus douce, pour les tirer de leurs erreurs &*
les

(*) Voyez le *Discours Préliminaire* vers la fin.
(A) *Utinam Cn. Pompeii cum C. Casare Societatem aut nunquam coisses, aut nunquam diremisses.* Cicero, Philip. 2.

(B) ,, Journ. des Savans du 19. Février 1685. par-
,, lant d'un Livre de P. *Natalis Alexandre.*

les porter à se faire instruire, est plus digne de loüange & plus conforme à l'esprit de l'Eglise : Ce que notre grand Monarque (Loüis XIV) poursuit-on, sait faire avec tant de sagesse & de bonté. Voilà la cause de tout le radoucissement de ce Moine. Il voyoit qu'on ne punissoit pas de mort les Calvinistes, mais qu'on les tourmentoit par d'autres voyes ; ç'a été une démonstration pour lui, que cela est plus loüable & plus conforme à l'esprit de l'Eglise ; car autrement il auroit falu penser de cette Hérésie capitale, que ce qui se fait en France n'est pas plus conforme à l'esprit de Dieu qui conduit l'Eglise, que ce qui se fait dans les pays d'Inquisition. Mais qu'est-ce qu'entend ce Moine, quand il dit qu'une conduite contraire à l'Ecriture & à l'Histoire de l'Eglise, est plus digne de loüange & plus conforme à l'Esprit de l'Eglise ? C'est du franc Galimatias. L'Esprit de l'Eglise peut-il être contraire à l'Ecriture & à l'Histoire de l'Eglise ? Et lorsqu'on ne fait pas une chose prouvée par l'Ecriture & par l'Histoire de l'Eglise, peut-on mériter plus de loüanges, & se conformer plus à l'Esprit de l'Eglise, que lorsqu'on la fait ? Après tout ne ruïne-t-on pas l'autorité des Conciles, en disant qu'il est plus digne de loüange de traiter les Hérétiques comme on les a traitez en France pendant vingt ans sous ce regne, que d'obéïr au Concile de Latran qui ordonne de les exterminer ?

Voilà l'embarras où sont les Docteurs de la Communion Romaine. Leurs Conciles ont commandé la persécution à outrance; cependant beaucoup d'Auteurs n'osent blâmer les Princes qui gardent quelque modération ; & ceux qui tiennent le sens littétal du précepte, *Contrains-les d'entrer*, sont forcez de reconnoître en plusieurs rencontres, qu'il est plus selon l'Esprit de l'Eglise de ne pas contraindre par les peines temporelles. On vient de le voir dans le passage du Jacobin ci-dessus cité. Il prouve par l'Ecriture, & il n'oublie pas sans doute la Parabole en question, que le Concile de Latran a fort bien fait ; & néanmoins le Roi de France, qui n'obéïssoit pas il y a trois ans ni au Concile de Latran, ni à l'Ecriture, aprouvant le Concile de Latran, étoit plus loüable, & suivoit davantage l'Esprit de l'Eglise, que s'il se fût conformé au Concile de Latran, très-conforme, selon cet Auteur, à la Tradition & à l'Ecriture. Il est bon de remarquer qu'en prenant les termes de la Parabole dans le sens littéral, ils ne contiennent pas une simple permission de contraindre, mais un commandement très - expressif ; desorte qu'on est obligé après cela de violenter, autant que ses forces se peuvent étendre.

J'ai vû un autre embarras qui a du raport à ces matieres, dans un Traité de Juste Lipse. Cet homme ayant été ruïné par les guerres du Pays-Bas, trouva une retraite fort honorable à Leide, où on le fit Professeur, & où il ne fit point scrupule d'abjurer extérieurement son Papisme. Pendant ce tems-là il fit imprimer quelques Livres de Politique, où il avança, entre autres maximes, qu'il ne faut souffrir qu'une Religion dans un Etat, ni user d'aucune clémence envers ceux qui trouble la Religion ; mais les poursuivre par le fer & le feu, afin qu'un membre périsse plûtôt que tout le corps. *Clementia non hic locut. Ure, seca,* (*) *ut membrorum potius aliquod quàm*

totum corpus intereat. Cela étoit fort mal-honnête à lui, entretenu comme il étoit par une Republique Protestante, qui venoit de réformer la Religion; car c'étoit aprouver hautement toutes les rigueurs de Philippe II. & du Duc d'Albe. Et c'étoit d'ailleurs une imprudence terrible & une exécrable impiété, puisque d'une part on pouvoit conclure de son Livre, qu'il ne faloit souffrir en Hollande que la Religion Réformée, & de l'autre que les Payens ont fort bien fait de faire pendre les Prédicateurs de l'Evangile. Il fut entrepris sur cela par le nommé Théodore Cornhert, & poussé dans l'embarras; car il fut obligé de répondre en louvoyant, & en déclarant que ces deux mots *Ure, seca*, n'étoient qu'une phrase empruntée de la Médecine, pour signifier non pas littéralement le fer & le feu, mais un remede un peu fort. C'est dans son Traité *de unâ Religione* que l'on voit toutes ces tergiversations. C'est bien le plus méchant Livre qu'il ait jamais fait, excepté les impertinentes Histoires & les fades Poësies qu'il fit sur ses vieux jours sur quelques Chapelles de la Vierge, son esprit commençant à baisser comme celui de Periclès, lorsqu'il se laissa entourer le cou & les bras *d'amuletes*, & de remedes de femmes ; & étant tout infatué des Jésuites, entre les bras desquels il se jetta, lorsqu'il vit que le petit méchant Livre en question seroit regardé de travers en Hollande, cela fit qu'il s'évada furtivement de Leide. Pour revenir au petit Livre, c'est une méchante Rapsodie de passages qui autorisent toutes les impiétez Payennes, sur quoi on fondoit la persécution horrible des premiers Chretiens, & d'autres passages qui disent tout le contraire. Et comme l'Auteur n'osoit avoüer la force de ces deux mots *Ure, seca*, il se servit de méchantes distinctions, qui revenoient à ceci : Qu'il ne faloit faire mourir les Hérétiques que rarement & secretement ; mais que pour les amendes, les exils, les notes d'infamie, les dégradations, il ne faloit pas les leur épargner. Tout cela tombe par terre par les réflexions ci-dessus faites.

Il est certain qu'il y a plusieurs Catholiques Romains qui aprouvent le dernier suplice des autres Chretiens, & ils raisonnent sans doute plus conséquemment. Mais la plaisante pensée que celle d'un François moderne, nommé Ferrand, que ceux qui font mourir les Hérétiques font bien ; mais non pas si bien que ceux qui ne poussent pas la peine jusques au dernier suplice ! Cela est extravagant ; car si un Hérétique mérite la mort, c'est ou parce que Jésus-Christ a commandé de contraindre d'entrer tous les errans, ou parce qu'il prononce des blasphêmes, disant, par exemple, que le Prêtre ne tient entre ses mains qu'un morceau de pâte, & qu'au lieu du fils de Dieu, il n'adore & ne mange qu'un morceau de pain. S'il mérite la mort à cause du commandement de J. C. c'est une aussi grande faute de le laisser vivre qu'il l'eût été aux Juifs de laisser vivre les sorciers que Dieu leur commandoit d'exterminer. S'il mérite la mort pour ses blasphêmes scandaleux, c'est une impiété que de le laisser vivre quatre jours ; car c'est autant de renouvellemens de blasphêmes, & on empêcheroit d'ailleurs qu'il n'infectât les autres, si on s'en défaisoit promptement. *Nullus hic clementia locus*, disoit fort bien Lipse, *Ure, seca*; point de compassion ici, brûlez, brûlez, & roüez incessamment & sans délai-

Voilà

Voilà où nous conduisent les abominables maximes de nos Convertisseurs ; ils ne peuvent rien alléguer pour leurs contraintes prétenduës mitigées, qui enfin sont devenuës pires qu'une promte mort, qui ne serve nécessairement à prouver l'obligation de faire mourir les Hérétiques, tout aussi promtement que les voleurs des grands chemins, bien entendu s'ils refusent d'abjurer leurs dogmes.

Je me souviens d'un Dilemme dont se servoit Tertullien, contre la réponse que Trajan fit au Jeune Pline, où il lui ordonne de ne pas informer contre les Chretiens ; mais que s'il se trouve des accusateurs qui les citent & qui les convainquent selon les formes judiciaires, de les punir. Tertullien trouve absurde cette ordonnance ; car, dit-il, si les Chretiens reconnus pour tels méritent la mort, il faudroit en faire enquête, & s'ils méritent qu'on ne les recherche pas, il ne faudroit point les condamner quand ils sont découverts. (*) O sententiam, dit-il, *necessitate confusam! Negat inquirendos ut inocentes, & mandat puniendos ut nocentes. Parcit & sævit, dissimulat & animadvertit. Quid te ipsum censurâ circumvenis? Si damnas, cur non & inquiris ? Si non inquiris, cur non absolvis ?*

A tout bien considerer les persécutions qui font mourir sont les meilleures de toutes, & principalement lorsqu'elles ne donnent point la vie à ceux qui abjurent ; car promettre la vie à un homme condamné à mort ; la lui promettre, dis-je, en cas qu'il abjure sa Religion, (A) est un moyen fort dangereux de lui faire faire un acte d'hipocrisie, & un peché énorme contre sa conscience ; au lieu que n'y ayant rien à gagner pour lui en dissimulant, il prend son parti, & il se résout à mourir pour ce qu'il croit être la verité ; & s'il est de bonne foi dans l'erreur, il est sans doute martyr de la cause de Dieu ; car c'est à Dieu, comme se revélant à la conscience, qu'il s'offre en sacrifice; je dis en sacrifice volontaire, quoiqu'il ne tienne pas à lui de mourir ou ne mourir pas. Il en va de ces choses comme d'un homme qui force une femme. Il lui fait moins de tort que s'il la tentoit, & la faisoit succomber par ses flateries : car par-là il la rendroit criminelle ; & en usant de violence sur son corps, il lui laisse devant Dieu toute la pureté & l'innocence de son ame. Voilà ce que font ces persécuteurs sans quartier, qui sur l'aveu qu'on leur fait d'une telle croyance, vous envoient au suplice, & vous expédient, quand même vous diriez que vous changez d'opinion. Mais ces persécutions inquiétantes, chicaneuses, qui promettent d'un côté, qui menaçent de l'autre, qui vous fatiguent de telle sorte par des disputes & des instructions, qu'enfin soit que vous changiez intérieurement, soit que vous ne changiez pas, on veut une signature ou point de repos en votre vie ; ces persécutions, dis-je, sont des tentations diaboliques, qui extorquent le peché, comme les fleurettes, les présens, & autres machines font consentir certaines femmes aux désirs déréglez de leurs Amoureux.

Je me souviens d'avoir lû que Sultan Mahomet II. voulant se défaire de David, Empereur de Trébizonde, & de ses enfans, leur donna le choix de la mort ou de l'Alcoran. De neuf enfans qu'il avoit, il y eut un fils & une fille incapables, à cause de leur bas âge, de choisir entre ces deux extrêmes ; ainsi ils demeurerent en proie au Mahométisme; mais David, avec sept garçons, choisit

la mort qu'ils souffrirent tous fort constamment. Ce fut un martyre d'autant plus glorieux, qu'ils pouvoient racheter leur vie en abjurant la Foi Chretienne ; & ainsi à cause du succès il valut mieux que le Sultan leur laissât la liberté de choisir; mais d'autre côté il mettoit dans une violente tentation, en leur promettant la vie ; & à son égard l'ordre étoit beaucoup plus malicieux, que s'il les eût simplement condamnez à la mort ; & en ce cas-là ils n'eussent pas laissé de l'immoler volontairement à Dieu, tout de même qu'un malade qui voit qu'il n'en peut pas réchaper, & qui fait un acte de résignation à la volonté de Dieu, fait une chose qui ne peut être qu'un sacrifice volontaire de ses désirs à ceux de son Créateur.

Voyez s'il faut que la persécution soit une chose bien execrable, puisque pour la rendre moins mauvaise, il faut qu'elle devienne une tuërie inexorable.

❁❁❁❁❁❁❁❁❁❁❁❁❁❁

CHAPITRE IV.

Quatrieme objection. On ne peut condamner le sens littéral de ces paroles, Contrains-les d'entrer, *sans condamner en même-tems les loix que Dieu a établies parmi les Juifs, & la conduite que les Prophetes ont quelquefois tenue. Disparité & raisons particulieres pour l'ancienne loi, qui n'ont point lieu sous l'Evangile.*

AVant que de proposer cette objection, je me crois obligé de dire deux mots sur un scrupule qui se pourroit élever dans l'ame de quelques personnes. Il semble, dira-t-on, que je veuille soûtenir qu'il n'y a que deux chemins à prendre envers les Hérétiques, celui de les faire mourir, ou celui de les abandonner à leurs erreurs, sans se soucier, soit qu'on prenne la premiere voie, soit qu'on prenne la seconde, de les convertir à la vraie Eglise ; c'est, ajoûtera-t-on, ce que j'insinuë manifestement, lorsque je dis que quand on condamne à la mort les Hérétiques, il vaut mieux ne leur point offrir la vie en cas qu'ils se convertissent, que la leur offrir. Je réponds que ma pensée est qu'on doit travailler à la conversion de ceux qu'on croit dans l'erreur, avec tous les soins possibles, par instructions, & par disputes charitables & tranquilles, par éclaircissemens de doutes, par prieres envers Dieu, & par les démonstrations d'un zele véritablement Chretien. Mais si tout cela ne persuade point, bien-loin de les presser à changer de profession, on doit leur dire qu'ils feroient fort mal de le faire pendant qu'ils ne sont pas éclairez. On doit prier Dieu pour eux, & se garder bien de faire l'office du mauvais Ange Tentateur, en leur promettant de grands biens, s'ils changent, ou en les menaçant de la mort, s'ils ne changent pas. Voilà pourquoi de deux crimes, savoir de condamner un homme à la mort s'il ne change de Religion, ou de le condamner, soit qu'il en veuille changer, soit qu'il ne veuille pas, je serois d'avis de choisir celui-ci comme le moindre, parce qu'il n'expose point cet homme à la tentation très-difficile à surmonter de faire un péché contre sa conscience, (B) & qu'il le met en état, voyant qu'il n'y a plus de remede, de se sacrifier par un bon acte de résignation, à l'amour de la verité ; car il est
im-

(*) *Tertull. in Apolog.*

(A) Conférez ceci avec le commencement du Chap. suivant.

(B) Conférez ceci avec la fin du Chap. précédent.

impoſſible qu'un homme meure gaîement pour ce qu'il croit être la verité, quoique ce ſoit une erreur, ſans aimer la verité. Voïons préſentement cette 4. objection.

On la peut tirer de ce que la loi de Moïſe n'avoit point de tolérance pour les Idolâtres & pour les faux Propheres, qu'elle condamnoit à la mort, & de ce que fit le Prophete Elie contre les Prêtres de Bahal, qu'il fit mourir ſans miſéricorde. D'où il s'enſuit que toutes les raiſons que j'ai étalées dans la 1. partie de ce Commentaire, ne prouvent rien, parce qu'elles prouvent trop; ſavoir, que le ſens littéral des loix de Moïſe à cet égard ſeroit impie & abominable. Or puiſque Dieu a pû, ſans bleſſer l'ordre, commander aux Juifs de faire mourir les faux Prophetes, il s'enſuit évidemment qu'il a pû commander ſous l'Evangile de faire mourir les Heretiques.

Je n'ai pas l'eſprit, ce me ſemble, aſſez gâté par la contagion Controverſiſte, pour faire le fier ſur cette objection, & pour la traiter d'un air dédaigneux & mépriſant, comme l'on fait d'ordinaire, lorſqu'on ſe ſent incapable de bien répondre. J'avouë de bonne foi que cette objection eſt forte, & qu'elle ſemble être une marque que Dieu veut que nous ne ſachions preſque rien cettainement, par les exceptions qu'il a miſes dans ſa parole à preſque toutes les notions communes de la Raiſon. Je connois même des gens qui n'ont point de plus grandes difficultez qui les empêchent de croire que Dieu ſoit l'Auteur des loix de Moïſe, & de toutes les révélations qui ont fait faire tant de carnages, que de voir que cela eſt ſi contraire aux idées les plus pures de l'équité; car enfin, diſent-ils, les notions communes étant la révélation primitive, & la regle matrice & originale de tout ce ſurquoi nous devons porter jugement, quelle aparence que Dieu nous révele d'un côté par la lumiere naturelle, qu'il ne faut point forcer la conſcience; & de l'autre, par la bouche d'un Moïſe & d'un Elie, qu'il faut tuer ceux qui n'ont pas un tel ou un tel ſentiment, en matiere de Religion? Il faut donc croire, diſent-ils, que Moïſe n'a agi en cela qu'humainement, & par des principes de Politique qu'il jugeoit propres à la conſervation de la République qu'il fondoit : c'eſt aſſez la coûtume des grands Politiques de croire, qu'il ne faut point ſouffrir les innovations dans la Religion, & que pour les prévenir, il faut établir de groſſes peines contre ceux qui entreprendront d'innover à cet égard. Voilà, pourſuit-on, le fondement qui a fait agir Moïſe. Or les penſées particulieres d'un homme n'étant pas la regle de l'équité, il n'y a point d'inconvénient à rejetter ce que Moïſe auroit établi par un eſprit particulier. A l'égard d'Elie, ces mêmes eſprits-forts voudroient bien nous perſuader que ſon zele l'emporta, & qu'il ſe ſervit de quelque fraude pieuſe à bonne intention, pour faire tomber du feu ſur ſes victimes. Mais à Dieu ne plaiſe que pour nous tirer de cette objection, nous adoptions des penſées ſi dangereuſes & ſi impies. Il me ſemble que nous y donnerons une ſolution raiſonnable, en croïant comme il eſt vrai l'inſpiration de Moïſe & d'Elie.

Pour établir cette ſolution dans les principes dont je me ſuis ſervi au commencement de cet Ouvrage, il eſt néceſſaire que je prouve qu'il n'y a point de contradiction réelle entre la révélation que Dieu communique à tous les eſprits attentifs,

par les pures idées du bon ſens, & la révélation PARTIE II. CHAP. IV. particuliere qu'il a communiquée à Moïſe, pour l'extermination des Idolâtres qui s'éleveroient parmi le peuple Juif; car s'il y avoit une véritable contradiction entre la 1. révélation & les loix de Moïſe, il s'enſuivroit, ſelon mes principes, que l'on auroit eu une raiſon *à poſteriori* de rejetter Moïſe, ou comme un Impoſteur, ou comme un homme ſéduit par quelque Génie inviſible, qui vouloit contrequarrer les ordres de Dieu. Faiſons donc voir qu'il n'y a point ici de véritable contradiction.

Pour cela je rapelle mes Lecteurs à cette idée Il n'eſt point contre l'ordre qu'un légiſlateur faſſe deux loix dont l'une détruiſe l'autre. que la Raiſon & l'expérience confirment, qu'un Etre ne ſe contredit point, lorſqu'il fait des loix dont l'obſervation de l'une eſt quelquefois inſéparable de l'inobſervation des autres. Par exemple, l'on ne dira pas que Dieu ſe ſoit contredit, en ordonnant aux enfans d'honnorer leurs peres, & en défendant de tuer; & cependant il eſt quelquefois impoſſible d'obéïr en même tems à ces ces deux loix, ſe trouvant des peres qui ordonnent à leurs enfans de tuer quelqu'un. Si le ſentiment de quelques Philoſophes modernes eſt véritable, c'eſt Dieu qui meut toute la matiere par des loix génerales, entre autres par celles-ci, que tout mouvement ſe doit faire en ligne droite, & que s'il ſe rencontre un obſtacle invincible, le mobile ſe détournera. On voit qu'en conſéquence de ces deux loix, le mouvement ſe doit faire ſouvent par des lignes courbes. Dira-t-on pour cela que Dieu renverſe ſa premiere loi? On ſeroit dans une craſſe ignorance, ſi on le diſoit. Le bon ſens veut que l'on diſe que ces deux loix ſont ſubordonnées, & que les conditions où l'une doit être éxécutée ſe préſentant, il faut que le Légiſlateur pour être uniforme abandonne l'autre loi, & exécute celle-ci, pour exécuter à ſon tour l'autre, dès que les conditions auſquelles elle a été annexée, ſe préſenteront. On trouve une pareille choſe dans les loix de l'union de l'ame & du corps. Il y en a une qui porte, ſelon ces mêmes auteurs, que toutes les fois que l'ame déſirera remuer le bras, les eſprits animaux couleront aux muſcles qui ſervent à remuer le bras. Cependant un paralitique a beau vouloir remuer le bras, il ne le fait point. Eſt-ce que Dieu oublie la 1. loi? Nullement. Qu'eſt-ce donc? C'eſt qu'avant que les eſprits animaux ſoient parvenus aux muſcles du bras, il ſe préſente une obſtruction & un encombre de chemin, & qu'alors en conſéquence d'une autre loi établie entre les corps, ils doivent ſe réfléchir ou ſe détourner. Cette loi ne ſauroit être exécutée ſans que l'autre ſoit ſans effet; ainſi Dieu s'accommode à chaque loi, lorſque ſon tems eſt venu, & la laiſſe là lorſque le tems d'une autre ſe préſente. Donc l'obſervation exclut l'exécution de celle-là.

Ainſi pour juger qu'un ordre ne peut pas venir Regle pour juger qu'un ordre vient ou ne vient pas de Dieu. de Dieu, il ne ſuffit pas de voir qu'il eſt contraire aux pures idées de la Raiſon, & qu'on ne ſauroit y obéïr ſans choquer la lumiere naturelle; il faut de-plus ſavoir que cet ordre n'eſt pas une ſuite néceſſaire d'une loi que Dieu a effectivement établie; car s'il ſe trouve que c'eſt une ſuite néceſſaire d'une telle loi, on ne devra plus s'étonner qu'en certains cas il faille ne pas obéïr à une certaine loi naturelle, comme on ne s'étonne point qu'il faille déſobéïr quelquefois à la loi très-naturelle de ſuivre la volonté de ceux qui nous ont mis au monde, parce qu'on voit que cette déſobéïſſance eſt une ſuite néceſſaire de quel-

quelques autres loix que l'on ſait que Dieu a établies, & que l'on connoît très-juſtes par le ſens commun, ſavoir de ne tuer, ni de ne voler ſon prochain. Par-là il eſt aiſé de connoître que lorſque les Juifs ont ouï dire à Moïſe, qu'il faloit faire mourir inceſſament tout homme qui s'éleveroit parmi eux pour dogmatiſer contre les fondemens de leur Religion, qui étoit le culte unique de Dieu qui les avoit tirez de ſervitude, ils n'ont point eu lieu de ſoupçonner que cela ne venoit point de Dieu, ſous prétexte de quelque contradiction entre ce commandement, & les idées les plus pures de l'équité, qui veulent que chacun puiſſe ſuivre les mouvemens de ſa conſcience: il eſt aiſé, dis-je de le connoître, & en voici la raiſon.

C'eſt que tout homme qui comtemple l'idée de l'Etre ſouverainement parfait, peut connoître diſtinctement que Dieu ſe peut communiquer à un Peuple d'une façon particuliere, & peut par une révélation de bouche lui déclarer qu'il veut ſe l'aproprier, & être non ſeulement ſon Dieu, mais auſſi le chef de ſon gouvernement temporel. C'eſt pourquoi lorſque Moïſe a propoſé aux enfans d'Iſraël, comme de la part de Dieu, que Dieu ſe ſouvenoit des promeſſes qu'il avoit faites à Abraham, & qu'il vouloit le délivrer à main forte, & à bras étendu de la ſervitude d'Egypte, pour l'introduire au païs de Canaan ; en un mot qu'il vouloit être ſon Dieu, & avoir en lui des Sujets fideles & obéïſſans, ce peuple a fort bien pû croire ces paroles de Moïſe, & n'a point dû en douter après les miracles éclatans qu'il fit pour juſtifier ſa miſſion. Voilà donc ce peuple légitimement perſuadé que le ſouverain Maître de toutes choſes, l'Etre infiniment parfait, eſt ſon Dieu & ſon Roi proprement & intimement ; & dès lors l'obéïſſance aux loix particulieres que Dieu lui impoſera, ſera non ſeulement un acte de Religion, mais auſſi un acte de bon Sujet, qui obſerve les loix politiques & fondamentales de l'Etat ſous lequel il vit. De ſorte que déſobéïr aux loix de Dieu ſera déſormais, non ſimplement une action puniſſable dans le barreau de la conſcience, mais auſſi dans le Tribunal de la juſtice ſéculiere, attendu que les loix de Dieu ſont les mêmes que celles du Souverain temporel, & du Seigneur politique de l'Etat. Or comme la baſe & la loi fondamentale de cet Etat eſt de n'avoir point d'autre Dieu que celui qui les tira du païs d'Egypte ; comme c'eſt la premiere convention paſſée entre Dieu & le peuple d'Iſraël ; entre Dieu, dis-je, conſidéré non ſimplement comme le Créateur de tous les hommes, mais comme le chef & le Dominateur temporel de la République Judaïque, il eſt clair que tout Idolâtre a été digne de mort, & que tout homme qui a prêché qu'il faloit ſervir à des Dieux étrangers, & ſuivre la Religion des peuples voiſins, a été auſſi digne du ſuplice que le ſeroit celui qui exhorteroit aujourd'hui le peuple de Londres à prêter ſerment de fidélité & obéïſſance au Roi de France ou au Roi d'Eſpagne. Ainſi l'homme du monde le plus attentif à la lumiere naturelle, qui nous montre qu'il ne faut pas violenter la conſcience, a pû concevoir, quand il a ouï les loix du Chapit. 13. du Deutéronome, qu'elles étoient juſtes, & qu'elles pouvoient émaner du même Dieu qui nous dit par les lumieres du bon ſens, que perſonne ne doit être forcé par la voie des ſuplices à profeſſer une telle ou une telle Religion.

Il n'y a pas eu plus de peine à concilier enſemble ces deux choſes qu'à concilier la déſobéïſſance d'un fils auquel ſon pere commande un meurtre, avec le 5. commandement du Décalogue ; car comme ce qui fait qu'en ce cas-là ce 5. commandement eſt négligé ſans aucune faute, eſt que cette inobſervation eſt une ſuite néceſſaire de l'obſervation d'un autre commandement ; ainſi ce qui faiſoit qu'on n'avoit aucun égard au droit naturel de la conſcience chez le peuple Juif, dans les cas ſpécifiez au 13. du Deutéronome, c'eſt que cela dépendoit, comme une ſuite néceſſaire, de l'obſervation des loix fondamentales de la République. Comme donc une loi empêche l'effet d'une autre loi, ſans qu'il faille ſoupçonner que le même légiſlateur ne les ait faites toutes deux, les Juifs n'ont pas eu ſujet de douter que les loix du 13. du Deutéronome ne vinſſent du même Dieu, qui nous ordonne par la lumiere naturelle de ne point forcer la conſcience. Mais pourquoi, dira-t-on, faire mourir un homme qui veut faire adorer à ſon prochain une autre Divinité qu'il croit meilleure ? C'eſt parce que dans la forme particuliere de Gouvernement, dans cette Théocratie ſous laquelle le peuple d'Iſraël vivoit, c'étoit un crime de félonnie, une ſédition & une révolte contre le ſouverain Magiſtrat. Or puiſque l'ordre éternel & immuable donne aux Magiſtrats le pouvoir de châtier la félonnie & la ſédition, & tout ce qui renverſe les loix de l'Etat, il eſt clair que Dieu étant devenu le chef de la République Judaïque, tout homme qui ſe vouloit ſouſtraire à lui, & en débaucher les autres, méritoit la mort comme ſéditieux & félon, n'importe qu'il le fît pour ſuivre les lumieres de ſa conſcience ; car c'étoit un cas où Dieu par une loi particuliere, ſavoir par celle du Gouvernement Théocratique où il ſoûmit tous les Juifs, dérogeoit aux immunitez de la conſcience.

C'eſt ſous la qualité de félonnie & de ſédition que le crime de cet homme étoit puniſſable par les bras ſéculier, & non entant que c'étoit un ſimple péché contre l'obligation morale & métaphyſique, où ſont les hommes de ſervir le vrai Dieu. D'où paroît qu'il n'y a point de conſéquence de cet état-là à celui de l'Evangile, parce que les préceptes de l'Evangile ne ſont pas les loix politiques des Etats, ſinon à l'égard de certains chefs ſans leſquels la ſocieté humaine ne pourroit pas ſubſiſter ; par exemple, la défenſe du meurtre, du faux témoignage & du vol, eſt en même tems une loi politique & une loi Evangélique ; & cela fait que quand même un homme ne tuëroit & ne voleroit qu'en ſuivant les lumieres de ſa conſcience, il ne laiſſeroit pas d'être puniſſable par le bras ſéculier ; car le Souverain ne perd pas le droit né qu'il a d'ôter de la République ce qui ruïne néceſſairement la ſureté des particuliers, & qui rompt les liens des ſociétez ; il ne le perd pas, dis-je, s'il ſe trouve que par hazard quelqu'un tuë & vole, en ſuivant les lumieres de la conſcience.

L'Affaire d'Elie n'eſt pas une objection à beaucoup près ſi conſidérable que le Chapitre 13. du Deutéronome, parce que ce n'eſt qu'un exemple particulier qui n'eſt pas propoſé à ſuivre par ordre de Dieu, au lieu que ce que dit Moïſe eſt une loi générale pour les Juifs, énoncée abſolument & ſans reſtriction de tems & de lieux. Il n'y a qu'à dire ſur ce Fait particulier des Prêtres de Bahal, mis à mort par le commandement du

Pro-

Prophete, l'une ou l'autre de ces deux choses; ou que Dieu qui peut difpenfer de ces loix en certains cas, trouva bon qu'alors on fit mourir ces faux-Prêtres, parceque l'impreffion naturelle que cela feroit fur la machine du corps, & fur les efprits de ceux qui en entendroient parler, ou qui le verroient, feroit féconde en mille & mille combinaifons d'effets phyfiques & moraux très-confidérables; ou, ce qui me paroît plus vraifemblable, qu'Elie eut révélation que ces Prêtres étoient dans la mauvaife foi, qu'ils abufoient fciemment & malicieufement du peuple. Or en ce cas-là nous déclarons qu'aucun Hérétique n'eft digne de tolérance, & de bon cœur nous confentons qu'on envoie les Miniftres & toutes leurs Oüailles au gibet, fi l'on fait certainement qu'ils prêchent l'erreur & l'héréfie à eux connuës comme telles, par malice ou par des intérêts humains. Qu'on les pende tous en ce cas-là.

Je pourrois alléguer avec un favant homme de notre nation, favoir Mr. Spencer, que Dieu a établi parmi les Juifs diverfes chofes qui ne font raifonnables que parceque la fituation de ce peuple, fes inclinations perverfes, & fes préjugez abfurdes, faifoient qu'elles pouvoient ou prévenir de grands maux, ou procurer quelque avantage par accident; & je pourrois mettre du nombre la loi qui condamne à la mort les faux Docteurs : mais je n'ai pas befoin de cette remarque.

Recueillons préfentement la différence qu'il y a entre le fens littéral de ces paroles, *Contrains-les d'entrer*, & les exemples de l'ancienne loi dont parle l'objection.

I. Le peuple Juif n'avoit point ordre d'envoyer prêcher fa Religion par toute la terre, & d'endoctriner toutes les nations. Il fe contenoit dans fes limites, fans prefque aucun commerce avec les autres peuples de la terre; ainfi l'ordre de violenter ceux qui ne fe conformoient pas à fa Religion, ne regardoit que les perfonnes de la nation même, qui propoferoient de changer le Dieu d'Abraham pour quelqu'autre Divinité Payenne. Or il étoit moralement impoffible qu'un Juif élevé dans le Judaïfme, propofât ce choix par un motif de confcience, & autrement que par un efprit de fédition, de libertinage, ou de malice, auquel cas il étoit très-digne de mort. Donc il y a une très-notable différence de cela à la contrainte dont parlent nos Convertiffeurs; car les Chretiens étant obligez par leur Maître à inftruire tous les peuples du monde, il faut de toute néceffité qu'ils aient à faire à des gens élevez dans d'autres principes qu'eux, & remplis de préjugez qui les empêchent de goûter la doctrine Evangelique; fi bien que dire que les Chretiens fe doivent fervir de contrainte, c'eft dire qu'ils doivent forcer des gens qui de bonne foi ne croient pas pouvoir fortir de leur Religion, leur confcience fauve.

II. En 2. lieu la maniere dont Moïfe vouloit qu'on traitât les féducteurs, pouvoit bien leur être fâcheufe; mais au fonds elle laiffoit leur confcience en fon entier. On ne les forçoit pas d'abjurer ce qu'ils croyoient, on ne les tentoit pas par l'efperance de la vie à faire les Comédiens; en un mot ils mouroient en liberté dans tous les fentimens de leur confcience, s'ils en avoient une, & on ne les expofoit pas à vivre dans fes tortures & dans fes remors, par la promeffe de leur donner la vie, s'ils vouloient fuivre le culte public. Il faloit mourir fans alternative de la mort,

ou de la renonciation à tel ou tel dogme. Au contraire nos Convertiffeurs veulent qu'on menace premierement, & qu'on appofe cette condition, que tous ceux qui abjureront, feront quittes de toute peine, & auront des récompenfes; & afin que les menaces tentent plus efficacement, les plus fins ont coûtume, ou de ne menacer que d'une mort accompagnée de longs & cruels tourmens, ou d'ôter aux gens tout moyen de fubfifter & de s'enfuir. Cela fait que plufieurs trahiffent les lumieres de leur confcience, & vivent après cela dans une oppreffion qui les bourrelle & les défefpete. Quoi de plus cruel ? La loi qui étoit fi dure n'étoit que du miel, en comparaifon d'un tel Evangile.

III. Outre cela la violence que l'on faifoit fous l'ancienne loi étoit, ou bornée à certains cas particuliers, où Elie par exemple animé de l'efprit Prophetique pouvoit agir par difpenfe, & connoître même l'intérieur des faux-Prophetes, & leur malice opiniâtre & frauduleufe; ou à certains dogmes qui bouleverfoient les loix fondamentales de la République, comme celui de ne reconnoître point pour Dieu le Dieu d'Abraham & d'Ifaac, qui étoit devenu le maître particulier du peuple Juif, par convention & par confédération. Rien de tout cela n'excufe aujourd'hui la contrainte des Convertiffeurs. Ils prétendent que Jefus-Chrift l'a commandée fimplement & abfolument, & en effet il n'y a nulle reftriction dans fes paroles, foit à certains tems; foit à certains lieux, foit à certains dogmes. Perfonne ne connoît plus fi un Hérétique eft de bonne foi dans fa Religion, ou par malice. Les Chretiens ne font pas fous une forme Théocratique de gouvernement : ils ont une difcipline & un droit Canon fort differens du droit civil; le Chriftianifme n'eft point la loi fondamentale d'aucun Etat, enforte qu'un Roi ne foit le maître dans fon Royaume que parcequ'il eft Chretien; car Conftantin & Clovis n'acquirent pas un feul petit dégré de droit en fe faifant baptifer, au-delà de ce qu'ils en avoient fous le Paganifme : & Julien l'Apoftat ne regnoit pas moins légitimement que s'il eût été Chretien. Ainfi les Magiftrats doivent laiffer à Dieu feul le foin de châtier les Hérétiques qui ne troublent point le repos public, je veux dire, qui obéiffent aux loix; puifqu'entant qu'Hérétiques ils ne pêchent pas contre les chofes dont les Souverains ont droit d'impofer la néceffité.

IV. Enfin fous l'ancienne loi on toleroit les opinions differentes qui fe formoient fur le fens des loix de Moïfe, & on ne puniffoit que ceux qui les bouleverfoient par le fondement, en quittant tout-à-fait la Religion du païs pour courir après les Dieux du Paganifme. On toleroit même les Héréfies les plus affreufes, & qui par conféquent renverfoient la Religion, comme la Secte des Saducéens qui nioit l'immortalité de l'ame, & la réfurrection des morts; mais parcequ'ils ne parloient pas de renoncer au Dieu des Juifs pour adorer Bahal, ou quelqu'autre Idole, non feulement on les fouffroit patiemment, mais auffi jamais Jefus-Chrift n'a trouvé mauvais qu'on les fouffrît; ce qu'il n'eût pas manqué de reprocher aux Pharifiens, s'il eût crû qu'en cela ils euffent tort. Si les Convertiffeurs d'aujourd'hui fe vouloient mouler fur les reglemens de Moïfe, ils ne devroient perfécuter que ceux qui fe voudroient faire Juifs, Payens ou Mahométans; mais il faudroit qu'ils fupportaffent les

opi-

Des droits des Souverains à l'égard de la Religion.

opinions differentes, que l'on formeroit fur tel ou tel paffage de l'écriture. Or bien-loin d'en ufer ainfi, il fe trouve de ces gens-là qui difent que l'Eglife Romaine a cent fois plus de droit de contraindre & de perfécuter les autres Chretiens, que de contraindre les Infidelles.

J'ai montré ailleurs (*) que les Souverains ne peuvent pas faire préfentement de leur Religion une loi politique, & qui oblige les Sujets à peine d'être coupables de fédition & de félonnie. Dieu feul l'a pû faire en parlant immédiatement à Moïfe, & en confirmant cette volonté par des miracles inconteftables; ainfi quoiqu'ils ordonnent dans leurs Etats en matiere de Religion, on fe difpenfera légitimement de s'y foumettre, pourvû que fincerement & de bonne foi on leur allegue cette fameufe fentence de S. Pierre, qui avoit été dite avant lui par un (A) Payen, *Il vaut mieux obéir à Dieu qu'aux hommes*; & s'ils s'ingerent d'ufer de contrainte, ils ne peuvent que fe rendre coupables du crime des perfécuteurs des Apôtres; car les Empereurs Payens qui auroient érigé le Paganifme en loi de l'Etat n'euffent pas pour cela acquis plus de droit de maltraiter les Apôtres.

Il ne me refte pour la conclufion de ce Chapitre que de remarquer, que la lumiere naturelle, regle primitive & originale de l'équité, ne reconnoîtra jamais pourdivine une contraintequi ne lui eft pas conforme, à moins qu'elle ne foit une fuite neceffaire de quelque loi, que l'on fache d'ailleurs que Dieu a pofée. Or la contrainte qu'on feroit fous l'Evangile, ne feroit point une fuite neceffaire d'aucune loi que l'on fçût d'ailleurs que Dieu auroit faite, & néanmoins elle combat directement la regle primitive de l'équité. Il faut donc conclure, felon les lumieres irrefragables de la droite Raifon, que Jefus-Chrift n'a pas ordonné la contrainte. Difons fur ceci à ceux qui nous alleguent Moïfe,à-peu-près ce que Jefus-Chrift répondit quand on le lui cita en faveur de la répudiation. C'eft à caufe de la dureté de cœur des Juifs, & de leur panchant indomtable à l'idolatrie, aux murmures & aux féditions, que Moïfe établit peine de mort contre ceux qui ne fe conformeroient pas à la Religion dominante; mais au commencement il n'en étoit pas ainfi. Il faut donc renvoyer les chofes à leur premiere origine, & les regler felon cette loi naturelle qui rayonne dans l'entendement humain, dès avant qu'aucun droit pofitif ait été commandé aux hommes.

* * *

CHAPITRE V.

Cinquieme objection. Les Proteftans ne peuvent blâmer le fens littéral de contrainte, fans condamner les plus fages Empereurs & les Peres de l'Eglife, & fans fe condamner eux-mêmes, puifqu'ils ne fouffrent point en certains lieux les autres Religions, & qu'ils ont quelquefois puni de mort les Hérétiques, Servet par exemple. Illufion de ceux qui font cette objection. Raifons particulieres de ne pas tolerer les Papiftes.

Depuis que la Cour de France s'eft entêtée de l'efprit de perfécution, on a vû je ne fai combien de Loups béans, de Parafites, de plumes vénales, & de flateurs bigots, compiler avec grand foin toutes les loix que les Empereurs ont publiées contre les Arriens, les Donatiftes, les Manichéens & autres Sectaires; les Empereurs, dis-je, pouffez à cela par l'importunité de leur Clergé, & louez à perte de vûë par quelques Peres de l'Eglife, & notamment par S. Auguftin qui a fait l'Apologie des perfécutions, avec plus d'application d'efprit que Tertullien n'a fait celle de la Religion Chretienne. Nous gardons à ce Pere ce qu'il lui faut en un autre lieu. Préfentement je ne répons qu'un mot à ce que l'on nous objecte des Empereurs Conftantin, Theodofe, Honorius, &c. que fi leurs loix & leurs actions étoient une preuve qu'une chofe fût bonne, il n'y a point de crime qu'on ne pût juftifier. Ainfi c'eft fe moquer des gens, lorfque l'on difpute fur une chofe de droit, que de nous venir alléguer qu'un tel ou un tel Empereur l'a autorifée. *Quid tum?* Qu'eft-ce que tout cela? Une conduite de Cour eft-elle la regle de l'équité? Eft ce là qu'il faut chercher ce qui eft jufte & injufte? Ne fait-on pas que les Rois & leurs Confeillers ont toûjours pourbut principal le bien temporel, & qu'ils facrifient à l'utilité toute autre confidération, furtout lorfque des gens pouffez d'un zele indifcret leur viennent promettre gloire temporelle & célefte. Je me croirois indigne de tout loifir, fi je perdois un quart-d'heure à difcuter les raifons particulieres qui ont mû ces Empereurs à publier des loix très-feveres, & dont quelques-unes portoient peine de mort contre les Sectes de leur tems. Le plus court eft de dire, qu'il n'y a nulle conféquence de ce qu'ils ont fait à ce que la Raifon veut que l'on faffe, & que jamais les Convertiffeurs ne prouveront cette conféquence. Si nous avions les Hiftoires Anecdotes de toutes leurs Cours, comme de celle de Juftinien; fi nous avions toutes les plaintes, & tout ce qu'ils appelloient libelles, tout ce que les Payens & les Sectaires écrivoient fur leur Chapitre, nous les verrions par desendroits qui ne leur feroient pas trop favorables. Mais ils ont eu le bonheur que nous ne favons leur vie que prefque par des flateurs, ou par des gens préoccupez en leur faveur. Mais on en fait affez fi on les veut bien étudier, pour connoître qu'ils ne confultoient guéres les idées éternelles de l'ordre immuable,mais qu'ils faifoient des reglemens tels quels, felon les rencontres, & felon les vûës de bien temporel qu'on leur fuggéroit. Oh! mais les Peres ont loûë leur zele. *Quid tum?* Eh bien, que fignifie cela? Les Peres n'étoient-ils pas, auffi-bien que les Eccléfiaftiques d'aujourd'hui, toûjours prêts à mefurer l'équité des chofes par l'utilité préfente? N'eft-ce pas une honte au nomChretien que lesPeres aient déclamé d'une force prodigieufecontre lesPaïens& contre lesArriens qui perfécutoient,& loûé aprèscela de toute leurforce leursEmpereurs qui perfécutoient&follicité des loix feveres?Il eft vrai qu'ils faifoient une grandedifférencequant aux titres; car ils ne vouloient pas que l'on appellât perfécution ce qui fe faifoit pour leurcaufe, & ils gardoient tous les nomsodieuxpour leursadverfes parties.Mais cela même eft fi ridicule qu'il en fait pitié. En vérité nous devrions ne parler jamais des maximes fur lefquelles ils ont raifonné en différens tems; il vaudroit mieux cacher leur foibleffe, & le peu de foin qu'ils avoient pris de fe faire de bons principes

(*) Dans le Chap. VI. de la I. Part.
(A) *Veremur vos, Romani, & fi ita vultis etiam time-* mus: *fed plus veremur & timemus Deos immortales.* Lycortas Achæorum Prætor ap. Livium, l. 39.

cipes généraux, se contentant de vivre au jour la journée , de raisonner comme des girouettes, tantôt à droit, tantôt à gauche, comme le tems se portoit. N'enfonçons pas davantage cette matiere , & contentons-nous d'exiger des Convertisseurs, qu'ils prouvent la conséquence de cet Enthimême :

Les peres ont loüé les Empereurs qui persécutoient les Hérétiques :

Donc il est juste & très-agréable à Dieu de persécuter les Hérétiques.

Je ne sais s'il faut faire plus de cas de cette maniere de raisonner, que de celle-ci qu'on fera peut-être d'ici à cent ans.

Les Evêques de France, les Jesuïtes, & les Moines , ont loüé la maniere dont Louïs XIV. a détruit le Calvinisme dans ses Etats, comme toute Sainte & toute Divine.

Donc cette maniere a été toute sainte & toute Divine.

Je ne saurois m'empêcher de montrer par un exemple jusqu'où alloit l'entêtement injuste des Peres.

Il y avoit dans l'Orient (*) un Village nommé *Callicin*, où les Juifs avoient une Sinagogue, & les Hérétiques Valentiniens un Temple. Une procession de Solitaires & de leurs Dévots, passant un jour par ce Village, reçut quelque insulte de ces gens. Tout aussi-tôt le bruit en fut répandu, & vint jusques aux oreilles de l'Evêque , qui anima si bien le peuple, qu'il alla avec les Solitaires brûler la Sinagogue des Juifs & le Temple des Hérétiques. On ne peut nier que ce ne fût un attentat contre la Majesté du Prince ; car après tout c'est à lui ou à ses Lieutenans, que les Evêques doivent demander justice, quand quelqu'un leur a fait tort, & non pas se venger eux-mêmes par des séditions excitées parmi une populace fougueuse.

Celui qui commandoit de la part de Théodose dans l'Orient fut assez instruit de son devoir, & assez jaloux de l'autorité de son Maître, pour lui donner avis de tout ce qui s'étoit passé ; & l'Empereur l'ayant sçu ordonna que le Temple & la Sinagogue seroient rebâtis aux dépens de l'Evêque , & que ceux qui les avoient brûlez seroient punis. Rien ne pouvoit être plus juste que cette ordonnance, ni plus exempt d'une excessive sévérité ; car enfin & le Temple & la Sinagogue étoient-là par l'autorité du Prince , & n'en pouvoient être ôtez que par ses ordres ; & toute émeute populaire est d'autant plus punissable, qu'elle est excitée par des gens qui n'ont pas la moindre ombre de droit pour l'exciter, tels que sont les Evêques, gens notoirement recusables, dès qu'ils n'exhortoient pas les Chretiens à la patience des injures, & à toute sorte de modestie. Mais quelque modéré que fût la punition, les Evêques Orientaux furent assez délicats pour la trouver insuportable ; ainsi comme St. Ambroise étoit à portée de représenter leurs prétendus griefs à l'Empereur, ils le chargerent de l'affaire. Sr. Ambroise ne pouvant aller en Cour en personne (A) écrivit à Théodose, & lui représenta que son Ordonnance réduisoit un Evêque ou à lui désobéïr, ou à trahir son Ministere, & qu'elle alloit faire de ce Prélat ou un prévaricateur, ou un martyr; que Julien l'Apostat aïant voulu faire rebâtir des Sinagogues, le feu du Ciel

tomba sur les bâtisseurs, & que cela pourroit bien arriver encore ; que Maxime quelques jours avant que d'être abandonné de Dieu , avoit fait une pareille ordonnance. Enfin St. Ambroise ayant exhorté respectueusement le Prince à changer d'avis, lui fit entendre que si sa Lettre ne produisoit pas l'effet qu'il en espéroit , il se verroit obligé de s'en plaindre en chaire. L'Empereur ne fit pas une réponse favorable ; c'est pourquoi St. Ambroise voulant lui tenir parole , (B) l'apostropha un jour au sermon de la part de Dieu, & lui lava assez bien la tête. De quoi ce trop facile & trop débonnaire Empereur ne se fâcha point; car au contraire il promit au Prédicateur descendant de sa Tribune, qu'il révoqueroit l'Arrêt. Quelques Seigneurs là présens voulurent représenter, qu'au moins pour sauver l'honneur de sa Majesté Impériale, si indignement méprisé par la populace, il faloit punir ces Solitaires qui avoient été les auteurs de cette émotion ; mais St. Ambroise les relança si fierement, qu'ils n'oserent lui repliquer ; ainsi l'Arrêt fut révoqué.

Cela nous montre que l'Empire de Théodose étoit un vrai regne de Prêtrise, & qu'il s'étoit livré pieds & poings liez à la merci du Clergé ; ce qui ne pouvoit qu'amener un déluge d'injustices sur les *Nonconformistes*. N'est-ce pas une chose étrange qu'un homme qui passe pour Saint, se soit rendu si violent défenseur d'un Evêque séditieux, & de toutes les fureurs d'une populace mutine, & qu'il ait prétendu qu'il valoit mieux se faire tuer que de donner quelque argent par l'ordre d'un Empereur, pour rebâtir un Edifice qu'on avoit démoli, au mépris manifeste de l'Empereur ? Aprés cela faut-il s'étonner que ce (c) Prince ait puni de mort, & traité de crime de leze-Majesté, le service que les Païens rendoient à leurs Dieux *more majorum* ? Les Empereurs Païens en faisoient-ils plus contre les Chretiens, & s'ils ont fait plus de carnage que lui, n'est-ce pas à cause que les Païens n'avoient pas, comme les Chretiens , la fermeté de soutenir leur créance au péril de la vie ?

Mais que dirons-nous des Protestans qui ne donnent point liberté de conscience aux autres Sectes ? C'est de quoi il faut maintenant parler.

De la conduite des Princes Protestans qui ne souffrent qu'une Religion.

Je dis donc qu'il y a quelques distinctions à faire; car ou bien ils ne permettent pas que les autres Sectes viennent s'introduire dans leurs païs, ou bien ils ne permettent pas, si elles commencent à se former chez eux, qu'elles y croissent, ou bien ils les chassent les trouvant établies. Ces diverses circonstances excusent plus ou moins leur non-tolérance ; mais pour dire les choses franchement, comme la droite Raison les montre, elle ne sauroit être parfaitement excusée, si ce n'est lorsqu'elle est un acte de Politique nécessaire au bien public de l'Etat. Je m'explique.

Ne pas tolérer ceux qui ont certains sentimens en matiere de Religion, & qui les enseignent aux autres, emporte certaines peines contre ceux qui les enseignent, & il faut que ces peines soient établies par l'autorité du Magistrat. Il faut donc que les Souverains aient le droit de commander à leurs Sujets de croire certaines choses, & d'avoir une telle conscience plûtôt qu'une autre ; car s'ils n'avoient point ce droit, ils ne pourroient pas soumettre à des peines ceux qui n'auroient pas des choses

---

(*) *Paulin in vitâ Ambr.*
(A) *Ambros. epist.* 29.
Tom. II.

(B) *Vide Paulin , in vitâ Ambrosi.*
(c) *Leg.* 12. *de Pagan. Cod. Theod.*

chofes les mêmes idées qu'eux. Si donc il fe trouve qu'ils n'aient pas ce droit-là, il s'enfuit qu'ils ne peuvent pas ordonner ces peines, & néanmoins tous ceux qui ne tolerent pas certaines Sectes, ordonnent des peines contre elles; ils font donc une chofe fans droit & raifon, & par conféquent la non-tolérance eft contraire au droit & à la Raifon, puifque nous avons montré ci-deffus, que les hommes qui font des loix par raport à la confcience excedent manifeftement leur pouvoir, & les font fans autorité; d'où il s'enfuit qu'elles font abfolument nulles.

Il eft permis aux Princes de défendre qu'on enfeigne ce qui choque les loix politiques.

Il y a pourtant une exception qui fe tire vifiblement des remarques que j'ai faites en un autre (*) lieu, c'eft que les Souverains aïant un droit effenciel & inalienable de faire des loix, pour la confervation de la Republique & de la fociété à laquelle ils commandent, peuvent ordonner fans diftinction, que tous ceux qui troubleront le repos public par des doctrines qui portent à la fédition, au vol, au meurtre, au parjure, feront punis felon l'exigence des cas; & ainfi toute Secte qui s'en prend aux loix des fociétez, & qui rompt les liens de la fûreté publique, en excitant des féditions, & en prêchant le vol, le meurtre, la calomnie, le parjure, mérite d'être inceffamment exterminée par le glaive du Magiftrat. Mais pendant qu'une Secte laiffe en leur entier les loix qui font la fûreté des particuliers; pendant qu'elle prêche la foumiffion aux Magiftrats; qu'il faut païer les tailles & impôts à quoi ils foumettent leurs Sujets; qu'il ne faut ôter à perfonne ce qui lui appartient, ni troubler perfonne dans la jouiffance paifible de fes biens meubles ou immeubles, de fa réputation, de fa vie, &c. je ne penfe pas qu'on ait aucun droit de la vexer, fous prétexte qu'elle n'obéïroit pas en particulier à une certaine loi que l'on feroit de croire certaines chofes, & de fervir Dieu felon certains rites; car comme je l'ai déja dit, un Magiftrat qui fait ces fortes de loix, & qui en ordonne l'obfervation à peine de la vie, de la prifon, des galeres, &c. excede manifeftement fon pouvoir.

Si l'on me demande donc bien précifément ce que je penfe de certains Etats Proteftans qui ne fouffrent qu'une Religion; je réponds que s'ils le font par la feule vûë de la fauffeté qu'ils croient être dans les dogmes des autres Religions, ils ont tort; car qui a requis cela de leurs mains? La fauffeté doit-elle être combattuë par d'autres armes que par celles de la verité? Combattre des erreurs à coups de bâton, n'eft-ce pas la même abfurdité que de fe battre contre des baftions avec des harangues & des fillogifmes. Ainfi les Souverains, pour bien faire leur devoir, ne doivent pas envoïer leur Soldats, leurs bourreaux, leurs huiffiers, leurs fergens & leurs fatellites, contre ceux qui enfeignent une autre doctrine que la leur; ils doivent lâcher contre eux leurs Théologiens, leurs Miniftres & leurs Profeffeurs, & leur donner ordre de travailler de toutes leurs forces à la réfutation de l'autre doctrine. Mais fi par ce moien ils ne peuvent pas défarmer ceux qui l'enfeignent, ni les obliger à fe conformer à la doctrine du païs, ils doivent les laiffer en repos, & fe contenter que quant au refte ils obéïffent aux loix municipales & politiques. Voilà pour ce qui regarde les doctrines que les Proteftans confiderent fimplement comme fauffes; cette fauffeté ne leur donne point le droit de maltraiter leurs Sujets.

Mais il n'en va pas de même des opinions qu'ils regardent non feulement comme fauffes, mais auffi comme contraires directement & par leur nature à la tranquillité des Etats, & à la fûreté des Souverains; car pour celles-là je les maintiens indignes de tolérance: & fur ce pied-là je trouve fort à propos que tous les Etats qui font délivrez du Papifme, faffent des loix très-féveres contre fon introduction, & que ceux où il y a des Papiftes, les tiennent enchaînez comme des Lions & des Léopards; c'eft-à-dire, qu'ils leur ôtent tellement la force de nuire par de bons & de féveres reglemens bien exécutez, qu'on n'ait rien à craindre de leurs machinations. Mais je ne voudrois pas que jamais on laiffât leurs perfonnes expofées à aucune infulte, ni qu'on les inquiettât dans la jouiffance de leurs biens, & dans l'exercice particulier & domeftique de leur Religion, ni qu'on leur fît des injuftices dans leurs procès, ni qu'on les empêchât d'élever leurs enfans dans leur créance, & de fe retirer avec leurs effets, & après la vente de leurs biens, toutes fois & quantes qu'ils voudroient aller s'établir dans d'autres païs, ni qu'on exigeât d'eux qu'ils affiftaffent par contrainte à des exercices de Religion, à quoi leur confcience répugneroit, ni enfin qu'on récompenfât ceux qui fe convertiroient; car ce feroit faire l'office du Démon Tentateur, & obliger tous ceux qui aimeroient les honneurs & les dignitez, à trahir leur propre confcience. Je voudrois qu'il fût établi que tous les nouveaux Convertis demeureroient exclus toute leur vie des priviléges & graces, dont leur premiere Religion les auroit exclus; car par-là l'on feroit affuré que ceux qui fe convertiroient, le feroient en vertu de l'inftruction, & ne feroient pas des Hipocrites. Or comme ce n'eft que par raport au bien temporel de la République que l'on doit tenir de court ces gens-là, je ne défaprouve pas que ceux qui ont des raifons particulieres & valables de ne fe pas défier d'eux, leur accordent une plus ample liberté, & tout auffi grande que l'intérêt de l'Etat le peut permettre; car comme je l'ai déja dit, ce n'eft pas à la fauffeté des opinions qu'il faut prendre garde, quand on veut favoir fi elles doivent être tolérées dans un Etat, mais à l'oppofition qu'elles ont à la tranquillité & à la fûreté publique.

Si ceux de l'Eglife Romaine font raifonnbles, ils avouëront que je ne détruis pas ici ce que j'ai voulu bâtir dans tout ce commentaire, contre la contrainte prétenduë commandée par Jéfus-Chrift; car les loix que je veux qu'on faffe contre eux, ne doivent pas être faites dans la vûë de les forcer à quitter leur Religion, mais dans la vûë de fe précautionner contre leurs attentats, & de les empêcher de devenir capables de contraindre la confcience des autres Sujets, & celle du Souverain même. En réfutant le fens littéral de ces paroles, *Contrains-les d'entrer*, je n'ai pas prétendu blâmer les Souverains qui tiennent leurs Sujets en bride pour des caufes légitimes; je n'ai pas prétendu trouver mauvais que le Roi & la Republique de Pologne fe tiennent en garde contre l'audace des Cofaques; que le Roi de France faffe des Forts & des Citadelles dans les Villes fujette à fe mutiner; & par conféquent on ne peut pas tourner contre moi ce que j'ai dit depuis peu, puifque la contrainte où je dis que l'on doit tenir les Papiftes dans les Etats Proteftans, ne touche point leur confcience, & n'a pour but

---

(*) Dans la I. Part. Chap. **VI**.

but que de les empêcher de nuire à l'Etat, à quoi les principes de leur Religion les portent.

En effet leurs Conciles & leurs Papes aïant mille fois aprouvé la perſécution, & l'aïant commandée aux Princes ſous de groſſes peines ; les Princes ayant excercé de tout rems mille cruautez barbares ſur leurs Sujets Hérétiques, ou réputez Hérétiques, & n'ayant jamais tenu aucune promeſſe qu'ils leur euſſent faite avec ſerment de les laiſſer vivre en repos ; mais ayant révoqué ſans aucun ſcrupule toutes leurs conceſſions, dès qu'ils ont eu la commodité pour cela : les Evêques, les autres Ecléſiaſtiques, & le Pape les ayant pouſſez toujours à ce manque de parole, & les ayant louez & bénis d'y avoir manqué, comme d'une action très-ſainte, très-divine & très-pieuſe, comme on vient de le voir par des Brefs d'Innocent XI. & par la Harangue qu'il a prononcée en plein Conſiſtoire, à la loüange de Loüis XIV. & par une infinité de Panégiriques dont les chaires des Prédicateurs retentiſſent en France : en un mot l'opinion courante & commune des Docteurs de l'Egliſe Romaine, étant qu'on peut & qu'on doit punir les Hérétiques, dont ils ſe font une idée plus hideuſe que d'un monſtre, les contraindre d'entrer ſelon le précepte de Jéſus-Chriſt qu'ils expliquent littéralement, & n'avoir jamais pour eux de tolérance, tandis qu'on s'en peut empêcher ; toutes ces choſes, dis-je, étant bien peſées, il eſt clair qu'à ſuivre les lumieres du ſens commun & de la prudence, il faut conſidérer les Papiſtes comme des gens qui ne ſouffrent qu'à regret la domination des Proteſtans, qui cherchent les voies d'acquérir la domination, de recouvrer les Egliſes & les biens dont ils joüiſſoient, & d'exterminer ce qu'ils nomment l'Héréſie, à quoi ils ſe croient obligez par les ordres de Jéſus-Chriſt & par l'eſprit de leur Egliſe, eſprit qu'ils regardent comme infaillible. Je ne touche point à ce que diſent les plus attachez au Pape, qu'il peut diſpenſer les Sujets du ſerment de fidélité, & dépouiller les Rois qui ne ſont pas ſoûmis au Siége de Rome, de leurs Etats ; je me contente de conſidérer ce que deſſus, & de dire en un mot, que les Souverains Proteſtans ont toutes les mêmes raiſons de ne ſouffrir pas les Papiſtes, que les Rois de la Chine auroient de chaſſer les Miſſionnaires, qui avoüeroient franchement que dès qu'ils pourroient ils forceroient les gens à ſe faire baptiſer. J'ai parlé ſi amplement de cela dans le Chapitre 5. de la 1. Partie, qu'il ſuffit d'en faire l'application ici à ceux de l'Egliſe Romaine, attendu que s'ils étoient de bonne foi, ils répondroient à ceux qui leur demanderoient ſi en cas qu'ils fuſſent les plus forts ils tolereroient les Proteſtans, qu'ils ne les tolereroient pas ; mais qu'ils les feroient aller à la Meſſe de gré ou de force. Je n'inſiſterai point ici en particulier ſur la remarque, que tout homme qui ſe croit la violence permiſe ſur la conſcience, doit croire par une conſequence légitime, que tous les crimes deviendroient actes de pieté entre ſes mains, pourvû qu'ils tendiſſent à la ruine de l'Héréſie ; je n'inſiſte pas, dis-je, ſur cela ; je ſuplie ſeulement mon Lecteur de ſe ſouvenir que j'y ai inſiſté aſſez ailleurs (*), & de l'appliquer à ceux de l'Egliſe Romaine ; & pour couper court cet article, voici un raiſonnement que je ſouhaite qui ſoit peſé.

Un parti qui, s'il étoit le plus fort, ne toléreroit point l'autre, mais le violenteroit dans ſa conſcience, ne doit point être toléré :

Or telle eſt l'Egliſe Romaine :

Donc elle ne doit point être tolérée.

Qu'on ne diſe point qu'il s'enſuit de là que les Proteſtans ne méritent point de tolérance, de la part de l'Egliſe Romaine, & qu'on ne prétende pas le prouver, en diſant que par cela même qu'elle ſauroit qu'elle ne ſeroit pas tolérée par les Proteſtans, s'ils étoient les plus forts, elle ne doit pas les tolérer quand elle eſt plus forte ; qu'on ne raiſonne pas ainſi, dis-je, car il y a cette notable diférence entre elle & nous, c'eſt que la non-tolérance eſt déchargée parmi nous de ce qu'elle a de plus odieux, de plus formidable & de plus criminel, dans le Papiſme, ſavoir de jetter la conſcience par la voie des tentations les plus dures, dans l'hipocriſie, & dans de mortels remors, au lieu que les Proteſtans laiſſent ou la liberté de ſortir avec ſes biens, ou celle de ſervir Dieu dans ſa maiſon à ſa fantaiſie. Ainſi la *majeure* de mon Sillogiſme ne peut pas être rétorquée, y ayant une clauſe qui ne nous regarde pas. Cependant je remarquerai une choſe qui eſt conſidérable contre le ſens littéral que je réfute.

C'eſt que par un contre-coup bizarre il fournit un prétexte de perſécution contre ceux qui ſeroient naturellement les plus enclins à tolérer. en effet ſi la prudence & même la Religion veulent qu'un Souverain ôte de ſon Etat les occaſions d'une perſécution paſſive, qui traîneroit avec elle toutes les horreurs & les fourberies dont j'ai parlé dans le chap. 5. de la 1. Part. l'Egliſe Romaine doit ſoupçonner, que ſi les Proteſtans étoient les Maîtres, ils ne la toléreroient pas. Depeur donc de n'en être pas un jour tolérée, elle ſe croit dans l'obligation de les prévenir & oprimer ; de ſorte que ce ſens littéral ne peut être adopté par un parti, que par contre-coup il ne rende l'autre perſécutant, quelque averſion naturelle qu'il en eût ; d'où paroît que par action & réaction le prétendu précepte, *Contrains-les d'entrer*, ſeroit un principe continuel & inſatiable d'horreurs & d'abominations, ſur toute la face de la terre. Marque évidente que Jéſus-Chriſt ne l'a point donné.

Mais ſi l'on veut juger équitablement des choſes, on dira que la crainte des repréſailles ne fournir pas un prétexte légitime à la Communion Romaine d'anticiper la perſécution ſur les Proteſtans ; 1. parce que, comme je l'ai déja dit, la non-tolérance eſt déchargée parmi eux de ce qu'elle a de plus criminel, & de plus épouvantable. 2. Parce que dans les lieux où on les tolere, ils ſe comportent en bons Citoyens & en fideles Sujets, n'ayant jamais pris les armes, pendant qu'on ne les a pas inquiétez dans leur liberté de conſcience ; ce qui doit aſſurer leur Maître que pourvû qu'il les laiſſe prier Dieu à leur maniere, ils ne lui feront jamais d'affaire. 3. Parce que dans les lieux où ils dominent, pour peu qu'ils voient que les Papiſtes s'accommodent aux loix du païs en bons Sujets, ils les traitent avec beaucoup de douceur, comme il paroît en Hollande, & au Païs de Cleves, & comme il a paru ici ſous le regne du feu Roi. Au contraire les Princes & les Etats Romains perſécutent ſans fin & ſans ceſſe, ou d'effet ou d'intention ; deſorte que s'ils n'oppriment pas actuellement leurs Sujets de la Religion, ce n'eſt pas manque de bonne volonté ; c'eſt que d'autres intérêts les en empêchent. La Maiſon d'Autriche, la Pologne, & la Savoie, en ſont

des

des exemples. La France a donné le plus considé-rable exemple de tolérance qu'on eût dans l'Egli-se Romaine; mais pourquoi? Est-ce par quelque sentiment d'équité ou de respect pour la droite Raison, qui nous montre si clairement, & qui a montré à tant de Peres de l'Eglise, qu'il ne faut forcer personne dans le culte de Dieu? Nulle-ment. Louïs XIV. aprend lui-même à toute l'Eu-rope dans la préface de l'Edit révocatif, que lui, son pere & son grand-pere ont toûjours eu dessein de révoquer celui de Nantes, mais que d'autres occupations ne le leur ont pas permis. Il doit savoir mieux que personne ce qu'il a pensé; il y a bien apparence à ce qu'il dit de son pere, & que si les Protestans de son Roïaume avoient eu autant de patience sous son regne, qu'ils en ont eu dans ces dernieres annnées, il n'auroit laissé rien à faire à son successeur en ce genre-là. Mais pour Henri IV. on nous permettra de croire, qu'il n'a pas eu intention de révoquer l'Edit de Nantes, dès le lendemain qu'il l'eût fait enregis-trer, ni même durant son regne. Il étoit naturel-lement trop honnête homme, & il avoit été trop long-tems de la bonne Religion, pour succomber en sept ou huit ans aux maximes empoisonnées & à tous les préceptes de mauvaise foi, qu'un Confesseur de la Societé de Jésus est capable de suggérer.

Cela suffit touchant la tolérance des Protes-tans pour la Communion Romaine. Parlons à cette heure de celle qu'ils doivent avoir pour tou-tes les autres Religions, qui ne demandent que de suivre leur conscience, sans vouloir faire aucun préjudice aux loix municipales & politiques. Je dis nettement & franchement, que ceux qui ne donnent pas liberté de conscience à de telles Reli-gions, font mal; mais ce mal souffrant le plus & le moins, considérons-en les divers dégrez, par par raport à cette regle ou à ce point fixe: *Que l'on doit bien travailler de toutes ses forces à instruire par de vives & bonnes raisons ceux qui errent; mais leur laisser la liberté de déclarer qu'ils perséverent dans leurs sentimens, & de servir Dieu selon leur conscience, si l'on n'a pas le bonheur de les détrom-per; & quant au reste, ne proposer à leur conscience aucune tentation de mal temporel, ou de récompense capable de les séduire.* Voilà le point fixe où git la vraie liberté de conscience; desorte qu'en s'é-cartant plus ou moins de ce point-là, on diminuë plus ou moins la tolérance. Au reste je ne regarde pas comme essenciel à la liberté de Religion d'a-voir des Temples publics, de pouvoir marcher dans les ruës processionnellement. Cela n'est que pour la pompe, ou *ad melius esse.* Il suffit d'avoir permission de s'assembler, de célébrer l'Office divin, & de raisonner modestement en faveur de sa créance, & contre la doctrine op-posée, selon l'occasion.

Le 1. dégré d'éloignement seroit si tous les ha-bitans d'un païs faisant profession d'une même Religion, établissoient cette loi fondamentale de ne laisser entrer dans le païs aucune personne de diférente Religion, pour y séjourner, ou pour y semer ses sentimens. Cette loi paroît d'abord fort juste & fort innocente, mais au fonds el-le a bien des inconvéniens; car supposé qu'au tems des Apôtres il y eût eu une telle loi dans les Gaules, dans l'Espagne, dans l'Ará-bie, dans la Perse, on auroit, en conséquence de cette loi, chassé les Apôtres & leurs Disci-ples; & s'ils avoient dit aut milieu de places, qu'ils aimoient mieux obéïr à Dieu qu'aux hom-

mes, & annoncer son Evangile que s'acommoder aux loix du païs, on les auroit châtiez comme des mutins qui auroient violé les loix de l'Etat. Cela eût été fort injuste, & la loi par conséquent l'eût été aussi. Une telle loi exclut tout aussi-bien les prédicateurs de la vérité, que ceux du mensonge. Si tous les païs Payens & Mahométans l'établis-soient & l'exécutoient sans quartier, comment y enverroit-on des Missionnaires avec quelque fruit? Disons donc que la pleine liberté de con-science est incompatible avec ces sortes de loix, & surtout lorsqu'on les exécute contre des gens qui se seroient hazardez d'entrer dans un païs, mal-gré les défenses, pour tâcher de le convertir.

Le 2. dégré d'éloignement seroit, si outre la défense, on faisoit encore cette loi, qu'il ne seroit loisible à aucun habitant du païs de rien innover dans la Religion, à peine d'être exilé. Il est évi-dent qu'une telle loi est une préparation de chaî-nes à la conscience; car si un homme qui étudie sa Religion y voit des défauts, ou croit y en voir; s'il se trouve convaincu qu'il faudroit enseigner d'autres choses, & réformer tel ou tel abus, il craindra l'exil, & ainsi sa conscience sera com-battuë entre l'amour de la patrie & l'amour de la verité; & s'il est attaché à son païs par des biens un peu forts, il pourra bien faire l'hipocrite. J'a-vouë qu'il sera très-blâmable de n'aimer pas mieux s'exiler que suprimer les mouvemens de sa conscience; mais enfin c'est toûjours une servitu-de pour lui, à cause de la loi du païs. Et comme cette loi auroit pû, au tems des Apôtres, causer l'exil d'un Gaulois, d'un Romain, qui auroit en voyageant apris l'Evangile, ou par quelque Let-tre, on voit qu'alors elle auroit été très-injuste, & qu'elle le seroit aujourd'hui envers tout In-dien, Turc ou More, qui ayant apris par ces voies le Christianisme, souhaiteroit de l'annoncer dans son païs. Je suis sûr que quiconque consi-dérera l'esprit de l'homme & ses connoissances, avec l'Histoire de ce qui s'est passé autrefois, ver-ra clairement qu'il n'y a homme si persuadé de ce qu'il croit, qui n'ait lieu de croire qu'il peut apprendre d'autres choses; & ainsi l'on ne doit jamais refuser de s'éclaircir avec ceux qui ont quelque chose de nouveau à dire. Car que savons-nous si cela n'est pas meilleur que ce que nous avons crû jusqu'ici de bonne foi? Cela s'est vû en bien des rencontres. Les Indiens qui écoutent un nouveau venu qui leur parle de Jésus-Christ, & qui changent ce qu'ils croient pour ce que leur dit ce nouveau venu, s'en trouvent bien. Les Juifs & les Gentils qui ont approuvé la nouvelle doctrine des Apôtres, s'en sont bien trouvez: ceux qui écouterent Luther & Calvin qui se con-vertirent à leur doctrine, s'estimerent très-heu-reux de l'avoir fait. Est-ce qu'après tant d'expé-riences nous devons croire aujourd'hui, qu'il est impossible que personne nous aprenne de bonnes choses? Cela fait voir que toute loi qui exclut les nouveaux éclaircissemens, ou les progrès des connoissances humaines & divines, est violente. Où en seroit-on si depuis deux ou trois mille ans cette loi avoit été mise en pratique?

Le 3. dégré d'éloignement est lorsqu'on établit pour loi, que toute personne, soit étrangere, soit née dans le païs, qui enseignera quelque chose contre la Religion dominante, sera contrainte de se retracter, & de déclarer pu-bliquement qu'elle croit comme ses compatrio-tes à peine du feu, de la roüe, du travail des mines, des galeres, d'un cachot noir & puant,

&c.

&c. C'eſt ici où je trouve la plus grande vio-lence ; après quoi, pour ſavoir ſi la peine du feu eſt pire que celle des Galeres ou du ca-chot, il faut conſulter le temperament des gens ; car il y en a qui aimeroient mieux ſortir d'affai-re dans un-quart-d'heure, que de ramer trente ou quarante ans ; ce qui n'empêche pas que dans la gradation ordinaire des peines, la mort ne ſoit au-deſſus des priſons ou des galeres perpétuelles.

Il paroît de-là que la non-tolerance des Pro-teſtans n'eſt que du plus bas degré, puiſque la peine à laquelle ils condamnent un ſujet qui ſe fait Papiſte, ne va point au-delà de l'exil ; & pour un Etranger qui ſeroit ſurpris faiſant clan-deſtinement quelque fonction de Religion, ſi on le puniſſoit, ce ne ſeroit pas tant à cauſe de ſa Religion, qu'à cauſe que ce ſeroit quelque Moine traveſti qu'on ſoupçonneroit venir pour quelque incendie, quelque empoiſonnement, quelque eſpionnage, quelque machination trai-treuſe, dequoi on a cent exemples.

Mais, dira-t-on, le ſuplice de Servet fait bien voir qu'ils pouſſent la perſécution auſſi loin que les Papiſtes. Je réponds qu'il s'en faut bien. Le ſuplice de Servet & d'un très-petit nombre d'autres gens ſemblables, errans dans les doctri-nes les plus eſſencielles, eſt regardé à préſent comme une tache hideuſe des premiers tems de notre Réformation, fâcheux & déplorables reſ-tes du Papiſme ; & je ne doute point que ſi le Magiſtrat de Geneve avoit aujourd'hui un tel procès en main, il ne s'abſtînt bien ſoigneuſe-ment d'une telle violence.

CHAPITRE VI.

Sixieme objection. L'opinion de la tolerance ne peut que jetter l'Etat dans toutes ſortes de confuſions, & produire une bigarrure horrible de Sectes qui défigurent le Chriſtianiſme. Réponſe à cette pen-ſée ; en quel ſens les Princes doivent être les nour-riciers de l'Egliſe.

ON ne peut nier que la condition de l'hom-me ne ſoit environnée, entre mille autres infirmitez, de celle-ci ; qu'il ne connoît guéres la vérité qu'imparfaitement ; car s'il peut prou-ver une choſe par des raiſons *à priori*, claires & démonſtratives, tout auſſi-tôt comme par une eſpece de rabat-joie, il ſe voit accablé par les con-ſéquences abſurdes, ou du moins très-difficiles, qu'on prétend qui naiſſent de ce qu'il a crû dé-montrer ; & s'il a le bonheur de n'être pas acca-blé par les réductions *ad abſurdum*, je veux dire, par les abſurditez qui émanent de ſon ſentiment, il a la mortification d'ailleurs de n'avoir que des idées confuſes, & des preuves foibles de ce qu'il ſoûtient. Ceux qui ſoûtiennent ou la diviſibili-té de la matiere à l'infini, ou les atômes d'Epi-cure, en ſauroient que dire. J'ai aſſez de bon-ne foi pour avoüer que ſi mon ſentiment a quel-que foible, c'eſt du côté des conſéquences. Les preuves directes qui l'apuient ſont merveilleuſes ; les ſuites du ſentiment opoſé ſont monſtrueuſes. Voilà qui va bien juſques-là : mais quand on ſe jette ſur les ſuites de mon hipoteſe, la choſe ne va pas ſi bien ; on diroit que pour humilier notre eſprit, Dieu ne veut pas qu'il trouve aiſément où aſſeoir la plante du pié, & qu'il ne rencon-

tre que des piéges, de quelque côté qu'il ſe tour-ne. J'ai néanmoins l'avantage que toutes les con-ſequences dont on me fait peur, ſe peuvent ré-ſoudre. On va le voir.

Il n'y a pas, dit-on, de plus dangereuſe peſ-te dans un Etat que la multiplicité de Religions, parce que cela met en diſſenſion les voiſins avec les voiſins, les peres avec les enfans, les maris avec les femmes, le Prince avec ſes Sujets. Je réponds que bien-loin que cela faſſe contre moi, c'eſt une très-forte preuve pour la tolerance ; car ſi la multiplicité de Religions nuit à un Etat, c'eſt uniquement parce que l'une ne veut pas tolerer l'autre, mais l'engloutir par la voie des perſécutions. *Hinc prima mali labes*, c'eſt-là l'o-rigine du mal. Si chacun avoit la tolerance que je ſoûtiens, il y auroit la même concorde dans un Etat diviſé en dix Religions, que dans une Ville où les diverſes eſpeces d'Artiſans s'entreſu-portent mutuellement. Tout ce qu'il pourroit y avoir, ce ſeroit une honnête émulation à qui plus ſe ſignaleroit en piété, en bonnes mœurs, en ſcience ; chacun ſe piqueroit de prouver qu'el-le eſt la plus amie de Dieu, en témoignant un plus fort attachement à la pratique des bonnes œuvres ; elles ſe piqueroient même de plus d'affec-tion pour la patrie, ſi le Souverain les protegeoit toutes, & les tenoit en équilibre par ſon équité. Or il eſt manifeſte qu'une ſi belle émulation ſe-roit cauſe d'une infinité de biens ; & par con-ſéquent la tolerance eſt la choſe du monde la plus propre à ramener le ſiecle d'or, & à faire un con-cert & une harmonie de pluſieurs voix & inſtru-mens de différens tons & notes, auſſi agréable pour le moins que l'uniformité d'une ſeule voix. Qu'eſt-ce donc qui empêche ce beau concert formé de voix & de tons ſi différens l'un de l'autre ? C'eſt que l'une des deux Religions veut exercer une tirannie cruelle ſur les eſprits, & for-cer les autres à lui ſacrifier leur conſcience ; c'eſt que les Rois fomentent cette injuſte partialité, & livrent le bras ſéculier aux déſirs furieux & tumultueux d'une populace de Moines & de Clercs : en un mot tout le déſordre vient non pas de la tolerance, mais de la non-tolerance.

C'eſt ce que je reponds au lieu commun qui a été ſi rebatu par les ignorans, que le change-ment de Religion entraîne avec lui le change-ment de gouvernement, & qu'ainſi il faut ſoi-gneuſement empêcher que l'on n'innove. Je ne rechercherai pas ſi cela eſt arrivé auſſi ſouvent qu'ils le diſent ; je me contente ſans trop m'in-former du fait de dire, en le ſupoſant tels qu'ils nous le donnent, qu'il vient uniquement de la non tolerance ; car ſi la nouvelle Secte étoit im-buë des principes que je ſoûtiens, elle ne feroit point de violence à ceux qui voudroient retenir la vieille doctrine ; elle ſe contenteroit de leur propoſer ſes raiſons, & de les inſtruire charita-blement. Si la vieille Religion pareillement étoit imbuë des mêmes maximes, elle ne violenteroit pas la nouvelle, ſe contentant de la combattre par des raiſons douces & charitables. Ainſi le Sou-verain maintiendroit toûjours ſon autorité ſaine & ſauve, chaque particulier cultiveroit en paix ſon champ & ſa vigne, prieroit Dieu à ſa ma-niere, & laiſſeroit les autres le prier & le ſervir à la leur. Deſorte que l'on verroit l'accompliſſe-ment de cette prédiction du (*) Prophete, dans la concorde de tant de ſentimens diametralement oppoſez, *Le loup habitera avec l'agneau, & le léo-*
pard

*pard gîtera avec le chevreau, le veau & le lion-
ceau & autre betail qu'on engraisse seront ensemble,
& un petit enfant les conduira, &c.* Il est clair à
tout homme qui y songe, que tous les désordres
qui accompagnent les innovations de Religion,
viennent de ce qu'on s'oppose aux Novateurs avec
le fer & le feu, & qu'on leur refuse la liberté de
conscience, ou bien de ce que la nouvelle Secte
remplie d'un zele inconsidéré, veut détruire par
la force la Religion qu'elle trouve déja établie.
C'est donc la tolérance qui épargneroit au monde tout ce mal; c'est l'esprit persécutant qui le
lui aporte.

On allegue aussi je ne sai combien d'exemples
de factieux, qui pour boulverser l'Etat, on fait
accroire qu'ils vouloient repurger le culte divin,
& ayant attiré le peuple dans leur parti, se sont
mis en campagne les armes à la main, & ont causé mille désordres; mais cela ne prouve autre
chose, si ce n'est que la malice de l'homme abuse de tout. Cela ne prouve nullement que ce
soit le devoir du Prince d'étouffer par la force
du bras séculier, toute nouveauté de Religion
qui s'éleve dans ses Etats; car en ce cas-là les Empereurs Païens auroient eu le plus grand droit
d'étoufer le Christianisme naissant; & toutes leurs
persécutions seroient des Actes de justice très-nécessaires: ce qui étant de la derniere impieté, il
s'ensuit qu'il faut faire des exceptions. L'expérience nous apprend qu'il y a eu des nouveautez
en matiere de religion, qui ont été bonnes &
saintes; nous savons qu'il s'en peut faire de celles-là tous les jours, dans les pays infideles, par
l'introduction du Cavinisme; nous savons aussi
qu'il y a des Nouveautez qui ne servent que de

Devoir d'un
Souverain lors
qu'il s'éleve
desNovateurs.

pretexte à des séditieux. Qu'y a-t-il donc à faire
lorsqu'un Souverain apprend qu'il s'éleve dans
son païs quel que nouveau Docteur? Faut-il le
faire prendre d'abord lui & tous ceux qui le suivent? Nullement. Il faut attendre que l'on ait
vû si c'est un factieux que veuille s'agrandir par
la voie des guerres civiles; en ce cas il ne mérite
nulle tolerance: il faut l'exterminer, quand même il seroit persuadé qui ce qu'il enseigne est
divin. Ce n'est pas pour de telles gens que je
demande quartier, puisqu'ils ont de si damnables
desseins, & que la Religion qu'ils prêchent, s'ils
en ont une, est persécutante, & donne par conséquent dans le malheureux sens litteral que je
refute. Mais si ce nouveau docteur n'a nullement
en vûë d'exciter des séditions, s'il n'a pour but
que d'insinuer ses opinions qu'il croit saines &
véritables, & de les établir par la voie de l'instruction & de la Raison, alors il faut le suivre,
si on trouve qu'il ait la vérité de son côté; &
s'il ne nous persuade pas, il faut permettre à ceux
qu'il persuade de servir Dieu selon ce nouveau
Docteur. C'est ainsi qu'en usa Ethelrede, l'un
de nos Rois, à l'égard des Moines que le Pape
Grégoire le Grand envoya dans ce pays pour y
prêcher l'Evangile. Il est vrai qu'en se servant
des mêmes armes que le nouveau Docteur, savoir des raisons, il ne faut rien oublier pour le
ramener dans le chemin batu, & pour y retenir les autres, quand on croit que c'est le meilleur.

Comment il
doit être le
Nourricier de
l'Eglise.

C'est par-là que je réponds à une raison spécieuse dont se servent nos Adversaires; ils disent
qu'entre les benedictions que Dieu promet à son
Eglise, celle de lui donner des Princes qui seront
ses nourriciers, est des principales. J'en con-

viens; rien n'est plus avantageux à l'Eglise que
les Princes qui la protegent, & qui l'entretiennent; qui donnent ordre qu'elle soit servie par des
pasteurs sages & éclairez, & qui établissent pour
cela des Colleges & des Académies bien rentées;
qui n'épargnent pas les frais nécessaires à ses besoins; qui ont soin de châtier les scandales &
les mauvaises mœurs des Ecclésiastiques, afin que
les autres se contiennent dans l'intégrité que demande leur profession; qui par leur bonne vie,
& par leurs loix excitent tout le monde à pratiquer la vertu, & enfin qui soient toujours prêts
à punir severement tous ceux qui oseroient entreprendre d'oprimer la liberté de l'Eglise; car
j'aprouve extrêmement, & c'est le devoir indispensable des Princes, que s'il s'éleve des Sectes
qui veuillent insulter les Ministres de la Religion
dominante, & employer la moindre force contre
ceux qui veulent perseverer dans leur ancienne
Profession, alors on punisse ces Sectaires par toutes voies dûës & raisonnables, voire jusques au
dernier supplice, si le cas y échet, puisqu'en ce
cas-là ce seroient de francs persécuteurs, qui useroient des voyes de fait, & qui renverseroient les
loix politiques. Voilà en quel sens les Princes
doivent être les Nourriciers de l'Eglise; & comme ce seroit un grand fléau pour elle si les Princes laissoient ses Pasteurs exposez à l'insulte des
Layques; s'ils les abandonnoient à leurs propres
cupiditez, sans les refréner par de sages reglemens; s'ils fermoient leur bourse à toutes ses necef-
sitez: de-là vient que Dieu lui promet comme
une singuliere bénédiction, l'amitié & la protection des Souverains de la terre.

Mais, ajoûte-t-on, ce n'est pas assez. Les
Princes ne portent pas l'épée sans cause; ils l'ont
reçûë de Dieu pour punir les méchans; & parmi
les méchans il n'y en a pas qui le soient plus que
les Heretiques; car ils s'en prennent à la Majesté
de Dieu, ils foulent aux pieds ses véritez, ils
empoisonnent l'ame dont la vie est notre tout, &
mille fois plus précieuse que celle du corps. Ils
sont donc pires que les empoisonneurs & que les
voleurs des grands chemins, qui ne tuënt que le
corps, & par consequent plus punissables. *Bona verba quæso!* A y aller de cette façon, on
aura bien-tôt justifié les persécuteurs des premiers Chretiens (je reviens souvent à cet exemple,
parce que comme nous le verrons en un autre (*)
lieu, on ne sauroit y répondre) on armera bien-
tôt les Chinois contre tous les Missionnaires; les
Princes Protestans contre leurs sujets Papistes,
& en general chaque Souverain contre les Religions differentes de la sienne; car chacun dira
pour ses raisons, que Dieu lui ordonne de punir
les malfaiteurs, & qu'il n'y en a point de pires
que ceux qui combattent la véritable Religion;
c'est ainsi que chacun nomme la sienne. Il faut
donc qu'il y ait ici un méchant sophisme; dé-
velopons-le.

Comme
ne porte
l'épée (
cause.

Nos adversaires ne distinguent point ici le droit
qu'ont reçu les Princes de châtier par le glaive les
Sujets qui usent de violence contre leur prochain,
& qui violent la sureté publique où chacun doit
être sous la majesté des loix; ils ne distinguent
point, dis-je, ce droit d'avec celui qu'ils attri-
büent faussement aux mêmes Princes sur la conscience. Mais pour nous, nous ne confondons
pas ces choses. Nous disons qu'il est bien vrai
que les Souverains ont une puissance autorisée de
Dieu pour faire pendre, fouetter, emprisonner,
&

& punir de telles autres peines tous ceux qui maltraitent plus ou moins leur prochain en son corps, ou en ses biens, ou en son honneur; & cela est d'autant plus juste que ceux qui font ces violences avouent non-seulement qu'ils les commettent contre les loix de l'Etat, mais aussi contre leur conscience, & contre les préceptes de leur Religion, & qu'ainsi c'est une malice très-volontaire. Je ne crois pas qu'il y ait d'exemple qu'un voleur de grands chemins, ou domestique, qu'un Empoisonneur, qu'un Duéliste, qu'un Faux-témoin, qu'un Assassin, puni de mort par les Juges, ait dit qu'il avoit suivi les instincts de sa conscience, & les commandemens de Dieu, en faisant les crimes pour lesquels on le fait pendre. Ainsi il pêche sciemment, & par malice, & violente son prochain, en dépit de son Dieu & de son Roi.

Voilà deux choses qui ne se rencontrent pas dans les Hérétiques que je suppose devoir être tolérez; car 1. ils ne violentent personne: ils disent bien à leur prochain qu'il est dans l'erreur, ils lui en alleguent les meilleures raisons qu'ils peuvent, ils lui font voir une autre créance qu'ils appuyent le plus fortement qu'il leur est possible, ils l'exhortent à changer, ils lui représentent qu'il se damnera, s'il ne suit la vérité qu'ils lui présentent. Voilà tout ce qu'ils font; après cela ils laissent cet homme dans sa pleine liberté; s'il veut se convertir, ils en sont bien-aises; s'il ne le veut pas, à lui permis, ils le recommandent à Dieu. Est-ce maltraiter son prochain? Est-ce pécher contre la sureté publique, à l'ombre de laquelle chacun doit manger paisiblement son pain, sous la Majesté des loix, & élever sa famille?

En 2. lieu ces Hérétiques (j'appelle ainsi en cet endroit tous ceux que les Souverains qualifient de ce nom, les voyant différer de la Religion de l'Etat) en instruisant leur prochain, en disputant contre lui, en l'exhortant au changement de créance par la crainte de l'enfer, ne croient pas faire une méchante action; ils croyent au contraire rendre un grand service à Dieu, & c'est le zele vrai ou faux, mais enfin le zele de sa gloire & l'instinct de la conscience, qui les pousse. Ainsi ils ne pêchent point par malice; ou s'il y en a, ce n'est qu'à l'égard de Dieu, puisque les Juges ne la sauroient connoître, & que la présomption est qu'ils n'agissent pas contre leur conscience. Il est donc vrai que les deux fondemens qui autorisent le supplice des Voleurs, des Homicides, &c. ne se trouvent point dans le supplice des Hérétiques.

Mais, dit-on, le poison donné à l'ame fait plus de tort à l'homme que celui qu'on lui fait boire; blasphêmer Dieu & ses véritez, & lui vouloir débaucher ses Sectateurs, est un plus grand crime que d'injurier un Roi, & d'exciter une revolte contre lui. Donc un Hérétique est plus punissable que la Voisin, ou que le Chevalier de Rohan, qui avoit parlé de la personne de son Monarque avec le dernier mépris, & qui avoit tenté un soulevement. Je réponds les deux choses ci-dessus marquées. La *Voisin* & le Chevalier de Rohan savoient qu'ils faisoient mal, le faisoient à dessein de faire du mal, & ne laissoient pas au choix & à la liberté de celui qu'ils empoisonnoient & injurioient, d'être empoisonné & injurié, ou de ne l'être pas; au lieu qu'un Hérétique croit sauver son prochain, & lui parle à dessein de le sauver, & laisse à sa liberté de

prendre ce qu'il lui offre, ou de le laisser. Mais outre ces deux grandes disparitez, je dis encore deux choses:

L'une, qu'un Prince fait assez bien son devoir, lorsqu'il oppose au poison que l'on présente à ses Sujets, un bon & salutaire contre-poison, en envoyant partout des Docteurs & des Prédicateurs qui confondent les Hérétiques, & qui empêchent ceux qu'on veut débaucher à la vraie Religion, de le laisser tromper par de faux raisonnemens. Si les Prédicateurs envoyez par le Prince ne peuvent pas empêcher que plusieurs Sujets ne se laissent persuader aux raisons des autres, le Prince n'aura rien à se reprocher; il aura fait tout ce qu'il a dû; ce n'est pas une fonction de sa Royauté que de plier l'ame de ses Sujets à telle ou à telle opinion. A cet égard les hommes ne dépendent pas les uns des autres, & n'ont ni Roi, ni Reine, ni Maître, ni Seigneur sur la Terre; il ne faut donc pas blâmer un Prince qui n'exerce point sa jurisdiction sur les choses que Dieu ne lui a point soumises.

L'autre chose que je veux dire est, que nous nous faisons de grands mots pour donner de l'horreur de certaines choses, qui passent bien souvent la portée de nos décisions. Un tel, disons-nous, prononce des blasphêmes insuportables, & déshonore la Majesté de Dieu, de la maniere du monde la plus sacrilége. Qu'est-ce que c'est, après l'avoir examiné mûrement & sans passion? C'est qu'il a sur les manieres de parler de Dieu honorablement d'autres idées que nous. Nous sommes donc presque dans les termes où seroit un de nos Courtisans ignorans, qui liroit une Lettre écrite au Roi par quelque Roitelet des Indes, au pays duquel ce seroit la mode, pour bien honorer quelqu'un en lui écrivant, de se servir d'un stile burlesque; qui liroit, dis-je, une Lettre en stile burlesque écrite au Roi par ce Roitelet, & qui ensuite transporté de zele pour le Roi, s'écrieroit qu'il falloit aller détrôner ce Roitelet, qui avoit eu l'effronterie de se moquer du Roi dans sa Lettre. Une guerre déclarée à ce Roitelet ne seroit-elle pas bien fondée? A lui, dis-je, qui n'auroit négligé le stile sérieux que de crainte de déplaire au Roi, & qui n'auroit pris le burlesque, que pour lui témoigner plus vivement son respect? La seule chose dont on pourroit blâmer ce Prince Indien, ce seroit de ne s'être pas informé des coûtumes d'Angleterre, & du goût selon lequel nous jugeons qu'une Lettre est respectueuse, ou ne l'est pas. Mais si ce pauvre miserable n'avoit pû s'en informer, ni s'en instruire, quelque perquisition qu'il en eût faite, ne seroit-ce point une extrême brutalité de l'aller chasser du trône, à cause de la prétendue irrévérence de son stile burlesque? Voilà néanmoins très-naïvement ce que font les persécuteurs, quand ils punissent un Hérétique. Ils trouvent qu'il dit de Dieu certaines choses qu'ils jugent injurieuses; mais quant à lui, il ne les dit que parcequ'elles lui paroissent respectueuses, & que le contraire lui sembleroit injurieux à Dieu. Il n'y a rien à dire contre lui, si ce n'est qu'il doit mieux s'informer des manieres de parler de Dieu, qui paroissent honorables dans la Cour céleste. Mais s'il répond qu'il s'en est informé tant qu'il a pu, & que ce n'est qu'après toutes les perquisitions possibles qu'il s'est fixé à telles manieres d'honorer Dieu, & qu'eux qui les traitent de blasphêmes, lui paroissent si mal instruits de la vérité, qu'il ne doute point qu'ils n'ayent pris l'un pour l'autre, & qu'il s'estimeroit blasphémateur s'il parloit comme eux ; s'il leur répond, dis-je, cela ne leur doit-il pas fermer la bouche, à moins qu'ils ne le puissent convaincre d'exposer faux, ce qui n'est possible qu'à Dieu ; & s'ils le font mourir, ne sont-ils pas semblables à ceux qui feroient mourir le Roitelet Indien dans le cas ci-dessus posé ?

Cela seul vaut tout le Commentaire auquel je travaille, & suffit pour montrer à nud à tout esprit bien raisonnable, la turpitude des persécuteurs. Ces exemples les abiment, & je ne doute pas qu'ils n'en soient piquez au vif, quand ils les liront, parcequ'ils sentiront que leurs chicanes ne les satisferont pas eux-mêmes. Je suis fâché du chagrin que cela leur causera, mais je ne saurois qu'y faire, ni m'empêcher de leur soutenir encore un coup, que cela démontre que les Princes n'ont point reçu de Dieu le glaive, pour punir ces sortes d'irrévérences faites à sa divine Majesté. C'est d'elles qu'on peut dire ce que disoit un Ancien, *Deorum injuriæ Diis curæ* ; c'est à Dieu à connoître de ces offenses & à en faire ce qu'il lui plaira ; mais pour les hommes ils n'y voyent qu'erreur de choix ; ils conviennent tous qu'il faut honorer Dieu, & en dire toutes les plus grandes choses qu'on s'imaginera qui lui apartiennent ; mais ensuite l'un jette son choix sur ceci, l'autre sur cela, & chacun blâme le choix de l'autre. Il est clair que c'est à Dieu seul à punir celui qui se trompe, & il ne tombera jamais dans un esprit juste, qu'il punira le mauvais choix involontaire, je veux dire, qui ne dépend pas d'aucun mauvais usage que l'on ait fait malicieusement de son esprit pour mal choisir. Si Alexandre qui s'étoit moqué d'abord de la Bourgeoisie que ceux de (*) Mégare lui avoient donnée dans leur Ville par décret public, l'accepta de fort bon cœur, lorsqu'il aprit qu'ils avoient crû en cela lui témoigner le plus grand respect qu'il leur fût possible, puisque jamais ils n'avoient rendu cet honneur qu'à Hercule ; n'est-il pas juste de penser que Dieu qui juge sainement de toutes choses, ne prend point garde si le présent qu'on lui fait de telles ou de telles opinions, touchant sa divinité, est grand en lui-même, mais si c'est le plus grand qui nous ait paru, après avoir bien cherché le plus digne de lui être offert ?

Quant à cette énorme bigarrure de Sectes défigurantes la Religion qu'on prétend qui naît de la tolérance, je dis qu'elle est un moindre mal & moins honteux au Christianisme que les massacres, les gibets, les Dragonneries, & toutes les cruelles exécutions, au moyen dequoi l'Eglise Romaine a tâché de conserver l'unité, sans en pouvoir venir à bout. Tout homme qui rentre en lui-même & qui consulte la Raison, sera plus choqué de lire dans l'Histoire du Christianisme cette longue suite de tueries & de violences, qu'il ne le seroit de le voir partagée en mille Sectes ; car il considéreroit qu'il est humainement inévitable que les hommes n'envisagent pas en différens siecles & païs les doctrines de Religion de différente maniere, & qu'ils n'interpretent pas, les uns d'une façon, les autres d'une autre, ce qui est susceptible de plusieurs sens. On doit être donc moins choqué de cela, que de voir que l'un veuille tenailler & torturer l'autre, jusques à ce qu'il avoüe qu'il voit ce que l'autre voit, & s'il ne l'avoüe pas, qu'on le jette au feu. Quand on connoît que nous ne sommes pas maîtres de nos idées, & qu'une loi éternelle nous défend de trahir notre conscience, on ne peut qu'avoir de l'horreur pour ceux qui déchirent le corps d'un homme, parcequ'il a plûtôt ces idées-ci que celles-là, & qu'il veut suivre les lumieres de la conscience ; & ainsi nos Convertisseurs, pour ôter un scandale de dessus le Christianisme, y en mettent un plus grand.

Je ne veux pas me prévaloir de la comparaison d'un Prince, dont le vaste Empire contiendroit plusieurs nations différentes en loix, ûs & coûtumes, & Langues, & qui honoreroient chacune son Maître selon l'usage & le goût de son païs : ce qui marqueroit plus de grandeur que s'il n'y avoit qu'une simple & même méthode de respect ; je ne veux pas, dis-je, me servir de cet exemple, pour montrer que toutes les Religions du monde, bizarres & diversifiées comme elles le sont, ne conviennent pas mal à la grandeur infinie de l'Etre souverainement parfait, qui a voulu qu'en matiere de diversité toute la nature le prêchât par le caractere de l'infini. Non, j'aime mieux dire que ce seroit une belle chose que l'accord de tous les hommes, ou du moins de tous les Chretiens à la même profession de Foi. Mais comme c'est une chose plus à souhaiter qu'à espérer, comme la diversité d'opinions semble être un apanage inséparable de l'homme, tandis qu'il aura l'esprit aussi borné & le cœur aussi déréglé qu'il l'a, il faut reduire ce mal au plus petit désordre qu'il sera possible ; & c'est sans doute de se tolérer les uns les autres, ou dans une même Communion, si la qualité des erreurs le souffre, ou du moins dans les mêmes Villes. Un (a) Bel-Esprit de l'Antiquité a fort bien dit, que la vie humaine est un véritable jeu de hazard, & qu'il faut vivre en ce monde comme quand on joüe aux dez ; si en les jettant ce que nous demandons n'arrive pas, il faut corriger par notre adresse ce qui est arrivé par cas fortuit. Ce que nous devrions souhaiter, est que tous les hommes fussent d'une même Religion ; mais parceque cela n'arrive point, le mieux que l'on puisse faire est de les porter à se tolerer les uns les autres. L'un dit qu'il ne faut pas invoquer les Saints, & l'autre qu'il les faut invoquer. Puisque chacun croit que l'autre se trompe, il doit essayer de le détromper, & raisonner avec lui le mieux qu'il pourra ; mais après avoir épuisé ses lumieres sans le persuader, il doit le laisser là, prier Dieu pour lui, & vivre avec lui dans l'union qui doit être entre les honnêtes gens, & entre de bons compatriotes. Si cela étoit, la diversité de créances, de Temples & de cultes ne feroit pas plus de désordre dans les Villes & dans les Societez, que la diversité de Boutiques dans une Foire, où chaque Marchand honnête homme vend ce qu'il a sans traverser la vente d'un autre.

Si l'Eglise Romaine trouve que la multiplicité de Sectes est une bigarrure qui déshonore le Christianisme, comment donc s'accommode-t-elle de cette bizarre diversité qui est dans sa Communion, où les Ecclésiastiques sont les uns des Cardinaux à Palais, à Jardins de plaisance, à table ouverte ; les autres des Evêques qui vont à l'Armée, & qui sont de petits Souverains, ou qui vont en Ambassade, au bal, à la chasse, à
la

. (*) „ Seneque dit cela des Corinthiens, *de benef.*
„ *l. 1. c. 13.*
(a) *Ita vita est hominum quasi cùm ludas tesseris.*

*Si illud, quod maxumè opus, est jactu non cadit,
Illud quod cecidit forte id arte ut corrigas.*
Terent. Adel. act. 4. sc. 7.

la Cour, ou qui joüent & font grand'chere, ou qui prêchent & font des Livres ; les autres des Abbez galans, piliers de Concerts, de la Comédie & de l'Opera, pour ne rien dire de pis ; les autres de grands Coureurs de diſputes, & de chercheurs de Proſélites ; les autres gueuſans de porte en porte, habillez comme des fols ; les autres dans des ſolitudes & des retraites ? Comment s'accommode-t-elle de cette bizarre diverſité d'yvrognes, de joüeurs, de rufiens, de maquereaux, de bigots, de fauſſaires, de gens de bien, de gens d'honneurs ſelon le monde ? Fort bien, dira-t-elle, parce qu'ils font tous profeſſion de reconnoître mon autorité. Voilà le point. Qu'on ſoit tout ce qu'on voudra, pourvû qu'on ſe ſoûmette à l'Egliſe, on eſt aſſuré de la tolérance. Mais qui empêchera auſſi que l'on ne s'accommode dans une même République d'une infinité de Sectes, pourvû qu'elles ſoient réünies toutes à reconnoître Jéſus-Chriſt pour leur Chef, & l'Ecriture pour leur regle ? il ſera permis dans l'Egliſe Romaine de ſe diviſer en une infinité de communautez fort oppoſées d'Inſtituts & de doctrines, & qui s'entre-accuſent quelquefois d'erreurs dangereuſes, pourvû qu'on reconnoiſſe en général l'autorité de l'Egliſe ; & il ne ſera pas permis de tolérer une infinité de Sectes oppoſées en ſentimens, pourvû qu'elles reconnoiſſent en général l'autorité de l'Ecriture. Si l'on dit que l'Egliſe Romaine ne ſouffre les différens ſentimens que dans les choſes où elle n'a pas prononcé ſon arrêt définitif, qui empêchera les tolérances de dire qu'on ne ſouffre les différentes opinions que dans les points où l'Ecriture n'eſt pas d'une clarté néceſſitante ?

J'oubliois l'objection de quelques gens qui ſe battant en retraite pourroient dire, qu'à la verité ſi tout le monde étoit d'un humeur tolérante, la diverſité de Religion ne ſeroit d'aucun préjudice à l'Etat : mais vû la condition de l'homme qui fait qu'un zele inconſidéré tranſporte la plûpart des gens, & ſurtout ceux d'Egliſe, la prudence ne ſouffre plus qu'un Prince tolere les Sectes ; car en les tolérant il mécontente les Sujets de même Religion que lui, il aliene le cœur de ſon Clergé, capable de le renverſer du trône, en le faiſant paſſer pour impie, ou pour un fauteur d'Hérétiques, & il cauſe mille haines, & reſſentimens dans les eſprits. Je réponds qu'à la verité tout ſeroit à craindre de gens qui ſeroient poſſedez de l'eſprit du Clergé Romain, ſi l'on n'y mettoit bon ordre dès le commencement ; mais ſi un Prince ſavoit régner, il ſe mettroit au-deſſus de ce péril ; car il n'auroit qu'à faire publier dans tous ſes Etats, qu'il ne toléreroit plus les Sectes, dès que tout le Clergé de la Religion dominante meneroit une vie conforme aux conſeils & aux préceptes de Jéſus-Chriſt, & ne ſcandaliſeroit plus le prochain par ſa mondanité, ſa cupidité, ſon orgueil & ſon impatience. Cette condition plairoit ſans doute aux Laïques, qui ne demanderoient pas mieux que de voir une grande pureté de mœurs dans le Clergé ; & comme les Eccléſiaſtiques aimeroient mieux demeurer dans leur relâchement, cette condition n'arrivant point, le Roi ſeroit diſpenſé de perſécuter les Sectes ; & les peuples ſe moqueroient du Clergé qui voudroient empoiſonner une tolérance, qu'il ne tiendroit qu'à lui de faire ceſſer en vivant bien. Outre cela, il faudroit choiſir un certain nombre

d'honnêtes gens paiſibles & modérez, & donner aux uns les premieres charges du Clergé, & envoïer les autres prêcher dans les Provinces, qu'il ne faut attaquer les Sectes que par les exemples d'une bonne vie, & par des belles inſtructions. On mettroit par-là les peuples dans des ſentimens équitables, & au fonds un Prince qui ſe verroit ſollicité d'extirper une Religion, & qui diroit aux ſolliciteurs, qu'il faudroit premierement convaincre les Sectaires de leur tort, & que dès qu'on lui feroit voir qu'ils en ſeroient convaincus, il les chaſſeroit s'ils ne vouloient pas ſe réünir à l'Egliſe, embarraſſeroient fort des Convertiſſeurs perſécutans ; car auroient-ils bien l'effronterie de lui dire, qu'il n'eſt pas néceſſaire de montrer à des Sectaires qu'ils ont tort, pour avoir droit de les punir, s'ils ſavoient que le Prince détacheroit contre eux des Archevêques en faveur & habiles, qui leur prouveroient bien-tôt le contraire, & par les Peres, & par l'Ecriture, & par la Raiſon. On voit donc que ſi la perſécution des Sectes pouvoit jamais être un mal néceſſaire, ce ſeroit par la faute des Souverains qui ſe livrent à la merci de la Moinerie & de toute la Cléricature, ou faute de lumiere, ou par de méchans motifs.

✻✻✻✻✻✻✻✻✻✻✻✻✻✻

CHAPITRE VII.

Septieme objection. On ne peut nier la contrainte au ſens littéral, ſans introduire une tolérance générale. Réponſe à cela, & que la conſéquence eſt vraie, mais non pas abſurde. Examen des reſtrictions de quelques Demi-Tolérans.

C'EST icique nos Adverſaires s'imaginent nous tenir par la gorge ; il s'enſuit de vos raiſons, diſent-ils, qu'il faudroit ſouffrir dans la République non ſeulement les Sociniens, mais auſſi les Juifs & les Turcs : Or cette conſéquence eſt abſurde : Donc la doctrine d'où elle naît l'eſt auſſi. Je réponds, que j'accorde la conſéquence, mais je nie qu'elle ſoit abſurde. Il y a des occaſions où les ſentimens moïens ſont les meilleurs, & les deux extrémitez vicieuſes ; cela eſt même fort fréquent, mais en cette rencontre on ne ſauroit trouver de juſte milieu ; il faut tout ou rien. On ne peut avoir de bonnes raiſons pour tolérer une Secte, ſi elles ne ſont pas bonnes pour en tolérer une autre ; il en va comme dans les fourches Caudines où Herennius Pontius conſeilla l'une ou l'autre des deux extrémitez, ou de bien traiter tous les Romains, ou de les tuer tous : & l'expérience montra que ſon fils qui voulut tenir le milieu, n'y entendit rien. *Iſta* (*) *quidem ſentemia,* lui dit ſagement ſon pere, *ea eſt quæ neque amicos parat, neque inimicos tollit.*

Tâchons d'éclaicir ceci le plus brievement qu'il ſera poſſible, & premierement pour ce qui regarde les Juifs, on eſt perſuadé même dans les païs d'Inquiſition, comme en Italie, qu'ils doivent être tolérez. On les tolere dans pluſieurs Etats Proteſtans, & tout ce qu'il y a de gens raiſonnables ont horreur du traitement qu'on leur fait en Portugal & en Eſpagne. Il eſt vrai qu'il y a beaucoup de leur faute ; car pourquoi y demeurent-ils ſous l'aparence de Chretiens, & avec une profanation horrible de tous les ſacremens, puiſqu'ils peuvent aller ailleurs profeſ-

ſer

ser hautement le Judaïsme ? Mais cette faute n'excuse point les loix cruelles des Espagnols, & encore moins l'exécution rigoureuse de ces loix. En 2. lieu pour ce qui est des Mahométans, je ne vois pas qu'ils soient plus indignes de tolérance que les Juifs ; au contraire ils le sont moins, puisqu'ils tiennent Jésus-Christ pour un grand Prophete ; & ainsi s'il prenoit fantaisie au Mufti d'envoïer en Chretienté quelques Missionnaires, comme le Pape en envoie dans les Indes, & que l'on surprît ces Missionnaires Turcs s'insinuant dans les maisons, pour y faire le métier de convertisseurs, je ne pense pas qu'on fût en droit de les punir ; car s'ils répondoient les mêmes choses que les Missionnaires Chretiens répondroient dans le Japon en pareil cas ; savoir que le zele de faire connoître la vraie Religion à ceux qui l'ignorent, & de travailler au salut de leur prochain dont ils déplorent l'aveuglement, les a engagez à leur venir faire part de leurs lumieres, & que sans avoir égard à cette réponse, ni les oüir dans leurs raisons, on les pendît, ne seroit-on pas ridicule de trouver mauvais que les Japonnois en fissent autant ? Puisdonc qu'on blâmeroit horriblement les Japonnois, il faut convenir qu'il ne faudroit pas maltraiter ces Missionnaires du Mufti, mais les faire entrer en Conférence avec des Prêtres, ou des Ministres, afin de les détromper. Que si on ne pouvoit pas en venir à bout, & qu'ils protestassent qu'ils mourroient plûtôt que de désobéïr à l'ordre de Dieu & du grand Prophete, il se faudroit bien garder de les faire mourir ; & pourvû qu'ils ne fissent rien contre le repos public, je veux dire, contre l'obéïssance düe au Souverain dans les choses temporelles, ils ne mériteroient pas seulement l'exil, ni eux, ni ceux qu'ils auroient pû gagner par leur raisons ; car autrement les Païens eussent bien fait de chasser & d'emprisonner les Apôtres, & ceux qu'ils avoient convertis à l'Evangile. Il ne faut point oublier la défense d'avoir double poids & double mesure, ni que de la même mesure dont nous mesurons les autres, nous serons mesurez. Plût à Dieu que les Infideles voulussent faire échange de missions & de tolérances, & convenir que nos Missionnaires auroient toute permission de prêcher & d'instruire dans leurs pays, pourvû que leurs Missionnaires obtinssent dans nos Etats une faculté pareille! La Religion Chretienne trouveroit de grands avantages ; les Prédicateurs Païens & Mahométans ne gagneroient rien chez nous, & les nôtres pourroient faire beaucoup de fruits chez les nations Infideles. Et nous serions bien blâmables, si nous entrions dans une telle défiance de nos raisons, que nous crussions que pour les bien soûtenir contre les Missionnaires Turcs, ou Chinois, il faudroit en venir aux prisons & aux suplices. Voilà la bonne opinion qu'on a dans les Religions persécutantes, de ce qu'elles coyent être la pure verité que Dieu nous a révélé ; on ne croit pas qu'elle soit capable de rien faire toute seule ; on lui donne pour Adjoints les Bourreaux, & les Dragons, Adjoints qui se passent bien de la verité, puisque tout seuls & sans elle ils font ce qu'ils veulent.

Or si dans le cas le moins favorable, comme dans l'envoi des Missionnaires dans un païs où il n'y a point de Turcs, je dis, qu'ils ne doivent pas être punis d'aucun châtiment temporel ; à plus forte raison sont-ils dignes de tolérance dans

les païs où on les trouve établis, & dont on s'empare par conquête. Ainsi je tiens qu'à moins que des raisons de Politique ne le demandassent, comme elles demandent quelquefois que l'on chassent les nouveaux Sujets de sa propre Religion, les Princes Chretiens qui prennent des Villes sur les Turcs n'en doivent pas chasser les Mahométans, ni les empêcher d'avoir des Mosquées, ou de s'assembler dans des Maisons. Tout ce à quoi il faut travailler, c'est à les instruire, mais sans violence & sans contrainte. On leur doit cela non seulement par respect pour cette loi éternelle qui nous montre, quand on la consulte attentivement & sans passion, que la Religion est une affaire de conscience qui ne se commande pas ; mais aussi par reconnoissance de ce qu'ils ont conservé aux Chretiens de leur Empire, la faculté d'exercer leur Religion. Je doute fort qu'on leur rende la pareille ; le Pape ne laisseroit jamais en repos l'Empereur & les Vénitiens, s'ils y laissoient les Turcs dans leurs Conquêtes, & la Cour Impériale n'a pas besoin d'être poussée à la persécution par celle de Rome, elle y est désormais trop bien stilée pour avoir besoin d'aide là-dessus.

Je dis, en 3. lieu que les Païens même ont été dignes de tolérance, & que Théodose, Valentinien, & Martien ne peuvent être aucunement excusez d'avoir condamné à mort tous ceux qui feroient quelque acte de Religion Païenne. Car encore que la maniere violente dont les anciens Empereurs en avoient usé, rendît les Païens intolérables par la maxime, *Qu'une Religion qui force les consciences ne mérite point d'être soufferte*, il faloit pourtant s'abstenir de représailles, lorsqu'on voïoit les Païens si bas qu'il n'y avoit pas lieu de craindre qu'ils redevinssent assez puissans pour recommencer les Tragédies de Decius & de Dioclétien. Outre qu'on ne pouvoit pas dire de la Religion Païenne, comme de la Romaine, qu'elle fût engagée à persécuter par ses Conciles, & quasi par ses principes fondamentaux : ainsi on ne doit pas argumenter de ce qu'avoient fait les Empereurs avant Constantin, à ce que feroient les Païens qui par avanture seroient devenus les Maîtres après Théodose. Et qu'on ne dise pas qu'on ne violentoit pas la conscience des Païens, en leur défendant le culte des Dieux sous peine de mort ; car il est certain qu'ils étoient attachez à ce culte par des liens de superstition très-forts ; & il s'en est trouvé qui ont (*) été prêts à renoncer à de grandes charges, plûtôt qu'à leur Paganisme. A la verité il s'en trouva peu qui voulussent hazarder leur vie ; mais si ce fut la seule cause pourquoi les Chretiens ne firent pas mourir beaucoup d'Idolâtres, en exécution des loix Impériales, je ne vois pas qu'ils doivent se glorifier beaucoup de leur débonnaireté, & l'opposer à la cruauté Païenne. Que si dans l'empire Romain la contrainte a été illicite contre les Descendans de ceux qui avoient tant persécuté les Chretiens, à plus forte raison le seroit-elle aujourd'hui contre les Japonnois & les Chinois ; & ainsi quand il arriveroit, ou qu'un Empereur de ce païs-là embrasseroit la Foi Chretienne, ou qu'un Chef de Croisade, à *l'instar* de Godefroi de Bouillon, deviendroit le Roi de ce païs-là, il feroit très-mal de travailler à la conversion de ses Sujets par d'autres voies que par la douceur de l'instruction. Mais on ne lui souffriroit pas cette tolérance ; car si c'étoient des Missionnaires Papistes qui con-

convertiſſent l'Empereur, ou qui viſſent ſur le trône un Chef de Croiſade Papiſte, ils l'engageroient dès le lendemain à publier un Edit, portant qu'à peine de la vie chacun eût à ſe faire batiſer. Et c'eſt une bonne leçon aux Chinois de chaſſer tous les Miſſionnaires, qui damneroient pour le moins les trois quarts des gens, en leur faiſant profaner les ſacremens, & agir contre leur conſcience.

Il ſeroit inutile de prouver en particulier, que les Sociniens ſont dignes de tolérance, après avoir prouvé que les Payens, les Juifs, & les Turcs en ſont dignes. Paſſons donc à l'examen des limitations de Meſſieurs les Demi-Tolérans.

Ces Meſſieurs, ſoit pour joüir des commoditez de la tolérance, ſans perdre le plaiſir de perſécuter, ſoit pour d'autres raiſons plus honnêtes, coupent le différend par la moitié, & diſent qu'il y a des Sectes qu'il faut tolérer, & d'autres qu'il faut extirper, ſinon par le fer & le feu, à tout le moins par l'exil & par les confiſcations. Ils diſent auſſi que ſi la peine de mort eſt trop rude pour le peuple qui a été ſéduit, elle ne l'eſt pas trop pour l'Héréſiarque qui les à ſéduits. *Nec totam ſervitutem nec totam libertatem pati poſſunt*, comme on diſoit du peuple Romain.

Quand ce vient à déterminer plus particulierement quels ſont les Héréſiarques qui méritent la mort, ils diſent que ce ſont ceux qui prononcent des blaſphêmes contre la Divinité, & que puis que dans les Etats bien policez on perce la langue d'un fer chaud, ou on l'extirpe à ceux qui blaſphêment, il ne faut pas trouver étrange que les injures atroces & Blaſphématoires que Servet vomiſſoit contre la Sainte Trinité, ayent été expiées par le feu. Mais ils me permettront de leur dire qu'ils s'abuſent en cela bien lourdement.

Car afin qu'un Blaſphémateur ſoit puniſſable, il ne ſuffit pas que ce qu'il dit ſoit un blaſphême, ſelon la définition qu'il plaira à d'autres de donner de ce mot-là; il faut qu'il le ſoit ſelon ſa propre doctrine, & voilà pourquoi on punit juſtement un Chretien qui jure le ſaint nom de Dieu, & qui ſe ſert de termes choquans contre cette même Divinité qu'il fait profeſſion de croire; car alors il pêche par malice & ſachant qu'il pêche. Mais qu'un Chretien qui ne croit pas la Trinité, & qui eſt perſuadé en ſa fauſſe conſcience, qu'il ne peut pas y avoir trois Perſonnes dont chacune ſoit Dieu, ſans qu'il y ait trois Dieux, diſe & ſoûtienne que le Dieu des Catholiques & des Proteſtans eſt un faux Dieu, un Dieu contradictoire, &c. ce n'eſt pas blaſphémer à ſon égard, puiſqu'il ne dit rien contre la Divinité qu'il reconnoît, mais contre une autre qu'il ne connoît pas.

La remarque paroîtra plus ſolide, ſi j'ajoûte que ſi on laiſſe les perſécuteurs les Maîtres de la définition du blaſphême, il n'y aura point de Blaſphémateurs plus exécrables que les premiers Chretiens & les Huguenots. Car il ne ſe peut rien dire de mépriſant, de bas, & d'infâme que les premiers Chretiens n'ayent dit, ſans garder nulles meſures, contre les Dieux du Paganiſme, & l'on ſait que les Proteſtans n'épargnent pas le Dieu de la Meſſe, & que ce qu'ils en diſent quelquefois fait dreſſer les cheveux à leurs adverſaires. Je n'aprouve point ceux qui ont l'incivilité de ſe ſervir de termes trop odieux, en préſence de ceux qui s'en ſcandaliſent: l'honnêteté & la charité veulent que l'on ménage leur con-

ſcience, & le reſpect qui eſt dû aux Princes veut que l'on s'abſtienne en leur faveur de certaines phraſes; ſi bien qu'en cela les premiers Chretiens n'ont pas eu toujours la diſcrétion qu'ils devoient: Mais au fonds ce n'eſt qu'incivilité & groſſiereté. Les Proteſtans, à cela près, trouvent fort bon qu'on diſe du Dieu de la Meſſe ce que les Papiſtes définiſſent un blaſphême, & que les premiers Chretiens ayent dit des Idoles du Paganiſme ce que les Païens nommoient un blaſphême. S'enſuit-il pour cela que les premiers Chrètiens ayent été des Blaſphémateurs dignes de mort, ou que les Réformez le ſoient? Point du tout, parce qu'alors le blaſphême n'eſt point défini par un principe commun à l'accuſateur & à l'accuſé, au perſécutant, & à celui qu'on perſécute. Or cela même avoit lieu pour Servet. Les blaſphêmes dont on l'accuſoit ne pouvoient pas recevoir ce nom, en vertu d'un principe ou d'une idée qu'il admît auſſi-bien que le Sénat de Geneve; & par conſéquent il ne pouvoit être puni comme Blaſphémateur, qu'il ne s'enſuive que les Chretiens pouvoient être punis comme des Blaſphémateurs, par les Païens, les Réformez par les Papiſtes, & tous ceux qui croyent la Trinité, par les Sociniens. En vertu de cette maxime les Réformez, qu'on apelle Calviniſtes, pourroient punir de mort, comme d'inſignes Blaſphémateurs, les Papiſtes & les Remontrans, qui diſent que le Dieu de Calvin eſt cruel, injuſte, Auteur du péché, & néanmoins puniſſeur de ce péché ſur des créatures innocentes. Ce ſont des blaſphêmes horribles, ſelon la définition que les Réformez donneroient à ces paroles; mais comme ceux qui les proferent ne les dirigent pas contre la Divinité qu'ils adorent, mais contre une choſe qu'ils croyent n'être que la viſion & la chimere d'un autre parti, on ne peut pas juſtement conclure qu'ils blaſphêment contre Dieu.

Je ſais bien qu'on me dira que Servet avoit tort dans le fonds, & que les Réformez ont raiſon dans le fonds, à l'égard de l'Euchariſtie, & qu'ainſi il n'y a point de conſéquence de l'un aux autres; mais voilà juſtement ce que diroient les Papiſtes, ſi on les vouloit punir d'avoir dit que le Dieu de Calvin eſt un Tiran, Auteur du péché, &c. Ils diroient qu'ils ont raiſon d'apeller blaſphême ce qu'on dit contre leur Euchariſtie, parce qu'ils ont la vérité de leur côté, mais qu'on a tort d'apeller blaſphême ce qu'ils diſent contre la prédeſtination de Calvin, parce que c'eſt un faut dogme. Ce ſera toûjours pure pétition de principe; rien de net & de précis, un renvoi perpétuel au fonds. En un mot chacun diſpoſera du Dictionnaire à ſa fantaiſie, en commençant par s'emparer de cette hipoteſe, *j'ai raiſon & vous avez tort*; ce qui eſt jetter le monde dans un Cachos plus affreux que celui d'Ovide.

Nos Demi-Tolérans diſent auſſi qu'il faut tolérer les Sectes qui ne renverſent pas les fondemens du Chriſtianiſme, mais non pas celles qui les renverſent. C'eſt encore la même illuſion. Car on demandera ce que c'eſt que renverſer les fondemens. Eſt-ce renverſer une choſe qui en ſoi & réellement eſt les fondemens du Chriſtianiſme, ou une choſe qui eſt crue telle par l'accuſateur, mais non pas par l'accuſé? Si l'on répond que c'eſt le premier, voilà le commencement d'un long procès où l'accuſé tiendra pour la négative, ſoûtenant que ce qu'il nie, bien-loin d'être le fondement de la Religion, n'eſt qu'une fauſſeté, ou tout au plus qu'une choſe indifférente. Si l'on

De ceux qui diſent qu'il ne faut pas tolérer les Héréſies qui renverſent les fondemens du Chriſtianiſme.

ſe

se contente de répondre que c'est le second, voilà l'accusé qui dira que peu lui importe de renverser ce qui passe pour fondamental dans l'esprit de son adversaire, puisque ce n'est nullement une conséquence que ce soit rien de fondamental; & ainsi voilà une nouvelle dispute qui s'élevera sur cet Enthimême de l'accusateur:

Une telle chose me paroît fondamentale;

Donc elle l'est;

Qui est un raisonnement pitoïable. Si l'on veut donc réussir dans cette dispute, il faut montrer qu'une telle Secte renverse ce qu'elle croit fondamental dans le Christianisme, & alors il faudra la tolérer sur le pié qu'on tolere les Juifs, plus ou moins; ou bien il faut montrer que les choses qu'elle renverse sont fondamentales, quoiqu'elle ne le croïe pas. Mais pour le montrer il ne faut pas définir les fondemens à sa fantaisie, ni se servir de preuves qui soient disputées par l'adversaire; autrement ce seroit prouver une chose obscure par une aussi obsure, ce qui est une moquerie: il faut se servir de principes avoüez & reconnus des deux partis. Si l'on en vient à bout, l'accusé sera réduit à la tolérance sur le pié d'une Secte non Chretienne; si l'on n'en vient pas à bout, il ne sera pas justement traité comme renversant les fondemens.

J'ajoûte que s'il suffit, pour ne point tolérer une Religion, de croire qu'elle renverse ce que nous croïons fondamental, les Païens ne devoient pas souffrir les Prédicateurs de l'Evangile, & nous ne pourrions pas souffrir l'Eglise Romaine, ni l'Eglise Romaine nous; car nous ne croyons pas que les fondemens du Christianisme se trouvent dans la Communion Romaine, sans un mélange d'un poison très-dangereux; & quant à elle, elle est très-persuadée qu'en niant son infaillibilité, nous renversons de fonds en comble l'essence la plus fondamentale du Christianisme.

Et de ceux qui distinguent les Sectes qui commencent, de celles qu'on trouve établies, & l'Hérésiarque de celui qui se trompe.

Il y en a aussi qui distinguent entre une Secte qui commence de s'élever, ou qui n'a jamais obtenu des Edits de tolérance, & une Secte qui est déja toute établie, soit par la possession, soit par une concession dûëment ratifiée, & ils prétendent que celle-ci mérite toute sorte de tolérance, mais que l'autre n'en mérite pas toûjours. Pour moi j'accorde très-volontiers que la 2. espece de Secte est incomparablement plus digne de tolérance que l'autre, & qu'il n'y a rien de plus infâme que d'anéantir des loix, saintement jurées. Mais je nie que la premiere ne le soit pas; car si elle ne l'étoit pas, comment blâmerions-nous les premieres persécutions des Chretiens, & les suplices que François I. & Henri II. ont fait souffrir à ceux qu'on nommoit Luthériens? Je dis la même chose de la distinction qu'on fait entre le Chef d'une Secte, & le peuple qui se laisse misérablement séduire. J'avouë que ce séducteur, ou malicieux, ou de bonne foi, fait plus de mal que le peuple; mais il ne s'ensuit pas qu'encore que le peuple mérite plus de suport, l'Hérésiarque doive être puni; car si cela s'ensuivoit, le suplice de Luther & de Calvin n'auroit pas été condamnable, & celui de S. Paul & de S. Pierre ne le seroit pas non-plus.

Je vois bien que pour derniere ressource on me dira, que si Luther, Calvin & les Apôtres n'avoient pas eu la verité de leur côté, le suplice qu'on leur auroit fait souffrir eût été juste; & ainsi ce sera fonder l'injustice des pesécutions, non pas sur la violence que l'on fait à la conscience, mais sur ce que celui qu'on persécute est de la vraie Religion. C'est une difficulté considérable qu'il nous faut examiner dans le Chapitre suivant.

CHAPITRE VIII.

Huitieme objection. On rend odieux malicieusement le sens littéral de contrainte, en supposant faussement qu'il autorise les violences que l'on fait à la verité. Réponse à cela, où l'on montre qu'effectivement ce sens littéral autorise les persécutions suscitées à la bonne cause, & que la conscience qui est dans l'erreur a les mêmes droits que celle qui n'y est pas.

Il est quelquefois plus avantageux de disputer avec un grand esprit qu'avec un sot.

C'Est quelquefois un désavantage de disputer avec des gens qui n'ont pas beaucoup d'esprit; car, quelque bonne foi qu'ils ayent, ils chicanent sur mille choses qui leur ont été prouvées solidement; ils y chicanent, dis-je, parce qu'ils ne comprennent pas la force de l'objection. Mais on a cette consolation avec les grands Génies qui ont de la bonne foi, que comprenant toute l'étenduë d'une difficulté, ils avoüent qu'ils en sont frapez, & reconnoissent la justice des conséquences qu'on leur objecte; après quoi ils se retranchent à les maintenir, sans amuser le bureau à disputer par mille incidens & distinctions accessoires, si elles suivent ou non, de leur doctrine. Cent personnes d'esprit médiocre cherchent mille vains détours, quand on les presse sur les conséquences du sens littéral; c'est qu'ils n'en voyent pas la verité, ou que la voyant ils ne veulent pas donner à leur adversaire le plaisir de l'avoüer; mais d'autres plus sinceres & plus pénétrans disent tout d'abord, que quelque juste que soit la persécution livrée par les Orthodoxes aux Sectaires, ceux-ci ne peuvent jamais persécuter que très-criminellement la vraie Eglise, encore qu'ils la croyent très-fausse, & qu'ils s'estiment les seuls Orthodoxes. Voyons si on peut dire cela.

Pour le réfuter je mets en fait, que tout ce que la conscience bien éclairée nous permet de faire pour l'avancement de la verité, la conscience erronnée nous le permet, pour ce que nous croyons la verité. C'est ma these à prouver & à éclaircir.

Tout ce qui se fait contre la conscience est un péché.

Je ne crois pas que personne me conteste la verité de ce principe: *Tout ce qui est fait contre le dictamen de la conscience est un péché*; car il est si évident que la conscience est une lumiere qui nous dit qu'une telle chose est bonne ou mauvaise, qu'il n'y a pas aparence que personne doute de cette définition de la conscience. Il n'est pas moins évident que toute créature qui juge qu'une action est bonne ou mauvaise, supose qu'il y a une loi ou une regle touchant l'honnêteté ou la turpitude d'une action. Et si l'on n'est pas Athée, si l'on croit une Religion, on supose nécessairement que cette loi & cette regle est en Dieu. D'où je conclus que c'est la même chose de dire: *Ma conscience juge qu'une telle action est bonne ou mauvaise*, & de dire: *Ma conscience juge qu'une telle action plaît ou déplaît à Dieu*. Il me semble que ce sont des propositions reconnuës pour aussi véritables par tout le monde, que les plus claires notions de Métaphisique. Celle-ci ne l'est pas moins: *Tout homme qui juge qu'une action est mauvaise & déplaît à Dieu, & qui la fait néanmoins, veut offenser*

offenser Dieu & défobéir à Dieu : & tout homme qui veut offenser Dieu & défobéir à Dieu, pêche dès là neceffairement. Ainfi c'eft une propofition évidente, *que tout homme qui fait une chofe que fa confcience lui dicte être mauvaife, ou qui ne fait pas celle que fa confcience lui dicte qu'il faudroit faire, fait un péché.*

Non feulement un tel homme pêche, mais je dis auffi que toutes chofes étant égales d'ailleurs, fon péché eft le plus grand qu'il puiffe commettre; car fuppofant égalité dans l'acte même, comme dans le mouvement de la main qui pouffe l'épée dans le corps d'un homme, & dans l'acte de la volonté qui dirige ce mouvement; fuppofant auffi de l'égalité dans le fujet paffif de l'action, c'eft-à-dire, même dignité dans la perfonne tuée, je dis que le meurtre eft un crime d'autant plus grand, qu'il eft fait avec une plus grande connoiffance que c'eft une action criminelle. C'eft pourquoi de deux enfans qui tuëroient chacun fon pere précifément dans toutes les mêmes circonftances, excepté que l'un ne fauroit que confufément fi c'étoit un crime, & que l'autre le fauroit très-diftinctement, & y fongeroit actuellement lorfqu'il plongeroit un poignard au fein de fon pere, celui-ci commettroit un forfait incomparablement plus atroce & plus puniffable que l'autre, par la juftice de Dieu. Voilà encore une propofition que perfonne ne me conteftera.

Mais je paffe plus avant, & je dis que non feulement un peché devient le plus grand qu'il puiffe être dans fon efpece, par la plus grande connoiffance que l'on a de fa turpitude; mais auffi que de deux actions dont nous appellons l'une bonne, l'autre mauvaife: la bonne, faite contre l'infpiration de la confcience eft un plus grand péché, que la mauvaife faite felon l'infpiration de la confcience. Je m'explique par une comparaifon.

Nous apellons une bonne action, donner l'aumône à un mendiant, & une mauvaife action, le repouffer avec des injures. Je dis néanmoins qu'un homme qui donneroit l'aumône à un mendiant, dans des circonftances où fa confcience lui fuggereroit qu'il ne la faudroit pas donner, & où il acquiefceroit aux raifons bonnes ou mauvaifes de fa confcience, feroit une plus mauvaife action qu'un homme qui repousseroit avec des injures un mendiant, dans des circonftances où fa confcience lui fuggereroit, par des motifs qu'il jugeroit bons, qu'il faudroit lui faire ce mauvais traitement. Remarquez bien ce que je pofe: je ne me contente pas de dire, que la confcience fuggere, ou de ne pas donner l'aumône, ou de dire des injures; j'ajoûte qu'elle fait un jugement arrêté auquel nous acquiefçons; c'eft-à-dire, que nous tombons d'accord qu'elle a raifon. Autre chofe font certaines idées que la confcience nous préfente, mais que nous rejettons ou comme fauffes, ou comme douteufes; & autre chofe l'acquiefcement ou le confentement de notre efprit à ces idées. Commettre une action parmi les idées que la confcience nous offre pour ne la pas faire, mais fur quoi elle ne fait pas un jugement arrêté, n'eft pas une fi méchante action, *cæteris paribus*, que de la faire nonobftant le jugement arrêté de fa confcience. Et qu'il foit poffible de la faire nonobftant un tel jugement, qui eft-ce qui le niera, pour peu qu'il confidere ceci ?

Un homme voit un mendiant, & fe fouvient que c'eft un coquin, & un pareffeux qui pourroit gagner fa vie s'il vouloit travailler, un glouton qui fait un méchant ufage des aumônes, & tout auffi-tôt fa Raifon lui dicte qu'il ne faut pas l'affifter, que ce feroit fomenter fes mauvaifes habitudes; qu'il faut garder cette aumône pour quelque autre. En un mot cette Raifon, ou fi on aime mieux l'appeller confcience, prononce ce jugement, *c'eft mal fait de donner l'aumône à ce mendiant.* Rien n'empêche que cet homme ne fe moque de ce jugement, & ne donne l'aumône à ce faquin, foit parce qu'il fe fouciera peu de fe regler fur ce que fa confcience approuve, foit parce qu'un caprice, ou une pofture du mendiant, quelqu'un qui paffera, ou telles autres circonftances le fraperont dans ce moment. Si tous les jours des gens qui ont mille bonnes qualitez morales & Chretiennes, fe portent à la fornication, quoique par un jugement arrêté la confcience leur môntre que c'eft un crime, doutera-t-on qu'un homme ne puiffe donner l'aumône, nonobftant le jugement arrêté de fa confcience, qui ne faut pas la donner en telle occafion ?

Comparons un peu l'action de ce donneur d'aumône, avec celle de l'homme qui chaffe le mendiant, parce que fa confcience lui dicte que c'eft un coquin, un fainéant & un vaurien, qui fe corrigera mieux de fes défauts fi on le maltraite, que fi on lui donne quelque affiftance ; & je dis quand même on fuppoferoit erreur dans le fait de l'un & de l'autre, l'action de celui-là eft plus mauvaife que celle de celui-ci, & je le prouve en cette maniere :

L'action du premier, en fuppofant l'erreur de fait, enferme ces quatre chofes.

1. Un homme qui demande l'aumône par une néceffité & qui craint Dieu.

2. Un jugement de l'efprit par lequel on prononce que ce mendiant eft un coquin & un fripon, ou parce qu'on le juge ainfi à fa phifionomie, ou parce qu'on le prend pour un autre, que l'on fait avoir ces méchantes qualitez.

3. Un acte de confcience réfolu & arrêté, par lequel elle prononce que c'eft offenfer Dieu que de prodiguer une aumône à un faquin qui en abufera pour fe confirmer dans fes vices, & qui pourroit s'en guérir fi on le faifoit châtier.

4. Le don de l'aumône à ce mendiant.

Voyons à cette heure l'action de l'autre. Nous y trouvons quatre chofes en fuppofant l'erreur de fait; les trois premieres que nous venons de marquer dans l'action du précedent, & en 4. lieu les injures avec lefquelles il a repouffé ce perfonnage.

Pour prouver que l'action du premier eft plus mauvaife que celle du fecond, il fuffit de montrer deux chofes. La premiere, qu'il y a quelque bonté morale dans l'action du fecond, & qu'il n'y en a pas un feul brin dans l'action du premier. La feconde que le mal qui eft dans celle-là eft plus petit que celui qui eft dans celle-ci.

Pour ce qui regarde la 1. de ces deux chofes, je prie ceux qui en voudroient difputer avec moi, de me montrer où eft la bonté morale de celui qui dans les circonftances pofées donne l'aumône à ce mendiant. Elle ne peut être ni dans le jugement de fon efprit, ni dans celui de fa confcience qui font tous deux faux. Il faut donc, s'il y en a, qu'elle foit dans le don de cette aumône; mais il eft très-faux qu'il y en ait la plus petite quantité, puifque tous ceux qui fe connoiffent en Morale reconnoiffent unanimément que donner l'aumône n'eft pas une bonne action, fi c'eft

fimple-

PARTIE II. CHAP. VIII.

ordre de la confcience, & ce qui fe feroit de bien contre fon ordre.

Qu'il n'y a point de bonté morale dans une aumône donnée contre le dictamen de la confcience.

simplement transporter un sou d'une poche dans la main d'un homme, comme il paroît manifestement en ce qu'une machine qui débandant son ressort, feroit sauter une pistole dans le chapeau d'un mendiant, ne feroit point une action où il y eût la moindre ombre de bonté morale. Il faut de toute nécessité pour que l'aumône soit une bonne œuvre, que nous la fassions parce que la Raison & la conscience nous montrent que nous la devons faire. Or c'est ce qui ne se rencontre pas dans l'exemple dont il s'agit: il n'y a donc point de bonté morale dans cet acte, ni peu, ni prou.

On ne peut pas dire la même chose du 2. acte, puisqu'il est de la derniere notoriété que tout hommage rendu à la conscience, toute soumission à ses jugemens & à ses arrêts, marque qu'on respecte la loi éternelle, & la Divinité dont on reconnoît la voix dans le tribunal de son cœur. En un mot tout homme qui fait une chose parce qu'il la croit agréable à Dieu, témoigne en general à tout le moins qu'il souhaite de plaire à Dieu, & de lui rendre son obéïssance. Or il est certain que ce souhait ne peut être destitué de toute bonté morale.

A l'égard du 2. point, je dis que le mal de celui qui donne l'aumône, dans les circonstances ci-dessus posées, consiste en ce qu'il foule aux pieds le jugement fixe & arrêté de sa conscience, & que le mal de l'autre action consiste en ce qu'on rabrouë rudement un pauvre. Je soûtiens que ceci, dans les circonstances en question, est un moindre peché que cela.

Car peut-on faire le contraire de ce que dicte la conscience, sans avoir dessein de faire une chose que l'on sait être déplaisante à Dieu ? N'est-ce donc pas un mépris de Dieu, une rébellion connuë, choisie & aprouvée contre son adorable Majesté ? Et vouloir le péché reconnu pour tel, vouloir la désobéïssance à Dieu clairement connuë, n'est-ce pas la corruption, la malice, & le désordre le plus criant ?

Il n'en va pas ainsi d'un homme qui dit des injures à un autre, qu'il prend pour un méchant garnement qui a besoin d'être reprimendé pour son bien. Le mal qu'il fait ne procede pas d'un désir & d'une résolution arrêtée de faire du mal, de désobéïr à Dieu, de choquer les idées de la droiture, de fouler aux pieds l'ordre immuable; il ne procede que d'ignorance, que de mauvais choix de moyens & de manieres d'obéïr à Dieu. Il a crû faussement que ce gueux étoit indigne d'assistance, & que pour tâcher de le corriger, il falloit lui faire honte & insulte. Sa conscience lui a dicté cela, & il s'y est accommodé. Le mal qu'il y a dans cette méprise qui n'empêche pas que cet homme n'ait gardé dans ce moment même le désir de suivre la loi de Dieu, est-il comparable à un désordre qui chasse actuellement du cœur le désir de plaire à Dieu, pour y introduire l'exécution formelle d'une désobéïssance connuë ?

J'avoüe que non seulement il est défendu de dire des injures à son prochain, & que maltraiter les pauvres est un grand crime; mais aussi que nous supposons dans le fonds que le mendiant qui est ici injurié & insulté est un homme craignant Dieu: j'avoüe cela; mais je soûtiens néanmoins que cet homme craignant Dieu n'ayant pas été insulté comme tel, puisqu'on l'a pris pour un scelerat, il ne faut réduire le péché de l'insultant qu'à la précipitation de croire sur de fausses aparences, que ce pauvre étoit un très mauvais

homme. Or chacun m'avoüera que n'avoir pas eu la patience de bien examiner les choses, n'est par un aussi grand mal que vouloir formellement & actuellement commettre ce que l'on prend pour un péché.

On se plaindra que je ne compte pour rien les injures dites à ce bon-homme de mendiant. Je réponds que ces injures considérées simplement comme des sons articulez, ne peuvent pas rendre un homme pécheur; autrement il faudroit dire que ces roseaux de la fable, dont le choc & le murmure découvrit la honte du pauvre Midas, auroient fait un crime, si ce qu'on dit d'eux étoit vrai; il faudroit dire que des orgues prêcheroient actuellement, si par quelque mouvement de l'air ou de l'eau, elles formoient des voix injurieuses à la réputation d'un homme; ce qui seroit la derniere absurdité. Les injures même qu'un homme prononce pendant le délire, ou en une Langue qu'il n'entend pas, n'ofensent point: elles n'ofensent qu'à proportion qu'on sait que celui qui les prononce a intention d'ofenser; & si on sait qu'il prend un homme pour un autre, c'est celui qu'il a eu dans l'intention qui passe raisonnablement pour l'ofensé, & non celui à qui il s'adresse par erreur. Qu'on examine bien le cas que je pose, on trouvera que tout le mal se reduit à s'être trop facilement laissé aller aux fausses raisons de croire, que le mendiant étoit autre qu'il n'étoit effectivement.

Pour le bien qu'il y a dans l'action de celui qui donne l'aumône, action qui après tout soulage les maux d'un pauvre serviteur de Dieu, au lieu que les injures qui lui sont dites le laissent dans la souffrance, je ne crois pas qu'il faille le mettre en ligne de compte, d'autant que tout cela n'est qu'un bien ou qu'un mal physique, qui ne donne aucune moralité aux actes qu'entant qu'on l'a eu dans l'intention. Par exemple refuser l'aumône dans des circonstances où l'on sait qu'elle aportera de grandes bénédictions, par la combinaison de mille rencontres, & qu'en la refusant on attirera sur ceux à qui on la refuse une longue chaîne de calamitez, est un plus grand crime que de la refuser dans des circonstances où l'on ne sait rien de tous ces évenemens à venir. Mais il est bien certain que les suites bonnes ou mauvaises qu'ont nos actions ne servent de rien devant Dieu pour nous excuser, justifier, ou condamner, lorsque nous n'avons pas agi dans la vûë de procurer ces suites. Il paroît donc que toutes choses combattent, pour réduire au simple défaut d'examen & d'attention la faute de celui qui injurie le mendiant, & par consequent que son refus d'aumône & ses injures en ces circonstances-là, sont une action moins mauvaise, que le don de l'aumône de l'autre homme. Ce qu'il falloit prouver.

J'ajoûte que si lorsqu'il y a erreur dans la conscience, tant de celui qui se gouverne selon son dictamen, que de celui qui prend tout le contrepié, l'action de ce dernier devient pire que celle de l'autre, quoiqu'autrement elle auroit été bonne, & celle de l'autre mauvaise: à plus forte raison cela doit-il arriver, lorsqu'il n'y a point d'erreur dans la conscience de celui qui ne suit point ses lumieres. Il ne faut, pour comprendre cela, que demeurer dans l'exemple de nos deux hommes, & supposer seulement ici que le mendiant qui s'adresse au premier d'entre eux, est un yvrogne, un goulu, un fainéant, un scelerat, & que celui qui s'adresse en second est un

très-

très-homme de bien. Laissons d'ailleurs la supposition toute telle que nous l'avons faite. Qu'arrivera-t-il ? C'est que le jugement de l'esprit & celui de la conscience du premier de ces deux hommes, seront justes & raisonnables, & alors nos Adversaires mêmes jugeront que le don de son aumône à un mendiant très-indigne de secours, & reconnu véritablement pour tel, sera plus blâmable qu'il ne l'étoit, lorsqu'au moins il étoit utile à un honnête homme.

Mais à quoi aboutiront tous ces grands discours, & tous ces ambages de raisonnemens ? A ceci, que la conscience erronée doit procurer à l'erreur les mêmes prérogatives, secours & caresses que la conscience orthodoxe procure à la verité. Cela paroît amené de loin ; mais voici comment je fais voir la dépendance ou la liaison de ces doctrines :

Mes principes avoüez de tout le monde, ou qui viennent d'être prouvez, sont,

1. Que la volonté de désobéïr à Dieu est un peché.

2. Que la volonté de desobéïr au jugement arrêté & déterminé de sa conscience, est la même chose que vouloir transgresser la loi de Dieu.

3. Par conséquent que tout ce qui est fait contre le dictamen de la conscience, est un peché.

4. Que la plus grande turpitude du peché. toutes choses étant égales d'ailleurs, vient de la plus grande connoissance que l'on a qu'on fait un peché.

5. Qu'une action qui seroit incontestablement très-bonne (donner l'aumône par exemple) si elle se faisoit par la direction de la conscience, devient plus mauvaise quand elle se fait contre cette direction, que ne l'est un acte qui seroit incontestablement criminel (injurier un mendiant par exemple) s'il ne se faisoit pas selon cette direction.

6. Que se conformer à une conscience qui se trompe dans le fonds, pour faire une chose que nous apellons mauvaise, rend l'action beaucoup moins mauvaise que ne l'est une action faite contre la direction d'une conscience conforme à la verité, laquelle action est de celles que nous apellons très-bonnes.

Je conclus légitimement de tous ces principes, que la premiere & la plus indispensable de toutes nos obligations, est celle de ne point agir contre l'inspiration de la conscience, & que toute action qui est faite contre les lumieres de la conscience est essenciellement mauvaise ; de sorte que comme la loi d'aimer Dieu ne souffre jamais de dispense, à cause que la haine de Dieu est un acte mauvais essentiellement ; ainsi la loi de ne pas choquer les lumieres de sa conscience est telle, que Dieu ne peut jamais nous en dispenser, vû que ce seroit réellement nous permettre de le mépriser, ou de le haïr, acte criminel *intrinsecè* & par sa nature. Donc il y a une loi éternelle & immuable qui oblige l'homme, à peine du plus grand peché mortel qu'il puisse commettre, de ne rien faire au mépris & malgré le dictamen de sa conscience.

D'où s'ensuit visiblement & démonstrativement, que si la loi éternelle, ou une loi positive de Dieu, vouloient qu'un homme qui connoît la verité employât le fer & le feu pour l'établir dans le monde, il faudroit que tous les hommes employassent le fer & le feu, pour l'établissement de leur Religion. J'entens tous les hommes à qui cette loi de Dieu seroit révélée.

Car dès le moment que cette loi de Dieu seroit révelée, *je veux que l'on employe le fer & le feu pour l'établissement de la verité*, la conscience dicteroit à un chacun, qu'il faut employer le fer & le feu pour l'établissement de la Religion qu'il professe ; car il ne connoît point d'autre verité que celle-là, ni d'autre voie d'exécuter l'ordre de Dieu que celle d'agir pour sa Religion, & il croiroit agir pour le mensonge, & par conséquent tomber dans la transgression de la loi divine s'il travailloit pour quelque autre Religion que pour la sienne. Il est donc certain que sa conscience appliqueroit à sa Religion ce que Dieu ordonneroit de faire pour l'établissement de la verité.

Or est-il, comme je l'ai prouvé ci-dessus, que le plus grand de tous les crimes est de ne point suivre les lumieres de sa conscience, & que l'ordre immuable & la loi éternelle veulent, sans aucune dispense possible, que nous évitions sur toutes choses le plus grand de tous les maux, & les actes essenciellement mauvais.

Donc par la premiere, la plus inviolable & la plus indispensable de toutes nos obligations, il faudroit que chacun des hommes à qui Dieu révéleroit ladite loi, employât le fer & le feu pour l'établissement de sa Religion, aussi-bien le Socinien pour la sienne, que le Calviniste, le Papiste, le Nestorien, & l'Eutychéen pour la leur. Car si après une telle loi générale de Dieu, le Socinien se tenoit les bras croisez, & n'employoit pas pour l'établissement de sa Religion les moyens que Dieu lui ordonne d'employer pour la verité, il agiroit contre sa conscience. Or ce seroit le plus grand de tous les crimes, *ceteris paribus*, & on est indispensablement obligé d'éviter le plus grand de tous les crimes, plus que tout autre chose ; donc il seroit indispensablement obligé d'employer le fer & le feu pour la propagation de ses dogmes ; il y seroit, dis-je, obligé en vertu de la loi éternelle, qui commande à toute créature raisonnable de fuir le peché, & surtout les plus grands pechez.

Pour mieux faire sentir à nos Adversaires la solidité de ma doctrine, je leur demande ce qu'ils voudroient que fît un Socinien, après la révelation claire & nette à son égard, aussi-bien qu'à l'égard des Orthodoxes, de cette loi de Dieu : *Je veux que l'on employe le fer & le feu pour l'établissement de la verité.* Voudroient-ils qu'étant persuadé qu'il n'y a point d'autres dogmes veritables, en fait de Religion, que ceux qu'il enseigne, il se contentât de les croire lui & sa famille, sans employer toutes les voies que la providence de Dieu lui mettroit en main, pour ruiner les Religions qu'il croiroit que Dieu lui commanderoit de détruire ? Mais en ce cas-là il tomberoit visiblement dans le mépris de la loi de Dieu, & dans le viblement de son obligation prochaine & immédiate ; ce qui seroit un plus grand désordre que s'il faisoit pour le Socinianisme ce qu'il croiroit que Dieu lui ordonneroit ; car en le faisant, Dieu trouveroit dans son ame une respect pour ses loix, & un désir de lui obéïr ; & il trouveroit tout le contraire, si cet homme ne faisoit rien contre les autres Religions. Ce seroit donc conseiller à un Socinien de choisir l'état où il seroit les plus criminel aux yeux de Dieu. Or ce conseil est la plus infame & la plus abominable pensée qui puisse tomber dans l'esprit de l'homme. Il est donc vrai que comme un Socinien demeurant tel, n'auroit que trois par-

PARTIE II.
CHAP. VIII.

Eclaircissement de cette doctrine par l'état d'un Hérétique qui sachant cet ordre ne persécuteroit pas.

partis à prendre, ou d'établir par le fer & par le feu ses Hérésies, ou de ne se pas soucier de les établir, ou de favoriser même leur ruïne, il faudroit qu'il prît nécessairement le premier, afin d'éviter les deux autres comme beaucoup plus criminels.

En effet comment pourroit-il s'excuser aux yeux de Dieu, si après l'ordre que nous supposons, il demeuroit dans une molle indifférence, ne se souciant point si sa Religion se répandoit, ou si elle ne le faisoit pas ? *Est-ce-là ce que je t'ai commandé*, lui pourroit dire Dieu ? *Ne méprises-tu point ma divinité visiblement, & ne tombes-tu pas dans l'indifférence criminelle de compter pour la même chose d'être en ma disgrace, ou dans mes bonnes graces, puisque tu ne daignes faire un pas pour obéir à ce que la conscience te dicte que je demande de toi ?* Des reproches beaucoup plus forts seroient encore plus justes, au cas qu'il favorisât ouvertement la ruïne de la Religion; & ces reproches-là ne lui pourroient pas être faits au cas qu'il fît la guerre aux autres Sectes. Dieu ne pourroit lui reprocher sinon d'avoir mal choisi l'objet, pour lequel il lui avoit donné ordre de travailler; la justice de ces reproches n'empêcheroit pas que Dieu ne vît dans son ame un désir sincere (je suppose un Socinien de bonne foi) de lui obéir, un respect pour l'ordre, un hommage rendu à Sa M. divine. C'est donc une chose aussi incontestable que le premier de ces trois états est le moins mauvais de tous, qu'il est hors de doute qu'un maître qui auroit donné ordre à ses valets d'exterminer les loups de sa terre, trouveroit moins coupables ceux qui au lieu des loups auroient exterminé les renards, soit qu'ils eussent pris un mot pour un autre, soit qu'ayant oublié l'ordre ils eussent crû par réminiscence que c'étoit des renards qu'on avoit parlé. Quoiqu'il en soit, le maître les trouveroit moins coupables que ceux qui auroient laissé les loups en pleine liberté, ou même qui leur auroient procuré de nouveaux moyens de multiplier. Je dis bien plus; un Maître raisonnable qui sauroit certainement que ceux de ses valets qui auroient favorisé les loups, avoient été pleinement persuadez qu'il leur avoit donné ordre de les tuer, se tiendroit plus offensé de leur désobéïssance, que de celle de ses valets qui sans dessein, sans malice, par un oubli, ou une équivoque involontaire, auroient crû qu'il leur avoit commandé d'exterminer les lapins & les lievres, & qui auroient déchargé sur ces pauvres animaux toute la fureur qu'on leur avoit commandée contre les loups.

Quelque déréglé que puisse être l'esprit des Convertisseurs François, je ne saurois m'empêcher de croire qu'il n'y en ait qui ont encore assez de Raison, pour m'accorder ce que je vais dire;

C'est que si une fois on suppose que Dieu a révélé à tous les Chretiens, clairement & distinctement, la loi d'exterminer par le fer & par le feu toutes les fausses Religions, un Socinien qui laisse en repos les autres Sectes du Christianisme, qui ne s'empresse pas d'établir sa Religion, ou même qui favorise ceux qui la suplantent, & ceux qui établissent de toutes leurs forces une autre Secte, ne peut être excusé de sa conduite que par les moyens suivans; ou parce qu'il croit que la loi susdite ne doit pas être entenduë à la lettre; mais qu'elle a des sens mistiques, que tout le monde n'est pas obligé d'entendre, ou parce qu'il croit que l'exécution de cette loi ne le re-

garde point, ou parce qu'il n'est pas trop sûr si le Socinianisme est une doctrine de verité, ou enfin parce que croyant que toutes sortes de Religions sont bonnes, peu lui importe laquelle triomphe des autres ; Quant à lui il les laisse faire, résolu d'être la proye du vainqueur, ou même il en favorise une autre différente de la Socinienne, afin de les ranger de meilleure grace quand elle aura gagné le dessus. Voilà, ce me semble, tous les moyens qui pourroient disculper un Socinien froid pour la propagation de sa Religion, après que Dieu auroit révélé la loi susdite; & par conséquent il seroit tout-à-fait inexcusable & très-criminel, s'il gardoit cette froideur, où même s'il nuisoit à sa Secte, pendant qu'il seroit persuadé, 1. que Dieu commande de travailler pour la verité par le fer & par le feu; 2. que le Socinianisme est la verité.

Le supposant dans cette double persuasion, il est inexcusablement criminel, s'il ne persécute pas les autres Sectes; il l'est encore davantage s'il les favorise. Il ne peut ni cesser d'agir pour sa Secte, ni agir pour les autres Sectes, sans tomber dans le crime contre la conscience, le plus noir de tous les péchez. Il est donc indispensablement obligé, par la loi éternelle de l'ordre, d'éviter ces plus grands crimes, en persécutant les autres Chretiens, selon le dictamen de la conscience.

Or s'il est une fois vrai que le droit que Dieu donneroit à la verité de persécuter, d'exterminer par le fer & par le feu les Hérésies, seroit commun par une nécessité inévitable, fondée sur l'état où sont les choses, à toutes les Religions qui aprendroient cette loi de Dieu; il est clair que les autres droits de la vérité ne sauroient manquer d'être communs à toutes les Sectes vraies & fausses. Ainsi dès qu'on aura prouvé que Dieu veut que la vraie Religion brûle d'une charité ardente pour la conversion des fausses, qu'elle employe ses soins, ses Livres, ses prédications, ses peines, ses caresses, ses bons exemples, ses présens, &c. à la réünion des errans, tout aussi-tôt on aura prouvé que les fausses Eglises sont obligées de se servir des mêmes voies de conversion ; car toute Eglise se croyant la veritable, il est impossible qu'elle aprenne que Dieu veut que la veritable Eglise pratique certaines choses, qu'elle ne se croye obligée en conscience de les pratiquer. Si elle s'y croit obligée en conscience, elle feroit incomparablement plus mal de s'en abstenir, ou de faire le contraire, que de les pratiquer ; & l'ordre immuable veut que l'on évite ce qu'on sait être certainement un grand péché, pour faire ce que l'on croit être une bonne action, & qui au pis aller ne sauroit être qu'un moindre peché. Donc chaque Eglise est indispensablement obligée, & a un droit inaliénable de pratiquer tout ce qu'elle sait que Dieu ordonne à la veritable Eglise.

Ce n'est donc point malicieusement, comme on nous le dit dans l'objection que j'examine dans ce Chapitre, que nous rendons odieux le sens littéral de la parabole, en supposant qu'il autoriseroit les persécutions que les fausses Religions feroient à la veritable ; cela, dis-je, n'est point une supposition fausse, ni artificieuse ; c'est la pure verité, comme je viens de le faire voir.

Je dirai encore cette remarque. Si une Religion persécutée, dans un lieu où elle seroit plus foible, demandoit aux persécuteurs pourquoi ils usent de violence, & qu'ils répondissent, parce que Dieu ordonne à la veritable Religion d'exd'exterminer, *quocunque modo*, les Hérésies ; si, dis-je, en répondant cela, ils le persuadoient aux persecutez, qu'arriveroit-il ? C'est que la même Eglise persecutée se trouvant plus puissante en un autre lieu, diroit fort bien à la Communion qui auroit persecuté dans les pays où elle domine : *Vous m'avez appris une chose que je ne savois pas ; je vous en suis obligée ; vous m'avez montré dans l'Ecriture que Dieu veut que les Fideles tourmentent les fausses Societez ; je m'en vais donc vous persecuter, puisque je suis la vraye Eglise, que vous êtes des Idolâtres, des faux Chretiens, &c.* Il est clair que plus les persecuteurs se serviront de fortes preuves pour montrer que Dieu ordonne la contrainte, plus ils fourniront de fortes armes à leurs adversaires, pour s'en faire persecuter dans un autre lieu. Chacun s'apliquera les preuves, l'ordre de Dieu, les droits de la verité, & s'autorisera de tout ce que la Religion veritable dira pour elle.

D'où je conclus tout de nouveau, qu'il est impossible que Dieu permette à la verité de faire pour s'établir, aucune action qui ne soit juste, & du droit commun à tous les hommes; car dans la combinaison où les choses sont réduites, ce seroit une necessité inévitable que tout ce qui seroit permis à la verité contre l'erreur, devînt permis à l'erreur contre la verité ; & ainsi par le même arrêt qui dispenseroit la veritable Religion de la regle generale, le crime deviendroit necessaire, & tout seroit confondu.

Le seul trou qui reste à nos Adversaires pour s'échaper, c'est de dire, qu'il est bien vrai que par un abus & une audace criminelle, les fausses Eglises peuvent s'appliquer ce qui ne convient qu'à la veritable; mais qu'il restera toujours entre elles cette difference, que la veritable contiendra avec raison & autorité légitime, mais que les autres le feront sans droit & fort criminellement. C'est sur quoi nous aurons à parler dans le Chapitre 10.

Mais avant que de finir celui-ci, je répondrai à un lieu-commun fort ordinaire. Vous n'avez pas fait, me dira-t-on, une suffisante énumeration des parties, quand vous avez dit que les Sociniens n'avoient que trois partis à prendre. Il y en a un 4. le seul bon, qui est de se convertir à la verité, & alors ils suivront impunément les instincts de leur conscience. J'avouë que c'est le meilleur parti : mais comme on ne peut le prendre que sous condition, je soutiens que pendant que la condition ne vient pas, il faut choisir nécessairement entre les trois autres. La condition dont je parle n'a pas besoin d'être expliquée. Tout le monde entend que c'est un pourvû qu'on connoisse que la verité est la verité. Tout Hérétique admet la verité pourvû qu'il la connoisse, & dès aussi-tôt qu'il la connoît, mais non autrement, ni plûtôt ; car pendant qu'elle paroît toute couverte des laideurs hideuses du mensonge, il ne doit point l'admettre ; il doit la fuir & la détester. La premiere chose donc qu'on doit dire à un Hérétique, c'est de chercher la verité, & de ne s'opiniâtrer pas à croire qu'il l'a déja trouvée. Mais s'il répond qu'il l'a cherchée autant qu'il lui a été possible, & que toutes ses recherches n'ont abouti qu'à lui faire voir que la verité est de son côté, & que quand il veilleroit nuit & jour, il ne trouveroit autre chose, que ce qui s'est fixement enraciné dans son esprit com-

me la verité revelée, alors il seroit ridicule de lui dire qu'il se gardât bien de suivre les lumieres de sa conscience, & qu'il faut qu'il se convertisse. Il faut donner un certain tems à s'instruire, & même être toûjours prêt à renoncer à ce qu'on a cru de plus vrai, si on nous le montre faux; mais après tout dans la Religion on ne peut pas faire toute sa vie le Sceptique & le Pyrrhonien ; il faut se fixer à quelque chose, & agir selon ce à quoi l'on se détermine : & soit que l'on se fixe au vrai, soit au faux, il est également certain qu'il faut faire des actes de vertu & d'amour de Dieu, & s'éloigner de ce crime capital d'agir contre sa conscience. D'où paroît qu'il ne reste à un Socinien, qui a fait humainement tout ce qu'il a pû pour choisir la verité, que l'un des trois partis que j'ai proposez. Le renvoïer éternellement au 4. c'est vouloir que toute sa vie se passe dans une pure speculation, sans qu'il consulte jamais sa conscience pour agir selon ses lumieres. Or ce seroit la plus grande de toutes les absurditez.

<hr>

CHAPITRE. IX.

Examen de quelques difficultez contre ce qui a été établi dans le Chapitre précedent du droit de la conscience qui est dans l'erreur. Preuves de ce même droit par des exemples.

Des exemples alleguez dans la suite de la *Critique du Calvinisme*.

JE ne me suis point servi de quelques exempler très-forts & tout-à-fait irrefutables, pour prouver que le droit de la conscience errante de bonne foi, est tout le même que celui de la conscience orthodoxe ; je ne m'en suis pas, dis-je, servi, parceque comme je travaillois sur cette matiere, on m'a prêté la suite de la Critique Generale du Calvinisme de Mr. Maimbourg, (*) où j'ai trouvé ce droit de la conscience erronée assez bien établi sur plusieurs de ces exemples, & entre autres, sur celui d'un pere putatif qui exerce aussi légitimement qu'un pere réel & veritable, tous les droits & toutes les fonctions de l'autorité paternelle. Je n'aurois pas cru que cet Auteur, qui paroît s'attacher plus à divertir son Lecteur, & à égayer ses matieres qu'à les approfondir, eût si bien penetré dans le fonds de celle-ci. J'en ai été satisfait, quoique je sache qu'on peut ajoûter bien des choses à ce qu'il a dit. Mais je ne vois pas que nos communs Adversaires puissent rien répondre à la parité qu'il a tirée d'une femme, qui étant persuadée qu'un fourbe est son veritable mari, ne peut manquer à aucun devoir de femme envers ce fourbe, sans être tout aussi criminelle devant Dieu, que si elle tomboit dans les mêmes fautes envers son veritable mari. Ils ne peuvent pas mieux répondre à la parité qu'il a tirée d'un bâtard, qui étant persuadé que le mari de sa mere est son pere, lui doit toutes les mêmes soumissions qu'à son pere très-effectif, & ne peut y manquer sans encourir le même crime précisément qu'il encourroit en y manquant pour son vrai pere. Il herite aussi légitimement des biens du mari de sa mere que s'il étoit son fils, & par consequent l'opinion fausse où sont tant le fils que le mari de cette femme, les mettent en pleine possession de tous les droits d'une persuasion juste & légitime. Ces exemples & plusieurs autres que cet Auteur a étalez jusqu'à la superfluité,

perfluité, démontent à pur & à plein nos Adversaires.

Car ils prouvent démonstrativement, qu'une action qui se fait en consequence d'une fausse persuasion, est aussi bonne que si elle se faisoit enconsequenced'unevraie persuasion.Cela paroît en ce que l'obéïssance pour un pere putatif, pour un mari putatif, l'affection pour un enfant putatif,&c. sont aussi légitimes, ni plus ni moins, que pour des sujets qui sont en effet ce qu'on les croit être. D'autre part une action opposée à la fausse persuasion est aussi mauvaise qu'une action opposée à la vraie persuasion. Cela paroît en ce que désobéïr à un pere putatif, le maltraiter, le tuer, faire la même chose à un mari putatif, haïr un fils putatif, sont des actions aussi criminelles que si elles étoient faites contre des personnes qui seroient réellement ce qu'on les croit. On n'y sauroit trouver d'inégalité.

Si fait, dira-t-on, il y en a une très-grande; car un homme qui chasseroit de sa maison un fils putatif, ne seroit injure dans le fonds qu'à un étranger; la personne chassée mentiroit si elle disoit, c'est mon pere qui m'a chassé, tout homme qui dit la même chose ment : il n'est donc pas vrai que cet homme ait chassé son fils, il n'est donc coupable que comme s'il avoit chassé un étranger qu'il n'est pas obligé de nourrir. Mais s'il chassoit un enfant sorti de ses reins, la chose changeroit d'espece, & Dieu qui juge toûjours des faits tels qu'ils sont véritablement, sauroit que cet homme auroit chassé son propre fils, & jugeroit de son action sur ce pied-là, au lieu que dans l'autre cas il supposeroit seulement qu'un homme auroit chassé un étranger.

Les qualitez objectives des choses fondent seules le degré de moralité, & non les qualitez physiques en plusieurs cas.

Mais sans que je refute cette chicane, tous mes Lecteurs en verront l'absurdité : ils verront bien que le Souverain juge du monde, le scrutateur des reins & des cœurs, ne peut mettre de la difference entre deux actes de volonté humaine, tout-à-fait semblables dans leur entité physique, quoique par accident leur objet ne soit pas le même réellement ; car il suffit qu'il soit objectivement le même, je veux dire, qu'il le paroisse aux deux volontez qui forment les actes. Et dans le fonds que fait cela pour le pere putatif, que la personne qu'il chasse n'aît pas été engendrée de lui ? Cette circonstance étant nulle à son égard, puisqu'elle ne lui est pas plus connuë que si elle n'étoit pas, peut-elle être cause de rien sur lui ? Fait-elle qu'il y ait moins d'emportement, moins de dureté, moins d'inhumanité dans son ame ? Il est clair que non, & que cette circonstance ne change rien dans l'acte de sa volonté,& dans les modifications de l'ame. Ainsi Dieu y doit voir le même déreglement, soit que ces actes tendent sur un vrai fils, soit qu'ils tendent sur un étranger, mais qui au lieu d'être connu pour tel est connu pour fils. Semblablement une femme quicroit bonnementqu'un fourbe est son légitime mari, & qui l'admet dans sa couche, ne commet pas une action moins légitime que si c'étoit son veritable mari ; & si elle refusoitabsolument de coucheraveccefourbe, elle seroit aussi blâmable que si elle refusoit de coucher avec son véritable mari. La raison en est que pour faire qu'au 1. cas son action fût moins légitime, & au 2. moins blâmable, il faudroit qu'elle eût quelque bon motif de ne pas coucher avec ce fourbe. Or elle n'en a aucun : Donc, &c. On ne sauroit indiquer le moindre motif, puisque la qualité de fourbe qui est dans

cet homme, & qui pourroit être le seul bon motif, ne peut être le motif de rien, à l'égard de ceux à qui elle est entierement inconnuë. Ce seroit donc une illusion tout-à-fait sans fondement, que de dire que si cette femme refusoit de coucher avec cet homme, elle ne seroit point coupable; carcerefusne pouvant n'être pasfondé sur quelque caprice bourru, sur quelque opiniâtreté, sur quelque fierté, ou sur quelque défaut semblable,&précisémentlemêmequi feroitqu'elle ne coucheroit pas avec son veritable mari,s'il se présentoit,ne peut enfaçon du monde être excusé.

Mais enfin, dira-t-on, ce refus n'est pas réellement pour le veritable mari; je réponds que cela n'y fait rien,& qu'il suffit qu'il soit pour le veritable mari objectivement. Cela paroît parce que la turpitude d'une action au Tribunal de la Justice Divine, ne se mesure pas par la qualité réelle des sujets où elles tendent, mais par leurs qualitez objectives ; c'est-à-dire, que Dieu ne considere que l'acte même de la volonté. Ainsi un homme qui veut en tuer un autre,& qui le croyant dans un carrosse lui tire un coup de mousqueton, est aussi coupable devantDieu,encore qu'il ne touche qu'une statuë qu'on auroit mise dans le carrosse, que s'il l'avoit tué, parce que les effets du mouvement local qui execute l'acte de la volonté, sont tout-à-fait externes au crime. Vouloir remuer le bras, dans le moment que l'on croit que son mouvement sera suivi de la mort d'un homme, fait toute l'essence de l'homicide. Le reste, savoir qu'un tel homme ne soit pas réellement tué, ou soit tué, n'est qu'un pur accident, où Dieu, juge infaillible & très-sûr de toutes choses, ne prend pas garde comme à quelque chose d'extenuant ou d'aggravant le peché.

C'est un endroit assez propre pour dire, que Si ceux qu[i] outragent D[ieu] directeme[nt] [...] vent avo[...] à la tolér[ance] bien que j'étende la tolérance de Religion,autant que qui que ce soit ; cependant je ne voudrois pas qu'on fît le moindre quartier à ceux qui font injure à la Divinité,qu'ils font profession de croire, fût-ce la plus basse de toutes cesDivinitez de fiente, comme s'exprime l'Ecriture. C'est le sentiment de Grotius dans le dernier paragraphe du Ch. 20. du 2. Livre *de Jure Belli & Pacis.* Ceux-là, dit-il, sont plus justement punis qui se portent irrévéremment & irreligieusement contre ceux qu'ils croyent Dieux ; & sur cela il fait une note où il dit, que S. Cyrille a traité cette pensée fort dignement dans le 5. & 6. Livre contre Julien. Il dit aussi que le vrai Dieu a puni les parjures commis contre lesDivinitez quelconques qu'on reconnoissoit. Il est bon d'oüir Seneque au Chapitre 7. du 7. Livre des Benefices. *Un Sacrilege ne peut point faire injure à Dieu qui est hors de toute atteinte par sa nature;cependant ce sacrilege est puni, parce qu'il a pris pour Dieu celui à qui il a voulu faire injure. Notre opinion & la sienne, le soumettent au châtiment.* Cet Auteur joint l'opinion de l'homme sacrilege avec l'opinion de ses Juges ; mais en un certain sens cette jonction n'est pas nécessaire ; car encore qu'ils soient très-differens en Religion de cet homme sacrilege, ils sont obligez de le punir, à cause de ce qu'il a fait contre sa conscience particuliere. Il est vrai qu'en un autre sens, l'opinion de Juges ne peut qu'elle ne se joigne avec celle de cet impie pour le châtier, attendu qu'ils estiment nécessairement que toute offense particuliere des fausses Divinitez retombe sur le vrai Dieu. Comment cela, dira-t-on ? Le voici, il est aisé de le démontrer.

Comme ce sont les loix éternelles ou positives de Dieu qui mettent de la différence entre le crime & la vertu, c'est à Dieu à ordonner de la peine que méritent ceux qui violent ces loix ; & c'est lui, comme législateur, qui est le principal offensé dans toute transgression de ces loix. Or est-il que la plus nécessaire & la plus indispensable de ces loix, est celle qui défend de faire ce que l'on croit méchant, criminel & impie; donc tous ceux qui font ce qu'ils croyent méchant & impie, violent une des plus sacrées loix qui émanent de la nature divine, & par conséquent ils offensent le vrai Dieu ; car encore qu'ils ne le connoissent pas, encore que le Dieu qu'ils connoissent soit une fiction de leur esprit, & un Etre très-imparfait, il ne laisse pas d'être vrai que l'opinion où ils sont que cet Etre est Dieu, ne sauroit être suivi d'un acte par lequel ils veulent faire & font actuellement ce qu'ils croyent offenser ce Dieu, qu'il n'y ait un extrême désordre, & une malice étrange dans leur ame. Or ce désordre & cette malice de l'ame est une de ces actions que la loi éternelle a mises dans la classe du peché. Donc c'est un violement de la loi éternelle de Dieu ; en un mot c'est une impiété.

Pour le mieux comprendre, il ne faut que comparer un Juif qui auroit pillé le Temple de Jérusalem, avec un Grec qui auroit pillé le Temple de Delphes; un Juif, dis-je, & un Grec également assurez; l'un, que le Temple de Jérusalem est consacré à Dieu ; l'autre, que le Temple de Delphes est consacré à Apollon, & qu'Apollon est un vrai Dieu. Je défie tous les hommes du monde de trouver dans l'action de ces deux voleurs quelque chose qui puisse rendre l'une plus impie, plus offensante le vrai Dieu que l'autre.

Car peut-on dire que le Juif, enlevant des vases consacrez au vrai Dieu, & le Grec des vases consacrez à un faux Dieu, cela met une différence spécifique entre ces deux enlevemens ? Dire cela est ignorer entierement la cause formelle des crimes, & prétendre que le crime du Juif consiste du moins en partie en ce précisément qu'il a ôté d'un certain lieu certains vases, & les a mis dans un autre. Or ce n'est point cela ; si le vent faisoit ce transport, si la foudre, si un tremblement de terre, si une machine ambulante, il n'y auroit pas plus de mal moral dans ce transport, que dans le transport d'un fétu qui est le jouët des vents dans une campagne. C'est donc en ceci que consiste tout le crime du Juif, en ce qu'il a voulu transporter ces vases dans le moment même qu'il a été à portée de mouvoir sa main pour cela, & en ce qu'il l'a voulu dans le moment même qu'il croyoit que c'étoient des vases consacrez à Dieu, & qu'on ne pouvoit dérober sans offenser le vrai Dieu. C'est le concours, & pour ainsi dire le confluent de ces deux actes de l'ame, savoir de cette connoissance & de cette volition, dans le moment où la main a pû faire ce transport, qui constituë tout le sacrilége & tout le crime du Juif. Que dans le fond ; ou comme parlent les Logiciens, qu'à *parte rei* il soit très-vrai que ces vases soient consacrez au vrai Dieu, & non pas à ces Dieux de merde dont nous parlent si souvent les Prophètes, c'est une chose tout-à-fait externe & accidentelle à l'action du Juif ; & ainsi cela ne fait rien au réaggrave de son crime. D'où paroît évidemment que le sacrilége du Grec est aussi criminel que celui du Juif, puisqu'on y trouve le concours d'une volonté de dérober certains vases, dans le moment même

PARTIE II. CHAP. IX.

où la main peut se mouvoir pour cela, d'une croyance claire & distincte que ces vases sont consacrez à un Dieu, qui s'estimera très-offensé de ce qu'on les ôtera de là. Que du reste Apollon soit une chimere, cela n'y fait rien ; car le Grec n'ayant nulle connoissance de cette qualité chimérique d'Apollon, on n'en peut rien tirer pour l'excuser; & il est très-faux que la raison ou totale ou partiale pourquoi il a osé voler le Temple, ait été prise de ce qu'il croyoit qu'Apollon n'étoit pas un Dieu. Je dis & j'inculque trop de foi les mêmes choses ; mais nous avons à faire à des Adversaires, si impénétrables aux argumens les plus tranchans, qu'on diroit que leur esprit est comme le corps de ces soldats qui se charment, dit-on, pour ne pouvoir pas être blessez : ainsi il faut les traiter comme l'eau traite les pierres, leur redire souvent la même chose,

Gutta cavat lapidem non vi sed sæpe cadendo.

Je conclus de tout ceci, que la conscience d'un Payen l'oblige à honorer ses faux Dieux, à peine, s'il en médit, s'il vole leurs Temples, &c. de tomber dans le blasphême & dans le sacrilége, non moins qu'un Chretien qui médit de Dieu, & qui vole les Eglises. C'est pourquoi j'aprouverois fort que les Magistrats Chretiens punissent un Payen qui sans avoir envie d'abjurer sa Religion, blasphémeroit contre ses Divinitez, ou renverseroit leurs statuës.

Voyons présentement les difficultez qu'on nous peut proposer en foule.

En 1. lieu on nous pourra dire, que les exemples de l'Auteur de la Critique Générale ne prouvent rien, par raport aux veritéz de Religion, parce qu'ils consistent en questions de fait, & non pas en questions de droit, comme font les articles de Foi. C'est pourquoi un homme qui croira faussement que le mari de sa mere est son pere, sera tenu de l'honorer comme son pere, & pécheroit s'il ne l'honoroit pas ainsi; mais celui qui croiroit faussement que le meurtre est une action vertueuse, ne seroit pas obligé de tuer, & pécheroit s'il tuoit. D'où vient la différence ? C'est que de savoir si un tel est pere d'un tel est une question de fait ; mais de savoir s'il est permis de tuer est une question de droit.

De la distinction du droit & du fait

Cette objection ne veut pas dire grand'chose, & comprend deux membres qu'il faut distinguer; l'un est de savoir si une conscience qui erre dans les matieres de droit, oblige à agir selon ses fausses lumieres ; l'autre, de savoir si celui qui suit ces fausses lumieres fait un crime. Je ne vois pas qu'à l'égard du 1. article le fait & le droit forment aucune véritable différence, parce que la raison formelle pourquoi dans les matieres de fait la conscience errante oblige à agir, est que celui qui n'agiroit pas mépriseroit la vertu, & voudroit faire ce qu'il sauroit être un mal. Par exemple, un homme qui fait le contraire de ce que sa conscience faussement persuadée lui dit qu'il doit rendre à celui qu'il croit être son pere, veut formellement la désobéïssance au 5. commandement du Décalogue. Or comme vouloir cela est un plus grand mal que vouloir une autre action, qui n'est pas conforme à la loi de Dieu, mais qui nous paroît pourtant y être conforme, si bien que cette aparence est le motif qui nous la fait faire, & que d'ailleurs on est indispensablement obligé d'éviter de deux maux le pire, il est clair qu'on est obligé à honorer son pere putatif. Or la même raison se trouve lorsque la conscience erre dans les matieres de droit. On peut prendre le contrepié de ce qu'elle dicte, sans vouloir ce qu'on est persuadé être un peché ; & vouloir cela est sans doute un plus grand peché que vouloir une autre chose que l'on croit bonne , quoiqu'elle ne le soit pas ; donc la même raison pourquoi la conscience errante dans les faits oblige , a lieu pour la conscience errante dans les points de droit. Donc la distinction est nulle à l'égard du 1. Article. J'ajoûte qu'à proprement parler il n'y a que peu de questions de droit qui ne se réduisent à ce fait , savoir si Dieu a revelé ceci ou cela , si Dieu défend l'homicide , &c. car pour la question si tout ce que Dieu défend est mauvais , & tout ce qu'il commande , juste , on n'en dispute pas ; on dispute seulement de ce fait , telle ou telle chose a été défenduë ou commandée de Dieu.

A l'égard du 2. article , savoir si celui qui suit sa conscience erronnée dans les matieres de droit , pêche , je n'ai pas dessein d'en traiter ici ; néanmoins je prie mon Lecteur de peser cette remarque :

Que la distinction du fait & du droit ne sert de rien que dans les cas où ces deux choses ne sont pas semblables. Ce seroit se moquer du monde que de dire , *une telle action procedant d'erreur est innocente ; une autre action procedant d'erreur est criminelle ; celle-là est innocente parce qu'elle regarde un fait ; celle-ci est criminelle , parce qu'elle regarde un droit* ; ce seroit , dis-je , se moquer du monde que de raisonner ainsi , sans passer plus avant , & sans supposer d'autres principes. Il faut donc sous-entendre , quand on dit cela , que le fait & le droit sont si differens de leur nature , que l'ignorance quant aux faits est invincible , mais que quant au droit elle est malicieuse & affectée. En supposant ce principe , tout ira bien , & alors la veritable raison pourquoi une femme qui couche (*) avec un mari putatif , un enfant qui recueille la succession d'un pere putatif , &c. ne commettent ni adultere , ni vol , n'est pas celle-ci , que leur erreur regarde une matiere de fait , (cette raison en suppose une autre) mais c'est celle-ci que leur erreur ne procede d'aucune malice , & que ce n'est pas la faute ni de la femme , ni du fils , s'ils se trompent. Je ne vois pas que cela puisse être nié , puisqu'il est constant que si la méprise de cette femme avoit sa source dans quelque passion criminelle , qui lui auroit fait fermer les yeux sur les moyens qui se présentoient à elle de découvrir l'imposture , alors son commerce charnel avec l'imposteur seroit un crime ; & cependant il seroit toûjours vrai que cette action regarderoit ce point de fait , *si un tel homme est le mari d'une telle*. Voilà comment , par l'anatomie des circonstances , on trouve la raison formelle du mal & du bien. Nous ne la trouvons pas en ce précisément qu'une action est en matiere de fait , mais en ce que ce fait est tel qu'on l'ignore sans malice , ni affectation vicieuse. Or si c'est-là la vraye formalité des actions innocentes qui procedent d'erreur , je dis que partout où elle se rencontrera , soit matiere de fait , soit en matiere de droit , l'action procedante d'erreur sera innocente ; & ainsi cette premiere difficulté fondée sur la distinction du fait & du droit , ne fait rien à notre affaire , ne frappe pas mon sentiment ; car je ne prétens pas excuser ou innocenter ceux qui par malice

contribuent à leur ignorance ; je ne parle que pour ceux qui errent de bonne foi , & qui de bon cœur abandonneroient leurs Hérésies , s'ils s'appercevoient qu'elles fussent des Hérésies ; qui en un mot ont employé , pour connoître si elles l'étoient , les mêmes enquêtes que les Orthodoxes , pour connoître si leur orthodoxie étoit bonne.

Je ne crains point d'assurer que le respect & l'obéïssance que de telles gens ont pour leur Eglise, le zele qu'ils ont pour leur confession de Foi, le soin que leur Eglise prend d'élever & d'instruire ses enfans , ne peuvent passer pour des actions criminelles , qu'il ne s'ensuive que l'obéïssance pour un pere putatif , le commerce avec un mari putatif , la tendresse pour un enfant putatif , sont criminelles ; car il y a de part & d'autre transport de ce qui est dû aux uns , sur ceux à qui cela n'est pas dû ; & de part & d'autre on ignore involontairement & sans malice ce qu'on ignore. Aprèsquoi peu importe que l'un soit apellé fait , & l'autre droit , tout de même qu'il importe peu , pour la justification des poursuites que fait un homme afin de recouvrer son bien , que ce bien lui ait été donné , ou qu'il l'ait acheté. Ce sont deux choses très-differentes que d'avoir une chose en don ou par achat ; néanmoins parce qu'elles se réünissent dans le point particulier de rendre un homme juste possesseur , elles conferent également le droit de la juste possession , & des poursuites légitimes qui en dépendent. Voilà notre affaire. Le fait & le droit differeront , si on veut , comme le blanc & le noir ; cependant lorsqu'i‍s se réüniront dans le point d'être également inconnus par ignorance involontaire , ils donneront ou ils ôteront précisément les mêmes droits.

Je n'examine point ici si les matieres de droit peuvent être méconnuës aussi innocemment que celles de fait , j'en toucherai quelque chose (A) ci-dessous.

La 2. difficulté qu'on nous propose est qu'il s'ensuit de ma doctrine le renversement de ce que je veux établir ; je veux montrer que la persecution est une chose abominable , & cependant tout homme qui se croira obligé en conscience de persecuter , sera obligé , selon moi , de persecuter , & seroit mal de ne persecuter pas.

Je réponds que le but que je me propose dans ce Commentaire sur les paroles , *Contrains-les d'entrer*, étant de convaincre les Persecuteurs , que Jesus-Christ n'a pas commandé la violence , je ne ruine pas moi-même mon dessein , pourvû que je montre par de bonnes preuves que le sens littéral de ces paroles est faux , absurde & impie. Si je me sers même de fortes raisons , j'ai lieu de croire que ceux qui les examineront sincerement , éclaireront les erreurs de conscience où ils pourroient être quant à la persecution , & ainsi mon dessein est juste. Je ne nie pas que ceux qui sont actuellement persuadez qu'il faut , pour obéïr à Dieu , abolir les Sectes , ne soient obligez de suivre les mouvemens de cette fausse conscience , & que ne le faisant pas ils ne tombent dans le crime de desobéïr à Dieu ; puisqu'ils font une chose qu'ils croyent être une désobéïssance à Dieu.

Mais 1. il ne s'ensuit pas qu'ils fassent sans crime ce qu'ils font avec conscience. 2. Cela n'empêche pas qu'on ne doive crier fortement contre

S'il s'en
principe
l'Auteu
homme
suadé
de con
est obl
persecu

(*) Conferez ceci avec les *Nouvelles Lettres Critiques sur l'Histoire du Calvinisme , Lettre 9.*

(A) Dans le Chap. suivant.

tre leurs fausses maximes, & tâcher de répandre de meilleures lumieres dans leur esprit.

La 3. difficulté est que si l'on suivoit mes principes, les Magistrats ne pourroient pas punir un homme qui voleroit & tueroit, après s'être persuadé que ce sont des actions licites. J'ai déja répondu ailleurs que cela ne s'ensuit pas, parce que le Magistrat est obligé de maintenir la société, & de punir ceux qui en renversent les fondemens, comme font les meurtriers & les larrons; & en ce cas-là il n'est point obligé d'avoir égard à la conscience du voleur & de l'homicide. Il n'est obligé d'y avoir égard que pour les choses qui ne troublent point le repos public, c'est à-dire, pour les dogmes avec lesquels il est aussi facile aux Sujets de joüir surement de leur bien & de leur honneur, sous la majesté des loix, qu'avec d'autres dogmes.

Quoiqu'il en soit, dit-on en 4. lieu, on ne peut, selon mes principes, faire violence à aucun homme qui se mêle de dogmatiser, & ainsi voilà les Athées en droit de déclamer partout où bon leur semblera contre Dieu & la Religion. Je nie cette conséquence, en 1. lieu parce que les Magistrats étant obligez par la loi éternelle de maintenir le repos public, & la sureté de tous les membres de la société qu'ils gouvernent, peuvent & doivent punir tous ceux qui choquent les loix fondamentales de l'Etat, au nombre desquels on a coûtume de mettre tous ceux qui ôtent la providence, & toute la crainte de la Justice de Dieu. Si cette raison ne suffisoit pas, en voici une 2. qui fermera pour jamais la bouche à tout chicaneur, quelque hardi qu'il puisse être; c'est qu'un Athée ne pouvant être poussé à dogmatiser par aucun motif de conscience, ne pourra jamais alleguer aux Magistrats cette sentence de S. Pierre, *il vaut mieux obéir à Dieu qu'aux hommes*, que nous regardons avec justice comme une barriere impénétrable à tout Juge séculier, & comme l'asile inviolable de la conscience. Un Athée destitué qu'il est de cette grande protection, demeure justement exposé à toute la rigueur des loix, & dès aussi-tôt qu'il voudra répandre ses sentimens contre la défense qui lui en sera faite, il pourra être châtié comme un séditieux, qui ne croyant rien au-dessus des loix humaines, ose néanmoins les fouler aux pieds. Je n'insiste pas davantage sur cette réponse; je suis assuré que les Lecteurs les moins pénetrans en sentiront d'abord toute la force; & ainsi voilà notre doctrine absolument à couvert des attentats de l'impiété, puisque nous voulons qu'à cet égard le bras séculier fasse tout ce qu'il trouvera à propos. Mais à l'égard d'un Docteur qui peut dire aux Magistrats, que c'est pour la gloire de Dieu, leur commun Maître, qu'il enseigne ceci ou cela, & que c'est la conscience & le zele pour les veritez célestes qui l'anime, c'est une autre chose. Ce sont les barrieres de la montagne de Sinaï qu'il n'est pas permis de franchir. Il faut raisonner par la parole de Dieu avec un tel homme, ou par les lumieres de la Raison. Joignez à ceci ce qui a été dit ci-dessus, quand nous avons parlé (*) de l'échange des Missionnaires, qu'il seroit avantageux au Christianisme que l'on fît avec les Mahometans.

Mais quoi, dira-t-on en 5. lieu, il faudroit souffrir qu'un homme dogmatisât en public, que la Sodomie, l'adultere, le meurtre sont des actions très-loüables & très-saintes, & dès-aussitôt qu'il diroit que sa conscience & le zele de la verité divine le portent à désabuser le monde,

les Magistrats n'auroient plus rien à lui opposer? Je réponds que ceci sent fort la chicane, & que c'est un inconvénient si peu à craindre, que toute la difficulté qu'on y fonde ne mérite pas de nous arrêter.

Si je disois à ceux qui condamnent la persécution à fer & à feu, & qui disent qu'il faut se contenter de banir les Hérétiques, que leur doctrine tend manifestement à la rigueur de la mort, parce que si tout le monde banissoit ceux qu'ils auroient banis, il faudroit nécessairement que ces misérables périssent, ne trouvant aucun lieu où s'arrêter, je croirois proposer une méchante chicane, parce que je supposerois un inconvénient qui n'arrivera jamais selon toutes les aparences, savoir que tous les peuples du monde s'accordent à chasser les mêmes Hérétiques. Je dis la même chose à-peu-près de l'objection qui m'est faite. Il n'est pas besoin de savoir ce qu'on feroit, en cas que des gens prêchassent la Sodomie, le meurtre & le brigandage, comme la Morale venuë du Ciel; car il ne faut pas craindre que cela arrive. Les Novateurs ne se portent pas de ce côté-là, & ceux qui s'y porteroient deviendroient si-tôt l'horreur du Public, qu'assurément ils ne feroient point de Secte. Ce n'est pas ainsi qu'un Imposteur, ou un homme séduit par le Diable, s'empareroit de l'esprit de la multitude; les apparences de l'austérité lui seroient d'un plus grand usage. Que si pourtant ou souhaite de savoir ce qu'il faudroit faire contre de semblables prédicateurs, je dis qu'il faudroit d'abord, si on présumoit qu'ils fussent persuadez de ce qu'ils diroient, raisonner avec eux, & leur montrer dans la parole de Dieu, & dans les idées de la droiture naturelle, leur condamnation. Ou ils seroient des Phrénétiques, ou ils entendroient raison après un tel Catéchisme; & après qu'on leur auroit montré nettement & doucement les conséquences honteuses & affreuses de leurs dogmes, conséquences qui mettroient les biens & la vie d'eux-mêmes prédicateurs au pouvoir de tout venant : & s'ils persistoient dans leur opinion, & dans le dessein de la répandre & de l'enseigner, en ce cas-là on pourroit leur dire, que comme ils attaquent les loix politiques de la société, ils sont dans le cas où les Souverains ne respectent point l'allégation de la conscience. Je suis sûr qu'il paroîtroit tant de marques de folie dans de telles gens, s'ils ne se laissoient pas convertir dans une dispute, qu'on seroit fondé à les enfermer dans les petites maisons. Je laisse à juger si cet inconvénient, dont il ne me souvient pas d'avoir jamais lû d'exemple dans le Catalogue des Hérétiques, est à comparer aux inconvéniens de l'opinion qui livre au bras séculier la personne & la vie de ceux qui errent dans des points de Foi. Les points de Morale sont si clairement couchez dans l'Ecriture, qu'il ne faut guéres apréhender que la conscience se puisse empoisonner sur cela. Et comme d'ailleurs les Chretiens sont sur un pié qu'ils vivent d'une maniere aussi relâchée que si toute la Morale spéculative étoit boulversée, on laissera dans son entier cette Morale : elle sert à faire de bons Livres & de bons prêches, & de beaux dehors d'austérité. Ainsi sa commodité à cet égard & le peu d'incommodité qu'elle cause dans la pratique, nous doivent être des Garans qu'il ne s'élevera point de Secte contre; ou s'il s'en éleve, qu'on en réprimera bientôt le scandal sans l'aide du bras séculier. Les Jésuites

(*) Dans le Chap. VII.

fuites avec toute leur fiereté & toute leur impudence, n'ont pas ofé foûtenir les attentats de
leurs Cafuiftes ; ils les ont défavouez, & fe font
plaints qu'on calomnioit en cela leur Société. Ils
ont calé les voiles en cette occafion. S'ils l'ont
fait, qui ne le fera ? Les anciens Gnoftiques qui
foûtenoient les foüillûres de la chair, les Ada-
mites & telles autres gens n'ont pas été de longue
durée ; il ne faut que l'honneur du monde pour
leur ôter les Sectateurs, & ils ne fauroient guéres en avoir qui ne foient décriez pour leur mauvaife vie, grande préfomption que leur confcience n'eft point trompée. S'ils en ont tant foit
peu & tant foit peu de Raifon, on les peut convertir en conférant avec eux.

Enfin qu'un homme qui fait un meurtre en fuivant fa confcience, fait mieux que s'il ne le faifoit pas.

En 6. lieu on peut dire qu'il s'enfuit de nos
principes, qu'un homme qui fait un meurtre en
fuivant les inftincts de fa confciénce, fait une
meilleure action que s'il ne le faifoit pas, & que
les Juges n'ont point droit de le punir, puifqu'il
n'a fait que fon devoir. Cette objection eft affurément très-incommode, je n'en difconviens
point ; mais j'efpere qu'on fera fatisfait de mes
réponfes, pourvû qu'on n'en juge pas populairement. J'ai trois chofes à faire obferver.

La 1. eft une fuite de ce que j'ai dit il n'y a
qu'un moment, qu'il eft fi peu à craindre que plufieurs perfonnes ne tombent dans la folle & furieufe perfuafion qu'il eft jufte de tuer, qu'en
avoüant la conféquence qu'on m'objecte, je n'expofe pas beaucoup ni la Religion, ni l'Etat. La
lumiere naturelle & l'Ecriture font fi claires contre le meurtre, & la doctrine qui l'enfeigneroit a
quelque chofe de fi odieux, & même de fi périlleux, que très-peu de gens font capables de s'égarer affez pour acquérir cette forte de confcience.
Cela n'eft à craindre qu'à l'égard de certains ef-
pris mélancholiques, ou grands Zélateurs de la
Religion, à qui des Directeurs de confcience,
grands fcélerats, peuvent infpirer le deffein de
tuer un Prince qui s'oppofe à leur Religion, de
quoi la France & l'Angleterre ont vûdes exemples.
Quand il n'en couteroit la vie qu'à un Prince dans
chaque fiecle, ce feroit toûjours un très-grand
défordre; mais on n'évitera pas ce mal-là, en foûtenant, comme font nos adverfaires, que la fauffe confcience n'oblige point. Car ces malheureux
Directeurs, qui voudront infpirer ces affaffinats,
ne diront pas à leurs fatellites que ce foit une fauffe confcience ; mais une confcience très-orthodoxe, qui les pouffe à poignarder un Henri III.
& un Henri IV. Puis donc qu'on n'évite pas dans
les principes oppofez aux miens l'inconvénient
qu'on pourroit craindre de mon hipotefe, il y auroit de l'imprudence à l'abandonner pour cela,
commode qu'elle eft en tant d'autres chofes, &
particulierement pour obliger l'homme à bien
s'inftruire de la verité ; car s'il fe perfuade une fois
qu'il eft obligé de fuivre les infpirations de fa
confcience, fans que néanmoins il foit quitte envers Dieu de tout crime, puifque s'il a négligé de
s'informer de ce qu'il falloit croire, il fera puni
de ce qu'il aura fait felon fa confcience, il prendra mieux garde à ne fe point impofer un joug &
une néceffité de mal faire ; au lieu que fi on dit
aux gens que la fauffe confcience ne les oblige pas,
ils ne prendront garde à rien ; ils fe perfuaderont
tout ce qu'on voudra, fauf à ne rien faire de ce que
leur dictera la confcience ; car, diront-ils, peut-
être qu'elle n'eft pas inftruite, & en ce cas-là je
dois point me régler fur elle. Voilà d'étranges con-
fufions, qui naiffent du fentiment que je réfute.

Je dis outre cela que la raifon pour laquelle on
juge communément qu'un meurtre eft un plus
grand crime, quoique fait felon les inftigations
de la confcience, que ne feroit pas le mépris def-
dites inftigations, eft qu'on a coûtume de faire
juger Dieu de nos actions, comme nos Juges criminels en jugent. C'eft-à-dire, qu'on prétend
qu'outre les modifications de l'ame, Dieu fe regle encore fur les fuites du mouvement de la matiere, avec quoi les hommes exécutent leurs défirs;
enforte qu'il croye que ce foit un plus grand crime de tuer un homme, lorfqu'on n'a intention
que de le bleffer, que de ne faire que le bleffer,
lorfqu'on a intention de le tuer. C'eft un grand
abus, & néanmoins je ne blâme pas que les Juges
fe gouvernent fur ce pié-là, puifqu'ils ne font pas
les fcrutateurs des reins & des cœurs. Quand à
Dieu qui connoît infiniment mieux tous les dégrez de malice, d'infirmité, de paffion, &c. qui
interviennent dans nos volontez, que le meilleur
Orfevre ne connoît les proportions des métaux
qu'il allie enfemble, il juge de nos actions très-
furemeut & très-infailliblement, fans porter fa
vûë ailleurs que fur la modification de notre
ame, fans confiderer fi l'une de ces modifications
remuë une épée, & l'autre ne la remuë pas. Il y
a telle modification qui la remuë, qui vaut
mieux que celle qui ne la remuë pas.

S'il eft donc vrai que Dieu ne confidére que
les modifications de l'ame, contentons-nous de
confidérer ce qu'il voit dans un homme pleinement perfuadé qu'il doit faire un meurtre, &
qui cependant n'en veut rien faire, & dans un
homme qui ayant la même perfuafion fait un
meurtre. il voit dans le 1. un mépris affecté, inexcufable & malicieux des ordres de Dieu (car
comme je l'ai dit mille fois, méprifer ce qu'on
croit un ordre de Dieu, eft effenciellement un
mépris des ordres de Dieu, quoiqu'on fe trompe en croyant que ce foit un ordre de Dieu) il
voit dans le 2. une déférence entiere à ce qu'il
croit l'ordre de Dieu, un hommage rendu à l'autorité fuprême de Dieu, enfin un amour de l'ordre ; car l'ordre éternel joint enfemble l'idée de
Dieu commandant une chofe, & la réfolution de
lui obéïr. Nous ne concevons pas plus clairement
que l'idée d'une grandeur qui furpaffe la grandeur d'une partie, eft enfermée dans l'idée du
tout, que nous concevons que l'obligation de faire une chofe eft enfermée dans l'idée de Dieu la
commandant; & ces deux axiomes font fans contredit de même clarté indifputable, *le tout eft plus
grand que fa partie ; l'homme doit faire ce que Dieu
lui commande, & croire qu'il doit faire ce qu'il croit
que Dieu lui commande.* Il eft donc impoffible
qu'un homme joigne enfemble le défir de faire
une chofe avec la croyance que c'eft Dieu qui la
lui ordonne, fans qu'il fouhaite de fe conformer
à l'idée primitive de l'équité, & à ce qu'on apelle l'ordre éternel & immuable, & par conféquent
Dieu qui connoît toutes chofes comme elles font,
voit dans une ame qui croyant qu'il lui ordonne
un meurtre, le fait, un attachement très-réel à
fe conformer à la loi naturelle & éternelle ; &
au contraire il voit dans une ame qui eft dans la
même perfuafion, & qui ne veut point faire le
meurtre, un éloignement de l'ordre, & une
tranfgreffion manifefte de cette loi éternelle. Il
faut donc que la premiere ame lui paroiffe moins
déréglée que la feconde, puifque tout le mal de
la premiere ne confifte qu'en ce qu'elle a pris
pour une infpiration de Dieu ce qui ne l'étoit
pas

pas effectivement; ce qui n'étant qu'une erreur de choix & de fait, ne peut pas être une faute à beaucoup près si criminelle que l'acte de la volonté, par lequel nous refusons d'obéïr à Dieu.

Il faut remarquer que le meurtre étant une action qui peut être légitime en certains cas, comme à la guerre, & lorsque l'on pend les criminels, & lorsque Dieu par des inspirations secrettes y pousse un homme, comme il poussa St. Pierre à faire mourir Ananias, il s'ensuit que pour soûtenir qu'un homme a fait un crime, il ne suffit pas d'alléguer qu'il a tué un autre homme, il faut de plus examiner les circonstances; car il y en a qui rendent l'homicide une bonne action, un ordre secret de Dieu, par exemple. Ainsi quand un homme, en suivant les instincts de sa conscience, en tuë un autre, il ne faut pas considérer cet homicide détaché de l'opinion où a été le meurtrier, que Dieu lui commandoit cela. Or en considérant ce meurtre attaché avec cette opinion, il ne nous restera plus que de dire que cet homme s'est abusé grossierement, en prenant pour une inspiration de Dieu ce qui ne l'étoit point, & cette faute n'est pas sans doute comparable à celle de ne tenir aucun compte de l'ordre qu'on croit venir de Dieu. Il ne nous restera point de difficulté, si nous représentons le Diable accusant au Tribunal de Dieu l'homme qui n'a point tué, lorsque sa conscience l'y poussoit. L'accusation porteroit que cet homme se croïant dans des circonstances, où Dieu par une providence spéciale se vouloit servir de lui comme autrefois de Phinées, de Samuel, d'Elie, de St. Pierre, pour faire mourir quelqu'un, il s'étoit moqué de cela & l'avoit renvoïé bien loin. Que répondroit l'Accusé? Diroit-il qu'il savoit que le meurtre avoit été défendu dans le Décalogue? Mais on lui repliqueroit que Dieu dispense quelquefois de ce précepte. Diroit-il qu'il n'a pas osé mettre la main au sang? Mais on demanderoit que sa lâcheté fût punie. Diroit-il enfin qu'il a douté que Dieu lui commandoit cela? En ce cas nous ne sommes plus dans la supposition que j'ai faite, & ainsi je n'ai rien à dire. Il paroît donc que cette Accusé n'auroit aucune bonne raison à alléguer pour exténuer sa désobéïssance formelle, & qu'ainsi Dieu seroit obligé de le déclarer coupable, & qu'il est très-vrai, quelque répugnance que l'on ait d'abord à l'avoüer, que le meurtre fait selon les instincts de la conscience est un moindre mal, que de ne pas tuer lorsque la conscience l'ordonne.

On me dira que ceux qui feroient vœu de tuer quelqu'un, seroient plus coupables, s'ils effectuoient leur vœu que s'ils ne l'accomplissoient pas. Je réponds que s'ils ne l'effectuoient pas, parce que leur conscience mieux instruite leur feroit voir qu'il valoit mieux renoncer au vœu que l'effectuer, leur conduite seroit très-bonne. Mais si demeurant très-persuadez qu'ils ne sont pas obligez de tenir ce vœu, ils s'en départoient, mes raisons reviennent & prouvent comme ci-dessus. Je voudrois que l'on prît garde en passant, que si Dieu aïant pitié d'un homme qui se seroit engagé témérairement dans un vœu fort criminel, le vouloit préserver de l'exécution, il se serviroit de l'entremise d'une nouvelle conscience; car il lui montreroit qu'il n'est pas obligé d'accomplir le vœu. Cela nous montre qu'il

y a dans les idées de Dieu un enchaînement si indissoluble, entre les jugemens de la conscience & l'obligation de s'y conformer, que Dieu lui-même ne sépare pas ces deux choses, lorsqu'il veut empêcher une exécution. Qu'est ce qu'il fait donc? Il remonte un peu plus haut, & aparie le renoncement au vœu avec le jugement de la conscience qui lui correspond, c'est-à-dire, qu'il change les instincts de la conscience, faisant qu'elle ne montre plus qu'il faille accomplir le vœu, mais au contraire qu'il ne le faut pas accomplir.

Enfin je dis, que les Magistrats aïant reçu ordre & de Dieu & des hommes de faire mourir les meurtriers, peuvent faire justement punir celui qui tuë selon les instincts de sa conscience; ce n'est pas à eux à démêler ces rencontres rares & singulieres, où la conscience tombe à cet égard dans l'illusion.

CHAPITRE X.

Suite de la réponse aux difficultez contre le droit de la conscience errante. Examen de ce qu'on dit que si les Hérétiques usent de représailles sur ceux qui les persecutent, ils ont tort. Preuves que la fausse conscience peut disculper ceux qui la suivent, quoiqu'elle ne le fasse pas toûjours.

APrès avoir montré comme j'ai fait, que tout Hérétique est obligé d'éviter à tout le moins comme un plus grand mal, ce qui n'est pas conforme au dictamen de sa conscience; d'où j'ai conclu qu'il a droit de faire pour ses erreurs tout ce qu'il sait que Dieu nous commande de faire pour la verité; j'en pourrois demeurer-là. J'aurois montré suffisamment que les Hérétiques auroient droit de persecuter les Orthodoxes, s'il étoit vrai que Dieu eût commandé aux hommes de persecuter l'erreur. Néanmoins pour ne laisser rien à désirer, j'examinerai ici une autre question assez importante, savoir si un Hérétique en faisant ce que sa conscience lui dicte, peut éviter non seulement un plus grand mal, mais aussi tout mal & faire une bonne action.

Avant que de passer outre, j'ôterai de mon chemin à plusieurs Lecteurs une pierre de scandale. Ils s'effaroucheront de ce que je dis que la conscience erronée donne droit de faire le mal, ou pour me servir des termes de l'Auteur de la Critique générale (*) du Sr. Maimbourg, que l'erreur travestie en verité entre dans tous les droits de la verité. Cela paroît dur & outré, & moi-même j'ai trouvé dans cet Auteur (A) des expressions qui d'abord me paroissoient un peu trop crues & indigestes; mais tout bien considéré j'entre dans son sentiment, c'est que dès aussi-tôt que l'erreur est ornée des livrées de la verité, nous lui devons le même respect qu'à la verité; comme dès aussi-tôt qu'un messager se présente avec les ordres d'un maître à un serviteur, celui-ci est obligé de le recevoir, encore que ce messager ne soit qu'un filou qui a surpris les ordres du maître. Dire que ce filou acquiert tous les droits d'un fidele messager, par raport au serviteur auquel il présente les ordres du maître, est une maniere d'expression un peu embarrassée dans un sujet comme celui-ci, où il faut ménager la délicatesse du Lecteur; mais à cela près, la chose est

est très-véritable, & si l'Auteur de la Critique n'a voulu signifier sinon que le serviteur a été obligé de recevoir ce filou, & n'a pû lui faire le moindre mal, sans devenir perfide à son Maître; je suis tout-à-fait de son sentiment. Mais il falloit observer cette notable diférence entre ce filou & une Hérésie dont on est persuadé; c'est que le filou étant une personne distinguée du serviteur, & sachant très-certainement qu'en lui-même il n'a nul droit de se présenter à lui avec les ordres du Maître, ne le peut faire sans crimes; mais l'Hérésie revêtuë de l'aparence de la verité, n'étant point distincte de l'ame heretique (car les modifications des esprits ne sont point des entitez distinctes des esprits) ne connoît point elle-même qu'elle n'est qu'un fantôme de verité, & ainsi l'ame hérétique ignore qu'elle se trompe. Or étant pleinement persuadée qu'elle est en bon état, elle a tout un autre droit de se commander à elle-même tels & tels actes, qui selon l'ordre éternel des moralitez, doivent être à la suite de certaines persuasions; elle a, dis-je, tout un autre droit à cet égard que n'en a le filou. Car ce n'est point le filou qui a quelque droit, entant qu'il existe hors de l'entendement du serviteur; il n'a droit qu'entant qu'il est objectivement dans l'esprit de ce serviteur; c'est-à-dire, pour parler plus intelligiblement, que tout son droit consiste dans l'idée ou dans la persuasion qu'a le serviteur, que ce filou est un fidéle messager du maître. S'il se prévaut de cette espece de droit, il est punissable sans contredit; mais l'ame modifiée par une Heresie de bonne foi, si elle exerce son droit, est-elle punissable? C'est la question. Il n'y a point de doute qu'elle l'est lorsque son droit est mal acquis. Et qu'on ne s'étonne pas de ce que je dis qu'une ame peut être punissable, quoiqu'elle n'exerce que son droit; car tout le monde doit convenir qu'on peut abuser de son droit, & qu'on peut faire des injustices en se servant de son droit. C'est un axiome assez connu, que *summum jus summa injuria*, qu'on peut être très-injuste, en se servant du droit dans toute l'étenduë de sa rigueur. Les Princes n'ont-ils point droit de punir & de pardonner, & ne le font-ils pas quelquefois mal à propos? Sans entrer dans de longues discussions, il faut savoir que ce mot *droit* ou *jus*, est équivoque; il se prend quelquefois pour la puissance de faire une chose, & quelquefois pour la justice même d'une action. Les enfans en certaines circonstances ont le droit de se marier malgré leurs peres, & s'ils le font, personne ne peut les en inquiéter; mais cela n'empêche pas qu'en se servant de ce droit, ils ne fassent quelquefois très-mal, phisiquement & moralement parlant. J'abuserois de mes Lecteurs, si je m'étendois sur une chose si claire.

Après avoir levé cette anicroche, je ne fais point scrupule de dire, que s'il étoit vrai que Dieu eût commandé dans ses Ecritures d'établir la verité par le fer & par le feu, il y auroit des Heretiques qui persécuteroient à fer & à feu la verité, sans être coupables; ce qui sera une nouvelle preuve démonstrative contre le sens littéral réfuté dans ce Commentaire. Voici mes raisons.

I. Ne sortons pas du passage qui sert de texte à ce Commentaire: Il est clair par ce qui a été dit en divers endroits de cet Ouvrage, que si ces paroles, *Contrains-les d'entrer*, contiennent un ordre de forcer les gens à entrer dans le giron de l'Eglise, non seulement on peut les contraindre par les amendes, les prisons, & les exils, mais aussi par le dernier suplice. C'est donc dans ce passage que nous pouvons supposer être contenuë la loi de persécuter à toute outrance. Or comme cet ordre est général, on ne sauroit s'empêcher de croire que l'intention de celui qui le donne est générale, & qu'elle s'adresse indifféremment à tous ceux qui reconnoissent l'Evangile pour un Livre inspiré de Dieu. Mais si l'intention de Dieu est générale, tous ceux qui savent son ordre sont obligez d'y obéïr. Or ils ne peuvent y obéïr qu'en persécutant ceux qu'ils croient contraires à la verité; il semble donc que Dieu demande qu'ils persécutent ceux qu'ils croient contraires à la verité. Si donc ils le font, dequoi se pourra-t-on plaindre?

Pour voir la force de cet argument, qui paroît d'abord une raison vague tirée par les cheveux, il est bon de remarquer que tous les préceptes que Dieu a donnez dans sa parole d'une façon générale, doivent être exécutez, non seulement lorsqu'on est dans la Société visible de l'Eglise qui entend le mieux l'Ecriture, mais aussi lorsque l'on est dans les Sociétez Heretiques. Cela paroît par l'exemple de prier Dieu, de donner l'aumône, d'aimer son prochain, d'honnorer son pere & sa Mere, de fuir le mensonge, l'avarice, l'impudicité, &c. Dieu ne veut pas seulement que les Orthodoxes obéïssent à ces loix, il veut aussi que ceux qui ont le malheur de tomber dans l'Hérésie y obéïssent, & cela sans attendre qu'ils se soient convertis de leurs erreurs; au milieu de leurs faussetez il veut qu'ils y obéïssent, & il aprouve tous les actes de vertu qu'ils font pour y obéïr. Pourquoi ne dirons-nous pas la même chose de cet ordre général, *Contrains-les d'entrer?* Pourquoi faudroit-il que la plûpart des Chretiens ne l'exécutassent pas, & fissent mieux de le transgresser? Toutes disparitez qu'on m'apportera ne serviront qu'à montrer, que si Dieu nous avoit prescrit quelque chose là-dessus, il se seroit servi d'une loi particuliere, disant par exemple: *Je veux que ceux qui croiront telle & telle chose, contraignent d'entrer ceux qui ne la croiront pas*: De même que si c'étoit un péché mortel à un Protestant de donner l'aumône pour l'amour de Dieu, toutes les idées de l'ordre nous portent à croire que les préceptes de donner l'aumône n'auroit été adressé qu'à ceux qui auroient une telle marque de Christianisme, par exemple, qui se soûmettroient au Pape. Mais comme tous les hommes du monde, de quelque Religion qu'ils soient d'ailleurs, peuvent faire une bonne œuvre en donnant l'aumône, de-là vient que le précepte de la charité s'adresse en général à tous les hommes, & ainsi du reste. Puis donc que l'ordre prétendu de persécution est général, il faut croire que l'intention de Dieu est que l'on y obéïsse en tout état.

Il faut encore remarquer que l'esprit de toutes les loix générales, est que l'application s'en fasse selon les lumieres de ceux qui les exécutent, à moins qu'il n'en soit autrement ordonné par le Législateur. Par exemple le saint commandement du Décalogue, *honnore ton Pere & ta Mere*, ne prescrit point aux enfans une telle ou une telle maniere d'honneur, & ne les oblige pas à appliquer cet honneur précisément à une telle personne. Il veut seulement qu'ils rendent à celui qu'ils croient être leur pere les honneurs qui sont en usage dans leur païs. Desorte que dans un pays où ce seroit honorer les gens que de se coûvrir devant eux, que de passer devant eux, que de les tutayer, &c. un enfant qui agiroit ainsi non pas envers celui qui l'a engendré ; mais envers celui qu'il prend pour son pere, accompliroit aussi parfaitement la loi de Dieu, *cæteris paribus*, qu'un homme qui dans ce pays-ci se tiendroit toûjours découvert devant son vrai pere, ne marcheroit qu'après lui, ne lui parleroit qu'à la 3. personne, &c. Disons le même de la loi, *Contrains-les d'entrer* : le meilleur sens qu'on y puisse entendre, est que chacun se serve des manieres de contrainte qui font le plus d'impression dans le pays où il habite, & qu'il s'en serve contre ceux qu'il croit n'être pas dans le bon chemin, & ainsi les choses étant égales d'ailleurs un Lutherien qui contraindroit les Papistes à se faire Lutheriens, obéïroit à l'ordre de Dieu tout aussi regulierement que le Papiste qui contraindroit les Lutheriens à se faire de la Messe.

Quand S. Paul disoit, *faites du bien à tous, mais principalement aux Domestiques de la Foi*, vouloit-il dire qu'un Papiste doit faire du bien à tous, mais principalement aux Calvinistes, ou que ceux-ci doivent faire du bien à tous, mais principalement aux Papistes ? Cela seroit extravagant. Il faut donc dire de toute nécessité, puisque l'Ecriture doit être la regle de tous les Chretiens dans tous les siecles, que S. Paul ordonne aux Chretiens de préférer dans leurs gratifications, ceux qu'ils croiront Orthodoxes à ceux qu'ils croiront Hétérodoxes. On ne peut pas l'entendre autrement ; car le S. Esprit qui a dicté les Ecritures pour l'avenir, aussi-bien que pour le présent, n'ignoroit pas que les Chretiens seroient divisez en plusieurs Sectes ; le moïen donc de regler leurs mœurs & leurs devoirs, ne devoit pas être fondé sur l'hypotese de leur concorde, mais plûtôt sur l'hypotese future de leur désunion. Or puisque dans cette 1. hypotese la préférence des Orthodoxes a été recommandée, dans la distribution des bienfaits, il s'ensuit que cela veut dire qu'il faut préférer ceux que l'on croit Orthodoxes ; cette préférence est une suite légitime de l'amour de la vérité. S. Paul a pû donc la recommander en général, & il n'auroit pû la recommander en général, si elle étoit un crime partout ailleurs, excepté dans une des sociétez Chretiennes. Appliquant cela aux paroles, *Contrains-les d'entrer*, on trouvera manifestement qu'elles justifieroient, aussi-bien la contrainte des Hérétiques que celle des non-Hérétiques. Il me semble entendre qu'on me dit, que tant ces paroles que celles de S. Paul, commandent premierement aux gens d'être Orthodoxes, & puis de contraindre & de préférer les domestiques de la Foi. Mais c'est un sens absurde ; car je dirai la même chose du précepte d'honorer son pere, de protéger l'innocence, de secourir les malheureux ; ils n'obligent, dirai-je, qu'après qu'on s'est converti. Mais pendant qu'on s'instruit, ne faut-il pas honorer son pere & assister les pauvres, & si on est assez malheureux pour ne trouver pas la vérité, sera-t-on toute sa vie sans pratiquer ces vertus ? Cela est si ridicule qu'il n'y a pas moyen d'y tenir : il faut dire que directement, absolument & sans condition préalable, Dieu veut que tout homme, Hérétiques ou Orthodoxes, soient charitables & vertueux.

II. Voici une autre raison. Nos Adversaires avouent que la conscience qui connoît la vérité oblige, & que l'on fait bien en faisant ce qu'elle nous prescrit. Cela ne peut être véritable qu'en

vertu de quelque loi ou nécessaire, ou arbitraire de l'Auteur de toutes choses, que nous pouvons nous représenter conçûë en ces termes : *Je veux que la vérité engage les hommes à la nécessité de la suivre, & ceux qui la suivront feront une bonne action*. Or il ne semble pas qu'une telle loi puisse être signifiée aux hommes, sans autoriser non seulement la vérité en elle-même, mais aussi la vérité putative : il semble donc que la même loi qui veut qu'on suive impunément le dictamen d'une conscience qui connoît la vérité, veuille aussi que l'on suive impunément le dictamen d'une conscience qui croit connoître la vérité, après avoir fait les diligences nécessaires pour ne s'y tromper pas. Ce qui me fait parler ainsi, est qu'il me semble que tous les hommes conçoivent clairement & distinctement, lorsqu'ils y font bien réflexion, que c'est l'esprit de toute sorte de Législateurs.

Un Roi qui ordonne à tous les Juges de son Royaume de punir les criminels & d'absoudre les innocens, les autorise par cela même à punir tous ceux qui leur paroîtront criminels, & à absoudre tous ceux qui leur paroîtront innocens. Je ne dis pas qu'il les autorise à n'examiner les accusations & les défenses qu'à la legere, & qu'il prétende les excuser, si à cause de cette paresse ils punissent les innocens, & absolvent les coupables ; j'entens seulement qu'il les autorise à se régler sur ce qui leur aparoîtra, après un bon examen. Desorte que si après un tel examen ils absolvoient un homme qui leur paroîtroit coupable, quoiqu'il fût au fonds très-innocent, ou s'ils condamnoient un homme au fonds très-coupable, mais qui leur paroîtroit innocent ; ils offenseroient le Prince, & mériteroient eux-mêmes d'être punis, parceque leur conduite seroit un mépris des loix qui leur auroient été adressées, & une résolution de desobéïr à leur Souverain. Je pourrois accumuler cent exemples de loix ; mais après en avoir ajoûté encore deux, je laisserai à mon Lecteur le soin d'appliquer ma remarque à ceux qu'il imaginera lui-même.

Un Général d'Armée, qui commanderoit à ses soldats d'avoir du respect pour les Dames, & d'épargner toutes les femmes dans le sac d'une Ville, croiroit avoir été obéï, pourvû que ses soldats eussent respecté toutes les personnes qu'ils auroient pris pour des Dames, & épargné toutes celles qu'ils auroient pris pour des femmes. N'importe qu'il y eût eu des Bourgeoises d'assez bonne mine, & assez magnifiquement vêtuës, pour leur paroître des Dames, ou de jeunes garçons déguisez qu'ils auroient pris pour des filles : en respectant ces Bourgeoises & en épargnant ces garçons, ils n'eussent pas laissé d'obéïr à leur Général ; & s'ils n'avoient pas fait cela, il est clair qu'ils lui auroient desobéï, parcequ'on doit présumer en toute loi, que l'application du commandement à telles ou telles personnes, dépend de celui qui obéït à la loi, & qui n'est tenu qu'à user de sincérité & de diligence, lorsqu'il fait cette application.

Lorsque dans un Traité de paix un Prince stipule que tous ses Sujets pourront trafiquer librement dans les Etats d'un autre Prince, je sais bien qu'il n'entend pas autoriser les déguisemens des Pirates, qui prennent la banniere de qui il leur plaît, pour surprendre les Vaisseaux marchands, ou favoriser les supercheries des autres nations ; mais il est sûr qu'il entend que l'autre Prince laissera toute liberté à ceux qu'il croira Sujets de celui avec qui il fait le Traité. Il est sûr que si l'autre Prince lui faisoit cette confession, *j'ai chassé tels & tels de mes Etats qui se sont trouvez n'être pas vos Sujets, mais que je croyois pourtant l'être*, il avoueroit qu'il avoit violé la paix, & cela passeroit très-justement dans l'esprit de son Allié pour une infraction manifeste. D'où paroît que l'intention des contractans est de stipuler, tant pour ceux qui sont tels réellement que pour ceux qui le paroissent, jusques à ce que l'on distingue qui ils sont.

Qu'on y prenne garde; tous les exemples qu'on peut alléguer au contraire supposent, ou tant de facilité à ne prendre pas l'un pour l'autre, qu'il est visible que ceux qui l'ont fait l'ont voulu faire, ou défiance de la bonne foi d'autrui, parce qu'on ne pénètre pas l'intérieur des gens. Mais quoiqu'il en soit, comme Dieu à qui toutes nos pensées sont *intuitivement* connuës, ne peut condamner par soupçon ou par défiance, ceux qui prennent pour la réalité ce qui n'est qu'apparent, il s'ensuit qu'il ne doit être comparé qu'aux exemples que j'allégue. Ainsi quand il signifie la loi que j'ai rapporté ci-dessus, la nature des choses regle par une conséquence qui paroît inévitable, que la vérité putative fasse les mêmes effets que la réelle.

Cela paroîtra encore mieux si l'on fait bien réflexion sur la qualité de ceux à qui cette loi est signifiée; car on verra qu'elle seroit tout-à-fait impraticable, s'ils n'étoient engagez à rien pour la vérité putative; car en ce cas-là ils pourroient se moquer impunément de mille choses qui leur paroissent la vérité; & parceque la vérité réelle leur doit paroître vérité avant qu'ils la suivent, ils demeureroient souvent en suspens & flotans, à l'égard de cette vérité reelle; car, diroient-ils: *Nous ne sommes pas obligez d'aimer tout ce qui nous paroît être la vérité réelle & absoluë; que savons-nous si présentement nous connoissons cette vérité, ou si nous avons seulement les apparences de la vérité?* Mais je n'en suis pas encore là; je me contente de dire ici, que l'homme ne pouvant pratiquer la loi en question, sans chercher lui-même la vérité, il s'ensuit qu'il la doit chercher. Or dès qu'il croit l'avoir trouvée il doit la suivre, & s'il pouvoit ne la suivre pas, alors il ne lui serviroit de rien de la chercher. Il faut donc que l'intention du Législateur soit, quand il établit l'autorité de la vérité, & l'impunité de ceux qui la suivent, d'établir cela pour la vérité en général, c'est-à-dire, pour ce qui est vérité par rapport à chaque personne; sauf à voir quelle est la cause qui fait que le mensonge paroît vérité à tels & à tels.

III. Ajoûtons cette autre remarque. Quand Dieu dit, *je veux que la vérité engage les hommes à la nécessité de la suivre, & ceux qui la suivront feront une bonne action*, ou il entend toute sorte de véritez, ou seulement quelques-unes. Il est clair qu'il n'entend pas toutes sortes de véritez, mais seulement celles qui auront été dûment révélées & annoncées à l'homme; car comment se peut-on imaginer que cette vérité de fait, *Dieu a retiré les Juifs du pays d'Egypte, & leur a donné une loi qui contient le chemin du salut*, a été d'obligation, je ne dirai pas pour les peuples de l'Amérique; mais aussi pour les peuples de l'Asie Orientale, qui n'avoient jamais ouï dire qu'il y eût un peuple nommé les Juifs. Comment s'imaginer que cette autre vérité de fait, le fondement de tout notre Christianisme, *Jésus-*

Christ, le fils de Dieu, est mort pour racheter les hommes, est ressuscité & monté au Ciel, après nous avoir déclaré ce qu'il faut croire & faire pour être éternellement heureux, soit d'obligation, je ne dirai pas pour les peuples de la Terre Australe, qui peut-être n'ont jamais eu dans la pensée qu'il y ait d'autres hommes qu'eux sur la terre; mais même pour les peuples de l'Asie & de l'Afrique? Je trouve fort raisonnable ce qu'a dit Thomas d'Aquin, que ce seroit une imprudence de croire aux articles de notre foi mal proposez, annoncez par des hommes infâmes & impies, & prouvez par des raisons ridicules. Si donc toute sorte de prédication de l'Evangile n'oblige point, à plus forte raison est-on dispensé d'y croire, lorsque personne ne nous en a dit un mot. Un Cordelier de notre Nation, nommé François de Sainte (*) Claire rapporte sur cela le sentiment de plusieurs habiles Théologiens; on peut le consulter. Disons hardiment que Dieu n'entend point que toutes sortes de véritez obligent à les croire. Il n'y en a donc que quelques-unes qui le fassent: & quelles sont-ce? Celles qui nous ont été révélées & annoncées assez clairement, pour rendre inexcusables ceux qui ne les croyent pas.

Cela montre nécessairement que Dieu nous propose de telle maniere la vérité, qu'il nous laisse dans l'engagement d'examiner ce qu'on nous propose, & de rechercher si c'est la vérité ou non. Or dès-là on peut dire qu'il ne demande de nous sinon de bien examiner & de bien chercher, & qu'il se contente qu'après avoir examiné le mieux que nous ayons pû, nous consentions aux objets qui nous paroissent véritables, & que nous les aimions comme un présent venu du Ciel. Il est impossible qu'un amour sincere pour l'objet que l'on reçoit comme un don de Dieu, après l'avoir examiné soigneusement, & que l'on n'aime qu'en conséquence de cette persuasion, soit mauvais, quand même il y auroit erreur dans notre persuasion.

IV. Ceci paroîtra beaucoup plus solide, si l'on prend garde à quelle sorte de creatures Dieu apprend les véritez de la Religion, par quels moyens, & avec quel dégré de lumiere. Ces créatures sont des ames unies à un corps qui pendant quelques années n'ont aucune raison, ni aucune force de discerner le vrai & le faux, ni de soupçonner que ceux qui les instruisent, leur apprennent des choses fausses; desorte qu'elles croyent à cet âge tout ce qu'on leur dit, sans se rebuter d'aucune obscurité, incompréhensibilité, ou absurdité. Ce sont encore des créatures qui traînent partout un corps qui est cause que la capacité de l'ame est incessamment occupée par mille sensations confuses, & par mille soins terrestres indispensables. Les passions & les habitudes de l'enfance, les préjugez de l'éducation, s'emparent de nous, avant que nous ayons le tems de savoir ce que c'est que nous laissons entrer dans notre esprit. Tout cela nous rend la recherche de la vérité très-pénible; & comme Dieu est l'Auteur de l'union de l'ame & du corps, & qu'il ne veut pas que la société humaine soit ruinée, qu'il veut par conséquent que nous vaquions chacun à son emploi honnêtement, il s'ensuit qu'il doit traiter avec ces hommes, sur le pied d'un Etre qui a des obstacles involontaires, & de la propre institution de Dieu, qui retardent le discernement de la vérité, & qui le rendent quelquefois impossible. Il faut joindre à cela une chose

<hr>

(*) ,, Dans son, *Deus, Natura & Gratia*, p. 86. & seq.

chose que nous savons par une expérience indubitable, c'est que Dieu n'a pas imprimé aux véritez qu'il nous révèle, à la plûpart du moins,
une marque ou un signe auquel on les puisse sûrement discerner ; car elles ne sont pas d'une clarté Méthaphisique & Géometrique; elles ne produisent pas dans notre ame une persuasion plus
forte que les faussetez; elles n'excitent point des
passions que les faussetez n'excitent. Bref on ne
peut rien marquer dans les objets qu'un homme
croit véritables & qui le sont effectivement, qui
ne se trouve dans les objets que le même homme
ou un autre croit véritables & qui ne le sont point.
Cela étant, on ne comprendra jamais que Dieu
impose à l'homme la nécessité d'aimer la vérité
réelle, qu'il ne lui impose aussi la necessité d'aimer la verité putative; & pour dire la chose sans
détour, on ne peut guéres consulter l'idée de
l'ordre, sans comprendre distinctement, que la
seule loi que Dieu, selon son infinie sagesse, ait
pú imposer à l'homme à l'égard de la vérité, est
d'aimer tout objet qui lui paroîtroit véritable,
après avoir employé toutes ses lumieres pour le
discerner. La sagesse infinie de Dieu demande
nécessairement & indispensablement, qu'il pro-
portionne ses loix à la condition où il a mis lui-
même les créatures; il faut donc qu'il les propor-
tionne à la condition d'une ame unie à un corps
qui doit se nourrir & vivre en societé, passer de
l'enfance à l'adolescence, & se tirer de son ignorance naturelle par l'instruction de ses parens. Or cette ame n'est point capable de discerner parfaitement quand ses persuasions sont fausses, & quand
elles sont vraies, puisqu'elles ont les mêmes signes
& les mêmes caracteres : il faut donc ou vouloir
qu'elle se défie de toutes, qu'elle les méprise toutes, & qu'ainsi elle ne fasse jamais aucun acte de
vertu, ou qu'elle se fie à toutes, après avoir senti
intérieurement qu'elles leur paroissent légitimes,
& être arrivées à la conviction de la conscience.

Je sais bien qu'on me dira, que tous les obstacles de trouver la vérité desquels je parle, étant
une suite de la rébellion du premier homme, &
une juste punition de toute sa postérité, Dieu
n'est pas obligé de se proportionner à une condition que l'homme s'est attirée par sa propre faute,
qu'il a toûjours le droit d'agir avec l'homme sur
l'ancien pié; c'est-à-dire, selon l'état dont il est
déchu par le mauvais usage qu'Adam a fait de
sa liberté. A cela j'aurois mille choses à répondre:
mais pour me réduire au necessaire, je me contente de ces trois observations.

La 1. qu'il ne paroît nullement que les foiblesses de l'enfance soient une suite du péché d'Adam,
non plus que les sensations continuelles que nous
avons, ensuite de l'action des objets sur nos
organes. Il n'y a nulle apparence que si l'homme
eût perseveré dans l'état d'innocence, ses enfans
eussent eu de la Raison & de l'esprit en venant
au monde, & qu'ils ne fussent pas crûs peu-à-
peu, aussi-bien pour l'esprit que pour le corps; pendant toute leur vie les loix de l'union de l'ame & du
corps eussent partagé les forces de l'entendement,
de telle sorte que l'intelligence des choses spirituelles eût eu ses difficultez. Ainsi l'homme
ayant été posé dans des circonstances qui lui rendent très-pénibles le discernement du vrai & du
faux, je dis l'homme tel qu'il a été créé, pour
multiplier par la voie de la génération, l'ordre
qui est la loi inviolable de Dieu lui-même, à
voulu que Dieu se soit proportionné à cette condition de l'homme.

En 2. lieu je dis que toutes les suites du péché d'Adam, par raport à ses descendans, comme sont celle d'être enclin aux choses sensibles,
de trop dépendre du corps, d'être traversez par
les passions & les préjugez, étant des dépendances nécessaires des loix que Dieu a établies de sa
pure volonté, en unissant les esprits avec la
matiere, & en ordonnant la multiplication de
l'homme par la voie des générations, l'ordre,
loi indispensable de Dieu, l'engage à proportionner sa conduite envers l'homme, à l'état où
l'homme se trouve réduit depuis la chûte d'A-
dam.

En 3. lieu je dis que si nonobstant la rébellion du premier homme, Dieu s'est parfaitement
accommodé à l'égard du corps, à l'état où le
péché nous a réduits, comme nous le verrons
tantôt, il est bien plus raisonnable de croire qu'il
s'y est accommodé à l'égard de l'ame.

Or il ne se seroit point accommodé à l'état où
nous sommes réduits, je veux dire à la nécessité
où nous sommes de vaquer à des affaires humaines,
à la dépendance presque insurmontable des préjugez de l'éducation, à la diversion continuelle
que font des forces de notre esprit, les sensations
& les passions qui s'excitent machinalement dans
notre ame, à la présence des autres corps ; il ne
s'y seroit point, dis-je, accommodé, s'il avoit
condamné absolument tous nos respects pour la
vérité putative, & avoit exigé de nous à toute rigueur que nous connussions la vérité absoluë,
& que nous la démêlassions de toutes ses fausses
images, dans cette petite portion de lumiere qui
est le partage de cette vie, & qui est plûtôt un
foible crépuscule qu'un jour, comme nous le
déclare Saint Paul, avoüant qu'aujourd'hui nous
ne voyons que comme dans un miroir obscurément & par énigme. Donc il n'a point fait de
telles loix à notre égard, mais nous a imposé une
charge proportionnée à nos forces, qui est de
chercher la vérité, & de nous arrêter à ce qui
nous paroît l'être, après l'avoir sincerement cherchée, d'aimer cette vérité apparente, & de nous
régler sur ses préceptes, quelques difficiles qu'ils
soient. Cela veut dire que la conscience nous a
été donnée pour la pierre de touche de la vérité,
dont la connoissance & l'amour nous est commandée. Si vous en demandez davantage, il est
clair que vous demandez l'impossible, & il est
aisé de le démontrer.

Si vous en demandez davantage, il est clair
que vous demandez que l'homme ne fixe son
amour & son zele qu'à la vérité absoluë, reconnuë certainement pour telle. Or il est impossible, dans l'état où nous nous trouvons, de connoître certainement que la vérité qui nous paroît (je parle des véritez particulieres de la Region, & non pas des proprietez des nombres,
ou des premiers principes de Métaphisique, où
des démonstrations de Géometrie) est la vérité absoluë; car tout ce que nous pouvons faire est
d'être pleinement convaincus, que nous tenons
la vérité absoluë, que nous ne nous trompons
point, que ce sont les autres qui se trompent,
toutes marques équivoques de vérité, puisqu'elles se trouvent dans les Payens, & dans les Hérétiques les plus perdus. Il est donc certain que
nous ne saurions discerner à aucune marque assurée ce qui est effectivement vérité quand nous
le croyons, de ce qui ne l'est pas lorsque nous
le croyons. Ce n'est point par l'évidence que
nous pouvons faire ce discernement; car tout le

Impossibilité à
l'homme de
discerner tou-
tes les occa-
sions où il croit
être Orthodo-
xe, d'avec cel-
les où il l'est
effectivement.

monde dit au contraire que les véritez que Dieu nous révele dans sa parole, sont des mistéres profonds qui demandent que l'on captive son entendement à l'obéïssance de la Foi. Ce n'est point par l'incompréhensibilité; car qu'y a t-il de plus faux & de plus incompréhensible tout ensemble qu'un cercle quarré, qu'un premier principe essenciellement méchant, qu'un Dieu pere par la génération charnelle, comme le Jupiter du Paganisme? Ce n'est point par la satisfaction de la conscience; car un Papiste est aussi satisfait de sa Religion, un Turc de la sienne, un Juif de la sienne, que nous de la nôtre. Ce n'est point par le courage & par le zele qu'une opinion inspire; car les plus fausses Religions ont leurs martyrs, leurs austéritez incroyables, un esprit de faire des prosélites qui surpasse bien souvent la charité des Orthodoxes, & un attachement extrême pour leurs ceremonies superstitieuses. Rien en un mot ne peut caractériser à un homme la persuasion de la vérité, & la persuasion du mensonge. Ainsi c'est lui demander plus qu'il ne peut faire, que de vouloir qu'il fasse ce discernement. Tout ce qu'il peut faire, c'est que certains objets qu'il examine lui paroissent faux, & d'autres vrais. Il faut donc lui commander qu'il tâche de faire que ceux qui sont vrais le lui paroissent; mais soit qu'il en vienne à bout, soit que ceux qui sont faux lui paroissent vrais, qu'il suive après cela sa persuasion. Ce qui suit illustre assez bien ma pensée.

Depuis que les Protestans sont sortis de l'Eglise Romaine, on ne cesse d'objecter qu'en ruïnant l'autorité de l'Eglise, ils s'engagent à trouver la vérité par l'examen de l'Ecriture, & que cet examen surpassant les forces d'un particulier, ils engagent leurs gens à n'avoir jamais une certitude légitime de leur croyance, puisquelle se résout à ce fondement, *je trouve que j'ai raison d'entendre ainsi l'Ecriture; donc j'ai raison de l'entendre ainsi.* Nous nous plaignons qu'après avoir répondu mille fois à cet argument, on nous le propose tous les jours, & qu'en France surtout on le rafine & on le subtilise le plus qu'ils peuvent. Mais il faut avoüer en un certain sens, qu'ils ont raison de le proposer & reproposer, parce qu'on n'y répond point, & qu'on n'y sauroit répondre, en supposant, comme l'on fait d'ordinaire, que Dieu demande de l'homme privativement & exclusivement à toute verité putative, qu'il connoisse la vérité absoluë, & qu'il sache certainement qu'il la connoît. Avoüons la dette, ni savans, ni ignorans ne peuvent en venir là par la voie de l'examen; car jamais cette voie ne nous conduira au *critere* de la verité, qui est une idée si claire & si distincte, que nous sentions vivement que la chose ne peut être que comme cela, après avoir bien consideré toutes les raisons de douter, je veux dire toutes les instances des Adversaires. Il n'est pas possible d'arriver à une telle idée, à l'égard de ce seul point de Fait, qu'un tel passage de l'Ecriture a été bien traduit, que le mot qui est aujourd'hui dans le Grec ou dans l'Hebreu, y a toûjours été, & que le sens que lui ont donné les Paraphrastes, les Commentateurs & les Traducteurs, est le même que celui de l'Auteur du Livre. On peut avoir une certitude morale de cela; & fondée sur de très-grandes probabilitez, mais au fond cette certitude se peut rencontrer dans l'ame d'une infinité de gens qui se trompent; ainsi elle n'est pas un caractere certain de verité. Ce n'est point ce qu'on apelle *criterium veritatis,* qui est par exemple, l'é-

videnve irrésistibe avec laquelle nous connoissons que le tout est plus grand que sa partie, que si de choses égales on ôte choses égales, les résidus seront égaux, que 6. est la moitié de 12. &c.

Mais en un autre sens les Catholiques Romains sont fort ridicules de tant presser ces difficultez, puisqu'il leur est aussi impossible qu'à nous de s'en tirer, & qu'ils n'ont point de ressource dans leurs principes qui satisfasse à la condition qu'ils supposent que Dieu demande de l'homme, c'est à savoir qu'il sache de science certaine que ce qu'il prend pour la verité n'est pas une verité aparente, comme ce que les autres Sectes prennent pour la verité, mais la verité absoluë & réelle. Le chemin qu'ils nous donnent pour en venir là, est plus embarrassé mille fois que celui des Protestans, comme nos Auteurs le leur ont fait voir, puisqu'il suppose d'abord toutes les difficultez de celui des Protestans, à cause qu'il faut examiner les passages de l'Ecriture où est contenuë la faillibilité ou l'infaillibilité de l'Eglise, & qu'outre cela il faut parcourir l'Histoire de tous les siecles, pour savoir discerner ce qui est effectivement une tradition Apostolique, de ce qui ne l'est que selon les vaines prétentions de quelques-uns. En un mot ni par l'Ecriture, ni par la lumiere naturelle, ni par l'expérience on ne peut connoître certainement quel'Eglise est infaillible; & si elle l'étoit, ceux qui le croyent ne seroient dans un sentiment véritable que par un coup de hazard heureux, sans qu'ils pussent en donner aucune raison necessaire, ni voir dans leur ame des marques de verité qu'un autre qui croit le contraire n'en sente autant; car tout ce que verroit dans son ame le Papiste, seroit un sentiment de conviction qui lui donneroit un grand repos d'esprit, & une grande pitié, haine ou mépris pour ceux qui enseignent le contraire. Or tout cela se peut rencontrer dans l'ame de ceux-ci; ils ne peuvent donc l'assurer les uns & les autres que de ce qu'ils sentent intérieurement, c'est à savoir, qu'ils sont persuadez les uns que l'Eglise est infaillible, les autres qu'elle ne l'est pas.

Cette considération, si on la pesoit mûrement, & si on la méditoit profondément, nous feroit connoître sans doute la verité de ce que je prétens établir ici, c'est que dans la condition où se trouve l'homme, Dieu se contente d'exiger de lui qu'il cherche la verité le plus soigneusement qu'il pourra, & que croïant l'avoir trouvée il l'aime & y regle sa vie. Ce qui, comme chacun voit, est une preuve que nous sommes obligez d'avoir les mêmes égards pour la verité putative que pour la verité réelle. Et dès lors toutes les objections que l'on fait sur la difficulté de l'examen, disparoissent comme de vains fantômes, puisqu'il est certain qu'il est de la portée de chaque particulier, quelque simple qu'il soit, de donner un sens à ce qu'il lit, ou à ce qu'on lui dit, & de sentir que ce sens est véritable, & voilà sa verité à lui toute trouvée. Il suffit à un chacun qu'il consulte sincerement & de bonne foi les lumieres que Dieu lui donne, & que suivant cela il s'attache à l'idée qui lui semble la plus raisonnable & la plus conforme à la volonté de Dieu. Il est moyennant cela Orthodoxe à l'égard de Dieu, quoique par un défaut qu'il ne sauroit éviter, ses pensées ne soient pas une fidele image de la réalité des choses, tout de même qu'un enfant est Orthodoxe, en prenant pour son pere le mari de sa mere, duquel il n'est point fils. Le prin-

principal est ensuite d'agir vertueusement; & ainsi chacun doit emploïer toutes ses forces à honnorer Dieu par une prompte obéïssance à la Morale. A cet égard, c'est-à-dire à l'égard de la connoissance de nos devoirs pour les mœurs, la lumiere révelée est si claire, que peu de gens s'y trompent, quand de bonne foi ils cherchent ce qui en est.

Il n'est pas nécessaire que j'avertisse mon Lecteur, que je n'exclus point la grace de l'acte qui nous fait adhérer aux véritez révelées. Je veux bien bien que ce soit elle qui nous fasse sentir que tel ou tel sens de l'Ecriture est véritable, & qui nous modifie de telle maniere que précisément le sens qui est vrai nous paroisse vrai. Mais je dis que la grace qui produit ce sentiment, ne fait pas pour cela que nous connoissions aucune preuve certaine *& omni exceptione majore* du sens que nous croïons vrai. Nous le croïons fermement; & sans le pouvoir trop soûtenir à un Adversaire docte & subtil, nous demeurons convaincus que c'est pourtant une verité révelée. Ce sera un effet de la grace, tant que l'on voudra; à Dieu ne plaise que je le conteste. Je dis seulement que comme la foi ne nous donne point d'autres marques d'Orthodoxie que le sentiment intérieur, & la conviction de la conscience, marque qui se trouve dans les hommes les plus hérétiques: il s'ensuit que la derniere analyse de notre croyance, soit orthodoxe, soit hétérodoxe, est que nous sentons & qu'il nous semble que cela ou cela est vrai. D'où je conclus que Dieu n'exige ni de l'Orthodoxe, ni de l'Hérétique, une certitude acquise par un examen & une discussion scientifique; & par conséquent il se contente, & pour les uns & pour les autres, qu'ils aiment ce qui leur paroîtra vrai. Si cette Orthodoxie que j'attribuë, à l'égard de Dieu, à des gens qui se trompent dans le fonds, est un moïen de salut, ce n'est pas ici le lieu d'en parler. Je dirai pourtant en passant, que ni l'Orthodoxie de ceux-là, ni celle de ceux qui sont dans la verité absoluë, n'est pas ce qui sauve; on a beau croire; si on n'est homme de bien on ne sera pas sauvé. Il est vrai qu'on pourroit dire, qu'en faveur de l'Orthodoxie absoluë, Dieu pardonne les péchez commis contre la conscience, & qu'il ne les pardonne pas à ceux qui errent.

C'est par-là qu'on peut calmer l'inquiétude de ceux qui se plaignent que nos principes vont à sauver trop de gens. Qu'ils ne s'en allarment pas, ils n'en auront pas moins de place dans le Ciel. Je ne vois pas dans le fonds quel si grand mal il y auroit de rendre plus facile la voie du Paradis, du coté des actes de l'entendement, & d'ôter aux profanes ce grand scandale qui leur fait haïr le Christianisme, & qui les empêche de se représenter Dieu, sous l'idée d'un Etre bienfaisant & aimable à ses créatures. Je parle de l'opinion qui damne tout l'univers, depuis Adam jusques au jour du jugement, à la reserve d'une petite poignée d'hommes qui ont vécu dans la Judée avant le Messie, & qui ont vécu dans une assez petite partie de la Religion Chretienne dudepuis. Mais quoiqu'il en soit de cela, mon opinion ne sauve pas une ame de plus, parce que tout innocent que puisse être un homme par raport à ses opinions, il pêche souvent contre sa conscience, il ne fait pas ce qu'il croit qu'il seroit honnête de faire & agréable au Dieu qu'il adore; & ainsi sans lui mettre en ligne de compte dans son procès les mo-

difications de son ame non conformes à la verité absoluë, Dieu lui trouvera d'autres modifications criminelles, d'autres désirs, & d'autres volontez non conformes à l'idée qu'il avoit de son devoir. Outre qu'il y a bien des opinions qui naissent en nous ou d'une paresse inexcusable, ou d'un mauvais penchant à la sensualité, lesquelles opinions je n'excepte pas du nombre des déreglemens punissables.

Sur cela il se présente une question qu'il est nécessaire d'examiner ici en peu de mots; si toutes les erreurs naissent d'un grand fonds de corruption, qui nous endort dans la négligence de nous instruire, ou qui nous préoccupe pour & contre telles ou telles doctrines. Pour ne pas embrasser trop de choses, réduisons-nous aux Hérésies qui se voyent parmi les Chretiens. Voici ce qu'il m'en semble.

Je ne crois pas qu'on ait raison de dire, que ceux qui ne trouvent pas dans l'Ecriture tels ou tels dogmes, sont frapez d'un aveuglement volontaire, & corrompus par la haine qu'ils ont conçuë pour ces dogmes, & que c'est la raison pourquoi ils examinent sans se détromper les raisons de leurs Adversaires, & l'Ecriture elle-même. Ce soupçon auroit quelque fondement, s'il s'agissoit d'une doctrine qui gênât la cupidité, & qui refrénât les inclinations charnelles de l'homme; mais il se trouve, je ne sais comment, que ce ne sont pas ces sortes de dogmes qui divisent les Chretiens. Nous convenons tous qu'il faut vivre chastement, sobrement, aimer Dieu, renoncer à la vengeance, pardonner à nos ennemis, leur faire du bien, être charitable. Nous sommes divisez sur des points qui n'aggravent, ni n'exténuent le joug de la Morale Chretienne. Les Papistes croyent la transsubstantiation, les Réformez ne la croyent pas. Cela ne fait ni pour ni contre la sensualité. Les Papistes ne croyent pas que cela les engage à vivre mieux que les Réformez croyent y être engagez, par l'opinion où ils sont que Jésus-Christ, par sa nature divine, & toute la Ste Trinité, est présente intimement à tout ce que nous disons, faisons & pensons; & si nous venions à croire la transsubstantiation, nous ne croirions pas qu'il nous fût plus nécessaire qu'auparavant, pour être sauvé, d'être gens de bien. C'est donc une illusion puérile que de prétendre que la cupidité, la corruption du cœur, & autres déreglemens semblables, nous empêchent de trouver un sens littéral dans ces paroles, *Ceci est mon corps.*

Or comme nous sentons que les Catholiques Romains nous font une injustice grossiere, en nous imputant de renoncer à ce dogme par un principe de corruption, je croirois aisément que nous faisons injustice aux Sociniens, en prétendant qu'ils ne voyent pas la Trinité dans l'Ecriture par un principe de corruption; car dequoi est-ce que ce nouveau dogme les chargeroit? En seroient-ils plus gênez en leur conscience, lorsqu'ils tomberoient dans le crime? En oseroient-ils moins se dispenser d'obéïr à Dieu, & de résister aux tentations de la chair & du monde. Il est clair que non, & que c'est la même chose par raport à cela, ou de croire un Dieu unique en nature & en personnes, ou de le croire seulement unique en nature.

Mais c'est l'orgueil, c'est la vanité qui les empêche de soûmettre les lumieres de leur Raison à l'autorité divine? Voilà précisément ce que les Papistes objectent aux Réformez, & cela d'une

maniere

maniere insultante, mais tout-à-fait injuste ; car si leur reproche avoit quelque fondement, il faudroit que nous eussions la vanité de douter des choses mêmes que nous croirions avoir été affirmées de Dieu. Or cette pensée ne sauroit tomber dans aucun esprit, non pas même dans le Démon le plus méchant, parce que tout esprit qui a l'idée de Dieu, entend par ce mot, un Etre qui connoît très-certainement les choses, & qui n'est pas capable de tromper ; & jamais le Démon qui disoit à Eve le contraire de ce que Dieu avoit dit, ne crut dire la verité. Il savoit bien que ce que Dieu disoit étoit véritable. Ainsi c'est la plus bizarre & monstreuse imagination du monde, que de dire que les Protestans ont trop d'orgueil pour soûmettre leurs lumieres à celles de Dieu ; car c'est dire qu'ils joignent ensemble dans leur entendement ces deux actes, 1. *Je sais que Dieu a dit cela*: 2. *je sais que cela est faux, & que je sais mieux que Dieu ce qui en est.* Voyez dans quelles extravagances de suppositions tombent ces gens-là, & nous devons en profiter pour ne point attribuer un même principe au refus que font les Sociniens de croire la Trinité. Il est sûr qu'il ne s'agit pas entre les Chretiens si ce que Dieu revele est faux ou vrai ; il s'agit seulement s'il a revelé ceci ou cela. Et qui ne voit que cette dispute ne touche point à l'autorité & à la véracité de Dieu, non-plus que quand on est en peine si un homme a dit ou n'a pas dit certaines choses, on ne met pas en compromis sa bonne foi, ni son honneur ?

Ce que l'on peut dire de plus raisonnable, c'est que les préjugez de l'éducation empêchent de trouver dans l'Ecriture ce qui y est. Mais comme il est vrai en général de tous les hommes du monde, à quelques-uns près qui changent par raisonnement, que c'est à l'éducation qu'ils doivent ce qu'ils sont plûtôt d'une Religion que d'une autre (car si nous étions nez à la Chine, nous serions tous Chinois, & si les Chinois étoient nez en Angleterre, ils seroient tous Chretiens, & si l'on envoïoit dans une Isle inhabitée un homme & une femme fortement persuadez, comme d'un dogme nécessaire à salut, que dans le Ciel le tout n'est pas plus grand que sa partie, au bout de deux ou trois cens ans ce seroit un article de Foi dans la Religion de tout le païs) comme, dis-je, cela est vrai, généralement parlant, ce n'est qu'un reproche vague que tous les hommes se feront réciproquement, sans raison en un certain sens, avec raison en un autre, pendant qu'il plaira à Dieu de conserver la Nature humaine par la génération, qui sera une cause nécessaire que nous serons des enfans, avant que de discerner le bien & le mal, & que nous apprendrons à le discerner selon qu'il plaira à nos parens, qui ne manqueront jamais de nous instruire à leur mode, & de nous donner un pli que nous croirons devoir conserver précieusement toute notre vie. Il me semble que de deux hommes dont l'un a été élevé à la véritable Foi, & l'autre à l'Hérésie, il est très-possible que quand ils disputent, & qu'ils consultent l'Ecriture, les préjugez de l'un fassent autant d'effet que les préjugez de l'autre, & que la malice du cœur & la corruption de la sensualité soit autant suspenduë dans l'un que dans l'autre, sans que pour cela je nie que l'homme ne soit souvent responsable de ses erreurs ; car il arrive qu'aïant trouvé d'abord du plaisir à faire certaines choses qu'il connoît mauvaises, il tâche à

se persuader qu'elles ne sont pas mauvaises, ou que trouvant de grandes douceurs dans un état qu'il croit bon, il se garde de l'examiner, depeur de reconnoître qu'il ne l'est pas.

J'ai dit (*) une chose qui a besoin d'être un peu plus dévelopée, c'est que le désordre dans lequel notre nature est tombée, n'a pas empêché Dieu de faire des loix tout-à-fait bien accommodées au bien de notre corps : quelle aparence qu'il nous ait abandonnez à l'égard de l'ame ? Voici ce que je veux dire.

La condition de l'homme est qu'il a besoin de fuir certains corps, & de s'aprocher de quelques autres ; sans cela il ne sauroit subsister. Mais il est trop ignorant pour discerner les corps nuisibles de ceux qui sont favorables ; il auroit besoin de plusieurs méditations, de plusieurs expériences & raisonnemens, avant que de découvrir cela ; cependant comme il a un continuel besoin de s'aprocher ou de s'éloigner de certains corps, il mourroit mille fois, s'il avoit autant de vies à perdre, avant que de faire un mouvement à propos. Pour obvier à cet inconvénient, Dieu a fait des loix qui avertissent promtement l'homme quand il faut s'approcher, ou s'éloigner des objets ; c'est par le sentiment de plaisir ou de douleur qu'il lui imprime, à la présence de certains corps. Par-là il connoît non pas ce que sont les corps en eux-mêmes, cela n'est point nécessaire à sa conservation, mais ce qu'ils sont par raport à lui ; connoissance qui lui est extrêmement nécessaire & qui lui suffit.

Quoi Dieu n'aura point eu égard à la faute du premier homme, il aura fourni au genre humain, nonobstant cela, un moyen prompt & facile de discerner ce qui lui est nécessaire pour conserver sa vie animale, & il auroit refusé à tous les hommes le moyen de discerner ce qui leur est propre pour la vie de l'ame ? Cela n'est point apparent, ni selon l'idée de l'ordre.

Et qu'on ne me dise pas qu'il y a du moins une partie des hommes à qui Dieu accorde ce moyen ; car cela seroit faux dans les principes que je réfute. Cela ne se peut avancer à moins que de convenir que la conscience & le sentiment intérieur que nous avons la verité, est à un chacun la regle de ce qu'il doit croire & faire. En effet, si ce que je dis là est faux, il n'y a homme au monde qui agisse prudemment & raisonnablement, lorsqu'il croit que ce qui lui paroît véritable mérite son amour & sa soûmission ; & un Chretien persuadé pleinement de tous les misteres révélez, sentant dans sa conscience toute la vivacité d'une forte conviction, seroit en droit de mépriser tout cela, parce qu'il auroit lieu de douter que ce fût la regle de sa conduite. C'est ma 5. raison.

V. Cette nouvelle raison peut servir à deux usages : premierement à montrer que l'on est obligé de suivre les inspirations de la conscience erronée ; en second lieu, qu'on les peut suivre souvent sans crime. Voici comment.

Si ce qe je soutiens ici n'étoit pas véritable, on réduiroit l'homme au plus étrange Pirrhonisme dont on ait jamais parlé ; car tout ce qu'il y a eu de Pirrhoniens jusques ici se sont contentez de nous ôter les affirmations & les négations, sur les quitez absoluës des objets ; mais ils nous ont laissé les actions morales ; ils n'ont pas désaprouvé que pour les devoirs de la vie civile on fît ce qu'il paroissoit qu'on devoit faire. Mais voici
un

Notes marginales :

Expédient [que] Dieu a fo[urni] à l'homme par raport [aux] corps : c'e[st de] discerner p[ar le] sentiment [ce] qui nuit o[u est] utile à la v[ie].

V. Raiso[n] de ce qu[e l'o]pinion c[on]traire ré[duit] l'homm[e au] Pirrhoni[sme] très-gro[ssier].

un Pirrhonisme qui nous ôte cela même, & qui nous fait des troncs immobiles qui n'oseront jamais agir, de crainte de se damner éternellement. Je le prouve; la seule certitude que nous ayons que les actes qui nous paroissent honnêtes & agréables à Dieu, doivent être pratiquez, est que nous sentons intérieurement dans notre conscience que nous les devons pratiquer; mais cette certitude n'est pas une marque, selon la doctrine de mes Adversaires, que nous les devions pratiquer, & qu'en les pratiquant nous ne serons pas damnez. Donc il n'y a homme qui ne doive croire qu'il s'expose à la damnation éternelle, en faisant ce que sa conscience lui dicte comme nécessaire au salut. Or il n'y a point d'homme sage qui doive faire une chose, quand il croit qu'en la faisant il s'exposera à la damnation éternelle; il faudroit donc, pour se comporter sagement, vivre comme une statuë, & ne rien donner jamais aux instincts de la conscience. Qui ne s'épouvantera de ces horreurs? Je suis assuré que les personnes d'esprit qui examineront cette preuve sans préoccupation, la trouveront très-forte, & qu'ils avoûront que si la conviction pleine & entiere de la conscience n'est pas une bonne caution qu'on ne fera pas mal, les Chretiens les plus orthodoxes sont les plus imprudens & les plus téméraires du monde, lorsqu'ils font quelque bonne action selon les lumieres de leur conscience.

Mais quel remede à ce désordre? Le voici, c'est à dire que Dieu ayant uni notre ame à un corps qui vivroit parmi une infinité d'objets qui la rempliroient de sensations confuses, de sentimens vifs, de passions, de préjugez, & d'opinions innombrables, lui a donné un guide & comme une pierre de touche, pour discerner ce qui lui seroit propre parmi cette cohuë d'objets & de dogmes diférens; que cette pierre de touche est la conscience, & que le sentiment intérieur de cette conscience, & sa conviction pleine & entiere, est le caractere certain de la conduite que chacun doit tenir. N'importe que cette conscience montre à l'un un tel objet comme vrai, à l'autre comme faux, n'en va-t-il pas de même pour la vie corporelle? Le goût de l'un ne montre-t-il pas comme bonne la viande que le goût d'un autre montre comme mauvaise? Cette diversité empêche-t-elle que chacun ne trouve son aliment, & ne suffit-il pas que les sens nous montrent la convenance qu'ont les objets avec nous, sans qu'il soit nécessaire que nous sachions leurs qualitez absoluës? Il suffit aussi que la conscience d'un chacun lui montre, non pas ce que les objets sont en eux-mêmes, mais leur nature respective, leur verité putative. Chacun discernera par ce moyen sa nourriture. Il faudra qu'il tâche de discerner la meilleure, & qu'il y emploïe tous ses soins; mais si lui étant présentée, sa conscience ne s'en accommode pas, & se trouve sans aucun goût pour elle, & avec un grand goût pour une autre chose, à la bonne heure; il faudra prendre ce dernier parti.

Ce principe est extrêmement fécond pour lever cent difficultez insurmontables, savoir, que Dieu ne nous demande sinon que nous cherchions sincerement & diligemment la verité, & que nous la discernions par le sentiment de la conscience; de telle sorte que si la combinaison des circonstances nous empêche de trouver la verité absoluë, & nous fait trouver le goût de la verité dans un objet qui est faux, cette verité putative & respective nous tienne lieu de la verité réelle, comme à l'égard de la nourriture du corps il suffit que nous connoissions par le goût la nature respective des alimens. Si en cela je suppose que Dieu a de l'indulgence pour nous à l'égard des opinions, je déclare du reste que je crois qu'il n'en a point à l'égard des actes que nous ne conformons pas au dictamen de la conscience. Ce que dit Marc Aurele dans l'article 19. du 5. Livre me paroît divin: Que celui-là vit avec les Dieux qui fait ce que veut le Génie que Jupiter a donné à un chacun pour le conduire, & qui est comme (*) une portion émanée de Dieu même, & l'entendement & la Raison d'un chacun. Le texte Grec a plus de force.

VI. Raison tirée de ce que l'opinion contraire rend le choix du Christianisme impossible aux Infideles.

Une VI. raison qui naît de la précédente, est que si on pose que Dieu veut absolument que l'homme fasse choix de ce qui est absolument vrai en matiere de Religion, à peine de la damnation éternelle, s'il choisit mal, la conversion d'un Infidele à la Religion Chretienne avec jugement & sagesse, sera impossible; car s'il ne suffit pas à cet Infidele de choisir ce qui lui paroîtra vrai dans le Christianime; s'il faut qu'il rencontre précisément ce qui est vrai, il faut qu'il examine fort exactement toutes les Sectes du Christianisme, qu'il les compare entre elles, qu'il sache ce que les unes objectent aux autres & répondent aux objections des autres, qu'il s'informe des principes diférens sur lesquels ils apuyent leurs réponses & leurs objections; & si après tout cela aucune Secte ne lui paroît avoir le caractere essenciel de la verité, qui est l'évidence démonstrative, & qu'au défaut de cette évidence il ne trouve point de sûreté aux preuves de sentiment, à ce goût de verité, à cette conviction intérieure de conscience qui lui fait paroître que la verité se rencontre, ou dans cette Communion ou dans une autre; si dis-je, il n'y trouve point de sûreté, parce que suivant le sentiment de mes Adversaires, il faudra lui avoüer que cette conviction n'est point un guide qu'il faille suivre, & qu'on se damne cent fois plus souvent avec un tel guide qu'on ne se sauve; il est clair que cet Infidele ne devra jamais se résoudre à sortir de son erreur. Mais selon mes principes il en sortiroit avec une raisonnable assurance de bien faire, lorsqu'après une recherche sincere & exacte il connoîtroit la verité par sentiment, ou ici, ou là.

On voit donc, si on y fait attention, que dans l'état où est tombé le genre humain, état de division en plusieurs Religions générales, dont chacune est subdivisée en plusieurs Sectes qui s'entre-anathématisent, ce seroit jetter les gens dans le désespoir & dans l'impossibilité de leur salut, que de leur dire qu'ils ne sont pas obligez de suivre ce qu'ils croyent être vrai, qu'on avoûë que ce qui est vrai, lorsqu'il le paroît, ne se distingue point par aucune marque de ce qui n'est pas vrai lorsqu'il le paroît; mais que néanmoins on est obligé à peine de la damnation éternelle de suivre ce qui est vrai, encore qu'il ne le paroisse pas, & de rejetter ce qui est faux, encore qu'il paroisse vrai.

VII. Raison tirée des exemples d'erreur qui absolvent de toute faute.

VII. Ma septieme & derniere réflexion, est qu'il y a plusieurs faussetez importantes qui absolvent de tout crime, lorsqu'on les croit vraies, des personnes qui sans cette conviction mériteroient

roient la mort éternelle. J'en ai donné pour exemple une femme qui couche avec un imposteur qu'elle prend bonnement pour son mari, trompée par la ressemblance, & un bâtard qui exclut d'une grande succession à eux apartenante de droit les parens du mari de sa mere, lequel il prend de bonne foi pour son pere. Il faut considérer que dans le premier exemple celui qui se porte pour mari est fort criminel, parce qu'il fait mal; c'est la seule cause de son crime; car s'il étoit persuadé, quoique sans raison, que la femme dont il jouit est celle qu'il a épousée, alors il seroit aussi innocent que cette femme. Je n'ai point lû que jamais la méprise ait été de bonne foi, tant du côté du mâle que du côté de la femelle. Dans ce fameux procès de Martin Guerre, dont un Conseiller du Parlement de Toulouse, nommé Coras, parle dans ses Ecrits, il n'y eut que la femme qui se trompa; mais après tout il ne seroit pas impossible qu'un mari trouvât une femme qui ressembleroit à la sienne, comme il ressembleroit à son mari, & que de cette façon il se fît un échange involontaire, par lequel avec toute l'innocence du monde deux hommes & deux femmes sans mariage vivroient mariez ensemble.

D'où je conclus que l'ignorance de bonne foi disculpe dans les cas les plus criminels, comme le vol & l'adultere, & quainsi partout ailleurs elle disculpe, desorte qu'un Hérétique de bonne foi, un Infidele même de bonne foi, ne sera puni de Dieu qu'à cause des mauvaises actions qu'il aura faites, croïant qu'elles étoient mauvaises. Pour celles qu'il aura faites en conscience, je dis, par une conscience qu'il n'aura pas lui-même aveuglée malicieusement, je ne saurois me persuader qu'elles soient un crime. Si elles le sont, qu'on me montre pourquoi dans les exemples ci-dessus alléguez il n'y a ni adultere, ni volerie, quoiqu'il soit certain, autant que ces choses le peuvent être, qu'il est aussi impossible à beaucoup de Protestans de découvrir que la transsubstantiation est véritable, qu'à un homme de découvrir que le mari de sa mere ne l'a pas fait. Voilà ce que je dirois à un Catholique Romain qui croit la transsubstantiation. Quand à la différence des personnes & de la nature en Dieu, il est fort apparent qu'un Turc & un Juif, ne trouvent pas plus aisé de se modifier de telle sorte qu'ils en soient convaincus entierement, que de découvrir les infidélitez que leur mere peut avoir faites. Je crois même qu'il y a bien des Païsans orthodoxes qui à l'égard de ce Mistere ne sont orthodoxes que parce qu'ils sont résolus de bonne foi de ne rien croire, qui renverse cette doctrine, de laquelle d'ailleurs ils n'ont nulle idée conforme à la verité. Le (*) Cordelier Anglois, que j'ai déja cité, rapporte que le subtil Scot enseignoit qu'il y a une ignorance invincible dans un homme de peu d'esprit, qui ne comprend ni ce que c'est que personne, ni ce que c'est que nature, & qu'il suffit à ceux-là, pour n'être pas Hérétique, de croire en gros ce que l'Eglise croit. Ce Cordelier ne demande des actes de Foi explicite des ignorans qu'à l'égard des choses aisées, *que sunt grossa ad capiendum*, dit-il en stile barbare, comme que Jésus-Christ est né, qu'il a souffert, &c. Il dit aussi que pour qu'une ignorance soit inexcusable & non invincible, il ne suffit pas qu'elle eût pû être levée si on avoit demandé instruction; mais qu'il faut aussi que l'on ait quelque-

fois songé à ce que l'on ignoroit; car si l'onn'y a jamais songé, il croit l'ignorance invincible, parce qu'il est impossible de s'informer d'une chose qui ne nous vient jamais dans la pensée. Il veut dire sans doute que pour que l'ignorance soit criminelle, il faut qu'il nous soit venu dans l'esprit que nous ignorions certaines choses, dont nous pouvions nous informer, mais que nous avons chassé ces idées. Cela paroît assez raisonnable, car l'état où lon est, entierement privé d'une idée, ne pouvant pas dépendre de notre volonté, puisque pour vouloir n'avoir pas présente une idée, il faut songer à cette idée, il s'ensuit que cet état n'est point volontaire; il n'y a donc point de péché à être dans cet état. Or on n'en sauroit sortir, sans que l'idée de la chose à laquelle il faudroit qu'on nous instruisît se présente à nous, & il ne dépend pas de notre volonté qu'une idée qui nous est absolument inconnuë, se présente à notre esprit. Donc l'ignorance est invincible (quoique facile à lever) si jamais on ne s'est avisé que l'on ignoroit une telle chose. J'ai cité un autre Auteur qui est (A) Janséniste & qui dit ces paroles mémorables : *Il est bien vrai que la loi naturelle ordonne en général de tâcher à se bien servir de sa Religion, & d'éviter autant que l'on peut l'erreur & la fausseté, telle qu'elle soit; mais elle ne condamne pas pour cela de péché ceux qui se trompent de bonne foi, dans les matieres qu'ils ne sont pas obligez de savoir, comme St. Augustin le décide expressément dans le Livre de l'utilité de la créance.*

Ces paroles, *qu'ils ne sont pas obligez de savoir*, sont un peu vagues; chacun les étendra ou les serrera, selon qu'il y trouvera mieux son compte. Pour moi, il me semble que la lumiere naturelle, ou l'idée de l'ordre, nous montre que l'on n'est obligé de savoir que ce qui nous a été suffisamment notifié, ni croire que ce qui nous a été prouvé par de bonnes raisons. Mais cette suffisance de notification, cette bonté de preuves dit un raport essenciel à la qualité de l'esprit des personnes que l'on veut instruire; car tel dégré de lumiere qui suffit pour persuader un certain homme ne suffit pas pour un autre. Et qui est-ce que Dieu qui connoît ces proportions ? Qui connoît que lui jusqu'où va la force de l'éducation, & où commence le mauvais usage du franc-arbitre ? Les effets de ces deux choses sont fort différens; ceux de la premiere forment machinalement en nous des habitudes, dont il semble que nous ne soïons pas responsables, parce que nous les recevons sans y soupçonner aucun mal; & avant que d'être capable de nous défier de ce que nos peres nous enseignent. Il est très-apparent que si l'on convenoit dans une Ville de faire accroire aux enfans que Dieu veut qu'on tuë les habitans d'une autre, ils le croiroient & n'en reviendroient jamais, s'ils ne passoient par les mains d'autres instructeurs. Ainsi quand on leur notifieroit le Décalogue, il faudroit l'accompagner de plus de raisons qu'à l'égard des gens qui auroient été mieux élevez. L'éducation est assurément capable de faire évanoüir la clarté des véritez de droit.

Il me reste de répondre à cette objection. Si Dieu se contentoit que chacun aimât ce qui seroit verité à son égard, pourquoi nous auroit-il laissé une Ecriture ? Je réponds que cela n'empêche pas que l'Ecriture ne soit très-nécessaire, parce que dans les choses très-claires elle est la regle uni-

---

uniforme de la conscience de tous les Chretiens; & pour les choses moins claires elle est respectée de tous les partis, puisqu'ils s'accordent tous à dire que ce qu'elle dit est véritable. Desorte qu'elle sert toûjours en général de regle à tous les Chretiens; & les plus grand Hérétiques qui y cherchent la confirmation de leurs dogmes, rendent hommage par cela même à la parole de Dieu. Joint qu'encore que Dieu se contente que chacun, après avoir cherché le mieux qu'il a pû la verité, s'arrête à ce qui lui semble la vérité, il veut & entend que l'on se redresse si on le peut, & que l'on redresse le mieux que l'on pourra par raisons ceux qui n'ont pas fait un choix assez heureux; or l'Ecriture peut servir beaucoup à ces fins. S. Jerôme fait (*) une remarque que pendant que les Babiloniens laisserent les vases sacrez des Juifs dans le Temple de leurs Idoles, Dieu ne se fâcha point contre eux, parcequ'après tout ils les laissoient dans un usage divin & de Religion; mais dès qu'ils les tirerent de cet ordre de choses pour s'en servir à des usages profanes, Dieu châtia leur sacrilége. *Videbantur rem Dei secundum pravam quidem opinionem tamen divino cultui consecrasse*, dit-il. Ces paroles sont favorables à mon hypothese, & prouvent en particulier, que tandis qu'un Hérétique reconnoît l'Ecriture pour sa Topique, pour le Magazin de ses preuves, il laisse à Dieu toute entiere la gloire de son autorité en général, quoique dans le particulier & par erreur il s'écarte de la volonté de Dieu; & c'est un peu d'illusion, ou du moins défaut d'examen solide, que de prétendre que de deux hommes dont l'un entend l'Ecriture mieux que l'autre, le premier soit nécessairement plus respectueux pour l'Ecriture & pour Dieu, que le second. Car je demanderois volontiers à ceux qui le prétendroient, s'il n'est pas vrai que celui qui donne à l'Ecriture le sens qu'il lui faut donner, ne le fait pas parceque ce sens est veritable, mais parcequ'il le croit veritable, & qu'il croiroit deplaire à Dieu, s'il entendoit l'Ecriture d'une autre maniere. Je ne crois pas que le meilleur Interprete de l'Ecriture ait rien autre chose que cela, qui le rende agréable à Dieu à cet égard, & qui fonde la bonne disposition où il est. Or je demande présentement s'il n'est pas vrai qu'un homme qui donne un faux sens à l'Ecriture, ne le fait pas parceque ce sens est faux & qu'il le croit faux, mais parcequ'il le croit veritable, & qu'il croiroit déplaire à Dieu s'il entendoit l'Ecriture d'une autre maniere. Je veux qu'on ne m'accorde pas cela à l'égard de chaque Hérétique, mais au moins ne me le peut-on nier à l'égard de quelques-uns; car ce seroit la chose la plus étrange, la plus hardie & même la plus insensée, que de décider qu'il y a dans l'ame de tout Hérétique ces deux actes en même tems: *Je trouve ce sens de l'Ecriture faux, & messeant à Dieu; je veux pourtant soutenir que ce sens est veritable, & c'est pour moi un motif déterminant que d'être bien persuadé qu'en soutenant cela j'enseignerai une fausseté qui deplaira à Dieu.* Il faut donc demeurer d'accord que tout ce qui fait la bonne disposition d'un Orthodoxe, par rapport à l'interprétation de l'Ecriture, se peut trouver dans un Hérétique, & ainsi que l'un ne respecte & n'aime pas necessairement Dieu & sa parole plus que l'autre.

Ajoûtons à cela que selon les idées que nous nous pouvons former d'un homme le plus achevé

en sagesse & en justice, nous concevons que si ayant laissé à ses Domestiques un ordre en partant pour un long voyage, il trouvoit à son retour qu'ils l'entendoient différemment, & que pendant qu'ils étoient d'un accord très-unanime à soutenir que la volonté de leur maître est l'unique regle qu'ils doivent suivre, ils disputent seulement quelle est cette volonté, il prononceroit qu'ils étoient tous également respectueux pour ses ordres; mais que les uns avoient plus d'esprit que les autres, pour entendre le sens légitime d'un discours. Il est certain que nous concevons clairement & distinctement qu'il ne prononceroit que cela; donc la Raison veut que nous concevions que Dieu prononce la même chose d'un Orthodoxe & d'un Hérétique de bonne foi. Or ce n'est pas par le plus d'esprit qu'un homme est plus agréable à Dieu qu'un autre, quand même il s'en seroit servi pour trouver la verité; c'est par la plus forte intention d'employer toutes ses forces à connoître & à faire ce que Dieu veut.

Je conclus que quelque soin que Dieu prenne de nous donner des regles générales, soit par la lumiere naturelle, soit par sa parole, nous en avons besoin chacun d'une particuliere qui est la conscience, au moyen de laquelle nous dementons ceux qui sans cela nous pourroient dire qu'il n'y a rien de certain, & nous appliquer cette sentence:

Incerta hæc si tu postules
Ratione certa facere, nihilo plus agas
Quam si des operam ut cum ratione insanias.

❈❈❈❈❈❈❈·❈❈❈❈❈❈❈❈

CHAPITRE XL.

Résultat de ce qui a été prouvé dans les deux chapitres précédens, & au pis aller réfutation du sens de contrainte.

Nous sommes entrez dans cette longue & très-difficile question des droits de la conscience, pour ôter aux Persécuteurs le retranchement où ils se retirent, quand on leur demande s'ils trouveroient bon que les autres les persécutassent. Ils répondent que ce seroit fort mal fait, puisqu'ils enseignent la vérité; mais qu'à cause de cela même il leur doit être permis de contraindre & de vexer les Hérétiques. Il a fallu chercher les fondemens les plus profonds de la fausseté de cette réponse, & de toutes les chicanes qui la peuvent étayer; c'est d'où est venuë notre longueur. Présentement recueillons quelque chose des veritez que nous croyons avoir prouvées.

La conclusion que nous en tirons, est que s'il étoit vrai que Dieu eût commandé aux Sectateurs de la verité de persécuter les Sectateurs du mensonge; ceux-ci apprenant cet ordre seroient obligez de persecuter les Sectateurs de la verité, & feroient fort mal de ne les persecuter pas, & seroient disculpez devant Dieu, pourvû que l'ignorance où ils seroient ne fût pas affectée & malicieuse.

Cela montre manifestement que la doctrine des Persécuteurs fondée par eux sur les paroles, *Contrains-les d'entrer*, ouvre la porte à mille combustions furieuses, dans lesquelles le parti de la vérité souffriroit le plus, & cela sans pouvoir se plaindre légitimement.

Mais supposons qu'en effet le droit de persécuter ne convînt qu'au seul parti orthodoxe; supposons que la vraye Eglise ait le privilege dont se sont vantez certains Fanatiques, que les actions les plus criminelles lui soient permises, & cessent d'être un péché quand elle les (*) fait; supposons que si les fausses Eglises veulent user de Représailles, elles ont tort, que gagnera-t-on à cela? Rien autre chose que de dire qu'au jour du jugement on verra qui aura eu tort ou raison. Or comme c'est un reméde qui ne peut pas retarder le cours funeste du mal qui ravageroit le monde, si tous ceux qui croyent être la vraie Eglise persécutoient les autres, il est clair que c'est une pensée fort ridicule que de dire qu'il n'y a que les Orthodoxes qui doivent persécuter; car il n'en faut pas davantage pour engager chaque Secte à devenir persécutrice, puisque chacun secroit la pure & la véritable Religion. Les Religions persécutées auroient beau dire, qu'elles sont le parti de la vérité, & que Dieu le déclatera un jour quand il viendra pour juger le monde, on lui répondroit que c'est alors qu'elle verroit sa confusion & la justice avec quoi on l'a persécutée, & l'injustice tirannique avec quoi, quand elle est la plus forte, elle persécute les autres Religions. Ainsi la plainte que chaque parti feroit d'être persécuté & bourrellé, se réduiroit à la longue & ennuyeuse dispute sur toute la Controverse qui divise les Religions; & pendant la discussion des matieres controversées, le parti qui auroit le dessus persécuteroit à bon compte, ce qui comme chacun voit & sent, ne présente que l'image d'une affreuse & lamentable désolation. D'où on doit conclure, que quand même on auroit quelque raison d'interpréter à la lettre la parabole, il ne faudroit pas le faire, de-peur d'exciter dans le monde ces malheurs épouvantables. Ce devroit être un droit que l'on devroit laisser dormir pour toûjours, & ne se permettre que les mêmes actions qui sont permises à toute la terre.

J'avois dessein d'examiner en particulier les raisons que S. Augustin a étalées avec beaucoup de pompe & d'industrie, pour justifier les persécutions; mais comme ce Commentaire n'est déja que trop gros, étant crû sous ma plume beaucoup plus que je ne m'étois figuré, il faudra renvoyer cette affaire à un Commentaire particulier sur cet endroit de S. Augustin. J'espere qu'on pourra tout dire en peu de mots, parceque nous avons déja énervé paravance la plûpart des paralogismes & des petites moralitez de ce grand Evêque d'Hippone.

(*) Conférez ceci avec le chap. IV.

FIN DE LA SECONDE PARTIE.

LETTRE DE L'AUTEUR
A SON LIBRAIRE,
SUR LA
TROISIEME PARTIE.

Si vous avez encore du tems pour cela, (& il n'importe que vous ayez déja vendu quelques exemplaires) je vous prie, Monsieur, de publier ce qui suit à la tête de la troisieme Partie.

Je viens de lire le Traité des droits des deux Souverains, &c. contre un Livre intitulé Commentaire Philosophique, &c. & l'ai trouvé une fausse & très-foible attaque dudit Commentaire. L'Auteur avouë dès l'entrée, que malgré lui & la Nature, son chagrin & la volonté d'un de ses amis le vont ériger en Auteur. C'est avoir peu de jugement que d'avouer une telle chose. Le chagrin ne doit pas entrer dans la composition d'un Ouvrage; il faut regarder d'un œil serain les objets, & non pas au travers d'un nuage qui les confond & qui les brouille autant que fait la colere & le chagrin. Il faut, dis-je, ne les pas regarder au travers d'un tel nuage, quand on veut refuter un homme; & il eût fait beaucoup mieux s'il eût suivi les conseils de la Nature, qui le détournoient de s'ériger en Auteur. En effet son Ouvrage est vicieux dans les endroits qui devroient être le plus essenciellement solides, puisqu'il ne roule que sur une fausse position de l'état de la question, & qu'il s'y bat contre un fantôme, je veux dire contre une opinion qu'il m'impute faussement. Il se tuë de prouver que l'on péche & que l'on offense Dieu très-souvent en agissant selon les lumieres de la conscience. Qui lui nie cela? Ne l'ai-je pas dit très-clairement en plus d'un lieu? Il m'accuse aussi d'introduire l'indifférence des Religions, & au contraire il n'y eut jamais de doctrine plus opposée à cela que celle qui établit, qu'il faut toûjours se conduire selon sa conscience. Pareilles illusions regnent dans l'endroit où il parle de la puissance législatrice du Souverain, en matiere de Religion. Pour les citations de l'Ecriture, elles sont fort frequentes dans son Livre; mais la plûpart mal-entenduës & à la S. Augustin. En un mot cet Auteur s'est ingéré dans les choses qu'il n'a point vûës, & a continuellemens commis le Sophisme de ne point prouver ce qu'il falloit. Ce que je crois procéder moins de mauvaise foi que d'inexpérience, dans la composition des Ouvrages Polémiques, ou d'une mauvaise coûtume de juger des choses précipitamment & à vûë de païs, & de lire en courant & par-ci par-là les Livres nouveaux. Cette maniere de lire doit être permise à tout le monde, quand on ne veut pas devenir Censeur; mais quand on veut refuter les gens, elle est tout-à-fait impardonnable. En effet les Lecteurs habiles ne pardonnent jamais à quiconque examine si négligemment ce qu'il refute, qu'il ose attribuer à son adversaire, & le refuter sur ce pied-là, le contraire de ce qu'il a enseigné.

A Londres le 20/10 Mai 1687.

COM-

COMMENTAIRE
PHILOSOPHIQUE,

TROISIEME PARTIE,

Contenant la Réfutation de l'Apologie que S. Augustin a faite des Convertiſſeurs à contrainte.

Omme dans la premiere Partie de ce Commentaire j'ai dit d'abord, que je ne confidererois pas les circonſtances particulieres du paſſage que j'avois deſſein de commenter, mais que j'en réfuterois le ſens littéral conſidéré en lui-même, & que je le combattrois par des principes generaux ; je dis auſſi au commencement de cette troiſieme Partie, que je ne fais aucune attention aux circonſtances particulieres de S. Auguſtin, des Donatiſtes, du ſiecle, ni du pays où ils vivoient : mais que je remonte à la plus grande generalité qui ſe puiſſe, pour montrer que les raiſons de S. Auguſtin conſidérées en elles-mêmes, & dépouillées de tous leurs accidens défavorables, ne laiſſent pas d'être fauſſes. Peu m'importe donc que S. Auguſtin ait crû autrefois qu'il ne falloit pas uſer de contrainte en matiere de Religion ; peu m'importe qu'il n'ait changé de ſentiment que parce qu'il fut frappé du ſuccès qu'eurent les Loix Impériales, ce qui eſt la plus pitoïable maniere de raiſonner qui ſe puiſſe voir : car n'eſt-ce pas la même choſe que ſi on diſoit : *Un tel a gagné beaucoup de bien, donc il ne s'eſt ſervi que de moyens légitimes ?* Peu m'importe encore que S. Auguſtin ait été de telle ou de telle humeur, d'un tel ou d'un tel caractere ; enfin peu m'importe que les Donatiſtes fuſſent des ridicules, qui ſe tinſſent ſéparez des autres Chretiens pour des bagatelles. Je veux conſidérer les raiſons de S. Auguſtin comme ſi elles tomboient des nuës, & dans un état de préciſion ; & je veux bien même prendre le parti de ce grand homme, contre ceux qui l'accuſent de n'avoir apporté dans la diſpute aucune bonne foi. Je crois fort le contraire ; je crois qu'il penſoit ce qu'il diſoit. Mais comme c'étoit dans le fonds une bonne ame & touchée d'un zele ardent, il ſe perſuadoit aiſément les choſes qui lui ſembloient favorables à ſes préjugez, & il croyoit rendre un ſervice à la vérité & à Dieu, en trouvant partout des raiſons qui appuyaſſent ce qu'il croyoit être la vérité. Il avoit beaucoup d'eſprit, mais il avoit encore plus de zele, & autant qu'il donnoit à ce zele (or il lui donnoit beaucoup) autant ôtoit-il au ſolide raiſonnement & aux pures lumieres de la véritable Philoſophie ; & c'eſt ainſi que vont les choſes ; c'eſt un grand avantage que d'avoir l'ame bonne & zelée ; mais il en coûte bon à l'eſprit & à la raiſon ; on devient crédule ; on ſe paye des plus méchans ſo-

phiſmes, pourvû qu'ils ſoient commodes à ſa cauſe ; on ſe fait des monſtres épouvantables des moindres erreurs de ſon adverſaire ; & ſi l'on eſt avec cela d'un naturel vehement, où ne ſe porte-t-on pas ? Quels efforts ne fait-on pas pour donner la gêne à l'Ecriture, à la Tradition, & à toutes ſortes de principes ? On veut trouver ſon compte partout, on outre tout, & pour bien dire, on gâte tout. Je ne penſe pas que perſonne ait mieux jugé de S. Auguſtin qu'un Jéſuite nommé le P. Adam, quoiqu'ait voulu dire au contraire le P. Noris dans ſes *vindicia Auguſtiniana*. Mais comme je l'ai déja dit, peu m'importe que S. Auguſtin ait été ceci ou cela ; je veux conſiderer ſes preuves ſans égard à nuls préjugez. Exáminons donc les Lettres de ce Pere, que l'Archevêque de Paris a fait imprimer à part, ſelon la nouvelle verſion Françoiſe, & à la tête deſquelles on a mis une Préface, dont nous avons réfuté une partie dans notre diſcours (*) Prélimimaire. Tout le Livre eſt intitulé : *Conformité de la conduite de l'Egliſe de France pour ramener les Proteſtans, avec celle de l'Egliſe d'Afrique pour ramener les Donatiſtes à l'Egliſe Catholique.* La premiere de ces deux Lettres eſt la 93 de la nouvelle édition, & la 48 des anciennes, & a été écrite l'an 408 à un Evêque Donatiſte nommé Vincent, qui en avoit écrit une à S. Auguſtin, pour lui témoigner ſa ſurpriſe de l'inconſtance de ce Pere, qui ayant crû autrefois qu'il ne falloit point emploïer l'autorité des Puiſſances ſéculieres contre les Heretiques, mais ſeulement la parole de Dieu & les raiſons, étoit paſſé du blanc au noir ſur cet importante matiere. Ecoutons la 1. remarque de S. Auguſtin.

PARTIE III.

Perſonne n'a mieux jugé de lui que le P. Adam.

I.

PAROLES DE S. AUGUSTIN.

Je ſuis encore plus amateur du repos préſentement que dans le tems que vous m'avez connu jeune à Cartage ; mais les Donatiſtes étant auſſi inquiets qu'ils le ſont, je ne laiſſe pas d'être perſuadé, qu'il eſt très-à-propos de les réprimer pas l'autorité des Puiſſances établies de Dieu.

REPONSE.

Conséquence de ce principe, qui n'est pas la pensée de S. Augustin.

VOilà un des plus méchans débuts que l'on vit jamais, & le plus capable de faire naître des soupçons contre la bonne foi de S. Augustin; car c'est parler en homme qui cache le vrai état de la question, qui cherche à donner le change à ses Lecteurs, qui craint de s'expliquer en un mot, & pour couper court, qui veut gagner sa cause par supercherie. Ne diroit-on pas, sur la foi de ces paroles, que la raison pour laquelle il croit qu'on peut faire intervenir l'autorité du bras séculier à l'encontre des Heretiques, est leur inquietude perturbatrice du repos public? Si cela est, il ne faudra pas recourir aux Princes contre des Heretiques qui se tiennent cois chez eux, & qui n'inquietent personne. Voilà ce que l'on peut recueillir de ces paroles de S. Augustin: cependant ce n'est pas là sa pensée; il a crû qu'il falloit faire des Loix contre les Heretiques les plus débonnaires, afin que les châtimens temporels les déterminassent à rentrer dans l'Unité; & s'il n'avoit pas crû cela, rien ne seroit plus vain, ni plus pitoyable que les raisons qu'il déploie avec tant de soin. Ainsi il s'est servi ou d'un préambule trompeur & artificieux, ou ce qui me paroît plus vraisemblable, d'une pensée très-fausse & la plus éloignée du monde de la justesse d'un homme qui sait bien écrire & bien raisonner.

Les Princes doivent réprimer également les Factieux, soit Heretiques, soit Orthodoxes.

Car qui a jamais douté que ce ne soit le devoir des Princes de faire des Loix dont les Heretiques qui inquietent leur prochain, qui sont remuans, persécuteurs, & choses semblables? Qui a jamais douté que les gens de bien ne puissent & ne doivent exhorter les Princes, qui négligeroient de remédier à ces violences, de les réprimer par le glaive que Dieu leur a mis en main? Non seulement c'est le devoir des Princes de réprimer les Heretiques factieux, turbulens & inquiets, mais aussi les Orthodoxes qui tomberoient dans une pareille conduite. Que veut donc dire S. Augustin, quand il nous dit qu'il trouve très-à-propos de réprimer par l'autorité des Puissances, la hardiesse que prendroient des Sectaires de violenter le monde, & d'opprimer leur prochain? Etoit-ce de cela qu'il étoit question? Quelqu'un auroit-il dû s'étonner que ce Pere fût dans ce sentiment? Est-il necessaire de publier des Apologies quand on y est? Il n'y a donc rien de plus mal pensé que de poser un tel principe à la tête d'un Ouvrage, où il s'agissoit de justifier, non pas les Loix qui réprimoient les violences des Donatistes, mais les Loix qui en vouloient directement & immédiatement à leurs erreurs, puisqu'elles les soûmettoient à des peines temporelles, en cas qu'ils voulussent perseverer dans leurs sentimens.

Les Loix Impériales en vouloient directement aux Donatistes.

C'est ce qu'a avoüé depuis peu le (*) Sr. Ferrand, l'un des Avocats des persécutions, & il l'a prouvé même par un passage de S. Augustin. Il a fait voir qu'à la verité *la violence des Donatistes fut la source & comme la premiere cause des Loix Impériales; mais qu'il y en eut une seconde qu'on peut apeller la prochaine & immédiate, ou pour mieux dire le principal motif qui porta Honorius à faire des Loix severes contre les Donatistes, & que ce motif fut fondé sur l'horreur qu'il conçut de leur Heresie & de leur Schisme.* Les preuves qu'il en apporte sont très-convaincantes,

car il remarque qu'Honorius ne fait point mention de leurs cruautez; que ses Loix comprennent generalement tous les Donatistes; qu'il ne dit point que les peines qu'il ordonne tomberont sur eux, s'ils ne cessent d'exercer leurs violences, & qu'au contraire il declare qu'il veut abolir leur Secte, & leur faire subir ces peines, s'ils ne rentrent dans l'Eglise Catholique, & qu'on continuëra les peines, toutes les fois qu'ils feront quelque exercice de leur Religion. Je dis que ces preuves sont convaincantes, la chose parle d'elle-même; car lorsqu'on veut empêcher les insolences de certaines gens, & rien plus, on se contente d'établir des peines contre ceux qui les commettront, & on ne s'avise pas de châtier ceux mêmes qui s'en déporteront à pur & à plein. La chose rare que ce seroit, si pour réprimer la licence des Libelles diffamatoires, on établissoit des peines contre ceux qui s'abstiendroient religieusement d'en plus faire, ou débiter, ou si pour refréner l'umeur mutine d'une Province, on menaçoit de la ravager, lors même qu'elle se tiendroit dans l'obéïssance, & les Villes mêmes qui n'auroient jamais eu part aux séditions! Je dis bien plus si les Empereurs, n'avoient eu pour but que de réprimer l'audace des Donatistes & la fureur de leurs Circoncellions, il n'auroit pas été nécessaire de publier de nouvelles Loix. N'y en avoit-il pas assez, connuës de tous les Magistrats de l'Empire contre les voleurs, les assassins, les querelleux, & contre tous ceux en general qui se servent des voies de fait contre leurs Concitoyens? Il n'auroit falu qu'ordonner aux Juges d'exécuter les Loix Romaines contre les Circoncellions, tout de même qu'en Italie on se contente d'ordonner aux Magistrats de procéder contre les Bandis, selon la rigueur des Loix établies de tout tems. Je ne pense pas que s'il arrivoit du changement dans le Royaume de France, il fût necessaire de faire des Loix en particulier contre les Officiers des Dragons qui ont pillé les Huguenots; il suffiroit de consulter le Droit Romain, le Coûtumier ou l'Ordonnance, dans les tîtres qui regardent la punition des voleurs; & attendu qu'il n'a point paru d'Edit, ni d'Arrêt qui leur ordonnât de saccager les maisons, ils seroient justement punis comme violateurs des Loix les plus sacrées de la societé civile. Tant il est vrai que tout homme particulier qui fait tort à son voisin, qui le bat, qui le dépouille de son bien, qui le force à faire des choses dont il a horreur, est coupable *ipso facto* de la violation des Loix fondamentales de la République, & digne par consequent de punition, sans qu'il soit besoin de rien statuer de nouveau sur son sujet. N'eut-on aucune Loi écrite dans un Etat, cela s'entendroit de lui-même, n'y ayant point de societé qui ne suppose essenciellement qu'un perturbateur du repos public, & quiconque maltraite son Concitoyen, est punissable.

Les nouvelles Loix étoient superfluës si n'avoit … que réprimer les Séditieux.

Mais il est bon d'éclaircir ici une difficulté; c'est que par perturbateur du repos public, on ne doit pas entendre ceux qui sont cause par accident de grandes combustions & révolutions; car si cela étoit, Jésus-Christ & ses Apôtres eussent été justement traitez comme perturbateurs de la République, d'autant qu'ils vinrent susciter un grand procès à la Religion dominante, & élever autel contre autel; d'où naquirent mille désordres dans la société humaine. Je n'appelle donc perturbateurs du repos public que ceux qui

Ceux qui … fent des t… bles par a… dent ne fo… point des … turbateurs … repos publ… Ce qu'on … entendre … ce mot.

courent les champs pour piller Bourgs & Villages, & voler sur les grands chemins, ceux qui excitent la sédition dans les Villes, ceux qui frappent leur prochain dès qu'ils se sentent plus forts que lui ; en un mot ceux qui ne permettent pas à leurs Concitoïens de joüir commodément & tranquillement, s'ils veulent, des biens, droits & actions qui leur appartiennent. Sur ce pied-là il est clair que ni Jésus-Christ, ni ses Apôtres, n'ont pas été des perturbateurs du repos public ; car ils se contentoient de montrer aux hommes la fausseté de certaines opinions, & l'injustice de certaines actions. Ceux qui se convertissoient demeuroient encore plus soûmis qu'auparavant aux Loix de l'Empire, & ainsi le succès de cette nouvelle prédication ne pouvoit pas nuire par lui-même à l'Etat. Il étoit permis à un chacun de demeurer Juif ou Païen s'il vouloit, & l'on ne permettoit pas à ceux qui quittoient le Judaïsme, ou le Paganisme, de maltraiter ceux qui ne faisoient pas le semblable ; ainsi il ne tenoit qu'au monde d'être aussi tranquille qu'auparavant parmi ces nouveaux Prédicateurs, & par conséquent les Loix des Empereurs contre eux ont été très-mal fondées. Par un semblable principe il est aisé de faire voir que Wiclef, Jean Hus, Luther, Calvin, Zuingle, n'ont point dû être traitez de perturbateurs du repos public, quoiqu'ils aïent réveillé une très-grosse querelle à une doctrine qui joüissoit dans le monde d'une grande paix ; & à moins qu'on ne prouve qu'ils ont forcé à les suivre ceux qu'ils trouvoient mal disposez à se réformer (auquel cas ils eussent été encore plus haïssables comme des Persécuteurs, que vénérables comme des Réformateurs) on a rien à dire contre eux sous cet égard particulier, qui concerne le repos public.

Pour mieux établir ma pensée, je remarque qu'il ne faut jamais rendre odieuse la doctrine que l'on croit fausse, par les endroits qui lui sont communs avec la doctrine que l'on croit vraie. Puis donc que l'erreur & la verité ont cela de commun, que quand elles se présentent dans un païs où on est persuadé du contraire en fait de Religion, elles y causent des remuëmens, il seroit absurde de prétendre que ceux qui viennent annoncer une doctrine erronée sont punissables, par cela seulement qu'ils ont troublé le repos dont on joüissoit dans l'uniformité de sentimens ; car ce repos & cette uniformité n'auroient pas été moins troublez dans un païs imbu de l'erreur, si on y eût envoïé des Prédicateurs de la verité. Il faut donc passer également à la verité & à l'erreur les suites qui les accompagnent par accident : D'où paroît que si les Donatistes n'avoient été coupables d'autre trouble, que de ce qu'ils causoient un Schisme dans l'Eglise dont les membres avoient été auparavant bien unis, les Empereurs auroient été fort mal fondez de les traiter de perturbateurs du repos public, & de les vouloir contraindre par force à rentrer dans le giron de l'Eglise. La seule contrainte que ces Empereurs ont pû leur faire légitimement, c'est de faire châtier ceux d'entre eux qui maltraitoient les Catholiques, & qui en les réduisant à l'aumône leur arrachoient un consentement simulé au second baptême. Si leurs Loix pénales n'avoient eu pour but que le châtiment d'une conduite si opposée au droit naturel, au droit des gens, & à tout ce que les Societez ont de plus inviolable, non seulement St. Augustin n'auroit pas eu besoin de faire l'Apologie de la-

probation qu'il leur auroit donnée, mais il auroit été très-injuste, s'il ne les eût pas approuvées ; mais comme l'a fort-bien prouvé le Sr. Ferrand, les Loix de ces Empereurs avoient toute une autre vûë, savoir de contraindre les Donatistes à quitter leur parti, par la peur d'une vie languissante & misérable. Or c'est ce qui est non seulement peu conforme au Christianisme, mais aussi à tout sentiment de Raison & d'humanité ; desorte qu'il est scandaleux au dernier point que St. Augustin en ait entrepris la défense. Retournons à l'examen de la Lettre.

❊❊❊❊❊❊❊❊❊❊❊❊❊❊❊❊❊❊❊❊❊❊❊❊❊

II.

PAROLES DE St. AUGUSTIN.

Aussi avons-nous la joie d'en voir plusieurs qu'on a fait revenir par ce moien à l'unité Catholique.

RE'PONSE.

VOici encore une marque de ce je ne sais quoi, qui porte les gens à cacher les méchans côtez de leur cause. St. Augustin n'a osé dire d'abord qu'il fut à propos de recourir au bras séculier, pour obliger les Heretiques à signer un nouveau Formulaire ; cela paroissoit odieux proposé ainsi cruëment. Qu'a-t-il donc fait, je ne dis pas par mauvaise foi, mais aveuglé par ses préjugez ? Il a détourné son Lecteur de cet objet, & ne l'a appliqué qu'à un autre, qui bien-loin d'être choquant n'a rien que de légitime, c'est qu'il est bon & loüable d'emploïer le pouvoir des Souverains à maintenir le repos public, que les Heretiques mutins, factieux, & persécureurs troublent. Mais il se dément lui-même, ou plûtôt il dit en paroles couvertes ce que c'est, quand il convient que les loix Impériales avoient obligé plusieurs Donatistes à déserter le parti. C'est donc pour cela qu'elles étoient faites ; c'étoit donc aux persévérans dans le parti qu'elles infligeoient des châtimens temporels, & non simplement à ceux qui usoient de violence sur les Orthodoxes. Or c'est cela qu'il falloit d'abord déclarer & promettre rondement de justifier ; & il y eût eu quelque suite dans le discours, au lieu que ce ne sont que paroles mal liées & mal arrangées, *scopa dissoluta* ; il falloit, dis-je, déclarer qu'il est à propos de recourir aux Puissances, pour obliger les gens à changer de Religion, & à cela les paroles que nous avons citées en second lieu eussent servi de quelque preuve bonne ou mauvaise ; car voici quel auroit été le raisonnement de St. Augustin :

Les Loix qui ont fait revenir plusieurs à l'unité Catholique, sont bonnes ;

Or les Loix qui commandoient aux Donatistes de revenir à cette unité, sous de grosses peines, y ont fait revenir plusieurs ;

Donc elles sont bonnes.

Faut-il s'étonner si toutes ces plumes vénales que les Convertisseurs modernes emploïent, ne font que biaiser & gauchir, sans jamais oser proposer le vrai état de la question, puisque St. Augustin, le grand Patriarche de ces malheureuses Apologies, ne dit qu'à demi & en tremblant de quoi il s'agit entre lui & celui qu'il veut réfuter.

Mauvaise connexion des raisonnemens de St. Augustin. Ses subterfuges communs avec ceux des Convertisseurs modernes.

✠✠✠✠✠✠✠✠✠✠✠✠✠✠✠✠✠✠✠✠

III.

PAROLES DE S. AUGUSTIN.

*La force de la coûtume étoit une chaîne qu'ils
n'auroient jamais rompuë, s'ils n'avoient été frappez de la terreur des Puissances séculieres, & si
cette terreur salutaire n'avoit appliqué leur esprit à
la considération de la verité, &c.*

REPONSE.

On a déja ré-
pondu à cela.
La persécution
fait autant
d'effet contre
les Ortho-
doxes que
contre ceux
qui ne le sont
pas.

Voici le grand Lieu-commun, & pour ainsi
dire le raisonnement banal des Convertisseurs modernes. Je les renvoie, s'il leur plaît,
à la 2. Partie de mon Commentaire Ch. 1. & 2;
& s'ils y répondent, je leur promets de réfuter
tout de nouveau leur grande maxime. Mais
franchement je ne crois pas que jamais ils ayent
à y opposer rien qui vaille; car que peut-on dire
contre une chose qui saute aux yeux? C'est que
tous ceux qui se mêleront de faire des Loix pénales contre les Sectaires, soûtiendront aussi réso-
lument que S. Augustin & que les Convertisseurs
de France, qu'ils prétendent seulement réveiller
le monde de l'engourdissement où il est tombé,
& rompre la chaîne de l'erreur par la crainte du
châtiment temporel. Dira-t-on que ceux qui
emploïent cette maxime contre les Orthodoxes
manquent leur coup, & qu'ainsi ils ne se peuvent jamais glorifier de ce dont S. Augustin &
les Missionnaires bottez de France se glorifient.
A cela je n'ai qu'un mot à leur dire. Les Catholiques d'Angleterre étoient-ils Orthodoxes, au
tems de notre glorieuse Héroïne Elizabeth, ou
non, & changerent-ils de bon gré, ou par quelque espece de contrainte? On n'osera m'avoüer
ni qu'ils ne fussent pas Orthodoxes, ni qu'Elizabeth les fît changer par la seule voie de la douceur, & de l'instruction. Il faut donc que l'on
m'avoüe que les mêmes succès que leurs violences obtiennent contre les autres, les autres les
obtiennent sur eux. A quoi je pourrois ajoûter
cette question; les Chretiens que les Sarrazins
firent changer de Religion n'étoient-ils pas fideles? D'où vient donc que les armées de Mahomet & de ses successeurs en firent abjurer un si
grand nombre? Partout il se trouve de nouveaux
Convertis qui font semblant d'être bien-aises de
leur nouvelle Religion, ils font leur Cour par-là,
& vont au Bénéfice.

✠✠✠✠✠✠✠✠✠✠✠✠✠✠✠✠✠✠✠✠

IV.

PAROLES DE S. AUGUSTIN.

*Si un homme voïoit son ennemi prêt à se précipiter
par le transport d'une fievre chaude, ne seroit-ce pas
lui rendre le mal pour le mal que de le laisser faire,
plutôt que de l'en empêcher & de le lier? Cependant
ce Phrénétique ne prendroit cet office de bonté & de
charité que pour un outrage, & pour un effet de
haine: mais s'il revenoit en santé, il verroit bien
que plus ce prétendu ennemi lui auroit fait de violence, plus il lui seroit obligé. Combien avons-nous
de Circoncellions mêmes qui sont présentement des*

(*) Virgile, Æneide l. 1.

*Catholiques zélez, & qui ne seroient jamais reve-
nus à eux, si on n'avoit employé, pour les lier comme des Phrénétiques, les Loix de nos Souverains?*

REPONSE.

Le grand
de S. Aug
ne consist
dans des
Lieux-co
muns.

C'Est une des plus grandes infirmitez de
l'homme, qu'il faut nécessairement lui proposer mille choses populaires, & les lui prouver
d'une façon populaire, à quoi nous nous accoû-
tumons si fort, que tout ce qui n'est pas raison
populaire ne nous sauroit toucher, & tout ce
qui l'est nous importe. Voilà le grand fort de S.
Augustin & de plusieurs autres personnes de son
métier: ils se bâtissent un Empire ou un Palais,
dont les habitans sont de grands Lieux-communs populaires, comparaisons, exemples,
figures de Rhétorique. Par ce moyen ils dominent sur le peuple, ils l'émeuvent & l'appaisent,
comme faisoit Æole la mer par l'entremise des
vents. Cette comparaison est juste, car de part &
d'autre ce n'est que du vent qui produit tous ces
effets. Qu'ils s'enferment tant qu'il leur plaira
dans ces demeures,

(*) .... Illâ se jactet in aulâ
Æolus, & clauso ventorum carcere regnet.

Mais tâchons de montrer que ce n'est-là que
du vent.

Absurdi
la compa
son entre
Hérétiqu
un Phrén
que.

Se peut-il rien voir dans le fonds de moin solide
que cette comparaison de S. Augustin, entre un
Phrénétique que l'on lie pour l'empêcher de se
jetter par une fenêtre, & un Hérétique que l'on
empêche par force de suivre les mouvemens de sa
conscience. Je le dis encore une fois; si on n'avoit
fait des Loix que pour tenir en bride la fureur des
Donatistes, & pour punir les injures qu'ils
avoient faits aux Catholiques, par exemple pour
envoyer aux Galeres ceux d'entre eux qui auroient
battu & dépouillé de leurs biens les Catholiques,
il n'y auroit rien que de très-loüable, & il n'eût
pas été nécessaire de recourir à la comparaison
d'un Phrénétique que l'on enchaîne. Mais il s'a-
gissoit de certaines Loix qui condamnoient les valets aux coups de bâton, aux verges, à la perte
de la troisieme partie de leur pécule, & les autres
conditions à des amendes qui les ruïnoient, au
transport de tous les biens après la mort des peres à d'autres familles, à ne pouvoir ni vendre,
ni acheter, ni donner retraite à son ami plus intime; il y en avoit qu'on dépouilloit de tous leurs
biens, & qu'on exiloit. Voilà les Loix qui tenoient attachez les Donatistes: avec ces chaînes
on les traînoit dans la Société des autres Chretiens, & on les empêchoit d'en sortir; c'est-à-dire,
selon S. Augustin, qu'on leur rendoit encore un
plus grand service qu'à un Phrénétique prêt à se
précipiter, que l'on lie de bonnes cordes. Comparaison pitoïable; car pour sauver la vie à un Phrénétique qui va se précipiter, il est indifférent qu'il
consente à ce qu'on lui fait, ou qu'il n'y consente
pas: il est également préservé du précipice &
d'une façon & d'autre; ainsi on fait sagement &
charitablement de s'opposer à ses désirs, & de le
lier de bonnes chaînes s'il est requis, quelque
opposition qu'il semble y faire. Mais à l'égard de
l'Hérétique, on ne lui sauroit faire du bien
pour son salut, s'il n'y consent. On a beau le
faire entrer par force dans les Eglises, le faire
communier par force, lui faire dire & de bouche

La con
ne fait q
gner da
tage du
Voie l
de sauv
Errans.

　　　　　　　　　　　　　　& par

& par écrit, le bâton haut, qu'il abjure ses erreurs, & qu'il embrasse la Foi Orthodoxe, tant s'en faut que cela l'approche du Roïaume des Cieux qu'il l'en éloigne au contraire davantage. Si le cœur n'est touché, mû & convaincu, tout le reste ne sert de rien, & Dieu lui-même ne nous sauroit sauver par force, puisque la grace la plus efficace & la plus nécessitante est celle qui nous fait le plus consentir à ce que Dieu veut, & vouloir le plus ardemment ce que Dieu veut. Quelle illusion n'est-ce donc pas, & quel Sophisme puérile, que de prétendre qu'on peut préserver un homme de l'Enfer, & l'envoïer en Paradis par un expédient semblable à celui dont on se sert en liant un maniaque, pour lui sauver la vie, quand il veut se précipiter? La seule voie de sauver un homme qui court à bride abattuë & avec un grand zele dans le chemin de l'Enfer, c'est de lui faire perdre l'envie qu'il a de marcher sur cette route, & de lui inspirer celle de marcher sur la route opposée; à quoi ne servent de rien, generalement parlant, ni les exils, ni les prisons, ni les amendes. Cela peut bien empêcher qu'on ne fasse extérieurement ce que l'on faisoit, mais non pas qu'on ne le fasse intérieurement, & c'est dans l'intérieur qu'est le principal & le capital venin. Ce mot d'un Poëte Latin *invitum qui servat, idem facit occidenti*, n'est jamais plus vrai qu'à l'égard des persécuteurs. Le soin qu'ils prennent d'empêcher qu'un Heretique ne coure à ce qu'ils nomment la mort, & la violence qu'ils lui font, est pis qne s'ils le tuoient.

✼✼✼✼✼✼✼✼✼✼✼✼✼✼✼✼✼✼

V.

PAROLES DE St. AUGUSTIN.

Il y en a, direz-vous, sur quoi on ne gagne rien par-là; je le veux, mais faut-il abandonner la médecine, parce qu'il y a des malades incurables?

REPONSE.

SI le Donastite proposoit aussi foiblement cette objection que St. Augustin le représente, c'étoit un pauvre homme. Que ne représentoit-il à ce Pere l'effet qu'avoient eu les persécutions des Païens du tems de St. Cyprien, celle de l'Empereur Constance, & la vigilance de Pline le Jeune dans son Gouvernement de Bithinie? N'est-il pas constant qu'un très grand nombre de personnes succomberent dans ce tems-là à la tentation, & n'en doit-on pas conclure que les violences sont très-propres à faire faire au corps ce que le cœur désavouë intérieurement, & à remplir la Société persécutante de tous les mondains, avares, hipocrites & temporiseurs qui sont dans le parti persécuté. Ce qui ne pouvant être nié quand on l'examine mûrement, il est clair que la seconde Comparaison de St. Augustin ne vaut guéres mieux que la premiere. On lui avoüera qu'un remede dont on a souvent éprouvé les bons effets, doit être emploïé, encore qu'il ne guérisse pas tous les malades; mais qu'une chose qui a mille fois servi de poison, & qui est les armes ordinaires des ennemis de la verité, dont ils terrassent ses Sectateurs, soit emploïée par la verité comme une bonne médecine de l'erreur, c'est assurément ce qui est contre le bon sens & contre les regles de la sagesse. Outre que St. Augustin

suppose ce qui est en question, savoir que la persécution est une médecine; toute la preuve qu'il en allegue c'est qu'elle avoit converti plusieurs Donatistes; mais 1. savoit-il que ce fussent des gens bien convertis? 2. Cette prétenduë médecine n'avoit-elle pas tué un grand nombre d'Orthodoxes, sous les persécutions précédentes? 3. Si on n'a connu que par l'évenement que ce fût une médecine, il falloit au moins convenir qu'on avoit été fort téméraire de s'en servir, avant que d'en connoître les effets, & cependant on louë ici ceux qui l'emploïerent, avant que de la connoître par ses effets.

Voici une remarque qui me paroît de quelque poids. L'Homme qui se sert un peu de sa Raison, est fort capable de connoître qu'il faut adapter les remedes à la nature des maladies; & quainsi l'erreur étant une maladie de l'ame, il la faut guérir par quelque chose de spirituel, comme sont les instructions & les raisons. La révélation, bien-loin de traverser cette maxime, l'appuïe, & la recommande fortement; c'est donc faire assez son devoir, que de se servir autant que l'on peut de cette sorte de remede envers les errans; & si on ne peut pas les convertir par cette voie, on s'en peut laver les mains, se disculper hautement devant Dieu de la damnation de ces gens-là, & lui remettre toute cette affaire. Que si outre les instructions & les raisons, notre esprit nous suggéroit quelque expédient qui nous parût propre à guérir un homme de son Hérésie, que faudroit-il faire? Je réponds que si cette expédient étoit une chose indifférente en elle-même, & qui au pis aller ne pourroit faire du mal, il faudroit en faire l'essai; mais si c'étoit une chose très-mauvaise, & très-capable de porter au crime celui pour qui on l'emploïeroit, je soûtiens qu'il y a un fort grand mal à s'en servir. Or telles sont les loix qui condamnent à de grosses peines ceux qui ne changeront pas de Religion; car on ne peut pas nier qu'ôter à un homme le patrimoine de ses Ancêtres, & les biens qu'il a légitimement gagnez à la sueur de son front, ne soit un vol, & qu'un Prince qui feroit cela, qui par exemple s'en iroit à une foire & feroit enlever toutes les marchandises qu'il y trouveroit, seulement parce que tel seroit son bon plaisir, ne devînt coupable de vol. Ce n'est donc point une action indifférente de sa nature, ôter à quelqu'un son bien & sa liberté, & l'envoïer en exil: C'est nécessairement un crime, si on le fait à un innocent; & l'on m'avoüera, je m'assure, que si toutes les Loix qui ont été faites contre les Donatistes, avoient été faites contre une Secte de Philosophes, qui croïant tout ce que l'Eglise croit, pour ce qui regarde la foi & les mœurs, auroit eu cette opinion particuliere, que l'objet de la Logique ne sont pas des êtres réels, mais des êtres de raison; on m'avoüera, dis-je, que ces Loix publiées contre ces pauvres Philosophes, bons Citoïens d'ailleurs & bons Chretiens, auroient été non seulement ridicules, mais très-criminelles & tiranniques: par conséquent la médecine dont parle St. Augustin n'est pas une action indifférente de sa nature; & tout ce que l'on en peut dire de mieux, c'est que de mauvaise & criminelle qu'elle seroit, si on ne la dirigeoit pas au bien de la Religion, elle devient très-bonne y étant heureusement dirigée. Il est clair d'autre côté que c'est une tentation très-périlleuse, & qu'il est moralement impossible que plusieurs n'en soient entraînez au peché contre la

---

Marginal notes (right):

PARTIE III.

Il faut adapter les remedes à la nature des maladies.

La médecine dont parle St. Augustin n'est pas indifférente de sa nature.

conscience; c'est donc une chose qui a les deux caracteres qui la doivent nécessairement exclure de l'emploi des conversions; elle est criminelle avant qu'on l'emploie pour la Religion, & ceux qui veulent l'emploïer la trouvent dans la classe du vol, du brigandage, de la tirannie, avant qu'ils s'en servent : & de-plus elle est un piége très-propre à faire tomber le malade d'un moindre mal à un plus grand. J'ai montré ailleurs (*) l'effroïable précipice où tombent ceux qui prétendent qu'une chose qui seroit un péché, si elle n'étoit pas employée au bien de la Religion, devient une bonne œuvre par un tel emploi; ainsi je n'y insiste plus.

VI.

PAROLES DE St. AUGUSTIN.

Si on se contentoit de lever la verge sur eux & qu'on ne travaillât point à les instruire, notre conduite paroîtroit tirannique: mais aussi si on se contentoit de les instruire sans les presser par la crainte, ils ne surmonteroient pas un certain engourdissement que produit l'accoûtumance.

REPONSE.

ON avoüera à St. Augustin que joindre l'instruction à la menace, est un moindre mal que de menacer & de frapper, sans offrir de l'instruction; mais on s'en tiendra, jusques à ce que ces Messieurs y répondent, s'ils peuvent, à ce que l'on a établi dans le ch. 1. & 2. de la 2. Partie de ce Commentaire, & qui revient à ceci, 1. Que c'est mettre un homme dans un très-mauvais état de discerner les bonnes raisons d'avec les fausses, que de le remplir de la crainte des châtimens temporels, & de l'espérance des avantages de la terre. 2. Que joindre l'instruction à la menace de telle sorte que si au bout d'un certain tems les personnes que l'on a voulu instruire, déclarent qu'elles persistent dans leurs premiers sentimens; on exécute sur elles à la rigueur tout ce dont on les a menacées, est une conduite qui montre qu'on a une intention directe, quoiqu'un peu plus éloignée, de violenter la conscience, & de la plonger dans l'hipocrisie. Or, cela ruïne absolument tout le mérite que l'on voudroit supposer dans ce mélange d'instruction & de violence. Il est certain que ce qui s'est fait en France, où tout à la fois les Dragons & les Missionnaires jouoient leur jeu, les uns en saccageant les maisons, les autres en prêchant la controverse, étoit une bigarrure qui sentoit plus le théatre ou les spectacles du Carnaval, qu'une action de gens sensez.

VII.

PAROLES DE St. AUGUSTIN.

Tous ceux qui nous épargnent ne sont pas pour cela nos amis, ni tous ceux qui nous châtient, nos ennemis. Les blessures qu'un ami nous fait (A) valent mieux que les caresses affectées d'un ennemi. La sévérité de ceux qui nous aiment nous est plus salutaire que la douceur de ceux qui nous trompent, & c'est une plus grande charité d'ôter le pain à un homme, quelque faim qu'il ait, si quand il a dequoi manger, il néglige les devoirs de la justice, que de lui en donner & de lui en faire un appas, pour le faire consentir à l'iniquité.

REPONSE.

AUtre lieu commun, & petite pensée populaire. Tout le monde a oüi parler de la différence du flateur & de l'ami. Un ami ne craint point de dire à son ami des véritez désagréables, de le censurer fortement, de le contredire pour son bien, & de résister à ses appetits d'une façon importune, au lieu qu'un flateur applaudit à tout, & pousse ainsi son homme dans le précipice. Tout cela est bien remarqué, & l'on a raison d'en conclure, que ceux qui nous aiment nous sont quelquefois plus rudes que ceux qui ne nous aiment pas. Mais il faut bien se garder de tirer cette maxime de sa place. On peut, je l'avoüe, le transporter dans la Religion, étant certain qu'un Pasteur qui a un véritable zele pour le salut de ses brebis, les censure fortement, & au lieu de les flater dans leurs vices, les gourmande & les harcele pour tâcher de les corriger; ce que ne fait pas un lâche & indifférent Pasteur, résigné à la damnation éternelle de son troupeau, tant il est mou à lui représenter le préjudice qu'apportent les mauvaises mœurs. Mais si un Pasteur vouloit faire la même chose à l'égard des étrangers, par rapport aux dogmes, je ne sais pas s'il feroit aussi-bien qu'en s'y prenant avec des manieres de civilité; car c'est assez l'ordinaire qu'on aigrit plûtôt ses adversaires par l'emportement qu'on leur témoigne, qu'on ne les détermine à quitter leurs opinions. Quoiqu'il en soit de cela, toûjours est-il sûr qu'il n'y a point de conséquence des censures fortes aux peines que les Loix infligent. Les censures sont permises entre amis & ennemis, & ainsi chacun s'en peut servir quand il croit que l'occasion en est bonne; mais le vol & les voies de fait ne sont pas dans ce même genre. Il n'est point permis de s'en servir ni contre ses amis ni contre ses ennemis, ni directement ni indirectement. Nous ne pouvons ni ôter nous-mêmes son bien à notre prochain, ni pousser un autre à le faire, ni approuver ceux qui le font : encore moins devons-nous le chasser de sa maison & de sa patrie, ou le faire faire par d'autres; & ainsi quelque permis qu'il nous soit de nous opposer rudement aux plaisirs illicites de nos amis, il ne s'ensuit pas que nous puissions prier le Prince de les dépouiller de leurs biens, de les emprisonner, de les banir; & si le Prince le fait, nous sommes obligez en conscience de considerer cela comme un exercice abusif du pouvoir que Dieu lui a conféré. Car enfin j'en reviens toûjours-là, si la confiscation des biens d'un particulier étoit une usurpation injuste, en cas qu'il fût Orthodoxe, & si elle devient une action très-juste, par cela seulement qu'il ne l'est point, il s'ensuit qu'une même action devient d'un péché une vertu, par cela seulement qu'elle est faite pour les intérêts de la Religion; ce qui est la ruïne de toute la Morale & de toute la Religion naturelle, comme je crois l'avoir démontrée. Il n'y a donc pas moïen de soûtenir que les exils, les prisons, les confiscations & semblables peines soient aussi permises à cause de l'utilité

(*) ,, Dans le Ch. 4. de la 1. Part.

(*) ,, Proverb. 27. 6.

lité que l'on s'en promet, que les censures, & le manque de complaisance.

Ce que S. Augustin ajoûte, qu'il vaut mieux en certaines circonstances ôter le pain à un homme que lui en donner, est une maniere de métaphore qui ne peut pas être un argument fort démonstratif; car en 1. lieu il faut y apporter cette restriction, qu'il y auroit plus de crime à laisser mourir un homme de faim, qu'à lui en donner, après qu'on auroit éprouvé sa persévérance dans le mal. Il n'est point permis de laisser mourir un homme, quelque déréglé qu'il soit dans ses mœurs; & ainsi ce seroit un crime si on avoit du pain à lui donner, & qu'on le laissât expirer faute d'aliment. Aussi n'est-ce point la pensée de S. Augustin; il veut dire que si l'abondance est une occasion à l'homme de faire du mal, il vaut mieux lui ôter cette abondance que de la lui procurer. Mais il reste cette difficulté. Qui est-ce qui lui ôtera cette abondance? Ce ne seront pas les Particuliers; car il ne leur est point permis de se saisir des biens d'un homme prodigue & débauché. Sera-ce le Souverain? Mais je ne vois pas que ce soit l'usage: on ne s'avise pas de mettre à l'amende, ni en prison, ni d'envoyer en exil ceux qui font des dépenses superfluës; & & quand même on le feroit, comme je crois qu'on le peut faire pour le bien de la police, il ne s'ensuit pas que l'on ait le même droit sur les opinions que sur les actions; car les opinions ne préjudicient point comme les actions à la prospérité, à la force, & à la tranquillité de la République.

❊❊❊❊❊❊❊❊❊❊❊❊❊❊❊❊❊❊

VIII.

PAROLES DE S. AUGUSTIN.

Lier un Phrenetique & réveiller un Léthargique, c'est les facher, mais c'est les aimer. Dieu nous aime d'un amour plus veritable que personne ne sauroit faire; cependant il ne cesse point de joindre aux douceurs de ses instructions les terreurs salutaires de ses menaces, & nous voyons qu'il a exercé par la famine les plus religieux Patriarches, &c.

REPONSE.

SAint Augustin nous donne toûjours le change. Il ne s'agit pas tant de savoir si on peut aimer ceux que l'on châtie, (qui en doute ?) que de savoir s'il est juste d'ôter à un homme ses biens & sa liberté, parce qu'il ne croit pas les mêmes choses dans la Religion, que son Prince. D'ailleurs l'exemple de son Phrénétique & Léthargique, qu'il nous propose encore une fois, ne fait rien à la question; on aime ces gens-là, quoiqu'on leur fasse des choses que l'on sait qui les fâcheront, & on ne se regle pas sur ce qui leur plaît, parce qu'on sait que pour leur être profitable on n'a pas besoin de leur consentement; mais si on savoit que quoiqu'on leur fît, rien ne leur seroit profitable, & que tout leur seroit nuisible, à moins qu'ils n'y consentissent & qu'ils ne l'agréassent, ce seroit non pas une amitié, mais une insigne cruauté de les lier ou éveiller, en dépit qu'ils eussent. Cela ruïne de fond en comble les petites comparaisons de S. Augustin. Emprisonnez un Hérétique, inondez ses maisons de Soldats, chargez-le de chaînes, vous ne ferez

rien pour son salut, si son entendement n'est éclairé, s'il n'acquiesce intérieurement à vos désirs. Or comme il est malaisé de croire que les Convertisseurs soient ignorans, jusques au point de se figurer que les prisons & la misere illuminent un homme, & lui donnent un grand goût pour la Religion de ses persécuteurs, il est bien difficile de se persuader que ces gens-là agissent autrement que par vanité, brutalité, & avarice. Quant aux punitions que Dieu déploie sur ses enfans, elles ne concluent rien pour S. Augustin: Dieu qui est aussi-bien le moteur que le scrutateur des cœurs, peut faire valoir ses châtimens à la conversion intérieure; mais comme il ne nous a jamais promis d'accompagner de sa grace la persécution que nous ferions aux Hérétiques, c'est non seulement une témérité & une tentation insigne de Dieu, d'affliger de mille peines temporelles un Hérétique, à dessein de le convertir; mais c'est encore une espece d'impiété, de proposer aux Princes l'exemple de Dieu à ces égards-là. Les Convertisseurs seroient-ils bien-aises, que comme Dieu a exercé par la famine les Patriarches, le Roi Très-Chretien exerçât de la même maniere son Clergé, & lui ôtât ses grands revenus, le réduisant au pain & à l'eau, afin qu'il se convertît. Chose pitoyable! On se moqueroit de nous, si en cas que le Roi de France s'emparât de tous les biens d'Eglise, nous disions que c'est une marque de son amitié pour le Clergé, & qu'il ne le châtie de la sorte qu'afin de l'obliger à vivre Chretiennement. On croiroit que nous insulterions aux misérables; cependant nous raisonnerions tout comme S. Augustin. Autre chose pitoyable: il n'y a que les opinions pour le changement desquelles on nous dise qu'il faut mettre à l'amende les gens; mais on ne nous cite pas des Loix, & on ne peut pas citer aucune Croisade *Dragonne* instituée pour la conversion des mœurs. Honte & opprobre du Christianisme, qu'on tirannise les gens pour des opinions, & qu'on y employe le bras séculier, au lieu qu'on se contente de prêcher contre le vice! Car il est inoüi qu'il y ait eu des Convertisseurs de mœurs, qui ayent poursuivi des Arrêts contre le luxe, la medisance, le jeu, la fornication, les discours impudiques, &c. & qui ayent demandé des gens de guerre pour faire changer de vie aux Catholiques.

❊❊❊❊❊❊❊❊❊❊❊❊❊❊❊❊❊❊

IX.

PAROLES DE S. AUGUSTIN.

Vous croyez qu'on ne doit contraindre personne à bien faire; mais n'avez-vous pas vû que le Pere de famille commanda à ses gens de forcer d'entrer au festin tous ceux qu'ils rencontreroient? N'avez-vous pas vû avec quelle violence Saul fut forcé par J. C. de reconnoître & d'embrasser la verité? Ne savez-vous pas que les Bergers se servent quelquefois de la verge, pour faire rentrer les brebis dans la Bergerie? Ne savez-vous pas que Sara, selon le pouvoir qui lui avoit été donné, domptoit par un traitement pleine de dureté l'esprit revêche de sa servante; non par aucune haine qu'elle eût pour Agar, puisqu'elle l'aimoit jusqu'à vouloir qu'Abraham la fît devenir mere; mais pour abattre son orgueil. Or vous n'ignorez pas que comme Sara & son fils Isaac sont la figure des spirituels, Agar & son fils Ismaël représentent les charnels. Cepen-

dant quoique l'Ecriture nous apprenne que Sara fît beaucoup souffrir Agar & Ismaël, S. Paul n'a pas laissé de dire que c'étoit Ismaël qui persécutoit Isaac, donnant à entendre à ceux qui ont de l'intelligence, qu'encore que l'Eglise Catholique tâche de ramener les charnels par les peines temporelles, ce sont eux qui la persécutent plûtôt qu'elle ne les persécute.

REPONSE.

Dieu ne doit ni ne peut être imité dans la conversion des errans. Ses punitions ne produisent pas toujours la conversion du pécheur. Quel effet elles produisent ordinairement.

ON peut considérer quatre choses dans ce Discours. 1. Les paroles de la Parabole, *Contrains-les d'entrer.* 2. La violence que J. C. fit à S. Paul, lui ôtant les yeux & le renversant par terre. 3. Ce que font quelquefois les bergers. 4. Ce que fit Sara contre sa servante Agar. J'ai assez parlé dans mon Commentaire de la premiere de ces quatre choses. La 2. s'entend de reste par ce que j'ai dit ci-dessus (*), que Dieu étant le moteur aussi-bien que le scrutateur des cœurs, accompagne quand il lui plâit de l'efficace de sa grace les châtimens qu'il nous envoye. Il a trouvé à propos de signaler la puissance de son bras dans la conversion de Saul; il s'est apparu à lui, il l'a renversé par terre, en un mot il a conquis cette ame à main forte & à bras étendu. Mais s'ensuit-il que les hommes doivent imiter cela, quand ils veulent convertir un persécuteur? Qu'ils le fassent à la bonne heure, pourvû qu'ils puissent aussi-bien que Dieu fléchir le cœur, en même tems qu'ils sévissent sur le corps; mais comme ils ne sont pas en cette passe, ils ne doivent pas se mêler d'un point aussi délicat. Les punitions entre les mains de Dieu lui-même ne produisent pas toûjours la conversion du pecheur; elles ne servirent qu'à l'endurcissement de Pharaon, quoique Dieu les déployât d'une façon la plus extraordinaire qui se puisse; celles qu'il dispense à l'ordinaire soit par le moyen des hommes, soit par le moyen des autres Etres créez, réüssissent fort différemment; il est fort rare qu'elles changent les opinions que l'on a sur le culte dû à Dieu; elles font plûtôt que les honnêtes gens s'imaginent, qu'ils doivent à l'avenir avoir plus de zele pour leur Religion; c'est pourquoi dans cette grande apparence qu'il y a que les peines temporelles ne persuaderont pas à un homme, qu'il est dans une fausse Religion; mais plûtôt qu'il n'est pas assez zelé pour sa Religion, il n'est rien de plus absurde que de proposer aux Princes la conduite que Dieu tient, en châtiant ses enfans pour leur profit. Outre que si une fois on s'arrête à cet exemple, il s'ensuivra que les Rois devront de tems en tems faire mettre le feu aux bleds, aux foins, aux vignes & aux bois de leurs Sujets, & envoyer des Satellites par tout leur Royaume, pour décimer tous les enfans, & pour envoyer plusieurs peres aux mines & aux Galeres; car comme Dieu se sert des fléaux de la famine, pour témoigner son affection à ses enfans, en les châtiant afin qu'ils s'amendent, les Rois, ses Lieutenans en terre, du conseil de leur Clergé, pourroient faire tout ce que j'ai dit dans leurs Etats par l'amour qu'ils auroient pour leurs Sujets, & dans la pensée qu'ils rentreroient en eux-mêmes, & qu'ils se reveilleroient de la léthargie du peché où il s'endorment. Si les Rois faisoient cela, ne trouveroient-ils pas leur justification toute faite dans S. Augustin, & dans l'exemple des Empereurs qui ont accablé de Loix pénales les Sectaires, non pas, dit-on, par haine qu'ils eussent pour eux; mais plûtôt par charité,

A quels malheurs seroient exposez les Sujets d'un Roi qui voudroit imiter Dieu dans ses châtimens. On peut justifier par la doctrine de S. Augustin les actions les plus criminelles.

afin qu'ils se convertissent? On voit donc que cette doctrine de S. Augustin joüe à faire tourner en ridicule toute la Morale, puisqu'elle fournit des expédiens pour la justification des actions les plus criminelles & les plus extravagantes.

L'exemple des Bergers, qui poussent quelquefois avec la verge les brebis dans la Bergerie, n'est pas plus heureusement imaginé que celui du Phrénétique; car il faudroit que l'autre partie de la comparaison ne fussent pas des créatures douées de liberté, dont la conversion dépend essenciellement & totalement du consentement. On nous allegue la contrainte que l'on fait à des brebis, pour les sauver des mains du larron & de la gueule du loup; un berger qui voit qu'elles refusent d'entrer dans la bergerie, ou qu'elles ne se hâtent pas assez, fait sagement de les pousser ou du pié, ou de la houlette, & de les traîner même si besoin est. Pourquoi cette conduite est-elle sage? Parce qu'elle remplit tous les devoirs & tout le but que se propose un Berger. Il ne se propose que de garantir la brebis de la gueule du loup, ou de quelque autre péril externe; & pourvû qu'il la mette dans la Bergerie, voilà qui est fait, la voilà à sauveté, soit qu'elle soit entrée de gré, ou de force. Mais il n'en va pas de même d'un Pasteur des ames; il ne les sauve pas des mains du Démon, il ne les guérit pas des blessures de l'Heresie, en transportant l'Hérétique dans une maison qu'on appelle Notre-Dame, S. Pierre, S. Paul, &c. ou en lui versant sur le visage quelques goutes d'eau benite. Ce n'est pas de-là que dépendent ses destinées; il faut qu'il connoisse ses erreurs, qu'il veuille les abjurer, & embrasser la saine doctrine: moyennant cela il est recous de la griffe du Demon; mais sans cela on le traîneroit, la corde au cou, mille fois au pié des Autels, on lui fourreroit cent hosties dans la bouche par force, on lui tiendroit cent fois la main pour lui faire écrire qu'il abjure, on l'obligeroit cent fois, à force de lui serrer les pouces ou de le tenallier, à dire qu'il croit ce que l'Eglise croit & qu'il renonce à Luther & à Calvin, il demeure nonobstant cela dans le piége, s'il y étoit auparavant, & qui pis est d'Orthodoxe qu'il étoit selon moi, il devient perfide, hipocrite, & l'esclave du Diable, jusques à ce que Dieu le releve de sa chute. C'est un prodige qu'il y ait dans l'Eglise Romaine tant de gens qui ne voyent pas l'absurdité monstrueuse de toutes ces comparaisons.

Disparité de la comparaison des brebis qu'on force d'entrer dans la bergerie, & d'un hérétique qu'on veut convertir par les châtimens.

Donnons-leur-en une qui les oblige à mieux songer à ce qu'ils disent. Si je voyois devant la porte d'une maison un homme qui se mouillât pendant une grosse pluye, & qu'ayant pitié de lui je voulusse le délivrer de l'incommodité où je le verrois, je me pourrois servir de ces deux moyens, ou de le prier d'entrer dans la maison, ou de le prendre par le bras, si j'étois plus fort que lui, & de le pousser dedans. Ces deux manieres sont également bonnes pour obtenir l'effet que je me proposerois, qui seroit d'empêcher que cet homme ne se mouillât; peu importe qu'il entre de gré ou de force sous un toît; car soit qu'il y entre de son pur mouvement, soit qu'il attende qu'on l'en prie, soit qu'on l'y pousse de vie force, il est également à couvert de la pluye. S'il en alloit de même quant à éviter l'Enfer, j'avoüe que nos Convertisseurs seroit bien fondez; car s'il suffisoit

En quel Conver... auroient... son.

pour cela d'être sous les voûtes d'une Eglise, peu importeroit qu'on y entrât de bon gré, ou que l'on y fût traîné pieds & poings liez ; & ainsi il faudroit gagner les plus forts manœuvres, ou portefaix qui soient au monde, pour saisir les Hérétiques, dès qu'ils se montreroient à la ruë, & les charrier sur le cou dans l'Eglise la plus prochaine, voire même il faudroit enfoncer leurs portes avec des petards, si le cas y échéoit, & les aller tirer du lit pour les transporter vitement dans quelque Eglise. Mais par malheur pour Messieurs les Convertisseurs ils n'ont pas l'esprit assez de travers, ni assez extravagant, pour dire qu'il ne faille que cela afin de sauver une ame : ils avoüent que son consentement au transport d'une Communion à une autre, est si nécessaire que sans cela on ne fait rien pour son salut. Cela étant, n'est-il pas absurde de nous comparer la violence qu'on fait à des gens que l'on tire du feu, ou de l'eau, lesquels on prend sans scrupule par les cheveux pour les arracher du péril, avec la contrainte qu'on fait à un Calviniste en lui mettant la dague au cou, ou cent Dragons dans sa maison, pour le forcer à abjurer sa créance ; cela, dis-je, est du dernier absurde, puisque non seulement c'est une chose qui suppose d'elle-même, qu'un homme qui tombe dans le feu ou dans l'eau ne demande pas mieux que d'en être retiré, à quelque prix que ce soit, mais aussi que ce péril est d'une telle nature, qu'il n'est pas nécessaire, pour en préserver quelqu'un, qu'il consente d'en être tiré : on l'en préserve également quand même on l'en tireroit malgré lui.

Mais pour faire voir l'impertinence de ceux qui prétendent qu'on leur a de l'obligation, lorsqu'on est arraché par force du sein de la Communion où l'on est né, que l'on croit bonne, & que les Convertisseurs croyent mauvaise ; je les prie de se figurer un homme à qui son Confesseur a ordonné par pénitence de souffrir la pluie pendant deux heures devant une porte. Si le maître du logis, non content d'avoir exhorté cet homme à entrer chez lui, le faisoit prendre à quatre par ses valets & le tiroit de la pluie, lui feroit-il du bien ou du plaisir ? Il est clair que non, & qu'il lui rendroit un méchant office, parce qu'il traverseroit sa dévotion. *Invitum qui servat, idem facit occidenti.* Il en va de même de ces violens Convertisseurs qui arrachent les gens des exercices de leur piété. J'ai quelque peine à croire que les malheureuses maximes de ces bourreaux de conscience ne soient venuës de cette basse & ridicule prévention, que pour obtenir grace de Dieu il faut être immatriculé précisément dans une certaine Communion, & qu'il ne faut que cela. Après quoi ils agissent avec les Hérétiques comme avec des bêtes qu'on veut garentir de la pluie, & pour lesquelles c'est tout un par raport à cette fin, soit qu'elles aillent d'elles-mêmes à l'étable, soit qu'on les y pousse à coups de bâtons.

Pour ce qui est de la pensée de S. Augustin sur Sara & sur Agar sa servante, elle n'est propre qu'à exposer l'Ecriture à la moquerie des profanes ; car enfin si Sara est le tipe des enfans de Dieu, & Agar le tipe des enfans du monde, de la maniere que l'entend S. Augustin, que s'ensuivra-t-il, sinon que les enfans de Dieu contraignent les gens du monde à s'en aller chercher des retraites dans les déserts, ne pouvant résister à la dureté du traitement, & néanmoins que ce seront les gens du monde qui persécuteront les

enfans de Dieu ? Y eut-il jamais de Comédie plus comique que le seroit cela ? Je ne dis rien de la méprise assez étonnante de S. Augustin, lorsqu'il prétend, pour trouver son mariage de la charité & de la persécution, que Sara traitoit Agar d'une maniere fort dure, dans le même tems qu'elle l'aimoit assez tendrement pour vouloir qu'elle partageât la couche de son mari. Ce n'est pas ainsi que l'Ecriture ajuste ces choses, elle ne nous parle de la mauvaise humeur de Sara pour Agar, qu'après que celle-ci se voyant enceinte s'enorgueillit & méprisa l'autre.

✿✿✿✿✿✿✿✿✿✿✿✿✿✿✿✿

X.

PAROLES DE S. AUGUSTIN.

Les bons & les mechans font & souffrent souvent les mêmes choses, & ce n'est ni par ce qu'ils font, ni par ce qu'ils souffrent, qu'il faut juger de ce qu'ils font ; mais par le motif qui les fait agir ou souffrir. Pharaon abatoit le peuple de Dieu par des travaux accablans. Moïse de son côté punissoit l'impieté du même peuple par des peines très-sévéres. Les actions de l'un & de l'autre se ressembloient, mais leurs fins étoient bien différentes : l'un étoit un Tiran enflé de son pouvoir, & l'autre un pere plein de charité. Jesabel fit mourir les Prophetes, & Elie les faux-Prophetes ; mais ce qui arma la main de l'un & de l'autre n'est pas moins différent que ce qui attira la mort aux uns & aux autres. Dans le même Livre où nous voyons S. Paul battu par les Juifs, nous voyons aussi le Juif Sosthenne battu pour S. Paul par les Grecs : les uns & les autres sont semblables par le dehors de l'action ; mais ils sont bien différens par le motif. On livre S. Paul à un Geolier pour lui mettre les fers au pieds, & S. Paul lui-même livre l'incestueux de Corinthe à Satan dont la cruauté est bien autre que celle des Geoliers les plus barbares ; mais il ne livre cet homme à Satan qu'afin que sa chair étant mortifiée, son ame fût sauvée. Quand le même S. Paul livra Philetus & Himeneus à Satan pour leur aprendre à ne pas blasphemer, il ne cherchoit pas à rendre le mal pour le mal, mais il jugeoit que c'étoit un bien que de guérir le mal pour le mal.

REPONSE.

CE sont encore de ces raisonnettes bonnes à débiter davant une troupe d'ignorans, incapables de voir en quoi une comparaison cloche : S. Augustin se tourmente à prouver ce qu'on ne lui nie pas, c'est qu'une même action est bonne ou mauvaise, selon la diversité des circonstances. Qu'un Prince punisse séverement une Province séditieuse, & qu'il n'ait pour but que de l'empêcher à l'avenir de se mutiner, c'est une action de justice ; mais c'en seroit une de cruauté & d'avarice que de châtier rigoureusement une faute très-légere d'une Province, dans la vûë que cette séverité disporportionnée la feroit soulever, & qu'alors on auroit un prétexte spécieux d'en réduire tous les habitans à la besace. J'avoüe donc à S. Augustin, que Moïse punissant les Israëlites faisoit bien, & que Pharaon les opprimant faisoit mal ; différence qui ne procédoit pas seulement de ce que Moïse se proposoit l'amendement de ce peuple, & Pharaon sa ruïne ; mais aussi de ce que ce peuple étoit châtié sans cause raisonnable

S. Augustin
veut prouver
ce qu'on ne lui
nie pas. Différence entre
Moïse & Pharaon.

par Pharaon, & non pas par Moïse. Mais pour démonter tout d'un coup les comparaisons de S. Augustin, il n'y a qu'à dire, qu'il y met d'une part certaines actions violentes qui procédoient de haine, ou de quelque autre injuste passion, & de l'autre certaines actions qui incommodoient à la verité le prochain, mais qui étoient commandées de Dieu par révelation spéciale, & par conséquent qui s'exploitoient dans des circonstances où l'agent étoit assuré qu'elles produiroient un bon effet. Je parle de Moïse, d'Elie, & de S. Paul. C'étoient des Prophetes, qui connoissoient par des ordres immédiats de Dieu qu'il falloit procéder par la voie des châtimens, & alors il est juste d'employer la séverité, parce qu'il n'y a point lieu de douter que Dieu qui l'ordonne, n'ait dessein de s'en servir à sa gloire d'une façon spéciale. On est donc certain & de la justice de l'action, & de l'opportunité des circonstances, & du bon succès. Peut-on dire la même chose des persécutions de Théodose contre les Arriens, ou d'Honorius contre les Donatistes ? Etoit-on assuré que Dieu béniroit ces violences, & qu'il s'en serviroit comme d'un instrument efficace de l'illumination des errans, & de l'amollissement de leur cœur ? Il est certain que personne n'en avoit aucune assurance, & que les conjectures pouvoient aussi-tôt porter sur la confirmation des errans dans leur erreur ou sur leur conversion feinte, que sur leur changement réel; ainsi c'étoit une témérité très-injuste, que de se servir de la violence dans une telle situation d'affaires. Pour ce qui est des Grecs battans Sosthenes, je ne sais pas ce que S. Augustin en veut inférer, puisque c'étoit une action de gens attroupez, qui sans respecter ni le Proconsul là-présent, ni le lieu où ils étoient, se ruerent tumultuairement sur le Chef de la Sinagogue.

J'ai encore une remarque en main qui démontera tous les argumens de S. Augustin. Il est clair que toute la force de ses preuves consiste dans cette supposition; que lorsqu'on maltraite les Hérétiques, afin de les convertir, on agit par un principe de charité; motif qui change de telle sorte la nature de ces mauvais traitémens, qu'ils deviennent une bonne action, au lieu qu'ils seroient un crime si on les faisoit par orgueil, par haine, ou par avarice. Il est clair aussi que la raison qui fait trouver là un motif de charité, ne peut être que celle-ci ou une approchante; c'est qu'on regarde ces mauvais traitemens comme très-propres à faire penser un homme à son instruction, & à la recherche du vrai chemin de salut. C'est donc ici le raisonnement de S. Augustin.

Maltraiter son prochain par un principe de charité, est une bonne œuvre.

Or c'est le maltraiter par un principe de charité, que de lui faire de mauvais traitemens qui l'obligent à s'instruire, & à guérir les maladies de son ame:

Donc c'est faire une bonne œuvre, que de lui faire cette sorte de mauvais traitement.

C'est un Sophisme de Morale le plus dangereux, & le plus absurde en même-tems, qui se puisse voir ; car par-là je justifierois les actions les plus execrables. Si je voyois mon prochain enflé d'orgueil, & nourri dans sa vanité par ses richesses, & par l'estime qu'on feroit de sa personne, je pourrois tâcher de l'apauvrir & de le ruïner de réputation. Pour cela je pourrois mettre le feu dans sa maison, & publier mille calomnies contre lui, & si un particulier ne le pouvoit pas,

le Souverain le pourroit, comme S. Augustin prétend qu'il peut apauvrir un Hérétique, afin de le réveiller de son assoupissement. Un Souverain, dis-je, pourroit faire ruïner cet homme superbe par ses soldats, & se faire présenter de fausses accusations contre lui, sur lesquelles il se déclareroit déchu de noblesse, & convaincu de faits infamans. Si quelqu'un se plaignoit de ces mauvais traitemens, nous lui dirions, selon la tablature de S. Augustin, qu'à la verité ils seroient injustes, s'ils n'étoient pas faits par un motif de charité ; mais que n'étant faits que pour retirer un homme de la damnation, où sa vanité, fondée sur son opulence & sur sa gloire, le précipitoit, ils étoient fort justes. Je ne demande de mon Lecteur, sinon qu'il compare tranquillement & mûrement l'effet que doivent produire sur un Hérétique les prisons, les amendes, les chicanes, les amertumes continuelles de la vie, pour l'obliger à renoncer de cœur & de bouche à ses opinions, avec l'effet que devroit produire sur cet homme la ruïne de son bien & de sa réputation ; & je suis persuadé qu'on m'avoüera, que si les traitemens sus-mentionnez sont capables de changer l'ame d'un Hérétique, les autres le sont de changer cet homme orgueilleux; & par conséquent on pourra le ruïner d'honneur & de biens, par un principe de charité (selon la *mineure* de mon Syllogisme,) ce qui sera une bonne action par la *majeure* de ce même Syllogisme. C'est donc un Sophisme qui pourroit justifier les actions les plus exécrables: ce qu'il faloit prouver.

Plus on examine la chose, plus on découvre l'illusion où a été le bon S. Augustin. Il s'est imaginé que comme les choses qui ont été laissées absolument à notre disposition, deviennent bonnes ou mauvaises selon le motif que l'on a en les faisant, celles qui nous ont été expressément commandées ou défenduës, sont sujettes à la même alternative, en vertu de différens motifs; mais comme il s'ensuivroit de-là que le vol, le meurtre, le parjure, l'adultere, ne seroient point des crimes, lorsqu'on les pratiqueroit dans la vûë d'humilier son prochain, & de le porter à la repentance, ou en général par un motif de charité, il s'ensuit évidemment qu'il faut distinguer entre les actions d'obligation, & celles qui sont laissées à notre choix. C'est une chose d'obligation que de s'abstenir du bien & de la réputation d'autrui, de ne point faire de faux sermens, de ne point séduire ni la femme, ni la fille de son prochain, de ne le point battre, injurier, ni insulter : ainsi quelque avantage qu'il pût tirer des injures que nous lui ferions, ou des coups que nous lui donnerions, &c. quelque avantage, dis-je, qu'il pût tirer de cela par raport à son salut, il ne nous est point permis de le traiter en cette maniere. Dieu n'exige point que nous travaillions au salut de nos freres, en désobéissant actuellement à ses ordres, & nous devons laisser à sa providence, s'il le trouve à propos, de les guérir par les maladies, la pauvreté & l'infamie ; de l'abus qu'ils font de leur bonne fortune. Tout cela fait voir que c'est une grande illusion que cette prétenduë charité, qui porte à faire du mal à son prochain, afin qu'il se corrige; & par conséquent, que les Souverains s'abusent grossierement lorsqu'ils ruïnent leurs Sujets, qu'ils les exilent, emprisonnent, & soûmettent à mille chagrins & perplexitez sous prétexte de les obliger à se faire instruire. Donc une apologie des persécutions, bâtie sur ce méchant fondement, ne peut subsister.

Il n'y a qu'un cas, autant que je me le puis figurer, où l'on se puisse dispenser des préceptes du Décalogue, par l'espérance du profit spirituel que l'on fera à ses freres ; c'est lorsqu'on se sent orné de la vertu Prophétique, du don des miracles, & conduit extraordinairement & immédiatement par l'esprit de Dieu. Alors on peut tuer un homme, comme St. Pierre fit mourir Ananias avec Saphira sa femme, on peut l'estropier, le couvrir d'ulceres, faire échoüer des vaisseaux où il a ses marchandises, &c. car, comme je l'ai déja dit, on le fait par un ordre exprès de Dieu, qui par l'éminence suprême de sa nature est au-dessus de tout, & par sa qualité de scrutateur des reins & des cœurs, connoît l'aptitude & la congruïté des actions corporelles avec les inflexions & les modifications de nos ames ; si bien que l'on ne sauroit douter du bon succès de ces démarches violentes & douloureuses. C'est pour cela que St. Paul assure positivement, qu'il ne livre à Satan l'incestueux de Corinthe qu'afin de sauver son ame, & Himenée, & Philette qu'afin de leur apprendre à ne plus blasphémer. Mais que de petits particuliers, qui sont renfermez dans la sphere des connoissances humaines, & qui ne savent quel effet fera la pauvreté & la douleur sur l'ame d'un Heretique, s'ingerent de fouler aux pieds la défense de dérober, & de battre son prochain, sous ce beau prétexte que pour s'exempter de la faim & de la peine, il examinera ses erreurs, & les connoîtra, c'est assurémeut la plus ridicule prétention du monde.

Remarquez bien encore, que Moïse punissant les Israëlites avoit à faire à des gens qui n'étoient point dans l'erreur de bonne foi ; car ils savoient bien que les actions pour lesquelles ils souffroient, étoient mauvaises. St. Paul pareillement n'excommunioit pas des gens qui crussent avoir bien fait. L'incestueux de Corinthe n'étoit pas assez fou pour soûtenir que l'inceste fût une action commandée ou permise de Jésus-Christ ; & pour ce qui est d'Himenée & de Philette, l'Apôtre assure qu'ils avoient rejetté non seulement la foi, mais aussi la bonne conscience ; & par conséquent ils n'erroient pas de bonne foi, comme ceux que les Princes s'ingerent de persécuter, à l'instigation abominable des Prêtres & des Moines.

Je voudrois enfin que l'on remarquât encore une fois ce que j'ai dit en d'autres endroits de ce Commentaire, c'est que les hommes aïant reçu de Dieu une regle de ce qu'ils devoient faire, ne peuvent point s'en écarter, pour imiter ce que Dieu fait ou par les causes naturelles, ou par des gens qu'il revêt extraordinairement de la vertu des miracles. Par exemple, Dieu se servira des tempêtes & des tremblemens de terre, des infections de l'air, de la grêle, des brouillards, des sauterelles, &c. pour punir les habitans de quelque païs, & pour les porter à la répentance, ou bien il commettra un Moïse pour leur faire de semblables plaies. S'ensuit-il de cela que les Rois, ou aucun autre homme, doivent faire brûler la recolte, gâter les fontaines, & introduire autant qu'ils peuvent la stérilité & la mauvaise santé dans un païs dont les habitans sont méchans & impénitens ? Autre exemple. Dieu mit une écharde en la chair à son Apôtre, il permit qu'un Ange de Satan l'inquiétât, & cela pour le bien de son serviteur, & sachant très-certainement que sa vertu s'accompliroit en l'infirmité de cet Apôtre. Avons-nous droit d'imiter cela envers

ceux que nous voïons s'enorgueillir pour les talens sublimes que Dieu leur a concedez ? Y a-t-il un Roi au monde qui voïant un fameux Docteur dans son Royaume, aplaudi pour sa science, pour son éloquence, pour ses bonnes mœurs, ait droit de lui susciter une écharde pour l'humilier, ou pour le mortifier, comme seroit de suborner des Faux-témoins qui le fissent flétrir dans quelque jurisdiction subalterne, ou de lui faire donner un breuvage qui lui affoiblît l'esprit & le corps ? Nous ne doutons point que par une faveur spéciale de Dieu, il n'y ait des femmes qui à leur avenement au monde ont la dure mortification de perdre toute leur beauté par la petite vérole. Dieu qui les aime, & qui sait qu'elles abuseroient de cette beauté, & que la privation de cet avantage les attachera plus fermement aux choses solides du siecle à venir, les enlaidit fort justement & par grace. Les Rois peuvent-ils imiter cela ? Et quand ils voïent une Dame fiere de sa beauté, entraînant les hommes & entraînée par eux dans les filets de la volupté, peut-il sans crime dépouiller cette femme de ses charmes naturels ? Peut-il suborner quelqu'un qui lui déchiquette la peau du visage ? Peut-il lui envoïer une boëte qui en s'ouvrant allume un feu d'artifice caché, qui gâte pour jamais le visage de cette personne ? Peut-il aposter un Médecin qui lui fasse avaler une poudre laquelle lui cause une maladie de langueur, une jauniffe affreuse, une maigreur, & une odeur dégoutante ? On voit clairement que non, & que ce Prince se rendroit visiblement ridicule, s'il coloroit cette couduite de ce beau motif de charité ; savoir qu'il vouloit garentir cette belle femme des périls où son ame étoit exposée, & la porter à renoncer à la vanité & aux plaisirs sensuels, pour ne l'occuper que des pensées d'enhaut. Il y a mille fois plus d'apparence qu'en enlaidissant une femme, & en lui causant une maladie de langueur, on mortiferoit sa vanité, & on la porteroit à se convertir, que non pas qu'en envoïant cent Dragons chez un Huguenot, on le mettra dans le chemin de se bien convaincre qu'il est Heretique, & d'embrasser sincerement la Foi Romaine. Cependant on siffleroit un Prince, ou ses Directeurs de conscience, qui s'aviseroient de convertir ainsi les Dames, & on ne laisse pas d'aplaudir à ceux qui prétendent convertir comme cela les Protestans.

Je conclus cet article par cette remarque, qu'il n'y a rien de plus vain que la distinction que nous donne ici St. Augustin entre des coups de bâton, des saccagemens de biens, & autres violences faites par motif de charité, & celles qu'on fait sans charité. La véritable charité c'est d'obéïr à Dieu qui nous défend le vol & les batteries, & avec cette distinction on pourroit innocemment mettre le feu à toutes les Villes, & faire périr une partie des grains, toûjours en disant qu'on a pour but d'humilier ses Sujets qui ne songent pas assez à Dieu dans l'abondance.

✻✻✻✻✻✻✻✻✻✻✻✻✻✻✻✻✻✻✻

XI.

PAROLES DE St. AUGUSTIN.

Si c'étoit toûjours un mérite que d'être persécuté, Jésus-Christ se seroit contenté de dire, heureux ceux qui souffrent persécution, & il n'auroit pas ajoû-

PARTIE
III.

ajoûté, pour la justice. *De même si c'étoit toûjours un mal que de persécuter, David n'auroit pas dit, je persécutois ceux qui calomnient secretement leur prochain* (*Pseaume* 101. *v.* 5.)

REPONSE.

Mauvais usage que St. Augustin fait des passages de l'Ecriture. Le persécuté peut ne valoir rien, mais le persécuteur est toûjours injuste.

J'Ai de la peine à croire ce que je vois, c'est que S. Augustin se serve si mal des passages de l'Ecriture. Qui lui nie que le vrai mérite des persécutions ne dépende de ce qu'on les souffre pour la justice? Qui doûte qu'un homme vain qui aimeroit mieux se laisser manger, que d'avoüer qu'il a tort, & qui convaincu dans son cœur de sa mauvaise cause ne laisse pas de la soûtenir, parce qu'il aspire à la réputatiou d'homme ferme; qui doute, dis-je, qu'un tel homme ne perde tout le fruit des maux qu'il endure, & ne soit dans un très-méchant état. A quoi s'amuse donc ce Pere de réfuter une objection si peu raisonnable? Tout homme de bon sens est persuadé que pour être heureux dans sa persécution, il faut l'endurer pour l'attachement que l'on a pour la verité, & pour la justice, ce qu'on peut fort bien faire, lors que l'on est dans l'erreur de bonne foi. Mais quelque méchant que puisse être celui qui se fait persécuter, parce qu'étant fort têtu & orgueilleux, il ne veut pas avoüer aux persécuteurs que leur cause est bonne, il est toûjours vrai pour le moins que ceux-ci sont injustes & méchans. Voici donc une distinction un peu meilleure que celle que S. Augustin nous donnoit tantôt. Il se peut faire que le persécuté ne vaille rien, mais le persécuteur est toûjours (*) injuste; car le passage de David allégué pour faire voir qu'il y a de bons persécuteurs, ne prouve rien dans ce Fait-ci, où il ne s'agit que des persécutions de Religion.

Comment on doit entendre la passage de David.

David montre dans ce Pseaume, qu'il ne veut avoir aucune liaison avec les méchans, & il nomme eu particulier cette peste de la société digne de l'exécration de tous les honnêtes gens, savoir ces langues envenimées qui médisent traîtreusement de leur prochain. Si David parle comme Roi, il ne peut rien dire de plus sage & de plus divin que de déclarer qu'il emploie la majesté des Loix, & le glaive que Dieu lui a mis en main, pour le châtiment de ces lâches calomniateurs, & de ces empoisonneurs fainéans. S'il parle pour nous donner une idée de ce que doit faire l'honnête homme, il veut nous apprendre à n'avoir point de liaison & de commerce avec les médisans. Mais que fait cela pour autoriser les Convertisseurs qui ne laissent ni mourir, ni vivre en repos, des gens bons citoïens quant au reste, & qui seulement ont certaines opinions différentes des leurs. En un mot S. Augustin songeoit-il à ce qu'il disoit de nous alléguer la peine qu'un Roi fait souffrir à des calomniateurs, & des délateurs, lorsqu'il falloit donner des exemples des peines infligées simplement & purement pour des dogmes?

✹✹✹✹✹✹✹✹✹✹✹✹✹✹✹

XII.

PAROLES DE S. AUGUSTIN.

Les méchans n'ont jamais cessé de persécuter les bons, ni les bons de persécuter les méchans; mais

(*) „Remarquez qu'ici & en quelques autres occa-
„sions peut-être, il faut prendre les choses sans aucun

ceux-ci agissent en cela injustement, & pour nuire, & ceux-là charitablement & autant que la nécessité de corriger le demande .... Comme des impies ont fait mourir des Prophetes, des Prophetes ont fait mourir des impies: comme on a vû les Juifs les foüets à la main contre J. C. on a vû J. C. le foüet à la main contre les Juifs. Les hommes ont livré des Apôtres aux Puissances seculieres, & les Apôtres des hommes aux Puissances infernales. A quoi faut-il donc prendre garde dans tous ces exemples, sinon qui des uns ou des autres agit pour la verité ou pour l'iniquité, pour nuire ou pour corriger?

REPONSE.

Contre l'horrible conséquence de cette Morale détestable.

VOici bien la plus détestable Morale pour ses conséquences qu'on vît jamais; car pourvû que vous fassiez les choses en faveur d'une opinion véritable, & que vous n'aïez dessein que de corriger votre prochain, il vous sera permis, quant au reste, d'imiter la conduite des mechans; & au lieu que ceux-ci pêcheront, vous ferez une action céleste. Ainsi représentons-nous deux personnes, l'une Orthodoxe, l'autre Hétérodoxe. La premiere voit un grand Seigneur dans l'autre parti, fort zélé pour cette cause, & l'appuïant de son grand bien, de son autorité, de son esprit. La seconde voit un semblable Seigneur dans le parti orthodoxe. La premiere s'avise de ruïner ce grand Seigneur, & de lui susciter tant de fâcheuses affaires, que courant risque de son honneur, aussi bien que de ses richesses, il ne peut songer aux intérêts du parti, mais au domestique seulement. Du reste cette personne n'a point dessein de faire du mal à ce grand Seigneur, elle ne veut que l'empêcher de nuire, & que le porter à se convertir. Voilà une action à canoniser, ou du moins très-innocente, si on en juge sur les principes de S. Augustin. N'importe que l'on ait ruïné cet homme, en mettant le feu la nuit dans ses granges, ses moulins & ses châteaux, en empoisonnant ses bestiaux, & en lui suscitant des procès qu'on lui a fait perdre: Tout cela est bon, pourvû qu'on n'ait eu dessein que de le porter à se faire instruire, & à quitter ses erreurs. Mais si l'autre personne agissoit de cette maniere envers le grand Seigneur orthodoxe, ce seroit un monstre & un scelérat. Pourquoi? Est-ce parce qu'il auroit commis des actions contraires au Décalogue? Non, mais parce qu'il auroit fait cela à dessein de nuire à l'Orthodoxie & à son prochain Orthodoxe. Sans que je le spécifie, on voit bien que c'est ici la confirmation de ce que j'ait tant pressé contre le sens littéral au Ch. 4. de la 1. Partie, c'est qu'il renverse cette sainte & fondamentale barriere que Dieu a mise entre le vice & la vertu, & qu'il ne nous laisse pour tout caractere de la vertu que l'utilité de ceux qui suivent certaines opinions, & pour tout caractere du vice, que leur dommage. Je ne voudrois pas accuser S. Augustin d'avoir vû cette conséquence; mais elle est enfermée dans ces paroles, *à quoi faut-il prendre garde dans tous ces exemples* (c'est-à-dire, de meurtre, de coups de foüet, de captivitez) *sinon qui des uns ou des autres agit pour la verité ou pour l'iniquité, pour nuire ou pour corriger?*

On ne peut ici s'empêcher de se souvenir des maximes de la Morale relâchée, que la Cour de Rome a condamnées sous le présent Pontificat; car

„égard à l'opinion particuliere touchant la conscience
„errante & disculpante.

car la distinction de S. Augustin n'est guéres meilleure que celle de ces mechans Casuistes. Ils disent 1. *Que l'on peut sans péché mortel s'affliger de la vie de quelqu'un, pourvû qu'on le fasse avec dûë moderation, & se rejouir même de sa mort naturelle, la demander & la desirer par un souhait qui n'a point d'effet, pourvû que ce ne soit pas parceque sa personne nous deplait, mais pour quelque profit temporel qui nous en doit revenir. 2. Qu'il est permis de desirer la mort de son pere par un souhait absolu, non pas comme un mal de son pere, mais entant que c'est un bien pour celui qui la souhaite, parcequ'il doit recueillir une riche succession. 3. Qu'il est permis à un fils de se réjouir du parricide qu'il a commis, étant yvre, dans la personne de son pere, à cause des grandes richesses qu'il a trouvées dans son heredité.* On voit que ces Casuistes font une si grande difference entre deux hommes qui se rejouissent de la mort de leur pere, ou même qui le tuent, étant yvres, que l'un est innocent, pourvû qu'il n'ait point cette joie par aucun motif de haine contre son pere, mais par l'affection qu'il se porte, & que l'autre est très-coupable, lorsqu'il fonde cette joie sur le mal qui en avient à son pere. Cela est-il beaucoup pire que la difference que S. Augustin met entre deux Persécuteurs, dont l'un donne cent coups de bâton à son prochain pour lui faire du mal, & l'autre lui en donne autant, non pas pour lui faire du mal, mais pour le corriger? Ne faudroit-il pas pour raisonner consequemment dire aussi, que de deux hommes dont l'un tueroit son prochain par un motif de haine, & l'autre afin de le délivrer de la pauvreté, celui-là pécheroit, & celui-ci ne pécheroit point? Ou pour éviter toute chicane, en nous servant d'un autre exemple, ne faudroit-il pas dire que de deux hommes dont l'un tueroit son prochain, parceque sa personne lui deplairoit; & l'autre, parceque le voyant en état de grace après s'être bien confessé & communié, il consideteroit que mourant en cet état il iroit en Paradis, & que vivant davantage il retomberoit dans le péché & y pourroit mourir; ne faudroit-il pas dire, dis-je, que le premier de ces deux hommes seroit coupable, & le dernier innocent; & ainsi ce seroit une bonne action & fort charitable à un Prêtre d'assommer son pénitent peu après l'absolution & la Communion, pourvû qu'il ne le fît pas par rancune & par vengeance; mais afin de lui assurer sa prédestination en le délivrant des tentations du péché, où il pourroit succomber à l'avenir sans s'en relever par la pénitence. Sur ce principe une nourrice, ou une servante, qui étoufferoit autant d'enfans qu'elle pourroit, non pas qu'ils lui depluffent, mais pour les envoyer à coup sûr dans le Paradis, dans cet âge où ils n'ont pas encore perdu le bénéfice du baptême, feroit une bonne action; & ainsi la distinction de S. Augustin bouleverse toute la Morale, & fait devenir tout le Décalogue le jouët de nos distinctions, de nos intentions & de nos caprices.

de   Voilà deux enfans qui souhaitent la mort de leur pere, ils sont donc criminels. Je nie la consequence, pourra dire qui voudra, appuyé sur la distinction de S. Augustin; car l'un d'eux souhaite la mort de son pere, parceque ce pere est un pilier de l'Orthodoxie, ou parcequ'il déplait à son fils; celui-là est criminel: mais l'autre la souhaite, parceque son pere favorise l'Héréfie, ou parcequ'il aime mieux que son pere jouïsse de la félicité du Paradis que de la vie

présente incomparablement moins heureuse que celle-là; celui-ci est fort-innocent.   PARTIE III.

Voilà deux hommes qui tuent chacun un passant, ils sont donc coupables. Attendez, dira qui voudra sur le même fondement, n'allons pas si vîte; il faut voir si l'un a tué pour la verité, ou pour l'iniquité, pour nuire ou pour profiter. Car si l'un a tué un passant, adversaire de la verité, ou pour le délivrer tout d'un coup d'une maladie qui l'auroit fait languir plusieurs années; il a fort bien fait : mais si l'autre a tué un passant, promoteur de la saine doctrine, ou par quelque inimitié; il est criminel.

Deux hommes ont dérobé une somme considerable; ils sont donc des voleurs qu'il faut châtier. Je nie la consequence, pourra-t-on encore dire, il faut distinguer; car s'ils ont tous deux ôté cette somme à des Orthodoxes, qui employent leurs biens à la manutention de leur parti, ou par l'envie de chagriner celui à qui ils ont ôté cet argent, on avoue qu'ils sont punissables; mais s'ils l'ont ôté à des Hérétiques, qui alloient en payer le Procureur ou Avocat de la cause, dans un procès que ce Procureur ou cet Avocat auroient laissé perdre, ne se voyant point payez de leur salaire, ils ont fait une bonne œuvre; comme aussi s'ils ont fait cela, non pas par aucune mauvaise volonté qu'ils portassent au possesseur; mais au contraire pour le soulager de son fardeau, ou parcequ'ils espéroient qu'étant moins riche, il feroit moins de depenses superfluës, & se corrigeroit de sa vanité.

On peut éluder ainsi tous les devoirs que la Loi de Dieu nous impose; & avant que de pouvoir dire, qu'un homme surpris en flagrant délit avec une femme, est criminel, il faudra savoir s'il a fait cela non pas pour satisfaire ses sens, mais pour soulager cette femme d'une passion importune, ou d'une incommodité de continence, ou pour aider le mari à soutenir les fonctions trop pesantes de son emploi, auprès d'une telle femme; car s'il se trouvoit qu'il eût fait cela, non pas pour nuire à cette femme ou à son mari, ou par sensualité; mais pour corriger quelque intemperie, & pour le profit commun des mariez, il feroit une action de charité fort Chretienne.   *On peut éluder par-là tous les devoirs que Dieu nous impose.*

N'est-il pas étrange que Messieurs les Convertisseurs, qui voyent si évidemment l'absurdité abominable de ces consequences, & leur liaison necessaire avec leurs principes, ne laissent pas de nous venir dire éternellement, que battre, emprisonner, piller & vexer un pauvre Chretien, est une bonne œuvre, pourvû qu'on le fasse, non pas par haine pour sa personne, mais pour le corriger de ses erreurs? Avoüez donc, leur dirai-je, que toutes autres actions contraires au Décalogue, seront bonnes contre une Coquette & un riche voluptueux; saisir leurs équipages & leurs revenus, leur ôter leurs beaux habits & leurs pierreries, leur écorcher ou déchiqueter le visage, les énerver & alangourir par quelque médicament, pourvû que cela se fasse par un motif de charité, ou ce qui est la même chose ici, afin de les corriger de leurs mauvaises habitudes.

Je pourrois remarquer le peu d'exactitude de S. Augustin, en ce qu'il se sert du terme vague de nuire & de corriger, pour marquer le caractere qui distingue les méchans persecuteurs d'avec les bons. Car que veut-il dire par-là? Veut-il dire que les bons persecuteurs ne persecutent, qu'afin de porter ceux qui errent à l'abjuration de leurs erreurs, au lieu que les mé-   *Peu d'exactitude de ce Pere dans ses distinctions.*

chans persecuteurs ne se proposent que de ruïner, & de tourmenter leur prochain? Ou veut-il dire que les bons persécuteurs ne châtient qu'avec beaucoup de moderation, au lieu que les méchans font mourir ceux qu'ils persécutent. S'il entend le 1. sens, il s'ensuivra, selon lui, que les Hérétiques qui persecutent les Orthodoxes, ne le font point pour les porter à changer de sentiment, & à abjurer ce qui paroît à ces Hérétiques une grande & capitale fausseté. Or cela est manifestement faux; car pour ne pas dire que les Payens eux-mêmes faisoient cesser toutes sortes de procedures violentes, pour ceux qui faisoient semblant de renoncer à la foi Juive, ou Chretienne, ne sait-on pas que les Arriens, & tous ceux en général que l'Eglise Romaine traite d'Hérétiques, n'ont jamais exercé de violences sur les autres Sectes, que pour les engager à embrasser la leur? S'il entend le 2. sens il se trompe aussi, puisque non-seulement il y a de ces persecuteurs qu'il appelle bons, c'est-à-dire, qu'il croit orthodoxes, qui font mourir: mais aussi que les persecuteurs hétérodoxes se contentent bien souvent de peines aussi moderées que le sont celles de l'autre classe de persecuteurs. Je ne vois donc que ce seul sens de raisonnable dans les paroles de S. Augustin, c'est que les persecuteurs hétérodoxes ayant toûjours pour but d'attirer les gens dans le parti de l'erreur, & les Orthodoxes de les attirer dans le parti de la verité, ceux-ci ne cherchent que le profit, & ceux-là que le dommage de ceux qu'ils persecutent. Mais c'est toûjours très-mal caractériser les choses, puisque c'est s'arrêter principalement à ce qui ne leur est qu'accidentel; ce n'est que par accident que les persécuteurs qui errent nuisent, & que ceux qui sont orthodoxes peuvent profiter. Les uns & les autres ont également en vûë de délivrer leur prochain de ce qu'ils croyent mauvais, & de l'instruire de ce qu'ils croyent la verité. Il ne faut donc pas dire que les premiers ayent dessein de nuire; car leur but est au contraire de délivrer de l'Enfer, & s'il arrive qu'en faisant changer de sentiment un Orthodoxe, ils le mettent dans le chemin de l'Enfer, c'est par accident & contre leur intention. Les uns donc sont égaux aux autres, quant à l'intention; & si quelquefois le succès des Orthodoxes est meilleur, c'est par accident, & le plus souvent il ne se termine qu'à empirer les choses, qu'à l'hipocrisie, & qu'au péché contre la conscience. Ainsi à proprement parler, le caractere que propose S. Augustin pour le discernement des bonnes & des mauvaises persecutions, ne se réduira qu'à ceci; c'est que les persecuteurs orthodoxes persecutent pour l'Orthodoxie, & les hétérodoxes pour l'Hétérodoxie: ce qui est une Tautologie ridicule, qui ne sert de rien pour faire connoître ce qu'on cherche.

Tautologie où il tombe, pour marquer le caractere des bonnes & des mauvaises persécutions.

⁂⁂⁂⁂⁂

XIII.

Paroles de S. Augustin.

Mais, dites-vous, on ne trouve point dans l'Evangile, ni dans les Ecrits des Apôtres, qu'ils ayent jamais eu recours aux Rois de la Terre contre les ennemis de l'Eglise. Il est vrai, mais c'est parceque cette Prophétie, Ecoutez, Rois de la Terre, instruisez-vous, vous qui jugez les peuples, &

servez le Seigneur avec crainte, *n'étoit pas encore accomplie, &c.*

R E P O N S E.

CEt endroit de S. Augustin, & son Nabuchodonosor, tipe de l'Eglise Chretienne persécutée, entant qu'il ordonne d'adorer son idole, & de la même Eglise persécutante, entant qu'il ordonne de punir ceux qui blasphémeroient contre le Dieu des Hebreux, est à-peu-près la même chose que ce que disent les Canonistes, que si les premiers Chretiens n'ont pas pris les armes contre les Payens, c'est qu'ils étoient trop foibles pour l'entreprendre. Il est certain que S. Augustin nous insinuë clairement, que si Tibere eût embrassé le Christianisme, les Apôtres auroient été tout droit à lui, pour lui demander des Edits de contrainte & de vexation, tels que ceux d'Honorius envers la Secte des Donatistes: & il faudroit renoncer au sens commun, pour prétendre que les Apôtres en ce cas-là n'auroient point proportionné la rigueur des Ordonnances, à la resistance qu'ils auroient trouvée; car il est absurde de supposer qu'il est selon l'esprit de l'Evangile d'employer les confiscations, les bannissemens, la soldatesque, les coups de bâton, les prisons & les galeres: mais non pas le dernier supplice, lorsque l'opiniâtreté du malade demande un remede plus violent. Je ne repete point ce que j'ai déja assez pressé, contre l'inégalité de conduite qu'on attribuë au fils de Dieu, lorsqu'on prétend, que son intention a été qu'on ne violentât personne qu'après un certain tems. Qu'on voye ce que j'en ai dit vers la fin du 5. Chap. de la 1. Partie, & on verra que ce seroit justement l'original du Pape Boniface VIII, dont on a dit qu'il s'insinua en renard, afin de regner en lion, *intravit ut vulpes, regnavit ut leo.*

A quoi c… réduit. … vaise foi… Christian… en ces ca…

⁂⁂⁂⁂⁂

XIV.

Paroles de S. Augustin.

Comme il se peut faire que parmi ceux d'entre les Chretiens même qui se sont laissez seduire, il y ait des brebis de Jesus-Christ, qui tout égarées qu'elles sont doivent tôt ou tard rentrer dans la Bergerie, c'est pour cela qu'on tempere la severité dont on use à leur égard, & qu'on garde toute la douceur & toute la moderation possible dans les pertes & les bannissemens qu'on est obligé de leur faire souffrir, pour les faire rentrer en eux-mêmes.

R E P O N S E.

VOilà comme parle cet Auteur n'ayant à faire que l'Apologie de certaines Loix, qui ne portoient pas les choses à l'extrémité contre les Donatistes. S'il avoit plû aux Empereurs de les condamner à la mort, il n'auroit pas manqué de tenir un autre langage, & d'inventer d'aussi plausibles excuses. Et en effet, comme je l'ai amplement prouvé dans le Chap. 3. de la 2. Partie, dès qu'on suppose qu'il est permis de violenter, il n'y a plus d'autre regle du plus & du moins, que les circonstances des tems, des lieux & des personnes, & il arrivera tout aussi-tôt qu'on péchera, pour n'avoir pas porté les peines jusques

La pers… une fois… le derni… plice es… légitim… tre lese…

au

au dernier supplice, que pour ne s'être pas contenté d'une moindre sévérité. Ce que dit ici S. Augustin de ces brebis égarées qui doivent revenir tôt ou tard dans la bergerie, n'y fait rien ; car si elles ont besoin des amendes & des prisons, des exils & de telles autres peines pour rentrer en elles-mêmes & pour s'instruire, il n'y a point de doute que la crainte de la mort leur seroit encore plus utile.

✷✷✷✷✷✷✷✷✷✷✷✷✷✷✷✷

XV

PAROLES DE S. AUGUSTIN.

Il n'y a personne parmi nous, non-plus que parmi vous (Donatistes) qui n'approuve les Loix des Empereurs contre les Sacrifices des Payens ; cependant celles-là portent des peines bien plus severes, & punissent de mort ceux qui commettent ces impiétez, au lieu que dans celles qu'on a faites contre vous, on a songé de vous tirer de l'erreur, plûtôt qu'à punir votre crime.

REPONSE.

IL seroit difficile de compter toutes les fautes de jugement que l'on découvre dans ces paroles ; souvenons-nous que S. Augustin avoit dit peu auparavant, 1. Que les bons persécuteurs different des méchans, en ce que ceux-là se tiennent dans les justes bornes, ceux-ci s'abandonnent à leur fureur ; ceux-là ne voulans que guérir prennent garde à ce qu'ils coupent, ceux-ci ne voulans que tuer ne regardent point où ils frapent ; ceux-là n'en veulent qu'à la gangrene, ceux-ci en veulent à la vie. 2. Qu'encore que les Prophetes ayent fait mourir des impies, comme des impies ont fait mourir des Prophetes, & que Nabuchodonosor, tipe des divers tems de la Religion Chretienne, nous montre que sous les Rois Fideles les Chretiens doivent faire souffrir aux impies, ce que ceux-ci ont fait souffrir aux Chretiens sous les Rois Infideles, néanmoins on tempere la sévérité, & on garde toute la modération possible, à cause *qu'il se peut faire* QUE PARMI CEUX D'ENTRE LES CHRETIENS MEME *qui se sont laissez séduire, il y ait des Prédestinez.* Souvenons-nous, dis-je, de cela, & voyons comment S. Augustin le peut ajuster avec ce qu'il dit ici, que tous les Chretiens approuvent les Loix qui punissent de mort les Payens qui exerçoient leur Religion.

En 1. lieu, que deviendra cette marque distinctive des méchans persécuteurs, qu'ils en veulent à la vie, qu'ils ne prennent point garde à ce qu'ils coupent, & cette autre marque distinctive des bons persécuteurs, qu'ils ne veulent que guerir, qu'ils n'en veulent qu'à la gangrene ? Que deviendront, dis-je, ces marques de discernement, si les bons persécuteurs, les persécuteurs aprouvez de S. Augustin & de tout le corps des Chretiens, font mourir sans remission les Sectateurs du Gentilisme ? En 2. lieu, si la raison pour laquelle on ne remplit pas toute l'étenduë de la sévérité préfigurée par Nabuchodonosor, tipe de l'Eglise Chretienne persécutante aussi-bien que la persécutée, est qu'il y a même parmi les Chretiens, qui se sont laissez entraîner dans le Schisme, ou dans l'hérésie, des brebis qui reviendront tôt ou tard dans le ber-

cail ; si, dis-je, c'est la raison qui fait qu'on tempere les châtimens, pourquoi ne faut-il pas les modérer envers les Payens ? Est-ce qu'il ne peut pas y avoir parmi eux de ces ames prédestinées, de ces brebis que Dieu a données à son fils, & qui se rangeront tôt ou tard dans la Bergerie ? Mais ce seroit la plus étrange doctrine qui fût jamais, & qui dispenseroit les Ministres de l'Evangile de travailler à la conversion des Infideles ; car dans le Sistême de la prédestination, que l'on attribuë à S. Augustin, ce n'est qu'à cause des Elûs que l'on annonce l'Evangile au genre humain, & ainsi on ne l'annonceroit pas à un peuple, si on étoit assuré qu'il ne contenoit aucune ame prédestinée ; il faut donc que le Paganisme puisse avoir de ces ames-là, puisque c'est à lui principalement que les Apôtres ont annoncé Jesus-Christ. Et qui sommes-nous que la posterité des Payens qui crûrent à l'Evangile ? Bien-plus, S. Augustin reconnoît dans cette Lettre, que les Loix des Empereurs Chretiens contre les Idolâtres avoient converti un grand nombre de Payens, & en convertissoient encore tous les jours.

Il semble, dira peut-être quelqu'un, que S. Augustin n'ait pû se servir de cette expression, *il se peut faire que parmi ceux d'entre les Chretiens même qui se sont laissez séduire, il y ait des brebis de Jesus-Christ*, que pour marquer que les Chretiens qui ont abandonné l'Eglise, sont dans un état plus funeste que les Payens. C'est ce que prétendent ordinairement les Théologiens ; ils veulent qu'un homme qui, après avoir connu & professé la vérité, l'abandonne, soit plus criminel que celui, qui ne l'ayant jamais connuë, ne l'a jamais aussi professée. C'est donc pour cela que S. Augustin met seulement au nombre des choses qui ne sont pas impossibles, qu'il y ait des Elûs dans la Société des Schismatiques & des Hérétiques, & qu'il ne dit pas que c'est une chose très-probable, très-apparente, ou même certaine. Or si c'est une chose tout au plus non impossible, il faut qu'il ait crû plus apparent qu'il y avoit parmi les Payens des brebis qui seroient un jour dans la Bergerie, & que la particule *même*, dont il s'est servi, ait eu rapport à cela. Mais ce quelqu'un qui parleroit de la sorte, subtiliseroit trop. S. Augustin déclare lui-même peu après, qu'on regarde tous les Donatistes, comme étant moins éloignez de l'Eglise que les Idolâtres, & que c'est ce qui fait qu'on les punit moins rigoureusement. Laissant donc ces subtilitez, qui ne voit que rien ne peut être plus éloigné de la justesse du bon sens, que de dire d'un côté ce que S. Augustin remarque touchant le caractere des méchans persécuteurs, & touchant la raison qui faisoit modérer la peine des Donatistes, & d'approuver de l'autre les Loix qui condamnoient à la mort les Payens qui sacrifioient à leurs Dieux, selon le rite immémorial de leurs Ancêtres ?

Un (*) Auteur moderne, après avoir rapporté plusieurs passages de S. Augustin, qui montrent qu'il s'employoit auprès des Puissances, pour empêcher qu'on n'en vînt jusques au dernier supplice contre les Sectaires, dit *qu'on ne lui sauroit refuser, sans injustice, la qualité du plus humain & du plus doux de tous les hommes.* Mais il est certain qu'on la lui peut refuser sans injustice, puisqu'il s'est déclaré l'aprobateur des meurtriers de ceux d'entre les Payens qui vouloient persévérer

(*) „Thomassin, de l'unité de l'Eglise 1. Part. ch. 1.
Tome II.

Il peut y avoir des Prédestinez parmi les Payens. Si les Chretiens qui ont abandonné l'Eglise sont dans un état plus funeste qu'eux.

PARTIE III.

On peut sans faire tort à S. Augustin lui refuser la qualité du plus doux des hommes. Bevûë de Mr. Brueys.

PARTIE III.

vérer dans la Religion de leurs peres. Je ne parle pas de l'approbation qu'il a donnée à une infinité d'autres Loix, qui quoiqu'elles n'allassent pas jusqu'à l'effusion du sang & à la mort, étoient néanmoins très-dures, soumettant à l'infamie, au bannissement, aux confiscations & aux dégradations des priviléges de la Société. Mais je dois dire qu'il parloit peu conséquemment, & qu'il n'y avoit aucune justesse, ni harmonie dans ses principes. Mais encore valoit-il mieux qu'il fût coupable d'inconséquence, que de pousser la cruauté jusques à exiger que les Hérétiques fussent punis de mort, non moins que les Payens. Quoiqu'il en soit, un (*) des Apologistes des Convertisseurs modernes a été assez mal adroit, & assez destitué de bons avis pour publier, que toutes les maximes de douceur, touchant la conversion des gens, regardent les Payens, mais non pas les Chretiens qui ont rompu l'union de l'Eglise, & pour alléguer en même tems l'autorité de S. Augustin, par rapport à la contrainte qu'on employe sur les errans. Le pauvre homme n'a point vû que s'il a raison, S. Augustin ne sait ce qu'il dit, & par conséquent est un témoin à siffler en ces matieres ; mais que si S. Augustin a raison, il est lui-même digne de toutes les huées publiques. S. Augustin approuve la violence, & à l'égard des Hérétiques, & à l'égard des Payens ; mais à l'égard de ceux-ci jusques au dernier supplice, comme étant plus éloignez de l'Eglise, au lieu qu'il veut, par cette même raison, que l'on ne maltraite pas les Hérétiques jusques à les faire mourir ; & au contraire le Sr. Brueys prétend que l'Eglise ne doit employer que l'instruction envers les Payens, & qu'elle peut châtier les Hérétiques comme des enfans rebelles, sur qui elle a des droits & des prétentions infiniment plus que sur les Etrangers & les Infideles ; sans compter, ajoûte-t-il, que les Payens ne se tiennent éloignez de l'Eglise que par l'incompréhensibilité de ses dogmes, au lieu que les Hérétiques le font par aversion pour elle.

Etrange idée de douceur que se forment les gens de Clericature.

C'est une étrange idée de douceur que celle que se forment les gens de Clericature. Nous avons vû le P. Thomassin exaltant la débonnaireté de S. Augustin comme quelque chose de transcendant, parcequ'il ne vouloit pas que l'on trempât ses mains dans le sang des Donatistes, mais qu'on les châtiat bien d'ailleurs ; & l'on sait d'autre côté que S. (A) Bernard, qui passe pour la douceur même, approuva le zele d'une populace mutine qui se rua sur des Hérétiques & les dépeça : *Approbamus zelum, sed factum non suademus, quia fides suadenda est non imponenda.* Nous approuvons leur zele, dit-il ; mais nous ne leur conseillons par d'en user ainsi, parcequ'il faut persuader la Foi, & non pas la commander. Ce bon Abbé connoissoit encore la vérité & la sainteté de cette maxime, mais il ne laissoit pas de louer le zele de ceux qui la violoient barbarement, & à peine a-t-il couché la maxime que comme s'il s'étoit trop avancé, il semble vouloir retirer sa parole ; car il dit tout d'un tenant : *Quamquam melius procul dubio coërcerentur, illius videlicet qui non sine causa gladium portat, quàm in suum errorem multos trajicere permittantur:* Quoi que néanmoins, sans doute, il vaudroit mieux les réprimer par le glaive de celui qui ne le porte pas sans cause, que de souffrir qu'ils entraînent plusieurs

personnes dans leur erreur. Il dit en un autre lieu (B) que le mieux est de vaincre les Hérétiques par des raisons : mais que si on ne le peut, il faut les chasser ou les enchaîner. Ne voilà-t-il pas des gens bien fermes dans l'esprit de la douceur & de l'équité ? Mais étonnons-nous plus de ce qu'un Docteur nourri dans la Communion Romaine, & naturellement doux & benin, y a pû conserver ces restes d'humanité, que de voir qu'il mêle tant de duretez & d'injustices dans sa clemence. Un Auteur (c) moderne a touché comme il faut la clémence Ecclésiastique.

✼✼✼✼✼✼✼✼✼✼✼✼✼✼✼✼✼

XVI.

PAROLES DE S. AUGUSTIN.

Pour ce qui est de solliciter les Empereurs de faire des Loix contre les Schismatiques, ou les Hérétiques, ou de les faire exécuter quand elles sont faites, vous vous souviendrez de la violence avec laquelle les autres Donatistes ont poussé non seulement les Maximinastes, &c. & surtout vous n'oublierez pas que dans la Requête par où ils imploroient contre nous l'autorité de l'Empereur Julien, ils disent à ce Prince, qu'ils le connoissoient pour un Apostat & un Idolâtre, qu'il n'étoit touché que de la justice, & que nulle autre chose ne pouvoit rien sur lui.

REPONSE.

CEci ne me regarde guéres, puisque ce n'est qu'un *argumentum ad hominem*, ou une récrimination. Les Donatistes auront fait toutes les irrégularitez que l'on voudra, cela n'excusera point celles des Catholiques ; car il ne faut point pécher par exemple. D'ailleurs comme je n'examine ici que la These générale, & les raisons que S. Augustin allegue pour la contrainte de conscience en général, je n'ai que faire de toutes ces rétorsions, ou raisons fondées sur les représailles. Je dirai seulement, que si je n'avois pas quelque espece d'engagement à ne point accuser S. Augustin de mauvaise foi, j'aurois quelque peine à ne pas dire qu'il use ici non seulement de petits artifices de Rhétorique, mais aussi de Sophistiquerie. Car comment nommer autrement ce qu'il dit, que les Donatistes en donnant à Julien les éloges qu'ils lui donnoient, ou mentoient d'une façon infâme, ou reconnoissoient que l'Idolâtrie étoit une chose juste ? Que cela est petit, & sent la chicane ! Le sens commun ne dicte-t-il pas, que si des Prêtres avoient dit dans une Requête au feu Roi, que S. M. n'écoutoit que la raison & la justice, ils n'auroient pas voulu dire pour cela que la Religion Anglicane, dont le Roi faisoit profession, étoit juste & vraie ; mais seulement que quand il s'agissoit de terminer un procès, il n'avoit égard qu'au droit des parties, sans acception des personnes. L'Empereur Julien étoit si exact de ce côté-là, & dans les autres vertus morales, qu'il en pouvoit être loüé dans une Requête ; sansque personne touchât à la corde de la Religion, pour signifier que mêmedansce point particulier il ne se laissoit frapper qu'à la véritable lumiere de la justice. Si S. Augustin eût vû les éloges que le Pape Grégoire

Petites [...]nes de S. Augustin q[ui] font sou[p]ner de [mauvai]se foi.

(*) ,, Le Sr. Brueys, Réponse aux Plaint. des Prot.
(A) ,, Sermon. 66. in Cantic.
(B) ,, Sermon. 64. in Cantic.

(c) ,, Nouvell. de la Républ. des Lettr. Fevr. 1686.
,, art. de Mr. Maimb.

goire le Grand a donnez à l'Empereur Phocas &
à la Reine Brunehaud, il auroit peut-être promis de bon cœur aux Donatistes de ne leur reprocher jamais leur Requête à Julien, pourvû
qu'ils épargnassent le grand flateur S. Grégoire.

Une autre chicane du moins très apparente de
S. Augustin, la voici, c'est d'argumenter *à dicto
simpliciter ad dictum secundum quid*. Ses Adversaires se plaignoient de ce qu'on recouroit contre
eux à la puissance du bras seculier, pour les opprimer par des Loix Imperiales ; & comme c'est assez la coûtume de faire des propositions universelles, ou du moins indéfinies, pour peu qu'on
prenne à cœur une chose, il ne faut point douter
qu'ils ne dissent, que c'étoit mal fait dans des
disputes de Religion de recourir au Souverain,
& qu'il ne faut pas que l'Eglise recoure-là. S.
Augustin souhaitant de ruiner ce principe par
l'absurdité des consequences, prend la chose au
pied de la lettre & à toute rigueur ; & en infere
qu'il n'y faut jamais recourir, non pas même
dans les causes criminelles, ou pour terminer des
procès de police Ecclésiastique ; desorte que comme les Donatistes y avoient recouru en cas pareil,
il les accuse de refuter eux-mêmes leur propre
regle. Mais n'en déplaise à ce grand Evêque
d'Hippone, il prend à gauche ce coup-là ; car
encore que ce soit recourir à de fort mauvais
moyens, que de demander à un Roi un Edit portant qu'un Evêque ou un Ministre qui n'abju-
rera pas sa croyance, sera puni de telle ou de
telle sorte ; il est fort permis de demander à un
Roi main-forte, pour empêcher qu'un homme
ne s'empare des Charges Ecclésiastiques, & ne
les retienne par des mechans moyens ; ou s'il y
a contestation sur cela qui ne se puisse terminer
par les voyes ordinaires, de demander au Prince
qu'il fasse juger le differend. En un mot, il est
permis de prier le Prince d'empêcher qu'un Evêque, ou criminel, ou suspect de crime, ne se
dispense de justifier sa conduite.

XVII.

PAROLES DE S. AUGUSTIN.

*Vous voyez présentement, je m'assure, qu'il ne
faut pas regarder si l'on force, mais à quoi l'on force, c'est-à-dire, si c'est au bien, ou au mal. Ce
n'est pas que personne devienne bon par force : mais
la crainte de ce qu'on ne veut point souffrir fait ouvrir les yeux à la verité.*

REPONSE.

ET moi je dis à mes Lecteurs, qu'ils voyent
présentement, je m'assure, qu'il ne faut
pas regarder à quoi l'on force en cas de Religion ;
mais si l'on force, & que dès-là que l'on force,
on fait une très-vilaine action, & très-opposée
au genie de toute Religion, & spécialement à
l'Evangile. De-plus S. Augustin étoit-il assez
simple pour espérer que les Adversaires qu'il
avoit alors, & qu'il pourroit avoir dans la suite,
se laisseroient tromper par son raisonnement ? Le
voici réduit en forme :

On ne fait mal, quand on force, que quand on
force ceux qui sont dans la verité à passer dans
l'erreur :

Or nous n'avons pas forcé ceux qui étoient

dans la verité à passer dans l'erreur ; (car nous
qui sommes Orthodoxes vous avons forcez,
vous qui étiez Schismatiques, ou Hérétiques,
à passer dans notre parti :)

Donc nous n'avons pas mal fait ;

Et ce seroit vous seulement qui feriez mal, si
vous nous forciez.

N'est-ce point le Sophisme qu'on appelle *petitio principii*, auquel en cette recontre il n'y a
point de meilleure réponse à faire, que de convertir la *mineure* de négative en affirmative, &
de le conclure directement contre celui qui s'en
est servi. C'est à cet égard qu'on peut dire du
Christianisme ce que Monsieur de Meaux voudroit inferer de la supposition des Protestans,
touchant la faillibilité de l'Eglise, c'est *qu'il est
assurément la plus foible de toutes les Societez qui
soient au monde, la plus exposée à d'irremédiables
divisions, la plus abandonnée aux novateurs & aux
factieux* ; car si ceux qui ont la verité de leur
côté peuvent justement se servir de violence contre les autres Religions, voilà un droit qui sera
allegué par toutes les Sectes, & dont chacune
se servira précisément avec les mêmes excuses
que l'autre, sans que jamais on y puisse apporter d'autre remede que la discussion du fonds même des Controverses ; discussion qui épuiseroit
la vie de Methusalem pour le moindre article.
Desorte que si dans l'impossibilité de se convaincre mutuellement, on ne se réduit pas aux Loix
communes de la Société & de la Morale ; c'est-
à-dire, à s'abstenir les uns envers les autres du
vol, du meurtre, & de semblables voies de fait,
le Christianisme ne peut être qu'un Theatre de
fureur, & un train de guerre civile à quoi l'on
ne sauroit trouver de remede.

Quant à cette crainte qui fait ouvrir les yeux
à la verité, voyez notre Commentaire, au Chap.
1. de la 2. Partie.

XVIII.

PAROLES DE S. AUGUSTIN.

*Nous pouvons vous produire non-seulement des
Particuliers, mais des Villes entieres, qui de Donatistes qu'elles étoient autrefois, sont présentement Catholiques, & détestent le crime diabolique de leur
ancienne séparation, & qui ne seroient point Catholiques, sans ces Loix à qui vous en voulez.*

REPONSE.

CE raisonnement est si indigne d'être refuté
dans un Commentaire Philophique, que
j'aurois honte d'en montrer au long le foible, &
tout de bon S. Augustin me fait pitié avec l'ingénuité qu'il a euë, de confesser que ses Collegues l'avoient fait revenir de son premier sentiment, le même que je soutiens, en lui montrant
les utilitez de la contrainte. C'est ainsi qu'en
France il y a des Ecclésiastiques & des Laïques
credules, qui croyent que les infamies, qui se
sont pratiquées par les Dragons, ont été amplement rectifiées & légitimées par la conquête de
tant de milliers d'ames, qui se sont réünies à
la Papauté. Il faut que ces gens-là ayent la vûë
bien courte, puisqu'ils ne s'aperçoivent pas qu'ils
raisonnent sur ce principe, que tout ce dont les
succès sont heureux, est juste ; d'où il s'ensui-

PARTIE III.

Chaque Secte
auroit le mê-
me droit de
contraindre.

S'il faut juger
d'une chose
par le succès,
la contrainte
de Mahomet
étoit juste.

M m m 3   vra

 vra que la Religion de Mahomet & sa contrainte sont justes, & qu'un Catholique Romain devra convenir, que les Loix d'Edoüard & de la Reine Elizabeth étoient aussi justes que celles de la Reine Marie, & qu'ainsi l'humilité étant la seule regle de la justice, les choses les plus diamétralement opposées, sont justes également.

Je ne fais point reflexions sur ce que S. Augustin rapporte de ce que disoient les Donatistes réünis, touchant les causes qui les avoient empêchez de se réünir, & sur la gratitude qu'ils témoignoient pour ceux qui avoient usé de contrainte. Monsieur Arnaud en a fait l'aplication aux Protestans de France, qui avoient abjuré avant la Dragonnerie. Un (*) Auteur, que j'ai cité en un autre lieu, a examiné cela. Pour moi je m'en déporte, parce que je ne me propose de réfuter que les raisons generales de la contrainte, & que celles-ci sont particulieres aux Donatistes, & que dès qu'on voudra les appliquer à tous ceux qui cedent à la contrainte, on en fera des Lieux-communs qui se refuteront eux-mêmes, servant ici pour les bons persécuteurs, & là pour les méchans, & de joüet à ceux qui regardent les choses sans préjugé.

XIX.

PAROLES DE S. AUGUSTIN.

Devois-je empêcher qu'on ne confisquât ce que vous appellez vos biens, pendant que vous proscrivez impunément Jésus-Christ ? Qu'on ne vous ôtât la liberté d'en disposer par testament selon le droit Romain, pendant que par vos accusations calomnieuses vous foulez aux pieds le testament que Dieu même a fait en faveur de nos Peres, &c.

REPONSE.

Ces antitheses posées voilà se sectes armées les unes contre les autres.

SAint Augustin pousse sept ou huit Antitheses ou pointes semblables, qui pourront être alléguées par toute sorte de persécuteurs, plus ou moins ; car chacun suppose que le parti qu'il persécute est ennemi de Dieu : Desorte que si cette supposition suffit pour persécuter, nous voilà armez en tout tems les uns contre les autres, toûjours sur les mêmes prétextes. Dire qu'il n'y a que ceux qui supposent cela avec raison qui puissent persécuter, ce n'est rien dire, parce qu'en attendant qu'on montre aux méchans persécuteurs qu'ils se croyent bien fondez & ne le sont pas, ils persécuteront toute leur vie ; & ce ne sera que disputer sur le fonds, & non pas guérir l'horrible tempête qui opprimera ici la vraie Eglise, là la fausse, & causera partout cet entassement affreux d'insolences, de cruautez, de sacrileges, d'hipocrisies, dont chacun se peut faire la peinture. Pour ne pas dire qu'on pourroit lancer toutes ces belles Antitheses sur les Catholiques qui vivent mal, sur les médisans, sur les avares, sur ceux qui vont tous les jours au Cabaret, &c. Si les Princes s'avisoient de confisquer tout leur patrimoine, ou de les empêcher de le laisser à leurs enfans, ne pourroit-on pas dire : *Quoi vous trouvez étrange qu'on vous ôte la faculté de tester, pendant que par vos mœurs déreglées vous ne tenez aucun compte du testament de votre pere celeste ?*

(*) „Suite de la Critique de Maimbourg.

PAROLES DE S. AUGUSTIN.

S'il se trouve des gens qui abusent de ces Loix que les Empereurs ont faites contre vous (Donatistes,) & qui s'en servent pour exercer leurs haines particulieres, au lieu de s'en servir comme d'un instrument de charité pour vous tirer de l'erreur, nous désaprouvons leur procedé & nous le portons avec peine. Ce n'est pas que personne puisse dire qu'une chose lui appartient, à moins qu'elle ne soit à lui ou par le droit divin, par lequel tout est aux Justes, ou par le droit que les hommes ont établi, & qui dépend des Puissances temporelles ; ainsi vous ne sauriez apeller vôtre ce que vous ne sauriez prétendre comme Justes, & que d'ailleurs les Loix des Empereurs vous ôtent ; & vous ne sauriez par conséquent être reçus à dire, cela est à nous & nous l'avons acquis par notre travail, puis qu'il est écrit (A) que les Justes profiteront de ce que les méchans ont amassé. Cependant lorsqu'à la faveur de ces Loix on envahit ce que vous possedez, nous désaprouvons ce procedé, & il nous fait une peine extrême. Nous comdamnons de la même sorte tous ceux que l'avarice, plûtôt que la justice, porte à vous enlever, ou le bien des pauvres, ou les lieux de vos Assemblées, quoique vous ne possediez ni l'un ni l'autre que sous le nom de l'Eglise, & qu'il n'y ait que la vraie Eglise de J. C qui ait un veritable droit à ces choses-là.

REPONSE.

Ridicu
certai
à l'ég
loix.

CE passage contient des Paradoxes si mistérieux, si odieux, & si absurdes, qu'il faut cotter par ordre nos reflexions.

Je dis 1. que c'est une vaine excuse, & un méchant remede palliatif, que de dire à des gens persécutez, & molestez en leurs biens & en leurs personnes, qu'on désaprouve le procedé de ceux qui abusent des Loix du Prince ; car outre que quand même personne n'en abuseroit, ces pauvres gens, qui souffrent la persécution, seroient exposez à mille angoisses dont les Auteurs ne seroient nullement désaprouvez par Mrs. les Ecclésiastiques. D'où il s'ensuit qu'on leur doit tenir peu de compte de ce qu'ils disent qu'ils désaprouvent les abus ; outre cela, dis-je, n'est-ce pas se moquer du monde que de solliciter avec ardeur des Loix dont on fait quel'exécution sera inévitablement accompagné de mille abus, & de prétendre en être quitte pour dire fort gravement que l'on improuve ces abus ? Et si vous les improuvez, malheureux que vous êtes, que n'en sollicitez-vous la punition avec la même instance que vous avez sollicité les Loix mêmes ? Pourquoi êtes-vous les premiers à dissimuler ces abus, à les nier, à publier par tout un Royaume qu'il ne s'en est point commis ? C'est ce que je remarque en passant contre ces plumes lâches & venales, qui parlent si flateusement des conversions à la Dragonne de France.

Consé
de cett
me: T
aux Ju
le droit

En 2. lieu, n'est-ce pas une chose abominable, quoique voilée d'un grand air mistérieux, que de dire que tout est aux Justes par le droit divin ? Quel galimatias est-ce que cela ? Quoi les marchandises qu'un Juif a achetées & payées de son argent, & qu'il a conduites d'Asie en Europe
avec

(A) „Proverb. 13. 22.

avec mille perils & mille peines, ne sont pas à lui; c'est un vol & une usurpation qu'il en fait, au préjudice des membres de la vraie Eglise? Il sembleroit au contraire, que comme Jesus-Christ n'avoit pas même le privilege des renards & des oiseaux qui ont des tanieres & des nids, pendant qu'il n'avoit pas où reposer sa tête, ses membres ne dussent pas être partagez des biens du monde; néanmoins voici une Théologie qui, aussi chimérique que le sage des Stoïques, met en possession de toute terre & de tous les biens meubles & immeubles des Juifs, Turcs, Payens, & Sectaires, une poignée de gens qu'on apelle Catholiques. Sans mentir voilà de grandes visions, & en même tems voilà les prétentions des Papes sur le temporel des Rois bien clairement établies; car si tout est à l'Eglise de droit divin, il s'ensuit que les Monarchies & les Principautez de la terre lui appartiennent, & qu'il en peut disposer dans l'ancien Continent, avec la même autorité qu'il a fait dans le nouveau.

3. Cela même ruïne l'alternative dont nous parle S. Augustin; car si une fois tout est aux Justes de droit divin, il s'ensuit que les Puissances n'ont pû disposer des biens du monde en faveur des profanes & des impies, que par une usurpation notoire du droit que les Justes y avoient par la donation de Dieu. Il est donc faux qu'un Juif puisse dire que les choses dont un Prince Infidele le laisse jouïr, lui appartiennent; car la concession de ce Prince n'étant qu'un vol fait aux Justes, ne rend pas le Juif légitime possesseur; & par consequent S. Augustin se coupe d'une façon inexcusable, lorsqu'il accorde qu'il y a deux moyens d'être légitime possesseur d'un bien, l'un quand on est juste, l'autre qu nd les Souverains le donnent ou veulent qu'on en jouïsse. Tout ce qu'il pouvoit accorder, c'est que les Justes n'ayant pas assez de forces pour se mettre en possession de tout ce qui leur appartient, souffrent que les détenteurs injustes que les Princes en mettent en possession, en tirent les fruits. Voilà les Juifs bien punis de leurs prétentions chimériques, le modele & la source de celles de S. Augustin. Leurs Docteurs soûtiennent qu'il n'y a que les seuls Israëlites qui possedent légitimement quelque chose, & que les biens des autres sont comme le désert dont le premier qui se saisit devient possesseur légitime, pourvû qu'il soit Juif, s'entend.

En 4. lieu, ne renonçons point à l'humeur accommodante de ce Pere. Il veut bien que les Justes laissent dormir tous leurs droits, & qu'ils ayent assez de complaisance pour les Souverains pour n'être pas fachez qu'ils autorisent les partages établis depuis long-tems dans le monde. Que s'ensuit-il de tout cela? C'est que tout Prince qui bouleverse ce partage, sans une raison très-forte, est un Tiran & un Voleur. On m'avoüera que ce seroit un vol proprement dit, si un Roi s'en alloit prendre chez un Marchand toutes les étoffes qu'il y trouveroit, & ne lui en payoit pas la valeur. J'excepte les cas où tout le Royaume courroit risque, si on ne sacrifioit pas les biens de quelques Particuliers; mais encore un coup ou on m'avoüera que ce seroit un vol, si un Roi faisoit rafler pour ses usages & pour satisfaire ses fantaisies, tous les joyaux des Orfeyres, & tout l'argent monnoyé des Banquiers, sans jamais en venir à restitution. Ce seroit aussi une volerie & tirannie, que d'ôter à Jean & à Jacques leur patrimoine en France, en Espagne, &c. pour s'en approprier les revenus, ou pour les donner à des Courtisanes, à des Mignons, à des Musiciens, ou à d'autres gens. Ce seroit la même chose, quand même on le seroit sous prétexte de quelque désobéïssance semblable à celle-ci; c'est que le Prince ayant commandé par un Edit solemnel, que tous ses Sujets fussent d'une certaine taille à un certain âge, eussent les yeux bleus, le nez aquilin, les cheveux noirs, se plussent à la musique, ou à la chasse, ou à l'étude, trouvassent meilleures certaines viandes que d'autres, crussent fermement que la neige n'est point blanche, ni le feu chaud, au sens que les Péripatéticiens le disent, & que la Terre se meut autour du Soleil, &c. plusieurs de ses Sujets ne se conformeroient pas à ses ordres. Je dis que si le Prince châtioit de semblables désobéïssances par la confiscation des biens, par des amendes, par un changement du partage des biens situez dans ses Etats, il deviendroit un Tiran très-injuste, & dépouilleroit ses Sujets d'un bien qui seroit à eux légitimement. D'où il s'ensuit, comme je l'ai prouvé au long en un autre (*) endroit, qu'afin qu'une désobéïssance soit punie justement par la perte de quelque bien il est necessaire que la Loi, à laquelle on a désobéï, soit juste, ou du moins telle qu'il n'y ait qu'une négligence déraisonnable qui y fasse contrevenir. Comme donc les Loix par lesquelles les Princes ordonnent qu'on ait à croire ceci ou cela touchant le culte de Dieu, & à faire ceci ou cela pour s'acquitter des devoirs de la Religion, ne sont pas de cette nature; car il est manifeste qu'un homme persuadé qu'il ne doit croire de Dieu que ce qu'il en croit, ni l'honnorer que selon les manieres qu'on lui a apprises dans la maison de son pere, & qui, quoiqu'il fasse se trouve convaincu qu'en croyant & en agissant autrement, il attireroit sur lui la damnation éternelle, ne désobéit pas à une Loi par une négligence déraisonnable; il s'ensuit donc qu'un Prince qui punit la désobéïssance à cette sorte de Loix par des confiscations, des prisons, & des exils, exerce tiranniquement le pouvoir de Souverain dont il se trouve revêtu; & par conséquent S. Augustin n'a nulle raison de dire, que dès qu'un homme ne se conforme pas aux Loix du Prince, qui condamnent au fisc les biens de ceux qui ne s'y conformeront pas, il n'a rien à lui, il n'a plus aucun droit sur son patrimoine; & sur les fruits de la sueur de son visage. Il falloit ajoûter pour le moins cette condition, que ces Loix étoient telles que les Sujets s'y pouvoient conformer en conscience. Mais c'est ce qu'on ne peut point dire des Loix qui regardent la Religion, & qui ordonnent à quelquels-uns des Sujets d'abjurer ce qu'ils croyent la vraie & divine Foi. Donc ceux qui y désobéïssent demeurent comme auparavant les possesseurs légitimes de leurs biens, & on ne peut les en chasser, que comme on en chasseroit celui qui n'obéïroit pas à son Prince, commandant de croire qu'une telle sausse est meilleure qu'une telle, & que Mr. Descartes a donné la véritable cause des Phénomenes de l'aimant. Ou bien disons qu'on les en chasseroit, comme on auroit chassé Naboth de l'héritage de ses peres.

Cet exemple est terrible. Achab tout (A) méchant Roi qu'il étoit, ne voulut s'accommoder de la vigne de Naboth qu'à la maniere des Particuliers

---

(*) „Ch. 6. de la 1. Part. Voy. aussi le Ch. IV.

(A) „Liv. des Rois Ch. 21.

culiers, c'est-à-dire par échange ou par achat, & il offroit même au propriétaire une meilleure vigne en un autre endroit, si mieux n'aimoit toucher le prix de la sienne. La conduite de ce Roi ne pouvoit pas être plus raisonnable à cet égard, & d'ailleurs il est fort permis à un Prince, qui a une maison de plaisance, d'y souhaiter un plus grand jardin, à quoi la vigne de Naboth eût été fort propre. Cet homme néanmoins n'eut aucune complaisance pour son Roi; il lui dit fort sechement qu'il n'avoit garde d'aliéner l'héritage de ses peres, en quoi on prétend qu'il agissoit par des raisons de conscience, & pour ne pas enfraindre les préceptes du Lévitique. Il n'y a que cela qui le puisse disculper d'une insigne brutalité. Achab n'eut rien à lui dire, & se réduisit à s'en chagriner mortellement. Sa femme plus hardie que lui n'osa néanmoins lui conseiller de s'emparer de cette vigne; mais elle fit condamner Naboth à mort sous un autre prétexte, savoir de blasphême contre Dieu & le Roi, & alors la vigne fut à Achab. On m'avoüera que si ce Prince, sur le refus du propriétaire de se soumettre à la volonté du Roi, touchant l'échange ou l'achat, avoit confisqué cette vigne, il en eût été censuré par le Prophete Elie, comme d'une action injuste: Exemple qui fait voir aux Princes qu'ils ne doivent troubler personne dans la possession des biens dont il joüit de bonne foi, & selon les Loix civiles, à moins que les nécessitez urgentes de l'Etat ne le demandent; mais jamais pour punir ceux qui suivent les mouvemens de leur conscience, sans faire aucun tort au Public & à leurs concitoyens.

Il y a de très-grands hommes qui soûtiennent, que tant s'en faut que les Rois puissent transposer les biens des familles comme il leur plaît, & apauvrir celles-ci pour enrichir celles-là, ils ne peuvent pas même justement mettre des impôts sur leur peuple, sans son (*) consentement. Voici comme parla le fameux Jean Juvenal des Ursins, Archevêque de Reims, dans une Remontrance à Charles VII. *Quelque chose qu'aucuns dient de votre puissance ordinaire, vous ne pouvez pas prendre le mien. Ce qui est mien n'est point vôtre; peut bien être qu'en la Justice vous êtes le Souverain & va le ressort à vous: vous avez votre Domaine, & chacun Particulier le sien.* Jean (A) Gerson dit, *que c'est une erreur de déclarer à un Roi, qu'il a juste droit d'user de ses Sujets & de leurs biens à sa volonté, sans autre titre d'utilité publique ou de nécessité, imposant toutes sortes de tributs comme il lui plaît; car de faire ainsi sans autre raison, ce seroit tiranniser & non regner.* L'Auteur des maximes que j'ai cité à la marge, prouve dans le même lieu que non seulement les Princes *pechent grandement, quand ils n'empêchent pas par toutes sortes de moiens les vols & oppressions que font les gens de guerre au peuple; mais aussi qu'ils sont tenus en bonne conscience à reparer les torts & dommages que leurs soldats ont fait à leurs Sujets, & à restituer les biens qu'ils leur ont pris par force & violence; & véritablement,* poursuit-il, *je m'étonne que ce point est si fort negligé, & que les Confesseurs & Directeurs ont tant de complaisance, qu'en une chose si importante, si manifeste, & où il ne peut y avoir d'équivoque, ils apréhendent tellement de contrister tant soit peu sur cet article à pénitence les ames qu'ils gouvernent.* Voilà des leçons non seulement pour les Molinistes Confesseurs des Rois; mais aussi

pour S. Augustin l'antipode de Molina; S. Augustin, dis-je, qui nous débite la plus corrompuë Morale qui se puisse voir; c'est qu'aussitôt qu'un Prince s'avise de faire des Edits de Religion, & de contraindre par confiscations & par des amendes la conscience de ses Sujets, ceux qui n'obéissent pas déchéent de la possession légitime de leur patrimoine, qui par conséquent peut être tout aussi-bien occupé & saccagé par les soldats ausquels le Prince le livre, que par un autre.

Mais en 5. lieu, qui n'admirera l'application que fait ce Pere des passages de l'Ecriture, comme si Salomon en prédisant que les richesses des méchans ne demeureront point dans leur famille, mais passeront au pouvoir des gens de bien, avoit entendu que ce seroit par des confiscations & des saisies. Ne voit-on pas que toutes ces belles sentences de l'Ecriture regardent, non pas ceux qui errent dans la Religion, mais ceux qui commettent des crimes? Autrement où en auroit été la vérité hors de la Judée, puisque personne selon les principes des Convertisseurs n'y étoit qu'un méchant abominable? Quels Justes auroient profité dans la Perse, dans la Grece, dans l'Italie, &c. de ce que les méchans amassoient. C'est une chimere que de transporter à ce qu'on appelle Orthodoxie ce qui n'est promis qu'à la droiture du cœur & à la bonne vie. Est-ce qu'il n'y a point de bonne Morale hors de l'enceinte de cette Société, que S. Augustin croïoit orthodoxe? Autre chimere. Nous croyons que les Papistes sont dans l'erreur, & ils croyent que nous y sommes; cependant & eux & nous serions de grands fous, si nous croyons, eux qu'il n'y a point de gens de bien parmi nous, & nous qu'il n'y en a point parmi eux.

En 6. lieu, admirons la piéié de S. Augustin: il approuve de tout son cœur que les Loix dépouillent un Donatiste de son bien, & il désaprouve le procedé des Catholiques qui s'emparent de ce bien. Cela est assez plaisant, blâmer l'Exécuteur, & loüer celui qui ordonne l'exécution.

Enfin ce qu'il dit, que les temples des Donatistes, & les fonds qu'ils avoient faits pour l'entretien de leurs pauvres & malades, appartenoient à la vraie Eglise, est si miserable que je ne daignerois le refuter. N'est-ce point le droit des gens, n'est-ce pas une émanation de toute Société, & un appanage inseparable des loix humaines, que la fondation des Hôpitaux? Chaque Etat, République, Royaume, ne peut-il pas consacrer certaines sommes à la subsistance des malades indigens & de tous autres pauvres, & certains lieux à la celebration des cerémonies de sa Religion, & ces biens appartiennent-ils à la Religion Chretienne? Quoi les Mosquées de Constantinople appartiennent aux Chretiens, & s'ils pouvoient s'en emparer en dépit des Turcs, ils le devroient faire, comme aussi de tous les biens de la Religion Mahometane? En verité c'est rendre le Christianisme justement odieux; & sur ces maximes on ne devroit regarder les Missionnaires Chretiens que comme des espions, qui viennent frayer le chemin à l'invasion du Temporel, se persuadant que les autres hommes le leur détiennent; quoiqu'ils ne sachent pas bien souvent qu'il y ait des Chretiens au Monde.

XXI.

(*) „ Voyez le Livre intit. *Recueil des maximes véri-*„*tables & importantes pour l'institution du Roi*, Ch. 11.

(A) *Contra adul. Prin. consid.* 6.

XXI.

PAROLES DE St. AUGUTIN.

*Mais quoique vous vous plaigniez de ces sortes
de traitemens, vous avez peine à prouver qu'on
vous les fasse, & quand vous le prouveriez, nous
ne pouvons pas toûjours corriger ni punir ceux dont
vous vous plaignez, & nous sommes quelquefois
obligez de les tolérer.*

REPONSE.

C'Est ce qu'on dit aujourd'huy sur les plaintes des Protestans de France. Qu'ils prouvent, dit-on, par la teneur des Ordonnances
qu'on les a tenaillez, battus, privez du sommeil, &c. ils n'ont garde de le faire, puisque
les Convertisseurs n'ont donné sur cela que des
permissions verbales, ne voulant pas qu'on
pût conserver un monument public à tous les
peuples & à tous les siecles à venir, de leurs
pernicieuses maximes toûjours pétries & confites
de mauvaise foi. Mais il y a d'autres preuves
valables que celles qui se tirent d'un ordre vérifié & enregistré. A l'égard de la tolérance de
ces excès, je le répete, c'est une frivole excuse:
si on avoit voulu les empêcher, on l'auroit fait;
& si ne l'aïant pas pû, on avoit au moins souhaité d'en faire la punition, rien n'eût été plus
facile. Loüis XIV. est si absolu dans son
Roïaume, & si exactement obéi, que c'est de
lui principalement qu'on peut dire cette parole
de l'Historien Nicéas: *Nihil est quod ab Imperatoribus emendari non queat, nec ullum peccatum
quod vires eorum superet, & quidquid permittunt
facere videntur.*

Voïons désormais ce qu'il y aura à voir dans
la Lettre de St. Augustin à Boniface. Elle est la
185. de la nouvelle édition, & c'étoit auparavant la 50. Elle fut écrite environ l'an 417.

XXII.

PAROLES DE St. AUGUSTIN.

*Quand Nabuchodonosor ordonna que quiconque
blasphémeroit le Dieu des Hébreux, périroit avec
toute sa maison; s'il y en eut qui pour avoir méprisé cette Loi en subirent la peine, auroient-ils pû
dire comme ceux-ci qu'ils étoient Justes, & en alléguer pour preuve la persécution qu'on leur faisoit
par l'autorité du Roi?*

REPONSE.

PUisque l'occasion se présente de parler de cet
Edit de Nabuchodonosor, le grand modele
que St. Augustin a proposé, & le tipe, à ce
qu'il croit, de la Religion Chretienne sous les
Empereurs Chretiens & persécuteurs, il ne sera
pas inutile de montrer ici que ce n'est pas un
modele à suivre. Pour cela je dis qu'il faut
prendre garde à deux choses; l'une que la Religion Païenne admettant la pluralité des Dieux,
& croïant que ceux qu'on n'avoit jamais adorez,
ni connus, pouvoient tellement se faire connoî-

tre qu'il étoit de l'avantage de la Religion déja
établie d'honnorer aussi ceux-là; les Princes
Païens n'avoient pas les mêmes raisons que les
Chretiens de ne point faire des Loix de contrainte en fait de Religion; & quand ils en faisoient,
ils avoient plus de sujet de croire que les delin-
quans étoient des factieux, qui ne désobéïssoient
point par motif de Religion. Je veux que les
Babiloniens méprisassent la Divinité de Judée:
comme elle leur avoit manifesté sa puissance par
le miracle de la fournaise, il étoit tout-à-fait
probable qu'ils ne feroient aucun scrupule d'en
parler avec estime, & de penser qu'elle avoit aussi
du crédit dans l'Univers, & qu'elle protégeoit
ses Dévots. Si bien que la Cour pouvoit être
persuadée que si quelqu'un n'entroit pas dans ces
sentimens après l'Edit, ce seroit un mutin &
un brutal digne de la peine menacée. En 2. lieu
il faut remarquer que l'Edit du Roi de Babilone n'imposoit point la nécessité de rendre le culte
au Dieu des Hébreux; mais seulement de ne pas
en dire des choses injurieuses & blasphématoires,
à quoi il est très-facile de se conformer, quelque
persuadé que l'on soit de la fausseté d'une Religion; car un homme de bien n'est pas obligé
de chanter pouilles dans les ruës, ou ailleurs, à
la Divinité du païs où on le souffre. Les raisons
proposées modestement, civilement & honnêtement, sont tout ce qu'il faut.

On met par-là une grande différence entre
l'Edit de Nabuchodonosor, & ceux que l'on a
fait en France depuis peu, & en cent autres païs
depuis long-tems; car ceux-ci s'adressent à des
Chretiens instruits dans l'unité d'une bonne Religion, & persuadez que Dieu damnera ceux qui
s'écartent du chemin qu'il a une fois marqué
dans sa Parole, & ordonnent non seulement
qu'on aura des ménagemens d'honnêteté pour la
Religion dominante; mais aussi qu'on la profes-
sera, & qu'on la déclarera seule bonne.

Mais je ne crains point de dire conséquemment à ce que j'ai tant prouvé & éclairci, que si
quelque Babilonien convaincu dans sa conscience que le Dieu des Hébreux étoit un faux Dieu,
l'avoit dit devant des Juges qui lui auroient commandé sous serment de dire ce qu'il en pensoit,
ou croïant que sa Religion lui demandoit qu'il
déclarât ce sentiment, & avoit été puni de mort
pour cela, le Roi de Babilone eût fait une action
injuste, attendu qu'il eût usurpé sur la conscience un droit qui ne lui appartenoit pas, & pour
l'exercice duquel il n'avoit pas une vocation
spéciale, fondée sur les raisons qu'en avoit
Moïse. On voit donc de plus en plus le peu de
justesse d'esprit de St. Augustin, dans les exemples qu'il a ramassez avec une mémoire si heureuse. Mais pour répondre à l'instance qu'il fait
ici, & m'attacher précisément au point dont il
est question dans ce passage, je répete ce que
j'ai déja insinué ailleurs;

C'est que s'il a quelque raison de censurer
le raisonnement des Donatistes, prétendant que
puisqu'ils étoient persécutez, ils étoient le bon
parti, nous avons du moins raison de dire, que
ceux qui les persécutoient faisoient une mauvaise
action, & à cet égard sortoient de la nature &
de l'essence d'une vraie Religion, & principalement de la Chretienne.

XXIII.

PAROLES DE St. AUGUSTIN.

Agar n'a-t-elle pas été persécutée par Sara ? Cependant celle qui persécutoit étoit sainte, & celle qui souffroit persécution étoit méchante.

RE'PONSE.

Différence de la persécution de Sara envers Agar d'avec celle qu'on exerce en fait de Religion.

TOûjours la même illusion de comparer la peine que l'on fait souffrir à des gens pour des crimes de Morale, avec celle qu'on inflige pour des opinions de Religion. Que diroit-on d'un homme qui prouveroit qu'il faut persécuter les Protestans, par la raison que dans toutes les Républiques bien policées on persécute les voleurs de grands chemins, & on détache les Prévôts sur eux pour les chercher dans toutes leurs retraites, & qui ajoûteroit que comme en ce cas-là les persécutez sont méchans, & les persécuteurs les Ministres de la justice, de même les Protestans persécutez sont méchans, & ceux qui les persécutent bons & justes ? On se moqueroit avec fondement d'une si pitoïable maniere de raisonner. Franchement l'exemple qu'on nous donne ici d'une honnête femme, à la verité pieuse & vertueuse, mais non pas délivrée des accès de la jalousie, & de la mauvaise humeur domestique, & des emportemens bourrus qu'une servante trop altiere peut exciter ; cette exemple, dis-je, n'est guéres plus à propos. Sara étoit une sainte, je le veux, mais non pas entant qu'elle persécutoit Agar ; c'étoit non sa sainteté qui agissoit en cette rencontre, mais sa jalousie, son chagrin, son dépit, sa colere, en un mot les foiblesses de son sexe, soûtenuës, si l'on veut, du droit qu'elle avoit de ne garder point une servante qui en usoit mal.

J'ai déja remarqué l'équivoque que St. Augustin fait régner dans son Ecrit, lorsqu'il confond les accusations que l'on porte contre un Prélat pour ses crimes, ou pour les défauts de son ordination, avec les peines qu'on lui inflige pour ses opinions. Il abuse de cette équivoque, pour convaincre les Donatistes par leurs propres principes d'être injustes ; car, dit-il, ils ont persécuté Cécilien, & ils disent qu'on ne persécute jamais avec justice. Foible rétorsion considérée en general, puisqu'il y a tant de différence entre accuser un homme, & chercher à le convaincre de ses crimes qu'il nie, & le châtier pour des opinions qu'il ne nie pas, & dont il fait gloire. Or aïant remarqué déja cela, je n'y insisterai pas davantage, quoique St. Augustin nous rebatte ici sa pensée plus d'une fois.

XXIV.

PAROLES DE St. AUGUSTIN.

Si les gens de bien ne persécutent jamais personne, & qu'ils ne fassent que souffrir la persécution qu'on leur fait, ce n'est donc pas un Saint, ni un homme de bien, qui parle au Pseaume 17. où il est dit : Je persécuterai mes ennemis, je les poursui-

vrai & les atteindrai, & ne leur donnerai point de relâche que je ne les aie défaits.

RE'PONSE.

Fausse application de ce sage de D. Différence entre les Donatistes & les catholiques.

APplication encore plus fausse que les précedentes ; car David ne parle ici que de ses exploits guerriers, & d'une victoire remportée sur ses ennemis. J'avouë que si une fois Abraham courant après les quatre Rois qui avoient pillé Sodome, Josué exterminant les Cananéens, David gagnant des batailles sur les Philistins, &c. sont des exemples des persécutions de Religion, nous trouverons partout des modeles ; mais aussi qui ne s'en moquera, & qui ne murmurera de voir l'Ecriture si peu judicieusement appliquée ?

La description que nous fait St. Augustin de la fureur des Donatistes, & des ravages inhumains qu'ils faisoient sur les Catholiques, surprend, lorsqu'on considere que les Loix dont il fait l'Apologie ne condamnoit qu'à des amendes, bannissemens, &c. Mais ce qu'il ajoûte, *l'Eglise étant donc réduite à ces extrémitez, comment peut-on prétendre qu'il falloit tout souffrir, plûtôt que d'implorer le secours que Dieu nous a procuré par les Empereurs Chretiens, & par où aurions-nous pû nous excuser envers Dieu d'une telle négligence ?* Cela, dis-je, est une réïtération du Sophisme *ignoratio elenchi*, que j'ai réfuté dès l'entrée de cette 3. Partie ; car y avoit-il un homme sur la terre, qui prétendît qu'on avoit eu tort de demander à l'Empereur qu'il réprimât les Meurtriers & les Incendiaires qui se rencontroient dans la Secte des Donatistes ? N'étoit-ce pas uniquement de ces Loix qui régardoient les Donatistes pacifiques, & qui ne les punissoient précisément qu'à cause de leur Religion, que l'on se plaignoit ? Pourquoi donc donner le change, si peu finement pour les habiles Lecteurs, quoique fort subtilement pour les personnes préoccupées & peu pénétrantes ?

Je ne sais si j'oserai dire, qu'il y a de l'apparence que les Catholiques exagéroient trop les choses, quand ils décrivoient les violences des Donatistes ; car on ne comprend pas qu'Honorius avec toute sa molesse eût pû être si patient, sollicité surtout comme il étoit par les gens d'Eglise. Mais voilà ce que font toûjours les plus forts & ceux qui persécutent : il extenuent le plus qu'ils peuvent la sévérité qu'ils emploient, & ils amplifient en récompense la longue patience qu'ils disent avoir euë. Ils décrivent avec tous les artifices de la Rétorique les persécutez comme coupables d'une insolence énorme, de cruautez inouïes, de rébellions furieuses. Je suis fort trompé s'il n'y a eu quelque chose de cette nature dans cette persécution. On nous étale tragiquement ce que faisoient les Circoncellions, & au lieu de convenir qu'on les avoit châtiez selon leur mérite, on ne nous parle que des corrections, & des châtimens mitigez de tous les Donatistes en général. Quelle disparité est-ce que cela ? Nous ne voïons point ici les grands chemins & les places pleines de gibets & de bûchers, pour la punition des Circoncellions qui le méritoient bien, s'ils étoient tels qu'on les fait ; & nous voïons des confiscations, des exils, & milles autres peines sur les Donatistes honnêtes gens. Qu'une Histoire fidelle est rare parmi les Convertisseurs & leurs défenseurs !

XXV.

XXV.

PAROLES DE St. AUGUSTIN.

Autre eſt le ſervice que les Rois rendent à Dieu comme hommes, & autre celui qu'ils lui rendent comme Rois. Entant qu'hommes ils le ſervent en vivant en vrais Fideles; mais entant que Rois ils ne le ſervent qu'en établiſſant & en faiſant obſerver avec fermeté des loix juſtes, qui vont à faire faire le bien, & à empêcher le mal.

REPONSE.

TOut ce diſcours bien entendu peut être admis; mais le mal eſt qu'il eſt rempli d'équivoques ſur la fin; car par Loix juſtes St. Auguſtin entend les Loix qui favoriſent ſon parti, & par le bien il entend ce qui eſt conforme à ſes idées, comme par le mal il entend ce qui y eſt contraire. Deſorte que des maximes ſi vagues & ſuſceptibles, ſelon les divers Partis, de mille ſens différens, ne diſent rien qui ſoit capable d'éclairer l'eſprit, ni d'arrêter les perſécutions réciproques que les Sectes plus puiſſantes ſe feront en divers païs. Pour faire quelque choſe de ces maximes, il faudroit convenir d'un principe commun pour la définition des Loix juſtes; & pour celle du bien & du mal, c'eſt ce que l'on trouveroit dans l'hipotheſe de la tolerance; car on diroit que les Loix juſtes ſont celles qui tendent à l'avantage de la République & de la Religion, par des moïens proportionnez à la nature de chaque ſujet; d'où s'enſuivra que la Religion ne ſe ſervira que de l'inſtruction & de la perſuaſion, & que la République ne punira que les maux qui empêchent les citoïens de vivre tranquillement. Il eſt certain que les Rois, entant que tels, doivent maintenir fermement des Loix comme celles-là; & pour ce qui eſt de faire faire le bien moral, comme ils n'y ſauroient être utiles avec toute leur puiſſance, s'ils ne font faire ce qui eſt connu pour bien, il eſt évident que leur devoir ſe termine à faire connoître le bien par la voie des inſtructions. Ils ne ſauroient empêcher le mal, ſi au préalable ils ne le font connoître; car pendant qu'une ame prendra pour bien ce qui eſt mal, elle s'attachera à ce mal; & ſi on la force de s'en détacher extérieurement, on lui fera faire deux maux pour un, parce qu'elle tombera dans l'hipocriſie. Donc il n'y a que l'hipotheſe de la tolerance qui fourniſſe aux Princes le moïen de réduire bien en pratique ce que St. Auguſtin a marqué. On verra dans le chap. 6. de notre 2. Partie la véritable ſolution de cet endroit de ce Pere.

XXVI.

PAROLES DE St. AUGUSTIN.

Il faudroit avoir perdu le ſens pour dire aux Princes: Ne vous mettez pas en peine ſi l'on attaque ou ſi l'on révere dans votre Roïaume l'Egliſe de celui que vous adorez. Quoi ils auront ſoin de faire vivre les hommes ſelon les Loix de l'honnêteté & de la pudeur, ſans que perſonne leur oſe dire que cela

ne les regarde pas, & on oſera leur dire que ce n'eſt pas à eux à prendre connoiſſance ſi dans leurs Etats on ſuit les Loix de la véritable Religion, ou ſi l'on s'abandonne à l'impieté & au ſacrilége? Car ſi dès-là que Dieu a donné à l'homme le libre arbitre, le ſacrilége lui doit être permis, pourquoi punira-t-on l'adultere? L'ame qui viole la fidélité qu'elle doit à ſon Dieu, eſt-elle donc moins criminelle que la femme qui viole celle qu'elle doit à ſon mari? Et quoiqu'on puniſſe moins ſévérement les hommes des péchez qu'ils commettent par ignorance contre la Religion, faut-il pour cela la leur laiſſer renverſer impunément?

REPONSE.

CEci eſt fort ſpécieux, & mérite d'autant plus que l'on y ſatisfaſſe avec ordre & avec exactitude.

De quelle maniere les Princes ſe doivent mettre en peine ſi l'on attaque ou ſi l'on révere la Religion dans leur Roïaume.

1. J'avouë à St. Auguſtin qu'il faudroit avoir perdu le ſens, pour trouver mauvais que les Princes ſe mettent en peine ſi l'on attaque, ou ſi l'on révere dans leur Roïaume l'Egliſe du Dieu qu'ils adorent. Tant s'en faut qu'ils ne doivent pas s'en mettre en peine qu'au contraire ils y doivent avoir l'œil aſſidûment; mais de quelle ſorte? Car c'eſt-là toute la difficulté, & le ſeul ſujet du différend. C'eſt que ſi leur Religion eſt attaquée par les armes, ils doivent la ſoûtenir par les armes. Si elle eſt attaqué par des Livres & des ſermons, ils doivent la ſoûtenir par ces mêmes inſtrumens. Si donc il s'éleve dans leur Roïaume une Secte qui ſe veuille emparer des Egliſes, & qui prenne les gens au colet pour les forcer à la ſuivre, ils doivent envoïer tous les Prévôts de Robe-courte, leurs ſoldats & leur milice, pour courre ſus aux Sectaires, réprimer leurs violences, & les châtier ſelon l'exigence du cas. Mais ſi cette Secte n'uſe que de raiſons & d'exhortations, ils ne doivent que la faire réfuter par de meilleures raiſons s'ils peuvent, & que travailler à l'inſtruire de la verité; car il eſt évident à tout homme qui examine bien la choſe, que s'ils emploïent les roües & les échafauts contre des gens qui leur oppoſent les raiſons & les explications de l'Ecriture, avec leurs preuves, ils foulent aux pieds le reſpect qui eſt dû à la Raiſon & à l'Ecriture, & que s'ils extorquent par la crainte des ſuplices une ſignature de ces gens-là, ils les contraignent à renier de bouche ce que leur cœur adore comme la verité; ce qui eſt leur faire commettre un plus grand crime que ne l'eſt leur erreur.

Chaque Secte commet des impiétez & des ſacriléges à l'égard des autres. Maux qui arriveroient ſi chacune vouloit les punir ſuivant ſes principes.

2. Il paroît de-là qu'ils peuvent & qu'ils doivent prendre connoiſſance ſi dans leurs Etats on ſuit les Loix de la véritable Religion, ou ſi l'on s'abandonne à l'impieté & au ſacrilége; mais la queſtion eſt de ſavoir ce qu'ils doivent ſtatuer, lorſqu'ils découvrent qu'une partie de leurs Sujets ne ſuit pas la Religion qu'eux Princes croïent véritable, & pratique un culte qu'ils appellent impieté & ſacrilége. Je crois avoir prouvé fort évidemment, pour ceux qui ne ſe laiſſent point aveugler à leurs préjugez, que les Princes ſe doivent contenter alors de faire éclaircir les diſputes, & convaincre s'il y a moïen par bonnes raiſons ceux qui errent. Aïant fait par cette voie tout ce qui dépend d'eux, ils doivent ſe tenir quittes envers Dieu, & pourvoir quant au reſte que cette Secte, différente de la leur, ſe contienne dans les bornes des bons Sujets & compatriotes. Mais, dira-t-on, cette Secte commet tous les jours des impiétez & des ſacriléges? Oui, réponds-je, en définiſſant les choſes comme vous les définiſſez;

mais non pas en les prenant comme elle les définit, car elle prétend que c'est vous qui commettez des impietez & des sacriléges, & que le service qu'elle rend à Dieu est le seul bon & véritable. J'en reviens à l'application que j'ai déja faite (*) d'une pensée de Mr. l'Evêque de Meaux. Si chaque Secte du Christianisme s'empare du droit de définir les blasphêmes, les sacriléges & les impiétez par des principes qui lui soient propres, & de décerner des peines aux gens, comme à des blasphémateurs & des sacriléges convaincus par une définition qu'ils ne reconnoissent pas, le Christianisme est la plus foible de toutes les Sociétez, & la plus sujette à des maux irremédiables; car pendant que les Protestans brûleroient en Angleterre les Catholiques comme des blasphémateurs & des sacriléges, ceux-ci blûleroient les Protestans en Italie & en France, comme des blasphémateurs & des sacriléges; desorte que les mêmes opinions seroient traitées en même-tems de pieuses & d'impies, de saintes & de blasphématoires; & ce qui est le comble de l'horreur, on verroit des gens mourir dans les flammes comme des blasphémateurs, qui protesteroient sincerement qu'ils meurent, pour ne rien dire de ce qu'ils croient désagréable à Dieu, & pour témoigner que la verité qu'il leur a révélée dans sa Parole leur est plus chere que la vie. Le seul ordre que l'on pourroit mettre à ces confusions, seroit de définir les blasphêmes & les sacriléges par des principes communs à l'Accusateur & à l'Accusé, & alors dès qu'on convaincroit un homme de blasphême & de sacrilége, on le pendroit ou brûleroit, & ceux qui aiment tant les derniers suplices des Heretiques, seroient contens. C'est ainsi que l'on punit justement un Chretien qui renie Dieu, ou qui vole les sacristies, le tronc des pauvres, &c. Car selon ses propres principes il est blasphémateur & sacrilége. Mais il est vrai que c'est trop demander à St. Augustin, que de vouloir qu'il qualifie les choses autrement que selon l'instigation de ses préjugez.

Il faudroit définir les blasphêmes & les sacriléges par des principes communs.

Ma 3. remarque naît de la 2. C'est à bon droit que les Princes doivent faire observer par peines & châtimens les Loix de l'honnêteté & de la pudeur, parce que tous leurs Sujets avoüent que ces Loix sont justes, & quainsi ils ne les sauroient enfreindre que malicieusement, volontairement, & en croïant que cela déplaît à Dieu. Mais pour les dogmes de Religion, & les Loix établies par les Princes, touchant le culte de Dieu, tous leurs Sujets n'en reconnoissent pas la justice. Il y en a qui les trouvent impies & abominables; ainsi ce n'est point par malice, par rébellion, par mépris du Souverain qu'ils ne les observent pas, mais par la crainte de désobéïr à Dieu, le Maître commun des Princes & des Sujets. Voilà, voilà la grande & capitale raison qui met de la différence entre les actions civiles & les actions religieuses, par raport à la jurisdiction du Souverain, & pourquoi il peut maintenir par peines & récompenses les Loix qui concernent celles-là, & qu'il ne peut point punir ceux qui enfreignent les Loix qui décident de celles-ci.

Tout le monde avouë que les Loix sur l'honnêteté & la pudeur sont justes.

4. La réponse est à présent fort aisée à la comparaison que St. Augustin nous donne du sacrilége & de l'adultère. Pourquoi, dit-il, punit-on l'adultére, & non pas le sacrilege? C'est parce que celui qui commet l'adultere convient avec son Accusateur & son Juge, que c'est un

Pourquoi on doit punir l'adultere & non le sacrilége, au sens de St. Augustin.

adultere & une méchante action, & que bien-loin de convenir avec eux qu'il commette un sacrilége en servant Dieu selon les principes de sa Secte, il croit faire une action de piété, & qu'il feroit une impiété & un sacrilége, s'il imitoit son Accusateur & son Juge. Les Juges ne trouvent rien dans l'ame d'un adultaire à quoi ils doivent du respect. Ils voïent que le motif de cet homme-là est mauvais, & qu'il a sçu qu'il faisoit mal, & par conséquent qu'il n'a aucune considération ni pour Dieu, ni pour son prochain; ainsi tout crie vengeance. Mais quand un Juge Catholique veut punir ce qu'il appelle impiété, blasphême, sacrilége d'un Calviniste soûtenant que les hosties consacrées ne sont que du pain, & leur ôtant l'adoration, il trouve dans l'ame de cet Heretique un motif digne de respect, savoir la crainte de déplaire à Dieu, l'horreur de l'idolâtrie, & le dessein ferme d'encourir plûtôt la haine des hommes, que de faire ce qu'il croit que Dieu lui a défendu. Une disposition comme celle-là ne devroit-elle pas être un asile inviolable contre toutes les jurisdictions humaines, & se peut-il que les hommes aïent eu assez de fureur & d'audace gigantesque, pour faire mourir un homme, parce qu'il prenoit pour la regle de ses actions la même chose qu'il prenoit pour les ordres & pour la volonté de Dieu?

5. Pour la comparaison d'une femme qui viole la foi conjugale, & d'une ame qui ne demeure pas dans les vraies opinions, (c'est ce que St. Augustin appelle violer la fidélité que l'on doit à Dieu) je n'ai rien à dire, ce Pere ne pouvoit pas se camper plus mal qu'il a fait-là; il n'y sauroit tenir un moment contre l'Auteur (A) moderne (B) que j'ai cité autrefois, & approuvé en partie & en partie désaprouvé. Je le renvoie donc à cet Auteur, qui lui montrera par l'exemple d'une femme qui trompée par la ressemblance, & persuadée qu'un imposteur qui s'offre à elle pour son mari est son époux, le reçoit dans sa couche sans offenser Dieu le moins du monde; qu'un Heretique qui prend la fausseté pour la verité, doit l'honnorer comme si c'étoit effectivement la verité, & ne peut être responsable auprès de Dieu que la négligence ou de la malice, par le moïen desquelles il auroit pris l'un pour l'autre. Ainsi on ne sauroit assez blâmer St. Augustin du peu d'exactitude qu'il a gardé dans ses paralleles. Il nous compare froidement, & comme s'il avoit à faire à des gruës, une femme qui couche avec un homme qu'elle sait n'être point son mari, & une ame qui adopte des opinions fausses, mais qui ne les adopte que parce qu'elle est pleinement persuadée qu'elles sont vraies; si bien que le seul titre de recommandation qu'elles aïent à son égard, ne vient que de la disposition ferme & sincere où est cette ame d'aimer & de respecter la verité.

Une f… qui r… dans … un ho… qu'el… son m… comm… pas a…

XXVII.

PAROLES DE St. AUGUSTIN.

Nous convenons que les enfans, qui se menent par douceur & par amour, valent beaucoup mieux que les autres; mais ils ne font pas le plus grand nombre.

(*) Voyez ci-dessus chap. XVII.
(A) Mr. Bayle lui-même.

(B) „ Nouvelles Lettres de l'Aut. de la Crit. génér.
„ de Maimb. tome. I.

bre; il y en a sans comparaison davantage dont il n'y a que la crainte qui puisse venir à bout. Aussi voyons-nous dans l'Ecriture, (*) que le mauvais serviteur ne se ramene point par des paroles & des remontrances: ce qui suppose qu'il faut y emploïer quelque chose de plus fort. En un autre endroit elle marque qu'il faut avoir recours aux coups, non seulement contre les mauvais serviteurs, mais contre les enfans indociles. Il est (A) vrai, dit-elle, que les coups que vous leur donnez font souffrir leur corps, mais vous délivrez leur ame de la mort; & ailleurs, (B) celui qui épargne les verges n'a que de la haine pour son fils.

REPONSE.

(c) **P**ergis pugnantia secum
Frontibus adversis componere,

Pourroit-on dire en quelque maniere à S. Augustin; car il est vrai qu'on ne fut jamais plus malheureux en comparaisons qu'il l'est ici, quoiqu'il en trouve à monceaux d'assez propres pour imposer aux esprits qui n'examinent que la superficie des choses. Voyons si l'éducation des enfans & la conversion des Hérétiques, se doit faire par les mêmes voies.

Je dis que non, & je me fonde sur cet argument essenciel, c'est que les enfans, jusqu'à un certain âge, ne formant guéres de jugement arrêté ou raisonné sur ce qu'ils font, mais suivant les impressions de la machine, & les sentimens de plaisir ou de douleur que les objets leur font naître, il faut principalement obtenir d'eux certaines actions. Mais comme ils ne sont guéres touchez des motifs d'honnêteté, & qu'ils ne pénetrent pas assez l'étenduë d'une raison pour donner la préférence à cela sur les passions, il faut les ménacer, & les battre bien souvent, si on veut leur faire faire certaines choses. Or pourvû qu'ils les fassent, on gagne assez, quand même on ne leur éclaireroit pas l'esprit alors, & qu'on ne leur donneroit pas une opinion saine. Par exemple, un pere veut que son fils apprenne à écrire, & ordonne qu'il écrive tant d'heures par jour, le fils aime mieux joüer, quelques raisons qu'on lui donne; que faut-il faire? Il faut le châtier s'il n'écrit pas; il vaudroit mieux, je l'avouë, lui mettre d'abord dans l'esprit cette connoissance, *il m'est bon & avantageux d'écrire, par telle raison,* & la lui donner pour regle de l'obéïssance à son pere, qui veut qu'il écrive. Mais si son esprit n'est pas en état de s'imprimer de cette idée, il faut néanmoins le faire écrire; parce que soit qu'il croïe qu'il est beau & honnête d'écrire, soit qu'il ne le croïe pas, son pere ne laissera pas de l'amener à son but, qui est de lui apprendre à écrire; car il suffit pour cela que le fils écrive, & que de-peur d'être foüeté il tâche de bien écrire; on n'a que faire de ses opinions pour ce dessein particulier, le tout est qu'il ait peur du châtiment, s'il ne fait ce qu'on lui marque.

Il faut, en gardant les proportions, dire le même du service des valets. Un Maître raisonnable sera bien-aise de les éclairer sur leur obligation, & de les y porter par des motifs dignes de la nature humaine; mais si cela ne suffit pas, il se servira de la menace & des coups, & il fera bien apprendre les choses selon les idées ordinaires. Pourquoi fera-t-il bien? Parce que par raport aux actions qu'il commande à ses valets, c'est tout un pour lui, soit qu'il les fassent, persuadez de ceci ou de cela, soit qu'ils les fassent, sans en être persuadez. Ainsi qu'un Cuisinier se persuade tant qu'il lui plaira, que son Maître est indigne de vivre, & qu'il mériteroit qu'on aprêtât mal son souper, si néanmoins la peur du bâton l'empêche de l'aprêter mal, n'est-ce pas tout ce que son Maître cherche? Trouveroit-il meilleur un ragoût, si son Cuisinier pensoit autrement? On voit donc pourquoi les menaces & les châtimens sont nécessaires aux enfans & aux valets indociles; c'est parce qu'on n'a que faire de leurs opinions, mais de leurs actions, & qu'il importe peu que ces actions soient conformes à leurs opinions, pourvû qu'elles se fassent.

Mais il n'en va pas de même dans la conversion des Hérétiques. On ne tient rien, si on ne change les opinions, & ainsi on n'arrive point au but que l'on doit avoir, si l'on obtient seulement qu'un Hérétique fréquente certaines Assemblées, assiste aux divins offices, & se conforme pour l'extérieur à la pratique du Roi. On a dû avoir pour but de l'arracher des entraves du mensonge, & de le remplir de la connoissance de la verité, & on n'en a rien fait; on n'a que des actions externes qui n'étoient qu'une suite du but & du dessein principal. Je ne m'amuse pas à prouver que les menaces, & les coups, ne sont pas ce qui éclaire l'esprit, & que tout au plus ils ne font que remuer la machine par la douleur ou la peur qui en vient à l'ame. Que reste-t-il donc, sinon de dire que S. Augustin a comparé ensemble des choses qui sont tout-à-fait diverses, quant au point où elles auroient dû se ressembler pour être mises en parallele?

On me viendra dire sans doute ce à quoi j'ai suffisamment (c) répondu, savoir que les coups instruisent médiatement en faisant que l'ame s'aplique mieux à examiner les choses, & moi je renvoie à mes précédentes solutions.

Que s'il y a quelque crainte qui soit nécessaire à l'homme pour se couvertir, c'est celle des jugemens de Dieu; mais comme on ne craint pas d'être châtiez de Dieu pour les choses que l'on croit bonnes, & que chacun croit bonnes les opinions qu'il a dans sa Religion, il s'ensuit évidemment qu'il ne sert de rien pour désabuser un Hérétique de le menacer de la colere de Dieu; il ne croira jamais que cela regarde autre chose que son indévotion, & ses mœurs corrompuës, & tout l'effet que cela doit produire naturellement, c'est de l'obstiner dans son Hérésie. Cependant S. Augustin n'avoit garde de ne pas ajoûter à ses comparaisons paralogistiques celle des enfans rébelles à Dieu, qui ont profité des afflictions que Dieu leur a envoyées. Je le crois bien, mais c'étoit par raport aux mœurs; ou si les opinions y ont eu part, c'est que Dieu s'en est mêlé d'une façon singuliere. Or il ne faut pas compter sur ces cas particuliers, ni fouler aux pieds, sur cette vaine prétention, les plus sacrées Loix du Décalogue.

Quelle crainte est nécessaire à l'homme pour se convertir.

❀❀❀❀❀❀❀❀❀❀❀❀❀❀❀❀❀

XXVIII.

PAROLES DE S. AUGUSTIN.

Jésus-Christ même a fait violence à Paul pour le forcer

(*) „Proverb. 29. 19.   (A) „Proverb. 25. 14.
(B) „Proverb. 13. 24.
(c) Horace.
(D) Voy. le chap. I. de la II. Partie.

forcer à croire. Que ces gens-ci ne disent donc plus, comme ils font, il est libre à chacun de croire ou de ne pas croire.

REPONSE.

LA patience échape en verité quand après avoir trouvé tant de Sophismes, on en trouve encore d'autres; car n'est-ce pas une illusion indigne de ce grand Docteur de la grace, que de nous venir dire, que puisque Jésus-Christ n'a converti Paul persécuteur qu'après l'avoir jetté par terre, aveuglé, & consterné, Honorius pouvoit bien convertir les Donatistes, en leur ôtant préalablement leurs biens, leur patrie, & leur liberté? Mais Honorius avoit-il une grace toute prête comme Jésus-Christ, pour faire bien réüssir les châtimens? Connoissoit-il les circonstances propres à vexer & à tourmenter? Etoit-il assuré que ses contraintes seroient efficaces? C'est un abus que de tirer des conséquences de tout ce que Dieu fait, à ce que les Princes doivent faire. Dieu a emploïé les châtimens pour convertir Pharaon, & cependant ce Prince s'obstina dans sa malice: mais ils produisirent un effet contraire dans l'ame de Paul persécuteur. Cela nous montre qu'entre les mains de Dieu toute sorte d'instrumens sont bons, quand il lui plaît: Que néanmoins les hommes ne s'ingerent point d'imiter cette conduite; autrement pourquoi n'imiteroient-ils pas ce que Dieu fit à S. Paul, pour l'empêcher de s'enorgueillir, en lui mettant une écharde en la chair? Pourquoi ne feroient-ils pas avaler aux personnes qui abusent de leur santé & de leur beauté, une poudre qui leur ôtât tout leur embonpoint, ou publier contre elles un libelle diffamatoire qui les empêchât de s'oser montrer? Pourquoi ne feroient-ils pas mourir les enfans, afin de punir les peres & les détacher de la terre, comme Dieu le fait à plusieurs; &

ainsi des autres fléaux avec quoi il avance le salut de ses Elus? Si les Princes avoient les deux caracteres dont Jésus-Christ est revêtu, à la bonne heure qu'ils tourmentassent les gens encore plus que S. Paul ne fut tourmenté. Mais ont-ils le droit qu'a Jésus-Christ, d'affliger qui bon leur semble par des maladies, des naufrages, des pertes d'enfans & de biens? Et peuvent-ils, comme lui, assurer & persuader ceux qu'ils affligent pour leurs opinions, qu'elles sont desagréables à Dieu? A cet égard l'autorité des Rois est la plus petite du monde; car quand ils diroient cent fois le jour à un Hérétique, *Vos sentimens ne valent rien,* ce ne seroit pas une aussi forte raison que si un Prêtre le disoit, parce qu'il est plus à présumer qu'un Prêtre a examiné les Religions, qu'il ne l'est qu'un Roi les ait examinées. Ainsi les peines qu'il inflige ne sont aucunement propres à faire naître des doutes dans l'esprit des persécutez, quoiqu'elles puissent leur inspirer l'envie de s'accommoder lâchement au tems.

XXIX.

PAROLES DE S. AUGUSTIN.

Pourquoi l'Eglise n'employeroit-elle pas la force pour faire rentrer dans son sein les enfans qu'elle a perdus, puisque ces malheureux enfans ne craignent

point de l'employer pour faire périr les autres?

REPONSE.

IL est aisé de satisfaire à cette demande, en disant qu'il ne faut point pécher par exemple, & qu'une mere qui feroit une sottise, parce que sa fille en auroit fait une, se rendroit encore plus ridicule que si elle ne s'étoit point servie de cette raison. Si les Donatistes avoient usé de violence contre leurs freres, n'y avoit-il pas assez de Loix dans le droit Romain pour les punir, & assez de Tribunaux de Judicature, pour les condamner aux peines qu'ils méritoient? Falloit-il que l'Eglise, au lieu d'exhorter les Juges à faire leur devoir contre ces persécuteurs, devînt elle-même persécutrice de ceux qui n'avoient point participé au crime? S. Augustin au commencement vouloit qu'on ne demandât que la sureté des Catholiques, mais il changea d'avis.

XXX.

PAROLES DE S. AUGUSTIN.

Si, par exemple, nous voyons deux hommes dans une maison, que nous sçussions prête à tomber, & que quelque soin que nous prissions de les en avertir, ils ne voulussent pas nous croire, & s'obstinassent à s'y tenir, n'y auroit-il pas de la cruauté à ne les en pas retirer même par force.

REPONSE.

C'Est l'objection un peu changée du Phrénétique que l'on empêche de vive force de se jetter par la fenêtre. Nous y avons donné (*) une disparité si invincible, que nous ne craignons pas de voir jamais cette objection relevée de son renversement. Tout consiste en ce mot. Quand une maison va tomber, on empêche également un homme d'en être écrasé, soit qu'on lui persuade d'en sortir, soit qu'on l'en tire par force; mais on ne sauve pas un homme qui est dans une fausse Religion, si on ne lui persuade de la quitter. Faites tout ce qu'il vous plaira, hormis cela, vous n'avez rien fait; & ainsi la contrainte & la traînerie, comme par une corde, dans l'Eglise des Fidelles, est une démarche à fond perdu & la plus superfluë qui se puisse dire, par raport au salut.

XXXI.

PAROLES DE S. AUGUSTIN.

Quant à ce qu'ils disent, que nous en voulons à leurs biens, & que nous les leur enlevons; qu'ils se fassent Catholiques, & nous consentons non seulement qu'ils possedent ce qu'ils apellent leurs biens, mais qu'ils entrent en part des nôtres. La passion les aveugle tellement qu'ils ne prennent pas garde qu'il se contredisent. Ils nous reprochent, comme quelque chose de fort odieux, que nous emploions l'autorité des Loix, pour les faire rentrer par force dans notre Communion; le ferions-nous donc si nous en voulions à leurs biens?

RE-

(*) Cy-dessus Chap. VIII.

REPONSE.

CEla est dit fort spirituellement; mais on n'empêchera jamais de croire que plusieurs, parmi
ceux qui exhortent les Rois à confisquer les biens
des Sectaires, ne le fassent par avarice; parce qu'ils
sont persuadez qu'il s'en trouvera bon nombre
qui aimeront mieux perdre leurs biens qu'abandonner leur Religion. On a vû en France, durant
la Dragonnerie, plusieurs Officiers & Soldats fâchez de ce que leur Hôte signoit si-tôt, & ne leur
donnoit pas le tems de mieux garnir leur bourse
chez lui. Combien y a-t-il de Catholiques dans
ce Roïaume-là, qui seroient fâchez que les Réfugiez y allassent reprendre leurs biens? Si on
pouvoit faire l'Histoire de toutes les avanies &
filouteries qui ont eu lieu dans la concession de
quelques passeports occultes, on en diroit bien.

XXXII

PAROLES DE S. AUGUSTIN.

*Ce ne seront pas les Cananéens qui s'éleveront au
jour du Jugement contre le peuple d'Israel, quoi
qu'il les ait chassez de leur païs, & qu'il ait enlevé
le fruit de leur travail; mais ce sera Naboth qui
s'élevera contre Achab, parce qu'Achab a enlevé le
fruit du travail de Naboth. Et pourquoi l'un &
non pas les autres? C'est que Naboth étoit juste &
que les Cananéens étoient des impies.*

REPONSE.

C'Est la derniere chose que j'examine dans cette Lettre de S. Augustin à Boniface. Cet endroit est remarquable; on y pose nettement &
expressément ce principe, que les Hérétiques s'emparant du bien des Catholiques, font mal, & que
les Catholiques s'emparant du bien des Hérétiques, font une bonne œuvre. Vit-on jamais une
Morale plus Jésuïtique que celle-là? N'est-ce pas
la vision & la chimere de plusieurs Sectes abominables, qui se sont vantées que ce qui étoit péché
à l'égard des autres hommes, étoit une action permise & innocente dans leur Communion? Pour
moi, il faut que j'avouë que je ne sais plus où
j'en suis, quand je vois qu'on attache de tels priviléges d'impeccabilité à la profession de l'Orthodoxie. J'avois toûjours crû que plus on étoit Or-
thoxe, plus on étoit obligé d'être équitable envers
tous les hommes; mais voici que S. Augustin
nous apprend, que s'emparer du bien d'autrui, &
enlever le fruit de son travail, est une action excellente, pouvû que ce soient les Orthodoxes qui
la commettent contre les Hétérodoxes. Il n'est pas
juste d'en demeurer-là; car pourquoi le vol seroit-
il de meilleure condition que le meurtre & la calomnie? Il faudra donc dire que bien battre &
tuer les gens, les noircir de calomnies, & les tromper par de faux sermens, sont toutes bonnes actions, quand c'est un membre de la vraie Eglise
qui les commet contre un membre de la fausse
Eglise. Qui voudroit moraliser ne diroit-il pas,
que la justice de Dieu permet que ceux qui s'é-
cartent d'une façon si énorme des sentiers de la
droiture, & de l'esprit Evangélique, en faveur
des persécuteurs, tombent de précipice en précipice, jusques à des impiétez de Morale qui font

horreur? A ce compte le péché de David, enlevant
à Urie sa femme & sa vie, ne fut un péché que
parce qu'Urie étoit Juif, & si c'eût été par hazard un Tyrien, qui se fût réfugié dans la Judée, l'action eût été licite; pour le moins en cas
que David ne lui eût ôté que les pierreries, l'argent & les effets qu'il eût aportez de Tyr, ou
les terres qu'il auroit achetées de ses deniers
avec la permission du Roi? Qu'y aura-t-il après
cela dans le droit des gens, & naturel, que la
Religion Chretienne n'anéantisse, elle qui devroit le maintenir & l'affermir?

VOILA ma réponse aux deux Lettres de S.
Augustin, que Monsieur l'Archevêque de Paris
a fait imprimer à part, pour tâcher de justifier
sa conduite par les raisons de ce Pere. J'en
pourrois demeurer là, supposant que c'est tout
ce que les Convertisseurs ont pû dire de plus
fort; néanmoins comme il y a quelques autres
Lettres de S. Augustin, où il est parlé de ces mêmes choses, je suis d'avis d'y répondre aussi,
pour ne laisser rien en arriere.

XXXIII.

PAROLES DE S. AUGUSTIN.
Lettr. 164. à Emeritus.

*Quand les Puissances temporelles appesantissent
leurs mains sur les Schismatiques, c'est parce qu'elles
regardent leur séparation comme un mal, & qu'elles
sont établies de Dieu pour punir le mal, selon cette
regle de l'Apôtre, qui résiste aux Puissances résiste
à l'ordre de Dieu, & ceux qui leur resistent attirent eux-mêmes la condamnation sur eux, &c.
Toute la question se réduit donc à voir si le Schisme
n'est pas un mal, & si vous n'avez pas fait Schisme;
car si cela est, ce n'est pas pour un bien, mais pour un
mal que vous résistez aux Puissances. Mais, direz-
vous, on ne doit pas persecuter même les mauvais
Chretiens? Quand cela seroit, pourroit-on se défendre
par-là contre les Puissances établies de Dieu pour la
punition des méchans? Pouvons-nous effacer ce qu'en
dit S. Paul dans l'endroit que je viens de rapporter?*

REPONSE.

ON ne sauroit comprendre à quoi songeoit
S. Augustin, quand il citoit si mal l'Ecriture. Ne voyoit-il pas qu'il lui donnoit une étenduë à quoi l'Apôtre ne songea jamais? Car de la
maniere qu'il cite S. Paul, il lui fait dire très-
visiblement que tous les Sujets qui ne se confor-
ment pas aux Loix de leur Prince, sont méchans
& punissables, & résistent à Dieu même; ce qui
est la plus impie fausseté qui se soit jamais avancée, puisqu'elle condamne de rebellion à Dieu,
& d'une méchanceté punissable, tous les Confesseurs & tous les Martyrs, & en général tous les
Chretiens de la primitive Eglise, & les Apôtres
tous les premiers, qui n'ont point obéï aux Empereurs défendans de professer le Christianisme.
Il faut de toute nécessité subir le joug de cette abominable conséquence, ou reconnoître qu'il y a
des exceptions essenciellement sous-entenduës
dans les paroles de S. Paul; exceptions qui enferment à tout le moins le cas où l'on ne peut se conformer aux Loix du Prince sans aimer mieux leur
obéïr qu'obéïr à Dieu. Or tout homme qui se
conforme aux Loix du Prince, lorsqu'il est per-
suadé

suadé que Dieu lui ordonne le contraire , aime mieux obéïr au Prince qu'obéïr à Dieu . (il n'y a point de chicane qui puiſſe obſcurcir l'évidence de cette propoſition , à l'égard de ceux qui en peſeront tant ſoit peu les termes.) Donc S. Paul excepte tous les cas où l'on eſt perſuadé que Dieu ordonne le contraire de ce que les Princes ordonnent. Si bien que les Schiſmatiques , contre leſquels S. Auguſtin a à faire , étant dans le cas , c'étoit une raiſon très-frivole que de leur alléguer le paſſage de S. Paul , qui ne ſert de rien , pris dans cette géneralité , ſans prouver qu'il faut être Turc à Conſtantinople , Arrien ſous Conſtance , Païen ſous Néron , Proteſtant en Suede , Papiſte à Rome , &c.

Quand les Puiſſances temporelles appeſantiſſent leurs mains ſur les Schiſmatiques , c'eſt parce qu'elles regardent leur ſéparation comme un mal , & qu'elles ſont établies de Dieu pour punir le mal. Mettons en forme ce raiſonnement de S. Auguſtin.

Le Sillogiſme de St. Auguſtin rétorqué contre lui-même.

Si c'étoit (*) mal fait aux Puiſſances d'appeſantir leur main ſur les Schiſmatiques , ce ſeroit parce qu'elles ne regarderoient pas le Schiſme comme un mal , & parce que Dieu ne les auroit pas établies pour punir le mal.

Or elles regardent le Schiſme comme un mal , & Dieu les a établies pour punir le mal ;

Donc ce n'eſt pas mal fait à elles d'appeſantir leurs mains ſur les Schiſmatiques.

Nous allons voir tout-à-l'heure que ce redoutable Sillogiſme ſe réduit à la petition de principe : Je vous perſécute juſtement , parce que je ſuis Orthodoxe : par où on pourra dire auſſi : Je vous tuë , calomnie , fourbe , trahis juſtement , parce que je ſuis Orthodoxe.

Un Evêque Arrien ſous Conſtance qui auroit ainſi raiſonné :

Si c'étoit mal fait à l'Empereur d'appeſantir ſa main ſur ceux qui admettent la divinité éternelle de Jéſus-Chriſt , ce ſeroit parce qu'il ne regarderoit pas cette opinion comme un mal , & que Dieu ne l'auroit pas établi pour punir le mal.

Or il regarde cette opinion comme un mal , & Dieu l'a établi pour punir le mal ;

Donc ce n'eſt pas mal fait à lui d'appeſantir ſa main ſur les défenſeurs de cette opinion.

Si , dis je , un Evêque Arrien avoit ainſi raiſonné , que lui auroit pû répondre S. Auguſtin ? Rien autre choſe que ceci , ſavoir que Conſtance regardoit comme un mal ce qui ne l'étoit pas , & que Dieu ne l'avoit pas établi pour punir ce qui n'étoit pas un mal. Dès lors il ne faut plus parler du paſſage de l'Apôtre , qu'il a cité comme une preuve invincible ; il ne s'agira plus que de diſputer ſur le fond des controverſes ; & ſi l'on peut ſe convaincre , à la bonne heure : ſinon il faudra que chacun demeure ſur ſes pieds , & ſerve Dieu ſelon ſes principes. Cette remarque ſeule ſuffit , pour prouver que l'autorité ſéculiere n'a point de juriſdiction ſur les différends de Religion , pour contraindre perſonne à croire ceci ou cela : mais ſeulement pour faire éclaircir les matieres , & empêcher que le repos public ne ſoit troublé par les différens ſentimens.

Revenant au Sillogiſme de l'Evêque Arrien , je dis que pour y répondre , il faudroit nier , que parce qu'un Empereur regarde une choſe comme un mal , il ſoit en droit de la punir , & d'exercer l'établiſſement dont parle S. Paul quand il dit , que Dieu a établi les Puiſſances pour la punition du mal. Mais en niant cela , on met dans un tel déſordre S. Auguſtin en cet endroit , qu'il faut qu'il change ſa propoſition en cette maniere : *L'Empereur n'appeſantit ſa main ſur vous , ſi ce n'eſt parce que votre ſéparation eſt un mal , & que Dieu l'a établi pour punir le mal.* Or il eſt manifeſte que c'eſt ſuppoſer ce qui eſt en queſtion , puiſque les Donatiſtes ſoûtenoient qu'ils faiſoient très-bien de ſe tenir ſéparez des autres Chretiens ; & par conſéquent S. Auguſtin ne dit quoi que ce ſoit que ceci , *vous avez tort & j'ai raiſon* , à quoi ſans doute ne ſert de rien le long paſſage qu'il cite d'une Epître de S. Paul.

Il a bien vû lui-même qu'il ne diſoit que cela , puiſqu'il ajoûte : *Toute la queſtion ſe réduit à voir ſi le Schiſme n'eſt pas un mal , & ſi vous n'avez pas fait Schiſme.* Si c'eſt-là toute la queſtion , il faut la vuider par raiſonnemens ; & alors ſi S. Auguſtin allegue des raiſons ſi fortes qu'elles convainquent les Donatiſtes , il ne ſera plus beſoin d'amendes , ni de priſons , car ils ſe réüniront au gros de l'arbre de bon gré. Mais ſi les raiſons de S. Auguſtin ne les convainquent pas , la queſtion & la diſpute ſubſiſtera toûjours , & par conſéquent ce ſera une manifeſte pétition de principe à S. Auguſtin , s'il raiſonne abſolument en cette maniere :

Vous avez fait une action méchante ;

L'Empereur eſt obligé de punir ceux qui ont fait une action méchante ;

Donc l'Empereur eſt obligé de vous punir.

Or c'eſt une choſe abſurde que d'agir dans une diſpute par pure pétition de principe , & encore plus abſurde d'infliger des peines , de bannir , d'empriſonner , de piller les gens par pure pétition de principe. Il s'enſuit donc que la cauſe de S. Auguſtin eſt très-mauvaiſe en cet endroit.

Car puiſqu'il avoüe lui-même que tout ſe réduit à cette queſtion : *Le Schiſme eſt-il un mal , & les Donatiſtes ont-ils fait Schiſme ?* L'ordre veut que l'on examine cela , & que l'on en diſpute , avant que de condamner ou ceux qui nient , ou ceux qui affirment. Quel ſera l'effet de la diſcuſſion ou de la diſpute ? Il arrivera néceſſairement de trois choſes l'une , ou que chaque Parti perſiſtera à croire qu'il a raiſon , ou que l'un d'eux reconnoiſſant qu'il a tort fera ce que l'autre ſouhaite , ou enfin qu'encore qu'il ſoit convaincu de ſon tort , il ne voudra point changer d'état. Si nous ſuppoſons dans le 1. cas , les Donatiſtes & toute autre Secte accuſée d'Héréſie , la queſtion & le ſujet de la diſpute ſubſiſte toûjours ; & ainſi S. Auguſtin ne devra pas recourir aux Loix du Prince , puiſqu'il ne peut ſuppoſer que par pétition de principe , qu'il a raiſon , & qu'il n'a point de regle commune entre lui & ſes adverſaires , par le moyen de laquelle il puiſſe prononcer qu'ils ſont méchans. Si nous les ſuppoſons au 2. cas , il n'eſt nullement néceſſaire d'emploïer contre eux les Loix du Prince. Au 3. cas nous pourrions fort bien recourir aux Loix du Prince , pourvû que nous ſçuſſions certainement qu'ils perſévérent dans leur faction contre les lumieres de leur conſcience : mais comment ſavoir cela ? Nous ne ſommes point ſcrutateurs des cœurs , & nous devons ſuppoſer qu'un homme n'eſt pas convaincu encore , lorſqu'il proteſte qu'il ne l'eſt point ; & quelque conjecture que nous aïons du contraire , nous n'avons point droit de procéder

contre

Il ſe réd
une pét
de prin

(*) „Afin qu'on ne croïe pas que cet argument n'eſt „pas en forme , le Lecteur eſt prié de conſulter la Lo- „gique de Port-Roïal , 3. Part. Ch. 12.

contre lui selon notre conjecture, plûtôt que selon sa protestation. Ainsi l'on ne peut s'imaginer aucun cas, où dans de pures disputes de Religion il soit necessaire & légitime de s'armer du bras séculier, & de l'autorité des Loix pénales.

Au reste je ne comprens rien à ce que dit ici S. Augustin, que quand même on ne devroit pas persécuter les mauvais Chretiens, on ne pourroit pas se défendre par-là contre les Puissances établies de Dieu pour la punition des méchans. Il me semble que ces choses se contredisent; car supposé que les mauvais Chretiens ne doivent pas être persécutez, c'est une fort bonne raison à alleguer contre les Princes qui voudroient les enveloper dans une peine, dont ils devroient être exempts; je veux dire, de celle que les Puissances établies de Dieu doivent employer contre les méchans. Mais sans m'amuser au peu de justesse de notre Auteur, remarquons que les Chretiens qui ne sont méchans qu'à cause qu'ils croyent comme revelées de Dieu des choses fausses, ne sont point de cet ordre de méchans, pour la punition desquels les Princes ont reçu de Dieu le glaive. Ce glaive ne regarde que ceux qui commettent des crimes, & qui violent les Loix politiques de l'Etat, comme sont les meurtriers, les voleurs, les faux-témoins, les adulteres, &c.

Ce passage de S. Augustin est, ce me semble, la source, où Monsieur l'Evêque de Meaux a puisé la demande qu'il a faite à un de ses Diocésains : *Dites-moi*, lui demande-t-il, *en quel endroit de l'Ecriture les Hérétiques & les Schismatiques sont exceptez du nombre de ces malfaiteurs, contre lesquels S. Paul a dit que Dieu même a armé les Princes.* Il n'étoit pas nécessaire de les excepter; car il est clair à quiconque consulte attentivement le génie de l'Evangile, que cette sorte de méchans ne doit pas être traitée comme l'autre. Ce qu'elle fait, elle le fait dans l'intention de mieux servir Dieu, & de fuir ce qui lui est désagreable; & il ne faut donc que la désabuser, & la mieux instruire; & il n'y a que des brutaux & des ames féroces, ou aveuglées stupidement par leurs folles préoccupations, qui puissent avoir l'inhumanité de punir des fautes faites à cette intention, & involontairement. Outre que toutes les raisons que j'ai traitées amplement dans mon Commentaire sur, *Contrains-les d'entrer*, sont autant de preuves démonstratives, que Dieu n'entend point que les Princes soient armez du glaive vengeur, *gladio ultore*, contre les erreurs de la conscience.

Je me souviens ici d'un passage de S. Paul dont je me suis servi (*) ailleurs, *faites du bien à tous, mais principalement aux Domestiques de la foi*, & je soutiens qu'il suffit, pour répondre à la question de Monsieur de Meaux; car il est clair que cet ordre de l'Apôtre regarde tous les Chretiens, & par conséquent les Souverains; donc il est vrai que les Souverains sont obligez de faire du bien à d'autres gens qu'aux Domestiques de la foi; car sans cela il seroit absurde de leur dire, qu'ils fassent principalement du bien aux Domestiques de la foi. Mais si dès lors qu'on n'est point Domestique de la foi, on est du nombre de ces méchans que la justice humaine doit punir, ou pour le châtiment desquels Dieu arme les Princes du glaive, il est clair, contre l'ordre de l'Apôtre, qu'ils ne pourroient

faire du bien qu'aux Domestiques de la foi; d'où il s'ensuit que l'Apôtre leur commande de faire une distinction essencielle entre leurs Sujets non-conformistes, & les meurtriers, voleurs, faux-témoins, adulteres, & autres perturbateurs du repos public, ausquels il est évident que Dieu ne veut pas que les Magistrats fassent autre bien que de punir leurs crimes; & par conséquent ce seul passage de S. Paul suffit à prouver que Dieu tire les Heretiques & les Schismatiques, vivant d'ailleurs selon les Loix de l'Etat & honnêtement, du nombre des malfaiteurs, dont la punition est commise aux Princes que Dieu arme de son glaive.

XXXIV.

PAROLES DE S. AUGUSTIN.
Lettr. 166. aux Donatistes.

Ne faut-il pas avoir perdu toute honte, pour refuser de se soûmettre à ce que la verité ordonne par la voix de l'Empereur ?

REPONSE.

J'Avouë qu'on l'auroit perduë, si on refusoit de se soûmettre aux Empereurs que l'on croiroit n'ordonner que la verité; mais si je l'ose dire, il faut vouloir s'exposer à la risée de tous les gens raisonnables, que de prétendre, qu'il faut avoir perdu toute honte pour refuser de se soûmettre à ce que des Empereurs que l'on croit opposez à la vérité, ordonnent contre sa conscience. Or c'est l'état de tous les persécutez; il est donc quasi ridicule de leur aller dire, qu'ils refusent de se soûmettre à la verité parlant par la bouche d'un Empereur. Cela ne se peut dire justement qu'à un homme qui, persuadé que ce seroit la verité, refuseroit de s'y soûmettre.

XXXV.

PAROLES DE S. AUGUSTIN.
Ibid.

Si c'est le soin que nous prenons de vous retirer de l'erreur & de la perdition, qui rende votre haine plus ardente contre nous, prenez-vous en à Dieu qui fait aux mauvais Pasteurs, dans l'Ecriture, ce reproche menaçant : Vous n'avez pas fait revenir ce qui étoit égaré, & vous n'avez pas été chercher ce qui étoit perdu.

REPONSE.

SAint Augustin est si entêté de sa persécution, qu'il la trouve dans une infinité de passages de l'Ecriture où il s'agit de cela aussi peu que des interêts du grand Mogol. Le moindre homme entendroit parfaitement, que Dieu se plaint seulement dans ce passage de ces Pasteurs qui négligent le salut de leur prochain, & qui n'employent pas toutes les instructions, les censures, & les exhortations possibles pour les corriger de leurs

leurs mauvaises habitudes, & pour les retirer des Heresies, où les fausses subtilitez, l'ambition, un mariage, &c. les auroient entraînez. Mais c'est une chimere palpable, que de s'imaginer que Dieu fait des menaces terribles aux Pasteurs qui ne vont pas implorer l'autorité du bras séculier, & qui ne mettent pas en campagne les Prévots avec leurs Archers, les Dragons, les Cuirassiers, & autre semblable engeance, pour grossir leur Bergerie. Si cela étoit, tous les Pasteurs de l'Eglise Romaine qui se sont le mieux acquittez de ce prétendu devoir envers les Calvinistes de France, dans la derniere Croisade Dragonne, seroient encore criminels devant Dieu d'une connivence & lâcheté criminelle, puisqu'ils n'engagent pas leur Roi à faire dragonner les avares, les impudiques, les médisans, les joüeurs, les buveurs, les gourmans, les incharitables, & tous autres mondains qui leur sont si intimement connus par le moyen de la Confession. Selon cette belle maxime de S. Augustin, un Confesseur qui voit qu'une femme retombe dans le péché de luxure, & qui ne fait pas en sorte qu'on lui envoye vingt Dragons, plus ou moins, selon qu'elle est plus ou moins riche, qui lui brisent tous les meubles, & qui gaspillent tout chez elle, jusqu'à ce qu'elle donne sa signature de renonciation au vice, mérite le reproche menaçant que l'Ecriture fait aux Pasteurs qui ne font pas leur devoir. Quelles visions!

XXXVI.

PAROLES DE S. AUGUSTIN. Lettr. 204 à Donat.

S'il ne faut forcer personne, non pas même à faire le bien, souvenez-vous que l'Episcopat est un bien, puisque l'Apôtre le dit; cependant il y en a plusieurs à qui l'on fait violence pour les obliger à l'accepter. On les prend, on les amene par force, on les tient enfermez jusqu'à ce qu'on leur ait fait vouloir ce bien-là.

REPONSE.

Dans quelle pensée ceux qui refusoient l'Episcopat le refusoient.

VOici une raison qui est du vieux tems, & qu'il ne falloit pas craindre que ni l'Archevêque de Paris, ni aucun autre Prélat de France fît imprimer avec les autres Sophismes de S. Augustin; car ils ne sont pas bien-aises qu'on sache qu'ils parviennent à l'Episcopat d'une façon si éloignée de celle de ces Anciens qu'il falloit forcer; c'est-à-dire, qu'ils y courent, qu'ils y vont par brigues, & en faisant long-tems leur cour au Pere la Chaize, ou à quelque autre Plastron des loups béans. Quoiqu'il en soit, dira-t-on, autrefois du moins il y avoit des personnes qu'il falloit contraindre d'être Evêques. Or c'est un bien que d'être Evêque; donc on contraignoit au bien: cette contrainte n'est donc pas illégitime.

Pour dissiper l'illusion de cette parité, je n'ai que cette remarque à faire; c'est que les personnes qui refusoient l'Episcopat, ne le faisoient pas dans la pensée que ce fût un mal, mais parce qu'ils ne se croyoient pas dignes d'un tel honneur. Ils étoient si humbles & si modestes, qu'ils ne se sentoient pas assez de forces pour ce fardeau; & comme ils savoient que la gloire de Dieu & le bien de l'Eglise dépendoient de ce que cette Charge fût entre les mains d'un sujet capable, ils se persuadoient qu'en l'acceptant, ils empêcheroient le bien & le fruit plus considérable qu'un autre y auroit pû faire. Ils s'imaginoient aussi qu'il falloit sentir une vocation intérieure de Dieu, pour accepter cet emploi, & ne la sentant pas, qu'il ne falloit pas l'accepter, mais attendre que Dieu se déclarât ou par une vocation très-sensible aux oreilles de l'ame, ou par un amas de circonstances d'où on pût inferer que telle étoit la volonté de Dieu. Ces circonstances pourroient être la persévérance de ceux qui offroient cet emploi, à solliciter & à exhorter de le prendre, une envie qu'on le prît qui se déclarât par des contraintes, & par de petites captivitez obligeantes, un ordre réïteré d'accepter sous peine de désobéïssance, & telles autres choses, qui bien-loin de gêner la conscience la pouvoient & la devoient délivrer de tout scrupule; car on a tout lieu de se consoler de ce qu'on accepte un emploi qu'on croit au-dessus de ses forces, lorsqu'on ne l'accepte que pour céder à des instances redoublées, & en quelque façon à un commandement de ses Directeurs. On doit être tout assuré que faisant du mieux qu'on pourra dans cet emploi, on n'aura rien à se reprocher, sous prétexte qu'on tient une place qui auroit pû être mieux remplie. Ainsi la comparaison d'un homme que l'on fait Evêque comme par force, avec celle d'un homme que l'on contraint d'abjurer sa Religion, ne vaut rien.

Differe... d'un h... qu'on ... se faire ... & d'un ... me qu... traint ... ter.

1. Celui qu'on contraignoit d'être Evêque, étoit persuadé que l'Episcopat est une excellente chose, au lieu que l'Hérétique, que l'on contraint d'abjurer sa Religion, est persuadé que l'autre Religion est très-mauvaise.

2. Celui qui refusoit l'Evêché ne le faisoit que par modestie, au lieu que l'Hérétique refuse d'abjurer par l'aversion qu'il a pour ce que l'on lui propose; & ainsi autant qu'il est obligeant de presser l'un d'accepter le bien qu'il n'ose pas accepter, autant est-il mal-honnête & brutal de presser l'autre de se jetter dans le précipice qu'il abhorre. S. Augustin compare entre elles ces deux choses, (voyez s'il s'y entend) l'action d'un homme qui retient un autre à dîner, qui le place au plus haut bout, & qui le contraint d'acquiescer à mille honneurs qu'il refusoit civilement, & l'action d'un homme qui s'en iroit chez un autre, & qui le chasseroit à coups de bâton de son propre domicile.

3. La contrainte qu'on faisoit à un Evêque étoit très-propre à lui lever tous ses scrupules, & les levoit effectivement, au lieu que celle qu'on fait aux Hérétiques ne fait que leur affliger le corps & l'ame, sans leur donner aucune lumiere, & les expose à mille pensées criminelles, & à cent desseins pernicieux.

4. Enfin il y a cela à considérer, c'est qu'un homme qui se seroit roidi à refuser un Evêché, & qui auroit dit que la connoissance qu'il avoit de sa foiblesse, ne lui permettoit pas en conscience de se charger d'un tel fardeau, qu'un autre soûtiendroit plus glorieusement pour l'honneur de Dieu & de l'Eglise, auroit été renvoyé en paix, & admiré pour son humilité, au lieu qu'un Hérétique ne voit point de fin à ses peines que par l'abjuration qu'on lui demande.

XXXVII.

XXXVII.

PAROLES DE S. AUGUSTIN.
Ibid.

On sait bien que comme ce n'est que la mauvaise volonté qui damne les hommes, il n'y a que la bonne volonté qui puisse les sauver; mais l'amour que nous devons avoir pour eux, nous permet-il de les abandonner à leur mauvaise volonté? N'est-ce pas une cruauté que de lui laisser, pour ainsi dire, la bride sur le cou, & ne faut-il pas, autant que l'on peut, empêcher les hommes de faire le mal, & les forcer à faire le bien?

REPONSE.

SAns doute il faut faire tout cela autant qu'on le peut; mais comme ce n'est que par l'instruction & par la persuasion que l'on y peut réussir, les coups de bâton pouvant bien porter l'ame à remuer le corps, comme les Convertisseurs le souhaitent, mais non pas changer sa mauvaise volonté; il s'ensuit évidemment, qu'il ne les faut pas employer à la conversion des ames. C'est assez temoigner son amour à son prochain, & nous opposer à sa mauvaise volonté, que de raisonner avec lui pour lui faire connoître, le mieux qu'il nous est possible, ses erreurs & ses désordres: si cela ne suffit pas, il faut renvoyer l'affaire à Dieu le Souverain Médecin de l'ame. Que si l'Hérétique veut faire du mal aux autres, il faut l'empêcher soigneusement; c'est-à-dire, opposer un bon antidote de raisons au venin des siennes; & en cas qu'il use de violence, le faire châtier par les Juges ordinaires, à l'instar des autres malfaiteurs qui maltraitent leurs concitoyens. Forcer à faire le bien est une phrase contradictoire, non moins que celle-ci *cogere voluntatem*, à moins qu'on ne l'entende d'un bien machinal, tel qu'est celui d'une fontaine qui verse du vin pour l'usage du menu peuple. De cette façon on forceroit une avare à donner l'aumône; mais il ne feroit pas pour cela une bonne œuvre.

XXXVIII.

PAROLES DE S. AUGUSTIN.
Ibid.

S'il faut toûjours abandonner la mauvaise volonté à sa liberté naturelle, pourquoi tant de fléaux & d'aiguillons si sensibles pour forcer les Israélites, malgré leurs murmures & leur opiniâtreté, d'avancer la terre de promission? &c.

REPONSE.

SAint Augustin entasse ici les exemples déja réfutez de S. Paul (*) jetté par terre, d'un pere (A) qui doit foüetter ses enfans, d'un (B) Pasteur qui doit courir après la brebis égarée & la ramener de gré ou de force, à faute dequoi Dieu lui reproche qu'il est un lâche & un négligent. J'ai

tant réfuté cela que j'en suis las. Ne comprendra-t-on donc jamais la différence essencielle qui se trouve entre les actes pour lesquels la bonne volonté est requise, & ceux où elle ne l'est point; entre les actes qu'on fait sachant qu'on déplait à Dieu, & ceux que l'on fait en pensant lui plaire? Les Israélites murmurateurs, & refusans de marcher vers la terre de Canaan, n'étoient pas si abrutis qu'ils crussent que cela plaisoit à Dieu, & que leur conscience & leur Religion exigeoit d'eux ces refus & ces plaintes; ils méritoient donc d'être châtiez, & les châtimens que Dieu leur faisoit sentir étoient propres à les corriger de leur malice, parce qu'ils étoient assurez que c'étoit Dieu qui les châtioit à cause de cette malice. Mais un Schismatique, ou un Hérétique, que les Convertisseurs chargent de chaînes, ou de Dragons, ne sait pas que c'est Dieu qui le châtie pour les opinions qu'il a. Il se figure au contraire que Dieu le châtie, parce qu'il n'a pas eu assez de zele pour sa Religion; & ainsi les prisons, les Dragons, & les galeres ne peuvent pas corriger le mal que les Convertisseurs se proposent de guérir, comme les châtimens des Israélites pouvoient guérir leur impatience & leurs murmures.

De-plus par raport à la conquête du pays de Canaan, c'étoit toute la même chose, soit que les Israélites se battissent de bon gré, soit qu'ils se battissent par la crainte de la peine. C'est pourquoi le tout étoit qu'ils marchassent & qu'ils se battissent. Un Général d'Armée nous en sauroit que dire; il n'est pas fâché que ses soldats aillent à l'assaut de bon cœur & gaiement: mais s'il étoit assuré que la crainte leur fera frapper d'aussi grands coups, que feroit leur affection pour lui, il se consoleroit aisément de leur mauvaise volonté. C'est assez pour lui qu'elle ne les empêche pas d'aller au feu avec autant de promptitude. Ne considérant donc précisément que la marche vers la terre de promission, & l'attaque des Cananéens, peu importoit à Dieu que le peuple agît par crainte ou par amour; ainsi il falloit le châtier quand il refusoit d'aller. Mais dès qu'il s'agira du culte de Dieu & de Religion, il faut nécessairement que les opinions en soient & la bonne volonté, & S. Augustin ne trouvera point d'exemple du contraire.

Je ne sais pas pourquoi il remet tant de fois sur le tapis la conversion de S. Paul. Il s'imagine, peut-être, (ce qui seroit une illusion bien petite) que sans la violence que Jésus-Christ fit à son corps, il n'auroit pas été illuminé de la connoissance de l'Evangile. Abus: Jésus-Christ pouvoit le convertir sans aucun fracas, & pour ainsi dire en dormant. S'il a donc voulu rendre cette action si éclatante, c'est à cause de l'effet qu'elle pouvoit faire sur tous ceux qui l'apprendroient. Que fait tout cela pour les Loix d'Honorius, & pour les Dragons de Loüis XIV?

Si Salomon ordonne aux peres de châtier leurs enfans, ce n'est pas afin de leur inspirer telles ou telles oppinions de Religion; (le foüet n'est pas nécessaire pour cela, les enfans croyent ce qu'on veut) mais pour les corriger de leur malice, de leur paresse, de leur gourmandise, de leur attachement au jeu, à quoi si on leur laissoit prendre habitude, ils deviendroient incorrigibles.

S. Augustin écrit ici à un Donatiste qui s'étoit voulu tuer; mais il en avoit été empêché par les satel-

PARTIE III.

J. C. pouvoit convertir S. Paul sans fracas. En quel cas Salomon ordonne aux peres de châtier leurs enfans.

(*) Ci-dessus chap. XVIII.
(A) Ci-dessus chap. XVII.
    Tome II.

(B) Ci-dessus chap. IX.

PARTIE III. satellites des Convertisseurs, & il lui dit que puisque pour lui sauver la vie du corps on lui avoit fait une contrainte qui étoit juste, à plus forte raison en doit-on faire pour sauver la vie de l'ame. Afin d'avoir lieu de dire quelque chose de plus que ce qui a été dit en un autre endroit, je considere ce Donatiste comme se voulant tuer par motif de conscience. Il est vrai, me dira-t-on, dans cette supposition, qu'on a fait alors une juste violence à la conscience; donc toute contrainte de conscience n'est pas injuste.

Différence de la violence faite pour empêcher un homme de se tuer, & de celle qu'on lui auroit faite pour le faire abjurer.

Je réponds que l'on contraint la conscience en deux manieres; l'une en empêchant, par exemple, qu'un Catholique qui voudroit se mettre à genoux en voyant passer l'Hostie, ne le fasse, parce que trois ou quatre hommes le saisiront, & le tiendront droit, ou bien en saisissant un homme de la Religion, & lui pliant les genoux quand l'Hostie passe; l'autre en lui proposant l'alternative, ou d'abjurer sa Religion, ou de souffrir telles & telles peines. Au 1. cas on ne fait point pécher un homme; au 2. on l'expose à une violente tentation, & on est cause bien souvent qu'il y succombe. Ceux qui avoient empêché le Donatiste de se tuer, n'avoient violenté sa conscience qu'en la 1. maniere, & ainsi ils ne l'avoient pas réduite dans aucune tentation de pécher, c'est pourquoi on ne doit pas les blâmer; mais aussi ne faut-il pas les comparer avec ceux qui contraignent en la 2. maniere, comme S. Augustin, toûjours malheureux en comparaisons, les y compare. Si l'on me demandoit mon sentiment touchant ceux qui en la maniere que j'ai représentée, empêcheroient un Catholique d'adorer ce qu'il croit être son Dieu, ou qui mettroient à genoux un Protestant quand une Hostie passeroit, je répondrois qu'ils feroient fort mal, encore qu'ils ne contraignissent pas leur prochain à faire un crime; car ce n'est pas un crime d'être à genoux devant une idole, lorsque cette genufléxion n'est point commandée par la volonté.

XXXIX.

PAROLES DE S. AUGUSTIN.
Ibid.

Pendant que Jesus-Christ étoit sur la terre, & avant que les Princes l'adorassent, l'Eglise ne se servoit que de l'exhortation; mais depuis ce tems-là elle ne se contente pas de convier au bien, elle y force. Ces tems ont été préfigurez dans la parabole du festin. La premiere fois le Maître se contenta d'ordonner que l'on fît entrer les gens, mais il ordonna ensuite qu'on les contraignît d'entrer.

ON verra la réfutation de ceci dans les deux premieres Parties de ce Commentaire.

XL.

PAROLES DE S. AUGUSTIN.
Lettr. 167. à Festus.

Si l'on compare ce qu'une séverité charitable leur fait souffrir avec les excès à quoi leur fureur les porte, on n'aura pas de peine a voir qui sont les persécuteurs, d'eux ou de nous. Ils le seroient même à notre égard sans cela; car quoique ce soit que des peres & des meres puissent faire pour ramener leurs enfans à leur devoir, cela ne se peut jamais appeller persécution; & au contraire dès-là que des enfans vivent mal, ce sont eux qui persécutent leurs peres & leurs meres, quand d'ailleurs ils ne se porteroient à aucune violence contre eux.

REPONSE.

SAint Augustin fait tout ce qu'il peut, pour excuser les violences des siens sur celles qu'avoient commises les Donatistes; mais c'est un fort mauvais moyen de se disculper, d'autant qu'outre qu'il ne faut jamais pecher par exemple, on ne se contentoit pas de rendre le mal à ceux qui l'avoient commis; mais aussi on confondoit l'innocent avec le coupable. Il falloit se contenter de la punition des Circoncellions, & de tous autres qui avoient tué ou pillé, les punir comme des Assassins & des Bandits, & voir par douceur & par raisons, si l'on pouvoit ramener les autres, & non pas mettre des maltôtes sur leur Religion, & la regarder comme font les Traitans certaines Provinces, où ils veulent exercer amplement leurs déprédations. Comme c'est une pure question de nom que de savoir si un fils qui vit mal, pérsécute son pere & sa mere, ou si un pere & une mere qui chassent leur fils de la maison, qui le déshéritent, qui lui donnent les étrivieres, pour lui faire reprendre les opinions de son Catéchisme dont il a crû reconnoître la fausseté persécutent cet enfant, je ne m'y arrêterai pas. Je m'assure que mes Lecteurs, s'ils y prennent garde, trouveront qu'un pere & une mere méritent, en bien des rencontres, le titre de persécuteurs, quelque intention qu'ils puissent avoir de corriger leur fils des Hérésies où ils le croyent tombé. S. Augustin n'étoit pas si délicat ci-dessus, lorsqu'il avoüoit que les bons persécutent les méchans, & que les méchans persécutent les bons.

FIN DE LA TROISIEME PARTIE.

SUPLEMENT
DU
COMMENTAIRE
PHILOSOPHIQUE,
SUR CES PAROLES DE
JESUS-CHRIST,
CONTRAINS-LES D'ENTRER:

Où entre autres chofes, l'on acheve de ruïner la feule échapatoire qui reftoit aux Adverfaires, en démontrant le droit égal des Héréti-ques pour perfécuter à celui des Orthodoxes. On parle auffi de la na-ture & origine des erreurs.

PREFACE,

Contenant les raifons qui ont fait fupprimer la réponfe ample & exacte qu'on avoit faite au Traité *des droits des deux Souverains*, &c. defquelles raifons la principale eft, qu'on peut en cinq ou fix pages, comme il fe verra ici même, faire une Apologie invincible de ce qui a été cenfuré du Commentaire Philofophique.

 DEUX *chofes auroient pû me faire croi-re, que l'on réfuteroit mon Commen-taire Philofophique; l'une, fi j'étois demeuré d'accord de cette thefe genera-le, que les Princes doivent agir par voie d'au-torité, & par des peines contre leurs Sujets fchif-matiques ou Héretiques; l'autre, fi j'avois traité cette matiere auffi maigrement que le fit Caftalion au fiecle paffé, fous le nom de* Martinus Bellius. *Il faut avoüer qu'en ce tems-là on ne connoiffoit pas bien la Topique de cette queftion, je veux dire les principes & les fources des preuves par où il faut accabler le dogme de l'intolerance totale ou par-tiale. Auffi vit-on bien-tôt le pauvre Caftalion trai-té de haut en bas, & bien frotté par* Théodore de Beze, *qui, s'il revenoit au monde, n'oferoit entre-prendre la réfutation des Ecrits que l'on fait au-jourd'hui pour la tolerance, tant ils font plus forts qu'autrefois.*

Comme donc je m'étois mis en état de ne crain-dre rien du côté de la récrimination, la feule chofe qui donne prife fur nos Théologiens aux Apologiftes de la Communion Romaine, en matiere de voies de fait contre les errans, depuis que les grandes lumie-res de ce fiecle nous ont fait découvrir la veritable Topique de cette queftion; (où l'on foûtient que les Princes doivent maintenir la Religion, en ruï-nant par leur autorité les Sectes, & que mon opinion touchant les droits de la confcience acheminent au Déifme) je croyois que mon Ouvrage ne feroit point attaqué, & furtout je le croyois à l'égard de ce qui y a été établi touchant l'obligation d'agir felon les lumieres de fa confcience. Car il eft bien vrai qu'on peut faire des objections contre cela, & on m'en a fait cent fois en converfation; mais il n'é-toit point apparent qu'on feroit des Livres contre une doctrine qui eft une notion du fens commun, & fuppofée comme un principe dans tous les Traitez de Morale, n'y ayant pas jufqu'à Hobbes *qui ne l'ait adopté en plufieurs endroits de fon Traité du Citoyen*

Cependant j'avois à peine été averti que mon Com-mentaire fe vendoit, que je reçus d'Amfterdam par la pofte le Traité des droits des deux Souverains, où l'on

PARTIE III.

l'on soûtient que les Princes doivent maintenir la Religion, en ruïnant par leur autorité les Sectes, & que vouloir nier cela comme j'ai fait, est une extrémité si vicieuse qu'elle en est folle; que d'ailleurs mon opinion touchant les droits de la conscience est un acheminement au Déïsme. L'Auteur de ce Traité paroît fort bon Protestant, ce qui est de plus fâcheux; car il donnera lieu de penser, que nous sommes encore dans les sentimens des premiers Réformateurs touchant la peine des Hérétiques, ce qui énerveroit & affadiroit la plûpart des plaintes que nous publions contre la France.

En même-tems diverses personnes me dirent ici, que dès avant que j'eusse fait mon Commentaire, un fameux Théologien de Hollande, répondant aux Prétendus Réformez convaincus de Schisme, avoit (*) combattu mon sentiment sur la tolérance, & les droits de la conscience, ce qu'il eût été bon que j'eusse sû, afin de satisfaire à toutes ses difficultez. J'en tombai d'accord; mais leur avis venoit trop tard.

La 1. page qui s'offroit à moi à l'ouverture des droits des deux Souverains, m'apprit qu'on m'y imputoit d'enseigner, que rien de ce que l'on fait en suivant les instincts de sa conscience n'est mauvais, & il arriva qu'ayant seulement voulu parcourir ce Livre, je ne tombai jamais sur aucune page, l'ayant ouvert en plusieurs lieux, où je ne visse régner cette fausse supposition, évidemment contraire à des déclarations nettes & précises, que j'avois faites en différens passages du Commentaire, comme, pour ne pas les citer tous, dans les pages 420. 421. 416. 439.

Du Livre intitulé Le vrai Système de l'Eglise.

Dès-lors je quittai ce Livre, & me contentai pour toute replique d'écrire à mon Libraire la petite Lettre qui a paru au-devant de la 3. partie. Pour ce qui est de l'Auteur du vrai Système de l'Eglise, je lus exactement ce qu'il a écrit sur cette question; & quoique je visse qu'il avoit agi en homme d'esprit, stilé dans la dispute, je ne trouvai point qu'il eût aporté des raisons à quoi je ne pusse solidement satisfaire, & qu'un Lecteur intelligent ne pût réfuter de lui-même, par les solutions que j'avois données à une partie des objections de cet Auteur, qui sont les mêmes que l'on m'avoit proposées de vive voix en mille rencontres; car elles se présentent d'abord à quiconque médite sur cette matiere.

Je crus donc que ce n'étoit point la peine de faire un nouveau Traité, & quelques mois se passerent dans cette disposition.

Mais après cela les avis que je reçus de Hollande, que l'Auteur des droits des deux Souverains n'étoit pas comme il le disoit, & comme je l'avois crû aisément sur sa parole, un jeune volontaire qui avoit fait là ses premiers faits d'armes, & que le contraire paroissoit par les premieres paroles de son avis au Lecteur, où il apprehende qu'on ne le regarde comme un homme posé en sentinelle pour arrêter tous les méchans Livres, ce qui donne l'idée d'un homme qui s'est fait souvent imprimer; ces avis, dis-je, joints à quelques objections qu'on me faisoit, empruntées de ce Livre, & dont on ne me paroissoit frappé, m'obligerent à le lire d'un bout à l'autre avec beaucoup d'application, & j'avoüe qu'il me parut beaucoup plus souffrable que je ne l'avois jugé. Mais je n'oserois pourtant juger encore, comme font plusieurs, que ce soit un Ouvrage de l'Auteur du vrai Système de l'Eglise. Il auroit mieux fait, ce me semble, sur un sujet tel que celui-là.

L'Auteur avoit entrepris de

Quoiqu'il en fût, je résolus de répondre à ce Traité, & de diviser mon Livre en trois parties. La

1. pour quelques suplémens qui me paroissent fort propres à réduire tout-à-fait au silence nos Contraignans. La 2. pour répondre au chapitre du vrai Système de l'Eglise cotez ci-dessus en marge, & a toutes les objections que l'Auteur des droits des deux Souverains m'a faites & qui consistent ou en passages de l'Ecriture, ou en conséquences horribles qu'il prétend naître de mon sentiment, & lesquelles en homme qui entend la Tactique Controversiste; il a posées à l'avantgarde de son Ouvrage, afin que les Lecteurs en fussent d'abord saisis & gendarmez contre moi. La 3. pour détruire de fond en comble son Système, ses Aphorismes, & tout ce qu'il dit directement pour son opinion.

J'ai pressé avec tant d'ardeur l'exécution de ce projet, que je m'en suis vû au bout avant la fin de Décembre 1687. & afin de regagner le tems perdu, je donnois à mes Traducteurs ou paraphrastes (car franchement ils se servent bien de la permission que je leur donne d'accommoder mes pensées à leur sens) mes feuilles, à mesure que je les avois achevées; & dès que la 1. partie fut achevée de mettre en François, ils en envoyerent un double à l'Imprimeur, avec ordre de faire diligence,

Pourquoi i[l] paroîtra q[ue ...] ne partie d[e ...] cette répo[nse ...]

Mais voici ce qui est arrivé & que je dois raporter ici, afin qu'on sache pourquoi il ne paroîtra que peu de chose de ce travail.

Ayant achevé mes trois parties, & les Traducteurs leur version, je fus curieux de lire de suite le tout, & de me faire apporter tous les cahiers de l'Ouvrage, & ce fut alors que je commençai de croire qu'ils ne verroient pas le jour; car ils faisoient une pile qui m'étonna.

Cette prolixité est venüe 1. en partie de ce que mon Ecrit ne demeuroit pas pardevers moi, si bien que je ne m'apercevois pas s'il grossissoit trop. 2. En partie de ce que ma méthode est de conduire les choses à l'évidence, autant qu'il m'est possible; ce qui demande qu'on réfute toutes les chicaneries dont l'adversaire se peut aviser, & qu'on se fortifie de plusieurs preuves bien apuyées & liées. Or il s'en présentoit à mon esprit dans la chaleur du travail un très-grand nombre. 3. En partie de ce que les matieres que j'avois à traiter nécessairement, avoient mille liaisons avec d'autres qui m'engageoient à des discussions profondes, délicates, & qui à moins que d'être prouvées très-solidement, feroient passer un homme pour suspect en la foi. 4. En partie des circonstances du tems qui m'ont porté à examiner ce qui se dit ici pour & contre les loix pénales, la suppression du Test, &c. 5. En partie de ce que ceux qui ont traduit mon Anglois n'ont pû, disent ils, ôter à l'Ouvrage l'air du païs natal sans se servir d'un stile diffus, outre qu'ils se sont divertis à y mêler bien des choses, tantôt dépendantes d'un Système, tantôt d'un autre; d'imiter ici la maniere de penser de certains Auteurs, & non pas leur stile; là le stile de quelques autres, & non leur maniere de penser, & de faire ainsi plusieurs disparates, qui font, disent-ils, que les Lecteurs ont donné mon Commentaire à bien des gens différens, sans s'approcher ni deux ni de moi, dont le nom n'étoit couvert que sous une anagramme tant soit peu licentieuse, & ils se font un divertissement de se déguiser si bien, & de donner le change aux chercheurs des peres d'un Livre anonime ou pseudonime.

Raison d[e sup]primer le[s ...]

La longueur de l'Ouvrage dont les trois parties eussent fait chacune un Volume de vingt-cinq feuilles d'impression, a été un juste motif de le supprimer; car quelle apparence y avoit-il qu'il se trouvât des lecteurs, & des acheteurs, pour un Livre si diffus dans

---

répondre à ce dernier Ouvrage.

(*) „Voyez les chap. 22, 23, 24. d'un Livre intitulé le „vrai Système de l'Eglise, &c. imprimé à Dordrecht 1686.

dans un tems, où l'on a de la peine à lire tous les Mercures, Journaux, & papiers volans qui pullulent de toutes parts dans les boutiques des Libraires chaque jour. Mais quand je suis venu à considérer la nature même des matieres que j'ai traitées, & poussées quelquefois un peu bien loin, j'ai trouvé une 2. raison encore plus forte de condamner mon Ouvrage aux tenébres du Cabinet. Ainsi on a fait savoir au Libraire qu'il arrêtât l'impression, & il s'est rencontré heureusement qu'il n'en étoit pas encore venu jusques à ce que j'ai dit sur l'état de ce pays-ci au sujet du Test, dans la 1. partie. Choses qui n'étoient pas de saison, vû le train où les affaires semblent rendre.

Ce que j'ai dit dans la 3. partie concernant la dispute que nous avons avec l'Eglise Romaine, touchant l'analise de la Foi, m'a fait peur à moi-même quand je l'ai considéré tout d'une suite; car j'ai montré que l'accusation de temerité que l'Auteur des prétendus Réformez convaincus de Schisme a tant poussée, & en general toutes les difficultez de l'examen qui nous ont été objectées de tout tems, n'ont jamais été bien répondues que par la voie de rétorsion, & de communication de ces mêmes armes aux Infideles contre le Christianisme. Desorte que cela n'étant propre qu'à faire ou des Pyrroniens, ou des gens qui se bercent dans une securité mal fondée de leur salut, il faut en venir à mon Sistême, sans lequel je montre que le plus sûr, & quasi l'unique parti qu'il faudroit prendre, seroit de devenir Psychopanychite, si on le pouvoit dès ce monde, ou du moins Omphalopsyche, ou vrai Quiétiste, & non pas comme Molinos, qui aprouve, dit-on, les operations les plus appliquantes & polluantes du corps & de l'ame. Cela non-plus n'est point de saison.

Réponse abregée & péremtoire à tout ce qui a été publié contre les droits de la conscience errante.

Mais ce qui m'a le plus déterminé à la supression de mon Livre, le voici.

J'ai consideré que la veritable raison qui me devoit porter à la replique, étois pour me justifier des accusations odieuses dont on a noirci mon sentiment, que l'on a prétendu tendre à l'indifference des Religions & à cent autres consequences criminelles. Ceux qui auront ajouté foi à ces sortes d'accusations, ne sont pas de ces Lecteurs éclairez, qui jugent par eux-mêmes, & par un examen attentif du pour & du contre; ce sont ces autres Lecteurs qui se conduisent par la voie des préjugez, qui ayant remarqué qu'un Theologien qui est en très-bonne odeur pour son zele & pour son Orthodoxie, & d'ailleurs pour sa capacité, & qu'un autre Auteur qui se designe comme posé à l'affut de tous les Livres heterodoxes pour les arrêter au passage, ont traité ma doctrine de pernicieuse, en ont eu assez, sans s'informer d'autre chose, pour conclure que cela devoit être ainsi. Voilà les gens auprès de qui j'ai à me justifier, bons Réfugiez pour la plûpart, & qui méritent bien qu'on leur ôte tout sujet de scandale, vû principalement que rien ne m'a determiné à écrire mon Commentaire, que l'injustice épouvantable qu'ils ont soufferte.

Mais de quoi me serviroit auprès d'eux un grand amas de preuves & d'autoritez, une longue & forte gradation de raisonnemens, quelquefois un peu ab-

straits & métaphysiques, une tirade de reflexions sur des passages de l'Ecriture, plus fondées sur le bon sens que sur les Lieux-communs ordinaires? Liroient-ils rien de tout cela voyant le Livre si gros? Liroient-ils tout d'une suite mes preuves & mes discussions? Les comprendroient-ils toûjours avec la netteté requise pour en sentir le poids? Il n'y a point d'apparence, c'est pourquoi mon travail ne me serviroit de rien qu'auprès de ceux qui peuvent prononcer déja sur cette dispute par les Pieces que j'ai produites, & qui me paroissent plus que suffisantes à leur égard. Il a donc falu chercher une preuve abregée & intelligible à tout le monde de l'innocence de mon opinion; & comme je l'ai trouvée, j'ai abandonné-là mon Ecrit.

Cette preuve consiste dans un passage du vrai Sistême de l'Eglise, par où il paroit que l'Auteur & moi sommes tout-à-fait conformes: ainsi raisonnant de cette maniere;

Mon sentiment est le même que celui de l'Auteur du vrai Sistême de l'Eglise:

Donc il est Orthodoxe.

Il ne se trouvera personne parmi ces Lecteurs, auprès desquels il est nécessaire que je me justifie, qui ne m'accorde à bras ouverts la consequence; & pour ce qui est de la conformité qui lui sert de principe, la voici à la portée de toute sorte d'esprits.

Paroles de l'Auteur du vrai Sistême
de l'Eglise p. 307.

» Quand même nous aurions tort dans tous les
» points qui nous tiennent séparez de l'Eglise Romaine,
» nous serions obligez par notre conscience à nous
» séparer d'elle, & de perseverer dans notre sépa-
» ration jusqu'à ce que nous pussions être persuadez
» qu'elle a raison. Nous sommes convaincus en
» notre conscience, que le pain de l'Eucharistie n'est
» pas le vrai corps du Seigneur; cela étant nous
» serions & Idolâtres & Heretiques & Hipocrites,
» si nous nous réünissions avec l'Eglise Romaine, & si
» nous nous soûmettions aux décisions de ses Conciles
» sur cette matiere. Ce principe est d'une évidence qui
» se fait voir à tous ceux qui ont quelque liberté
» d'esprit, & qui savent ce que c'est que l'empire
» de la conscience, & combien on est coupable quand
» on lui résiste. (*)

Il examine ensuite quelques objections, dont la 1. est que les Heretiques qui croyent avoir été injustement condamnez par une Eglise, ne sont pas coupables de se séparer d'elle; à quoi il répond, qu'il ne s'ensuit pas, vû qu'on est toûjours coupable, dit-il, en faisant ce qu'on fait pour suivre les mouvemens d'une conscience ignorante, ou surprise par les illusions de l'erreur. Après cela il montre comment il faut accorder ces deux choses ensemble; l'une qu'on est obligé de se séparer de la vraie Eglise lorsqu'on la croit fausse, l'autre qu'on péche en s'en séparant; c'est, dit-il, pag. 308. que la conscience oblige toûjours, en quelque état qu'elle soit, à faire l'action dans laquelle sûrement il y a moins de crime. Or il y a moins de crime à un Heretique de se séparer que de demeurer dans l'Eglise orthodoxe, la croyant heretique & Idolâtre.

Je n'examine point par quels moyens ceci se peut accorder avec les trois chapitres citez ci-dessus, ce n'est pas mon affaire; je dis seulement que les paroles que je viens de rapporter étant postérieures aux trois chapi-

PARTIE III.

En quoi consiste cette preuve. Conformité du Commentaire Philosophique avec le vrai Sistême de l'Eglise, à l'égard de la conscience errante.

(*) » Remarquez que c'est une très bonne preuve abré-
» gée pour montrer aux Catholiques Romains, sans en
» venir à la discussion du fond, que nos peres ont été
» obligez necessairement à sortir de la Communion Romaine. M. Daillé l'a touchée fort solidement dans
» le chap. 8. de son Apologie, & depuis lui l'Auteur
» du vrai Sistême s'en est servi pour se tirer d'une très-
» embarrassante objection de Maimbourg, en écrivant
» contre le Docteur Louis du Moulin.

chapitres, doivent être censées le vrai sentiment de l'Auteur, comme le testament postérieur d'un homme passé pour la véritable volonté préférablement aux précédens; à quoi j'ajoûte que ces mêmes paroles contiennent en abregé toutes les choses que j'ai dites sur les droits de la conscience erronée.

Droits de la conscience errante pour faire des Schismes, suivant l'Auteur du vrai Systême de l'Eglise.

Car il s'ensuit de ces passages, que pourvû que Luther & Calvin ayent été persuadez de ce qu'ils ont dit touchant l'Eglise Romaine, ils ont été obligez à faire ce qu'ils ont fait, quand même on supposeroit d'ailleurs que cette Eglise est véritablement tout ce qu'elle s'attribuë; c'est-à-dire, la sainte Eglise Catholique, dont il est parlé au Symbole des Apôtres, l'Epouse de Jesus-Christ, son Corps mystique, sa colombe, l'Arche hors de laquelle il n'y a ni grace ni salut.

Donc la conscience errante met un homme dans l'obligation de se revolter contre l'Eglise sa veritable mere, & de sonner le tocsin contre elle, afin de lui débaucher le plus d'enfans qu'il pourra, & d'entraîner dans la rebellion Villes, Provinces & Royaumes, la dépouiller de ses Temples, briser ses Autels & ses images de dévotion, la diffamer par tout le monde comme une prostituée, &c.

Si cette conscience errante met dans cet engagement, elle met aussi dans celui d'ériger une nouvelle forme d'Eglise, d'établir des Pasteurs & des Consistoires, & toutes les autres institutions qui servent à maintenir les Societez, à les amplifier, à les faire prospérer, &c.

Voilà donc la maxime contre laquelle on a tant crié, contenuë dans la doctrine de l'Auteur du vrai Systême; savoir que l'erreur travestie en verité entre dans tous les droits de la verité; c'est-à-dire, afin qu'on ne se fasse pas des pierres d'achoppement sur un mot, qu'un homme qui est persuadé qu'une certaine doctrine est la pure verité revelée de Dieu, & qui se trompe, est obligé neanmoins d'avoir pour cette doctrine les mêmes respects & soins, que doivent avoir pour la verité céleste ceux qui ont le bonheur de la connoître.

Car d'où peut venir qu'un Hérétique de bonne foi est obligé, selon l'Auteur, de se separer de la vraie Eglise, si ce n'est de ce qu'un Orthodoxe est obligé de se separer d'une Communion hérétique? Tout le droit que peut avoir l'Hérétique lui vient sans doute de celui qui appartient à la verité, pour laquelle il est persuadé qu'il agit; ou ce qui revient à la même chose, tout son droit consiste en ce qu'il doit éviter l'offense qu'il feroit à la verité & à l'ordre, s'il n'agissoit pas selon la conscience, laquelle offense est un plus grand crime, que celui qu'il peut faire en agissant selon sa conscience.

Or comme il est impossible d'accorder à l'hérésie deguisée en verité qu'elle engage à faire divorce d'avec la veritable Eglise, sans lui accorder qu'elle engage à toutes les suites naturelles du Schisme, c'est d'établir dans la Société Schismatique les reglemens les plus propres que l'on peut trouver dans l'Ecriture, pour le maintien de la vraie Eglise; il s'ensuit que l'hérésie engage celui qu'elle a poussé au Schisme, à tout ce qu'ont fait Luther & Calvin, c'est de faire tout ce qu'on peut pour détacher de l'Eglise qu'on a quittée ceux qui y restent; c'est de soutenir avec zele & avec force, tant en prêchant que dans des Livres, ce qu'on prend pour la verité; & si l'Ecriture vouloit que l'on employât les supplices, & les armées à faire des conversions, l'hérésie engageroit à se servir de ces voies, pour s'agrandir sur les ruïnes de la véritable Eglise.

L'Auteur ne sauroit nier ces consequences; car dès qu'on peut le plus on peut le moins; une Province qui a droit de se soulever, a celui de se faire un

Chef, d'établir des Juges de police, & en general de suivre toutes les lumieres d'une sage Politique pour maintenir le repos public, & d'aider à sortir du joug de la tirannie, ceux dont elle croit que la Raison, la pieté, la charité l'engagent à avoir de la compassion.

Et par-là tombe ce que l'Auteur de la défense de la Réformation, & celui du vrai Systême, ont avancé comme un Aphorisme, qu'il n'y a que la verité qui ais le droit d'être enseignée, principe qu'ils ont dementi eux-mêmes; l'un dans un Mémoire présenté au Roi, au sujet de la Déclaration qui rendoit valable la conversion des enfans de sept ans; l'autre dans le 2. Volume de la Politique du Clergé, au sujet de cette même Déclaration. Ils ont posé tous deux comme un principe inébranlable, que l'éducation des enfans appartient aux peres, & qu'on ne peut la leur ôter sans violer les plus sacrées loix de la Nature. Ils ont raison; mais de cela il s'ensuit:

Que l'erreur a droit d'être enseignée; car si elle n'avoit point ce droit, les Orthodoxes seroient fondez à empêcher que les Infideles & les Hérétiques n'instruisissent leurs enfans; & dès lors le rapt de ces enfans seroit une action très-juste, au lieu que ces deux Auteurs ont crié contre cela, pratiqué à l'égard des Juifs, comme contre une abomination.

Or si les peres errans ont droit d'instruire leurs enfans dans leurs erreurs, ils ont droit d'avoir des maîtres d'Ecole, des Catechistes, des Précepteurs, des Prédicateurs, tant pour leur donner à instruire les enfans, que pour s'instruire eux-mêmes de plus en plus par les discours de personnes plus lettrées qu'eux.

Mais voici quelque chose de plus fort. C'est que si la conscience errante oblige à faire des Schismes, comme l'avouë l'Auteur du Systême, il n'y a point d'action, pour si énorme qu'elle soit, qu'elle n'oblige à commettre; car on n'en sauroit marquer de plus atroce que celle de Luther & de Calvin, supposé que l'Eglise Romaine soit telle qu'elle se dit. Si donc Luther & Calvin auroient dû faire ce qu'ils ont fait, comme l'avouë cet Auteur, quand même leur conscience auroit été aussi errante que le soutiennent les Papistes, ils auroient dû à plus forte raison faire, selon les instincts de la conscience, tout autre crime moindre que celui-là; car qui peut le plus peut le moins en ces matieres.

Or je ne sai point où l'on ne trouveroit des crimes qui ne soient moindres que celui de déchirer le Corps mystique de Jesus-Christ, de son Epouse qu'il a rachetée par son propre sang, de cette mere qui nous engendre à Dieu, qui nous nourris du lait d'intelligence qui est sans fraude, qui nous conduit à la béatitude éternelle. Quel plus grand crime trouveroit-on, que celui de se soulever contre une telle mere, de la diffamer par tout le monde, de faire rebeller tous ses enfans contre elle si on le peut, de lui en arracher du sein par millions, pour les entraîner dans les flammes éternelles, eux & tous leurs descendans ès siecles des siecles, entant qu'en soi est? Où sera le crime de leze-Majesté divine au premier chef, s'il ne se trouve là-dedans, vû qu'il n'est de notorieté publique, qu'un Epoux qui aime sa femme, & qui connoit parfaitement sa vertu, se tient plus mortellement offensé, par des libelles qui la font passer pour une louve prostituée à chien & à chat, que par les injures qu'on lui diroit à lui-même?

De tous les crimes où un Sujet puisse tomber, il n'y en a point de plus horrible, que celui de se revolter contre son Prince legitime, & de faire soulever tout autant de Provinces qu'il peut, pour tâcher à le détrôner, falût-il désoler toutes les Provinces qui voudroient demeurer fidelles.

Et par[-là] quent re tou de cr

Or

Or autant que le divin, le surnaturel & le céleste, surpassent l'humain; le naturel & le terrestre, autant l'Eglise, l'Epouse du Seigneur Jésus surpasse toutes les Sociétez, Royaumes & Républiques. Donc aussi les révoltes contre l'Eglise surpassent d'autant en crime les séditions. Mr. Daillé a fort dignement parlé sur ceci, au commencement de son Apologie.

Sur ce pied-là on peut soûtenir, que si l'Eglise Romaine étoit telle qu'elle se vante, Luther & Calvin auroient incomparablement plus peché par leur Schisme, que s'ils avoient, je ne dirai pas tué un ou deux voyageurs au coin d'un bois, ou coupé la bourse dix ans durant à la sortie des Eglises, mais que s'ils avoient empoisonné, ou poignardé Charles-Quint & François I. par un instinct de conscience, & persuadez faussement qu'ils avoient mission extraordinaire d'enhaut pour cela.

Desorte que l'Auteur du vrai Sistême ne sauroit raisonnablement disconvenir, que puisque, selon lui, Luther & Calvin auroient dû faire ce qu'ils ont fait contre l'Eglise Romaine, quand même leur conscience auroit été dans l'erreur, & l'Eglise Romaine qu'elle se dit, ils n'eussent dû aussi mettre la main sur un Prince, s'ils eussent senti que leur conscience les y poussoit, & ainsi de tout autre mauvaise action; car encore un coup qui peut le plus peut le moins.

Ce sera donc à lui, s'il lui plaît, à répondre à toutes les difficultez que lui & l'Auteur des droits des deux Souverains ont proposées contre la doctrine que j'ai établie, car je ne m'en mêlerai plus, voyant que je puis m'en reposer sur un autre qui y est désormais aussi interessé que moi, puisqu'il n'y a point de fâcheuse conséquence qu'on me puisse reprocher, qui ne résulte de ce qu'il a si précisément établi dans la page 307. de son Sistême.

J'admire que dans le Traité des droits des deux Souverains on ait tant de fois mis Ravaillac sur les rangs, sans prendre garde à deux choses; l'une que j'avois répondu que c'étoit en vain qu'on m'objectoit ces sortes de conséquences, puisque l'opinion contraire à la mienne ne sauroit remédier à nul de ces inconvéniens, impliquant contradiction qu'un homme soit persuadé que sa conscience l'oblige à une certaine chose, & que sa conscience se trompe. Ainsi chacun est persuadé que sa conscience est vraie, & puisque tout le monde avouë qu'on doit suivre la conscience quand elle est vraie, n'en dit-on pas assez pour confirmer un Ravaillac dans son pernicieux dessein? Est-il pardonnable de faire revenir cent fois une objection réfutée si invinciblement, & ne dire pas un pauvre mot contre la réponse?

L'autre chose est, qu'on s'imagine sans trop de raison qu'un homme qui se croit inspiré de Dieu pour exciter les Princes à faire la guerre à un autre, & à l'exterminer, & qui crie à plein gosier pour exécuter sa commission, n'est pas aussi méchant s'il se trompe, qu'un autre qui se croïant inspiré pour tuer ce même Prince, & se trompant, le tue effectivement. Drabicius, en cas qu'il ait pris pour inspiration ce qui n'étoit qu'un desordre de son cerveau mal timbré, n'a-t-il pas voulu causer plus de désordres dans le monde que Ravaillac? Celui-ci se proposoit ce que disoit le Souverain sacrificateur, il est expédient qu'un homme meure pour le salut d'une infinité d'autres, & Drabicius au contraire ne se soucioit point qu'un payât pour tous; il aimoit mieux armer cent mille hommes contre l'Empereur, qui dans quatre Campagnes auroient été cause de cent mille millions de crimes, profanations, juremens du nom de Dieu, lubricitez, incendies, vols, meurtres, & de la désolation de je ne sai combien de familles innocentes. Cependant mes Adversaires doutent-ils que si ce bon homme a été dans la bonne foi, comme il y a bien de

l'apparence, tous les égaremens de son imagination, & les efforts qu'il a faits suivant les instincts d'une conscience erronée, d'exciter une sanglante guerre, n'aient passé devant Dieu pour des défauts très-véniels?

Voilà ce qui s'appelle peser les choses dans des balances inégales, n'en considérer que l'écorce, avaler le chameau & couler le moucheron; ou si ce n'est pas cela, qu'on nous donne de bonnes raisons, je leur en serai très-obligé, pourvû qu'elles soient bien bonnes, c'est-à-dire plûtôt fondée sur le réel & l'intime des objets, que sur les premieres impressions que font les choses par coûtume, & par contagion d'une imagination à l'autre sur le plus grand nombre des gens; qu'on nous donne, dis-je, de ces sortes de raisons, montrant qu'un homme faussement persuadé qu'il est inspiré de Dieu, pour venger son Eglise par le moyen d'une guerre, & qui sonne le tocsin par ses Ecrits, par ses sermons imitez d'Esaïe & des autres anciens Prophetes pour faire faire des ligues, & qui volontiers formeroit d'un coup de pied sur terre une armée de cent mille hommes, s'il avoit le pouvoir dont Pompée se vantoit, & les enverroit avec sa sainte & paternelle bénédiction dans les Etats persécutans, pour y faire du pis qu'ils pourroient, peche moins qu'un autre homme qui s'imaginant qu'il a une pareille inspiration pour venger l'Eglise par la mort du chef, se fourre dans son Palais & s'en défait s'il peut.

Quand on y songera bien, on trouvera plus de difficulté qu'on ne pense à justifier le premier de ces deux hommes mieux que le dernier, celui-là voulant envelopper dans la peine des coupables une infinité d'innocens, & ne pouvant alléguer, sans se décrier comme un pagnotte qui veut faire du mal de loin & sans exposer sa peau, ni perdre ses aises, voire même qu'il ne s'ensuivit qu'il est rebelle à l'inspiration, que s'il avoit été dans la persuasion de l'autre, il n'auroit rien attenté. Ils seroient heureux l'un & l'autre, s'ils comparoissoient au trône de Dieu comme malade d'esprit, ayant eu par exemple la glande pinéale située de travers, ou exposée de tems en tems aux distillations de quelque limphe lapidifique, qui comme force majeure causoit les paroxismes ou accès de leur prétenduë inspiration; car en ce cas-là leurs crimes ne leur seroient pas plus imputez qu'aux Phrénétiques, attendu qu'ils y eussent été poussez par une force majeure phisique.

Quoi qu'il soit, mon sentiment & celui de l'Auteur du vrai Sistême sont tout-à-fait conformes.

Car si je crois qu'on est obligé de faire ce que la conscience nous dicte que nous devons faire, il le croit aussi.

S'il dit que la raison de cela est qu'on évite par-là à tout le moins un plus grand peché, je le dis aussi.

S'il dit qu'il ne s'ensuit pas que l'on fasse une action exempte de crime, je le dis aussi; & l'ai repeté tant de fois, que je ne comprens pas comment un Auteur qui s'est mêlé de me refuter, en a pû prétendre cause d'ignorance.

Si je dis qu'une conscience errante par une ignorance invincible disculpe, il le dit aussi; car je ne pense pas qu'il veuille desavoüer ce qu'a dit son second, l'Auteur des droits des deux Souverains page 238. savoir que toute ignorance invincible excuse tant au fait qu'au droit, & s'il le désavoüe, pourra-t-il désavoüer ce qui se lit dans la p. 189. du Sistême, que la verité n'a pas de droit que quand elle a été revelée & annoncée. Ce qui signifie clairement, que ceux qui n'obéïssent pas à un ordre non revelé, ni annoncé, ne sont point coupables, & par conséquent qu'une action commise par une ignorance invincible est exempte de peché.

Toute la différence qu'il peut y avoir entre nous deux dans cette matiere, est que j'ai avancé plusieurs remarques en forme de conjectures, pour insinuer

En quoi le Commentaire Philosophique & le vrai Sistême de l'Eglise sont conformes sur la conscience errante.

nuer qu'il y a plus de gens qu'on ne pense dans une ignorance invincible. Mais cette différence ne change rien dans le fond de la doctrine, puisqu'il est évident, que je ne puis avoir de particulier là-dessus que des conjectures, Dieu seul sachant ceux qui errent, ou qui n'errent pas de mauvaise foi. Mais je ne me ferai jamais une honte d'être plus favorable qu'un autre au salut des honnêtes gens.

Ces dernières remarques m'ont justement déterminé aussi à supprimer ma réponse aux Droits des deux Souverains; car il est notoire que toutes les objections qu'on m'y fait, toutes les autoritez de l'Ecriture dont on me veut battre, &c. ne sçauroient prouver rien autre chose, si ce n'est qu'il ne s'ensuit pas que l'on soit exempt de crime, de ce que l'on fait ce que la conscience dicte. Ainsi aïant fait voir que je ne soutiens pas le contraire, il n'y aura plus rien là qui me touche. Que si ces objections, ces textes de l'Ecriture, &c. signifient que jamais on n'est exempt de crime, quand on suit une conscience errante, il faudra qu'on m'accorde que tout cela prouve aussi, ou que jamais on n'est dans une ignorance invincible, ou qu'encore qu'on y soit, on ne laisse pas de pécher. Dans l'un & l'autre de ces cas cet Auteur ne prouve rien contre moi, plus que contre lui-même & contre celui du Sistême de l'Eglise. Il n'y a donc qu'un mot à dire sur ceci. Vous m'alléguez des exemples de gens qui ont été grievement punis, pour avoir fait des choses qu'ils croyent agréables à Dieu. Soit: qu'en faut-il conclure, sinon qu'ils n'erroient pas de bonne foi? Car vous convenez vous-mêmes que l'ignorance de bonne foi, ou invincible, (car je prens ces deux termes pour Sinonimes) disculpe tant au fait qu'au droit. Que l'exemple suivant serve pour tous.

On m'oppose dans la page 116. l'exemple des adorateurs du veau d'or, comme prouvant qu'en croïant de bonne foi qu'on fait un grand honneur à Dieu, & avec une bonne intention pour cela, on peut offenser très-grievement. A cela je n'ai qu'à répondre cette petite question. Les Israëlites alors étoient-ils dans une ignorance invincible, ou n'y étoient-ils pas? S'ils y étoient, vous avez eu grand tort d'avoüer dans votre page 238. que l'ignorance invincible dans le fait & dans le droit excuse, & vous avez contredit l'Auteur du vrai Sistême de l'Eglise, s'il est vrai, comme la voix publique l'assure, qu'il est l'Auteur de l'Apologie de la Réformation contre le Calvinisme de Maimbourg; car dans le chap. 10. de la 2. Récrimination, n. 6. il prétend que l'idolâtrie des Juifs ne pouvoit point venir d'ignorance, que les paroles de la Loi n'étoient point sujettes à diverses interprétations, qu'il n'y avoit point d'ambiguité, & qu'ainsi leur révolte naissoit uniquement de malice & de rébellion, & pourtant ne méritoit point d'indulgence. On verroit plusieurs réflexions curieuses sur ce fait dans ma 2. Partie. Que si les Israëlites étoient dans une ignorance vincible & de mauvaise foi, je n'empêche pour les Juges des fautes Ecclésiastiques qu'ils ne soient condamnez comme très-coupables.

J'ai tiré une puissante confirmation de toutes les remarques que je viens de faire, dans les Chapitres 27. & 28. de la 3. partie, de la fameuse distinction des points fondamentaux & non-fondamentaux, laquelle outre l'accueil favorable qu'elle reçoit chez tous les Protestans, est si nécessaire à l'Auteur du vrai Sistême de l'Eglise, que l'on peut dire qu'elle est la maîtresse pierre du coin, ou le piédestal de son Ouvrage. Voici l'Abrégé de ce que j'avois fort étendu, & que je suprime avec cent autres choses.

Selon l'Auteur du vrai Sistême & les autres Protestans, les points non-fondamentaux sont d'une telle nature que les choses étant égales d'ailleurs on est aussi sûrement sauvé en y errant, qu'en y croyant la verité, sans qu'il soit nécessaire de se repentir de ces erreurs, ou d'en demander pardon à Dieu avant sa mort; car si cela étoit nécessaire, la distinction du fondamental & du non-fondamental deviendroit nulle. Du nombre des points non-fondamentaux sont la présence réelle de Jesus-Christ dans l'Eucharistie, & les cinq points qui divisent les Remontrans d'avec les Contre-Remontrans, depuis le Sinode de Dordrecht. Errez là-dessus comme font les Luthériens & les Remontrans, au dire des Calvinistes, ou y soïez Orthodoxes comme ceux-ci, c'est la même chose pour le salut éternel; car nous ne doutons pas, & l'Auteur du Sistême moins que les autres, que l'on ne soit sauvé dans la communion Luthérienne & Arminienne, sans la moindre espece d'abjuration au lit de la mort. Cependant si l'on regarde le matériel & la substance des erreurs de ces deux Sectes, nous ne saurions les qualifier que du nom d'horribles blasphêmes, de démentis outrageans donnez à Dieu, de calomnies atroces contre la verité revélée. En effet, s'il est vrai, comme nous le croïons, que Jesus-Christ ne nous donne point son corps à manger, les Luthériens qui soutiennent que nous avilissons l'Eucharistie, que nous dérobons aux Chretiens la marque la plus forte de l'amour infini de Jesus-Christ, & a sa chair adorable le glorieux privilége d'être l'instrument de tous nos biens célestes, médisent fort outrageusement de Dieu même, accusant de ces trois défauts insignes la verité qu'il nous a revélée dans sa parole.

S'il est vrai aussi que Dieu damne la plûpart des hommes sans leur avoir donné les moïens nécessaires de se sauver, & en les laissant dans la nécessité irrésistible de pecher où Dieu a voulu que la faute du premier homme les reduisît, ceux qui disent que cette doctrine fait Dieu Auteur du peché, & qu'ajoûtant qu'il ne laisse pas de le punir éternellement, elle le rend un Etre cruel & injuste, & par conséquent nous conduit à l'Atheïsme, étant impossible & contradictoire dans les termes que Dieu soit Dieu, s'il n'est exempt de tout ce que nous connoissons être un défaut moral par des idées très-distinctes; ceux, dis-je, qui soutienne cela font un outrage sanglant à Dieu même, attribuant à ce qu'il a jugé lui-même très-digne de sa suprême perfection, d'être incompatible avec sa nature, & destructif de cette nature. Néanmoins tous ces outrages & blasphêmes, n'empêchent point, selon l'Auteur du vrai Sistême, que les Luthériens & Arminiens ne soient dans la voie du salut aussi sûrement que nous. Il faut donc nécessairement qu'il avoüe, que les erreurs qui considérées matériellement sont des affronts insignes à la majesté de Dieu, & une noire calomnie vomie contre sa sainte verité, deviennent très-innocentes par cela seul qu'on les soutient de bonne foi, & qu'on ne les soutient qu'à cause qu'en ne le faisant pas on croiroit faire tort à Dieu. Ajoûtez qu'on n'a pas l'injustice d'imputer à ceux qu'on croit dans l'erreur, les conséquences affreuses qu'on attribuë à leur erreur; car on ne soutient pas, que s'ils étoient assurez que leur doctrine mene-là nécessairement, ils ne laisseroient pas d'y persévérer; on leur montre seulement à quoi on la croit sujette, parce qu'on espere que quand ils l'auront apperçu, ils la quitteront.

Cela prouve invinciblement, que si l'Auteur du vrai Sistême raisonne conséquemment, comme doit faire un Auteur de tête, il doit reconnoitre qu'il y a tout autant d'erreurs de bonne foi dans le Christianisme, qu'il y en a qui ne sont pas fondamentalles, & ainsi un très-grand nombre, & que la bonne foi disculpe les errans les plus opposez dans le fond à ce que Dieu nous a révélé de ses attributs, & perfections infinies. Car qu'on ne s'y trompe point, une erreur n'est pas non-fondamentalle à cause de sa petitesse, mais à cause de l'ambiguité des preuves qui montrent que la verité opposée est dans la revélation, & il n'y a point d'erreur qui ne dût passer pour fondamentalle, quelque peu né-

cessaire

cessaire que fût au salut le dogme opposé à cette erreur, quelque legere & vetilleuse qu'elle pût être, si elle heurtoit audacieusement l'autorité claire, nette & précise de l'Ecriture, comme seroit de dire que Noé n'entra dans l'Arche qu'avec quatre autres personnes, & que S. Paul n'a jamais été persecuteur des Chretiens.

J'oubliois quasi cette preuve très-courte & possible plus convaincante qu'aucune autre, de la conformité de mon sentiment avec celui de l'Auteur du sistême de l'Eglise, en vertu du passage ci-dessus raporté; c'est que l'Auteur des droits des deux Souverains a tellement compris qu'on ne sauroit me rien contester, pendant qu'on enseigneroit le contenu dans ledit passage, qu'il s'est bien gardé de faire le même aveu. Un Hérétique caché, dit-il *pag. 245*, qui est dans l'Eglise, n'est pas obligé à rompre avec elle, parceque sa séparation seroit un nouveau crime ajouté à son Hérésie; & quoique sa conscience lui dicte qu'il se doit separer, il n'est point obligé à obéïr à cette conscience, parcequ'elle est erronée. *C'est contredire visiblement l'Auteur du Sistême*, & il n'y avoit pas moyen de s'en dispenser.

J'ai encore une observation à faire qui regarde ce que j'ai avancé quelque part, plûtôt comme un appui de conjecture, ou objection à soudre par mes adversaires, que comme une assertion en forme; c'est qu'après qu'un homme a cherché sincerement & soigneusement la verité, il doit aimer ce qui lui paroit être verité, & que c'est là sa verité toute trouvée. On se recrie fort contre cela plusieurs fois dans les droits des deux Souverains. *Mais afin qu'il parût à tous les Lecteurs, qui ont besoin d'une preuve aussi abregée de mon Orthodoxie que celle dont je viens de me servir, savoir de la conformité de mes sentimens avec l'Auteur du vrai Sistême de l'Eglise*, j'ai montré dans ma 3. partie par un grand nombre d'observations qui sont des coups à brule-pour-point, que tout ce que cet Auteur a repondu aux objections de Mrs. de *Meaux* & *Nicole*, touchant l'analyse de la foi, se réduisant à ceci; il faut être attentif à la parole de Dieu, & par ce moyen la verité s'applique à nous, & se fait sentir à notre ame, il resulte que toutes les distinctions qu'il a inventées, inconnuës à tous nos Controversistes, & marques par consequent qu'il lui a fallu quitter le vieux terrain, pour en chercher de nouveau, comme une retraite plus à l'abri de l'orage, ne contiennent dans le fonds que ceci, c'est qu'il ne faut pas demander d'un Chretien si ce n'est qu'il cherche avec amour & sincerité la lumiere, & qu'il s'arrête à ce qu'il sent être la verité, & que ce sentiment, tout de même que le goût à l'égard des viandes, nous doit tenir lieu de preuve que voilà la bonne & salutaire nourriture de l'ame.

Que les Chretiens qui persecutent sont plus inexcusables que les Païens qui ont persecuté l'ancienne Eglise.

Il me reste à toucher quelque peu de chose concernant le supplement que je donne ici. J'ai lieu de craindre, que le sujet en ayant été tant de fois rebatu depuis la persecution de France, mes Lecteurs ne s'en rebutent; mais outre que par occasion j'ai traité quelques autres choses qui valent la peine d'être examinées, j'ai crû que je ne pouvois écrire rien de plus necessaire au tems qui court, qu'une Dissertation qui abatit le non plus ultra, & les colomnes d'Hercule des Contraignans, qui est de dire qu'un jour Dieu punira les persecuteurs de l'Orthodoxie, & recompensera ceux de l'Hérésie. Je fais voir que cette esperance seroit nulle, & que le dogme de la contrainte doit promettre l'impunité aux Hérétiques, qui croyant faire service à Dieu ravageroient son Eglise comme des sangliers, ce qui avec les

Tome II.

autres énormitez que j'ai de nouveau prouvé être inhérentes à ce maudit dogme, peut & doit inspirer aux Protestans une juste horreur & une méfiance necessaire de cette Eglise, qui depuis tant de siecles a fait de ce dogme la regle invariable de sa conduite, & le fera desormais ici aussi-bien qu'ailleurs, si on ne la tient dans l'incapacité de le faire. C'est la sûreté unique de l'Eglise Anglicane, comme Monsieur Fagel l'a remarqué dans cette belle & sage Lettre, si digne du premier Ministre d'une Republique bien gouvernée, où il a exposé le sentiment de leurs Altesses d'Orange que nous regardons comme les Anges tutelaires de la Reformation; Lettre qui vient de rassurer les bons Patriotes, qui outre cela ne feroient pas mal de lire éternellement l'histoire des persecutions que le Papisme a exercées, & les Traitez qui refutent sa mauvaise Théorie, voire même à l'imitation d'un Roi de Perse, de commander à un de leurs Domestiques de leur venir dire chaque jour à leur reveil, Souvenez-vous de ce qui vient d'être fait en France.

Il est certain que c'est le Papisme qui doit être chargé de tout ce qu'il y a d'odieux & d'infame dans les persecutions, & que de toutes celles qu'il a exercées, il n'y en a point de plus inexcusable que celle qui vient d'être faite, au milieu des lumieres éclatantes qui mettent ce siecle si fort au-dessus des précédens.

Que les Payens ayent persecuté les premiers Chretiens, je ne m'en étonne pas. Cela étoit quasi pardonnable à des gens pour qui c'étoit la nouveauté la plus inouie & la plus étrange, que de voir de petits particuliers répandus dans l'Empire Romain, traiter d'abominable une Religion qui avoit subsisté pendant tant de siecles, & ne prétendre pas moins que le renversement entier des temples, des statuës, des sacrifices. Personne ne pouvoit se souvenir quelque lecture qu'il eût, que jamais il fut arrivé rien de semblable depuis la fondation de Rome, ou avant. On pouvoit savoir qu'il s'étoit fait de tems en tems des reglemens pour empêcher l'introduction de nouvelles ceremonies; mais cela ne vouloit dire autre chose, sinon qu'il y avoit eu quelquefois des gens qui sans medire de la Religion dominante, avoient tâché d'insinuer les rites de quelqu'autre païs dans Rome clandestinement. Un attentat si nouveau & si impie, selon les préjugez des Payens, que celui des Chretiens, que pouvoit-il faire qu'irriter les Empereurs & leurs Ministres?

Prétextes que les Payens avoient de persecuter.

De-plus la plûpart de ces Empereurs n'avoient jamais manié que l'épée, n'avoient aucune culture, ni politesse, & leurs Ministres non-plus que les Pontifes, Sacrificateurs, Augures, &c. n'avoient jamais étudié exactement les matieres de Religion. Ils étoient & à cet égard & en tout autre, (je parle des gens d'Eglise) dans une crasse ignorance, se trouvant très-peu de Payens parmi ceux qui ont été habiles dans les Sciences & les Arts qui n'ayent été Laïques. En général les uns & les autres se contentoient, pour ce qui regardoit la Religion, de se conformer à ce que l'on apprennoit de pere en fils, & croyoient qu'aucune Religion ne devoit détruire les autres.

Que vouloit-on attendre de pareilles gens, que la persecution de ceux qui venoient dire, qu'il falloit anéantir la Religion de l'Empire comme ridicule, infame, exécrable, & recevoir celle d'un Dieu crucifié entre deux Brigans?

Mais aujourd'hui que l'on sait par cent expériences que les hommes se sont partagez en differentes opinions, au sujet de l'Evangile, & que la piété ne permet pas que l'on fasse profession d'une Secte, lorsqu'on la trouve mauvaise; aujourd'hui que l'on sait que les Protestans ne sont point attachez à leur

Les mêmes prétextes ne subsistent plus.

Religion par des motifs frivoles, puisque sans parler des autres pays, pendant plus de cent ans en France leurs Ministres ont prêté le colet & en conferences verbales, & en disputes par écrit, aux plus savans hommes de l'autre Communion qu'ils ont souvent eu le dernier dans ces disputes : qu'il y a eu peu de Livres considerables publiez contre eux qu'ils n'ayent refutez ; qu'ils en ont publié ausquels on n'a point repondu ; qu'ils en publient tous les jours de si chargeans d'opprobres & d'ignominies l'Eglise Romaine, avec des défis si hautains & insultans, que puisque personne ne se présente pour y repondre, la présomption est que cela est au-dessus des forces : cette Communion ayant d'ailleurs de bonnes plumes & trop de fierté pour pardonner les injures. J'ajoûte qu'ils ont proposé dans ces dernieres années tant de raisons contre l'autorité de l'Eglise, que personne n'a pû y repondre directement : mais tout au plus en proposant à retour de grandes difficultez contre l'examen des particuliers ; aujourd'hui, dis-je, que l'on sait toutes ces choses, il est tout-à-fait inexcusable de les avoir violentez & dragonnez.

Ce que je viens de dire fait assez connoître, que la question de l'autorité de l'Eglise & de l'analyse de la Foi est un recueil aussi-bien pour eux que pour nous, & j'avouë que cela m'avoit fourni dans la 3. partie de cet Ouvrage une démonstration pour la tolérance, que j'ai quelque regret de supprimer ; mais il le faut sacrifier à d'autres considerations. En voici un petit échantillon :

Démonstration en faveur de la tolerance, & à quoi elle se réduit.

Les Protestans seroient tout-à-fait injustes de contraindre les Catholiques (j'entens par des raisons differentes de celle de leur dogme particulier, touchant la dispense du serment de fidélité, & l'extirpation des Sectes) quand ceux-ci leur représenteroient qu'ils ne peuvent se départir de l'appui de leur Foi qu'ils trouvent dans l'autorité d'un Concile, à moins qu'on ne leur fournisse un appui encore meilleur, & qu'ils ne peuvent croire, que ce soit un appui meilleur de se fier à l'interpretation qu'on donne soi même à l'Ecriture, que de se fier à celle que lui ont donnée pendant plusieurs siecles ceux qui ont gouverné le vaste corps de la Communion Romaine.

Que cette raison soit fausse tant qu'on voudra, elle est au moins specieuse, d'autant plus que les Ministres seront contraints de recourir tout d'abord à une faveur particuliere du S. Esprit, pour leur fournir cet appui de Foi qu'ils souhaitent meilleur que celui que la Communion Romaine leur présente.

Cela paroit par l'exemple des deux Ministres qui ont repondu aux deux Ouvrages de Port-Royal sur l'analyse de la Foi. Il a fallu que d'entrée de jeu ils ayent fait ce que faisoient les anciens Poëtes dans l'embarras de leurs intrigues, recourir ad Deum ex machina, à la grace du bon Dieu.

Mais cela n'empêche pas que les Papistes ne soient très-injustes de nous contraindre, pendant que nous leur représentons tant de difficultez contre leur analyse de Foi, qu'il leur est absolument impossible d'y satisfaire : car tout ce qu'ils disent directement & sans retorsion, fondu ensemble, ne fait pas le quart, je ne dirai pas d'une preuve, mais d'un adminicule.

Or depuis que nous sommes obligez de satisfaire aux objections de Rome, par un recours à la grace, nous ne pouvons plus user de contrainte contre aucuns autres Chretiens, n'y en ayant point qui ne puisse recourir au même asile, de ce qu'il ne pourra point repondre aux argumens du parti contraire.

Le Papiste, le Socinien, l'Anabaptiste, le Quaker, l'Arminien, le Labadiste, repondra, quand il se verra pressé, j'avouë que les objets que j'embrasse ne sont pas d'une évidence convaincante, mais Dieu a eu la bonté de m'y diriger, soit par une grace subjective, soit par les dispositions favorables de mon temperament ; soit par un menagement de circonstances ; soit par le detour des objets qui auroient pû m'incliner du mechant côté, &c.

Par-là la grace produiroit ce qu'elle ne fait point, & qu'elle doit faire ; elle nous serviroit de principe, de concorde & de tolerance charitable, au lieu qu'il n'y a point de controverse plus inextinguibles que celles à quoi elle a toûjours fourni d'occasion.

On voit aisément que cette demonstration que j'avois fort étenduë, se réduit à cette remarque de la Préface Angloise sur Lactance de mortibus persecutorum, que

la persecution de Chretien à Chretien ne sauroit être qu'injuste, puisqu'ils n'ont point de raisons demonstratives qui leur apprennent infailliblement qui a tort, ou qui a raison.

Et parcequ'on n'a jamais pû mieux connoître cela que de nos jours, je conclus que la persecution recente est plus inexcusable que celle des anciens Payens.

De la cr... des enf...

Qui ne suë en lisant ce qu'un Evêque de France & deux Ministres du même pays, des principaux du parti, ont écrit sur la Foi des enfans ; qui ne suë, dis-je, en sentant que ces Auteurs ont dû suer jusqu'aux talons, lorsqu'ils ont voulu prouver, ou que les enfans croyent à l'Evangile après avoir fait des actes de Foi sur l'autorité de l'Eglise, ou qu'ils commencent à faire des actes de Foi sur les veritez Evangeliques elles-mêmes, & à cause d'elles-mêmes ?

Ils chercheront long-tems une chose qui est introuvable : les enfans n'ont point de motif de Foi qui depende des objets mêmes ; car ceux qui croyent l'Evangile croiroient aussi-bien l'Alcoran, & les avantures d'Amadis, si on les leur avoit proposées en la même maniere. Ils ne croyent donc tout au plus, (car il y en a bien qui ne savent pas explicitement pourquoi ils croyent) que sur le jugement qu'ils forment que leur pere & mere parlent serieusement, & savent bien ce qu'ils disent, quand ils leur expliquent le Catéchisme ; & il est bien apparent que de cent hommes qui vivent âge d'homme, il y en a plus de quatre-vingt qui meurent sans autre appui de leur Foi que l'opinion préconçuë de la capacité & sincérité de leurs instructeurs. Et eux sages de se fier plus à ce que disent des gens d'étude, qu'à ce qu'ils penseroient eux-mêmes, ne sachant ni lire, ni écrire, & vivant presque toûjours au milieu des vaches & des brebis, ou l'instrument de leur petit métier à la main.

Quelle piroüette n'a point fait la Controverse de l'Eglise, & que diroit Beze s'il revenoit au monde, avec le petit Poëme qu'il avoit fait mettre à la tête des Pseaumes, & que les enfans apprenoient si bien par cœur, Petit Troupeau, &c. voyant qu'aujourd'hui l'étenduë est selon nous tellement la marque de la vraie Eglise, que parceque la Romaine n'est pas assez étenduë, nous lui contestons ses prétentions ? Je parle ainsi, sachant de la bouche de plusieurs Ministres Réfugiez, qu'encore qu'il n'y ait eu que deux des leurs qui ayent écrit sur cette nouvelle idée de l'Eglise, il y a plus de trente ans que les plus éclairez reconnoissent que la vraie Eglise embrasse ou toutes, ou presque toutes les Communions Chretiennes.

Combien des nôtres sont morts avec une consolation incroyable, & persuasion que l'Eglise Romaine n'étant point le petit troupeau, & les Réformez l'étant, c'étoit à eux seuls qu'appartenoit le Royaume. Les voilà embarquez sur l'Océan de l'éternité avec de bonnes victuailles ?

Refléxion sur Molinos.

Enfin me voilà au bout de cette longue Préface, si néavmoins je dois finir sans dire un mot de Molinos. On m'a objecté cet homme-là tout noir fumant encore des anathèmes que l'Inquisition a lancez sur lui, comme refutant avec ses Disciples ce que j'ai dit si positivement, que les veritez de Morale sont si claires dans l'Ecriture, que tous les Chretiens les y découvrent sans en disputer entre eux. Je reponds qu'il faut necessairement, ou que Molinos soit un de ces Visionnaires qui même quand ils ne dorment pas, raisonnent à la maniere d'un songeur, sans donner aucune liaison à leurs paroles, principes & consequences, ou qu'il soit un franc imposteur, qui a voulu se faire un sujet de vanité, (pour ne rien dire de pis) de persuader aux gens devots le plus étrange & le plus commode des paradoxes, c'est que les pollutions les plus sensuelles sont de grands avancemens dans la voie purgative & même illuminative. Mais au reste le peu de Disciples qu'il a fait, & le soin que prennent une infinité de personnes de soutenir qu'il n'a jamais débité ces infamies, me justifient assez. Au reste ayant voulu savoir de certaines gens pourquoi ils croyent innocent (*) Molinos, j'ai trouvé que leur meilleure raison est qu'il a été condamné à Rome ; desorte qu'ils m'ont presque avoüé que si on l'y absolvoit, ils le croiroient alors coupable.

Si Mo... innoce...

(A) Proh Superi, quantum mortalia pectora cœcæ Noctis habent !

(*) ,,Ajoûtez à tout cela qu'au pis aller Molinos de-
,,meure d'accord, que les desirs & mouvemens impu-
,,diques sont des péchez lorsqu'ils viennent de nous,
,,& qu'il ne les justifie que lorsqu'ils sont excitez par
,,un Agent externe, savoir le Demon. Ainsi ce n'est

,, point proprement dans le droit qu'il erre, mais dans
,, la fausse assignation de la cause de certains derég-
,, mens. Il ne nie donc pas le fond du dogme de Morale
,, dont les autres Chretiens conviennent.
(A) Ovid. Metam.

SUPLEMENT

DU

COMMENTAIRE

PHILOSOPHIQUE,

SUR CES PAROLES DE

JESUS-CHRIST,

CONTRAINS-LES D'ENTRER:

LUC XIV, 23.

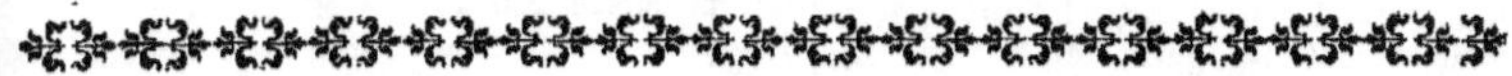

CHAPITRE PREMIER.

Considération générale de la foiblesse des preuves dont S. Augustin s'est servi, pour justifier les persécutions ; c'est qu'il ne dit rien dont on ne se puisse servir contre les Orthodoxes persécutez.

Ersuadé, comme je l'étois, que le sens littéral de ces paroles, *Contrains-les d'entrer*, est insoutenable, absurde & impie, je ne doutois pas que Saint Augustin ne l'eût soutenu foiblement ; mais je ne m'étois jamais figuré qu'il eût employé tant de raisons pitoyables. Ce n'est qu'en le refutant que je m'en suis convaincu ; & je vois bien à présent qu'on se laisse plûtôt fraper aux fausses lueurs d'un paralogisme quand on ne lit un Livre que pour s'amuser, que quand on le lit pour y répondre. J'ai admiré cent fois, en composant la 3. partie de mon Commentaire, qu'un homme puisse avoir autant d'esprit qu'en avoit S. Augustin, & raisonner aussi miserablement ; mais enfin j'en suis revenu-là, qu'il n'est rien de plus rare que la justesse d'esprit & que l'exactitude d'un bon Dialecticien. Vous trouvez dans chaque siecle des esprits brillans, vastes, féconds, qui ont l'imagination rapide, qui s'expriment avec éloquence, qui ont des ressources inépuisables pour soutenir tout ce qu'il leur plaît, voilà le caractere de S. Augustin : mais vous en trouvez peu qui voyent distinctement le vrai point des difficultez, & qui en voulant les résoudre, ne se laissent éloüir à des argumens dont ils croyent être les inventeurs, & qui sont très-mal propres à les résoudre; ayant le défaut de pouvoir être retorquez, de prouver trop, de donner le change, ou quelqu'autre semblable vice. Quelle pitié que la plûpart des comparaisons de S. Augustin ! Il ne prenoit pas garde qu'il en appliquoit les deux membres, comme si on présentoit deux aimans l'un à l'autre par leurs poles contraires. C'est un grand défaut, & surtout lorsqu'on soutient une chose destituée de preuves directes ; car d'ailleurs l'usage des comparaisons n'est pas à blâmer. Je m'en servirai peut-être souvent, mais outre qu'elles seront justes, je ne les ferai venir qu'après avoir prouvé ma Thèse par des principes évidens. On les a pû voir dans mon Commentaire.

Je me suis appliqué à suivre S. Augustin pied-à-pied, & je pense ne lui avoir rien laissé qui n'ait besoin d'un médicament bien difficile à trouver; mais quand on ne lui auroit répondu autre chose, si ce n'est que toutes ses raisons pouvoient être employées par quiconque auroit persécuté les Catholiques, dans les pays où il auroit été le plus fort, c'en étoit assez pour faire voir la vanité de ses prétentions. Car que faut-il davantage pour convaincre de cette vanité toute personne de bon sens, que de lui dire qu'en changeant de climat & de parallele on peut trouver vingt fois, dans l'espace d'un ou de deux ans, que les mêmes preuves sont vraies & fausses ; vraies dans les païs où les Orthodoxes persécutent ; fausses dans ceux où ils sont persécutez. Qu'on demande un peu aux

Instabilité de la Doctrine des Chretiens.

Ppp 3   Jesui-

Jesuïtes d'Angleterre, si opposé que les Episcopaux ayent la verité de leur côté, comme ils le prétendent, ils ont bien fait d'ôter la liberté de conscience aux Non-Conformistes: & s'ils allégueroient de bonnes raisons en se servant de celle de S. Augustin, ils vous répondront que non, que la conscience ne doit jamais être forcée, qu'il faut la persuader, & en tout cas la laisser sous le domaine de Dieu. Passez la Mer & allez en France, les Jesuites vous diront tout le contraire, & si vous leur opposez les belles maximes qu'ils alléguent ici pour les immunitez de la conscience, ils s'en moqueront. Que diroit là-dessus un homme non préoccupé? Il diroit, sans doute, qu'il n'a jamais vû des gens plus fous que les Chretiens, puisque dans les choses mêmes de Morale, qu'ils se vantent de connoître mieux que le reste du monde, ils n'ont rien de fixe, & réfutent en un lieu ce qu'ils ont établi dans l'autre. Disons encore un coup, en nous servant des expressions de Mr. l'Evêque de Meaux, que si la contrainte de la conscience est une bonne œuvre de la part des Orthodoxes, *l'Eglise Chretienne est assurément la plus foible de toute les Societez qui soient au monde, la plus exposée à d'irrémédiables divisions, la plus abandonnée au caprice & à la cruauté des zélez indiscrets, & des esprits ambitieux & violens.* Il est donc certain que S. Augustin

n'ayant pû faire l'Apologie des persécutions, qu'en raisonnant sur des principes que les persécuteurs heretiques auroient alléguez, aussi-bien que lui, sans qu'on eut pû les renvoyer qu'à la discussion du fonds (ouvrage de trop longue haleine, & remede trop lent pour un mal aussi présent & réel que les désordres des persécutions) ou qu'à la valée de Josaphat, lorsqu'à la fin du monde Dieu déclarera qui aura eu tort, ou raison, dans l'interprétation de ses oracles; il est certain, dis je, que les deffenses de S. Augustin étant sujettes à ces furieux inconvéniens, tombent par cela même. Car de dire que les Heretiques auroient abusé des principes dont il se servoit légitimement, c'est dire, par exemple, à une troupe de Dragons, prêrs à ravager une Ville Protestante, pour faire aller à la Messe tout le monde: *Hé! Messieurs, vous ne prenez pas garde que la violence dont vous vous servez, est aussi mauvaise, venant de vous qui croyez la fausseté, qu'elle seroit bonne & sainte, si elle venoit de nous qui croions la verité. Attendez du moins à nous tourmenter, que vos Missionnaires vous ayent expliqué, conférant avez nos Ministres, ces trois ou quatre gros Volumes de votre Bellarmin, & la Panstratie de notre Chamier; & alors persécutez-nous, si vous ne devenez pas persuadez de notre droit.* Chacun sent qu'un tel discours, soit qu'il fût adressé aux Exécuteurs, soit aux Ordonnateurs des persécutions, ne pourroit paroître que ridicule, & qu'il seroit pour le moins fort inutile, car on le pourroit repousser en cette maniere: *Mes bonnes gens, puisque vous convenez que quand on est Orthodoxe on se sert justement des voies de la rigueur, vous ne devez pas trouver étrange, que nous, qui sommes Orthodoxes, vous persécutions vous qui êtes des malheureux Heretiques, & quant à Bellarmin & Chamier, nous n'avons pas le tems de les oüir expliquer, ce seroit là la mer à boire, vous péririez dans votre incrédulité, avant que les Missionnaires & les Ministres eussent expédié le quart du I. Volume.* Il faut donc prendre votre parti

tout à l'heure, *sauf à vous plaindre que nous vous traitons injustement, si vos Ministres peuvent nous convaincre un jour, qu'ils ont la verité pardevers eux.* C'est de la démonstration de ce Fait que dépend la justice de vos plaintes; si bien que pendant que cela est en dispute, vous ne faites que supposer ce qui est en question, quand vous vous plaignez d'être traitez injustement.

Est-il possible que S. Augustin, avec toute la fertilité de son imagination, n'aie pas vû, qu'il est contre toutes les apparences, que Dieu n'ait point laissé à son Eglise d'autre remontrance à faire à ses persécuteurs, que celle de les prier d'examiner un Océan inépuisable de disputes, si embrouillées de chicaneries par la mauvaise foi, ou le faux zele des Controversistes, qu'il n'y a point de patience qui ne soit à bout, avant que l'on ait oüi & pesé les reponses, repliques, & dupliques des deux parties, sur le moindre point contesté. Est-il, dis-je, concevable que S. Augustin ait crû, que toutes ces belles maximes de Morale, principes de la droiture & de l'équité, précieux débris & restes inestimables de l'innocence du premier homme, soient devenuës inutiles à la véritable Religion, & qu'outre la patience de ses Martyrs, elle n'ait pû reclamer encore, pour mieux convaincre le monde du tort qui lui étoit fait, toutes ces regles d'humanité & de justice que toutes les nations un peu policées ont toûjours respectées? Or il est certain qu'elle ne pourra plus reclamer, dès qu'elle se croira obligée de persécuter les Heterodoxes, en vertu du commandement, *Contrains-les d'entrer;* car outre(*) qu'elle seroit obligée de se dispenser de ces maximes, quand elle persécuteroit, & de n'en tenir aucun compte, lorsque les persécutez s'en voudroient servir pour la toucher de compassion; après quoi il est évident qu'à son tour elle seroit sifflée, si elle s'en vouloit servir dans les persécutions qu'elle souffriroit. Outre cela, dis-je, n'est-il pas vrai que toutes les Sectes Chretiennes s'imagineroient offenser Dieu si au préjudice du commandement de contrainte que Jésus-Curist auroit fait, elles avoient égard aux principes d'équité & d'humanité que la droite Raison nous inspire. Voi-là donc les Orthodoxes bien & dûment dépouillez de ce secours; & ainsi au lieu de dire, comme faisoit Jésus-Christ lui-même, *qu'il n'est point venu pour anéantir la loi & les Prophetes, mais pour les accomplir,* il faudroit dire, si S. Augustin avoit raison, que Jésus-Christ est venu non seulement pour anéantir la loi & les Prophetes, tous les préceptes du Décalogue, & les plus sages maximes qui soient répanduës dans les Pseaumes, dans les Livres de Salomon, &c. mais aussi cette Religion naturelle, ces rayons de la loi éternelle, ces écoulemens de l'ordre immuable qui ont brillé dans tous les peuples tant soit peu polis.

Il n'en faut pas davantage pour renverser de fond en comble la méchante Apologie de S. Augustin, & de tout autre fauteur & complice des persécutions.

✳✳✳✳✳✳✳✳✳✳✳✳✳✳✳

CHAPITRE II.

Confirmation du Chapitre précedent, surtout par une nouvelle refutation de la reponse qu'on ne manque pas de m'opposer à tout propos, c'est que la vraie Eglise a seule le droit de se dispenser

---

(*) „On a prouvé dans le IV. chap. de la I. part. du „*Commentaire Philosophique*, & on le montrera encore

„ci dessous, quel ordre de contraindre seroit le renversement de toute la Morale.

ser, à l'égard des errans, de la regle naturelle de l'équité.

PEut-être se trouvera-t-il des gens qui me diront, que ce n'est pas sans une grande sagesse que Dieu a dépouillé son Eglise du secours qu'elle pourroit tirer d'une très-humble remontrance à ses cruels persécuteurs, fondée sur les loix générales de l'équité; car, diront-ils, c'est par-là qu'il montre que son Eglise ne se maintient que par des voyes secretes & extraordinaires de sa sainte providence, toute abandonnée qu'elle est à la seule constance de ses enfans, lorsqu'elle est persécutée. Mais ceux qui raisonneroient ainsi, prendroient peu garde à deux choses qui sont très certaines.

La 1. est, que les plus saints hommes & les plus zélez défenseurs de la cause du fils de Dieu, n'ont jamais négligé les voies honnêtes de faire comprendre aux persécuteurs, qu'ils fouloient aux pieds les maximes les plus iuviolables. C'est ainsi que S. Pierre les ramena à cette grande & universelle maxime, *qu'il vaut mieux obéir à Dieu qu'aux hommes*; & en général nous voyons par les Apologies que les Chretiens des premiers siecles présentoient aux Empereurs, qu'ils insistoient principalement sur l'innocence de leur Morale, & sur l'injustice qu'on avoit de ne point laisser jouïr du repos que les loix de l'Etat, & celles du droit des gens, procuroient aux autres Sujets de l'Empire. N'étoit-ce point recourir au droit commun, & reclamer les loix naturelles & positives qui étoient observées dans l'Etat? Il est donc faux, que Dieu ait voulu que les Orthodoxes n'opposassent aux persécuteurs, que l'une ou l'autre de ces deux choses, ou une patience qui ne dît mot, ou la déclaration qu'ils avoient la verité de leur côté. Nous voyons qu'ils argumentent souvent par les principes qui leur étoient communs avec les Gentils, je veux dire qu'ils les apellent à considérer ces devoirs universels qui lient les hommes les uns aux autres, & que l'on n'observoit pas envers les Chretiens. C'étoit le plus court moyen de les toucher; car pendant qu'on ne raisonne que sur des maximes rejettées par l'Adversaire, comme auroit été de dire, que les Payens rendoient un faux culte à Dieu, on ne peut gagner que peu de chose contre un Edit de persécution, ou bien il faudroit prouver cela par quelque raison sensible & apuïée sur des principes évidens & reconnus par les Païens, non moins que par les Chretiens. Tertullien le savoit fort bien pratiquer. Qui ne se souvient de ce beau trait du 2. chapitre de son Apologétique? *Vous renversez, disoit-il aux persécuteurs, tout l'ordre de la justice à nôtre égard. Vous tourmentez les autres criminels pour leur faire confesser ce qu'ils nient, & vous tourmentez les seuls Chretiens pour leur faire nier ce qu'ils confessent. Que si c'étoit un mal que d'être Chretiens, nous le nierions, & vous nous forceriez par les tourmens à le confesser. Cependant vous ne pouvez souffrir qu'un Chretien vous déclare ce qu'il est, & vous voulez qu'il vous dise qu'il n'est pas. Vous qui êtes établis pour tirer la verité de la bouche des criminels, vous vous efforcez de tirer le mensonge de la bouche des Chretiens, & au lieu que vous n'ajoûtez pas foi aisément à ce que vous disent les autres, lorsqu'il nient ce que vous leur demandez, vous nous croyez sur la moindre parole, s'il arrive que nous soyons assez misérables pour nier ce que nous sommes. Que cette conduite si inégale & si opposée vous devienne enfin suspecte, & craignez qu'il n'y ait quelque malignité cachée,* qui vous porte à violer ainsi toutes les formes de la justice, dans la conduite que vous tenez à notre égard.

C'étoit fort bien prendre la chose, & un argument *ad hominem*, ou une représentation qu'on n'agissoit pas conséquemment à ses principes, dans laquelle, pour le dire en passant, les Auteurs des *Dragonneries* de France verront quelques-uns de leurs linéamens.

Mais l'autre chose très-certaine à quoi les Auteurs de la réponse en question ne prennent pas garde, qu'ils se contredisent visiblement. Car si J. C. a commandé de contraindre, & d'extorquer des signatures, s'il autorise les voies de violence dont on s'est servi pour grossir l'Eglise depuis Constantin jusques à nous, il n'est pas vrai que Dieu ait voulu la conserver sans les secours humains, & par la seule assistance invisible & miraculeuse de son Esprit.

Je viens à une autre machine qu'on pourroit quasi nommer la machine du mouvement perpétuel, parce qu'on ne l'a pas plûtôt jettée par terre qu'elle revient dessus, toute aussi agile qu'auparavant. Dieu n'a pas prétendu, me dira-t-on, ôter à la verité le droit de se servir, comme d'autant d'argumens foudroïans, des principes de la Religion naturelle, lorsqu'on la persécute; il a seulement voulu que la fausseté n'eût pas le droit de s'en servir, quand elle est persécutée. J'ai tant de fois répondu à cela que j'en suis las; cependant puisqu'on ne cesse de le dire sans répondre à mes réfutations, il faut tâcher d'en proposer une nouvelle qui soit plus à la portée des esprits les plus grossiers.

Je dis en 1. lieu, que c'est toute la même chose, pour dépoüiller un homme du secours de quelques armes, que de les lui ôter tout-à-fait, ou de les lui laisser, lorsque ceux contre qui elles doivent être emploïées sont devenus invulnérables, & ont un bouclier à toute épreuve pour les repousser, forgé même dans le lieu où les armes ont été faites. Or c'est justement notre cas. Prouvez fortement que J. C. a commandé la contrainte de conscience, & pratiquez cet ordre dans toutes les occasions, vous produirez infailliblement ces deux effets; l'un que les Infideles vous regarderont comme le fléau des Sociétez, & les violateurs infâmes des loix les plus essentielles à la conservation du genre humain, & conséquemment ne se croiront plus obligez d'agir avec vous, quand ils seront les plus forts, que comme contre des bêtes féroces; l'autre est que les Chretiens Schismatiques & Hérétiques ne se croyant pas moins obligez que vous d'exécuter les ordres de J. C. ne vous feront aucun quartier, afin de vous contraindre à vous ranger dans la Communion qu'ils prétendent être la vraie, & ainsi les uns & les autres seront impénétrables à vos plaintes & à vos Apologies. Donc il ne vous servira de rien qu'à vous rendre ridicules, de suplier très-humblement vos persécuteurs d'observer à votre égard les devoirs généraux de l'équité & de l'humanité. Quel est donc ce droit que vous dites que Dieu vous a laissé, de faire valoir auprès des Tirans les idées communes de l'équité? C'est sans doute un droit de nul usage, & bien chimérique.

Que diroient de Virgile les gens de bon sens, si ayant fait venir son Héros de la Chersonnèse Taurique, où l'on avoit de coûtume d'égorger tous les Etrangers à l'autel de Diane, il avoit prêté à ses compagnons cette touchante complainte qu'il leur met à la bouche, lorsqu'un naufrage les

ayant

CHAP. II.
& III.

ayant jettez sur le rivage d'Afrique, on se saisit de
leurs personnes ? *Bon Dieu*, disoient-ils, *quelle barbarie est celle de ce païs-ci ! On ne veut pas seulement
permettre que nous couchions sur le sable de la mer ?*

(*) Quod genus hoc hominum, quæve hunc tam bar-
     bara morem

Permittit patria ? Hospitio prohibemur arenæ;
Bella cient, primâque vetant consistere terrâ.

Autant que cette complainte est judicieuse en
la bouche de gens qui avoient cultivé les loix de
l'humanité, autant seroit-elle ridicule en la bouche de gens qui seroient venus de la Chersonnese
Taurique. Tant il est vrai que ce n'est point aux
violateurs de la foi & de l'humanité de trouver
mauvais qu'on les païe en même monnoie.

Que gagnez-vous donc, Mrs. les persécuteurs
orthodoxes, en disant que Dieu n'a pas étendu
sur la fausseté, mais sur la seule verité, le droit
de contraindre ? Le mauvais effet de votre droit
prétendu en sera-t-il moins funeste & moins ravageant ? C'est donc la même chose, quant aux
suites sanglantes qu'auront par représailles vos
persécutions, que de dire qu'au fond la fausseté
n'a pas le même droit que la verité, ou que de
soûtenir le contraire. D'où résulte manifestement, que si Dieu avoit commandé aux Orthodoxes de contraindre les Hétérodoxes, il auroit
fait la chose du monde d'un côté la plus propre à
exposer la vraie Eglise à des maux irremédiables &
insupportables, qui lui auroient été faits à tout le
moins sous une apparence de droit si plausible,
qu'elle n'auroit pû trouver sur la terre aucun
juge désinteressé qui ne lui eût donné le tort.

Mais au moins auroit-elle la consolation, au
jour du jugement, d'entendre que ses persécuteurs seroient condamnez. Nous voici à la machine du mouvement perpétuel, à la derniere ressource de nos Adversaires, à leur *Sacram anchoram.*
Qu'y répondrons nous ? On le va voir.

❀❀❀❀❀❀❀❀❀❀❀❀

CHAPITRE III.

*Continuation de la nouvelle réfutation de la répon-
se susmentionnée, par l'emploi de deux exemples
considérables.*

*Un errant qui
observe les loix
de Dieu n'est
punissable que
de son erreur.*

JE dis, en second lieu, que c'est une chose douteuse, si supposé que J. C. eût commandé la
contrainte, les Hérétiques de bonne foi seroient
condamnez de Dieu pour l'avoir mise en pratique. On pourra voir dans la 2. partie de mon
Commentaire bien des raisons sur cela ; mais en
voici une qui fera peut-être plus d'impression sur
la plûpart de mes Lecteurs. Je dis & je soûtiens
qu'un homme qui erre, mais qui, ce premier
défaut posé, observe religieusement les loix de
Dieu, ne sera punissable tout au plus que de son
erreur. Cela paroît par ces deux exemples.

*Exemple d'un
Conquérant qui
après avoir
usurpé un Ro-
yaume le gou-
verne bien.*

Un Conquérant qui s'empare d'un grand
Roïaume par l'expulsion du légitime possesseur,
& qui après cela le gouverne selon les loix que
Dieu prescrit aux Souverains, faisant fleurir la
piété & les bonnes mœurs, rendre bonne &
brieve justice à un chacun, punir les méchans,
maintenir la veuve & l'orphelin dans leurs légitimes droits, &c. sera-t-il accusé devant le tribunal de Dieu, non seulement pour l'usurpation

(*) *Virg. Æn.*

d'un grand Roïaume, mais aussi pour la pratique exacte où il a mis les loix de Dieu, en gouvernant le païs conquis ? Il est clair que non, &
que l'obéïssance qu'il a renduë à Dieu en cela,
effacera plûtôt le crime de l'usurpation, qu'elle
ne sera un nouveau péché. Si cela est, qu'on me
dise pourquoi un homme, qui chasse la verité de
son ame & en met en possession l'erreur, & qui
après cela observe exactement ce que Dieu nous
commande dans sa parole, & entr'autres loix,
celle qu'on prétend que J. C. a donnée d'exterminer les Sectes, sera coupable devant Dieu d'autre chose que de sa premiere faute, savoir de la
désertion de la verité qui lui paroissoit erreur, &
de l'adoption de celle-ci qui lui paroissoit verité.
Si J. C. a commandé la contrainte de conscience,
comme l'aumône, la priere, &c. cet homme n'a-
t-il pas bien fait, s'il a eu connoissance de ces loix,
de les accomplir toutes le mieux qu'il a pû ?

*Et de Sa-
dans son
ment fui-
fant con-
par deux-*

Autre exemple. Si Salomon ne se fût pas avisé
de l'expédient qui lui fit si bien discerner la fausse
mere, & si celle-ci avoit eu plus d'éloquence &
d'habileté que l'autre, de maniere qu'il lui eût
adjugé l'enfant contesté, nous pouvons supposer
qu'il seroit arrivé un nouveau procès au bout de
quinze ou vingt ans. La véritable mere ayant de
nouveaux moyens de justifier son droit, auroit
cité l'autre devant Salomon, & l'auroit accusée
d'une grande suite de crimes. 1. D'avoir reclamé
pour sien un enfant qui ne l'étoit pas ; 2. de l'a-
voir nourri de bon lait ; 3. de l'avoir instruit
avec un grand soin, le châtiant & caressant à propos ; en un mot faisant pour lui tout ce que la Nature & la Religion prescrivent aux meres pour
leurs enfans. En bonne foi, Salomon auroit-il
donné droit à la vraie mere sur toutes ces accusations, & n'auroit-il pas au contraire prononcé,
que l'accusée n'étoit coupable que de s'être érigée
en mere, mais qu'à cela près elle étoit loüable,
puisque de toutes les manieres de remplir les devoirs d'une véritable mere, elle avoit choisi la meilleure, ayant pris pour son modele la loi de Dieu ?

Il ne faudroit, pour innocenter pleinement cette femme, que supposer un cas très-possible, c'est
qu'elle auroit été persuadée de bonne foi, au tems
de la contestation & depuis, que l'enfant lui appartenoit. Salomon, sage & judicieux comme il
étoit, auroit sans doute prononcé, connoissant la
bonne foi de cette prétenduë mere, qu'elle n'étoit
coupable ni devant Dieu, ni devant les hommes,
& ne l'auroit condamnée qu'à restituer l'enfant
à celle qui lui prouveroit sa véritable maternité.

Il paroît par cet exemple, que ceux qui se
trompent dans un certain chef, ne sont pas pour
cela quittes d'obéïr aux loix de Dieu, & qu'au
contraire ils font très-bien de les observer exactement, & qu'ils peuvent par-là racheter ou expier
le mal qui peut se rencontrer dans leur erreur.
Pourquoi donc damneroit-on les Hérétiques de
bonne foi, qui exécuteroient l'ordre de contraindre avec celui d'être charitables, chastes, sobres,
& tout le reste des commandemens de Dieu ?

✖✖✖✖✖✖✖✖✖✖✖✖✖✖✖✖

CHAPITRE IV.

Autre maniere de considérer le second exemple.

*Applicat-
de cette*

ON peut aussi-bien connoître la verité dans
des images supposées à plaisir, que dans des
Faits

Faits très-réels ; c'est pourquoi je suplie mon Lecteur de faire attention à cette fausse mere qui plaida devant Salomon, & à l'avanture de laquelle je demande qu'on change deux choses ; l'une qu'elle ait crû tout de bon que l'enfant lui apartenoit ; l'autre qu'après en avoir obtenu l'adjudication, elle n'ait eu rien plus à cœur que de l'élever selon les commandemens de Dieu. Voilà une image naïve d'un Hérétique de bonne foi, qui fait de son mieux pour exécuter la Morale de l'Evangile. L'éducation, les préjugez, ou si l'on veut même, un défaut physique de dextérité d'esprit lui adjugent comme la veritable Religion celle qui est fausse. Il regarde cette Religion comme une chose, dont il doit avoir autant de soin qu'une mere de son enfant, qu'il doit aimer & chérir, & établir dans le monde ; & ne croyant pas que l'on puisse choisir de meilleurs moyens de remplir ses obligations, que ceux que Dieu lui-même nous a prescrit, il consulte l'Ecriture & trouve bien-tôt (si nos persécuteurs ont raison) que J. C. a commandé de convertir les gens par force, d'aller sur les grands chemins & les places publiques, & contraindre de venir dans l'Eglise tous ceux qu'on rencontrera. Il suit cet ordre, & s'il a l'autorité Souveraine en main, il envoie ses soldats partout où il y a des gens qu'il croit n'être pas dans la vraie Eglise. Qu'y a-t-il à dire à tout cela ? Ne fait-il pas la volonté de J. C. comme quand il donne l'aumône à des fripons qui la lui demandent en son nom, & qu'il prend pour de vrais pauvres ; & au pis aller toute sa faute ne consiste-t-elle pas à prendre pour l'enfant qu'il doit élever & avancer, celui qui ne l'est pas, comme l'unique faute de cette femme auroit été d'avoir ignoré que l'enfant qu'elle nourrissoit, appartenoit à une autre femme ?

La comparaison seroit meilleure si nous regardions l'Hérétique sous l'emblême d'un fils, & sa Religion sous l'emblême d'une mere ; mais comme l'Auteur de la *Critique Générale*, a fait assez valoir tous ces exemples, & qu'il est aisé à mon Lecteur de faire ici la métamorphose d'une mere en un fils, je ne m'arrêterai pas davantage sur ces considérations. Voyons seulement si nos comparaisons clochent.

✳✳✳✳✳✳✳✳✳✳✳✳✳✳✳✳✳✳✳✳✳

CHAPITRE V.

Reponse à la premiere disparité qu'on peut opposer à mes exemples, c'est que les Hérétiqnes en donnant l'aumône font bien ; car ils la donnent à ceux à qui Dieu entend qu'elle soit donnée, mais ils font mal quand ils contraignent d'entrer ; car l'ordre de Dieu est seulement que l'on contraigne ceux qui errent. Je montre par de bons exemples, que des Juges Hérétiques obéïroient à Dieu en punissant les Orthodoxes, si le principe des persécuteurs étoit bon.

IL me semble que mon Lecteur est tout soulagé par la vûë de cette objection ; car il pouvoit aisément craindre qu'à l'imitation de mes Confreres Messieurs les Auteurs, je ne me contentasse d'avoir proposé deux exemples, laissant à part ce que l'on y peut opposer de plus fort. Mais on va voir que je ne dissimule pas les bons endroits de la cause de mes Adversaires. Ils peuvent dire fort spécieusement, que puisque les personnes à qui les Hérétiques donnent l'aumône, sont dans l'espece à laquelle Dieu la destine, ils obéïssent à la loi de Dieu ; mais que comme ceux qu'ils contraignent d'entrer, ne sont pas de la condition que doivent être ceux que Dieu veut que l'on contraigne, il faut conclure qu'en contraignant ils ne sauroient obéir à Dieu. Cela est bien embarrassant, ce me semble ; voyons néanmoins s'il l'est autant qu'il paroît.

On ne peut raisonnablement me contester cette maxime, que quand Dieu nous commande de faire telle ou telle chose à tels ou tels de nos prochains, il nous laisse la liberté d'examiner s'ils sont de la qualité requise. Par exemple, il nous ordonne d'assister les pauvres, de visiter les malades, de secourir l'orphelin ; c'est à nous néanmoins à voir si ceux qui se disent pauvres, malades, orphelins, le sont effectivement ; & si par des enquêtes exactes, mais pourtant sujettes à erreur, nous croyons avoir découvert de la fourberie dans leur fait, il est sûr que notre obligation de les secourir comme tels, cesse. Il y a même des cas, où quand nous errerions dans le fait, le refus d'assistance ne seroit pas un crime ; car si le Confesseur d'un grand Roi lui représentoit que la grêle ayant désolé quarante ou cinquante Paroisses, il étoit de la charité d'envoyer des sommes considérables aux paysans désolez, nous pouvons supposer que ce Prince enverroit des Commissaires sur les lieux, qui feroient acception de personnes, & raporteroient que telle ou telle Paroisse n'avoit pas besoin d'être assistée, ayant peu souffert & ayant de bonnes ressources. Cela seroit faux ; néanmoins le Prince ne pouvant pas voir tout lui-même se peut innocemment reposer de la distribution de ses libéralitez sur le choix d'autrui ; d'où il arrivera que ceux qui seront effectivement pauvres seront laissez sans secours, & que ceux qui sont à leur aise recevront ce qui n'étoit dû qu'aux pauvres. Dira-t-on néanmoins qu'en ce cas-là le Prince a désobéi au précepte du soulagement des pauvres ?

Il en va de même d'une veuve chargée d'enfans qu'elle meneroit tous les jours devant les Juges, pour les toucher davantage de compassion. Il est fort permis à ces Messieurs d'examiner si ce ne sont point des artifices, & il pourroit arriver que ceux qui auroient intenté procès à cette veuve, auroient assez de crédit pour remplir l'esprit des Juges, d'ailleurs bien intentionnez ; mais enfin sujets à la surprise par un apannage inséparable de l'humanité ; de les remplir, dis-je, de mille fausses informations, comme que cette veuve vit délicieusemennt dans sa Province, est opulente, & n'a qué très-peu d'enfans ; si bien qu'après cela ils n'auroient aucun égard à son état, ni à celui des pupilles, & pourroient par conséquent ne lui être pas favorables autant que la loi de Dieu le porte. Seroient-ils coupables tout au plus que de n'avoir pas pénétré les ténebres qu'on auroit répanduës à l'entour d'eux ? Après tout c'est un abus que de prétendre, que pour obéir au précepte de la charité, il faut que ceux sur qui on l'exerce soient effectivement pauvres & orphelins ; il suffit que nous les croyons tels ; & fussent-ils de grands fripons, Jésus-Christ nous tiendra compte des aumônes que nous leur aurons faites pour l'amour de lui, persuadez qu'ils étoient tels qu'ils se disoient, je veux dire indigens & orphelins.

Ce qui suit satisfera davantage mon Lecteur, je sens bien qu'il n'a pas encore son compte. L'une des plus essentielles obligations des Magistrats

Chap. V.

un criminel qui leur paroît innocent.

& des Souverains , c'est de punir les méchans , & d'absoudre les innocens ; *celui qui justifie le méchant & celui qui condamne le Juste , sont en abomination à l'Eternel,* nous dit l'Ecriture. N'est-il pas néanmoins incontestable, que la loi de Dieu touchant la punition des criminels, & l'absolution des personnes faussement accusées, n'oblige pas à punir précisément les criminels, & à absoudre les innocens ; mais seulement à punir ceux qui paroîtront criminels, & à absoudre ceux qui paroîtront innocens ? Tout ce à quoi les Juges sont obligez , c'est d'examiner bien les choses , & à tâcher que ceux qui sont criminels , ou innocens en effet ; le leur paroissent ; mais si malgré leur violence , un criminel ne peut être convaincu, ni l'innocence d'un accusé prouvée , je le dis & je le répete, ils ne sont obligez ni de châtier le criminel, ni de mettre l'innocent hors de cours & de procès.

Il arrive sans doute plus souvent qu'il ne faudroit, qu'un homme coupable de plusieurs crimes ; meurtre , empoisonnement , concussion , & autres choses , étant mis en justice , on ne peut alléguer contre lui que des apparences & de grandes présomptions ; car les témoins sont quelquefois tels , qu'il y a des reproches valables selon les loix du pays à alléguer contre eux , ou bien les amis de l'accusé ont l'adresse de les gagner sourdement , & de les engager à se dédire, quand ce vient au recollement. Si on met l'accusé à la question , il a quelquefois la force de résister aux tourmens & de ne rien confesser. Que faire à cela ? le condamner ? Mais les Juges ne le peuvent sans sortir de leurs limites ; ils ne peuvent pas envoyer au gibet un homme sur des présomptions, quelques violentes qu'elles soient; il faut ou qu'il confesse son crime, ou que des témoins suffisans en nombre, bien famez, & persévérans dans leurs dépositions l'en convainquent. Quand cela manque , le plus criminel de tous les hommes sera absous , sans que les Juges ayent rien fait contre leur devoir , & par conséquent l'ordre de Dieu de punir les criminels, se réduit à ceci , *Vous punirez ceux que vous pourrez, convaincre d'être criminels.*

Et en punissant un innocens qui leur paroît criminel.

Voyons présentement l'autre parcie de leur fonction, c'est d'absoudre les innocens. Cela veut-il dire qu'un homme très-innocent dans le fond d'un meurtre, mais accusé de l'avoir commis par plusieurs témoins, qui joüent admirablement leur rôle jusques à la fin , sans se contredire les uns les autres , ni se couper, devra être relâché ? Point du tout. Pourvû que les Juges ayent eu un véritable dessein de découvrir la vérité du Fait , & qu'ils ayent employé toute leur adresse pour démonter les témoins , & mettre en leur jour les preuves que le prévenu avançoit de son innocence, ils peuvent l'envoyer au suplice sans craindre d'offenser Dieu, & s'ils ne le faisoient pas, ils féroient très-mal leur charge ; car il faut qu'ils jugent *secundùm allegata & probata.* On peut supposer que les apparences étant contre cet innocent , ils l'appliquent à la question , & qu'il est si sensible à la douleur, que pour se tirer d'affaire il s'accuse lui-même à faux. On peut ajouter qu'ayant produit des témoins pour justifier son *alibi* , les faux-témoins ont eu plus de fermeté que ceux-là , ou que des ennemis secrets les ont engagez à déclarer qu'on les avoit subornez pour attester l'*alibi* (notre pays ne produit que trop d'exemples de ces désordres) en tous ces cas , il est évident qu'un innocent

peut être condamné au dernier suplice , sans que les Juges ayent rien à se reprocher ; & ainsi j'ai droit de conclure, que le commandement d'absoudre les innocens est restraint à cette proposition-ci, *Vous absoudrez ceux dont l'innocence vous sera prouvée.*

Autres exemples.

Il est donc certain que des Juges qui ne cherchent rien avec plus de soin que d'exécuter la loi de Dieu, peuvent sans l'enfraindre absoudre les criminels & condamner les innocens, pourvû qu'au reste ils n'absolvent que des criminels qu'ils ne trouvent pas être criminels , & qu'ils ne condamnent que des innocens qu'ils ne trouvent pas être innocens.

Il n'est pas moins certain que l'obligation d'obéïr à Dieu , tant à l'égard de cette loi qu'à l'égard de celle de donner l'Aumône , de protéger les veuves & les orphelins , avance ou recule , s'arrête & demeure suspenduë à proportion de la connoissance que nous avons des sujets sur qui ces loix doivent s'exercer ; j'entens même une connoissance trompeuse, mais fondée sur la bonne foi.

Car les Magistrats qui chassent des Hopitaux, & même de leur Ville, pour les employer au travail , un certain nombre de pauvres que les Médecins leur auroient dit être en état de travailler pour gagner leur vie, ne désobéïssent point au précepte de donner l'aumône aux pauvres , encore qu'il arrivât que les Médecins jugeassent quelquefois mal , sur des signes équivoques de santé , que tels sont des mendians valides. Encore moins y désobéïroient-ils, s'ils nourrissoient de francs paresseux, qu'on leur persuaderoit être incapables de gagner leur vie.

Les Juges qui trompez par de grandes apparences & par de faux certificats, mais très-vraisemblables, ne feroient point à une veuve chargée d'enfans la faveur qu'elle mériteroit , & qu'ils lui feroient , si on ne les avoit point imbus de cette persuasion , qu'elle est une fine hipocrite qui ne plaide que pour pouvoir convoler en secondes noces avec plus d'avantages temporels; les Juges, dis-je, qui seroient placez en ces circonstances , mettroient dans une grande suspension l'obligation naturelle que leur charge leur impose d'être plus indulgens à la veuve & à l'orphelin qu'à d'autres gens; & au contraire cette obligation subsisteroit en sa vigueur, si une veuve qui vivroit en délices trouvoit le moyen de leur persuader des attestations & autres Pieces en apparence valables, que son innocence est opprimée. Desorte que tout Juge qui dans cette persuasion auroit du suport pour une veuve qui réellement en seroit indigne, ne laisseroit pas d'obéïr à la loi, au lieu que dans le premier cas il se dispenseroit de ce suport sans être proprement infracteur de la loi, à moins qu'on ne veuille qu'il ne soit coupable de n'être pas infaillible ; ce qui seroit une prétention si ridicule , que ceux de l'Eglise Romaine , qui croyent qu'un Concile œcuménique présidé par l'Evêque de Rome , ou en son nom , ou aprouvé par lui , décide infailliblement les points de Foi, n'osent pourtant lui attribuer le privilége de n'être jamais surpris & trompé par de fausses informations, ce qu'on ne prend jamais pour une désobéïssance de l'Eglise aux loix de Dieu.

Or si l'obligation de donner l'aumône , & de protéger les veuves & les orphelins, suppose pour condition nécessaire & fondamentale , qu'on sera persuadé de bonne foi que tels & tels sont de véri-

véritables pauvres, veuves & orphelins; celle de punir les criminels & d'absoudre les innocens la suppose encore plus, puisque comme je l'ai prouvé, dès le moment qu'un criminel n'est pas convaincu en forme de ses forfaits, les Juges sont obligez de le traiter comme innocent, comme ils sont obligez de traiter en criminel, un innocent qui se trouve convaincu dans les formes des accusations à lui intentées.

J'ai voulu mettre ceci dans la derniere évidence, aux dépens d'un peu trop de verbiage & de répétitions inutiles, pour ceux qui ont l'intelligence prompte, parce que je trouve ici la décision du procès, & qu'il falloit le faire sentir à ceux même qui ont quelque dureté d'entendement. Nous allons voir l'application que je veux faire de mes exemples.

CHAPITRE. VI.

Comparaison des Juges qui se trompent en punissant l'innocent & absolvant le criminel, avec les Juges hérétiques qui condamneroient les Orthodoxes.

JE supplie mon Lecteur de bien peser cet Enthymême. Le commandement de donner l'aumône aux pauvres, de protéger les veuves & les orphelins, de punir les criminels, d'absoudre les innocens, nous laisse une telle liberté d'examiner si l'on est pauvre, veuve, orphelin, criminel, innocent, que lorsque nos lumieres, appliquées sincerement & soigneusement, nous font tenir une conduite qui ne convient pas à l'état réel des sujets envers lesquels nous agissons, mais seulement à l'état auquel nous les croïons être, nous ne désobéïssons pas à la loi de Dieu.

Donc s'il étoit vrai, comme St. Augustin le prétend, que Dieu a mis en main le glaive aux Princes, afin de punir les Hérétiques pour les contraindre d'entrer dans l'Eglise, on obéïroit à cet ordre, encore que ceux que l'on contraindroit ne fussent pas réellement Hérétiques, mais seulement selon l'opinion des Juges.

Souvenons-nous que St. Augustin (*) a prouvé le droit de persécuter, par le passage de St. Paul qui porte que les Souverains ont été établis de Dieu pour punir le mal, en conséquence de quoi Monsieur de Meaux demande assez fierement aux Protestans, un texte de l'Ecriture qui excepte les Hérétiques du nombre des malfaiteurs, contre lesquels Dieu a armé les Princes. Accordons-leur pour un tems ce qu'ils demandent, nous allons voir qu'ils ne s'en trouveront pas bien.

Car comme un Prince n'est pas obligé à autre chose, par raport à l'administration de la justice, qu'à établir par tous ses Etats des Juges integres & intelligens, (on seroit ridicule de prétendre qu'il doit juger lui-même toutes les causes qui sont débatuës dans un grand Roïaume, cela n'est pas possible) & à satisfaire aux justes plaintes, si le cas y échet, que les Sujets lui portent contre les Juges qu'il a établis; il est clair que le voilà quitte envers Dieu à cet égard, pourvû qu'il donne ordre aux Juges de rendre à chaque Sujet ce qui lui appartient, & de punir les méchans;

c'est-à-dire, selon St. Augustin, les Meurtriers, les Voleurs, les Sodomites, les Sorciers, & les Hérétiques; &c. Desorte qu'un Prince hérétique qui donne cet ordre à ses Juges, ne sauroit manquer: par conséquent comme ce n'est pas la faute du Prince, si des Juges gens de biens & d'esprit punissent comme meurtrier un homme au fond innocent, mais convaincu d'avoir tué, & absolvent un meurtrier dont on n'a pû prouver le crime, ce ne sera point non-plus sa faute, si de semblables Juges punissent un homme qui ne sera pas Hérétique réellement & selon l'idée de Dieu, mais qui néanmoins sera convaincu d'être tel selon les principes & la Religion des Juges. Voilà donc un Prince hérétique hors d'affaire, quoique partout son Royaume on fasse subir la peine des malfaiteurs aux Orthodoxes.

Mais des Juges qu'en ferons-nous? Je pense que nous les pourrons disculper pour deux raisons. La 1. c'est qu'ordinairement ils ne jugent point du Fait; ils renvoïent ce jugement aux Ecclésiastiques, & ceux-ci aïant prononcé après l'examen & les interrogations nécessaires qu'un tel est Hérétique, le livrent au bras séculier, c'est-à-dire aux Magistrats, qui ensuite décernent contre lui telle peine qu'ils voïent bon être.

La 2. c'est que s'ils jugent qu'un homme est Hérétique, ils le font sur la déposition d'un grand nombre de témoins, & sur l'aveu propre de l'accusé (car encore qu'il n'avoüe pas qu'il soit Hérétique, ils confessent néanmoins qu'il est dans les opinions que ses accusateurs traitent d'Hérésie) & sur les principes & les loix de leur Religion & de leur païs; de maniere que la même bonne foi qui leur fait dire que leur Religion est bonne, les engage à déclarer pour Hérétiques tous ceux qui la combattent.

Par la 1. de ces 2. raisons les Juges sont tout-à-fait hors de coulpe; car en condamnant un Hérétique ils ne sont pas plus coupables (le sentiment de St. Augustin posé) que le seroient les Juges en ce Royaume, si les Jurez qu'ils ont chosis loïalement pour examiner la cause d'un accusé, le déclaroient convaincu du Fait; car les Juges sont obligez après cela de voir à quoi les loix condamnent un homme qui a fait une telle action, & de la lui infliger. N'importe qu'il soit innocent; c'est au Jurez à en répondre devant Dieu, s'ils ont prononcé sur le Fait sans raison. Mais ce n'est pas l'affaire des Juges, puisqu'il est très-vrai que ceux qui sont dans le cas, où ils doivent supposer qu'est cet homme-là, méritent la peine à laquelle ils le condamnent.

N'est-ce pas la même chose lorsqu'un homme étant accusé d'être Hérétique, les Magistrats renvoïent la connoissance du Fait (A) à tout ce qu'il a y de meilleurs Experts dans le Païs, c'est-à-dire aux Docteurs en théologie, aux Universitez, aux Synodes, aux Chapitres, aux Assemblées du Clergé, aux Conciles, aux Tribunaux de l'Inquisition, Juges nez de ce qui est Orthodoxe ou non? Si cette espece de Juges très-compétens décide le Fait, le bras séculier ne peut faire autre chose, que décerner contre le coupable la peine que la loi de Dieu lui impose, & c'est aux Juges du Fait à répondre devant Dieu s'ils se sont trompez au discernement de ce qui est Hérésie ou non.

Re-

(*) ,, *Comm. Philos.* III. part. Chap. XXXIII.

(A) ,, Remarquez que j'appelle ici question de fait, ,, celle de savoir si une opinion est hérétique. Je n'i- ,, gnore pas qu'en un certain sens, c'est une affaire de

,, droit; mais je parle ainsi pour mieux opposer l'exa- ,, men de cette question, *un tel est-il hérétique*, à l'exa- ,, men de celle-ci, *quelle est la peine que méritent les* ,, *Hérétiques?*

Chap. VI.

Représentons tout ceci par ce Sillogisme :

Les Heretiques sont punissables ;

Or Jean Hus est Heretique ;

Donc Jean Hus est punissable.

On le prouve en forme.

La *majeure* est contenuë clairement & expressément dans l'Ecriture, à ce que disent St. Augustin & tous les autres Apologistes de la contrainte de conscience. La *mineure* est un Fait attesté par les Experts & les Juges nez de telles choses. Il faut donc que les Magistrats prononcent la conclusion, & ils ne sauroient jamais attendre deux meilleurs fondemens de leur arrêt que le font les deux prémisses de ce syllogisme.

La condamnation est un peu moins sûre pour eux, lorsqu'ils jugent eux-mêmes du Fait, je veux dire lorsqu'ils jugent eux-mêmes que les opinions du prévenu sont Hérésie ; mais néanmoins ils ne sont alors coupables que de croire qu'ils sont dans la bonne Religion. Or c'est le crime de tout ce qu'il y a de gens de bien & d'honneur sur toute la face de la terre, n'y en ayant point qui ne demeure dans la Religion qu'il professe, parce seulement qu'il la croit la meilleure de toutes. Donc le jugement qu'un tel & un tel sont Heretiques ne peut être qu'une ignorance, ou qu'une erreur ; & ainsi tout le poison & la turpitude qui accompagne la persécution des Orthodoxes, réside, à proprement parler, dans le commandement prétendu de persécuter. J'ai donc raison de soûtenir que le supplice des Orthodoxes deviendroit une affaire légitime, si Dieu avoit commandé en general de faire mourir les Heretiques.

Car nous ne trouverons aucun sujet à qui nous puissions imputer le crime, puisque le Souverain qui ordonne aux Juges qu'il établit, de punir les malfaiteurs (parmi lesquels Dieu met les Heretiques, selon la supposition de mes adversaires) n'est point responsable de ce que ces Juges étendront les peines sur des gens qui ne seront point malfaiteurs au fond, mais qui en seront pourtant convaincus par des procédures très-juridiques ; & puisque ces Juges, ou ne connoissent point du Fait, ou le décident sur des procédures & des fondemens les plus autorisez dans l'usage, après quoi ils ont l'Ecriture qui leur sert de regle nette & précise pour la punition du délict.

✻✻✻✻✻✻✻✻✻✻✻✻✻✻✻

CHAPITRE VII.

Si les Ecclésiastiques hérétiques trempant dans le procès & la condamnation des Orthodoxes, seroient coupables.

Les Ecclésiastiques, en taxant un homme d'Hérésie, ne sont pas coupables, Exemple.

NOus venons de voir que ni le Souverain, ni les Cours de justice ne trempent pas dans la faute ; sur qui donc tombera-t-elle ? Sera-ce sur les Docteurs & autres gens d'Eglise, qui déclarent qu'un tel personnage est hérétique ? Mais ce n'est pas-là ce qu'on appelle persécution, meurtre, crime ; ce n'est tout au plus qu'ignorance ou erreur, & fausse qualification d'un sentiment. Tout homme qui croit que sa Religion est bonne, est obligé de le déclarer s'il en est requis. Or c'est la même chose de dire, *ma Religion est bonne*, & de dire, *la Religion qui est contraire à la mienne est mauvaise*. Ainsi quand une Assemblée du Clergé Romain, chargé de déclarer ce qu'elle juge de l'opinion des Protestans, dit qu'ils sont Hérétiques, elle ne fait autre chose dans le fond que déclarer, que l'Eglise Romaine laquelle ils combattent directement est orthodoxe. Or qu'on me dise un peu, si pendant que des gens sont persuadez de cela, ils se peuvent dispenser de dire, en étant sommez par les Magistrats, que les Protestans sont Hérétiques. Et comme précisément, par cette déclaration, ils ne font aucun tort réel aux Protestans, je veux dire qu'ils ne les tourmentent point en leurs biens ni en leurs personnes, on ne peut pas poser-là le véritable siége du péché. Si en conséquence de cette déclaration, les Magistrats font allumer des buchers pour y brûler les Protestans, ou les exposent d'ailleurs à mille peines, ce n'est qu'une suite, par accident, de ce qu'ils ont été obligez de dire en conscience.

N'est-il pas vrai que des Casuistes qui croiroient qu'une mere, qui sachant qu'elle a conçu, se procure un avortement avant que son fruit est animé, commet un parricide, & qui le déclareroient aux Juges, ne devroient pas être accusez de cruauté, ou d'être la cause qu'on feroit pendre une mere convaincuë de la faute qu'ils auroient qualifiée parricide ? Je soûtiens que quand ils auroient sçû que les Juges n'attendoient que leur réponse pour condamner cette femme, ils auroient dû prononcer que c'étoit un parricide. C'est pourquoi encore que les Inquisiteurs sachent, que dès qu'ils auront fait savoir aux Juges qu'un tel est Hérétique, ils le puniront, ils ne doivent pas passer pour les Auteurs de la peine ; car ce n'est que par accident que leur décision en est suivie, c'est-à-dire parce que la loi de Dieu porte (à ce que disent les persécuteurs) qu'il faut punir les Hérétiques.

*Ni mé-
conda-
suppli...*

Mais je veux que les mêmes Juges Ecclésiastiques, qui prononcent qu'une certaine opinion est hérétique, prononcent aussi que ceux qui la tiennent opiniâtrement sont punissables ; je ne vois point encore pour tout cela que ce soit sur eux que doive tomber la notte de cruauté. Car s'il est vrai que l'Ecriture soûmet les Hérétiques au glaive des Magistrats, une Assemblée d'Ecclésiastiques hérétiques ne se trompe point en formant cette décision ou ce Canon, *les hérétiques sont punissables par le bras séculier*, car cette These seroit une verité révélée. Cela étant, cette proposition conditionnelle, *si Jean Hus est Hérétique, il est punissable par le bras séculier*, est aussi vraie que si on la trouvoit en autant de mots dans l'Ecriture, puisqu'il est certain que lorsqu'une proposition universelle est dans l'Ecriture, toutes les particulieres qui sont contenuës sous cette proposition, sont censées être dans l'Ecriture. Implicitement & virtuellement, dira-t-on ; mais quoiqu'il en soit, elles y sont d'une maniere à nous assurer pleinement de leur certitude, comme si nous les y lisions explicitement.

Mais qu'arrivera-t-il, quand une Assemblée d'Hérétiques prononcera absolument, *Jean Hus est Hérétique, donc il mérite d'être livré au bras séculier pour être puni ?* Je réponds encore une fois que si cette Assemblée agissoit de bonne foi, elle ne seroit tout au plus coupable que d'être persuadée de la bonté de sa Religion ; & si elle peut sauver cela devant Dieu, on ne parlera point de tout le reste ; Jean Hus aura été puni impunément pour elle.

Raiso...

La raison en est, qu'en supposant la doctrine de St. Augustin, il y a une liaison indissoluble, faite par le propre doigt de Dieu, entre être Hérétique & être punissable. Il est certain aussi qu'il y a une liaison indissoluble, & qui ne dépend point de nous entre croire qu'une chose est

vraie,

vraie, & croire que ce qui la contredit eſt faux. Si bien que dès que vous avez poſé, qu'un homme eſt fermement perſuadé de la divinité de ſa Religion, il faut de toute néceſſité qu'il ſoit fermement perſuadé, 1. que ceux qui la combattent ſont Hérétiques. 2. qu'ils ſont puniſſables. Et ſi vous me repréſentez, qu'il y a de la cruauté à croire qu'ils ſoient puniſſables, je vous répondrai, que ce n'eſt pas à eux qu'il faut s'en prendre, puiſqu'ils ont trouvé toute faite & nouée dans l'Ecriture la conjonction de ces deux attributs, *hérétique & puniſſable*, auſſi-bien que celle de ces deux-ci, *homicide & puniſſable*. Comme donc il n'y a point de cruauté à définir que tels & tels méritent la mort, après qu'on les a convaincus par les formes juridiques qu'ils ſont meurtriers, il n'y en auroit point auſſi à définir que ceux qu'on convainc ſelon les procédures du païs d'être Hérétiques, ſont puniſſables.

Il ſe trouve que j'aurai plus fait que je ne croïois; car je m'apperçois que ſi mes raiſons ſont bonnes, elles diſculperont ceux qui ſe voudroient charger de toute la cauſe; un Roi, par exemple, qui voudroit lui-même interroger les accuſez d'Héréſie, écouter leurs raiſons, les peſer & examiner, oüir ſur cela les avis de ſon Conſeil, & qui enſuite prononceroit qu'ils ſont atteints & convaincus du crime dont ils étoient accuſez, & par conſéquent puniſſables. S. Auguſtin agiſſant raiſonnablement ne pourroit trouver rien à redire dans un Prince Arrien, qui ſe comporteroit ainſi envers les Orthodoxes, ſi ce n'eſt qu'il erre; car l'erreur une fois poſée, ce n'eſt point le Prince Arrien qui puniroit les Orthodoxes, ce ſeroit la loi de l'Evangile.

N'eſt-il pas horrible qu'un tel Saint ait ſoutenu un dogme, qui décharge ſur la Divinité toute la haine & l'envie du ſuplice d'une infinité de Fideles; car il eſt certain qu'il ne reſteroit rien à blâmer dans l'Hérétique perſécuteur, que d'être né dans une fauſſe Religion, & d'y avoir reçu les impreſſions preſque invincibles de l'éducation; choſes pour leſquelles on ne l'a point conſulté & dont il ne peut être reſponſable.

CHAPITRE VIII.

Abrégé de la réponſe à la 1. diſparité.

Mais pour donner le précis & la récapitulation de ce long article, je ſouhaite qu'on prenne garde à ces deux petites comparaiſons.

1. Un Bourgeois médiocrement à ſon aiſe, qui donne l'aumône tous les jours à un mendiant qu'il trouve à la porte de l'Egliſe, lequel a gagné des ſommes conſidérables en gueuſant, obéït au précepte de donner l'aumône; & s'il la refuſoit à un gueux réellement pauvre, mais que des perſonnes graves, & qu'il a éprouvées ſincères en mille rencontres, lui aſſureroient ſe pouvoir paſſer de ſon aſſiſtance, gueuſant par pareſſe & par avarice, il ne déſobéïroit pas à ce précepte.

Donc il n'eſt pas vrai que pour obéïr à ce précepte, il faut que ceux à qui on donne l'aumône ſoient dans l'eſpece à laquelle Jéſus-Chriſt l'a deſtinée, & que ceux à qui on la refuſe n'y ſoient pas.

Donc il ſuffit que de bonne foi nous les croï-

(*) „Il ne faut pas prendre ceci à la rigueur; car je „conviens qu'il y a des gens qui ne ſauroient que dire

---

ons être dans cette eſpece, ou n'y être pas; & il ſeroit ridicule de prétendre, que ſelon l'intention de Dieu, le plus riche eſt dans cette eſpece à l'égard du moins riche.

Donc la diſparité de mes Adverſaires eſt nulle.

Donc on pourra obéïr au précepte de contraindre, encore que ceux que l'on contraindra ne ſoient point réellement Hérétiques, mais ſeulement ſelon le jugement de bonne foi des contraignans.

Si on me dit, qu'en donnant l'aumône à un homme riche, on ne lui fait point de mal, mais qu'en contraignant un Orthodoxe on lui en fait, au lieu qu'en contraignant un Hérétique on lui fait du bien, on s'enferrera ſoi-même dans pluſieurs difficultez. Car outre que ce ſera lâcher le pied pour chercher un autre retraite que la 1. diſparité, il eſt ſûr qu'on fait un mal moral à un faux pauvre, en lui donnant l'aumône, puis qu'on le fait tomber dans une rapine actuelle d'un bien qui n'appartient qu'aux vrais pauvres. Deplus, en laiſſant en paix un Hérétique on lui fait un bien phiſique, tout de même qu'on en fait à un mendiant opulent quand on lui donne l'aumône; mais par cela même qu'on violente ſa conſcience, & qu'on le pouſſe à l'hipocriſie, on lui fait un mal moral. Enfin que dira-t-on du refus d'aumône à celui qu'on croit bonnement caimander ſans néceſſité & par friponnerie? Cela ne ſera-t-il pas auſſi graciable, que de contraindre celui qu'on croit bonnement être Hérétique?

Voici mon autre comparaiſon.

2. Un Juge qui examine, autant qu'il peut, la cauſe d'un homme accuſé de meurtre, & qui le voyant convaincu du Fait, ſelon les procédures juridiques les plus exactes, le condamne au dernier ſuplice, obéït à la loi de Dieu touchant la punition des Homicides, encore que cet homme ſoit innocent, & ne ſuccombe qu'à la ſubtile machination de ſes ennemis, armez de bons faux-témoins.

Donc un Juge, qui en ſuivant de bonne foi ſes lumieres, & après avoir peſé les deffenſes d'un homme accuſé d'Héréſie, & pris ſur cela les meilleures inſtructions qu'il a pû, le trouve convaincu, ſelon toutes les formes les plus juridiques, d'être Hérétique, & le fait punir, obéït à la loi prétenduë de Dieu touchant la punition des Hérétiques, encore que cet homme ſoit Orthodoxe dans le fond.

CHAPITRE IX.

Que les Juges qui condamnent un innocent, & abſolvent un criminel, ne pêchent point, pourvû qu'ils ayent agi loiablement.

Il ne ſeroit pas néceſſaire d'examiner ce qu'on vient de lire dans le titre de ce chapitre, ſi tous les Lecteurs étoient raiſonnables; mais il y en a de ſi durs & de ſi préoccupez, que plûtôt que de convenir, ſoit directement par un aveu ſincère, ſoit indirectement (*) & interprétativement, en ne pouvant repliquer quoi que ce ſoit, qu'on les a convaincus de leur erreur, ils nient les choſes les plus évidentes. Il s'en pourroit donc trouver qui ſoutiendroient, que les Juges dont je parle, pêchent mortellement, & qu'ainſi je ne

„contre une objection, & qui néanmoins ſont auſſi „perſuadez qu'auparavant qu'ils ont raiſon.

ne prouve rien en faveur de ceux qui condamne-roient les Orthodoxes, s'imaginant de bonne foi, mais très-faussement, qu'ils sont Hérétiques.

Pour donner quelque fondement plausible à cette méchante défaite, il faut qu'ils supposent que ces Juges n'ont manqué à découvrir le Fait, que parce qu'ils étoient dans quelque passion déréglée, qui offusquoit leurs lumieres, ou qu'en tout cas ils sont coupables de s'être fait donner une charge dont ils devoient savoir qu'ils n'é-toient pas capables de s'acquitter. Me voilà donc engagé à montrer deux choses ; l'une que sans toutes ces passions déreglées, qu'on suppose dans l'objection, les Juges peuvent se tromper ; l'au-tre qu'un Juge peut être capable de s'acquitter de sa charge, encore qu'il ne puisse pas toûjours déterrer la verité d'un Fait.

Si les Juges qui ne découvrent pas la verité, sont dans quelque passion criminelle.

A l'égard du 1. point, je demanderois volon-tiers à mes adversaires, s'ils croyent que toute ignorance ou erreur soit une suite du péché. S'ils me répondent qu'oüi, je leur montrerai bien-tôt qu'ils font une lourde bévuë.

Adam, parfaitement innocent, n'ignoroit-il pas une infinité de choses, & avant que d'avoir péché ne porta-t-il pas un faux jugement ? Il est indubitable, que quand il commença de pécher, il n'avoit pas encore péché. Or il commença de pécher, en jugeant que ce que Dieu lui avoit dit, n'étoit pas plus certain que ce que lui disoit sa femme, ou en affirmant quelque autre chose qui étoit fausse. Donc il fit un faux jugement qui n'avoit été précédé d'aucun péché. Donc il est faux que toute ignorance ou erreur procede du péché. Pourquoi donc suppose-t-on que toutes les fausses sentences des Juges procedent de quelque péché ?

De-plus, si Jésus-Christ, parfaitement inno-cent, a été capable de faire semblant d'une chose qu'il n'avoit pas dessein de faire, Adam & tous ses descendans, s'ils eussent perséveré dans l'in-nocence, auroient pû, sans doute, se servir quelquefois d'un signe qui n'eût pas marqué leur pensée. Or qui doute qu'en ces occasions-là, ils n'eussent porté leurs compagnons à juger d'eux autrement que selon la verité, tout de mê-me que Jésus-Christ porta ceux qui virent qu'il faisoit semblant d'aller plus loin, à croire que c'étoit son intention. Il est donc certain, que les hommes innocens auroient pû se tromper les uns les autres, dans des choses où il ne seroit point entré un mauvais motif ; & on ne peut me le contester, sans donner dans cette fausseté absurde, qu'il n'y a que le péché qui nous em-pêche d'être scrutateurs des reins & des cœurs. Abus tout pur. Il n'y a ni homme, ni Ange, qui puisse savoir ce qu'un autre pense que par des signes d'institution, ou telles autres causes occasionnelles ; mais dès qu'on emploie ces signes à faux, il est très-possible à une intelli-gence créée de tromper l'autre. Dieu seul ayant une connoissance directe & intuitive des modi-fications des esprits, ne peut être trompé par leurs faux-semblans.

Je conclus de là, que les Juges, quelque exempts de passion qu'on les suppose, peuvent manquer la découverte d'un Fait. Car ne pou-vant point lire dans le cœur de l'accusé & des témoins, il faut qu'ils consultent les signes par lesquels les hommes se manifestent leurs pen-sées ; mais tous ces signes sont équivoques, & les hommes ont mille replis & mille cachettes dans le cœur, qu'ils savent remparer par mille faus-setez & mille mensonges. Il peut donc arriver qu'ils trompent non seulement les Juges les plus féaux, mais aussi ceux qui ont le plus d'adresse à faire donner dans quelque piége les témoins & les accusez ; tant s'en faut qu'un homme de bien soit plus propre à développer la dissimulation rusée de ces gens-là, qu'au contraire un Juge y seroit plus propre qui sauroit, par sa propre ex-périence, tous leurs détours. Adam tout tel qu'il sortit des mains de Dieu étoit plus aisé à tromper, qu'un homme qui a été un fripon toute sa vie.

Je ne saurois comprendre, comment presque toûs les Chretiens se sont laissez entraîner dans cette imagination, qu'il n'y a que le péché qui soit la cause de notre ignorance. Car pour peu que l'on réfléchisse sur la maniere dont notre ame est unie à notre corps, on se pourra convaincre qu'il en naît une espece de nécessité, qu'elle soit très-bornée & fautive dans ses connoissances ; car outre que cette union assujettit l'ame à pen-ser dépendemment des impressions que les objets font & laissent dans le cerveau, il faut d'ailleurs que l'ame ait une infinité de pensées qui se rap-portent à la conservation du corps, lesquelles n'étant que des sentimens confus, ou des pas-sions, qui ne sont l'image distincte d'aucun objet tel qu'il est en lui-même, la voilà la plûpart du tems affectée par des modifications qui ne l'é-clairent point, qui ne donnent aucune étenduë à ses véritables connoissances, & qui la sollici-tent à juger des objets sur des apparences trom-peuses, sans qu'elle sache ce qu'ils sont réelle-ment. Desorte que d'autre côté sa dépendance, pour agir, de certaines impressions reçûës dans le cerveau, la resserrant encore davantage, par la limitation essentielle à toutes les causes occa-sionnelles, c'est une nécessité que ses lumieres soient très-courtes & peu sures ; & ce qui comble la mesure, c'est que nous sommes des quinze ans tout entiers, ou davantage, sans faire presque aucun usage de notre Raison, par raport aux belles lumieres de l'esprit. Car que faisons-nous avant l'âge de quinze ans ? Sentir la faim & la soif, le froid & le chaud, ou quelque autre in-commodité, le plaisir de teter ou de manger de la bouillie, de manier un joüet, de sotiller en-tre les bras d'une nourrice. Nous aprennons en-suite la Langue de notre païs, ce qui donne lieu aux personnes qui nous élevent, de nous faire accroire toutes les sottises qu'il leur plaît. On nous apprend à lire & à écrire, du Latin & du Grec, si vous voulez ; mais cela n'empêche pas que notre sphere ne soit autour de mille petits passe-tems, & que nous ne nous laissions coëffer de tous les comptes qu'on nous dit. La Raison n'est pas encore assez forte pour se méfier de rien, & s'opposer à l'introduction d'aucune er-reur, excepté quand elles regardent quelque in-térêt de la chair, ou qu'elles combattent notre petite expérience, comme si on vouloit nous persuader, qu'on ne sent point de plaisir quand on boit avec grand soif. On voit par-là qu'a-vant que de se connoître, l'homme est sous le joug d'une infinité d'habitudes qui étrecissent son esprit, quelque envie qu'il lui prenne dans la suite d'aquérir de grandes lumieres.

Je veux croire que si Adam eût perséveré dans

son innocence, la chose iroit mieux ; mais néanmoins l'homme auroit été fort borné dans ses lumieres, à cause de l'union de son esprit avec une machine portative , & à cause de la foiblesse où auroit été la Raison pendant les premieres années de la vie.

Si quelqu'un ne se rend pas à ces raisons, qu'il me dise un peu d'où il sait , que le péché & l'ignorance sont deux choses qui se suivent naturellement. A-t-il lû dans l'Histoire de la tentation rien qui nous porte à juger cela , & n'en pourroit-on pas plûtôt induire , que la chûte d'Adam lui fit acquérir plus de connoissances ? Ou bien le fait-il , parce qu'il est persuadé que les démons ont perdu avec la sainteté la science ? Mais ce seroit un sentiment contraire à celui de tout le monde. On ne nous parle que de l'habileté & de la subtilité des démons , de la force qu'ils ont , *applicando activa passivis* , de former des foudres , des tempêtes , des grêles , des pestes , de se rendre visibles sous toutes sortes de formes , d'imprimer cent sortes de mouvemens sur notre cerveau pour exciter nos passions. En un mot ceux qui traitent de la Hiérarchie céleste , ne font pas difficulté d'avoüer , qu'un bon Ange d'un ordre inférieur , opposé à un mauvais Ange d'un ordre supérieur , sera toûjours vaincu , si Dieu ne s'en mêle extraordinairement. Ce qui veut dire que les mauvais Anges , par leur chûte , ne sont point devenus inférieurs en connoissance & en force aux bons Anges , prenant les uns & les autres dans le même chœur de la Hiérarchie.

Mais pour ne point monter à la nature Angélique , ne sait-on pas que David & Salomon tombez dans des péchez énormes , ne devinrent pas pour cela tant soit peu moins habiles qu'ils l'étoient ? Il n'y a pas plus d'apparence , qu'Adam après son péché ait oublié la moindre chose de ce qu'il savoit , si ce n'est peut-être à la longue & par laps de tems. Enfin ne voit-on pas tous les jours , que ceux qui ont le plus de piété & de vertu , sont pour l'ordinaire incomparablement plus ignorans que ceux qui ont le plus de malice ? Je ne vois donc point sur quoi on a pû fonder cette liaison naturelle du péché & de l'ignorance.

Quoiqu'il en soit , je ne pense pas qu'un homme de jugement soit capable de me nier ce que je vais dire ; c'est qu'il y a des procès criminels où les accusations & les défenses sont tellement soûtenuës de raisons , de preuves , de contre-preuves , & de contr'accusations , qu'un Juge qui bien-loin de vouloir absoudre l'accusé , auroit quelque envie qu'il succombât , & qui le soupçonne même d'être coupable , ne trouve néanmoins aucune conviction , & se voit obligé, contre sa propre inclination & ses soupçons, à l'absoudre , quoiqu'au fond cet accusé soit coupable. Or si lors même qu'une passion & un soupçon nous aident à découvrir un Fait , nous n'en pouvons venir à bout , que sera-ce lorsque nous demeurons parfaitement neutres entre l'accusateur & l'accusé ? On ne sauroit nier qu'il n'y ait des cas où les Juges demeurent dans cet équilibre.

Et les procès civils ne sont-ils pas quelquefois si embrouillez par le grand nombre de raisons , & de loix diversement interprétées , que chaque partie allegue , que les Juges les plus savans & les plus dégagez de toute partialité, ne peuvent faire autre chose que partager le diffé-

rend , ou bien se ranger en conscience au parti qui leur paroît le plus juste , en quoi les avis de l'assemblée ne sont pas toûjours d'accord ; les uns trouvans le parti de Jean meilleur , à tout prendre , & les autres celui de Pierre ?

Je suis sûr que tous ceux qui prendront la peine d'examiner soigneusement cette question , seront de mon avis , c'est-à-dire qu'ils croiront que si quelquefois les Juges manquent de découvrir le Fait , ou le droit dans leur juste précision , cela vient non pas de quelque mauvaise disposition de leur volonté ; mais de l'obscurité & perplexité qui est dans la chose même qu'ils examinent.

Sans que pour cela je prétende révoquer en doute, qu'il n'y en ait qui non seulement trahissent les lumieres de leur conscience ; mais qui aussi sont les dupes de leurs passions , je veux dire qu'à force de souhaiter par des considérations humaines, que certaines gens ayent tort ou raison , ils viennent à bout de se le persuader.

Si un homme qui ne se sent pas un profond savoir , & un esprit fort subtil , est obligé de renoncer à la Judicature.

Je passe à mon 2. point. Je veux , me dira-t-on , qu'un Juge qui n'a sçu convaincre un accusé réellement criminel , n'ait point été ébloüi par quelque passion injuste ; au moins faut-il convenir qu'il manque d'habileté , & dès-là il est criminel , puisqu'il doit se reconnoître incapable de sa fonction , & que néanmoins il s'ingere de l'exercer.

Je réponds que voici une chicane à laquelle si on déféroit , tout le monde tomberoit dans l'Anabaptisme , personne ne voudroit être Juge , & ainsi le genre humain seroit sans justice , chose dequoi il se peut moins passer que de Religion. Il ne faut donc pas exiger tant de ceux qui se consacrent aux Magistratures. J'avoüe que généralement parlant ces deux choses leur sont nécessaire ; l'une , la droiture du cœur , la bonne conscience, l'incorruptibilité ; l'autre , le savoir , & l'esprit ; mais le premier de ces talens leur est beaucoup plus nécessaire que l'autre , parce qu'il y a une infinité de procès, où le bon sens & le jugement suffisent avec la connoissance vulgaire du droit ; au lieu qu'il n'y en a point , où la loyauté & l'intégrité ne soient nécessaires. Pourvû donc qu'un Juge ou un postulant de cette charge se sente le cœur droit, un dessein ferme de rendre à un chacun ce qu'il lui est dû , & une forte résolution de bien examiner les causes, & d'acquérir le plus de lumieres qu'il pourra, il est sûr qu'il est digne de cet emploi ; & quand même il lui arriveroit de n'avoir pas eu l'adresse, qu'auroit eu un autre, de pénétrer par ses interrogations dans la verité d'un Fait obscur & nié, il ne seroit pas obligé en homme d'honneur & de conscience de se démettre de sa charge ; car si cela étoit , il n'y auroit point d'homme au monde , qui pût être Juge légitimement , puisqu'il n'y en a point qui soit assuré, que si les témoins ou les accusez qu'il a interrogez avoient passé par l'examen d'autres personnes , ils auroient pû cacher leur méchanceté, comme ils la lui ont quelquefois cachée

On seroit donc réduit à un étrange embarras ; car un homme qui sauroit le droit mieux que les Livres, qui d'ailleurs seroit pénétrant , & muni de mille ressources pour développer tous les replis du cœur humain , devroit différer son installa-
tion ,

CHAP. IX.

Dans un Juge la probité est préferable au savoir.

tion, jusques à ce que l'on eût avéré, qu'il n'y a personne dans le monde qui le surpasse, afin que s'il s'en trouvoit de tel il lui cédât l'emploi, comme l'objection que je réfute l'insinuë. Tout cela est si absurde, qu'il ne mériteroit pas d'être refuté, s'il ne m'importoit de fermer aux tergiversations de mes adversaires toutes sortes d'entrées & d'issuës, outre que ceci fraye le chemin à d'autres choses dont j'aurai à parler dans la suite.

Et le bon sens à l'esprit.

Qu'on prenne garde à une chose, c'est que le bon sens & le jugement sont préférables dans un Juge à un esprit vif, imaginatif, subtil, & rempli de toutes les disputes des Jurisconsultes ; rarement voit-on qu'avec ces derniers qualitez un Juge n'aille de travers, au-delà, ou au-dessus du but, & du nœud de l'affaire. Qu'on se souvienne aussi, que jamais un Juge ne peut être aussi habile, que les personnes qui ont des procès, ou que leurs patrons peuvent être méchans ; desorte que par leurs machinations, & à force d'assassins & de faux-témoins, ils jetteront plus de ténebres sur une cause, que les Juges les plus integres & les plus intelligens n'en dissiperont. Qu'on se souvienne d'autre côté qu'il n'y a ni loi divine, ni humaine, qui oblige qui que ce soit sous peine de peché mortel à avoir un grand esprit, une memoire prodigieuse, un discernement incomparable, une vaste érudition. S. Paul ne demande point cela de celui qui désire d'être Evêque, la plus difficile charge qui soit, puisqu'elle est à charge d'ames ; il lui demande plusieurs bonnes qualitez morales, & qu'il soit propre à enseigner ce qui emporte plûtôt douceur, patience & netteté que grandeur d'esprit. Et en conscience peut-on demander d'un homme ce qui ne dépend point de lui, & qui ne s'acquiert ni par prieres, ni par jeûnes, ni par travail ? Car la plûpart des hommes naissent tels, que quand ils étudieroient douze heures par jour, ils n'auroient jamais les talens que j'ai marquez n'aguéres. Il est vrai que chacun se doit connoître, & ne se point mêler de ce à quoi il n'est pas propre ; mais encore un coup, un homme qui a de l'acquis autant que les affaires de son ressort semblent en requérir (ce n'est pas beaucoup pour les Juges subalternes, qui néanmoins sont obligez à faire de leur mieux, tout comme si leurs sentences n'étoient pas réformables par les Tribunaux où on en apelle) & qui avec cela se sent de la probité, & la force de s'appliquer diligemment à sa fonction, ne doit pas s'y croire mal propre.

Confirmation de ce que dessus par un parallèle des Juges & des Médecins.

Le grand savoir n'est absolument requis ni dans les Médecins, ni dans les Juges.

Pour mettre ma réponse dans un plus grand jour, j'y ajoûte encore cette remarque. Quoique les Medecins ne soient pas si nécessaires à l'Etat que les Juges, il est pourtant vrai qu'on ne s'en peut bonnement & commodément passer. Il faut donc qu'il y en ait un bon nombre dans les grandes Villes & quelques-uns dans les petites, & par conséquent qu'on puisse être Médecin en homme de bien & d'honneur, encore que l'on n'ait pas tout l'esprit & toute la science d'un Hippocrate & d'un Galien ; car il seroit impossible de trouver la millieme partie des Médecins dont on a besoin dans le monde, s'il falloit qu'ils fussent tous comme ces deux-là. C'est pourquoi on ne sauroit, quelque chicaneur que l'on voulût être, menier que pourvû qu'un homme ait assez bien étudié dans les Ecoles, pour être promû au Doctorat honnorablement

& qu'il ait un dessein sincere de profiter autant qu'il pourra, soit par l'expérience, soit par l'étude, il ne puisse pratiquer la Médecine comme y étant propre & capable. A plus forte raison est-il vrai de dire, qu'il n'est requis pour être Juge, que d'avoir obtenu ses licences ou ses dégrez, après les études préalablement nécessaires, & de s'apliquer ensuite avec une conscience nette, à entendre le mieux qu'on pourra les procès qu'on aura à juger. Ce n'est pas sans cause que je me suis servi de ces termes *à plus forte raison* ; car l'Etat a beaucoup plus de besoin de Juges que de Médecins, & les Juges ne sont pas apellez si souvent que les Médecins, & en des cas si douteux à décider de la vie & de la mort de leur prochain.

Un Médecin donne la son malade veulant rir, n'est coupable.

Ce n'est pas le tout. Il arrive quelquefois aux plus habiles & plus vertueux Médecins d'ordonner des remedes qui font mourir le malade ; je veux dire que la nature de son mal étoit telle, que selon le cours des loix générales de la communication du mouvement il seroit guéri, si on ne lui eût point fait prendre ces remedes, ou si on lui en eût donné d'autres que l'on avoit proposez à son Médecin. Il y a peut-être tel Médecin de ceux qui pratiquent dans les grandes Villes, comme Londres & Paris, très-long-tems & avec une grande réputation, à qui il est arrivé cent fois de faire mourir son malade ; là-dessus je somme la conscience de tout homme de bon sens. Croit-il que ces cent malades seroient reçus à accuser d'homicide leur Médecin devant le trône de Dieu, s'ils venoient à apprendre par quelque révélation, comment le remede les avoit conduits à la mort par une suite de mouvemens méchaniques ? Ne croit-il pas au contraire, que pourvû que ce Médecin ait agi avec une intention droite, & selon les lumieres que son expérience & son étude lui donnoient, il seroit déclaré parfaitement innocent de la mort de ces cent accusateurs à la face de tout l'Univers ? Je ne saurois comprendre qu'il y ait des gens au monde d'un si grand travers d'esprit, pour vouloir qu'un Médecin soit comptable devant Dieu du mauvais succès d'un remede qu'il a donné, sur les raisons qu'il a trouvées les plus solides ; car dire que s'il eût été plus savant il n'auroit pas donné un tel remede, c'est en verité banir du monde la Médecine, puisque pour si éclairé que puisse être un Médecin, il est impossible qu'il ne méconnoisse assez souvent les suites qu'auront ses remedes ; desorte que Galien lui-même & Hippocrate, ou en général le plus excellent Médecin qui ait jamais été, ou qui sera, devroit être condamné aux flammes éternelles s'il donnoit un remede qui fît mourir ; car, diroit-on selon cette belle tablature, ce n'est pas assez qu'il ait suivi ses lumieres & sa conscience ; s'il eût été plus savant il n'eût pas ordonne cela. Rien donc n'étant plus ridicule que ces sortes de discours, il s'ensuit qu'un Médecin tuë impunément ses malades devant Dieu aussi-bien que devant les hommes, moyenant qu'il fasse tout ce qui dépend de lui pour les guérir.

Raison...

La raison de cela est sans doute dans la profonde obscurité des maladies, & des accidens qui résultent dans notre machine de l'opération de tel & de tel remede, en conséquence de plusieurs dispositions qui ne se développent que quand un remede passe par-là, & qui ne s'étoient données à connoître par aucun signe. Ces accidens imprévus, cette rencontre de plusieurs causes, à quoi on ne s'attendoit pas, font que la Médecine dans le plus expert des hommes, n'est qu'une connoissance conjecturale

turale qui trompe souvent, & l'on aura beau
étudier, anatomiser, ajoûter l'expérience courante
à celle de tous les siecles précédens ; la Nature
sera toûjours incomparablement plus habile à former des maladies, que l'art humain à les guérir,
comme j'ai dit que la malice des hommes sera
quelquefois, pendant que le monde sera monde,
supérieure à toute la sagacité des meilleurs Juges.
Je ne prétens pas par cette comparaison, qu'ordinairement les procès soient si difficiles à connoître
que les maladies, mais je croi pouvoir dire sans me
tromper, qu'il y en a où le Fait est aussi caché qu'u-
ne maladie; car encore dans les maladies avez-vous
des signes naturels & indépendans de tout l'artifice
de l'esprit humain, qui les puisse rendre équivoques ; d'ailleurs vous pouvez emprunter des lumieres des réponses que vous fait votre malade,
qui ne vous cache rien. Au lieu que les accusez
& les témoins pervertissent tout l'usage des signes,
& ne répondent aux interrogations des Juges, que
pour les jetter dans l'illusion. Ainsi je ne vois
rien qui empêche qu'un Juge ne soit quelquefois
aussi hors de coulpe devant Dieu, en faisant mourir un innocent & absolvant le coupable, qu'un
Médecin qui donne des remedes qui font mourir
le patient.

Voilà donc l'innocence des Juges, qui nous ont
servi de comparaison, à couvert de toute attaque,
& par conséquent notre preuve bien défenduë.
Mais pour y mettre le comble, examinons une
autre disparité qu'on nous va faire.

CHAPITRE X.

*Reponse à une seconde disparité, qui est, que quand
un Juge condamne à la mort un homme faussement accusé de meurtre, c'est une ignorance
de fait, au lieu que s'il condamne comme
Héresie ce qui est orthodoxe, c'est une
ignorance de droit. Je montre qu'il est aussi difficile de découvrir la verité dans les procès d'Héresie, que dans ceux de meurtre, &c.*

UNe note marginale que j'ai faite(*) ci-dessus,
a pû instruire mon Lecteur, que je n'appelle pas en tout sens les procès d'Héresie, questions de fait. Je sais que la question de droit y
entre à certains égards ; car, par exemple, dans
le procès de Michel Servet, il y eut premierement accusation qu'il nioit la Trinité. C'etoit
une question de fait, qui put être éclaircie soit
par les Ecrits de cet Heretique, soit par la déposition de gens qui l'avoient oüi dogmatiser,
soit par sa propre confession. Après que cette
question de fait fut vuidée, il fallut voir quelle
étoit la qualification du dogme; s'il étoit téméraire,
scandaleux, erroné, heretique, impie ; & c'étoit-
là proprement une question de droit, mais qui ne
pouvoit guéres être repoussée sa: retomber dans la
classe des matieres de fait, puisque cet homme convenoit avec ses accusateurs & ses Juges, de cette
These, *que si son dogme étoit contraire à la parole
de Dieu, il étoit faux & impie.* Comme donc il
prétendoit qu'il n'y étoit pas contraire, mais
très-conforme, il falloit examiner les passages de
l'Ecriture, qu'il prétendoit, ou ne point favoriser la Trinité, ou favoriser l'unité de Dieu tant
en personne qu'en nature. Or dès-là chacun peut

connoître qu'il n'étoit plus question que de ce
Fait, savoir si une telle chose étoit contenuë dans
le Livre qu'on appelle la sainte Ecriture.

Mais pour ne point allonger l'examen que j'ai
à faire de la 2. disparité, je veux bien ne me pas
prévaloir de l'observation que je viens de faire,
& j'accorderai pour le présent à mes Parties ces
deux choses ; l'une que les procès d'Hérésie sont
des matieres de droit ; l'autre qu'on a raison
dans les Tribunaux humains de n'excuser point
les ignorances du droit ; car encore qu'il puisse
arriver, qu'un homme ignore bonnement & innocemment ce à quoi les loix publiques l'engagent, néanmoins comme les Juges ne peuvent pas
discerner s'il parle sincerement, ils ne peuvent
pas se payer de son excuse, vû les grands desordres qui en naîtroient ; car une infinité de coquins
& de perturbateurs du repos public se voudroient
servir de la même Apologie ; ainsi pour éviter le
mal public, on ne fait point d'exception à la regle
génerale, *ignorantia juris non excusat.* Il peut y
avoir des particuliers à qui cela est inique, mais
il faut sacrifier nécessairement quelque chose au
bien général de toute la société.

Voilà sans doute la véritable raison pourquoi
les Tribunaux de la terre ne reçoivent personne à
s'excuser sur l'ignorance du droit : mais gardons-
nous pour cela de croire que Dieu en use ainsi ;
comme il est le scrutateur des cœurs, il connoît
très-sûrement si tel & tel particulier est dans une
ignorance invincible du droit, & en ce cas-là,
il le renvoye absous aussi aisément que si l'ignorance étoit de fait.

J'ai tellement ruiné cette distinction du fait &
du droit, en montrant que pourvû que de part &
d'autre la découverte de la vérité fût également difficile, on n'étoit pas plus coupable d'ignorer l'une
d'ignorer l'autre, quel Auteur du Traité des droits
des deux Souverains qui a écrit contre les derniers
chapitres de la 2. partie de mon Commentaire, à
quitté ce poste, & m'a accordé qu'il pouvoit y avoir
des ignorances de droit (A) invincibles ; & que
l'ignorance invincible excuse tant au droit qu'au
fait. Nous verrons ailleurs les avantages que me
donne cet aveu ; pour le présent je n'ai pas dessein de m'y arrêter ; il me suffit, pour exécuter
ce que j'ai à faire ici, de montrer qu'il n'est pas
plus difficile de découvrir si un homme accusé de
meurtre, d'adultere, d'empoisonnement, en est
coupable (voilà une question de fait) que de découvrir si telle & telle doctrine est heretique, ce qui
est une question de droit. Si je montre cela, je
ferai donner du nez en terre à la 3. disparité, &
ma comparaison sortira son plein & entier effet.
Tâchons d'y bien réussir.

Il n'est pas nécessaire de donner une longue
énumération des causes qui rendent quelquefois
invincible aux Juges l'ignorance de certains Faits.
On sait assez quel cœur de l'homme a des profondeurs impénétrables aux Juges les plus éclairez ;
qu'il y a des faux-témoins d'une expérience achevée,
subtils en échapatoires, fermes & intrépides ; que
les véritables témoins peuvent avoir la mémoire
courte, & varier quelquefois, & qu'enfin les circonstances conspirent quelquefois de telle sorte, par un
amas & un concours très-bizarre, à embrouiller
une affaire, qu'on ne voit aucun jour pour en
sortir ; & alors il arrive qu'on la réduit à *un
plus amplement enquis,* ou qu'on se détermine à
ce à quoi les procédures observées dans toutes les
for-

*il n'est aussi dif-
ficile de décou-
vrir la vérité
du droit que cel-
le du fait.*

(*) Dans le Chap. VI.
Tom. II.

(A) Page 36. 38.

Chap. X.

formes conduifent, c'eft à favoir qu'un tel eft coupable, & néanmoins il ne l'eft pas, ou qu'il eft innocent, & néanmoins il ne l'eft pas. Peut-on dire que l'examen des dogmes foit environné d'autant de difficultez? Oui fans doute.

Confidération de la difpute du Janfénifme, quant au fait.

De la difpute fur Janfenius quant au fait.

Il s'eft élevé de notre tems une célebre conteftation fur le Livre de Janfénius. On en tira cinq propofitions qui furent condamnées à Rome. Les Janféniftes foutinrent que ces propofitions pouvoient recevoir un fens heretique, felon lequel elles n'étoient pas dans Janfénius, qu'ils les reconnoiffoient heretiques dans le fens que le Pape les avoit condamnées; mais qu'après tout Janfénius ne les avoit pas ainfi entenduës. Ce fut enfuite Livres fur Livres touchant ce Fait particulier, fi ces propofitions étoient dans Janfénius; le Pape fe déclara pour l'affirmative; mais on ne fe foumit point à fa décifion, attendu que fur les Faits, ni l'utorité du Pape, ni celle des Conciles n'eft pas infaillible. On capitula autant que l'on pût avec le Port-Royal, & ne pouvant obtenir de lui, qu'il crût de foi divine ce que le Pape avoit décidé touchant le fait, on lui demanda pour le moins la foi humaine; mais il montra par tant d'invincibles raifons l'injuftice de cette demande, qu'enfin on fe contenta de la promeffe qu'il donna d'un filence refpectueux. Qui ne conclura de cela deux chofes, l'une en apparence contraire, & l'autre réellement favorable à mes prétentions?

Conféquences qu'on en infere.

La 1. de ces deux chofes eft qu'il faut bien que les difputes fur un Fait foient les plus difficiles à éclaircir, puifqu'une poignée de gens a pû foutenir tant d'années contre toute la focieté des Jefuites favorifée du Pape, & d'une infinité de Docteurs & de Prélats, que ce que l'on prétendoit être dans le Livre de Janfénius n'y étoit point, fans qu'au bout du compte on ait pû conduire la chofe jufques à la conviction.

La 2. eft qu'il faut bien que les difputes fur la queftion, *fi une telle doctrine eft heretique*, foient les plus difficiles à vuider; car fi ne s'agiffant que d'un feul Ouvrage de Janfénius compofé depuis peu d'années, & dont par conféquent le ftile & les phrafes devoient être plus intelligibles, que fi le Livre eût été compofé dans les fiecles précédens, on n'a pû faire convenir les deux Parties conteftantes, qu'il fe trouvât dans ce Livre-là certaines propofitions, que fera-ce lorfqu'il faudra pour prouver qu'une doctrine eft heretique montrer qu'on prouve dans l'Ecriture & dans les Peres la doctrine contraire à celle-là; l'Ecriture, dis-je, & les Peres qui font un grand nombre de Volumes écrits depuis très-long-tems, & d'un ftile fort éloigné du goût & des manieres de notre fiecle?

Confideration de la même difpute, quant au droit.

De la difpute fur Janfenius quant au droit.

Pour donner plus de jour à cette penfée, demeurons-en à la caufe du Janfénifme. Je fais bien que fes Difciples ne voulurent pas franchir la barriere du Concile de Trente, ni foûtenir, comme peut-être ils auroient en l'habileté & la capacité de faire, s'ils l'avoient jugé à propos, qu'il n'avoit pas décidé les dogmes que l'on accufoit Janfénius d'avoir nié dans les cinq propofitions, je veux dire qu'ils avoüerent, que ces propofitions étoient heretiques, au fens que Rome les

avoit condamnées; mais mon Lecteur comprendra fans peine, que fi de bons Avocats Calviniftes euffent commencé le procès là où les Janféniftes le quitterent, & qu'ils euffent demandé que l'on examinât de nouveau les propofitions, foûtenant qu'elles étoient orthodoxes au fens que le Pape les avoit déclarées heretiques, on eût vû naître une fource inépuifable d'embarras & de travaux, dont il n'y auroit eu moyen de voir la fin que par la voie de l'autorité, à peu près comme dans les caufes criminelles & civiles, que l'on termine à la pluralité des voix, & où après avoir bien examiné les pieces, on croit n'être refponfable de rien, pourvû qu'on ne condamne que ce qui paroît condamnable, bien qu'on ne juge pas impoffible que ce que l'on condamne foit au fond mal condamné. Il eft vrai que l'Eglife Romaine a trouvé un fecret particulier, que n'ont pas les Juges du monde, car elle prétend que Dieu ne permet jamais que ce qui eft faux paroiffe veritable au plus grand nombre des Peres d'un Concile Oecuménique, mais c'eft un grand à favoir.

Comme je pourrai m'étendre un peu plus dans la 3. partie, fur les difficultez qui environnent la difcuffion des Controverfes, je ferai ici le plus court que je pourrai à cet égard. Ainfi je me contente de repréfenter à mon Lecteur, que pour bien connoître fi les cinq propofitions de Janfénius, entenduës comme on les entendoit à Rome, étoient hérétiques, il auroit fallu;

Ce q[u'il] fallu[t con-]noîtr[e pour] pofiti[ons de Jan-]féniu[s] dues du P[ape] hérét[iques]

1. Etudier à fond la Métaphyfique, afin de connoître fi les attributs de l'Etre infiniment parfait s'accordent mieux avec le libre arbitre de l'homme, qu'avec fa néceffité irréfiftible de faire le mal fans la grace, & le bien avec la grace. Cette étude peut fervir de guide, pour bien choifir le fens des paffages obfcurs de la parole de Dieu.

2. Etudier à fond l'Hébreu & le Grec, & la Critique facrée, & les ufages des Juifs qui vivoient au tems de notre Seigneur; car outre que le fens des paffages alléguez par l'une ou l'autre des Parties conteftantes, dépend quelquefois de la force des particules, qui dépend elle-même d'un certain arrangement de mots, il faut favoir s'il n'y a point erreur de copifte, & comment les anciennes verfions & paraphrafes s'accordent fur ce fujet-là. Et combien y a-t-il de phrafes dans le Nouveau Teftament, qui font des allufions à des proverbes, ou à des coûtumes des Juifs d'alors. De favans hommes prétendent, que pour entendre ce que S. Paul dit de la prédeftination, vocation, élection, il faut connoître les préjugez où étoient les Juifs d'alors.

3. Lire exactement les Peres des quatre ou cinq premiers fiecles, afin de favoir comment ils ont entendu les paffages de l'Ecriture, qui femblent prouver ou condamner les cinq propofitions de Janfenius. Cela eft de conféquence, quoiqu'on en dife; car fi pendant les quatre ou cinq cens ans qui ont fuivi Jéfus-Chrift, on avoit entendu d'une certaine maniere l'Ecriture, ce feroit un grand préjugé que Dieu veut qu'on s'en tienne-là. Or ce n'eft pas peu de chofe que de bien lire tant de Volumes; vous pourriez entendre votre Démofthene & Ciceron parfaitement, que vous ne pourrez pas vous paffer pour tout cela de nouveaux Vocabulaires Grecs & Latins; car les Peres ont des mots en ces Langues-là, que vous chercheriez en vain dans Etienne & Calepin: il faut favoir leurs opinions pour bien entendre ces termes; deforte qu'au lieu que l'intelligence des

mots

mots sert d'ordinaire à faire connoître les sentimens d'un Auteur, il faut ici quelquefois savoir au préalable les sentimens d'un Auteur, pour entendre les paroles dont il se sert. Et il ne suffit pas d'examiner les passages des Peres alléguez pour & contre dans la dispute du Jansénisme. Bien souvent pour entendre le sens de deux ou trois lignes il faut lire tout un gros Traité, & savoir les manieres de l'Auteur, & le but particulier qu'il avoit dans tel Ouvrage.

4. Enfin peser mûrement & sans partialité les raisons que chaque Partie allegue, pour justifier le sens qu'elle donne aux passages de l'Ecriture & des Peres, les objections réciproques qu'on se fait, les solutions, les repliques, les dupliques, &c.

Je demande à present à mon Lecteur seulement deux choses; l'une, s'il n'est pas vrai qu'il faut faire tout ce que je viens de dire, si l'on veut remplir les devoirs d'un Juge exact; car si dans un procés civil les Juges doivent examiner toutes les pieces des Parties, & les raisons de leurs Avocats, à plus forte raison les doivent-ils examiner toutes, quand il s'agit des veritez de la Religion, & d'infliger des peines à une infinité de gens, en cas qu'ils soient Hérétiques.

La 2. chose que je lui demande est, s'il n'est pas vrai que jamais affaire criminelle (fût-elle plus embrouillée que la conspiration qu'on imputoit aux Papistes d'Angleterre il y a environ dix ans) n'a été plus malaisée à pénétrer, & à conduire à l'exacte précision de la verité, que celle où pour connoître si cinq propositions sont hérétiques, il faudroit exécuter les 4. points que j'ai marquez. S'il y a des Lecteurs qui soient capables de me répondre que le jugement des cinq propositions est plus facile que le procés civil ou criminel le plus embrouillé, j'avouë que je n'ai plus rien à leur dire; car tout ce que je leur pourrois alléguer seroit inutile, puisqu'ils ne sentent pas que les quatre points sus-mentionnez surpassent la force, la patience, l'habileté de la plus grande partie des Juges qu'on sauroit choisir.

Je conclus de-là, ou qu'il faut qu'il n'y ait point sur la terre des Tribunaux pour juger de l'Hérésie, qui puissent infliger des peines aux condamnez, ou que Dieu n'exige d'eux que ce qu'il exige de ceux qui jugent & condamnent les meurtriers, c'est d'examiner les causes le plus consciencieusement & attentivement qu'il leur sera possible; après quoi s'il arrive par malheur qu'ils fassent tomber ou la peine de l'Hérésie sur l'Orthodoxe, ou la peine de mort sur un homme faussement accusé de meurtre, Dieu ne leur imputera point cette méprise. Si cela est, voilà les Princes hérétiques aussi autorisez de persécuter les Orthodoxes, que les Princes orthodoxes de persécuter les Hérétiques; qui est la conséquence que je presse depuis long-tems.

Je pourrois ajoûter cette instance, c'est que dans les procés criminels on a l'avantage d'interroger des témoins vivans, de leur donner de fausses allarmes, de leur tendre des piéges, de profiter de ce qu'on leur fait dire un jour, pour leur arracher le secret qu'on cherche en un autre jour, enfin de leur faire dire oui ou non sur chaque demande courte & précise qu'il plaît aux Juges de leur faire, tournée comme bon leur semble; au lieu que les témoins qu'on consulte dans les causes d'Hérésie sont muets & morts, & ne peuvent s'inscrire en faux contre ceux qui leur font dire ce à quoi ils ne penserent jamais. J'avouë que les Juges & les parties les mettent plus à la

question, que l'on n'y met personne dans les procés criminels; mais c'est, si je l'ose dire ainsi, pour faire le *Prêtre Martin*, soi-même les demandes & les réponses; car le même qui torture un passage de l'Ecriture ou des Peres, pour en extorquer une réponse favorable, est celui qui fabrique cette réponse, & de-là vient que pendant que l'un des Avocats fait sortir à coup de gêne un certain sens d'un passage, un autre en exprime par de semblables instrumens un tout different. Ainsi les Juges sont beaucoup plus embarrassez là-dedans, que lorsqu'ils tiennent un criminel sur la sellette obstiné à nier son crime, ou des témoins conjurez à cacher la verité.

Si l'on peut se passer de la discussion des Peres.

Qu'on me dise tant que l'on voudra, qu'il n'est pas besoin de s'embarasser de ce qu'on a crû dans les premiers siecles, ce ne sera point soudre la difficulté; car en 1. lieu si les Accusez se vantent d'être conformes aux anciens Peres, les Juges ne se pourront pas dispenser de cet examen. Oseroient-ils damner des gens qui seroient effectivement dans les mêmes opinions que la primitive Eglise? Cela seroit dur à digerer & fort inique; il faudroit donc, avant que de prononcer sentence de condamnation, faire voir aux accusez que les Peres leur sont contraires, & ainsi voilà cette épineuse discussion revenuë.

En 2. lieu si les Accusez se moquent de l'autorité des premiers siecles, & que leurs Parties leur représentent ce que voici, que l'Ecriture sainte ayant ses obscuritez, comme S. Pierre, aussi obscur pour le moins que S. Paul, l'a reconnu des Epitres de S. Paul, il est très-probable que du tems même des Apôtres, il s'éleva des difficultez sur le sens de leurs Ecrits, comme le même S. Pierre nous l'insinuë, ausquelles difficultez les Apôtres, ou leurs disciples immédiats, satisfirent de vive voix; d'où il s'ensuit que le sens que les Peres des premiers siecles donnoient aux lieux obscurs de l'Ecriture, pouvoit être fondé sur ces explications verbales qui n'avoient pas été encore fort altérées. Si, dis-je, les Accusateurs représentoient cela aux Accusez, ne faudroit-il pas que ceux-ci fournissent leurs deffenses, & soûtinssent que les Peres avoient erré: ce qui feroit revenir la discussion qu'ils auroient voulu fuir, & donneroit de-plus à faire aux Juges l'examen des raisons sur lesquelles les Accusateurs voudroient recourir à l'autorité des Peres.

En dernier lieu, supposons qu'il ne faille procéder que sur les témoignages de l'Ecriture, ne restera-t-il pas toûjours trois points des quatre ci-dessus mentionnez? Et ne peut-on pas s'écrier avec raison sur ces seuls trois points: *Qui est suffisant pour ces choses?*

Si la définition de l'Hérésie est aisée à donner.

Il me semble entendre quelqu'un qui me représente, que pour connoître bien-tôt si une opinion est hérétique, il ne faut que prendre garde à cette définition: *Une Heresie est une opinion soûtenuë avec opiniâtreté contre les décisions de l'Eglise:* Mais que voilà un méchant expédient! Car d'abord on vous arrêtera sur la notion d'opiniâtreté, puis sur celle d'Eglise, & là vous vous verrez dans un Océan le plus bourrasqueux du monde. Car par l'Eglise vous entendez la véritable; mais la question est de la trouver, cette véritable Eglise; on la cherche dans l'Ecriture & dans la plus pure tradition, &c'est-là une matiere de long procès. Dire que la vraie Eglise est la Romaine, n'est rien dire, si on ne le prouve, & pour le prouver, toutes sortes de discussions se présentent comme en foule.

Si quelque autre prétendoit fournir une plus claire définition, en disant qu'un Hérétique est celui qui nie les véritez fondamentales de la Religion Chretienne, il se tromperoit bien fort; car comme il n'y a point de Chretien qui avouë qu'il nie les fondemens de sa Religion, il faudra le lui prouver en lui marquant dans la parole de Dieu la vraie marque cararactéristique d'une verité fondamentale, & voilà une source infinie de discussions.

Je n'en dis pas davantage; je crois même en avoir trop dit pour les Lecteurs de bon sens, qui sans doute ont senti dès les premieres pages de ce Chapitre, qu'il est plus difficile de déterrer la verité dans les procès d'Hérésie que dans les procès de meurtre, d'adultere, ou de poison; d'où ils auront très-bien conclu à la ruïne de la 2. disparité, que si on n'est point coupable devant Dieu, pour avoir quelquefois absous le criminel, & condamné l'innocent, on ne le seroit point d'avoir protégé l'Hérétique & puni l'Orthodoxe, si Dieu avoit ordonné aux Magistrats de punir les Hérétiques.

CHAPITRE XI.

Réponse à une 3. disparité, qui est, que dans les procès criminels l'obscurité vient de la chose même, au lieu que dans ceux d'Hérésie elle vient de la préoccupation des Juges. Je réponds que même des Juges désintéressez, comme des Philosophes Chinois, trouveroient nos controverses plus embrouillées qu'un procès civil ou criminel.

JE ne nie point à ceux qui proposeront cette 3. disparité bien différente de l'objection réfutée dans le chap. 9. que la préoccupation ne soit un très-grand obstacle à la rencontre de la verité. Car il est certain que dès qu'on est préoccupé pour une opinion, on est très-favorable aux raisons qui la soûtiennent, & toûjours prêt à mépriser celles qui soûtiennent l'opinion contraire. Il arrive même que la préoccupation nous donnant de l'affection pour le dôgme que nous avons embrassé, & de l'aversion pour le dogme qui le combat, nous cherchons avec zele & empressement mille raisons pour justifier notre dogme; nous tournons ces raisons de tous côtez, afin de les faire plus valoir; nous inventons des reponses aux objections de l'adversaire, & nous ne songeons à lui que pour trouver le défaut de ses opinions. D'où il arrive que nous sommes plus instruits de ce que nous apellons nos bonnes raisons, que de celles où il met le fort de sa cause: ainsi notre cause nous paroît claire & incontestable, & nous traitons de vaines subtilitez & chicaneries ce qu'il allegue pour lui.

Cela se remarque principalement dans les plaideurs. A quelques-uns près qui aiment la chicane presque autant que leur vie, & qui s'engagent contre leur conscience dans les procès par avarice ou par esprit de vengeance, ils s'imaginent tous avoir raison, & ne parlent de leur cause que comme d'une affaire claire & nette, au lieu que celle

de leur Partie leur paroît insoûtenable. C'est qu'ils roulent incessamment dans leur tête leurs prétentions, & tous les expédiens qu'ils peuvent imaginer pour les deffendre; & à force d'y penser, cet objet leur devient si familier & si aisé à discuter, qu'effectivement ils y trouvent je ne sais combien de lumieres, qu'autre qu'eux n'y sauroit découvrir. Or comme ils ne songent aux raisons de leur Partie, que pour tâcher de les détruire, voilà pourquoi ils n'en connoissent point la force, & croyent que les Juges les trouvent foibles, s'ils veulent agir équitablement. Il arrive pour l'ordinaire, que les Juges ne voyent ni d'un côté, ni d'autre, cette prétenduë clarté que chacun des plaideurs s'attribuë; & qu'ils les font déchoir les uns & les autres d'une partie de leurs demandes; & rarement arrive-t-il que ceux qui perdent un procès, n'accusent les Juges ou de mauvaise foi, ou d'ignorance.

Mais encore que je tombe d'accord de ce mauvais effet de la préoccupation qui nous fait voir, à la souveraine honte de l'homme, que la plus bourruë Secte prétend que les autres sont dans des égaremens palpables, & que sa verité est aisée à discerner, je ne laisse pas de croire, que comme il y a des procès civils où les Juges ne sauroient voir nettement qui a tort ou qui a raison, il est encore plus vrai que les controverses particulieres des Chretiens, remises à l'arbirrage de personnes désintéressées, tels que seroient les Philosophes de la Chine, les embarrasseroient si fort, qu'ils nous abandonneroient tous à nos disputes, & feroient peut-être ce que firent les Juges devant lesquels Protagoras, un Sophiste de la Grece, cita un de ses Disciples. Il n'est pas besoin d'en rapporter le sujet. On le trouve dans toutes les Logiques au chapitre du Dilemme.

Si je ne me souvenois pas que c'est ici un Ouvrage plus Philosophique que Théologique, je dirois que par une secrete & très-admirable providence, Dieu empêche que les Protestans n'envoyent des Ministres dans l'Orient, pour y travailler à la conversion des Infidelles; car pour en parler franchement, puisque les Missionnaires du Pape y sont déja, il est plus expédient au Christianisme de les y laisser seuls faire quelques Chretiens tels quels, s'ils peuvent, que d'y aller produire la honte & le déplorable sort de la Religion Chretienne, divisée en mille partis qui se déchirent comme des bêtes sauvages. Car que pense-t-on qui arriveroit, si par le crédit des Compagnies Orientales de Londres & de Hollande, les Ministres avoient permission de séjourner à la Chine, & d'y faire des Cathéchismes? C'est que d'abord ils avertiroient leurs Ecoliers qu'on les trompe vilainement, si on leur dit que la Religion Chretienne souffre des images; ainsi on sauroit bien-tôt que les Missionnaires de Rome donnent des instructions, que ceux de Hollande condamneroient comme des doctrines abominables, & cela les exposeroit les uns & les autres au mépris public, & feroit qu'aucun Chinois ne voudroit les écouter, puisqu'il ne sauroit se faire Chretien, sans se damner selon le jugement propre d'une partie des Chretiens.

Supposition d'une Conference entre des Ministres & des Missionnaires devant des Philosophes Chinois.

Il arriveroit peut-être que les Ministres & les Missionnaires suplieroient l'Empereur de la Chine de leur donner des arbitres, devant lesquels ils plai-

plaidaſſent leur cauſe. Et ce ſeroit-là (à moins que les miracles ne vinſſent au ſecours de la Religion Chretienne) qu'elle ſe feroit ſiſler cruellement. Car la 1. choſe que les Miniſtres de Hollande repréſenteroient aux Juges feroit que le Livre, que tous les Chretiens nomment *la Bible*, eſt la regle par laquelle il faut décider les différends qu'ils ont avec les Miſſionnaires du Pape, & pour le jugement deſquels on ſe trouve-là aſſemblé. Mais tout auſſi-tôt les Miſſionnaires repréſenteroient, que ce Livre-là n'eſt pas la ſeule regle des Chretiens, & qu'outre cette parole de Dieu écrite, il y en a une autre non écrite laquelle il faut auſſi conſulter, comme l'avoüent à certains égards les Epiſcopaux d'Angleterre, Secte Proteſtante. Voilà donc nos gens acrochez d'abord à une diſpute très-délicate, ſur (*) la regle qui doit faire juger des autres; ils n'en ſortiroient jamais ſans avoir mal parlé, les uns de la ſainte Ecriture, l'accuſant d'obſcurité, d'être un nez de cire, d'inſuffiſance; les autres de la tradition, l'accuſant d'être l'aſile de l'ignorance, & un champ infini de contradictions & de ténebres. Viendroit peu-après la diſpute ſur l'autorité de l'Egliſe; les uns diroient que l'on ne doit croire que l'Ecriture eſt divine, que parce que l'Egliſe nous l'aſſure; les autres diroient au contraire, que l'on ſait cela ou par les marques de divinité qui y brillent, ou par une grace particuliere de Dieu, & qu'au reſte la connoiſſance de la vraie Egliſe dépend de la comparaiſon que chaque particulier eſt obligé de faire entre la doctrine de l'Egliſe, & l'Ecriture. En même tems voilà en campagne toutes les épines de l'examen à faire par les artiſans & les païſans, de tous les dogmes de la Religion. Tout cela ne dureroit pas ſix ſéances, ſans que les diſputans en vinſſent aux invectives & aux reproches perſonnels. Les Miniſtres accuſeroient les Jeſuites du crime de Ravaillac, ils citeroient toutes les conſpirations qu'ils machinerent contre la Reine Elizabeth, la journée des poudres. On y répondroit par les guerres civiles de France, & par le procès qui fut fait dans les formes au Roi Charles I. dont l'iſſuë fut qu'il perdit la tête ſur un échafaut. On repliqueroit que ce ne fut que par la faction d'une Secte fanatique d'Indépendans, déteſtée par les véritables Réformez; les autres diroient auſſi que ce n'eſt pas leur Société qui a fait des conſpirations contre les Rois hérétiques, & ce ne ſeroit plus que des diſputes ſur des Faits.

En quel état nous repréſentons-nous les Chinois qui doivent juger ces différends? Dans un grand embarras ſans doute. Ils trouveroient raiſonnable tout ce que les Miniſtres remarqueroient ſur l'incertitude de la tradition; mais dès que leurs Parties auroient repréſenté tous les inconvéniens qu'il y a à donner à chaque particulier le droit d'examiner l'Ecriture, dans la vûë de juger ſi le ſens que les Conciles lui donnent eſt bon, ſans qu'il ſoit obligé de s'arrêter au ſens qu'on lui a toûjours donné pendant quinze ou ſeize ſiecles, c'eſt alors que les arbitres changeroient de ſentiment: car c'eſt un ſens commun qui a régné dans toutes les Religions profanes, qu'il faut que les perſonnes prépoſées au culte divin ſoient les Interpretes des difficultez, ou ſeuls, ou avec ceux qui gouvernent l'Etat, & que les particuliers s'en rapportent à leurs interprétations. Je ne prétens point dire, que les Chinois prenant garde à ce ſens commun, ſoient bien fondez; je dis ſeulement qu'ils y prendroient garde, & qu'ainſi ils balanceroient cela avec ce que les Miniſtres diroient de plus fort pour leur cauſe; & il y a bien apparence, que s'ils ne vouloient juger que de ce qui leur paroîtroit bien certain, ils abandonneroient tout-à-fait la déciſion de cette diſpute,

Peut-être, me dira-t-on, que je fais débuter les Miniſtres trop groſſierement par le fort de l'Egliſe Romaine, qui conſiſte ſans doute dans les objections qu'elle nous fait, ſur la capacité que nous donnons aux païſans, de démêler par eux-mêmes ce qui eſt vrai de ce qui eſt faux, dans un tas infini de controverſes, au lieu qu'elle a recours au principe qui fait le maintien de toutes les Sociétez, Corps & Communautez politiques; c'eſt à ſavoir que chaque particulier doit poſtpoſer ſes lumieres à celles du plus grand nombre, & des Importans qui ont l'adminiſtration des affaires en main. Suppoſons donc que les Miniſtres ayent la prudence d'attaquer d'abord l'Egliſe Romaine par ſon foible, qui eſt ſans doute le dogme de la tranſſubſtantiation & toutes ſes ſuites.

Il ne faut point douter, qu'après qu'ils auront bien emploié, contre ce dogme bourru & extravagant, toutes les batteries des ſens & de la Raiſon, mille bonnes raiſons que l'Ecriture nous fournit, mille bonnes réponſes aux raiſonnemens des Papiſtes, les Commiſſaires Chinois ne ſe ſentent tout diſpoſez à leur donner gain de cauſe, & à croire que l'autre Partie pour qui ils voudront néanmoins garder une oreille, n'aura rien qui vaille à dire; mais un peu de patience. Ils n'auront pas plûtôt écouté les Miſſionnaires, repréſentant que leurs Adverſaires mêmes renoncent aux axiomes les plus évidens de la Raiſon, quand il s'agit de ſoûtenir le miſtere de la Trinité, de l'Incarnation, & autres, contre les Sociniens; que les ſens ne doivent point l'emporter ſur un texte formel de l'Ecriture, eux qui nous trompent tous les jours dans les choſes les plus aiſées; enfin que tous les Chretiens, qui ont fait un corps conſidérable depuis Jéſus-Chriſt juſques au Schiſme des Calviniſtes, ont tenu le ſens littéral de ces paroles, *Ceci eſt mon corps.* Ils n'auront pas, dis-je, conſidéré plûtôt ce plaidoïé, qu'ils ne ſauront de quel côté ſe tourner; car pour peu qu'ils euſſent d'eſprit, ils ſentiroient que ſi ceux qui ont vû les Apôtres, qui ont été inſtruits de leur bouche, & communié même de leur main, ont pris ce paſſage-là au pied de la lettre, c'eſt une marque que les Apôtres l'y ont pris auſſi; deſorte que l'embarras ceſſeroit bien-tôt, ſi les Miniſtres ne nioient pas fortement ce Fait.

Mais ils le nient, & voilà une nouvelle forêt de diſcuſſions, à la vûë de laquelle il eſt probable que les Juges appointeroient les Parties, afin qu'elles donnaſſent leurs raiſons par écrit. Ce que pourroient faire de mieux les Catholiques Romains, ſeroit de produire tout ce que le Port-Roïal a publié contre Mr. Claude. Car comme pour la polémique on n'a guéres vû d'homme dans leur parti de la force de Mr. Arnaud, ce qu'il a écrit ſur l'Euchariſtie eſt le morceau de Controverſe le mieux pouſſé que l'on ait peut-être jamais vû. Les Miniſtres y oppoſeroient les

Ecrit

(*) „Il y eut une Conférence à Ratisbonne en 1601. „où l'on emploïa 14. ſeſſions ſur cette matiere, ſans „aboutir à rien.

Chap. XI.

Comment en uferoient les Chinois en ce cas.

Ecrits dudit Mr. Claude ; & à l'égard (*) des deux volumes de Mr. Arnaud qui font demeurez fans replique, on trouveroit affez d'Auteurs Proteftans qui par avance avoient fourni des reponfes.

Or je foûtiens, que les plus fubtils Philofophes de l'Orient fe perdroient dans ces longues confidérations, où il y a bien du *brouillamini*, & pas une objection à laquelle on ne réponde. Ils diroient peut-être aux Miffionnaires, que quand tous les Chretiens avant Calvin auroient pris littéralement ces termes, *Ceci eft mon corps*, il n'en faudroit conclure autre chofe, fi ce n'eft que les Apôtres les avoient pris de la forte ; mais qu'il ne s'en faut pas trop glorifier, puifque c'étoient des gens fimples, fans Philofophie, ni autre étude. Mais quand même nous fuppoferions qu'ils en uferoient ainfi, cela ne ferviroit de rien aux Calviniftes, eux qui reconnoiffent l'infaillibilité des Apôtres ; & par conféquent les Juges Chinois qui pourroient alléguer cela, s'ils étoient appointez contraires avec les Chretiens en général, feroient obligez de fuppofer comme la regle de leur fentence, l'infaillibilité des Apôtres, principe commun aux Parties qui les auroient choifis Juges de leur différend.

Si quelqu'un s'étonne que je fuppofe tant d'obfcurité à ces arbitres Chinois, je le prie de prendre garde à une chofe de conféquence ; c'eft que cela ne fuppofe pas que je trouve moi-même de la difficulté dans la Controverfe de l'Euchariftie. Je fuis clairement convaincu que le fens de figure eft le véritable, & les objections des Catholiques ne me font aucune peine. Tous les Réformez en font logez-là. Les Luthériens & les Romains trouvent de leur côté le fens littéral fort véritable, & ne font pas grand cas de nos objections. Il faut fans doute que l'éducation en ceux qui fe trompent, ou l'éducation avec la grace & même fans la grace en ceux qui ne fe trompent pas, produife cette ferme perfuafion ; après quoi fuccede naturellement, que les raifons du *pour* paroiffent bonnes & fortes, & celles du *contre* des fophifmes, des chicaneries & des pauvretez. Quoiqu'il en foit, n'allons pas nous imaginer que des perfonnes qui n'auroient pris aucun parti, goûtaffent nos raifons & celles de nos Adverfaires, comme nous les goûtons, ou comme ils les goûtent. Ces perfonnes ne verroient ni dans les nôtres la clarté que nous y fentons, ni dans celles du parti contraire la foibleffe qui nous y paroît. Ils ne verroient point auffi dans les argumens des Miffionnaires la force qu'ils y trouvent, ni dans nos objections le peu de folidité qu'il femble à ces Miffionnaires qui y eft. Ils trouveroient des apparences de droit & de tort, de verité & de fauffeté de part & d'autre ; & c'eft ce qui les empêcheroit de donner une fentence définitive, & qui les porteroit à fe délivrer au plûtôt de brouilleries fi épineufes, qu'ils craindroient de ne pouvoir jamais terminer fans fe tromper.

Ce qu'ils diroient aux deux Parties. Conféquences de tout cela.

Meffieurs les Convertiffeurs Chretiens, (diroient ils aux Parties conteftantes) *qui venez de fi loin pour nous aprendre que vous n'êtes pas d'accord entre vous, nous ne faurions vaquer à vos difputes tout le tems qu'il feroit néceffaire ; & puifque vous avez fait mention de Sociniens, d'Indépendans, d'Epifcopaux, comme d'autres Sectes, il feroit jufte que nous les entendiffions auffi ; mandez-leur qu'ils envoyent ici leurs Députez : peut-être nous fourniront-ils des lumieres. En attendant nous ne vous crai-*

gnons gueres, *vous ne gagnerez aucun Chinois, pourvû que vous ne vous ferviez que de la Raifon, & pourvû que l'Empereur défende à tous fes Sujets d'embraffer le Chriftianifme, qu'entre les mains d'un Miniftre & d'un Miffionnaire s'obfervans l'un l'autre.*

Je le dirai donc hardiment encore une fois, il vaut mieux nous tenir ici en repos, qu'aller fervir de pierre d'achopement aux Infideles de la Chine ; & s'ils vouloient fans violence empêcher que les Convertiffeurs Chretiens qui y font ne fiffent aucun Profélite, ils devroient faire venir à leurs coûts & dépens des Miffionnaires Réformez, pour mettre les Chretiens aux prifes. Si cette rufe avoit réûffi au Cardinal de Lorraine, comme il l'avoit très-finement concertée par le confeil de Balduin, ayant mandé des Théologiens Luthériens, pour fe trouver au Colloque de Poiffi, il eût plus mortifié Théodore de Beze & fes Adjoints, que par toute la fcience & l'éloquence qu'il avoit luimême, & par l'élite & la fleur de la Chevalerie Papiftique, qu'il faifoit difputer dans ce Colloque, & qui ne gagnoit rien contre les Miniftres. Mais la bonne fortune de Théodore de Beze lui épargna cette confufion. Les Théologiens Luthériens, nantis des fommes d'argent que le Cardinal leur avoit fait tenir par avance, arriverent néanmoins à Paris un peu tard, & l'un d'eux y étant mort de la pefte, les autres en partirent promptement pour s'en retourner chez eux, fans avoir voulu pouffer jufques à Poiffi. *Sic* (*) *me fervavit Apollo*, pouvoit dire alors Théodore de Beze.

✻✻✻✻✻✻✻✻✻✻✻✻✻✻✻✻

CHAPITRE XII.

Confidération particuliere de l'une des caufes qui rendent maintenant obfcures les Controverfes, c'eft que les mêmes principes qui font favorables contre certains Adverfaires, font nuifibles contre d'autres.

Une des caufes de l'obfcurité des controverfes, que les principes qu'on y employe ne font pas feulement bons contre tous les Adverfaires. Exemples.

J'Ajoûterai encore une confidération, qui eft que les Controverfes font devenuës difficiles, non feulement à caufe qu'il n'y a point d'objection qu'un parti faffe à l'autre à laquelle celui-ci ne réponde ; mais auffi parce que les principes dont l'un des partis fe fert fort utilement en certaines occafions, lui deviennent incommodes dans d'autres. En voici deux exemple.

Ce nous eft une chofe fort avantageufe, quand nous combatons la réalité, de dire qu'elle renverfe les plus pures idées de la Raifon, & les principes les plus inconteftables de la Philofophie. On nous répond que la Raifon fe doit taire quand Dieu parle, & que ce n'eft point à nous à donner des bornes à la puiffance de Dieu. Nous repliquons que Dieu ne nous a pas donné la Raifon pour nous être un meuble inutile, & que tout ce qui implique contradiction eft impoffible. Voilà comment nous faifons valoir alors les lumieres naturelles ; mais avons-nous à faire, à quelque tems de-là, à quelque Socinien, qui combate par de femblables principes la Trinité & la Prédeftination, nous les renvoïons à l'infinité incompréhenfible de Dieu, aux ténebres de notre petite Raifon, au commandement de captiver notre intelligence fous le joug de la Foi : ainfi ce qui nous fert contre les Catholiques Romains, fert contre nous aux

____

(*) On n'ignore pas que Mr. Lortie a écrit contre ,,l'un, mais il n'a point répondu à la replique, &

,,ainfi l'on compte ces deux Volumes comme non at- ,,taquez. (A) Horace.

aux Sociniens; & ceux-là renoncent eux-mêmes à leurs principes, lorsqu'ils nous attaquent sur le dogme de la prédestination absolue, & de la servitude de notre volonté. Car quand nous leur répondons, que ce sont des misteres incompréhensibles, *O altitudo divisiarum*, ils pressent de plus fort que notre raison trouve-là lézées la bonté, la justice & la sainteté de Dieu.

Un 2. Exemple. Lorsque les Catholiques Romains, pour élever l'autorité de l'Eglise au-dessus de l'Ecriture, nous disent que celle-ci est obscure, susceptible de mille interprétations, un Juge muet que l'on tourne comme l'on veut, & qui a besoin du témoignage autentique de l'Eglise, pour qu'on sache qu'elle vient de Dieu, nous leur soûtenons qu'il brille tant de caracteres de divinité dans l'Ecriture, lesquels nous rangeons en ordre de bataille comme autant de légions foudroyantes, qu'il ne faut que la lire avec humilité & docilité, pour être convaincu que c'est la parole de Dieu. Mais s'éleve-t-il quelqu'un qui soûtienne que ces marques de divinité sont si éclatantes, qu'elles peuvent produire la foi dans un cœur bien disposé, alors la chance tourne, & nous soûtenons que ces marques ne sont pas assez visibles pour produire la persuasion, & qu'on a besoin d'une grace immédiate qui fléchisse la volonté, l'entendement ne trouvant rien là qui l'éclaire suffisamment. Il est sûr que cela affoiblit les raisons que nous opposions aux Papistes, lorsqu'ils nous ravaloient l'Ecriture; car il n'est point nécessaire qu'elle soit autre qu'ils disent; elle pourroit être encore en pire état, qu'il n'en seroit pour cela ni plus ni moins; la grace nous y feroit croire, rien n'étant capable de lui résister.

L'Eglise Romaine nous fourniroit cent exemples de cette nature. Car dès qu'elle nous presse sur l'obligation des particuliers à se soûmettre à l'Eglise, sur son antiquité, son étenduë, la succession des chaires, &c. nous la mettons aux mains avec les Juifs, les Payens, les Mahométans & les Grecs, qui se peuvent servir contre elle des mêmes armes qu'elle employe contre nous.

On pourroit raporter à cette même difficulté ce que bien des gens observent, qu'il n'y a point de Secte Chretienne, dont tous les Ecrivains s'accordent à se servir des mêmes preuves. Car entre les Orthodoxes, vous en voyez qui citeront pour le mystere de la Trinité un grand nombre de passages de l'Ecriture; mais d'autres ne sont pas de leur avis, & rejettent comme ne prouvant rien, qui ce passage, qui celui-là, qui ce troisieme. Desorte qu'il en reste peu qui, selon le jugement de quelque Orthodoxe, ne soit mal propre aux fins à quoi on le destine. Le même sort est arrivé à ceux de l'Eglise Romaine; car le chapitre 6. de S. Jean qui nous est éternellement objecté, comme le grand boulevart de la présence réelle, ne paroît pas une bonne preuve à tous leurs Docteurs, s'en trouvant qui ont avoué qu'il ne s'agissoit point-là du Sacrement de l'Eucharistie. Comment après cela oseroient-t-ils trouver mauvais, que nous ne trouvions point dans ce chapitre la preuve de leur sentiment, puisqu'on peut être selon eux, bon Catholique sans l'y trouver? Cela dit aux Juges Chinois les porteroit à croire, que la clarté qui paroît dans les termes de ce chapitre 6. de S. Jean, en faveur des Missionnaires du Pape, est sujette à caution & à suspension, puisqu'elle est rejettée impunément par quelques-uns mêmes de ceux qui ont le plus d'intérêt à la soûtenir.

Mais qu'est-il besoin de détours, pour prouver que nos Controversés paroîtroient obscures aux Philosophes Chinois? Ne suffit-il pas d'aporter en preuve de cela l'aveu des Parties contestantes? Les Catholiques Romains soûtiennent à cor & à cri, qu'aucun particulier n'est capable de discerner par ses propres lumieres l'Orthodoxie d'avec l'Hérésie, & que les Conciles eux-mêmes s'y tromperoient, si le S. Esprit ne les soutenoit par une grace particuliere. Les Protestans avoüent la même chose, & vont même plus loin, puisque non seulement ils disent que les Conciles ou Sinodes, ont besoin de l'assistance de l'esprit de Dieu, pour connoître de quel côté est l'Hérésie ou l'Orthodoxie entre les partis qui disputent; mais qu'après les décisions des Conciles les plus orthodoxes, un particulier a besoin encore d'une grace très-efficace, pour se convaincre de la bonté de ces décisions. Et quant à ceux d'entre les Chretiens qui ne recourent pas à la grace efficace, pour la persuasion des véritez Evangéliques, ils réduisent ces veritez à un très-petit nombre, & n'obligent à croire que celles dont les Chretiens ne disputent pas à cause de leur clarté.

Concluons, à la ruïne de la 3. disparité, que les Controverses ne sont pas seulement difficiles à cause des préjugez de ceux qui les examinent, mais en elles-mêmes; d'où il résulte que si on prend de bonne foi pour Hérésie ce qui ne l'est pas, & qu'ensuite suivant l'ordre de Jésus-Christ on la punisse, on n'est pas moins excusable que quand on condamne à la mort un homme innocent, mais convaincu de meurtre selon les plus rigoureuses procédures du Barreau.

CHAPITRE XIII.

Réponse à la 4. disparité, qui est que quand on se trompe dans les causes d'Hérésie, on est criminel devant Dieu, puisque l'erreur naît alors d'un principe de corruption qui gâte la volonté, ce qu'on ne peut pas dire d'un Juge qui se trompe dans les procès de meurtre ou d'adultere. Je fais voir que si cela étoit, chaque Secte seroit obligée de croire, que jamais dans les autres on n'a demandé à Dieu son assistance, en lisant sa sainte parole.

Comme c'est ici l'endroit le plus délicat de toute cette dispute, j'ai réservé jusqu'à cette heure à donner à mon Lecteur un avis, qui pourra servir entant que de besoin, pour ce qui a déja été dit, mais qui est surtout nécessaire à l'égard de ce qui me reste à dire.

Observation preliminaire, dont on prie de se souvenir en tems & lieu.

Je ne considere proprement dans tout ce que j'établis, en répondant aux disparitez de mes Adversaires, que les erreurs des Chretiens hétérodoxes; je n'ai besoin que de cela. Néanmoins comme il me peut arriver quelquefois de me servir de quelque expression qui enferme une plus grande généralité, ou qui en tout cas pourroit sembler confuse & embarrassée, je suplie mon Lecteur de réduire toûjours mes termes aux propositions suivantes, & de les expliquer par cette précise expression de mon sentiment.

La

La 1. est, Qu'il n'y a point d'erreur de Religion, de quelque nature qu'on la suppose, qui soit un péché lorsqu'elle est involontaire.

La 2. Que pour rendre involontaire une erreur, quelle qu'elle soit, la même espece d'ignorance suffit, qui rend involontaires les actions de l'homme au sens que cela se voit expliqué dans tous les Traitez de Morale des Philosophes Scholastiques. Voyez en particulier Hereboord, Professeur de Leyde.

La 3. Qu'il y a beaucoup de gens qui vivent & meurent, après l'âge où ils peuvent & doivent user de discernement, dans des erreurs de Religion fort étranges, mais involontaires par cette espece d'ignorance qui disculpe, & c'est alors proprement qu'on erre de bonne foi.

La 4. Qu'il y a beaucoup d'autres gens qui vivent & meurent, après l'âge susdit, dans des erreurs qui ne peuvent être apellées involontaires qu'improprement, attendu qu'elles ne le sont pas par cette espece d'ignorance qui disculpe, mais par une ignorance qu'on nomme affectée, & qui a procedé d'un principe formellement mauvais. C'est alors errer de mauvaise foi.

La 5. Qu'on a bien des conjectures plus ou moins probables, & quelquefois presque certaines, touchant ceux qui errent en cette derniere façon, mais qu'il n'y a que Dieu qui le sache, & qui le puisse affirmer positivement.

Satisfaisons presentement au titre de ce Chapitre, & voyons cette nouvelle retraite, où je suppose que mes Adversaires se voudront mettre à couvert, convaincus de la nullité de l'évasion qu'on leur a renduë inutile dans le chap. 9. Ils diront qu'un homme qui est dans l'erreur y persévere par un méchant principe, ne se voulant jamais servir de la voie de s'en retirer qu'il a devant les mains; ce qui fait que son erreur devient un crime de sa volonté, de même que l'ignorance d'un Ecolier est censée volontaire, encore qu'il souhaitât d'être savant, lorsque d'un côté il sait qu'il faut étudier nécessairement pour devenir docte, & de l'autre qu'il ne veut pas étudier. Mais quelle est cette voie de sortir de son erreur? Les uns répondent que c'est de bien prendre garde à ce qu'a défini cette Eglise qui a l'étenduë, l'antiquité, la succession des chaires non interrompuë depuis les Apôtres, & l'adhérence à la Chaire Apostolique de S. Pierre. Les autres répondent, que c'est de lire la parole de Dieu avec une véritable humilité, & un désir sincere d'y trouver la lumiere que son Auteur y a versée; c'est de se recommander à Dieu en lisant, de lui demander cette sapience qu'il ne refuse jamais, quand on la lui demande avec foi; c'est de ne pas étouffer, en faveur de ses préjugez, les rayons que cette parole répand de temps en temps dans l'esprit de ses Lecteurs; mais de les suivre, & de s'en servir comme d'une lampe dans les ténebres de la nuit. Examinons (*) 1. la derniere de ce deux réponses.

Il faudroit n'avoir aucun sentiment de Religion, pour douter que ce qui est marqué dans cette réponse ne soit du devoir de l'homme, & très-agréable à Dieu; mais d'autre part ceux qui supposent que tous les Chretiens, qui ne se guérissent pas de leurs erreurs, font le contraire de cela, se jette dans les plus affreuses conséquences.

Car s'ils sont Calvinistes, ils doivent croire que jamais aucun Papiste, mort dans sa Religion,

n'a lû l'Ecriture qu'avec un esprit fier & opiniâtre, sans se soucier d'y trouver la vérité, pourvû qu'il y trouvât quelque prétexte de demeurer dans ses préjugez, n'implorant jamais l'assistance de Dieu pour profiter de sa lecture, & suprimant avec soin tous les commencemens d'instruction qui lui étoient fournis par ce divin Livre. Or quelle fureur ne seroit-ce pas que de dire, que pendant tant de siecles, où le Christianisme & l'Eglise Romaine ne faisoient quasi que la même chose, & où du moins celle-ci a été la plus nombreuse & la plus florissante partie de la Religion Chretienne, il ne s'est trouvé ni Prêtre, ni Moine, ni Prélat, qui soit mort dans ses erreurs, qui n'ait eu toute sa vie les dispositions extravagantes marquées en dernier lieu, quand il lisoit l'Ecriture? Il faudroit le dire selon la supposition que j'examine ici, selon laquelle il faut conclure, que tout homme qui auroit demandé à Dieu de l'éclairer, & qui auroit consulté la sainte parole avec un esprit humble, & une intention sincere de s'instruire, auroit reconnu la fausseté des vœux monastiques, de la loi du célibat & des jeûnes, de l'invocation des Saints, des Images & des Reliques, de la présence réelle, &c. Il s'ensuit de-là, que toute personne qui n'a point aperçu ces erreurs, n'a jamais prié Dieu de lui rendre utile pour son salut la lecture de sa parole. Et voilà toute l'Eglise d'Orient, aussi-bien que la Romaine, dans le même cas.

Les Luthériens n'en échaperont pas; car il faudra soûtenir, selon cette supposition, que non seulement tout leur Clergé, mais aussi tous leurs Laïques ont toûjours lû & lisent encore l'Ecriture avec un esprit fier & obstiné à ne démordre point de ce qu'ils ont une fois crû, sans se recommander dévotement à la grace du Saint Esprit, & le reste. Il faudroit bien que cela fût; car bien-loin de s'être corrigez depuis plus de 150 ans, de la prodigieuse erreur de la *consubstantiation*, non moins absurde, ou peu s'en faut, que celle de la *transubstantiation*, ils ont quitté plusieurs veritez que Luther leur avoit enseignées, pour substituer à leur place la doctrine du franc-arbitre, & ce qui s'ensuit. Or comment concevoir que depuis plus d'un siecle & demi, que les Luthériens occupent des Royaumes & des Provinces, avec de beaux Colléges & fameuses Universitez, il n'y ait eu aucun Ministre, ni Professeur, de tant qu'il y en a eu qui ont écrit sur l'Ecriture, aucune femme dévote, aucun honnête homme bon Bourgeois, de tant qu'il y en a eu qui ont lû chaque jour quelque Chapitre de la Bible, qui l'ait luë avec un cœur droit & une intention sincere, & après s'être bien recommandé à Dieu? Quel monstre de supposition n'est-ce ce pas que cela?

Mais les Calvinistes n'auront pas une meilleure destinée. Car selon la supposition susdite, les Grecs, les Romains & les Luthériens s'accorderont tous à les condamner de n'avoir jamais lû l'Ecriture qu'avec un esprit fier & opiniâtre, sans aucune priere dévote préalable pour attirer sur leur lecture la benédiction du S. Esprit. En particulier on fera ce jugement du fameux Sinode de Dordrecht, sous prétexte que bien-loin de profiter des ouvertures & des rayons de lumiere, que les Arminiens fournissoient aux Calvinistes, pour corriger une partie de ce que les trois Sectes susmentionnées nomment erreur, ce Synode les confirma par des Décrets authentiques. Ne faudroit-il pas qu'elles conclussent, que tous les Peres de ce

(*) „ L'examen de l'autre réponse se voit en deux „ mots ci-dessous chap. 16.

ce Sinode consultoient la parole de Dieu sans aucun bon dessein, & que les prieres qu'ils faisoient à Dieu à chaque séance, n'étoient que comme *l'airain qui raisonne & cimbale qui tinte?*

Gardons-nous donc bien de donner dans une hipothese dont les suites sont si éloignées de la Raison; car outre ce qui vient d'être dit, elle entraîneroit chaque parti à juger, que tous ceux qui le professent ont obtenu de Dieu, par leurs prieres & par les saintes dispositions avec quoi ils ont lû la Bible, le vrai sens des passages contestez. Nous autres, par exemple, nous devrions croire que tous les Réformez ont obtenu, par cette voie, la connoissance des veritez qui nous distinguent des Catholiques Romains, dès Luthériens, des Arminiens, des Sociniens. Mais comment n'auroit-on pas honte de dire cela y ayant parmi nous bien des mal-honnêtes gens, sans pieté, ni vertu, qui sont aussi persuadez de ces veritez que les plus honnêtes gens?

Il faut assurément dire sur ce point, que c'est la force impérieuse de l'éducation qui a persuadé ces véritez salutaires aux mal-honnêtes gens de notre parti; mais la même force n'aura-t-elle pas été capable de persuader aux Catholiques Romains & aux Luthériens, les erreurs qu'ils croyent? Peut-on nier qui si l'éducation persuade la verité à un très-mal-honnete homme, elle ne puisse persuader la fausseté à un trèshonnête homme? Pourquoi donc recourir à la malice du cœur, comme au principe des erreurs? Pourquoi dire qu'on ne persevere dans l'erreur que parce qu'on ne lit pas l'Ecriture avec l'humilité, la sincerité, & la dévotion convenables?

Je passe sous silence cette forte preuve contre mes adversaires, c'est que si les Catholiques Romains & les Luthériens persévéroient dans leurs erreurs, faute de consulter l'Ecriture comme il faut, il s'ensuivroit que dans un même quart-d'heure ils liroient la parole de Dieu avec les dispositions qui font trouver son vrai sens, & avec les dispositions qui empêchent de le trouver, puisqu'il est certain que dans un quart-d'heure de lecture ils peuvent tomber sur les passages qui prouvent la Trinité, l'Incarnation, &c. & sur ceux où il est parlé de l'Eucharistie, & qu'alors ils entendront bien les premiers, & mal les derniers. Peut-on dire qu'ils ayent de moins bonnes intentions à l'égard des uns que des autres?

CHAPITRE XIV.

Exemples qui montrent qu'on persevere dans ses erreurs contre les intérêts de la chair & du sang, & ses propres inclinations.

[...]leurs / [...]e Lu- / [...]Réfor- / [...]rance / [...]arez, / [...]ns / [...]cipes.

S'Il étoit vrai que les erreurs fussent une production de la malice du cœur, on s'en guériroit lorsque la corruption naturelle y trouveroit son compte. Or c'est ce qui n'arrive pas. Et même ceux-là s'y trouvent courts, qui souhaitent pour les interêts de la verité de ne pas croire certaines choses.

Car qui ne sait que Luther a souhaité passionnément de ne point croire la réalité, se persuadant que pendant qu'il la croiroit il s'ôteroit de grands avantages, pour battre en ruine le Papisme? Ses souhaits fondez sur un grand interêt,

à ce qu'il croyoit, ne lui ont servi de rien; il n'a pû trouver en y tâchant de toute sa force le sens de figure, qui nous est si visible dans ces paroles, *Ceci est mon corps.* Il avoit donc d'aussi bonnes intentions de découvrir la verité à cet égard; & il demandoit à Dieu avec autant de ferveur, qu'à l'égard de tant d'autres points où il l'a heureusement rencontrée. Elle lui a pourtant échapé, & par conséquent ce n'est pas toûjours faute d'application, de zele, de sincerité & de bonne volonté que l'on persevere dans ses erreurs; c'est par l'impression trop forte qu'elles ont faite sur nous, en conséquence de l'éducation & de l'accoûtumance.

Une pareille instance m'est fournie par ce que je me souviens d'avoir ouï dire en France à plusieurs Réformez, qu'on sollicitoit de changer de Religion, & à qui on reprochoit qu'il n'y avoit que l'entêtement, l'opiniâtreté, la mauvaise honte, & la haine qu'ils avoient conçuë mal-à-propos contre l'Eglise Romaine, qui les empêchât de s'y réünir. Ils répondoient judicieusement qu'il étoit de leur intérêt éternel & temporel que l'Eglise Romaine fût la véritable, & qu'ils la reconnussent pour telle; qu'ils voudroient de tout leur cœur que cela fût; que toutes sortes de raisons les portoient à le souhaiter, puisque par-là ils sortiroient d'une Religion disgraciée qui les privoit des douceurs de cette vie, & entreroient dans une autre, où ils se pourroient sauver & pour le tems & pour l'éternité. Le bon sens dictoit tout cela: il est donc manifeste que les Réformez de France eussent été bien-aises, que Dieu leur eût fait la grace de leur découvrir que l'Eglise Romaine est la vraie; ils se fussent délivrez par-là des malheurs qui les ont enfin accablez. Cependant le plus grand nombre est demeuré persuadé de ce à quoi il a été instruit dès son enfance; marque évidente que l'on ne croit pas ce que l'on veut, & que le penchant de la nature vers le mal & les biens terrestres, n'efface point les impressions de la Religion.

Aussi bien que les Sociniens & les Juifs.

Quand les Sociniens reçurent ordre de sortir de la Pologne, ils avoient le choix d'y demeurer en se faisant Catholiques; cependant ils aimerent mieux presque tous s'exposer aux incommoditez de l'exil, que d'abandonner leur Religion. N'étoit-il pas de leur intérêt en toutes manieres de croire que l'Eglise Romaine est la véritable? Ne l'est-il pas quelquefois aux Catholiques Romains, de se persuader que le Protestantisme est la vraie Religion? D'où vient donc qu'il y en a si peu qui changent? Il faut reconnoître en cela, non pas une malice de cœur qui empêche de demander à Dieu humblement son assistance, pour être instruit de la verité; mais une pleine confiance qu'on a déja trouvé la verité; car dès qu'on est dans cette pleine persuasion, l'ordre naturel demande, qu'on croye faux tout ce qui nous est contraire, & qu'on regarde comme des suggestions de l'esprit malin, ou de la nature corrompuë, tout ce qui tend à nous tirer de cette persuasion. Or qu'on me dise en conscience si c'est avoir le cœur gâté, oblique, méchant, & si au contraire ce n'est pas une marque infaillible qu'on aime la verité?

Mais que dirons-nous des Juifs qui sont depuis tant de siecles la balieure & la raclure du monde, sans dominer en aucun coin de la terre, sans y exercer des Charges, souvent chassez & persécutez, le Gibiet ordinaire de l'Inquisition, & obligez jusques dans les lieux où on leur permet d'allonger un peu leurs philacteres, à être humbles, & à souffrir mille rebuffades? L'ambition, la volupté, l'humeur vindicative trouvent-elles là leur compte? Ignorent-ils que selon le monde il leur vaudroit mieux être Chretiens ou Mahométans, selon la diversité des lieux, que Juifs? Cependant rien n'est plus rare que la conversion d'un Juif? D'où vient cela que de la forte persuasion où ils sont, qu'ils offenseroient Dieu & qu'ils se damneroient éternellement, s'ils abandonnoient la Religion de leurs peres? Mais cette forte persuasion d'où vient-elle, généralement parlant, que de l'éducation? Car le même Juif qui est si opiniâtre dans ses erreurs, seroit un Chretien à brûler, si à l'âge de deux ans on l'eût ôté à son pere pour le faire élever par de bons & zélez Chretiens. Or qui oseroit dire que la malice de son cœur a été cause qu'il a été élevé, non pas par un Chretien, mais par son pere Juif? Et je m'en vais faire voir, que s'il est devenu Juif lui-même par éducation, cela ne prouve point que son ame fût mauvaise.

CHAPITRE XV.

Que la persuasion que l'éducation inspire d'une fausse Religion, n'est point fondée sur la corruption du cœur.

L'éducation seule & non la corruption de l'ame inspire la persuasion de la fausse Religion.

VOici un point sur lequel je souhaite que l'on fasse bien reflexion. Je ne doute pas que tout homme de raison, s'il y prend garde de près, ne m'accorde que les enfans des Chretiens ne sont pas Chretiens à un certain âge, parce que leurs peres le sont, mais parce qu'on les a élevez au Christianisme, & que s'il arrivoit que les Chretiens & les Turcs qui vivent dans les mêmes Villes, fissent échange de leurs enfans à la mammelle, ceux des Chretiens seroient tous Mahométans, & ceux des Turcs, Chretiens. D'où je tire cette conclusion, que non seulement la même ame qui devient Chretienne, pour avoir été unie à un *fœtus* de Chretien, seroit devenuë Turque, si elle étoit allée deux maisons endeçà, ou endelà, chez un Turc; mais aussi que la même ame qui a été incorporée dès le Christianisme par le batême, deviendra à coup sûr de la Religion Juive, Mahométane, Siamoise, Chinoise, &c. selon qu'elle sera élevée dans ses premiers ans, ou par des Juifs, ou par d'autres Infideles. On voit quelquefois dans le même corps de logis des Hérétiques & des Orthodoxes, les uns & les autres mariez & faisant bien des enfans. S'il se pouvoit faire que l'ame qui auroit été destinée pour le *fœtus* de la mere orthodoxe, s'égarât tant soit peu de son chemin, & prît une chambre pour une autre, elle deviendroit tout aussi certainement hérétique, que celle qui seroit allée à son lieu marqué, savoir dans le *fœtus* d'une femme hérétique. Ainsi selon qu'on tombera un étage plus ou moins bas, dans la chambre *numero* 3. ou *numero* 4. on sera Hérétique, ou Orthodoxe.

Qu'est-ce que cela veut dire, sinon que toutes les ames que Dieu unit à des machines humaines, seroient dans l'Orthodoxie à l'âge de dix ou douze ans, si personne que des Orthodoxes ne se mêloit de les élever? Je ne pense pas qu'on me puisse nier cette conséquence; mais delà il

s'enfuit nécessairement que l'adhésion d'une ame pendant les dix ou douze premieres années de la vie, aux fausses doctrines ausquelles on l'a instruite, ne vient pas de ce qu'elle est corrompuë & infectée du peché originel. Car puisque le fonds sur lequel la vraie Religion jette ses racines, est le même en nombre que celui où la fausse jetteroit les siennes, si on l'y semoit, (c'est ce qui résulte de mes remarques précédentes) il faut dire nécessairement, ou que l'ame n'embrasse la vraie Religion que parce qu'elle est infectée du peché originel, ou qu'elle n'embrasse pas les fausses, entant qu'elle est infectée de ce même peché. Si vous niez cette 2. proposition afin d'admettre celle-ci:

L'ame ne devient imbuë d'une fausse Religion que parce qu'elle a contracté la souillure du peché originel dès le moment de son union avec la matiere:

Il faudra nécessairement que vous admettiez aussi cette autre:

L'ame ne devient imbuë de la vraie Religion, que parce qu'elle a contracté la souillure du peché originel dès le moment de son union avec la matiere.

Or ce seroit la plus grande des extravagances que d'admettre cette derniere proposition, & cependant il le faudroit faire si l'on admettoit l'autre. Il faut donc les rejetter toutes deux, & dire que l'ame reçoit toutes les doctrines de Religion qu'on lui enseigne, entant qu'elle est une substance spirituelle, susceptible par sa nature de toutes sortes d'idées & de sentimens, comme une planche de cuivre reçoit indifféremment toutes les gravûres qu'on y fait, non moins les Canons du Concile de Trente, que ceux du Sinode de Dordrecht. Le peché originel n'a que faire-là; il pourra bien faire que vous abuserez des opinions que vous aurez sucées avec le lait; mais il ne sera point cause que vous les aurez sucées & adoptées.

Pour mieux comprendre cette verité, il est bon de remarquer, qu'encore qu'une ame contracte par son union avec le corps une vilaine lepre, qu'on appelle peché originel, elle n'agit pas toûjours entant qu'affectée de cette contagieuse maladie; car, par exemple, un enfant qui a faim & qui souhaite quelque aliment, ne fait point ce souhait parce qu'il porte la peine du peché d'Adam; encore moins le peut-on dire de ce qu'il tire une juste conséquence de quelque chose qu'il a comprise, comme cela leur arrive quelquefois dès l'âge de quatre ou cinq ans. Qu'on n'aille point chicaner, sous prétexte que nous ne savons pas ce que feroient les enfans dans l'état dont Adam nous a fait déchoir: car ne savons-nous pas par l'histoire de la Passion de Jésus-Christ, qu'il a demandé à boire lorsqu'il a été pressé de la soif? Preuve démonstrative que ces sortes de désirs, sont très-compatibles avec une parfaite innocence, & qu'ainsi nous ne les formons pas entant que nous sommes entachez de la lepre du peché. Disons la même chose à beaucoup plus forte raison, de ce que dans le bas âge nous croyons bonnement tout ce qu'on nous dit de Dieu. Si nous n'en méritons pas de loüange, parce que notre consentement à ces instructions ne dépend point d'un choix libre & raisonné, nous n'en méritons point aussi de blâme par la même raison. C'est un pur hazard non pas à l'égard de Dieu, mais au nôtre, qui fait que nous consentons plûtôt à la verité qu'à la fausseté; & avec la même force naturelle, dont nous embrassons la fausseté, si elle nous est présentée, nous eussions embrassé la verité

Les désirs... me ne sont... toûjours a... te de sa... tion. Les... mes de l... phie sur l... vement... quez à s... rations.

rité si on nous l'eût offerte, tout de même que selon la remarque de la nouvelle Philosophie, la diverse détermination du mouvement ne suppose pas que le mouvement soit divers, étant certain qu'avec la même quantité de mouvement un corps tend de l'Orient à l'Occident, & puis de l'Occident à l'Orient, si la rencontre de quelque autre corps l'y détermine.

Cela me fait souvenir d'une autre remarque de la même Philophie, c'est que tout le mouvement qui est imprimé de Dieu à la matiere, tend selon la premiere destination à décrire toûjours une ligne droite; desorte qu'il ne décrit jamais une ligne courbe qu'à cause des obstacles invincibles qu'il a rencontrez. D'où il s'ensuit que la même force qui produit le mouvement droit, produit aussi l'oblique, & que le même mouvement qui est oblique, eût été droit sans la rencontre qu'il a faite d'un obstacle insurmontable. Voilà une image fidelle de ce qui arrive à nos ames. Elles reçoivent une impression continuelle qui les pousse, selon sa premiere destination, tout droit à la verité; mais mille circonstances particulieres font qu'elles n'enfilent pas cette ligne droite, & qu'elles sont jettées de côté en une infinité de matieres differentes. C'est néanmoins toûjours la même force, la même impression, la même tendance vers la vérité qui les meut, comme il paroît de ce que nos ames n'admettent jamais une opinion que revêtuë des livrées de la verité. Le Demon a beau déployer toutes ses machines, il ne peut faire jamais que l'erreur entre dans nos ames entant qu'erreur, elles sont incorruptibles & infaillibles de ce côté-là, très-incapables d'adopter un sentiment, s'il se présente comme faux. Mais voici ce qui arrive; cette force & ce mouvement vers la verité est déterminée par ceux qui nous élevent, tantôt à droite, tantôt à gauche, selon qu'ils nous disent que là ou là est le chemin qui conduit au but où nous tendons naturellement. Ce ne sont donc point deux impressions ou deux mouvemens differens en leur nature, que celui qui nous porte à la vérité, & celui qui nous porte à l'erreur; celui-ci n'est autre chose que le premier détourné de son chemin & determiné vers une autre ligne pour la rencontre d'une espece de corps réfléchissant, savoir l'éducation & la pédagogie d'un certain maître. N'allons donc point recourir ici à la tache du peché originel, & je ne sai quelle corruption de la volonté. Est-ce cela qui nous fait naître dans la maison d'un Hérétique ou Mécréant, plutôt que dans celle d'un enfant de Dieu?

dont on l'ap- L'ame e na- nt à la urquoi em- tou-

Mais afin que le vulgaire trouve ici, non moins que les Philosophes, des comparaisons à sa portée, representons-nous un grand Monarque qui choisit un Gentilhomme, qu'il sait lui être très-affidé, très-actif & très-diligent, pour porter une nouvelle de conséquence à un autre Prince, & qui presse beaucoup. Ce Courrier se souvenant, que son maître lui a bien représenté que tout dépend de la promptitude, qu'*in morâ periculum*, & porté su r les ailes de son zele, ne se repose ni nuit ni jour, change de cheval le plus souvent qu'il lui est possible, se fait donner les meilleurs guides qu'il peut trouver, afin d'aller toûjours le plus court chemin. S'il se rencontre malheureusement qu'un guide ignorant ou malicieux le mette dans une méchante route, & qu'en la suivant avec tout le feu de son zele, il s'égare & s'écarte d'autant plus loin d'heure en heure de la Ville où il doit aller, dira-t-on que la vîtesse avec quoi il court

dans ce chemin d'égarement, vient d'un principe opposé à celui qui le faisoit marcher dans le bon chemin? Il faudroit être fou à lier pour trouver là la moindre diversité de principe, obéïssance & fidelité d'une part, rébellion & perfidie de l'autre, & pour ne pas voir que le mouvement dans le chemin qui l'égare est une continuation de celui qu'il avoit dans le bon chemin, & qu'en l'un & en l'autre la vîtesse qu'il a, vient de son zele & de sa fidélité pour son maître. L'application de ceci aux enfans se fera comme de soi-même; car qui ne voit que si un petit enfant qui avoit été élevé par son pere dans l'Orthodoxie, & qui avoit senti un grand zele pour la verité, tombe dès l'âge de neuf ou dix ans entre les mains d'un Tuteur hérétique qui lui persuade, que le chemin de la verité n'est pas où on lui avoit dit, mais ailleurs; qui ne voit, dis-je, que si ce petit enfant conçoit le même zele, & marche dans ce nouveau chemin, où son guide le pose comme le véritable, avec la même ardeur qu'il avoit auparavant pour l'Orthodoxie, ce ne sont point deux actions différentes en espece, & procédantes d'une différente source, mais la continuation du mouvement qui l'avoit porté d'abord vers la verité?

Ainsi tant s'en faut que la nature corrompuë influë dans le zele que nous concevons pour l'erreur avant l'usage de la liberté; pour l'erreur, dis-je, que l'on nous enseigne comme une verité céleste; qu'au contraire cela ne peut proceder que de ce qui reste de bon dans notre nature depuis le peché d'Adam, savoir une détermination invincible & insecouable vers la verité en general; détermination qui fait que jamais notre ame n'adhere à une doctrine qui lui paroît fausse. Peut-on nier que ce ne soit une perfection très-grande? J'avouë que c'est une grande foiblesse, que d'être sujets comme nous sommes à méconnoître la vérité & la fausseté; mais ce n'en est point qu'après avoir été trompez par une force majeure, comme est celle de l'éducation jusques à un certain âge, nous aimions ce qui nous paroît verité, nous ne l'aimions que parcequ'il nous paroît verité, & nous ne rejettions la verité que parce qu'elle nous paroît erreur & mensonge. Mais voici où la corruption du cœur commence d'éclater, c'est lorsque l'ame persuadée qu'une doctrine vient de Dieu, ne laisse pas de la méprifer & de régler ses actions sur un tout autre modele. Le désordre est grand alors, soit que la doctrine qu'on méprise soit vraie en effet, soit qu'elle ne le soit pas, & ce ne seroit point un moindre peché de travailler à la propagation de l'Orthodoxie pendant qu'on la croiroit fermement une Hérésie, que de ne tenir aucun compte de l'Hérésie, pendant qu'on la croiroit fermement l'Orthodoxie.

CHAPITRE XVI.

Que la forte persuasion de la fausseté, accompagnée même de la rejection des soupçons qui s'élevent quelquefois dans l'esprit, qu'on erre, ne procede pas nécessairement d'un principe de corruption.

JE m'assure que ceux qui feront attention de sens rassis sur ce que je viens de dire, en tomberont d'accord; pour les autres j'en doute: mais sur tout je me défie de ces Lecteurs vifs & à imagination gigantesque; car ils ont le malheur de prendre les choses de travers, & le change éternellement, soit que des raisons d'Auteur les

em-

empêchent de peser les choses avec le désintéressement qu'il faudroit, soit qu'avant que d'avoir achevé la lecture d'un chapitre, ils ayent déja conçu plusieurs réponses à y faire, qui ne sauroient guéres avoir de justesse ne se raportant qu'à quelque endroit ou mourceau de l'objection. Mais pour ceux qui ont plus d'application à examiner mûrement le fort & le foible d'une cause, je pense qu'il demeurera pour constant désormais.

En 1. lieu, que l'ame des enfans n'adhere à la premiere Religion qu'on lui enseigne, ni entant qu'ornée de sainteté, ni entant que souillée de peché; mais simplement entant que c'est un esprit susceptible de toutes sortes d'idées & de sentimens, & limité aux uns plûtôt qu'aux autres par son union avec la matiere.

2. Que cette facilité avec laquelle cette ame reçoit tout ce qu'on lui présente en matiere d'opinions, n'est ni une bonne ni une mauvaise qualité morale; mais tout au plus une imperfection phisique, & une limitation très-grande, qui naît des loix de l'union des ames avec les corps.

3. Que la docilité des enfans des Orthodoxes, & l'affection qu'ils conçoivent pour l'Orthodoxie, n'est point une qualité différente de celle qu'ont les enfans des Hétérodoxes, puisque les mêmes enfans qui sont zélez aujourd'hui pour l'Orthodoxie, le seroient tout autant pour l'Hétérodoxie, *& vice versâ*, si on les avoit élevez à un autre genre d'opinions. D'où il résulte que si la docilité & la dévotion des uns étoit un effet du peché originel, celle de tous le seroit. Or cela est impie à dire. Souvenons-nous du Courrier dont j'ai parlé (*) ci-dessus.

4. Qu'encore que ce soit une chose étrange, que les enfans embrassent avec joie & chaleur les veritez les plus importantes du Paradis & de l'Enfer, de la Trinité, de l'Incarnation, du peché originel, & tous les autres dogmes qu'on leur propose, les uns selon Rome, les autres selon Geneve, &c. qu'ils les embrassent, dis-je, sur l'autorité d'une simple femmelette, d'un petit Maître d'Ecole, ou tout au plus d'un Curé ou d'un Ministre de Village, (car voilà où se réduit toute l'analise de leur Foi) néanmoins on peut trouver bien de la raison à cela, étant juste qu'un petit enfant ait assez d'humilité pour ne présumer pas plus de ses lumieres, que de celles de son pere, de sa mére, de son pédagogue; & qu'ainsi il les croye sans les contredire, outre qu'il est juste qu'il ait assez bonne opinion d'eux, pour ne douter pas de leur sincerité. S'il croit donc d'un côté que leurs lumieres sont meilleures que les siennes, & qu'ils lui enseignent ce qu'ils croyent la verité, il doit se conformer à leurs sentimens. Et il faut bien qu'il le fasse; car pour s'en défier il auroit besoin de plusieurs idées tout à la fois qui le missent en garde les unes contre les autres: mais c'est ce qu'il n'a pas; il n'en a que successivement, de loin à loin, & elles ne lui viennent les unes que pour fortifier les autres, par le soin de ceux qui l'instruisent.

5. Que soit qu'on appelle bonne, soit mauvaise, cette facilité qu'ont les enfans d'adopter toutes les opinions qu'on leur enseigne sur le fait de la Religion, il est du moins certain que c'est une perfection phisique à eux (si on ne veut pas la nommer morale, à cause qu'il n'y entre point un choix libre & raisonné) d'aimer ce qu'ils ont pris pour la verité, & de fuir ce qu'il ont pris

pour l'erreur. N'importe quant à cela que leurs guides les ayent trompez, c'est toûjours être dans l'ordre que d'aimer ce qu'on croit venir de Dieu; & l'on n'y seroit pas, si l'on haïssoit ce que l'on croit venir de lui, quand même il se trouveroit que la chose que nous haïrions lui seroit en effet désagréable. Ce ne seroit que par accident & contre notre dessein, que nous haïrions ce que Dieu défend, & tout homme qui aime une chose qu'il croit agréable à Dieu, quoiqu'elle ne le soit pas, aimeroit par ce même mouvement de l'ame ce qui est réellement agréable à Dieu, s'il le connoissoit tel, comme il est vrai que tout homme qui méprise ce qu'il croit venir de Dieu, encore qu'il n'en vienne pas, mépriseroit par ce même acte de son ame ce qui viendroit effectivement de Dieu, s'il le connoissoit comme tel. Voilà ce qu'on ne me niera point à moins qu'on ait eu le défaut de ne point l'entendre, mais de donner de travers en y pensant.

6. Que puisque la grande facilité des enfans de croire sans discernement tout ce qu'on leur dit, soit vrai, soit faux, est une qualité qui moralement parlant, n'est ni bonne ni mauvaise, il s'ensuit que ce n'est pas un peché à eux de croire l'Hérésie, avec une persuasion forte & qui excluë toute ombre de doute; car outre que cela peut venir de la qualité particuliere du tempérament, & de la maniere dont on les a élevez, il y a de plus à considérer la raison capitale dont je me suis déja servi, qui est que le même enfant qui croit d'une persuasion opiniâtre & mordante l'Hérésie, croiroit de même la verité, si elle lui avoit été proposée comme l'erreur l'a été; de sorte qu'on ne peut plus dire, que l'opiniâtreté d'un enfant heretique soit une marque de la dépravation de son ame, sans dire que la ténacité avec laquelle ce même enfant auroit crû la verité, si on la lui avoit expliquée comme on a fait le mensonge, seroit une suite de la perversité de son cœur. Or qui oseroit prononcer cette extravagance?

7. Que si un enfant peut être fortement, ou opiniâtrement (si l'on veut, car je ne dispute pas sur des mots plus ou moins honorables) persuadé d'une Hérésie comme d'une chose souverainement agréable à Dieu, sans qu'il y entre de la malice & de la corruption de sa volonté, il peut aussi, aux mêmes conditions, être opiniâtrement persuadé, que l'Orthodoxie est une fausseté fondamentale, plus à fuir que la peste ou que la lepre. Ce n'est point croire deux dogmes différens, mais le même proposé en d'autres termes; ainsi le premier ne sauroit être légitime sans le second, ni celui-ci sans l'autre.

J'en ai assez-là pour satisfaire au titre de ce chapitre. Car s'il est une fois constant, qu'on peut être dans une pleine & entiere persuasion, que les doctrines contraires aux nôtres sont fausses & détestables; si, dis-je, l'on peut être dans cette persuasion, sans que la malice du cœur s'en soit mêlée, ni peu ni prou, il s'ensuit que sans la moindre participation de la même malice, on peut croire tout ce qui naturellement, & selon les loix inviolables de l'ordre, doit émaner de cette persuasion; comme en 1. lieu, que les raisons qui semblent favoriser les opinions contraires aux nôtres, ne sont que des sophismes & des chicaneries. 2. Qu'il faut soigneusement prendre garde à ne s'y pas laisser attraper, & se souvenir du proverbe, que *la méfiance est la mere de la sureté.*

3. Que

3. Que s'il s'éleve des scrupules & des doutes dans notre esprit, il faut les repousser avec le bouclier de la foi, comme des tentations du monde, & faire en général comme l'aspic qui bouche son oreille à la voix de l'enchanteur. 4. Qu'il faut demander continuellement à Dieu la grace de persévérer dans la croïance que l'on a, & s'y fortifier de plus en plus par la lecture & la méditation de sa parole.

Quand on en est-là, & que l'on s'y tient bien ferme, il n'y a ni Controversiste, ni Livre, qui nous persuade le contraire de ce que nous avons appris dans l'enfance. Car nous rejettons tous les éclaircissemens & toutes les instructions qu'on nous offre; & quand même nous ne pourrions répondre à un Adversaire, nous ne nous en étonnons pas. Nous disons à part nous, que ce n'est qu'un empoisonneur qui sait bien dorer & sucrer sa drogue. Mais quel jugement faut-il faire de ceux qui en ce faisant ne démordent jamais de leur erreur? Faut-il dire, selon la premiere réponse proposée au commencement du chapitre XIII. qu'ils errent malicieusement, puisqu'ils refusent de consulter un oracle qui les instruiroit bien-tôt, savoir les définitions de l'Eglise Romaine, ou puisqu'ils ne lisent pas l'Ecriture avec un esprit humble & zélé pour la verité, qui est la 2. réponse que j'ai proposée au même lieu. Je ne pense pas que cela se puisse dire, & j'en ai déja donné la raison à l'égard de la 2. réponse. Mais voici quelque chose de plus.

Ou ceux qui refusent de consulter ce qu'a défini l'Eglise la plus étenduë, la plus ancienne, la plus unie invariablement à la chaire de S. Pierre, le font, parce qu'ils craignent qu'en la consultant ils trouveroient dequoi se convaincre qu'ils errent, ou bien ils le font, parce qu'ils sont persuadez qu'en la consultant on n'apprendroit rien de bon, & qu'on s'exposeroit aux piéges du Diable. Au 1. cas j'avouë que s'ils errent, ils doivent être censez errer volontairement & malicieusement; car ce n'est pas la verité qu'ils aiment, puisqu'ils craignent de la trouver, mais ils sont seulement bien-aises de se figurer que l'état où ils se trouvent, & dont ils ne veulent pas sortir, est joint avec la verité. Au 2. cas chacun voit, sans que je l'en avertisse, qu'ils n'erreroient pas volontairement & malicieusement. Or comme d'une part, il n'y a que Dieu qui sache qui sont ceux qui persévèrent dans l'erreur par le motif exprimé au 1. cas, qui est assurément très-criminel, quand même ces gens-là croiroient toûjours en gros que leur Religion est la bonne; je crois de l'autre qu'il y a un très-grand nombre de gens qui persévèrent dans leurs premieres opinions, & qui ne veulent point s'embarrasser la tête de disputes, d'examens, & de discussions chatouilleuses, par le 2. motif; & tout ce que l'on peut dire de plus fort contre ceux-ci, c'est que l'acquiescement absolu qu'ils ont aux instructions qu'on leur a données dans l'enfance, n'est pas excusable quand ils sont hommes faits, comme quand ils étoient enfans; c'est-à-dire dans une impuissance phisique d'examiner & de comparer ensemble le pour & le contre des Religions; mais néanmoins on ne peut pas les taxer de la moindre haine ou mépris pour la verité.

Je le répete trop souvent peut-être; mais c'est à cause que les Lecteurs ne sont guéres accoûtumez à des éclaircissemens de la nature que sont ceux-ci. Desorte que pour les leur bien fourrer dans l'esprit, il faut leur en renouveller la montre d'espace en espace. Ainsi je le redirai encore; c'est la plus grande illusion du monde, que de prétendre qu'un acte d'amour qui tend vers un objet réellement faux, mais objectivement vrai, ou ce qui est la même chose dite plus clairement, qui nous paroît vrai, n'est point un acte d'amour pour la verité, selon toute la proprieté & rigueur des termes, lorsque nous ne sommes portez à le former que par la persuasion de bonne foi où nous sommes, que l'objet vers lequel il tend est la verité. Si on me le nie, voici l'extravagance où l'on se jette; c'est qu'un Hérétique, bien persuadé qu'il croit la verité, & n'aimant ce qu'il croit que parce qu'il est fermement persuadé que c'est la verité, & ce qui est la même chose, prêt à l'abandonner s'il se convainquoit que ce n'est pas la verité, n'aimeroit point l'Orthodoxie, s'il la connoissoit distinctement telle qu'elle est en elle-même. Je dis que c'est soûtenir une extravagance, dont l'homme, avec toutes ses bizarreries, n'est point capable de nous donner l'original; il y a là-dedans des combinaisons d'actes qui sont impossibles.

Disons donc, que dès qu'un homme en est venu-là, qu'il n'aime ses opinions que parce qu'il les croit vraies, il faut dire de lui 1. qu'il a une disposition générale très-sincere, & qui est une très-bonne qualité morale, à aimer la verité partout où il la trouvera, & qu'il l'aime effectivement; car oseroit-on dire qu'un avare, qui prend de fausses pieces d'or pour bonnes, & qui y met son cœur, n'aime point lor? 2. Que la fausseté réelle qui se trouve dans ses opinions, n'est point la cause pourquoi il les aime. 3. Que si ce qui est vrai réellement lui paroissoit tel, il l'aimeroit. 4. Que non seulement il surpasse en amour de la verité celui qui connoît la verité & qui ne l'aime point; mais qu'il peut aussi disputer d'amour pour la verité avec celui qui la connoît & qui l'aime.

Disons aussi qu'un Hérétique, qui ne tient aucun cas de ce qu'il croit être la verité, feroit la même chose à l'égard de la verité elle-même, s'il la connoissoit, & qu'ainsi il est aussi coupable de leze-verité, que s'il étoit de ces Orthodoxes qui sont indifférens pour la verité qu'ils connoissent. La raison de cela n'est pas malaisée à donner; c'est qu'à l'égard d'un Hérétique indifférent pour la Religion, la fausseté n'est qu'une cause par accident de l'indifférence qu'il a pour elle, tout de même qu'à l'égard d'un Hérétique zélé contre l'Orthodoxie, la verité n'est qu'une cause par accident de la haine qu'il lui porte. Or les causes par accident ne sont comptées rien, quand il s'agit de rendre un acte bon ou mauvais moralement.

Je voudrois que l'on se représentât deux hommes qui tirent au blanc, & à qui on promet un bassin d'argent, pourvû qu'à bale seule ils le puissent toucher au milieu, d'une distance considérable. Supposons-la telle qu'il soit aisé de confondre un bassin d'argent avec un bassin d'étain, ou argenté. Alors soit qu'on leur mette au but le bassin d'argent, soit l'autre, ils tireront avec la même intention de frapper au but; & la différence réelle qui sera dans l'objet, & qu'ils ne connoîtront point, ne changera rien du monde dans l'intention ardente qu'ils ont de toucher au but. N'est-ce pas l'image fidelle de deux hommes sincerement zélez chacun pour sa Religion, l'une vraie réellement, l'autre seulement en apparence? Ils tendent avec la mê-

me

Causes de la forte persuasion des Enfans que leur Religion est bonne.

me ardeur au but & au prix, & si l'on présentoit au premier le faux, de telle sorte qu'il le crût vrai, il agiroit comme auparavant, & le second de même, si on lui présentoit le vrai, de telle sorte qu'il le crût vrai.

Mais pour revenir à la forte persuasion que l'éducation inspire, j'ajoûterai que principalement dans les lieux où il y a 2. Religions qui disputent le terrain, le principal soin des peres & meres est d'apprendre de bonne heure à leurs enfans, que Dieu leur a fait une grace qu'il a refusée à une infinité d'autres enfans; c'est qu'il les a fait naître dans la vraie Religion. Ils les accoûtument à remercier Dieu soir & matin, de cette faveur particuliere, & à lui demander ardemment de ne point permettre que ce sacré dépôt de la verité leur soit enlevé par les ruses du Démon, & les artifices du monde. Il y en a qui poussent leur zele jusqu'à de petites fraudes pieuses, faisant peur à leurs enfans du loup-garou, des sorcieres, ou de quelque difformité de corps, s'ils ne détestent l'autre Communion. La suite naturelle de cela, & presque infaillible, est que ces enfans parvenus à l'âge d'homme, soient convaincus de la verité de leur Religion, & ce qui est la même chose, de la fausseté de l'autre; que quand ils lisent l'Ecriture ou quelque Livre de Controverse, ce soit pour s'y confirmer dans leur croyance, & que s'il leur arrive des doutes ou des difficultez qui tendent à diminuer leur persuasion, ils les regardent comme autant de piéges que Satan, la chair & le monde leur tendent pour les attirer au méchant parti. Je veux même que quand ils lisent l'Ecriture, ils ne demandent pas nommément à Dieu, qu'il les éclaire s'ils sont dans l'erreur, qu'est ce que cela prouvera? Qu'ils méprisent la verité, & qu'ils aiment le mensonge? Nullement, cela ne veut dire autre chose, sinon qu'ils croïent fermement être en possession de la verité. En conscience y a-t-il dans tout cela, à le prendre au pis, que crédulité, manque d'esprit étendu, & philosophique? Y a-t-il la moindre trace de la malice du cœur, & de cette source corrompuë d'où procedent les crimes? Peut-on dire raisonnablement qu'un Hérétique qui refuse de conférer avec un savant Orthodoxe, qu'il regarde comme un fin empoisonneur des ames, & un Emissaire dangereux de Satan, & qui ne refuse cette conférence, que parce qu'il craint d'être séduit, hait la lumiere de la verité?

J'ai bien vû en ma vie des formulaires, ou recueils de prieres à l'usage de tous les temps, & différences de personnes, comme aussi des préparations à la Cenne; mais je n'en ai point rémarqué, où l'on demande en particulier à Dieu, que si l'on a le malheur de se tromper au sujet des images, de l'invocation des Saints, de la présence réelle, de l'autorité de l'Eglise, de l'Antechrist, &c. il lui plaise de nous tirer d'erreur. Aucune Religion ne prescrit pareilles demandes à ses enfans; & si quelqu'un s'en avisoit de son autorité privée, on le regarderoit comme débile en la Foi & vacillant, & on le traiteroit comme ce roseau cassé qu'il ne faut pas briser, & comme ce lumignon fumant que l'on ne doit pas éteindre. Il ne faut donc pas exiger d'un Hérétique, persuadé qu'il est dans le bon chemin par des raisons probables, comme l'Orthodoxe n'est persuadé qu'il y est que par des raisons probables, qu'il demande à Dieu d'être éclairé, en cas qu'il erre sur tel & tel point; car on ne peut l'exiger de l'Hérétique, sans l'exiger aussi de l'Orthodoxe, l'un & l'autre pouvant croire qu'il est-très-possible qu'il se trompe.

<hr>

CHAPITRE XVII.

Réponse à ce qu'on objecte, que toutes les erreurs sont des actes de volonté, & par conséquent moralement mauvaises. Je montre l'absurdité de la conséquence, & donne une regle pour discerner les erreurs qui sont un mal moral, de celles qui ne le sont pas.

J'Ai été plus long que je ne pensois sur cette question, car j'avois résolu de la réserver pour un autre temps; mais m'y voyant une fois engagé, je n'ai pû m'empêcher d'y donner quelque étenduë, sans que pour cela je prétende en avoir traité suffisamment. J'ai laissé à quartier tout exprès certaines choses que l'on ne manquera pas de m'opposer, & qui pourront être discutées plus à propos en un autre lieu, ce que j'en ai dit étant plus que suffisant pour détruire la prétenduë disparité que j'avois à réfuter en cet endroit. Voïons présentement ce qu'il faut répondre à l'objection que je viens de rapporter dans le titre de ce chapitre.

J'accorde à ceux qui la font, que les nouveaux Philosophes ont dit avec beaucoup de raison, que ce qu'on apelloit autrefois opération seconde de l'entendement est une opération de la volonté; c'est-à-dire que tous les jugemens que nous portons sur les objets, soit en affirmant qu'ils sont tels ou tels, soit en le niant, sont des actes qui procedent de l'ame, non pas entant qu'elle est capable de sentir & de connoître, mais entant qu'elle est capable de vouloir. Il s'ensuit de-là, que puisque l'erreur consiste en ce que nous affirmons d'un objet ce qui ne lui convient pas, ou que nous en nions ce qui lui convient, toute erreur est un acte de volonté, & par conséquent volontaire.

Mais tant s'en faut que ceci soit favorable à mes Adversaires, que je n'en demande pas davantage pour les confondre & pour les dépouiller des seuls armes qui leur restoient après avoir perdu leurs trois premieres disparitez. Car il ne leur restoit à dire, sinon qu'un Juge qui se trompe en absolvant un criminel, & condamnant un innocent, est dans une erreur involontaire, & par conséquent innocente, au lieu que s'il se trompe en prenant l'Orthodoxe pour Hérétique, son erreur est volontaire, & par conséquent criminelle. Tout cela tombe, s'il est vrai, comme il n'en faut pas douter, & comme les Auteurs de cette objection le supposent eux-mêmes, que toute erreur est un acte de volonté; & ainsi c'est à eux à recourir, s'ils peuvent, à l'asile qu'on leur a ôté dans le chapitre 9. savoir que toute erreur procede d'une source corrompuë, & mérite par conséquent la peine infernale.

Les voici donc dans une fâcheuse alternative. Il faut qu'ils disent ou que toute erreur étant volontaire est criminelle, ou qu'il y a des erreurs qui sont innocentes quoique volontaires. S'ils prennent le premier parti, bon Dieu quelles absurditez n'amonceleront-ils point sur leur pauvre dos! Car comme il y a bien des Critiques qui soûtiennent que l'Iliade vaut mieux que l'Enéïde, & que les Comédies de Plaute surpassent celles de Térence, il y en a beaucoup aussi qui soûtiennent que l'E-
néïde

néïde surpasse l'Iliade, & que les Comédies de Térence sont préférables à celles de Plaute, il s'ensuit de toute nécessité que les uns ou les autres de ces Critiques portent un faux jugement, c'est-à-dire qu'ils commettent un péché selon le 1. membre de l'alternative. Outre cela que ferons nous de l'ignorance invincible, de l'ignorance de fait qui excuse & devant Dieu & devant les hommes ? Que ferons-nous des enfans qui sont nez de l'infidélité conjugale de leurmere, & qui ne laissent pas, n'en sachant rien, d'hériter de son mari, au préjudice de ses véritables enfans ou parens ? Quoi, si ces pauvres gens meurent sans restituer cet héritage, & faire une pénitence condigne de tous les péchez qu'ils ont faits, autant de fois qu'ils ont crû que leur mere étoit une honnête femme, & que le bien deson mari, leur pere putatif, leur appartenoit, ils seront damnez éternellement ? Voilà qui suffit pour renverser cette extravagante hipothese, qui n'iroit à rien moins qu'à introduire le plus outré *Quiétisme* que le plus expert Fanatique dans les Misteres extatiques ait jamais conçu ; car qui oseroit affirmer, sans crainte d'offenser Dieu par un jugement erroné, qu'un homme qui a été trois jours sans manger en a bien envie ? Qui oseroit croire, que le dîner que sa servante lui apporte n'est pas empoisonné ? Où est le Juge qui se voulût mêler de procès, ou le Médecin qui osât ordonner quelque remede ? Il y auroit péril de pécher en tout cela.

Il faut donc se ranger à l'autre membre de l'alternative ; mais depuis que j'aurai gagné ce point, qu'il y a des erreurs qui sont innocentes quoique volontaires, il faudra entrer en capitulation pour l'exclusion de quelques-unes, & l'inclusion de quelques autres dans la classe des péchez ; il faudra chercher une regle qui nous apprenne, celle-là est péché, celle-ci ne l'est point. En attendant qu'on m'en fournisse une meilleure, je suis en droit de me servir de celle-ci.

ur dis-
s er-
font
moral,
qui ne

de l'E-
de l'I-

C'est que puisqu'il y a des jugemens faux qui ne sont, moralement parlant, ni une bonne ni une mauvaise chose, (tel est, par exemple, ou le jugement de ceux qui préferent l'Iliade à l'Enéïde, ou le jugement de ceux qui préferent l'Enéïde à l'Iliade) il n'y a nul jugement faux, qui précisément, parce qu'il est faux, revête aucune moralité ; mais qu'il est nécessaire pour le faire passer d'être acte indifférent à être acte moralement mauvais, que nous ayons été déterminez à le porter par quelque méchant motif, comme seroit, par exemple, de juger qu'Homere surpasse Virgile, parce qu'en jugeant cela nous aurons la satisfaction de contredire un homme qui nous est odieux, que nous souhaitons de chagriner, dont nous voulons nous vanger, ou bien nous espérons d'obtenir la louange de supériorité d'esprit, pardessus des gens dont la réputation nous chagrine. C'est un moyen à coup sûr de faire qu'une erreur, qui auroit été de soi une chose indifférente, devienne un péché.

Mais il faut bien prendre garde, que non seulement ceux qui erreroient en préférant ainsi Homere à Virgile, pécheroient, mais aussi ceux qui n'erreroient point ; desorte que par malheur pour mes Adversaires la verité n'aura rien ici de privilégié. Car s'il est vrai que l'Iliade vaut mieux que l'Enéïde, ceux qui l'affirment, jugent bien, ceux qui le nient jugent mal ; cependant le jugement de ceux-là, meilleur phisiquement que ce-

lui des autres, n'est point meilleur moralement, l'un & l'autre étant un acte qui, moralement parlant, n'est ni bon ni mauvais. Il faut donc, que si ce qui rend mauvais moralement l'acte de ceux qui se trompent, se trouve dans l'acte de ceux qui rencontrent la verité, l'acte de ceux-ci devienne moralement mauvais, non moins que celui des autres ; & par conséquent dans la supposition faite que l'Iliade vaut mieux que l'Enéïde, ceux qui sont déterminez à juger cela par un motif de haine contre quelqu'un, d'envie, de vengeance, de vanité, péchent autant que ceux qui par les mêmes motifs se portent à (*) affirmer que l'Enéïde surpasse l'Iliade. Je ne m'étends pas sans sujet à rendre claire & sensible cette remarque, car elle peut influer sur d'autres matieres.

Je pense que nous tenons la vraie pierre de touche des erreurs criminelles & non criminelles, c'est de dire, *que toute erreur est criminelle, lors qu'on y est entretenu ou conduit par un principe dont on connoît le déreglement, comme est l'amour de ses aises, l'esprit de contradiction, la jalousie, l'envie, la vanité.*

En quels cas les erreurs volontaires sont criminelles.

Par exemple, si un homme en âge de se servir de sa liberté & de sa Raison, (car avant cet âge il n'en faut point parler) persévere dans les erreurs qu'il a sucées avec le lait, parce qu'il ne veut point examiner si la Religion où il a été élevé est véritable, trouvant cet examen trop pénible, & aimant mieux se divertir que prendre cette peine-là, ou bien appréhendant de trouver qu'il se trompe, auquel cas sa conscience le solliciteroit de quitter une Religion qu'il trouve fort à son gré, & l'empêcheroit de goûter tranquillement les douceurs qu'il y rencontre ; si, dis-je, un homme persévere dans ses erreurs par de semblables motifs, elles deviennent criminelles ; car alors il montre qu'il aime mieux ses plaisirs que la verité, & qu'au lieu de demeurer dans sa Religion parce qu'il la croit véritable, il est bien-aise de la croire véritable, parce qu'elle s'accommode avec la mollesse de sa chair.

Un homme aussi qui persévere dans ses erreurs, parce que les ayant soûtenuës de vive voix, ou par écrit, ou par des députations, ou autrement, avec beaucoup de réputation, il appréhende quelque déchéance de sa gloire mondaine, s'il vient à se persuader le contraire de ce qu'il a crû & enseigné, & à suivre cette nouvelle persuasion ; un tel homme, dis je, n'est pas un errant de bonne foi, n'erre pas sans crime.

Non-plus que celui qui appréhende de donner la joie à ses ennemis de lui pouvoir reprocher, qu'il a été long-tems dans l'erreur, & qu'on l'a convaincu d'un aveuglement extrême.

Ni celui qui seroit fâché que la Religion que son mortel ennemi auroit prêchée, & soûtenuë avec les derniers applaudissemens, se trouvât être la véritable.

Tels & semblables motifs, dont le désordre nous est connu par la lumiere naturelle, (car persone n'oseroit avoüer, qu'il se laisse mener par de semblables motifs) & qui sont capables d'empêcher qu'un homme ne sorte de la persuasion des erreurs, rendent volontaires & criminelles ces erreurs.

Quant à ceux qui étant nez dans la vraie Religion passent dans la fausse, avec persuasion de quitter l'erreur pour embrasser la verité, & qui ont été portez à juger qu'ils se trompoient, ou

par

(*) „ Remarquez que par tout ici j'entens l'affirmation mentale ; car la verbale sans la mentale n'est

„ point erreur, mais menterie.

par quelque affront qu'ils ont reçu dans leur premiere Religion, ou par le peu d'espérance qu'ils avoient d'y passer leur vie commodément, selon le monde, comme dans l'autre, ou par l'envie de se vanger de quelqu'un, dequoi les occasions lui seront fournies dans une autre Secte, ou par tel autre principe, je dis pareillement, qu'ils doivent être censez errer volontairement, au sens que ce mot se prend selon la vieille Philosophie, & qu'ils donnent prise sur eux à la justice divine

Mais je n'oserois faire le même jugement d'un homme qui sans aucun ressort, ni motif dont il sente ou connoisse le désordre, mais simplement parce qu'il a de sa nature un tour d'esprit à être plus frappé de certaines raisons que de quelques autres, quitteroit la meilleure Secte du Christianisme, pour en embrasser une chargée de mille erreurs; car il faut bien prendre garde, que cette Secte erronée ne laisse pas d'avoir ses armes offensives & deffensives, d'embarrasser quelquefois étrangement les Orthodoxes, & de se fortifier de raisonnemens qu'un homme, par la seule trempe de son esprit, & par je ne sai quelle proportion qui se trouve entre certains objets & certains tempéramens, trouvera plus solide & plus glorieux à Dieu, que les preuves de l'Orthodoxie. Je ne vois point pour moi, qu'il faille nécessairement une passion criminelle dans le cœur, pour engager un homme à préférer les raisons qui combattent certaines parties de l'Orthodoxie, aux raisons qui les soûtiennent.

Quel jugement il faut faire de ceux qui ne veulent point entrer en dispute.

Le refus d'examiner n'est point mauvais en luimême moralement, quand même on seroit dans l'erreur.

A l'égard de ceux qui persévèrent dans les erreurs de leur naissance par cette unique cause, c'est qu'ils ne veulent examiner aucune des autres Sectes, tant parce qu'ils sont vivement persuadez que leur Religion est la vraie & les autres fausses, que parce qu'ils ont oüi dire que cet examen n'est l'affaire ni d'un jour, ni d'une année, mais un travail presque infini, & entouré de mille piéges que Satan y a tendus, & où les plus grands génies se sont venus perdre; je n'oserois les taxer de mépris pour la verité, ni d'errer volontairement. Je dirai bien que, philosophiquement parlant, ils commettent une très-grande imprudence, puisqu'il est vrai, comme a dit Seneque, que plusieurs deviendroient sages s'ils ne croyoient l'être déja, *multi ad sapientiam pervenirent, nisi jam se pervenisse putarent*, & que leur persuasion ne provenant pas d'un choix libre & raisonné, sur la comparaison du pour & du contre, sent plûtôt la machine que l'esprit; mais enfin je ne vois pas là de la malice, ni vouloir errer. Ce n'est pas la même chose que quand un Ecolier refuse d'étudier; son ignorance est volontaire, je l'avoüe, car il sait qu'il est ignorant, & qu'il le sera désormais s'il n'étudie; mais l'Hérétique dont je parle ici croit tenir déja la verité, & ne refuse d'examiner que parce qu'il ne croit pas en avoir besoin.

Qu'un Ministre me dise un peu le jugement qu'il feroit d'un de ses Eleves qui lui viendroit dire, qu'il est si persuadé du dogme de la Trinité, qu'il n'a jamais voulu conférer avec aucun Socinien, ni oüir parler d'aucune de leurs raisons. Il l'en loüeroit sans doute.

Ainsi le refus d'examiner n'est point mauvais en lui-même moralement; car s'il l'étoit, il le seroit toûjours.

Oh, me dira-t-on, il est toûjours mauvais quand on est dans l'erreur; mais je réfuterai cela aisément par mes remarques précédentes; car me peut-on nier ceci, que la forte persuasion d'un faux dogme précisément comme telle, n'est ni une bonne ni une mauvaise qualité, moralement parlant? Peut-on me nier, par exemple, que la même force (je dis la même en nombre) qui agit sur les esprits pour les appliquer aux objets, & qui a fait croire à un enfant Turc que l'Alcoran est un Livre divin, lui auroit fait croire la même chose touchant la Bible, si on l'avoit dirigé de ce coté-là? D'où il résulte que si cette force étoit mauvaise dans l'enfant Turc, elle le seroit dans l'enfant Chretien, & que si elle est bonne dans celui-ci, elle l'est dans celuilà; ce qui nous doit faire penser que, moralement parlant, elle n'est ni bonne ni mauvaise, & que soit qu'elle produise dans un enfant la persuasion de la fausseté, soit celle de la verité, c'est toûjours un acte qui jusques-là n'est ni bon ni mauvais moralement; & par conséquent que pour devenir une mauvaise qualité morale, il faut que l'ame qui a cette force, la dirige par des motifs dont elle connoisse le désordre, plûtôt vers cet objet que vers celui-là; comme pour devenir bonne moralement, il faut que l'ame la dirige par des motifs dont elle connoisse la bonté, plûtôt vers un objet que vers un autre. Ainsi je ne feindrai point de dire, que toute la moralité qui entre dans les actes de notre ame, vient des motifs qui la poussent avec connoissance de cause à les tourner vers certains objets, & que la nature des objets n'y fait rien telle qu'elle est en elle-même, mais seulement telle qu'elle est envisagée par notre esprit.

Je tirerai de cette couclusion, que le refus d'examiner ne pouvant pas devenir une bonne qualité morale précisément, parce que ceux qui font ce refus ont la verité; mais plûtôt parce que croïant avoir la verité, ils ne veulent point s'exposer à une peine inutile, & qui pourroit même les jetter dans l'illusion. Il ne sert de rien pour connoître si ceux qui font ce refus, font bien ou mal moralement, de savoir s'ils sont dans l'erreur ou non; tout consiste à savoir par quel motif ils font ce refus, & si ce motif est tout-à-fait le même dans ceux qui errent, mais qui sont fortement persuadez qu'ils croïent la verité, que dans ceux qui ont à bon droit la même persuasion. On seroit absurde de prétendre qu'il est criminel dans les premiers, & juste dans les derniers, la nature des objets, comme je l'ai déja dit, n'influant point, telle qu'elle est en ellemême, de la moralité dans nos actes; mais seulement selon qu'elle est estimée telle ou telle par notre esprit.

Il est aisé de connoître désormais, que selon ces principes un homme né dans la vraie Religion, mais qui y persévère par de méchans motifs, ne vaut pas mieux que celui qui par les mêmes motifs demeure dans la fausse Religion où il a été élevé, & que celui qui passe de la fausse Religion dans la vraie par de méchans motifs, ne vaut pas mieux que celui qui passe de la vraie dans la fausse par les mêmes motifs.

S'il étoit vrai, comme bien des gens l'ont crû, que le Duc de Guise & le Prince de Condé agissoient par des intérêts si opposez, que lequel des deux qui auroit commencé à changer de Religion, l'autre seroit aussi-tôt passé dans la Religion opposée, je n'aurois pas mieux aimé être l'un

que

Mais seul. lorsque c'... de méchans motifs. Ex[em]ples du D[uc] Guise & d[u] Prince du [Con]dé.

que l'autre devant le Tribunal de Dieu, quoiqu'au reſte l'un auroit toûjours rendu de bons ſervices à la bonne cauſe, & l'autre à la mauvaiſe; mais comme l'un & l'autre auroit eu pour but ſa propre gloire, il faudroit les renvoyer à cette ſentence de Jéſus-Chriſt : *Ceux qui font* (*) *le bien pour être honnorez, des hommes reçoivent leur ſalaire, & n'en auront point vers notre pere qui eſt ès Cieux,* ou bien à celle qu'il (A) prononcera à pluſieurs qui lui repréſenteront qu'ils ont prophétiſé, jetté les Diables, & fait pluſieurs miracles en ſon nom: *Je ne vous connus jamais, retirez-vous de moi, vous qui faites le métier d'iniquité.* C'eſt faire le métier d'iniquité, que de ſuivre le bon parti, non par amour pour la vérité, mais par l'interêt temporel, ou autres vûës humaines.

Je ne voudrois pas cependant nier, qu'il n'y ait des gens qui rectifient dans la ſuite ce qu'il y a eu de mauvais dans les motifs qui leur ont fait embraſſer la bonne cauſe, Dieu ſe ſervant quelquefois de nos paſſions pour nous convertir; mais il faut, pour rectifier cela, que tout ce qu'il y a eu de déreglé dans les motifs ceſſe d'agir ſur nous, & en pareil cas la perſévérance dans l'erreur deviendroit auſſi une affaire de bonne foi; car il faut ſe déſabuſer une fois pour toutes de cette penſée, refutée au chapitre précédent, que quand on aime l'erreur uniquement parce qu'on la croit être la verité, on n'aime pas la verité. C'eſt mal juger de la choſe, c'eſt effectivement un veritable amour de la verité; car laiſſez l'homme qui eſt dans cette diſpoſition tout-à-fait le même, ſubſtituez ſeulement à la place de l'objet qu'il aime & qui eſt faux, l'objet qui eſt vrai, & vous verrez qu'il aimera ce nouvel objet, comme il aimoit l'autre.

Combien il importe de ne point confondre dans les actes de notre ame le moral avec le phiſique.

Je finirai ce chapitre en remarquant que rien n'a plus jetté le monde dans l'illuſion, par rapport au jugement que l'on fait des opinions fauſſes, que le peu de ſoin qu'on a pris de diſcerner ce qu'il y a de phiſique dans les actes de notre ame, d'avec ce qu'il y a de moral; deſorte que j'eſpere avoir donné une fort bonne ouverture, en ce que j'ai évité de confondre ces deux choſes, & je ne me repentirai jamais d'avoir contribué, ſi je puis le faire, à ce qu'on ne multiplie pas les pechez ſans neceſſité; car ſi c'eſt pécher contre le bon ſens, & les idées de l'ordre, que de multiplier les êtres ſans néceſſité, à plus forte raiſon l'eſt-ce de multiplier ſans beſoin les pechez, qui ſont plûtôt des monſtruoſitez & des fantômes d'être que des êtres, & dont il n'y a déja que trop dans le monde.

Diſons donc que toute erreur, quelle qu'elle ſoit, eſt un défaut ou une imperfection phiſique, & tout jugement vrai, quel qu'il ſoit, une perfection phiſique; car tout jugement vrai eſt une repréſentation fidele des objets tels qu'ils ſont en eux-mêmes & hors de l'entendement, au lieu que tout erreur eſt une repréſentation infidele des objets tels qu'ils ſont hors de l'entendement. Comme donc c'eſt une mauvaiſe qualité phiſique dans un peintre de peindre ſi mal un homme, qu'on a mille peines à le trouver dans ſon portrait, & qu'une glace de miroir qui repréſente naïvement les objets tout tels qu'ils ſont, eſt

préférable à une autre qui les transforme, juſques à les rendre tout-à-fait méconnoiſſables; ainſi c'eſt une mauvaiſe qualité phiſique à une ame, de ſe former une idée des objets qui ne les repréſente pas tels qu'ils ſont; & un entendement où ils ſe gravent parfaitement conformes à l'original, eſt ſans doute préférable à un autre où leur image ſe renverſe & ſe défigure. Mais d'autre part comme Apelles, Michel Ange, ou tel autre peintre célebre, ne ſurpaſſe en la moindre choſe, quant au moral, ces miſérables peintres, qui pour apprendre aux ſpectateurs qu'ils avoient peint un cheval, ou un arbre, étoient obligez de l'écrire au bas du tableau; comme, dis-je, ces deux ſortes de peintres n'ont pas la plus petite choſe les uns plus que les autres, quant au bien moral, préciſément parce que les uns copient à merveille la Nature, & les autres d'une façon pitoyable, & qu'il faut de toute néceſſité, afin que les uns ſurpaſſent les autres, moralement parlant, qu'ils ſe propoſent quelque fin moralement meilleure, & qu'ils peignent par un principe moralement meilleur; ainſi il faut dire que les ames qui croyent la verité & celles qui croyent l'erreur, ne ſont juſques-là en rien meilleures moralement les unes que les autres, & que la ſeule différence avantageuſe qui ſe peut trouver entr'elles, quant au bien moral, eſt que les unes croyent ce qu'elles croyent, par un motif dont elles ont connu la droiture & la juſtice, & que les autres croyent ce qu'elles croyent, par un motif où elles ont apperçu quelque déſordre.

Je ne parle point ici de ce que remarquent les Cartéſiens, que l'on eſt toûjours coupable d'une grande témerité, lorſqu'on affirme des choſes que l'on ne comprend pas diſtinctement, & que l'on n'a pas examinées avec la derniere exactitude & à toute outrance, ſoit qu'au reſte le bonheur nous en ait voulu, ou non; c'eſt-à-dire que la témerité n'eſt pas moindre en ceux qui rencontrent ainſi par hazard la verité, qu'en ceux qui la manquent; je ne parle point, dis-je, de cela, car cette maxime tranſportée dans la Religion & la Morale, ne ſeroit pas d'un auſſi bon uſage que dans la Phiſique.

* * *

CHAPITRE XVIII.

Examen de trois autres difficultez.. 1. Difficulté.
Il n'eſt pas néceſſaire, pour agir mal, de connoître le déſordre du motif.

Vous avez toûjours remarqué, me dira-t-on, que pour faire que l'erreur devienne un crime, il faut non ſeulement que le motif qui nous y conduit, ou fait reſter, ſoit mauvais, mais auſſi qu'on ſente qu'il eſt mauvais.

Mais c'eſt une fauſſe ſuppoſition; car combien y a-t-il de méchans reſſorts dans le fond du cœur qui ne nous ſont pas connus ? Qui eſt-ce qui ſe connoît aſſez ſoi-même, pour développer le venin ſecret que l'amour propre & la corruption naturelle verſe dans nos déportemens & jugemens?

Je réponds que comme il n'y auroit rien de plus bizarrement injuſte, que de vouloir qu'un garde de ſanté mis en ſentinelle devant une porte de Ville, pour empêcher que ni homme, ni hardes, ni autres choſes viſibles & maniables venant de lieux ſuſpects, n'y entraſſent, empêchât auſſi

que

(*) ,, S. Matth. chap. 6.

(A) ,, Ibid. chap. 7. v. 23.

que les atômes peftiférez n'y entraffent avec le vent, répandus qu'ils feroient dans l'air d'une maniere imperceptible, il eft de même d'une injuftice notoire, de vouloir que notre ame fe défende non feulement des tentations fenfibles, mais auffi d'un ennemi qui lui eft abfolument inconnu; de certains refforts cachez, d'un certain poifon fubtil, dont elle ne fait ni le nom, ni la demeure, ni la qualité. Pour réduire donc tout ceci à quelque chofe de raifonnable, il faut dire que fi l'homme ne s'examine de près, il eft la duppe de fon propre cœur, & s'imagine faire pour l'amour de Dieu ce qu'il fait principalement par amour propre; mais il faut toûjours fuppofer, qu'il n'eft guéres malaifé, quand on agit rondement, de connoître ces prétendus refforts invifibles. Il eft fûr qu'on les démêle, qu'on les fent, & qu'on les connoît dès qu'on s'y applique avec quelque foin. Mais voici ce qui arrive à bien des perfonnes, ils fentent une grande joie de ce que la confcience leur rend un bon témoignage, & que cette joie eft d'autant plus confolante, que l'on croit avoir agi par l'unique reffort de la Religion & de la pieté. On fent néanmoins qu'il y eft entré peut-être des refpects humains, & cette conjecture fort apparente trouble la douceur du cœur. Que fait-on là-deffus? On ne s'examine pas de trop près pour ne pas trop connnoître ce qu'on ne pourroit voir fans confufion, & ainfi on laiffe croître la force de ces principes corrompus & de ces paffions fines; mais dans le vrai elles ne font pas infenfibles, & fi on ne les connoît pas affez, c'eft parce que par un motif que l'on fent n'être pas des meilleurs, on fe les cache à foimême, & en ce cas-là l'ignorancce ou l'erreur n'eft point dans la bonne foi: ainfi ma doctrine ne fouffre rien de cette attaque.

II. *Difficulté.* Si l'on n'étoit point pécheur, on ne prendroit pas la vérité pour fauffeté, & au contraire.

La 2. attaque eft encore beaucoup plus foible; on veut dire que le peché originel eft la caufe primitive de tous les faux jugemens que font les hommes.

Mais il s'enfuit de là, que fi les hommes avoient perfévéré dans l'innocence, ils auroient fû en naiffant que les couleurs ne font pas dans les objets, & qu'auffi-tôt qu'ils auroient vû lever & coucher le foleil, ils auroient décidé infailliblement fi c'eft lui qui tourne autour de nous, ou la terre chaque jour fur fon centre, & qu'ainfi fur tous les autres problêmes de Phifique, ils auroient toûjours prononcé la vérité, ou bien ils fe feroient abftenus de juger de ce qu'ils n'auroient pas fû certainement. L'une & l'autre de ces deux chofes eft peu vraifemblable; car il eft fort apparent, que les Anges mêmes les plus haut montez de l'ordre Séraphique ignorent la plûpart des Secrets de la Nature, & qu'ils ne voyent goûte dans les queftions du continu, du mouvement, de la caufe de la viteffe, & de la lenteur de certains corps, &c. & fi les hommes innocens avoient attendu à juger des chofes, qu'ils les euffent comprifes fcientifiquement, ils euffent été apparemment Pirrhonniens prefque fur toute la Phifique toute leur vie.

Mais tout cela m'importe peu, & j'en ai déja affez parlé dans le 9. chapitre. Ce qu'il y a de fâcheux pour mes Parties, c'eft que leur objection prouve trop; car où ils ne prouvent rien

contre moi, ou il faut qu'ils entendent, que puis que l'homme ne prendroit jamais la verité pour la fauffeté, s'il n'étoit pécheur, c'eft une marque qu'il peche lorfqu'il fe trompe. Conféquence que jai déja ruinée dans le chapitre précédent & qui prouveroit,

1. Qu'un homme qui fe trompe en jugeant que les couleurs que nous fentons font réellement dans les objets, ou que les Vers de Lucrece font meilleurs que les Vers de Virgile, ou qu'il n'y a ni vuide, ni efpaces imaginaires, ni formes fubftantielles, ou qu'il en a, & ainfi des autres opinions fur quoi les Critiques & les Philofophes font partagez, commet un peché.

2. Qu'un Juge qui abfout un Accufé coupable dans le fond, mais contre lequel il n'y a point eu affez de preuves; ou qui condamne un Accufé innocent dans le fond, mais qui a été convaincu felon les formes les plus exactes, viole la loi de Dieu touchant la punition des criminels, & l'abfolution des innocens.

3. Qu'un Médecin qui fuivant les regles de fon art, & toutes les lumieres de l'expérience qu'il a acquifes, fait prendre un remede qui fait mourir le malade, commet un homicide.

4. Qu'une femme qui trompée par une parfaite reffemblance, par mille indices, reçoit pour fon mari un homme qui ne l'eft point, eft coupable d'adultere.

5. Qu'un enfant né des amours illégitimes de fa mere, fans que fon mari ni lui en fachent rien, & qui fe porte pour héritier de ce mari, eft coupable de vol & d'ufurpation.

6. Qu'un Phrénétique, un Forcené, un Démoniaque, une femme à qui on a donné un breuvage fi narcotique, qu'on pût la violer fans qu'elles'en apperçoive, commettent autant de péchez qu'ils font ou fouffrent des chofes contraires à la loi de Dieu.

7. Enfin qu'il n'y auroit plus dans l'univers ce qui a été toûjours reconnu par tous les Cafuiftes, Jurifconfultes & Philofophes; favoir une ignorance invincible qui rend les actions involontaires, & qui difculpe tant au Tribunal de Dieu qu'à celui des hommes.

Car fûr toutes ces erreurs & actions, je puis dire, comme font mes Adverfaires, que l'on n'y tomberoit pas, fi l'on n'étoit pas pécheur, & conclure ce qu'il concluent. Mais ce feroit une fi furieufe & fi extravagante doctrine, qu'il ne faut que la faire envifager, pour faire abandonner la 2. difficulté à quiconque l'auroit crû propofable.

Il ne leur refte que cette petite évafion; c'eft de dire que dans les matieres civiles & philofophiques, l'erreur n'a rien qui favorife la nature corrompuë; deforte que fi nous la préférons à la vérité ce n'eft point par corruption, mais que dans ces matieres de Religion il en va tout autrement; la vérité combat nos vices, l'erreur les favorife; & ainfi par principe de corruption & cupidité, nous refufons de croire que ce qui eft vrai le foit, & nous nous portons à juger que l'erreur eft la verité.

Voilà fur quoi j'aurai bien des chofes à dire, quand j'examinerai le xi. chapitre du *Traité des droits des deux Souverains.* Pour le préfent je me contenterai de ces trois remarques.

L'une eft qu'il eft faux que les erreurs, en matiere de Religion, foient pour l'ordinaire plus favorables à la corruption du cœur, que les veritez; car il fe trouvera, fi l'on y prend garde, que les fauffes

fauſſes Religions ſont plus chargées de ſuperſti-
tions pénibles, & d’obſervances onéreuſes, que
les vrayes. Il ſe trouvera que preſque tous les
Chefs de Secte n’ont attiré après eux une grande
foule de Sectateurs, que par la ſévere Morale
qu’ils prêchoient, & en criant contre le relâchement de l’Egliſe. Il eſt même vrai que ceux qui
rétablirent, au ſiecle paſſé, le pur ſervice de Dieu
dans l’Occident, dûrent leurs principaux ſuccès
à la réformation des mœurs, ſur laquelle ils in-
ſiſterent avec un merveilleux zele ; & il eſt probable qu’ils auroient encore mieux réüſſi, ſi leurs
ennemis n’avoient pris prétexte de les décrier comme des gens ſenſuels, de ce qu’ils déclamoient
avec une force épouvantable contre le Carême,
les vœux du célibat, & autres pratiques qui dans
le fond ſont incommodes à la chair. On peut
inférer de-là, que pour corrompu que ſoit l’homme, il croit plûtôt généralement parlant qu’une
choſe vient de Dieu, lorſqu’elle ne flatte pas la
cupidité, que lorſqu’elle la flatte.

Ma 2. remarque eſt, qu’en quelque Communion que l’on veuille mettre la plus pure Orthodoxie, il ſe trouvera des Sectes qui lui reprocheront, qu’elle ne déſaprouve certains dogmes qu’à cauſe qu’ils ſont trop ſeveres. C’eſt
ainſi que Tertullien, devenu Hérétique, reprochoit aux Catholiques, que par trop d’amour
du monde & de la chair, ils condamnoient les
abſtinences & les Xérophagies des Montaniſtes.
Les Juifs ne pouvoient-ils pas dire à ceux qui
ſe faiſoient Chretiens, que le Judaïſme leur pa-
roiſſoit faux, parce qu’il impoſoit un trop grand
joug de cérémonies incommodes & déſagréables
à la Nature, & le Chriſtianiſme vrai, parce qu’il
abrogeoit ce peſant joug. Mais c’eût été une
vaine chicanerie, puiſque les nouveaux Chretiens n’étoient pas plûtôt délivrez de cette petite ſervitude, qu’ils entroient dans une plus
grande, ſavoir celle des perſécutions qu’on leur
livroit, & celle de la Morale de l’Evangile.

De-là me vient ma derniere obſervation. Il
n’y a point de Secte Chretienne qui ne connoiſſe pour vrai, que l’Evangile nous défend la
vengeance, la convoitiſe du bien d’autrui, de
ſa femme & de ſa fille, qu’il nous commande
d’aimer nos ennemis, de prier pour ceux qui
nous perſécutent, de vivre ſobrement, chaſte-
ment, humblement, religieuſement. Voilà des
véritez plus incommodes à la Nature corrompuë, & plus mal-aiſées à pratiquer que les abſtinences de Pythagore & de Montanus. Voilà qui peſe plus ſur notre cœur que les miſteres ſpéculatifs les plus ſublimes. D’où vient
donc, ſi l’objection de mes Adverſaires eſt bonne, que les Hérétiques les plus outrez qui refuſent de croire ces miſteres, croyent fermement
toutes ces autres véritez ſi dures à notre chair ?
On ne peut me répondre qu’en renonçant à la
2. difficulté, & en m’avoüant que ſi ces mêmes Hérétiques avoient été élevez à croire ces
miſteres, comme à croire les préceptes de la Morale Chretienne, ou s’ils avoient trouvé les miſteres ſi clairement exprimez dans l’Ecriture que
les préceptes de Morale, ils croiroient auſſi-bien
les uns que les autres. Et c’eſt une choſe étrange, que l’on veuille que par ſenſualité & cupidité, un homme rejette comme faux certains
dogmes, pendant qu’il en admet d’autres comme vrais, qui l’expoſent à mille perſécutions

& miſeres, comme je l’ai montré dans le chapitre 14.

Que l’on tourne donc, en toutes les matieres
qu’on voudra, la prétenduë dépendance des opinions fauſſes de la malice de notre nature corrompuë, ſoit comme dans le chapitre 9. ſoit
comme dans le 13. & ſuivans, ſoit comme dans
cet endroit-ci, on ne dira jamais rien qui puiſſe
fonder une bonne raiſon générale. Je ne nie pas
qu’il n’y ait des particuliers en qui les erreurs
procedent d’un mauvais fond : mais qui les connoît, ces particuliers-là ? Et qui oſeroit nier, s’il
y ſonge deux fois, qu’ils ne ſoient incomparablement en plus petit nombre que les autres ?
Voyez ce que j’ai remarqué dans mon Commentaire chap. X.

III. *Difficulté.* S. Paul, au Chap. V. de l’Epître
aux Galates, met les Héréſies au nombre
des œuvres de la chair, qui damnent
ceux qui les commettent.

Cette 3. difficulté eſt meilleure que les deux
autres ; mais il s’en faut bien qu’elle ne ſoit au-
deſſus de toute réponſe.

Je ne m’arrêterai point à dire, que quand J. C.
a fait le (*) dénombrement des méchans actes
qui ſourdent du cœur, comme les adulteres, les
paillardiſes, les meurtres, les larcins, les mauvaiſes pratiques pour avoir le bien d’autrui, la fraude, l’inſolence, la fierté, le blâme, il n’a point fait
mention des Héréſies ; car cela ne prouveroit rien
tant parce que S. Marc introduit le fils de Dieu faiſant un détail plus long que S. Matthieu ; d’où on
pourroit induire que ſi celui-ci a oublié quelques
articles, l’autre en a pû oublier auſſi quelques-uns,
que parce qu’il ſuffit que S. Paul ait affirmé une
choſe pour que nous n’en doutions pas, encore
qu’il fût le ſeul qui l’eût affirmée. Allons donc
à quelque autre remarque plus ſolide que cela.

Je dis, que le terme dont ſe ſert S. Paul eſt
merveilleuſement équivoque, & l’on feroit un
Livre de la diverſe fortune de ce mot, & des
différentes ſignifications qu’il a euës tant chez les
Grecs que chez les Romains, Payens & Chretiens.
L’Ecriture ſainte ne s’en ſert pas toûjours dans
un ſens odieux ; mais quelquefois auſſi elle s’en
ſert en cette maniere. Cela ſuffit pour en rendre
la notion difficile à déterminer dans une juſte préciſion. Cela étant, qui n’empêchera de dire que
par Héréſie S. Paul entend, dans le paſſage objecté, l’attentat d’un homme qui pour ſe rendre
Chef de parti, & pour ſatisfaire ſon humeur inquiete, turbulente, & brouillonne, ſeme la diſ-
corde dans l’Egliſe, & en rompt l’unité, ſachant
néanmoins en ſa conſcience que les doctrines qu’il
combat ſont bonnes, ou du moins fort tolérables,
ou n’ayant été determiné à en douter que par ſa
vanité, & l’envie de ſe ſignaler, & de contredire
quelque ſaint & grand Docteur que l’Egliſe, contre
lequel il avoit conçu une extrême jalouſie. J’a-
voüe, & tout le monde ſera de mon avis quant
à ce point, que l’Héréſie ainſi entenduë eſt un
peché qui crie vengeance, & qui merite l’enfer.

On peut ſoûtenir probablement, que S. Paul
en ce lieu-là n’en veut qu’aux Auteurs des Schiſmes,
& à ceux qui s’oppoſent à ſa doctrine courante,
non pas par zele de Réformation, mais pour faire
Secte à part. Il eſt rare que ces gens-là agiſſent
de bonne foi, & ne préferent aux inſtincts de
leur

leur confcience, ceux de l'ambition, de la jaloufie, du dépit, ou de quelque autre paffion qu'ils favent eux-mêmes être mal-honnêtes, & qu'ils n'oferoient avoüer. Quelquefois auffi ceux qui fe déclarent leurs Parties, le font plus par des reffentimens perfonnels, par des paffions de famille, par jaloufie, & par vanité, que par le défir pieux de foûtenir la faine doctrine. Il peut arriver même, que ceux qui ont raifon dans le fond de crier contre la doctrine courante, foient pouffez à fe détacher du gros de l'arbre par des motifs malhonnêtes; & ceux-là fervant effectivement à une bonne œuvre, c'eft-à-dire à l'érection d'une Communion orthodoxe, ne laiffent pas d'être très-méchans, & ne valent guéres mieux que les Chefs d'une Secte hétérodoxe. Quoiqu'il en foit, voilà ce me femble les Héréfies dont parle ici S. Paul, c'eft l'entreprife de ceux qui avancent des dogmes particuliers, afin de former un parti dans le Corps du Chriftanifme, par un efprit d'orgueil, de contradiction, de jaloufie, &c. & non pas par le zele de la maifon de Dieu.

Mais comme ces mêmes gens peuvent impofer aux autres par un extérieur bien reglé, & une grande montre de zele, & foûtenir leur opinion avec beaucoup d'éloquence, & par des raifons fpécieufes, & donner un tour odieux à l'opinion contraire, il eft très-poffible que plufieurs de leurs Sectateurs foient dans la bonne foi; & cela eft du moins très-certain à l'égard de leurs defcendans, par toutes les raifons que j'ai apportées ci-deffus. Ainfi les mêmes fentimens pourront être les Héréfies dont parle S. Paul, & ne l'être pas. Ils le feront en ceux qui les produifent par un motif qu'ils connoiffent criminel, & ils le ne feront pas en ceux qui ne les tiennent, que parce qu'ils les croyent véritables.

Je puis confirmer cette explication par le célebre paffage du même S. Paul à fon Difciple Tite, où il exhorte d'éviter l'homme hérétique après la 1. & 2. admonition, fachant, dit-il, *que celui qui eft tel eft perverti, & qu'il peche étant condamné par fon propre jugement.* Paroles qui font voir clair comme le jour, que le caractere des Héréfies condamnables & criminelles, felon S. Paul, eft d'être une réfiftance à la vérité connuë, par celui même qui profeffe ces Héréfies; & par conféquent que les errans de bonne foi font déchargez de la note d'Héréfie. Mais je penfe avoir en main un raifonnement qui fera peut-être plus fort, que l'induction que l'on peut tirer de ce paffage du dernier chap. de l'Epître à Tite.

Il eft certain que dans le paffage de l'Epître aux Galates, S. Paul ne dit pas plus de mal des Héréfies, que du meurtre, de l'adultere, du larcin, de l'empoifonnement, de l'ivrognerie: il dit de toutes ces chofes & de plufieurs autres qu'elles font œuvres de la chair, & que ceux qui les commettent n'hériteront point le Royaume de Dieu. Le fens commun & la lumiere naturelle ne nous dicte pas, que fuppofé que la préfence réelle foit une verité, ceux qui ne la croyent pas fe perfuadant que c'eft une fauffeté injurieufe à Jéfus-Chrift, commettrent un plus grand crime que ceux qui tuent, empoifonnent, volent & débauchent la femme de leur prochain. Il n'y a donc aucun fondement ni dans l'Ecriture, ni dans la Raifon, qui nous porte à croire que l'Héréfie foit un plus grand peché que l'homicide, l'adultere, & le vol; & ainfi j'ai lieu de dire, que tout ce qui eft néceffaire pour rendre ces trois actions criminelles, l'eft pour rendre l'Héréfie criminelle, & que ce qui difculpe à l'égard de ces trois actions doit difculper à l'égard de l'Héréfie.

Or n'eft-il pas vrai que le meurtre, l'adultere, le larcin, &c. ceffent d'être des péchez dès qu'ils font involontaires; c'eft-à-dire dès qu'on ignore qne l'on tuë, que l'on commet adultere, & qu'on dérobe? On ne peut pas me nier cela, puifqu'il eft de notorieté publique, 1. qu'un Médecin qui fa it tout ce qu'il peut pour guérir un malade, & qui néanmoins lui fait prendre des remedes qui font caufe de fa mort, ne peche point, non-plus qu'un Juge qui envoye au gibet un Innocent convaincu dans les formes les plus exactes qu'on a pû fuivre dans le Barreau, & non-plus qu'un homme qui en chaffant tire dans un broffaille, où il croit qu'il y a quelque bête qui remuë, & y tuë un pauvre miférable qui s'y étoit caché, fuyant ou fes créanciers, ou le Prévôt. 2. Qu'une femme qui prend de bonne foi pour fon mari, ou un homme qui lui reffemble parfaitement, ou un homme que fon mari introduit lui-même la nuit dans fon lit, pendant qu'elle dort, ne peche point. 3. Qu'un homme qui détient les biens de fon pere putatif, au préjudice des veritables enfans, ou parens, ne peche point. 4. Qu'un laquais qui verfe à fon maître d'une bouteille de vin empoifonné, (ce qu'il ignore) & qui en boit lui-même, n'eft ni homicide de fon maître, ni de foi-même. 5. Enfin qu'un homme qui demandant un verre de vin on de biere, pour étancher fa foif, reçoit un verre de breuvage qui l'enivre & le rend furieux, n'eft point coupable de ce qu'il commet dans fa fureur, comme il le feroit au cas qu'il eût fçu les qualitez du breuvage.

Il eft donc conftant, que les plus grands crimes ceffent de l'être, dès qu'ils font involontaires, & que l'ignorance de bonne foi les rend involontaires, comme on l'explique très-bien dans tous les cours de Philofophie. Donc l'Héréfie a le même privilége; car on ne fauroit donner de raifon pourquoi elle ne l'auroit pas, & par conféquent ces Héréfies qui font des œuvres de la chair, & qui excluent du paradis, doivent être conjointes, auffi-bien que le meurtre, le vol, & l'adultere, avec la connoiffance qu'on fait mal, & fans cela elles deviennent innocentes comme le meurtre, l'adultere, &c.

On ne peut fe tirer du mauvais pas où j'ai pouffé mes Adverfaires, qu'en niant qu'il y ait des Hérétiques de bonne foi, ou ce qui eft la même chofe, en foûtenant que quand on erre dans les points de Foi, c'eft parce qu'on a refufé malicieufement de s'inftruire; mais outre toutes les chofes dites ci-deffus, qui ne voit combien il eft abfurde de prétendre, qu'il eft au pouvoir d'un paifan Lapon, converti au Chriftianifme par un Miniftre Suédois, de connoître, malgré les raifons que le Miniftre lui apporte, la fauffeté de la confubftantiation, & de lui refufer fur cela un efprit docile, après l'avoir eu fur le dogme de la Trinité? Ce feroit fans doute un grand fondement de repos d'efprit & de confcience pour ce paifan, que de fuivre plûtôt fes lumieres en cela, que celles de fon Miniftre qu'il avoit fuivies dans le refte.

Que l'amour de ce qui paroît vrai fans l'être, n'eft point l'amour de la fauffeté.

Ce qui trompe le plus le monde dans ce Fait ci,

ci, & je suis surpris qu'on se laisse si généralement emporter par une illusion si puérile, c'est qu'on suppose comme une chose incontestable, que l'adhésion à un dogme faux en lui-même, mais apparemment vrai, & embrassé seulement à cause de cette apparence, n'est point un acte d'amour pour la verité, mais un acte d'amour pour la fausseté. Que cela est peu fin, & que c'est juger des choses à l'étourdie! Cette adhésion dans les circonstances où je la pose est autant un amour de la verité, que l'adhésion à un véritable dogme; & l'on me fera plaisir, (c'est pourquoi pour y engager d'autant plus ceux qui s'en croiront capables, je les en défie) de me montrer une différence (je m'en contenterai pour si petite qu'elle soit) quant au moral, entre cette adhésion à l'erreur, & une adhésion à la verité.

Qui a jamais douté qu'un homme fort passionné des vieilles médailles, mais méchant connoisseur, & qui en aïant acheté beaucoup de fausses, qu'il croit pourtant très-bonnes, se rejouit de tout son cœur de la possession de ce trésor, n'ait autant de passion pour les vieilles médailles, qu'un autre également passionné, mais si habile qu'il n'a ramassé que les bonnes. Ces deux hommes sont sans doute fort inégaux en esprit & capacité, mais nullement en affection pour les vieilles medailles.

Que dirons-nous de deux hommes qui aïant le choix de la plus belle d'entre plusieurs sœurs, jetteroient leur choix, l'un sur l'aînée, l'autre sur la puînée, chacun croïant avoir choisi la plus belle; & néanmoins au jugement de tout le monde, la puînée ne seroit qu'une beauté médiocre, & l'aînée une parfaitement belle fille? Pourroit-on dire exactement parlant, que ces deux hommes seroient différens non seulement à bien choisir, mais aussi à aimer la beauté? N'est-il pas au contraire visible qu'ils en seroient tous deux également avides, & que l'amant de la puînée auroit sacrifié à la beauté aussi-bien que celui de l'aînée, & que si la beauté étoit une substance doüée de Raison, elle ne sauroit pas moins bon gré à l'un qu'à l'autre des hommages qu'ils lui auroient rendus, aussi affidez & dévoüez à son service l'un que l'autre.

Est-ce qu'on n'a jamais réfléchi sur cette vieille maxime, *on n'aime pas sans connoître, nullum volitum quin præcognitum*, qui est aussi claire que le jour? Si on y réfléchissoit, diroit-on qu'un Hérétique aime le mensonge, lui qui ne remarque aucune trace de fausseté dans la Religion qu'il aime, & qu'il n'aime que sous l'idée de véritable? Peut-il aimer une fausseté qu'il ne connoît pas? C'est donc la verité qu'il croit voir dans ses opinions, laquelle il aime, & non la fausseté qui y est, mais qu'il n'y voit pas. En un mot tout homme qui voudra parler dans l'exactitude philosophique, dira que le terme de l'amour, ou son objet direct & immédiat, est toûjours la qualité qui nous détermine à aimer, soit qu'elle subsiste réellement hors de nous, soit qu'elle n'existe que dans notre idée.

Semblablement il seroit absurde de dire, qu'un Catholique Romain qui écriroit contre la présence réelle, & qui à la maniere d'un Sergent exploitant par tout le Roïaume, seroit le Convertisseur huguenot, aimeroit la verité. Je le suppose de ces gens qui n'aiment que les plaisirs défendus, & qu'il soit assez méchant pour se plaire au sens de figure, parce qu'il le juge faux. Il aimeroit alors une chose au fond véritable; cependant le terme & l'objet propre de son amour ne seroit que la fausseté. *Bonitas voluntatis*

à solo pendet objecto, a fort bien dit Thomas d'Aquin, *quæst. 9. art. 2.* Or les Logiciens nous enseignent, quand ils traitent de la premiere opération de l'entendement, qu'elle n'est jamais fausse, non pas même lorsque la peur nous représente un chien comme un loup, parce qu'alors son objet n'est pas le chien qui réfléchit sa lumiere vers nos yeux, mais le loup qui est dans notre imagination.

CHAPITRE XIX.

Conclusion de la Réponse à la 4. disparité.

L'Auteur revient à la comparaison des Juges de l'Hérésie, & des Juges du meurtre.

IL est bien temps de revenir au point capital de cette dispute, après avoir suivi nos Adversaires dans tous les faux-fuïans & tous les retranchemens qu'ils pourroient opposer à notre poursuite. Reprenons donc la comparaison des Juges de l'Hérésie avec les Juges de meurtre, & disons:

Que comme ce que les Juges ne peuvent pas toûjours discerner l'innocent d'avec le coupable, & qu'avec les meilleures intentions de faire justice, ils absolvent quelquefois celui-ci, & punissent celui-là, fait bien voir qu'ils ont l'esprit borné, & sujet à de grandes illusions, suites inévitables de l'humanité, mais non pas qu'ils haïssent la justice, & que par une volonté infectée de corruption ils veulent être injustes; ainsi ce que des Juges Hérétiques examinant très-sincérement les opinions orthodoxes, les prennent pour fausses, prouve bien qu'ils n'ont pas l'esprit éclairé, mais non pas qu'ils aïent le cœur corrompu, & la volonté gangrenée, & moins de disposition générale à protéger & chérir la verité, que ceux que la naissance à fait Orthodoxes. On peut raisonner de même sur ce que les Médecins les plus vertueux & éclairez, font mourir bien des malades sans en être comptables ni au Tribunal de Dieu, ni à celui des hommes.

Et voilà la 4. disparité par terre, aussi-bien que les trois autres.

CHAPITRE. XX.

Conclusion & sommaire de la considération générale indiquée dans le titre du chap. 1.

J'Ai imaginé tout ce que j'ai pû comprendre qui pourroit être inventé par mes Adversaires, pour éluder la force des preuves que j'ai avancées contre eux, dans cette considération générale de la foiblesse de S. Augustin, Apologiste des persécutions; & c'est pour cela que cette seule considération m'a mené si loin, & occupé un si grand espace; mais je ne m'en repens point, ayant oüi dire à de grands Maîtres, & l'ayant éprouvé moi-même, qu'on ne convainc jamais son Lecteur par les raisons qu'on lui apporte, si on n'a soin de prévoir les difficultez qu'il se pourra faire lui-même contre ces raisons, & si on ne lui épargne cette peine, en réfutant solidement tout ce qu'il est propable qu'il inventera contre nous. Je ne suis donc pas faché d'avoir été si prolixe, puisque je me persuade que cici seul décide pleinement à mon avantage, le procès que j'ai avec S. Augustin & les autres fauteurs & adhérans des persécutions, sur le sens de ces paroles, *Contrains-les d'entrer*; car voici mon argument:

Le sens de ces paroles qui commande une conduite dont on ne peut donner aucune raison, quand on s'en sert contre les partisans de la fausseté, qui ne puisse être donnée par ceux-ci, quand ils tiennent la même conduite contre les Fideles & les Orthodoxes, est faux:

Or tel est le sens littéral de ces paroles.

Donc il est faux.

La *majeure* de ce Sillogisme est évidente; car où seroit la sagesse, la bonté, & la justice de Dieu, s'il avoit eu intention de mettre dans les mains des persécuteurs de sa verité, les mêmes armes qu'il auroit données aux protecteurs de cette même verité? Toute la difficulté consiste donc dans la *mineure*: mais pour la lever, j'ai montré par ordre ce qui suit.

J'ai 1. supposé comme une chose incontestable, que partout où les Protestans s'aviseroient, étant les plus forts, d'agir contre l'Eglise Romaine de la façon qu'elle a traité en France depuis peu les Protestans, ils répondroient aux plaintes & aux Remontrances des Catholiques, toutes les mêmes choses que S. Augustin a réponduës aux Donatistes, & que les Ecrivains François ont réponduës aux Protestans. Personne ne me niera la supposition: mais ce qu'on fera, c'est de dire, que les mêmes raisons qui sont bonnes en la bouche des Catholiques, sont fausses en celle des Protestans. Pour renverser cette réponse,

J'ai remarqué en 2. lieu, qu'elle seroit absolument inutile pour faire cesser l'oppression de la verité; que ce ne seroit qu'une pétition de principe, & qu'un renvoi à une discussion inépuisable de controverses; si bien que la justice des plaintes dépendant de la conclusion du procès, les Orthodoxes seroient ridicules de se plaindre pendant que le procès dureroit.

J'ai montré en 3. lieu, qu'il s'ensuivoit de là, que cette réponse étoit fausse dans le fond, étant contre toutes les idées de la sagesse & de l'équité de Dieu, qu'il ait mis son Eglise dans une situation où toutes les plus inviolables maximes de la droiture naturelle non seulement lui deviendroient inutiles auprès de ceux qui auroient le plus de penchant à être équitables, mais la rendroient même ridicule à toute la terre. Mais parce qu'on oppose à tout cela, qu'enfin Dieu la justifieroit à la face de tout l'univers, montrant qu'elle avoit suivi son intention, en foulant aux pieds toutes les regles de l'équité naturelle à l'égard des Hérétiques, au lieu que ceux-ci avoient mérité la mort éternelle, en aïant voulu faire autant contre les Orthodoxes.

J'ai montré en 4. lieu, que supposant un ordre émané de Dieu de persécuter les errans, les Hérétiques qui auroient persécuté les Orthodoxes n'auroient pas mal fait, non-plus qu'un Conquérant qui gouverne selon les ordres de Dieu les païs qu'il a envahis, ne fait pas mal, ou non-plus qu'une fausse mere qui éleve selon la loi de Dieu l'enfant dont elle s'empare, ne fait pas mal quant à cela. En un mot j'ai montré que comme les Hérétiques ne seront point blâmez au jour du jugement, pour avoir obéï au précepte de donner l'aumône, ils ne le seroient point non-plus, pour avoir obéï de bonne foi au précepte de contraindre. Mais parce qu'on peut m'opposer, que les pauvres à qui ils donnent l'aumône sont les mêmes gens à qui Jésus-Christ l'a destinée, au lieu que ceux qu'ils contraignent ne sont pas les mêmes contre lesquels il a destiné la contrainte:

J'ai fait voir en 5. lieu, qu'il n'est pas nécessaire, afin d'obéïr au précepte de donner l'aumône, que ceux à qui on la donne soient pauvres réellement & d'effet, ou que ceux à qui on la refuse s'en puissent passer; mais qu'il suffit que de bonne foi & sur des raisons plausibles, on croïe que ceux à qui on la refuse s'en peuvent passer, & que ceux à qui on la transfere en ont besoin. Mais de-peur que semblables exemples ne fussent pas assez forts,

J'ai montré en 6. lieu, par l'exemple des Magistrats, que l'on obéït au précepte de punir les criminels, & d'absoudre les innocens, lors même qu'on absout les criminels, & qu'on punit les innocens, pourvû que cela se fasse selon les formes, & par une ignorance qu'on n'a pû lever par une exacte application. Cet exemple est précis dans cette matiere, à cause que l'ordre prétendu de contraindre le Hérétiques s'adresse aux Souverains & à leurs Ministres; desorte que les procès d'Hérésie doivent subir le même sort que ceux de poison, de meurtre, ou d'adultere, dans lesquels on n'est obligé qu'à bien examiner; après quoi on n'est pas responsable de ce qu'il arrivera que l'innocent sera puni, & le criminel absous. Mais parce qu'on peut m'objecter que l'ignorance peut être invincible en ces procès-ci, mais non pas en ceux d'Hérésie,

J'ai prouvé en 7. lieu, qu'il est pour le moins aussi difficile de déterrer, si un homme accusé d'Hérésie est véritablement Hérétique, que si un homme accusé d'assassinat, de vol, de poison, d'adultere, en est coupable. Mais parce qu'on me pourra dire, que l'ignorance dans ces procès-ci ne procede pas d'un cœur gâté & malicieux, au lieu qu'elle en procede dans les causes d'Hérésie,

J'ai fait voir en 8. & dernier lieu, & cela à plein fonds, que rien n'est plus faux ni plus absurde, que cette supposition prise généralement, ou déterminément à tels & à tels.

Voilà tout ce que j'ai pû m'imaginer en y bien rêvant qu'on me pourroit objecter, pour éluder la force de mes raisonnemens. Ainsi je crois avoir bâti à pierre & à chaux, puisque j'y ai ainsi répondu. Si quelqu'un invente quelque nouvelle chicanerie, ou même bonne difficulté, je me fais fort d'y répondre; en attendant il me sera permis d'élever cette conclusion sur des fondemens aussi solides que ceux que l'on vient de voir.

C'est que si Dieu avoit commandé de persécuter les Hérétiques, ceux-ci en persécutant ceux qu'ils croiroient de bonne foi, & après un serieux examen de la cause des Hérétiques, feroient une bonne action.

On me pardonnera, comme j'espere, que j'aie tant insisté sur tout ceci; car puisque c'étoit le seul & unique retranchement qui restât aux Protecteurs de la contrainte, duquel ils n'avoient nulle honte de se vanter à tout propos, quelque pitoïable qu'il fût, il falloit une bonne fois le leur ôter sans ressource, ni recoin aucun.

Combien l'Apologie de S. Augustin doit sembler miserable présentement.

On reconnoîtra aussi, comme j'espere, que c'est avec une très-grande raison que j'ai dit dans le 1. chapitre, que pour réfuter l'Apologie que S. Augustin a faite des loix pénales en matiere de Religion, je n'avois besoin que de faire voir, que
toutes

entio-

´outes ſes raiſons pouvoient être rétorquées ſur les Orthodoxes perſécutez par les Hérétiques. En effet la rétorſion que l'on peut faire des mauvaiſes juſtifications de la contrainte de conſcience, accable ſans reſſource toutes les Apologies des perſécutions; & ſi S. Auguſtin a remarqué judicieuſement en quelque endroit de ſes Ouvrages, *qu'il (*) faut ſe départir de certains moyens généraux qui peuvent être avancez, par l'une & l'autre des Parties conteſtantes, quoiqu'ils ne puiſſent être avancez par toutes les deux avec verité*; à combien plus forte raiſon ſe doit-on régler ſur cette ſage maxime, lorſque chaque parti a un égal droit de ſe ſervir des mêmes armes, comme j'ai prouvé invinciblement, ce me ſemble, que les Hérétiques & les Orthodoxes l'auroient à l'égard des perſécutions, s'il étoit vrai que Jéſus-Chriſt eût ordonné d'uſer de main miſe, & de faire entrer entre les gens par force dans ſon bercail.

Or ſi rien n'eſt plus ridicule dans une diſpute, que de dire à ſon Adverſaire les mêmes choſes qu'il nous dit, *j'ai raiſon & vous avez tort*, comme il nous dit, *qu'il a raiſon & que nous avons tort*; ſi c'eſt un véritable jeu de paume où l'on ſe renvoie tour à tour la même bale; ſi la pétition de principe eſt le plus bas & plus enfantin de tous les Sophiſmes; ſi c'eſt y tomber non ſeulement, lorſqu'on donne pour raiſon à ſon Adverſaire la Theſe même qu'il impugne, mais auſſi lorſqu'on lui donne pour raiſon un dogme, que l'on ſait qu'il ne rejette pas moins que la Theſe même, que ſera-ce déſormais, lorſqu'on ne pourra pas même ſe ſervir de ce foible & pitoïable ſubterfuge: *Vous qui êtes Hétérodoxe, vous ne devez pas me perſécuter moi qui ſuis Orthodoxe; mais je pourrois vous perſécuter juſtement, à cauſe que vous êtes dans l'erreur, & que je n'y ſuis pas*; quelle extravagance, dis-je, ne ſera-ce pas déſormais d'oſer parler du, *Contrains-les d'entrer*, puiſqu'il eſt maniſeſte que ſuppoſant même qu'un homme ſoit Hérétique, on ne peut lui refuſer le droit de perſécuter impunément, même devant le thrône de Dieu, s'il erre de bonne foi, & ſi l'Orthodoxe peut prétendre à l'impunité de ſes perſécutions devant ce redoutable tribunal?

s In-
perſé-
Chre-

J'ai encore un mot à dire avant que de ſortir de cette matiere; car comme je n'ai eu proprement en vûë, que de diſculper les errans qui ne ceſſent pas d'être Chretiens, ainſi qu'il a été remarqué au commencement du 13. chapitre, il reſte à ſavoir ce qu'il faut penſer des Infideles qui perſécuteroient les Chretiens, dans la ſuppoſition que Jéſus-Chriſt a commandé de forcer la conſcience. Je dis que leur droit de traiter les Chretiens comme de Turc à More, eſt tout viſible; car ils auroient juſte ſujet de s'imaginer, que l'Evangile eſt une production du mauvais génie du genre humain, lequel génie Miſantrope n'auroit voulu éclairer les hommes ſur la pureté de la Morale, & la délicateſſe de conſcience, que pour les précipiter dans des crimes plus énormes, ou dans des malheurs plus ſanglans, puiſqu'il eſt certain, que plus une ame connoît l'obligation d'aimer Dieu ſur toutes choſes, & avec la derniere pureté de cœur, plus elle devient coupable, & ſent des remords cuiſans lorſqu'elle ſuccombe aux perſécutions. Joint que l'ordre de contraindre faiſant connoître, que le plus grand ſervice que l'on puiſſe rendre à Dieu eſt de-groſſir ſon Egliſe, plus on ſera touché de zele, & plus

on ravagera les Villes & la campagne, afin de faire des Convertis. Ainſi les nations Païennes qui verroient ce dogme, ne pourroient qu'être loüables de vouloir maintenir la Religion naturelle, les loix de l'humanité, de la Raiſon & de l'équité contre de tels Convertiſſeurs, en les chaſſant comme des bêtes féroces. Voyez le chap. 5. de la 1. partie du Commentaire, où ceci eſt traité plus amplement.

Il n'y auroit de condamnables que les perſécuteurs qui n'auroient nulle Religion, ou qui par des lâches & vicieux motifs ſeroient demeurez dans une croïance vague & confuſe, que leur Religion eſt bonne, & qui néanmoins voudroient colorer leurs violences du prétendu précepte, *Contrains-les d'entrer*. Mais ceci ne ſert de quoi que ce ſoit à la cauſe de S. Auguſtin, puis que c'eſt un trait qui perce également les perſécuteurs extérieurement orthodoxes, ou qui ſont dans cette croïance vague dont j'ai parlé, par des motifs qui les rendent de mauvaiſe foi orthodoxes, & les perſécuteurs extérieurement, ou de mauvaiſe foi, hérétiques.

❊❊❊❊❊❊❊❊❊❊❊❊❊❊❊❊

CHAPITRE XXI.

Réponſe à une nouvelle objection, c'eſt qu'il s'enſuit de ma doctrine, que les perſécutions de la vérité ſont juſtes, qui eſt pis que ce que les plus grands perſécuteurs ont prétendu.

Ｊ E paſſerois dès à préſent à une conſidération particuliere de la foibleſſe de S. Auguſtin, comparant les Princes à un berger qui pouſſe par force les brebis dans la bergerie, lorſqu'elles n'y veulent point entrer, en cas de péril; j'y paſſerois, dis-je, dès à préſent, ſi je ne me ſentois arrêté par l'objection que l'on vient de lire. Votre ſentiment, me dira-t-on, eſt plus pernicieux que celui que vous réfutez; car en diſculpant les Hérétiques, vous tâchez de prouver que leurs perſécutions ſeroient juſtes. Ainſi ſelon vous toutes ſortes de perſécutions le ſeroient, au lieu que vos Adverſaires ne donnent cet avantage qu'à celles que ſont les Sectateurs du bon parti.

Je réponds que ma preuve eſt une de ces manieres de raiſonner qu'on appelle *reductionem ad abſurdum*, & qui a toûjours été eſtimée ſouverainement efficace, pour déſabuſer les gens qui s'étoient laiſſez prévenir d'un faux principe. Rien n'eſt plus propre à cela, que de leur montrer par des conſéquences inévitables, qu'ils s'engagent à des abſurditez manifeſtes. Or c'eſt ce que j'ay fait, en montrant d'une maniere invincible, que ſi Dieu avoit ordonné la contrainte de conſcience, il s'enſuivroit que les Hérétiques pourroient contraindre légitimement & pieuſement les Orthodoxes, c'eſt-à-dire, que les perſécutions de la verité compliquées de mille crimes, & entraînant avec elles le renverſement de toute la Morale, ſeroient un acte d'obéïſſance filiale aux loix de Dieu. Comme donc il n'y a rien de plus impie que cette conſéquence, je ne puis la prouver, ſans qu'il s'en enſuive que le principe d'où elle ſort eſt impie, & qu'ainſi le prétendu ordre de contraindre eſt la plus fauſſe & la plus abominable doctrine qui puiſſe être propoſée par des Chretiens.

Mais, ajoûtera-t-on, ſi ceux qui ſont dans cette

Si on peut inférer des raiſonnemens de l'Auteur que toute perſécution eſt juſte.

. . . .

<hr>

(*) Omittamus iſta communia quæ dici ex utraque parte poſſunt, licet verè dici ex utraque parte non poſſunt.

Voyez l'art de penſer 3. p. ch. 19. n. 5.

Chap. XXI.

cette erreur y sont de bonne foi, il s'ensuivra, selon vos propres principes, qu'ils ne pécheront point ni en cela, ni en persécutant effectivement. C'est sans doute l'instance la plus embarrassante qu'on me puisse faire. Voici ce que je réponds.

En 1. lieu, que s'il y a des erreurs comme il y en a sans doute, dont nous soïons nous-mêmes la cause par la négligence inexcusable de nous instruire, & par la trop grande complaisance pour des passions injustes, celle de ceux qui sont persuadez du sens littéral des paroles, *Contrains-les d'entrer,* est très-apparemment de celles-là, tant il est nécessaire de fouler aux pieds *mille idées de Raison, d'équité, d'humanité,* qui se présentent journellement à tous les hommes, pour se persuader que Dieu nous ait commandé une telle violence. Or dès lors il s'ensuivroit, que tous les maux qu'on feroit aux persécutez seroient effectivement des crimes.

Je dis en 2. lieu qu'humainement parlant, il seroit inévitable de pécher, en exécutant ce à quoi cette erreur nous porteroit, à cause des passions de haine & de colere qui s'exciteroient dans l'ame des exécuteurs; pour ne pas dire qu'on feroit pécher les persécutez en plusieurs manieres, ainsi que je l'ai représenté dans le chap. 6. de la 1. partie. Et cela fortifie de plus en plus la présomption, que ceux qui persécutent n'errent point de bonne foi; & montre que s'ils avoient le bonheur extraordinaire d'errer involontairement, ils tomberoient néanmoins dans le crime en exécutant leur faux principe.

Enfin je dis, que quand même cette erreur & ses suites pourroient joüir du privilége des maux que l'on fait involontairement, il ne faudroit pas laisser d'emploïer tous les soins possibles, pour corriger de cette erreur ceux qui en seroient atteints; car plus elle leur donnera droit de persécuter, plus deviendra-t-elle funeste à la société publique, & une cause féconde d'une infinité de malheurs; & même de péchez. Il importe donc extrêmement de travailler le mieux qu'il est possible à instruire ceux qui croupissent dans cette erreur, & c'est ce que je me suis proposé dans tout mon Commentaire, & notamment dans ce que l'on a lû jusques ici de cette suite, où pour mieux faire sentir que le sens de contrainte est tout-à-fait faux, je me suis attaché à montrer qu'il justifieroit très-souvent, même au Tribunal de Dieu, ceux qui ravageroient la vraie Eglise, s'il étoit véritable. Voïez mon Commentaire 2. part. Chap. 10.

CHAPITRE XXII.

Que ce qui a été prouvé ci-dessus, nous fournit une fort bonne réponse à la demande que fait Mr. de Meaux, d'un passage où les Hérésies soient exceptées du nombre des crimes contre lesquels Dieu a armé le bras des Princes.

J'Ai dit quelque chose sur cette demande dans la 3. part. de mon Commentaire chap. 3. Mais il me reste d'autres considérations à y faire.

Les Hérétiques doivent être exclus du nombre des malfaiteurs, si l'Ecriture ne les y

Le défaut essentiel de cette question, est, que c'est à Mr. de Meaux à nous fournir un passage de l'Ecriture, qui enferme les Hérétiques parmi les malfaiteurs punissables par le bras séculier.

En effet l'esprit des loix tendant plus à la douceur qu'à la rigueur, & ce qu'elles ordonnent de favorable étant susceptible d'ampliation, comme le contraire de restriction, dès-là qu'il est douteux si une chose est punissable, elle doit être censée exempte de peine, si le Législateur ne l'y a pas expressément & nommément soumise. Or que pour le moins, & à prendre la chose au pis, il soit douteux que les Hérésies soient justiciables par les Magistrats, il ne faut pour le prouver que le sentiment des premiers siecles, & celui de plusieurs graves Auteurs de différentes Sectes, nations, & tems, sans compter tant de raisons que j'ai alléguées. Et il se trouve même que plusieurs de ceux qui font l'Apologie des persécutions, se laissent échaper plusieurs sentences pour la douceur, & la liberté de conscience, lors qu'on les prend au dépourvu, & qu'ils ne songent pas actuellement à l'engagement qu'ils ont pris d'écrire pour la Secte persécutante. Tant il est vrai que la Raison & la lumiere naturelle se déploïent contre la persécution. Ainsi pendant que l'on ne montrera pas un passage exprès, pour l'inclusion des Hérétiques au nombre des malfaiteurs que les Souverains doivent punir, nous serons fondez à croire qu'ils en sont exclus.

enferme sinon les ces deux établir humaux eux.

Mais voici une nouvelle raison péremptoire contre la question de Mr. de Meaux. Si les Princes avoient en main le glaive de la part de Dieu pour la punition des Hérétiques, non moins que pour la punition des assassins, des empoisonneurs, des voleurs, & des faux-témoins, il faudroit que tous les Princes donnassent ordre aux Juges qu'ils établiroient dans leurs Etats, de connoître des causes d'Hérésie, comme de tout autre procès civil & criminel, sauf à eux à prendre les avis & lumieres des Théologiens, selon qu'ils verroient bon être. Par conséquent les accusations d'Hérésie devroient subir le même sort que toutes les autres; je veux dire qu'il faudroit les examiner mûrement, écouter les Accusez dans leurs défenses, & enfin après l'observation exacte des procédures juridiques, recueillir les suffrages, & prononcer aux Accusez la sentence qui résulteroit de la pluralité des voix. Or tout le monde doit demeurer d'accord, que pourvû que les Juges agissent conscientieusement, & qu'ils appliquent toute l'industrie dont ils sont capables, à bien connoître la nature d'une cause & le droit des Parties, leurs sentences sont valables tant à l'égard des hommes, qu'à l'égard de Dieu, quand même ils se seroient trompez. Donc les sentences que l'on prononceroit contre les accusez d'Hérésie, soit qu'ils fussent Hérétiques dans le fond, ou non, seroient valables devant Dieu & devant les hommes, pourvû qu'elles eussent été renduës conscientieusement, & après un examen en forme & bien pesé de tout les procès.

Cela veut dire en un mot & sans détour, que Dieu agissant en Juge équitable, comme il fait sans doute toûjours, ne pourroit pas redemander aux Rois hérétiques le sang qu'ils auroient répandu des Orthodoxes; car en qualité de bon Juge, il écouteroit les raisons de ces Monarques, qui lui citeroient l'ordre qu'ils avoient reçu dans sa parole, de châtier les Hérétiques, tout aussi soigneusement que les meurtriers, ravisseurs, faussaires, &c. après quoi ils n'avoient fait qu'obéir à Dieu, en ordonnant aux Juges de punir les Hérétiques. Que si les Juges s'étoient trompez en prenant pour Hérétiques ceux qui ne l'étoient pas, ce ne pouvoit pas être une faute plus grieve,

En ce ca ne pourr nir les P qui se fero trompez condamn Raisons justiferoi

ve, que quand ils avoient pris pour meurtrier, ou pour larron, celui qui ne l'étoit pas; que n'étant point infaillible, on ne pouvoit raisonnablement exiger d'eux, sinon qu'ils examinassent bien les causes, & qu'ils se déclarassent toûjours pour ce qui leur sembleroit vrai & juste; que l'ayant fait lors même que par les machinations artificieuses & impenetrables d'un tas de calomniateurs, ou de fauteurs des méchans, ils avoient condamné à mort l'innocent, & absous le coupable; & cette bonne foi, quoiqu'accompagnée d'une déception, qui les avoit conduits à une action matériellement injuste, suffisant pour les disculper, il s'ensuivoit manifestement qu'ayant agi avec la même bonne foi contre les accusez d'Hérésie, ils n'étoient point coupables de les avoir condamnez, puis qu'ils les avoient trouvez convaincus de ce crime.

Je demande à mon Lecteur de se défaire, s'il peut, pour un moment, de ses préjugez, afin de considérer si l'équité peut souffrir, que Dieu condamne un Juge hérétique qui aura châtié un Orthodoxe, lorsque ce Juge pourra alléguer pour sa deffense:

1. L'Ecriture Sainte qui, selon Mr. de Meaux, a mis les Hérétiques au nombre des malfaiteurs que les Magistrats doivent punir.

2. La conviction pleine & entiere où il s'est trouvé, après une discussion exacte du procès, qu'un tel étoit Hérétique.

2. Plusieurs rencontres où lui & une infinité d'autres Juges ont condamné comme meurtrier celui qui ne l'étoit pas, & absous celui qui l'étoit, sans que cela leur puisse être imputé à crime, ni les soûmettre au châtiment, pourvû qu'ils n'ayent alors jugé que selon les lumieres de leur conscience *secundùm allegata & probata,* & après l'exacte perquisition du fait.

Ces trois points connus à Dieu dans la derniere évidence, feroient sans doute l'apologie des Juges hérétiques, qui auroient avec zele & vigueur châtié les Orthodoxes; car il n'y a plus de disparité à apporter, elles ont été toutes dissipées comme un vain nuage ci-dessus.

Or comme il s'ensuit de là, que la punition des Orthodoxes deviendroit une action impunissable devant le thrône de Dieu, s'il y avoit dans l'Ecriture un ordre de punir les Hérétiques, j'ai droit de répondre à Mr. de Meaux, qu'il n'y a rien de plus contraire à la Raison & à la piété, que prétendre qu'il y ait un pareil ordre dans l'Ecriture.

Il ne sert de rien de recourir au vieux Testament, car alors on ne couroit point de risque de confondre l'Orthodoxe avec l'Hétérodoxe, puis qu'il n'y avoit rien de plus net, ni de plus précis, que le cas de ceux qu'il falloit punir en matiere de Religion. C'étoient des gens ou qui travailloient le jour du sabat, ou qui disoient en propres termes, qu'il ne falloit point reconnoître le Dieu des Juifs, ou en général dont (*) l'impiété étoit manifestement opposée à la loi, comme ils en seroient convenus eux-mêmes. Aussi ne voit-on pas qu'il y ait eu ordre chez les Juifs, de punir ceux qui reconnoissant pleinement l'autorité de la loi, auroient eu seulement des vûës particulieres, touchant le sens qu'elle avoit en des points douteux, & susceptibles de diverses interprétations.

Or voilà où en sont réduits les Chretiens. CHAP. XXII. Ils reconnoissent tous que si Jésus-Christ & ses Apôtres ont voulu dire cela ou cela, il faut le croire; mais ils soûtiennent, les uns qu'ils ont dit ceci, les autres qu'ils ont dit cela, & ils alleguent tous tant de raisons qui embrouïllent le procès, que cela seul nous doit convaincre, que les loix pénales en fait de Religion, qui avoient lieu sous l'œconomie du Vieux Testament, ont été abolies sous le Nouveau; car de la maniere que les choses ont tourné, ces loix n'eussent pû être exercées sûrement, que lorsque les Chretiens n'avoient aucune jurisdiction. Je veux dire que du tems des Apôtres & de leurs premiers Disciples, il eût été aisé de connoître ceux qui expliquoient mal l'Ecriture; car l'infaillibilité des Apôtres que l'on auroit pû consulter de vive voix, ou par écrit, & la mémoire toute fraîche des instructions verbales qu'ils avoient données aux Pasteurs, qu'ils avoient eux-mêmes consacrez, pouvoient faire faire un juste discernement. Mais alors les Chretiens n'avoient pas le pouvoir du glaive. Ils ne l'ont eu que lorsque les differentes Sectes, & les disputes des Chretiens, offusquoient déja les esprits qui auroient voulu juger sans partialité.

Ce mal est toûjours allé en augmentant; d'où il s'ensuit de ces quatre choses l'une, ou que Dieu n'a point donné ordre de punir les Hérésies à l'instar des meurtres, des larcins, &c. ou qu'il a donné une idée aussi nette & aussi généralement reconnuë de l'Hérésie, que du meurtre & du larcin, ou qu'il a fait une loi qui devoit devenir impraticable de droit, dès que l'on auroit commencé la pouvoir pratiquer (ce qui seroit une imprudence que l'on ne pardonneroit pas à un Législateur qui n'auroit pas la vûë aussi courte que le nez) ou qu'il a voulu qu'en cas d'obscurité on se conduisît comme dans tout autre procès civil ou criminel, que l'on décide à la pluralité des voix, sans qu'un Juge soit responsable de rien, moyennant qu'il se soit comporté en homme conscientieux. Je suis sûr qu'on ne recevra ni la 2. ni la 3. ni la 4. de ces choses; ainsi la 1. sera la seule bonne.

Que chacun se consulte un peu soi-même. *Injustice de cet ordre sans cela. Exemple d'un Juge.* Trouveroit-il rien de plus inique dans la petite lumiere où sont les hommes, & dans l'état où leur malice a réduit les fonctions de Judicature, qu'une loi de Dieu qui portât que tout Juge qui opineroit mal seroit damné. J'entens par opiner mal, non pas dire un avis contraire à sa conscience, ou sur l'étiquette du sac, sans un examen desinteressé & attentif de la cause; mais être d'un avis qui n'est pas le même que celui que Dieu a de la même cause, lui qui connoît le point fixe, d'où pour peu que l'on s'écarte on s'éloigne du droit, & l'on passe dans le tort. Le Juge du monde le plus habile & le plus integre pourroit-il, sans péché mortel, garder sa charge un jour ou deux, si une telle loi lui étoit manifestée d'enhaut? Et un Roi ne pécheroit-il pas mortellement s'il établissoit des Juges? Car ce seroit une charge où avec une conscience nette, on ne pourroit jamais s'assurer de n'avoir pas encouru la damnation éternelle, dans la décision du moindre procès, n'y ayant rien de plus aisé à un homme qui n'est pas infaillible, que de manquer ce point fixe & précis qui sépare le droit du tort.

Que

(*) „Ceux qui voudroient conclure de ceci qu'au „moins nous pouvons punir les Infidelles, trouveront „réponse dans le *Comment. Philos.* 2. part. ch. 4.

Que feroit-ce quand il faudroit juger de grands procès, où les Avocats des Parties citent chacun pour foi un grand nombre de loix, d'exemples, de préjugez, d'Arrêts donnez en femblables cas ? Car vous trouvez dans les Compilations des Jurifconfultes des textes de loi contradictoires, cent manieres différentes de concilier ces contradictions; vous y trouvez des Arrêts donnez ou en différentes Cours du même Royaume, ou dans la même, lefquels font les un *pour* les autres *contre* les Parties plaidantes; car le même Parlement ne juge pas toûjours les mêmes caufes de la même forte. Enfin ces Arrêts, ces loix, ces coûtumes diverfement interprétées, ne permettent de voir rien d'évident & démonftratif, mais tout au plus de fort probable. Or dès qu'un homme qui fait qu'il n'eft pas infaillible, ne fe détermine que fur la plus grande probabilité qui lui paroiffe, il peut bien croire qu'il ne fe trompe point, mais il ne peut pas le favoir de fcience certaine ; car felon la remarque des philofophes, le confentement que l'on donne à une conclufion prouvée par des prémiffes qui ne font que probables, n'eft point fcience mais opinion, & l'opinion n'exclut pas toute crainte de s'être trompé.

Un Juge feroit donc le plus temeraire & le plus fou des hommes, s'il parioit fon falut éternel fur la croyance qu'il a de ne s'être point écarté en opinant, du point précis où confiftoit la juftice de la caufe, d'autant plus que pour l'ordinaire il voit d'autres Juges auffi éclairez que lui, opiner d'une autre façon ; ce qui prouve que ce qui nous paroît le plus probable, ne le paroît pas à d'autres ; & qu'ainfi la prudence veut qu'on ne compromette pas fa félicité éternelle, fur une certitude qui n'eft fondée que fur une grande apparence de verité.

Cela me fournit une nouvelle preuve contre Mr. l'Evêque de Meaux ; car il eft notoire que dans ce contrafte d'Arrêts, dans ce Dédale inextricable de loix, dans la complication d'incidens très-embrouillez qui obfcurciffent fouvent les caufes civiles, Dieu ne demande des Juges finon qu'ils examinent bien, & qu'ils opinent felon leur confcience, fans que leur falut foit aucunement dépendant de ce que ce qui leur a paru jufte & vrai, ne l'étoit point à fes yeux qui voyent les chofes les plus cachées toutes telles qu'elles font. Par conféquent s'il avoit ordonné aux Princes de punir les Heretiques, il n'exigeroit des Juges que de bien examiner & d'opiner en confcience, fans prétendre que leur falut coutût aucun rifque lorfque leur avis touchant ce qui eft Héréfie feroit oppofé à celui qu'il en a lui-même par fa toute fcience. Or comme ce feroit donner pleine impunité aux Juges hérétiques, qui conformément à leurs préjugez feroient mourir les plus zélez Orthodoxes à tas & à piles, il s'enfuit que Dieu n'a nullement prétendu, que les Princes exerçaffent aucune jurifdiction fur les cas d'Héréfie.

Nouveau tour donné à l'examen de l'objection fondée fur la clarté des controverfes.

Toute la difficulté qui refte eft de dire, que les procès d'Héréfie ne font pas fi embrouillez que les procès civils les plus embrouillez. A quoi je réponds que cela eft très-véritable, pourvû que l'on laiffe aux Juges la liberté de définir l'Héréfie conformément à leurs préjugez de

(*) Dans les Chap. X. & XI.

Religion ; car rien alors n'eft plus facile que de convaincre un homme d'être Hérétique. Ils n'ont qu'à lui demander s'il croit les mêmes articles de Foi qu'eux ; & s'il dit que non, voilà qui eft fini, il eft convaincu d'Héréfie dans toutes les formes. Mais comme par ce moyen les Juges orthodoxes & les Juges hérétiques n'auroient rien à fe reprocher les uns aux autres, & qu'il s'enfuivroit qu'un même dogme feroit vrai & faux en même tems, on ne peut point en demeurer-là. Il faut de toute néceffité que les Juges & les accufez conviennent de quelque regle commune, & qu'ils la confultent, au lieu de s'en tenir aux principes qui les divifent les uns des autres. Or foit que la regle commune foit la feule parole de Dieu écrite, foit qu'elle embraffe outre cela la parole non écrite, chacun peut fentir par les remarques expofées ci-deffus (*), dans la réponfe à la 2. & à la 3. difparité, que c'eft une grande affaire que de trouver le point fixe, qui fépare le vrai d'avec le faux, le probable & le vrai-femblable ; de le trouver, dis-je, avec une telle certitude, qu'il ne vous refte nul lieu de douter que vous ne l'ayez trouvé, & que tout fentiment différent du vôtre eft néceffairement faux. Car après tout, dans les matieres conteftées entre les Chretiens, perfonne ne fait monter fes preuves jufqu'à l'évidence Méthaphifique ou Géométrique; elles demeurent donc toûjours dans le rang des propofitions probables. Or dès là qu'un homme avouë qu'il n'eft pas infaillible, il faut qu'il confeffe, qu'il fe peut tromper dans la préférence qu'il donne à une propofition probable, pardeffus une autre propofition probable ; & par conféquent les Juges des procès d'Héréfie ne peuvent pas plus s'affurer d'avoir opiné felon le vrai, que les Juges d'un procès civil.

Je ne veux, pour rendre ceci plus fenfible à tout le monde, que remarquer la conformité qu'ont les matieres obfcures & litigieufes de Théologie, avec les matieres de Droit & de Médecine. Les maladies ont cela que dès qu'elles font un peu fortes, vous ne fauriez faire une confultation de trois ou quatre Médecins, qui ne foient partagez, & quant au fait & quant au droit ; l'un veut que le mal vienne du foie, l'autre des entrailles; l'un le définit d'une façon, l'autre de l'autre, & fi l'on ne recouroit pas à la pluralité des voix, ils difputeroient jufqu'après la mort du patient: mais à la pluralité des voix eft il atteint d'une maladie plûtôt que d'une autre, & quelquefois c'en eft une dont les Médecins n'ont pas dit un mot dans leur confultation. Pareilles difficultez les divifent fur le droit, je veux dire fur la maniere dont il faut guérir la maladie, dont on eft enfin convenu ; les uns veulent tel remede, les autres un tout contraire, & après bien des raifons, il en faut fouvent paffer par la pluralité des voix. Dans les procès tout de même, montrez vos pieces à différens Avocats ; ils font prefque toûjours d'avis différens, & il fe trouve tel Particulier qui a des dix ou douze confultes fur une même affaire, qui ne fe reffemblent en rien.

C'eft ce que l'on voit auffi regner dans les queftions de Théologie. Pour péu qu'elles foient obfcures, vous ne fauriez confulter trois Profeffeurs dans la même Univerfité, qui vous répondent la même chofe, & rarement fe trouvent-ils enfemble en vifite, où fi on les confulte férieufement fur quelque matiere, ils ne difputent les uns contre les autres à tuë tête, fans pouvoir éclaircir

éclaircir ſes doutes au conſultant. De-là ſont venuës tant de différentes explications des mêmes paſſages de l'Ecriture, tant de différentes conciliations des paſſages qui ſemblent ſe contredire, & ce qui eſt principalement ici de mon ſujet, de-là vient la grande conformité des procès civils & des procès Théologiques. Dans ceuxlà chaque Avocat a des textes de loi pour lui, des explications ou réponſes des anciens Juriſconſultes des Arrêts rendus en pareil cas, des objections à faire, des ſolutions à celles que l'on lui fait. Semblablement dans les controverſes chaque parti a de ſon côté des paſſages de l'Ecriture & des Peres, des témoignages des plus célebres Univerſitez, des raiſons, des objections, des diſtinctions, des ſolutions, n'y ayant point de Livre fait par quelque Secte, auquel la Secte oppoſée ne réponde.

D'où vient donc, dira-t-on, que chaque parti ſe vante que ſon droit eſt plus clair que le jour? Il faut que cela vienne de la force de l'éducation & de la prévention; car ce qu'on appelle Eſpritsforts, *gens de petite foi & tardifs de cœur à croire*, malheureuſement trop dépréoccupez, ne voyent quaſi rien de convainquant dans les Livres de controverſe, que les objections & rétorſions réciproques des conſtans, & en jugent comme cet Electeur de Cologne dont parle le Pere Paul, qui ne trouvoit rien de ſolide dans les diſputes des Thomiſtes & des Scotiſtes, lorſqu'ils parloient chacun pour ſa cauſe, mais bien quand chacun attaquoit ſon ennemi.

Concluons donc que la néceſſité qu'il y auroit de permettre aux Juges de vuider les procès d'Héreſie, comme les procès civils, ſur la plus grande apparence de raiſon, & à la pluralité des voix; c'eſt-à-dire en un mot, ſelon les lumieres des Juges, bonnes ou mauvaiſes, & les préjugez de la Religion dominante, eſt une preuve convaincante que Dieu n'a point ſoumis l'Héreſie au glaive des Souverains.

Mais ne finiſſons pas ſans remarquer une choſe très-veritable, quoique très-éloignée des notions populaires, c'eſt qu's'il falloit que les Héretiques paſſaſſent par les mains des Magiſtrats, & que les Juges héretiques qui condamneroient les Orthodoxes, péchaſſent, il s'enſuivroit que les Juges orthodoxes qui condamneroient les Héretiques pécheroient auſſi. Car la faute des premiers ne conſiſteroit que dans la temerité qu'ils auroient euë de condamner des gens dont le crime n'étoit prouvé que par des raiſons probables. Or les Juges orthodoxes tomberoient dans le même inconvénient, puiſqu'il eſt notoire que les preuves de l'Orthodoxie ne montant point juſqu'à la démonſtration, ne ſont tout au plus que probables, donc, &c. J'avoüe que ces deux ſortes de Juges parfaitement ſemblables, en ce qui eſt de ſuivre la plus grande probabilité qui leur paroîtroit, différeroient beaucoup en ce que les uns auroient le malheur de prendre pour vrai ce qui ne le ſeroit pas, & les autres le bonheur de prendre pour vrai ce qui le ſeroit; mais comme ce bonheur & ce malheur ne ſuppoſent aucune différence de mérite en ceux qui l'ont, mais inégalité de rencontres hazardeuſes, l'un étant né par cas fortuit dans une Ville ou maiſon hétérodoxe, l'autre dans une Ville ou maiſon orthodoxe, cela ne peut point varier la deſtinée des hommes. Sur la terre avoir du mérite ſans être heureux, eſt moins qu'être heureux ſans avoir aucun mérite; mais dans le Ciel tout ſe peſe & ſe meſure à la balance & à l'aune de la Raiſon; on ne donne rien au hazard;

& en verité ce ſeroit gagner le paradis à croix & à pile, ſi le gagnant ne differoit du perdant qu'en ce que n'ayant pas plus d'évidence de ce qu'il affirmoit que l'autre, le bonheur lui en avoit dit d'avoir rencontré la verité.

✻✻✻✻✻✻✻✻✻✻✻✻✻✻✻✻✻✻✻

C H A P I T R E XXIII.

Réponſe ſommaire à ceux qui recourent à la grace pour ſe tirer de ces difficultez.

J'Avois réſolu de ne toucher à cette objection, que lorſqu'il faudroit caver fort exactement cette affaire; mais je ne vois pas que je me puiſſe bonnement diſpenſer d'en dire ici quelques mots. La plûpart de mes Lecteurs préjugeroient contre moi, s'ils ne trouvoient rien dans cette 1. partie qui concernât une difficulté qu'ils ſe feroient à eux-mêmes pluſieurs fois. La voici.

On m'objectera que la grace du S. Eſprit qui intervient dans notre converſion, nous fait diſcerner la verité de la fauſſeté, & que comme elle ſeroit le principe qui dirigeroit les Juges orthodoxes, quand ils feroient le procès aux Héretiques, leurs Arrêts ſeroient auſſi agréables à Dieu que les Arrêts des Héretiques lui ſeroient déſagréables, n'étant pas mûs & conduits par ſa grace, mais par les ténebres de leur nature corrompuë.

Je réponds 1. que quand il ne s'agira que de perſuader à l'homme, que certains dogmes ſont veritables, ceux, par exemple, qui ſont réellement contenus dans la révelation divine, il ne ſera point néceſſaire de recourir à une aſſiſtance particuliere de l'eſprit de Dieu. La ſeule éducation peut faire cela, ou les qualitez naturelles de l'eſprit, qui font qu'en liſant, examinant, & comparant le pour & le contre de deux opinions oppoſées, on voit plus de raiſons ou de ce côtéci, ou de ce côté-là, & même que ſans balancer les raiſons du pour & du contre, la premiere impreſſion d'un objet nous détermine à l'embraſſer.

Cette réponſe porte ſur des appuis inébranlables, puiſque les Chretiens les plus Auguſtiniens conviennent, que les Démons avec la plus grande deſtitution qui ſe puiſſe de grace de Dieu, ſont très-perſuadez de la verité des dogmes du Chriſtianiſme; ce qui procede donc uniquement de la force naturelle qu'ils ont de diſcerner dans les objets les bonnes preuves d'avec les fauſſes; Outre que nous convenons tous, qu'il y a une certaine foi Hiſtorique, par laquelle l'on croit que l'Evangile eſt véritable, & ainſi des miſteres particuliers qui nous y ſont revelez, laquelle foi nous n'appellons point une grace du S. Eſprit. Ainſi l'homme n'eſt point cenſé converti, ou doüé de grace préciſément, parce qu'il eſt perſuadé des veritez Evangéliques.

Cette perſuaſion ſimple n'eſt que le fruit de l'éducation, ou d'un diſcernement naturel. Et comment pourroit-on prétendre, que tous ceux qui ſont perſuadez des miſteres de la Religion Chretienne, le ſont par une faveur ſpéciale du S. Eſprit, vû que la plûpart de ces perſuadez-là vivent très-mal, & ſont enfin damnez?

Ce ſeroit donc une ſuppoſition qui ruïneroit de fond en comble le dogme de la grace efficace des Thomiſtes, & celui de l'inamiſſibilité de la grace des Calviniſtes, & qui réduiroit les Moliniſtes à cette grande abſurdité, que les ſocietez les plus excommuniées & infectées d'Hérésie, ont part aux influences spéciales de la grace pour croire une partie des misteres, pendant que l'on y combat opiniâtrement l'autre partie, & qu'on y croupit dans les plus énormes sensualitez.

Cette absurdité seroit commune à toutes les Sectes qui s'entre-damnent. Enfin je dis, que tous ceux qui sont élevez dès l'enfance à un certain Catéchisme, Juif, Payen, Mahométan, Romain, Luthérien, Calviniste, Arminien, Socinien, en étant fort bien persuadez à un certain âge, & presque tous toute leur vie, il est contre le bon sens de recourir à un principe spirituel & surnaturel pour la simple persuasion, de quelque Religion que ce soit.

En 2 lieu je réponds, que selon l'hipothese la plus commune des Protestans, la Foi qui passe pour une des trois vertus Chretiennes, & qu'on caractérise par l'éloge de Justifiante, est celle qui nous fait aimer Dieu, obéïr à ses commandemens, & chérir les veritez dont elle nous persuade, en un mot c'est la Foi œuvrante par charité. Voilà ce qu'on appelle proprement la grace; mais la simple persuasion des veritez de foi, qu'on voit en une infinité de gens sensuels & pervers, & qui meurent impénitens, n'est point la grace du S. Esprit, selon cette hipothese.

Je dis en 3. lieu, que soit qu'on veuille que toute persuasion des veritez Évangéliques, soit un effet d'une grace surnaturelle, soit qu'on restreigne cela à la persuasion de toutes ces véritez accompagnées de la charité, je ne vois pas qu'on se puisse débarrasser des difficultez dont il est ici question. La raison en est qu'il s'agit de rendre pure & nette la conduite des Juges qui auront condamné ceux qu'on accusoit d'Hérésies devant leurs Tribunaux, ou de la rendre mauvaise. Pour cela il ne suffit pas que les uns ayent déclaré Héretiques ceux qui l'étoient effectivement, & que les autres en ayent déclaré ceux qui étoient Orthodoxes; car si cela suffisoit, il faudroit loüer la conduite de ce Juge qui ayant dormi pendant le plaidoyer, & s'éveillant en sursaut, quand on lui demanda son avis, répondit, *qu'il soit pendu*; mais il s'agit d'un pré, lui repartit-on; *qu'il soit donc fauché*, dit-il; il faudroit, dis-je, loüer la conduite de ce Juge, si par avanture le cas eût été tel qu'il se fût agi ou d'un homicide digne de la corde, ou d'un pré que les légitimes possesseurs demandassent avec raison permission de faucher. La rencontre donc hazardeuse de la verité ne suffisant pas pour rendre juste la conduite d'un Juge, il faut, si vous voulez, que certains Juges ayent agi prudemment, & d'autres imprudemment; que ceux-là ayent suivi les preuves qu'un examen solide leur a fait trouver meilleures, & que ceux-ci n'ayent eu aucun égard à la qualité des preuves alleguées de part & d'autre; car depuisqu'une fois il constera que les uns & les autres ont examiné le plus sincerement & mûrement qu'ils ont pû, & se sont reglez par les preuves qui leur ont paru les plus solides, ils auront fait prudemment les uns & les autres, quoique leurs sentences soient contraires. Ils ne differeront en rien quant au moral, mais tout au plus quant aux qualitez naturelles de l'esprit.

Pour confirmation de ceci, je souhaite qu'on se souvienne bien de ma remarque précédente, qui est que les preuves d'Hérésie ou d'Orthodoxie particuliere, ne vont jamais audessus d'une grande probabilité; ainsi les Juges ne peuvent pas recourir à la voie de se disculper de toute témerité, que les nouveaux Philosophes nous présentent, savoir de ne rien affirmer que ce que l'on conçoit clairement & distinctement ne pouvoir être faux, après l'avoir mûrement examiné sans prévention, & long-tems. Cette regle ne pouvant pas être de mise dans la Religion, il faut qu'un Juge puisse prononcer sur l'Orthodoxie & sur l'Hérésie sans être coupable de témerité, encore qu'il ne se fonde que sur des raisons probables. Mais si cela est, il n'y aura point plus de témerité à un Juge héretique prononçant contre l'Orthodoxie, sur les raisons qui lui paroissent les plus probables, après mûre & sincere discussion qu'à un Juge orthodoxe prononçant avec les mêmes conditions contre l'Hérésie.

Voici maintenant le point. La grace ne servira de rien pour ôter la difficulté, parce que celui qui seroit conduit par cette grace, ne connoîtroit pas mieux pour cela les objets, les preuves, la force des objections & des solutions.

L'experience est là-dessus incontestable. Mettez l'Orthodoxie la plus pure en quelle Communion il vous plaira, les trois quarts des bonnes ames, des ames prédestinées dans cette Communion, prêtes à tout souffrir plûtôt que de l'abjurer, ne sauroient donner raison de leur créance à un subtil Controversiste dès qu'il auroit une fois ou deux repliqué à leurs premieres deffenses. C'est un point avoüé de tout le monde, (& qui le pourroit nier contre l'expérience quotidienne ?) que la grace la plus efficace ne nous augmente point l'esprit, la mémoire, l'imagination, ne nous apprend point l'Hébreu ni le Grec, ni les regles du raisonnement, ni les solutions des Sophismes, ni les Faits historiques; desorte qu'à coup sûr on peut répondre, qu'un homme d'ailleurs hors de grace & sans pieté, mais de beaucoup d'esprit, & qui étudie beaucoup, aura dans un an plus de lumieres, de connoissance & de force pour repousser l'Adversaire de sa Religion, que le plus saint qui vive dans cette Religion, sans lire, ni étudier, sans beaucoup d'esprit, ni de mémoire. Par conséquent un Juge qui auroit la grace, & qui pononceroit qu'un tel passage de l'Ecriture doit être pris en sens littéral, & un Juge qui sans la grace détermneroit pour le sens figuré du même passage; ces deux Juges, dis-je, seroient ou également coupables de témerité, s'ils avoient prononcé sans avoir bien consulté les Originaux, & acquis toutes les lumieres d'une bonne étude, ou également exempts de temerité, s'ils avoient suivi chacun de bonne foi ce que ses lumieres lui montroient, comme plus certain & raisonnable; car pour cette évidence Cartésienne qui fait par exemple, qu'un Juge prononce sans pouvoir s'imaginer de se tromper, qu'un Arrêt du Roi verifié depuis quatre jours, porte telle chose, (par exemple, qu'un nouveau converti mort après avoir refusé le Viatique, soit traîné à la voirie sur une claie) & que les termes & les expressions ne doivent se prendre qu'en ce sens-là, il est clair que la grace ne la donne point à l'égard des passages obscurs de l'Ecriture, à un homme qui ne sait ni A ni B, ou à celui qui d'ailleurs habile Jurisconsulte, ne sait rien en Grammaire Hébraïque, ni Greque, en Théologie, en stile Prophétique, &c. Ceux qui savent tout ceci vont rarement à une telle évidence en cas d'obscurité.

Il paroît de là que la temerité des Juges ne peut diminuer qu'à proportion de la force qu'ils voyent dans les raisons & les preuves sur quoi ils se déterminent. Or est-il que la grace ne leur fait pas connoître plus de force dans les raisons & les preuves, qu'ils n'y en connoîtroient sans la grace; car avec la grace un païsan, ou un Avocat qui ne savent ni Grec, ni Hébreu, ne connoissent pas plus certainement que s'ils étoient hors de grace, toutes choses étant égales d'ailleurs, si la version de Louvain, de Geneve, &c. ont fidelement traduit tel ou tel passage, ou quelle est la véritable analise de l'Épitre de S. Paul aux Romains, sur quoi les Théologiens nous donnent tous les jours de nouvelles découvertes, marque que les siecles précédens, à leur conte, n'en avoient pas encore trouvé la vraie clef, quoiqu'assistez de la grace salutaire. C'est donc en vain qu'on voudroit disculper ou charger les Juges, sous prétexte qu'un ressort à eux inconnu les auroit poussez imperceptiblement d'un certain côté, ou non; ressort, dis-je, inconnu, qui par cela même est incapable de donner une certitude légitime & bien fondée, qu'on rencontre mieux la verité que ceux qui affirment le contraire.

Si la grace agissoit aujourd'hui comme autrefois le don miraculeux de la prophétie, l'objection que j'examine seroit fort bonne; car dès qu'une fois un Prophete avoit été légitimement assuré, par les signes qu'il en avoit reçus de Dieu non équivoques, qu'il étoit Prophete, il pouvoit être assuré raisonnablement que ce qu'il disoit étoit vrai, encore qu'il n'y entendît rien, ou qu'il n'en comprît pas les preuves; mais aujourd'hui la certitude Chretienne ne sauroit être bien fondée à l'égard de la possession des veritez, (car pour l'amour de Dieu, & la sincerité de l'intention, c'est une autre chose) qu'à proportion des connoissances que nous avons des preuves, des raisons, des solutions, des objections. C'est pourquoi à moins que de donner ou peu, ou beaucoup, dans le Quakérisme & l'entousiasme, on ne peut guéres sortir d'affaire par la route que j'examine; & c'est par-là qu'on pourroit battre les Conciles, ou le Pape parlant *ex Cathédra*, par les mêmes armes dont Mr. Nicole se sert pour montrer que l'assurance des Particuliers fondée sur leur propre examen, est témeraire; car comme les examens qui précedent la décision des Conciles ou du Pape, ne poussent jamais les choses jusques à ce degré d'évidence, qui fait que l'objet nous paroît distinctement ne pouvoir être autre que nous le concevons, il faut ou que l'assurance qu'ils ont de ne se pouvoir tromper soit témeraire, ou qu'ils la fondent sur l'enthousiasme, je veux dire sur une direction immédiate de Dieu qui leur fasse prononcer la verité machinalement, ou au moins sans leur en montrer une preuve nécessaire.

J'avoué que si on leur accordoit leur hipothese, savoir que Dieu ne permet pas que les raisons qui favorisent l'erreur leur paroissent jamais aussi probables, que celles qui favorisent la verité, ils se tireroient d'affaire; car dès lors cette conséquence seroit bonne: *Nous avons fondé nos décisions sur les preuves qui nous ont paru les plus probables, après avoir pesé le pour & le contre équitablement; donc nous avons décidé la verité.* Mais il en va de cette hipothese comme de celle d'Epicure: accordez-lui les atomes & le vuide, il expliquera très-bien une infinité

de phénomenes, & évitera mille objections qui accablent la divisibilité à l'infini, le mouvement, la pesanteur, la dureté de certains corps; mais si vous ne lui accordez pas son hipothese, si vous l'attaquez elle-même, vous l'accablez sans ressource sous un tas d'objections insolubles. Voilà le sort des Catholiques Romains.

De ce que je viens de dire on pourroit facilement recueillir, qu'un Juge qui seroit assuré d'être en possession d'une grace efficace du S. Esprit qui le préserveroit d'erreur, condamneroit sans témerité les accusez d'Hérésie, encore qu'il ne se fondât que sur des preuves probables; mais comme il n'a point de preuves nécessaires de la possession de cette grace, ou ce qui est la même chose, des preuves dont il connoisse mieux la force, qu'un autre Juge hérétique ne connoît celle des preuves en vertu desquelles il croit être assisté par le S. Esprit, en condamnant les accusez d'Hérésie, on voit bien, pourvû qu'on y pense mûrement, que la coulpe ou l'exemption de temerité conviendra toûjours également aux Juges orthodoxes & aux Juges hérétiques, lorsqu'ils ne condamneront les accusez d'Hérésie qu'après un examen sincere, & sur les raisons qui leur auront semblé meilleures de bonne foi respectivement.

Et c'est-là ma 4. & dernière réponse. On ne peut point nous marquer un caractere sûr & nulement équivoque des sentimens où Dieu nous dirige une faveur spéciale; desorte que ni pour mettre de la différence entre les Juges qui condamneroient les Héretiques réels, & les Juges qui condamneroient les Héretiques putatifs, ni pour satisfaire aux objections de Mr. Nicole, touchant la temerité dont il accuse les simples de parmi nous, qui croyent tenir la pure verité de l'Evangile, il n'est pas fort à propos de recourir à la grace extraordinaire du S. Esprit; car comment voulez-vous qu'un païsan s'assure légitimement qu'il croit sa Religion par ce principe, pendant qu'il voit d'autres païsans de Religion opposée, soûtenir pareillement qu'ils croyent leur Religion par un effet de la grace.

Un Luthérien ne soûtient-il pas, que c'est par la miséricorde & faveur de Dieu qu'il croit les dogmes que les Sociniens & les Calvinistes rejettent, ceux-là touchant les trois personnes divines, ceux-ci touchant la réalité, le franc arbitre, l'universalité de la grace? Un Réformé avouera que ce Luthérien a raison d'attribuer à la grace la persuasion de la Trinité, mais non pas des autres dogmes. Cependant le Luthérien ne sauroit ni marquer à un autre, ni sentir lui-même quelque différence entre le motif qui l'attache au dogme de la Trinité, & celui qui l'attache aux autres. Par conséquent être persuadé que Dieu nous révele certains dogmes, n'est pas une bonne preuve que ces dogmes soient véritables, & dès-là l'objection que je réfute ne vaut plus rien; car si je n'ai pas une preuve certaine & nécessaire, qu'une assistance spéciale de l'esprit de Dieu me dirige vers la verité, je me l'imagine sans une raisonnable certitude, & témerairement, quand même il seroit vrai dans le fond que j'en fusse dirigé.

Deux hommes dont l'un diroit, que les parties d'un pouce cubique du corps de la Lune sont en nombre pair, & l'autre en nombre impair, ne seroient-ils pas également témeraires, soit qu'ils le dissent à vûe de pays, & comme s'ils jouoient à croix & à pile, soit qu'ils le dis-

sent sur quelques calculs Géométriques, qui nécessairement seroient sujets à erreur, puisque
personne ne sait au vrai quelles sont les inégali-
tez de la superficie de la Lune, & qu'en un mot,
c'est affirmer une chose qui n'est point évidemment connuë. Cependant l'un de ces deux hommes diroit vrai. Donc on peut dire vrai sans être
moins téméraire que celui qui dit faux, & n'im-
porteroi que celui qui rencontreroit la verité
fût persuadé de ce qu'il diroit, la témerité ne
cesseroit pas, puisque les raisons de sa persuasion
ne (*) seroient pas fortes.

Voilà à quoi on ne prend point garde; on
s'imagine que pourvû qu'on dise la verité on est
fort habile & prudent, ou du moins qu'on l'est
plus que celui qui ne la dit pas. Il ne faut, pour
voir la nullité de cette pensée, que promettre
un écu à des païsans, s'ils rencontrent la distance
qu'il y a d'ici à la Lune. Si le premier disoit 50.
mille lieües, & que le second haussât de mille,
& le troisieme d'autant, & ainsi de suite, il s'en
trouveroit enfin un qui rencontreroit l'opinion
de quelque fameux Astronome, & il pourroit
même arriver, qu'en renviant capricieusement
les uns sur les autres de tant ou de tant de lieües,
l'un d'eux rencontreroit précisément la vraie
distance, ou celle que le meilleur Astronome
nous ait marquée. Seroit-il pour cela mieux
fondé que ses compagnons? Sans doute, me ré-
pondra-t-on, puis que l'objet seroit tel qu'il le
dit, & non pas tel que les autres disent; mais
quelle pitié que cette réponse! Car est-ce la verité réelle de l'objet connuë à ce païsan, qui l'a
déterminé à l'affirmer? Point du tout; ainsi elle
ne peut influer aucun bénéfice sur son acte, pour
le rendre meilleur que celui des autres païsans.

Il est donc vrai que ni la verité effective des
objets, quand nous ne la connoissons pas par des
preuves solides, ni un principe invisible qui nous
y dirigeroit sans nous montrer ces preuves solides, ni faire sentir sa direction par des signes certains & nécessaires, ne sont point capables de
mettre de la différence entre les Juges orthodoxes
& les hérétiques, lorsqu'on suppose d'ailleurs
qu'ils sont égaux en sincérité, en application
dans l'examen des causes, & en détermination à
suivre les preuves qui leur semblent les plus fortes.

✿✿✿✿✿✿✿✿✿✿✿✿✿✿✿

CHAPITRE XXIV.

*Si les preuves de la vérité sont toûjours plus solides
que celles de la faussété.*

A Considerer les choses absolument, l'affirmative de cette question est certaine; mais à
les considérer par raport à l'homme vivant sur
la terre, je pense qu'il faut user de distinction.

Disons donc qu'il y a des veritez nécessaires,
& des véritez contingentes.

Parmi les véritez nécessaires, il y en a de si évidentes, ou immédiatement, & celles-là portent
leur preuve avec elles que personne ne conteste,
ou médiatement, c'est-à-dire qui se réduisent à
quelque premier principe, par une chaîne bien
liée de conséquences & de démonstrations, que
non seulement leur preuve est plus solide en soi
que celle des faussetez contraires, mais aussi par
raport à l'homme, nous étant facile de connoître,

qu'on ne peut dire rien qui vaille en faveur de
ces faussetez.

Mais lorsqu'une vérité nécessaire n'est point
évidente, ou en soi, ou par le moïen d'une gradation de preuves qui la fasse remonter jusqu'à
un premier principe sur des prémisses incontestables, alors elle peut être combatuë de telle maniere, qu'il est mal-aisé de discerner, si ceux qui
la nient ont plus de tort que ceux qui l'affirment.

A l'égard des véritez contingentes, par où
j'entens non seulement les Faits historiques, mais
aussi les véritez qui dépendent des décrets libres
de Dieu; je pense qu'il faut s'en tenir à la même
distinction, c'est qu'elles sont ou évidentes du
moins médiatement, ou qu'elles ne le sont pas.
Si elles le sont, leurs preuves doivent être censées
plus solides à l'égard de l'homme, que les raisons des faussetez opposées; de telle sorte qu'on
est bien fondé à supposer ou de la mauvaise foi
en ceux qui soûtiennent ces faussetez, ou une
confusion extrême, crasse ignorance, attachement servile aux préjugez dans leur esprit.

Mais lorsque ces véritez sont d'une telle nature, que les principes par lesquels nous les voulons faire remonter par dégrez, jusques à une
notion commune, jusques à un amas de circonstances qui fassent une démonstration morale,
sont douteux, & combattus par d'autres principes dont quelquefois nous nous servons comme
véritables, de maniere que nos propres preuves
peuvent être retournées contre nous, je dis qu'il
est très-possible que les erreurs contraires à ces
véritez, soient soutenuës aussi solidement en apparence que ces véritez.

Confirmons cette explication par des exemples.

Ces deux propositions contradictoires, *il y a
un espace distinct des corps, il n'y a point d'espace
distinct des corps*, sont telles que l'une ne sauroit
être vraie sans l'être nécessairement, absolument
& immuablement, & sans que l'autre implique
contradiction. Voilà donc ou dans la 1. ou
dans la 2. une verité nécessaire, ou une fausseté
impossible. Cependant chacune de ces deux
propositions est soûtenuë par des preuves si fortes, ou plûtôt combattuë par tant d'objections
accablantes & inextricables, qu'il est très-malaisé de déterminer, si les raisons qu'on allegue
pour la véritable, sont plus solides à notre égard
que les raisons de la fausse.

Ces deux propositions contradictoires, *Dieu
veut que tous les hommes soient sauvez, & il leur
donne des secours suffisans pour cela; Dieu ne veut
pas que tous les hommes soient sauvez, & il ne leur
donne pas à tous des secours suffisans pour cela*,
contiennent l'une ou l'autre une verité contin-
gente, puisqu'elle dépend du libre arbitre de
Dieu : mais si l'une est vraie, l'autre est nécessairement fausse. Néanmoins chacune s'appuïe sur
tant de preuves de Philosophie, de Théologie,
de pieté, & sur tant de passages de l'Ecriture,
qu'on ne peut presque prendre parti, si l'on ne
se détermine par les idées qui sont plus du goût
de son tempérament.

Et il n'y a point de meilleure marque que
deux opinions, encore que contradictoires, &
par conséquent l'une vraie, l'autre fausse, sont
fondées chacune sur des raisons solides & très-
probables, que de voir qu'elles ont eu chacune
leurs partisans en divers païs, en divers siecles,
personnages recommandables par leur savoir, leur
pieté

(*) On verra ailleurs l'usage que je tire de ceci, pour
„ mon Sisteme de la conscience.

pieté, leur vertu, qui ont examiné mûrement la question, comme aussi de voir, que si l'une des opinions a opprimé l'autre en certain temps, celle-ci s'est réveillée en un autre lieu.

Ne faudroit-il pas être bien préoccupé, pour soûtenir désormais que le dogme de la grace particuliere, & quelques autres qui ont été si chaudement soûtenus par Luther & par Calvin, ont non seulement l'avantage d'être appuïez sur des raisons très-probables, mais aussi que les dogmes contraires ne sont point appuïez sur des raisons très-probables; cela, dis-je, n'est plus de saison, vû que tous les Luthériens ont abandonné leur Maître en cela, & qu'il y a long-temps que ceux qui s'étoient réformez en Hollande selon la Confession de Geneve, se sont partagez en deux corps à l'occasion de ces dogmes; enfin que la plûpart des Ministres habiles de France, & presque toute l'Eglise Anglicane, sont devenus en cela contraires à Calvin.

La Philosophie nous fournit cent exemples de propositions contradictoires, qui ont chacune des preuves également spécieuses; desorte que les esprits difficiles n'y sauroient choisir le meilleur du moins bon. Ne voit-on pas dans un même jour, dans une même Auditoire, soûtenir des Theses contradictoires? Un Régent de Rhétorique ne fait-il pas déclamer dans une même heure deux Ecoliers, l'un pour, l'autre contre la même question de Morale, de Politique, &c? N'y a-t-il pas de gros Volumes imprimez de ces sortes d'Oraisons si spécieuses de part & d'autre, que le Lecteur, ou ne prend parti que par quelque penchant de tempérament, & non par la force des preuves, ou trouve toûjours la derniere qu'il lit meilleure que la précédente. C'est qu'il se souvient mieux de la derniere.

Après cela qu'on nous vienne dire, que jamais les preuves de la fausseté ne sont comparables à celles de la verité.

Il faut bien que ceux qui le disent, n'en soient pas toûjours assurez; car on remarque que toutes les Sectes Chretiennes se redoutant les unes les autres, la Romaine est celle de toutes qui a poussé plus loin la poltronnerie, car elle fait brûler en plusieurs lieux tous les Livres qui la combattent, & ne souffre en aucun lieu qu'à grande peine, que ses Laïques mettent le nez dans les Livres des Protestans. Mais ceux-ci ne sont pas exempts de peur; les Ministres de France en ces derniers tems n'étoient pas fort aises que leurs peuples eussent des entretiens avec des Ecclésiastiques, ou qu'ils s'amusassent à lire les Livres des Convertisseurs; & assurément un Proposant feroit mal sa Cour à ses Professeurs, s'il leur alloit emprunter souvent les Livres des Sociniens, & s'il leur disoit qu'il les étudie avec soin. On lui croiroit dés-là un peu de levain de Socinianisme dans l'ame, & on l'avertiroit même que ces lectures sont dangereuses à un jeune homme. Je ne vois pas que nos Théologiens souffrent, lorsqu'ils peuvent en venir à bout, que les Ecrits de cette Secte s'impriment & se débitent.

Je ne pense pas non-plus que les Sociniens exhortent leurs jeunes gens à lire les Livres qui les combattent; ils sont fort aises qu'ils ne connoissent les objections dont les Orthodoxes les terrassent, que par les Ecrits des Sociniens, où comme dans tous les Ecrits que chaque Secte compose, les objections du parti contraire ne paroissent que comme les pieces d'une horloge démontée, dispersée çà & là, & sans force.

D'où vient tout cela, & ce que chacun à pu remarquer, que même des gens bien lettrez & d'esprit, se vantent comme d'une conduite sage & pieuse, de n'avoir jamais voulu lire les Ecrits du parti contraire, qui avoient le plus d'approbation dans le monde, du côté de l'adresse & de la subtilité. D'où vient, dis-je, tout cela, si c'est une fatalité inséparable de toute erreur, que ses preuves soient foibles & improbables, en comparaison de celles de la verité?

La vie humane nous fournit cent exemples du contraire, dequoi il faut moins s'étonner, parce que les Faits faux sont souvent aussi ou plus possibles que les vrais. Demandez à deux raisonneurs, si un globe d'or qu'on leur montre de loin en païs étranger vaut tant; l'un dira que non, parce qu'il le croit creux, l'autre que si, parce qu'il le croit massif: ils soûtiendront leur conjecture par cent argumens, & il se trouvera bien souvent que le premier aura tort, & que néanmoins il aura rendu sa cause plus probable que l'autre la sienne. *Autres exemples.*

Quelqu'un n'a-t-il pas dit dans un Livre, que quelque action qu'on lui marque, il en donnera cinquante motifs différens, & tous vrai-semblables?

En général il peut arriver que l'erreur ait des raisons plus spécieuses & plus sensibles que la verité, non seulement à l'égard de ceux qui sont engagez dans cette erreur par la naissance, mais aussi à l'égard d'un étranger qui examineroit sans aucune préoccupation, ni pour ni contre, cette erreur, & la verité opposée. Mais cela est surtout vrai dans les matieres de fait.

Il en va comme de l'Histoire & des Romans.

Quelquefois un Roman semble plus vraisemblable que l'Histoire la plus sincere, & rien quelquefois ne nous semble plus naïf, & plus assuré, que les motifs qu'un Historien fait avoir aux Princes, lesquels motifs ne sont qu'une fiction de l'Historien très-éloignée de la verité, laquelle, s'il l'avoit raporté fidelement, les Lecteurs eussent trouvée quelquefois plate, absurde, contraire à toute vraisemblance & raison.

Veut-on quelque chose de plus approprié au champ où s'escriment les Controversistes? Les Critiques ont rétabli des passages dans les anciens Auteurs, en plusieurs manieres différentes. L'un veut qu'on lise ceci, l'autre tout le contraire, l'affirmative au lieu de la négative. Il se trouve bien des fois que celui qui s'éloigne le plus de ce qu'avoit dit l'Auteur, remporte le prix chez les Lecteurs du meilleur nez, comme aïant donné à l'ancien Auteur un raisonnement bien suivi, très-plausible, & d'un grand sens.

D'où vient que la fausseté se prouve pas bonnes raisons.

Je crois avoir insinué une raison de toutes ces choses, quand j'ai dit ci-dessus, que les Fait faux sont ou aussi possibles souvent, ou même davantage que les vrais; car cela étant, il ne faut plus s'étonner que l'on trouve des raisons aussi probables, & même plus probables pour nier un Fait, que pour l'affirmer, pendant que son existence n'est point venuë à ce qu'on appelle *notorieté publique*, amas de circonstances qui valent une démonstration; tel est aujourd'hui ce Fait, *que le Pape veut ôter les franchises des Ambassadeurs*. Sur quoi si on avoit fait discourir deux grands *Les faussetez sont aussi possibles que les veritez.*

grands raisonneurs dans le Japon, après la reception d'une Lettre venuë de Rome, portant seulement qu'on y disoit, que le Pape publieroit bien-tôt une Bulle sur cela, ils auroient tellement baloté la chose, qu'encore aujourd'hui plusieurs de leurs auditeurs croiroient, que la Nouvelle n'avoit eu aucune suite, tant ils l'auroient vûë combattre par des raisons très-plausibles.

Mais voilà une ouverture pour dissiper les fantômes & les terreurs paniques, qui agitent depuis si long-tems les Théologiens sur le chapitre des erreurs; car il est certain que la raison pour laquelle l'esprit de l'homme trouve tant de raisons également solides en apparence, pour défendre la verité & la fausseté, dans les controverses de Religion, c'est que la plûpart des faussetez qui se voyent là-dedans, sont aussi possibles que les véritez. En effet nous supposons tous, que la révélation dépend d'un décret libre de Dieu; car il n'est point nécessité par sa nature à faire ni des hommes, ni d'autres Etres. Par conséquent il auroit pû, s'il l'avoit voulu, ou ne rien produire, ou produire un monde différent de celui-ci; & en cas qu'il y eût voulu des hommes, il auroit pû les mener à ses fins par des routes toutes contraires à celles qu'il a choisies, & qui auroient été également dignes de l'Etre souverainement parfait; car une infinie sagesse a des moyens infinis de se manifester, tous dignes d'elle. Cela étant, il ne faut point s'étonner que les Théologiens trouvent autant de bonnes raisons pour soûtenir le franc arbitre de l'homme, que pour l'impugner; car nous avons des idées & des principes, pour concevoir & prouver, que Dieu a pû faire l'homme libre, & ne le faire pas libre de la liberté qu'on appelle d'indifférence, & ainsi de cent autres propositions contradictoires.

Qu'arrive-t-il donc lors que la révélation est douteuse sur quelque point? C'est que les uns l'expliquent par un Sistême, & les autres par un autre. Je veux que le Sistême des uns soit conforme à ce que Dieu a réellement choisi, cela n'empêche pas que celui des autres ne soit conforme à ce qu'il auroit pû faire aussi dignement & glorieusement pour lui, qu'en faisant une autre chose, puisque nous concevons que Dieu auroit pû faire les choses autrement qu'il ne les a faites, en cent manieres différentes, toutes dignes de sa perfection infinie; car sans cela il n'auroit point de liberté, & ne différeroit point du Dieu des Stoïques enchaîné par une destinée inévitable, dogme qui n'est guéres meilleur que le Spinozime. Par conséquent il ne peut y avoir de crime dans les faux Sistêmes, que lorsqu'un Théologien les dresse sur une idée qu'il croit contraire à ce que Dieu lui-même en a dit, & dérogeante à sa majesté. Or je ne crois pas qu'il se trouve au monde de semblables Théologiens. Joignez à ceci, entant que de besoin, ce que j'ai dit ci-dessus touchant les erreurs volontaires ou involontaires.

Il faudroit être fou à lier, pour croire que les Scholastiques dont Luther & Calvin ont renversé le Sistême, l'avoient fait parce qu'ils trouvoient que les Prédestinateurs à la S. Augustin en toute rigueur, donnoient à Dieu trop d'autorité, & qu'il étoit nécessaire d'y mettre des bornes, comme nos Parlemens font en ce païs-ci à la puissance trop arbitraire des Rois, quand ils peuvent. De même il faudroit être fou à

lier, pour croire que Luther & Calvin ont fait un autre Sistême, parce qu'ils trouveroient que celui des Scholastiques représentoit Dieu trop équitable, & qu'il étoit à propos de diminuer cette loüange excessive de Dieu.

Rendons justice aux uns & aux autres; ils n'ont jamais pensé à attenter à la majesté suprême de Dieu, ni à ses attributs infinis; mais ils ont conçu, les uns que certaines idées n'étoient point compatibles avec sa nature, & dès-là ils les ont traitées de fausses; les autres, que certaines idées lui étoient plus glorieuses, & dès-là ils les ont crües véritables, & ont expliqué l'Ecriture sur ce plan-là. C'est-à-dire en un mot, que n'aïant pas eu une même idée de la perfection, mais ce que les uns trouvoient perfection digne de Dieu, aïant paru aux autres une imperfection indigne de cet Etre Souverain, ils ont pris deux routes différentes, pour expliquer ce que l'Ecriture dit de lui. Et jusques-là je ne vois point plus de crime dans ceux qui se trompent, que dans ceux qui ne se trompent point.

Plût à Dieu que l'on eût toûjours envisagé de cette maniere les Controverses! Il n'y eût jamais eu de schismes ni d'excommunications, & l'on eût emploïé à bien vivre & à fuir ce que tous les partis conviennent être un péché, la médisance, le vol, la paillardise, le meurtre, la haine de son prochain, &c. le tems que l'on a perdu à disputer & à se persécuter.

Mais c'est trop insister sur une question que je n'ai voulu qu'ébaucher en cet endroit, me réservant à l'éplucher jusques à la derniere précision dans la suite de cet Ouvrage.

Après avoir ainsi répondu d'une maniere irrepoussable à la demande de M. de Meaux, par l'établissement solide de l'égalité de droit des Juges hérétiques & des Juges orthodoxes, touchant la condamnation & la punition des accusez d'Hérésie, fondons encore une fois sur S. Augustin, & après cela nous laisserons en repos sa pitoïable Apologie des persécuteurs, endroit honteux à sa mémoire.

CHAPITRE XXV.

Nouvelle réfutation de la preuve particuliere que S. Augustin a tirée de la contrainte qu'un bon Berger fait à ses brebis. I. défaut de cette comparaison, c'est que le mal dont on veut préserver l'Hérétique que l'on contraint, entre avec lui dans l'Eglise, mais non pas le loup dans la bergerie avec la brebis que l'on y pousse de vive force.

LA comparaison d'un Berger qui pour garantir ses brebis de la gueule du loup, les fait entrer dans la bergerie de vive force, si besoin est, a paru si éblouïssante à Messieurs les Convertisseurs, que non contens de l'avoir mille fois prêchée, & imprimée à l'imitation de S. Augustin, ils en ont fait des vignettes pour l'ornement des Livres qu'ils ont dédiez au Roi de France sur cette matiere. C'est pourquoi puisqu'il me vient deux pensées contre cette mauvaise comparaison, outre ce que j'y ai déja opposé dans ma 5. partie (*), on ne trouvera pas mauvais qu'elles fassent ici une espece de suplément.

La premiere de ces deux pensées est qu'un Berger

ger n'uſe jamais de cette contrainte, lorſqu'il voit déja ſa brebis au pouvoir du loup : tous ſes ſoins alors ſe réduiſent à chaſſer le loup, & à lui ôter ſa proie, & il croiroit commettre une lourde faute s'il chaſſoit vers la bergerie, & s'il y contraignoit d'entrer le loup conjointement avec la brebis qu'il tiendroit déja. Cette impudence ſeroit néanmoins pluspardonnable que celle des perſécuteurs, qui extorquent des ſignatures ; car un loup enfermé dans la bergerie y peut être aſſommé, & on en peut trouver aiſément des moyens bien ſûrs ; mais l'Héreſie enfermée dans l'Egliſe avec un faux Converti, eſt un poiſon inviſible que l'on ne ſe peut bonnement promettre de guérir. Quoiqu'il en ſoit, voici une comparaiſon fort clochante. Le bon Berger contraint ſes brebis d'entrer dans la bergerie ; mais c'eſt non lorſqu'elles ſont déja ſaiſies du loup, mais avant qu'elles ſoient tombées en ſa puiſſance. Les Convertiſſeurs contraignent d'entrer dans l'Egliſe les errans, lorſqu'ils ſont actuellement conjoints avec l'erreur, & les y enferment avec l'ennemi qui les détient, à ce qu'on prétend, dans ſon eſclavage.

Réfutation de ceux qui diſent que puiſqu'un Hérétique ne laiſſeroit pas d'être damné, ſi on ne le contraignoit pas, autant vaut-il le contraindre.

Et ici je ne ſaurois m'empêcher de témoigner mon étonnement ſur ce que j'ai ouï dire à des Catholiques, & lû même dans des Lettres venuës de France, c'eſt qu'il ne faut point ſe faire une affaire de ce que les Dragons ont fait ſigner des Huguenots, qui étoient perſuadez que ce qu'ils ſignoient ne valoit rien ; car le pis qui en arrive, dit-on, c'eſt que ces faux Convertis ſe damnent, mais ils ſe damneroient ſans cela ; ainſi damner pour damner, il vaut mieux que cela leur arrive en faiſant ceſſer le ſcandale de la multiplicité de Sectes dans un même pays.

J'avouë que cela me fait douter ſi je ſuis en pays de Chretienté ; car que deviendra la Morale de l'Evangile ſi l'on ſouffre de pareils monſtres de ſentimens ? Ignore-t-on que la pieté veut que nous faſſions tout notre poſſible, pour empêcher que Dieu ne ſoit offenſé, & ſon ſaint nom mépriſé, & que l'humanité & encore plus la charité veulent, que nous n'aggravions pas la charge de notre pochain ? Cependant ces deux ſacrées obligations s'en vont à néant par la maxime de ces lâches Convertiſſeurs, puiſque ne tenant qu'à eux que l'Héretique n'en demeure à ſon premier peché, qui eſt l'Héreſie, diſent-ils, ils le contraignent d'ajoûter l'hipocriſie, & le péché contre la conſcience à ſon erreur. D'où il arrive qu'il deshonore Dieu en plus de manieres qu'il ne faiſoit, & qu'il attire ſur ſa tête un degré de peine infernale plus inſupportable qu'il ne l'auroit eu.

Selon cette belle Morale, il ſeroit permis de porter les Héretiques, par les excitations les plus fortes, à s'enivrer, à s'entre-tuer, à s'entre-calomnier, à ſe plonger les hommes avecles femmes dans la ſouillure, à s'entre-couper la bourſe ; car ſi la ceſſation du Schiſme apparent eſt un bien qui contrepeſe le crime d'hipocriſie, où l'on fait tomber les Sectaires ; le bien qui arriveroit à l'Egliſe, de ce que ces gens-là vivroient dans les derniers déreglemens, & ſerviroient ainſi de luſtre à la bonne vie des Catholiques, balanceroit tous les péchez qu'on leur feroit faire.

Voyons préſentement mon autre penſée.

Tome. II.

II. Défaut de ladite comparaiſon, c'eſt qu'elle prouve invinciblement, ou les prétentions de la Cour de Rome ſur le temporel des Rois, ou que l'Egliſe peut dépoſer les Princes qui la perſécutent.

On s'étonne & on rit même, quand on lit dans un Bellarmin & un Suarez, que ces paroles de Jéſus-Chriſt à S. Pierre, paſce oves meas, pais mes brebis, ſignifient que le Pape peut dépoſer les Rois hérétiques, ou délier leurs Sujets du ſerment de fidélité.

Mais il eſt certain que s'il eſt une fois permis d'apliquer aux Paſteurs des ames les façons de faire des Bergers, & de tirer des conſéquences des uns aux autres, rien ne ſera plus convainquant dans l'enceinte de la Communion de Rome, que la preuve de ces Jéſuites ; car enfin c'eſt un droit qui eſt né avec les Bergers, & qui eſt inſéparable de leur fonction, de garentir leur brebis contre les attaques du loup, de toutes les manieres dont ils ſe peuvent aviſer, ſoit en découplant leurs dogues ſur eux, ſoit en leur tendant des piéges, ſoit en mettant ſur leur chemin des chairs venimeuſes, ſoit en leur tirant de bons coups de mouſqueton. Puis donc que les Catholiques Romains conviennent que le Pape eſt le Vicaire de Jéſus-Chriſt, le Souverain Paſteur des ames, & qu'ils ne peuvent nier qu'un Prince hérétique & perſécuteur, qui par ſes ruſes & ſes violences entraîne dans la perdition les habitans de ſon Royaume, ne ſoit un loup raviſſant envers l'Egliſe, il faut, s'ils veulent raiſonner conſéquemment, qu'ils accordent à Bellarmin & à Suarez, qu'un Pape doit ſe défaire de ce Prince en la maniere la plus convenable qu'il pourra, quocunque modo poteſt, ſoit en découplant ſur lui les Rois voiſins, ſoit en faiſant ſoulever ſes propres Sujets par le poiſon ou l'aſſaſſinat.

C'eſt quelque choſe de curieux que de voir comment le Sr Maimbourg a répondu à cette ſimilitude du bon Berger dans le chapitre 17. de ſon Hiſtoire de l'Egliſe de Rome. C'eſt un Sophiſme, dit-il, non ſeulement méchant & contre les regles du bon raiſonnement, mais auſſi impie & déteſtable, qui mene droit au parricide, & pour lequel on a juſtement condamné au feu les Livres qui le contiennent. Il auroit raiſon d'en juger ainſi, s'il étoit dans mes principes ; mais approuvant la contrainte, comme il faiſoit, & la ſoûtenant par l'exemple du Berger, il lui eût été impoſſible de montrer que les Ultramontains ont mal raiſonné. Il y eût été plus embarraſſé qu'à répondre à la comparaiſon qu'ils tirent des Etats Généraux de France, pour faire voir, que comme le Roi de France a ſeul l'autorité Monarchique pardevers lui, lors même que pour le bien de ſon Royaume il en convoque les trois Ordres, de même le Pape ne pouvant ſuivre de plus beau modele pour gouverner l'Egliſe, que celui des Rois de France, eſt toûjours ſupérieur au Concile.

Le Sr Maimbourg n'a ſçu que répondre à cette difficulté.

Or à qui que ce ſoit que s'adreſſe l'ordre, pais mes brebis, il faut avoüer qu'il lui confere le droit de ſe défaire des Princes perſécuteurs, s'il eſt vrai qu'il faille imiter les Bergers,

CHAPITRE XXVI.

*Vûë en racourci, & par de nouveaux côtez, des énor-
mitez renfermées dans le dogme de la contrainte,
comme le renversement des droits d'hospitalité, de
parenté, de foi donnée.*

*Des suites funes-
tes du dogme de
la contrainte.*

J'Ai promis dans une note marginale, vers le commencement (*) de cette suite de mon Commentaire, de revenir encore une fois à la preuve dont je me suis servi dans le (A) chapitre 4. de de la 1. partie, & dont voici le précis. C'est que l'exécution de l'ordre, *Contrains-les d'entrer*, obligeant les Orthodoxes à piller les maisons des Hérétiques, à les chasser de leur patrie, à les confiner dans des prisons ou Monasteres, les peres & les maris d'un côté, les femmes & les enfans d'un autre, à les envoyer même au gibet ou aux galeres, il faut nécessairement que les mêmes actions, qui seroient un violement formel du Décalogue si elles n'avoient pour but de contraindre les Héretiques à renoncer à leur croyance, deviennent une bonne action lorsqu'elles se font par ce motif. Or il s'ensuit de-là manifestement, que toute sorte de pechez cessent de l'être dès qu'on s'y porte dans la vûë de faire entrer dans la vraie Eglise ceux qui n'y sont pas; qu'ainsi l'utilité & l'agrandissement de la vraie Eglise sont la vraie pierre de touche, pour connoître si une action est juste ou injuste. Par conséquent plus une action est capable de faire entrer les Infideles & Sectaires dans l'Eglise, plus elle passe aisément d'être un crime, à être une œuvre de pieté.

Si cela est, voilà rompus tous les liens & tous les devoirs qui engagent les hommes les uns envers les autres, soit par la raison générale qu'ils participent tous à la même nature spécifique d'animal raisonnable, soit par la raison particuliere de la parenté, ou d'un contract réciproque, où quelques-uns sont entrez avec quelques autres.

*Il renverse les
droits de l'hos-
pitalité.*

I. Pour la seule considération qu'on est homme, la Raison veut que si une tempête vous jette sur un bord étranger, les habitans du pays vous fassent quelque assistance contre la fureur des flots, de la faim & du froid. Mais cette obligation ne sera plus qu'une chimere, selon les principes de nos nouveaux Convertisseurs; car il faudra, si on suit bien l'esprit de leur dogme, qu'au lieu d'aller à ces miserables qui se sauvent à la nage, ou sur des planches, comme ils peuvent, pour leur offrir du pain & des habits, on y aille avec une profession de Foi toute dressée, & une plume à la main, exiger d'eux qu'ils la signent incessamment, à faute de quoi on leur déclarera qu'on les jettera dans la mer, ou qu'on les laissera périr de malemort sur le rivage. La plus douce composition seroit de leur accorder trois ou quatre jours pour s'instruire; mais après cela point de quartier s'ils ne signoient. Qui auroit crû que le Christianisme enfermât cette barbare inhospitalité, dont les compagnons d'Enée se plaignoient ci-dessus dans notre 2. chapitre? Mais comme il y auroit-là une conquête assurée à la propagation de la Foi, l'inhumanité en ce cas deviendroit à coup sûr une œuvre très-charitable, comme aussi toutes les fois qu'on refuse-

roit l'aumône à un mendiant qui en auroit un besoin très pressant, à moins qu'il ne promît de se ranger au giron de l'Eglise.

Je ne prétens pas poser en fait, que cette coûtume inhumaine se pratique dans les pays d'Inquisition; je sai qu'il y a eu des Réfugiez de France, qui ayant été contraints de relâcher en Espagne par la tempête, en ont été quittes pour des avanies qu'il leur a fallu essuyer, & en se rembarquant le plûtôt qu'il leur a été possible, après avoir été contraints de satisfaire l'avidité & l'avarice de ceux qui leur faisoient peur de l'Inquisition. Mais qui doute que la qualité de François mécontent ne leur ait servi de beaucoup en Espagne? Qui doute que la nécessité qu'ont les Espagnols d'avoir des liaisons politiques avec des Etats Protestans, ne les oblige à se relâcher sur le chapitre de la contrainte? Enfin il ne s'agit pas tant de ce qu'on fait, que de ce que la doctrine qu'on enseigne inspire naturellement, & peut faire pratiquer lorsque l'on n'en craint pas les suites.

*Aussi-bi-
en ceux de l
renté.*

II. Pour les droits du sang, ils ne sauroient être dans ces principes plus sacrez que ceux de l'humanité: il sera fort bien permis à un pere, si son fils ou par des lectures, ou par d'autres instûctions, a crû qu'il devoit changer de Religion, de le traiter chez lui comme un valet, de le mal nourrir & vêtir, de le chasser même & desheriter pleinement, jusques à ce que ces afflictions temporelles l'obligent à reprendre sa premiere Foi. Un fils de son côté qui s'est rendu de la bonne Religion, & qui voit son pere persister dans son Hérésie, peut lui dénier dans ses vieux jours les offices & les assistances les plus nécessaires, & le menace de pis s'il n'abjure. Une fille pourroit porter ses menaces envers son pere & sa mere, qui ne voudroient point se convertir comme elle auroit fait, jusques à leur dire qu'elle se prostituëroit, s'ils ne lui donnoient la satisfaction d'entrer dans le giron de l'Eglise; & si la menace n'étoit pas assez puissante, elle feroit bien de l'effectuer, tant & si long-tems que ses pere & mere persisteroient dans leur opiniâtreté. Et en pareilles rencontres si elle les attiroit au bon parti, s'accompliroit l'oracle dont les Convertisseurs se targuent depuis long-tems: *Imple faciem eorum ignominiâ, querent nomen tuum, Domine; couvres-leur la face d'ignominie, & ils chercheront ton nom, ô Eternel.* Qu'on ne me dise pas qu'elle commettroit un peché. Oui, repondrai-je, si elle n'avoit par pour but de contraindre son pere & sa mere à sortir de l'Héresie; mais ayant ce but, son action cesse d'être mauvaise, aussi-bien que le vol, la captivité, & le dernier supplice, ordonnez contre des innocens afin de les contraindre d'entrer.

*Et ceux
foi donn*

III. Quant à la Religion du serment, & de la foi donnée dans un contract, la chose du monde la plus fondée sur les premiers principes de la Morale, & la plus nécessaire pour le maintien des Societez, elle ne sera pas plus exempte de la supression, que les autres devoirs de l'homme, dès qu'on pourra se promettre qu'en violant sa parole & son serment, on réduira un Hérétique dans une extrême souffrance, qui l'obligera à signer le formulaire. Cela est si vrai, que comme l'Eglise Romaine s'est signalée plus qu'aucune autre Religion du monde à violenter
les

* Vers la fin du Chap. I.
(A) Voiez aussi la Réponse à la 12 raison de saint Au-

» gustin 3. part. du *Com.* Chap. XII.

les consciences, elle est aussi celle qui a le plus relâché l'obligation de tenir ce qu'on a promis; & demandant l'autre jour à un homme de grande lecture, moi qui en ai peu, s'il connoissoit un exemple de quelque Souverain Catholique, qui eût tenu à ses Sujets de différente Religion les promesses qu'il leur avoit faites concernant leur Religion, il me répondit qu'il en avoit cherché en vain, & qu'il n'en savoit pas un; qu'aussi n'étoit-il point surpris de ce qui se passe dans ce païs, s'y étant bien attendu; & il me témoigna alors le cas extraordinaire qu'il faisoit d'un trait qu'il avoit lû, dans la page 73. au petit Livre intitulé *ce que c'est que la France toute Catholique*, qu'il y a de la charité à ne point faire faire serment à des Catholiques.

Echantillon pris de la derniere persécution de France.

On a senti en France, dans ces dernieres années, la verité de ce que je viens de dire; tous les droits de parenté, de bon voisinage, d'ancienne amitié, d'hospitalité, foulez aux pieds, & à la réserve qu'on n'égorgeoit point les gens, c'étoit une maniere de copie des anciennes proscriptions que Marius, Sylla, & les Triumvirs rendirent si terribles à Rome, lorsqu'il n'étoit pas permis à un pere ou à une mere de cacher son fils, ou de contribuer à son évasion; au meilleur ami, à l'esclave, ou à l'affranchi qui avoit reçu les plus grands bienfaits de son Maître, de ne pas déceler son ami ou son maître, sans encourir la peine de la proscription.

Il est de notorieté publique en France, qu'on y a fait des deffenses de recevoir ceux de la Religion dans les hôtelleries, de leur donner retraite chez soi, de mettre à couvert leurs biens, & de contribuer en façon du monde à ce qu'ils évitassent la vexation des Dragonneries. Un hôte qui ne chassoit pas les gens de la Religion qui logeoient chez lui, ou qui ne les alloit pas déclarer aux Directeurs des conversions, encouroit de grosses peines, & ainsi c'étoit comme au siecle de fer,

(*) .... *Non hospes ab hospite tutus.*

Un proche parent, un ami que l'on auroit convaincu d'avoir caché dans sa cave ou galetas, son parent, son ancien ami, ou ses enfans, ou ses meubles, encouroit aussi des peines; & ce qu'il y a de plus étrange, on faisoit un crime à un mari d'avoir envoyé sa femme en lieu de sureté, à un pere de n'avoir pas empêché que ses enfans prissent la fuite; & de-là venoit qu'après qu'un homme las de sa garnison avoit signé, & qu'il croyoit jouïr de quelque répit, il se voyoit peu de jours après accablé d'un nouveau logement de Soldats, sous prétexte qu'il ne pouvoit pas représenter tous ses enfans, & que sa femme se tenoit cachée. Avoir commerce de Lettres avec ses freres, sœurs, enfans, pere ou mere, réfugiez dans les pays étrangers, n'est pas une chose peu dangereuse en France pour ceux qui ont signé, & de-là vient que l'on n'ose leur écrire à droiture, ni leur parler que par énigmes, crainte de l'interception des Lettres.

S'il y a des enfans qui écoutent plus la voix de la Nature, que celle de la mauvaise Religion qu'ils ont extérieurement au moins embrassée, je veux dire qui veuillent faire tenir sous main

quelque argent à leurs peres ou meres, constituez en nécessité dans des pays étrangers, cette action ne demeure pas impunie quand elle est sçûë. Vit-on jamais un renversement plus odieux & plus criant de tous les devoirs que la Nature & la droite Raison nous imposent?

Je ne touche point au manque de parole, &, au mépris des engagemens les plus solemnels qui a éclaté dans toute cette persécution, & même fort notamment dans l'Edit révocatif de celui de Nantes; car c'est une chose qu'on a suffisamment prônée par toute l'Europe. Je dirai seulement un mot de l'ingratitude qu'on a euë pour les importans services du Maréchal de Schomberg, & cela ne sera point digression; car ce vice est une violation d'un contract tacite & implicite, qui demande une aussi religieuse observation de toute ame bien née, que ceux qui se passent devant notaire & témoins.

Réflexions sur ce qui a été fait au Maréchal de Schomberg.

Ce Maréchal méritoit d'autant plus de reconnoissance des Rois de France & de Portugal, que n'étant point né leur Sujet, il n'avoir pas laissé de leur rendre des services très-importans avec la derniere fidelité.

Néanmoins il s'est vû contraint sur ses vieux jours, par les ordres du premier de ces deux Princes, de sortir de France qui étoit sa patrie d'élection, où il avoit pris femme, & acheté bien des terres. Ces mêmes ordres lui ayant fixé une retraite en Portugal, il esperoit d'y passer tranquillement le reste de sa vie, à cause de la considération que ses longs & très-utiles services lui avoient acquis en cette Cour-là; mais rien n'a été capable de le mettre à couvert des persécutions de l'Inquisition; ni le souvenir des obligations qu'on lui a, ni le respect que les Portugais doivent avoir pour tout ce qui leur vient de la part du Roi de France, à qui ils doivent l'avantage de n'être pas une Province de la Monarchie Espagnole, & qui les soûtint puissamment lors même qu'il ne le pouvoit faire, sans violer un des articles le plus clair du fameux Traité des Pyrenées; ce qui a commis sa réputation & attiré sur lui cent mille reproches de mauvaise foi, dans une infinité de libelles. Il a donc fallu que ce Maréchal se soit remué encore une fois, & ait cherché des asiles bien loin de la patte du loup, je veux dire des pays où regne le persécutant Papisme.

✸✸✸✸✸✸✸✸✸✸✸✸✸✸✸✸

CHAPITRE XXVII.

Que la Sodomie pourroit devenir une action sainte, à suivre les maximes des persécuteurs modernes.

Souvenons-nous bien que selon ces belles maximes, une action mauvaise se métamorphose en bonne, pourvû qu'elle fasse signer bien des Héretiques; cela étant, nous voici fort en état d'innocenter le crime le plus odieux, le plus brutal & le plus brûlable que l'on connoisse, c'est à savoir la Sodomie; car il ne faut point
douter

CHAPITRE
XXVII.

douter que bien des gens qui réſiſteroient aux menaces de la priſon, de la pillerie, de l'exil, des galeres & de la mort, ne ſuccombaſſent à la menace d'être abandonnez eux, leurs femmes & leurs enfans à la proſtitution. S. Epiphane raconte qu'Origene, qui dès ſes plus tendres années avoit eu un zele très-fervent pour le martire, & qui conſtamment a été un grand exemple d'intrepidité & d'inflexibilité aux rigueurs des perſécutions, n'eut pas néanmoins aſſez de force pour réſiſter à la menace qu'on lui fit de le livrer à un Ethiopien qu'on lui amena. L'horreur qu'il eut en s'imaginant qu'il ſeroit la victime de ce brutal, le fit conſentir à encenſer une Idole qui étoit autant en ce tems-là, qu'en celui-ci ſouſſigner un formulaire, ou écrire ſon nom ſur la matricule d'un Procureur Général. Un tel ſuccès, & la conjecture très-probable que l'on peut fonder ſur l'idée de ce crime affreux & vilain, font connoître que l'on ſe pourroit tout permettre en fait de nombreuſes ſignatures, ſi au lieu de commander aux Dragons de faire bien du déſordre dans les maiſons, on leur ordonnoit de faire bien les Bulgares, & ſi on mêloit parmi eux le plus de Negres qu'on pourroit trouver.

Que feroit en ce cas-là ce ſexe qui eſt non ſeulement la plus belle moitié du genre humain, mais auſſi la plus pieuſe & la plus chaſte, celle à qui la pudeur & la modeſtie ſont échuës en partage ? Comment ſoûtiendroient l'idée d'une proſtitution contre Nature, & ſelon Nature, (car on en laiſſeroit ſans doute le choix aux Dragons) tant de femmes & de filles de bien & d'honneur, à qui la moindre parole obſcene, & les moindres indécences d'un tableau, ou de quelque autre objet, ne ſemblent pas ſupportables ? On ne peut nier, quelque médiſant que l'on veuille être, que de toutes les peines ou flétriſſures que l'on pourroit infliger à une honnête perſonne de ce ſexe, celle de faire amende d'honneur nuë ſans chemiſe, aux yeux de toute une populace, ſeroit la plus rude ; que ſeroit-ce donc ſi une proceſſion ſi dure devoit être terminée par être livré à la brutale fureur des ſatellites des perſécuteurs? Il y a peu de femmes, de celles mêmes qui ont le plus de pieté, & qui auroient le courage de mourir pour leur Religion, qui pour s'exempter d'une eſpece de ſuplice auſſi inſuportable que celle-la à leur pudeur, ne ſignaſſent tel formulaire que l'on voudroit. Ainſi ce ſeroit une maniere de contrainte très-efficace, & dont les progrès ſurprenans rectifieroient avec uſure ce qu'il y pourroit avoir d'irrégulier. Tout le monde ſait, que les femmes de Milet ayant été ſaiſies d'une eſpece de Mélancolie qui les obligeoit à ſe tuer, rien ne fut capable de les retenir, que l'Arrêt que les Magiſtrats publierent que celles qui ſe donneroient la mort ſeroient miſes toutes nuës dans un carrefour. Cette idée de nudité leur donna de ſi preſſantes allarmes, quoiqu'elles n'ignoraſſent pas qu'alors elles ne ſeroient pas en état de ſentir aucune honte, qu'elles conſentirent à vivre pour n'être pas miſes en ſpectacle.

✧✦✦✧✦✦✧✦✦✧✦✦✧✦✦✧✦✦✧✦✦✧

CHAPITRE XXVIII.

Examen de ce qu'on peut répondre au Chapitre

précedent. I. *Réponſe.* Cette maniere de contraindre ſcandaliſeroit le Public.

Réfutation
d'une I. objec-
au ſujet de
Sodomie.

JE ne ſuppoſe pas qu'on me répondra ſimplement que ces actions ſont mauvaiſes ; car ce ne ſeroit rien dire, puiſqu'on avouë que piller les maiſons des Hérétiques, & les condamner à la mort, ou aux galeres, devient une bonne action de mauvaiſe qu'elle ſeroit, par cela qu'elle eſt deſtinée à les contraindre d'entrer. Il en faut dire autant de tout autre crime, ſi quelque conſidération particuliere ne l'empêche. Voyons ſi la réponſe qu'on vient de lire eſt capable de cela.

Je dis que non ; car ſi le Public peut bien digérer tous les cris & les hurlemens d'une multitude de Dragons, qui vivent à diſcrétion chez les Hérétiques, qui mettent tout ſans deſſus deſſous, qui battent leur hôte, qui le bernent, qui le timpaniſent pour l'empêcher de dormir ; s'il peut ſouffrir la vûë d'un grand nombre de perſonnes de tout ſexe qu'on mene au ſupplice comme durant la Croiſade contre les Albigeois, ſous les auſpices de S. Dominique, & durant le gouvernement du Duc d'Albe dans le Pays-Bas, & en tant d'autres occaſions; s'il ſe plaît à voir brûler vifs ceux que l'Inquiſition y condamne, lorſqu'elle fait avec tant de pompe ce qu'elle appelle *antos de fé*, il s'accoutumeroit bien-tôt à ces autres peines. Au commencement la nouveauté pourroit choquer; mais on leveroit ſans une grande difficulté tout le ſcandale, en montrant le fruit que ces menaces exécutées ſur les plus opiniâtres tant ſeulemeut auroient fait.

II. *Réponſe.* La Sodomie eſt eſſentiellement criminelle, au lieu que le meurtre eſt quelquefois bon.

Réfutation
d'une II.
tion.

Pour faire voir la nullité de cette exception, je n'ai qu'à conſidérer, non le meurtre d'une façon vague, mais un certain meurtre qui ſoit effectivement un crime ; celui par exemple d'un Bourgeois de Paris parfaitement honnête homme, bon Sujet, bon Citoyen, bon Catholique, mais qui croiroit, contre le ſentiment du Roi, de toute la Cour, & des plus ſavans du Royaume, que la Langue Françoiſe qu'on parloit du tems de François I. eſt plus élégante & polie que celle d'aujourd'hui. Je dis que ſi le Roi faiſoit pendre cet homme pour cette ſeule raiſon, ce ſeroit commettre un homicide très-criminel, & que ce meurtre eſt dans une eſpece eſſentiellement mauvaiſe, étant impoſſible qu'aucun meurtre circonſtancié & conditionné comme celui-là, ſoit jamais permis. Laiſſons tout le reſte dans cet homme, faiſons-en ſeulement d'un Catholique un Huguenot, comme étoit Anne du Bourg; que le Roi le faſſe pendre par cette ſeule raiſon qu'il n'eſt pas Catholique, les Convertiſſeurs ſoûtiennent que ce n'eſt pas une action mauvaiſe, mais bonne. Ainſi le même meurtre pris individuellemnnr, qui ſeroit eſſentiellement criminel, s'il n'étoit pas fait pour l'avantage de la Religion, ceſſe d'être un crime dès qu'il eſt commis pour la ruïne d'une Secte. Donc auſſi le même acte de lubricité contre Nature, qui ſeroit mauvais, s'il n'étoit point fait pour attirer par la peur les errans dans la vraie Egliſe, deviendra bon étant commis par ce motif-là.

III.

III. *Réponse.* Les Souverains n'ont point de jurisdiction sur la pudeur comme sur la vie.

Et d'où vient donc que les Romains faisoient déflorer par le bourreau les filles qui devoient être penduës, comme on le pratiqua sur la fille de (*) Séjan ? Quoiqu'il en soit (car comme je ne me pique pas de lecture, je ne sai pas si ce problème a été examiné à fond par les Juristes, & j'en laisse la discussion à qui voudra s'y escrimer) je trouve merveilleux que des gens qui attribuent aux Souverains le droit de violenter la conscience, ne lui accordent pas ensuite, sur les parties de la pudeur, le même empire qu'il a sur la langue, sur le bras, sur la tête & la vie de ses Sujets ; car il peut leur faire couper le poing, extirper la langue, les faire pendre & décoler. Je ne sai pas au vrai pourquoi, s'ils peuvent donner ordre au bourreau d'arracher la langue à une fille, de lui couper le bras, ou le nez, ou de lui arracher les yeux, ils ne pourroient pas ordonner qu'il la déflorât, si on trouvoit que cette sorte de peine, qui ne seroit pas un péché pour la patiente, pourvû qu'elle n'y prétât pas son consentement, mais cédât à une force majeure, tournât au bien public mieux que toûte autre note d'infamie.

IV. *Réponse.* Les exécuteurs de cet ordre commettroient un grand péché, à cause du plaisir qu'ils y prendroient.

Mais si cette raison étoit valable, il ne seroit pas permis de faire vivre les Dragons à discrétion chez un Hérétique ; car il est manifeste qu'ils prennent un très-grand plaisir à s'énivrer de son vin, à le balotter, insulter, & se faire païer tous les jours le plus d'argent qu'ils lui peuvent extorquer.

✿✿✿✿✿✿✿✿✿✿✿✿✿✿✿✿✿

CHAPITRE XXIX.

Progrès énorme qu'a fait, depuis un grand nombre de siecles, le dogme de la contrainte, quelque impie & détestable qu'il soit. Réflexion sur cela.

CEux qui auront fait une réflexion attentive sur la preuve dont je me suis servi dans le 4. chapitre de la 1. partie, & que j'ai retouchée en quelque autre endroit, & notamment dans ces derniers chapitres, s'étonneront que le dogme de la contrainte de conscience ait pû être attribué au fils de Dieu ; dogme qui contient en élixir les fermens, les esprits, & les semences de tous les crimes, & qui beaucoup mieux qu'on ne l'a dit de celui de la Prédestination, est l'éponge de toute Religion ; car non seulement il fait que tous les droits les plus sacrez de l'humanité, de la consanguinité, de l'affinité, des contracts, & de la reconnoissance, ne font qu'un fantôme & des Rebus de Picardie, par raport à ceux de contraire Religion, mais aussi envers ceux de même créance ; puisque dès qu'un Catholique croira qu'un Roi, qu'un Juge, qu'un Evêque, qu'un

Prêtre, & tout autre Catholique, exerce une charge dont un autre s'aquitteroit plus utilement pour la Religion, il pourra tout entreprendre contre eux sans pécher, la regle des bonnes & des mauvaises actions n'étant autre chose que l'utilité de l'Eglise.

Et ce qui est de plus fâcheux, c'est que les Souverains qui ne sont déja que trop accoûtumez à ne suivre pour regle de leurs actions, que l'intérêt de leur grandeur, n'en feront plus aucun scrupule ; car il ne tient qu'à eux de tenir inséparables la prospérité de leur Etat, & l'utilité de leur Eglise. Desorte que la regle de leur cupidité ne sera point différente de celle de leur conscience : & ainsi tout ce qu'ils entreprendront pour leur grandeur pouvant redonder au bonheur & à l'accroissement de leur Religion, sera très-conforme à la regle d'équité que nos Convertisseurs établissent. Par conséquent voilà toutes les perfidies & violences des Souverains, soit envers leurs propres Sujets Catholiques, soit envers les Etats voisins aussi Catholiques, devenuës justes, pourvû qu'elles ayent un heureux succès.

Toutes ces conséquences & plusieurs autres raisons qu'on a pû voir dans mon Commentaire, font une preuve si forte contre le sens littéral de la parabole, que je défie tous les Missionnaires qui sont ou qui iront jamais à la Chine, d'empêcher qu'un Philosophe Chinois qui les attaquera, mon Commentaire à la main, (& que seroit-ce s'il se servoit d'un meilleur Livre sur cette matiere, comme il seroit aisé à de plus habiles gens que moi d'en composer) d'empêcher, dis-je, qu'il ne leur prouve que si Jésus-Christ a voulu ordonner en cet endroit-là, de faire entrer dans son Eglise, de gré ou de force, tous ceux qui nous tomberont entre les mains, il n'a sçu ce qu'il disoit, il s'est contredit grossierement, ou a été un très-malin imposteur, *absit verbo blasphemia.* Tenons-nous-en donc à la sage maxime de la Religion naturelle, *quod tibi fieri non vis alteri ne feceris,* laquelle il a si soigneusement recommandée à ses Disciples, en S. Math. chap. 7. v. 12. leur disant, *Ce que vous voulez que les hommes vous fassent, faites-le leur aussi semblable, car c'est là la loi & les Prophetes,* ajoûte-t-il : paroles notables qui montrent que cette seule maxime enferme toute l'essence de la Morale Chretienne.

Puis donc qu'il est certain, que personne ne veut être violenté en sa conscience, croïons fermement que Jésus-Christ n'a pas voulu que ses Sectateurs le fissent ; car ils ne le peuvent sans faire à autrui ce qu'ils ne voudroient pas qui leur fût fait. Il faut expliquer par-là les termes de la parabole.

Mais le plus grand sujet d'étonnement n'est pas qu'il se soit trouvé des personnes qui aïent dérivé le dogme de la contrainte de ces paroles de l'Evangile, *Contrains-les d'entrer.* Il y a bien plus dequoi s'étonner, qu'un tel dogme ait tellement envahi le Christianisme, qu'il n'y a pas une Secte considérable qui ne le soûtienne vigoureusement, ou en tout, ou en partie. Il y a quelque Particulier dans toutes les Communions Chretiennes, qui blâme ou en son cœur, ou même publiquement, les violences emploïées à faire changer de Religion ; mais je ne sache que la Secte des (A) Sociniens,

___

(*) *Tradunt temporis ejus austores, quia triumvirali supplicio affici virginem inauditum habebatur à carnifice laqueum juxta compressam.* Tacit. annal. l. 5.

(A) „On y pourroit joindre la très-petite Secte des „ Quakers, & celle des Anabaptistes : mais outre qu'ils „ n'écrivent presque rien, ceux-ci se confondent sans „ peine avec les Arminiens.

niens, & celle des Arminens, qui faſſent profeſſion d'enſeigner, que toute autre voie que celle
de l'inſtruction eſt illégitime, pour convertir les
Hérétiques ou les Infideles. Or qu'eſt-ce que ces
deux Sectes? La 1. n'eſt guéres plus viſible que
l'Egliſe des élus; les Sociniens ſont mêlez imperceptiblement avec les autres Chretiens, & ne
font corps à part qui ſoit appercevable qu'en
très-peu de lieux du monde; & pour les Arminiens ils ne ſont connus qu'en quelques Villes de
Hollande. Ainſi le dogme de la tolérance n'eſt reconnu pour vrai, que dans quelques petits re-
coins du Chriſtianiſme qui ne font aucune figure, pendant que celui de l'intolérance va par
tout la tête levée.

*Toutes ſortes de
Sectes l'approu-
vent & le ſui-
vent.*

En effet c'eſt le dogme favori de la Communion de Rome, & pratiqué partout où elle le
peut. Mais les Proteſtans, qui à la verité le dépouillent de ce qu'il a de plus odieux, ne laiſſent pas de le réduire en pratique. Il n'y a que
peu de mois que les ſeuls Epiſcopaux avoient ici
pleine liberté de conſcience. Il y a des Cantons
Suiſſes qui ne ſouffrent que la Communion Réformée, & qui ont uſé de nos jours d'une rude
violence contre les Anabaptiſtes, les gens du
monde qui méritent le plus d'être ſoufferts, puis
que renonçant à la profeſſion des armes, & aux
Magiſtratures, par principe de Religion, il ne
faut pas craindre qu'ils ſe ſoulevent, ni qu'ils
courent ſur les briſées de ceux qui poſtulent une
charge; & quant au refus de prêter ſerment de
fidélité, ce n'eſt point une marque qu'ils veuillent être moins ſoumis au Souverain que les autres Sujets, c'eſt qu'ils prennent à la lettre le
paſſage où Jéſus-Chriſt défend de jurer, &
qu'ils ſe croïent auſſi engagez par une ſimple parole donnée, que les autres par les ſermens. Les
Luthériens ne ſouffrent qu'à peine dans quelques
Villes Impériales où ils prédominent, les Réformez, leſquels ſont contraints de s'aſſembler
hors des murailles (comme des peſtiférez dans
des Lazareths) quelquefois dans des Temples
bien écartez. La Reine de Dannemarc, qui eſt
Réformée, n'a des Miniſtres de ſa Religion que
pour ſon uſage, à quoi il faut ajoûter ceux qui
depuis peu, en très-petit nombre, ſervent les Réfugiez de France, & qui ne ſont guéres vûs de
bon œil par les Paſteurs Luthériens. La Ducheſſe
de Zell, Réformée auſſi, n'a pû avoir quelque
Miniſtre de ſa Communion que depuis peu de
tems. Ce n'eſt pas que le Duc ſon Epoux ſoit
autrement difficile, mais il ne vouloit pas irriter
ſon Clergé. Dans le païs de Wirtemberg, les
François Réfugiez n'ont été admis à la Cene Luthérienne, qu'en ſouſcrivant un formulaire de
Foi qui contient le dogme de l'Ubiquité, avec
celui de la communication des autres idiomes
du Verbe incréé à l'humanité de Jeſus-Chriſt,
comme auſſi celui de la préſence réelle & de
la manducation orale, & la rejection de la grace particuliere & de la réprobation abſoluë. Il
ſeroit auſſi aiſé aux Réformez d'obtenir exercice de Religion dans les païs héréditaires de la
Maiſon d'Autriche, que dans l'Electorat de
Saxe.

Les Papiſtes ne ſont tolérez ni en Suede, ni
en Dannemarc; & pour les Grecs Sujets du Turc,
il n'eſt pas néceſſaire d'avoir égard à leur conduite, car il ne dépend point d'eux de tolérer
ou de contraindre perſonne. Les Grecs qui ſont
maîtres chez eux, comme les Moſcovites, ne
ſouffrent que leur Communion.

Et ce n'eſt pas d'hier ni d'aujourd'hui, que
le dogme de la contrainte eſt répandu ſur toute
la face du Chriſtianiſme, hormis ces petits re-
coins dont j'ai parlé; c'eſt depuis que les Chretiens jouïſſent de la puiſſance du glaive; c'eſt depuis Conſtantin, premier Empereur Chretien,
juſques à l'Empereur Leopold qui eſt aujourd'hui
ſur le trône. Les preuves de cela ont été recueillies ſi amples, ſi claires, & ſi préciſes, & ſi ſoigneuſement par un Pere de l'Oratoire à Paris,
nommé *Louis Thomaſſin*, dans les deux Volumes
qu'il a publiez depuis peu ſur l'Unité de l'Egliſe,
qu'il faudroit ſe crever les yeux pour pouvoir retenir la moindre incrédulité à cet égard. Il a tellement prouvé la perpétuité de la Foi de l'Egliſe
touchant ce dogme, depuis le ſiecle de Conſtantin juſqu'à préſent, que ſi les Janſéniſtes avoient
pû prouver de même la perpétuité de la Foi de
l'Egliſe ſur la réalité, j'entens par des témoignages auſſi peu équivoques & auſſi irrefragables
que ceux du P. Thomaſſin, il n'y auroit eu quoi
que ce ſoit à leur repliquer.

Et ici il faut que j'avouë l'ingénuité de celui
qui a écrit *des droits des deux Souverains*, contre
ce que j'avois avancé de la tolérance & de la
conſcience. Il avouë dans la page 280. *que le
Paganiſme ſeroit encore debout, & que les trois
quarts de l'Europe ſeroient encore Païens, ſi Conſtantin & ſes ſucceſſeurs n'avoient emploié leur autorité pour l'abolir.* Ce qu'il dit du Paganiſme n'eſt
pas moins vrai de l'Arianiſme, Manichéiſme,
Monotheliſme, Wicléfianiſme, Albigéiſme, &c.
C'eſt pourquoi je ſuis ſurpris qu'un célebre Auteur
François, & qui paſſe pour habile dans l'antiquité, ait dit dans un Livre de Controverſe publié en France il y a huit ou neuf ans, *qu'il faut
être peu ſavant dans l'hiſtoire de l'Egliſe, pour
ignorer que dans les démêlez qu'elle a eus avec les
Arriens, les Eutychiens, & les autres Hérétiques,
elle ne s'eſt ſervi que d'exhortations, que de raiſons,
que de Conciles, & d'autres ſemblables armes.*
Mais il eſt peut-être plus ſurprenant que depuis
que le P. Thomaſſin a ſi bien prouvé le contraire, l'Auteur de *la ſeduction éludée*, autre Ecrivain François, ait dit en s'adreſſant à Mr. l'Evêque de Meaux: *J'ai à vous dire, Monſeigneur,
que dans toute l'hiſtoire ancienne & moderne tout
ce qu'il y a eu de voies de fait exercé par les Princes en matiere de Religion, n'a été jamais regardé
que comme des ſpectacles d'horreur, & que le nom
de ces Princes-là ne ſe profere encore aujourd'hui
qu'avec exécration.* Quoi les Conſtantins, les
Théodoſes, les Honorius, les Marciens, les Juſ-
tiniens, qui ont fait exécuter tant de loix pénales contre les Sectaires, qui ont condamné à mort
ceux qui perſévéreroient dans l'idolâtrie Païenne, dans le Manichéiſme, &c. ou ceux qui liroient & garderoient les Livres des Hérétiques,
ſont des noms qu'on ne profere encore aujour-
d'hui qu'avec exécration? Comment prouveroit-
on cela? Ces deux Auteurs au reſte s'accordent
fort à dire, que les Hérétiques ne ſe ſont établis
que par les menaces de la mort, & par le fer
& le feu, & le dernier le dit principalement des
Arriens. Je les renvoie l'un & l'autre au chapitre ſuivant.

Le ſcandale ſeroit moindre ſi on pouvoit prouver qu'en effet le nom des Princes, qui ont établi
la verité par les voies de la violence, a été toûjours
odieux: mais, helas! à la confuſion du nom
Chretien, le même Louis Thomaſſin, qui a ſi bien
démontré l'uſage perpétuel des loix pénales contre
les

les Sectes, a montré avec la même évidence que ce sont les Conciles, les Evêques, & les plus éminens Docteurs qui ont ou sollicité ces loix, ou honoré de grands éloges, d'acclamations, de bénédictions & d'actions de graces très-humbles, les Souverains qui avoient fait ces loix, & qui les faisoient valoir avec vigueur. Ainsi on voit dans cette affaire un concours de deux ou trois choses, qui fait assurément un prodige. L'une est la promulgation des loix pénales contre ceux qui n'auroient pas certains sentimens sur les véritez de Religion, usitée dans tous les coins du Christianisme, & réïterée toutes les fois qu'il s'en est présenté d'occasion, pendant plus de douze cens ans. L'autre est l'exécution exacte & quelquefois très-sanglante de ces mêmes loix, dans toutes les rencontres qui s'en sont offertes; & la derniere, qui est la plus monstrueuse, c'est l'aprobation des deux premieres par les · rélats, les Conciles, les Papes, & la plûpart des docteurs particuliers.

Je le répete encore, c'est ce qu'il y a de plus monstrueux dans ce point-ci; car il n'y auroit pas grand sujet de s'étonner, que les Souverains Chretiens eussent abusé de leur puissance pour opprimer les Chretiens qui différoient d'eux en profession de Foi; ils en ont si souvent abusé, pour engager leurs Sujets dans des guerres très-injustes, & quelquefois très-ruïneuses, & pour les accabler de maltôtes, que ce ne seroit qu'une faute bien commune de voir qu'ils eussent persécuté les Sectes. On feroit un arbre généalogique presque aussi continu, mais beaucoup plus branchu des Princes, de leurs concubines & de leurs bâtards, que d'eux & de leurs épouses & successeurs légitimes; on est accoûtumé à cela, & on ne l'admire point; pourquoi donc se récrieroit-on de leur injustice contre ceux qui ne sont pas de leur Religion? Mais comme ce seroit alors qu'il faudroit déplorer la souveraine corruption du monde, si l'on voïoit les Théologiens & les Pasteurs des ames, exciter les Princes à des guerres non nécessaires, à des impôts trop onéreux, à des commerces de galanterie, les en loüer, & les en remercier publiquement en chaire, dans des Harangues, dans des Epîtres dédicatoires, &c. Ainsi c'est le comble du désordre & de la perversité, que tout ce qu'il y a de plus vénérable dans le Christianisme, & que ceux qui sont les dépositaires de la saine doctrine, aïent sollicité instamment des loix très-injustes, en aïent pressé l'exécution, & comblé de loüanges & de remercimens, dans la propre chaire de verité, ceux qui les avoient fait exécuter. Jamais l'aveuglement & la flaterie ne sont allez si loin, à l'égard des adulteres & des concubinages des Souverains. L'Eglise, ses Prédicateurs & ses Ministres, dans le tems le plus accommodant, se sont contentez de se tenir dans un silence respectueux, & sans doute le Christianisme seroit dans un désordre plus affreux, en ce que l'on y soûtiendroit dogmatiquement qu'il est bon de tuer, de dérober, de paillarder, qu'il n'y est en ce que plusieurs Chretiens commettent ces crimes. C'est donc le souverain dégré de l'aveuglement & du désordre, qu'une doctrine aussi enragée que celle qui autorise la punition de ceux qui refuseront, par des motifs de conscience, la signature d'un formulaire, se soit répanduë dans l'Eglise Chretienne avec l'aplaudissement de presque tous les Docteurs, & s'y soit si bien maintenuë qu'on passe

presque pour Hérétique, jusques chez les Protestans, lorsqu'on parle avec quelque force pour la tolérance, comme j'ai fait.

C'est assurément un grand scandale pour ceux qui s'attachent à raisonner, que de voir qu'un dogme comme celui-ci, *il faut établir les veritez de Religion dans l'esprit & le cœur des hommes par la voie de l'instruction, & non pas contraindre de vive force à les professer ceux qui n'ont point la conscience portée à cela;* c'est, dis-je, un très-grand scandale qu'un tel dogme conforme aux lumieres du sens commun, à la Raison la plus épurée, à l'esprit de l'Evangile, au sentiment des Chretiens des trois premiers siecles, soit tellement disparu de dessus la face du Christianisme, qu'on ne le trouve que dans quelques petites Sectes, dont les unes sont abhorrées par tous les autres Chretiens, & les autres sont Schismatiques à l'égard même des Protestans, & en très-mauvaise intelligence.

Le scandale augmente, quand on jette la vûë sur toutes les horreurs du dogme qui a pris la place de celui-là.

Comme aussi quand on considere que ceux qui se sont aperçus de tant d'autres faussetez, enseignées dans la Communion de Rome, n'ont rien senti de (*) l'énormité de celui-ci. Ils ont bien crû qu'elle faisoit mal de les persécuter, mais non pas qu'ils faisoient mal, en se servant de contrainte contre les autres, & c'étoit retenir toute la fausseté de ce dogme.

Qui doute que ce scandale ne puisse faire douter quelques gens, 1. Si Dieu n'a point débouté encore une fois son peuple, (car les promesses faites aux Juifs d'une alliance éternelle n'étoient pas moins expresses que celles de l'Evangile) 2. Si la Religion Chretienne, outre sa part à la providence générale, est encore gouvernée, & protégée spécialement par un Chef assis à la droite de Dieu, lequel Chef a une puissance, bonté & sagesse infinies. 3. Si ces petites Sectes, qui ont seules retenu le dogme en question, n'ont pas été aussi heureuses à l'égard des autres parties de la Foi des premiers siecles, qu'à l'égard de ce morceau. C'étoit la piece qui s'en devoit le moins perdre. Puis donc qu'elle n'a pû durer parmi des gens qui ont tout donné à la force, qui nous assurera qu'ils n'ont point opprimé plusieurs autres véritez? 4. Enfin si au pis aller les Sectes si décriées pour leurs Hérésies spéculatives, ne valent pas autant pour le moins que celles qui se vantent d'être orthodoxes, en leur accordant même leurs prétentions, attendu que leur doctrine sur la contrainte est une Hérésie de Morale, une Hérésie pratique très-pestilentieuse, & qui avec les crimes qu'elle produit, peut compenser & au-delà quelles faussetez que ce soient de simple spéculation.

<hr>

CHAPITRE XXX.

Que l'esprit de persécution a plus regné parmi les Orthodoxes, généralement parlant, depuis Constantin, que parmi les Hérétiques. Preuves de cela par la conduite des Arriens.

JE me borne à la considération des Arriens, parce que les autres Hérétiques ou n'ont point eu, ou ont eu très-peu de Souverains de leur Secte; desorte qu'ils n'ont été guéres en état de justifier par les efforts, si le premier feu du zele passé, ils auroient suivi les maximes de la tolérance. Il n'en est pas de même des Arriens, puisqu'ils ont dominé assez longtems en plusieurs parties du monde. Or comme il ne nous reste point de leurs Ecrits, nous ne saurions mieux connoître quelle a été leur Théorie sur le chapitre de la tolérance, que par la conduite de leurs Princes envers ceux qui n'étoient pas de leur sentiment. Ce chemin est assez sûr; car s'il conste une fois que ces Princes ont toléré les autres Sectes, la conséquence sera bonne, que le Clergé Arrien étoit beaucoup plus modéré que le Clergé Orthodoxe, étant très-difficile que les Souverains gardent longtems l'esprit de modération, si leur Clergé les presse en tems & hors tems d'extirper les Sectes, & leur représente fortement que leur salut éternel & la tranquillité de leur Royaume en dépendent; qu'ils acquerront outre cela en ce monde la plus grande gloire que Monarque puisse acquérir; & que rien ne sera plus propre à expier les déreglemens de mœurs où ils pourront être tombez. Ce sont les tisons avec quoi les buchers de la persécution s'allument, & il est d'ailleurs très-facile d'en imposer aux Souverains en matiere de Religion, & de leur bailler pour monstrueux & abominable ce qu'on veut leur faire persécuter.

D'ordinaire ils sont fort ignorans là-dessus, & s'arrêtent aux notions populaires. Quoiqu'il en soit, considérons un peu la conduite des Arriens.

On ne peut nier en général, que les Hérétiques n'aient quelquefois agi cruellement contre ceux qui demeuroient attachez aux gros de l'arbre; mais il faut avoüer que les Orthodoxes ont été les aggresseurs; car ce sont eux qui implorerent le bras séculier de Constantin contre l'Arrianisme, avant que les Arriens eussent employé aucune voie de fait.

Il est vrai que Constantin n'alla pas aussi vîte en fait de violences qu'on l'auroit peut-être voulu, & sur la fin de ses jours il fut assez indulgent pour les Sectateurs d'Arrius; cependant son fils Constantius, grand Arrien, poussé par son propre tempérament & par le ressentiment des Arriens, qui se souvenoient de l'oppression où les Orthodoxes avoient tâché de les réduire par l'autorité séculiere, & peut-être aussi par le peu de considération qu'on avoit pour ses ordres dans le parti Catholique, usa de grandes violences contre les Orthodoxes, comme aussi l'Empereur Valens. Mais à cela près, je ne pense pas que l'on puisse bien prouver, que l'Arrianisme ait autant abandonné que les Orthodoxes l'esprit de modération Evangélique, & de cette tolérance que l'on doit avoir pour ceux qu'on n'a pû persuader par raisons : Et cela retombe dans les motifs de scandale dont j'ai parlé ci-dessus; car si quelque partie du Christianisme a retenu l'esprit d'équité & de Raison, & n'a point voulu se propager, & s'accroître par violence de la dépouille des autres, c'est celle que l'on regarde comme très-impure en la Foi, au lieu que celles qui ont passé pour très-fideles ont oprimé par le bras séculier des Princes, ceux que la Raison la plus conforme à l'Evangile vouloit qu'on ne soumît que par l'instruction fraternelle des Pasteurs.

Je pourrois prouver cette modération des Ar-

riens par la conduite de Théodoric, l'un de (*) leurs Roi, qui voïant que l'Empereur Justin ôtoit à cette Secte les Temples dont elle étoit en possession dans l'Orient, lui envoïa des Ambassadeurs & le Pape, entre autres, pour le menacer d'user de terribles représailles, s'il ne faisoit cesser la persécution des Arriens. C'étoit beaucoup de modération à un Roi originaire d'un peuple guerrier & barbare, & qui laissoit en repos les Catholiques de son Roïaume, de se servir de la voie pacifique d'une Ambassade, & d'y mettre à la tête celui de tous les Prélats qui la pouvoit faire mieux réüssir, à cause de la grande vénératiou qu'on avoit dès lors pour le siége de Rome. Un Prince zélé persécuteur n'en auroit pas fait autant; il auroit pris au poil l'occasion qui se présentoit de violenter ses Sujets d'autre Religion, & n'eût pas attendu qu'une Ambassade la lui fît perdre.

Conversion des Arriens en Espagne.

Mais voici un Fait incomparablement plus fort. Les Goths, déja Arriens, aïant subjugué l'Espagne vers le commencement du 5. siecle, y eurent des Rois de leur Religion jusques vers la fin du 6. Il se trouva néanmoins que lorsque Recarede, l'un de leurs Rois, aïant dessein d'abjurer son Hérésie la voulut faire abjurer à tous ses Sujets, il n'y eut que sept ou huit Evêques Arriens dans tout son Roïaume, & cinq Seigneurs, au lieu que les Evêques Catholiques comparurent en ce même tems au 3. Concile de Tolede, au nombre d'environ 70.

C'est une marque incontestable que tous les Evêques Catholiques, que les Goths avoient trouvez dans l'Espagne au tems qu'ils la subjuguerent, s'y conserverent avec leurs Eglises & leurs Oüailles: ce qui prouve invinciblement, que les Rois Arriens ausquels ils furent soumis près de deux cens ans, n'userent pas de grandes persécutions; car s'ils avoient emploïé contre les Catholiques qui n'auroient point voulu changer de foi, les confiscations, les bannissemens, les Dragonneries, les prisons, & les suplices de divers genre, avec de grandes récompenses pour ceux qui se seroient faits Arriens, chacun sent qu'en moins d'un siecle ils n'eussent pas laissé une ame dans leurs Etats, qui n'eût professé l'Arrianime.

C'étoit donc des Rois qui pour l'ordinaire accordoient à leurs Sujets de contraire Religion, pleine liberté de conscience, & qui ne croïoient pas qu'autre chose que la persuasion fît de véritables & bons changemens; & ce seul Fait a plus de force que tous les petites Rhétorications du P. Maimbourg, & tout ce qu'il voudroit nous persuader avec l'aveuglement ordinaire de ses préjugez, touchant la barbarie de ces Princes Arriens.

Mais voici une conduite toute différente dans ces Rois Goths, dès qu'ils eurent embrassé le Catholicisme. Hermenegilde, fils du Roi Lewigilde, aïant été associé au Roïaume par son pere, n'eut pas plûtôt abjuré son Hérésie à la sollicitation de sa femme, qu'il refusa de se soûmettre à son pere, non seulement quant à l'ordre de retourner à l'Arrianisme (désobéïssance sans doute très-loüable) mais aussi quant au commandement de revenir à la Cour; & dès qu'il eût fait savoir sa pensée au Roi son pere, il se prépara à la guerre contre lui, & s'associa avec les plus grands ennemis de la Monarchie, fidelement

(*) „ Consultez Maimb. Hist. de l'Arr. l. 10.

ment fecouru par les Catholiques du Royaume. Il fut malheureux dans cette guerre ; car contraint de fe rendre il fut enfermé dans une prifon , & puis mis à mort par les ordres de fon pere. On ne doit pas lui refufer la loüange du martire, puifqu'il ne tenoit qu'à lui de recouvrer fa liberté & la couronne, en fe faifant Arrien ; mais il ne faut point auffi , à l'exemple de S. Grégoire le Grand , le loüer de cela, fans le blâmer d'autre côté de s'être révolté contre fon pere. Voilà la fauffe Rhétorique de plufieurs Ecrvains Eccléfiaftiques ; ils loüent les gens qui leur plaifent , de tout ce qu'ils ont fait de bon, & fupriment ce qu'ils ont fait de mauvais. Le Martirologe Romain au 13. d'Avril marque qu'Hermenegilde fut emprifonné pour la Foi Catholique. Or cela eft faux, il le fut pour fa rébellion.

On peut croire, fans donner dans des conjectures malignes, que s'il eût vêcu, il eût travaillé à la converfion des Arriens par la voie de l'autorité, comme fit Recarede , fon frere , qui dès qu'il fut fur le trône s'apliqua tout entier à cela ; & pour en venir à bout, il fuivit fens devant derriere le proverbe Latin , *ubi leonina pellis non fatis eft , vulpina eft addenda*, comme on vient de faire en France, c'eft-à-dire que comme il étoit (*) adroit & infinuant , il fçut fi bien pratiquer les principaux Seigneurs & les perfonnes les plus autorifées parmi le Soldat & le peuple, qu'il en tira parole que quand il trouveroit à propos de fe déclarer , ils le feconderoient. Il ne faut pas demander s'il les gagna par des careffes & des promeffes , cela s'entend affez. Quand il fut affuré de tant de gens capables de donner le branle, il affembla les Evêques Arriens de fa Cour , & leur déclara qu'il ne vouloit plus deux Communions dans fon Royaume , & qu'ainfi il falloit qu'ils entraffent en difpute avec les Evêques Catholiques , & que le parti qui feroit vaincu dans ces Conférences s'unît avec le vainqueur. Il affifta lui-même aux difputes ; & comme il vouloit que les Catholiques triomphaffent, il ne faut point douter qu'il ne fervit de beaucoup à leur triomphe, à peu près comme la prévention d'Henri IV. je veux dire l'interêt qu'il avoit de paffer pour bon Converti , nuifit extrêmement au Sieur du Pleffis Mornay dans la Conférence de Fontainebleau. Recarede non content de laiffer difputer les Catholiques avec cet air de hauteur que les intentions du Roi, lefquels ils ne pouvoient ignorer, leur infpirerent très-affurément, conta lui-même je ne fai quels miracles ; & ayant étourdi ces miférables Arriens par la pluralité qu'il fit paroître contre eux , il déclara qu'il vouloit être Catholique, & fe fit rebatifer publiquement.

Je n'ignore pas que les raifons des Catholiques étoient vraies dans le fond, & celles des Arriens fauffes ; mais ce ne fut pas cela qui fit le changement ; car le Roi déclara lui-même en plein Concile, qu'il leur amenoit les Goths & les Sueves tout convertis ; mais que c'étoit aux Evêques à prendre foin déformais de les inftruire, *catholicis eos dogmatibus inftituere* ; ce qui montre qu'à la follicitation des gens gagnez par le Roi, ils avoient dit, fans examiner les deux Religions, qu'ils feroient ce qu'il fouhaitoit. Je crois bien qu'après cela on les inftruifit, & qu'on ufa de douceur autant qu'on le put ; mais par-tout où elle ne fuffit pas,

Recarede employa la force. D'où je conclus que les premieres démarches n'étoient que des fineffes de renard , & que mon application du proverbe eft jufte. Ecoutons Mariana au Livre 5. ch. 14. Il arriva, dit-il, que Recarede , en changeant la Religion, eut quelques émeutes à calmer, comme cela étoit prefque inévitable ; mais elles ne durerent pas & ne furent point confidérables, & *la feverité des peines qu'il employa ne fut point odieufe, parce que la neceffité les demandoit* ; elle fut même populaire, & très-agréable aux gens de bien & au petit peuple.

Ces dernieres paroles me femblent confufes ; car on n'y connoît pas fi ce furent les Arriens châtiez, ou les autres, qui trouverent les peines agréables. Si c'étoient les premiers , ce feroit exprimer beaucoup : mais fi c'eft les derniers, c'eft ne rien dire ; car il y a peu de peines qui ne plaifent au menu peuple, quand ceux qu'il abhorre comme Héretiques opiniâtres les fouffrent. Mais néanmoins voilà dans cet endroit de Mariana, comment parleront les Hiftoriens de Louis XIV. Ils diront qu'il fallut, pour réduire les Huguenots, ufer quelquefois de feverité ; mais que cela dura peu , & fut fi fagement conduit que toute la France admira la main qui réüffiffoit fi divinement à tempérer le poids de fon autorité puiffante. Je n'ai que faire de paraphrafer ou commenter Mariana ; les Lecteurs intelligens fe figurent affez ce qu'il veut dire, & c'eft-là fans doute un de ces tableaux où il y a plus à entendre qu'à voir. Quoiqu'il en foit , il confte par le témoignage non fufpect de ce fameux Hiftorien, que Recarede fe fervit de la feverité du châtiment partout où elle fut neceffaire. Si nous avions les Ecrits des Arriens qui défaprouverent cette maniere de convertir, nous faurions fans doute le détail des violences qui furent pratiquées ; mais il ne refte rien de leurs Livres ; on les a fait tous brûler. Comme donc on ne faura jamais par les Ecrivains Catholiques de France qu'on ait dragonné de telle & telle façon les Héretiques ; qu'ils diront feulement, en gros & en deux ou trois lignes, comme Mariana, qu'il fallut quelquefois ufer d'un peu de feverité , & que le détail de ces violences ne fe faura que par les plumes perfécutées, croyons ou qu'il y eut bien des perfécutions en Efpagne fous Recarede , ou qu'on fit fi bien comprendre aux Arriens que le Roi n'épargneroit aucune forte de vexations, s'ils ne fe convertiffoient de bonne grace, qu'ils n'eurent pas le courage de s'y expofer. Nous verrons fur la fin de ce Chapitre, fi l'on peut penfer qu'ils comprirent d'abord la verité.

J'ajoûte cette raifon péremptoire, c'eft que puis qu'il employa la feverité où elle fe trouva neceffaire, fon deffein fut de convertir fes Sujets héretiques par la douceur & l'inftruction, fi cela fe pouvoit ; mais en cas qu'on ne le pût en cette maniere, de les faire abjurer par force. Or ce projet, dans un homme fermement réfolu de l'exécuter en cas de befoin, contient du moins virtuellement, toutes les horreurs, tous les crimes, & tous les facriléges du dogme de la contrainte, lefquels nous avons repréfentez dans tout cet Ouvrage. Il ne fert donc de rien, pour difculper le Roi Recarede , de dire qu'il ne fut pas obligé long-tems de fe fervir de feverité , & d'une feverité odieufe ; ce ne fut pas grand merci à fes bonnes intentions, ni aux lumieres qu'il avoit fur

(*) „Ceci fe peut recueillir de la narration du Sr.

„ Maimb. Hift. de l'Arr. l. 11.

la saine doctrine de la tolérance, mais à la facilité qu'eurent les Arriens de se dérober, par la désertion de leur profession, à la persécution qu'il leur préparoit. Ainsi c'est par accident que la conversion des Arriens en Espagne ne s'est point faite par des cruautez & des vexations très-criminelles.

Les Ecrivains modernes Catholiques n'en disconviendront pas, s'ils se souviennent de ce qu'ils remarquent eux-mêmes, que les Arriens n'avoient aucune attache à leur parti, & que de-là vint qu'ils le quitterent si aisément. *La facilité, dit l'un,*(*) *avec laquelle on quitte toutes ces fausses Religions, est une marque de leur fausseté, & du peu d'attache qu'on pouvoit y avoir: la vérité seule est ferme & éternelle, le mensonge se dissipe presque de lui-même. La résistance des Arriens fut si foible & si courte, qu'on pouvoit bien juger de-là même que ce n'étoit que pour le mensonge qu'on combattoit, & non pour la verité qui est seule capable de dominer les esprits raisonnables; & leur inspirer de la fermeté.* Un autre (A) parlant d'un Ambassadeur Arrien, qui pria Grégoire de Tours de ne pas parler mal des Arriens, non-plus que les Visigots ne faisoient des Catholiques; les Visigots, ajoûtoit-il, qui ont un proverbe portant, *qu'en passant entre un Temple de Payens & une Eglise de Chretiens, il n'y a point de mal de faire la révérence devant l'un & devant l'autre,* fait tout aussi-tôt cette réflexion, *tant il est ordinaire à l'Heresie d'inspirer enfin peu-à-peu l'esprit d'indifference en matiere de Religion, & tant on doit être persuadé que depuis que l'on a quitté la vraïe, on court grand risque de n'en avoir plus.*

Je voudrois que ces Messieurs accordassent un peu toutes ces belles moralitez, avec ce que tant d'autres de leurs Confreres, & eux aussi sans doute ont dit si souvent, *que l'opiniâtreté est le caractere de l'Heresie.* Le Sr. Simon vient d'en orner la tête d'un Livre qu'il a publié contre notre Mr. Smith. Si je ne craignois la digression, que je ferois voir l'extravagance de ce petit méchant Aphorisme, & que de bon cœur je renouvellerois le coup que le livret, *Ce* (b) *que c'est que la France toute Catholique,* a tiré à bout portant aux Convertisseurs dans la (c) page 221! Mais il ne s'agit pas tant de cela en cet endroit.

Autre comparaison des Princes Catholiques aux Arriens.

Faisons donc une remarque qui soit plus du lieu, & qui est de fait, c'est que les Arriens ayant subjugué ou possedé plusieurs Provinces de l'Empire Romain, sous le nom de Visigoths, d'Ostrogoths, de Bourguignons, de Vandales, de Lombards, n'ont point empêché les Catholiques qu'ils trouvoient dans ces Provinces, d'y demeurer, d'y fructifier, comme il paroît de ce que au tems même, ou que les Empereurs ont recouvré ces Provinces, ou que les Princes Arriens se sont convertis, il s'y est trouvé des Eglises Catholiques toutes formées & en bon nombre. Au contraire dès que les Empereurs avoient regagné ces pays-là, ou que les Souverains avoient abjuré l'erreur, il ne s'y parloit plus des Arriens. Je dis qu'il n'y a que des gens aveuglez par des préjugez puériles, où des Historiens de même trempe nourrissent ordinairement leurs Lecteurs qui n'ont pas vû le loup, & qui ne sont pas encore déniasez;

je soûtiens, dis-je, qu'il n'y a que cette autre sorte de gens qui ne concluent de ce fait notoire, que les Arriens, generalement parlant, étoient plus modérez & plus tolérans que les Catholiques, & plus incapables de recourir à la voie impie de l'autorité coactive, pour faire ce qu'on apelle des conversions.

Et en effet comment accordera-t-on la cruauté persécutante, avec cette indifference de Religion dont on vient de les taxer?

Comment ne voit-on pas que s'ils ont pillé quelquefois des Monasteres, & usé d'autres violences contre les Catholiques, cela venoit bien moins d'un esprit de convertisseurs, que de l'esprit guerrier & soldat, qui avoit fait sortir leurs peres du fond du Septentrion, pour ravager l'Empire Romain. Cela paroît de ce que les Lombars, convertis de l'Arianisme, n'étoient pas moins pillards & moins coureurs jusques sur le territoire de Rome, qu'auparavant

Solution de quelque difficultez.

Il me semble entendre quelqu'un qui me dit, qu'au lieu de m'étonner comme je fais, que s'il y a eu des Chretiens qui se soient abstenus de la contrainte, ç'ont été des Héretiques, je devrois reconnoître là les miracles de la vertu de Dieu, qui a fait que les Héretiques fussent moderez, & les Orthodoxes coactifs, afin que la verité s'étendît & se conservât davantage. Mais en verité ces sortes de miracles ne me sauroient revenir, & si l'on veut prêter à Dieu des volontez particulieres, ou des opérations miraculeuses en faveur de son Eglise, j'aimerois beaucoup mieux qu'elles rendissent les Héretiques violateurs des loix de l'honnêteté & de l'équité, sans que cela nuisît à la bonne cause, que de mettre les Orthodoxes dans ce malheureux prédicament afin que de leur très-injuste malhonnêteté sortît le bien de l'Eglise.

On n'éludera pas la conséquence que j'ai tirée ci-dessus du Fait raporté, en disant que le mensonge persécutant ne fait nul progrès; mais que la vérité fait tomber les Sectateurs du mensonge, pour peu qu'elle les secoüe; car pour ne rien dire des Juifs, l'épreuve de tous les maux qu'on leur a fait en divers tems, n'est-il pas vrai que les Irlandois & les Vaudois du Piemont, les uns ou les autres Sectateurs du mensonge sont tels qu'à moins de les tuer tous, ou de les transporter tous dans un autre climat, il n'y a point de moyen de purger de leurs opinions leur demeure. Si bien qu'y ayant plusieurs exemples de véritables Eglises qui sont tombées par la persécution, on ne peut affirmer universellement ni que le mensonge persécuté soit facile à jetter par terre, ni que la verité persécutée ne soit jamais vaincuë. Ce que l'on peut dire de general c'est ceci, ce me semble, qu'une Eglise qui se conserve sous des Princes d'autre Religion, n'est pas rudement persécutée, & qu'une qui s'ânéantit tout d'un coup sous un Souverain d'autre Religion, cede à la contrainte; & par-là les Rois Arriens gagneront toûjours leur cause, en fait d'humeur équitable & tolérante.

Pour ne laisser aucun subterfuge à mes Adversaires, je les prie de me donner une bonne raison, pourquoi les Sarrazins ayant envahi l'Afrique, y ont tellement aboli le Christianisme, qu'il ne s'y en est plus vû de trace dans ces Côtes de Barbarie où il avoit été si florissant. Pourquoi si les

---

les Vandales ayant envahi le même pays, avoient ufé de violence contre les Catholiques, comme firent quelque tems après les Sarrazins, n'auroient-ils pas auffi bien aboli le Catholicifme ? Ils l'auroient dû faire d'autant plus facilement que les Sectateurs de Mahomet, qu'il y a incomparablement plus de chemin à faire du Catholicifme au Mahométifme, qu'à l'Arrianifme. La feule bonne raifon qu'il y a donc à donner, c'eft que les Vandales ne perfécuterent que peu, & par intervalles.

On peut même dire que ce qui fauva, après Dieu, le Chriftianifme fous les Empereurs Payens, fut qu'ils ne le perfécuterent que de tems en tems ; & tantôt en un pays beaucoup, tantôt plus en un autre ; après quoi venoient de longs calmes, deforte que ceux qui vouloient chercher des retraites en pouvoient trouver en s'éloignant, jufques à ce que l'orage fût paffée. Les Empereurs avoient toûjours prefque quelque Rival à combattre, ou quelque fédition à calmer, & trop d'autres foins pour fe faire une affaire capitale de l'extirpation du Chriftianifme. Il arrivoit trop fouvent mutation de maître, outre qu'eux & leurs Miniftres n'étoient que des Novices en comparaifon des Princes Chretiens qui fe font mêlez d'exterminer une Secte ; s'ils s'étoient mêlez de ce que les Décius, les Dioclétiens, &c. avoient entrepris, ils l'auroient apparemment achevé.

Car c'eft une chimere que de prétendre, par exemple, que Recarede fit donner aux Arriens des preuves fi palpables & fi évidentes de leur Héréfie, que de bon cœur ils fe convertirent tous. La confubftantialité du Verbe, la Trinité des perfonnes en unité de nature, ne fe conçoivent pas auffi clairement que l'unité de Dieu, l'incommunicabilité de fon effence, & l'identité des natures & des perfonnes. Ainfi quand un homme a été élevé jufques à vingt ans à croire ces derniers articles comme glorieux à Dieu, & à rejetter les autres comme deftructifs de la nature divine, il eft très-malaifé qu'on lui perfuade le contraire, quelque vrai qu'il foit. Il croiroit trop hazarder fon falut fur des preuves que fa Raifon ne comprend point. Il n'y a donc nulle apparence, que les Arriens de tout un Royaume fe foient convertis par perfuafion.

Il eft plus apparent qu'ils fe convertiffoient, parce qu'ils n'étoient pas des plus zélez du monde pour leur fentiment ; mais il faut ajoûter qu'ils voyoient de la perte temporelle à s'obftiner dans leur profeffion, & par conféquent qu'on leur déclaroit que l'on leur feroit faire par force ce qu'ils refuferoient de faire de gré : car quelque indifférence que l'on ait pour fa Religion, on ne la change guéres quand on a pleine liberté d'y vivre & mourir.

✻✻✻✻✻✻✻✻✻✻✻✻✻✻✻

CHAPITRE XXXI.

Que ceux qui réformerent l'Eglife dans le dernier fiecle, retinrent le dogme de la contrainte.

J'Ai déja marqué que c'eft un grand fujet de fcandale, que de voir que des perfonnes fufcitées extraordinairement, pour redreffer l'Eglife tombée en ruïne & défolation, comme parle la Confeffion de Geneve, n'ayant point compris les immunitez facrées & inviolables de la

confcience, & qu'ayant rejetté tant de folies & d'Héréfies de la Communion Romaine, ils ayent retenu le dogme de la contrainte, dogme en conféquence duquel elle s'étoit enivrée du fang des Saints, & tombée dans les principaux excès qui obligerent une partie des Chretiens à la défavoüer pour leur mere. Il n'eft pas befoin de prouver au long ce que je viens de marquer à la charge de nos Réformateurs, car le Fait eft trop notoire.

Tout le monde fait qu'à Geneve l'Eglife matrice & le centre de l'unité des Réformez, le parti qui étoit pour la Réforme de la Religion ayant enfin prévalu fur l'autre, cette République défendit en 1535. tout exercice de la Religion Romaine, & ordonna que tous ceux qui ne voudroient pas abandonner cette Religion, euffent à fortir de la Ville dans trois jours, à peine d'être emprifonnez ou chaffez. On fait auffi qu'en d'autres lieux, lorfque le Souverain embraffoit la Réformation ; non feulement il autorifoit l'exercice public du Proteftantifme (ce qui étoit jufte & très-loüable) mais il aboliffoit auffi la Meffe, & en venoit enfin jufques à ne fouffrir pas dans le pays ceux qui vouloient perféverer dans leur ancienne Religion. Or franchement c'étoit outrepaffer les bornes de la juftice ; car les Miniftres ne fondoient pas en ce tems-là la néceffité d'abolir la Meffe fur la raifon politique que je toucherai tantôt, ni fur ce que les Papiftes ne tolerent point les autres Sectes ; mais fur l'idolâtrie de la Communion Romaine, qu'ils difoient que les Souverains devoient détruire, à l'éxemple des pieux Rois de Juda qui démoliffoient les hauts lieux, & les faux cultes qu'ils trouvoient fur pied par l'impieté de leurs prédeceffeurs, qui avoient fait ce qui eft deplaifant à l'Eternel. Tous les raifonnemens que j'ai tant preffez contre le fens littéral de la parabole, portent coup contre tout ordre de l'autorité Souveraine, qui enjoint à tous les Sujets d'abjurer la Meffe, à peine de prifon, de banniffement, de confication de biens, &c. car ce n'eft nullement refpecter l'empire de la confcience, que d'appofer des peines au refus qu'elle fera d'embraffer ou de rejetter une certaine Religion.

Que la Meffe foit donc un culte idolâtrique tant que l'on voudra, un Souverain qui après l'avoir crû le véritable culte de Dieu, vient à la prendre pour idolâtrie, ne peut pas la combattre dans fes Etats par des armes charnelles & temporelles, mais par l'inftruction ; & fi la voie de l'inftruction ne lui peut pas réüffir, le feul prétexte légitime qu'il puiffe avoir de chaffer fes Sujets Papiftes, n'eft pas de dire que leurs opinions font fauffes, & leur fervice Demi-Payen ; mais qu'ils n'ont pas les conditions néceffaires, pour faire partie d'une Societé dont le Souverain foit Proteftant ; auquel cas il eft notoire qu'ils peuvent être juftement exclus des droits & des priviléges de cette Societé. Expliquons ceci un peu plus clairement, & par un jour tout nouveau, outre ce qui a été dit dans le Comment. 2. part. ch. 5. & dans la Preface.

Raifon politique de ne pas tolerer les Papiftes.

Il eft certain que toutes les Societez humaines font une confédération de certains hommes, qui s'engagent de s'entr'aider les uns les autres contre l'ennemi commun, d'obferver certaines loix néceffaires à la tranquillité publique, & d'obéïr à

celui

Par quelle raifon les Catholiques ne doivent pas être tolerez.

celui ou à ceux à qui on confere le droit Souverain, pour faire obferver les loix dont les Particuliers font convenus, ou même pour les réformer. Il faut donc que le Souverain foit obligé à maintenir le repos public par l'exécution des loix, & que les Sujets de leur côté foient obligez de lui obéïr.

Mais il a befoin, pour être bien affuré de leur obéïffance, de prendre d'eux deux fortes d'ôtage, dont l'une confifte dans la crainte d'être châtié par les Juges criminels, fi l'on fort de fon devoir, & l'autre confifte dans la crainte d'encourir l'ire de Dieu, fi l'on défobéït à l'autorité Souveraine. Il faut donc que les (*) Sujets prêtent ferment de fidelité, afin que le Souverain ait là un ôtage de leur obéïffance, les voyant foumis à la fevere loi de la Providence, qui voit & châtie les crimes les plus cachez, & furtout ceux pour la punition defquels elle a été nommément interpellée.

Je conclus de là que tout homme qui ne peut pas donner à fon Souverain ces deux otages, eft inhabile à être membre de la République, & qu'il peut être dès-là juftement exclus ou bani, avec permiffion de fe retirer où il voudra, lui, fa femme, fes enfans, fes effets, &c. Or tel eft un Catholique Romain à l'égard d'un Souverain Proteftant, puifqu'il peut fans choquer les points de fa Réligion, fe moquer du ferment de fidelité qu'il aura juré à fon maître.

Je ne dis pas (& c'eft ce qu'il faut bien remarquer) que fa Religion l'oblige néceffairement à tenir pour nul le ferment qu'il a prêté à ce Souverin; je dis feulement qu'elle le lui permet, & qu'elle lui fournit un Maître fpirituel qui le délie de ce ferment, s'il veut y avoir recours, & lui promet même la gloire du Paradis immanquable, & la couronne du Martire, s'il eft châtié par la Juftice du Prince, pour ce qu'il aura entrepris en faveur de la Catholicité contre les interêts du Prince; par où on ôte à un Sujet la crainte des loix civiles, & ainfi le voilà qui recouvre les deux ôtages qu'il a dû donner. Cela fuffit pour qu'un Souverain Proteftant ne puiffe jamais prendre une confiance bien fondée fur un Sujet Catholique. Je ne crois pas néanmoins que fans d'autres raifons particulieres, on doive les banir des lieux où ils fe comportent honnêtement, & n'ont point de forces fufpectes.

Ce n'eſt point par cette raiſon que les Réformateurs ont été intolérans à leur égard.

N'y ayant donc que cette raifon politique qui rende excufable l'intolérance qne l'on auroit pour les Catholiques Romains, & les Réformateurs ne s'étant point fondez fur cela, il s'enfuit qu'ils ont été, non pas fi avant que les Papiftes, mais qu'ils ont été néanmoins dans cette funefte erreur, *que*

l'on peut contraindre d'entrer dans la vraie Eglife, ou ce qui revient enfin à cela même, *que l'on peut condamner à certaines peines temporelles ceux qui refuferont d'entrer dans la vraie Eglife par principe de confcience.*

Ils ne pouvoient pas bonnement alléguer pour raifon de leur intolérance, que les Catholiques Romains ne tolerent point; car fi ç'avoit été leur raifon, ils auroient dû tolerer les Sectes qui tolerent. Or c'eft ce qu'ils ne faifoient pas; car pour ne rien dire de ce qui fut exploité en divers lieux contre les Anabaptiftes, il eft notoire à tout le monde que Servet fut puni de mort à Geneve; Valentin Gentilis emprifonné au même lieu, & puis chaffé, & enfin décapité à Berne; Ochin & Lafcus rudement chaffé en plein hiver de Geneve, gens qui avoient fans doute de grandes erreurs, mais nullement celle de l'intolérance.

Avant que de faire fur tout cela quelques réflexions, il faut que j'anticipe ici fur la réfutation du Traité *des droits des deux Souverains*, pour montrer une étrange méprife où cet Auteur eft tombé dans fon 13.chapitre. Il prétend que mes principes ruïnent la réponfe que l'on fait aux Ecrivains du Papifme, lorfqu'ils nous objectent que la Réformation s'eft faite tumultuairement, & que deux ou trois Moines ont foulevé les peuples, qui de leur autorité fe font fouftraits à la domination de l'Eglife Romaine; la réponfe, dis-je, qu'on leur fait, qu'en Ecoffe, en Angleterre, en Suiffe, à Geneve, & partout ailleurs, cela s'eft fait par l'autorité des Souverains qui ont fait recevoir les affaires de la Religion, & examiner mûrement par des gens favans, & changé le culte & rétabli la pureté du fervice avec toute forte d'ordre. Il prétend que felon mes principes, c'eft injuftement que l'autorité des Princes eft entrée là-dedans, & qu'elle a rendu la maniere de la Réformation vicieufe; mais il fe trompe & cache au Lecteur la principale piece du procès, comme s'il l'avoit détournée de fa liaffe, ou fac. Tout ce qu'il raporte qu'ont fait les Souverains eft très-jufte, felon moi; mes principes établiffent, auffi-bien que les fiens, l'autorité des Magiftrats dans les affaires de Religion jufques à ces bornes; mais ce que je blâme & qu'il fuprime, c'eft que non contens d'établir la fureté, & même la fupériorité de la Religion Reformée dans leurs Etats fur toute autre Religion, comme ils le pouvoient juftement, ils aboliffoient toute autre culte, & foumettoient à des peines ceux qui ne pouvoient en confcience abandonner la Religion de leurs peres, ou fe conformer au plan de Réformation qui avoit été approuvé par les Souverains.

(*) „Ceci ne tombe point fur la Secte des Anabaptiftes,   „par la raifon touchée ci-deffus dans le chap. XXIX.

FIN DU COMMENTAIRE PHILOSOPHIQUE.

AVIS

DU

REPONSE

D'UN

NOUVEAU CONVERTI

A LA

LETTRE

D'UN

REFUGIÉ,

servir d'addition au Livre de Dom Denys de Sainte-Marthe , intitulé , *Réponse aux plaintes des Protestans.*

AVIS

DU

LIBRAIRE.

CELUI à qui cette Piece sert de réponse, l'a reçuë imprimée in 4. parla Poste. Comme elle est semblable, quant à l'impression, à celle que Monsieur Pélisson fit tenir par la même voye l'été dernier à divers Réfugiez, & à laquelle un Bel-Esprit a fait une fine réponse en faveur de l'illustre Monsieur JURIEU, il y a de l'apparence que quelques Refugiez ont aussi reçu des exemplaires de celle-cy d'autant plus qu'on ne doute pas que Monsieur Pélisson n'y ait beaucoup de part, encore que le stile en soit différent du sien ; car c'est à un de ses intimes qu'a été écrite la Lettre qui a donné lieu à cette Réponse. On l'a réïmprimée fidellement sur l'Imprimé de Paris, & on fait savoir qu'un très-habile Auteur travaille incessamment à une Replique, où l'on verra l'une des plus délicates Questions de Morale, & sur-tout pour ce temps-ci, traitée avec tous les agrémens & la solidité possibles. On espere de la distribuer dans peu de mois. Le Public connoîtra par cette Replique que le prétendu Nouveau Converti, qui se vante de faire taire les Oracles Protestans, s'est fort trompé dans cette fanfarronnade. Pour les invectives où il s'emporte par rapport aux dernieres révolutions d'Angleterre, on y répondra aussi, mais sans insulte.

LETTRE

D'UN

REFUGIÉ FRANÇOIS

A UN

NOUVEAU CONVERTI.

Ous vous souvenez sans doute, Monsieur, que pendant ma longue détention vous n'avez rien oublié pour me séduire, & qu'une des plus fortes raisons que j'opposois à toutes ces subtiles chicanes qui vous ont séduit vous-même, étoit que l'Eglise Romaine ne sauroit être la vraye Eglise, puisqu'elle se sert de tant de violences de conscience pour s'agrandir, & pour extirper ce qu'elle nomme des Héréfies. J'appuyois cela de plusieurs bonnes raisons ; mais vous ne cessiez de me répondre, que ma maxime n'alloit à rien moins qu'au renversement de la Religion Chretienne, depuis le 4. siecle, sans en excepter même les Communions Protestantes qui, à ce que vous prétendiez, ont autorisé de fort bonne heure le supplice des Hérétiques, & la prise d'armes des Sujets contre leur Souverain, afin de se maintenir dans leur Religion. Vous me répétiez mille & mille fois le brûlement de Servet, & nos guerres civiles sous Charles IX. Henry III. & Louis le Juste ; & pour derniere ressource vous me priâtes de lire le Pere de Sainte-Marthe, qui venoit de répondre par voie de récrimination à ce que vous appelliez *les Libelles des Réfugiez*. Je ne voulus pas m'engager dans la discussion de touts ces Faits, & j'aimai mieux emploïer mon tems à l'Oraison & à la méditation des excellentes promesses que Dieu nous fait dans l'Apocalypse. Mais aïant enfin eu l'avantage de me voir réüni à nos freres de Hollande, qui joüissent d'une précieuse liberté de servir Dieu selon sa parole, j'ay eu souvent occasion de parler aux plus habiles du parti touchant le supplice de Servet, & ils m'ont assuré,

En premier lieu ; qu'au pis aller ce n'est tout au plus qu'une faute personnelle, le parti n'aïant point trempé à ce procés.

Secondement, que s'il y a eu quelques Docteurs qui ayent écrit autrefois pour la justification de ces sortes de procédures, ils n'ont pas fait des disciples, & qu'il y a long-temps qu'on est guéri parmi nous de ces sentimens violens.

En troisieme lieu, que la Doctrine que quelques-uns peuvent avoir euë sur cette matiere, regardoit un si petit nombre d'Hérétiques, qu'elle ne doit pas servir de sujet de récrimination à des gens dont les cruautez sont si générales.

Enfin, que notre pratique nous justifie assez, puisque depuis Servet il ne se trouve pas que l'on ait puni des Sociniens parmi nous, & que

jamais on n'a étendu la Théorie de Calvin sur les Papistes.

Pour ce qui est de la prise d'armes des Sujets opprimez pour leur Religion, & qui n'ont point pour but de violenter personne, mais de se procurer une honnête liberté de suivre les lumieres de leur conscience, prêts en toute autre chose d'être fideles à leur Souverain, j'ai sû de gens très-habiles & très-pieux que j'ay consultez en ce pays-ci, qu'elle est licite, & que nous ne devons pas avoir honte de ce que nos Peres ont pû dire & faire à cet égard-là ; & on m'a parlé d'un Livre qui doit sortir bien-tôt de dessous la presse, où l'on fera voir que c'est un droit né avec l'homme, & auquel l'Evangile n'a point dérogé. Il est comme le domaine de France inaliénable & imprescriptible.

Agréez, Monsieur, que je vous envoie les deux dernieres Lettres Pastorales, où vous trouverez dequoi vous défaire des Sophismes spécieux de Monsieur de Méaux, si tant est, comme je veux encore m'en flatter ; & comme je le demande tous les jours à Dieu par mes prieres, que vous cherchiez sincerement à vous détromper des illusions que l'on vous a faites. Je vous enverrai la suite, parce que je suppose que vous avez pris dans le Livre des *Variations*, de nouveaux breuvages enchantez pour étourdir votre conscience.

Au reste, Monsieur, vous ne sauriez mieux prendre votre tems pour vous retirer du milieu de la Babylone spirituelle. Vous pourriez bien vous y perdre pour le tems aussi-bien que pour l'éternité, & les grands succès dont Dieu a déja favorisé la sainte & héroïque expédition du plus accompli Prince qui soit aujourd'hui sur la terre, nous font voir que le tems est enfin venu où la vraye Eglise doit joüir d'une florissante prospérité. Vous m'entendez ; vous savez que je ne veux pas seulement dire que tout va mal en Angleterre pour vous, mais aussi que Dieu a frappé vos Rois & le Pape plus que tous les autres, du plus grand étourdissement qui se soit vû, & le plus fécond en bévuës. Dieu veuille conserver long-tems un tel Pape avec cette inflexibilité & cette partialité qui nous est si avantageuse, (c'est le souhait général de tous les pays Protestans) & donner efficace à ces moïens, pour ouvrir les yeux tant de ceux qui comme vous ont été nourris à la vraye Religion, que de ceux qui ne l'ont encore jamais professée. Je suis,

à *Amsterdam le 6. Décembre* 1688.

R E-

REPONSE

DU

NOUVEAU CONVERTI

AU

REFUGIÉ FRANÇOIS.

J'Ay reçu, Monsieur, les deux Pastorales qu'il vous a plû de m'envoïer ; mais comme je n'avois pas lû le Livre des *Varia- tios*, je n'ay pas jugé nécessaire d'exami- ner ce qu'on y oppose, d'autant plus qu'aïant vou- lu jetter la vûë sur la Pastorale du 15. du mois pas- sé, j'ay vû qu'on s'y récrie terriblement contre Monsieur l'Evêque de Meaux, pour avoir dit : *Que la verité Catholique venüe de Dieu a d'abord sa perfection, & que l'Hérésie, foible production de l'esprit humain, ne se peut faire que par pieces mal assorties.* On prétend que c'est raisonner en Payen, & comme feroit *le plus grand ennemi de la Religion Chretienne, & supposer des Faits qui ne peuvent être avancez que par le plus ignorant de tous les hommes ;* desorte que l'on est tenté de croire que ce Prélat n'a jamais jetté les yeux sur les Ecrits des *Peres des quatre premiers siecles*, puisqu'il ne se peut faire *qu'un homme savant puisse donner une marque d'une aussi profonde ignorance.* Voilà bien des injures, Monsieur, mais qui le croiroit ? Elles tombent non moins sur Monsieur Daillé que sur Monsieur l'Evêque de Meaux, qui semble avoir copié sa maxime des premieres li- gnes d'un des meilleurs Ouvrages de Monsieur Daillé. Ainsi voilà le plus savant Ministre que vous ayiez eu en France dans l'Histoire Ecclésias- tique, d'ailleurs parfaitement honnête homme, condamné comme suspect de n'avoir jamais jet- té la vûë sur les Ecrits des Peres, & comme tra- hissant l'Eglise Chretienne, en raisonnant com- me pourroit faire le Philosophe Païen le plus pas- sionné contre l'Evangile. Voïez, je vous prie, le principe que ce Ministre pose dès le commen- cement de sa dispute contre le Pere Adam, & ju- gez vous-même après cela si un homme, tel que vous me connoissez, a pû examiner la Critique que vous m'avez envoïée. Voyant d'ailleurs qu'on ne fait qu'alléguer les opinions particulieres de quelques Peres, pour prouver que n'étant pas uni- formes, l'Eglise Catholique a varié dans l'expo- sition de Foi, qu'ai-je pû croire si ce n'est qu'on n'entendoit pas seulement de quoi il étoit ques- tion ? Monsieur de Meaux a-t-il jamais préten- du que chaque Pere a toûjours parlé comme les autres ? Du reste, Monsieur, mon parti est pris, par la grace de Dieu ; je ne lis plus les Livres de controverse, car c'est une chose où il n'y a point de fin, & sûrement je n'aurois point discuté la Controverse que vous m'avez communiquée, quand même ce que je viens de vous en marquer,

ne m'en auroit pas detourné. Vous êtes donc fort en mécompte sur mon chapitre.

A l'égard des quatre réponses qu'on vous a four- nies à la récrimination dont vous avez été si sou- vent battu dans votre prison, j'espere les réfuter d'une maniere, qui vous fera taire vous & vos Oracles. La 1. se peut réduire à cette Question :

Si le suplice de Servet vint de la mauvaise hu- meur de quelque Particulier, ou s'il fut communé- ment approuvé par les Protestans.

Et sur cela j'ay à vous dire qu'il est vrai qu'on a voulu jetter l'envie de cette affaire sur Calvin, homme, a-t-on dit, trop bilieux, & qui se trou- voit particulierement échauffé contre Servet, à cause que cet Hérétique, selon les manieres de ce tems-là, où de part & d'autre les Controverses se traitoient fort rustiquement, s'étoit servi de plu- sieurs expressions trop hardies contre le Mystere de la Trinité, & fort inciviles contre la personne de Calvin ; mais c'est à tort qu'on se prend à ce- lui-cy d'une chose qui ne fut concertée & concluë que du consentement unanime des Eglises Suis- ses, & qui fut approuvée par les plus célebres Mi- nistres d'alors, tant en Allemagne qu'ailleurs, & par Mélanchton même dont la modération est si célebre. Au lieu de vous donner des preuves au- thentiques de ces Faits, je me contente, pour abréger cette Lettre, de vous défier de les nier.

Mais pour vous faire bien connoître combien le suplice de Servet fut communément approuvé chez les Protestans, je n'aurois qu'à vous faire considérer, que Castalion ayant publié l'année d'après ce suplice un Traité sur la Question, *Si l'on doit punir les Hérétiques*, se garda bien de descendre de la Thèse générale à l'Hypothese de Servet. Il affecta de ne parler ni de lui, ni de ses opinions, ni de son procès, quoiqu'il fût évi- dent par la circonstance du tems, que le suplice de cet homme, & l'Ecrit que Calvin avoit publié pour justifier les Magistrats de Geneve, avoient déterminé Castalion à écrire sur ce sujet. Cela ne veut-il pas dire qu'il craignoit de faire fort à sa cause dans l'esprit de ses Lecteurs, s'il faisoit paroître quelque dessein particulier de condamner la punition de cet Héréti- que ; & n'est-ce pas une marque qu'il savoit que la faveur générale des Lecteurs étoit pour les Apologistes de ce suplice ? Joignez à cela qu'il n'osa paroître que sous le nom chimérique de

Mar-

Martinus Bellius, soit qu'il craignît de se rendre encore plus suspect qu'il ne l'étoit aux Protestans, soit qu'il ne crût pas que son nom eût assez d'autorité pour être opposé à celle de ses Adversaires. C'est aussi la raison pourquoi il ne dit guéres de choses en son nom, mais qu'il raporte le sentiment de plusieurs Auteurs vénérables, tant anciens que modernes. Beze, qui répondit à cet Ouvrage de Castalion, justifie tout ce que je viens de toucher, car voici comme il parle dans sa Préface : *Quia illius (Serveti) hæreses videbant à Christianis Ecclesiis maximo consensu damnatas, existimarunt, si causam illius apertè susciperent, neque satis tuto, neque cum aliquo fructu id sese facturos. Itaque sic causam istam agere instituerunt, ut de Serveti negotio ne verbum quidem facerent, sed in genere ostenderent hereticos ut sacros quosdam homines à nullo attingendos, aut certè civili magistratui in eos potestatem nullam concedi . . . . . sed ne hoc quidem nisi admodum callidè & circumspectè sunt aggressi, nam neque nomina huic libro sua inscribi, neque in personâ suâ pleraque dici voluerunt, sed farraginem quamdam ediderunt.*

La 2. réponse de vos Oracles se peut réduire à cette Question :

Si les Protestans d'aujourd'hui ont d'autres pensées que ceux du siecle précédent sur le suplice des Hérétiques.

Il paroît que non, Monsieur, à l'égard de la République de Geneve, puisqu'en 1632. on y fit étrangler & puis brûler le nommé (*) Nicolas Antoine, Ministre, convaincu de Doctrines Judaïques, & puisque monsieur Turretin, Professeur en Théologie à Geneve, & l'une des plus considérables têtes du Consistoire, dédiant sa *Theologia Elenchtica* au Sénat de cette République, en l'an 1679. & raportant toutes les prouesses de leurs prédécesseurs contre plusieurs brouillons & Hérétiques obstinez, marque expressément qu'ils infligerent à Servet les très-justes peines que son impiété méritoit, JUSTISSIMAS *anno* 1553. *impietatis execranda pœnas tulit.* Et lors que dans son 3. Volume imprimé l'an 1685. il traite la question du Gouvernement politique de l'Eglise, il y établit que les Souverains peuvent réprimer par certaines peines afflictives, les Hérétiques opiniâtres, & qui troublent par leurs factions la paix de l'Eglise, & passer même jusques au dernier suplice à l'égard de certains Hérésiarques blasphémateurs, semans le venin de leur Doctrine contre les défenses itératives à eux faites, & les promesses qu'ils avoient données, & il conclut cette matiere par l'Apologie du suplice de Servet.

Pour m'empêcher de faire des autres Eglises Protestantes le jugement que je fais de celle de Geneve sur de telles preuves, il faudroit que vous me montrassiez de bons désaveus publics de la Doctrine en question. En attendant je serai fondé à rejetter votre 2. réponse comme dite en l'air, *gratis*, & sans fondement, & incompatible même avec les réponses qui ont été faites dans ces dernieres années à Monsieur Maimbourg, & à Monseigneur l'Evêque de Meaux, argumentant *ad hominem* contre vous par le suplice de Servet. Permettez-moi de vous faire part des observations que j'ai en main sur cette matiere.

Ce qu'a répondu l'Auteur (A) *de la* Critique générale *de Monsieur Maimbourg au sujet de Servet, 2. part. de la 3. édit.* (B)

IL a répondu trois choses ; la 1. que Servet blasphémoit contre Dieu d'une maniere épouvantable, & qu'on le pouvoit juger sur le pied de ces infâmes blasphémateurs que les Ordonnances des Souverains exposent ou à l'extirpation de la langue, ou à quelque autre peine corporelle. La 2. que l'intérêt qu'on avoit en ce tems-là de faire connoître que l'on n'aprouvoit pas les Hérésies de Servet, & d'ôter aux Papistes le prétexte qu'ils prenoient, sur la moindre chose, de diffamer les Réformez comme l'égoût abominable de toutes les Heresies, fit illusion à l'esprit de ceux qui eurent en main cette affaire. La 3. qu'après tout, le suplice de Servet est une action qui a été hautement désaprouvée par les Protestans, & que pour un qui l'excuse, il y en a mille qui la condamnent.

La derniere de ces trois réponses est la seule chose qui se devroit avancer, si le Fait étoit véritable ; mais il ne l'est point, & ainsi ce Critique n'a nullement éludé l'objection de Monsieur Maimbourg. Il devoit citer quelques-uns de ces Protestans qui ont hautement désaprouvé le suplice de Servet, & on eût vû, que ce sont la plûpart des Arminiens, ou de quelque autre petite Secte, qui n'est ni Luthérienne, ni Calviniste. Si l'on veut donner à ces Auteurs-là le titre de Protestans, parce qu'ils sont séparez de la Communion Romaine, on pourra dire ce que cet Auteur a avancé ; mais c'est vouloir parer le coup à la faveur d'un terme équivoque ; & pour ce qui est de ces mille Protestans qui désaprouvent le suplice de Servet, pour un qui l'aprouve, c'est une figure de Rhétorique avancée sans nul calcul, & sur ce qu'on entend dire dans la conversation aux personnes qui n'écrivent point, & qui disent les choses sans conséquence ; car il est vrai que de ces gens-là il s'en trouve beaucoup chez les Réformez qui avoûent dans l'occasion, qu'on fit mal de bruler cet Hérétique, comme pareillement il se trouve beaucoup de personnes chez les Catholiques, qui désaprouvent, en semblables circonstances, les persécutions ; mais néanmoins on pourra toûjours objecter cela aux Protestans des Confessions de Geneve & d'Ausbourg, pendant que leurs Ecrivains ne le condamneront pas nettement & précisément. On ne se regle point, pour reprocher ceci ou cela à un Parti, sur ce qui s'en dit en causant auprès du feu, ou en promenade ; mais sur ce qui s'en imprime avec Approbation & Privilége, ou du moins sans le désaveu des Supérieurs & des Confreres.

La 2. réponse est une excuse frivole, & qui se réfute par les actes du Procès, par les Livres qui furent écrits en conséquence, par les témoignages d'approbation qu'on publia en divers endroits, toutes choses qui montrent évidemment qu'après une longue & mûre délibération, & malgré le prétexte qu'on voïoit qui étoit fourni aux Catholiques Romains, de continuer les suplices des Réformez, on jugea que Servet & ses semblables étoient dignes du feu par la qualité de leurs dogmes. Il eût été facile de se purger de n'être point

Réfutation de la troisieme excuse de l'Auteur de la Critique Générale *du P. Maimbourg sure le suplice de Servet.*

Réfutation de la seconde & de la premiere.

___

(*) „ Voïez son Procès & sa condamnation dans le 4. „ vol. de l'Hist. de Geneve du Sr. Leti.

(A) „ M. Bayle lui-même.
(B) „ Lett. 23. No. 15.

point leur complice, en écrivant fortement contre eux, ou même en ne leur donnant point permission de s'arrêter dans une Ville.

Mais la premiere de ces réponses a deux défauts très-essentiels. Le 1. en ce qu'on compare les faussetez qu'un homme dit de la nature divine, en croïant que ce sont des véritez, & que s'il en parloit autrement il blasphémeroit, avec les invectives qu'un joueur enragé de perdre son argent, ou un autre scélérat emporté vomit contre Dieu, sachant que ce sont des injures atroces contre la Majesté divine. L'autre défaut est encore plus étrange; car il rend tout-à-fait absurde la 3. réponse, puisqu'il est manifeste que si Servet a pû être condamné avec la même justice qu'un homme qui diroit dans un Cabaret, ou pour se divertir, ou pour décharger son chagrin, mille injures de Harengere à Dieu, les Protestans seroient ridicules de condamner aujourd'hui son suplice, & néanmoins l'Auteur nous allegue ce qu'ils le condamnent comme une chose qui peut effacer la faute que Monsieur Maimbourg avoit objectée.

Ce qu'a répondu à la même objection l'Auteur de l'Apologie de la Réformation, ou du Calvinisme & du Papisme mis en Parallele , Vol. 2. pag. 246. & suiv.

CET Auteur emploie cinq grands chapitres à l'examen de la Question, *si l'on doit faire mourir les Hérétiques*, déterminé à cela par ces paroles de son Adversaire qu'il raporte dès l'entrée, *quoiqu'il soit véritable, & Calvin même en est tombé d'accord, que l'on puisse punir les Hérétiques par les voies rigoureuses de la Justice, ainsi qu'il le fit à Geneve, où il porta les Magistrats à condamner au feu Michel Servet.* Voilà donc l'occasion naturelle, s'il y en eût jamais, de dire précisément ce que l'on pensoit de ce Fait particulier. Nous allons voir comment l'apologiste s'en aquitta.

Le premier de ces cinq chapitres il l'emploie à raporter fidelement les raisons que l'on emprunte de la parole de Dieu & des Loix Impériales, pour soûtenir qu'on doit faire mourir les Hérétiques , & il dit en général sur ces raisons, *qu'il faut qu'elles aïant quelque force, ou du moins quelque apparence de preuve; car elles ont séduit de fort habiles gens, & même entre nos Réformateurs il y a eu des hommes sages & habiles qui ont cru que les Hérétiques pouvoient être punis de mort.* Il cite là-dessus Crammer, Archevêque de Contorberi, *le grand Réformateur de l'Eglise Anglicane, qui porta le Roï Edoüard à faire mourir une femme hérétique, nommée Jeanne de Kent. Il avoüe aussi que l'on croïoit en ce tems-là à Geneve, qu'on pouvoit user de cette séverité envers certains Hérétiques, & peut-être* (poursuit-il,) *étoit-ce l'opinion la plus commune entre les Réformez. Je ne m'en étonne pas,* dit-il, *on ne se défait pas de tous ses préjugez tout à la fois. Il y avoit quatre ou cinq cens ans qu'on voïoit brûler les hommes sous le nom d'Hérétiques, c'est assez pour fortifier un préjugé.* Et après avoir cité la prévention qui resta dans les Apôtres quelques années après l'envoi du Saint Esprit, que le Messie n'étoit venu que pour les Juifs, il conclut , *que l'on doit bien pardonner aux Orthodoxes l'opinion qu'ils ont euë qu'on pouvoit brûler certains Hérétiques. C'étoit un reste de Papisme qui leur étoit demeuré:* Et comme ils ne mettoient en ce rang que très-peu d'Hérétiques, & nullement les Catholiques Romains; qu'il leur est même

arrivé très-rarement de faire pratiquer ce dogme, on voit bien, dit-il, que leur cœur n'y consentoit point du tout, & que cela *pouvoit être considéré dans les nôtres comme une erreur tolérable, parce qu'elle n'avoit pas de dangereuses suites.* Voilà pour ce qui concerne le premier chapitre, où vous voïez qu'un de vos principaux Ecrivains confirme visiblement ce que j'ai opposé à votre 1. Réponse, si bien que vos Oracles de Hollande se contredisant eux-mêmes ne méritent plus de foi.

Que cet auteur se garde bien de condamner nettement le suplice de Servet, il ne fait que louvoier, & que chercher des détours; & s'il dit quelque chose de bien clair & développé, c'est que l'opinion qu'avoient les Réformateurs, qu'on doit brûler certains Héréques, n'étoit qu'une erreur légere, pardonnable, tolérable.

Mais il faut avoüer aussi que dans les 2. chapitres suivans, où il ne traite que la These générale, sans être sur les épines du Procès particulier de Servet, il s'explique fort clairement, & tâche de prouver par six raisons, qu'on ne doit point suplicier les Hérétiques; après quoi il répond dans un chapitre exprès aux preuves alléguées en faveur du dogme contraire, & puis vient son dernier chapitre, où il expose comment il se faut gouverner à l'égard des Hérétiques.

C'est-là qu'on voit une des marques lesplus sensibles de l'éblouïssement d'esprit qui prend quelquefois aux Auteurs; car il renverse lui-même dans ce chapitre-là tout ce qu'il avoit établi dans les trois précédens, & je ne doute point que si les Critiques jaloux de l'honneur de Platon, d'Aristote, de Cicéron, de Quintilien, ou de quelque autre ancien Auteur, trouvoient dans quelqu'un de leurs Ouvrages quatre Sections, dont la derniere fut si discordante des trois premieres, que le dernier des cinq chapitres dont je parle est discordant des trois qui le précedent, ils ne dissent que la derniere partie étoit d'une autre main, & avoit été fourrée parmi les autres après la mort de l'Auteur. Quoiqu'il en soit, voici les principes que l'on établit dans le cinquieme chapitre.

I. Que lorsque les démêlez qui s'élevent dans l'Eglise ne sont pas de la derniere importance, le Magistrat les doit assoupir par son autorité, & les arrêter en imposant silence aux Parties *qui veulent émouvoir la sédition.* L'Auteur veut dire sans doute , dissension entre les Docteurs; car il ne s'agit point là de soulevement, ou de révolte contre l'Etat; & c'est pourquoi il eût été bon qu'il ne se fût pas servi d'un terme équivoque, & que j'ai été obligé d'expliquer, de-peur que vous ne prissiez le change.

II. Que si les Héréses sont capitales, & vont à la ruïne des plus augustes mysteres de la Religion, le Magistrat doit non pas faire mourir l'Hérétique, mais lui défendre de dogmatiser sur des peines.

III. Que si l'Hérétique viole cette défense, il peut être puni très-légitiment, non plus comme Hérétique, mais comme violateur des ordres & des Loix du Souverain.

IV. Qu'encore que le Magistrat n'ait point pouvoir sur l'esprit & sur le cœur, il a du pouvoir sur la langue comme sur les mains; tellement qu'il est en droit de châtier un Hérétique qui dogmatise contre la défense , comme il est en droit de châtier un homme qui dérobe, ou qui tuë.

V. Qu'il est clair qu'un Hérétique qui s'entientiendra à dire sans mystere ses opinions, ne peut être puni comme coupable ; mais s'il travaille à persuader les autres, parce que cela gâte la Societé religieuse dont le Magistrat est conservateur, le Magistrat sans doute aura le droit de le châtier.

VI. Que même un Hérétique pourra être puni d'avoir communiqué simplement sa pensée, sans travailler à la persuader, si cela lui a été défendu.

VII. Que l'on peut encore chasser le faux Docteur, pour essaïer de ramener par la douceur le peuple qui a été séduit ; que si ce peuple s'obstine à vouloir errer, on ne doit pas emploïer la violence.

VIII. Que c'est une injustice de chasser toute une nation de chez elle pour sa Religion ; mais que ce n'est point une injustice d'éloigner un Particulier, ou quelques Particuliers qui pourroient infecter toute une nation, comme on le pratiqua en reléguant Arrius, & en chassant Dioscorus & Euthychès des bornes de l'Empire Romain.

IX. Qu'il peut arriver même quelquefois qu'un Hérésiarque agira avec tant d'emportement, tant de blasphême, & avec un si grand mépris des Loix divines & humaines, qu'un Magistrat Chretien se trouvera forcé d'user contre lui de la derniere severité, & que c'est sans doute ce qui obligea le Magistrat de Geneve à faire mourir Servet.

X. Que bien qu'à la rigueur du droit, il y eût quelque injustice à punir un Particulier, cependant le salut du peuple étant la souveraine Loi, on peut arrêter le mal en sa source par quelque remede violent.

XI. Que quand on n'est point entré en Traité avec les Hérétiques, on ne leur doit rien ; mais si l'on y est entré, on leur doit tout ce qu'on leur a promis.

XII. Qu'ainsi on n'est point du tout obligé de tolérer les Hérétiques qui s'ingerent d'eux-mêmes de tenir des assemblées, de bâtir des Eglises, d'enseigner publiquement, avant la permission du Souverain.

Voilà quelles sont les pensées de cet Auteur sur la tolérance des Hérétiques. Chacun voit que puisqu'il devoit ainsi conclure, ce n'étoit pas la peine de réfuter avec tant de soin qu'il a fait ceux qui les punissent de mort ; car rien n'est plus aisé que de lui montrer qu'ils ont raison, si une fois on leur accorde les douze maximes susdites. Combien de réflexions pourrois-je faire sur l'incompatibilité que les maximes de cet Auteur ont non seulement avec ce qu'il avoit établi dans les chapitres précédens, mais aussi les unes avec les autres, si je ne craignois que cela ne me menât trop loin.

Je toucherai seulement une chose qui est de mon sujet, c'est qu'il approuve enfin assez clairement dans la 9. proposition, le brûlement de Servet vif, au lieu qu'une trentaine de pages auparavant il avoit reconnu que le dogme, *qu'on peut brûler certains Hérétiques*, crû à Geneve au siécle passé, étoit un reste de Papisme, une erreur pardonnable & tolérable, mais néanmoins une erreur.

Il a bien senti qu'il ne pouvoit plus en demeurer là ; car puisqu'il accorde aux Magistrats le même droit sur la langue que sur la main de leurs Sujets, & qu'il est évidemment certain

qu'il y a des crimes de langue que les Magistrats doivent punir du dernier suplice, comme seroient l'exhortation à prendre les armes contre son Roi, chanter tout haut dans les ruës que le Roi est un tyran, un bâtard, & que Dieu est le Pere de Jésus-Christ de la même façon que Jupiter l'étoit d'Apollon, selon les Poëtes, c'est à dire par le commerce charnel avec une femme ; puis, dis-je, qu'un séditieux, & un Athée qui proféreroient de tels discours, mériteroient le dernier suplice, on ne peut refuser après cela aux Magistrats de Geneve le droit de châtier à toute rigueur Servet, pour les discours qu'il tenoit.

En un mot, ou les Hérésies proférées de vive voix selon l'instinct de la conscience, & par la seule envie d'avancer ce qu'on croit être la verité, & de désabuser ceux qu'on croit dans de mortelles erreurs, sont soûmises au Tribunal des Juges criminels, tout de même que les discours d'un Séditieux, & les juremens d'un homme qui perd son argent, le vol, le meurtre ; ou elles n'y sont pas soûmises. Cet Auteur tient l'affirmative. Il faut donc qu'il avoüe que quand les Magistrats les trouvent blasphématoires, & plus injurieuses à Dieu que le larcin & l'assassinat, ils les doivent punir plus rigoureusement que l'assassinat.

Car il ne serviroit de rien d'alléguer que ce ne sont tout au plus que des crimes de langue, vû qu'il y a de simples discours, comme je viens de le dire, qui méritent le dernier suplice encore plus que le vol & l'homicide.

Si on dit que les discours prononcez selon l'instinct de la conscience méritent plus de suport, que ceux d'un Séditieux qui parle malicieusement, on dit quelque chose ; mais ou cela ne conclut rien, ou il en faut inférer que les Juges de la terre en doivent laisser toute la punition à Dieu.

Dès qu'on levera la barriere pour leur permettre de punir les discours d'un Hérétique, ils pourront étendre la peine aussi loin qu'ils voudront, à proportion de la gravité, & du blasphême qu'ils verront dans ce langage. Mais c'est de quoi nous parlerons en examinant votre 4. réponse.

Il n'est pas nécessaire de vous avertir, que selon les douze maximes rapportées ci-dessus, les premiers Chretiens & les Réformez de France ne pouvoient se plaindre de leurs persécuteurs qu'après qu'ils en avoient obtenu des Edits de tolérance ; car il est certain qu'ils prêchoient leur opinion contre les Edits de leur Souverain, & ainsi ils eussent été punissables, sinon comme Hérétiques, au moins comme infracteurs de ses ordres. Voïez que le Souverain (*) Sacrificateur voulant châtier les Apôtres, ne se fondoit pas sur la qualité de leur Doctrine, mais sur ce qu'ils la publioient malgré la défense, *ne vous avons-nous pas défendu par exprès commandement de n'enseigner pas en ce nom-cy ?*

*Ce qu'ont répondu l'Auteur des Lettres Pastorales,
& celui de la séduction éludée, à Monsieur l'E-
vêque de Meaux, sur le suplice de Servet.*

Monsieur l'Evêque de Meaux aïant écrit deux Lettres à un de ses Diocésains qui étoit sorti de France, un Anonyme les a publiées avec les réponses qu'il y a faites, & quelques autres petits Ecrits, & a intitulé tout cela, *la séduction éludée.* Mais la seconde Lettre de ce Prélat a été imprimée dans la premiere Lettre

Paſtorale de Monſieur Jurieu, qui eſt le même qui a fait la grande réponſe à l'Hiſtoire du Calviniſme de Monſieur Maimbourg. Monſieur de Meaux n'a pas manqué, voïant que ſon Diocéſain, par une erreur que vous nous avez tant de fois rebattuë, lui reprochoit les perſécutions de France, comme une marque de fauſſe Egliſe, de lui repréſenter que les Proteſtans ſe ſont ſervis eux-mêmes de la voie des punitions. Oſeriez-vous dire (lui dit-il) *que les Princes qui ſont enfans de l'Egliſe ne ſe doivent jamais ſervir du glaive que Dieu leur a mis en main pour abattre ſes ennemis, contre le ſentiment de vos Docteurs mêmes qui ont ſoûtenu par tant d'Ecrits, que la République de Geneve avoit pû & dû condamner Servet au feu, pour avoir nié la Divinité du fils de Dieu ?*

Pour vous faire Juge du peu de juſteſſe qu'il y a dans les réponſes qui ont été faites à cette demande de Monſieur de Meaux, je vous prie de bien examiner quel eſt l'état de la Queſtion. C'eſt de ſavoir *ſi les Princes peuvent infliger aux Hérétiques telles peines qu'ils jugent proportionnées à l'exigence des cas.* Perſonne n'ignore que par le glaive, que Saint Paul dit que Dieu a mis en la main des Souverains, il faut entendre non ſeulement le droit de faire mourir certains malfaiteurs, (qui eſt la ſignification plus étroite de ce mot) mais auſſi le pouvoir d'infliger le banniſſement, la peine du foüet, des galeres, des priſons, & des amendes, à certains autres malfaiteurs. Voici ce que répond votre Auteur des Paſtorales.

La Réponſe que fait à cette objection l'Auteur des Lettres Paſtorales retorquée contre lui-même.

Il faut avoüer, dit-il, dans ſa Lettre du 15 Septembre 1686. *que ces Meſſieurs ſont admirables dans leurs airs de confiance. L'oſerions-nous dire ? Oüi, nous l'oſons dire, puiſque nous le diſons, avec la plûpart des Anciens, & avec les plus ſages & les plus ſenſez des Modernes. Nous oſons dire que la Doctrine, que ſoûtient ici l'Evêque de Meaux, eſt une Doctrine ſanguinaire, cruelle, & que l'Egliſe doit laiſſer en partage à celui qui eſt menteur & meurtrier dès le commencemen.*

N'eſt-ce pas, à votre avis, faire bien de l'honneur à vos plus célebres Réformateurs, que de dire qu'ils ont ſoûtenu une Doctrine ſanguinaire, cruelle, & qui doit être laiſſée en propre au Diable. Car Monſieur de Meaux ne ſoûtient rien autre choſe, que ce que Calvin & Beze ont ſoûtenu avec toutes les forces de leur eſprit, dans des Apologies fort étudiées, & en quoi mis en pratique par le brûlement actuel d'un homme vif, ils ont été loüez par les plus importans Miniſtres de ce tems-là.

Mais ce n'eſt pas le tout, nous allons voir que l'Auteur des Paſtorales convient de ce droit du glaive que Monſieur de Meaux attribuë aux Princes. Car encore qu'on ſe voie tout préparé à le voir donner un déſaveu en forme aux douze Aphoriſmes raportez cy-deſſus d'un de ſes Livres, & nommément à tout ce qui a été pratiqué à Geneve & à Berne contre Servet & Gentilis, on le voit dire nettement & ſans le moindre détour, *qu'il doit être permis de ſe défaire de gens faits comme Servet.* Par conſéquent Monſieur de Meaux avoit eu raiſon de défier d'oſer ſoûtenir, *que les Princes qui ſont enfans de l'Egliſe ne ſe doivent jamais ſervir du glaive, que Dieu leur a mis en main pour abattre ſes ennemis ;* & rien ne peut être plus mal fondé, que la confiance avec laquelle le Miniſtre s'étoit vanté peu auparavant de l'oſer nier.

Il tombe dans le ſens de M. de Meaux.

Ce qu'il ajoûte que les Réformateurs n'ont jamais crû qu'on dût perſécuter & brûler des gens qui confeſſent Dieu & Jéſus-Chriſt ſelon les trois Symboles ; qu'ils n'ont jamais mis à mort des Papiſtes à cauſe de leur Religion, mais que quand même ils auroient été trop loin, en parlant des peines des Hérétiques, on doit ſavoir qu'ils ne ſont pas les Docteurs des Réformez ; cela, dis-je, ne ſert de rien pour réſoudre la difficulté : car il ne s'agit pas dans la Lettre de Monſieur de Meaux ſi les Magiſtrats font bien de punir de telle & de telle maniére, telles & telles erreurs ; il n'eſt queſtion que de cette Theſe générale, c'eſt que les Princes peuvent exercer le droit du glaive ſur les ennemis de l'Egliſe leur mere ; il n'eſt queſtion, dis-je, que de cela, tant dans les paroles que j'ai raportées, que dans celles où cet illuſtre Prélat demande un paſſage de l'Ecriture, qui excluë les Hérétiques du nombre des malfaiteurs, qui ſont puniſſables par les Souverains. Or puiſque l'Auteur des Paſtorales, convient, dans les douze Aphoriſmes ci-deſſus raportez, du droit des Princes à défendre de dogmatiſer ſur des peines, & à punir les contrevenans, & qu'il avouë ici & là que les Magiſtrats font bien de punir de mort les Hérétiques tels que Servet, n'accorde-t'il pas dans le fonds tout ce que Monſieur de Meaux demande, & le reſte qu'eſt-ce qu'un écart, & une quête de lieux-communs ?

Pour ce qui eſt de l'autre Auteur, qui a répondu au même défi de Monſieur de Meaux, il dit *p. 39. qu'il y a bien de la différence entre le châtiment qu'on fait d'un Particulier, comme perturbateur du repos public, blaſphémateur, & rébelle aux ordres & aux loix de l'Etat, & les ſupplices cruels dont on martyriſe des millions d'ames innocentes. . . . . . On punit les blaſphemateurs comme on punit les voleurs & les meurtriers ; on les punit comme des peſtes publiques qui troublent la Société civile, & qui la deshonorent, avec leſquels auſſi on n'entre jamais en aucun traité.* Puis dans la p. 54. il recourt à la réponſe que l'Auteur des Paſtorales avoit emploïée, en répondant à Monſieur Maimbourg, & à laquelle il renonça trois ou quatre chapitres après, comme il y a renoncé en répondant à Mr. de Meaux, ſavoir que l'opinion des Réformateurs étoit un reſte de Papiſme. Et tout d'un coup il revient à ſon autre raiſon ; mais *de plus,* pourſuit-il, *Servet étoit un blaſphemateur, un Chef de Secte qui n'étoit point autoriſée par Traitez, ni par Edits, & en un mot un perturbateur du repos public.*

Voici encore les mêmes illuſions, & le même manque de juſteſſe ; car Monſieur de Meaux ne parloit que de la Theſe générale, & on lui répond de l'hypotheſe particuliere des Réformez de France ; il défioit d'oſer nier la Theſe générale, & après je ne ſçai combien de détours qui ſemblent réfuter ſon défi, on lui donne gain de cauſe, en avoüant qu'en des cas comme celui de Servet, les Princes peuvent faire mourir les ennemis de l'Egliſe. Outre que voici, non moins que dans la Critique générale, deux réponſes incompatibles ; car en diſant que la condamnation de Servet procéda d'un reſte de Papiſme, on la blâme ; mais en ſoûtenant qu'il étoit un blaſphémateur, &c. très-digne du feu, on l'approuve, & l'on dit par conſéquent qu'elle ne procéda pas d'un reſte de Papiſme.

Ce

Ce qui résulte des réponses faites à Monsieur Maim-
bourg, & à Monsieur l'Evêque de Meaux.

Remarquez bien, s'il vous plaît, Monsieur, que puisque trois ou quatre Auteurs qui ont écrit durant les persécutions de France, tems où ceux qui souffrent doivent le plus témoigner leur éloignement de persécuter les autres, n'ont point condamné le suplice de Servet, ayant été obligez par les objections de leurs Adversaires à se déclarer là-dessus, il s'ensuit que le Parti Réformé est aujourd'hui dans les mêmes principes qu'au tems de la Réformation, à l'égard de cette matiere, ce que j'avois à prouver pour réfuter votre 2. Réponse.

De ces trois ou quatre Auteurs celui qui se relâche le plus, dit bien que les Protestans ont blâmé hautement le supplice de Servet, & que pour un qui l'approuve, il y en a mille qui ne le font pas; mais il n'aporte aucune preuve de son dire. Ainsi c'est un discours en l'air, & où l'on confond les Arminiens, & autres Sectaires avec les Pr. Réformez. Et de-plus cet Auteur a soûtenu que Servet a pû être traité comme on fait les blasphémateurs.

Celui qui a fait l'Apologie de la Réformation & qui écrit les Pastorales, est comme vous savez Professeur en Théologie, & Ministre depuis long-tems, homme de grand poids dans le Parti, & qui paroît avoir été désigné par les vœux de tout le corps, pour soûtenir la cause contre l'Histoire flétrissante que Monsieur Maimbourg en avoit faite, les autres personnes qui auroient pû y répondre n'étant pas comme lui en païs de liberté. De-plus on voit tant tous les jours de Livres de sa façon pour la cause, revêtus d'un grand air d'autorité, qu'on doit le regarder comme l'interprete des sentimens de tout le corps, tant à l'égard des peines des Hérétiques que sur le reste, d'autant plus que personne parmi vous ne s'est ingeré de le contredire.

Ainsi, Monsieur, vos deux premieres réponses ne peuvent plus subsister; & cela étant, notre recrimination demeure dans toute sa force, & doit vous faire avoüer que vous vous êtes servis d'une très-fausse raison, pour ne pas rentrer dans le giron de l'Eglise Catholique, en disant que puis qu'elle se sert du bras séculier contre les autres Chrétiens, elle ne sauroit être la vraie Eglise.

Autres remarques contre les deux Auteurs qui ont
entrepris de répondre à une petite Lettre de
Mr. l'Evêque de Meaux.

Il n'est pas possible de raisonner plus faussement, comme l'a fort bien touché Monsieur de Meaux dans la Lettre à son Diocésain : *Ne voyez-vous pas clairement, lui dit-il, que vous vous fondez sur un faux principe, savoir que la vraie Eglise ne persécute pas, & s'il étoit véritable, c'étoit donc les Arriens, les Nestoriens, les Pélagiens, qui avoient raison contre l'Eglise, puisque c'étoit eux qui étoient les persécutez & les bannis, & que les Princes Catholiques étoient alors ceux qui persécutoient & qui banissoient, & à présent encore les Catholiques qu'on punit de mort en Suede, & en tant d'autres Royaumes, auroient raison contre ceux qui se disent Evangéliques, & chacun à son tour auroit raison & tort, raison en un endroit, & tort en un autre, & la Religion dependroit de ces incertitudes.*

Prenez la peine de lire la Pastorale où l'on répond à cela, & si vous êtes capable d'appercevoir les illusions de vos Auteurs, vous y en trouverez bon nombre. D'abord c'est à se jetter sur les circonstances particulieres de la derniere persécution, ce qui ne fait rien à l'affaire, Monsieur de Meaux s'étant tenu dans la These générale, & ne s'étant pas engagé dans les comparaisons de ce que les Arriens, les Nestoriens, les Pélagiens, ont fait & souffert, avec ce qui concerne les Huguenots; desorte que ces sortes de comparaisons, que l'Auteur de la séduction éludée pousse encore avec plus de prolixité que celui des Pastorales, sont toutes Pieces hors d'œuvre, & c'est proprement ce que les Latins auroient apellé *extra chorum saltare.* Puis on lui soûtient que dans ses dernieres paroles il a insinué *la plus affreuse Doctrine qui ait jamais été annoncée,* c'est que chaque Prince dans ses Etats *a droit d'exterminer par le fer & par le feu tous ceux qui ne sont pas de sa Religion,* chose dont il ne s'agit ni de près, ni de loin, dans la Lettre de ce Prélat, qui visiblement en cet endroit-là ne fait que toucher une conséquence absurde, qui naît du principe de son Diocésain, afin d'en montrer la fausseté ; ainsi c'est prendre pour son sentiment l'objection qu'il fait à un autre. Enfin on demande au Public, au siécle present, & au siecle à venir, justice comme d'une calomnie atroce & notoirement fausse, de ce que Monsieur de Meaux a touché de la Suede : *Rien n'est plus faux & plus connu pour tel,* dit la Pastorale, *qu'il n'y a point d'Etat protestant où les Papistes n'ayent permission de vivre, & de vivre selon leur conscience, quoi qu'en quelques lieux ils n'y ayent point d'exercice de leur Religion. Encore y en a-t-il très-peu. Je ne sai si la Suede est de ceux-là.* Qui ne croiroit, de l'air dont cela est dit, Monsieur de Meaux très-coupable d'une insigne calomnie ; cependant le 2. Auteur qui a répondu à sa Lettre non seulement ne desavouë pas le Fait, mais il le justifie comme établi sur une Loi fondamentale de l'Etat, & par conséquent comme n'y ayant rien de plus naturel; c'est à dire, selon vos principes, Monsieur, que si le Roy de Suede entreprenoit de donner atteinte à la Loi qui condamne les Catholiques à mort, il mériteroit que ses Sujets fissent entrer dans le Royaume une armée d'Etrangers, afin de le détrôner. Mais voici les paroles de la *séduction éludée* p. 62.

Je sais fort bien ce qu'il y a à dire sur l'affaire de Suede, & en deux mots voici ce que c'est. Premierement il n'y a jamais eu de massacres : il s'y est fait tout au plus quelques executions particulieres, si l'on en veut savoir la raison, c'est qu'il n'est pas permis à un Naturel habitant du pays d'embrasser la Religion de Rome; & comme c'est une Loi fondamentale de l'Etat, on punit ceux qui l'enfraignent, il n'y a rien de plus naturel. Mais étions-nous en France sur ce pied-là ?

Vous voyez dans ces dernieres paroles le même écart du véritable point de la question, que ces deux Répondans ont fait tant de fois. En verité c'est une chose admirable qu'un Billet écrit à un Particulier sans aucune vûë publique, & avec la négligence qu'on aporte en ces sortes d'occasions, ait tellement démonté vos meilleurs Auteurs, qu'ils l'ayent fait imprimer eux-mêmes pour y faire tant de fausses réponses. Mais c'est ce qui vous arrivera toûjours, dès qu'on vous tâtera le poux sur l'affaire de Servet; vous ne répondrez rien de juste, vous vous contredirez vous-mêmes; & après avoir circui autour du chasseur, vous vous enferrerez vous-mêmes dans son epieu,

          com-

comme cela est arrivé aux trois ou quatre Auteurs que je vous ai produits cy-dessus; & ce qui est bien étrange, c'est que vous êtes si entêtez de vos Ministres, que vous vous payez de leurs plus foibles raisons, surtout quand elles nagent dans des torrens d'injures & d'invectives. Cependant vous vous élevez fort au-dessus de nous, comme si nous succombions à de petites chicaneries de Missionnaire. Mais voyons votre 3. Réponse que je réduis à cette Question :

Si la Doctrine des Réformateurs, sur la peine des Heretiques, se peut justifier en disant qu'elle ne regardoit qu'un petit nombre d'Heretiques, en comparaison du grand nombre d'errans que les Docteurs Catholiques estiment punissables.

Je dis, Monsieur, que cette différence ne peut pas vous tirer d'affaire; car comme votre Théorie & la nôtre se peuvent réduire aux mêmes termes, celle de nos Théologiens ne sauroit être honteuse à notre parti, que celle des vôtres ne le soit au vôtre.

Doctrine de l'Eglise Romaine sur la peine des Heretiques.

En general la Théorie de l'Eglise Romaine sur ce point-cy est, 1. que les Souverains qui sont les enfans de l'Eglise, la doivent protéger par les forces temporelles que Dieu leur a mises en main, & travailler à son agrandissement par les mêmes voyes, ne permettant pas que les Heresies qui la combattent, ou les schismes qui la démembrent, subsistent dans leurs Etats; mais employant leur autorité le plus efficacement qu'il se pourra pour les éteindre, tantôt par une sage Politique, tantôt par les châtimens plus ou moins grands, selon les diverses circonstances. 2. Que pour déterminer quelles gens sont héretiques, ou schismatiques, ennemis de Dieu, blasphémateurs, &c. il n'est pas besoin de consulter les définitions que les Sectaires donnent de ces mots, ou les principes qui leur sont communs avec l'Eglise Romaine; mais qu'il suffit de se régler sur les définitions & les principes qui lui sont particuliers.

Conformité de cette Communion avec la Protestante sur ce sujet.

Vous ne pouvez nier que les deux membres de cette Doctrine, appliquez à votre Communion, n'ayent été soûtenus par vos premiers Réformateurs, & ne le soient encore aujourd'hui par Monsieur Jurieu, Monsieur Turretin, & par tous ceux qui ne condamnent pas le supplice de Servet, ou qui n'approuvent pas la tolérance generale dont les Sociniens font un dogme favori, & que vos Ministres regardent comme une erreur pernicieuse & intolérable.

Que si vos Théologiens, quand il s'agit de déterminer l'espece de peine que méritent les Heretiques, n'en trouvent pas un si grand nombre dignes de mort que les nôtres, c'est par accident, je veux dire parce que la question des veritez fondamentales étant un écueil où tous vos Ministres échoüent, une Mer sur laquelle ils ne sauroient voguer qu'en s'abandonnant au gré des vents, vous avez été contraints de réduire à un petit nombre ces veritez-là, après quoi vous trouvez peu d'Heretiques dignes du feu. Mais l'Eglise Romaine se servant d'un principe clair pour la distinction des veritez fondamentales, qui est de dire que toute Doctrine opposée à ce qu'elle a solemnellement decidé dans ses Conciles, est une erreur fondamentale, doit par une conséquence necessaire, rencontrer plus de sortes d'Heretiques dignes de mort. Mais quoiqu'il en soit, nous voilà parfaitement égaux quant à ce dogme, *un Heretique*

qui nie les veritez fondamentales mérite la mort. Et si puis après nous différons, ce n'est que par accident, c'est-à-dire parce que vous ne tenez pour verité fondamentale, que le dogme de la Trinité, de l'Incarnation, &c. au lieu que nous y comprenons aussi la soumission aux décrets des Conciles Œcuméniques. Au reste nos Théologiens ne prétendent pas que cette peine doive être indifféremment infligée à tous Heretiques en tout tems & en tout lieu; mais avec mille différentes modifications par rapport aux personnes, aux tems & aux lieux. Je crois que les vôtres le disent aussi, c'est pourquoi ne nous reprochons rien là-dessus. Passons à l'exécution de cette Théorie, car je vois que c'est-là où vous croyez triompher. Voici à quoi je réduis votre 4. réponse.

Si la pratique des Calvinistes, à l'égard de la peine des Heretiques, peut justifier les dogmes de leurs Théologiens là-dessus.

JE fais 3. Remarques sur cela. La premiere que quand il seroit vrai que votre pratique seroit plus moderée que la nôtre, vous ne laisseriez pas de foudroyer votre Communion par le raisonnement dont vous vous êtes tant servis, *l'Eglise Romaine persécute, donc elle est fausse;* car si, comme vous le prétendez, c'est une marque de réprobation & une preuve que Dieu a retiré son esprit du milieu d'une Communion, lorsqu'elle persécute les autres; il faudra dire la même chose d'un Théologien qui soûtiendra qu'il faut persécuter les Heretiques, & brûler leurs Chefs; car si faute y a, il y est dans toute l'étenduë de son ressort, & ne peut se faire honneur de ce qu'il n'envoye as lui-même les gens au supplice, vû que c'est au bras séculier à le faire & non aux Théologiens ou aux Casuistes. Comme donc il est impossible que les Magistrats commettent un crime en punissant un homme, sans que le Théologien qui leur aura dit que cet homme doit être puni, devienne aussi criminel qu'eux, à cause que dans son ressort il commet tout le mal qu'il peut commettre, il faut dire pareillement que si l'exécution actuelle des Loix pénales contre les Heretiques, est une preuve d'abandon de Dieu, la Doctrine qui autorise ces loix pénales est aussi une preuve d'abandon de Dieu. D'où s'ensuivroit que vos Réformateurs ayant été abandonnez de Dieu, n'ont pû fonder qu'une fausse Eglise. Or si elle a été fausse de leur tems, elle l'est encore. Et par-là, Monsieur, je puis vous prouver que quand vos deux premieres Réponses seroient véritables, vous ne laisseriez pas de ruïner votre Secte par votre raisonnement, parce que vous prouveriez que ceux qui l'ont fondée ont été des gens sans aveu de la part du Ciel, abandonnez à leur sens réprouvé, & qui par conséquent n'ont pû rompre avec leur Eglise que très-criminellement.

Je dis en 2. lieu, que quand il seroit vrai que votre pratique seroit plus moderée que la nôtre, cela ne devroit pas vous faire avoir plus d'estime pour ce qu'il y a d'Ecclésiastiques dans votre Parti; car il est presque indubitable que c'est le peu d'ascendant que vos Souverains laissent prendre sur eux à leur Clergé, qui fait qu'en certains lieux fort peu en nombre, on tolére plusieurs Sectes, & cela en faveur du commerce.

Enfin je dis que cette modération, que vous vantez tant en comparaison de nos rigueurs, est
une

une c'ose bien disputable; ne craignez pas que je vous étale les violences que vous avez faites autrefois, ni que je vous dise qu'encore aujourd'hui vous exercez plusieurs loix pénales, quand l'occasion s'en présente, non seulement sur les Catholiques, mais aussi sur des Sectes séparées aussi-bien que vous de l'Eglise Romaine. Par exemple, il y a des lieux dont vous les bannissez, d'autres où vous leur défendez les exercices publics, l'entrée aux charges, &c. En Angleterre combien de violences avez-vous exercées sur les Catholiques depuis la Reine Elizabeth, & combien eussent-elles été portées aux dernieres fureurs, si les Rois n'y eussent mis quelque bride, en quoi faisant ils se sont exposez à votre aversion & à mille traverses?

Comment donc osez-vous vous vanter de modération, puisque tout autant de fois qu'on a voulu toucher à vos loix pénales en ce pays-là, vous vous êtes portez aux derniers excès contre la Majesté Royale, comme si c'étoit vous arracher le cœur & les entrailles, que de mettre à couvert les Non-Conformistes du droit de les persécuter, que vous avez rendu fondamental? N'est-ce pas pour la conservation de ce droit que vous allez présentement détrôner sa Majesté Britannique? Montrez-nous de pareils exemples dans l'Eglise Romaine.

Vous vanterez-vous de ce que vous n'avez jamais étendu votre Théorie du dernier supplice sur les Catholiques Romains? Mais outre que je vous ai fait voir le contraire à l'égard de la Suede (*), & qu'on pourroit vous citer invinciblement le Regne d'Elizabeth, n'est-il pas certain que la Politique a fait en cela tout votre ménagement? Auroit-il été sûr à la République de Geneve de souffrir qu'on y décidât consistoirement qu'un Catholique mérite le feu, de cela seul qu'il est Papiste, & d'en brûler quelques-uns? Auriez-vous trouvé votre compte à cela, pouvant craindre des représailles funestes, incapable que vous avez toûjours été de vous maintenir, si les divisions de la Maison d'Autriche & de la France ne vous avoient fait trouver des secours importans dans les pays Catholiques, comme il vous arrive encore aujourd'hui.

Si vos Théologiens n'ont pas usé en cela d'une Politique nécessaire, ils sont coupables d'un étourdissement très-grossier; car il est contre le bon sens, & c'est une inconséquence très-absurde, de croire un Socinien digne de mort, & non pas un Catholique Romain, lorque d'ailleurs on croit celui-ci Idolâtre, & un Disciple dévoüé à l'Antechrist, à cette Paillarde de l'Apocalypse, à ce fils de perdition qui s'oppose & qui s'éleve contre tout ce qui est nommé Dieu, & lors encore que l'on appuye le droit de faire mourir certains Hérétiques sur la pratique des Rois de Juda, qui sur toutes choses devoient châtier à la rigueur le peché d'idolâtrie.

Enfin je vous soutiens, que vous ne sauriez éluder la force de nos récriminations, par cette exception, c'est que nous adjugeons plus de gens au dernier supplice, que vous, pour leurs Hérésies; car n'est-il pas vrai que vous prétendez avoir de fortes raisons en 1. lieu pour défendre à certains Hérétiques de dogmatiser, à peine du foüet, ou de la prison; 2. pour leur infliger ces peines s'ils désobéissent; 3. pour exiger d'eux la promesse qu'ils ne dogmatiseront plus, après qu'on les aura tirez du cachot

comme on l'exigea à Geneve de Gentilis; 4. pour aggraver puis après leur peine, s'ils manquent à leur parole, & la pousser jusques au dernier supplice sous prétexte de parjure, d'opiniâtreté qui se replonge dans le Bourbier, de blasphêmes scandaleux & dangereux; n'est-il pas vrai, dis-je, que les douze Aphorismes de l'Auteur des Pastorales supposent évidemment, que vous prétendez avoir de très-fortes raisons pour tout cela? Par quelles raisons montrerez-vous désormais que pour quelques supplices de plus ou de moins, votre conduite & la nôtre sont si différentes que l'une est très-bien fondée, & l'autre très-mal? Essayez, je vous prie, sur ce sujet les lumieres de vos oracles. Vous les trouverez bien-tôt au bout de leur Latin.

Et sur cela agréez encore une remarque sur la pastorale contre la petite Lettre de Monsieur l'Evêque de Meaux. Il demandoit un passage de l'Ecriture qui exceptât les Hérétiques du nombre des malfaiteurs, que les Princes doivent punir; on lui répond c'est aux persécuteurs à *nous prouver que les Hérétiques y sont compris, car nous avons le bon sens, la raison, la pieté, l'humanité pour nous*, & de-plus le consentement des quatre premiers siecles. Ou cette réponse ne vaut rien, ou elle prouve invinciblement, que les Hérétiques ne sont point compris dans le nombre de ceux que les Princes doivent châtier de la peine du bannissement, du foüet, des amendes pécuniaires, ou honorables, de la prison, des galeres, &c. car il est manifeste que la raison, la pieté, l'humanité, l'Ecriture, ne sauroient désaprouver le dernier supplice d'un innocent, sans désaprouver qu'on le foüette, qu'on le ruïne, qu'on le bannisse, qu'on l'emprisonne, & que si cette sorte de peines est juste contre les *mal sentans* comme contre ceux qui ne commettent que le vol, ou tel autre crime moins atroce, les roües & les potences seront justes en certains cas.

Car tout le monde demeure d'accord que le droit de punir essentiellement attaché à la personne des Souverains, peut être étendu ou restreint par eux, selon qu'ils le jugent expédient au bien public, eu égard à la situation particuliere des pays, & à l'humeur des Sujets. En effet il y a des pays où la sûreté des bestiaux est d'importance, & de-là vient que le vol d'une vache, ou d'une brebis, y est condamné à la mort, au lieu qu'un coupeur de bourse n'y est condamné qu'au foüet, ou au stigmate, quoi qu'en un coup de ciseau il ait plus volé que s'il avoit volé toutes les vaches d'un paysan. Il y a aussi des pays où les criminels sont plus hardis, & où les peines doivent être par conséquent plus grieves pour les mêmes fautes. Appliquant cela aux Hérésies, on verra que si une fois les Princes les peuvent punir du foüet, ou de la confiscation de tous les biens, ou de telle autre peine au-dessous de la mort, ils pourroient les punir aussi de la mort, quand ils jugeront que la qualité de ces Hérésies, eu égard au tems & aux lieux, le demande, & en général modifier la peine comme bon leur semblera. Ainsi la réponse qu'on fait à Monsieur de Meaux dans la 2. Pastorale, examinée sur les douze Aphorismes de l'Auteur, tombe d'elle-même.

Ré-

S'il est permis aux Protestant d'infliger une peine légere à un Héretique, il est permis aux Catholiques de leur donner la mort.

Réflexion sur les guerres civiles des Protestans, & la présente invasion de l'Agleterre.

Des guerres ci-viles des Protes-tans.

JE n'aurai point de dispute avec vous, Monsieur, sur la prise d'armes des Sujets: je suis bien aise que vous avoüiez la dette, & qu'après tant de Livres que vous avez publiez pour la justifier, vous en prépariez un tout nouveau. Le meilleur parti que vous puissez prendre, après avoir débité tant d'autres méchantes excuses, c'est de vous associer à ces plumes de delà les Monts, dont les Ecrits séditieux ont été si souvent brulez ici par la main du Bourreau; & de ne vous servir d'autre principe que du leur, c'est *qu'il n'y a point d'autre Souverain légitime que celui qui est orthodoxe.* Que n'avez-vous point dit, avec cet emportement qui vous est si ordinaire, contre ce principe de quelques Ultramontains, lorsque l'on s'en servoit en France contre le Roi de Navarre, ou lorsque cela vous donnoit lieu de déclamer contre Rome; & présentement qu'il vous est commode pour colorer vos attentats, vous en allez faire sans doute un nouvel article de Foi. Faites-en ce qu'il vous plaira; j'avoüerai que ce n'est pas sans raison que vous entreprenez de justifier une chose dont vous vous êtes si souvent servi, & à laquelle vous avez tant d'obligation, mais non pas de telle sorte qu'enfin elle ne vous ait été funeste en quelques lieux. Si vous vous étiez contentez en France & en Hongrie de cinq ou six guerres civiles, qui avoient contraint vos Rois de vous accorder ce que vous leur demandiez, vos affaires eussent été bonnes; mais vous aviez pris trop de goût à cela pour ne pas y revenir plus souvent; desorte que vous avez enfin obligé vos Maîtres à ne point perdre d'occasion de se défaire de tels Sujets insatiables de sédition; & bien-loin que cela ait nui à l'Empereur, qu'au contraire le recours que vous avez eu à l'ennemi du nom Chretien, a donné lieu à ce Prince de faire des conquêtes surprenantes. Il en sera de même de vos Ligues. Elles ne serviront qu'à augmenter la gloire du Roy, & déja elles ont agrandi partout l'idée de son pouvoir formidable; car plus on prend soin de s'assurer de toute l'Europe contre lui seul, plus on rend hommage à sa puissance, & on se connoît incapable de résister à ses Troupes & à son Génie. Les bévües dont vous parlez le sont si peu, que trois ou quatre coups semblables vous ruïneroient sans ressource. Jugez par-là, Monsieur, si je fais grand cas de vos menaces.

Leur doctrine sur la soumission düe aux Souverains plus pernicieuse que celles des Catholiques, & justifie les persécutions qu'on leur fait à eux-mêmes.

Pour le grand succès de l'expédition d'Angleterre, dont vous me parlez avec tant d'applaudissement, je n'en suis point surpris; j'ai toûjours cru qu'on pousseroit la chose aux plus grandes violences; le passé m'étoit garand de l'avenir, & les quarante années que j'ai passées dans votre Parti en âge de connoissance, m'ont assez éclairé sur ce que vous êtes capables de faire, quand vous avez la force en main, ayant des sentimens aussi pernicieux que vous avez, sur la soumission qui est düe aux Princes; en quoi vous montrez que vous vous joüiez de l'Ecriture, après avoir tant protesté que vous ne vouliez suivre d'autre regle que la pure parole de Dieu; car il n'y a rien qui y soit plus clairement & plus souvent commandé, que la soûmission aux Souverains, même lorsqu'ils sont méchans. La consolation que je trouve là-dedans, c'est que la licence que vous vous donnez présentement en ce genre-là, & le soin que vous prendrez d'en publier des Apologies, ne serviront qu'à justifier la conduite des Princes qui purgent leurs Royaumes d'une telle espece de Religion, à redoubler leur vigilance pour empêcher qu'elle n'y regerme, à inspirer une plus noble ardeur de courage aux François pour rendre tous vos efforts inutiles, & à donner au Roi de nouvelles occasions de se féliciter de n'avoir plus à craindre de tels ennemis domestiques, qui savoient si bien implorer l'assistance d'une Nation si accoûtumée à renverser du trône ses meilleurs & ses plus illustres Souverains. Plus vous écrirez en faveur des soulevemens, plus vous réfuterez vous-mêmes vos propres Libelles; car de ce que les Sujets ont droit de prendre les armes contre leur Prince, quand ils le jugent à propos pour l'intérêt de leur Religion, ne s'ensuit-il pas évidemment qu'à plus forte raison un Roy a droit de s'armer contre ses Sujets, lors qu'il le juge à propos pour l'intérêt de la sienne? Outre que vos Livres seront des Apologies toutes faites pour les Catholiques qui pourront trouver le moyen de se soulever dans les pays où ils sont persécutez? Y a-t-il rien de plus ridicule, que de vous vanter, comme vous avez fait tant de fois, même dans vos derniers Libelles, que les Princes Catholiques ne doivent pas se défier de vous, comme les Princes Protestans le doivent de nous, à cause, dites-vous, que nous croyons que le Pape peut dispenser du serment de fidélité. Mais outre que ce n'est que l'opinion de quelques Particuliers, comment osez-vous toucher cette corde, vous qui croyez que le peuple, cette bête à cent têtes, a un droit inaliénable de se dispenser elle-même du serment de fidelité? N'est-ce pas un bon moyen de donner envie aux Princes Catholiques de vous souffrir?

L'envi-bler les ... ques a ... tif de l'... mation ... terre.

Quant à cette promptitude & à cette facilité avec laquelle vous avez fait changer de face l'Angleterre, & dont vous vous applaudissez si fierement, assûrez-vous, Monsieur, qu'elle est tif de une preuve manifeste de l'injustice de votre entreprise; car rien ne montre plus clairement qu'il n'a pas été possible, que des personnes tant soit peu éclairées ayent eu peur de cette prétendüe introduction du Papisme, & de la puissance arbitraire dont on a voulu payer le Public. Non non, ce n'est point cela qui a fait agir; & à peine la populace a-t-elle pû être capable d'une terreur aussi chimérique, tant s'en faut que la Noblesse y ait donné. La veritable raison, c'est qu'on ne savoit comment se vanger de la France dont la prospérité causoit de mortels chagrins, si à toutes les forces de l'Empire & de la Hollande, on ne joignoit celle de la Grand'-Bretagne, jonction de laquelle on désespéroit, si on n'y alloit tout changer.

Voilà le premier ressort de l'affaire, le seul peché de sa M. B. c'est de n'avoir point voulu épouser les passions des ennemis de la France. Pour les instrumens de l'exécution, je le dis encore un coup, j'ai de la peine à croire que même parmi la lie du peuple çait été la crainte d'être tôt ou tard opprimé par les Catholiques: ce n'a été donc que l'envie de les accabler, envie d'autant plus grande qu'on avoit été privé pendant quelque tems du plaisir d'exécuter les loix pénales. Ces loix suspendües pour un certain tems, arrêtoient comme une digue l'esprit de persécution qui vous animoit; mais plus cet esprit étoit retenu par cette

cette digue, plus s'enfloit-il, plus s'impatien-toit-il de s'échaper; desorte que dès la premiere ouverture qu'on lui a donné, il a tout renversé comme un torrent. Après cela vous osez encore vous vanter d'une grande moderation, & ne parler jamais de l'Eglise Romaine, que comme d'une Société mal-endurante: mais vous vous réfutez vous-mêmes par vos actions, & vous gagnerez à coup sûr de vous faire mieux connoître, & de vous rendre plus haïssables, par ces prompts succès dont vous tirez tant de vanité.

Ces reproches d'être mal-endurant sont-ils souffrables dans la bouche & dans les Ecrits des Protestans, que l'on peut défier de montrer parmi eux d'aussi grands exemples de tolérance envers les Catholiques, que le font ceux que l'on peut montrer parmi les Catholiques à l'égard des Protestans? Car enfin où sont les Etats Protestans dans lesquels les Catholiques soient tolérez, en vertu d'une Loi aussi authentique & favorable que celle de l'Edit de Nantes, que l'on vous a conservée en France plus de quatre-vingts ans, & renouvellée même nonobstant vos rébellions, & confirmée plusieurs fois. Vous nous vantez extrèmement votre suport pour les Catholiques de Hollande; mais en 1. lieu, qui ne sait que par les Confédérations des Provinces-Unies, ils devroient joüir de toutes sortes d'avantages, comme ayant contribué indifféremment avec ceux de la nouvelle Religion à la liberté publique? Quand on vous presse là-dessus, le moins mal que vous puissiez répondre est de dire, que la Confédération de 1579. qui donnoit ce droit aux Catholiques, fut changée à cet égard quatre ans après. Ainsi par votre propre aveu vous ne leur avez conservé le titre de leur privilége, que quatre ans. Or qu'est-ce en comparaison des quatre-vingt-sept ans que l'Edit de Nantes a subsisté? En 2. lieu, la tolérance dont ils joüissent dans quelqu'une des Provinces-Unies, n'est-elle pas contraire, comme vous le savez fort bien dire, aux loix publiques & à plusieurs placarts, qui ont été renouvellez mille fois, mais qu'on n'exécute pas à la rigueur, à cause qu'ils se rachetent par argent des peines qu'ils encourent; & quoiqu'il en soit, les voilà toujours exposez du jour au lendemain à perdre leur tolérance, sans pouvoir recourir à quelque titre ou à quelque loi favorable. Enfin il est sûr que les Provinces-Unies qui n'avoient point dérogé, pour le point dont il s'agit, à la Confédération de 1579. ne laissent pas depuis long-temps de vexer les Catholiques.

M'alléguerez-vous le pays de Cleves? Mais qui ne sait que la loi favorable dont les Catholiques y joüissent, n'est pas un présent que les Electeurs de Brandebourg leur ayent fait, mais un échange de la tolérance que la Maison de Neubourg a pour les Protestans dans l'autre partie de la Succession des Ducs de Cleves qui leur est échuë; de maniere qu'il n'y a rien là dont vous puissiez vous glorifier, puisque vous ne tolerez les Catholiques, qu'à cause qu'en ne le faisant pas, vous donneriez droit au Duc de Juliers de faire le même à ses Sujets hérétiques, & au pis aller, votre tolérance en ce pays-là ne pourra jamais être dite une convention entre le Souverain & ses Sujets; car c'est une transaction passée entre Princes indépendans les uns des autres, & où avoit lieu le *do ut des*. Au contraire vous soûtenez à cor & à cri, que l'Edit de Nantes vous a été accordé par une bonté particuliere, comme une loi perpétuelle & irrévo-

cable, & vous niez comme un meurtre de l'avoir extorqué les armes à la main.

Il est vrai que sur cela vous avez un fâcheux Procès avec le Sieur Soulier, qui a fait une Histoire des Edits de pacification fort incommode pour vous, & à laquelle vous n'avez pû répondre, vous contentant de la vieille maxime & trop usée desormais des Auteurs qui sentent leur foiblesse, c'est de s'armer d'une indignation pleine de mépris. Mais qu'il ait tort ou raison, vous n'y pouvez pas gagner grand'chose; car si vous n'avez pas extorqué vos Edits par force, il s'ensuit que la France a donné un plus grand exemple de modération aux Protestans, qu'aucun Etat Protestant aux Catholiques. Si vous les avez extorquez par force, il s'ensuit que vous avez donné un plus grand exemple de félonie à vos Souverains Catholiques, que les Sujets Catholiques à leurs Souverains Protestans. *Où est donc la vantance, n'est-elle pas forclose?* Pour me servir de ces termes de votre version de Geneve.

Si je passe en Angleterre, où vous soûtenez que l'inexécution des loix pénales a été un attentat aux droits du peuple, dont on doit punir les Auteurs, quels qu'ils soient; quel relief ne donnerai-je pas à l'absurdité des reproches que vous faites à l'Eglise Catholique d'être mal-endurante, & en particulier au ridicule de tout le fracas que firent vos Ecrivains, lorsque le Roy défendit, à peine de la vie, à ses Sujets nez Catholiques, de se faire de votre Religion? Ce qui n'étoit qu'imiter des loix faites depuis long-tems en Suede & en Angleterre, & que vous regardez comme fondamentales & irrévocables, ne trouvant point de plus grands Héros que ceux qui les font valoir.

C'est par-là que Cromwel s'est acquis le cœur & l'admiration de votre parti. La mémoire de ce Tyran vous sera toûjours vénerable, & il faut voir quelle opposition vous en faites dans vos Libelles de Hollande avec les Roys de la famille Stuart. Vous y parlez de lui avec éloge & comme d'un grand homme, & de ces Princes avec le dernier mépris, sans faire grace même au Roy Jaques qui a tant écrit contre Rome. Mais ce n'est pas cela que vos Ministres demandent des Roys; ils sont bien-aises d'être seuls à déclamer contre Rome, & que les Roys, au lieu de la plume, employent contre elle le fer & le feu. Mais c'est ce que le bon Roy Jaques ne faisoit pas, quelque souvent qu'il s'en vît sollicité par vos Auteurs, & entre autres, par du Plessis Mornay, qui en lui dédiant son Mystere d'iniquité en Latin, s'offre de l'accompagner dans ses expéditions, pendant sa plume au croc, & ne se servant plus que de l'épée. Ordre renversé puisqu'un vieillard comme il étoit en ce temps-là, doit plûtôt pendre son épée au croc, & prendre la plume, que quitter la plume pour prendre l'épée. Jugez par-là de votre audace. Un François, Gouverneur pour le Roy d'une Place très-importante, ose bien sollicter un Roy d'Angleterre de détruire l'Eglise Romaine par ses armes, & lui témoigne une envie extrème de le suivre dans cette guerre.

Ce que vous n'aviez pû extorquer de ce Prince, vous l'attendiez d'année en année de Cromwel, & par provision vous aviez la joye de lui voir exécuter les loix pénales severement dans les trois Royaumes, & de prouver en lui une puissante recommandation auprès du Cardinal Mazarin, toutes les fois que vous aviez lieu de craindre la justice du Roi offensé par quelqu'une de vos mutineries. C'est ainsi que vous évi-

 tâtes

tates le châtiment que vous aviez merité à Nîmes l'an 1650. en lui dépêchant un Anglois qui se trouvoit alors en ce païs-là comme voyageur; & il paroît bien par l'acte d'un de vos Synodes de basse Guyenne (autre fâcheux Procès que vous avez à vuider avec le Sieur Soulier, & que vous ne gagnerez jamais devant des Juges non préoccupez) que vous vous serviez d'un Ministre du Duc de la Force, Anglois de Nation, pour entretenir des intelligences avec la République d'Angleterre. Je veux croire néanmoins, de la maniere dont je me souviens d'avoir ouï parler à Monsieur Daillé touchant Cromwel, à propos de ce qu'il a répondu à Monsieur Cottiby p. 127. de la 2. part. que lui & quelques autres personnes moderées condamnoient ce Tyran; mais le gros de votre parti se félicitoit extrêmement d'un tel homme, qu'on espéroit devoir servir par la voie des armes à la ruïne de la Catholicité. Car il est à remarquer que vous avez assez d'ingénuité pour n'attendre rien là-dessus ni de vos Livres de controverse, ni de la Prédication de vos Ministres; mais tout par des ligues & des armées. Encore à l'égard de Cromwel se trouvoit-il un Parti en Angleterre, savoir les Episcopaux, qui enveloppez dans le renversement de la Monarchie crioient vivement contre lui & ses fauteurs. Mais vous voilà tantôt aux termes que les Episcopaux se pourront vanter à-peu-près des mêmes exploits que les Puritains.

Ce n'est pas ici le lieu de vous avertir, qu'en vain vous espérez de grandes conquêtes de Réligion par la présente Ligue; car la Maison d'Autriche en étant, si profit y a, ne sera-t'il pas principalement pour elle, & par conséquent très-peu pour la prétenduë Réforme? Je veux seulement vous faire sentir l'esprit de vertige qui vous possède, & qui marque si bien que le principe de votre conduite est une prévention très-opiniâtre. Il n'y a pas encore six ans que vous vous réjoüissiez des succès du Comte Tekeli, & que vous comptiez beaucoup sur sa destinée, irritez à outrance contre l'Empereur à cause de vos freres de Hongrie, & de tant d'autres oppressions que vous prétendez avoir souffertes de la Maison d'Autriche. Mais aujourd'hui toutes ces passions sont changées; c'est avec transport de joye que vous apprenez les victoires de l'Empereur, & l'accablement du Tékeli, sans vous mettre en peine des Protestans de ce pays-là. C'est qu'à présent chez vous il n'y a point d'autre Hérésie, ou d'autre crime, que d'être ami de la France, ni d'autre gloire & mérite que de lui vouloir faire la guerre; & c'est pour cela qu'il n'est pas jusques au Pape pour lequel vous n'ayez revêtu de la tendresse, & vous allez jusques à la cajollerie pour la Maison d'Autric e. Que la passion qui regne dans une inconstance si bizarre vous rende suspect le principe qui vous attache à votre parti. Je vous prie, Monsieur, de bien peser ce mot-là.

Au reste n'avez-vous pas bonne grace, vous autres qui avez perseveré dans les erreurs de votre naissance, de nous reprocher à nous qui nous sommes réünis à la vraie Eglise, que nous nous laissons séduire par de méchans Sophismes, & que nous avalons des breuvages enchantez, afin de nous étourdir la conscience? C'est bien à vous autres à parler ainsi, vous qui ne vous êtes obstinez dans votre Secte que par des raisons ridicules, comme je viens de vous montrer, & qui vous repaissez de visions, de songes, de chimeres, d'Al-

manachs, & de Centuries de Nostradamus. Quand cesserez-vous d'espérer comme les Juifs un Messie conquérant de l'Univers? Ceux-ci, trompez mille fois par ces espérances, ne laissent pas de se flatter de tems en tems qu'ils sont prêts de se voir un Chef qui détruira par la force de ses armes, le Christianisme & le Mahométisme; & pour vous, trompez à proportion autant de fois qu'eux, il ne s'éleve point de Prince Guerrier dans votre Parti, que vous ne le regardiez comme un foudre de Guerre, qui subjuguera les Rois Papistes, & ira faire son entrée triomphante dans Rome le Siége de la Papauté. Trompez par mille explications différentes de l'Apocalypse, vous ne laissez pas d'ajouter foi au premier venu qui se vante d'en avoir la vraie clef. Cette arrogance qui accompagne l'Hérésie meritoit sans doute ce châtiment, que vous regardissiez enfin Nostradamus comme un cinquieme Evangéliste, & que vous fondassiez sur son pitoyable Galimathias de grandes espérances de prospérité & de vengeance.

Au fond n'êtes-vous pas trop vains de regarder votre Parti de France, comme si ç'avoit été toute la Religion Protestante? Si on vous en croit dans vos déclamations, la Religion Protestante est désolée, opprimée, gémissante, & enfin Dieu doit avoir pitié de ses ruines: sur quoi fondez-vous cela? N'est-elle point aussi triomphante qu'autrefois partout, hormis qu'elle n'a plus en France les Temples qu'elle y avoit? C'étoit donc dans l'Edit de Nantes que vous faisiez consister toute la Réligion Pr. Reformée? N'est-ce pas avoir un grand sens, ou plûtôt n'est-ce pas être aussi ridicule, que nous le serions de dire aujourd'hui, en considérant l'oppression des Catholiques d'Angleterre, que l'Eglise Catholique a été ravagée, ruïnée, qu'elle est affligée, tempêtée, destituée de consolation; je me souviens encore de ces termes consacrez dans votre Parti.

S'étonnera-t'on, après cela, que vous osiez faire consister dans votre Parti tout le Royaume de France? A vous entendre parler, depuis que vous n'y avez plus d'exercice de Religion, ce n'est qu'un pays perdu; vous en avez emporté avec vous dans les pays étrangers toutes les finances, toutes les forces militaires, & le Royaume destitué de votre appui tombera en ruïne, dès qu'on le heurtera un peu rudement.

Quoi, ce qui se passe tout fraichement dans l'Europe ne vous fait-il point revenir de ces vaines & superbes illusions? Ne voyez-vous pas bien que ce n'est pas par lâcheté, comme feroient des assassins qui se mettroient six ou sept contre un brave homme, que les Princes de l'Europe se liguent contre la France, mais par les avis certains qu'ils ont que jamais le Roi n'a eu ni tant de Troupes sur pied qu'il a présentement, ni si propres à exécuter ses ordres, & que cette intelligence dont les manieres ont été jusques ici si efficaces & si opératives, est toûjours la même; desorte que ce n'est que le sentiment de leur incapacité à résister qui les oblige à entasser Ossa sur Pelion, & à se confédérer comme autrefois les Titans, dont sans doute ils éprouveront la destinée. Mais pour ne parler que du passé, comment au moins ne considerez-vous pas que sans ces prétenduës forces, que vous vous vantez d'avoir transportées hors du Royaume, une partie des Troupes du Roi s'étant mises en campagne, dans le temps qu'on a de coûtume d'entrer

en

en quartier d'hyver, ont eu le temps de le rendre Maître de quatre Electorats, & de faire trembler l'Allemagne jusqu'au centre ; & ce qui est de plus avantageux & de meilleur augure pour la France, c'est qu'elle a connu par un très-glorieux coup d'essai, qu'elle doit se promettre sous Monseigneur une continuation de l'éclat & de la force qu'elle possede sous le Roi, tant ce jeune Prince a fait éclater de grandes qualitez, & de merveilleuses dispositions à marcher sur les traces de Louïs le Grand.

Vous ne sauriez croire le tort que vous vous faites avec cet usage perpétuel des plus déréglées hyperboles. N'avez-vous pas la hardiesse de comparer ce qui s'est fait en Angleterre avec ce que Moyse fit en Egypte, comme si votre Eglise avoit été là en une aussi dure servitude, que les Israëlites sous la tyrannie de Pharao ? Ne voïez-vous pas bien qu'avec une délicatesse si inoüie, qui vous fait tant plaindre de si peu de chose, d'un petit nombre de Charges conferées à des Catholiques, vous vous décréditez vous-mêmes en ce que vous avez tant prôné des tourmens que vous dites avoir soufferts en ce païs-ci ? Quelle foi voulez-vous que l'on ajoûte à vos plaintes à cet égard, lorsqu'on voit que vous appellez l'état où étoit l'Eglise Anglicane il y a deux mois, *captivité d'Egypte?* Et en général quelle foi voulez-vous que l'on ajoûte à vos Ministres, lorsqu'ils disent d'un ton décisif, *On croyoit ceci au 8. ou 8. siecle dans l'Orient, dans le Midy,* puisqu'ils osent soutenir des Faits évidemment faux, touchant ce qui se passe aujourd'hui dans les pays voisins ? Je vous en avois déja donné un exemple touchant la peine de mort à quoi les loix de Suede & d'Angleterre condamnent les Catholiques.

Je ne serai point injuste comme vous, en disant que les Officiers de la Religion qui sont allez dans les pays étrangers, ne sont point braves, comme vous dites qu'à présent que vous n'êtes plus ici, les Troupes de France ne valent plus

rien; mais je ne laisserai pas de dire que le principal renfort que vous ayez apporté aux Ennemis de la France, consiste en ce que vous y avez augmenté la licence effrenée des Libelles diffamatoires, dont vous innondez le monde, la plûpart destituez d'esprit & de sel, & distinguez seulement par une impudence brutale qui n'a jamais été soufferte dans un état bien policé. Or si vous croyez que cela vous fasse du bien, vous vous trompez beaucoup.

Vous croyez peut-être qu'à cause de ce que les Politiques remarquent, *que les Etats se maintiennent par les mêmes moyens qu'ils s'établissent au commencement,* vous devez soigneusement cultiver l'esprit de rebellion & de satyre, qui a été le principal instrument de votre fondation dans l'Europe; mais je vous assure que vous y perdez plus que vous n'y gagnez, car après la protection singuliere de Dieu sur son Eglise, rien ne donne plus de disposition aux Catholiques à se tenir fermes dans le centre de l'unité, dans le giron de leur mere, que de voir votre maladie inveterée & incurable de vous soulever d'un côté contre vos légitimes Souverains, & de l'autre de remplir toute la terre des plus infâmes calomnies qui se puissent imaginer. Combien croyez-vous que ce méchant esprit, que vous déplorâtes si fort en France au siecle passé, retint de Catholiques dans leur devoir? Pour moi j'avoüe, en considérant vos Libelles d'aujourd'hui, que je cesse de croire jusqu'aux diffamations les plus appuyées que nos ancêtres faisoient imprimer contre Messieurs de Guise.

Pour conclusion, Monsieur, je vous assure que le desir de votre salut qui me fait faire des prieres ardentes à Dieu pour votre réünion à l'Eglise Catholique, me fait toûjours commencer par souhaiter à nos freres Réfugiez dans les pays de l'Hérésie, provision de bon sens. Pardonnez-moi cette liberté, & me croyez toûjours, &c.

A Paris le 20. Decembre 1688.

F I N DE LA Reponse d'un Nouveau Converti.

AVIS IMPORTANT

AUX

EFUGIEZ

SUR

EUR PROCHAIN RETOUR

EN FRANCE,

onné pour Etrennes à l'un d'eux en 1690.

Par Monsieur C. L. A. A. P. D. P.

AVERTISSEMENT AU LECTEUR.

L'Avis aux Refugiez qu'on donne ici au Public, me surprit extrêmement dès la lecture des cinq ou six premieres pages. C'est un de mes anciens amis qui en est Auteur, Avocat de titre, mais qui s'est moins occupé au Barreau, qu'à la lecture des Livres de controverse. La diversité de Religion n'a jamais empêché qu'il n'y ait eu toûjours entre nous beaucoup d'amitié, cultivée par des services mutuels, à quoi contribuoit la communauté de Province, & de parens. Quoi qu'il se fût attaché à Mr. l'Archevêque de Paris, quand les conversions commencerent d'être à la mode, & qu'il eût publié quelque Livre tendant à cette matiere, il s'en départit quelque tems après, voïant qu'on ne procédoit pas de droit pied. Je lui dois rendre témoignage qu'il a hautement désaprouvé les Dragoneries, & j'ai reçu de lui des marques d'un très généreux ami, quand j'ai pris le parti de sortir de France.

C'est ce qui m'a causé le plus de surprise dans la lecture de cet Ecrit. Je ne me sens point coupable d'avoir manqué à rien de ce que l'ancienne liaison qui étoit entre nous, & les derniers services que j'avois reçus de lui, requéroient de moi: cependant il me choisit entre plusieurs Réfugiez de sa connoissance, pour me rendre le dépositaire d'un tas d'indignitez qu'il a versées sur le papier avec la derniere aigreur, tant contre tout le Corps des Protestans, que contre ceux qui ont cherché hors de France, leur cruelle marâtre, & non pas à proprement parler leur patrie, un asyle pour y servir Dieu selon la pureté de la Foi. Le sujet de ces manieres si dures, si outrées, & si éloignées de l'équité & de la modération que j'ai toûjours remarquées en lui, c'est premierement que les Réfugiez étant en lieu de pouvoir se plaindre en liberté des traitemens barbares, & véritablement dignes de la Religion de l'Antechrist, autant qu'indignes de toute sorte d'humanité, qu'ils ont souffertes en leur païs, ont pu-

blié leurs plaintes contre la France assez vivement. C'est en second lieu, que les Protestans de l'Angleterre & de l'Ecosse n'ont pas été assez simples, après tant d'expériences qu'on a de la mauvaise foi, & de la cruauté de l'Eglise Romaine, de se laisser mener à la tuërie comme des brebis muettes, ayant mieux aimé, selon les loix & les priviléges de leur Nation, secoüer le joug, s'affranchir de l'esclavage, & recevoir le Libérateur que Dieu leur a suscité, comme il fit souvent à son peuple d'Israël au tems des Juges.

Il forme le dessein de lui répondre.

Voilà ce qui a tellement irrité la France, que les personnes qui y avoient eu quelque compassion de notre sort, l'on dépouillé, & je sais des gens qui en sont venus depuis peu, que, si la crainte qu'on y a des soulevemens, pendant qu'au dehors les périls sont si extrêmes, ne faisoit dissimuler l'indignation qu'on a conçuë contre tous les Reformez, depuis ce qui s'est passé en Angleterre, on en seroit déja venu au massacre contre les prétendus faux Convertis. Pour moi je n'ai point cru que les marques de cette indignation, que j'ai vu rejaillir sur moi & sur tous mes freres, dans l'Ecrit qu'on m'a adressé, ne fussent une renonciation d'amitié qui me donnoit droit de repousser en même style des attaques si outrageuses. J'ai donc fait d'abord dessein de faire à cet ancien ami une réponse si vigoureuse, qu'il se repentît de m'avoir si durement & si malignement provoqué. Le Lecteur ne trouvera pas que mon ressentiment aille trop loin, quand il saura ce que c'est que la Piece qu'on m'a envoyée, & que je publie.

Changemens qu'il a faits à cet Ouvrage.

Mais pour bien connoître la justice de mon ressentiment, & de la véhémence que l'on verra dans ma réponse, il faudroit que l'on vît l'Avis aux Refugiez tel que je l'ai reçu. On y verroit cent endroits d'un emportement inoüi contre nos Auteurs les plus recommandables par l'excellence de leurs Ecrits, & par les grands services qu'ils ont rendus à l'Eglise, dont il y a même tel qui est à

pré-

Présent dans la Prélature. On verroit que l'Auteur de l'Avis, en faisant seulement semblant de raporter ce qu'il entend dire, & de se croire obligé par un reste de considération, de m'en avertir, attaque avec fureur ce que nous devons le plus vénérer parmi nos Pasteurs, & s'en prend personnellement à presque tous nos Ecrivains, d'une maniere, (il me pardonnera s'il lui plaît le mot), très-malhonnête. J'ai retranché absolument tous ces endroits; je n'y ai rien laissé où l'on pût aisément reconnoître quelque Auteur particulier, excepté à l'égard de deux ou trois, où il a fait de faux pas, sur quoi j'ai dessein de le relever, & qui m'ont paru nécessaires, afin que le Lecteur connût plus facilement l'injustice, ou la trop grande délicatesse de ces Messieurs. Ils nous font un crime de ce que nous nous plaignons vivement des plus énormes barbaries, & des injustices qui font dresser les cheveux; tout leur paroît Libelle, satyre; & ceux-mêmes qui gardent le plus de mesures, leur semblent les plus artificieux Satyriques. Quoi de plus injuste?

L'ancienne Rome, qui a vû tant de Tyrans exécrables, en a bien vû qui défendoient aux malheureux, dont les parens avoient été immolez au caprice de ces bêtes féroces, d'en pleurer, & d'en gémir; mais elle en a vû d'autres qui avoient au moins ce reste d'humanité, d'endurer que les malheureux se plaignissent. Et pour nous, on nous vient persécuter jusques dans ces retraites, que la piété & la charité de nos freres nous ont fournies dans les païs étrangers; on ne nous voudroit pas permettre, si on pouvoit l'empêcher, que nous ouvrissions la bouche pour faire connoître les maux qu'on nous a fait souffrir si barbarement & si injustement. On tâche de noircir comme des médisans & des calomniateurs une infinité de bonnes ames, des gens d'honneur, & de vertu, qui après avoir tout quitté pour leur Religion, menent une vie tout-à-fait édifiante, & sanctifient les souffrances à quoi Dieu les a appellez pour son Saint Nom. Mais c'est sur quoi je m'étendrai, Dieu aidant, dans ma réponse, devant cela à la vérité à la justice, en l'honneur de mes chers freres les Réfugiez de France, en Angleterre, en Hollande, en Allemagne, en Suisse, &c.

Ce ne sont pas seulement nos Ecrivains qu'il a mal-traitez en personne, dans les endroits que j'ai supprimez, il a de-plus porté sa critique perçante & maligne sur les personnes du plus haut rang, & en particulier sur le HEROS qui a délivré, en délivrant ses Roïau-

mes, toutes l'Europe d'une oppression qui l'eût bien-tôt réduite en pire état que n'est aujourd'hui l'Asie, & la Grece, sous la domination Ottomanne.

Ce Libérateur de la Chretienté, & spécialement de la Religion Protestante, dont on avoit conjuré la perte, est l'objet des bénédictions de tout le monde, excepté en France, pour les raisons que chacun sait. Notre même Auteur n'a pas épargné cette République florissante, le soutien & l'appui de la vraie Eglise; la Hollande, en un mot, que Dieu forma au dernier siecle dans ses grandes compassions, qu'il a comblée de ses bénédictions temporelles & spirituelles, qu'il fit dès ce tems-là un instrument pour arrêter l'ambition de ceux qui étoient alors trop puissans, & qu'il emploie aujourd'hui à la même fin.

Mais tout ce qui regardoit nos Souverains, tant en cette Isle qu'au-delà de la mer, lorsqu'il a pû être entierement supprimé de ce présent Avis, l'a été, & je n'ai retenu sous des circonlocutions, à quelques endroits près où il a falu rapporter plus cruement l'original, que les passages qui seront discutez & réfutez exactement dans la réponse que je prépare. C'est-là qu'avec le panégyrique, mais en style simple & nullement oratoire, du grand Prince que Dieu nous a donné ici en Angleterre, & de la République de Hollande, à qui après Dieu ce païs doit cet inestimable présent, on fera voir à notre Avocat, que les grands remedes des Etats ne sont point soumis aux Rubriques du Palais, & qu'ainsi toutes les Critiques des faiseurs de Libelles de Paris, & leurs plaintes de manque de formalité, sont peu de chose.

La suppression que j'ai faite de mille choses répandues dans tout le corps de la Piece, & qui s'adressoient durement, ou à des Auteurs, ou à des Princes particuliers, sera sans doute cause que le Lecteur trouvera ici bien des endroits qui n'auront rien de naturel, & qu'il sentira je ne sai quel vuide, par où il sera frustré de ce qu'il étoit naturel d'attendre là & là d'un Auteur qui a dit ce qu'on verra, n'aïant pas été supprimé.

Ce n'est-là qu'une petite partie de mon projet. J'ai dessein de traiter plusieurs questions qui pourront paroître incidentes, mais qui ne laissent pas d'entrer naturellement dans le corps de notre Apologie, nos adversaires ne cessant de nous insulter sur ce qu'ils appellent nos Libelles, nos Ecrits satyriques, nos soulevemens, &c.

J'ai dessein d'examiner avec quelle justi-

juſtice on pourroit avoir ſuſpecté une Secte qui abonderoit en Ecrits, que ſes ennemis appelleroient diffamatoires, ſuppoſé qu'on les pût imputer, non à quelques Particuliers, mais à la Communion en Corps.

Paſſant de la theſe à l'hypotheſe,
j'examinerai ſi notre Communion eſt reſponſable des Ecrits ſatyriques, que quelques-uns des nôtres peuvent avoir publiez.

S'il eſt neceſſaire, pour ſe pouvoir vanter que le Corps n'approuve pas la licence de quelques Particuliers, d'avoir
fait quelque acte de déſaveu public,

J'examinerai à fond juſqu'où peut être
portée la force d'un préjugé, que l'on fonderoit ſur ce qu'une Secte dans ſes commencemens n'auroit pas été auſſi ſage, &
du côté de l'épée, & du côté de la plume, que les premiers Chretiens.

Et parce que nos Ennemis font ſemblant
de croire que nos juſtes plaintes publiées en
pluſieurs de nos Ecrits, ne méritent point
de réponſe, attendu que nous n'avons pas
cotté au derriere de ces Ecrits les Pieces
juſtificatives légaliſées, j'examinerai en
quelles circonſtances le défaut de cette formalité peut porter coup à des complaignans,
& je montrerai que les Réfugiez ne ſont
pas dans le cas.

Ce n'eſt là qu'un échantillon des queſtions que cet Ecrit me fournit incidem-
ment à examiner, & que je ne crois pas
qui ſeront inutiles à notre cauſe, ſi Dieu
me fait la grace, avec le ſecours & les
Bibliotheques de mes amis, d'approfondir
un peu les choſes.

J'ai deſſein auſſi de montrer que notre
Avocat s'eſt engagé très-ſouvent à nier
& à confirmer des choſes qu'il devoit ou
ne point nier, & affirmer, ou qu'avec
bien des reſtrictions. Mais on ne ſauroit
croire, ſans l'avoir éprouvé, combien il
faut faire de lectures, & de recherches
de Pieces, pour convaincre un adverſaire qui s'eſt trop avancé.

La récrimination me fourniroit pluſieurs
volumes; je choiſirai les Faits les moins
rebatus, & j'eſpere que mes amis & moi
en trouveront de ceux-là un aſſez grand
nombre pour donner de la confuſion à qui
nous provoque & nous inſulte, & de la
ſatisfaction au Lecteur.

Je leur prépare ſur toute une récrimination ſur la modération qu'ils ſe vantent d'avoir préſentement, à l'égard du
feu Pape, des Eſpagnols, & même de
notre grand Roi Guillaume III. que
Dieu conſerve. J'ai déja ramaſſé beaucoup de Libelles, ou venus de France par
la poſte, ou diſtribuez clandeſtinement
par cette grande Ville de Londres, deſquels les Extraits feront voir manifeſ-

tement à toute l'Europe, que c'eſt ou de
mauvaiſe foi, ou faute de s'être informé des choſes les plus connuës, qu'on a
tant vanté la moderation des Papiſtes
d'Angleterre & d'Irlande, & des François.

Ce ſeroit un prodige tout-à-fait nouveau que la modération en ces gens-là,
& la patience des injures.

Il faut préſentement, cher Lecteur,
que je vous diſe pourquoi j'ai publié l'E-
crit injurieux qui m'avoit été adreſſé, ſans
y appoſer l'antidote que je prépare.

C'eſt l'étenduë de ma réponſe qui demande beaucoup de recherches, & tant
de tems que je ne ſai ſi elle pourra être
prête pour la fin de cette année, qui eſt
cauſe que je publie ſeul cet Avis aux Réfugiez, eſpérant que parmi tant de nos
freres qui ont le talent de bien écrive,
& la facilité des preſſes, il s'en trouvera qui ſachant de quoi il eſt queſtion,
feront une réponſe ſommaire à ce qu'il y
a de plus important, & qui touche au
but. Je ſai & de la bouche de gens venus depuis peu de France, & par des
Lettres reçuës de divers endroits de ce
Royaume, que nos ennemis ſe ſervent
de quelques feuilles volantes qu'on imprime en Hollande, pour animer les peuples contre nos freres, & pour repréſenter les Réfugiez comme des monſtres
de médiſance, de calomnie, de haine
contre la France; qu'il y a des Moines
qui font des Extraits de quelques-uns
de nos Ecrits, qu'ils en entretiennent
leurs Auditeurs en Chaire, qu'ils accompagnent cela de leur Rhethorique
Monachal, pour produire, entant qu'en
eux eſt, une averſion irreconciliable qui
aille juſques dans le Cabinet du Roi, &
y faſſe réſoudre de hazarder plûtôt tout
ſon Roiaume, que d'y rétablir les Réformez.

J'ai donc cru qu'il étoit bon que nos
freres ſçuſſent, en publiant ce qui m'a
été communiqué, ſur quel pied on les regarde, & quelles réflexions empoiſonnées
on fait contre eux, eſpérant, comme je
l'ai déja dit, que quelqu'un prendroit la
plume pour faire en deux mots leur Apologie, en ne s'arrêtant qu'au gros de ces
deux points, nos Ecrits ſatyriques, comme ils parlent en France, & nos Ecrits
ſéditieux, pendant que j'éplucherai par
le menu le préſent Avis, & que je n'y
laiſſerai rien que je ne réfute amplement
& fortement.

Si l'Auteur des Lettres ſur les Matieres du tems vouloit ſeulement deſti-
ner à ce deſſein une ou deux Lettres
pendant que les exploits de guerre ne
l'occupent pas, & qu'il a le tems de ſe
répandre ſur des incidens généraux, il

rendroit un service signalé à la Ca·se. Ce ne sauroit point beaucoup sortir de sa sphere, puis que le grand nombre d'Ecrits qui se publient de part & d'autre, sont une vraie matiere du tems, sur quoi les Curieux seront ravis d'entendre le jugement d'un si judicieux Ecrivain. Il y est intéressé, puisqu'on s'en est pris à lui, & qu'on l'a mêlé avec les Auteurs qu'on a traitez de satyriques.

Il sera très-aisé de justifier nos Réfugiez; car m'étant adressé par Lettre à quelques amis de Hollande, on m'a assuré, 1. que les Ecrits concernant des avantures amoureuses, où des personnes de la premiere qualité sont diffamées, ont été composez par des Papistes, dès avant qu'il y eût des Réfugiez. 2. Que les Nouvellistes, dont la France se peut plaindre le plus, ne sont point des Réfugiez, & qu'il y en a même qui ne sont point François.

J'espere au reste que l'Auteur de cet Avis, après avoir consenti que je retranchasse ce que je trouverois à propos, ne trouvera pas mauvais que je l'aie fait, vû que je ne lui ai rien ôté que ce qui pouvoit lui faire moins d'honneur, ayant été fort scrupuleux à ne point omettre ce qui étoit raison, remarque venant au fait, réflexion & objection sur la matiere; mais seulement ce qui étoit invective personnelle, ou jeu d'imagination, dequoi même je lui ai laissé peut-être trop.

Quant à ses citations, qui étoient par trop entassées, j'en ai supprimé beaucoup de celles qui ne contenoient point un Fait différent des précédentes, & dont l'omission n'affoiblissoit point son Ecrit. J'ai mis en marge la plûpart de celles que j'ai retenuës, & traduit en François presque toûjours, selon nos versions, les passages de l'Ecriture qu'il n'avoit citez qu'en Latin.

Je hâte le plus que je puis ma réponse; je consulte quantité de bons Ecrits Anglois, & j'espere que le Public sera content de mon travail. Je crains seulement qu'il ne me demande trop de tems, ce qui me chagrine dans l'impatience que j'ai de témoigner à toute la terre le zele que j'ai pour célébrer la gloire du ROI GUILLAUME, FAVORI DE DIEU. On le peut à bon droit surnommer tel, & lui appliquer ce que l'Ecriture dit de David, que Dieu a trouvé en lui un homme selon son cœur, qu'il l'a conduit par la main, & l'a fait seoir sur le trône, avec cette avantageuse différence, qu'au lieu que David ne fut mis en possession du

Roïaume de son Beau-pere réprouvé de Dieu, que quelque tems après sa mort, Dieu a anticipé cette faveur pour le Roi Guillaume, lui ayant donné les Couronnes de son Beau-pere de son vivant, sans que (ce qui est singulierement remarquable, & ne peut venir que de Dieu, qui lui a fait trouver grace devant les plus passionnez ennemis de notre Religion) aucun Etat de l'Europe, excepté la France pour des passions d'intérêt particulier, y ait trouvé à redire. La TRES-AUGUSTE MAISON D'AUTRICHE, dont le zele pour sa Religion est assez connu, & tous les Princes Catholiques d'Allemagne, ont aplaudi à cette bienheureuse révolution, & la maintiennent le plus qu'ils peuvent. Les Moines & les Jésuites mêmes par toute l'Europe, excepté en France, ou approuvent, ou du moins ne témoignent pas qu'ils désaprouvent cela.

Non hæc sine numine Divûm.

Que ce soit Dieu qui d'une façon particuliere, & tout-à-fait semblable à celle dont il conduisoit son peuple d'Israël, a fait cette grande révolution, & ses suites, il n'y a que des aveugles, des stupides, ou des ingrats envers sa bonté paternelle, qui en puissent douter. Tout a été miraculeux dans ce voïage. Le dessein n'a dû qu'en être inspiré de Dieu: la Raison humaine y auroit trop prévu de difficultez. La réussite prompte & subite n'a pû être ménagée que par ces ressorts invisibles de la Providence, qui font plus en une heure que tous les hommes ensemble en trente ans. C'est Dieu sans doute qui a confondu & le Conseil de France, & celui de Jaques II. Naturellement ils ne se seroient pas conduits comme ils ont fait; leur plus ardente passion étoit de faire manquer l'entreprise, & y ayant une infinité de moyens de la traverser puissamment, que les lumieres qu'ils ont d'ailleurs leur pouvoient indiquer, ils ont pris précisément la seule route qui rendoit l'entreprise immanquable.

Non hæc sine numine Divûm.

Et disons avec le Psalmiste, au Pseaume 118.

> Cela est une œuvre céleste,
> Faite pour vrai du Dieu des Dieux;
> Et un miracle manifeste,
> Lequel se présente à nos yeux.

AVIS AU LECTEUR.

CEt Ecrit ayant été envoyé par l'Auteur aux païs étrangers, à un de ses amis, il y a été imprimé avec divers changemens, contraires à son intention. C'est ce qui l'oblige à le faire réimprimer en France en sa forme véritable & naturelle. Il proteste sincerement qu'il n'a eu aucun dessein que de faire son devoir, en faisant connoitre à ceux à qui il prend intérêt, certaines véritez importantes, sur lesquelles on ne fait pas assez de réflexion, & qu'il a si peu regardé la faveur & les espérances de la Cour, qu'il a même évité d'en être connu, se cachant pour cette bonne action avec autant de soin qu'on se cache pour les mauvaises.

AVIS
AUX
REFUGIEZ
SUR
LEUR PROCHAIN RETOUR
EN FRANCE.

V OICI, mon cher Monſieur, l'année 1689. expirée ſans qu'il ſoit rien arrivé de fort mémorable. Vous vous promettiez monts & merveilles dans cette année-là ; qu'elle ſeroit fatale à l'Egliſe Romaine en général, plus fatale encore à la France ; qu'on ne verroit que grandes criſes d'affaires, que révolutions miraculeuſes, & tout ce en un mot qui eſt le plus digne d'une année climactérique du monde. Vous avez vû, au contraire, toutes choſes rouler ſi naturellement, ſi uniment, & ſi fort tout d'une piece, qu'il ſeroit malaiſé de rencontrer dans l'Hiſtoire une guerre auſſi générale que celle-ci, dont la premiere Campagne, dans la plus grande animoſité des Parties, ait été auſſi peu chargée d'événemens que l'année 1689. Pour le moins eſt-il certain que l'affaire que vous regardiez comme la plus immanquable, ſçavoir votre rétabliſſement, n'eſt point arrivée.

Je ne vous le dis pas, Monſieur, pour vous inſulter ; à Dieu ne plaiſe! Vous ſçavez mes ſentimens. Vous n'ignorez pas que n'aïant aucune part aux affaires publiques, j'ai vû avec une extrême regret cette ſuite d'événemens, & cette fatale néceſſité, par laquelle la France s'eſt privée de tant d'honnêtes gens, & de perſonnes de mérite, qui ont été chercher un aſyle dans les pays étrangers. Deſorte que ſi je vois avec plaiſir que l'année 1689. n'a point répondu à vos prédictions, ce n'eſt nullement à cauſe du préjudice que vous en recevez, mais à cauſe qu'on doit être bien-aiſe, en faveur de la Raiſon & du bon ſens, que la ſuperſtition des nombres, & la crédulité populaire, ſoit démentie par des expériences palpables qui puiſſent autant l'affoiblir, qu'elle ſe ſeroit fortifiée par les évenemens à quoi vous vous étiez attendus. Et pour vous montrer que c'eſt-là le véritable ſujet de ma joie, voici dès le premier jour de l'an 1690. une Lettre où je vous félicite de tout mon cœur des favorables diſpoſitions qu'on dit être dans l'eſprit du Roi pour le rétabliſſement de votre Parti. Je ne vous aſſure pas que tout le monde s'en réjouïſſe ; il ſe trouvera toûjours (*) des ignorans & de faux ſavans, qui condamneront la tolérance de votre Secte dans le Royaume du Roi Très-Chretien, & du Fils aîné de l'Egliſe ; mais je vous réponds qu'en général tout ce qu'il y a de plus raiſonnable dans les trois Ordres du Royaume, approuveront qu'on vous laiſſe une honnête liberté, puiſqu'il n'a pas ſemblé bon au Saint Eſprit de ſeconder les intentions qu'on a euës de vous réünir à l'Egliſe Catholique. Vous ne ſçauriez croire le plaiſir que je reſſens par avance, en m'imaginant que vous ne ſerez pas des derniers à revenir. Je ne parle preſque d'autre choſe avec mes amis, & je ne vois guéres de gens qui n'ayent perdu, par la ſupreſſion de l'Edit de Nantes, quelque perſonne qu'ils aimoient, & qu'ils eſtimoient infiniment, malgré la différence des Religions ; ce qui fait qu'ils s'entretiennent avec beaucoup de joie des Nouvelles favorables qu'on débite ſur votre ſujet. Ainſi, Monſieur, préparez-vous, tous tant que vous êtes, à recevoir à votre retour en France, mille careſſes & mille embraſſemens de ceux-mêmes qui ſont attachez avec un zele inviolable à la Communion de l'Egliſe Catholique.

Mais permettez-moi de vous avertir d'une choſe, vous, Monſieur, & tous vos Confreres Réfugiez en divers pays étrangers ; c'eſt de faire une eſpece de quarantaine avant que de mettre le pied en France, afin de vous purifier du mauvais air que vous avez humé dans les lieux de votre exil, & qui vous a infectez de deux maladies très-dangereuſes, & tout-à-fait odieuſes ; l'une eſt l'eſprit de ſatyre ; l'autre un certain eſprit Républicain qui ne va pas à moins qu'à introduire l'Anarchie dans le monde, le plus grand fléau de la Societé civile. Voilà deux points ſur leſquels je prens la liberté de vous parler en ami. Commençons par votre eſprit de ſatyre.

PREMIER POINT.

Ecrits Satyriques.

L A facilité que vous avez trouvée dans les pays étrangers de faire imprimer impunément tout ce qu'il vous a plû, a produit parmi vous une ſi grande quantité d'Auteurs, qu'il n'y a pas d'apparence qu'aucune Secte vous diſpute jamais

---

(*) „ Dans l'Edition de Leers marquée de Paris il y „ a, *Des gens en grand nombre qui, &c.*
(A) „ Il y a dans cette même Edition des Leers, *Mais*

„ *il ne ſera pas impoſſible que beaucoup de gens de bien* „ *dans les trois Ordres du Royaume, n'aprouvent &c.*

mais le premier rang de fécondité en ce genre-là. Ces Auteurs sont fort différens les uns des autres en capacité, mais ils s'accordent tous assez bien à écrire avec beaucoup d'emportement, & à marquer un grand désir de vengeance, sans qu'on puisse appercevoir dans leurs Ouvrages la moindre teinture de cet esprit Evangélique, de cette modestie, de cette douceur, de cette onction qu'on voit couler de la plume des véritables Chrétiens, lorsqu'ils ont eu le bonheur de souffrir pour la verité, & de faire un bon usage de leurs afflictions. Pardonnez-moi la liberté que je prens de vous parler de cette maniere. Je n'ai aucun dessein de vous chagriner, je vous le proteste le plus sincèrement du monde; je ne regarde en cela que vôtre amendement, du moins dans les mœurs, & la sûreté particuliere de ceux d'entre vous qui retourneront en France. Dans cette vûë, il faut que je vous dise qu'ils doivent faire paroître de l'aversion pour cette sorte d'Ecrits: car vous ne sçauriez croire le jugement désavantageux que l'on fait ici de tous les Réfugiez, quand on fait réflexion sur la nature de leurs Livres, que personne d'entre eux ne désapprouve publiquement; d'où selon l'ancienne maxime, *Qui tacet consentire videtur*, on infere qu'ils les approuvent.

Jugement sur ces Ecrits.
On ne se contente pas de faire de vos Livres le même jugement que le Cardinal Palavicin (*) a fait de l'Histoire du Concile de Trente de *Fra Paolo*; mais on passe plus avant à l'égard de plusieurs de vos Satyres, & on soûtient que vous y avez porté la licence de déchirer toute la terre à un point qui n'avoit peut-être jamais eu d'exemple. Il n'y a rien de si auguste, ni de si éminent, que vous ayez crû digne de votre respect: Les Têtes Couronnées, que toutes sortes de raisons doivent garantir de l'insulte des Libelles diffamatoires, ont été l'objet de la plus énorme & de la plus furieuse calomnie dans plusieurs de vos Livres; & non contens de mille grossieres suppositions de prétenduës Lettres du Pere Peters au Pere de la Chaise, par lesquelles vous avez répandu, à la faveur de la poste, en tous les endroits du Monde, toutes sortes d'infamies contre leurs Majestez Britanniques, vous les avez persécutées jusques dans cet Asyle sacré que la France leur a fourni; & vous avez crû que leur chûte vous devoit inspirer l'audace impie de publier calomnieusement tout ce qui peut le plus flétrir la réputation d'un grand Roi, & d'une vertueuse Reine, au lieu d'enprendre occasion d'adorer plus respectueusement en leur personne les ordres de la Providence, qui permet qu'il s'éleve des tempêtes parmi les peuples, pour des raisons toûjours dignes de sa sagesse infinie, & souvent moins favorables à ceux qui sont élevez sur le Thrône par ces furieux tourbillons, qu'à ceux qui en sont renversez. Ce seront des coups de foudre, tant qu'on voudra, mais qui ne partent pas toûjours de la main d'un Dieu en colere, & qui en tout cas nous doivent inspirer les mêmes sentimens de respect que l'on avoit anciennement pour les lieux frappez de la foudre. On les regardoit dès-là comme sacrez, & c'eût été une profanation punissable que d'y jetter les moindres ordures. N'avez-vous pas fait tout le contraire, & l'imagination la plus accoûtumée à l'irrévérence oseroit-elle se représenter les abominables fic-

tions que vous avez étalées dans toutes les boutiques de vos Libraires contre ces personnes augustes, pendant qu'elles supportoient ici leur disgrace avec une résignation qui doit édifier toute l'Europe? Vos Auteurs se trompent fort, s'ils croyent ajoûter par ce moyen *affliction à l'affligé*. Leurs coups viennent de trop bas pour porter si haut; des exhalaisons si grossieres ne sauroient monter du fond de vos égoûts de calomnies, jusqu'à ces régions supérieures: & comme le Soleil joüit toûjours de sa lumiere, malgré les sombres vapeurs qui s'élevent des marais & des eaux bourbeuses, les grands Princes ne sortent pas de leur calme, ni de leur éclat, encore que la gloire qui les environne excite je ne sçai combien de malignes exhalaisons qui tâchent de l'offusquer.

Je m'explique sur tout ceci d'autant plus librement avec vous, Monsieur, que je suis persuadé que vous êtes des premiers à condamner dans le fond de l'ame cette licence effrénée. Les droits les plus inviolables de l'honnêteté & de la société civile, imposent un silence respectueux aux Particuliers, lors même qu'ils peuvent dire des Faits véritables contre les Monarques. Que doit-on donc juger de ces Romans que vous faites imprimer tout tissus de calomnies, forgées brutalement par des esprits remplis de passion & de la plus noire malignité?

Si on attribu tout le
Vous croyez peut-être en être quittes, en disant que tout le Parti n'entre point là, & n'approuve point ces excès. Mais comment témoignez-vous cette désapprobation? Ces Libelles ne sont-ils pas achetez avec tant d'empressement, que les premieres Editions en disparoissent bien-tôt, & qu'il en faut faire d'autres pour satisfaire à l'avidité publique? N'est-ce pas une preuve convaincante qu'on en aime la lecture? Oseriez-vous dire en conscience que vos Ministres, en censurant vos autres défauts, vous ont exhortez quelquefois ou en particulier, ou en public, à vous défaire de l'inclination qui regne parmi vous pour composer, ou pour lire des satyres contre la France? Ont-ils quelquefois blâmé le soin que vous prenez de semer partout ces Libelles, & de nourrir de ces alimens empoisonnez ceux de vos Freres qui sont restez dans le Royaume? Quelqu'un de vous, chargé ou non chargé de commission, a-t-il publié quelque chose qui témoignât que ces Libelles sont l'ouvrage de gens sans aveu, dont la témérité & l'emportement déplaisent beaucoup au Gros des Réfugiez? On ne manque point ici de faire valoir ces remarques & plusieurs autres, pour mettre sur le compte de tout le Corps la faute qui originairement & capitalement ne réside qu'en ceux qui se mêlent de composer: gens dont la situation est telle, qu'ils ne pourroient se disculper d'une malice & d'une témerité insignes, quand même le hazard feroit qu'ils rapportassent quelquefois la verité, puisqu'ils ne sçauroient avoir de bonnes preuves de ce qu'ils avancent, vû le tems & les lieux où ils l'avancent.

Quel c'est prit l
Vous auriez une très-fausse idée de la Morale Chretienne, si vous pouviez-vous imaginer que ce sont-là de petits péchez, lesquels vos souffrances pour cause de Religion excuseront amplement au Thrône de Dieu: car ne vous y trompez point, il n'y a pas de corruption plus opposée

---

(*) *Negli Ecritici, e particolarmente in quest'huomo, trattando materie sì pie, non si trova mai una stilla di tenerezza verso Dio, una scintilla de devozione, un zelo di carità; mà solo il zelo rabbioso de Satirici, che non riscaldà mà scotta, e tinge: ne in somma verundi quei sentimenti de quali Christo fù il Maestro; e che però distinguono la Religion Christiana dalle Sette contrarie.* Palavicin, Introduz. cap. 3. dell' Istor. del Concilio.

sée à l'esprit du Christianisme que cet acharnement satyrique dont nous nous plaignons; & c'est en vain que vous vivez en exil, privez de mille douceurs que vous goûtiez dans votre Patrie, si vous ne déracinez de votre cœur l'animosité & le désir de vengeance, qui vous fait verser sur le papier, & lire avec tant de joye une infinité d'injures atroces, de faussetez ridicules, & de contes scandaleux. Si vous êtes persuadez que ce sont des Faits faux, vous êtes sans contredit infiniment plus coupables que si vous n'en êtes pas persuadez; mais cette dernière persuasion ne sçauroit vous exempter de crime, puisqu'elle est la plus mal fondée du monde, & qu'à moins de se laisser aveugler par ce fiel très-amer d'iniquité & par cette racine d'amertume dont parle le S. Esprit(*), on n'ajoûte point de foi à une médisance aussi destituée de preuves, que celle de vos faiseurs de Libelles; encore moins se donne-t-on la hardiesse d'en composer des satyres.

Vous sçavez bien ce que dit Saint Paul (A), que le don des Langues, la prophétie, la science la plus étenduë, la Foi la plus capable de produire des miracles, la distribution de tous ses biens aux pauvres, la mort même pour sa Religion au milieu des flammes, ne servent de rien, ou tout au plus qu'à faire du bruit, si on n'est rempli de charité, c'est-à-dire, (comme il nous l'apprend lui-même en paraphrasant son expression) si l'on n'est d'un esprit patient, benin, sans envie, sans insolence, sans orgueil, sans malhonnêteté, sans amour propre, sans dépit, sans mauvais soupçons, endurant tout, & supportant tout. Voilà les principaux caractères de la charité, selon S. Paul: cherchez-les tant qu'il vous plaira dans les Livres que vous publiez par monceaux, non seulement vous ne les y trouvez pas, mais vous y voyez tout le contraire: un esprit mal endurant, qui ne respire que la vengeance, une aigreur, une présomption, une jalousie contre la gloire du Roi, une malhonnêteté, un chagrin, une médisance extraordinaires. N'est-ce pas une grande illusion que prétendre avec de telles dispositions, que Dieu vous doit tenir un grand compte de ce que vous avez laissé vos biens? Et combien y a-t-il de gens ici qui disent que la raison qui vous a fait aller dans les pays étrangers, n'est pas tant la facilité que vous y trouvez de receuillir la manne spirituelle, c'est-à-dire, la prédication de la parole de Dieu, selon vos principes, que la facilité que vous y trouvez encore plus grande d'yboire à longs traits le poison de la Satyre, & de cüeillir tous les matins à la première boutique de Libraire, ou à la première maison de Caffé qui se présente, la manne des Libelles diffamatoires toute fraiche.

Car enfin, sans parler de ces Auteurs qui n'ont point de jour reglé pour la publication de leurs invectives, & qui font très souvent des équipées en divers endroits, vous avez des Ecrivains qui ont eux-mêmes reglé les accès de leur fievre, les uns à la quinzaine, les autres à une fois le mois, les autres à trois, ou même à quatre fois par semaine. Vous en avez plusieurs de ce dernier ordre; & comme la semaine ne leur sçauroit suffire, s'ils vouloient avoir chacun son jour à part, c'est une nécessité pour eux de tomber sur le même jour. Ainsi voilà de la manne qui non seulement vous tombe devant la porte chaque matin, comme du pain quotidien,

mais aussi qui multipliela mesure en certains jours d'une terrible maniere. Cette nécessité de se rencontrer au même jour obligeant les Gazetiers à se donner plus de peine pour emporter la préférence, c'est à qui débitera plus de fausses Nouvelles, & plus de prédictions de mauvais augure contre nous, & à qui les accompagnera de railleries plus passionnées & plus insultantes.

Que dirai-je de ces Nouvelles raisonnées qui ne courent que comme des Anecdotes, ausquelles vous donnez le nom burlesque de *Lardon*, & qui nous viennent assassiner par toute la France toutes les postes? Je vous en fais juge, Monsieur, se peut-il rien faire de plus insolent; & si les Sauvages de l'Amérique, retenant toute leur férocité anthropophage, devenoient un jour Gazetiers, pourroient-ils fouler aux pieds plus qu'on le fait parmi vous, les mesures & les égards les plus inviolables?

Que dirai-je encore de ces faiseurs de Réflexions historiques & politiques qui font tant les capables dans je nesçai quels Commentaires qu'ils publient tous les mois, sur les Nouvelles de la Gazette, & où non seulement ils débitent comme des Actes authentiques, des Pieces manifestement supposées, mais aussi toutes sortes de froides plaisanteries, de mauvais contes & d'outrages contre nos Puissances suprêmes & subalternes?

Je ne nie pas qu'il n'y ait de vos Ecrivains à la quinzaine, qui affectent des airs plus mitigez; mais ce sont les plus artificieux, & à proprement parler les plus satyriques: car il se trouve au bout du compte, qu'avec la même affectation que les autres, mais par des tours plus capcieux, ils ne mettent de nôtre côté qu'imprudence, qu'injustice, que malheur, que foiblesse, que consternation, que funestes présages; au lieu que si on les en croit, tout est grand, juste, sage, florissant dans leur Parti.

On pourroit se plaindre d'un certain Auteur, & le placer même selon le style de M. Claude (B) entre les faiseurs de Gazette, quoiqu'il ne se produise qu'en assez grand volume quatre fois l'an, on pourroit, dis-je, s'en plaindre: car il n'y a pas longtemps qu'au lieu d'Extraits de Livres, il donna presque tout un Tome rempli de dogmes tout-à-fait séditieux, & de méchans lieux-communs de Controverse, étoffez de vieux aillons du Sieur du Plessis Mornay contre les Papes & les Jésuïtes. Mais comme cela ne lui est arrivé qu'une fois, & que partout ailleurs il prend plus à tâche de couler son Socinianisme, que sa passion contre la France, ce n'est pas ici le lieu de s'en plaindre; c'est votre affaire plûtôt que la nôtre.

Au reste, si vous n'aviez commencé à remplir de vos Libelles toute l'Europe qu'en l'année 1689. on auroit moins de sujet d'en être scandalisé: car encore que la guerre la plus sanglante ne puisse pas excuser les excès de vos Ecrivains, il faut pourtant avoüer qu'en temps de guerre on n'est pas obligé à garder tant de mesures. Ce qu'il y a donc de plus étrange, c'est qu'au milieu de la paix, vous ayez pû exercer publiquement les hostilitez les plus cruelles à coups de plume. Je sçai bien que plus d'une fois les Magistrats ont interposé leur autorité, pour en arrêter le cours; mais je sçai bien aussi qu'ils s'y
pre-

(*) ,, Actes des Apôtres, ch. 8. v. 23. Epître aux Hé-
,, breux ch. 12. v. 15.
(A) ,, 1. Aux Corinthiens ch. 13.

(B) ,, M. Claude page 64. des Plaintes des Protestans
,, dit, que l'*Auteur du Journal des Sçavans soûtenoit dans*
,, *ses Gazettes ordinaires, &c.*

prenoient d'une maniere à n'effaroucher personne. Et sans être grand devin, on peut sûrement parier, que pendant qu'ils défendront ainsi de publier ces Satyres, il n'en résultera autre chose que ce qui fut dit autrefois à Rome touchant les Astrologues. (*) *Il leur sera toûjours défendu de séjourner dans la Ville, & ils y demeureront toûjours.*

Leurs Ancêtres introducteurs des Libelles diffamatoires. Reglement des anciens Romains contre une telle licence.

Permettez-moi, Monsieur, puisque je ne me suis engagé que pour votre bien à vous donner ces avis; permettez-moi, dis-je, de ne vous rien cacher, de tout ce qui me paroît le plus capable de vous les rendre salutaires. On trouve ici que vos Satyres ont un effet rétroactif en deux façons. 1. En ce qu'elles nous font douter de plusieurs choses, que l'on n'a crües que sur le témoignage de gens persécutez. 2. En ce qu'elles rappellent la mémoire d'un reproche dont on ne se souvenoit presque plus, & qu'on vous a fait néanmoins en cent rencontres: c'est que vos Réformateurs, entre autres nouveautez pernicieuses, apporterent en ce Royaume la licence des Libelles diffamatoires, qu'on n'y connoissoit presque pas. Aussi n'avoit-il point été necessaire que nos Rois publiassent des Ordonnances contre ce désordre; mais depuis que vous eûtes paru, il en falut faire plusieurs coup sur coup (A), & les armer de plus en plus de peines severes, parce que les premieres menaces se trouvoient trop foibles pour arrêter un tel torrent. Le Jurisconsulte Baudouin, l'une des meilleures plumes du Parti Catholique en ce tems-là, indigné de tant d'Ecrits scandaleux que vos Ancêtres faisoient courir, se crut obligé de publier en 1562. un Commentaire sur le titre *de famosis libellis*, pour montrer l'obligation où étoient les Souverains de réprimer ces sortes d'excès. Il étoit aisé de montrer que l'ancienne Jurisprudence le vouloit ainsi: car nous apprenons de Tacite, que l'Empereur Auguste ordonna que les poursuites qui se feroient contre les Auteurs des Libelles diffamatoires, se fissent en vertu de la Loy *de Majestate*; c'est-à-dire, qu'il voulut que ce crime fût puni comme le crime d'Etat; & il est expressément remarqué par l'Historien, que ce ne fut pas pour avoir été personnellement exposé à l'attaque des Ecrits Satyriques, qu'Auguste se porta à cette rigueur; mais à cause de la médisance de Cassius Severus, qui avoit diffamé par des Libelles insolens plusieurs personnes de qualité de l'un & de l'autre sexe. (B) Je ne sçai pourquoi Tacite nous insinuë, qu'avant cela les Romains n'étoient responsables que de leurs actions, & qu'ils joüissoient d'une pleine impunité à l'egard de leurs paroles: *Facta arguebantur, dicta impunè erant.* Pouvoit-il ignorer que sous l'état le plus Républicain où la Ville de Rome se soit trouvée, les Loix des douze Tables, qui mettoient peu de crimes au nombre des capitaux,

y mirent néanmoins les Libelles diffamatoires: (c) SI QUIS OCCENTASIT MALUM CARMEN, SIVE CONDIDISIT QUOD INFAMIAM FAXIT FLAGITIUMVE ALTERI, CAPITAL ESTO. De quoi Ciceron (D) tire un grand sujet de loüange pour sa Patrie, & de supériorité sur les Grecs.

Avoüez-moi, Monsieur, que tant d'Ordonnances si souvent reïterées ne font point d'honneur à notre Parti; car outre que leur nouveauté est une marque que le mal venoit de vos Auteurs, on a d'ailleurs de très-bonnes preuves qu'ils se mettoient peu en peine d'y obéir. Vous ne pouvez pas ignorer qu'en 1560. le Cardinal de Lorraine, déclamant contre ceux de votre Religion dans l'Assemblée des Notables, dit, entre autres choses, qu'ils avoient fait courir une infinité de Libelles remplis d'injures très-atroces, & de furieuses menaces contre lui, & contre le Duc de Guise, son frere; & qu'il en avoit en son particulier jusqu'à vingt-deux, qu'il conservoit soigneusement. Vous ne pouvez pas ignorer non-plus la réflexion que fait sur cela un Historien moderne (a). *Il est tout évident*, dit-il, *que ce fut le stile ordinaire des Huguenots de ce temps-là, de dechirer impitoyablement, par mille scandaleux Libelles, & par mille impudentes Satyres, tous ceux qui ne leur étoient pas favorables, sans respecter ni mérite, ni qualité, ni Rois, ni Princes, ni Prélats, ni tout ce qu'il y a de plus sacré parmi les hommes. Pour moi, je puis assurer que j'ai vû un gros Recueil en dix Volumes in folio, tout rempli de ces méchantes Pieces que les Huguenots firent alors contre les Rois Henri II. & François II. contre la Reine Catherine, quand elle n'étoit pas en humeur de les favoriser, contre le Roi de Navarre, depuis qu'il se fut joint aux Catholiques, & sur-tout contre le Duc de Guise, & le Cardinal de Lorraine, Archevêque de Rheims, où tout ce que la médisance & la malignité la plus noire a jamais inventé de crimes supposez, d'injures atroces & de calomnies, est brutalement repandu sans jugement & sans esprit; desorte que pour peu qu'on ait d'honneur & de bon sens, on ne pourra jamais jetter les yeux, durant quelques momens, sur ces sots & insolens Ecrits, qu'on n'en ait le dernier mépris, mêlé d'une juste indignation contre leurs impudens Auteurs.*

Ce que les Calvinistes, ajoûte-t-il, *faisoient alors, c'est ce que les anciens Heretiques ont toûjours fait, & ce que nous avons vû de nos jours que leurs disciples ont renouvellé.* Il entend par ces dernieres paroles la guerre du Jansénisme. Mais s'il avoit vécu trois ou quatre ans plus qu'il n'a fait, que n'auroit-il pas eu à dire de la postérité de ces plumes satyriques, qui ont produit les dix Volumes in folio qu'il s'est vanté d'avoir vûs?

Je puis vous assurer, Monsieur, que nous ne man-

(*) *Genus hominum potentibus infidum, sperantibus fallax, quod in civitate nostrâ, & vetabitur semper, & retinebitur.* Tacite, Hist. l. 1. c. 22.

(A) „L'Auteur de la Revision du Concile de Trente „l. 6. p. 250. fait mention d'une Ordonnance de Henri „II. en 1547. contre les Libelles diffamatoires: d'une „autre de l'an 1551, d'une autre de Charles IX. en 1563. „& d'une des Etats de Moulin, Le P. Richeome dans „l'examen de l'Anticoton p. 97. cite un Edit de Char„les IX. contre les mêmes Libelles de l'an 1561. un de „l'an 1566. un de l'an 1571. & un Arrêt du Parlement „de Paris de l'an 1565. Il cite aussi un Edit de Henri „III. de l'an 1577. & un de 1586.

(B) *Primus Augustus cognitionem de famosis libellis specie legis ejus (majestatis) tractavit, commotus Cassii Severi libidine, quâ viros fœminasque inlustres procacibus scriptis diffamaverat.* Tacit. Annal. l. 1. cap. 72.

(c) „Voyez Ritters-husius, *comment. in leg. 12. Tabular. c. 13.*

„Ciceron *Tuscul. 4. & apud Augustin. de civit. Dei, „l. 2. cap. 9.* Arnobe le témoigne aussi au Livre 4. par „ces paroles: *Carmen malum conscribere, quo fana alterius conquinetur & vita, Decemviralibus Scitis evadere „noluistis impunè.* Horace dit aussi dans la Satyre 1. „du Livre 2.

„*Si mala condiderit in quem quis carmina, jus est.*
„*Judiciumve:*

„& dans l'Epitre 1. du 2. Livre.
„. . . . . . *Quin etiam lex*
„*Pœnaque lata, malo quæ nollet carmine quemquam „Describi.*

(D) „*Apud S. August. de civit. Dei, l. 2. c. 9.*
(a) „Maimbourg, Hist. du Calvin. l. 2.

manquons pas ici de Curieux qui font un recueil exact de tous vos Libelles, fans oublier aucune de ces Tailles-douces outrageantes dont on
est fi prodigue dans les pays où vous êtes. Vous
ne doutez pas qu'ils n'en puiffent avoir déja quelques bons Volumes ; & pour moi, je ne vous
réponds point qu'ils ne s'en veuillent fervir à des
ufages plus fâcheux pour votre Parti, dans l'occafion, que ne peut être de conferver fimplement
dans une Bibliotheque un monument de votre
humeur fatyrique. Qui fait s'ils ne deftinent
pas toutes ces Satyres & tous ces Ecrits de rébellion, à irriter un jour contre vous les peuples
& les Miniftres d'Etat ; & fi l'on ne pourroit
pas vous dire ce qu'a dit le plus fage de tous les
Rois à la jeuneffe débauchée ? (*) *Jeune homme,
réjouiffez-vous durant la fleur de votre âge, & fui-
vez le penchant de votre cœur & de vos yeux : mais
fachez que pour toutes ces chofes Dieu vous fera
comparoître en jugement*, dès cette vie. Le mal
n'est pas fans remede, Monfieur : recourez feulement à ces paroles de S. Paul: (A) *Si nous nous
jugeons nous-mêmes, nous ne ferons point jugez.*
Soyez les premiers à défavouër publiquement ces
plumes fatyriques & féditieufes qui vous deshonorent, & qui le font d'autant plus, que vous
avez été fermement perfuadé de votre rappel,
en vertu des Oracles de l'Apocalypfe. Comment avez-vous pû avec une femblable perfuafion, dire tant de mal de la Monarchie Françoife ? Ne valoit-il pas bien mieux vous gouverner
felon la maxime de cet ancien Sage, *Oderis tanquam amaturus* ; il faut haïr comme devant aimer
un jour ?

Ne croyez point, je vous prie, que M. Maimbourg foit le feul qui accufe votre Secte d'avoir
furpaffé toutes les autres en fureur fatirique ;
voyez comment il prouve cette foudroyante accufation dans la Préface de fon Hiftoire de la
Ligue.

Au refte, ce fut par une finguliere benedic-
tion de Dieu qu'on avoit generalement imprimé
dans les Efprits l'ancienne maxime, (B) que les
Héretiques fe fignalent toûjours en Libelles ; car
fans doute vos Réformateurs auroient fait plus
de progrès en France, s'ils avoient pû éloigner
de leur perfonne & de leur Corps, ce caractere
de l'Héresie.

Si je prétendois entrer en difpute avec vous,
Monfieur, je ne manquerois pas de repondre ici
à l'une de vos meilleures excufes, qui eft de dire que les Papiftes font de cruels perfécuteurs,
& tout-à-fait emportez dans leurs Ecrits. Je
vous repondrois en un mot, fans examiner le fond
de l'accufation que vous intentez là aux Catholiques, que votre propre Apologie fuffit pour
vous condamner, puifqu'elle eft fondée fur ce
faux principe, qu'il ne faut être patient qu'envers ceux qui ne nous perfécutent pas, & que les
plus méchans Chretiens qui foient au monde (c'eft
l'idée que vous vous faites des Catholiques)
faifant une chofe, il eft dès lors permis aux véritables Chretiens de la faire. J'ajoûterois que
les Chretiens n'ont pas eu befoin d'une fi mifé-

rable Apologie, pendant plus de trois cens ans ;
& qu'ainfi des gens qui fe poduifent au monde
comme fufcitez extraordinairement de Dieu, afin
de rétablir tout de nouveau le Chriftianifme tombé en ruine & défolation depuis plufieurs fiecles, & qui ne parlent d'autre chofe que d'E-
criture Sainte, que de pure parole de Dieu, ne
doivent point prendre pour modelle de leur conduite ces faux Chretiens qu'ils regardent comme les membres de Babylone & du fils de perdition, mais la feule Morale de l'Evangile &
celle des premiers fiecles. Or qu'est-ce, je vous
prie, que cette Morale ? Nous engage-t-elle feulement à prier pour nos bienfaiteurs, à aimer
ceux qui nous aiment, à obéïr aux Princes qui
nous favorifent, à être patiens envers ceux qui
ne nous offenfent pas ? Cette fole prétention,
qui mettroit la doctrine du Fils de Dieu mille
fois plus bas que celle des Philofophes Payens,
n'eft-elle pas refutée en propres termes par J e-
s u s-C h r i s t, qui difoit à fes Difciples, (c) qu'ils
feroient damnez éternellement, fi leur juftice ne
furpaffoit celle des Scribes & des Pharifiens ?
(Or ceux-ci n'ont jamais été affez extravagans
pour nier qu'il faille rendre le bien pour le bien)
& que s'ils fe contentent d'aimer ceux qui les
aiment, ils ne feront pas meilleurs que les Publi-
cains, (c'eft tout dire, car il n'y avoit point
de vertu dont les Juifs fe fiffent une plus petite
idée que de celle de ces gens-là.) Enfin, qui
leur ordonne pofitivement d'aimer leurs ennemis,
de benir ceux qui les maudiffent, de faire du
bien à ceux qui les haïffent, & de prier pour
ceux qui les perfécutent.

Mais, Monfieur, comme je ne veux pas dif-
puter, je laiffe ces fortes de raifonnemens, & me
contente de vous demander, comment il a pû fe
faire que vos premiers Auteurs ayant à toute
heure l'Evangile en main, & n'ignorant pas l'Hiftoire des trois premiers fiecles, n'ayent pas compris que rien ne pourroit les mettre en une plus
défavantageufe oppofition avec le Sauveur du
monde, & avec la primitive Eglife, que cette
foule de Libelles emportez qui fortoit du milieu
d'eux ? Car que peut-on dire de plus foudroyant
contre une telle conduite que les paroles même
de J e s u s-C r i s t que j'ai citées ? Et celles-ci
font-elles moins expreffes ? (D) *Apprenez de moi
que je fuis débonnaire & humble de cœur, & vous
trouverez le repos de vos ames.* Quelle eft, je
vous prie, cette débonnaireté dont il nous ordonne l'imitation ? C'eft, felon le témoignage
du Prince des Apôtres, (a) que J e s u s-C h r i s t
quand on lui difoit des injures n'entendoit point,
& quand on lui faifoit du mal, il n'ufoit point
de menaces, mais il fe remettoit au jufte Juge.
Et voilà auffi le grand motif dont cet Apôtre
s'eft fervi, pour nous porter à nous foûmettre
à tout ordre humain, pour l'amour de Dieu ;
au Roy, à ceux qui repréfentent le Roi, & à
nos Maîtres, non feulement lorfqu'ils font bons
& équitables, mais auffi quand ils font fâcheux.
Il eft vrai qu'il nous allegue auffi cette autre
raifon, qui n'eft pas moins foudroyante contre
votre

(*) „Ecclef. de Salomon ch. 12 v. 1.
(A) „ 1. Epitre aux Corinth. ch. 11. v. 31.
(B) *Maledictorum pannos hinc inde confuitis & eorum car-
pitis vitam, quorum doctrina refiftere non valetis : num
idcirco vos non eftis haretici, fi nos quidem affertione veftrâ
crediderint peccatores, & os fœdum non habebitis, fi cica-
tricem in noftrâ aure potueritis monftrare ?* S. Hieronym.
Epift. 68. *Inter Hareticos qui ftrennè mentitur, & abfque
ullâ verecundiâ quidquid in buccam veneris, confingis in*

fratres, *Magiftrum fefe optimum probat.* Idem Apol. 1.
adv. Ruffinum, c. 4. *Haretici turbulenti loquacitatem fa-
cundiam exiftimant, impudentiam conftantiam reputant, &
maledicere fingulis officium bona confcientia judicant.* Tertullianus.
(c) „Voyez le chap. 5. de l'Evangile de S. Matthieu.
(D) „Evangile de S. Matthieu, c. 11. v. 29.
(a) „ 1. Epitre, chap. 2. v. 23.

votre Apologie: c'est que pour rendre nos souffrances agréables à Dieu, il faut que pour l'amour de lui nous souffrions patiemment les injustices qui nous sont faites, & que nous ne les ayons pas meritées par nos mauvaises actions, n'y ayant, dit-il, aucun honneur dans le mal que l'on endure pour ses fautes. Mais il confirme peu après le tout, en nous déclarant que nous avons été appellez à bien faire; & néanmoins à souffrir, puisque JESUS-CHRIST, l'innocence même, a souffert pour nous, & nous a laissé un patron, afin que nous marchions sur ses traces. S. Paul (*), suivant ses mêmes principes, exhorte les Fideles à être ses imitateurs; comme il l'est de JESUS-CHRIST, & marque nommément ces beaux traits de cette divine imitation. *On dit mal de nous, & nous bénissons : nous sommes persécutez, & nous l'endurons : nous sommes blâmez, & nous prions.* Il n'y a donc rien à quoi l'Evangile nous engage plus indispensablement, sans qu'il soit permis d'éluder ses ordres, sous prétexte que les persécuteurs sont bien rudes, qu'à la patience, qu'à l'humanité, qu'à la débonnaireté, vertus diamétralement opposées à l'esprit de Satyre : car c'est un esprit d'impatience, d'orgueil, d'animosité, & même de cruauté, puisqu'il est tout-à-fait probable que ceux qui versent des torrens d'injures sur le papier, & qui pour armer contre un Prince tous ces voisins, & le rendre l'horreur de toute la terre, compilent dans leurs Libelles toutes sortes de comptes vrais ou faux; & se rendent les Secretaires & les Trompettes de la Renommée, (A) monstre à cent milles bouches, à cent mille yeux, à cent mille oreilles, également crédule, menteur & méchant; se vangeroient par le fer & par le feu, si cela leur étoit aussi aisé que de faire des Satyres.

Encore un coup, Monsieur, comment a-t-il pû se faire que vos premiers Auteurs, qui renvoyoient éternellement le monde *à la loi & au témoignage,* sans vouloir ouïr parler de Tradition, n'ayent pas vû dans le Nouveau Testament la condamnation claire & nette de leur maniere d'écrire, & s'ils ne l'y ont pas vûë, ou s'ils ont cru avoir des gloses, & des machines de Rhéthorique & de Dialectique, pour éluder la force de tant de passages précis, quelle espérance pouvoit-on fonder sur les promesses qu'ils faisoient d'expliquer la Parole de Dieu selon le sens le plus véritable ?

Qu'ils ayent aussi pris le contrepied de la primitive Eglise, c'est ce que personne d'entre vous n'oseroit nier; car encore que vous ayez travaillé à la decouverte de tous ses défauts, avec une application extrême, afin de la pouvoir envelopper avec vous dans le accusations qui vous sont faites, & de vous justifier à ses dépens; il est inouï que les Chretiens des trois premiers siecles, parmi des persécutions infiniment plus cruelles que les vôtres, (B) & sous des Empereurs infiniment plus déreglez que les Princes qui vous ont persécutez, se soient jamais avisez de publier des Libelles ni contre ces Empereurs, ni

contre leurs Maîtresses, ni contre leurs Ministres d'Etat. Bon Dieu, quelle matiere de Satyre n'y avoit-il point là; & qu'est-ce que des Ecrivains de l'humeur des vôtres ne donneroient pas pour en avoir une semblable ? Que ne produiroit-elle pas entre leurs mains? Combien de ces saillies que nous ne saurions exprimer aussi heureusement en François, que les Latins avec leur *Paratragœdiare!* Mais que le silence des anciens Peres est édifiant sur tout cela ! Qu'il est d'un Héroïsme divin qui sera l'éternelle gloire du Christianisme !

Il est si vrai que vous ne trouvez dans l'Eglise des trois premiers siecles aucun exemple de vos Libelles diffamatoires, qu'on vous voit contraints de descendre jusqu'à l'Empire de Julien, pour trouver quelque Ecrit satyrique des anciens Peres contre leurs Princes : & il vous arrive même très-souvent de falsifier l'Histoire, pour mieux ajuster vos comptes. C'est ce qu'a fait l'un de vos célebres Professeurs, en accusant d'une fort grande imprudence les Prélats dont nous avons encore les invectives contre Julien. (c) Il eût bien mieux valu, dit-il, adoucir la nécessité des temps par une humble soûmission, & supporter le chagrin de ce Prince contre les Chretiens, que de l'irriter encore davantage. N'est-ce pas supposer que Saint Grégoire de Nazianze & S. Cyrille, les seuls dont Cunæus a pû parler, ont publié leurs invectives du vivant de cet Empereur, ce qui est une fausseté toute visible? Car S. Grégoire n'a écrit les siennes qu'après la mort de Julien; & S. Cyrille n'a vécu qu'assez long-tems après la mort de ce Prince. Où est donc la grande imprudence de ces deux Prélats ?

Voilà déja une différence extrême entre la conduite des Anciens, & celle de vos Auteurs, qui, comme chacun sçait, n'ont point attendu à dichérer le Gouvernement, & à satyriser les Rois & les Reines, que les Interessez fussent morts; & qui ne se donnent point aujourd'hui plus de patience qu'au dernier siecle. Mais j'ai encore quelque chose de plus fort à vous opposer.

Car en premier lieu, les exemples d'emportement satyrique, empruntez du quatrieme siecle, ne peuvent encore vous servir rien, puisque vous n'avez pas encore duré trois cens ans. Lorsque vous pourrez montrer à vos persécuteurs une patience de trois siecles, semblable à celle de la primitive Eglise, on vous permettra sans doute & sans vous faire la moindre chicane, la même liberté que se sont donnée les Grégoires & les Cyrilles, d'écrire fortement contre la personne des Souverains, & on vous dispensera même d'attendre leur mort. Mais pour demander avec raison ce privilege & cette précieuse impunité, il faut se fonder sur le mérite de ses Ancêtres, & sur leur travaux si longs, si continuéls, si pénibles qu'on ne puisse leur en refuser l'exemption en la personne de leurs descendans; car de prétendre que de nouveaux venus ayent droit de s'emparer des libertez qui n'ont commencé à paroître dans l'Eglise, que quand elle étoit âgée d'environ quatre cens ans, c'est en verité une chose injuste. Voilà un coup qui ne vous frappe

---

(*) 2 Ep. aux Corinth. c. 11. v. 1. ch. 4. v. 12. 13. & 26.

(A) *Monstrum horrendum, ingens, cui quot sunt corpore pluma,*
Tot vigiles oculi subter, mirabile dictu,
Tot lingua totidem ora sonant, tot subrigit aures. . .
Tam ficti pravique tenax, quàm nuncia veri . . . .
Gaudent & pariter facta atque infecta canebat. Virgil. Æneid. 4.

(B) ,, On a ajouté ici dans l'Edition déja citée (,, je parle selon vous.)

(c) *Fuit profectò fuit Græcorum quorundam qui eâ tempestate Ecclesiam rexêre, magna imprudentia. Etenim uti causâ suâ servirent principem Christianis infestum lacessebant, quem tolerare satis fuisset. Sunt in hominem manibus orationes eorum in quibus, &c. qui viri si meminissent temporum quibus nati erant, sanè necessitati quæ pertinax regnum tenet sine contumaciâ paruissent, & quod magna prudentia est obsequio mitigassent imperia.* Cunæus præf. in Juliani Cæsares.

pe pas moins en ce siecle-ci, qu'au siecle passé, puisque vous seriez encore bien loin d'être *Veterans* dans la milice Chretienne, quand même vos Prédecesseurs en auroient observé la discipline aussi exactement qu'ils l'ont fait peu.

Secondement, quelles gens m'alléguez-vous là, que les Cyrilles & les Grégoires de Nazianze? Voilà de beaux exemples à suivre, & bien propres à vous disculper, vous qui ne les devez regarder que comme des Sectateurs de l'Antechrist, engagez jusques par-dessus la tête dans l'Apostasie de l'homme de peché & du fils de perdition, prédite par l'Apôtre S. Paul (*), & caractérisée, si l'on vous en croit, par l'invocation des Saints, par les vœux de continence, par l'interdiction de certaines viandes, & par la primauté du Pape. Montrez-moi que les Peres du quatrieme siecle n'ayent pas porté ces quatre livrées du fils de perdition.

Mais quand même vos principes vous permettroient de placer plus bas l'Epoque de cette grande Apostasie, & d'en tirer ceux qui ont écrit des Libelles contre l'Empereur Julien, vous n'avanceriez pas beaucoup; car on sera toûjours bien fondé en prenant droit sur les prétentions de vos Ancêtres, d'exiger d'eux le même esprit qui animoit les fondateurs du Christianisme, & leurs successeurs immédiats; & de leur déclarer qu'on ne peut souffrir le relâchement du quatrieme siecle, dans des personnes qui se vantent d'une Mission extraordinaire (A), pour resusciter le pur Christianisme, & pour redresser l'état de l'Eglise qui avoit été interrompu. La Raison nous dicte qu'il ne faut pas moins de qualité pour redonner la vie que pour la donner, & pour être le Restaurateur d'un établissement tout-à-fait détruit, que pour en être le Fondateur.

Ainsi quand vous nous venez dire, pour excuser vos désordres en France sous le regne des fils d'Henri I I. qu'il étoit bien mal-aisé de ne pas faire des Libelles, il me semble que vous me parlez, non pas de ces Vaisseaux d'élection destinez de Dieu à faire revivre la vraye Foi, mais d'un Poëte de Cour, d'un (B) Juvénal, par exemple, qui ne se peut empêcher de devenir Satyrique, quand il voit la corruption de son siecle. Et lorsque vous ajoutez que vos Ancêtres n'auroient point eu la plume si tranchante, si on ne les avoit pas traitez durement, il me semble que vous me parlez non pas de ces hommes extraordinaires qui viennent plaider la cause de la Religion contre tout le reste des Chretiens; *Status controversiam moventes universo orbi Christiano*, afin de remettre la verité sur le thrône, *veluti postliminii jure*, comme diroient nos Jurisconsultes. Il me semble, dis-je, que vous me parlez non pas de Héros de cette trempe; mais d'un autre Poëte Satyrique (c), qui avertit le Public que pourvû qu'on le laisse en repos, il n'écrira rien contre personne, au lieu que si on prend le parti de le provoquer, on se verra tout aussi-tôt diffamé par tous les coins de la Ville.

... Sed hic stilus haud petet ultro
Quemquam, animantem & me veluti custodiet ensis
Vaginâ tectus, quem cur distringere coner
Tutus ab infestis latronibus? O Pater, & Rex
Juppiter, ut pereat positum rubigine telum,
Nec quisquam noceat cupido mihi pacis. At ille
Qui me commorit (melius non tangere, clamo)
Flebit & insignis totâ cantabitur urbe.

Voilà comment le monde est fait, Monsieur, on pardonne moins la fragilité humaine à ceux qui se chargent de la commission de réformer l'Univers. Il ne faut point revetir ce personnage, lorsqu'on a besoin du même support pour ses foiblesses, que les autres hommes. Il auroit donc falu pour être dans l'ordre, que vos premiers Auteurs eussent pû souffrir assez tranquillement les injures, pour ne s'en vanger point par des Libelles; mais le don de continence leur a manqué, tant à l'égard des satyres, qu'à l'égard des femmes: & il paroît par vos propres Apologies, que le plus haut point de leur vertu consistoit en ce qu'ils eussent été doux comme des agneaux, (D) s'ils avoient rencontré dans leur siecle beaucoup de docilité & d'humanité. Or n'est-ce point là le plus bas degré de la vertu? N'est-ce point être immédiatement au-dessus du vice, selon la Philosophie même des Payens? Et comme la vertu Chretienne doit commencer où la Payenne finit, que deviendra celle des Réformateurs, si on en juge par les idées de l'Evangile?

Je voudrois pour l'amour de vous, Monsieur, & afin que les choses pussent être remises ici sur l'ancien pied, au contentement mutuel des deux Religions, que vous n'eussiez pas imité, dans les lieux de votre dispersion, la conduite de vos Peres en fait de Satyres. (a) Je ne nie point qu'on ne vous ait traitez indignement; j'en ai honte & pour la Religion Catholique en général, & pour la France en particulier; mais cela ne vous justifie pas. Nous avons tort sans que vous puissiez être aucunement excusables, si ce n'est ceux qui se tireront de pair par un désaveu public de l'emportement qui a paru dans une infinité de Libelles.

La confusion salutaire que vous devez tous avoir de cette intempérance de plume, pourra vous venir plus facilement, si vous considerez la modération des Refugiez Catholiques de la Grande-Bretagne. Nous en avons eu ici un très-grand nombre de différentes conditions, dépouillez de tous leurs établissemens, & sensibles autant qu'on le peut être à la disgrace de leur Roi, contraint de se sauver en France durant la plus fâcheuse faison, & plus encore aux insultes qui avoient été faites à l'Eglise Catholique, exposée durant plusieurs jours à la discrétion des émeutes populaires, qui renverserent, qui profanerent, qui brûlerent les plus augustes objets de notre culte. Vous ne sçauriez nier, en vous comparant

Opposition des satyres des Refugiez à la modération des Catholiques d'Angleterre.

(*) „ II. Epitre aux Thess. ch. 2. I. à Timoth ch. 4.

(A) „ Leur Confession de Foi art. 31. porte expresse- „ ment, *qu'il a falu de notre temps (auquel l'état de l'E-* „ *glise étoit interrompu) que Dieu ait suscité des gens d'une* „ *façon extraordinaire, pour dresser l'Eglise de nouveau, qui* „ *étoit en ruine & désolation.*

(B) *Cum tener uxorem ducat Spado, Mævia Tuscum Figat aprum, & nudâ teneat venabula mammâ. . . . Difficile est Satyram non scribere; nam quis iniqua? Tam patiens urbis tam ferreus ut teneat se. . . . . Si natura negat, facit indignatio versum.* Juven. Satyr. I.

(c) „ Horace, Satyr. l. 1. 1.

(D) Il y a dans l'Edition déja citée, *si l'on eût fait tout ce qu'ils vouloient, & s'ils eussent trouvé dans leur siecle autant de soumission que d'humanité.*

(a) On a adouci ceci de cette maniere dans la même Edition: *Vous crierez qu'on vous a traité indignement; vous vous plaindrez tant qu'il vous plaira de la Religion Catholique en général, & de la France en particulier; mais cela ne vous justifie pas. Nous pourrions avoir tort, sans que vous puissiez, &c.*

rant aux Réfugiez de ce païs-là ; que les sujets de leur plainte ne soient plus grands & plus réels que les vôtres : car ils sont fondez non seulement sur la perte de leurs biens, & sur celle de trois Roïaumes, dont un Prince Catholique a été dépouillé par ceux de votre Religion ; mais aussi sur les plus sanglans outrages qu'on puisse faire au Dieu que nous adorons. Je pourrois y joindre la violence qui a été faite à la conscience d'un fort grand nombre de leurs freres, que l'on a contraints, malgré les engagemens de leur naissance, & leurs sermens, de porter les armes pour le service de l'Empereur, ennemi déclaré de leur Prince légitime.

Jugez-en par vous-même, Monsieur. Si la démolition de vos Temples, si la vûë de leurs mazures vous a saisi de la même émotion de cœur, qui saisit autrefois le Prophete Jérémie après le sac de Jérusalem, que ne doivent point souffrir les Catholiques, lorsqu'outre le renversement de leurs Chapelles, en quoi leur triste condition égale la vôtre, ils ont à soupirer pour le brisement & le brûlement de tout ce qui leur est le plus sacré. Vous ne niez pas que la dignité de Roi d'Angleterre ne soit égale à celle du Parlement représentatif de toute la Nation ; ainsi vous devez avoüer que l'injure faite à un Roi d'Angleterre, égale celle que l'on feroit au reste de la Nation. Vous ne pouvez pas nier non-plus que les trois Roïaumes dont vous avez chassé un Roi Catholique, ne soient un bien incomparablement plus grand que tous les Patrimoines ensemble que vous avez laissez en ce païs-ci : de sorte que quand on ne vous porteroit pas en compte ce qui seul est infiniment au-dessus de tout ce que vous avez souffert, je veux dire les profanations de nos plus adorables Mysteres, il se trouveroit pourtant que les Catholiques ont été maltraitez en Angleterre, d'autant plus que vous ne l'avez été en France, que la personne des Rois est supérieure à celle des Particuliers, & qu'un Roïaume est au-dessus du Patrimoine de quelques personnes particulieres.

Les Réfugiez d'Angleterre avoient donc plus de sujet de crier que vous, & ne manquoient ni d'encre, ni de papier. A-t-on vû cependant qu'ils ayent rempli le monde de Libelles & de Satyres ? N'ont-ils point gardé toute la modération imaginable, se réglant sur la conduite de leur Roi, qui, & dans ses discours particuliers, & dans ses Actes publics, a fait paroître une retenüe extraordinaire ? Et n'avons-nous pas suivi ces exemples ? Peut-on rien voir de plus modéré que nos Gazettes, & ne peut-on pas hardiment se vanter ici que les Livres les plus emportez, qui s'y publient sur les matieres du temps, le sont beaucoup moins que les plus modérez des vôtres ?

Modération
des François à
l'égard du feu
Pape.

Avec quel ménagement avons-nous parlé de la conduite du dernier Pape ? Nous n'avons pas été assez aveugles pour ne pas connoître l'irrégularité des démarches qu'un chagrin conçu mal à propos, & une indigne partialité, lui ont fait faire. Jamais peut-être aucun de ses prédécesseurs n'avoit eu en main d'aussi belles occasions que lui de travailler à peu de frais, ou à l'avancement de la Religion Catholique, ou au bien commun de

l'Europe. On peut dire qu'il a eu le feu & l'eau en sa puissance, ou pour allumer, ou pour éteindre la guerre, qui désole à cette heure tant de païs ; & qu'au lieu de jetter l'eau sur la matiere prochaine du mal, il y a jetté le feu ; d'où est sorti pour le premier coup d'essai le renversement du Roi d'Angleterre, qui ne pouvoit avoir que de très-funestes suites pour l'Eglise, si par bonheur la France n'eût été pourvûë de grandes forces, au moïen desquelles peu de jours suffirent au Roi pour s'assurer de la riviere du Rhin. Si la France s'est trouvée en état de rompre les premieres coups de la conjuration des Protestans, soûtenus de la Maison d'Autriche, cela n'empêche pas que le Pape n'ait joüé à tout perdre, & c'est par accident à son égard, que tout n'a pas été jetté dans les dernieres confusions. Au lieu de profiter des avis que le Roi lui avoit donnez, & qui lui montroient si clairement le chemin qu'il falloit tenir ; on diroit que cette évidence lui endurcit tellement le cœur, qu'après avoir vû sa faute, il n'a voulu rien faire pour la réparer. A peine a-t-il voulu donner une Audience à l'Envoïé du Roi Jacques. Si nos Ecrivains ont remarqué ces sortes de choses, ç'a toûjours été avec la derniere circonspection, & sans sortir du respect qui étoit dû à son caractere. Vous & vos bons amis les Espagnols, auriez jetté feu & flamme pour de bien moindres sujets, sans garder aucune sorte de ménagement.

Et à
des E

Notre modestie à l'égard de nos ennemis déclarez n'est pas moins considérable. Rendonsnous la pareille aux Espagnols, qui autrefois nous accabloient d'une multitude innombrable d'écrits satyriques, sur nos alliances avec les Hollandois & avec les Suédois ; & qui, non contens des Libelles qu'ils publioient en Italie, en Espagne & en Allemagne, tenoient surtout banque ouverte dans les Païs-Bas pour cette sorte de Pieces, tant en faveur des plumes Flamandes, qu'en faveur des plumes des François rebelles, qui trouvoient toûjours là un bon azyle ? Nous n'aurions pour les confondre, qu'à tourner contre eux leurs propres armes, & qu'à les faire souvenir qu'ils récompenserent de l'Evêché d'Ipre un fameux Docteur de Louvain, * qui avoit écrit fortement sur l'injustice des alliances des François & des Protestans. (A) Pour dire la verité, nous ne répondîmes guéres bien à cet Ouvrage de Jansénius ; & il ne semble pas même possible de satisfaire à des raisons aussi pressantes que les siennes. Mais ce que nos Auteurs ne pûrent exécuter, les Espagnos eux-mêmes l'ont fait admirablement.

Les
allie
réti
souv
ont

En 1. lieu, lorsque par mille artifices ils vinrent à bout de conclure un Traité de paix avec la Hollande l'an 1648. pour mieux continuer la guerre contre le fils aîné de l'Eglise. 2. Lorsqu'ils n'oublierent aucunes (B) sortes de soumissions & de flateries l'an 1655. pour porter Cromwel à s'allier avec eux contre la France, jusqu'à lui promettre la cession de la Ville de Calais (sans rien stipuler en faveur des Catholiques) quand elle auroit été subjuguée conjointement par les forces Angloises & Espagnoles. 3. Lorsqu'ils nous déclarerent la guerre (c) en

1673.

_____

(*) „ Cornelius Jansenius, Auteur du _Mars Gallicus_, „ imprimé en 1635. sous le feint nom d'_Alexander Patricius Armacanus._

(A) On a changé ceci de cette maniere dans l'Edition déjà citée, _on nous a reproché que nous ne répondîmes gueres bien à cet Ouvrage de Jansenius, & qu'il ne nous avoit pas été possible, &c._

(B) „ Voyez le Mémoire qui sera cité ci-dessous.

(c) „ Avant cela ils avoient ouvertement assisté de tou„ tes leurs forces les Hollandois, depuis que le Roi leur „ eût declaré la guerre. L'Empereur envoïa une armée „ à leur secours dès l'an 1672. & depuis il rompit tout„ à-fait

1673. pour nous obliger à l'évacuation des Provinces conquises sur les Hollandois, où nous faisions triompher la Religion Catholique. 4. Enfin, & plus visiblement que jamais, dans cette présente Ligue qu'ils ont embrassée avec la derniere ardeur, quoiqu'ils sçussent qu'elle tendoit à l'oppression d'un Roi Catholique chassé de son Royaume pour sa Religion, à votre rétablissement en France, à celui des Vaudois dans le Piémont, & en general à rendre le parti Protestant plus fort que le Catholique dans toute l'Europe. L'affront fait à leur Ambassadeur à Londres, pillé & saccagé dans son Hôtel contre le droit des Gens, par ceux qui chassoient du Trône un Roi Catholique, & qui mettoient à sa place un Protestant, a été avalé doux comme du lait, & n'a rien rabatu de leur zele pour l'expulsion d'un Roi Catholique.

Je ne veux pas oublier cette circonstance; c'est que les Espagnols en l'année 1655. (*) ne manquerent pas de représenter au SERENISSIME PROTECTEUR, 1°. les grandes preuves d'amitié que le Roi d'Espagne avoit données à la République d'Angleterre, dès le moment qu'elle se forma, & à son Altesse, depuis qu'elle s'étoit chargée de la protection de ladite Republique. 2°. Que le Roi d'Espagne avoit été le premier qui reconnut cette République, & qui lui destina un Ambassadeur autorisé du titre de Plénipotentiaire pour traiter avec les Anglois. 3°. Que la France au contraire avoit contribué & de gens & de conseil, & par autres assistances, aux tentatives qui avoient éclaté en divers endroits de l'Angleterre contre son Altesse; desorte qu'ils se faisoient un mérite, non seulement d'avoir été les premiers à rechercher l'amitié des Oppresseurs de la Religion Catholique, tout dégoutans encore du sang de leur Roi qui la toléroit; mais aussi de n'avoir pas contribué, comme avoit fait la France, aux efforts des bons & des fidelles Sujets, pour le rétablissement du Roi légitime. Toutes ces belles remontrances n'ayant pas empêché le Protecteur de préférer un Traite de paix avec nous, à l'Alliance des Espagnols, ceux-ci retomberent autant que jamais à leurs premieres maximes, publiant Libelle sur Libelle contre l'union de la France avec des Etats Protestans.

Ils se sont réfutez eux-mêmes d'une maniere invincible; & ils ne sçauroient le nier sans flétrir la mémoire de Philippe IV. qui comme on l'a déja dit, donna un bon Evêché à l'Auteur du *Mars Gallicus*, pour avoir bien déclamé contre nos alliances avec les Princes héretiques, & avoir détruit toutes nos excuses, quoiqu'elles fussent pour le moins aussi valables que celles dont on se sert aujourd'hui. Il est même à remarquer que Jansénius, faisant une seconde Edition de son Livre, y ajoûta deux (A) Chapitres, qui sont

précisément la réfutation des plus vraisemblables prétextes que la Maison d'Autriche puisse alléguer, pour pallier sa confédération Protestante. Quoiqu'il en soit, elle ne sçauroit éviter l'un ou l'autre de cet embarras, ou d'avouer qu'elle mérite aujourd'hui d'être déchiré par tous les Libelles qu'elle faisoit autrefois courir contre la France, ou d'avouer qu'injustement & aveuglement elle a fait autrefois courir tous ces Libelles.

Je n'ai pas voulu remonter jusqu'au Traité que firent les Espagnols avec le Duc de Rohan, par lequel ils s'engagerent à lui fournir des sommes considérables, pourvû qu'il continuât la guerre que vous aviez allumé dans le cœur de ce Royaume, ni jusqu'à Philippe II. qui fomenta plus d'une fois votre Parti par ses intrigues & par ses subsides (B)

Voyez, Monsieur, combien il nous seroit aisé d'abîmer à coups de plumes nos ennemis, sans nous servir que de leurs raisonnemens du temps passé; & si nous voulions nous mettre à couvert de la récrimination, nous n'aurions qu'à les publier au nom des Sujets fideles de sa Majesté Britannique, à qui sans doute on ne peut pas reprocher d'avoir jamais secouru l'Hérésie contre le Catholicisme, comme l'on en peut accuser la France : car (c) elle est la cause principale qu'il y a présentement dans le Pays-Bas une République qui est le rempart le plus ferme de tout le Parti Protestant, & le plus nuisible aux progrès de la Religion Romaine, & aux intérêts de ce Royaume. Ce qui ne vérifie que trop la prédiction du Maréchal de Bassompierre, (D) & cette remarque generale des Politiques, *qu'en matiere d'Etat on ne peut cultiver le bien présent, sans semer du mal pour un jour à venir.*

Admirez donc notre grande modération. On donne à nos Ecrivains la plus belle prise qu'ils sauroient attendre : on nous a provoquez, & on nous provoque tous les jours par un infinité de satyres, & cependant ni nous, ni les Réfugiez d'Angleterre, ne prenons point la plume pour composer des Libelles.

Je ne me serois pas tant étendu sur ces dernieres considérations, si je ne l'avois cru nécessaire, pour tirer de vous & des autres Réfugiez, un désaveu public de vos satyres : car j'espere que quand vous verrez que des Catholiques qui ont plus de raison que vous de se plaindre, & qui sont très-propres à nous servir d'instrument pour opposer Libelle à Libelle, se tiennent en repos, vous auriez honte que votre plume n'ait pas eu le même don de continence.

Je passe maintenant à mon second point. Je m'exprime ainsi avec d'autant moins descrupule, qu'il me semble que cette Lettre n'a pas mal l'air d'un Sermon prêché sur la patience Chretienne.

Je

» à-fait en leur faveur avec la France. Aujourd'hui il » est ligué avec tous les Protestans contre le seul Prince » Catholique qui soûtient les Catholiques d'Irlande, & » leur Roi chassé du Trône pour la Religion Catholique.

(*) » Voyez le Mémoire présenté au Serenissime Pro- » tecteur le 21. de May 1655. par le Marquis de Ley- » de, & Dom Alfonse de Cardenas, Ambassadeurs du » Roi Catholique en Angleterre, imprimé en Espagnol » & en François, à la fin des Remarques sur la red- » dition de Dunkerque, à Paris en 1658. L'Auteur de » l'Apologie pour la Maison de Nassau, imprimée l'an » 1664. dit p. 345, *que le Roi d'Espagne sera renommé dans les Archives de la postérité, pour avoir été le premier*

à reconnoître les exécrables homicides de son beau-frere.

(A) Ces Chapitres sont le 15. & le 16. du 2. Livre. Le titre du 15. est, *Uberiùs disseritur qua voluntate Christianissimus Rex Catholica Religionis cladem velle censeatur, expressâ an interpretativâ.* Celui du 16. porte, *Solvitur Francorum adversus doctrinam traditam objectio, & ostenditur, teneri Christianissimum Regem, etiam cum periculo politici status, foedera cum haereticis rescindere.*

(a) » Voyez les Auteurs citez par Mr. Arnaud, Apol. » pour les Cathol. 1. part. ch. 6.

(c) On a mis ici dans l'Edition déja citée ce correctif, *sans y avoir pensé.*

(D) » Voyez le Journal des Sçavans du 16. Février » 1665. dans l'article des Mémoires de Bassompierre.

Je ne me défendrai pas de vous avoir prêché cette importante Morale, & tout Jurisconsulte que je suis, j'ai droit à votre égard de m'ériger en Prédicateur : Car selon vos hypotheses, les Laïques sont en plein droit de faire les fonctions de Ministre dans les cas de nécessité. Or quel cas de nécessité y a-t-il plus grand que lorsque ceux qui sont appellez à faire une chose, ne la font pas ? Vous en êtes-là. Au milieu d'une infinité de Prédicateurs, vous n'avez personne qui vous prêche contre l'esprit de satyre & de rebellion.

SECOND POINT.

Ecrits séditieux.

Doctrine séditieuse d'une infinité de Libelles des Réfugiez.

LE second point de ce discours est encore plus important que l'autre, & regarde un mal dont il est beaucoup plus nécessaire que vous paroissiez bien guéris ; car que deviendroit la Société civile, si l'on se régloit sur tant de dogmes séditieux que vous repandez dans une infinité de petits Ecrits, & qui comme autant de lignes tirées de différens points de la même circonférence aboutissent tous à ce centre & à ce point capital, c'est *que les Souverains & les Sujets s'obligent réciproquement, & par voie de contrait, à l'observation de certaines choses ; de telle maniere que si les Souverains viennent à manquer à ce qu'ils avoient promis, les Sujets se trouvent par-là dégagez de leur serment de fidelité, & peuvent s'engager à de nouveaux maîtres, soit que tout le peuple désaprouve le manquement de parole de ces Souverains, soit que la plus nombreuse & la plus considérable partie y consente.* Il m'est aisé de vous prouver que ce sont là les véritables prétentions de vos Auteurs, puisqu'ils soûtiennent qu'après la révocation des Edits qui vous avoient été accordez solemnellement, il vous est permis de vous soulever, & de vous joindre aux Ennemis qui feront des irruptions sur nos Frontieres, de quelque notorieté publique qu'il soit que vous n'êtes en France que la moins considérable partie en toutes manieres, & que tout le reste des Sujets ont donné leur consentement à la suppression de ces Edits, Car (*) bien qu'il soit vrai qu'un bon nombre de Catholiques seroient bien aises que l'on vous redonnât un Edit de tolérance ; il est encore plus certain que le nombre de ceux à qui cela seroit fort désagréable, est incomparablement plus grand, & qu'il n'y a point de Catholique qui ne (A) soit prêt à se soumettre à la volonté du Roi, en cas qu'il laisse les choses comme elles sont par l'Edit révocatif de celui de Nantes. C'est donc prétendre que le petit nombre n'est plus sujet, mais qu'il repand ses droits naturels d'indépendance, dès qu'on ne lui tient pas tout ce qu'on lui a promis, encore que le plus grand nombre acquiesce de bon cœur, à ce manque de parole.

J'aurois tort de vous accuser de n'avoir adopté cette doctrine que depuis votre dispersion : car c'est sur ce fondement que vous avez appuyé toutes vos guerres civiles, & vos confédérations avec d'autres Princes, dont vous introduisiez les Troupes jusques dans le cœur du Royaume, & dans les Places qui en sont les clefs. Mais comme depuis l'Edit de Nîmes en 1629. vous aviez discontinué vos armemens, il sembloit que vous aviez réformé ce point de votre doctrine. Vous y voilà revenus avec plus d'acharnement que jamais, & peut-être n'y a-t-il point d'article dans le symbole, sur quoi vos Casuistes soient moins partagez que sur ce point-là.

Or je vous demande, Monsieur, s'il se peut rien concevoir de plus affreux, & si ce n'est pas en faisant semblant de ne vouloir attaquer que l'autorité Monarchique, sapper les fondemens de toutes sortes de Societez, sans en excepter même les Républiques les plus populaires. Je vous le ferai toucher au doigt avant qu'il soit peu. Laissez-moi vous proposer quelques réflexions dans l'ordre qu'elles se présenteront à mon esprit.

Contradiction dans la conduite des Protestans, lorsqu'ils écrivent contre le Pape pour les droits du peuple.

Il n'y a rien de plus merveilleux que le zele que vos Ecrivains ont témoigné pour les Rois, quand il s'est agi de déclamer contre les Papes & contre les Jésuites, & de rendre même toute l'Eglise odieuse, sous prétexte de certains droits que les flateurs de la Cour de Rome ont voulu donner aux Papes sur le temporel des Princes. Alors il n'y avoit rien, selon vous, de plus sacré, ni de plus indépendant que le caractere des Monarques. Ils étoient les Oints de l'Eternel, & ses Lieutenans en Terre. Ils relevoient immédiatement de Dieu, & c'étoit la marque de la bête sortie du puits de l'abîme, que de vouloir soumettre les Rois à quelque autre jurisdiction qu'à celle de Dieu. Mais lorsque les plumes Protestantes les ont soumis à l'autorité des peuples, on n'a point vû que vous ayez fait éclater ce même zele.

En effet, Mr. Arnaud vous ayant poussez avec sa force ordinaire sur la méchante doctrine d'un Buchanan, d'un Junius Brutus, & de quelques autres de vos Ecrivains, (B) & vous ayant reproché que vos Sinodes n'ont jamais condamné leurs Livres, & qu'il fallut que des Catholiques les refutassent, il ne fut contredit à cet égard que par le moyen d'un Synode National, tenu à Tonneins l'année 1614. (c) où on lui montra *que la pernicieuse doctrine des Jesuites contre la vie, les Etats & l'autorité des Souverains, soûtenuë depuis peu par Suarez, avoit été condamnée.* C'est avoüer d'assez bonne foi qu'on s'est abstenu de condamner les dogmes contraires à l'autorité des Rois, pendant qu'il n'y a eu que des Auteurs Protestans à flétrir, mais non pas lorsqu'on a pû flétrir les Jésuites. Il semple donc que vos sentimens là-dessus sont enveloppez de ce *distinguo.* Les Rois sont-ils dépendans de Dieu seul ? *C'est selon : S'il s'agit de diffamer les Papes & les Jésuites, je l'affirme : S'il s'agit d'exclure du Trône quelque Prince désagréable aux Protestans, je le nie ;* & voilà le fondement de ces éloges superbes que vous êtes si souvent donnez, pour montrer qu'on ne devoit pas vous traiter en France, comme l'on traite les Catholiques ailleurs. C'est, dites-vous,

dans

(*) Ceci a été adouci de cette façon dans l'Edition citée, *car quand on voudroit demeurer d'accord de ce que vous avancez quelquefois, qu'un bon nombre, &c.*

(A) On a changé cela de cette maniere dans la même Edition, *qui ne loüe publiquement le Roi d'avoir mis en general les choses, &c.*

(B) ,, Il auroit pû en citer un plus grand nombre, s'il ,, avoit voulu citer tous ceux que le P. Coton & le P. ,, Richeome ont alléguez dans leurs Réponses à l'Anti-,, coton ; mais il a crû peut-être qu'il suffisoit de remar-

,, quer que Philippe Pareus voulant justifier David Pa-,, reus son pere, dont le Roi Jacques avoit fait condam-,, ner un Livre comme rempli de maximes séditieuses, ,, avoit soutenu que David Pareus n'avoit fait que sui-,, vre *omnem Chorum Theologorum Protestantium.* Voyez ,, l'Apol. pour les Cathol. 1. part. ch. 3. & 4.

(c) ,, Histoire du Calvinisme & du Papisme mis en ,, parallele, ou Apologie de la Réformation contre Mr. ,, Maimbourg, imprimée à Rotterdam, 1683. tome 2. ,, page 292.

dans un Libelle intitulé, *la Politique du Clergé de France*, imprimé à la Haye en 1681. *que nous sommes le seul parti de la fidelité, auquel le Roi puisse être parfaitement assuré.* On pous avouëra sans peine que tout Prince qui voudrà se servir de vos bras & de vos armes, pour abattre les Cloîtres & les Eglises & pour extirper ce que vous nommez *le Papisme*, pourra s'assurer parfaitement de votre fidelité, & beaucoup plus que de celle de ses Sujets Catholiques; mais ne m'obligez pas à vous prouver par des Faits, que c'est tout le contraire, lorsqu'il vous faut mettre à l'épreuve à d'autres égards.

Vous étiez aussi mal fondez à vous couronner vous-mêmes de cet éloge pompeux, qu'à soûtenir, comme vous faisiez dans ce Libelle. 1 (*) Que les Protestans & la Maison d'Autriche sont *deux parties absolument irréconciliables.* 2. (A) Que le Roi a tout à craindre de ses Sujets Catholiques dans ses démêlez avec l'Espagne & avec la Cour de Rome, tant parce que les principes de la Religion & d'interêt obligent le Clergé à s'attacher *au Saint Siége, & à sa conservation, préferablement à tout, & à prendre le parti du Pape,* que parce que les Moines *sont absolument dans les interêts de la Cour de Rome, & par conséquent dans ceux de l'Espagne; qu'ils sont maîtres de toutes les consciences, & qu'ils persuadent ce qu'ils veulent à leurs Dévots.* 3. (B) Que *les Protestans ne reconnoissent pas d'autre Supérieur que leur Roi, & ne croyent point que pour cause d'Héresie, il soit permis ni de tuer un Prince légitime, ni de lui refuser obéissance.* 4. (C) Que *tous les Huguenots sont prêts de signer de leur sang cette doctrine, qui fait la sureté des Rois, sçavoir, que nos Rois ne dépendent pour le temporel de qui que ce soit que de Dieu; que pour aucune cause il n'est point permis d'assassiner les Rois; que même pour cause d'Heresie & de schismes, les Rois ne peuvent être déposez, ni leurs Sujets absous du serment de fidelité, ni sous quelque autre prétexte que ce soit.* Ne sont-ce pas là quatre affirmations bien conformes à l'Etat présent de l'Europe, à la décision des Anglois & des Ecossois, touchant l'incompatibilité de leur Monarchie avec la qualité de Catholique, aux instructions imprimées que vous envoyez tous les jours à vos freres dans ce Royaume, à l'attachement de nos Prélats & de nos Religieux au parti du Roi, durant nos derniers démêlez avec Rome: attachement dont vous leur faites un crime, car vos Libelles leur reprochent assez souvent qu'ils ont trop de complaisance pour les vûës & pour les interêts de notre Cour? C'est le destin perpétuel de vos Auteurs *Libellatiques*, de nous accuser en même temps de deux choses contradictoires : comme quand ils (D) accusoient les Jésuites de partialité contre la France en faveur de la Maison d'Autriche, & de trahir l'Empereur, & tout le Corps de l'Empire en faveur de la France.

Je voudrois, Monsieur, vous épargner la confusion qu'il est impossible de ne pas sentir, quand on considere que l'on est dans un parti qui passe du blanc au noir en moins de dix ans. Mais je puis vous témoigner aujourd'hui la passion que j'ai pour votre service, sans vous montrer la contradiction où vous vous êtes engagez. Il faut vous en faire rougir, pour travailler aux préliminaires de votre rétablissement. *Erubuit, salva res est:*

Vous assuriez le Public par la plume de vos Apologistes, en l'année 1681. (A) *que tous les Huguenots étoient prêts de signer de leur sang, que nos Rois ne dépendent pour le temporel de qui que ce soit que de Dieu; & que même pour cause d'Héresie & de schisme les Rois ne peuvent être déposez, ni leurs Sujets absous du serment de fidelité, ni sous quelque autre prétexte que ce soit.* Il sembloit donc qu'en ce temps-là vous étiez fixez à ce dogme, par une sincere & totale rejection des principes, sur quoi vous aviez tant de fois fondé votre prise d'armes, & qui sont incompatibles avec la persuasion de la puissance absoluë des Souverains : car dès qu'on se croit en droit de se faire raison à soi-même par la voie des armes, on se croit jusques-là aussi souverain & aussi indépendant que celui contre lequel on prend les armes, & par conséquent on ne le croit pas revetu d'une puissance absoluë, qui n'ayant que celle de Dieu au-dessus de soi, ne doit être punie de sa mauvaise conduite qu'au Tribunal de Dieu. Or voyons si vous êtes demeurez long-temps fixes à ce dogme de l'an 1681. dogme qui, de votre propre aveu, *fait la sureté des Rois.*

En vous faisant beaucoup de grace, c'est-à-dire, en fermant les yeux sur tant de Libelles Républiquains, que vous avez fait courir depuis l'année 1682. jusqu'à l'expédition d'Angleterre, l'on trouve que votre foi de l'an 1681. n'a cédé la place à une foi toute contraire qu'en 1689. N'est-cepas une bien longue constance? Voici donc ce que vous établissez dans un nombre infinide Livres, envoyez par toute la terre l'an 1689. ou en forme d'instructions Catéchétiques & de Lettres Pastorales, ou comme des Manifestes & des Apologies; c'est que *l'autorité des Rois vient des peuples; que les Rois ne sont que dépositaires de la Souveraineté; qu'ils sont justiciables du peuple pour la mauvaise administration de ce dépôt; que le peuple est en droit de retirer ce dépôt, lorsque le bien public & l'intérêt de la Religion le veulent ainsi, & de le confier à qui bon lui semble.* Peut-on voir des doctrines plus opposées que vos protestations de l'an 1681. & vos décisions de l'an 1689?

On peut vous faire d'autant plus de confusion sur cette inconstance, que l'on est persuadé avec beaucoup de justice, que vous reviendriez dès demain à votre dogme de 1681. si quelque Roi Catholique voulant se faire Protestant, trouvoit ses Sujets tous préparez à le déposer. Ne prenons point pour exemple les Souverains dont l'autorité aproche le plus de la despotique : prenons l'Empereur, dont le pouvoir est fort limité par la Capitulation qu'il jure quand il est élu, & qui doit être Catholique selon les Loix fondamentales de l'Empire d'Allemagne. Qu'arriveroit-il, en cas que dès cette année il fît ouvertement profession du Calvinisme, & qu'en vertu des Loix de l'Empire, les Electeurs le déclarassent déchu de la dignité Impériale, & procédassent à une nouvelle élection? C'est que vous armeriez toute la terre, si cela vous étoit possible, afin de le maintenir; & que tous vos Ecrivains feroient pleuvoir de toutesparts un déluge d'invectives contre l'audace rébelle de ceux qui ne respecteroient pas le caractere inviolable de sa Majesté.

Mais qu'est-il besoin de faire des conjectures sur

Contradiction des Protestans pour ce même tems.

(*) „Politique du Clergé de France, page 205.
(A) „Pag. 211. 212. 213.
(B) „Pag. 146.

(C) „Pag. 217.
(D) „ Voyez *Apol. pour les Catholiques*, 1. part. ch. 9.
(A) „ Politique du Clergé de France, page 217.

fur des fictions? Ne traitez-vous pas les Irlandois de rebelles; & ainfi le même jour que vous affurez que les peuples de la Grande-Bretagne ont pû fe faire un nouveau Roi, puifque c'eft le peuple qui eft le véritable diftributeur des Sceptres & des Couronnes, ne foûtenez-vous pas que les peuples d'une Ifle voifine n'ont pas pû perfeverer dans l'obéïffance de leur ancien Roi? Deforte que vous foufflez le chaud & le froid en même temps, niant & affirmant la même chofe felon que vous y trouvez, ou que vous n'y trouvez pas le compte de votre Parti. C'eft un peu trop fe joüer du monde, & fe fervir de fes opinions comme de fes habits; avoir des dogmes de rechange felon les temps & les lieux, comme l'on a des habits de Ville & des habits de campagne, des manteaux, ou des chapeaux de pluye, & d'autres pour le beau temps.

Cependant la principale confufion que je veux tâcher de vous faire pour votre bien, n'eft pas fur l'inégalité de votre conduite à double poids & double mefure: c'eft fur les fuites effroyables de vos dogmes de l'an paffé. Je ne veux point de difpute avec vous fur l'origine des Monarchies, ni entreprendre de vous prouver par l'Ecriture, que le droit des Rois vient de Dieu, & non pas des hommes: car puifque vos Ecrivains ne manquent pas d'expédiens pour éluder les paffages de l'Evangile, qui nous ordonnent la patience dans les perfécutions, que pourrois-je gagner avec eux, en leur citant les paffages les plus précis? Je me contente donc de vous dire, que foit que la fouveraineté émane des peuples, foit qu'elle émane de Dieu, il eft abfolument neceffaire pour l'établiffement des Societez, qu'elle foit à pur & à plein, ou entre les mains d'un feul, comme dans les Monarchies, ou entre les mains de plufieurs, comme dans les Républiques. C'eft-à-dire, qu'il faut neceffairement dans toutes les Societez, qu'une ou que plufieurs perfonnes jugent en dernier reffort & fans appel, & avec l'autorité de punir les contrevevans, que telles ou telles chofes doivent être faites, que c'eft ceci ou cela qui eft la vraie interprétation & la bonne application des Loix. Car fi les peuples fe réfervoient le droits d'examen, & la liberté d'obéïr ou de ne pas obéïr, felon qu'ils trouveroient de la juftice ou de l'injuftice dans les ordres de ceux qui commanderoient, il ne feroit pas poffible de conferver le repos public, ni de rien exécuter pour le bien commun, puifqu'il n'y a point de reglement ni de loi qui plaife de telle forte à tous les Sujets, que la véritable raifon pour laquelle chacun y obéït, eft qu'après avoir bien examiné la chofe, on la trouve jufte.

Auffi ne voit-on point d'Auteur, quelque zélé qu'il puiffe être pour l'Etat Démocratique, qui n'avoüe qu'il faut qu'il y ait dans toutes les Societéez civiles un pouvoir légiflatif & interprétatif des Loix, accompagné de la puiffance coactive envers tous ceux qui refuferont d'obéïr, foit qu'ils trouvent la loi bonne, foit qu'ils la trouvent mauvaife. Or il eft bien certain que cette puiffance coactive feroit un pur brigandage, s'il étoit vrai que les peuples n'euffent fait que dépofer la Souveraineté entre les mains d'un ou de plufieurs Commiffaires, Agens, Procureurs, Plénipotentiaires, ou comme il vous plaira de les appeller: car ce dépôt enfermeroit néceffairement cette conditon expreffe ou tacite, que chaque membre de la Societé fe réferveroit

le droit d'infpection fur la conduite de ces Commiffaires, & celui de ne fe pas conformer à leurs ordres, quand il les trouveroit violens & pernicieux, à-peu-près comme nous voyons que les Souverains fe réfervent la faculté de ratifier ou de ne pas ratifier les Traitez fignez par leurs Plénipotentiaires. Ainfi ces Commiffaires ne pourroient punir les violateurs de leurs ordres, fans excéder leur pouvoir, (*) & fans commettre autant de meurtres, qu'il y auroit de gens qu'ils enverroient au fupplice fous prétexte de rebellion. Car c'eft un principe avoüé de tout le monde, qu'un Souverain ne reconnoît que le Tribunal de Dieu quant aux chofes en quoi il eft Souverain. Les Juges du Roi d'Angleterre Charles I. n'en difconvenoient pas, puifqu'ils prétendoient que la Souveraineté étoit dévoluë toute entiere au Parlement, & qu'ils n'ont jamais prétendu condamner leur Roi entant que Roi Souverain. Or fi une fois on établit pour principe, que la Souveraineté émane du peuple, on conçoit chaque membre de la Societé comme un Souverain abfolu, pour le moment qui a précédé fon incorporation dans la République. Enfuite s'il n'eft plus Souverain, ce n'eft qu'à l'égard des droits aufquels il a renoncé; mais quant aux chofes dont il n'a point cédé la Souveraineté, il eft évident qu'il demeure Souverain: donc il le demeure quant au droit d'examiner ce qu'on lui commande, & d'y défobéïr, s'il le juge tyranique, & contraire au but qu'on s'eft oppofé en formant les Societez. Donc fi on le punit pour cette défobéïffance, on punit un Souverain en tant que tel; ce qui eft le comble de l'injuftice.

Quel étrange & abominable état n'eft-ce point que celui où il n'y a plus de Rébellion, plus de félonie, plus de crime de leze-Majefté, ni rien prefque qu'on puiffe punir juftement! C'eft néanmoins l'état où feroient réduits tous les Royaumes, & toutes les Républiques du monde, fi votre prétenduë Souveraineté du peuple non alliénée jamais à pur à plein, avoit lieu. Tournez-vous de tous côtez tant qu'il vous plaira, vous n'éviterez jamais ce précipice.

Direz-vous que chaque Particulier ne fe réferve pas un droit d'Infpection fur la conduite du Monarque, avec la faculté de ne s'y foûmettre point lorfqu'il la trouve mauvaife; mais que néanmoins il ne faut pas laiffer à la difcrétion d'un feul homme le fort de toute une nation; qu'il le faut brider par la tenuë des Parlemens, ou des Etats Généraux, comme par autant d'Infpecteurs & d'Ephores? Fort bien; *fed quis cuftodiet ipfa cuftodes*? Mais qui veillera fur la conduite de ces Parlemens Infpecteurs? Faudra-t-il fe foûmettre aveuglément à tout ce à quoi ils confentiront, ou bien aura-t-on la faculté d'examiner leur confentement, & de ne le pas ratifier, fi on le trouve déraifonnable? En ce dernier cas, vous donnez dans le progrès à l'infini, dans l'anarchie, dans une diffolution des Societez, femblable à ce qu'on nomme dans les Ecoles, *refolutio ufque ad materiam primam*, puifque c'eft remettre chaque individu dans la même indépendance qu'il auroit euë, s'il ne s'étoit point agrégé à aucun Corps Politique. Au premier cas vous m'accordez ce que je demande; fçavoir qu'il faut néceffairement qu'il y ait dans tous les Etats un Tribunal fuprême, dont tous les particuliers foient obligez d'exécuter les commandemens, à peine d'être punis comme féditieux, & perturbateurs du repos pu-

public, & qui n'est justiciable que de Dieu. Peu m'importe pour le présent que ce Tribunal suprême consiste ou dans la volonté d'un seul homme, ou dans le concours d'un certain nombre de suffrages, 50. 60. 300. 500. plus ou moins. Il n'en est pas moins vrai que tous les membres de l'Etat doivent obéïr à ce Tribunal, & qu'on les y peut contraindre, sans être responsable qu'à Dieu de l'usage que l'on aura fait de ce pouvoir coactif. Par conséquent point de Souveraineté du peuple; & vous voilà dans un embarras compliqué de contradiction. Vous voulez que le peuple soit souverain, & néanmoins vous mettez les choses dans le premier des deux cas que je vous ai proposez, & vous ne sçauriez vous empêcher de les y mettre.

Car, par exemple, vous êtes fort persuadez qu'un Maire de Londres, un Lord, ou un Evêque d'Angleterre, qui désobéïroient aujourd'hui aux ordres du Parlement, approuvez par le nouveau Prince, mériteroient le supplice des Rébelles, encore qu'ils fondassent leur désobéïssance sur ce qu'en examinant ces ordres, ils ne les auroient pas trouvez bons : ainsi vous convenez qu'il y a dans le concours des deux Chambres du Parlement avec le Roi d'Angleterre, un Tribunal souverain, à qui tout doit obéïssance, à qui nul Particulier ne désobéït, (*) sous quelque prétexte que ce soit, sans encourir le crime de rébellion. La République Romaine, celle de Venise, celle de Hollande, & tout ce qu'il y a jamais eu d'Etats au monde, ont eu & ont nécessairement un semblable Tribunal ; de sorte que la différence des Monarchies & des Républiques ne consiste pas en ce qu'il est plus permis de désobéïr à la Puissance souveraine dans les Républiques que dans les Monarchies ; mais en ce que dans les Monarchies cette puissance est attachée à une seule personne, au lieu que dans les Républiques elle demande un certain concours de suffrages ; & quoi qu'il en soit, il n'y a nul Particulier sous ces deux différentes sortes de Gouvernement, qui ne soit également destitué de tout droit de contradiction, par rapport à la puissance souveraine, & qui ne mérite également toute la rigueur des Loix, lorsqu'il résiste à cette puissance.

Où est donc cette prétendüe Souveraineté du peuple, que vous prônez tant depuis quelques mois; cette chimere favorite, le plus monstrueux, & en même temps le plus pernicieux dogme dont on puisse infatuer le monde ? Ceux pour qui vous l'avez ressuscitée du tombeau de Buchanan, de Junius Brutus, & de Milton, l'infâme Apologiste de Cromwel, seroient bien embarrassez, si les habitans de la Grande-Bretagne se vouloient servir du présent que vous leur faites: car si en vertu de cette Souveraineté, le peuple peut contraindre les Monarques à rendre compte de leur administration, & nommer pour cela des Commissaires, il peut aussi faire examiner par d'autres Commissaires, la conduite d'une Convention ou d'un Parlement. Qui le peut nier ? Et qu'y

auroit-il de plus ridicule, que de prétendre que la Souveraineté d'un peuple lui donne droit de s'opposer à un Roi, mais non pas à une Assemblée de quatre ou cinq cens personnes plus ou moins ? Ainsi quand il plaira aux Anglois & aux Ecossois, ils pourront fort légitimement, selon vos principes, autoriser telles personnes qu'ils jugeront à propos, pour la révision des Actes de l'année passée, & pour la cassation de tout ce qui leur y déplaira, & pour un second exercice du droit d'élection, auquel la Couronne ci-devant héréditaire, a été soumise. Que si ces nouveaux Commissaires ne s'acquittent point de leur emploi au contentement du peuple, on en pourra nommer d'autres, & puis encore d'autres, jusqu'à ce que tout le monde soit content, c'est-à-dire, sans fin & sans cesse.

Croïez-moi, Monsieur, le meilleur moyen de faire sa cour aux Princes, qui montent extraordinairement sur le thrône par la voie de l'élection, n'est pas de tant inculquer aux nouveaux Sujets qu'ils sont supérieurs à leur Monarque. On aimeroit mieux qu'ils oubliassent entierement cette prétention, qui n'est bonne qu'à la maniere des échaffaudages pendant qu'on bâtit, mais non pas lorsque le bâtiment est achevé. Les Députez d'Ecosse qui vinrent en 1571. à la Cour d'Angleterre, pour justifier la déposition de la Reine Marie Stuart, & qui présenterent à la Reine Elizabeth un Livre, où ils avoient étalé les droits du peuple sur les Têtes couronnées, lui déplurent beaucoup. Lisez je vous prie, ce qu'en dit Camdenus à la confusion de vos Ecrivains. (A) C'eût été encore pis, si des Anglois avoient présenté un semblable Livre.

Ce qu'il y a de plus étrange dans vos principes, & en même temps de plus propre à en faire voir la fausseté, c'est qu'ils conduisent naturellement & nécessairement à cet autre dogme, *que le plus grand nombre ne doit pas l'emporter sur le plus petit.* Voilà quelles sont aussi vos prétentions ; comme je vous l'ai déja marqué. Vous prétendez avoir le même droit que vos Ancêtres, de prendre les armes en ce Roïaume, pour vous faire redonner ce que le plus grand nombre des Sujets a consenti que l'on vous ôtât; & vous approuvez qu'une poignée de Vaudois rentrent par force dans un coin de terre, d'où tous les autres Sujets du Duc de Savoye ont trouvé bon qu'ils sortissent. Je vous parlerai bien-tôt de cette belle expédition. En attendant, considérez avec moi, je vous en conjure, ce que je m'en vais vous dire.

Il est certain que si le plus petit nombre, dans une Société civile, n'est pas obligé d'acquiescer à la pluralité des voix, vous n'avez pas été obligez en France à vous soûmettre à des Edits rigoureux, quelque vérifiez qu'ils fussent dans tous les Parlemens du Roïaume. Si vous n'avez pas été obligez de vous y soûmettre, une autre Secte moins nombreuse, comme seroient aujourd'hui les Sociniens & les Quiétistes, ne seroit point non-plus obligée à subir les Loix pénales, que vous, aussi-bien que nous, trouveriez fort bon de leur infliger. Et par la même raison la
No-

Passage de Camden touchant la Reine Elizabeth.

(*) „ n'entens point y comprendre le simple refus „ de faire ce qu'on croit défendu de Dieu, comme de „ signer que le Pape est l'Antechrist, ou d'aller à la „ Messe.

(A) *Elizabetha jubenti ut causas Reginam abdicandi clarius explicarent, & justas esse probarent. Commentarium prolixum exhibuerunt, quo insolenti quadam libertate & verborum asperitate Populum Scoticum Regibus esse superiorem ex veteri regni Scotici jure, exemplis obsoletis & novis undiquaque conquisitis, imo & ex Calvini autoritate populares ubique Magistratus ad libidinem Regum moderandam constitutos esse, iisque licere malos Reges carceribus coërcere & regno exuere probare conati: de suâ autem erga Reginam addicatam levitate gloriosè prædicabant, quod filium in suum locum subrogare, tutôresque dare permiserint. Ex populi misericordiâ, non ex ipsius innocentiâ fuisse, quod superstit, & alia multaque, quæ tumultuantia ingenia contra Regiam Majestatem petulanter comminiscuntur. Hunc non sine indignatione legit Elizabetha, atque ut in Regum injuriam scriptum, tacitè damnavit.* Guill. Camdenus Annal. part. 2. ad ann. 1571.

Noblesse ne seroit pas obligée de souffrir que le reste du Roïaume lui ôtât ses anciens droits : une Province ne devroit pas souffrir la diminution de ses priviléges, ordonnée & consentie par toutes les autres : une Ville ne devroit pas endurer les innovations à sa charge, qui seroient jugées nécessaires au bien public par tout le reste des Sujets. Enfin, un simple Particulier se pourroit roidir lui seul contre tous les Arrêts de son Roi, & des Cours Souveraines du Roïaume, s'il se sentoit lézé trop grievement. Ainsi vous introduisez dans les Corps politiques la même divisibilité que les Philosophes admettent dans les corps naturels : pour le moins vous admettez celle d'Epicure, c'est-à-dire, la divisibilité jusqu'aux atomes, jusqu'à chaque individu, ou chaque personne particuliere.

Ce même dogme autorise chaque Particulier à s'opposer à tout le corps. Réponse aux exceptions.

Il ne serviroit de rien de répondre que ces inconvéniens ne sont pas à craindre, vû qu'un homme n'est pas assez fou pour s'opposer lui seul à l'exécution d'un Arrêt de Parlement, ni une Ville assez imprudente pour se révolter elle seule mal à propos. Cette réponse, dis-je, seroit fort vaine pour deux raisons, 1. parce qu'il n'y a que trop d'exemples, ou de Villes qui ont commencé une sédition sans avoir consulté aucune autre Ville ; ou de simples Particuliers, qui par leurs cabales, par leur ascendant sur le menu peuple, par des intrigues adroitement ménagées avec les ennemis de l'Etat, ont causé de très-dangereuses séditions. 2. Parce qu'il ne s'agit pas tant ici du fait que du droit. Il ne s'agit pas tant de sçavoir si deux ou trois hommes prennent les armes dans une Ville contre tous les autres Habitans, que de sçavoir s'ils les peuvent prendre sans offenser Dieu, sans choquer le droit & la justice, sans blesser aucune autre vertu que ce que l'on nomme prudence humaine, & que l'on oppose au vice de témerité. Il résulte clairement de vos principes, qu'un homme qui prendroit les armes pour conserver son bien, adjugé injustement à un autre par celui ou ceux qui représentent la Majesté de l'Etat (comme en Angleterre par le Roi & le Parlement) ne seroit tout au plus que téméraire.

Preuve de Réponse par le Livre de *l'Esprit de M. Arnaud.*

Cette conséquence n'est pas inconnuë à vos Auteurs. Lisez l'Esprit de M. Arnaud, vous y trouverez d'un côté (*), *que les Rois sont faits pour les peuples, & non pas les peuples pour les Rois ; qu'il y avoit des peuples avant qu'il y eût des Rois ; que ce sont les peuples qui ont fait les Rois,* & qu'ainsi les Protestans de Hongrie *ont eu droit de secouër le joug tyrannique de l'Empereur, & de se jetter entre les bras des Turcs, &* que *tous les Protestans qui gémiront sous de semblables persecutions, auront raison de choisir un autre maître.* D'autre côté, conséquemment à ce dogme, vous y verrez bien (A) que l'entreprise de quelques Huguenots qui se souleverent en 1683. & dont les proüesses sont rapportées avec tant de complaisance par l'Auteur de ce Livre, qu'il a même publié celles qu'il sçavoit qu'on leur avoit attribuées faussement ; vous y verrez bien, dis-je, *que leur action, pour la définir comme elle le mérite, est imprudente, téméraire, précipitée & impatiente,* mais non pas injuste, ni contraire à la Morale de l'Evangile : car il prétend (B) que ceux qui repoussent la force agissent selon les loix de la Nature ; & il ne croit pas que l'Evangile soit venu pour abolir la Nature. Il n'y a donc tout au plus dans les révoltes

que de la témerité, & qu'un mauvais choix des circonstances : encore y a-t-il moyen de les garantir de tout blâme à cet égard, si l'on veut raisonner ainsi. Le bon succès rectifie ordinairement tous les défauts des entreprises téméraires : ce ne seroit donc qu'à cause du mauvais succès qu'on devroit crier contre les révoltes de cette nature ; mais y ayant eu beaucoup de soulevemens, qui contre toute sorte d'apparence se sont terminez par l'érection de nouvelles Républiques, ceux qui commencent une sédition, en peuvent toûjours espérer une bonne issuë. Pourquoi donc les appelleroit-on des téméraires ? Qui sçait s'ils ne réüssiront pas ? Et au pis aller, qui ne sçait qu'une action est en elle-même indifférente, si elle ne devient bonne ou mauvaise que par le succès ?

Et par un exemple des Pr... qui se c... rent.

Mais si d'un côté vous réduisez à néant le crime des séditieux, vous réduisez de l'autre les Souverains à la dure nécessité de ne pouvoir punir les Rébelles sans commettre des injustices. En effet, la Souveraineté du peuple une fois posée, il s'ensuit que l'on doit considérer tous les Membres d'un Etat comme autant de Souverains, qui se sont confédérez entre eux, à peu près à la maniere des treize Cantons Suisses, ou des sept Provinces-Unies. Or n'est-il pas vrai que la confédération des sept Provinces-Unies ne donne aucun droit à la Province de Hollande, la plus forte de toutes, de contraindre les autres à se conformer à ses volontez ? N'est-il pas vrai que leur confédération n'empêche pas que chacune ne se gouverne selon ses Loix particulieres, sans que les autres s'en puissent mêler que par voie de remontrance, & par des offices de bons voisins, & de fideles Alliez ? N'est-il pas vrai que si sous prétexte que l'une de ces Provinces, la plus foible de toutes, n'auroit pas voulu consentir aux propositions de la Hollande, celle-ci la châtioit, ou par des exécutions militaires, ou par telles autres voies de fait, ce seroit une invasion & une oppression très-injuste, qu'il seroit permis de repousser avec le secours des plus grands ennemis de la Hollande ? Disons semblablement, selon vos principes, que lorsqu'une partie des Sujets, ne fût-ce que la millieme, refuse d'obéïr aux commandemens de la Cour, ou du Sénat, il ne reste aux autres parties que la voie des remontrances pour la ramener à l'union ; mais que la contrainte par logement de gens de guerre, & par le suplice des prétendus Chefs des Mutins, est une procédure criminelle, semblable à celle des Conquérans qui abusent de leurs forces pour réduire en servitude tout ce qui ne veut pas subir leur joug, & contre laquelle il est très-permis de se pourvoir le mieux qu'il est possible. Vous me l'accorderez sans peine, quand il ne s'agira que des Protestans de France, désobéïssans à la défense de s'attrouper ; mais que direz-vous du Roi David, qui a prétendu pouvoir châtier comme de francs Rebelles ceux d'entre ses Sujets qui avoient élu Absalon ? Que direz-vous du nouveau Gouvernement d'Angleterre, qui a les mêmes prétentions contre les fideles Sujets du Roi Jacques ?

Suites dogma... cieuses... Protest...

On ne sçauroit donc trop souvent vous reprocher que vos Libelles tendent tout droit à l'Anarchie, & qu'ils sont encore plus dangereux dans les païs où il y a plusieurs Sectes, comme en Angleterre & en Hollande, qu'en ce païs-ci ; car comme il est hors de doute que l'essence de la Souveraineté ne consiste point en la multitude des Su-

(*) ,, Tom. 2. pag. 293.
(A) Ibid. pag. 364.

(B) Ibid. p. 368.

Sujets, il s'enfuit que le Monarque d'un petit Royaume est aussi Souverain que le Monarque d'un grand ; & qu'en cas que la Souveraineté appartienne au peuple, une petite Secte est aussi Souveraine qu'une grande. Ainsi chaque Secte en Angleterre & en Hollande auroit droit aux biens & aux suites de la Souveraineté, tout de même que la Secte dominante ; & on ne l'en pourroit exclure que par la loi du plus fort, auquel cas il est permis à chaque petit Souverain opprimé par ses voisins, d'implorer l'assistance des autres Princes jusqu'au bout du monde. Voïez où cela vous meneroit dans les pays en faveur desquels vous croyez écrire.

Je le dis encore un coup : il n'y a point de fondement de la tranquillité publique que vous ne sappiez ; point de frein qui contienne les peuples dans l'obéïssance que vous ne brisiez. Vous ne voulez point que le plus grand nombre de voix l'emporte ; vous ne laissez pour tout crime aux Séditieux, que le blâme d'avoir mal pris leur temps, (ce qui entraîne avec soi l'entiere justification des révoltes qui réüssissent) & vous jettez le Souverain dans l'inévitable necessité de faire des crimes, quand il ose châtier les Rebelles. Que deviendra donc ce lien de la paix publique, fondé sur la Religion & sur la crainte d'offenser Dieu, en desobéïssant aux Puissances ; cet ordre de Saint Paul, * de leur obeïr non seulement par la crainte du châtiment, mais aussi par un motif de conscience ? Que deviendra, dis-je, tout cela, si les Souverains ne sont que les Procureurs du peuple, & si le peuple se reserve toûjours le droit d'examiner ce qu'ils commandent, & de n'y pas obeïr lorsqu'il ne le trouve pas conforme aux Loix, ou d'y obeïr seulement par provision, jusqu'à ce que l'on ait lié une partie capable de désobeïr impunément ? N'est-ce pas dégager les hommes de toute obligation morale à l'égard de leurs Souverains, excepté dans les cas où ceux-ci ont le bonheur de paroître raisonnables à la petite & foible cervelle d'un tas d'ignorans ? Partout ailleurs vous n'engagez les Sujets à l'obeïssance, que par les motifs qui retiennent les plus grands scelerats dans le devoir, je veux dire, par la crainte d'empirer sa condition, vû les circonstances où l'on se trouve.

on de
disent
faut
nger
On me pourra dire deux choses. La premiere, que si les Rois tenoient leur parole, & s'ils observoient les Loix du Royaume, les peuples ne songeroient jamais à se soulever. Je crois bien que le peuple n'y songeroit guéres, si quelques esprits ambitieux ou mécontens ne le débauchoient. Mais il se laissera toûjours aisément corrompre, pendant que ces sortes de méchans Sujets le flatteront de sa Souveraineté originale ; & ils ne manqueront jamais du faux prétexte de l'inobservation des Loix. Je l'appelle faux prétexte, parceque de la maniere que sont faits les hommes, il est impossible de faire des Loix qui n'ayent besoin de corrections, d'exceptions, de limitations, d'extensions ; desorte que le meilleur Prince du monde, & le plus intelligent dans l'art de regner, est mille fois obligé pour le plus grand bien de ses Sujets, d'accommoder les Loix aux temps & aux lieux, d'en changer même quelques-unes

entierement, & d'en faire de nouvelles. C'est ainsi (a) qu'au siecle passé nos Rois voulant éviter un plus grand mal, abolirent plus d'une fois les Edits qui défendoient toute autre Religion que la Catholique. C'est donc au peuple à laisser à ceux qui gouvernent le soin d'appliquer & d'interpreter les Loix, & ce ne seroit plus un gouvernement, mais une Anarchie, une Tour de Babel, & pis encore, s'il falloit que le peuple fût juge des cas & des circonstances où il faut executer les Loix au pied de la lettre, ou bien les modifier.

Quoiqu'il en soit, jamais ce prétexte ne manquera, & jamais Nation n'auroit dû plus souvent que la Britannique bouleverser son Gouvernement, si ce prétexte étoit valable : car il n'est point de pays au monde où le Souverain (j'entens le Roi & le Parlement pris ensemble) change & rechange plus souvent les Loix qu'en Angleterre.

Combien les
Anglois & les
Allemands ob-
servent peu
leurs loix.

(b) Quod petiit, spernit : repetit quod nuper omisit ;
Æstuat, & vitæ disconvenit ordine toto :
Diruit, ædificat, mutat quadrata rotundis.

On n'y voit que Parlemens qui défont ce que les autres avoient fait, en matiere même de Religion. Tantôt ils abolissent la primauté du Pape, & puis la Messe ; tantôt ils les rétablissent, mais c'est pour les renverser encore mieux peu de tems après. Ils regardent assez long-tems le serment de suprématie comme le *Palladium* de la Foi & de l'Etat, & puis tout d'un coup ils le suppriment ; & le pauvre peuple se persuade qu'il joüit d'une perpetuelle Souveraineté, sous prétexte que tous ces balotemens ne dépendent pas du caprice d'une seule tête, mais de celui de deux ou trois cens. Je vous prie de me dire en quel temps l'Angleterre auroit pû joüir de la paix, sans quereller son Roi & son Parlement tout ensemble, si le peuple avoit raison de se mutiner, lorsqu'il voit arriver du changement aux Loix du pays.

Où en seroient les Empereurs & les Electeurs, si l'inobservation des Loix étoit un sujet valable de se soulever ? Il y a un article parmi les Constitutions fondamentales de l'Empire, qui défend de conferer la Couronne Imperiale plusieurs fois de suite aux Princes de la même Maison. Il y en a un autre touchant l'âge qu'on doit avoir quand on est élu Roi des Romains. Ce dernier article est tout prêt à être violé dans la prochaine Diete Electorale : l'autre est violé depuis plus de deux siecles sans aucune interruption. Approuveriez-vous que les Vassaux des Electeurs, conjointement avec les Princes & avec les autres membres de l'Empire, eussent pris les armes contre les Electeurs, afin de leur faire rendre compte du peu d'égard qu'ils ont eu à la premiere de ces deux Loix ? Approuveriez-vous qu'on se mutinât, au plûtôt, sous prétexte que la deuxieme n'a pas été observée. Je crois bien que vos freres de Hongrie le souhaiteroient ; car autant que vous demandez à Dieu que la Maison d'Autriche abaisse la France, autant font-ils des vœux pour que la France abaisse la Maison d'Autriche ; tant il est vrai que la réforme n'est pas toute animée du même esprit, & que chacun

---

* „ Epitre aux Rom. ch. 13. v. 5.

a „ En 1561. l'Edit de Juillet, défendant aux Pro-
„ testans de s'assembler pour l'exercice de leur Reli-
„ gion, fut revoqué par celui de Janvier, contre une
„ paisible possession de près de douze cens ans, sur la
„ remontrance du Chancelier de l'Hôpital, le plus

Tom. II.

„ grand homme qui fût alors, qui fit extrêmement
„ valoir cette maxime, *qu'il faut que les loix s'accom-*
modent aux temps & aux personnes, & non pas les per-
sonnes & les temps aux Loix. Consultez la Popeliniere,
„ Historien Protestant, liv. 7.
(b) *Horat. lib. 1. Epist. 1.*

cun y cherche ce qui lui est propre, *unusquisque qua sua sunt quærit.* Mais pour vous, je suis assuré que vous détesteriez les chicanes que l'on voudroit faire les armes à la main sur la minorité du Roi de Hongrie, & vous auriez raison: notre intérêt ne nous aveugle pas assez, pour nous empêcher d'avouër que ce seroient des séditions très-mal fondées. Il faut qu'il y ait partout un Tribunal, sur la décision duquel on se repose tout-à-fait, quant aux temps où il est plus à-propos ou moins à-propos d'enfraindre les Loix que de les suivre. Rien n'est quelquefois plus pernicieux que leur observation littérale, *summum jus summa injuria.*

Réfutation de ceux qui disent que le serment de fidélité assure le repos public.

- L'autre chose qu'on me peut dire, est que vos Eleves de *Junius Brutus*, n'excluënt point les sermens de fidélité, qui sont un engagement moral envers les Puissances; mais qu'est-ce qu'une barriere comme celle-là, lorsqu'on y laisse autant d'ouvertures que vous y en laissez, en disant à ceux qui prêtent le serment de fidélité, *qu'ils ont le droit d'examiner ce qu'on leur commande, & de décider s'il est conforme au bien public, & à leurs priviléges particuliers; que leur serment ne peut jamais les engager à quoi que ce soit, au préjudice de cette Loi universelle,* Salus populi suprema lex esto; *que le peuple est toûjours mineur; qu'il n'y a point de prescription contre sa Souveraineté; qu'un Roi qui ne gouverne pas selon les loix, & qui ne remplit pas les fins pour lesquelles il a été élu, qui sont de rendre ses Sujets heureux, est un Tiran justiciable du peuple, tant s'en faut que le serment que le peuple lui a prêté subsiste?* Les termes d'oppression & de tyrannie ont-ils un sens arrêté? Leur signification n'est-elle pas différente, selon le génie & le goût des gens, aussi-bien que celle de mauvaise chere, & de méchant vin? Cette conservation du peuple, qui doit être la Loi suprême, a-t-elle des limites plus certaines? Combien y a-t-il de gens qui vous soûtiendront qu'il vaut mieux être mort que misérable, & parconséquent que par *salus populi,* la conservation du peuple, il se faut bien garder d'entendre simplement la vie, qu'il faut entendre aussi les commoditez de la vie; autre terme vague, sous qui l'on comprend plus ou moins de choses, selon les idées qu'on se fait du nécessaire; desorte que chaque Particulier étant juge, selon vous, en dernier ressort de la conduite de ceux qui gouvernent, il ne manquera pas de definir la tyrannie, l'oppression, le bien public, le salut du peuple; les commoditez de la vie; la liberté, le nécessaire, par rapport à sa sensibilité & à son inclination; & ainsi jamais les prétextes les plus spécieux de se dégager de son serment, & de changer de maîtres, ne manqueront.

Comparaison du dogme de la souveraineté du peuple avec celui du droit des Particuliers pour s'opposer au jugement de toute l'Eglise.

On ne sauroit mieux vous représenter ceci, que par votre conduite à l'égard de vos Synodes. Vous n'ignorez pas que dans ces dernieres années on vous a furieusement harcelez, sur la soumission que votre discipline exige de vous, à l'égard de vos Synodes Nationaux, & que vous leur promettez par la lettre de créance de vos Députez. Votre réponse tout-à-fait conforme à vos principes, est que ces promesses & ces reglemens de discipline ne peuvent en façon du monde déroger au droit inaliénable qu'ont tous les Particuliers d'examiner les décisions des Conciles, & de ne s'y soumettre qu'entant qu'ils les jugeront conformes à la parole de Dieu. Voilà justement votre retraite; quand on vous pressera sur le serment de fidelité, vous repondrez

que le peuple ne s'est jamais soumis aux Rois que comme à ses Plénipotentiaires, & qu'il s'est toûjours réservé le droit d'examiner leur conduite, & de ne la point ratifier, s'il ne la trouve conforme aux Loix.

Il n'y a pas long-temps qu'on vous a montré (*) avec une extrême force, que votre principe de l'examen particulier dans les matieres de foi, est un principe de désunion qui ne va pas à moins qu'au Browisme; c'est-à-dire, à l'établissement d'autant de Sectes, ou de Communions différentes, qu'il y a de familles dans un Etat. La chose est si évidente, qu'elle ne souffre point de replique; car n'y ayant point chez vous un Tribunal dont les décisions puissent affermir la foi des Particuliers, qu'à proportion que par leurs propres lumieres ils les trouvent conformes à l'Ecriture, il faut que vous consentiez que l'on contredise vos Synodes, si en les examinant on ne trouve pas qu'ils quadrent avec la parole de Dieu; & toute la grace que vous demandez présentement pour votre Eglise, c'est qu'elle ait le même pouvoir que l'on ne refuse pas au Corps des Marchands & des Métiers, dans les Villes bien policées, qui est de donner l'exclusion à ceux qui ne veulent pas suivre leurs Statuts & leurs Reglemens. On ne sauroit vous le refuser, mais vous ne pouvez pas non-plus prétendre que ceux que vous excluez de votre confédération Ecclésiastique, ne forment une autre confédération, puisqu'ils sont nez aussi Souverains que vous, & qu'ils ont autant de droit que vous d'examiner l'Ecriture, & de ne suivre que leurs lumieres particulieres. Voilà donc fort clairement la divisibilité de l'Eglise en autant de confédérations particulieres, qu'il y a de chefs de famille, & peut-être même son analyse jusqu'aux principes les plus simples, qui sont les individus, *resolutio usque ad materiam primam.*

Votre Souveraineté du peuple conduit à la même divisibilité, comme je vous l'ai déja dit: car si tous les hommes sont nez également souverains & indépendans, & s'ils ne se conféderent qu'à condition de demeurer toûjours Juges souverains de ceux à qui ils confient l'administration de la République, & de n'obéïr à leurs ordres, que quand ils les auront trouvez conformes aux Loix, il est clair qu'on ne peut contraindre à l'obéïssance ceux qui trouvent ces ordres injustes, & que si on peut les exclure de la confédération, on ne sauroit au moins les empêcher avec justice de former une autre Société. D'ailleurs, comme la Souveraineté naturelle que vous donnez à chaque Particulier, par rapport à la Confession de Foi, le dégage de toutes les signatures & de tous les sermens que lui ou ses Ancêtres pourroient avoir faits, en sorte qu'il ne reconnoît d'autre Supérieur que les lumieres qu'il trouve dans son esprit en examinant l'Ecriture, il faut aussi que vous avoüiez que la souveraineté naturelle, imprescriptible & inaliénable que vous donnez au peuple, à l'égard du governement civil, le dégage de tous les sermens prêtez par lui ou par ces Ancêtres, dès qu'il est question de liberté, ou de Religion, ou des Loix fondamentales, ou de tyrannie, ou d'autres semblables termes, à quoi on donne telle étenduë qu'on veut.

Ceci ne se doit pas seulement entendre de toute l'assemblée du peuple, mais aussi de chaque Particulier, comme je vous le montrerai bien-tôt; mais

mais je veux auparavant vous féliciter de la con-
fonnance merveilleuſeoù vous avez mis vos dogmes.

'Croire, comme vous avez fait de tout temps,
que l'Egliſe n'a point une autorité à laquelle chaque Particulier doive ſoûmettre ſespropres lumieres; & croire, comme vous faiſiez encore lors de
la publication *de la Politique du Clergé*, & de la
Conférence (*) de Mr. l'Evêque de Meaux avec
Mr. Claude, que la Societé civile eſt revêtuë
d'un pouvoir à quoi tous les Particuliers doivent
obéïr, c'étoit faire un mariage (A) mal aſſorti,
c'étoit joindre enſemble deux ſyſtêmes qui n'é-
toient pas faits l'un pour l'autre; maintenant vous
les avez mis à l'uniſſon, vous en avez ôté la *diſ-
parate*, il n'y reſte plus aucune difformité relati-
ve, & vous ne devez plus faire ce ſouhait.

(B) *O ſi angulas ille*
Proximus accedat, qui nunc deformet agellum!

Vous vous êtes mis au large à tous égards,
& vous avez verifié les craintes que l'on conçut
de votre parti, dès qu'il parut, & qui firent
dire, qu'il n'y a pas loin de ſecouër l'autorité
de l'Egliſe, juſqu'à ſecouër celle des Puiſſances
Souveraines: ni d'établir l'égalité des Paſteurs,
juſqu'à établir celle des Magiſtrats ſéculiers.

Ne nous reprochez donc plus, comme une
fauſſeté abſurde, la conformité que l'on établit
parmi nous entre le Gouvernement Eccléſiaſtique
& le Gouvernement civil. Mr Claude, dans la
Préface de ſa Conférence, prétend nous convaincre d'un grand crime, en faiſant voir que
nous avons formé le plan de l'Egliſe ſur celui
des Sociétez humaines, & qu'entreautres choſes,
nous avons été puiſer à cette ſource l'idée de
ſon infaillibilité. *Pouſſant encore leurs idées plus
loin*, dit-il, *ils ſe ſont figurez, que comme pour la
conſervation de la Societé civile, il eſt abſolument
néceſſaire qu'il y ait une autorité ſouveraine & abſoluë ſous laquelle tout fléchiſſe, parce que ſans cela il ne ſeroit pas poſſible de terminer les differends,
ni d'empêcher les diviſions inteſtines; la même choſe
auſſi étoit néceſſaire dans l'Egliſe, dans laquelle il
falloit reconnoître un Tribunal ſouverain & abſolu
ſur la terre, & qu'à moins de cela, & de rendre
à ce Tribunal une ſoumiſſion entiere, à l'égard même des choſes de la conſcience, on ne pourroit jamais
finir les diſputes, ni conſerver l'unité; deſorte qu'à
la fin il ſeroit autant d'Egliſes & de Religions
que de familles. C'eſt de-là que ſont nées les prétentions de l'infaillibilité, & de l'obéïſſance aveugle
aux déciſions des Aſſemblées, ſans s'ingérer de les
examiner.* Après cela il rapporte pluſieurs différences qu'il prétend ſe rencontrer entre la Societé civile & l'Egliſe, & n'oublie point celle-ci;
c'eſt que *dans la Societé civile les Particuliers doivent ſouffrir les injuſtices qui leur ſeront faites, plutôt que de troubler la paix de tout le Corps, parce
qu'ils peuvent ſouffrir des injuſtices ſans les approuver; & que s'ils le font, leur mal n'eſt pas ſans
remede, puiſque Dieu qui eſt le protecteur des innocens oppreſſez, les pourra toûjours dédommager
avantageuſement de toutes leurs pertes.*

A quoi aboutiront déſormais toutes ces remar-

ques, puiſqu'à votre tour vous avez formé le
plan de la Societé civile ſur celui de l'Egliſe, ne
donnant à celle-là que l'autorité que vous donnez à celle-ci, & ne voulant pas que les hommes
ſoientplus ſoûmis aux Rois qu'ils jugent méchans,
que les Chretiens aux Paſteurs qu'ils jugent hétérodoxes. Je vous déclare, Monſieur, que nous ne
nous défendrons jamais d'avoir une idée de l'autorité de l'Egliſe, quant aux matieres de Foi, qui entre
autres grands avantages nous conduit à bien établir
la ſoumiſſion qui eſt dûë aux Puiſſances Souveraines. Mais pour vous, je ne comprens pas
comment vous oſez paroître devant des perſonnes
raiſonnables, avec la conformité que vous venez
d'établir entre l'autorité des Rois & l'autorité
des Sinodes: car ſi votre dogme de l'examen
particulier, qui vous fait dire que le plus petit
Artiſan, bien-loin de ſe repoſer ſur la déciſion
des Conciles Oecumeniques, la doit comparer
avec ſes lumieres, & en cas d'oppoſition, préférer ſon petit ſens à celui de toute l'Egliſe, vous
rend moins dignes de haine que de pitié, parce
qu'il ne peut plus faire de mal qu'à votre parti,
en y multipliant les diviſions, & en confirmant
par-là nos hypotheſes; ſi ce dogme, dis-je, eſt
maintenant moins à craindre qu'à mepriſer, il n'en
eſt pas de même de cet autre dogme, qui vous
fait dire que les peuples doivent examiner les
Edits du Souverain, & s'y oppoſer quand ils les
jugent contraires à la raiſon: c'eſt de quoi vous
regarder comme la peſte des Etats, & comme
les perturbateurs du repos public. Il vous vaudroit mieux, Monſieur, retenir la juſte idée que
Mr. Claude nous étale de la Societé civile, &
n'avoir pas tant de ſymmétrie dans votre Syſtême, que de l'arrondir auſſi regulierement que vous
l'avez fait, aux dépens des liens & des fondemens
les plus eſſentiellement néceſſaires aux Corps politiques.

Que repondrez-vous déſormais à ceux qui vous
reprocheront comme fit un (c)Miniſtre converti
l'an 1660. *Qu'on ſçait combien peu vous êtes ſcrupu-
leux à détrôner les Rois, ayant même trouvé les moyens
de les faire mourir par la Juſtice; que vous faites
vos jouëts de ce qu'il y a de plus ſaint & de plus ſacré
ſur la terre; que vous diſpoſez des Sceptres & des
Couronnes à votre fantaiſie; que vous rappellez quand
il vous plaît les Enfans à leur droit, après en avoir
tragiquement dépoſſedé les Peres?* Que vous chaſſez
tout de nouveau ces mêmes Enfans, (ajoûteroit-
il aujourd'hui, s'il faiſoit réïmprimer ſon Livre)
que vous déclarez leurs Royaumes électifs: que
vous les conferez aux gendres, au prejudice des
fils & des filles, & que vous faites une loi pour
en exclure à jamais les ſucceſſeurs les plus légitimes, s'ils ne ſont de votre Religion.

Répondrez-vous, comme fit en ce temps-là
Mr. (D)Daillé? I. Que vous n'avez point eu de
part dans le Conſeil des Parlementaires d'Angleterre. 2. *Que vous n'avez point approuvé leur parricide.* 3. Que perſonne *ne s'eſt écrié plus haut que
vous contre leur impieté barbare & dénaturée,* comme il paroît par les Ecrits de Mrs. Saumaiſe,
Amiraut, Bochard, Héraud, & par le Livre
intitulé, *le Cri du ſang Royal.* 4. Que ceux qui
ont commis ces horreurs, ont été *Indépendans,*
non-

(*) „Mr. Claude a publié cette Conference en 1683.
(A) . . . . *Impares*
Formas atque animos ſub juga ahenea
Saevo mittere cum jocos
Horat. od. 34. lib. 1.

(B) *Horat. Satyr. 6. lib. 2.*
(c) Mr. Cottiby, Replique à la Lettre de Mr. Daillé,
„P. 211.
(D) „Replique à Adam & Cottiby. 2. Part. pag. 127.

nouvelle Secte inouie à vos peres & à vous, & dont quelques-uns des vôtres ont publiquement refuté les maximes pernicieuses, & qui renversent de fond en comble l'ordre de vos Eglises, aussi-bien que celui des Empires & des Etats du monde. 5. Que ceux qui ont rappellé dans son Royaume Charles II. ne sont pas les mêmes qui en avoient dépossedé son pere; ni ne prétendent que c'est de leur autorité que ce Roi tenoit sa Couronne, chacun sçachant que les serviteurs de ce Prince, par leurs fidelles adresses lui ont ouvert l'entrée dans ses Isles, sont tout autres que ceux qui ôterent le Diadême & la vie à son pere, & qu'ils reconnoissent qu'il tient le droit qu'il a sur son Royaume, de Dieu seul, & du sang d'où il l'a fait naître, & non d'eux.

Voilà qui étoit bon à dire il y a trente ans, puisqu'on n'avoit pas en main de quoi vous convaincre; mais présentement l'on vous tient enserrez de tous côtez par votre propre confession. Car pour ne pas remonter à la Tragédie que Monsieur Cottiby ne vous laissa point passer, & à l'égard de laquelle il semble à beaucoup de gens que votre conduite présente a un merveilleux effet rétroactif, vous ne pouvez vous justifier des dernieres Catastrophes d'Angleterre par aucuns des moyens dont le Ministre Daillé se servit alors.

Nullité présentement de ces réponses.

I. Vous ne pouvez pas dire que vous n'y avez point eu de part; car on peut assurer sans hyperbole, que le détrônement du Roi de la Grande-Bretagne est l'ouvrage de tout le parti. Les Couronnes du Nord y ont contribué de leurs Troupes; les Princes Protestans d'Allemagne ont assemblé toutes leurs forces pour favoriser l'entreprise. La Hollande s'est épuisée de vaisseaux, de soldats, d'argent, de ruse, pour frapper le grand coup, & les Cantons Suisses y ont contribué, en donnant toutes sortes d'ombrages à la France. Pour ce qui est des Particuliers, il est certain que les Ministres y ont contribué par leurs Ecrits & par leurs Prédications, & que chacun de vous y a fourni son écot, comme autrefois les Israëlites à la construction du Tabernacle. Si ce n'a point été en argent, ç'a été du moins en paroles & en souhaits; & l'on peut fort bien appliquer à cette affaire ce que (*) Ciceron a dit de l'assassinat de César. Tous les bons Protestans l'ont exploitée autant qu'il leur a été possible; & s'ils n'y ont pas tous payé d'esprit, d'épée ou de plume, ils l'ont fait à tout le moins de langue & de bonne volonté.

Approbation générale des Protestans pour les dernieres revolutions d'Angleterre.

II. Pour l'approbation, vous ne sçauriez nier que vous ne l'ayez témoignée de la maniere la plus authentique, non seulement par des prieres extraordinaires dans vos Temples, devant & après la dégradation de Prince; mais aussi par de feux de joie; par des Ambassades, par des Panégyriques sans nombre, & en toutes Langues, récitez avec le dernier apparat, & puis imprimez, & par un grand nombre d'autres Ecrits plus sérieux & plus dogmatiques, sans qu'il se soit trouvé parmi vous aucun Auteur, petit ou grand, qui ait ou désaprouvé l'action, ou témoigné du moins qu'il ne la comparoit pas, comme font les autres, aux plus saintes entreprises de Moïse & de Josué. Je remarque ce dernier trait, pour vous empêcher de me dire que l'on n'approuve pas tout ce de quoi on remercie le bon Dieu avec des transports de joie. Je vous soutiens que vous en avez remercié Dieu, comme d'un exploit tout-à-fait Evangélique.

On a pris occasion dans vos Universitez de traiter la Thèse générale du pouvoir des Princes, & elles ont assisté en Corps à des Harangues où les peuples étoient mis sans façon au-dessus des Rois : c'est presqu'une décision doctorale des quatre Facultez. Nous en gardons ici toutes les Pieces imprimées.

Il n'est pas jusqu'au Ministre Merlat qui n'ait voulu s'enrôler parmi les Approbateurs publics de la Catastrophe, par un Sermon récité devant tout le peuple de Lausanne, & puis imprimé. Il avoit néanmoins un intérêt fort délicat à se taire, puisqu'il ne pouvoit parler comme il a fait sans refuter lui-même un Ecrit qu'il a publié sur le pouvoir absolu des Souverains, & sans reconnoître pour justes les duretez & les indignitez que quelques-uns de ses Confreres ont fait imprimer contre lui à l'occasion de ce Livre. On dit même qu'il avoit souffert pour ce même Livre un mal beaucoup plus réel, & c'est peut-être ce qui lui a fait prendre le contrepied d'Héliodore. Cela fait voir que ce n'est plus parmi vous un sentiment qui puisse souffrir partage, que celui de la supériorité des peuples sur les Rois, & de la Justiciabilité des Rois devant le Tribunal du peuple.

En troisieme lieu, je n'ai pas besoin de vous prouver, après ce qui vient d'être dit, qu'ame qui vive parmi vous ne s'est récriée contre l'attentat des Anglois & des Ecossois.

En quatrieme lieu, vous ne pouvez pas rejetter la faute sur les *Indépendans* de la maniere que Monsieur Daillé l'entendoit, puisqu'il est notoire que les Presbytériens, ou seuls, ou avec la jonction des Episcopaux, ont eu la direction totale de ce qui s'est fait. Il est vrai qu'en un autre sens les Presbytériens peuvent être dits *Indépendans;* mais sous cette notion vous ne pouvez plus vous distinguer d'eux, comme Mr. Daillé en distinguoit son Eglise: car nous sçavons fort bien que ceux qu'on appelle *Indépendans* n'ont point d'autres principes que vous, ni sur l'autorité de l'Eglise, ni sur celle des Rois. Ils ne sont pas moins près que vous à se soûmettre à des Reglemens, soit Ecclésiastiques, soit civils, quand il les trouveront justes; & dès que vous agirez avec la moindre sincérité, vous conviendrez que votre doctrine ne conduit pas moins que la leur à former autant de Sectes & de petites Souverainetez dans un Etat, que de familles; desorte qu'au lieu qu'ils se (A) plaignent quel'autorité qu'on donne à l'Eglise est une usurpation de l'autorité des Souverains, & un Etat dans l'Etat, *Imperium in Imperio* nous vous pouvons dire aux uns & aux autres qu'en tant qu'en vous est, vous formez cent mille Etats dans l'Etat, ou pour mieux dire que vous les détruisez tous. Ce n'est pas moi qui juge & qui vous condamne de la sorte, c'est le Ministre Daillé lui-même dans l'Arrêt qu'il a prononcé contre les *Independans;* c'est Saumaise, (B) grand-Calviniste d'ailleurs, dans le Livre dont ce Ministre a fait honneur à votre Parti.

V. Enfin, vous n'oseriez plus vous rendre caution de la doctrine des Anglois, sur le pied de Monsier Daillé. Il est trop évident qu'il en par-

Que
byté
auta

(*) *Omnes boni, quantùm in ipsis fuit, Cæsarem occiderunt: aliis consilium, alii occasio defuit; voluntas nemini.* Cicer. Philip. 2.

(A) ,, Voyez le Livre de Louïs du Moulin, intitulé ,, *Paranesis ad Ædificatores Imperii in Imperio*, imprimé ,, à Londres en 1656. & dédié à Cromvvel.

(B) *Quàm boni & exoptandi sint cives & incola hujusmodi homines, viderint regna & republica quæ nisi eos finibus suis exterminare omni modo laborent, ultimum exitium ab his sibi esse metuendum sciant. Volumen ingens esset condendum enumerare volentibus quot hydris pullulet & sibilet ista excetra.* Salmasius. def. regia. pag. 376. ed. in 12.

parloit sans procuration, & qu'ils l'ont dementi à la face de toute l'Europe. Il le méritoit bien : car si l'on veut qu'il ait répondu de bonne foi à l'objection de son Adversaire, on ne peut du moins nier qu'il n'ait répondu en homme fort mal instruit.

Quoi! un homme qui se glorifie de l'Ouvrage de Saumaise, viendra charger de la mort tragique du Roi Charles la seule Secte des Indépendans, & n'aura point lû dans ce même Livre, que ce furent les Presbytériens qui commencerent la guerre contre ce Monarque; qui se rendirent maîtres de sa personne; & qui l'ayant tenu en prison, autant qu'ils le jugerent à propos, le livrerent aux Indépendans. Il n'y aura point lû, (*) *que les Presbytériens avoient poussé cette Tragédie jusqu'au quatrieme acte & au-delà; & que les Indépendans n'ont eu que le cinquieme à achever, après avoir chassé de la Scene les premiers Acteurs; que ceux-ci n'auroient pas donné peut-être une si barbare catastrophe à la Piece; mais que néanmoins les commencemens en avoient été de telle nature, que la moins funeste conclusion que l'on en pouvoit attendre pour le Roi, étoit qu'il seroit privé de toute l'autorité Royale; qu'il n'y a point donc de gens qui meritent mieux d'être accusez de la mort du Roi, que ceux qui ont préparé le chemin au parricide.* Ce que Mr de Saumaise prouve par l'exemple d'un voyageur, qu'une bête sauvage dévoreroit, après qu'un voleur lui ayant ôté sa bourse, son épée & ses habits, l'auroit attaché à un arbre. Il soûtient qu'en ce cas-là, le voleur auroit plus de part à la mort de ce miserable, que la bête même qui l'auroit devoré: *mutatis nominibus,* poursuit-il, *hæc fabula Presbyterianis convenit, quoniam res eadem est.* Ailleurs (A) il dit en propres termes, *que les Presbytériens ont fourni la hache qui a coupé la tête au Roi, qu'ils ont amené la victime liée, & que les Indépendans l'ont égorgée.*

Pour ce qui est de la différence que Mr. Daillé a mise entre ceux qui ont fait mourir le Roi d'Angleterre, & ceux qui ont rappellé son fils, je lui réponds qu'elle peut bien être de personne à personne, mais non pas de Secte à Secte; c'est-à-dire, qu'on lui accordera tant qu'il voudra, que les mêmes personnes qui eurent la principale part à la ruine du pere, n'ont pas été les Chefs des intrigues qui ont établi le fils; mais qu'il est néanmoins vrai que la même Religion qui avoit persécuté le pere, & obéï très-fidelement à l'Usurpateur, reconnut ensuite le fils pour son légitime maître. Souvenez-vous, Monsieur, que c'est aux Presbyteriens que vous attribuez le rétablissement de Charles II. & non pas aux Episcopaux, qui étoient les seuls qui n'avoient pas contibué au renversement de la Monarchie. *Tout le monde sçait* (dit (B) l'Auteur de l'Esprit de Mr. Arnaud) *que les Presbytériens ont rétabli le Roi d'Angleterre:* il ajoûte peu-après, avec son respect ordinaire pour les Monarques, que les Presbytériens étoient fort chagrins contre la Cour, *se voyant payez d'une si*

noire ingratitude de la Maison des Stuarts qu'ils avoient rétablie sur le thrône. Souvenez-vous aussi que la Secte des Indépendans ne se soûmit pas moins que la Presbytérienne au Roi Charles II. & qu'enfin *ses serviteurs, qui par leurs fideles adresses lui ont ouvert l'entrée dans ses Isles,* avoient été pour (c) la plûpart les Créatures de Cromwel, & ne parurent disposez à servir le Prince que lorsque l'action de ce Tyran mal soutenuë après sa mort, les fit juger qu'ils trouveroient mieux leur compte dans le rétablissement d'un Prince qui leur en auroit toute l'obligation. Lokard, Gouverneur de Dunkerque, l'un des plus fideles serviteurs de Cromwel, ne vit pas plûtôt que le parti chancelloit, qu'il prit ses mesures pour se joindre du côté des plus forts, durant même son Ambassade en France pour la République d'Angleterre. Il n'en faisoit pas un mystere, puisqu'il se disoit (D) à Saint Jean de Luz, *l'Ambassadeur du parti qui prévaudroit, & le très-humble serviteur des évenemens.* Souvenez-vous, dis-je, de toutes ces choses, & vous trouverez que votre Ministre se tire très-mal d'affaire dans le cinquieme article de sa réponse au reproche du Sieur Cottiby. Sans compter le tort qu'il vous fait en convenant que les principes des Indépendans tendent à ruiner de fond en comble les Etats & les Empires, ce qui ne peut être vrai qu'à cause qu'ils soûmettent toutes les Puissances à la Souveraineté du peuple, comme vous le faites tous présentement.

Je vous réitere encore ici mes protestations: je ne représente pas ces choses afin de vous rendre odieux à nos Princes, Dieu m'en est témoin, mais plûtôt afin de vous faire lever l'obstacle que pourroit apporter à votre rétablissement votre abandon aux maximes Presbytérienes. Je souhaite passionnément de vous faire revenir de là, afin que vos persécuteurs n'ayent pas des argumens invincibles à opposer à ceux qui parlent pour vous, s'imaginant que votre rappel pourra rétablir bien des choses dans le Royaume; ainsi plus je vous parle fortement, plus vous me devez avoir d'obligation. Ne trouvez donc pas mauvais que je m'attache à vous faire voir les monstreuses & furieuses suites de votre dogme : je ne sçaurois mieux le faire qu'en reprenant la pensée d'où je me suis écarté. Il est question de sçavoir si c'est tout le peuple, ou chaque personne particuliere, qui peut selon vos principes désobéïr aux Monarques. Je soûtiens que c'est chaque personne particuliere; car outre ce que je vous ai déja dit, en conséquence de vos prétentions pour le plus petit nombre des suffrages contre le plus grand, voici une chose à laquelle je vous prie de faire attention.

Nouvelle preuve que, selon le dogme de la Souveraineté du peuple, chaque particulier peut s'armer contre le Gouvernement

Le principal motif qui vous porte à enseigner que la Souveraineté vient des peuples, & qu'ils ne s'en désaisissent jamais qu'à faculté de rachat, ou plûtôt qu'ils la conferent toûjours comme un (a) fief mouvant de leur Couronne à la charge de réversion, est que vous croyez justifier aisément

In-aux rou-gle-

de cla, l'ila ux abli Ro-gle-ient mes qui has-

(*) *Ad quartum actum & ultra in dramate hoc desultando frigultientes presbyteriani spectatis sunt. Solum quintum & ultimum actum sibi perficiendum sumpserunt independentia histriones, prioribus explosis, & exsibilatis actoribus. Hi fortasse an non adeo feralem & tragicam catastrophen fabulæ imposuissent. Ut tamen capta erat agi, non alium quàm atrocem & Regi funestum sortiri exitum potuit . . . . Drama quippe illi integrum composuêre, quod ut congruens initiis & mediis Clausula finiretur, non aliam habere potuit quam quæ regem, si non vita & regno depulsum, saltem omni autoritate & potestate regali destitutum exhiberet ., . . Si latro viatorem,* &c. Id Salmasius. p. 353.

(A) *Sic securim porrexerunt quæ Regis cervicibus impacta est : . . . Dici itaque verè potest victimam Presbyterianos ligasse, Independentes jugulasse.* Id. Ib. pag. 375.

(B) ,,Tome 2. pag. 294. & 318.

(c) ,, Le Géneral Monck qui fut la principale cause ,, du rétablissement de la famille Royalle, s'étoit toû,, jours bien maintenu auprès de Cromvel, & avoit eu ,, sous lui des commandemens importans.

(D) ,, Voyez le discours qui est a la fin de l'Histoire ,, des troubles de la Grande-Bretagne par Salmonet, ,, imprimée à Paris en 1661.

(a) ,, Au Traité du droit des Magistrats, dont il sera

ment par cette hypothese les guerres civiles & la destitution des Rois. Or prenez garde, Monsieur, que s'il n'y avoit que toute la multitude du peuple qui eût droit d'inspection & d'examen sur la conduite du Prince, & sur celle de ses Créatures; s'il falloit que chaque personne particuliere se soûmit aux volontez de la Cour, lors même qu'il les trouveroit injustes: il ne seroit jamais possible de remédier aux désordres du Gouvernement, que par la rébellion d'une infinité de Particuliers, ce qui rendroit votre hypothese tout-à-fait absurde.

En effet, les préparatifs pour changer le Gouvernement & pour renverser les thrônes, ne peuvent se faire que par des Particuliers; ce sont toûjours des Particuliers qui commencent à être mécontens, à craindre pour l'avenir, à communiquer leurs inquiétudes à d'autres, à concerter avec eux les moyens de mettre les affaires sur un bon pied. On ménage des intelligences sourdes par toutes les Provinces: on s'assure peu-à-peu de quelques Ecclésiastiques fort accréditez dans leur Canton, & de quelques Officiers de l'Armée. En un mot, ces grandes révolutions qui semblent être l'ouvrage de tout un peuple, quand elles s'exécutent un peu régulierement, ne sont en effet que l'ouvrage d'un petit nombre de personnes, qui de leur propre autorité, & sans aucun ordre de la Nation, ont mis tous les ressorts en état d'agir au premier signal. Répondez-moi, Monsieur, l'entreprise de ces Particuliers-là est-elle bonne, ou mauvaise? Si elle est mauvaise, c'est parce qu'il n'y a que tout le corps de la Nation, j'entens ceux qui le représentent avec commission spéciale, qui puissent songer sans crime à changer le Gouvernement. D'où il ensuit que jamais on ne le pourroit changer sans crime: car les Assemblées représentatives de tout le peuple ne se forment jamais pour de tels desseins, sans qu'il y ait eu plusieurs personnes qui s'en sont déja mêlées; ce qui seroit très-criminel, & rendroit par conséquent vos principes nuls & abusifs, à moins que vous n'accordiez aux Particuliers le droit de contradiction. Si l'entreprise est bonne, il est donc permis à chaque Particulier d'examiner le Gouvernement; & en cas qu'il y apperçoive des semences de tyrannie, d'y chercher des remedes avec d'autres Particuliers, & de préparer la mine pour faire sauter en tems & lieu le Prince de dessus le thrône.

Ceci est fort bien lié avec votre dogme de la Souveraineté du peuple, & se prouve merveilleusement par cet autre dogme de vos Réformateurs, que chaque Particulier a une vocation naturelle pour les fonctions Pastorales, quand il s'agit des besoins pressans de l'Eglise.

Je vous avertis, Monsieur, que quand je parle ici des Particuliers, j'entens non seulement ceux qui n'ont aucune charge dans l'Etat, mais aussi ceux qui en exercent quelqu'une, ou dans la Robe, ou dans les Armées; car pendant qu'un Conseiller, qu'un Président, qu'un Maître des Requêtes, qu'un Maréchal de France, n'agissent point par commission, ou du Roi, ou du Parlement, ou des Etats Géneraux, leurs actions, quelles qu'elles soient, ne peuvent être censées que des actions de Particuliers. En Angleterre mê-

me, où vous dites que le Parlement partage le pouvoir souverain avec le Roi en certaines choses, il n'y a nul Membre, soit de la Chambre Haute, soit de la Chambre des Communes, qui étant considéré à part, ne soit un Particulier dont les sentimens, les actions & les paroles sont entierement destituées du caractere de Supérieur, non seulement lorsque les séances du Parlement sont prorogées, mais aussi en pleine séance: car dans le moment qu'un des Pairs ou des Députez opine, son suffrage n'est d'aucune force; il n'y a que l'approbation du plus grand nombre qui confere de l'autorité à un avis.

Ainsi votre Junius Brutus explique les conséquences de votre dogme tout comme moi, quand il dit que lorsqu'un Prince d'ailleurs légitime est censé convaincu du crime de tyrannie, pour n'avoir pas déféré aux avis qui lui avoient été donnez, on peut & on doit le chasser, ou par la voie de la Justice, ou par la voie des armes; mais que néanmoins les Particuliers (*) *sont tenus d'attendre le commandement de tous, c'est-à-dire, de ceux qui représentent tout le corps du peuple en un Royaume, Province ou Ville, ou pour le moins de l'un de ceux-là, avant que de rien entreprendre contre le Prince.* Ensorte que (A) *si les principaux Officiers, ou plusieurs, ou l'un d'iceux, se met en effort de réprimer une tyrannie manifeste, ou qu'un Magistrat tâche de la chasser loin de la Province ou portion du Royaume, laquelle est en sa charge; & que ce Magistrat sous ce prétexte n'amene point quelque autre tyrannie nouvelle en avant; alors il faut que tous en troupe, & à qui mieux mieux se joignent pour prendre les armes, & qu'ils assistent de leurs biens & personnes, comme si Dieu avoit dénoncé du ciel qu'il veut donner bataille aux Tyrans, & qu'ils s'essayent de délivrer l'Etat public & le Royaume de la tyrannie qui l'oppresse.*

C'est manifestement autoriser le plus petit siége de Judicature, le plus petit Baron ou Lord d'un Royaume, à lever l'étendard de la rébellion. C'est manifestement prétendre que tous les Bourgois d'une Ville, tous les Paysans d'une contrée, sont obligez de s'armer contre le Prince, pourvû qu'en cela ils suivent les ordres d'un Juge de paix, d'un Maire, d'un Echevin, ou du Seigneur de la Paroisse. Or comme je comprens ces sortes de gens sous le titre de Particuliers, quand ils agissent de leur propre mouvement, il s'ensuit que Junius Brutus & moi ne faisons que dire la même chose.

J'ajoûte en confirmation ces deux remarques: l'une est, ce qu'il dit page 242. que les Officiers du Royaume qui peuvent juger selon les Loix un Tyran d'exercice, & qui sont obligez *de lui courir sus avec les armes, s'ils ne peuvent autrement le réprimer, sont de deux sortes. Les uns comme le Connétable, les Marechaux, les Pairs, & autres tels, ont en charge tout le Royaume universellement. Les autres, comme les Ducs, Marquis, Comtes, Consuls, Maires, &c. gouvernent quelque Province ou portion du pays du Royaume.* Quant aux premiers, il assure *qu'ils sont tenus chacun à part-soi (quand tous les autres dissimuleroient, ou tiendroient même le parti de la Tyrannie) de réprimer le Tyran; & pour les seconds, qu'ils peuvent selon leur droit, repousser la tyrannie & le Tyran arriere de leurs Villes & Gouvernemens.*

„ parlé ci-dessous, il est dit page 52. *Que puisque les*
„ *Royaumes & Empires mêmes sont fiefs devant hommages*
„ *& service à la Souveraineté, . . un Roi, ou même un*
„ *Empereur relevant de la Souveraineté, commettant félonie*
„ *contre ses Vassaux à sçavoir ses Sujets, perd son fief non*

„ *pour être adjugé aux Vassaux, mais pour y être pourvû*
„ *par ceux qui représentent la Souveraineté.*
(*) „ Page 237. de la version Françoise du Traité de
„ Junius Brutus, imprimée en 1581. in 8.
(A) „ Page 239.

mens. Il n'y a personne qui ne voye que sous son & *cætera*, on peut enfermer le plus petit Maire de village. Il faut pourtant convenir, que pour ceux qui n'ont nulle charge dans l'Etat, & qui bien souvent ont plus d'interêt à sa conservation, que plusieurs autres qui sont dans la Magistrature, il ne leur fournit d'autre remede que la patience (ce qui est absurde, comme je vous le montrerai bien-tôt) si ce n'est en ces deux cas; l'un, quand ils se sentent inspirez de Dieu pour travailler à la délivrance de son Eglise, ou à celle du peuple; l'autre, quand il s'agit d'exterminer (*) *ceux qui abusant de la bêtise & nonchalance du Prince légitime, exercent tyrannie sur les Sujets d'icelui.* Tels étoient, selon vos Ancêtres, Messieurs de Guise; desorte que Junius Brutus les exposoit au couteau du premier venu.

Ma deuxieme confirmation est tirée d'un Ecrit (A) publié par les Protestans de Magdebourg l'an 1550. On y considere trois sortes de Sujets; *les uns sont personnes du tout privées & sans aucune charge d'Etat*; d'autres sont Magistrats subalternes; les troisiemes sont destinez à servir de bride aux Souverains comme par exemple les Etats Généraux. Ceux du premier ordre doivent tout souffrir; mais ceux du second, qui sont *les Ducs, Marquis, Comtes, Vicomtes, Barons, Chatelains, & les Officiers électifs des Villes, comme les Maires, Viguiers, Consuls, Capitoux, Syndics, Echevins & autres semblables, sont tenus (même par armes, si faire se peut) de pourvoir contre une tyrannie toute manifeste, à la salvation de ceux qu'ils ont en charge, jusqu'à ce que par commune déliberation des Etats, ou de ceux qui portent les Loix du Royaume ou Empire dont il s'agit, il puisse être pourvû au public plus avant, & ainsi qu'il appartient.*

Après la declaration que j'ai faite du sens que je donne au mot de Particuliers, je ne dois pas craindre qu'on me chicane sur les conséquences que j'attribuë à vos principes, puisque j'ai montré qu'elles sont avoüées de vos Auteurs. Mais je puis encore aller plus avant, & vous soûtenir que vos principes ne prouvent rien, ou qu'ils prouvent que même les personnes privées peuvent s'ériger en Chefs de parti contre le Gouvernement.

Ma grande & capitale raison est, que si la Souveraineté émane du peuple de la maniere que vous le prétendez, il s'ensuit que les Monarques ne sont que les premiers Officiers du peuple, & que tous les Magistrats subalternes ne sont que ses Officiers inférieurs. Or si à cause que les Rois ne sont que les premiers Officiers du peuple, ils lui sont comptables de leur administration, les Magistrats subalternes le sont encore davantage, puisqu'ils ne sont que ses Officiers d'un plus bas dégré, & rien ne sçauroit être plus bizarre, ni plus extravagant que de soûtenir, qu'à la vérité les peuples retiennent le droit d'examiner ce que font les Rois, & de s'opposer à leurs ordres quand il le faut; mais qu'ils doivent suivre aveuglement les volontez des Magistrats subalternes. On ne seroit pas plus ridicule, si après avoir soustrait les Particuliers à la jurisdiction des Conciles Oecuméniques, en matiere de Religion on leur demandoit une obéïssance aveugle pour les décisions d'un petit Synode Provincial ou d'un simple Consistoire. Il faut donc ou ne

donner pas au peuple le pouvoir de critiquer à coups d'épées les ordres d'un Roi, ou lui en donner un tout semblable à l'égard des Comtes & des Marquis, des Echevins & des Maires: autrement qui donneroit le plus, ôteroit le moins, par la plus étourdie & la plus folle conduite qui se puisse imaginer. C'est pourquoi si vous voulez que vos dogmes se soûtiennent, il faut que les Grands Officiers de la Couronne veillent sur la conduite des Rois; que les Magistrats inférieurs veillent sur la conduite des Grands Officiers de la Couronne; & que ceux qui n'ont nulle charge, veillent sur la conduite des Magistrats. Vous ne sauriez remédier sans cela aux inconvéniens que vous voulez fuir; car il vous faudroit prendre les armes toutes les fois que les Magistrats l'ordonneroient: & il ne les faudroit jamais prendre quelorsqu'ils l'ordonneroient. N'est-ce point se condamner soi-même aux plus grands périls, sous des Magistrats téméraires? Mais d'ailleurs que deviendroit le peuple sous des Tyrans, qui auroient l'adresse de s'aquérir tous ceux qui seroient élevez aux Magistratures, & de les engager par leur intérêt personnel à se tenir en repos? Sa Souveraineté ne seroit-elle pas alors d'un grand usage? Ne faut-il pas avouër que pour la mettre à profit, il faut nécessairement que le peuple ait la faculté, 1. d'établir des Inspecteurs qui empêchent que rien ne se fasse contre les Loix & contre ses Priviléges, 2. de voir si ces Inspecteurs s'acquittent fidelement de leur emploi?

Qui n'admirera cette Providence, qui confond l'orgueil des prétendus Sages du monde dans leurs faux raisonnemens, quand il verra que ces grands déclamateurs pour la liberté des peuples & contre les Monarchies, nous déclarent que les oppressions les plus affreuses doivent être supportées patiemment, pourvû qu'il plaise à ceux qui sont dans les Charges, de ne dire mot, eux qui ne sont rien pour le nombre, en comparaison du reste de la Nation, comme si des Avocats & bien d'autres Habitans des Villes supérieurs fort souvent en toutes choses à trois ou quatre Echevins, en naissance, en richesses, en probité, en sçavoir, ne pouvoient pas aussi raisonnablement soulever la populace malgré ces Echevins, que se soulever avec eux malgré toute la Province? Je vous ai déja montré que Junius Brutus enseigne, que pourvû qu'il y ait un Magistrat dans un Royaume qui fasse sonner le tocsin contre un Roi tyran, les Particuliers sont tenus de prendre les armes.

Je puis employer contre lui ses propres comparaisons. Il dit dans sa page 236. que comme *il n'y a si petit matelot qui ne soit tenu de mettre la main a la besogne, pour empêcher le naufrage du vaisseau qui est prêt à se perdre, par la faute ou nonchalance du pilote; de même chaque Magistrat est tenu de secourir l'Etat, s'il le voit proche de sa ruine, par la fetardise ou méchanceté du Prince & de ses Associez: bref, qu'il doit garantir ou tout le Royaume, ou la portion qu'il a en charge, de la tyrannie qui s'en veut emparer.* Mais néanmoins, poursuit-il, *cela n'est point loisible au premier venu & à quelques hommes de nulle autorité.* Peut-on rien dire de plus pitoyable que cette limitation? J'en prens à temoin vos Ministres, qui se sont tant servis de cette idée pour autoriser les Réformateurs Laïques. Qu'ils nous disent un peu s'il faut être gradué, ou avoir quelque entrée dans la Clé-

Que les comparaisons de Junius Brutus conduisent à cela même.

<hr>

(*) „ Page 242.
(A) „ L'Edition dont je me sers est en François, im-
„ primée en 1578. Le titre est *du Droit des Magistrats sur*
„ *leurs sujets.*

Cléricature, afin de s'employer légitimement à la conservation de l'Eglise prête à perir : ils répondront tous que non, & nous renverront à l'exemple du plus chétif matelot, soldats ou sou fi l'on d'un navire menacé de naufrage. Et en effet, ou cette comparaison ne prouve rien, ou elle prouve que le plus chétif Sujet a une vocation naturelle pour s'opposer à la tyrannie, lorsque les Magistrats ne le font pas.

Autre comparaison. (*) *Les Particuliers tout ainsi que pupilles, sont sous la charge des principaux Officiers & Magistrats...... Tout ainsi donc qu'un pupille ne peut intenter action sans l'autorité de son Tuteur, encore que le pupille soit vraiement Seigneur; au cas semblable le peuple ne peut rien entreprendre, sinon sous l'autorité de ceux ausquels il a baillé sa puissance & autorité, soit Magistrats ordinaires, ou extraordinairement créez en Assemblée des Etats.* Mais on peut ruïner cette comparaison de fond en comble, tant parce que sur des plaintes raisonnables on fait fort bien casser les Tuteurs, que parce qu'il y a une différence essentielle entre le peuple & les pupilles. Ceux-ci sont mis sous la direction de leurs Tuteurs par une autorité étrangere, à laquelle ils peuvent avoir recours en cas de besoin, & ont une incapacité physique de faire des actes civilement valides avant un certain âge; mais selon vos hypotheses, c'est le peuple qui crée lui-même ses Tuteurs, & qui leur confere tout ce qu'ils ont d'autorité; c'est dans le peuple que réside la puissance souveraine; & nous convenons tous que les Souverains ne recourent qu'à eux-mêmes, pour tirer raison du tort qui leur peut avoir été fait; & que le peuple ne peut jamais par le défaut d'âge être incapable d'agir avec toute la validité requise dans le cours des choses humaines. Il n'y a donc point de temps où le peuple ne puisse châtier ses Tuteurs, c'est-à-dire, ses Magistrats, quels qu'ils soient, si la nécessité le demande. C'est donc très-inconséquemment que l'on ôte à ceux qui ne sont point élevez aux Magistratures, le droit de remedier aux désordres du Gouvernement, & de s'ériger pour cela en Chefs de parti.

Preuve tirée de ses passages & d'un autre des Protestans de Magdebourg. Je ne veux point d'autre Juge de cette verité que Junius Brutus lui-même : car après avoir établi dans la page 123. que les Rois ont été établis principaux Tuteurs du peuple, & que *les Electeurs, Palatins, Pairs, & autres Officiers notables, sont ordonnez afin d'avoir l'œil sur le Roi, & empêcher qu'il n'entreprenne rien au dommage du peuple;* il dit tout net dans la page 225. (A) *S'il y a de la collusion entre eux & lui, ce sont prévaricateurs : s'ils dissimulent, il les faut appeller traitres & déserteurs; s'ils ne garantissent l'Etat de toute tyrannie, on les doit mettre eux-mêmes au rôle des Tyrans.* Or pourquoi n'auroit-on sur les Officiers inférieurs, en cas de semblable prévarication, autant de droit que sur les Pairs du Royaume? Les Protestans de Magdebourg accordent aux personnes privées le droit de (B) *sommer les Magistrats subalternes de leur devoir.* A quoi bon cela, si l'on n'y ajoûte le droit de se faire justice à soi-même, quand toutes les sommations ne produisent aucun fruit? Remarquez, je vous prie, que selon même les maximes des Ecrivains les plus fé-

ditieux, il n'y a point de Gouvernement où les simples Particuliers qui entreprennent d'exhorter les Magistrats subalternes à s'opposer aux ordres justes du Souverain, ne se rendent coupables de sédition. Il faut donc que l'on m'accorde que les sommations qu'on permet ici, seroient criminelles, si les circonstances du temps, je veux dire, la notoriété de la tyrannie, ne les justifioient; d'où je conclus que les mêmes circonstances justifieront hautement les simples Particuliers, si voyant l'inutilité de leurs remontrances, ils font soulever le peuple. Quel droit ont-ils plutôt sur une premiere démarche, qui est pour l'ordinaire séditieuse, que sur une seconde de même catégorie? Qu'on tâche donc tant qu'on voudra d'éluder la difficulté, il est sûr que vos méchans dogmes conferent nécessairement au moindre Particulier le droit d'exciter une sédition.

Que ces
teurs par
contradié
visible o
donné gl
la verité.

Cela est si aisé à comprendre, qu'il n'y a guéres lieu de douter que Junius Brutus, & les Protestans de Magdebourg ne l'ayent vû aussi-bien que moi; mais la juste crainte de gâter leur cause, dans l'esprit même des Lecteurs les plus turbulens, les a contraints de nier cette monstreuse conséquence de leur principe. Dieu soit loüé de ce qu'au moins ils en ont si bien connu les horreurs, qu'ils ont mieux aimé nous soûmettre aux dures loix de la patience, qu'à une telle liberté. (A) *Si les Sujets,* disent-ils, *sont grevez de tributs & d'impôts déraisonnables; si on les traite tout autrement qu'on n'a promis, & nul des Magistrats ne s'y oppose, ils doivent demeurer cois, & penser que souventefois les plus sages Medecins, pour prévenir ou guérir une forte maladie, commandent la saignée, une purgation, ou quelque scarification; & que les affaires de ce monde vont de telle sorte, qu'à peine un mal se peut guerir sans un autre mal, & ne sçauroit-on obtenir un bien qu'avec fort grand travail..... Si les Magistrats mêmes favorisent à la tyrannie on ne s'y oppose pas formellement, que les Particuliers se ramentoivent ce qui est dit au 34. Chapitre de Job, qu'à cause des pechez du peuple, Dieu permet que les Hypocrites regnent, lesquels il n'est possible de ranger ni renverser, si les Particuliers ne se repentent de leurs fautes, pour cheminer en l'obéïssance de Dieu, tellement qu'il ne faut apporter autre chose que les genoux pliez & un cœur humilié. Bref, qu'ils supportent les mauvais Princes, qu'ils en souhaitent de meilleurs, estimant qu'il faut supporter la tyrannie aussi patiemment que l'on supporteroit le dommage d'une grefle, d'une ravine d'eaux, d'une tempête, ou de tels autres accidens naturels, s'ils n'aiment mieux changer de pays, comme David s'est retiré aux montagnes, & n'a rien attenté contre le tyran Saül, pour ce qu'il n'étoit pas l'un des Gouverneurs déclarez du peuple. &* conformément à S. Paul, qui *traitant du devoir d'un chacun Chretien, & non point des Magistrats, enseigne qu'il faut obéïr à Neron.* (D) *Si les Particuliers ne sont autorisez ou par Magistrats inférieurs, ou par la plus saine partie des Etats, ils n'ont autre remede que repentance & patience, avec les prieres, lesquelles Dieu ne méprisera jamais, & sans lesquelles tout autre remede, quelque légitime qu'il soit, est en danger d'être maudit de Dieu.* De-plus (*) l'obligation qui

---

(*) „ Junius Brutus, pag. 236. 237.
(A) „ Dans la page 12. il dit encore plus fortement
„ que si les Officiers de la Couronne ne s'entendent avec le
„ Prince, cela n'ôte rien à la liberté du peuple; qu'ils
„ font alors comme un Avocat qui vend à la Partie ad-
„ verse le droit de celui pour qui il plaide : que tels
„ Grands encourent la punition que la Loi décerne con-
„ tre les Prévaricateurs : quant au peuple, la Loi lui

„ permet de choisir un Avocat, & de nouveau de
„ poursuivre son droit.
(B) „ Page 54.
(C) „ Junius Brutus page 237. 238. 239.
(D) „ Traité du Droit des Magistrats, publié par ceux
„ de Magdebourg, pag. 53. & 54.
(a) „ Ibid. pag. 17.

a été contractée par consentement commun & public, ne peut être rompuë & mise à néant, à l'appetit d'un Particulier, nonobstant que le Prince abuse de son droit, joint que faisant autrement, INFINIS TROUBLES S'ENSUIVROIENT PIRES QUE LA TYRANNIE MESME, ET SURVIENDROIENT MILLE TYRANS, SOUS OMBRE D'EN VOULOIR EMPECHER UN. *Outre cela il y a une raison de plus grand poids que tout ce qu'on pourroit alléguer au contraire, à savoir l'autorité de la parole de Dieu toute claire: car Saint Paul parlant du devoir des Particuliers, non seulement défend de résister au Magistrat souverain, ou inférieur; mais aussi commande de lui obéïr à cause de la conscience.*

Dieu soit loüé encore un coup, de ce que vos Ecrivains du dernier siecle ayant connu les funestes suites de leur dogme, non seulement en ont rejetté une partie, mais aussi l'ont rejettée de telle façon, qu'ils ont donné gloire à la verité sans y penser, & fourni des armes pour se faire battre. C'est ce qui paroîtra par cinq petites observations que je m'en vais faire.

ions Tage.

I. C'est déja beaucoup qu'ils reconnoissent (& cela comme une forte raison d'ôter aux Particuliers le droit de mutinerie) que si chaque Particulier pouvoit désobéïr à un Prince violent, on tomberoit dans des confusions pires que la tyrannie même, & on se livreroit à la discrétion de mille Tyrans, sous prétexte d'en chasser un. L'expérience l'a toûjours montré. Le peuple est toûjours la dupe de ses prétendus Libérateurs: il chicane ses Princes légitimes sur les moindres infractions de ses Priviléges, & il permet que ceux qui lui viennent promettre de les protéger, (car (*) c'est toûjours le prétexte des Usurpateurs) renversent en peu de temps plus de Loix fondamentales, que les prétendus Tyrans n'en eussent ébranlé dans toute leur vie. Il crie à l'oppression pour des charges assez supportables: mais a-t-on mis sur le Thrône quelque grand Chef de parti, il faut, bon gré malgré qu'on en ait, lui passer les expédiens les plus onéreux qu'il trouve nécessaires pour se maintenir. On l'a vû en Angleterre sous Cromwel, par une juste punition de l'audace qu'on avoit conçuë contre un trop bon Roi, & en exécution de l'Arrêt qu'un sage Payen a mis dans la bouche du plus grand des Dieux, sur une semblable affaire:

(A) *Quia noluistis vestrum ferre, inquit, bonum,*
Malum perferte.

Sentence aussi juste, que celle-ci est véritable:

(B) *In principatu commutando, sæpius*
Nil præter domini nomen mutant pauperes.

ives auté.

II. Mais si ce que vos Ecrivains reconnoissent dans ma premiere remarque, est quelque chose, que dirons-nous de ce qu'ils reconnoissent outre cela, qu'on ne doit opposer à la tyrannie qu'une sainte & Chrétienne résignation, ou qu'un exil volontaire, lorsque les Magistrats se tiennent cois, car visiblement c'est enseigner qu'on se doit soûmettre, avec la derniere patience, aux volontez des plus petits Magistrats. On ne leur en demande pas davantage pour les Rois: & seroit-il bien possible qu'on crût que le caractère de Roi, pour lequel les Nations Barbares ont eu la derniere véneration, (c) que les Payens mêmes ont pris pour un établissement immédiat de Dieu, que la prérogative de l'antiquité (b) rend digne de toute sorte de respect, que l'Ecriture (a) nous propose comme sacré & inviolable par l'onction céleste, enfin, que les plus grands ennemis des Monarchies regardent comme la plus éminente Magistrature du peuple; seroit-il bien possible, dis-je, qu'on crût qu'un caractère aussi auguste par tant de raisons que celui-là, ne mérite pas les mêmes égards que l'on nous demande pour les Magistrats subalternes? Ce n'est pas pour ceux-ci, c'est pour les Princes souverains qu'ont été dites les paroles que Junius Brutus ne peut rapporter qu'à sa confusion; savoir, (b) qu'il faut prendre patience à leur égard comme pour le dommage d'une grêle, ou d'une ravine d'eau. En général, toutes ses moralitez & son passage de Job, doivent avoir infiniment plus de relation à la tolérance des mauvais Princes, qu'à celle de la connivence des Magistrats inférieurs, & très assurément il ne savoit ce qu'il disoit en cet endroit-là.

En III. lieu, dans quel embarras ces Auteurs ne jettent-ils pas le peuple, & ne se jettent-ils pas eux-mêmes? Ils veulent qu'il ne puisse travailler à sa délivrance, quelque tyranniquement qu'il soit opprimé, que sous les auspices & à l'instigation des Magistrats; mais que si les Magistrats l'exhortent à secoüer le joug, il soit obligé de le faire. Qu'on me dise donc de quel droit un simple Particulier qui verra le Roi, le Chef de tous les Magistrats & de tous les Tuteurs du peuple (je parle selon vos principes) commander une chose, & un Echevin, ou tel autre Magistrat & Tuteur de bas étage, la défendre, préférera l'ordre du plus petit au commandement du plus grand? N'est-ce point ruïner toutes les loix de la subordination? N'est-ce pas rapporter le devoir de l'obéïssance directement au Magistrat inférieur, & seulement par accident au Chef de la République; desorte que vous n'obéïssez plus au Souverain à cause de l'éminence & de la majesté de son rang, mais à cause que vous ne sauriez lui désobéïr, sans vous élever au-dessus des Magistrats subalternes? C'est là l'analyse de votre soumission; je dois obéïr au Roi, parce qu'ils lui obéïssent, & pourvû qu'ils lui obéïssent. Mais encore, quels sont ces Magistrats subalternes, sur qui on se doit régler? La préférence doit-elle être distribuée selon leur rang, ou selon le voisinage, ou selon la droiture de leur conduite? Si c'est selon les rangs, que deviendra-t-on lorsque les Ministres d'Etat, & ceux qui possedent les premieres charges du Roïaume, sont de l'avis du Roi, comme il arrive presque toûjours? Et que deviendra le systême de ces Ecrivains,

Impossibilité de mettre en pratique la doctrine de ces gens-là selon leurs restrictions.

(*) *Libertas & speciosa nomina pretexuntur, nec quisquam alienum servitium & dominationem sibi concupivit ut non eadem ista vocabula usurparet.* Tacit. lib. 4. cap. 73.

(A) *Phædr. fab.* 3. l. 2.

(B) *Id. fab.* 16. l. 1.

(c) „Voyez-en les preuves dans les Auteurs citez par „Grotius, *de jure belli & pacis,* l. 1. c. 3. & 4. & par „Bochart, Lettre à Mr. Morley. Voyez aussi la Dissertation de Boëclerus *de auspicio Regio.*

(b) *Principiorum gentium nationumque imperium penes* REGEM *erat, quos ad fastigium hujus Majestatis non am-* *bitio popularis, sed spectata inter bonos moderatio provehebat. Populus nullis legibus tenebatur, arbitria Principum pro legibus erant.* Justin. l. 1. ch. 1.

(a) „Voyez-en les preuves dans la susdite Lettre de „Bochart.

(b) *Boni Imperatores voto expetere, qualescunque tolerare.. quomodo sterilitatem aut nimios imbres & cætera naturæ mala, ita luxum, vel avaritiam dominantium tolerate. Vitia erunt donec homines, sed neque hæc continua, & meliorum interventu pensantur.* Tacit. Histor. l. 4. c. 8. & 74.

vains: où l'on permet à chacun des Magistrats de repousser la tyrannie, dans la portion de pays qui lui est baillée en garde, & à chaque Particulier de se mutiner, pourvû qu'en cela il suive les ordres d'un Magistrat? Si c'est selon le voisinage, il faudra donc qu'une seule Ville se souleve, quand ce sera le bon plaisir de ses Echevins, quel que soit d'ailleurs le sentiment des Magistrats des autres villes; ce qui n'est pas moins absurde que si l'on permettoit à un Bourgois de se soulever, quand nul de ses concitoyens n'en est d'avis. Ce sera donc selon la raison. Mais comment trouver qui a raison? La Politique, avec toutes ses discussions morales, métaphysiques & historiques, est-elle si aisée à débrouiller, que tous les Particuliers soient coupables de connoître qui a tort ou non dans une guerre civile? Est-ce un principe de la lumiere naturelle, qu'en toutes sortes de circonstances un Prince qui crée de nouveaux impôts, & qui casse certaines loix, fait plus de mal que de bien à son Royaume? Combien y a-t-il au contraire de Royaumes qui seroient peris sous des Princes doux & grands observateurs des vieilles coûtumes?

Assurez-vous, Monsieur, que le peuple n'est pas plus en état de juger par des idées abstraites de Politique, & par la comparaison des Manifestes, qui a tort ou qui a raison, en fait de gouvernement, que de décider par une semblable voie les disputes de Théologie. Livrez-moi un peuple à la merci des Professeurs en Politique; ordonnez-lui de ne se point déterminer par la voie de l'autorité, mais seulement par les lumieres de l'examen, vous ne verrez jamais de fin aux guerres civiles, non-plus que vous n'en voyez pas aux discordes Protestantes, après mille projets & mille tentatives de réünion.

Absurdité de Junius Brutus à l'égard des raisons pourquoi David ne résista pas à Saül.

En IV. lieu, à quoi songe Junius Brutus, de vous venir dire que la raison pour laquelle David s'est retiré aux montagnes, & n'a rien attenté contre le Tyran, est qu'il n'étoit pas l'un des Gouverneurs déclarez du peuple? Livrez-le, je vous prie, à vos Ecrivains modernes, & qu'il apprenne d'eux que c'est principalement aux gendres des Rois comme étoit David, à mettre ordre au Gouvernement. Sans mentir, c'est quelque chose de bien ridicule, que d'autoriser un Echevin à faire soulever le peuple pour détrôner un Monarque, & de ne donner que la fuite pour tout remede à David personnellement persécuté par un Tyran; à David, dis-je, qui avoit épousé la fille du Roi, & qui outre sa valeur, l'amour du peuple, & la cession que Jonathan, son beaufrere, lui avoit faite de son droit, avoit déja reçu l'onction Royale par un Prophete. Cet exemple donc n'est propre qu'à vous couvrir de honte: car qui ne voit que si David s'est crû obligé à n'opposer à la tyrannie de Saül que la fuite & que la patience, il faut à plus forte raison que tout autre Sujet prenne le même parti, & qu'un gendre à qui on ne fait aucun mal, se tienne en repos. Reconnoissez-vous là les maximes & la pratique de votre Secte?

Son abus horrible de l'Ecriture.

V. Enfin, de quelles peines n'est point digne l'audace qu'ont ces Auteurs d'abuser si criminellement de la parole de Dieu, lorsqu'ils disent que les passages où Saint Paul & Saint Pierre nous commandent d'obéir aux Rois, ne concernent que les personnes qui n'ont aucune charge publique, desorte qu'à les en croire, ces deux Apôtres n'obligent à obéïr aux Puissances que les simples particuliers: encore faut-il que le Juge du Village dans lequel ils résident, le trouve à propos, puisqu'en cas de conflit de jurisdiction entre un mauvais Roi & le Juge de Village, les Sujets peuvent & doivent se ranger sous l'étendart de ce Juge, pour faire la guerre à ce Roi: Ainsi, à proprement parler, les Apôtres n'engagent personne à obéïr à son Souverain, puisque ceux que l'on veut qu'ils y engagent, n'y sont obligez qu'en cas que d'autres qui n'y sont pas obligez, obéïssent pourtant. Si Dieu vous commandoit de donner l'aumône, pourvû qu'un autre à qui Dieu ne le commanderoit pas, la donnât, ce ne seroit point du tout une loi divine de faire l'aumône. Tout se réduit donc, dans les Oracles si précis de Saint Pierre & de Saint Paul, nonobstant leur propres expressions, & la circonstance du temps où ils écrivoient, à nous donner un ordre bien superflu d'obéïr aux Princes, pourvû qu'ils soient de bonnes gens. Ne voilà-t-il pas des loix suspendües à des conditions bien dignes du Saint Esprit, & d'une Morale qui devoit sur toutes choses inspirer aux hommes la patience & l'humilité?

Mais réflexions de cette nature à part, avec des esprits tels que sont vos Ecrivains d'aujourd'huï, qui nous renouvellent à toute heure ces gloses grotesques, nous disant fort gravement que cette Morale de l'Evangile n'est pas faite pour les personnes constituées en dignité, ou pour le peuple représentatif; qu'au contraire c'est à ce peuple à dispenser l'autre de ces vertus trop Chretiennes: Si bien que voilà un même peuple, qui en qualité de représentant se donne l'absolution à soi-même comme representé.

Quoiqu'il en soit, il me suffit 1. que votre principe soit tellement lié avec la conséquence rejettée par Junius Brutus, & par ceux de Magdebourg (sçavoir que chacun a droit de prendre les armes pour remédier aux maux de l'Etat) qu'il est aisé de connoître qu'elle en est une suite nécessaire, & qu'ils ne l'ont désavoüée que de peur & de honte. 2. Qu'ils en avoüent assez pour nous faire clairement comprendre que leur desaveu est une précaution inutile: car quand il y a dans un Roïaume autant de Chefs légitimes de sédition, que de Gentilshommes tittrez, & que d'Echevins ou de Consuls, ce n'est pas la peine de donner à chaque individu le droit de prendre les armes. Néanmoins comme ce droit peut mieux faire sauter aux yeux l'abomination que vos nouveaux Casuïstes viennent de ressusciter, je ne prétens pas m'en départir, & je vous citerai même deux Auteurs qui paroissent avoir eu plus de bonne foi que Junius Brutus.

Meilleu[re foi] de Kno[x &] Goodm[an] avoüer[ent le droit] de ch[...]

Le premier, est le fameux Jean Knox (*), l'Apôtre de l'Ecosse pour le Protestantisme, qui après avoir dit en général (A), que lorsque les Princes usent de tyrannie contre Dieu & contre sa vérité, leurs Sujets sont dégagez du serment de fidélité, ajoûte en particulier à l'égard de Marie, Reine

---

(*) *Magnus ille Joannes Knoxus, quam si Scotorum in vero Dei cultu instaurando velut Apostolum quemdam dixero, dixisse me quod res est existimabo.* Beza in Iconib.

(A) *Si principes adversus Deum & veritatem ejus tyrannicè se gerant, subditi eorum à juramento fidelitatis absolventur... Illud audacter firmaverim, debuisse Nobiles, Rectores, Judices, Populumque Anglicanum non solùm resistere & repugnare Mariæ illi Jezabel, quam vocant Reginam suam, verùm etiam de eâ & Sacerdotibus ejus & aliis omnibus quotquot ei auxilium tulerunt, mortis supplicium sumere, ut primùm ceperunt Evangelium Christi supprimere,* Admon. ad Nobilit. & Popul. Scot.

Reine d'Angleterre, *que les Gentilshommes, les Gouverneurs, les Juges, & le peuple d'Angleterre, devoient non seulement lui résister, mais aussi la faire mourir avec ses Prêtres & avec tous ses adhérans, dès qu'ils commencerent de supprimer l'Evangile.* Vous voyez qu'il met le peuple au même rang que les Magistrats, pour ce qui est de l'autorité de se soulever.

L'autre, (*) qui est un Ministre Anglois, nommé Godman, s'exprime avec plus de précision: car il parle des Princes & des Magistrats, en les distinguant les uns des autres, & dit que pourvû qu'ils fassent observer les Loix divines, on leur doit obéïssance, bien qu'ils soient impies, méchans & réprouvez: mais qu'aussi-tôt qu'ils entreprennent de transgresser ces Loix, & de les faire transgresser aux autres, on ne doit plus les tenir pour des Magistrats; qu'on doit les châtier comme des personnes privées. Si on lui demande à qui appartient le droit de les châtier, lorsqu'ils tombent tous en faute, il répond que c'est au peuple, c'està-dire, comme il paroît visiblement, à ceux qui avant cela n'exerçoient aucune charge: & c'est raisonner beaucoup plus conséquemment que ne font vos autres Monarchomaques. C'est aussi me justifier pleinement à l'égard de toutes les suites, par lesquelles j'ai combatu leur fausse hypothese. J'eusse pû la battre en ruïne par d'autres endroits; mais n'ayant pas eu dessein de faire un Livre, je me suis borné à l'attaque que l'on nomme dans l'Ecole *reductionem ad absurdum*, qui est l'argument le plus capable de désabuser un honnête homme.

J'atteste à present votre conscience, Monsieur. Avez-vous besoin que je vous marque plus en détail la fureur & l'énormité de ce dogme? N'en voilà-t-il pas plus qu'il n'en faut (je l'espere au moins, & je le souhaite de tout mon cœur) pour vous délivrer du charme qui vous a si fort ébloüi, à la vûë des révolutions d'Angleterre, & pour vous faire désavoüer publiquement ce nombre infini d'Ecrits séditieux, dont vous inondez toute l'Europe? Souvenez-vous que les Livres de Buchanan, de Junius Brutus, & de semblables trompettes de guerres civiles, vous avoient toûjours semblé si propres à vous charger de confusion & de la haine publique, que vous aviez toûjours affecté de faire passer ces Ecrivains pour des gens sans nom & sans nulle autorité, ou du moins sans conséquence envers les pures Monarchies: *Qu'on ne nous fasse point l'injustice,* disoit un de vos Auteurs (A), *il n'y a pas bien longtemps, de compter entre nos Docteurs un Poëte Ecossois sans caractere, qui a voulu s'égayer à débiter ses songes sur la Politique, & quelques livrets dont les Auteurs n'ont osé se nommer, n'ont jamais été connus, ont même toûjours été soupçonnez d'être travestis.* Après quoi il soûtient qu'on a calomnié Pareus, puisque la doctrine qu'il a débitée, ne regarde que les Princes de l'Empire & les Villes Impériales. C'est votre ressource ordinaire en fa-

veur de ce Pilier de votre Parti. *Vos Théologiens ont dit plusieurs fois,* comme nous l'apprend un Moderne (B), *que Pareus n'a voulu parler que des Magistrats particuliers des Villes libres d'Allemagne, que ceux qui ont le droit d'élection peuvent déposer, lorsqu'ils sont convaincus d'avoir enfraint les conditions de leur entrée dans les charges.* Un autre (c) avoit répondu en 1683. *que Monsieur Arnaud n'avoit allegué contre vous que quatre Auteurs, deux connus, sçavoir, Buchanan & Pareus; & deux inconnus, sçavoir, un certain Auteur caché sous le faux nom de Junius Brutus; & un autre encore plus obscur, dont l'Ouvrage a pour titre, De jure Magistratuum in subditos; que quand des Livres ne portent point de nom, & sont désavouez de tout un Parti, ils n'ont pas d'autorité: qu'ainsi quand ces deux Auteurs, obscurs & cachez, auroient mis au jour les maximes du monde les plus fatales au repos des Etats, & à la sureté des Souverains, vous ne seriez pas obligez d'en répondre; que le Roi Jacques a soupçonné que ce Junius Brutus étoit un Papiste, qui se cachoit sous ce nom pour rendre la doctrine & le Parti des Protestans odieux..... Que de ces quatre Auteurs il n'y en a que deux dont l'autorité vaille quelque chose; car pour ces deux inconnus,* Junius Brutus *& l'autre, nous ne les connoissons point,* dit-il. Après cela il avoüe, *que les maximes de* Buchanan *& de* Pareus *ne sont point vos maximes; que vous les avez diverses fois désavoüées, & qu'on ne les trouvera dans aucun de vos Ecrits authentiques; qu'elles sont assurément fausses dans la generalité dans laquelle ces Auteurs les proposent,* prétendant *que c'est-là le droit géneral des peuples & des Rois, ce qui n'est pas vrai.* Quant au reproche que Monsieur Arnaud lui avoit fait sur la tolérance de vos Synodes pour ces méchans Livres, on lui répond *que vous n'aviez point à faire des démêlez du Royaume d'Ecosse; que la doctrine de* Buchanan *se rapportoit à la question, Si dans le Royaume d'Ecosse les Rois sont sujets aux Loix; que pour ce qui est des maximes de* Junius Brutus, *vous n'aviez que faire de vous battre contre un inconnu, & un homme sans nom & sans autorité dans le monde, puisque vous aviez des noms illustres, des noms connus, des Auteurs de poids & d'autorité, ausquels vous pouviez porter vos coups.* Et sur cela il cite l'Acte du Synode de Tonneins, dont je (D) me suis servi contre vous-mêmes.

Je laisse là le peu de sincérité ou l'ignorance qui regne dans ces réponses: car enfin, Buchanan est-il un homme à être traité *de Poëte sans caractere, qui a voulu s'égayer à débiter ses songes sur la politique;* lui que la Noblesse d'Ecosse choisit pour Précepteur du Roi Jacques, & à qui l'infortunée Marie Stuart, & ensuite le Viceroi d'Ecosse témoignerent une affection & une estime toute particuliere; lui qui n'écrivit son Traité *De Jure Regni apud Scotos,* que pendant les troubles du Royaume, & pour soûtenir les prétentions de ceux qui avoient foulé aux pieds l'autorité

(*) *Quamdiu Principes & Magistratus, &c. Sin verò audacter & ipsi leges Dei transgrediantur, & aliis id ipsum præcipiant, tunc perdiderunt eum honorem & obedientiam, quàm aliàs subditi eis præstare tenebantur, neque deinceps habendi sunt pro Magistratibus, sed puniendi tanquam privati homines. ..... si Principes & Magistratus, omnes repugnant legi divinæ, habetis vos qui è populo estis, expressum verbi divini testimonium pro parte vestrâ, & Deus ipse vobis dux & signifer erit qui præcipit, non solùm Primoribus & Magistratibus auferre malum ex ipsis, sive idololatriam sive blasphemiam, sive apertam injuriam; sed hoc à totâ multitudine requirit, cui gladius justitiæ ex parte commissus est. Ideoque si Magistatus omnes simul despicere velint justitiam & leges Dei, vestrum est contra Magistratum aliosque om-*

nes eas defendere. ..... Hoc enim Deus à vobis postulat, totipopulo hoc onus incumbis, ut animadvertas in idolo latram, quemcumque; nemo excipitur, sive Rex, sive Regina, sive Imperator. In libro cui titulus, Quemadmodum superioribus Magistratibus sit obediendum, cap. 9.

(A) ,, De Daillon, Examen de l'oppression des Réfor,, mez, Amst. 1684. pag. 11.

(B) ,, Bibliotheque Universelle, Tome XI. pag. 52. 53. ,, Amst. 1689.

(c) ,, Apologie pour la Réformation. Tom. 2. page ,, 286. & suiv. édit. in 4.

(D) ,, Ci-dessus page 76. de la 1. Edit. in 12. & de ,, celle-ci page 592.

torité & la Majesté Royale ; lui qui (*) confesse que ce Traité servit de beaucoup à fermer la bouche au Parti contraire, c'est-à-dire, à ceux qui condamnoient les attentats exercez contre les droits inviolables de la Monarchie? On nous viendra soûtenir qu'un tel Auteur n'a écrit que pour s'égayer, en nous débitant ses songes, comme si l'on nous parloit de ceux qui publient les Panégyriques de la fievre, ou leurs voyages imaginaires au monde de la Lune. Tant s'en faut que l'Ouvrage de Buchanan soit destitué d'autorité, qu'on peut dire que c'est un Ouvrage de parti & de commande, destiné à faire sçavoir en beau Latin, & avec tous les talens d'une des (A) meilleures plumes de son siecle, ce que tous le Calvinistes d'Ecosse pensoient & disoient, mais qu'ils n'étoient pas capables de publier. Cet Auteur se repentit enfin d'avoir sacrifié sa plume à un tel usage, & rejetta les prieres qu'on lui fit en 1582. de l'employer pour la cause des Rébelles, reconnoissant avec douleur qu'il ne l'avoit que trop fait, (B) *se factiosorum causam contra Principes jam antea suscepisse dolenter ingemuit, & paulò post obiit.* Sans doute ce n'est point à cause de ce refus, mais plûtôt à cause de son attachement précédent aux factions d'Ecosse, que dans l'apologie de Pareus on l'a maintenu homme de bien, à qui l'Eglise & la République avoient de grandes obligations. Consultez, je vous prie, votre Blondel dans sa *modeste Déclaration*, page 294. & 295.

De-plus, pour qui nous prend-on, en disant qu'il ne s'agissoit que des Princes de l'Empire dans Pareus, & du Royaume d'Ecosse dans Buchanan, puisqu'enfin il fallut convenir, que *les maximes de ces deux auteurs sont fausses dans la generalité dans laquelle ils les proposent?* Quelle opinion voulez-vous, après cela, que l'on ait de vos Théologiens sur le Chapitre de la bonne foi, puisque nonobstant cet aveu de celui qui répondit à Mr. Arnaud en 1683. un autre nous vient dire en 1687. que Pareus ne parle que des Etats d'Allemagne? Un autre en 1688. n'en accorde pas tant, & soûtient *que vos Théologiens ont dit plusieurs fois, que Pareus n'a voulu parler que des Magistrats particuliers des Villes libres d'Allemagne.* Si cela étoit, les Allemans se fussent-ils donnez la peine de réfuter ses maximes, comme l'a fait le Luthérien Osiander (c)? Je ne dis rien ici de la Censure d'Oxford ; j'en parlerai ci-dessous.

Pour ce qui est de Junius Brutus, comment peut-il être traité *de fantôme, d'inconnu, d'homme sans nom & sans autorité dans le monde,* après qu'un Professeur en Théologie à Geneve a déclaré dans un Ecrit imprimé l'an 1618. (D) qu'Hubert Languet s'étoit caché sous ce faux nom, & que son Livre avoit été imprimé par les soins de Philippe de Mornai? Ignore-t-on ce que d'Aubigné rapporte dans la premiere édition de son Histoire en l'an 1616. (a) *Hottoman,* dit-il, *fut long-temps & à tort soupçonné de cette Piéce,* mais depuis, *un Gentilhomme François, vivant lorsque j'écris, m'a avoüé qu'il en étoit l'Auteur.* Et dans un autre Chapitre (b) : *Il paroissoit un Livre qui s'appelloit Junius Brutus, ou défense contre les Tyrans, avoüé par un des doctes Gentilshommes du Royaume, renommé pour plusieurs excellens Livres, & vivant encore aujourd'hui avec* A U T O R I T É. Ignore-t-on que dans la deuxieme Addition en 1626. il déclare (c) *qu'il s'est trouvé enfin que ce Gentilhomme n'avoit fait que donner le jour au Libelle, l'ayant eu en garde par Hubert Languet, qui en étoit le vrai Auteur;* desorte qu'il se trouve, selon les dispositions du Droit Romain (d), que ce Livre peut être attribué à deux Auteurs, sçavoir à Du Plessis-Mornai, & à (e) Hubert Languet, les 2 personnes qui par leur naissance, par leur savoir, par leur esprit, par leur plume, par leur zele, & par leurs continuelles négociations en faveur de la cause, s'étoit acquis la plus grande autorité parmi vous. Je pourrois dire en passant que votre Héros, le Sieur Du Plessis-Mornai, n'avoit pas trop bonne grace de réfuter le *Catholique Anglois* de Loüis d'Orléans, qui tout furieux ligueur qu'il étoit, auroit pû dire qu'il n'empruntoit les fondemens des Libelles que d'Hottoman, Calviniste outré, & du Livre d'Hubert Languet, imprimé par les soins de Du Plessis.

Mais, Monsieur, point de procès sur toutes ces petites choses. Je me contente de vous faire remarquer que ci-devant vos Ecrivains, soit de bonne, soit de mauvaise foi, se défendoient soigneusement d'être les Aprobateurs des pernicieuses maximes d'Hubert Languet, & qu'à l'exemple du Roi Jacques, ils n'étoient pas fâchez que l'on crût qu'un malin Papiste vous avoit supposé ce Livre, comme très-propre à vous faire détester dans tous les Royaumes. A quoi pensent-ils donc aujourd'hui en publiant tant de Livres, où sans détour & sans réserve ils étalent les mêmes dogmes, & les poussent encore plus loin?

Pensez-y serieusement, & faites quelque chose d'éclat qui nous convainque que vous n'êtes point infectez de ces Héresies politiques. (f) *Sauvez-vous de cette géneration perverse,* & songez à l'ordre que Dieu (g) donna au peuple Juif de se retirer d'autour des tentes de Coré, Dathan & Abiram, & de ne toucher à rien qui appartînt à ces Trompétes de sédition. Désavouez nommémeut tous ces Ecrits scandaleux, où l'on a tâché de faire soulever jusqu'à Monseigneur le Dauphin contre son propre pere, & d'armer tous les François en faveur des plus irréconciliables ennemis de la Nation, pour mettre notre Monarchie sur le pied d'un Royaume Aristodémocratique. Si je vous articule ces sortes d'Ecrits, ce n'est pas qu'on les croye ici fort dangereux ; car au contraire, il n'y a point de bon François qui ne s'en mocque, & qui ne les compare à ces fleches qu'on dit que les Sauvages d'Afrique lancent contre le Soleil. Vains & inutiles efforts qui

---

(*) „ Voici comme il parle en le dédiant au Roi son „ disciple : *Is liber càm pro tempore profuisse nonnihil sit* „ *visus, ut occluderet ora quibusdam qui clamoribus im-* „ *portunis magis, qui tum erat, rerum statum insectaren-* „ *tur, quam quid rectum esset ad rationis normam exige-* „ *rent,* &c.

(A) „ Voyez dans les Eloges tirez de Monsieur de Thou „ par Mr. Teissier, Tome 1. page 574. & suiv., com- „ bien Buchanan étoit un homme de conséquence.

(B) *Camdenus, Annal. ad ann. 1582.*

(c) „ Dans ses Observations sur Grotius *de Jure belli* „ *& pacis.*

(D) *Vid. Gisb. Voëtium, disputat. Theol. Vol. 4. p. 232.*

(a) „ Tome 1, livre 1. ch. 17.

(b) „ C'est le 2. du livre 2. de la 2. partie.

(c) „ Voyez la pag. 124. & 170. du 1. Volume.

(d) „ Les Loix contre les Libelles veulent que ceux qui „ les publient, en soient réputez les Auteurs, & traitez „ de même : *Si quis ad infamiam alicujus libellum, aut* „ *carmen, aut historiam scripseris, composueris, edideris,* „ *dolove malo feceris, quod quid eorum fieret, &c.* Institut. „ Justinian. lib. 4. de injuriis, Tit 4. D'autres Loix „ ajoûtent, *Etiamsi alterius nomine edideris, vel sine no-* „ *mine.*

(e) „ Voyez dans Voëtius *ubi suprà,* un Recueil d'élo- „ ges de ce Languet.

(f) „ Actes des Apôtres, ch. 2. v. 40.

(g) „ Livre des Nombres, ch. 16.

qui ne servent qu'à découvrir le fond du cœur
dont ils partent, & qu'à réjouïr vos ennemis !
Ils ne demandent pas mieux que de vous voir
continuer sur ce ton-là ; c'est leur fournir des
moïens de rendre la réconciliation impossible. Ceux
mêmes qui ne seroient point fâchez de votre retour, ne laissent pas, en voyant de ces Libelles,
de s'écrier : *Dieu nous garde d'un Pape Huguenot!*
Il feroit plus de mal en peu d'années par ses excom-
munications de Rois, & par ses translations de
Couronnes des peres aux enfans, ou aux Etrangers
mêmes, s'il y échéoit, que n'en ont produits les Hilde-
brands, & les autres méchans Papes en plusieurs siecles.

Car on vérifie par le calcul, ajoûtent-ils, que
sans avoir eu de Pape, les Protestans ont déthrôné
actuellement beaucoup plus de Rois depuis l'an
1517. où commence leur époque, jusqu'aujour-
d'hui, que les Papes n'ont tâché d'en détrôner
par des Bulles fort inutiles dans le même espace
de temps. Je vous en avertis en ami, afin que
vous travailliez à ôter de dessus vos têtes ces fâcheuses présomptions.

Si vous m'en croyez, vous témoignerez publiquement vos regrets de ce que tant de personnes
réfugiées, abusant de leur loisir & de la facilité des
Imprimeurs, ont employé ou à composer des
Libelles, ou à traduire ceux des Anglois, le tems
qu'ils auroient dû employer à sanctifier les souffrances où ils ont été appellez pour leur Religion.
Il est étonnant que les Presbytériens de-delà la
mer ne soient pas devenus sages, après les reproches dont on les a continuellement déchirez, depuis
le parricide de Charles I. & qu'il se soit trouvé
en Angleterre, où l'on faisoit tous les ans une
commémoration si humiliante de ce grand peché,
tant d'Ecrivains qui tâchoient de porter les choses
à une fureur approchante contre le Roi Jacques
II. Il est étonnant, dis-je, que l'on y ait publié
la vie de Julien l'Apostat, pour faire voir que
les Chrétiens étoient obligez de l'exclure de l'Empire, & qu'à plus forte raison on étoit obligé en
Angleterre d'exclure le Duc d'Yorc, & qu'on
ait eu l'audace d'y publier un autre Libelle,
dont voici le frontispice : *L'irrévocabilité du*
Test & des Loix Pénales prouvée par la mort
tragique de Charles Stuart, Roi d'Angleterre, pere
de Jacques II. à present regnant, MEMENTO
MORI ; dans lequel on étale le procès & le supplice de Charles I. avec des airs triomphans, &
comme si l'on se glorifioit encore de l'action du
monde la plus noire, & la plus capable de mortifier toute une Nation. Mais il est peut-être plus
étonnant que des François qui ne cessent d'appeller tyrannie diabolique l'interdiction des exercices de leur Religion, ayent traduit & fait
imprimer avec tant d'empressement un Livre où
l'on menace de mort un Roi, s'il entreprend de
faire changer les Loix qui ôtent la liberté de
conscience à ses Sujets Catholiques. L'étonnement
s'augmente, quand on considere que les Traducteurs de ces Libelles séditieux attendoient d'heure
en heure leur rappel en ce Royaume.

Quoi donc ? Vous ignoriez que nos Parlemens n'ont jamais respecté ni Sociétez des Jésuites, ni Ecrits de Cardinaux, ni Bulles de Papes, quand il s'est agi de témoigner de l'indi-

gnation contre des dogmes beaucoup moins dangereux que votre prétenduë Souveraineté du peuple ? Car il est bien plus à craindre qu'une populace ne se mutine, quand elle croit le pouvoir faire
de sa propre autorité, ou à l'instigation d'un simple Juge Royal, que lorsqu'elle se croit obligée
d'attendre la permission de la Cour de Rome. Il
est certain, Monsieur, que si vous revenez jamais
en ce Royaume, l'on exigera de vous la signature
d'un Formulaire, par laquelle vous serez obligez
de renoncer à tous les principes de Monarchomaques,
dont vous avez paru si grands Zélateurs.
Ce sera un nouveau Test que vous serez cause que
l'on introduira parmi nous. On obligera aussi
tous vos Ministres à prêcher, pour le moins quatre fois l'an, sur des textes qui regardent la soûmission aux Puissances Souveraines, & à déclarer nettement & sans équivoque, qu'il n'est jamais permis aux Sujets de se révolter contre leur Roi. Cet
ordre ne sera pas aussi nouveau que le Formulaire,
puisqu'en (*) 1643. il fut ordonné à vos Ministres
d'enseigner au peuple qu'il ne faut point prendre
les armes contre son Prince ; ce qui prouve manifestement que la Cour n'étoit guéres contente
d'eux, quant à ce dogme.

On vous permettroit plûtot d'appeller idôlâtre
la Religion du Roi, que de dire qu'il n'est pas
au-dessus du peuple. Quelque pieté qu'ayent les
Monarques, ils souffrent plûtot les Héresies qui
ne regardent que la Religion, que celles qui regardent leur autorité ou leur personne : & il est
même certain que celles-ci sont plus capables de
troubler le repos public. Vous sçavez sans doute
la remarque de Monsieur de Nevers contre l'Empereur Charles-Quint, *qu'étant à Augsbourg en*
1552. il déposseda trois Ministres Luthériens, parce
qu'ils médisoient de lui, & laissa tous les autres Mi-
nistres prêcher & médire de Dieu, selon leur fantaisie.

Je ne puis, ni je ne dois vous cacher une
réflexion que j'ai ouï faire à plusieurs personnes
depuis peu, c'est que plus les Protestans sont éloignez de l'Eglise, plus ils sont contraires aux Souverains : car par exemple, il s'en faut bien que
ceux de la Confession d'Ausbourg, & les Episcopaux d'Angleterre soient idolâtres de la Souveraineté du peuple, comme le sont les Calvinistes
& les Presbytériens. Grotius qui s'étoit autant
éloigné du Calvinisme, qu'approché de nous,
est tout-à-fait raisonnable contre la prise d'armes
des Sujets, dans son excellent Traité *De Jure*
belli & pacis. Ses Commentateurs Luthériens, Zie-
glérus, Booclerus, Osiander, suivent en cela son
sentiment. Mais le Calviniste Gronovius prend à tâche de le réfuter, & n'oublie pas la raison du cœur,
l'argument de l'intérêt du Parti, savoir, qu'on ne
(A) peut être du sentiment de Grotius, sans deshonorer les Héros de la Réforme, qui par le grand
succès de leurs armes victorieuses l'ont plantée en
plusieurs pays ; & au lieu que presque partout
ailleurs il ne fait que de très-petites notes sur le
texte, il en fait de longues & d'étudiées sur tout
ce qui concerne l'autorité des Monarques, afin
de contredire Grotius. Aussi n'imprime-t-on plus
en Hollande le Traité *De jure belli & pacis,* sans
y ajoûter les notes de Gronovius, comme un préservatif contre le prétendu poison de l'Original.
La

Les Calvinistes ennemis des Puissances plus que les autres Protestans.

(*) „Grotius qui n'aimoit guéres les Ministres, sou-
„haitoit qu'on réimprimât en Hollande cet Edit du
„Roi. V *Epistol.* 545. & *aliis part.* 2.

(A) *Auctor quæstionem an liceat Christianis pro religione*
adversus superiores in ultimo discrimine bellare, ita trac-
tat, ut negantem partem probare, atque ita tot heroûm quo-
rum armis à Deo prosse ritatis libertatem conscientia in Bel-
gio Germaniâ, Galliâ debemus causam damnare videatur,
cui sententiæ subscribere non possumus. Gronovius, **Not.**
in lib. 1. *c.* 4. *p. m.* 52.

La réfléxion dont je vous parle, est puissamment confirmée par le nouveau Livre de Masfius, Profesfeur Luthérien en Dannemarc, intitulé, *Interesfe Principum circa Religionem Evangelicam*, où il débite, comme l'opinion commune des Luthériens les fentimens les plus orthodoxes fur l'autorité des Rois; mais il foûtient que ceux des Anabaptistes, des Presbitériens & des Calvinistes, font fort préjudiciables à l'autorité fouveraine. Un de vos Journalistes, aussi éloigné pour le moins que vous autres de l'Eglise Catholique, n'a point trouvé à fon goût ce Livre-là, & de-là vient qu'il lui donne divers coups de dent, qui témoignent qu'il est aussi bon Républicain, que méchant Réfutateur. On croira fans peine que les Danois font fort de l'avis du Profesfeur de Copenhaguen : car ils s'étoient fi mal trouvez de ce partage d'autorité qui vous plaît tant, entre les Rois & les peuples, qu'en l'an 1660. (*) les trois Etats du Royaume conférerent au Roi Frideric III. la Souveraineté héreditaire, fans aucune exception, & remirent tous leurs priviléges entre fes mains.

Preuves par la conduite précedente de l'Eglise Anglicane.

Pour ce qui regarde l'Eglise Anglicane, perfonne n'ignore la fidélité qu'elle avoit toûjours euë pour fes légitimes Souverains, ni fes vigoureufes opposítions aux doctrines féditieufes de Buchanan, de Goodman & de leurs femblables, adoptées, même jufqu'à la pratique, par la Secte Presbytérienne avec tant de violence, que le Roi Jacques, le plus moderé de tous les hommes, ne put s'empêcher d'en témoigner publiquement fon indignation. (A) Je ne vous citerai rien là-desfus, ni ne disfimulerai point que ce Prince ayant été averti que fon témoignage vous pourroit nuire en France, déclara qu'il n'avoit voulu parler que des Puritains de fon Royaume. Ceux-ci demeurerent toûjours chargez de la flétrisfure, & n'ont que trop justifié le jugement qu'il rendoit d'eux, & les funeftes presfentimens qu'il fembloit avoir de leur infatiable haine contre fa famille. Mais au contraire, les Epifcopaux perfeveroient à cet égard dans la vraie Foi, & travailloient de toute leur force à repurger l'Angleterre du levain de la doctrine féditieufe. C'est pour cela qu'en 1512, l'Univerfité d'Oxford condamna (B) comme fausfes, impies & féditieufes les propositions de Pareus, par qui que ce foit qu'elles fusfent foûtenuës, & décida, *felon le Canon des Ecritures, que les Sujets ne doivent réfister en aucune maniere par la force & par les armes à leur Roi, ou à leur Prince, & qu'il ne leur est point permis de s'armer ni offensívement, ni défensívement contre leur Roi, ou contre leur Prince, foit pour caufe de Religion, foit pour quelque autre fujet.* Non content de cela, elle fit brûler le Livre de Pareus, d'où les propositions qu'elle condamnoit avoient été prifes, & fit un Décret portant, *que tous les Docteurs & tous les Maîtres de l'Univerfité, & les Bacheliers en Droit & en Médecine figneroient la condamnation & la décifion fufdite, & qu'à l'avenir perfonne ne pourroit être gradué en aucune Faculté, fans les figner préalablement, & fans jurer en même temps qu'il détestoit & qu'il détesteroit toute fa vie les propositions qu'on venoit de condamner.* Le Roi Jacques fit d'une part réfuter ce même Livre de Pareus par le Docteur David Owen, & brûler de l'autre par les mains du Bourreau.

Réflexion fur une Lettre de Bochart de Caën.

Je ne crains pas de m'avancer trop, fi je dis que l'opposition entre les Epifcopaux & les Prefbytériens, fur l'obéisfance qui est dûë aux Princes, n'a pas été la moindre caufe de leurs irréconciliables divisions; car il paroît par la Lettre que le docte Bochart écrivit en 1650. au Sieur Morley, Chapelain du Roi de la Grande-Bretagne, qu'une des principales raifons qui empêchoient les Epifcopaux Réfugiez en France, d'avoir communion avec vos Eglifes, étoit qu'ils vous croyoient dans ce fentiment Presbytérien, *que les Sujets peuvent mettre les Rois à la raifon par la force & par les armes, & en cas de réfiftance, les renverfer du Thrône, les mettre en prifon & en justice, & enfin les faire pasfer par les mains du Bourreau.* Il n'est pas question ici des protestations qui furent faites par Bochart, que ce n'est pas là votre doctrine, ni de quelques faits qu'il allégua, concernant les bonnes intentions du Parti Presbytérien pour la vie de Charles I. faits de très-petite importance pour difculper les dogmes de ce Parti, & capables feulement de faire voir que les Indépendans les entendoient beaucoup mieux : faits en un mot qui ne font rien à l'affaire; car un Roi fe foucie peu qu'après qu'on a eu la dureté de le mettre entre quatre murailles, on n'ait pas asfez de réfolution pour lui faire trancher la tête; & constamment il est ridicule de prétendre que le peuple peut bien condamner fon Roi, c'est-à-dire fon premier Commis, à une prifon perpétuelle, ou à un bannisfement perpétuel, mais non pas au dernier fupplice. Où font les raifons contre cette derniere peine, qui ne foient également bonnes contre les autres punitions, & que peut-on dire pour justifier celles-ci, qui ne ferve à justifier l'autre ? Mais n'étant point question de cela préfentement, continuons nos remarques fur la conduite des Epifcopaux d'Angleterre.

Ils eurent grand foin dès qu'ils furent rétablis, de foudroïer votre dogme de la Souveraineté du peuple, foit en faifant condamner le Livre de Jean Milton par un Acte du Parlement, foit en fondant le procès des Juges de Charles I. fur des principes entierement opposez à ce faux dogme, & destructif par avance des prétentions qu'on vient de faire valoir. On doit dire de-plus, à la loüange de l'Eglife Anglicane, que fes Evêques réfiterent vigoureufement à la faction qui vouloit exclure le Duc d'Yorc, & que fes Univerfitez parurent animées du même efprit que les Prélats. Nous avons été des premiers à publier l'action glorieufe que fit l'Univerfité d'Oxford peu après la decouverte d'une horrible confpiration tramée par des Protestans. Permettez-moi de vous donner un Extrait de la Gazette de Paris du 14. Août 1683. à l'Article de Londres. *L'Univerfité d'Oxford asfemblée en Corps le 21. du mois dernier, cenfura vingt-fept propositions contraires aux devoirs des Sujets envers le Roi. Ces propositions fe trouvent dans les Livres de Buchanan, de Knox, de Milton, de Baxter, & dans plufieurs Ecrits en Langue vulgaire, qui ont été publiez en ce Royaume pendant les derniers troubles, & en Ecosfe par les Miniftres Presbytériens, Chefs des Fanatiques. Cette Univerfité les a declarées heretiques & fcandaleufes; & elle a ordonné que les Livres dont elles ont été tirées, feront brûlez dans la cour des principaux Colléges. Elle a aussi défendu la lecture de ces Livres, & ordonné que la cenfure feroit affichée dans tous les Colléges d'Oxford. Enfin elle a enjoint à tous les Profesfeurs, Régens & Catéchistes, d'enfeigner*

Extrait de la Gazette.

(*) ,, Voyez l'Hiftoire de ce fiecle, par Parival, 3. ,, part. pag. 164.

(A) ,, Voyez fon Préfent Royal, & la Conférence de ,, Hamptoncourt.

(B) ,, Voyez Grotius, *in Voto pro pace ad artic. 16.*

*seigner la doctrine contraire à celle qui est contenuë
dans ces propositions. Cette censure fut présentée au
Roi le 3. de ce mois.* Ce que fit l'Université de
Cambridge ne fut pas oublié. *Elle présenta le
lendemain une Adresse au Roi, pour lui témoigner qu'elle avoit en horreur la conspiration, &
qu'elle détestoit les maximes impies & sanguinaires
de ceux qui en avoient été les auteurs & les complices.* Ce qui suit, tiré de la Gazette du 9.
Octobre suivant, n'est pas moins considérable.
*On écrit d'Oxford qu'un des Régens du College de
Lincoln a été cité devant les Grands Jurez, pour
avoir tenu des discours seditieux, & pour avoir
inspiré des maximes dangereuses à ses Ecoliers. Le
Bil ou Acte d'accusation contenoit, entre autres
choses, qu'il avoit recommandé à ses Ecoliers la
lecture du Livre de Jean Milton, pour justifier le
parricide commis en la personne du feu Roi,
quoique ce Livre ait été condamné par un
Acte du Parlement. Il étoit aussi accusé d'a-
voir dit que la Souveraine Puissance dépendoit
du peuple; que les Communes pouvoient juger &
deposer les Rois, & exclure de la succession à
la Couronne ceux qu'elle en jugeroit incapables.
Les Grands Jurez declarerent l'accusation bien fondée, & quelques-uns jugerent que selon les Loix
il pouvoit être poursuivi comme criminel de haute trahison. Il a été ordonné que le jugement
de cette affaire seroit remis aux prochaines Assises,
& que cependant l'accusé donneroit caution. L'Université d'Oxford voulant faire paroître son zele
pour le service du Roi, & employer toute son autorité
pour supprimer ces pernicieuses maximes, a ordonné
que l'accusé seroit retranché de son Corps. Le Sieur
Halton, à la place du Vice-Chancelier, a fait publier un Decret, par lequel l'Université l'exclut &
le bannit à perpetuité, avec défense de venir à
Oxford, & d'approcher plus près de cinq milles des
lieux où elle fait les exercices, si ce n'est pour se
présenter devant les Juges.*

Un de vos Gazetiers (c'est au sens de Monsieur Claude *) a pris occasion de-là plus d'une
fois d'encenser votre Parti, & en même tems de
nous insulter par une maligne & satyrique opposition entre ce que l'Université d'Oxford venoit
de faire, & ce que fit la Sorbonne dans le dernier siecle. Mais que son triomphe qu'il étendoit d'ailleurs fort injustement hors de l'enceinte
de l'Eglise Episcopale; que ce triomphe, dis-je,
a été de peu de durée! Cinq ou six ans nous en
ont fait la raison, ayant fait passer cette Eglise
avec ses Universitez dans le dogme Presbyterien
de la justiciabilité des Monarques; ainsi les sentimens de Pareus que l'on avoit trouvez si contraires à l'Ecriture, y sont devenus conformes
tout d'un coup. Dieu sçait combien cela durera;
car il n'y a pas grand fonds à faire sur des in-
terpretations de l'Ecriture, qui changent selon
les passions qui nous agitent, & qui nous y
font trouver, comme dans le son des cloches,
tout ce que nous souhaitons.

On s'étonnera sans doute dans les siecles à venir,
que si peu de chose ait fait abandonner aux Evêques d'Angleterre leurs anciens principes. Quoi,
dira-t-on, une prison de très-peu de jours, soufferte au milieu de toutes sortes de commoditez
par sept d'entre eux, & terminée par le triomphe
qu'ils remporterent en gagnant hautement leur

procès, fut capable de les faire consentir au détrônement de leur Roi? Avoient-ils trouvé le modele de cette impatience dans les Prélats qui vé-
curent sous l'Empire de Julien, dans les Saints
Evêques de la primitive Eglise, dont ils respectent
d'ailleurs l'autorité jusqu'au point de s'en rendre
odieux aux autres Sectes Protestantes? Que n'eussent-ils pas crû pouvoir faire contre leur Roi dans
une oppression réelle, puisqu'ils ont poussé les
choses à de telles extrémitez pour une persecution
de néant? Car ne vous y flattez pas, Monsieur,
il vous seroit incomparablement plus facile de
montrer que c'est le peuple, & non pas le Diable, qui peut dire que tous les Royaumes du
monde lui apartiennent, (A) & qu'il les donne à qui
il lui plaît, que de montrer que l'on a été dans
le cas où il seroit permis de détrôner les Monarques. Il faudroit changer toutes les idées humaines
pour persuader au monde qu'une Eglise est dans
l'opression lorsque ces Prélats refusent de publier
la liberté de conscience qu'un Roi leur ordonne
de publier, & qu'ils gagnent hautement le procès qu'un Roi leur intente sur ce refus, selon les
formes ordinaires de la Justice. S'il y avoit là
de l'oppression, ce seroit le Roi qui la souffriroit. Cela fait dire ici à beaucoup de gens, que
les Evêques hérétiques n'ont pas moins suspendu que vous leur obéïssance aux Rois de la terre, à cette mysterieuse condition, (B) *moyennant
que l'Empire Souverain de Dieu demeure en son
entier:* condition que l'on peut étendre autant
qu'on veut, & particuliérement jusqu'à l'extirpation des fausses Sectes, qui mutilent l'Empire
de Dieu. Ceux donc qui vouloient donner quelque liberté aux Non-Conformistes, ôtoient à
l'Empire de Dieu quelques parties intégrantes;
ils étoient donc dans le cas. Quoiqu'il en soit,
voilà tout le Corps du Protestantisme infecté de
la lepre de Buchanan. Il n'y reste plus de parties saines, elles ont toutes ou mis en pratique
les maximes de cet Ecrivain, ou (c) approuvé
ceux qui l'ont fait, & on peut appliquer à ce
Corps ces paroles d'Isaïe chap. 1. v. 6. *Depuis
la plante du pied jusqu'à la tête il n'y a rien d'entier en lui, mais blessure, meurtrissure & plaie pourrie.*

R E F L E X I O N S

Sur l'irruption des Vaudois.

Réflexions sur l'entreprise des Vaudois.

MAis laissons l'Angleterre se gouverner comme il lui plaira; parlons uniquement des
François qui sont sortis du Royaume. Je vous
dis, Monsieur, qu'afin d'y être rappellez, il est
d'autant plus necessaire qu'ils avèrent leur exemption de cette dangereuse maladie, que l'on est
persuadé ici que ce ne sont pas là des dogmes de
pure spéculation; qu'on les a réduits actuellement
en pratique tout fraichement contre le Duc de
Savoye, avec l'intention de répandre le même mal
par toute la France. On ne doute point ici que
l'entreprise des Vaudois n'ait été l'ouvrage de plusieurs Peres spirituels, qui leur ont representé que
ce seroit l'action du monde la plus sainte, & celle
qu'ils devoient le plus à leur Religion. On doute encore moins que ces bons Peres n'ayent eu en
vûë

---

*„ Ci-dessus page 21. de la 1. Edit. in 12. & de
„ celle-ci page 585.
(A) „ Voyez l'Evangile de St. Luc, ch. 4. v. 6.
(B) „ Confession de Foi, art. 40.

(c) „ Voyez ci-dessus pag. 231. de la 1. Edit. in 12.
„ & de celle-ci, pag. 600. St. Paul Rom. 1. v. 32. décla-
„ re dignes de mort non seulement ceux qui font les cri-
„ mes, mais aussi ceux qui en approuvent les auteurs.

vûë d'encourager par cet exemple les faux Convertis du Dauphiné, du Languedoc, & ainsi consecutivement des autres Provinces, à se soulever. Or il nous paroît très-certain que ce sont-là des conseils abominables; & voici comment nous raisonnons, en ne considérant que l'affaire des Vaudois. Ayez la bonté de me suivre sans préoccupation.

Je vous déclare d'abord sur la question, *si les Vaudois ont été traitez injustement,* que je (*) me range à l'affirmative. Je suis persuadé qu'ici & dans le Piémont on auroit mieux fait, tant pour l'utile que pour l'honnête, de ne se servir contre vous que des voyes de la douceur. Mais je n'en suis pas moins persuadé qu'ils sont tout-à-fait inexcusables.

Car partout où l'on vit sous une forme de Gouvernement, on convient de ces trois principes.

[en marge : Les Protestans conviennent que les Souverains ont droit de bannir pour la Religion, sans que ces personnes puissent déclarer la guerre à leur patrie.]

Le premier, que ceux qui administrent la Souveraine Puissance, peuvent bannir qui il leur plaît, sans lui en dire la cause, *indictâ causâ.* Les plus petites Républiques, comme celle de Geneve & celle de Saint Marin, jouïssent incontestablement de ce privilège; & l'on ne sçauroit le leur ôter, sans leur faire du préjudice, parcequ'il seroit souvent dangereux, non seulement de laisser un homme dans une Ville, pendant que l'on n'auroit que des soupçons contre sa fidelité, mais aussi de publier ces soupçons. Il faut donc qu'il soit permis en quelques rencontres de bannir les gens suspects, sans dire au peuple en détail pourquoi on les chasse. Ce seroit même couper tous les nerfs du Gouvernement, que de ne pouvoir rien faire sans en publier la raison.

Le deuxieme, que ceux qui sur des soupçons mal fondez sont bannis de leur patrie, peuvent bien représenter à leur Souverain l'injustice qui leur est faite, & travailler à leur rétablissement par voye d'apologie & de supplication, mais non pas employer la force ouverte.

Le troisieme, que les raisons pourquoi le Souverain bannit un Sujet, peuvent être prises de la difference de Religion. Vous n'avez pas besoin que je vous prouve que tous les Etats Catholiques sont persuadez de ce troisieme axiôme; mais si vous pouviez douter que les Etats Protestans n'en soient pas persuadez, il me seroit aisé de vous en convaincre.

Quand on reforma Geneve, on en fit sortir tous ceux qui ne voudroient pas renoncer à la Catholicité.

Les Cantons Suisses (A) Protestans ne souffrent pas que ceux qui changent de Religion demeurent dans leur pays.

[en marge : Passage de M. Claude retorqué sur ce que la Religion est convertie en crime d'Etat.]

Les Loix de Suede & d'Angleterre ne se contentent pas du bannissement contre les Sujets qui embrassent notre Religion; elles vont jusqu'à la peine de mort. Vos propres Gazettes nous disent tous les jours, qu'on poursuit en Angleterre pour crime d'Etat ceux qui se sont réunis à l'Eglise Catholique sous ce regne-ci. Vous devriez pourtant faire tout votre possible pour nous dérober la connoissance de ce fait, puisque dans l'Acte d'appel que vous avez interjetté à tous les Souverains de la terre, contre les procedures de la France à votre égard, (B) *Vous avez protesté surtout contre cette impie & détestable pratique qu'on tient à présent en France, de faire dépendre la Religion de la volonté d'un Roi mortel & corruptible, & traiter la perseverance en la Foi de rebellion & crime d'Etat; ce qui est faire d'un homme un Dieu, & autoriser l'Athéisme ou l'Idolâtrie.*

On a décidé tout fraîchement en Angleterre & en Ecosse, que la Royauté est incompatible avec le Papisme; ainsi un Roi Catholique y est condamné au bannissement, ou à une peine pire, que ne le sçauroit être l'exil à un Sujet.

[en marge : Ce qui fut en Suede sous la Reine Chritine.]

Les Suedois apparemment ne seroient pas plus traitables sur la compatibilité de la Couronne avec le Catholicisme: car lorsque la Reine Christine retourna en Suede, après la mort de Charles Gustave en 1660. elle eut lieu de remarquer que sa seule Religion l'auroit exclu de la Couronne, en cas de vacance, si l'envie de regner l'avoit repris. Car (C) *elle fut obligée de signer un Acte, par lequel elle renonçoit absolument, & sans prétention quelconque, à un Royaume dont elle s'étoit volontairement dépouillée* & le Clergé du Royaume, après avoir consulté quelques Registres, (D) *trouvant en termes très-exprès que celui qui se séparera de la doctrine Luthérienne, & embrassera la Papistique, perdra ses heritages, droits & liberté par tout le Royaume de Suede,* consentit néanmoins que cette Reine *jouît de ses biens & revenus accordez, non en vertu du Contrat fait à son départ, mais purement & simplement en consideration des mérites & bienfaits de ses Ancêtres à la Couronne de Suede.* Ce n'étoit donc plus par droit, mais par grace & par dispense, qu'elle pouvoit jouïr de quelques pensions.

Enfin, les Protestans d'Allemagne sont convenus de ne souffrir dans l'Empire que trois Religions, la Catholique, la Lutherienne & la Calviniste. Quiconque en veut professer une autre, n'a qu'à sortir du pays.

[en marge : Application de ce que … aux Vaudois.]

Or dès-là que ces trois principes sont incontestablement certains, & parmi vous & parmi nous, & en général partout où l'on sçait ce que c'est que Puissance Souveraine; il est clair en premier lieu, que S. A. R. le Duc de Savoye a eu le droit de donner ordre aux Vaudois de sortir de ses Etats; & en deuxiéme lieu, que les Vaudois n'ont dû opposer à cet ordre que des prieres & des remontrances. En effet, comme il seroit du dernier absurde de prétendre que dix ou douze familles chassées injustement de Geneve, pourroient implorer l'assistance des ennemis de la République pour y entrer à force ouverte, il n'est pas moins absurde de prétendre le même droit pour sept ou huit cens familles Vaudoises plus ou moins, que leurs Souverains auroit chassées injustement. Vous seriez les premiers à déclamer contre l'audace & la rebellion des Sociniens, s'ils prenoient les armes pour rentrer dans la Pologne; & vos Ministres ne nient pas qu'on n'ait très-bien fait de les en chasser. Pourquoi le Duc de Savoye seroit-il de pire condition que le Roi & la République de Pologne, lorsqu'on ne peut rien alleguer pour la cause des Vaudois, que les Sociniens de Pologne ne puissent alleguer pour la leur.

L'équipée des Vaudois nous paroîtra plus injuste, si nous remontons un peu plus haut. Le

fait

---

* On a changé ceci de cette maniere dans l'Edition déja citée, *Que je n'en veux pas disputer avec vous, de-peur d'aller trop loin dans ce discours. Je veux poser au contraire qu'ici & dans le Piémont, &c.*

(A) ,, Le Docteur Burnet, pag. 47. de son Voïage, rapporte cela sans le blâmer, & l'Auteur de l'Esprit de Mr. ,, Arnaud, tome 2. page 335. approuve cette conduite.

(B) ,, Voyez le Livre intitulé *les Plaintes des Protestans,* ,, imprimé en 1686.

(C) ,, L'Histoire de ce siécle par Parival, tome 3. ,, page 155.

(D) *Ibid.* pag. 157.

fait est que Mr. le Duc de Savoye ne voulant qu'une Religion dans ses Etats, à l'exemple de plusieurs Souverains, tant de l'une que de l'autre Religion, fit dire aux Vaudois qu'ils eussent à se retirer hors de ses terres, & les assura qu'il ne leur seroit fait aucun tort en se retirant. Bien-loin d'obéir à cet ordre, comme les Envoyez des Suisses sembloient le leur conseiller, ils prirent les armes, & résisterent le plus qu'ils pûrent aux Troupes que l'on envoya pour les réduire. Mais on les contraignit à se soûmettre; & alors le vainqueur pouvant exercer sur eux ce que porte le droit de la guerre, se résolut enfin de n'exiger d'eux qu'une éternelle renonciation à leurs demeures. Ils y consentirent. Ils ont donc enfraint, en y rentrant, un accord qui les avoit rachetez de toutes les peines à quoi le droit des armes les soûmettoit. Or si ceux qui ont été bannis selon les formes ordinaires de la Justice, encourent de nouvelles peines, lorsqu'ils sont simplement trouvez dans les lieux d'où on les avoit bannis, que n'ont point merité les Sujets du Duc de Savoye, qui ayant accepté la peine d'exil, comme un rachat d'autres peines encore plus grandes, ont violé cet accord, non pas en se tenant cachez dans quelque coin du pays, ou en y rentrant en cachette, mais en y rentrant les armes à la main, marchant en ordre de bataille, menaçant de brûler partout où l'on se mettroit en état de leur nuire, chassant de leurs anciennes demeures ceux que l'autorité souveraine y avoit établis, pillant ensuite sur les grands chemins jusqu'au bagage d'un Cardinal, revêtu du caractere d'Ambassadeur sous un Pape à qui votre Secte a les dernieres obligations; enfin, exerçant toutes sortes d'hostilitez sur les autres Sujets du Duc de Savoye?

Quel moyen y auroit-il dans le monde de conserver quelque forme de gouvernement, & d'éviter une funeste anarchie où chacun n'auroit pour regle de sa conduite que l'étenduë de ses forces; quel moyen, dis-je, d'éviter cela, si l'on ne reconnoît dans chaque Etat un Tribunal qui peut bannir & confisquer, sans que les personnes particulieres sur qui tombent les peines d'exil & de confiscation, se puissent faire justice à elles-mêmes en se maintenant par force dans la possession des biens confisquez, ou en s'y remettant par l'expulsion des familles qui en ont reçu l'investiture?

Dieu merci, la corruption du genre humain n'est point montée à un tel excès, que ce ne soit encore un principe du droit des gens, que les actes d'hostilité commis par de simples Particuliers, sans l'aveu & la commission de quelque Puissance Souveraine, sont un brigandage aussi punissable, que celui des voleurs de grands chemins. Et il ne sert de rien, en ce cas-là, de reclamer le droit de la guerre, c'est-à-dire, d'alleguer que l'on est Sujet d'un Prince qui est en guerre ouverte avec la Nation sur laquelle on agit hostilement. Les Auteurs de ces sortes d'hostilitez sont fort bien pendus avec de telles excuses, & leurs Souverains ne se sont pas encore avisez de s'en plaindre. Il ne serviroit de rien non-plus d'alleguer qu'on auroit été ruiné par les Sujets du Prince voisin, & qu'on

ne fait que reprendre ce qu'on a perdu, ou l'équivalent; ces raisons ne délivrent pas de la potence; & par l'usage constant de tous les peuples, ces gens-la sont déclarez bien pendus. De-là vient que quand les Sujets d'un Prince, pillez par les Armateurs d'un autre, veulent se dédommager de leurs pertes, ils sont obligez d'obtenir des Lettres de représailles; car s'ils alloient en course de leur propre autorité, ils seroient justement traitez comme des Corsaires pendables au mât de leur navire, sans forme ni figure de procès, lors même qu'ils n'auroient fait que reprendre le vaisseau & les marchandises qui leur auroient été enlevées. C'est ce que portent les Us & Coûtumes des Nations, non seulement lorsqu'une guerre n'est pas encore formellement déclarée entre deux Etats, mais aussi dans la plus grande chaleur de la guerre. Pendez tous les Armateurs François qui ne vous montreront point leur commission, nous n'y trouverons point à redire. Le même usage est reçu par terre. Traitez comme des voleurs de grand chemins tous les Païsans ou soldats François qui pilleront sur les terres des Espagnols ou des Allemans sans ordre ni permission, sous prétexte même de reprendre ce qui leur auroit été enlevé, nous ne vous en ferons pas un mot de plainte. Sur quoi nous fonderions-nous? Ne sçavons-nous pas que (*) tout Officier qui va en parti doit avoir ses ordres, & qu'autrement il ne mérite aucun quartier, ni aucune part au bénéfice des Loix de la guerre?

Voilà qui noircit vos Vaudois plus que je ne le sçaurois exprimer; car il ne leur sert de rien de dire qu'ils n'ont fait que se remettre en possession de leurs heritages. Un Armateur ou un Snap-han qui se serviroit de pareille excuse, destitué comme eux d'une commission émanée de quelque Etat Souverain, ne laisseroit pas d'être justement traité comme un infâme Pirate, ou comme un Voleur de grands chemins, pendable au mât de son navire, ou au premier arbre.

Faites tout ce qu'il vous plaira: confondez le plus que vous pourrez tout ordre humain, vous n'ôterez jamais de l'esprit de l'homme ce principe: *Que le droit du glaive n'a point été donné à chaque Particulier, mais seulement à la Puissance Souveraine; & qu'ainsi toute prise ou reprise de possession en dépit de cette Puissance, est injuste, & qu'il faut que chaque Particulier recoure à cette Puissance, & non pas à d'autres Particuliers en grand, ou en petit nombre, pour obtenir la punition de ceux qui l'ont offensé.* Il falloit donc nécessairement, ou que les Vaudois recourussent à leur ancien Souverain pour obtenir la réintégrande, ou au pis aller, qu'étant devenus Sujets d'un autre Prince, ils lui demandassent des Lettres de represailles, ou la commission de reprendre de vive force ce qui leur avoit appartenu. Ils n'ont fait ni l'un ni l'autre; ils n'ont pû montrer de quelle autorité ils traversoient en armes la Savoye, point de commission (A) des Anglois, point des Hollandois, point des Suisses, ni d'aucune autre Nation du monde. Ce sont huit ou neuf cens hommes plus ou moins, qui fortifiez de quelques autres, ramassez de toutes parts,

Même lorsqu'il ne s'agit que de reprendre son bien.

(*) „ Les Loix Romaines veulent que celui qui contre la Loi du Supérieur se bat dans les armées, soit puni de peine capitale, *ff. de re militari, l. desertorem*, & ne permettoient pas de tuer les Ennemis avant ou contre le serment militaire prêté entre les mains des Supérieurs. On sait que le butin fait en guerre contre l'Ordonnance du Prince, n'est point tenu pour bien pris, mais est sujet à restitution, même civilement

(A) „ L'Empereur Valentinien au titre du Code *De armorum officia nisi jussu Principis sine interdicta, l. Nulli*, défend de se servir des armes sans son sçu & volonté; & au *ff. ad l. Jul. Majest. l. 3.* comme aussi au Code *De re militari, l. Nemini*, il est porté que ceux qui font la guerre, ou qui levent des soldats, ou qui dressent une armée sans le commandement du Prince, sont coupables de Leze-Majesté.

parts, les uns & les autres à la maniere de gens vagabons & sans aveu, entrent hostilement dans la Savoye, s'emparent d'abord de l'autorité de commander aux Sujets du Duc, qu'on fasse ceci ou cela, le menacent du feu en cas de désobéïssance, & enfin, arrivez dans leurs anciennes demeures, en chassent les Habitans, & s'y maintiennent par de continuelles hostilitez sur tous les lieux où ils les peuvent étendre. Si de pareils attentats pouvoient être légitimes, où seroient les troupes de Bohémiens, de Mikelets, de Bandits, de Snap-hans, & de tels autres Vagabons & sans aveu, qui ne pussent en juste guerre saccager le Plat-Païs, & commettre toutes sortes de violences?

Mais, dira-t-on, ces gens-là prendroient ce qui ne leur auroit jamais appartenu? Je réponds que dans les formes de la Justice militaire, autorisées par l'usage commun & public, on pend indifféremment les Soldats, les Snap-hans, les Pirates, &c. qui n'ont point de commission, soit qu'ils ayent seulement en vûë de se dédommager de leurs pertes, & qu'ils n'ayent même que repris leur bien en espece, soit que ne cherchant qu'à s'enrichir, tout leur ait été de bonne prise. Et dans le cours de la Justice civile, quiconque ose chasser de vive force un Possesseur établi par Arrêt de Parlement, quelque inique que soit l'Arrêt, ne peut passer que pour un Rebelle, d'autant plus criminellement perturbateur du repos public, qu'il aura assemblé plus de gens pour venir à bout de son entreprise.

Si l'on peut excuser les Vaudois sur l'argent qu'ils ont reçu, & sur la connivence des Suisses.

On me dira, peut-être, que les Vaudois n'ont pas entrepris cette irruption sans l'ordre de quelque Puissance, qui leur a fourni pour cela des armes & de l'argent; & on pourra même ajoûter que les Suisses de votre Religion, ausquels personne ne conteste le droit souverain, ont consenti à l'équipée; desorte que ce n'est plus l'action de gens vagabons & sans aveu. Mais il est facile de ruïner ce faux-fuyant. On ne vous nie point le premier fait; c'est aux Cantons Protestans à voir s'ils veulent convenir du second, qui est le plus propre du monde à leur faire perdre les loüanges de bonne foi & de droiture qui avoient été jusqu'ici le principal ornement de la Nation (*). Mais qu'ils se lavent comme il leur plaira de ce reproche d'infidelité contre le plus ancien & le plus affectionné de leurs Alliez (car c'est principalement contre la France que cette conjuration étoit tramée) ils ne diront rien qui disculpe les Vaudois. Une troupe de Sna-phans auroient beau dire qu'ils avoient un ordre verbal de l'Empereur de ravager un pays, & de mettre le feu aux grandes Villes, & qu'ils avoient déja touché leur récompense, on n'auroit pas pour cela moins de raison de les punir du supplice des vrais Brigans, & des vrais incendiaires, quand même ils ne mentiroient pas. Ce n'est point en des occasions de telle nature que le droit des gens respecte les volontez cachées des Souverains. Ainsi le premier de ces deux faits ne peut que couvrir de honte ceux qui clandestinement, & à beaux denier comptans, ont suscité cette guerre au Duc de Savoye, puisqu'encore que leur principale intention fût de faire du mal à la France, avec laquelle ils sont en guerre, il a falu qu'avant toutes choses ils fissent commettre mille ravages dans les Etats de ce Duc, avec qui ils n'ont jamais eu rien à démêler: desorte que sans nulle Déclaration de guerre, ils font exercer toutes sortes d'hostilitez contre un Prince qui ne leur a jamais fait le moindre mal. Voilà néanmoins les gens qui nous accusent d'être de mauvaise foi.

Au reste, cette loi dont on convient même durant les fureurs de la guerre, de ne point laisser impunies les hostilitez commises sans l'aveu du Souverain, me paroît un hommage que tous les hommes rendent à cette importante verité, *qu'il n'y a que ceux qui administrent la Puissance Souveraine qui puissent punir & venger; & qu'il suffit pour rendre une guerre injuste, que ceux qui la font, (A) n'ayent point de rang parmi les Etats Souverains.* Car de dire qu'il suffit que ceux qui commencent une guerre, soient dès-là censez s'ériger en Souverains, ce seroit reconnoître qu'une troupe de Bandits pilleroient selon les formes & selon les droits d'une juste guerre, pourvû qu'ils eussent soin de faire sçavoir au Public qu'ils secouent le joug de leur Prince.

Passage fais de l'Auteur contre les ... res ci...

Cela mene bien-loin votre Réforme, & vous le comprendrez aisément, si vous faites attention à ces excellentes paroles de l'Auteur des Essais de Morale. (B) *Il n'est jamais permis à personne de se soulever contre son Souverain, ou de s'engager dans une guerre civile: car la guerre ne se peut faire sans autorité souveraine, puisqu'on y fait mourir les hommes; ce qui suppose un droit de vie & de mort. Or ce droit dans un Etat Monarchique n'appartient qu'au Roi seul, & à ceux qui l'exercent sous son autorité; ainsi ceux qui se révoltent contre lui, ne l'ayant point, commettent autant d'homicides qu'ils font périr d'hommes par la guerre civile, puisqu'ils les font mourir sans pouvoir, & contre l'ordre de Dieu. C'est en vain qu'on prétendroit les justifier par les désordres de l'Etat, ausquels ils font semblant de vouloir remédier: car il n'y a point de désordre qui puisse donner droit à des Sujets de tirer l'épée, puisqu'ils n'ont point le droit de l'épée, & qu'ils ne s'en peuvent servir que par l'ordre de celui qui la porte par l'ordre de Dieu.*

Quel Arrêt terrible contre vos Vaudois! Car il les condamne à ne pouvoir exiger aucune contribution des Sujets de S. A. R. de Savoye, sans que ce soit un vol, ni en tuer aucun, sans que ce soit un homicide. Or si l'on en croit vos Gazettes, ils ne font qu'enlever des vivres & des bestiaux: ils étendent leurs contributions fort loin, & ils tuent des quantitez innombrables de Savoyards.

Quand on ne considereroit dans leurs actions que le désordre où ils mettent leur patrie, on y trouveroit d'assez justes causes de les condamner, & cela sans recourir qu'à la Morale Payenne.

Morale Payenne, que ... la ... verse... Vau...

En effet, les Auteurs Payens qui ont traité des devoirs de l'homme, ont établi pour principe, qu'après ce que nous devons à Dieu, la premiere & la plus sacrée de nos obligations, (c) est celle de servir notre Patrie; desorte qu'ils nous ordonnent

---

(*) ,, M. Claude se retranche là, en faisant l'Apo-,, logie de la Réformation Zuinglienne. Si les Suisses, ,, dit-il, dans la Réponse aux Préjugez Légitimes, part. ,, 2. ch. 6. n'ont pas naturellement l'esprit brillant com-,, me quelques autres Nations, ils l'ont solide, droit, ,, judicieux, laborieux, ferme, fidele, sincere.

(A) ,, S. Augustin dit que l'ordre naturel demande, *ut suscipiendi belli auctoritas atque consilium penes Principem sit.* lib. 22. contr. Faustum cap. 75.*

,, S. Thomas met entre les conditions d'une juste guer-,, re, *Principis auctoritatem, cujus mandato bellum est gerendum.* Sec. secundæ. qu. 40. art. 1.

(B) ,, Vol. 2. Trait. 6 de la grandeur.

(c) *In ipsa autem communitate sunt gradus Officiorum, ex quibus quid cuique præstet intelligi possit: ut prima Diis immortalibus, secunda patria tertia parentibus, deinceps gradatim*

donnent de la préferer à nos peres & à nos meres. Leur gradation est qu'il faut rendre ses devoirs, premierément à Dieu , puis à sa Patrie, ensuite à ceux qui nous ont engendrez , &c. Il s'enfuit manifestement de ce principe, qu'il n'y a point de vengeance contre sa Patrie qui ne soit très-criminelle; car comme un enfant, quelque maltraité qu'il soit de son pere , en fût-il battu, chassé du logis , deshérité, ne peut jamais sans crime mettre la main sur lui, & le chasser à coups de barres de sa maison, ou recourir à d'autres remedes qu'à des remontrances respectueuses, & enfin aux Loix de l'Etat, qui sont le Juge commun des peres & des enfans: à plus forte raison est-il impossible de s'armer sans crime contre sa Patrie, quelque injuste & quelque dure mere qu'elle soit. Tout ce que l'on peut opposer à son injustice, (*) c'est la raison, la soumission, la retraite: car pour de Juge commun entre les Particuliers & la Patrie, il n'y en a point en ce monde. L'autorité de la Patrie étant souveraine, ne reconnoît point d'autre Superieur que Dieu. D'autre côté, vouloir être Juge en sa propre cause contre sa Patrie , & executer soi-même par le fer & par le feu les Arrêts qu'on a prononcez contre elle sur un Tribunal d'usurpation, ce seroit un crime plus atroce que d'assommer son pere à coups de bâton, en execution de la Sentence qu'on auroit prononcée contre lui, sans l'autorité du Magistrat.

Au fond , rien n'est plus étrange que de voir que les mêmes gens qui conviennent (& il n'est pas possible d'en disconvenir) que leur Patrie peut disposer de leurs biens , de leurs vies & de leurs enfans, soûtiennent qu'elle ne peut pas les exiler, sans qu'il leur soit permis de prendre les armes contre elle. J'ai dit qu'il n'est pas possible d'en disconvenir; car dès qu'une fois ceux qui gouvernent, qui quelquefois même dans les Démocraties ne font pas la cent millieme partie des Habitans, ont déclaré la guerre à leurs voisins, il faut que quelque Sujet que ce soit à qui on commande, ou de monter à la breche, ou de tenir ferme dans un poste périlleux, obéïsse, eût-il révelation qu'il y sera tué. Il faut que chacun consente à l'incendie de ses maisons & de sa récolte, à l'inondation de ses terres, &c. lorsqu'on juge que ces dégâts sont nécessaires , ou pour affamer , ou pour arrêter l'ennemi. En un mot, soit que le Gouvernement s'engage à une guerre jstue, soit à une guerre injuste, soit qu'il ordonne sans nécessité, ou pour de bonnes raisons, la ruine des Frontieres , il faut que les Particuliers obéïssent à tout ce qu'il leur ordonne ; & vous n'oseriez nier que les Vaudois n'eussent consenti à pareilles choses, dans une guerre que leur

Souverain auroit euë contre ses voisins. Ou il faut vivre seul dans les déserts de la Thébaïde, ou bien se soûmettre à ces suites inévitables des Societez humaines, à ces sacrifices de son bien, de sa vie, de ses enfans, au salut de la Patrie. Quelques-uns (A) y ajoûtent même le sacrifice de l'honneur. Or par le salut de la Patrie il ne faut pas seulement entendre qu'on l'empêche de tomber dans une misérable captivité, sous un insolent & cruel vainqueur , mais aussi qu'on l'empêche de n'être point subjugué par des Etrangers, quelque doucement qu'ils eussent envie d'agir avec elle. Ce que je remarque en passant contre vos nouveaux Casuistes, pires en fait de relâchement que les Escobars & les Caramuels, contre qui justement ou injustement on a tant fait de bruit : car si on les en croyoit, on pourroit être tout ensemble fort affectionné au salut de la Patrie, à celui de la France , par exemple, & fort zelé pour la soûmettre à la domination des Anglois. Avec de telles distinctions entre le Roi & le Royaume, plus détestables que les réservations mentales qu'on a imputées à quelques (B) Jésuites, un traître n'auroit-il pas droit de se vanter qu'il est le plus fidelle de tous les Sujets , & celui qui aime sa patrie le plus ardemment ?

Loin d'ici donc ces infâmes déguisemens de la cruelle vengeance après laquelle on soupire, & que cela nous fasse plus admirer la Morale des anciens Payens, & les exemples qu'ils nous ont donnez de leur soûmission aux caprices injustes de leur Patrie. C'est assez l'ordinaire des Républiques de payer d'une noire ingratitude les plus grands services de ses enfans, & de laisser immoler à la fureur de la canaille, ou aux intrigues de quelques factieux, les personnes qui ont travaillé au bien public avec le plus de bonheur & de zele. Que n'ont point eu à souffrir de l'ingratitude de leur Patrie les Aristides, les Phocions, les Epaminondas , les Camilles , les Scipions, exilez ou condamnez à mort, ou chicanez de telle sorte, qu'ils s'exiloient volontairement, après avoir rendu mille services de la derniere importance ? Cependant ont-ils jamais songé dans leur disgrace à se venger de leur Patrie ? En ont-ils moins travaillé à sa conservation & à sa gloire , quand l'occasion leur en a été donnée ? N'est-ce point Camille, qui du lieu de son exil délivra Rome d'une perte inévitable ? Et Phocion (c) en mourant par l'ordre injuste des Athéniens , recommanda-t-il autre chose à son fils que de n'en avoir nul ressentiment contre sa Patrie ?

Voyez un peu le raisonnement de Ciceron contre le scélerat Catilina. Il lui fait l'honneur de croire que si son pere & sa mere (D) le craignoient

& le

Mauvaise distinction qu'on ne veut pas ruïner sa patrie, mais la soûmettre à un meilleur Gouvernement. Exemples Payens de l'amour pour leur Patrie ingrate &injuste.

---

datim reliquis debeantur. Ciceron des Offic. l. 1. sur la fin. Il avoit dit auparavant, *cari sunt parentes , cari liberi, propinqui , familiares : sed omnes omnium caritates patria una complexa est , pro qua quis bonus dubitet mortem appetere si ei sit profuturus ? Quo est detestabilior istorum immanitas qui lacerarunt omni scelere patriam , & in eâ funditus delendâ occupati & sunt & fuerunt. Sed si contentio quadam & compartio fiat, quibus plurimum tribuendum, officii, Principes sint , patria & parentes , quorum beneficiis maximis obligati sumus, proximi , liberi, totaque domus, &c.* Platon *in Critone*, déclare nettement que la Patrie le doit emporter sur ce que l'on doit à ses pere & mere. Et Valere Maxime parle ainsi au ch. 6. du l. 5. *Patriæ majestati etiam illa qua Deorum numinibus æquatur, auctoritas parentum vires suas subjecit : fraterna quoque charitas æquo animo ac libenti cedit , summâ quidem cum ratione , quia , &c.* Voyez un autre passage de Ciceron dans Nonius au mot *Antiquus.*

(*) *Id jubet idem ille Plato, quem ego vehementer aucto-*

rem sequor , tantùm contendere in Republicâ , quantùm probare civibus tuis possis : vim neque parenti , neque patriæ afferre oportere. Cicero Epist. Famil. L. 1. Epist. 9.

(A) *Ea charitas patria est , ut tam ignominiâ eam quam morte nostrâ , si opus sit , servemus.* Lentulus apud Livium lib. 9. dec. 1.

(B) On a mis dans l'Edition déja citée, *Mauvais Docteurs*, au lieu de *Jésuites.*

(c) ,, Elien div. Histoire l. 12. ch. 40. touchant Epami-,,nondas. Voyez ce que dit Corn. Nepos , *fuisse pa-*,,*tientem , suorumque injurias ferentem civium , quòd* ,,*se Patria irasci nefas esse duceret, hæc sunt testimonia, &c.*

(D) *Si te parentes timerent atque odissent tui, neque eos ullâ ratione placare posses , ut opinor, ab eorum oculis aliquò concederes. Nunc te patria quæ communis est omnium nostrûm parens odit ac metuit . . . & tecum sic agit & quodammodo tacita loquitur. . . . Nunc me totam esse in metu propter te unum . . . non est ferendum. Quamobrem discede, atque hunc mihi timorem eripe , si verus ne opprimar , sin*

autem

& le haïſſoient, & qu'il ne pût en façon du monde les appaiſer, il s'éloigneroit de leur vûë, après quoi argumentant du moins au plus, il luî prouve qu'il doit ſortir de la Ville, puiſqu'il y eſt craint & haï, & que cette mere commune de tous les Romains l'exhorte à ſe retirer, & à la délivrer de ſa crainte, ou juſte, ou injuſte. De l'air dont cet Orateur raiſonne il eſt facile de connoître que c'étoit un principe qui ne ſouffroit point de difficulté parmi les Romains, qu'un fils qui ne peut calmer l'humeur bourüe de ſon pere, ſe doit éloigner de lui, & qu'à beaucoup plus forte raiſon un Citoyen dont la préſence cauſe des inquiétudes à ſa Patrie, ſe doit exiler volontairement. Les Athéniens n'étoient pas moins perſuadez de ce principe : car ils ſe croyoient (*) permis de bannir un homme, lors même qu'ils n'en avoient point d'autre raiſon, ſi ce n'eſt que ſa vertu & ſa gloire étoient trop brillantes. Les plus grands hommes eſſuyoient de bonne grace cette tempête, tant on étoit perſuadé que les commoditez des Particuliers doivent être ſacrifiées à la Patrie, non ſeulement pour la ſauver, c'eſt-à-dire, pour l'empêcher d'être vaincuë par ſes ennemis, doux ou cruels, mais auſſi pour l'exempter d'inquiétude. Auſſi voyons-nous que la mémoire de quelques grands hommes, d'un Coriolan, d'un Alcibiade, par exemple qui n'ayant pû modérer leur reſſentiment, ont eu recours aux ennemis de l'Etat, pour ſe vanger des injures qu'ils avoient reçûës de leur Patrie, n'a pû parvenir à nous ſans une empreinte ignominieuſe, dont les Hiſtoriens n'ont pas manqué de l'accompagner, pendant qu'ils combloient de bénédictions la mémoire des Camilles & des Ariſtides.

Les Payens s'éleveront en Jugement contre les Vaudois, les Colignis & les Rohans.

Voilà, Monſieur, voilà des gens qui s'éleveront en jugement avec la Nation Vaudoiſe, & qui la condamneront : car ils ont connu par la ſeule lumiere de la Nature qu'il faut ſupporter les défauts de ſon pere, & plus encore la mauvaiſe humeur de ſa Patrie ; mais cette Nation, la parole de Dieu en main, n'a voulu ni avoir la complaiſance pour ſa Patrie de ſe retirer ailleurs, afin de la délivrer des inquiétudes & des ſcrupules où la différence des Religions la détenoit, ni s'abſtenir des hoſtilitez des plus animées. Et ne me dîtes pas que ces bonnes gens n'ont point lû toutes ces belles maximes des anciens Payens : ce défaut de lecture n'eſt point capable de les excuſer. Que ne les puiſoient-ils à la même ſource de la lumiere naturelle & du bon ſens d'où les Payens les ont priſes ? Et en tout cas, porquoi ceux qui dirigent leurs conſciences, ne les ont-ils pas avertis de ces importans devoirs que l'on trouve ſi bien expliquez, & ſi amplement compilez dans les Livres les plus vulgaires, comme dans les Offices de Cicéron & dans le *Polyanthea*? S'ils ſçavent ces choſes, ne ſont-ils pas bien malheureux de ne les point faire pratiquer? S'ils les ignorent, que ſont-ils que des aveugles conducteurs d'aveugles qui tomberont, & feront tomber les autres dans la foſſe, & contre leſquels l'ancienne Rome & l'ancienne Athenes s'éleveront en jugement?

Craignez la même choſe tant pour vos Héros du tems paſſé, que pour vos Réfugiez qui portent les armes contre la France. Vos Coli-

gnis & vos Rohans ne ſeront-ils pas confondus au thrône de Dieu par les Ariſtides & les Camilles, les Phocions & les Scipions, pour n'avoir pas pû, comme ont fait ceux ci, ſupporter les injures de leur Patrie? Tant s'en faut qu'ils ayent voulu éviter ſa mauvaiſe humeur par un exil volontaire, qu'ils ont pris les armes dans tous les coins du Royaume, aſſiégé des Villes, donné des batailes, fait venir des troupes étrangeres, porté le fer & le feu en une infinité d'endroits, ſe rendant coupables d'autant de meurtres, qu'ils faiſoient périr de gens : car comme ce n'étoit point à eux qu'appartenoit le droit du (A) glaive, tout le ſang qu'ils faiſoient répandre étoit une infraction viſible de cet ordre du Décalogue, TU NE TUERAS POINT. Et pour vos Officiers Réfugiez, tant s'en faut qu'ils ſoient les imitateurs de ces braves Grecs & Romains qui ſouffroient un exil injuſte avec la même affection pour leur Patrie qu'auparavant, chacun d'eux s'offre, dit-on à montrer des guez, des chemins, des ponts, des bayes à nos plus grands ennemis, & à les aider non ſeulement de ſon épée, mais auſſi de ſon induſtrie, & de ſes intelligences, pour mettre tout ici ſens deſſus deſſous. Car on ne couche pas moins parmi vous, que de nous rendre au plûtôt une Province de la Couronne d'Angleterre.

C'eſt de ces chimériques & ridicules viſions que l'on vous repaît, en y joignant cette quinteſſence myſtique, pour calmer les remords de vos conſciences timorées, que ce ſera délivrer votre Patrie d'un peſant joug, & la mettre ſous une meilleure forme de Gouvernement. Grand merci, Monſieur, de vos ſoins ſi charitables ; nous vous en tenons quittes, & vous rappellons à cet ancien mot, *non amo nimium diligentes*. Nous n'avons que faire de votre prétenduë liberté ; nous ſçavons comment les peuples d'Irlande s'en ſont trouvez, & vous avez prétendu vous-mêmes bien loüer la Ville de la Rochelle, en publiant qu'elle n'en a point voulu. En vérité, vous connoiſſez mal le courage & l'honneur de votre Nation, ſi vous la croyez capable de vouloir être vaincuë par aucune autre, ou de ſe piquer de l'infâme privilége d'abandonner ſes Rois à la diſcrétion de leurs ennemis, & aux procédures d'une Cour de Juſtice. *Nous n'avons pas ainſi appris Chriſt*; & s'il y a des Sectes qui *veulent être contentieuſes* envers les Rois, comme ce n'eſt que trop le génie de la vôtre, nous vous déclarons avec les paroles dont Saint Paul s'eſt ſervi ſur de bien moindres diſſenſions, (c) *que nous n'avons pas une telle coûtume, ni auſſi les Egliſes de Dieu*.

Après tout, c'eſt une honte, tant pour vous que pour vos freres les Vaudois, que vous demeuriez ſi fort au-deſſous des Infideles, en matiere d'affection envers la Patrie, & vous méritez bien qu'on vous diſe (D) *que les péagers & les paillardes vous devancent au Royaume de Dieu*, puiſque vous êtes ſi reculez en comparaiſon du Paganiſme, par rapport aux devoirs de la Nature. Vous ne vous ſouciez pas que la France & que le Piémont ſoient la proie des Princes voiſins, pourvû que vous recouvriez vos patrimoines. Vous excitez tous les autres Princes de l'Europe, autant qu'il vous eſt poſſible, à bouleverſer ce pays-là pour vos interêts particuliers ; chacun de vous y contribuë

---

tribuë selon ses forces, *pro sua virili*. Les Payens étoient si peu animez de cet esprit, qu'on trouvoit bien parmi eux des gens qui étoient morts pour leur Patrie, mais presque point qui eussent voulu que leur Patrie pérît pour eux. *Equidem*, lisons-nous dans le 45. Livre de Tite Live, *pro patriâ qui lethum oppetissent, sepe fando audivi: qui patriam pro se perire aquum censerent, hi primi (savoir quelques-uns des Molosses, peuple très-barbare) inventi sunt.*

Vous me direz sans doute qu'il y a cette différence entre les anciens Payens & les Vaudois, que ceux-ci ont souffert une injuste persecution dans leur Patrie, à cause de leur Religion; au lieu que Rome & Athenes ne persécutoient leurs Citoyens que pour des interêts civils. Mais c'est cela même, Monsieur, qui fait la condamnation des Vaudois. Prenez la peine de peser ce qui me reste à vous dire.

Quand quelques Particuliers sont maltraitez dans leur pays en leurs biens, ou en leurs personnes, ils ont plus de liberté de comparer ensemble divers moyens de s'affranchir de ce joug. Mais lorsque ces mauvais traitemens tombent sur la profession de l'Evangile, il ne nous est plus permis de nous faire telle ou telle derniere ressource, puisque Jesus-Christ, notre Souverain Maître, le Chef & le Consommateur de nôtre Foi, nous en a prescrit une clairement & distinctement en ces paroles: (*)Quand on vous persecutera dans une Ville, fuyez en une autre. Il n'a point dit, résistez à vos persécuteurs, ou si vous êtes contraints de leur quitter la patrie, allez-vous-en faire bonne provision d'armes chez quelque peuple voisin; fondez sur vos persécuteurs, lors même qu'ils y songeront le moins, & reprenez vos anciens postes l'épée à la main. Comment peut-on donc s'attribuer le pur Christianisme, lorsqu'on a l'audace de désobéir formellement à un des préceptes les plus clairs de Jesus-Christ?

Souvenez-vous de la maniere dont vous réfutez, notre invocation des Saints: on n'en trouve, dîtes-vous, ni commandement, ni exemple dans l'Ecriture, & (A) vous prétendez que cela suffit pour en condamner l'usage, puisque les actes de Religion ne doivent avoir pour regle que la volonté de Dieu. Comment osez-vous, après avoir posé ce principe, nous soûtenir que vos Ancêtres ont très-bien fait de prendre les armes pour le maintien de leur Foi contre leurs légitimes Souvevains; ce qui étoit travailler directement pour sa Religion, & à proprement parler, un de ces actes de Religion, qui de votre propre aveu ne sont licites, qu'entant qu'on en trouve l'ordre ou l'exemple dans la parole de Dieu? Comment osez-vous soutenir que les Vaudois ont eu raison de ne sortir pas de leurs Vallées, quand leur maître leur a commandé, ou de se faire Catholiques, ou de se retirer hors de ses Etats? De quel droit pouvez-vous dire qu'ayant été contraints d'en sortir par le sort des armes qui leur avoit été contraire, ils ont pû s'armer tout de nouveau pour les interêts de leur Religion, & rentrer hostilement dans leurs premieres demeures, que le Souverain avoit déjà données à d'autres de sa pleine & légitime puis-

sance? Il faudroit nous montrer dans l'Ecriture, ou quelque ordre d'en user ainsi, ou quelque exemple de cette conduite approuvé par le S. Esprit. Mais c'est ce que vous n'avez garde d'y trouver.

Si vous remontez jusqu'à Moïse, extraordinairement suscité de Dieu pour la délivrance de son peuple, vous trouverez que bien-loin que les Israëlites ayent refusé de sortir, lorsque Pharao le leur commandoit, ils le supplioient au contraire de leur donner la liberté de sortir. Et ce qui est bien remarquable, c'est que toutes les actions miraculeuses de Moïse ne tendoient qu'à obtenir de ce Prince la permission d'aller offrir des sacrifices à Dieu hors de ses Etats. Il n'en fit aucune pour faire soulever les Israëlites, ni pour les rendre victorieux de Pharao dans une guerre civile; ce qui lui auroit été aussi aisé que de convertir les eaux en sang, & de repandre sur les Egyptiens tant de fleaux célestes. C'est une chose encore plus remarquable, que Pharao, qui terrassé par tant de playes miraculeuses, avoit enfin consenti au départ des Israëlites, témoignant néanmoins en les poursuivant, qu'il révoquoit sa permission, ce peuple n'eut recours qu'à la protection de son Dieu. Moïse ne s'avisa point d'inspirer à ces fugitifs une ardeur martiale, qui avec l'assistance céleste qu'il avoit en main, les eût fait vaincre aisément l'armée de Pharao; il n'attendit que de Dieu la délivrance. Il est difficile de ne pas sentir dans toute cette œconomie, le dessein que Dieu avoit de nous apprendre, que les Sujets ne doivent jamais s'armer contre leur Prince, soit pour sortir malgré lui hors de ses Etats, soit pour y demeurer malgré lui; mais qu'ils doivent espérer de leurs prieres & de leur sainte résignation, qu'il les délivrera de la tyrannie, quand il en sera temps. (B) *J'ai très-bien vû*, dit-il à Moïse, *l'affliction de mon peuple qui est en Egypte; j'ai ouï le cri qu'ils ont jetté à cause de leurs exacteurs; c'est pourquoi je suis descendu pour le délivrer de la main des Egyptiens.* Mais comment le délivra-t'il? Sans qu'il en coutât aux Israëlites que des prieres à leur Tyran, sans le moindre coup de pierre, d'épée, ou de fleche de leur part. Dans la suite, les chôses ne se passerent pas ainsi: car dès qu'il ne fut plus question de se battre contre leur Prince, Dieu ne trouva pas mauvais qu'ils eussent recours à leurs armes, du vivant même de Moïse, pour l'avancement de leurs affaires.

Et les Chretiens ne profiteront pas d'une leçon si parlante! Eux qui savent que Jesus-Christ a déclaré formellement, (c) que c'est lui qu'on persécute quand on persécute son Eglise, & que les portes de l'Enfer (D) ne prévaudront point contre elle, ne laisseront point à Dieu tout le soin de punir leurs persécuteurs! (a) *Deorum injuria Diis cura.* Ils n'auront point assez de bonne opinion de sa sagesse, pour croire qu'il n'a pas besoin de leurs armes séditieuses, afin d'effectuer la parole qu'il a donnée. Je vous assure, Monsieur, que s'il n'y a pas toûjours dans les guerres que les Sujets font à leur Prince pour leur Religion, beaucoup d'amour propre, d'impatience & d'inclination aux pilleries, il y a du moins une double infidélité; l'une, par rapport au Prince; l'autre par rapport à Dieu; car c'est témoigner

gner

(*) „En St. Matthieu ch. 10. v. 32.

(A) On a mis dans l'Edition citée, *Nous n'examinerons point ici ce qu'on peut vous opposer au contraire, mais vous prétendez, &c.*

(B) „Exod. ch. 3. v. 7. & 8.

(c) „Actes des Apôtres ch. 9. v. 4. & 5.

(D) „St. Matth. ch. 16. v. 18.

(a) „Tacite Annal. l. 1. c. 73.

gner qu'on le défie ou de fa véracité , ou de fa puiſſance. Mais continuons à chercher ſi l'Ecriture vous peut fournir de quoi juſtifier les Vaudois.

Ce ne ſera point dans la délivrance de la Captivité de Babylone. Le grand Dieu des armées n'inſpira point aux Juifs le courage de ſe ſoulever , lorſqu'il voulut délivrer ſon peuple de cet eſclavage. Il ne ſe voulut point ſervir de leurs armes victorieuſes , comme il auroit pû le faire aiſément , en quelque petit nombre qu'ils fuſſent , pour les ramener en leur Patrie : il mit ſeulement au cœur de leur Souverain de publier un Edit qui leur accordoit ce qu'ils ſouhaitoient.

Pour les guerres de Joſué, vous ne pouvez pas vous en faire des exemples : car 1. il n'attaquoit point ſon Souverain. 2. Il ne s'agiſſoit point là de guerre de Religion. 3. Le peuple Juif avoit érigé un nouvel Etat Souverain depuis ſa ſortie d'Egyte. 4. Enfin , il ne faiſoit qu'obéïr aux ordres précis de Dieu, auquel appartiennent tous les Royaumes du monde.

Feuilletez tant qu'il vous plaira les Livres Hiſtoriques que vous croyez Canoniques , vous y trouverez à chaque pas des Rois idolâtres,& profanateurs des choſes ſaintes ; vous y trouverez même de cruels perſécuteurs des Fideles , mais non pas une ſeule guerre civile excitée pour ce ſujet , ni pas un Prophete , pas un Souverain Sacrificateur qui ait dit au peuple qu'ils peuvent ſe ſoulever contre ſon Roi. Cependant les Loix de Dieu étoient expreſſes pour la punition des Idôlâtres ; mais comme le droit du glaive ne pouvoit pas être exercé ſans l'autorité du Prince , c'étoit une néceſſité que pendant que le Roi étoit lui-même idolâtre , ou fauteur des Idolâtres , l'execution de ces Loix fût ſuſpenduë ; ce qui eſt un nouveau tonnerre contre votre prétenduë Souveraineté du peuple , contre ce prétendu droit du glaive que vous lui donnez , même pour l'exercer ſur les Têtes couronnées.

Il n'y a que l'exemple des Machabées que l'on puiſſe tirer en cauſe ; mais par malheur pour vous il ne plut pas à vos premiers Réformateurs d'admettre dans le Canon des Ecritures l'Hiſtoire de ces grands Héros. Vous y avez trouvé pour vos pée ez la condamnation des chicanes que vous nous faites ſur le Purgatoire ; & comme l'envie de nous nuire l'a emporté dans votre eſprit ſur celle de vous procurer quelque avantage , vous avez perſeveré à mettre les Livres des Machabées au nombre des Apocryphes. Il eſt néanmoins vrai qu'ils vous étoient plus néceſſaires que les autres , dans les beſoins continuels que vous avez eus de juſtifier vos guerres civiles de Religion. Il paroît bien que vous avez plus cherché à nous faire du mal , qu'à vous faire du bien à vous-mêmes ; & il eſt étrange qu'une Religion auſſi belliqueuſe que la vôtre , & dont les fondemens , comme Théodore de (*) Beze s'en glorifie , ont été jettez dans les Campagnes de Dreux , teintes du ſang que vous aviez fait couler des veines des Catholiques , qui compoſoient l'armée de votre Roi , non moins que de celui que vous y aviez perdu,n'ait point adopté pour ſes patrons les ſaints Machabées , & qu'au moins en leur faveur elle ne ſe ſoit pas apprivoiſée à l'uſage des Litanies.

Mais plus ſérieuſement parlant, je ne crois pas, Monſieur, que vous deviez avoir regret à l'excluſion des Livres des Machabées : car au fond que gagneriez-vous par leur *Canonicité* , ſi je puis m'exprimer ainſi ? Nous ne ſommes plus ſous la Loi , mais ſous la grace : la Morale de l'Evangile eſt notre ſeule regle : celle du Vieux Teſtament n'a plus de force , ni en fait de commandement , ni en fait de permiſſion , qu'entant que l'Evangile lui a confirmé ſes droits. Or il eſt manifeſte par les paroles de JESUS-CHRIST , qu'il n'eſt plus permis aux Chretiens perſécutez par leurs Souverains d'oppoſer la force à la force , mais de s'enfuir où ils pourront. On ne peut donc plus ſe prévaloir de ce qu'ont pû faire quelquefois les Juifs , autrement il ne faudroit plus condamner la pluralité des femmes , puiſqu'on en trouve des exemples dans les plus grands Saints du Vieux Teſtament.

Toutes ſortes de circonſtances aggravent le crime de ces malheureux Vaudois. En premier lieu, vos principes ſontdiamétralement contrairesà ceux des Juifs , touchant la diſtinction des lieux où il faut faire le Service Divin. Les Juifs n'avoient qu'un Temple où ils puſſent pratiquer leurs principales cérémonies , & ils croyoient que le même culte rendu à Dieu en Jéruſalem , ou hors de Jéruſalem , n'étoit pas également méritoire. Vos maximes ſont tout autres , & vous croyez qu'en cas de Service Divin, le lieu n'y fait rien ; & quoique nous admettions auſſi-bien que vous , ce qui fut dit par notre Seigneur à la femme Samaritaine , (A) vous pouvez néanmoins en pouſſer les conſéquences plus loin que nous, à cauſe que notre culte eſt accompagné de beaucoup de cérémonies , & que nos Temples étant conſacrez à Dieu avec des formalitez ſolemnelles , & ſanctifiez d'ailleurs par la préſence de l'humanité adorable du Fils de Dieu , par les Reliques & les Images des Saints,nous aimons incomparablement mieux y faire nos dévotions , qu'en un lieu vulgaire. Vos principes ne vous portent à rien de ſemblable ; ainſi les Vaudois n'avoient que faire de prêcher , ou de prier dans leurs villages plûtôt qu'en Suiſſe : ils devoient être perſuadez que leurculte ſeroit tout auſſi bon en un pays qu'en un autre. Pourquoi donc s'opiniâtrer par des motifs de Religion , à ne point partir d'un certain endroit de la terre ? C'eſt en verité agir à la Judaïque , & s'attacher à des pierres comme à une Religion locale. *Vos tenet amor parietum,* comme S. Hilaire le reprochoit aux Catholiques de ſon temps.

L'Ecriture ne nous apprend-elle pas que les Fideles ſont des voyageurs & des pelerins en ce monde ; qu'ils n'y ont point aucune Cité permanente , & que le Ciel eſt leur véritable Patrie ? Pourquoi donc encore un coup s'opiniâtrer , ſous prétexte du pur Evangile , à ne point démordre d'un certain coin de la terre , quand le Souverain veut qu'on en ſorte ? Les Payens viendront encore ſur les rangs pour vous condamner ; car ſi d'un côté leur Morale nous ordonne d'aimer notre Patrie , & de lui ſacrifier tout excepté Dieu , elle veut de l'autre , que quand on eſt obligé de la quitter on ſe ſoûmette de bonne grace à cette néceſſité , & qu'on s'imagine qu'on eſt citoyen du monde, & que l'on peut trouve par tout ſon pays natal.

Omne

(*) „ Epître Dédicatoire du Nouveau Teſtament à la „ Reine Eliſabeth.

(A) „ L'heure vient que vous n'adorerez le Pere ni en „ cette Montagne, ni en Jeruſalem . . L'heure vient, „ & eſt maintenant , que les vrais adorateurs adoreront „ le Pere en eſprit & en verité. *Evangile de S. Jean* „ *ch.* 4. *v.* 21. *&* 23.

(*) *Omne folum forti patria eft, ut pifcibus aquor;*

En deuxieme lieu, les Vaudois n'avoient pas sujet de craindre qu'en obéïssant à leur maître, ils ne tombassent entre les mains des Sauvages, ou à tout le moins sous le joug de quelque autre Nation persecutrice, qui les réduiroit à une disette extrême de la parole de Dieu ; car ils avoient à leur porte les Cantons Protestans, où ils pouvoient avoir tout leur saoul de prêches & de chant de Pseaumes, avec toute sorte de liberté & de bon accueil. On ne peut donc s'empêcher de croire, que tout autre chose que l'attachement à leur Religion les a portez à prendre les armes, pour ne pas quitter leur Patrie.

Enfin, des gens qui se trouvoient parmi leurs freres, & qui au moyen des Collectes faites pour eux en des pays riches, pouvoient se mettre en état de gagner leur vie, avec autant de commoditez que parmi les rochers affreux de leurs anciennes habitations, auroient-ils mieux aimé s'engager à faire la guerre à leur patrie, que travailler à leur salut dans une retraite tranquille & abondante en Sermons, s'ils étoient bien animez de l'Esprit Evangélique ? Cet esprit ne porte point à la profession des armes. Car encore que la guerre ne soit point un genre de vie incompatible avec la vertu, néanmoins les occasions du vice y sont si fréquentes, & les aides de la vie spirituelle si rares, qu'un homme qui aura tant soit peu de sens commun, & un véritable désir de faire de continuels progrez dans la pieté, ne choisira jamais les armées pour son École. Je ne parle point ici de ceux qui prennent les armes pour la défense de leur Patrie, & par ordre du Souverain; & quoiqu'il en soit, je fais juge qui on voudra, si les Vaudois ne pouvoient pas mieux nourrir dans leur ame, en se tenant en repos parmi les Suisses, l'humilité, la patience, l'oubli des injures, la débonnaireté & les autres vertus que Jesus-Christ & ses Apôtres nous ont recommandées plus que toutes choses, comme le vrai caractere des enfans de Dieu, qu'en menant la vie qu'ils menent, toûjours alerte pour tuer, piller, saccager, toûjours dans la haine actuelle de son prochain, dans l'esprit de vengeance & de cruauté. Il est donc très-apparent que toute autre chose que le zele de Religion les a fait retourner à main armée dans leur Patrie.

Qu'on ne me dise point qu'ils ont peché par ignorance : la Loi éternelle de l'ordre qui rayonne dans l'esprit & dans le cœur de tous les hommes, & principalement lorsqu'ils ont lû l'Ecriture Sainte, ne permet pas qu'on refuse son (A) approbation aux paroles du Ministre Claude que j'ai déja citées, & qui ont sans doute passé sous les yeux de tous les Vaudois qui savent lire: *Dans la Société civile,* dit-il, *les Particuliers doivent souffrir les injustices qui leur seront faites, plûtôt que de troubler la paix de tout le corps, parce qu'ils peuvent souffrir des injustices sans les approuver, & que s'ils le font, leur mal n'est pas sans remede, puisque Dieu qui est le protecteur des innocens oppressez, les pourra toûjours dédommager avantageusement de toutes leurs pertes.*

CONCLUSION.

IL a falu, Monsieur, que je m'étendisse sur l'Irruption de ces gens-là, afin qu'en vous montrant combien sont horribles les fruits de vos systêmes de Rebellion d'Anarchie, je vous portasse plus aisément à désavouer les defenseurs de ces méchantes doctrines dont ils tâchent de répandre les sanguinaires effets par tout ce Royaume.

Vous voyez présentement en quoi consiste la *Quarantaine* que les Catholiques les mieux intentionnez pour vous souhaitent que vous fassiez avant que de mettre le pied en ce Royaume ; c'est de protester publiquement que vous n'avez jamais approuvé les Libelles diffamatoires & séditieux que vos Auteurs ont publiez par monceaux, ou que vous avez un véritable repentir de les avoir approuvez, & un regret extrême de n'avoir pas connu le mal qu'il y avoit là-dedans, ou de n'avoir pas eu la force de crier contre. On ne peut guéres avoir de regret mieux fondé que celui-là: car enfin l'Arrêt fulminant de Saint Paul, (B) que les médisans n'heriteront point le Royaume de Dieu, ne tombe-t-il pas avec une rigueur particuliere sur ceux qui publient des satyres contre les Rois & contre les personnes constituées en dignité? Et peut-on exciter les peuples à la révolte, sans revêtir de simples Particuliers du droit du glaive, que Dieu n'a donné qu'aux Souverains dans chaque Etat, & sans leur donner puissance de vie & de mort sur tout un peuple? Ce qui étant d'un côté une usurpation infâme d'un droit qui ne nous appartient pas, ne peut empêcher de l'autre, que ceux qui se servent de ce malheureux droit usurpé, ne commettent autant de brigandages & de meurtres, qu'ils pillent & qu'ils font périr de gens. Ce ne sont donc pas de petits péchez & de simples abus de son loisir, que tous ces Libelles qui tendent au soulevement des peuples. Ce sont de vrais pillages & de vrais meurtres conseillez. Or en toute bonne justice, celui qui pousse les autres à dérober & à tuer, ne vaut pas mieux que celui qui dérobe & qui tuë: & selon la Doctrine de Saint Paul, (c) on mérite la mort éternelle, non seulement lorsque l'on commet les crimes dont il fait là le dénombrement, & parmi lesquels il met la medisance, l'injure, les querelles & les homicides; mais aussi lorsque l'on approuve ceux qui les commettent. Vous ne pouvez donc être à l'abri de ces foudres de Saint Paul, si vous approuvez les calomnies, les injures & les doctrines anarchiques que vos Ecrivains ont publiées, & qu'ils publient encore tous les jours : & pour ce qui est de vos Synodes, on ne comprendra jamais qu'ils soient innocens de ce grand mal. On sçait assez que lorsque des Supérieurs laissent faire, c'est à-peu-près tout autant que s'ils faisoient. *Non multum interest,* a dit sagement Ciceron, *præsertim in Consule, utrum ipse perniciosis legibus improbisque concionibus Republicam vexet, an alios vexare patiatur.*

Quel oubli, bon Dieu, de ce grand devoir que Saint Paul ordonne si expréssement aux Pasteurs de mettre devant les yeux de leurs Ouailles, (D) *Admonete-les,* dit-il à son Disciple Tite, *qu'ils soient sujets aux Principautez. & puissances;*
qu'ils

Condamnation par l'Ecriture des Ecrits tant satyriques que séditieux des Protestans.

(*) „ *Ovidius Fast. lib.* 1.
(A) J'entens une approbation semblable à celle qui „ fait dire comme Médée, *video meliora proboque, deteriora sequor.*
(B) „ 1. Aux Cor. chap. 6. v. 10.
(c) „ Epître aux Rom. ch. 1. v. 32. où on lit selon la

„ Vulgate, *qui talia agunt, digni sunt morte, non solùm* „ *qui ea faciunt, sed etiam qui consentiunt facientibus.* „ Voyez ci-dessus pag. 233. de la 1. Edit. *in* 12. & pag. „ 611. de celle-ci.
(D) „ Chap. 3. v. 1. & 2.

qu'ils ſoient prêts à toute bonne œuvre ; qu'ils ne
MEDISENT DE PERSONNE ; qu'ils ne ſoient querelleux , mais benins & montrans toute débonaireté envers tous les hommes. Il faut bien que vous ſoyez
incorrigibles ſur cette matiere , puiſque nos cen-
ſures & nos reproches n'ont pû rien gagner ſur
vous. Nos Ecrivains n'auront rien à ſe reprocher ; ils ont fort bien obéi à ce précepte du même Apôtre : * Inſiſte en tems & hors de tems , re-
prens , cenſure , exhorte en toute douceur d'eſprit & de
doctrine. Il y en a eu même qui l'ont pris ſur un ton
un peu emporté ; deſorte qu'on vous a prêchez
en toutes façons , ſur le trop grand penchant qui
prédomine dans votre Secte vers la ſatyre & la
priſe d'armes contre vos Rois. Faites , Monſieur ,
qu'au moins en cette année 1690. que nous commençons , il paroiſſe quelque amandement en vous
ſur cet article. Il n'eſt jamais trop tard d'entrer
dans le bon chemin.

Nunquam ſera eſt ad bonos mores via :
Quem pœnitet peccaſſe , pene eſt innocens.

Utilité impor-
tante que les
Catholiques
tirent de cet
eſprit Proteſ-
tant.
J'avouë franchement que cela ne pourroit pas
effacer de l'ame des Catholiques , le préjugé qu'ils
forment contre votre Secte , ſur ce qu'elle a eu recours aux ſoulevemens & aux guerres plus que civiles , pour s'établir dans les lieux où la Puiſſance
ſouveraine ne lui étoit pas favorable. On ſe ſouvient trop de ce grand & de ce divin caractere ,
que J. CHRIST a voulu que ſon Egliſe portât
comme une preuve inconteſtable de ſa Divinité ;
c'eſt de n'oppoſer à la fureur des perſecutions
les plus enragées que la patience , & de triompher
néanmoins de la Religion perſecutrice , juſqu'à la
voir abandonnée par ſes propres Empereurs. Voilà
comment l'Evangile s'eſt établi dans le monde :
voilà ce qu'on aura toûjours raiſon d'exiger comme la pierre de touche de leur Miſſion , de tous
ceux qui viendront dire que Dieu les a ſuſcitez
pour le rétabliſſement de la Religion Chrétienne ;
& faute par eux de ſe montrer marquez à ce divin
coin , on ſera toûjours en droit de rejetter leurs
innovations ſans une plus ample enquête. Enfin , voilà par où vous perdez votre procès dans
les Tribunaux Catholiques. C'eſt un peché originel dont la tache vous ſuivra juſqu'à la fin des
générations , & ſervira de preuve que votre Secte
n'eſt pas une branche légitime de la famille Chrétienne. On ne laiſſe pas de vous exhorter aujour-
d'hui fort ſérieuſement pour votre bien à ne point
joindre le peché actuel de la rebellion à cette tache originale.

Vains & mé-
chans efforts
des Proteſtans
pour diminuer
leur difference
de la primitive
Egliſe.
On n'ignore pas que pour juſtifier vos Ancêtres , vous alleguez la dureté du Gouvernement ,
l'intruſion de Monſieur de Guiſe dans le Miniſtere , la révocation des Edits , & telles autres
raiſons. Mais ſans entrer ici dans la diſcuſſion
du fait , comment voulez-vous qu'on ſe (A) paye
de ſemblables excuſes , quand on ſçait que la primitive Egliſe n'a point crû que des raiſons encore
plus fortes puſſent la diſpenſer de ſa ſoumiſſion aux
ordres de JESUS-CHRIST , concernant la patience ,
l'humilité , & le mépris de la vie ? Eſt-ce que
les Chrétiens des trois premiers ſiecles n'a-
voient pas obtenu des Edits très-favorables que l'on

caſſoit autant de fois que l'on renouvelloit contre
eux les perſecutions ? Eſt-ce que les perſecuteurs
Payens n'étoient pas plus chargez de toutes ſortes
de vices , & en particulier de celui de cruauté , que
les perſecuteurs de vos Ancêtres ? Eſt-ce qu'il étoit
moins permis à ceux qui , ſelon les Loix de ce
Royaume , avoient en main le Gouvernement ,
de ſe ſervir du miniſtere de Meſſieurs de Guiſe , originaires d'Etrangers , mais nez en France , & alliez
à la Famille Royale , qu'aux Empereurs de Rome de confier telles charges que bon leur ſembloit
à leurs amis , de quelques Nations qu'ils fuſſent.

Il y a bien plus. La confuſion a été ſi grande
pendant les trois premiers ſiecles dans l'Empire
Romain , que la plûpart des Empereurs ne devoient leur dignité qu'à la mutinerie des ſoldats ; deſorte que ſans être auſſi pointilleux &
formaliſtes que vous l'êtes à l'égard des Rois
Catholiques , ou débonnaires aux Catholiques ,
(car pour ceux qui ſe déclarent grands ennemis
du Papiſme , vous n'y regardez pas de fort près)
& ſans remonter à vos prétendus Contrats originaux
entre les Rois & les peuples , il y eût eu beaucoup
d'Empereurs en ce tems-là , que l'on auroit pû
traiter raiſonnablement de véritables uſurpateurs.
Cependant les premiers Chrétiens ne ſe ſont jamais
prévalus de ces plauſibles prétextes , pour ſe procurer par leurs armes un peu de bon temps : ils
n'ont même jamais voulu ſe ranger du parti de
l'un des competiteurs de l'Empire , (c) quoiqu'ils
euſſent pû eſperer , en s'y rangeant , de faire pancher la balance de ſon côté , & s'acquerir par ce
moyen un grand Protecteur ſur le thrône. Ils ſe remettoient ſur tout cela à la bonne providence de
Dieu ; & ainſi toutes ſortes de circonſtances nous
font voir , dans le parallele entre eux & vos Peres ,
que le Ciel n'eſt pas plus éloigné de la terre ,
que la conduite des anciens Chrétiens eſt éloignée
de celle des anciens Calviniſtes.

Vous le ſentez bien , & c'eſt pour cela que
pour derniere reſſource vous vous aviſez d'attribuer à pure impuiſſance , & au ſentiment de leur
foibleſſe , ce que les premiers Chrétiens ne ſe ſont
pas ſoulevez ; & quand on vous objecte Tertullien (D) , qui à la face du Ciel & de la terre ,
s'eſt vanté de leur multitude & de leurs forces ,
vous répondez en un mot que c'étoit un Déclamateur , & vous ne prenez pas garde que vous
ruinez par ce moyen un des plus puiſſans argumens dont on ait coutume de ſe ſervir pour
prouver la divinité de l'Evangile. (E) C'eſt en vertu
de ſes progrès & de ſa prompte étenduë , que les
Peres (E) lui appliquent les Oracles des Prophetes , pour confondre les Juifs , les Payens & les
Hérétiques ; & rien ne frappe davantage toutes
ſortes d'eſprits que la certitude de ce fait. Ne
vaudroit-il donc pas mieux vous humilier ſous le
ſentiment de votre impatience , que de ravir à
l'Egliſe le plus beau fleuron de ſa Couronne , &
l'une des plus éclatantes livrées de ſa Divinité ,
qui eſt d'avoir mieux aimé ſouffrir l'injure , que
la repouſſer avec les forces qu'elle avoit acqui-
ſes ſuffiſamment pour cela au milieu des plus
rudes perſecutions ? Si vous étiez comme nous
les véritables enfans de cette Mere , vous ne ſeriez pas ſi peu jaloux de ſon honneur , & vous
aimſe-

---

* „ Epître à Timoth. ch. 4. v. 1.

(A) „ Joignez à ceci ce qu'on a déja ré-
„ deſſus page 42. & 49. de la 1. Edit. *in* 12. & de celui-
„ ci. p. 588. & 589.

(B) *Circa Majeſtatem Imperatoris infaman ː tamen
nunquam Albiani , vel Nigriani , vel Caſſiani inventi potuerunt Chriſtiani.* Tertul. ad Scapulam.

(c) *Heſterni ſumus , & veſtra omnia implevimus , urbes ,
inſulas , caſtella , municipia , conciliabula , caſtra ipſa , tribus , decurias , palatium , ſenatum , forum , ſola vobis relinquimus templa.* id. Apologet. 2.

(D) „ Voyez Grotius *de verit. Relig. Chriſt. lib. 2. ſ. 8.*

(E) „ Voyez-en les preuves dans les Notes de Grotius
„ ſur ce Traité-là , & plus amplement dans Thomaſſin ,
„ de l'Unité de l'Egliſe , 1. partie tome 2.

aimeriez mieux avoüer vos fautes, que vous en justifier par la raison qu'elle en auroit été complice. Vous ne lui disputeriez pas la gloire d'avoir reconnu la domination de Julien l'Apostat, le plus dangereux Persécuteur qu'elle eût éprouvé encore; vous n'iriez pas, dis-je, lui enlever cette gloire, entant qu'en vous est, par des conséquences (*) en l'air, tirées de quelques exclamations & de quelques fleurs de Rhétorique, dont Saint Grégoire de Nazianze s'est servi dans une Piece manifestement destinée à l'invective. Ne faut-il pas avoir une passion extravagante de charger l'ancien Christianisme du crime de rébellion, lorsque ne pouvant disconvenir qu'il n'ait été actuellement soûmis à un Apostat déclaré, on recourt à des conjectures fondées sur des morceaux de Harangue, & qu'on abuse de la mollesse avec quoi un Historien a répondu au Sophiste Libanius, qui, pour diffamer l'Eglise, avoit imputé la mort de cet Empereur à quelque Soldat Chretien. Il n'y a que des Auteurs comme Mariana, désavouez de leur Corps, & trop licentieux à soûmettre la vie des Princes au couteau des Poltrots & des Ravaillacs, qui ayent abusé de ces sortes de passages; & personne n'a plus crié que (A) vous contre de tels Ecrivains, lorsqu'ils ont été Catholiques: mais vous oubliez tout, dès qu'il s'agit de vos intérêts. C'est une idole, à laquelle vous sacrifiez vos propres Livres; & semblable à ces personnes (B) qui se soucioient peu que tout pérît, lorsqu'ils périroient eux-mêmes, peu vous importe que la gloire du nom Chretien périsse, quand vous ne voyez plus de jour à sauver celle de vos Ancêtres.

Mais, Monsieur, ne parlons plus de l'autre siecle, *que le temps passé vous ait suffi pour accomplir les convoitises de votre chair.* Nous vous pardonnons tous les ravages que vos Amiraux de Châtillon ont causez dans cet Etat; nous en remercions même la bonté de Dieu, puisqu'il a permis que par cette empreinte de rébellion, il fût aisé de vous connoître pour des Schismatiques: c'est un *stigmate* marqué sur votre front, comme sur celui des esclaves fugitifs, afin de les pouvoir discerner. Le peuple auroit eu trop de peine dans ce discernement, si avec la guerre que vous vîntes déclarer à la corruption des mœurs, tonnant d'une extrême force contre la vie déreglée des Ecclésiastiques, leur permettant à la verité le mariage, mais sous prétexte d'une chasteté plus assurée, condamnant le cabaret, le jeu, la danse, ne jurant que *certes,* ne parlant que de pure parole de Dieu, de réformation, &c. si, dis-je, avec un début si éblouïssant vous eussiez pû imiter la constance de la primitive Eglise, on vous eût pris alors pour de veritables Réformateurs envoyez de Dieu, on eût crié par tout,

  (c) *Habeat jam Roma pudorem,*
  Tertius è Cælo cecidit Cato.

Et humainement parlant, l'Eglise Romaine n'auroit pas tenu contre vous, tous les peuples auroient couru après ces masques si ressemblans aux premiers Chretiens. Mais la Providence de Dieu y remedia; & comme on dit que le Démon, qui se transfigure quelquefois en Ange de lumiere, retient toûjours quelque marque de distinction, Dieu permit qu'il parût dans votre Secte deux marques d'humanité dont il préserva l'Evangile. L'un étoit qu'avec ses innombrables Libelles elle déchiroit comme à belles dents les Rois & les Princes & tout ce qui se rencontroit en son chemin. L'autre, qu'elle ne (D) s'établissoit, ou que par l'autorité du Bras séculier, ou que par la destitution des Princes qui ne vouloient pas la suivre; ou enfin, que par des armemens si formidables, que les Princes se voyent réduits à la nécessité de la souffrir.

A ces deux marques nos peuples vous ont aisément distinguez des Réformateurs envoyez de Dieu, sans s'embarrasser de la discussion des Controverses. Ils ont vû que toute votre austérité contre les danses, le luxe des habits, la bonne chere & les juremens, n'étoit qu'un Pharisaïsme, coulant le moucheron & engloutissant le chameau, puisque les mêmes gens qui faisoient scrupule d'aller au bal, ou au cabaret, ou de jurer plus que *certes,* n'en faisoient point de prendre les armes contre leur Prince, c'est-à-dire, de piller & de tuer leurs concitoyens. Que pouvoit-on juger de ces Casuistes qui, après avoir si odieusement reproché au Pape qu'il s'élevoit au-dessus de Dieu, qu'il dispensoit des Loix de Dieu, consentoient aux guerres civiles? Ce qui étoit déclarer à un très-grand nombre de Particuliers, qu'ils pouvoient saccager les maisons de leurs Compatriotes, & tremper leurs mains à toute heure dans le sang de leur prochain, sans trangresser ces deux préceptes de la Loi de Dieu, TU NE DEROBERAS POINT. TU NE TUERAS POINT. Le Royaume s'est senti long-tems des affreuses désolations qu'il souffrit alors; mais je le répete encore une fois, nous nous en consolons par le bon effet qui en résulta & qui en résulte encore, d'aider les peuples à discerner les Schismatiques.

(a) *Jam nihil, ò superi, querimur: scelera ipsa nefasque*
    Hac mercede placent.

Oublions donc le passé, & ne songeons qu'au présent. Ne songez plus, Monsieur, qu'à mériter un favorable rappel, en montrant que votre exil ne vous a point infectez de maximes pernicieuses au Gouvernement de France. Jettez les yeux sur ces grands originaux que l'Ecriture & la primitive Eglise vous proposent. Voyez en particulier les Lettres que S. Cyprien écrivoit dans des circonstances assez semblables à celles-ci: vous n'y verrez point qu'il promette le secours des Princes voisins; qu'il prépare les gens à une guerre civile; qu'il les console de ce qu'ils sont désarmez, en leur promettant que les ennemis de l'Etat leur apporteront assez d'armes. Ne jet-

tez

Ils ne peuvent pas se prévaloir de ce qu'on a pû faire quelquefois dans l'Eglise Romaine.

<hr>

(*) „C'est ce qu'on a fait dans le Libelle dont il a été „parlé ci-dessus, p. 212. de la I. Edit. *in* 12. & de „celle-ci p. 609. intitulé, *Julien l'Apostat,* ou *Abregé* „*de sa vie.*

(A) „Voyez, entre plusieurs autres, George Hakewil, „Théologien d'Oxford, dans son *Scutum Regium,* „prouvant au ch. 3. du livre 3. la fidelité des Chretiens „pour Julien l'Apostat.

(B) *Illa vox scelerata atque inhumana eorum, qui negant se recusare quominus ipsis mortuis terrarum omnium defla-*

gratio consequatur: quod vulgari quedam versu Græce pronunciare solent. CICERO l. 3. de finib. Voici le Vers que Tibere avoit souvent à la bouche, au rapport de Dion, livre 57. ἐμοῦ θανόντος γαῖα μιχθήτω πυρί.

(c) *Juvenal.* Sat. 1.

(D) „Le premier de ces trois cas est pour le pays où „les Souverains embrassoient eux-mêmes le Protestan„tisme. Le deuxiéme s'est vû en Ecosse, à Geneve, „&c. Le troisieme en France.

(a) *Lucanus,* Phars. l. 1.

tez point les yeux sur ce qu'ont pû faire les Chretiens du bas Empire, ou sur ce qu'on peut avoir fait & dit dans l'EgliseRomaine en certains temps. (*) Ce ne sont point-là des patrons pour vous, puisque vous devez croire, selon vos principes, que le regne de l'Antechrist est établi dans l'Eglise depuis plus de douze cens ans. Siéroit-il bien à la fille de Sion de se parer des atours de la prostituée Babylonnienne ? Et peut-on voir d'aveuglement plus étrange que cette maniere de raisonner : *Les Papistes, que je crois Membres de la plus méchante Eglise qui fût jamais, font bien ceci & cela, & je me suis même séparé d'eux, à cause qu'ils le font & qu'ils l'approuvent; donc je dois le faire ?*

Leurs excessives espérances il y a un an.

Il y a un an que si je vous avois exhortez, comme je fais à cette heure, à des démarches capables de faciliter votre retour, vous m'auriez peut-être bien relancé: alors vous ne parliez que de rentrer par la brêche comme des Athletes victorieux, & de donner la loi, au lieu de la recevoir. Je pense que présentement l'on a rabatu quelque chose de ces prétentions, & qu'ainsi mes avis vous trouveront plus dociles.

Il est vrai que nos Ennemis paroissent extrememement contens de la derniere campagne; mais je vous assure, Monsieur, que nous le sommes encore plus qu'eux, & avec plus de raison qu'eux.

Exploits des Alliez dans la derniere Campagne.

Car après tout, qu'est-ce qu'ils ont fait ? Ils ont pris deux Villes, Mayence & Bonn, non pas en les assiégeant tout à la fois, mais en se contentant de tenir l'une bloquée, pendant qu'on assiégeoit l'autre; & il leur a falu tant de Troupes pour venir à bout de Mayence, Ville très-médiocre en fait de fortifications, qu'on a été obligé de laisser à notre discrétion tous les pays d'entre le Rhin & le Neckre. Outre cela, ce sont deux Villes que nous n'avions pas dessein de garder; ainsi nous n'avons traversé en aucune maniere les assiégans : ils n'ont eu a parler qu'à la garnison: ils avoient toutes sortes de commoditez derriere eux, & néanmoins ils ont eu là deux os à ronger pour le fruit de toute leur campagne.

Voilà ce qu'ont fait les Allemans. Pour ce qui est des Espagnols, ils ont fait démolir en Italie les Fortifications d'une Place qui ne nous appartenoit pas: & ils ont batu en Catalogne notre arriere-garde, uniquement sur le papier de vos Gazettes. En Flandres, avec la jonction de leurs Alliez, ils n'ont sçu gagner un pouce de terre: tous leurs exploits se sont réduits à se plaindre que l'envie qu'ils avoient de donner bataille n'a pû s'effectuer, parce qu'ils avoient été long-temps en plus petit nombre que les François; & qu'enfin quand ceux-ci se sont vûs inférieurs en nombre, ils se sont campez trop avantageusement. Ces excuses ne sont-elles pas bien de mise, quand on les compare avec vos Gazettes, qui ne cessoient de publier que les maladies, les désertions, les détachemens diminuoient à vûe l'armée du Maréchal d'Humiere? On en est venu jusqu'à débiter qu'il avoit été contraint de mettre dans les garnisons du pays conquis si peu de Troupes qu'il avoit de reste.

En Irlande, les exploits du Maréchal de Shomberg se sont réduits à des excuses sur le petit nombre de Troupes qu'il avoit, en comparaison du Roi Jacques; ce qui étant comparé avec vos Gazettes, ne peut que produire un plaisant effet; avec vos Gazettes, dis-je, où l'armée de ce Prince avoit toûjours paru la plus méprisable du monde, mal en ordre, ravagée par les maladies & par la disette, extrêmement diminuée par la défaite de plusieurs gros détachemens; en dissipation continuelle par les désertions, par la mauvaise discipline des Irlandois, & par leur mésintelligence avec nos Troupes, qui sont tout-à-fait imaginaires, le Roi n'ayant encore envoyé aucun soldat en ce pais-là. Vos Nouvellistes Raisonneurs ne laissent pas de nous insulter, de ce que la France n'a pû chasser de cette Isle tous les Anglois. N'est-ce pas un beau sujet de s'applaudir ? N'est-ce pas un original de ce Proverbe, *qui me doit, me demande?*

Vos principaux exploits de mer ont été l'arrêt de quelques Vaisseaux Marchands Danois & Suédois, qui ne songeoient à rien moins qu'à se battre; & quelques prises faites sur nous par vos Armateurs très-inférieurs, & pour le prix & pour le nombre à celles que nos Armateurs ont faites. Il est vrai que sans combat, & par un pur coup de bonheur, on s'est rendu maître, au Cap de Bonne-Espérance, de deux de nos Vaisseaux richement chargez, qui y avoient relâché comme en un pays ami.

Voyons maintenant ce qui a été fait par nos armées.

Exploits François. Combat imaginaire des Gazetiers d'Hollande & Cologne.

Celle de Catalogne a pris une Ville, a fait payer beaucoup de contributions, a séjourné quelque temps sur les terres de l'Ennemi, a secouru la même Ville assiégée par les Espagnols, l'a demantelée à leur barbe, & s'est retiré en bon ordre dans le Roussillon. Car pour cette défaite de notre Arriere-garde, dont vous avez tant parlé, c'est un évenement qui n'a subsisté qu'en idée, & je m'étonne qu'après que vos donneurs de (A) *billevesées hebdomadaires* eurent donné dans ce panneau, ceux qui viennent au bout du mois commenter leur texte, & dogmatiser en politiques sur leur rapport, n'ayent pas rectifié ce faux pas; & que ceux-mêmes qui font les capables sur le métier de la guerre, n'ayent pas consideré qu'entre les mille ou douze cens hommes qu'on prétendoit que nous y avions perdus, il se feroit nécessairement trouvé quelques Officiers assez remarquables, pour mériter que le vainqueur mît leur nom, ou dans la liste des morts, ou dans celle des prisonniers. Cela seul qu'on n'a pû nommer personne, pris ou tué dans cette prétendue défaite, en montre manifestement la supposition à tous ceux qui sçavent que les manieres des François font de perdre plus de gens de marque à proportion que de soldatesque, lors même qu'ils vainquent le plus hautement ? Que dirai-je de la mauvaise foi de ces Nouvellistes qui faisant mille réflexions tirées par les cheveux, n'ont point fait celle-ci qui se présente d'elle-même, c'est que les Espagnols ayant assiégé Campredon, & les François y ayant jetté du secours, & en ayant ensuite retiré leur garnison avec les munitions de guerre, après avoir fait sauter le Château, c'est une preuve indubitable que le siége étoit levé, ce qui passe constamment pour un désavantage très-réel ?

Notre Armée de Flandres a presque toûjours campée sur le pays ennemi, & a fouragé souvent jusqu'aux portes de Bruxelles.

Vers la Moselle nos Troupes ont été continuellement sur les terres Allemandes.

L'armée du Rhin a ruiné un très-grand nombre

(*) ,,Joignez à ceci ce qui a été dit ci-dessus page 46. ,,de la 1. Edit. in 12. & de celle-ci p. 589.

(*) ,,C'est ainsi que Sarrazin nomme la Gazette dans ,,la Pompe Funebre de Voiture.

bre de Places au-delà de ce Fleuve, qui auroient fourni de très-bons quartiers d'hyver aux Allemans ; elle les a, dis-je, ruinée, après avoir fait prisonniers les soldats qui y étoient en garnison, & qui se sont montez à quatre ou cinq mille.

Nos armemens de mer ont été si formidables, que les flottes ennemies n'ont osé s'éloigner guéres de leurs rades. Notre Escadre de Provence s'est venu joindre avec les vaisseaux du Ponant, dans le Port de Brest, à la vûë, pour ainsi dire, des ennemis. Nous avons fait passer en Irlande le Roi d'Angleterre sans aucune opposition ; & lorsqu'on a voulu s'opposer au débarquement d'un grand convoi que nous envoyions à ce Prince, on n'a eu que la honte de se retirer après un combat, dont la meilleure chose que vous puissiez dire, c'est qu'il ne vous a servi de rien, vous consolant d'ailleurs, & vous excusant sur ce que nos forces étoient supérieures aux vôtres ; & réfutant ainsi les Nouvelles que vous affectez de répandre dans le monde, que nous ne trouvons point de matelots, que nos équipages de mer sont misérables, &c.

Ce devroient être, Monsieur, de très-grandes mortifications pour nos Ennemis, quand même ils n'auroient pas fait sonner bien haut les menaces & leurs esperances. Mais où sont les abîmes assez profonds, pour vous cacher dans la confusion où vous devez être, après un si prodigieux mécompte ? Vos prétentions n'alloient pas à moins l'hyver dernier qu'à voir toute la France renversée, & le Prince d'Orange couronné à Paris avant la fin de la campagne. Vous aviez déja donné les ordres dans vos conversations pour brûler Versailles. Les débarquemens sur toutes nos Côtes se faisoient en un clin d'œil, sans que nos Vaisseaux de guerre osassent sortir de nos Ports ; chacun de vous esperoit de venir faire sa recolte, ou à tout le moins ses vandanges. Une telle armée devoit prendre sa route par le pays d'entre Sambre & Meuse, & aller tout droit à Paris ; un autre par la Lorraine, & une autre par la Franche-Comté avoient le même rendez-vous : en un mot, dans un pays où l'on trouve autant d'Assureurs qu'on veut à deux pour cent, pour les navires les plus exposez à tous les périls de la mer, on ne trouvoit personne * qui voulût gager simple contre double, que Paris ne seroit pas au pouvoir des Alliez avant la fin de l'année 1689.

J'ai oublié à parler des Suisses que vous envoyiez au nombre de cinquante mille planter le piquet à Lyon, afin de se répandre, après la prise de cette importante Place, dans les Sevennes & le Languedoc, & se venir joindre en Guienne, suivis de vos freres soulevez en toutes ces Provinces, aux Troupes que les Anglois auroient débarquées dans le Medoc, & à celles que les Espagnols feroient entrer par la Navarre. Il falloit avoir méchante opinion des Suisses, pour les croire capables d'un tel dessein. Peuvent-ils dire que jamais la France leur ait fait le moindre tort ? Et ne sont-ils pas une réfutation incontestable de ce que nos Ennemis affectent de publier, que nous sommes de mauvais voisins ? Qu'ils nous montrent un seul village que la France ait usurpé, ou sur le Duc de Savoye, ou sur la République de Geneve, ou sur les Suisses. On en défie toute la terre. D'où il s'ensuit qu'il n'a tenu qu'au dernier Duc de Lorraine de posseder tranquillement tous ses

Etats ; & que s'il avoit voulu garder une exacte neutralité, la France ne lui eût jamais fait aucun mal. Encore est-il vrai qu'il a reçu des Espagnols un traitement beaucoup plus indigne que de nos Rois. Revenant aux Suisses, vous ne sçauriez nier que vous n'ayez eu là honte l'année passée de voir échoüer chez eux tout à la fois les mauvaises pratiques de la Maison d'Autriche, celles des Etats Protestans & celles du Pape ; qui sans songer qu'à son âge on se doit regarder à deux doigts du Tribunal de Dieu, tâchoit d'allumer encore le feu de la guerre dans ce petit coin du monde, à l'inévitable préjudice de l'Eglise, dont Dieu l'avoit établi le Chef.

Pour mieux vous représenter (& pourtant sans aucun dessein d'insulte) les sujets de mortification que nos Ennemis ont eus dans leur premiere Campagne, je fais encore deux observations.

La premiere, que le Roi s'est trouvé contraint d'entrer en guerre, sans avoir eu le tems de bien travailler aux préparatifs ; au lieu que ses ennemis, qui couvoient depuis long-temps cette entreprise, ont eu tout le loisir nécessaire pour s'y préparer. Le Roi, content de la gloire qu'il s'étoit acquise en 1678. de faire accepter à ses Ennemis la paix, dont il avoit proposé les conditions, & d'avoir aussi heureusement triomphé des intrigues de ceux qui pour leur interêt particulier vouloient perpetuer la guerre, qu'il avoit triomphé de leurs armes en toutes rencontres, ne songeoit qu'à maintenir la paix de l'Europe, son ouvrage favori. Cela parut manifestement six ans après, lorsque les mêmes personnes qui trouvoient leurs avantages domestiques dans les troubles de la guerre, lui ayant fourni l'occasion la plus favorable d'achever la conquête du Pays-Bas, il ne voulut point s'en prévaloir, & s'appliqua uniquement à les vaincre & à les mortifier par des coups de Cabinet, faisant conclure une Treve de vingt ans en dépit de leurs cabales. Il ne songea depuis qu'à l'interieur de son Royaume ; & sa grande affaire fut la réünion de tous ses Sujets à l'Eglise Catholique. Mais pendant qu'il ne songeoit qu'à vivre en paix avec ses voisins, & que pouvant avec la derniere facilité affoiblir la Maison d'Autriche, il la laissoit aggrandir autant qu'elle pouvoit, ses ennemis lui préparoient sourdement la plus générale conspiration qui ait jamais été machinée, & d'une maniere d'autant plus dangereuse, qu'elle devoit commencer par une entreprise qui paroissoit incroyable, de quelque côté qu'on l'examinât ; desorte qu'encore que les Ministres du Roi lui en ayent donné avis de fort bonne heure, il n'a pû se persuader que fort tard, que cela eût quelque apparence. Il le regardoit comme une de ces accusations calomnieuses, à qui leur propre énormité sert d'Apologie, (A) *quæ ipsâ atrocitate defenduntur, & ipsâ magnitudine fidem non impetrant.* Mais enfin il l'a falu croire, quand on a vû tous les Princes Protestans d'Allemagne assembler leurs Troupes, afin de couvrir la Hollande, qui faisoit des préparatifs prodigieux, pour commencer en Angleterre le premier exploit de la Ligue. On ne peut nier que la plus profonde dissimulation n'ait regné dans cette trame : rien n'y a été oublié de ce qui pouvoit empêcher qu'on n'en formât des soupçons. On s'est avisé même d'en avertir le Public dans des Almanachs, & dans des Lettres supposées à un Quaker.

L'é-

L'évenement a fait voir que non seulement tous les Princes Protestans ont été de ce complot, mais aussi la Maison d'Autriche. Quelle apparence qu'on se fût engagé à l'entreprise d'Angleterre, sans avoir parole de l'Empereur qu'il occuperoit la France le plus qu'il pourroit du coté du Rhin? Ainsi le jour même que le Roi n'a pû douter qu'on n'en voulût à l'Angleterre, il a été, & il a dû être persuadé que toute l'Allemagne étoit liguée contre lui. Il ne manqua pas de découvrir d'un coup d'œil le vrai moyen de faire avorter ce grand complot, qui étoit de donner au Roi d'Angleterre un puissant secours; mais ce Prince qui devoit connoître par de fâcheuses expériences le genie de ses Sujets mieux que nous ne le connoissions, en jugea pourtant plus faussement que nous ne fîmes. Il s'y fia, il ne voulut point entendre parler du secours de France; & ruïna ainsi ses affaires.

Sur le refus qu'il fit de nos Troupes, il falut brusquement & tumultuairement prévenir d'un autre côté la furieuse tempête qu'on avoit préparée de longue main contre la France; c'est-à-dire, qu'il falut fort à la hâte fermer le Rhin aux Allemans, qui avoient dessein de venir prendre par surprise leurs quartiers d'hyver en Lorraine & en Alsace.

Quand des Ennemis si bien préparez à nous surprendre, auroient fait de grands progrez sur nous la premiere année, il n'y auroit pas lieu de s'en étonner; mais il est fort étonnant qu'ils en ayent fait si peu; & rien ne peut être plus glorieux, que de voir qu'un Prince qui ne songeoit qu'à la paix, ait pû faire dès le commencement la résistance qu'il a faite, & réparer en partie les mauvaises suites du refus de son bon Conseil.

II. Ils sont en grand nombre. Ma deuxieme observation, fondée sur la multitude prodigieuse d'ennemis qui s'est liguée contre le Roi, mettra tout ceci dans un meilleur point de vûë. Il faudroit presque imiter les Poëtes, si on vouloit compter tous les Princes qui sont entrez dans cette Ligue, & recommander son arithmétique aux Muses, les Déesses de la Mémoire, comme a fait Virgile dans une bien moindre ocasion.

(*) Pandite nunc Helicona, Deæ, cantusque movete,
Qui bello exciti Reges, quæ quemque secuta
Complerint campos acies.

. . . .

Quam multi Libico volvuntur marmore fluctus,
Sævus ubi Orion hibernis conditur undis.

Les Ennemis de la France se sont assemblez (A) *des quatre vents,* pour me servir de cette expression de l'Ecriture : le Nord & le Midi, le Couchant & l'Orient ont uni leurs forces contre nous. Tous les Princes d'Allemagne, Catholiques & Protestans, l'Espagne, la Hollande, l'Angleterre, l'Evêque de Liege, ont agi à face découverte; le Roi de Suede & celui de Dannemarc, se sont contentez de leur fournir un nombre considérable de leur meilleures Troupes, & le defunt Pape a favorisé cette Croisade Protestante le plus qu'il a pû, quoiqu'il fût notoire à tout le monde, que ceux qui en sont les principaux directeurs, ont détrôné un Roi Catholique en haine de sa Religion, & qu'ils n'ont point fait d'Acte public, sans déclarer qu'ils ont pour principal but le bien & l'avantage de la Religion

Protestante. Aussi faut-il avouër qu'Innocent XI. n'a point obligé des ingrats. Il paroît par vos Libelles que vous aviez conçu une véneration particuliere pour sa personne; & vous n'avez pû vous empêcher de témoigner publiquement que vous regardiez son trépas comme un rabat-joye de vos prétendus triomphes de 1589. En quoi vous déshonorez plus sa mémoire pour les siecles à venir, que vous ne l'eussiez fait, en le faisant passer par les armes de vos Auteurs Satyriques, comme vous y avez fait passer ses prédecesseurs, & comme vous y faites passer journellement les plus grands Princes.Flétrissure d'Innocent XI. les éloges Hérétiques

Qu'a fait le Roi, seul contre cette multitude d'ennemis; obligé non seulement de défendre ses Etats par mer & par terre, au-dedans & au-dehors, mais aussi de soûtenir un Prince chassé par ses propres enfans, & tellement abandonné de tout le monde, que si la France ne lui avoit pas servi d'azyle, il auroit été contraint apparemment d'en aller chercher hors de l'Europe? Qu'a-t-il fait & pour soi & pour ce Prince qu'aucun autre Potentat Chretien n'auroit osé avoir pour hôte, de-peur de s'attirer toute la Maison d'Autriche sur les bras? A-t-il pû lui conserver une retraite dans l'Irlande, & l'y entretenir de tout ce qui lui est nécessaire, malgré les flottes des Anglois & des Hollandois, les deux Nations les plus redoutables sur la mer qui soient au monde? La réponse à ces questions se peut voir dans ce qui a été touché ci-dessus des évenemens de la derniere Campagne.

Il n'y auroit rien de fort glorieux pour les ennemis du Roi, s'ils avoient conquis plus d'une Province : il leur est fort honteux d'avoir fait si peu de chose; mais pour le Roi, il s'est surpassé lui-même, en se tirant si bien de ce premier choc, sans le secours de personne. Et quand on considere que les Rois sont les images de Dieu, & qu'un Roi TRES-CHRETIEN par excellence, & qui est le seul qui soûtienne présentement la cause de l'Eglise Catholique, est d'une façon spéciale le Lieutenant de Dieu en terre, on ne peut s'empêcher de lui appliquer ce qu'un Prophete a dit du Messie: (B) *J'ai été tout seul à fouler au pressoir, & personne d'entre les peuples n'a été avec moi . . . . . . J'ai regardé, & il n'y a eu personne qui m'aidât, mais mon bras m'a sauvé, & ma fureur ma soûtenu.*

Vous ne sçauriez être dans une plus fausse illusion, que de penser que la derniere Campagne ait diminué en quelque maniere les grandeurs de ce Monarque. Tout au contraire il n'a jamais eu plus de besoin de ces graces miséricordieuses de Dieu, qui font que les Rois ne s'éblouïssent pas eux-mêmes de leur propre éclat: car pour peu qu'il s'arrêtât sur lui-même, sans s'élever à cette premiere cause dont il n'est que l'instrument, de quelle admiration ne se trouveroit-il pas saisi, en voyant que la gloire qui l'environne, a excité une telle jalousie dans l'esprit des autres Souverains, qu'ils se sont tous liguez contre lui; qu'ils l'ont attaqué de toutes leurs forces; qu'ils n'ont fait que l'effleurer; qu'il leur a porté d'assez pesans coups, & que personne n'a jugé encore que la partie fût inégale entre lui seul & le reste des Princes Chretiens.

I. C'est une remarque qui sera suivre de cinq autres.

II. Il n'avoit jamais fait une si glorieuse épreuveLa gloire de France

---

(*) *Eneid. lib.* 7.
(A) „ Saint Matthieu, chap. 24. v. 31.

(B) „ Isaïe chap. 63. v. 3. & 5.

de ses forces, quoiqu'il eût résisté le plus heureusement du monde depuis l'an 1673. jusqu'en 1678. à une Ligue très-formidable. Car enfin il y avoit alors en Allemagne deux puissans Princes, qui ne fournissoient contre nous que leur cotte-part; l'Angleterre étoit neutre; le Roi de Suede faisoit pour nous une forte diversion, & toutes les forces de l'Empereur n'égaloient pas celles qu'il envoie présentement sur le Rhin, sans discontinuer ses conquêtes en Turquie. Aujourd'hui le Princes d'Allemagne, sans en excepter un seul, fournissent toutes les Troupes à la Ligue; l'Angleterre fait ses derniers efforts contre nous; les Suédois & les Danois fournissent quantité de soldats à nos Ennemis; personne ne nous aide; & cependant nous leur faisons plus de mal qu'ils ne nous en font: d'où paroît, pour dire ceci en passant, qu'il y a bien eu de la hablerie dans les Libelles, où vous avez dépeint la France toute épuisée, par votre sortie, & où il semble que vous avez voulu persuader à toute l'Europe, que vous étiez les nerfs & les colomnes de l'Etat. Si vous avez trouvé des Princes assez faciles pour fonder là-dessus des espérances, ils sentiront apparemment de plus en plus qu'ils ont été pris pour duppes.

III. Quelle gloire n'est-ce point pour notre Monarque, d'être le seul qui soûtienne les intérêts de l'Eglise Catholique; le seul qui l'empêche d'être opprimée dans l'Irlande; le seul qui agisse pour la cause d'un grand Prince, indignement chassé de deux Royaumes par ses propres enfans, en haine de sa Religion; le seul, en un mot qui fasse tête à tous les Princes Protestans conjurez contre l'Eglise, & avides de s'enrichir de ses dépouiles, & de faire séculariser à leur profit, comme au temps de la paix de Munster, ses plus considérables Bénéfices? Lisez là-dessus ce qu'un de nos Poëtes, (*) fait dire à la Pieté, avec une modération que vos Ecrivains devroient & ne sçauroient imiter.

Or de ce que notre cause est celle de l'Eglise de JESUS-CHRIST, que nous espérons que Dieu fera tomber sur la Ligue le sort dont il menace les conspirations de ses Adversaires, dans ces paroles du Pseaume 2. *Pourquoi se mutinent les Nations, & les peuples projettent des choses vaines? Pourquoi se trouvent en personne les Rois de la terre, & les Princes consultent ensemble contre l'Eternel & contre son Oint,* &c.

IV. Les rodomontades Espagnoles n'ont jamais pû élever la Maison d'Autriche au faîte de gloire où le Roi se trouve présentement. Car il est bien vrai que cette Maison a été quelquefois en butte à des Ligues Protestantes, mais il se faisoit tout aussi-tôt des Contre-Ligues Catholiques en sa faveur; desorte que quand même elle se seroit maintenuë en son état, elle n'en auroit pas eu l'obligation à ses seules forces, mais en partie aux grands secours qu'elle recevoit de ses Alliez.

V. Quelle gloire encore n'est-ce point pour notre Roi, de voir cette même Maison d'Autriche, l'ancienne Rivale de la France, à pot & à feu pour ainsi dire, avec l'Héresie? Et cela dans une ligue, dont le but reconnu de tout le monde est de faire, 1. Que jamais le Roi de la Grande Bretagne, ni son fils ne possedent aucun des Royaumes qui leur appartiennent légitimement, & dont on les a déclarez déchus; à cause de leur Catholicité, 2. Que les Loix Pénales contre les Catholiques des trois Royaumes ne soient jamais supprimées. 3. Que les Calvinistes de France & les Vaudois du Piémont, soient rétablis dans tous leurs plus amples priviléges, sous des garanties qui leur en assurent la possession éternellement. C'est-là ce que les Protestans avouëut; mais il ne faut pas douter qu'ils n'ayent de plus grands desseins, dont ils ne parlent pas encore; & qu'ayant trouvé fort à leur goût qu'on leur ait sécularisé quelques Evêchez dans l'Empire, ils ne souhaitent pareille chose pour quand la paix se fera. Voilà les gens avec qui la Maison d'Autriche s'est confederée. Voilà ce qui la démasque, & ce qui fait voir à nû ce que c'étoit autrefois que son zele & ses grand vacarmes contre les alliances avec les Héretiques. Or autant que cela diminuë la gloire de ses mérites envers notre sainte Religion, autant augmente-t-il à cet égard celle du Roi TRES-CHRETIEN.

VI. Si l'on compare l'état présent de la France avec celui d'autrefois, quelle prééminence de gloire ne voit-on pas rejaillir de cette comparaison sur la personne de sa Majesté? Quelque considérable que fût la Nation sous François I. sous Henri IV. sous le Ministere du Cardinal de Richelieu, & sous celui du Cardinal Mazarin, il falloit qu'elle se liguât avec d'autres, quand plusieurs autres l'attaquoient: maintenant c'est contre elle seule que toutes les autres se liguent, & encore ne se tiennent-elles pas assez fortes. D'où est venu ce grand changement? Est-ce par les mêmes voies qui ont élevé la Maison d'Autriche à ce haut degré de puissance, où on l'a vûe sous Charles-Quint & sous Philippe II. je veux dire par des successions matrimoniales, & par des Couronnes électives? Nullement, je ne crois pas qu'on ait encore payé au Roi la dot de la feuë Reine, qui n'alloit pas à deux millions. C'est donc que le Roi a fait de grandes conquêtes? Ni cela nonplus. La France n'est pas accruë d'une bonne journée de poste depuis la Paix des Pyrenées. Ainsi cette grande puissance où elle est montée, est le fruit des grandes qualitez du Roi, & de son habileté dans l'art de regner, par où il a établi une exacte discipline dans ses armées, & un grand ordre dans ses Finances, il a redoublé l'industrie de ses Sujets, il a inspiré à tous ceux qu'il employe à son service, un esprit d'activité, d'émulation, de zele & d'exactitude. Qu'on parcoure tant qu'on voudra les monumens de l'Histoire, on n'y verra point d'exemple d'un changement tel que celui qui est arrivé dans ce Royaume,

---

(*) „De ta gloire animé lui seul de tant de Rois,
„S'arme pour ta querelle & combat pour tes droits.
„Le perfide intérêt, l'aveugle jalousie
„S'unissent contre toi pour l'affreuse Héresie.
„La discorde en fureur frémit de toutes parts,
„Tout semble abandonner tes sacrez Etendarts.
„Et l'enfer couvrant tout de ses vapeurs funebres,
„Sur les yeux les plus saints a jetté ses ténebres.
„Lui seul invariable, & fondé sur la Foi,
„Le cherche, ne regarde & n'écoute que toi,

„Et bravant du Démon l'impuissant artifice,
„De la Religion soûtient tout l'Edifice.

„*M. Racine, Prologue d'Esther.* Remarquez que la mo-
„dération qu'on suppose ici, s'entend avec le rabais
„qu'il faut faire dans les termes, quand on évaluë la
„prose aux Vers; ensuite par rapport à l'extrême rete-
„nuë avec quoi on désigne le Pape. Enfin, eu égard
„à ce qu'on se tient dans des plaintes générales, qui ne
„désignent aucun Prince particulier. Caracteres qui ne
„se trouvent point dans les Libelles des Protestans.

aume, qui sans être devenu ni plus peuplé, ni guéres plus grand, sans la découverte de nouvelles mines, sans autre secours que la tête du Monarque, peut executer aujourd'hui par mer & par terre dix fois plus de choses (j'entens dix fois en rigueur d'arithmétique) que sous les regnes précédens.

Des petites remarques réfutent invinciblement ce qu'il vous plaît de débiter de notre prétenduë décadence commencée l'été dernier. Vous monterez par-là que vous n'êtes pas connoisseurs. Il n'y a point d'homme de bon goût à l'égard de la véritable gloire, qui ne choisît préférablement à toutes les années précédentes du regne de Sa Majesté, la figure qu'elle a faite dans l'Europe en 1688. Nous espérons bien que la suite sera encore plus glorieuse; mais les endroits précédens n'avoient pas de si grands reliefs, & ce sera sans doute le jugement des siecles futurs. Donnez-moi le plus ambitieux Prince qui soit aujourd'hui sur la terre, je soûtiens qu'il aimeroit mieux soûtenir présentement, & dans la mémoire de la postérité le personnage de Louis XIV. que celui d'aucun de ses ennemis. C'est un chemin plus sûr à la grande gloire, en perdant même des Provinces, que celui d'en gagner avec le secours de tant d'Alliez. Quel spectacle dans l'Histoire, qu'un Prince qu'on n'ose attaquer qu'en se mettant vingt contre un!

Æstimet hinc Drusi sacula posteritas.

Au reste, ce seroit en vain pour éluder la cinquieme de mes remarques, on s'aviseroit de soûtenir que ce n'est point ici une guerre de Religion, & que le Roi fait pis que de secourir des Hérétiques, puisqu'il est d'intelligence avec la Porte. Car en premier lieu les Manifestes, les Déclarations, les Adresses, les Harangues, & cent autres Actes publics des Protestans, font foi que l'intérêt de leur Religion est la principale cause de leur armement.

En deuxieme lieu, si ce n'est pas une guerre de Religion, mais seulement une guerre pour le temporel, il nous devroit être aussi permis de nous joindre avec le Turc, qu'à la Maison d'Autriche de se liguer avec l'Angleterre. Il est pour le moins aussi aisé d'obtenir des Turcs, que des Anglois, la liberté de conscience pour les Catholiques; & il est d'ailleurs beaucoup plus à craindre que les Catholiques ne deviennent Protestans sous la domination Protestante, qu'il n'est à craindre qu'ils se fassent Turcs sous la domination Turque; desorte que dans la supposition qu'il ne s'agit présentement que d'intérêts civils entre les Princes qui sont en guerre, rien n'est plus absurde que ces reproches de liaison avec les Turcs. Il faudroit donc prétendre qu'à l'égard des Ottomans, c'est une guerre de Religion, mais non pas à l'égard de l'Angleterre, & ainsi avoir double poids & double mesure.

En troisieme lieu, ceux qui nous accusent d'intelligence avec les Turcs, n'ont aucune preuve de ce qu'ils disent, au lieu que notre accusation contre eux, est fondée sur des Lettres authentiques, sur des Ambassades de félicitation, sur l'abandon total des intérêts du Roi d'Angleterre, sur l'union publique des Conseils, & sur les mesures que l'on concerte à la vûë de toute l'Europe, pour empêcher non seulement que ce

Prince ne recouvre ce qu'il a perdu, mais aussi qu'il ne retienne ce qui lui est resté en Irlande. Tout cela fait que si quelques-uns ne croyent pas que la Cour de Vienne, & la Cour d'Espagne ayant conseillé l'usurpation de l'Angleterre, tout le monde est du moins persuadé qu'elles en ont été ravies, & qu'elles ne voudroient pour rien du monde que le Roi Jacques fût rétabli, dût-il rendre tous les Etats aussi Catholiques qu'ils l'étoient avant le schisme de Henry VIII.

Nous avons donc cet avantage sur la Maison d'Autriche, que nous justifions nos accusations par les preuves les plus convaincantes; au lieu que ce qu'elle dit de nos liaisons avec les Turcs, ne sont que des discours en l'air, tout-à-fait semblables à vos Libelles(*) où l'on avance sans aucune preuve les choses du monde qui méritent le plus qu'on ne les allegue point sans des Pieces justificatives, compulsées, légalisées, ou en général appuyées d'une autorité valable.

Je ne sçai comment j'ai differé jusqu'ici à vous parler de cet énorme defaut de vos Libelles. Ils sont presque tous sans nom d'Auteur, sans privilége, sous un nom supposé d'Imprimeur, & ne prouvent rien. On se contente d'y prendre un air décisif, & un ton affirmatif pour débiter tout ce que l'on entend dire dans les ruës, tout ce que l'on conjecture, tout ce que l'on tire par conséquences: & au lieu de preuves de fait, la seule monnoie de bon aloi dont il faut payer le Public en ces sortes d'occasions, on ne le paye que de raisonnemens & de vieilles invectives qu'on joint aux Nouvelles. Si l'on n'accusoit que d'une légere faute un simple Particulier, on ne laisseroit pas d'agir témerairement, & de lui en devoir réparation à moins qu'on ne se défendît par une conviction juridique. Comment donc appellera-t-on ces Ecrivains qui publient avec la derniere sécurité, & sans nulle preuve, *que le Roi d'Angleterre a fait brûler la Ville de Londres, qu'il a fait égorger le Comte d'Essex; qu'il a empoisonné le Roi son frere; qu'il a supposé un Prince de Galles, &c.* Cette derniere accusation inférée dans le Manifeste, comme un des principaux motifs pourquoi on vouloit faire tenir un Parlement libre, qui informât de la chose, ne devoit-elle pas être poussée quand on a eu un Parlement tout-à-fait à sa dévotion? Eût-on manqué de le faire, si l'on y eût pû trouver son compte? Cependant on n'en a pas dit un seul mot, non-plus que des autres articles, excepté quelques recherches sur la mort du Comte d'Essex qui n'ont abouti à rien. Après cela vos Auteurs ne sont-ils pas bien dignes de foi? J'ai souvent pitié de quelques-uns de vos freres, nos amis communs, que je rencontre en campagnie, tant ils se trouvent confondus lorsqu'on les attaque sur ces matieres: car on leur arrache enfin cet aveu; *qu'elles sont l'opprobre de votre Eglise.* Mais revenons à la derniere campagne.

J'ai observé que vos Nouvellistes, sentant bien en leur conscience que nous n'avons pas eu fort à nous plaindre de la fortune sur nos frontieres, nous vont chercher des sujets de mortification en Turquie, & jusqu'au fonds de l'Orient. Ils prétendent que les victoires de sa Majesté Impériale & les révolutions de Siam, ont donné échec & mat à la France: mais ils se trompent.

Il est certain que la gloire & le bonheur de Sa Majesté Impériale dans cette guerre contre les Turcs

---

(*) Cela fait que nous ne prenons pas la peine de vous »répondre: car c'est une maxime du Droit, que *affir-*

»*manti incumbit probatio; & affere non probante absol-*»*vitur reus.*

Turcs font admirables, & qu'à l'éternelle confusion des Propheties de votre DRABICIVS, Dieu a fait obtenir à ce Prince plus de grands fuccez qu'à l'Empereur Charles-Quint. Ce faux Prophete plus empreffé à maudire que Balaam, qui même lorfqu'un Roi voifin l'en follicitoit avec de grandes promeffes, ne voulut rien précipiter, a lancé pendant plufieurs années fur la Maifon d'Autriche les plus effroyables malédictions qui lui montoient dans l'efprit; & il l'avoit, pour ainfi dire, dévoüée aux Furies & aux Dieux infernaux, *Diris & Numinibus infernis*, à caufe qu'elle avoit perfecuté votre Religion. Mais l'évenement a fait voir qu'il n'entendoit pas ce métier-là, & qu'il n'avoit pas fort bonne main à maudire. Jamais homme ne mérita moins que lui l'éloge qui fut donné à Balaam, * celui que tu béniras, fera béni; & celui que tu maudiras, fera maudit: & fi toutes vos imprécations prophetiques reffemblent à celles de Drabicius, il y aura preffe déformais à fouhaiter vos malédictions; & on vous enverra chercher avec plus d'importunité pour les recevoir, que le Roi des Moabites n'en employa pour tâcher de jetter fur fes ennemis celles du faux Prophete Balaam. Quoiqu'il en foit, & fans même trop éplucher le jugement que notre Cour a pû faire des progrez de l'Empereur avant la rupture, je vous puis dire qu'elle a eu beaucoup de plaifir des dernieres victoires de Sa Majefté Impériale.

Si je vous difois que la pieté de notre Monarque ne lui permet pas de n'avoir point une grande joye de tout ce qui peut fermer les breches, & confolider les playes de l'Eglife Catholique, autant que le peut faire par la réünion des Eglifes Orientales, la ruine des Turcs, vous ne le voudriez pas croire, quelque vray qu'il foit. Si je vous parlois des réflexions de nos Politiques oifeux qui fouhaitent cette ruine, perfuadez qu'outre la ceffation du Schifme des Grecs, l'Eglife Romaine en retireroit cet avantage, que l'Empire d'Orient feroit rétabli en faveur de la Maifon d'Autriche, à condition que l'Empire d'Occident reviendroit au Roi, tant à caufe de fon mérite perfonnel, qu'à caufe qu'il eft defcendu de Charlemagne, le premier Reftaurateur de l'Empire d'Occident. Si j'ajoûtois qu'on prétend qu'il eft écrit dans les deftinées, que l'Empire Turc ne fera ruiné que par les François: ce qui peut fignifier, non pas qu'ils feront le principal de l'ouvrage, mais qu'ils y feront néceffaires, comme les fleches d'Hercule à l'entiere ruine du Royaume de Priam; fi enfin je vous difois qu'on remarque avec beaucoup d'attention & de grandes efpérances, qu'en même temps que vous avez la témérité de menacer notre Eglife de fa fin prochaine, elle marche à grands pas à la conquête des Communions Schifmatiques de l'Orient, & à l'extirpation de ces impures engeances des Ariens, des Samofaténiens, des Photiniens, qui fe font concentrées dans la Tranfilvanie, (le vrai repaire des Efprits immondes) ayant rebourgeonné dans l'Empire fous les aufpices de vos prétendus Réformateurs, vous me répondriez, que ni le Roi, ni fes Miniftres d'Etat, n'ont pas affez de loifir pour fe confoler du préfent par ces fortes de penfées. Mais que direz-vous quand je vous ferai toucher au doigt que les victoires remportées fur les Turcs nous font fort utiles?

Pour le bien comprendre, il n'y a qu'à confiderer, que fi les Turcs avoient remporté de grands avantages en Hongrie, la Ligue contre la France en feroit devenuë plus foible d'autant, ce qui auroit déterminé les Princes qui n'y font encore qu'à demi, à y entrer tout-à-fait, & toute l'Italie à fe joindre aux Efpagnols. Par ce moyen nos affaires feroient devenuës plus pénibles; au lieu que les forces de l'Empereur ayant été notablement augmentées, cela détermine quelques-uns des Alliez à fe relâcher; & fi quelque chofe peut faire qu'au premier Traité de Paix, la France recule fes Frontieres jufqu'au bord du Rhin, ce fera de voir que l'Empereur aura pouffé fes conquêtes jufqu'à Andrinople, ou plus. Alors on trouvera fort à propos ce que l'on n'a pas trop bien goûté jufqu'ici; fçavoir, qu'entre le Rhin & la Mofelle il n'y ait point de Princes, Créatures de l'Empereur; mais que leur dédommagement leur foit affigné fur le Conquérant de la Turquie. Alors le bien & la fureté de tous les Princes d'Allemagne, des Couronnes du Nort, de la Hollande, de la Pologne, de l'Italie, feront que la France foit extrêmement puiffante, afin de contre-balancer la Maifon d'Autriche; car celle-ci, par la crainte de la France, n'ofera chaffer de l'Empire les Suedois & les Danois, que les Allemans n'y fouffrent qu'avec beaucoup de jaloufie. Elle n'ofera réveiller fes anciennes prétentions fur la Hollande, ni attenter fur les droits des Electeurs & des autres Membres de l'Empire. En un mot, elle n'ofera plus fonger à la Monarchie Univerfelle, dont on lui a fi bien fait paffer l'envie; ou fi elle en veut reprendre les erremens, on pourra tout auffi-tôt recourir, comme autrefois, à la France, pour y mettre ordre. D'ailleurs on ne craindra point que cette Couronne franchiffe les bornes du Rhin, quand on verra l'Empereur maître de tant de Provinces qu'il aura conquifes fur les Ottomans. Il eft donc de notre intérêt qu'il en fubjugue un grand nombre, parce qu'alors il fera de l'intérêt de toute l'Europe, que nous confervions en pleine propriété tout ce que nous poffedons préfentement & au-delà: car ce qui fait qu'on fouhaite de nous réduire aux anciennes bornes, c'eft la fuperiorité de puiffance où nous fommes fur la Maifon d'Autriche.

En effet, ce feroit une penfée très-fauffe & très-groffiere tout enfemble, que de s'imaginer que tous les Princes liguez contre nous fe font attachez à cette Maifon par amitié pour l'Empereur, & par haine pour le Roi. La plûpart font remplis d'admiration pour la perfonne de Loüis le Grand. Il y en a qui en ont reçu mille bons offices, ou qu'il a même comblez de bienfaits, de quoi fans doute ils confervent le fouvenir. Mais foit qu'on leur ait communiqué quelque impreffion de la violente jaloufie, que la trop éclatante gloire de Sa Majefté a excitée dans l'ame de quelques-uns; foit que les maximes d'Etat, qui commandent de s'oppofer à l'aggrandiffement d'un voifin, l'ayent emporté fur les fentimens de reconnoiffance & d'eftime, ils fe font liguez contre la France, prêts à fe liguer dès demain pour elle, fi la balance penchoit un peu trop d'un autre côté.

Quant aux révolutions de Siam, vous devez fçavoir, Monfieur, que ce n'eft point de là que dépendent ni vos deftinées, ni les nôtres. Quand tout s'y feroit paffé comme le rapportent vos Gazetiers; nous en mériterions moins d'infultes que vous n'en méritez; pour avoir triomphé fur cela d'une maniere fi infultante dans vos Libelles: car quel

quel seroit notre crime ? C'est que nous aurions cultivé par des présens, par des Ambassades, & par tels autres moyens, l'amitié d'un Prince Payen qui paroissoit rempli de bons sentimens pour la Religion Chretienne: c'est que nous serions prévalus, autant qu'il nous a été possible, de ces favorables dispositions, pour obtenir à nos Missionnaires, la liberté, la protection & les graces les plus capables de faire fructifier l'Evangile dans ses Etats, & pour le transporter tout-à-fait lui-même dans le giron de l'Eglise. C'est enfin, que nous n'aurions pû empêcher qu'un grand Seigneur du pays ne conspirât contre sa personne, ne le fit assommer au pied des Idoles comme un déserteur du Paganisme, & n'étendît les effets de son impieté barbare sur tous les fauteurs de l'Evangile, sur les Missionnaires & sur les François de Siam ? Est-ce donc un crime à nous, qu'il n'y ait rien de si saint qui ne trouve un sacrilége, & que le Majesté Royale adorée de tout temps dans l'Orient, y trouve quelquefois des violateurs ? Est-ce un reproche à nous faire, que tous les usurpateurs des Couronnes ne soient pas dans l'Occident; & que nous ayons mis un Roi Payen en état d'être Martyr de Jesus-Christ ? Ce martyre ne seroit-il pas plûtôt un très-grand honneur pour nous ? Et plût à Dieu que nous méritassions la gloire que vous nous donnez sans y penser ! Mais la chose ne s'est point passée ainsi. Ni le Roi, ni les autres Chretiens François n'ont point reçu le traitement que vous avez fait courir par toute l'Europe, avec tant d'injurieuses réflexions & tant de fanfare.

En quoi vous ne méritez pas seulement que l'on vous blâme d'être enclins à débiter des Nouvelles fabuleuses, mais aussi d'être souverainement indifférens pour la conversion des Infideles. Je voudrois que vous entendissiez les réflexions que l'on fait ici sur la joie immense que vous avez témoignée de l'extinction du Christinisme dans le Royaume de Siam.

Est-ce, dit-on, que ces gens-là persévereront toûjours, malgré les reproches dont on les accable, à n'aller aux Indes que pour déclarer la guerre à la bourse des Indeles, mais nullement à leurs erreurs & à leur idolâtrie ? Ne comprendront-ils jamais que pour peu qu'ils eussent de sang Chretien dans les veines, ils voudroient faire échange de richesses avec ces peuples, & leur donner les biens de la grace, pendant qu'ils reçoivent d'eux mille profits temporels ? S'ils ne veulent pas avoir cette charité, qu'ils souffrent du moins que nous l'ayons; mais ils ne veulent ni convertir les Infideles, ni souffrir (*) que d'autres les convertissent; & c'est pour eux une matiere de feu de joye, que d'apprendre que nos Missionnaires & nos Néophytes sont exterminez de quelque endroit de l'Orient. Que ne souffrent-ils que nous leur décrassions l'idolâtrie Payenne, puisqu'ils prétendent qu'après que nous l'aurons simplement métamorphosée en un demi-Christianisme, en un Paganisme baptizé, ils acheveront en peu d'heures & sans nul péril la conversion, lorsque le temps *de la plénitude des Gentils* sera venu ? Voilà qui est bien commode, nous essuyerons toutes les peines & tous les martyres; les Protestans au coin du feu, ou à l'ombre du cabinet, recueilleront tout le profit. Qu'ils craignent qu'on ne les régale touchant les dernieres révolutions de Siam, de la relation de

quelque nouveau Tavernier. Mais qu'ils ne craignent pas que jamais la Renommée, toute fabuleuse qu'elle est, nous apprenne qu'on a chassé leurs Missionnaires de quelque pays idolâtre, ou que l'on y a déthrôné quelqu'un de leurs Convertis. Ils donnent bon ordre que personne ne se puisse réjouïr de telles mésaventures, en représailles de leur joye pour notre persécution de Siam.

Je vous fais part de ces réflexions, afin que vous ne prétendiez pas, sous prétexte que nous n'imprimons point de Libelles, que vos défauts nous sont inconnus. Vous avez crû, en faisant beaucoup de bruit d'un Roi de Siam déthrôné pour sa nouvelle Religion, étourdir le monde, partager entre l'Orient & l'Occident les réflexions du Public, & vous sauver dans la multitude des exemples. Vous avez cru aussi faire connoître que l'Eglise Catholique avoit souffert un grand échec; mais le Public ne se laisse pas donner le change si aisément; & si vous vouliez être de bonne foi, il ne falloit pas vous taire sur le florissant état dont cette Eglise jouït à la Chine, selon les Nouvelles qu'on a reçuës par les vaisseaux qui ont appris ce qui s'est fait à Siam. Peu s'en faut que les Jesuïtes ne soient aussi aimez de l'Empereur de la Chine, que de l'Empereur d'Allemagne; & il n'y a point de Province dans son vaste Empire, où il ne leur permette de prêcher.

Il est temps, Monsieur, que je finisse: un donneur d'avis ennuye bien-tôt; c'est pourquoi j'aurois dû être plus court; mais l'abondance de la matiere m'a entraîné je ne sçai comment au-delà de ma premiere intention. Je repete ici ce que je vous ai dit au commencement, c'est que je m'entretiens avec joye sur le bruit qui court que le Roi vous rétablira bien-tôt, (& je me flatte agréablement de l'espérance de vous embrasser. Ne manquez pas de profiter de ce retour de la clémence Royale; revenez dans votre Patrie avec un cœur tout François, point de rancune. Vous nous trouverez de vos amis autant que nous l'ayons été; & s'il y a quelque changement en nous, c'est que nous aurons plus d'avantage sur vous que nous n'en avions dans la Controverse. Cela vous fera peut-être plus de bien que de mal : car c'est assez l'ordinaire d'aimer mieux ses Antagonistes lorsqu'on les embarrasse, que lorsqu'on en est embarrassé. Nous trouvons que vos Controverses sont fort empirées depuis quatre ou cinq ans. Le foible de votre Parti, je veux dire la voye de l'examen particulier, n'avoit jamais été connu autant qu'il l'est présentement. Nous n'avons guéres de femme, qui armée de toutes pieces à cet égard, ne soit capable d'embarrasser tous vos Docteurs. Nous ne craignons plus les plaintes que vous avez si souvent faites, que nous dérobions aux peuples la connoissance du Testament de notre Pere céleste, en ne voulant pas qu'ils consultent l'Ecriture. Nous la lisons autant qu'il nous plaît. Nous nous vantons même d'être à présent les vengeurs des outrages qui sont faits à ce Divin Livre, & que vous laissez impunis dans les lieux où vous êtes le plus à votre-aise. C'est un des nôtres qui a pris la plume pour soûtenir l'inspiration des Livres Sacrez, attaquée par les Protestans (entre lesquels on compte un Ministre de Charenton) qui ont la hardiesse de faire passer en revûë le Canon des
Ecri-

(*) „ Voyez l'Apologie pour les Catholiques de Mr.
„ Arnaud, vol. 2. au commencement du chap. 15. &
„ dans tout le ch. 16.

Ecritures, & d'y casser comme des passe-volans tels Livres que bon leur semble, & les envoyer grossir les apocryphes, pour se faire ainsi une route à traiter de *galimatias*, avec le tems, les passages de Saint Paul qui les incommoderont, & à débiter cent froides plaisanteries contre lui, aussi hardiment que contre S. Augustin. Voilà le bel effet de votre esprit particulier, & les suites (*) ordinaires des mauvais exemples. On vous a toûjours prédit que le principe sur lequel vous aviez bâti votre réforme, ne s'arêteroit jamais qu'il n'eût renversé tous les fondemens. Vous y allez à grands pas, vous en êtes déja à disputer si l'Ecriture est inspirée. Cela nous fait plus de bien que les meilleurs Livres de nos Controversistes.

Ce n'est pas le seul avantage que nous avons gagné sur vous en ces dernieres années: la Controverse de l'Antechrist ne fut jamais en pire état de votre côté, qu'elle l'est depuis les Ouvrages de Monsieur de Meaux. Elle est néanmoins si capitale, que s'il n'est pas vrai que le Pape est l'Antechrist, vous n'avez point eu de raison nécessitante de vous séparer de nous. Et quant aux reproches que vous nous faisiez d'un air triomphant, que nous étions superstitieux & crédules, que nous avions toûjours en campagne quelque miracle, quelque révelation, ou quelque fraude pieuse, nous ne les craignons plus: car nous avons en main de quoi vous imposer silence par la voie courte & sans replique de la recrimination. Il s'est trouvé des gens parmi vous qui ont suborné des enfans pour les ériger en Prophetes; ce qui, outre la profanation du saint nom de Dieu, enfermoit un crime d'Etat, puisque ces sortes de prétenduës Prophéties tendoient à exciter des soulevemens, sous l'espérance d'un infaillible succès. Les Loix Impériales (A) ont toûjours établi des peines contre ceux qui s'efforcent d'étonner les autres par quelque vaine superstition. Le Jurisconsulte Paulus rapporte un Edit contenant ces mots: (B) *Nous ordonnons que les devins qui se feignent inspirer de Dieu, soient chassez, de crainte que l'espérance d'une chose cruë temerairement, ne corrompe les bonnes mœurs, ou que les esprits du peuple ne soient troublez; qu'on les justige donc & qu'on les chasse de la Ville; & s'ils continuënt, qu'on les enferme en prison, ou qu'ils soient relégnez en quelque Isle, ou bannis à perpétuité.*

Mais l'une des choses que vous opposiez avec le plus de hauteur aux reproches que nous vous faisions touchant vos guerres civiles, c'étoit de dire que le Pape s'attribuë la puissance de dégrader les Souverains. Vous nous citiez à tous momens ce qui fut fait en ce païs-ci du tems de la Ligue, & vous vous faisiez tout blancs de vos épées, en protestant que le droit des Rois vient de Dieu, & qu'il ne faut exclure personne du Thrône, sous prétexte de la Religion qu'il professe. Ne vous fiez plus à ces moyens de défense; c'est un roseau cassé qui vous perceroit

la main, si vous l'appuyez de dessus, après ce qu'on vient de faire dans les deux Royaumes de la Grande-Bretagne.

Il y a long-temps qu'on vous a mortifiez sur cette matiere: car vos quatre Ministres de Charenton s'étant vantez dans un Ecrit qu'ils dédierent au Feu Roi en 1617. *Que vous étiez haïs & maltraitez, pour ce que vous maintieniez la dignité de sa Couronne contre les usurpations étrangeres qui la souilloient, déprimoient & réduisoient en captivité;* & ayant réprésenté à sa Majesté, qu'*Elle avoit perdu son procès dans l'Assemblée des Etats, sur la question qu'on y avoit agitée, si le Pape peut déposer nos Rois, & s'il est en la Puissance des Papes de disposer de leur Couronne:* ces quatre Ministres, dis-je, ayant parlé de la sorte, voici sur quel plan ils se virent réfutez par Mr. l'Evêque de Luçon, qui a été depuis le grand Cardinal de Richelieu, & qui n'a pas moins triomphé par sa plume de celle de vos Ecrivains, que par les armes du Roi son maître, de celles de vos Géneraux. (c) *Je ferai paroître clairement*, leur dit-il, *que vous donnez une puissance beaucoup plus grande au peuple, que celle que vous déniez au Pape; ce qui est grandement désavantageux aux Rois, n'y ayant personne qui ne juge que ce leur est chose beaucoup plus pérnicieuse d'être commis à la discretion d'un peuple qui s'imagine quelquefois être maltraité, quoiqu'il ne le soit pas, & qui est une bête à plusieurs têtes qui suit d'ordinaire ses passions, que d'être soûmis à la correction d'un pere plein d'amour pour ses enfans.* Mais au reste, ces quatre Messieurs n'avoient-ils pas bonne grace de parler ainsi au nom de leur Corps, si peu d'années après la guerre du Prince de Condé dont vous (D) embrassâtes le parti, & si peu d'années avant le siege de Montauban, & avant l'Assemblée de la Rochelle, qui fit réfuter si chaudement l'Ecrit du Sieur (a) Tilenus contre votre prise d'armes? Il y a donc long-temps qu'on vous mortifie sur cette matiere; mais si l'on vous entreprenoit aujourd'hui là-dessus, il seroit beaucoup plus facile de vous atterrer.

Ainsi, Monsieur, je ne vous conseille pas d'autre parti, quand vous serez de retour dans votre Patrie, que d'éviter les occasions de parler de pareilles choses; ou si vous ne pouvez pas les éviter, de prévenir les Catholiques dans la condamnation des Parlementaires: car vous ne gagneriez rien à rétorquer ce qui fut fait par les Ligueux contre le Roi de Navarre. Vous avez tant fulminé, tant détesté leurs maximes & leur rébellion, qu'il ne vous est plus permis de les imiter, à moins que vous ne voulussiez vous emparer de cette infame prétention, que les plus grands crimes d'autrui sont sanctifiez en votre personne, *quod volumus sanctum est*, ou faire penser au Public, que vous ne vous déchaînez contre les maximes & les actions séditieuses d'autrui, qu'afin qu'on vous les laisse en propre. C'est ainsi qu'un Medecin gourmand fait peur de certaines viandes aux conviez, afin qu'il n'y ait que lui qui y touche. Mais sans toutes ces considérations, je puis vous assu-

---

(*) *Non consistunt ibi exempla, unde cœperunt, sed quamlibet in tenuem recepta tramitem latissimè evagandi sibi viam faciunt, & ubi semel recto decrratum est, in præceps pervenitur, nec quisquam sibi putat turpe, quod alii fuit fructuosum.* Vell. Patercul. l. 2. ch. 3.

(A) *L. si quis de pœnis. Modestin. lib. 1. de pœnis.*

(B) *Lib. 5. c. 23. de sent. de voticinatoribus, &c.*

(c) ,,Son Livre est intitulé, *Les principaux points de la* ,,*foi de l'Eglise Catholique, contre les quatre Ministres de* ,,*Charenton.* A Paris 1618.

(D) ,,Le Duc de Rohan l. 1. de ses Mémoires page 65. ,,rapporte que l'Assemblée generale de ceux de la Re- ,,ligion s'unit aux Princes; & il avouë qu'il y contribua ,,de son mieux, ayant déja fait déclarer quelques Pro- ,,vinces.

(a) ,,C'étoit un Professeur en Théologie à Sedan, mais ,,éloigné du Calvinisme, car il étoit Arminien. Il pu- ,,blia un *Avertissement de l'Assemblée de la Rochelle*, sous ,,le nom d'*Abraham Elintus.* 1621. La Milettiere y ré- ,,pondit au nom de cette Assemblée en 1622.

assurer, Monsieur, que la Ligue contre le Roi de Navarre ne peut pas vous fournir un exemple qui vous soit avantageux.

Car 1. il y eut un nombre considérable de Catholiques de tout ordre, gens de Robe, gens d'épée, grands Seigneurs, Prélats, qui demeurerent inviolablement attachez (*) au service d'Henri IV. pendant qu'il étoit encore Huguenot. Il leur avoit fait des promesses vagues de se faire instruire, & on s'en contenta. Il y en eut même qui (A) peu-après la mort d'Henri III. lui prêterent serment de fidelité sans aucune condition. La Ligue même, toute furieuse qu'elle étoit, ne disposa point de la Couronne au préjudice du successeur hérétique : & si d'un coté c'est une tache à l'Eglise Gallicane, que plusieurs Prélats aïent opiné à l'exclusion de ce Prince, à moins qu'il ne se fît Catholique, ce sera de l'autre une gloire qui l'élevera éternellement au-dessus de votre Eglise Anglicane, qu'un Renaud de Beaune, Archevêque de Bourges, ait soûtenu constamment dans les Conférences de Suresne, avec une grande force d'esprit & d'érudition, (B) *que l'on est obligé de reconnoître, & d'honorer comme son Roi celui auquel le Royaume appartient par le droit inviolable d'une succession légitime, sans avoir égard ni à la Religion qu'il professe, ni à ses mœurs;* ce qu'il prouva par l'Ecriture, & par les exemples du Vieux Testament & de la primitive Eglise.

En deuxieme lieu, la Ligue pouvoit objecter à Henri IV. que n'étant pas encore héritier présomptif de la Couronne, il avoit été plongé dans la rébellion, Chef d'un parti qui avoit été actuellement en armes plusieurs fois contre son Monarque; & qu'ainsi avant que la succession fût ouverte, il étoit déchu de son droit, ayant si souvent trempé ses mains dans le sang des fideles Sujets de son Prince légitime.

En troisieme lieu, il n'y avoit aucune apparence que l'ancienne Religion se pût conserver dans ce Royaume, si ce Prince montoit sur le Thrône sans abjurer son Hérésie; car encore que les Protestans ne fussent pas en aussi grand nombre que les Catholiques, ils faisoient néanmoins un corps très-considérable : ils étoient les maîtres dans plusieurs Villes, ils étoient fort aguerris, & en possession depuis long-temps de se maintenir par leurs armes contre toutes les forces de leur Roi Catholique. Que n'auroient-ils pas pû faire sous un Roi tel qu'Henri IV. de leur Religion?

En quatrieme lieu, la maniere dont il en avoit usé en Béarn, où il ne souffroit aucun exercice de la Religion Catholique, & l'oppression où vous nous teniez dans les endroits du Royaume où vous étiez les plus forts, faisoient craindre légitimement que s'il devenoit Roi de France sans changer de Religion, il mettroit tout le Royaume en uniformité avec son pays de Béarn. Il n'y a rien de plus admirable que les faux-fuïans que le (c) Sieur Du Plessis Mornai lui fournit en 1580. étant question de répondre aux Catholiques de Béarn, qui demandoient l'exercice de leur Religion, favorisez en cela par Henri III. C'est déja quelque chose de fort étrange, qu'il faille qu'un Prince du Sang, Chef d'un Parti qui s'étoit fait donner l'épée à la main l'exercice de sa Religion, ne l'accorde pas lui-même à ses vassaux favorisez de la recommandation de son Roi. Mais de combien la chose paroîtra-t-elle plus étrange, lorsqu'on verra que Du-Plessis ne conseille que d'éluder la Requête par divers expédiens?

5. Enfin, ce qui dénouë toute la difficulté à notre avantage, c'est qu'il y a très-longtems que tous les François détestent la Ligue & ses pernicieuses maximes, & qu'on ne peut point reprocher à notre Nation de s'être jamais laissée sans témoignage contre la prétention des Ultramontains; desorte qu'on ne peut qu'avec beaucoup d'ignorance, ou qu'avec beaucoup de mauvaise foi, nous imputer de soûmettre directement, ou indirectement, les Royaumes à la Jurisdiction Papale. Ce ne fut jamais que l'opinion de quelques Particuliers.

Voyons si vous pourriez par de semblables observations disculper un peu votre Secte.

1. Vous ne sçauriez dire qu'il y ait eu parmi les Protestans d'Angleterre un *Résidu selon l'élection de Grace*, je veux dire quelque maniere de Corps ou de Parti, petit ou grand, qui soit demeuré fidele à son Roi. Il a été abandonné des Bourgeois & des Soldats, des Nobles & des Roturiers, des Laïques & des Ecclésiastiques, des Troupes de mer & des Troupes de terre; & on a précipitamment disposé de sa Couronne, sans lui offrir de la lui rendre moyennant telles & telles conditions, sans la garder pour son fils, en cas qu'il fût un jour Protestant.

Vous n'oseriez comparer à notre Archevêque de Bourges votre Archevêque de Cantorberi, tant parce qu'au lieu que nous bénissons la mémoire de l'Archevêque de Bourges, vous traitez celui de Cantorberi de petit esprit, qui ne sçait plus ce qu'il fait, que parce que les sentimens de ce Primat d'Angleterre sont fort différens de ceux de l'Archevêque de Bourges. Celui-ci soûtenoit qu'il faut laisser la possession des Couronnes à ceux à qui elles appartiennent selon l'ordre de la succession, de quelque Religion qu'ils soient; & l'Archevêque de Cantorberi trouve seulement mauvais, que du vivant du Roi Jacques on ait conferé le nom de Roi à un autre. Il ne blâme point qu'on n'ait pas rappelé ce Prince; & qu'on soit fort résolu de l'exclure éternellement; mais il voudroit que pendant sa vie on s'abstînt du titre de Roi. Ne sont-ce pas là de beaux scrupules, & proprement des puérilitez de Grammaire, & de ces *logomachies* dont on se moque tant dans les Ecoles. A ce compte, il seroit fort assidu à faire sa Cour, pourvû qu'on ne s'appellât que *Protecteur* ou que *Régent*, & qu'on eût imité Auguste (D) qui s'abstint du titre de Roi, & de celui de Dictateur, & en prit un autre moins odieux, auquel il attacha une puissance

---

(*) „En effet, la meilleure & la plus saine partie du Parlement de Paris tint ses séances à Tours & à Châlons, „& fit des Arrêts terribles en 1591. contre les Bulles que „le Pape avoit envoyées en France pour l'exclusion du „Roi de Navarre; vérifia une Déclaration que ledit Roi „avoit fait en faveur des Huguenots, &c. Le Clergé „s'étant assemblé à Mantes en ce même temps, suivant „la Déclaration du même Roi, déclara les mêmes Bul-„les nulles, injustes, suggérées par les ennemis de l'E-„tat. *Mézerai, Abr. chronol.* ad ann. 1591.

„Il est certain aussi qu'en la même année les Ligueux „chasserent le Cardinal de Gondi, Evêque de Paris, „ qui avec les Curez de Saint Merry & de Saint Eusta-„ che, tâchoit de disposer doucement le peuple à ren-„trer dans son devoir. *Maimbourg, Hist. de la Ligue,* „p. 436. édit. de Hollande.

(A) „Mézerai, vie d'Henri IV.

(B) „Maimbourg, Hist. de la Ligue, liv. 4. ad „ann. 1593.

(c) „Voyez le premier Volume de ses Mémoires, pa-„ge 65.

(D) *Non regno tamen neque Dictaturâ, sed Principis nomine constitutam Rempublicam, &c.* Tacite ann. L. 1. c. 9.

sance aussi suprême que la Royale. Ce n'est pas dans les (*) mots, mais dans les choses qu'est le mal, & qu'il faut mettre les cas de conscience. Un Catholique qui ne seroit pas difficulté de manger de bons chapons pendant le Carême, pourvû qu'on les appellât *des carpes*, mais qui n'en voudroit pas manger sous le titre de chapons, ne seroit-il pas bien dévot? Cromwel, qui se contenta de l'autorité Royale, sans accepter le titre de Roi, & la Couronne des trois-Royaumes, lorsqu'ensuite de la harangue du Lord Maire, le Parlement le supplia de les accepter en 1657. (A) mais qui ne laisse pas de se faire déclarer *Protecteur des trois Nations avec souveraine Puissance*, diminua-t-il pour cela son crime (B)?

Le scrupule de votre Primat est aussi solide que celui de la Convention, qui par respect pour les loix fondamentales, n'a jamais osé se donner la qualité de *Parlement*, quoiqu'elle se fût revêtuë elle-même d'une autorité supérieure à celle du Parlement, & qu'elle eût donné à celui de qui elle reçut sa qualité du Parlement, le pouvoir de la lui donner. En quoi regne non seulement ce qu'on nomme *logomachie*, dispute de mots, mais aussi le *circulus vitiosus*, la *mutua causalitas*, & par conséquent la contradiction, que *aliquid est prius se ipso*.

Vous nous direz sans doute qu'Henri IV. se vit exclus de la possession de son Royaume, jusqu'à ce qu'il se fût fait Papiste, & qu'ainsi la comparaison est avantageuse aux Protestans, puisqu'ils ont reconnu le Duc d'Yorc pour Roi de la Grande-Bretagne, dès le moment que la succession a été ouverte, sans avoir égard aux Loix qui excluënt les Papistes de toutes sortes de Charges, & qui veulent que le Roi d'Angleterre soit le Chef de l'Eglise Anglicane. Vous ajoûterez qu'ils lui auroient été toujours fideles, s'il n'eût point voulu exterminer leur Religion. Mais on vous répondra,

1. Qu'en premier lieu, on ne pouvoit pas reprocher au Duc d'Yorc d'avoir jamais porté les armes contre son Souverain.

2. Qu'outre cela, les Catholiques sont en si petit nombre dans l'Angleterre & dans l'Ecosse, & si peu accoutumez à s'y mettre en corps pour y faire la guerre aux Protestans, qu'il n'y a jamais pû avoir d'apparence qu'ils les opprimassent sous un Roi Catholique.

3. Que de-plus, le Duc d'Yorc n'avoit point donné de preuve en quelque pays dépendant de lui, qu'il se plût à ôter la liberté de conscience aux Protestans.

4. Qu'ainsi les Parlementaires qui demanderent son exclusion dès l'an 1678. & dont les cabales furent si puissantes, que son droit ne fit que *friser la corde*, comme quelques-uns le dirent par plaisanterie, étoient incomparablement plus inexcusables que les Ligueux.

5. Que bien-loin de se pouvoir glorifier de ce que l'on s'est soûmis à ce Prince, dès que Charles II. fut mort, cela ne sert qu'au redoublement de la faute; car pour ne point vous citer ici une (c) légion de proverbes, il est certain qu'on fait plus d'affront aux gens quand on leur ôte une Charge qu'ils ont déja exercée, que quand on refuse de la leur donner, & quand on (D) les chasse de sa maison, que quand on leur en refuse la porte: & ce passage de S. Pierre: (A) *il leur eût mieux valu n'avoir point connu la voie de justice, qu'après l'avoir connuë se détourner arriere du saint commandement qui leur avoit été baillé*; n'est-il pas un arrêt de mort bien plus contre vos gens de delà la mer, que contre les Ligueurs de France?

6. On ajoûtera que depuis la mort de Charles II. jusqu'aux derniers troubles, la possession de Jacques II. n'a tenu qu'à un filet, & qu'on ne lui a été fidéle que faute de Compétiteur qui se présentât. En effet, peu après son couronnement, le Duc de Monmouth étant descendu en Angleterre, si mal accompagné, qu'au premier coup de tocsin on auroit pû s'assurer de lui & de sa bande, ne laissa pas d'être reçu à bras ouverts partout où il se présenta, & de se voir en peu de temps renforcé d'un grand nombre de personnes: & cela non pas sous le plausible prétexte de vouloir obtenir du Roi l'éloignement de quelques Ministres ennemis du bien public; mais en déclarant expressément qu'il le vouloit déthrôner, mais en se faisant saluer Roi, & en chargeant Sa Majesté Britannique des plus noires & des plus infâmes calomnies, sans un mot de preuve. (b) Si les Troupes du Roi avoient eu du pire dans le premier choc, nous l'eussions vû à St. Germain, dès ce temps-là. Tout le monde a pû remarquer un mécontentement général dans votre parti contre les Evêques d'Angleterre, de ce qu'ils n'avoient pas donné les mains à l'exclusion du Duc d'Yorc: on leur a dit cent duretez pour cela dans quelques-uns de vos Libelles; & l'on sçait fort bien que la défaite du Comte d'Argile en Ecosse, & celle du Duc de Monmouth en Angleterre, chagrinerent cruellement votre Secte par toute l'Europe.

7. Ensuite, on vous prouvera que la Ligue ne se fondoit pas (c) moins, pour exclure le Roi de Navarre, sur les Loix fondamentales de l'Etat, sur le serment que nos Rois font à leur sacre, sur leur qualité de fils aîné de l'Eglise, & de Roi Très-Chretien, &c. que les Communes d'Angleterre se fondoient, pour exclure le Duc d'Yorc, sur les Loix fondamentales de la Nation, & sur la qualité de Chef de l'Eglise; qualité qui de la maniere que s'en sont enfin expliquez les Théologiens du païs, fatiguez des objections qu'on faisoit contre la premiere idée, peut aisément compatir avec celle de Catholique.

8. Enfin, on vous soutiendra d'un côté, que vous ne sçauriez donner la moindre preuve de ce prétendu dessein d'exterminer les Protestans, & d'introduire le pouvoir arbitraire: & de l'autre, que ce n'est point sur ce fondement que vous ayez dégradé le Roi de la Grande-Bretagne, puisqu'en décidant avant toutes choses, & d'une façon géné-

Sur l'invasion du Duc de Monmouth.

(*) ,,Dion en parlant de l'abolition de la dictature ,,dans son livre 44. ajoûte, *quasi verò in vocabulis vis ,,rei ac non in armis posita esset, qua unusquisque suo more ,,& sumit & usurpat, iisque eum Magistratum, in quo ,,iis utitur, utcunque is nominetur, polluit.*

(A) ,,Parival, Histoire de ce siecle, vol. 1. livre 4. ,,chap. 16.

(B) ,,Il avoit été déclaré *Protecteur* des trois Etats ,,libres, c'est-à-dire, d'Angleterre, d'Ecosse & d'Ir-,,lande, en 1653.

(c) ,,Les Latins disoient, *finis habet laudem meta coro-*

Tome II.

,,*nat opus.* Les François disent, ce n'est rien de bien ,,commencer qui ne persévere.

(D) *Turpius ejicitur quam non admittitur hospes.*

(A) ,,2. Epître. ch. 2. v. 21.

(b) ,,Sa Déclaration portoit, qu'il vouloit punir selon ,,toute la rigueur des Loix, *Jacques Duc d'Yorc*, com-,,me usurpateur, meurtrier, traître, tiran.

(c) ,,Voyez dans les Actes de la Conférence deSures-,,ne, la Harangue de l'Archevêque de Lyon, & dans ,,l'Histoire de laLigue de Maimbourg, l. 4. *ad ann.* 1593.

générale, qu'il y a incompatibilité entre le Papisme & les Couronnes qu'il portoit; vous avez décidé solemnellement, que même au cas qu'il n'y eût eu rien à alleguer contre lui que sa Catholicité, il n'auroit pas laissé d'être déposable.

Cela étant, quelle pitié ne seroit-ce pas, si vous prétendiez nous citer par voie de recrimination quelques Bulles contre le Roi de Navarre, quelque Décret de Sorbonne, quelques Arrêts de Parlement contre ce Prince, & semblables Pieces? Car nous avons toûjours proscrit les (*) Bulles qui se sont mêlées du temporel; & si les Ligueux y on déféré, cela ne tire point à conséquence, puisque tout ce qu'ils firent, ou qu'ils obtinrent des Universitez & des Parlemens, fut cassé bien-tôt après; ensorte que la mémoire en est abolie, ou n'en subsiste plus dans les Histoires que pour être détestée. Il y a donc bien de la différence entre vous & nous. Tous nos Catholiques n'ont pas été autrefois fideles à leurs Monarques, mais nous les condamnons de tout notre cœur. Un grand Corps de Protestans est aujourd'ui rébelle à son Roi, & vous l'en loüez de toutes vos forces; & si quelque Particulier désaprouve le traitement fait à ce Roi, vous le regardez comme un traître.

Prenez garde, je vous prie, que la décision de l'incompatibilité du Catholicisme avec les quatre Couronnes qui ont été conférées au Prince d'Orange, sçavoir, celle d'Angleterre, celle de France, celle d'Irlande & celle d'Ecosse, a été faite par des Assemblées qui ont déclaré le Thrône vacant. Elle étoit donc alors revetuë de tous les droits de la Souveraineté, & par conséquent de celui de (A) Chef suprême de l'Eglise. Ainsi ce qu'il y a de plus éminent dans la Réforme, sçavoir, la Grande-Bretagne, représentée selon toute la Souveraineté temporelle & spirituelle, par une Convention qui ne connoissoit que Dieu au-dessus d'elle, & qui s'est mise au-dessus des Loix les plus fondamentales de l'Etat, à l'égard de la succession, a décidé solemnellement, *Que tous les Anglois, François, Irlandois & Ecossois, sont dispensez ipso facto de tous sermens de fidelité qu'ils auroient pû prêter à leur Prince le plus légitime; qu'ils en sont, dis-je, dispensez dès le moment que ce Prince devient Catholique Romain.* Tout ce qu'il y a de Protestans sur la terre, (B) ont approuvé cette décision. On peut donc leur imputer ce dogme aussi sûrement que l'on peut imputer aux Catholiques les Canons du Concile de Trente, qui concernent les points de Foi. En effet, les doctrines qu'on appelle Universelles dans l'Eglise, deviennent telles, ou parce qu'elles ont été décidées expressément par un Concile Oecuménique, ou parce qu'elles sont fondées sur le consentement unanime de tout le Corps. Puis donc que toutes les Sectes Protestantes ont consenti aux décisions de la plus éminente Compagnie qui soit dans la réforme, ce sera désormais un de vos articles de Foi les plus generalement approuvez. Aussi est-ce le dogme pour la décision duquel vous avez mis en feu toute l'Europe, que vous avez déja scellé (s'il en falloit croire vos Gazettes) du sang d'une infinité d'Irlan-

dois; & enfin, auquel vous vous préparez d'immoler des millions & des millions d'hommes; car de la maniere que vous avez commis les Princes Chrétiens pour l'amour de cet excellent Decret, on n'imagine qu'une longue & affreuse guerre avant la Paix generale. Merveilleuse maniere & tout-à-fait digne de votre Réforme, de sceller les articles de sa Foi par le sang activement répandu!

Mais Dieu soit loué de ce qu'au moins la question de fait sera vuidée une fois pour toutes, entre vous & nous. Nous n'avons jamais pû vous faire avoüer que vous approuviez que les peuples disposassent des Couronnes à leur fantaisie, & surtout qu'ils en privassent ceux qui ne sont pas Protestans. Mais il n'y aura plus moyen de vous en dédire. C'est une décision faite dans la Grande-Bretagne par les Protestans Conformistes & non Conformistes, & approuvée par tous les autres en quelque part du monde qu'ils soient.

Il ne serviroit de rien de dire que cela ne regarde pas nos Rois: car outre que vous avez ôté au Roi Jacques II. le Royaume de France que vous croyiez lui appartenir de droit, il est évident que les Anglois & les Ecossois ne peuvent pas avoir des Privileges que tout autre peuple Protestant ne se puisse donner, quand il en trouvera l'occasion. L'incompatibilité décide depuis peu, sur quoi est-elle fondée, que sur l'interprétation de certaines Loix qui furent faites il y a cent ans, plus ou moins? Vous pourriez donc en faire de toutes semblables dans tous les Royaumes du monde, si vous y acquériez quelques forces. C'est aux Rois Catholiques à examiner s'ils peuvent prendre confiance en de tels Sujets que vous.

Jugez par-là, Monsieur, si le parti que je vous conseille de tenir, en cas que Dieu vous fasse la grace de retourner en votre Patrie n'est pas le seul que vous puissiez prendre, c'est de condamner la procédure des Anglois, comme nous condamnons celle de la Ligue, & d'avoüer que le mal ne fut pas alors universel parmi les Catholiques, comme il l'est à cette heure parmi les Protestans.

Où sont parmi vous les Cours de Justice comparables au Parlement de Paris, séant à Tours & à Châlons, rompant ouvertement avec la Ligue, foudroyant (c) les Bulles des Papes, qui excluoient du Thrône le légitime Successeur sous prétexte d'Hérésie, & vérifiant les Déclarations de ce Successeur heretique, favorables à la Secte? Où sont vos Assemblées de Clergé (D) que l'on puisse mettre en parallele avec celle de Mantes & de Chartres sous Henri IV. encore Huguenot? Où sont parmi vous les Particuliers qu'on puisse opposer, 1. à un Cardinal de (a) Gondy, Évêque de Paris, souffrant persécution (b) pour avoir exhorté son peuple à obéïr à celui que la succession appelloit à la Couronne. 2. A un Archevêque de Bourges, (c) soûtenant qu'il faut reconnoître pour son Roi celui à qui la Couronne appartient par le droit de la naissance, sans avoir égard ni à ses mœurs, ni à la Religion qu'il professe. 3. A un Simon Vigor, (d) Archevêque de

---

(*) „Voyez dans les Auteurs ci-dessus p. 382. de la „Edit. in 12. & de celle-ci p. 630. le traitement fait „aux Bulles de Grégoire XIV. durant même que la „Ligue étoit le plus furieuse.

(A) „Cela doit s'entendre de l'Angleterre où cette „qualité est reconnuë dans le Souverain.

(B) „Voyez ci-dessus pag. 138. de la 1. Edit. in 12. & „de celle-ci pag. 600.

(c) „Ci-dessus page 382. de l'Edit. citée & de celle-ci „page 630.

(D) Ci-dessus *ibid.*

(a) „On sçait que l'Archevêque de Cantorberi souffre „persécution; mais ce n'est point pour vouloir le retour „du Roi, & tous les Protestans le détestent.

(b) „Ci-dessus *ibid.*

(c) „Ci-dessus *ibid.*

(d) „Les extraits de quelques-uns de ses Sermons, & du „Discours du Curé de S. Merri sont imprimez à la fin „d'un Avis des affaires de la France, présenté au Cardinal Cajetan, Légat en 1590. & imprimé en 1615. in 8.

de Narbonne, prêchant hautement contre la Ligue, & difant en propres termes: *Quand notre
Roi feroit infidele & idolatre, encore s'ils étoient vrais
Chretiens ainfi qu'ils difent être, ne devroient-ils pas
prendre les armes contre lui.* 4. A un Claude de
Morenne, Curé de S. Merri, & depuis Evêque de Séez, adreffant au peuple François, après
la mort de Henri III. un Difcours, *par lequel
il eft montré qu'il n'eft pas loifible au Sujet de medire de fon Roi, & encore moins prendre les armes
contre fa Majefté, ou attenter à icelle pour quelque
occafion ou prétexte que ce foit.* 5. A un Pierre
Charron, Chanoine Théologal à Condom,
écrivant à un Docteur de Sorbonne en 1589. un
(*) *Difcours Chretien, qu'il n'eft permis au Sujet pour
quelque caufe & raifon que ce foit, de fe liguer,
bander & rébeller contre fon Roi.* Permettez-moi,
de vous en citer quelque chofe.

Le commencement de mon raviffement eft venu,
(dit-il, après avoir avoüé qu'il avoit eu un pied
dans la Ligue, mais qu'il s'en étoit dégagé) *d'une
Sentence du bon Caffiodore,* qui dit, nullam fatis
juftam caufam videri poffe adverfus patriam arma
capiendi, *qui m'eft revenüe en mémoire. Je ne
veux point ici plaider la caufe du Roi, ni entrer
en accufation & juftification du Roi & de la Ligue:
force petits livrets courent partout fur cela. J'en
ai vû quelques-uns; & partout il me femble que
l'on peut ajouter & aux accufations & aux juftifi-
cations, tellement que le procès n'y eft pas tout. Mais
je veux que tout ce que dit la Ligue du Roi, foit
vrai;* combien que tout ce qu'ils alleguent contre
lui, foit ou calomnie, ou pure impofture, ou bien
conjectures & divinations pour l'avenir, furquoi
il ne feroit pas feulement permis de faire le procès
au plus malotru du monde, & qui fut le plus
abominable qui ait jamais été, & que l'on puiffe
imaginer: *Que veut-on, que peut-on, conclure de
cela? Qu'il eft permis ou loifible aux François de
s'élever avec main armée contre lui? Per quam
regulam cela? Y a-t-il, loi, regle, décifion, exemple, qui ferve à cela?*

J'ai cité ce long paffage, parce que j'y ai vû
des linéamens du portrait de vos Parlementaires,
qui de nos jours en deux occafions différentes
ont fait le procès à deux Rois, le pere & le fils;
au premier jufqu'à Sentence de mort, au dernier
jufqu'à Sentence de dépofition, pour des fujets
fi mal prouvez, qu'ils n'auroient pas fuffi à des
Juges bien integres pour infliger des amendes à
un fimple petit Fermier. Cela fait fouvenir ici
tout le monde d'un mot que l'on attribuë au
Cardinal de Richelieu, touchant les Commiffaires
qui firent le procès au Maréchal de Marillac:
*Qu'il faut avoüer que les Juges ont des lumieres
bien extraordinaires, & bien inconnuës au refte des humains; que pour lui, en examinant les accufations de*

ce *Maréchal, il ne trouvoit pas qu'il y eût de quoi
faire foüeter un Page.*

Quoiqu'il en foit, vous devez reparation d'honneur aux partifans de la Ligue, que vos Ecrivains
ont accablez de mille opprobres. Il fe trouve
préfentement, felon vos principes, que vos Ecrivains avoient tort, & que les Ligueux avoient
raifon. Si vous avez donc la confcience délicate,
vous réparerez le tort que vous avez fait à l'honneur & à la mémoire des Prédicateurs & des
Ecrivains de la Ligue, & vous condamnerez
publiquement l'indifcrétion, l'ignorance &
la préoccupation emportée de vos Auteurs.
Vous devez une femblable réparation à ceux qui
fe faifoient abfoudre du ferment de fidélité par
le Pape, envers la Reine Elifabeth: car, felon vos
principes, elle pouvoit être dépofée d'autant plus
légitimement que le Roi Jacques II. que c'eft un
plus grand peché d'exécuter une chofe, que d'être
foupçonné de la vouloir faire. Elizabeth engagée
par fon ferment à maintenir la Religion Catholique, dans l'état où elle la trouva à fon avenement
à la Couronne, l'abolit entierement; & l'on a
feulement foupçonné Jacques II. de vouloir abolir la Proteftante qu'il avoit fait ferment de maintenir. Nous vous attendons fur ces réparations
d'honneur que vous nous devez.

Je confens que pour mieux faire favoir à tous
les Refugiez ce que l'on dit ici d'eux, & ce que
leur confeillent ceux qui ne haïffent pas votre parti, vous faffiez imprimer ce Livre, fi vous le jugez
à propos. Ménagez feulement mon nom.

Retranchez-en tout ce qui ne plaira pas, &
changez-y les chofes comme vous le jugerez à
propos.

S'il m'eft échappé quelque penfée, ou quelque
parole qui vous déplaife: je la défavoüe, je la
rétracte de tout mon cœur.

*Le Dieu de toute Grace, de qui defcend toute
bonne donnation & tout don parfait, & fans qui
c'eft en vain que Paul plante, & qu'Appollos arro-
fe, veuille verfer fur vous les influences de fon Efprit, pour vous transporer du Royaume des ténebres,
en celui de la merveilleufe lumiere du fis de fa di-
lection!* Ainfi foit-il.

Si l'heure n'eft pas encore venüe pour cet heureux changement, faffe le Ciel qu'au moins vous
foyez revêtus des fentimens que tout honnête homme doit avoir pour fa Patrie!

Je dis & dirai fouvent à votre intention le
VENI CREATOR SPIRITUS.
Je fuis, Monfieur, votre très-humble, &c.

C. L. A. A. P. D. P.

A Paris, ce 1. de Janvier 1690.

(*) ,,Ce difcours fe trouve à la fin de fon Livre de la ,,Sageffe.

FIN DE L'AVIS AUX REFUGIEZ.

LA CABALE CHIMERIQUE,

OU

REFUTATION

DE

L'HISTOIRE FABULEUSE,

des calomnies que Mr. J. vient de publier malicieusement touchant un certain Projet de Paix, & touchant le Libelle intitulé, *Avis important aux Refugiez sur leur prochain retour en France*, dans son *Examen* de ce Libelle.

AVERTISSEMENT.

LE Lecteur est prié de ne juger pas de ce Livre par les premiers Chapitres, dans lesquels on a dû être sec, & on n'a pû éviter les minutiés ; mais on a rendu la suite un peu plus vive, & moins ennuyeuse, comme chacun s'en appercevra, s'il prend la peine de lire tout.

Ταῖς αὐταῖς κόλαζε ζημίαις τοὺς ψευδῶς διαβάλλοντας, ὥσπερ ἂν τοὺς ἐξαμαρτάνοντας. *C'est-à-dire*, Puni des mêmes supplices les calomniateurs, que les malfaiteurs. *Isocrates ad Nicoclem.*

LA CABALE CHIMERIQUE,

OU

Réfutation de l'Examen d'un Libelle, &c.

AVANT-PROPOS.

LES accusations qu'on m'intente dans cet écrit séditieux & satyrique, se réduisent à ces deux chefs : l'un, que je suis d'une Cabale qui s'étend du Midi au Nord, & qui a son centre à la Cour de France ; l'autre, que je suis l'Auteur de l'*Avis important aux Refugiez.*

A l'égard de ce dernier chef, je me contente de dire publiquement ce que j'ai dit en particulier toutes les fois que l'occasion s'en est présentée, c'est que je ne suis pas l'Auteur de ce libelle. C'est à ceux qui m'en accusent à le prouver ; & par la seule insuffisance de leurs preuves, ils perdront leur cause, sans que je m'en mêle davantage. Mais je n'en demeurerai pas là. Je prétens montrer de telle sorte dans une Réponse que je prépare incessamment à l'Examen de l'Avis, la nullité des petites conjectures, & des vains soupçons qu'on avance là-dessus, qu'assurément le Public en sera content. Si quelques esprits incapables de se délivrer d'aucune préoccupation, & desquels on n'a nulle dépendance, ne veulent pas se rendre, qu'ils croyent ce qu'ils voudront. Ce n'est pas à leur approbation qu'un homme sage doit aspirer.

A l'égard du premier chef, je dis pareillement qu'il est faux que je sois d'aucune Cabale quelle qu'elle puisse être, tant s'en faut que je sois d'une Cabale contraire aux intérêts de mes légitimes Souverains, savoir NOSSEIGNEURS LES ETATS DE HOLLANDE ET DE WEST-FRISE. Ceux qui me connoissent, & qui voudront faire tant soit peu d'attention au caractere de mon esprit, à mes manieres, & à mon genre de vie, n'ont pas besoin que je leur prouve cette verité. Car si d'un côté je me trouve dans le cas où se trouva Mr. Arnaud, quand il écrivit à Mr. le Chancelier le Tellier la lettre qui a été inserée dans un (a) livre fort connu, je puis de l'autre m'apliquer avec toute sorte de justice les paroles dont il se servit pour se plaindre de ce que la malice de ses ennemis l'avoit représenté au Roi son maître, comme membre d'une Cabale mal-intentionnée envers l'Etat. *Je n'aurois jamais crû*, dit-il, *que le Roi dût s'occuper de moy :* (j'en dis autant de la République de Hol-

lande) *mais j'aurois encore moins crû pouvoir être assez malheureux pour lui être representé sous une figure si hideuse, que j'ose dire être telle qu'on n'en pouvoit choisir une qui me ressemblât moins, & dont tous les traits fussent plus contraires au bien & au mal qui peut être en moy. Car comme tous ceux qui me connoissent rendront témoignage que je ne suis pas assez méchant pour avoir de tels desseins ; ils savent aussi, ce que je n'ai pas honte de reconnoître, que je n'ay pas assez d'esprit & d'habileté pour les executer, si j'étois assez abandonné de Dieu pour les avoir.*

Mais en attendant que la Réponse que je prépare fasse voir solidement le ridicule de la prétenduë Cabale dont on me met, je m'en vais faire deux choses le plus succinctement qu'il me sera possible. Premierement j'exposerai la part que j'ai euë dans le Projet de paix dressé à Geneve. Secondement, je marquerai les faussetez que je trouve dans l'Avis que Monsieur Jurieu a publié sur ce Projet.

CHAPITRE I.

Véritable Narration de ce que j'ai fait concernant le Manuscrit du Projet de Paix.

AU mois de Septembre dernier un de mes amis de Geneve, que je nommerai quand il en sera besoin, Ministre & Professeur d'un très-grand mérite, d'une des meilleures familles de la République, fort estimé pour son attachement au bien de sa Religion, & à celui de sa Patrie, m'envoya les premiers cahiers d'un Manuscrit qu'on lui avoit communiqué, & qui contenoit des Entretiens sur un Projet de Paix. Il me marqua dans cette premiere lettre, comme chacun s'en pourra éclaircir, s'il veut, par la lecture de l'original, *que si l'on ne faisoit pas état de bien sauver dans ce Projet les intérêts du Protestantisme, & de nos chers freres les Réfugiez, il n'auroit pas seulement daigné jetter les yeux dessus ; mais que celui qui a la chose en main, l'avoit assuré que la suite lui ôteroit tous les scrupules qu'il pourroit avoir là-dessus.* L'ouvrage devoit contenir huit Entretiens, dont je n'ai reçu que six, avec un petit Aver-

Ce que M. E. a fait touchant ce Projet de Paix.

(a) „ L'Esprit de M. Arnaud, Tome I. pag. 102. La „ même Lettre a été inserée dans la *Question curieuse, Si*   „ M. *Arnaud est Heretique*, imprimée à Cologne en „ 1690.

Avertiſſement qui devoit être à la tête du ſeptieme, & quelques autres fragmens. Cet Avertiſſement dit entre autres choſes, qu'on refutera comme deux ſentimens fort erronez, l'opinion de ceux qui veulent que le Roy Très-Chretien donnera difficilement un Edit pour le rapel des Réfugiez Francois, & l'opinion de ceux qui veulent que ceux ci repugneront au retour, s'ils ne ſont rétablis dans celui de Nantes avec les ſuretez & les précautions que la défiance leur fera juger néceſſaires; c'eſt-à-dire, comme l'Auteur le dit peu-après, en obtenant des places d'ôtages, ou certains cantons du Royaume, qui ſoient à portée d'être facilement ſecourus de l'Angleterre & de la Hollande, ſi le beſoin la demandoit. Je ne ſai pas comment il ajuſte ces choſes dans le ſeptieme Entretien; car il ne me fut pas envoyé: J'en ai ſeulement reçu, depuis qu'on a imprimé l'ouvrage en Suiſſe, un morceau qui ne concerne que la garantie de la Paix, & tout-auſſi-tôt je le donnai ſans le lire au Libraire dont il ſera parlé ci-deſſous, & ne l'ai point encore retiré d'entre ſes mains. Je puis proteſter ſincerement, qu'encore que les ſix premiers Entretiens, & quelques fragmens, ou quelques petites Préfaces m'ayent été adreſſez pour en diſpoſer de la maniere que je dirai bien-tôt, je ne les ai point lûs. Il n'y a point de corvée plus pénible ni plus déſagréable pour moi, que la lecture d'un Manuſcrit. Ceux qui me connoiſſent particulierement, ſavent il y a long-temps mon humeur ſur ce ſujet. Outre cela, comme la ſeule raiſon qui auroit pû me faire ſurmonter cette répugnance, étoit la conſidération que j'ai pour le Miniſtre de Geneve, qui me prioit de lui marquer mon ſentiment ſoit à l'égard des vûës de l'Auteur de ce Projet, ſoit à l'égard de ſon ſtile; & que cette raiſon ceſſa bientôt, à cauſe que de plus grands maîtres que moi conſultez d'office ſur cet ouvrage, m'en dirent leur ſentiment, que j'envoyai tout-auſſi-tôt à Geneve, je me diſpenſai de cette lecture. Mes autres occupations, & le peu de cas que firent de ce Projet ceux à qui je le donnai à lire qui ſont toutes perſonnes très-éclairées, comme on l'apprendra ci-deſſous, me détournerent d'ailleurs entierement de la lecture du Manuſcrit.

Mais quand toutes ces raiſons ne m'auroient pas empêché de lire ce Projet de Paix, j'aurois néanmoins ignoré ce que l'on y dit concernant l'Edit de Nantes; car je n'ai point reçu l'endroit où cela eſt contenu. Mr. J. qui a lû un exemplaire imprimé du Projet, n'a point vû non (*a*) plus cette partie. Il n'explique pas bien clairement d'où il ſait que le Projet ne nous fait eſperer autre choſe qu'une tolérance ſemblable à celle que les Catholiques Romains ont en Hollande. Cela n'eſt point conforme à l'Avertiſſement que je garde en manuſcrit, & dont j'ai parlé ci-deſſus comme devant être mis à la tête du VII. Dialogue, où il eſt parlé du rétabliſſement de la Religion en France. Quoiqu'il en ſoit, les lettres du Miniſtre de Geneve m'ont toûjours aſſuré que l'Auteur du Projet nous rendroit contens ſur cet article.

Il faut maintenant que je diſe ce qu'on me pria de faire des ſix Entretiens. Le Public ne doit pas trouver étrange que je l'amuſe d'un détail plein de minuties, puiſque cela eſt néceſſaire tant pour ma juſtification, que pour mieux faire connoître le caractere de mon Accuſateur.

1. On me pria de les communiquer à Monſieur le Baron de Groëben, Gouverneur du Prince Louïs, frere de ſa Serenité Electorale de Brandebourd, & de lui adreſſer le paquet chez Mr. Schmettau, Envoyé Extraordinaire de cette Alteſſe à la Haye: & lorſqu'on ſçut à Geneve que ce Baron avoit gardé aſſez long-tems quelques-uns des cahiers, on ſe conſola aiſément de ce que cela avoit empêché que je n'en fiſſe faire des copies, parce qu'on crut que ce retardement venoit de ce qu'il les avoit communiquez à Mr. Schmettau, qui en auroit regalé Meſſieurs du Congrès. Preuve évidente qu'on ne me confioit pas ce Manuſcrit pour en faire un myſtere en faveur de la France, (ce qui paroîtra auſſi par la ſuite) mais qu'on ſouhaitoit de ſavoir les avis de tout le monde.

2. On me pria d'en faire faire deux copies, l'une pour être envoyée à Mr. l'Eveque de Saliſbury, ſi connu auparavant ſous le nom célebre du Docteur Burnet, l'autre pour Mr. d'Ablancourt, & de ſavoir ce qu'ils en penſoient, afin de le faire ſavoir à l'Auteur.

3. Enfin on me pria de le faire lire par le plus d'habiles gens, & de perſonnes d'Etat qu'il me ſeroit poſſible, & d'en ſavoir leurs avis ſoit pour la matiere de l'ouvrage, ſoit pour la forme & pour le ſtile. On voulut nommément que je l'envoyaſſe à Bruxelles à Mr. Hulfts Reſident de Leurs Hautes Puiſſances, dont le Profeſſeur de Geneve eſt particulierement connu & eſtimé; & à la Haye à Mr. de Beauval, qui par ſon Hiſtoire admirable des Ouvrages des Savans fait ſouhaiter ſes avis & ſes corrections à tous les Auteurs. Je ne parle point de Mr. van Beuning, à qui on vouloit que je communiquaſſe le Manuſcrit: je fis ſavoir, qu'il ne falloit pas s'y attendre.

Je me ſuis acquitté de ces commiſſions auſſi à découvert que jamais choſe ait été executée.

Ayant de la peine à trouver un copiſte, j'en demandois par tout où je croyois que l'on m'en pourroit indiquer, & je diſois pourquoi c'étoit. Et enfin après avoir retiré le Manuſcrit d'entre les mains d'un homme qui ne s'acquittoit pas de la promeſſe qu'il m'avoit faite de le copier, je le mis entre les mains d'un Marchand qui eſt préſentement Diacre de l'Egliſe Wallonne de Rotterdam, qui le lut & le fit copier par un Refugié de ſa connoiſſance. S'il eſt beſoin de le nommer, je le ferai, afin qu'il rende témoignage que je ne lui recommandai aucune ſorte de ſecret.

J'ai fait voir le Manuſcrit à Mr. d'Ablancourt & à Mr. de Beauval, dont le premier eſt allié & bon ami du Profeſſeur de Geneve, & Hiſtoriographe de Hollande, auſſi zelé qu'on le puiſſe être pour leurs Majeſtez Britanniques, dont il a l'honneur d'être particulierement connu; & j'ai envoyé à Geneve le jugement qu'ils en ont porté, qui eſt fort déſavantageux. Car non ſeulement ils ne trouvoient pas l'ouvrage bien écrit; mais ils y trouvoient des viſions, des idées de Republique Platonique, & de cette République Chretienne dont Mr. de Sulli nous a conſervé le plan. Je puis prouver par un petit Avertiſſement imprimé que je reçus de Geneve long-tems après les ſix Entretiens, que l'Auteur avoit vû le jugement de ces Meſſieurs.

Je l'ai fait voir à M. *** qui l'avoüera, s'il en eſt requis, & qui eſt un habile homme. Après l'avoir gardé quelques ſemaines, il me dit en me le rendant, qu'il y avoit bien des fantaiſies & bien des chimeres dans ce Projet, ſemblables à la République Chretienne du Duc de Sulli.

Je

Je l'envoyai à *Bruxelles* à Mr. Hulft: mais comme il étoit malade, il me le renvoya fans l'avoir pû lire. J'eus l'honneur de parler à lui il y a deux mois; & comme il me demanda des nouvelles du Projet, je lui promis de le lui faire voir imprimé, dès que j'en aurois reçu un exemplaire. Il me chargea de faire bien des complimens de fa part au Professeur qui lui avoit fait tenir par mon moyen le Manuscrit.

Il eſt à remarquer qu'aucun de ceux qui l'ont lû ne s'eſt avisé de dire qu'il étoit dangereux, & capable de rendre ſervice à la France. J'en prens ces Meſſieurs à témoin. Ce ſont toutes perſonnes qu'il ſera aiſé de conſulter, & très-dignes de foi. Ils en donnoient ſeulement une idée romaneſque & chimerique. Or qu'y a-t-il a craindre d'un livre rempli d'idées de chevalerie ? Il eſt même vrai que ce qui n'y eſt pas viſion, & que Mr. J. en rapporte, peut fournir matiere à pluſieurs réflexions avantageuſes à la Ligue, & pernicieuſes à la France, leſquelles il n'a pas voulu, ou il n'a pas ſû relever. Mais je ne prétens pas m'en faire un mérite en inſinuant qu'un ouvrage qui laiſſoit entrevoir ſi clairement le foible de cette Couronne, m'avoit paru digne par-là de l'impreſſion : car je proteſte encore un coup que je ne le connois point pour l'avoir lû, & que je n'en ſai que ce que j'en ai ouï dire.

Voyons préſentement ce qui concerne le Libraire, par le moyen duquel M. J. prétend que le grand ſecret de la Cabale a été revelé.

C'eſt un Refugié qui s'appelle *Abraham Acher* entierement dévoüé à cet Auteur, dont il a imprimé quantité de livres. Un jour qu'il y avoit dans ſa boutique pour le moins trois ou quatre Refugiez, il me pria de jetter les yeux ſur un Manuſcrit qu'on lui avoit mis en main, & de lui dire ce que j'en croyois, & ſi ce ne ſeroit pas un ouvrage de débit. Je n'eus pas plûtôt vû la premiere page, que je connus, & que je dis tout haut que c'étoit celui que j'avois donné à copier, & j'en parus fâché, parce que je craignis que le copiſte ne ſe fût mis dans la tête de donner à imprimer l'ouvrage. Or je n'avois reçu commiſſion de Geneve que de le faire voir en Manuſcrit, & de ſavoir ce que les connoiſſeurs en penſoient, afin que l'Auteur rajuſtât les choſes, ſelon les différentes vûës qui lui ſeroient ſuggerées. J'apprenois par toutes les lettres que je recevois, qu'il profitoit de jour en jour des avis qui lui venoient de divers endroits, & que l'on attendoit avec impatience ceux de Mr. l'Evêque de Saliſbury. Deſorte que ma penſée étoit que l'Auteur ſeroit très-fâché qu'il s'échapât quelque copie de ſon livre, laquelle un Imprimeur mît ſous la preſſe avant qu'il y eût mis la derniere main. Ce fut l'unique cauſe de mon allarme à la vûë de la copie entre les mains du Sr. Acher. Mais il me raſſura, en me diſant que celui dont il la tenoit ne s'en deſſaiſiroit qu'en me la rendant : & comme il me crut maître de l'ouvrage, il me pria de lui en procurer l'édition. Je lui répondis que je n'avois aucun ordre de faire imprimer cette piece, & que ſi on en venoit là, & que la choſe fût laiſſée à ma diſpoſition, je le préférerois à tout autre. Il en parut fort reconnoiſſant, & m'a toûjours entretenu dans cet eſprit.

Quelque tems après on m'écrivit de Geneve, que l'Auteur ſe diſpoſoit à publier à Lauſanne les ſix premiers Entretiens, pendant qu'il acheveroit les deux autres. Je le dis au Sr. Acher, qui ne trouva pas pour cela qu'il dût changer de deſſein, vû qu'il n'y avoit pas d'apparence qu'une édition de ce païs-là empêchât qu'une édition de Hollande ne ſe vendît bien, étant plus belle, & plus à portée de ſe répandre partout, que celle de Suiſſe. Je propoſai donc, uniquement pour lui faire plaiſir, qu'on nous envoyât les feuilles de l'édition de Lauſanne à meſure qu'elles ſeroient tirées, y ayant ici un Libraire qui les réimprimeroit. On agréa la propoſition, & on me fit eſpérer d'ordinaire en ordinaire que l'on m'enverroit les feuilles avec les corrections de l'Auteur. On me marqua que l'ouvrage ſeroit conſidérablement augmenté, & que la forme en ſeroit preſque toute changée en mieux; que l'Auteur inſiſtoit particulierement ſur le point de la Garantie; & qu'il avoit mis l'article des Réfugiez en un état qui avoit plû à pluſieurs d'entr'eux. Comme les feuilles ne venoient point, on me prioit de tenir le Libraire en haleine.

Je dirai en paſſant, que le Miniſtre de Geneve avoit l'honnêteté de me marquer qu'on comptoit beaucoup ſur les avis particuliers que je donnerois, & que l'Auteur les attendoit avec impatience. Il ne les a point reçus encore. Je renvoyois l'affaire au tems que j'aurois reçu les deux derniers Entretiens, qui ne ſont jamais venus. Je croyois auſſi qu'après le jugement de Mr. d'Ablancourt que j'avois envoyé en original, & celui de Mr. de Beauval, le mien ſeroit inutile. Mais j'ai ſouvent declaré à mon ami, que l'Auteur du Projet pouvoit compter comme une choſe certaine, que tout plan de paix générale qui ne dépouilleroit pas la France de tout ce qu'elle a conquis depuis long-temps, & qui ne l'affoibliroit pas juſques au point de ne pouvoir plus être ſuſpecte à ſes voiſins, ſeroit rejetté. J'attens un certificat de Geneve ſur ce point-ci & ſur quelques autres, ou le renvoi de mes lettres, qui feront foi de ce que j'avance. Si l'on a eu en ce pays-là, en réformant la premiere édition du Projet, la conſidération que l'on m'écrivoit qu'on vouloit avoir pour mes avis, je dois croire que les feuilles que notre Libraire attendoit ſont en état de plaire beaucoup aux Princes Conféderez.

Je ne dois pas oublier que Mr. N … Miniſtre d'une probité reconnuë, Auteur déjà de pluſieurs beaux livres, & qui a commerce avec Monſieur l'Evêque de Saliſbury, me fit la grace de ſe charger du ſoin de lui envoyer la copie que je devois lui communiquer. Je fis donc porter chez luy cette copie, avec un billet qui luy marquoit que je le priois de la faire rendre à Mr. l'Evêque de Saliſbury. Il n'y manqua point, & il marqua à ce Prélat le jugement deſavantageux que Mr. d'Ablancourt & Mr. de Beauval en avoient porté. Car pour lui il ne l'a point lû, ce qu'il en avoit ouï dire l'en ayant dégoûté. Il lui marqua auſſi que j'avois été chargé ſi expreſſément de le conſulter ſur ce Projet, & d'en ſavoir ſon avis, que je n'avois pû me diſpenſer de lui en faire part. (b) Mr. J. a eu connoiſſance de mon billet à Mr. N. par le moyen du Libraire, à qui je l'envoyai ouvert pour qu'il le fît porter chez Mr. N. avec la copie du Projet : & la raiſon pourquoi ce Libraire le lui a communiqué, c'eſt que, dit-il, je ne lui avois recommandé là-deſſus aucun ſecret; ce qui eſt très-vrai.

Il faut que je diſe auſſi, que durant les délais des feuilles, le Libraire s'aviſoit de tems en tems de me dire qu'il n'imprimeroit point ce Projet ſans ſavoir s'il pourroit déplaire. Je lui répondis toûjours, qu'il feroit bien de le donner à lire à

qui

qui bon lui sembleroit. Et comme il me dit qu'il s'en rapporteroit aussi à moi, je lui répliquai qu'il ne le fît pas, que je ne l'avois point lû, & que je ne le lirois point pendant qu'il seroit manuscrit. Je lui marquai même fort naïvement ce qu'en pensoient Mrs. ***, d'Ablancourt & de Beauval. Ce qui n'avoit garde de le rebuter; car les Prophéties de M. J. lui ont fait connoître par expérience, que les livres les plus remplis de chimeres sont les meilleurs de tous pour l'Imprimeur.

Il se peut souvenir que je lui ai une fois representé, qu'avant que sa seconde édition fût prête, y auroit peut-être ici beaucoup d'exemplaires de la premiere par le retour de la foire de Francfort, & qu'ainsi nous ferions mieux, vû le retardement, de contremander les feuilles. Il me répondit que puisque la seconde édition devoit être si augmentée & si changée, il ne se foucioit pas que la premiere fût déjà connuë en ce païs. Il m'a dit aussi plus d'une fois, que quand même on ne lui conseilleroit pas d'imprimer, il n'auroit pas regret aux frais des paquets, & qu'il s'en accommoderoit comme il pourroit. Ce qui montre que je le laissois absolument le maitre des feuilles que nous attendions, ou pour les imprimer, ou pour en faire tout ce qu'il voudroit.

Enfin, lorsque je ne savois plus que penser du retardement des feuilles, j'apris pendant le siége de Mons qu'il y avoit à la Haye des exemplaires de la premiere édition. Cela me fit conseiller au Libraire de renoncer au Projet de Paix, d'autant plus que le siége de cette place de quelque côté qu'il tournât, changeroit l'état des choses: & je trouvai qu'il avoit déjà pris cette bonne résolution. On verra dans la suite le fondement du conseil que je lui donnai.

Mais n'oublions pas cette remarque capitale & décisive pour moi, c'est que j'ai consenti que le Libraire n'imprimât rien que de l'avis & avec l'approbation de l'Auteur même qui m'accuse, & que je n'ai jamais pris les moindres devans pour empêcher qu'il ne lui montrât tout ce que je lui mettois en main.

Voilà la pure & naïve verité de tout ce qui me concerne dans cette affaire: de quoi je prens à témoin les personnes que j'ai nommées, toutes pleines de vie, & de qui pour la plûpart chacun peut prendre langue en ce pays du soir au matin.

Je montrerai dans la suite, qu'il résulte manifestement de tous ces faits, que jamais vision n'a été plus grossierement forgée que celle de cette prétenduë Cabale, dont Mr. J. a voulu faire un épouventail. Car peut-on avoir été dans une plus grande indifférence qu'a été la mienne sur l'impression ou la supression du Projet de paix, puis que j'ai laissé au Libraire une pleine liberté d'en faire ce qu'il voudroit, & ce que lui conseilleroit nommément Mr. J. ? N'est-ce pas avoir consenti pleinement à la suppression de l'ouvrage, en cas qu'il s'y trouvât quelque chose qui pût inspirer mal-à-propos un désir de paix, ou diminuer le moins du monde l'horreur générale pour la France ? Ne sai-je pas bien que cet Auteur abolira toûjours, s'il le peut, tout ce qui pourra servir à

une paix différente de son système de l'Apocalypse ? Et ne faudroit-il pas que cette prétenduë Cabale fût composée de gens bêtes, niais, destituez du sens commun, & tels que jamais la France ne sera assez insensée pour s'en servir, si dans le dessein

de lui rendre quelque bon office par l'impression d'un Projet de Paix, on en avoit usé comme j'ai fait à l'égard du Manuscrit de Geneve ? Notre Auteur si prodigue en miracles, qu'il les met à tous les jours pour ses besoins, en trouvera ici un sans doute, pour aveugler des gens qu'il représente comme bien fins dans la page 46. Mais il sera mieux de le garder pour se tirer du crime d'Etat dont il s'est rendu lui-même coupable, comme il sera dit ci-dessous.

Je viens d'aprendre que Mr. Vitriarius Professeur en Droit à Leyde, a eu communication du même Projet de Paix.

CHAPITRE II.

Fausse narration de Mr. J.

VOyons présentement les impostures de mon Adversaire. Je laisse là tout ce qu'il bâtit sur la fausse supposition de l'Auteur de l'Avis aux Réfugiez; car pour le présent je ne dis sur cela que *nego*.

I. En premier lieu, c'est une fausseté, dont la personne interessée qui m'a envoyé une copie des six premiers Entretiens, tirera raison avec la confusion éternelle de l'Accusateur, que de dire que ceux avec qui j'ai eu commerce pour ce sujet sont (*a*) d'une Cabale dévouée à la France au préjudice des Protestans: car je n'ai eu commerce qu'avec un illustre Ministre & Professeur, dont toutes les lettres sont pleines de pompeux éloges de S. M. B. & d'un tendre intéressement aux affaires des Vaudois, au rétablissement desquels il a travaillé d'une maniere fort efficace. On n'a qu'à s'informer de son zéle pour la bonne cause à Mr. Arnaud ce fameux Ministre des Vaudois, qui l'aime & qui l'estime très-particulierement, & qui en a parlé sur ce pied-là à un Ministre que je nommerai, s'il en est besoin. Mr. Arnaud s'est servi de cet ami pour donner la premiere forme aux Mémoires de sa glorieuse Expédition; & il ne niera pas que je ne lui aye été indiqué par ce même ami comme l'un de ceux qui voudroient bien retoucher l'ouvrage, quand on le feroit imprimer en Hollande. Je me souviens d'avoir parlé à Mr. J. de cette premiere ébauche que faisoit le Professeur de Geneve de l'Expédition des Vaudois. Sur quoi il me dit, que Mr. Arnaud lui parloit depuis long-tems de ses Mémoires, & lui promettoit de les envoïer en ce pays. Il voulut bien même que je me chargeasse de faire savoir à mon ami, qu'il recevroit agréablement les Mémoires de Mr. Arnaud. Il sait fort bien que le Projet de Paix m'a été envoyé par cet ami.

II. C'est en second lieu une fausseté que de dire, que (*b*) la Cabale de Geneve communique avec une autre toute semblable qui est dans cet Etat; puisqu'il n'y a que moi à qui le Projet de Paix ait été envoyé, sans qu'on m'ait jamais marqué ni le nom de l'Auteur, ni sa profession, ni ses habitudes; & puisque tous ceux à qui j'ai communiqué ce Projet à la priere de mon ami, & qui m'en ont dit leur sentiment, s'en sont moquez, bien-loin de le faire valoir. Ainsi, au pis aller, toute cette Cabale se réduiroit à une seule personne; ce qui outre la fausseté déjà marquée, enveloppe une absurde contradiction.

III. C'est une fausseté que de dire, qu'il y a eu des (*c*) Messieurs en ce païs-ci qui ont voulu faire imprimer le Projet de Paix. Personne ne s'en est

---

(*a*) Avis au Publ. p. 8. 9. & 43.
(*b*) Avis, p. 9 & 43.

(*c*) Pag. 43.

est mêlé que moi, qui même n'ai prétendu qu'il s'imprimât, qu'en cas que le Libraire en eût l'agrément de tous ceux qu'il voudroit consulter, & nommément de ma partie. Ainsi pendant que l'Auteur n'aura pas prouvé que d'autres s'en sont mêlez, il devra être réputé calomniateur public, en parlant au nombre pluriel.

IV. C'est une fausseté que de dire que ces prétendus (d) Messieurs se contentent d'une tolérance semblable à celle que les Catholiques Romains ont en ce païs-ci: car je n'ai rien reçu du VII. Entretien où cette affaire est expliquée; & l'Avertissement que j'ai reçu porte, comme je puis le faire voir en original, qu'on réfute dans ce VII. Entretien tant ceux qui prétendent que les Réfugiez ne voudront le rétablissement de l'Edit de Nantes, qu'à condition d'avoir des places d'ôtage, ou d'être cantonnez dans les Provinces voisines de l'Angleterre, que ceux qui prétendent que le Roy Très-Chetien ne se portera pas aisément à faire des Edits en faveur des Refugiez. Outre que les lettres du Professeur de Geneve m'ont toujours marqué, que l'Auteur du Projet y mettroit les affaires des Protestans de France sur un bon pied. Quelle imposture est-ce donc de dire qu'on s'est contenté d'une chose que l'on ne connoissoit pas? Et quelle hardiesse que d'assurer (e) *que le Roy de France n'a permis qu'on inserât dans le Projet de Paix de Geneve qu'une promesse de tolérance?* Un homme qui n'a lû l'endroit du Projet où il s'agit des Réfugiez, ni selon l'édition de Lausanne, ni selon les changemens qui devoient être dans celle de Rotterdam, parleroit-il ainsi, s'il avoit conservé quelque reste de respect pour la bonne foi & pour le public?

V. C'est une fausseté que de dire, que (f) *le Manuscrit du Projet de Paix fut envoié de Geneve en Hollande environ le mois de Novembre à dessein qu'on l'y fît imprimer sans délai.* Je puis justifier par les lettres que je garde en original, que l'on ne m'a jamais donné commission que de le communiquer en Manuscrit de la maniere que j'ai exposé, & que s'il a été parlé de l'imprimer en ce pays, ce n'a été qu'en conséquence de la priere que j'en fis au nom du Libraire, de quoi on n'eut connoissance à Geneve, qu'après que l'Auteur se fût résolu à l'impression de Lausanne.

VI. C'est donc une fausseté que ces trois raisons pour lesquelles Mr. J. dit (g) que la Hollande fut choisie plûtôt qu'un autre lieu. Car le fait est, que le livre s'imprimoit à Lausanne avant qu'on songeât à Geneve à le faire imprimer en ce pays; & il est même vrai que l'Auteur eût été bien-aise de savoir ce qu'en pensoient le Docteur Burnet, Mr. Schmettau, & les Membres du Congrès, avant que de l'imprimer en Suisse. Encore un coup, il n'a été parlé de l'impression de ce pays-ci, qu'ensuite de la priere du Sr. Acher, qui fut quelque temps avant que de savoir la résolution de l'Auteur sur l'impression de Hollande.

VII. Nous pouvons faire la septieme fausseté des deux raisons pour lesquelles notre Auteur devine que je fis copier le Projet. L'une est, conjecture-t-il, (h) *afin qu'on ne vît pas mes corrections sur le Manuscrit;* l'autre, *pour en faire l'impression en Angleterre en même tems qu'en Hollande; car,* dit-il, *j'avouai que la copie étoit déstinée pour l'Angleterre.* Voilà ce que c'est que de chercher

des raisons lorsqu'on suppose des faits faux: c'est se jetter de précipice en précipice. Les deux copistes, & le Marchand qui m'a procuré le dernier feront foi, quand on voudra, qu'ils n'ont rien vû de ma main sur le Manuscrit; & j'ai déjà dit la véritable raison pourquoi je le fis copier: c'est que, comme je le puis justifier par les lettres de Geneve que je garde en original, je fus prié d'en faire faire deux copies; l'une pour Mr. l'Evêque de Salisbury; l'autre pour Mr. d'Ablancourt. Est-ce donc raisonner que de dire: Il a avoüé que la copie étoit destinée pour Mr. l'Evêque de Salisbury, comme il paroît par le billet qui a passé ouvert entre les mains du Libraire, & duquel Mr. J. a eu connoissance: donc il a voulu en faire faire une impression en Angleterre en même tems qu'en Hollande? Si cela étoit, ce seroit ce Prélat qui en auroit eu la direction; & en ce cas le Livre n'auroit pû être qu'avantageux à la Ligue, puisqu'il auroit été selon les vûës de S. M. B. ou bien il faudroit aussi mettre cet Evêque dans la Cabale de France; ce qui seroit le comble de la fureur.

VIII. Faisons la huitieme fausseté de la répétition faite pas Mr. J. de l'une des faussetez précédentes, savoir que j'avois déstiné l'ouvrage à un autre Imprimeur qu'à Acher, parce que celui-ci (i) *n'avoit pas les qualitez requises pour servir d'instrument en une telle affaire.* Il nous dira, quand il lui plaira, quelles nouvelles qualitez acquit cet Imprimeur, lorsque m'ayant prié de lui procurer cette copie, je lui promis de le préférer à tout autre, si on me donnoit commission de la faire mettre sous la presse, sans que j'exigeasse de lui aucune sorte de secret, comme il l'a avoué lui-même, ni la plus petite démarche. Et puis comment est-ce que notre Auteur prouveroit ce qu'il avance, savoir que j'avois déstiné l'ouvrage à un autre Imprimeur? Sur ce seul article ne seroit-il pas accroché jusqu'au jour du jugement? Mais il est en possession d'affirmer toutes ses conjectures, vaille que vaille, sans en donner des preuves.

IX. La neuvieme fausseté, c'est que je fis (k) *une fausse confidence* au Sr. Acher, & lui promis *que ce seroit lui qui imprimeroit le livre, afin de l'obliger au secret.* Que ce Libraire parle, il ne pourra s'empêcher de dire que ce fut lui qui me pria de lui procurer cette impression, & que sans l'engager à nul secret, je lui en donnai parole, en cas qu'on voulût bien à Geneve que je le fisse imprimer.

X. Mais comment nommerons-nous ce (l) dixieme article? Il y a beaucoup plus que fausseté, il y a une insigne fourberie. L'Auteur reconnoît que j'envoyai au Libraire les six premiers Entretiens pour les faire coudre, & que j'y joignis un billet, par lequel je priois un de mes amis de les envoyer en Angleterre à un Evêque qui étoit nommé. Pourquoi ne pas achever? Pourquoi suprimer le nom illustre de l'Evêque de Salisbury qui étoit sur ce billet? Mr. J. a été bien-aise de laisser croire au monde que c'étoit quelque Evêque Jacobite comme celui d'Ely, auquel nous les Cabalistes de Hollande envoyons ce Projet funeste. Il a bien vû que dès qu'on s'appercevroit que la copie étoit destinée au Docteur Burnet, on verroit manifestement que nous ne pouvions avoir aucune mauvaise intention.

XI. C'est une fausseté que de dire, que (m) l'acci-
dent

(d) Pag. 32 & 70.
(e) Pag. 70.
(f) Pag. 37.
(g) Ibid.
(h) Pag. 38.

(i) Pag 39.
(k) Ibid.
(l) Ibid.
(m) Pag. 40.

Que Mr. Jurieu donne des conjectures sans preuves.

Que M. Bayle n'a point demandé le secret au Sr. Acher.

Supercherie de M. Jurieu.

cident imprévû, ſavoit que je découvris que le copiſte avoit communiqué les Entretiens au Sieur
Acher, *fit prendre réſolution à l'Auteur de faire
d'abord imprimer ſon ouvrage à Geneve, ou à Lauſanne, réſervant la ſeconde impreſſion pour la Hollande.* Car la vérité eſt, que jamais je n'ai écrit
à Geneve une auſſi petite vetille, qu'étoit celle
d'avoir découvert la copie entre les mains d'un Libraire, qui avoit prévenu tout le mauvais uſage
qu'il y auroit eu lieu d'apréhender. C'eſt de quoi
le Profeſſeur de Geneve peut donner certificat;
& je puis juſtifier par une de ſes lettres du 15.
Décembre, que le Projet s'imprimoit déjà en Suiſſe.

XII. C'eſt une fauſſeté que de dire, que ce
qui ſe paſſa entre le Libraire & moi, & que Mr.
J. nomme une (n) *longue négociation, n'étoit qu'un
jeu pour découvrir ſi le ſecret étoit connu de ceux
que l'on redoutoit,* c'eſt-à-dire de lui Mr. J. Mais
en vertu de quoi l'aurois-je redouté, moi qui avois
mis le Manuſcrit, 1. entre les mains de Monſieur
d'Ablancourt & de M. ***, auſſi véritablement zélez que lui au bien public, & beaucoup
plus habiles que lui dans les affaires d'Etat: 2.
entre les mains de M. Hult, Réſident de Leurs
Hautes Puiſſances à Bruxelles, homme d'un caractère qui l'intéreſſe plus aux affaires politiques,
& avec plus d'intelligence, que cet Auteur ne le
peut être: 3. entre les mains de Monſieur l'E-
vêque de Saliſbury, dont le mérite & le rang
ſont ſi ſupérieurs à celui de cet Auteur, & le zéle pour L. M. B. & pour le bien de l'Europe,
infiniment plus éclairé & mieux fondé que celui
d'un Viſionnaire, qui ne s'agite qu'afin de ne
point paſſer pour ce qu'il eſt? Et de-plus, comment aurois-je douté que mon prétendu ſecret
lui fût inconnu, puiſque j'en parlois dans la
boutique de ſon Libraire ſans me cacher de perſonne, & que jamais je n'avois recommandé ni à
ce Libraire, ni à perſonne d'en faire un myſtere
ou à lui, ou à d'autres?

Son entêtement pour ſon Commentaire ſur l'Apocalypſe.

XIII. Comptons pour la 13. fauſſeté (o) la
ſupreſſion de la cauſe pour laquelle je dis une fois
au Libraire, mais ſans inſiſter le moins du monde ſur cela, que Mr. J. lui déconſeilleroit l'impreſſion du Projet. Je ne dis au Libraire que
cette raiſon, c'eſt que ce Manuſcrit lui venoit de moi: & j'ajoûtai, quand il me demanda l'explication de cette raiſon, que cet
Auteur étoit devenu mon ennemi mortel, &
qu'ainſi un Manuſcrit d'ailleurs très-digne d'impreſſion, lui paroîtroit de rebut dès qu'il ſauroit
que je m'en ſerois mêlé. Mr. J. ſupprime ce fait,
& voudroit inſinuer (p) que je donnai une autre
cauſe, ſavoir qu'il eſt ſuſpect au parti. C'eſt à
quoi je ne ſongeois point. Mais ſi j'avois voulu
multiplier mes raiſons, j'aurois dit qu'on ne m'a
jamais parlé de l'ouvrage comme d'un livre conforme au ſyſtême Apocalyptique de ce Miniſtre.
Or on peut être aſſuré que tout Projet de Paix
qui ne ſera pas ſelon ſon plan, ne lui plaira jamais, en dût-il coûter à l'Europe une guerre
de cinquante ans qui fit périr preſque autant
d'hommes que le déluge. L'Univers entier
n'eſt pas ſi cher à M. J. que ſon Commentaire
ſur l'Apocalypſe.

Que M. Bayle a dit à l'Imprimeur de faire

XIV. Mais le peché d'omiſſion qui ſuit eſt
une fauſſeté bien plus criminelle. Il dit bien que
l'Imprimeur me fit entendre, (q) *qu'il ne pour-*

voir le crit à q[ui] droit.

*roit faire travailler à cet ouvrage ſans l'avoir fait
voir à quelques-uns de ſes amis connoiſſeurs;* mais
il ſupprime malicieuſement, que j'ai toûjours dit
à l'Imprimeur qu'il le fît voir à qui il voudroit,
& qu'il ne s'en raportât nullement à moi qui ne
l'avois point lû. Il ſupprime auſſi avec la même
ſupercherie, que je conſentis qu'il le montrât à
lui Mr. J. cet homme qui ſe dit fort ſuſpect au
parti.

Fauſſe[tez avan]cées par [...] rien, a[u] l'Impri[meur]

La XV. fauſſeté eſt de dire, que quand l'Imprimeur m'eût appris qu'il n'avoit pas deſſein de
publier le Projet, (r) *le trouvant dangereux &
plein de mauvaiſes intentions, je grondas fort haut
de ce qu'on m'avoit, en m'amuſant, empêché de
le donner à un autre Imprimeur, & même engagé à de la dépenſe pour le port des paquets.* Autant de paroles, autant de menſonges. Car 1.
ce fut moi qui conſeillai au Libraire de renoncer
à ſon deſſein, avant qu'il me dît que telle étoit ſa
penſée. 2. Il ne me donna jamais pour raiſon,
qu'il trouva l'ouvrage dangereux & plein de
mauvaiſes intentions: il me dit ſeulement, qu'on
ne lui conſeilloit pas de l'imprimer, & qu'on lui
avoit dit que ce n'étoit pas un bon livre. 3. Je
ne fis que lui dire qu'il auroit dû m'en avertir
plûtôt, parce que ſelon les derniers avis que le
Miniſtre & Profeſſeur de Gevene m'avoit donnez, les feuilles corrigées devoient venir inceſſamment par chaque poſte, (ce qui n'eſt pas arrivé pourtant.) 4. Je ne me plaignis point qu'il
m'eût amuſé, & empêché par-là de donner le
livre à un autre Imprimeur. Comment aurois-je
pû lui faire ces plaintes, puiſque je l'avois fait
entierement maître de l'ouvrage, pour diſpoſer
des feuilles comme il voudroit, ſoit qu'il l'imprimât, ſoit qu'il ne l'imprimât pas? 5. Je ne me
plaignis point de la dépenſe du port des paquets.
Comment l'aurois-je fait, puiſque le Libraire
s'étoit engagé à la ſoûtenir à l'égard des feuilles
de l'édition de Lauſaune, ſoit qu'il imprimât le
livre, ſoit qu'il ne l'imprimât pas? Si je lui repréſentai (mais ſans gronder fort haut, comme le
ſuppoſe fauſſement Mr. J.) qu'il devoit m'avertir
plûtôt, ce n'étoit que pour lui faire comprendre
que ce ne ſeroit pas ma faute, s'il lui en coûtoit
inutilement pour des ports de lettres.

La XVI. fauſſeté (car je ne veux pas que les
cinq ou ſix précédentes en faſſent plus d'une) eſt
de ſoûtenir, que pendant les bonnes nouvelles du
ſiége de Mons, (s) *je revins au Libraire lui dire,
que j'étois bien aiſe que cet Ouvrage ne s'imprimât
pas à préſent que j'avois appris qu'il y en avoit
quelques exemplaires dans le pays, & principalement que le ſiége de Mons de quelque maniere qu'il
tournât, changeant l'état des affaires, il faudrois
faire d'autres propoſitions de paix.* Voilà des tours
de méchant Sophiſte accoûtumé à tremper ſa
plume dans le venin de la médiſance. Je dis
ſimplement au Sr. Acher ſans parler de ces prétenduës nouvelles propoſitions de Paix qu'il faudroit faire, qu'il falloit contremander les feuilles,
puiſqu'il y avoit des exemplaires du Projet en ce
pays, (ce qui pouvoit lui faire craindre qu'un
autre Libraire ne le contrefît) & que l'évenement
du ſiége (t) de Mons, quel qu'il fût, changeroit la face des affaires C'étoit un conſeil que
je voulois donner au Libraire, dont je trouvai
qu'il n'avoit plus de beſoin: mais il eſt très-faux
que je lui témoignaſſe que j'étois bien-aiſe qu'il
n'im-

<hr>

(n) Pag. 42.
(o) Ibid.
(p) Ibid.
(q) Ibid.

(r) Pag. 93.
(s) Pag. 94.
(t) On verra ci-deſſous ſur la fin du ch. 4. un éclair-
ciſſement ſur cette circonſtance.

n'imprimât pas l'ouvrage. S'il avoit persisté dans son premier dessein, nonobstant les deux raisons que je lui représentai, la chose fut demeurée entre nous sur le même pied, aux conditions ci-dessus marquées, savoir qu'il feroit examiner l'ouvrage.

XVII. Il est faux que le discours que j'eus alors avec lui, soit fondé sur ce que (*u*) *je voulois consulter la Cour de France sur les nouvelles propositions qu'elle auroit eu à faire, si le siége de Mons n'eût pas réussi;* car ce prétendu dessein de la consulter ne devoit pas m'empêcher d'entretenir le Libraire dans sa premiere disposition. Nous n'avions encore aucune feuille de l'édition de Lausanne. Ainsi pendant que la presse auroit roulé sur les premiers Entretiens, la Cour de France auroit eu le tems de dresser ses nouvelles propositions. Le pis qu'il en pouvoit arriver, c'étoit quelques cartons: ce qui n'eût pas été une affaire pour des Pensionnaires de cette riche Couronne. On ne peut s'empêcher de plaisanter sur ceci, quelque dessein que l'on ait d'agir fort sérieusement.

XVIII. Comptons pour une fausseté ce que dit Mr. J. qu'après avoir grondé fort haut contre le Libraire, lorsqu'il m'eût appris qu'il n'avoit pas dessein d'imprimer le Projet de Paix, &c. je revins à lui durant les bonnes nouvelles qu'on débitoit du siége de Mons, lui dire (*v*) *que j'étois bien-aise que cet ouvrage ne s'imprimât pas à présent,* &c. Il divise encore en méchant Sophiste ce qui n'est qu'une seule & même chose. Car le Libraire se souvient fort bien, qu'il ne m'apprit sa résolution de n'imprimer pas, qu'après que je lui en eus donné le conseil durant le siége de Mons.

La XIX. fausseté est de dire (*vv*) que le dessein des Cabalistes tant de Geneve que de Hollande, est de procurer à la France une Paix aussi avantageuse qu'elle le pourroit souhaiter, de désunir les Alliez, & d'inspirer aux peuples contre leurs Souverains un esprit de révolte, qui force les Alliez à recevoir la Paix aux conditions qu'on leur voudra donner. Je laisse à part l'énorme calomnie qu'il y a à imputer à ceux que l'Auteur prend pour Cabalistes, tant ici qu'à Geneve, un si pernicieux dessein; cette fausseté est désormais toute démontée: je m'attache seulement à ceci, qu'il n'y a que des visionnaires comme est notre Accusateur, qui soient capable de se promettre qu'un Projet de Paix tel que celui-ci soit capable de produire tous ces méchans effets. Or bien-loin de nous accuser de donner dans les idées chimériques & Apocalyptiques, son grand grief contre nous est que nous sommes des incrédules. Et comment croirions-nous donc qu'un Projet qu'il trouve lui-même (*x*) *plein de visions,* jusques à dire dans la page 80. *qu'il faudroit être visionnaire pour s'amuser à les refuter,* débauchera tous les peuples, & désunira tous les Alliez? Mais c'est de quoi je parlerai plus amplement ci-dessous.

La XX. fausseté est de dire, que la Cabale de Hollande (c'est-à-dire moi tout seul, car il n'y a que moi qui aye communiqué avec le Professeur de Geneve) (*y*) ne fait rien que de concert avec la Cour de France, & par son ordre, *& qu'il est certain qu'elle est dans un perpétuel commerce avec la Cour de France.* C'est ici qu'on ne sait si l'on doit rire où si l'on doit se fâcher. Sans mentir, je ne me croyois pas un sujet si important aux yeux de mon Accusateur. Je croyois qu'il me connoissoit assez pour ne soupçonner pas que la Cour de France voulût si mal choisir ses correspondans. Je la trouverois fort duppe & fort ignorante, si elle avoit fait choix ici d'un sujet si incapable de la servir. Mais sérieusement parlant, on ne peut employer ici de voye plus courte que celle du démenti, & de cette déclaration, que si l'Auteur se veut décharger de la note infâme d'un calomniateur public, & pour cette vie, & pour après sa mort, il faut qu'il prouve que j'ai commerce avec la Cour de France ou médiatement, ou immédiatement. Je declare publiquement qu'il n'y eut jamais rien de plus faux.

La XXI. fausseté est, que ceux qu'il appelle ces Messieurs entretiennent commerce avec cette Cour, (*z*) *même durant la guerre.* C'est confondre malicieusement un commerce avec des Sçavans de Paris sur des nouveautez de la République des Lettres simplement & uniquement : ce qui ne peut avoir rien qui ne soit très-innocent & en paix & en guerre, lorsque le commerce de lettres n'est pas défendu; c'est, dis-je, confondre ce commerce d'esprit & de titres de livres, indispensablement nécessaire à ceux qui se donnent pour le public les occupations dont il parle, avec des lettres écrites aux Ministres d'Etat, ou à leur Commis, pour leur donner avis de ceci ou de cela : ce qui seroit une action pendable.

XXII. Je compte pour une autre fausseté de dire, (*a*) que ce soient ces Messieurs qui ayent reçu la copie de quelques lettres, que la personne dont il parle se mêla d'écrire à sa grande confusion à la Cour de France pour ménager la délivrance de quelques Ministres prisonniers. Il ne devoit pas nous renouveller le souvenir de la maniere dont on le relança sur un certain échange qu'il proposoit, & sur ses Fanatiques & petits Prophétes de Dauphiné. Il y eut des gens à Paris un peu malicieux, qui pour montrer que notre Auteur savoit encenser en secret le même Monarque qu'il déchiroit en public, & qu'il avoit été raillé gravement par une main Ducale, & réfuté par ses propres livres, de quoi ils savoient bien qu'il ne se vanteroit pas ici, furent bien aises, d'y envoyer la copie de tout. Mais ce fut à d'autres gens qu'aux prétendus Cabalistes. Il est vrai que ceux-ci en ont eu communication, & pour l'avoüer franchement, s'en sont un peu divertis, voyant qu'au lieu des honnêtetez que Mr. J. avoit attenduës de la part du Roi de France pour les faire lire à tous venans, & en faire voir des copies par ses créatures, comme il est arrivé en des cas moins singuliers, son encens, & le zéle qu'il avoit dit sentir pour la gloire de ce Monarque, étoient retournez à vuide, ou plûtôt avec des censures, & des reproches de contradiction. *Hinc illæ lacrymæ.* C'est là le grand creve-cœur de M. J. On en regalera peut-être quelque jour le public avec des notes.

La XXIII. fausseté est, (*b*) que l'un de ces Messieurs a été assez sincere ou assez imprudent pour avoüer qu'il avoit reçu des lettres d'un Sécretaire d'Etat, qui se plaignoit de nos libelles. On déclare que cela est faux; & on le défie de

la

Non-plus que ceux que M. J. appelle ces Messieurs.

Mauvais succès des Lettres de M. J. au Duc de Montausier.

<hr>

(*u*) Pag. 94.
(*v*) Pag. 93. 94.
(*vv*) Pag. 43.
(*x*) Pag. 26. 30. 33. &c.

(*y*) Pag. 43.
(*z*) *Ibid.*
(*a*) Pag. 44.
(*b*) *Ibid.*

le prouver contre aucun de ceux qu'il met dans sa prétenduë Cabale. Qu'il se prépare donc, s'il le peut, à le prouver.

Voyage du Fils de M. Bontemps. La XXIV. fausseté est de dire (c) *qu'on a sçu de bonne part, que quelques mois devant la déclaration de la guerre, le fils de M. B. Gouverneur de V. passant par la Hollande, & prenant un ami en chaque ville pour se faire montrer les maisons & les gens qu'il vouloit voir, s'en défit, lui fit un mystere du dessein qu'il avoit de voir un de ces Messieurs, & trouva moyen de découvrir son logis à l'insçu de tout le monde, pour avoir avec lui une conférence sécrete.* Voici le fait: c'est moi qui ai part seul à cela, & il n'est pas nécessaire d'en demeurer à la premiere lettre des noms, comme a fait l'Auteur par un ridicule & artificieux ménagement.

Au mois de Septembre 1686. plus de deux ans avant la rupture, & lorsqu'il y avoit aussi peu d'apparence d'entrer en Guerre avec la France, qu'il y en a maintenant de faire la Paix, le fils de Mr. Bontemps, Gouverneur de Versailles, âgé de treize à quatorze ans, fit un voyage en ce pays, ayant avec lui pour Gouverneur l'Abbé Charlan bon Philosophe Cartésien, qui voulut faire connoissance avec moi. Ces occupations pour le public dont parle l'Auteur, que je me donnois en ce tems-là, furent le seul motif de la visite. J'eus l'honneur de parler avec lui deux ou trois fois pendant son séjour en Hollande, nous disputâmes, nous parlâmes de livres nouveaux. Il eut la bonté de me donner quelques avis sur l'ouvrage que je publiois alors tous les mois. Il ne me dissimula point ce que d'autres m'avoient déja écrit, que l'article que j'avois donné de l'Accomplissement des Prophéties de Mr. J. avoit fait beaucoup de tort à Paris: Qu'on s'y étonnoit que je n'eusse pas condamné ses égaremens comme on mefaisoit la justice de croire que je les condamnois dans l'ame. Je me battis en retraite le moins mal qu'il me fut possiblle, soit sur cela, soit pour ne lui pas abandonner la réputation de ce Ministre dont il parloit comme d'un Ecrivain sans jugement, & qui n'étoit recommandable que par la facilité d'entasser livre sur livre: il en parloit, dis-je, sur ce pied-là tant en son nom, qu'en celui des habiles connoisseurs de France; & il gardoit néanmoins plus de mesures qu'il ne sembloit que j'en dûsse attendre d'un homme qui venoit de passer quelques jours chez Monsieur le Comta d'Avaux, où malgré la grande (d) honnêteté qui y regnoit, Mr. J. n'étoit traité que de fou & de fanatique, & de quelque chose de pis encore. Nous batrîmes ainsi bien du pays. Nous allâmes visiter la grande Eglise, le jeune Mr. Bontemps y copia les Epitaphes de quelques Officiers de marine; & voilà tout: car pour cette négociation sécrete, son âge ne lui permettoit pas d'en être chargé. Si les espions de M. J. avoient eu du jugement, ils l'eussent plûtôt confiée à Mr. l'Abbé Charlan. Mais je leur déclare, & à l'Auteur aussi, que tous ceux qui supposeront que nous avons parlé d'autre chose que de littérature, & de sujets tout-à-fait indifférens, mériteront à jamais la note infâme de calomniateur, s'ils ne prouvent ce qu'ils avancent.

Je ne comprens rien à cet homme dont on se défit; & à qui on fit un mystere de la visite, ni à ce logis trouvé à l'insçu de tout le monde. Car je me souviens très-distinctement que la premiere foi que Mr. Charlan me vint voir, il étoit avec Mr. Dalencé, autre Philosophe curieux, de médailles, de machines à expériences, & de choses semblables,& qui savoit mon logis. Ils ne m'y trouverent point. Quelque tems après ils vinrent dîner chez le Sr. Kwispel Bourgeois de Rotterdam, où je les allai voir quand ils eurent dîné: & lorsque le fils de Mr. Bontemps & son Gouverneur repasserent par ici pour s'en retourner en France, je les fus prendre à leur logis pour aller avec eux voir la grande Eglise, monter à la Tour, &c. Après quoi par forme de promenade ils voulurent me ramener à mon logis, & s'y arrêterent quelque tems. Mr. le Gendre Ministre de Rotterdam, qui me fit l'honneur de me venir voir ce jour-là, s'est souvenu de les y avoir rencontrez, & que je logeois alors dans une maison, d'où je puis prouver par acte de Notaire,que je ne déménageai qu'au mois de May 1687. Le voyage de Mr. Bontemps est du mois de Septembre de l'année précedente. Voilà ce que M. J. appelle *savoir les choses de bonne part.*

De quelles vetilles ne faut-il pas que le public soit fatigué, quand on a à se défendre contre de tels accusateurs que nos bons dévots, qui antidatent si bien les choses, afin de rendre plus vraisemblables leurs accusations? Qu'ils se souviennent que durant la paix nous recevions des visites les uns & les autres de plusieurs voyageurs François. Il y en a eu qui n'ont pas laissé tomber par terre une chose dont notre Auteur se laissa cajoller par sa propre femme en leur présence, c'est que dans un an il prêcheroit à Paris dans l'Eglise de Notre-Dame. Chacun se peut imaginer combien on se moque de lui à ce sujet à Paris, & avec quelles épithetes pour sa pauvre tête: mais je voudrois bien entendre plaider un Avocat sur la question: Si un homme qui a crû de telles choses, peut être reçu en témoignage, & faire le métier d'accusateur?

Au reste, qui ne se vante pas (e) que puis que ces choses lui sont revenuës sans qu'il les ait cherchées, il auroit bien découvert des mystéres s'il s'étoit donné quelque peine. Car la vérité est qu'il est toûjours aux écoutes, & que ses rapporteurs sont aussi crédules que lui, *dignum patellâ operculum.* Il ne faut pas s'étonner si de la crédulité la plus inouïe qu'on ait jamais vûë,& d'une bile noire qui empoisonne tout, il sort tous les jours tant de calomnies. Je n'ai pas lieu de croire que mes lecteurs soient surprisqu'il ait commis tant defaussetez en si peu de pages. Ils le seront plûtôt de ce qu'il n'en a pas commis davantage. Ce seroit trop pour un autre, c'est trop peu pour lui.

CHAPITRE III.

Considérations sur quelques-unes des faussetez de Mr. J.

QU'on ne dise pas que ce peuvent être de simples oublis de circonstances: les défauts de mémoire ne tombent pas si juste sur tout ce qui fait le nœud d'une accusation; il faut que la malice du cœur joué là son jeu. C'est par malice qu'il a supposé 1. Que j'ai fait un mystere du Manuscrit. 2. Que j'ai reçu commission de le faire imprimer ici. 3. Que ce n'est pas Acher qui m'a prié de lui procurer cette impression. 4. Que je ne lui répondis pas, que je n'avois aucun ordre de le

*Que c
parde
moire
rien a
tant*

(c) Pag. 44.
(d) „ Je ne sçai rien de cettehonnêteté quepar ouïdire. „ Car je suis peut-être le seul François homme de lettres „ qui ait demeuré fort long-tems enHollande sans mettre jamais le pied chez lui.
(e) Pag. 45.

le faire imprimer, mais que si on en venoit là, je le préfererois à tout autre. 5. Qu'il a suprimé cette circonstance décisive pour ma justification, c'est qu'il n'a jamais été rien résolu touchant l'impression que conditionnellement, c'est-à-dire, qu'au cas que les amis du Libraire, & nommément l'homme si suspect à la Cabale Chimerique, le trouvassent à-propos. 6. Qu'il a converti un ouvrage qui ne présente rien que les idées d'un petit particulier sans aveu, qui minute des voies d'accommodement à la maniere des Réunisseurs de Religion, en un ouvrage qui déclare les intentions & les offres de la Cour de France pour la Paix générale: ce qui est la plus insigne & la plus frauduleuse supercherie que l'on vit jamais; car l'edition de Lausanne à l'endroit qu'il cite, marque tout le contraire, comme je le dirai ci-dessous; & il ne faut point juger de celle que le Sr. Acher vouloit faire par celle-là, puisqu'il la devoit donner avec mille changemens que l'on n'a point vûs ici.

Je me suis éclairci le lundi 30. d'Avril avec le Sr. Acher sur les quatre ou cinq falsifications essentielles & capitales dont je viens de parler, & il est convenu avec moi des faits que j'opose à ces quatre ou cinq falsifications. Il me renouvella la promesse qu'il m'avoit déjà faite qu'il diroit la verité, quoiqu'il lui en dût coûter, si la justice le lui ordonne: me faisant connoître que sans cela il ne pouvoit me fournir aucun témoignage par écrit, ni devant des témoins, à cause des grands égards qu'il doit avoir pour M. J. ma partie. J'ai apris qu'il y avoit déjà quelques jours qu'il lui avoit fourni sa déposition par écrit. Ainsi il est demeuré d'accord avec moi de ces quatre ou cinq faits, depuis cette déposition.

Je ne dis rien de cet énorme entassement de fictions, dont il remplit sept ou huit pages depuis la 47. jusqu'à la 55. Jamais Auteur de Roman a-t-il plus hardiment supposé tant de faux faits sur des siécles ou sur des pays éloignez, que cet Auteur en supose sur des discours tenus en Hollande? On lui dit en un mot sur tout cela, qu'il n'est qu'un déclamateur fabuleux, avançant témérairement mille choses dont il n'a & ne peut donner nulle preuve, & qui se réfutent d'elles-mêmes, tant elles sont éloignées de la vraisemblance. Un homme qui auroit tenu de tels discours dans les boutiques, ou en présence de gens de contraire avis, auroit été brisé de coups sur le champ, ou deferé aux Juges. Pour le moins il se seroit rendu tellement suspect, qu'il n'eût plus été propre à être l'espion de la France. Ceux qui lui joüent ce personnage, sont les premiers à déclamer contre son Roi, afin de mieux découvrir tout ce que les autres en pensent. Je ferai voir d'ailleurs dans ma Réponse, qu'il n'y a que des cerveaux creux qui ayent pû se promettre quelque avantage de pareils discours. Notre Cabale n'est donc pas en ceci plus réelle que la Confrairie de la Rose-Croix. J'avoüe qu'on s'est assez librement moqué des Légendes & des visions de Mr. J. & qu'on a quelquefois représenté qu'il donnoit la plus fausse idée du monde des forces de la France, & que l'on ne croyoit pas avec lui que dès le printems de 1689. le Roi Louïs XIV. se retireroit au-delà de la Loire, réduit à la chétive destinée de celui de ses prédécesseurs qu'on appelloit le petit Roi de Bourges; car c'étoient-là les espérances qui étoient distribuées auprès de son feu tous les jours à qui en vouloit aller avaler la fumée. Mais la liberté que des gens sensez pouvoient prendre de raisonner solide-

ment & doucement sur les moyens & les aparences de ces grands évenemens, c'est-à-dire, de ne donner pas aveuglément dans toutes ses rêveries, n'a pas dû le mettre en colere, jusques au point de faire d'une mouche un éléphant. Un homme judicieux en eût inferé que nous y allions de bonne foi, & qu'une conscience qui se sentiroit malintentionnée useroit de plus d'artifice & de dissimulation. Nous parlerons à lui sur cet article dans notre Réponse. Après tout, ce seroit une tyrannie plus insuportable que l'Inquisition d'Espagne, si comme Mr. J. & ses adhérans tâchent de le faire passer en principe, un homme ne pouvoit passer que pour mal-intentionné, lorsqu'il oseroit contredire des faussetez notoires concernant les ennemis de l'Etat, & déclarer qu'il ne donne pas dans des espérances chimériques. Si l'on n'y prend garde, on se trouvera enfin réduit à l'alternative, ou de renoncer au sens commun, ou d'être crû mal-intentionné.

Je ne puis que me récrier ici sur le déshonneur dont il couvre tous le Corps des Réfugiez, lorsqu'il ne donne à ceux qui condamnent l'impatience, les libelles, les séditions, l'éloignement de l'esprit des premiers siécles, lors, dis-je, qu'il ne leur donne pour tout partage que (*a*) l'indifférence des Religions, la perfidie contre les Etats où ils ont trouvé un azile, le penchant au Déïsme & au Spinozisme. N'avons-nous point ici un fils de l'Eglise Protestante beaucoup plus digne de malediction que Cham? Car au moins si Cham fit voir la nudité de son pere, c'étoit une nudité réelle dont il n'étoit point la cause: au lieu que ce Ministre découvre à toute l'Europe la plus ignominieuse turpitude dont une Communion Chretienne puisse être souillée, & qu'il devroit cacher soigneusement, si elle étoit effective. Mais graces à Dieu, elle ne l'est point. Le Saint Esprit n'a pas tellement abandonné l'Eglise Réformée de France dans sa dispersion, qu'il n'y soit demeuré de bonnes ames, qui sont encore persuadées malgré les déclamations & les livres de M. J. qu'il faut aimer ceux qui nous haïssent, prier pour ceux qui nous persécutent, souffrir patiemment pour le nom de Dieu, ne rendre point le mal pour le mal, l'injure pour l'injure, ni écrire des satyres. Que les ennemis de nôtre sainte Réformation soient donc avertis ici par mon moyen, que c'est une calomnie atroce d'un enfant ingrat & dénaturé contre l'Eglise qui lui a donné la naissance, que d'accuser, comme il fait, de n'être pas bons Protestans, mais plûtôt des personnes sans Religion, ceux qui recommandent la Morale de l'Evangile.

Mais pour le dire en passant, à qui en veut-il quand il accuse ceux qui aprouvent encore parmi nous les Maximes Evangéliques, (*b*) de loüer en même temps la justice & la modération du Roi de France? Qui lui a dit que les prétendus Cabalistes de ce païs font cela? Quelle preuve en donneroit-il, en demandant autant de tems qu'il en demanda contre Mr. de la Conseillere Ministre de Hambourg? Il y a bien aparence qu'il sait lui-même qu'ils n'en font rien: mais ayant trouvé cette fausseté propre à les rendre odieux, & à lui fournir en même tems une occasion de répeter un lieu commun qu'il a peut-être déjà fait imprimer dix fois depuis six ans: il n'a eu garde de ne la pas dire.

CHA-

CHAPITRE IV.

*Réponse à quelques petites demandes
de Mr. J.*

ON voit présentement le cas qu'il faut faire des petites interrogations qu'il fait dans la p. 49.

Questions de M. J. répondues.

Pourquoi, dit-il, *avez-vous fait mystere de ce Manuscrit?* Il est faux que j'en aie fait.

Pourquoi le faisiez-vous copier? Parce qu'on m'en prioit, afin d'en donner une copie à Mr. d'Ablancourt, & d'en envoyer une autre à Mr. l'Evêque de Salisbury.

Pourquoi ne l'a-t-on découvert que par hazard? Mr. le Baron de Groëben, Mr. d'Ablancourt, Mr. *** & Mr. Hulft, le Diacre de l'Eglise Françoise, les deux Copistes, le Libraire de l'Accusateur à qui on envoya la copie destinée pour l'Angleterre, sans lui recommander, non-plus qu'aux autres, ni alors ni en aucune autre occasion le secret, répondront à cette demande.

Pourquoi avez-vous fait paroître tant de chagrin contre ceux qui l'avoient fait voir? Je fus fâché que le copiste eût mis la copie entre les mains d'un Libraire, parceque je craignis que quelqu'un ne l'imprimât, lorsque je n'avois ordre que de le montrer en Manuscrit, & qu'on ne m'avoit marqué sinon qu'on vouloit avoir des avis pour la correction de l'ouvrage. On sait combien une Edition prématurée contre le gré de l'Auteur le chagrine & contre les Imprimeurs & contre ceux qui ont eu la négligence de mal garder le dépôt d'un Manuscrit. Mais si la prétenduë Cabale avoit eu dessein de publier celui de Geneve, bien-loin de me fâcher de l'infidelité du copiste, j'en aurois été fort aise, afin que l'ouvrage devînt public sans qu'on pût me l'imputer.

Pourquoi avez-vous prié qu'on ne sçût pas que cela venoit de vos mains? Faux que j'aie jamais prié de rien de semblable; ce qui eût été bien ridicule après la communication que j'en avois faite à tant de personnes illustres. Et jamais les copistes n'ont été priez de se taire ou sur le Manuscrit, ou sur celui qui le faisoient copier. L'honnête homme Diacre de l'Eglise Françoise le sait bien.

Pourquoi avez-vous en intention que l'ouvrage se répandît en même tems par toute l'Europe? Je croi bien que ç'a été l'intention de l'Auteur, qui n'est guéres moins entêté de ses projets visionaires, que notre Auteur de ses prédictions chimériques. Mais pour moi, je n'ai eu pour but que de rendre quelque service à un Libraire Réfugié chargé d'enfans, qui crut gagner quelque chose à l'impression d'un tel Manuscrit, & à qui je cherchois depuis long-tems l'occasion de rendre service, l'ayant toûjours trouvé complaisant & officieux en mon endroit.

Pourquoi ces bons & fideles amis de Geneve ne vous ont-ils pas appris que la piéce avoit été minutée par le Résident, & corrigée à la Cour de France? Quand je ne saurois pas la raison pourquoi Mr.... Ministre & Professeur de Geneve, ne m'a pas même jamais écrit le nom de l'Auteur, ni ses occupations & ses habitudes, je ne devrois pas fort m'en mettre en peine. C'est à mon Accusateur à prouver que l'on m'a appris ceci ou cela. Je puis montrer les lettres que j'ai reçuës de Geneve; j'attens un certificat en forme de ce pays-là: & tout cela montrera invinciblement que je n'ai ja-

mais sçu si le Résident de France avoit part à l'ouvrage, si Madame de Maintenon l'avoit vû, & corrigé, &c. Mais il est bien aisé de dire pourquoi on ne m'a point marqué ces particularitez: c'est qu'on ne se vouloit servir de moi que pour en faire passer une copie entre les mains de Mr. l'Evêque de Salisbury, & pour en faire les communications ci-dessus marquées; à quoi ne servoit de rien que je sçusse avec qui l'Auteur conféroit. J'avouë que depuis qu'on eût consenti à Geneve que le Sieur Acher, fît une seconde Edition, mon ami me marquoit que l'Auteur raccommodoit son ouvrage de mieux en mieux, & qu'il étoit goûté de plusieurs personnes: mais il ne m'a jamais nommé qui que ce soit qui l'eût ou vû, ou corrigé. Mais M. J. n'est-il pas plaisant, de nous citer le témoignage d'un inconnu pour ces corrections de Madame de Maintenon? Et y eut-il jamais de temerité plus punissable que la sienne, d'oser intenter une accusation publique aux gens sur la foi d'un seul témoin qu'il ne nomme pas, & qui est peut-être aussi visionnaire que lui; à qui il fait déposer à la vérité, que l'Auteur du Projet lui a dit qu'il l'avoit envoyé à la Cour de France, &c. mais non pas que ceux qui en avoient des copies en ce pays sçussent qui il est, ni ce qu'il fait. Le Public doit avoir l'équité pour cet Auteur de ne le comdamner pas sans l'entendre. Il s'expliquera sans doute sur ce que M. J. fait déposer à son Anonime.

On aura peine à croire, poursuit-il, *que des gens qui savent tout ayent ignoré cela.* Je ne sai pas ce qu'il veut dire par ces paroles, *qui savent tout*. Si je fais revenir les lettres que j'ai écrites au Professeur de Geneve, il paroîtra que je lui ai toujours fait des excuses de ce que je n'avois rien de considérable à lui écrire. Car en fait d'affaires du tems & de politique, j'avoüe que ma science ne passe pas celle des Gazettes. En tout cas, c'est à lui à prouver que j'ai sçu tout: on ne comdamne pas les gens en ce pays-ci sur des *on a peine à croire*, & principalement lorsque leurs accusateurs sont aussi emportez & décriez que le nôtre.

Il ajoûte (a) qu'*on ne croira pas aussi fort aisément, que des gens qui ne paroissent pas fort opulens, se chargent pour rien d'un commerce de lettres aussi onereux qu'est celui de recevoir par la poste des paquets de papiers de Geneve & des lettres à tout les ordinaires.* Je répons que le Professeur me marqua la premiere fois qu'il m'écrivit, (comme je le puis justifier par l'original de la lettre) qu'un de ses bons amis vouloit porter la dépense de notre commerce, & que je n'avois qu'à tenir une note de ce que je débourserois. Voilà ce que c'est que d'avoir à faire à un chicanneur si vetilleux: il engage nécessairement à importuner de cent bagatelles le lecteur.

S'il veut exercer sa chicannerie de Sophiste sur ce que j'avouë de bonne foi, qu'à cause du changement que l'on attendoit par le siége de Mons, je conseillai au Libraire de ne plus s'embarrasser de l'impression du Projet de Paix, il ne sera pas mal qu'il voïe ici la veritable raison de ce conseil. On étoit tellement persuadé ici, que l'affaire de Mons décideroit totalement des affaires de l'Europe, & qu'elle les feroit passer du blanc au noir, qu'il falloit s'attendre à voir jetter par terre dans les boutiques de Libraires tout Projet de Paix qui auroit été fait avant cela. Il auroit donc falu être tout-à-fait sans charité pour Acher, si on lui avoit conseillé alors d'imprimer ce livre.

CHA-

CHAPITRE V.

Véritable état de la question, avec quelques remarques, qui font voir les prodigieux égaremens de Mr. Jurieu.

Voici présentement à quoi toute cette grande accusation aboutit. 1. Il y a en Hollande un François Réfugié, qui ayant reçu d'un de ses amis, Ministre de Geneve dont il connoît la pieté, un Projet de Paix en manuscrit, sans qu'on lui en ait marqué l'Auteur, ni aucune autre circonstance, l'a fait voir à quelques personnes importantes, selon la priere qu'on lui en faisoit. 2. Il a sçu qu'il paroissoit ridicule & visionaire, & l'a écrit à son ami, en lui marquant que si l'on vouloit qu'un Projet de Paix fût agréable en ces quartiers, il falloit qu'il contînt un tel abaissement de la France, qu'on n'eût plus rien à craindre de ses entreprises. 3. Pour faire plaisir à un Libraire Réfugié chargé de famille, qui a laissé son bien en France, & qu'il cherchoit à obliger depuis long-tems, & qui demandoit à imprimer ce Projet comme un livre où il feroit quelque gain, il en a fait la proposition ; de quoi la suite a été qu'on envertoit à ce Libraire les feuilles de la premiere Edition, corrigées & augmentées selon les avis que l'Auteur avoit reçus de toutes parts. 4. Il a été résolu entre lui & le Libraire, qu'on n'imprimeroit rien, si les amis du Libraire, & nommément Mr. J. ne le trouvoient à propos.

Je donne en quatre aux plus fins Jurisconsultes à marquer l'espece de ce crime d'Etat ; car il n'y a pas même là l'ombre d'un crime, puisque non seulement il n'a été rien imprimé, mais que la résolution d'imprimer a été toûjours accompagnée de ces deux circonstances ; l'une, que j'ai eu raison de croire sur les lettres que je recevois de mon ami, que les feuilles qu'on nous enverroit corrigées & augmentées auroient été mises au goût des Réfugiez, & accommodées à l'avis que j'avois donné de ce qu'il falloit y mettre pour plaire, & qui étoit jugé nécessaire au bien de l'Europe : L'autre, qu'on n'imprimeroit ces feuilles qu'au cas que des gens très-passionnez contre la France, & engagez à son affoiblissement par les intérêts les plus chers, c'est-à-dire par l'intérêt de leurs explications Apocalyptiques, le trouvassent bon. Sur le tout je puis déclarer, que si du consentement de ces Messieurs le Libraire se fût résolu à l'impression, je n'eusse pas laissé de revoir la derniere épreuve des feuilles ; & alors j'aurois conclu à la suppression, si j'y avois trouvé quelque chose qui eût pû nuire à la cause des Alliez, & principalement à cet Etat. Je puis montrer une lettre du Professeur de Geneve, qui porte en termes exprez, *que je serai absolument le maître de la* seconde Edition, *& qui plus est, prié d'y faire tous les changemens que je trouverai à propos, soit pour le langage, soit pour les matieres, selon que je jugerai que la piece en seroit meilleure ;* & j'ai un petit Avertissement imprimé, où l'Auteur apprend *que le VII. Entretien* (Mr. J. ne l'a point encore vû) *redresse plusieurs des articles de la Paix générale contenus dans le VI, donne des éclaircissemens qui y sont necessaires, & supplée enfin aux omissions.* S'il a fait cela dans la premiere Edition, que ne doit-on pas juger des changemens préparez pour celle de ce pays-ci ? D'où je conclus en passant, que mon Accusateur se conduit d'une maniere bien étourdie ; car il veut me rendre responable de ce qu'il a lû dans l'Edition de Lausanne : mais il ne s'agissoit ici que d'une Edition corrigée & rajustée. Et comment sait-il que les intérêts des Alliez n'y sont pas mieux ménagez qu'au commencement ? Ou du moins, comment sait-il que je n'ai pas crû qu'ils y étoient bien ménagez, ayant des lettres qui me l'assurent ?

Mais voici un moyen de justification qui pour être superflu ; (car ce que je viens de dire ôte pleinement toute ombre de mauvaise intention) ne laissera pas de bien servir à confondre l'inventeur de la prétenduë Cabale. Il prétend que par ce beau Projet de Paix *(a)* on a voulu faire révolter les Anglois & les Hollandois contre leurs Souverains, désunir les Alliez, & inspirer aux peuples un esprit de révolte, qui force les Alliez à recevoir la Paix aux conditions qu'on leur voudra donner ; & il veut que les prétendus Cabalistes, gens, dit-il, par ironie, *(b) qu'on connoît fort bêtes & fort simples,* & qui n'entendent point de finesse aux choses, ayent eu cette opinion de la vertu du Projet. Mais ne faudroit-t-il pas qu'ils fussent non seulement bêtes & simples ; mais qui pis est visionaires & fanatiques, pour pouvoir se persuader, qu'un livre rempli d'idées chimériques de conquêtes de la Palestine pour le Roi Jaques, & d'expéditions presque semblables à celles des Amadis, portera les peuples à la révolte ?

Je demande réparation publique de cet affront fait à toute la Nation Hollandoise. Quoi ! un Ministre Réfugié, qui n'est payé largement que pour prêcher & pour se mêler de Théologie, ne se contentera pas d'employer une bonne partie de son tems à des Libelles de politique, & à des Satyres personnelles ; mais il diffamera encore toute la Nation qui le nourrit ; il la représentera si encline à la révolte contre des Souverains, qui par la sagesse, par l'équité, & par la douceur de leur Gouvernement, sont plûtôt les peres que les maîtres du peuple, qu'il ne faut pour la porter à se soulever, que lui montrer un méchant Projet de Paix fabriqué à Geneve, & rempli de mille chimeres, où il ne paroît rien qui soit offert de la part de l'ennemi, mais seulement des vûës & des fantaisies d'un simple particulier, *une premiere & grossiere ébauche,* comme il le dit lui-même dans l'addition de son VI. Entretien. Je viens de la lire pour la premiere fois, & j'y trouve qu'il n'avance ses pensées que comme un Projet *imparfait & défectueux à divers égards, qui peut se rencontrer fort éloigné* (N. B.) *des intentions des Alliez,* DE MEME QUE DE LA COUR DE FRANCE. *Mais sur cette premiere & grossiere ébauche,* dit-il, *les politiques bien intentionnez prendront soin peut-être de donner au public des idées plus étenduës & plus justes.* Je ne comprens pas qu'il puisse y avoir parmi les amis de Mr. J. un homme si chargé des chaînes de la préoccupation, qui n'ait horreur, du moins dans son ame, de l'audace malicieuse qu'il a de soûtenir, que l'addition du VI. Entretien *(c) vient de la Cour de France, & contient sans détour les conditions de Paix qu'offre Louis XIV.* O conscience perduë ! N'a-t-il pas avoüé lui-même, que le Projet parle des offres de la France, *(d) comme d'un relâchement qu'on n'ose esperer ?*

La Nation Angloise n'est pas moins cruellement diffamée par Mr. J. Il veut que son obéïssance pour le Grand Prince qu'elle regarde comme un présent que Dieu lui a fait en ses grandes com-

Mr. Jurieu calomniateur de la Nation Hollandoise.

Et de la Nation Angloise.

compaſſions en faveur de la Religion, de la liberté , & du bien public de l'Europe , ne tienne
qu'à un méchant petit livre. Cela n'eſt-il pas
non ſeulement infâme à cette illuſtre Nation ,
mais auſſi très-injurieux à ſon illuſtre Monarque ?

Mais quand il ſeroit auſſi vrai , qu'il eſt faux,
que la Nation Hollandoiſe & la Nation Angloi-
ſe ſeroient d'une fidelité ſi chancelante pour leurs
Souverains, qu'il ne faudroit qu'un petit livre ſans
nom , ſans forme d'autorité , & comme tombé
des nuës de la part des ennemis , pour les précipiter dans la révolte, ce ne ſeroit pas à un Miniſtre Réfugié en Hollande, qui y jouït d'une penſion incomparablement plus conſidérable que tout
ce qu'il auroit jamais eu dans ſon pays, à publier
ce grand mal. Ce ſeroit un ulcere qu'il faudroit
ſoigneuſement tenir caché : & ce n'eſt pas un
moindre crime d'Etat à un Auteur, de faire ſavoir à toute la terre un tel déſordre intérieur,qu'il
prétend (mais fauſſement) avoir remarqué dans
le pays où il demeure, qu'à un homme de guerre
de faire ſavoir à l'ennemi les endroits foibles
d'une Place, & de lui ſervir de guide par des chemins détournez pour faire des irruptions.

Je dénonce donc à nos Souverains cet Auteur
coupable d'un double crime d'Etat. 1. Premierement, à cauſe qu'étant perſuadé que le Projet de
Geneve , nonobſtant ſes chimeres , feroit ſoulever la Hollande & l'Angleterre, il n'a pas laiſſé
d'en publier un Abrégé dans ce pays , & de le
rendre d'autant plus dangereux, qu'il eſt plus déchargé des rêveries, qui en tout cas lui ſervent de
contrepoiſon dans l'impreſſion de Lauſanne ; &
qu'il l'accompagne de la découverte d'un ſecret,
vraye ou fauſſe , mais enfin il la donne pour certaine, qui ne paroît point dans le Projet imprimé : c'eſt , dit-il , que ce Projet a été corrigé à la
Cour de France , & qu'il contient les offres que
fait cette Couronne aux Alliez. 2. Secondement,
à cauſe que dans cette même perſuaſion il a découvert à la France un moyen facile de ruiner par
les révoltes & par les déſunions des Alliez toute
la Ligue qu'elle a à ſoutenir. En vérité , ſi nous
en étions aux termes où cet Auteur nous repréſente , ce ſeroit bien-tôt fait de nous : la France n'auroit que faire de Cabaliſtes. Elle n'auroit qu'à envoyer par la poſte à quelque Libraire, un Projet
de Paix artificieux , il s'en trouveroit qui l'imprimeroient tout auſſi-tôt , comme l'on a fait quelques Satyres du Sieur le Noble. Et que feroit-ce,
ſi elle envoyoit offrir des conditions de Paix en
bonne & düë forme ?

Mais c'eſt une des plus creuſes chimeres de cet
Ecrivain, que de craindre ſi fort un livre. Il devroit ſavoir par ſa propre expérience, que tous
ces petits Ecrits de politique qu'on répand partout de part & d'autre, ne font ni bien ni mal aux
affaires générales. Ils font gagner quelques duca-
tons à l'Auteur & à l'Imprimeur, amuſent les
lecteurs pour quelques heures ; & voilà tout leur
effet. Notre Auteur oubliant ſa qualité de Miniſtre du S. Evangile, a eu beau ſe traveſtir en Papiſte outré pour faire des Remontrances aux Magiſtrats de Soleurre ; il a eu beau ſe flatter de la
chimere que ce petit Ecrit feroit du mal à la France, & qu'il démonteroit toutes ſes intrigues : ni
cet Ecrit, ni tant d'autres confreres qu'il lui a
donnez pour faire des ſoulevemens en France,
n'ont été que de l'ancre verſée ſur le papier, qui
n'ont ſervi de rien à la Ligue. D'où vient donc
cette humilité extraordinaire , de penſer que le

livre de ce Genevois achevera parmi nous, ce que
tous les ſiens n'ont pas ſeulement commencé dans
le pays ennemi ?

Qu'eſt devenuë cette vaillance dont Monſieur
de Meaux le raille ſi agréablement ? Quoi ! ce
même homme qui nous prêchoit pendant le ſiége de Mons , qu'il n'y avoit que des ames foibles ou mal-intentionnées qui paruſſent inquiétes
de ce mouvement des François, qui traitoit de
bagatelle une Armée Royale de cent mille hommes , tremble & frémit de peur aujourd'hui pour
un petit livre venu de Geneve , mal écrit & plein
de viſions ? J'aurois crû pour moi que mon adverſaire auroit été plus capable de s'effrayer à la vûë
du moindre ſoldat François, qu'à la vûë du plus
dangereux Ecrit que la France nous pût envoyer.

D'où lui vient cette défiance de ſes forces , &
pourquoi veut-il que l'on ait dû craindre le livre
de ce Genevois ? Ne devoit-on pas eſpérer qu'il
le réfuteroit inceſſamment , & qu'il y trouveroit
de quoi rendre de grands ſervices à la cauſe commune ? Il nous en donne une échantillon merveilleux dans la noble réflexion qu'il fait, que le Roi
Jaques *eſt une Marotte juſques à la paix*, à la Cour
de France ; & dans l'Avis qu'il donne au Turc.
(e) *Le Turc* , dit-il , *ne doit pas laiſſer de profiter
de ces Avis , & de conclure de-là la fidelité du Roi
de France , avec lequel il eſt en alliance. On veut
bien non ſeulement l'abandonner, mais aider à le déchirer à la premiere occaſion qui s'en préſentera.* Ces
ſeules lignes nous font valoir infailliblement la
Paix de S. M. I. avec la Porte , ſi on prend la
peine de les communiquer au Grand Vizir. Après
cela ne ſeroit-on pas bien ingrat , ſi l'on n'accordoit à Mr. J. en reconnoiſſance de ſes importans
ſervices, non pas tant une récompenſe pecuniai-
re , à quoi néanmoins il ne ſeroit pas inſenſible,
que l'exil des prétendus Cabaliſtes, qui lui peſent
furieuſement ſur les épaules ? Il ne ſe ſent plus capable de leur tenir tête la plume à la main : ainſi
il recourt à l'autorité des Magiſtrats , & il nous
va faire, ſi ceci dure, de tous ceux qui le chagri-
neront autant de conſpirateurs d'Etat. S'il en
étoit crû, la Hollande ſeroit bien-tôt le pays des
ſots & des dupes, le centre de l'Inquiſition , de la
crédulité légendaire, du fanatiſme & de la ſatyre , au lieu que c'eſt le centre & l'azyle du bon
ſens & de la ſolide raiſon. Peur-être traitera-t-on
dans quelque livre cette jolie queſtion , *De quel
caractere ſeroient les habitans de la Hollande, ſi Mr.
J. en éloignoit qui il voudroit ?*

Mais je ſens que la belle humeur me vient.
N'allons pas plus loin, gardons-la pour un autre
ouvrage, & diſons avec le plus grand ſens froid
du monde , que nous ne ſommes pas capables de nous imaginer, ni que le Projet vague
d'un homme ſans aveu , & qui débite mille viſions, ſoit capable d'alterer la concorde dans ces
bienheureuſes Provinces, ni que le Miniſtre qui
nous accuſe ait jamais eu cette crainte. Il a fait
ſemblant de l'avoir par pure malice , afin d'in-
téreſſer le bras ſeculier, s'il pouvoit, à ſes paſſions perſonnelles. Mais Dieu merci, nous avons
à faire à des Maîtres qui protegent le bon droit
contre la violence des perſécuteurs. Il a donné
à entendre malicieuſement, que le Projet de Geneve faiſoit des offres particulieres à chaque Etat
ſans relation aux autres, afin de faire comprendre qu'il y avoit là quelque choſe de tentant pour
quelques-uns des Alliez. Mais on m'a aſſuré que
tout y roule ſur un plan de Paix générale, aſſurée
par

par une bonne garantie ; & que par cette réci-
procation d'interêts que l'on subordonne les uns
aux autres pour n'en faire qu'un tout appuyé sur
de bons garants, le Projet devient manifestement
impraticable: pour ne pas dire qu'il contient des
choses qu'il n'est pas apparent que la France goûte. Ainsi pourquoi a-t-il dissimulé ces embarras
du Projet ? C'est qu'il ne vouloit point que l'on
s'aperçût qu'aucun lecteur ne seroit assez grossier
pour s'imaginer qu'on avoit là une ouverture à finir la guerre. Or l'interêt de sa passion a été,
que le Public sçût que le Livre venu de Geneve
pouvoit semer la discorde. Il n'a eu donc garde
d'en faire un portrait fidele, qui eût montré que
la terreur qu'il feint d'avoir, est panique & chimérique. Ce n'est pas qu'il ne lui soit échapé
une période qui a trahi ses desseins, & c'est ce
qui lui arrive presque toûjours, à cause de la
peine qu'il a au milieu de sa colere d'accorder les
interêts de sa mémoire avec ceux de son cœur.
Il représente dans la page 30. de son Avis au public les offres qu'il prétend que la France fait faire par le Projet de Geneve : il les répresente,
dis - je, comme si ridicules, & si éloignées d'a-
voir quelque chose de tentant pour les Alliez, qu'*il faut*, dit-il, *que la fierté ait fait perdre le sens pour risquer de telles propositions.* Pourquoi donc s'allarme-t-il, pourquoi tremble-t-il
de peur à la vûë de ce Projet?

Je le dis encore une fois, il ne sauroit se disculper de crime d'Etat selon ses maximes. Car
non seulement il a donné l'Abregé d'un livre qu'il
a crû capable de faire révolter la Hollande &
l'Angleterre ; mais il l'a fait sachant qu'il étoit
déjà imprimé à Lausanne, & ne pouvant point
douter que les Marchands de la foire de Francfort, en apporteroient ici beaucoup d'exemplaires.
S'il avoit eu autant de zêle pour le bien public,
que d'envie de perdre des particuliers, il n'auroit
parlé de ce Projet que pour s'en moquer. C'est
le parti que devoit prendre un homme bien intentionné, qui auroit donné dans une puérilité
assez ridicule pour s'allarmer de ce livre. Il devoit le décrier, puisqu'il étoit déjà public , afin
que les exemplaires qui en viendront apparemment de Suisse en Hollande, n'excitassent l'avidité de quelque Libraire, & n'y fissent prendre
garde à ceux qu'il croit mal intentionnez. C'est
ce qu'il falloit faire, supposé qu'il fût dans la persuasion qu'il témoigne.

Je ne saurois finir ce Chapitre, sans remarquer
que le dédommagement que le Projet de Geneve veut procurer au Roi Jaques par la Conquête du Royaume de Jerusalem, rend la Paix impossible aux conditions qu'il propose , & n'a pû
par conséquent tenter personne. Car il n'y a point
d'Etat engagé dans la présente Ligue, qui n'aimât mieux continuer la guerre contre la France
jusques à l'entiere Conquête de ce Royaume, que
de la finir à condition de contribuer à celle de la
Palestine: n'y ayant point d'entreprise qui puisse
sembler de plus grand goût, ni aussi accompagnée
de longues & d'insurmontables difficultez , que
celle d'une Croisade en ce siecle-ci pour recouvrer les Saints Lieux, & pour en investir Jacques
Stuart à la place des trois Couronnes qu'il a perduës dans l'Europe.

CHAPITRE VI.

*Approbation de deux opinions de M. J. Réflexion
sur la conduite du Professeur de Geneve.
Protestation & souhait par rapport à M. J.*

QUant au reste, je suis tout-à-fait de son sentiment sur ces deux points. L'un, qu'il
ne faut point songer à faire la Paix avec la France, que quand on sera en état de la lui donner à telles conditions qu'on voudra. Cette vérité est si évidente, qu'elle saute aux yeux des moins
clairvoyans. L'autre, que la prise de Mons n'est
qu'une Perte très-médiocre pour ce pays-ci, &
en géneral pour les Aliez. Je pourrois citer des
gens devant qui je l'ai prouvé non seulement par
les raisons de l'Auteur, mais encore par d'autres.
Je ne suis pas surpris cependant qu'il soit tombé
à l'égard de cette Ville dans une contradiction
grossiere ; car c'est un peché d'habitude en lui,
& si jamais quelqu'un s'avise de faire un recueil
sur ce chapitre-là , il pourra faire un fort gros livre. Voici sa contradiction. Il dit dans la page 92. qu'à cause de la prise de Mons le Roi de
France mettra vingt mille hommes de moins en
campagne , en comptant la grosse garnison qu'il
lui faut mettre là-dedans, avec la fleur de ses
Troupes qu'il a perduës au siége. Cela signifie
que pour le moins il y a perdu dix mille hommes. Mais comment cela, s'il est vrai, comme
l'Auteur le dit dans la page 114. que la Ville s'est
renduë par la trahison des Bourgeois , & *que le
Roi de France à son ordinaire s'est préparé le chemin au triomphe par une pluye d'or ?*

Je suis aussi tout-à-fait de son sentiment sur cet
autre point, (a) que ce n'est pas à des particuliers , & surtout à des étrangers , de se mêler
d'affaires publiques, ni d'aller ou par des discours,
ou par des écrits, contre les intentions du Gouvernement. Jamais homme n'a eu moins de besoin que moi, ni plus de besoin que lui , de cet
avis. Car pour moi, je laisse fort aller le monde comme il va, & me contente de faire ma
charge. Mais pour lui, au lieu de se renfermer
dans sa sphere, qui est la visite des malades, l'instruction des enfans, la pacification des familles,
les écrits de dévotion, (quatre choses dont il s'a-
quitte très-mal (la prédication, & la controverse
fait tout ce qu'il peut , depuis qu'il est en ce
pays, pour s'intriguer dans les affaires de politique & dans les Négotiations. Que ne disoit-il
pas contre la Treve concluë l'an 1684. lors même
qu'il ne s'agissoit plus que de la seule ville d'Amsterdam, contre laquelle il avoit jetté feu & flâme , & que c'étoient toutes les sept Provinces
qui avoient consenti à la Treve? Y a-t-il rien
de plus propre que ses Ecrits & ses Sermons, à
dégoûter de notre Alliance tous les Princes Catholiques? Ne dit-il pas & ne prêche-t-il pas
éternellement, que l'Eglise Romaine est sur le
point de sa destruction totale, & que la présente Ligue sera l'instrument de sa ruïne? S'il étoit
payé de la France pour ruïner nos affairss, pourroit-il rien faire de plus à propos?

Il a raison de dire , (b) *que nous avons les Souverains du pays, qui sont bons & sages pour savoir
quand il sera-à-propos de faire la Paix , & que
l'on doit être assuré qu'ils n'en négligeront pas les occasions.* J'en suis persuadé ; que comme en géneral

néral je me mêle peu d'aucune affaire , même particuliere , (ce qui est connu à tous ceux qui me connoissent) content de mes petites études, & des petites fonctions de ma charge; je ne m'avise jamais de parler de ce qui concerne la Paix : & si mon Accusateur peut produire un seul homme (je dis un seul) qui se vante de m'avoir ouï dire quelque chose sur cet article, ou sur des conséquences désavantageuses de la prise de Mons, & sur le reste de la p. 117. je déclare dès à présent cet homme-là faux témoin. J'exhorte donc à mon tour Mr. J. à ne douter pas que nos Souverains sages, éclairez & affectionnez qu'ils sont au bien public , ne négligeront jamais les occasions d'une Paix glorieuse, utile & durable, sans se mettre en peine si un particulier comme lui, à qui la guerre ne diminuë pas sa large pénsion, & fournit matiere à des Ecrits satyriques & lucratifs , frémit au seul nom de Paix, pendant qu'il n'aura pas prêché dans l'Eglise de Notre-Dame de Paris.

Il me reste à prévenir un objection, qui regarde le Ministre & Professeur de Geneve qui m'a communiqué le Projet de Paix. On s'étonnera peut-être qu'il ait voulu se mêler d'un Manuscrit que je représente si peu digne de recommandation. La réponse est aisée. Car en prémier lieu, nous ne sommes pas toûjours obligez de refuser nos services à un ami qui se veut ériger en Auteur , sous prétexte que nous lui connoissons quelque entêtement pour ses pensées creuses. Il y a des entêtemens qui ne paroissant pas d'un côté capables de faire du mal à personne, paroissent de l'autre capables de faire trouver un emploi à la personne entêtée. C'étoit un dessein hardi que d'entreprendre un Projet de Paix génerale, dans la situation où sont les affaires de l'Europe depuis deux ans. Les plus grands esprits trouvoient plus de peine à imaginer quelque chose de praticable, qu'il n'y en a à resoudre un problème de Géométrie bien embrouillé. On pouvoit donc croire qu'un homme qui hazarderoit un Projet , & qui en pourroit redresser l'ébauche sur les avis des habiles gens de l'un & de l'autre parti, se feroit un nom dans le monde , & qu'encore qu'il donnât dans les idées Romanesques, il ne laisseroit pas d'être regardé comme utile à des Ambassadeurs, Médiateurs, ou Plénipotentiares dans les Conférences de la Paix , lorsqu'il plaira à Dieu de les faire commencer. Il faut savoir que les hommes qui en matiere d'affaires ont l'imagination Romanesque, ne sont pas toûjours inutiles aux Ministres d'Etat : ils fournissent quelquefois des vûës , & font naître des pensées; & c'est pour cela que le Cardinal Mazarin ne rebutoit point ces sortes de gens. J'en donnerai peut-être des exemples dans la Réponse que je prépare.

Quoiqu'il en soit, il ne faut pas croire qu'un homme approuve tout ce en quoi il rend du service à ses amis. Ceux qui ont le plus souhaité par amitié pour Mr. J. qu'il ne publiât rien sur l'Apocalypse, & qui ont désapprouvé entierement ses visions, n'ont pas laissé de faire valoir l'ouvrage, & n'auroient pas fait scrupule de lui chercher des Traducteurs , & des Imprimeurs en toutes langues, & principalement s'ils avoient crû que cet ouvrage feroit tant parler de lui , qu'on lui enverroit des présens, ou qu'on lui addresseroit quelque vocation plus avantageuse.

Voilà ce que je puis dire , moi qui ne connois ce Projet de Paix que par le jugement qu'en ont

fait Mr. *** Mr. d'Ablancourt , & Mr. de Beauval, & que des personnes venuës de ce payslà confirment , & Mr. J. lui-même , quelque intérêt qu'il ait eu pour satisfaire son insatiable vengeance, d'en parler comme d'un livre dangereusement tourné. Mais je ne doute point, connoissant autant que je fais l'esprit, le savoir, la vertu & la pieté du Professeur de Geneve, qu'il n'ait eu de bonnes raisons d'en user comme il a fait par raport à cet Ecrit. Je suis sûr qu'il n'a jamais remarqué dans l'Auteur du Projet aucun dessein de favoriser la France au préjudice du Protestantisme, & qu'il a contribué de son mieux à lui faire mettre la cause des Réfugiez & la garantie en bon état, ne voulant pas même que sur le papier, & dans un Projet hazardé au jugement du public sans conséquence , on négligeât à son sçu les intérêts de la bonne cause. L'un & l'autre se justifieront sans doute des accusations de Mr. J. & je demande pour eux au Public une chose qu'on ne peut pas leur refuser sans injustice, c'est qu'on suspende son jugement jusques à ce qu'ils aïent fourni leurs contredits. Il trouvera sans doute à qui parler, & il aura plus de sujet qu'il ne pense de se repentir d'avoir jetté le venin de ses calomnies si temerairement depuis le Midi jusques au Nord. Et quand il seroit vrai qu'on auroit regardé à Geneve ce Projet comme quelque chose qui disposeroit à la Paix, il ne s'ensuivroit pas qu'on y auroit été Cabaliste de la France. Car encore que dans les païs qui sont en guerre , nul particulier ne doive s'ingérer à conseiller la Paix; il ne s'ensuit pas que dans un païs neutre comme Geneve, un particulier très-bien intentionné pour le bien general, ne puisse chercher innocemment des voyes de pacification. En tout cas, l'Auteur du Projet ne seroit pas un dangereux Cabaliste, & jamais Cour n'auroit été réduite à un aussi grand aneantissement que la France en fait d'intrigues, si elle avoit confié ses secrets à des gens comme lui & comme moi. On le connoîtra pour ce qui me regarde , par les choses que je dirai ci-dessous. Et pour l'Auteur du Projet, on n'a qu'à consulter l'extrait de la Lettre d'un Anonime que Mr. J. a publié, par où il paroît qu'il a declaré à un homme dont la discrétion doit être bien médiocre, puisqu'il révele ses secrets à Mr. J. qui imprime tout ce qu'on lui écrit; qu'il est en commerce avec Madame de Maintenon, & que *(c) la France demande la Paix à deux genoux*. Ha que voilà un bon moyen d'avancer la Paix ! Un Projet où une telle déclaration seroit contenuë authentiquement, publié en ce païs , feroit résoudre les plus pacifiques à continuer la guerre à toute outrance.

Je renvoie à un autre fois les réflexions qui se présentent à faire sur la conduite de mon Accusateur, qui pour une chose que l'on ne pourroit tout au plus traiter que de surprise ou de négligence, s'il étoit vrai que j'eusse prétendu que le Projet s'imprimât, sans que je fusse assuré par l'approbation des plus rigides lecteurs qu'il le pouvoit être, (ce qui, comme je l'ai montré au doigt, n'est pas vrai) me diffame d'une façon si furieuse & si empoisonnée, & enveloppe dans sa chimere de Cabale jusqu'à des Ministres du S. Evangile, reconnus pour gens de bien & d'honneur, & d'un mérite singulier. Il fait tout ce qu'il peut pour les rendre suspects & aux peuples, & aux Magistrats, sans le moindre fondement. Pour ce qui me regarde, on voit bien que son but est d'en tant dire, que si les Souverains, incapables de se laisser

sur-

ſurpendre par les emportemens d'un Déclamateur, n'oppriment pas mon innocence par le glaive que Dieu leur a mis en main, il enflame au
moins de telle ſorte les eſprits de la populace,
que je ſois immolé à ſa fureur. Je lui déclare que
je ne crains rien, & que cela ne m'empêchera
point d'aller partout la tête levée à toute heure.

Je fais bien plus que tout cela. Je déclaré
ici publiquement ce que j'ai été dire à Monſieur le Grand-Baillif de cette Ville : c'eſt que
ſi mon Accuſateur veut entrer en priſon avec
moi, & ſubir la peine qui lui ſera dûë ſi je ne
ſuis pas coupable, je ſuis tout prêt à y entrer.
Je conviens que ſi je ſuis coupable, comme il
m'en accuſe, d'être d'une cabale mal-intentionnée contre cet Etat, & d'avoir travaillé à exciter une révolte générale dans ce pays-ci & dans
l'Angleterre, je mérite la mort, je m'y condamne moi-même, je ne demande aucune grace,
& je confeſſe que mille vies, ſi je les avois, ne
ſeroient pas capables d'expier mon crime, infiniment plus atroce que celui d'un Incendiaire qui
va mettre le feu à des magazins ; car le mal qu'il
fait ne va guéres tout au plus qu'à la perte d'u-
ne Ville, au lieu que j'aurois voulu jetter la confuſion parmi tous les Alliez, & exciter des guerres civiles dans la Hollande & dans l'Angleterre,
pour frayer à l'ennemi commun le chemin à la
Monarchie Univerſelle. On me feroit grace ſur
ce pied-là, ſi on n'inventoit pas de nouveaux ſuplices plus terribles que ceux de Phalaris, & de
tous les autres Tyrans, pour me punir. Mais ſi
je ſuis innocent, il eſt juſte que le Calomniateur
ſubiſſe les mêmes peines que je devrois ſubir, ſi
j'étois coupable.

Cependant, ne demandant point de grace pour
moi, en cas qu'il prouve l'horrible conſpiration
qu'il m'attribuë concertée avec la Cabale de Geneve par le moyen du Projet de Paix, j'en demande pour lui, en cas qu'il ne la prouve point,
comme certainement il ne le fera jamais. Je ne
demande point que ſes excez ſoient punis ni par la
juſtice humaine, ni par la juſtice divine ; & bien-
loin d'invoquer ſur lui, comme il fait ſur nous,
le Dieu des Vangeances, je recours pour lui au
Dieu des Miſericordes. Il en a plus de beſoin que
perſonne. Car qu'il ne n'y flatte point ; qu'il ne ſe
faſſe pas un mérite de ne fumer pas, de ne s'enyvrer pas, de n'avoir point de galanteries : un orgueil, & un déſir de vangeange qui porte à déchirer, à colomnier, à exterminer tout ce qui lui
déplaît, eſt pis que tout cela. Il me décrie ſur
la Religion : mais en attendant que je le confon-
de là-deſſus, je veux bien que le public ſache que
pour rien du monde je ne voudrois avoir l'ame
auſſi noire que lui, ou être auſſi loin du Royaume
de Dieu que lui. Et ſi je lui ſouhaite pour la juſte punition de ſes fautes l'infamie publique dûë
aux Calomniateurs de profeſſion, ce n'eſt qu'a-
fin qu'il en ſoit humilié, & porté à une ſincere repentance qui lui ouvre enfin les portes du Paradis ſelon cette excellente parole du Pſalmiſte, que
je citerai en Latin pour être entendu de moins
de gens, *Imple faciem eorum ignominiâ, quærent
nomen tuum, Domine.*

CHAPITRE VII.

*Avertiſſement aux Amis de Mr. J. & à
lui-même.*

ILs auront grand torr, s'ils ſe plaignent que je
ne garde pas la modération qui m'eſt ſi naturelle, comme le ſavent tous ceux dont je ſuis connu. J'ai un déplaiſir inconcevable de me voir forcé à ſortir de mon état naturel par la plus cruelle
& la plus ſanglante injure que l'on puiſſe faire à
un homme d'honneur. Tout ce qui ſe peut dire
de plus atroce & de plus infâme a été publié contre moi. Je ne dois donc pas être blâmé, ſi je re-
pouſſe vivement les calomnies d'un ſi furieux perſécuteur. S'il n'avoit voulu que me faire aſſaſſiner
ou empoiſonner, je fais aſſez peu de cas de la vie,
pour avoir été capable de me taire : mais avec la
vie il a voulu me ravir l'honneur, il a voulu
que je laiſſaſſe ma tête ſur un éhafaut comme
traître, criminel de leze-Majeſté, conſpirateur
contre la Hollande où je ſuis en charge publique;
& il a voulu enveloper dans la même peine &
dans la même infamie mes meilleurs amis, perſonnes d'un mérite diſtingué. C'eſt à quoi il n'y a
point de patience qui ſoit à l'épreuve.

Eloge de la Hol-
lande.

Quoi! Je ſouffrirois patiamment qu'on m'accu-
ſât de conſpirer la ruine de la Hollande ſous une
révolte des Sujets contre leurs légitimes Souverains ? La Hollande qui depuis ſi long-tems la
mere & l'azile des Fideles perſecutez, qui nous
a recueillis ſi cordialement, ſi charitablement, ſi
libéralement, où en mon particulier j'ai trouvé une
retraite ſi douce, & ſi conforme à mes inclinations, après avoir perdu en France pour la Religion l'établiſſement que j'y avois ; la Hollande
enfin le bras droit & le plus beau fleuron de l'E-
gliſe Proteſtante, le rempart de la liberté de l'Europe, la République du monde la plus digne de
proſpérer, & de poſſeder juſqu'à la fin des ſiécles
l'éclat, la puiſſance & la gloire où Dieu l'a élevée
en ſi peu de tems par la ſageſſe & la juſtice de ſon
Gouvernement, par la valeur & l'expérience de
ſes Troupes, par l'induſtrie & la bonne foi de ſes
habitans, & par les qualitez éminentes de ces
grands Héros qui ont ſuccédé au Grand Guillaume de Naſſau le principal inſtrument de ſa fondation ? Pourrois-je parler mollement contre un lâche & cruel calomniateur qui m'accuſe du plus
noir de tous les crimes, ſavoir de conſpiration contre mes légitimes Souverains, qui ſont ſi dignes
de la plus abſoluë obéiſſance par le bon uſage
qu'ils font de leur pouvoir au bien & à l'utilité
d'un chacun ? Il faudroit être plus méchant qu'un
Diable pour conſpirer contre un pays où nous vivons ſi doucement, & où nous ſerions encore
beaucoup plus heureux, ſi l'humeur inquiéte &
emportée de mon Accuſateur n'avoit rempli cette Ville, par rapport aux Réfugiez, de mille défiances, diviſions, partialitez ; enſorte que l'on
n'oſe plus dire ce que l'on penſe, qu'après avoir
bien examiné devant qui l'on eſt, parce qu'il ſe
fait rapporter tout, le groſſit, l'empoiſonne, le
prêche, le fait imprimer. Il n'a pas moins excité
de diviſions & de défiances parmi les Miniſtres
François de ces Provinces ; & s'il avoit pû diſpoſer de nos Magiſtrats, il auroit excité mille tempêtes dans cette floriſſante Ville contre les Remontrans, & rempli toute la République de troubles
au ſujet de la diverſité de Religion.

M. Bayle eſt in-
nocent du peché
de malice au ſu-
jet du Projet de
paix.

Ceux qui ne ſont pas encore en état de revenir
de leurs préventions, ſont priez de conſiderer, ſi
jamais on a pû faire tant de vacarmes pour perdre
d'honnêtes gens, qu'il en a fait pour une vetille.
Car c'eſt ainſi qu'il faut apeller les petits offices
que j'ai voulu rendre à ſon Libraire pour lui procurer l'impreſſion d'un livre où il croyoit gagner
quelque choſe, & dont il m'avoit prié de lui faire
avoir la copie. Convertir cela en conſpiration
d'Etat, en Cabale pernicieuſe, eſt aſſurément la
plus chimérique, comme la plus nouvelle viſion

de

de son cerveau creux ; si ce n'est qu'il est plus aparent que c'est un ouvrage de pure malice, tant il a suprimé, alteré, suposé de circonstances dans la narration du fait. Ai-je jamais pressé ou exhorté le Libraire à cette impression ? Ai-je fait autre chose que lui rendre compte de ce qu'on m'écrivoit touchant celle de Lausanne ? Et ce qui ôte toute sorte de soupçons, ai-je pû y entendre finesse, ou y soupçonner quelque mal, puisque j'étois fort assuré que si la publication de ce livre étoit blâmée, tout le blâme retomberoit sur moi, & que je n'ai pû espérer en nulle maniere de n'être pas connu pour celui qui en auroit procuré la publication ? J'ai laissé long-tems le Manuscrit entre les mains de deux copistes Réfugiez ; je l'ai envoyé au Gouverneur d'un Prince frere de S. A. E. de Brandebourg, à l'Historiographe de cet Etat, à un Magistrat, à un Résidént de cet Etat à Bruxelles, à un Evêque d'Angleterre le plus zélé contre la France qui se puisse voir, l'Auteur des Lettres sur les matieres du tems, qui me le renvoya sans l'avoir pû bien examiner, se trouvant pressé pour sa Lettre, & craignant qu'à cause que son Libraire l'avoit gardé long-tems sans le lui donner, je ne trouvasse qu'il ne me le renvoyoit pas assez tôt. J'ai exhorté le Libraire à le faire examiner par ses amis, & même par Mr. J. Je n'ai point exigé qu'il ne me nommât point. Ainsi j'ai dû être très-certain que si ce livre avoit le malheur de déplaire, j'aurois tout l'orage à essuyer, sans qu'il y eût la plus petite aparence de n'être pas reconnu pour le promoteur du livre dès les premiers jours. Cela est démonstratif pour cette verité-ci, savoir que je n'ai pû même soupçonner qu'il y eût dans cet ouvrage quelque chose qui pût déplaire à nos Superieurs.

Mais si je suis exempt de tout peché de malice & de mauvaise intention, je ne le suis pas moins de tout peché d'ignorance. Car pous m'accuser légitimement de peché d'ignorance, il faudroit que j'eusse consenti à la publication d'un ouvrage que j'aurois examiné : mais je me réservois à examiner celui-ci en corrigeant les épreuves, qui étoit un tems où j'aurois été encore le maître de le suprimer, si je l'avois jugé à propos. De-plus l'ouvrage qui se devoit imprimer ici n'est pas celui dont Mr. J. a lû les six premiers Entretiens. Car outre qu'il devoit en contenir huit, dont les deux derniers qui sont les plus importants, & qui rectifient les précedens, comme (a) l'Auteur en a averti le Public, nous sont inconnus, on devoit envoyer les feüilles de l'édition de Lausanne corrigées, augmentées, & tellement mises en une nouvelle forme, que ce devoit être plûtôt un nouvel ouvrage, qu'une seconde édition du premier. J'ai les lettres du Professeur de Geneve où il m'aprend cette nouvelle. Il ne faut donc pas juger du livre qui se devoit imprimer ici, par les six premiers Entretiens imprimez à Lausanne, que Mr. J. a lûs ; tant parce que c'est une grande témerité de juger de tout un ouvrage, sans en connoître les dernieres parties, lorsqu'on est averti qu'elles sont les plus importantes & le correctif de ce qui a précédé ; que parce que toute la premiere édition devoit être envoyée au Sr. Acher avec une infinité de changemens. Or il n'en a été rien envoyé. Je n'ai donc pas pû en former aucun jugement, je n'ai donc pas pû tomber dans le peché d'ignorance, c'est-à-dire, je n'ai pas pû croire bonnement & simplement que cet ouvrage n'étoit pas mauvais en soi. Que si cela m'étoit ar-

rivé, comme il est facile de se tromper dans ces sortes de matieres, quand on ne s'en est jamais mêlé, auroit-il fallu pour si peu de chose faire des dénonciations publiques si infammantes ? La voye des avis particuliers n'auroit-elle pas suffi ? Et falloit-il qu'un Ministre, blâmé depuis si peu de tems par une Synode pour avoir diffamé publiquement un autre Ministre, au lieu de le déférer à ses Juges naturels, tombât encore dans cette irrégularité ?

Je voudrois que des personnes intelligentes dans les matieres d'Etat, & vuides de toute préocupation, fussent chargées d'examiner ce beau Projet de Paix que Mr. J. a lû : je suis sûr qu'elles s'en moqueroient, & qu'elles ne lui feroient pas l'honneur de croire qu'il soit capable de produire le moindre mal. Car pour craindre qu'il n'excitât quelque murmure, sous prétexte que l'on continueroit une guerre qu'on pourroit finir avec avantage, il faudroit voir dans ce livre des offres de Paix, & quelque marque d'un homme qui parle par procuration. Mais au contraire, l'Auteur qui ne se nomme pas, avertit qu'il ne donne qu'une (b) *première & grossiere ébauche*, & un plan *qu'il fait très-bien qui se peut rencontrer fort éloigné des intentions des Alliez*, DE MESME QUE DE LA COUR DE FRANCE ; & selon Mr. J. même, il parle (c) des offres de la France comme D'UN RELACHEMENT QU'ON N'OSE ESPERER. Toutes ses démarches ressemblent à celles d'un Critique, qui entreprenant l'édition de quelque ancien Auteur, demande partout des avis, des secours, des collations de Manuscrits, des *varia lectiones*. Celui-ci de même consulte tout le monde, fait envoyer son Manuscrit à Mr. Vitriarius Professeur de Leyde, afin sans doute de savoir ce que lui & ses amis en pensent. Il me le fait envoyer pour le faire courir de main en main, & savoir les différens jugemens. Il a fait faire apparament de semblables perquisitions par d'autres gens & d'autres pays, le tout pour mieux policer son *Utopie*. Quel effet peuvent produire sur les peuples les fantaisies d'un petit particulier ?

Pour avoir quelque prétexte de murmurer, il faudroit que les peuples vissent que les offres d'une Paix avantageuse & durable ayant été d'abord proposées par l'ennemi même, ou de sa part par quelques Princes acceptez pour Médiateurs, & puis par les Plénipotentiaires de ce même ennemi dans la Ville dont on seroit convenu pour les conférences de la Paix générale, auroient été rejettées. Mais qu'a de commun avec cela un méchant Projet chimérique d'un Anonyme sans aveu ?

Quant à mon Accusateur, l'avis que j'ai à lui donner revient à ceci, qu'il ne s'amuse pas à multiplier nos differends, & à se jetter de part & d'autre. Ce n'est pas qu'on ne soit résolu de le suivre partout où il en voudra prendre : mais il faut avant toutes choses vuider ce qui concerne la Cabale du Projet de Paix. Toute autre affaire de lui à moi doit être renvoyée après l'expédition finale de celle-ci. Il faut, s'il ne veut point passer pour un Calomniateur public, qu'il prouve tous les faits sur lesquels on vient de le démentir. Je lui tracerai une liste des choses qu'il est obligé de faire. On pourroit avec justice lui demander que ses preuves fussent antérieures à l'accusation : mais on veut bien n'y pas regarder de si près. Il faut s'il veut monter en chaire sans scandaliser toute l'Eglise,

(a) *Ubi supra* p. 80.
(b) Ci-dessus Pag. 83.

(c) Pag. 31.

glife, qu'il rétabliffe la Cabale qu'on vient de mettre à néant, & qu'il en prouve l'exiftence. Il devroit, jufqu'à ce qu'il eût fatisfait à cette indifpenfable obligation, s'abftenir de lui-même des fonctions de fon Miniftere. Car fi fous la Loi un Prêtre qui avoit touché un mort, étoit obligé de fe purifier avant que de s'approcher de l'Autel; un Miniftre de la Loi de Grace, un Pafteur de Jesus-Christ peut-il avec confcience exercer les fonctions de cette divine charge, avant que d'avoir clairement juftifié qu'il n'a point voulu tremper fes mains dans le fang innocent? C'eft une chofe manifefte, que les faux témoins, qui font caufe du dernier fupplice d'un homme, ne font pas moins homicides que s'ils l'avoient poignardé. Notre Accufateur feroit donc coupable d'homicide, & outre cela, de nous avoir ôté l'honneur, qui eft un bien infiniment plus cher que la vie, fi fon faux raport nous faifoit porter la peine de mort dûë à l'action dont il nous accufe. Il ne peut donc fe juftifier d'être homicide, &c.qu'en nousconvaincant du crime dont il nous

accufe. Il devroit donc jufqu'à ce tems-là fe tenir comme en fequeftre : & puifqu'il a tant d'envie d'accufer les gens, que plufieurs mauvais fuccez n'ont fervi qu'à irriter cette paffion, fe mettre Clerc pendant ce fequeftre chez quelque Fifcal, pour y apprendre les premiers principes, qu'il ne fait pas encore, du métier dont il fe mêle.

Nous ne nous attendons pas que felon le devoir non feulement d'un Miniftre de Jesus-Christ, mais de tout homme qui en a calomnié un autre, il reconnoiffe fa faute, & nous en demande pardon : mais le Public connoîtra bien par l'impoffibilité où il fera de rétablir fa Cabale, & de juftifier tout ce qu'il a avancé, que notre réputation eft auffi entiere, que s'il en faifoit un aveu public.

A Rotterdam le 8. de May 1691.

B, *Prof. en Phil. & en Hift.*

PRELUDE

DE

REPONSE,

Sur ce qui regarde l'Avis aux Réfugiez:

Ou II. Partie de la

CABALE CHIMERIQUE.

AVANT-PROPOS.

J'Ay confideré pendant l'impreffion des premieres feuilles, que la Réponfe que je prépare pourra groffir fous la plume, & ne paroîtra pas fi-tôt. C'eftpourquoi changeant un peu de réfolution, je m'en vais donner dès aujourd'hui quelques remarques fur le fecond chef des accufations qui m'ont été intentées par Monfieur Jurieu. Qu'on ne s'imagine pas que fi je me hâte de répondre quelque chofe, c'eft parceque je me défie des jugemens du Public. Car où eft déformais l'homme qui ne connoiffe la mifantropie de mon Accufateur, & fa hardieffe à débiter les plus méchantes raifons pour des preuves convaincantes, quand il s'agit de médire? Mal qui va tous les jours en empirant : il n'avoit jamais débité des calomnies fur des foupçons fi ridicules.

Je n'ai pas de peine à convenir avec lui, que l'Auteur de l'Avis aux Réfugiez eft Proteftant: mais je ferai voir qu'il eft abfurde de le chercher ailleurs qu'à Paris; & je fupplie mon Lecteur de fufpendre pour le moins fon jugement jufqu'à ce

que je montre clairement cette verité. Je ne m'engage pas à prouver que c'eft un tel ou un tel; & je n'y fuis pas plus obligé, que le feroit un homme accufé fauffement de larcin, de repréfenter le véritable voleur. Je m'engage feulement à faire voir par tout ce que la probabilité a de plus fort, qu'il faut que ce livre ait été compofé en France.

Tout le monde demeure d'accord, que plus les accufations qu'on intente publiquement à quelqu'un paroiffent atroces à l'Accufateur, plus il faut que les preuves en foient convaincantes. Il faudroit donc, fuivant ce principe, que l'on en donnât de telles de ce qu'on m'impute : car Mr. J. prétend que ce qu'il m'accufe d'avoir fait, contient impieté, fédition, rébellion, & mérite punition corporelle. Il veut donc me mettre en rifque de corps, de biens d'honneur : il faudroit donc non feulement qu'il fût convaincu de la vérité du fait, (ce qui ne prouveroit rien, attendu fa crédulité, fon entêtement, & tant d'autres convictions qu'il a publiées fur des raifons fi frivoles, qu'un homme fage ne voudroit pas foüetter un chat pour faire honneur à de femblables convictions) mais auffi qu'il eût en main dequoi en convaincre les Juges. Mais au lieu de preuves, nous verrons qu'il n'a pas même des apparences.

CHAPITRE I.

Réfutation de ce que Mr. Jurieu suppose que l'Avis aux Réfugiez a été fait en Hollande.

LA premiere de ses preuves est, que l'Avis aux Réfugiez n'a pas été fait à Paris. Or voici comment il le démontre.

Celui qui a fait cet Avis (*a*) sait le détail des Prophéties de Drabicius; il l'a vû, il l'a lû, & il en sait toutes les particularitez.

Or les Savans de Paris savent à peine le nom de Drabicius.

Donc l'Auteur de l'Avis n'est pas à Paris.

Drabicius, Tilénus, &c. connus aux Savans de Paris.

Si je lui niois la premiere proposition, je suis bien sûr qu'il ne la prouveroit de sa vie, parce qu'il ne paroît point par l'Avis aux Réfugiez, que celui qui en est l'Auteur sache autre chose de Drabicius, sinon qu'il a tâché d'exciter à la guerre contre la Maison d'Autriche tout ce qu'il a pû. Où est l'homme de lettres qui n'en puisse savoir autant, sans avoir jamais lû le livre de ce Prophete?

Mais la seconde proposition est encore plus visiblement fausse. Car pour ne pas dire que durant le siége de Vienne on parloit fort en France du livre de Drabicius, & qu'on en manda d'ici plusieurs exemplaires, (moi-même je fus prié par un de mes amis de Roüen de lui en envoyer un) qui ne sait que les grands éloges que Mr. J. a donnez au Triumvirat Prophétique, je veux dire à Christina Poniatovia, à Cotterus, & à Drabicius, dans un (*b*) ouvrage *plus commun & plus répandu que les Almanachs de l'année*, comme il s'en glorifie (*c*) lui-même, se servant de la plus juste comparaison que l'on vit jamais; qui ne sait, dis-je, que ces grands éloges donnez à Drabicius, & si capables de faire parler de ce Prophete, ont valu au Panégyriste certaines censures bien mortifiantes de la part de Mr. (*d*) l'Evêque de Meaux & de Mr. (*e*) Pelisson dans des livres publiez à Paris avant l'impression de l'Avis aux Réfugiez? Qui peut douter que la satyre qui a tant couru le monde depuis l'an 1684. sous le titre d'*Esprit de Mr. Arnaud*, n'ait excité dans l'ame d'une infinité de François la curiosité de connoître les Prophéties de Drabicius, dont Mr. J. trace là le (*f*) plan de telle sorte, qu'il promet d'un côté de la part de Drabicius au Public la ruïne de la Maison d'Autriche, au Roi de France la Couronne Impériale, aux Turcs la prise de Vienne, de la Carinthie, de la Stirie, & la destruction de la République de Venise & de la ville de Rome; & qu'il promet d'autre côté au Public au nom de ceux de la Religion, *tout ce qu'ils pourront pour accomplir ces Propheties?* Preuve évidente que son esprit prophétique est placé dans sa tête en guise de giroüette, pour tourner selon le vent que les Gazettes nous amenent; & qu'à cet égard son ame a son siege, en dépit des adversaires de Mr. Descartes, sur la glande pinéale mobile & flexible en tout sens. Durant le siege de Venise il fit un livre selon les erremens de Drabicius, que le Public auroit vû bien-tôt, si la Ville eût été prise; comme il l'espéroit. Mais il falut supprimer l'ouvrage à cause du mauvais succès des Turcs; & jamais on ne vit fondeur de cloche plus interdit que le fut Mr. J. quand il n'y eut plus moyen de douter de la levée du siege. Il n'étoit pas encore aussi endurci qu'à présent aux rebuffades de la Fortune. O que son système fit promtement volte face, & qu'il devroit avoir honte de nous avoir rendus, autant qu'en lui a été, l'horreur du nom Chrétien, & des bons Alliez de cet Etat, en déclarant que nous ferions tout ce que nous pourrions pour faire ruïner par les Turcs la Maison d'Autriche, la République de Venise, & la Ville de Rome, & pour mettre la Couronne Impériale sur la tête de Loüis XIV! *Quantum mutatus ab illo!* Mais réservons ceci pour une meilleure occasion. Qu'il nous suffise de demander ce qu'il faut être après les faits que j'avance, pour oser publier que les Savans de Paris ne connoissent pas Drabicius?

En vérité il semble que Mr. J. parle de Paris comme s'il avoit toûjours demeuré en Perse. Il ne veut pas qu'il y ait un seul homme dans cette grande & savante Ville, qui sache que Mr. Masius Théologien Danois a fait depuis peu un livre contre les Réformez, ni que même aucun Catholique de distinction y ait ouï parler du Sermon de Mr. Merlat contre les petits Prophetes. Il doute (*g*) qu'on sache à Paris qui est Tilenus, qu'il étoit *Professeur à Sedan au commencement du siecle, & qu'il se fit Arminien*. Mais surtout il croit *qu'on auroit peine à trouver ce Catholique Parisien qui sait que Tilenus est Auteur de l'Avertissement à l'Assemblée de la Rochelle sous le faux nom d'*Abram Elintus en (*h*) 1622. Il ne sait si nos Catholiques de Paris ont assez bien étudié l'Histoire de notre Réformation, pour savoir que l'an 1555. les Théologiens de Magdebourg publierent un Traité de la puissance des Rois, & de la maniere dont on leur doit obéir.*

Je lui répons que puisqu'il se mêle de tant de choses, & qu'on lui en va tant rapporter, il devroit savoir qu'il n'y a point de livre bon ou mauvais qui s'imprime en ce pays-ci, qui ne soit tout-aussi-tôt envoyé à Paris par la poste, ou par d'autres voyes promptes bien connuës aux Libraires. Il devroit savoir au moins, que tous les Savans de Paris ont beaucoup d'empressement pour les Journaux de ce pays-ci, & que la Bibliotheque Universelle leur est fort connuë peu après qu'elle est en vente à Amsterdam. Ils n'ont eu qu'à lire l'onzieme Tome, qui est le dernier de l'année 1688. pour savoir ce que c'est que le livre de Mr. Masius. Il ne paroît pas que l'Auteur de l'Avis aux Réfugiez en ait sçu que ce qui en est touché dans la Bibliotheque Universelle : & c'est une preuve évidente que je ne suis pas cet Auteur. Car il y a long-tems que j'ai vû le livre même, & que je sçai que Mr. Masius a voulu rendre suspects les Réfugiez à la Cour de Dannemarc, jusques-là qu'un de leurs Ministres nommé Mr. de la Placette se vit obligé de préparer une Apologie, qu'on ne trouva pas à propos qu'il publiât : & on fit bien; car Mr. Masius l'eût accablé par les Lettres Pastorales de notre Prophete. Entrera-t-il jamais dans l'esprit d'un Lecteur intelligent, que si l'Auteur de l'Avis avoit sçu, comme je le sçavois,

ce

(*a*) Pag. 18.
(*b*) Accompl. des Proph. impr. en 1686.
(*c*) 21. Lettre Pastor. de 1689.
(*d*) Hist. des Variat. l. 13. n. 4. impr. en 1688.
(*e*) Réflex. sur les différends de la Relig. 2. part. imprimée en 1687.
(*f*) Accompl. Tom. 2. p. 291.
(*g*) Pag. 19. & 20.
(*h*) Mr. J. ne marque pas la datte comme l'Avis aux Réfugiez, qui la met en 1621.

ce qui s'étoit passé deſſus Dannemarc , il n'en eut pas fortifié ſa remarque pour montrer que nous ſommes ſuſpects dans les Monarchies?

Pour le Sermon de Mr. Merlat , il ne faut pas douter que l'Ambaſſadeur de France en Suiſſe , & le Réſident de Geneve n'en ayent envoyé beaucoup d'exemplaires à Paris , pour faire voir la diviſion des Miniſtres au ſujet des petits Propheces du Dauphiné , comment un Miniſtre de Lauſanne ſe moquoit publiquement de la crédulité de celui de Rotterdam , & parmi quelques éloges forcez lui donnoit une rude atteinte , l'accuſant d'avoir publié qu'au mois de Mars 1689. la France en corps embraſſeroit notre Religion , & nos Egliſes ſe rétabliroient.

Quant à Tilénus , Mr. J. ſe trompe fort , s'il croit que ce ſoit un perſonnage fort inconnu aux gens de lettres de Paris. Il ne faut pas avoir beaucoup de lecture pour ſavoir tout ce que l'Avis aux Réfugiez nous en aprend. Le V I I. Tome du Mercure François (i) raporte tout du long ſon Avertiſſement à l'Aſſemblée de la Rochelle , & nous dit qu'Abraham Elintus eſt Tilenus qui a fort écrit contre le Miniſtre du Moulin. Le Tome ſuivant parle de lui avec éloge , en raportant la réplique qu'il fit à la Milletiere qui avoit réfuté l'Avertiſſement. Les Mémoires de du Maurier , publiez à Paris depuis onze ans , & connus de tout le monde , témoignent que (k) *Tilenus étoit un celebre Arminien , qui avoit été chaſſé de Sedan par les Miniſtres de l'opinion contraire.* On dévroit craindre de ſe faire bafoüer par le premier qui s'aviſera en France d'écrire contre Mr. J. lorſqu'on oſe avancer de ſemblables propoſitions , & inférer que puiſqu'un Auteur fait une choſe qui ſe trouve dans le Mercure François , & dans les Mémoires de du Maurier , il faut qu'il ſoit en Hollande. Je ferois conſcience d'inſulter ici mon Accuſateur : ce ſont des endroits qui demandent plûtôt un peu de pitié.

de ig- la Enfin cet Ecrit des Proteſtans de Magdebourg imprimé en 1550. s'il en faut croire l'Avis aux Réfugiez , & non pas en 1555. comme le raporte le peu exact Mr. J. eſt fort aiſé à déterrer dans Paris , quand on entreprend de reprocher à ceux de notre Religion les ouvrages de cette nature. Car comme nous avons toujours reproché avec des airs triomphans à nos Adverſaires , qu'ils ſoûmettoient les Rois au Pape , ils ont rétorqué contre nous tout ce qu'ils ont pû trouver d'Ecrivains Proteſtans Monarchomaques , & n'ont guéres oublié cet Ecrit de Magdebourg. C'eſt un de ceux que Mr. Arnaud a objecté dans l'Apologie (l) pour les Catoliques à Mr. J. qui s'étoit donné ces airs triomphans , ne prévoyant pas qu'un jour on lui en feroit la guerre, & qu'ils s'en défendroient par des indiſcrétions fort étourdies. Il eſt vrai que Mr. Arnaud n'objecte ce livre que ſelon la Verſion Latine , où il n'eſt pas fait mention des Proteſtans de Magdebourg : ce qui a été cauſe qu'un certain Jean Beccaria qui le refuta en 1590. ne le conſidere que comme l'ouvrage d'un Anonyme , qu'il déſigne ſous le nom vague d'*Utis*. Mais dès-là que M. Arnaud l'a cité comme traduit du François , il eſt probable qu'il a inſpiré l'envie à l'Auteur de l'Avis de chercher l'édition Françoiſe. Il lui a été facile de la trouver dans les Bibliotheques de Paris, & il a vû dans le titre , que ce n'étoit qu'une Edition plus

ample d'un Ecrit que les Proteſtans de Magdebourg publierent en 1550. C'eſt ſans doute celui dont Sleidan fait mention au commencement du livre 22. Il ne faut donc que des lumieres très-communes , ſans avoir fort exactement étudié l'Hiſtoire de notre Réformation , pour ſavoir ce que Mr. J. s'imagine être inconnu aux Catholiques de Paris à l'égard de ce livret.

Je laiſſe à dire que ſes raiſons , ſi elles étoient bonnes , ne prouveroient pourtant rien. Car puis qu'il avoüe que l'Auteur de l'Avis eſt Proteſtant , dequoi lui ſert de montrer que les Catholiques de Paris ignorent certains petits faits qui ſont connus à cet Auteur? Ne pourroient-ils pas du moins être connus aux Proteſtans reſtez en France ?

Pour le dire en paſſant , la citation que je viens de faire de Sleidan , eſt une marque que je n'ai point fait l'Avis aux Réfugiez. Car les loix de la diſpute vouloient néceſſairement que l'Auteur , s'il le ſavoit , nous apportât un témoin auſſi irréprochable que Sleidan , pour montrer que non ſeulement quelque particulier comme Buchanan , mais même avant lui tout un corps de Proteſtans , comme celui de Magdebourg , avoit enſeigné que les Souverains ſont inférieurs au Peuple.

Voyons les autres preuves de Mr. J. que l'Auteur de l'Avis aux Réfugiez eſt en Hollande.

(m) Quand on ſait ſi bien , dit-il , tout ce qui ſe fait en Hollande , les paroles que les Réfugiez diſent contre le Roi, les petites converſations des boutiques de Libraires , & qu'on a communication de cent petits livrets ſans mérite & ſans nom qui courent la Hollande , & qui ne paſſent pas juſques dans la Gueldre & dans la Zelande , il faut qu'on ſoit en Hollande.

Or c'eſt ce qui convient à l'Auteur de l'Avis aux Réfugiez.

Donc il eſt en Hollande.

Je m'étonne qu'un homme qui a été depuis peu ſi généralement condamné , parce qu'ayant accuſé dans un écrit public un Miniſtre (n) de Socinianiſme , & ce Miniſtre étant venu en demander réparation , cet homme ſe vit contraint de reculer , & de demander du tems pour prouver ſon accuſation , qu'il n'a jamais prouvée : Je m'étonne , dis-je , qu'un tel homme continuë d'accuſer les gens en public avant que d'avoir mis ſes preuves en ordre. Combien s'en faut-il que cette ſeconde preuve ne ſoit en état d'être produite ?

Défectuoſité des preuves de M. Jurieu. 1. Il auroit falu prouver que l'Auteur de l'Avis a ſû parfaitement le détail de la conduite des Réfugiez , les paroles qu'ils diſent contre le Roi, les petites converſations des boutiques de Libraires ; il auroit falu , dis-je , le prouver , en rapportant les paſſages de ſon livre où ce détail ſeroit contenu , ou du moins en cottant les pages. Car ſi on lui nie que ce détail paroiſſe dans aucun endroit de l'Avis , où en ſera-t-il ?

2. Il auroit falu prouver par de bonnes atteſtations des Libraires & des Miniſtres , ou d'autres gens de lettres de la Province de Gueldre & de Zelande , qu'ils n'ont pas même ouï parler des titres de la plûpart des petits libelles qui s'impriment en Hollande , & nommément des lettres qui ont couru ſous le nom du P. la Chaiſe , & du P. Peters.

3. Il

<hr>

(i) Pag. 223.
(k) Pag. 272.
(l) I. part. p. 50.
Tome II.

(m) Pag. 20.
(n) Mr. la Conſeillere Miniſtre de Hambourg.

3. Il auroit falu prouver qu'aucun livre fait à Paris ne montre qu'on y ait connoissance de ces petits libelles, & de plusieurs autres Particularitez. On lui donne un an de terme pour mettre cette partie de sa preuve en état. Un homme sage auroit fait ces sortes de préparatifs avant que de se porter pour Accusateur : celui-ci ne les fera pas même après l'accusation.

Pour moi, je pourrois le laisser morfondre à la recherche ennuieuse de tous ces préparatifs, sans dire un mot pour ma justification, avant que d'avoir vû ses propres preuves mises en forme. Mais je ne laisserai pas de lui apprendre qu'on n'a qu'à lire les Volumes que l'Auteur du Mercure Galant a publié depuis la rupture, pour y voir beaucoup plus de particularitez de ce qui se dit ou de ce qui s'imprime ici, qu'il n'y en a dans l'Avis aux Réfugiez : Je me souviens entre autres choses d'avoir lû dans les Ecrits de cet Auteur le formulaire des prieres qu'on fit ici pour l'heureux succès de l'Expédition d'Angleterre ; & je me trompe fort si je n'y ai vû aussi des extraits d'un Sermon de Mr. Mesnard sur le même sujet. Je suis sûr que j'y ai lû divers morceaux des Sermons que le Docteur Burnet a prononcez en Angleterre durant la derniere Révolution. Si j'avois vû tous les Tomes de cet Auteur depuis la guerre, au lieu que je n'en ai parcouru que peu, je pourrois marquer un fort grand détail. Mr. J. devroit les faire venir, s'il doute de ce que j'avance : il y verroit bien des choses sur son chapitre ; il s'y verroit refuté comme Politique qui se mêle de donner des avis à ceux de Soleurre, & traité de ridicule sur ce que n'ayant jamais fait que le personnage de Théologien en France, il se mêle de parler des Finances du Royaume, chose dont les personnes les plus éclairées ne pûrent percer les abîmes dans le procès de Mr. Fouquet. Je ne parle point du petit Traité sur les Prophéties, Vaticinations, &c. employé dans le Mercure Galant du mois d'Août 1689. où il est mis côte à côte de Nostradamus. *Je veux dire mes sentimens, dit l'Auteur, sur les prétenduës Propheties de Mr. J. & de Nostradamus, & d'autres Prophetes de la même espece.*

Passons légerement sur ceci, il y auroit quelque cruauté à rapeller trop dans l'esprit de Mr. J. les idées du Mercure Galant, soit à cause de la médaille qui a paru dans ce livre, faite pour Mr. J. sur le dessein de Mr. (*o*) Simon, soit à cause des mensonges grossiers que ce Ministre a publiez contre l'Auteur du Mercure, contre lequel d'ailleurs il auroit pû justement faire des plaintes, n'y mêlant point son ressentiment personnel, mais relevant la malignité si outrageante qui paroît dans tous ses Volumes contre un Prince admiré de toute l'Europe, qu'il n'y a rien de plus criant que de voir l'Auteur de l'Avis aux Refugiez se (*p*) *vanter hardiment, que les livres les plus emportez qui se publient à Paris sur les matieres du tems, le sont beaucoup moins que les plus modérez des nôtres.* Qu'on voye ce que l'Auteur de l'Histoire des Ouvrages de Sçavans lui a (*q*) répondu.

Mais pour répondre en forme à l'argument de

Mr. J. je lui en nie & la majeure, & la mineure. Je lui soûtiens qu'il ne faut qu'avoir de bons correspondans en Hollande, pour savoir à Paris tout ce qui est énoncé dans sa majeure ; & qu'il est si peu vrai que l'Auteur de l'Avis aux Réfugiez sache tout cela, que beaucoup de lecteurs en ce païs-ci se sont dit à eux-mêmes, *il auroit pû ajoûter telle & telle chose là & là.* Pour moi qui ne bouge guéres de mon cabinet, j'ai fort bien senti par le peu de détail que je voyois dans l'Avis, & par l'ignorance qui y paroît de cent choses que nous savons tous, que l'Auteur n'est pas en Hollande. Je n'ose renvoyer M. J. à la Gazette de Paris, qui fait voir si clairement que l'on sait là ce qui se passe dans nos Synodes, si un Ministre prêche à la Haye contre la prise d'armes pour la Religion, s'il se fait des émotions populaires dans quelque ville de Hollande, & pourquoi, &c. je n'ose, dis-je, l'y renvoyer, de-peur qu'il n'en concluë que je sai trop bien les Gazettes, pour n'avoir pas fait l'Avis en question.

Je ne daignerois refuter la preuve qu'il tire de ce que l'Auteur de l'Avis sait ce que c'est qu'*Assûreurs* & qu'*Assûrances* en matiere de commerce. On la sifle tous les jours dans les ruës cette belle preuve-là, n'y ayant point de Marchands Réfugiez qui ne sachent que de toutes les Villes marchandes du Royaume on fait assurer des vaisseaux à Paris, où est la Chambre des Assurances. Cet homme-ci croit que tout ce qu'il ne savoit pas en France, étoit ignoré par les Savans de Paris. On pourroit sur cet article l'accabler d'insultes, si on vouloit s'abaisser à des choses si indignes d'être rélevées. Si j'avois un valet, je les lui donnerois à réfuter : mais notre Cabale est si infructueuse, que je n'ai pas le moyen d'en avoir un.

J'ai ouï parler d'une objection qui seroit, si elle étoit bien fondée, beaucoup plus spécieuse que tout ce que son esprit inquisiteur lui a pû découvrir. On prétend qu'il est parlé dans l'Avis aux Réfugiez de quelques livres qui n'ont pû être bien connus qu'en Hollande, dans le temps que cet Avis a été composé. Je n'ai encore trouvé personne qui m'ait marqué quels sont ces livres, & mes recherches ne m'ont point fait trouver que l'Auteur de l'Avis en parle. Ainsi je puis attendre tranquillement que mes ennemis mettent cette objection en forme de preuve. (*r*) Je dirai néanmoins, qu'il sera très-malaisé d'en faire un bon argument contre moi ; par ce qu'encore que l'Auteur de l'Avis aux Réfugiez paroisse à bien des égards fort peu instruit du détail des choses qui se disent ou qui se passent en ce païs-ci, il est très-possible qu'il ait eu connoissance de certains libelles aussi-tôt que nous. Il faut se souvenir d'un fait certain, qui est que tous les petits Ecrits de ce pays-ci sont envoyez en France aussi-tôt qu'ils paroissent. Nos persécuteurs n'en laissent rien perdre, pour s'en servir un jour contre nous. Les Auteurs ou les Imprimeurs bien-aises que ceux qui y sont les plus maltraitez les voyent bien-tôt, leur en adressent promtement des exemplaires par la poste ; & souvent même ils adressent aux ennemis

nemis

(*o*) Rép. à la Défense des Sentim. c. 13.
(*p*) Avis pag. 590. 2. col.
(*q*) Mois d'Avril 1690. p. 367.
(*r*) „ Depuis la 1. édition j'ai sû que cette objection „ est fondée sur ce que l'Auteur de l'Avis nous exhorte „ dans la p. 608. 2. col. à désavoüer nommément les Ecrits „ où l'on a tâché de faire soulever Monsieur le Dauphin, „ & d'armer tous les François pour mettre la Monarchie „ sur le pied d'Aristodémocratique. Ceux qui font l'ob- „ jection prétendent que c'est avoir demandé le désaveu „ d'un livre intitulé *le Salut de la France*, qui ne parut „ que peu de jours avant l'Avis aux Réfugiez. Mais ils „ devroient savoir que Mr. J. avoit fait long-tems aupa- „ ravant des Ecrits volans qui tendoient à ces fins : & „ c'est sans doute de ceux-là qu'on demande le désaveu, „ & non de celui qui a pour titre *le Salut de la France*, „ qu'on a imputé faussement à Mr. J. parce qu'on y voyoit „ ses principes & ses désirs plus amplement étendus, & „ que tout y ressentoit l'esprit satyrique dont il est pétri.

nemis de ceux qui font fatyrifez, ou enfin au premier Banquier dont ils s'avifent. On rend ainfi la pareille aux Plumes fatyriques de Paris, d'où nos Marchands reçoivent fouvent par la pofte de petits Ecrits fatyriques, fans favoir qui les leur adreffe : & je ne croi pas que ceux qui en reçoivent de femblables à Paris foient auffi zélez que plufieurs le font ici, où très-fouvent ceux qui en reçoivent, les portent aux Magiftrats fans les avoir lûs. On peut donc mettre en fait, qu'il y a tel livre imprimé à Amfterdam qui eft lû à Paris plutôt qu'à Rotterdam, foit qu'il y ait des gens qui l'envoyent par la pofte avant qu'il fe vende chez le Libraire, comme il y en a qui les lifent ici avant ce tems-là, foit qu'il fe paffe quelques jours depuis l'expofition en vente jufqu'à l'envoi des exemplaires aux autres Villes. Au pis aller, la différence de tems peut n'être que d'un voyage du Courrier.

CHAPITRE II.

Réfutation de la preuve que Mr. J. tire de ce qu'il fuppofe, que fi l'Auteur de l'Avis étoit à Paris, il fe nommeroit.

LA (a) 2. preuve roule fur ce qu'il prétend que fi l'Auteur de l'Avis aux Réfugiez étoit à Paris, il auroit dû écrire à découvert, ou fe montrer à tout le moins, lorfqu'il a fû qu'on lui deftinoit une recompenfe.

Pour refuter cette preuve dont Mr. J. paroît fi coiffé, qu'il la produit quelquefois en ftile de déclamation, il fuffira de fournir des motifs très-plaufibles & très-probables qui ont pû porter cet habitant de Paris à en ufer comme il a fait. Je m'engage à les fournir ces motifs-là dans ma Réponfe, & je déclare par avance que fi quelqu'un perfifte alors à fe faire de cette 2. preuve une difficulté confiderable, ce fera un homme qui ne veut point être détrompé, & du jugement duquel on doit tenir peu de compte. Les mêmes motifs ferviront à diffiper tous les embarras fous lefquels Mr. J. paroît fuër par raport à la Préface. Il n'a point vû qu'il fe réfutoit lui-même. Comment l'auroit-il vû au milieu de tant de paffions diverfes qui l'ont agité en compofant ce dernier ouvrage ? On le voit changer de ton prefque de page en page. En un (b) lieu il dit qu'il ne veut point découvrir la perfonne de l'Auteur de l'Avis; & néanmoins il défigne un peu après un certain Auteur par tant d'indices, & jufques à marquer où il loge, qu'il n'y a perfonne qui s'y puiffe méprendre. En un lieu il dit que l'Auteur (c) *foûtient fort bien le perfonnage de Catholique Romain, & ne fe dément en aucun endroit.* En un autre, (d) *qu'il y a un air de Huguenotifme generalement repandu dans fon ouvrage depuis un bout jufqu'à l'autre.* Il dit en un lieu, (e) *que ces · Meffieurs fe font cachez fous le voile le plus épais;* ailleurs ce n'eft qu'un *petit voile.* En un lieu il (f) dit que l'Avis aux Réfugiez *eft plein d'une littérature agréable, & que l'érudition y eft fort bien difpenfée:* ailleurs il dit que (g) *c'eft une pure pédanterie, une littérature de College, un bon*

petit recueil du Polyanthea. En un lieu il dit que l'Auteur de cet Avis doit être (h) *un ennemi juré de la Religion Proteftante;* en un autre, (i) *qu'il n'a point eu deffein de faire du mal aux Proteftans, mais plûtôt du bien par accident.*

Mais venons à fa réfutation par lui-même. Il convient que l'Auteur de l'Avis eft Proteftant, & il le prouve le plus fortement qu'il lui eft poffible, & il comprend bien l'intérêt qu'un Auteur Proteftant a eu ici de fe cacher. (k) *Car,* dit-il, *cet ouvrage ne luy pouvoit faire honneur nulle part; ni auprès des Catholiques, à qui cela paroîtra lâche; ni auprès des Proteftans, qui regardent cette action comme la derniere perfidie.* Pourquoi donc trouve-t-il étrange qu'un Proteftant qui auroit fait ce livre à Paris, ne fe nomme pas? Eft-ce qu'il croit que quand on eft à Paris, on fe foucie peu de fe voir deshonoré auffi bien chez les Catholiques que chez les Proteftans?

Un homme qui auroit le jugement net, ne trouveroit point ici les difficultez que M. J. tâche de perfuader qu'il y trouve. Après s'être convaincu d'un côté, que cette Auteur eft Proteftant, & de l'autre, qu'il a fujet de craindre de paffer pour mal-honnête homme & auprès des Catholiques, & auprès des Réformez, il ne devoit plus fe demander pourquoi il ne fe nomme point : il devoit fonger qu'il y a des gens qui craignent plus le blâme, qu'ils n'aiment une récompenfe. Cela eft auffi vrai à Paris qu'ici. Cependant qui n'admirera les précipices où fa paffion étourdie le jette ? (l) Il s'eft engagé envers le Public à renoncer à toute conjecture quelle qu'elle foit, pourvû qu'on puiffe imaginer une raifon vraifemblable pourquoi le véritable Auteur fe tient caché. Et ne l'a-t-il pas trouvée lui-même ? Mais qu'il fe fouvienne feulement de ce à quoi il s'engage. De mon côté je m'engage à lui fournir cette raifon vraifemblable. Je ferai voir que le véritable Auteur étant Proteftant, comme Mr. J. le reconnoît, ne peut fe découvrir publiquement, fans commettre en Angleterre ou en Hollande celui à qui il a envoyé fon Livre, que l'on découvriroit bien-tôt par les liaifons connuës du vrai Auteur. D'où il pourroit arriver par contrecoup que l'Auteur de l'Avis feroit reconnu à Paris pour le véritable Auteur de la Préface; ce qui le perdroit. Tout ceci fera réduit en un fyftême fort vraifemblable, & dès à préfent nous pouvons compter comme nulles tant de queftions redoublées que Mr. J. nous fait, (m) *Pourquoi cet Auteur ne fe découvre-t-il pas? Pourquoi encore du myftere?* &c. (n) & tant de perplexitez où il fe rend par rapport à la Préface, & rire des aplaudiffemens qu'il fe donne à lui-même pour la découverte chimérique de la prétenduë trame.

CHAPITRE III.

Différence entre les manieres de l'Auteur de l'Avis, & les miennes, avec l'examen de ce qu'on objecte fur la Critique de Maimbourg.

AU refte, fi l'on veut des preuves de ma juftification, plus plaufibles que celles de mon

(a) Avis p. 66. Exam. pag. 24.
(b) Pag. 5.
(c) Pag. 36.
(d) Pag. 11. 28.
(e) Pag. 61. de l'Avis. *Ibid* p. 111.
(f) Pag. 6.
(g) Pag. 210.

(h) Exam. p. 35.
(i) Avis p. 57
(k) Pag. 33.
(l) Pag. 66.
(m) Avis p. 61 & 66.
(n) ,, On verra fur la fin du Chap. V. l'avantage qui ,, me vient de ces queftions.

mon accusation, qu'on confidere mes autres ouvrages: on y voit très-peu de citations de l'Ecriture, & presque jamais selon le vieux Gaulois de
la Version de Geneve; au lieu que l'Avis aux
Réfugiez est tout plein de citations de l'Ecriture
selon cette vieille Version, tout plein d'allusions
à l'Ecriture, comme le reconnoît Mr. J. & il
n'y a personne qui ne reconnoisse là un homme
tout penetré de Sermons, & qui possede la Ste
Ecriture beaucoup mieux que je ne fais. Que
si cet Auteur n'attaque point nommément la
Critique Generale du P. Maimbourg, comme
il attaque non tous (o) *les Ecrits de quelque réputation qui ont été faits depuis plusieurs années contre la France*, ainsi que le suppose faussement Mr.
J. mais seulement quelques-uns, ce n'est pas à
dire qu'il ait eu en cela d'autre raison, que celle
de ne savoir pas qu'il y eût dans cet ouvrage des
maximes conformes à celles de Junius Brutus,
ou qui en general se trouvassent en son chemin.
Quel nombre prodigieux de livres n'a-t-il pas
laissé sans en dire mot? Que Mr. J. cite, s'il lui
plaît, les pages où la plainte de Mr. Claude est réfutée, & où les réfutations de Varillas par le Docteur
Burnet, & les réponses qui ont été faites à de Brueys
sont mises au rang de nos libelles, d'une maniere
que la Critique Générale de Maimbour n'y est pas
mise; car (p) c'est ce qu'il affirme positivement.
Pour moi, je n'ai pû trouver encore ces pages-
là dans l'Avis aux Réfugiez, & ce pourroit bien
être un mensonge. Je l'attens à la preuve; &
s'il ne la donne pas, qu'il se prépare à passer
pour un faux témoin.

Mais n'a-t-il jamais ouï dire qu'un Auteur qui ne
veut pas être connu, affecte quelquefois de réfuter
ses autres Ecrits? A quoi lui servira donc sa mystérieuse remarque de la Critique Générale, qu'il répete encore dans la page 54. Il ne faut pas qu'il
juge des autres par lui-même. On me connoît pour
l'homme du monde qui a le plus d'indifférence
pour ses ouvrages & pour ses sentimens particuliers.
On le connoît pour l'homme du monde le plus idolâtre des siens. Contre lui sa remarque seroit souffrable. On n'a point de peine à le découvrir quand il
publie des ouvrages anonymes. Car outre qu'il a
des seconds qui apprennent bientôt, du moins
par signes & gestes, ce qui en est, on rencontre
à coup sûr pour guide les loüanges & les apologies qui sortent de la bouche du pere, & qui
avertissent qu'il n'en faut pas dire du mal. Une
semblable conduite me pensa tromper sur la prétenduë Lettre du P. Peters au P. la Chaise, que
l'on prit d'abord pour une Lettre véritablement
interceptée, & puis pour une fraude pieuse de
Mr. J. On s'en desabusa, en voyant paroître peu
après la prétenduë réponse du P. la Chaise. Mais
il est vrai que la chaleur avec laquelle je voyois
soûtenir chez Mr. J. que les vraisemblances
avoient été bien gardées, & qu'il ne faloit pas
décider comme je faisois pour la suposition de la
Lettre du P. Peters, (marque certaine de mon
Cabalisme que je m'étonne qui lui soit échapée)
me fit soupçonner quelque tems ce que tant d'autres croyoient.

Les autres preuves qui me restent à examiner
se peuvent réduire à deux, savoir à un certain
amas de caracteres qu'il m'attribuë, & à ses réflexions sur la nouvelle édition de l'Avis aux Réfugiez. Ecoutons-le parler.

(o) Pag. 16.
(p) Pag. 54. 55.
(a) Exam. pag. 42.
(b) „On se trompoit; car il avoit écrit un petit Trai-

CHAPITRE IV.

*Réfutation des caracteres par où on a prétendu dési-
gner l'Auteur de l'Avis.*

PRemierement, dit-il, (a) *il faut poser comme
une verité évidente & incontestable, que ce n'est
pas ici l'ouvrage d'un novice; c'est l'ouvrage d'un
maître consommé dans l'art d'écrire en François.*
Cette hypothese capitale lui plaît si fort, qu'il
la repete plusieurs fois. Vous la verrez dans
la page 26. de l'Examen, & dans la 63. de son
Avis. Il ajoûte à cela, que nous n'avons pas
beaucoup de tels Ecrivains dans ces Provinces.
Chacun voit que sa preuve se réduit à ceci.

L'Avis aux Réfugiez est l'ouvrage d'un maître
consommé dans l'art d'écrire en François, c'est-
à-dire qui a déja composé plusieurs ouvrages
bien écrits en cette langue; car c'est ce que Mr.
J. doit entendre, ou bien son fondement est nul.

Il faut donc chercher cet Auteur parmi ceux
qui ont déjà composé plusieurs ouvrages bien
écrits en cette langue; & il le faut chercher en
Hollande, puis que j'ai prouvé qu'il doit y
être.

Rien de plus foible que ce fondement. J'ai déjà
ruïné sa prétention, savoir que cet Auteur doit
être en Hollande; & en attendant que je l'accable d'exemples qui ruïnent son principe de fond
en comble, il me suffit aujourd'hui de le faire souvenir du jugement qu'il porta de l'Auteur des Lettres sur les matieres du tems lorsqu'elles commencerent de paroître. Je ne sai point si Mr. Basnage qui se promenoit avec nous, & avec feu
Mr. le Moyne, s'en souviendra; mais il est certain que Mr. J. nous dit que ces Lettres étoient
l'ouvrage d'un homme qui avoit aquis l'habitude
de bien écrire; qu'on y reconnoissoit un certain
art qui ne s'aquiert que par l'exercice; un art,
disoit-il, de serrer ses pensées, de les bien placer &
bien tourner. Ainsi il rejettoit les Réfugiez à qui
on les attribuoit, & qui n'étoient point encore
célébres par leurs Ecrits, & n'en donnoit point
d'autre raison, si ce n'est que c'étoit l'ouvrage
d'un homme qui avoit déjà fait d'autres bons livres. Il n'étoit pas le seul qui en jugeoit ainsi:
tout le monde soûtenoit que ces Lettres ne pouvoient venir que de l'une des meilleures plumes
qui se furent déjà fait connoître parmi nous.
Après cela je devrois avoir la modestie de ne pas
dire qu'on me fit l'honneur de me les attribuer
tant en Hollande que dans les pays étrangers: mais
puisque c'est un fait connu qui me peut servir,
on me pardonnera cette liberté. On les auroit
données tout d'une voix à Mr. J. si on n'eût pris
garde qu'elles étoient écrites d'une maniere sage,
honnête, retenuë, & entierement éloignée de
cette aigreur chagrine qui ne fait que mordre &
que déchirer dans ses Ecrits. Enfin on a sçu qui
étoit l'Auteur de ces Lettres, & il me permettra
de dire; car cela ne lui étoit pas au fond desavantageux, que l'on tomba des nuës en l'apprenant.
Quoi! disoit-on, un homme qui n'avoit jamais
(b) écrit, & qui n'avoit pas même fait profession
de lettres, un homme qui a été toute sa vie dans
d'autres occupations, est capable d'écrire si bien?
Tout Paris a rendu justice à cette plume: mais
on y a été long-tems incrédule sur le nom de
                                    l'Au-

„té sur les Controverses du tems, bon & bien tourné,
„mais dont peu de personnes savoient l'Auteur & le
„mérite.

l'Auteur, encore que des gens très-dignes de foi affuraffent pofitivement la chofe dans les lettres qu'ils écrivoient à leurs amis de France. Je dirai en paffant, que puifqu'on a été long-tems à Paris & ailleurs dans la fauffe perfuafion que j'étois l'Auteur de ces Lettres, & qu'on y feroit encore peut-être, fi le véritable Auteur ne fe fût montré, il n'y a nulle certitude dans les conjectures fur le ftile. Encore aujourd'hui on m'attribuë des Ecrits dont le ftile aproche du mien comme l'Orient de l'Occident, pour me fervir de (c) l'expreffion de Mr. J.

Que dira-t-il fur le fait notoire des Lettres fur les matieres du tems, où il a porté témoignage lui-même ? Ne faut-il pas qu'il avoué la fauffeté de fon principe, favoir qu'un ouvrage qui porte tous les caracteres d'un homme qui s'eft aquis l'art de bien écrire par un long exercice, eft en effet l'ouvrage d'un tel Auteur, & non la premiere production d'un Ecrivain ? Ceci fervira à quelqu'un qui médite un ouvrage affez curieux fur la conformité de la conduite des Jéfuïtes envers les Janféniftes avec celle de Mr. J. envers fes ennemis. Car jamais on ne vit des gens donner plus à gauche au fujet des Provinciales de Mr. Pafcal, que les Jéfuïtes ; & la chofe dont ils s'avifoient le moins, étoit que ces Lettres fuffent l'ouvrage d'un homme qui faifoit là fon coup d'effai. Ils étoient excufables. Je croi que perfonne ne trouvoit là les manieres d'un novice. Tout y fent le maître confommé en l'art d'écrire en François. Rien ne marque que l'Auteur ne fe fût occupé avant cela qu'à des expériences phyfiques, & à la Géométrie. D'où paroît combien on donne dans l'illufion en raifonnant comme fait Mr. J. L'Avis aux Réfugiez a toutes les marques d'un maître confommé dans l'art d'écrire en François: donc celui qui en eft l'Ateur a déja publié plufieurs beaux livres en cette langue. Apliquons cela aux Lettres Provinciales, & aux Lettres fur les matieres du tems, fans compter les exemples que j'entafferai dans ma grande Réponfe ; la Fréquente Communion de Mr. Arnauld, le 1. Tome de la Recherche de la Vérité par le P. Mallebranche, la premiere Réponfe de Mr. Claude à la Perpétuité de la foi, &c. où en fera mon Délateur avec fa conclufion ?

Il eft donc très-poffible que comme il y avoit en Hollande il y a trois ou quatre ans un Réfugié, qui dès la premiere production de fes Lettres fur les matieres du tems, fit voir qu'il égaloit les maîtres confommez en l'art d'écrire en François, il y en ait eu auffi quelque autre qui pour fon premier coup d'effai a fait l'Avis aux Réfugiez. De forte que quand on feroit forcé d'avoüer à Mr. J. que l'Auteur de cet Avis eft en Hollande, fupofition qu'il ne fonde que fur des abfurditez manifeftes, il ne s'enfuivroit pas qu'il feroit un des Auteurs qui étoient déja fort connus. On ne lui dit cela que pour lui-montrer la témerité qu'il a euë de fe porter pour Accufateur, fans rien avancer fur quoi on ne le puiffe acrocher des mois entiers. On lui nie que cet Auteur doive être en Hollande; & s'il le prouvoit, on lui nieroit que cet Auteur eût fait des livres avant cela: & s'il alléguoit je ne fai quelles conformitez de penfées, de citations & de phrafes, on lui demanderoit qu'il prouvât que ces conformitez ne venoient point ou de ce que ce nouvel Auteur auroit pris goût à mon ftile, & en feroit devenu l'imitateur foit à deffein, foit par une contagion infenfible ; ou de ce qu'il auroit eu les idées fraîches de quel-

ques penfées qu'il auroit trouvées dans mes Ecrits, propres à fon but ; ou enfin de ce qu'étant mon ennemi, il auroit fait un livre exprès pour me faire des affaires, & auroit dans cette vûë imité & pillé mes livres le mieux qu'il auroit pû. Qui m'empêcheroit de me défendre en difant que Mr. J. voulant fe défaire de moi, a peut-être compofé lui-même l'Avis aux Réfugiez ; & qu'afin de pouvoir me l'imputer, il y a inféré les conformitez avec mes livres lefquelles on mettroit en avant ? Il eft fort poffible que des gens auffi vindicatifs que lui fe portent à ces excez. On ne pourroit donc conclure rien de convaincant contre moi de ces conformitez, furtout puifque l'aparence porte à croire que fi j'étois l'Auteur d'un tel ouvrage, je l'aurois rendu diffemblable à mes autres livres.

Mais avant que d'en venir là, je demanderois la difcuffion de ces deux queftions : L'une, S'il eft vrai que l'Avis aux Réfugiez foit la production d'un maître confommé en l'art d'écrire en François: L'autre, S'il eft vrai que le ftile & les manieres en foient conformes à mes livres. Sur la premiere queftion les Juges de Hollande feroient obligez de nommer des Experts qui ne fuffent fufpects ni à l'Accufateur, ni à l'Accufé, & il arriveroit aparemment qu'on ne trouveroit pas de plus fûr expédient, que de renvoyer l'affaire à l'Académie Françoife en pofant ainfi l'état de la queftion. *On demande à la Compagnie, fi l'Avis aux Réfugiez eft tellement l'ouvrage d'un homme confommé en l'art d'écrire en François, qu'encore que les Lettres Provinciales foient la premiere production de Mr. Pafcal en ce genre d'écrits, comme la Fréquente Communion, la Recherche de la Vérité, &c. font les premiers livres que leurs Auteurs ayent faits, il n'eft pas néanmoins poffible que l'Avis aux Réfugiez foit la premiere production de fon Auteur.* Quant à la feconde queftion, les Juges feroient auffi obligez de nommer des Experts non fufpects, & de me permettre de fournir les nonconformitez que je trouverois entre mes véritables ouvrages, & l'Avis aux Réfugiez. Quel procès, bon Dieu! & de quelle longueur ne feroit-il point? & cela pour une vetille. Car dequoi importe-t-il au Public qu'un Livre dont on ne parloit plus, & qui s'il étoit capable de faire quelque mal, ne le feroit que par les vacarmes de Mr. J. demeure entierement anonyme, ou non?

Tout cela montre que fi cet Ecrivain étoit capable d'écouter les confeils de la raifon & de la fageffe, & furtout les obligations d'un Pafteur de l'Evangile, au préjudice de fon humeur fauvage, cruelle, médifante & vindicative, il n'auroit jamais entrepris cette accufation.

Il n'eft plus néceffaire que je m'amufe à détruire piéce à piéce fa machine: le fondement en eft ruïné; cela fuffit, & d'autant plus que les caracteres qu'il me donne ou ne me conviennent pas, ou me font communs avec un grande nombre d'Auteurs.

I. Par exemple (d) le mêlange de paffages de Poëtes & d'Orateurs fe trouve en beaucoup d'Ecrits. Il n'y a que deux jours qu'il paroît un livre François contre la Tolérance, qui eft tout parfemé de ces ornemens. L'Avis fur le Tableau du Socinianifme contient diverfes aplications de Juvenal, &c. ce qui n'empêche pas que ceux qui me le donnent, & qui font en grand nombre, fondez en partie fur cette raifon, ne fe trompent, au jugement même de Mr. J. Parmi les Catholiques Romains le P. Rapin, le

P.

P. Bouhours, le P. Thomaſſin, & je ne ſai combien d'autres, bordent leurs livres de citations de litérature. Deſorte que comme c'eſt une tentation aſſez ordinaire à ceux qui font des recueils, que celle de les mettre à profit, quand ils font imprimer quelque choſe, & qu'il y a un nombre infini de Sçavans qui font des recueils, il eſt très-poſſible que les Auteurs qui ſe parent de citations à la maniere de celui qui a fait l'Avis aux Réfugiez, ſoient des gens qui n'avoient encore rien publié, ou qui n'avoient pas exercé leur plume ſur une matiere qui ſouffrît cette brodure. Il y a des Ecrits Latins qui en ſont preſque tout couverts; & ne prend-il pas quelquefois envie à ceux qui n'ont écrit qu'en cette langue, de ſe produire en François?

II. Mr. Colomiez, Mrs. Graverol freres, Mr. Teiſſier, Mr. Baillet, Mr. Juſtel, & cent autres Auteurs, ou qui n'ont jamais écrit, ont mille fois plus de connoiſſance que moi de ces particularitez de la République des Lettres, de ces curioſitez qu'on m'attribuë, & de ces endroits écartez, *(e) peu connus, & que perſonne que moi ne ſait:* de ſorte qu'il ne ſeroit pas étonnant qu'un homme qui commenceroit à ſe faire imprimer, parût fort inſtruit de ces ſortes de particularitez, dont il y a même des livres aiſez à trouver qui ſont tout pleins.

III. On ſeroit bien embaraſſé, ſi on recevoit ordre de prouver que je cite & que (f) je ſais en perfection les Gazettes anciennes & nouvelles, & je croi que les citations qu'on en trouveroit dans mes ouvrages ſeroient bientôt épuiſées. D'ailleurs, je ne ſerois pas le ſeul qui les citerois. Mr. Menage les cite ſouvent. Mr. Muſſard qui eſt mort Miniſtre de Londres, Mr. Lortie & Mr. Arnauld les onr citées dans des livres de controverſe.

IV. Quant à ce (g) qu'on m'attribuë touchant les Dictionnaires, il n'y a rien de plus faux; j'avouë la dette, je ſai peu les termes propres des arts & des ſciences dont je ne me mêle pas. Il n'y a rien dans mes Ecrits qui témoigne que je ſache les termes de Peinture, de Sculpture, d'Architecture, de Navigation, de Pratique, &c. Deſorte que ſi cette ſcience particuliere paroît dans l'Avis aux Réfugiez, on en doit conclure que je n'en ſuis pas l'Auteur. Outre qu'il y a des livres qui ſont les premiers que les Auteurs donnent au public, comme l'Athenes Ancienne & Nouvelle, & le Voyage du Monde de Deſcartes, où cette connoiſſance des termes propres à chaque matiere paroît très-ſenſiblement. En tout cas, les preuves de Mr. J. qui devroient être les mieux préparées du monde, puiſqu'il m'impute publiquement tout ce qu'il y a de plus attroce, ſont dans un état le plus défectueux où jamais preuve ait été.

Car il lui faloit faire ces deux choſes. Premierement il faloit juſtifier par les Ecrits qui ſont véritablement de moi, que je ſai mille petites curioſitez, particulierement de la République des Lettres, que perſonne que moi ne ſait; que je cite & ſai les Gazettes en perfection; que je ſai en perfection les noms des arts, des ſciences & du Barreau. En ſecond lieu il faloit juſtifier que toutes ces marques ſe rencontrent dans l'Avis aux Réfugiez. Quand on aura fait ces deux choſes, je verrai ce qu'il y faudra répondre. Mais je ne ſuis que trop ſûr qu'on ne viendra jamais à bout de la premiere. Je ſuis trop convaincu qu'en matiere de faits je n'ai rien mis dans mes Ecrits qui ne ſoit commun, & que rien n'y ſent l'intelligence des Arts, ou du Droit. Pour l'Avis au Réfugiez, ce n'eſt point à moi en faire les honneurs; mais il me ſemble que Mr. J. n'a pas trop de tort de n'y trouver que des recueils du *Polyantea.* L'Auteur de cet Avis, qui qu'il ſoit, me reſſembleroit fort, je l'avouë, s'il étoit vrai que je n'aprofondiſſe rien. Mais il n'eſt pas vrai que je n'aïe rien aprofondi. J'en fais juge le Public. Si on l'a oublié, j'en indiquerai aiſément les preuves. Quand cela ſeroit vrai, qu'y gagneroit mon Adverſaire? N'eſt-ce pas le propre de la plûpart des Auteurs François, de ne s'enfoncer pas trop avant dans leur ſujet, & de chercher les agrémens préférablement à tout? Si l'on compare mes Ecrits avec l'Avis aux Réfugiez, on trouvera une notable différence ſur ce dernier point. L'Auteur de l'Avis fait le grave, le ſérieux, le Prédicateur ſévere, il paſſe légerement ſur tout, il indique les choſes plus qu'il ne les donne. Pour moi, mes manieres ſont de plaiſanter de tems en tems, de donner dans la bagatelle, & d'être prolixe ſur tout ce qui me vient dans l'eſprit.

Que ſi l'on trouve que cet Auteur raiſonne par la réduction *ad abſurdum,* & que j'aime auſſi à le faire; ſi l'on prétend qu'il a ſoûtenu un paradoxe, (ce que je réfuterai ci-deſſous) & que j'aime à en ſoûtenir, que ſignifiera cela? Y a-t-il homme au monde à qui ces deux traits conviennent mieux qu'à ma partie? Et ne conviennent-ils pas à beaucoup d'Auteurs, à Mr. Arnauld en particulier, à Mr. Nicole, &c.? Quand je conſidere la maniere dont on m'a caractériſé, le plus favorable jugement que j'en puiſſe faire eſt de dire, qu'on a imité ceux qui déſignent une perſonne particuliere, en diſant qu'elle a une perruque blonde, ou un juſtau-corps bleu.

Voilà le défaut général de tous les traits par leſquels Mr. J. me caractériſe, & qui me peuvent convenir: ils me ſont communs avec une infinité d'autres gens. L'aſſemblage total de ces caracteres ne convient ni à l'Auteur de l'Avis, ni a moi. Montrez donc quelque Auteur, me dira-t-on, auquel il convienne. Plaiſante queſtion! Montrez plûtôt, vous, qu'il me convient, & à celui qui a fait l'Avis auſſi. Outre que quand il n'y auroit point parmi les Auteurs connus depuis long-tems un Ecrivain qui ſe fût marqué au caractere de celui qui a fait l'Avis aux Réfugiez, cela ne tireroit à aucune conſéquence, puiſque j'ai montré, & que je le montrerai plus amplement dans ma Réponſe, que ce peut-être le premier ouvrage de ſon Auteur.

C'eſt prouver miſérablement que l'Auteur de l'Avis (h) *aime les paradoxes, que c'eſt ſon ragoût & ſa viande d'apétit; que quand il en trouve en ſoa chemin, il ſe jette deſſus avec violence; que tout ſon livre eſt écrit dans cet eſprit:* c'eſt, disje, le prouver miſérablement, que d'en donner pour toute preuve, *qu'il a entrepris de ſoûtenir que la France a beaucoup gagné dans les Conquêtes que l'Empereur a faites en Hongrie & en Servie.* Et ce n'eſt gueres mieux réfuter ce prétendu paradoxe, que de dire que la France *s'eſt beaucoup réjoüie de la priſe de Belgrade par les Turcs.* Tout cela marque je ne ſai quelle petiteſſe d'eſprit, & une courte vûë qui ſied très-mal à un Miniſtre de l'Evangile qui tranche tant de l'homme d'Etat, & de l'Ecrivain politique. Ces moins habiles dans l'Hiſtoire moderne ſavent que depuis fort long-

Réponſe à un certain paradoxe à M. Bayle.

long-tems le grand pivot sur quoi ont roulé les affaires & les véritables intérêts des Princes de l'Europe, a été de chercher un équilibre entre la Maison d'Autriche & la France, & de se joindre à la France, lorsque par ses propres forces elle ne pouvoit balancer la Maison d'Autriche. C'est en général le grand principe de tous les siécles & de tous les pays, qu'il faut empêcher que les grands Etats n'opriment leurs voisins, en oposant à ces grands Etats quelque Puissance jalouse qui puisse arrêter leur ambition. Desorte qu'il est visible à quiconque a du sens commun, que si S. M. I. avoit ruïné la Monarchie Ottomane, il eût été du bien commun des Princes Chrétiens, qu'il y eût quelque autre Puissance dans l'Europe capable de tenir tête à la Maison d'Autriche. Car si l'on eût affoibli toutes les autres Puissances, cet équilibre qui fait la sûreté de tous les moindres Etats eût été ôté. Ce ne seroit donc pas une chose fort étrange, si la France avoit regardé de ce sens-là les Conquêtes de l'Empereur; & cela n'empêche pas qu'elle n'ait dû se réjouir de la prise de Belgrade. Ne sait-on pas que tous les événemens du monde ont deux faces? Où est l'homme qui en sache plus de nouvelles que Mr. J. qui trouve du tant mieux partout, & qui au premier jour apparemment sera surnommé le Prophete TANT-MIEUX? Il n'y a point d'évenement qu'il n'accommode à son systême, pourvû qu'il ait eu le tems d'y rêver toute une nuit. Car il est vrai que le jour même qu'on aprend quelque chose qui n'arrive pas comme il l'avoit crû, (ce qui arrive souvent, n'y ayant jamais eu d'homme d'un esprit plus faux ni moins heureux en conjectures) il est tout taciturne; mais dès lendemain il paroit avoir transposé les chevilles & le rouage de sa machine, & il y ajuste à merveille l'évenement, surtout auprès de ceux qui s'abstiennent de le contredire, & qui attendent à se moquer de lui, qu'il ne puisse pas l'entendre. C'est ainsi qu'il a trouvé & publié que la bataille de Fleurus & la bataille Navale ont apporté de grands avantages aux Alliez. Je passe légerement là-dessus, & ne veux pas l'insulter sur un fait dont je ne suis pas certain, quoique le bruit en ait couru: c'est qu'on lui a fait entendre qu'il eût à discontinuer ses Soupirs de la France, les derniers qu'il avoit poussez ayant été, dit-on, fort desobligeans pour S. M. B. le Roi Guillaume, & pleins d'indiscrétion sur les prétenduës facilitez qu'il y auroit eu, disoit-il, pour les François à faire ici des descentes. Ce qui est d'autant plus bizarre, qu'il se tuoit d'assurer partout où il voyoit de bonnes gens allarmez, c'est-à-dire selon le sentiment cuisant de son cœur, qui lui reprochoient la fausseté de ses promesses, que nos côtes & nos ports étoient trop bien gardez, & trop avantageusement situez, pour devoir rien craindre. S'il le croyoit, pourquoi publioit-il le contraire? Un Ministre fait-il bien de dire une chose pour soûtenir sa réputation chancellante de Prophete, & d'en publier une toute opposée pour médire des ennemis? Si l'on fait jamais un Recueil de ses indiscrétions & de ses contradictions, on n'oubliera pas (i) qu'il vient de reconnoître le Prince de Gales pour légitime.

Laissant à part ses visions, j'ai ouï dire que les plus intelligens dans les affaires d'Angleterre ont trouvé qu'il naîtroit de très-grands biens de l'avantage que les François avoient eu sur mer, parce que cela seroit cause que la Nation piquée au vif de jalousie, fourniroit des secours immenses au Roi, & s'apliqueroit d'une façon extraordinaire aux affaires de la Marine. L'événement a justifié cette maxime. Ce n'est donc point un paradoxe que de dire, qu'une Couronne considérant d'un certain biais les Conquêtes de ses voisins, y trouve de l'avantage, & se réjouït néanmoins de les voir batus. Les Anglois dont je parle ne seroient-ils pas bien réjouis d'une victoire navale sur les François l'année passée?

Pour les maximes que Mr. J. rapporte (k) m'avoir ouï soûtenir en conversation, j'examinerai une autrefois s'il les rapporte fidelement. Ce qu'il y a de fort certain, c'est qu'il se trompe lourdement, s'il croit qu'il n'y ait que moi qui n'ait point souffert la même révolution dans ses sentimens, que l'Europe, & que j'aurois peur d'avoüer ce qu'il seroit vrai qu'il m'auroit ouï dire. Il verra une autrefois ma réponse sur ce chapitre. Par avance je lui déclare, que je n'ai pas la lâcheté ni la tartufferie qu'il a témoignée partout d'accommoder sa foi & ses maximes au tems. En France, & même depuis qu'il est ici, il a soûtenu l'indépendance des Rois, & condamné Pareus, Buchanan & Junius Brutus. Depuis la guerre il va plus loin qu'eux. Il se rend tous les jours le joüet & la fable de la Hollande, en bouleversant son pauvre systême de l'Apocalipse à mesure que les Gazettes nous apprennent quelque évenement. Toutes les espérances qu'il donne en chaire, & que l'on répand chez lui à pleines mains sur tous venans, varient éternellement à l'égard des circonstances, selon qu'il plaît aux Gazettiers. Pour moi, je m'en tiens à la Confession de nos Eglises, de laquelle il est un vrai déserteur; mais de telle sorte que si nous retournions en France, & qu'il pût obtenir l'abolition des excez énormes où il s'est jetté, il seroit le premier à réfuter Junius Brutus. Vraye giroüete de Religion qui tourne à tout vent de doctrine selon les révolutions de Etat. Je ferai voir que mes principes sont infiniment plus conformes à la fidelité que je dois à Nos Seigneurs les Etats de Hollande et de West-Frise, & aux veritables intérêts de S. M. B. le Roi Guillaume, que ceux de Mr. J.

La pitoyable chose que c'est que de raporter (l) qu'il n'a ouï dire qu'à moi une remarque qu'il a lûë dans l'Avis aux Réfugiez, savoir *que dans les batailles il meurt toûjours beaucoup plus d'Officiers Généraux & de personnes de distinction du côté des François, que du côté de leurs ennemis.* Il peut bien être qu'il ne se souvient pas d'avoir ouï dire cela à d'autres qu'à moi: mais il est impossible qu'ayant ouï souvent parler de guerre à des personnes du métier à Sedan, il ne les ait ouï parler sur ce ton-là de la bravoure Françoise; car c'est une observation qu'ils alleguent très-souvent. Qu'on se moquera bien de lui en France, quand on lui verra faire de tels aveus d'ignorance! Devroit-il avoir besoin d'autrui pour savoir cela? Les Relations des batailles & des combats ne devroient-elles pas l'en avoir instruit, au moins l'année passée, où les François perdirent à Fleurus tant de gens de qualité, & de commandement, & nous fort peu? Pourquoi n'a-t-il pas fait quelque réflexion sur les nouvelles de la Bourse qu'on lui va ramasser tous les jours, & qui portent si souvent que les Vaudois ont eu tel & tel avantage, où parmi les François tuez on compte presque autant d'Officiers que de soldats? Que n'interrogeterroge-t-ils les Officiers Réfugiez, pour savoir si d'autres que moi ont fait la remarque dont il s'agit.

Pernicieuse doctrine de ses Livres. J'examinerai dans ma Réponse les reproches qu'il me fait (*m*) d'avoir rempli mes livres de maximes dangereuses, & lui montrerai qu'à son dam & pour ses péchez il a touché à cette corde. Ah! qu'il me donne un beau champ, pour lui faire voir que jamais Auteur n'a fait de livres aussi capables que les siens de gâter le cœur & l'esprit, & d'introduire la superstition & le Fanatisme, la plus opposée de toutes les pestes au culte raisonnable, & à cette solide piété que Dieu rétablit dans le monde au dernier siécle par le moyen de nos glorieux Réformateurs. (*n*) Je connois un homme qui a une Dissertation Latine (*o*) prête à être donnée à l'Imprimeur, sous le titre de *Janua Cœlorum reserata*, où il montre que le systême de l'Eglise de cet Auteur est l'éponge de la Réformation, qu'il en ruïne toute la nécessité, & qu'il sauve tous les honnêtes gens dans toutes sortes de Religions. On sait bien que ce ne fut jamais son intention, & qu'il se représente la Divinité conforme à son tempéramment: mais il n'a pas laissé en maniant mal-adroitement cette controverse, de semer ce dangereux poison dans son systême. Or qu'importe que la viande qu'on mange soit mauvaise ou par la méchanceté du Cuisinier, ou par sa mal-habileté? Tout fraîchement on vient de dénoncer au Synode un bon nombre d'erreurs, d'hérésies & de profanations, extraites de ses Ecrits; & si n'a-t-on pas tout recueilli. On sait combien il a été poussé pour avoir pris la polygamie sous sa protection: mais je lui promets là-dessus une révision de comptes qui le fera suër d'ahan.

Saletez qu'on lui a fait supprimer de sa Reponse à M. Maimbourg. Qu'il se souvienne du tems qu'on imprimoit sa Réponse à Monsieur Maimbourg. Le Libraire ayant trouvé dans son Manuscrit une longue liste des plus abominables saletez, le pria de les ôter; & ne pouvant l'obtenir, il fit prier deux personnes d'autorité d'en parler à l'Auteur. Ils lui en parlerent en ma présence, & combatirent son opiniâtreté en tant de manieres, qu'enfin sans leur dire qu'il cédoit, il s'y résolut tacitement, alla effacer ce que le Libraire étoit résolu de ne point publier du tout. On le fera souvenir aussi du Factum qu'il a publié contre Aubert de Versé, si plein de saletez qu'à peine y a-t-il de prostituée qui pût les lire sans rougir. Tout le monde a été scandalisé qu'un Ministre, en cela moins scrupuleux qu'un (*p*) Orateur Payen ait voulu fouiller dans de telles ordures, les faire venir de France à grands frais, les copier, les mettre en ordre, les corriger sur l'épreuve de l'Imprimeur, & les distribuer partout. On en étoit d'autant plus scandalisé, que l'on savoit bien qu'il n'étoit poussé à cela que par un ressentiment personnel, à cause que cet homme médisoit de lui; mais principalement à cause qu'il avoit été le premier qui avoit relevé dans un Ecrit public l'absurdité & pitoyable contradiction où Mr. J. étoit tombé en se mêlant d'écrire sur les persécutions de Religion, & que tout fraîchement il avoit publié un *Son Factum contre Aubert de Versé plein de saletez.* livre sous le titre du *Nouveau Visionaire de Rotterdam*, où il l'avoit désolé. Cette connoissance du vrai motif, & l'horreur publique contre ce Factum, furent cause qu'on n'eut point de pitié de le voir échoüer miserablement dans cette en-

treprise. De Versé le foudroya par un autre Factum où il mit son nom, se montrant plus assuré que son Délateur, qui avoit caché le sien. Il est venu ensuite le braver jusques sur son fumier à Rotterdam, y passant & repassant, y séjournant, & se produisant par tout.

CHAPITRE V.

Refutation des remarques de Mr. J. sur la nouvelle édition de l'Avis aux Réfugiez.

Opini... Mr. J... IL est impossible de lire cet endroit du livre de mon Adversaire, sans remarquer l'entêtement qui s'est converti en lui en habitude depuis long-tems. Il ne veut démordre de rien, & pour avoir des prétextes de demeurer oppiniâtre, il se fait d'une vetille une grande difficulté. Quand on lui fait des objections fortes, il les traite de bagatelle: mais les plus foibles, quand c'est lui qui les propose, lui paroissent si accablantes, qu'on diroit qu'il suë pour l'amour de ses ennemis. Voyons de quoi il s'agit.

L'Auteur de l'Histoire des Ouvrages de Savans a inseré dans son mois de Février dernier l'extrait d'un Mémoire venu de Paris, contenant entre autres nouvelles de littérature, *qu'on réimprimoit actuellement à Paris l'Avis aux Réfugiez avec privilege du Roy; & que l'Auteur qui s'étoit tenu clos & couvert, à cause de divers choses qui ne pouvoient qu'irriter Mr. l'Archevêque de Paris & le P. la Chaise, a trouvé moyen de faire sa paix en ajoutant ou diminuant ce qui pouvoit leur deplaire.* Pour être plus assuré de ce fait, on écrivit à Paris à un fort honnête homme que Mr. J. connoît bien, & à quelques autres curieux, & on les pria de s'en informer: ils découvrirent non seulement qu'on réimprimoit ce livre; mais ils envoyerent aussi la premiere feüille, afin que personne ne pût douter de cette seconde édition; & depuis ils en ont envoyé une seconde, & offert d'envoyer toute la suite à mesure qu'on l'imprimera, si on le souhaite.

Réim... l'Av... fugie... avec Le Privilege du Roi se trouve imprimé dans la premiere feüille en datte du mois d'Octobre 1690. ce qu'il est important de remarquer. Car il paroît clairement par-là que ni mes amis ni moi n'avons pû agir là-dedans, puis qu'avant le mois de Janvier dernier Mr. J. ne s'étoit pas avisé de dire qu'il me croyoit l'Auteur de l'Avis; & tout le monde sait ici qu'avant ce tems-là on ne parloit plus de ce Libelle.

C'est donc déjà en lui une fausseté d'omission, d'avoir parlé en gros du Privilege sans en exprimer la datte. Je ne croi pas que jamais homme ait narré les faits avec tant de mauvaise foi.

Mais il n'y a rien de plus convaincant que la petite Préface de la seconde édition, pour montrer que ceux qui la donnent au public n'ont aucune relation avec moi, & ne songent à me rendre aucun service, & qu'ainsi il n'y a pas la moindre ombre de collusion dans cette affaire. Il n'y a rien dans cette Préface qui ait du rapport à l'intérêt que j'ai présentement de faire voir mon innocence, ni qui donne aucune ouverture pour éclaircir le mystere de l'Avis aux Réfugiez, & de l'Avertissement qui le précede. Or je ne croi pas que personne soit assez injuste pour croire

---

(*m*) Pag. 49. 58.
(*n*) ,, Cet homme étoit Mr. Bayle même.
(*o*) ,, Elle a été imprimée in 4. en 1691. & on la trou-
,, vera ci-dessous dans ce volume.
(*p*) *Tu eò liberior, quòd ea in te admisisti, qua à verecundo inimico audire non posses.* Cicero Philip. 2.

re que si j'avois fait agir quelques amis, je n'eusse sçu leur suggérer un plan de Préface très-propre à éblouïr, du moins à donner le change, &
à combattre fortement les soupçons. Et si je
n'avois pas eu assez de sens pour cela, est-il apparent que mes amis ne fussent pas venus à mon
secours ? Disons donc que l'Auteur de l'Avis aux
Réfugiez, dont on sait le nom à la Chancellerie
où on a expedié son Privilege, doit avoir des intérêts fort différens de ceux que j'aurois, si j'avois
écrit ce livre.

Il est certain d'autre côté, que si je faisois agir
quelqu'un, il faudroit que ce fût quelque Catholique de crédit. Or on sait l'esprit de ces Messieurs, & leur maxime, *compelle intrare*, Contrains-les d'entrer. Ils n'auroient garde de me
servir à me disculper ; ils contribuëroient charitablement, comme ils se l'imaginent, à ma conversion, en me laissant succomber à une affaire
qui m'obligeroit de quitter ce pays-ci ; & ils se
flateroient que cette tempête me jetteroit dans le
port de salut selon leurs principes, c'est-à-dire
m'engageroit à retourner à la Patrie. Ainsi le plus
court moyen de succomber, si j'étois coupable,
ce seroit de m'adresser à ces Messieurs, de donner mon nom à la Chancellerie sous le sceau du
secret, & de les prier de détourner les soupçons
sur quelque autre.

Au contraire, dit Mr. J. (*a*) *La Cour de France
a toute sorte d'intérêt à cacher ses Partisans & ses
Agens dans les pays étrangers.* A la bonne heure,
mais cela ne sauroit me regarder. Il n'y a qu'à faire
la plus petite attention sur la vie que je mene, &
sur mon éloignement (qui va sans doute jusqu'à
l'excès) de toute sorte d'affaires, bien-loin que je
sois homme d'intrigue, pour tourner en ridicule
mon Accusateur, s'il persiste à me croire un
Agent à ménager. (*b*) Et puis, si la Cour de France occupée de tant de soins si pressans & si importans, descendoit jusqu'à des intérêts d'Auteur,
manqueroit-elle de gens qui feroient une Préface
selon mes vûës, ou de noms feints à plaisir pour
les mettre tout du long à la tête de l'Ouvrage,
comme faisoient Mrs. de Port-Royal leurs Saint
Aubins, leurs Mombrignis, leurs Royaumonts,
& autres noms imaginaires ?

Car les deux choses que dit contre cela mon
Accusateur sont de la derniere foiblesse. (*c*) *S'ils
eussent pris,* dit-il, *le nom d'un Auteur nouveau &
inconnu, on l'auroit aisément convaincu de faux, puis
qu'il est sensible que cet ouvrage est d'un homme consommé dans l'art d'écrire en François.* (J'ai déja
réfuté cette chimere, & je la réfuterai encore
plus sans ressource dans ma Réponse.) *S'ils eussent choisi un Auteur connu par ses Ouvrages, il auroit été encore plus aisé de découvrir la fraude par
la diversité du stile.* Autre chimere : car tous les
Ecrits d'un homme ne se ressemblent point ; &
en fait de livres anonymes ou pseudonymes, le
Public se trompe souvent. Il ôte à des Auteurs
connus déja par leurs Ecrits, ce qui leur convient, & ne leur donne pas ce qui est à eux. Mr.
Baillet en fournira bon nombre d'exemples tirez
de ce siecle même. J'avouë que les conjectures
qu'on peut tirer du stile, & d'un certain air qui
paroît propre à certains Auteurs, peut donner
lieu dans des contestations Académiques ou littéraires, d'attribuer plûtôt un livre à un homme,
que de ne le lui attribuer pas : mais devant les Juges, & en cas de procès criminel, ces conjec-

tures ne peuvent pas être valables, & ne sauroient même disculper un homme du crime du jugement téméraire contre l'honneur de son prochain, lorsqu'elles lui suffisent pour imputer un
ouvrage à celui qui le désavouë, un ouvrage, dis-
je, qui peut lui faire tort. On laisseroit donc crier
Mr. J. tant qu'il voudroit, que le stile de l'Avis
n'est pas conforme à celui des livres précédens de
l'Auteur qui l'adopteroit : ses cris & mille libelles de sa façon ne balanceroient pas l'aveu, même faux, que feroit un vieux Auteur d'avoir composé l'Avis aux Réfugiez. Cependant, à l'entendre, ce n'étoit pas courir un risque médiocre,
que de faire adopter l'Avis ou à un Auteur inconnu, ou à un Auteur connu. Rêverie pour le
moins.

Je sai par expérience que tous les Ecrits d'un
homme ne se ressemblent point. La Critique Générale du P. Maimbourg fut publiée peu de tems
après les pensées sur les Cometes : cependant personne ne parut croire que ces deux livres venoient
de la même main. La premiere Edition de la Critique fut toute débitée avant que l'on jettât des
soupçons sur le véritable Auteur : tout le monde
le croyoit en France. La seconde Edition l'auroit
peut-être mieux découvert ; mais sans un pur
hazard il seroit apparemment encore inconnu. Ce
hazard fut, que cet Auteur répondant à la lettre
d'un Anonyme que son Libraire lui avoit envoyée,
oublia de prier le Libraire de ne donner point l'o-
riginal de la Réponse, mais une copie. Cet Anonyme ami de Mr. Claude le fils lui demanda, en
lui montrant ma réponse, s'il en connoissoit l'é-
criture. M. Claude lui ayant dit de qui c'étoit, il
n'en falut pas davantage pour mettre l'Auteur
dans la nécessité de ne plus faire de mystere. Par
la conformité de stile on n'auroit jamais découvert
la chose. Car quoique l'Auteur n'y tâchât pas, il
donna au stile de la Critique de Maimbourg un
caractere fort différent de celui des Pensées sur les
Cometes. Un des plus (*d*) illustres Ministres de
France, & sans contredit le plus grand Prédicateur que nous y ayons eu, qui outre les sciences
propres à sa profession, possede admirablement
la connoissance des belles lettres, ce qui comme
chacun sçait, épure le goût & le discernement des
stiles, avouëra à quiconque le lui demandera,
qu'il a eu toutes les peines du monde à ajoûter
foi à ceux qui lui donnoient pour un fait incontestable, que la Critique de Maimbourg & les
Pensées sur les Cometes étoient d'un même Auteur. Il n'en voulut rien croire, à cause qu'il ne
voyoit point de ressemblance entre ces deux livres. Au reste ce Traité des Cometes seroit encore aujourd'hui sans pere connu, si le Libraire n'en
eût montré le Manuscrit à une personne, qui crut
rendre un bon office à l'Auteur en le découvrant :
le Public ne se seroit jamais avisé de l'attribuer à
la personne d'où il venoit. Qu'on nous vienne
donner après cela pour maxime fondamentale,
que des gens qui n'ont pas déja fait paroître leur
nom à la tête de quelques livres, n'ont point
composé tel ou tel ouvrage. Et pour parler d'un
Livre infiniment meilleur que celui-là, n'a-t-on
pas vû les Caracteres de ce siecle à la suite de la
traduction Françoise de ceux de Théophraste,
réimprimez quatre ou cinq fois en peu de tems
ces dernieres années, quoiqu'ils fussent le coup
d'essai d'un Anonyme ?

Il ne faut que lire la Préface du Quinte Curce
de

Tous les Ecrits d'un Auteur ne sont pas de même stile, témoin la Critique Generale du Pere Maimbourg & les Pensées sur les Cometes.

M. du Bosc ne put croire que ces deux Ouvrages fussent du même Auteur.

(*a*) Avis p. 65.
(*b*) ,, On verra ci-dessous que si je pouvois rendre
,, quelque service à la France, ce ne seroit qu'en Fran-

,, ce même.
(*c*) Pag. 36.
(*d*) ,, Mr. du Bosc à présent Ministre de Rotterdam.

de Vaugelas, pour se convaincre que d'un ouvrage à l'autre un Auteur peut tout-à-fait changer de stile. Car cette Préface nous apprend que Vaugelas ayant fait toute sa Version de Quinte Curce sur le modele du stilé de Coëffeteau, la refit tout de nouveau sur le modele du stile de d'Ablancourt. A quoi a-t-il tenu que le Public n'ait vû successivement deux Versions, qui quoique d'un même Auteur, eussent été aussi éloignées l'une de l'autre pour le stile, que l'Orient de l'Occident ? (e)

Il y a moins de sujet de s'étonner que le stile d'un homme change d'un livre à l'autre, puisqu'il est certain à ceux qui ont du discernement, & qui lisent avec aplication, que tous les endroits d'un même livre ne se ressemblent point. Il y a tel Chapitre dans un livre qui n'a rien ni du feu, ni de la politesse des autres, & que l'on attribuëroit à un autre Auteur, si l'on ne se souvenoit pas que les plumes, aussi-bien que les armes, sont journalieres. Ainsi on ne soupçonne point que l'ouvrage soit de plusieurs. D'autre côté il y a des livres où plusieurs personnes ont travaillé, où tout semble couler de la même source. J'ai ouï dire à des gens qui croyoient le bien savoir, que les Savans de Leipsic qui travaillent aux *Acta Eruditorum*, font chacun sa tâche, que l'on imprime telle qu'il la donne. Je ne voi pourtant aucun Lecteur qui s'apperçoive de la différence du stile. La Bibliotheque Universelle a été faite pendant quelques années par deux Auteurs, dont chacun fournissoit sa quote-part. Cependant le Public crut d'abord que celui de ces deux Messieurs qui avoit moins de réputation que l'autre, ne faisoit que fournir des matériaux ausquels le principal Ouvrier donnoit la forme. On a sçu depuis par leurs Préfaces qu'il en étoit autrement, & même à l'égard de quelques Volumes, quels étoient les articles de l'un, & quels les articles de l'autre; sans quoi le Public auroit tout confondu : tant il est facile de lui imposer sur la conformité, ou la différence des stiles.

L'autre chose que dit mon Accusateur n'est pas meilleure. *Nous ne donnerions pas*, dit-il, (f) dans le piége d'un vrai nom, qui pourroit être induit à se mettre à la tête d'une nouvelle impression; car *il faudroit que cet Auteur prétendu trouvât moyen de transporter sur lui*, 1. *les caractères si visibles de Protestant*, 2. *d'homme demeurant en Hollande*, 3. *d'Ecrivain consommé dans l'art d'écrire en François*, 4. & dont *le stile a de tout tems toutes les singularitez qui sont dans celui-ci*. *C'est sur quoi*, ajoûte-t-il, *le Public les attend, & les attendra sans doute long-tems*. Il n'y a pas une goutte de jugement en tout cela. Le transport de la premiere de ces quatre choses seroit aussi aisé que celui d'un fêtu, y ayant tant de personnes en France de toutes conditions & professions qui ont abjuré notre créance depuis 20. ou 30. ans en-çà. Le transport de la seconde n'est pas fort nécessaire. Car sans un voyage de cette conséquence, il est très-possible de savoir qui est Drabicius, Tilénus, ce que c'est qu'assurance de vaisseaux, que Mr. Merlat a prêché contre les petits Prophetes de Dauphiné, qu'on imprime & qu'on dit ici bien des choses contre la France, &c. Enfin on se moqueroit fort d'un homme qui ne voudroit pas croire qu'il fût possible de composer *l'Avis aux Réfugiez*, sans être depuis long-tems sur le pied d'une plume très-excellente. Au

reste, Mr. J. se trompe fort, s'il croit que je me veuille donner la peine de lui aller chercher le vrai Auteur de l'Avis, ou de prouver que si quelqu'un s'attribuë cet ouvrage, il a toutes les qualitez requises; & si son Public nous attend là, nous pourrons sans préjudice de notre cause l'y laisser morfondre. Il faudroit mieux savoir les obligations d'un Accusateur, quand on se plaît tant à cet exercice.

Avant que d'aller plus loin, je marque ici une fausseté à Mr. J. Je ne les mets pas de suite comme dans la I. Partie de cette Cabale Chimerique, mais de distance en distance, comme les comparaisons dans le Poëme de Chapelain.

Il est faux, & on lui en donne le démenti public, que nous ayons cherché (g) dans notre prétenduë Cabale entre quelques révoltez sans Religion qui sont à Paris, quelqu'un qui voulût bien se charger de ce livre, ou plûtôt s'en faire honneur, & que par avance nous ayons nommé tantôt l'un, tantôt l'autre. Qu'il prouve cela, s'il veut paroître avoir conservé encore quelque reste de pudeur. A l'égard des grosses récompenses qu'il nous fait dire dans la page 64. que le Roi a données à celui qui s'est déclaré l'Auteur de l'Avis, & qu'il nous fait réduire à mille écus pour une personne qu'il nomme dans la page 97. je proteste sincerement que je ne me souviens point d'en avoir parlé ni ouï parler à personne. Mais m'étant informé de ce qui en est, on m'a montré la lettre même de la personne connuë de Mr. J. où j'ai trouvé que *l'on croyoit à Paris que l'Auteur de l'Avis aux Réfugiez est le Sr. Aubert de Versé, ou Mr. de Larroque; & qu'on assuroit que le premier a obtenu depuis peu quelque gratification de la Cour outre la pension qu'il avoit déja du Clergé.* Je prie les Lecteurs de comparer cela avec la narration de Mr. J.

Au reste, il n'est pas étonnant qu'il ait couru divers bruits touchant le véritable Auteur de l'Avis, & que les uns l'ayent donné à un Auteur, les autres à un autre. Ceux que Mr. J. appelle Cabalistes, n'ont fait en cela que ce que les autres faisoient, ils disoient ce qu'ils en entendoient dire. C'a toûjours été la destinée des livres dont le veritable Auteur se cachoit, & qui faisoient quelque bruit. On a cherché long-temps celui qui s'étoit caché sous le nom de *Petrus Aurelius.* Les uns ont dit que c'étoit *Jean de Cordes*; les autres, *N. de Saint Germain*; les autres, *Jean d'Artis*; les autres, *Nicolas le Maître*; les autres *François du Moutier*; les autres, *Jean Tarin*; les autres, *Jean Aubert*; les autres, *Jean du Verger de Hauranne*; les autres, *Martin de Barcos*: & Mr. Baillet vient de marquer dans la liste des Auteurs qu'il doit démasquer bien-tôt, que les cinq premieres conjectures sont fausses, & que les quatre dernieres sont douteuses. Mon Accusateur témoigne dans toutes les difficultez qu'il nous fait, peu de connoissance de l'Histoire de la République des Lettres.

Ce ne seroit pas au fond un fort grand défaut, pourvû qu'il eût la discrétion de ne point hazarder ses accusations, lorsqu'il auroit lieu de craindre qu'il ne les fondât sur cette ignorance, & pourvû qu'en récompense il eût quelque exactitude. Mais il n'en a point, & ne s'en soucie guéres. Il aime mieux accuser à tort & à travers, qu'examiner s'il a raison. Par exemple, qu'y a-t-il de moins exact, que de nous demander

pour-

(f) Page 25. & 26.
(g) Pag. 62.

pourquoi la seconde impreſſion de l'Avis aux Réfugiez *(h) paroît ſi long-tems après l'autre?* Ne pouvoit-il pas bien preſſentir qu'on lui répondroit, que c'eſt à cauſe que l'Auteur étant de ces Proteſtans de Paris qui ne vont ni à Prêche, ni à Meſſe, a eu plus de crainte pour ce qu'il avoit dit de choquant, que d'eſpérance pour ce qu'il avoit dit d'obligeant? Qu'il a donc voulu connoître de loin à loin l'air du Bureau, & qu'il a eu beſoin de quelques mois pour cette petite négociation, & pour rendre vraiſemblable ce qu'il diſoit qu'il n'avoit point de part à la Préface ni aux endroits qui pouvoient déplaire. On peut voir dans (i) l'Hiſtoire des Ouvrages des Savans ce qu'il écrivit dès le mois de May 1690. Sa lettre n'étoit point ſignée, mais l'Auteur de ce Journal l'a montrée à diverſes perſonnes. Mr. J. n'a oſé ſe ſervir publiquement de la raiſon qu'on faiſoit tant valoir chez lui en ce tems-là, pour perſuader que cette lettre n'avoit pas été écrite de Paris: c'eſt diſoit-on, qu'elle n'a couté que trois ſols de port à celui qui en a publié un extrait. La troupe crédule qui va là admiroit cette puiſſante démonſtration, ſans ſonger qu'un homme qui eſt à la Haye peut recevoir une lettre de Paris qui a été miſe ſous le couvert d'un Marchand d'Amſterdam. Je ne releverois pas cette vetille, ſi ce n'eſt qu'elle ſert à faire voir que Mr. J. avoit dès lors porté ſon jugement ſur l'Avis aux Réfugiez, & que s'il ne l'a fait éclater en furieux qu'au commencement de cette année, c'eſt qu'il y a eu quelque mouche qui l'a piqué vers ce tems là, qu'on ne connoît pas bien certainement. Si le zele le faiſoit agir, il ſeroit bien criminel d'avoir tant différé ſon accuſation.

Pourquoi, ajoûte-t-il, *ne s'eſt-on aviſé d'imprimer cet ouvrage à Paris, que depuis que l'Auteur eſt découvert en Hollande?* Mais vous-même, Mr. J. pourquoi faites-vous deux inſignes fauſſetez dans cette petite interrogation? Car il eſt faux que l'Auteur ſoit découvert en Hollande. Il eſt bien vrai que vous avez commencé de dire dès le mois de Janvier dernier, que vous croyïez que j'en étois l'Auteur; & que ſur la fin d'Avril on a debité un de vos livres où vous publiez la même opinion: mais ce n'eſt pas ce qu'on apelle découvrir un Auteur. Une accuſation qui vient d'un homme ſi decrié pour ſon habitude de calomnier, n'eſt ni une conviction, ni une découverte. Il n'eſt pas moins faux, que la ſeconde impreſſion n'ait été commencée que depuis que j'ai été accuſé. Cela paroît par l'Extrait du Privilege vû par ma Partie en datte du 20. Octobre 1690.

D'où vient, pourſuit-il, *(k) l'empreſſement qu'on a de faire venir par la poſte les premieres feuilles de cette ſeconde édition à meſure qu'on les imprime?* Sans mentir cette demande eſt admirable. (l) Un homme qui traite de prétendu extrait de lettre venuë de Paris, celui que l'Auteur de l'Hiſtoire des Ouvrages des Savans a publié dans ſon dernier Journal, (on parlera bientôt à Mr. J. comme il faut ſur cet article) & qui dit (m) que ces Meſſieurs ſont fertiles en fictions, en lettres ſupoſées & mendiées, s'étonne que pour le convaincre dans ſon opiniâtreté malicieuſe, on faſſe venir les feuilles mêmes de la ſeconde édition? Auroit-il bien crû ſans cela que l'Avis ſe réimprimoit à Paris?

Ne nous aprend-t-il point que depuis même qu'on a vû en Hollande la premiere feuille, *(n) bien des gens croyent que tout cela n'eſt qu'un jeu, & une feuille imprimée ſans ſuite, pour avoir occaſion de débiter des Romans?* On voit donc que le ſeul chagrin de ne pouvoir nier qu'il ne ſe faſſe à Paris une ſeconde édition de l'Avis aux Réfugiez, lui arrache contre toute ſorte de raiſon ces queſtions abſurdes.

D'où vient, ajoûte-t-il (o), *que ces Meſſieurs ſi bien inſtruits ont tant varié là-deſſus,* attribuant cet Avis tantôt à celui-ci, tantôt à celui-là? Autre plaiſante queſtion, & qui montre que l'Auteur n'a jamais eu commerce de lettres que pour mendier des témoignages accuſatoires. Car s'il ſavoit ce que c'eſt que commerce ſur des curioſitez concernant les livres nouveaux, leurs Auteurs anonymes, & autres ſemblables circonſtances, il ſauroit qu'il ſe débite ſur cela mille particularitez différentes qui ſe détruiſent ſucceſſivement. Si je lui demandois, d'où vient que les Sentimens déſintereſſez ſur l'Apologie de la retraite des Paſteurs ont été attribuez à tant de plumes différentes, à lui ſurtout, à Mr. Saurin d'Utrecht, à Mr. de la Conſeillere, à Mr. Merlat, à moi, ſans que perſonne s'aviſât de les donner à leur véritable Auteur, qui ſeroit encore inconnu, s'il ne s'étoit déclaré lui-même; oſeroit-il repondre que cette variété de diſcours procedoit des artifices d'une Cabale dangereuſe à la Religion & à l'Etat? Pour le dire en paſſant, ce livre de Mr. Dartis Miniſtre de Berlin ſur la retraite des Paſteurs, eſt un exemple à joindre à celui des Lettres ſur les matieres du tems. Tout le monde convenoit qu'il faloit lui donner pour pere un Auteur de grande réputation, & le plus grand nombre de ſuffrages tomba ſur Mr. J. à cauſe, diſoit-on, que ce livre étoit ſelon les maximes qu'il avoit prêchées, & qu'on y reconnoiſſoit ſon ſtile, juſques dans les expreſſions négligées & comme ſpécifiques. On ne ſe rendit pas ſur le bruit que Mr. Dartis avoüoit le livre. On ne trouvoit pas qu'il eût aſſez d'âge, ou aquis déja aſſez de réputation pour devoir en être reputé l'Auteur. Il falut voir de ſes propres lettres, afin de ne plus ſupçonner Mr. J. qui paſſeroit encore aujourd'hui pour l'Auteur du livre, ſi Mr. Dartis avoit voulu ſe tenir caché. Voyez le fond qu'il faut faire ſur des conjectures de critique.

Sentimens de M. Dartis ſur la retraite des Paſteurs attribuez à differentes perſonnes.

CHAPITRE VI.

Suite de l'examen des chicanneries concernant la 2. édition de l'Avis aux Refugiez.

C'Eſt ici qu'il faut que je tienne la promeſſe que j'ai faite dans la marge de la page 657. *(a)* Mr. J. demande avec un étonnement plein d'inſulte, *(b)* pourquoi depuis que l'Avis aux Réfugiez a été reçu à Paris avec aplaudiſſement, qu'on y cherche l'Auteur, qu'on l'apelle pour le récompenſer, qu'on lui promet tout ce qu'il pourroit eſpérer, que le Roi a fait mettre le livre dans ſon cabinet comme un joyau précieux, cet Auteur *demeure opiniâtrement derriere ſon rideau, & ce Catholique de Paris ne ſe peut trouver à Paris, quoiqu'on le cherche par tout Paris.* Je ne doute pas qu'il n'ait crû bonnement avoir fait ici des ob-

On prouve contre M. J. que l'Auteur de l'Avis aux Réfugiez eſt connu à la Cour de France.

(h) Pag. 96.
(i) Pag. 418.
(k) „Il eſt faux qu'on ait eu de l'empreſſement pour „cela. Voyez ci-deſſus p. 198.
(l) Avis p. 95.

(m) Exam. p. 25.
(n) Avis p. 65. & 101.
(o) Pag. 97.
(a) Voyez ci-deſſus la fin du chap. 1.
(b) Exam. p. 24. 25.

oblections infolubles ; & la chofe qui lui eft venuë le moins dans l'efprit , eft qu'il renverfoit lui-même la Cabale dont il a pris tant de foin de faire montre au Public. Car s'il étoit vrai que l'Avis aux Réfugiez fût l'ouvrage de cette Cabale qui a fon centre à la Cour de France, & l'une de fes principales ftations à Geneve ; s'il étoit vrai que j'euffe été en cette occafion la plume de la Cabale, comment l'auroit-on ignoré au lieu où nous aurions notre centre ? Comment auroit-il été befoin de faire chercher l'Auteur à Paris , & de l'engager par de grandes promeffes à fe produire ? Rien donc n'eft plus contre le bon fens, que de vouloir allier enfemble ces deux chofes : l'une que je fois ici aux gages de la France, & que j'y aie publié l'Avis aux Réfugiez pour fon fervice : l'autre , que perfonne n'ait fû à la Cour de France d'où venoit ce livre , & que j'aye été affez fot pour ne me faire pas un mérite de cet Ecrit qu'on aprouvoit tant. Outre cela, Mr. J. a eu la vûë bien courte , s'il ne s'eft pas douté qu'on lui nieroit la Catholicité de cet Auteur.

Mais paffons à l'endroit favori de notre Auteur, & au chant de triomphe qu'il entonne lui-même pour célebrer fes exploits & fes victoires imaginaires fur la Cabale Chimerique. Je ne puis mieux le comparer qu'à ce galant homme d'Argos.

(c) Qui fe credebat miros audire Tragœdos
In vacuo lætus feffor plauforque Theatro.

J'arrête là le parallele ; car fi je le pouffois plus loin, il feroit faux à quelques articles près, comme ceux qui favent le Latin s'en pourront convaincre par la lecture du Poëte que j'ai cité.

Pourquoi dit-il, (d) *n'a-t-on pas mis dans l'Hiftoire des Ouvrages des Savans le nom de celui* dont on a publié un extrait de lettre ? *On le devoit faire à celui-là, quand on ne l'auroit fait à aucun autre.* Je le dis encore un coup, nous avons à faire à un homme qui n'a jamais eu commerce de lettres pour l'Hiftoire des Livres & des Savans. Son principal commerce ne tend qu'à ramaffer des depofitions de témoins, pour mieux foûtenir la charge d'Accufateur, ou de Dénonciateur géneral en titre d'office, qu'il veut exercer dans le pays du monde le plus oppofé à cette conduite. Mais au moins devroit-il avoir apris par ce grand commerce de depofitions & d'accufations, que les témoins ne veulent pas toûjours être nommez. Autrement , pourquoi n'auroit-il pas nommé cet (e) important fur la foi duquel il apuye ce qu'il avance des liaifons de l'Auteur du Projet de Paix avec la Cour de France ? C'étoit-là qu'il falloit nommer le perfonnage, afin qu'on fût s'il eft plus digne de foi que ceux qui ont engagé Mr. J. à dire tant de merveilles fur la fable des petits Prophetes de Dauphiné. Après tout , il ne peut pas ignorer qu'il n'y ait des gens qui écrivent des nouveautez littéraires fans vouloir être nommez dans les Journaux où l'on fait mention de ces nouveautez ; & s'il ne le fait pas, je lui aprends qu'il y en a d'autres qui en envoyent fans dire leur nom , fe contentant de les faire donner par des gens connus. Ces deux caufes font que fans aller plus loin, le Journal dont il s'agit, fur 13. articles d'extraits de lettres, en a huit fans le nom de ceux qui les ont écrites.

L'Auteur de l'Hiftoire des Ouvrages des Sçavans auroit par une de ces réponfes fines & folides dont Mr. J. a fenti la force, confondu la témerité qu'il a euë de l'accufer d'avoir publié l'extrait d'une lettre fupofée ; s'il ne s'étoit engagé avec le Public à méprifer à l'avenir tous les outrages de cet Auteur, & à fe laiffer aboyer tant qu'il lui plaira. Le regardant defotmais comme indigne de fa colere, il s'eft contenté de montrer à d'honnêtes gens les lettres qu'il a reçûës de Paris touchant la feconde édition de l'Avis aux Réfugiez. Ceux qui les ont vûës n'ont pû être affez furpris de la hardieffe de notre Accufateur , qui s'infcrit en faux publiquement contre des piéces de cette nature qu'il n'a ni vûës ni examinées. On voit bien qu'il n'a pû encore diffiper le chagrin du mauvais fuccès de la querelle d'Alleman qu'il s'avifa de faire à ce bel Efprit : querelle où celui-ci a eu tout l'avantage & en raifons, & en honnêteté ; car après avoir terraffé fon homme, il a donné à l'édification publique ce que l'autre avoit refufé.

Mais voyons ce grand triomphe dont Mr. J. s'applaudit de telle forte, qu'il s'écrie. (f) *En verité ces pauvres Meffieurs me font pitié, de les voir s'embarraffer ainfi, & fe prendre dans leurs propres filets. Ils font affurément malheureux , de fe trouver dans la fphere de certaines perfonnes qui voyent un peu clair dans les myfteres , & qui font capables de faire voir clair aux autres.* Il n'y a point de lecteur qui ne concluë ces paroles que Mr. J. a fait la découverte de quelque intrigue bien enveloppée : le Public en jugera. Il prétend (g) qu'y ayant deux articles dans la page 279. de l'Hiftoire des Ouvrages des Sçavans, dont le premier porte le nom de Mr. Patin , & l'autre n'en porte aucun, la Cabale s'eft avifée de changer de ligne, pour le fecond article , fans changer de nom, afin de pouvoir dire tout bas à l'oreille, que c'eft Mr. Patin qui a écrit la nouvelle de la feconde impreffion de l'Avis aux Réfugiez, & pouvoir pourtant fe difculper auprès de Mr. Patin, & lui dire que le changement de la ligne fait voir qu'on n'a pas eu égard a lui.

Ne voilà-t-il pas une fagacité des plus fubtiles ? Et qui s'étonnera que l'Auteur s'en foit tant felicité ? Mais quittons l'ironie, & difons fort fimplement , que jamais il n'y eut de pauvreté femblable à celle de Mr. J. en cet endroit, pour ne rien dire de l'ignorance craffe où il eft que Mr. Patin eft Profeffeur à Padouë. S'il avoit fû ce fait, connu à tous les Voyageurs, & à tous ceux qui ne font pas étrangers dans la République des Lettres , auroit-il pû s'imaginer que nous ferions capables de dire à l'oreille, que M. Patin avoit écrit de Paris qu'on y imprimoit l'Avis aux Réfugiez ? Car il faut bien remarquer, que le fecond article fans nom porte clairement , & fans la moindre équivoque , que l'Avis aux Réfugiez s'imprime à Paris, & que celui qui mande cette nouvelle eft à Paris. N'étoit-il pas bien néceffaire de prendre des précautions pour fe difculper auprès de Mr. Patin ? N'étoit-il pas bien à craindre que cet habile Profeffeur de Padouë ne nous fît faire des reproches de ce que nous lui imputions d'écrire de Paris que l'on y imprime un livre ? Voilà les mifteres où notre Accufateur fe glorifie de voir un peu clair , & de faire voir clair aux autres, rempli de pitié pour ceux qui fe trouvent

dans

(c) *Horat. de Art. Poët.*
(d) Pag. 99.
(e) Pag. 35.

(f) Pag. 100.
(g) *Ibid.*

dans la sphere de sa merveilleuse pénétration. Nous lui rendons pitié pour pitié: mais au lieu que la sienne est mal-fondée, la nôtre est la plus juste du monde, non pas tant à cause qu'il est tombé dans une bévûë d'enfant en cet endroit-ci, qu'à cause qu'il s'en appercevra sans s'humilier, sans en profiter, sans donner au moins une fois en sa vie un exemple de cette bonne foi qui fait que l'on avouë ses infirmitez.

Voici un article propre à délasser le lecteur. Mr. J. trouve une grande nullité dans la seconde édition de l'Avis, (b) à cause que l'Extrait du Privilege du Roy a été imprimé au commencement du livre, & non pas à la fin. J'avouë que c'est un inconvénient fort fâcheux, & qui pourroit, s'il n'y étoit obvié promtement, causer de grands desordres dans la République des Lettres. C'est pourquoi il seroit à-propos que Mr. J. tant pour mieux s'aquérir la charge de Délateur exploitant par toute terre, qu'en reconnoissance des obligations qu'il a aux Libraires pour les sommes considérables qu'il en a tirées, quoique non sans des contestations un peu fortes & scandaleuses, il seroit, dis-je, à-propos qu'il écrivît incessamment au Syndic des Libraires de Paris, pour l'avertir qu'il s'est commis depuis peu dans cette Ville une infraction notable des Statuts de la Librairie, y ayant eu un Libraire qui a eu l'audace d'imprimer le Privilege sans attendre que l'impression fût achevée, afin de pouvoir mettre sur la même page, *achevé d'imprimer* un tel jour, & *les exemplaires ont été fournis:* qu'étant nécessaire de pourvoir à ce que pareilles infractions, & d'un si dangereux exemple, ne puissent être commises à l'avenir, fasse ensorte que l'impression dudit livre soit arrêtée, & le Libraire condamné à une grosse amende, apliquable un tiers à lui Dénonciateur, &c.

Pour moi je n'y voi point d'autre remede, jusques à ce que je sois plus particulierement instruit s'il est de l'essence des Privileges d'être imprimez sur la derniere feuille du livre. Si cela étoit, le Libraire de Paris qui a imprimé l'Horace de Mr. Dacier, & qui est des plus intelligens dans sa profession, n'eût pas mis sur la premiere page de la premiere feuille à chaque Tome l'extrait du Privilege, marquant même le jour que le livre a été achevé d'imprimer. Ainsi notre Chicaneur n'a qu'à chercher terre: la raison qu'il donne pourquoi les Privileges du Roy ne s'impriment que sur la derniere feuille, est fausse.

J'ai sû de bonne part, que lorsqu'un Libraire marque au bas du Privilege le jour que le livre est achevé d'imprimer, les années pour lesquelles il l'a obtenu ne commencent à courir que de ce jour-là; au lieu que s'il ne le marque pas, elles commencent à courir du jour que le Privilege est daté. L'on comprend ainsi la raison pourquoi on ne marque pas dans tous les livres qu'ils ont été achevez d'imprimer tel ou tel jour: c'est aparemment parce que le Libraire ne se soucie pas beaucoup de gagner le tems qui s'écoule depuis l'expédition du Privileg jusques à la fin de l'impression. Quoiqu'il en soit, j'ai vû des livres, comme le Monde de Descartes, imprimé à Paris en 1664. & le Traité de la connoissance des bêtes par le P. Pardies, imprimé chez Mabre-Cramoisi en 1672. & plusieurs autres, où on n'a point marqué le jour auquel ils ont été achevez d'imprimer. J'en ai vû d'autres (i) où on n'a point marqué *les exemplaires ont été fournis,* ni *Registré sur le livre de la Communauté,* &c. ce qui montre que ces choses n'ont rien d'essentiel.

CHAPITRE VII.

Réfutation de l'Errata fourni par Mr. J. sur les deux premieres feuilles de la nouvelle édition de l'Avis aux Réfugiez.

J'Aime bien à voir Mr. J. plaisanter sur l'*Errata* de la seconde édition. Il feroit mieux de prendre toûjours la chose sur ce ton-là, & de laisser son humeur chagrine & bilieuse, & qui sent si fort son Assesseur du S. Office. On voit que la matiere lui tient fort au cœur; & à peine les Chimistes s'empressent-ils autant à trouver la pierre philosophale, qu'il s'aplique à découvrir l'Auteur de l'Avis. Si l'édition de Paris n'avoit pas confondu toutes ses idées, il n'auroit pas été si ardent à l'examiner: mais voici une patience angélique pour un homme qui croit que tous ses momens sont si précieux au Public, que s'il en faisoit un mauvais usage, le Public ne le lui pardonneroit pas; *id populus curat scilicet:* voici, dis-je, un homme soit disant de cette importance, qui s'est amusé à comparer les feuilles de la premiere édition avec celles de la seconde, lettre pour lettre, pour en observer les plus petites différences; & ce qu'il y a de plaisant, c'est qu'il croit déconcerter les Acteurs de la Comédie par l'*Errata* qu'il a déjà commencé. S'il l'acheve, je le garantis fait avec la plus grande peine qu'on ait jamais vû, & si le Libraire de Paris n'en païe pas la façon, il sera fort mal honnête. Tout revient à ceci.

Si l'Auteur de l'Avis étoit à Paris, l'édition de Paris seroit plus correcte que celle de Hollande.

Or elle n'est pas aussi correcte que celle de Hollande.

Donc l'Auteur de l'Avis n'est pas à Paris.

Que voilà de petites preuves pour une accusation de l'importance de celle-ci! Car qui ne sait que depuis que les Réfugiez sont en Hollande, il s'est élevé plusieurs Correcteurs aussi exacts que ceux de Paris? Et qui ne sait outre cela, que tous les Auteurs ne veulent point prendre la peine de revoir les épreuves de leurs livres; que d'autres laissent passer beaucoup de fautes qu'un Correcteur voit mieux qu'eux? C'est ce qui arrive aux Auteurs qui se produisent pour la premiere fois, comme il peut être qu'a fait celui-ci en publiant son Avis: & presque toûjours les Auteurs étant remplis de ce qui doit être dans leur ouvrage, croyent l'y voir, encore que l'Imprimeur y ait fait quelque changement. De-plus, qui a dit à Mr. J. que Monsieur C. L. Avocat au Parlement de Paris n'étoit pas malade lorsqu'on lui porta l'épreuve, ou occupé à quelque consultation, ou à la campagne, comme sont plusieurs personnes de la Robe pendant l'Automne? Qui lui a dit enfin qu'il n'a pas abandonné l'ouvrage à quelque personne nommée par le P. la Chaise pour y faire les changemens qu'on souhaitera; & que l'exposé de la Préface touchant ces emportemens retranchez n'est

<hr>

(b) Pag. 101.

(i) ,, Comme les Essais de Physique de Mr. Perrault ,, imprimez à Paris en 1680. & l'Histoire du Droit Ca- ,, nonique par Mr. Doujat, imprimé à Paris en 1677. ,, in 12. où, bien que l'on marque dans le Privilege, du-

,, rant l'espace de 20. années à compter du jour que ,, chacun des volumes sera achevé d'imprimer pour la ,, premiere fois, on ne marque au bas, ni *achevé d'imprimer,* ni *Registré sur le livre,* ni *les exemplaires ont été ,, fournis.*

n'eſt pas un menſonge ? On peut ſupoſer cent cauſes très-vraiſemblables de ce qu'il s'eſt gliſſé quelques fautes d'impreſſion dans les feuilles qu'on a vûës ici. Et pour ruïner ſans reſſource l'obſervation que Mr. J. trouve ſi propre à déconcerter les Cabaliſtes, il ſuffit de dire que tout ce qui peut arriver à d'autres livres qui s'impriment à Paris pendant que les Auteurs y ſont, peut arriver à celui-ci. Or un grand nombre de ces ſortes de livres ſont remplis de fautes d'impreſſion, comme il eſt aiſé de le juſtifier. Donc celui-ci pourra bien avoir le même ſort depuis le commencement juſques à la fin, ſi les ſoins charitables de notre Accuſateur ne viennent d'aſſez bonne heure en préſerver les dernieres feuilles. J'ai ſous mes yeux tout préſentement le Traité des Bibliotheques du Sr. le Gallois, imprimé à Paris avec beaucoup de fautes. La Critique de la Recherche de la Vérité, imprimée au même lieu en eſt toute pleine. L'Utilité (a) des Voïages par Mr. Baudelot de Dairval imprimée à Paris ſous les yeux de l'Auteur, en eſt auſſi toute remplie. Au reſte, on a trouvé dans la premiere feuille de l'édition de Paris un des endroits que l'on croïoit qui fâcheroient le plus les Convertiſſeurs : c'eſt la raiſon pourquoi on l'a montrée à la Haye à quelques perſonnes, & non pas (b) comme le ſuppoſe fauſſement Mr. J. toûjours malheureux, ou de mauvaiſe foi dans ſes conjectures, afin de leur perſuader ce qu'on ſouhaitoit. J'avouë qu'à la vûë de cet endroit je ne ſais plus que penſer des deux Préfaces de l'Avis, & qu'aparemment il y a un artifice dans tout cela difficile à démêler, qui eſt tout autre qu'il ne s'imagine.

M. Jurieu mauvais Logicien.

Jamais homme ne s'eſt tant mêlé d'écrire que lui qui ait été un plus méchant Logicien ; & je ne croi pas, que ſi l'on faiſoit une Analyſe de Dialectique de ſes ouvrages, on pût s'empêcher d'admirer le nombre infini de ſes ſophiſmes. La lecture de ſes Ecrits n'eſt propre à aprendre à bien raiſonner, qu'en la maniere que quelqu'un a dit qu'un Noble Vénitien à cheval eſt une bonne leçon de Manege. En voici un exemple.

Il prétend que puiſque la ſeconde édition de l'Avis n'eſt pas fort correcte, l'Auteur n'eſt pas à Paris où elle s'imprime.

Ce raiſonnement ſupoſe cinq faux principes pour le moins.

1. Qu'il n'y a point d'Auteur qui ne prenne la peine de corriger la derniere épreuve de ſes livres, lorſqu'il eſt ſur les lieux.

2. Qu'il n'y a point d'Auteur qui ne s'aperçoive des fautes d'impreſſion, beaucoup mieux qu'un habile Correcteur.

3. Que jamais un Auteur, quand on lui porte la derniere épreuve, ne ſe trouve empêché de la corriger ni par maladie, ni par quelque viſite, ni par quelque conſultation, s'il eſt Avocat, ni par quelque partie de plaiſir, &c.

4. Que jamais il ne permet, en cas d'empêchement, qu'on tire les feuilles, mais qu'il fait toûjours attendre les Imprimeurs juſques à ce qu'il ait trouvé un tems propre à corriger.

5. Que jamais les Imprimeurs ne manquent de corriger exactement tout ce que l'Auteur a corrigé.

Ne vaudroit-il pas mieux ſe tenir coi dans ſon cabinet, que d'entaſſer chicaneries ſur chicaneries, juſqu'à vetiller ſur des fautes d'impreſſion,

pour ſe rendre ridicule par des conſéquences qu'on croit terraſſantes, & qui peuvent être fauſſes en quatre ou cinq cas, non ſeulement très-poſſibles, mais auſſi qui arrivent tous les jours, comme le ſavent ceux qui connoiſſent tant ſoit peu l'Imprimerie ?

Je n'ai garde de perdre mon tems à faire tout l'Errata de ſon Errata : je me contente de confondre ſa préſomption ſur un ſeul chef. Les lecteurs s'étonneront avec raiſon, quoiqu'il les ait accoûtumez à ne trouver rien étrange de lui, qu'il ait pû lui échaper une auſſi grande bévûë. Il a trouvé que pour ces paroles de la premiere édition, (c) Il n'y a pas long-tems qu'au lieu d'extraits de livres, il NOUS donna preſque tout un tome de dogmes ſéditieux, on a mis dans la ſeconde, Il n'y a pas long-tems qu'au lieu d'extraits de livres, il donna, &c. Là-deſſus il ſupoſe que l'Auteur de l'Avis qui, ſelon lui, eſt en Hollande, a bien vû que ce NOUS DONNA lui étoit échapé, & découvroit un homme à portée du Bibliothécaire d'Amſterdam. Car c'eſt ainſi qu'on parle, ajoûte-t-il, quand on eſt près des Auteurs. Il prétend donc que pour ne pas donner à connoître que ce n'étoit pas un Pariſien qui parloit, j'ai ôté le NOUS ſuſpect dans la ſeconde édition ; mais qu'encore que j'aïe ſû que donna tout court eſt une faute contre l'exactitude de la langue, en parlant de livres ; car ceux qui ſavent bien écrire, dit-il, diſent toûjours, il nous donna, ou il donna au Public : je n'ai pas oſé ſubſtituer au Public à ce NOUS terrible, de peur que la correction ne fût trop ſenſible. Qu'il me fait bien fin, & qu'il donne dans des obſervations non ſeulement nobles & relevées, mais auſſi fort exactes !

Pour ruïner ſa Grammaire, qui, à ce que je voi, ne vaut pas mieux que ſa Logique, je n'ai qu'à lui prouver que ſelon le ſtile & l'uſage de Paris, on peut dire fort légitimement il nous a donné, en parlant d'un Auteur encore plus éloigné de Paris que ne l'eſt le Bibliothécaire d'Amſterdam. Le Journal des Savans en peut fournir une infinité d'autoritez. En ouvrant celui de 1685. (d) j'ai trouvé le nous donna emploïé pour un livre de Mr. Sturmius imprimé à Nuremberg. Dans le Journal de 1686. (e) je l'ai trouvé emploïé pour un livre de Ferrarius imprimé à Padouë. Qui voudra prendre la peine d'en chercher d'autres exemples, en trouvera une infinité dans ce Journal. La Bibliotheque Univerſelle ne fournira pas moins d'exemples de ſemblable nature. Vous en voïez un dans la page 322. du 1. Volume au ſujet d'un livre du P. Ménétrier imprimé à Paris ; un autre dans la page 120. du 2. Tome au ſujet d'un livre d'un Médecin de Paris imprimé à Leipſic. L'Hiſtoire des Ouvrages des Savans dans les Tomes qui ne peuvent pas être ſuſpects à Mr. J. obſerve la même expreſſion. Voïez, par exemple, la page 37. du mois de Septembre 1687. où il s'agit d'un Martyrploge imprimé à Augſbourg ; & la page 204. du mois d'Octobre, où il s'agit de l'Horace de Mr. Dacier imprimé à Paris. Les Nouvelles de la République des Lettres ne ſont pas moins remplies de cette phraſe. Qu'on voïe l'article des lettres de Mr. Patin, & celui de la vie des Prédeſtinez par le P. Rapin au mois d'Avril 1684. & preſque partout ailleurs à l'ouverture du livre. Quelle aparence y a-t-il donc que j'aïe pû croire qu'un Auteur de Paris qui ſe ſerviroit

---

(a) „ J'en dis autant de l'Hiſtoire des François & de leur „ Empire par Mr. Daudigier.
(b) Pag. 95.

(c) Pag. 104.
(d) Pag. 515. édit de Holl.
(e) Pag. 277.

viroit du *nous donna*, en parlant d'un Auteur
d'Amsterdam, seroit une faute de langage; &
que pour empêcher qu'on ne crût qu'il n'étoit pas
à Paris, mais au voisinage d'Amsterdam, il falloit
corriger la faute en ôtant le NOUS *suspect ?* Il se
trompe fort, s'il croit que je sache que pour parler exactement il ne faut pas dire *donna* tout court,
s'agissant de livres; mais *nous donna*, ou *donna au
Public*. En ouvrant le Journal des Scavans de 1684.
j'ai trouvé bien-tôt à la page 307. *Cet Auteur
donne le détail de toutes ces Provinces.* Celui de
1685. pag. 150. dit que *Borichius* a donné *depuis
peu une Dissertation;* & pag. 210. que *Mr. Balu-
ze donne une nouvelle édition d'un Commentaire.*
Le 1. Volume de la Bibliotheque Universelle dit
dans la page 295. que *Galani donne la relation
d'un voyage.* L'Histoire des Ouvrages des Sçavans
au mois d'Octobre 1687. page 180. dit que *le P.
Thomassin avoit déjà donné un premier Volume sur
l'unité de l'Eglise :* & on trouve ces paroles dans la
page 258. *Nous en aurions bien donné quelques
échantillons.* Les Nouvelles de la République des
Lettres du mois d'Avril 1684. aprennent (*f*) *que
Mr. Leti donne des instructions pour remplir*, & c.
Tous ces differens Journaux fourniront une
foule d'exemples, si on veut avoir la patience d'y
en chercher.

On ne sait donc à quoi Mr. J. pensoit, quand
il s'est avisé de faire cette critique. Il est apparemment le seul à qui de semblables pensées puissent venir dans l'esprit. Qu'il lui suffise d'être visionaire en Théologie, sans l'être aussi en Grammaire. Qu'on se va moquer de lui si l'on s'avise de
proposer comme une question importante à l'A-
cadémie Françoise, *Faut-il être près des Auteurs
pour pouvoir dire qu'ils* NOUS ONT DONNÉ *une
telle ou une telle explication ? Peut-on dire en bon
François, qu'un Auteur donne des extraits, des
regles*, & c. *sans ajoûter ou* nous, *ou au Public ?*
Mais à quoi songeoit il, quand il a crû que l'addition d'*au Public* me paroîtroit trop sensible ? Se
souvenoit-il bien de ces additions *qui paroîtront
gausséement fourrées, & qui imprimées sur l'écriture
à la main, pourront être pleines de fautes ?* Sur quoi
il nous conseille (*g*) *en ami de laisser là nôtre seconde édition.* Pour lui rendre amitié pour amitié,
nous lui conseillons de faire provision de mémoire,
s'il peut; car un menteur comme lui n'en peut
jamais avoir assez. S'il en avoit sa provision, il
se seroit souvenu qu'il a dit deux fois dans la 1.
page de son Avis à Mr. de Beauval, que Mr. de
Meaux donne (*h*) tous les mois des Avertissemens
contre lui, & il ne se seroit pas critiqué lui même.

Il semble qu'il n'y ait rien à remarquer en cet
endroit de plus mortifiant pour lui, que ce que
l'on vient de dire. Cependant il lui doit être
beaucoup plus honteux d'avoir avancé, que sa remarque de Grammaire touchant la suppression du
NOUS, (*i*) *découvriroit nettement la fourbe*, que
d'avoir avancé une si fausse critique. Il fait encore
plus de pitié sur le cas qu'il fait de ses bévûës, que
sur les bévûës mêmes.

La critique sur le nom de Baudouin ne mérite
pas qu'on s'y arrête. Car si l'Auteur a cherché
le nom de ce (*k*) Jurisconsulte dans le Dictionnaire
de Moréri en composant son Avis aux Réfugiez,
il peut croire encore aujourd'hui qu'il s'apelle
Bauduin, & non pas Baudouin; & jamais Logique ne fut aussi ridicule que celle de notre faiseur d'*Errata*, laquelle revient à ceci.

Un Auteur qui est capable d'apeller ce Jurisconsulte *Bauduin*, & non pas *Baudouin*, *qui est
son vrai nom*, n'est pas à Paris.

Or (*l*) l'Auteur de l'Avis aux Réfugiez l'apelle Bauduin, *même dans une seconde édition, qui
doit être plus exacte que la premiere.*

Donc il n'est pas à Paris.

On prouveroit par-là une chose très-fausse, savoir que Moréri n'étoit pas à Paris quand il travailloit à la seconde édition de son Dictionnaire;
& que les Auteurs qui sont à Paris ne choisissent
jamais entre les diverses manieres de rendre en
François les noms propres Latins la moins bonne. Quelles vetilles me fait-on réfuter !

CHAPITRE VIII.

*Réfutation de la derniere preuve de Mr. J. C'est
qu'il prétend que son accusation nous a jettez
dans de grandes allarmes.*

JE croyois n'avoir à faire qu'à quatre preuves,
mais en voici une cinquieme que l'Accusateur
a mise à l'arriere-garde, comme la plus propre
à le soûtenir en cas de déroute. (*a*) *Les accusations fausses*, dit-il, *ne causent pas ordinairement
des agitations si violentes, ni tant de mouvemens.
Je connois des gens, si on les avoit accusez d'être
les Auteurs d'un tel ouvrage que l'Avis aux Réfugiez,
qui n'en feroient que rire, & qui ne s'en remueroient
pas : mais les membres de la Cabale se remuent violemment ici; ils vont; ils viennent, ils menacent,
ils cherchent des oüit-dire partout pour s'en faire des
justifications; ils sont dans une mortelle inquiétude
depuis qu'ils savent qu'on imprime cette Réponse à
l'Avis . . . . . . Ces* (*b*) *frayeurs & ces démarches
ne sentent guéres l'innocence.*

Très-volontiers je lui passe cette derniere maxime; car il n'en faut pas davantage pour ma
justification. Je fus averti un peu après le commencement de cette année, qu'il disoit qu'il me
croyoit l'Auteur de l'Avis aux Réfugiez. Cette
nouvelle me revint avec de certaines circonstances, qui me firent croire qu'il vouloit essayer
les voyes obliques de la surprise auprès des Puissances pour me faire le plus de mal qu'il pourroit : mais comme la douceur & l'équité de notre Gouvernement ne donnent point lieu à de
pareilles machinations, je ne me mis nullement
en peine. J'avertis néanmoins deux de nos principaux Magistrats, & deux ou trois autres personnes de la Haye également illustres par leur
mérite & par leurs emplois, *qu'un tel m'accusoit d'une telle chose; que cela étoit faux, & que je
ne demandois à l'Etat que la justice de n'être pas
condammné sans être entendu.* Ce furent toutes
mes demarches dans la plus grande tranquillité
du monde; & l'on a pû remarquer en moi depuis ce tems-là absolument mon train ordinaire
en tout & par tout. Je crus avec raison, que Mr.

J.

(*f*) Pag. 164.
(*g*) Pag. 107.
(*h*) „ Il est faux que ces Avertissemens ayent été ja-
„ mais réglez au mois.
(*i*) Pag. 104.
(*k*) „ Il y est sous le mot *Balduin ou Bauduin :* & la
„ Croix du Maine qui l'apelle François *Balduin*, dit que
„ son pere s'appelloit Antoine *Bauduin* ou *Balduin* Du
„ Verdier Vauprivas l'apelle simplement François *Bal-*

„ *duin.* Autant en fait Pierre Viel qui traduisit en Fran-
„ çois sa Préface Latine sur Optat l'an 1564. Théodore
„ de Beze pag. 644. de son Histoire Eccles. Tom. 1. im-
„ press. d'Anvers 1580. le nomme François *Bauduin*, &
„ dans l'Indice, Balduin.
(*l*) Pag. 107.
(*a*) Avis. pag. 108.
(*b*) Pag. 116.

J. difant une chofe, & moi la niant, nous étions quitte à quitte, & que ma parole valloit bien la fienne. Ainfi je le laiffai-là & demeurai même dans cette tranquillité après avoir fû qu'il faifoit imprimer une Reponfe à l'Avis aux Réfugiez, dans laquelle il m'imputoit cet ouvrage.

Cette tranquillite eft un fait tellement notoire à tous céux qui me connoiffent, que je ne puis m'empêcher d'apliquer ici à Mr. J. ce que Mr. Péliffon lui a déjà apliqué, IL EST PERMIS AUX CLAZOMENIENS D'ESTRE SANS PUDEUR, dans un ouvrage qu'il a intitulé LES CHIMERES de Mr. J. & que celui-ci a eu la vanité de citer fous le titre d'*Artifices* de Mr. J. la mauvaife honte l'ayant empêché de faire favoir au Public dans fes propres ouvrages, qu'on le traitoit à Paris, non pas d'homme artificieux; mais d'homme chimérique, qui eft une qualité incomparablement plus méprifée que celle d'artificieux. La crainte de toucher à ce mot-là dans la citation, eft une grande marque qu'encore qu'on cache au Public fa foibleffe le mieux qu'on peut, on la fent pourtant. Mais pour revenir à mon fujet, je dis qu'il faut en être venu à l'état de ces femmes proftituées qui n'ont plus honte de rien, pour ofer foûtenir que je me fuis donné de violentes agitations, que je me fuis remué violemment, que j'ai été dans une mortelle inquiétude. Car encore un coup, il eft de notoriété publique ici que je me fuis fi peu mis en peine de cette accufation, qu'on m'a fouvent raillé de mon indolence. Et pour ces membres de la prétenduë Cabale, qui n'eft qu'une idée chimérique, comme je l'ai démontré, il eft fû & connu de toute la Ville, que leurs grands remuëmens n'ont pas plus de réalité que ce vain fantôme de Cabale. Je veux croire que la crédulité a beaucoup de part dans ce récit notoirement faux de l'Accufateur; la crédulite, dis-je, tant la fienne, que celle de fes efpions: mais la malice & l'orgueil y en ont encore davantage. Il feroit bien-aife de perfuader au Public, que n'ayant pas le don de fe faire aimer, il a du moins celui de faire craindre. Il eft comme les Tyrans, qui fe confolent d'être haïs de tout le monde, pourvû qu'ils foient redoutez. *Oderint dum metuant.* Pour moi, qu'il arrive ce qu'il pourra, je fuis depuis la publication du Livre de Mr. J. comme auparavant, dans cette quiétude de corps & d'efprit qui eft, felon fa maxime, une preuve d'innocence; & peu s'en eft fallu que pour toute réponfe à fes calomnies, je ne me fois contente de faire inferer dans une Gazette, que je le renvoyois au MENTIRIS IMPUDENTISSIME, que Mr. Pafcal employa fi à-propos en cas pareil dans la 15. Lettre Provinciale, après le P. Valérien Magni, & que Mr. (c) Arnauld a employé depuis contre Mr. J. même.

Deux chofes me portoient à recourir à la voye courte & facile du P. Valérien: l'une, l'averfion que j'ai euë toute ma vie pour les difputes perfonnelles: l'autre, l'apparence qu'il y a que l'indignation du Public me vengera fuffifamment de la hardieffe de mon Accufateur. Car où eft l'homme dont la réputation puiffe être à couvert de la calomnie? Où font les femmes qui n'ayent tous les jours à craindre de fe voir diffamées dans un libelle, à la honte de leurs maris, & de toute leur famille, fi de femblables attentats ne font pas du moins punis par l'éxécution de toutes les perfonnes raifonnables, en attendant que les Loix Civiles & Canoniques faffent leur devoir contre ceux qui fur des foupçons, fur des conjectures, & fans

des preuves juridiques & convaincantes, publient contres les gens les accufations les plus flétriffantes? Le Public eft plus intéreffé à la punition de ce defordre, qu'à celle des coupeurs de bourfe, & des voleurs de grands chemins, n'y ayant rien d'auffi cher que l'honneur.

Quant au recueil (d) qu'*un Pafteur Réfugié demeurant à Utrecht a fait des impuretez, & des maximes pernicieufes* qu'il prétend être dans mes ouvrages, il eft fi faux que *l'alarme m'ais pris* que Mr. J. ne le fît imprimer avec fon libelle, que j'ai toûjours témoigné à ceux qui m'en ont parlé, foit pour m'en faire des excufes de la part de l'Auteur; & pour m'affurer qu'il n'avoit jamais eu deffein de le publier, foit pour m'affurer fimplement qu'il n'avoit jamais fongé à l'impreffion: j'ai toûjours témoigné, dis-je, à ces Meffieurs fort férieufement, que je n'exigeois nullement qu'en ma confidération il en privât le Public, excepté par rapport à fes foupçons fur l'Auteur de l'Avis aux Réfugiez. Je n'ai aucune inquiétude ni par rapport à des inquifitions fur mes mœurs quelque rigides qu'elles foient, ni par rapport à mes veritables ouvrages. Le Public a jugé de mes Livres; ils ont fait leur tems. Qu'on les loüe, qu'on les blâme, peu m'importe. Perfonne peut-être n'en a jamais eu plus mauvaife opinion que moi, ni ne pourroit y remarquer plus de défauts que moi. Je n'ai jaimais fongé à écrire contre ce Miniftre d'Utrecht; & je protefte que fi on lui a fait des menaces de le convaincre de fautes femblables, je n'y ai eu nulle part. Mais pour le dire en paffant, je ne voi pas comment ces fautes peuvent être femblables, puifqu'il n'a jamais été Auteur. Je ne m'informe point, ni ne prétens m'informer de quelle efpece elles font donc; & il peut dormir en repos pour *l'honneur de la chafteté qui lui eft fi cher*, fi perfonne que moi ne lui fufcite des procez.

CHAPITRE IX.

Nullité de préfomptions que Mr. J. prétend lui avoir donné droit de m'accufer.

QUe le Public juge préfentement, & même fans attendre ma Réponfe, dont ceci n'eft que le Prélude, de la témérité que Mr. J. vient de faire paroître, en m'accufant publiquement d'être l'Auteur de l'Avis aux Réfugiez, fur les raifons du monde les plus vaines & les plus frivoles. Mais, dit-il, *quand il s'agit de travailler à la fureté publique, faut-il des convictions? Et fur des préfomptions fortes ne decouvre-t-on pas les mal-intentionnez, afin qu'on s'en donne garde?* Ha! quel dommage pour l'Inquifition d'Efpagne, que cet homme ne foit pas né en ce pays-là: il n'auroit jamais manqué de fe fourrer dans ce Tribunal, & on lui en auroit conferé les premieres Charges, tant à caufe de l'infinie multitude de miracles qu'il auroit mis en vogue, qu'à caufe qu'il eût entrepris la juftification de toutes les maximes de ce Tribunal, & en eût encore inventé de nouvelles. On trouve cela bien aparent, quand on fonge qu'ayant été Miniftre en France, & s'étant retiré de fort bonne heure, & fans aucune néceffité en Hollande, pays bien repurgé de fuperftition & d'Inquifition; s'y étant retiré, dis-je, pour n'aprendre que de loin, & au milieu de la tranquillité, les nouvelles de la perfécution de France, il n'a pas laiffé de donner d'un côté dans des vifions monachales, & de l'autre dans le méchant principe de diffamer & de calomnier publiquement

ment fans aucune preuve. Si je dis qu'il s'est retiré fans aucune nécessité, c'est qu'il nous l'aprend lui-même (a) dans ce dernier livre, lorfqu'il dit qu'encore qu'il fût connu à la Cour de France pour être l'Auteur de la Politique du Clergé, on ne jugea pas à-propos de lui faire une affaire, ni même de lui faire paroître qu'on le connoissoit. Il avoit déjà dit en 1684. dans la premiere page de l'*Esprit de Mr. Arnauld*, & en 1689. dans la page 38. de la *Religion des Jésuites*, *que cet Ouvrage ne* (b) *déplut à perfonne qu'à Mr. Arnauld.* Or puisqu'il étoit fûr de ce côté-là, il ne lui refte plus aucune raison qui ne soit très-indigne d'être alléguée, pourquoi il a fi lâchement abandonné son troupeau de France. Du moins auroit-il dû réparer fa faute en y retournant, & ne fe contentant pas de crier contre ceux qui n'alloient pas vérifier fes fauffes & téméraires prédictions.

Qu'apelle-t-il préfomptions fortes? Eft-ce ainfi qu'on doit appeller les pitoïables remarques qu'il fait, qu'un homme qui fait un Livre à Paris ne fait point qui eft Drabicius & Tilénus, ni ce que c'eft qu'affurance de vaiffeaux, & qu'il n'y a que moi qui fache citer les Gazettes, qui borde mes livres de paffages Latins, & telles autres pauvretez que j'ai convaincuës de faux? Si ces fortes de préfomptions fuffifent pour dénoncer publiquement qu'un homme eft traître, rébelle, impie, criminel de leze-majefté divine & humaine, que deviendra la fociété civile? Ne vaudroit-il pas mieux être efclave à Alger ou à Tripoli, que Profeffeur en Hollande?

Je ne nie point que pour la fûreté publique, & pour prévenir les maux de l'Etat, on ne puiffe & on ne doive dénoncer les gens fufpects; mais il faut le faire en recourant aux Juges des lieux, & non par des libelles diffamatoires, chofe que les loix civiles ont de tout tems défenduës fous de grieves peines.

Mais enfin, fommes-nous dans le cas que pour la fûreté publique, il foit de la derniere importance de nous diffamer publiquement? Oui, dit Mr. J. Car 1. nous avons pour but de porter les efprits à faire la Paix. 2. Nous avons fait un Livre propre à ruïner la Religion Proteftante, & à rendre les Proteftans odieux à tous les Rois, & même à tous les hommes. Il y a long-tems que j'ai tâché de me convaincre moi-même, que les defordres que je remarquois dans la conduite de cet homme ne venoient que d'un grand fond de crédulité mêlée de fanatifme, & fortifiée par la bile noire dont il abonde: mais je ne puis plus m'empêcher de croire que la mauvaife foi y a fa bonne part, & qu'il y a bien du Tartuffe dans fon fait. Quelqu'un fans doute travaillera à le démafquer en publiant fon ESPRIT, dont on le menace depuis long-tems, & dont il a lui-même tracé le plan, & fourni les matériaux, en faifant l'Efprit de Mr. Arnauld. Y a-t-il rien de plus fcélérat, que de dire que je travaille à la Paix générale de l'Europe, & que l'Etat eft en péril à caufe de cela? Si on lui avoit demandé il y a fix mois, fi j'avois affez d'induftrie & de connoiffance des affaires pour terminer le plus petit différend d'entre deux amis, je fuis fûr qu'il auroit répondu que ce n'étoit pas mon fait, & que je ne m'étois jamais mêlé que d'étude. Il en eft auffi convaincu que jamais: cependant, pour tâcher de me perdre, il fait femblant de croire que je fuis un dangereux Négotiateur, & que s'il n'en avertiffoit le Public,

je pacifierois bien-tôt toute l'Europe. Quel nom affez atroce peut-on trouver dans les Dictionnaires pour exprimer cette fourberie dans un Miniftre de l'Evangile, qui doit avoir fur toutes chofes la fimplicité & la candeur en partage?

Qu'il ne s'avife donc plus de fe faire des objections radoucies en nôtre faveur, & de dire *qu'après tout nos intentions font bonnes, puifque nous avons pour but de porter les efprits à faire la paix.* Cela n'eft guéres moins fcélérat que la réponfe qu'il y a faite. Nous répondons en un mot qu'il eft un calomniateur achevé, puifque nous ne nous mêlons ni des affaires de la Paix, ni de celles de la guerre, & que nous nous en repofons abfolument fur nos Souverains, qui favent mieux que nous & que lui les intérêts l'Etat. Car pour ce beau Projet de Paix dont j'avois moïenné l'impreffion au Libraire Réfugié qui m'en avoit prié, il faudroit être d'un bêtife qui me rendroit incapable de faire le moindre mal, quelque mauvaife intention que j'euffe, pour avoir pû m'imaginer qu'il feroit regardé des Peuples autrement que comme l'Hiftoire des Sévarambes, laquelle on a lûë & relûë fans jamais s'avifer de demander qu'on réformât la Police de l'Europe fur le pied de ce Roman.

Je fuis bien-heureux de n'avoir pas confeillé à un Libraire qui m'avoit confulté fur cela, de réimprimer l'Hiftoire des Sévarambes; car Mr. J. n'auroit pas manqué d'apprendre que j'aurois donné ce confeil au Libraire, ni de me dénoncer au Public comme un homme qui veut foulever les Peuples, afin de changer le Gouvernement & la Religion, & abroger toutes nos Loix, pour faire fuccéder à la place le Gouvernement, la Religion, & les Loix des Sévarambes. J'ai été auffi éloigné de croire que l'impreffion du Projet de Paix auroit quelque influence fur les affaires générales, & fur les efprits des peuples ou en bien, ou en mal, que de croire qu'une nouvelle édition de l'Hiftoire des Sévarambes ferviroit de quelque chofe pour changer le Gouvernement préfent ou en bien, ou en mieux. Cependant l'inutilité à cet égard d'une nouvelle édition de l'Hiftoire des Sévarambes ne m'auroit pas empêché, pour faire plaifir ou au Traducteur que j'ai connu autrefois en France, ou à un Libraire, qui efpérant d'y faire du gain, m'auroit prié de lui rendre quelque fervice en cela, de me mêler de l'édition. Voilà juftement ce qui a fait que je me fuis mêlé de celle du Projet de Paix. J'ai déferé aux prieres d'un Libraire Réfugié qui croïoit y gagner quelque chofe, & à celles d'un ami, qui fouhaitoit que fi le Libraire de Hollande faifoit une feconde édition, comme il l'avoit demandé, j'en priffe foin, j'ai fouhaité que le Livre fût mis en état d'avoir du débit, tant pour la fatisfaction particuliere de l'Auteur, que je ne connoiffois pourtant point; mais il me fuffifoit qu'un de mes amis m'eût recommandé fa production, que pour l'intérêt particulier du Sr. Acher. De vûë du bien Public, je n'en ai eu aucune: je m'en confeffe auffi ingénûment, que je protefte fincérement que je n'ai été ni affez fot pour croire que ce Projet fût capable de nuire, ni affez méchant pour m'en être voulu mêler, s'il m'avoit paru tel. Je ne faurois affez admirer, moi qui devrois être fait à la fatigue en ce genre de chofes, que Mr. J. ait été affez malicieux pour publier que la prétenduë Cabale a fondé des deffeins funeftes fur cet ouvrage.

C'eft

<hr>

(a) Pag. 53.
(b) „ Si on lit le Calvinifme de Maimbourg, l'Hif„ toire des Edits de Pacification de Soulier, le Journal „ des Sçavans 1686. pag. 53. celui de Leipfic. 1685. p. „ 133. & la Réponfe aux Confidérations de Mr. Claude, „ on verra tout le contraire.

C'eſt faire affront à leurs Excellences de Berne, qui ont permis que ce Projet s'imprimât dans leur Canton, & où je viens d'aprendre d'un Miniſtre nouvellement venu de Suiſſe, qu'on ne parle pas plus de ce Projet, que s'il n'avoit pas été imprimé; tant le mépris public en a ſuivi de près la publication. C'eſt enfin avoir ſacrifié à ſa vangeance tous les intérêts de ſon jugement & de la bonne foi.

‘‘ C'eſt par la même fourberie qu'il a fait ſemblant de croire que l'Avis aux Réfugiez eſt un livre capable de *ruïner la Religion*. Si cela étoit, on n'auroit pas attendu ſi long-tems à le réimprimer en France, & ce ſeroit à lui à ne l'imputer à perſonne que ſur des preuves convaincantes. Car plus le crime dont on ſoupçonne quelqu'un eſt grand, plus faut-il être circonſpect à l'en accuſer. Mais il eſt bien éloigné de le croire ſi dangereux. S'il le croyoit ſi funeſte aux Proteſtans, de quel front auroit-il oſé dire, *(c)* *qu'il connoît des gens, ſi on les avoit accuſez d'être les Auteurs d'un tel ouvrage, qui n'en feroient que rire, & qui ne s'en remueroient pas?* Il eſt lui-même un de ces gens-là. S'il l'avoit fait, il traiteroit la choſe de bagatelle, & diroit que pour avoir lieu de réfuter pour une bonne fois les clameurs de l'Egliſe Romaine, il auroit ſous le maſque d'un Papiſte, propoſé les objections les mieux tournées qu'il auroit pû.

Je dis de-plus, que s'il croit ce Livre ſi capable de ruïner la Religion, il eſt encore ſemblable au malheureux Cham qui découvrit la nudité de ſon pere, & jamais prévaricateur n'a été plus condamnable que lui. Faloit-il qu'il révelât à toute l'Europe les lieux foibles de notre Egliſe par où l'ennemi la peut renverſer? Et s'il étoit vrai que la conſervation de notre Egliſe exigeât que jamais il ne parût de tels livres, nous n'aurions qu'à préparer ſon Epitaphe; elle ſeroit éclipſée de deſſus la terre long-tems avant l'échéance du petit répit que Mr. J. donne encore à l'Egliſe Romaine avant ſa totale deſtruction: diſons plûtôt qu'elle auroit péri il y a long-tems, puiſque non ſeulement on fait tous les jours en France des Livres, où l'on nous reproche cent fois plus durement & plus tragiquement, & avec plus de détail, tout ce qui eſt contenu dans l'Avis aux Réfugiez, mais auſſi qu'on en a toûjous publié de cette nature contre nous. Et ne le feroit-on pas encore avec plus d'étude & plus d'artifice, ſi l'on s'en raportoit au décri où Mr. J. met notre cauſe, débitant en cent endroits de ſon dernier Libelle, que l'Avis aux Réfugiez eſt capable de perdre la Réformation? Lui qui vient de faire ſa propre apologie, en diſant que c'eſt un ſtratagême permis durant la guerre, que de perſuader par des Ecrits à Mr. le Dauphin de détrôner le Roy ſon Pere, n'auroit-il pas mieux fait par une autre ſtratagême, de diſſimuler la bonne opinion qu'il auroit conçuë de la prétenduë efficace de l'Avis aux Réfugiez pour nous ruïner?

Qu'il n'eſpere pas de nous tromper, nous reconnoiſſons là les obliquitez de la plus noire malice. Un homme qui a traité avec le dernier mépris les ouvrages des Evêques de Meaux, des Péliſſons, des Arnaulds, & des Nicolles, ſans en excepter même le dernier ouvrage de celuici, auquel il fit une Réponſe ſi précipitée, qu'il lui en coûta une maladie où il penſa perdre & la raiſon, & la vie: un tel homme n'eſt pas capable de parler avec eſtime d'un ouvrage auſſi médiocre que l'Avis aux Réfugiez, ſi ce n'eſt pour mieux perdre celui auquel il l'impute calomnieuſement. Nous nous moquons tant de ces ſortes de reproches qu'on nous fait dans ce Libelle, que nous laiſſons imprimer par des Libraires de la Religion en ce pays-ci l'Hiſtoire de l'Héréſie par Varillas, qui ne repréſente les Réformateurs & leurs ſectateurs partout, que comme des peſtes publiques & des boutefeux, & perſonne ne ſe plaint de ce qu'il ſe vend ici publiquement.

‘ Au fond, quel mal peut-on craindre de *l'Avis aux Réfugiez?* Car ou ce qu'il nous reproche eſt vrai, ou il eſt faux. S'il eſt faux, deux mots de négative ſuffiſent pour en arrêter tous les effets. S'il eſt vrai, ce n'eſt point du livre que nous peût venir le mal, mais de notre propre doctrine; & ſi celleci ne peut pas nous faire du mal, le livre ne le peut point non-plus. J'ajoute que ce prétendu grand mal que Mr. J. nous fait craindre de ce livre, devoit conſiſter ou en ce qu'il feroit déſerter notre Religon à ceux qui l'ont profeſſée juſques ici, ou en ce qu'il perſuaderoit aux Papiſtes que nous ne ſommes pas fort endurans, lors que nous pouvons nous délivrer de la ſervitude. Mais ni l'un ni l'autre de ces maux n'eſt à craindre de ce livre-là. Non le premier; par ce que très-peu de gens parmi nous ſont réſolus de douter jamais ou de la juſtice des Guerres civiles qui nous ſont reprochées dans cet Ecrit, ou de l'injuſtice avec laquelle on les impute à notre Religion. Non le ſecond; car les Papiſtes n'ont pas beſoin de livres nouvaux pour juger mal de nous à cet égard-là, y ayant trop long-tems qu'on les a prévenus contre nous par des livres tout autrement redoutables que l'Avis aux Réfugiez; Ouvrage, ſelon Mr. J. *(d)* *ſi extravagant pour le fond, qu'il ne faut ni ſyſtême, ni principe, ni raiſon,* pour en compoſer un ſemblable; Ouvrage *qui eſt tout ſuperficie, & rien dedans, une petite figure de cire bien polie, bien peignée,* & fort adroitement fardé, mais *(e) où il n'y a dedans ni chair, ni os, ni nerfs,* deux difficultez ſeulement aſſez maigres, engraiſſées d'imagination, & de Polyanthea, *(f) deux miſerables difficultez,* tout le reſte étant *dorure, broderie, invective, hiſtoriettes, reproches & bagatelles;* en un mot, *des reflexions hors d'œuvre, & qui ne font pas des preuves;* Ouvrage enfin écrit ſi peu *(g) ſagement & ſolidement, que c'eſt prendre les hommes pour des bêtes qui ſe laiſſent mener par le nez & par les oreilles.* Voilà quel eſt le livre, ſelon Mr. J. qui lui ſemble d'ailleurs capable de perdre notre Religion. Ne faudroit-il pas qu'il eût bien mauvaiſe opinion de notre Egliſe, & de ceux qui la profeſſent, & qu'il les crût *des bêtes qui ſe laiſſent mener par le nez & par les oreilles,* s'il étoit perſuadé qu'un tel Ouvrage eſt capable de la ruïner? Il fait donc un affront ſanglant & à notre Religion, & aux lecteurs de l'Avis, & à ſon jugement & à ſa mémoire, (deux facultez qui ont étrangement varié par raport à cet Avis) ou bien il n'eſt pas perſuadé que ce ſoit un livre à craindre.

Mr. J. nous fournira lui-même dequoi le confondre. Car il s'eſt aviſé de mettre une liaiſon & un concert indiſſoluble entre l'Avis aux Réfugiez & le Projet de Geneve, & d'en mettre les Auteurs dans la prétenduë Cabale qui s'étend du Midi

(c) Avis p. 108.
(d) Exam. p. 91.
(e) Pag. 92.

(f) Pag. 97.
(g) Pag. 98.

di au Nord. Cette hypothese sur laquelle il a bâti tout un Roman avec autant de liberté, que s'il avoit eu à faire celui de Clélie; en donnant sans preuve tous les motifs que sa malice lui a suggérez à ceux qu'il dénonce, suffit pour le condamner. Car je me fais fort de justifier que depuis que je suis en ce pays-ci, je n'ai eu aucun commerce de lettres à Geneve, si ce n'est celui que j'ai eu avec le Ministre & Professeur qui m'a envoyé le Projet, depuis le mois de Septembre dernier. Avant cela, ni lui ni les autres amis que j'ai là ne m'écrivoient que lorsqu'il venoit quelqu'un de leurs amis en ce pays: ce qui peut monter à huit ou dix lettres depuis la révocation de l'Edit de Nantes, en les joignant toutes ensemble. (h)

D'ailleurs, la prétenduë Cabale de Hollande a été tellement ruinée dans la premiere partie de cet Ecrit, que ce doit être du moins une forte présomption, que tout ce que ma Partie a fondé sur cette Cabale pour m'accuser d'avoir fait l'Avis aux Réfugiez, s'en va à néant de soi-même. Enfin y a-t-il eu jamais de licence dont l'impunité soit plus légitime, que celle qu'il se donne de prouver nos prétendus crimes par des motifs qu'il supose que nous avons eus? N'est-ce pas errer dans un pays d'illusion, que de se jetter dans la recherche des motifs? Où est l'action qu'on ne puisse dire avoir été faite, si l'on veut donner l'essor à son imagination, par vingt motifs différens tant bons que mauvais? Où est l'homme d'esprit qui examinant tout ce que Mr. J. a fait imprimer, (je n'en excepte pas son Traité de la Dévotion) ne pût marquer cinq ou six motifs vraisemblables qui le feroient passer pour un méchant homme, si l'on vouloit s'en raporter à ceux qui allégueroient ces motifs avancez en l'air, ou par un jeu d'imagination, ou par malice. C'est à quoi le Public doit bien prendre garde en lisant son dernier Libelle.

^{qu'il uver- fruit t'ai re de}
Cette exception que je n'ai pas voulu faire de son Traité de la Dévotion, me fait souvenir que cet ouvrage bon en soi-même, n'est plus qu'un sujet de scandale à ceux qui considerent sans préocupation l'emploi qu'il a donné à sa plume depuis qu'il est en Hollande par tant de satyres, de libelles, de médisances, & de calomnies dont il a rempli le monde. Faloit-il se mêler d'écrire de la dévotion, lorsqu'on devoit s'ériger en Satyrique, & autoriser par sa pratique, & par des Apologies, les passions les plus oposées à l'esprit de dévotion? Qu'a-t-il fait en commençant si bien par ce Traité, & en continuant par cent infâmes Libelles, que s'attirer une plus griéve condamnation tant devant Dieu, que devant les hommes, s'il ne se hâte pas d'expier ses fautes par une pénitence publique? Quel achopement n'est-ce pas pour les indévots, ou même quel triomphe, de voir que ceux qui font tant les mystiques & tant les spirituels dans quelqu'un de leurs Ecrits, s'attirent à près cela par leurs médisances enragées le même surnom d'*ennemi du genre humain*, qui de tems immémorial avoit été consacré au Diable, & se font dire dans une lettre imprimée depuis peu à la Haye, & composée par M. Chappuzeau honoré de la protection de leurs A. S. Monseigneur le Duc & Madame la Duchesse de Cell son Epouse, l'un & l'autre du plus éclatant mérite qui soit admiré dans l'Europe parmi les personnes de leur rang sublime; ils se font dire, dis-je, par

Mr. Chappuzeau, que de telles gens sont plus dignes qu'on réponde à leurs satyres *verberibus quam verbis?* Il est à remarquer que si Mr. J. avoit voulu faire quelque honnêteté à Mr. Chappuzeau qu'il avoit diffamé publiquement, la lettre eût été suprimée.

CHAPITRE X.

Présomption que je ne suis pas l'Auteur de l'Avis aux Réfugiez, incomparablement plus forte toute seule, que tout ce que Mr. J. a allegué pour prouver que je le suis, tirée des caracteres qu'il donne à cet Auteur.

POur faire mieux connoître la violence étourdie de mon Accusateur, je m'en vais lui montrer que quand même il y auroit eu des présomptions plus fortes contre moi, que toutes celles qu'il a alléguées qui sont la foiblesse même, elles auroient dû ne lui paroître d'aucune force comparées aux présomptions qui font pour moi. Je prie mon lecteur de bien peser ce que je m'en vais lui dire.

Mr. J. montre par des raisons qui m'ont paru convaincantes, & que je pousserai encore plus loin dans ma Réponse, que l'Auteur de cet Avis est Protestant. Voilà son 1. caractere.

Les autres caracteres qu'il lui donne sont, 2. *D'être un ennemi caché de la Hollande.* 3. *Un ennemi declaré du Roi Guillaume.* 4. *Un ennemi juré de la Religion Protestante.* 5. *Un ennemi de toute Religion en general, un impie & un profane qui se joue de toutes les Religions.* 6. *Un homme* (a) *idolâtre du Roi de France,* (b) *admirateur de sa grandeur, entêté de ses grandes qualitez, d'ailleurs sans Religion & sans amour pour Dieu; desorte que sa premiere Divinité s'apelle Louis XIV.* 7. *Un homme* (c) *qui a été mortellement indigné contre la revolution d'Angleterre & le detrônement du Roi Jaques,* (d) *vrai martyr du Roi Jaques & du Roi de France, qui merite d'être canonisé en ce pays-là.*

Si Mr. J. n'est pas content de ces sept caracteres, je consens qu'il y en ajoûte encore d'autres, il ne me trouvera point dans aucun esprit de contradiction. Je veux seulement lui demander comment il se peut faire qu'un tel homme soit en Hollande? Par quel charme peut-il être arrêté dans un pays dont il est l'ennemi caché, où il entend à toute heure & dans les ruës, & dans les boutiques, & dans les temples, mille & mille magnifiques éloges du Roi Guillaume dont il est l'ennemi déclaré; où il n'entend dire que du mal des deux Rois qui sont les deux Divinitez dont il est martyr? Qu'il me dise par quel charme ce martyr idolâtre du Roi de France, a pû être arrêté dans une Ville, où il parloit si souvent avec lui Mr. J. & alloit si souvent chez lui, c'est-à-dire dans un temple, où au lieu de voir offrir quelque grain d'encens à son idole, il la voyoit fouler aux pieds, jetter dans la bouë, & en un mot traiter de la maniere la plus indigne, la plus insultante, la plus manaçante. Je ne connois qu'un cas où un tel homme se pût resoudre à demeurer en ce païs-ci: c'est d'un côté, s'il y étoit retenu par une grosse pension, comme celle de Mr. J. sans compter le revenant bon de ses satyres, marchandise d'assez bon débit ici, & qu'il fait acheter cherement

ment

(h) „Depuis la premiere édition de ce Livre j'ai reçu „des lettres du Professeur de Geneve, qui témoignent „qu'il n'a point lû l'Avis aux Réfugiez.
(a) Pag. 35.

(b) Pag. 37.
(c) Pag. 38.
(d) Pag. 42.

ment au Libraire ; & de l'autre , s'il ne ſavoit où aller pour y être commodément, qui eſt encore le cas où ſe trouve Mr. J.

« Car où iroit-il, s'il lui faloit quiter la Hollande ? En Angleterre ? Mais outre qu'il ne voudroit pas fléchir le genou devant les Evêques, il auroit raiſon de craindre le juſte reſſentiment de l'Egliſe Anglicane dont il a fait des ſatyres, (e) & pour l'extinction de laquelle on ſait qu'il a dreſſé des Mémoires durant la derniere révolution ; & en general on n'y voudroit pas d'un homme qui ſe pique d'un ſecret commerce avec le S. Eſprit, (comme Numa Pompilius avec la Nymphe Egérie) pourvû, ô condition dure ! qu'avec une profonde humilité il frape à la porte pluſieurs fois. L'Angleterre ſait trop bien ce que l'on peut craindre d'un Théologien Enthouſiaſte entêté de la cinquieme Monarchie, & qui vient de s'ouvrir aſſez au Public, pour déclarer que les Condez & les Colignis, & par conſéquent les Rohans & les Tékelis, & à plus forte raiſon les Poltrots, ont été inſpirez de Dieu ; & qu'un Miniſtre qui fait tout ce qui peut par ſes Ecrits pour porter Mr. le Dauphin à dérrôner ſon propre pere, fait bien : d'où il faut conclure que ſi Mr. J. peut trouver un Miſſionaire qui ſe charge d'aller prêcher clandeſtinement ce nouvel Evangile en France, & qui s'y faſſe pendre pour ce ſujet, il en fera un ſaint Martyr.

« Seroit-ce en Dannemarc ? Mr. Maſius pour les mêmes raiſons le feroit bientôt chaſſer comme un Monarchomaque outré, & n'oublieroit point le reproche public qu'on lui a fait, *de s'être ſervi un jour en pleine chaire de termes mépriſans pour deſigner le Roi de Dannemarc.* Seroit-ce en Suede ? Mais il n'y auroit perſonne à qui il pût prêcher qu'en Latin, & les libelles en François ne s'y vendroient guéres. Seroit-ce à Berlin ? On craindroit trop qu'il n'y ſemât des diſſenſions Eccléſiaſtiques, par des partages de factions parmi les Réfugiez, & qu'il ne conſeillât de perſecuter les Luthériens. Seroit-ce en Suiſſe ? Mais les meſures qu'on y garde avec la France ne lui donneroient pas la liberté ſatyrique dont il a beſoin pour ſa ſanté. Seroit-ce enfin en France ? Je croi bien que l'Egliſe Romaine le recevroit à l'abjuration ; mais ce ne ſeroit qu'à condition qu'il iroit expier ſes fautes à la Trape, enfermé dans une cellule pour le reſte de ſes jours, ſans papier, ni plume, ni encre, & obligé à un ſilence perpétuel. On ne trouveroit point de pénitence plus rude pour lui, que celle de ne pouvoir médire de perſonne ni de vive voix, ni par écrit.

Voyons ſi je me trouve dans le même cas. Car ſi cela eſt, je conviens qu'avec les ſept caracteres en queſtion, il ne ſeroit pas étrange que je m'arrêtaſſe ici.

Mais premierement il eſt de notorieté publique, qu'on ne peut pas être dans une condition plus obſcure, ni plus médiocre qu'eſt la mienne. Ce qui ſoit dit ſans reproche ni plainte.

2. Je ne penſe pas qu'il y ait perſonne qui révoque en doute que ſi j'allois en France, je n'y fuſſe reçu à bras ouverts, & pourvû d'un établiſſement plus glorieux, plus commode, plus avantageux ſans comparaiſon que celui que j'ai ici.

Je n'aurois qu'à m'aller mettre en poſſeſſion de mon patrimoine dont mes parens jouïſſent ſans que j'en tire rien ; & je ſuis ſûr que tout petit qu'il eſt, il m'entretiendroit au lieu où il eſt ſitué, auſſi comodément que ce que j'ai ici, &

j'aurois la douceur de me voir au milieu d'une nombreuſe parenté qui fait aſſez belle figure. Mais il ne tiend oit qu'à moi, au lieu de ce pis aller, d'obtenir bien d'autres choſes.

Ceux qui me connoiſſent un peu ſavent que le ſéjour de Paris m'a toûjours paru charmant, & préférable au ſéjour de toute autre Ville. J'ai toûjours été perſuadé que ſi j'avois demeuré là, j'aurois aquis quelque ſorte de ſavoir par la converſation des Savans qui y ſont tout-à-fait ſociables, & par le grand nombre de belles Bibliotheques.

Il n'y a donc que mon attachement à la Religion Réformée qui m'ait empêchée de m'arrêter à Paris, lorſque la ſupreſſion de l'Académie de Sedan m'eût dépouillé de ma profeſſion. Car dès ce temps là Mr. le Comte de la Borlie Gouverneur de Sedan, qui a eu l'honneur d'être Sous Gouverneur du Roi, me fit entendre en deux mots qu'il ne tiendroit qu'à moi de faire fortune, & qu'il étoit tems que j'y ſongeaſſe.

Il n'y a que ce même attachement qui m'ait retenu ici depuis que mon étoile bonne ou mauvaiſe a voulu que je devinſſe Auteur : & je puis dire ſans vanité, que l'accueil que l'on m'auroit fait en France, depuis ce tems-là, n'eût pas été peu avantageux ſelon le monde.

C'eſt-là une preuve de zele pour la Religion Réformée, que Monſieur Jurieu entaſſant injure ſur injure, & déclamation ſur déclamation, n'éludera jamais auprès des gens raiſonnables, & qui eſt infiniment moins équivoque que celle qu'il donne par ſes Sermons & par ſes livres remplis d'injures contre l'Egliſe Romaine & contre la France. Car bien-loin de faire en cela quelque violence à la nature, il ne fait que ſuivre la pente de ſon tempérament, & avaler des remedes très-agréables à prendre, & en même tems plus néceſſaires à ſa ſanté que tout ce que les Médecins lui ſauroient preſcrire. Ma preuve de zele eſt au-deſſus de telles atteintes.

D'où il s'enſuit que puiſque l'Auteur de l'Avis aux Réfugiez eſt ennemi juré de la Religion Proteſtante, & de toute Religion en general, ſelon les caracteres que Mr. J. lui donne, je ne ſuis pas cet Auteur là.

Et comme d'ailleurs ce même Auteur ſelon les mêmes caracteres eſt tellement idolâtre du Roi de France, qu'il le tient pour ſa premiere Divinité, il eſt évident que je ne ſuis pas cet Auteur. Car aucun avantage temporel ne me retenant en un pays où cette Divinité eſt fort expoſée à la ſatyre, ſans qu'il ſoit poſſible de parler en ſa faveur, pourquoi n'irois-je pas dans les lieux où je lui pourrois rendre mon culte publiquemrnt, où je n'entendrois que ſes louanges, & jamais des inſultes, des menaces, des malédictions contre lui ? Pourqoui n'irois-je pas mettre ma conſcience & ma fortune au large en même tems ? C'eſt peut-être que ce n'eſt pas un grand mal que d'être gêné dans ſon idolârrie politique. Mais au contraire il n'y a point de contrainte en matiere de Religion qui ſoit plus inſuportable que celle que ſent un homme qui aime ſon Roi & qui n'oſe le faire pároître, mais ſe trouve bon gré malgré qu'il en ait avec ceux qui le déchirent. Que Mr. J. nous en diſe des nouvelles. S'il avoit à paſſer ſeulement deux mois à Paris, il ſentiroit plus de chagrin d'entendre dire du bien du Roi de France, & du mal du Roi d'Angleterre, ſans pouvoir ni loüer celui-ci, ni médire de celui-là tout

(e) Eſprit de Mr. Arn. t. 2. pag. 315. 316.

tout son saoul, que d'entendre déchirer la Religion Reformée.

zele si bien ai-Apoca-

Ce que je viens de dire ne doit pas être entendu, comme s'il n'y avoit pas ici un grand nombre de gens des deux Nations, qui gardent dans leurs discours ce que la bienséance exige pour la personne des Rois ennemis; ni comme si Mr. J. avoit plus de veritable zele pour S. M. B. qu'un autre; car la verité est que toutes ces manieres excessives & outrées par où il se distingue, soit en disant du mal de l'ennemi, soit en disant du bien de nos Alliez, ne soit qu'un zele ardent pour son Commentaire sur l'Apocalypse. Tout autre zele chez lui est subordonné à celui-là; & s'il souhaite avec tant de passion que nos armes soient victorieuses & conquerantes, ce n'est qu'afin d'obtenir par ce moyen la qualité de Prophete, qu'il a crû faussement avoir obtenuë du Saint Esprit. Tout Prince qui lui en revendiquera le titre, sera son grand Heros; & si le Roi Louis XIV. faisoit seulement à l'égard du Pape ce que fit Henri VIII. il deviendroit dans ses Sermons & dans ses Ecrits le plus grand Prince qui ait jamais été; ce ne seroit plus que vœux de victoires pour l'avenir, & qu'Apologies pour le passé, & même que Panegyriques à l'envie de l'Academie Françoise.

Je voudrois bien savoir comment mon Accusateur accordera le 3. & le 7. caracteres qu'il donne à l'Auteur de l'Avis, avec l'empressement qu'il m'attribuë pour la Paix selon le Projet de Geneve, qui envoye le Roi Jacques en pelerinage à Jerusalem, & fait reconnoître le Roi Guillaume pour legitime Monarque d'Angleterre, d'Ecosse & d'Irlande. Il n'y a point d'homme de bon sens qui puisse voir en cela aucune trace d'idolâtrie pour le Roi Jacques, ni de haine pour le Roi Guillaume. M. J. est le seul qui par une indiscretion que je ne releverai pas, de peur de la faire appercevoir à tout le monde, s'imagine que tout homme qui ne se contente pas de cela, est ennemi du Roi Guillaume, vû *qu'il (f) a pour but d'empêcher son agrandissement.*

CHAPITRE XI.

Refutation de tout ce que Mr. J. oppose à la présomption du Chapitre précedent.

QUe dit Mr. J. contre la preuve invincible de mon attachement à la Religion Reformée, qui se tire de mon sejour en ce pays sans aucun avantage temporel? Une contradiction manifeste (a). Il veut que la raison pour laquelle je ne suis pas retourné en France, est que je suis un esprit libertin, & qui ne s'accommode pas de la contrainte qui s'exerce aujourd'hui dans le Royaume. Or quelle est cette contrainte? C'est qu'on ne permet pas à ceux de la Religion de s'assembler pour prier Dieu, & qu'en certains lieux on les contraint d'aller à la Messe. Si je ne puis m'accommoder de cette contrainte, il faut que je sois un bon Protestant, & non pas un libertin comme il l'avoit dit dans la ligne précédente. Or si je suis bon Protestant, il y a autant de difference entre moi & l'Auteur de l'Avis aux Refugiez, qu'entre le ciel & la terre, par le 4. & le 5. caracteres qu'il lui donne. Il n'en sera pas quitte pour cela: je lui pro-

mets que cette ligne, *n'étoit que c'est un esprit libertin*, lui coutera cher. Je lui prepare un assaut qui l'obligera à faire amende honorable ou à l'Eglise Romaine, ou à moi. Qu'il songe de bonne heure lequel des deux il trouvera le plus suportable.

On lui a fait une autre objection, en lui demandant le *cui bono*, c'est-à-dire, quel avantage m'auroit pû pousser à publier l'Avis aux Refugiez; car il ne faut jamais présumer qu'un homme qui n'a jamais donné des marques d'une conduite irreguliere & bourruë, ait publié un livre dont il ne pouvoit attendre ni bien ni honneur, & où il risquoit toutes choses. Mr. J. avouë (b) que ce nœud l'a jetté dans un embarras, dont il ne s'est tiré que par une faveur particuliere de Dieu; qui est que Dieu a permis qu'il a découvert qu'Acher son Libraire vouloit imprimer un Projet de Paix. Voilà des miracles de Mr. J. Un Manuscrit que j'avois donné à lire à cinq ou six personnes, que j'avois laissé long-tems entre les mains de deux Copistes Refugiez, sans leur recommander aucun secret, que j'avois exhorté le Libraire à faire examiner par ses amis, sans lui recommander jamais le silence, est venu à la connoissance de Mr. J. Il n'y a rien de naturel là-dedans, & il faut être de ces gens qui ne voyent ni ne sentent Dieu nulle part, pour n'y voir pas cette Providence merveilleuse qui veut que les mysteres d'iniquité se decouvrent.

Mais après tout, comment deliera-t-il ce nœud *Il se refute lui-même.* par son prétendu miracle? C'est en refutant ce qu'il avoit avancé comme très-certain dans sa Reponse à l'Avis, en le refutant, dis-je, sans avoir la bonne foi d'avouer qu'il se refute lui-même: sa vanité eût eu trop à souffrir par un tel aveu. Si faudra-t-il qu'elle y passe; car je n'ai pas dessein de lui épargner cette petite honte. Le Public donc saura qu'il a assuré dans la page 41. de la Reponse, que le denouëment du mystere est de dire, que l'Auteur de l'Avis aux Refugiez n'a écrit que pour défendre le Roi de France & le Roi Jacques, dont il est martyr, & la puissance arbitraire. Mais dans la 5. page de son Avis, il veut que l'on sache *que ce n'est pas ici l'ouvrage d'un particulier qui ait dessein de défendre l'autorité des Rois, & que ceux qui se sont imaginez cela se sont trompez, & que cette erreur les a conduits à une autre erreur.* Après quoi il dit entre autres choses, que l'Avis aux Refugiez n'a été publié que pour disposer les peuples à une Paix qui enverra le Roi Jacques à visiter les saints lieux de la Palestine, pendant que le Roi Guillaume sera reconnu pour Roi légitime à jamais & irrevocablement. Ne voilà-t-il pas un beau martyr du Roi Jacques?

Qu'on juge par-là du fond qu'il faut faire sur les conjectures de Mr. J. Il refute lui-même quinze jours après celles qu'il avoit debitées du ton le plus décisif. Qui nous repondra que ses corrections dureront plus que ses premieres pensées?

S'il écrivoit avec jugement, s'il n'oublioit pas de page en page ce qu'il affirme, il auroit pû sans miracle s'appercevoir qu'il n'avoit pas marqué le denouëment du mystere dans sa 41. page; car s'il étoit vrai, comme il le suppose dans la page 45. que je cherche des difficultez partout à la maniere des Pyrrhoniens, & que j'ai un sixieme sens pour en trouver dans toutes les opinions opposées, ensorte que je crois que *toutes ces opinions sont*

(f) Avis p. 70.

(a) Exam. pag. 38.
(b) Avis, pag. 5.

sont égales en preuves : je ne m'entêterois ni de la souveraineté des Rois, ni de la souveraineté des Peuples ; je me divertirois seulement en Philosophe Académicien à considerer ce problême. Au lieu de cela, il prétend que je suis devenu le martyr de la souveraineté des Rois, & que mon entêrement a été tel, qu'il m'a fait commettre avec la plus énorme imprudence tous les crimes qu'on peut commettre en écrivant.

Je me reconnois à ce qu'il dit de ma maniere de philosopher, & j'avouë qu'excepté les veritez de Religion, je ne regarde les autres disputes que comme un jeu d'esprit, où il m'est indifferent qu'on prenne le pour ou le contre. Si ceux avec qui j'ai à vivre s'accommodent mieux du Peripatetisme que du Gassendisme, ou du Cartésianisme, je les y laisse tranquillement, je n'en suis pas moins leur ami & leur serviteur, je ne trouve nullement mauvais qu'on me contredise; & dèsqu'une plus grande probabilité se présente, je me range là sans peine ni honte. C'a été de tout tems l'esprit des Philosophes Academiciens. *Nos qui sequimur probabilia,* disoit Ciceron en leur nom, *nec ultra id quàm quod verisimile occurrerit progredi possumus, & refellere sine pertinaciâ, & refelli sine iracundiâ parati sumus.* Qu'on juge si un homme de ce caractere, de l'aveu même de son Accusateur, s'ira mettre en tête de s'opposer au torrent avec mille perils de toute nature, pour combatre la souveraineté des Peuples, vivant dans une Republique.

Tolerance de l'Auteur.   C'est par cet esprit de tolerance que j'ai toûjours crû qu'il faloit combatre les héresies avec douceur & avec de bonnes raisons, sans exciter les Magistrats à persecuter ceux à qui Dieu n'a pas fait encore la grace de les éclairer de sa lumiere ; & ma tolerance va jusques à m'abstenir de raisonner en conversation sur ce point, parceque j'ai remarqué que ceux qu'on appelle intolerans ne changent point d'opinion, quoiqu'on leur dise, & ne font que s'aigrir & se dépiter, d'où naissent des médisances & des calomnies en foule. Je trouve donc que la charité des tolerans doit aller jusques à laisser plûtôt les autres dans leur erreur, lorsqu'on voit que Dieu merci, les Magistrats ne suivent point leur emportement, que de remuer leurs passions par des disputes. M. J. sait bien que j'en usois ainsi avec lui depuis long-tems ; & il n'ignore pas que je suis fort persuadé que le dogme qui autorise les persecutions des Heretiques ne vaut rien. Il l'ignore si peu, que la veritable cause de la persecution horrible qu'il me suscite, est qu'il a crû que je lui avois mis à dos des adversaires, qui lui ont fait voir non seulement qu'il s'est contredit pitoyablement toutes les fois qu'il a voulu manier cette matiere ; mais aussi que par une mauvaise foi impardonnable, il a imputé aux gens ce qu'ils desavouoient, & ce que lui-même a enseigné. Il y a une autre conjecture qui n'est peut-être pas trop mal-fondée ; c'est qu'il a crû, quoique faussement, que j'allois écrire contre sa 8. Lettre du Tableau du Socinianisme, & que craignant que je n'y montrasse une infinité de sophismes & d'oppositions diametrales avec cent choses qu'il a publiées ailleurs, il a voulu prévenir cette honteuse défaite en m'accusant de crime d'Etat.

Quoiqu'il en soit, l'Auteur de l'Avis aux Refugiez est si éloigné de l'esprit Academicien, & de celui de la tolerance, qu'on le voit partout entêté de sa matiere. Il ne parle pas, il prêche, il s'anime & s'échauffe comme s'il étoit en chaire, & il ne parle que d'exterminer les Sectaires de Transilvanie, si l'Empereur vient à bout de

ses affaires. Lui & moi ne sommes donc nous pas le feu & l'eau ?

Je reviens au dénoûëment miraculeux de Mr. J. Si on le presse de dire pourquoi je demeure en Hollande, étant tel qu'il fait l'Auteur de l'Avis, il ne recourra plus à l'esprit libertin, & à la haine de la contrainte qui se pratique en France contre ceux de la Religion ; mais il repondra que c'est parceque je suis ici fort utile aux deux Divinitez dont je suis idolâtre & martyr, savoir au Roi de France & au Roi Jacques : ce qu'il prouvera en premier lieu, par l'impression de l'Avis aux Refugiez ; & en second lieu, par l'impression d'un Projet de Paix qui ne donne pour toute consolation au Roi Jacques, que d'aller

> Delivrer de Sion le peuple gemissant,
> Faire trembler Memphis, & pâlir le Croissant,
> Et passant du Jourdain les ondes allarmées,
> Cueillir mal-à-propos les palmes Idumées.

Examinons serieusement des choses ausquelles on ne devroit pas faire cet honneur, & qui ne meriteroient que la berne en stile burlesque.

Seroit-il bien possible qu'on me crût capable d'avoir esperé que l'impression de l'Avis aux Refugiez rendroit un grand service à la Couronne de France ? Il faudroit pour concevoir des esperances aussi ridicules que celle-là, que je ne fusse pas persuade comme je le suis depuis long-tems, que les Ecrits satyriques que l'on fait courir de part & d'autre ne servent de rien pour faire prendre telles ou telles resolutions dans le Cabinet des Princes, ou pour changer l'esprit des Peuples en faveur de ceux qui repandent ces Ecrits. Si Mr. J. qui prétend se souvenir de quelques-unes de nos conversations, rappelle bien ses idées, il se souviendra d'un côté qu'il traitoit la Cour de France de ridicule, & de digne même de sa compassion, lorsque nous recevions presque par tous les Couriers quelque libelle contenant des invectives contre le Roi d'Angleterre, & des avis à la Hollande ; & de l'autre, que je lui declarois en general, que ni les libelles que l'on faisoit contre nous, ni ceux que nous faisions contre la France, n'étoient capables de rien par rapport au bien public ; de quoi il auroit dû profiter, (& c'étoit mon intention en ami) pour ne se donner pas la peine qu'il s'est donnée inutilement & contre la bienseance de son caractere, de tant *écrivasser* sur la politique, en contrefaisant le Papiste & le bon François, & ce dernier personnage bien *gauffement,* pour me servir de son expression. Et plût à Dieu, que si d'un côté tant de livres qu'il a repandus par le monde en se mêlant du métier d'autrui, n'ont servi de rien aux Alliez, ils ne servissent pas de l'autre à rendre notre Religion odieuse, par la malice qu'on a en France d'imputer à tout le Corps les fureurs de quelques-uns de nos Ecrivains generalement parlant, les libelles de politique satyrique ne nuisent qu'au parti qui les enfante.

Si cet Auteur avoit voulu rendre vraisemblable la fausse supposition qu'il fait, que j'ai attendu de grands effets de l'Avis aux Refugiez, il n'auroit pas dû dire qu'avant que d'en venir là, je m'étois lassé de prêcher cet Evangile, & que j'avois vû qu'il ne faisoit pas grand fruit. Il auroit pû supposer qu'il n'en avoit fait aucun ; car je ne crois pas qu'il puisse produire un seul homme, qui reconnoisse qu'il ait eu d'autres sentimens après les prédications domestiques qu'il fait faire à notre Cabale, que ceux qu'il avoit avant ces prétenduës prédications, excepté par rapport à ses Prophé-

ties

ties, dont le petit peuple même s'eſt deſabuſé depuis l'explication des trois ans & demi. En vérité il nous fait bien ſimples & bien dupes, lorſqu'il prétend que (c) nous avons voulu jetter des ſcrupules dans l'ame des Officiers, en leur repréſentant la ſevere morale de l'Evangile. C'eſt nous prendre pour des gens venus du monde de la Lune depuis deux jours. Quoi ! nous aurions pû nous promettre qu'un Officier qui ne cherche qu'à grimper de charge en charge, & à qui la guerre paroît la plus grande bénédiction que Dieu puiſſe faire au monde, n'ira pas joindre les Vaudois, s'il y attend une Compagnie ou une Lieutenance, & ainſi à proportion, parce qu'il nous entendra dire que J. CHRIST n'approuve point qu'on ſe ſoûleve contre ſon Prince ? Sans mentir ce ſeroit bien avoir envie de moraliſer hors de propos, & à fond perdu. Qu'un Miniſtre ſage & moderé, (car pour Mr. J. bâti comme il eſt, toûjours dans l'exercice de la vangeance, toûjours offenſant ſon prochain, toûjours nourriſſant & par ſes Ecrits, & par ſes prédications, le feu de la colere, & du déſir de vangeance dans le cœur, il eſt plus propre à faire avoir honte de la patience Chretienne, qu'à l'inſpirer) mais qu'un Miniſtre véritablement penetré de l'eſprit Evangelique, prêche tant qu'il voudra à des gens de guerre qu'il faut pardonner les injures, il n'empêchera pas que ſi l'un d'eux pouſſe rudement du coude l'autre en ſortant de l'Egliſe, ils ne s'aillent couper la gorge ſur le champ; & nous ſerions aſſez ſots pour eſperer qu'ils mettroient bas les armes à la vûë de notre Evangile ! Pour moi je ſuis bien ſûr qu'il ne m'eſt jamais arrivé de parler devant ces Meſſieurs ſur les matieres que Mr. J. articule dans ſon Roman.

Si l'Auteur de l'Avis aux Réfugiez a eſperé un grand fruit de l'impreſſion de ſon Evangile, c'eſt à coup ſûr un homme qui n'a bougé de Paris, & qui ne ſavoit pas comme moi l'air du Bureau; & s'il m'avoit conſulté, je lui aurois prédit ce qui eſt arrivé à ſon livre, ſavoir que ces paroles du titre, *ſur leur prochain retour en France*, exciteroient une ardente curioſité dans l'ame de ceux à qui il s'adreſſoit; mais qu'ils n'en auroient pas lû dix pages, qu'ils le jetteroient par terre, ou le décriroient de telle ſorte, qu'il ſeroit examiné de peu de gens. Il eſt certain qu'il a été plus lû depuis le vacarme qu'en a fait mon Accuſateur, qu'il ne l'avoit été auparavant. Cent perſonnes de lettres & autres m'ont dit qu'ils avoient bien ouï murmurer contre ce livre; mais qu'ils ne ſavoient point par eux-mêmes ce qui en étoit. On le laiſſoit moiſir chez les Libraires; & comme je l'ai déja dit, s'il étoit capable de faire du mal, Mr. J. en ſeroit reſponſable.

Ceux qui ne ſe rendront pas à mes réponſes précedentes, ſont priez de faire bien réflexion ſur celle-ci.

Si quelque autre choſe que mon attachement à la Religion que j'ai ſuccée avec le lait, fils & frere puîné de Miniſtre, tous deux des plus zélez qu'il y eût en France, & dont le dernier eſt mort dans le Château Trompette, où il avoit été enfermé pour la Religion, (d) couronnant la pieté qu'il avoit témoignée toute ſa vie, par une très-belle mort, qui fut admirée de ceux-mêmes qui avoient fait tout ce qu'ils avoient pû pour le faire mourir Papiſte, & des attaques deſquels il triompha glorieuſement : ſi, dis-je quelque au-

tre choſe me retenoit ici, ce ſeroit, ſelon la nouvelle hypotheſe de Mr. J. le déſir de rendre ſervice à ma premiere Divinité Loüis XIV.

Or ce ne peut pas être ce déſir, puiſque les ſervices que je pourrois lui rendre ici ne ſont point comparables à ceux que je pourrois lui rendre en France, en m'érigeant en Convertiſſeur, en embarraſſant de mille ſophiſmes ceux qui ne vont point à la Meſſe, en leur repréſentant fortement, que ſoit qu'ils y aillent, ſoit qu'ils n'y aillent pas, ils ſont obligez d'être fideles à leur Prince. Donc, &c. Que Mr. J. ſe ſouvienne qu'il me donne de ſa pure liberalité (e) *un ſixieme ſens pour découvrir les difficultez, & une adreſſe particuliere à les pouſſer.*

Il pourroit bien être que ſi l'Auteur de l'Avis s'eſt découvert en confidence au P. la Chaiſe, il en a reçu ordre d'aller en Miſſion dans les Cévennes & le Vivarets, pour y empêcher que l'Evangile de notre Prophete de Rotterdam n'y fructifie, & pour y repréſenter à cet effet ſous le perſonnage de Proteſtant qui a ſigné; mais qui ne veut point tenir ſa ſignature, qu'il faut bien ſe donner garde de favoriſer en rien les ennemis de l'Etat, prouvant cet Evangile par les raiſons qu'il a employées dans ſon Avis. Si cela étoit, il ne faudroit plus s'étonner que la ſeconde édition n'en fût pas correcte, vû l'abſence de l'Auteur. Raillerie à part, il eſt certain qu'un tel Evangile prêché aux Proteſtans de France, feroit mille fois plus de bien aux affaires de la Couronne, qu'imprimé en ce pays-ci, ou inſinué à demi-mot à des gens qui oſent tout dire contre ceux qui les voudroient catéchiſer ſur ce pied-là.

Ainſi on me jugeroit plus propre au ſervice de la Couronne, ſi j'étois en France même, que ſi j'étois laiſſé ici ſeulement pour y faire imprimer l'Avis aux Réfugiez & le Projet de Paix. Car ou bien il ne faudroit y entretenir perſonne pour ſi peu de choſe, puiſqu'il ſuffiroit d'y envoyer le Manuſcrit à un Libraire avec une lettre de change pour les frais de l'impreſſion; ou bien il ſuffiroit d'y envoyer le premier homme qu'on rencontreroit dans les rües, qui ne ſauroit jamais être aſſez mal-adroit pour l'être autant que je l'aurois été dans la prétenduë négociation pour faire imprimer le Projet de Geneve. Je mets en fait qu'il n'y a point de Crocheteur, qui étant envoyé en ce pays-ci pour y exécuter le prétendu complot de la Cabale de Geneve, je veux dire pour y faire mettre ſecretement ſous la preſſe le Projet de paix, s'y fût conduit avec la bêtiſe & la ſtupidité que j'y aurois employée, ſi j'avois été du prétendu complot de cette Cabale. Car au lieu de me taire ſur cela, j'en parlois à tout le monde, & je mettois le Manuſcrit entre les mains de gens importans, & entre celles de ſimples Réfugiez, ſans recommander à perſonne le ſecret.

Je prie mes Lecteurs de ne trouver pas ici des airs railleurs. Je ſai bien que ma Partie devroit être tournée en ridicule en cet endroit; mais je l'épargne.

CHAPITRE XII.

Repréſentation de l'abſurde témerité de Mr. J. dans cette accuſation publique.

EN voilà aſſez ſans doute pour faire connoître ſa témerité. Qu'il ne s'excuſe point ſur ſes violens

---

violens soupçons, ni même sur sa conviction ; car ce ne peu pas être un fondement légitime de publier un libelle diffamatoire. Combien y a-t-il de gens qui sur certaines apparences qu'ils prétendent n'être pas équivoques à des vieux routiers comme eux en galanterie, se persuadent avec une pleine conviction qu'une telle femme est infidelle à son mari ? Leur est-il permis pour cela de le déclarer publiquement ? Et s'ils le faisoient, ne seroient-ils pas obligez ou à la convaincre devant les Juges, ou à subir la peine d'un infâme calomniateur ? Et si c'étoit un pays, où comme autrefois, l'adultere fût puni de mort, ne seroient-ils pas faux témoins en crime capital, & par conséquent homicides, s'ils ne prouvoient pas le déreglement de cette femme ; & ne mériteroient-ils pas la même peine qu'elle eût dû subir en cas de conviction ? Je veux dire que leur accusation eût été une entreprise sur l'honneur & sur la vie de cette femme en même tems. C'est ainsi que Mr. J. en use envers moi. Il prétend être si expert dans le discernement des stiles, qu'il voit clairement que je suis l'Auteur de l'Avis aux Réfugiez. Qu'il le croye donc, s'il veut ; peu m'importe : mais s'il le publie sans des preuves juridiques, il mérite la même peine que je mériterois, s'il me convainquoit.

S'il avoit eu la prudence que tout homme d'honneur & de bien auroit euë en cette rencontre, de garder ses soupçons pour lui, il n'auroit pû être accusé tout au plus que de précipitation dans ses jugemens, & que de mauvais discernement. Car il est vrai que si on compare ce qui peut porter à croire que je suis l'Auteur de l'Avis, avec ce qui peut porter à croire que je ne le suis pas, on pourra juger aisément que la balance tombe du côté de la négative. Je ne veux pour en convaincre toute personne raisonnable, que lui montrer les supositions que Mr. J. a dû admettre pour certaines, afin d'en venir à la convention où il dit qu'il est.

Il a fallu qu'il ait supposé que je suis,

Supositions que M. Jurieu a dû faire sur l'Auteur de l'Avis aux Refugiez.

I. (a) Un ennemi juré de la Religion Protestante.

II. (b) Un ennemi de toute Religion en général, un impie & un profane qui se joue de toutes les Religions.

III. (c) Un homme qui par le livre même qui justifie que ces deux premiers attributs lui conviennent, a voulu faire du bien aux Protestans pour le présent, sans leur vouloir faire du mal dans la suite.

IV. (d) Un homme à qui il n'importe comment il rentre en France, pourvû qu'entre autres avantages il obtienne celui de n'être pas obligé de renoncer à la Religion Réformée.

V. (e) Un homme qui a été encouragé à servir la France, parce qu'elle lui a persuadé qu'en ce faisant il serviroit ses freres les Réformez.

VI. Un homme si idolâtre du Roi de France, que ma premiere Divinité s'apelle Loüis XIV.

VII. Un homme si dévoué aux intérêts du Roi Jacques, que je suis un vrai martyr de ce Prince.

VIII. Un homme qui demeure néanmoins en Hollande dans une condition & une fortune tout-à-fait obscure, n'ayant que le nécessaire pour une frugalité de Philosophe, (je dis de Philosophe selon les idées des Anciens) si peu opulent, que Mr. J. ne sauroit croire qu'il ait pû soûtenir la dépense de quelques ports de lettres (f).

IX. Un homme qui s'arrête dans un pays, où il ne sauroit éviter d'entendre dire du mal de sa Divinité, avec de fiéres menaces des plus horribles miseres à voir venir de mois en mois.

X. Un homme qui est obligé de se taire sur cela.

XI. Un homme qui seroit reçu en France à bras ouverts, & qui y trouveroit une fortune avantageuse.

XII. Un homme qui pourroit servir sa Divinité en France fort utilement, & qui ne lui sert de rien en ce pays ci.

XIII. Un homme qui ne sauroit s'accommoder de la contrainte qu'on fait aujourd'hui en France à ceux de la Religion, soit en les empêchant de faire des exercices de leur Religion, soit en les pressant d'aller à la Messe.

XIV. Un ennemi déclaré du Roi Guillaume.

XV. Une homme qui travaille fortement à faire faire une Paix qui assurera les trois Royaumes à ce Prince pour jamais, & enverra le Roi Jacques dans la Palestine.

XVI. (g) Un Pyrrhonien qui trouve de la difficulté partout, & la verité nulle part, mais toutes les opinions oposées égales en preuves.

XVII. Un homme qui s'est tellement entêté de l'indépendance des Souverains, que pour la soûtenir avec une opiniâtreté extrême, il a fait un livre qui ne lui pouvoit apporter ni loüange, ni profit, ni honneur ; mais où il risquoit toutes choses.

Quand on peut avaler toutes ces supositions, & admettre dans un sujet une combinaison de qualitez si étranges & si incompatibles, peut on dire qu'on se regle sur la plus grande probabilité, comme il le faut toûjours faire, mais surtout quand il s'agit de juger si notre prochain est coupable ou non d'une faute que l'on trouve exécrable ?

Pour moi, je ne feins point de dire que si j'étois tel que Mr. J. me fait, nous devrions être lui & moi achetez notre pesant d'or par un Meneur d'Ours, pour être montrez aux foires, & de Ville en Ville. Car je ne pense pas qu'on ait jamais amené des Indes, ou de l'Afrique, un animal aussi étrangement bigarré & monstreux, que je le serois avec les dix-sept qualitez rapportées ci-dessus. Et comme il ne paroîtroit pas à ceux qui entreroient pour me voir, attirez par l'affiche que l'on mettroit à la porte, que je parlasse ou que je raisonnasse conformément à ces qualitez, il seroit absolument nécessaire que le Meneur d'Ours eût une autre personne à montrer qui me les auroit attribuées dans un livre : c'est à dire, qu'il faudroit qu'il eût Mr. J. dans une autre chambre, pour le montrer comme la rareté qu'on n'auroit pas trouvée en moi ; & ainsi les spectateurs n'auroient pas regret à leur argent. Car s'ils ne trouvoient pas en moi cet homme si monstreux qu'on leur promettroit, ils trouveroient au moins un Ministre du S. Evangile qui auroit été capable de m'accuser d'une chose si creuse, si extravagante, & si incompréhensible.

Je renvoye à marquer dans ma Réponse plusieurs

bons

(a) Exam. p. 35.
(b) Ibid.
(c) Avis p. 57.
(d) Ibid. p. 70.

(e) Pag. 52.
(f) Pag. 47.
(g) Pag. 45.

bons connoiſſeurs , qui ayant lû attentivement l'Avis aux Réfugiez , n'ont nullement trouvé qu'il reſſemblât à mes ouvrages : & Mr. J. ſera bien ſurpris de ſe trouver là. Je ne dis pas ici comment.

Je ferai voir auſſi , qu'il y a long-tems qu'il eſt accoûtumé à de pareilles procédures. Il accuſa une fois feu Mr..... ſon Collégue , d'avoir fait une Epigramme Latine contre Mlle. J. & il dit pour ſes raiſons au Conſiſtoire, que ce Miniſtre s'apliquoit plus à l'étude des Humanitez , qu'à celle de la Théologie , & qu'il ſe plaiſoit ſurtout à la lecture des Poëtes Satyriques , ayant toûjours un Juvenal à ſa poche. Je paſſerai ſous ſilence ſes autres raiſons ; car je veux avoir plus de diſcrétion pour lui , qu'il n'en eut alors lui-même. Le Conſiſtoire trouva ces ſortes de preuves ſi peu concluantes , qu'il déclara que l'accuſation avoit été témerairement intentée. Cela donna grand ſujet de rire aux Catholiques Romains ; & tout le monde , amis & ennemis , furent étonnez que l'Accuſateur eût eu l'imprudence de commettre une réputation qui lui devoit être auſſi chere que la ſienne propre. Le Lecteur ſe ſouviendra , s'il lui plaît , que *ſemel malus ſemper praeſumitur malus in eodem genere mali.*

CHAPITRE XIII.

Renouvellement d'Avis aux amis de Mr. J. & à lui-même.

Quoique , Dieu merci , je ne ſache pas par expérience les effets d'une exceſſive préoccupation , je ne laiſſe pas de prévoir qu'entre les amis de mon Adverſaire , il s'en trouvera qui ſe plaindront de la maniere dont je me défens. C'eſt pourquoi je les prie encore une fois de faire une forte attention à la maniere dont j'ai été attaqué. Si on n'en eût voulu qu'à ma vie, je le déclare encore un coup , je m'en ſerois fort peu remué. Je n'ai pas honte de vivre ; mais je ne m'en ſoucie pas beaucoup.

Ce qu'il y a donc d'affreux dans la perſécution qu'il nous livre , eſt qu'il veut rendre notre nom & notre mémoire infâmes , & nous faire mourir comme traîtres , comme rébelles & comme conſpirateurs contre cet Etat.

Dans la juſte irritation où cette République contre la France, qui lui a déclaré la Guerre contre tout droit & raiſon , dire publiquement que nous ſommes d'une Cabale qui trame une ſédition en ce pays & en Angleterre en faveur de cette Couronne , n'eſt-ce pas vouloir nous faire hacher en piéces par la populace , ou du moins précipiter dans un canal ? N'eſt-ce pas dire , *Voilà, voilà les traîtres ; qu'ils portent bien-tôt la peine de leur horrible conſpiration ?* Tient-il à notre Accuſateur que nous ne ſoyons pas au fond d'un cachot chargez de fers & de chaînes , pour n'en ſortir que pour aller ſur l'échafaut , & être jettez dans la voirie , à la honte de notre nom , & de nos familles ? Les crimes dont il nous accuſe méritent certainement tout cela , & plus encore. C'eſt encherir ſur l'humeur vindicative des Italiens. Ils ſe contentent de faire aſſaſſiner , ou empoiſonner leurs ennemis ; ils ne cherchent pas à leur ôter l'honneur en même-tems. On auroit donc grand tort de trouver dans cette Apologie , que je n'y ai pas aſſez ménagé mon Accuſateur.

Je prévois que le faux zéle pourra porter quelques perſonnes à ſuborner de faux témoins pour tirer Mr. J. du mauvais pas où il s'eſt jetté. Car il n'eſt rien d'impoſſible à certains dévots de profeſſion ; & plûtôt que leurs Heros ayent tort , il faut que les plus honnêtes gens de la terre ſoient les plus abominables de tous les hommes. On s'imaginera que puiſqu'il faut que l'un de nous deux ſoit couvert d'une éternelle infamie , & paſſe pour le plus grand ſcelerat de la terre ; lui , s'il m'a fauſſement accuſé d'avoir machiné une ſédition générale en ce pays-ci & en Angleterre , pour confondre tous les deſſeins des ennemis de la France , & la rendre victorieuſe ſelon ſes déſirs , &c. moi , ſi ſes accuſations ſont veritables : on s'imaginera , dis-je , que cela étant ainſi , il vaut mieux que je ſois ſacrifié , quoiqu'innocent , parce , dira-t-on , que les intérêts de l'Egliſe Réformée demandent que l'honneur de Mr. J. ne ſoit point flétri ; car les Papiſtes en triompheroient trop. Je ne m'amuſe pas à réfuter ce faux zéle , & cette mauvaiſe politique qui l'a déjà laiſſé impuni plus d'une fois ; ni à dire qu'il eſt ridicule de prétendre que les intérêts de notre ſainte Religion ſoient attachez à l'honneur d'aucun Miniſtre particulier , ni même d'aucun Synode ſoit Provincial , ſoit National. Quand nous ſerions forcez , ce qui n'eſt pas , d'abandonner à des accuſations infamantes la memoire des Calvins , des Bezes , des Daillez , des Amirauts , des Claudes , qui ont été tout autrement conſidérables que Mr. J. notre Religion n'en ſeroit pas moins la veritable Egliſe Chretienne ; & nous nous faiſons plus de tort en diſſimulant le mal, de-peur de donner matiere à nos Adverſaires de nous inſulter , que ſi nous le condamnions ſolemnellement ſans acception de perſonnes. Car au lieu de triompher d'un Miniſtre , ne triompheront-ils pas de tout le Corps , pendant qu'on ne déſavoüera pas ſes excez ? Mais ne s'agiſſant pas tant de cela , je le répete encore , un faux honneur , un zéle malentendu pourra bien porter quelques perſonnes à me ſuſciter de faux témoins. Qu'ils viennent , je ne les crains pas ; nous aurons des Juges plus équitables que ceux qui ſacrifierent l'innocence de Socrate à la calomnie & à la bigoterie de ſes ennemis ; & en tout cas nous tâcherons de montrer qu'un Philoſophe Chretien n'aura pas moins de réſignation que Socrate.

Pour Mr. J. l'avis que j'ai à lui repéter , c'eſt que ſans incidenter , il ſe tire , le plus directement qu'il lui ſera poſſible , du mauvais pas où il s'eſt mis : & pour cet effet voici ce qu'il faut qu'il faſſe.

Il faut qu'il prouve clairement , nettement , juridiquement.

I. (*a*) Que le Manuſcrit du Projet de paix m'a été envoyé de Geneve à deſſein que je le fiſſe imprimer ſans delai en Hollande.

II. (*b*) Que celui qui me l'a envoyé eſt , auſſi bien que moi , d'une Cabale dévoüée à la Cour de France au préjudice de la Religion Proteſtante , à la confuſion de la Ligue , & pour faire révolter les Anglois & les Hollandois.

III. (*c*) Qu'il m'a apris le nom de l'Auteur du Projet , ſa profeſſion , ſes liaiſons , ſes habitudes.

IV. (*d*) Que j'ai promis au Sr. Acher que ce ſeroit lui qui imprimeroit le Projet , afin de l'obliger au ſecret ; & que ce n'eſt pas ce Libraire qui m'a prié de lui procurer cette impreſſion ,

dans

Ce que M. Jurieu doit prouver juridiquement.

(*a*) Avis pag. 37.
(*b*) Pag. 7.
(*c*) Pag. 46.
(*d*) Pag. 49.

dans un tems où je lui dis que je n'avois aucun ordre de faire imprimer l'ouvrage.

V. (*e*) Que l'Auteur du Projet ne se résolut à le publier à Lausanne, qu'après que je lui eus fait savoir que le copiste avoit montré le Manuscrit à un Libraire de ce pays.

VI. (*f*) Que toute ma négociation avec Acher n'a été qu'un jeu pour découvrir si le secret étoit connu de ceux que je redoutois.

VII. (*g*) Que j'ai grondé fort haut contre Acher, de ce qu'il m'avoit empêché en m'amusant de le donner à un autre Imprimeur, & même engagé à de la dépense pour le port des paquets.

VIII. (*h*) Que j'ai fait mystere de ce Manuscrit.

IX. (*i*) Que le Manuscrit que j'ai voulu faire imprimer, déclare que la France offre aux Alliez les conditions de paix qu'il contient.

X. (*k*) Que je suis dans un perpétuel commerce avec la Cour de France.

XI. (*l*) Qu'un de mes associez dans la prétendüe Cabale a avoüé qu'il avoit reçu des lettres d'un Sécretaire d'Etat qui se plaignoit de nos libelles.

XII. (*m*) Que c'est à l'un de nous qu'on a renvoyé les Lettres que lui Mr. J. écrivit à Mr. le Duc de Montausier, & les réponses.

XIII. (*n*) Que quelques mois avant la déclaration de la guerre, le fils de Mr. Bontemps Gouverneur de Versailles fit un mystere à l'homme qui le menoit, du dessein qu'il avoit de me voir, & trouva mon logis à l'insçu de tout le monde pour avoir avec moi une conference secrette.

XIV. Que je suis l'Auteur de l'Avis aux Réfugiez.

XV. (*o*) Que j'ai cherché en quelques révoltez sans Religion qui sont à Paris, quelqu'un qui voulût se déclarer l'Auteur de cet Avis.

XVI. (*p*) Qu'on ne s'est avisé d'imprimer cet ouvrage à Paris, que depuis que lui Mr. J. m'a accusé d'en être l'Auteur, c'est-à-dire depuis la mi-Janvier, ou environ.

XVII. (*q*) Que l'Auteur de l'Histoire des Ouvrages des Sçavans a publié un extrait suposé de lettre.

XVIII. (*r*) Que je ne fais pas quasi mystere de mon Athéisme, que je n'édifie le Public par aucune action de Religion. (*s*) Que je suis sans Religion & sans amour pour Dieu; de sorte que ma premiere Divinité s'appelle Loüis XIV.

De son accusation d'Athéisme. Voilà 18. articles dont on est bien sûr qu'il ne se tirera jamais. Le dernier seul l'occuperoit toute sa vie, sans qu'il y pût jamais trouver que matiere de confusion. Je l'attens là avec beaucoup d'impatience. C'est un point si capital, qu'il y faut vaincre, ou crever. Il faut qu'il le prouve ou par mes Ecrits, ou par des témoins dignes de foi, (& cela sinon par des principes clairs & formels, au moins par des conséquences nécessaires) ou en averant par des signes non équivoques, que Dieu lui a tellement conferé le don de Prophétie, qu'il voit dans le cœur des gens tout ce qui s'y passe. S'il ne fait pas plus de miracles que Moïse, on ne le croira pas sur sa parole doüé de cette prérogative, s'étant trom-

pé si souvent. Toute la colere que je devrois avoir naturellement contre lui au sujet de ce seul article, s'évanoüit & se convertit en pitié quand je songe au fardeau que ce pauvre homme s'est mis sur les épaules, & à l'imprudence puérile qu'il a eüe de charger son accusation de tant de faits. La passion l'a tellement aveuglé, qu'il n'a pû s'apercevoir que si sa cause eût été bonne, il l'auroit gâtée lui-même. Car quand il réüssiroit sur tous les autres articles, échoüant sur le dernier, pourroit-il justement éviter la corde? L'Athéisme n'est-il pas puni partout du dernier suplice? Et un Accusateur ne doit-il pas subir la même peine, lorsqu'il se trouve convaincu de faux témoignage, que l'Accusé auroit subie, s'il eût été convaincu? A-t-il été si peu maître de sa plume, & la médisance est-elle une Divinité à laquelle il sacrifie tellement toutes choses, qu'il n'ait point consideré qu'un homme qui se rend faux témoin en matiere d'Athéisme, est plus digne qu'on lui fasse extirper la langue, & couper la main par le Bourreau, qu'un blasphémateur, & qu'un Notaire convaincu de faux? Je le répete encore, un Accusateur qui s'embarrasse si étourdiment & si follement, excite plûtôt la compassion que la colere.

Mais afin qu'il ne donne pas le change au Public par de petits tours de Sophiste, en quoi il s'est acquis une fort grande routine, j'avertis ici mes lecteurs, que pour satisfaire au 18. article, il est obligé de prouver clairement & juridiquement quatre choses qui n'ayant point de liaison nécessaire entre elles, lui tombent par cela même sur les épaules, pour ainsi dire, par indivis, solidairement l'une pour l'autre, & une seule pour le tout; ensorte que s'il ne les prouve pas toutes il passera toûjours pour un infâme calomniateur.

Ces quatre choses sont, I. Que je suis Athée. II. Que je l'avoüe quasi. III. Que je ne fais aucun acte public de Religion. IV. Que Loüis XIV. est ma premiere Divinité.

Qui ne riroit de voir un Ministre engagé à prouver qu'un homme qui de notorité publique communie quatre fois l'an, & assiste assez souvent aux prieres publiques, & à la meilleure partie du Sermon, ne fait *aucune action de Religion*? Je lui montrerai que ma prétendüe impiété ne consiste qu'en ce que je n'ai pas voulu aplaudir à ses faux miracles, à ses faux Prophetes, à ses prétendües révelations, & je ne me ferai jamais une honte d'avoir contribué à soûtenir mes confreres les Réfugiez sur le bord du fanatisme, & à l'avoir empêché lui-même indirectement de pousser plus loin ses chimeres. Car il y a bien aparence que si ceux qu'il n'a pas trouvez en cela fort complaisans l'eussent encensé, il se seroit érigé en Marc d'Aviano. Il nous en devroit remercier, & ne pas faire comme le galant homme d'Argos, avec lequel je l'ai déjà mis en parallele.

Hic ubi cognatorum opibus curisque refectus,
Expulit helleboro morbum bilemque meraco,
Et redit ad sese: Pol me occidistis amici,
Non servastis, ait, cui sic extorta voluptas,
Et demptus per vim mentis gratissimus error.

Mais

(*e*) Pag. 4.
(*f*) Pag. 42.
(*g*) Pag. 99.
(*h*) Pag. 46.
(*i*) Pag. 26.
(*k*) Pag. 43.
(*l*) Pag. 44.

(*m*) *Ibid.*
(*n*) Pag. 45.
(*o*) Pag. 62.
(*p*) Pag. 96.
(*q*) Pag. 95.
(*r*) Exam. p. 50.
(*s*) Pag. 37.

Mais au lieu de connoître l'obligation qu'il nous a, & celle que nous ont aussi les personnes qu'il auroit infatuées, si nous ne leur eussions donné un préservatif; grand service dont il se croiroit bien redevable à nos soins, s'il étoit sensible au bien de l'Eglise: il ne peut plus nous souffrir. Il s'imagine que nous ne sommes jamais ensemble sans faire des réflexions sur le mauvais succès de ses Prophéties; & dès lors nous voilà dans ses libelles, dans les conversations de sa chambre, & dans la mission qu'il fait faire de porte en porte, par un autre lui-même, ennemis de Dieu & de l'Etat. Car

Qui méprise Cotin, n'estime point son Roi,
Et n'a, selon Cotin, ni Dieu, ni foi, ni loi.

Je prétens avoir une vocation légitime pour m'oposer aux progrez des superstitions, des visions & de la crédulité populaire. A qui appartient-il mieux qu'aux personnes de ma profession, de se tenir à la bréche contre les irruptions de ces désordres?

J'espere que le Public sera content de la justification que je prépare sur ce 18. article, & que mon Accusateur n'aura pas les rieurs de son côté. Si je ne vais pas à ses Sermons, ce n'est pas à cause que tout ce qui peut y être de bon (t) m'a déjà passé par les oreilles tant en France qu'ici; c'est par principe de conscience. Car ce seroit un scandale pour moi, que de lui voir ou la hardiesse de censurer l'orgueil, la médisance, & le désir de vangeance, ou la prudence de n'oser les censurer. Ce seroit un autre scandale, que de voir qu'il travaille si peu à nous détacher du monde; qu'au contraire ne prêchant qu'à la Mosaïque, il ne repaît ses auditeurs que d'espérances de prospéritez temporelles, employant une partie de son Sermon à des réflexions sur les nouvelles de la Gazette. S'il étoit sensible à l'honneur, il se seroit allé cacher pour six mois après la prise de Mons, vû la maniere dont il avoit parlé en chaire. On pourra donner un jour au Public ce morceau, qui a été un vrai tour de Charlatan.

Mais s'il pouvoit enfin venir à bout de prouver les 18. articles que je lui ai déjà cottez, ce ne seroit que commencement de douleurs. Car il est obligé de prouver outre cela.

I. Que je ne suis pas le seul qui ait communiqué avec la cabale de Geneve, mais que j'ai eu des complices en ce pays pour tout ce qui regarde le Projet de Paix, & le soulevement que j'ai voulu exciter tant ici qu'en Angleterre.

II. Que ces prétendus complices sont telles & telles personnes qu'on le somme de nommer. Nous convenons de cette importante Maxime, qu'il importe au Public que les méchans soient connus. *Interest Reipublica cognosci malos.* Il ne doit donc pas refuser au bien de notre commune patrie d'élection, la Hollande, la découverte de ces Conspirateurs cachez. Tous ceux qu'il veut rendre suspects demandent que la cause soit examinée publiquement, & qu'on les nomme. Il ne peut plus s'en dispenser.

III. Que les mêmes prétendus Cabalistes qui ont voulu exciter la sédition par le moyen du Projet de Paix, (u) ont aussi fait & publié de concert l'Avis aux Réfugiez.

IV. (v) Que la Cabale de Geneve a eu aussi part à la publication de ce même Avis.

V. Que ces mêmes prétendus Cabalistes, qu'il faudra désigner par nom & surnom, ont fait les six choses exposées par l'Accusateur depuis la page 48. jusqu'à la 55. de son Avis au Public. Il faudra marquer les lieux & les tems (N B.) où ils ont prêché tout cet Evangile, devant quels Auditeurs, & produire les dépositions formelles de ceux-ci. Il faudra nommément dire qui sont ceux qui ont fait des insultes au sujet du siége de Mons, où, quand, & devant qui. En un mot, il faudra que toutes ces preuves portent le caractere visible d'un dessein affecté de faire la charge d'Apôtre de ce nouvel Evangile à six points. Car pour (vv) des conversations où l'on aura pû représenter l'activité des François, & l'avantage qu'ont des troupes qui ne dépendent que d'une seule tête sur des troupes confederées, & citer sur cela l'Apologue de l'Envoyé Turc, en parlant à des gens qui s'imaginent que la Conquête de toute la France n'est que l'affaire d'une Campagne, on en trouvera jusques chez Messieurs du Congrès, & dans les tentes des principaux Officiers de nos armées; & il n'y auroit peut-être pas dix personnes en Hollande qui ne fussent coupables de crime d'Etat, si de telles conversations étoit une conspiration contre la Patrie. Les plus grands amis de Mr. J. n'auroient qu'à se préparer à la mort. On trouveroit sans peine de bons témoins qui leur ont ouï dire de ces sortes de choses. Mr. J. est peut-être le seul qui s'obstine à parler toûjours avec le dernier mépris du Conseil de France, de sa conduite, de ses troupes de mer & de terre, de ses Géneraux; ne considérant pas que c'est faire une plus grande satyre encore des Alliez. Mais rien ne lui importe, pourvû qu'il médise.

VI. Que les mêmes personnes qui ont quelquefois dit assez librement leur sentiment sur les Ecrits satyriques, & témoigné qu'on feroit plus d'honneur à sa Religion en souffrant patiemment, ont loüé comme des actions d'une sagesse, d'une justice & d'une modération extraordinaire, tout ce que le Roi de France a fait à ses sujets de la Religion, aux habitans de Worms, Spire, &c. C'est ici sans doute où les témoins même faux manqueront à notre Partie.

VII. Que nos prétendus Cabalistes (x) allans de compagnie en compagnie prêchant les six points de notre Evangile, & décourageant nos Officiers d'aller en Piémont, & de porter les armes contre le Roi de France; & que nous avons toutes nos plus étroites liaisons avec des Déïstes & des Spinozistes. Nous sommons Mr. J. de nommer ces Déïstes & ces Sphinozistes, & nous lui déclarons que s'il ne le fait pas, non seulement il déclarera qu'il lâche le pied honteusement, mais qu'il se reconnoîtra lui-même convaincu de la plus infâme calomnie qui ait jamais été publiée. On est bien assuré qu'il ne nommera personne, & qu'il ne laisse pas de monter en chaire avec la même hardiesse que s'il avoit prouvé ses accusations; car c'est un homme *perfrictæ frontis.* Je n'ose le dire qu'en Latin, ne voulant point faire à notre langue l'affront qu'il fait tous les jours de l'employer à des injures de Harangere. Il faudra voir si en le tirant de son fort, & en le transportant au païs Latin, il saura dire des injures sans barbarismes ni solécismes, & si à tout le moins alors il ne faudra pas qu'il se soûmette à des correcteurs; chose à quoi il ne s'est enfin soûmis dans le dernier

---

(t) „Crambe recocta.
(u) „Avis, p. 1. 33.
(v) „Ibid. p. 5. & 7.

(vv) „Voyez ci-dessus pag. 645. col. 2. ci-dessous vers la fin de ce chap.
(x) „Exam. p. 248.

Il faut qu'il prouve tous les 25. articles qu'on lui marque.

nier Synode qu'à son corps défendant, & selon toutes les apparences, bien assuré qu'il éludera le statut.

Je lui déclare que tout ce qu'il pourra écrire avant que d'avoir prouvé tous les articles que je viens de lui marquer, 18. d'un côté, & 7. de l'autre, ne sera que peine perduë. Le Public ne se laissera point donner le change. Tout le monde Protestans & Catholiques, n'auront les yeux sur lui, que pour voir comment il se tirera de ces 25. articles. Ce seroit en vain pour son honneur qu'il en auroit justifié quelques-uns : car succombant aux autres, il seroit toûjours convaincu d'être calomniateur public en matiere où il y va de l'honneur & de la vie ; & par conséquent son Ministere seroit si flétri, qu'il ne seroit plus que l'oprobre des Protestans, s'ils ne le déposoient. Un faux témoin est toûjours faux témoin, lors même que de deux crimes dont il accuse quelqu'un, il y en a un de véritable, ou lorsque de plusieurs personnes qu'il accuse, il y en a qui sont innocentes ; & n'avoir pas été faux témoin en tout, ne le garantit pas de la peine que méritent les faux témoins. Il faut donc que Mr. J. prouve tous les 25. chefs qu'on lui a marquez, & l'ordre veut qu'il commence par les plus capitaux, comme est celui des intelligences avec la France pour faire soulever les Anglois & les Hollandois.

Car il ne doit pas prétendre que le Public qu'il a pris pour juge de ce grand procès, & au Tribunal duquel je l'ai suivi, soit capable en sa faveur de la même indulgence que nos freres de la dispersion. Si sa conduite ne devoit être examinée que par eux, il trouveroit du moins le benefice de l'impunité, quelques irrégularitez qu'il commît ; parce qu'après tout il faudroit compter les voix, & non les peser : mais il doit se représenter que nos freres Réfugiez ne font pas la cent milliéme partie de nos Juges. Il doit songer qu'après l'Avis important au Public qu'il a fait imprimer à la tête de son livre, toute l'Europe soit Protestante, soit Catholique, a les yeux tournez sur lui, & s'attend par son moyen à la découverte de la plus profonde & de la plus horrible conspiration dont on ait jamais ouï parler ; par conséquent à une découverte qui doit rendre le nom de Mr. J. infiniment plus célebre que celui du Docteur Titus Oates. Car la conspiration où celui-ci servit de dénonciateur & de témoin, ne tendoit qu'à bouleverser l'Angleterre ; au lieu que la Cabale dénoncée au Public par Mr. J. ne couche pas de moins, à ce qu'il prétend, que de confondre les desseins de tous les Princes liguez contre la France, que d'allumer en Hollande & en Angleterre le feu d'une guerre civile, & que d'assujettir toute l'Europe au joug de la Monarchie Françoise. Tous les Princes & tous les Etats de l'Europe ont donc intérêt à la découverte de cette Cabale, & en atttendent avec impatience les suites de cette très-importante dénonciation.

Ou du moins qu'il commence par la Cabale & l'Athéisme.

Ce n'est pas le tout. Mr. J. ayant apris au Public, que les membres de cette pernicieuse Cabale ont des liaisons fort-étroites avec des Déistes & des Spinozistes, l'ordre veut que le Public croye que cette conspiration ne se borne pas au renversement total du Gouvernement politique établi présentement dans l'Europe, mais qu'elle en veut aussi à la Religion. On s'attend donc qu'autant que Mr. J. surpassera Titus Oates

à certains égards, autant surpassera-t-il à d'autres égards le Sr. Filleau, qui découvrit la fameuse Conférence de Bourg-Fontaine. Il doit être mis au dessus de Titus Oates, à proportion que la découverte d'une conspiration qui tendoit à la ruine de l'Europe, est plus importante que celle d'une conspiration tramée seulement contre l'Angleterre ; & il doit être mis au-dessus du Sr. Filleau, à proportion que la découverte d'un complot contre toute Religion en général, est plus importante que la découverte d'un complot contre l'Eglise Romaine.

Le Public attend sans doute de l'infatigable Inquisition de Mr. J. le nom de chaque Cabaliste de Hollande qui a pris pour sa part dans la distribution des rôlles, la commission de combatre ou la Religion Romaine, ou la Protestante, ou la Socinienne, ou la Judaïque, ou la Mahométane, &c. Car de s'amuser à des points particuliers, ne seroit pas une entreprise, qu'on pût faire goûter aisément aux Déistes & aux Spinozistes patrons de la Cabale.

Si après cette grande attente de toute l'Europe, Mr. J. ne s'attachoit qu'à l'accusation touchant l'Avis aux Réfugiez ; si au lieu de produire de bonnes preuves de cette horrible conspiration concertée avec la Cour de France avec les Confreres de Geneve, pour faire soulever les Anglois & les Hollandois, & pour anéantir les grands desseins de la Ligue ; si au lieu de découvrir par de bonnes preuves ces Déistes & ces Spinozistes fauteurs de la Cabale, on le voyoit s'occuper uniquement à la découverte de l'Auteur d'un méchant petit livre anonyme qui étoit tombé dans l'oubli & dans le mépris public, & qui ne peut faire aucun mal ; si on le voyoit ne produire que quelques (y) lettres de Paris, où on a peut-être tendu des piéges adroitement à ceux qui les ont écrites, & quelques témoins qui auroient ouï dire aux Cabalistes, que la France étoit beaucoup plus à craindre que les Réfugiez ne le disoient, & qu'il ne faloit pas croire si légerement les nouvelles des Gazettes, ni oublier les regles de l'Evangile jusques au point de publier par vangeance des satyres remplies de fables, (quelle marque, bon Dieu ! d'Athéisme) en ce cas-là, dis-je, quel seroit l'étonnement de toute l'Europe sur une chûte si bizare d'affaire, qui auroit renouvellé la vieille fable,

Parturiunt montes, nascetur ridiculus mus.

Mr. J. deviendroit lui-même la fable du Public, beaucoup plus que si ayant intenté un procès criminel à quelqu'un pour cause d'empoisonnement, d'assassinat, de parricide, d'inceste, de Sodomie, de blasphême, de sacrilege, il désistoit de toutes ces accusations, pour prouver uniquement que l'accusé auroit donné un soufflet à son ami. S'il réüssissoit sur cet article, il ne laisseroit pas d'être infiniment plus criminel que l'accusé. Car la calomnie en matiere de crimes atroces, est une plus méchante action que les crimes mêmes ; & de-là vient, selon la remarque d'un Auteur moderne, qu'on n'a pas tant de peine à se persuader qu'il y ait eu des gens capables de commettre certains excez, qu'à se figurer qu'il y en ait d'assez méchans pour les inventer faussement, & pour les imputer de sens froid à des personnes innocentes.

(y) „ Depuis la premiere édition, on a vû des lettres „ qui insinuent que nos Adversaires sont si aises à Paris „ de ce démêlé, qu'ils le fomenteront le plus qu'ils „ pourront, & qu'ils seroient ravis que les suites m'en „ fissent aller en France. Il ne faudroit donc pas s'é- „ tonner qu'ils ménageassent des faits & des bruits, qui „ fournissent des couleurs aux accusations de Mr. J. tou- „ chant l'Avis aux Réfugiez.

tès. *On sent bien*, ajoûte-t-il, *que le crime des uns a quelque chose de plus noir & de plus surprenant, que n'auroit celui des autres*.

Mr. J. est donc engagé par toutes sortes de raisons à prouver avant toutes choses l'existence de la Cabale, & ses pernicieux complots, & que je suis sans aucune Religion. Cette Cabale est la premiere en ordre dans son livre ; c'est ce qui importe le plus au Public. Cela & l'Athéisme, sont les crimes les plus atroces & les plus punissables où un homme puisse tomber. Il est inutile après cela de rechercher l'Auteur de quelque livre anonyme que ce puisse être, puisque ni la conviction, ni l'absolution sur ce point n'aggraveroient pas son supplice, ni ne l'en sauveroient pas.

Que si Mr. J. par impuissance de prouver mon prétendu Cabalisme & (z) Athéisme, se vouloit attacher, en renversant tout ordre divin & humain, avant toutes choses à l'article de l'Avis aux Refugiez, il faudroit qu'il fût déclaré préalablement faux témoin sur les deux autres ; & en ce cas-là il ne pourroit plus paroître dans cette cause ; j'aurois contre lui des reproches si valables, qu'il faudroit que s'il avoit des preuves à alleguer, quelque personne bien famée lui fût substituée pour les produire. Il suffit à un homme, pour être reprochable toute sa vie, d'avoir été une seule fois convaincu d'être faux temoin. Or, pour le dire en passant, qui oseroit douter que cela ne soit arrivé depuis long-tems à Mr. J. lorsqu'il accusa Mr. Arnauld & ses confreres de Port-Royal d'être Sociniens, & même (a) Déistes ?

Encore un coup, qu'il nomme, puisqu'il ne sauroit ignorer qui ils sont ; qu'il nomme, dis-je, les membres de cette pernicieuse Cabale qui a conspiré contre cet Etat, & qui a de si étroites liaisons avec des Déistes & des Athées. S'il n'est lui-même ennemi de Dieu & de l'Etat, il est obligé de déferer ces traîtres & ces impies à nos Souverains pour les faire punir comme ils le meritent. Il faut parler, il faut les nommer, ou souffrir la confusion de n'être plus regardé que comme un menteur indigne de n'être jamais crû. *C'est en cette maniere*, dit Mr. Pascal dans sa XVI. Provinciale, *que le bon Pere Valerien nous a appris qu'il falloit mettre à la gêne, & pousser à bout de tels imposteurs*. Votre silence, Mr. J. là-dessus sera une pleine & entiere conviction de cette calomnie diabolique. *Les plus aveugles de vos amis seront contraints d'avouer que ce ne sera pas un effet de votre vertu, mais de votre impuissance, & d'admirer que vous avez été si méchant, que de l'étendre jusqu'à des Ministres d'une pieté reconnuë*.

Pour ce qui est de ma Réponse, je ne sai pas moi-même quand elle sortira de dessous la presse, parceque je veux tâcher de la rendre plus agreable, plus curieuse, plus exacte que ne le peut être un Ecrit fait tumultuairement & à la hâte, comme celui ci, & où peut-être à cause de cela, je n'ai pas assez developpé toutes choses pour aller au-devant de toutes les chicaneries de notre Sophiste. Mais je promets au Public de dissiper pleinement tout ce qui pourroit former encore matiere à chicane, & surtout ce vain fantôme de *de Pen-* PENSIONNAIRE de France, dont les bonnes femmes se font si aisement un épouvantail, qu'il n'est pas jusqu'aux Gazetiers qu'elles ne croyent aux gages de cette Couronne, dès que leurs Gazettes ne repondent pas en tout & partout à leurs préjugez, & qu'on y trouve que la France prépare de grandes forces. On ne considere pas que si cette Couronne avoit à payer nos Gazetiers, ce seroit pour leur faire dire qu'elle n'en a pas beaucoup. Les bonnes femmes ne sont pas les seules qui se font cet épouvantail. On voit des personnes de toutes conditions repandre fort librement des soupçons de cette nature sur des personnes de toutes sortes de conditions & de caracteres, Magistrats, Ministres d'Etat, gens de Cour & gens de Ville : desorte qu'il semble que nous ayons resolu de verifier le reproche que nous a fait Mr. Arnauld, d'avoir ôté les jugemens temeraires du nombre des crimes. Les Ministres Refugiez ne sont pas exemts de ces calomnies. Il s'en est trouvé un depuis trois jours au Synode de Leyde qui s'est vû accusé d'être Pensionnaire de la France. Il est vrai que l'Accusateur qui ne pouvoit rien prouver, en a été un peu censuré, dit-on. Je montrerai qu'on parloit de même en France de tous les Ministres qui se distinguoient par des avis ou trop relâchez, ou trop hardis. Mais surtout je ferai la revûë des six Chapitres de l'Evangile dont Mr. J. nous fait les Apôtres, & le renverrai apprendre sa leçon dans un (b) livre de M. Léti, *Livre de Mr. Léti.* que j'avois *ex dono* avant qu'il fût en vente, & dont je me serois infailliblement prévalu, si j'avois fait l'Avis aux Refugiez. Ce qui montre que l'Auteur n'a pas sû comme moi les faits dont Mr. Léti s'est moqué si agreablement, & dans la vûë du bien public ; son livre étant une exhortation pressante aux Princes de l'Europe, d'employer tous leurs effort à reduire la Monarchie Françoise à ses anciennes bornes, & pour leur en montrer mieux la necessité, leur faisant voir qu'elle est fort puissante.

Je finis par un souhait qui sera autant d'honneur à la Philosophie, que celui par où Mr. J. a fini son livre, deshonore la Théologie, & le Ministere de la parole de Dieu ; car quoi de plus lâche, de plus cruel & de plus impie à un Ministre, que de ne recourir qu'au Dieu des vangeances, pour nous voir dès cette vie les objets de sa rigueur, sans souhaiter du moins que nous en profitions pour notre salut ?

Dieu qui est le Pere de misericorde, lui fasse la grace de se repentir de sa malice, & d'entrer dans les sentimens d'humilité, d'humanité, d'équité & de charité, sans lesquels on n'est Chretien que de nom.

Je lui pardonne les offenses atroces qu'il m'a faites, & prie Dieu & nos Souverains de les lui pardonner.

Le 13. de May 1691.

P. S.

Si le Projet n'a été communiqué qu'après que le Libraire l'eût vû.

JE viens d'aprendre que ma Partie ayant oüi dire que j'ai communiqué le Manuscrit à quelques personnes, répond que ce n'a été que depuis que la mine eût été éventée par le moyen du cupiste qui montra le projet au Sr. Acher. Il fait donc toûjours le fort de son accusation du mystere qu'il prétend que j'ai voulu & que j'ai reçu ordre de garder. Si je voulois user de ruse, je le laisserois dans cette pensée, & je lui tendrois un piege, en faisant semblant d'être embarrassé de sa réponse. Mais je suis si peu fait à l'artifice, que je veux bien l'avertir publiquement qu'il se garde bien de se
fier

(z) „ Pendant le cours de cette seconde édition, „ ayant dit au Consistoire qu'il alloit travailler à prou- „ ver que j'étois sans Religion, il a déclaré dans la „ suite à la Compagnie qu'il se desistoit de cette accu- „ sation ; ce qui est bien à noter.

(a) „ Espr. de Mr. Arn. T. I. p. 197. 221.

(b) „ Monarchie Univ. de Loüis XIV. T. I. depuis la „ page 192. jusqu'à la p. 227. & suiv.

fier à cette prétention, & de faire en vertu de cela quelque fausse démarche. Je puis justifier par les premieres lettres que je reçus de Geneve, que je fus prié de faire voir le Manuscrit à Mr. le Baron de Groëben, à Mr. d'Ablancourt, à Mr. Hulft, à Mr. van Beuning, à Mr. l'Evêque de Salisbury, & à d'autres importans, & hommes d'Etat, & d'aprendre ce qu'ils en pensoient. Je me fais fort de justifier qu'avant que le Sr. Acher eût vû le Manuscrit, je l'avois envoyé à Mr. le Baron de (c) Groëben, à Mr. d'Ablancourt, & à Mr. de Beauval, & mis entre les mains du Diacre de l'Eglise Françoise qui me procura un copiste, & qui le lut, sans que je recommandasse nul secret ni à l'un ni à l'autre. Si je ne l'ai communiqué qu'ensuite à Mr. ***, à Mr. Hulft, à Mr. l'Evêque de Salisbury, à l'Auteur des Lettres sur les matieres du tems, ce n'est que parceque pour le faire il falloit que j'en eusse plus d'une copie. Au pis aller n'est-il pas bien évident, que si j'eusse cherché le secret, j'eusse entierement abandonné l'entreprise, dès que le Libraire de Mr. J. en auroit eu connoissance? Au lieu de cela, je me suis conduit de telle sorte, que si le Projet eût paru, personne n'eût pû ignorer que j'aurois été le directeur de l'impression.

On renouvelle les offres qu'on a faites à M. Jurieu.

Mais pour coupper court, je renouvelle ici mes offres à Mr. J. c'est que s'il veut s'enfermer en prison avec moi jusques à ce qu'il ait prouvé les vingt-cinq articles sur lesquels je me suis inscrit en faux contre lui, & attendre là ce qui sera décidé du sort de l'Accusateur & de l'Accusé, je suis prêt à l'y suivre.

Il ne doit pas dire, qu'il a besoin de sa liberté pour prouver ses accusations; car tout homme raisonnable lui répondra, qu'avant de les publier, ses preuves ont dû être prêtes, & qu'ainsi il n'a qu'à les porter avec lui dans sa prison.

On lui accorde neanmoins qu'il auroit très-grande raison de dire que la liberté lui est absolument necessaire; car il n'avoit rien de prêt lorsqu'il s'est mis en campagne contre moi, & c'est depuis ce tems-là que lui & ses Emissaires ramassent tout ce qu'ils peuvent. Il est toûjours aux trousses de nos Magistrats, & ici & à la Haye, pour leur dire le plus de mal qu'il peut de moi, & pour les assurer qu'il aura des preuves. Ses amis repandent le même poison partout, afin d'amuser le Public. Il a prêché hautement contre ceux qui ne rompent point avec ceux qu'il dénonce ennemis de Dieu & de l'Etat, & déploré l'étrange corruption de ce siecle, où encore qu'on fasse publiquement ces sortes de dénonciations, on ne peut empêcher que les amis des Accusez ne perseverent d'être leurs amis. O tempora! O mores! Pour moi je me conduis de telle sorte, qu'il ne faut qu'y prendre gardé, pour être assuré que je ne suis d'aucune cabale; car voici une affaire où il y va de perdre la vie par la main infâme du bourreau, & avec l'execration publique; je n'ignore pas que j'ai à faire à un Accusateur le plus remuant, le plus intriguant, le plus passionné qui fut jamais; je sai qu'il remuë, & qu'il fait remuer ciel & terre par tous ses amis pour me perdre: neanmoins je demeure quasi les bras croisez, parceque je ne suis aucunement propre à solliciter, & que je n'entends quoi que ce soit dans les affaires. Jugez si je suis propre à des intrigues d'Etat, & à m'y donner les mouvemens qu'elles demandent, ne s'agissant de rien de personnel.

Maxime de Jurieu calomniateur.

Je ne sai point jusqu'où ma Partie éleve ses prétentions; mais on m'a assuré qu'il a dit en plein Consistoire, que si l'on ne fait pas des preuves qu'il dit qu'il a, le cas qu'il en fait lui-même, il aura du moins le plaisir de m'avoir rendu suspect (d) & odieux à tous les honnêtes gens; ce qui est se regler sur la détestable maxime de Medius Parasite d'Alexandre le Grand, qui conseilloit de calomnier hardiment à tort & à travers, puisqu'encore que les playes que l'on faisoit se consolidassent, il y demeuroit toûjours une laide cicatrice. Mais je sai de bonne part qu'il ne borne pas à cela ses prétentions, & qu'il espere qu'au pis aller il me fermera toute autre retraite que celle de France, & qu'ainsi il se lavera de l'ignomie de calomniateur public. En cela je me voi encore en état de m'appliquer comme au commencement de ce livre, un passage (e) de Mr. Arnauld, qu'avec la grace de Dieu rien n'ébranlera ma resolution inflexible de vivre & mourir dans le sein de l'Eglise Reformée, *quelque traitement que j'y puisse recevoir, quoique des calomniateurs animez du même esprit que ceux de David, ayent sur moi les pensées qu'avoient sur ce Prince ceux qui le vouloient chasser de l'heritage du Seigneur, en lui disant, qu'il allât servir les Dieux étrangers.*

L'Antithèse de M...

Condamnation de Jurieu à calomnies.

Je prie mes lecteurs de considerer attentivement les pages 210. & 211. de la *question curieuse* que je viens de citer. On y trouvera un grand original, dont nous avons ici une copie en petit, à quelques traits près, depuis le libelle que Mr. J. a publié contre moi. C'est une chose étrange, combien les gens d'une Religion ressemblent à ceux de l'autre, & combien Mr. J. qui a tant écrit contre les Jesuites, s'est rendu digne de divers reproches qu'on leur fait dans les Provinciales. En voici un trait qui pourra servir à celui qui médite un ouvrage sur la conformité de leur conduite. Les effets de ses calomnies sont si contagieux parmi le peuple, qu'il faut que je fasse ici une espece d'exhortation à nos freres, tirée de la XVI. Provinciale de Mr. Pascal.

» Il ne s'y faut pas tromper. On ne se moque
» point de Dieu, & on ne viole point impu-
» nément le commandement qu'il nous a fait
» dans l'Evangile de ne point condamner notre
» prochain sans être bien assuré qu'il est coupa-
» ble. Et ainsi quelque profession de pieté que
» fassent ceux qui se rendent faciles à recevoir les
» mensonges de Mr. J. & sous quelque prétexte
» de dévotion qu'ils le fassent, ils doivent appre-
» hender d'être exclus du Royaume de Dieu pour
» ce seul crime, d'avoir imputé d'aussi grands
» crimes que la trahison, la conspiration d'Etat,
» l'irreligion & l'Athéisme, à des Professeurs,
» & à des Ministres, &c. Refugiez, sans autres
» preuves que des impostures aussi grossieres que
» celles de Mr. J. *Le Démon*, dit François de Sa-
» les, *est sur la langue de celui qui médit, & dans
» l'oreille de celui qui l'écoute; & la médisance,*
» (f) dit S. Bernard, *est un poison qui éteint la
» charité en l'un & en l'autre: de sorte* (N. B.)
» qu'une

(c) » Pendant qu'on imprimoit cette 2. édition, j'ai
» sû que les amis de ma Partie se prévaloient de ce que
» je n'avois pas marqué le sentiment de ce Baron, com-
» me s'il ne m'étoit pas favorable. Je répons qu'il ne me
» marqua ni en bien ni en mal ce qu'il pensoit du pro-
» jet, parce qu'aparemment il en vouloit écrire son avis

» à droiture à celui qui le lui avoit fait communiquer.
» C'est à quoi ce dernier s'est attendu.

(d) » On lui a oüi dire la même chose au sujet de Mr.
» de la Conseillere.

(e) » Quest. curieuse, p. 171.

(f) Cant. 14.

» qu'une *seule calomnie peut être mortelle à une infinité* » *d'ames, puisqu'elle tuë non seulement ceux qui la pu-* » *blient, mais encore tous ceux qui ne la rejettent pas.*

J'ajoute de mon chef cette remarque, que le calomniateur qui aura été cause que tant d'autres le sont devenus, sera responsable au tribunal de Dieu de la perte de tant d'ames qu'il aura entraînées dans le crime d'imputer aux gens des pechez atroces, sans de bonnes preuves.

Mon Lecteur ne sera pas fâché de voir ici quelques exemples d'accusations téméraires de Mr. J. en fait d'Auteurs de livres.

Il a soutenu (g) que Mr. Arnaud est l'Auteur du II. Volume de la Morale Pratique. Ce n'est pas qu'il le sçût, ou qu'il en eût quelque preuve; c'est seulement que cette supposition lui donnoit quelques avantages. Aussi quand Mr. Arnaud est venu à le nier, M. J. n'a pû soutenir ni bien ni mal ce qu'il avoit avancé; il a avalé ce démenti avec une infinité d'autres qu'on lui donne tous les jours depuis dix ans à droite & à gauche; il l'a avalé, dis-je, sans sonner mot, & sans devenir plus circonspect, témoignant par toute sa condui-

te, qu'il n'a jamais fait réflexion, qu'un homme (h) sage doit toûjours éviter d'alléguer des faits, qu'il suffit que l'on nie, pour convaincre celui qui les avance de témérité & d'imprudence.

On m'a assuré qu'il impute à Mr. le Gendre la Dénonciation anonyme envoyée au dernier Synode contre lui. Or il est très-faux que Mr. le Gendre en soit l'Auteur. Et ainsi voilà notre homme d'un goût peu sûr en fait de stiles.

Mais ce qui s'est passé à la Haye au sujet d'un très-habile Ministre, que Mr. J. avoit accusé d'hérésie, & d'être l'Auteur de l'Avis sur le Tableau du Socinianisme, accusation qui a été reconnuë mal-fondée par les Commissaires du Synode assistez du Consistoire de la Haye, est trop curieux & trop mortifiant pour cet Accusateur universel, pour ne devoir pas être publié en détail. J'espere que quelque excellente plume procurera bientôt cette satisfaction au Public. En attendant on pourra juger si c'est une présomption de poids, ou de néant, que celle qui est fondée sur ses dénonciations.

✳✳✳✳✳✳✳✳✳✳✳✳✳✳✳✳✳✳✳✳✳✳✳✳✳✳✳✳✳✳✳✳✳✳✳✳✳✳✳

LETTRE

Sur les petits Livres

Pupliez contre

LA CABALE CHIMERIQUE.

VOUS vous étonnez, Monsieur, de ce que le Professeur de Rotterdam, accusé par le Sieur Jurieu, ne répond pas à tant de petits Libelles qui courent le monde contre la Cabale Chimérique. Je m'en suis étonné aussi-bien que vous; mais en ayant demandé la raison à un des amis de M. Bayle, j'ai trouvé qu'il n'y avoit plus là de quoi s'étonner. J'ai apris que Messieurs les Bourgemaistres de Rotterdam, craignant avec quelque raison que M. J. ne fût accablé avant l'an révolu des écrits dont il a été manacé dans la Cabale Chimérique, & que de son côté il ne s'emportât à de violens excez, ont défendu tant à lui qu'à M. Bayle, de rien publier l'un contre l'autre, qui n'ait été examiné par Monf. le Pensionaire de la Ville. Tout le monde est persuadé que M. J. a faussé la promesse qu'il leur avoit donnée; car on le croit l'Auteur des *Nouvelles Convictions*. M. Bayle observe & veut observer religieusement sa parole. Vous comprenez assez par-là qu'il ne faut plus espérer les livres qu'il a promis dans sa Cabale Chimérique.

Outre cela il ne croit pas qu'il soit dans l'ordre de courir après des accusateurs sans nom, pendant que toutes sortes de raisons veulent que l'on soit persuadé que le S. J. l'accusateur en chef, viendra sans masque & en mettant son nom à la tête de l'ouvrage soûtenir ses accusations, & nous faire voir qu'il est en effet digne de la place supérieure à celle de Titus Oates & à celle du Sieur Filleau, qu'on lui a promise, pourvû qu'il découvre par nom & surnom les Cabalistes, les Déistes, & les Spinosistes associez à M. Bayle. S'il le fait M. Bayle reviendra tout aussi-tôt sur les rangs; mais pour des inconus il est résolu de les laisser écrire tout ce qu'il leur plaira, & de se divertir à la vûë de tant de livres qui attaquant vainement la Cabale Chimérique, font comprendre qu'elle a jetté la consternation dans le parti ennemi.

Au fond rien ne fut jamais moins nécessaire que de répondre à cette foule de petits libelles, où les amis de M. J. ne font que répéter les mêmes choses, & que gloser sur quelque passage de la Cabale Chimérique mal entendu & mutilé. Pour ne rien dire des faussetez dont ils se rendent garands envers le Public avec la malignité la plus téméraire du monde.

Par exemple, Monsieur, fût-il jamais une calomnie plus atroce & plus digne de châtiment, que d'accuser M. Bayle comme ils font presque tous, d'avoir traité d'assassins les Héros de notre Réformation, ou ce qui est la même chose, d'avoir mis dans une même Catégorie les Princes d'Orange & de Condé, les Colignis & les Poltrots. La foiblesse d'esprit n'est pas capable de les avoir
fai-

(g) „ Esprit de Mr. Arn. tom. 2. p. 188.
(h) *Quid est minus non dico Oratoris, sed hominis, quàm id objicere Adversario, quod ille si verbo negarit, longiùs progredi non possit, qui objeceris?* Cicero, Philip. 2.

Tome II.   Pppp

fait broncher ſi lourdement, c'eſt la dépravation d'une conſcience cautériſée, & c'eſt pourquoi l'on eſt en droit de demander Juſtice à Dieu & aux hommes d'une mauvaiſe foi ſi déteſtable.

Que direz-vous de l'inſigne fauſſeté qu'ils ont publiée qu'on pourroit remettre devant les yeux à M. B. une infinité de choſes qui lui ſeroient *également & deſagréables & honteuſes*, touchant une maladie qu'il eut en l'année 1687. Quel meilleur expédient contre des Ecrivains ſi deſtituez de honte, que de leur donner le démenti ?

C'eſt ce qu'il faut faire, Monſieur, & avec les paroles tout-à-fait énergiques du bon Pere Valérien, MENTIRIS IMPUDENTISSIME, à l'égard de ce qu'ils débitent dans toutes ſortes de converſations, & qu'ils publient même dans leurs froides ſatyres, que M. Bayle a demeuré chez les Jéſuites.

Que M. Bayle n'eſt point redevable à M. Jurieu de ſon établiſſement de Rotterdam.

Mais prenons la choſe ſur un ton plus modéré à l'égard d'un menſonge infiniment moins important, c'eſt qu'ils publient que M. J. a été cauſe de l'établiſſement que M. B. a à Rotterdam. Rien de plus faux, Monſieur, & ſi jamais ce fait s'éclaircit dans le détail, le Public aprendra que M. J. a cent fois plus d'obligation de ſon établiſſement à Rotterdam à M. B. que celui-ci à l'autre.

Pour l'établiſſement de Sedan M. B. ne niera jamais que M. J. ne l'y ait ſervi de tout ſon crédit; mais ce n'étoit que pour flatter ſa paſſion favorite, qui eſt l'envie de dominer. Son parti n'étoit pas auſſi fort qu'il le ſouhaitoit dans l'Académie; & ſi le parti oppoſé avoit réuſſi dans le deſſein de donner la chaire de Philoſophie au concurrent de M. Bayle, M. Jurieu ne prévoyoit pour lui que chagrins & qu'amertumes; deſorte que qui que ce ſoit qui lui fût tombé entre les mains, il auroit remué ciel & terre pour l'établir ſur l'excluſion de ce concurrent qu'il redoutoit. Cependant M. B. n'a jamais crû que cette raiſon le diſpenſât des loix de la gratitude, & il croit les avoir obſervées fort au-delà de ce que tout autre auroit fait, & infiniment mieux que M. J. ne les a gardées pour le Patron qui les établit à Rotterdam.

C'eſt une choſe ridicule que de prétendre que ſi un homme de qui nous avons reçu quelque ſervice, fond ſur nous l'épée à la main pour nous tuer, & qu'à notre corps défendant nous le percions de pluſieurs coups, nous ſommes des ingrats. Néanmoins M. B. proteſte encore que ſi M. J. n'avoit fait qu'attenter à ſa vie par la voïe du poiſon ou de l'aſſaſſinat, il n'auroit point écrit contre lui, & il eſt de notoriété publique que les plus fortes injures dont il s'eſt ſervi contre le S. J. ne ſont preſque que des paroles de ſoye en comparaiſon des termes d'Athée, de Traître, de Conſpirateur contre la Religion & contre l'Etat, d'ennemi de Dieu & de la Patrie, dont l'autre l'a régalé pour le faire mourir ſur l'échafaut avec l'exécration publique. Je reviens aux calomnies que nos méchans faiſeurs de libelles ne ceſſent de publier contre M. Bayle.

C'eſt l'éloge que je donne à l'accuſation qu'ils lui intentent d'avoir dit que les Officiers Réfugiez n'ont point de conſcience; à quoi ils ajoutent qu'il ne tiendroit pas à lui que tous les Réfugiez ne paſſaſſent pour autant de ſcélérats.

Fauſſeté débitée au ſujet de la diſcontinuation de la Répub. des Lettres.

Je ne ſçai, Monſieur, comment qualifier la fauſſeté d'un certain déclamateur qui vient de publier comme une choſe certaine, que M. B. ne diſcontinua les Nouvelles de la République des Lettres, que parce que ſon Libraire ne lui voulut pas

donner tout l'argent qu'il lui demandoit. Le Libraire eſt plein de vie, il s'appelle *Henry Desbordes*, il demeure à Amſterdam dans le *Kalverſtraat*: on peut s'éclaircir de ce qui en eſt avec la plus grande facilité du monde; & voici un homme qui ſans prendre la peine de s'en informer, (ce qui n'eût retardé que d'un jour ou deux la publication de ſa merveilleuſe lettre,) oſe s'embarraſſer dans un infâme menſonge publiquement, ſur quoi on le peut couvrir de confuſion s'il eſt capable de quelque honte, par l'exhibition de la ſignature du Sieur Desbordes. Après cela trouvez étrange que M. B. mépriſe ces faiſeurs de petits libelles, & ne ſe veuille pas donner la peine de les réfuter. Manqueroient-ils jamais de l'audace qui fait mentir impudemment, & pourroit-on jamais compter ſur une réputation nette, ſi l'on s'embarraſſoit de ce que diſent & que publient un tas de gens crédules, malins, téméraires, emportez, bigots, opiniâtres, &c. gens invincibles à toutes démonſtrations, quand une choſe n'eſt pas conforme à leurs préjugez, & à qui tout eſt démonſtration pour les petites hiſtoriettes qui flattent la baſſeſſe de leurs préoccupations? De quoi fera-t-on convenir ces bonnes gens, puiſqu'ils nient que M. B. ait de l'indifférence pour les richeſſes, & qu'il ait été un Auteur commode à ſes Libraires ?

Attez poſ

Je n'aurois jamais fait, ſi je voulois vous marquer toutes les fauſſetez de ces Meſſ. je me réduirai donc à un petit nombre juſques à ce que je vous envoïe la réfutation des prétendues *Nouvelles Convictions*, où vous en trouverez une multitude. Que direz vous de ce qu'ils diſent ſi fauſſement que M. Bayle avoüe dans la page 22. de la Cabale Chimerique, *qu'il a fait des remarques ſur le Projet de Paix qui l'ont mis en état, à ce qu'il croit, de plaire beaucoup aux Princes Confédérez.* On ne ſait où l'Ecrivain à qui ce menſonge eſt échapé, avoit les yeux quand il a lû l'endroit qu'il cite. On n'y trouve rien de ſemblable, nonplus qu'en aucun autre endroit de la Cabale. Cependant vous ne ſauriez croire de quels aplaudiſſemens il ſe régale lui même pour cette belle viſion, & quelles conſéquences inſultantes il en tire contre M. B. qui aſſurément ne doute pas qu'une infinité de ſimples & de dupes ne donnent dans ce méchant paneau, & ne le croïent ſur la parole du Déclamateur, coupable d'une contradiction & d'une bévuë effroyable, mais qui ne s'en ſoucie guéres.

Le Public ne ſauroit mieux connoître le caractere des gladiateurs qui ſe battent inceſſamment pour le Sieur J. ſoit à coups de langue, ſoit à coups de plume, qu'en ſe les repréſentant ſi perſuadez de la prétenduë conſpiration tramée contre l'Europe par le moyen du Projet de Paix de Geneve, qu'aſſurément ils mourront avec cette erreur. Les gens d'eſprit & d'Etat auront beau ſe mocquer de ce Projet & de ſon Auteur, & de ceux qui y ont trouvé tant de myſteres, ceux-ci ne démordront de rien, & mettront leur pauvre raiſon à la torture pour tirer de chaque parole de la Cabale Chimérique quelque puiſſant argument. Que faire à cela, Monſieur ? Laiſſons-leur à cet égard, puiſqu'elle leur plaît, une impénitence finale, & prions Dieu qu'elle ne leur ſoit pas imputée.

Exhorter de telles gens à ne pas médire, à ne pas calomnier leur prochain, à ne pas mettre ſous la preſſe toutes leurs malignes conjectures, & tous les méchans contes qu'ils ramaſſent dans les compagnies, & qu'ils empoiſonnent des noires vapeurs

peurs de leur bile, quand quelque chose va heurter leurs préjugez, ce seroit peine perduë, je m'en décharge sur ceux qu'il appartiendra, plein d'une vive douleur de ce qu'une telle conduite donne quelque couleur au faux reproche que nous font les Papistes de n'être sortis de France que pour avoir le plaisir de médire, & d'inonder d'écrits satyriques les boutiques des Libraires. Encore s'il paroissoit quelque bonne foi dans ces libelles, les trouveroit-on plus suportables; mais voici un ennuïeux Babillard qui fait mille réflexions sur ce que M. Bayle a dit qu'il communie quatre fois l'an, & assiste assez souvent aux Prieres publique & à la meilleure partie du Sermon, & qui n'en fait pas une seule sur la conviction qu'il y a là que M. J. est un faux témoin & un calomniateur public, puisqu'il a imprimé que M. B. *ne fait aucune action de Religion*. Le même grand Causeur (que je plains ses Auditeurs s'il est de profession à cela ?) ne dit-il point que M. Bayle a loué dans sa République des Lettres un livre de M. J. qui ne parut qu'un an après que M. Bayle eût mis fin à ses Nouvelles. Cette fausseté est bien aussi grossiere, mais moins maligne que celle de ceux qui ont publié que M. B. avoit fait un Héros de du Versé.

Ces Messieurs ont une inclination si dominante à débiter des faussetez, qu'ils démentent même le Sieur J. pour qui ils écrivent. C'est ce que l'on vient de voir dans la 2. suite des Remarques sur la Cabale Chimérique. Le Public sait comment l'accusateur de M. Bayle a déclaré que son livre de la Politique du Clergé fut trouvé si sagement écrit, qu'encore que l'Auteur en fût connu à la Cour, on ne jugea pas à propos de lui en faire des affaires. Mais voici le faiseur de Remarques qui prétend savoir mieux la chose que le principal intéressé qui sans lui demander du moins excuse de ce qu'il le va démentir si cruellement, proteste, que ce livre déchaîna contre l'Auteur toute la fureur du Papisme; que la Cour donna des ordres de tous côtez pour le découvrir, & qu'on étoit bien résolu d'en faire un cruel exemple. A quoi s'en tenir, Monsieur, à l'exposé de M. J. ou à celui de son ami ? Je m'y trouve embarrassé, il me semble que s'il n'y a là qu'un Menteur, il y a pourtant deux fourberies; l'une

& l'autre de ces narrations n'ayant pour but que la loüange de ce Ministre, & le soûtien de sa réputation chancelante.

Ce faiseur de Remarques est si mal instruit des choses qu'il lui seroit le plus facile de savoir, qu'il ne faut pas craindre que ses mensonges fassent grand tort à personne. Mais que savons nous, Monsieur, si l'oracle qu'il va consulter à toute heure, ne l'a pas trompé par un motif de vaine gloire. Quoiqu'il en soit, il y a lieu d'être surpris qu'il nous vienne dire que M. Jurieu fut le seul qui osa réfuter l'Exposition de M. l'Evêque de Condom, lorsque personne n'osoit se mettre à la brèche pour arrêter le mal qui désoloit notre Jérusalem. Il ignore donc qu'avant lui M. de la Bastide & un Ministre du Languedoc avoient publié de bonnes réponses à cette Expositon, & que l'ouvrage de M. de la Bastide eut un grand succès.

Voulez-vous un autre démenti donné à M. J. par son faiseur de Remarques ? vous le trouverez dans la description des ravages qu'il prétend que le livre de M. de Condom faisoit dans la sainte Cité, si grands & si funestes que jamais on n'eut tant besoin de préservatif qu'en ce tems-là. Cependant si l'on en croit l'Auteur de la Politique du Clergé, l'ouvrage de cet Evêque n'étoit propre qu'à ruïner l'Eglise Romaine. Il eût donc mieux valu n'y pas répondre. En vérité nos gens ne savent où ils en sont. On fera donc bien de les laisser multiplier leurs méchans petits Libelles.

La réponse qu'on fait à M. B. sur l'exemple des Lettres Provinciales & sur les matieres du Temps, qu'il a allégué, montre qu'on n'entend point ce qu'on tâche de réfuter; mais quand on lui impute de n'avoir connu que par le stile, que M. J. est l'Auteur de la Lettre à un Magistrat de Soleurre, on débite une fausseté; car il n'a jamais dit cela.

J'ai crû, Monsieur, que ce petit mot d'instruction ne vous devoit pas être refusé pour vous tirer de l'étonnement où vous jette le silence de M. Bayle au milieu du charivari de ses Adversaires. Je suis &c.

Le 16. Juillet 1691.

DECLARATION

DE

Mr. BAYLE,

Professeur en Philosophie & en Histoire à Rotterdam,

Touchant un petit Ecrit qui vient de paroître sous le titre de
Courte Revûë des Maximes de Morale, &c.

L A liste qui vient de paroître de quelques propositions, par lesquelles on prétend faire connoître ma Religion, n'est pas un Ouvrage auquel je veuille me donner la peine de répondre présentement. Je veux qu'avant

toutes choses le Sieur Jurieu satisfasse à la loi que je lui ai imposée dans la Cabale Chimérique. Je ne lui laisserai point prendre le change, & le Public ne se laissera pas tromper sur ce sujet. Je suplie donc tous mes Lecteurs, & tous les Tribunaux Séculiers & Ecclésiastiques, de

bien confidérer en quoi confifte l'état de la queftion entre cet Accufateur & moi quant au fait
de la Religion.

Son accufation eft, I. *Que je fuis un* (a) *ennemi de toute Religion en general* II. *i Que je ne fais*
(b) *pas quafi de myftere de mon Atheifme.* III.
*Que je n'édifie le Public par aucune action de Reli-
gion.* IV. *Que ma* (c) *premiere Divinité s'apelle
Loüis XIV.* Que mes Confreres dans la Cabale étenduë du Midi au Nord & moi *avons toutes nos* (d) *plus étroites liaifons avec des Déiftes,
des Spinoziftes, des Indifférens, & des gens fufpects
des plus grandes héréfies.*

Ma réponfe a confifté à lui demander des preuves juridiques de ces accufations. Et afin que
perfonne ne prétende caufe d'ignorance de ce
qui lui a été précifément donné à prouver, je
répéterai ici quelques endroits de la Cabale Chimérique.

» (e) Afin qu'il ne donne pas le change au Public, j'avertis ici mes Lecteurs que pour fatis-
» faire au 18. article, (*il contient la plupart de
ces cinq chefs d'accufation*) » il eft obligé de prouver
» clairement & juridiquement quatre chofes, qui
» n'ayant point de liaifon néceffaire entre elles,
» lui tombent par cela même fur les épaules,
» pour ainfi dire, par indivis, folidairement l'u-
» ne pour l'autre & une feule pour le tout; en-
» forte que s'il ne les prouve pas toutes, il paf-
» fera toûjours pour un infâme calomniateur.

» Ces quatre chofes font I. Que je fuis Athée.
» II. Que je l'avouë quafi. III. Que je ne fais
» aucun acte public de Religion. IV. Que Loüis
» XIV. eft ma premiere Divinité.

Je lui avois marqué quelques pages auparavant, que j'étois fûr qu'il ne fe retireroit jamais du
18. article; que je l'y attendois avec beaucoup
d'impatience; que c'eft un point fi capital qu'il
y faut vaincre, ou crever; qu'il faut qu'il le prouve ou par mes Ecrits, ou par des témoins dignes
de foi, ou en avérant par des fignes non équivoques, que Dieu lui a tellement conferé le don de
Prophetie, qu'il voit dans le cœur des gens tout
ce qui s'y paffe.

Voici ce que je lui ai marqué à l'égard du dernier des cinq chefs d'accufation marquez ci-deffus.

» (f) Nous le fommons de nommer ces Déiftes
» & ces Spinoziftes avec lefquels il prétend que
» nous avons toutes nos plus étroites liaifons; &
» nous lui déclarons que s'il ne le fait pas, non
» feulement il déclarera qu'il lâche le pied hon-
» teufement; mais qu'il fe reconnoîtra lui-même
» convaincu de la plus infâme calomnie qui ait
» jamais été publiée,

Et en un autre endroit.

» (g) Encore un coup, qu'il nomme, puis-
» qu'il ne fauroit ignorer qui ils font; qu'il nom-
» me, dis-je, les membres de cette pernicieufe
» Cabale qui a confpiré contre cet Etat, & qui
» a de fi étroites liaifons avec des Déiftes & des
» Athées. S'il n'eft lui-même ennemi de Dieu
» & de l'Etat, il eft obligé de déférer ces traî-
» tres & ces impies à nos Souverains, pour les
» faire punir comme ils le méritent. Il faut par-
» ler, il faut les nommer, ou fouffrir la confu-
» fion de n'être plus regardé que comme un men-
» teur indigne d'être jamais crû. C'eft en cette
» maniere, dit Mr. Pafcal dans fa XVI. Pro-

» vinciale, que le bon Pere Valerien nous a apris
» qu'il falloit mettre à la gêne, & pouffer à bout
» de tels impofteurs. Votre filence, Mr. J. là-
» deffus fera une pleine & entiere conviction de
» cette calomnie diabolique. Les plus aveugles
» de vos amis feront contraints d'avoüer que ce
» ne fera pas un effet de votre vertu; mais de
» votre impuiffance, & d'admirer que vous ayïez
» été fi méchant, que de l'étendre jufques à des
» Miniftres d'une pieté reconnuë.

Tous mes Lecteurs voyent donc très-clairement
dequoi il s'agit entre le Sieur Jurieu & moi par
raport à la Religion, & qu'on ne pouvoit pas le
preffer plus fortement que j'ai fait, ni lui déclarer plus nettement ce qu'il étoit obligé de faire,
& les inconvéniens où il tomberoit, s'il ne le faifoit pas.

Mais les Lecteurs ne voyent pas moins clairement qu'il n'a rien fait de ce qu'on lui avoit marqué; puifqu'en premier lieu, l'Ecrit qui vient
de paroître fous le titre de *Courte Revuë des Maximes*, &c. ne s'en prend qu'à moi, fans déférer au
Public ces Déiftes & ces Spinoziftes avec qui il
prétend que mes Confreres dans la prétenduë
Cabale & moi avons toutes nos plus étroites liaifons; & qu'en fecond lieu, les propofitions extraites ou des livres que j'ai faits, ou de ceux que
l'on m'impute, bien loin de fupofer la créance
qu'il n'y a point de Dieu, fupofent néceffairement l'exiftence d'un Dieu tout bon, tout fage,
tout jufte, & gouvernant tout par fa Providence. Car tout ce que le Traité des Cometes établit contre l'abomination de l'Idolatrie Payenne,
n'eft fondé que fur des idées très-pures des perfections infinies du vrai Dieu. Mais c'eft dequoi
je ne prétens point parler préfentement. Je me
contente d'affurer le Public, que dès que le Sr.
Jurieu aura ou fait tous fes efforts pour la preuve
des cinq chefs ci-deffus cottez, ou reconnu de
bonne foi, & en m'en faifant une réparation condigne, qu'il a eu tort de me les avoir imputez,
je fatisferai pleinement aux accufations que lui ou
d'autres voudront m'intenter, pour avoir avancé
des propofitions qu'ils prétendront être dangereufes, héretiques, trop cavalieres, &c.

Je promets que fi je ne les réduis pas à un fens
très-orthodoxe, & qui ne choque en rien les articles fondamentaux de notre Religion, comme
je penfe le pouvoir faire aifément, je ferai le premier à demander à nos Confiftoires, Synodes,
Univerfitez, ou tels autres Tribunaux qui en
connoîtront, qu'elles foient condamnées felon
l'exigence des cas, & que le débit des livres où
où elles feront contenuës, foit défendu. Je ne penfe
pas qu'on puiffe fouhaiter de moi une plus grande foumiffion. Car dans l'Eglife Romaine même,
où la Difcipline eft fi rigoureufe, on ne condamne jamais un homme comme Hérétique, pour
avoir mis dans un livre une opinion hérétique:
on fe contente de condamner la doctrine; & quant
à l'Auteur, s'il ne s'opiniâtre pas à défendre fes
fentimens, & s'il les foumet à la cenfure de l'E-
glife, il eft réputé fidelle.

Jamais fans doute Auteur ne s'eft vû dans un
défilé plus embarraffant que celui où mon Accufateur s'eft laiffé enfermer. Il n'en fauroit fortir,
quand même il accumuleroit (ce qu'il ne pourra
pas faire) mille propofitions Pélagiennes, Soci-
niennes, Pyrrhoniennes en fait de Philofophie &
d'Hiftoi-

---

d'Histoire, extraites de mes Ecrits. Car après tout, ce n'est point l'Athéïsme, ce n'est point le Spinozisme, ce n'est point le Déïsme, encore moins cette folle & étrange métamorphose d'un homme dans l'Etre nécessaire & infini ; ce ne sont pas ces étroites liaisons avec des Déïstes & des Spinozistes ; en un mot, ce n'est point l'accusation qu'il m'a intentée. Or s'il ne la prouve, il ne prouve rien qui le puisse tirer d'affaire ; il faudra qu'il renonce aux grosses accusations, convaincu d'y avoir été un calomniateur public ; & qu'il se réduise à de plus petites, sur lesquelles je lui promets de lui faire voir bien du pays, & il sera bienheureux si sans le traiter à la rigueur sur la *Courte Revûë* qu'il vient de publier, faite ou avec peu de jugement, ou de fort mauvaise foi, on n'a égard qu'aux Extraits qu'il pourra mieux faire à l'avenir. On en fera contre lui qui le mettront sur la défensive, & qui l'embarrasseront très-assurément.

Voilà sans doute l'attente du Public bien frustrée. On s'attendoit d'un côté à la découverte d'une Cabale étenduë du Midi au Nord, & conjurée à la ruïne de l'Europe, & de tout le Protestantisme ; & on ne trouve qu'un homme qui a voulu faire imprimer un Projet de Paix à l'insçu de l'Etat (car c'est à quoi s'est réduit enfin le Sieur Jurieu) c'est-à-dire, quelques Entretiens où un Marchand de Geneve débite sur un Projet de Paix une infinité de chiméres. D'autre côté on s'attendoit à la découverte d'une Confrairie de Déïstes & de Spinozistes fauteurs de la prétenduë Cabale, qui avoit pour Chef un franc Athée ; & on ne trouve qu'un Philosophe qui nie que les Cometes, les monstres, &c. soient des présages ; qui croit que c'est faire une plus grande injure à Dieu de le croire tout couvert de crimes, que de l'ignorer entierement ; que l'on pêche toûjours en faisant quelque chose contre sa conscience, même errante, & que l'ignorance invincible disculpe tant au fait qu'au droit.

(*h*) Parturiunt montes, nascetur ridiculus mus.

Le Public a pû voir dans une petite Lettre (*i*) qu'un de mes amis a publiée, pourquoi je ne répons point aux libelles qu'on fait éclorre de toutes parts contre moi. Quant à la derniere Conviction qui vient de paroître, cette terrible machine promise avec tant d'emphase depuis long-tems, je fais savoir que je n'y répondrai que juridiquement ; & qu'ainsi le Public, du-moins de mon côté, ne sera pas fatigué de ces ennuïantes discussions, & de ce verbiage pitoïable qui regne dans la prétenduë derniere Conviction.

Liste de quelques propositions extraites des livres du Sr. Jurieu, qui pourront être ajoûtées à celles dont on demanda la condamnation au Synode tenu à Leyde au commencement de May 1691.

QUand je parlai dans la Cabale Chimérique de la dénonciation qui fut faite au dernier Synode par un Imprimé anonyme, de bon nombre d'erreurs, d'héresies & de profanations extraites des Ecrits du Sr. Jurieu, j'ajoûtai qu'on n'avoit pas tout recueilli. On en va voir la preuve ; car voici une petite partie des additions qui se peuvent faire à cet Imprimé, & qui feront comprendre au Public, que ce Ministre devroit songer plûtôt à purifier les Ouvrages des doctrines pernicieuses & impies qu'ils contiennent, qu'à faire l'inquisiteur contre ses Collegues. Il se-

ra pas mal de lui faire sentir qu'on lui taillera de la besogne défensivement & offensivement, plus qu'il n'en pourra porter. Encore un coup, je l'attens avec la derniere impatience sur la défensive à l'égard des cinq chefs d'accusation clairement spécifiez & cottez ci-dessus, & puis à l'égard des Propositions qu'il a extraites de mes livres. Mais donnons-lui un petit coup d'essai qui le mette dès à présent sur la défensive lui-même.

I. Voulant réfuter un miracle raporté par le P. Maimbourg, savoir que S. Jean de Damas à qui les Sarrazins avoient fait couper la main, la trouva ratachée à son bras le lendemain à cause de sa dévotion pour la Sainte Vierge, il se sert de cette raison, que les Sarrazins de Damas qui furent tous témoins oculaires de ce miracle, ne se convertirent pas. *Les Sarrazins de ce tems-là étoient bien durs*, dit-il, *car je suis persuadé que si l'on faisoit un semblable miracle dans la Meque, elle seroit incontinent Chretienne.* Hist. du Calvin. p. 20.

Il ne se peut rien dire de plus impie. Car c'est déclarer hautement à la face du ciel & de la terre, qu'il est persuadé que tous les miracles de Moyse, de JESUS-CHRIST & de ses Apôtres sont des fables, & par conséquent que l'Ecriture du Vieux & du Nouveau Testament n'est qu'un Roman & une Légende. Qui peut ouïr cela sans horreur ? Et avec un semblable raisonnement ne jetteroit-on pas par terre tout le Judaïsme & le Christianisme ? Si parce que toutes la Ville de Damas ne s'est pas convertie, le miracle du P. Maimbourg est faux, il s'ensuit, diront les incrédules, que Moyse n'a point fait des miracles en Egypte, que JESUS-CHRIST n'en a point fait dans la Judée, que S. Pierre ne fit pas marcher le boiteux qui lui demandoit l'aumône au milieu de Jérusalem ; car les Egyptiens, ni les Juifs, ne se sont pas convertis. Faut-il qu'un homme qui fournit de telles armes aux impies, vienne tant préconiser ses services ?

II. *Il est si naturel & si doux de se vanger, quand on le peut, qu'on ne sauroit résister à la tentation. Au reste nous en avons ici une si belle occasion que ce seroit* BETISE, *plûtôt que* REGENERATION, *que de ne s'en pas servir.* Dans la même Hist. I. Part. ch. 9. p. 147.

Cette proposition est horrible & tout-à-fait scandaleuse. On y voit un homme qui étale avec la derniere complaisance le fond de la corruption, & qui au lieu de s'en humilier devant Dieu, & d'en éloigner ses Lecteurs, s'en érige en quelque façon un trophé, & dore le poison qu'il leur présente. Je ne crois pas que les Papes ayent jamais condamné une proposition d'une Morale plus relâchée. Apeller des bêtes, des sots, des benets, & non des Chretiens régénerez, ceux qui négligent les belles occasions de se vanger, n'est-ce point fouler aux pieds avec insulte l'Evangile, & les plus saintes loix de la Religion ?

III. *Je doute que le Christianisme soit venu pour abolir la nature.* Esprit de Mr Arnauld, tom. 2. p. 368.

Il avance ce dogme, afin de montrer que l'Evangile permet aux particuliers de repousser la force par la force. Il s'ensuit de-là, que l'Evangile nous permet le désir que la Nature nous inspire de nous vanger, & de satisfaire toutes sortes de sensualitez, pourvû qu'on se tienne dans les bornes naturelles, & qu'ainsi la Morale Chretienne ne surpasse pas la Payenne.

IV.

(*h*) Voyez Cabal. Chim. p. 682.

(*i*) M. Bayle lui-même, voyez ci-dessus pag. 685. 1 col.

Propofition fa-
vorable à la Po-
lygamie.

IV. *Il n'y a pas de comparaifon entre ces deux maux, de recourir au facheux remede d'un fecond mariage, ou à fe répandre en mille impuretez, qui font des fuites infaillibles du celibat dans les perfonnes qui n'ont pas le temperament tourné du côté de la continence.* VIII. Lettre Paftoral. de 1689. p. 176. in 12.

Il pofe ce principe géneral afin de montrer que le mariage d'un avec une eft une inftitution de laquelle la néceffité difpenfe; & il entend par cette néceffité, le péril inévitable de fe repandre en mille impuretez, lorfqu'une perfonne n'eft point de tempérament à fe contenir. Cette maxime eft affurément capable de nous couvrir de honte; car elle ouvre la porte aux plus étranges déréglemens; elle autorife un incontinent dont la femme eft long-tems malade, à fe marier à une autre, & puis à une autre fans fin & fans ceffe, fi la Providence de Dieu veut qu'elles foient toutes mal-faines. Ainfi voilà par cette belle porte la Polygamie Turque faifant irruption dans le Chriftianifme, & le rempliffant de fes brutales lafcivetez. Bien-plus, voilà dans le Chriftianifme ce qui ne s'eft point vû dans l'ancien Paganifme, & ne fe voit point aujourd'hui dans le Mahométifme; voilà, dis-je, les femmes autorifées à avoir plufieurs maris en même tems, lorfque n'ayant pas le don de continence, elles ont pour époux un homme mal-fain; car il feroit ridicule de prétendre qu'à leur égard c'eft un moindre mal de fe repandre dans ces impuretez, qui font, felon ce Miniftre, des fuites infaillibles du célibat pour certains tempéramens, que de recouvrir au remede d'un fecond mari. On voit donc que fa maxime eft une fource des plus honteufes & des plus fales licences qui fe foient jamais vûës dans le monde; & que rien n'expofera notre Communion à des reproches plus mortifians, que cette doctrine du Sr. Jurieu, fi nos Synodes ne la condamnent. Toutes les loix que la bienféance & la fageffe des Magiftrats ont introduites pour empêcher les veuves de fe remarier avant un certain terme, tombent par terre, ou ne font qu'une tyrannie qui fait répandre en mille & mille impuretez celles qui ont un certain tempérament.

Pernicieux prin-
cipe qu'il avan-
ce.

V. Voulant réfuter l'Eglife Romaine fur ce qu'elle enfeigne que hors de fa Communion il n'y a point de falut, il fe fert de ce principe, c'eft qu'un tel dogme eft (k) *un prodige de cruauté, qu'il ne croira jamais qu'aucun homme de bon fens puiffe digerer; que c'eft l'opinion la plus cruelle & la plus abfurde qui fut jamais avancé, & fi abfurde qu'on ne lui perfuadera jamais que ceux que la défendent la croyent véritable; que c'eft un paradoxe que la politique & la rufe du Démon foutient fans le croire; que c'eft (l) l'imagination la plus infenfée qui foit jamais montée dans l'efprit humain, & l'une de ces chofes que quand on lui jureroit mille fois qu'on les croit, on ne le perfuaderoit jamais aux gens de bon fens; enfin que (m) c'eft un dogme qui fuffit feul pour rendre une religion Antichretienne, ennemie de Dieu, oppofée à* JESUS-CHRIST, *& elle-même la voïe de damnation.*

Il n'eft pas queftion de favoir fi l'Eglife Romaine fe trompe, lorfqu'elle prétend qu'elle eft la feule Communion où l'on fe fauve; il s'agit de favoir, fi l'on peut réfuter cette fauffe prétention de la maniere que l'a fait le Sr. Jurieu: & je ne feindrai point fur cela de dire qu'il n'y eut jamais de principe plus pernicieux ni plus funefte que le fien. Car en vertu de ce principe on prouveroit I. Que l'Eglife Judaïque a été fauffe, puis qu'elle a exclus tout le refte du monde de la voye du falut. II. Qu'aujourd'hui le Chriftianifme eft une fauffe Religion, puis qu'il exclut de la même voye toutes les autres Religions. III. Qu'à tout le moins la Religion Proteftante eft fauffe, puis qu'elle exclut de la voïe du falut non feulement les Juifs, les Payens, & les Mahométans, mais toutes les Communions Chrétiennes où regne le culte religieux des Créatures, c'eft-à-dire l'Eglife Romaine, l'Eglife Grecque, & tous les Schifmatiques du Levant. Il aura beau chicaner, on renverfera dans un jour tout ce qu'il aura bâti dans un autre pour pallier fa pernicieufe maxime; & le plus court pour lui feroit de s'en retracter. Car enfin cette cruauté qu'il impute à l'Eglife Romaine, que fignifie-t-elle, finon que Dieu feroit cruel, s'il damnoit éternellement ceux qu'elle damne? Mais, lui dira-t-on, les Proteftans ne damnent-ils pas encore plus de gens? Ils font donc Dieu encore plus cruel. Cet homme ici femble gagé pour fournir des armes aux impies contre la doctrine du peché originel, & de l'éternité des peines infernales, & du falut renfermé dans une Religion.

Autre
perni-

VI. (n) *Tout eft permis & de bonne guerre contre un ennemi declaré.*

C'eft la plus monftreufe doctrine qui ait jamais été avancée. Je ne penfe pas du moins que jamais aucun de nos Miniftres en ait dit autant. C'eft un principe qui feroit à peine reçu par les Cannibales, les Toupinambous & les Margajats. Toutes les Nations un peu dégagées de la férocité & de la barbarie des Sauvages, reconnoiffent un droit de Guerre, & un droit de Paix, & c'eft la matiere d'un des plus excellens Ouvrages qui ait paru dans ce fiécle, j'entens le Traité de Grotius *de Jure Belli & pacis.* Mais voici un Miniftre Réfugié qui renverfe toutes les bornes qui féparent, même durant les fureurs de la guerre, le droit & le tort; il affure que tout eft permis & de bonne guerre contre un ennemi déclaré: par conféquent il aprouve que l'on faffe empoifonner, ou affaffiner les Rois avec qui on eft en guerre ouverte; que l'on viole toutes les capitulations & tous les cartels; que l'on répande des incendiaires dans le païs ennemi pour y brûler tout clandeftinement. Enfin on ne peut plus condamner felon cette belle Maxime, les attentats de la Cour de Rome contre la Reine Elizabeth; les Poltrots, les Chaftels, les Cléments, les Ravaillacs, les Garnets & les Oldecornes vont devenir innocens fans beaucoup de peine. Permettra-t-on que notre Eglife foit couverte de la honte de tels reproches,

Unius ob noxam & furias Ajacis Oilei?

Voilà une petite demi-douzaine de propofitions envoyées pour attacher l'efcarmouche contre le Sr. Jurieu. Elles feront fuivies de quelques autres dès qu'il fera néceffaire.

(k) Syftem. de l'Eglife, p. 141. p. 79.
(l) Pag. 92.

(m) De l'Unité de l'Eglife, p. 369 & 370.
(n) Exam. de l'Avis, p. 114.

ENTRETIENS
SUR
LA CABALE CHIMERIQUE.

AVIS DU LIBRAIRE.

*L*E grand nombre d'Ecrits qui a déja paru sur cette matiere, ne m'a point empêché de faire imprimer ces Entretiens. On m'a fait esperer que le tour qu'on y a pris seroit à l'épreuve du dégout que le Public commence d'avoir. Je ne m'étonnerois pas, Lecteurs, que vous fussiez déja bien las de cette sorte d'Ouvrages ; car depuis quatre mois on ne parle d'autre chose. Le Marchand de Geneve qui s'est tant rompu la tête pour former un Projet de Paix generale, ne croyoit pas qu'en y travaillant, il jettoit les semences d'une guerre civile entre les Auteurs Refugiez, qui seroit une source inépuisable de discordes & de medisances. C'est ainsi que va le monde : on croit travailler pour une chose, & il resulte de notre travail tout le contraire de ce qu'on en attendoit.

Il est à croire que les suites de ce demêlé n'iront pas loin : la chose a été d'abord prise sur un ton à ne durer pas beaucoup, *nullum violentum durabile*, & comme je l'ai déja dit, on commence à ne plus lire ce qui se publie là-dessus. Le meilleur moyen d'arrêter la plume de ces Messieurs, est assurément de n'acheter point leurs Ouvrages ; car dès lors ils ne trouveront plus de Libraire qui se veuille charger de leurs Copies. Je me suis fait prier quelque tems, quoique par le titre je jugeasse que ces Entretiens venoient du bon parti ; & je ne me suis résolu à l'impression, que par l'assurance qu'on m'a donnée que la forme repareroit la disgrace de la matiere. Je souhaite que cela soit tant pour votre satisfaction, ami Lecteur, que pour mon propre intérêt.

Au reste l'Auteur de ces Entretiens ne s'est pas fort assujetti à donner aux deux Interlocuteurs un caractere uniforme & bien soutenu. Il affecte au contraire de brouiller un peu les couleurs, afin que personne ne puisse croire qu'il a voulu faire des portraits où certaines gens fussent reconnus : ce n'a point été sa pensée, & il a mieux aimé passer pardessus les loix du Dialogue, & s'exposer lui-même à la critique des Maîtres, que de donner lieu de se plaindre qu'il ait voulu caracteriser personne. Ainsi pour entrer dans son esprit, on ne doit considerer que la matiere même qu'il examine : le reste n'a été mis que pour servir d'amusement.

Le 10. Septembre 1691.

ENTRETIENS
DE DEUX PROTESTANS
Sur la CABALE CHIMERIQUE.

PHILODEME.

*Q*Ue vous semble du Livre qui vient de paroître sous le titre de *Cabale Chimerique* ? N'êtes-vous point de mon avis qu'il est aussi propre à scandaliser les bonnes ames, que celui de Mr. Jurieu est propre à les édifier ?

AGATHON.

Tout-à-fait de votre avis. Car quoi de plus édifiant, que de voir un Pasteur si zélé pour la bonne cause, qu'il lui suffit que des gens lui soient suspects, pour les diffamer publiquement ? Ces tiedes, ces Pasteurs qui ne sont pas rongez du zéle de la maison de Dieu, attendroient à se remuer qu'ils eussent des preuves convainquantes & juridiques, & s'adresseroient alors à ceux qui sont Juges nez de ces affaires. Mais cette lenteur & cette regularité ne valent rien. Vive Mr. Jurieu & sa sainte & reguliere impatience. Si tout le monde lui ressembloit, & si ceux à qui Dieu a mis le glaive en main imitoient cette noble & divine ardeur qui le transporte, Mr. Bayle n'auroit pas eu le tems de nous scandaliser par sa *Cabale Chimerique*.

PH. Je ne vois personne, même parmi ceux qui se possedent le plus à la vûë de tout ce grand fracas, qui ne le blâme de s'être tant emporté, & d'avoir si mal soutenu le personnage de Philosophe.

AG. C'est aussi ce que je trouve fort à redire dans ses manieres. Etant Philosophe, il devoit écrire avec moderation, & n'empieter pas sur les droits des Theologiens. Quand il aura fait le zélé & le devot aussi long-tems que M. J. on lui pardonnera ce stile ; mais jusqu'à ce tems-là, ce sera une usurpation presque sacrilege, attendu que ce sera une espece de vol de bien d'Eglise.

PH. C'est en vain qu'il s'excuse sur ce qu'il a été accusé de crimes qui meritent une mort infame. Il faloit toûjours se souvenir que l'accusateur est un grand serviteur de Dieu, que le zéle de sa maison a rongé, comme il nous le prêchoit lui-même un de ces jours ; & qui a usé ses forces au service de l'Eglise, comme il a dit lui-même dans quelqu'un de ses écrits.

AG. Vous avez raison ; & pour moi qui ai femme & sœurs d'une vertu sans reproche, je souffrirois patiemment, en consideration de ce zéle, que M. J. s'il le trouvoit à propos, publiât contre elles une Satyre aussi infamante, que celle de Bussi Rabutin contre Madame d'Olonne.

PH. Ne parlez pas ainsi ; ce n'est point un cas possible, & peut-être que si vous y passiez, ou qu'au moins si vous vous trouviez en peril de la vie par sa plume, vous ne vous laisseriez pas pendre sans rien dire pour votre justification. Aussi ne blâmerions-nous point ni vous ni moi l'Auteur de la Cabale Chimerique, s'il s'étoit tenu dans les bornes d'une défense moderée.

AG. Pourquoi ne voudriez-vous pas que je le blâmasse même en ce cas-là ? Quelque moderation qu'il eût gardée, n'auroit-il pas dit qu'il étoit accusé injustement des crimes les plus infâmes & les plus atroces qui se puissent commettre ; &

n'aun'auroit-ce pas été dire intelligiblement pour tout le monde, que M. J. étoit un calomniateur & un faux témoin pour faire perdre l'honneur & la vie à un innocent ? Or qu'y a-t-il dans la Cabale Chimerique qui soit plus fort que cette injure ? Est-ce ainsi qu'un Pasteur qui a tant travaillé pour la gloire de Dieu, doit être traité ? La moindre recompense qu'il a meritée, n'est-ce pas de pouvoir accuser impunément de tout ce qu'il lui plaira *ad majorem Dei gloriam*, pour la plus grande gloire de Dieu, ceux qu'il ne trouvera pas assez zélez ?

Ph. Vous avez raison ; je ne songeois pas assez à l'importance de ses services, & à la retribution qui lui en est dûë dès cette vie ; & si vous voulez vous joindre avec moi, nous ferons signer une Requête à tous nos amis, & l'irons présenter en corps au Souverain, à ce qu'il soit permis à M. J. en recompense de ses travaux, d'accuser desormais qui il voudra, sans qu'il soit permis aux accusez de rien publier contre lui, sauf à eux à se justifier s'ils peuvent, tout doucement & sans bruir.

Ag. Plût à Dieu qu'une semblable Requête favorablement reponduë depuis deux ans, nous eût délivrez du scandale que l'absolution de M. de la Conseillere & la Cabale Chimerique nous ont causez ! Le mal que j'y vois, mon cher Philodeme, c'est que nous sommes ici sous un Gouvernement qui donne trop à la raison & à la justice, pour accorder des privileges aussi extraordinaires que le sont ceux que le zéle ardent de M. J. a meritez, & sans lesquels je ne vois pas comment il reduira ces mechans critiques de son Commentaire sur l'Apocalypse, & ces frondeurs des miracles repandus dans ses Pastorales.

Ph. Il semble que vous fassiez allusion à la médisance que ses ennemis font courir, qu'il n'a point découvert d'autre Cabale en Hollande, que celle de quelques beaux Esprits qui décrioient ses Ouvrages & sa conduite, & qui, ô prodige honteux à ce siecle ! soutenoient que jamais on n'avoit si mal défendu notre cause, à tout prendre, qu'il l'a défenduë.

Ag. Vous me faites tort. Moi faire allusion à de telles médisances ? J'aimerois mieux ne me souvenir de rien ; & quand je le verrois je ne croirois pas que M. J. fût capable de convertir en Cabale d'Etat une Cabale qui n'en voudroit qu'à ses prétendus défauts.

Ph. Ha que vous me faites plaisir par une réponse si devote ! Je vous demande pardon d'avoir crû si legerement, que les conversations que vous avez euës depuis peu avec un ami de nos malheureux Cabalistes, auroient pû laisser quelque mauvaise impression dans votre esprit.

Ag. Tant s'en faut, que j'en suis sorti mille fois plus prévenu que je ne l'étois contre eux ; & si vous voulez, je vous ferai voir qu'on ne m'a rien dit qui n'ait dû augmenter la passion que j'ai conçûë pour M. J.

Ph. Très-volontiers, j'entendrai de vous comment vos contestations se sont passées.

Ag. L'ami des Cabalistes parla le premier, & me demanda d'abord en souriant, si je n'étois pas enfin gueri de l'indulgence excessive qu'il avoit remarquée en moi pour les écrits emportez. Je lui répondis que mon indulgence subsistoit toûjours à l'égard de certaines personnes privilegiées ; mais que je blâmerois toûjours ceux qui dans des circonstances semblables à celles de la Cabale Chimerique, n'écrivoient pas avec la derniere moderation.

(*) Voyez ci-dessus pag. 194. de ce Tom. II.

Ph. C'étoit repondre que cela. Que vous repartit-on ?

Ag. L'ami souriant encore plus malicieusement, me conseilla de ne pas me laisser surprendre. *Car*, dit-il, *c'est ici que vous pouvez découvrir une des profondeurs de nos spirituels. Ils ont double pas & double mesure. Ce qu'on leur dit de dur est un emportement inexcusable : ce qu'ils disent aux autres en qualité d'aggresseurs, & cent fois plus durement, ne doit être regardé qu'avec respect, ni repoussé que le chapeau à la main. Tendres de conscience, & censeurs rigides de ceux qui n'observent pas à la lettre les maximes Evangeliques à leur égard, ils dechirent les autres sans nul scrupule, ou canonisent ceux qui le font. On diroit,* poursuit-il, *que leur Cabale a decidé que le privilege d'injurier lui doit appartenir incommunicablement à tout autre.*

Et nul n'aura ce droit hors nous & nos amis.

Mais il est à craindre que la Cabale Chimerique n'en appelle comme d'abus.

Ag. Vous le laissâtes dire tout cela sans l'interrompre ?

Ag. Il falut bien le faire ; car pour lui bien répondre, c'étoit à moi à attendre qu'il conclût par quelque raison solide. Comme il ne m'en donna aucune, je lui répondis froidement que son conseil ne me feroit pas changer de conduite, & que je persisterois à croire que les mêmes choses sont louables ou blamables selon les gens.

Ph. Ne vous dit-il point que tous ceux qui depuis l'impression de la Cabale Chimerique moralisent avec tant de beaux lieux communs sur le tort que se fait un homme en écrivant d'un stile emporté, font mille fois plus de préjudice à la reputation de M. J. qu'à celle de M. B. ?

Ag. Nous y revînmes plus d'une fois. Il n'avoit garde d'oublier cela, ni de me soutenir que les emportemens de M. J. si souvent reiterez, & pour des sujets cent fois moindres que ceux qu'il a donnez à M. B. de se fâcher, surpassent de beaucoup l'emportement de M. B. & qu'au fond un Ministre de l'Evangile est plus obligé qu'un Philosophe à la patience & à la moderation. Mais je me defendis si bien sur cet article, qu'il me semble que je remportai la victoire.

Ph. Il étoit bien facile de la remporter. Il n'y avoit qu'à lui dire que ceux qui crient si haut à l'innocence, sont souvent les plus criminels, & qu'il n'y a que la verité qui offense.

Ag. Ne croyez pas que j'aye oublié de lui dire une chose qui est si souvent rebatuë dans tous les lieux où l'on parle contre la Cabale Chimerique. Mais pour toute réponse il me renvoya à ce que M. B. a remarqué sur la maxime, *Il n'y a que la verité qui offense* (a) dans ses Nouvelles Lettres contre Maimbourg.

Ph. Avez-vous été chercher ce que c'est ?

Ag. Non : je n'ai pas ce livre-là, & je ne sai même si je le lirois, au cas qu'on me le prêtât.

Ph. Fort bien : je loüe votre sainte indignation, qui se répand de la personne sur tout ce qui lui appartient. Mais en demeurâtes-vous là avec l'ami des Cabalistes ?

Ag. Nullement : nous battimes furieusement du païs, & l'une de mes premieres objections fut de lui dire, que le Ministre de Geneve qui a envoyé à M. B. le Projet de Paix, ne l'a pas regardé comme un livre de Chevalerie plein de visions seulement, puisque M. B. a publié un extrait

trait de lettre, où ce Ministre déclare que sur les scrupules qu'il avoit, on l'a assuré que l'on y ménageroit comme il faut les interêts des Protestans, & ceux des Refugiez. Vous pouvez croire que je me donnai là des airs triomphans, pour conclure que M. B. ne persuadera pas aisément au monde, que tout cela n'a été qu'un jeu d'esprit.

Ph. Voilà une difficulté où il doit être permis de chanter le triomphe avant la victoire. Je me suis trouvé depuis quatre jours en diverses compagnies, où tant hommes que femmes sont convenus que cette objection ne souffre point de replique, qu'elle seule peut ressusciter la Cabale; & qu'enfin c'est un aveuglement moyenné par la Providence paternelle de Dieu, que celui qui a porté M. Bayle à publier cet extrait de lettre. Dites-moi ce qu'on vous repondit.

Ag. Rien de moins juste que cette objection, me repondit-on d'un ton un peu méprisant. Ceux qui la proposent n'ont point lû (b) la page 296. de la Cabale Chimerique. Les éclaircissemens qu'on y donne, quoique moins amples que ceux de la seconde édition, ôtent toute la difficulté. Mais de-plus, comment excuser ou la mauvaise foi, ou la negligence de ceux qui l'ont proposée? M. B. n'a-t-il pas dit en cent endroits, qu'il croyoit l'Auteur du Projet fort entêté de son plan? Est-il donc obligé de persuader au monde que tout ceci n'est qu'un jeu d'esprit? Il n'a jamais prétendu qu'à l'égard de l'Auteur de ce Projet, l'Ouvrage ne fût qu'un jeu. Il se l'est figuré semblable à nos Interprêtes de l'Apocalypse, qui ont regardé leurs plus creuses rêveries comme des évenemens immanquables, jusqu'à conseiller aux Refugiez de ne loüer des maisons que jusques à l'échéance des trois ans & demi depuis la revocation de l'Edit de Nantes. Il ne s'agit donc point du jugement de l'Auteur même du Projet, mais de celui que M. B. a fondé sur le bon goût de trois excellens Connoisseurs.

Ph. Est-ce là tout ce qui vous fut répondu?

Ag. Non: voici d'autres choses touchant le Professeur de Geneve. On me dit qu'on ne croyoit pas qu'il ait jugé que le Projet fût jamais exécuté, ni même que la Paix fût faisable à de telles conditions; mais que n'ayant pû refuser à l'Auteur qu'il voyoit si entêté de ses pensées, de les faire voir en Hollande, afin qu'il profitât des avis qu'il en recevroit, ce Ministre crut, étant aussi zélé qu'il est pour la Religion Protestante, qu'il ne devoit pas se mêler de communiquer ce Projet, qu'au cas qu'il parût d'un homme à qui les interêts des Protestans tiennent au cœur. Car il ne faut pas douter que le Marchand de Geneve qui s'est amusé à dresser un plan de Paix generale, n'eût été ravi que l'Europe se pacifiât selon son plan. Il auroit donc été mauvais Protestant, s'il n'eût pas mis sur un bon pied dans ses visions les interêts des Protestans; & le Ministre qui auroit voulu prendre la peine de lire son plan, & de le faire lire en Hollande, sans être assuré que ces interêts y seroient bien menagez, se seroit mis en risque de s'employer pour l'Ouvrage d'un mauvais Protestant. Il a donc fallu, quelque jugement qu'il fît d'ailleurs de la piece, puis qu'enfin l'Auteur en étoit si entêté qu'il la montroit, & qu'il la vouloit montrer partout, qu'il l'engageât à corriger ou à rectifier tout ce qui n'y étoit pas assez favorable à la vraye Religion. Il ne paroit pas qu'il y ait mal réussi, puisqu'au contraire l'un des griefs de M. J. est qu'on y a fait des conditions tentan-

tes aux Protestans, & qu'il semble avoir du chagrin de ce qu'on y a donné un bon lot à Tékéli.

Ph. J'admire que vous ayez pû retenir tout ce grand galimathias. Pour moi je n'y comprens rien, & si vous me le repétiez dix fois, je ne serois pas en état de le rapporter à un autre.

Ag. Je crois avec vous que ce n'est que du galimathias. Je ne doute pas néanmoins que je n'aye bien compris la pensée de mon Cabaliste; mais j'ai encore mieux reconnu qu'elle n'étoit point la difficulté. Il est pourtant vrai que n'ayant rien à y repliquer sur le champ, je me jettai sur une autre objection. C'est celle qui parut si ingenieuse chez Mad... que toute la compagnie se recria que M. B. ne s'en tireroit jamais. Prenant donc un certain air de haut en bas, je dis à son ami, que c'étoit une contradiction tout-à-fait grossiere, que de dire que par charité pour un Libraire Refugié qui a une grande famille, on lui voulût procurer l'impression d'un Manuscrit qu'on n'avoit point lû, & qui selon le rapport des connoisseurs ne valoit rien. J'ajoutai que sa conduite étoit de la derniere imprudence, de ne vouloir conseiller la suppression de ce livre, qu'au cas qu'en corrigeant les feüilles, il le trouvât pernicieux; car ce n'étoit pas le moyen de sauver les frais du Libraire.

Ph. Voilà qui est bien embarrassant: votre homme ne fût-il pas bien déconcerté?

Ag. Non pas tant que je l'avois crû, & que je le souhaitois. Il me dit, en affectant, je ne sai quel air de compassion, que ceux qui faisoient cette difficulté n'avoient lû la Cabale Chimerique que par sauts & par bonds; & que s'ils l'avoient bien examinée, ils ne se seroient jamais avisez de ces belles subtilitez. Car, poursuivit il, c'est un fait constant à tous ceux qui ont lû cette Cabale, I. Que le Libraire qui ayant eu le MS. entre ses mains, a demandé à M. B. comme une grace d'être celui qui l'imprimeroit. II. Que M. B. lui a déclaré naïvement, que ceux qui l'avoient lû le trouvoient mal écrit & plein de visions. III. Que cela ne dégoûta point le Libraire; car sachant par experience que les visions Apocalyptiques & mystiques de M. J. lui ont fait gagner bien de l'argent, il ne doutoit pas que les visions politiques ne se debitassent. IV. Qu'on lui a toujours laissé une pleine liberté de consulter sur l'impression du Projet qui bon lui sembleroit, & de l'imprimer ou de ne l'imprimer pas.

Ph. Ne repliquâtes-vous rien?

Ag. Ayez patience, laissez moi rapporter toute la réponse qui me fut faite. Mon Cabaliste me cita la vieille maxime, que *Volenti non fit injuria*: d'où il conclut que le Libraire n'auroit pas eu à se plaindre de M. B. s'il eût perdu les frais de son impression. Il ajouta, que l'on peut souvent par charité conseiller à un Libraire l'impression d'un livre qu'on sait d'ailleurs destitué d'esprit, de sel, de politesse & de bonnes choses; n'y ayant rien de plus ordinaire que de voir que les livres les plus meprisez par les fins connoisseurs, sont les plus courus par la populace des lecteurs. Sur quoi il remarqua que selon le stile des Libraires, un méchant livre n'est pas comme l'entendent les habiles gens, un livre mal écrit, mal dirigé, mal raisonné, mais un livre dur à la vente, & où il y a plus à perdre qu'à gagner pour l'Imprimeur; & que selon le même stile, un bon livre n'est autre chose qu'un Ouvrage qui se vend bien, ce qui procede très-souvent de ce qu'il est rempli de mauvaises

_____

(b) Voyez ci-dessus pag. 641. & 650. du 2. vol. de cette Edition in folio.

vaiſes plaiſanteries, de turlupinades & de groteſ-ques, ou de ce qu'il traite de certaines choſes ſur leſquelles le Public a les yeux tournez avec mille paſſions differentes. Voilà, me dit-il, à quoi vous & vos amis deviez prendre garde, avant que de conclure qu'on ne peut pas avoir eu deſſein de faire plaiſir à un Libraire, lorſqu'on lui a voulu procurer l'impreſſion d'un Projet de Paix rempli d'idées de Chevalerie.

Ph. Si j'avois été à votre place, je me ſerois bien moqué de ces ſortes de raiſons ; ne le fîtes-vous pas ?

Ag. Il ne m'en donna pas le tems ; car s'é-tant apperçu que je cherchois dequoi lui repli-quer, & que la choſe ne me venoit pas en main aſſez tôt, ne m'étant pas attendu à de ſemblables Rubriques, il me fit tout le premier une objection qui m'obligea à ne ſonger plus au paſſé.

Ph. Voyons-la, je vous prie.

Ag. Il me dit qu'il ne pouvoit aſſez s'étonner, que les amis de Mr. J. perſiſtaſſent à ſoûtenir que le Projet de Paix eſt un livre dangereux, & que c'eſt pour cela que M. B. a proteſté qu'il ne l'a-voit point lû ; car, diſoit-il, ne pouvant preſque s'empêcher de rire, pour qui prend-on nos Ju-ges, ſi l'on ſe perſuade que cette proteſtation de M. B. pourroit ſervir de quelque choſe à le diſ-culper ? Pour qui le prend-on lui-même, ſi on croit qu'il a eu la ſimplicité d'eſperer que cela ſerviroit à ſa juſtification ? Qu'on ceſſe donc de le croire homme d'intrigue, & propre à ſervir la France.

Ph. C'eſt-là que j'aurois interrompu cet ami de la Cabale.

S'il eſt probable que Mr. Bayle n'avoit pas lû le Projet de Paix.

Ag. Auſſi le fis-je, en lui demandant bruſque-ment à quoi bon donc cette proteſtation de n'a-voir point lû le Projet de Paix ? Il me répondit qu'elle n'avoit été inſerée dans la narration, que comme un fait veritable que l'on publioit ingenû-ment, ſans en attendre aucun fruit, & en laiſſant au Lecteur toute ſorte de liberté d'en croire ce qu'il voudroit. Et pour preuve, pourſuivit-il, que je vous dis-là une verité, je vous declare que M. B. veut bien que le Public ſache, que s'il avoit lû le Projet, il n'auroit point crû aparem-ment devoir changer de conduite envers le Librai-re ; car il eſt toujours perſuadé, qu'encore au-jourd'hui perſonne ne regarderoit ce beau Projet de Paix que comme les penſées creuſes & Roma-neſques d'un particulier, qu'il ſeroit impoſſible de reduire en pratique ; ou que ſi l'on avoit lieu de croire qu'on y trouvoit les veritables intentions de la France, on en pourroit tirer cent motifs in-vincibles de continuer la guerre avec la derniere joye & de merveilleuſes eſperances.

Ph. Vous ne demeurâtes pas court ſur de ſi foibles raiſonnemens ?

Ag. Pardonnez-moi certes, & vous ne ſauriez croire le deſavantage que c'eſt que d'avoir à faire à un homme préparé, quand on ne l'eſt pas ſoi-même. J'avois crû ſi fortes les objections que j'a-vois oüi propoſer par nos amis contre la Cabale Chimerique, que je n'avois pas crû qu'on y pût rien repliquer. C'étoit donc de quoi être ſurpris, que de voir que le Cabaliſte me repliquoit. Il le faiſoit même avec des airs de confiance qui me chagrinoient plus que ſes reponſes. Mais voici de quoi je m'aviſai pour l'atterrer. Je lui dis que dans une Ville aſſiegée & défenduë par un brave Gou-verneur, on pend ſans quartier le premier qui par-le de compoſer avec l'ennemi, & par conſe-quent . . . . .

Ph. Vous ne deviez pas oublier, qu'il eſt de la prudence des Magiſtrats d'empêcher la diſtri-bution des libelles qui peuvent faire ſoulever les peuples, & d'en châtier les Auteurs, lors même que ces libelles n'ont point actuellement produit leur effet ſelon les mauvaiſes intentions des Au-teurs.

Si ce P...compar...Bourge...parle d...dre du...Siege.

Ag. Je ne l'oubliai point, ce fut par-là que je finis mon attaque, & par-là auſſi que mon Caba-liſte commença à ſe défendre. A qui eſt-ce que vous venez parler, me dit-il un peu fierement, contre les libelles ſeditieux ? Ne ſavons-nous pas cent fois mieux que M. J. ni que tous ſes adhe-rans, que les Magiſtrats en doivent empêcher la diſtribution, & n'en pas épargner les Auteurs, ſous prétexte que leurs mauvais deſſeins n'ont pas été executez ? Mais que fait cela contre les viſions d'un petit particulier ſans nom, qui communique au Public l'idée qu'il a conçuë dans ſa tête d'un nouveau partage du monde ? Des eſprits forts, comme on veut que nous ſoyons, ſont-ils capables de fonder le moindre deſſein ſur de tels livres, non-plus que ſur l'Hiſtoire des Sevarambes, ou ſur l'Utopie de Thomas Morus ? Reparez publique-ment l'affront fait aux Hollandois, au lieu de le renouveller en continuant de dire qu'ils ſont ca-pables de ſe revolter à la vûë d'un livre tombé des nuës. Mais on pend dans une Ville aſſiegée le premier qui parle de capitulation : il faut donc pendre ceux qui ont voulu publier les idées creu-ſes d'un Marchand de Geneve, auſſi capables d'a-vancer la Paix que de guerir la goutte. N'eſt-ce pas bien entendre l'art des conſequences ? Il ſe mit à ſourire après ces mots, & me donna le tems de lui repliquer.

Ph. Il vous en donnoit un beau champ, quand ce ne ſeroit qu'à cauſe qu'il s'étoit glorifié d'être plus contraire aux libelles ſeditieux, que M. J. Il a raiſon de le dire ; mais c'eſt une grande im-prudence à nos Cabaliſtes de s'en vanter. M. J. toujours rongé d'un ſaint zéle de la maiſon de Dieu, & n'ignorant pas que la Providence ſe ſert utilement des moyens humains ; perſuadé d'ail-leurs que les peuples ont droit de prendre les armes pour ſe delivrer de l'oppreſſion, & pour avoir la liberté de conſcience, ſeroit ravi que les François de l'une & de l'autre Religion ſe ſoulevaſſent de concert, & nous fiſſent voir bien-tôt l'accompliſ-ſement de ſes Propheties. Il voudroit que M. le Dauphin imitât l'exemple d'Abſalom, & en vînt à bout ; & il a départi charitablement & chre-tiennement aux uns & aux autres ſes conſeils & ſes lumieres ſur ce ſujet. Deſorte qu'il ſe ſent ſai-ſi d'une ſainte indignation, quand il voit qu'on nous veut ramener à la morale des premiers ſie-cles, bonne en ce tems-là, & neceſſaire aux deſ-ſeins de Dieu, mais hors de ſaiſon en ces derniers tems. Que ne confondiez-vous-là-deſſus le Caba-liſte ?

Mor...tien...un t...ſaiſo...tre,...Juri...

Ag. Je le pouſſai vivement, & je vous avouë qu'il filoit doux plus qu'à l'ordinaire. Il ne ſe tût pas néanmoins, & il me dit entre autres choſes, que cette diſtinction de morale bonne en un tems, & hors de ſaiſon en un autre, eſt le Jeſuïtiſme tout pur ; mot qui me frapa, & me mit un peu en colere. Je le laiſſai pourtant continuer. Si les pré-tendus Cabaliſtes, ajouta-t-il, condamnent les libelles qui ſe font contre les ennemis déclarez, ils condamnent à plus forte raiſon ceux qui regar-deroient l'Etat où ils vivent ; & ainſi on ne doit pas les ſoupçonner d'avoir voulu ſe mêler de l'im-preſſion d'un Projet de Paix qui auroit pû nuire aux interêts de cet Etat. Voilà, pourſuivit-il, ce que

que je me contente de vous répondre sur ce point. Du reste les amis de M. J. font un grand tort à notre Eglise, lorsqu'au lieu de confirmer ce que M. B. a déclaré dans la (c) Cabale Chimérique, & ce qui est si propre à réfuter les reproches qu'on nous voudroit faire, d'avoir laissé éteindre parmi nous l'esprit du Christianisme, ils en ont pris occasion d'insinuer tout de nouveau au Public, qu'il n'y a plus parmi les Réfugiez que les faux freres qui condamnent l'impatience, les Libelles, les séditions, & l'éloignement de l'esprit des premiers siecles.

Ph. Disons pour toute réponse à nos Moralistes, que quand ils iront au Temple cinq ou six fois chaque semaine, nous verrons s'il faut déferer à leurs remontrances.

Ag. C'est ce que je ne manquai pas de représenter fortement à mon Cabaliste. A quoi j'ajoutai des plaintes ameres de l'injure qui a été faite aux Officiers Réfugiez dans la Cabale Chimérique.

Ph. Fort bien ; je vous en sai très-bon gré, nous ne devons rien oublier pour mettre ces Messieurs dans nos intérêts. N'avez-vous pas bien crié à la calomnie, sur ce que l'Auteur de la Cabale Chimérique a dit que nos Officiers ne sont pas des gens à avoir de la conscience ?

Ag. Je me suis récrié sur cela de toute ma force : mais on m'a defié froidement de montrer l'endroit où M. B. ait parlé ainsi; & j'ai eu l'affront de le chercher vainement. Tout ce qu'on peut recueillir de ce qu'il a dit revient à ceci, que les gens de guerre se persuadant facilement qu'ils doivent défendre leur Religion à la pointe de l'épée; & n'espérant que de leur épée leur avancement temporel, on ne doit pas se promettre de leur inspirer des sentimens contraires à ce qu'ils croyent être obligez de faire en conscience, savoir à porter les armes pour leur Religion, puis qu'on sait bien (& ils ne l'oseroient nier) que toute remontrance seroit inutile pour les empêcher de tirer raison d'un affront personnel.

Ph. Voilà qui est fâcheux, que des gens qui doivent avoir lû la Cabale Chimérique plus exactement que vous ni moi, nous exposent à l'affront de ne pouvoir y montrer ce que nous en citons sur leur parole.

Ag. Ce ne fut pas le seul affront de cette nature que mon Cabaliste me fit essuyer. Il me défia de montrer que M. B. ait affecté dans la (d) page 228. de donner de grands éloges aux Evêques de Meaux, aux Pellissons, aux Arnaulds aux Nicoles, comme les amis de M. J. l'en accusent. J'eus beau éplucher toutes les lignes de cette page, je n'y trouvai aucun éloge formel ; & je compris seulement à l'aide des conséquences, que M. B. trouve les Ouvrages de ces Messieurs beaucoup plus forts que l'Avis aux Réfugiez. Or mon Cabaliste me fit prendre garde qu'un semblable éloge est bien maigre, vû l'air méprisant dont cet Avis est traité dans la Cabale Chimérique. Pareil défi m'ayant été fait sur la plainte que nous avons tant poussée, que M. B. a fait un Héros d'Aubert de Versé, je ne pûs jamais trouver le passage. J'enrage de ces trois affronts reçus coup sur coup, accompagnez de plusieurs petites réflexions malignes, par lesquelles on insinuoit que les amis de M. J. devenoient du soir au matin ses imitateurs, quand ils se mêloient d'écrire, pratiquant comme lui la maxime du Concile de Con-

stance, qu'il faut être sans foi à l'égard des Heretiques, ou ce qui est la même chose, imputer faussement ceci & cela à ceux qu'on croit éloignez de ses sentimens.

Ph. Je vous plains, & je déplore le tort que font à la cause commune ces Champions de M. J. qui examinent si mal ce qu'ils critiquent. Mais n'aviez-vous pas en main quelque endroit de la Cabale Chimérique que vous puissiez citer non sur la foi d'autrui, mais pour l'avoir vû de vos propres yeux ? Il faloit se plaindre comme d'une calomnie incontestable de l'accusation que M. B. a faite à M. J. en propres termes, d'être un Misantrope, d'une humeur sauvage & farouche&c.

Ag. Je voudrois m'en être souvenu, car je sai fort bien que c'est une horrible fausseté. Que peut-on voir de plus doux, ni de plus bénin que la Morale de M. J. & où est le Théologien qui s'accommode avec plus de condescendance que lui aux infirmitez de notre nature ?

Ph. Ce qui m'a le plus rempli d'amitié & d'admiration pour lui, est d'avoir vû il y a sept ou huit ans dans un de ses livres, qu'il n'est pas vrai que l'Evangile ait aboli la loi naturelle qui nous donne droit de repousser la force par la force. On m'avoit jetté cent scrupules dans l'esprit sur l'envie de se vanger, & de faire des imprécations contre les persécuteurs. On m'avoit dit que J. Christ nous ordonne de souffrir patiemment les injures, & de ne rendre point le mal pour le mal. M. J. comme un Soleil en son midi a dissipé tous ces nuages, & m'a redonné une pleine sécurité. Ses Maximes sont, comme il nous le prêchoit dernierement, qu'il est permis de se mettre en colere, & de faire du mal aux ennemis de la vérité; ce qu'il prouvoit par des exemples de Jesus-Christ & des Apôtres. Pour les imprécations, il les justifie par l'autorité & par la pratique de David. Ainsi nous pouvons le regarder dans l'état où nous nous trouvons comme un directeur commode, & peut-être nous donnera-t-il bientôt un livre de *la Dévotion aisée*.

Ag. Vous ne parlez pas d'un autre scrupule qu'il nous a ôté, & qui inquiétoit beaucoup de gens : c'est celui que sentent les personnes vindicatives, quand le tems de faire la Cene s'aproche; on craint alors de communier à sa damnation, si l'on ne se réconcilie avec ses ennemis, & si l'on ne se dépouille de toute rancune contre son prochain. Mais nous ne devons plus nous arrêter à ce scrupule, depuis que M. J. a déclaré en plein Consistoire, *Qu'il ne vouloit pas plus de réconciliation avec M. B. qu'avec le Diable;* & qu'il ne laissoit pas de se trouver bien préparé à la communion.

Vous savez que M. du Bosc au nom du Consistoire lui fit un fort long discours, pour lui faire comprendre qu'ayant pour la réconciliation avec M. B. la répugnance horrible qu'il avoit déclarée, il devoit de lui-même s'abstenir de la sainte Table; & qu'il lui dit même que des membres de l'Eglise lui étoient venu signifier, qu'ils ne croyoient pas en conscience pouvoir communier de la main de M. J. Mais celui-ci assez grand Casuiste pour n'avoir besoin des lumieres de personne, persista à vouloir distribuer la Communion. Pourquoi nous autres Layques nous gênerions-nous davantage, quand c'est le tems de communier ? Profitons des lumieres commodes de ce grand Serviteur de Dieu, sans combattre le penchant de la nature vindicative.

Ph.

(c) Voyez la 2. col. de la pag. 645. du 2. vol. de cette édition in folio.
Tom. II.

(d) Voyez ci-dessus pag. 659. 660. de ce vol.

Qqqq 2

M. J. n'est point Misantrope.

Sa Morale sur la réconciliation.

Sa distinction Jé-suitique sur cette matiere.

PH. Je vous prie de me dire votre pensée sur la distinction dont il se sert. Il veut que nous haïssions les ennemis de la vérité & nos persécuteurs, & que nous leur souhaitions & leur fassions du mal, non pas entant qu'ils sont notre prochain; car à cet égard il nous ordonne de les aimer, mais entant qu'ils sont les ennemis de Dieu; & quant à lui il dit qu'il ne veut point de mal aux gens pour son intérêt particulier, mais pour la cause & pour la gloire de Dieu. Je trouve que cette distinction ne nous donne pas les coudées aussi franches que la nature le souhaite.

AG. Vous m'excuserez. Songez-y un peu, & vous verrez que cette distinction n'est pas une affaire. Car n'importe, pourvû que je haïsse tout mon saoul une personne, que ce soit directement à cause que j'en ai été offensé, ou seulement à cause qu'en m'offensant cette personne a violé la loi de Dieu, qui nous défend d'offenser notre prochain? Je ne vois pas que notre nature ou l'amour propre perdent beaucoup par ce détour d'intention. Car il est bien facile de se représenter ceux qui nous offensent sous l'idée de gens qui en cela même offensent Dieu; s'ils offensent Dieu, ils sont ses ennemis; & ainsi en les haïssant comme ennemis de Dieu, c'est tout autant que si nous les haïssions comme nos offenseurs.

PH. Cela ne revient-il point à la distinction des Jésuites qui veulent qu'il soit permis de se réjouïr de la mort de son pere, ou du malheur d'autrui, pourvû que le motif de notre joye ne soit ni cette mort, ni ce malheur, mais l'utilité qui nous en revient?

AG. Il me semble que c'est à-peu-près la même chose, & que les divers égards que les Jésuites demandent, ne sont pas plus mal-aisés à pratiquer que ceux de M. J.

PH. Loué soit Dieu, qu'un Théologien si zélé, si éclairé, si penetré de l'amour divin, nous débarrasse le chemin du Paradis de tant d'épines, dont il plaît au commun des Ministres de le trouver hérissé dans l'Ecriture.

Sa Morale sur la patience des injures.

AG. Il faut avouër qu'il fournit des ouvertures admirables pour entendre commodément ce divin livre. Voulez-vous un principe d'une plus vaste utilité que celui qu'il nous fournit dans la page 220. de l'Examen de l'Avis. Il nous aprend que les préceptes de l'Evangile: de tourner la joüe gauche à celui qui nous a frapé sur la droite, &c. sont *des expressions figurées, qui ont un très-bon sens: c'est qu'il faut ramener les Chretiens autant qu'on le peut à l'esprit de modération & de patience dont ils sont si éloignez.* Sa pensée est sans doute, que J. Christ a imité la conduite des Marchands, qui pour avoir le juste prix d'une chose, demandent le double ou le triple de ce qu'elle vaut.

PH. Employez plûtôt la comparaison des Ambassadeurs aux Conférences de Munster, qui pour obtenir ce qu'ils croyoient être dû à leurs Maîtres faisoient monter leurs prétentions cent fois plus haut. Ainsi la véritable intention de J. Christ n'a pas été que nous endurions patiemment qu'on nous fasse tort, mais seulement que nous n'ayons pas trop d'impatience, & que nous nous éloignions autant que nous pourrons de l'abus & de l'excès. C'est ainsi que les Médecins permettent à leurs malades de manger de certaines viandes, pourvû qu'ils n'en prennent pas trop. Ce n'est point la qualité, disent-ils, qui nuit, mais la quantité.

AG. Il faut que ce soit cela tant à l'égard de la colere, & du désir de vangeance, qui sont des mouvemens fort naturels, qu'à l'égard des plai-

sirs du corps, pour lesquels la nature, que l'Evangile, selon M. J. n'est point venu abolir, nous a donné de fortes & de violentes inclinations. Les passages de l'Ecriture qui nous prescrivent une sobrieté & une chasteté si exacte, ne signifieront desormais sinon qu'il faut s'éloigner autant qu'on peut de l'excès. O la bonne Morale!

PH. Peut-être nous émancipons-nous trop. Laissons développer à ce grand Docteur ses propres pensées. Il dit lui-même que la chose dont il se pique le plus, c'est d'avoir des principes bien liez. Ainsi j'espere qu'avec le tems nous aurons en lui un Escobar.

AG. Je l'espere aussi-bien que vous: mais il faut pour cela une bonne Paix; car pendant la Guerre, il n'examinera que les droits des passions qui ont du raport à la Guerre; il n'aura pas le tems de régler ce qui est dû selon la nature & l'indulgence de l'Evangile, aux passions qui concernent les plaisirs. Peut-être que les voluptueux lui en épargneront la peine, & qu'ils apliqueront ses principes partout où besoin sera.

Sa Ma[...] tout e[...] en G[...] verte

PH. Je comprens que vous avez fait la même réflexion que moi sur la page 114. de l'Examen de l'Avis où M. J. développe si clairement tout ce que les vives lumieres de son zèle lui ont fait découvrir dans l'Evangile concernant le droit des armes. Il a trouvé qu'il n'y a aucune regle dans la Religion, ni dans la Morale qui pût faire désaprouver la conduite du Dauphin, s'il détrônoit le Roi son Pere: il a trouvé, dis-je, cette Maxime particuliere dans ce principe général, QUE TOUT EST PERMIS ET DE BONNE GUERRE CONTRE UN ENNEMI DECLARÉ; car c'est par ce principe qu'il prouve cette Maxime.

AG. O le merveilleux principe! Je connois un homme qui se faisoit un cas de conscience de faire imprimer comme des pieces interceptées par un parti de la Garnison de Bude quelques écrits qu'il avoit composez lui-même, & qui seroient une satyre peut-être d'une grande utilité, qui n'a plus de scrupule là-dessus depuis qu'il a lû la Maxime de M. J.

PH. J'en connois un autre qui soûtient en vertu de ce principe, que selon les regles de la Religion & de la Morale, on ne pourroit point blâmer les Alliez, s'ils enfraignoient les articles d'une capitulation, s'ils envoyoient empoisonner les fontaines, & s'ils corrompoient les domestiques, &c. pour faire je n'oserois dire quoi.

AG. Nos Cabalistes ne manqueront pas de crier, que M. J. rend notre Religion odieuse & exécrable, en avançant des dogmes qui font horreur, & dont tout le monde a sujet de redouter les conséquences funestes. Mais qu'ils avoüent du moins qu'il n'est pas farouche & sauvage, comme ils le représentent, & que jamais homme parmi nous ne fut plus accommodant que lui en fait de Morale. Je vous dirai une autrefois, si vous le souhaitez, la suite de ma dispute avec l'ami de M. B.

PH. Ce sera demain, s'il vous plaît.

SECOND ENTRETIEN.

Si M. Poltr[...] Cond Colig[...]

AG. IL me semble que nous ne serions mieux lier la fin de notre conversation d'hier avec le commencement de celle-ci, qu'en parlant du scandale horrible que reçoivent les bonnes ames, quand on leur dit que M. B. a mis pêle-mêle les Condez, les Colignis, les Princes d'Orange, les Rohans, les Tekélis & les Poltrots, parmi parmis les Héros de notre sainte Réformation. Je m'en vais vous dire ce que j'apris de mon Cabaliste sur ce sujet.

Ph. J'espere que vous y aurez eu votre revanche des affronts qu'il vous fit essuïer, en vous défiant de montrer dans la Cabale Chimérique ce que vous soûteniez y être, & qui ne s'y trouva pas.

Ag. Il m'embroüilla de telle sorte l'esprit, que je ne pus soûtenir ma pointe, ni le bien comprendre; mais il me donna ses raisons par écrit. Je les ai revûës ce matin; & si elles ne m'ont pas satisfait, parce que j'aurois fort souhaité de demeurer dans ma premiere persuasion, je crois du moins les avoir comprises.

Ph. Ce que vous me dites là ne me plaît guéres; mais voyons pourtant ce que c'est.

Ag. Il commença par me demander, si nous n'avions pas honte ou de notre simplicité, ou de notre mauvaise foy; de notre simplicité, au cas que nous n'ayons pas entendu la pensée de M. B. qui est si aisée à entendre; de notre mauvaise foi, au cas que l'ayant entenduë, nous lui ayons imputé calomnieusement une très-méchante opinion. Vous avez répandu, poursuivit-il, partout où votre langue & votre plume ont pû porter leur venin, que M. B. a confondu les Héros de la Réformation avec des assassins, & qu'il a noirci méchamment ses freres, qu'il fait bien avoir en horreur les Poltrots, les Cléments & les Ravaillacs. Je l'interrompis pour lui dire, que nous n'avions rien fait en cela dont on ne puisse donner preuve: mais il me pria de le laisser me montrer le contraire sans l'interrompre.

Ph. Hâtez vous de me dire ce que je crains de trouver justificatif pour l'accusé.

Ag. Ne voyez-vous pas bien, me dit-il, que M. B. n'attaque là que le fanatisme de son Adversaire, en lui montrant qu'il expose notre sainte Réformation à la honte de ne pouvoir nier raisonnablement, que Poltrot n'ait été inspiré de Dieu pour travailler avec un coup de pistolet à la conservation de notre Eglise, plus efficacement que les Ministres avec toutes leurs prédications? Lisez, poursuivit-il, (a) la page 238. de la Cabale Chimérique, vous y trouverez simplement, que M. J. vient de s'ouvrir assez au Public, pour déclarer que les Condez & les Colignis ont été inspirez de Dieu. On ne sauroit nier qu'il ne l'ait dit dans la page 239. de l'*Examen*, & qu'il n'ait même consideré cette inspiration comme de même espece que celles de Moyse & de Josué. M. B. n'a fait que remarquer qu'il s'ensuit de cette doctrine, que les Rohans & les Tékélis ont été aussi inspirez, & qu'à plus forte raison Poltrot l'a été aussi. Est-ce là, poursuivit notre Cabaliste, prendre le parti de l'Avis aux Réfugiez, qui avoit fort maltraité les Princes d'Orange, les Princes de Condé, les Colignis & les Rohans? Est-ce affoiblir le moins du monde les loüanges que nous avons toûjours données à ces grands Héros? Est-ce autre chose qu'attaquer le sentiment particulier de M. J. qui veut qu'ils ayent été inspirez de Dieu, comme les Moyses & les Josuez? Or bien-loin que nous craignions de rejetter ce sentiment, nous défions nos Synodes d'oser censurer ceux qui le condamnent. Nous ne faisons en cela aucun préjudice à la véritable gloire de ces grands hommes, puisqu'on peut être un Héros Chrétien, & un puis-

sant instrument en la main de Dieu pour le bien de son Eglise, sans être inspiré comme les Moyses & les Josuez; & si nos Théologiens y prennent bien garde, ils jugeront sans peine que ce sentiment particulier de M. J. est d'une part inutile à notre cause, & de l'autre fort dangereux pour introduire le fanatisme avec une infinité d'attentats?

Ph. Que ne disiez-vous à ce Raisonneur, qu'il ne s'ensuit pas de ce principe de M. J. que Poltrot doive être mis à plus juste titre que les Condez & les Colignis, au nombre des inspirez?

Ag. Je ne manquai pas de le faire. Mais il me répondit que son ami garantissoit bonne cette conséquence, & qu'il se faisoit fort de la soûtenir contre tout venant; qu'il l'abandonneroit néanmoins de tout son cœur, si on on lui montroit qu'elle fût fausse. Or voici ce qu'il continua de me dire. Dès qu'une fois on admettra avec M. J. que Dieu suscite dans ces derniers siecles des Libérateurs à son Eglise par des inspirations immédiates, comme il suscitoit à son Peuple d'Israël les Moyses & les Josuez, on n'aura nulle raison de nier qu'il n'ait suscité à nos Peres des Libérateurs semblables à Ehud, (b) qui se servit de la voye de l'assassinat contre Eglon Roi des Moabites oppresseur du Peuple de Dieu. Et s'il est permis de tirer des conséquences de l'Oeconomie Judaïque à la Chretienne, combien vous donnera-t-on aujourd'hui d'inspirations semblables à celle de Phinées, pour justifier les homicides? Nous pouvons, ajoûta-t-il, oposer à M. J. l'inspiration de Mathatias, & même celle de Judith; (c) car il ne se fait pas une affaire de ce que l'Histoire des Machabées n'est pas canonique.

Ph. Cela montreroit tout au plus, que Poltrot pourroit avoir été inspiré; mais non pas qu'il en faille plûtôt convenir, que de l'inspiration de nos Généraux d'armée. Fîtes-vous cette remarque?

Ag. Il ne fut pas nécessaire; car sans me donner le tems de parler, il me dit que si une fois les inspirations semblables à celle de Phinées, d'Ehud, de Mathatias, sont admises dans ces derniers tems, il y a beaucoup plus de raison d'en faire participant Poltrot, que de donner aux Condez & aux Colignis l'inspiration des Moyses & des Josuez; tant parce que le service que Poltrot rendit à l'Eglise est peut-être plus considérable tout seul que ceux des Condez & des Colignis joints ensemble, que parce que ceux-ci n'ont jamais prétendu à l'inspiration divine, au lieu que l'autre se croyoit appellé extraordinairement à faire le coup qu'il fit, & qu'il mourut sans se repentir de l'avoir fait. J'avoüe, poursuivit le Cabaliste, qu'il donna pendant son procès quelques marques d'imagination déreglée; mais c'est cela même, selon les principes de M. J. qui prouve son inspiration. Lisez sa 20. Lettre Pastorale de 1689. vous y trouverez en propres termes, que l'Esprit de Dieu produisoit dans les vrais inspirez, des actions, des mouvemens, & des paroles qui n'étoient pas selon toutes les regles du bon sens; & qu'ainsi ce n'est pas toûjours une preuve de fanatisme.

Ph. Voilà qui est fâcheux, que ces méchans Cabalistes trouvent si facilement le moyen de nous échaper.

Ag. Je vous avoüe que je n'étois pas alors trop

<hr>

(a) Voyez la 1. col. de la pag. 674. de ce second vol.

(b) Liv. des Juges ch. 3.
(c) Exam. p. 145.

à mon aise ; mais je répliquai pourtant d'un ton assez ferme, qu'il n'étoit ni beau ni honnête à des gens qui se disent de la Religion, d'ôter aux Princes qui en ont été les promoteurs, la gloire de l'inspiration immédiate. Tout beau, s'écria le Cabaliste ; car tout ce que vous en pourrez conclure pour nous accuser de peu de zéle, retombera sur la tête de M. J. qui en répondant à (*d*) Maimbourg, étoit si peu persuadé que le Prince de Condé & l'Amiral de Coligni fussent inspirez de Dieu, qu'il employa toutes ses forces à prouver que ce n'étoit pas même alors une Guerre de Religion. En effet des sept sources qu'il donne à la premiere Guerre civile, il n'y en a qu'une où il croye que la Religion ait eu quelque part : il met les six autres dans des considérations purement humaines aussi-bien pour le Chefs de ceux de la Religion, que pour les Chefs des persécuteurs. Il avouë de bonne foi, que le Prince de Condé avoit un engagement dans l'amour des femmes, qui étoit *incompatible avec une solide piété*, & que *dans les grandes affaires qu'il entreprit sous le prétexte de la Religion, la plus-part de ses veuës étoient purement humaines, & tendoient à l'établissement de sa grandeur.* Si vous n'êtes pas encore content, poursuivit ce Cabaliste, lisez la page 525. du livre de M. J. vous y trouverez ces paroles très-remarquables, & très-propres à prouver que ses opinions sont sujettes à de si grandes vicissitudes, qu'on ne peut guéres devenir ce qu'il croira d'ici à deux ans. *Après tout*, dit M. J. *que la conduite du Prince de Condé & son ambition fussent legitimes ou non, ce n'est point le Calvinisme qui lui a inspiré ces sentimens ; c'est son courage & la grandeur de sa naissance.* Aujourd'hui ce n'est plus cela, c'est le S. Esprit lui-même, continua mon homme. Allez, allez incessamment faire vos excuses à votre Héros, de ce que vous l'avez percé de part en part du même trait, que vous n'aviez destiné qu'à rendre odieux M. B. Car si dès qu'on n'avouë pas que les Condez & les Colignis ont été inspirez de Dieu, on se range hautement dans le parti de ceux qui déchirent leur mémoire, M. J. bien-loin de réfuter le P. Maimbourg, sera devenu l'Ecuyer de ce Goliath *pour deshonorer les batailles rangées du Dieu d'Israël.*

Ph. Je suis tout consolé. Je m'attendois à une plus forte réfutation de nos plaintes ; mais je vois qu'il est facile de rabatre le caquet de ces Messieurs. Si j'avois été à votre place, j'aurois dit à cet Avocat de la Cabale Chimérique, 1. Qu'il ne faut pas faire un crime à M. J. de n'être pas aujourd'hui du sentiment où il a été autrefois ; & qu'autant vaudroit-il n'étudier point, si l'on n'aprenoit de nouvelles choses en vieillissant. 2. Que selon lui, le Patriarche Jacob n'a pas laissé d'être l'homme de Dieu, encore que sa conduite ait été pleine de fraude. C'est un Dogme dont M. J. est si plein, qu'après s'en être dechargé en chaire, & avoir essuïé à ce sujet quelques bourrasques dans le Consistoire, il a fallu qu'il s'en soit encore déchargé tout de nouveau dans son dernier livre. Ainsi il n'a pas dû croire en vertu des galanteries & de l'ambition du Prince de Condé, qu'il n'ait pas eté l'homme de Dieu. Il n'a donc pas changé d'opinion autant que l'on crie.

Ac. Ce que vous dites là me paroît subtil : mais je croi pourtant que lorsque M. J. fit sa réponse à Maimbourg, il ne croyoit pas que ce Prince eût été suscité de Dieu par une inspiration extraordinaire : néanmoins M. J. étoit dès ce tems-là un grand Ouvrier dans la Vigne du Seigneur. Ainsi je n'oserois nier l'innocence de M. B. en cas qu'il n'ait voulu critiquer que le sentiment d'une telle inspiration : mais je soûtiens qu'il a fait une cruelle injure à tous les Réformez, & qu'il a noirci méchamment ses freres, en confondant nos Géneraux avec les assassins que nous détestons, les Poltrots, les Cléments, & les Ravaillacs.

Ph. A ce coup sans doute je vais vous voir victorieux.

Ac. Je n'en sai rien ; car le Cabaliste me répondit bien des choses assez spécieuses. Il s'étonna d'abord, que non seulement les Auteurs de nouvelle fabrique qui ont écrit pour M. J. mais aussi M. J. lui-même, ayent ou si mal compris, ou si frauduleusement expliqué les paroles de M. B. dont la signification est si aisée. Il me dit ensuite, que M. B. n'a jamais voulu donner à entendre que nous ôtons Poltrot du nombre des infâmes assassins que nous détestons. Car pour suposer qu'il ait voulu accuser ses freres de confondre ce malheureux assassin avec les Héros de notre Réforme, il faudroit suposer qu'il a crû ses freres persuadez que ces Héros ont eu des inspirations immédiates du S. Esprit. Or il ne les en croit point persuadez. Il n'a donc pas voulu les accuser de ce que vous dites. Tout le raisonnement de M. B. poursuivit-il, revient à ceci, c'est qu'un homme qui aura une fois enseigné avec M. J. que la Réforme s'est établie d'un côté par des Ministres zélez & savans, de l'autre par des Géneraux d'armée inspirez de Dieu comme les Moyses & les Josuez, ne pourra jamais réfuter ceux qui soûtiendront que Poltrot a été suscité par une inspiration extraordinaire pour tuer le Duc de Guise, comme Ehud pour tuer le Roi de Moab. Ce n'est donc point M. B. mais c'est M. J. qu'on peut accuser de confondre les Héros de notre Réformation avec les assassins ; & il n'y a parmi nos freres que ceux qui sont du sentiment particulier de M. J. qui puisse être rendus suspects là-dessus par la Cabale Chimérique. Or, dit mon Cabaliste, M. B. n'ignore pas que les Protestans ne recourent point aux inspirations immédiates de Dieu pour justifier ces grands Héros. Nous croyons bien que Dieu les a revêtus de qualitez héroïques, & accompagnez de sa grace & de sa sainte bénédiction pour les faire servir d'un instrument en sa main ; mais sans leur adresser de ces missions extraordinaires & miraculeuses qui dispensent des loix du Décalogue, & qui font que ce qui seroit autrement un crime, ne l'est pas. Attachez que nous sommes tous à ce grand principe, hormis quelques fauteurs du Fanatisme, nous détestons comme un infâme assassinat toute action qui selon l'usage ordinaire est ainsi qualifiée, quoiqu'au reste celui qui la commet rende un grand service à l'Eglise, & se croye poussé à cela par inspiration. Ainsi la conséquence relevée contre M. J. dans la Cabale Chimérique par rapport à Poltrot, ne regarde pas les Protestans. Et en tout cas il a été nécessaire de la relever, afin qu'on ne donne point par mégarde dans le principe d'où elle coule : principe qui ne nous est point nécessaire, & dont M. J. se passeroit mieux que personne, s'il avoit un système suivi & lié. Mais quoiqu'il se pique de cela plus que de toute autre chose, à ce (*e*) qu'il dit, l'un de ses grands défauts au vû & au sçû de ses Lecteurs, c'est de manquer de justesse.

(*d*) Apolog. pour la Réformat. 2. part. chap. 18. & suiv.

(*e*) VI. Lettr. du Tabl. du Socin. p. 309.

PH. Aviez-vous la patience d'entendre parler si long-tems ce caufeur fans l'interrompre? Pour moi je lui aurois dit au milieu de fon difcours, qu'il n'y a qu'un feul moyen, felon M. B. d'ôter Poltrot du nombre de nos Héros, c'eft de dire que Dieu ne les a pas fufcitez pour l'établiffement de l'Eglife.

AG. Je me fouviens de lui avoir objecté quelque chofe de femblable: mais il me renvoya bien loin, en me difant qu'on peut être fufcité de Dieu pour de grandes chofes au bien de fon Eglife & des peuples, fans l'être comme les Moyfes & les Jofuez, c'eft-à-dire par des infpirations immédiates, miraculeufes, extraordinaires. Et qu'ainfi ne foit, ajoûta-il, voïez comment M. Claude & M. J. expliquent la vocation extraordinaire que notre Confeffion de Foi attribuë aux Réformateurs. Eft-ce par quelque chofe de prophétique, par des enthoufiafmes, par des infpirations? Nullement. M. Claude la réduit aux talens extraordinaires dont Dieu les orna; & M. Jurieu à la collation du Miniftere immédiatement par le Peuple. Donnons auffi à nos Héros un grand courage, un grand zéle, & la bénédiction particuliere de Dieu fur leurs travaux, & les voilà fufcitez de Dieu pour l'établiffement de fon Eglife, autant qu'il eft néceffaire, fans craindre les conféquences du crime de Poltrot. Vous voïez donc, conclut-il en fouriant, que les chants de triomphe qui ont été entonnez en tant de compagnies, à la lecture de l'accufation que je viens de convaincre de calomnie, doivent être convertis en lamentations fur l'état où font tant d'ames plongées dans les ténèbres des préjugez.

PH. C'eft bien à nos Cabaliftes à parler de préjugez? Ne font-ils pas efclaves de leurs paffions plus que les autres hommes?

AG. C'eft ce que je lui dis, & en particulier je lui reprochai les plaintes qu'ils font du zéle des peuples pour M. J.

PH. Pour les faire enrager, je fuis d'avis que nous fongions à honorer ce grand homme d'une façon extraordinaire.

AG. Il mérite un dégré de gloire dès cette vie qui faffe pour lui une diftinction éclatante, & dont tous les fiecles à venir ayent connoiffance. Je ferois d'avis que nous fiffions figner une Requête par le plus de gens que nous pourrions, pour être préfentée à nos Souverains, à ce qu'il leur plaife créer une Charge extraordinaire pour honorer fon rare mérite, ou d'ordonner au prochain Synode d'en imaginer une qu'on lui puiffe conférer.

PH. Voudriez-vous que l'on fît revivre en fa faveur pour ces derniers tems quelqu'une de ces Charges qui avoient lieu dans la Primitive Eglife, & dont il eft parlé dans la I. Epître aux Corinthiens, Chap. XII. vers. 28.

AG. J'aimerois mieux que ce fût une charge de nouvelle création. Car pour un homme auffi extraordinaire que celui-ci, il faut quelque chofe dont il n'y ait point d'exemple. De-plus, fi l'on choififfoit quelqu'une des Charges dont l'Apôtre fait mention au paffage que vous avez cité, on préfereroit fans doute celle de Prophete aux autres. Or il ne paroît pas qu'elle lui foit propre; l'effai ne lui en a pas réuffi.

PH. Ah le pauvre homme!

AG. Je ne trouve rien de mieux imaginé que là Charge d'Accufateur ou de Délateur Général tant pour le Civil que pour l'Eccléfiaftique. Jamais perfonne n'a été propre à cette Charge auffi tant que lui. Son inclination l'y porte.

PH. Le pauvre homme!

AG. Et il ne fe rebute point pour les mauvais fuccez de fes délations, ni n'eft pas fort difficile en preuves: les foupçons & les préfomptions lui fuffifent.

PH. Ah le pauvre homme!

AG. Il ne s'affujettit point aux formalitez. Il accufe à bon compte publiquement, & puis il ramaffe toutes les preuves que fes amis lui peuvent procurer, & les recommande aux Juges comme convaincantes, & ne prétend point que fa qualité de Délateur l'empêche d'être du nombre des Juges.

PH. Le pauvre homme!

AG. Au refte il a une affurance d'ame tout-à-fait merveilleufe, pour affirmer & nier d'un ton décifif ce à quoi d'autres n'oferoient toucher fans y ajouter un peur-être.

PH. Le pauvre homme!

AG. Je fuis donc d'avis que nous follicitions en corps un ordre de nos Souverains pour la création de cette nouvelle charge, dont M. J. foit invefti, avec toutes les immunitez, honneurs & prééminences; & furtout le privilege d'être Juge & partie, que l'on trouvera convenir à cette importente dignité.

PH. J'ajoute qu'il faudra faire en forte que fon pouvoir foit reconu par tout où il y a des Eglifes Réformées, fans en excepter même les pays qui pourront à l'avenir embraffer la Réformation; de maniere qu'on puiffe dire qu'il eft Délateur Général *etiam in partibus Infidelium.*

AG. Et moi j'ajoute qu'il faut qu'il ait feul la nomination de tous les fubftituts qu'il conviendra établir dans chaque Ville, & de leurs émiffaires; n'y ayant perfonne qui connoiffe mieux que lui ceux qui font capables de ces emplois.

PH. Malheur alors à tous ces prétendus Beaux-Efprits qui contredifent la Gazette, & qui ont toûjours des raifons pour ne pas croire ni efpérer ce que le peuple croit & efpere. Il faudra qu'ils parlent comme les autres, de-peur d'être dénoncez ennemis de Dieu & de l'Etat, non feulement eux, mais auffi tous leurs amis.

AG. Une autrefois j'acheverai de vous rendre compte de ma difpute avec le Cabalifte.

TROISIEME ENTRETIEN.

PH. J'Ai examiné ce matin le deffein dont nous parlâmes, de faire créer une Charge d'Accufateur Général en faveur de M. Jurieu, & j'ai trouvé qu'il valoit mieux ne fe point fervir du terme d'Accufateur. Que vous en femble?

AG. Que trouvez-vous de choquant dans ce mot-là?

PH. Il fera crier les gens, vû qu'il faut obtenir fur toutes chofes, & comme une des principales prérogatives de la nouvelle Charge, que M. J. ne foit obligé à nulle rétractation, fatisfaction, ni réparation, quelques innocens qu'on trouve les Accufez. Or cela fonnera mal, parce que dans l'ordre un Accufateur qui ne prouve pas ce qu'il dépofe, eft cenfé faux témoin, & qu'un faux témoin ne doit pas être laiffé impuni.

AG. Je commence à vous entendre.

PH. Ce qui confirme mes fcrupules, eft que j'ai lû ce matin dans les (a) *Moyens feurs & honnêtes,* que la difficulté qu'on a trouvée dans les pays d'Inquifition à procéder contre les Hérétiques par voïe d'accufation, a été caufe que le Pro-

Procureur Fiscal, qui *n'eſt point ſujet à la peine du talion, ni aux autres peines qu'ont accoutumé de ſouffrir les faux Accuſateurs*, fait la fonction d'Accuſateur.

Ag. Si ce n'eſt que cela qui vous arrête, nous y aurons bien-tôt remédié. Il ne faut que ſpécifier dans la Requête, que la Charge d'Accuſateur Général que l'on demande pour M. Jurieu, ſera exercée par lui avec la prérogative de Procureur Fiscal.

Si M. Jurieu doit accuſer comme Fiſcal.

Ph. Nous ferons entendre raiſon là-deſſus au monde; car on doit être déjà préparé à cette prétention. Vous ſavez qu'un de nos Auteurs a déjà dit, que M. J. devant être regardé comme un Procureur du Roy, ou plûtôt comme une Guette fidelle en Iſraël, méritera d'être loüé de ſa vigilance, bien-loin d'être traité de calomniateur, pourvû que de 25. accuſations il en puiſſe prouver une.

Ag. Vous me faites ſouvenir que j'ai eu des priſes ſur ce paſſage avec notre Cabaliſte.

Ph. Et dites-moi de grace ce qu'il avoit à y critiquer.

Ag. Vraiment ſi vous aviez eu à eſſuïer ſes railleries, vous auriez eu bien de la peine à ne vous pas emporter. Il me dit d'un ton moqueur, que la Charge de Paſteur de l'Evangile laiſſant trop de loiſir à M. J. à cauſe qu'elle n'enferme que très-peu de devoirs, il étoit bien raiſonnable pour prévenir les mauvaiſes ſuites de l'oiſiveté, qu'il s'occupât à quelque autre choſe: Qu'il eſt vrai que la Charge de Procureur Général, ou de Fiſcal, engageant à ſollicitter la punition & le ſuplice des malfaiteurs, ne paroît pas fort compatible avec celle de Miniſtre; mais que néanmoins il étoit juſte de lui faire quelque paſſe-droit à cauſe de ſon tempérament, & parce qu'il eſt de la prudence d'apliquer chaque choſe à ce à quoi la nature la détermine: Qu'il faut pourtant qu'il ſache, que les privileges des Procureurs Généraux ne ſont pas tels que ſon ami les repréſente; car s'ils accuſoient un homme de vingt meurtres & d'autant de vols, & qu'ils ne le convainquiſſent que d'un ſeul meurtre, cela ſuffiroit à la vérité pour le faire punir, mais on ſe moqueroit d'eux, & on les tiendroit pour de malhabiles gens, ou même pour des malhonnêtes gens, s'il ne repréſentoient ceux qui les auroient fait donner dans le panneau, & s'ils ne demandoient la punition des faux témoins des 19. meurtres & des 20. vols. Il ajoûta, qu'un homme qui ſeroit puni pour s'être battu en duel, crieroit avec raiſon ſur l'échafaut à l'injuſtice, s'il voyoit qu'on ne condamnât pas à la roüe les témoins qui l'auroient calomnieuſement accuſé d'inceſte, d'aſſaſſinat, de poiſon, de parricide, de ſodomie, & d'attentat à la vie de ſon Roy: Qu'il y a bien des occaſions où la peine des faux témoins doit être plus grande que celle de l'homme qu'ils convainquent d'une partie des choſes dont ils l'ont accuſé: Qu'après tout M. J. ne doit pas joüir encore du privilege des Procureurs Généraux, puiſqu'il n'a pas été encore revêtu de cette Charge, & qu'il eſt certain que dans le procès qu'il a intenté à M. Bayle, il ne doit être regardé que comme témoin, ou tout au plus comme Dénonciateur reſponſable en ſon propre & privé nom de tout ce qu'il impute à ſa partie. Il a été bien ſage, conclut notre Cabaliſte, de ne prendre pas M. Bayle au mot ſur l'offre de s'enfermer tous deux en priſon: car où en ſeroit-il préſentement, ſa grande accuſation étant connuë pour une chimere, & de 25. articles n'y en ayant qu'un ſur quoi les jugemens puiſſent demeurer ſuſpendus?

Ph. Je voudrois avoir été à votre place, il m'eût entendu de la belle maniere, & je ne l'euſſe pas laiſſé tant cauſer ſans l'interrompre, & ſans lui repréſenter l'office des Guettes fidèlles d'Iſraël.

Et comme … te en I[ſraël]

Ag. Croïez-vous que je ne lui en aïe point parlé? Mais j'en tirai peu d'avantage, parce qu'il me dit que s'il étoit arrivé à un Officier de Guerre envoyé pour reconnoître les ennemis, de prendre des arbres, ou des troupeaux de vaches pour des bataillons, il s'attireroit tant de railleries, qu'il ne ſeroit plus bon à rien, & qu'il ſe verroit obligé à quitter de honte le ſervice. Et il ajoûta qu'une Guette pour être fidelle, ne doit ni laiſſer entrer l'ennemi, ni refuſer l'entrée à l'ami; & qu'il y a de fauſſes allarmes ſi pernicieuſes à une armée, qu'il auroit mieux valu que la ſentinelle eût dormi, que d'avoir eu de ſi méchans yeux. Un chien, me dit-il, n'eſt pas fidele, quand il mord les amis de la maiſon auſſi-bien que les ennemis. Dites à M. J. qu'il chauſſe mieux ſes lunettes une autrefois, & qu'il demande pardon au Public de lui avoir donné l'allarme d'une Conſpiration horrible qui n'a été qu'une viſion. On ſera bien charitable, ſi l'on ſe contente de ſe moquer de lui.

Ph. Ne vous mîtes-vous pas en colere en cet endroit-là?

Ag. Si fait, & peu s'en falut que la choſe n'allât bien loin: mais enfin nous nous racrochâmes ſur la maladie que l'on a reprochée à M. J. dans la Cabale Chimérique. Je témoignai là-deſſus toute l'indignation d'un homme de bien.

Ph. Dites moi promptement ſi l'on vous para ce coup.

Ag. Médiocrement, ce me ſemble. Le Cabaliſte me dit que M. B. n'avoit eu garde de parler de cette maladie par forme de reproche, mais uniquement pour faire connoître la fureur avec laquelle on le perſécute: Que pour cela il a dû repréſenter à ſes Lecteurs, que M. J. ne parle de l'Avis aux Réfugiez comme d'un Ecrit capable de ruiner ſans reſſource la Religion Réformée, qu'afin d'expoſer à l'indignation des vrais & des faux dévots celui qu'il accuſe d'en être l'Auteur; & que pour montrer que ce ne peut pas être ſa véritable perſuaſion, on a dû repréſenter qu'il a parlé avec le dernier mépris, même d'un certain livre de M. Nicole qu'il ſentoit ſi preſſant & ſi dangereux ou à nos Freres de France, ou plus encore à ſa propre réputation, qu'il ſe donna pour y répondre des mouvemens ſi continuels, ſi précipitez, ſi violens, qu'il en contracta une maladie. Depuis quand, me demanda le Cabaliſte, eſt-il défendu d'infirmer par la voïe des faits les accuſations d'un calomniateur qui veut notre mort & notre infamie avec tant de véhémence?

Pourq[uoi] parlé d[e ma]ladie d[e] Cabale [Chimé]rique.

Ph. Quoiqu'il en ſoit, tout bon Proteſtant doit tenir compte à M. J. d'avoir ſacrifié ſa ſanté au bien de la Cauſe.

Ag. C'eſt ce que je repréſentai fortement. Mais on me répondit que l'Egliſe lui auroit infiniment plus d'obligation, ſi au lieu de faire tant de livres & avec tant de hâte, il avoit ménagé ſa ſanté, en n'écrivant que quelques Traitez, & en ſe donnant le tems de les faire corriger par ſes amis. Car il eſt arrivé que n'ayant jamais voulu déferer aux avis de perſonne, non pas même à ceux de l'Iluſtre Docteur Burnet, qui alla exprès de la Haye à Rotterdam pour lui repréſenter avec toute la force & tout le poids de ſon éloquence, qu'il ne devoit point publier dans ſes Paſtorales ces bruits vagues qui couroient de certains chants de Pſeaumes oüis dans les airs, il eſt arrivé, dit le

Ca-

Cabaliste, de cela, & du peu de soin qu'il a eu de retoucher à ses Ecrits, qu'il lui est échappé cent choses qui ont fourni des armes à nos Adversaires pour nous assommer tous en sa personne, à cause que notre silence fait juger que nous l'approuvons en tout. Qu'il ne fasse pas non-plus, ajouta-t-on, un mérite d'avoir tant d'ennemis; car ce n'est point pour avoir écrit contre les erreurs, qu'il se les est attirez, mais à cause de la maniere dont il s'y est pris, pleine d'aigreur, & d'un noir chagrin qui lui a fait outrer les choses, & rapporter peu fidelement les opinions qu'il a refutées.

Ph. Voilà, voilà de nos gens: ils n'osent écrire ouvertement pour le Papisme, mais ils le favorisent sous main, en décriant les Ecrits du grand Serviteur de Dieu.

Ag. J'en fis le reproche au Cabaliste, qui me répondit que nous meriterions le compliment que le Visionaire Parisot faisoit volontiers à ceux qui lui proposoient des objections. *C'est raisonner en Bourgeois*, leur disoit-il, *& vous n'êtes que des Suisses de la Foi.*

Ph. La plaisante expression! Mais votre Cabaliste comment vous prouva-t-il que nous n'entrons pas dans le fin des Controverses, & que nous ne nous tenons qu'à la porte?

Ag. Je vous le dirai, puisque vous le voulez savoir; car autrement je n'aurois pas voulu vous entretenir de si peu de chose. Il me dit que si M. B. & ses amis avoient quelque tendresse pour la Communion de Rome, ils ne seroient pas ici. Il ajouta, que pour le moins sous la profession exterieure de Protestant, ils exciteroient M. J. à devenir de jour en jour plus emporté, afin qu'il fournît des prétextes plus plausibles à ceux de l'Eglise Romaine de nous maltraiter partout où ils ont de l'autorité sur nous, & de dire qu'une politique necessaire les y force, la passion qui paroît dans nos Ecrits leur faisant craindre de tomber entre nos mains. Desorte que les emportemens de M. J. nous rendant odieux, & fournissant des prétextes à nos ennemis, tout homme qui se propose de l'en corriger, doit être zélé pour les interêts de notre Eglise. Or que peut-on faire pour l'en corriger, que de l'en blâmer vigoureusement; & ce blâme ne fait-il pas honneur à tout le Corps? C'est ainsi que parloit notre défenseur de la Cabale Chimerique.

Ph. J'avois déja ouï debiter cette chicane à un autre de ces Messieurs, qui avoit même tâché de me persuader par un exemple sensible la prétenduë sincerité de leurs intentions.

Ag. Ne vous en souviendriez-vous pas?

Ph. Je crois que si. Cet homme me dit que si M. B. avoit de l'indifference pour la Religion qu'il professe, & un zéle caché pour la Romaine, il n'auroit pas dénoncé comme une proposition à condamner par nos Synodes, la Maxime dont nous avons parlé ci-dessus, que TOUT EST PERMIS ET DE BONNE GUERRE CONTRE UN ENNEMI DECLARE; & qu'au lieu d'effaroucher M. Jurieu, en lui montrant les horreurs attachées à son dogme, il lui auroit applaudi làdessus, & lui auroit tendu des pieges les plus flareusement qu'il auroit pû, pour l'engager à publier souvent de telles propositions; qu'il se seroit surtout bien gardé de rien faire qui pût contribuer à la condamnation de cette doctrine, depeur d'ôter à nos ennemis le plaisir & l'avantage de nous insulter, & de rendre tout le Corps odieux, pendant que son silence pourra être pris pour un signe d'approbation.

Ag. A propos de cette dénonciation de M. B. j'ai ouï dire qu'il ne l'a pas faite de bonne foi, puisqu'il dissimule que M. J. dans la page précédente avoit excepté l'assassinat: *Selon toutes les loix de la guerre*, dit-il, *il est permis de souhaiter, d'approuver & de procurer la destruction de ses ennemis*, EXCEPTÉ PAR LES ASSASSINATS. Je fis cette objection à mon Cabaliste, & voici ce qu'il me répondit.

Il m'avoüa que M. B. n'a lû de suite dans l'Examen de l'Avis & dans la Préface que les endroits où il s'est trouvé interessé, & qu'ainsi quand il publia sa petite Déclaration, il ne savoit pas l'exception de l'assassinat. Il s'en est apperçu depuis; mais bien loin de croire meilleurs les sentimens de M. J. il les croit plus méchans dans le fond. Car cette exception marque que lorsqu'il a parlé d'une façon generale dans la page suivante, il n'avoit pas oublié l'assassinat. Il ne peut donc point s'excuser sur une distraction d'esprit, de n'avoir pas repeté cette exception. Ayant donc actuellement présenté à son esprit l'idée de l'assassinat, il n'a pas laissé de dire sans exception, *que tout est permis & de bonne guerre contre un ennemi déclaré.* Il est donc beaucoup plus blâmable, que s'il eût parlé de la sorte sans avoir fait attention à l'assassinat.

Mon Cabaliste ajouta, que toutes sortes de raisons portent à croire que l'omission de cette exception a été artificieuse; car jamais Theologien ne s'avisera dans un cas de cette importance d'omettre cette exception, falut-il la repeter cent fois, s'il a un dessein sincere de persuader à ses Lecteurs qu'il faut excepter l'assassinat. Mais s'il ne se soucie pas de le leur persuader, il coulera cette exception à la derobée dans un lieu où il ne fait qu'insinuer sa doctrine, c'est toujours une porte de derriere, mais il l'éclipsera du lieu où il donne ses conclusions & son arrêt définitif. Or telle est la page 114. de l'Examen de l'Avis; car au lieu que dans la page précédente il ne fait mention que des loix de la Guerre, il marque expressément dans celle-ci les regles de la Religion & de la Morale. C'est donc ici qu'il faut prendre le dogme qu'il croit le plus certain; & par consequent, selon lui, le dogme qui n'excepte point l'assassinat est plus certain que celui qui l'excepte, vû qu'il prétend que le premier est fondé sur les regles de la Religion & de la Morale, & que le dernier n'est fondé que sur les loix de la guerre.

Ph. Voilà du galimathias, & du plus guindé; à votre place je n'aurois daigné y répondre un seul mot: je me serois contenté de dire, que puis que M. J. a excepté l'assassinat dans la page 113. on lui fait tort de chicaner sur l'universalité qu'il donne à sa Maxime dans la page 114.

Ag. Ne croyez pas, je vous prie, que je me sois arrêté à ces discussions autrement que vous l'auriez fait, si vous aviez été à ma place. J'écoutai sans l'interrompre mon Raisonneur, qui continua ainsi ses remarques.

Quand on auroit la condescendance de chercher plûtôt dans la page 113. que dans la page 114. les veritables sentimens de M. Jurieu, il ne laisseroit pas d'être vrai que sa doctrine est abominable, & que plus on a de zéle pour l'honneur de notre Eglise, plus on se doit hâter de contredire vigoureusement ce Theologien particulier; car si on lui laisse passer ce dogme, nos adversaires tireront de notre silence mille sujets d'insultes & d'exclamations pour nous faire détester partout. Je veux, ajouta-t-il, qu'il ait eu dessein d'excepter l'assassinat : n'y a-t-il que cette action que l'on doive condamner dans un ennemi à l'égard de son ennemi déclaré ? S'il n'y a que l'assassinat d'interdit, il sera donc permis & de bonne guerre de faire empoisonner cet ennemi déclaré, ou de lui supposer des desseins abominables, afin de hâter sa ruine en le rendant odieux à ses propres sujets, & à tous les peuples de la terre. Il sera permis de publier dans le monde, 1. qu'on a découvert qu'il vouloit se defaire de sa femme. 2. Que la jalousie qu'il avoit contre son propre fils, lui avoit fait prendre la résolution de l'empoisonner. 3. Qu'il avoit donné des ordres secrets pour faire massacrer tous ceux qui dans ses Etats ne suivoient point sa Religion. 4. Qu'il avoit resolu sous le faux prétexte d'une Conspiration, de faire mourir par la main du bourreau les plus grands Seigneurs du Royaume. 5. Qu'il avoit fait une étroite ligue avec les Infideles, dont les articles secrets étoient qu'ils emmeneroient toutes les femmes & tous les enfans esclaves, & qu'ils mettroient tout à feu & à sang. Voilà, dit notre Cabaliste, ce que M. Jurieu trouve fort permis & de bonne guerre; voilà des moyens dont il veut que l'on se puisse servir légitimement pour procurer la destruction de ses ennemis : desorte que si M. le Dauphin s'en veut servir dès demain pour chasser du trône son propre pere, il lui promet l'approbation de tout l'Univers selon les regles de la Religion & de la Morale. On avoit néanmoins crû jusques ici, que l'empoisonnement, & des calomnies aussi atroces que celles-là ne sont jamais de bonne guerre contre personne : & faut-il, s'écria douloureusement notre homme, que si peu de tems après qu'on a vû paroître le livre posthume d'un (b) Moine, où l'on voit tant de belles Maximes pour tenir la guerre la moins éloignée qu'il se peut de la raison & de la justice, un Ministre enseigne que tout y doit être permis ?

PH. Je voudrois répondre à cela, qu'il ne faut condamner personne sans l'entendre, ne s'imaginer que M. Jurieu ait avancé cette doctrine avant que de l'avoir méditée & profondément examinée.

AG. Croyez-moi, ne nous servons point de cette réponse; car je remarquai que notre Cabaliste la prévint d'un air un peu malicieux, en me disant qu'il faut bien se souvenir que M. J. qui doit se connoître, nous a fait savoir qu'il se pique principalement d'avoir des principes liez.

PH. Qu'en vouloit-il conclure ?

AG. Vous l'allez voir. Il en conclut que l'exception que M. J. a coulée dans la page 113. est hors d'œuvre, & ne peut faire partie de son système, puisque tout homme qui est principalement fort sur le fait des assortimens & de la symmetrie des dogmes, doit être persuadé que s'il est permis & de bonne guerre de procurer la ruine de son ennemi par l'infraction des capitulations & des sermens, par des calomnies atroces, par le poison, &c. l'assassinat n'est point illicite; car les raisons qui le rendroient tel ne peuvent être valables, pendant que les autres moyens qu'on vient de marquer sont légitimes. Songez-y bien, poursuivit l'ami de Mr. Bayle, & vous trouverez que si nous avions quelque tendresse pour l'Eglise Romaine, comme les amis de M. Jurieu nous en accusent, nous ne condamnerions pas la Maxime

de ce Théologien, nous serions bien-aises que les Protestans pussent être insultez à cette occasion par les Controversistes de l'autre parti, & nous travaillerions à répandre cette doctrine; car elle peut excuser la maniere barbare dont les François font la Guerre, & causer cent fois plus de mal parmi nous que parmi nos ennemis, vû que l'expérience a toûjours montré que les Catholiques Romains sont plus capables de faire des coups de Poltron, que les Protestans. Ainsi non seulement l'honneur de notre doctrine, mais aussi le zéle pour la conservation de cette précieuse vie d'où dépend le bien général de l'Europe, & celui de notre Religion, nous engage à crier de toutes nos forces contre cette doctrine de Mr. Jurieu, afin que s'il est possible nous la rendions execrable à tout ce qu'il y a d'hommes sur la terre.

PH. J'avoûe que je suis frappé de tout ceci : & plût à Dieu que ces reflexions vinssent plûtôt de nos amis, que de ces Messieurs les Cabalistes ! Ils s'en glorifieront trop. Mais comment vous separâtes-vous de cet homme ?

AG. Après quelques discours qu'il ne serviroit de rien de vous rapporter, nous retournâmes à la maladie de M. J.

PH. Toutes les fois que j'en parle, j'en tire une forte preuve de son zéle ardent pour la prospérité de l'Eglise, & pour l'abaissement de la France. Ceux qui n'aiment pas ce grand Serviteur de Dieu, reconnoissent néanmoins cette verité. Car vous vous souvenez bien que lorsqu'ils entendoient dire qu'il usoit de certains remedes, ils disoient par maniere de plaisanterie & de pointe, qu'il ne lui faloit pour guérir qu'une bonne prise d'Irlande. Ils ont été aussi les premiers à remarquer, que sa santé qui étoit assez infirme depuis quelques mois, lorsqu'on commença à parler de l'expédition d'Angleterre, se fortifia à vûë d'œil pendant les préparatifs de cette grande entreprise : & selon eux, rien ne l'empêcha de guerir parfaitement, que le trop d'égard qu'eurent les Alliez en 1689. aux Maximes de la prudence militaire. Si on eût voulu suivre ses conseils, on ne se fût pas amusé ni au siege de Mayence, ni à celui de Bonn, & Mr. le Duc de Schomberg n'eût point été envoyé en Irlande; mais voici ce que l'on eût fait. Le Duc de Lorraine eût laissé derriere lui toutes les places que les François occupent entre le Rhin & la Sarre, & eût fait une irruption dans le pays Messin : l'Electeur de Brandebourg laissant pareillement derriere lui Bonn, Montroyal & Luxembourg, se fût avancé jusqu'à Sedan ; M. le Prince de Waldeck eût été l'y joindre passant la Sambre à Charleroy : & cependant M. le Duc de Schomberg eût été faire une descente en France.

AG. Je croi qu'on a eu grand tort de ne suivre point ce plan, & que Mr. Jurieu a mieux connu que personne par où il faloit attaquer la France. Qui n'admireroit l'étenduë de ses lumieres ? Ils enseigneront en un besoin l'art militaire à nos Generaux ; & au pis aller, il n'auroit pas à craindre la réponse que fit (c) Annibal sur le Philosophe qui se hazarda d'en parler en sa présence; car nos Generaux sont infiniment plus honnêtes & plus civils que ce Capitaine Africain.

PH. Je me souviens que lorsqu'il eut cette grande maladie qui pensa nous le ravir, la nouvelle de l'heu-

---

(b) Le P. Lupus. Voyez la Biblioth. Univ. de cette année.

(c) *Locutus esse dicitur homo copiosus aliquot horas de Imperatoris officio & de omni re militari. Tum quum cæteri qui illum audierant vehementer essent delectati, quærebant ab Hannibale quidnam ille ipse de illo Philosopho judicaret. Hic Pœnus non optime Græce, sed tamen libere respondisse fertur, multos se deliros senes sæpe vidisse, sed qui magis quam Phormio deliraret, vidisse neminem.* Cicero de Orator. l. 8.

l'heureux retour des Vaudois en leur pays étoit encore toute fraîche, & je m'étonnai qu'un si favorable évenement pour son Systême n'eût point dissipé les causes de sa maladie. Mais si cela ne put l'empêcher d'être dangereusement malade, il en tira du moins de grands secours durant sa convalescence. Les premieres nouvelles dont on l'entretint, quand il fut en état de voir ses amis, furent celles des Vallées, & il en tira d'abord de merveilleuses conséquences: il avoit encore la mort peinte sur le visage, qu'il ne laissoit pas d'assurer d'un ton de voix assez ferme, qu'on verroit dans peu plus de cinquante mille hommes sous les armes dans le Languedoc & dans le Dauphiné. Cet agréable retour d'espérances prophétiques servit extrêmement à lui faire recouvrer ses forces.

Ag. J'ai ouï dire qu'il en consacra les prémices à une œuvre tout-à-fait pieuse, savoir à continuer les Soupirs de la France, dont la copie manquoit au Libraire de Bruxelles : & voilà un *Eucharisticon* ou remerciement à Dieu de nouvelle espece, & bien différent de celui de M. Morus.

Ph. Je l'ai ouï dire aussi. Votre Cabaliste en savoit-il quelque chose, & ne glosa-t-il point sur tout ceci, selon la méchante coûtume qu'ils ont de prendre tout de travers ?

de son prosfermes

Ag. Je le trouvai fort réservé sur cette matiere, & je conjecturai que s'il ne s'y étendoit pas, c'est qu'il croyoit avoir tout renfermé dans ces paroles. Ni le Public Politique, dit-il, ni l'Ecclésiastique ne doivent tenir aucun compte à M. J. de sa grande & prodigieuse sensibilité pour les affaires générales : car si le Commentaire sur l'Apocalypse n'y étoit pas intéressé, vous verriez l'Auteur aussi résigné que nous à tous les évenemens. Mais ce qui le remuë, ce qui lui donne de si violentes agitations, ou de joye dans nos bons succez, ou de chagrin dans le retardement de nos affaires, c'est l'intérêt de sa propre réputation ; car il y va de tout pour lui. Si ses Prophéties s'accomplissent, il acquerra plus de gloire, que n'en a jamais acquis aucun homme de sa robe, on viendra des quatre coins de la terre pour le voir, on lui demandera sa bénédiction dans les ruës, on se voudra froter à ses habits, comme les Papistes frotent leurs chapelets aux chasses des Saints; son portrait sera dans toutes les ruelles, le monde sera plein de ses médailles, on lui érigera des statuës avec de magnifiques inscriptions : & vous savez bien, poursuivit mon Cabaliste en me regardant plus fixement, qu'il aime ces marques d'honneur avec excès. Mais si ses Prophéties n'ont point de suite, je vous le donne pour le plus méprisé, & par conséquent pour le plus malheureux de tous les hommes. Il a parlé trop positivement & trop fierement, pour mériter qu'on lui fasse grace, à moins qu'il ne s'humilie, en avoüant sans détour qu'il s'est abusé. Or il n'en viendra jamais là, si Dieu ne lui refond le cœur & l'ame.

Ph. Je ne trouve rien de solide dans ce petit morceau de la Cabale Chimérique. Car encore que la réputation de M. J. sous la qualité de Prophete dépende de nos triomphes, il ne s'ensuit pas qu'on ne lui soit bien redevable des vœux qu'il fait pour notre prosperité. Croyez-vous qu'un Général d'armée qui met toute son adresse en usage pour faire une heureuse campagne, ne songe pas autant à sa propre gloire, qu'au bien de sa Patrie ? Pour moi je ne saurois exiger d'un Ministre célebre dont l'honneur est engagé, puisqu'il nous l'a promis de la part de Dieu, c'est-à-dire, après

Tom. II.

plusieurs conférences avec le S. Esprit, à nous faire voir d'abord la France perduë pour l'Eglise Romaine, & puis cette Eglise tomber par pieces en peu de tems ; je ne saurois, dis-je, exiger d'un tel Ministre qu'il ne souhaite pas ardemment pour sa propre gloire les succez qu'il a promis : & il faudroit être plus dur qu'un rocher, & plus inhumain qu'un tigre, pour vouloir que ce même Ministre regardât de sang froid l'ignominie qui l'attend, si ce qu'il nous a promis n'arrive point.

Ag. J'entre dans vos vûës, & ainsi j'aprouve de tout mon cœur que M. J. ne craigne rien tant que la paix. Car pendant que la Guerre durera, on peut espérer mille révolutions : mais si la paix se fait sans que le Royaume de France devienne Protestant, M. J. avec toutes ses distinctions ne pourra persuader à personne qu'il ne se soit pas trompé. Remarquez bien qu'encore que nous n'ajoûtions pas beaucoup de foi à ses promesses depuis le mois de Mai 1689, néanmoins il nous demeure je ne sai quelle foi implicite dans le cœur, qui nous attache à lui plus que nous ne le croyons nous-mêmes. Cela s'évanouïroit entierement par une paix differente de ses prédictions. Voilà une pensée à laquelle ne prennent point garde ceux qui blâment l'Homme de Dieu d'avoir dénoncé au Public avec tant d'emportement le Projet de Geneve, une vetille dans le fond.

Ph. Si Dieu lui fait la grace de réüssir, les plus obstinez conviendront que la lumiere prophétique lui a été communiquée de Dieu dans une plus grande mesure qu'aux anciens Patriarches, & qu'à S. Jean lui-même ; car on ne trouve point de raison pourquoi le texte de S. Jean doive être interpreté comme M. J. l'explique : il a donc falu des lumieres superieures à la raison, & très-abondantes, pour l'expliquer de la sorte, & pour y trouver ce qui n'y est pas raisonnablement parlant.

Ag. Je trouve là le remede à un malheur, qu'un de nos amis ne cesse de craindre au milieu des espérances que l'Apocalypse de M. J. lui donne.

Ph. Quel est ce malheur ?

Ag. C'est qu'il craint que la vertu de M. J. ne soit pas à l'épreuve de la prosperité, comme elle a été à l'epreuve de la disgrace. Un autre auroit été si honteux après les trois ans & demi, que la vûë d'un Réfugié lui auroit fait perdre contenance ; il n'auroit osé se trouver en aucune compagnie, ni monter en chaire : & nous connoissons un Ministre qui avoit promis les mêmes choses que M. J. qui n'a pû tenir ferme à Londres, & qui pour éviter la raillerie s'en est allé prêcher sous la croix. Mais Dieu a tellement fortifié son Serviteur de Rotterdam, que nous ne lui avons vû rien rabatre de sa noble & sainte fierté. La question est de savoir si son humilité Chrétienne se soûtiendra bien, en cas que ses Prophéties s'accomplissent. L'ami dont je vous parle s'inquiete beaucoup à ce sujet, il se défie de l'humilité de M. J. parce que de tous les talens que Dieu lui a confiez, c'est celui qu'il a le moins fait profiter. J'entrois dans la même inquiétude ; mais ce que vous m'avez dit me remet en assurance.

S'il aura besoin d'une grande humilité en cas que ses Prophéties s'accomplissent.

Ph. Je vous entens ; & vous n'êtes pas grand devin. Car vous pouvez avoir ouï dire à un homme qui est toûjours chez M. J. & qui tient la chose de la premiere main, que M. J. a pourvû de bonne heure à tout, s'étant mis fortement dans l'esprit que ce n'est point lui qui a expliqué l'Apocalypse ; mais que c'est Dieu qui lui en a dévelopé les profondeurs. Ainsi par ces seules paroles du Pseaume 115. *Non point à nous, non point à nous, Seigneur ; mais à ton nom donne gloire & honneur*, il est assuré de surmonter les tentations de la vanité. Votre pensée donc est, qu'à cause que la raison ne regne pas dans les explications de M. J. il n'aura pas sujet de les attribuer à ses facultez naturelles, & qu'ainsi il ne s'en glorifiera point, comme il auroit pû faire d'une découverte où il n'auroit pas été secouru immédiatement & extraordinairement du S. Esprit. Mais ne nous y flattons pas : si M. J. n'a point fait d'autres préparatifs, nous ne tenons rien ; car plus il aura eu part aux inspirations immédiates, plus sera-t-il distingué du reste des hommes, & élevé par-dessus les autres Ministres ses compagnons de service, & par conséquent plus sera-t-il exposé à s'en orgueillir. Ne savez-vous pas que S. Paul, qui étoit pleinement persuadé que l'excellence de ses révélations étoit un pur don de Dieu, eut besoin pourtant d'un remede extraordinaire contre l'enflûre de l'amour propre ?

Ag. Remettons donc le tout à la Providence de Dieu. Je crains bien que le meilleur remede ne soit que M. J. n'en aura besoin d'aucun. Mais nous oublions notre Cabaliste.

Ph. Ne m'en parlez plus : je ne veux plus savoir ce qu'on répond en faveur d'un aussi méchant livre que la Cabale Chimérique.

QUATRIEME ENTRETIEN.

Ph. IL s'est bien imprimé des choses depuis que je ne vous ai vû, & il faut qu'à votre tour vous écoutiez ce que j'ai à vous conter d'u-dispute que j'ai euë avec un ami de M. B. Je vous avouerai que je suis assez content du succès. J'avois à faire à un homme bien subtil, & du pays de Sapience : mais comme il disoit plus de paroles que de raisons, je n'ai pas eu trop de peine à triompher de sa langue.

Ag. Vous m'aprenez là une bonne nouvelle, & j'en écouterai tout le détail avec beaucoup de plaisir

Ph. Le premier choc me réüssit mal : un autre en auroit tiré un mauvais augure ; mais je me moquai de cette superstition.

Ag. Par où débutâtes-vous ?

Ph. Par une plainte pathétique contre un paradoxe impie débité par M. B. dans la Cabale Chimérique. Il a dit *qu'il n'y a point de contrainte en matiere de Religion qui soit plus insuportable que celle que sent un homme qui aime son Roi, & qui n'ose le faire paroître ; mais se trouve bon gré malgré qu'il en ait avec ceux qui le déchirent.* Les bons amis de M. J. prétendent, comme vous savez, que M. B. a confondu dans ces paroles l'amour de Dieu & l'amour du Roi ; qu'il a bien fait voir que la Religion n'est pas ce qui lui tient le plus au cœur, qu'il s'est peint lui-même ; enfin qu'il a débité un Paradoxe qui paroîtra fort étrange à ceux qui aiment Dieu plus que toutes les choses du monde. Je m'étendis beaucoup sur ces remarques, & je fus écouté fort patiemment.

Ag. Je ne vois pas par quelle fatalité une premiere pointe si bien poussée ne vous a pas réüssi.

Ph. Mon Cabaliste me dit sans s'émouvoir, qu'il s'étonnoit que je ne fusse pas plus en garde que le commun des amis de M. J. contre la mauvaise foi de ceux qui écrivent pour lui, & me pria de lui dire en conscience, si je ne croyois pas que

le paradoxe dont il s'agit contient non seulement un fait ; mais aussi l'aprobation de ce fait. N'est-il pas vrai, me dit-il, que vous croyez que M. B. soûtient non seulement qu'il y a des gens qui sont plus sensibles au mal qu'ils entendent dire de leur Roi, qu'au mal qu'ils entendent dire de leur Dieu ; mais aussi qu'ils ont raison en cela ? Je lui répondis que c'étoit le sens que je donnois à ses paroles, & que je pouvois bien le faire, puisqu'un Auteur, dont très-aparement M. J. a corrigé le manuscrit, les a comprises de cette façon. Hé bien, reprit-il fort froidement, je m'en vais vous faire voir que vous vous trompez.

Ag. Vous vous commettiez trop par votre réponse, & je ne m'étonne plus que vous vous en soyez mal trouvé. Vous deviez vous défier de cette demande captieuse.

Ph. Votre conseil vient trop tard, j'en profiterai une autrefois. Mon adversaire me dit qu'il ne faut que savoir lire, pour comprendre que M. B. ne fait que rapporter la disposition de certaines gens. Il ajoûta, qu'en cet endroit il n'étoit nullement question de marquer s'il aprouvoit, ou s'il desaprouvoit la conduite de ces gens-là ; qu'il n'avoit besoin que du fait même, & qu'ainsi il ne peut-être blâmé qu'au cas que le fait soit faux. S'il s'est peint lui-même, ou non, continua-t-il, ce n'est pas dequoi il s'agit ; mais il est assez évident que s'il s'étoit peint lui-même, il seroit en France, depuis bien des années. Il n'est pas moins clair, qu'on ne peut sans la derniere des injustices imputer aux gens ce qu'ils raportent des mœurs & des coûtumes des hommes, lorsqu'ils le raportent sans en donner leur jugement, & c'est ouvrir la porte aux profanes pour soûtenir que l'Ecriture aprouve toutes les actions qu'elle raporte sans les blâmer. Desorte, me dit-il, que l'Auteur que vous avez pris pour garand, n'a sû ce qu'il faisoit, quand il s'est amusé à prouver que Dieu doit être aimé plusque toutes choses. M. Bayle avoit-il dit le contraire ? On croit sur la parole de votre Auteur, qu'il auroit la prudence de ne dire mot, lorsqu'il entendroit dire du mal de son Souverain dans un pays ennemi ; mais on ne croit pas qu'il s'exposât d'avantage aux insultes des blasphémateurs de Dieu.

Ag. S'amusa-t-on à vous prouver la certitude du fait affirmé par M. B. ?

Ph. Ouï, fort amplement même. On m'allégua ce que disent quelquefois les Courtisans, que s'ils faisoient pour gagner le Paradis la centiéme partie de ce qu'ils font pour plaire à leur Roi, ou à son premier Ministre, ils se tiendroient assurez des premieres places dans l'autre monde. On me soûtint que généralement parlant, les gens de bien ne sont que glace dans le soin de plaire à Dieu, au prix de l'ardeur avec laquelle les gens du monde travaillent à s'insinuer dans les bonnes graces de leur Prince. On me dit qu'aparemment M. le Comte de Soissons qui mit l'épée à la main à Londres contre un Seigneur Anglois qui médisoit du Roi de France, n'auroit pas fait la même chose entendant dire que le Pape est l'Antechrist, & que l'Eglise Romaine est idolâtre. On ajoûta qu'il est aparent que si l'on faisoit disputer sur la controverse un Cavalier Anglois & un Cavalier François, ils diroient tout le mal du monde l'un de la Religion de l'autre sans se battre : mais que pour peu que l'un voulût parler satyriquement du Roi de l'autre, ils s'entretueroient. Enfin on me dit qu'il est constant que les Voyageurs s'engagent cent fois plus souvent dans une que-

querelle pour l'honneur de leur Nation, que pour l'honneur de leur Religion ; & on me cita cet Esclave François, qui au rapport de Balzac, *(a)* se piqua de telle sorte contre un Esclave Espagnol, qui soûtenoit que le Roi de France ne pourroit jamais prendre la Rochelle sans l'assistance du Roi d'Espagne, *qu'il se fit des armes de ses propres chaînes, & en frapa si rudement son compagnon, qu'il l'étendit tout roide mort aux pieds de leur commun Maître.*

AG. Hâtez-vous de me parler de la suite de votre dispute; car je ne vois que trop que les commencemens n'en furent pas heureux pour vous.

PH. J'eus ma revanche tout aussi-tôt, car je lui fis avoüer que l'Auteur de la Cabale Chimérique s'étoit trompé grossiérement, lorsqu'il avoit dit que si M. J. se faisoit Papiste à Paris, on l'enverroit tout aussi-tôt à la Trape pour y faire pénitence.

AG. C'est un des plus effroyables endroits de la Cabale Chimérique. On ne sauroit le lire sans horreur.

PH. Mon adversaire m'avoüa qu'il lui avoit fort déplu, & qu'il le trouvoit outré en certaines choses: qu'il étoit néanmoins persuadé que la plûpart des partisans que M. J. a en Angleterre, en Brandebourg, & en Suisse, aiment mieux lui faire la cour de loin & par Lettres, que de l'avoir pour Collegue; & qu'ainsi ils seront ravis qu'il vive & meure à Rotterdam, & qu'il leur envoïe de-là par la poste l'esprit de persécution. Mais, ajouta-t-il, je ne puis goûter ce-banissement à l'Abbaye de la Trape. Les Catholiques de France ont le goût trop bon, pour vouloir enfoüir les talens de M. J. dans cette affreuse solitude. Toutes les Communautez Religieuses s'empresseroient à qui mieux mieux pour l'avoir, afin de lui conférer la charge de Pere Titrier. Car que ne peut-on pas se promettre dans un tel poste d'un homme qui a déterré une Cabale étenduë du Midi au Nord, & qui en a penetré les desseins, les opérations, les correspondances, les partages des rôlles, les changemens de bateries, &c. sans qu'il y ait jamais eu une semblable Cabale? Je suis sûr, poursuivit mon homme avec un grand sang froid, que les Jésuites ne laisseroient point échaper cette proïe, & qu'ils feroient de si fortes brigues pour l'avoir, afin de s'en servir à l'opression de leurs ennemis, qu'elle leur demeureroit. Ils le feroient Dénonciateur de Cabales, de nouvelles Conferences de Bourg-Fontaine, & de tous autres complots forgez à plaisir pour allarmer l'Eglise & l'Etat: & il faudroit que les Mémoires qu'on lui fourniroit fussent bien défectueux, s'il s'en tiroit une dénonciation tout-à-fait circonstantiée, & bien positive. Fi donc de l'endroit de la Cabale Chimérique où il est parlé de l'Abbaye de la Trappe.

AG. Disoit-il cela bien sérieusement ?

PH. Si sérieusement, que vous n'eussiez pas aperçu sur son visage le moindre rayon de plaisanterie. Il paru même tout refrogné, quand il acheva de parler. J'eus donc le plaisir d'une victoire complete, je lui fis condamner ce que nous condamnons tous dans le livre de M. B.

AG. De quoi parlâtes-vous après cela ?

PH. D'un passage de la Cabale Chimérique qui regarde le Sieur de la Conseillere. J'en fis lire les paroles à l'ami de l'Auteur, afin que sans détour ni chicane il convînt que M. B. assure *que M. J. a été blâmé par un Synode pour avoir*

diffamé publiquement un Ministre, au lieu de le déferer à ses Juges naturels. Je m'écriai tout aussi-tôt après un Ecrivain de notre parti, que M. B. qui crie au calomniateur, est couvert lui-même de confusion, puisqu'il n'y a personne qui ne sache que M. J. fut extrêmement loué de son zele infatigable pour la défense de nos saintes véritez, & qu'au contraire le Sieur de la Conseillere fut très-griévement censuré, une bonne partie des suffrages allant même à la déposition.

AG. N'ajoûtâtes-vous pas ce qu'un autre de nos Ecrivains a dit sur le même passage de la Cabale Chimerique, savoir qu'on ne savoit que penser de M. B. quand on lui voit avancer des choses de cette nature ? Que la passion l'aveugle étrangement; que s'il étoit dans les Indes, on pourroit croire qu'il ne sait pas que le Synode d'Amsterdam censura grievement M. de la Conseillere, & qu'au contraire il loüa M. Jurieu, & le remercia de son zele à maintenir l'Orthodoxie; que M. de la Conseillere pensa être déposé, & qu'en effet plusieurs avis alloient là: mais que M. B. ne pouvant point avoir oublié ces faits, & ayant soûtenu néanmoins que M. J. a eu grand tort d'accuser Mr. de la Conseillere de Socinianisme, & que cette accusation est une preuve qu'il est un homme inquiet, mordant, qui aboïe à droit & à gauche; on ne comprend plus ledit M. B. il y a tant de malignité dans son passage, & si on l'ose dire, si peu de honte, si peu de retenuë, que cela fait de la peine aux honnêtes gens.

PH. Je n'eus garde d'oublier cette pieuse invective. J'avois mes poches pleines des Ecrits publiez pour M. J. & je fis voir à mon Adversaire tout ce que vous venez dire. Il fit l'étonné, & ayant fait confrontation des passages, il s'écria que les Ecrivains que je lui citois étoient de franches mazettes, qui ne pouvoient pas même être comptez pour de la milice dans la Guerre qui s'est élevée entre les Professeurs de Rotterdam; qu'ils ne pouvoient y avoir rang que parmi les pionniers; & qu'à coup sûr, toute figure mise à part, ils ne savoient ni par expérience, ni par regles comment il faut réfuter un livre. Pour réfuter un fait, poursuivit-il, on ne doit pas se contenter d'en produire un autre, à moins qu'il ne soit incompatible avec celui qu'on veut refuter. Vos gens néanmoins se contentent de cela, quoique leur fait puisse compatir avec celui de M. B. Ils sont donc fort ignorans de leur devoir, & fort injustes de pousser tant d'exclamations tragiques & outrageantes, après s'être battus contre un fantôme.

AG. Je trouve admirable cet homme-là, & dites-moi promptement à quoi il en veut.

PH. Remarquez bien, me dit-il, que M. B. n'avance autre chose dans le passage que vous m'avez fait lire, sinon qu'un Synode avoit blâmé M. J. de s'être servi de la voie d'un Ecrit public pour accuser un Ministre, au lieu de le déferer à ses Juges naturels. Il est évident que pour réfuter M. B. il ne sert de rien de dire que M. J. fut loüé de son grand zele, que M. de la Conseillere fut censuré, qu'il pensa être déposé, &c. Car il n'est point question de cela: ce sont des choses dont M. B. n'a pas dit un mot, & qui peuvent être vraïes, sans que le fait qu'il affirme cesse d'être vrai. Le seul moyen de le réfuter, étoit de dire que le Synode n'a point trouvé mauvais que M. J. se fût servi non des voyes ordinaires, mais de la dénonciation publique. Or, ajouta mon Cabaliste, c'est ce que vos Ecrivains n'ont

pas

pas ofé foûtenir. Ils favoient trop bien que nous avons des copies imprimées de l'Acte du Synode, où la Compagnie declare *qu'il euft efté à fouhaiter que M. J. eût fuivi les voyes ordinaires de la dénonciation.* Rien n'eft plus convainquant pour la juftification du paffage de M. B. & pour la confufion de fes cenfeurs.

Ag. J'avouë avec douleur que nos Ecrivains vont trop vîte, & qu'ils prennent le change. Car entre nous, eft-ce réfuter M. B. que de lui foûtenir ce qu'il n'avoit pas nié ?

Ph. Ha ! que dites-vous là ? Abftenez-vous, je vous prie, de femblables réflexions, & pefez bien ce que M. J. répond lui-même. Il nous aprend que le Synode a voulu dire, *que dans les regles ordinaires, devant que de dénoncer un homme publiquement, on le dénonce aux Compagnies Eccléfiaftiques dont il eft dépendant; mais qu'il fit comprendre à la Compagnie, qu'il avoit été impoffible d'obferver cette formalité* envers M. de la Confeillere. Je fis lire ces paroles à l'ami de Mr. Bayle, qui n'eut rien de bon à y répondre; car voici les deux réflexions qu'il fit.

Premierement, dit-il, M. J. donne aux paroles du Synode un fens qui eft fort indigne de cette Affemblée, puifqu'il prétend qu'elle n'a inféré la caufe en queftion dans fon Acte, que pour faire favoir en géneral ce que les regles ordinaires veulent. N'avoir autre intention que celle-là, & néanmoins déclarer que dans le fait particulier dont il s'agiffoit, il eût été à fouhaiter que M. J. eût fuivi ces regles, c'eft affurément ignorer les élémens de l'art de parler; c'eft recourir à des phrafes non feulement inutiles & fupperfluës, mais auffi très-propres à jetter tous les lecteurs dans les ténebres. Il faut donc, pourfuivit-il, ou que cette Compagnie ait manqué de fens commun, ou qu'elle ait ignoré la langue Françoife, (deux défauts dont il feroit extravagant de la foupçonner) ou qu'elle ait intention d'apprendre au Public, que le fait particulier de M. de la Confeillere étoit de ceux où il eût été à fouhaiter que M. J. eût fuivi les regles ordinaires.

En fecond lieu, continua-t-il, M. J. nous donne une très-méchante idée du Synode, quand il nous aprend qu'il fit comprendre à la Compagnie, qu'il avoit été impoffible d'obferver les regles ordinaires dans l'accufation du Miniftre de Hambourg. Car quelle injuftice plus criante, que de trouver mauvais qu'un Miniftre n'ait pas fuivi une formalité que l'on comprend qu'il lui a été impoffible d'obferver ? N'eft-ce pas une Maxime du fens commun, que *perfonne n'eft tenu à l'impoffible ?* Et cependant le Synode a déclaré qu'il eût été à fouhaiter que M. J. eût fuivi les voïes ordinaires; il l'a déclaré, dis-je, après que M. J. lui avoit fait comprendre que cela avoit été impoffible. Qu'il prenne garde, conclut-on, que quelque efprit malicieux ne l'accufe d'avoir parlé en cet endroit-là felon la poffeffion où il s'eft mis de mordre à droit & à gauche. Il eft d'autant plus probable qu'il a voulu fatyrifer le Synode, que peu après il fait favoir au Public, que les amis de M. de la Confeillere firent inférer la claufe, quoique la Compagnie eût très-bien connu la verité & la juftice des raifons de lui M. Jurieu. Quel portrait fait-il là de ce Synode ? C'eft le décrier d'autant plus, qu'il eft vifible par la lecture de l'Apologie de M. Jurieu, que les raifons qu'il allegue pour faire comprendre qu'il n'avoit pas été poffible de déferer felon les regles ordinai-

res le Miniftre de Hambourg, font très pitoyables.

Ag. Si vous n'avez pas jugé que les deux réflexions de cet homme méritaffent quelque réponfe, vous avez très-bien jugé à mon fens.

Ph. Moi, prendre fi peu de chofe pour raifon? je ne fuis pas affez dupe; & fi j'avois voulu me donner la peine de réfuter mon Cabalifte, je l'aurois confondu fort aifément. Mais je l'attendois fur un autre article qui m'eût plus embarraffé: je m'étonne qu'il n'y ait pas pris garde. Il auroit pû me prouver par M. J. lui-même, que les cenfeurs de M. B. avancent les chofes trop étourdiment. L'un d'eux a dit, *qu'une bonne partie des fuffrages alla à la dépofition du Sieur de la Confeillere:* un autre, *que l'accufation de Mr. J. a penfé faire dépofer M. de la Confeillere.* Mais M. J. qui le doit mieux favoir que perfonne, dit feulement que de (b) quarante & quelques voix il y en eut cinq ou fix pour la dépofition.

Ag. J'admire avec vous qu'on ne vous ait point fait cette difficulté. Mais n'oubliâtes-vous pas auffi quelqu'un de vos avantages ? Reprochâtes-vous à votre homme, que la Cabale a été affez hardie pour avancer que M. Jurieu avoit été cenfuré verbalement par le Synode ?

Ph. Oui, je le lui reprochai vivement, & je le deconcertai de telle forte, qu'il ne put répondre que ce petit méchant quolibet, *Il fait bon battre un glorieux, il ne s'en vante point.* Je ne pus m'empêcher de rire de le voir réduit à de telles extrêmitez. Mais lui d'un vifage à demi refrogné reprenant la parole: *Votre Mr. Jurieu,* me dit-il, *nous fait une difpute de mots. Il n'apelle point cenfure un long difcours du Modérateur du Synode, où d'abord on lui donna de grands éloges, & puis des avis fi mal-plaifans, que pour témoigner qu'il ne les écoutoit qu'avec chagrin, il feuilletoit la Bible pendans que le Modérateur lui parloit. Il apelle triomphe un Acte qui bien-loin de dépofer M. de la Confeillere, ne le fufpendit pas même pour un jour, & fit fi peu d'impreffion fur les efprits de ce pays, que l'Eglife d'Amfterdam & quelques autres lui donnerent la chaire immédiatement après la tenuë du Synode.*

Ag. Remarquez bien que le Cabalifte ne nia pas que le Modérateur n'ait donné de grands éloges à M. J. Il infinuä feulement que ces loüanges fe terminerent par un Mais. . . . . comme il arrivoit quand les plus fortes têtes du Synode favorables à l'Accufé donnoient leur avis. Mais que fait cela contre le Serviteur de Dieu ? Il prend les éloges pour un tribut qu'on ne peut lui refufer; & le refte pour des effets de jaloufie. Quel moyen de ne pas loüer cette infatigable ardeur avec laquelle il pourfuit les ennemis de la verité, fans ménager ni fes amis, ni fes parens, ni fa fanté même? Cette ardeur augmente par les difficultez. Il vient de publier qu'il *continuera comme il a commencé,* & qu'il n'écoutera point ceux qui lui confeillent de fe donner du repos. *Ce font là,* dit (c) l'Homme de Dieu, *des confeils de la chair & du fang que je ne puis écouter.*

Ph. Je montrai ces mêmes paroles à mon Cabalifte, & je vis qu'elles le firent fourire: je ne l'avois pas encore vû de bonne humeur autant qu'il le fut alors. *Croyez-moy,* me dit-il, *M. Jurieu eft plus fin que vous tous. Il fait les détours par lefquels on trompe le Public, & il n'en oublie aucun. Il voudroit que l'Eglife & l'Etat lui tinffent compte d'une chofe qu'il ne fait que pour fes interêts particuliers.*

(b) Apolog. p. 5. col. 2.

(c) Apolog. p. 35.

enliers. Il se tourmente nuit & jour ; il harcele tout le monde ; il a toûjours des procez , toûjours des Factums à faire : c'est qu'il se plaît à tout ce tracas , & que c'est son humeur ; il y trouve une occasion perpetuelle de se louer , & de médire d'autrui. Ses amis ne cessent de lui dire qu'il devroit enfin se donner quelque repos. Hélas ! les pauvres gens ne connoissent pas que le repos est le plus grand fleau du monde pour un homme de son humeur & de son tempérament. Il ne vivroit pas quatre jours , s'il étoit contraint par une force majeure de ne se mêler que de son salut , & de laisser aller le monde comme il va. S'il se pouvoit contempler lui-même comme un homme de qui on ne parle plus , le chagrin l'emporteroit bien-tôt. Il faut qu'il se représente toûjours à lui-même comme le sujet de toutes les conversations ; & il aime mieux qu'on dise du mal de lui , que si l'on n'en disoit rien. S'il accuse ses amis , ce n'est pas que leur amitié lui soit moins chere que les intérêts de l'Eglise : c'est que ses amis connoissant mieux ses défauts que d'autres ne les connoissent , font bien plus de tort à sa réputation quand ils parlent mal de lui , que ne sçauroient faire les médisances de gens inconnus. Ainsi dès qu'il aprend qu'ils se donnent la liberté de critiquer sa conduite & ses ouvrages , il se sent animé d'un plus violent esprit de vangeance , & d'une plus forte envie de les diffamer , esperant par-là rompre le cou à leur Critique. Lisez , s'il vous plaît , dans Phedre la fable de la belette , & la réponse qu'on lui fit quand elle voulut faire valoir ses services : vous y trouverez l'affaire dont nous parlons.

> . . . . Faceres si causa mea
> Gratum esset, & dedissem veniam suplici.
> Nunc quia laboras &c.
>
> . . . .
> Noli imputare vanum beneficium mihi.

AG. Vous aviez réduit votre homme à ne vous payer que de quolibets & de fables : j'avois à faire à un plus rude joûteur , ou bien vous êtes plus fort que moi.

PH. C'est le premier sans doute ; car si vous aviez été à ma place , vous auriez eu encore plus de sujet de vous réjouïr de vos extrémitez ausquelles vous eussiez contraint le Cabaliste d'avoir recours.

AG. Point de complimens , je vous prie : j'aime mieux entendre de vous la suite de vos victoires.

PH. Notre conversation dura bien cinq grosses heures , & nous battimes tant de pays , qu'il me seroit impossible de me souvenir de tout ce dont nous parlâmes. Je me souviens que de l'affaire de M. de la Conseillere nous sautâmes au parallele que l'Auteur de la Cabale Chimérique fait entre lui & M. Arnaud. Je demandai là-dessus , en me servant des paroles d'un des Champions de M. Jurieu , s'il n'y avoit point en Israël d'exemple de justes opprimez , sans en aller chercher chez les Philistins.

AG. Cette pensée est non seulement ingénieuse , mais aussi pleine d'onction , & découlante du baume de Galaad. Je m'imagine que votre Cabaliste en plaisanta , & qu'il vous scandalisa par quelque réponse profane.

PH. Jugez-en vous-même. Il me répondit , qu'il n'y avoit au monde que M. Jurieu & les Jesuites qui fussent capables d'inventer des Cabales & des Conspirations où il n'y en eut jamais , & d'en donner la direction à des gens qui ne sont rien moins que propres à des intrigues ; & qu'ain-

si ce n'est point en Israël qu'on a pû trouver des persecutions semblables à celles que M. J. fait souffrir. Je lui repliquai entre autres choses, que les Jesuites ayant le malheur d'avoir tort dans le fond , & M. Jurieu ayant l'honneur de défendre la cause de Dieu depuis plusieurs années & par une infinité de travaux , cela mettoit tant de différence entr'eux & lui , qu'il pouvoit faire saintement les mêmes actions qui étoient des crimes pour eux. C'est ainsi , poursuivis-je , que selon M. Jurieu la Ligue n'étoit blâmable au tems de Henri IV. qu'à cause qu'elle avoit tort dans le fond , voulant exclure du trône un Prince Protestant. Mon Cabaliste s'embroüilla de telle sorte dans ses répliques , que je n'y compris rien.

AG. Vous aviez bien raison de dire que M. J. a soutenu la bonne cause par une infinité de travaux. Il a parlé lui-même de plus de 40. volumes.

PH. Je montrai à mon Cabaliste la seconde suite des Remarques générales , afin qu'il y vît le détail de ces volumes. Mais il prétendit que l'Auteur de ces Remarques ne sait point l'histoire des livres de M. J. Il met pour le premier Ouvrage qui lui acquit une grande réputation , continuat-il , le Préservatif contre le changement de Religion : c'est ce qu'il falloit dire de la Justification de notre Morale , publiée non depuis la retraite de M. Jurieu en Hollande , comme le débite très-ignoramment votre faiseur de Remarques , mais long-tems avant le Préservatif. Il ajoûta que cette Apologie de notre Morale réhabilita l'Auteur ; le livre qu'il avoit déja publié sur la Réunion des Religions ayant été censuré par quelques Synodes, & ayant passé partout pour une mauvaise piece : & que sa Dissertation sur le Baptême , qui parut quelques années avant le Préservatif , choqua extrêmement nos Eglises , à cause qu'il condamnoit leur pratique , & les Réglemens de nos Synodes Nationaux , & qu'il s'engageoit dans des dogmes, qui à vouloir raisonner conséquemment , ne peuvent être guéres détachez de la nécessité absoluë du Baptême.

AG. Ne vous parla-t-il pas des faussetez qui ont été reprochées dans une petite Lettre à l'Auteur des Remarques ?

PH. Non. Il me dit seulement que la colere de cet Ecrivain s'étoit augmentée de telle sorte en peu de jours , que dès le quatriéme de ses petits opuscules , il ne parloit plus que de mettre les gens au pilori. Ce bonhomme , poursuivit-il , trouveroit mieux son compte dans les fonctions de Juge Criminel , que dans celles d'Auteur. Mais si ces dernieres ne lui convenoient pas , pourquoi s'en mêloit-il ?

AG. Il n'est pas mal-aisé de connoître pourquoi il s'est échauffé dans son quatrieme livret plus que dans les trois précédens : car au lieu qu'il écrivoit pour un tiers dans les précédens , il écrit pour lui-même dans le dernier , & cela après avoir reçu quelques démentis.

PH. Je me servis de cette raison pour justifier sa colere , & je fis même observer à mon Cabaliste , qu'on l'avoit démenti sur une chose où il prétendoit avoir usé d'une grande retenuë ; c'est à l'égard d'une maladie de M. B. qui l'obligea d'abandonner ses Nouvelles de la République des Lettres.

AG. Son ami eut-il quelque chose à répliquer ?

PH. Rien , sinon qu'on continuë à démentir l'Auteur des Remarques , & qu'on le somme de marquer *ces choses également desagréables & honteuses*

teufes, & d'en apporter des preuves, s'il ne veut
paſſer pour un fade débiteur de fornettes ramaſ-
fées chez M. J. & qu'on pourra bien, pour confondre fa fabuleufe malignité, lui oppofer la dépofition juridique du Médecin de M. Bayle, &
de ceux qui l'ont vû tous les jours, & parlé avec
lui tous les jours durant fa maladie. Croyez-moi,
me dit fon ami en me prenant par la main, il n'y
a pas une feule remarque dans les quatre petites
compofitions de cet ami de M. J. qui ne foit ou
une bévûë, ou une calomnie, ou un paralogiſ-
me. Mais je le confondis d'abord à l'égard de la
menace que M. Simon a faite, que M. Arnaud
répondroit aux Préjugez légitimes de M. Jurieu.
Mon Cabalifte fut contraint d'avoüer le fait, &
ne dit pour couvrir fa honte, finon qu'il n'avoit
voulu parler que de ce qui regarde M. Bayle.
Je ne vous raporterai pas le conte qu'il me fit
concernant le livre du Prêtre Richard contre les
Préjugez.

AG. Pourquoi non ? Vous me ferez plaifir de
me dire ce qu'il vous en aprit.

De la Réponfe
au livre des Pré-
jugez de M. J.
PH. Puifque vous le voulez, je vous appren-
drai que le manufcrit de ce livre parvint je ne fai
comment entre les mains de M. J. lorfqu'on
l'envoyoit aux Pays-Bas Eſpagnols pour le faire
imprimer. M. Jurieu ravi que la Providence de
Dieu lui eût livré fon Adverfaire par cet endroit-
là, prit la réfolution de garder ce manufcrit. Mais
M. Bafnage & M. Bayle lui repreſenterent tant
de chofes, qu'il n'ofa perfifter dans cette penfée.
M. Bafnage lui repréfenta, qu'il faut reftituer à
chacun ce qui lui apartient; qu'il n'y a rien dont
le vol foit plus fenfible à un Auteur, que celui
de fes ouvrages non imprimez; qu'on fe décrie-
roit par toute la terre, s'il refufoit de rendre ce
manufcrit à ceux qui le reclameroient, & que
nos Adverfaires en tireroient de fâcheufes conféquences. M. Bayle infifta fur cette derniere raifon, & lui dit qu'il ne falloit pas témoigner aux
CatholiquesRomains que nous redoutaffionsleurs
réponfes; & qu'il eft contre nos principes de fouhaiter que lesProteftans s'en rapportentànos livres,
fans favoir ce que l'on y peut répondre. Il affu-
ra d'ailleurs, que cet ouvrage n'étoit pas celui
dont M. Simon nous avoit fait la menace. En
quoi il avançoit un fait véritable, & très-propre
à calmer les allarmes de M. J. qui quelque bonne mine qu'il ait faite, a toûjours eu peur de la
plume de M. Arnaud, & qui furtout la devoit
craindre par un ouvrage où il y a tant de citations qui ne font pas de la premiere main: je vous
donne tout ceci felon le tour qu'y donnoit le Cabalifte.

AG. Ne demandâtes-vous pas comment M.
Bayle favoit que ce Manufcrit n'étoit pas un ouvrage de M. Arnaud ?

PH. Oüi, je le demandai, & on me répondit
qu'en jettant les yeux fur la copie que M. Jurieu
lui montra, il la reconnut pour être la même
qu'un Libraire de Rotterdam lui avoit montrée
depuis long-temps, & dont il avoit lû quelques
pages. Je ne laiſſai pas tomber ces paroles; car
j'en conclus tout auſſi-tôt, que de l'aveu même
de M. Bayle, on reconnoît les ouvrages d'un
homme à fon ftile & à fes manieres.

AG. Ha quelle joye! Nous voici à l'Avis aux
Réfugiez, dont il n'y a pas jufqu'aux fervantes
qui ne fache que le ftile eft conforme à celui de
M. Bayle. Dites-moi promptement ce qui vous
fut répondu: vous prîtes l'occafion au poil fort
habilement.

Réflexion
qu'on dit
ftile de M.
femble à
l'Avis au
giez.
PH. Mon Cabalifte faifant femblant de n'entendre pas mon but, me dit froidement que j'allois bien vîte dans mes conclufions, puifque M.
B. avoit pû aprendre par plufieurs moyens chez
le Libraire, qui lui montra le manufcrit de l'Abbé Richard, que M. Arnaud ne l'avoit pas fait.
Vous ne m'échaperez pas, lui répondis-je, il faut
tout-à-l'heure que vous me difiez votre penfée
fur la conformité de ftile. Il éclata de rire à ces
paroles, & m'avoua que c'étoit à caufe qu'il fe
fouvenoit d'une converfation qui l'avoit extrêmement diverti depuis peu. Les partifans de M. J.
& les Anti-Jurieus qui fe trouverent là, dit-il,
travailloient à l'envie les uns des autres à fixer la
difpute, ceux-là fur l'Avis aux Réfugiex, ceux-ci
fur la Cabale de Geneve, & enfin ils fe fépare-
rent fans avoir pû rien aprofondir, ni examiner
quel crime feroit le plus atroce, ou d'avoir calomnié des innocens pour les faire mourir infâmes, ou d'avoir fait l'avis aux Réfugiez. Mais
comme nos Adverfaires, continua-t-il, rebatoient
inceſſamment que cet Avis eft le plus déteftable
livre qui ait jamais paru, & que le ftile en eft
très-conforme à celui de M. B. on leur demanda s'ils l'avoient lû, & ils avoüerent tous que non:
ce qui nous fit bien rire.

AG. Votre homme cherchoit à vous amufer.

PH. Je le voyois bien: ainfi je le ferrai de près,
& lui fis bientôt reprendre fon férieux. Voyez-
vous, me dit-il alors, la conformite de ftile eft
une voie trompeufe. Les Connoiffeurs ne conviennent pas toûjours que le ftile d'un livre eft
femblabe à celui d'un autre, ils fe partagent fur
cette queftion de fait. Nous en avons un exemple dans le fait préfent, puifqu'il y a bien des
perfonnes d'efprit qui ne trouvent pas que le ftile de M. B. & celui de l'Avis aux Réfugiez foient
conformes. On fait de bonne part, que M. Jurieu qui avoit lû plufieurs ouvrages de M. Arnaud, & qui en avoit même réfuté un, ne le connut point dans la I. Partie de l'Apologie pour
les Catholiques. Ne fachant à qui la donner, il
jetta les yeux fur M. l'Abbé Hüet, fans autre
raifon, fi ce n'eft qu'il trouva fort vraifemblable
que ce favant homme eût refuté la Politique du
Clergé, où on l'avoit infulté fort mal à propos,
& par la feule envie de médire. Un bruit incertain s'étant répandu que M. Arnaud étoit l'Auteur de l'Apologie, tous lesConnoiffeurss'y oppo-
ferent, M. P. à Rotterdam, M. de B. à Delft,
M. le Moyne à Leyde, &c. Il falut pour les tirer d'erreur, & pour réfuter les raifons qu'ils al-
leguoient, & dont quelques-unes étoient tirées
du ftile, fe fervir du même argument dont M.
Jurieu lui-même avoit eu befoin, M. Jurieu, dis-
je, qui avoit affez de penchant à ne douter pas
du bruit commun, à caufe qu'il lui étoit glorieux
qu'un fi grand Auteur eût jugé neceſſaire d'écrire
contre la Politique du Clergé. Cet argument fut
la copie d'une (d) lettre écrite par Mr. Arnaud à
M. l'Archevêque de Reims.

AG. Votre homme aimoit à fe perdre dans des
efpaces infinies. Je l'euſſe enfermé dans des bornes
plus étroites.

PH. Et moi qui aimois mieux le laiſſer courir
à travers chams, je lui laiſſai dire tout ce qu'il
voulut. Voici la fuite de fon verbiage. D'ailleurs,
dit-il, il y a beaucoup de livres où l'on découvre
les mêmes airs & le même langage, & que l'on
croit fur ce pied-là d'un même Auteur, qui viennent pourtant de deux plumes différentes. Si vous
en

____

(d) „ On la voit dans l'Efprit de M. Arn. t. 1. p. 9.

LA CABALE CHIMERIQUE. 689

en voulez un exemple de fraîche datte, vous serez bien-tôt content ; car j'ai sur moi l'onzieme volume de la Bibliotheque Univerſelle, où l'on trouve ces paroles à la page 500.

» Pour peu qu'on ſe connoiſſe en ſtile & en » manieres, il n'eſt pas difficile de reconnoître » l'Auteur de cet Ouvrage (l'Art de plaire dans » la Converſation.) On y voit le tour fin, inge- » nieux & délicat, la netteté & la politeſſe du » P. *Bouhours*. Ajoutez à cela la maniere d'écri- » re par Dialogues, la coûtume de ſe citer ſoi- » même, de ramaſſer des traits d'eſprit, de pe- » tits contes agreables, & certain mélange de » galanterie & de moralitez qui eſt tout particu- » lier à ce Jeſuite.

Il eſt certain, pourſuivit mon Cabaliſte, que l'art de plaire dans la Converſation n'eſt point un ouvrage du P. Bouhours. Cependant voyez comment un Journaliſte même des Savans y a été trompé par la conformité du ſtile & des manieres. En pareils cas l'erreur n'eſt d'aucune conſequence, & on peut hazarder ſes conjectures aſſez librement. Il n'en eſt pas de même lorſqu'il s'agit de l'honneur & de la fortune d'un honnête homme ; il faut aller bride en main, & ne rien décider par les regles de la Grammaire ; autrement on s'expoſe à commettre de terribles injuſtices. Sur quoi il me cita l'avanture d'un docte Alleman qui étoit gendre de Melanchthon.

Ag. Apprenez-moi ce que c'eſt, je n'en ai jamais ouï parler.

Ph. Le Cabaliſte me dit que ce ſavant homme s'appelloit Gaſpard Peucer, & que s'étant rendu ſuſpect de Zwinglianiſme aux Theologiens de Saxe dans le tems qu'ils s'échauffoient contre un livre intitulé, *Exegeſe ſur le Sacrement de l'Euchariſtie*, & publié ſous le faux nom de *Joachim Curaus*, il fut ſoupçonné d'en être l'Auteur, & mis en priſon par ordre de l'Electeur de Saxe. Ce fut en vain qu'il proteſta contre la fauſſeté des conjectures, & contre la malice de ſes délateurs : ſa priſon fut dure & longue, & néanmoins il n'avoit pas fait ce livre. Il ajouta (e) qu'au dernier ſiecle un Miniſtre d'Orleans nommé du Roſier, fut mené priſonnier à Paris avec grand éclat, comme l'Auteur d'un libelle ſéditieux, qu'il n'avoit pas pourtant fait. Il me parla des plaintes de M. (f) Puffendorf contre celui qui lui avoit imputé temerairement un Dialogue de la Polygamie : & me dit enſuite, qu'on croit en France que M. Claude a fait la Lettre de quelques Proteſtans pacifiques, & me cita une Critique des Paſtorales de M. J. faite par un Miniſtre revolté, où l'on donne ce fait pour conſtant, & où l'on remarque que M. Claude l'a avoüé dans quelques Lettres qu'il avoit écrites. On cite en marge *Lettre à Mademoiſelle d'Angeau*. On ajoute qu'une des intimes amies de M. Claude en a fait depuis peu l'aveu ouvertement, & on cite en marge, *Madame de la Garde*. Ce ne ſont point là, dit mon Cabaliſte, des auroritez anonymes & vagues comme celles du Factum de M. J. & néanmoins il eſt très-faux que M. Claude ait fait cette Lettre, & il n'y a nulle apparence qu'il s'en ſoit jamais vanté. Que peut-on donc conclure des extraits qui ont paru dans le Factum ? Il conclut ſon diſcours par un exemple tout neuf. Vous connoiſſez, me dit-il, le Refugié demeurant à Rotterdam qui paſſe pour l'Auteur des Remarques generales. Si jamais on a crû de telles choſes ſur de bonnes conjectures, & ſur de puiſſantes raiſons, c'eſt en cette

rencontre. Il ſeroit aiſé de le montrer dans un Factum. Cependant vous ſavez que ce Refugié & toute ſa famille proteſtent le plus ſerieuſement du monde qu'il n'eſt point l'Auteur des Remarques, & qu'ils ſe plaignent amerement de ce qu'il en a été accuſé & raillé dans la Lettre imprimée d'un Anonyme à M. S. Je ne vous dis pas que cet Anonyme a été fauſſement accuſé par deux differens Auteurs de votre parti, d'avoir fait la petite Lettre ſur les petits livres publiez contre la Cabale Chimerique : je vous prie ſeulement de dire au Refugié dont je vous parle, que puiſqu'il eſt un exemple paſſif de ces ſortes d'injuſtices, il aprenne à ne les pas commettre contre ſon prochain, & à ſe contenter de la dénegation des Accuſez, & de l'inſuffiſance qu'ils montrent dans les preuves des Accuſateurs. Profitez tous tant que vous êtes de cet avis.

Ag. Nos gens, à ce que je vois, voudroient amuſer le Public par des exemples de fauſſes attributions de livres ; mais nous ne ſommes pas capables de donner dans ce panneau. Dites-moi ſi vous diſputâtes ſur la qualité de l'Avis aux Refugiez, & ſi l'on vous nia que ce ſoit un livre déteſtable, du dernier déteſtable, ce qu'on appelle déteſtable.

Ph. Bien-loin de me le nier, on en dit tant de mal, que je fus obligé de rabattre un peu les coups.

Ag. Comment cela ? Vous n'y ſongiez pas, & vous me ſurprenez furieuſement de me parler de la ſorte. *Refutation de ceux qui excuſent l'Avis aux Refugiez.*

Ph. Ayez patience, & vous verrez que j'avois raiſon. Je voudrois être le premier qui eût confondu de ce biais-là nos Cabaliſtes : mais je ſuis de bonne foi, j'avoüe que je n'ai pas tiré de mon propre fond ce que vous allez ouïr ; je l'avois appris dans une converſation, où l'un des plus forts amis de M. Jurieu avoit en tête un des plus forts amis de M. Bayle.

Ag. Voici qui me fait ouvrir les oreilles de toute ma force.

Ph. Vous ſaurez donc que mon Cabaliſte ſe mit à raiſonner de cette façon. Vous convenez tous, me dit-il, que l'Auteur de l'Avis aux Refugiez Proteſtans exterieurement, eſt un impie, qui n'a ni Dieu, ni foi, ni loi. Or M. Bayle n'eſt pas tel, car s'il étoit tel, il y a long tems qu'il ſeroit en France. Donc il n'eſt pas l'Auteur de l'Avis aux Refugiez. Il m'allegua là-deſſus le précis du Chapitre 10. 11. & 12. de la Cabale Chimerique, qui ne me permit pas de douter que M. Bayle ne ſoit encore plus Proteſtant dans l'interieur que dans l'exterieur. Ce fut donc à moi à recourir à la réponſe dont ſe ſervit contre ce même Raiſonneur l'homme dont je vous ai parlé. Je ſoutins au Cabaliſte, que ſon ami pourroit avoir compoſé l'Avis aux Refugiez, ſans être ni Athée, ni Déiſte, ni Papiſte ; mais étant ſeulement de l'avis de ceux qui croyent qu'il n'eſt jamais permis aux ſujets de ſe ſoulever contre leurs Souverains pour le maintien de la Religion. Or quoique je croye faux ce ſentiment, je ne voudrois pas damner ceux qui en ſont. Je ſuis perſuadé que les Peres des trois premiers ſiecles qui joüiſſent de la félicité éternelle, l'ont crû veritable. Je ne voudrois pas jetter dans l'étang ardent de feu & de ſouphre l'ame de Mr. Amiraut, pour avoir crû que les guerres de nos Ancêtres ſous les Condez & les Colignis ſont une tache ſur le corps de la Réformation. Et ſi M. Jurieu étoit mort im-

immédiatement après avoir publié la Politique du Clergé, je ne douterois point de son salut, quand même il auroit parlé sans aucune reservation mentale de l'obéissance des Sujets aussi fortement qu'il l'a fait. Je ne doute nullement du salut de Cameron, quoiqu'il soit mort martyr de l'autorité souveraine, & qu'il desaprouvât certaines choses dans notre Eglise.

Ag. Je suis épouvanté de vous entendre parler comme vous faites ; car on diroit que vous avez pris à tâche de justifier l'Avis aux Refugiez.

Ph. N'allons pas si vîte, je vous prie : ce n'est point mon intention ; & croyez que ce que je vous dis ici vient d'une meilleure source que nous ne pourrions être ni vous ni moi, & ne tend qu'à refuter l'une des plus fortes & des plus éblouissantes preuves que l'on puisse alleguer pour convaincre M. J. d'avoir calomnieusement attribué à M. B. l'Avis aux Refugiez. Aussi mon Cabaliste ne voulut-il jamais convenir de ce que je lui proposois sur ce point. Gagnons premierement la question de fait, savoir que M. B. est l'Auteur du livre : après cela nous changerons de méthode sur la question de droit, c'est-à-dire, pour qualifier le crime comme il faut.

Ag. Vous me faites un peu revenir de ma surprise.

Ph. Mon Cabaliste me soutenant toujours, que si mon ami avoit fait l'Avis aux Refugiez, il ne le verroit de sa vie, & qu'il le croiroit coupable non seulement d'une imprudence prodigieuse, mais aussi d'irreligion ; je lui dis que son ami pourroit être comparé à ceux qui ont vêcu dans la Communion de Rome en bien criant contre les desordres qu'ils y apercevoient, & dont on peut voir les noms & les sentimens dans le Catalogue des témoins de la verité recueilli par Flaccus Illyricus ; qu'il y auroit seulement cette difference, que les témoins d'Illyricus n'ont pas pris le masque d'un Vaudois, ou d'un Albigeois, pour exhaler leurs plaintes ; & qu'enfin ceux qui traitent d'impie l'Auteur de l'Avis, pourroient bien tomber dans l'injustice des Jesuites envers Fra-Paolo, & dans celle de M. Arnaud envers Cyrille Lucar Patriarche de Constantinople.

Ag. Vous voilà bien versé dans l'Histoire depuis peu de jours : j'ai besoin que vous me développiez un peu ce que vous venez de dire.

Ph. Je puis vous satisfaire, tant je me souviens de la dispute de ces deux subtils Antagonistes dont je vous ai parlé. Vous saurez donc que les Jesuites, & nommément le Cardinal Palavicin, prétendent que Fra-Paolo a été impie & sans Religion, puisqu'outre son Histoire du Concile de Trente, qui est une Satyre de la Cour de Rome, il avoit un commerce de lettres avec plusieurs Protestans, qui ne sentoit guéres son Catholique Romain ; & qu'il demeuroit néanmoins dans son Couvent, & y faisoit tous les jours les fonctions de Prêtre. Et pour ce qui est de Cyrille Lucar,

M. Arnaud n'en dit guéres moins de mal, que les Jesuites en disent de Fra-Paolo, à cause que ce Patriarche de l'Eglise Grecque étoit Calviniste dans le fond de l'ame. Je ne prétens point justifier la conduite ni du Moine Venitien, ni du Patriarche Grec ; mais il me semble qu'il n'y auroit rien de plus temeraire, pour ne pas dire de plus injuste, que de les accuser de n'avoir crû ni en Dieu, ni en Jesus-Christ. Je passe plus avant, & je n'oserois même les condamner d'avoir foulé aux pieds les instincts de leur conscience ; car je

ne sai pas si leurs lumieres se sont étenduës jusqu'à leur montrer la necessité indispensable de sortir de l'état où ils vivoient. Je vous donne M. Claude pour mon garand : allons lire ce qu'il dit pour la justification de Cyrille.

» Je ne voi rien (g), dit-il, de plus temerai-
» re, que d'entreprendre de condamner des per-
» sonnes sur les mouvemens de leur propre con-
» science, lorsque ne les ayant ni vûës, ni en-
» tenduës, on n'en peut avoir qu'une connois-
» sance fort confuse & fort generale, comme est
» celle que M. Arnaud a de Cyrille ; car outre
» qu'on peut facilement se tromper, en s'ima-
» ginant qu'un tel ou un tel sentiment obligent
» en bonne conscience à une telle ou une telle
» action, si on ne va jusqu'à une consideration
» particuliere des circonstances, outre cela, dis-
» je, il se peut faire que cette obligation qui
» nous paroîtra forte & inviolable, n'aura pas
» paru telle à la personne dont il s'agira : ce qui
» suffit pour la decharger du crime d'avoir cho-
» qué sa propre conscience.

Ag. Comment vous servîtes-vous de tout cela contre l'ami de M. Bayle ?

Ph. J'en fis l'application en cette maniere. Je lui dis que s'il n'avoit point d'autre raison de croire son ami innocent, si ce n'est que l'Avis aux Refugiez est la production d'un impie, & que M. Bayle montre invinciblement par son sejour en Hollande qu'il est bon Huguenot, il n'avoit aucune raison de perseverer dans cette croyance, puisqu'il étoit plus possible que M. Bayle eût fait l'Avis aux Refugiez la conscience sauve, qu'il ne l'est que les témoins d'Illyricus, que Fra-Paolo & que Cyrille Lucar ayent agi en bonne conscience. Car on ne peut soupçonner qu'aucun avantage mondain le retienne parmi nous, au lieu que tous les autres avoient peut-être quelque raison d'interêt qui les retenoit dans leur Communion ; l'un un Bénéfice, l'autre la crainte des loix pénales, l'autre le Patriarchat, l'autre les dégrez d'honneur qu'il avoit dans la Republique.

Ag. Quelle réponse vous fit votre Antagoniste ?

Ph. Je trouvai que j'avois à faire à un homme qui ne démentoit pas son pays : il se défia de quelque piege, & ne me donna point de prise. Il soutint toujours que l'Avis aux Refugiez étoit un livre du dernier détestable, & par consequent qu'un homme qui faisoit voir comme M. Bayle par des preuves tout autrement difficiles à donner, que ne l'est d'être fort assidu au Sermon, (preuve de tout tems très-équivoque) qu'il a du zéle pour la Religion Reformée, n'est point capable de l'avoir fait.

Ag. Vous deviez alors prendre la dispute d'un sens contraire, & lui soutenir que son ami est sans Religion.

Ph. Je le fis aussi, & j'emportai une victoire complete, ce me semble.

Ag. J'en suis si persuadé que je vous renvoye à une autre fois pour m'en dire le détail.

Ph. Soit.

CINQUIEME ENTRETIEN.

Ag. Continuez s'il vous plait à me rendre compte de vos proüesses ; l'endroit où vous finîtes, m'est demeuré aussi exactement dans la mémoire, que si nous n'avions pas eu sur les bras les

(g) „ Reponse à M. Arnaud l. 3. ch. 12.

les converfations fur le Synode de Naërden depuis notre dernier Entretien.

Ph. Je déclarai à mon Cabalifte que puifqu'il ne vouloit point céder à mes raifons, je n'acquiefçois plus aux preuves du Proteftantifme de M. B. tirées du Chap. 10. 11. & 12. de la Cabale Chimérique : Qu'il étoit vrai que M. J. avoit eu le malheur de donner une fi méchante raifon pourquoi cet homme ne retourne pas en France : Qu'il n'avoit pû rien répliquer pour la foûtenir ; mais qu'il en avoit trouvées de meilleures depuis ce tems-là.

ont qui, Jurieu nt M. e retour-France.

Ag. Je ne me fouviens point de cette méchante raifon, qui eft bien pardonnable au grand Serviteur de Dieu, à caufe que fon zéle ne lui permet pas d'examiner patiament tout ce qu'il imprime. Vous me feriez plaifir de me l'indiquer.

Ph. C'eft qu'il a dit que la contrainte qu'on exerce en France contre ceux de la Religion, n'accommode pas M. Bayle. Il faut avoüer que cela ne convient point à ce Philofophe, s'il eft tel que M. J. le repréfente. Car cette contrainte confifte principalement en ce qu'on ne permet pas à nos freres de s'affembler pour prier Dieu d'un commun accord.

Ag. Je voudrois que M. J. eût répliqué quelque chofe. Car enfin demeurer muet dès qu'un Adverfaire vous répond, n'eft pas un agréable perfonnage, fi ce n'eft qu'on fe taife par un faint mépris.

Ph. Ne doutons pas qu'il ne s'y mêle quelque chofe de faint. Mais quand cela ne feroit pas, demeure-t-on muet, lorfqu'on invente de nouvelles raifons ? En voici que M. Jurieu a trouvées après coup. Il dit (a) que M. Bayle ne publieroit pas impunément en France des livres comme les Penfées fur la Comete, & le Commentaire Philofophique ; & qu'il s'eft dépeint lui-même dans la (b) page 598. où il touche les motifs qui peuvent engager un homme fans Religion à ne point quitter l'Eglife où il eft né. Je fis extrêmement valoir ces deux preuves, de forte que mon Cabalifte fuccomba fous le poids.

Ag. Il fe teut fans doute.

de Ber-é.

Ph. Point du tout. Au contraire il ne me donna jamais plus de verbiage qu'alors. Je ne vous en raporterai que le précis. Avez-vous lû*, me dit-il, les Oeuvres de Cyrano de Bergerac imprimées à Paris avec privilege du Roi ? Si vous les avez lûes, vous vous moquez à coup fûr de vôtre Heros, qui s'imagine qu'on n'obtiendroit pas en France la permiffion d'imprimer les Penfées de M. B. fur les Cometes. On lui gagera tout ce qu'il voudra, que fi l'on ôte de ces Penfées les endroits qui piquent la France & l'Eglife Romaine, on les fera imprimer dès demain à Paris avec privilege du Roi. M. le Fevre de Saumur n'obtint-il pas un privilege pour fa traduction d'un Traité de Plutarque, qu'il accompagna d'une Préface qui le mettoit entierement dans le cas où feroit M. Bayle après les retranchemens dont je parle ? L'Accufateur s'imagine-t-il qu'on eft en France fi jaloux de l'honneur des Egyptiens qui adoroient les fruits de leur jardin, qu'on fe faffe une Religion de les mettre au-deffus du fobre Epicure ? Quant au Commentaire Philofophique, a-t-il oublié ce qu'il a publié autrefois, que c'eft la production de quelques Miniftres fortis de France ? Mais furtout qu'y a-t-il de plus abfurde, que de fupofer

mentai-ophique.

avec M. Jurieu, d'un côté que M. Bayle n'a point de Religion, & de l'autre que l'envie de publier des Ecrits contre les Religions qui perfécutent, l'empêche de demeurer en France ? S'il étoit tel que fon Accufateur fait femblant de croire, peu lui importeroit que l'on contraignît, ou que l'on ne contraignît pas les Proteftans d'entrer dans l'Eglife : & pourvû qu'il fe vît à Paris de la Religion dominante, hors du péril d'être jamais perfécuté par les Proteftans, il laifferoit croire aux gens tout ce qu'ils voudroient fur le chapitre de la tolérance, fans que jamais la démangeaifon le prît de montrer qu'il faut tolérer les Hérétiques. Prenez bien garde à ceci, continua notre Cabalifte : M. Jurieu fupofe que M. Bayle eft ennemi juré de la Religion Proteftante, & qu'il renoncé néanmoins aux avantages qu'il rencontreroit dans le Papifme ; qu'il y renonce, dis-je, parce que dans le Papifme il ne pourroit pas publier des livres où il réfutât de toute fa force le droit de perfécuter que l'Eglife Romaine s'attribuë, & qu'elle a exercé depuis peu en France contre nous. Si vous trouvez du fens commun là-dedans, je veux dire dans cette penfée de M. J. je vous tiens capable de trouver de l'or dans une pierre. Car enfin, que la raifon pour laquelle un homme fait profeffion d'une Religion qu'il haït, & qui ne lui aporte aucune commodité temporelle, foit que dans une autre Religion où il pourroit faire quelque fortune, il ne pourroit pas publier des livres en faveur de la Religion qu'il haït, pour réfuter toutes les raifons que S. Auguftin & bien d'autres fourniffent aux perfécuteurs de cette même Religion ; c'eft ce qui tient du prodige : il faut pour croire cela de quelqu'un, que le fanatifme s'en mêle. Que fi l'on veut que M. Jurieu n'ait confideré dans ce Commentaire que l'impunité de l'ignorance invincible : & l'obligation de fuivre les inftincts d'une confcience erronée ; il fera toûjours abfurde de prétendre qu'on ne pourroit pas l'imprimer en France : & après tout, il feroit bien de ne toucher jamais à cette corde ; car on n'a qu'à le renvoyer à la (c) Préface du 4. tome du Commentaire Philofophique, & à la Lettre d'un Intolérant, pour rabattre fon caquet. S'il eft perfuadé que M. Bayle eft l'Auteur de cet Ecrit, ne cherchons plus la caufe de fon horrible déchaînement & contre le livre, & contre M. Bayle. Elle eft toute trouvée dans la (d) Préface du 4. Tome. Il y a là plus que crime irrémiffible.

Je viens, pourfuivit mon Cabalifte au paffage que M. J. cite des Penfées fur les Cometes, & je dis qu'il faut qu'il ait oublié fa dénonciation, & toutes fes fuites, puifqu'il trouve là que l'Auteur s'y eft dépeint. En effet, fi la dénonciation eft vraye, M. B. eft un efprit intriguant, il a de grandes vûës d'ambition ; il entre dans tous les fecrets de la Cour de France pour la paix prochaine, il fonge aux moyens de la rendre victorieufe de toute l'Europe. Rien n'eft plus éloigné du caractère répréfenté dans le paffage en queftion. Outre cela il ne s'agit point dans ce paffage d'un homme idolâtre de Loüis XIV. comme M. J. repréfente M. B. & vivant dans une gêne continuelle par raport à fon idolâtrie, comme le feroit M. B. s'il étoit tel que M. J. le dit. De-plus, il s'agit dans le paffage en queftion d'un homme qui fe tient inébranlablement au parti où il a été élevé, & M. J. ne ceffe dans tous fes libelles d'aprendre au Public que M. Bayle qui eft né Proteftant,

2

---

a demeuré trois ans parmi les Jésuites. Ce n'est pas ici le lieu de dire que cela est très-faux, & qu'on se moque du monde, quand on ose publier, comme a fait un des amis de M. Jurieu, que ce fait a été *prouvé évidemment* dans la piéce intitulée *Courte Revûe*; piéce annoyme où l'on produit deux ridicules extraits de lettre, sans faire savoir ni à qui ni par qui elles ont été écrites : ce n'est point ici, dis-je, le lieu de remarquer ces choses; mais vous voyez bien que votre homme se tuë de sa propre épée, pour me servir du proverbe des Latins.

Ag. Vous avez eu le bonheur d'embarrasser tellement ce Cabaliste, qu'il n'a pû se sauver de vos coups que par quelque quolibet.

Pourquoi M. Bayle, n'a pas mis en justice M. Jurieu.

Ph. J'attribuë cela à la bonté de notre cause. Nous nous séparâmes après qu'il eût répondu à deux demandes que je lui fis. D'où vient, lui dis-je, si M. B. est aussi innocent qu'il dit des crimes dont on l'accuse, qu'il n'a point eu recours à la Justice ordinaire, pour obtenir que sa partie fû déclarée convaincuë de calomnie ? Son ami me répondit, 1. Que M. B. ayant offert de se constituer prisonnier avec M. J. c'étoit à celui-ci à le prendre au mot. 2. Que dès-là que les sollicitations & les poursuites de l'Accusateur auprès des Puissances, ne produisent aucun effet contre M. B. l'honneur & l'innocence de celui-ci demeurent assez hors d'atteinte, pour qu'il ne soit pas besoin d'obtenir une réparation en forme. 3. Que le compte que lui, ou ses amis ont rendu ou rendront au Public de l'état de l'accusation par la Cabale Chimérique, par la Lettre sur les petits Livres, par la Déclaration contre la *Courte Revûe*, par la Lettre sur le Différend, par la Chimere démontrée, &c. a dû suffire à un Accusé qu'on avoit traduit au Tribunal du Public. 4. Qu'un jugement de rigueur contre des calomnies de la nature de celles-ci, ne pouvant qu'enfermer (*e*) peine corporelle, M. B. ne l'a point dû espérer, & ne l'a point (*f*) même souhaité; & qu'une sentence de ménagement n'est pas non-plus une chose qu'il ait souhaitée, ni qu'il ait dû souhaiter.

Ag. Passons vîte, s'il vous plaît, à l'autre question que vous fîtes au Cabaliste.

Ph. Est-il vrai, lui dis-je, que Mr Bayle faisant le Philosophe,

Quid Próceres, vanique ferat quid opinio vulgi Securus, ...

eût résolu de ne rien répondre aux Factums de sa partie, non qu'il ne prétende avoir dequoi les réfuter pleinement ; mais parce qu'il ne croit pas que le genre humain vaille la peine d'être détrompé : j'apris de mon Cabaliste que cela étoit faux, & que M. Bayle ne juge pas ainsi du monde ; qu'il souhaite non seulement de justifier sa conduite à ceux de qui il dépend; mais aussi aux autres, & qu'on verra bien-tôt ce qu'un de ses amis a répondu aux prétenduës Convictions ; qu'à la vérité il possede assez son Manuel d'Epictete, pour savoir qu'il ne faut point faire dépendre la tranquillité de sa vie du jugement d'autrui, & qu'il n'y a point de plus dure servitude quede s'assujet-

Lucien cité.

tir au caprice des opinions populaires ; mais qu'il croit pourtant qu'on ne doit rien négliger pour confondre les calomniateurs, afin que ceux qu'ils trompent ne puissent imputer leur erreur qu'à leur téméraire crédulité. Il me pria de lire le Traité de Lucien sur la calomnie, où l'on voit qu'un Roi d'Egypte pensa faire mourir un fameux Peintre qu'un autre Peintre avoit accusé de crime d'Etat ? L'accusation fut proposée hardiment & avec bien des circonstances. Le Prince transporté de colere ne considéroit ni l'intérêt que l'accusateur avoit à la perte de son rival par jalousie de métier, ni le genre de vie du prétendu Conspirateur, qui le mettoit hors d'état de ménager le soûlevement des Provinces : il n'écoutoit que sa prévention ; mais la Providence de Dieu sauva l'innocent. Allez lire ce Traité tout à l'heure, si vous m'en croyez, poursuivit le Cabaliste, & vous verrez que M. J. n'est pas le premier qui a choisi plûtôt ses amis, que des personnes indifférentes, pour l'objet de ses dénonciations. C'est un artifice dont on s'est servi de tout tems pour rendre (*g*) plus vraisemblable la calomnie, & pour couvrir sa passion sous le masque d'un grand zele du bien public. C'est trafiquer de ruptures en habile *Maquignon de la parole de Dieu*. Vous y verrez surtout, que Lucien a foudroyé plusieurs siecles avant qu'elle fût au monde, la Requête que M. Jurieu a présentée à Messieurs les Bourguemaîtres de Rotterdam, moins surprenante pour l'horrible calomnie qu'elle contient, (savoir que M. B. a traité dans sa Cabale Chimérique *les Princes qui ont secoué le joug du Papisme, de scelerats & d'assassinateurs, & dit plusieurs choses infamantes contre la Reformation*) que pour l'espérance que le supliant y fait paroître qu'il lui sera permis d'écrire contre M. B. sans qu'il soit permis à celui-ci de rien écrire pour sa justification. Peut-on faire un affront plus sanglant à des Magistrats, que de les croire capables d'une injustice si inoüie ?

Requête de Jurieu aux [Bour]guemaît[res de] Rotterdam.

Ag. Lui promîtes-vous d'aller lire incessamment ce Traité de Lucien ?

Ph. Bon : j'ai bien à faire de ce que peut avoir dit ou pensé un profane tel que celui-là. J'aime mieux aprendre par cœur l'Apologie que M. J. vient de publier, où il rend raison de sa conduite au Synode.

Ag. Je l'ai déja lûë trois fois d'un bout à l'autre, & je ne prétens pas me coucher aujourd'hui sans la relire. J'y trouve plus de marques de son zéle extraordinaire que dans tous ses autres Ecrits. J'y vois clairement que son zéle est de la nature du feu, c'est-à-dire qu'il a besoin d'un aliment continuel : mais au lieu que le feu ne cherche pas son aliment, & ne fait que le prendre quand on le lui donne ; le zéle de M. J. cherche sa pâture partout, & découvre partout des hérésies & des hétérodoxies. Il est à cet égard d'un meilleur nez & d'une meilleure vûë que ne l'étoit Saint Ambroise, selon (*h*) M. Daillé, à l'égard des Reliques.

On le compare à S. Ambroise.

Ph. Il est vrai qu'il représente notre Eglise sous une figure bien laide. Je tremble de peur, quand je pense à cette multitude de Théologiens gâtez & infectez dont il nous parle, & qui semez dans tous les lieux de notre dispersion, travaillent

pres-

(*e*) *Qui cadis rerum accusaverit, neque damnaverit, ipse puniatur*, disent les loix Romaines. Or il y a ici accusation pire que de meurtre.

(*f*) „Cabale Chimérique, p. 96. de la 1. édit. & 110. „ de la 2. & ci-dessus p. 651. 1. col. de ce Tom. I I.

(*g*) *Nam ei accusationi non habetur fides, cujus manifesta est causa : verum eos qui videntur amici potissimum aggrediuntur, optantes suam erga auditores benevolentiam indicare, quod in ipsorum commoda neque familiarissimis parcant.* Lucian. de non temere credendo calumniæ, c. 13.

(*h*) *Prasul quo nemo fuit in odorandis ac cernendis sub terra quantumvis alta Reliquiis sagacior & accutior.* Dallæus de object. cult. relig. l. 4. c. 23.

presque la tête levée à la propagation de leurs héréfies.

AG. Vous n'êtes pas le feul à qui cela jette de grandes allarmes dans l'efprit, foit à caufe du danger de la contagion, foit à caufe de la crainte que nous ne devenions odieux à nos freres qui nous ont recueillis fi cordialement, & l'objet de mille infultes dans les Ecrits de nos Adverfaires. Je ferois peut-être des plus inquiets, fi un habile homme ne m'eût raffuré, en me difant que l'Homme de Dieu a un zele fi délicat, fi tendre, fi fenfible, que les plus petits maux lui paroiffent des monftres, pour l'extirpation defquels il ne faut rien négliger.

PH. Cet habile homme croit donc que le mal n'eft pas confidérable, mais qu'il le paroît feulement à M. J. à caufe de l'amour immenfe qu'il a pour la vérité. Cela érant, il faut être bien critique, pour le blâmer des chaudes allarmes qu'il donne au Public. Car quand même il ne jugeroit pas que le danger eft preffant, il faudroit lui favoir gré de la peur qu'il nous en fait par une fainte & pieufe politique.

AG. Je voudrois que tout le monde en jugeât ainfi, & vos paroles me font fonger à un caractere merveilleux que je trouve dans le zele de M. Jurieu: c'eft qu'encore que ce zéle foit des plus fervens, il ne laiffe pas de fuivre les routes d'une fine politique. Car qu'y a t-il de plus adroit, que de repréfenter fes Adverfaires comme coupables des plus dangereufes héréfies, & que de faire peur de leur nombre, & de leurs complots? C'eft ainfi que les Jéfuites, après que M. Arnaud eût publié le livre de la fréquente Communion, prêcherent & imprimerent avec des vacarmes effroïables, qu'on avoit confpiré contre l'Eglife, & que jamais il n'avoit été plus néceffaire d'aller au-devant du mal. On a par ce moïen de beaux prétextes de fe fervir d'un ftile tout-à-fait injurieux; l'on fe rend néceffaire, l'on fe fait regarder des peuples comme des gens fufcitez de Dieu pour foûtenir la vérité.

PH. Si je vous ait fait fonger à une chofe, vous me faites fonger à une autre. Il y a des peuples fi bouillans, que fi on ne les occupe pas à des guerres étrangeres, ils en excitent de civiles. Ne peut-on pas dire que M. Jurieu eft zélé de cette maniere? A préfent qu'il ne lui refte plus rien à dire contre les ennemis de dehors, il faut qu'il fe tourne vers les ennemis de dedans, il faut qu'il les cherche dans le fein de l'Eglife, & qu'il y en trouve, quand même il n'y en auroit point: autrement il faudroit demeurer les bras croifez, & fon zele ne s'accommode pas de l'inaction.

AG. Je vous loüe de n'avoir pas ajouté foi à ce que difent les Cabaliftes, que M. Jurieu n'a fait encore qu'efcarmoucher & que carabiner contre les Sociniens; & qu'ayant entrepris d'écrire contr'eux, quoiqu'on le lui déconfeillât, n'étant pas bon, lui difoit-on, que ces marieres foient traitées en langue vulgaire, il a interrompu fon travail où il étoit le plus important de le pourfuivre: de forte, difent-ils, que s'il l'a commencé mal à propos, il l'a difcontinué plus mal à propos encore. Au moins eût-il dû tirer raifon du démenti que les Armeniens lui ont fait donner publiquement par un de leurs (i) Profeffeurs. Je vois avec plaifir que ces fortes de difcours n'ont fait aucune impreffion fur votre ame. Mais vous me faites fouvenir d'une autre chofe. Je me repré-

fente à l'heure qu'il eft le Maréchal de Biron craignant la fin des guerres civiles, & cet autre Maréchal qui demandoit fi l'on feroit affez fou pour laiffer prendre la Rochelle. Les Grands ne font pas bêtes, quand ils penfent ainfi. On a befoin d'eux durant les troubles. Ils font alors les importans & les néceffaires, on n'ofe examiner de près leurs faures; au lieu qu'en pleine Paix on les renvoïe planter des choux dans leurs jardins.

PH. Voudriez-vous inférer de là, qu'un Miniftre armé d'un grand zele n'aime point le calme dans l'Eglife, crainte que fes armes manquant d'occupation ne s'enrouillent, ou qu'il ne foit plus regardé avec le refpect que l'on a pour un Chef de parti, & que pour cette raifon il . . . .

AG. N'aprofondiffons pas trop ces myfteres. Contentons nous de favoir qu'encore que les Cabaliftes euffent raifon dans le mauvais tour qu'ils donnent à la conduite du grand Serviteur de Dieu. la Providence ne laifferoit pas de faire fon œuvre aujourd'hui, & d'arriver à fes fins comme autrefois par les fraudes de Jacob & par les violences de Jofué, felon la doctrine de M. Jurieu. Ainfi fongeons au deffein dont nous parlâmes il y a quelque tems, je veux dire à l'érection d'une Charge extraordinaire en fa faveur: & puifque nous n'avons point de Chapeaux de Cardinal à donner à ceux qui défendent notre caufe, donnons-leur quelque privilege dont les Bellarmins & les Baronius n'ayent pas été gratifiez par la Cour de Rome.

PH. Spécifions clairement & nommément, que M. Jurieu ait comme une rente viagere la prérogative de ne lire les Ecrits de fes Adverfaires, que dans l'efprit qu'il a lû la Cabale Chimérique, c'eft-à-dire non pas pour y chercher s'il lui eft échapé quelque menfonge dont il doive faire fatisfaction, ou fi on lui reproche quelque défaut dont il doive fe corriger; mais pour y chercher feulement les moyens de perfifter dans fes premieres opinions.

AG. Enchériffons fur le privilége que l'Auteur des Remarques générales lui donne, que pourvû que de 25. accufations il en puiffe prouver une, le Public le doit remercier de fa vigilance; & difons qu'il ne fera pas même befoin qu'il en prouve une, pour mériter un Panégyrique.

PH. Suplions très-humblement nos Puiffances, de lui accorder ce qu'il prétend lui apartenir: c'eft premierement, que ceux qu'il calomniera, & qui maintiendront leur innocence de la maniere qu'a fait M. B. mériteront malgré leur innocence toute forte de châtimens: fecondement, qu'il lui fera permis de leur répliquer tant qu'il voudra, mais qu'il leur fera fait défenfe de rien écrire contre lui.

AG. Je ne touche pas au privilege de fe contredire; car il en fera bientôt poffeffeur de bonne foi par voye de prefcription: mais je trouve qu'on doit ratifier par édit la Maxime qu'il avance dans fon Apologie: *que c'eft une étrange prévention, de prétendre anéantir fon témoignage par la negation de ceux qu'il accufe.* Il faut deformais que le monde foit fur un autre pied par raport à M. J. & qu'encore que dans les fiecles précédens on ait regardé comme deux chofes en équilibre, l'affirmation d'un Accufateur & la négation d'un Accufé, on établiffe une nouvelle Jurifprudence en faveur de

ce

(i) Par Mr le Clerc, dans une Lèttre, intitulée, Lettre à Mr. Jurieu. Sur la maniere, dont il traite Epifco-

pius, dans fon *Tableau* du Socinianifme.

ce grand Zélateur, attendu que celui qu'on accuse *n'a pas d'autre voye de se justifier que de nier, & qu'il a un interêt visible & sensible à la négation.* Avec cette belle Maxime on eût bien fermé la bouche à Julien l'Apostat; & c'est dommage que celui qui lui représentoit, *que s'il suffisoit de nier, personne ne seroit coupable,* & auquel il répondit, *que s'il suffisoit d'accuser, personne ne seroit innocent,* ne l'ait point sçûë. Qu'est-ce que cet Empereur qui se piquoit de tant d'équité, eût pû repliquer ?

PH. N'alleguons point, je vous prie, cette raison; car elle fonderoit un droit general, dont vous & moi nous trouverions mal peut être dans quinze jours, si un faux témoin nous venoit accuser de quelque crime. Il représenteroit aux Juges, que notre négation devroit être comptée pour rien, *vû l'interêt visible & sensible que nous aurions à nier;* au lieu que lui honnête homme n'auroit d'autre interêt que celui de la justice.

AG. Aussi vous ai-je dit, n'ignorant pas ces fâcheuses suites, que je ne souhaitois cette nouvelle Jurisprudence qu'en faveur de M. J.

PH. Je ne vois qu'un seul inconvenient dans nos projets : c'est qu'il paroît que ni nos Souverains ni nos Synodes ne sont pas trop disposez à faire ces merveilleuses exceptions pour lui.

AG. Cela est bien fâcheux, & je crains bien, malgré tout ce que nos bons amis nous disent, qu'il ne soit vrai, comme le bruit en court parmi les Anti-Jurieus, qu'il a reçu ordre d'enhaut de ne point toucher à certaines affaires dans le Synode, pour lesquelles il avoit fait des préparatifs.

PH. Il ne faut pas croire ce que ces gens-là débitent. Croyons seulement ce qui est indubitable, c'est que s'étant mis en marche de fort bonne heure pour se rendre au Synode, il a été contraint de revenir sur ses pas pour apprendre les intentions de nos Souverains par la bouche de Monsieur le Grand Pensionnaire, & que le Synode n'a rien dit de ces certaines affaires.

AG. La mortification est grande; mais ce n'est pas la seule qu'on a fait avaler au Serviteur de Dieu. Il n'a pû obtenir de la Compagnie la faveur qu'il demandoit d'y avoir voix décisive; & il lui a falu écouter la lecture de l'instruction que quelques Eglises ont envoyée au Synode pour faire condamner plusieurs de ses propositions, & vous savez que le voilà *in reatu* & comme sur la sellette. Car le Synode vient d'ordonner que tous les Pasteurs qui trouveront dans les livres de M. J. quelque doctrine condamnable, pourront envoyer leurs griefs, aux Eglises qu'on appelle Synodales, lesquelles lui en donneront communication, sans nommer personne, afin qu'il prépare ses défenses, & que le prochain Synode prononce sur tout.

PH. Sans mentir, c'est un changement de scene fort desagreable, mais qui n'est pas nouveau. On a toujours vû que ceux qui ont attaqué tout le monde, se sont fait enfin des affaires avec tout le monde. Si la main d'Ismaël devoit être contre un chacun, les mains d'un chacun devoient être aussi contre Ismaël, selon la prophetie de l'Ange.

AG. M. J. a été préservé si long-tems de la peine du talion, que peut-être n'y a-t-il point dans la mémoire de Plutarque, lorsqu'il fit un livre *de sera Numinis vindicta,* sur la lenteur de la justice divine, aucun exemple plus admirable d'une longue impunité. Car enfin, trouver bon nombre d'Auteurs qui endurent patiemment des injures aussi piquantes que celles de M. J. est

quelque chose de plus singulier, que de voir que la Providence divine differe long-tems la punition des scelerats. Le genre humain n'eût guéres duré, si la justice divine étoit aussi prompte à punir le mal, que les Auteurs sont prompts à se vanger des injures qui sont faites à leurs livres. Ainsi on ne sauroit assez admirer la patience de tant d'Auteurs que le grand Serviteur de Dieu a maltraitez.

PH. Vous en parlez comme si personne n'avoit écrit d'une maniere outrageante contre lui, & vous êtes bien dans l'erreur, si vous vous imaginez cela.

AG. Je ne suis point dans cette erreur : je sai qu'il y a eu des Auteurs mal-endurans à son égard; & je suis encore tout indigné contre M. Simon, qui a paru si sensible au coup de foüet que M. J. lui donna en passant pour se delasser de ses travaux prophétiques. Le coup fut rude, & montra visiblement que l'enthousiasme ne diminue point les forces du bras : mais celui qui le reçut s'en est vangé d'une maniere si dure, que (je le dis & je le repete) j'en suis encore tout indigné. J'aurois mieux aimé qu'il eût fait servir à sa vangeance l'Alphabet des fautes qu'il prétend avoir remarquées dans les ouvrages de M. Jurieu. Je sai aussi que de fort mal-honnêtes gens ont écrit à leur maniere contre lui : mais après tout, j'admire la patience de tant d'autres, l'honnêteté de plusieurs Catholiques Romains à son égard, & le silence de nos freres, les Spons, les Allix, les Merlats, les Colomiez, &c.

PH. Vous devriez encore plus admirer la patience du Baron d'Aubonne, le fameux Tavernier.

AG. Il n'a pas été aussi patient que vous le croyez : il s'est vangé d'une maniere bien terrible.

PH. Comment donc ? Vous me dites-là une chose que je ne savois pas.

AG. Si vous aviez été en ce pays comme moi, quand il y passa, vous n'ignoreriez pas la chose. Il y passa quelque tems après que l'esprit de M. Arnaud eût paru, & il jetta feu & flamme, quand il vit la situation où il étoit dans ce livre. Il disoit même qu'il vouloit s'en plaindre au Consistoire de Rotterdam; mais il ne le fit pas : il se contenta de déclamer contre M. J. & de dire grossierement cent choses contre sa reputation. Les Caffez & les Cabarets d'Amsterdam, la place du Dam même, retentirent de ses vacarmes; il en fatiguoit tout le monde dans les Barques & dans les Cabarets partout où il passoit. Je vous avoüe ma foiblesse,

Je suis un composé d'atômes très-bourgeois :

pour rien du monde je ne voudrois qu'on dît de moi, ce que Tavernier disoit hautement de M. Jurieu. Encore un coup, sa vangeance a été terrible. Il est vrai qu'elle n'a consisté qu'en paroles, qui ne durent pas comme font les livres : & c'est toujours une consolation.

PH. Vous me rassurez par ces derniers mots; je craignois que quelque esprit satirique n'eût prêté sa plume au Sieur Tavernier contre l'esprit de M. Arnaud : mais puisqu'il s'est contenté de parler, je le mettrai, ne vous en deplaise, au nombre de vos Auteurs patiens.

AG. Vous en ferez ce qu'il vous plaira, mais j'ai bien peur que notre Heros ne porte tout à la fois la peine de ses invectives, & qu'il n'éprouve ce que les Payens disoient de la Déesse Némesis, qui présidoit, selon eux, aux châtiment. Ils di-

disoient (k) qu'elle ne reculoit que pour mieux sauter, & qu'elle se faisoit païer avec usure le principal & les arrérages. Ses ennemis l'attendront sur son arriere-saison, & fondront sur lui de toutes parts pour l'accabler. Il auroit bien mieux valu que la peine du talion eût été distribuée par années, ou par quartiers, ou par semestres. Vous verrez qu'elle n'aura dormi dix ou douze ans, que pour le venir surprendre tout à coup avec des forces plus nombreuses & plus formidables: Dieu sur tout.

Ph. Vous vous moquez de moi avec ce sommeil de dix ou douze ans. Je vous soûtiens qu'il ne s'est point passé d'année depuis que M. J. fait tant imprimer de livres, qu'on n'en ait publié contre lui. J'avoüe que l'année courante est à cet égard la plus fertile qu'il ait passée: mais la moisson des trois ou quatre années précédentes n'avoit pas été mauvaise. *On me disoit l'autre jour, qu'un certain M. Coquelin a écrit à Paris contre lui d'une maniere si outrageante, qu'il a bien montré que pour donner de bons coups de foüet aux gens, il n'est pas besoin d'être nouveau sorti d'une extase prophétique, comme M. J. l'étoit quand il en donna un en passant au P. Simon. Savez-vous ce que c'est?*

Ag. Non: mais si vous m'aviez demandé des nouvelles d'un Ecrit de M. Pellisson contre notre Héros, j'aurois pû vous en donner.

Ph. Vous parlez sans doute des Chimeres de M. Jurieu. Je n'ay besoin de personne pour savoir que c'est un livre d'autant plus choquant & désolant, qu'on y affecte beaucoup de modération. Je l'ai lû avec un mortel chagrin, tant il me sembloit que le nouveau Commentaire sur l'Apocalypse y est tourné en ridicule.

Ag. Quand ce sont des Papistes qui maltraitent M. Jurieu, je ne m'en chagrine pas: mais ce qui m'a percé le cœur, c'est de voir que M. Poiret n'a pas un(e) de la patience de tant d'autres qui avoient été soudroiez avant lui. Vous savez que c'est un homme de la plus haute spiritualité, vivant comme un Anachorete, détaché des sens & de la matiere, Théologien fort mystique, & qui dès ce monde s'éleve le plus qu'il peut au-dessus de la voïe purgative pour marcher dans l'illuminative, & dans l'unitive. Il est fâcheux qu'un tel homme qui n'a point renoncé au caractere de Ministre, quoiqu'il n'en fasse point les fonctions, n'estime pas M. Jurieu, & n'en dise pas du bien; & qu'il apelle ses Lettres Pastorales, *des (l) saintes babioles*: plus fâcheux encore, qu'en lui répliquant il l'ait traité de calomniateur, & qu'il l'ait même raillé.

Ph. Ah, que me dîtes-vous-là! M. Jurieu raillé par M. Poiret? A quel propos, je vous prie?

Ag. M. Jurieu s'étoit avisé de traiter de Visionaire la Demoiselle Bourignon, & de dire que M. Poiret s'étoit jetté entre le bras de cette femme. On lui répondit que cette expression étoit burlesque, & indigne *de la gravité d'un vieux Théologien qui fait profession d'écrire des Traitez de Dévotion*: qu'on ne s'étonneroit pas qu'un autre que M. J. accusât Madlle. Bourignon de débiter *mille visions paradoxes & mille songes creux; mais que lui, lui qui sait bien qu'il passe partout pour un des plus grands Visionaires de l'Europe, ose faire à d'autres ces sortes de reproches, c'est com-*

me le Charbonnier qui appelloit le Meûnier, noir. On le fit souvenir du tems (m) qu'il se glorifioit, *que le Calvinisme a du mépris pour les visions, & de l'horreur pour toutes les révélations modernes; de sorte, disoit-il, qu'il nous suffit que quelqu'un nous vienne parler de ses visions, quelque sage & saine qu'il soit d'ailleurs, nous lui conseillons de se faire purger & saigner, & de consulter ses Médecins.*

Ph. Ne m'en dites pas davantage: je comprens assez que M. Poiret mit cruellement M. Jurieu aux prises avec lui-même, en lui citant les éloges qu'il a donnez aux visions & aux révélations de Christina Poniatovia, de Cotterus & de Drabicius: à quoi on peut ajouter les Pastorales sur la Bergere de Cret, & sur les petits Prophetes du Dauphiné.

Ag. Je ne suis pas aussi choqué des railleriés de M. Poiret, que de l'accusation de calomnie qu'il intente à M. Jurieu: car un tel reproche venant d'un homme qui vit en odeur de sainteté est de conséquence, & on ne peut pas le faire d'un air plus assuré qu'il le fait. *A qui pense-t-il persuader, dit-il en parlant de cet Homme de Dieu, qu'on le doive croire, lorsqu'il fait profession de faire les portraits de ceux qu'il prend pour objets de sa passion? Ignore-t-il que toute la terre ne sache qu'il n'y a personne à l'abri de ses medisances; & a-t-il oublié combien de fois on lui a reproché publiquement d'avoir imputé cent faussetez de fait à ceux qu'il entreprend? On sait si bien ce que vaut son témoignage en ces sortes de reproches, qu'il ne seroit pas nécessaire d'en faire voir la valeur par quantité de semblables faussetez qu'il impute à Mademoiselle Bourignon. . . . Mais parce qu'il ne sera pas mauvais pour plusieurs raisons que l'on connoisse toûjours mieux l'esprit de M. Jurieu, qui est si empressé à faire connoître les esprits des autres, & qu'en voici une occasion qui n'y contribuera pas peu, je suis d'avis de ne la pas laisser échapper.* Là-dessus il se met à le convaincre de plusieurs calomnies, à ce qu'il prétend.

Ph. M. Jurieu n'a-t-il pas fait voir à Monsr. Poiret qu'il n'avoit rien avancé contre lui qui ne fût vrai.

Ag. Non, de-peur sans doute que le Public ne lui fît un crime d'emploïer son précieux tems à ces sortes de Répliques. Je vous avoüe que si j'osois critiquer quelque chose dans la conduite de ce grand Serviteur de Dieu, ce seroit qu'il a trop négligé de répondre à ceux qui ont prétendu l'avoir convaincu de faux. Il me semble qu'il auroit dû être sensible à cela, surtout puisqu'il a pû remarquer qu'ayant eu des ennemis dans toutes sortes de Communions, ils se sont tous accordez à l'accuser d'être un menteur & un calomniateur.

Ph. Cette conformité d'accusation m'a fait quelque peine. J'aurois voulu qu'il eût possedé tous les avantages que doit avoir un Pasteur de l'Evangile. Or jamais homme n'a eu moins que lui ce que S. Paul exige de l'Evêque, c'est *qu'il ait bon témoignage de ceux qui sont de dehors.* Quel chagrin n'est-ce pas pour tous les fidelles, qu'on dise hautement à Paris que M. Jurieu *décrié comme il est jusques parmi ceux de son parti, surtout depuis ses nouvelles Prophéties,* N'EST PROPRE QU'A FAIRE DOUTER DES CHOSES MEME LES PLUS VRAYES QU'IL POURROIT AVANCER?

Ag

(k) *Lento gradu ad vindictam sui divina procedit ira tarditatemque supplicii gravitate compensat.* Val. Maxime, liv. 1. Ch. 1.

(l) Poiret, Rép. à la Critique de M. Jurieu, p. 181.
(m) Réponse à Maimb. 1. part. ch. 6.

Ag. Au moins lui rend-on bon témoignage du côté de la science.

Ph. Non pas tant que vous croyez. Il parut en 1687. une Lettre sous le nom de quelques nouveaux Convertis de France, qui donnent avis à M. Jurieu que les Papistes *croyent que ses Lettres Pastorales ne peuvent servir qu'à entêter les femmes & les ignorans, & qu'on y voit des preuves évidentes d'une ignorance profonde dans l'Histoire Ecclésiastique.* J'ai lû dans une Critique des mêmes Lettres Pastorales, *que ce qui passe toute imagination, c'est que M. Jurieu ait la hardiesse d'entrer dans l'examen de l'Antiquité Chretienne en la connoissant si mal, puisqu'il est évident qu'il n'a porté sur cela que des lumieres très-mediocres, qu'il n'a là-dessus qu'une science vulgaire, & qu'il ne debite à ses fidelles que le jargon le plus commun de ses chaires, avec quoi lui & ses Confreres étourdissent leurs auditeurs par la repetition éternelle de quelques passages tronquez des anciens Peres, qu'on a ramassez dans les landes & parmi les broussailles des Controversistes.*

Ph. Nous n'avons rien dit de la dureté qu'on a eüe pour les deux Députez de nos freres d'Angleterre, qui n'ont pû être admis au Synode.

Ag. Ne m'en parlez pas, je ne puis y songer que la larme à l'œil. Que de frais, & que de démarches inutiles, après s'en être promis tant de merveilles ?

Ph. On m'a dit qu'il y a des endroits dans les livres de M. J. qu'on ne pourra s'empêcher de condamner, quelque ménagement qu'on veuille garder pour sa réputation. Dieu lui fasse la grace de se soûmettre humblement & saintement à la censure de ses Supérieurs, & de ne s'aviser pas de décrier les Synodes Wallons, comme il a décrié ceux de France dans l'Esprit de (*n*) M. Arnaud, où il a dit, qu'ils étoient composez *pour la plûpart de jeunes gens indiscrets, de faux freres, d'Anciens qui souvent ont des intérêts mondains qui leur sont beaucoup plus chers que les intérêts de la Religion.*

Ag. A-t-il dit cela en général de tous les Synodes de France ?

Ph. C'est comme s'il l'avoit dit de tous, puisqu'il s'est servi de cet argument pour réfuter le Prêtre Soulier touchant le prétendu Acte du Synode de la Basse Guyenne: car dans quelque autre Synode que Soulier eût prétendu que cet Acte eût été dressé, M. J. lui eût opposé la même raison; & il se fâcheroit fort, si quelqu'un osoit l'accuser d'avoir appuïé son argument sur quelque chose de particulier au Synode de la Basse Guyenne.

Ag. Il se fait tard, je vais vous quitter, il faut que je parle à M***. avant qu'il se mette à table.

Ph. Quoi, nous nous quitterions sans dissiper par quelque réflexion agréable le nuage que les matieres fâcheuses dont nous venons de parler ont excitée dans notre esprit. Je m'y oppose: parlons un peu de l'Avis aux Réfugiez; dédommageons là notre zelé Dénonciateur. Ayez au moins la patience d'écouter comme quoi je confondis mon Cabaliste sur ce sujet.

Ag. Abrégez le plus que vous pourrez, nous y reviendrons un autre jour s'il est nécessaire.

Ph. Je lui fis avoüer que de quelque côté que M.B. se tourne, qu'il ne sauroit nous échaper. Car comme nous avons tiré une preuve contre lui, de la colere qui a paru dans son stile, nous en eus-

(*n*) Tome 2. p. 245.

sions tiré une autre de sa modération, puisque s'il s'étoit servi d'un stile respectueux pour M. J. nous en eussions inféré qu'il le ménageoit, afin de le porter à ne pas pousser l'affaire. Si M. Bayle n'eût rien répondu, ou s'il se fût contenté d'une simple négative, nous eussions pris cela pour une marque de crime, comme nous prenons aujourd'hui pour une telle marque l'Ecrit qu'il a publié. S'il eût dit beaucoup de mal de l'Avis aux Réfugiez, nous eussions pris cette conduite pour une affectation suspecte. Trop de précaution est une ruse, eussions-nous dit cent fois le jour. Mais parce qu'il ne s'est point déchaîné contre ce libelle, nous prétendons qu'il en faut conclure, qu'une tendresse paternelle lui a inspiré ce ménagement. Si l'edition de Paris n'eût donné aucune prise à M. Jurieu, nous en eussions tiré une preuve convaincante des grandes liaisons de M. B. avec la Cour de France, & du soin extrême qu'on y prend d'empêcher qu'il ne nous soit suspect. Quand nous avons vû que cette édition a été tellement conduite, qu'il faut ou qu'elle n'ait jamais eu aucun raport à son affaire, ou qu'on ait eu plus d'envie de le desservir, que de le servir, nous n'avons pas laissé d'en conclure que c'est un mystere qui le regarde. Si l'édition s'acheve, nous en conclurons que son crédit est grand en ce pays-là. Si elle ne s'acheve pas, nous dirons néanmoins que son grand crédit a été cause qu'on l'a commencée. S'il ne réfute point l'Avis aux Réfugiez, nous dirons que c'est à cause qu'il en est l'Auteur; mais s'il le réfute, nous dirons que ce n'est pas une chose rare qu'un Auteur soûtienne le pour & le contre, & qu'il se critique lui-même. L'Auteur des Nouveaux Dialogues des Morts, & celui de l'égalité des deux sexes l'ont bien fait par plaisir il n'y a pas bien long-tems, pourquoi ne le feroit-on pas pour repousser les dénonciations de M. Jurieu ? Si M. Bayle ne réfute pas l'Avis, nous dirons qu'il craint de desobliger la Cour de France, qui pourroit nous révéler tout le mystere: mais s'il le réfute, & cela d'une maniere forte & victorieuse, nous dirons qu'il a dispense secrete de souffler le chaud & le froid, & de se revêtir de toutes sortes de masques, afin de continuer son Agence en ce pays-ci. Vous voyez manifestement, dis-je alors à mon Cabaliste, que votre ami ne nous fera jamais démordre de ce qui a été une fois publié contre lui, quoiqu'il fasse & quoi qu'il dise. Vous avez raison, me répondit-il.

Ag. Je vous félicite de votre triomphe. Vous réduisîtes au moins une fois votre Adversaire à ne vous contredire point. Pour moi si j'avois le malheur de regarder, sans y prendre un grand intérêt, la dénonciation de M. J. je trouverois, ce me semble, que ses Lettres de Paris la renversent. Eût-on arrêté la seconde édition à la 3e. feuille, si on avoit eu dessein de tirer d'affaire M. Bayle par le moyen de cette édition ? Cela est contre toute sorte d'apparence. Mais il est très-apparent que ceux qui avoient entrepris cette édition sans songer à lui, l'ont discontinuée à cause de lui, c'est-à-dire afin de fomenter la querelle & le rendre suspect, & de l'exposer de telle sorte à la médisance, qu'on pût se promettre que le dégoût lui feroit prendre la résolution de s'en aller à Parys. Or tout cela est incompatible avec le Factum de M. J. Voilà le jugement que je ferois, s'il s'agissoit d'une dispute entre deux Mahométans : mais mon attachement aux intérêts de M. J. me donne d'autres lumieres, & je dis comme vous,

que

que les Cabalistes feront & diront ce qu'il leur plaira, ils ne me feront jamais changer d'opinion.

PH. Ces Messieurs sont plaisans avec leur esprit Philosophe: ils veulent demeurer dans la profession exterieure d'une Religion, & s'opposer néanmoins aux Maximes des plus zélez de leurs freres. Cela ne leur réussira point. Qu'ils se souviennent que le grand Erasme, en comparaison duquel ils ne sont que de petits Classiques, a été déchiré par toutes sortes de médisances, & traité de libertin, de profane, de Pytrhonien, d'impie, d'Athée, parceque d'un côté il vouloit écrire fort librement contre les abus de l'Eglise Romaine, & condamner de l'autre la maniere dont Luther les reformoit. Si Erasme qui composoit tant de Livres, où l'on voyoit une si solide pieté, & une morale si Evangelique, étoit néanmoins accablé de tous côtez par des libelles satyriques, comme un homme sans Religion, des gens si au-dessous de lui, & qui ne font pas des livres pieux, n'ont-ils pas bonne grace de se plaindre d'être traitez comme lui? Ils feront mieux de s'en moquer, en considerant la gloire dont le nom d'Erasme brille par tout le monde, & principalement dans la Ville de Rotterdam sa patrie, malgré les médisances qu'il eut à essuyer pendant qu'il vécut.

FIN des Entretiens sur la Cabale Chimerique.

LA CHIMERE

DE

LA CABALE DE ROTTERDAM,

Demontrée par les *Prétenduës Convictions*, que le Sieur Jurieu a publiées contre Mr. Bayle.

AVIS AU LECTEUR.

I L y a long-tems que tout ce Livre est composé, hormis les dernieres fëuilles de la Préface. Il auroit donc paru peu de jours après les prétenduës Convictions du Sieur Jurieu, si les Imprimeurs avoient été aussi diligens que l'Auteur; mais son absence ne lui ayant pas permis de les hâter, leur lenteur ordinaire, sujet éternel de plainte aux Ecrivains, est cause que cette Réponse ne paroit que long-tems après avoir été composée.

Elle est divisée en trois parties. La premiere est une longue Préface où l'on fait connoître le détail de la dénonciation du Sieur Jurieu & des suites qu'elle a eües. On a jugé cela fort necessaire afin que le Public connût clairement dans une juste étenduë, l'état de la question, & le tort que s'est fait l'Accusateur. Ses amis ne craignent rien tant que le circuit de toute l'affaire; ils voudroient qu'on ne la considerât que d'un côté, mais on n'a pas eu la complaisance de ne forcer pas tout le monde à en connoître le détail & les contours.

La seconde partie contient la Réfutation du Factum publié par le Denonciateur, pour soutenir la Cabale du Projet de Paix. On lui fait voir qu'il prononce lui-même l'arrêt de sa condamnation, & qu'outre les faussetez qui lui ont été marquées dans la Cabale Chimerique, & dont il n'a pû se justifier, il demeure chargé de plusieurs autres, & de plusieurs absurditez ou contradictions. La Lettre qu'il a reçuë de Monsieur Minutoli, Professeur de Geneve, qui avoit envoyé à Mr. Bayle le Projet de Paix, a été mise à la fin de cette partie; c'est une piece authentique & décisive. Ajoutons néanmoint ici qu'il a fait savoir à Mr. Bayle par une lettre du 7. Août dernier, 1. Qu'il avoit reçu depuis trois semaines une lettre de Monsieur l'Envoyé Valkenier qui lui apprenoit, que prenant à cœur l'affaire de Mr. Bayle, il l'avoit fort recommandée à Monsieur HEINSIUS le Pensionnaire General, & lui avoit même envoyé la propre lettre de Monsieur Minutoli. 2. Que l'Auteur du Projet de Paix continuë à préparer sa Réponse; où, à ce qu'il lui a fait entendre, il se justifiera pleinement sur ses prétendus commerces illicites, & que lui Mr. Minutoli ne doute pas qu'il ne le fasse.

La troisieme Partie contient des Remarques generales sur le Factum publié par le Sieur Jurieu touchant l'Avis aux Refugiez. On pourroit dire si l'on vouloit que ces Remarques sont des avertissemens charitables à l'Auteur, où on lui découvre les lieux foibles de sa place, afin qu'il les fortifie avant que sa partie adverse vienne fondre sur lui; mais on aime mieux parler plus simplement. On dit donc qu'on lui marque une longue liste de choses à prouver, sans quoi son Factum ne peut avoir aucune force, & on croit pouvoir dire sans trop de confiance que cette maniere de lui répondre toute negligée qu'elle est, suffira à donner de la honte à plusieurs lecteurs de ce qu'ils ont trouvé convaincantes les preuves du Sieur Jurieu, & à rendre inexcusables ceux qui persisteront dans la prévention où ils sont contre l'Accusé. Ceux qui loüent tant notre siecle, & qui le mettent si haut au-dessus des précedens, ne le connoissent qu'à demi: on y est presque tout aussi sujet à l'illusion que l'on l'étoit dans les siecles d'ignorance: on y prend pour une preuve que Mr. Bayle est l'Au-

teur

teur de l'*Avis aux Refugiez*, ce qui est dans le
fond une bonne preuve du contraire, je veux dire ce
qui s'est passé concernant la 2. Edition de cet Avis.
Je le montre évidemment.

Si cet Ouvrage est long, ce n'est pas qu'on y ait
trop étendu les choses; car au contraire on les a si
fort étranglées en plusieurs endroits, qu'elles seront
obscures à bien des Lecteurs, & qu'on a abandonné
divers raisonnemens, & divers faits, qui eussent
beaucoup servi à la cause de Mr. *Bayle*. La prolixité vient donc de la multitude de Remarques
qu'on a cru devoir faire. On n'a pas ignoré qu'on
en faisoit qui n'étoient pas importantes; mais on
a cru que pour tâcher de delivrer le Public de tant
de petits Ecrits dont les Auteurs n'ont aucune
exactitude, ni aucun discernement, il faloit leur
faire honte de leurs absurditez, de leurs contradictions, & de leurs mensonges, & leur imposer la
necessité de s'en justifier en les leur marquant par
listes & rôles. S'ils l'entreprennent, ils y trouveront
tant de difficultez, que peut-être ils n'oseront plus
écrire avec la même negligence.

On va donner un exemple de l'obscurité où l'on
est tombé pour vouloir être trop court. Ces paroles
(*a*), Un homme qui affirme une chose qu'il
croit savoir, est incomparablement moins coupable, que celui qui ne l'affirme que sur la foi
d'un mémoire, ont besoin d'explication. On
veut dire que si un Gazetier, par exemple, est
persuadé d'un fait faux, il est moins coupable
en l'affirmant, qu'il ne le seroit s'il l'affirmoit en
son nom, lorsqu'il n'en auroit autre connoissance
que celle que quelqu'un lui en donneroit par un mémoire. Voilà le sens qu'on supplie les Lecteurs de
donner à ces paroles, & alors chacun comprendra
sans aucune difficulté que la maniere dont le Sieur
Jurieu tâche d'appaiser l'Auteur de l'*Histoire du
Tems*, est une nouvelle injure.

On ne s'attend pas que cet Ecrit mortifie le
Dénonciateur; mais on croit pour l'honneur du Saint
Ministere, qu'il y a très-peu de Ministres qui osassent
se montrer après une semblable avanture; car enfin
un Laïque honnête homme de profession, qui
étant indispensablement obligé de prouver 25. Faits,
se trouveroit convaincu de faux sur tous, excepté
sur un qui ne seroit pas même le principal, ne se
regarderoit-il pas comme mort civilement? N'auroit-il pas à craindre la maladie de *Bellerophon*?
N'iroit-il pas manger son cœur dans les Déserts de
la *Thébaïde*, pour me servir de la pensée d'un de nos
fameux Ecrivains.

Ipse suum cor edens, hominum vestigia vitans.

A plus forte raison un Pasteur de l'Evangile, dont
l'honneur & la conscience doivent être d'une toute
autre delicatesse, que celles d'un Laïque, se croiroit-
il obligé de se confiner en un lieu de pénitence, encore qu'il eût rendu vrai-semblable l'une de ses
accusations, s'il se voyoit d'ailleurs calomniateur
public en matiere capitale; je veux dire, s'il se
voyoit convaincu d'avoir accusé à faux ses Collegues
de quelques-uns de ces crimes qui font tomber la
peine de mort ou sur l'Accusé quand il est coupable,
ou sur l'Accusateur quand il calomnie. Voilà le
cas de notre Denonciateur: Il est convaincu de
fausseté sur divers articles, dont quelques-uns enferment de cette sorte de crimes; & l'article unique
qu'on prétend qu'il a prouvé, & qui est de beaucoup
moindre consequence, n'est encore qu'un problême,
à tout le moins par rapport aux Juges; car ceux mê-

mes qui paroissent les plus decisifs contre Mr. *Bayle*, demeurent d'accord que s'ils étoient ses Juges,
ils n'oseroient le condamner, vû qu'ils seroient obligez de prononcer secundum allegata & probata,
& qu'il n'y a point de preuve juridique dans le Factum de l'Accusateur.

On verra dans la troisieme partie de cet Ouvrage,
que cet article unique ne doit pas même passer pour
un problême par rapport à des particuliers qui ne veulent pas juger temerairement de leur prochain.

J'avertis ici mon Lecteur que je me suis éloigné
des manieres de Mr. *Bayle*; je garde tantôt plus,
tantôt moins de mesures avec sa Partie, mais j'en
garde toûjours beaucoup plus qu'il n'en a gardé dans
la Cabale Chimerique, & je suis assuré néanmoins
qu'encore que j'eusse traité le Sieur *Jurieu* cent fois
plus doucement partout, que je ne le fais dans les
endroits où je le menage davantage, ses amis ne
laisseroient pas de dire que j'aurois été trop emporté.
Quoiqu'il en soit, je prie ceux qui ne trouveront
pas que l'on use envers ce Ministre d'une assez grande moderation, de considerer ces deux choses.

L'une est qu'il n'a tenu qu'à lui qu'après les premiers feux, cette contestation ne se soit passée tout-à-
fait honnêtement; car s'il avoit fait voir ses Factums
à Mr. le Pensionaire de Rotterdam comme il l'avoit
promis à Messieurs les Bourguemaîtres, le Public
n'y auroit vû non-plus que dans ces Réponses que les
faits qui servent à la preuve ou à la refutation des
accusations. On auroit laissé de part & d'autre
au Public le soin d'en tirer des consequences; mais le
Sieur *Jurieu* ne trouvant point son compte à cela, a
voulu lui-même raisonner sur toutes ses preuves, &
il l'a fait avec mille outrages, & mille diffamations
contre sa Partie. C'est donc lui qui est cause que nos
Ecrits ne sont pas très-moderez.

L'autre chose à quoi je souhaite qu'on prenne garde,
est que ce n'est pas ici une de ces disputes qui s'élevent
quelquefois entre les personnes de lettres sur quelque point de doctrine. Les duretez, & les injures
qui ne s'y glissent que trop, sont condamnées avec
raison par tous ceux qui ont de l'honnêteté & de la
politesse; on les pardonne moins à l'aggresseur, qu'à
celui qui ne fait que se défendre, mais on ne laisse
pas de les blâmer même dans celui-ci. Nous n'en
sommes pas là: il ne s'agit pas entre les deux Professeurs François de Rotterdam d'une dispute d'érudition, ou de bel esprit; c'est une espece de vrai
duel, & de combat à outrance & à fer émolu: il
y va de la vie & de l'infamie de l'un ou de l'autre.
L'Accusateur ne s'en cache pas; il déclare nettement
dans la page 25. de son Apologie, que s'il a denoncé publiquement Mr. *Bayle*, c'est à cause que ne
pouvant pas faire tomber (*b*) sur lui toute la peine
qu'il meritoit, il l'a voulu au moins exposer à
l'infamie publique: C'est-à-dire, que n'ayant pas
pû disposer du glaive que Dieu a mis en la main
de nos Souverains pour punir de mort les traîtres
& les conspirateurs, il a cherché dans sa plume
la consolation de son impuissance. Il auroit perdu le
sens s'il croyoit M. *Bayle* complice de la Cabale de
Geneve, & de toutes les machinations qu'il lui
impute, sans le croire digne de mort; puis donc
qu'il n'a eu recours à la peine de l'infamie, que
parcequ'il n'a pas été en son pouvoir de faire tomber sur lui toute la peine qu'il meritoit, il s'ensuit
clairement qu'il l'auroit fait mourir par la main
du bourreau s'il avoit pû. On ne doit donc pas
s'étonner que Mr. *Bayle* ait si peu menagé un tel
adversaire; car il ne l'a pas dû regarder autrement,

____

(*a*) Voyez ci-dessous vers la fin de la *Chimere de la
Cabale*, la fin du premier paragraphe des *Remarques sur
l'Hist. du Tems*, &c.

(*b*) Voyez ci-dessous vers la fin de la Préface n. VIII.
des Reflexions sur l'Apologie du Sr. *Jurieu*.

ment, que comme un assassin, qui venoit fondre sur lui pour lui ôter non seulement la vie, mais aussi l'honneur. Et aujourd'hui on lui doit tenir un grand compte, & à ses amis aussi, de toutes les mesures qu'ils gardent en écrivant contre ce Dénonciateur, & on ne devroit pas trouver mauvais qu'ils n'en gardassent aucune.

Je voudrois avoir l'éloquence de Balzac pour représenter dignement l'énormité du Sr. Jurieu qui oubliant sa qualité de Ministre ose se glorifier d'avoir eu la consolation d'exposer son ennemi à l'infamie publique, d'avoir eu, dis-je, cette consolation dans le déplaisir de n'avoir pû lui faire perdre la vie sur un échafaut. Je renvoye mon Lecteur à la première Relation de Balzac à Ménandre, où il pousse si vivement son General des Feüillans. Il lui représente entre autres choses, que les Saints Canons déclarent un Clerc irregulier, pour avoir assisté à l'exécution d'un criminel.

A considerer le but de notre dénonciateur Ministre du Saint Evangile, & son stile atroce & mordant, devineroit-on jamais qu'il est né & qu'il a été élevé sur les bords de la Loire dans le 17. siecle, c'est-à-dire, dans un Pays & dans un siecle aussi poli & civilisé qu'il y en ait jamais eu? Ne lui diroit-on pas plûtôt?

Duris genuit te cautibus horrens
Caucasus, Hircanæque admôrunt ubera tygres.

 Je m'abandonnerois aisément à la reflexion en si beau chemin, si je ne considérois que ce livre n'est déja que trop gros. Le Public est prié d'en excuser la longueur, en considérant qu'on n'en a tant dit que pour n'en faire pas à deux fois, qu'on n'y viendra plus, & qu'on n'a pû enfermer en un petit livre toutes les faussetez, & les bevües qu'on a rencontrées. On ne prétend pas néanmoins avoir découvert tout ce qui se peut découvrir en ce genre; car voici une contradiction qui suffit à renverser toute la machine du Sieur Jurieu, & qui pourtant avoit échapé jusques-ici à notre vûe. Elle est dans la page 69. de l'Examen de l'Avis. Il faut lui rendre ce témoignage, dit l'Auteur, en parlant de celui qui a composé l'Avis aux Refugiez, que l'intérêt ne sauroit avoir de part dans ces apparences de zele pour l'autorité Royale; car il n'avoit aucun dessein de se faire un mérite de son ouvrage auprès des Puissances, puisqu'il a pris toutes sortes de suretez pour n'être pas connu.

Le Sr. Jurieu est-il recevable après cela, & lors qu'il ne peut douter que les prétendües intelligences de Mr. Bayle avec l'Auteur du Projet de Paix ne soient une chimere, à soûtenir que Mr. Bayle a fait l'Avis aux Refugiez de concert avec la Cour de France?

Le 7. Septembre 1691.

PREFACE,

Où l'on montre la manière de bien juger, de quel côté est la victoire dans ce Procès.

I. CHEF.
La Cabale de Geneve.

PUisque les Amis du S. J. font tout ce qu'ils peuvent pour empêcher le Public de regar-

der son différend avec M. Bayle du côté qui est le plus desavantageux à l'Aggresseur, on ne doit pas trouver mauvais que je mette ici cette affaire devant les yeux des Lecteurs dans sa situation naturelle.

L'accusation intentée à Mr. Bayle comprend deux Chefs; l'un, qu'il est d'une Cabale étenduë du Midi au Nord, & qui a son centre à la Cour de France, & dont les desseins ont été de faire soulever la Hollande & l'Angleterre, de confondre tous les desseins des Alliez, & de procurer ainsi à la France la Monarchie Universelle, à la ruïne de la Religion Protestante; l'autre, qu'il est l'Auteur d'un livre intitulé, *Avis important aux Refugiez.*

L'Accusateur ayant avancé plusieurs choses fausses pour prouver ces deux principales accusatons, il s'est trouvé que Mr. Bayle en lui répondant a été obligé de se plaindre de plusieurs autres calomnies; il les a réduites à 25. articles; l'a sommé de les prouver tous; lui en a désigné quelques-uns qu'il lui étoit très important de prouver, & lui a représenté fort vivement l'infamie qui lui étoit inévitable, s'il ne les prouvoit, quand même il se pourroit justifier de calomnie sur quelques autres. C'est ce qu'on peut voir dans (a) la Cabale Chimerique.

Les articles qui ont été marquez en particulier au Sieur Jurieu sont ceux qui contiennent le crime le plus atroce, & dont la preuve rend toutes autres informations non nécessaires, & ce sont ceux-là aussi dont on a dû lui imposer la charge principalement; car, par exemple, si l'on accusoit un homme d'assassinat, d'empoisonnement, de particide, d'inceste, de sodomie, de blasphême, de sacrilége, d'avoir médit de son prochain, d'avoir donné un soufflet à quelqu'un, d'avoir triché au jeu, &c. il ne faudroit s'attacher qu'à la preuve des premiers Chefs; & si on la donnoit convaincante, il seroit superflu & presque ridicule de s'amuser à la preuve des derniers. Si l'Accusé est une fois convaincu à l'égard des premiers crimes, il ne sert de rien de le convaincre des autres; sa peine ne sera pas plus grande en cas de conviction, ni plus petite en cas de justification. Mais s'il arrivoit qu'il fût trouvé innocent sur tous ces Chefs d'accusation, hormis les trois derniers, il est indubitable que la cause de sa partie adverse, je veux dire de ses témoins, seroit incomparablement plus mauvaise que la sienne, & que s'il méritoit un an de prison, ses accusateurs mériteroient d'être envoyez aux galeres pour toute leur vie. Par conséquent si entre divers Chefs d'accusation, il y en a que l'Accusateur ne se puisse pas dispenser de prouver, ce sont ceux qui contiennent les gros crimes.

Ces véritez sont notoires. Néanmoins de-peur que le Sr. Jurieu n'en prétendît cause d'ignorance, on les lui a mises devant les yeux dans la (b) Cabale Chimérique, & pour lui ôter toute échapatoire, on lui a marqué.

I. Qu'il devoit prouver avant toutes choses qu'il y a une Cabale dont le centre est à la Cour de France, quelques-uns des Membres à Geneve, quelques autres en Hollande, laquelle Cabale conspire la ruïne de la Religion Protestante, & celle de la liberté de l'Europe, & pour coup d'essai devoit faire révolter la Hollande & l'Angleterre.

II.

II. On lui a marqué qu'il ne suffisoit pas de prouver que Mr. Bayle est de cette Cabale, mais qu'il falloit aussi nommer ses complices, & les convaincre de cette complicité; car on lui a déclaré,

Que ceux qu'il soupçonne, (c) conviennent de cette importante maxime, qu'il importe au Public que les méchans soient connus, *interest Reipublica cognosci malos*, & qu'ils demandent que la cause soit examinée publiquement, & qu'on les nomme.

III. On lui a marqué (d) que l'accusation d'Athéisme qu'il a intentée à Mr. Bayle est *un point si capital qu'il y faut vaincre ou crever*. On lui en a dit les raisons, & de-peur qu'il ne donnât le change au Public, on lui a marqué le détail à quoi l'engageoit cette accusation importante.

IV. On lui a signifié qu'il ne suffisoit pas de prouver que Mr. Bayle est de la dangereuse Cabale, qui s'étend du Midi au Nord, que tels & tels sont ses complices, qu'il est coupable des quatre Chefs renfermez dans l'accusation d'Athéisme qui lui a été faite; mais qu'il faut aussi prouver que tant lui que ses complices ont toutes leurs plus étroites liaisons avec des Déistes, des Spinosistes, des Indifférens & des gens suspects des plus grandes heresies.

V. On lui a déclaré qu'il sera lui même ennemi de Dieu & de l'Etat, s'il ne défere à nos Souverains ces impies qui ont tant de liaisons avec la Cabale.

VI. On l'a pris par l'intérêt de sa propre réfutation, en lui montrant d'un côté que s'il réussit dans la découverte de ces choses, il s'aquerra une gloire beaucoup plus grande que celle des Oates, & des Filleaux; & de l'autre, que s'il abandonne ce soin pour ne s'attacher qu'à découvrir l'Auteur d'un méchant petit livret anonyme, qui étoit tombé dans l'oubli & dans le mépris public, il deviendra le joüet de toute l'Europe.

Il est évident à tout homme qui a le sens commun, qu'on ne pouvoit pas mieux choisir entre les 25. articles ce qu'il importoit le plus de prouver, ni engager l'Accusateur à la preuve plus fortement que M. Bayle l'a fait.

Pour donc juger si l'Accusateur a réussi dans sa réplique, il faut la considérer par raport à ce peu d'articles désignez & cottez en particulier, je veux dire, qu'il faut examiner s'il a bien prouvé;

En 1. lieu que Mr. Bayle a été engagé dans la funeste & horrible conspiration qui a été dénoncée au Public.

2. Qu'il a eu pour complices telles & telles personnes.

3. Que non seulement il est Athée, mais aussi que son Athéisme a les caracteres singuliers portez par l'accusation.

4. Que telles & telles personnes, les uns Déistes, les autres Spinozistes, les autres Indifférens, les autres suspects des plus grandes hérésies, ont des liaisons très-étroites avec les Membres de la Cabale du Nord. Cet article est de la derniere importance tant pour la gloire de Dieu & le bien de son Eglise, que pour la conservation de l'Etat, puisque quand même on voudroit tolérer les Athées qui se comportent en bons Citoyens, on ne pourroit les tolérer sans un mépris visible de Dieu & du bien de la Patrie, lorsqu'ils son fauteurs & patrons des Ennemis de l'Etat.

Or il n'y a rien de plus aisé que de montrer que le Sr. Jurieu a très-mal prouvé ces quatre choses, il est donc évident qu'il a échoué le plus honteusement du monde, dans le Procès qu'il a intenté à M. Bayle. Voici comment je montre qu'il les a très-mal prouvées.

En 1. lieu c'est desormais une vérité que ses meilleurs Amis reconnoissent & confessent lors qu'ils ne sont pas échauffez a disputer contre quelqu'un des prétendus Cabalistes, que le Projet de Paix n'est point l'ouvrage d'aucune Cabale dévoüée à la France, mais d'un simple Marchand de Geneve sujet à s'entêter de desseins & de projets au-dessus de sa portée, sans aucun mauvais dessein pourtant.

Si on vouloit imiter la conduite du Sr. Jurieu, on pourroit publier cent extraits de lettres écrites de Geneve, qui témoignent que l'on trouve fort étrange qu'il ait regardé comme quelque chose les fantaisies & les idées pacifiques d'un particulier, dont tout le monde s'est moqué en ce païs-là.

Monsieur le Président de la Tour Envoyé de S. A. R. de Savoye, & l'un des hommes du monde de qui l'esprit & le discernement le plus délicat, ne peut assez s'étonner qu'on ait fait une affaire à Mr. Bayle à l'occasion d'un projet de Paix que l'Auteur montra à Turin à plusieurs personnes, & en particulier à ce Président, & n'en remporta que ce que méritent les entêtemens visionnaires.

Il est certain qu'avant que le Sr. J. publiât les Nouvelles Convictions il avoir reçu non seulement la lettre de Mr. Minutoli que l'on verra dans ce livre, mais aussi des lettres d'un de ses meilleurs amis, & de ses plus grands admirateurs, qui l'avertissoit fort sérieusement de ne faire aucun fonds sur la Cabale de Geneve, & de ne traiter pas de chose sérieuse le Projet de paix.

Il n'a pas laissé de publier depuis ce tems-là un Factum pour soûtenir ce qu'il avoit avancé touchant ce projet & cette Cabale; mais on verra évidemment par la réponse que jai faite aux Nouvelles Convictions, qu'il ne faut que ce Factum pour ruïner entierement son accusation.

Aussi n'a-t-il plus osé en parler dans son second Factum; il y a changé l'état de la question, n'osant avouer qu'il ait ccusé Mr. Bayle d'être de la Cabale étenduë du Midi au Nord, mais d'avoir seulement voulu publier à l'insçu de l'Etat un Projet de Paix contraire aux intérêts de la Hollande. On verra dans ce livre les réflexions que ce déguisement forcé fournit contre lui, & quoiqu'il en soit, il demeure pour constant qu'il est déchu de son accusation à pur & à plein dans le point le plus important, & outre cela que la honte de plus de 30. faussetez qui ont été trouvées dans le narré qu'il a publié de ce qui s'est passé entre Mr. Bayle & le Libraire Acher, lui demeure & lui demeurera à jamais sur le front, vû la réfutation que je donne de toutes les chicaneries avec quoi il a tâché de s'en purger. Je ne parle pas des nouvelles faussetez où je l'ai surpris.

En 2. lieu il est de notorieté publique qu'il n'a déféré personne ni au Public, ni à nos Puissances, comme complice de la prétenduë Cabale. Il a bien parlé au pluriel de ces Messieurs, mais jamais il n'a accepté le défi ou la sommation qu'on lui avoit faite de nommer chacun des prétendus Cabalistes,

Le

<hr>

(c) Ci-dessus p. 661, col. 1. vers la fin.   (d) Ibid. p. 660.

Le voilà donc déchu encore à pur & à plein de son accusation dans un point très-capital ; car qu'est-ce qui seroit capital dans la dénonciation d'une Cabale , ou d'une conspiration , si la découverte des complices ne l'étoit pas.

3. Quant à l'accusation d'Athéisme , elle ne lui a pas mieux réüssi que les deux précédentes , quoiqu'il se soit tourné de tous les côtez pour y sauver son honneur. Il a voulu la porter au Consistoire , mais il s'en désista peu après , & s'offrit seulement à fournir des Memoires à la Compagnie. Il l'a voulu soûtenir dans ses Nouvelles Convictions par six preuves ; mais elles sont si ridicules , si basses , si fausses , comme je le fais voir dans le Chapitre de cette Réponse , qu'il seroit moins évidemment convaincu de calomnie , s'il se fût tû , qu'il ne l'est par cette belle production. Il est revenu à la charge par des extraits qu'il a donné des pensées sur les Cometes, de la Critique de Maimbourg , & du Commentaire Philosophique ; mais pour ne rien dire , ni de la contradiction où il tombe en imputant à Mr. Bayle ce Commentaire qu'il a attribué autrefois à des Ministres Refugiez , ni de la mauvaise foi & des égaremens pitoyables qui se voient dans ces Extraits , on l'arrête tout court par cette question. Veut-il faire servir ces extraits à la preuve du 18. article qui lui a été donné à prouver dans la Cabale Chimérique , ou seulement à montrer que Mr. Bayle n'est pas un Protestant orthodoxe ? Au 1. cas sa prétention est si ridicule , que ses plus grands ennemis ne lui sauroient guéres imposer une plus dure pénitence que de lui inspirer un esprit d'opiniâtreté pour une telle prétention ; car si on s'avisoit de faire des Enthymemes dont l'antécédent fût une des propositions qu'il fournit dans ses Extraits , & la conséquence fût, *Donc il n'y a point de Dieu*, on feroit sentir aux Lecteurs les plus stupides, que ce seroit la maniere de raisonner la plus insensée & la plus extravagante qu'on ait jamais vûë , puisque cette conséquence seroit tirée d'un principe qui suppose inévitablement l'existence d'un Dieu tout sage, tout bon , & tout juste. Au 2. cas c'est donner le change au Public , & se confesser déchu à pur & à plein de l'accusation d'Athéisme. On peut voir la déclaration publiée par Mr. Bayle sur ce sujet, où il a promis de se justifier d'hétérodoxie sur toutes les propositions qui seront fidélement extraites de ses Ecrits , dès que son Accusateur aura fait son devoir à l'égard du 18. article. Si l'Accusateur est bien conseillé, il se désistera de ce qui concerne la conscience errante , puisqu'il est encore *in reatu* à cet égard , non moins que l'Auteur du Commentaire Philosophique.

4. Enfin il est de notoriété publique que le Sr. Jurieu n'a déféré ni aucun Déiste , ni aucun Spinoüste , ni aucun indifférent , ni aucun homme suspect des plus grandes hérésies,& par conséquent qu'il n'a déféré personne d'aucune de ces quatre Classes de gens , comme ayant des liaisons trèsétroites avec les prétendus Cabalistes. Cependant on l'a pressé sur cela l'épée aux reins si impitoyablement d'abord dans la 1. édition de la Cabale Chimérique , & puis par de nouveaux motifs dans le 2. & enfin dans la Déclaration de M. Bayle , qu'il faut avoir sur la conscience & sur le front un calus plus dur que le marbre pour laisser tomber un tel défi.

Il est donc visible qu'à moins que de se crever les yeux soi-même , ou que de parler contre sa conscience, on ne peut prétendre que l'avantage dans ce fameux Procès soit demeuré à l'Accusa-

teur ; car voici un petit détail des choses qu'il y a gagnées , toutes flétrissantes selon les idées les plus communes du bon sens.

I. Premierement il a fait connoître qu'il manquoit des lumieres qui montrent à chaque homme ce qui est de son devoir , & qui l'empêchent de sortir hors de ses limites. En effet ce n'est pas l'affaire d'un Ministre de l'Evangile de se rendre Solliciteur de procès en matiere criminelle ; il doit laisser ce soin aux Magistrats , & se souvenir que l'Eglise ne met pas la main au sang , & que nous nous moquons avec raison des vaines excuses de l'Inquisition , qui dit que ce n'est pas elle , mais le bras séculier auquel elle livre l'hérétique qui le condamne à la mort ; car le Sieur Jurieu remarque fort bien dans ses Ecrits , que l'Inquisition ne fait en cela autre honneur à la puissance séculiere que d'en faire son bourreau; elle lui livre un homme qu'elle a déclaré atteint & convaincu d'une faute punissable du dernier supplice , ainsi elle le livre proprement à l'Exécuteur de ses arrêts de mort. En France les Conseillers Clers n'opinent jamais dans les procez criminels ; ce qui seroit pourtant une chose moins éloignée de leur caractere, que d'avoir ramassé toutes les preuves qui mettent les Juges dans la nécessité de condamner à la mort : Comment donc un Ministre Réformé se croira-t-il permis de se rendre le Délateur d'un crime digne du dernier supplice , l'Instructeur de ce procès , le Collateur des preuves , & des témoignages ? Sa Charge n'est-elle pas assez grande , pour l'occuper tout entier , sans qu'il empiéte sur les fonctions d'autrui ? En verité tout Ministre qui considérera bien ce que l'Ecriture & la discipline de l'Eglise exigent d'un Pasteur, croira n'avoir pas trop de tout son tems pour bien s'acquitter de son Ministere. Il y en a qui feroient bien de ménager le tems qu'ils croyent avoir de reste pour régler de telle sorte leur Domestique, s'ils pouvoient, qu'on n'y médît point , & que l'on n'en médît point. Je ne m'explique pas davantage.

II. Mais si un Ministre est blamable de se rendre Délateur & Solliciteur de procez , lorsqu'il s'agit de faire mourir les gens , il l'est beaucoup plus lorsqu'il le fait pour perdre des personnes que leur mérite , l'ancienne amitié , les droits du sang , & de l'alliance , la qualité de Collégue même dans l'œuvre du Ministere , lui doivent faire épargner. Le Sieur Jurieu est dans le cas.

III. Mais passons-lui cette faute , accordonslui de pouvoir se rendre Délateur en crime d'Etat , contre qui que ce puisse être , du moins aura-t-il fait connoître à toute l'Europe qu'il a manqué des lumieres qui montrent à chaque homme la maniere dont il se faut prendre à chaque chose. L'ordre , la prudence , la coûtume veulent indispensablement que ceux que l'on croit engagez dans quelque intelligence criminelle soient déferez aux Juges des lieux. La voye du Libelle diffamatoire dont s'est servi le Sr. Jurieu est contre toutes les régles , & toutes formes de la Justice.

IV. Je consens qu'on le dispense de cette sage formalité , pourvû qu'il ait eu de bonnes preuves de ses accusations ; mais qu'on lui accorde tant qu'on voudra que le Marchand de Geneve & Mr. Bayle sont Cabalistes de la France , il sera toûjours vrai qu'il les a dénoncez publiquement sans aucune preuve valable, & avant que d'avoir fait les recherches que tout homme sage auroit jugées nécessaires.

Il dénonce publiquement ce Marchand, traître à sa Religion & à sa Patrie, dévoüé à la France pour la mettre en état d'envahir toute l'Europe, & d'y exterminer le Protestantisme, il le dénonce, dis-je, comme tel, sur la simple lettre d'un homme qui lui avoit écrit que ce Marchand se vantoit d'avoir reçu des lettres de Madame de Maintenon, d'imprimer son Projet de paix par ordre de la Cour de France, & corrigé par le Roi, &c. En conscience est-ce une raison légitime de faire le fracas que le Seur Jurieu a fait ?

Ne falloit-il pas avant que d'éclater avoir une semblable Déposition d'un autre témoin, qui eût oüi la chose en même tems ? Ne falloit-il pas aprofondir quel homme c'étoit que l'Auteur de ce Projet ? Car il y a tel homme qui s'entêtant d'une entreprise, & se repaissant d'une longue suite de prospéritez en cas qu'elle puisse réüssir, aimant d'ailleurs la hablerie, fait accroire mille mensonges aux gens qu'il y voudroit engager. Quelle assurance avoit le Sieur Jurieu que le Marchand de Geneve n'étoit pas de ce caractere, & qu'il étoit plus digne de foi que ces jeunes indiscrets, qui se vantent faussement de mille faveurs obtenuës de telles & telles Dames ?

Quelle assurance avoit-il que si son Projet eût été corrigé à la Cour de France, ses desseins auroient été aussi abominables qu'il le suppose ?

Quant à Mr. Bayle contre qui il a fait la même Dénonciation, se falloit-il contenter d'avoir apris qu'il avoit voulu faire imprimer le Projet à Rotterdam ?

Ne falloit-il pas s'informer avant toutes choses, de qui il avoit reçu ce Projet ? Pourquoi on le lui avoit envoyé, & jusqu'où alloit la confidence qu'on lui avoit faite ?

Ne falloit-il pas avant que de parler de Cabale de Geneve & de Rotterdam, être bien assuré que l'Auteur du Projet avoit des complices de son mauvais dessein sur les lieux, & que Mr. Bayle avoit concerté ici avec d'autres gens l'impression du Projet, le but, les suites, & telles autres choses?

Il est donc vrai en supposant même que le Sr. Jurieu a eu raison dans le fond, qu'il s'est rendu coupable d'une témérité impardonnable à un homme de 20. ans, 1. pour avoir regardé comme valable le témoignage d'un seul homme. 2. Pour avoir crû que tout ce dont le Marchand se vantoit à celui qu'il vouloit engager dans ses visions, étoit vrai. 3. Pour avoir crû que tels discours seroient la preuve d'une infame conspiration. 4. Pour avoir sur ce fondement décrié Geneve comme le nid d'une dangereuse Cabale composée de gens *de toute condition & de tout caractere*. 5. Pour avoir accusé Mr. Bayle de complicité à cause qu'il avoit reçu de Geneve le Projet de paix en manuscrit. 6. Pour avoir accusé de la même complicité bien d'autres gens, sans autre raison, si ce n'est qu'ils sont amis de Mr. Bayle.

V. Mais ce qui ne seroit qu'une grande témérité, si les accusez étoient coupables dans le fond, ne peut passer desormais que pour une affreuse & horrible calomnie, puisqu'il est certain que la Cabale étenduë du Midi au Nord, & machinatrice de la ruïne de l'Europe, n'est qu'une chimere de l'invention du Dénonciateur.

Ses Amis n'ont-ils pas bien sujet de lui applau-

dir du nouveau titre qu'il vient de gagner de FABRICATEUR DE CABALES, ET DE CONSPIRATIONS CHIMERIQUES ? Et l'Europe pourra-t-elle s'étonner assez qu'un Ministre l'ait impunément allarmée d'une Cabale très-dangereuse, & qu'il en ait parlé avec de si grands détails, sans qu'il en sçût rien ? Il ne s'est pas contenté de nous dire, où sont les principales Stations de cette Cabale, il nous a dit quel a été son but général, & quels moyens elle a employez pour arriver à ses fins ; comment les conjurez ont partagé & distribué leurs rôles; par où ils ont commencé; comment & pourquoi ils ont changé de batteries. Si vous lui demandez les sources où il a puisé, il faudra qu'il avoüe bien-tôt que c'est dans son imagination aidée d'un fragment de lettre, & d'une Déposition du Sr. Acher, qui ne disent rien de tout ce détail. Or quelle audace, quel crime n'est-ce pas que de bâtir sur un tel fondement par des conjectures tout le plan, tout le progrès, toutes les démarches d'une affreuse conspiration ?

On s'étonnoit autrefois que Titus Oates donnât un détail fort circonstancié de la Conjuration des Papistes d'Angleterre, qu'il sût qu'un tel avoit été destiné à la Charge de Chancelier, un autre au Généralat des troupes, un autre à l'Archevêché de Cantorberi, & cela par des Commissions signées *Jean Paul Oliva*, que le Général des Jesuites avoit expédiées en vertu d'un Bref du Pape. Mais il y a ici bien plus que Titus Oates, & que Dugdale ; car ceux-ci avoüoient qu'ils avoient été du complot, ils en pouvoient donc savoir les tenans & aboutissans. Il n'en est pas de même du Sr. Jurieu, & néanmoins il nous apprend d'une Cabale, qui n'a jamais été, une suite de circonstances la mieux réglée du monde.

Je ne feindrai point de dire, qu'il n'y a point de Protestant bien raisonnable qui n'aimât mieux avoir composé l'Avis aux Réfugiez, que les fictions que le Sr. J. a dénoncées au Public ; car enfin tout homme qui forge une accusation contre un innocent doit être censé pour le moins aussi criminel que le seroit celui qui auroit effectivement commis le crime contenu dans l'accusation. L'Auteur de la (*e*) Cabale Chimerique a ciré là-dessus un passage remarquable, & le Sieur Jurieu ne sauroit disconvenir de cette maxime, puisque pour justifier Titus Oates, (*f*) il a remarqué que les crimes dont il accusoit les Papistes étoient si énormes, qu'il n'étoit pas croyable qu'il y eût au monde un homme assez méchant pour en charger des innocens, & que *si les dépositions de cet homme-là étoient fausses, c'étoit la chose du monde la plus nouvelle, & plus inouïe ; de sorte que tous les exemples de fureur des siecles passez ramassez ensemble n'aprochoient point de celui qui se remarquoit dans ce faux témoin*. C'est convenir & avec raison, qu'il est plus croyable que des gens se portent à de grands crimes, qu'il ne l'est que d'autres en accusent des innocens ; & ainsi selon les notions humaines, un calomniateur est un plus malhonnête homme & un plus grand scélérat que celui qu'il calomnie ne le seroit s'il étoit accusé à juste titre.

Or sur ce pied-là voyons un peu l'idée qu'on doit avoir de la probité du Sr. Jurieu ; & pour cet effet considérons dequoi il accuse les Cabalistes.

Il les accuse d'avoir machiné un soulevement en Hollande & en Angleterre, afin de procurer à la France une Paix qui la mette en état de subjuguer toute l'Europe.

Tous les crimes imaginables sont enfermez dans ce noir complot, principalement selon les idées de l'Accusateur.

Il n'a pû supposer aux prétendus Cabalistes le dessein d'exciter une révolte en Hollande & en Angleterre, sans supposer qu'ils ont espéré d'y exciter une guerre civile de quelque durée, vû le motif qu'auroient eu les Rébelles, qui leur auroit infailliblement fait trouver de grands obstacles.

Par conséquent les Cabalistes ont eu dessein d'exposer les Provinces-Unies & l'Angleterre à toutes les fureurs d'une guerre civile, fureurs pour l'ordinaire plus désolantes, que celles d'une guerre étrangere, & qui au sentiment de quelques-uns sont pires que la tyrannie. C'est à la vûë d'une guerre civile que les Sénateurs Romains représenterent ce qui est si vivement touché par l'Historien de la Conjuration de Catilina, *composité atque magnificè casum Reipublicæ miserati sunt, quæ belli sævitia esset, quæ victis acciderent, enumeravêre; rapi virgines, pueros; divelli liberos à parentum complexu; matres familiarum pati quæ victoribus collibuissent; fana atque domos exspoliari; cædem, incendia fieri; postremo armis, cadaveribus, cruore atque luctu omnia compleri.*

S'ils ont eu dessein d'exciter une guerre civile de quelque durée, il est vraisemblable qu'ils ont eu moins en vûë de procurer une Paix à la France, que la conquête de la Hollande & de l'Angleterre; & quoiqu'il en soit, ils ont eu pour but cette conquête & celle de toute l'Europe tôr ou tard, c'est-à-dire, d'ôter à un grand nombre de Souverains tous leurs droits, & à un grand nombre de Villes, leur liberté, & partout d'introduire le Gouvernement despotique avec la Croisade Dragonne pour faire signer tous les Protestans.

Voilà quels ont été les crimes des Cabalistes, si la Dénonciation du Sr. Jurieu est bien fondée; mais si elle est calomnieuse, il doit être censé plus méchant qu'ils ne le seroient étant bien accusez. Or elle est calomnieuse, & une pure chimere comme on n'en peut plus disconvenir, donc &c. l'Accusateur a prononcé lui-même son Arrêt dans le passage qu'on a cité de sa Politique du Clergé.

Il ne s'est pas contenté de calomnier des particuliers qui, comme on l'a déjà dit, avoient avec lui des relations qu'un autre auroit respectées jusques dans des personnes criminelles; il a noirci la République de Geneve, qui par la seule raison que c'est notre Eglise Mere, & comme la Métropole des Réformez méritoit toute sorte de ménagement. Je ne saurois m'empêcher d'aprendre ici au Public l'effet qu'a produit dans cette République la dénonciation; je me bornerai à deux extraits; & ce n'est même qu'avec peine que je me sers un peu de la méthode que l'Accusateur de Mr. Bayle met à tous les jours.

EXTRAIT

D'une Lettre d'un Syndic de Geneve.

JE vous dirai, *Monsieur, que l'on a été scandalisé en ce pays de la maniere d'écrire de Mr. Jurieu, & qu'il s'est perdu de réputation parmi tout ce*

qu'il y a d'honnêtes gens & de bon sens. On ne peut concevoir ce qui l'a obligé d'écrire comme il a fait contre cette Ville. Ce qu'il en a dit est absolument faux & inventé à plaisir. Tout ce qu'il y a de vrai est qu'un nommé Goudet Marchand, s'est voulu mêler d'écrire certains projets de paix, &c.

EXTRAIT

D'une autre lettre de Geneve.

IL *n'est pas possible que l'on ne regarde avec indignation un homme qui toujours plein d'un noir venin, mord sans discernement tout ce qui se rencontré à son passage & Amis & Ennemis, jusques aux Etats même. Que lui a fait le Magistrat de Geneve, pour tâcher comme il fait de le brouiller avec son peuple, & de le mettre mal auprès de tous les Protestans & des Confederez? Mais tout ce que je puis vous dire sur cela, Monsieur, c'est qu'on a regardé ici ses calomnies avec un profond mépris.*

Voilà déjà cinq beaux éloges que ce Délateur a gagné dans cette querelle. Il est convaincu d'avoir agi témérairement. 1. Par raport à sa charge. 2. Par raport à ceux qu'il a accusez. 3. Par raport à la maniere dont il s'y est pris. 4. Par raport aux preuves. Et enfin il est convaincu d'avoir forgé un Roman, qui le rend coupable d'une calomnie aussi atroce que le sauroit être l'entassement de crimes abominables dont il accuse les prétendus Cabalistes, & qui diffame non seulement quelques Réfugiez, mais aussi la République de Geneve.

Voici d'autres éloges qu'il a gagnez par sa belle Dénonciation.

VI. Il a tellement falsifié l'unique preuve qu'il avoit contre Mr. Bayle, savoir ce qui s'étoit passé avec son Libraire pour l'impression du Projet de Paix, qu'en fort peu de pages où il en a fait la narration, il a débité plus de 30. mensonges. On en sera convaincu par la lecture de ce livre.

VII. Il ne s'est pas contenté de débiter une fois ces mensonges, il a voulu s'en justifier, au lieu d'avouër humblement sa faute, quoiqu'il n'eût rien de bon à dire pour sa justification; & quoique par des lettres qu'il avoit recûës de Geneve, il sçût que c'étoient des faussetez. Ainsi en les imprimant, & en les soûtenant si mal contre sa propre conviction, il a aggravé son infamie.

VIII. Il a joint de nouvelles faussetez en grand nombre aux premieres; on en sera convaincu par la lecture de ce livre.

IX. Il s'est convaincu lui-même à la face du ciel & de la terre, d'une atroce colomnie envers Mr. Bayle par raport à la Religion, l'ayant accusé d'être Athée, de n'en faire presque point de mystere, & de ne faire aucun acte public de Religion; il s'est convaincu, dis-je, lui-même de cette atroce calomnie, par l'impossibilité où il s'est vû de prouver cette accusation.

X. Il a fait voir que sa hardiesse à imprimer les plus exécrables calomnies, est si grande, qu'il ne craint pas de choquer la notoriété publique: il l'a fait voir, dis-je (b) en soûtenant que Mr. Bayle ne fait aucun acte public de Religion. C'est ne craindre ni Dieu ni les hommes.

XI. Il s'est convaincu lui-même par son silence, d'avoir publié une infame colomnie contre les prétendus Cabalistes, en les accusant d'a-
voir

(b) Voyez la Cabale Chim. 660. 2. col. & ci-dessous art. I.

voir leurs plus étroites liaisons avec des impies.

XII. Par même moyen il s'est déclaré lui-même un insigne calomniateur envers ceux avec qui ces Messieurs ont leurs plus étroites liaisons.

XIII. Il a fait voir manifestement qu'il sacrifie la bonne foi & la conscience à l'idole d'un faux point d'honneur humain, puisqu'ayant sû avant que de publier ses Nouvelles Convictions, que le Projet de Paix n'étoit qu'une bagatelle, & qu'il n'y avoit aucune Cabale à Geneve qui correspondît avec Mr. Bayle, il n'a pas laissé de soûtenir par toutes les chicaneries qu'il a pû imaginer, tout ce qu'il avoit avancé contre les prétendus Cabalistes de Hollande.

C'est-ce qui le perd de réputation plus qu'autre chose; car il y a une maniere de proverbe parmi les Chrétiens, qui porte, que *c'est une chose humaine que de faillir, mais diabolique que de ne pas reconnoître ses fautes.* Ainsi ceux qui pourroient excuser sa premiere dénonciation aux dépens de sa crédulité, & de l'ardeur de son tempérament, ou si l'on veut de son zéle, ne peuvent justifier ses prétenduës Nouvelles Convictions, publiées depuis qu'il n'a pû douter du néant de la Cabale. Chacun sent, quoiqu'il ne l'avoüe pas devant tout le monde, que la publication de ces Convictions est un ouvrage que l'orgueil a formé en dépit de la conscience. On n'a osé confesser qu'on se fût trompé, & qu'on eût calomnié son prochain; on a craint que cet aveu ne fît quelque tort à la réputation que l'on croit avoir, & qu'on n'en fût insulté par les ennemis de dedans & de dehors; on s'est même figuré, tant on se croit nécessaire à l'Eglise, qu'elle a besoin qu'on vive sans flétrissure, & que l'utilité qui en revient au Public vaut bien la peine d'étouffer les remords de la conscience, & de violer les plus sacrées loix de la raison & de l'équité. Ainsi plûtôt crever que se retracter.

Voilà la Morale dont M. Arnaud accuse les Jésuites; il se plaint depuis long-tems que l'honneur humain, c'est-à-dire, la réputation de la Compagnie nécessaire à l'Eglise, selon eux, les empêche de se dédire de rien, & de faire réparation à ceux qu'ils ont offensez. Il les accuse d'une autre chose que le Sr. Jurieu pratique admirablement, c'est de calomnier tous ceux qui disent mal de leur Compagnie. Ce Ministre, leur imitateur en bien des choses, n'oublie point celle-là. Il se tuë de publier, qu'il n'a point d'autres ennemis que ceux de Dieu & de son Eglise, & se flatte qu'après cela ce qu'on écrit contre lui ne fait aucune impression sur les bonnes Ames. Ces précipices sont inévitables à tous ceux qui ont travaillé toute leur vie aussi peu que lui à devenir modestes, & à préférer une bonne & solide réputation au faste & au grand bruit.

On lui a déjà reproché publiquement la vanité scandaleuse qu'il étala dans une Préface contre un neveu de Mr. Pajon; mais on ne sauroit lui en faire trop souvent la guerre. *Si je répondois à cet Ecrivain, le Public ne me le pardonneroit pas,* dit-il, *ET IL A BESOIN DE MON TEMS POUR AUTRE CHOSE.* Je ne crois point que le Pape Urbain VIII. eût osé employer une raison aussi superbe que celle-la, si quelques Critiques avoient écrit contre ses Vers, & qu'il eût voulu faire savoir pourquoi il ne leur répondoit pas. Certainement l'Eglise Réformée de France nourrit dans son sein en la personne du Sr. Jurieu, tout l'orgüeil de la Cour de Rome, quoiqu'à

cause de la petitesse de sa sphere il ne se produise pas selon tous ses dégrez. Il a lui seul toute la vanité que M. Arnaud reproche à la Société des Jésuites. (i) *On ne peut gueres,* dit-il, *ternir ma réputation, sans faire préjudice à un parti que je défens de toutes mes forces depuis tant d'années.* Belle imitation de ce qui a été répondu par les Apologistes de cette Société à l'Auteur de leur Morale pratique! Que n'avons-nous des Arnauds qui puissent faire vivement sentir au Sr. Jurieu, que la destinée de notre Eglise n'est point attachée à la sienne; que la Réformation n'est pas assez malheureuse pour avoir à courir le même sort qu'une réputation aussi délabrée que la sienne, & qu'il a grand tort de se croire aussi important à notre Parti, que la Compagnie des Jésuites est importante à la Communion de Rome. O vanité de Capitan de Théâtre! On ne peut s'empêcher en considérant les airs qu'il se donne, & les éloges dont il se régale lui-même, de le comparer à ce Grammairien, qui se vantoit que les Lettres étoient nées avec lui, & qu'elles mourroient avec lui, (k) *secum natas & morituras litteras.* Mais quittons la digression, il n'étoit pas nécessaire d'en tant dire pour découvrir la source des nouvelles Convictions publiées depuis que l'Auteur a été pleinement desabusé de la Cabale, si tant est qu'il ait jamais crû qu'il y en eût une. Achevons de montrer les côtez par où il s'est fait connoître desavantageusement depuis sa dénonciation.

XIV. Il a témoigné qu'il n'avoit aucune conscience, puisqu'étant convaincu qu'il avoit calomnié son prochain, & cela en exposant des innocens à la fureur de la populace, & en les rendant infâmes & exécrables par toute l'Europe, il n'a daigné leur en faire aucune satisfaction, ni publier quelque chose qui réparât nettement le tort qui leur a été fait. Il ne faut point s'élever jusques à la morale de l'Evangile ni aux devoirs de Ministre de Jésus-Christ, pour savoir qu'on est obligé de rendre à chacun ce qui lui appartient; c'est un rayon de la Loi éternelle, c'est un principe de la Religion de la Nature. C'est par-là que sans l'aide de la révélation les Payens ont blâmé la calomnie, & reconnu qu'il faut faire satisfaction à ceux qu'on a offensez; la restitution d'un dépôt n'est pas un acte plus nécessaire à pratiquer selon la morale, que la rétractation d'une calomnie; car l'honneur étant un bien aussi précieux ou même plus précieux que la vie, il y a incomparablement moins d'injustice à retenir le bien d'autrui, qu'à ne lui point rendre sa réputation après qu'on la lui a volée par des satires calomnieuses. A-t-on vû que le Sr. Jurieu Ministre depuis long-tems ait appris ces maximes? Point du tout. Non seulement il n'a point demandé pardon à Dieu, au Public, & aux prétendus Cabalistes, des faussetez qu'il a imprimées contre eux, les plus infamantes qui se puissent voir comme auroit fait en sa place tout homme de bien après avoir connu son erreur; il n'a pas même témoigné par quelque petite diminution de son audace & de son arrogance accoûtumée, qu'il sentît quelque remords à cette occasion. Il a donc fait connoître manifestement qu'il se moque des loix les plus sacrées de l'équité naturelle, & de l'Evangile. C'est en même tems avoir montré qu'il n'a qu'un faux goût, qu'un goût d'ame basse à l'égard de la véritable gloire; car un grand homme ne se fait pas une honte de se rétracter; & ce sera peut-être le plus bel endroit de la Vie de Mr. Arnaud, que la satisfaction publique qu'il fit à

Mr.

(i) 6. Lettre du Tab. p. 227.

(k) Sueton. de illust. Gramm. c. 23.

Mr. Southwel , lorsqu'il eût été averti qu'il avoit débité un fait faux contre l'honneur & la réputation de cet illustre Anglois.

Si le Sieur Jurieu avoit imité ce bel exemple, il auroit fait une action de justice, & même de prudence humaine. Les prétendus Cabalistes qui le connoissent trop pour l'en avoir crû capable, se soucient peu de ses satisfactions & de ses réparations, & ne prétendent pas en avoir besoin. Je répete ici ce qu'ils ont dit dans la Cabale Chimérique. (l) *Nous ne nous attendons pas que selon le devoir non seulement d'un Ministre de Jesus-Christ, mais de tout homme qui en calomnie un autre , il reconnoisse sa faute, & nous en demande pardon; mais le Public connoîtra bien par l'impossibilité où il sera de rétablir sa Cabale, & de justifier tout ce qu'il a avancé, que notre réputation est aussi entiere que s'il en faisoit un aveu public.*

Après ces 14. acquisitions faites par l'Accusateur dans ce procès, il sera peut-être inutile de remarquer les glorieux avantages qu'il en retirera par raport à la qualité d'Aureur, & d'en faire le XV. article de ses pertes. Néanmoins je dirai qu'à cet égard il ne perdra pas peu de chose, parce qu'on connoîtra mieux que jamais en lisant la Cabale Chimérique, & cette Réponse à ses deux Factums, les défauts en quoi il s'est toûjours signalé.

plique plei-
mauvaise

On y verra des marques de mauvaise foi, de malignité, de hardiesse à nier & à affirmer mal à propos, qui étonneront.

On y verra des contradictions puériles, un entêtement qui n'a peut-être point d'exemples, & des conséquences ridicules. Donnons quelques preuves de tout cela.

Mr. Bayle avoit dit dans la Cabale Chimerique que le logis de Mr. J. est un Temple où la divinité de Louïs XIV. est foulée aux pieds, jettée dans la boue, & traitée de la maniere la plus indigne. Devineroit-on jamais que ce Ministre a été d'assez mauvaise foi & assez hardi pour citer ces paroles, comme si Mr. Bayle avoit dit , que le Roi de France est traité de la sorte dans nos Temples. Il faut le voir de ses propres yeux pour croire qu'il a converti une chose qui ne regarde que les conversations de sa Chambre, en une affaire qui regarde les prédications des Pasteurs. Mais au reste d'où vient qu'il nie aujourd'hui ce qu'il ne nioit pas l'année passée; car M. de Beauval lui ayant dit par raport à ses Sermons, *Que la chaire n'est point faite pour les Oraisons de Demostene contre Philippe , ni pour celles de Ciceron contre Marc Antoine,* (m) on ne lui nia point le fait; on trouva seulement étrange que la censure en vînt de lui.

M. B. avoit avoüé qu'il avoit trouvé chimériques les espérances de prêcher dans Nôtre Dame de Paris en 1689. & de voir dès le printems de la même année le Roi de France réduit au-delà de la Loire à la chétive destinée de celui de ses Prédecesseurs que les Anglois apellerent le petit Roi de Bourges. Au lieu de cela son Adversaire lui impute *d'avoir tourné en ridicule ceux qui ont crû qu'on pouvoit abaisser le Roy de France jusqu'à rétablir la Religion en France.*

Mr. Bayle ne s'étoit pas défendu d'avoir dit en conversation ce qui en est en la bouche de tout le monde, & que l'on apprend aux enfans avec les fables d'Esope, que c'est un plus grand avantage pour des armées de ne dépendre que d'une seule tête , que de dépendre de plusieurs,

son Adversaire convertit cela en cette proposition; *Les forces du Roy de France sont invincibles & superieures en tout à celles des Alliez.* Voilà trois exemples de mauvaise foi que je lui ai donnez à justifier ; nous verrons comment il s'en tirera. Quelle conséquence ! c'est un desavantage que de dépendre de plusieurs têtes, donc on ne peut jamais le compenser & rendre une Ligue victorieuse : on peut voir là-dessus les Pensées sur les Cometes. (n)

Quittons pour un moment le Sr. Jurieu , afin de parler à l'Auteur des Remarques generales, l'une de ses épées de chevet. On connoît bien-tôt à sa maniere d'écrire, que s'il n'a pû imiter en tout son maître, il copie du moins heureusement sa médisance & sa mauvaise foi. Voici comme il justifie l'espérance de prêcher dans Notre Dame: *A la veille de la guerre où toute l'Europe bandée contre la France s'est crue en état de luy donner la loi dès la premiere Campagne, on a pû se flatter, que cela pourroit arriver la 3. année , & qu'en trois ans de guerre les Alliez la surmonteroient.* C'est raporter infidelement le fait:

Remarques ge-
nerales sur la
Cabale Chimé-
rique refutées.

Lorsque Mr. Bayle fit sa Cabale Chimerique, il croyoit que le Voyageur devant lequel le Sr. Jurieu fut cajolé, lui avoit fait sa visite à-peuprès lorsque le fils de Mr. Bontems passa par Rotterdam ; c'est pour cela qu'il a rapporté la conversation comme si on avoit dit qu'avant 3. ans le Sr. Jurieu prêcheroit à Paris dans l'Eglise de Notre Dame; car sachant que tous ces beaux discours étoient fondez sur les grands mysteres des 3. ans & demi d'après la révocation de l'Edit de Nantes, il a dû supposer que ce fut en 1686. que la cajolerie fut débitée. Mais il a sçu en travaillant à la 2. Edition qu'il faloit dire non pas *avant trois ans*, mais *dans un an*, & que la visite se fit peu avant la rupture.

Il paroît de-là que Mr. Bayle ne s'est jamais moqué de cette cajolerie qu'entant qu'on la fondoit sur les rêveries de trois ans & demi. Ce n'est pas qu'il n'avoüe que l'espérance de prêcher dans Notre Dame ne lui ait paru une chimere, soit qu'on l'applique à la premiere Campagne, soit qu'on l'applique à la troisieme , parce qu'il est persuadé que ce n'est ni le but des Princes Protestans qui sont liguez contre la France, d'y ruïner le Catholicisme , ni l'intention de leurs alliez Catholiques de souffrir qu'il y reçoive aucune atteinte ; mais enfin il ne regardoit pas cette chimere de prédication dans Notre Dame de Paris par raport aux évenemens de la guerre, il la regardoit selon les premieres vûes du Sieur Jurieu, qui étoient que notre glorieux rétablissement se feroit sans violence, ni guerre, & qu'il faloit compter beaucoup sur l'éducation de Mr. le Dauphin, & sur Mr. de Montausier son Gouverneur, ou sur l'opiniâtreté d'Innocent XI.

La Révolution d'Angleterre, & la Confédération de tant de Princes contre la France, changérent toute l'œconomie du système Prophétique; car depuis ce tems-là, on crut que notre Religion triompheroit en France par voïe de conquête, & là-dessus on débitoit cent belles choses sur la rapidité de nos triomphes. Rien ne troubloit la joye qui éclatoit sur le visage d'une Dame que je ne nommerai point , lorsqu'elle parloit de cette rapidité, que la mort de Madame de Schomberg. Cette mort ôtoit à la Dame dont je parle l'espérance d'aller à l'Armée, où elle croïoit que Madame de Schomberg auroit suivi son Epoux

ac-

(l) Ci-dessus p. 663. col. 2.
(m) 6. Lettre ou Tabl. du Socin. p. 226.

(n) N. 258. 259. 260.

accompagnée d'une grosse Cour de Femmes, pour voir des premieres la chûte de la France, cette dixieme partie de la grande Cité. Elle se figuroit que Mr. Jurieu marcheroit partout avec l'Armée tiomphante, afin qu'au même tems que les Villes & les Provinces conquises feroient le serment de fidélité à leur nouveau Maître, il y réglât le Spirituel, reçût les peuples à l'abjuration du Papisme, & fît ôter des Eglises tous les objets d'adoration. Pour faire que tout se raportât mieux à la sortie d'Egypte, il étoit à propos qu'il y eût des femmes, qui après que le Cantique, *elle est tombée, elle est tombée la grande Babylone*, auroit été chanté, fissent comme (*o*) Marie la Prophétesse sœur d'Aaron, &c. mais par malheur l'Epouse du General étoit morte, il n'y pouvoit plus avoir de Prophétesse.

Au reste le Sr. Jurieu étoit d'autant plus persuadé que ces grands évenemens regardoient l'année 1689. qu'il avoit imaginé, après y avoir rêvé plusieurs nuits de suite, une maniere de pontons, pour faire débarquer en dépit des Milices qui seroient sur les côtes de France, autant de Soldats qu'on voudroit sans beaucoup de difficulté. On ne sait pas s'il en envoya la figure en Angleterre; mais il en a eu l'envie. Franchement il auroit mieux fait de s'ériger en Ingénieur, que de tant écrire sur l'Apocalypse, & sur d'autres choses. Mais quoiqu'il en soit, Mr. Bayle ne nie pas qu'il n'ait traité de chimériques les esperances dont on vient de parler.

L'Auteur des Remarques Génerales voudroit bien lui en faire un crime d'Etat, comme si on n'avoit pû douter de ces espérances, sans douter que les Alliez fussent capables de surmonter la France à la troisiéme Campagne, & de lui donner la loi. On lui répond qu'il y a une différence énorme entre donner la loi à la France, en lui prescrivant des conditions de Paix avantageuses à ses voisins, & faire prêcher un Ministre dans l'Eglise de Notre Dame de Paris. On a pû traiter ceci de chimere, & esperer néanmoins que les Alliez feroient bien-tôt restituer à la Maison d'Autriche, & à l'Empire, ce que la France leur détient injustement, & à ceux de la Religion l'Edit de Nantes. Or bien-loin que Mr. Bayle doive être blâmé sur ceci, que c'est au contraire l'ami du Sr. Jurieu qui mériteroit une censure de la part du Magistrat, pour avoir écrit des choses qui ne peuvent que dégouter les Alliez Catholiques; car il ne tient pas à cet indiscret que toute l'Europe ne croye que le but des Protestans en cette guerre est d'accomplir les Prophéties d'un Ministre de Rotterdam, sur l'abolition de la Messe, & que les Troupes Impériales, Bavaroises, &c. ne travaillent qu'à le faire prêcher dans Notre Dame de Paris.

Si après les exemples de la mauvaise foi du Sr. Jurieu, que j'ai crû devoir marquer dans cette Préface on en veut de sa malignité, je n'ai qu'à parler de l'affectation continuelle avec quoi il tâche d'irriter contre Mr. Bayle Sa Majesté Britannique. C'est un lieu commun qui revient partout, mais toûjours sans autre fondement que la violente haine de l'Accusateur, & l'envie effrenée qu'il a d'opprimer *per fas & nefas*, ceux qu'il attaque.

Il ne se contente pas de rendre publics dans ses livres les traits de cette noire malignité, il va les répandre chez les Magistrats, il s'en sert pour arrêter l'avancement des Amis de ce Professeur,

comme si on ne pouvoit rendre justice à leur mérite, sans faire du bien aux Amis des ennemis du Roi Guillaume. Surquoi il est bon que le Public sache que Mr. Bayle regarde comme un calomniateur & un . . . . quiconque tient ces discours. Il a à faire à des gens si accoûtumez à se voir donner ce titre, que j'ai presque recouru à d'autres rmes, desespérant de toucher par celui-là, car *ab assuetis non fit passio*.

Si le Sr. Jurieu connoissoit toute la grandeur d'ame du Héros, qui est aujourd'hui si glorieusement à la tête de nos formidables Armées, il n'espereroit pas de le prévenir contre l'innocence par ses artifices de Jésuite. On sait que les Jésuites non contens d'accuser les Jansenistes d'intelligence avec Geneve, & d'appeller les Religieuses de Port-Royal *des Incommuniantes*, *& des Asacramentaires*, comme le Sr. Jurieu accuse M. Bayle de ne faire aucun acte public de Religion, se servirent d'une machine encore plus puissante; c'est de persuader au Cardinal Mazarin que les Jansénistes étoient amis du Cardinal de Rets, & qu'ils avoient favorisé la Fronde.

Quel exemple de la hardiesse du Sr. Jurieu à nier ce qui est vrai, & à affirmer ce qui est faux, pourrois-je marquer ici plus à propos, que celui qui regarde Messieurs les Bourguemaîtres de Rotterdam, & celui qui concerne Mr. G? On renvoye le Lecteur quant à ce dernier, au lieu même où l'on en parle; l'on dira seulement qu'il est bon de remarquer que l'Accusateur a bâti sur cette fausseté insigne ce qu'il a dit de plus capable de surprendre le Public, savoir qu'on a indiqué à l'Etat celui qui a imprimé l'Avis, & qu'on sait qu'il connoît l'Auteur. Mais quant au premier exemple on ne peut s'empêcher d'en tirer cette conséquence, que le Sr. Jurieu est indigne d'être crû en rien sur sa seule parole, puisqu'il a osé imprimer, & faire imprimer par ses amis, que Messieurs les Bourguemaîtres de Rotterdam ne lui ont pas prescrit pour ce qu'il publieroit contre Mr. Bayle les mêmes loix qu'ils ont prescrites à celui-ci pour ce qu'il publieroit contre lui. Ces loix sont précisément les mêmes pour l'un & pour l'autre; on le dit, on le répete, on en prend à témoin ceux qui les ont faites, & on suplie les Lecteurs de faire telles réfléxions que de raison sur la fourberie orgueilleuse & sans pudeur du personnage.

Le Public a pû voir la Requête qu'il présenta à ces Messieurs, c'est un des plus violens Ecrits & en même tems quelque chose d'aussi burlesque qu'il y en ait jamais eu au monde. Demander qu'il soit permis à un Accusateur en crime de Leze Majesté divine & humaine au premier chef, d'écrire contre l'Accusé, & qu'il soit défendu à celui-ci d'écrire contre son Accusateur, n'est-ce pas avoir perdu le sens? Un Cavalier qui demanderoit permission à son Prince de se battre en duel avec son ennemi qu'on attacheroit à un arbre pieds & poings liez, seroit moins ridicule. Mais la hardiesse qu'il a d'accuser Mr. Bayle devant ces Messieurs (*p*) *d'avoir traité dans la Cabale Chimerique les Princes qui ont secoüé le joug du Papisme, de scelerats, & d'avoir dit plusieurs autres choses infamantes contre la Réformation*, est une calomnie si furieuse, que quand il n'auroit eu d'autre disgrace dans ce Procès que la Conviction d'avoir avancé un telle fausseté dans une semblable Requête, il auroit raison de se repentir de sa belle Dénonciation.

Les

<hr>

(*o*) Exode 16.
(*p*) Voyez ci-dessous la Réponse, au commencement.

& à la liste de quelques faussetez N. XII.

Les contradictions de cet Ecrivain produites dans la (q) Cabale Chimerique sont du dernier pitoyable; mais en voici une qu'il ne faut pas oublier, ayant dit dans la page 17. de son Factum que *Mr. Bayle n'a jamais fait aucun mystere de son amour excessif pour le Roi de France*, il soutient dans la page 31. *qu'il a toûjours été reconnu pour ardent jusqu'à l'excés pour les interêts de la France, MALGRE' LA PEINE QU'IL A PRISE POUR SE CACHER.*

N'est-ce pas le plus fier entêtement qu'on ait jamais remarqué dans un Auteur, que de produire pour la seconde fois les mêmes preuves, sans dire un seul mot contre ce qui a été opposé à ses preuves. C'est-ce qu'a fait le Sr. Jurieu; il n'avoit rien avancé pour prouver que Mr. Bayle est l'Auteur de l'Avis qui n'eût été mis en poudre; cependant il ne retracte rien, non pas même la belle remarque *d'assureurs & d'assurances en matiere de commerce:* il ne renonce à rien, il remet tout sur le tapis sans faire semblant d'avoir rien vû de ce qui lui a été objecté. Comment nommer cela sans recourir au *perfrictæ frontis,* & au *stolidè ferox* des Latins?

On voit mille exemples de sa mauvaise Logique dans la Cabale Chimerique & dans cet ouvrage; mais en voici de nouveaux (r). M. Chauvin Ministre Refugié à Rotterdam lui a été dire qu'on lui avoit montré une lettre, où Mr. Pelisson disoit qu'il n'étoit pas l'Auteur de l'Avis, & qu'il avoit oüi dire que l'Auteur avoit obtenu privilege. Le Sr. Jurieu tire de cela plusieurs consequences. 1. Qu'il est clair & certain que les Cabalistes ont essayé de persuader à Mr. Pelisson de se dire Auteur de l'Avis. 2. Qu'il y a collusion & intelligence entre eux & Mr. Pelisson. 3. Qu'en leur faveur Mr. Pelisson jette le bruit d'une seconde édition. 4. (s) Qu'il fait assez comprendre par sa foible affirmation, que ce qu'il avance est une fiction. S'il est permis de raisonner de la sorte, y a-t-il sottise & fadaise au monde que l'on ne concluë de toutes les lettres qu'on lira?

On m'avouera que ce XV. article de pertes n'est pas d'une petite importance; car il est certain d'un côté qu'il n'y a point de défauts plus incompatibles avec la qualité de bon Auteur & de grand Auteur, que ceux que je viens de toucher; & de l'autre, que si jamais le Sr. J. a été engagé d'écrire exactement, ç'a été dans cette rencontre, où il s'agissoit pour lui d'éviter la note infâme de calomniateur public, & où il devoit s'attendre qu'on ne lui pardonneroit aucune bévüë. Si dans une telle rencontre il a donné des marques si évidentes de tant de défauts capitaux, que peut-on juger de tant d'autres livres qu'il a faits, bien persuadé que les Protestans n'en liroient jamais la refutation, ou que peut-être personne ne les refuteroit? Je ne doute pas qu'il ne soit convaincu que ses autres livres sont remplis des mêmes fautes qu'on a relevées depuis sa querelle avec Mr. Bayle, & de-là viennent les frayeurs mortelles où il est qu'on n'en fasse une critique universelle. Vous le voyez allarmé & allarmant la Religion des bons Protestans; dans la vûë sans doute que défense soit faite à Mr. Bayle & à ses amis, d'éplucher & de faire des listes.

Je ne sai où placer le défaut qu'on lui reproche dans la Cabale Chimerique sur les terribles effets dont il a représenté capables le Projet de Paix,

& l'Avis aux Refugiez. C'est un défaut peut-être amphibie, en partie dans l'esprit, en partie dans le cœur. S'il a parlé selon sa persuasion, c'est le plus grand Visionnaire, & la plus grande dupe qui soit sous le ciel, sans compter l'imprudence qu'il y a à publier ainsi ce qu'on croit être les lieux foibles du Parti. S'il a parlé contre sa conscience, c'est un très-méchant homme. On peut donner une semblable alternative à choisir à l'égard d'une infinité de choses qu'il a publiées concernant les Cabalistes, sur la foi de ses *Chasseurs à nouvelles.* Il sera bienheureux s'il en est quitte pour être reputé le plus credule des hommes, & si l'on se contente d'avoir pitié de sa décadence.

II. CHEF.

L'Avis aux Refugiez.

Voilà les pertes que l'Accusateur a faites incontestablement, & voici le gain, dont il se vante.

Il prétend qu'à tout le moins il a prouvé d'une maniere convaincante que Mr. Bayle est l'Auteur de l'Avis aux Refugiez.

Donnons-lui cause gagnée pour quelque tems, nous verrons qu'avec ce *dato non concesso,* le gain ne balancera pas la perte.

Car premierement il n'aura fait qu'éviter l'ignominie d'avoir été calomniateur en tout; c'est-à-dire, que,

Sur vingt-cinq articles qu'on (*) lui avoit donniez à prouver à peine de passer pour un calomniateur public, il en aura justifié un: N'est-ce pas une belle loüange? N'est-ce pas s'applaudir d'une chose dont on se sert pour rembarrer les diseurs de bonne-avanture, & les faiseurs d'Almanachs, lorsqu'ils se vantent d'avoir dit quelquefois la verité. *Ils disent tant de choses,* répond-on, *qu'il n'est pas étonnant qu'il s'en trouve quelqu'une de vraye.* Il n'y a point d'honnête homme qui n'aimât mieux n'avoir point du tout accusé, que d'avoir accusé de deux crimes, sur l'un desquels il seroit trouvé faux témoin, & l'on prétendra que l'honneur d'un Ministre, un honneur infiniment plus délicat que celui d'un autre homme, sera conservé en son entier, pourvû qu'il ne soit pas calomniateur dans tous les chefs d'accusation qu'il intentera? Et ce qui est bien plus extravagant, on prétendra que l'honneur de ce Ministre ne recevra nulle atteinte (a) pourvû que de 25. crimes dont il aura accusé, il en prouve un? Et ce qui passe toute extravagance, on prétendra que ce Ministre sera remercié comme un vigilant *Procureur du Roi,* & une *Guette fidelle en Israel,* pourvû que sur 25. accusations il y en ait une de juste? Ces prétentions sont si ridicules & si pleines d'ignorance, qu'on se feroit une honte de les refuter. Le Sr. Jurieu ne doit être consideré en cette cause que comme Dénonciateur tout au plus. Or un Dénonciateur à faux ne demeure point impuni; car lorsque le Procureur du Roi perd son procès contre les Parties accusées, il faut qu'il nomme son Dénonciateur, & qu'il le fasse châtier selon l'exigence des cas. Desorte que le plus grand succès que le Sr. Jurieu se pourroit promettre, seroit de n'être puni que comme calomniateur & faux témoin sur une vingtaine de Chefs, dont il y a quelques-uns d'énormes, & d'obtenir

---

tenir que Mr. Bayle seroit puni comme Auteur de l'Avis aux Refugiez. Or il n'y a point de Tribunal capable de mettre de l'égalité entre la faute de l'Auteur de cet Avis, & la faute d'un homme qui suppose des crimes d'Etat à des innocens, & qui bâtit un Roman sur une Cabale imaginaire pour les faire perdre. Voilà une plaisante guerre en Israël qui prend les arbres pour une armée ennemie, & vient là-dessus jetter dans l'Eglise toute sorte de confusions. Encore un coup il n'y a point d'Accusateur qui ne crût avoir plus perdu que gagné dans un procès criminel, si l'on partageoit la peine entre lui & sa partie, de telle sorte que l'Accusé fût puni comme convaincu d'avoir donné un soufflet, & l'Accusateur comme faux témoin de parricide, de sacrilege, de sodomie.

Témérité de Mr. Jurieu. Secondement le Sr. Jurieu n'évitera jamais le blâme de témérité ni par rapport à sa profession, ni par rapport à la personne accusée, ni par rapport à la maniere, ni enfin par rapport aux preuves. Or ce n'est pas un petit échec à un Ministre de son âge, que d'avoir entrepris une chose témérairement & imprudemment à tant d'égards; car si dans la guerre on ne pardonne une conduite étourdie & téméraire, qu'à des batteurs d'Estrade, qu'à des enfans perdus, qu'à des jeunes volontaires *bisognosi d'honore*; si dis-je, dans la guerre une telle conduite est ce que l'on blâme le plus dans les personnes de commandement, il n'est pas moins vrai que dans l'Eglise l'une des plus grandes fautes, où ceux qui sont à la tête des troupeaux puissent tomber, est de s'embarquer témérairement & précipitamment dans une affaire de consequence. On le fera par zele, si vous voulez; mais toute action faite par un zele indiscret & destitué de prudence, est très-digne de blâme. Il n'y a personne qui doive moins prétendre à être excusé que le Sr. Jurieu quand il fait quelque chose témérairement, puisqu'outre que son âge n'admet plus ces sortes d'excuses, il agit plûtôt en Pasteur universel, qui neglige tout le détail de son Eglise particuliere, hormis les intrigues Consistoriales, pour avoir mieux le loisir de remuer les autres Eglises en differens endroits du monde, qu'en Pasteur Presbytérien affecté à un troupeau.

On est persuadé qu'il n'oseroit nier qu'il n'eût fait une faute très-honteuse à sa réputation, s'il avoit dénoncé Mr. Bayle témérairement. Aussi nie-t-il qu'il soit coupable de témérité, soutenant dans son dernier (b) Factum, que *quoiqu'en disent quelques personnes, il a fait ce qu'il a dû faire, & ce qu'il feroit encore, s'il étoit à recommencer.* Prouvons-lui donc que ces personnes ont très-grande raison de l'accuser de témérité.

Preuves qu'on en donne. Il avouë lui-même qu'il n'a dénoncé Monsieur Bayle que sur (c) *de simples présomptions*; mais il prétend qu'à cause de l'atrocité du crime ces présomptions suffisoient. Renversement manifeste de la raison & du bon sens; car plus le crime dont on veut accuser quelqu'un est atroce, plus faut-il être assuré de son fait, & muni de bonnes preuves, quand on se hazarde à le dénoncer publiquement.

On connoîtra mieux sa témérité si l'on examine toutes les preuves dont il s'est servi dans son premier livre; car elles sont ou ridicules, ou pleines d'ignorance crasse, ou sans nulle force. Il n'a pû rien avancer qui n'ait été anéanti dans la Cabale Chimerique, & il n'a pû repliquer quoi que ce soit pour soutenir ses raisons. Il a mis sa ressource dans de nouvelles découvertes; mais étant venuës après coup, elles ne peuvent point avoir un effet retroactif; il sera toujours vrai qu'il a été un Dénonciateur étourdi & téméraire.

Il y a une autre chose qui fait voir manifestement la nullité de ses présomptions, c'est que de cent personnes qui croyent que M. Bayle est l'Auteur de l'Avis aux Refugiez, à peine s'en trouveroit-il une qui voulût soutenir en conscience que c'est à cause des premieres raisons de l'Accusateur. Si vous demandez à ceux qu'il a entêtez de son accusation, pourquoi ils imputent ce livre à Mr. Bayle, ils vous répondent:

Les uns, que c'est à cause que Mr. Bayle a nié trop froidement qu'il en fût l'Auteur.

D'autres, que c'est à cause qu'il s'est trop mis en colere, n'y ayant que la verité qui offense.

D'autres, que c'est à cause qu'il n'a pas dit du mal de ce livre.

D'autres enfin, que c'est à cause des Extraits de lettres publiez dans le dernier Factum.

On verra ci-dessous la nullité de ces quatre raisons, & dès à présent on peut juger que le caprice a beaucoup de part à la persuasion de bien des gens, & que les premieres présomptions de l'Accusateur ont été bien foibles.

Combien inexcu... Sa témérité paroîtra beaucoup plus inexcusable si l'on considere qu'il a dû être très-assuré que sa dénonciation produiroit infiniment plus de mal que de bien.

Car il a dû croire que les Catholiques Romains s'en divertiroient, & qu'ils tireroient beaucoup d'avantage de la guerre civile qui s'exciteroit entre les plumes refugiées.

Il a dû croire qu'il s'éleveroit beaucoup de contestations & de discordes entre toutes sortes de Refugiez, & que par-là ils se rendroient odieux aux Peuples qui les ont recueillis. S'il a eu la vûë si courte & si mauvaise qu'il n'ait pas prévû ces desordres, il les a du moins appris par l'évenement. Il n'est que trop vrai que sa querelle avec Mr. Bayle a fait un furieux fracas, & si les amis de celui-ci n'avoient été plus sages que ceux du Sr. Jurieu, il en seroit arrivé mort d'homme: & c'est une insigne mauvaise foi, & une continuation de menteries, que d'avoir osé soutenir dans son Factum, que *le Public s'est contenté de gémir modestement.* C'est néanmoins depuis ce grand bruit qu'il a déclaré que s'il étoit à recommencer il feroit ce qu'il a fait; preuve évidente qu'on ne peut pas l'excuser en disant qu'il n'a point crû que sa dénonciation troubleroit le repos public.

Il a dû croire que sous un Gouvernement aussi équitable que celui-ci, sa dénonciation n'étant pas accompagnée de preuves juridiques, ne feroit point perdre à Mr. Bayle la Charge publique qu'il a exercé à Rotterdam près de dix ans, avec l'approbation universelle des Magistrats & des Hollandois.

Il n'a pas dû regarder comme un bien ni pour lui en particulier, ni pour l'Eglise, l'évenement sur lequel il a compté, savoir que Mr. Bayle s'en retourneroit en France.

Il n'a pas dû regarder comme un avantage l'évenement qu'il a crû infaillible, savoir qu'il rendroit M. Bayle suspect & odieux à divers particuliers, (ce qu'il appelle ridiculement le Public). Car il sait bien que c'est un (d) Philosophe qui ne compte

---

(b) Pag. 16.
(c) Pag. 15. col. 2.

(d) Voyez tout son Livre sur les Cometes.

compte pas les voïx , & qui a tant médité fur le penchant de notre nature à croire légerement , & felon les inftinéts des paffions , que rien ne le fauroit furprendre , ni chagriner de ce côté-là. C'eft à faire à n'avoir point de liaifons avec des gens qu'il ne connoiffoit prefque pas, ou qu'il voyoit fort peu ; fes manieres ont toûjours été de fe borner à un petit nombre d'amis & de connoif- fances , & de vivre d'ailleurs fans faire du mal à perfonne , ni fans en dire ; mais fans briguer les fuffrages de qui que ce foit. Quand il fait réfle- xion que le Sr. Jurieu a été capale de perfuader à je ne fai combien de gens , toutes les vifions chimériques de fon Accompliffement des Prophe- ties , en forte qu'ils ont eu de la peine à fe defa- bufer après l'expiration du terme , feroit-il fur- pris que le même homme perfuadât aux-mêmes gens tout ce qu'il voudroit fur l'Avis aux Réfu- giez ?

Voilà bien du defavantage pour l'Accufateur, dans la fuppofition même que fon dernier Factum eft convaincant ; que fera-ce donc quand on lui niera cette fuppofition , & qu'on lui foûtiendra comme je fais ici, qu'il n'a point prouvé que Mr. Bayle foit l'Auteur de l'Avis aux Réfu- giez ?

Qu'il n'en ait donné aucune preuve juridique, fes Amis mêmes l'avoüent , & la chofe parle de foi-même ; il ne faut que lire fon Factum.

Que les preuves qu'il en a données , ne foient tout au plus que dans ce dégré d'apparence qui peut engager à prendre parti fans témerité dans une difpute Académique (comme eft la queftion fi tel ou tel livre eft de St. Leon , ou de St. Prof- per , fi l'imitation de Jefus-Chrift eft un ouvrage de Thomas à Kempis ou de Jean Gerfen ; fi le Fragment publié par le Docteur Starileus eft de Petrone , ou non) ; c'eft ce qu'on avoüera pour peu qu'on juge de la chofe avec les lumieres né- ceffaires.

Que les remarques qu'on a produites dans ce livre contre le Factum du Sr. Jurieu , énervent tout fon babil , & toutes fes décifions magiftra- les , c'eft ce qu'on accordera fi on examine l'af- faire fans aucune préoccupation.

C'eft donc une témerité prodigieufe que s'agif- fant non d'une fimple curiofité de critique fur le véritable Auteur d'un livre ; mais d'un crime d'E- tat, & de la fortune & de l'honneur d'un Prof- feffeur en Philofophie, un Miniftre fon ancien Ami & Collegue ait pris l'affirmative contre lui jufques à le dénoncer publiquement dans un li- belle diffamatoire , fans avoir rien de juridique, rien de convaincant à produire. On ne peut trai- ter cela que d'une injufte perfécution , mêlée d'une fatyre violente & témeraire , dont tous ceux qui ajoûtent foi au Sr. Jurieu font participans.

Il ne peut donc compenfer les 15. articles de fes pertes par le gain qu'il prétend avoir fait dans le Factum fur l'Avis aux Réfugiez , puifque le plus grand avantage qui lui puiffe revenir de ce Factum, eft qu'il n'eft pas certain qu'il y foit ca- lomniateur, y ayant des raifons probables pour & contre. Cette probabilité n'empêche pas vû la matiére dont il s'agit , que fa dénonciation ne foit certainement fatyrique & témeraire ; comment donc balancera-t'on 15. articles de perte , la plû- part prouvez par des principes dont le mon- de convient, comment, dis-je, les balancera-t- on par ce feul & unique avantage , que fi l'on a.

été certainement témeraire & médifant , l'on n'eft pas du moins certainement calomniateur ? On fe peut fouvenir de ce qui a été dit dans la Cabale Chimerique touchant un homme convaincu des galanteries d'une femme, lequel ne pourroit lors même , qu'il auroit raifon dans le fond la diffa- mer dans un libelle , fans être obligé ou de prou- ver juridiquement l'accufation , ou de lui en fai- re une réparation publique.

Quelque ignorant me demandera peut-être , s'il n'eft pas certain qu'un homme eft l'Auteur d'un livre, dès-lors qu'on peut le prouver par des rai- fons vraifemblables. Je répons à cet ignorant, que s'il favoit les longues conteftations qui ont régné entre les Chanoines Réguliers de St. Auguftin , & les Bénédictins fur l'Auteur de l'Imitation de Jefus-Chrift , & tant d'autres difputes fur les Ouvrages fuppofez ou non fuppofez aux Peres de l'Eglife , il ne feroit point cette demande.

Les livres anonymes font une des chofes où les apparences font le plus trompeufes. Il n'y a pas long-tems qu'un (e) Miniftre Réfugié fut foup- çonné d'être l'Auteur d'une lettre Latine fur la tolérance des Religions. On fe fondoit fur ce qu'elle étoit imprimée à Tergow où il demeu- roit, & qu'il paffoit pour être du fentiment éta- bli dans cette lettre. C'étoient de fi fortes pré- fomptions, que (f) l'Auteur de l'Hiftoire des Ou- vrages des Savans ne balança pas à nommer ce Miniftre. Mais on lui fit favoir que l'ouvrage ve- noit d'ailleurs. La préfomption a été depuis qu'un (g) Profeffeur en Theologie Arminienne a fait la lettre. Pourquoi ? C'eft qu'elle eft felon fes principes , & imprimée par le même Libraire qui avoit déjà travaillé pour lui. Si un Chicaneur vouloit faire un Factum pour prouver ou au Mi- niftre Réfugié , ou au Profeffeur Remontrant , qu'ils font les Auteurs de cet Ecrit , ne trouve- roit-il pas cent raifons probables ? Cependant il fe (h) tromperoit , à ce qu'on m'a dit.

Avant que de paffer outre , je prie les Lecteurs de bien obferver que le Factum du Sieur Jurieu n'aura jamais une apparence de raifon qui puiffe difculper d'une témerité criminelle ceux qui con- damneront M. Bayle en vertu de ce Factum , juf- ques à ce que l'Accufateur ait prouvé les articles que je lui ai donnez à prouver , & que je le dé- fie de prouver de fa vie ; mais comme j'en ai ou- blié un des principaux , on me permettra de le placer en cet endroit.

Je dis donc que puifque le Sr. Jurieu a choi- fi le public pour juge de l'accufation , il eft obli- gé de produire fes témoins devant ce Juge ; & pour cet effet il faut qu'il aprenne à Mr. Bayle qui ils font & où ils ont fait élection de domici- le , afin qu'on puiffe faire faire enquête de leurs vie, mœurs & généalogie ; autrement ce feroit ici un vrai procès d'inquifition où l'on condam- ne les gens fans leur dire par qui ils font accufez. Il fe peut faire que les témoins de Paris citez anonymement dans le Factum , foient d'honnêtes gens ; mais ils pourroient être auffi des fripons, ou proches parens des adjoints de l'Accufateur, ou capables d'une fraude pieufe , en général fuf- pects , & reprochables. On ne décide rien en- core fur cela ; mais on veut en être éclairci , & la partie adverfe de Mr. Bayle ne peut lui en re- fufer les moyens fans ruïner elle-même fa caufe. On lui donne un mois de tems , après quoi fi on n'aprend pas ce que l'on demande , on traitera
d'im-

(e) Mr. Bernard.
(f) Mois de Septembre 1679. p. 21.
(g) Mr. Limborch.

(h) Cette Lettre étoit de Mr. Locke , & on la trouve dans fes Oeuvres diverfes.

d'impostures & de fourberies, ce qu'elle débite.

Ce sera donc, bon gré malgré qu'elle en ait, le principal article de la tâche qu'elle doit fournir incessamment, & laquelle contenoit déjà 62. Chefs.

Car s'il étoit une fois permis de diffamer les gens par la publication de certains fragmens de lettres, dont les Auteurs seroient assurez qu'on ne les nommeroit pas, personne ne seroit à l'abri d'un libelle diffamatoire, & je me ferois fort avant six semaines de produire 40. extraits de lettres venuës de Hambourg, de Berlin, de Coppenhaguen, de Londres, de Paris, de Geneve, de Suisse, &c. qui s'accorderoient à dire, que le Sieur Jurieu est un fou à lier. Combien de maris déclaroit-on C.... par une semblable voye?

Je prie mon Lecteur de bien observer que le Sieur Jurieu confesse que ceux qui se sont employez pour lui à Paris, & qui ont fourni les extraits dont il a orné son Factum, sont (i) anciens Catholiques & ses Amis; il ne nie point que l'affaire ne fût trop délicate dans un tems aussi fâcheux qu'est celui-ci, pour que de nouveaux Convertis s'en voulussent mêler. (k) Ailleurs il dit, qu'il n'y en a que quelques-uns qui soient Catholiques, & que la plûpart lui sont inconnus. Je ne dis rien sur ses contradictions quoiqu'elles prouvent qu'il ne fait qu'entasser mensonge sur mensonge; je le prie seulement de se souvenir de sa Lettre Pastorale du 15. Sept. 1687. où il récuse tous les Catholiques Romains. *Nous donnons avis aux nôtres*, dit-il, *de ne s'en raporter aucunement sur la verité des faits, à ce qu'en disent nos ennemis : ils sont de serment de tout nier, même les choses les plus notoires.* Cette précaution venoit là fort à propos au secours de sa crédulité.

Mais pourquoi veut-il aujourd'hui que nous nous en raportions à eux? Voudroit-il bien sur leur témoignage que l'on crût que M. Bayle est l'Auteur de l'Avis aux Réfugiez, & que M. de Beauval est son complice? Ne devons-nous pas soupçonner que les Catholiques de Paris se persuadent aisément que nous ne croyons pas tous tout ce que nous professons, & qu'ils seroient fort aises qu'on leur renvoyât ces 2. Messieurs, qu'ils feroient tout aussi-tôt écrire contre lui de la belle maniere. Croit-il que des bévuës, des contradictions, des faits évidemment contraires aux principes de la Morale, ruïneroient moins sa réputation, quand on les feroit toucher au doigt dans un livre fait à Paris, que c'étoit dans le livre d'un Protestant? Il se donne en vain de la peine pour décrier ici ses ennemis comme des indévots, car ils ne prétendent pas en être crûs sur leur parole, ou sur leurs conjectures; ils prouvent ce qu'ils avancent contre lui, ou ils n'avancent que ce qui est de notorieté publique. Qu'importe que celui qui dit, *qu'un calomniateur qui ne repare pas le tort qu'il a fait à son prochain, ou n'a point de conscience, ou la sacrifie à l'idole d'un faux point d'honneur*, soit dévot ou indévot? La maxime est également certaine, qui que ce soit qui la dise, fût-ce le Démon. Il doit donc être assuré que les livres que feroient contre lui en France deux personnes comme celles-là qui l'ont vû de si près & qui le connoissent *intus & in cute*, l'abimeroient entierement, & qu'ainsi les Catholiques de Paris sont fort capables de l'aider dans le dessein pieux qu'il a de faire retourner dans leur Patrie ces deux Messieurs.

On voit à présent combien il est admirable lorsqu'il se fait un mérite, (l) *de ne vouloir être ni partie, ni sollicitaur dans cette affaire.* Il a hurté à la porte de toutes sortes de Tribunaux; il a montré ses paperasses à tout le monde; il a sollicité le Consistoire Flamand de l'aider de son intervention; en un mot il n'a rien négligé de tout ce qu'il a crû capable de faire tomber sur la tête de Mr. Bayle les foudres du bras Séculier, & lorsqu'il a vû qu'on ne trouvoit aucune de ses preuves valables selon les Loix & selon les formes Juridiques, il a déclaré qu'il se remettoit de tout à la prudence du Souverain, sans vouloir être ni partie ni solliciteur. N'est-ce pas imiter le Renard de la fable qui ne pouvant atteindre aux fruits qu'il convoitoit, dit qu'il ne s'en soucioit point.

Ils sont trop verds & bons pour des Goujats.

Il seroit bienheureux en cas qu'on en vînt à des procédures, si Mr. Bayle lui permettoit de n'être point sa partie, & ne demandoit pas qu'avant toutes choses il fût déclaré calomniateur public à l'égard de la Cabale & de l'accusation d'Athéisme, & puni comme tel,

C'est ici que je lui marque l'un des plus grands échecs qu'il ait souffert dans cette querelle. Il publie un Avis important au Public sur la découverte d'une Cabale pernicieuse, & d'une conspiration funeste contre la liberté de toute l'Europe, & contre la Religion Protestante, laquelle Cabale devoit selon lui, commencer ses machinations par exciter une Révolte générale en Hollande & en Angleterre. Il en indique le Chef; il fournit aux Puissances tous le Memoires qu'il a pû ramasser tant sur ce crime, que sur l'accusation d'un libelle; il fait visite sur visite pour recommander à tout le monde l'importance de l'affaire, & personne ne se remuë; on laisse ce prétendu Chef de Cabale dans toute la liberté & dans tous les droits dont il joüissoit en Hollande.

C'est assurément une marque de mépris que jamais Dénonciateur n'avoit essuyée. Que celui-ci ne s'en prenne pas à la douceur & à la clémence de nos Maîtres; mais à la connoissance qu'ils ont de ses injustes emportemens, & à leur attachement inviolable aux loix de l'équité & de la justice.

J'ai fait une réflexion dès le commencement de cette Préface qui me revient à cette heure dans l'esprit. J'ai prouvé la témerité de sa Dénonciation entre autres raisons par le mérite des personnes qu'il a voulu rendre suspectes. En effet ce sont pour la plûpart des Ministres d'un mérite distingué, & qui ont laissé en France de très-grands biens, dont ils pouvoient joüir avec tous les agrémens qu'une grande Ville, & une famille qui y fait belle figure font trouver dans l'usage des richesses, & dans le commerce des gens d'esprit. Puisqu'ils ont renoncé à tous ces avantages du monde pour leur Religion, il faut qu'ils l'aiment, & qu'ils regardent l'Eglise Romaine comme damnable. Cependant si l'on en croit le Dénonciateur, ils sont ici des Cabalistes qui machinent une sédition génerale pour rendre la France Maîtresse de toute l'Europe, & pour la mettre en état d'éteindre toute la Religion Protestante. Cela ne suffit-il pas pour découvrir sa malice, & falloit-il d'autre réponse que de nommer simplement ceux qu'il prétendoit être complices de M. Bayle?

Aussi

(i) Pag. 20. col. 2.
(k) Pag. 28.

(l) Pag. 34. col. 1.

Auſſi eſt-il certain que les Magiſtrats ayant une eſtime particuliere pour ces Miniſtres, ont tiré de fortes préſomptions en faveur de Mr. Bayle, de ce que Mr. Jurieu lui donnoit ſans les nommer de tels complices dans la prétendüe Cabale.

Cette eſtime vient d'éclater d'une maniere qui couvre de confuſion le Dénonciateur. (*) Celui qu'il a prétendu être des plus avant engagez dans le funeſte complot, vient d'être nommé Paſteur ordinaire de Rotterdam, quoiqu'il n'y eût point de place vacante. Les Magiſtrats & le Conſiſtoire ont concuru ſi ardemment à faire réüſſir la choſe, qu'en très-peu de jours elle s'eſt concluë, le Sr. Juried avoit cabalé en vain pour l'exclure, il avoit allégué en vain la prétendüe Cabale, les grandes liaiſons de ce Miniſtre avec Mr. Bayle, & ce qui s'enſuit. On n'y avoit aucun égard, l'affaire s'alloit conclure malgré lui, ſur quoi il a eu la politique de déſiſter d'une oppoſition qu'il voyoit très-inutile.

C'eſt encore très-inutilement qu'il a chicané dans le Conſiſtoire (A) une autre de ces Meſſieurs, juſques à lui intenter le crime d'Etat. Il va mettre ce crime, ſi ceci continuë, tellement à tous les jours, qu'il fera d'une choſe qui à bon droit étonne pour l'ordinaire les plus innocens, un ſujet de moquerie. Ce Miniſtre parfaitement honnête homme a déjà obtenu du Conſiſtoire un témoignage très-glorieux, & l'approbation de ſes Ecrits, & confondra bien-tôt ſon Accuſateur ſur le prétendu crime d'état.

Examinons préſentement les quatre raiſons raportées ci-deſſus qui perſuadent à bien des gens que Mr. Bayle eſt l'Auteur de l'Avis aux Réfugiez.

La premiére ne preuve rien, parce qu'elle prouve trop; elle prouveroit ſi elle étoit bonne, que M. Bayle a été de la Cabale de Geneve, qui de l'aveu de tout le monde n'eſt qu'une fiction chimérique. En effet il a nié avec toute la même froideur, qu'il fût de cette Cabale & qu'il fût l'Auteur de l'Avis.

La 2. ſe réfute par la premiere; car ſi un Accuſé qui ſe contente de nier froidement l'accuſation, faiſoit voir par-là qu'il eſt coupable, Mr. Bayle auroit montré ſon innocence par la colére où on prétend qu'il s'eſt mis contre ſon Accuſateur; & ainſi cette colére eſt mal priſe pour une preuve de ſa prétendüe faute. Quant à la maxime, *il n'y a que la verité qui offenſe*, les Réfugiez la réfutent invinciblement par la colére où ils ſont contre l'*Avis*.

La 3. ne ſert qu'à montrer le caprice & la bizarrerie des Lecteurs, & en même tems à donner de l'indifférence pour toutes leurs injuſtices. *Mr. Bayle*, dit-on, *ne s'eſt pas deſchainé contre ce livre, donc il en eſt l'Auteur*. Ceux qui parlent ainſi, témoignent donc que s'il en avoit dit beaucoup de mal, ils le croiroient injuſtement accuſé; ils font donc voir que les preuves du Sieur Jurieu ne les touchent guéres, puiſqu'il n'a tenu qu'à peu de choſe, & à un cas qui n'eût point manqué, ſi Mr. Bayle eût cherché la moindre fineſſe, qu'ils ne rejettaſſent toutes ces preuves. Ce qu'il y a de certain eſt d'un côté que le Sieur Jurieu a dit beaucoup plus de bien du livre que Mr. Bayle; & de l'autre, que ſi celui-ci en avoit parlé de la maniére qu'on ſe plaint qu'il n'a pas fait,

il devroit être ſoupçonné avec plus de vrai-ſemblance d'en être l'Auteur. On ſe ſouvient ſans doute que Mr. Claude remarqua au ſujet de Meſſieurs de Port-Royal, que pour diſſiper les ſoupçons que leurs ennemis répandoient ſur eux, de je ne ſai quelle prétendüe intelligence avec les Huguenots, ils affectoient de parler mal de ceux-ci en toutes rencontres, & que cela ne faiſoit que les rendre plus ſuſpects. (n) *Il ſemble*, diſoit Mr. Claude, *que nous ne ſoyons faits que pour leur ſervir de phantôme afin de faire illuſion au Peuple. En verité cette conduite eſt ſujette à de méchantes explications; car quand une femme affecte de médire d'un homme en toute rencontre, & de le faire toûjours entrer par force dans ſes diſcours ſans ſuite, ſans liaiſon, ſans néceſſité, on a aſſez de panchant à juger qu'il y a du myſtere dans ce procédé, ſurtout ſi le monde en a parlé comme il a parlé de nous & de ces Meſſieurs.*

Si l'on compare le jugement que le Sr. J. a fait de l'Avis avec celui qu'en a fait l'Auteur de la Cabale Chimérique, on trouvera celui du premier beaucoup plus avantageux que celui du dernier (o). Le premier dit, que l'Avis eſt l'ouvrage d'un maître conſommé dans l'art d'écrire en François, & le Chef-d'œuvre de ſon Auteur: ce qu'il montre par un détail d'éloges qui réveilleroit la curioſité la plus languiſſante. Il doute qu'il y ait (p) *un homme entre nous qui ait toute la capacité néceſſaire pour compoſer ce livre*. Il trouve qu'il renferme avec beaucoup d'art en peu d'eſpace tout ce qui s'eſt jamais dit de plus terraſſant contre nous, & qu'il eſt capable de perdre notre Religion. Il fait néanmoins à l'Auteur, (q) *la juſtice de croire qu'il n'eſt pas ſi malin contre la Religion Proteſtante qu'il le veut paroître, & que ſon emportement contre nous fait une partie de la Comedie, afin de pouvoir défendre derriere ce rideau épais & le Roy de France, & le Roy Jaques, & la Puiſſance arbitraire*. Or ce dogme n'a-t-il pas été défendu par les plus ardens Proteſtans; au milieu de l'Univerſité de Leyde par Mr. de Saumaiſe, & en France par les Amirauts, les Bocharts, &c. ? Il croit que cet (r) Auteur auroit réfuté lui-même ſon Avis, ſi on n'avoit pas tant crié. Il lui trouve des airs de douceur & de bonne amitié pour nous, & (s) il reconnoît qu'il nous donne des avis pour nous mettre en état de rentrer dans le Roïaume, & que ce n'eſt pas là l'eſprit des Papiſtes François à notre égard. (t) Il reconnoît ailleurs que l'Auteur *a cru que dans la ſuite ſon Avis ne feroit pas plus de mal aux Proteſtans que cent autres libelles qui ont été faits contre eux; que celui-ci s'oublieroit comme les autres, & que pour le préſent cela feroit du bien à la France, & par accident aux Proteſtans mêmes*. Enfin il dit (v) *qu'il connoît des gens ſi on les avoit accuſez d'être les Auteurs d'un tel ouvrage* que ces Avis, *qui n'en feroient que rire, & qui ne s'en remueroient pas*, & il ne les en blâme point.

C'eſt loüer cet Auteur à perte de vûë du côté de l'eſprit, & l'excuſer beaucoup du côté du cœur. On n'a rien fait de ſemblable dans la Cabale Chimérique, on y a parlé de l'Avis aux Réfugiez de la maniere que l'on employe quand on veut dire le plus de mal d'un ouvrage; car on en a parlé avec beaucoup de mépris, & on s'eſt moqué de ceux qui l'ont crû capable de nuire. Rien ne pouvoit être plus piquant ni plus injurieux à ſon

fon Auteur que cela. Ceux qui fe mettent en colere contre un homme, l'offenfent infiniment
moins que ceux qui le méprifent. D'ailleurs on
n'a rien dit pour exténuer la faute de ce Proteftant, quoiqu'on en eût une fort belle occafion.

Car pour peu que Mr. B. eût pris intérêt à la
caufe de cet Auteur, il fe fût fervi des ouvertures
que le Sieur Jurieu fournit abondamment pour
faire fon Apologie. Il eût dit en étendant & en
développant ces ouvertures, que puifque cet Ecrivain s'eft propofé *de nous mettre en état de rentrer
en France*, ce qui *n'eft point l'efprit des Papiftes
François*, il faut qu'il ait plus à cœur nos intérêts
que ceux du Papifme, & qu'ainfi ce qu'il dit en
Papifte outré, n'eft pas fon véritable fentiment,
mais le difcours d'un homme qui veut foûtenir le
perfonnage fous lequel il s'eft déguifé, & que
comme on ne s'avife pas d'imputer à Mr. Racine
tous les fentimens qu'il débite dans fes pieces de
Théâtre, ni à un Dialogifte *(vv)* qui introduit un
Mahométan difputant contre un Chrétien tous
les blafphêmes qu'il dit fous le perfonnage de Mahométan, on ne doit pas non-plus attribuer à l'Auteur de l'Avis, dés qu'une fois on le découvre
Proteftant aux marques certaines que le Sieur Jurieu lui en trouve, ce qu'il dit faifant le Papifte.
Qui auroit pû trouver mauvais que Mr. Bayle fur
la tablature que fon Accufateur lui avoit fournie,
eût repréfenté que cet Auteur n'avoit fait que ramaffer les vieilles & les nouvelles objections des
Catholiques les plus paffionnez & les plus malins,
les réflexions des flateurs fur les évenemens de la
premiere Campagne, le poifon que l'on répandoit fur tout le corps des Réfugiez pour la faute
de quelques Auteurs, &c. le tout afin de fournir
matiere à un defaveu utile, & à une réponfe, qui
confondît la malice de nos perfécuteurs, & la vanité des flateurs, & qui nous tirât du ridicule où
nous mettoient nos Prophetes; chofe qui fut autrefois très-funefte aux Proteftans fugitifs des
Etats de l'Empereur; car rien ne leur a été plus
préjudiciable que les mouvemens que Drabicius
& Comenius fe donnerent, & il y eut tel écrit de
celui-ci qui penfa faire égorger tous les Proteftans
de Pologne durant l'invafion de Charles Guftave
Roy de Suede. Rien ne montre mieux de l'indifférence de Mr. Bayle pour les intérêts de l'Avis
aux Réfugiez, & fa diftinction d'avec fon Auteur, que d'avoir négligé cette occafion de faire
l'Apologie de ce livre par les propres principes
du Sieur Jurieu.

On connoît des gens d'efprit qui trouvent fort
vraifemblable que ce Miniftre eft l'Auteur de ce
libelle; car, difent-ils, auroit-il bien pû fe réfoudre à le tant loüer, fi un autre en étoit l'Auteur?
Ils y trouvent d'ailleurs cent chofes qui y paroiffent mifes exprès afin d'avoir lieu en les réfutant
de médire du Roy de France, & de fe moquer
de fes flateurs. Ils trouvent qu'un autre n'auroit
pas ménagé le Sr. Jurieu comme on l'a ménagé
dans l'Avis, & s'il ne l'a pas réfuté, c'eft à caufe,
difent-ils, qu'ayant vû le monde trop en colère
contre l'ouvrage, il a jugé qu'il valoit mieux
s'en fervir à une autre fin, à laquelle il femble
qu'il l'ait diftiné auffi en cas de befoin, c'eft-à-
dire, en cas que Mr. Bayle vînt à lui déplaire. Je
ne donne cela que comme je l'ai reçu; mais il eft
certain que qui voudroit accufer le Sieur Jurieu
d'être l'Auteur de l'Avis, pourroit en donner

beaucoup de raifons probables, & réfuter par
de telles raifons tout ce qu'on allégueroit en
fa faveur. Peut-être fe trouvera-t-il quelque
perfonne de loifir qui donnera ce divertiffement
au Public, afin de montrer combien il eft aifé
en ces fortes de matiéres de tromper les efprits
crédules.

Si l'on me demande pourquoi Mr. Bayle n'a
point publié bien des injures, & bien des exécra-
tions contre l'Avis aux Réfugiez depuis qu'il a fû
l'objection que je réfute, je répondrai qu'il n'é-
toit plus tems; & s'il m'eft permis de parler ainfi, qu'on n'eût pas manqué de dire en s'en moquant que ces injures n'étoient que du fecond
bond; mais le grand reméde feroit qu'il publiât
la Réponfe qu'il avoit médité, où il auroit pouffé & mené battant l'Auteur de ce méchant libelle,
tout comme on le pouvoit fouhaiter. Un peu de
loifir, un peu d'efpérance de furmonter l'obftination des perfonnes préoccupées, pourroit bien
rapeller les vieilles idées, fi l'on jugeoit qu'une
nouvelle réponfe fût néceffaire après celle du
Sieur Jurieu, & après celle que Mr. Merlat y prépare.

La derniére raifon a été ruinée dans les Remarques fur le Factum de l'accufateur, & on ofe
dire, que tous ceux qui perfifteront à croire que
ce Factum eft convaincant, mériteront de tomber
entre les mains d'un Ecrivain fatyrique qui les enrôle *parmi les Saints que célebre Buffi*.

On avoüe que les probabilitez & les vrai-
femblances à l'égard de plus d'un mari fe préfen-
teront en foule; Femme qui aime le monde, qui
fe plaît au tête-à-tête, qui donne fujet de caufer
dans le voifinage, qui eft fort libre dans fes dif-
cous, flateufe, careffante, auprès de laquelle
quelqu'un eft roûjours affidu, en un mot cent autres pronoftics du tempérament. Les lettres de
l'Armée, & de bien d'autres endroits, ne manqueront pas au faifeur de Factum; cent perfonnes
lui écriront qu'on ne doute pas que ce mari n'en
tienne, fi on s'amufe à ramaffer tout ce qui s'en
dit dans la Ville, cela iroit à un bon volume.
Mais il eft certain auffi que fans ces fortes de vrai-
femblances, un médifant trouvera dequoi rendre
fufpecte la réputation d'une infinité d'honnêtes
femmes, s'il épluche malignement leurs difcours
& leur conduite, & s'il va à la chaffe des nouvelles chez certaines perfonnes,

(x) Qui ne manquent jamais de faifir promptement
L'apparente lueur du moindre attachement,
D'en femer la nouvelle avec beaucoup de joye,
Et d'y donner le tour qu'ils veulent qu'on y croye.
Des actions d'autrui teintes de leurs couleurs,
Ils penfent dans le monde authorifer les leurs,
Et fous le faux efpoir de quelque reffemblance,
Aux intrigues qu'ils ont donner de l'innocence,
Ou faire ailleurs tomber quelques traits partagez
De ce blâme public dont ils font trop chargez.

On auroit des extraits de lettres contre les plus
vertueufes fi on en vouloit mandier, & promettre le fecret aux témoins. Je demanderois volontiers à ceux qui fe trouveroient injuftement deshonorez par ces Factums, s'ils pourroient mieux
y répondre, que j'ay répondu à celui du Sieur
Jurieu, c'eft-à-dire qu'en réfutant toutes les preuves de l'Accufateur. Peut-on montrer autrement
l'in-

(w) ,,Voyez la Lettre Paftorale du 1. Juillet 1689. où
,,le Sieur Jurieu prouve par l'exemple d'un tel Dialogif-
,,te, qu'on peut dire du mal de fa Religion pour garder

,,la vraifemblance & le *Decorum* dans un livre qu'on
,,n'a pas deffein de réfuter.
(x) Moliere dans le Tartuffe.

l'innocence d'une femme accusée, & ne seroit-on pas ridicule de lui demander des preuves directes qu'elle n'a jamais manqué de foi à son mari? Il faut se souvenir de cette maxime du Droit, qu'on présume toûjours pour l'innocence d'un homme, pendant qu'il n'y a point de preuves qu'il soit coupable, *QUILIBET PRÆSUMITUR BONUS DONEC PROBETUR MALUS.* Ainsi l'ordre veut qu'un Accusé joüisse de ce droit universel, dès-là qu'il refute & qu'il énerve toutes les preuves de l'Accusateur; car moyennant cela il est dans le cas de la regle qu'on vient de lire, *Quilibet præsumitur bonus, &c.*

Ceci fait voir l'injustice absurde de ceux qui ont dit, ou qui diront qu'on a refuté les preuves de Mr. Jurieu; mais qu'on n'a pas montré directement que M. Bayle n'est point l'Auteur de l'Avis. Si ces gens-là sont mariez, on les prie de montrer directement la fidelité de leurs femmes, & ils méritent d'y être engagez par des Factums aussi satyriques que ceux que j'ai refutez. Or comme il n'y a personne qui ne comprenne que tout Auteur satyrique qui diffameroit une femme sous prétexte de quelques probabilitez, sans des preuves convaincantes en Justice, meriteroit châtiment; on doit avoüer que l'Accusateur de Mr. Bayle en merite, dès-là que ses preuves ne sont pas convaincantes jusqu'à ce degré-là.

Comment le seroient-elles, puisqu'il ne faut pour ruiner celle qu'on trouve la plus forte, que ce peu de mots.

Le Sieur Jurieu prétend, 1. Que Mr. Bayle a des intelligences avec la Cour de France, & surtout avec Mr. Pelisson. 2. Que c'est pour le ménager en qualité d'Agent de cette Couronne, que Mr. Pelisson a feint une seconde édition de l'Avis aux Refugiez. 3. Que ce Livre a été composé par Mr. Bayle entant qu'il est Agent de la France.

S'il se trouve donc que la Cour de France, & Mr. Pelisson lui-même ont ignoré & ignorent encore qui est l'Auteur de l'Avis, il faut de toute necessité que cet Auteur soit different de Mr. Bayle.

Or il est certain, de l'aveu même du Sieur Jurieu, que la Cour de France & Mr. Pelisson ont ignoré & ignorent encore qui est l'Auteur de l'Avis; car les nouvelles qui ont couru sur ce livre ont appris entre autres choses que Mr. Pelisson s'informoit curieusement de cet Auteur, & tâchoit de l'engager à se découvrir par l'esperance d'une bonne recompense. Le Sieur Jurieu a objecté ces enquêtes & ces promesses, & l'on peut voir dans la (y) Cabale Chimerique la demonstration que Mr. Bayle en a tirée pour se justifier. D'ailleurs l'Accusateur a dit positivement dans la 35. page de son Factum, qu'aujourd'hui on cherche l'Auteur de l'Avis avec beaucoup d'empressement à la Cour de France même; & que Mr. Pelisson & Mr. l'Evêque de Meaux ne le connoissent point, le premier de ces Messieurs ayant *écrit nettement ici qu'il ne connoissoit pas cet Auteur.*

Donc toutes les prétentions du Sieur Jurieu sont fausses, & ont été renversées par lui-même.

III. CHEF.

Le Commerce avec la Cour de France.

Cette accusation qui n'étoit d'abord qu'accessoire & incidente, est devenuë dans la suite un des Chefs principaux du denonciateur. Voyons un peu ce qu'il y a gagné.

Dans sa premiere expédition contre la prétenduë Cabale (a) il donna pour certain que les Cabalistes de Hollande sont dans un perpetuel commerce avec la Cour de France, & il prouva par le renvoi des lettres qu'il avoit écrites au Duc de Montausier, par l'aveu de l'un de ces Messieurs, qu'il avoit reçu des lettres d'un Secretaire d'Etat, & enfin par la visite que Mr. Bayle reçut du fils de Mr. Bontems.

Ces trois prétenduës preuves ont donné lieu à tout autant de dementis & de deffis: on n'a qu'à voir la 20. la 21. la 23. & la 24. fausseté dans la Cabale Chimerique.

L'Accusateur a tâché de se debarrasser de ces fâcheuses entraves dans les nouvelles Convictions; mais j'ai fait voir dans ma Réponse depuis la page 88. (b) jusqu'à la page 97. qu'il n'a fait par ses efforts que serrer davantage les nœuds qui le tenoient attaché. Il lui est arrivé ce qui arrive aux oiseaux qu'on prend à la glu, dont les battemens d'aîle ne servent qu'à les mieux empêcher de s'enfuir.

Enfin dans la derniere Conviction il a declaré que la premiere des trois choses dont il a denoncé le Sieur Bayle (c) *devant les venerables Bourguemestres de Rotterdam, & devant les autres Puissances, est d'entretenir un commerce reglé avec des Ennemis de l'Etat.* Peu après il (d) dit que c'est la seconde de ses trois denonciations, tant il écrit sans y songer, transporté & violemment agité de l'esprit de vangeance; mais que ce soit la 1. ou la 2. peu importe, le bon est qu'il dit, qu'outre les preuves qu'on en trouvera dans son Factum, *il a offert & indiqué des preuves & des témoins que l'Etat peut trouver, quand il lui plaira se servir de son autorité.*

Il a donc deux sortes de preuves, les unes publiques inserées dans son Factum, les autres communiquées en manuscrit à l'Etat.

Pour ce qui est du Factum, je n'y ai point trouvé d'autres preuves du prétendu commerce perpetuel & reglé de Mr. Bale avec la Cour de France, qu'un extrait de lettre du 8. de Mai 1691. portant, (e) *que Mr. Bayle entretient un commerce assez reglé avec Mr. Pelisson & le Sieur de la Roque,* & un autre extrait de lettre du premier de Juin, où la même personne s'étant mieux informée du fait, parce qu'on l'avoit priée de s'en rendre certaine avant que de l'affirmer, répond: *Comptez pour une chose sure que votre homme entretient un commerce avec Mr. de la Roque, & je sai même qu'il écrit quelquefois à Mr. Pelisson.*

Sur ces deux Extraits le Sieur Jurieu bâtit cette conclusion en autant de termes. *Il y a un commerce reglé du Sieur Bayle avec Mr. Pelisson & avec le Sieur de la Roque.* A-t'il songé à ce qu'il écrivoit? S'il n'a pas songé qu'il y a un Dieu témoin de tout ce que l'on écrit dans son cabinet, a-t'il au moins songé qu'il y a des hommes qui examinent les Factums que l'on publie? Si la hardiesse

diesse destituée de toute honte qu'il fait éclater depuis assez long-tems ne me faisoit croire qu'il ne craint plus ce que diront de lui ses lecteurs, je dirois qu'il ne s'est pas aperçu de sa faute; mais sa conduite permet de croire qu'il l'a vûë, & qu'il n'a pas laissé d'y tomber, esperant qu'elle lui seroit avantageuse.

Ajoute à la déposition de son témoin. Cette faute est qu'il ajoûte à la déposition de son témoin, & qu'il se rend par-là coupable de faux témoignage. Le témoin dit, *qu'il sait que Mr. Bayle écrit QUELQUEFOIS à Mr. Pelisson ;* & le Sieur Jurieu sur ce témoignage affirme, *qu'il y a un COMMERCE REGLE' du Sieur Bayle avec Mr. Pelisson.* Ce témoin ayant dit d'abord, *qu'il étoit bien informé que M. Bayle entretient un COMMERCE ASSEZ REGLE' avec Mr. Pelisson;* est prié de se rendre certain du fait; il s'acquitte de la commission, & répond, *qu'il sait que Mr. Bayle écrit QUELQUEFOIS à Mr. Pelisson;* & le Sr. Jurieu ne laisse pas de soutenir que c'est un *commerce reglé;* par une amplification criminelle, non seulement du témoignage plus exact, mais aussi du moins exact. Remarquez que ce témoignage moins exact, avoit été donné pour fort bon; *on est d'ailleurs BIEN INFORME',* disoit le témoin; cependant il eut besoin d'un correctif; cela rend suspect son autre témoignage.

Mauvais. Logicien. L'Accusateur fortifie ce témoignage par une preuve fort singuliere (f), c'est qu'un Pasteur demeurant à Rotterdam a vû une lettre de Mr. Pelisson entre les mains d'un ami de Mr. Bayle, laquelle n'avoit point été écrite à Mr. Bayle. *Cette lettre,* dit-il, *prouve le commerce.* Ha l'excellent Logicien qui est capable de faire le Syllogisme, que voici !

Quand on a un ami qui montre à un Pasteur de Rotterdam une lettre de Mr. Pelisson qui n'a pas été écrite à Mr. Bayle, c'est une preuve du commerce de Mr. Bayle avec Mr. Pelisson.

Or Mr. Bayle a un tel ami.

Donc il y a commerce entre lui & Mr. Pelisson.

L'Accusateur ajoûte qu'il y a dans le Païs plus de six témoins de ce commerce que l'on produira quand on voudra. Mais pourquoi faire de telles promesses vagues ? Que ne produit-il ces témoins ? On l'avertit de les choisir mieux qu'il n'a déjà fait; car comme ses paperasses ont passé par les mains de bien des gens, & qu'on est fort communicatif de ses pieces chez lui, il n'y a guéres de boutiques, ni de cabarets à Rotterdam, où mention n'ait été faite de ses preuves. Nous avons sû par ce moyen que le témoin qu'il a indiqué est un Docteur. Or c'est un témoin qui desavouë le Sieur Jurieu, & qui a declaré qu'il n'a jamais eu connoissance, ni jamais parlé d'aucun commerce de Monsieur Bayle avec Mr. Pelisson.

Voilà pour ce qui regarde les preuves de l'intelligence avec la Cour de France, lesquelles le Sr. Jurieu a produites dans son Factum; elles reviennent à ceci:

Mr. Bayle a écrit quelquefois à Monsieur Pelisson;

Donc il est en commerce perpetuel & reglé avec la Cour de France.

La 1. de ces deux propositions n'est fondée que sur la parole d'un inconnu, qui peut être tout aussi-tôt un fripon qu'un homme digne de foi; ainsi jusques à ce que le Public soit convaincu de sa probité, & de la solidité des preuves de ce qu'il avance, l'extrait de sa lettre n'est qu'un néant.

Mais s'il étoit une fois certain que cette premiere proposition fût veritable, en faudroit-il tirer la conclusion qu'en tire le Sieur Jurieu ? Nullement, à moins que de se vouloir rendre ridicule à toute la terre; car encore que Mr. Pelisson soit fort estimé du Roi son Maître; encore qu'il lui rende compte, à ce que dit le Sieur Jurieu, à son lever ou à son coucher des affaires qui regardent la Religion, encore qu'il se soit fort employé à des conversions, cela n'empêche pas qu'il ne puisse recevoir une infinité de lettres qui ne concernent ni la Politique, ni la Religion. Ne peut-il pas être consulté sur des doutes concernant la langue Françoise, ou sur son Histoire de l'Academie qui contient un grand nombre de faits curieux, mais qui peuvent se rencontrer quelquefois un peu differens de ce que d'autres rapportent des premiers Academiciens ? Ne peut-il pas être prié de recommander un procès ? Ne peut-il pas être remercié de quelque service rendu à un parent ? Et ainsi de cent autres choses qui ne regardent que des interêts particuliers sans aucune relation aux affaires de l'Etat, ni à celles de l'Eglise.

Il y a déja plusieurs années, dit le Sr. Jurieu, *que le Sieur Bayle n'écrit plus les Nouvelles de la Republique des lettres, & n'entretient plus de commerce pour cela.* Je l'avouë; mais il n'en est pas moins curieux de savoir ce qui se passe en matiere de livres nouveaux, & jamais il n'a eu plus de besoin de commerce avec les Savans de France, que présentement, à cause qu'il travaille à des Dictionnaires. Il écrit néanmoins fort peu en ce pays-là, & s'il en reçoit beaucoup de lettres, de qui que ce soit qu'elles vinssent, il seroit plus vraisemblable qu'elles contiendroient un mémoire à Dictionnaire, qu'aucune autre chose.

Tous les habiles gens de ce Pays-ci detesteront l'humeur misantrope de cet Accusateur. Il voudroit que pendant qu'il est permis à nos Marchands d'entretenir commerce de lettres avec ceux de France, nos Savans ne pussent sans crime d'Etat écrire aux Savans de Paris, & les consulter, ou en être consultez sur des médailles, sur des inscriptions, sur les diverses leçons des Manuscrits, & en general sur les livres nouveaux, & sur les nouvelles experiences de Physique. Mais il aura beau faire, l'Etat ne se reglera point sur le chagrin bourru d'un Théologien. Il permettra aux honnêtes gens de Hollande d'estimer & d'honorer le mérite jusques dans la personne des persecuteurs. Les gens de guerre nous en font une belle leçon; ils rendent justice à la valeur & à la capacité de leurs ennemis, & ils font mille caresses, & donnent mille loüanges à leurs prisonniers quand ils en sont dignes. Les Generaux s'entrécrivent honnêtement, & se regalent de plusieurs présens reciproques. Les Controversistes doivent-ils être plus sauvages & plus feroces que les soldats, & dès qu'un homme est ennemi de notre Religion, est-il pour cela sans esprit, sans savoir, & sans bonnes qualitez morales ?

Il condamne comme crime commun les gens d... Ce n'est peut-être pas sans mystere que le Sieur Jurieu a proposé dans son Factum l'état de la question autrement qu'il ne faloit. Il devoit prouver que Mr. B. *est en perpetuel commerce avec la Cour de France;* & au lieu d'employer les termes *de la Cour de France,* il s'est servi de ceux (g) *d'ennemis de l'Etat.* S'il a fait ce changement afin de n'être obligé qu'à prouver que Mr. Bayle *écrit*

(f) Voyez ci-dessus pag. 707. col. 1.

(g) P. 15. col. 1. & 2.

écrit à des Catholiquet de France, il s'est servi d'une fort mauvaise finesse; car encore que tous les François doivent être censez ennemis de la Hollande pendant la guerre, il seroit néanmoins ridicule de prétendre, que les Marchands de ce Pays-ci qui correspondent pour des lettres de change avec des Catholiques Romains de Paris ou de Lion, ont un commerce réglé avec les ennemis de l'Etat. Ce seroit peut-être le dernier effort du Fanatisme que de prétendre que si l'illustre Mr. Grævius avoit commerce avec Mr. Ménage, ou avec Mr. Dacier nouveau Converti, ou même avec le P. Hardoüin, il correspondroit avec les ennemis de l'Etat. Ainsi la finesse du Sieur Jurieu seroit bien grossiere, & il y seroit pris lui-même puisqu'il avoüe qu'ils s'est servi d'anciens Catholiques pour développer le mystere de la 2. Edition de l'Avis aux Réfugiez. On dont donc supposer nonobstant son changement de termes, que sa Dénonciation est ainsi conçuë, *Mr. Bayle est en commerce perpétuel & réglé avec la Cour de France.* Aussi voit-on que dans la page 34. il dit positivement, qu'on *le convaincra quand on voudra de commerce avec la Cour de France.*

On ne doit pas s'étonner que le Sr. Jurieu ait tant de chagrin de ce que les habiles gens de Paris font une si grande différence entre lui, & quelques autres Réfugiez qui écrivent; ils ont de la considération pour ceux-ci, & rien que du mépris & de l'horreur pour lui: non qu'ils croyent qu'il ait fait du mal à l'Eglise Romaine par ses Ouvrages; car ceux de M. Daillé & de Mr. Claude infiniment plus terribles à cette Eglise que les siens, n'ont pas empêché que ces deux Ministres ne reçussent des Savans du parti contraire mille honnêtetez dans l'occasion; c'est à cause de la malhonnêteté dont il s'est servi envers tout le monde, cela en s'attaquant aux personnes. Ne voit-on pas dans son Factum cette malhonnêteté envers Mr. Pellisson & envers M. de Larroque. A Dieu ne plaise que Mr. Bayle prétende excuser le retour de celui-ci en France; il en a eu un véritable regret: mais après tout il n'est point son juge, & ce n'est pas à lui, mais à Dieu que Mr. de Larroque doit rendre compte de sa conduite. Mr. Bayle est de ses amis depuis long-tems, & il l'a toûjours connu parfaitement honnête homme; on ne parle pas de son esprit & de son érudition, les preuves en sont publiques. Le Sieur Jurieu lui a témoigné toûjours beaucoup d'estime & d'amitié; à quoi bon se déchaîner aujourd'hui contre lui d'une maniere si grossiere? Est-ce qu'en changeant de Religion, on perd toutes les qualitez qui font l'honnête homme? Mais si cela étoit, il nous faudroit convertir en fripons une infinité de personnes illustres de notre Corps, & même des Ministres, qui depuis le changement d'Henri IV. lui ont donné tous les éloges qui se peuvent donner à un grand Roi & à un bon Roi. Et pour parler d'un exemple de plus fraiche date, y avoit-il en France un Seigneur comparable en probité & en honnêteté à Mr. de Montaufier, qui avoit abjuré notre Réligion? Nos Ministres ne convenoient-ils pas de sa vertu aussi-bien que de ses autres grandes qualitez? Quelques-uns même le lui écrivoient, & cela dans des Epitres dédicatoire. Le Sr. Jurieu n'est-il pas un de ceux qui l'ont encensé? Auroit-il le front de soûtenir que toutes les femmes & filles qui ont embrassé le Papisme, sont devenuës impudiques, médisantes, fourbes, &c. n'en con-

noit-il pas qui vivent dans l'austérité des Convents, dont il n'oseroit médire par raport aux vertus morales? Et s'il le faisoit ne s'exposeroit-il pas aux insultes des parens qu'elles ont ici bons zelez Réfugiez?

Ainsi Mr. Bayle peut fort bien croire que Mr. de Larroque n'est pas moins honnête homme moralement parlant depuis son retour en France, qu'il l'étoit dans les Pays étrangers. La véritable Religion a des avantages infinis pardessus les autres; mais il y a néanmoins des fripons & des gens d'honneur dans toutes les Religions. Il ne nie pas qu'il n'ait reçu de tems en tems de ses lettres, & qu'il ne lui ait répondu; mais il peut justifier qu'elles ne contiennent que des curiositez de littérature. Il ne nie pas qu'il n'ait dit au Sr. Jurieu qu'il avoit reçu une lettre de Mr. de Larroque, c'étoit celle par laquelle il lui avoit apris son rétour en France; mais c'est une bévüe que d'apeller cela un aveu qu'on ait commerce avec quelqu'un. Un commerce suppose plus que la réception d'un eseule lettre. Après tout voulons-nous être plus sages que les plus grands Saints de la primitive Eglise qui n'ont pas fait scrupule de cultiver par des lettres l'amitié de quelques Payens? Combien y a-t-il de Savans qui ne feroient pas difficulté de cultiver ainsi celle de Tacite & de Pline le jeune, s'ils revenoient au monde, encore qu'ils n'effaçassent pas de leurs livres ce qu'ils ont dit contre les Chrétiens?

Quoiqu'il en soit, il est faux que Mr. de Larroque soit le Confident de Mr. Bayle pour le livre de l'Avis aux Réfugiez. Le Sieur Jurieu qui l'affirme, fera bien de le prouver s'il ne veut encourir là une note de calomniateur toute nouvelle, & qui aura bien de la peine à trouver place parmi tant d'autres sur son front.

Il est faux qu'il ait eu part au manége de la seconde édition.

Il est faux qu'il soit l'Agent de la prétenduë Cabale.

Comptons présentement le gain de l'Accusateur sur ce troisieme Chef.

I. Sur la personne à qui ses lettres au Duc de Montausier furent renvoyées avec les réponses, il a dit une fausseté qui lui a attiré la sanglante honte que le Public ait sû les éloges qu'il donnoit en secret au Roi de France accompagnez de grandes protestations de zele, pendant qu'il le déchiroit publiquement, matiere de rabat-joye pour toute sa vie toutes les fois qu'il voudra se vanter de probité.

II. Il est demeuré convaincu d'avoir faussement imputé à un des prétendus Cabalistes la réception d'une Lettre d'un Secrétaire d'Etat.

III. Il est demeuré convaincu de plusieurs mensonges graves touchant la visite du fils de Mr. Bontems. Mais il est bon d'ajoûter ici quelque chose à ce que j'en ai dit dans la (*h*) page 94.

On a sû (tant les Paperasses du Sieur Jurieu sont connuës par la ville de Rotterdam) que tous ses témoins se réduisent à un qui ne dit quoique ce soit à la charge de Mr. Bayle, si ce n'est qu'un Laquais du fils de Mr. Bontems demanda au déposant le logis de ce Professeur. Le reste de la déposition ne le regarde point, & différe de l'accusation proposée par le Sieur Jurieu en plusieurs circonstances capitales; desorte qu'il n'est rien de quoi il ne soit capable en matiére de falsifications. Qu'on juge après cela, si ce n'est pas mériter

riter

(*h*) Article VI. n. 15.

riter toute l'indignation du Public que d'ofer dire (i) *qu'on pourra prouver fur ce fait la chofe à quoi* Mr. B. *ne s'attend pas.*

I V. Il demeure convaincu d'avoir falfifié la dépofition d'un de fes témoins de Paris, puifqu'en vertu de ce témoignage il foûtient *qu'il y a un commerce reglé du Sieur Bayle avec Mr. Pélif-fon,* encore que le témoin ne dife, finon que M. Bayle *écrit quelquefois à Mr. Peliffon.*

V. Il demeure convaincu d'avoir foûtenu témérairement & fans nulle preuve valable, qu'il y ait un commerce de lettres entre ces deux Meffieurs.

VI. Il s'eft rendu ridicule par la conclufion qu'il en a tirée, que Mr. Bayle eft en commerce perpétuel & reglé avec la Cour de France.

VII. Il a montré fon humeur fauvage en fouhaitant que tout commerce avec les beaux Efprits de Paris fur des curiofitez de littérature, foit cenfé un commerce avec les Ennemis de l'Etat.

VIII. Il a débité plufieurs calomnies contre Mr. de Larroque dont il ne pourra jamais fe juftifier.

Il ne me refte qu'à parler des preuves qui n'ont pas été imprimées dans le Factum, mais qui n'ont fait guéres moins de bruit que fi elles avoient été imprimées; car les amis du Sieur Jurieu en ont tant parlé en toutes rencontres, qu'encore que Mr. Bayle ne s'informe point de ce qu'ils difent, & de ce que dit le Sieur Jurieu, & ne fe foucie point de le favoir, il lui eft revenu pourtant que les redoutables preuves qui ont été fournies aux Puiffances touchant le prétendu commerce reglé avec la Cour de France, reviennent à ces deux-cy; l'une eft qu'on prétend qu'il lui eft tombé de la poche chez un Libraire de Rotterdam une lettre d'un Libraire d'Amfterdam, où on lui demandoit certains papiers pour faire tenir à Mr. de Louvois.

L'autre eft qu'un homme vuidant quelques bouteilles avec fes Amis dans un Cabaret, s'eft vanté de lui avoir donné une lettre de Madame de Maintenon.

Quand on a voulu fuivre la premiere de ces preuves à la trace, on a trouvé que de main en main & d'oüi-dire en oüi-dire tout fe réduifoit au feul témoignage du Libraire de Rotterdam. Or il eft tout prêt de déclarer devant les Juges, qu'il eft très-faux que dans la lettre qui tomba de la poche de Mr. Bayle, & qu'il a lûë, il foit fait aucune mention ni directement, ni indirectement de rien qui appartienne à M. de Louvois.

Le Libraire d'Amfterdam qui eft d'une probité exemplaire eft prêt de déclarer la même chofe en Juftice. Et ce qui ôte toute la difficulté, on eft prêt de produire devant les Juges l'original de la lettre du Libraire d'Amfterdam, celle-là même qui tomba de la poche de Mr. Bayle.

C'eft donc une niaiferie, pour ne pas dire une friponnerie que cette prétenduë preuve.

Pour l'autre, M. Bayle cherchant par tout Rotterdam cet homme qui s'eft vanté le verre à la main de lui avoir donné une lettre de Madame de Maintenon, n'a pû encore favoir qui c'eft. En attendant qu'il fe montre, il le déclare faux témoin s'il perfifte à foûtenir ce qu'on prétend qu'il a dit; car Mr. B. n'a jamais reçu ni directement, ni indirectement, ni en tems de Paix, ni en tems de guerre, ni lettre ni aucune autre chofe que

ce puiffe être de cette Dame. Peut-être ne fait-elle pas qu'il y ait au monde ni un Bayle, ni un Jurieu, & fans doute fi elle vient à favoir qu'elle a été mêlée dans leur querelle, les Réfugiez lui paroîtront ou bien méchans ou bien fols de la faire fi facile à écrire.

IX. L'Accufateur a fort à craindre que l'un ou l'autre de ces titres ne lui foit donné pour avoir tant prôné fur d'auffi foibles raifons que celles-là, une prétenduë intelligence de Mr. Bayle avec la Cour de France. Il ne ceffe de critiquer dans fes Ecrits; mais plus violemment encore de vive voix la clémence de nos Souverains à caufe qu'il n'a rien obtenu d'eux contre Mr. Bayle; mais qui ne voit que fi leur clémence s'étoit déployée fur l'un des deux, ce feroit fur l'Accufateur, dont les calomnies atroces avérées fur divers chefs, & cent irrégularitez de mauvais exemple dans une République comme celle-ci, font demeurées impunies?

Pour lui rendre fes paroles un peu parodiées, je dis qu'après l'énumeration qui vient d'être faite dans cette Préface, des énormitez de cet homme, *je ne fai comment nos Puiffances* Séculieres & Eccléfiaftiques, *le pourront fouffrir en Charge publique.* Un homme qui pour faire périr des Profeffeurs, & des Miniftres très-innocens des crimes qu'il leur a imputez, a forgé l'Hiftoire fabuleufe d'une prétenduë Confpiration contre la Hollande & l'Angleterre, contre la liberté de l'Europe, & contre la Religion Proteftante; un homme qui connoiffant clairement l'innocence des accufez, ne leur fait point de réparation, & laiffe par-là leur innocence expofée aux infultes de ceux qu'il a préoccupez; un homme en un mot qui exerce un brigandage continuel contre l'honneur & la réputation de tous ceux qui ofent le contredire. Je ne demande point que fes excez foient punis par fes Supérieurs; *Je m'en rapporte à leur prudence; mais quand leur fuport pourroit aller à fouffrir ce malheureux, il fera pourtant deformais l'horreur du Public.* Dès à préfent à Paris, en Angleterre & partout ailleurs on le croit l'Inventeur d'une prétenduë Confpiration qui le rend plus noir que Titus Oates ne le paroît aux Catholiques d'Angleterre, & d'une Prétenduë Cabale de Déiftes, qui le rend plus affreux que Filleau ne le paroît à Mrs. de Port-Royal, *& on le détefte comme le plus malhonnête homme qui foit au monde.*

Une poignée de Réfugiez répanduë dans quelques Villes de Hollande, & d'Allemagne, & dans quelques ruës de Londres, & préoccupée pour lui, n'empêche pas que ce qu'on vient de dire ne foit vrai.

Je finis par ces paroles de Mr. Bayle; (k) *Si je lui fouhaite pour la jufte punition de fes fautes l'infamie publique dûe aux calomniateurs de profeffion, ce n'eft qu'afin qu'il en foit humilié, & porté à une fincere repentance qui lui ouvre enfin les portes du Paradis, felon cette excellente parole du Pfalmifte,* IMPLE FACIES EORUM IGNOMINIA, ET QUÆRENT NOMEN TUUM, DOMINE.

REFLEXIONS

Sur l'Apologie du Sieur Jurieu.

MAis ce ne fera point comme je le croyois, la fin de cette longue Préface; on vient de m'apporter une Apologie du Sieur Jurieu, qui m'obli-

---

(i) Nouv. conv. p. 9.   (k) Cabale Chim. Chap. VI. à la fin.

m'oblige de l'allonger. Non pas pour dire que cet homme se moque du Synode auquel il l'adresse, puisqu'au lieu de se justifier des *erreurs*, des *Hérésies*, & des *Profanations* extraites de ses livres, & dénoncées au dernier Synode, comme on l'avoit prié de faire, il se jette à quartier, & ne parle que de ses proüesses, & que de ses Exploits contre ceux qu'il prétend être les ennemis domestiques de la foi ; & il parle de cela avecun orgueil si scandaleux, qu'en deux lignes il se loüe tout autant lui-même, que l'on ait loüé la Société des Jésuites dans l'*Imago primi sæculi*. *Les personnes qui essaient de perdre ma réputation*, dit-il, *sont bien moins mes ennemis que ceux de Dieu & de l'Eglise.* Ce ne sera point non-plus pour avertir ceux qu'il tâche de tromper sur la prétenduë droiture de sa conduite, qu'ils n'ont qu'à demander de ses nouvelles à Rotterdam, s'ils veulent découvrir par une voie sûre & abrégée qui a tort ou qui a raison, ou ceux qui l'accusent d'être un esprit remuant, & qui sacrifie tout à sa vanité & à la colére, ou lui qui se vante de n'avoir d'autres ennemis que ceux qui le sont de Dieu & de son Eglise. S'il étoit tel qu'il se représente, on devroit en être persuadé dans les lieux où il demeure ; mais si au contraire la grande & la florissante Ville de Rotterdam, où il a déjà séjourné près de dix ans, est si peu édifiée de sa conduite, qu'on peut assurer sans hyperbole qu'il y est haï comme la peste, & qu'on en parle dans toutes les Compagnies (j'excepte la plûpart des Réfugiez) avec mépris & avec détestation, n'est-ce pas une marque qu'il n'est rien moins que ce qu'il veut qu'on le croie ? Il faut entendre surtout les éloges que lui donnent ceux qui ont été dans le Consistoire ; car ce sont les gens qui ont eu les plus belles occasions de connoître le fond de son cœur, ses meilleurs amis ne sauroient disconvenir qu'il n'ait de très-grands défauts, & l'unique Apologie où ils se retranchent est de dire, qu'après tout en faveur des livres qu'il a publiez pour la cause, il faut lui pardonner ce que son tempérament mêle d'imperfections humaines, au zele de la maison de Dieu. Une de ses créatures disoit l'autre jour, haussant les épaules & levant les yeux au Ciel, quand on lui faisoit toucher au doigt les mauvaises qualitez du personnage, *que Dieu a mis ses thrésors en des vaisseaux de terre.* Quoiqu'il en soit, je ne voudrois point que l'on fît d'autre réponse à son Apologie, que SOIT RENVOIE AUX HABITANS DE ROTTERDAM. Il est certain aussi que la plûpart des personnes distinguées à la Haye, tant parmi les Hollandois que parmi les Réfugiez, ne parlent de lui que pour s'en moquer, ou que pour déplorer les desordres dont il est cause par sa vanité & par son esprit de vengeance.

Mais laissant là tout ce qui ne regarde pas Mr. Bayle, je me réduirai à faire quelques observations sur ce qui le concerne, n'importe qu'il faille importuner de petites choses le Public ; car c'est la destinée de tous les Factums.

I. D'abord je remarquerai que le Sieur Jurieu s'imagine avoir convaincu le Public que M. Bayle est l'Auteur de l'*Avis aux Réfugiez* : ce pauvre homme prend pour le Public quelques particuliers, à qui il faut une victime quelle qu'elle soit, sur quoi ils puissent décharger la colére qu'ils ont conçuë contre ce livre, & dans cette disposition de cœur & d'esprit ils sont ravis qu'on leur en indique quelqu'une à leur portée. Tou-

tes preuves leur sont bonnes, car ils perdroient trop s'il faloit chercher en France cette victime.

II. Je remarque en second lieu que cet homme accompagné toûjours de faussetez, comme l'ombre suit le corps, trompe le Public quand il assure que ni l'ami de Mr. Bayle qui l'indiqua pour remplir la chaire de Philosophie à Sedan, ni Mr. B. lui-même *ne jugerent pas à propos de faire un mystere à lui Monsieur Jurieu, du long séjour que Mr. Bayle avoit fait entre les Jésuites de Thoulouse.* Il auroit falu que ces deux Messieurs eussent perdu le sens, ou du moins la connoissance de leur langue maternelle, s'ils avoient parlé de ce prétendu long séjour entre les Jésuites ; soit donc renvoyé au bon Pere Valérien. (a) Cet homme qui se pique tant d'entendre le François, ne comprendra-t-il de sa vie qu'étudier dans un Collége, n'est pas séjourner dans ce Collége ? Que ne demande-t-il à plusieurs Ministres qui ont fait leurs études de Philosophie dans des Colléges Papistes, si pour cela ils avoient une chambre dans ces Colléges, & s'ils étoient aggrégez au Corps ou à la Communauté qui dirigeoit ces Colléges ? S'il le leur demande, je suis sûr qu'en lui répondant que non, ils auront de la peine à croire qu'il ne commence pas à radoter. De tout tems il y a eu en France des Ecoliers de la Religion qui alloient aux Colléges des Jésuites ; cela paroît par les Statuts des Synodes Nationaux contre les Peres qui y envoyoient leurs enfans, Statuts qui n'ont jamais été universellement observez. On m'a dit que M. de Brays célébre Professeur en Théologie à Saumur avoit étudié chez les Jésuites.

III. La fausseté qui suit est beaucoup plus surprenante ; c'est une complication de divers mensonges sur lesquels on peut le convaincre par les Regîtres de la Maison de Ville de Rotterdam, à ce qu'on m'a dit, & par le témoignage d'une infinité de personnes pleines de vie. Il dit que l'Académie de Sedan ayant été ruïnée, il reçut Mr. Bayle dans sa maison en attendant qu'ils partissent pour la Hollande, & que quand il y fut arrivé, il prêta ses amis à Mr. Bayle qui n'y étoit connu de personne. Un de ses Ecrivains avoit publié déjà que quand cette Académie fut suprimée, Mr. Jurieu qui étoit appellé à Rotterdam y amena avec lui Mr. Bayle, & emploïa ses amis pour lui faire obtenir la Charge qu'il y exerce. Réfutons tout à la fois & le Sieur Jurieu & son Champion qui disent au fond la même chose, quoique le premier s'en explique moins clairement. Voici le fait.

L'Académie de Sedan n'eut pas été plûtôt ruinée, que le Sieur Jurieu très-marri de perdre la meilleure partie de ses gages, songea à une meilleure pension que celle qui lui restoit. Sa première pensée fut de faire savoir aux Curateurs de l'Académie de Groningue, que s'ils avoient un emploi à lui donner, comme autrefois, il étoit prêt à l'accepter. Mais les priéres & les fortes remontrances de Mademoiselle Marie du Moulin sa tante, personne de grand mérite, accompagnées de celles de plusieurs honnêtes gens de Sedan, l'obligerent à promettre de ne pas quitter son Eglise, dans un tems où on lui représentoit qu'elle avoit plus de besoin de ses Pasteurs qu'elle n'avoit jamais eu. Mais comme son humeur chagrine & superbe l'avoit rendu très-odieux aux Catholiques de Sedan, & qu'il se plaisoit à se distinguer par des boutades qui nous faisoient beaucoup de tort,

&

(a) Voyez ci dessous la Réponse Article VII. depuis n. X jusqu'à n. XI.

& qui aigrirent contre lui quelques-uns des Magiftrats, ce qui n'empêcha pas qu'il ne fortît victorieux de l'accufation qui lui fut intentée d'avoir mal parlé du Roy en chaire, il reprit la penfée de fe mettre de bonne heure en liberté, & s'étant fouvenu qu'autrefois l'Eglife Wallonne de Rotterdam l'avoit fouhaité pour fon Pafteur, il tourna le yeux de ce côté-là. Mr. Bayle qui attendoit quelque chofe dans la même Ville par le moyen d'un Magiftrat dont un de fes amis lui avoit procuré la protection, fut ravi de cette ouverture, & engagea fon ami par toutes les raifons qu'il put lui repréfenter, à faire en forte que le même Patron fît adreffer une vocation à Mr. Jurieu. L'ami de Mr. Bayle étoit un jeune homme de Rotterdam nommé Mr. Van Zoëlen, parent de M. Van Zoëlen, qui eft aujourd'hui actuellement Bourguemaître dans la même Ville. Ce jeune homme avoit logé à Sedan avec Mr. Bayle, & s'étoit fortifié dans fes études par de fréquentes converfations avec lui, & avoit conçu pour ce Profeffeur une amitié fort étroite; deforte que le jour même que l'Arrêt qui fuprima l'Académie fut venu, il prit la réfolution de l'envoïer à Monfieur (b) P . . . fon parent, l'un des Confeillers de la Ville de Rotterdam, très-favant & très-grand homme, & qui favorifoit les gens de lettres. On lui fit connoître en lui envoyant cet Arrêt, que Mr. Bayle étoit fans emploi, on dit beaucoup de bien de lui, & on reçut une réponfe qui témoignoit beaucoup d'inclination à le fervir. Mr. Bayle écrivit là-deffus à cet Illuftre, qui quelque tems après lui répondit, que la Ville de Rotterdam lui donnoit une penfion, avec le droit d'y enfeigner la Philofophie.

Avant que cette réponfe fût venuë, Mr. Van Zoëlen & Mr. Bayle étoient partis de Sedan, ce lui-ci pour aller à Paris, l'autre pour aller folliciter en perfonne à Rotterdam l'affaire de Mr. Jurieu que Mr. Bayle lui avoit fortement recommandée. Il en parla à fon parent d'une manière fi empreffée (car Mr. Bayle lui avoit entre autres chofes bien infinué qu'il faloit fe hâter, de-peur que d'autres emplois ne fuffent préfentez à Mr. Jurieu) que cet illuftre Magiftrat s'emploïa fans perdre tems à lever toutes les difficultez. Il n'y en eut point à l'égard de Mr. Bayle, ainfi la même lettre qui lui fut écrite par Monfieur P . . . apprit que fon affaire étoit concluë, & que celle de Mr. Jurieu étoit en bon train. Comme Mr. Bayle étoit à Paris, ce fut Mr. Jurieu qui reçut la lettre, & qui fit la commiffion dont on chargeoit Mr. Bayle de parler au pere d'une Demoifelle à laquelle Mr. Van Zoëlen avoit fait l'amour. Je ne remarque cette circonftance que parce qu'elle fert à montrer que le Sieur Jurieu eft depuis long-tems un grand menteur; car il fe vanta partout Sedan que c'étoit à lui & non a Mr. Bayle que cette petite négociation avoit été commife, & il eft à remarquer qu'il a toûjours gardé cette lettre, & qu'au lieu de l'envoïer à Paris à Mr. Bayle, comme toutes fortes de raifons le demandoient, il fe contenta de lui en marquer en gros ce qu'il voulut. Comme Mr. Bayle eft un ami fort commode, qui détourne la vûë de tout ce qui étant aprofondi pourroit le trop engager à mal juger des gens, il eût bien quelque foupçon que cette lettre étoit trop obligeante pour lui, & ne l'étoit pas affez pour celui qui ne la lui rendoit pas; mais il n'appuïa pas là-deffus, même de la penfée.

(b) C'étoit M. Adrian Paata.

On pourroit remarquer que pendant que Mr. P . . . levoit à Rotterdam toutes les difficultez de la vocation du Sieur Jurieu, celui-ci s'engagea avec l'Eglife de Rouën, & puis tout d'un coup & de la manière du monde la plus brufque, rompit fon engagement, & prit la route de Hollande. On y pourroit ajoûter fes chagrins contre Mr. Claude pour n'avoir pas été appellé à Charenton; mais quand même ces chofes ne feroient pas hors d'œuvre, on auroit la difcrétion de n'en parler pas, on auroit, dis-je, cette difcrétion en faveur même d'un ennemi qui publie tout ce qu'il fait & tout ce qu'il ne fait pas des fes ennemis.

Tout ce qu'il y a de vrai dans fa narration eft qu'après la ruïne de l'Académie de Sedan, Mr. Bayle fut prié avec beaucoup d'empreffement d'aller loger chez lui jufqu'à ce qu'il fe fût déterminé à quelque parti. Mr. Bayle céda à ces inftances, non par œconomie, mais par pure complaifance. Il craignit de déplaire s'il ne cédoit à des gens à qui le fafte dans les bons offices a toûjours fervi de premier mobile, & il ne confidéra pas affez ni la fragilité des amitiez, ni la longue harangue qu'il avoit oüi faire au Sieur Jurieu dans le Confeil Académique contre un très-favant Profeffeur qu'il a toûjours perfécuté à Sedan, & auquel il reprocha dans cette harangue qu'il l'avoit prié d'un repas. Quoiqu'il en foit Mr. Bayle avoüe de bonne foi qu'il logea quelques jours chez M. Jurieu: il ne fe fouvient pas bien fi ce fut trois femaines ou un mois, & s'en remet au Journal ou livre de comptes de fon Hôte, & veut bien reftituer au profit des Pauvres les fix ou fept écus que cela lui épargna, c'eft à dire, les emploïer en aumônes qui foient alloüées au Sieur Jurieu. Il fuplie auffi le Confiftoire de Rotterdam qui a été régalé de ce reproche d'hofpitalité, de ne pas croire que l'épargne ait été auffi grande, qu'elle auroit dû l'être pour être mife en ligne de compte devant une fi illuftre Affemblée.

Voyons préfentement les fauffetez du narré.

Il eft faux que Mr. Bayle ait attendu chez le Sieur Jurieu leur commun départ pour la Hollande; car lorfqu'il partit de Sedan il s'en alla à Paris, fans favoir encore s'il iroit à Rotterdam, ou en Angleterre, ou s'il s'arrêteroit en France; & il apprit à Paris que le Sr. Jurieu avoit accepté la vocation de Roüen, deforte que ce fut avec beaucoup de furprife que durant fa route de Hollande, il entendit que ce Miniftre avoit déménagé de Sedan avec beaucoup de précipitation. Il le croyoit déjà arrivé à Rotterdam, lorfque demandant de fes nouvelles à Maeftricht, il fut qu'il y étoit encore.

Il eft faux que Mr. Bayle à fon arrivée à Rotterdam n'y fût connu de perfonne; car il y fut accueilli d'une manière tout-à-fait obligeante par la Famille de Mr. Van Zoëlen, qui eft très confidérable dans la Ville, & Mr. P . . . qui lui avoit procuré l'établiffement qu'il exerce, avant que de procurer au Sieur Jurieu les emplois qu'il a dans Rotterdam, lui témoigna d'abord & avant que d'avoir vû le Sieur Jurieu, beaucoup de bonté & de confidération.

Très-faux par conféquent que celui-ci lui ait prêté fes amis. Ce fut au contraire le plus grand bonheur du monde pour le Sr. Jurieu que Mr. Bayle eût aquis l'eftime de Mr. P . . . dès les premiers jours; car fans cela le Sieur Jurieu eût été contraint de s'en aller vîte à Groningue. On en faura peut-être bien-tôt le détail; car les amis de cet

cet

cet homme publient tant de fauffetez , & s'obfti-
nent de telle forte à ne démordre de rien, qu'il
faudra les confondre enfin fur ce qu'ils impriment
& réimpriment , que Mr. Jurieu a été caufe de
l'établiffement de Mr. Bayle à Rotterdam. S'ils
ne fe taifent, on leur fera voir que quand l'un des
amis de Mr. Bayle les a avertis publiquement ,
que (c) *fi jamais ce fait s'éclaircit dans le détail, le
Public aprendra que Mr. Jurieu a cent fois plus
d'obligation de fon établiffement à Rotterdam à Mr.
Bayle , que celui-ci à l'autre* , il a exténué la chofe
au lieu de l'amplifier.

[marginal note, left: on Auteur ...s fur et.]

IV. Ce que dit le Sieur Jurieu touchant les
penfées fur les Comètes, favoir que l'Auteur tira
le rideau quand il vit que les rieurs étoient de fon
côté, eft très-faux. Il n'avoit aucun deffein d'être
connu ; mais comme le Libraire avoit montré le
Manufcrit au Patron commun des deux nouveaux
Profeffeurs de Rotterdam , (d) & lui avoit dit de
qui il le tenoit , il arriva que ce Patron n'en fit
point de myftere à fes amis. Le Sieur Jurieu le
fut auffi par cette voye ou immédiatement ou médiatement ; & en ayant parlé à l'Auteur avec un
petit reproche fur ce que d'autres favoient le fecret pendant qu'il ne le favoit pas, Mr. Bayle lui
déclara comment tout s'étoit paffé , & s'éclaircit
avec lui touchant quelques points du livre. Or
ce fut peu de jours après l'impreffion , & avant
que l'on pût favoir les fentimens du Public. Je
dirai par occafion que Mr. Bayle s'eft toûjours fi
peu foucié de paffer pour l'Auteur de ce qu'il écrivoit , qu'il n'a pas tenu à lui que le Public n'i-
gnorât encore qu'il fût Auteur. Le Sieur Jurieu
fait bien que dans le tems de leur plus grande liaifon , il ne favoit rien des compofitions de Mr.
Bayle ; néanmoins il s'imagine opiniâtrément
que les amis de ce Profeffeur favent de lui qu'il a
fait l'Avis aux Réfugiez. Abfurdité fenfible ; car
fi Mr. Bayle l'avoit fait il le cacheroit principalement aux amis dont parle fon Accufateur , parce qu'il craindroit avec raifon de perdre par-là
leur amitié qu'il préfère à tous les biens du monde. Je reviens aux Penfées fur les Comètes.

[marginal note, left: e aime-x avoir ...is aux que le Mr.]

Le Sieur Jurieu traite ce livre de déteftable ,
mais Mr. Bayle lui répond qu'il aimeroit mieux
avoir fait cent livres comme celui-là , que d'être
l'Auteur de l'infâme Satyre intitulée l'Efprit de
Mr. Arnaud ; ouvrage plus digne de Timon le
Mifantrope , que d'un fimple Chrétien, tant s'en
faut qu'il puiffe être pardonnable à un Miniftre
du Saint Evangile. Mr. Bayle fe félicitera toute
fa vie de n'avoir pas fait mention d'une fi furieufe & fi déteftable Satyre dans fa République des
Lettres; mais il aura honte auffi toute fa vie d'en
avoir parlé comme il a fait dans fes nouvelles lettres contre Maimbourg. L'abomination de cette
Satyre ne confifte pas principalement en ce que
c'eft l'ouvrage d'un homme , qui à l'exemple de
l'efprit malin , circuit & rode partout cherchant
qui il pourra dévorer , mais en ce qu'il a expofé
pour vanger fes chagrins particuliers , toutes les
Eglifes de France à la boucherie, faifant affez connoître qu'il avoit des complices partout le Roïaume qui lui ramaffoient des mémoires , & qui lui
envoyoient jufqu'à des Vaudevilles contre les Sécretaires d'Etat. Quelle licence que la fienne en
parlant des perfonnes de la Cour! Quelles armes
fournies à nos ennemis pour hâter le deffein de
notre perte !Et pour n'entrer pas dans le détail,
n'étoit-ce pas bien s'adreffer que de débuter par
des railleries contre Mr. l'Archevêque de Reims

(c) Lettre fur les petits Livres.
(d) Voyez la Cabale Chimér. ci-deffus p.643. col.1.

frere de Mr. de Louvois, & fils de Mr. le Chancelier ? Quelles fuites ne devoient point avoir
naturellement contre nos Freres les infultes que
fouffrit ce redoutable Prélat ? Et que favons-nous
fi la Dragonnade qui éclata quelques années après
par le confeil , à ce qu'on prétend , de feu Mr.
de Louvois, n'eft point venüe du reffentiment de
ces infultes ? Le Sieur Jurieu eft de ceux qui aiment mieux perdre non feulement un ami , mais
auffi les chofes les plus précieufes , qu'un trait
fatyrique. On l'avertiffoit du tort qu'il faifoit à
notre Caufe, mais il n'en profitoit pas.

[marginal note, right: Pourquoi M. Ju-rieu s'eft fi fort déchaîné dans l'Efprit de Mr. Arnaud contre l'Archevêque de Reims.]

J'ai dit qu'il vengeoit fes chagrins particuliers;
cela eft vrai principalement à l'égard de cet Archevêque ; car le Sieur Jurieu fe fouviendra long-
tems d'une converfation qu'il eut avec lui à la prai-
rie de Sedan , où il fe laiffa pitoyablement embarraffer fur l'autorité de l'Eglife , deforte que tous
les Papiftes crierent victoire. On n'a jamais vû
tel nain de corps & d'efprit qu'il le fut alors
auprès de ce géant d'Archevêque ; & une autre
fois qu'il fut député vers lui de la part du Confiftoire , il en fut fi fort traité de haut en bas,
qu'il eft très-croyable quand il dit dans l'Efprit
de Mr. Arnaud , (e) *que le ton de la voix & les
manieres de cet Archevêque font un peu atterrantes
pour de petites gens fur lefquels il croit avoir autorité.* Il le fait par expérience , *experto crede Roberto.*

V. Quant au confeil qu'il donna à Mr. Bayle
de faire un Journal des Savans, le Public n'a point
crû qu'il l'ait donné par le motif qu'il allegue,
mais afin d'avoir une plume affurée qui fît le panégyrique des livres qu'il avoit deffein de femer
par le monde. Sans mentir M. Bayle a payé bien
cherement les fervices que le Sieur Jurieu lui
avoit rendus en France ; puifque fans parler des
conteftations continuelles où il eft entré pour le
Sieur Jurieu contre des gens, qui au bout de quatre mois avoient pénétré dans toutes les obliquitez de fon ambition & de fa malice, comme s'ils
l'avoient pratiqué toute leur vie , il n'a pas eu la
force de lui refufer dans fa République des Lettres , l'encens dont cet homme a été toûjours affamé , ni une place à mettre une invective atroce
contre Mr. Allix.

[marginal note, right: Pourquoi il con-feilla à M. Bay-le de faire un Journal.]

VI. Sur le Commentaire Philofophique , foit
renvoyé à ce que j'en dis ailleurs.

VII. Sur ce qu'il dit , qu'il a crû Mr. Bayle
honnête Payen , on lui demandera , s'il a oublié
qu'il reconnoiffoit l'année paffée que Mr. Them-
ming le fils, l'un de fes témoins contre Mr. de la
Confeillere , & Difciple de Mr. Bayle , avoit apris
de ce Profeffeur la maniere de réfuter fortement
les objections impies de Du Verfé , & qu'avec le
bouclier que fon Profeffeur lui avoit mis en main,
il avoit éteint tous les dards enflammez de ce Diable. En fecond lieu, on lui demandera , pourquoi donc il a reçu M. Bayle à la Communion ?
La voudroit-il bien donner à ces honnêtes gens
du Paganifme qui adoroient Jupiter & Junon,
Venus & Mercure ? N'a-t-il pas prétendu que Mr.
de la Confeillere devoit être dépofé , puifqu'il
avoit donné la Communion à un Socinien qu'il
connoiffoit. Il n'a donc qu'à quitter fa robe, puifqu'il a donné la Communion fix ou fept ans de
fuite à un Adorateur des faux Dieux du Paganifme. N'a-t-on pas bien raifon de l'appeller une
Guette fidelle en Ifraël ? Pourvû qu'on ne faffe
qu'adorer les faux Dieux des Gentils , & profa-
net en même tems tous les myfteres du Chriftianifme,

[marginal note, right: Reflexions fur ce qu'il dit qu'il a crû M. Bayle un ho.nnête Payen.]

(e) Tome I. page 24.

nisme, il n'ouvrira point la bouche. Mais dès qu'il croira que l'on touche à ses libelles, & qu'on fait des démarches pour les faire flétrir dans un Synode, alors il criera à tuë-tête. Je dis cela parce qu'il est très-apparent que l'Etat & la Religion ne sont que le prétexte de son animosité contre l'Avis aux Réfugiez, & que le desaveu de ses Pastorales, &c. qu'on y demande, en est la véritable cause.

VIII. Il revient toûjours à la charge contre la clémence de nos Souverains; il aime mieux critiquer cruellement leur conduite, que d'avoüer qu'il s'est revêtu ridiculement du personnage de Dénonciateur; mais il a beau faire & beau dire, il ne se lavera jamais de la honte que lui aporte le mépris qu'on a fait de ses denonciations. Il avoüe qu'il a eu recours à cette voïe parce *qu'il n'étoit pas en son pouvoir de faire tomber sur l'Accusé toute la peine qu'il méritoit.* Il avoüe donc, que s'il eût été en son pouvoir, il eût fait rouër 5. ou 6. Ministres outre les deux prétendus complices de l'Edition de l'Avis aux Réfugiez; car certainement c'est la peine que méritent pour le moins des Cabalistes dont les desseins auroient été aussi éxécrables, que le sont ceux qu'il leur attribuë. Après cela fiez-vous à ce que lui & ses amis publient, qu'il n'a pas voulu mettre la main au sang. J'ajoûte que ses propres paroles servent à le condamner; car on en doit conclure, qu'il devoit différer ses dénonciations publiques jusques à ce qu'il eût vû que les particulieres ne produisoient pas les suplices qu'il demandoit : on sait pourtant qu'il n'a fait les particulieres, qu'après les Publiques.

Son chagrin contre nos Souverains de ce qu'ils ont méprisé jusques ici ses prétenduës découvertes de Conspiration, est si violent, qu'il le pousse à décocher sur eux les traits d'une Satyre très-insolente. (f) Il ose soûtenir à la vûë de toute l'Europe que leur suport s'étend à une infinité *d'ennemis assez découverts,* & il déclare qu'à l'avenir il se taira, & souffrira que ceux qui veulent être trompez soient trompez : *qui vult decipi,* dit-il, *decipiatur.* C'est-à-dire, qu'il aime mieux que toute l'Europe conçoive le dernier mépris pour nos Souverains, que d'être soupçonné de témerité dans ses dénonciations, & que pour éloigner ce soupçon de dessus sa tête, il veut que toute l'Europe soit persuadée qu'on souffre ici en charge publique, & qu'on entretient des deniers publics quelques étrangers qui machinent au sû de l'Etat le bouleversement de la République, & la servitude de tous les Princes Confédérez. N'est-ce pas sacrifier à l'idole de sa propre réputation, l'honneur & la gloire de l'Etat? Je sai bien que cette gloire n'a rien à craindre du médisant & satyrique Jurieu, & que quand il feroit cent libelles pour décrier la conduite de nos Souverains en leur apliquant ce qui ne se dit guéres que du commun Peuple, *qui vult decipi decipiatur,* tout le monde les loüera plutôt d'avoir pénetré les artifices d'un fanatique vindicatif, qu'on ne les accusera d'une clemence excessive; mais il est toûjours très-condamnable d'avoir si peu ménagé la réputation de cet Etat. Et quelle réputation, je vous

prie? N'est-ce pas celle qui est la mieux établie dans toutes les Cours? Y en a-t'il qui ne sache l'habileté & la Sagesse de ceux qui gouvernent cette florissante Républiques? N'est-ce point elle qui depuis long-tems fournit à l'Europe pour le maintien de la liberté publique non seulement le nerf de la guerre, je veux dire l'argent, mais aussi le Conseil sans quoi les grandes forces ne sont rien qui vaille, *vis consilii expers mole ruit sua.* N'est-ce point à la Haye que tous les Princes envoyent délibérer sur les affaires génerales, afin d'être à la source des solides lumieres, & de la plus sage Politique?

IX. Le Sieur Jurieu attribuë à Mr. de Beauval (g) & à Mr. Bayle une pensée qu'ils n'eurent jamais, savoir qu'ils seroient innocens à l'égard de l'Avis aux Réfugiez, pourvû qu'il ait écrit des basseses à Mr. de Montausier, qu'il se soit contredit, qu'il ait dit en plein Consistoire qu'il ne vouloit non-plus de réconciliation avec Mr. Bayle qu'avec un Diable, &c. Ces Messieurs ne sont pas capables de raisonner de la sorte, mais ils font ce qui se pratique dans toutes sortes de procez; ils relevent les fautes de leur Accusateur, & ils le démasquent pour le faire connoître tel qu'il est au Public, le Juge choisi du différend. Un Accusé lors même qu'il est convaincu, ne peut-il pas user de recrimination contre ses témoins? Et n'est-il pas utile au Public, que si l'Accusateur est de son côté aussi malhonnête homme que la personne qu'il accuse, on les connoisse tous deux par la discussion du procès, pour les punir chacun selon l'éxigence du cas. Le Sieur Jurieu fait donc ici deux bévûës; l'une, en prétendant que toutes les fautes qu'on lui reproche sont alléguées comme des preuves de l'innocence de ceux qu'il accusé; l'autre, en prétendant qu'il n'est point de l'ordre de faire connoître un Accusateur par tous ses vilains endroits.

Il faut qu'il sache qu'un Accusateur comme lui ne mérite pas qu'on l'épargne. La charité pour son prochain ne le veut pas; ainsi je le censurerai en passant d'une petite bevûë qui lui est échapée lorsqu'il a dit (h) que Charpentier écrivit une lettre à Candois. Il faloit dire, à François Portus, natif de Candie, ou simplement, à François Portus; car en François il n'est pas nécessaire d'exprimer la Patrie des gens, comme on le pratique en Latin, *Franciscus Portus Cretensis.* En Latin l'usage en est si commun que Mr. Colomiez n'a pas dû être critiqué par notre Censeur pour avoir ajoûté *Rupellensis,* à son nom de famille, & moins encore raillé si froidement, comme ayant exposé nos Neveux à l'erreur de le prendre pour (i) Evêque de la Rochelle, en la maniere que Saint Augustin est connu pour Evêque d'Hippone par le titre d'*Hipponensis.* Bevûe, car on ajoûte toûjours *Episcopi,* sans quoi personne ne prendroit Saint Augustin pour Evêque de ce lieu-là.

On soûtient au Sieur Jurieu, & on en prend à témoin le Consistoire de Rotterdam, qu'il a dit sans restriction ni condition qu'il ne vouloit pas plus de réconciliation avec M. Bayle qu'avec un Démon. L'horreur qu'il sait qu'on a eu d'une

---

(f) Voyez ci-dessous Article VII. n VIII. Apolog. pag. 24. & 25.

(g) ,, On ne dit rien pour sa justification : il s'aquittera ,, mieux de ce soin lui même; on a deja pû voir par ,, les Ecrits qu'il a publiez, que le Sieur Jurieu y a été ,, terrassé, & que ses défis fanfarons ont été enfin une suite ,, honteuse; desorte que si l'on joint les desavantages ,, qu'il a soufferts dans sa querelle avec Mr. de Beauval à

,, ceux que j'ai cottez dans cette préface, sa confusion ,, sera augmentée de beaucoup, & le Public sera de plus ,, en plus convaincu que jamais homme ne fut plus hardi ,, à s'inscrire en faux, & à traiter les autres d'imposteurs, ,, ni plus foible dès qu'on le talone de près.

(h) Apol. pag. 15. col. 1.

(i) Esprit d'Arn. tom. 2. p. 299.

d'une penſée auſſi abominable que celle-là, par tout où ſes ennemis l'ont promenée, l'engage à falſifier le fait, en le mettant à la queuë d'un autre diſcours qui en adoucit la fureur: mais qu'y gagne-t'il ? Ne s'engage-t'il pas dans la honte d'un autre crime, je veux dire dans un menſonge ? Ce n'eſt pas la peine d'en augmenter le monceau, il s'eſt aſſez dédit ſur des choſes qui ſont venuës à la ſuite de celle-ci.

M. Bayle ne ſoucie point de Pardons. Je trouve au reſte bien plaiſant de déclarer que quand Mr. Bayle *ſe repentira devant Dieu & devant l'Egliſe, il lui pardonnera de bon cœur.* Et qui eſt-il lui, pour dire qu'il pardonnera ? Eſt-ce à un petit particulier comme lui à dire qu'il pardonnera à ceux qu'il prétend coupables de crime d'Etat ? M. Bayle le prie de croire qu'il ne ſe ſoucie ni de lui ni de ſes pardons , & qu'il ne veut point de réconciliation avec lui , s'il ne demande pardon à Dieu , à l'Egliſe & à toute l'Europe d'avoir forgé le Roman abominable d'une Conſpiration Chimérique pour perdre des innocens. Il a une véritable honte d'avoir gardé des meſures d'honnêteté pour un homme qu'il mépriſoit ſouverainement depuis long-tems, & pour rien du monde il ne voudroit ni de ſa familiarité, ni de ſon commerce ; n'en eût-il d'autre raiſon que ces manieres fanfaronnes qui lui font débiter à chaque page pour des Convictions, les plus foibles & les plus baſſes preuves qu'on puiſſe alléguer. Marque de méchant eſprit, & de goût fanatique ; & pour lui rendre ſes propres paroles, *il laiſſe de fort bon cœur à d'autres l'honneur de vivre en amitié avec un homme convaincu* de la plus lâche & de la plus cruelle calomnie qui ſe ſoit jamais publiée.

attentat de M. à la liberté publique. X. Ma derniere remarque concerne un Extrait de lettte que le Sr. Jurieu a inſeré à la fin de ſon Apologie. Cette lettte avoit été écrite à Mr. Bayle ; mais le Sr. Jurieu la lui a volée avec les deux premieres feuilles de ce livre qu'on lui envoyoit par la poſte. C'eſt un attentat à la foi & à la liberté publique qui mériteroit punition , & ſi Mr. B. en avoit porté la plainte aux Juges, il en auroit fait repentir ſa Partie. Voyez comment il ſe ſert dans ſes démêlez du Droit qu'il attribue aux Souverains, *que tout eſt permis & de bonne guerre contre un ennemi declaré.* On a mieux aimé le traduire au Tribunal du Public, qu'à celui de Meſſieurs les Echevins. Qu'on ſache donc que ce Miniſtre qui fait le bigot, ne fait aucune conſcience, petit particulier qu'il eſt, de ſe ſaiſir des lettres d'autrui en violant la foi publique & le ſacré dépôt de la poſte ; de ſe prévaloir de ces lettres, de les produire dans le Conſiſtoire, & d'en imprimer ce que bon lui ſemble.

Au moins devoit-il apprendre par-là que l'on imprimoit une Réponſe à ſes prétenduës Convictions, & ne ſe pas repaître de la vaine eſpérance qu'il a conçuë du ſilence de ſes Adverſaires , en donnant trop bonnement & trop ſimplement dans le panneau. Mais je me trompe ; il a bien ſçu qu'on répondoit à ſes Factums, & a diſſimulé artificieuſement ce qu'il en ſavoit, afin de mieux prévenir contre Mr. Bayle ceux qui liroient ſon Apologie.

J'avouë que ma Réponſe à ſon dernier Factum n'eſt pas une Réponſe proprement dite ; je me ſuis contenté de quelques remarques generales ; mais je ſuis ſûr que Mr. Bayle y répondra dans toutes les formes, pourvû que ſon Adverſaire lui prouve tous les Articles que je lui ai cottez. Il eſt vrai que c'eſt une condition ſi difficile à remplir, qu'il n'y a nulle apparence que Mr. Bayle ſe voye jamais engagé à la réfutation de ce Factum.

Circonſpection de M. Bayle en réfutant. Je le trouverois fort à plaindre, s'il ſe faiſoit un devoir de ſuivre ſon ennemi juſques au bout. La partie n'eſt pas égale. Il eſt reſervé juſques à la ſuperſtition, quand il s'agit d'affirmer ou de nier des choſes douteuſes ; il craint toûjours que ce qu'il affirme ne ſoit pas aſſez certainement vrai, & que ce qu'il nie ne ſoit pas aſſez certainement faux. Il eſt d'une bonne foi qui va juſques au ſcrupule, pour ne point affoiblir les raiſons de ſon Adverſaire, & pour ne pas détourner ſes paroles en un autre ſens, ni en inferer de fauſſes conſéquences, & il ſe prive par-là d'une infinité d'avantages auprès de ſes Lecteurs ; & s'il lui arrivoit de tomber dans quelque bevuë, ou dans quelque calomnie, il en auroit une confuſion extrême. Son Accuſateur n'y regarde pas de ſi près ; il eſt d'une hardieſſe inconcevable à nier tout ce qui l'embarraſſe, à ſoûtenir tout ce qui l'accommode ; il met en uſage tous les artifices d'un Sophiſte, & ſurpris en flagrant délict de la calomnie, de fauſſeté, de contradiction, de bévuë, il n'en rougit point, il ne s'en ſoucie point, il ne perd rien de ſon audace inſultante ; il en devient même plus hautain & plus outrageant. *M. J. comparé à l'Auteur de la Légende dorée.* Jamais homme n'a été plus digne des éloges que Melchior Canus a donnez à l'Auteur de la Légende dorée *homo ferrei oris , plumbei cordis.* Jamais deux Adverſaires *Et au Baron de Fæneſte.* n'ont été plus ſemblables au Baron de Fæneſte , & au Sieur d'Enay, que le ſont ces deux-ci, le Sieur Jurieu au premier , & Mr. Bayle au dernier.

On conſeille M. B. de ne plus perdre ſon tems à cette diſpute. Ainſi je ne conſeillerois plus à Mr. Bayle de s'amuſer aux Ecrits de ſon Dénonciateur, mais de reprendre les travaux que ce démêlé lui a fait interrompre, & d'y employer tout le loiſir que la protection des Vénérables Magiſtrats de Rotterdam lui procurera. Ce travail fera plus d'honneur que tous les Factums imaginables à la Ville, & à l'Ecole illuſtre de Rotterdam (k) auſquels il conſacre tout le fruit de ſes veilles, comme il l'a témoigné dans une Préface.

Il a d'autant plus de raiſon de ne pas perdre ſon temps à cette diſpute, que s'il faut juger des Ecrits qu'on prépare contre lui par ceux que les amis de ſon Adverſaire ont déjà mis au jour, rien ne peut être plus indigne d'être réfuté. Cependant le Sieur Jurieu trouve (l) *qu'on a pris ſa défenſe avec tant d'eſprit & de ſuccès, qu'il ne juge point du tout néceſſaire de rien dire pour lui-même*, & il avouë d'ailleurs que ces Ecrivains lui ſont inconnus, & qu'il ne leur eſt point connu. (m) Il y a donc en Hollande beaucoup de gens capables de bien écrire dès la premiere fois qu'ils s'en mêlent ; car des gens qui auroient déjà écrit de bons livres parmi nous, ne ſeroient pas inconnus à notre Dénonciateur, ou le connoîtroient du moins. Pourquoi donc veut-il qu'il n'y ait que M. Bayle parmi nous qui ait aſſez de capacité pour faire l'Avis aux Refugiez ? Pourquoi faut-il que celui qui en eſt l'Auteur, ait déjà fait d'autres livres ?

Ce que les Apologiſtes de M. Jurieu doivent faire pour le juſtifier. Quoiqu'il en ſoit ces Apologiſtes du Sieur Jurieu qu'il ne connoît point, & qui ne le connoiſſent point, ont une belle carriere ouverte pour ſignaler le zele exceſſif qu'ils ont pour lui, & ce grand

---

(k) Nouv. de la Rép. des Lett. Mois de Mars 1585.
(l) Apol. pag. 2.
(m) „ Comparez ceci avec ce qui eſt dit ci-deſſous à *Tom. II.*

„ la fin du n. VI. de l'article des Remarques générales ſur „ le Factum de Mr. Jurieu contre Mr. Bayle.

grand esprit qu'ils ont déja fait paroître avec tant de succès en sa faveur, à ce qu'il prétend; car si d'un côté il ne fut jamais plus nécessaire de venir au secours d'un Auteur, soit pour montrer qu'il est honnête homme, soit pour montrer qu'il ne commet pas des fautes incompatibles avec la qualité de bon Auteur, qu'il est nécessaire présentement de venir pour cela au secours du Sieur Jurieu, il n'y a rien de l'autre de plus difficile que d'y réussir. S'ils ne veulent pas m'en croire sur ma parole, ils n'ont qu'à en faire l'essai; ils n'ont qu'à faire l'épreuve de leurs forces; 1. sur les 30. faussetez plus ou moins qu'on a trouvées dans la petite narration du Sieur Jurieu concernant ce qui s'est passé entre Mr. Bayle & le Sr. Acher. 2. Sur les 31. articles que je lui marque dans ma Réponse aux premieres Convictions. 3. Sur les 62. articles que je lui cotte dans ma Réponse à sa derniere Conviction. 4. Sur tous les articles de perte que je lui porte en compte dans cette Préface.

Quiconque pourra tirer de ces abymes l'honneur du Sieur Jurieu sain & sauf, tant par raport à la bonne foi & à la conscience, que par raport au jugement, sera sans doute un prodige. *Erit mihi magnus Apollo.*

Quant j'ai dit que les Apologistes du Sieur Jurieu ont un zele excessif pour lui, je prétens les avoir fort ménagez; car ils méritoient d'être traitez de fort malhonnêtes gens. S'ils étoient de ses intimes Amis on trouveroit à la verité un peu étrange qu'ils s'obstinassent à maintenir la dénonciation de la prétenduë Cabale étenduë du Midi au Nord, & qu'au lieu de flatter le Dénonciateur dans ses calomnies, ils ne l'exhortassent pas vivement à les rétracter; mais enfin ou par donneroit beaucoup de choses à l'amitié, & c'est par-là que les personnes charitables tâchent d'excuser les Créatures de ce Ministre auprès de ceux qui trouvent mauvais qu'ils n'ayent pas rompu avec lui depuis qu'on ne peut douter qu'il n'ait publié contre sa conscience ses premieres convictions; c'est-à-dire, depuis qu'il est certain qu'il a travaillé de toutes ses forces à perdre des gens pour un crime qu'il savoit être très-chimérique, les avis qu'il avoit reçus de Geneve ne lui ayant laissé aucun doute là-dessus. Mais s'il faut avoir un très-grand fond de charité lorsqu'on excuse, & que l'on supporte le défaut visible des Créatures dont je parle, qui ne niant pas devant ceux qui ne leur sont point suspects, que la Cabale dénoncée par leur Heros est une chimere, & qu'il s'est fait un grand tort de mêler cette dénonciation avec celle de l'Avis aux Réfugiez, ne laissent pas de prendre feu pour lui, sans démordre de quoi que ce

soit en présence des amis des prétendus Cabalistes, s'il faut, dis je, avoir un très-grand fond de charité lorsqu'on ne prend pas cela pour un véritable esprit de faction, où il ne s'agit que du faux point d'honneur de ne céder pas au Parti contraire, que deviendront ces Ecrivains qui sans être connus du Sieur Jurieu & sans le connoître, écrivent pour lui avec tant de partialité, qu'ils ne le blâment de rien.

S'ils avoient été d'honnêtes gens, il auroient tenu la balance égale entre les Parties contestantes; & après avoir representé à Mr. Bayle qu'il ne s'étoit pas défendu avec la modération qu'un Philosophe Chrétien doit garder, ils eussent représenté à l'Accusateur qu'il s'étoit servi d'un stile trop aigre & trop violent. Ils auroient exhorté le Sieur Jurieu à se retracter des accusations qui se sont trouvées fausses, comme celle de la Cabale de Geneve, & à n'insister que sur celles dont il auroit de bonnes preuves. Au lieu d'en user de la sorte, ils ont eu double poids & double mesure; ils ont prétendu que les loix de l'Evangile n'étoient pas faites contre l'humeur impétueuse, fiere & insultante d'un Accusateur, mais seulement contre l'impatience des personnes accusées. L'un d'eux s'est porté à un tel excès d'opiniâtreté, que voyant qu'on le blâmoit d'avoir fait mille réflexions sur ce que Mr. Bayle a dit, *qu'il communie quatre fois l'an, & qu'il assiste assez souvent aux prieres publiques & à la meilleure partie du Sermon*, & de n'en avoir fait aucune sur ce que ces paroles convainquent manifestement de calomnie publique le Sieur Jurieu qui a imprimé, *que Monsieur Bayle ne fait aucune action de Religion*, il a mieux aimé soutenir dans un nouvel écrit, qu'encore que le fait avancé par Mr. Bayle soit véritable, son Accusateur a dû dire qu'il ne fait aucune action de Religion, que d'avoüer de bonne foi la calomnie.

En général c'est un fort mauvais caractere que de n'être point scandalisé, ni de ce que l'Accusateur bien-loin de retracter sa dénonciation de Cabale depuis qu'il a connu sa faute, l'a soutenuë publiquement dans un second livre, ni de la vanité monstreuse qu'il a témoignée, en déclarant au Public, qu'encore que Mr. Bayle eût été injustement accusé; (n) il n'y auroit pas de châtiment qu'il ne méritât pour ses manieres. Or on voit que les amis de l'Accusateur ne sont point choquez de la premiere de ces deux choses, & qu'ils lui aplaudissent sur la seconde. Ne vaut-il donc pas bien mieux travailler à toute autre chose, qu'à écrire contre eux?

(n) Voyez ci-dessous Art. VII. n. XXXI. vers la fin.

Fin de la Préface.

LA CHIMERE

DE

LA CABALE DE ROTTERDAM,

Demontrée par les *Nouvelles Convictions*, qu'un Ami de
Mr. J. a publiées,

OU

LETTRE d'un Ami de Monfieur Bayle à Monfieur * * *.

PUISQUE vous fouhaitez de favoir des nouvelles de la Cabale Chimérique, je vous en donnerai, Monfieur, que je garentis d'original ; car j'ai été deux jours de fuite à Rotterdam, où j'ai vû tout à mon aife le Chef & les Membres de la prétenduë Confpiration contre la Religion Proteftante , & le bien général de toute l'Europe.

Je n'aurois jamais crû qu'un auffi petit livre que la Cabale Chimérique eût pû caufer un tel defordre dans la Faction de M. J. Il femble que ce foit un coup de maffuë qui les ait tous étourdis. Chacun s'eft cottifé de penfées & de remarques qui ont été mifes entre les mains des Secretaires du Corps ; & dès qu'à la faveur de ces Collectes on a pû fournir à l'Imprimeur deux petites feüilles, on a donné au Public quelque chofe ; tant on craignoit que fi on laiffoit courir longtems le livre de M. Bayle fans contradiction, les conféquences n'en fuffent funeftes à tout le Parti. Figurez-vous, Monfieur, ces tems de confufion dans la République Romaine, où l'on faifoit reprendre les armes aux Vétérans , & où l'on enrolloit ceux qui n'avoient pas encore l'âge militaire. Mr. J. a fait quelque chofe d'aprochant. Il a fait écrire pour lui, & des Novices qui n'avoient jamais manié la plume, & des Auteurs dont l'efprit ufé reffemble à ces vins qui ont perdu toutes leurs parties fpiritueufes, & n'ont retenu que celles qui font le vinaigre. Tel eft celui qui a publié les *Nouvelles Convictions*. Voilà déjà cinq ou fix Ecrits qui courent contre la Cabale Chimérique, & qui ne font que l'effleurer, ou que l'attaquer par les giroüettes. Il en faudra bien d'autres avant que d'y faire bréche. Ces Meffieurs ont de la befogne taillée pour long-tems. C'eft une des raifons qui engagent Mr. B. à fe tenir coy. Il en a deux autres qui ne font pas moins valables : l'une, qu'il ne veut point entrer en lice avec des gens qui n'ofent déclarer leur nom : l'autre, que Meffieurs les Bourguemaîtres de Rotterdam l'ont exhorté tant lui que Mr. J. à s'accorder le plûtôt que faire fe pourra, & leur ont défendu de rien écrire l'un contre l'autre, qui n'ait été examiné par Monfieur Beyers le Penfionnaire de la Ville. Ils ont auffi défendu la continuation des petits libelles anonymes qui ont été publiez à Rotterdam contre la Cabale Chimérique. C'eft témoigner

que celui de ces deux Meffieurs qui gardera mieux le filence, fera celui qui leur plaira davantage.

Pour moi, fi j'étois en la place de Mr. B. je n'écrirois pas un feul mot, non pas même contre Mr. J. paroiffant la vifiere haute, fi mes adverfaires continuoient d'en ufer comme font les Amis de Mr. J. Je veux dire, s'ils fe contentoient de répéter les mêmes accufations fous des formes un peu différentes, auffi mal prouvées en un lieu qu'en un autre ; & s'ils fe donnoient la liberté qu'ils fe donnent d'affirmer cent médifances atroces fur la foi de gens qu'ils ne nomment pas. Ils ont fait peu de remarques contre la Cabale Chimérique, dont la réfutation ne fe trouve dans la Cabale même, fi on l'y veut bien chercher, ou qui ne foient fondées fur une fauffe imputation, qui vient peut-être de mauvaife foi, ou peut-être de petiteffe d'efprit. Quoiqu'il en foit, un lecteur habile, & dégagé de paffion, ne trouvera jamais dans la Cabale Chimérique la plûpart des chofes que les faifeurs de Remarques y ont critiquées : car ou bien elles n'y font point du tout, ou bien on y trouve la réponfe. Ce feroit donc abufer de la patience du Public, que de réfuter ces petits libelles ; ce feroit même témoigner du mépris pour fes lecteurs, il eft plus honnête de fupofer qu'ils n'ont pas befoin qu'on leur montre l'ignorance, la mauvaife foi, & cent autres défauts de ces Critiques. Par exemple, ne feroit-ce pas fe défier injurieufement de la pénétration de fes Lecteurs, que de s'amufer à répondre à ce que Mr. J. & fes Amis imputent à Mr. B. touchant Poltrot ? Faut-il que favoir lire, pour entendre qu'il n'a garde de confondre cet affaffin avec les Heros de notre Réformation ? Et qu'il veut feulement montrer que fi l'on admettoit le principe de Mr. J. touchant l'infpiration de ces Heros, de même efpéce, félon lui, que celle de Moyfe & de Jofué, on ne pourroit plus nier que Poltrot n'ait été infpiré à la maniere que Phinées, qu'Ehud, que Mathathias, &c ? On prend donc le reproche qu'il fait à Mr. J. de s'engager dans un principe qui le conduit néceffairement à une conféquence qui flêtrit nos grands Heros, on prend, dis-je, ce reproche pour le fentiment de Mr. B. ce qui eft une ftupidité , ou une malice très-honteufe. M. J. a bien fenti le coup, & n'a point trouvé de meilleur remede, que de faire falsifier son passage par son Ami dans les nouvelles Convictions.

ARTICLE I.

Examen des preuves de l'Accusation d'Athéisme.

CEt Ami n'est-il pas bien admirable de publier qu'*il est revenu de quelque part, qu'un des Amis de Mr. Bayle pour le justifier d'être Spinoziste, se retrancha à dire qu'il n'étoit que Déiste :* après quoi il rapporte les propres paroles de ce prétendu Ami. Où est l'Ecrivain judicieux qui en use de cette maniere ? Il n'y a que des Auteurs crédules, médisans & vindicatifs, qui se rendent les Sécretaires publics du plus petit ouï-dire. Encore ne le font-ils point lorsqu'ils ont du jugement, & quelque respect pour le Public. Car on sait assez que les personnes de bon goût se moquent de ces fades Ecrivains qui publient ce que le premier venu leur vient dire. Si les Adversaires de Mr. J. se mettoient sur ce pied-là, s'ils faisoient imprimer toutes les médisances qui courent le monde à son désavantage, ils auroient peut-être plus de sujet de se promettre que le Public le souffriroit agréablement. Mais ceux d'entre eux que je connois ne sont pas capables d'imiter une conduite si éloignée de la raison ; ils la laisseront volontiers à ceux qui ne consultent que la fureur de médire.

Ne direz-vous pas, Monsieur, en me voyant user de ce stile, que je vais me mettre en colere ? Mais ne faites pas ce jugement : il y a ici plus de quoi rire, que de quoi se fâcher. Car nous verrons sur la fin, que l'Auteur des Nouvelles Convictions a plus contribué que Mr. Bayle lui-même, à la confusion de Mr. J. & nous allons voir qu'il fournit un moyen infaillible de gagner cent pistoles en un moment. Il connoît une personne qui les a offerts à qui oseroit jurer qu'on a vû faire à Mr. B. quelque acte de Religion chez lui. Or Mr. B. s'offre de fournir bien-tôt deux personnes irréprochables, qui sont maintenant Diacres de l'Eglise Françoise de Rotterdam, qui jureront qu'ils ont fait souvent avec lui les dévotions domestiques du Dimanche après souper, qui consistent à lire un Chapitre de l'Ecriture, à chanter un Pseaume, & à réciter une priere qui est à la fin de chaque Pseaume. Ce ne sont point là des discours en l'air : Mr. J. n'a qu'à produire son homme à cent pistoles ; la gageure sera bientôt gagnée par M. B. ou par ses ayans-cause, & il déclare qu'il veut qu'elle serve à des œuvres pies. Mais j'ai bien peur que ce sera un des articles à prouver sur lesquels l'Accusateur reculera le plus promptement.

N'admirerez-vous point, Monsieur, le peu de respect que l'on témoigne pour le Public dans cette querelle ? L'ami de Mr. J. prétend qu'il faut avoir un front d'airain, pour demander à l'Accusateur qu'il prouve que Mr. B. ne fait pas mystere de son Athéisme ; qu'il n'a pas de Religion ; qu'il n'en fait aucun acte. Et voici comment il prouve qu'il faut avoir ce front d'airain, lorsqu'on demande cela : c'est, dit-il, 1. Que l'irreligion de Mr. B. est de notoriété publique. 2. Qu'il a été plusieurs années sans faire aucun acte de Religion. 3. Qu'une personne a offert cent pistoles à qui oseroit jurer qu'on lui a vû faire quelque acte de Religion chez lui. 4. Qu'on seroit bien-aise de trouver quelqu'un qui lui eût oüi prononcer un seul mot sentant le Christianisme durant une longue maladie. 5. Qu'on connoît une personne à qui Mr. B. a dit plus d'une fois qu'il aimeroit mieux qu'on lui eût donné un coup de pistolet dans la tête, que d'être long-tems malade. 6. Qu'en lisant ses Oeuvres, on n'a point lieu d'être content de son Christianisme. Je ne veux que ce seul endroit pour faire sentir au Public que M. B. n'a nul besoin de se défendre, puisque ses Accuteurs se ruïnent assez d'eux-mêmes.

Car en 1. lieu sa prétenduë irreligion est si peu de notoriété publique, qu'il est connu de toute la ville de Rotterdam, qu'il a eu toûjours depuis qu'il y est, ses plus étroites liaisons avec des Ministres, & principalement avec M. J. Une irreligion de notoriété publique auroit-elle été inconnuë à Mr. J. qui devoit la savoir mieux que tout autre, puisqu'outre ces grandes liaisons, il étoit le Pasteur de Mr. B. ? Le devoir de Pasteur & l'amitié personnelle ont donc souffert qu'il ait sû que pendant plusieurs années M. B. n'a fait aucun acte de Religion, sans qu'il l'en ait averti ou fait avertir par le Consistoire. Voilà sans mentir une belle idée que les amis de M. J. nous donnent de sa vigilance pastorale ? Mais à quoi ne précipite point la fureur de la médisance ? Si on ne peut autrement diffamer son ennemi, qu'en se diffamant soi-même, on prend ce parti-là. Ceux qui connoissent Mr. J. le croyent très-capable de ces excez.

En second lieu, cet Accusateur ayant promis à son Consistoire de prouver que Mr. Bayle étoit un Athée, s'en désista peu de jours après : ce qui surprit extrêmement la Compagnie, qui fut d'ailleurs si mal édifiée de l'éloignement qu'il témoigna de toute réconciliation, que Mr. du Bosc lui fit une grave remontrance sur l'obligation où il étoit de se mieux préparer à la Communion prochaine, d'autant plus que des Membres de l'Eglise avoient declaré qu'ils ne communieroient pas de sa main. La surprise du Consistoire a été la mieux fondée du monde. Car ou Mr. J. a des preuves de l'Athéisme de Mr. B. ou il n'en a pas. S'il en a, il seroit le plus malhonnête de tous les hommes, & le plus indigne de la charge de Ministre, en les suprimant. S'il n'en a pas, il n'a pû en faire l'accusation, sans être pareillement le plus malhonnête homme de la terre, & le plus digne d'être dégradé de sa charge.

En 3. lieu, c'est une fausseté notoire, que de dire que Mr. B. a été plusieurs années sans faire aucun acte de Religion. Car si l'on excepte les sept ou huit mois de sa maladie, tems où les plus dévots se dispensent d'aller au Temple, il a toûjours communié quatre fois l'an, & assisté assez souvent aux exercices publics. Et puis n'est-ce pas visiblement lâcher le pied ? Mr. J. n'avoit-il pas dit que Mr. B. ne fait aucun acte de Religion ? Pourquoi se réduit-il présentement au tems passé ? Si un veritable zele étoit le principe de ses actions, y verroit-on des broüilleries si malséantes à un homme de son âge & de sa robe, pour ne rien dire de pis ?

En 4. lieu, j'exhorte de la part de Mr. B. la personne aux cent pistoles, à les consigner en main tierce : on lui fournira sur le champ deux témoins irréprochables qui feront le serment aprécié à cette somme. Mais suposons qu'on ne trouvât pas ces témoins, en faudroit-il conclure, je ne dis pas qu'il est Athée, mais qu'il n'est pas fort dévot ? Point du tout. On convient qu'un Chef de famille qui ne feroit jamais aucun acte de Religion chez lui à la vûë de personne, feroit très-mal, puisque son devoir est de prier Dieu soir &

matin

matin avec fa femme, fes enfans & fes domeftiques ; mais qu'un homme comme Mr. B. qui eft
en penfion, qui n'a ni femme, ni enfans, ni domeftiques, foit obligé de faire dans la maifon où
il loge des actes de Religion autrement que felon
ce précepte de Jefus-Chrift : *Mais toi quand tu
pries, entre en ton cabinet, & ayant fermé ta porte, prie ton Pere qui eft en fecret, & ton Pere qui
te voit en fecret te le rendra à découvert*, c'eft affurément une prétention mal fondée. On voudroit pour le profit de la Diaconie, qu'un autre
ami de M. J. eût la charité de promettre deux
cent piftoles à qui jureroit que Mr. B. prie Dieu
au commencement & à la fin de fes repas ; car on
fourniroit bien-tôt cinq ou fix Jureurs bien recevables, qui confentiroient de bon cœur que la
gageure fût gagnée au profit des pauvres. Aparemment cet ami trouveroit quelque chicane de
l'invention du patron, pour montrer que ces fortes de prieres ne font pas un acte de Religion.

En 5. lieu, qui a dit à ces Meffieurs que M.
B. a été quelques années malade ? Qui les a fi
mal inftruits de ce qui s'eft paffé fous leurs yeux ?
Et quelle foi peut-on ajoûter après cela à ce qu'ils
publient de Geneve ? Mais paffe pour ces amplifications ; car fi on vouloit relever toutes les fautes de cette nature, que Mr. Jurieu fait faire à
fes amis, il faudroit dreffer de trop longues liftes.
Le bon de l'affaire eft, que Mr. Bayle a eu
grand tort de ne tenir point regiftre de ce qu'il
difoit durant fa maladie, & de ne fe pas munir
de la fignature de ceux devant qui il avoit parlé ;
car faute de cette précaution il courroit rifque
d'être traité comme Vanini, fi l'on s'en rapportoit à Mr. J. Je lui confeillerois, fi c'étoit l'ufage parmi nous, de faire publier des Monitoires,
afin d'obliger fous peine d'excommunication, tous
ceux qui fe fouviendroient de lui avoir oüi dire
quelque chofe de Chretien, à le rapporter inceffamment au Confiftoire. Parlant ferieufement, il
feroit plus neceffaire qu'on ne penfe, fi Dieu irrité contre ce Pays, permettoit que la conduite
que M. J. tient depuis quelques années durât long-
tems, de ne parler à perfonne fans avoir à côté
de foi papier & encre, afin de faire figner tout
ce qui feroit dit de part & d'autre. Car vous
voyez, Monfieur, comment il tâche d'épouvanter de fes témoins les prétendus Cabaliftes, qui
ont quelquefois raifonné fur les nouvelles de la
Gazette autrement que le menu peuple, & qui fe
moquent fort de fes témoins. Vous connoiffez un
fort habile Miniftre de la Haye, qui s'étant tiré
depuis peu d'une accufation d'Herefie que M. J.
lui avoit intentée fur un tête-à-tête qui s'étoit paffé entr'eux deux, declara, quand on les voulut
reconcilier, qu'il n'auroit plus de communication
avec lui, qu'à condition de lui faire figner tout
ce qu'ils auroient dit l'un & l'autre. Il femble que
tous ces commencemens d'Inquifition ne foient
dignes que de mépris ; mais au fond c'eft aux Souverains à remedier de bonne heure aux femences
des grands maux. Voilà un fort honnête homme publiquement diffamé comme un impie, pour
une belle raifon, c'eft que Mr. J. prétend que
perfonne n'a été lui rapporter qu'on avoit oüi débiter des penfées Chretiennes à Mr. B. durant fa
maladie. Celui-ci eft-il obligé de fe fouvenir qu'il
a dit ceci ou cela précifément devant tel & tel il
y a trois ou quatre ans. Peut-être trouveroit-on
aifément une perfonne qui offriroit de donner mille piftoles à qui voudroit jurer qu'on a fait faire
la priere par des Miniftres au lit de Mr. J. durant
les trois femaines ou plus qu'il fut très-dangereu-

fement malade. Si on étoit auffi indifcret que
d'autres, on divertiroit bien des gens fur cet article. Mais à Dieu ne plaife.

En 6. lieu, n'eft-ce pas fe moquer de Dieu &
des hommes, que de prétendre qu'on eft Athée,
lorfqu'on aime mieux mourir, que vivre dans un
état languiffant, qui fait qu'on eft à charge &
aux autres & à foi-même ? J'avoüe que l'on peut
faire un très-bon ufage d'une longue maladie, &
que les reflexions que faifoit M. Pafcal en cet état
font plus Chrétiennes que le mépris que d'autres
font de la vie, dès qu'elle les incommode. Mais
enfin, à moins que d'avoir perdu toutes les idées
du raifonnement, on ne prendra jamais pour une
preuve d'Athéifme, d'aimer mieux mourir que
vivre malade. Enfin je déclare publiquement au
nom de mon ami, qu'il eft tout prêt de paffer
une tranfaction avec fon Accufateur en la forme
la plus authentique qu'il fe pourra, par laquelle ils
s'engageront ; lui à fubir la peine de mort, en
cas que l'Univerfité de Leide examinant par l'ordre de nos Souverains toutes fes Oeuvres, y trouve des preuves d'Athéifme ; & l'Accufateur à être
feulement depofé, fi l'Univerfité n'y en trouve
point. Si M. J. aime mieux s'en rapporter au jugement d'une autre Univerfité, M. B. lui donne à choifir celle qu'il voudra dans toute l'Europe, ou le Tribunal même de l'Inquifition. On
verra, Monfieur, s'il acceptera le défi.

En attendant, rirons-nous, ou pleurerons-nous
plûtôt de voir jufqu'où la paffion eft capable d'a-
veugler les hommes qui devroient être les plus
exemts de ce defordre ? Car enfin, voyez comment M. J. s'aquitte de la charge que M. B. lui
a impofée à l'égard du 18. Article de fes accufations. Il lui a déclaré que c'étoit un article où
il faloit vaincre ou crever, & fur lequel il l'attendoit avec impatience. Il faloit en confequence de ces défis, ou quitter la partie, ou venir armé de preuves convaincantes. Au lieu de cela,
vous le voyez fe préfenter devant fes Juges avec
fix miferables preuves, ou très-fauffes quand au
fait, ou fi éloignées du but, qu'elles ne figni-
fient rien : pour ne pas dire qu'il y a des baffeffes & des minucies ridicules dans ces manieres de
prouver, dont on devroit épargner la fatigue au
Public. Après cela n'a-t-on pas bonne grace d'o-
fer parler de front d'airain ?

Vous voyez, Monfieur, par cet échantillon
des prétenduës Nouvelles Convictions, ce qu'il
faut juger de toute la piece ; car ce morceau devroit être l'un des mieux prouvez.

ARTICLE II.

Pourquoi Monfieur Bayle méprife l'accufation
précedente.

JE puis vous affurer que M. B. ne fait que rire
de fe voir traité d'Athée par M. J. que ce feroit pour lui une mortelle affliction, fi tout autre Miniftre lui avoit fait cette injuftice, encore qu'il n'ignore pas que les accufations fur ce
point-là que Mr. Defcartes eut à effuyer en ce
Pays, ne font nul tort à fa memoire ; mais que
cette accufation venant de la main d'où elle vient,
il ne croit pas qu'elle lui faffe le moindre tort
dans l'efprit d'aucune perfonne raifonnable. Il
ne parle pas ainfi par conjecture, mais fondé fur
de bonnes experiences. M. J. ayant accufé M.
Arnauld & tout le Port-Royal de Socinianifme,
& même de Déifme, on n'a point vû que cela
ait fait le moindre préjudice à la reputation de ces

Pourquoi les ac-
cufations de Mr.
Jurieu ne peu-
vent nuire à
perfonne.

Meſſieurs ; & perſonne, ſi ce n'eſt peut-être quelque eſprit ſimple, & qui avale bonnement tout ce qu'on lui préſente dans un livre, n'a crû ſur la foi de M. J. la petite hiſtoriette qu'il a publiée de ce jeune homme d'Orleans élevé à Port-Royal. Non content de diffamer par des accuſations ſi atroces les vivans, il a dechiré de la même maniere les morts, ayant publié que Grotius étoit mort (a), *ſans avoir voulu faire profeſſion d'aucune Religion, & ne répondant à celui qui l'exhortois à la mort que par un non intelligo, je ne vous entens pas, en lui tournant l'épaule.* C'eſt dire en termes équivalens qu'il mourut Athée. On n'a point vû que cette incartade ait jetté des doutes dans l'eſprit d'aucune perſonne ſur la realité des faits publics & atteſtez par un Miniſtre Lutherien, qui font foi que Grotius mourut avec des diſpoſitions Chretiennes.

Voilà ce que M. J. gagne en diffamant ainſi les gens : le Public ne leur ôte point pour cela ſon eſtime ; ſi ce n'eſt peut-être quelques eſprits ſimples habituez à tout croire, quand il leur eſt préſenté par certaines perſonnes, ou accoutumez à la mediſance ; eſprits qui avalent la calomnie comme le poiſſon avale l'eau, & qu'on pourroit appeller les *loups béans* de M. J. comme on appelle à Paris les Abbez qui courent après les Benefices, les *loups béans* du P. la Chaiſe. Un honnête homme ſe doit mettre peu en peine du jugement que font de lui ces ſortes de perſonnages. Quoiqu'il en ſoit, M. J. ſe fait plus de tort à lui-même, qu'il en fait à ſes ennemis. Car c'eſt une grande honte pour lui, qu'après l'impreſſion de l'eſprit de M. Arnauld, on ait continué d'avoir pour la memoire de Grotius, & pour Meſſieurs de Port-Royal, la même eſtime qu'auparavant.

Tort qu'il s'eſt fait à lui-même par ſes calomnies.

On ne peut guéres traiter un Miniſtre d'une maniere plus fletriſſante, que M. J. a traité M. Allix, qui paſſe pour le plus ſavant Proteſtant que la perſecution ait chaſſé de France. Car que peut-on dire de plus odieux contre un Miniſtre, que de dire qu'il a été cauſe que la colere de Dieu s'eſt allumée contre nos Egliſes pour les laiſſer expoſées à la perſecution qui les a éteintes. Cependant M. Allix qui s'eſt ſi peu ſoucié de ces emportemens, qu'il n'a daigné y répondre un mot, eſt peut-être celui de tous les Miniſtres Refugiez qui a reçu les plus avantageuſes marques de l'eſtime qu'on a pour lui.

Raiſons qu'a M. Bayle de ſe moquer de ſes criailleries.

Si je croyois que M. B. ne vous paroitra pas bien fondé de ſe moquer de ces vaines criailleries de M. J. & de ſes Partiſans ſur la prétenduë irreligion, je vous juſtifierois ſon goût par une raiſon beaucoup plus forte que tout ce qui vient d'être dit, & que la communauté de ſort qu'il a en cela avec les plus grands Philoſophes de l'Antiquité, les Socrates, les Anaxagoras, les Ariſtotes & pluſieurs autres, qui pour n'avoir pas voulu ſuivre le torrent, ont été décriez comme des impies par ces bons Demagogues, *quibus quaſtui ſunt ſuperſtitione capti animi.* Cette raiſon eſt tirée du mépris qu'a fait des accuſations de M. J. le Conſiſtoire de Rotterdam. Mr. J. non content de ſes Satires imprimées, a harangué dans la Compagnie plus d'une fois contre Mr. B. avec le dernier emportement, juſques à declarer, qu'*il ne vouloit pas plus de reconciliation avec lui qu'avec le Diable.* Mr. B. ſans y avoir paru, ſans avoir répondu un ſeul mot, n'a pas laiſſé d'être honoré deux fois d'une deputation du Conſiſtoire, compoſé de Mr. Pielat Doyen des Paſteurs, de Mr. Viſch Ancien & Préſident des Echevins, d'un autre Ancien, & d'un Diacre. Le reſultat de tous les ſoins qu'a pris cette Compagnie pour accorder le differend, & les actes qu'elle a dreſſez d'un conſentemenr unanime, ne peuvent que donner de la confuſion à M. J. (b). Il fait auſſi de grands efforts pour les faire caſſer. Ne trouvez-vous pas, Monſieur, que notre Ami ſe peut glorifier du jugement d'une ſi illuſtre Compagnie, où ſe trouvent des Paſteurs celebres, & quelques-unes des meilleures têtes du Gouvernement, ne trouvez-vous pas, dis-je, qu'il ſe peut glorifier d'un tel jugement avec beaucoup plus de raiſon, que M. J. de celui de ſes Creatures ?

Mais il n'eſt pas aſſidu aux exercices de pieté dans l'aſſemblée des Fidéles ? Voilà le grand ſcandale des Refugiez. Il faut le leur lever. Premierement, ſi c'étoit une marque d'Athéiſme, il faudroit en accuſer bien de gens, dont le merite, la vertu & la Religion ne ſont pas une choſe douteuſe. On defie M. J. d'être jamais aſſez teméraire pour dire dans un libelle, que tous ceux qui ne vont pas ſouvent au Temple ſont des Athées ; & on pourroit lui nommer des gens, qui par devotion préferent les exercices particuliers de pieté à ceux qui ſe font dans les Egliſes. En ſecond lieu, il ſait bien que la migraine, mechante maladie d'habitude pour M. B. eſt la ſeule cauſe qui l'empêche d'être aſſidu au Sermon autant que le ſont les autres Refugiez. L'indevotion ne l'en empêcheroit pas, puiſqu'il n'auroit qu'à faire comme tant d'autres qui s'en vont s'aſſeoir au Temple fort mollement, pour dormir preſque depuis le commencement du Sermon juſqu'à la fin : ou s'il ne pouvoit pas s'endormir, ſeroit-il aſſez malheureux, étant homme d'étude & accoutumé à la ſolitude, pour ne pouvoir pas enfiler une diſtraction qui le conduiroit, ſans qu'il eût le tems de s'ennuyer juſqu'à l'iſſuë du Temple. Enfin on doit faire reflexion, que l'Egliſe qui eſt une bonne mere, & qui n'exige pas de ſes enfans qu'ils jeûnent, lorſque leur ſanté ne le permet point, n'exige pas auſſi qu'en pareil cas ils préferent les exercices publics de Religion au recueillement interieur de leur cabinet. Or où ſera l'homme aſſez teméraire pour répondre de ce que fait Mr. B. dans la chambre, lorſqu'il ne va pas à l'Egliſe ?

ARTICLE III.

Remarques generales qui confirment la Cabale Chimerique.

MAiss'il a raiſon de mepriſer toutes les criailleries de ſes ennemis ſur ſa prétenduë irreligion, il n'en a pas moins de ſujet touchant le prétendu crime d'Etat. Car en verité, les preuves de ce dernier Article ne ſont pas meilleures que celles de l'autre. Sans hyperbole, je vous puis aſſurer que la Cabale Chimerique ne ſert pas à la juſtification de l'Auteur, autant que les Nouvelles Convictions. Je voudrois qu'on les intitulât non ſeulement *Supplement de la Cabale Chimerique*, mais auſſi *Apologie des prétendus Cabaliſtes:* & la meilleure raiſon que Mr. B. pourroit alleguer pourquoi il garde le ſilence, ſeroit de dire que ſes ennemis écrivent pour ſa juſtification mieux

Et de la fation d'Eta

(a) Eſp. de Mr. Arn. T. 2. p. 308.
(b) „ J'en avertis le Public, afin que ſi à l'avenir la „ memoire de ces Actes vient à ſe perdre, on n'en infe- „ re pas que j'ai avancé une fauſſeté.

mieux que lui-même. Pour moi, je suis beaucoup plus convaincu de son innocence depuis la lecture des Nouvelles Convictions, que je ne l'étois auparavant, quoique je n'en doutasse point.

Je vous ferai voir, Monsieur, par quelques petits échantillons, que ce n'est pas une hyperbole. Je dis par quelques échantillons; car je ne sai si je pourrai me résoudre à réfuter de point en point ce nouvel Ecrit: il faudroit relever trop de faussetez & trop de chicanes, & le Public commence déjà à se lasser des écritures qu'on produit dans ce Procès. *N'entendrons nous parler*, dit-on, *d'autre chose que du Projet de Geneve, & de l'Avis aux Réfugiez, & de ce qui a été, dit, ou non dit au Libraire? On a bien affaire de ces vetilles.* De-plus, on ne gagnera jamais rien à immortaliser la querelle avec Mr. J. On lui arracheroit plûtôt l'ame du corps, qu'un aveu qu'il s'est trompé en se figurant à Rotterdam une Cabale conjurée à la ruïne de l'Europe: & jamais on ne lui marquera d'assez longues listes de faussetez à prouver, qu'en répondant il n'en commette de nouvelles; de sorte que ce seroit toûjours à recommencer. Mr. B. seroit plûtôt las de les lui *numéroter*, que Mr. J. d'en faire d'autres. Je me contenterai donc de saper par les fondemens cette nouvelle production des Amis de Mr. J. sans m'attacher à cent réflexions particulieres, comme seroit de dire, qu'ils laissent en leur entier tous les plus forts endroits de la Cabale Chimérique, &c.

I. Ma premiere remarque est, que l'Ami de Mr. J. a extrêmement affoibli son accusation, en nous faisant voir le fond du sac. On pouvoit charitablement croire après la Dénonciation publiquè qu'il avoit faite d'une Cabale étenduë du Midi au Nord, qu'il avoit pardevers lui un fort grand nombre de piéces justificatives, lesquelles il produiroit en tems & lieu: & c'étoit aussi la ressource de beaucoup de gens, quand quelqu'un leur faisoit apercevoir la nullité de ce qu'il avoit bâti sur ce qui s'étoit passé entre Mr. B. & le Libraire. Mais à présent nous voyons que toutes ces piéces se réduisent à deux; l'une est la Lettre d'un Anonyme, l'autre est la déposition du Libraire; l'une sert pour une chose, l'autre pour une autre. Ainsi Mr. J. s'est chargé d'être le Dénonciateur public d'une Conjuration qui seroit, si elle étoit effective, plus importante & plus horrible que celle qui fut révélée par Titus Oates, Mr. J. dis-je, s'est chargé d'imputer publiquement à des Professeurs, à des Ministres, & à tels autres Réfugiez, cette étrange Conspiration sur la foi d'un seul témoin. Or dès-là chacun peut connoître si le jugement & le sens commun ont eu part à cette Dénonciation, puisque personne n'ignore que le témoignage d'une seule personne ne suffit à rien prouver.

II. Mais si l'accusation a été extrêmement affoiblie par la désignation des piéces, elle est ruïnée de fond en comble par l'examen particulier de chacune. Voici comment.

Mr. J. demeure d'accord dans le livre de son ami, que le fondement de son accusation consiste dans ces trois faits bien prouvez, dit-il.

Le premier, qu'il y a des gens à Geneve qui communiquent avec la Cour de France pour faire un Projet de paix, & le faire courir.

Le second, que ces-mêmes personnes qui ont ce dessein à Geneve, correspondent avec un homme de Rotterdam.

Le troisiéme, que l'homme de Rotterdam a

fait un Livre intitulé *Avis aux Réfugiez*, dont le but est de dégoûter les Alliez Catholiques Romains de leur union avec les Protestans, & de donner de l'horreur à tous les Catholiques pour les Protestans.

Il prouve le premier fait par la lettre d'un inconnu, qui atteste que l'Auteur du Projet de paix lui est venu dire telles & telles choses. On a vû l'extrait de cette lettre dans l'Avis au Public.

Il prouve le second par l'aveu de Mr. B.

Il prouve le troisieme par les cinq raisons qu'il en a données dans l'Examen de l'Avis aux Refugiez, ausquelles il promet d'en ajoûter d'autres.

Examinons, Monsieur, un peu par ordre tout ceci.

La preuve du premier fait est nulle devant tous les Juges de la terre, jusques à ce que l'ont ait consulté l'Auteur du Projet, & sû de lui s'il avouë ce que lui impute l'inconnu de qui Mr. J. a une lettre. Car si l'Auteur du Projet nie qu'il lui ait jamais tenu ce langage, voilà le témoignage de l'inconnu réduit à rien. Desorte que notre Accusateur ne peut être justifié d'une imprudence grossiere, puisqu'il s'est apuyé sur un fait unique, qui pouvoit devenir nul entre ses mains par la simple dénégation du principal intéressé.

Il pouvoit aussi devenir nul par les explications qu'il auroit données à ses discours.

Il est vrai que M. J. n'a pas eu sujet de craindre que cet Auteur niât qu'il eût travaillé à un Projet de paix: mais un homme de Geneve qui avouë un tel travail, n'avouë rien que personne puisse justement reponde.

Ce n'est point non-plus ce que Mr. J. a condamné en lui: le crime est de n'avoir été que l'instrument de la Cour de France, & la Créature dévoüée aux intérêts de cette Couronne pour la ruïne de la Religion & de l'Europe.

Mais quand même Mr. J. auroit été excusable de se hazarder sur le témoignage unique d'un homme, que l'Auteur du Projet pouvoit rendre nul par sa simple dénégarion, d'accuser cet Auteur d'une criminelle intelligence avec la France, il ne l'est plus aujourd'hui, s'il persiste dans son sentiment. En voici la preuve démonstrative.

L'Ami de Mr. J. déclare, que si les (c) particuliers de Geneve soupçonnez d'intelligence avec la France, protestent qu'ils ne le sont pas, il les en faut croire. Or on sait fort bien que l'Auteur du Projet proteste qu'il ne l'est pas. Mr. J. s'est donc engagé à le croire fort innocent; & ainsi voilà ruïné tout ce qu'il avoit bâti sur la Lettre de son anonyme.

Non seulement on peut prouver que l'Auteur du Projet proteste de son innocence; mais on a une Lettre qui sera imprimée à la fin de celle-ci, qui lui rend un bon témoignage. Cette Lettre a été écrite à M. J. par le Ministre de Geneve qui a envoyé à M. B. le Projet de Paix. On défie M. J. d'oser rendre suspecte la probité & le zele de ce Ministre pour le bien de sa Patrie & de sa Religion; car il n'en pourroit recevoir qu'une confusion très-honteuse. Il s'est de-plus engagé à croire innocens les particuliers de Geneve qui soutiendront qu'ils le sont. Il ne peut donc plus, sans se contredire, & se rendre par même moyen incapable de témoignage en cette affaire, soutenir que l'Auteur du Projet est un Cabaliste de la France, puisque le Ministre dont il ne doit pas douter de la probité, lui a écrit le contraire. La Lettre est en termes fort-précis.

Que M. J. fasse au témoignage de son anonyme

me autant d'honneur qu'il lui plaira, le pis qu'il en pourra arriver, c'est que ce témoignage & celui du Ministre se combattront l'un l'autre avec des forces égales, & qu'ainsi l'on devra juger de l'Auteur du Projet indépendamment de l'extrait de l'Anonyme : c'est-à-dire, que toutes les preuves de Mr. J. pour le premier fait, doivent être comptées pour une chose non avenuë.

Réfutation de la seconde.

Passons, Monsieur, au second fait, qui consiste, selon Mr. J. en ce que les gens de Geneve qui communiquent avec la Cour de France, correspondent avec Mr. B. c'est-à-dire, que Mr. B. est de la Cabale qui est à Geneve, & qui a pour but de procurer la Monarchie Universelle à la France par la révolte des Anglois & des Hollandois, & la désolation de la Ligue.

Il n'est rien de plus aisé que de montrer la fausseté de ce fait.

Car 1. M. J. n'a aucune preuve ni petite ni grande, que M. B. ait eu aucune correspondance avec l'Auteur du Projet ; & c'est un mensonge si infâme à l'ami de M. J. qui vient de publier les nouvelles Convictions, d'avoir mis entre les (d) *faits avoüez, & confessez, par l'Auteur du Projet, & dont M. J. a produit preuve*, qu'il correspond avec un homme de Rotterdam, qu'un Notaire qui seroit convaincu d'une pareille falsification, seroit peut-être puni de mort.

2. M. B. a de bonnes preuves que le Ministre de Geneve qui a envoyé le manuscrit, ne lui a point marqué qui en étoit l'Auteur. Il le peut montrer par les Lettres qu'il en a reçuës, & le Public le verra par celle que ce Ministre a écrite à M. J.

Desorte que quand même on renonceroit à l'avantage que fournit l'aveu que doit faire Mr. J. de l'innocence de celui qui a composé le Projet de paix, il n'en seroit pas moins vrai que M. B. n'est nullement de la Cabale en question. Car il n'en pourroit être, sans qu'il fût vrai nécessairement que le Ministre qui lui a envoyé le Projet en est aussi. Or le Ministre n'en est point, & M. J. n'oseroit l'en accuser, & ne le pourroit même sans renoncer à la bonne foi, puisqu'il vient d'assurer le Public par la plume de son ami, qu'il croit innocens les particuliers de Geneve qui protestent qu'ils le sont. D'autre côté M. B. ne pourroit être de la Cabale, qu'au cas que ce Ministre le fût, puisqu'il n'a correspondu qu'avec lui. Donc, &c.

Admirez, je vous prie, Monsieur, le bon sens du fabricateur de Convictions. Il dit en propres termes, que (e) *c'est un fait avoüé* par M. B. (savoir qu'il y a des gens de Geneve qui communiquent avec la France pour faire un Projet de paix, & qui correspondent avec lui) *encore qu'il n'avoüe pas jusqu'où va la confidence.* Que veut-il dire ? Que M. B. a avoüé qu'il a eu commerce avec des gens de Geneve qui sont dévoüez à la France ? Mais il n'y a rien de plus faux, puisqu'il a toûjours déclaré qu'il n'a eu commerce qu'avec un Ministre très-homme de bien & d'honneur. Veut-on dire qu'il a avoüé le commerce avec un Ministre qui étoit ami de l'Auteur du Projet, encore qu'il n'ait pas avoüé qu'il sût le nom, la profession & les habitudes de cet Auteur ? Mais rien ne sauroit être plus impertinent, puisque c'est dire, *C'est un fait avoüé par M. B. quoiqu'il ne l'ait pas avoüé.* Sur le troisieme fait, il y a deux choses à considérer : l'une, que M. J. est admirable, de prétedre que les cinq petites preu-

ves qu'il a alléguées pour montrer que M. Bayle est l'Auteur de l'Avis aux Refugiez, & sur lesquelles il a été tourné en ridicule, & convaincu d'ignorance, de puérilité & de mauvaise foi, doivent être censées bonnes, même depuis la publication de la Cabale Chimérique. Il est vrai qu'il ne s'y fie pas tant, qu'il ne mette sa principale espérance sur les monts & merveilles qu'il promet quant à ce chef d'accusation. Mais on est tellement accoûtumé à lui voir débiter avec la derniere confiance, & avec des qualifications hyperboliques, ses petites conjectures, que je ne conseillerois pas à ses lecteurs de lui faire crédit de foi. Ne croyoit-il pas avoir démontré la chose avec ses cinq petites raisons ? Ne disoit-il pas pendant son procès avec Mr. de la Conseillere, qu'il avoit contre lui de quoi faire déposer trois Ministres ? Et il n'eut pas seulement de quoi le faire suspendre pour un jour. Ainsi en attendant son nouvel ouvrage, on doit suposer que ce troisieme fait est faux ; & voilà toutes les pieces de sa machine démontées & dispersées, & en même-tems la prétenduë Cabale réduite à néant, puisque c'est dans l'union de ces trois faits qu'il en pose l'existence.

La 2. chose est, que l'ami de Mr. J. prétend Réfutation du troisieme. que les preuves du troisieme fait s'étendent non seulement sur l'Auteur de l'Avis aux Refugiez, mais aussi sur le but qu'il a eu en faisant ce Livre. Mais ce sont-là des prétentions chimériques. Qui que ce soit qui ait fait ce Livre, il a pû y être porté par plusieurs motifs differens tous fort vrai-semblables, & quelques-uns plus vrai-semblables que celui auquel M. J. s'est fixé. Il n'y a qu'à voir les motifs (f) qu'il avoit suposez avant que d'avoir eu connoissance du Projet de Geneve, pour comprendre que rien n'est plus sujet à l'illusion que la recherche des fins qu'un Auteur qui se déguise se peut proposer. Il y a cent endroits dans l'Avis aux Refugiez qui font connoître que Mr. J. n'est pas heureux en conjectures. Quoiqu'il en soit, puisque son ami vient d'avoüer que le Projet de paix est en soi une petite chose ; mais que la part qu'y a prise celui qu'il prend pour l'Auteur de l'Avis aux Refugiez, montre qu'il s'imprime en faveur de la France ; il nous donne lieu de détruire les parties du Systême Cabalistique de Mr. J. l'une par l'autre, comme il les établit l'une par l'autre.

Sans le Projet de paix Mr. J. n'auroit regardé l'Avis aux Refugiez, que comme l'ouvrage d'un homme, (g) dont le veritable but a été d'écrire pour la puissance arbitraire, de blâmer la Révolution d'Angleterre, & de loüer Loüis XIV. avec l'intention de critiquer quelques particuliers en passant ; & de faire voir ensuite par une réponse qu'il auroit faite lui-même à son Livre, *qu'on se peut joüer de la verité, & défendre le pour & le contre.*

Avant ce Projet de paix le mal que cet Auteur a dit de notre Religion n'étoit qu'une feinte, ou qu'un rideau, *& on lui faisoit la justice de croire qu'il n'est pas si malin contre la Religion Protestante qu'il le veut paroître.*

Depuis ce Projet, tout change ; Mr. J. n'épargne pas même ce qu'il avoit déjà fait imprimer ; le but de l'Auteur de l'Avis est tout politique, c'est un dessein de desunir les Alliez, & de faire triompher la France.

Ce qu'il y a de merveilleux, c'est qu'il attribuë cette fin & ces moyens à l'homme du monde
de

---

de qu'il fait très-certainement le plus éloigné des visions & des vaines esperances, & le moins persuadé de la prétenduë efficace des petits Livrets (Satyriques, Politiques tant qu'on voudra) pour desarmer les Rois & les Princes, & pour jetter des scrupules dans l'ame des Souverains contre les veritables interêts de leur grandeur temporelle.

Mais si d'un côté le Projet rend le prétendu Auteur de l'Avis fort coupable de crime d'Etat dans l'esprit de M. J. l'Avis d'autre côté rend le Projet fort criminel, & d'une fort petite chose en fait une machine formidable, & propre à bouleverser le monde. O quel entassement d'illusions qui se fomentent l'une l'autre ! *Abyssus abyssum invocat.*

Ne reprochons point qu'il y ait ici un peu du cercle vicieux; mais qu'il nous soit permis de tourner un peu la médaille, & de dire, le Projet de Paix est une petite chose; Mr. J. n'a nulle preuve qu'il ait été fait par des Cabalistes de la France; il s'est engagé à croire que l'Auteur est innocent de ce côté-là: ce n'est donc pas un ouvrage qui doive faire changer les idées qu'on avoit touchant les motifs de l'Avis aux Refugiez, moins encore les fixer à une intrigue en faveur de la France.

D'ailleurs, si ces motifs ne doivent pas être fixez à cela, le Projet de Paix ne devient pas une Conspiration contre l'Europe, de ce qu'on le joint avec l'Avis aux Refugiez.

Pour vous faire voir plus clairement l'illusion perpetuelle que se fait Mr. J. avec sa prétenduë jonction de ces deux faits, l'un l'Avis aux Refugiez, l'autre le Projet de Geneve, je vous prie de considerer que Mr. Bayle est en état de donner de bonnes preuves, qu'avant le mois de Septembre dernier il n'avoit aucun commerce avec les amis de Geneve, qui sont tous Ministres, ou Professeurs: desorte que le concert ou la jonction que Mr. J. se figure entre ces deux faits, est une chimere.

Par consequent son accusation se dément en toutes ses parties.

Il n'a donné jusqu'ici que des raisons ou absurdes, ou très-peu solides, de la prétention qu'il a que Mr. B. a fait l'Avis aux Refugiez.

Le motif qu'il donne à cet ouvrage, & qui fait un des principaux fondemens de l'accusation, n'est qu'une conjecture qu'il n'est pas même possible de prouver juridiquement.

ARTICLE IV.

Examen de la supposition de deux faits certains, & des consequences qui en resultent: Que Mr. J. n'est pas dans le cas.

PAr-là il se voit reduit à la preuve des faussetez qui lui ont été données à prouver, sans qu'il puisse tirer aucun secours de la fiction de ces deux amis, dont l'un est en Espagne, & l'autre en France; car il n'est point dans le cas de cette fiction, les deux ou trois faits qu'il a envisagez front à front n'ayant nulle certitude.

Je lui accorde qu'il resulte de deux faits certains, & mis front à front, certaines consequences indubitables qu'un Accusateur n'est pas obligé de prouver: mais tout ce qui ne resulte que probablement de ces deux faits, & dont on veut faire un chef particulier d'accusation, doit être prouvé à part. A plus forte raison M. J. est obligé de donner des preuves de toutes les probabilitez particulieres qui resultent des deux ou trois faits

qu'il a mis de front, & qui sont l'incertitude même.

Prenons les deux faits de l'ami de Mr. J. savoir l'homme qui est à Madrit, & qui trahit la Cour d'Espagne, & l'homme qui est à Paris pour y faire valoir les avis qu'on lui envoye de Madrit. Un Accusateur qui a une fois averé cette intelligence, peut être dispensé de prouver que l'homme de Paris a fait tenir de l'argent à celui d'Espagne. Mais si l'Accusateur disoit qu'un tel Marchand de Cadix a servi à le faire tenir, & qu'il en conclût qu'il est complice de la trahison, il seroit obligé de le convaincre. 1. Qu'il a servi à faire tenir l'argent. 2. Qu'il a sû à quel usage on le destinoit, & qu'il n'en a pas averti la Cour d'Espagne. La preuve du premier fait pourroit ne servir de rien à la charge du Marchand, parce qu'il est très-possible qu'un Banquier fasse tenir de l'argent à des traitres cachez, sans y connoitre aucun mal. Mais la preuve du second fait convaincante & juridique seroit necessaire, si l'Accusateur vouloit éviter la peine des faux témoins & des calomniateurs.

Supposons, je vous prie, que l'homme de Madrit eût reçu de son correspondant quelques Memoires pour s'informer, par exemple, des privileges de quelques Eglises, & de leur origine, & qu'il envoyât ces Memoires à un Chanoine, & qu'il se trouvât que cette recherche tendoit à faire du bien à la France. Ceux qui se trouveroient chargez de ces Memoires, & qui auroient travaillé à y satisfaire, devroient-ils être censez complices de la trahison, parceque l'on auroit convaincu l'Espion de Madrit d'avoir reçu de Paris ces Memoires pour trahir l'Espagne ? Chanson que cela : ces personnes seroient déclarées innocentes, à moins qu'on ne les convainquît d'avoir sû d'où venoient ces Memoires, & à quoi ils tendoient. Qu'on juge présentement si pour avoir des charges contre Mr. Bayle on n'est pas obligé de prouver non seulement qu'il a reçu de Geneve un Projet de Paix, mais aussi qu'il l'a reçu de gens qui sont Cabalistes de la France, & qu'il a connus pour tels. Il ne serviroit donc de rien à M. J. d'avérer que ce Projet a été dressé par un de ces Cabalistes, & qu'il a été envoyé manuscrit à M. B. l'ordre veut qu'il prouve outre cela bien d'autres faits.

M. J. n'aime pas ces procedures regulieres de la Justice; & quoiqu'on l'accuse d'écrire en homme qui a un très-grand mépris pour la Logique, il a néanmoins du zele pour la propagation de certaines regles qu'elle nous donne. Car il seroit ravi qu'en matiere d'accusations criminelles, on étendît extrêmement le principe; *Quæ sunt idem uni tertio, sunt idem inter se.* Il voudroit, par exemple, 1. Qu'en vertu de la Lettre de son Anonyme, il fût prononcé ici juridiquement, que l'Auteur du Projet de Paix est dûment convaincu d'une intelligence criminelle avec la France ; & peu lui importeroit que cette condamnation fût prononcée sur la signature d'un seul témoin, sans avoir oüi l'accusé.

2. Qu'il fût prononcé juridiquement que M. B. est dûment convaincu de la même intelligence, attendu qu'il a reçu de Geneve le Projet de Paix. Il ne voudroit pas que l'on s'informât s'il l'a reçu de l'Auteur avec une information exacte de ses desseins, ou si quelque autre personne dont la probité & la pieté lui sont fort connuës, le lui a fait tenir sans lui rien dire de l'Auteur.

Cependant ces choses sont si differentes, qu'on ne doit pas les confondre comme fait l'Auteur des prétenduës convictions. *C'eſt*, dit-il, *une ve-rité, que la perſonne de Geneve correſpond avec cel-le de Rotterdam. C'eſt un fait avoüé & prouvé, puiſqu'on avoüe le commerce de lettres, & l'envoi du livre manuſcrit.* Etrange & furieux entête-ment ! de vouloir que M. B. ait avoüé ſon com-merce de Lettres avec l'Auteur du Projet, lui qui a dit tant de fois, que ſon commerce n'a été qu'a-vec un Miniſtre qui ne lui a jamais dit ce que c'étoit que cet Auteur. Ces gens ici veulent donc étendre juſques au commerce de lettres le prin-cipe de Logique ci-deſſus rapporté. Ils préten-dent que ſi Pierre a commerce avec Jean, & ce-lui-ci avec Paul, Pierre & Paul ont de toute ne-ceſſité commerce enſemble, & ſont complices des mêmes crimes. Nos Marchands s'oppoſeront ſans doute à cette Juriſprudence, & feront prier Mr. J. de ne ſe mêler que de ſon métier. Car il ſeroit homme à ſuſciter des affaires à un Mar-chand de Rotterdam, qui correſpondroit avec un Marchand d'Oſtende, s'il arrivoit que celui d'Oſ-tende correſpondît avec un Marchand de Dun-kerque à l'inſçu de celui de Rotterdam.

Maxime horri-ble dont il ſe ſert pour rendre com-plices de M. Bay-le les amis de ce Philoſophe. Cette injuſte & épouvantable Maxime a porté M. J. à rendre complices de M. B. dans le pré-tendu complot de ruïner la Religion & la Ligue, les amis qu'il a ici; & par quelle raiſon (*b*) ? *C'eſt parce*, dit ſon ami, *qu'on ſait certainement que ce ſont des têtes qui agiſſent de concert.* Admirable methode de decouvrir les complices d'une Conju-ration! Je ne croi pas qu'il y ait jamais eu de Tri-bunal aſſez abandonné de Dieu, ou aſſez eſcla-ve des paſſions cruelles d'un premier Miniſtre, (excepté ſous les Tiberes & les Nerons) pour en-velopper dans la peine des Conjurez leurs parens & leurs amis, par la ſeule raiſon de leur étroite amitié. Les gens de bon ſens ne peuvent ſans doute s'empêcher de rire en liſant de telles cho-ſes. Il ne leur paroît pas que pour concerter avec un Libraire l'impreſſion d'un petit Livre, Mr. B. ait eu beſoin de prendre des meſures avec ſes amis. Ce ſont de ſi petites affaires, que comme quand ſes amis en ont quelqu'une en main de cet-te nature, ils l'expedient bien d'eux-mêmes, il le fait auſſi en pareil cas ſans leur en rompre la tête. Après tout, la dépoſition du Libraire ne chargeant que Mr. B. c'eſt Mr. J. ſeul qui lui trouve pluſieurs complices d'un crime affreux, & qui les denonce au Public, quoiqu'il ne les ait trouvez que par voye de conjectures & de conſe-quences, en quoi il eſt naturellement fort mal-heureux. C'eſt dequoi faire fremir toute ame qui a de l'honneur & de la conſcience.

ARTICLE V.

Conſiderations ſur la dépoſition du Libraire de Monſieur Jurieu.

Facilité de le convaincre par ſon propre Livre. ENſin me voici, Monſieur, à la dépoſition du Libraire. Il l'a donnée à Mr. J. ſous ſeing privé, ſans avoir été interrogé juridique-ment. Mr. B. ne l'ayant point vûë, je ne vous ſaurois dire ſi Mr. J. en applique bien chaque Chef à ſon tems précis, & s'il prend chaque choſe comme il la faut prendre. Mais voici qui eſt for-mel. Il y avoit plus d'un mois que la Cabale Chimerique étoit en vente, lorſque les Nouvel-les Convictions ont paru. Le Libraire avoit donc eu tout le tems neceſſaire pour nier ce que M. B. expoſe dans la p. 625. col. 1. ſavoir que s'étant éclairci avec lui le 30. d'Avril, ils ſont convenus

ensemble de la verité de quatre ou cinq faits ca-pitaux & déciſifs dans cette affaire. Perſonne ne peut nier que ces quatre ou cinq faits ne doivent être ainſi qualifiez. Mr. J. ſait bien qu'on l'a accuſé de les avoir ſupprimez non par défaut de memoire, mais par malice. Il eſt donc très-pro-bable qu'il a fait tout ce qu'il a pû pour obliger ſon Libraire à démentir Mr. B. ſur ces faits par-ticuliers. On ne peut pas douter que ſon Librai-re ne lui eût donné là-deſſus toute ſorte de ſatisfac-tion, s'il n'eût vû qu'il commettroit en cela non ſeulement ſa conſcience, mais auſſi ſon honneur. Deſorte que Mr. J. ni ſes amis n'ayant juſques ici rien publié, qui marquât que le Libraire ne convenoit pas avec Mr. B. ſur le contenu de la p. 645. col. 1. il reſulte manifeſtement qu'on n'y a rien expoſé que de vrai. Or dès-là tous les efforts de l'ami de Mr. J. pour le garantir de la honte d'avoir commis un grand nombre de fauſſetez, en rapportant ce qui s'eſt paſſé avec le Libraire, ne ſont que des chicaneries indignes de tout hom-me qui ne veut pas que l'on croye qu'il a entiere-ment renoncé à la bonne foi.

Je ne ſai ſi jamais Mr. B. voudra prendre la peine d'éplucher toutes ces chicaneries. Je ſai ſeulement qu'il a dit, que s'il ne craignoit de re-buter le Public par une Critique qui ſeroit trop chargée de choſes peu importantes, il feroit voir que les Nouvelles Convictions ſont pleines d'ab-ſurditez, de fauſſetez, de contradictions, & de tout ce en un mot qui échape de la plume des Auteurs, qui ne conſultent ni la bonne foi, ni le bon ſens, mais leur colere toute ſeule, dans une profonde ſecurité à l'égard de leurs lec-teurs; ſe conſolant de ne plaire pas aux habiles, par l'eſperance d'avoir toujours le ſuffrage du me-nu peuple.

Et de le fier toute en le ren-au Projet Paix. Vous & moi, Monſieur, lui conſeillerons de n'entrer pas dans cette Critique, puiſque le Pu-blic eſt tellement perſuadé que cette Cabale du Projet de Paix n'eſt qu'un fantôme dont Mr. J. a voulu épouvanter le monde, comme on fait peur aux enfans du Moine Bourru, que tout ſoin de ſe juſtifier eſt deſormais inutile. Aſſurément Mr. J. s'eſt attiré par-là un ſujet de mortification qui durera autant que ſa vie & que ſa memoire. Il aura cette écharde en la chair, quoiqu'il n'ait pas lieu de tirer beaucoup de vanité de l'excellen-ce de ſes revélations. Il eſt du moins fort appa-rent qu'on lui en fera la guerre toutes les fois qu'il voudra trop s'enorgueillir, & qu'on le renvoyera à l'affaire du Projet de Paix. Quand on veut fai-re depit à ceux d'Amiens, on les fait ſouvenir qu'ils laiſſerent prendre leur ville trompez par des ſacs de noix. Il n'eſt guéres plus glorieux à Mr. J. de s'être laiſſé duper par un Ecrit d'un Nego-tiant de Geneve, & d'y avoir vû la plus horrible Conſpiration contre le Proteſtantiſme en particu-lier, & contre toute l'Europe en general, par une Cabale étenduë depuis le Midi juſques au Nord, qui ait jamais été découverte, & de s'en être rendu le dénonciateur avec des vacarmes à étonner tout le monde, & cela ſur un billet re-çu de Geneve qui atteſte une choſe, & ſur la dé-poſition d'un Libraire de Rotterdam qui en atteſ-te une autre. Voilà les deux faits certains mis front à front, d'où Mr. J. a tiré autant de con-ſequences qu'il a voulu, pour charger de crimes énormes pluſieurs perſonnes d'honneur.

Tout homme capable de reflexion auroit vû que ces deux faits étoient bâtis ſur un fondement très-fragile, puiſque l'Auteur du Projet n'avoit

qu'à

(*b*) Nouv. Conv. pag. 7. col. 2.

qu'à nier qu'il eût jamais parlé comme on le faisoit parler, & que Mr. B. n'avoit qu'à nier tout
ce que le Libraire lui faisoit dire, pour ôter au
Dénonciateur de la prétenduë Cabale toutes ses
preuves, & le rendre par-là l'objet de la risée publique. Si M. J. ne s'est pas attendu à voir nier
toute la déposition de son unique témoin de Rotterdam, il a meilleure opinion qu'il ne dit de la
Religion de Mr. B. Mais celui-ci a montré tant
de bonne foi dans cette affaire, que peu de gens
forts en procez ont aprouvé toute son ingénuité
dans la narration du fait. Cette bonne foi a paru
plus belle à ceux qui l'ont comparée avec le procedé du Libraire de M. J. qui semble s'être entendu avec lui durant toute la petite négociation,
afin de lui rendre compte de tout ce que Mr. B.
diroit. Voilà comment il a reconnu le petit service que Mr. B. avoit voulu lui rendre, c'est en
raportant à un homme qu'il savoit avoir juré sa
perte totale, tout ce qu'il a crû pouvoir servir à
ce dessein. Il lui a donné même volontairement
sa déposition signée sans attendre, comme envers
Mr. B. que la justice lui ordonnât de parler.
Mais on se soucie peu de cette malhonnêteté.

ARTICLE VI.

*Revûë des faussetez dont M. J. tâche
en vain de se laver.*

JE ne puis m'empêcher de faire une petite revûë des faussetez dont l'Ami de M. J. tâche de
le justifier. Le Public en sera rebuté sans doute:
mais pour faire mieux connoitre le génie de cet
Accusateur, il ne faut pas se faire un scrupule de
rebatre sans une pressante nécessité les mêmes choses.

*nvient
faits qui
nt la*

Je me servirai de sa méthode; je mettrai front
à front deux faits certains, & j'en tirerai des conséquences.

Ces deux faits sont; l'un, que si les particuliers de Geneve soupçonnez d'être de la Cabale
de France, protestent qu'ils n'en sont pas, Mr.
J. doit les en croire. C'est la déclaration publique
qu'il vient de faire par son Ami dans la 7. page
des Nouvelles Convictions, au commencement
de la 2. col. L'autre, que le Ministre de Geneve
avec qui Mr. B. a eu commerce, proteste que
ni lui, ni l'Auteur du Projet ne sont point de cette Cabale. C'est ce qui paroitra évidemment par
la Lettre qu'il a écrite à Mr. J. que je publierai
toute entiere ci-dessous.

1. De-là il s'ensuit, que Mr. J. ne peut plus
disconvenir que sa premiere conséquence ne soit
fausse, savoir, *l'Auteur du Projet est dévoüé à la
Cour de France, & travaille pour elle.*

2. Disons la même chose de la seconde, le Professeur de Rotterdam a sçu qui est cet Auteur &
qu'il étoit dévoüé à la Cour de France, (car c'est
ce que Mr. J. doit prétendre, s'il veut que ses
accusations signifient quelque chose) & a correspondu avec lui dans les mêmes vûës.

Ainsi voilà notre homme pris dans ses propres
filets. Il n'est pas nécessaire de marquer en détail la nullité de ses autres conséquences: chacun
la voit de lui-même. Mais marquons-lui pourtant une liste de certaines choses qu'il avance faussement, ou témerairement.

*es choses
vance
ent ou
rement.*

3. Tel est ce qu'il dit, que *c'est une verité qu'il
y a eu ici plusieurs personnes qui ont voulu faire imprimer le Projet de Paix.*

On lui donne encore six mois de tems, s'il le
souhaite, pour prouver cette fausseté.

Tom. II.

4. Il assure mal-à-propos que les Auteurs du
Projet se contentent d'une simple tolérance. Car
quand il seroit vrai qu'ils n'en insinüeroient point
d'autre dans les parties de leur Ecrit qui ont été
lûës pas M. J. ne peuvent-ils pas avoir rectifié
leurs premieres vûës à cet égard, comme ils ont
fait sur d'autres chefs dans les derniers Entretiens?
Et après tout, quelle hardiesse n'est-ce pas, que
de juger de ce qu'ils font, quand ils traitent *ex
professo* de notre rétablissement, d'en juger, dis-
je, sans l'avoir vû?

5. Il se trompe quand il dit, qu'il est probable
que le Projet a été envoyé en Hollande afin qu'il
y fût imprimé. Les Lettres du Ministre font foi
du contraire, & nommément celle qu'on va publier. Et si le Sr. Acher a donné une déposition
signée, portant que Mr. B. lui parla dès l'abord
comme ayant dessein de faire imprimer le Projet
de Paix, on le convaincra d'imposture; car il a
avoüé à un Ministre qu'on nommera en tems &
lieu, que ce fut lui qui pria Mr. Bayle de lui
donner ce Manuscrit à imprimer. Outre que
depuis l'impression de la Cabale Chimérique il ne
s'est point pourvû contre ce que Mr. B. a publié, qu'il étoit démeuré d'accord avec lui le 30.
Avril du 4. fait énoncé dans la page 56.

Puisque l'Ami de Mr. J. passe condamnation
sur les malheureuses conjectures qui font la sep-
tiéme fausseté dans la liste de la Cabale Chimérique, n'en renouvellons point la mémoire au méchant Devin.

6. Il s'opiniâtre encore à soûtenir, que Mr.
B. avoit destiné le Manuscrit à un autre Imprimeur qu'Acher. Mr. J. prouve que ce n'est pas
une fausseté, puisque c'est une grande probabilité. Mauvaise Logique: car tout ce qui n'est que
probable, peut être faux. Et puis, qui lui a dit
qu'en matiere criminelle les probabilitez puissent
tenir contre des faits tels que ceux que M. B. lui
oppose? La belle raison que celle-ci! Il a été fort
en colere de voir son Manuscrit entre les mains
d'Acher, donc il l'avoit destiné à un autre. En
1. lieu, cette grande colere est une hyperbole
ou de M. J. ou de son Libraire. M. B. est l'homme
du monde qui connoit le moins cette passion. On
peut voir dans la p. 626. col. 1. de la Cabale Chimerique, pourquoi il fut fâché de la liberté que le
Copiste s'étoit donné. L'ami de M. J. y répond
pitoyablement. On ne devoit pas craindre, dit-
il, que l'ouvrage ne fût imprimé contre le gré
de l'Auteur, puisqu'on en voyoit le manuscrit entre les mains d'un homme auquel on pouvoit l'arracher sur le champ, encore n'étoit-ce qu'une petite partie du manuscrit. Mauvais expedient, s'il
en fut jamais. Car la violence qu'on eût fait au
Libraire en lui arrachant le manuscrit d'entre les
mains à la vûë de trois ou quatre Réfugiez, eût
fait soupçonner qu'il y avoit là-dessous un crime
énorme. Outre cela, le Copiste qui avoit déjà
eu assez long-tems en son pouvoir le manuscrit,
n'avoit-il pas gardé l'original pardevers lui, &
Mr. B. ne pouvoit-il pas craindre, qu'outre la
copie montrée au Sr. Acher, il n'en eût montré
un autre ailleurs, comme il arrive quelquefois
qu'un fourbe vend le même manuscrit à divers
Libraires en même tems, & puis s'évade? Comptons donc encore ici pour un mensonge, la fausse
confidence que Mr. J. prétend avoir été faite au
Sr. Acher.

*Il maltraite l'E-
vêque de Salis-
bury.*

7. Mais comment se justifie-t-il d'avoir suprimé malicieusement le nom illustre de Mr. l'Evêque de Salisbury? Le plus mal du monde. Son
Ami voudroit nous persuader que ç'a été par res-

pect,

pect, afin de ne pas mêler ce nom dans des Ecrits comme ceux-ci & d'autres. Nous savons trop bien la haine de M. J. contre ce grand Prélat, qu'il n'a pû s'empêcher de faire entrevoir dans la page 12. lorsqu'il a dit qu'on ne lui a envoyé le Projet de Paix, que par l'espérance de l'engager dans les desseins de la Cabale. Pensée outrageante. Est-ce un Prélat de qui personne pût attendre une telle chose ? Et pourquoi ne mêleroit-on pas dans des Ecrits comme ceux-ci le nom d'un Prélat, puisqu'on y met si souvent le grand nom de S. M. B. ? Et du reste, il n'est nullement desavantageux à ce grand Evêque, que l'Auteur de ce Projet ait voulu le consulter. Car il paroît par toutes les démarches de cet Auteur, qu'il a voulu dresser un Système où les intérêts de tout le monde fussent ménagez : & pour cela il souhaitoit de savoir ce que les habiles gens de chaque Pays trouveroient à redire dans son plan, & lui conseilleroient d'y ajouter, ou d'y ôter. C'est une envie qui ne peut faire du tort ni aux personnes consultées, ni au consultant. Pesez bien ces paroles, je vous prie. (i) *On voit bien,* dit l'Ami de M. J. *la raison pourquoi il a supprimé le nom de M. l'Evêque de Salisbury. L'Auteur de l'Avis affecte de nommer des personnes distinguées, pour se mettre à l'abri de leurs noms : & M. J. a affecté au contraire de les taire, afin de ne les pas mêler dans des Ecrits comme ceux-ci.* Pour bien raisonner par la loi des contraires, il faloit dire qu'il a affecté de les taire, afin que l'innocence de M. B. ne fût pas à couvert sous ce bouclier impénétrable. C'est aussi sans doute la maniere dont le cœur a raisonné ; mais on a eu honte de le découvrir en propres termes.

La question qu'on fait à Mr. B. pourquoi il a nommé le Ministre de Geneve sans nécessité, est un absence d'esprit qui paroît presque impossible dans un Ecrivain Accusateur. Car comment eût-il pû éviter de dire. qu'il n'avoit communiqué qu'avec ce Ministre, puisque cela étoit également vrai, & propre à sa justification ? Disons encore ici, que le Sr. J. n'a caché le nom du Ministre, que par l'artifice qui lui a fait supprimer celui du Prélat.

8. L'Ami de Mr. J. veut que l'onziéme fausseté (savoir que la communication du manuscrit au Libraire de Rotterdam fit résoudre l'Auteur à l'impression de Lausanne) soit une chose plus que probable : mais il le prouve si mal, qu'il ne fait qu'ajouter temerité à temerité ; & il se trompe d'appeller cela une chose de (k) *nulle importance, une niaiserie ;* car il résulte manifestement de la fausseté de ce fait, qu'un autre fait que Monsieur J. regarde comme fondamental, est faux, savoir que le manuscrit fut envoyé à M. Bayle, *afin qu'il le fît imprimer en Hollande & sans delai.* On verra (l) ci-dessous une preuve littérale sur tout ceci.

9. Sur la 12. fausseté je conjure mes Lecteurs de recourir, en lisant les Nouvelles Convictions, à la p. 622. col. 1. de la Cabale Chimérique. Cette fausseté consiste en ce que Mr. J. soûtient que la longue négociation avec Acher n'étoit qu'un jeu, pour découvrir si le secret étoit connu de ceux que l'on redoutoit. Mr. B. a tellement montré l'absurdité de cette pensée, que l'Ami de Mr. J. n'a pû rien répondre : mais pour n'être pas tout-à-fait muet, il a falsifié la question, en suposant que Mr. B. avoit nié qu'il eût eu entre lui & le

Libraire une longue négociation. Ce n'étoit point là le fait à prouver : il faloit prouver ce jeu destiné à découvrir si la mine étoit éventée. Or c'est ce que la déposition du Libraire ne soûtient pas. Ainsi pour ne pas convenir de bonne foi qu'on a fait une fausseté, on en commet une seconde.

10. Je suis encore plus surpris de ce que je m'en vais faire voir à mes Lecteurs. L'Ami de Mr. J. passe sous silence la quatorziéme fausseté, qui consiste en ce que Mr. J. a suprimé un fait capital & décisif, qui est que Mr. B. consentit que le Libraire montrât le manuscrit à qui il voudroit, & même à Mr. J. Puisque l'Auteur des Convictions passe condamnation là-dessus, il doit demeurer certain que c'est un fait incontestable : & néanmoins cet homme fait tous ses efforts pour repousser la 13. fausseté, qui regarde la raison pourquoi Mr. B. représenta d'abord au Libraire, que s'il montroit le manuscrit à M. J. il pouvoit compter qu'il ne l'imprimeroit pas. Peu importe quant au fond, que le Sieur Acher n'ait pas mis dans sa déposition la raison de la raison : le principal pour Mr. B. est qu'il n'insista point sur la chose, & le laissa le maître de tout. Il faudroit savoir de nouveau de ce Libraire, si après que Mr. B. lui eût dit ce qui est porté dans sa déposition, on ne lui demanda pas d'où viendroit ce rebut, & s'il n'en donna pas la cause raportée dans la 622. p. col. 1. de la Cabale Chimérique. Si le Libraire le nie, Mr. B. dont le témoignage vaut bien le sien, l'affirme.

L'Auteur des prétenduës Convictions se vante qu'on a de bons témoins sur quelques-uns des faits qui sont traitez de faussetez dans la Cabale Chimérique, savoir sur le 15, 16, 21, 22, & 23. & que le 17, 18, 19, & 20. sont des consequences certaines qui sortent des faits prouvez. Pour toute réponse, l'on souhaite qu'il sache, qu'on défie & ses témoins, & sa Logique.

11. Il n'est pas nécessaire que je parcoure toute la récapitulation des faussetez imputées à M. J. & dans laquelle son Ami ne fait que repeter la même chanson, & nous renvoyer à une déposition du Libraire : comme si au pis aller, Mr. B. n'étoit pas aussi digne de foi que le Sieur Acher, lors du moins qu'il confirme ce qu'il avance par les Lettres du Ministre de Geneve ; & comme s'il n'étoit pas certain que ce Libraire a dit, que la raison pourquoi il avoit montré à Mr. J. le billet ouvert, que Mr. B. avoit fait passer par ses mains, où il prioit un Ministre de cette Ville d'envoyer la copie du Projet à Mr. l'Evêque de Salisbury, c'est qu'on ne lui avoit recommandé aucun secret. Voyez la p. 619. col. 2. de la Cabale Chimetique où cette particularité est exposée : & il est bien certain que le Libraire ne s'est point pourvû contre, ni à cet égard, ni à l'égard de plusieurs autres chefs. Néanmoins on ose encore soûtenir à la face du Public, que la prétenduë Cabale a eu grand soin de recommander le secret, &c.

12. L'Ami de Mr. J. se plaint de ce qu'on a donné à prouver à l'Accusateur cet article, *le manuscrit du Projet de Paix declare que la France offre aux Alliez les conditions de paix qu'il contient.* Cet Ami avouë que l'Auteur du Projet ne l'a jamais dit, qu'il a declaré souvent ses doutes sur les intentions de la France, & qu'il a dû le faire : mais il soûtient que Mr. J. ne l'a jamais dit non-plus. Mr. B. cite la page 26. de l'Avis au Public,

où

<hr>

(i) Pag. 8. col. 1.
(k) Pag. 8. & 9.

(l) Dans la Lettre du Prof. de Geneve.

où vous trouverez, Monsieur, ces propres paroles de Mr. J. *On trouve à la fin du VI. Entretien une addition pure & simple en termes précis, & sans forme de Dialogue, QUI VIENT DE LA COUR DE FRANCE, ET CONTIENT SANS DETOUR LES CONDITIONS DE PAIX, QU'OFFRE LOUIS XIV.* On laisse à juger à tous les Lecteurs éclairez & équitables, si ce passage ne prouve point que Monsieur Jurieu a prétendu trouver ces paroles dans les Entretiens du Projet de Paix. Car s'il ne les y a pas trouvées, d'où les a-t-il prises ? Est-ce de la Lettre de son Anonyme qui ne le dit pas? Est-ce du fonds de son imagination pure, ou illuminée par le commerce secret de la Nymphe Egérie ? Mais au premier cas ce seroit une insigne mauvaise foi, de donner pour des faits certains contre les gens qu'on accuse, ses conjectures : au second cas, nous n'avons que faire de raisonner, ni de chercher de témoins, l'enthousiasme de l'Accusateur tiendra lieu de preuves convaincantes aux Juges pour punir de mort les Accusez.

13. Voici une aplication formelle du principe de Logique, *(m) Quæ sunt idem uni tertio, sunt idem inter se.* La personne de Geneve, dit l'Ami de Mr. J. a intelligence avec la Cour de France, Mr. B. a communication avec la personne de Geneve, donc il est plus que probable qu'il a communication avec la Cour de France. Mais on renverse ainsi son raisonnement ; Mr. B. n'a point de communication avec la personne de Geneve, (car il n'en a qu'avec le Ministre dont on verra la Lettre, que l'Anonyme de Mr. J. accuse d'intelligence avec la Cour de France: donc il n'en a pas avec la Cour de France. Mais de-plus, comme je l'ai déjà dit, nos Marchands souffriront-ils de pareils sophismes meurtriers & assassins de la plus pure innocence ? Doivent-ils répondre du mauvais usage que peuvent faire les Marchands d'Anvers, de Gand, d'Ostende, de Hambourg, des marchandises qu'ils leur envoyent ? Et si on les venoit attaquer en cette maniere, *Vous correspondez avec un Marchand d'Ostende, ce Marchand d'Ostende correspond avec un Marchand de Dunkerque, donc vous correspondez avec un Marchand de Dunkerque*, ne diroient-ils pas que ce seroit se moquer de Dieu & des hommes, & se joüer de la Justice ?

Il faut donc que Mr. J. prouve directement & juridiquement que Mr. B. a des liaisons avec la Cour de France. Son Ami nous *(n)* dit que l'on en a preuve que l'on produira en tems & lieu. Mais dans la colomnie suivante il n'en parle que comme d'un preuve que l'on trouvera peut-être. Il ajoûte, qu'on lui a dit qu'on en découvre tous les jours, mais qu'on ne sait pas si on les rendra publiques, à cause du secret qu'il faut promettre à ceux qui craignent la fureur de la Cabale; & qu'enfin, puisque le Sr. B. paroît craindre les faux témoins, c'est une preuve qu'il se sent coupable.

14. Depuis qu'il y a des procez, en crime de Leze-Majesté, en a-t-on vû dont les preuves ayent été si chétives. Pour commencer par la derniere, ne faut-il pas être sans lecture, & sans usage du monde, pour ignorer que l'innocence a été non seulement attaquée, mais aussi opprimée très-souvent par de faux témoins? Cela étant indubitable, un homme très-innocent ne peut-il pas craindre ce qui est arrivé à tant d'autres ? Quelle Logique encore un coup est-ce que celle ci ? Il a craint les faux témoins, donc il se sent coupable.

Outre cela, Monsieur, ne déplorerez-vous point *(Irrégularitez de ses Accusations.)* le désordre que cet Accusateur introduit dans ces heureuses Provinces, où de mémoire d'homme il n'y a point eu d'exemple dés procédures que l'on y voit depuis que Mr. J. y est ? Il accuse les gens d'intelligence & de commerce avec la Cour de France, sans en avoir des preuves. Les Accusez lui demandent qu'il le prouve, s'il ne veut être chargé de la note infâme d'un calomniateur public. Là-dessus qu'arrive-t-il ? Ses amis voyent qu'il faut épargner au grand Serviteur de Dieu qui a tant écrit contre l'Eglise Romaine, le chagrin de se voir noté d'infamie, & ne pas donner cette joye à nos ennemis. Ils remuent donc ciel & terre pour avoir des preuves ; ils tachent de se ressouvenir de toutes leurs vieilles conversations ; ils ramassent tous les ouïs-dire, qu'ils peuvent : & néanmoins, Monsieur, vous les voyez sur cet article fort peu assurez de leur fait ; peut-être trouveront-ils des preuves, peut-être n'oseront-ils les produire. Et que craignent-ils ? Car s'ils en ont, la fureur de la Cabale sera bien-tôt éteinte, dans une heure ils en feront sauter toutes les têtes par la main du boureau. Doutent-ils de la protection du Magistrat, lorsqu'ils la demanderont pour convaincre les traîtres & les conspirateurs de la Patrie ? Ce n'est point cela, Monsieur : c'est qu'on veut amuser le Public, & se préparer des prétextes pour le temps que l'attente des preuves aura été trop longue.

Quoiqu'il en soit, Mr. B. renouvelle ici ses protestations, qu'il n'a ni n'a eu jamais commerce avec la Cour de France, & qu'il somme ses Accusateurs de le prouver, & de prouver aussi la prétenduë secrete négociation avec le fils de Mr. Bontemps.

15. L'Ami de Mr. J. semble douter de l'âge de ce jeune Gentilhomme : mais que ne demande-t-il permission à nos Souverains d'écrire au Curé de la Paroisse, pour le prier d'envoïer un extrait du Baptistére ? Croit-il par la voïe des conséquences convaincre de fausseté Mr. B. en disant qu'on ne fait pas voïager des enfans à l'âge de 14. ans ? Qu'il s'en informe un peu à Londres, on lui fera bien voir le contraire. Quelle sentence, & qu'elle est digne d'être ajoûtée aux Apophthegmes de Plutarque! *Quand on est en état de voyager, on est en état de parler.* Mais en conclure quelque chose, il faloit dire, & quand on est en état de parler, on est propre à une négociation secrete. Je croi en effet que le fils de Mr. Bontemps, quelque jeune qu'il parût, étoit fort capable de toutes les négociations qu'on auroit voulu noüer avec Mr. B. car elles auroient été de fort petite conséquence dans un tems où Mr. d'Avaux étoit à la Haye. L'Ami de Mr. J. abandonne d'une façon bien ingrate la réputation des ses témoins, les laissant convaincus de la fausseté d'une très-infâme antidate, qui peut suffire à les rendre inhabiles à témoigner. Je leur conseille de ne pas suposer une négociation qui demandât beaucoup de soins à Mr. B. car il est de notoriété publique, qu'il étoit tellement occupé en ce tems-là, qu'on ne peut pas l'être davantage.

16. 17. Puisque Mr. J. fait répéter ses faussetez, il trouvera bon que Mr. B. fasse répeter ses démentis. Le Public donc soit averti, qu'il est très-

très-faux qu'un des prétendus Cabalistes ait avoüé qu'il avoit reçu des Lettres d'un Sécrétaire d'Etat qui se plaignoit des Libelles; & que les Lettres de Mr. J. à Mr. le Duc de Montausier ont été renvoïées à l'un des membres de la Cabale. On déclare à l'Accusateur tout de nouveau, qu'il passera toute sa vie pour faux témoin, s'il ne prouve ces deux articles, & qu'il ne les prouvera jamais. Son Ami se retranche comme en tremblant dans cette honteuse chicane, qu'on ne se défend plus que sur la qualité de Sécrétaire d'Etat, & qu'il importe peu que les Lettres ayent été renvoïées à droiture, ou par une autre voïe, ou par un tiers qui est de l'intelligence. Qui pourroit souffrir en fait de crimes de haute trahison, que l'Accusateur ose dire que c'est la même chose d'avoir reçu une Lettre d'un Sécrétaire d'Etat, ou d'une autre personne; d'avoir lû & montré des Lettres concernant le Sr. J. renvoyées aux prétendus Cabalistes, ou à d'autres gens? N'admirez-vous pas, Monsieur, cet homme, qui ne croit pas qu'on ait pû recevoir ces Lettres renvoyées de Paris, sans être un tiers qui est de l'intelligence, c'est-à-dire, membre de la Cabale? Et moi je lui soûtiens que cela est très-possible & très-réel.

18. Sur le 15. article donné à prouver à Mr. J. son Ami ne fait rien qui vaille. Il suppose toûjours qu'on a bien prouvé certains faits, c'est-à-dire, qu'il suppose toûjours ce qui est en question; & même il suppose faussement que certaines probabilitez résultent nécessairement des faits qu'il prétend être bien prouvez. Mr. B. lui a soûtenu, que les prétendus Cabalistes ne sont point ceux qui ont inventé les attributions de l'Avis aux Réfugiez à tels ou à tels Auteurs, & il lui a montré par l'exemple du Livre de Mr. Dartis, que sans le mystére d'aucune Cabale, un Livre anonyme est attribué à différentes personnes. Qu'il prouve donc que les prétendus Cabalistes sont les premiers qui ont fait courir le bruit que l'Avis étoit l'ouvrage de Mr. de Larroque, ou de Mr. Brueys, ou de Mr. Coquelart, ou de Mr. Chardon. Car s'ils soûtiennent qu'ils n'ont fait que dire ce qu'ils avoient entendu dire, comment justifiera-t-il le contraire? Je ne dis rien de la hardiesse de cet homme, qui nous va encore

métamorphoser en Cabalistes deux Professeurs de Mastricht, l'un en Théologie, l'autre en Droit; car ce sont eux qui ont les premiers attribué par conjecture à Mr. Coquelart l'Avis aux Réfugiez, dans la Préface d'une Réponse à l'Avis publiée par le Professeur en Droit. Ce sont des personnes fort en état de faire repentir Mr. J. de cette témérité. On s'étonne qu'il ait souffert que son Champion l'ait contredit, en imputant aux Cabalistes ce que Mr. J. avoit avoüé de bonne foi venir d'un Libraire de Londres (o), savoir que Mr. Brueys étoit l'Auteur de l'Avis. *Voilà*, dit-il, *l'Auteur de la conjecture, & le fondement de l'histoire.* Quel fondement peut-on faire sur les accusations d'un homme qui se coupe si pitoyablement? Il demeurera donc encore chargé, malgré qu'il en ait, de l'obligation de prouver le 15. article.

19. Il prétend sur le 16. Article, qu'il n'a point dit ce que M. B. lui impute. Le Public en jugera. Voici les paroles de M. J. *Pourquoi ne s'est-on avisé d'imprimer cet ouvrage à Paris, que depuis que l'Auteur en est découvert en Hollande?* Et voici les sens que M. B. leur donne. Pourquoi ne s'est-on avisé d'imprimer cet ouvrage à Paris, que depuis que M. J. a accusé M. B. d'en être

l'Auteur, ce qui est arrivé au mois de Janvier? Il est évident que c'est là le sens légitime des paroles de M. J. quoique son Ami soûtienne qu'il a dit le contraire, & que sa pensée a été de demander, *pourquoi on n'a pensé à feindre cette édition de Paris, que depuis que le bruit a couru que M. B. étoit l'Auteur.* Or ce bruit, ajoûte-t-il, *a couru dès le mois de Juillet & d'Août* 1690. *c'est-à-dire aussi-tôt qu'il parut.* Si c'est-là ce que M. J. a voulu dire, il est clair qu'il a dit une grande absurdité. Car si M. B. a été acusé d'être l'Auteur du livre dès aussi-tôt qu'il parut, il est absurde de demander pourquoi on n'a pensé à feindre l'édition de Paris, que depuis que le bruit a couru qu'il avoit publié ce Livre, puisque c'est demander pourquoi il n'a point pensé à la feindre avant que le Livre parût en Hollande, & que personne le soupçonnât d'en être l'Auteur. De-plus, il faut avoüer que les Amis de M. J. sont bien peu d'accord entr'eux. Celui qui a fait les remarques générales sur la Cabale Chimérique, dit que l'Avis aux Réfugiez parut sur la fin d'Avril 1690. ce qui est vrai. M. de Beauval en parla dans son Journal de ce mois-là: mais voici un autre Ami de M. J. qui nous dit que ce Livre ne parut qu'au mois de Juillet.

Si on me demande pourquoi on a attendu depuis la fin d'Avril jusqu'au 20. d'Octobre, date du Privilege, à réimprimer l'ouvrage à Paris, je renvoïe à la Cabale Chimérique, où l'on a donné la solution de cette prétenduë difficulté.

Quant aux vacarmes que M. J. fait & fait faire par ses amis & dans leurs petits Livrets, & partout où ils vont en mission pour gagner des ames à la foi de ses accusations, que le Privilege est faux & antidaté, on en parlera en répondant à la seconde partie des prétenduës Nouvelles Convictions. Ce n'est pas la peine de rien anticiper: On attend tranquillement ces démonstrations invincibles dont tout le Parti triomphe depuis si long-tems par avance.

20. Quant à l'Evangile de la prétenduë Cabale, l'Auteur des Nouvelles Convictions soûtient qu'il est d'une aussi grande notoriété publique qu'il a été prêché en ce Pays-ci, qu'il est certain qu'on dit la Messe dans Notre Dame de Paris, & qu'on a prêché l'Evangile à Charenton. Qui s'étonneroit d'entendre M. J. & ses adhérans se venter qu'ils ont des preuves convaincantes, démonstratives, &c. quand on leur voit un certain tour d'esprit si faux, si crédule, si hableur, si guindé sur d'énormes palefrois, ou sur de monstreuses échasses, qu'ils outrent tout, foulant aux pieds les régles les plus inviolables de l'art de parler?

Un des Auteurs de M. J. a dit aussi, que la prédication de l'Evangile Cabalistique est un fait notoire, & qui se peut prouver par mille témoins, aussi-tôt que le Magistrat le souhaitera. Assurément l'affaire est si importante, qu'il ne faut point douter que nos Souverains n'établissent une Chambre des Grands-Jours, pour ouïr la déposition des auditeurs de ce nouvel Evangile, & pour infliger à ces nouveaux Apôtres la peine de mort. Que cela fourniroit de curieuses relations, à la Gazette de Paris, ou plûtôt au Mercure Galant! En effet, qui n'admireroit de voir des gens tirez en cause pour crime de leze-Majesté, parceque perdant quelquefois patience (car voilà à quoi tout aboutiroit) en enttendant débiter mille visions à 7. ou 8. nouvellistes infatuez des promesses de M. J. & aussi prêts à croire tout ce qu'ils lisoient

soient dans les Gazettes, après y avoir été trompez cent & cent fois, que si jamais ils ne les eussent trouvées fautives, ils leur ont representé qu'ils
n'en étoient pas encore où ils croyoient, & ont
refuté les mauvaises raisons de leurs espérances.
Le dépit que nous avons tous de ce que ces bons
& zelez Nouvellistes ont plus mal conjecturé que
les nouveaux Evangelistes, les met en fureur contre ceux-ci : mais sont-ils cause que leurs conjectures n'ont été que trop véritables, & s'en faut-
il prendre qu'aux objets mêmes dont ils ont
mieux connu la nature ?

Quel mal peut faire à l'Etat, qu'une petite
poignée d'étrangers ne s'infatuë point des explications de l'Apocalypse ? Et met-on pour cela
moins de Vaisseaux sur mer, & moins de troupes
en campagne ? Nos Souverains si remplis de zele
pour le bien public, & si éclairez, reglent-ils
leur état de guerre selon qu'il plaît à quelques
particuliers de douter, ou de ne douter pas
de l'infaillibilité de Mr. Jurieu, & croit-on bien
que l'Etat s'amusera à faire ouïr des témoins sur
des conversations & sur des contestations de Nouvellistes ? Il importe peu au Public que l'on soit,
ou que l'on ne soit pas des Prosélytes de Mr. J.
Il a beau s'en défendre, le seul crime de la Cabale, c'est d'ouvrir les yeux au Peuple sur son chapitre.

Je voudrois bien savoir si Cesar se rendoit criminel d'Etat, lorsqu'il faisoit ce que Suetone raconte dans le Chapitre 66.

Voilà comment on peut mettre la chose au pis.
Mais le bon de l'affaire est, que l'Evangile en
question les justifieroit pleinement d'être ici les
Espions & les Pensionnaires de la France. Car
ceux qui ont ces emplois, ne tiennent point ce
langage ; ils sont les premiers à médire, afin de
ne se rendre pas suspects ; ils seroient ravis qu'on
n'équipât que peu de Vaisseaux, & qu'on n'en-
tretînt que peu de troupes, & s'ils croyoient y
parvenir en faisant la France cent fois plus miserable & plus délabrée, que Monsieur J. ils le
feroient.

Mais d'où vient que ni Mr. J. ni ses Ecrivains
ne nomment aucun Officier qui ait été l'Auditeur
& le Catéchumene de nos nouveaux Evangélis-
tes ?

21. J'avois oublié une chose, que je ne sai
comment nommer. Est-ce supercherie ? Est-ce
négligence ? Ce sera ce qu'on voudra, c'est du
moins une faute. L'Ami de M. J. suppose qu'on
lui a marqué 50. ou 60. faussetez à prouver. Ce
ne fut jamais la pensée de M. B. qui a tout réduit à 25. Chefs. Il est évident à tout homme qui
sait lire, qu'on n'a jamais exigé de M. J. qu'il
prouvât les six faits mis à part dans la 8. page
des Nouvelles Convictions. Au contraire, on lui
a déclaré dans la Cabale Chimérique, page 673.
col. 2. qu'on lui passoit, sans le contredire aucunement, les sept caracteres qu'il donne à l'Auteur de l'Avis aux Réfugiez, dans lesquels est renfermée la meilleure partie des six faits dont il
s'agit.

Mais je ne sçaurois m'empêcher, Monsieur,
de nommer ce que je m'en vais critiquer, une mauvaise foi si grossiere, qu'elle ne seroit pardonnable qu'à un homme qui seroit assuré que tous ses
Lecteurs auroient autant d'indulgence que lui
pour ses défauts. Il faut lire l'endroit pour croire
qu'il soit échapé à un homme, qui ne pouvoit
pas douter que M. B. ou ses Amis l'examinassent.
Voici dequoi il est question.

22. M. B. avoit ramassé 14. caracteres qui lui
doivent convenir, selon la supposition de Mr. J.
(il en ajoûte trois autres dans la seconde édition)
& il a montré sensiblement pour tout le monde,
qu'ils ne sauroient subsister ensemble. Qu'a fait
l'Ami de Mr. Jurieu ? Il a éclipsé du milieu de
ces 14. caracteres ceux qui formoient leur incompatibilité la plus sensible, & comparant les autres
ensemble qu'il a crû se pouvoir mieux accorder, il
a décidé fierement qu'il faut avoir perdu l'esprit,
pour trouver ces caracteres incompatibles. C'est
donc ainsi qu'il faut tromper le Public, & abuser
malheureusement de la crédulité des bonnesames ?
Et on ne perdra point enfin patience pour dessil-
les les yeux aux Réfugiez, & pour leur faire voir
par une exacte anatomie des Ecrits de cet Auteur,
qu'il ne s'est jamais fait une Religion de traiter
ses adversaires de bonne foi ?

23. Quand on lui pardonneroit cette fraude, Est absurde en
ce qu'il dit des
Espions.
on ne laisseroit pas de dire qu'il faut ou parler con-
tre sa conscience, ou ne connoître le monde, ni
par la lecture de l'Histoire, ni autrement, pour
soûtenir comme fait notre homme, que c'est
l'ordinaire de tous les espions & de tous les émissaires, de se tenir dans l'obscurité, afin d'être
moins suspects. Rien ne sauroit être plus impertinent dans l'affaire dont il s'agit, puisqu'il n'est
pas question d'un émissaire passager, ou d'un
espion qu'on envoye quelque part pour revenir
bien-tôt rendre compte de quelque chose. Il s'a-
git d'un homme de lettres qui est depuis près de
dix ans en Hollande dans un emploi pénible, sans
agrémens, sans profit, ne sortant pas plus de cet
état d'obscurité, & d'incommodité, la derniere
année que la premiere. Je soûtiens que si cet
homme avec les autres caracteres qui lui conviennent, se tenoit ici dans cet état, afin d'y être
l'espion de la France depuis dix ans, il seroit le
plus étrange, le plus monstreux, & le plus extraordinaire composé que la nature ait jamais
produit, & qui mériteroit qu'on vînt le voir du
bout du monde.

Mais de-plus, y a-t-il bien d'autre gens à Rotterdam, que ceux qui ont pû voir dans l'Apocalypse cet étrange & prodigieux enchaînement de
chimeres, qu'ils ont publié avec une hardiesse
qui seroit la plus grande du monde, si elle n'é-
toit surpassée par celle qu'ils ont de se vanter que
l'évenement a répondu à leurs Propheties, y a-t-
il, dis-je, bien d'autres gens que ceux-là qui
soient capables de croire, que la vie que Mr. B.
a toûjours menée jusques ici soit compatible avec
le métier d'espion de la France ? N'est-ce pas un
homme, qui ne se mêle que de sa charge, qui ne
fait ni ne reçoit que peu de visites, qui ne sort
presque que pour ses leçons, & pour aller chez
quelque Libraire, & qui passe plusieurs années
de suite sans mettre le pied hors de Rotterdam ?
La France a bien affaire de telles gens ? Un
Emissaire doit être un homme d'intrigue, il doit
faire de la dépense, se mêler dans les parties de
jeu, aller de Ville en Ville, écouter ce qui se dit
dans les bateaux & dans les plus fameux cabarets,
donner des fêtes aux Dames, &c. C'est par-là
qu'on découvre des secrets : mais à vivre comme
fait Mr. Bayle, on ne sait rien de ce qui se passe,
que quand toute la ville le sçait.

ARTICLE VII.

Considération particuliere du galimathias de l'Ami du Sr. J. touchant le mystere fait ou non fait du Projet de Paix.

Ses variations sur ce qu'il dit du projet de Paix.

N'Attendez pas, Monsieur, que je suive Mr. J. dans tous les égaremens où il se jette en parlant du prétendu mystere que Mr. B. a gardé. Il suffit de renvoyer les Lecteurs à la Cabale Chimérique page 632. & au *Postscriptum*, page 663. pour leur faire comprendre que les vains efforts de son Ami ne sont qu'un galimathias d'autant moins souffrable, qu'il est obligé enfin d'avoüer qu'on n'a point fait un mystere du Projet de Paix à tout le monde ; mais il prétend que puisqu'on n'a point voulu en faire confidence à Mr. J. on a voulu en faire mystere au Public, comme si ce Ministre & le Public n'étoient qu'une même chose. Une note qui accompagnera la lettre du Ministre de Geneve, éclaircira la difficulté proposée par Mr. J. sur ce qu'on ne lui a point montré le Projet. Les demandes redoublées qu'il fait pourquoi on n'a point communiqué le manuscrit à plus de personnes d'Etat, & nommément à Mr. le Pensionnaire Général, ne mériteroient point de réponse. Cependant je veux avoir la complaisance d'y satisfaire, en lui disant que Mr. B. ayant vû que trois personnes intelligentes s'étoient accordées à traiter ce Projet de chimérique, & à ne point se donner la peine de marquer comment on pourroit rectifier les vûës de cet Auteur, crut que tous les autres à qui il le communiqueroit en useroient de la même sorte, & qu'ainsi il se donneroit bien de la peine, sans procurer à l'Auteur ce qu'il cherchoit principalement, c'est-à-dire, des remarques critiques sur les conditions de Paix qu'il proposoit, des inconveniens sur ceci & sur cela, de nouvelles vûës, de nouvelles propositions sur les véritables intérêts de l'Europe. Car on peut le comparer à ces Philosophes qui inventent un nouveau systême, & qui avant que de le produire, l'exposent à la censure des plus Savans, pour le réformer selon les objections qu'on leur fera. Mr. le Grand Pensionnaire a trop besoin de son tems, pour en dérober quelque partie à l'utilité publique en faveur d'un manuscrit que d'autres avoient tant méprisé. J'ajoûte que l'Auteur s'impatienta, & fit imprimer son livre à Lausanne : d'où il étoit naturel de conclure, que sans se donner la peine d'en communiquer des copies, les Politiques le liroient, & en diroient leur sentiment d'une maniere qui serviroit à rendre meilleure la seconde édition.

Remarquez, Monsieur, que l'Ami de Mr. J. ne suit guéres ses sentimens. (*a*) Selon Mr. J. le venin du Projet de Paix consiste en ce qu'il étoit propre à faire soulever les peuples ; mais ce n'est plus cela dans les nouvelles Convictions ; le grand mal est à présent, *qu'il pouvoit (b) donner des vûës aux Ministres du Congrès, & aux Ministres de cet Etat, & même aux esprits mécontens du Gouvernement.* Ho, puisqu'il n'y a que cela, je suis d'avis de ne nous en pas allarmer : les Ministres du Congrès, & ceux qui sont à la tête de nos affaires, sont si éclairez & si bien intentionnez,

qu'ils ne seront jamais la dupe d'un petit Cabaliste de France, & qu'ils ne feront que profiter des avances que fera cette Couronne. Et pour ce qui est des Mécontens, ce n'est pas sur leurs vûës que l'on se régle ; & il faudroit qu'ils fussent bien sots pour faire plus de réflexion sur les Entretiens de deux inconnus qui ne paroissent débiter que leurs visions particulieres touchant la Paix générale, que sur tant de fictions qui courent le monde, de je ne sai combien d'Entretiens des champs Elizées. Voyez la Cabale Chimérique (*c*) pag. 632. col. 2. Je ne sai au reste lequel est le plus blâmable, de Mr. J. ou de son second. L'un a voulu que le Projet de Geneve ait été capable d'exciter des soulevemens parmi les peuples : L'autre, qu'il ait été capable de faire tourner la tête aux Ministres d'Etat. Voilà le moyen de n'épargner personne : ce que l'un ne blâme pas, l'autre le blâme.

Le second de Mr. J. se retranche autant qu'il peut derriere la prétenduë mauvaise intention des promoteurs du Projet de Paix ; car il avouë que l'ouvrage est (*d*) *une petite chose*, qu'il *est en soy fort peu de chose* : mais il prétend (*e*) qu'il *n'importe que le livre puisse faire un grand mal ou non, qu'il ne s'agit que de l'intention.* Mais ne voit-il pas que des gens qui ont du sens commun, & qui n'ont pas laissé gâter leur jugement par une trop grande crédulité, ni par trop d'attache aux visions & aux chimeres, (voilà comment sont faits nos Cabalistes) n'auront jamais intention de faire du mal, lorsqu'ils ne se serviront que de moyens incapables d'en faire ? Ainsi rien ne manque à la justification de leur intention, dès qu'on leur accorde, comme fait l'Ami de Mr. J. que le Projet de Paix est en soy fort peu de chose, c'est-à-dire, incapable de faire du mal. Si l'Auteur du Projet en a eu meilleure opinion, s'il en a espéré la pacification de l'Europe, comme peut-être Mr. J. a espéré de son Commentaire sur l'Apocalypse une guerre universelle, les prétendus Cabalistes en doivent-ils plus répondre, que les Traducteurs, & Apologistes officieux de ce Commentaire sont responsables des mauvais desseins que l'Auteur a pû avoir ? Pour ne pas dire que celui qui a composé le Projet, a pû regarder la Paix au moyen de la Garantie qu'il a tant roulée dans sa tête, comme un bien général de longue durée ; desorte que ses intentions ont pû être bonnes. Mais encore un coup, Mr. B. n'est pas homme à avoir une aussi bonne opinion d'un livre qu'on lui apprend être rempli de chimeres, que celui qui les a forgées.

Ses m... contre s... rains.

Ne trouvez-vous pas cet Ami de Mr. J. bien médisant contre nos Maîtres, & contre tous les Ministres des Alliez, lorsqu'il ose dire que le Marchand de Geneve a été capable de leur donner des vûës pour une Paix ruineuse à tous les Alliez, & à la Religion même ? Et pour qui les prend-il ? Quelle idée choquante ne le fait-il pas de leurs talens & de leur fidelité ? Cela & ce qu'il avoit déja dit, (*f*) *que la politique de ce pays a trop de clemence, qu'on n'y punit pas même toutes les mauvaises actions, qu'il est notoire que l'Etat souffre mille gens qui le desservent*, n'est-il pas bien propre à nourrir dans l'ame des Sujets l'estime & l'obéissance qu'ils doivent à ceux qui commandent ? Peut-on critiquer plus hardiment son Souverain, & le représenter plus odieusement indigne

---

(*a*) Page 13.
(*b*) Voyez ci-dessus la fausseté 27.
(*c*) Page 12.

(*d*) Ibid.
(*e*) Page 13.
(*f*) Page 4.

ne de son autorité ? Quelle licence , bon Dieu !
& quelle audace !

Finissons par la désignation du grand crime de
Mr. B. c'est qu'il a voulu faire imprimer le Projet de Paix à l'insçu de l'Etat & de ses Ministres.
Qui pourroit lui par donner cela ? surtout puis
qu'il avouë ici par ma plume , qu'il ne feroit pas
difficulté de s'employer à une nouvelle édition de
l'Histoire des Sévarambes , sans en demander permission au Souverain ; ou bien à l'impression d'un
Projet qu'un Gentilhomme Refugié a eu long-
tems dans la tête , c'est d'établir un ordre de Chevalerie Protestante pour faire la guerre au Pape,
comme celui de Malthe la fait aux Turcs.

LISTE DE QUELQUES FAUSSE-
TEZ, CALOMNIÉS ET CONTRA-
DICTIONS DE L'AUTEUR des pré-
tenduës *Nouvelles Convictions.*

I. C'Est une fausseté que de dire , (g) *que les*
libelles pleuvent comme des Cieux sur M. J.
qu'ils sortent de terre , qu'ils viennent du fonds de
l'Allemagne ; que chaque mois en enfante un nou-
veau , que c'est tantôt un fonds assuré pour l'Impri-
meur , qu'on les aporte par bateaux dans les Villes ;
qu'on les distribuë à juste prix , que tout le monde
s'en mêle : C'est , dis-je , une fausseté , & une hyperbole si froide , & si indigne même d'un Déclamateur nouvellement sorti du College , que rien
plus ; car je croi que lorsqu'il écrivoit cela , il
y avoit dix mois qu'il n'avoit point paru plus de
deux ou trois petites piéces contre M. J. & jamais peut-être Auteur n'a tant maltraité le
genre humain avec une si longue impunité que
lui.

II. C'est une fausseté que de dire , (h) qu'il
s'est attiré cette prétenduë grêle de libelles à cause qu'il a attaqué l'enfer , & les ennemis de la vérité. Car on n'écrit contre lui que pour se défendre de ses satyres. Desorte que s'il lui prend
jamais envie de demander au Public , comme a
fait un célebre Auteur de ce siecle :

    Nam quid feci ego , quidve sum locutus,
    Cur me tot malis perderent libellis ?

Chacun lui répondra tout aussi-tôt , c'est que vous
aviez déchiré la réputation d'une infinité de gens ;
& il est juste que l'arrêt du Fils de Dieu s'exécute sur vôtre tête , *De tel jugement que vous juge-*
rez , vous serez jugez ; & de telle mesure que vous
mesurez , on vous mesurera d'autre part. Qu'il ne
fasse pas de ses querelles particulieres qu'il s'attire
mal-à-propos, la cause de Dieu. On ne s'y laisse
plus attraper , comme il s'en plaint douloureusement par la plume de son Ami ; mais non pas sans
tomber en contradiction , comme je m'en vais le
montrer.

III. C'est une contradiction que de dire d'un
côté , (i) *qu'il n'a pas sujet de se plaindre ni du*
gout, ni du jugement du Public ; & de déplorer de
l'autre peu de lignes après , le changement du
tems , en disant , que le *Public s'accoûtume* aujour-
d'ui aux libelles de ses ennemis , & que les esprits ne se soulevent point , comme autrefois en
sa faveur , mais les laissent courir sans murmure.
A cela même se raportent les plaintes qu'il fait
ailleurs , de l'ingratitude du siécle , *Ingratitude*
la plus cruelle , dit-il , dont on ait jamais vû d'exem-

ple ; & les plaintes particulieres qu'il fait contre
ceux qui à la Haye se soulevent contre lui , & le
mettent en balance avec ses ennemis. C'est un
rude calice assurément : car enfin le goût de la
Haye est celui de la Cour ; & partout on prefe-
re le jugement de la Cour à celui des Provinciaux.
Quelle présomption , de venir encore (k) déclarer
qu'on prétend avoir une réputation de probité si
bien établie , que celle des autres ne devra pas être
mise en balance ? Pourquoi oublier qu'une semblable prétention alléguée depuis peu au Consistoire de la Haye & aux Commissaires du Synode , contre un Ministre que M. J. accusoit de
lui avoir parlé en Héretique dans un tête-à-tête ,
fut méprisée , & lui attira un détail de faits fort
malplaisans ? Entr'autres le reproche de certaine
rétractation qu'il fallut donner aux Jésuites de Sedan, bien signée de sa main , sans quoi la conviction de faux auroit causé à Mr. J. d'étranges disgraces à son entrée dans le Professorat, nonobstant les sollicitations des deux sexes auprès des
Puissances de la Ville : chose qui donna beaucoup
de confusion au petit Troupeau.

IV. C'est une fausseté que de dire , (l) que
Mr. J. ait pris la patience pour son partage , &
qu'il souffre sans murmurer le torrent impétueux
des médisances qui se répandent sur sa personne
& sur ses écrits. Car pour ne pas dire que la patience n'est pas une chose dont on se doive glorifier , lorsqu'on ne souffre que ce que l'on a mérité par de violentes maniéres d'aggresseur ; pour
ne pas dire encore , qu'il faut s'apliquer alors cette pensée de Térence ,

  Tum si quis est qui dictum in se inclementiùs
  Existimavit esse , sic existimet,
  Responsum, non dictum esse, qui læsit prior :

il est de notorieté publique que jamais personne
n'a témoigné moins de patience que Mr. J. Il ne
perd aucune ocasion d'outrager Mr. de Beauval ;
& depuis la publication de la Cabale Chimérique,
il n'y a marque d'une violente colere qu'il n'ait
donnée , soit en Chaire , soit dans le Consistoire,
soit par des Mémoires présentez aux Magistrats ,
soit par des calomnies atroces répanduës de maison en maison , & inserées dans des Ecrits publics.
Il ne peut souffrir que sa Dénonciation ne produise pas contre M. B. les mêmes effets , que l'excommunication lancée par les Papes , produisoit
contre les excommuniez. Il fait un crime aux
gens de la moindre visite qu'ils lui font , ou qu'ils
en reçoivent ; & s'il en étoit crû , Mr. B. ne trouveroit ni chambre à loüer , ni boulanger , ni autre artisan qui voulût travailler pour lui.

V. C'est une fausseté que (m) de dire que l'E-
crit qui a couru contre Mr. J. sous le nom de
Mr. Chappuzeau , n'est pas de lui ; mais d'un
homme de la Haye qui l'ait métamorphosé tout
entier. On dit que Mr. Chappuzeau n'en demeurera pas-là , & qu'il fera sentir à son Adversaire
de quoi il est capable. On ne dira donc rien ici
sur son sujet. On se contentera de remarquer ces
deux choses : 1. que l'Ami de M. J. se pourroit
bien repentir de perdre ainsi le respect au point
qu'il le perd pour le Grand Prince que Mr. Chappuzeau a l'honneur de servir ; car on ne peut dire, comme on le dit dans les nouvelles Convictions , que les personnes qui ont l'emploi qu'il
exerce chez S. A. S. MONSEIGNEUR
                       LE

Mal-à-
écrit

Convaincu de
faux à Sedan.

Se vante fausse-
ment de patien-
ce.

Impute fausse-
ment à un hom-
me de la Haye
l'Ecrit de M.
Chappuzeau.

Perd le respect
pour le Duc de
Zell.

LE DUC DE ZELL, sont des vaisseaux à deshonneur dans la maison, qu'on ne médise par une conséquence nécessaire de ce Grand Prince.

2. M. J. est fort blâmable (*n*) de se vanter de ne lire jamais les Ecrits qui courent contre lui. Car l'amour propre, c'est-à-dire l'envie de s'épargner un violent chagrin, ne doit pas l'emporter dans un honnête homme sur l'obligation de soûtenir les accusations qu'il a intentées à son prochain, ou de lui faire satisfaction de ce qu'il pourroit lui avoir imputé faussement. M. J. est donc obligé, quelque chagrinante qu'en puisse être la lecture, d'examiner attentivement les libelles diffamatoires (puisqu'il lui plaît de les apeller ainsi) qui courent coûtre sa personne. Et s'il ne veut point se corriger des défauts qui les lui attirent, il doit du moins prouver ce qu'on l'accuse d'avoir dit contre la verité, ou avoüet ingénûment son erreur. Il ne fait rien de semblable à l'égard de Mr. Chappuzeau : cela n'est pas bien.

On s'étonnera sans doute, qu'un homme qui a autant de soin que M. J. d'empêcher que ses Lecteurs ne remarquent aucune trace d'humilité dans ses Ecrits, fasse une confidence au Public de la coûtume qu'il a de ne point lire les libelles de ses adversaires : car c'est donner à connoître qu'il craint d'y trouver des choses fâcheuses & chagrinantes qu'il aime mieux ignorer. Or c'est se confesser au Public d'une infirmité bien mortifiante. Il seroit plus du stile & des manieres de cet Auteur, de dire qu'il lit soigneusement tout ce qui s'imprime contre lui, non pas pour imiter ce Prince qui profitoit des médisances des Athéniens, mais pour s'en moquer.

VI. C'est une fausseté, (*o*) que la Cabale Chimérique soit cet ouvrage accablant dont on menaçoit Mr. J. La prétenduë Cabale n'a jamais regardé cet Ecrit que comme un Essai, ou un prélude de Réponse. L'Auteur devoit le faire suivre par un Ouvrage plus travaillé, qui auroit été sans doute accablant, quand même il n'auroit pas eu tous les compagnons qui auroient pû lui servir de cortege, les uns plûtôt, les autres plus tard. La bonne fortune de M. J. l'a sauvé pour le coup de cette disgrace ; Messieurs les Bourguemaîtres sont venus à son secours, & il en avoit grand besoin ; ils ont voulu que tout ce que les 2. Parties feroient imprimer, fût examiné par M. le Pensionnaire Beyer.

VII. C'est une fausseté & une contradiction que de dire, qu'il y a long-tems que M. B. a reçu l'offense ; mais que (*p*) *sa colere est de fraîche datte.* La fausseté consiste à prétendre, que cette offense est d'avoir été accusé en conversation d'être l'Auteur de l'Avis aux Refugiez ; car ce n'est-là que la plus petite partie de l'affront : le reste consiste en ce que cette accusation a été renduë publique d'une maniere outrageante ; mais principalement en ce qu'elle a été jointe à une autre accusation infiniment plus atroce, savoir que M. B. avoit machiné la ruïne de la Hollande & de l'Angleterre, & conspiré contre la liberté de l'Europe, & contre toute la Religion Protestante, étant aux gages de la France, sans Dieu, ni foi, ni loi. Il est donc faux que la principale offense soit de plus vieille datte que la colere.

La contradiction consiste en ce que M. J. a dit dans son Avis au Public, que l'accusation qu'il intenta sourdement à M. B. au mois de Janvier dernier, lui causa des agitations violentes, & de grands mouvemens, & fit que les membres de la Cabale se rémuerent violemment, invectiverent, menacerent. Aujourd'hui on s'en dédit, on avoüe que la colere est de fraîche datte. Après cela fiezvous à un tel homme. S'il étoit bien persuadé de ce qu'il avance, & s'il faisoit autre chose que suivre au jour la journée ce que sa passion lui dicte, il ne se couperoit pas si vilainement. On le prie d'accorder, s'il peut, ce qu'il a dit dans son Avis touchant ces violens mouvemens, ces invectives & ces menaces de la Cabale, avec ce qu'il fait dire ici, en prétendant parler du même tems, que la Cabale n'avoit que des profondeurs, que des protestations, & que des prieres de se souvenir de l'ancienne amitié. M. B. m'a dit qu'il ne sait rien de tout cela, & que s'il y a quelque chose de véritable, il n'y a nulle part : & il prend M. du Bosc à témoin, qu'il lui dit qu'il se soucioit peu que son stile fût trouvé conforme à celui de l'Avis aux Refugiez par un homme qui avoit trouvé tant d'évenemens chimériques dans l'Apocalypse, & tant de caracteres de Divinité & d'inspiration dans Christina Poniatovia, dans Kotterus, dans Drabicius, dans la Bergere de Cret, & dans je ne sai combien de petits enfans du Dauphiné. J'ajoûte pour montrer le cahos de ses contradictions, que ses amis débitent partout, afin de donner le tort à M. B. qu'il n'a daigné faire aucune avance pour s'éclaircir avec M. J. Voilà encore contradiction, & fausseté. La contradiction est déjà montrée. La fausseté se prouve par le témoignage du Ministre que M. J. chargea de déclarer la guerre de sa part à M. B. & qui fit offre de la part de celui-ci à l'aggresseur, d'aller satisfaire à tous ses doutes ; mais de rien que de cela.

VIII. C'est une fausseté, & en même-tems une violente satire contre nos Souverains, que de dire (*q*) que M. B. n'a point crû qu'on en vouloit à sa vie, parce que la Politique de ce Pays a trop de clémence. Cela pourroit avoir quelque fondement, si d'un côté M. J. étoit d'une humeur moins intraitable & moins vindicative qu'il n'est, & si de l'autre il n'avoit accusé M. B. que de fautes légeres : mais il n'y a point de crime plus atroce que ceux dont il l'accuse ; c'est intelligence avec l'ennemi déclaré, c'est le dessein d'exciter une révolte tant ici qu'en Angleterre, de confondre les desseins des Alliez, & de rendre la France Maîtresse de toute l'Europe, à la ruïne de la Religion Protestante. Des Souverains qui laisseroient de tels crimes impunis mériteroient-ils de vivre ? Et n'est-ce pas les exposer au mépris & à la désobéïssance des Sujets, que de les représenter sous cette idée, comme fait le Sieur J. par la plume de son ami ?

IX. C'est une fade puerilité que de dire, (*r*) *il m'est revenu de quelque part qu'un des meilleurs amis de Mr. B. pour le justifier d'être Spinosiste, se retrancha à dire qu'il n'étoit que Déiste.*

X. C'est une amas de faussetez que de dire, que (*s*) *sans doute Mr. B. a puisé le Déisme chez les Jésuites de Thoulouse, où il a vécu trois ans revolté & animé contre la Religion ; & que d'ajoûter, qu'on ne doute pas qu'il n'ait raporté de là avec lui cette morale detestable qui se trouve dans ses Ecrits.*

Cet endroit est assez important pour s'y arrêter un peu plus que sur les autres. Démêlons d'abord le vrai d'avec le faux.

Ce qu'il y a de vrai est, que Mr. B. pendant qu'il

<hr>

(*n*) Pag. 3.
(*o*) Pag. 4.
(*p*) Ibid.

(*q*) Ibid.
(*r*) Pag. 5.
(*s*) Ibid.

qu'il faisoit sa Philolophie dans l'Academie de Puy-Laurens ; ne se borna pas tellement à la lecture de ses cahiers, qu'il ne lût aussi quelques livres de Controverse, non pas dans l'esprit qu'on fait ordinairement, c'est-à-dire, pour se confirmer dans les opinions préconçûës, mais pour examiner selon le grand principe des Protestans, si la Doctrine que l'on a succée avec le lait est vraie ou fausse : ce qui demande qu'on entende les deux Parties. C'est pourquoi il fut curieux de voir dans leurs propres livres les raisons des Cath. Rom. Il trouva des objections si specieuses contre le dogme qui ne reconnoît sur la terre aucun Juge parlant, aux décisions duquel les particuliers soient obligez de se soumettre, quand il arrive des disputes sur le fait de la Religion, que ne pouvant se répondre à lui-même quand il lisoit ces objections, & moins encore défendre ses principes contre quelques subtils Controversistes avec lesquels il disputa à Toulouse, il se crut Schismatique, & hors de la voye du salut, & obligé de se réünir au gros de l'arbre, dont il regarda les Communions Protestantes comme des branches retranchées.

S'y étant réüni, il continua ses études de Philosophie dans le College des Jesuites, comme font dans tous les pays où l'Eglise Romaine domine presque tous ceux qui étudient, de quelque qualité & condition qu'ils soient. Mais le culte excessif qu'il voyoit rendre aux Creatures lui ayant paru très-suspect, & la Philosophie lui ayant fait mieux connoître l'impossibilité de la transsubstantiation, il conclut qu'il y avoit du Sophisme dans les objections ausquelles il avoit succombé ; & faisant un nouvel examen des deux Religions, il retrouva la lumiere qu'il avoit perdüe de vûë, & la suivit, sans avoir égard ni à mille avantages temporels dont il se privoit, ni à mille choses fâcheuses qui lui paroissoient inévitables en la suivant.

La faute qu'on peut lui imputer, n'est pas d'avoir adhéré au mensonge reconnu pour tel, mais d'avoir pris pour la verité ce qui étoit faux. Il n'a donc point fait une chose qu'il crut mauvaise : & par consequent de tous les Refugiez qui ont signé il seroit le moins coupable, si l'on vouloit peser les fautes à la balance du Sanctuaire. Car il n'y en a point qui n'ait crû faire un très-grand crime en signant : & combien y en a-t-il qui ont succombé avant que d'avoir vû les Dragons ? Au reste l'attachement qu'il a eu toûjours à l'Eglise Reformée depuis qu'il y est rentré, doit être censé d'autant plus solide, qu'il suppose une comparaison des deux Eglises faite avec une connoissance expérimentale, & la préference donnée à la Reformée par un arrêt contradictoire. On a pû voir dans ses Ecrits contre Maimbourg, si le Sophisme de la necessité de se soumettre à l'infaillibilité de l'Eglise, lui paroît encore une bonne objection.

M. J. qui est aussi raisonnable de loüer ceux qui se sont relevez de leur signature, que déraisonnable de prendre cet évenement pour cette merveilleuse Resurrection des deux témoins dont il est parlé dans l'Apocalypse ; ne peut qu'à sa confusion gloser si lâchement 16. ans après l'avoir sû, sur le retour de cette Brebis égarée. Elle s'estime fort heureuse d'avoir fait son second examen avant que ce Ministre eût publié tant de livres si propres à confirmer les Papistes dans leurs erreurs par l'idée affreuse qu'ils se font de notre Communion, en songeant à l'air dont il écrit, maniere d'écrire d'après laquelle si on vouloit le peindre, on ne lui donneroit que des griffes & des dents,

& rien de cette douceur attrayante qui fait le caractere de l'Evangile.

Voyons présentement les faussetez dont l'ami de Mr. J. a empoisonné ce fait veritable. On ne lui fait pas un procès d'avoir tellement menagé ses expressions, que tout le monde a crû qu'il vouloit dire que Mr. B. avoit demeuré chez les Jesuites. Il est apparent qu'il a été fort aise qu'on le comprît ainsi ; mais enfin ce qu'il dit peut avoir un autre sens, il s'en faut contenter ; ce n'est pas de telles gens qu'il faut exiger une conduite exemte d'artifice & de malhonnêreté.

Il est faux que Mr. B. ait demeuré trois ans à Toulouse. Il n'y a pas même séjourné un an & demi.

Il est faux qu'il y ait vêcu animé contre la Religion Reformée. Ses manieres ont toujours été d'avoir pitié de ceux qu'il a crû dans l'erreur, & de croire qu'il ne faut les en tirer que par des vœux & des instructions. S'il a été animé alors contre quelque chose, c'est contre la nouvelle Philosophie ; car il disputoit vigoureusement dans l'occasion pour la Philosophie Scholastique de ses Cahiers.

Il est faux qu'il ait appris autre chose des Jesuites que la Philosophie Péripateticienne, qu'il abandonna peu après. Il prend à témoin M. J. qu'il ne l'a jamais enseignée, & il est certain que le bruit qui se répandit à Rotterdam, quand il y vint, qu'il étoit Cartesien, & qu'il n'étoit pas trop bien fondé, le rendit suspect à plusieurs personnes, qui peut-être n'ont point d'autre raison encore aujourd'hui, de ne lui être pas favorables.

Mais c'est une impertinence ridicule, que de prétendre que les Jesuites enseignent le Déisme à leurs écoliers. On apprend bien plûtôt chez eux la superstition, & le culte excessif des Saints & de la bienheureuse Vierge, que la rejection de toute Religion. Ceci vaut bien l'Historiette que Mr. J. a débitée comme la découverte d'un très-grand mystere, & de laquelle tout le monde s'est moqué, à la reserve de quelques bonnes gens, qui non-plus que les enfans ne doutent de rien de ce que dit un Ministre. Je parle de ces jeunes écoliers de Port-Royal, à qui, si on l'en croit, on laissoit lire librement les livres des Sociniens, & non ceux des Calvinistes. Son ami animé du même esprit de calomnie, debite ici comme un fait certain, que les Jesuites enseignent le Déisme à leurs écoliers.

Plus bas, ce n'est plus le Déisme, mais la morale prétendüe détestable qui se trouve dans les Ecrits de Mr. B. Or je vous prie, quelle est cette morale si détestable selon M. Jurieu ? C'est d'enseigner qu'il ne faut point persecuter les fausses Religions, mais employer contr'elles les armes de la parole de Dieu, sans le glaive du Magistrat : c'est (comme prétend le même homme en imputant à Mr. B. l'Avis aux Refugiez) d'enseigner qu'il ne faut point se soulever contre son Souverain, ni maudire ses persecuteurs, ni faire des satyres ; mais souffrir patiemment pour l'amour de Dieu les maux que nous font les ennemis de la verité. Or y eut-il jamais impertinence pareille à celle de dire, qu'on ne doute point que Mr. B. n'ait rapporté cette morale de chez les Jesuites ? Et peut-on faire un plus sanglant affront à notre Religion, que d'insinuer qu'un homme qui a de tels sentimens, a eu besoin de la quitter pour aller étudier quelque tems chez les Jesuites ? Quel plus grand éloge pour eux que celui-là !

C'est enfin une très-grande imprudence à M. J.

J' d'imputer à quelqu'un d'avoir puisé quelque chose chez les Jesuites. Car on pourroit aisément croire, à ne juger de lui que par ses Ecrits, qu'il auroit choisi ses Docteurs dans cette Societé, un Mariana, un Scribanius, un Guignard, un Eudæmon Joannes, & quelques autres qui ont enseigné tant de choses seditieuses, & contraires au repos public, & justifié les attentats entrepris contre la personne des Rois. Car voici M. J. qui à la honte de nos Eglises, si le prochain Synode ne l'en censure pas, vient de nous apprendre, que *(t) tout est permis & de bonne guerre contre un ennemi declaré.* Qui dit tout n'excepte ni le poison, ni l'assassinat. On a preuve litterale que Mr. J. entend l'art des équivoques en disciple qui ne seroit pas deshonneur à Lessius. On pourra la publier cette preuve, comme on lui en a souvent donné l'allarme. Que dirai-je de la maniere commode dont il explique l'Evangile par rapport à la médisance, à la haine du prochain, à la pluralité des femmes, à la vengeance, &c? Elle ne deplairoit pas au P. Bauni; il y trouveroit des esperances d'un grand progrès.

Voilà ce que j'avois remarqué concernant la 10. fausseté de cette liste; mais quelques nouveaux Ecrits de la même source m'étant tombez entre les mains, j'envoye à l'Imprimeur les observations suivantes. L'Auteur d'une Lettre adressée à M. Bayle, Lettre pitoyable si jamais il en fut écrite, lui dit nettement qu'il a fait du séjour assez long-tems parmi les Jesuites à Toulouse. On l'a renvoyé aux deux mots tout-à-fait énergiques du bon P. Valerien. Comment faire autrement envers des personnes qui s'informent si peu de ce qu'ils impriment?

Un autre Auteur (c'est apparemment le Sr. Jurien) qui a publié divers Extraits des pensées sur les Cométes, de la Critique de Maimbourg, & du Commentaire Philosophique, assure à l'égard de ce qui concerne les actions commises par les instincts d'une conscience erronée, *qu'il est clair,* que M. Bayle *ne peut avoir puisé cette abominable morale que dans les 3. ans de séjour qu'il a fait avec les Jesuites de Toulouse:* En sortant de la Philosophie, poursuit-il, *il se revolta & se jetta entre les bras des Jesuites.*

Je n'ai que quatre renvois à lui faire au bon Pere Valerien; le 1. pour le séjour de trois ans à Toulouse, il le fait trop long d'un peu plus de la moitié; le 2. pour le séjour de trois ans avec les Jesuites; il n'a pas été de la plus petite partie de tems dont les Astronomes fassent mention; pas d'une troisieme de minute; le troisieme pour sa revolte en sortant de la Philosophie; car elle arriva lorsque Mr. Bayle n'avoit étudié que quatre ou cinq mois en Philosophie; le quatrieme pour l'action de se jetter entre les bras des Jesuites; car encore un coup il n'a jamais été chez eux, & il peut protester qu'il n'avoit jamais oüi parler du péché Philosophique lorsque Mr. Arnaud en fit la premiere dénonciation. Ce que l'Auteur du libelle ajoûte que M. B. pousse ce point de morale plus loin que les Jesuites, servira une autre fois à la mortification de l'Accusateur d'une maniere à ne s'en relever jamais; le Public quand il voudroit se crever les yeux, verra qu'on n'a jamais poussé la mauvaise foi aussi loin que fait cet homme sans aucun reste de pudeur, & l'on conclura de sa maniere de raisonner, qu'il a été lui-même quelque tems chez les Jesuites.

Après avoir débité plusieurs choses qui pourroient fort divertir M. Bayle, s'il est d'humeur à

cela; car elles marquent une ame outrée de chagrin, & percée de part en part des traits de la Cabale Chimerique, il nous apprend qu'il lui est revenu que M. B. *nie ce qui a été publié qu'il s'est autrefois revolté, & qu'il a séjourné trois ans dans les Jesuites, avoüant seulement qu'il a fait une escapade de quinze jours.* Mr. Bayle bien-loin de se fâcher contre lui, lui conseille charitablement de ne se pas fier à ses espions, s'il ne veut qu'on lui en baille à garder, & qu'on ne lui fasse refuter cent vetilles. Il devroit savoir que parmi les Anti-Jurieux il y a assez de gens d'esprit de l'un & de l'autre sexe, pour dire quelquefois devant ses espions des choses qui ne tendent qu'à se moquer d'eux, & de celui qui les envoye à la quête des Nouvelles. Si l'Accusateur n'y prend garde, on le fera chaque jour donner dans quelque panneau.

Enfin on voit dans cet Ecrit l'Extrait de deux Lettres de gens qui ne se nomment point. Celui qui a écrit la premiere, dit 1. qu'il vient d'apprendre que Mr. Bayle *a été presque Jesuite.* Renvoi comme ci-dessus au P. Valerien; car Mr. Bayle n'a jamais eu cette pensée, & jamais personne ne lui en a fait la proposition. 2. Qu'il alla *demeurer environ trois ans chez les Jesuites.* Pareil Renvoi. 3. Qu'un ami ayant écrit à Mr. Bayle *pour lui reprocher sa lâcheté,* en reçut *une réponse aigre d'un veritable Papiste animé déja par les Jesuites,* qu'il n'a point cette réponse, ces sortes de papiers ne se gardant pas 25. ans; mais qu'il se souvient de la substance, & qu'il offre de la dire en Justice, s'il s'agit de servir l'Eglise ou l'Etat.

Qui admirez-vous plus, Monsieur, ou celui qui écrit de telles choses, ou celui qui les publie? Lequel a plus de jugement à votre avis? Que veut-on que l'Eglise & l'Etat fassent de la déposition d'un homme qui se souvient, qu'en sa jeunesse il écrivit & reçut une Lettre de Controverse, lesquelles il ne peut représenter? Car si ce qu'il prétend avoir retenu de la réponse, étoit nié par Mr. Bayle, voilà un témoin de fort bonne volonté qui seroit renvoyé avec sa courte honte; & si Mr. Bayle disoit qu'il se souvenoit d'avoir reçu une Lettre d'un Ecolier de Puylaurens, pleine d'un lieu commun de controverse, auquel il en opposa un autre de même stile, & selon la persuasion où il étoit alors, que gagneroit le déposant que du mépris?

Solventur risu tabulæ tu missus abibis.

Au reste si la memoire ne sert pas plus fidelement notre témoin quant à la substance de la Lettre en question, que quant à la Chronologie, il fera mieux de se taire; car il se trompe non seulement au sujet du lieu où Mr. Bayle séjourna, mais aussi quant à la durée de ce séjour, laquelle il fait trop grande de la moitié, & il est faux qu'il y ait 25. ans que la chose se soit passée.

L'autre extrait porte que feu Mr. Gaillard a assuré que Mr. B. se jetta autrefois parmi les Jesuites, & que son *Pere étoit connu en sa Patrie, non sous le nom de Bayle, comme l'on a appellé le fils depuis qu'il est retourné parmi nous, mais sous celui de Bayle selon la maniere de prononcer du Pays, Ba-y-le.*

Sur le premier fait Mr. Gaillard n'étoit pas mieux instruit que les autres; & pour le second on n'a rien à dire contre lui; car il est assez naturel de remarquer si l'occasion s'en présente, qu'on qu'on prononce autrement certaines syllabes en Guienne, qu'ailleurs : mais celui qui fournit cette merveilleuse observation, & celui qui la publie, ne peuvent que faire rire leurs Lecteurs, ou que leur faire pitié. Quelle décadence, quelle métamorphose n'est-ce pas de voir l'Auteur du Traité de la Dévotion, ne s'employer sur ses vieux jours qu'à ramasser des Lettres accusatoires, la plûpart ridicules pour en fagoter des *Factums*.

Reprenons la suite des faussetez répanduës dans les Nouvelles Convictions, nous en sommes à l'onziéme.

XI. C'est une mauvaise foi pire qu'un mensonge, que de prétendre que l'assaut que Mr. B. préparoit à Mr. J. sur ce que celui-ci a dit, que l'esprit de libertinage empêchoit Mr. B. d'aller en France, & un livre qui justifiera l'Eglise Romaine de tous les crimes & de toutes les erreurs dont ce Ministre l'accuse, Si ce n'est pas une mauvaise foi, c'est une stupidité grossiere. Mr. B. n'a dessein en cela que de montrer quelques contradictions honteuses de Mr. J. L'Eglise Romaine demeurera tout ce qu'elle est, & on laissera à ses Ecrivains la peine d'examiner si Mr. J. est d'ailleurs un Controversiste de bonne foi.

XII. C'est une fausseté que de prétendre, que dans le passage que Mr. B. a critiqué, lorsqu'il a parlé de Poltrot, M. J. a dit, (*u*) *que quoi que les Princes de Condé, les Coligni, & les Princes d'Orange ne fussent pas inspirez, comme les Prophetes, Dieu les avoit évidemment poussez à prendre la défense de son Eglise.* Voici le passage. On doit être assuré, (*v*) *que COMME Dieu inspira autrefois aux Moïses & aux Josués le dessein d'exterminer les Cananéens, peuples anathematisez ; DE MEME IL A INSPIRE' les Princes de Condé, les Coligni & les Princes d'Orange, pour defendre la veritable Religion par les armes, & empêcher la totale suppression de la verité. JE DIS INSPIREZ : car il ne faut pas s'imaginer que Dieu qui a autrefois commandé de vive voix à Moyse, à Aaron & à Josué tout ce qu'ils firent pour établir son peuple dans le Pays qu'il lui avoit destiné, N'AIT AUSSI EXCITE', & determiné les volontez de nos grands hommes, &c.* On voit manifestement qu'au lieu d'opposer l'inspiration des Prophetes à celle de nos grands hommes, il a comparé celle-ci à celle de Moyse & de Josué. La seule différence qu'il laisse à deviner à son Lecteur, est que l'inspiration de nos Héros ne s'est pas faite de vive voix, comme celle de Moyse & de Josué. Mais cette différence ne change pas l'espece de l'inspiration, puisqu'il y a eu des Prophetes sous l'Ancien Testament qui ont été inspirez en extase, en songe, &c.

XIII. C'est une calomnie atroce, & pleine de lâcheté, (*x*) que de dire que Mr. B. a mis ces Héros au nombre des assassins.

XIV. C'en est une encore plus lâche, que de dire, (*y*) *qu'il a le cœur plein de haine pour le Roi Guillaume ;* & on voit bien par-là combien Mr. J. se sent foible du côté de la raison, & incapable de résister à son Adversaire. Pour réparer sa foiblesse, il tâche de se fortifier du crédit de ce grand Monarque, afin d'en accabler l'innocence de son ennemi : Mais c'est un Prince d'une grandeur d'ame, & d'une équité qui le rendent incapable d'être surpris par des artifices d'Auteur, &

par la supercherie d'un homme qui voudroit couvrir du nom Auguste de S. M. les querelles qu'il suscite mal-à-propos à son prochain, ne lui suffisant pas de les couvrir du beau prétexte de la gloire de Dieu. Qu'il ne s'y fie pas. Les Rois tels que S. M. B. ne se laissent pas tromper comme le pleuple. Et après tout, quel deshonneur n'est-ce pas à ce faux brave qui avoit jusques ici insulté toute la terre, de n'oser se battre à armes égales contre Mr. B. mais de vouloir *per fas & nefas*, faire venir à son secours le bras seculier ?

XV. C'est une fausseté d'hypocrite, que d'assurer que le Sr. Jurieu n'est devenu l'ennemi de M. Bayle, (*z*) *que parce qu'il l'a découvert ennemi de Dieu & de l'Etat.* Il aura encore une fois pour sa réponse ces vers de Boileau :

Qui méprise Cotin, n'estime point son Roi,
Et n'a, selon Cotin, ni Dieu, ni foi, ni Loy.

Tous ceux qui connoissent l'esprit fanatique, entendent bien qu'il y a ici plus que Cotin. Quant à ces autres amis avec lesquels le Prophete n'a point rompu, & qui de son propre aveu sont quasi la moitié de la bande, il y en a des raisons particuliéres ; ils ne sont pas, comme les prétendus Cabalistes, ou assez habiles, ou assez sinceres pour faire toucher au doigt à tout le monde le dereglement d'esprit & de cœur qui se trouve là-dedans. Qui n'auroit pitié cependant de la triste confession qu'on nous fait ici, que *presque personne n'a le tour nécessaire pour entrer dans les révelations* deM. Jurieu ? Tant mieux pour notre siecle.

XVI. C'est une fausseté que (*a*) d'assurer que le Diacre de l'Eglise Françoise qui procura un Copiste à M. B. pour le manuscrit du Projet de Paix, ne le lut pas. Et afin que tout le monde se puisse convaincre bon gré malgré qu'on en ait, de la hardiesse prodigieuse de ces gens-ci pour affirmer tout ce qu'il leur plaît, le Public sera averti que le Diacre en question, fort honnête homme, de l'aveu de notre Auteur, est un Marchand François que chacun peut consulter à toute heure, & que les Magistrats pourront interroger quand il leur plaira. Cet honnête homme a avoué la chose partout où il a eu occasion d'en parler. D'où l'on peut conclure, ou que les espions de M. J. ne lui rapportent que ce qui flate sa passion, ou qu'il ne fait attention qu'aux raports qui lui plaisent. Pourquoi ne s'en est-il éclairci lui-même avec le Diacre qu'il voit si souvent ?

XVII. C'est une fausseté que (*b*) de prétendre, que M. B. a touché ce fait sans nécessité ; car rien ne montre davantage qu'il n'affectoit aucun mystere. Il donna ce manuscrit à cet honnête homme sans lui recommander aucun secret, ni sans le prier de choisir un Copiste fidele : & il ne lui fit point de plaintes contre le Copiste après ce qui s'étoit passé chez Acher. Fait-on cela quand on conspire contre l'Etat ?

XVIII. C'est une fausseté que de dire, que M. B. avoit nommé (*c*) *faussement, ou mal-à-propos, une personne de grand mérite & de grande distinction ;* & *qu'à cause de cela il a été obligé de faire enlever sept ou huit cartons.* (*d*) En un autre endroit l'Ami de M .J. multiplie ces cartons jusqu'à dix où douze. Il n'y a rien de plus bas, ni de plus mauvaise foi que ceci. M. J. sait sans doute de la bouche de cette personne de grand

mé-

---

mérite, que tout ce que M. B. en a dit est vrai au pied de la lettre ; & cette personne importante a fait assurer M. B. qu'il en rendroit témoignage partout où besoin seroit, & qu'il l'avoit déjà fait auprès de M. le Grand Pensionnaire : mais il a voulu par complaisance sans doute pour M. J. que son nom ne parût pas dans la Cabale Chimérique. C'estpourquoi M. B. rempli de respect pour cet Illustre, fit ôter les quatre pages où ce nom étoit déjà imprimé. Est-il possible qu'un homme qui est depuis si long-tems accusé d'avancer témérairement mille faussetez, ne se corrige pas de ce défaut, & ne compte pas dans la Cabale Chimérique les endroits des premieres feuilles où il y a trois étoiles, qui ont été substituées au nom ôté? S'il avoit pris cette peine, il n'auroit pas dit faussement en un lieu, que ce nom avoit été ôté en sept ou huit pages différentes, en un autre qu'il l'avoit été dans dix ou douze.

XIX. C'est une fausseté puérile que de dire, (e) *qu'il faut avoir un grand front*, pour oser nier que l'on connoisse l'Auteur d'un Ecrit dont on ménage l'impression depuis plusieurs mois. C'est n'avoir aucune idée de la discrétion qu'un honnête homme doit avoir. Un honnête homme ne prend dans les secrets de ses amis, que la part qu'ils lui en veulent faire. C'est une malhonnêteté, & même une effronterie très-importune, que de s'y fourrer plus avant de soi-même. Ainsi le Ministre de Geneve n'ayant jamais nommé à M. B. l'Auteur du Projet, M. B. ne crut point qu'il fût de l'honnêteté d'avoir sur cela une curiosité prévenante. Cela ne faisoit rien à la commission de montrer le manuscrit, ni à celle qui vint ensuite de le faire imprimer à la priere du Sr. Acher. Ce prétendu faiseur de Convictions nous donne ici une méchante idée de son ame. Je ne conseillerois à personne de le consulter sur quelque cas de conscience concernant un tiers ; car aparemment il ne voudroit pas l'examiner, si on ne lui disoit le nom & les qualitez de ce tiers. Pour le moins doit-on croire qu'il ne s'employeroit pas à l'impression d'un Livre qu'un de ses intimes Amis lui auroit recommandé, si avant toutes choses on ne lui en déclaroit l'Auteur. Dieu nous garde de gens si curieux.

XX. C'est une fausseté, & une chicanerie de la plus vile bassesse, que de prétendre (f) que la personne dont le nom a été ôté de la Cabale Chimérique, ne doit pas être comptée parmi celles à qui le manuscrit a été montré ; & d'en donner pour raison, qu'il ne lui fut montré qu'après que le Libraire l'eût vû. On a montré dans le *Postscriptum* de la Cabale, que rien ne peut être plus pitoïable que cette défaite, dont néanmoins on ose se faire honneur après en avoir vû la ruïne par avance.

XXI. C'est une fausseté que d'imputer à Mr. B. qu'il a prétendu mettre cette personne entre celles à qui il montra le Projet dès le commencement.

XXII. C'est une fausse & absurde maniére de raisonner, que de dire, (g) que puisque l'Auteur du Projet l'a voulu communiquer à des personnes d'Etat, il y a *preuve convainquante de sa méchante intention*. Autre absurdité : c'est de prouver cette premiére chimere par cette question importante : *A-t-on jamais ordonné de communiquer à des personnes d'Etat un Ouvrage ridi-*cule, *un Roman, un tissu d'impertinentes visions ?*

Il suffit, Monsieur, pour vous montrer l'ignorance crasse & l'absurdité de ce que je viens de vous raporter, que je vous dise qu'il y a cent exemples de gens visionaires qui ont importuné les Grands du monde de Mémoires & de Placets. Le Sr. Parisot fort connu chez Mr. J. en est une preuve de fraîche datte. Saint Sorlin grand fanatique, & qui par sympathie devroit être fort connu aux gens à qui nous avons à faire, n'adressat-il pas un Avis du S. Esprit au Roy de France, qui étoit rempli d'idées de Chevalerie, & de conquêtes merveilleuses bâties sur cent chimeres ? Mr. Bayle a promis d'autres exemples de Visionaires fort importuns au Cardinal Mazarin. Il faudroit être plus ferré dans les matiéres de fait, que ne le sont ceux que je réfute, pour se donner des airs aussi présomptueux & décisifs, qu'ils le font.

Mais l'absurdité ne régne pas moins ici que l'ignorance. Notre Auteur supose que si l'homme de Geneve avoit crû son Projet *un Ouvrage ridicule, un tissu d'impertinentes visions*, il n'auroit pas ordonné qu'on le communiquât à des personnes d'Etat. Je l'avoüe : mais cela ne conclut pas que l'Ouvrage ne puisse être tel en soi. Parisot & Saint Sorlin avoient-ils de leurs Ouvrages une idée juste ? Ce que l'on peut donc conclure, c'est que l'Auteur du Projet a regardé son ouvrage comme quelque chose ; mais il ne s'ensuit pas qu'il l'ait fait communiquer aux personnes d'Etat avec de méchantes intentions. N'a-t-il pas pû se proposer de profiter des avis & des réflexions de ces Messieurs, de leurs objections, de leurs nouvelles vûës, &c. afin de rectifier ses premiéres idées, & de les réduire à un plan où chacun trouvât son compte ? Seroit-ce une mauvaise intention ?

Il y a donc beaucoup de témérité, pour ne rien dire de pis, à soutenir que cet Auteur a été malintentionné. Quant au Ministre de Geneve, Mr. J. n'oseroit dire, qu'il ait eu la complaisance de recommander ce manuscrit avec de mauvaises intentions, & je n'ai que faire de répéter ce qui a été déjà dit dans la Cabale Chimérique sur les raisons qui l'ont pû porter à se mêler du manuscrit. Quant à Mr. B. il y a (h) démonstration plus que morale qu'il n'a pû avoir aucune mauvaise intention.

XXIII. C'est donc une fausseté que de soutenir, que l'on n'a pris la peine de communiquer le manuscrit à des gens d'Etat, que pour leur donner des vûës d'Etat. Car au contraire, l'Auteur paroît visiblement avoir eu pour but de recevoir des vûës d'Etat de ces Messieurs, & non pas de leur en donner.

XXIV. C'est une fausseté que de soutenir, que Mr. B. a communiqué le manuscrit du Projet de Paix à bien plus de gens qu'il ne dit ; mais qu'il a eu de bonnes raisons de ne les pas nommer. Soit renvoïé au bon P. Valérien. Ce faiseur de Convictions se peut vanter d'avoir humé quelques traits de la crédulité fanatique. Il trouve, aussi-bien que son Héros, de grands mystéres partout ; il aime à semer mystiquement partout ses soupçons & ses défiances : mais quand il faut prouver, *Hoc opus, hic labor est* ; point de nouvelles. La voye de l'autorité infaillible, ou celle des lettres de cachet, seroit fort commode à ces Messieurs.

XXV. C'est une fausseté que d'imputer à Mr. B. d'avoir nié, & même *nié sans pudeur*, que le Sr.

(e) Pag. 8. col. 2.
(f) Pag. 11.

(g) Ibid.
(h) Cabale Chimér. p. 632.

Sr. Acher lui ait dit , *que le Projet pouvoit causer de l'émotion dans le Peuple.* Car comment est-ce que Mr. Bayle auroit nié cela , puisque Mr. J. n'en a pas dit le moindre mot? Voyez, Monsieur, & admirez , si vous le pouvez , autant que la chose le mérite , la hardiesse de ces Ecrivains: ils parlent comme s'il n'y avoit que des bêtes qui les entendissent , ou comme des gens qui sentent bien qu'aucune conviction de calomnie ne sera capable de leur donner de la confusion. Mais enfin , dira-t-on , il ne laisse pas d'être vrai qu'Acher tint ce discours à Mr. B. & que celui-ci en a avoüé quelque chose. Je vous apprens sur cela, Monsieur, qu'il est vrai que le Libraire représenta quelquefois à Mr. B. qu'étant un Réfugié, il vouloit être plus circonspect dans tout ce qu'il imprimeroit, que les Libraires du Païs , & qu'il n'entreprendroit point l'impression qu'il avoit demandé de faire ; sans savoir s'il n'y avoit rien dans le Projet qui pût causer quelque mécontentement sur la continuation de la Guerre. Mais voici la fourberie impardonnable; nos gens suppriment ici la réponse qui lui fut faite , & qui disculpe pleinement Mr. B. On la voit dans la page 622. 1. col. de la Cabale Chimérique. Vraiment c'étoit une belle vision , que de s'imaginer que le Peuple feroit plus de cas de ce Livre que du Lucien en belle humeur , & de tant d'autres Entretiens sur les affaires générales qui s'impriment tous les jours en ce Pays. Quoiqu'il en soit, le Libraire a été long-tems très-résolu à l'impression depuis qu'il eût déclaré son petit scrupule , & que Mr. B. lui en eût marqué le remede , en lui permettant de suivre tout ce que ses Amis à qui il donneroit le Projet à examiner, lui conseilleroient; & lorsqu'enfin Mr. B. fut le premier à lui déconseiller l'entreprise, il n'apprit pas de lui qu'il y eût renoncé, par la raison que Mr. J. lui prête dans la page 93. de son Avis au Public. Voïez la Cabale Chimérique p. 622. col. 2.

XXVI. C'est une fausse réponse à ce qui a été touché de l'inutilité des petits livres de Politique de Mr. J. par exemple , & de cent autres Anonymes, que de dire que les Apologies, les Manifestes, les plaintes que les Princes font publier produisent de grands effets. Belle conséquence! Un Ecrit revêtu de l'autorité d'un Souverain porte coup: donc celui d'un particulier Anonyme & inconnu le fait aussi.

XXVII. C'est une fausse & pitoïable raison , que de prétendre que puisque la France demandoit la Paix à genoux, le Projet de Geneve hâteroit la Paix : car au contraire , c'est le moyen de la reculer; & je m'étonne que des Théologiens, qui ne se devroient jamais mêler de politique , que lorsque Dieu leur y a donné des lumiéres extraordinaires , osent faire voir si mal-à-propos leur honteuse nudité. Si les Alliez savoient que la France demande la Paix à genoux, ne croiroient-ils pas qu'elle est réduite aux abois, & qu'encore deux Campagnes la perdroient de fond en comble? Et cette espérance n'éteindroit-elle pas dans les plus pacifiques tant du Gouvernement que du Peuple, l'envie de la Paix?

XXVIII. C'est une fausseté d'écolier, que d'imputer à Mr. B. *de s'être contredit , & trahi lui-même d'une maniere à faire pitié.* Que le Public juge combien celui qui s'exprime de la sorte doit avoir l'esprit faux, &malade d'une habitude invétérée de chicaner. Mr. B. a dit d'une part , qu'un livre rempli de visions & de chiméres n'est

pas capable d'exciter les Peuples à la révolte, afin de contraindre les Souverains à s'accommoder à ces visions ; & de l'autre, que des gens qui en mariére d'affaires ont l'imagination Romanesque, ne sont pas toûjours inutiles aux Ministres d'Etat; qu'ils fournissent quelquefois des vûës, & font naître des pensées ; & qu'encore que l'Auteur du Projet donne dans des idées Romanesques, il pourroit être néanmoins utile à des Ambassadeurs dans les Conférences de la Paix. Où est l'homme de sens rassis qui voye là, je ne dirai pas une contradiction pitoïable, mais la plus petite contradiction ?

De plus en plus on remarque qu'il faut renvoïer ces Ecrivains à leur *Compend* de Logique , *ad parva Logicalia,* pour s'y renouveller la mémoire des conditions requises à toute contradiction : il faut pour le moins que l'on nie & que l'on affirme du même sujet le même attribut. Voyons si M. B. l'a fait. Il affirme d'un livre rempli de visions & d'idées Romanesques, qu'il n'est pas capable de faire révolter les peuples; & il nie que les Auteurs de tels livres soient toûjours incapables de fournir des vûës, & de faire naître des pensées à des Ministres d'Etat & à des Ambassadeurs. Ne voilà-t-il pas une belle contradiction, invisible assurément à tous ceux qui n'ont pas exercé leur vûë à la découverte des mysteres Apocalyptiques?

XXIX. C'est une fausseté, ou du moins une rétractation publique, que de prétendre que M. J. n'a formé d'autre plainte contre le Projet de Paix , sinon qu'il pouvoit donner des vûës aux Ministres d'Etat. Il est évident qu'il l'a fait considérer comme un moyen destiné à faire soulever les peuples tant ici qu'en Angleterre, &c. Mais loüé soit Dieu, de ce qu'enfin il abjure cette erreur, & qu'il croit présentement que tout le mal qu'il peut faire, consiste à donner des vûës aux Ambassadeurs des Alliez. C'est un mal fort chimérique. Ces Messieurs sauront bien juger si les vûës que le Projet fournit sont avantageuses , ou non , aux intérêts de leurs Maîtres ; & avant que les vûës fournies par un écrit soient portées à quelque dégré de maturité, il se passe tant de tems, qu'il ne faut pas pour cela que M. J. s'effraye, comme si on lui venoit annoncer la triste nouvelle d'une préparation à nommer une Ville pour les longues Conférences de la Paix.

Quel sujet de rire, de voir que la chaude alarme qu'il a donnée à toute l'Europe , par la prétenduë découverte d'une Cabale étenduë du Midi au Nord, & conjurée à la désolation de la Ligue, se réduit à un petit livre fait par un Marchand de Geneve pour insinuer des vûës aux Ministres d'Etat , moyennant qu'ils puissent séparer les réalitez d'avec un grand nombre de chimeres?

XXX. C'est donc une fausseté que de dire , que M. B. a prêché ce livre (*l*) *mal-à-propos & sans aucune nécessité , comme autant incapable de faire du mal , que l'Histoire des Sévarambes.* La vérité est, qu'il y a peut-être plus d'endroits dans cette Histoire Fabuleuse , capables de faire songer à des expédiens de Paix & de police, que dans les Entretiens venus de Geneve.

XXXI. Il est faux que M. B. ait imprimé, que depuis le Traité de la Dévotion (*m*) M. J. n'a fait que des Satyres & des Libelles. Il a dit seulement qu'il avoit publié beaucoup d'Ecrits de cette nature. Dites-moi, Monsieur , si vous espérez que
ces

ces gens-ici auront quelque jour la prudence d'é-crire de bonne foi, & de n'imputer à leurs adver-saires que ce qu'ils ont dit ? Pour moi je ne le croi point. Pardonnons pourtant à M. J. cette fausse imputation ; car elle lui étoit nécessaire pour orner son propre Panégyrique. Il ne savoit com-ment faire autrement pour nous étaler le Catalo-gue des ses Livres. Plût à Dieu, qu'au lieu des 30. ou 40. Volumes dont il parle, il n'en eût composé que 7. ou 8. bien limez, bien méditez, & bien corrigez selon les avis des personnes éclai-rées ! L'Eglise en recevroit incomparablement plus de fruit, que de cette grande multitude d'Ou-vrages crus & indigestes, remplis de contradic-tions, d'injures & de propositions outrées, qui donnent beaucoup de prise sur notre cause à l'en-nemi. S'il avoit toûjours eu la prudence qu'il eut lorsqu'il fit l'Apologie de notre Morale, de la fai-re corriger par l'incomparable Mr. Claude, ses écrits seroient quelque chose. Mais après avoir aquis de la réputation par un livre que M. Claude avoit rendu bon, il se crut assez grand Maître pour ne consulter plus, & il ôta même de la 2. édition l'Epître dédicatoire à M. Claude, par une mal-honnetêté qui a choqué tout le Parti.

Vous voïez, Monsieur, que je parle ici selon le bruit commun, qui est que M. J. n'est pas dif-férent de l'Auteur des Nouvelles Convictions. Aussi n'a-t-il osé ni le nier, ni l'avoüer, quand M. de Beauval l'a fait sommer par acte de Notai-re de déclarer s'il avoit fait ce livre. Je suis prêt à ne le lui point imputer, s'il le desavoüe. Apa-remment il le fera. Car quel scandale ne seroit-ce point de voir un Ministre d'un Dieu Crucifié, se donner à lui-même les éloges les plus superbes que les plus vils Parasites sont capables de lui donner ? Il a porté la chose si loin, qu'il a dit nettement qu'il mérite le privilege, que quand il lui arrive-roit de publier que des personnes innocentes sont coupables d'Athéisme, & de conspiration contre la Religion & l'Etat, ces personnes innocentes ne pourroient écrire contre lui comme a fait l'Auteur de la Cabale Chimérique, sans être dignes de tou-te sorte de châtiment.

Je suis bien assuré que ni Moyse ni Aaron n'ont jamais prétendu à ce Privilege, & qu'il y a des Docteurs de Sorbonne qui le refuseroient au Pape. Un habile homme disoit fort judicieusement l'un de ces jours, qu'il faut que Mr. J. se regarde comme une espece de Souverain compris dans le bénéfice de cette loi de Moyse, *Tu ne médiras point du Prince de ton peuple.* Quel scandale n'est-ce pas de voir que ses partisans ne se scandalisent point de ce qu'il prône éternellement lui-même les obligations que l'Eglise lui a ? Ne diroit-on pas que sans lui l'Eglise seroit périe ? Un sage Païen auroit honte de se loüer ainsi lui-même. Enfin, Monsieur, me voici quitte de mon travail. Je n'aurois jamais crû que la mauvaise honte fût capable de ce que j'ai remarqué dans ces Nouvel-les Convictions, je veux dire qu'un homme qui se voit une fois engagé dans un mauvais pas, se por-te plûtôt à mille basses chicaneries, & à mille re-dités importunes, qu'à se taire.

- (A) Cette Lettre de Mr. Minutoli n'a produit aucun effet sur Mr. Jurieu : car les prétenduës Nouvelles Convic-tions ont été publiées depuis qu'il l'a reçuë. Il a néan-moins répondu fort honnêtement à Mr. Minutoli.

Lettre de Mr. Minutoli, Pasteur & Professeur à Geneve, à Mr. Jurieu.

Monsieur & très-honoré Pere au Seigneur,

Quoique je n'ignore pas que c'est faire un tort considerable au Public, que de lui dérober des mo-mens que vous lui dédiez, & que vous tâchez si fort de faire qu'ils lui soient utiles ; j'ose pourtant vous interrompre, & vous declarer en même tems, que je souhaiteroit extremement d'avoir été assez heureux pour l'avoir fait avant que vous missiez au jour le petit livre que vous venez de publier en dernier lieu, sous le nom d'Avis important au Public, &c. puisque je suis persuadé, Monsieur, que si vous aviez sû au vrai l'histoire de ce Projet de Paix que vous y frondez si cruellement, vous vous seriez bien gardé, soit de risquer de mettre en credit, par la consideration que vous en faites, cette espece de ba-gatelle, soit d'en faire, comme vous avez fait plus dangereusement encore, une matiere d'accusation à Mr. le Professeur Bayle votre Collegue, que vous y avez trouvé intrigué en aparence, pour ne rien dire ici de l'Auteur de la Piece, sur le compte du-quel pourtant vous mettez en avant plusieurs cho-ses fort desobligeantes, ni de ce que vous n'avez point hesité à bâtir sur une premiere prevention de très-offensantes decisions tant contre nôtre Etat en general, que contre quelques-uns des plus aparens de ses particuliers, que je n'ay pas moins sujet de respecter comme Citoyen que comme Parent, prêt à desavoüer toûjours, quant à moy, la derniere de ces relations, si elle faisoit le moindre tort à la premie-re. Je ne sai, Monsieur, si nos Conseils, & tant de personnes importantes si indignement traitées sur un point qui interesse aussi avant leur conscience & leur honneur, ne chercheront point à vous donner toutes les plus mortifiantes preuves de leur juste res-sentiment : mais je sai très-bien qu'il faudroit que j'eusse oublié toutes les regles de la Justice, si je ne me mettois aux champs en faveur de Mr. Bayle, qui par l'avanture que je vous diray tient unique-ment de moy pour ce fait ce dont il vous plaît de luy faire un si grand crime. L'ancienne & tendre ami-tié que j'ai pour luy, & que j'auray tant qu'on ne me convaincra pas qu'il en soit indigne, & la pleine connoissance que j'ai de son innocence en cette affaire, sont toutes choses qui n'ont pas permis que je regar-dasse avec indifference les manieres que vous avez crû de devoir prendre dans votre Ecrit, & je ne feindray point, Monsieur, de vous dire, qu'un pre-mier mouvement sur cet excès d'injustice m'a mis dans celuy d'un terrible emportement. Mais je loüe Dieu, de ce que tandis que j'ay pris le parti d'écrire pour donner essor à mes justes plaintes, mon émotion a eu le loisir de se calmer à ce point, qu'une nouvel-le reflexion m'en faisant envisager la publication comme pouvant donner matiere de joye aux Adver-saires, & de mauvaise édification à nos Freres, par l'aigreur qui n'a pû du moins que d'y entrer, me porte aujourd'huy à la suspendre ; jusqu'à ce (A) qu'on voye, Monsieur, si ce sera inutilement qu'appellant de vous à vous-même, on vous aura demandé justi-ce, comme je fais par le moyen de l'information sui-vante.

Tout le monde prenant part à la presente guerre, où les Marchands ne sont pas les derniers interessez, un Negotiant de Geneve par un mouvement que nous apellerons excentrique, si vous le voulez, s'éleva dernierement assez au-dessus de sa sphere, pour speculer par quels moyens les intérêts de tant de Princes irritez se pourroient tous concilier, d'une maniere qui pourvoyant au présent, assurât aussi l'avenir. Il crut après avoir tourné les choses en bien des sens, d'avoir enfin rencontré. Il fixa son plan sur le papier, il régala de son importante découverte ses plus confidens, & il se flatta que s'il n'avoit pas à pretendre à ce degré de gloire que de se faire regarder comme le Pacificateur de l'Europe, il feroit voir pourtant qu'il y a dans le monde des particuliers qui peuvent aussi-bien penetrer ces sortes de choses, que ceux que la Providence a mis dans une situation à y travailler. Et cette petite vanité est tout le crime dont au plus on pourroit le soupçonner, tandis que vous devez faire compte, Monsieur, que si des gens d'honneur à qui il s'ouvrit, avoient eu lieu d'y concevoir la moindre ombre de ce qui vous est venu dans l'esprit à cet égard, non seulement ils lui auroient fermé leurs oreilles & leur maison ; mais ils auroient encore poussé la chose jusqu'à la supression de l'ouvrage & à la punition de l'Auteur.

Après que celuy-cy eût fait lire son Manuscrit à une infinité de gens, qui ne l'ont point envisagé aussi odieusement que vous avez fait, & qui n'en ont criminalisé ni la source ni le but, le cas fortuit voulut que s'adressant à moy par le droit de quelque affinité, il me pria, Monsieur, de vouloir écouter là-dessus vôtre jugement aussi-bien que celuy de plusieurs autres personnes illustres dans les pays étrangers. Je ne pus lui refuser une chose où je ne concevois aucune mauvaise consequence. J'en (B) écrivis à Mr. Bayle, & luy envoyai ensuite quelques morceaux de l'écrit, croyant que vous étiez toûjours dans vôtre ancienne union. Il n'en étoit cependant rien, (C) & vous étiez brouillez sans que nous le sçussions pardeçà. Mr. Bayle à qui je n'avois point découvert l'Auteur, me récrivit sans me parler de vous, & sans dire presqu'autre chose de l'ouvrage, si ce n'est qu'il l'avoit reçu. Je fus chargé de le prier de s'en expliquer, mais il gauchit ; & soit qu'il eût fait un meilleur usage de son tems, que de l'employer à cette lecture, soit qu'il crût que je m'interessasse beaucoup à la chose, il prit des temperamens, & m'en parla d'une maniere qui me faisoit assez connoître que quoy qu'il ne l'aprouvât pas, il craignoit de me le dire en propres termes. Le mê-

nagement en disoit assez pour moy, qui vis bien que c'étoit (D) une réjection indirecte. Mais l'éblouissement du pere du livre ne luy permit pas d'en juger de même : au contraire prenant ce détour pour un aveu, & se sentant un peu plus encouragé par d'autres, il imprima. Mr. Bayle le sut par la suite des particularitez que mes lettres lui marquoient en fait de livres, & il me dit en réponse, qu'un de vos Libraires, qui sans doute avoit eu part à la lecture (E) des nouvelles contenuës dans ma lettre, avoit la démangeaison de vouloir imprimer cette Piéce, & souhaitoit qu'on luy en envoyât même les feüilles par la poste. Je sollicitay bonnement la chose, croyant même de procurer par-là quelque profit à un homme qu'on m'aprenoit être une Refugié. L'Auteur nous amusa tous par ses renvois, & confus que j'étois que Mr. Bayle parût avoir joüé son Libraire, je parlay & me plaignis si bien, qu'on fit envoy (F) d'une partie de l'Ouvrage, tandis que l'on promettoit que le reste suivroit bien-tôt avec des corrections & des changemens qui sont encore à venir. Voilà, Monsieur, toute l'intrigue aussi nuë qu'elle l'est au Juge de tout le monde, & qu'il la fera voir au jour du dernier jugement, comme on pourra vous le justifier par toutes les démonstrations litterales qui font preuve parmi les hommes.

Voyez, je vous prie, s'il y avoit pied-là à vous mettre aux champs de la maniere que votre zele vous l'a fait faire, non seulement à l'égard de Mr. Bayle, mais encore par contre-coup & contre notre Ville, où vous avez pris occasion de-là d'imaginer de grandes & odieuses choses qui n'y font point, & contre moy, vous ayant été impossible dans le fâcheux prejugé de savoir l'habitude que j'ay avec Mr. Bayle, que vous ne l'ayez jugée aussi condamnable qu'elle est innocente, & que même vous ne m'ayez fait l'honneur de me placer de la pensée dans cette belle Cabale du Midi qui correspond, dites-vous, avec celle du Nord. En conscience, Monsieur, voudriez-vous bien que sur quelques presomptions semblables, quand on les auroit contre vous, quelqu'un s'avisât, sans autre examen, de vous dénoncer incessamment par un Ecrit public & vous & vos amis pour des gens sans honneur, sans foy & sans Religion ? Faites-y donc, au nom de Dieu, attention : mais telle que Monsieur Bayle étant pleinement disculpé par vous à cet égard aux yeux du Public, je voye qu'à travers son innocence vous aurez reconnu la mienne. Je ne

---

(B) Mr. Minutoli ne parla jamais nommément de M. Jurieu dans ses lettres à Mr. Bayle parmi ceux à qui il falloit montrer le manuscrit. Il crut sans doute que cela étoit inutile, ayant ouï parler de leurs grandes liaisons, & qu'en priant simplement son Ami de le communiquer aux habiles gens, c'étoit dequoi être certain que M. J. le verroit des premiers. Mr. B. n'auroit pas manqué de le lui montrer d'abord, encore que son Ami ne lui en eût pas donné nommément la commission ; mais il craignit que Mr. Jurieu ne prît pour une insulte, de voir que Mr. Bayle lui présentât à lire un Projet de paix, où l'on s'éloignoit si étrangement de son Systême. Car M. Bayle comprit bien par la premiere lettre de Mr. Minutoli, que le Projet ne nous faisoit pas la Religion dominante en France. Comme il n'avoit jamais goûté ce Systême, & que peut-être il en avoit parlé trop librement devant ses espions, il avoit déjà encouru la haine secrete de Mr. Jurieu ; desorte que sur une matiere aussi chatouïlleuse que la gloire d'avoir bien ou mal prédit de grands évenemens, il craignoit evec raison que la moindre chose ne le piquât, & ne fût prise, venant d'une telle main, pour une insulte. C'est-là le seul & véritable motif qui le porta à ne lui point donner à lire le Projet de paix, la commission ne lui en ayant pas été donnée nommément ; car en ce cas il eût franchi tout scrupule. Or comme Mr. J. dans sa réponse à Mr. Minutoli, a voulu tirer avantage de ce que Mr. Bayle ne lui avoit pas montré le manuscrit, Mr. Minutoli lui a fait savoir par Mr. . . . . , grand admirateur de tout ce que fait Mr. Jurieu ; mais

très-persuadé, à cause qu'il est sur les lieux, que la Cabale du Projet de paix est une chimere, qu'il n'avoit pas chargé Mr. Bayle de montrer le Projet à Mr. Jurieu nommément.

(C) Mr. Minutoli se trompe : la broüillerie n'a commencé qu'au mois de Janvier.

(D) Cette rejection indirecte de la part de Mr. Bayle, mais directe au nom de Messieurs d'Ablancourt & de Beauval, ne regarde point les prétendus inconvéniens de Politique, qui selon Mr. J. font que ce Livre est mauvais : elle regarde seulement le stile & la forme de l'Ouvrage, & les écarts de l'Auteur vers les idées Platoniques. En ce sens le Livre n'étoit pas bon : il pouvoit pourtant faire gagner quelque chose au Libraire, & être bon pour sa boutique. Par rapport à la paix, où à la Guerre, il n'étoit ni bon ni mauvais.

(E) C'est une preuve évidente que Monsieur Bayle n'avoit pas fait savoir à Geneve, que le Manuscrit étoit tombé entre les mains d'un Libraire, par l'infidélité d'un Copiste : & par conséquent voilà Mr. Jurieu convaincu de l'onziéme fausseté, qui quoiqu'il en dise, est capitale.

(F) Cette partie ne contient qu'un morceau du VII. Entretien, & concerne la Garantie.

J'ajoûte que Mr Minutoli a souvent écrit à Mr. Bayle depuis l'éclat de Mr. Jurieu, qu'il pouvoit assurer Mr. le Pensionnaire Heinsius, que Mr. Valkenier Résident de Leurs Hautes Puissances en Suisse, témoigneroit que l'affaire du Projet de paix est très-innocente.

ne sçaurois me mettre dans l'esprit que Mr. Bay-le ait été capable d'ailleurs d'aucune infidelité à la bonne cause; auquel cas il me permettroit bien de le livrer à toute votre indignation, puisqu'il auroit aussi toute la mienne. Mais je puis vous assurer, Monsieur, sans craindre de me trom-per, & avec la même certitude que je souhaite qu'ait mon propre salut, que si vous n'avez pas plus de fondement de luy intenter procès sur d'au-tres chefs, que vous n'en avez de le faire sur la part qu'il a à ce Projet de paix, vous luy fai-tes le plus grand tort du monde. Et pour ce qui me regarde, outre que vous avez des amis ici & dans le voisinage, même avec caractere de la part de L L. H H. P P. qui peuvent, s'il le faut, vous en donner bon compte, Mr. le Ministre Basnage, posé que tout votre Beau-frere qu'il est, il n'ait pas encouru votre disgrace comme divers au-tres, ne vous dira rien de moy qui puisse vous en fai-re avoir si mauvaise opinion. Et s'il est nécessaire que vous en jugiez par quelqu'un qui me connoisse plus de frais, je ne croy pas que Mr. Arnaud s'il est encore en vos quartiers, & que vous l'en consul-tiez, puisse vous laisser la moindre ombre de scru-pule là-dessus. Je pourrois peut-être me faire un peu plus valoir; mais la bienséance ni la prudence ne le veulent pas. Je souhaite passionnément, Monsieur, que comme la justice veut que vous le fassiez, vous donniez lieu à cette lettre trop piquante, à mon gré, que je vous ay dit que j'ay écrite dans ma première irritation, d'être suprimée, puisqu'il me fâcheroit au dernier point que pour la justification de mon ami, il fut force que l'on la rendît publique. Je ne desire au contraire rien tant, que d'aprendre qu'au lieu de la mettre en lumiere, il faille la jetter au feu de joye que nous ferons d'avoir retrouvé ce veritable Mr. Jurieu qui s'est acquis une si juste estime, & duquel dans cette esperance je suis autant que quique ce soit,

Monsieur & très-honoré Pere au Seigneur.

*Le très-humble & très-obéissant
Serviteur,*
M I N U T O L I.

EXTRAIT D'UNE LETTRE
écrite de Geneve par une personne
de grand mérite.

L'Original est entre les mains de M. Bayle.

L'Auteur du Projet de paix en a entretenu Mon-sieur le Résident de France; mais ce Résident qui est un homme d'esprit, a toûjours parlé de cet Auteur avec peu d'estime, & comme d'un Visionai-re. J'ajoûte que je ne crois pas que jamais Madame de Maintenon ait écrit ou répondu à cet Auteur, que personne ne l'a cru icy, & qu'il n'a point osé s'en vanter, & ainsi vous voyez si cela peut s'apeller Commerce. La Cour de France a le gout trop bon pour n'avoir pas veu d'abord qu'une affaire comme la paix passoit la capacité de cet homme. Aussi notre Résident n'a jamais parlé de luy qu'en riant & avec une espece de mépris. Il est donc très-faux aussi que M. L. P. S. D. G. ait concerté avec luy le Projet; s'il luy en a parlé, comme cela peut être, ce n'a été qu'en raillant & en se moquant des chimeres de son Neveu.

(a) Préface du Droit des 2. Souver.

REMARQUES GENERALES
Sur le
FACTUM
de Mr. JURIEU, contre Mr. BAYLE,

Au sujet de l'*Avis aux Refugiez.*

JE conseillerois à Mr. Bayle de répondre exac-tement à ce *Factum*, ou à cette prétenduë der-niere Conviction, & de ne se contenter pas de ce qu'il a fait savoir au Public, qu'il y répondroit juridiquement, c'est-à-dire, qu'il se défendroit devant les Juges contre tout ce qu'on y avance à sa charge; mais je crois, Monsieur, qu'il ne sui-vra pas mon conseil à moins que le Sr. Jurieu, en corrigeant son ouvrage, ne le rende plus digne de la peine d'être refuté. C'est ce qui m'engage à in-diquer divers endroits qui rendent ce *Factum* une très-mauvaise piece; & si l'Auteur les racom-mode de la maniere que je m'en vais lui prescrire, sa production en sera beaucoup meilleure.

Permettez-moi de vous dire avant toutes cho-ses, qu'il fait paroître un si furieux acharnement contre Mr. Bayle, qu'on diroit que le salut de l'Etat & de la Religion dépendent de la perte totale de ce Philosophe. Chacun demande la rai-son de cette violente haine, personne ne la trou-ve. Vient-elle, dit-on, de ce que Mr. Bayle a publié des pensées sur les Cométes? Mais il y a neuf ou dix ans que ce livre est imprimé, & il n'altéra le moins du monde leur bonne intelligen-ce. Mr. B. se souvient fort bien qu'étant avec Mr. J. chez un fort habile Ministre Hollandois nommé Mr. Snabelius, lorsque ce livre étoit nouveau, Mr. J. conseilla à ce Ministre de l'ache-ter & de le lire, le lui recommandant comme trés-bon sans lui en nommer l'Auteur. Vient-elle de la 9. Lettre de la suite de la Critique génerale? Mais outre que depuis le tems que cette doctrine des Droits de la conscience erronée a paru dans cette Lettre, ils ont vêcu en bons amis comme auparavant, la maniere dont Mr. J. écrivit contre cette doctrine, fait voir manifestement qu'il ne la regardoit pas comme incompatible avec un bon Protestant, ni comme un sujet de rupture avec personne. Vient-elle du Commentaire Philoso-phique? Mais Mr. J. (a) n'a-t'il pas declaré pu-bliquement que ce livre avoit été fait par des Théo-logiens François? Veut-il porter sentence contre lui-même? Et puis ce seroit s'aviser bien tard de rompre avec un homme en 1691. pour un livre publié en 1686. Vient-elle enfin de l'Avis aux Refugiez? Mais qui lui a donné droit de persé-cuter un homme pour une chose qu'il nie? Ne devoit-il pas écouter le conseil de quelques per-sonnes importantes qui lui ont representé, que quand même ses soupçons seroient bien fondez, ce ne seroit pas à lui à remuer une telle affaire? Se croit-il plus sage ou plus homme de bien que tant d'Excellens Pasteurs qui sont en Hollande, & qui se mettoient peu en peine si l'Avis aux Re-fugiez avoit été composé en Hollande ou à Pa-ris, abandonnant ce livre à l'oubli où il tomba peu après qu'il fut sorti de dessous la presse? Que ne fait-il réflexion à ce qu'il a dit lui-même, (b) qu'il connoît des gens qui ne feroient que rire, s'ils se voyoient accusez d'être les Auteurs d'un tel li-

*On ne p[eut] de-
viner la [...]
de la f[...]
Mr. Jur[ieu con]-
tre Mr. [...]*

(b) Avis au publ. p. 108.

livre; tant la conscience lui a quelquefois dicté, lorsqu'il a pû la consulter dans le silence de ses passions, que l'on pouvoit avoir composé cet Avis dans la même vûë, qui fait que l'on aprend à ses amis par des prétenduës lettres d'un ennemi tout le mal que l'on dit d'eux, afin qu'ils prennent sur cela leurs mesures.

Quelle que puisse être la cause de la haine de Mr. J. contre Mr. B. il faut avoüer qu'elle le pousse à des desseins très-violens , & qu'elle lui fait mettre tout en usage pour en venir à bout. M. Bayle de l'humeur dont il est lui , auroit bientôt quitté la partie , en se confinant dans quelque Village où personne n'eût pû soupçonner qu'il fît le Cabaliste , & il auroit en cela rendu sa destinée en quelque façon semblable à celle de Mr. Arnaud , dont la persecution lui a fourni deux circonstances (c) qu'il s'est appliquées à juste titre ; mais deux raisons l'ont empêché de prendre ce parti-là ; l'une , le soin de sa reputation , contre laquelle on eût interprété sa retraite ; l'autre , l'interêt de plusieurs honnêtes gens haïs de Mr. J. En effet si Mr. Bayle avoit pû esperer qu'en se sacrifiant au chagrin de ce persecuteur , il lui auroit offert une victime , qui auroit assouvi sa haine , il auroit pû se resoudre au sacrifice ; mais il a consideré que rien n'exposeroit davantage ses amis au feu de la persecution que le triomphe qui seroit remporté sur lui , desorte qu'il s'est resolu à lui tenir tête jusqu'à l'extremité , se persuadant que plus cet Accusateur reussira dans ses dénonciations temeraires & calomnieuses , plus il deviendra hardi à en former de nouvelles tous les jours contre tous ceux qui n'auront pas une complaisance aveugle pour ses fantaisies chimeriques. Le Public est plus interessé qu'on ne sauroit dire à le faire échoüer dans ses desseins ; car s'il avoit le crédit en ce Pays-ci que les Jesuites ont en France , il y bouleverseroit tout , & nous sommes bien heureux de ce que . . . n'a pas été de son humeur. Soyez persuadé , Monsieur , qu'il ne dit de son adversaire le mal qu'il en publie , que par un profond artifice de faux devot. Il lui faut quelque prétexte pour colorer un déchaînement si obstiné & si inoüi , & dont les plus clairvoyans soupçonnent bien des causes sans se pouvoir fixer à aucune. Et il trouve ce prétexte en faisant passer M. Bayle pour un homme ennemi de Dieu & de l'Etat , sans foi , sans loi , sans probité.

Après cette remarque préliminaire je m'en vais vous fournir une petite liste de choses à corriger dans le Factum du Sr. Jurieu.

I. Il se fait grand tort en avoüant que des 3. choses dont il a denoncé Mr. Bayle aux Puissances , la seconde est , qu'il *a voulu faire imprimer un Projet de Paix à l'insçu de l'Etat , contraire à ses intentions & à ses interêts ;* car cela montre que ses denonciations particulieres sont fort differentes des publiques. Dans celles-ci Mr. Bayle étoit d'une Cabale étenduë du Midi au Nord , qui avoit dessein d'exciter une revolte generale en Hollande & en Angleterre , pour abimer la Ligue , & rendre la France maitresse de toute l'Europe. A présent tout se reduit à l'impression d'un petit livre , Mr. J. n'ose plus parler de la Cabale de Geneve , il en a été desabusé par trop d'endroits , c'est quelque chose qu'il se taise là-dessus ; mais ce n'est pas assez pour un Ministre de l'Evangile , puisque même selon les idées de l'honnêteté naturelle , il faut faire satisfaction à ceux que l'on a calomniez , & reconnoître humblement sa faute.

Si notre homme avoit la conscience délicate , comme l'assurent ses devots , il auroit fait reparation d'honneur dans ses Ecrits aux prétendus Cabalistes qu'il a diffamez. Nous verrons si la 2. édition de son *Factum* que je suppose qu'il corrigera sur les Avis que je lui donne ici , se sentira de cette premiere Remarque.

A quoi songe-t'il au reste de nous alleguer cette circonstance qu'on a voulu imprimer le Projet à l'insçu de l'Etat ? Est-ce qu'on a coutume ici de faire savoir à l'Etat qu'on veut imprimer tel ou tel livre , si ce n'est lorsqu'on en demande le privilege. Auquel cas l'Etat ne prend point connoissance de ce qui est dans les livres , & n'a pour but que la sureté du Libraire contre les éditions contrefaites. De-là vient qu'il y a des livres imprimez ici avec privilege qui contiennent cent choses , que l'Etat n'approuve point , soit à l'égard de la Religion , soit à l'égard de la Politique.

II. Monsieur Jurieu ne rapporte pas fidelement ce qui a été reglé par Messieurs les Bourgemaîtres de Rotterdam au sujet des Ecrits que lui & Mr. Bayle auroient à publier l'un contre l'autre. On ne s'est pas étonné que lui & les siens ayent debité que Messieurs les Bourguemaîtres avoient mis de la difference entre lui & son Antagoniste ; on est trop accoutumé à leurs hableries , pour en être surpris : mais on ne sauroit assez admirer qu'il ait osé falsifier publiquement un fait si recent , & dont Messieurs les quatre Bourguemaîtres de la Ville , & Mr. le Pensionnaire Beyer peuvent être pris à témoin d'heure en heure. Le fait est que ces Messieurs défendirent & permirent également à l'un & à l'autre d'écrire ; ils leur défendirent de rien publier qui n'eût été examiné par Monsieur le Pensionnaire de la Ville , & leur permirent de publier ce qu'il auroit examiné , & trouvé tel que Messieurs les Bourgemaîtres le souhaitoient. Le Sr. Jurieu non content de falsifier ce fait ne s'est pas conformé à cet ordre.

Rien n'est plus plaisant que de dire avec lui qu'il n'y auroit aucune justice à ôter à un homme aussi violemment attaqué qu'il l'a été , le droit de se défendre. Et quoi n'est-ce pas lui qui a attaqué Mr. Bayle en sa vie & en son honneur avec un emportement effroyable ? N'est-ce donc pas Mr. Bayle à qui la justice veut que le droit de se défendre soit principalement accordé , & quant à l'inégalité que le Sr. Jurieu suppose que les Magistrats ont dû mettre entre un Accusateur en crime d'Etat & la personne accusée , c'est une de ses visions ; car dès qu'un Accusé en crime d'Etat soutient que son Accusateur est un faux témoin & un calomniateur , & s'offre à se mettre en prison avec lui , on doit présumer pour son innocence autant pour le moins que pour celle de sa patrie. (d) Voyez la Cabale Chimerique.

III. M. Jurieu doit raccommoder diverses choses dans les 4. caracteres qu'il attribuë à l'Auteur de l'Avis aux Refugiez , comme est de dire sur le premier caractere que cet Auteur *pousse vivement un sujet ;* car comment accorder cela avec les airs méprisans dont il a parlé de l'Avis , dans les passages que cite l'Auteur de la Cabale Chimerique à la (e) page 176. de la 2. édition ?

Dans le second caractere , savoir que l'Auteur de l'Avis est Protestant , il y a ceci à reformer.

IV. Il est faux que dans ce Libelle on ait generalement combatu tous les dogmes des Reformez , & adopté tous ceux des Papistes. Pour un adopté on en laisse 30. sans en dire mot.

V. Il

(c) Cabale Chimer. p. 617. col. 1. & 664. 2. col.
(d) Pag. 662. col. 2. vers la fin , &c.

(e) Voyez pag. 652. col. 2.

V. Il est faux que l'Auteur de la Cabale Chimérique ait sû en travaillant à cet Ouvrage, *que Mr. de Meaux croyoit l'Auteur de l'Avis, Protestant, & qu'il l'avoit fait imprimer.* Il n'a sû cette particularité que par l'Ecrit d'un des amis de Mr. J. qui a inseré dans ses Remarques contre la Cabale Chimerique l'Extrait du Journal des Savans, où cela est contenu. On fera bien pour prouver ceci d'envoyer autant de fois les Confidens de l'Accusateur chez le Libraire de Mr de Meaux que chez feu Martin.

VI. Il n'y a rien de plus remeraire que de défier Mr. Bayle d'indiquer aucun Protestant qui soit capable de composer l'Avis aux Refugiez; car si on exige de lui qu'il nomme un certain Protestant qui en soit capable, il peut & il doit se moquer de cette demande. Mais comme cette capacité, selon Mr. J. enferme deux choses, l'une, un certain degré d'esprit & de savoir; l'autre, un certain degré de malice, qu'arriveroit-il, si on lui nommoit des Avocats au Parlement de Paris qu'on lui soutiendroit doüez de l'esprit & de la science necessaires pour faire ce livre? Oseroit-il soutenir le contraire? Seroit-il assez incivil pour cela? Et quand ils seroient assez modestes pour le nier, seroit-ce une preuve?

Que si sans sortir des bornes d'une modestie apparente ils avoüoient que ce livre étoit assez médiocre en tout pour pouvoir sortir de leur plume; mais qu'ayant d'un côté le genie & l'érudition qui suffit à la composition d'un tel Ouvrage, ils n'ont pas de l'autre la mechanceté qu'il faudroit avoir pour le faire, en devroient-ils être crus sur leur parole dans un tems où ils voyent les Protestans si déchainez contre cet Ecrit?

Mais s'il se trouvoit des gens qui convinssent d'un côté, qu'ils ne croiroient pas avoir fait une mechante action en prenant le masque d'un Papiste, pour faire cesser parmi les Refugiez certaines choses dont nos ennemis tiroient avantage, & qui d'autre côté se défendissent d'être les Auteurs de l'Ouvrage par la raison qu'ils n'auroient pas l'habileté necessaire, en devroient-ils être crus?

Il me semble que vous m'arrêtez là pour me dire que je viens de supposer une chose qui n'est pas possible. Je vous réponds, Monsieur, que je n'y vois nulle impossibilité, & si Mr. J. examine bien tous les biais dont on peut envisager une affaire, & s'il songe à la vaste étenduë des varietez de l'esprit humain, je m'assure ou qu'il avoüera, ou qu'il sentira que j'ai raison. Seroit-il difficulté s'il prenoit un grand interét au bien & à l'honneur d'une famille, contre laquelle on feroit courir des bruits & des plaintes extrêmement préjudiciables, d'écrire au mari & à la femme tout le mal que l'on diroit d'eux? Seroit-il difficulté d'employer les termes les plus choquans, & de cacher son nom & son affection, afin de pouvoir mieux garder la vraisemblance dans son emportement, en feroit-il, dis-je, difficulté s'il voyoit qu'il en faudroit user ainsi pour remedier au mal? Il dira tout ce qu'il voudra, je ne pense pas qu'il crût rien faire contre les loix de l'amirié.

Il ne seroit donc pas impossible qu'un Protestant de France considerant le succès avec lequel les Papistes nous rendent odieux, en imputant à tout le Corps des Refugiez, & à tous leurs Ministres, les médisances dont on a rempli plusieurs libelles, & les doctrines antimonarchiques dont Mr. J. a rempli ses Pastorales, eût songé aux moyens de parer le coup, principalement si la crainte d'un massacre s'est venu joindre au chagrin de voir les

excez de quelques particuliers servir de prétexte specieux aux Prédicateurs & aux Ecrivains de l'Eglise Romaine, pour diffamer l'Eglise Reformée & de ce siecle, & du précedent. Or il est certain qu'il a couru des Ecrits parmi nos Freres de France, où on les préparoit à seconder le Liberateur que Dieu leur alloit envoyer, & rien n'étoit plus propre que ces semonces à les rendre suspects, & à les faire tous égorger en cas de grosses allarmes. Toutes ces considerations ont pû determiner un ou plusieurs Protestans à nous envoyer des avis, pour nous porter à desavoüer les particuliers qui publioient des Libelles, ou qui étoient dans des Pastorales adressées aux fideles de France, des opinions de politique qui les exposoient à mille insultes & à mille perils. Et comme pour extorquer ce desaveu on a pû croire qu'il faloit nous représenter tout le mal que l'on publioit de nous, & qu'afin de le représenter bien durement, il faloit se deguiser en Papistes, & en soutenir le personnage avec force, on a pû concevoir le dessein de l'Avis aux Refugiez, & y mêler certaines choses extraites des livres nouveaux qui se faisoient à Paris, afin de fournir une belle tablature à ceux qui répondroient à cet Ouvrage.

Si ç'a été le dessein de l'Auteur, ou non, c'est ce que je ne saurois definir; mais c'est du moins une conjecture qui ne sort ni du possible, ni du vraisemblable.

La grande difficulté que M. J. prétendra nous faire, c'est de trouver un homme parmi les Protestans de France, qui ayant conçu ce dessein, ait pû l'executer par la composition de l'Avis aux Refugiez.

Je lui réponds, Monsieur, que c'est une grande illusion, que de supposer comme il fait, qu'afin qu'un homme puisse composer un tel Ouvrage, il faut qu'il en ait déja fait d'autres très-bien écrits. Il devoit du moins ne le pas supposer avec tant de confiance depuis la seconde édition de la Cabale Chimerique. Je mets en fait, Monsieur, que tous ceux qui sont versez dans la connoissance des livres, & dans celles des Auteurs & des Savans, conviendront avec moi de ce que je m'en vais vous dire, s'ils y songent avec attention.

1. Que les plus habiles & les plus capables d'écrire sont quelquefois ceux qui se soucient le moins d'être Auteurs. *Il arrive souvent*, dit Mr. Daillé (f), *que ceux qui écrivent le plus en un siecle, n'en sont pas les plus habiles, cette demangeaison venant ordinairement aux ignorans plûtôt qu'aux autres.* Ainsi tel homme qui n'auroit jamais écrit, si quelque occasion particuliere ne l'y eût déterminé, prenant alors la plume, est capable de faire un chef-d'œuvre. Une telle occasion ne peut-elle pas être l'envie de se mettre à couvert, soi & ses freres vivans sous la Croix, des suites fâcheuses qu'on peut craindre des Ecrits venus de Hollande?

2. Que ceux qui sont très-capables de bien écrire, n'ont pas toûjours le don de s'en faire croire capables avant qu'ils en ayent donné des preuves, se pouvant faire qu'ils n'ayent aucune facilité de parler, ou que leur mémoire consiste dans leurs recueils. On pourroit citer l'exemple de quelques Auteurs vivans dont les Ecrits sont admirez, & dont la conversation est si pitoyable, qu'on ne jugeroit jamais par-là qu'ils fussent capables de composer un livre.

3. Que le premier livre qu'un Auteur fait imprimer, est quelquefois son meilleur ouvrage, & un excellent ouvrage soit pour l'élocution, soit

pour

pour l'ordre, soit pour l'érudition. De quelle force n'est point l'ouvrage que je viens de citer de
Mr. Daillé, qui est sa premiere production, son
coup d'essai, & en même-tems un coup de maître ? On peut voir dans la Cabale Chimérique
l'exemple de la fréquente Communion de Mr.
Arnaud, celui de la recherche de la verité par
le P. Mallebranche, celui de la premiere réponse de M. Claude à la Perpetuité de la foi, & plusieurs autres.

Ainsi on ne sait que penser de M. J. lorsqu'il
vient décider si hardiment qu'il n'y a que Mr. B.
qui ait les talens nécessaires pour la composition
de l'Avis aux Refugiez. A-t-il parlé à tous les
Protestans de France qui ont de l'étude ? A-t-il
sondé leur genie, & leur savoir ; & s'il l'avoit fait,
& que par leur conversation, il ne s'en fût pas
fait une grande idée, auroit-il lieu de conclure
qu'ils ne sont pas capables d'écrire poliment & savamment ? Il y a peut-être plus de 300. Protestans en France hommes de lettres, avec qui M.
J. n'a jamais parlé ; comment sait-il donc qu'ils
ne sont pas capables de faire un livret aussi médiocre en tout que celui dont il s'agit, & aussi min-
ce qu'il représente lui-même dans les passages
que j'ai indiquez ci-dessus ? Il en donne là une
idée si méprisable, qu'il faut qu'il ait une très-mauvaise opinion de l'habileté des François de la Religion, puisqu'il vient de dire qu'il ne sait s'il y a
entre nous un homme qui ait toute la capacité
nécessaire pour composer l'Avis aux Refugiez.
Croit-il que parmi les Ministres Refugiez qui
n'ont pas eu encore la demangeaison de s'ériger
en Auteurs, il n'y en ait pas d'aussi capables d'é-
crire un bon livre, que parmi ceux qui se sont
fait imprimer.

Auroit-il cherché l'Auteur des Lettres sur les
matieres du tems, & celui qui a écrit contre l'A-
pologie de la retraite des Pasteurs (deux exemples que Mr. Bayle lui a mis devant les yeux) les
auroit-il cherchez, dis-je, où ils étoient ?

S'il veut donc que sa prétenduë démonstration
ait la force qu'il lui attribuë, il faut qu'il y ajoûte la preuve solide des points suivans.

VII. Qu'il connoît de quoi sont capables en
matiere de compositions de livres, tous les Protestans qui sont sortis de France. Car encore que
Mr. Bayle lui ait accordé qu'il faut chercher l'Auteur de l'Avis en France & non en Hollande, il
n'a pas laissé de lui donner à prouver (g) en cas
qu'on fût une fois certain qu'il est en Hollande,
que c'est un Auteur qui avoit déja fait des Livres.

VIII. Qu'il connoît dequoi sont capables sur
le même sujet tous les Protestans qui sont demeurez en France.

IX. Que la connoissance exacte qu'il s'est acquise de la capacité de chacun de ces Protestans, lui aprend clairement, & le met en état
de le démontrer aux autres, qu'aucun deux, hormis Mr. Bayle, n'est capable de faire l'Avis aux
Refugiez.

X. Qu'il connoît si exactement la portée de
chacun de ces Protestans soit à l'égard de l'esprit,
soit à l'égard de la malignité, qu'on ne doit
point révoquer en doute ce qu'il assure, qu'il
n'y a que Mr. B. qui soit dans le dégré requis
pour l'une & pour l'autre de ces deux qualitez.

XI. Qu'il est tellement certain que l'Avis aux
Refugiez a été fait avec une noire malignité, qu'il
n'est pas possible que l'Auteur se soit proposé de
rendre du service aux Protestans ; le travers de
l'esprit humain ne pouvant pas aller jusques à faire que pour que le Corps des Refugiez se justifie
des fausses imputations que ses ennemis fondent
sur les fautes de quelques particuliers, on lui
étale sous le masque d'un Papiste un Recüeil de ce
qui se dit en France de plus violent contre nous,
& de plus capable d'empêcher notre rétablissement, qu'on le lui étale, dis-je, bien fortement
afin d'extorquer un desaveu qui nous puisse servir
de titre justificatif pour un jour à venir.

Si Mr. J. donne des preuves solides de tout ce
que dessus, son *Factum* deviendra d'une grande
force ; mais avant cela il ne lui sert de rien de dire, que Mr. B. s'est coupé la gorge, s'est fait un
mal irréparable en avoüant que l'Auteur de l'A-
vis est de la Religion ; Mr. J. ne fait là que donner des marques de sa crédulité naturelle, & de
précipitation de jugement, où sa passion l'engage
en toutes rencontres.

Cette précipitation paroît clairement dans ce
qu'il observe touchant la Préface de l'Avis ; car il
suppose 1. que Mr. B. s'est engagé à montrer,
qu'elle est d'une autre main que le corps du livre.
2. que l'Auteur de l'Avis en se découvrant à Paris ne commettroit le correspondant qui auroit eu
soin de l'impression, qu'au cas que ce correspondant qui auroit eu soin de l'impression, eût fait la
Préface. Ces deux suppositions sont si fausses, qu'il
ne faut que savoir lire, pour s'en convaincre.
Lisez, s'il vous plaît, Monsieur, (h) la page
134. & 135. de la Cabale Chimérique, vous y
verrez qu'entre les raisons de se cacher que peut
avoir l'Auteur de l'Avis, on n'oublie pas la crainte
d'être *reconnu à Paris pour le veritable Auteur de
la Préface, ce qui le perdroit*. D'où il resulte que
pour avoir des raisons de ménager le correspondant ou en Angleterre, ou en Hollande, il n'est
pas besoin de deux Auteurs, l'un de la Préface,
l'autre de l'Avis ; car par cela même qu'un Réfugié auroit eu soin de faire imprimer l'Avis, il se
pourroit faire des affaires ou en Hollande, ou en
Angleterre. De-plus Mr. J. est bien simple de
prendre au pied de la lettre tout ce que les Préfaces de semblables Ecrits contiennent : ne se souvient-il plus de ces Avertissemens au Lecteur qu'il
a mis à la tête de la suite de la Politique du Clergé, & de l'Esprit de Mr. Arnaud ? Pourquoi s'i-
magine-t-il que trois hommes ont dû nécessairement avoir part à l'Avis aux Refugiez ? Un pour
l'envoyer de France, un autre pour faire une Préface en Angleterre, le dernier pour le faire imprimer en Hollande ? C'est multiplier les êtres sans
nécessité. Mr. de Meaux insinüe clairement que
la Préface & l'Avis sont d'un même Auteur. Mr.
Jurieu ne croît pas qu'un homme qui a du goût
en puisse douter, & puis il nous demande pourquoi l'Auteur de l'Avis, s'il étoit en France, ne se
découvriroit pas ? N'en voit-il pas la raison dans
la Préface ?

Le XII. Article que je lui donne à prouver,
regarde la division qu'il a faite des Protestans de
France en trois classes. Je lui soûtiens qu'il a oublié sa Logique & qu'il donne dans le sophisme,
à non sufficienti enumeratione partium. Il a oublié de
nous parler de ces Protestans qui se contentent de
la liberté de n'aller pas à la Messe, & qui moyennant cela se plaisent aux douceurs de Paris & des
grandes Villes de France, où ils joüissent tranquillement de leurs biens, & de la societé de leurs
amis, tant Catholiques que Reformez. Ils souhaitent à la verité que l'Edit de Nantes soit rétabli,

bli , mais non pas au prix de mille défolations , & de mille faccagemens de toute la France , par les ennemis de dehors & dedans. Ils le fouhaitent d'autant moins,qu'ils craignent que fi laFrance étoit en péril d'être fouragée, les Papiftes leurs Compatriotes les regarderoient avec horreur & les maffacreroient. Ils entendent avec chagrin les infultes des Prédicateurs & des Ecrivains Papiftes, & les fanglans reproches qu'ils renouvellent contre nos Peres , à l'occafion de ce qu'ils appellent nos Libelles. Ils voient avec douleur que nos ennemis s'en prévalent pour irriter à jamais la Cour , & pour nous repréfenter comme des gens fort différens de ceux qui ont obtenu l'Edit de Nantes, attendu que les Paftorales de Hollande , c'eft à dire , un Ecrit fubftitué aux prédications que feroient tous les Miniftres s'ils étoient chacun à la tête de fon Troupeau , montrent que nous ne croyons plus que la Souveraineté de la Nation Françoife appartienne à une feule perfonne ; mais à chaque partie un peu confidérable du Corps , fi la dureté du joug lui fait prendre la réfolution de fe cantonner fous un autre forme de Gouvernement , (car c'eft ainfi que nos ennemis glofent très-fauffement & très - malicieufement contre nous). Voilà des Proteftans fort capables de nous donner les avis en queftion , afin de nous faire defavoüer , ce qui donne prife fur tout le Corps à nos Adverfaires.

Mr. Jurieu s'eft donc trompé quand il a crû par fa diftribution incomplete des Proteftans en diverfes claffes , ôter à Mr. Bayle tout moyen de répliquer. S'il veut le mettre dans ces termes , il faut qu'il prouve , *qu'il n'y a pas en France des Proteftans du caraɛere que l'on vient de repréfenter.*

Voyons le 3. caractére que Mr. J. donne à l'Auteur de l'Avis , c'eft d'être en Hollande , & il prétend que c'eft-là une chofe *de la derniere importance.*

Il prouve ce caractere , 1. par dix remarques qu'il appelle *Convictions* , & qu'il prétend avoir aportées dans fon livre précedent. 2. Par un grand nombre de nouvelles découvertes concernant l'édition de Paris.

On ne peut s'empêcher de rire , de voir qu'il appelle convictions les preuves qui ont été réfutées dans la Cabale Chimérique , & à peine pardonneroit-on au plus novice de tous les Auteurs , la fécurité de fe fervir encore une fois de femblables preuves , fans répondre à la réfutation qui en a été faite. Qu'il life la 2. édition de la Cabale Chimérique , s'il veut voir réduites en poudre fes dix vieilles Remarques , ou prétenduës Convictions. Je ne fuis pas d'avis de piller ici les réponfes de Mr. B.

Je dirai feulement que fon Adverfaire à force de vouloir fubtilifer , s'eft extrêmement émouffé l'Efprit à l'égard du livre intitulé , *le Salut de la France.* Il foûtient gravement qu'un livre a chevé à Paris le premier jour de Janvier 1690. ne fauroit parler d'un livre fait en Hollande quatre ou cinq mois après. Belle remarque ! & comment n'a-t-il point vû que par la même raifon on prouveroit que l'Avis n'a pas été fait en Hollande ? Celui de fes amis qui a publié des Remarques contre la Cabale Chimérique , a beaucoup mieux tourné l'objection , quoiqu'il ait eu le malheur de la bâtir fur un faux fondement. Mr. J. lui eft encore inférieur en une autre chofe , c'eft qu'il a fait imprimer l'objection depuis la 2. édition de la Cabale Chimérique où elle a été pleinement ruïnée. S'il n'a point vû cette 2. édition , il a dû favoir du moins par fes efpions ce qu'on ré-

pondoit à cet article ; car il en a été parlé dans plufieurs converfations. Il y a quelque apparence que la chofe lui eft revenuë ; mais il fait femblant d'ignorer ce qui ne l'accommode pas.

Je ne décide pas néanmoins que ce foit un coup de mauvaife foi ; car peut-être les efpions n'ofent rien raporter qui foit à fon defavantage ; mais la réplique qu'il fait touchant le mot *nous* retranché de la 2. édition , eft à coup fûr mauvaife foi, mauvaife honte , & mauvais & honteux artifice. Sentant bien fa remarque démontrée , ruïnée fans reffource , encore qu'on ne lui eût pas oppofé à lui-même fon propre témoignage , comme on l'a fait dans la deuxiéme édition , & ne fachant que dire pour la rétablir , *c'eft bien là dequoi il s'agit ,* dit-il , *& ne voit-on pas qu'il donne à gauche n'ayant rien de bon à répondre ?* C'eft fa méthode dans tous fes Ecrits , lorfqu'il ne fait plus où il en eft , il fait le dédaigneux. J'avoüe que par-là il trompe le menu peuple des Lecteurs ; mais il vaudroit bien mieux éviter la rifée des habiles gens.

San

Il faut qu'il en ait la mortification toute entiere. Voici l'état de la queftion. M. J. prétend que l'Auteur de l'Avis aux Refugiez , ayant dit en parlant d'un Auteur qui eft en Hollande , *il nous donna il y a quelque tems un Tome ,* &c. c'eft non pas une fimple préfomption , mais une *Conviction* , que l'Auteur de cet Avis eft en Hollande. Il prétend que *ce* Nous *fignifiant le voifinage ,* on l'a fait éclipfer de *l'édition de Paris* , où on a fimplement mis : *Cet Auteur donna il y a quelque* tems. Enfin il prétend qu'encore que l'exactitude voulût : qu'on ne dît pas fimplement: Cet Auteur donna ; mais qu'on ajoûtât , *au Public* , on n'a ofé faire cette addition de-peur que la correction ne fût trop fenfible. Monfieur Bayle lui a répondu qu'il eft faux que *Nous* , fignifie le voifinage , & lui a cité plufieurs autoritez qui montrent invinciblement , qu'on dit , *il nous a donné* , en parlant d'Auteurs auffi éloignez ou plus , que ne le font de Paris ceux qui demeurent à Amfterdam. Il lui a montré auffi que *donna* fimplement , & fans l'addition d'*au Public* , eft de l'ufage des bons Auteurs , & il l'a prouvé par des paffages mêmes de Mr. Jurieu dans la feconde édition de la Cabale Chimérique. Il n'y eut donc jamais de réponfe , qui par une attaque plus directe ait renverfé une objection. Cependant il plaît à Mr. J. par une mauvaife foi la plus hardie qui fe foit jamais vûë d'imprimer 1. que M. B. n'a fait que *prouver qu'en matiere de livres on dit tout auffi élegamment ,* il donna un tel livre , *ou il donna au Public un tel livre.* 2. *Que ce n'eft pas là dequoi il s'agit , & qu'il a donné à gauche n'ayant rien de bon à répondre.* Eh bien , Monfieur , auriez-vous crû ce Miniftre affez téméraire pour ofer publier de femblables chofes ? Et ne demanderez-vous pas jufques à quand il abufera ainfi de la patience publique ?

Comme il ne s'eft pas aperçu du foible des meilleurs preuves qu'il prétend avoir , il doit me favoir gré que je lui indique quelques articles qui étant une fois prouvez , mettront fon *Factum* en affez bon état.

XIII. Il faut qu'il prouve que lorfque les gens *C* de lettres parlant de livres nouveaux , de nouvelles éditions , de conjectures fur les Auteurs Anonymes , & qu'ils montrent ce qu'on leur en écrit de divers endroits , ils doivent garentir la verité de toutes ces nouvelles littéraires , & paffer même pour les inventeurs de ces nouvelles , à deffein de couvrir une mauvaife action , fi elles ne font pas veritables.

XIV. Il faut qu'il prouve que fi quelqu'un s'apers'appercevant que ces nouvelles lui sont favorables les oppose à d'autres bruits que l'on fait courir, c'est une marque certaine qu'il a forgé ces nouvelles, & que pourvû que l'on montre qu'elles sont fausses, il doit demeurer convaincu des faits qu'on lui imputoit, & pour la refutation desquels il s'étoit servi de ces nouvelles. Si Mr. J. ne prouve pas ces deux articles, il ne tient rien, & tous les pas qu'il a fait faire à ses Partisans, sont perdus.

Il est fort blamable d'avancer une seconde fois sans preuve, (i) ce qu'on lui avoit déja nié, & qu'on l'avoit sommé de prouver, c'est que les prétendus Cabalistes ont cherché entre quelques révoltez sans Religion qui sont à Paris, quelqu'un qui voulût se dire l'Auteur de l'Avis, & que par avance ils ont nommé tantôt l'un & tantôt l'autre. Mr. Bayle lui a représenté que ces prétendus Cabalistes n'ont fait en cela que ce que les autres faisoient, c'est-à-dire, qu'ils disoient ce qu'ils en entendoient dire, & il lui a montré par des exemples que les varietez qui se debitent sur ces sortes de curiositez litteraires, ne sont pas des marquez de Cabalisme.

S'ils ont dit des choses fausses, il s'en faut prendre aux lettres qu'ils avoient reçûës; il n'y a personne qui sache ce que c'est que le commerce de Nouvelles de quelque nature qu'elles soient, qui ignore qu'on en reçoit souvent de fausses. On les communique telles qu'on les a reçûës, on en raisonne, on en dispute, & on en renvoye le tout au denoüement qu'en fera le tems. Les Gazettiers ne sont pas responsables des faussetez qu'ils debitent, leur bonne foi se conserve toute entiere pourvû qu'ils n'impriment rien qui ne leur soit mandé par leurs correspondans; les Journalistes des Savans peuvent recevoir quelquefois de faux Avis & de faux Memoires; c'est quelquefois à cause que les bruits qui courent parmi les curieux de livres, & qui passent pour certains, se trouvent enfin mal fondez; c'est quelquefois à cause que ceux qui ont interêt de cacher une nouvelle, tâchent d'en faire publier une autre dans les Pays étrangers; en un mot mille raisons aisées à deviner peuvent être cause qu'on fait tenir de faux Memoires à ceux qui publient en Hollande de ces sortes d'Ecrits qui vont partout. Il suffit donc à l'Auteur de l'Histoire des Savans, qu'il n'ait rien publié touchant l'Avis aux Refugiez que selon les Memoires qu'il avoit reçus, & si M. J. prétend qu'on a mendié ces Memoires, il faut qu'il le prouve ou qu'il passe pour un calomniateur.

Puisque par une extension de ce qu'avoit dit Mr. Claude en parlant du Journal des Savans, l'Auteur de l'Avis a traité de Gazettiers, ceux qui donnent des Extraits des livres, & puisque le Sr. Jurieu adopte cette expression lorsqu'il appelle (k) des Gazettes, les Nouvelles de la Republique des Lettres, & l'Histoire des Ouvrages des Savans, il me permettra de lui apprendre ce que peut-être il ne sait pas, c'est que ses Pastorales étoient assez communément appellées dans les boutiques des Libraires, la Gazette Ecclesiastique. Je ne le remarque qu'afin de lui montrer par une autorité qu'il respecte & qu'il honore infiniment, que les Gazettiers de quelque ordre qu'ils puissent être, ne sont pas obligez de garantir la verité des faits qu'ils rapportent; mais seulement la realité des Memoires sur la foi desquels ils debitent ces faits. Cette autorité c'est celle du Sr. Jurieu lui-même, qui nous aprend dans sa Pastorale du 15. Septembre 1687. que pour prévenir la calomnie de ceux

qui se faisoient un plaisir de dire qu'il ne debitoit que des Fables dont il étoit lui-même l'inventeur, il donneroit desormais autant qu'il lui seroit possible, les lettres mêmes écrites de dessus les lieux ou d'ailleurs. S'il s'y trouve quelque chose, ajoute-t-il, qui ne soit pas dans la derniere exactitude, au moins *NOUS N'EN SERONS PAS RESPONSABLES*, & une fois pour toutes nous disons ici au sujet de ces faits, que nous ne nous rendons *POINT GARANDS* des lettres & memoires que nous avons inserez, & que nous continuons d'inserer dans les Lettres Pastorales. Jamais précaution n'est plus necessaire que quand on est d'un côté fort credule, & de l'autre hardi jusqu'au prodige, à debiter tout ce que l'on croit, & tout ce que l'on reçoit par la poste. Voilà l'homme contre qui je vous écris.

Je reviens aux prétendus Cabalistes. Ils laisseront tirer à Mr. J. toutes les consequences qu'il voudra de ce qui a été publié sur le pardon obtenu par l'Auteur de l'Avis, pour les choses desagreables à Mr. l'Archevêque de Paris & au P. la Chaise, qui lui étoient échappées; car si ce fait n'est pas vrai, il en faut seulement conclure qu'on en avoit envoyé un faux Memoire à Mr. de Beauval, mais non pas que c'étoit à dessein de rendre du service à Mr. Bayle; combien y a-t-il de cas possibles qui ne regardent nullement ce Philosophe, & qui ont pû engager les gens à faire tenir ici ce faux Memoire? Desorte que si Mr. Jurieu en veut tirer une bonne preuve, il faut qu'il prouve:

XV. Qu'aucune autre raison que celle de fournir des armes à Mr. Bayle accusé par Mr. J. n'a pû engager personne à envoyer à l'Auteur de l'Histoire des Ouvrages des Savans, le Memoire en question.

Mais, dit Mr. J. ces Messieurs ont dit que l'Auteur a donné son nom à la Chancellerie; qu'il est connu à Paris, ou pour le moins à la Cour; qu'ils savent le nom qui a été donné à Mr. le Chancelier au bas du Manuscrit, mais qu'aujourd'hui ils ont la hardiesse de dire qu'ils ne le savent pas. Qu'il sache pour toute réponse, qu'ils ont dit après une lettre venuë de Paris, que cet Auteur avoit donné son nom à Mr. le Chancelier, & ils l'ont conclu même de ce qu'on dit que selon les nouveaux reglemens tout Auteur qui obtient un Privilege, doit laisser une copie de son Ouvrage signée de sa main à Mr. le Chancelier; mais ils n'ont jamais dit qu'ils savoient quel étoit ce nom, ni que l'intention de l'Auteur fût d'être connu publiquement.

Que M. J. me permette de lui donner un Avis, c'est qu'on trouve fort étrange qu'il s'amuse à réfuter tout ce que ses Espions lui rapportent avoir été dit par ses Adversaires; car ne devroit-il pas faire reflexion qu'on lui tend peut-être des pieges, & qu'on dit souvent des choses en présence de ses Espions pour se moquer de leur credulité, & pour avoir le plaisir de voir deux ou trois jours après quelques feuilles volantes de M. J. où il refute fort serieusement des discours de conversation? Un homme comme lui ne devroit-il pas avoir apris qu'un discours en passant de la bouche de celui qui a lû une lettre, dans la bouche d'un autre à qui il en parle, & de la bouche de celui-ci en celle d'un ami de Mr. Jurieu, peut souffrir des alterations qui changent un fait du blanc au noir? Il ne devroit donc s'arrêter qu'aux discours des prétendus Cabalistes faits juridiquement,

ou

Ses variations sur l'Archevê-que de Paris & le P. la Chaise.

ou signez de leur propre main. S'il ne profite de mon avis, je lui prédis sans me piquer de prophetie comme lui, qu'il se rendra de plus en plus l'objet de la risée publique.

XVI. On le prie de prouver que l'Archevêque de Paris & le P. la Chaise ne connoissent pas cet Auteur; car la preuve qu'il en donne, qui est qu'il est prêt de parier toute chose qu'ils n'ont jamais vû cet Auteur, est bien foible dans l'Ecrit d'un homme qui a tant médit & du Prélat & du Jesuite. Le voici tout plein de bonne opinion de leur ingenuité, & tout prêt à les croire, s'ils répondoient que l'Auteur de l'Avis n'a point fait negocier sa paix avec eux, & qu'ils ne savent qui il est. Il ne soupçonneroit pas qu'ils pourroient avoir de bonnes raisons de répondre ainsi. Mais en verité nous abusons de la patience de nos Lecteurs en épluchant ces bagatelles, qui ont néanmoins fait écrier notre homme, que c'est ici (1) *un pas d'où toute la subtilité du Philosophe, & la hardiesse de son Complice ne les tireront jamais.*

R E M A R Q U E S
concernant l'édition de Paris.

JE ne sai si je pourrai être plus court à l'avenir dans les remarques que je destine à renverser la machine qui a tant coûté de lettres & de pas aux correspondans du Sr. Jurieu; anciens Catholiques, dit-il, & gens à mettre le nez dans les Registres de la Chancellerie. Ainsi il nous decouvre un commerce avec des personnes, avec qui selon ses maximes, il n'en faudroit pas avoir sans la permission expresse de l'Etat; mais passons lui cela.

Je vous prie de vous souvenir du 14. Article que je lui ai donné à prouver; il veut qu'à cause que l'édition de Paris, & les Memoires ou Lettres qui en ont parlé, ont fourni des armes à M. Bayle contre son Accusateur, ce soit Mr. Bayle qui ait maché cette seconde édition, & qui ait supposé ou mendié les lettres qui en parlent. Mechante & foible preuve, puisqu'il arrive tous les jours durant le cours d'un procès, qu'un accident imprévû, ou que certains bruits qui se repandent vrais ou faux, fournissent des consequences favorables à l'une des Parties, sans qu'on puisse lui imputer justement d'en être la cause ou l'occasion.

Il faut se mettre une fois dans l'esprit, qu'il est du moins très-possible qu'un autre que Mr. Bayle ait fait l'Avis aux Refugiez:

Que cet autre ait encore plus d'interêt à se cacher que Mr. Bayle n'en auroit s'il en étoit l'Auteur:

Que cet autre pour le mieux cacher, ait des amis qui fassent courir tantôt une nouvelle, tantôt une autre:

Qu'il y ait des Convertisseurs qui fassent des demarches pour encourager cet Auteur à se découvrir.

Qu'on ne peut rien conclure contre M. Bayle de la 2. édition de l'Avis aux Refugiez.

On pourroit joindre à cela mille autres choses semblables, d'où il resulteroit que tout ce manege de la 2. édition pourroit être tel que les amis de M. J. le debitent à Paris, sans qu'on en pût rien conclure contre Mr. Bayle. En effet si l'on avoit eu en vûë de le tirer d'affaire, on s'y seroit pris d'une maniere à lui fournir de plus en plus de nouvelles armes contre son Accusateur; mais parceque le dessein de cette nouvelle édi-

tion a été formé sur d'autres vûës, il s'est trouvé que dans la suite il n'a pû servir de rien à Mr. Bayle, & ainsi plus Mr. J. en tire d'avantage, plus il se coupe la gorge; car il est visible que ceux qu'il suppose s'être mêlez de l'édition de Paris, n'ont pas cherché à l'obliger, au préjudice de celui qu'il prétend être un Agent de la France que l'on menage beaucoup, & que l'on a grand interêt de ménager.

Mr. J. & ses adherans conviennent dans leurs Ecrits, que la prétenduë intrigue de Mr. Bayle pour la 2. édition, est liée avec des gens d'esprit, puissans & accreditez. Comment se pourroit-il donc faire qu'elle ait été conduite au gré & selon les desirs de Mr. J. c'est-à-dire, tout comme il leur auroit conseillé de faire afin de lui fournir des Convictions? Car c'est ce qu'il prétend. Mais il n'en est pas où il pense.

XVII. Car on lui donne à prouver que les circonstances de la 2. édition ne peuvent regarder que l'affaire qu'il a suscité à Mr. Bayle.

Rien n'est plus admirable que les preuves de cet Accusateur. Une lettre de Paris porte qu'il est certain que Mr. Bayle a commerce avec celui-ci & celui-là. Aussi-tôt il publie cet extrait de lettre, sans prendre garde que c'est se moquer du Public. On a bien affaire de savoir ce qu'écrivent des inconnus, qui peuvent être de ces étourdis dont la France abonde, qui ne parlent que par hyperboles, qui outrent tout, qui decident de tout sur les plus legeres raisons. Si on avoit aussi peu de jugement & de discretion que lui, on assembleroit bien-tôt cent Extraits de lettres où il se verroit traité comme il faut. Sans avoir donc égard à ces beaux Extraits de lettres qu'il produit,

XVIII. On le prie de prouver que M. Pelisson a été le Directeur de la 2. édition de l'Avis aux Refugiez; car sur le discours d'un Libraire, qui peut avoir eu dessein, & ordre même d'en bailler à garder, on ne peut pas asseoir un bon jugement.

XIX. Il est encore plus necessaire de prouver que Mr. Pelisson a entrepris la nouvelle édition de Paris à la sollicitation de Mr. Bayle. Je ne touche pas à ce que Mr. J. avance du commerce avec Mr. Pelisson & avec Mr. de Larroque. Mr. Bayle y répondra lui-même ou devant les Juges, ou dans la Réponse qu'il fera sans doute au Factum de sa Partie, laquelle n'a osé publier la veritable cause de sa colere violente contre Mr. Pelisson, qui est le livre dont le seul titre a été un objet de frayeur que Mr. J. n'a osé regarder, Voyez la page 650. col. 1. de la Cabale Chimerique.

Remarquez, je vous prie, Monsieur, que par les Extraits que son Accusateur publie, il paroît 1. que les exemplaires des deux premieres feuilles ont été tous retirez d'entre les mains du Libraire, & qu'on les a envoyez dans les Provinces. 2. Que ce Libraire a dit au commencement du mois de Mai, qu'il y avoit six mois qu'il avoit imprimé les premieres feuilles.

Conjectu[re] les motifs [de cet]te édition.

La premiere de ces deux remarques donne lieu à une conjecture infiniment plus vraisemblable que toutes les suppositions que le Sr. Jurieu & ses amis de Paris produisent; c'est que ceux qui ont fait réimprimer les premieres feuilles, ont eu dessein de faire connoître dans les Provinces du Roïaume, que l'Auteur se pourroit montrer. Desorte qu'il semble que le but de cette nouvelle édition où on a travaillé si lentement, a été d'encourager l'Auteur en quelque Ville du Royaume qu'il sé-

<hr>

(1) Pag. 20. col. 2,

séjournât, à se produire sans craindre la colére de ceux qu'il a maltraitez. C'est pour cela peut-être qu'on a voulu que le privilége parût sur la premiere feüille, afin que l'Auteur pût s'assurer que son Ouvrage, moyennant quelques petits changemens, auroit toutes les marques d'approbation. On auroit été bien aise qu'à la vûë de la premiere feüille, il fût venu se présenter pour faire lui-même les changemens nécessaires, surtout les additions dont cet Ouvrage est susceptible entre les mains d'un homme qui ne se ménageroit pas comme il a fait dans l'édition de Hollande. C'est peut-être la raison pourquoi la presse a roulé si lentement : on vouloit lui donner le tems de se déterminer. Peut-être aussi s'est-on apperçu qu'il étoit resté dans les premieres feüilles quelques endroits un peu choquans pour ceux qui ont persécuté, qu'à cause de cela on a retiré les exemplaires pour les faire mieux mettre au goût de ces Messieurs. Peut-être cherchons-nous du mystere où il n'y en a point ; car qui ne sait qu'il y a des livres de la taille de celui-ci dont l'impression dure long-tems, soit que les Imprimeurs ayent d'autre besogne plus pressée sur les bras, soit que ceux qui doivent rajuster la copie, soient trop occupez à d'autres affaires. Enfin qui nous assurera que la maladie & la mort de l'Imprimeur, & la vente qui a été faite de ses presses par la Veuve, ne sont pas la veritable cause de la discontinuation totale de la 2. édition ? Qui nous assurera qu'on ne se soit pas apperçu chez cet Imprimeur, que l'empressement des personnes qui alloient faire tant de perquisitions au sujet de l'Avis aux Réfugiez, procedoit de la querelle née entre Mr. B. & Mr. J. pour ce livre ? Qui nous assurera qu'en conséquence de ce soupçon, on n'a pas fait donner dans le panneau ces ardens & infatigables Emissaires du Ministre de Rotterdam, qui alloient harceler l'Imprimeur jusques dans son lit d'infirmité ?

Je ne donne cela que pour des conjectures, mais elles sont pour le moins aussi vrai-semblables que celles du Sr. J. & leur rompent le cou par conséquent.

La 2. remarque nous découvre une petite friponerie de nos gens. Ils ont bien vû que Martin en parlant de six mois remontoit bien au-delà de la naissance de l'accusation intentée à Mr. Bayle. Ce qui ruïne tout le mystere que Mr. J. a prétendu découvrir à la sueur de son front dans l'édition de Paris. Il s'est donc fait écrire une autre lettre, où on lui marque que *Martin s'est trompé sur le tems des feüilles, & qu'il n'a pas dit précisément six mois ; mais quelques mois.* Ce correctif, Messieurs, ne vous en déplaise, vous trahit & vous coupe la gorge ; ne nous parlez plus de tels Extraits, & si l'on pese bien toutes les paroles de vos Originaux, comme on le fera en Justice, vous serez souvent bien attrapez.

Voici une particularité mémorable. On nous produit l'Extrait d'une lettre écrite le 7. de Mai, qui porte que l'Avis n'est pas commencé d'imprimer. Mr. J. dit sur cela : *Cet Ouvrage n'étoit pas commencé le 7. de Mai, & cependant l'Auteur* de la Cabale Chimérique *dit hardiment qu'il étoit commencé dès le mois d'Octobre de l'an passé.* Que veut dire cet homme ? A-t-il oublié la critique qu'il a faite des deux premieres feüilles de la 2. édition de l'Avis dans un livre qu'il a publié au mois d'Avril ? A-t-il oublié ce qu'il a dit dans la 19. page de son Factum, que les Amis du Sieur Bayle fi-

rent courir en ce Pays, la premiere feüille environ le mois de Mars ? De quel front ose-t-il dire après cela que l'Ouvrage n'étoit pas commencé au mois de Mai, & se fier à un correspondant aussi mal instruit que l'est celui qui lui aprend le 7. de Mai que le livre n'est pas commencé ? Au reste ç'a été une raison très-valable à Mr. Bayle de dire que l'édition a précédé l'accusation que le Sieur Jurieu lui fit au mois de Janvier, ç'a été, dis-je, une raison très-valable que la datte du Privilége, puisqu'il est certain que soit que l'Imprimeur travaille ou ne travaille pas immédiatement après l'obtention du privilége, le dessein d'une édition est pris & arrêté dès le jour de cette obtention, & cela suffisoit à Mr. Bayle pour confondre son Adversaire.

Vous vous apercevrez de vous-même, Monsieur, que j'explique par des suppositions très-vrai-semblables les phénoménes de la 2. édition de l'Avis tels que Mr. Jurieu les débite sur la foi de ses Extraits anonymes. Mais pour lui qui veut accommoder à sa préoccupation tous les faits qu'on lui rapporte, & qui renverseroit plûtôt toute la nature, que de se dédire, il explique fort malheureusement le mystere de cette édition, par son hypothese favorite, que ce n'a été qu'une feinte pour détourner les soupçons qu'on jettoit ici sur Mr. B. Le Public en va juger.

Mr. J. attribuë la direction de cette seconde édition à un homme de beaucoup d'esprit, consommé dans les affaires, & de beaucoup de crédit.

Il prétend qu'il a eu en vûë de justifier Mr. Bayle de l'accusation d'être l'Auteur de l'Avis aux Refugiez.

Il prétend que ce dessein lui a paru de grande importance, Mr. Bayle étant un Agent de France en ce pays, que la Cour (*m*) a toute sorte d'intérêt de ménager. Il prétend même que Mr. de Meaux l'a (*n*) ménagé & ne l'a pas décelé, à cause des grands services qu'un tel homme est capable de rendre au Roi, dont il est des plus avant dans les intérêts.

Après ces suppositions tout le monde se doit attendre à des moyens bien imaginez & bien concertez pour arriver au but.

Le Public doit s'attendre 1. à une Préface qui ait du rapport aux deux Extraits que M. de Beauval a publiez en divers tems. 2. A voir quelque nom à la tête de l'ouvrage, ou quelque raison plausible pourquoi on n'y en mettroit point. Chacun sent que si l'on prévoyoit quelque inconvénient à y mettre à la tête un nom feint ou véritable, on n'avoit qu'à dire que l'Auteur étoit mort, & qu'on avoit trouvé le manuscrit parmi ses papiers avec quelques corrections. Des gens d'esprit pouvoient bâtir un Roman sur cela en forme de Préface, contre lequel tous les coups de l'Inquisiteur Jurieu n'auroient fait que blanchir.

En 3. lieu, le Public doit s'attendre à voir travailler à cette 2. édition avec tant d'empressement, qu'elle soit achevée avant que l'Accusateur de Mr. B. ait rien publié.

Mais au lieu de ces choses, on voit arriver tout le contraire ; un petit mot d'Avis au lecteur, qui ne sert de rien à l'affaire de M. Bayle, une édition accrochée à la 3. feüille, &c.

M. J. prévoyant bien que les personnes d'esprit le trouveroient ridicule de faire employer de tels moyens pour la fin qu'il a supposée, met à la torture son imagination afin de lever l'inconvénient, mais

mais en verité c'est pour se rendre encore plus digne de moquerie.

Car voici les raisons qu'il donne pourquoi on n'a pû travailler à Paris à une veritable édition.

1. Dit-il, *On n'auroit jamais obtenu privilege ni permission d'imprimer le livre en l'état où il a paru en Hollande; il falloit donc le corriger, mais cela n'étoit pas possible à cause de l'éloignement de l'Auteur.* Admirable difficulté! & d'où vient donc l'espérance qu'il a euë que (*o*) la 2. édition seroit toute pleine de fautes, à cause que les additions qu'on y *fourreroit gaussement*, seroient imprimées sur l'écriture à la main. Puisqu'il croyoit en ce tems-là que M. B. enverroit à Paris ses additions, pourquoi trouve-t-il aujourd'hui impossible qu'il y envoyât 4. ou 5. périodes de corrections? Car c'est à quoi il doit se souvenir qu'elles montent, ayant dit dans son Examen de l'Avis, (*p*) *Tout au plus il n'en auroit coûté au livre que quatre ou cinq périodes que l'on auroit retranchées.* Dans la 19. page de son Factum, il n'en demande pas tant: *En ôtant tout au plus,* dit-il, *deux ou trois périodes du livre, on l'auroit mis absolument au gout de ceux qui gouvernent.*

2. Dit-il, ces corrections auroient découvert la fourbe indubitablement, & la raison qu'il en donne, c'est qu'elles auroient paru fourrées par des ouvertures dans un corps qui étoit entier. Plaisant embarras? Et qu'il seroit à souhaiter qu'il jugeât de lui par les autres, c'est-à-dire, qu'il formât l'opinion qu'il a des forces de son esprit, sur la petite idée qu'il se forme de celui de son prochain! Quoi il se figure un embarras insurmontable pour M. Pélisson & pour M. Bayle, dans le soin de corriger quatre ou cinq périodes, & il s'imagine que s'ils eussent senti quelque embarras par rapport aux additions, ils ne s'en seroient pas tirez aisément, soit en niant ce qui est dans la Préface de la premiere édition, savoir que l'Ouvrage eût été tronqué de plusieurs parties considérables, soit en avertissant qu'on avoit trouvé plus à propos pendant l'impression, de ne faire que rétablir les expressions alterées?

3. Dit-il, les Libraires de Paris ne travaillent guéres pour rien, or la 2. édition de l'Avis auroit coûté de l'argent. Je ne croi pas que depuis 100. ans il soit échapé à un Auteur une telle absurdité. Mr. J. représente l'Avis aux Refugiez comme un Ouvrage très-bien écrit, le Chef-d'œuvre de celui à qui il l'attribuë, capable d'ailleurs de perdre toute la Reformation, & il s'imagine qu'un Libraire de Paris, la Ville du monde où les bonnes Copies sont les mieux payées aux Auteurs, auroient fait difficulté d'imprimer ce livre à ses risques & fortunes. La plainte qu'on attribuë à Martin de n'avoir pas été encore payé des deux premieres feüilles est si peu vraisemblable, que s'il l'a faite, c'est à coup sûr pour faire donner dans le paneau les émissaires de M. Jurieu.

Mais accordons-lui que ce Libraire n'a voulu se charger de l'édition qu'à condition d'être payé de ses frais. La Cour de France aura-t-elle été si rebutée pour si peu de chose, qu'elle ait mieux aimé sacrifier un Agent qui lui est fort cher, à un homme tel que M. Jurieu, que faire une dépense de cinq ou six cens francs qu'elle pouvoir retirer avec usure par la vente des exemplaires? Voilà des monstres de supposition qui ne peuvent se former que dans des têtes .... mais je me retiens.

En voici un semblable; j'entens monstre de supposition. Cet homme s'imagine que ces Messieurs ont crû qu'ils tromperoient aussi aisément par deux feüilles, que par une édition toute entiere. Mais s'ils ont crû cela, ils doivent être destituez du sens commun, & aussi éloignez du caractere d'habiles gens qu'il ne leur conteste pas, que le Ciel est éloigné de la terre.

Remarquez bien, s'il vous plaît, Monsieur, que si quelque chose pouvoit rendre vraisemblable la supposition du Sr. J. ce seroit de dire que Mr. B. a fait un grand fond pour sa justification sur l'édition de Paris, comme il l'a témoigné dans sa Cabale Chimérique, en répondant soigneusement à toutes les difficultez de son adversaire. Cela montre qu'il a été très-persuadé que cette édition s'acheveroit, & que l'on y procéderoit selon les formes ordinaires; car rien n'eût été plus extravagant, ni plus opposé à ses intérêts, que de compter beaucoup sur une édition qui n'auroit dû être peu après qu'un fantôme chimérique, & qu'une source féconde de présomptions contre lui. C'est donc une fausseté grossiere & ridicule que de dire comme fait Mr. J. (*q*) que Mr. de Beauval & M. Bayle les deux Auteurs, selon lui, de l'Avis aux Refugiez, *firent tirer les deux premieres feüilles, & n'en firent tirer que peu d'exemplaires qu'ils retirerent tous sans en laisser un seul dans l'Imprimerie.* C'est supposer qu'ayant la direction entiere de l'impression, & la destinant à leur justification, ils n'y ont rien fait que ce qu'un enfant auroit connu être non seulement le plus inutile, mais aussi le plus contraire à leur but. A qui persuadera-t-on cela de ces deux Messieurs, & quelles autres têtes que celles qui sont habituées de longue main aux visions chimériques, se formeront de tels monstres? Il ne faut que considerer cette circonstance pour se convaincre que Mr. Bayle n'a eu aucune part à la réimpression de l'Avis, & qu'elle n'a pas été entreprise en sa faveur. Auroit-il été assez simple, connoissant d'un côté l'entêtement de fer de son Accusateur, & sachant de l'autre que l'accusation étoit sous la presse dès le mois de Fevrier, pour croire qu'il ne triompheroit pas de la discontinuation de la 2. édition?

Pour ne pas tant ennuyer les Lecteurs par de menuës & frivoles discussions, je laisse tout ce que M. J. dit mal-à-propos & avec son entêtement & ses contradictions ordinaires sur les difficultez de la continuation de l'édition. Je ne renvoie par son inquiétude touchant l'Imprimeur (*r*) que l'on feroit pendre, dit-il, s'il continuoit; je ne la renvoie pas, dis-je, à la page 65. de son Avis au Public, où il trouve la Cour de France si intéressée à menager M. Bayle, qu'il ne douteroit plus après cela de l'impunité de l'Imprimeur, s'il pouvoit se souvenir en faisant un Livre de ce qu'il a imprimé peu auparavant dans un autre. J'aime mieux venir le chasser de son prétendu fort, qui est la prétention de la fausseté du privilége.

REMARQUES

concernant le Privilége.

XX. ET d'abord je lui donne à prouver tout de nouveau que le privilége est faux; car nous allons voir que les preuves qu'il en a données ne sont pas bonnes.

XXI. Je lui donne à prouver outre cela tout de nouveau que si le privilége est faux, il s'ensuit que Mr. Bayle a fait l'Avis aux Refugiez; cette con-

confequence lui demande la preuve formellé des deux propofitions fuivantes.

XXII. Qu'aucune autre raifon que celle de fervir Mr. B. dans fon procès avec Mr. J. n'a pû engager à feindre un privilege pour la 2. édition de l'Avis aux Refugiez.

XXIII. Que jamais ni les amis d'un homme innocent, mais injuftement foupçonné & accufé par un violent ennemi, foutenu de la faveur, & encouragé par la préoccupation de la populace, ni les ennemis de l'Accufateur ne travaillent à la juftification de l'Accufé par des Contre-batteries où il entre des menfonges officieux.

Remarquez bien que je ne fais aucun fond fur ce 23. article, parceque j'ai déja fait voir qu'il eft du dernier abfurde de fuppofer que l'on ait employé à Paris la tentative d'une 2. édition, afin de rendre du fervice à Mr. Bayle : je veux feulement faire confiderer à M. J. que quand même il prouveroit (ce qu'il ne fera jamais) que cette édition fe doit rapporter au procès qu'il a intenté à Mr. Bayle, il ne s'enfuivroit pas que celui-ci feroit l'Auteur de l'Avis, ou un Cabalifte de la France ; car d'un côté le feul défir d'empêcher l'oppreffion d'un innocent, pour qui on peut avoir de la confideration à caufe du caractere de fes Ecrits, & de fes manieres honnêtes ; & de l'autre l'envie de mortifier un Accufateur qui par fes manieres farouches & emportées s'eft rendu tout-à-fait odieux, auroient pû faire naître la penfée de l'édition de Paris.

Sans paffer plus avant, je prie Mr. Jurieu de prouver :

XXIV. Que ceux qui lui ont envoyé leurs obfervations fur les corrections des deux premieres feuilles, n'en firent aucune fur le Privilege ; & que pour lui (s) qui ne vit point ces feuilles, il ne put pas s'appercevoir de la fauffeté du Privilege. Je fuis bien affuré qu'il ne prouvera jamais ce 14. article, puifque l'on voit dans la p. 101. de fon Avis au Public, une partie des objections qu'il renouvelle ici contre ledit Privilege. Je prie les Lecteurs de bien remarquer ce menfonge, afin d'être toujours en défiance à fon égard ; car puis qu'il nie publiquement ce qu'il avoit affirmé publiquement depuis peu de jours, il eft jufte qu'on faffe très-peu de cas de ce ton colere, outrageant & mordant avec fureur, dont il accompagne ce qu'il affirme.

Il eft à plaindre de renouveller ici des objections contre la forme du Privilege qui ont été refutées dans la 1. édition de la Cabale Chimerique ; car il fait un défi à Mr. Bayle de *produire aucun Privilege des Livres imprimez à Paris depuis plufieurs années, où manque la claufe ; Regiftré fur le livre de la Communauté*, &c. ne s'expofet'il pas par ce défi à fe faire moquer de lui, puis que Mr. Bayle a cité deux livres imprimez à Paris ; l'un en 1677. l'autre en 1680. où il n'y a au bas du Privilege ni *achevé d'imprimer*, ni *Regiftré fur le livre*, ni les exemplaires ont été fournis. Il auroit pû citer l'Hiftoire des Sevarambes imprimée à Paris en 1677. & la Differtation du P. Hardouin *de triplici baptifmo*, imprimée chez Cramoifi en 1686. où il n'y a au bas du Privilege que le jour que l'impreffion fut achevée.

Il eft donc faux qu'il manque au Privilege de la 2. édition de l'Avis deux claufes effentielles ; l'une, *Regiftré fur le livre de la Communauté* ; l'autre, *achevé d'imprimer tel jour*. Mais afin que l'on

fache bien-tôt fi Mr. J. & fes correfpondans s'entendent en Librairie, & ne meritent pas d'être fiflez par toute la rüe S. Jacques, voici les Aphorifmes de Librairie qu'ils ont produits pour convaincre de fauffeté le Privilege en queftion. Je leur en demande la preuve.

XXV. (t) Un Privilege ne fe met jamais qu'à la derniere feuille de l'impreffion, foit que cette feuille doive être à la tête du livre, foit qu'elle doive être à la fin.

L'Horace de Mr. Dacier eft une preuve convaincante du contraire, bien d'autres livres le font auffi, dont la Préface & la Table des chapitres s'impriment avant le corps du livre, & alors s'il refte quelques pages à la feuille, on ne manque jamais d'y imprimer le Privilege.

L'Horace de Mr. Dacier eft une preuve que l'on peut imprimer la claufe, *achevé d'imprimer un tel jour*, long-tems avant que le livre foit achevé d'imprimer, & par confequent qu'on ne fe fait pas une affaire de ces fortes de menfonges. Cependant fi Mr. Jurieu avoit vû cette claufe au bas du Privilege de la 2. édition de Paris, il auroit crié à l'impofture, & rempli toute la Hollande de fes vacarmes infultans.

(u) Il lui eft échapé fur ce fujet une bévüe tout-à-fait étrange ; je ne dis rien fur ce qu'il remarque qu'il auroit été bien difficile à ces Meffieurs de mentir en inferant la claufe *achevé d'imprimer*, &c. à caufe qu'eux-mêmes produifoient la feuille où étoit le Privilege comme la premiere qui fe fût imprimée, je paffe, dis-je, cela comme fuffifamment refuté ; mais ce qu'il dit que ces Meffieurs pouvoient bien debiter comme la derniere, la feuille qu'ils avoient reçüe de Paris, & y mettre l'*achevé d'imprimer*, &c. eft en fon genre une fingularité incomparable. Quoi donc ? Il trouve que ces Meffieurs ont manqué d'induftrie, puifqu'ils n'ont pas affuré que la feuille qu'ils montroient, & qui contenoit les premieres pages de l'Avis, étoit la derniere ; & il croit que pour en convaincre les fpectateurs, ils n'avoient qu'à obferver que l'édition avoit été commencée fix mois auparavant. Je voudrois bien qu'il nous aprît le fecret de prendre ainfi les gens pour des bufes. D'ailleurs comment veut-il qu'ils ajoutaffent l'*achevé d'imprimer*, &c. avec la plume, ou chez quelque Libraire de Rotterdam ? Il nous fera plaifir de nous enfeigner de fi beaux expediens. Paffons à fon fecond Aphorifme.

XXVI. Tout Privilege imprimé dans un livre fans qu'on mette au bas de la page, *Regiftré fur le livre de la Communauté des Marchands-Libraires & Imprimeurs de cette ville de Paris le . . . figné le Syndic de la Communauté*, eft faux.

XXVII. Tout Privilege imprimé dans un livre fans qu'on mette au bas de la page, *achevé d'imprimer tel jour . . . pour la premiere fois*, eft faux.

XXVIII. Tout Privilege oblige indifpenfablement à mettre la claufe qu'on vient de rapporter, à caufe (v) qu'il porte toujours que le tems accordé fe comptera *depuis le jour que ledit livre fera achevé d'imprimer pour la premiere fois*.

XXIX. *A Paris un Imprimeur n'imprime jamais un livre que le privilege du Roi ne foit obtenu & enregiftré fur le livre de la Communauté des Libraires dont le Syndic donne un certificat. Ce font les propres termes de l'ami de Mr. Jurieu dans une lettre du 28. Mai 1691. Ami exact jufques

là

là que Mr. J. nous avertit de le remarquer *(vv)*, *Notez*, dit-il, *le mot* exactement : *on a cherché exactement, on n'a rien trouvé.*

Mais il se paye bien mal de son exactitude immediatement après, puisqu'il convient de bonne foi qu'un Imprimeur peut imprimer un livre jusques à la derniere page exclusivement, sans avoir fait enregistrer le Privilege sur le livre de la Communauté. Il convient que *pourvû que le Privilege soit enregistré une heure devant que d'être imprimé, c'est assez*, encore que l'impression de tout le livre ait précedé l'engistrement. Ainsi cet ami n'a qu'à faire provision d'une autre espece d'exactitude ; car celle dont Mr. J. le loüe, ne l'empêche pas d'avancer un fait très-faux, de l'aveu même de ce Ministre.

Voyons le faux-fuyant dont il se sert contre ce qu'on lui a dit que Mr. Bayle avoit opposé à cet Aphorisme de Libraire publié d'un ton décisif, comme quelque chose d'incontestable par *celui qui a fait la suite des Remarques generales*. Il est certain que la réponse que Mr. Bayle y a faite en conversation, & que les espions ont rapportée à Mr. J. renverse de fond en comble ce que la lettre de Paris & la suite des Remarques ont affirmé. C'est tout ce qu'on pouvoit demander de Mr. B. car il n'a pas été obligé de refuter ce qui ne lui avoit pas été encore objecté, je veux dire, la derniere chicanerie du Sr. J. ainsi ce dernier agit en Sophiste, qui ne cherche qu'à tromper le Public lorsqu'il s'écrie, que Mr. B. prend assurément les gens *pour des buses.* Mais enfin comment viendra-t-il au secours de son correspondant ? Le voici, c'est en supposant qu'il est défendu aux Libraires d'imprimer le Privilege avant qu'il soit enregistré sur le livre de la Communauté.

Je ne doute point que la supposition ne soit fausse ; car tous les Reglemens qui ont été faits là-dessus pouvant sortir leur plein & entier effet, pourvû que les livres ne soient pas mis en vente avant que le Privilege ait été enregistré sur le livre de la Communauté, peu importe que cet enregistrement se fasse avant ou après l'impression de la page qui contient le Privilege. La seule chose qui importe, c'est qu'avant l'exposition en vente, le Privilege soit enregistré. Or on n'a point contrevenu à cela dans la 2. édition de l'Avis.

La raison que Mr. J. donne de sa replique à la réponse verbale de Mr. Bayle, ne sert qu'à montrer qu'il se trompe lourdement. *On n'imprime jamais*, dit-il, *un Privilege aujourd'hui qu'on ne mette, enregistré sur le livre, &c. un tel jour. Or ce seroit une fausseté si cet enregistrement effectivement n'avoit pas été fait.* Car en premier lieu on lui a cité des exemples modernes, où ces paroles ne se trouvent point, *Registré sur le livre de la Communauté*, & le bon sens fait voir qu'un Libraire qui a un certificat de l'enregistrement, peut omettre cette clause s'il veut, sans crainte d'en être recherché, pouvant arrêter toutes poursuites par l'exhibition du certificat, ou sans nul certificat, par le recours au livre de la Communauté ; desorte qu'il suffisoit à l'Imprimeur de l'Avis de se munir d'un tel Acte, ou d'un tel recours avant que son livre fût achevé d'imprimer. En 2. lieu, ce ne sont pas des faussetez dont on se fasse un scrupule ni dans le barreau civil, ni dans celui de la

conscience, que d'imprimer qu'un Privilege a été enregistré, lorsqu'il ne l'est pas encore, & qu'on a seulement dessein de l'envoyer enregistrer le jour même. Cela paroît par l'exemple d'une autre clause qui se met ordinairement au bas des Privileges, *les exemplaires ont été fournis.* Il est évident que cela s'imprime avant que les exemplaires soient fournis ; car si on les fournissoit avant l'impression de cette clause, il y manqueroit une feuille ; & ainsi tous les livres fournis à la Bibliotheque du Roi, & à celle du Chancelier seroient imparfaits, ce qui est absurde à penser ; ou bien ce seroit l'ordre qu'après les avoir fournis sans la feuille où est le Privilege, on l'enverroit ajoûter par un Relieur, ce qui n'est pas moins ridicule à supposer. Joignez ce qui a été dit de l'Horace de Mr. Dacier.

Soyez assuré, Monsieur, que le soin que prennent les Libraires de faire imprimer le Privilege, & d'ajoûter ordinairement au bas les autres clauses, ne vient pas de ce que sans cela leur édition seroit confisquée, mais de ce que cela *(x)* les dispense de faire notifier le Privilege, & les autres diligences à quoi les engagent les Reglemens ; assurez-vous qu'un Libraire qui auroit son Privilege bien expedié & scellé, & enregistré sur le livre de la Communauté, & qui auroit fourni les exemplaires, se moqueroit du procès qu'on lui voudroit intenter sous prétexte qu'il n'auroit pas imprimé ce Privilege avec les clauses usitées au commencement ou à la fin de son livre.

Quoiqu'il en soit, on ne refuse pas d'être mieux instruit dans cette pratique par le moyen de Mr. Jurieu. Ainsi on lui donne à prouver :

XXX. Que tout Privilege que l'on negligeroit d'imprimer du moins en extrait au commencement ou à la fin du livre, deviendroit faux. *Ce qui à prou. Jurieu Articl*

XXXI. Que tout Privilege qui est imprimé avant que d'avoir été enregistré est faux ; desorte que le Syndic des Libraires seroit bien fondé à s'inscrire en faux contre le Privilege, ou à le faire declarer nul, s'il se trouvoit que l'enregistrement ne se fit qu'à 10. heures du matin, & que la derniere feuille eût été tirée à 9. heures.

XXXII. Que la raison de cela est qu'on ne peut imprimer au bas d'un Privilege, *Registré sur le livre de la Communauté*, &c. lorsque l'enregistrement n'a pas été encore fait, qu'il ne s'ensuive qu'on commet une fausseté.

Mais nous voici à la principale piece du sac, à la grande & à la capitale preuve de la fausseté du Privilege, c'est qu'il ne se trouve pas dans le Registre de la Chancellerie ; par malheur pour Mr. J. il n'a consulté que des demi-Savans, desorte qu'on lui donne à prouver en le défiant d'en venir à bout.

XXXIII. Qu'il n'y a point de Privilege qui ne soit enregistré sur le livre de la Chancellerie, & que dès lors qu'on peut prouver qu'un Privilege n'y est pas enregistré, il est faux.

C'est ici le nœud & le *jugulum causæ*, pendant que Mr. J. laissera ce 33. article non prouvé, son *Factum* est comme ces montres dont la corde est rompuë, & où toutes les roües par cela-même cessent d'être en mouvement. Le Public le doit attendre sur ce point-là, & suspendre son juge-

---

(vv) Pag. 26. col. 2.

(x) On en est à présent d'autant plus certain, qu'on peut justifier que le Sr. Du Val vendoit ses livres de Geographie reliez sans l'Extr. du Privilege, se contentant de marquer au titre qu'il imprimoit avec Privilege, desorte que

c'est moins pour se mettre à couvert qu'on imprime le Privilege, &c. que pour être en état d'agir contre ceux qui prétendant cause d'ignorance, voudroient contrefaire un livre, ou debiter les éditions contrefaites.

Jugement sur la question, si le Privilége de la 2. édition est faux. On a vû ce qui resteroit à faire au Sieur J. avant que d'en rien inférer contre M. B. je ne le repete pas.

Cet Accusateur s'imagine que Mr. Bayle aura bien de la peine à faire un Systême qui satisfasse à tous les phénomenes de la 2. édition, & qui s'accorde avec les explications qu'il a déjà emploïées; mais je suis sûr que le premier aura plus de peine à prouver les articles que je lui marque, que le dernier à soudre les objections qu'on lui fait; car il lui sera fort permis de faire ce que font dans ce siécle les plus excellens Physiciens. Il leur arrive après un certain nombre de phénomenes, ou d'expériences, de supposer un principe general qui en donne la raison; ils s'y tiennent pendant qu'ils ne découvrent pas de faits qui ne s'y puissent ajuster; mais si ou leurs propres expériences, ou celles des autres Physiciens découvrent de nouveaux phénomenes incompatibles avec leurs premieres suppositions, ils réforment leur Systême selon la nécessité des occurrences. Mr. B. a sans doute le même droit. Des Nouvelles de littérature viennent à sa connoissance, par où il aprend qu'il se fait une 2. édition à Paris de l'Avis aux Réfugiez, & que l'Auteur a fait sa paix avec ceux dont il craignoit le ressentiment, &c. Mr. Bayle par un droit acquis à tous les hommes du monde, tire de ces nouvelles les conséquences les plus favorables à son procès, qu'il en puisse tirer; quel mal y a-t-il à cela? Mais dans la suite on vient à découvrir d'autres nouvelles, & certaines circonstances qui semblent montrer que les précedentes étoient fausses. Hé bien c'est à faire à renoncer aux conséquences qu'on avoit tirées de ce qui se trouve faux; & on n'est pas obligé de retenir du premier Systême ce qui se trouveroit incompatible avec les nouvelles découvertes.

Qu'est-ce donc que prétend Mr. J. en prouvant qu'il n'est pas vrai que l'Auteur ait fait sa paix à Paris, & qu'il soit lui-même le directeur de l'édition? En veut-il conclure qu'on a envoyé un faux avis à Mr. de Beauval? Soit. S'ensuivra-t-il de là que Mr. B. soit l'Auteur de ce faux Mémoire, & par conséquent de l'Avis aux Réfugiez. Nullement, il y a des espaces infinis entre ces principes & ces conséquences. Que Mr. J. se souvienne qu'il n'a pas voulu se rendre responsable des lettres & des Mémoires qu'il a inserez dans ses Pastorales; & à present il se tuë de soutenir avec des transports qui tiennent de la convulsion, que ces Messieurs ne sont plus recevables à rejetter les Mémoires qu'ils ont reçus, ni les ouïs-dire qui sont venus à connoissance de lui, leur Accusateur. Cela ne mérite point de réponse particuliere, on n'auroit jamais fait si l'on vouloit relever toutes les fausses conséquences qu'il accumule dans la page 28. mais voici un nouvel article à prouver tiré de la page suivante.

XXXIV. On le prie de prouver que l'Auteur de la Cabale Chimérique, *avouë que c'est lui & par son ordre*, qui a répandu le bruit de la 2. édition, & du prétendu Privilége, &c. qui a fait venir les feuilles, & qui les a répanduës.

Il faut avouër que l'imagination de Mr. J. doit être bien épuisée, puisqu'il prétend faire des questions embarrassantes à ces Messieurs dans la 1. colomne de la page 29. Ne verroit-il pas bien si les sources de cette faculté n'étoient point taries, qu'on lui répondra en un mot, que sans qu'il ait

été nécessaire que Mr. Bayle se soit donné aucun mouvement, ceux qui ont pour lui à Paris quelque considération, & qui savent qu'il courut en Hollande quelques soupçons contre lui, dès que l'Avis aux Réfugiez y parut, se seront fait un plaisir d'y écrire jusques aux bruits incertains qui pouvoient servir à sa justification? A plus forte raison auront-ils suivi la chose quand ils en auront été priez, & fourni les éclaircissemens les plus solides qu'ils auront pû, comme est d'envoyer les premieres feuilles tirées; d'où paroît le peu de lumieres de celui dont Mr. Jurieu a employé la plume pour faire savoir au Public qu'il n'y a que deux voyes par où Mr. Bayle ait pû recevoir ces feuilles; l'une, est l'Auteur même de l'Avis, l'autre, un des meilleurs amis de cet Auteur. Pauvres gens! n'en voyent-ils pas au moins une troisiéme dans la familiarité que peut avoir avec l'Imprimeur un ami d'un ami d'une personne qui a de la considération pour Mr. Bayle?

N'est-ce pas une plaisante question que de demander pourquoi l'Auteur véritable ne se remuë pas, & ne fait pas courir la fourbe partout? Est-ce que Mr. J. voudroit que cet Auteur qui est inconnu en Hollande, y fît des brigues & des distributions de feuilles, afin de s'y justifier? Qu'a-t-il à faire de cela? Mais ne nous amusons point à toutes les chicaneries du personnage; elles sont toutes fondées sur sa premiere hypothese, qui revient partout. Il suffit de l'avoir ruinée, tout doit tomber en même tems. Il s'est tellement bouché l'esprit, qu'il veut qu'on ne puisse donner d'autre raison des faits que celle qu'il donne. Grande & perpétuelle illusion!

Admirez, je vous prie, Monsieur, les profondeurs mystiques & dévotes de l'Accusateur. Il déclare, *(y)* *qu'il a fourni à nos Puissances 2. circonstances convaincantes, mais qu'elles ne peuvent être publiées*, & que ces Messieurs *(z)* *se servirent d'un artifice qu'on n'oseroit reveler au Public pour cause, quoiqu'il fasse une pleine conviction*. Si je ne retenois mes premiers mouvemens, je ferois ici l'exclamation de St. Paul, *Act.* 31. *v.* 10. Ce ne seroit pas la premiere fois que Mr. J. auroit été ainsi apostrophé, & je ne sai si à l'avenir quelqu'un de ses Adversaires moins patient que les autres, ne l'y renverra pas aussi souvent qu'au Pere Valérien Magni. Assurez-vous que ces deux circonstances & cette ruse auroient été imprimées, si elles avoient eu quelque force, & quoiqu'il en soit on le somme de les publier.

Je ne sortirai point de cette matiere sans vous assurer que tous les pas de Mr. B. par raport à la premiere nouvelle qui courut de la 2. édition, ont consisté à écrire à un homme qui demeure depuis long-tems à Paris, & qui est ordinairement fort instruit des nouvelles de littérature. Il lui écrivit vers la fin du mois de Février dernier, & le pria de s'informer si la nouvelle que Mr. de Beauval avoit reçuë touchant l'impression de l'Avis aux Réfugiez avec Privilége, avoit quelque fondement: il lui aprit le crime d'Etat que Mr. J. lui faisoit touchant ce livre depuis plus d'un mois, & lui marqua même que s'il ne découvroit rien qui confirmât la nouvelle, il se contentât d'écrire ici qu'il n'avoit rien découvert. Mr. B. n'ayant pas gardé sa lettre, ne se souvient qu'en gros de cela. Celui à qui il l'a écrite, ne lui a point répondu; on le prie ici de la renvoyer, & on s'offre de la rendre publique; car il paroîtra clairement par la teneur de cette lettre, que Mr. B. souhaitoit à
la

la verité que la nouvelle de la 2. édition fût vraie, mais qu'il ignoroit absolument que cette édition se fît. Marque évidente qu'il n'a eu aucune part à ce qui s'est fait pour cette édition, dont ses Accusateurs avouënt (*a*) que la premiere feuille a paru au commencement de Mars.

Il se souvient encore qu'environ le mois de Décembre 1690. il pria le même curieux de s'informer de Junius Brutus, & de chercher quelques vieux livres, entr'autres celui qui est intitulé le *Contr-Assassin*. La raison en étoit que Mr. B. songeoit alors à faire une Réponse à l'Avis aux Réfugiez. Mr. J. est fort capable de faire ici une antidate aussi artificieuse qu'à l'égard du fils de Mr. Bontemps, & de dire que M. B. a demandé des instructions sur Junius Brutus, afin de les insérer dans l'Avis aux Réfugiez. Mais s'il le fait, il en aura de la confusion, puisque la demande de ces curiositez est postérieure de plusieurs mois à la publication de l'Avis.

(*b*) Je suis le plus trompé de tous les hommes, si ce ne sont-là les deux circonstances convaincantes, & l'artifice qui fait une pleine conviction, que Mr. J. n'ose publier. Ce qui me confirme dans cette pensée, est que je sai que le même jour que Mr. Bayle écrivit à cette personne de Paris, Mr. de Beauval lui écrivit aussi, & qu'ils le prierent l'un & l'autre de s'informer si la nouvelle que le dernier avoit reçuë étoit bien fondée. Voilà qui a fort l'air de l'artifice dont notre homme parle si mystérieusement: mais comme il avouë que ces Messieurs (*c*) *crurent qu'au défaut de cet artifice qui leur manqua, le plus seur étoit de feindre une fausse édition*, je loüe bien plus sa finesse que sa discretion en cet endroit, puisqu'il est sûr que si ma conjecture est véritable, elle suffit pour convaincre de fausseté son accusation. Car ces Messieurs n'écrivirent que vers la fin de Février, & selon Mr. Jurieu, ils ne songerent à feindre une fausse édition, que lorsqu'il virent manquer leur artifice, c'est-à-dire, que la réponse de Paris n'étoit pas telle qu'ils la souhaitoient. Il faut donc qu'ils n'ayent songé à la fiction qu'au commencement de Mars. Or dès le commencement de Mars on avoit ici la premiere feuille de la seconde édition, il faut donc qu'elle ait été entreprise avant que ces Messieurs y eussent songé. Rien n'est plus démonstratif, pour ne pas dire que l'homme de Paris répondit à Mr. de Beauval que l'Avis se réimprimoit.

Voici une nouvelle occupation pour Mr. Jurieu.

S'il est vrai qu'on n'ait tiré que peu d'exemplaires des deux premieres feuilles.

XXXV. On le prie de prouver, qu'il n'a été tiré que quatre ou cinq exemplaires des deux premieres feuilles de l'Avis

On avouë qu'il produit des extraits de Lettre qui l'affirment; mais il est à remarquer qu'aucun ne témoigne que le Libraire, ou son beau-frere l'ayent dit. Or il n'y a nulle apparence que le Libraire ayant parlé (*d*) *en confidence*, comme le suppose Mr. J. à ceux qui l'ont questionné sur l'édition de l'Avis, & leur ayant découvert bien des particularitez, jusqu'aux plaintes de n'avoir pas été payé, leur ait caché celle-là, qui est une des plus étrangeres singularitez d'une édition. D'où je

conclus, ou qu'il est faux qu'on ait tiré si peu d'exemplaires, ou que les Emissaires de Mr. J. n'ont pas eu grand'part à la confidence du Sieur Martin, & qu'ainsi leur témoignage est peu de chose.

J'ajoûte à cela qu'il paroît par ces extraits que le Libraire, se plaignoit de l'interruption, & (*e*) *craignoit qu'on n'en demeurast là*: mais qu'on lui faisoit *dire toûjours de se donner patience*, & que *depuis* 15. *jours* on l'avoit averti de *se préparer pour y travailler incessamment*. Peut-on accorder ceci avec la supposition qu'il n'a été tiré que quatre ou cinq exemplaires des deux premieres feuilles? Le Libraire n'en auroit-il pas conclu infailliblement qu'on ne lui avoit pas donné un livre à imprimer pour le vendre? D'où seroit donc venuë son impatience? Que lui importoit-il qu'on continuât ou qu'on ne continuât pas? Pourquoi craindre que l'on en demeurât là? Mr. J. fera bien une autre fois d'envoyer toutes faites à sesEspions de Paris les réponses qu'il voudra insérer dans ses Factums; il produit lui-même sans y penser des preuves démonstratives que l'édition de l'Avis a été donnée fort sérieusement au Libraire, & qu'il a esperé de la débiter, & par conséquent qu'il a tiré des premieres feuilles le nombre d'exemplaires qu'on a coûtume de tirer, de semblables livres.

Je fais encore une remarque, sur l'un des extraits. Il porte que le 7. de Mai le Libraire dit en confidence que depuis 15. jours on lui avoit fait dire de se préparer pour travailler à l'Avis. Mr. J. prenant là-dessus ses jettons trouve que la publication de son livre a été cause du message fait à l'Imprimeur, parce qu'à compter du 7. de Mai en remontant, les quinze jours en question nous amenent à la derniere semaine d'Avril, qui fut le tems que son livre fut mis en vente. Malheureusement pour lui ses quinze jours du Libraire font un terme trop court; car on peut montrer par le calcul, que le message qui lui fut envoyé, préceda nécessairement l'avis qu'on eût pû donner d'ici à Paris de la publication du livre de Mr. J. & par conséquent que ce message n'eût aucune relation à ce livre, ni au procès de Mr. Bayle.

Je voudrois bien que sa partie me donnât un peu la raison dans son systême, pourquoi le message n'a point eu de suite; car selon Mr. J. il ne fut fait qu'en conséquence de l'Avis que M. Bayle donna à ses patrons, qu'il paroissoit un livre contre lui, où on appuyoit fort sur ce qu'on ne voyoit que deux feuilles de la 2. édition. Mr. Bayle ne pouvoit pas ignorer que son Accusateur prendroit la discontinuation du travail pour une preuve certaine de fausseté. S'il avoit donc eu part à cette édition, ou ce qui est la même chose, si quelque personne de crédit l'avoit entreprise pour le tirer d'affaire, on eût non seulement fait savoir à l'Imprimeur qu'il se préparât, mais on l'eût aussi fait travailler actuellement. On ne l'a point fait, donc, &c. Une autre fois nos gens concerteront mieux sans doute ce qu'ils voudront recevoir de leurs témoins.

XXXVI. On prie aussi l'Accusateur de prouver

(*a*). Rem. gén. p. 39.

(*b*) On a presque certitude que M. Jurieu a mis dans ses prétendues preuves Manuscrites, que les éclaircissemens que Mr. Bayle demande sont les mêmes particularitez sur Junius Brutus qui sont dans l'Avis aux Réfugiez. Si l'Accusateur ne déclare pas dèsque ceci sera public, qu'il n'a jamais avancé ce fait, personne ne devra douter qu'il ne l'ait avancé, & en ce cas on le convaincra sur le champ d'une insigne calomnie; car on a l'original de la réponse qui fut faite à Mr. Bayle tant sur Junius Brutus que sur le *Contr-Assassin*, lequel original est datté du 29. Janvier 1691.

(*c*) Pag. 22. col. 2.

(*d*) Pag. 22.

(*e*) Pag. 23. col. 2.

ver que les premieres feuilles de l'Avis n'ont paru qued ans les Villes de Hollande.

XXXVII. Que l'exemplaire unique de ces feuilles qu'on a eu en Hollande a été retiré avec un si grand soin que personne ne l'a entre les mains.

AUTRES REMARQUES
Mêlées.

XXXVIII. QUe puisque le véritable Auteur est caché, encore que depuis trois mois on frape à toutes les portes pour le découvrir, il faut qu'il ne soit pas different de Mr. Bayle.

Il faut les renvoyer à la réponse qui fut un jour trouvée sous l'assiette de Sixte V. Ces gens ici paroissent nouveaux débarquez d'un autre monde, ils trouvent du prodige dans des choses dont on a mille & mille exemples. Que ne font-ils réfléxion que s'il étoit vrai que l'Auteur de l'Avis eût fait sa paix avec le P. la Chaise, on auroit pû trouver fort à propos de cacher soigneusement son nom, afin de l'employer plus utilement dans les Provinces à y tenir les mécontens dans l'obéïssance. Connu pour l'Auteur de l'Avis, il ne persuaderoit rien aux Fideles du Vivarets & des Cévennes; mais regardé par ses freres comme un bon Protestant, il peut leur inspirer la soumission & l'obéïssance. M. J. croit-il bien les Convertisseurs incapables de ce manege? Que veut-il donc dire quand il s'embarrasse de tant de difficultez de novice dans la page 17?

On lui a déja reproché qu'il parle de Paris comme s'il avoit passé toute sa vie dans la Perse. Il ne se corrige point. Il nous affirme qu'à Paris on est persuadé que l'Auteur de l'Avis est M. B. & toutes les preuves qu'il en a se réduisent à 3. ou 4. miserables extraits de lettres qu'il a mendiées.

On laisse à l'Auteur de l'Histoire des Ouvrages des Savans à relever toutes les faussetez du Sr. Jurieu par raport à la prétenduë Lettre de Bruges, si ce Bel-Esprit veut descendre à éplucher toutes les bévüës dont cet endroit du Factum est rempli.

Mais je ne m'apperçois pas qu'au moins l'Accusateur prouve autrement que par des lambeaux de Lettres anonymes, que l'on croit à Paris que l'Auteur en question est en Hollande; car il le prouve par les recherches qui ont été faites de cet Auteur en ce pays à la priere d'une personne très-considérable de Paris, & par un passage de Mr. l'Evêque (g) de Meaux.

Commençons par examiner la derniere de ces deux preuves.

On lui soûtient que les paroles de Mr. de Meaux ne signifient ni directement ni iudirectement que l'Auteur de l'Avis soit en Hollande; mais qu'il est seulement Protestant. Mr. J. ose bien conclure de là, que selon Mr. de Meaux, cet Auteur n'est pas à Paris. Si on lui accordoit cela, & qu'il en conclût, que selon Mr. de Meaux, cet Auteur est plûtôt en Hollande qu'en Angleterre, ou qu'en Allemagne, ne raisonneroit-il pas ridiculement? Mais montrons-lui qu'il n'en faut pas même conclure que cet Ecrivain soit hors de Paris. Mr. J. suppose que ce Prélat prend tous ceux qui signerent en 1685. pour de nouveaux Convertis, & que comme il ne voudroit pas dire d'un Nouveau Converti, qu'il est Protestant, il faut

que par Protestant il entende un homme actuellement Protestant. Or, dit Mr. Jurieu, de ces gens-là, il n'y en a plus à Paris.

Pour moi quand je lis de telles choses, je ne sai plus que penser de cet Auteur. D'où a-t-il pris que M. de Meaux regarde comme de nouveaux Convertis qui ne sont plus Protestans, tant de personnes de la Religion qui signerent en 1685. & qui refusent d'aller à la Messe? A qui donc adresse-t-il ses Avertissemens? N'est-ce pas surtout aux Protestans qui sont encore dans le Royaume? Et Mr. Jurieu à qui a-t-il adressé ses Pastorales, s'il est vrai qu'à Paris il n'y a plus de Protestans actuellement Protestans? D'où viennent donc ces Ministres prisonniers à la Bastille? S'il y a Ville dans le Royaume, où l'on laisse à nos freres la liberté de ne pas tenir leur signature, & d'être participans de la Résurrection des deux témoins du Sieur Jurieu, c'est à Paris? Mais ne perdons point notre tems à refuter des faussetez si absurdes, & si contraires aux autres Ecrits de l'Auteur. Qu'on a eu raison de dire qu'il n'y a personne contre qui il ait plus écrit que contre lui-même! Dans un petit Factum de trois feuilles, il ne sauroit gagner sur lui de parler uniformement. En un lieu il vous dit qu'il soupçonne (h) que Mr. de Meaux connoît l'Auteur de l'Avis; qu'il ne sauroit le définir; qu'il le croit pourtant. Douze pages après il sort de cette incertitude: JE NE DOUTE PAS, dit-il, que Monsieur de Meaux ne connoisse le veritable Auteur. Mais le comble de la hardiesse à mentir, c'est ce qu'il dit dans la page 35. que ce Prélat déclare qu'il croit l'Auteur de l'Avis en Hollande. Il avoit déja dit dans la page 30. qu'il est notoire par l'aveu de l'Evêque de Meaux, que l'Auteur est en Hollande.

Aveugles fauteurs de ce faux Prophete, reconnoissez ici combien sa témérité le rend indigne de créance; lisez les propres paroles de Mr. de Meaux, (i) On peut voir, dit-il, beaucoup d'autres choses également convaincantes sur cette matiere dans un livre intitulé, Avis aux Réfugiez, qui vient de tomber entre mes mains, quoiqu'il ait été imprimé en Hollande au commencement de l'année passée. . . . . . SI l'Auteur de ce bel Ouvrage EST UN PROTESTANT, comme la Préface & beaucoup d'autres raisons donnent sujet de le croire, on ne peut assez loüer Dieu de le voir si desabusé des préventions où il a été nourri, & de voir que sans concert nous soyons tombez lui & moy dans les mêmes sentimens sur tant de points décisifs. Est-ce déclarer qu'il croit l'Auteur de l'Avis en Hollande? Est-ce pour le moins déclarer positivement qu'il le croit des nôtres? N'en parle-t-il pas par un Si? J'avoüe que quatre pages après il le nomme Protestant sans se servir de cette particule de doute, & que le Journal des Savans le met de notre parti; mais encore un coup ce n'est pas avoüer & déclarer qu'on le croit en Hollande, & jamais Auteur n'a plus hardiment falsifié les citations, que celui que je réfute, ni écrit plus étourdiment que lui. Comment sait-il que Mr. l'Evêque de Meaux a fait lui-même l'Extrait de son livre qui a paru dans le Journal des Savans? Si on lui nie cela, ne demeurera-t-il point convaincu de témerité & d'imprudence? Comment a-t-il la hardiesse d'assurer (k) que ce Prélat n'a connu le Protestantisme de l'Auteur de l'Avis (l) que par la maniere, les airs & la forme de l'Ouvrage, pendant que Mr. de Meaux lui-même met la Préfa-

ce

Insigne mauvaise foi de Mr. Jurieu touchant Mr. Groëninx.

ce entre les principales raisons qui l'ont éclairé sur ce sujet.

Quant à l'autre preuve, je veux dire les Recherches que Mr. (m) G. fut prié de faire faire, je vous garantis, Monsieur, que notre homme n'en sortira qu'avec le fardeau de faux témoin sur le dos. Il est vrai d'une part que Mr. G. fut prié par une personne très-considerable de s'informer en Hollande qui étoit l'Auteur de l'Avis ; ce qui prouve seulement qu'on souhaitoit de savoir s'il étoit en Hollande, & qui il étoit ; mais il est très-faux d'autre côté que l'Ami de Mr. G. ait découvert à la Haye le Libraire & l'Imprimeur ; très-faux que le Libraire ait avoüé qu'il eût fait imprimer le livre ; très-faux qu'il ait avoüé qu'il en connoissoit l'Auteur ; très-faux qu'il ait refusé de le nommer.

Que Mr. J. fasse donc provision de faux témoins, puisqu'on lui donne à prouver en un seul article quatre choses de la derniere fausseté.

XXXIX. Que l'Ami de Mr. G. a découvert à la Haye le Libraire & l'Imprimeur de l'Avis aux Réfugiez, que le Libraire n'a pas nié qu'il eût fait imprimer ce livre. Qu'il a avoüé même qu'il connoissoit l'Auteur ; mais qu'il refusa de le nommer.

N'oublions pas qu'un habile & honnête homme de Rotterdam, qui avoit dit en conversation ce qu'il avoit oüi dire concernant les recherches que Mr. G. avoit fait faire, étant prié par Mr. J. à qui on l'avoit rapporté de lui donner un certificat qui contînt tous les 4. faits qu'il a inserez dans son Factum, lui répondit qu'il n'avoit jamais dit que l'on eût découvert le Libraire, & tiré de lui l'aveu ; qu'il eût fait imprimer l'Avis aux Réfugiez, & qu'il en connût l'Auteur. Cependant on n'a pas laissé depuis ce tems-là d'imprimer ces choses dans le Factum, & d'indiquer aux Puissances ce prétendu Libraire confessant. Qu'on juge sur cela de la conscience du personnage.

J'ai vû l'Original de la Lettre qui fut écrite à l'Ami de Mr. G. pour lui rendre compte de ce que l'on avoit appris touchant cette affaire. La Lettre porte simplement que le Libraire n'avoit pû rien découvrir de l'Auteur de cet Avis, & qu'on s'en informeroit ailleurs. Nous pourrons produire cette Lettre partout où besoin sera.

Voilà comment le Sieur J. trompe le Public par ses manieres hardies de décider, (n) c'est une *histoire veritable & certaine*, dit-il, *& dont chacun peut s'assurer par soi-même*. Qui ne croiroit que tous ceux qui consulteront Mr. G. & son Ami, apprendront de leur bouche que notre Accusateur n'avance que la pure verité ? C'est à quoi tous les Lecteurs s'attendroient si un autre que lui leur parloit de ce ton-là. Mais si quelqu'un veut mettre la chose à l'essai, il se convaincra bien-tôt de la fourbe. Et s'il étoit vrai que chacun pût s'assurer par soi-même de ce que le Factum affirme, d'où vient que l'Auteur ayant consulté celui qu'on lui avoit dit avoir parlé de ce fait, en a reçu pour réponse, *je n'ai jamais dit cela ?*

Pour le moins, dira-t-on, cette personne très-considerable qui s'est servie de Mr. G. pour faire enquête, croyoit que l'Auteur de l'Avis étoit en Hollande & non à Paris. Soit, quelle plaisante & fade preuve ! Une personne considerable ne croit pas qu'un Auteur soit à Paris, donc il n'y est pas ; elle croit qu'il est en Hollande, donc il y est. Appliquons ce beau raisonnement pour en voir le

L'Auteur des Moyens sûrs & honnêtes pour la conversion de tous les Hérétiques, n'a pû être découvert.

foible à un livre qui a fait beaucoup de bruit, & qui a pour titre, *Moyens seurs & honnêtes pour la conversion de tous les Heretiques.* Il y a dix ans qu'il est imprimé ; & on en cherche encore l'Auteur inutilement. On s'est informé s'il étoit en Flandres, s'il étoit en Hollande ; si c'étoit quelque Protestant, si quelque Janseniste exilé. Les uns ont crû qu'il étoit à Paris, sans se pouvoir fixer à aucune personne particuliere, les autres qu'il étoit ailleurs. L'Auteur s'est apparemment diverti au milieu de Paris de toutes ces vaines recherches, sans avoir l'imprudence de se découvrir. Celui de l'Avis seroit encore plus fou s'il se découvroit en France, après la sanglante Préface qu'il a mise à la tête de son livre, & peut-être a-t-il des amis en ce pays-là & ici qui fomentent adroitement les soupçons qu'on jette sur les Réfugiez.

Or puisque le Sr. J. répete les mêmes accusations, redonnons-lui la charge de les prouver.

Nouvelles chose qu'on donne à Mr. Jurieu à prouver.

XL. Qu'il prouve donc que l'Auteur de l'Avis aux Réfugiez se déchaîne contre les Ecrits faits contre la France, & nommément contre les Réfutations de Varillas, les Réponses qui ont été faites à de Brueys, la plainte des Protestans par Mr. Claude, (o) mais qu'il épargne la Critique de Maimbourg.

XLI. Que l'on reconnoit parfaitement dans l'Avis aux Réfugiez le stile de Mr. Bayle,

XLII. Que l'Auteur de l'Avis aux Réfugiez cite souvent les Peres.

XLIII. Qu'il étale une très-belle litterature humaine. La preuve de cet article doit être ainsi couchée ; (p) qu'un Auteur qui n'étale qu'un bon petit recueil du *Polyanthea*, qu'une pure pédanterie, qu'une litterature de College, étale une très-belle litterature humaine.

XLIV. Que les particularitez concernant Drabicius, Tilenus, Masius, Merlat, les Protestans de Magdebourg, &c. débitées dans l'Avis aux Réfugiez, ne sont connuës que de Mr. Bayle.

XLV. Qu'il paroît dans tous ses Ouvrages, qu'un de ses forts est d'être versé dans les Gazettes vieilles & nouvelles.

XLVI. Qu'il paroît aussi dans ses ouvrages 1. qu'il est exact dans l'usage des termes des Arts & du Barreau, & qu'il les fait en perfection. 2. qu'il est sans religion.

XLVII. Que Mr. Bayle n'approfondit rien, & que l'Auteur de l'Avis, qui selon Mr. J. pousse vivement un sujet, est donc Mr. Bayle.

XLVIII. Qu'encore que Mr. Bayle n'approfondisse rien, il ne laisse pas de pousser les difficultez jusqu'à la derniere précision, & de les enfoncer jusqu'au bout.

XLIX. Qu'il a des principes outrez sur l'autorité des Rois, & que ces principes sont très-rares entre les Protestans.

On verra quelque chose sur cet article à la fin de cet Ecrit.

L. Qu'un Auteur qui se sert ou dans la conversation, ou dans ses Ecrits, des pensées d'un autre, est cet autre.

LI. Que Mr. Bayle a témoigne autre chose pour les intérêts de la France, que du dégoût pour les injures basses & grossieres contre la personne de ceux qui la gouvernent, & pour certaines faussetez notoires & ridicules qu'il a pû entendre débiter quelquefois.

LII. Que le Sieur Jurieu a bien prouvé que l'Au-

(m) Mr. Groëninx, depuis Bourguemaître de Rotterdam, qui étoit alors à Paris.

(n) Page 30. col. 1.

(o) Voyez la Cabale Chimer. p. 638. col. 1.

(p) Cabale Chimer. p. 637. col. 1. à la fin.

l'Auteur de l'Avis aux Réfugiez aime les paradoxes.

LIII. Que quand un Auteur qui a un intérêt
capital de se cacher & de se masquer, imite toutes les méthodes particulieres qui ont paru dans
certains Ecrits, il en faut conclure que l'Auteur
de ces Ecrits, & celui qui se masque dans un autre, sont la même personne.

Le bon sens doit faire juger le contraire.

LIV. Que l'Auteur de la Cabale Chimérique
*(q) promet un Ouvrage, dans lequel il prouvera que
tous ceux qui se sont opposez aux Rois sous prétexte
de Religion, comme les Colignis, les Condez, les
Rohans, les Princes d'Orange, sont des Rebelles.*

LV. *(r) Qu'il a dit assez clairement que les Ministres qui sont allez prêcher sous la Croix, sont des
trompettes de rebellion qui se sont allez faire pendre.*

M. Bayle n'a jamais eu dessein de faire un livre
tel que celui dont il s'agit dans la 54. fausseté.
Je prie donc Mr. J. de nous marquer au plûtôt la
la page où est contenuë la promesse dont il parle;
mais il n'y eut jamais de calomnie plus atroce &
plus inexcusable tout ensemble que celle qui est
contenuë dans l'article 54. Elle ne peut être fondée que sur ce que Mr. B. a inféré des principes de Mr. J. afin de lui en montrer la fausseté.
S'il est une fois permis d'imputer aux gens comme
leur propre doctrine, les conséquences énormes
qu'ils tirent des erreurs de leurs adversaires, il n'y
aura plus qu'un cahos affreux dans la République
des Lettres, & dans les Barreaux, & si Mr. J.
peut soûtenir sans honte la vûë de cette imposture, il n'y a plus rien à esperer de lui.

Voici le fait. Il prétend qu'un Ministre qui employe tous les talens de sa plume pour porter Mr.
le Dauphin à détrôner son pere, ne fait rien qui
ne soit permis & de bonne guerre. Mr. B. a conclu de là, que si quelque Ministre se glissant clandestinement dans le Royaume, y excitoit par ses
Ecrits & par ses prédications, un soulevement
qui tendît à faire détrôner le Roi par son propre
fils, & qu'on fît pendre ce Ministre, Mr. Jurieu
le mettroit dans notre Martyrologe. Qu'y a-t-il,
je vous prie, dans cette maniere de raisonner, qui
fournisse le moindre prétexte de soûtenir ce qui
est contenu dans la 54. fausseté? M. Bayle ignore-
t-il que les Ministres qui sont allez prêcher sous
la Croix ont fait mettre dans leur instruction qu'ils
recommanderoient à tous les François qui feroient leur reconnoissance, d'obéïr à leur Souverain?

Mais puisque Mr. J. ne se plaint pas qu'on lui
ait imputé une fausse conséquence de son principe, on a droit d'en conclure qu'il l'adopte, &
qu'il reconnoît ainsi à la honte de nos Eglises, si
le prochain Synode n'en tire raison, *qu'un Ministre qui seroit pendu en France pour y avoir porté le
Dauphin à détrôner le Roi son Pere, seroit un vray
Martyr de l'Evangile.*

LVI. Qu'il prouve s'il peut qu'il n'y a pas d'é-
loge (*) que la Cabale Chimérique ne donne aux
Arnauds, aux Nicoles, & aux Pélissons.

LVII. Que c'est une marque de chagrin dominant contre le Roi Guillaume, que de dire qu'il
est magnifiquement loüé, & dans les ruës & dans
les boutiques, & dans les Temples de Hollande.

Où en est réduite la raison d'un homme qu'il

faut engager à donner des preuves de telles absurditez? Où est sa mémoire quand il dit qu'il n'a
jamais fait qu'une Apologie, sçavoir celle de LL.
MM. Britanniques? N'a-t-il pas fait celle de notre Morale, & celle de notre Réformation? Ce
n'est aucune des trois que la Cabale Chimérique
lui reproche: on le prie de citer les pages comme
on en use à son égard, & de ne point falsifier ce
qu'il cite.

M. Bayle lui a reproché *(s) d'autoriser par sa
pratique & par des Apologies les passions les plus opposées à l'esprit de devotion.* Il est bien manifeste
qu'il ne s'agit là que de la médisance, que de la
fureur satyrique, que de la haine contre les persecuteurs, que du ressentiment des injures, que
de l'envie de s'en vanger. Ceux qui le connoissent
par ses Ecrits, par ses Sermons, par ses Conversations, ne peuvent pas ignorer que sa Morale ne
soit là-dessus très-relâchée, pourquoi se jette-t-il
sur la politique, & suppose-t-il sans aucune ombre de raison, qu'on lui a reproché d'avoir fait
l'Apologie de la Révolution d'Angleterre? Chose dont il se mêla sans commission, & dont on
sait que les Anglois n'ont été guéres contens, eux
qui sont assez capables de se justifier sans qu'un
Etranger, qui a de tout temps parlé des affaires
d'Angleterre avec fort peu d'instruction & de discretion, s'en donne le soin. Or puisqu'il veut nous
mener sur les terres de la Politique, nous y trouverons des Apologies dont il est l'Auteur, très-
indignes d'un homme de son caractere. On ne veut
pas disputer aux Souverains la possession où ils sont
de se servir de stratagêmes; mais qu'un Ministre *M. Jurieu Apologiste des incen-
diaires & des
Espions.*
s'en rende l'Executeur, & l'Apologiste d'un Espion qui va mettre le feu, c'est ce que les bonnes Ames n'approuveront jamais. Ainsi on ne peut
qu'être choqué de la page 58. & 59. de son Examen de l'Avis, où il confond si visiblement l'A-
pologie du Souverain qui se sert de certains moïens
autorisez par l'usage, avec celle des Executeurs:
c'est ce que ne fera jamais un Théologien con-
sciencieux. Les Souverains eux-mêmes ne conçoivent que du mépris pour un Espion qui se fait
pendre à leur service, & jamais ils n'ont prétendu que ceux qui se veulent charger de l'execution
de quelques-uns de leurs stratagêmes, devinssent
d'honnêtes gens. Il ne faut point douter qu'ils ne
méprisent, & qu'ils ne blâment un faiseur de libelles séditieux, quand sa profession exige de lui
toute autre chose. Au reste, on n'a point prétendu lui faire un crime d'Etat, mais seulement
d'indiscrétion, de précipitation étourdie, de contradiction, sur ce qui lui est échapé à l'occasion
du Prince de Galles. Il eût mieux fait de laisser *Reconnoît le
Prince de Galles
pour légitime.*
tomber la chose; car la maniere dont il se justifie ne fait que l'embourber davantage, vû qu'il
prétend faussement n'avoir fait que ce que le Parlement d'Angleterre a fait. Voici ses paroles aussi
dégagées d'ambiguité qu'une période le puisse
être; *(t) Jaques s'enfuit, il deserte, on conserve
la Monarchie, on observe les loix, on donne son Trône abandonné A CEUX DE SES EN-
FANS QUE LEUR AGE ET LEUR
RELIGION RENDENT CAPABLES
DE PORTER LA COURONNE D'AN-
GLETERRE.* Si le Parlement s'étoit exprimé de la sorte, il est évident qu'il n'auroit pas
laissé la chose indécise, mais qu'il auroit reconnu
positivement, qu'entre les Enfans du Roi Jaques,
il y en a que leur âge & leur Religion rendent

ca-

capables de regner, & d'autres que leur âge & leur Religion rendent incapables de regner. Voilà comment est composé cet Auteur; plûtôt que d'avoüer une faute, il y envelopperoit tout le genre humain.

On l'avoit surpris dans une autre indiscrétion, concernant le Roi Guillaume; au lieu d'en profiter, (*u*) il s'est jetté sur des gloses malicieuses, plus indiscretes encore que ce qui lui avoit été reproché, & si ridiculement imprimées de son esprit calomniateur, qu'on n'a garde de les refuter.

On laisse aussi le reproche malicieux qu'il fait à l'Auteur de la Cabale Chimérique d'avoir témoigné qu'il aimoit le Roi de France; car voici l'admirable preuve qu'il en donne, c'est, dit-il, qu'il n'a point (*v*) *blâmé sa conduite, ses persecutions, ses usurpations, ses violences, ses incendies.* Et quoi; s'agissoit-il de cela dans une querelle d'Allemand que le Sr. Jurieu a suscitée à Mr. Bayle? Etoit-il question que de réfuter les calomnies de l'Accusateur? Admirez le peu de jugement de cet homme; il va donner lieu aux Etrangers de nous reprocher d'avoir fait passer en principe que tout homme qui fera un livre sans y inserer des invectives contre le Roi de France, sera atteint & convaincu du crime de lèze Majesté. Mr. Claude se plaignoit une fois que Mrs de Port-Royal nous mêloient partout, & disoient du mal de nous jusques dans leurs Grammaires & dans leurs Logiques; Mr. J. au contraire se plaindra désormais, si l'on fait imprimer quelque Grammaire, ou quelque livre d'Arithmetique où le Roi de France ne soit pas blâmé. Mais il aura beau faire, les gens sages n'imiteront point la maladie qu'il a de mettre partout les lieux communs de ses invectives. S'il plaidoit, il se feroit dire très-assurément,

(*w*) *Jam dic, Posthume de tribus capellis.*

Cet homme n'a-t-il pas bonne grace de faire un crime aux gens de ce qu'ils ne remplissent point d'invectives contre le Roi de France un livre où il ne s'agit que d'une querelle particuliere, lui dont le Public a vû enfin découverte (*x*) l'hypocrisie dans ce qu'il écrivit il y a deux ans à Mr. de Montausier. Il en tient, il ne s'en lavera jamais; il est convaincu d'avoir deux sortes de stiles, & d'être fort capable de servir deux Maîtres. Il se déchaîne en public, & il flate secretement. Il faisoit tout le contraire en France. Le menteur qu'il est ose-t-il protester en 1689. que son respect pour le Roi n'a souffert encore aucune atteinte? Qu'il ne s'avise de nous payer de quelque équivoque Jesuitique.

LVIII. Qu'il prouve s'il peut (on l'en défie) que l'Auteur de la Cabale Chimerique (*y*) *tourne partout en ridicule ceux qui ont crû qu'on pourroit abaisser le Roy de France jusqu'à rétablir la Religion en France, & qu'il represente les forces de ce Roy comme invincibles & superieures en tout à celles des Alliez.*

Remarquez s'il vous plaît, Monsieur, que parmi tant de choses fausses que Mr. Jurieu suppose à ses Adversaires au sujet de ses Soupirs de la France, il ne nie pas ce que la Cabale Chimérique avoit avancé (*z*) comme par oüi-dire, c'est qu'on lui fit entendre qu'il eût à y mettre fin, à cause des indiscretions qui lui étoient échapées en dernier lieu. Tirez de son silence telle consequence que vous jugerez à propos.

Il se plaint qu'on lui a attribué cet Ecrit *témérairement & sans preuve.* Mais quelles meilleures preuves pouvoit-on avoir que celles-ci; en 1. lieu la voix publique le lui donne. 2. Ses meilleurs amis ne le nient pas. 3. On ne le nie pas chez lui. 4. Enfin les airs dont on en parle chez lui, & dont ses amis s'en expliquent, ne laissent aucun lieu d'incertitude. Cependant l'Auteur de la Cabale Chimérique est tout prêt à se retracter, si le Sr. J. déclare publiquement qu'il n'est point l'Auteur de ces Soupirs de la France. Au reste c'est une vanité, je ne dirai pas très-malséante à un Ministre, mais aussi à quelque Ecrivain que ce soit, que de dire soi-même que ces Soupirs causent un noir chagrin aux Partisans de la France, & les mettent en fureur; car quel mal font ces Soupirs à la France? Et à quoi sont-ils propres qu'à faire rire ceux qui considerent qu'après qu'un Ministre s'est érigé en Prophete, il se déguise en cent formes differentes pour tâcher de faire réussir ses prédictions, montrant par-là qu'il n'est guéres persuadé que son inspiration soit bonne; car s'il l'étoit, il laisseroit faire la Providence, *Fata viam invenient.* Que de bon cœur il vérifieroit ses prédictions, s'il le pouvoit, à la maniere du fils de Nostradamus.

Qu'il ne se glorifie point d'être ardent pour l'Etat & pour l'intérêt des Alliez, & qu'il ne couvre point de ce beau prétexte sa passion dominante pour les Ecrits satyriques, & une autre passion encore plus forte, savoir la peur de se voir immolé sans ressource, ni échapatoire, à la risée publique par la fausseté de ses promesses. Ne voyant aucun moyen d'échapper à cette disgrace que par la désolation universelle de la France, & ne pouvant travailler à cette désolation qu'à coups de plume, il imprime tout ce qui lui vient dans l'esprit de plus violent, jusqu'à ouvrir le Paradis à tous ceux qui violeroient les droits que la guerre même la plus outrée respecte. Voilà son prétendu zele pour l'Etat, & pour la cause des Alliez, comme on le lui a marqué (*a*) dans la Cabale Chimérique. S'il trouve des contredisans, c'est qu'il y a des personnes qui ont plus à cœur que lui la veritable gloire de l'Eglise, c'est-à-dire, la pureté & la sainteté de sa doctrine, & qui voyent avec regret que nos ennemis pour la faute d'un seul Ministre non contredit, imputent & imputeront à tout le Corps je ne sai combien de maximes absurdes & abominables.

LIX. Qu'il prouve s'il peut que Mr. B. a dit dans sa Cabale Chimerique, (*b*) que *dans les Temples nous foulons aux pieds le Roy de France, que nous le jettons dans la boüe, en un mot que nous le traitons de la maniere la plus indigne, la plus insultante & la plus menaçante.*

Ce qu'il y a de surprenant dans cette mauvaise foi, c'est de voir que le Sieur Jurieu ait eu l'imprudence de citer les pages de la Cabale Chimérique, par où les Lecteurs verifieront dans un moment qu'on ne peut pas falsifier plus hardiment & plus grossierement ce qu'on cite, qu'il le fait.

LX. On lui donne encore à prouver, que Mr. Bayle a enrichi sa Cabale Chimérique des recueils de Mr. Colomiez.

RE-

(*u*) Page 32. col. 1.
(*v*) *Ibid.* col. 2.
(*w*) Mart. Ep. 19. l. 6.
(*x*) Voyez la Lettre sur le Différend, &c.

(*y*) Page 32. col. 1.
(*z*) Page 641. col. 2.
(*a*) Page 638 col. 1. 650. col. 2. 651. col. 1.
(*b*) Page 22. col. 2.

REMARQUES

sur l'Histoire du Tems, publiée à Londres.

porte-
ontre
r An-
l'Histoire
s, &
son Tra-
.

JE laisse à celui qui écrit à Londres l'Histoire du Tems, le soin de repousser les outrages qu'on vient de lui faire, & je me contente de dire que jamais on n'a pû mieux connoître que M. J. écrit sans jugement, qu'en considérant ce qu'il remarque contre cet Auteur. Sa hardiesse à offenser tout le monde paroît aussi dans cet endroit au grand scandale du Lecteur. Il veut qu'une certaine personne d'Angleterre qu'il ne nomme pas, ait fourré dans le Journal Anglois ce que l'on dit de l'Auteur de l'Avis aux Réfugiez, & qu'on ait fait cette fraude en faveur & à la priere des Cabalistes d'Hollande. Immédiatement après il se réfute lui-même en faisant connoître qu'il n'est pas hors d'aparence que cela soit faux, & qu'on n'ait fourré l'article que dans la seule version Françoise. Dans la page suivante il ne parle plus en doutant de ce dernier fait, il met tout net la fraude sur le compte du Traducteur. Enfin après avoir traité l'Auteur Anglois d'une maniere très-malhonnête & très-choquante, il lui en fait des excuses si pleines de bévûës, qu'on ne sauroit s'empêcher d'en rire. Ces excuses sont que cet Auteur n'a fait que suivre le Mémoire qu'on lui a donné. Et comment Mr. Jurieu ne voit-il pas qu'un homme qui affirme une chose qu'il croit savoir, est incomparablement moins coupable, que celui qui ne l'affirme que sur la foi d'un Mémoire (*). Ce dernier est un menteur, & peut-être un grand fripon, & l'autre peut-être un honnête homme.

L'Auteur Anglois & son Traducteur, qui à ce qu'on m'a dit, est un Ministre Réfugié, se pourvoiront contre les colomnies de Mr. J. ainsi qu'ils trouveront à propos. Mais les prétendus Cabalistes n'auront pas de peine à le confondre; car il est indubitable que l'article en question est dans l'original Anglois imprimé au mois d'Août 1690. tout tel que dans la version Françoise qui n'a paru que depuis un mois. Il est indubitable, comme Mr. J. l'avoüe, qu'au mois d'Août de l'année passée on ne parloit plus en Hollande de l'Avis aux Réfugiez; c'étoit un livre déjà mort. Ainsi les soupçons qui avoient d'abord été jettez sur Mr. Bayle, étoient une chose évanoüie. Il est donc absurde de supposer qu'en ce tems-là lui ou ses prétendus complices ayent fait insérer dans les Mémoires d'Angleterre, l'article dont il s'agit.

De-plus s'ils l'avoient fait insérer, ils auroient sçu dès le mois de Septembre 1690. qu'il étoit actuellement inséré: ils en auroient donc tiré quelque usage, à tout le moins dès le mois de Janvier suivant, lorsque le Sr. J. commença son accusation contre Mr. Bayle. Il est néanmoins de notoriété publique qu'ils n'ont commencé d'en parler que depuis que la traduction Françoise a paru. Ce n'est que depuis ce tems-là qu'il est revenu à Mr. J. (c) que les Cabalistes faisoient grand bruit d'un passage de ce livre; c'est une preuve indubitable qu'ils n'en savoient rien il y a deux mois, & par conséquent qu'ils n'ont nulle part à ce qu'a publié l'Auteur Anglois. Voïez, je vous prie, le cas qu'il faut faire des autres accusations de Mr. J. concernant telle ou telle fourbe ou machination tramée à Paris. La fausseté & la hardiesse prodi-

gieuse de ses impostures, par raport au Journal Anglois, doit être un préjugé contre les autres.

Quoiqu'il en soit, puisqu'il aime tant les recherches qui tendent à prouver les accusations, & qu'il fait espérer d'aller au fonds de la prétenduë fraude de Londres, il me permettra de lui donner à prouver:

Ce qu'il doit faire pour prouver la fraude de Londres.

LXI. Que la personne qu'il désigne en Angleterre a fait fourrer dans les Mémoires du Tems un passage touchant l'Avis aux Réfugiez en faveur & à la priere de Mr. B. & de ses Amis.

LXII. Que ce n'est point l'Auteur Anglois, mais le Traducteur qui a dit que le livre des Réfegiez *fait grand bruit dans le monde.*

LXIII. Qu'au mois d'Août 1690. le nom de ce Livre n'étoit pas même connu en Angleterre.

Mr. J. comme vous voyez gagnera très peu de chose à s'être tant échauffé contre le Journal Anglois. Il pouvoit s'épargner cette confusion, puisque Mr. B. n'a jamais prétendu se servir de ce Mémoire. Ne devroit-il pas suffire à l'Accusateur de réfuter les Ecrits de son Adversaire, sans s'amuser à répondre à tout ce qu'on lui vient raporter qu'on a oüi dire à ces Messieurs. Je l'en ai déjà averti; on fait donner dans le panneau ses espions, on dit en leur présence tout exprès cent choses pour se moquer & d'eux & de lui. Qu'il y prenne garde, autrement on verroit cet homme qui se vante (d) d'avoir été presque le seul qui se soit opposé aux Arnauds & aux Nicolles, aux Bossuets, & aux Pélissons, & à qui quelque Flateur apliquera peut-être dans deux jours, le *j'ai été tout seul à fouler au pressoir,* par une profanation aussi choquante que celle de l'Avis aux Réfugiez; on verroit, dis-je, cet homme n'avoir plus d'autre occupation que celle de ramasser la raclure & la baliûre des Conversations, pour s'en faire un Ennemi dequoi triompher.

Quand il seroit naturellement moins éloigné qu'il ne l'est de l'exactitude, il lui seroit impossible de l'observer, parce qu'il arrive rarement que ceux qui raportent une chose, n'en altérent quelque circonstance. Par exemple ces deux personnes (e) *notables, d'honneur & de distinction,* qui se rencontrérent chez Mr. de Beauval avec Mr. Bayle, & qui entendirent la lecture d'une Lettre que Mr. de Beauval avoit reçuë depuis peu, où on lui parloit de l'Avis aux Réfugiez, se trompent & sur la date du tems & sur la date du lieu. Cette Lettre en parloit comme d'un livre déjà imprimé, & ces Messieurs raportent qu'elle en parloit comme d'un livre qui étoit encore sous la presse. Les chicanes de Mr. J. trouvent mieux leur compte dans ces altérations du fait, que dans le fait véritable; mais néanmoins quelles pauvretez, & quelles vetilles que toutes les conséquences qu'il tire du raport infidelle de ces Notables! Les Journalistes des Savans sont-ils les Auteurs ou les Complices de tous les livres dont ils savent le titre & la matiére avant qu'ils soient imprimez; les Auteurs & les Libraires ne leur envoyent-ils pas souvent les projets, les plans, les premiéres pages des livres long-tems avant que le Public en voye rien; & encore un coup qui que ce soit qui ait composé l'Avis, n'y-a-t-il pas eu des raisons de prendre certains devans? Pourquoi veut-on qu'il n'y ait que Mr. Bayle au monde qui ait dû faire écrire certaines choses aux Journalistes? Voilà d'ailleurs une plaisante difficulté que celle que Mr. J.

Son inexactitude dans tout ce qu'il écrit.

pro-

(*) C'est-à-dire, Que si un Gazetier, par exemple, est persuadé d'un fait faux, il est moins coupable en l'affirmant, qu'il ne le seroit s'il l'affirmoit en son nom lorsqu'il n'en auroit autre connoissance que celle que quelqu'une lui en donneroit par un mémoire. Voyez *l'Avis au Lecteur* ci-dessus p. 698. col. 1.

(c) Pag. 34.
(d) Nouv. Conv. p. 12.
(e) Pag. 29. & 35.

proposé d'une maniére si pompeuse touchant la ville de Bruges ? Peut-on n'avoir pas pitié de semblables objections ? Est-ce qu'il n'y a personne à Bruges à qui un Libraire de Hollande puisse envoyer un livre sur les matiéres du tems, avant que de le vendre dans sa boutique ? J'ai honte & j'en démande pardon à mes lecteurs, de réfuter tant de puérilitez ; j'en suis si las, que je ne passerai pas plus outre, quoiqu'il en reste bien d'autres à relever.

Je ferai néanmoins cette refléxion sur la conduite de ces deux Notables ; c'est qu'elle est capable d'ôter aux Réfugiez toute la douceur du commerce de la vie : car elle met les gens dans une défiance continuelle ; on croit recevoir une visite de ses Amis ; on s'ouvre familiérement à eux ; on leur fait part des nouvelles qu'on a reçuës ; on leur lit des lettres ; & on ne sait pas qu'on parle à des Témoins à venir, pour vous faire perdre l'honneur & la vie, si Mr. Jurieu s'avise au bout de deux ans de publier un libelle contre vous. Il faut renoncer à toute Société, ou ne parler que par monosyllabes, ou même que par signes ; encore n'est-on pas certain qu'avant la fin de l'an on ne se verra pas réfuté dans quelque *Factum*. Si nos Fréres de France m'en croïent, ils se réfugieront en tout autre lieu plûtôt qu'en Hollande, tandis que Mr. J. vivra. Depuis peu de jours il a découplé contre Mr. Piélat son Collégue trois ou quatre témoins, dont la plûpart, à ce qu'on dit, lui avoient été faire une visite pour l'enlacer en paroles. Ils choisirent ce qu'ils voulurent d'une longue conversation pour en faire le sujet d'une déposition Consistoriale. Le Consistoire sans avoir égard à ces Messieurs les témoins, a donné gain de cause à Mr. Piélat ; mais cela n'est point capable de guérir les défiances.

SENTIMENS

de Mr. Bayle sur l'autorité des Souverains.

C'Est ici que je veux mettre l'éclaircissemens que j'ai promis sur l'article 49.

Le Sieur Jurieu remarque qu'entre autres conformitez, (f) Mr. Bayle & l'Auteur de l'Avis se rencontrent parfaitement dans une opinion très-rare entre les Protestans, c'est-à-dire, dans des principes outrez sur l'autorité des Rois.

Sur cela j'ai à déclarer deux choses. 1. Que Mr. Bayle n'a point d'autres principes sur l'autorité des Rois, que ceux qu'il a pris dans la Confession de Foi des Eglises Reformées, & que conformément aux deux derniers articles de cette Confession, il est persuadé que l'on doit être aussi soûmis à son Souverain, dans *les Républiques*, & *toutes autres sortes de Principautez*, que dans les Monarchies. Ainsi son accusateur se rend là coupable d'une double calomnie ; l'une est d'apeller *principes outrez*, le sentiment de Mr. Bayle sur l'obéïssance des Sujets, sentiment qu'on ne peut apeller outré, sans qualifier de la même sorte la doctrine de la Confession Belgique tout-à-fait conforme en cela à celle de Geneve ; l'autre est de prétendre que les principes de ce Philosophe touchant la soûmission des Sujets, ne regardent que les Monarchies, au lieu qu'il prétend qu'un Hollandois est aussi obligé d'obéir à Nosseigneurs les Etats de Hollande & de West-Frise, qu'un François au Roy de France ; & qu'un Hollandois qui desobéit à son Souverain est aussi coupable du crime de félonnie, de rébellion, & de lèze-Majes-

té, qu'un François qui desobéit au Roy de France.

En 2. lieu, je déclare que si l'Auteur de l'Avis aux Réfugiez n'a point d'autre sentiment que celui-là sur cette matiére, Mr. Bayle veut bien luï être conforme en ce point. Mais si cet Auteur est dans le sentiment que Mr. J. semble lui imputer, qu'il n'y a point de Rois ausquels on ne doive une obéïssance sans bornes, & qu'une Souveraineté Aristocratique ou Démocratique n'a pas le même droit de se faire obéir que la Monarchique, en ce cas-là Mr. B. est très-éloigné de l'opinion de cet Ecrivain.

C'est à Mr. J. à marquer bien précisément en quoi consistent les principes de l'Avis aux Réfugiez, & puisqu'il se plaint de n'avoir trouvé dans ce livre aucun systême, mais seulement deux misérables difficultez contre l'opinion de Junius Brutus, il semble qu'il ne devoit pas décider comme il a fait sur la conformité de principes entre cet Auteur & Mr. Bayle. L'un des Ecrivains de M. Jurieu vient de déclarer fort nettement, que l'Auteur de l'Avis *n'établit rien de sa part, qu'on ne sait bonnement quel est son systême, qu'on ne lui en reconnoît point, qu'il se contente partout de mener ses Adversaires* ad absurdum. Pourquoi donc ose-t-on décider que ses sentimens sont les principes outrez sur l'autorité des Roys ? Ce que l'on peut bien connoître c'est qu'il n'est point du sentiment de Junius Brutus, & encore moins de celui de Mr. J. qui va mille fois plus loin ; desorte que pour bien poser l'état de la question par raport à l'article 49. donné à prouver à ce Ministre, il faut s'exprimer ainsi.

L'opinion contraire à celle de Buchanan & de Junius Brutus sur l'autorité des Rois, est très-rare entre les Protestans.

Il se présenteroit à dire milles choses là-dessus, mais il faut se resserrer. Disons seulement que Mr. J. ne paroît pas mieux connoître le Protestantisme que la Ville de Paris, il en parle comme un Nouveau Converti du Mahométisme ; car pour ne rien dire des Luthériens qui se sont vantez depuis peu d'années par la plume de Mr. Masius Professeur en Théologie à Copenhaguen, d'être les seuls qui ont des principes favorables aux Monarchies, Mr. J. ne se souvient-il pas de ce qu'il répondit à Mr. Arnauld en l'année 1683 ? M. Arnauld nous avoit objecté quelques Ecrits remplis de maximes Républicaines : Mr. Jurieu lui répondit (g) en l'insultant d'abord sur le petit nombre de ces Ecrits, qui se réduisoient à deux Auteurs connus, & à deux inconnus. Il ajoûta qu'on avoit répondu cent fois à cette objection, & *qu'on pourroit en bonne justice la mépriser à cause du petit nombre d'autoritez qu'on nous produit, que 3. ou 4. Auteurs, quelques célèbres qu'ils fussent, ne font point de corps ; qu'encore de ces quatre il n'y en a que deux, Buchanan & Parœus, dont l'autorité vaille quelque chose : car pour ces deux inconnus, poursuit-il, Junius Brutus & l'autre nous ne les connoissons point ; s'ils ont des maximes sanguinaires ils les ont puisées dans le Papisme qui en est la source.* Enfin il déclare que les maximes de Buchanan & de Parœus ne sont point nos maximes, que nous les avons diverses fois desavoüées, & qu'on ne les trouvera dans aucun de nos Ecrits authentiques. S'il avoit oublié cela, l'Avis aux Réfugiez ne lui en a-t-il point renouvellé la mémoire ?

En vérité Mr. la Placette qui avoit préparé une Apologie pour les Réfugiez en Dannemarck contre les reproches que Mr. Masius fait aux Calvinistes, a bien peu d'obligation à Mr. J. qui vient de

déclarer folemnellement que les principes de Junius Brutus font fi communs parmi nous , que
l'opinion contraire *y eft très-rare*. Mais que M.
Mafius ne prétende pas s'en prévaloir ; il eft trop
aifé de montrer que M. Jurieu ne fait ce qu'il dit
en cet endroit , & que jamais fauffeté n'a été
avancée plus témerairement.

Il eft à craindre que pour couvrir cette faute ,
il n'en faffe une plus dangereufe , en nous répe-
tant ce qu'il a déja imprimé , qu'il faut chercher le
fentiment de nos Théologiens dans notre conduite
(*h*) & non dans quelques paffages que la crainte
ou la politique ont extorquez. Mais qu'il ne juge
point des autres par lui-même , qu'il ne croye pas
que parceque dans la Politique du Clergé , il n'a
pas tout ce qu'il penfoit fur l'autorité des Rois ,
(*i*) & qu'il a fait voir notre caufe par le plus beau
côté (c'eft ainfi qu'il avoue fes équivoques & fes
réfervations mentales) les Du Moulins , les Daillez , les Bocharts , les De Langles , les Claudes ,
& trois des plus célèbres Profeffeurs en Théologie qui ayent été parmi nous , Gaméron , Samuël
Petit & Amiraut , n'ayent pas condamné précifément & ingenûment la doctrine de Buchanan &
de Languet.

Faut-il , Monfieur , que l'on fouffre que le Sr.
Jurieu fourniffe des armes à nos Adverfaires dont
ils nous battront nous & notre pofterité. J'entens
ces aveus qu'il fait que nous n'avons parlé de l'autorité Royale en France magnifiquement que par
politique ; s'il étoit aux gages du Clergé pour
nous trahir , que feroit-il de pis ? Et puis on
nous viendra crier que la Caufe lui a de grandes
obligations ?

Je ne dois pas obmettre qu'il eft fi peu vrai que
l'opinion contraire à Junius Brutus , foit très-rare
parmi les Proteftans , que les plus célèbres Profeffeurs que la France ait fournis à la Hollande , comme Mrs. Rivet , Des-Marets , & Saumaife l'ont
hautement foûtenue en ce païs-ci ; jufques-là qu'ils
ont reproché à Grotius , comme l'a fait depuis
peu Mr. de Maux , (*k*) de n'être pas affez orthodoxe là-deffus , & d'avoir des principes conformes à ceux de ce même Junius Brutus qu'il
nous reprochoit éternellement. D'où paroît que
nos Souverains n'ont jamais exigé des Profeffeurs
étrangers , qu'ils euffent fur l'autorité Souveraine
l'opinion de Buchanan & de ce Brutus. Comment
l'auroient-ils exigé des étrangers , puifque Mr.
Grafwinkel Hollandois de nation & Avocat Fifcal à la Haye , a fait des livres auffi flateurs pour
l'autorité des Rois , qu'aucun Ecrivain vivant fous
les Monarchies ? Encore aujourd'hui M. Huber
Profeffeur à Franeker , l'un des plus habiles Jurifconfultes de ce fiecle , (*l*) eft fort éloigné du fentiment de ces gens-là. Que M. Jurieu l'aille attaquer s'il ofe , qu'il fache que fi jamais nous
voyons rétabli l'Edit de Nantes , la premiere chofe
qu'il faudra faire fera de condamner la plûpart de
fes Ecrits , & de s'excufer le mieux qu'on pourra
de ne l'avoir pas fait plûtôt. On prioit auttefois
les Romains , (*m*) *Ne unius amentiam civitati
affignarent , fuo quemque periculo furere. . . . . . .
nec ullam effe civitatem quæ non & improbos cives
aliquando , & imperitam multitudinem femper habeat.* Ce formulaire n'eft pas mauvais en certains
tems.

RECAPITULATION.

RECAPITULATION.

IL me refte à faire deux chofes ; l'une eft de repréfenter en quoi confifte deformais l'argument de M. Jurieu ; l'autre eft de montrer en quoi
confifte celui de M. Bayle.

Ce qu'il y a de plus fort dans le Factum de M.
J. fe réduit à ces deux points.

I. Quelques Extraits de lettres de gens inconnus portent 1. qu'on a oüi dire à Gabriel Martin &
à fon beaurere , que M. Péliffon dirigeoit l'édition de l'Avis aux Refugiez.

Donc c'eft un fait certain & inconteftable.

2. Que l'on n'a imprimé que deux feüilles ,
dont même on n'a tiré que très-peu d'exemplaires.

Donc c'eft un fait certain & inconteftable.

3. Que M. Bayle entretient un commerce affez régle avec M. Péliffon & avec M. de Larroque.

Donc c'eft un fait certain & inconteftable.

4. Qu'on croit à Paris que M. Bayle eft l'Auteur de l'Avis aux Refugiez.

Donc c'eft un fait certain & inconteftable.

Ceux qui favent ce que c'eft que procès , accufation , Factum , ne voyent rien là de juridique
ni fur quoi on puiffe ajourner une perfonne , ni
même former un jugement particulier. Car que
fait-on fi Martin & fon beaufrere n'ont pas dit
cela en raillant ou par fineffe ? Si on n'a point leur
dépofition dévant les Juges , n'en faut point importuner le Public ; & quant aux Auteurs des
lettres , on ne fait s'ils font récufables , ni quelles preuves ils ont à donner de ce qu'ils affirment.

Mais quand on accorderoit les quatre conféquences ci-deffus marquées , il ne s'enfuivroit pas
que l'édition eût été entreprife pour favorifer
M. Bayle , ni qu'il fût l'Auteur de l'Avis ; au
contraire il faudroit conclure des deux premieres , qu'on n'a point eu en vue de lui rendre nul fervice.

II. L'Auteur de l'Avis aux Refugiez à des caractéres dont l'affemblage ne convient qu'à M.
Bayle.

Donc c'eft M. Bayle.

On accorde la conféquence , mais on nie le
principe ; car pour être vrai il faudroit que l'Auteur de l'Avis fût neceffairement en Hollande.
Or jufqu'ici M. Jurieu n'en a point donné des
preuves qui n'ayent été folidement réfutées.

Quant à ce grand nombre de caractéres que M.
J. raffemble dans la page 31. très-inutilement ,
puifque la plûpart conviennent à une infinité d'E-
crivains , on lui dit pour couper court , qu'il fuffit qu'il y en ait qui ne conviennent pas à M.
Bayle afin de renverfer l'accufation : car pour me
fervir de la méthode de M. J. je fuppoferai qu'un
faux témoin pour éviter le pilori fe foit fauvé , &
que le Prévôt faififfe un homme qui reffemble au
portrait de ce faux témoin ; il faudra que le Prévôt lâche prife , fi l'homme qu'il a arrêté a les
yeux noirs , & que le faux témoin les ait bleus ,
quoique d'ailleurs ces deux hommes foient parfaitement femblables.

Voici des differences entre M. Bayle & l'Auteur de l'Avis.

1. Selon M. Jurieu , le fort de M. Bayle eft
une

(*h*) Exam. de l'Avis , p. 87.
(*i*) Ibid. p. 105.
(*k*) 5. Avertiff.

(*l*) De jure Civil. l. 1. c. 11. & feq.
(*m*) Tite Live l. 35. Id. li. 45.

une très-belle littérature humaine qui paroît dans tous ses Ouvrages.

Selon le même M. J. la littérature de l'Auteur de l'Avis, n'est que pedanterie, que littérature de College, que recueïl de *Polyanthea*.

2. Selon M. J. l'Auteur de l'Avis sait en perfection les noms des Arts, des Sciences, & du Barreau.

M. Bayle y est peu versé, & aucun de ses livres ne marque qu'il s'y entende. S'il a promis quelques corrections & additions pour une nouvelle Edition du Dictionnaire de Furetiere, c'est pour les termes ordinaires qui lui tomberont en main, & principalement pour rectifier les faits & les citations.

3. Selon M. J. M. Bayle se plaît à soûtenir des paradoxes.

L'Auteur de l'Avis aux Refugiez n'en soûtient point.

L'Auteur de l'Avis cite perpétuellement l'Ecriture, selon la version de Geneve, tout son livre est plein d'allusions à l'Ecriture, tout y sent un homme confit dans la lecture des Sermons.

Rien de semblable ne paroît dans les Ecrits de M. B. & M. J. n'oseroit lui donner ces quatre caracteres, puisqu'il l'accuse d'être Déiste depuis plus de vingt ans, & de ne faire aucun acte de Religion.

5. M. Bayle est grand Partisan de la Tolérance Civile.

L'Auteur de l'Avis ne couche pas moins que d'extirper toutes les Sectes de Transilvanie dès que l'Empereur le pourra.

6. M. Bayle est diffus, & negligé dans sa maniere d'écrire, mêle le serieux & le badin, &c.

L'Auteur de l'Avis ne fait qu'indiquer les choses, fait le grave & le Prédicateur depuis un bout jusques à l'autre, & son stile est fort travaillé.

Je pourrois ajoûter que l'Auteur de l'Avis a oublié cent choses qui venoient admirablement à son sujet, & qui étoient connuës de M. Bayle; de sorte que s'il étoit l'Auteur de l'Avis, il n'eût jamais manqué de les mettre. Il en a donné des exemples dans la Cabale Chimérique.

Joignez à tout cela son Chapitre X. de la 2. édition.

Voici à présent son Argument.

L'Auteur de l'Avis a des caracteres qui ne conviennent pas à M. Bayle, comme on vient de le voir.

Donc il n'est pas M. Bayle.

Si M. Bayle étoit l'Auteur de l'Avis, la 2. édition ne seroit pas telle qu'on dit qu'elle a été; je l'ai prouvé par des raisons cent fois plus fortes que tout le Factum de Sieur Jurieu.

Donc il n'est pas l'Auteur de l'Avis aux Réfugiez.

D'autres peut-être donneroient ici le précis de ces raisons; mais comme elles ne sont pas trop longuës, ni difficiles à trouver où je les ai mises ci-dessus, j'aime mieux y renvoyer mon Lecteur, & raporter seulement ce que je viens d'aprendre sur cette matiere par la lecture d'une lettre du beaufrere de feu Martin.

Cette Lettre porte entre autres choses, 1. que ce Libraire *témoigna* à son beaufrere *peu de jours avant sa mort, qu'il esperoit continuer & achever l'impression de l'Avis aux Refugiez, laquelle on l'avoit empêché de continuer sans qu'il en ait sû la raison.* 2. *Que vraisemblablement il travailloit par un ordre superieur qu'il n'a jamais voulu découvrir,*

car il n'étoit nullement homme à rien faire sans bonne & seure permission. 3. *Que si c'est par les ordres de Mr. Pelisson, ou de quelqu'autre Puissance qu'il ait travaillé, c'est ce qu'il n'a jamais dit à son beaufrere, & surquoi celui-ci ne croit pas qu'il luy soit permis de faire des conjectures.* 4. *Que l'enregistrement du Privilége sur le livre de la Communauté se fait quand on veut, pourveu toutesfois que ce soit avant la publication du livre, & qu'ainsi on peut fort bien commencer & même finir l'impression sans cette formalité.* 5. *Que la prétention de Mr. Jurieu là-dessus est détruite par l'usage ordinaire, & qu'il se trompe fort quand il infere de ce que le Privilége de l'Avis ne s'est pas trouvé sur le livre de la Communauté, que c'est une fausseté & une fourberie.*

Celui qui a écrit cette lettre la finit par ces paroles bien remarquables. *Au reste, après vous avoir dit ce qui est réel, je crois pouvoir vous dire ce que je pense du mystere qui paroît en cette affaire. Il y a toute apparence que la supression de cet Ouvrage ne vient que de la querelle qu'on a faite à Mr. Bayle, & qu'on a souhaité qui s'échauffât. Je voudrois pouvoir vous donner des éclaircissemens plus positifs, &c.*

Voilà des faits d'où résultent plusieurs conséquences ruïneuses aux supposi.ions du Sr. J. car 1. si le Sr. Martin a esperé d'achever cette impression, il faut nécessairement, ou qu'il ait tiré des deux premieres feüilles le nombre ordinaire d'exemplaires, ou que s'il n'en a tiré que 4. ou 5. il ait laissé les formes toutes composées pour achever l'impression de ces 2. feüilles au premier ordre. En effet, s'il n'eût tiré que 4. ou 5. exemplaires, & qu'il eût ensuite rompu les formes, il eût été très-certain qu'on ne songeoit pas à une édition de l'Avis, & ainsi il n'eût pas pû esperer de l'achever, & il n'eût pas été nécessaire de le tenir en haleine, & de lui faire dire qu'il se donnât patience, comme je l'ai déjà remarqué ci-dessus dans la pag. 758. Son espérance & la patience qu'on lui a recommandée sont donc une preuve convaincante qu'il a crû qu'on lui donnoit à faire une véritable édition. Or il n'auroit pû le croire s'il n'avoit tiré que 4. ou 5. exemplaires des deux premieres feüilles. Il est donc faux qu'il n'en ait tiré que ce nombre, ou bien il a gardé les formes, comme font souvent d'autres Libraires, & a été toûjours en état d'en tirer autant qu'il voudroit.

Ce qu'on dit qu'on n'a point trouvé des exemplaires des deux premieres feüilles dans son Imprimerie, prouveroit non pas que cette édition n'a été qu'un jeu, mais seulement que le Directeur de l'affaire les a retirez tous pour des raisons qu'il a euës pardevers lui, & sur lesquelles il n'est pas malaisé d'exercer l'art des conjectures.

En 2. lieu, si l'on compare le 2. & le 3. fait avec les extraits publiez par M. J. on verra qu'ils sont très-suspects de fausseté à divers égar.ls, & qu'il n'y a point lieu de douter sur le Privilége.

Enfin le 4. & le 5. fait confondront la témerité du Sr. J. & de ses amis, qui ont osé se mêler de décider sur les réglemens de la Librairie sans y rien entendre. Voyez, Monsieur, ce que j'ai dit ci-dessus dans l'article 28. (n).

Sur la conclusion de la lettre je renvoye le Lecteur à la note (y) de la page 662. de la Cabale Chimérique. Il y a là dequoi faire bien des réflexions contre les hypotheses fantastiques de ceux qui veulent que M. B. & ses prétendus amis de la Cour de France ayent concerté la 2. édition pour

lui

lui faire gagner ſon procès, & que cette Cour
l'aime mieux en ce Pays-ci qu'en France.

Après cela je laiſſe à juger à toute perſonne ſage & équitable, ſi un Miniſtre de l'Evangile a
dû cauſer dans ce Pays le trouble, le ſcandale, le
déchaînement reciproque de mediſances qui y regne depuis 3. ou 4. mois, & tant d'autres deſordres incompatibles avec cette tranquillité d'ame
qui nourrit & qui fortifie la pieté; s'il a, dis-je,
dû cauſer tous ces maux par l'accuſation publique qu'il a intentée à un Collegue ſans aucune
preuve qu'il ait pû rendre juridique après ſix ou
ſept mois de travail.

Quoiqu'il en ſoit, on le prie de travailler inceſſamment à la preuve des articles qu'on vient
de lui cotter, on l'en prie, dis-je, quoiqu'on
ſache que ces ſortes d'occupations lui ſont infiniment agreables, & on lui promet que s'il y
réüſſit, ſon Factum ſera jugé digne d'être exactement refuté.

ADDITION

*Sur ce qui a été dit du ſéjour de Mr. Bayle
à Toulouſe.*

ON a oublié de répondre à ceux qui demanderont des preuves de ce que Mr. Bayle
ſoutient, qu'il n'a jamais demeuré chez les Jeſuites : on leur répond 1. que c'eſt à ces bonnes gens
qui écrivent qu'il y a demeuré à le prouver, dequoi on les défie. 2. Que l'aſſurance avec laquelle il le nie lui doit tenir lieu de preuve démonſ-
trative, vû qu'il n'a nul ſujet d'eſperer que s'il
avançoit en cela une choſe fauſſe, on lui épargneroit la confuſion publique de l'en convaincre; ce
qui en ce cas-là ſeroit très-aiſé. 3. Qu'il ſe fait
fort, s'il eſt beſoin, de faire venir un Certificat
de Toulouſe en bonne & dûë forme.

Il vient d'aprendre qu'il ſe trouve des Refugiez
à Londres, qui s'offrent de témoigner qu'il n'a
jamais demeuré chez les Jeſuites. S'il eſt bien aiſe
qu'il y ait de telles gens parmi nous, c'eſt plûtôt
pour l'intereſt de notre reputation, que pour ſon
intereſt propre; car quand tout ce qu'il y a de
François de la Religion dans les Pays étrangers
s'accorderoient à fournir à Mr. Jurieu des témoignages ſemblables à ceux qu'il a publiez dans la
Courte Revüë, il n'en ſeroit pas moins facile à M.
Bayle de juſtifier le contraire : ce qui nous mettroit dans le ridicule, & nous feroit paſſer pour
une Nation qui croit ſans l'examiner tout ce qu'elle entend dire, & qui ſoutient publiquement ſes
erreurs dans les faits mêmes où il eſt le plus aiſé
de decouvrir la verité; car encore que le changement de Religion d'un jeune Ecolier en Philoſophie qui s'en va de Puy-Laurens à Toulouſe,
ſoit un fait en ſoi fort obſcur & de nulle importance au Public, c'eſt néanmoins une choſe d'é-
clat par rapport à l'Academie où il avoit commencé ſes études, & principalement par rapport aux
Ecoliers de ſa connoiſſance. Ils en parlent beaucoup dans la nouveauté, & prennent quelque
intereſt au cours qu'elle aura. Or d'un côté ce
ſont deux choſes ſi differentes que d'entrer en
Religion après qu'on s'eſt fait Catholique Romain, ou de vivre tout-à-fait en Laïque; & de
l'autre il eſt ſi aiſé de ſavoir exactement lequel de
ces deux partis a été pris par l'Ecolier dont le voyage de Toulouſe a fait du bruit à Puy-Laurens,
qu'il n'y a point d'excuſe pour ceux qui affirment
qu'il eſt entré chez les Jeſuites, & qu'il y a ſe-
journé trois ans, s'il eſt vrai qu'il a toûjours vécu à Toulouſe en vrai Laïque. Une telle ignorance dans un témoin ne merite aucun quartier.
Ainſi ce ſeroit une choſe honteuſe à tout le Parti,
& de fâcheuſe conſequence pour les faits que M.
Jurieu avance dans ſes Paſtorales & autres ſemblables, ſi parmi une infinité de gens qu'on ne
doute pas qui ne ſoient prêts à témoigner qu'ils
ont oüi dire que Mr. Bayle a demeuré trois ans
chez les Jeſuites, il ne ſe trouvoit perſonne qui
ſût que cela eſt faux.

Pour le dire en paſſant cette multitude de gens
qui croyent & qui affirment ce prétendu ſéjour de
Mr. Bayle chez les Jeſuites, lui fourniſſent une
conſolation philoſophique qui vaut bien celled'un
Chapitre de Boëce. En effet ſachant par une experience ſi évidente juſqu'où va la credulité du
monde & la licence des jugemens teméraires ſur
des faits où il ſeroit très-aiſé de ne ſe pas tromper, il ne doit pas être ſurpris qu'on ſe laiſſe prévenir contre lui ſur d'autres choſes, & cela lui
apprend de plus en plus à être équitable, c'eſt-à-
dire, à éviter les jugemens teméraires envers ſon
prochain.

Le Lecteur me permettra d'ajoûter ici les Réflexions qu'il a faites en examinant de plus près
le Mémoire venu de Londres le 19. de Mai dernier, & publié par le Sieur Jurieu dans la Courte
Revüë.

Premierement Mr. Bayle demande reparation
comme d'une inſigne ſupercherie, ou éclairciſſe-
ment comme d'une équivoque groſſiere, touchant
ces paroles; *IL SE DEBAUCHA A UN
TEL POINT, qu'il ſe fit Papiſte.* Il ſomme
ceux qui ſe ſont ſervis de cette expreſſion, *ſe debaucha*, de s'expliquer plus nettement, & il leur
declare, que s'ils ont eu intention d'inſinuer aux
Lecteurs, qu'après pluſieurs dereglemens dans les
mœurs, enfin le comble de ſes débauches fut la
revolte, ils ſont coupables d'une fraude qui n'eſt
guéres moins criminelle qu'une infâme calomnie.

Secondement on ſomme l'Auteur du Memoire
de declarer le nom de celui à qui il prétend que
Mr. Bayle fit une *réponſe aigre, d'un veritable
Papiſte, animé déja par les Jeſuites*; car Mr. Bayle ayant rappellé ſes vieilles idées autant qu'il a pû,
ne ſe ſouvient point d'avoir fait réponſe qu'à la
Lettre d'un jeune Gentilhomme avec qui il avoit
logé à Puy-Laurens, & qui s'appelloit (o) *Monſieur de L'Iſle*, parent de Mr. de Rapin. La maniere dont on parle de la lettre à laquelle Mr. B.
fit cette réponſe, ne lui permet pas de douter que
ce ne ſoit la lettre qu'il reçut de ce Mr. de L'Iſle.
Mais ſi c'eſt celle-là, il ſoutient à l'Auteur du
Memoire qu'il avance une fauſſeté quand il dit
que celui à qui Mr. Bayle fit réponſe, le vit à
Geneve; car Mr. de L'Iſle & Mr. Bayle ne ſe ſont
revus nulle part.

En troiſieme lieu, Mr. Bayle declare qu'il ne
ſe ſouvient point d'avoir trouvé à Geneve aucun
homme de qui il eût reçu une lettre à Toulouſe, & auquel il eût répondu; deſorte que ſi l'Auteur du Memoire ne lui aprend pas le nom de cet
ami qu'il prétend avoir reçu des excuſes, &c. de
Mr. Bayle à Geneve, il le tiendra pour un Impoſteur. Nous verrons ce que produira cette ſom-
mation.

Enfin il declare que Mr. O. Miniſtre de Languedoc avec qui il renouvella à Geneve une très-
étroite connoiſſance, lui parla de ſa Réponſe à
Mr. de L'Iſle comme d'une lettre qui avoit été
montrée

montrée à plusieurs personnes. Or c'étoit une petite lettre où tout ce qui concernoit la Controverse ne contenoit pas demi-page, & dequoi Mr. O. & d'autres ne parlerent à Mr. B. qu'en plaisantant. Ainsi on ne comprend rien à l'idée affreuse que l'Auteur du Memoire en veut donner, ni la promesse qu'il fait pour le bien de l'Eglise & de l'Etat, d'une déposition devant les Juges sur le contenu do cette lettre, ni au secret que son ami a gardé tant d'années sur cela, & qu'il garderoit encore s'il croyoit Mr. B. Protestant, ni la prétenduë priere qui lui fut faite par Mr. B. de se taire.

Qui voudroit faire le moqueur, on trouveroit ici un beau champ.

FIN de la Chimere de la Cabale de Rotterdam.

A V I S

AU

PETIT AUTEUR

DES PETITS LIVRETS,

Sur son Philosophe dégradé.

On conseille à l'Auteur de ne pas sortir de sa premiere regle, qui étoit de ne donner que 2. ou 3. feuilles.

QUOI près de cinq feuilles à la fois! vous n'y songez pas, mon cher Monsieur, vous deviez mieux menager les présens que vous faites au Public, & profiter des reflexions de votre Ami sur cette espece de prodigalité; car s'il a trouvé que celui qu'il qualifioit *le grand Auteur des petits Livrets*, (c'est un plus habile & un plus honnête homme que vous, ce qui soit dit en passant) fut trop prodigue en donnant deux Traitez dans un seul volume *in duodecimo*, l'un de 38. pages, & l'autre de 10. Quel nom voulez-vous qu'on vous donne après *l'indouze* que vous venez de nous donner de 114. pages, à vous, dis-je, qui n'êtes encore que *le petit Auteur des petits Livrets*, & qui ne serez que cela pendant la vie de l'autre? Ce sera beaucoup si vous pouvez obtenir la survivance de la dignité *de grand Auteur des petits Livrets*; & comme rien ne vous y servira davantage que de vous en tenir à votre premiere regle, qui ne passoit pas les 4. ou les 5. minutes de lecture, je commence cet Ecrit par vous faire la guerre de vos dernieres profusions. Vous avez presque poussé la chose jusqu'au quart d'heure; c'est trop de la moitié, & principalement pour un homme comme vous qui a épuisé tout son esprit dès la premiere production. Je voudrois pour le salut de votre ame que vous eussiez aussi épuisé le fond de votre noire malice; mais au lieu que du côté de l'esprit vous avez été du premier coup au bout de votre rollet, nous voyons sortir à chaque dernier opuscule votre iniquité de sa source empoisonnée à plus gros bouillons, que dans les livres précedens. En verité, mon cher Monsieur, vous vous défiez trop de notre memoire, vous n'avez fait que repeter la même chanson depuis votre premier Ouvrage, ou qu'appliquer le petit nombre de vos moules de lieux communs à quelques nouveaux sujets. D'ailleurs vous ne parez aucun coup : on ne vit jamais tel pere denaturé ; vous reconnoissez pour vos enfans les Remarques sur la Cabale Chimerique, vous n'ignorez pas que ces pauvres enfans ont le corps tout percé de mille flèches decochées sur eux par l'Auteur des Entretiens, & vous avez la cruauté de ne mettre aucun appareil sur ces blessures. Ces considerations m'engagent à vous donner mes petits avis sur quelques articles. Profitez-en pour les nouveaux nains que vous faites esperer au Public. Au reste ne croyez pas que je choisisse les endroits foibles de votre dernier livret : je pourrois vous faire plus de confusion encore sur ceux que je n'examine pas. Ne vous figurez donc point, je vous prie, qu'on acquiesce aux choses que l'on passe sous silence. Entrons en matiere :

1. Premierement, Monsieur, je vous fais savoir que vous vous immolez à la risée publique en parlant encore du Projet de Paix comme d'un libelle séditieux. Ce n'est point assurément à un esprit de votre portée à s'élever au-dessus de l'Historiographe de cet Etat, & surtout depuis que vous avez sçu ce que Monsieur le Président de la Tour, qui a tant d'esprit & tant de connoissance des affaires politiques, pense de ce beau Projet. Au moins deviez-vous deferer aux dernieres pensées du Denonciateur, & ne vouloir pas voler au-dessus de lui comme un autre petit Icare. Avez-vous oublié, qu'enfin il est convenu que le Projet est en soi fort peu de chose, & qu'il ne s'agit que de l'intention de ceux qui l'ont voulu publier? Quoi, Monsieur, quand un tel homme a honte de regarder cet ouvrage comme capable de faire soulever la Hollande & l'Angleterre, vous osez le garantir pour tel? N'en parlez plus si vous m'en croyez, ou bien prouvez la mauvaise intention de Mr. Bayle ; satisfaites le Public sur les faussetez dont on a rempli la Narration Denoncia-

I. Avis ne doit garder de Pai un libe tieux.

ciatrice, & ne prétendez plus vous en dispenser par l'exemple d'un Espion trouvé saisi de libelles séditieux; car rien n'est plus ridicule que d'appeller ainsi ce Projet, & rien n'est plus nécessaire que de prouver tous les faits que l'on avance, lorsqu'on ne les avance que comme des preuves d'une mauvaise intention. Que vous êtes heureux, mon pauvre Monsieur, de ce que le Public est ennuyé de ces misérables chicaneries! car sans cela je vous convaincrois de cent basses absurditez, & d'autant de faussetez.

II. Avis. Qu'il ... le sens qu'il cite.

1. Que voulez vous dire, ne vous déplaise, quand vous alleguez un passage de la Chimere pour prouver que Mr. B. s'est enfilé de sa propre épée? Aviez-vous bien chaussé vos lunettes en lisant la page que vous citez? N'aviez-vous pas la berlüe, ou plûtôt n'est-ce pas par belle malice que vous feignez de n'avoir pas lû tout ce qui se trouve dans cette page? Ce que vous citez porte que Mr. B. ne montra point le Projet à Mr. J. parce qu'on s'y éloignoit étrangement de son Système. D'où vous concluez que Mr. B. avoit lû ce Projet, ou qu'il en savoit le détail par quelqu'autre voïe; ce qui, dites vous, est la même chose. Pauvre homme, qu'aviez-vous fait de vos yeux, si vous n'avez pas considéré ces paroles qui suivent immédiatement celles que vous raportez; *car Mr. Bayle comprit bien par la première lettre de Mr. Minutoli, que le Projet ne nous faisoit p as la Religion dominante en France?* Qu'aviez-vous fait de votre mémoire, si vous ne vous êtes pas souvenu d'un extrait de la premiere lettre de Mr. Minutoli, inséré dans la Cabale Chimérique, duquel extrait vous avez tâché de tirer de l'avantage dans vos premiéres Remarques, parce qu'il porte qu'on avoit promis à Mr. Minutoli de bien sauver les intérêts des Réfugiez. En faloit-il davantage pour être certain que le Projet ne renversoit pas du Trône le Papisme en France, & pour savoir cela cesse-t-on de pouvoir dire sincerement qu'on ignore le détail d'un fort long Projet? Aïez plus de bonne foi à l'avenir, ou plus de honte, ou tenez-vous en repos.

III. Avis. Qu'on ... aprou- ... re les ... n procu- ... pression.

3. Que voulez-vous dire, quand vous dites que des gens comme S. Sorlin n'ont point des Agens faits comme Mr. Bayle? Où avez vous donc vécu pour ignorer le grand crédit, les intrigues, les Emissaires, les fauteurs de S. Sorlin? N'avez-vous jamais oüi dire que Drabicius avoit des Agens qui s'intriguoient le plus qu'ils pouvoient dans les Cours? Il me semble que vous me répondez que Mr. B. ne se seroit pas emploïé pour un homme qu'il auroit crû Visionnaire. Et moi, Monsieur, après vous avoir renvoïé à la page 650. col. 1. de la Cabale Chimérique, (consultez la bien au moins) je vous réplique pour lui, que sans aprouver ni lire les visions d'un homme, il ne feroit pas difficulté si un de ses bons Amis l'en prioit, de les faire copier, & de les donner à lire à ceux qu'on lui indiqueroit, ni même d'en procurer l'impression à un Libraire qui lui demanderoit en grace ce bon office. Si vous en voulez être convaincu, prenez la peine de faire un nouveau Projet de Chevalerie Protestante; mettez-y beaucoup plus de chimeres qu'il n'y en a dans celui qui a déja paru; faites-y entrer de bons morceaux de Don Quichote & de l'Avanturier Buscon; & puis faites prier Mr. B. de le montrer à certaines personnes pour en savoir leur jugement, je vous promets qu'il le fera, & que si un Libraire, persuadé qu'il gagneroit quelque chose au débit de vos visions, le prie de lui procurer cette Copie, il ne manquera pas de s'y emploïer. Je

sai de bonne part que Mr. Fetizon Ministre de beaucoup de mérite dans le pays de Brandebourg, lui envoïa de France en 1681. un Manuscrit contenant une Explication de l'Apocalypse, dont l'Auteur qui étoit connu de Mr. Fetizon prétendoit avoir découvert des routes fort singuliéres. On pria Mr. B. de faire imprimer cet ouvrage s'il y avoit moyen, & de le retoucher s'il en avoit le loisir. Mais l'ayant présenté à plusieurs Libraires, qui furent inéxorables, il fut contraint de le renvoyer à Mr. Fetizon, & il le fit sans en avoir lû une seule ligne, & sans avoir jamais sçu le nom de l'Auteur. Ne doutez donc point que s'il peut vous être utile pour l'impression de quelque Projet Chimérique, comme seroit l'établissement d'une Colonie sous vos Auspices dans l'Isle de Pines, il ne le fasse sans trop s'informer du nom de l'Auteur, en cas que vous y vouliez du mystére. Je vous le dis en Ami, il vaudroit mieux pour le salut de votre ame, que vous vous entêtassiez de quelque Projet de cette nature, que d'emploïer votre tems à des Remarques contre la Cabale Chimérique.

IV. Avis. Qu'il a dit faussement que Mr. Bayle s'étoit plaint que le Libraire avoit communiqué le Projet à Mr. Ju- rieu.

4. Car je vous prie, comment pouvez-vous avoir la conscience en repos, après avoir soûtenu que Mr. B. s'est plaint amérement de ce que le Libraire a communiqué le Projet à Mr. J. Malheureux que vous êtes, où avez-vous trouvé cette plainte, n'est-ce pas dans le fond de votre cœur tout gangrené de fraude, & d'une lâche malignité? La plainte de M. B. regarde-t-elle la communication du Projet? Ne regarde-t-elle pas le compte que le Libraire paroît avoir rendu de jour en jour à Mr. J. de toute la petite négociation, jusqu'à raporter des minuties comme quelque chose de mystérieux. Voyez la page 730. & 731. de la Chimére démontrée. Mais voyez principalement la page 743. col. 2. où vous verrez ce que vous devez aprendre, pour ne plus reprocher des contradictions chimériques à vos Adversaires. Il est vrai qu'en cela vous avez plus de besoin d'être renvoïé à votre Catéchisme qu'à votre Compend de Logique, y ayant plus de malice que d'ignorance dans votre fait.

V. Avis. De ne point se mêler de ce qui est au-des- sus de sa portée.

5. Qu'appellez-vous, s'il vous plaît, examiner les objections qui ont été proposées contre les prétendües convictions? Est-ce que vous croïez les avoir examinées, vous qui de plus de 150. Articles qu'on vous a donnez à justifier, n'en avez pas seulement effleuré dix? Croïez moi, mon pauvre Monsieur, ne vous mêlez pas d'une chose qui est au-dessus de votre portée, & qui vous est une occasion continuelle de péché mortel; car vous ne faites que falsifier, & que calomnier. Où avez-vous trouvé ce que vous affirmez si positivement, que Mr. Bayle n'insiste plus sur la négative? On vous somme de citer dans le premier livret que vous donnerez au Public, la page de ses livres où vous avez fait cette découverte.

VI. Avis. Sur la mauvaise foi avec laquelle il cite un endroit de l'Avis aux Réfugiez.

6. Si vous avez jamais eu du jugement, qu'en aviez-vous fait lorsque vous avez tâché de rétablir votre objection ruinée de fonds en comble touchant le livre qui a pour titre, *le Salut de la France.* Vous croïez donc que les François sont incapables de nous reprocher que nous excitons Mr. le Dauphin à une guerre civile, à moins qu'ils ne voïent cela en autant de mots dans nos Ecrits? Vous n'êtes guéres fin si vous vous repaissez de ces chimeres. Il leur suffit que nous indiquions les choses, & que nous fassions des portraits où Mr. le Dauphin soit désigné, & où l'intention de l'Ecrivain se donne à connoître. Vous n'oseriez nier qu'il n'ait couru en ce Pays-ci de tels Ecrits long-

tems avant l'Avis aux Réfugiez. Ainsi, notre Cher, ne vous arrêtez point, je vous prie, à votre *nommément Mr. le Dauphin* : Cela sent trop le bon-homme, & la conséquence que vous en tirez, sent au contraire un jeune étourdi d'Ecolier. On vous a trop épargné jusqu'ici sur cet article. Vous avez eu la mauvaise foi dans votre premier livret, de dire que l'Auteur de l'Avis nous exhorte à des-avoüer nommément UN LIBELLE *qui excite Monseigneur le Dauphin à détrôner le Roy son pere.* Cet Auteur s'étoit servi du nombre pluriel *les Ecrits*, ce qui montre qu'il ne connoissoit point encore *le Salut de la France*, qui mérite sans dou-te la distinction d'être nommément marqué. Pour-quoi changez-vous le pluriel au singulier ? C'est un vrai tour de Filou. Il avoit aussi remarqué tout d'un tenant que ces Ecrits avoient pour but de mettre la France sur le pied d'une Monarchie Aristodémocratique. Cela ne convient point au li-belle que vous prétendez qu'il a désigné. Allez-vous cacher après de telles filouteries.

VII. Avis. De citer l'endroit où M. Bayle a dit que l'Avis aux Réfugiez n'a point été imprimée en Hollan-de.

7. Où avez-vous trouvé que Mr. B. soûtient que l'Avis aux Réfugiez n'a pas été imprimé en Hollande ? Faites-moi le plaisir ou de me bien ci-ter l'endroit, ou de m'avoüer que vos idées se sont confonduës. Qui vous a dit aussi qu'il se soit mis en peine si on a découvert ou non celui qui l'a imprimé ? Vous eussiez mieux fait de vous taire, que de témoigner tant d'aigreur de ce qu'on a déterré l'imposture la plus hardie du monde, pu-bliée touchant un prétendu aveu sur un prétendu témoignage de l'ami de Mr. G. Voyez la Chime-re démontrée p. 760.

VIII. Avis. De citer la page où Mr. Bayle a dit qu'on voit par l'Horace de Mr. Dacier que la Préface & la Table sont impri-mées avant le corps de l'ouvra-ge.

8. De grace, mon cher Monsieur, cottez-moi la page où Mr. Bayle a dit *qu'on voit par l'Horace de Mr. Dacier & par d'autres livres, que la Préface & la Table sont imprimées avant le corps de l'ouvra-ge.* On vous pardonneroit peut-être ces faussetez si vous étiez un homme qui se hâtât extrêmement dans la composition de plusieurs gros livres ; mais on sent je ne sai quoi de si forcé, & de si tiré par les cheveux dans tous vos écrits, qu'on jureroit qu'il n'y a point de page qui ne vous coute 7. ou 8. jours. Vous m'en faites pitié ; il me semble voir une femme en travail d'enfant. Il faudroit donc qu'il y eût quelque sorte d'exactitude dans un travail qui est si petit, & qui demeure tant de jours entre les mains ou plutôt entre les tran-chées de l'ouvrier ; cependant on n'y voit que des objections fondées sur des passages ou mal enten-dus, ou tout-à-fait faux. Mr. Bayle n'a cité l'Ho-race de Mr. Dacier que pour prouver que le pri-vilége est quelquefois la premiere chose qu'on imprime. Vous avez vû sans doute cet Horace de vos propres yeux ; & néanmoins vous osez dire *qu'il est de toute nécessité d'imprimer la Ta-ble la derniere, aussi BIEN QUE LE PRI-VILEGE.*

IX. Avis. De ne point parler de Librairie où il n'entend rien.

9. Une autre chose me fait pitié en vous, mon pauvre Monsieur. Vous exposez vos petits nains, vos petits magots, dont vous n'accouchez qu'a-vec des peines & des lenteurs inconcevables, vous les exposez, dis-je, trop témérairement aux yeux du monde. Comment osez-vous renouveller vos prétenduës difficultez sur la 2. Edition de l'Avis, lorsque vous n'avez rien à répliquer aux répon-ses qu'on vous a faites ? Où est l'homme sensible à l'honneur qui en use ainsi ? Croïez moi ne par-lez plus de Librairie ni d'Imprimerie ? Vous y fai-tes des solécismes qui feront bien rire toute la ruë S. Jaques quand on y saura que vous les avez em-ploïez pour des preuves d'un prétendu crime d'E-tat. Vous croïez vous réhabiliter en nous donnant

pour exemple la table de votre dernier livret, la-quelle selon vous n'auroit pû être imprimée avant le livre sans être privée des chiffres qui marquent les pages, & vous nous faites entendre que si vo-tre Imprimeur avoit pû surmonter cette impossi-bilité, il eût été un grand Magicien. Ha, mon bon Monsieur, que dites-vous là ? Vous n'avez point d'ami qui ne donnât 10. pistoles pour ra-cheter cette bévûë. Je suis assuré que quand votre Imprimeur ne seroit qu'un jeune novice, il vous imprimeroit votre table avec le chiffre des pages dès le premier jour, pourvû que vous lui donnas-siez votre copie bien au net & d'un caractere uni-forme. Il vous diroit à une ligne près combien votre copie feroit de pages imprimées, & de quel chiffre on auroit besoin dans l'Imprimé pour la 100. page du Manuscrit, & ainsi des autres. Mais quand même il seroit impossible lorsqu'on impri-me sur un Manuscrit de cotter les pages dans la table, si on l'imprimoit avant le corps du Livre, il seroit au moins fort possible de le faire dans une seconde Edition. Où est donc la magie que vous trouvez ici ? On ne vous en accusera jamais, de ce côté là, je vous en assure.

X. Avis. [ne] point répét[er] choses déjà [réfu]tées.

10. Vous montrez fort clairement que vous n'êtes pas Magicien dans la réponse que vous tâ-chez de faire à une objection de Mr. B. fondée sur la crainte que l'Imprimeur de Paris témoignoit qu'on ne continuât pas l'Edition. On vous a prou-vé démonstrativement que cela fait voir, ou qu'il avoit tiré le nombre ordinaire d'Exemplaires des 2. premieres feuilles, ou qu'il avoit gardé les for-mes toutes composées, ce qui ruïnoit toutes vos chicaneries. Vous répondez qu'il a craint de per-dre le profit où il s'étoit attendu par l'impression. Mais c'est cela même qui montre qu'il avoit espé-ré de vendre le livre ; car il se seroit peu mis en peine de ne gagner pas ce qui pouvoit lui revenir de l'impression de trois ou 4. Exemplaires de chaque feuille ; ses presses ne chomoient pas quoi-que l'Avis ne fût point continué, & ne pouvoient être emploïées avec moins de profit qu'à une édi-tion de 3. ou 4. Exemplaires. Il s'étoit donc at-tendu au gain de la vente, on avoit donc fait à l'égard des deux premieres feuilles tout ce qui se pratique dans une vraie Edition. Vous eussiez mieux fait, mon pauvre Monsieur, de répondre bien à cela, que de répéter des interrogations qu'on avoit suffisamment ruïnées dans la Chi-mére.

XI. Avis. ne devoir parler de faire de [l'affaire de] la Consei[llere] ou en mie[ux] parler.

11. Le Public est si las de tous vos discours sur l'affaire de Mr. de la Conseillere, que je serois aussi blâmable que vous, si je m'y arrêtois. Ce que vous dites de l'Acte du Consistoire de Rotterdam, ne détruit point le fait contre lequel vous vous en voulez servir. On vous le montreroit aisément si votre Sphere s'élevoit un peu au-dessus du rez de chaussée. Allez, Monsieur, allez étudier la leçon qu'on vous a donnée dans les Entretiens sur la Cabale Chimérique, page 685. col. 1. & souve-nez-vous bien des 3. ou 4. petites choses que je m'en vais vous dire.

1. Que des Synodes Flamans ont été si choquez de quelques Livres de M. J. que ses amis en ont fort redouté les suites, & que l'un d'eux le fit avertir par M. Bayle de recourir à la protection de Monseigneur le Prince d'Orange : Que Mr. J. profita si bien de cet avis que la chose tomba tout d'un coup, & qu'alors il fit le fier dans la 2. édition du Livre, & osa même se réclamer des Coccéiens. 2. Que tout ce que Mr. Bayle avoit avancé touchant l'affaire de M. de la Conseillere a été invinciblement justifié dans les Entretiens

sur

sur la Cabale. 3. Qu'à l'égard de ce qui s'est dit en conversation, que Mr. Jurieu avoit été censuré verbalement par le Modérateur du Synode, c'est un fait qu'on a oüi dire à des Membres de la Compagnie, & qu'on vous trouve bien plaisant de nous produire des Lettres annonymes contre ce fait-là. On ne sait qui vous êtes, & vous nous donnez une caution encore plus inconnuë, c'est prouver *obscurum per obscurius.* 4. Que si vous avez des témoins à produire contre ce fait, il faut que vous leur signifiez avant toutes choses, le vrai état de la question. Le voici : *On demande aux Députez du Synode si le discours qui fut fait à M. J. par le Modérateur, contenoit parmi beaucoup d'éloges & de remercimens, plusieurs choses qui faisoient connoître qu'on n'aprouvoit pas toute sa conduite, & qu'on souhaitoit qu'à l'avenir il se gouvernât autrement. On ne demande pas si ces avis avoient ouvertement la crudité d'une censure Synodale, mais si avec les ménagemens que l'on garde assez souvent en semblables occcasions, ils ne signifioient pas à tout bon entendeur qu'on désaprouvoit les procédures de M. J.* Puisque vous offrez des certificats, je vous déclare que Mr. B. les accepte; mais à condition que chaque déposant assurera sur le salut de son Ame qu'il a été fort attentif, qu'il entend à demi-mot le *tu autem,* & qu'il perce aisément les voiles dont on couvre une réprimande lorsqu'on a affaire à des esprits qu'on croit devoir ménager. Ayez surtout la déposition du Modérateur qui doit savoir mieux que personne ce qu'il a dit. Si vous la produisez avec d'autres pieces authentiques, & que ceux de qui on tient ce que l'on a dit dans la p. 706.col.2.des Entretiens, ne veuillent pas élever Autel contre Autel, en opposant certificat à certificat, je vous promets au nom de Mr. Bayle, qu'il avoüera publiquement qu'on a mal fait de s'en raporter à leur témoignage. Je vous avertis qu'il ne suffit pas que vos déposans soient gens de bien; car s'ils étoient de ceux qui lisent la défence de Voiture d'un bout à l'autre sans y apercevoir que Balzac y est extrèmement maltraité au milieu de mille louanges, vous ne tenez rien.

Puisque nous en sommes sur les certificats, souffrez, Monsieur, que je vous aprenne ce que vous deviez faire pour répondre à la page 717. col. 1. de la Préface de la *Chimere demontrée.* Il faloit vous contenter d'un *soit renvoyé aux habitans de Rotterdam,* puisque votre Adverssaire ne vous allegue que *ce renvoi* pour toute preuve; ou si vous vouliez le réfuter par des Actes, il faloit ne vous pas contenter de celui que vous nous avez produit; car vous ne savez que trop que le Consistoire de votre Ami n'y a pas eu beaucoup d'égard, & que cela n'a pas empêché que le Synode Wallon n'ait obligé M. J. à se justifier des accusations intentées contre sa doctrine par des Pasteurs également habiles & vertueux, & de celles que tous autres Pasteurs auront à lui intenter. Si vous voulez bien réfuter les endroits de la Préface en question, croyez-moi, servez-vous de ce modele de certificat : *Je soussigné habitant de Rotterdam, & naturel du pais, atteste sur le salut de mon ame, que Mr. Jurieu y est universellement aimé & loüé de tous ceux qui ne sont pas impies & héretiques :* obtenez que les Diacres du Consistoire Flamand soient chargez d'aller faire signer ce formulaire à tous les Chefs de famille de l'un & de l'autre Sexe ; & si vous trouvez plus de personnes qui le veuillent signer, qu'il n'y en aura qui le refuseront, on vous fera toute la réparation que vous souhaiterez sur la page 717. col. 1.

de la Préface. Malheureux que vous êtes, osez-vous mettre au rang des Libertains & des gens sans Religion, vos propres Pasteurs les Collégues de M. J. contre lesquels il n'y a rien à dire, ni quant à la doctrine ni quant aux mœurs, & que vous n'ignorez pas être très-mal satisfaits de sa conduite ? Ce que quelques-uns ont témoigné hautement & en plein Consistoire & en plein Synode, où ils lui ont bien dit ses veritez.

12. Je vais souvent à Rotterdam, j'y fais du séjour, & ainsi vous ne gagnerez rien sur moi avec cet Acte du Consistoire Flamand dont vous me parlez. J'apris à mon dernier voyage qu'il y avoit bien dans cette Ville je ne sai quels Réfugiez qui n'osoient plus aller en de certaines maisons considérables où ils alloient autrefois fort reglément, & que ce changement venoit de la juste indignation qu'on avoit conçûë contre leur esprit espion, & semeur de discordes immortelles entre les familles ; mais il est très-faux que les amis de Mr. B. ayent discontinué de le voir. Si vous voulez donc, mon bon Monsieur, vous justifier du mensonge que je vous marque là, & que vous aviez déjà fait imprimer dans un autre Livre, vous êtes obligé de nommer ces meilleurs amis de Mr. B. qui n'osent plus le voir à ce que vous dites. Nous verrons comment vous vous tirerez de ce mauvais pas, & en attendant souffrez que je prenne la liberté de vous soûtenir que vous trompez le Public, & que les amis de Mr. B. en ont usé & en usent avec lui depuis cette querelle tout comme auparavant. Je vous conseille de garder vos nouvelles de Rotterdam, pour les amis d'Outremer, de Suisse & de Berlin, à qui vous & vos semblables en faites tant accroire, & de ne publier ici que celles que vous en recevez à retour.

XII. Avis. De nommer les Amis de M. B. qui ont discontinué de le voir.

13. C'est votre mauvais génie qui vous a fait entreprendre la justification de Mr. J. sur la maxime *que tout est permis en guerre.* Il a été traité comme il le méritoit là-dessus, dans les Entretiens sur la Cabale ; mais il faut avoüer qu'Agathon & Philodéme n'y entendent rien au prix de vous. La cause est mille fois en pire état entre vos mains qu'entre les leurs : n'avez-vous pas honte de dire que par l'exception des assassinats, on a excepté toutes les voyes illicites ? Vous voulez donc que le Professeur en Théologie ait apris à toute la terre ce rare & important axiome de Politique, *Tout est permis excepté tout ce qui n'est pas permis.* Ho la belle pensée ! c'est dommage que le monde n'en ait été regalé qu'en l'année 1691. Je ne m'étonne pas au reste que vous n'ayez pas entrepris de répondre à cet endroit des Entretiens. Celui-là & celui de Poltrot sont des bastions pour vous, vous avez bien fait de ne vous y pas frotter. Je vous conseierois aussi-tôt l'escalade d'une Ville assiégée, que la réfutation de ces choses. Que je vous trouve bon d'oser nous donner pour toute réponse à l'endroit de ce Poltrot, une copie fidelle de ce que vous aviez déjà publié, à quoi vous ajoûtez une fausse glose sur le terme d'*inspiré,* laquelle avoit été refutée par les propres paroles de Mr. J. avant que vous missiez la main à votre dernier opuscule.

XIII. Avis. Qu'il ne devoit pas entreprendre de justifier Mr. J. sur la maxime que tout est permis en guerre.

14. Voici la Quintessence de votre mauvaise foi. Vous y avez rêvé deux ou trois nuits pour le moins, avouez la dette. Il s'agissoit de montrer que Mr. J. n'a point falsifié un passage quand il a soûtenu que Mr. B. accuse les Réfugiez de traiter de la maniere la plus indigne Louis XIV. dans leurs Temples. On avoit reproché cette falsification à votre ami dans le 9. Article (p.762.col.2)

XIV. Avis. De ne point falsifier les passages qu'il cite.

de la Chimére, & dans la p. 705. col. 1. de la Préface. Avoüez la verité, mon cher Monsieur, vous avez mis votre pauvre esprit sous la presse plus que votre Imprimeur n'y met vos livres, & vous n'avez pû en faire sortir que quelques goutes d'un suc fort grossier & fort puant. A quoi ont abouti vos fatigues? A couper en morceaux un passage de la Cabale, & à nous donner une citation mutilée, disloquée, glosée tout comme vous l'avez jugé à propos pour tirer votre homme d'embarras. Malheureux que vous êtes, est-ce ainsi qu'un Réfugié doit employer son loisir? Votre conscience est-elle assez endormie pour ne vous dire pas qu'on se damne à ce petit métier-là autant que si l'on alloit à la Messe. Pourquoi sortir de France, quand on croit légitime l'art des falsifications & des fausses accusations en des matieres cent fois plus importantes que les Contracts d'achat & de vente? Où est l'homme qui ne trouvât qu'un Notaire qui lui feroit perdre une bonne somme d'argent en effaçant deux ou 3. lignes d'un Contract, & en y en substituant d'autres, lui porteroit moins de préjudice que si des Sophistes faisoient de fausses citations de ses Ecrits, pour le perdre de réputation. Allez, mon pauvre Monsieur, il ne faudroit à un Notaire que le quart des mauvaises dispositions avec quoi vous fabriquez vos remarques à la sueur de votre font; il n'en faudroit, dis-je, que le quart à un Notaire pour le porter à des falsifications qui le conduiroient à la potence tôt ou tard. Mais que vous êtes à plaindre de vous fatiguer si criminellement pour ne tromper que ceux qui veulent être trompez; car la page que vous citez de la Cabale Chimérique est si formelle contre votre citation, & si claire contre le sens que vous y donnez, qu'il n'y a point de Maîtresse d'Ecole Françoise qui ne vous condamne dès la premiere confrontation des lieux. Allez consulter avec vos cheveux gris les Dames Réfugiées qui tiennent Ecole à Rotterdam; vous trouverez infailliblement que ce que je dis là est très-certain.

XV. Avis.
De ne point passer son tems à ces falsifications.

15. Les mensonges qui suivent ne vous ont pas tant coûté, je le sens bien; mais ils ne laissent pas de me convaincre que vous employez tout votre tems à des falsifications de passages. J'en suis fâché pour l'amour de vous; car vous vous faites en cela plus de tort à vous-même & par raport à l'éternité, & par raport à l'honneur du monde, que vous n'en faites à Mr. B. Songez-y bien, repentez-vous, & défaites-vous de ce vieil levain de malice; ne vous fiez point à votre assiduité aux Assemblées des fideles, vous n'en êtes que plus condamnable dans vos frauduleuses disputes. N'avez-vous pas la hardiesse d'assurer en caracteres de citation, que Mr. B. reconnoît que souvent on en donne à garder aux gens, afin que cela étant rapporté à Mr. J. il le fasse tomber dans le panneau? Où avez-vous trouvé ces paroles? Mr. B. a-t'il dit nulle part que ce fût lui qui en donnât à garder aux espions de Mr. J.? A-t-il dit qu'il le faisoit afin de faire tomber son adversaire dans le panneau? Ne s'est-il pas contenté de dire que parmi les Anti-Jurieux il y avoit assez de gens d'esprit de l'un & de l'autre sexe pour dire quelquefois devant les espions des choses qui ne tendoient qu'à se moquer d'eux & de celui qui les envoyoit à la quête des nouvelles? Où avez-vous les yeux, pauvre homme, où avez vous l'intelligence, quand vous lisez, si vous ne trouvez pas que ces paroles ne disent rien en particulier de Mr. B.? Mais pour

vous confondre sur son chapitre, je vous aprens qu'il ne s'est jamais servi de ce jeu-là, & qu'il garantit pour vrai tout ce qu'on lui a oüi dire à lui, & qu'il défie tous ses ennemis de lui amener un témoin (s'ils ne subornent quelque fripon) qui soutienne lui avoir oüi traiter d'escapade de 15. jours son avanture de Toulouse. Vous voilà donc engagé par un défi public à produire les gens sur la foi desquels vous assurez si précisément qu'il a traité ainsi cette affaire. Ne faites point la cane sur cet article, comme sur tant d'autres, si vous ne voulez devenir l'horreur des honnêtes gens.

XVI. A-
uneridi-
paraison
fais.

16. L'admirable chose, mon bon Monsieur, que votre comparaison de Mr. J. avec l'Empereur de la Chine, & de Mr. B. avec un Breteur qui fait appeller en duel ce puissant Monarque à la plaine de Grenelle. Dites-moi, je vous prie, combien de nuits vous a coûté cette rare conception? C'est une des plus fines touches de votre bel esprit. Mais quittons l'ironie, vous y seriez peut-être pipé; parlons sérieusement. A quoi songez-vous avec ce Galimathias & ce Barragoin?

> Lerti le Roi des gens qu'on lie
> En son tems auroit dit cela,
> Ne poussez point votre folie
> Plus loin que la sienne n'alla.

Vous trouvez étrange que M. B. ne se soit pas contenté du ridicule où la Dénonciation est tombée d'elle-même, s'étant trouvé que la prétenduë Cabale étenduë du Midi au Nord, & conjurée à la ruïne de l'Europe & de tout le Protestantisme, a consisté en deux hommes dont l'un est un bon Marchand de Geneve qui méditoit sur le papier la Conquête de la Palestine pour le Roi Jaques, & l'autre un Professeur en Philosophie à Rotterdam. qui ne connoît point ce Marchand, & qui ne se mêle que d'occupations tout-à-fait littéraires, qui avoit la complaisance pour les prieres d'un Libraire Refugié, de le proposer pour l'impression en cas qu'on voulût publier le dessein de cette nouvelle Croisade, & de cette nouvelle République Platonique. Pour les complices de Mr. B. vous savez bien qu'ils sont à naître, & que l'accommodement du Dénonciateur est fait avec tous ceux qu'il vouloit faire passer pour tels. Si vous en voulez davantage, relisez la page 712. col. 1. des Entretiens.

XVII.
ne rien
avant
l'avoir
né.

17. Dites-moi, je vous prie, comment vous savez que Mr. B. pria un de ses amis de Paris de s'informer si l'Avis se réimprimoit; & au cas qu'il aprît que non, de ne laisser pas de mander qu'on l'imprimoit? N'avez-vous pas remarqué à la fin de la page 757. de la Chimére, que ce fait est raporté autrement, & que Mr. B. en tire des conséquences pour lui, & qu'il prie l'homme de Paris de lui renvoïer sa Lettre qu'il s'offre de rendre publique. Tout autre homme que vous auroit-il osé parler de la chose sans examiner ce qu'en a dit Mr. B.? Vous devriez sentir qu'on ne vous met en besogne que parce qu'on vous sent capable de vous charger de la plus vile fonction d'un Ecrivain, qui est de se rendre l'Echo de l'Accusateur en chef, lors même que les accusations ont été pleinement ruinées. Vous paroissez ignorer qu'une sottise, & qu'un mensonge ne sont pas moins une sottise & un mensonge à la dixieme repetition, que la premiere fois qu'on les débite; si vous ne l'ignorez pas, vous êtes bien miserable d'agir tout comme si vous l'ignoriez.

18. Vous

18. Vous vous vengez bien cruellement sans y penser, du vil emploi que l'on vous donne ; car vous défendez si mal votre Chef d'Escadre, lorsque de tems en tems vous vous hazardez à être plus que son Echo, qu'il ne sort guéres moins blessé d'entre vos mains, que d'entre celles de son Antagoniste. En voici une preuve. On avoit accusé M. J. d'avoir volé quelques lettres que M. B. devoit recevoir par la poste, vous l'en justifiez en disant qu'il n'a point enlevé ces lettres, ni ne les a point été chercher ; mais vous vous gardez bien de dire comment il en est devenu le maître : vous vous contentez de nous aprendre que la Providence de Dieu l'a ainsi permis, afin que le Public soit informé quel jugement les meilleurs amis de M. B. font de la Cabale Chimérique, &c. Ho le pauvre Avocat que vous êtes ! où sont les Juges qui ne condamnassent votre Client sur votre seul Plaidoyé ? Car en 1. lieu si un homme qui se trouve saisi d'un bien volé ne déclare pas comment ce bien est venu en sa puissance, il demeure justement soupçonné d'avoir fait lui-même le vol ou de l'avoir fait faire. Ainsi vous laissez votre Client chargé de justes soupçons par raport à l'interception des lettres de M. B. En 2. lieu vous le laissez manifestement convaincu d'être le Receleur de l'interception, & celui qui s'aproprie la chose volée, ce qui rend un homme très-proprement & très-littéralement voleur. En effet, supposons que vous avez perdu votre bourse, & que celui qui l'a trouvée dans la ruë l'a remise à un tiers, qui sachant qu'elle vous apartenoit, l'a gardée pourtant ; n'est-il pas vrai que ce tiers est un injuste détenteur du bien d'autrui, & en rigueur un transgresseur de ce précepte du Décalogue, *Tu ne déroberas point ?* Les raisons de la Providence ne manqueront jamais à personne. Qu'un pauvre Marchand se trouve régalé de quelques paquets de lettres de change à la faveur de quelque méprise, & qu'au lieu de les restituer au véritable porteur, il s'en fasse donner l'argent, ne pourra-t-il pas dire que la Providence de Dieu a permis pour de bonnes raisons que ces paquets lui fussent donnés, puisque par-là il s'est vû en état de bien élever sa famille, & de la délivrer de la tentation à quoi la misère expose les jeunes gens ? Dieu nous garde d'un tel Avocat que vous, mon bon Monsieur. Quant au profit que vous avez crû tirer de la publication des lettres volées à M. B. je ne m'étonne pas que vous le trouviez fort grand, puisque les gens de bon sens ne comptent cela que pour des vetilles. Un Libraire aussi accablé d'affaires que le Sieur Desbordes a-t-il le tems d'examiner quels sont les faux amis & les bons amis de M. B. parmi cette foule de fainéans & d'espions qui vont causer dans sa boutique ? L'Abus que vous faites de la Providence de Dieu, pour couvrir vos fraudes, est digne de la plainte que Dieu faisoit autrefois, *servire me fecistis iniquitatibus vestris.*

19. Nous voici à l'Extrait de la lettre de Mr. Sartre, j'aurois bien des choses à vous dire là-dessus ; mais qu'il vous suffise d'aprendre qu'il est faux que Mr. B. ait jamais nié, ou traité d'escapade de 15. jours son changement de Religion, & qu'il y ait autre chose de vrai dans cette affaire que ce qui en a été touché dans la Chimére démontrée. M. B. a écrit deux fois à Mr. Sartre depuis que vous ou quelqu'un de vos Consorts lui avez fait tenir sa lettre. On a marqué d'abord à Mr. Sartre ce en quoi sa mémoire l'a pû tromper, ensuite on lui a marqué que les termes dont il se sert : *On avoit sû quelques jours après que vous vous étiez jetté dans le Couvent des Jésuites de Toulouse,* pouvant signifier ces deux choses. 1. Le bruit en courut, j'y ajoûtai foi, & ne l'ayant jamais aprofondi ni oüi dire le contraire, je n'en ai point douté. 2. L'on en eut des preuves certaines & positives, & que nulle enquête dans la suite, n'a fait que confirmer. On le prioit de dire auquel de ces deux sens il s'en veut tenir. Que s'il s'en tient au premier, l'affaire est finie vû qu'il est très-possible, sans qu'il y aille en façon du monde de sa bonne foi, qu'il ait oüi dire ce qu'il témoigne, & que cela soit néanmoins faux. Que s'il veut maintenir le second sens, M. B. s'offre de gager avec lui telle somme qu'il lui plaira, & d'en passer par le procès verbal de tels Commissaires que l'on trouvera bon de choisir pour faire descente sur les lieux, afin d'informer juridiquement des faits contestez. M. Sartre a fait assurer Mr. B. par un ami commun, qu'il éclaircira la chose d'une maniere dont celui-ci sera satisfait. Que n'attendiez vous ces sortes d'éclaircissemens avant que de publier des extraits sans le consentement de celui qui écrivoit à Mr. B. ? Au moins ne deviez-vous pas suprimer l'endroit où Mr. Sartre témoigne qu'il panche plus à croire que M. B. ne lui a jamais écrit de Toulouse, qu'à croire qu'il lui ait écrit. *O plein de toute fraude !* comment osez-vous communier ayant la conscience chargée de tant de perfidies ? Vous accusez Mr. B. d'avoir vécu animé contre notre Religion, vous le prouvez en disant qu'il écrivit une lettre aigre & piquante, & la preuve que vous donnez qu'il écrivit cette lettre, c'est que Mr. Sartre le témoigne. Mais de quel front pouvez-vous dire qu'il le témoigne, puisque dans un endroit que vous suprimez méchamment, il déclare qu'il n'oseroit assurer ni que M. B. ait reçu la lettre de lui Mr. Sartre, ni qu'il y ait répondu, & que plusieurs personnes qui virent la lettre reçuë par lui Mr. Sartre, crurent que Mr. B. n'en étoit pas l'Auteur.

20. Je passe à M. B. ditez-vous, l'endroit du Voyageur qui dit à M. J. à la veille de la présente guerre, qu'il espéroit le voir dans 3. ans prêcher dans Notre-Dame, Quoi mon bon Monsieur, toûjours de fourberie en fourberie ? Et où avez-vous trouvé que M. B. ait parlé d'un tel Voyageur ? Si vous ne me citez pas la page dans votre premier Ecrit, je vous déclare de bonne heure que vous ne mériterez point d'autre nom toute votre vie que celui de *forfante.* A quoi songez-vous, pauvre homme que vous-êtes ? Pourquoi falsifiez-vous les Ecrits d'autrui ? Quelle nécessité y avoit-il que vous vous érigeassiez en Auteur pour sortir du caractère d'honnête homme ? Coupons court. Consultez la 2. Edition de la Cabale Chimérique, & vous verrez encore mieux que dans la première, que ce ne fut point le Voyageur qui fit ce compliment à Mr. J. ce Voyageur étoit un Catholique Romain, le terme n'étoit que d'un an ; & quand Mr. Bayle le marqua de trois, il ne savoit pas le tems où la chose s'étoit dite ; mais il est toûjours vrai qu'il n'a jamais marqué ni entendu d'autre terme que celui qui avoit été désigné au Voyageur, savoir l'an 1689. Ainsi rien ne lui a été plus facile que d'expliquer nettement sa pensée, & de la rendre si mortifiante pour votre parti, que vous n'avez osé la remanier qu'en la sophistiquant.

21. Vous expliquez enfin la mystérieuse accusation que vous aviez insinuée dans vos Ecrits tou-

XX. Avis. Q'uil ne devoit point s'ériger en Auteur pour falsifier les Ouvrages d'autrui.

XXI. Avis. On le renvoye sur ce

qu'il dit tou-
chant une ma-
ladie de M. B.
au P. Valerien.

touchant une maladie de Mr. B. mais nous n'en sommes pas pour cela plus avancez. On vous arrête tout comme si c'étoit la premiere fois que vous en parliez, en vous renvoyant aux deux paroles tout-à-fait énergiques du bon Pere Valérien. Vous le savez sans doute par cœur, il n'est donc pas besoin de vous les mettre ici devant les yeux en lettres capitales. Il vaut mieux vous avertir qu'on vous attend à la preuve dans votre premier Ouvrage. Nous verrons un peu comment vous justifierez votre calomnie par le témoignage de tous les habitans de Rotterdam. Retenez bien au moins, mon petit Monsieur, qu'on vous renvoye au bon Pere Valérien, vous & vos Garans, si vous en trouvez. Le Médecin dont vous méprisez le témoignage juridique & qui est un Réfugié des plus zélez, ne vous a pas beaucoup d'obligation, & il dira sans doute à vos témoins, si vous en pouvez produire, ce qu'Hippocrate dit aux habitans d'Abdere quand il vint voir le Philosophe Démocrite.

XXII. Avis. De
faire voir qu'on
doit rompre avec
ceux qui chan-
gent de Religion.

22. Qu'allez-vous faire dans votre premier ouvrage ? Est-ce tout de bon que vous prétendez montrer qu'on a une indifférence de Religion effroyable, & bonne envie de venir Apostat, lorsqu'on ne rompt point avec un ami qui se fait Papiste, & qu'on le croit encore honnête homme moralement parlant. Ha qu'allez vous faire, j'implore votre merci pour tant de Ministres qui ont loué Henri IV. à perte de vûë depuis son abjuration ? Et si c'est trop importuner votre clémence, au moins épargnez feu Monsieur, & feuë Madame de Schomberg, au cas qu'il se trouve qu'ils ont continué de vivre avec M. de Turenne depuis sa prétenduë conversion, comme auparavant. Si vous ne leur voulez point faire grace de peur qu'on vous accuse d'avoir égard à l'apparence des personnes, chose que votre Spiritualité toute compatible qu'elle est avec les falsifications de passages, auroit de la peine peut-être à accorder avec l'Evangile, au moins sauvez-nous feu Mr. le Moyne qui écrivoit souvent à Mr. de Montausier, comme à l'un des hommes de ce siécle qui avoit le plus de vertu morale ; & si vous êtes inexorable pour les morts, laissez-vous du moins attendrir pour Mademoiselle Marie du Moulin. Ne la damnez pas, je vous en conjure, pour le soin exact qu'elle a eu de cultiver l'amitié de ce grand Seigneur, depuis la connoissance qu'ils firent, lui étant encore des nôtres, jusqu'à ce qu'il soit mort. Je m'étonne qu'avec les pensées que vous avez là-dessus, vous n'ayez brigué une députation secrete vers le Général de l'Armée Françoise sur le Rhin ; car comme il a été autrefois de la Religion, il ne résisteroit pas aux propositions que vous lui feriez de trahir la France ; dès la seconde conversation vous le mettriez sur un si bon pied, qu'il laisseroit avancer les Alliez jusqu'à Dijon tout d'une traitte. Si vous avez été autrefois homme à bonnes fortunes, vous avez éprouvé très-assurément que les Dames qui avoient changé de Religion ne tenoient pas devant vous, & que sans avoir besoin ni de votre bonne mine, ni de votre bourse, ni de votre éloquence, vous trouviez l'heure du Berger quand vous vouliez par l'efficace toute-puissante de la révolte. C'est ce qui a contribué sans doute à vous faire avoir mauvaise opinion de la vertu morale de ceux qui quittent le petit Troupeau. Levez-nous ces difficultez dans l'excellent Ouvrage que nous attendons de votre plume ; c'est pour la seconde fois qu'on vous les propose. Ne faites plus la sourde oreille. Vous voyez au reste, mon pauvre Mon-

sieur, que je ne m'étonne guéres des cris énormes que vous poussez contre ceux qui apellent notre Religion, le petit Troupeau. Je ne croyois pas que vous fussiez si bilieux, ni que votre prose pût jamais être animée d'une telle fureur Poëtique. Quoi une expression qui est depuis longtems si ordinaire dans la bouche des plus gens de bien de notre parti, en parlant fort sérieusement, vous effarouche de telle sorte que vous en devenez un Orlando furioso ! Je ne comprens plus rien en vous, je crains que l'enthousiasme & le fanatisme ne s'emparent pour jamais de votre individu. Quoiqu'il en soit, notre cher, je vous assure que votre mal est si peu contagieux, qu'au lieu de me fâcher à vôtre exemple, j'ai ri tout mon saoul de votre colere.

XXIII. A
prouverq
bien fond
compter
espérance
Commen
de l'Apo

23. Relisez mieux que vous n'avez fait la Préface de la Chimere ; vous verrez que vous avez très-mal indiqué le rôle de feuë Madame de Schomberg. Si vous vous perdez dans des lieux si peu obscurs, que peut-on attendre de vos lumieres en cas d'enigmes ? Mais passe pour tout ce qui ne procéde que de défaut d'intelligence, le pis est que vous êtes assez méchant pour agir contre vos lumieres. Vous ne pouvez pas ignorer, ou il faudroit vous envoyer à une Ecole Françoise, avec les petits garçons de Hollande, vous ne pouvez pas, dis-je, ignorer, après la précision claire & nette où on a mis tout ceci dans la Préface que vous citez, qu'il n'est point question des espérances dont les Commentateurs de l'Apocalypse nous avoient voulu infatuer. Pourquoi, fourbe que vous êtes, confondez-vous malicieusement ces deux choses ? Pour vous rendre tout-à-fait inexcusable on vous redira encore une fois cette leçon : On s'est moqué de ceux qui ont crû prêcher dans Nôtre-Dame de Paris en 1689. & voir en la même année toutes les Provinces dedeçà la Loire enlevées au Roi de France. Attachez-vous à cela & le réfutez si vous pouvez, & ne faites pas le petit déclamateur sur des choses dont il ne s'agit point, & sachez que la foiblesse de ceux qui nous on repû de ces visions, ne doit pas être cachée. Il n'y a que ceux qui ne voient goûte aux intérêts de nôtre Parti, ou qui ne sont nullement sensibles aux insultes qu'on lui fait, qui se puissent faire là-dessus ; car le moyen d'empêcher qu'on ne représente notre Corps comme un amas de têtes foles, c'est de faire savoir hautement à toute l'Europe, qu'on a desaprouvé parmi nous avec mépris & moquerie les nouvelles visions prophétiques de quelques-uns.

XXIV. A
la migr
Mr. Ba

24. Vous n'aurez plus que deux avertissemens, l'un sur la migraine de Mr. Bayle, l'autre sur Junius Brutus ; car pour cette récapitulation que vous avez mise à la fin du livre, & que vous avez remplie de votre vieille game ruïnée & réfutée sans ressource dans la Chimere démontrée, ce seroit trop abuser de son loisir que de s'y arrêter, & vous êtes d'ailleurs, mon pauvre Monsieur, trop incorrigible, & trop amateur des vaines redites, à l'exemple de vos bons amis les Pharisiens, pour ne devoir pas être abandonné sur cela à votre mauvais Génie. Je viens donc à la migraine, pour vous avertir charitablement que vous ne savez ce que vous dites ; ou ce qui me paroît plus vraisemblable, que vous oubliez exprès la seule chose qu'il falloit examiner. C'est courir après un fantôme que de feindre que la migraine vient justement à l'heure qu'il faut aller au Sermon. Vous avez pû ouïr dire qu'elle vient après qu'on y a été, & qu'à cause qu'on en revient malade,

Avis. Sur
Mr. Bayle
demandé
particulari-
cernant
Brutus.

lade, on ne peut y affifter ni long-tems ni fouvent. Tout eft mis de travers dans vos livres.

25. Pour ce qui eft de Junius Brutus, je n'ai à
vous propofer qu'une gageure de cent piftoles.
Mr. Bayle eft prêt à les mettre en dépôt à la Banque de Rotterdam, vous les y ferez mettre fous
un nom de guerre fi vous voulez ; car on ne prétend pas vous tirer de votre qualité d'Auteur Anonyme que vous ferez bien de garder le plus long-
tems que vous pourrez, vû le peu d'honneur que
vos écrits vous font dans le monde. Vous gagnerez ces cent piftoles s'il fe trouve que l'Extrait de
lettre que vous produifez remarquable par ces paroles en gros caracteres, IL Y A DU TEMS,
ait du rapport à quelque lettre écrite par M. Bayle
avant la publication de l'Avis aux Refugiez ;
& vous perdrez les cent piftoles s'il fe trouve que
votre extrait fe rapporte à une lettre écrite par M.
Bayle plufieurs mois après la publication de cet
Avis. Pour les préfomptions que celui dont vous
fourniffez un autre extrait retient pardevers lui,
je ne doute pas que ce ne foient les deux chofes
qu'on croit avoir devinées dans la page 758.
col. 1. de la Chimere. L'une de ces deux chofes
concerne à la verité les particularitez demandées
fur Junius Brutus ; mais cela ne laiffe pas de montrer le peu d'exactitude de vos Efpions de Paris.
Celui-ci aura oüi dire fans doute au galant homme que Mr. B. avoit confulté, qu'on lui avoit demandé des particularitez fur Junius Brutus, & il
aura conclu étourdiment fans s'informer de la date, que Mr. B. avoit demandé ces particularitez
pour les mettre dans l'Avis aux Refugiez. Voilà
comment un homme trompé par fes préjugez en
trompe une infinité d'autres ; mais il en faut revenir aux dattes des lettres. Voyez, mon cher
Monfieur, fi vous voulez rifquer cent piftoles fur
la bonne foi de vos correfpondans de France.
Vous ferez bien d'imiter celui de vos Camerades
(c'eft peut-être vous-même) qui a fait le plon-
geon quand il s'eft vû pris au mot à l'égard d'u-
ne fomme d'argent qu'il offroit fous condition.
Voyez la Chimere demontrée pag. 724. col. 1.

Pour cette lettre menaçante que vous dites qu'on
a écrite à Mr. J. foyez fûr que Mr. B. ne fait ce
que c'eft, & qu'il n'y a nulle part ni directement ni indirectement. Il ne croit point non-
plus qu'aucun de fes amis s'en foit mêlé ; il n'en
a point qui foit capable d'écrire de la maniere
que vous repréfentez cette lettre, ni qui croye
qu'il ait nul befoin de reconciliation avec fa Partie. Pefez bien la page 721. col. 1. de la Préface
de la Chimere demontrée.

Vous ferez un grand plaifir à vos Lecteurs, &
un grand bien à votre réputation, fi le premier
livre que vous ferez contient à la tête une table
qui marque les pages où vous repondrez à chacun
de ces petits avertiffemens. On n'eft pas encore
bien refolu fur le parti qu'on doit prendre à votre égard, fi l'on vous fuivra pied-à-pied, ou fi
l'on méprifera tout ce que vous pourrez publier
à l'avenir. Si l'on prend le premier parti, on vous
marquera tant de chaffes, on vous fera tant de liftes fi particularifées de tout ce que vous avez laiffé fans réponfe, on vous fera tenir pied à boule fi
rigoureufement, & on vous reduira à des défilez
fi cornus & qui vous enfileront fi bien ou à droite ou à gauche, qu'on eft affuré de vous faire
quitter la partie avant l'an & jour, & de vous faire renoncer à la qualité d'Auteur que vous avez
ufurpée malgré l'art & la nature, *Mufis invitis &
Apolline nullo.* Mais encore qu'on n'ait pas pris
cette refolution, je vous confeille de fuppofer

qu'on l'a prife, & que non feulement vous travaillez fous les yeux perçans de la Providence,
fcrutateurs des reins & des cœurs ; mais auffi à
côté de quelque ami de Mr. B. qui viendra tout
auffi-tôt controller vos Ecritures, & vous appeller à compte, papier fur la table, de toutes vos
obliquitez & de toutes vos malverfations. Je fouhaite que tout ceci vous devienne falutaire, tant
pour cette vie que pour celle qui eft à venir. Pour
cette fois je ne vous renverrai pas aux paroles d'un
grand Apôtre ; mais fi vous perfeverez dans votre train, il faudra enfin vous dire non pas en
François, (car on vous menagera le plus qu'on
pourra) mais felon la Vulgate : *Pœnitentiam age
ab hac nequitia tua, & roga Deum, fi forté remitta-
tur tibi hac cogitatio cordis tui,* IN FELLE
ENIM AMARITUDINIS, ET OBLI-
GATIONE INIQUITATIS VIDEO TE
ESSE.

POSTSCRIPTUM.

Falfifications de
l'Auteur Ano-
nyme fur le Li-
belle du Salut
de la France.

JE vous ai déja dit qu'on vous a trop épargné
jufqu'ici fur le Libelle du *Salut de la France,*
je m'en vais vous le prouver clairement. Voici les
paroles de l'Avis aux Refugiez pag. 608. col. 2. *def-
avoüez NOMMEMENT tous ces écrits fcan-
daleux où l'on a tâché de faire foulever jufques à
Monfeigneur le Dauphin contre fon propre pere, &
d'armer tous les François en faveur des plus irreconciliables ennemis de la Nation, pour mettre notre
Monarchie fur le pied d'un Royaume Ariftodemocra-
tique.* Voici les vôtres dans vos premieres remarques pag. 31. *L'Auteur nous exhorte à defavoüer
NOMMEMENT un libelle qui excite Monfeigneur le Dauphin à detrôner le Roi fon Pere :* Et
dans votre Philofophe degradé pag. 31. *On le
defie de montrer aucun livre avant le* Salut de la
France, *qui excite NOMMEMENT Mgr. le
Dauphin à detrôner le Roi fon Pere.* J'ai déja montré votre filouterie fur le changement du pluriel
au fingulier, & fur la fuppreffion d'une partie du
paffage ; mais il faut y joindre votre tranfpofition
frauduleufe du mot *nommément.* Dans l'Avis il
tombe fur des livres ; chez vous c'eft fur Mgr. le
Dauphin. Ou vous ignorez votre langue d'une
maniere qui rend tout-à-fait inexcufable la temerité que vous avez euë de vous ériger en Auteur,
ou vous devez favoir qu'avec de telles tranfpofi-
tions on trouveroit des herefies & des blafphêmes
dans la Sainte Ecriture ; & ainfi, mon pauvre
Monfieur, croyez-moi, n'employez plus votre
tems à écrire, ou faites-vous une Religion de
rapporter fidélement les paroles de vos adverfaires.

On vous a épargné fur une autre chofe dont
il faut que vous rendiez compte aujourd'hui. Selon vous, page 31. de vos premieres Remarques,
le *Salut de la France* n'a précedé l'*Avis aux Refugiez* tout au plus que de quinze jours : Vous
croyez auffi avec votre Maître, que l'Avis a été
corrigé par fon Auteur, & imprimé dans une autre ville que celle que vous prétendez que l'Auteur
refide. Il faut donc que vous croyez, que quinze
jours ont fuffi 1. pour envoyer d'une ville à l'autre, l'endroit de l'Avis qui concerne le *Salut de
la France.* 2. Pour imprimer onze feuilles, & les
envoyer corriger l'une après l'autre dans une autre
ville, d'où on ne pouvoit les recevoir corrigées
que deux jours après l'envoi. 3. Pour faire fecher
les dernieres feuilles, faire les paquets, les envoyer
par les Villes de Hollande, &c. Je prévois que
vous allez allembiquer votre pauvre cerveau pour
trou-

trouver les expediens de faire suffire quinze jours à tout ce manege ; vous consulterez l'Almanach pour trouver les heures où partent les batteaux Marchands ; vous rêverez cinq ou six jours à cent minuties ; car il paroît que c'est-là votre élement, & votre qualité dominante ; mais en verité, vous n'y gagnerez rien auprès des Experts. L'Avis aux Refugiez n'a rien qui demandât pour l'interêt du Libraire, ou pour quelque autre raison, qu'il parût un mois plûtôt ou plus tard ; ainsi l'on ne croira jamais qu'il ait occupé plusieurs presses à la fois. Rien n'y marque qu'il ait été imprimé à la hâte, & il est de nature à n'avoir pas dû être imprimé ainsi, à cause que tout livre qui occupe à la fois plusieurs presses, fait plus aisément découvrir d'où il vient. Comptez bien donc, mon bon Monsieur, & pesez bien toutes choses. Vous trouverez qu'en y comprenant la Préface, il a falu imprimer onze feuilles depuis le Salut de la France, & que l'édition ne sent rien de précipité. Or vous ne persuaderez jamais à ceux qui savent le train de l'Imprimerie, que quinze jours ayent suffi pour tout ce qu'on vient de vous marquer. Si vous n'étiez pas un Auteur de quatre jours, vous sauriez par experience qu'il n'y a point de patience que les Imprimeurs ne mettent à bout, & que c'est beaucoup quand un Auteur qui est incessamment à leurs trousses, en peut arracher quatre feuilles par semaine.

Vous auriez eu ces Avis plûtôt (car ils étoient prêts deux jours après qu'on eût lû votre dernier livre) si l'on n'eût voulu attendre ce qui viendroit d'Angleterre en réponse à ce qu'on avoit écrit à Mr. Sartre. Il n'y a eu que sa lettre qui ait déterminé à prendre la plume ; mais la prenant pour cette raison, on a cru qu'il faloit charitablement vous avertir de quelques défauts qui regnent dans vos petits Ouvrages. Les deux principaux sont la mauvaise foi & les redites. Ayant montré votre mauvaise foi sur des citations de faits imprimez, je n'ai pas cru qu'il fût necessaire de vous relancer sur la comparaison de la bataille de St. Denys avec les ravages du Rhin. Vous n'en donnez pour toute preuve que votre propre autorité, qui est celle d'un pauvre Auteur dont personne ne sait ni le nom ni la profession, mais dont on sait qu'il tronque à merveille les passages d'un livre, & qu'on l'a surpris au flagrant delict de quelques falsifications, très dignes de la *clameur de HARO*. Quand vous prouverez autrement que par le témoignage d'un tel pesonnage ce que vous avancerez, on vous répondra : A l'égard de vos redites, defaites-vous-en, mon bon Monsieur, si vous ne voulez qu'on vous appelle desormais *l'Echo de Charenton*, qui repetoit jusqu'à 13. fois la même parole.

Au reste, ce n'est pas pour me glorifier de diligence que j'ai dit que ceci ne m'a coûté que deux jours, c'est pour vous montrer que je n'écris pas contre vous en Auteur, & que je ne regarde ces sortes de pieces que comme des Ecritures de procès qu'on ne publie qu'afin qu'elles servent à la cause sans y chercher ni parure ni façon. On se contente d'y pouvoir renvoyer les chicaneurs qui voudroient prendre le silence pour un acquiescement à vos calomnies. En cas que desormais on prenne le parti de vous laisser jazer seul, on prie le Public de n'en rien conclure pour vous, quelles que puissent être vos accusations.

Ce 11. *Decembre* 1691.

NOUVEL AVIS
AU
PETIT AUTEUR
DES PETITS LIVRETS,

Concernant ses Lettres sur les differends de Mr. Jurieu & de Mr. Bayle.

AVIS AU LECTEUR.

IL y a plus de trois semaines que ce petit Ecrit seroit public, si l'on n'avoit sçu que le Denonciateur a sous la presse un gros Factum dont ses Emissaires parlent avec de grands éloges, selon leur coûtume. Pour n'en faire pas à deux fois, & pour épargner au Public la multiplicité de ces sortes d'Ecriture, on avoit resolu de differer la publication de ceci jusques à ce que l'on eût vû par la lecture de ce gros Factum s'il meritoit d'être refuté, auquel cas on en auroit joint la refutation avec ce second Avis. Mais comme on vient d'aprendre que ce Factum ne paroîtra pas encore, on ne differe plus d'exposer en vente ce petit Ecrit, & on promet par avance, si la chose en vaut la peine, de renverser bien-tôt toutes les nouvelles Machines du Délateur. Que le Public se souvienne, s'il lui plaît, qu'on doit suspendre son jugement jusques à ce que les deux Parties ayent été ouies, & bien compter les faits sur lesquels le silence du Délateur le convaincra de fausseté. Il sera juste de comparer ses derniers Ecrits avec les listes qu'on lui a marquées de ses contradictions & de ses falsifications.

Pour se convaincre que ce *Nouvel Avis* est imprimé

primé depuis le tems que l'on marque, il suffit de considerer que s'il avoit eté mis sous la presse depuis le
Synode tenu à Zeric-Pée le 7. de Mai & jours suivans, le recit que l'on trouvera ci-dessous pages 785.
& 786. ne finiroit pas comme il finit. La narration n'a été poussée que jusques au renvoi de
l'affaire au Synode ; Renvoi que le Delateur
demanda instamment à la Compagnie, & qu'il
obtint à la pluralité des Voix, nonobstant les fortes
raisons qui avoient été alleguées par Mr. B. & les
oppositions de quelques Membres très-considerables
du Consistoire. Il est de notorieté publique à Rotterdam, que ce renvoi rejoüit extrémemeni le Delateur,
& que comme ses Creatures font fanfare de tout,
ils debiterent cela comme un gain de cause, ou comme une preuve de son credit. Cette derniere machine est toûjours en jeu au bout de leur langue. Ces
Messieurs affectent de représenter leur Heros comme
une personne qui a un grand pouvoir à la Cour ; ils
prennent Mission avec un grand empressement pour
aller dire de porte en porte qu'il a eu des Audiances
de deux heures ; en un mot il ne tient pas à eux qu'on
ne le regarde comme un autre Pere la Chaise, le
grand Distributeur des Charges & des Benefices.
Cela n'est pas toûjours sans fruit ; car l'homme est
fort capable de menager ceux pour qui d'ailleurs il n'a
ni amitié ni estime, lorsqu'il croit qu'ils peuvent favoriser ou retarder un établissement temporel. Quoiqu'il en soit le renvoi au Synode qui au fond est une
preuve que le Delateur n'a osé confier sa cause à son
propre Consistoire, a été regardé comme un grand
succès par ses Partisans ; neanmoins il a assisté plusieurs jours au Synode sans y faire nulle mention de
ses differends avec Mr. B. & il s'en est revenu sans
que cette Compagnie ait pû obtenir la communication
qu'elle a demandée des Actes du Consistoire de Rotterdam, & que ce Consistoire avoit voulu qui lui
fût faite. Chacun voit qu'on n'eût pas manqué de
parler de cet évenement si honteux au Denonciateur
dans les pages 785. & 786. de ce nouvel Avis, si on
l'avoit sçu, en composant cet endroit, & qu'ainsi cet
Avis étoit imprimé avant la tenuë du Synode.

　On a joint à ce second Avis une lettre qui fait
voir une chose très-effective, c'est que la plûpart des
amis de Mr. B. n'ont jamais voulu consentir qu'on
répondît à l'Auteur des remarques sur la Cabale
Chimerique. Si on les en avoit crus, on n'eut pas fait
semblant de sçavoir que ces petits libelles fussent dans
la nature des choses, & ils ont été fachez qu'on en
ait refuté quelques morceaux. Ils ne manquoient pas
de fortes raisons, quoiqu'on puisse dire que c'est une
matiere où il y a du pour & du contre. Bien des
gens d'esprit & de jugement soutiennent que dans des
contestations importantes il ne faut rien passer à son
Adversaire, mais le relancer sur toutes les bévuës
qui lui échapent, & principalement sur toutes les faussetez qu'il debite. D'autres personnes qui n'ont pas
moins d'esprit & de jugement, disent au contraire qu'il
faut mepriser tout ce qui vient d'un Auteur sans nom
& sans merite, & le frustrer par-là de l'honneur
dont il avoit flatté sa vanité, ayant crû qu'une réponse empêcheroit ses Ecrits de retomber dans le néant.
Ces amis de Mr. Bayle ajoutoient que l'Auteur des
Remarques étoit encore plus indigne de réponse à
cause de la noire & lâche malignité qui regne dans
ses productions, qu'à cause de la foiblesse de ses attaques ; car que peut-on voir de plus malhonnête que
de soutenir la cause d'un Ministre, qui entant qu'en
lui est, va livrer entre les mains du Bourreau un
Collegue avec qui il avoit fait profession d'étroite
amitié pendant quinze années ; un Collegue qui
étoit tous les jours chez lui, & qu'il faloit pour le
moins avertir fraternellement de ses fautes, avant

Tome II.

que de les notifier au Public ? N'eût-ce pas été le
devoir de ce Ministre, si un autre avoit déféré ce Collegue, de solliciter sa grace, & de se jetter aux
pieds des Souverains afin qu'on lui pardonnât ? Les
Payens de Rome n'en usoient-ils pas ainsi ? Ne regar-
doient-ils pas comme des infâmes ceux qui abandonnoient un ami quand il étoit accusé ? Et voici un
Ministre, qui seul entre tout ce qu'il y a de gens au
monde, se porte pour Delateur contre son intime
ami ; il est seul à l'accuser d'une Conspiration execrable sur un fondement qui s'est trouvé tout ruineux:
il est seul à demander instamment qu'on le punisse.
Ne faut-il pas que tous ceux qui dans la suite se sont
joints à lui pour opprimer l'Accusé, ayent l'ame bien
mal placée ? Mais que dirons-nous des manieres du
petit Auteur ? Ne sentent-elles point son ame basse
& pleine d'iniquité ? Il ne rapporte jamais un passage
comme il faut, il ne fait que mordre sur quelque piece detachée ; & lorsque cela ne lui suffit pas pour
pallier ses calomnies, il recourt aux impostures & aux
mensonges les plus grossiers. Bien-plus, il a eu la lâcheté de vouloir rendre suspect de trahison un Ministre de grand mérite, qui a servi une des plus florissantes Eglises de France ; il a formé, dis-je, ce vilain complot, sur ce que ce Ministre écrivant à son
Troupeau, s'étoit servi de l'exhortation de Jesus-
Christ ; Rendez à Cesar ce qui apartient à Cesar,
& à Dieu ce qui est à Dieu.

　Il est certain que ce sont-là des caracteres de mal-
honnête homme qui justifient le parti de ne rien répondre que la plûpart des Amis de Mr. B. ont conseillé, & néanmoins cet Avis n'a pas été tout-à-fait
suivi ; on a pris un certain milieu, qui a été de publier quelque chose, afin d'aprendre au Public pourquoi on ne répondoit point pied-à-pied aux Ecrits de
ce petit faiseur de Remarques. Les principales raisons
pourquoi on ne s'engage pas à ces sortes de réponses,
sont que cet Auteur ne fait que repéter les mêmes
choses sans repliquer aux refutations que l'on y a opposées. 1. Que le Public n'est déja que trop fatigué
de tant de petites discussions. 2. Que cet Auteur falsifie si grossierement les endroits qu'il tâche de refuter, qu'on doit se promettre de l'équité des Lecteurs
desinteressez, qu'ils decouvriroient par eux-mêmes les
fraudes du personnage ; mais comme on auroit tort
d'en vouloir être crû sur sa parole, il a falu donner
quelques preuves de ceci ; c'est pourquoi on a eu soin
& dans le premier Avis au petit Auteur, & dans
le second, de montrer par quelques échantillons de
quoi il est capable en fait de citer à faux, & de tirer de mauvaises consequences. Deplus il a falu prier
tous les Lecteurs qui se voudront porter pour Juges,
de confronter partout ailleurs les pieces des deux
Parties. Voilà d'un côté ce qui a fait qu'on lui répond
quelque chose, & de l'autre ce qui a fait qu'on ne
répond pas à tout.

　Il faut tout dire ; on a été bien aise d'éprouver si
les chauds Partisans du Delateur péchent par ignorance ou par malice, & pour cela il faut un peu les
appliquer à la question. Il y a dans les livres publiez
jusques à celui-ci inclusivement pour la cause de Mr.
B. tant de convictions, de contradiction, de fausseté,
d'absurdité contre ses parties, qu'il est étonnant
qu'aucun Jurieute ne se soit voulu tirer de pair, en
faisant connoître qu'il en est choqué, & qu'il desaprouve ces mauvaises voyes de soutenir une cause. On
les somme donc, & on les adjure devant Dieu de
chercher les moyens (& il leur sera aisé de les trouver)
de faire connoître ce qu'ils pensent desdites Convictions. S'ils ne disent mot, ils nous permettront de
croire qu'ils trahissent leur conscience, & qu'ils ne
sont conduits que par esprit de Parti.

Le 2. de Juin 1691.

NOUVEL AVIS
AU PETIT AUTEUR
Des petits Livrets.

JE m'adreſſe encore à vous, mon cher Monſieur, comme au petit Auteur des petits Livrets ; car encore que depuis mon premier Avis, la ſucceſſion du grand Auteur des petits Livrets ait été ouverte, je ne trouve pas raiſonnable que ce ſoit en votre faveur, tant il y a de petiteſſe à tous égards dans votre fait, nonobſtant les 260. pages à quoi vous avez fait monter votre dernier livre. Le peu de profit que vous avez fait de mes premieres exhortations ne m'empêcha pas, comme vous voyez, de vous renouveller mes avis ; nous verrons juſqu'où vous pouſſerez votre incorrigibilité.

Permettez que je commence par vous repréſenter le grand tort que vous faites à votre Client. Il vaudroit beaucoup mieux pour ſon honneur que vous gardaſſiez un profond ſilence, que de vous mettre en frais de petites Apologies qui ne répondent pas au défi qu'on vous a fait de la part de M. B. c'eſt ainſi que j'appelle ces paroles de la page 722. col. 1. de la Préface de la Chimere demontrée : Ecoutez-les bien. *Si d'un côté il ne fut jamais plus neceſſaire de venir au ſecours d'un Auteur, ſoit pour montrer qu'il eſt honnête homme, ſoit pour montrer qu'il ne commet pas de fautes incompatibles avec la qualité de bon Auteur, qu'il eſt neceſſaire préſentement de venir pour cela au ſecours du Sieur Jurieu, il n'y a rien de l'autre de plus difficile que d'y réüſſir. Si ſes amis ne veulent pas m'en croire ſur ma parole ils n'ont qu'à en faire l'eſſai : ils n'ont qu'à faire l'épreuve de leurs forces, 1. ſur les 30. fauſſetez plus ou moins qu'on a trouvées dans la petite-narration du Sieur Jurieu, concernant ce qui s'eſt paſſé entre Mr. Bayle & le Sieur Acker. 2. ſur les 31. articles que je lui marque dans ma réponſe aux premieres Convictions. 3. Sur les 62. articles que je lui côte dans ma réponſe à ſa derniere Conviction. 4. Sur tous les articles de perte que je lui porte en compte dans cette Préface. Quiconque pourra tirer de ces abîmes l'honneur du Sieur Jurieu ſain & ſauf, tant par rapport à la bonne foi & à la conſcience, que par rapport au jugement, ſera ſans doute un prodige. Erit enim magnus Apollo.*

Voilà qui vaut un défi dans toutes les formes. Vous deviez après cela ou vous taire, ou tirer votre Client de ces abîmes ; car en ne diſant mot vous n'euſſiez pas montré votre impuiſſance auſſi manifeſtement que vous l'avez montrée par votre caquet. On eût pû croire charitablement que votre ſilence témoignoit que vous n'aviez pas tenté le ſecours de votre ami ; mais vos livrets où tout ſent la ſueur de votre front, & les tranchées douloureuſes de l'enfantement, témoignent que vous avez fait tous les efforts imaginables pour le dégager, & néanmoins il eſt auſſi embourbé qu'auparavant.

C'eſt en vain que vous prenez la partie adverſe à témoin qu'il n'y a eu que deux Chefs d'accuſation ; car ſi pour la preuve de chacun de ces deux Chefs on eſt tombé en pluſieurs menſonges, vous voyez bien que c'eſt-là une matiere à Catalogue de fauſſetez. Rappellez dans votre eſprit ces faux témoins qui n'ayant d'abord avancé qu'une fauſſeté, en commettent enſuite pluſieurs autres pour couvrir la premiere. On ne leur en paſſe aucune, on les leur compte toutes, & avec raiſon.

Vous paroiſſez ſurtout fâché que Mr. Bayle ait reduit en Chef d'accuſation le reproche public qu'on lui a fait *de ne faire quaſi point Myſtere de ſon Athéiſme* ; mais qu'y a-t-il au monde qui mérite plus que cela d'être qualifié Chef d'accuſation atroce ? Ainſi, mon pauvre Monſieur, quelque dur que cela vous ſoit tant à vous qu'à votre Client, ce ſera le premier & le principal point à vuider entre lui & Mr. Bayle devant les Juges Eccleſiaſtiques. Vous avez lû la déclaration que Mr. Bayle publia contre la *Courte Revûë*, ſavoir qu'il ne laiſſeroit point prendre le change à l'Accuſateur, & qu'il faudroit avant toutes choſes vuider les cinq Articles qu'il lui marqua. Reliſez ſi vous avez envie d'être trois nuits ſans dormir, cet endroit de la déclaration, & celui de la Chimere demontrée, dans lequel on a refuté les prétenduës préuves de l'Accuſation d'Athéiſme ; & ſi vous avez jamais l'aſſurance de déclarer votre nom, tremblez à la vûë de l'infamie qui vous eſt inévitable, pour avoir adopté cette même accuſation. Je penſe que votre homme ſe mord bien les doigts de s'être tant avancé ; car quand on lui dit l'autre jour en plein Conſiſtoire que c'étoit ſur cela que rouleroit la diſcuſſion du procès, il fit connoître qu'il ne l'entendoit pas ainſi ; mais la choſe n'eſt plus en ſa puiſſance ; *Volat irrevocabile verbum*, elle eſt imprimée, il n'y a plus moyen de s'en dedire, il y faut vaincre ou crever.

Après qu'il y aura eu Sentence definitive ſur ce grand point, M.B. ne manquera pas de tenir ce qu'il a promis publiquement, je veux dire de ſatisfaire ceux qui pourroient prétendre que du moins la *Courte Revûe* le convainc d'avoir avancé quelques propoſitions heretiques. Je vous répons, Monſieur, que ce ſera la matiere d'un Ouvrage aſſez curieux, & qui fera voir à Mr. Jurieu, qu'il n'eſt guéres moins mauvais Theologien que mauvais Philoſophe, & outre cela que c'eſt le plus méchant faiſeur d'Extraits que l'on vit jamais. C'eſt alors que pour vos péchez, vous ne verrez que trop de preuves de ce que Mr. B. a dit en paſſant, ſavoir que la Courte Revûë a été faite ou avec peu de jugement, ou de fort mauvaiſe foi. *Il ne peut*, dites-vous, *alleguer aucune preuve de ce qu'il avance à cet égard.* Dans l'endroit où vous parlez ainſi, cela ſignifie qu'il n'a pû alleguer aucune preuve ; mais ſi vous n'aviez pas l'eſprit faux, & le cœur encore plus faux, n'euſſiez-vous pas bien connu l'abſurdité de ce reproche ? Y a-t-il un ſeul mot dans la déclaration de Mr. B. qui marque qu'il ait eu le moindre deſſein d'examiner la Courte Revûë ? On ne peut donc inferer de ce qu'il n'en a pas fait connoître les defauts, que cela lui ait été impoſſible. Mais pour vous ôter tout prétexte de chicane, je m'en vais vous donner une preuve de ce que l'on a avancé dans la déclaration, & je choiſirai pour cet effet l'endroit même de la Courte Revûë qui vous a paru le plus ſolide, ſi l'on en juge par le ſoin que vous avez pris de le copier. Le Public pourra par cette filouterie juger de toutes les autres, & on lui peut fort juſtement dire en cet endroit :

Accipe nunc Danaum inſidias, & crimine ab uno
Diſce omnes.

Echantillon du peu de jugement & de bonne foi de celui qui a composé la Courte Revûë.

Vous empruntez de la Courte Revûë cette proposition ; *la connoissance de Dieu ne sert de rien pour retenir les hommes dans leur devoir.* Votre homme prétend que Mr. Bayle a prouvé avec scandale cette proposition Chap. CXXIX. CXXX. & CXXXI. pag. 83. & 84. de son livre sur les Cometes. Je viens de lire exactement toutes ces pages ; je n'ay rien trouvé dans la 83. qui ait du raport à ce sentiment ; mais voici mot pour mot la page 84. Chap. CXXXI.

Disons donc, que quand on n'est pas véritablement converti à Dieu, & qu'on n'a pas le cœur sanctifié par la grace du Saint Esprit, la connoissance d'un Dieu & d'une Providence est une trop foible barriere pour retenir les passions de l'homme ; & qu'ainsi elles s'échapent aussi licentieusement qu'elles feroient sans cette connoissance-la. Tout ce que cette connoissance peut produire ne va guéres que jusqu'à des exercices extérieurs que l'on croit pouvoir reconcilier les hommes avec les Dieux. Cela peut obliger à bâtir des Tembles, à sacrifier des victimes, à faire des prieres, ou à quelque chose de cette nature ; mais non pas à renoncer à une Amourette criminelle, à restituer un bien mal acquis, à mortifier la concupiscence. Desorte que la concupiscence étant la source de tous les crimes, il est évident que puisqu'elle regne dans les Idolâtres aussi-bien que dans les Athées, les Idolâtres doivent être aussi capables de se porter à toute sorte de crimes que les Athées, & que les uns & les autres ne sauroient former des Societez, si un frein plus fort que celui de la Religion, savoir les Loix humaines ne réprimoit leur perversité. Et cela fait voir le peu de fondement qu'il y a à dire que la connoissance vague & confuse d'une Providence est fort utile pour affoiblir la corruption de l'homme / . . . . Voila proprement à quoi servent les fausses Religions par raport à la conservation des Etats & des Républiques. Il n'y a que la véritable Religion qui, outre cette utilité, aporte celle de convertir l'homme à Dieu, de le faire combatre contre ses passions, & de le rendre vertueux. Encore n'y réussit-elle pas à l'égard de tous ceux qui la professent ; car le plus grand nombre, &c.

Serez-vous assez aveugle, mon pauvre Monsieur, pour ne pas voir que ce passage n'est point une preuve d'Athéisme, & par conséquent que votre homme vous a entraîné avec lui dans un précipice, lorsqu'à son exemple vous avez voulu faire servir la doctrine de la page 84. du Traité des Cometes à convaincre Mr. Bayle de nier l'existence de Dieu ? Serez-vous assez aveugle pour ne pas voir la mauvaise foi de votre Client qui suprime tout ce que Mr. Bayle a expressément remarqué de la connoissance salutaire du vrai Dieu ? Son accusateur lui fait dire en général que *la connoissance de Dieu ne sert de rien pour retenir les hommes dans leur devoir, & brider les passions,* au lieu qu'il avoit formellement excepté la connoissance qu'ont de Dieu ceux que le Saint Esprit illumine & régénere. Enfin serez-vous assez aveugle pour ne pas voir la destitution de jugement où un Ministre doit être lorsqu'il ose s'élever contre la page 84. du livre des Cometes, où l'on voit la doctrine de la grace selon les idées les plus rigides de St. Augustin & de Calvin ? Cette censure n'est-elle pas bien placée dans les écrits d'un homme qui a tant crié contre ce qu'il apelle le Pajonisme ? Et si la doctrine de Mr. B. est faus-

se, ne s'ensuit-il pas manifestement que ces deux Propositions d'un Pélagianisme outré sont vrayes ? 1. *lors même que l'on n'est pas véritablement converti à Dieu, & qu'on n'a pas le cœur sanctifié par la grace du St. Esprit, la connoissance d'un Dieu & d'une Providence est une assez forte barriere pour retenir les passions de l'homme, & pour mortifier la concupiscence.* 2. *les fausses Religions convertissent l'homme à Dieu, le font combatre contre ses passions, & le rendent vertueux.*

Vous pouvez juger par ce petit Echantillon, comment on balotera votre homme dans l'Apologie que Mr. Bayle publiera de sa doctrine contre la Courte Revûë, dès qu'on aura vuidé l'Article 18. des Accusations qui le regardent en particulier, & le 7. des Accusations qui regardent aussi ses Amis.

Si vous rentriez en vous-même, mon bon Monsieur, il ne vous faudroit pas aller plus loin pour connoître que cette doctrine de Mr. Bayle n'est que trop vraie. Vous connoissez Dieu & son Evangile : vous allez sans doute souvent au prêche, mais cela vous retient-il dans votre devoir ; Cela vous empêche-t'il depuis un an de mettre votre esprit à la torture, afin de tronquer & de falsifier des passages, & de faire éclore de votre cerveau quelque méchante chicanerie qui puisse colorer les calomnies infâmes que vous publiez ? Je vous l'ai déjà dit, vous seriez moins criminel si vous falsifiez un Testament, ou une cédule. On peut fort bien dire de vous,

Dequoi sert à . . . . . la raison qui lui crie
N'écris plus, guéris-toi d'une telle manie ?

Que dans un Procès criminel on doit nommer les Témoins.

Or comment la Religion vous retiendroit-elle dans les devoirs qu'elle prescrit, puisque vous n'écoutez pas même les suggestions du bon sens & de la raison ? Ignorez-vous que dans un procès criminel la chose la plus indispensable qu'on soit obligé de faire, est de nommer à l'Accusé les témoins que l'on produit contre lui, & de lui demander s'il a des reproches à leur objecter ? Avez-vous suivi cette méthode ? N'entassez vous pas petit livret sur petit livret depuis un an, où vous répétez la même chanson, *que le Libraire Martin a dit ceci ou cela, qu'un Anonyme écrit une chose, qu'un autre Anonyme en écrit une autre ?* Ne vous a-t-on pas sommé de nommer ceux qui témoignent ces choses à la charge de Mr. Bayle ? Avez-vous satisfait à cette juste sommation ? Ne persistez vous point à étourdir le Public de témoignages tombez des nuës ? Oseriez vous manquer de respect envers le moindre Juge de Village, autant que vous en manquez envers le Public le Juge choisi de ce différend ? Car quelle absurdité n'est-ce pas que de répondre comme vous faites à la sommation contenuë dans la page 709. col. 2. de la Préface de la Chimere démontrée, & de laquelle la conclusion est qu'on donne un mois de tems à l'Accusateur pour faire savoir qui sont les témoins & où ils ont fait élection de domicile ; après quoi si on n'aprend pas ce que l'on demande, on traitera d'impostures & de fourberies ce qu'il débite ? Vous répondez que ces témoins sont d'honnêtes gens. Mais, mon pauvre Monsieur, à quoi songez-vous quand vous osez imprimer de telles sottises ? Quoi un inconnu comme vous qui ne dit ni qui il est, ni où on peut aprendre de ses nouvelles, qui bien-loin d'être autorisé du principal Accusateur, n'en est pas même connu, & ne le connoît pas, nous viendra dire froidement que des inconnus aussi-bien que lui sont des gens d'honneur ? N'est-ce pas se moquer de Dieu & des hommes, & se jouer du Public le Juge choisi de ce grand Procès ? Que sait-on si vous n'étez pas sorti de France tellement noté que vous ne pouvez plus être témoin, & pendant qu'on peut être dans ces soupçons vous vous porterez pour caution du témoignage de gens inconnus! Sans mentir voilà des procédures bien droles, où si ce terme ne vous fait pas l'honneur que vous souhaiteriez qu'on vous fît de prendre la chose un peu plus sérieusement avec vous, disons que ces procédures sont tout-à-fait irrégulieres. Vous vous êtes déclaré la Partie de Mr. Bayle, vous êtes l'un de ses Accusateurs, & il paroît par tous vos petits Libelles que vous n'avez pas juré sa ruïne avec moins de fureur & moins d'acharnement que le premier Délateur, Dès là votre témoignage ne peut de rien servir pour valider celui de vos témoins ; car où est l'Accusateur qui convienne que les témoins qu'il produit sont récusables ? Vous ne pourriez donc en vous nommant devenir propre à cela, & vous osez vous en mêler sans nous dire qui vous êtes. Pour l'amour de Dieu allez étudier chez un Procureur 5. ou 6. mois un peu de pratique, & puisque vous avez laissez passer le tems que l'on vous avoit donné pour notifier le nom, les qualitez & le domicile de vos témoins, & que six mois après l'échéance du terme, vous êtes aussi muets que le premier jour, laissez-nous tirer la conséquence dont on vous a menacez.

Mais dites-moi la verité ; quelle part vous promettez-vous à la confiscation des biens de nos prétendus Cabalistes? J'ai peine à croire que vous fussiez entré dans l'accusation d'une maniere si chaude & si furieuse, si vous n'aviez été poussé par le motif qui animoit anciennement les Délateurs sous les Tiberes & sous les Domitiens; ils savoient qu'il leur reviendroit tant de la dépoüille des accusez. A l'égard de Mr. Bayle je ne croi pas que vous aïez ignoré que la confiscation n'eût pas été fort lucrative. C'est un Philosophe qui ne s'est jamais soucié d'amasser du bien, vous n'auriez eu guéres à partager en cas de confiscation que des livres dont vous eussiez tiré en tout trois ou quatre cens écus. Est-ce la peine de tant suer à faire des Factums? Car il est notable, mon cher Monsieur, que jamais bon Livre n'a plus fatigué l'esprit de son Auteur, que vos petits méchans Libelles ont fatigué le vôtre. Je ne compte pas les frais de l'impression ; car ce n'est, dit-on, que cette derniere fois qu'on vous a obligé d'imprimer à vos dépens. Mais vous aviez oui dire que les complices qu'on donnoit à Mr. Bayle avoient apporté de grands biens, & c'est apparemment ce qui vous a revêtu du personnage de Délateur anonyme. Par malheur ces complices ne se trouvent nulle part; on vous a tous sommez l'épée aux reins de les nommer, & votre Chef a déjà reçu quelques bottes en face qui l'ont bien décontenancé. Cependant les accusez sont toûjours réduits à un seul : Les autres sont encore des habitans de l'Ile invisible.

Qu'on ne répondra point aux cinq Lettres de l'Anonyme.

Vous vous attendez sans doute qu'on fera l'honneur à vos cinq Lettres de les réfuter pied à pied, mais je vous avertis, mon cher Monsieur, de ne vous y attendre pas. Il ne seroit point juste que l'on exigeât moins de vous que de votre Maître, & que l'on eût égard à la supériorité que vous venez de vous donner sur lui, en nous assurant que votre dernier livret est meilleur que tous ceux qui ont étez faits sur ce sujet, & par conséquent que ceux que le Délateur en Chef a écrits *proprio*

pugno. Entre vous le débat. Pour moi je trouve que puisque Mr. Bayle ne s'est engagé à réfuter dans toutes les formes le dernier Factum de ce Délateur, qu'en cas que ce dernier lui prouvât tous les articles qu'on lui a cottez dans la Chimere démontrée, on vous feroit trop de grace de vous répondre avant que vous ayez satisfait aux conditions justes & raisonnables que j'ai exigées de vous dans mon premier Avis. Voyez en la pag. 775. col. 1. où je vous ai représenté qu'il étoit de votre devoir de répondre à chacun de mes avertissemens, & de marquer même à la tête de votre réponse les pages où vous répondiez à chacun. Vous n'en avez rien fait, ne vous plaignez donc pas si l'on vous abandonne à l'indignation ou à la risée publique sans entrer dans la discussion de vos Lettres.

Pourquoi lui rép.

Mais franchement la véritable raison qui empêche de vous répondre est le respect que l'on a pour le Public. Sans cela on ne feroit point difficulté de vous suivre pas à pas, afin de mettre en évidence toutes vos basses chicaneries, toutes vos filouteries & l'incorrigible opiniâtreté qui vous fait répéter tant de fois la même chose. Mais quand on songe que le Public est justement ennuïé de tant d'Ecritures sur ce Procès, on n'ose les multiplier. Ce qui a été publié de la part de Mr. Bayle a renversé sans ressource tout ce que l'on a pû imaginer de plus artificieux contre lui, il vous a été impossible d'y répliquer, personne n'a osé accepter le défi que j'ai rapporté ci-dessus, vous ne faites que tortiller quelques paroles, tronquer des passages, resoudre les mêmes objections, suprimer toûjours ostinément ce qu'on y a répondu quand on les a batuës en ruïne, En un mot vos cinq dernieres Lettres ne sont qu'un misérable plat réchauffé, ou qu'un habit de fripperie, où vous avez changé & rapetacé quelque chose. Quel tort ne feroit-on point au Public si l'on croyoit qu'il eût encore besoin d'antidote contre un poison si grossier.

Pour toute réponse je me contente de suplier très-humblement tous nos Lecteurs de recourir aux lieux que vous citez ou de la Cabale Chimérique ou de la Chimere démontrée, d'en bien considérer ce qui précede & ce qui suit, & de le comparer avec les mutilations que vous y faites, & avec les conséquences que vous en tirez, & je suis sûr, mon pauvre Monsieur, que s'ils ont de l'équité, du jugement & de la conscience, ils seront épouvantez que vous ayez osé faire paroître tant de mauvaise foi à la vûë d'un Siecle aussi peu indulgent que celui-ci, & qu'ils auront horreur de voir qu'un homme qui se glorifie d'être sorti de France pour la Religion, ait une ame si noire & un cœur si gangréné de malice & de toute fraude. Mr. Bayle n'a plus besoin d'écrire sur son Procès. Ceux qui en voudront juger comme il faut ne prononceront rien sans oüir les deux parties, sans comparer preuve à preuve, réfutation à réfutation, & en ce cas il doit être parfaitement assuré de la victoire ; les Accusateurs n'ont rien avancé qu'on n'ait réfuté pleinement, & ils sont demeurez en reste sur une infinité d'articles dont ils n'ont pû se justifier. Quant à ceux qui jugeront sans oüir les deux Parties, on se soucie peu de leur sentence, & on ne se croiroit pas obligé de faire un pas pour être plus aprouvé d'eux que desaprouvé. La seule chose dont ils ont besoin, c'est qu'on prie Dieu de leur faire mettre en pratique ce que la lumiere naturelle dicte à tous les hommes sur le Chapitre des jugemens téméraires.

Vous

Vous voilà bien payé, mon pauvre Monsieur, d'avoir employée 3. ou 4. mois à pétrir & à repétrir les mêmes remarques sur l'édition de Paris; vous remporterez pour toute réponse le mépris de votre adverſaire, & un renvoi au *crambe recoëa.*

Mais il faut qu'en faveur des pareſſeux je donne ici un petit échantillon de votre mauvaiſe foi.

Echantillon de la mauvaiſe foi du petit Auteur des petits Livrets.

IL y a long-tems que je me ſuis fait une idée fort étenduë de la corruption du cœur humain; cependant lorſque j'ai vû avec quelle deſtitution de toute honte vous falſifiez les choſes, j'ai ſenti toute la ſurpriſe que la vûë des objets incroyables a de coûtume de nous cauſer. Je ne parle point des contradictions que vous imputez à Mr. Bayle. Vous y pouvez avoir été ébloüi. Vous ne ſavez pas bien les Loix du raiſonnement, & d'ailleurs la Sphere de vos notions eſt ſi bornée, que je n'oſerois vous accuſer d'avoir forgées malicieuſement toutes les contradictions que vous imputez à ce Philoſophe. Peut-on être plus novice que vous le paroiſſez quand vous parlez de nos raiſonneurs ſur les Nouvelles. Pauvre homme, je voudrois que vous euſſiez été dans les aſſemblées des gens d'eſprit à Paris, vous y auriez vû comment on y relance ceux qui débitent comme des faits fort certains toutes les nouvelles du troiſiéme pilier, ou même toutes celles de la Gazette. Avez-vous jamais été dans les Conférences qui ſe tenoient tous les après midi ſur les foſſez de Mr. le Prince ? Il auroit fait bon y débiter des nouvelles de Viſionnaires, il faut voir comment on y rejettoit tout ce qui n'étoit pas bien apparent; ceux qui ſe rendoient là, étoient-ils des Penſionnaires des ennemis de la France ? Comme vous l'êtes du Grand Mogol. Ne doutez point que les gens ſages à Paris, très-zelez d'ailleurs pour la gloire de la France, ne ſe moquent aujourd'hui aſſez hautement de ces chétifs & miſérables nouvelliſtes qui oſeroient débiter en leur préſence, que Mr. de Bellefond va faire une deſcente en Ecoſſe ? Combien y a t-il eu de gens en France qui ſe ſont moquez des eſpérances que le Mercure Galant donnoit de mois en mois que le Roi Guillaume ne ſe maintiendroit pas ſur le trône ? Etoient-ils pour cela aux gages des Alliez ? Il le faudroit dire ſelon vos beaux raiſonnemens, & vous devez être aſſez inſenſé pour le croire ſelon vos principes; & par conſéquent il vous faut prendre ou pour un incurable fanatique, ou pour un homme qui n'auroit jamais vû que le clocher de ſon Village.

Que vous me faites pitié quand je vous vois nier une choſe qui ſaute aux yeux de tout le monde, c'eſt que l'on rendroit un ſervice ſignalé à la France, ſi l'on pouvoit perſuader aux Alliez qu'elle eſt ſi foible & par mer & par terre, qu'il ſuffit pour la réduire d'équiper une trentaine de Vaiſſeaux, & d'avoir en campagne 30. mille Combatans. Mais, dites-vous, les plus pacifiques conſentiroient de bon cœur à la continuation de la Guerre, de l'aveu de Mr. Bayle s'ils étoient perſuadez de la foibleſſe exceſſive de cette Couronne; donc il s'eſt contredit, fauſſe conſéquence. Vous devez ſavoir qu'il y a une infinité de propoſitions qui ſont tantôt vrayes, tantôt fauſſes, ſelon qu'elles ſe raportent ou à différentes perſonnes, ou à des lieux & à des tems différens. Il eſt vrai à certains égards qu'on rendroit un grand ſervice à la France, en la repréſentant très-foible, & il n'eſt pas moins vrai à d'autres égards qu'on lui rendroit un méchant office en la repréſentant très-foible. La premiere de ces deux propoſitions eſt véritable ſi l'on ſuppoſe que cette repréſentation de foibleſſe endort l'ennemi, l'empêche d'armer ſuffiſamment, arrête le deſſein de ceux qui vouloient ſe joindre à la Ligue. L'autre propoſition eſt véritable ſi l'on ſuppoſe que la même repréſentation excite des ſoulevemens, encourage les Princes neutres à rompre, & donne plus d'envie aux Alliez de continuer la Guerre avec vigueur. Un bruit incertain qu'on fera courir de la foibleſſe de l'ennemi pourra être quelquefois inutile, ou même plus nuiſible que profitable. Mais une entiere certitude de cette foibleſſe peut ſouvent produire de très-bons effets. Je n'ai guéres remarqué que ceux qui ont demandé de grandes aſſiſtances d'argent à leurs Sujets pour faire la Guerre, ayent affecté de repréſenter que l'ennemi n'avoit que de petites forces. N'allez donc pas ſi vîte en matiere de contradiction, & voyez le bon accord de ces deux choſes que vous trouvez ſi peu alliables. La 1. eſt que la Gazette de Paris diminuë le plus qu'elle peut les forces des Alliez; la ſeconde, qu'il ſeroit de l'intérêt de la France d'avoir des Partiſans dans le Pays ennemi, qui euſſent l'adreſſe de perſuader à ceux qui gouvernent, que peu de forces ſuffiſent pour la mettre à la raiſon.

Mais ce qu'il y a de bien certain parmi tout cela, eſt que les raiſonnemens de trois ou quatre petits particuliers qui cauſent auprès du feu ou à la promenade, ou dans quelque boutique de Libraire, ne font ni aucun bien ni aucun mal à l'Etat, ſoit qu'ils adoptent toutes les Chimeres d'un Commentateur de l'Apocalypſe, ſoit qu'ils en montrent le ridicule; & ainſi vous devriez rougir de honte, mon pauvre Monſieur, de nous venir encore étaler pour la 4. ou 5. fois l'indocilité que vous avez trouvée dans trois ou quatre perſonnes de bon ſens, toutes les fois qu'on leur a voulu perſuader je ne ſai quel fatras de nouvelles & de prédictions dont la ſotte populace s'étoit coiffée. Avoir érigé en Faction, en Cabale, en crime d'Etat, en Evangile nouveau prêché de maiſon en maiſon, quelques converſations que le hazard faiſoit naitre, où l'on ne flatoit pas l'eſpérance que vous aviez conçuë de vous engraiſſer bien-tôt des chairs de la Bête, & que quelques-uns de vous débitiez avec une indiſcrétion qui auroit pû faire du tort à la cauſe commune auprès de nos Alliez Cath. ſi les diſcours de quelques petits particuliers influoient juſques dans les Cours, avoir fait, dis-je, cette étrange métamorphoſe, eſt une action de vrai fanatique. Vous voudriez introduire ici une tyrannie qui eſt inconnuë dans les Etats les plus deſpotiques; vous voudriez que perſonne n'oſât raiſonner au coin de ſon feu ſur la vraiſemblance d'une nouvelle. Je n'ai point ouï dire qu'on ait puni en Hollande des gens qui euſſent ordre de parler avantageuſement des forces de l'ennemi; un homme comme vous ne devroit rien avancer ſans preuve: mais je ſai qu'on pendit l'autre jour à Rotterdam un ſcélerat, qui avoit été fouetté & marqué d'un fer chaud pour avoir accuſé les Bourguemaîtres d'Amſterdam d'intelligence avec la France.

Vous voyez combien je vous ménage: un autre diroit que votre métamorphoſe eſt le fruit d'un cœur gâté, pour moi j'aime mieux l'attribuer aux deſordres de l'entendement: j'attribuë à la même ſource pluſieurs autres contradictions chimériques que vous imputez à Mr. Bayle par

raport

raport à la 2. édition de l'Avis aux Refugiez. On lui avoit soûtenu que certains faits étoient absolument inexplicables dans toute autre hypothese que celle de son Délateur. Il a montré le contraire, & se reservant toujours le droit d'examiner si ces faits-là étoient vrais ou faux selon toutes les circonstances debitées par sa Partie, il a montré que l'on en pouvoit donner plusieurs raisons différentes, toutes fort vraisemblables. Là-dessus vous lui venez dire qu'il se contredit, vû que l'une de ses suppositions ne peut s'accorder avec l'autre; vous ne sauriez croire, Monsieur, combien c'est-là une objection de petit esprit. Avez-vous jamais lû les problêmes d'Aristote? Il en donne quelquefois plusieurs raisons, qui ne sauroient être toutes veritables : mais c'est aux Lecteurs à choisir ou celle-ci, ou celle-là, & quelquefois même il est possible de prendre un peu de l'une & un peu de l'autre, comme peut-être il en faut user à l'égard des conjectures sur l'édition de Paris. Savez-vous bien que les Systêmes du monde, expliquent les Phénomenes célestes en plusieurs façons, dont si vous choisissez l'une, il faut nécessairement rejetter l'autre? Or je vous prie de me dire si un Philosophe se contrediroit en cas qu'il enseignât que l'on peut donner raison des Phénomenes du Soleil, ou en supposant que la Terre se meut autour de lui, ou en supposant qu'il se meut autour de la Terre. Ne se moqueroit-on pas d'un homme qui viendroit objecter que ces deux hypotheses se détruisent; puisque si la Terre est en repos, il faut nécessairement que le Soleil n'y soit point? Miserable, lui répondroit-on, ne voyez-vous pas qu'on vous propose ces conjectures, non pas pour les unir ensemble, mais comme une alternative dont il faut chosir l'un des membres, & rejetter l'autre. Jugez par-là à quoi s'exposent des gens comme vous quand ils veulent faire les capables; *jamais Philosophe*, dites-vous, *jusqu'à Mr. Bayle, ne s'étoit avisé de proposer plusieurs Systêmes à la fois*. Allez aprendre mieux votre leçon dans les problêmes d'Aristote, & sac̦ez la difference qu'il y a entre les effets de la nature & les actions libres de l'homme.

Les Phénomenes de la nature dépendent d'une Loi simple & generale; les actions de l'homme sont compliquées de mille incidens fortuits : c'est pourquoi les conjectures de ceux qui cherchent à en démêler tous les ressorts ne peuvent pas être simples, & souvent les Systêmes les plus vraisemblables sont les plus faux. Voyez-moi ces Historiens grands politiques en théorie, qui donnent tant de raisons mysterieuses & concertées de la conduite des Rois. Ce n'est le plus souvent qu'une bagatelle qui a donné tout ce grand branle.

Quand vous ajoûtez que l'hypothese du Delateur explique admirablement tous les faits, je vous le nie premierement, & vous renvoye à la Cabale Chimérique & à la Chimere demontrée, où l'on a fait voir que son systême est un vrai Cahos: En 2. lieu je vous représente que vous me faites souvenir de ces esprits Satyriques qui dénoüent toutes sortes de petits mysteres de Ville aux dépens de l'honneur de quelque femme. Pourquoi un tel est-il assidu dans une telle maison? Pourquoi n'y va-t-il qu'à certaines heures? Pourquoi depuis qu'il y va, ne fait-il plus telles visites? Pourquoi ces raports, ces éclaircissemens? Chacun raisonne là-dessus, on en trouve des causes vraisemblables sans deshonorer personne; mais un Satyrique ne s'en accommode point, il croit expliquer le tout plus heureusement par le commer-

ce criminel de l'homme en question avec la Dame du logis. Ce Satyrique seroit-il fondé sous ce prétexte à denoncer publiquement cet adultere? Les Juges se payeroient-ils de cette méchante raison, que sa supposition quadre fort bien aux incidens. *Mutato nomine de te fabula narratur.* Vous seriez moins inexcusable si vous saviez le Systême que Mr. Bayle vouloit donner dans l'ouvrage qui devoit suivre la Cabale Chimérique; mais puisque vous ne l'avez pas vû, ne vous battez-vous point avec des fantômes. Les remarques qu'on vous a fournies sur les proprietez d'un bon Systême, ne seroient-elles pas au pis aller, des traits lancez à tout hazard?

Voici maintenant deux échantillons de vos péchez de malice.

Vous avez l'éfronterie, permettez-moi de me servir de ce mot, de nous donner comme un fait indubitable, que Mr. Bayle se reconnoit l'Auteur de l'Avis aux Refugiez, & pour comble de hardiesse vous concluez votre livre par cette belle imputation; vous le prenez lui-même à témoin, & vous le citez en caractere Italique, ce que l'on ne fait que lorsqu'on raporte les propres paroles d'un Auteur. Voyons ceci de plus près : *Il confesse*, dites-vous, *que Mr. Jurieu a prouvé si clairement le Chef qui regarde l'Avis aux Refugiez, que ce n'est plus un problême pour le Public, mais seulement par raport aux Juges qui sont obligez de prononcer*, secundùm allegata & probata. On ne peut pas passer condamnation d'une maniere plus précise. Vous citez l'Avis au Lecteur. Or écoutons ce que porte cet Avis.

Le Dénonciateur est convaincu de fausseté sur divers articles dont quelques uns enferment de cette sorte de crimes, qui font tomber la peine de mort ou sur l'Accusé quand il est coupable, ou sur l'Accusateur quand il calomnie, & l'article unique qu'on prétend qu'il a prouvé, & qui est de beaucoup moindre consequence, n'est encore qu'un problême, à tout le moins par raport aux Juges; car ceux-mêmes qui paroissent les plus decisifs contre Mr. Bayle, demeurent d'accord que s'ils étoient ses Juges ils n'oseroient le condamner, vû qu'ils seroient obligez de prononcer secundùm allegata & probata, *& qu'il n'y a point de preuve juridique dans le Factum de l'Accusateur. On verra dans la troisiéme partie de cet ouvrage, que cet article unique ne doit pas même passer pour un PROBLEME, par raport à des particuliers qui ne veulent pas juger temerairement de leur prochain.*

Ah! petit Fourbe, je vous y attrape, vous voilà pris dans le flagrant, comme disent les Walons, osez-vous bien citer en Italique, il confesse *que Mr. Jurieu a prouvé si clairement?* Où avez-vous trouvé cet aveu? Mr. Bayle a-t'il jamais attribué à la clarté ou à la force des prétendus preuves de son adversaire, la créance qu'elles ont trouvée dans quelques esprits? Ne l'a-t-il pas attribuée à ce même principe de crédulité qui a fait prendre à tant de gens pour de véritables prédictions toutes les chimeres du personnage sur l'Apocalypse? Les bonnes gens qui se sont laissez prévenir contre lui, ont mis en pratique le principe de ce Théologien, *je croi les mysteres de la Religion parce que je les veux croire, & qu'il m'importe de les croire.* Il n'y en a peut-être pas dix qui ayent lû les réponses de Mr. Bayle, ils ont presque tous jugé sans entendre les deux Parties; les uns ont été entrainez par les impressions qu'on a été leur donner de maison en maison en accumulant Roman sur Roman, les autres se sont piquez de ce que Mr. B. n'alloit faire sa Cour à personne, & laissoit un chacun

dans

dans la pleine liberté de croire ce qu'il voudroit, où en ont tiré des consequences faute de savoir ce que c'est que l'esprit véritablement Philosophique, qui se repose sur le témoignage de sa conscience, & sur l'équité des Magistrats. Il n'avoit point flatté comme a toûjours fait son Dénonciateur la passion favorite du cœur humain, &c.

Quoiqu'il en soit il ne faut que le sens commun pour voir clairement que les paroles que vous avez citées, ne contiennent pas le jugement qu'il faisoit de l'affaire; mais que c'étoit celui que les plus préoccupez pour le Délateur en faisoient. Vous avez donc vû sans doute qu'il n'y avoit là que ce qu'on nomme prendre la chose au pis, & ce que les Savans appellent *dato non concesso*. Or il n'y eût jamais rien de plus contraire à la bonne foi de prendre pour un aveu simple & net, ce que la partie adverse n'avance que comme un pis-aller & une concession qui abrege la dispute, & qui enferme toûjours la faculté d'y renoncer pour venir au fond.

Mais voici le comble de la fraude, immédiatement après les paroles que vous avez citées, on lit qu'il a été prouvé dans le corps du livre que ce Chef d'accusation ne doit pas même passer pour un problème par rapport aux particuliers, & vous avez suprimé méchamment & traitreusement cette clause; cela est-il digne, je ne dirai pas d'un Refugié, mais d'un honnête Payen. Ce que vous dites faussement dans votre page 178. que Mr. Bayle *confesse que l'édition de Paris est fausse, & que la privilége est fabriqué*, n'est pas même digne d'une Courtisane comme Laïs; & quant au reste il n'y a point d'Ecolier qui n'eût honte de s'embarrasser des petites difficultez que vous proposez comme des démonstrations. Passons à l'autre échantillon de votre malice.

Vous dites dans la page 33. que *lorsqu'on commença à reprocher à Mr. Bayle sa révolte, on ne remporta qu'un renvoi fort sec au bon Pere Valérien*. Vous citez une Lettre où on trouve manifestement que ce renvoi tombe sur ce que ses ennemis débitoient dans toutes sortes de conversations, & qu'ils publioient même dans leurs Satyres, qu'il avoit demeuré chez les Jésuites. C'est donc une malicieuse falsification, car un enfant peut voir l'énorme difference de ces deux choses.

Que voulez-vous dire peu après par ces paroles: *Il ne se retranche plus que sur la durée de son séjour à Thoulouse?* Ne vous démentez-vous pas tout aussi-tôt en disant, *qu'il releve avec soin qu'il a étudié au Collége des Jésuites sans y avoir été en pension?* N'eût-il pas été plus digne d'un Refugié de vous humilier par une confession ingénuë des deux insignes falsifications qu'on a publiées contre Mr. B. concernant son voyage de Thoulouse, & de demander pardon au Public de ce qu'on a voulu le tromper en lui inspirant des préventions mal fondées? Le Dénonciateur est en cela le plus coupable de tous, puisqu'il savoit certainement avant que Mr. Bayle allât à Sedan, ce qui en étoit.

Dans votre 237. page vous prenez la même matiere, & vous dites que lorsqu'on soûtient qu'il avoit été chez les Jesuites, *il renvoya sechement au P. Valerien; qu'il avoüa ensuite se voyant pressé, qu'il avoit fait autrefois une escapade de 15. jours; qu'étant forcé dans ce retranchement par de témoignages authentiques, il chicana sur la durée de son séjour à Toulouse, & donna à son changement de Religion les motifs les plus capables de le faire excuser*. Vous continuez en ces termes:

L'Auteur du Philosophe degradé a produit à la honte éternelle de Mr. Bayle, une Lettre de Mr. Sartre, qui a convaincu notre homme de mauvaise foi, même à ce dernier égard, & qui a justifié jusques dans les moindres circonstances la verité de ce que Mr. Jurieu avoit avancé.

Petit Fanfaron que vous êtes, comment n'avez-vous pas honte de parler de la sorte après l'infamie dont je vous ai couvert dans mon premier Avis. Votre opiniâtreté mérite qu'on vous renouvelle cette confusion mortifiante.

1. Il n'est point vrai qu'on ait jamais renvoyé au bon Pere Valerien touchant le changement de Religion. Que votre passage de la page 33. soit donc renvoyé à ce bon Pere.

2. Il n'est point vrai que Mr. Bayle ait jamais dit qu'il avoit fait une escapade de 15. jours. Pourquoi donc, mon pauvre Monsieur, forcez-vous les gens à vous donner le démenti deux fois de suite? Comment êtes-vous assez lâche pour répeter ce mensonge sans satisfaire au défi que l'on vous a fait dans la page 772. col. 2. du premier Avis?

3. Il n'est point vrai que la Lettre de Mr. Sartre que vous avez produite dans votre Philosophe degradé, ait convaincu Mr. Bayle de mauvaise foi sur aucune chose: on va donner un petit détail de cette affaire, afin de mieux persuader le Public que l'application qu'on vous a faite de cette exclamation Apostolique, *ô plein de toute fraude!* est la plus juste du monde.

Le Public saura donc 1. Que Mr. Sartre pressé par les Emissaires du Dénonciateur, de donner un certificat sur l'avanture de Thoulouse, ne voulut jamais faire autre chose qu'écrire à Mr. Bayle là-dessus, sans avoir dessein que ses ennemis publiassent ce qu'il lui écriroit. Ils n'ont pas laissé de le faire, tant ils sont en possession de fouler aux pieds toutes les regles de l'honnêteté & de la bonne foi.

2. Qu'il ne consentit à prendre le parti de lui écrire qu'après qu'on lui eût fait voir plusieurs Lettres qui marquoient que lorsqu'on avoit parlé à Mr. B. de cette avanture, il avoit fortement nié le fait, & avoit dit que c'étoit une fort grande imposture. Ce sont les paroles de Mr. Sartre dans la lettre dont vous avez publié un Extrait. Reconnoissez-là, mon pauvre Monsieur, l'esprit calomniateur qui regne dans toute votre Cabale. Mr. Bayle n'a jamais nié son changement de Religion, & il vous défie de prouver qu'il l'ait jamais nié, & cependant vous l'avez écrit partout à vos Agens.

3. Que Mr. Sartre parla bien de je ne sai quelle lettre qu'il avoit reçuë de Thoulouse en réponse à celle qu'il avoit écrite à Mr. Bayle; mais qu'il n'assura point que celui-ci eût fait cette Lettre, & qu'au contraire il fit entendre qu'il trouvoie plus vraisemblable qu'il ne l'avoit point écrite. A quoi songez-vous donc, vous qui avez frauduleusement suprimé cette circonstance, comme je vous en ai assez lavé la tête dans mon premier Avis? A quoi, dis-je, songez-vous de venir encore dire que cette lettre a convaincu Mr. B. *de mauvaise foi?* Voici quelques Extraits qui ne vous seront pas trop agréables; ils prouvent tout ce que je viens d'avancer.

Extrait d'une lettre écrite de Londres à Mr. Bayle le 20. Novembre 1691. V. S.

*M*Onsieur Sartre m'a dit qu'il savoit qu'on avoit imprimé un Extrait de sa lettre, qu'il en avoit témoigné son chagrin & sa surprise à ceux qui avoient

avoient exigé de lui une simple lettre, & qu'il s'en plaindroit dans les formes ..... autant que je le puis voir vous n'aurez pas lieu d'être mécontent de lui.

Extrait d'une lettre de Mr. Sartre à Mr. Bayle du 12. de Décembre 1691.

*J'Ay hesité, Monsieur, si je devois répondre aux deux lettres que vous m'avez fait l'honneur de m'écrire, parce que je neuße pas voulu être nommé dans les différends que vous aviez avec Mr. Jurieu; cependant comme c'est aussi contre mon intention qu'on a fait imprimer celle que je vous écrivois, & que je m'apperçois bien aussi qu'il y a un endroit principal où j'eusse pû m'exprimer plus juste, je n'ay point de peine à vous avoüer que lorsque j'ai dit qu'après votre départ de Puylaurens on sut que vous vous étiez allé jetter au Convent des Jesuites à Thoulouse, j'ai voulu dire que cela fut dit ainsi communément à Puylaurens, & crû de même de tout le monde, & je vous avoüe aussi que depuis je n'avois point oüi dire que cela n'eût point été ainsi précisément, ni par conséquent regardé comme une chose fort differente, qu'ayant abandonné notre Religion vous ne fussiez allé aux Jesuites que comme externe pour y prendre vos leçons. Si avant que de vous avoir écrit ce que j'en avois crû comme plusieurs autres qui sont ici, j'eusse sçu que vous ne disconveniez pas du dernier, mais seulement de l'autre, vous n'eussiez point oüi parler de moi sur l'un ni sur l'autre, & je ne voudrois pas que mon témoignage pût être étendu au-delà de ce qui se trouveroit bien averé. Pour ce qui est des autres petites circonstances, du tems qu'il y pourroit avoir eu depuis que vous aviez été à Thoulouse, jusqu'à ce que je vous vis à Geneve, & du lieu particulier où nous parlâmes ensemble la premiere fois, que ce fut environ trois ans, ou moins, chez Madame Clergeat ou ailleurs, quand ce seroit ma memoire qui m'auroit trompé en cela plûtôt que vous la vôtre, la chose seroit de si peu de conséquence pour vous aussi-bien que pour moi, qu'elle ne méritoit pas à mon avis toute plaisanterie qu'il a plû à vôtre Apologiste d'en faire .... puisque vous ne demeurez pas d'accord d'avoir écrit * vous-même la réponse qui me fut écrite de Thoulouse, je n'ai garde de l'assurer, n'en ayant aucune certitude, & bien-loin de vouloir avoir aucune part dans ces sortes de demêlez qui ne peuvent qu'affliger ceux de notre Communion, j'ose vous suplier de contribuer de votre part tout ce que vous pourrez pour les faire cesser, & avec cela de me croire, Votre.*

Hé bien, notre petit Fanfaron, n'y a-t-il pas bien là dequoi vous glorifier? Ne seroit-ce point au contraire un sujet de grande mortification pour des gens qui ne se seroient pas endurcis contre toutes sortes de convictions de fourberie? Peu m'importe après tout que vous ayez de la honte, ou que vous gardiez votre front d'airain. Le bon de l'affaire est que le Public se confirmera dans le mépris de votre hardiesse, & aprendra de mieux en mieux à ne tirer aucun préjugé de votre audace décisive contre ceux que vous calomniez. Si la lassitude du Public la mieux fondée du monde, puisqu'elle vient de la répétition réiterée cinq ou six fois d'un grand tas de chicaneries qu'on vous avoit réfutées pleinement du premier coup, ne m'empêchoit pas d'éxaminer tout votre dernier libelle; je ferois des monceaux de vos fourberies; car vous n'avez point écrit de page qui

ne porte la livrée de votre esprit chicaneur & falsificateur; mais falsificateur si étourdi, qu'il ne faut que consulter les endroits que vous citez pour s'appercevoir de vos impostures. Ce qu'il y a d'étrange & de très-digne de compassion, c'est de voir qu'avec une telle situation de cœur & d'esprit, vous osiez vous & vos coopérateurs, vous glorifier d'agir pour la cause de la Religion, & faire parade de votre zéle; ce qui trompe toûjours plusieurs bonnes Ames, qui méritoient un meilleur sort que celui d'être la dupe de pareilles gens.

Que vous avez bonne grace de mettre entre les prétenduës impietez de Mr. B. ce que vous prétendez qu'il a dit, *que les Athées peuvent être aussi vertueux que les Chrétiens mêmes!* Et croyez-vous que je vous fiasse mieux que je ne l'aurois fié à Spinoza un dépôt de dix mille francs? Je vous déclare que puisque vous avez la hardiesse de soutenir qu'il y a dans les écrits de Mr. Bayle, cent choses qui n'y sont pas, & de nier que l'on y trouve ce que l'on y voit manifestement, je vous crois capable d'augmenter ou de diminuer selon vos intérêts, les chiffres d'une Promesse, & de prendre bien sur cela vos précautions. Y ayant aux endroits que vous citez de la Chimere démontrée plusieurs remarques qui convainquent invinciblement de calomnie votre Dénonciateur au sujet du prétendu Athéïsme de Mr. Bayle, n'avez-vous pas la mauvaise foi de n'en raporter que deux, qui n'avoient été alleguées que comme des accessoires par sur-abondance de droit, & ne supprimez-vous pas tout ce en quoi consistoit la force de la réponse? Mais puisque l'occasion s'en présente, je vous avertis encore une fois que M. Bayle fera bien voir du pays à l'Auteur de la Rapsodie que vous avez citée pag. 11. Malheureux que vous êtes, osez-vous parler de ces choses en suprimant l'exception qu'il a toûjours faite en faveur des veritables Chretiens, convertis par l'efficace de la grace, sans laquelle il suppose avec les plus rigides Calvinistes, que l'homme est incapable de faire une bonne action. Si vous vouliez le critiquer sans supercherie, vous étiez obligé de représenter ainsi son principe, c'est *que tous les hommes étant infectez du peché Originel, & n'y ayant que la grace du St. Esprit communiquée aux seuls Elus qui puisse guérir cette corruption, il s'ensuit que toutes les vertus des réprouvez sont de fausses vertus, qui ne viennent que du tempérament, ou de l'envie d'être loüé, ou de quelque autre ressort qui se peut trouver dans un Athée.* Or tant s'en faut que cette doctrine soit l'Athéïsme, qu'au contraire le sentiment opposé est le Pélagianisme le plus hideux. Mais outre cela, mon pauvre Monsieur, quelle preuve d'ignorance ne donnez-vous pas en supposant comme il faut que vous le fassiez par votre objection, qu'il ne peut y avoir de Chretien aussi méchant que l'est un Athée? Si vous aviez comparé le procès de l'Athée Vanini avec celui du Magicien Loüis Gaufredi Prêtre de Marseille, vous auriez vû que les crimes de ce dernier surpassent de beaucoup les crimes de l'autre. Ne savez vous pas que Jean de Léri qui étoit un bon & fidelle Ministre du St. Evangile, a rapporté qu'il avoit trouvé des peuples sans aucune Religion dans l'Amérique? Que cela soit vrai ou faux, peu m'importe, il est du moins sûr que ce Ministre l'a cru. Or vous n'oseriez dire qu'il a cru aussi que toute les femmes de ce pays-là empoisonnent leurs freres & leurs peres: il a donc cru qu'il y a des Athées
qui

---

* M. Bayle ne sait ce que c'est, ni de cette réponse, ni   de la lettre à laquelle elle servoit de réponse.

qui ne font pas plus méchans que certains Chrétiens ; car Jean de Léri n'a pû ignorer qu'il n'y eût des femmes Chrétiennes qui avoient fait ce que la Dame de Brinvilliers a renouvellé de nos jours ; femme si Catholique, qu'on a trouvé dequoi la convaincre dans le détail qu'elle avoit écrit pour se confesser de ses péchez. Il faudroit donc que vous prissiez Jean de Léri pour un Athée. Que l'on vous va dauber & convaincre d'ignorance, de mauvaise foi, & d'absurditez dans la Réfutation de votre Courte revûë.

Quelque dessein que j'aye de finir bien-tôt, il faut que je vous donne encore quelques avis, mon pauvre Monsieur. Songez bien à ces paroles de la note (c) au bas de la p. 778. *Si l'Accusateur ne déclare pas dès que ceci sera public, qu'il n'a jamais avancé* que les éclaircissemens que Mr. B. demanda sont les mêmes particularitez sur Junius Brutus qui sont dans l'Avis aux Réfugiez, *Personne ne devra douter qu'il ne l'ait avancé, & en ce cas on le convaincra sur le champ d'une insigne calomnie, car on a l'original de la réponse qui fut faite à Mr. B. datté du 29. Janvier 1691.* Vous avez senti la force de ce coup, je ne m'en étonne pas : mais vous avez très-mal fait de ne pas vous en taire ; car tout ce que vous avez dit sur ce sujet, n'est propre qu'à vous confondre. Souvenez-vous de la gageure de cent pistoles que je vous proposai de la part de Mr. B. Vous n'aviez besoin pour les gagner que de prouver que l'Extrait que vous produisiez concernoit une lettre anterieure à l'Avis aux Réfugiez. D'où vient que vous n'avez pas gagné ces cent pistoles ? Personne ne croira que vous ayez négligé d'écrire au Correspondant de Paris, ni que ce Correspondant vous ait refusé les lumieres qu'il aura pû vous donner. Puis donc que vous ne produisez pas sa réponse, portant que son expression IL Y A DU TEMS, signifie que Mr. B. demanda les éclaircissemens dont il s'agit avant que l'Avis aux Réfugiez fût imprimé, c'est une marque indubitable qu'il ne vous a point fait ce te réponse. Qu'eussiez vous donc fait si vous aviez eu quelque reste de bonne foi ? Vous auriez renoncé à cette prétendüe preuve : mais au lieu de le faire, vous produisez tout de nouveau l'Extrait où se trouvent les mysterieuses paroles IL Y A DU TEMS, & vous nous parlez d'une certaine réponse qu'un autre homme vous a faite, qui n'est point précise pour cette question, & de laquelle pourtant vous inférez votre gain de cause. Que d'obliquitez, bon Dieu, & que de forfanteries ! Pourquoi s'adresser à un autre homme, & non pas à celui qui vous a écrit la lettre où il est fait mention expresse des éclaircissemens sur Junius Brutus ? Pourquoi ne demander pas du moins à cet autre Correspondant en termes précis la date de la lettre de Mr. B. ? Pourquoi avez-vous parlé de la date que Mr. B. attribuë à cette lettre, & non pas de la date de la réponse qu'il reçut, & qu'il a offert de représenter en original ? Pourquoi enfin ne pas répondre nettement que l'Accusateur n'a pas avancé le fait dont on le soupçonne, & dont on a déclaré qu'on le tiendroit convaincu, s'il ne disoit mot après la Chimere démontrée ? Son silence & le vôtre sont une conviction de l'antidate qu'il a produite, & votre galimathias ne sauroit le tirer de là. Qui pourroit s'empêcher de rire en vous voyant suer sang & eau pour montrer qu'il n'y a point d'apparence qu'il ait avancé ce fait ? Que ne le nie-t-il donc en deux mots ? Que dirai-je des pitoyables réfléxions que vous faites sur les prétendus re-

mords de conscience de Mr. B. ? On voit bien au travers de ce dur galimathias, que vous ne saviez plus de quel côté vous tourner. D'où vient, je vous prie, que vous donnez une conscience si tendre à un homme, qui selon vous, ne fait quasi point de mystere de son Athéisme ?

Pour couper court, on vous renouvelle encore une fois l'offre de la gageure de cent pistoles, & on vous charge de faire savoir à votre Correspondant de Paris que les deux circonstances que vous tenez de lui de la maniere que vous les entendez, sont deux insignes falsifications, desquelles s'il ne se justifie pas, il sera sans autre enquête de vie & mœurs dégradé de la qualité de témoin dans cette cause. On a été bien bon de s'amuser dans la Chimere démontrée à réfléchir sur vos Extraits. Ils n'en valoient pas la peine, & surtout après la petite friponnerie de la page 753. col. 1. Desormais qu'on a des preuves incontestables que vous falsifiez les livres mêmes publics, on ne fera nul cas de tous les Extraits de lettre que vous pourrez produire. Que n'êtes-vous point capable de faire dire à des lettres manuscrites, dont vous ne montrez pas les originaux, puisque vous êtes capable de faire dire à un Auteur contre le témoignage des yeux du Public, qu'il se confesse convaincu, qu'il avoüe telles & telles choses ?

Je prévois que cette offre de gageure vous va faire faire un saut de Coppenhaguen, en Suisse, de la maniere que vous en avez fait un de Hollande en Dannemarck, pour pouvoir prétendre cause d'ignorance. Vous avez trouvé un secret fort merveilleux de ne demeurer jamais en reste, vous ne répliquez à rien, vous vous contentez de répéter vos premieres objections, & de chercher de nouvelles anicroches, sans faire semblant de savoir que l'on vous ait réfuté, & que l'on vous ait convaincu de plusieurs bévüës. Il n'y a point d'adversaire que vous ne lassassiez par ce moyen, & tout petit que vous êtes, l'on peut vous comparer au Grand Turc, de qui on dit qu'il peut être plus vaincu que ses voisins ne le sauroient vaincre. *Plus rogaret asinus quam responderet Philosophus.*

Voici un autre Avis important. Vous n'avez pas eu la prudence d'abandonner votre homme dans les choses où vous avez pû manifestement connoître qu'il s'étoit trop avancé ; une si orgueilleuse obstination à ne démordre de rien lui a fait grand tort. Si vous n'aviez pas voulu sauver tout, vous eussiez marqué moins clairement que la passion vous faisoit agir ; mais quand on vous a vû soutenir les accusations les plus téméraires avec la même opiniâtreté que celles qui ne l'étoient pas tant, & n'être pas moins hardi sur la décision après les éclaircissemens qui sont venus de Geneve, que vous l'aviez été auparavant, on n'a pas manqué de juger que c'étoit une partie faite à la main pour opprimer l'innocence, & que qui est calomniateur en certaines choses, le peut bien être en toutes. Si on juge de vous par vos Ecrits, mon bon Monsieur, vous êtes pleinement persuadé que le Marchand de Geneve méditoit l'esclavage de toute l'Europe, & l'extinction de tout le Protestantisme, & qu'il avoit des complices en ce Pays-ci, qui pour acheminer ces grands desseins travailloient à faire un soulevement général en Hollande & en Angleterre. Vous soutenez que votre Dénonciateur a prouvé l'existence de ce funeste complot, & vous aimez mieux vous immoler à la risée de tout ce qu'il y a de gens d'esprit au monde, qui ont regardé cette Cabale comme la plus chimerique vision qui ait jamais passé par la tête d'un fanatique, vous l'aimez mieux, dis-je, que d'abandonner votre Client: Vous ne sauriez faire un plus grand plaisir à Mr. Bayle que d'en user de la sorte; car si après les démonstrations qu'il a publiées de son innocence, tirées du propre Factum du Dénonciateur, ou fondées sur des faits incontestables, vous ne laissez pas de soûtenir que l'horrible Conspiration de la Cabale de Geneve a été prouvée, on voit bien qu'aucune raison n'est capable de surmonter votre entêtement.

Et sur l'Accusation d'Athéïsme.

La Prudence auroit aussi voulu que vous eussiez abandonné votre homme quant à l'Accusation de l'Athéïsme avec ses annexes, je veux dire quant à l'Article 18. des Accusations particulieres, & quant à l'Article 7. des Accusations communes; car si jamais il a été raisonnable de présumer en faveur de l'Accusé, c'est assurément dans cette partie de votre Dénonciation (je l'appelle vôtre, parceque vous y avez souscrit par plusieurs petits Libelles) & pour en convaincre tout le monde, il ne faut qu'une légere revûë de tout ce qui s'est passé entre les deux Parties à cet égard.

Recit abregé de ce qui s'est passé entre M. Bayle & M. Jurieu sur cet article.

1. Mr. Bayle caracterisa cet article de l'accusation par tout ce qui en pouvoit marquer l'importance; il somma d'une maniere distinguée son Accusateur de le prouver; il employa les défis, les insultes, & tout ce en un mot qu'il y a au monde de plus capable d'imposer à la Partie adverse la nécessité de prouver.

2. L'Accusateur se voyant ainsi pressé, fit mine de vouloir produire ses preuves au Consistoire de Rotterdam; mais lorsque cette Compagnie s'attendoit à les examiner, elle vit avec la derniere surprise qu'il déclara qu'il se désistoit de l'accusation.

3. Il publia ces premieres convictions où il donna six preuves de l'accusation, si misérables & si ridicules, qu'elles ne sont propres qu'à exciter de l'indignation dans l'esprit de tout Lecteur équitable. Aussi furent-elles réfutées avec tant de force dans la Chimere démontrée, qu'aucune de vous n'a répliqué quoi que ce soit. Il ne faut pas oublier cette circonstance, qu'à la fin de la réfutation Mr. Bayle fit faire un offre à son adversaire de passer une transaction avec lui, qui porteroit que si l'Université de Leyde, ou quelque autre, trouvoit dans les écrits de Mr. Bayle des preuves d'Atheïsme, il s'engageroit à subir la peine de mort, & se contenteroit que son Accusateur ne courût risque que d'être déposé. Mr. Bayle a renouvellé cette offre à sa Partie en plein Consistoire.

4. L'Accusateur publia une liste de propositions extraites des Livres de Mr. Bayle ou de ceux qu'on lui impute, & tout aussi-tôt Mr. B. publia une Déclaration où il fit voir que sa Partie changeoit l'état de la question. C'est pourquoi il lui renouvella ses premieres sommations de prouver l'accusation d'Athéïsme avec ses 4. ou 5. annexes, & s'engagea à se justifier de toute hétérodoxie dès que ce premier & principal point seroit vuidé.

5. On a fait voir dans la Préface de la Cabale Chimérique, que jamais rien ne fut plus propre à confondre un calomniateur, que la *Courte revûe* est propre à confondre la Partie de Mr. Bayle sur une accusation d'Athéïsme. On a prononcé hautement que l'Accusateur avoit échoué sur ce point-là, & on l'a poussé comme il faut, sans que depuis aucun de vous ait répliqué la moindre chose.

6. Enfin au mois de Janvier dernier les deux Parties se sont adressées au Consistoire de Rotterdam. Mr. Bayle a demandé que la Compagnie se saisît de la connoissance des différends qu'il avoit avec Mr. Jurieu sur des choses qui appartiennent aux Tribunaux Ecclésiastiques. Après plusieurs délais obtenus par l'Accusateur, on commença à régler les préliminaires; il y eut des récusations faites, les qualitez des Parties furent réglées; on alloit travailler au fond lorsque l'Accusateur s'avisa de demander que l'affaire fût renvoyée au Synode. Mr. Bayle s'y opposa, réfuta pleinement toutes les raisons de sa Partie, demanda qu'on fortifiât la Compagnie s'il le faloit, 1. Des Ministres des Eglises Voisines. 2. De quelques Députez du Magistrat. 3. De quelques Députez du Consistoire Flamand. 4. Des Curateurs de l'Ecole Illustre, & représenta que vû l'état de la question, la cause pouvoit être instruite dans trois Séances, & en état d'être jugée par les moins savans. Mr. J. répondit entre autres choses, qu'il n'avoit point porté plainte sur les chefs que Mr. B. avoit marquez, qui sont une partie des points cottez dans l'article 18. des accusations particulieres, & dans le 7. des accusations communes. La pluralité des voix alla au renvoi.

Il paroît par tout ce détail qu'autant que Mr. Bayle a toûjours pressé son Accusateur l'épée aux reins, autant celui-ci a toûjours gauchi, & tâché de donner le change, jusques à ce qu'enfin il a déclaré en plein Consistoire qu'il n'avoit point demandé qu'on jugeât les points que sa Partie demandoit qu'on jugeât. Mais il a beau fuïr, il n'évitera jamais la touche; car il n'y a point de Tribunal Ecclésiastique, soit Synode, soit Université, qui osât s'exposer à l'execration & à la risée publique au point que l'on s'y exposeroit, si après qu'un homme auroit été accusé publiquement d'un Athéïsme quasi découvert, & d'avoir ses plus étroites liaisons avec des Athées, on s'amusoit au lieu d'écouter ses justifications sur ce point-là, à examiner ce qu'il a pû dire comme Philosophe sur les présages des Cométes, sur le parallele de l'idolâtrie des Payens & de l'Athéïsme, sur l'ignorance invincible, les droits de la conscience errante, &c.

Vous ne pouvez pas ignorer, mon bon Monsieur, la certitude de ces faits. Quel jugement voulez-vous donc que l'on fasse de vous, & de vos Consorts, qui ne cesse de soûtenir que le Dénonciateur a raison en tout? Peut-on faire une plus cruelle Satyre de quelqu'un que d'alleguer qu'il donne cause gagnée à Mr. J. dans le point même sur lequel j'insiste présentement? En effet, ou on a lû tout ce qui s'est écrit de part & d'autre sur cet article, ou on ne l'a point lû. Au premier cas la présomption pour l'Accusé étant manifeste, il faut n'écouter ni la raison, ni l'équité naturelle, mais une passion aveugle, pour préjuger contre lui. Au second cas, c'est une témérité criminelle que de ne point suspendre son jugement.

Puisque vous ne voyez pas le tort que vous faites à la cause de votre homme, en le voulant justifier sur tout, il faut qu'une haine excessive & une mauvaise honte vous aveuglent: Les Amis de M. B. en profitent; car, disent-ils, qui est Calomniateur ou fauteur de Calomniateur en deux choses, peut bien l'être en une troisiéme; & quand on s'acharne avec une fureur si outree à la ruïne d'une personne, lui suscitant des accusations sur des doctrines qu'on avoit laissées en repos huit ou neuf ans, on n'agit point par zele pour la vérité. C'est M. J. qui vient de le décider lui-même dans sa 2. Apologie.

Un C- teur choses l'être troisie-

Quand

Quand on n'auroit à reprocher à votre Dénonciateur que son imprudence dans cette affaire ici, il y trouveroit un grand échec & mat. Car, dites-nous, je vous prie, quel bien a produit cette belle Denonciation? On peut bien marquer les maux qu'elle a faits, les aigreurs qu'elle a excitées dans les esprits, la joye que nos ennemis ont conçuë de nos querelles, le scandale qu'elles causent aux Peuples qui nous ont ouvert un asyle. Mais le bien qui en résulte où est-il? N'est-ce pas une chose étonnante que votre Faction s'agite au point qu'elle fait pour perdre un particulier qui ne se mêle que de ses petites études? On diroit qu'il s'agit ici d'une petite Croisade, & je ne sai si à proportion les Papes se sont jamais tant remuez pour abîmer les détenteurs des Saints Lieux.

De combien de libelles ne menace-t-on pas M. B.? Chacun s'en va mêler à ce que je voi, je vous conseillerois, mon cher Monsieur, à tous tant que vous êtes, de ne les pas prodiguer contre un homme qui aime fort l'obscurité, & la maxime *benè qui latuit, benè vixit.* Vous lui faites plus d'honneur qu'il ne croit en mériter; ce n'est qu'aux Erasmes à être en butte à une infinité de langues & de plumes satyriques, après qu'ils ont fait connoître les fourberies & les déreglemens des faux dévots. Soyez assuré qu'on verra un jour qu'il n'y a eu rien de plus mal entendu que le bruit que l'on a fait contre l'Avis aux Refugiez, Libelle qui étoit tombé dans l'oubli presque avant qu'on y eût pris garde. Ne m'allez point parler de la persuasion du Dénonciateur; car un homme qui ne pourroit douter de l'infidélité de sa femme, & qui sans en pouvoir donner de bonnes preuves lui intenteroit un procès d'adultere, ne feroit que se rendre la risée du Public.

Le dernier Avis que je vous donne n'est pas de moindre importance que le précedent. Vous avez eu la folie de multiplier le nombre des accusez, en parlant d'une Cabale de Rotterdam composée de plusieurs personnes. On vous a sommez de les nommer, & jamais vous ne l'avez fait, & le Public est très-convaincu que ceux que vous avez eu en vûë ne sont pas même dignes du moindre soupçon. Vous voilà donc manifestement calomniateurs, & à telles enseignes que par la Loi du talion vous seriez très-dignes du dernier suplice. N'avez-vous point l'audace de renouveller ces infâmes calomnies? Ne dites-vous point que les amis de Mr. B. son *constamment Emissaires de la France?* Ne leur attribuez-vous point une conduite séditieuse, & remplie de haine pour ce Pays-ci? Et cela n'est-ce point imiter la conduite, je ne dirai pas de ces assassins qui tuent les gens au coin des ruës; mais de ces infâmes Mikelets qui se cachent derriere une haye pour tuër un pauvre passant? N'est-ce point l'action d'un lâche & d'un traître de se tenir clos & caché dans un libelle anonyme, & de donner de là sous ce masque cent coups de poignard à l'honneur & à la réputation de son prochain, que l'on désigne presque comme si on nommoit les gens, en disant qu'ils sont des amis de Mr. Bayle? Si vous êtes certain de ce que vous dites, que ne déferez-vous ces Messieurs aux Magistrats? Que ne vous portez-vous pour l'Accusateur déclaré, en vous soûmettant à la peine du talion? N'êtes-vous point traître à l'Etat soit que vous lui soyez redevable de quelque pension ou directement ou indirectement, soit que vous ne lui ayïez que l'obligation générale de Sujet, n'êtes-vous pas, dis-je, traître à l'Etat, si vous connoissez des traîtres ou des Emissaires de la France, & que vous ne déclariez pas où ils sont

& qui ils sont? Défaites-vous de ces manieres si vous pouvez: rien n'est plus opposé à la qualité d'homme d'honneur que d'attaquer son ennemi de guet à pen, & de se masquer, ou de se cacher derriere un buisson pour le tuer sans craindre les suites, ou sans qu'il se puisse défendre.

Pour dernier mets, je vous donnerai deux ou trois points de Méditation.

Le 1. est tiré de la troisieme Plainte de Mr. Arnaud, où l'on voit qu'un Chanoine de Beauvais fut puni de mort l'année passée pour avoir accusé calomnieusement six de ses confreres d'une horrible Conspiration contre l'Etat: *C'étoit un dessein formé,* disoit-il, *de faire entrer les ennemis en France par la Ville de Boulogne, & de faire revolter les nouveaux Convertis de Bretagne.* Les accusez ayant été trouvez innocens, il y eut arrêt de mort contre le Délateur, *& quelques instances qu'ayent pû faire les Accusez, en se jettant aux pieds du Roi de France pour obtenir sa grace, ils n'ont pû l'obtenir; ce Prince a loüé leur charité; mais il s'est crû obligé d'arrêter par la crainte du châtiment de si détestables machinations.*

Le 2. est tiré des Lettres Historiques du mois d'Avril dernier, où vous pouvez lire à la page 449. que la *Chambre Basse du Parlement d'Angleterre a declaré Fuller un Imposteur manifeste, un trompeur, & un faux accusateur, qui avoit scandalisé leurs Majestez & le Gouvernement, trompé la Chambre, & accusé faussement plusieurs personnes d'honneur & de qualité; & que les Membres de la Chambre qui sont du Conseil Privé, présenteroient une humble Adresse au Roi pour le suplier de commander à son Procureur General de faire faire le procès audit Fuller. Le depart de Sa Majesté est cause que ce procès n'a point encore été fait; mais on ne doute point qu'on ne le fasse dans la suite, & qu'on ne se resolve à punir avec la derniere rigueur un crime qui exposeroit tous les jours aux plus rudes peines les personnes les plus innocentes.*

Voilà comment on traite les faux Delateurs d'une Conspiration d'Etat.

Vous trouverez un 3. point de Méditation dans la justification de la troisieme Plainte de Mr. Arnaud, à la page 15. & 16. où l'on réfute les vaines excuses de ceux qui volent les Lettres d'autrui, vous l'y trouverez, dis-je, avec la condamnation de l'Apologie que vous avez tâché de faire de votre Client au sujet des Lettres qu'il a volées à Mr. Bayle.

Vous comprendrez par-là que celui qui a dessein de faire un livre sur la conformité des Jurieuïstes avec les Jesuites, grossit ses recuëils tous les jours. Celui qui vous a menacez de *l'Esprit & de la Religion de Mr. Jurieu,* seroit déja bien loin si la terreur qu'il causa par sa menace ne vous avoit obligez à parler d'accommodement, ce qui aboutit à une cessation de tous actes d'hostilité. Mais soyez surs que s'il vous arrive de violer la trève, l'Esprit sera bien-tôt en Campagne. Je vous renouvelle là une idée bien mortifiante: votre Client avoit enveloppé Mr. de Beauval dans l'accusation de l'Avis aux Refugiez, & puis quand il s'est vû poussé à bout par des défis qui étoient autant de coups à brûle pourpoint, il s'est estimé bien-heureux qu'on ait parlé d'accommodement, & il n'a tenu qu'à une petite formalité de visite que l'Accusé & l'Accusateur ne se soient embrassez en signe de parfaite réconciliation. N'étoit-ce pas reconnoître qu'on avoit calomnié Mr. de Beauval? Et quand on calomnie un allié tel que celui-là, n'est-il pas à présumer qu'on est très-capable de calomnier Mr. Bayle?

Il vient de me tomber entre les mains une Epitre Chagrine de Madame des Houlieres qui m'oblige à vous donner un quatrieme point de Méditation. Le voici. C'est un Zélateur qui parle.

> On peut impunément pour l'interêt du Ciel
> Etre dur, se venger, faire des injustices;
> Tout n'est pour les dévots qu'un peché veniel,
> Nous savons en vertus transformer tous les vices,
> De la dévotion c'est-là l'essentiel.

On lui répond:

> Taisez-vous, scélerat, m'écriai-je, irritée.
> Tout commerce est fini pour jamais entre nous,
> J'en aurois avec un Athée,
> Mille fois plûtôt qu'avec vous.

POSTSCRIPTUM.

QUand on a dit à l'Auteur qu'on réfute ici, qu'il n'est point connu de l'Accusateur en Chef, & qu'il ne le connoît pas, on a pris droit sur la déclaration publique de cet Accusateur; car du reste on est très-persuadé qu'ils se connoissent intimement : il y a bien des gens qui veulent que notre anonyme ne soit qu'un Canal par lequel le maître Accusateur se communique au Public, & que ce Canal ait été choisi, afin que les impressions d'affoiblissement que les choses y prennent, fassent méconnoître la source. On se met peu en peine de ce qui en est.

Le 2. Mai 1692.

LETTRE DE MONSIEUR ✱✱✱

A l'Auteur de l'Avis au petit Auteur des petits Livrets.

JE vous sai bon gré, Monsieur, de ce qu'à ma priere vous avez suprimé les réflexions que vous étiez sur le point d'envoyer à l'Imprimerie sur la violente incartade qui a été faite à Mr. (a) Larebonius dans la 2. Apologie de Mr. Jurieu. Je ne sai pas si vous avez deviné mes raisons, ou si vous avez voulu me faire un sacrifice de pure complaisance; mais je sai bien que ma priere étoit raisonnable, & permettez-moi de vous en convaincre, comme j'en ai convaincu certaines gens qui n'ont pas le même don de modération que vous.

Ces Messieurs ne pouvoient souffrir l'insulte faite au bon Mr. Larebonius, ils disoient que son livre ne contenant que des raisons, ne doit être attaqué que par des raisons, & nullement par des invectives; mais je combatis de telle sorte leur sentiment, qu'ils ne sûrent que me répliquer. Je leur représentai que ce qui seroit emportement très-malhonnête en un autre homme, même en ce Ministre dans d'autres circonstances, est présentement une chose tout-à-fait digne de suport; qu'on seroit trop inhumain si lorsqu'il voit renversé de fond en comble l'ouvrage qui lui faisoit le plus d'honneur, on ne lui vouloit pas permettre de se fâcher à toute outrance contre celui qui lui a porté ce rude coup; que ce sont de petites consolations qu'il ne faut pas envier à un Pere si tendre pour les enfans de son esprit; qu'il ne faut pas trouver mauvais qu'il n'ait point opposé des raisons, mais des invectives à un livre qui n'attaque que par des raisons; car c'est cela même qui a rendu les invectives nécessaires, toute sorte

d'ouverture ayant été ôtée aux raisons. Il est impossible de rien gagner par les manieres dont Larebonius attaque, il se sert de Syllogismes dont les prémisses sont ou les propres paroles du Systême de l'Eglise, ou les conséquences qui en naissent évidemment & nécessairement, ou des maximes du sens commun. On abatroit aussi-tôt une muraille à coups de tête, que de rétablir par raisonnemens le Systême que le *Janua Cœlorum Reserata* a renversé; que je m'étonnois que M. J. ne se fût pas emporté encore plus qu'il n'avoit fait; car enfin, leur disois-je, je ne me saurois mieux représenter l'état où on l'a mis dans *Janua Cœlorum Reserata*, qu'en le comparant à une avanture qui a été fort chantée par les Poëtes; c'est celle de Mars couché avec Venus, & exposé en cet état à la vûë de tous les Dieux lié de chaînes qu'il lui étoit impossible de rompre. Le Dieu Mars des Réformez de France (ce titre ne déplaira nullement au Ministre dont je parle, il prétend bien l'avoir mérité) surpris en flagrant délit, & attaché sur le fait avec des liens indissolubles, paroît à la face du Ciel & de la Terre accouplé avec une Chimere de vraye Eglise qu'il a forgée lui-même, & qui de la maniere qu'il l'a ornée & attiffée, ressemble mieux à une Venus qui *tient son giron paillard à tous venans ouvert*, qu'à une chaste épouse du Fils de Dieu; & ce qu'il y a de fort singulier, c'est qu'encore que la parure qu'il a donnée à cette Eglise, ouvre l'entrée du Ciel à tout le monde, personne ne lui en a de l'obligation, car ce n'a point été son but. *Hinc illa lacrima.* Qui pourroit endurer patiamment un tel afront?

Mais pourquoi donc a-t'on avoué autrefois que ce Systême de l'Eglise étoit le Chef-d'œuvre de ce Ministre? On ne s'en dédit point, on avouë encore que c'est celui de tous ses livres où il a fait le mieux paroître l'étenduë de son imagination, & la faculté d'inventer des preuves, & de pousser les difficultez. Tout cela se peut rencontrer dans un ouvrage qui a d'ailleurs de très-grands défauts, & où l'Auteur ébloüi par le trop grand essor qu'il s'est donné, n'a pas pris garde qu'il alloit trop loin, qu'il passoit dans le Camp des ennemis, & qu'il entassoit plus de matériaux dans son édifice que les fondemens n'en pouvoient porter. En un mot il y a des gens qui donnent tour à tour deux sortes d'admiration bien différentes. On s'étonne qu'ayant découvert tant de choses relevées, ils ne se soient point aperçus de cent inconveniens & de mille contradictions qui sautent aux yeux des plus stupides, & puis on s'étonne qu'ayant manqué de lumiere pour des choses si faciles à remarquer, ils en ayent eu pour de grandes découvertes. Le Ministre dont je parle auroit pû contribuer fort utilement à la construction d'un nouveau Systême, il auroit inventé beaucoup de choses, & fourni beaucoup de vûës; mais il auroit fallu qu'un homme de jugement en eût écarté toutes les piéces disparates, & qu'après un bon triage il eût fait la liaison des parties.

Vous n'avez point vû encore ce que je représentai de plus fort pour faire paroître digne de tolérance la colere que cet Auteur fait éclater contrée *Janua Cœlorum Reserata*. Voici donc comment je continuai à l'excuser par des raisons plus solides. On trouve étrange qu'il n'ait point l'adresse de mieux cacher son chagrin, & qu'il ne considere pas que les éclats qu'il en fait voler de tems

---

(a) Nom sous lequel M. Bayle s'est déguisé dans le Traité Latin qui suit.

tems en tems du haut en bas de la chaire, ne ſervent qu'à mieux découvrir le mal que lui font les bleſſures qu'il a reçûës. Mais on devroit ſavoir qu'il n'y a politique qui puiſſe tenir comme les irruptions de certains temperamens, & que les traits dont il ſe ſent transpercé ne lâchent point priſe quelques agitations qu'il ſe donne.

> Heu vatum ignaræ mentes ! quid vota furentem,
> Quid delubra juvant ? Eſt mollis flamma medullas
> Interea & tacitum vivit ſub pectore vulnus.
> Utitur infelix Dido totaque vagatur
> Urbe furens : qualis conjecta cerva ſagitta,
> Quam procul incautam nemora inter Creſſia fixit
> Paſtor agens telis, liquitque volatile ferrum
> Neſcius : illa fuga ſilvas ſaltuſque peragrat
> Dictæos: HÆRET LATERI LETHALIS ARUNDO.

Deplus il faut conſiderer que ſi jamais les irruptions du temperament ſont invincibles, ſans que celui qui y ſuccombe ſoit inexcuſable, c'eſt lorſqu'une longue ſuite de chagrins a fortifié la mauvaiſe humeur, c'eſt lorſqu'on ſe voit ſurvivre à ſa gloire, c'eſt lorſqu'après avoir uſé ſes forces au ſervice d'un Parti, on eſt obligé de ſe plaindre de l'ingratitude du ſiecle, *ingratitude la plus cruelle dont on ait jamais vû d'exemple;* c'eſt lorſqu'après avoir fait la fauſſe monnoye pour une cauſe par le débit de pluſieurs miracles, & par l'Apologie de pluſieurs fraudes pieuſes, & de pluſieurs prétenduës Propheties, juſques à mettre en compromis l'autorité des vrais Prophetes, en faveur de quelques petits impoſteurs, on ſe voit expoſé au cruel reproche d'avoir apporté un grand préjudice à cette cauſe; c'eſt lorſqu'après avoir intenté mille procez d'héterodoxie, on ſe voit accuſé à ſon tour d'erreurs pernicieuſes; c'eſt lorſque la difficulté de ſe défendre obligé de repréſenter à ſes Juges ſes longs ſervices, ſa vieilleſſe prématurée, ſa ſanté uſée, à l'exemple de ces anciens déclamateurs dont (h) Petrone s'eſt tant moqué; c'eſt enfin lorſque la nombreuſe famille d'eſprit, les 30. ou 40. Volumes qu'on prétend avoir publiez, & d'où on tiroit continuellement occaſion de s'enorgueillir, comme la Niobe des Poëtes, eſt devenuë tout de même qu'à cette Niobe le principal ſujet de ſon deſaſtre, parcequ'on voit ſes volumes foudroyez de toutes parts, & que jamais les Papiſtes n'avoient remporté ſur nous de telles victoires; ce qui fait dire que ce n'eſt point leur cauſe ci-devant toûjours inferieure, qui commence à triompher de la Proteſtante; mais que ce ſont ſeulement leurs Avocats qui triomphent d'un Miniſtre qui avoit oſé les attaquer avec des armes de ſon invention, au lieu d'employer celles qui avoient toûjours rendu victorieuſe la cauſe des Proteſtans. C'eſt ainſi que Fabricius diſoit après la victoire de Pyrrhus, que ce n'étoit pas les Epirotes qui avoient vaincu les Romains; mais que c'étoit Pyrrhus qui avoit vaincu Levinus General de l'Armée Romaine.

Un livre tel que le *Janua Cælorum Reſerata,* qui tombe ſur un Adverſaire ſitué dans ces fâcheuſes diſpoſitions, ne peut-il pas bien mettre dans une colere qu'il ne faille pas trouver étrange ? Mais pourquoi ce livre n'a-t-il pas été écrit plus élegamment ? C'eſt peut-être que l'Auteur a cru que ſon Adverſaire n'y entendroit rien ſi la latinité en étoit un peu relevée.

Je trouve très-vraiſemblable que Mr. Larebo-

Pourquoi ce Livre eſt écrit en ſtile de l'Ecole.

nius ne s'eſt jamais attendu à un tel reproche, tant parcequ'il a déclaré au commencement & à la fin de ſon livre qu'il a choiſi tout exprès le ſtile des Scholaſtiques, que parcequ'il ne croyoit pas que ſon Adverſaire fût en état de juger du ſtile Latin autrement qu'un aveugle des couleurs. Il y a autant d'injuſtice à trouver mauvais qu'on ſe ſerve du ſtile des Univerſitez dans un Ouvrage de pur raiſonnement, qu'à vouloir qu'on écrive en beau François la refutation de quelques miſerables Factums, dans laquelle on n'a été occupé qu'à inventorier des menſonges & des contradictions. Depuis quand ſe pique-t-on de beau ſtile dans les Ecritures de procès, dans des Factums, dans des Inventaires ? A-t-on refuté ceux du Dénonciateur avec l'application qu'on apporte à la compoſition d'un Ouvrage qu'on veut rendre digne par lui-même d'être lû ? On ſavoit que peu de gens prendroient la peine de lire ces ſortes de refutations; la lecture n'en étoit pas neceſſaire aux gens depréoccupez; & les demonſtrations d'Euclide ne feroient que blanchir ſur les gens préoccupez; on a ſçu cela, ainſi on n'a eu garde de perdre ſon tems après le ſtile. Cependant ceux qui entreront dans l'eſprit de ce Theologien, trouveront là un miracle digne d'être placé dans la premiere Paſtorale qu'il publiera. O le pauvre homme ! Si j'avois à le condamner ſur quelque choſe par rapport au livre latin qui a ruïné ſon ſiſtême, ce ſeroit de s'être laiſſé miſerablement tromper par les eſpions qui ont été cauſe qu'il a debité l'inſigne menſonge que voici. *On m'a fait rire,* dit-il, *en me rapportant la maniere inſolente dont il traite les Lecteurs qui ne voudront pas approuver ſes ſentimens, ce ſont temerarii & iniquiſſimi judices, veteratorii, cavillatores, rixarum avidi, malè feriati homines, odio digni, quos urit inſatiabile maledicendi cacoëthes, &c.* Je dis que c'eſt un inſigne menſonge; car il paroît manifeſtement par la Préface de *Janua Cælorum Reſerata,* que ces titres ne tombent point ſur les Lecteurs qui ne voudront pas approuver les ſentimens de *Carus Larebonius;* mais ou ſur ceux qui voudront juger de tout l'ouvrage, & du but & des ſentimens de l'Auteur, ſans en avoir conſideré que quelques endroits detachez de ce qui précede & de ce qui ſuit, ou ſur ceux qui au lieu de s'attacher à la ſignification naturelle des paroles, formeront leurs jugemens ſur de prétenduës intentions cachées. Diſons mieux, on ne donne point ces éloges à ceux qui deſaprouveront les ſentimens de l'Auteur; mais on prévoit que ceux qui ſe ſont déja rendus dignes d'être ainſi nommez, uſeront de mille ſupercheries, contre leſquelles on tâche de prémunir les Lecteurs. Jugez ſi notre homme eſt bien ſervi par ſes émiſſaires.

Il ne falloit pas répondre à l'Auteur des petits Livrets.

En voilà aſſez, Monſieur, pour vous faire voir que vous n'avez pas déféré à une priere déraiſonnable, je voudrois que vous euſſiez eu la même docilité par rapport à vos Avis au petit Auteur. Vous deviez m'en croire, & l'abandonner à ſon mauvais genie, ſans daigner lui faire un mot de réponſe. J'ai eu de la peine à vous pardonner votre premiere réſiſtance à mes prieres ſur ce chapitre-là; mais quoi, vous voilà en rechute ! Voilà que vous me communiquez un ſecond Avis; il n'y a plus moyen de vous excuſer, je ne vous promets point d'oublier un jour cette faute. Que prétendez-vous gagner contre un tel homme ? Eſperez-vous que la conviction d'avoir pitoyablement rai-

---

(h) Num alio genere Furiarum Declamatores inquietantur qui clamant: Hæc vulnera pro libertate publica excepi, hunc oculum pro vobis impendi: date mihi ducem qui me ducat ad liberos meos; nam ſucciſi poplites membra non ſuſtinent.

raisonné, d'avoir cité à faux, d'avoir en un mot foulé aux pieds tout ce qu'un bon Auteur doit observer, l'empêchera d'écrire, & de rallumer toûjours le feu, à mesure qu'il s'apercevra que le tems commence à l'éteindre ? Vous vous trompez; ces gens-là paroissent être de serment de ne laisser jamais assoupir le scandale qu'ils ont excité; & comme ils se voyent en possession de repeter leurs pensées sans avoir égard à ce qu'on leur a répondu, & de n'attaquer dans nos Ecrits que certains morceaux qu'ils détachent frauduleusement du gros de l'arbre, ils continuëront sur ce pied toute leur vie, de quelque confusion que vous les puissiez couvrir.

Et pourquoi. Que pouvez-vous esperer d'un homme qui ose assurer tout de nouveau que Mr. Bayle a érigé en Heros Aubert de Versé, & qui compare le mauvais succès du Factum de Mr. Jurieu contre ce de Versé, avec le mauvais succès de l'accusation que le même Mr. Jurieu a intenté à M. Bayle ? Si on ne connoît pas qu'on raisonne-là fort mal, quelle ignorance! Et si on le connoît, quelle malice & quelle perversité de cœur! Y a-t-il langue, grammaire, dictionnaire qui donne lieu d'assurer que l'on érige un homme en Heros, quand on dit qu'il a repoussé un Factum par un autre Factum terrassant & assommant ? Seroit-ce loüer un homme que de dire qu'il en auroit assommé un autre, en lui jettant sur la tête du haut en bas des fenêtres, coffres, bancs, chaises & pierres, & tout ce qui lui seroit tombé sous la main ? Pour ce qui est de l'impunité de l'Auteur de ce Factum si accablant, elle n'a rien de fort étrange. Il somma son Accusateur de se produire, & il n'y eut personne qui se declarât sa partie: on le chargeoit principalement de crimes commis en France; on ne l'accusoit d'aucun crime d'Etat; il ne faisoit point profession de la Religion Reformée, & ainsi il pouvoit écrire contre; il n'avoit aucune charge, ni aucune pension publique: ce n'étoit donc point une preuve qu'on le jugeât innocent, que de voir qu'on le souffroit dans le Pays, comme c'est une preuve qu'on ne croit pas un homme coupable, que de voir que Mr. J. se declarant sa Partie, mettant ce qu'il appelle des preuves entre les mains des Juges, l'accusant d'une horrible Conspiration contre l'Etat, qui lui donne une pension & une charge publique, & contre la Religion qu'il professe, n'en obtient quoi que ce soit contre lui. Croyez-vous, Monsieur, qu'il soit necessaire d'apprendre au Public ce grand nombre de differences essencielles ? Nullement. Tout le monde les apperçoit, & ceux qui n'agissent point par esprit de parti avoüent qu'ils les apperçoivent : Les autres n'avoüent rien de ce qu'ils sentent qui ne les accommode pas, & il faut les laisser là comme incurables.

A mon gré vous n'avez pas dit à votre homme tout ce qu'il faloit sur le Chapitre des Nouvellistes : vous deviez le renvoyer à nos Gazettes, qui nous apprennent tous les jours que les gens éclairez à Paris ne croyent rien de l'expedition du Roi Jacques dont on amuse la Populace. On ne se contente pas de n'en rien croire, on écrit à nos Gazettiers ce qu'en pensent les gens de bon sens. Si l'on se regloit sur la tablature de votre petit Auteur, la Cour de France trouveroit bien des Conspirateurs dans Paris, & les prisons seroient bientôt incapables de contenir tous les Criminels d'Etat. Mais ces gens-là, n'ont rien à craindre; & il y a bien apparence qu'un Délateur se feroit siffler en ce Pays-là, s'il n'avoit à découvrir que les raisonnemens de quelques particuliers sur les bruits

de Ville. Vous deviez marquer à votre homme la mauvaise foi avec laquelle il parle des prétenduës reflexions des Cabalistes sur la derniere Campagne; vous deviez le defier de nommer un seul Refugié qui les ait faites, & principalement vous le deviez censurer de n'avoir pas excepté M. Bayle du nombre de ces Nouvellistes, puisqu'il est certain que depuis la dénonciation il n'a contredit personne sur le Chapitre des Nouvelles. Avant cela, lorsque l'occasion s'en présentoit, il disoit sa pensée fort ingenument, & selon la methode des Philosophes, qui est la plûpart du tems fort differente de la maniere de juger qui entraîne le vulgaire. C'étoit par forme de Conversation, & sans y chercher nulle consequence. Cela ne lui arrivoit guéres, parcequ'il n'a jamais eu le loisir de perdre du tems en visites, ni en promenades. D'ailleurs il croyoit parler devant des gens assez raisonnables pour ne vouloir pas exiger qu'un homme de sa profession applaudît sans examen ni raisonnement à tout ce qu'il entendoit dire. Mais depuis qu'il a sçu qu'on avoit la foiblesse, ou la malice de prendre sa liberté Philosophique en mauvaise part, & de la convertir en crime d'Etat, il a renoncé à toute conversation sur des Nouvelles de Gazette. Cependant voilà, Monsieur, le sous-Denonciateur qui enveloppe parmi les prétendus Frondeurs de la derniere Campagne, & de l'affaire de Leuze. Où est la bonne foi ? Avez-vous pû vous tenir de rire en voyant que votre homme sommé de donner une bonne caution de ce qu'il avoit avancé touchant le parallelisme de la bataille de S. Denys, & des incendies du Rhin, renvoye le Public à une lettre dattée du 20. Août 1691. qu'il n'ose inserer dans son Livre; mais qu'il promet seulement de faire voir à son ami dans un tête-à-tête. N'est-ce pas là un bon moyen de se laver de la tache de calomnie ? Lui & cet ami, & celui qui a écrit la Lettre, étant tous des inconnus, le bon-homme croit pourtant que l'on prendra cela pour de bonnes preuves; il juge du Public par la credulité cent fois éprouvée d'un petit nombre de particuliers qui se laissent éblouïr aux moindres lueurs. N'appelle-t-il pas des preu- *Des Ar-* ves un Extrait de Lettre écrite par un inconnu *ne peu-* qui dit avoir ouï dire à Martin ceci ou cela ? Mais *témoin* n'est-ce pas ignorer ce que le plus petit Clerc de Procureur lui pourroit apprendre, que pour faire de cela une preuve, il faudroit que cet anonyme eût été confronté avec Martin, & recolé ? A-t-on répondu à l'objection raisonnable qui a été faite, que Martin pourroit bien en avoir donné à garder aux questionneurs que les amis du Dénonciateur lui découploient ? Des gens raisonnables oseroient-ils avant que d'avoir levé cette difficulté, redire tout de nouveau, que puisque Martin ne vouloit pas donner des feuilles à ces questionneurs, il y avoit là-dessous le mystere prétendu revelé par le Prophete de Rotterdam ? Je vois, Monsieur, que votre homme repete avec de grands airs de Triomphe, cette vieille Chimere, tout comme si on n'y avoit pas solidement répondu, par des raisons que la Lettre du beaufrere de Martin a confirmées. J'ai honte pour vous de ce que vous avez voulu perdre quelques heures à donner des avis à un tel adversaire de Mr. Bayle. C'est un adversaire ou si ignorant, ou si méchant, qu'il debite comme des contradictions, les choses les plus faciles à concilier ; car, par exemple, n'est-ce pas une contradiction ridicule que ceci : *Les amis de Mr. Bayle ont fait savoir que l'Avis se réimprimoit à Paris, & ont envoyé en Hollande les premieres feuilles, afin de lui rendre service, &*

néan-

*néanmoins l'édition a été interrompuë afin de le ren-
dre plus suspect.* Quand on aura prouvé que les
mêmes gens qui ont fait interrompre l'édition,
avoient eu soin de faire le reste, & qu'un Libraire qui est aujourd'hui assez complaisant pour donner une feuille de ce qu'il imprime, doit l'être
encore d'ici à deux mois, lorsque les circonstances du tems seront fort changées, on aura dit
quelque chose ; avant cela la contradiction qu'on
objecte est chimérique, & de la même volée que
cette conséquence-cy : *Le Directeur de l'édition
de Paris a retiré tous les exemplaires, donc vous
n'avez pû avoir que de lui les feuilles qui ont paru
en Hollande.* L'admirable subtilité ! La puissante
& l'invincible objection ! Distinguez les tems,
bonnes ames, si vous pouvez, & vous romprez
aisément les chaînes des petits Sophismes dont
vous paroissez liez. Il est vrai ; si le Directeur
avoit d'abord retirétous les exemplaires, on n'auroit pû avoir des feuilles que de lui ou immédiatement, ou médiatement (& cette alternative
suffit à démontrervotre preuve) ; mais s'il ne les
a pas retirées dès le commencement, on a pû en
avoir sans son entremise, & par le moyen d'un
ami de l'Imprimeur qui ne savoit peut-être pas
que Mr. Bayle fût au monde.

*falloit
ridi-
culer
Li-*
Je m'étonne, Monsieur, qu'ayant une fois voulu vous donner la peine de dire ses véritez au petit
Auteur, vous ne l'aïez pas tourné en ridicule sur
ce que dans la page 237. il cite la p. 714. col. 1.
de la Préface de la Chimere pour une chose visiblement fausse à quiconque entend trois mots de
François, je veux dire pour un aveu qu'il impute
à Mr. Bayle dont il n'y a nulle trace ni dans le
lieu cité ni ailleurs. Dans la même page il est assez
fou pour avancer une chose qui signifie manifestement, qu'un Genevois qui s'informeroit des intentions de la Cour de France, seroit Criminel
d'Etat. Cet homme est si ridicule qu'il s'imagine
que Geneve est en guerre ouverte avec la France,
comme nous y sommes ici. Vous deviez le berner
là-dessus ; car autant vaut bien batu que mal batu, & ne le pas épargner sur ce qu'il met en fait
dans la page 218. qu'un Avocat au Parlement de
Paris ne sauroit trouver le tems au milieu des occupations pénibles du Barreau, de s'instruire des
particularitez de la République des lettres, &
d'en connoître les endroits écartez avec tout ce
qui se dit dans les conversations des Réfugiez de
Hollande. Quel fatras de bévûës, & quelle opiniâtreté ! Premierement tous les Avocats au Parlement de Paris ne s'embarrassent pas des occupations du Barreau, ou quoiqu'il en soit, ne sont
pas incapables de trouver du tems pour s'instruire
des particularitez de la République des lettres.
Pour ne point renvoïer notre homme à Mrs. Teissier, & Graverol Avocats dans le Languedoc, je
voudrois seulement qu'il se souvînt de cet Avocat de Paris qui publia le Parnasse Réformé, &
la Guerre des Auteurs Anciens & Modernes.
Ignore-t-il qu'il y a un Avocat à Paris qui a beaucoup d'érudition Hébraïque ? Veut-il que je lui
nomme un Avocat qui publia des tables Chronologiques, qui demandoient cent fois plus de tems
& plus de patience qu'il n'en faut pour s'instrui-
res des prétenduës particularitez dont il s'agit ?
Veut-il que je lui nomme l'une des plus grandes
lumieres du Barreau qui trouvoit assez de tems
pour composer plusieurs pieces de Theâtre ? En
2. lieu que ne prouve-t-il ce qui a été d'abord
nié au Dénonciateur, savoir que l'Avis aux Réfugiez contient des particularitez littéraires inconnuës aux autres hommes, & le détail des petites

conversations de Hollande ? Enfin où sont les Avocats si occupez qui ne puissent trouver assez de
tems pour jetter les yeux sur le Mercure Galant,
où il y a cent fois plus de nos nouvelles que dans
l'Avis aux Réfugiez.

*Foiblesse de la
réponse qu'il
fait à un des
plus forts en-
droits de la Ca-
bale démontrée.*
Permetiez-moi de vous dire librement que je
ne trouve pas que vous aïez toûjours bien choisi
la matiére de vos Avis au petit Auteur. Il faloit
principalement le relancer sur la pitoïable réponse qu'il a faite à l'une des plus fortes raisons qui
ayent paru dans la Chimere démontrée. Cette raison est prise de ce que Mr. Jurieu impute à des
gens qu'il croit & d'un grand crédit & d'un grand
esprit, d'avoir fait une chose qui étoit manifestement contraire au but qu'il leur attribuë. On
peut voir à la page 753. col. 2. de la Chimere
démontrée, & à la pag 754. la preuve accablante
& tout-à-fait mortifiante que cela fournit contre
le Dénonciateur. Je vous prie de considérer ce
que votre homme y a répondu. Il a dit premié-
rement, que cette objection supposoit que jamais
les grands Esprits ne font de fautes ; mais se défiant avec raison de cette réponse, il vient de dire, dans ses nouvelles Lettres, que l'objection
est aussi plaisante que le seroit un homme, qui
étant convaincu par des témoins oculaires & par
des lettres interceptées, répondroit : *Vous vous moquez, si j'avois eu un pareil dessein, je suis trop habile homme pour ne m'être pas mieux caché ; je pouvois prendre mes mesures en sorte que jamais on ne
m'auroit soupçonné, les lettres interceptées ne sont
pas de moi. Si j'avois voulu en écrire, j'avois mille
moyens sures de les faire tenir sans aucun risque, &
je n'aurois pas été assez fou pour agir justement comme si j'avois voulu fournir des preuves capables de
me confondre.* Voilà, Monsieur, sur quoi je trouve mauvais que vous n'ayez pas berné votre petit
Auteur.

Car en premier lieu la maxime que les plus
grands Esprits font des fautes, ne fut jamais plus
mal apliquée qu'en cette rencontre, vû qu'il s'a-
git ici d'une faute, non dans quelque petit accessoire d'une grande machination, mais dans le but
unique pour lequel on suppose qu'une petite intrigue a été noüée. Or autant qu'il est facile de ne
pas tout prévoir dans une longue suite de pieges
que l'on veut tendre, & de faire même quelque
pas qui recule plus l'éxécution du dessein qu'il ne
l'avance, autant est il difficile dans un projet composé de très-peu de piéces, de prendre toutes ses
mesures de telle sorte qu'elles n'ayent aucune proportion avec la fin principale qu'on a en vûë, &
qu'elles soient visiblement propres à la ruïner. Il
est moralement impossible que d'habiles gens fassent de ces fautes ; & ainsi c'est réfuter pleinement
& invinciblement une accusation fondée sur des
conjectures, que de montrer qu'elle suppose que
d'habiles gens ont fait de telles bévûës. C'est une
chose ordinaire aux Avocats d'un Accusé, que de
faire à leur adverse Partie des objections prises de
la nature du crime dont il s'agit ; car si c'est un
crime qui ne réponde pas au tempérament de l'Accusé, ou qui choque les passions les plus naturelles, on renverse aisément les présomptions de l'Accusateur ; mais on les ruïne encore mieux quand
on peut montrer que l'accusation suppose que l'Accusé, reconnu d'ailleurs pour habile homme, est
un sot & une bête ; car le Public a plus de penchant à se défier de la vertu que de la prudence
d'un tel homme, & ainsi on le disculpe mieux
quand on montre que pour avoir commis ce
dont il est accusé, il faudroit qu'il fût sot &
destitué du sens commun, que quand on fait

voir qu'il faudroit qu'il fût très-méchant.

Je pourrois vous faire souvenir de la fameuse Maxime *Cui bono* que le plus grand Justicier de l'Ancienne Rome avoit introduite dans le Barreau, & qui a été souvent citée par les plus célebres Avocats. Il prétendoit que dans des causes douteuses un Accusé méritoit l'absolution, si l'on ne pouvoit pas montrer que le crime dont on l'accusoit, avoit pû lui servir de quelque chose. Il supposoit donc comme une régle sûre en conscience, que la seule inutilité d'une Action doit faire présumer pour l'innocence de celui à qui on l'impute. Que sera-ce donc lorsque l'Action imputée est visiblement ruïneuse à tous les desseins que l'on suppose à l'Accusé? Il auroit falu que votre petit Auteur se fût présenté au redoutable Cassus l'Auteur du *Cui bono*, pour lui dire que les plus grands Esprits se peuvent tromper. La réponse la plus humaine qu'il auroit dû attendre, eût été: *Mon Ami, on vous avouë que les plus grands Esprits se trompent quelquefois; mais comme il est cent fois plus probable qu'ils prennent bien leurs mesures, qu'il n'est probable qu'ils les prennent tout-à-fait de travers, il est cent fois plus probable que vous êtes un calomniateur, qu'il n'est probable que vous accusez à juste titre ces habiles gens; desorte que si vous voulez gagner votre cause, il faut que vos objections aient pour le moins cent fois plus de force que les réponses qu'on vous fera.* C'est-à-dire, Monsieur, que la maxime *Cui bono* ne peut être éludée que par des preuves convaincantes; car j'avouë qu'un meurtrier surpris sur le fait, seroit ridicule d'alléguer qu'il entend trop bien ses intérêts pour avoir voulu commettre cet homicide.

Je croi que votre homme a passé par les mains de quelques Correcteurs plus intelligens que lui dans ces matieres, puisque contre sa coûtume au lieu de répéter sa premiere pensée, il nous a débité une nouvelle réponse; mais en verité s'il ne tombe pas là dans le défaut des répétitions, il tombe dans un autre qui ne lui est pas moins ordinaire, c'est d'assurer avec une audace la plus insuportable qui se puisse voir, que l'accusation a été prouvée clairement & incontestablement; car c'est ce que veut dire la comparaison qu'il établit entre Mr. Bayle & un homme convaincu par des témoins oculaires, & par des lettres interceptées.

Disons-lui donc en 2. lieu, qu'il vaudroit mieux pour lui qu'il n'eût fait que répéter, puisque sa seconde réponse le met dans le ridicule encore plus que la premiere. En effet, qu'y a-t-il de plus ridicule que de supposer hardiment qu'une accusation que l'on n'appuye que sur un ramas de présomptions qui ont été réfutées sans qu'on ait pu répliquer, ni se laver de plusieurs infames falsifications, a été mise dans l'état de celles qui sont prouvées par des témoins oculaires, & par des lettres interceptées? Rien donc ne sauroit être plus plaisant que de voir que votre petit Auteur trouve plaisant que nous osions opposer à de misérables conjectures une maxime beaucoup plus forte que ne l'est le *Cui bono* du Préteur Romain.

Je vois que vous ne faites pas la revûë des Caracteres que votre homme a retouchez; je ne vous en blâme pas; il n'y a rien là qui ne se réfute de lui-même, rien qui puisse donner aucune atteinte à la p. 765. col. 2. vers la fin, de la Chimére démontrée, où l'on voit qu'un Prevôt qui auroit saisi un homme en vertu de quelque ressemblance, seroit obligé de le renvoïer s'il se trouvoit que cet homme fût dissemblable en quelque chose à celui dont le Prevôt avoit ordre de se saisir. Cette remarque fait une démonstration pour Mr. Bayle pendant que ses Délateurs ne prouveront pas que tous les prétendus traits de ressemblance lui conviennent. Soïez bien assuré, Monsieur, qu'ils ne le prouveront jamais. Il n'y a qu'un cas où la chose me paroisse possible, ce seroit que le Public voulût prendre en payement la fausse monnoye de votre petit Auteur. Voici une piece de cette fausse monnoye: Prenez bien ce petit raisonnement: *Si Mr. Bayle ne sait pas en perfection les termes des Arts & des Sciences, il n'est pas l'Auteur de l'Avis aux Réfugiez.* C'est la conséquence qu'il faut tirer nécessairement des principes de son Accusateur. *Or il ne sait point ces termes. Donc il n'est pas l'Auteur de l'Avis aux Réfugiez.* Il y a long tems qu'il a dit qu'il avouoit la dette, qu'il savoit peu les termes propres des Arts & des Sciences dont il ne se mêle pas, & qu'il n'y a rien dans ses écrits qui témoigne qu'il sache les termes de Peinture, de Sculpture, d'Architecture, de Navigation, de Pratique, &c. Je veux qu'on ne soit pas obligé de l'en croire sur sa parole; mais il n'est pas juste non-plus d'en croire ses Accusateurs sur la leur: Les voilà donc à deux de jeu lui & eux; ils affirment, il nie; l'un vaut l'autre; si ce n'est qu'en cela le parti de celui qui nie est beaucoup plus commode, puisqu'il n'engage pas à prouver comme fait le parti de ceux qui affirment. C'étoit donc au Délateur à prouver que Mr. B. sait les termes des Arts & des Sciences, & il n'y avoit point de maniere plus directe de le prouver que de le faire par les livres que Mr. B. a mis au jour. Mais il a plû à sa Partie de laisser là ce fonds de preuves, stérile & ingrat au dernier point, & de se jetter sur ce qu'il avoit oüi dire d'une seconde édition du Dictionnaire de Furetiere. Quelle preuve, bon Dieu! Quelle preuve! Un oüi-dire; & si on lui avoit nié que Mr. B. se fût engagé à ce travail, quelles preuves en auroit-il données? Mais on a été de bonne foi, on lui a dit *que si Mr. B. a promis quelques corrections & additions pour une nouvelle édition du Dictionnaire de Furetiere, c'est pour les termes ordinaires qui lui tomberont en main, & principalement pour rectifier les faits & les citations.* N'est-ce pas ruïner de fond en comble la prétenduë preuve tirée de l'édition à venir d'un Dictionnaire? Cependant il a plû à votre petit Auteur de la produire comme quelque chose de convainquant. *Il prétend* (dit-il, en parlant de Mr. B.) *qu'il ne sait pas en perfection les noms des Arts & des Sciences comme l'Auteur de l'Avis, & cependant il nous aprend qu'il travaille à corriger le Dictionnaire de Furetiere.* J'avouë qu'il n'y a point de patience à l'épreuve de cet excès de hardiesse, & il me semble que quand on ose se prostituer à ce point-là, il faut qu'on se représente tous ses Lecteurs atteints d'une espece de ladrerie d'ame qui les rende insensibles à toutes les marques de mépris qu'on puisse leur témoigner; car voici comment cet homme raisonne. Mr. B. nous aprend que s'il a promis quelques corrections & additions pour une nouvelle édition du Dictionnaire de Furetiere, c'est pour les termes ordinaires qui lui tomberont en main, & principalement pour rectifier les faits & les citations; Donc il avouë qu'il sait en perfection les noms des Arts & des Sciences, les termes propres à la Peinture, à la Sculpture, à l'Architecture, à la Navigation, au Commerce, aux Finances, au Palais, &c. Ce méchant raisonneur n'est pas assez dépourvû de lumiere pour ne pas s'apercevoir que ce raisonnement est ridicule. Que fait-il donc pour en cacher

cher la laideur; il falsifie les paroles de la Chimere démontrée, il en raporte un sens tout sophisti-
qué. Quoiqu'il en soit il demeure pour constant
que voilà un trait de ressemblance entre Mr. B.
& l'Auteur de l'Avis aux Réfugiez, avancé témérairement & calomnieusement; ce qui suffit
pour terminer le procès à la confusion du Délateur.

Je ne sai si c'est vous, Monsieur, ou un autre
qui m'avez dit qu'à la Haye même il se trouve
des gens qui veulent passer pour désinteressez, qui
trouvent mauvais que Mr. Bayle & ses Amis demandent qu'on leur prouve clairement les choses.
Il semble, disent-ils, qu'il soit question d'une
These de Philosophie pour la preuve de laquelle
ils avoüent que l'on a raison de demander des argumens convaincans; mais il n'en va pas de même, disent-ils, dans les matieres de fait. J'ai pensé tomber de mon haut en entendant ce discours;
car est-il bien possible que des gens non fanatiques parlent ainsi? Quoi donc! il faudra être difficile en preuves sur une These de Philosophie,
qui soit qu'on la nie, soit qu'on l'affirme mal-à-
propos, n'a nulle liaison avec l'honneur ni avec
la vie de personne, & il sera permis d'examiner
légerement une matiere criminelle, où il s'agit
de la mort infâme de l'Accusé? J'avois crû jusques ici tout le contraire, c'est-à-dire qu'en matiere de pure spéculation, il ne faloit pas gêner
ceux qui veulent prendre parti avant que de parvenir à l'évidence; mais que dans un procès criminel, on doit suspendre son jugement jusques à
ce que les preuves soient juridiques, & claires
comme le jour, *Luce meridiana clariores*, comme parlent les Jurisconsultes. Qui ne sait la sage
maxime des Anciens, *nulla unquam de vita hominis cunctatio longa est*. Sans que pour cela l'on
veüille nier que les Souverains n'ayent le droit de
se défaire des gens suspects, lors même que s'ils
vouloient avoir la condescendance de rendre raison de leur conduite, ils ne sauroient justifier le
fondement de leurs soupçons. *Sunt superis sua jura*, & Mr. B. est si peu accusé de vouloir leur
rien contester, que ses ennemis lui font éternellement un crime d'étendre trop loin l'obéïssance
qui leur est dûë. Encore un coup, les Souverains ont leurs droits; mais un petit particulier
comme notre Dénonciateur, ne doit pas prétendre que ses soupçons & ses conjectures doivent
tenir lieu de conviction, & on sera toûjours ridicule quand on trouvera mauvais que ceux qu'il
accuse de crime d'Etat, lui demandent des preuves plus certaines que celles qu'on exigeroit pour
un Corollaire de quelque Dispute de Philosophie.

Ce que je viens de toucher de l'Autorité des
Souverains, me donne lieu de finir cette lettre
bien autrement que je ne l'ai commencée; j'ai
débuté par vous gronder, & je la finirai par l'a-
probation du mépris que vous avez fait de tout
ce que votre homme a objecté en dernier lieu à
M. Bayle sur l'obéïssance que les Sujets doivent à
leurs Maîtres. Quel jugement d'homme! Mr. B. a
fait savoir au Public, qu'il ne croit là-dessus que
ce qui en a été décidé dans la Confession de Geneve, & dans la Confession Belgique. Sur cela
on prétend qu'il accuse cette République de rébellion & d'usurpation. Cela n'est-il pas bien beau,
qu'autant de fois que ces Confessions de Foi ont
été aprouvées dans les Synodes Provinciaux &
Nationaux, proposées à signer aux particuliers,
autant de fois on ait déclaré cette République
Rébelle & Usurpatrice, & proposé ce bel éloge
comme un article de Foi à signer? Je m'arrête;
car si je me donnois tant soit peu de carriere, je
ne pourrois pas m'empêcher de traiter durement
le petit Auteur. S'il pouvoit être dix ans sans aller humer de l'air fanatique, & si pendant ce long
intervalle lucide il consultoit la raison, on pourroit esperer de lui éclaircir les difficultez qu'il propose, autrement il ne faut pas y songer. Car que
serviroit aujourd'hui de lui répéter que les Rivets,
les des Marets, les Saumaises, & même les Ju-
rieus ont hautement enseigné dans ce Païs-ci le sentiment qu'il combat, sans qu'ils ayent crû manquer au respect & à la fidelité qu'ils devoient à
leurs Souverains? Que serviroit de lui redire que
Mr. Graswinckel, Avocat Général à la Cour
de Justice de Hollande, & l'un des plus savans
hommes de ce siecle, n'a point crû faire quelque chose contre le devoir d'un bon Sujet, ou contre la mémoire de ces Ancêtres, en publiant tout
ce que bon lui a semblé sur l'indépendance des
Rois? Que serviroit de lui dire que ces Ecrivains
n'ont jamais été repris de cela par leurs Supérieurs? Et pourquoi les en auroit-on repris? A-
t-on jamais reconnu en ce Pays-ci que l'on se soit
soustrait à une Puissance véritablement Souveraine? Voici un des plus ordinaires effets du Fanatisme; se croire tout permis contre le Gouvernement, & faire un crime de Lèze-Majesté aux autres d'une simple opinion. Avec cet esprit de
Fanatisme, nos bonnes gens, s'ils avoient en France le haut du pavé, convertiroient en criminel d'E-
tat tout Auteur qui leur déplairoit, s'il lui arrivoit de soûtenir la These Générale, qu'il ne faut
point rompre une Trève.

Je suis, Monsieur, tout à vous.

NOUVELLE HERESIE
DANS
LA MORALE,
TOUCHANT LA HAINE DU PROCHAIN,

Prêchée par Mr. JURIEU dans l'Eglise Wallone de Rotterdam,
les Dimanches 24. de Janvier & 21. de Février 1694.

DENONCE'E

A toutes les Eglises Réformées, & nommément aux Eglises Françoises
recueillies dans les différens endroits de leur exil.

 I Mr. Jurieu s'étoit contenté de ne prêcher qu'une fois la Morale scandaleuse que l'on dénonce aujourd'hui, peut-être se seroit-on tenu dans le silence. On auroit jugé que quelque incident personnel l'auroit poussé à réfuter les maximes de la charité Chrétienne, qui avoient été prêchées depuis peu en sa présence : mais on ne peut plus douter qu'il ne veuille établir son nouveau dogme. Il est revenu à la charge plein de nouvelles explications de l'Ecriture, & armé de toutes les distinctions d'un Docteur qui veut faire des disciples. Il se fait une affaire capitale de persuader au monde, que les Ministres qui prêchent la charité, la douceur, la patience, la modération, n'entendent point l'Evangile, & qu'il faut que les fils de Dieu haïssent tous les ennemis du Pere Céleste ; qu'ils haïssent, dis-je, non seulement les crimes & les hérésies, mais aussi la personne du criminel & de l'hérétique. Il n'y a donc plus moyen de se taire. Il faut tâcher d'arrêter les suites d'un dessein formé contre les plus beaux fleurons de la couronne du Chrétien. Il est absolument necessaire d'avertir toutes les Eglises Réformées de ce dessein pernicieux, & de les exhorter à prendre en leur protection les grandes & saintes maximes de l'Evangile, que JESUS-CHRIST & ses Apôtres ont prêchées & pratiquées.

Il n'est pas besoin de vous avertir, Messieurs, (c'est aux Pasteurs & aux Consistoires que l'on adresse ici la parole) que toute la Loi & tout l'Evangile se réduisent à ces deux points, à l'amour de Dieu, & à l'amour du prochain ; & que par le prochain il ne faut pas seulement entendre ceux qui sont de la même Religion que nous, mais en général tous les hommes, que la Providence nous met à portée de recevoir des marques de notre charité & de notre humanité. Vous n'avez pas besoin qu'on vous avertisse de cela ; car c'est une

de ces veritez qui se sont le plus heureusement conservées dans l'Eglise, hors de l'atteinte témeraire des Hérétiques. Les plus sublimes Mysteres de la Religion, nos dogmes les plus fondamentaux n'ont pû se garantir des attaques des Sectaires ; la Trinité, l'Incarnation, la Prédestination, leur ont paru des doctrines dignes d'être rejettées ; ils n'ont point trouvé la revelation assez expresse là-dessus ; mais quant aux préceptes de J. CHRIST, quant aux maximes de la charité, ils les ont trouvées si claires & si évidentes, que malgré leur opposition au penchant corrompu du cœur humain, ils les ont crûës & enseignées. Il semble donc que cette derniere & mortelle attaque contre ce qui est demeuré sain & entier parmi tous ceux qui portent le nom de Chrétiens ; soit réservée pour un Ministre Réformé, pour un Ministre François Réfugié dans la Hollande. On ne vous dira point en détail toutes les maximes & toutes les propositions pernicieuses que l'on a extraites de ces deux derniers Sermons ; on se contentera de vous dénoncer en général que sa doctrine revient à ceci. I. Que les sentimens de haine, d'indignation & de colere, sont permis, bons & louables contre les ennemis de Dieu, c'est-à-dire comme il l'a expliqué lui-même, contre les Sociniens, & les autres Hérétiques de Hollande, contre les superstitieux, les idolâtres, &c. II. Que l'on doit témoigner ces sentimens de haine & d'indignation en rompant toute société avec ces gens-là, en ne les saluant point, en ne mangeant point avec eux, &c. III. Que ce n'est point seulement les hérésies & les mauvaises qualitez de ces gens-là qu'il faut haïr, mais qu'il faut haïr leur personne, & la détester. Une des objections qu'il s'est faites, & qu'il a rejettées avec des airs les plus dédaigneux, est celle qui porte qu'il faut faire la guerre à l'erreur & au vice, & avoir néanmoins de la charité pour la personne du pécheur.

Cette doctrine de Mr. Jurieu est sans doute
très-

très-scandaleuse ; mais on croit que le plus grand mal consiste dans les fausses gloses dont il s'est servi , pour amener les paroles les plus formelles de l'Evangile à son sens particulier. Il s'est objecté l'histoire ou la parabole du Samaritain ; l'exemple de J. Christ qui conversoit avec les gens de mauvaise vie ; l'ordre qu'il nous donne d'aimer nos ennemis, de bénir ceux qui nous maudissent , & de prier pour ceux qui nous persécutent ; & en général tout ce que l'on a coûtume de représenter au peuple Chrétien lorsqu'on veut le faire renoncer à l'esprit vindicatif. Il s'est moqué de toutes ces objections. Il a prétendu qu'on n'entend point ces passages ; & il en est venu jusques à dire que les Sermons de J. Christ sur la montagne, sont une parole dure qu'il faut nécessairement adoucir en les prenant non à la lettre, mais dans un sens figuré , & que par les persécuteurs pour lesquels le Fils de Dieu nous commande de prier , il ne faut point entendre ceux qui persécutent l'Eglise ; mais les ennemis particuliers & personnels que l'on peut avoir chacun dans le lieu de sa residence : Qu'au reste on peut satisfaire au commandement de bénir ceux qui nous maudissent, pourvû seulement qu'on leur souhaite les biens spirituels, encore qu'on haïsse leur personne, & qu'on leur souhaite des maux temporels. Làdessus apostrophant ses Auditeurs, il leur a déclaré qu'ils pouvoient & qu'ils devoient haïr le Roi de France , & lui souhaiter du mal , non pas, ajoûtoit-il , à cause qu'il vous a ôté vos biens, mais à cause qu'il persécute votre Religion. Si nous avions autre chose en vûë que l'intérêt des veritez morales de l'Evangile , nous vous ferions souvenir , Messieurs, de la Lettre au Duc de Montausier , où Mr. Jurieu débitoit un Evangile bien différent de celui qu'il prêche ; car il protestoit, & cela depuis la guerre de 1688. que ses profonds respects pour le Roi, dont il est né sujet, n'avoient souffert dans son cœur aucune diminution. Mais comme nous n'en voulons qu'à sa doctrine publique en faveur & pour l'intérêt de la Religion , nous nous contentons de vous dénoncer ce qu'il a prêché contre l'amour du prochain.

Il faudroit avoir mauvaise opinion de votre vertu & de votre zele , Messieurs, pour s'imaginer que vous aprendrez ces choses sans songer aux moyens les plus efficaces d'en arrêter les mauvais effets par des déclarations expresses de la foi de nos Eglise sur l'importante & sainte doctrine de l'amour du prochain , & par des censures vigoureuses de la témerité d'un particulier qui ose dogmatiser contre les principes les plus universellement reconnus du Christianisme. Il est de votre prudence d'aller au-devant du mal ; vous savez que le grand nombre d'Ecrits de Mr. Jurieu & son extérieur austère, lui ont donné de l'ascendant sur les peuples , & qu'on se laisse aisément persuader ce qui flatte si doucement le cœur humain , dont la plus forte & la plus naturelle passion est celle de la vengeance , & de la haine de ses ennemis. Rien n'est si dur à notre nature corrompuë que de ne pouvoir pas en bonne conscience vouloir du mal à ceux qui nous ont tourmentez pour la Religion : ce seroit une consolation extrême pour un homme, qu'un Prêtre ou qu'un Capitaine de Dragons a persécuté pour le faire aller à la Messe, que de pouvoir sans scrupule lui souhaiter la peste, la gravele , la faim, les galeres, &c. & l'accabler de malédictions & d'injures, & rien n'est plus gênant que les Traitez qu'on a coûtume de lire pour se préparer à la Sainte Cene, où l'on trouve que l'on communiera à sa damnation, si on se présen-

té à la table du Seigneur le cœur gros de ressentiment & de haine personnelle contre qui que ce soit. Voilà Mr. Jurieu qui vient ôter tous ces saints scrupules. Il permet de communier le cœur plein de haine, & d'une bouche qui fulmine des malédictions contre ceux qui ont persécuté les Refugiez. Il veut que nous les haïssions , & il nous défend de leur souhaiter les biens temporels ; il veut donc que nous leur voulions du mal : Or vouloir du mal à quelqu'un, n'est-ce pas lui souhaiter ? S'il n'est pas permis de souhaiter les biens temporels à ceux qui nous ont persécutez pour la foi , il ne nous seroit pas permis de leur en faire ; nous ferions donc très-mal de les secourir dans leurs maladies, d'aider à éteindre le feu dans leurs maisons. Souffririez-vous , Messieurs, que de vos chaires de verité un Professeur en Théologie répande des dogmes dont les Philosophes Payens auroient eu honte ? Si vous lui laissez passer cet attentat, il attaquera bien-tôt un autre dogme , & il est pour vivre assez long-tems pour n'en laisser aucun hors des atteintes de ses fausses gloses : car où seront les passages de l'Ecriture qu'il ne puisse tordre & embroüiller , si une fois il lui est permis de répandre des ténebres par ses fausses explications sur les Sermons de Jesus - Christ sur la montagne. Ne vous flattez point, Messieurs, de la pensée qu'il se contentera de protéger les passions à quoi son tempérament le porte. N'a-t-il pas pris le parti de la polygamie ? N'a-t-il point dogmatisé en faveur des Incontinens? Prenez donc de saintes & de généreuses résolutions. Si vous traitez ceci de feüille volante, sans nom d'Auteur, & dépouillée du caractere de Dénonciation , souvenez-vous que la Dénonciation du Peché Philosophique , toute anonyme qu'elle étoit , n'a pas laissé de porter la Cour de Rome à foudroyer ce pernicieux dogme ? Vous arrêterez-vous plus aux formalitez que l'Antechrist lorsqu'il s'agira d'une hérésie très-pernicieuse dans la Morale ? Plus ce papier est petit , plus se répandra-t-il par tout le monde, plus fera-t-il que l'on prendra garde à la conduite. que vous tiendrez. On ne demande pas que vous croyiez le fait que l'on vous dénonce , sur la foi ou l'autorité de cette Dénonciation ; on n'a pour but que de faire ensorte que vous en preniez des informations. Demandez à Mr. Jurieu s'il a prêché ces maximes , & obligez-le à publier les deux Sermons tout tels qu'il les a préchez : Vous verrez qu'on ne vous impose point par cette Dénonciation , & qu'on ne vous a point dit la moitié du mal. Vous y lirez l'éloge de ce mot de Timon le Misantrope : *Je haïs tous les hommes , les méchans à cause de leur mechanceté , & les bons à cause qu'ils ne haïssent pas les méchans.* Cette derniere exhortation vous regarde en particulier , Messieurs les Pasteurs & les Anciens des Eglises Walonnes : C'est vous qui êtes les Juges primitifs & naturels du dénoncé ; vous allez bientôt être assemblez Synodalement à Ter Gou. C'est à vous à prendre les mesures que votre zele & le devoir de vos charges & votre prudence vous suggereront. Si vous ne dites rien, il est à craindre que les ennemis de notre Sainte Religion n'empoisonnent votre silence de leurs malignes calomnies, en publiant que les Ministres Refugiez auront épargné un faux dogme de Morale, parce qu'il favorise le penchant qu'on a naturellement de haïr ceux dont on a été persécuté. La reconnoissance que vous devez avoir pour les Puissances Souveraines de ce pays, qui vous ont accueïllis avec tant de bonté & de liberalité, vous pourroit seule porter à flétrir cette mauvaise morale , qui ne tend qu'à jetter ce pays dans la confusion, & à y faire cesser le commerce. Car que seroit-ce si les Reformez ne vouloient ni saluer ceux qui sont d'une autre Religion, ni manger, ni négocier avec eux ? Que seroit-ce s'il leur étoit permis & loüable de haïr la personne de tous les Papistes, de tous les Arminiens, Mennonites, &c. & s'ils n'étoient obligez par l'Evangile qu'à leur souhaiter les biens spirituels, sans être obligez de leur procurer aucun bien temporel, de les tirer d'un fossé si on les y voyoit plongez, de leur donner l'aumône si on les voyoit dans l'indigence? Ce pays pourroit-il prospérer selon de telles maximes ? Ne sont-elles donc pas séditieuses & tendantes à bouleverser le Gouvernement, non moins qu'héréti-

ques ? Celui qui les prêche ignore-t-il que c'est censurer avec une hardiesse étonnante le Souverain & les loix du Gouvernement sous lequel nous vivons ? Dieu veuille, Messieurs, vous inspirer le courage nécessaire pour proceder dans cette rencontre selon ce que vous devez à sa gloire & à l'honneur des Eglises Reformées ; & faire que cette Dénonciation ne soit pas aussi inutile que tant d'autres qui vous ont été présentées contre les erreurs pernicieuses de Mr. Jurieu, qui comme il a abusé jusques ici de votre excessive tolérance, en abusera plus fierement desormais, si vous y donnez lieu.

Ce 2. de Mars 1694.

JANUA COELORUM RESERATA

CUNCTIS RELIGIONIBUS;

A Celebri admodum Viro

DOMINO PETRO JURIEU,

Rotterodami Verbi Divini Pastore, & Theologiæ Professore.

PORTA PATENS ESTO, NULLI CLAUDATUR HONESTO.

PRÆLOQUIUM.

PAUCIS Te volo in limine Operis, Amice Lector, licet in Opere ipso sæpius jam de nonnullis monuerim. Nolis, amabo, judicare de Tractatu isto, nisi totum à Capite ad calcem diligenter examinaveris. Si enim, quod nimium multi facere solent, ex quibusdam particulis hinc & illinc desectis, solutâ compage præcedentium & subsequentium propositionum, de Operis summa, scopo, ratione, deque Autoris sensibus sententiam ferre præsumas, temerarii iniquissimique judicis partes vix est ut effugias. Vel ergo, quod liberum est unicuique, Lectoris attenti & patientis, simulque judicis partes exuito, vel si judex sedere vis, laborem ut ut molestum & tædiosum quem accuratissima singulorum Articulorum exploratio postulat non detrectes. Facillimum est ubique deprehendere propositiones hæreticas, si quis veteratoriè cavillendo, consideret solùm verba quædam nativis sedibus avulsa: at longe facilius illud est quàm alibi, in opere quale est istud, in quo argumentis *ad hominem* res conficitur, tunc enim sæpè frontibus adversis pugnandum est cum iis qui veritatem malè sed tamen propugnant, & eatenus militandum in castris hæreticorum; hoc vero unum quàm latissimam virilitigandi & calumniandi januam aperit iis qui rixarum avidi quolibet obtentu in sinisteriorem partem omnia interpretantur, & suspectos invisosque plebi nunquam non reddere amant quos aliis de causis odio prosequuntur. Et illi quidem non difficile falluntviros quibusplus conscientiæ quàm scientiæ inest adductos ad credendum, haud eum esse veritatis amantem qui aliquas rationes ab Orthodoxis abhiberi solitas, impugnet, ostendatque quemadmodum heterodoxi illas solidè refutant. Malim ergo judicibus uti qui simul & rectissima sint conscientia, & maxima scientia, & sicut Lectores optarem obesæ naris, si laudes boni Auctoris quærerem: aut vituperium saltem fugere mali Autoris, ita qui Orthodoxi Autoris laudem unice ambiam ab iis potissimum legi istam lucubrationem percupio, qui emunctissimæ naris noverint quid *distent ara lupinis*, certus quo quis fuerit perspicacior eò æquiorem judicem futurum dummodo nolit *laureolam in mustaceo quærere*, hoc est harioli instar conjecturis indulgere circa id *quod latet arcanâ non enarrabile fibra*. Non rari sunt quibus haruspicium id genus valde arridet, quosque audias fatentes nihil esse in certis libris quod jure merito culpetur si vim verborum consideres, sed Autorem non apertè dicere omnia quæ sentit. *Hic nigræ succus lolliginis, hæc est ærugo mera*, ne quid gravius dicam, Stultè nudant isti animi conscientiam, & ut ait Tertullianus, si possunt hæc de aliis credere, possunt & facere. Verum missis istiusmodi Lectoribus quos contemptu aut odio digniores judicemus, dubium, aliis succurramus quos bona simplexque indoles, non tam fallit incautos, quàm artificii aliorum reddit obnoxios. Hos præsertim, tum cæteros etiam pro se quemque, prout

insidias præcavendi vel facultas, vel necessitas aderit, sequentibus observationibus animum adjungere obtestor & obsecro.

1. Nequaquam eodem in numero esse habendos articulos fidei & rationes quibus articuli illi variè à variis probatur, nam quotidiè évenit ut qui Orthodoxiæ audiunt præcipua columina, quasdam rationes rejiciant quibus vulgo utuntur Orthodoxi. Ut vero ostendant quam juremerito rejiciant ostendere non gravantur facilè refutari ejusmodi rationes ab Hæreticis, unde oritur certamen inter ipsos Orthodoxos in quo quidam eorum strenuè pugnant pro hæreticis, & pro sua virili corroborant quidquid Hæretici reponere solent enervandi causa aliquot argumenta quæ ipsis objici solent. Tunc nemo cui mens non læva sit minus judicat Orthodoxiæ addictos qui hæreticorum armis ejusmodi argumenta diruunt, quam illos qui quojure quave injuria eis argumentis mordicus adhærent. Hinc ruet quidquid male feriati homines Sophisticis elenchis innutriti colligere conabuntur ex quibusdam locis hujus libri in quibus ostenditur Systematis Autor infœlicissime disputare adversus Pontificios vel Socinianos. Nam præterquam quod futilitas ejus rationum oriri ostenditur, ex aliis quibusdam illius propositionibus, argumento sanè invicto non hic agi causam Religionis, sed causam unius Ministri, certum est salva Orthodoxia Reformata posse quemlibet credere aliquas esse sive responsiones, sive objectiones Scriptorum nostrorum parum validas, cumque nihil magis officiat bonæ causæ, quam studium præposterum eorum qui rationibus quibuscunque eam pugnant, fatendum est è contra illos bene mereri de veritate qui delectum habent accuratum argumentorum.

2. Valdè officere Reformationis Apologiam molientibus, si fatearis salutem obtineri potuisse in Communione Romana quocunque tandem modo obtineretur sive via secretionis, sive abstinentia à quibuscunque actibus publicis Religionis Pontificiæ. Certè validissima hæc est probatio justitiæ operis illius, si dicas omnes qui viverent in Communione Pontificia, tum sincerè adhærentes, tum metu duntaxat, fuisse in via damnationis æternæ; nam si justum bellum quibus est necessarium, & pia arma quibus nisi in armis nulla relinquitur spes, ut ait Livius, quo jure culpes bellum indictum Ecclesiæ Romanæ auspiciis Lutheri & Calvini, si necessitas ineluctabilis, hoc est unica hæc ratio evitandæ mortis æternæ, & Paradisi acquirendi hocce bellum imperavit? Quo verò statues pluribus durasse sæculis lethalem hanc pestem, eo bellum illud solidiori Apologia purgaveris, quia diuturnitate morbi innotuit Reformatoribus omne aliud remedium imposterum fore nullum, ut hucusque fuerat. Hinc ruet quidquid iidem malè feriati Sophistæ colligere conabuntur ex eo quod ultro objectiones Nicollianas arripuerim & firmaverim adversus suppositionem fidelium occultorum in sinu Ecclesiæ Romanæ. Sed quia locus iste ut

fi quis alius, opportunus eft cavillis hominum quos urit infanabile maledicendi cacoëthes, & calumniandi malefuada fames idcirco fupeditandum eft Lectori bonum antidotum per hanc tertiam obfervationem.

3. Syftematis Autorem, fi fibi conftet, non poffe mihi litem movere eo nomine quod non fatis concipiam qua tandem ratione vivere electi potuiffent in Communione Romana, non participes illius Idololatriæ; nam ille hoc non melius me concipit, ut qui expreffis verbis non femel dicat, fervatos fuiffe per miraculum, qui fervati funt. Operæ pretium eft huc adducere ejus verba ex Epiftola 17. Paftorali primi anni: *Scitote eos qui falvati funt in Communionibus corruptis ante Reformationem non effe fere quærendos inter adultos. . . Numerus adultorum de quorum falute ante Reformationem bene opinari licet ADEO EST EXIGUUS UT ANIMUS COGITARE HORREAT; tantam Hiftoria nobis exhibent corruptionem cultus & morum, ut ubi oculos ponas quæfiturus hominem falvandum non habeas. . . . Supponamus interim aliquos fuiffe falvatos, pugno id eveniffe abfolute per miraculum. Dico per miraculum litteraliter & fine figura . . . . Nec tenemur vobis explicare modum eorum miraculorum, & hoc ipfo quod miracula funt, nefcimus.* Equidem pagina fequenti vehementer increpat fuos Adverfarios ftatuentes quotquot vixerunt inEcclefia Romana fuiffe participes cunctarum ejus fuperftitionum, feque perfuafum afferit *INFINITOS homines in ea fuxiffe Chriftianifmum, immunes manentes ab Antichriftianifmo, aut pænituiffe ante mortem;* sed ea vix credibilis contradictio lectori probè oculato non impedit quin ipfe omnino mihi affentiatur circa difficultates propofitas ab ejus Adverfariis, quatenus ego eis quoque ufus fum adverfus ejus Syftema, quippe ex omnibus modis non participandi corruptioni, quos ceu impoffibiles, aut faltem difficillimos ipfi propofui, nullum agnofci poffibilem, nullumque alium poffibilem proponit, confugit ad miraculum, eoque nomine inexplicabilem credit omnem modum. Alicubi memini me dicere controverfiam de articulis fundamentalibus effe difputationum feraciffimam; paria dixi Autor Syftematis: nec fi ego ibidem loci dixi facilius determinari apud Pontificios eam Controverfiam, propterea cenfui eos non pluribus laborare difficultatibus, nam illud ipfum quo femel conceffo facilius ftatuunt de articulis fundamentalibus, abyffus eft difputationum inextricabilium.

4. Magnum difcrimen effe inter vim quam habent illæ difficultates adverfus ejus Syftema, & vim quam habent adverfus cæteros noftros Scriptores, ut oftenfum eft Sectione 20. Tractatus 1. Nam fi folum illud vincam, pauciffimos fuiffe falvator in Ecclefia Romana, falfiffimam *ad hominem* probo effe ejus hypothefim, juxta Criterium ab ipfo traditum doctrinæ falfæ, Deo inimicæ & ducentis ad Inferos. Quod fpectat noftros Scriptores qui vulgo fatentur Deum habuiffe femper quofdam Electos in Ecclefia Romana, declarare hîc juvat 1. nolle me cum ipfis ullo modo contentionis ferram reciprocare eo fuper argumento; 2. Si maximè ab eis diffentirem hac in parte, diffenfum fore quoad illum articulum fidei Reformatæ, verfaretur enim nofter diffenfus circa hanc quæftionem, *an poffibile fuerit vivere & mori in exteriori profeffione Ecclefia Romana, & femper fe confervare immunem à veneno ejus cultus Religiofi.* Paratum me profiteor ambabus ulnis amplecti tum omnes Hiftorias fide dignas, cum omnes rationes quæ rei illius exiftenciam probabunt.

Sed ut ne quid fuperfit fcrupuli, obfervo præterea nullum proprie effe diffenfum inter me fi negavero falutem obtentam fuiffe in Ecclefia Romana, & Scriptores noftros qui hoc affirmare videntur; illi enim fuiffe folùm quofdam intelligunt qui licet manerent in Urbibus in quibus una Ecclefia Romana cernebatur, toto corde fejuncti erant ab illius communione; non vero effe falvatos qui effent membra illius Ecclefiæ. Ergo fi dicant aliquando falvatos fuiffe quofdam in Ecclefia Romana, vel ita loquuntur ne difputetur de nomine, vel potius quod non credant magni intereffe in eis locis vitare fummam ἀκυρολογίαν. Non poteft Autor Syftematis fimili explicatione & proprietatis verborum negligentiæ confeffione purgare fuam caufam, quippe cujus Syftema ridiculum fit fi eos folùm falvet in Urbibus Pontificiorum, qui revera fejuncti fuerunt à Communione Ecclefiæ Romanæ. Hoc velim probè obfervari juxta atque illud quod fequitur.

5. Denique magnum effe difcrimen inter eos qui dicunt fimpliciter & abfolute aliquos errores effe leves, & eos qui dicunt videri debere leves Theologo qui certam quamdam doctrinam tradiderit. Hic ruet quidquid Sophiftæ calumniandi imperigine laborantes colligere voluerint ex iis quæ dixi circa hærefes quæ funt Socinianis propriæ. Non nego eas effe graviffimas, ac fundamentales; hoc unum dico non poffe videri tales Autori Syftematis femel faffo hærefim Arrianam non effe mortalem, & Sanctos Patres hæfiffe ad eofdem vel pares fcopulos quibus Sociniana navis allifa eft.

Cæterum ratione certandum effe duxi non conviciis, à quibus diligentiffimè abftinui. Faxit Deus ut quidqud eft iftius opellæ cedat in nominis ejus gloriam, & Ecclefiæ Reformatæ emolumentum. Quam facile fcribendo vincerent Pontificii fi non aliud oppugnare haberent quam Syftema Jurieanum. Hinc factum ut vafrè & dolofe encomiis ornaverint illud, quafi folam quæ nobis fuperfit caufam noftram tuendi methodum. Hinc difcas Danaum infidias. Cum probè fciant facillimè poffe convelli illud Syftema, jactant libentiffimè hanc effe Sacram Anchoram Proteftantium. Sed alios quærant quibus tendant laqueos, haud ulla putamus dona carere dolis Danaum, eft notus Ulyffes.

JANUA COELORUM RESERATA

SEU

ANIMADVERSIONES

IN

ECCLESIÆ SYSTEMA,

Dordraci vulgatum, anno 1686.

Quibus accufatur & probatur D. Petrus Jurieu falutis viam aperire univerfis Religionibus.

Occafio, fcopus, & divifio Operis.

ARUS LAREBONIUS Liberalium Artium Magifter, fententiam rogatus à quibufdam viris probis & doctis de libro qui Dordraci ante quinquennium prodiit fub hoc titulo; *Verum Ecclefiæ Syftema, veraque fidei Analyfis*, liberè refpondit graviffimum vulnus fuiffe inflictum per hocce Syftema Ecclefiæ Reformatæ, nec non univerfæ Ecclefiæ Chriftianæ; quippe in quo talibus argumentis Pontificii imperantur, & actio fchifmatis nobis intenta repellatur, unde manifeftè fequatur, 1. Reformationem fuperiori fæculo fufceptam qua Ecclefia Chriftiana fœdiffimis ac lethalibus morbis laborans, priftinam fanitatem recepit, opus fuiffe fuperfluum, ideoque nefarium: 2. Salutem æternam in cunctis Religionibus obtineri poffe. Vix rifum continere potuerunt quibus id refponfi datum, ficque exiftimarunt ejufmodi paradoxum fibi fuiffe propofitum quod nulla ingenii dexteritate vel tenuiffima veri fpecie incruftari poffet, ipfumque adeò *Larebonium* multis provocationibus exultabundi pupugerunt, quafi inanis jactantiæ manifeftum futurum, vel dolo malo ita loquutum fuiffe exiftimandum, ni propediem demonftratum daret fuum illud paradoxum. Aggreffus ergo eft quumprimum iftud operis fcribere, non tam ftilo in Rhetorum fcholis quam in Peripateticorum Lycæo obtinere, compofitumque legendum dedit viris illis, qui non mediocriter obftupuerunt fibi fuiffe hucufque probatum Ecclefiæ Syftema quod acriùs & diligentiùs perpendenti damnofum adeò peftiferumque videri debeat.

Nec tamen iftas animadverfiones publici juris facere in animum induxit *Carus Larebonius*, nifi pofteaquam animadvertit fraudi effe Reformatorum cœtui filentium de erroribus *Domini Jurieu*, quod Pontificii paffim in Gallia vafrè omnino approbationem interpretantur, ut hoc pacto per unius Paftoris latus totam noftram Ecclefiam perfodere valeant. Acceffit hæc alia ratio non parum valida, quod non pauci Paftores vigilantia, pietate, eruditione in primis confpicui, tandem litem intenderint apud Synodum (*) Autori Syftematis. Tempeftivum ergo, ut quod maximè, fuerit hunc tractatum typis mandari, cum judicium, feu litis conteftatio imminet. Nolim anxius hifce caufis vulgandi iftius libri corroborandis immorari, quum non tam ratio danda effe videatur quare nunc prodeat in lucem, quam quare non citius prodierit, admonendi enim fuerant ociffimè Lectores de veneno per univerfum illud Ecclefiæ Syftema diffeminato, præmuniendique ifta falutari cohortatione,

Qui legitis flores & humi nafcentia fraga

Frigidus, ô pueri! fugite hinc, latet anguis in herba.

Poterat *Larebonius* eo nomine graviffimam impingere dicam Autori Syftematis, quod vim & miraculorum Jefu Chrifti & Apoftolorum tam operosè atterere fit conatus, ut multò minùs erudire fuos quam armare nequitiam & contumaciam Judæorum & Paganorum voluiffe videri poffit, fed eam materiam ab alio breviter quidem, at nervofiffimè & elegantiffimè occupatam, & fortaffe fufius in ipfa Synodo eventilandam, de induftria prætermifit, contentus hac una fparta, fi pote, exornanda, quam fuperius delineavit.

Hoc unum etiam atque etiam, enixiffimè, vehe-

(*) Quæ Nardæ celebrata fuit exeunte Augufti menfe 1691.

vehementissimè rogatos vult Lectores, ne credant, ipsi esse propositum ullatenus elevare fœditatem ac pravitatem falsarum Religionum; sed sedulo recordentur quidquid ab ipso dicetur quod eò pertinere videbitur, esse mera argumenta *ad hominem*, quibus ostendere cupit, non quid ipse sentiat, sed quid legitimè sequatur ex principiis Adversarii. Sciant ergo & alta mente reponant quicunque hunc librum legerint *CARUM LAREBONIUM* illæsa, sarta tectaque remanere cupientem dogmata nostrorum Reformatorum, ostendere hic velle quanto cum periculo recedatur ab eorum placitis, & quanta cura coërceri oporteat novandi pruriginem, unde jam emerserit tale Ecclesiæ Systema quod non aliter stare possit quàm si viam cœli omnibus Religionibus aperias. Nihil eâ consequentiâ aptius ad aliquod principium fugandum & penitus abolendum inter veros Reformatos.

Tres erunt partes istius operis. Ostendemus enim Systema Ecclesiæ Dordraci vulgatum viam salutis aperire, I. Ecclesiæ Romanæ; II. Cunctis aliis Sectis Christianismi; III. Cæteris aliis Religionibus.

✺✺✺✺✺✺✺✺✺✺✺✺✺✺✺

TRACTATUS PRIMUS,

In quo ostenditur juxta Systema de quo hic est quæstio, salutem obtineri posse in Ecclesia Romana.

SECTIO I.

Refertur Sententia celeberrimi Viri Petri JURIEU, *de natura vera Ecclesia.*

VOlumus, inquit ille pag. 79. *Ecclesiam Catholicam & Universalem dictam in omnes Sectas diffundi, veraque habere membra in omnibus iis societatibus quæ Religionis fundamenta non subverterunt, sint illa licet a se invicem adeò segregata, ut excommunicationis fulmine se vicissim feriant.*

Hinc & ex aliis quibusdam propositionibus passim eo in libro occurrentibus sequuntur hi quatuor Aphorismi.

I. Sunt equidem Societates Christianæ aliæ aliis puriores & majori jure veræ Ecclesiæ partes: omnes tamen propriè ac univocè ad veram Ecclesiam ut membra seu partes pertinent in quibus aliqui salvantur.

II. Vice versa in omnibus Communionibus quæ sunt veræ Ecclesiæ membra, salus obtineri potest.

III. In omnibus Sectis Christianis aliqui salvari possunt, dummodo illæ fundamentum Religionis Christianæ non subvertant.

IV. Hæc est nota eversi ab aliqua Societate fundamenti Religionis Christianæ si salus in ea non possit obtineri; non eversi verò si salus in ea possit obtineri.

SECTIO II.

Referuntur Argumenta quibus Autor suprà laudatus suam fulcit Sententiam.

COpiosè sanè egit Autor in probatione suæ opinionis, quippe undecim argumentis eam stabilivit, quibus generale hoc fundamentum substruxit, pag. 79.

Nihil unquam crudelius absurdiusque dictum fuisse, quam sit sententia Pontificiorum statuentium veram Ecclesiam unam esse Societatem exclusis quibuscunque aliis. Hoc adeò esse absurdum, ut nunquam crediturus sit propugnatores illius pro vera illam habere : ex arcano itaque politico, necnon asturia diabolica immane adeò paradoxum defendi, quod nequaquam credatur.

Tam sæpe vel in hoc libro vel in aliis quos subinde typis mandavit, nomine crudelitatis exagitat hocce dogma, imò nomine crudelitatis, quæ sola probare valeat Ecclesiam Romanam esse *Deo inimicam*, *Christo oppositam*, *& damnationis viam*, ut hæc videatur esse ejus ratio palmaria, & fundamentum generale totius systematis. Nunc qualia sint ejus argumenta particularia videndum.

I. Desumitur ex promissis quæ in veteri Testamento factæ sunt Ecclesiæ Christianæ, fore ut illo summopere extenderetur, & visibilis permaneret cunctis populis. Illæ promissiones, inquit Autor, tunc demum veræ intelligi possunt, si vera Ecclesia Christiana omnes Sectas comprehendat, quæ fundamentum retinent, nullatenus verò si intra unius Communionis quæcunque tandem illa sit, pomœria cohibeatur.

II. Desumitur ex eo quod Sacra Scriptura Ecclesiam repræsentet, ut societatem bonis & malis hominibus inter se commixtis constantem, per illos autem malos haud potius esse intelligendos eos qui Præcepta Decalogi violant, quàm qui articulos fidei rejiciunt, peccata enim in fidem non magis quàm peccata in charitatem exturbare esse apta homines ab Ecclesia.

III. Petitur ex eo quod cognitio Dei & annunciatio ejus verbi conservatur in variis Christianæ Religionis Sectis, quod sanè frustra fieret, ideoque à divina Sapientia prorsus esset alienum, nisi omnes illæ Sectæ ad veram Ecclesiam, in qua salus obtineri potest, pertinerent. Excipi debent, inquit Autor, ex ea regula Sociniani, quia sunt numero paucissimi; nam si eorum Secta esset ingens, tunc pro ipsis quoque militaret hæc tertia probatio.

IV. Est argumentum à pari : Vera Ecclesia Judaïca complectebatur post Schisma Jeroboamicum decem Tribus, quæ nullum divinæ legi obsequium præstabant quoad sacrificia in Templo Hierosolymitano offerenda sub auspiciis Summi Pontificis legitimi Aaronis Successoris. Ergo vera Ecclesia Christiana complecti debet Sectas quamplurimas quantumcunque segregatas à communione mutua; imò licet ab ea Sede, si qua talis esset, divulsæ manerent, quam Pontificii Romæ fuisse constituram, ajunt.

Observa Autorem in vindiciis systematis sui (quas opposuit responso D. Nicolle; sub titulo *Tractatus de Unitate Ecclesia*) part. 3. cap. 4. enumerare quamplurimos Religionis Judaicæ articulos summi momenti, quos decem Tribus non observabant, quosque si voluissent, observare potuissent; quam tamen rebellionem voluntariam erga Dei jussa, ille affirmat, non fuisse obstaculo saluti Israëlitarum, dummodo non adhærerent cultui Vitulorum.

V. Desumitur alio ab exemplo, nimirum ex eo quod Ecclesia Christiana inter initia complectebatur suo sinu Gentiles ac Judæos indiscriminatim qui fidei Evangelicæ nomen dederant, tametsi inter eos grassaretur immanis dissensio, & alii aliorum Sacris participare nefas ducerent. Imò licet aliqui ex illis tales errores foverent, per quos

Apostolus Paulus diſertè pronuntiavit, Chriſtum reddi inutilem ac nullum, & gratiam Evangelicam de medio tolli, & quorum hodie fautores, ne nomine quidem Chriſtianorum cenſeri pateremur. Aderat inſuper tanta pertinacia eorum errorum patronis, ut neque poſtquam Concilium Hieroſolymitanum eos damnaſſet, ab illis recedere vel latum unguem voluerint.

Reliqua ſunt argumenta *ad hominem*, deſumpta VI. ex eo quod Pontificii fatentur Societates Chriſtianorum Orientales non eſſe extra Ecclesiam. VII. Multos fuiſſe ſalutem adeptos in Communione Arrianorum. VIII. Veram exiſtere miſſionem, Sacramenta vera, nec non gratiam ſalutarem in aliis Communionibus. IX. Conſenſum Græcorum circa Tranſubſtantiationis dogma ſibi eſſe honorificium & fructuoſiſſimum. X. Cæteras Sectas eſſe Chriſtianas. XI. Denique ſub Antipapis varias Obedientias excommunicationis vinculo invicem ſeſe irretientes, fuiſſe hactenus Catholicas, ut in ſingulis ſalus obtineri potuerit.

SECTIO III.

Duplex obſervatio g̃eneralis in præcedentem articulum.

PRiuſquam ulterius progrediar velim hæc duo obſervari.

I. Autorem diligenter laboraſſe in eliminanda à ſe invidiæ tempeſtate quam metuebat, ni rotundè & apertè declaraſſet veræ Ecclesiæ partibus ſe non annumerare indiſcriminatim omnes Sectas Chriſtianiſmi. Hinc fit ut ſæpe recurrat ad diſtinctionem veritatum fundamentalium & non fundamentalium. Iſtud ideò nolui prætermiſſum, quod mihi uſui ſit futurum quandoque, de cætero, ut mihi quidem videtur, neutiquam conſonum principiis & argumentis Autoris.

II. Argumenta *ad Hominem* non arguere eum qui illis utitur admittere abſolutè principia ſeu dogmata quibus argumenta ejuſmodi nituntur: ſed tamen certum eſt non poſſe illum negare, quin ſi talia argumenta poſſint quoque *ad Hominem* in ipſum torqueri, illis debeat acquieſcere. Nam quid eſſet non modo iniquius, ſed etiam futilius quam iiſdem conſequentiis velle alios premere, quibus non crederes te poſſe premi in ſimili quamvis circumſtantia poſitum? Autór ergo ſupra laudatus eadem conſectaria ſibi objici poſſe credere debet, quæ ipſemet objecit Pontificiis, ſi quinque principia ſequentia admittat. Non poteſt autem non admittere.

1. Qui fatetur aliquas Societates Chriſtianorum non eſſe extra Eccleſiam, fateri debet eas eſſe veræ Ecclesiæ partes.

2. Qui fatetur multos fuiſſe ſalutem adeptos in Communione Arrianorum, debet fateri eam Communionem eſſe partem veræ Ecclesiæ.

3. Qui fatetur vera exiſtere Sacramenta in aliqua Communione, fateri debet eam eſſe partem veræ Ecclesiæ.

4. Qui utitur conſenſu alicujus Communionis tanquam argumento probante ſuam ſententiam in gravi aliqua controverſia (circa objectum lumine naturali non cognitum) fateri debet eam Communionem eſſe partem veræ Ecclesiæ. Ideò addo hanc parentheſim, quia Autor è ſua regula excepit pag. 125. conſenſum omnium nationum circa Dei providentiam, animæque immortalitatem ſimilium veritatum lumine naturali co-

gnitarum, quo ſæpe utimur argumento adverſus Atheos.

5. Qui fatetur aliquam Sectam eſſe Chriſtianam, fateri debet eam eſſe partem veræ Ecclesiæ.

SECTIO IV.

Probatur multis rationibus ſequi ex doctrina Autoris ſuprà laudati, ſalutem obtineri poſſe in Ecclesia Romana.

JUxta 1. ejus argumentum vera Ecclesia non **I.** haberet extenſionem quæ ipſi eſt neceſſaria, ſi includeretur intra unius Communionis cancellos, quæcunque tandem illa ſit. Ergo ſi includeretur vel in ſola Ecclesia Græca, vel in ſola Ecclesia Romana, vel in Lutheranorum & Calviniſtarum Communionibus, quæ ſimul ſumptæ vix adæquant Romanam, non haberet ejuſmodi extenſionem.

Idcirco neceſſe eſt ut Proteſtantium cœtui adjungat Autor aliquam Communionem longè latèque diffuſam, ut conſtare valeat extenſionem veræ Ecclesiæ propriam. Si adjungat Græcam, inde ego inferam Romanam quoque eſſe adjungendam, quandoquidem negari nequit cultum Religioſum creaturarum propter quem Ecclesia Romana tanquam idololatriæ rea repudiatur à Proteſtantibus, æquè obtinere apud Græcos ac apud Romanos. Hinc quoque ſequitur ſi Romanam accedere jubeas veræ Ecclesiæ, nihil ſupereſſe cauſæ quin Græcam quoque adjungas.

Iſtud clariùs patebit ſi conſideraverimus veræ Ecclesiæ convenire vi ſupradicti primi argumenti extenſionem & viſibilitatem continuam. Inde enim manifeſtè ſequitur 1. Ecclesiam quæ 8. ſæculo primatum Papæ agnoſcebat fuiſſe veram Ecclesiam, quippe extra illum cœtum nullibi reperiri potuiſſet Ecclesia Chriſtiana diffuſa per totum orbem. 2. Poſt ſchiſma Photianum Ecclesiam Orientalem & Occidentalem fuiſſe ſingulas veræ Ecclesiæ partes, neutra enim habebat penes ſe extenſionem quam Oracula Prophetarum Ecclesiæ promiſerant. 3. Initio ſæculi 16. Ecclesiam Romanam fuiſſe veram Ecclesiam; etenim Communiones ab ea diſtinctæ in unum coaleſcentes nequaquam habere potuiſſent extenſionem quam veræ Ecclesiæ convenire contendit Autor, & nulla erat vel mediocriter conſpicua quam idololatriæ expertem affirmare juremerito poſſis, ſi ſemel ea labe Ecclesiam Romanam conſpurcatam dixeris. Ergo vel nullæ propemodum fuerint tunc veræ Ecclesiæ partes, quod Autoris Hypotheſim prorſus diruit, vel Ecclesia Romana fuerit una ex illis partibus.

Cum aliunde certiſſimum ſit Ecclesiam Romanam hodie non eſſe turpiorem, imo eſſe minus turpem quam eſſet initio ſæculi 16. ſequitur eam nunc potiori jure veræ Ecclesiæ cooptandam, quam eſſet ante Reformationem.

Juxta 2. Argumentum Autoris peccata in cha- **II.** ritatem non excludunt homines ex ambitu veræ Ecclesiæ, & peccata in fidem non ſunt pejora peccatis in charitatem: Si ergo adulteri & latrones ea facientes quæ clarè ſciunt à Deo eſſe prohibita manent in Ecclesia, Romanus cœtus colens creaturas, & adorans J. C. in Euchariſtiæ Sacramento, non alia de cauſa quam quia credit hoc eſſe Deo gratiſſimum, perſeverabit eſſe pars Ecclesiæ. Nunquam vincet ratio ut cauſa ejus non ſit favorabilior qui illud facit quod falſo credit eſſe mandatum Dei, ſi ſecus ſentiret, non facturus, quam ejus qui volens ac sciens id facit quod Deus prohibuit.

III.   Invictè probat 3. Argumentum Ecclesiam Romanam partem esse veræ Ecclesiæ in qua salus obtineri potuit & potest, quandoquidem cognitio præcipuorum fidei mysteriorum, & annunciatio utriusque Testamenti conservata fuit, hodieque viget in ea, nec illi ut Socinianæ sectæ fraudi esse potest sua exiguitas.

IV.   Ex 4. Argumento sequitur, si decem Tribus fuerunt pars veræ Ecclesiæ Judaïcæ quamquam in eo statu in quo evidenter cognoscebat sese subductas legitimæ autoritati Pontificis Maximi à Deo solemniter instituti, & contemptrices legum divinarum quoad prærogativas templi Hierosolymitani ; Ecclesiam Romanam esse partem veræ Ecclesiæ Christianæ, ut quæ persuasissimum habeat se veram fidem profiteri. Redeat observatio paulo ante allata sub finem num. 2.

His adde quod cum Autor fassus fuerit violationem voluntariam multarum legum à Deo latarum circa cultum Religiosum non fuisse obstaculo saluti in decem Tribubus, frustra deinde excipere videbitur ex ea impunitate vitulorum cultores. Si vero isti pati cum cæteris jure sint, qui probabitur adorationem Jesu-Christi sub symbolis panis & vini esse inferorum viam ?

V.   Ex 5. Argumento sequitur, si Judæi Neophytæ qui tam pertinaciter perseverabant in Schismate, ut ne quidem autoritatem Apostolorum & Concilii Hierosolymitani in ullo numero haberent, taliaque fundamenta sui schismatis habebant quæ teste D. Paulo Christum ejusque gratiam subverterent, & hoc tempore indignam nomine Christiano Societatem quamlibet efficerent, fuerunt pars veræ Ecclesiæ Christianæ, adeoque in via salutis, Ecclesiam Romanam potiori jure partem esse veræ Ecclesiæ Christi, quandoquidem nullius Apostoli, nedum Concilii sub Apostolorum præsidio celebrati Canones profitetur se flocci facere. Adde quod, ut dicetur inferiùs, Autor supra laudatus nomine Christianæ eam esse donandam censeat propriè ac univocè sumpto.

VI.   Præterea ruunt in ipsum velut agmine facto ejus argumenta *ad Hominem*.

1. Nonne enim fatetur Ecclesiam Romanam non esse extra Ecclesiam ? Ergo per primum principium in 3. Sect. propositum fateri debet eam esse veræ Ecclesiæ partem.

2. Nonne fatetur multos salvatos fuisse in ea ? Hoc clamant singulæ propemodum ejus ratiocinationes ; nec desunt in ejus libro capita, ubi hoc disertè asseritur. Ergo per principium secundum fateri debet eam esse veræ Ecclesiæ partem.

3. Nonne fatetur verè illos baptizari, qui baptizantur in Ecclesia Romana ? Neque enim vel adultos vel infantes in Ecclesia Romana baptizatos credit esse denuò baptizandos. Ergo per tertium principium fateri debet eam esse partem veræ Ecclesiæ.

4. Nonne ille fructum & gloriam capit ex consensu Ecclesiæ Romanæ quoad Trinitatem, Incarnationem, & veritates id genus lumine naturali non cognitas, quandoquidem eo consensu opprimere nititur Socinianos, & distinguere articulos fundamentales à non fundamentalibus, (pag. 124. 237.) statuendo nimirum eos esse fundamentales, in quos universæ Societates Christianæ semper consenserunt ? Ergo per quartum principium fateri debet Ecclesiam Romanam esse veræ Ecclesiæ membrum.

5. Nonne fatetur illi convenire nomen Chri-

stianæ propriè sumptum, vir cæteroquin ejus appellationis minimè prodigus ; ut qui non modo eam deneget Gnosticis, Manichæis, Muhammedanis, Sectis, ut ipse quidem autumat, Christianismi, sed etiam Socinianis, ideoque si consequenter philosophetur Arrianis ? Ergo per quintum principium fateri debet Romanam Ecclesiam esse partem veræ Ecclesiæ.

Atqui juxta secundum Aphorismum in prima Sectione memoratum salus obtineri potest in omni Communione quæ veræ Ecclesiæ membrum est. Ergo concedere debet in Ecclesia Romana salutem obtineri posse.

Hæc eadem consequentia validè probatur per fundamentum generale totius systematis de quo in Sectione tertia. Si enim Autor non fateatur salutem obtineri posse in Ecclesia Romana, in eandem necessario incurrit crudelitatis notam, quam adeò invidiosè Pontificiis exprobrat ; ergo ipse suo se jugulat gladio, dumque altera manu fundamenta jacit systematis sui, alterâ evertit. Sic rem facile demonstro.

Crudelitas propter quam vitandam vult ille veram Ecclesiam diffundi per multas Societates in eo consistit, quod Ecclesia Romana omnes Christianos adultos morientes extra suam Communionem inferis adjudicet. Atqui non vitatur ejusmodi crudelitas, si quis credat omnes adultos, qui moriuntur & mortui sunt, in Communione Romana damnari ; nam ut examinanti patebit extensionem & durationem illius, tum etiam dogmata ejus maximè lethifera quæ dudum habent locum in Ecclesia Græca, longè plures hoc pacto damnatur Christiani quàm secundùm Ecclesiæ Romanæ opinionem. Ergo vel incassum laboravit Autor, vel fateri debet multos adultos salvatos esse, & salvari in Communione Romana.

Dico multos ; nam si per aliquos intelligas, unum aut alterum aut quid simile in singulis Urbibus quolibet sæculo, jam minimè vitas crudelitatem Ecclesiæ Romanæ tam vehementer exprobratam. Sed hoc alibi fusiùs enucleabitur.

De adultis autem ideò nominatim memini, quia circa infantes non mihi videtur Autor suprà laudatus commendare posse suam doctrinam præ Pontificia nomine clementiæ. Si enim ille salvat omnes infantes qui moriuntur in Ecclesia Romana, hæc quoque salvat omnes infantes Hæreticorum & Schismaticorum baptizatos. Quod si non idem statuat de non baptizatis, non id oritur ex quadam in Societates à se divulsas inclementia ; nam eos quoque infantes qui in suo gremio obeunt ante baptismum, salutis expertes facit. Quidquid ergo mali in eo est, pendet à dogmate de efficacia Babptismi ; ergo perperam hac in parte ipsam traduxeris quasi infenso ac sœvo animo actam in Societates Schismaticas.

Quid quod Autor p. 102. 153. Systematis affirmat, si Deus fuisset passus, ut Socinianismus acquireret extensionem qualem obtinuit Romana vel Græca Ecclesia, tum inter Socinianos futuros fuisse electos : in Vindiciis verò pro suo Systemate p. 565. docet Deum non fuisse passum ut Ecclesia Arriana duraverit ; sed fecisse ut cito evanescerent, quia non conservabat veritates fundamentales. Quæ verba mirum in modum congruunt iis quæ jam protulerat pag. 236. System. *Deum non posse permittere ut magna Societates Christianæ erroribus mortalibus immergantur, & in iis diu perseverent. Hoc saltem si consulamus experientiam, impossibile esse credendum, quippe quod non*

acci-

acciderit. A quibus minimè abludunt quæ extant p. 229. *Semper, fore Doctores quorum ore Jesus-Christus docebit veritates fundamentales, & absolutè necessarias saluti . . . Veram prædicationem nunquam desituram in Ecclesia, si per veram prædicationem intelligas eam quæ annuntiat veritates essentiales & fundamentales, sed non si intelligas doctrinam nullos errores includentem.*

Inde colligas velim 1. Romanam Ecclesiam quam Deus passus est tantopere extendi, continuisse aliquos Electos. 2. Eamdem cùm tam diu duraverit, conservare veritates fundamentales. 3. Nullos errores in quibus diu versata sit esse mortales: Vetustissimi autem sunt præcipui quique ejus errores. 4. Eos Doctores, eamque prædicationem semper in ea extitisse, unde veritates ad salutem obtinendam absolutè necessariæ hauriri possent; ex quo sequitur errores mixtos illis veritatibus non fuisse mortales, nam si tales fuissent, desiisset,(contra quam Autor vi promissionis Jesu-Christi cogitur fateri) prædicatio salutaris in Ecclesia.

Certum ergo est veritates fundamentales nunquam exulasse ab Ecclesia Romana. Atqui juxta tertium Aphorismum Sect. 1. in omni Societate conservante eas veritates salus obtineri potest. Ergo fateri debet Autor in Romana salutem obtineri posse; *Quod erat probandum.*

Non dubito, quin superfluum multi sint judicaturi, isthæc tam fusè anxièque probari; sed justæ mihi fuerunt causæ cur id facerem.

SECTIO V.

Probatur ex ista propositione, Salus obtineri potest in Ecclesia Romana, sequi neminem damnari præcisè quâ membrum illius.

NOn dubito quin hæc consequentia novitatis offensione & momento rei abjicienda videatur: quocirca eò diligentiùs probanda venit, & vindicanda à quibuscunque exceptionibus.

Quantum judicare valeo non plures inducere potest sensus hæc propositio; *Salus in Ecclesia Romana obtineri potest*, quàm quatuor sequentes.

1. Significare potest, homo manens in urbe, ubi sola Ecclesia Romana est cognita, sed qui nec credit ejus dogmata, nec credere præ se fert, ullive cultui ejus animo vel corpore adhæret, moriens in ea urbe potest salvari.

2. Significare potest, homo manens in urbe illiusmodi, quique voce fatetur se esse ex Ecclesia Romana, verùm dexteritate sua sedulò evitat, ne Sacrificio Missæ assistat, simulacra & Sacramentum Eucharistiæ genuum flexione colat, contentus Templa ingredi, quando habetur Concio, moriens in eo statu potest salvari.

3. Significare potest, homo manens in urbe illiusmodi, & cognoscens abominationes Religionis Romanæ, corque suum retrahens sedulò ab illis, sed tamen aliquando aut etiam statis temporibus metu multarum assistans Missæ, aliisque muniis boni, quod ajunt, Catholici fungens, quorum scelerum posteà Deo humillimè veniam petit, & præsertim in hora mortis summa pœnitentia tangitur, paratus si diutius viveret, cœtui puriori se adjungere, si uspiam extaret, salvari potest.

Quod de homine manente in urbe in qua nullius alterius præterquam Romanæ professio Re-

ligionis obtinet, sunt dicta, accommodari poterunt proportione servata ad hominem manentem in locis, unde professio alterius Religionis non exulat.

4. Denique significare potest, homo cùm professione tum interna fide Romanæ Ecclesiæ membrum usque ad ultimum spiritum, salutem obtinere valet.

Ex his quatuor significationibus nulla præter ultimam est rationi consentanea.

Prima enim esset apertè ridicula, non solum quod evidens sit hominem, de quo hic agitur, neutiquam esse Ecclesiæ Romanæ membrum, aut in ea vivere & mori, sed etiam quia propositio hoc sensu intellecta nihil quicquam continet, quod ad præponendam Ecclesiam Romanam Judaïcæ, Muhammedicæ, aut Gentili faciat, & & tamen qui sic loquuntur, *quidam possint salvari in Ecclesia Romana*, affirmant de illa quod de Judaïca, Muhammedica Gentili affirmare impium ducerent, nemo autem est qui non affirmare debeat quosdam posse salvari in Religione Judaïca, imo in Societate Atheorum (prout Loth salutem obtinuisset, si mortuus esset Sodomæ) si propositio primum ex quatuor sensibus supra memoratis indurat.

Secunda significatio parum abest, quin iisdem nominibus tanquam ridicula explodi mereatur; nam cùm quæritur, an salus in Ecclesia Romana obtineri possit, istud quæritur, an aliquis Assecla Ecclesiæ Romanæ salvari valeat; secunda verò significatio hominem nobis obtrudit, qui non est membrum Ecclesiæ Romanæ, qui eam horret, qui ab ejusmodi cultu sedulo abstinet, in quo tessera seu nota *charecteristica* (ut sic loquar) Religionis Romanæ consistit.

Nemo negaverit singulas Religiones & Societates habere multa communia cum aliis, & quædam ita propria, ut in iis discrimen, quod Logici vocant *specificum*, resideat. Jam certum est, quod quis potius sit censendus esse unius Societatis membrum quàm alterius pendere ex professione rerum quæ eam Societatem à cæteris secernunt. Atqui germana & maximè propria differentia Ecclesiæ Romanæ à cæteris Societatibus Christianis est quod injungat suis membris credere ea quæ autoritate vel Pontificis Romani, vel Conciliorum Generalium à Pontifice approbatorum fuerunt definita; ex quo fluit necessariò fides realis præsentiæ Corporis Christi in Eucharistia, & Missæ Sacrificii. Qui ergo negare præsumit mentaliter eam præsentiam, illudque Sacrificium, & Religioni ducit illi adesse, ille autoritatem Conciliorum & Papæ, susque dequè habet, ideoque impropriè & per summum abusum vocatur membrum Ecclesiæ Romanæ.

Legantur, quæso, ea quæ Autor Systematis scripsit in suo *Alexiterio* art. 12. pag. m. 273. nempe Sacrificia fecisse semper essentiam Religionum quoad exteriora, ideoque constituere differentiam essentialem inter Religiones: inde sequi discrimen intercedere essentiale inter Christianos qui Sacrificia offerunt, & eos qui non offerunt. Addis Judæos qui olim usum Sacrificiorum damnassent, hoc ipso in alterius Religionis castra fuisse transituros, quamvis in cæteris Religionis Mosaïcæ articulis nihil immutassent. Non potest ergo negare Vir ille, hoc ipso aliquem alterius esse Religionis quàm Romanæ, realiter & intrinsecè, quod Sacrificium Missæ non probat, sit licet quoad cætera bonus Pontificius. Ex eo itaque quod talis homo salutem obtineat, non sequitur aliquem Ecclesiæ Romanæ Asseclam salvati , & tamen hoc propriè quæritur , an aliquis ejus Ecclefiæ Affecla falvetur.

His adde quod juxta fecundam fignificationem hæc propofitio ; *falus obtineri poteft in Societate Sociniana & quavis alia everteute fundamenta* , vera effet , quam tamen doctrinam abominatur , Autor Syftematis Ecclefiæ , ut fupra obfervavimus initio Sect. 3. Confequentia verò evidens eft ; nam fi cui non noceat externa profeffio Ecclefiæ Romanæ , quominus falutis æternæ fiat compos , quando circa Miffæ Sacrificium intrinfecùs orthodoxus ab omni praxi fuperftitiofa , idololatricave eft immunis ; non etiam nocebit externa profeffio Socinianifmi , quando de Divinitate Jefu-Chrifti ,& Redemptione generis humani rectè fentiet. Aliunde fi in priori cafu dicendus fit falutem obtinuiffe in Ecclefia Romana , dicendus eft pari jure in pofteriori obtinuiffe in Sociniana , cum nulla excogitari valeat bona ratio pro uno quæ non militet pro altero.

Tertia fignificatio eft quoque abfurda ; nam fi fic propofitionem intelligas , nihil affirmas de Ecclefia Romana , quod non fit veriffimum de Judaïca & Turcica , imo de Societate in qua homicidium , perjurium , adulterium , vel etiam Atheifmus dogmaticè propugnarentur , & in praxim redigerentur , & tamen vel totum Syftema Autoris , argumentaque quibus illud ftaturminavit , peffum eunt , vel Romana Ecclefia longè præftantior eft non modo Judaïca , fed etiam Sociniana.

Quod fi quartæ fignificationi inhæreamus , ut neceffariò inhærendum eft , tum fequitur hanc propofitionem effe veram: *Homo imbutus fide quam Ecclefia Romana docet , & obfequens præceptis ejus circa cultum religiofum falvari poteft , licet ante obitum non meliori cognitione illuftretur , nec veniam oret fuorum errorum.*

Hinc verò fequitur nullum Ecclefiæ Romanæ membrum damnatum effe unquam quâ tale; nam fi unus homo falvari poffit moriens in fide Romana , fequitur in ea fide nullum effe dogma fua natura mortale; quæ enim fua natura funt mortalia erga certa fubjecta ut adulterium & homicidium , femper & ubique talia funt erga illa fubjecta ; nam nullus eft homo cujus refpectu adulterium & homicidium poffint effe peccatum veniale , fi illa commiferit in iifdem omnino circumftantiis , in quibus alius homo ea committens , peccavit mortaliter ; fed ifthæc melius patebunt ex infra dicendis.

SECTIO VI.

Referuntur exceptiones quibus utitur Autor fupra laudatus adverfus iftius Thefis , aliqui falvati funt in Ecclefia Romana , confequentiam paulò antè memoratam.

Videamus exceptiones adverfus confequentiam fupra memoratam , quas ex Autore *Veri Ecclefia Syftematis* cap. 20. & 21. lib. 1. felectas , & in compendium redactas fecuri ordinis propofitum imus.

I. Statum obfervat in Sectis quæ fundamentum tollunt , hanc unam fupereffe viam falutis , fi earum dogmatibus aut idololatriis non adhæreas.

II. Dicit deinde , Sectas quæ retinent fundamentum , ac evertunt tamen , id facere duobus modis , vel per confequentiam , ut Neftorianam , & Eutychianam , vel formaliter ac fine ope confequentiarum , cujus rei videtur afferre velle exem-

plum , Ecclefiam Romanam docentem ex una parte unicum effe Deum , illi foli propter fe latriæ cultum deberi , & humanitati Jefu-Chrifti propterea quod uniatur Divinitati , ex altera verò Sanctis deberi cultum Duliæ & Hyperduliæ , & Corpus Chrifti effe adorandum in Euchariftiæ Sacramento. Si velis aliâ ideâ explicatam rationem , quâ Ecclefia Romana evertit fundamentum , dicet tibi eam everfionem confiftere non in eo quod fundamentum fubducatur,ut in Secta Sociniana , fed in eo quod multa illi fuperftruantur ruinam afferentia.

III. Statuit prætereà in Neftoriana , Eutychiana , & fimilibus Sectis fundamentum nonnifi perconfequentias evertentibus , haud aliter ad falutem perveniri , quàm fi eas confequentias vel ignores , vel non ignoratas rejicias formaliter.

IV. Id ipfum ftatuit quoad Ecclefiam Romanam : Vult enim viâ *fecretionis* feciffe Deum , ut aliqui Pontificii falutem obtinuerint , hoc eft , faciendo , ut fucco veritatum fundamentalium animam alerent defæcato ab erroribus adjunctis ; quam feparationem veritatis ab errore duplicem facit , alteram eorum propriam qui errorem diftinctè cognoverunt & rejecerunt,manentes tamen in Communione Romana ; alteram eorum propriam qui nefcierunt , quid fibi vellent Theologi docentes errorem.

V. Huic viæ Secretionis addit viam *Tolerantiæ;* credit enim Deum pro fua infinita mifericordia veniam indulgere quibufdam erroribus , habita ratione fimplicitatis , & finceritatis animi errantis , tum etiam locorum & temporum , quibus vel rectè inftrui difficillimum eft , vel Communionem , in qua quis natus fuerit , omninò deferere.

VI. Mitto ea quæ fæpius repetit de difcrimine eorum , qui è Communione Reformata tranfeunt in Romanam , vel qui hodie in locis Reformatæ Communionis vicinis vivere pergunt in avitis Romanæ Sectæ erroribus,& eorum qui nati funt in Communione Romana , vel in media nunc vivunt Hifpania aut Italia. Verùm iftud nequaquam filentio prætereaf.

VII. Vereri eum fummopere ne nimium largiri videatur Ecclefiæ Romanæ , neve anfam præbeat Reformationem fuggillandi veluti opus non neceffarium. Hinc frequentes ejus reftrictiones , & fufpenfiones , nec non apertæ declarationes , fi qui falutem obtinuerunt in Ecclefia Romana , id eis contigiffe per miraculum , & quia Deus noluit irritas cadere promiffiones quas fecit , *forè* , *ut nunquam terra Electis effet omnino deftituta.* Ad hæc eam Ecclefiam comparat Regioni , quam lues teterrima depopulatur ; & cui pauciffimi admodum refiftant naturali quadam robuftiffimi temperamenti prærogativa. An quia fi unus & alter vivere poffunt , inquit , quamdiu peftis cæteros catervatim de medio tollit fuperfluum videbitur incolas traducere velle in loca faluberrima ? Confer quæ inferius citabantur Sect. 8. n. 13.

SECTIO VII.

Vindicatur ifthæc confequentia : Si aliqui falvati funt in Ecclefia Romana , nemo unquam damnatus eft quâ Catholico-Romanus , ab exceptionibus fuperiori articulo memoratis.

Sufficeret hæc unica obfervatio refutandis illis exceptionibus , quod nempe Autor Syftematis

matis ista verba, *aliqui potuerunt salvari in Ecclesia Romana*, arripiat aliquo ex tribus sensibus rejectis in sect. 5. ut absurdis & falsissimis. At cum hic præcipuè vertatur totius disputationis cardo, non gravabor novam operam & bene longam ponere in diruendis istiusmodi exceptionum fundamentis. Sint itaque plures nostræ observationes.

I.   Omnium primum Lectores recordari velim ejus quod statim ab initio dictum est, nempe virum supra laudatum in ea esse sententia ut credat salutem obtineri non posse in Sectis Christianismi quæ fundamenta Religionis Christianæ subverterunt. Sectas ejusmodi non esse partes veræ Ecclesiæ: sectas vero in quibus salus obtineri potest non evertisse fundamenta, & esse membra veræ Ecclesiæ. Vide Aphorismos Sectionis I.

I.   Hinc intelligere datur, quid sit hocin loco vera Ecclesia, & quid falsa.

V.   Vera Ecclesia hîc significat non aliquem cœtum qui fidem purissimam retinuerit, sed in genere, & abstrahendo à majori vel minori perfectione, eam Societatem quæ alimenta vitæ cœlestis suppeditare valet. Itaque falsa Ecclesia quæ huic opponitur, ea est quæ alimenta ejusmodi non suppeditat. Cavesis ergo putare veram Ecclesiam hic opponi falsæ Ecclesiæ quemadmodum nutrix optimo lacte abundans, & alumnum pinguem ac nitidum reddens, opponitur nutrici lacte mediocriter instructæ, eoque non prorsus laudabili, cujus proinde alumnus macie quadam laborat. Si velis habere ideam rectam oppositionis veræ ac falsæ Ecclesiæ, cogita duas nutrices quarum altera pabulum præbeat vitam conservare aptum, altera pabulum mortale. Idcirco vera Ecclesia, & ea cujus institutio fidei ad salutem ducit, sunt unum & idem, sicut falsa Ecclesia idem est ei cujus institutio fidei ducit ad mortem. Sed ut jam dixi abstrahendum est in his rebus à majori vel minori aptitúdine sive ad salutem, sive ad damnationem ducendi. Ac sanè quando Medici de quibusdam corporibus pronunciant, illis posse nutiri hominem, vel illa esse lethifera, nequaquam intelligunt in singulis parem facultatem vitæ humanæ conservandæ vel extinguendæ.

J.   Ecce iterum eamdem observationem, sed magis philosophicè propositam.

Vera & falsa Ecclesia juxta mentem hujus Autoris sunt duæ species sub Ecclesia Christiana veluti sub suo genere contentæ. Ecclesia Christiana considerata ut genus, significat multitudinem omnium Christianorum. Hoc verò genus dividitur in has duas species; in veram Ecclesiam, & in falsam, inter quas hæ sunt differentiæ divisivæ generis & constitutivæ specierum (ut loqui amant Logicorum filii) quod vera Ecclesia fundamentum salutis retineat, & dogmata ad vitam æternam consequendam necessaria, falsa verò Ecclesia non retineat. Porro cum certum sit veram Ecclesiam subdividi posse instar totius homogenei in varias partes quæ retineant nomen & naturam totius; vel, si mavis, instar generis in varias species, negari utique non potest quin omnes Ecclesiæ particulares contentæ sub vera Ecclesia veluti partes sub suo toto, aut species sub suo genere, habeant integram hanc essentiam veræ Ecclesiæ, nempe τὸ *retinere fundamentum salutis, & dogmata ad vitam æternam consequendam necessaria.* Quæcumque ergo intercedat differentia inter hanc veram Ecclesiam & illam, sint quædam, si velis, valde pollutæ, quædam purissimæ, omnibus tamen hoc erit commune attributum essentiale, *quod salutis fundamentum retineant.* Et cuicunque Societati Christianæ illud non conveniet, non ampliùs pars seu species erit veræ Ecclesiæ Christianæ, sed falsæ.

Illustretur hoc exemplo lactis. Ejus natura generica neque includit bonum lac, neque pravum. Si verò illi notioni genericæ addas attributa, in quibus consistit bonitas lactis, habebis non ut antea lac in genere, sed speciem eam quæ vocatur lac bonum. Hæc rursum species subdividi potest in plures alias à se invicem valde discrepantes, sed tamen perfectè similes in eo præcise attributo, unde pendet lactis bonitas, neque hoc attributum exulare potest ab ullo lacte sua sub specie boni lactis contento.

Conficiatur jam ex supra dictis sequens demonstratio.

Ex concessis (nam ultro id fatetur Autor supra laudatus, & nisi ultro fateretur, cogeretur per argumenta in 4. Sect. ipsi proposita) Ecclesia Romana est pars veræ Ecclesiæ.

Atqui singulis Ecclesiis quæ sunt partes veræ Ecclesiæ convenit hoc attributum essentiale, quod fundamentum salutis retineant, & dogmata ad vitam æternam consequendam necessaria (vide istud probatum n. 3. & 4. hujus Sectionis.)

Ergo Ecclesiæ Romanæ hoc quoque attributum essentiale convenit.

Atqui non conveniret, si ejus institutio fidei aliquod dogma contineret ita mortale, ut quicunque illi adhærerent, æternæ damnationi addicendi essent. (Hoc per se patet) ergo ejus institutio fidei nihil tale continet.

Hoc uno ictu pessumdantur omnes exceptiones Autoris; nam si nemo salvatur in Ecclesia Romana, quin prius rejiciat aliquos fidei articulos quos ipsa proponit amplectendos, evidens est in ejus institutione fidei contineri quædam dogmata æternæ saluti contraria, ideoque illam nullatenus pertinere ad veram Ecclesiam Christianam, sed esse partem aut speciem illius falsæ Ecclesiæ cujus institutio fidei ducit ad mortem. Quod si res est, tunc periit totum Systema Autoris. Fateatur ergo, pluris faciens integrum opus quam appendices malè cohærentes, institutionem fidei Romanæ talem esse, ut qui eam in solidum amplectitur, nihil credat vel faciat quapropter salutis viâ deturbetur. Hinc verò sequitur, *neminem damnari præcisè, aut esse aliquando damnatum quatenus Romano-Catholicum.* Quæ consequentia cum merito Reformatis horrori sit, desinant supersedere à damnandis principiis quibus, magno conatu nihil agens, vel potius hostilem causam agens, Systematis Autor usus est adversus Nicollianas objectiones.

SECTIO VIII.

Confirmatur doctrina in præcedenti sectione explicata, nempe Ecclesiam Romanam non posse esse partem veræ Ecclesiæ, si aliquam doctrinam saluti contrariam proponat credendam. Afferuntur variæ considerationes circa mala mortalia tum corpori tum animæ.

SI hoc solùm vellet Autor, Ecclesiam Romanam tot corruptelis vitiasse doctrinam Christianam, ut fides & charitas ægrè admodum in corde humano adolescant, quando nutriuntur alimento sic vitiato, haud ipsi magnopere reclamarem: sed nisi interim fateatur alimentum hoc sufficere ad vitam æternam assequendam, nec sibi con-   V I.

constabit, nec me suis ratiociniis habebit consentientem.

Ac sanè si semel convenirent homines inter se eam nutricem vocare bonam quæ posset præbere alumno nutrimentum sufficiens ad vivendum & crescendum, quamquam non sine aliqua macie ac pallore, hæc jure merito diceretur bona cujus alumnus macer & pallidus, viveret tamen & cresceret. Si verò culpâ lactis ille cito extingueretur, tunc nutrix non debere inter bonas habere locum. Cùm ergo juxta Autoris principia illa Ecclesia vera sit quæcumque pabulum salutis præbet, & Ecclesia Romana sit vera Ecclesia, non ampliùs ipsi integrum est negare eam præbere pabulum salutis suis filiis. Quod si pabulum præbeat non modo maciem afferens & debilitatem, sed etiam morem, tunc vera Ecclesia seu pars veræ Ecclesiæ dici non meretur, & tunc ecce Systema Autoris solo adæquatum.

Vide Sectionem 7. n. 4. ubi comparavimus veram Ecclesiam nutrici non quæ alumno vires communicet & firmam valetudinem, sed quæ vitam ipsi conservet falsam verò Ecclesiam nutrici non quæ pallidum & macrum habebat alumnum vitio lactis, sed quæ ipsi mortem afferat. Ex quo intelligere datur 1. instructionem Fidei Romanæ debere saltem esse instar lactis nutrientis equidem puerum, sed non pinguefaicentis & valdè corroborantis. 2. Sicut nullus puer obit præcisè quatenus sugens lac ejusmodi, ita neminem damnari dicendum esse præcisè quatenus imbutum Fide Romanâ.

VII. Objicies 1. non rarò contingere ut nutrices eodem vitio lactis laborantes non omnes alumnis idem damnum afferant, sed quædam mortem quædam verò maciem duntaxat aut languorem; ergo non esse mirum si Ecclesia Romana idem alimentum cunctis suis filiis administrans non omnes tamen vita æterna spoliet : Et sicut pueri pravo lacte nutriti debent acceptum referre indoli suæ robustissimæ, non verò alimenti qualitatibus, quod vivant & crescant, sic dicendum esse eos qui salvantur in Ecclesia Romana debere suam fœlicem sortem, non residuæ in ipsius fide bonitati, sed singulari cuidam fatorum indulgentiæ.

Respondeo, hac objectione utut speciosa minimè infringi meum argumentum, quia hîc quæritur quænam possint esse affecta per accidens alicujus doctrinæ, hoc est, utrum aliqua doctrina communicata menti, pessimè vel optimè dispositæ, possit esse causa per accidens damnationis vel salutis, hoc inquam, non quæritur, & absurdè in præsenti materia quæreretur, cùm nihil tamen sanctum è Sacra Scriptura, vel tam profanum aliunde depromi valeat, quin per accidens causa damnationis, aut salutis esse queat. Sed quæritur, quænam sit intrinseca natura alicujus doctrinæ absolutè considerata; sitne ad ea (salvo semper discrimine *secundum magis & minus*, quod ut benè observant Logici *non mutat speciem*) ex earum numero quas qui credunt, Deum mortaliter offendunt, cujusmodi existimatur opiniones Judæorum de Christo, & Turcarum de Muhammede; an verò ex earum quas qui credunt, non abeunt tamen extra viam salutis, licet secus ac Deus revelaverit, sentiant, cujusmodi sunt juxta Reformatos, doctrinæ Lutheranorum de præsentia Corporis Christi & efficacia gratiæ. Hoc quæritur de institutione fidei quam Ecclesia Romana amplecti jubet suos alumnos. Respondendum ergo est clarè ac rotundè, vel eam in se & absolutè consideratam esse talem ut quicunque eam credit, egrediatur è via salutis, vel non esse talem.

Si prius respondeas, evertis omnino ut per se patet, Systema Autoris; quandoquidem hinc sequitur Ecclesiam Romanam nullatenus esse partem veræ Ecclesiæ, sed speciem falsæ illius Ecclesiæ Christianæ, de qua Sect. 7. n. 3. & 4. & sub qua Vir supra laudatus collocat Muhammedicam, Manichæam, Gnosticam, Socinianam & quasdam id genus Sectas, salvo discrimine secundùm magis & minus. Quod si posterius respondeas, habemus intentum, scilicet, *Neminem egredi è via salutis ideò precisè quia est Romano-Catholicus.*

Sed ne qua remaneat æquivocatio, observari velim verba quibus paulo ante usus sum, *in se & absolutè consideratam*, non esse sumenda *in rigore*, quod ajunt, philosophico, verum eo sensu paulo latiori quo Medici censent aliqua venena vulneraque esse absolutè & sua natura lethifera. Quando illi sic loquuntur, haudquaquam intelligunt eas res esse mortales erga omnia animalia, ubique, semper, ac sine ulla exceptione ; considerant solùm illas in ordine ad hominem & post habitis exemplis rarò contingentibus, ita ut nihil aliud sibi velint quam venena illa aut vulnera eripere ipsi vitam, licet non reperiant in eo dispositiones quasdam peculiares quæ vim mali adaugeant cæteroquin non futuram lethalem. Nec interim ignorant quosdam esse homines qui insolenti quadam organorum conformatione, vel singulari causarum externarum occursu rarò admodum sed tamen sanantur ab ejusmodi vulneribus & venenis.

Evidens est hanc esse mentem Medicorum. Vocant illi vulnus lethiferum quod tale est, ut licet saucius optima sit indole, & nisi fuisset vulneratus, longa firmaque valetudine fruiturus, licet Chirurgi peritissimi diligenter in eo sanando laborent, nec ulla interveniat causa ex transverso (puta ægritudinem animi, excandescentiam, usum intempestivum alicujus cibi aut aliud accidens) quæ malo vires addat, diem tamen iste extremum sit obiturus.

Idem dic de venenis. Non tunc illa censentur mortalia cùm non alios enecant quam qui pessima utuntur valetudine, & aliis de causis fere jam contabuerunt, vel qui taliter se gerunt in victu & exercitiis vitæ ut sanitati summam perniciem afferant. Ea demum judicantur mortalia, quæ si quis hauserit, ei necessario sit moriendum, quantumvis de cytero vigeat, neque ulla causa concurrat cum veneno præter eas quæ juxta ordinem naturæ fluunt ab illius activitate.

Si malis hærere exemplo jam plus semel abhibito, considera Medicos non eam nutricem lacte mortifero esse judicare, quæ pueri languentis ac minime vitalis accelerat mortem, ubera præbendo, sed eam quæ puero vivacissimo necem intulerit, & alteri cuicunque allatura sit, quam ille dubio procul omni vitaturus erat quocunque pabulo alterius speciei lactatus. Atque istis dictis generalibus non obstare censentur exceptiones illæ rarissimæ, de quibus paulo ante.

Hinc fluunt isti aphorismi.

I. *Ea mala non sunt dicenda mortalia quæ non nisi per accidens, sive propter adjunctionem variarum causarum naturaliter illis malis non connexarum, afferunt mortem.* Ridetur certè in summulis Logicæ Sophistica hæc illatio, vinum est noxium febricitanti, ergo vinum est noxium.

II. *Ea mala possunt dici mortalia absolutè & in se considerata, quæ si casus oppido quam inusitatos excipias, semper afferunt mortem independenter ab omni auxilio fortuito, sive illud jam existat in subjecto.*

jecto, *sive aliunde ingruat.* Non minus verum est axioma quod sequitur, cùm eodem modo hîc ratiocinari debeamus de morbis animæ, ac de morbis corporis.

III. *Illæ opiniones non sunt mortales quæ nonnisi per accidens, sive propter adjunctionem variarum causarum naturaliter illis opinionibus non connexarum damnationis æternæ sunt causa.* Alioquin nullum esset dogma tam pium inter Protestantes quod non esset mortale, potest enim per abusum & per accidens fluere ex illo omnis perversitas.

IV. *Hæc una doctrina mortalis vocanda est, quæ semper, aut fere semper, & per se sola damnationi æternæ addicit eum à quo creditur;* hoc est, quæ ira se habet, ut licet qui eam credit, supponatur de cætero ab omni culpa immunis, & illius doctrinæ vitio laborare, vel iis solùm vitiis quæ naturali & indissolubili vinculo sunt ipsi connexa, salutis æternæ exors tamen intelligatur.

Nemo est jam qui non videat cecidisse prorsus objectionem n. 7. allatam.

Nam ex supradictis evidens est, si prout supponitur in objectione, qui salvantur in Ecclesia Romana, debent suam salutem non residuæ in ipsius fide bonitati, sed singulari cuidam fatorum indulgentiæ, illos esse comparandos cum paucissimis illis hominibus qui rara ac inusitata ἰδιοσυγκρασία, vel causarum externarum contingentia non pereunt vulneribus aut venenis quæ Medicorum consensus unanimus lethalia statuit.

Atqui raræ illæ exceptiones non impediunt quin ea vulnera & venena dicantur absolutè & sua natura mortalia.

Ergo si valeat objectio, institutio fidei Romanæ dici quoque debet absolutè & sua natura mortalis, non obstantibus similibus exceptionibus. Quod si res est, tunc Ecclesia Romana nullatenus dici potest pars veræ Ecclesiæ, unde convellitur Systema Autoris.

Cuilibet etiam constat non aliter eam esse posse membrum veræ Ecclesiæ, quam si ejus institutio fidei non sit mortalis. Si verò non est mortalis, nemo damnatur præcisè quatenus illâ imbuitur, quam ego consequentiam urgeo jamdudum.

Observetur, quæso, ista ratiocinatio. Institutio fidei Romanæ vel est mortalis, vel non est mortalis. Haud potest dici mortalis juxta Systematis Authorem, ut probatum est, dicendum ergo non esse mortalem. Si non est mortalis, quamplurimos vel saltem non paucos ad salutem dirigit. Si verò aliquos dirigit, detur mihi ratio cur non omnes. Nulla poterit dari quæ non desumatur ex prava dispositione subjectorum, atque adeò si omnes Catholico-Romani essent similes quibusdam illis quos fides Romana dirigit ad vitam æternam, omnes revera eò dirigerentur. Sed prava illa dispositio propter quam aliqui Romano-Catholici non fruuntur beneficio quod institutio fidei Romanæ cæteris confert, non convenit iis præcisè quatenus Romano-Catholicis: Ergo dicendum est si qui damnantur in Communione Romana, id mali non eis contingere ob fidem qua fuerunt imbuti, sed propter aliquam pravitatem ratione cujus fuerunt absimiles iis quos illa fides non duxit ad mortem æternam; unde sequitur eos non damnari propterea quod fuerunt Ecclesiæ Romanæ Sectatores.

Meliùs hoc intelligetur si hanc observationem subjunxerimus.

Remedium sanans aliquos ægros, omnes sanat simili morbo quoad omnes circunstantias affectos. Pharmacum quibusdam ægris mortem afferens, omnibus infert simili morbo quoad omnes circuns-

tantias correptis. Idem dic de peste, vulnere, veneno. Unus quolibet sæculo duntaxat vulneri aut veneno resistat quod lethiferum audit; rarum hoc exemplum argumento erit tamen invictissimo numquam vulnus illud aut venenum futurum mortale si omnes homines similes essent penitus illi alteri.

Hinc inferas licet, quandoquidem institutio fidei Romanæ non est mortalis quoad aliquos, illam erga nullum esse mortalem, nisi abeat diversus à moribus & ingenio illorum aliorum: ex quo evidenter sequitur non modo aliquos imbutos fide Romana salvari posse, sed neminem quoque damnari præcisè prout illa imbutum; & quicunque illa imbuti damnantur, cadere in eam calamitatem propter rationes peculiares quæ reddunt illos dissimiles Pontificiis qui salvantur, atque adeò quæ non conveniunt ipsis quatenus Pontificiis.

Hinc ruit omnino comparatio quæ multum arridere videtur Autori Systematis. Vult nempe Ecclesiam Romanam se habere instar urbis quam pestis luctuosissima infestet, & in qua tamen non omnes cives pereunt, quæ paucorum incolumitas non impedit, quin vitæ conservandæ cupidi sedes salubriores quærere quamprimum debeant, neve optimi sit viri omnes incolas adhortari ad patriam deserendam.

Quidquid sit de illa comparatione, hoc saltem indubium est, ipsam quoque luem ita infestam, ut uni vel alteri solummodo parcat, omnibus fore innoxiam, si paucis illis essent similes: Verissimeque adeo affirmare possum omnes qui peste pereunt, dum aliqui non pereunt, habuisse penes se dispositiones peculiares vi quarum pestis eos oppressit, quæque si fuissent in omnibus civibus, nullus omninò grassanti morbo superfuisset. Si ergo multi pereunt in Ecclesia Romana dum aliqui non pereunt, hic inde fit quod peculiari quadam & interna labe grassantem morbum sibi reddant noxium, qui cæteroquin intactos & illæsos relinqueret eos, si eodem animo essent præditi quo illi qui in eadem Communione effugiunt malum. Porro cùm peculiares illæ dispositiones quæ luem grassantem reddunt noxiam sint necessario cupiditates, similesve affectus inhonesti quos per abusum nefariam doctrinæ multi suo sinu alunt & fovent, certè superflua videretur adhortatio ad egrediendum ex ea sede, insaluberrima scilicet; nam si malum ex eo abusu prodeat, penes unum quemque est vitare illud, & gaudere sanitate in media lue; & sufficit emendandis abusibus invigilare, nec ulla Communio tam sancta esse potest, in qua salvari valeat homo pravis illis affectibus laborans propter quos dicis fidem Romanam esse noxiam. Adde quod ea quæ per abusum seu per accidens consequuntur institutionem fidei Romanæ, nequaquam tribui debent Pontificiis reduplicative ut sunt Pontificii. Sed de hoc distinctiùs initio sectionis sequentis. Hîc tamen ea quæ sequuntur apponenda esse judico; mirum quam idonea ostendere, vitari non posse ab Autore Systematis, semel fasso Ecclesiam Romanam esse partem veræ Ecclesiæ in qua homines salvantur, quin Reformationis opus flagitiosissimum efficiat.

Eò nos ducunt pleræque ejus exceptiones, ut damnationem Pontificiorum præsertim tribuamus supino veritatis contemptui. Hinc discrimen quod statuit supra sect. 6. n. 5. & 6. inter hos & illos Pontificios pro diversitate temporum & locorum. At quorsum hæc omnia, nisi fateri velit eos, omnes salvatos fuisse & salvatum iri in Communione Romana quicunque sincerè & bona fide cre-

XII.

XIII.

crediderint eam esse veram Ecclesiam, nec ullam dolo malo neglexerint occasionem sibi oblatam melioris cognitionis adipiscendæ. Ex quo sequitur in nullos alios Pontificios cadere pœnam damnationis præter eos qui *noluerunt intelligere ut bene agerent*, sive qui veritatem in injustitia detinuerunt, aut saltem nefarios errores quos subodorabantur in sua Communione noluerunt examinare, ne si eos probè cognitos profiterentur minus securâ conscientia fruituri essent bonis terrenis eâ in Communione sibi occurrentibus. At præterquam quod prava isthæc dispositio lethalis est quacunque in Communione vixeris, non dici potest pertinere ad rationem seu essentiam viri Romano-Catholici, ut per se patet. Qui ergo eo nomine damnatur, perinde damnaretur inter Protestantes Reformatissimos, neque damnatur quatenus Pontificius, nec si ex ea dispositione pendeat periculum mortis æternæ, ullus nisi perire volens periclitatur Communione Romanæ immersus, sit illa licet ut tu supponis instar Urbis quam lues depopulatur.

Quæ cum ita sint, inutile esset fusiùs examinare comparationes alias ab Autore Systematis coacervatas pag. 170. Ejusdem ille accusat infaniæ eos qui ex salute quam quidam obtinuerunt in Ecclesia Romana, inferunt Reformationis opus fuisse immerito susceptum, & eos qui Societatem turpissimis moribus corruptam non conarentur corrigere, quia in ea essent aliqui electi, vel qui nollent ægro lethaliter decumbenti remedium præbere quia essent adhuc in eo sana quædam principi vitæ, vel qui nollent in domo caduca & fere dirura reparandæ laborare, quia superessent quædam fundamenta non mala.

XIV. Quis non videt has esse ad populum phaleras? 1. enim juremerito proximum à vitiorum cœno retrahere conaris, quia nisi retrahatur, damnabitur. At non idem dicere audes de quolibet jacente in cœno fidei Romanæ, alioquin totum ipse tuum Systema diruens dicere deberes, quod sicut ne unus quidem homo moribus flagitiosis salvatur qua talis, ita ne unus quidem homo fide Romana imbutus salvatur qua talis. Cur ergo in eam fidem secundùm se non mortalem invectus, totum orbem concutis? An eos salvaturus qui non erant perituri? Haud erat operæ. 2. Æger lethaliter decumbens, & tamen nonnulla vitæ principia adhuc sana retinens, remediis est sublevandus quia nulla est tibi spes fore ut aliter vivat. Sed fateri cogeris aliquem Romana fide imbutum ad salutem pervenire, ex quo sequitur omnes perventuros, nisi aliunde ingruant obstacula, nempe ex prava voluntatis dispositione, quam proinde solam suscipere debes curandum. Præterea remedium præbens ægris, non adducis rempublicam in magnum discrimen. At quis ignorare valeat quam pessimo publico fiant Schismata, quamque noxium Ecclesiæ Christianæ vulnus infligatur, quoties in varias Sectas inter se acriter digladiantes scinditur. Tanta hæc est calamitas, ut redimi debeat tolerantiâ omnium errorum non mortalium. Nisi ergo dicas absolutè & simpliciter neminem potuisse salvari in Communione Romana, Reformationem exponis vituperio. 3. Incolæ ædis ruinam minitantis, vel jam dirutæ propemodum, debent eam fulcire aut reparare licet ipsa quoque fundamenta labem non contraxerint, quia sola fundamentorum integritas ne hilum quidem facit ad præbendos usus, in quos ædificatio ædium inventa est, & quia nullo pacto evitari potest clades, si in tali æde commoreris quocunque sis animo aut indole. At non audes simile quid

affirmare de iis qui adhærent Communioni Romanæ. Aliquos salvare cogeris, unde tibi impendet necessitas eos duntaxat damnandi qui prava quadam dispositione fuerint affecti, verbi gratia qui dolo malo neglexerint veritatem cognoscere & profiteri. Si cadunt ædes, opprimunt inquilinos, velint, nolint. Sed Ecclesia cujus fides non damnat nisi abutentes, aut dolo malo errantes, neminem invitum & inscium pendet. Immane quantum ergo claudicat tua comparatio, nec aliter potest esse accurata quàm si doceas, quod nec potes, nec audes, mansionem in Ecclesia Romana producere mortem æternam ex *opere operato*.

Nihil aliud inferri posse videtur quàm eum qui credit Communionem Romanam sibi fore lethiferam debere ex ea egredi; sed non qui credunt fidissimos ejus Sectatores, vitæque integerrimos esse in via salutis, iis esse licitum tot turbas ciere quot à Luthero & Calvino excitatæ.

Si quem non moveant præcedentes responsiones, habeat hic novam fortasse non paulo robustiorem.

Dico vix ac ne vix quidem concipi posse easdem quæ occurrunt exceptiones quoad cibos & vulnera lethalia, habere etiam locum aliquando quoad doctrinas mortales. Ratio est quod corpus nostrum innumerabili diversarum partium multitudine sit coagmentatum quæ omnes œconomicæ animali inserviunt, &, miris mutationibus non modo in diversis hominibus, sed etiam in eodem subjacent. Hinc fit ut idem cibus qui plerisque hominibus est utilis, quibusdam noceat; nam antequam in sanguinem convertatur, miscetur in stomacho, intestinis & alibi cum diversis liquoribus, qui ejus qualitates aliquando minus, aliquando magis reddunt sanitati congruentes. Inde nemo non intelligit fieri quandoque posse, ut dum venena per varias corporis partes oberrant, qualitates minus noxias induant; resistere ergo poterit unus homo iis venenis quibus centum millia hominum perimerentur. At de anima, substantia simplicissima, quæque opiniones mortales earumque virus quantum quantum est, simplici assensu ebibit, talia supponere non licet. Si vel unam supponas animam quæ se in æternæ damnationis vincula induat, ideo præcisè quia credit aliquam doctrinam, omnes ad unam animæ credentes eamdem doctrinam iisdem vinculis irretitæ sunt dicendæ: cùm enim ex simplici persuasione dependeat facultas lethifera doctrinæ mortalis, & nulla anima possit afflari vel levissimè contagio ejusmodi doctrinæ, quin saltem ei assentiatur, vel nulla pirit hac peste, vel omnes eâ pereunt.

Rem sic melius concipies.

Ut aliqua doctrina mortalis damnet sufficit si credatur, & nisi credatur non damnat. Ergo omnes qui credunt talem doctrinam damnantur sine ulla exceptione.

Debet itaque talis doctrina comparari cum veneno, si quod esset, cujus solus contactus interimeret. Quemadmodum enim omnes ne uno quidem excepto qui illud tangerent, morerentur, ita cùm solus assensus præbitus alicui dogmati mortali sufficiat ad mortem æternam inferendam, omnes ad unum qui illud credunt in æternam damnationem incurrunt.

Non hæc dici possunt de venenis, lacte, alimentisve quæ vulgo mortalia audiunt; nam plus requiritur quam contactus, imo quàm deglutitio ad hoc ut vitam extinguant, fieri ergo potest ut aliqui & deglutiant & non intereant. Nulla ergo est paritas de qua in objectione hucusque refutata.

S E C-

SECTIO IX.

Solvuntur quædam objectiones, hæc præsertim esse aliquos qui secernunt in doctrina Romana bonum alimentum à veneno inter-mixto.

VI. Objicies 2. Venenum quo scatet institutio fidei Romanæ non consistere totum in dogmatibus, consistere etiam in variis actibus qui ex ea fluunt, fieri ergo posse ut quidam imbuti ea fide non damnetur quippe sibi temperantes à multis flagitiis in quæ cæteri præcipites ruunt.

Respondeo nullius esse momenti hanc instantiam, ego enim per institutionem fidei Romanæ intelligo ejus dogmata cum speculativa, tum practica, & de ea sic intellecta rogo sitne mortalis, necne. Si est mortalis redeunt rationes quibus probatum est neminem salvari posse eâ imbutum, ideoque Ecclesiam Romanam non esse partem veræ Ecclesiæ, contra quam supponit Autor supra laudatus. Si non est mortalis, redeunt argumenta probantia neminem damnari præcisè quâ Romano-Catholicum.

Præterea dic mihi an illi actus flagitiosi à quibus qui abstinent salvari possunt, fluant per se ac necessario ex institutione fidei Romanæ, an verò per accidens, sive per abusum. Si prius illa institutio censeri debet mortalis in se & absolutè, neque abstinentes ab ejusmodi actibus flagitiosis minus culpandi veniunt quàm non abstinentes (nisi sic hoc absurdum docere volueris, eum qui credit Jesum-Christum esse hîc & nunc adorandum, nec tamen adorat, laudabiliorem esse eo qui eadem habens opinionem ipsum actu adorat hic & nunc, in Eucharistia scilicet) si posterius, fateris ergo institutionem fidei Ramanæ tum speculativè, tum practicè consideratam non esse mortalem, nisi erga eos qui sese dant præcipites in varios actus qui per accidens duntaxat ac per abusum ex ea oriuntur. Sed si hoc sufficiat ad rejiciendam aliquam fidei professionem ut venenatam & pestiferam, Religio Reformata imo ipsa scriptura forent rejiciendæ, cùm per accidens & per abusum ex iis nascantur mala horribilia. Similis ergo esset nunc doctrina hîc refutata, ac si quis diceret, vinum esse noxium, quia febricitantibus nocet, & cibos non esse bonos qui descendentes in stomachum humoribus depravatissimis refertum, non evadunt in succos laudabiles.

VII. Observa non contemnendæ confirmationis causâ, crassum fore eorum errorum qui putarent eum qui firmiter crederet Jovem Junonem esse numina adoratione, sacrificiis, precibus & votis colenda, neque tamen unquam sic coleret, non esse idolatram, sed hoc criminis ei solùm competere qui talia credens, cultum reddit actu fictitiis illis numinibus. Crassus, inquam, est ille error, non solum enim Deus, utpote Legislator spiritualis prohibet in Decalogo actus externos, furtum, homicidium, adulterium, sed etiam actus internos, voluntatem furandi, occidendi, mæchandi, quod passim legere est atque audire in explicationibus Catecheticis. Quando ergo prohibet in prima Legis tabula, ne ullum præter ipsum Deum habemus, ne simulacris honorem habemus, non modo prohibet professionem exteriorem polytheismi, genuum flexionem & suffitus ad simulacra, sed etiam, idque præcipuè hæc animi judicia, *plures esse Deos, multis numinibus earumque simulacris cultum Religiosum esse debitum.* Certè per ea potissimum

giosum esse debitum. Certè per ea potissimum judicia aufertur Deo quantum à Creatura fieri potest, gloria & honor debitus: Qui ergo sic judicat, cadit vel maximè in idolatriæ crimen, & adeò non minuere potest suum peccatum nihil honoris habendo extrinsecùs objectis judicii sui, ut potius adaugere videatur; contradicit enim dictamini propriæ conscientiæ & rationis.

Hæc ideo observata volui, ut nemo dubitet quin totum virus Ecclesiæ Romanæ ab iis hauriatur qui fidem adhibent doctrinis speculativis & practicis ejus, vive de cætero Sanctos invocent, imagines & reliquias venerentur, sive non. Profectò si quæ Deo inferatur injuria ab iis qui bona fide sanctos invocant & imagines colunt, fluit integra ab isto judicio animæ, *Soli Deo non deberi cultum omnem Religiosum, Mediatoris officium soli Christo non esse relinquendum, &c.* Nam hîc non habeo rationem malorum quæ per accidens & pro varietate temporum & locorum fluere queunt ab actibus exterioribus.

Noli tamen ex dictis inferre, minus illum peccare qui orthodoxus animo circa cultum religiosum, eadem facit corpore quæ fiunt ab idolatris; si enim ex una parte caret judiciis illis animæ Deo injuriis, & idolatriam propriè constituentibus, ex altera infectus est istis, *hypocritice vivendum esse in Religione, facienda corpore qua mens detestatur, &c.* Nec refugit haberi pro idolatra, & quantum in se est, fovet & propagat cultum divinæ gloriæ contrarium. Sed de hoc fortasse inferius. Videsis *Sect. 12. n. 3.*

Objicies 3. magnum esse discrimen inter lac mortale quod infans sugit, & doctrinam mortalem quæ adultis proponitur; infantem enim non posse rejicere ea quæ lac inficiunt, & retinere ipsum lac, adultos verò posse seponere sibi quæ vera sunt in Catechismo Romano, & quæ falsa respuere, unde sequitur Ecclesiam Romanam nutrire posse ad salutem æternam, non qua errores docet, verùm qua retinuit fundamenta, sicut vinum veneno mixtum potest quandoque cedere in nutrimentum bibentis, non qua venenatum est, sed quatenus constat multis particulis materiæ quæ veram & germanam vini naturam obtinent. Hanc & multas similes memini me legere comparationes apud Autorem supra laudatum quibus non dubito quin majorem in modum confidat. Adde quæ supra retulimus *Sect. 6. n. 4.*

Respondeo ista equidem satis esse idonea ad os obtinendum plebeculæ vel supinis lectoribus, non verò ad satisfaciendum meis argumentis, quod ni fallor unicuique patebit rité perpendenti ea quæ sequuntur.

Statim observo me per doctrinam mortalem intelligere non modo eam quæ nihil sani continet, sed etiam quæ ita vera falsis miscet, ut totum resultans ex illa aggregatione sit mortale; quemadmodum venenum mortale significat tum quod purum putum venenum est, tum quod ex cibis optimis exurgit, & ex veneni particulis juxta certam dosim.

Quo semel posito libens quæsierim non utrum Ecclesia Romana multa doceat verissima & salutifera (frustra enim & insulse hoc quæreretur) sed utrum sic misceat vera cum falsis, venenatam doctrina cum sincera, ut dosis veneni sufficiat ad universum mixtum qualitate mortiferâ inficiendum. Si respondeas negativè, tum ego inferam posse sugi universam fidei Romanæ institutionem absque salutis dispendio, & neminem damnari præcisè quia suxerit, quemadmodum certum est nullum puerum obire præcisè, quia su-

XVIII.

xerit lac non optimum illud quidem , sed tamen immune à qualitate mortifera. Si respondeas affirmativè , videris quomodo isthæc consectaria concoquere valeas.

XIX. Sequitur 1. ex ea responsione neminem posse salvari qui credat ea dogmata quæ Communioni Romanæ sunt propria , hoc est , in quibus consistit discrimen ejus specificum à Protestantibus , & ut supponunt isti à veteri Ecclesia. Ejusmodi sunt doctrina de Sacrificio Missæ , de invocatione Sanctorum , cultu imaginum & reliquiarum , primatu Papæ.

Hinc sequitur 2. hæc contradictio in adjecto , omnes qui salvati sunt vel salvantur in Ecclesia Romana , fuisse reverâ & esse extra Ecclesiam Romanam : neque enim vera significatio harum vocum , *Vivere & mori in Ecclesia seu in Communione Romana* , designavit simulationem aliquam fidei Romanæ , sed adhæsionem interiorem illis doctrinis quæ hanc Communionem discernunt à cæteris. Atque hinc adeò est quod istæ phrases sint synonymæ , *Salus obtineri potest in Ecclesia Romana : membrum Ecclesiæ Romanæ salvari potest : aliqui Pontificii salvari possunt.* Confer quæ dicta sunt tota Sect. 5.

Sed quia hîc incautis facile imponi posset ludicra verborum æquivocatione , observare juvat neminem qui proprietatis verborum sit vel mediocriter studiosus dicturum esse , Judæos illos qui in Hispania ita Christianos simulant , ut etiam Sacerdotis munere fungantur , esse Christianos. Donatur equidem eo nomine quandiu ignoratur eorum hyprocrisis , sed statim atque detegitur , vocantur Judæi , & dicuntur fuisse Judæi toto illo ante actæ vitæ tempore quo mentiti sunt speciem Christiani. Nec si quis certo sciret divina quadam revelatione unum ex illis Judæis mortuum esse in fide Judaïca , licet nemini dixisset se esse Judæum , neque respuisset Sacramenta Romanæ Ecclesiæ sibi oblata , id dicere posset sine mendacio , Judæum illum mortuum fuisse in Religione Christiana , & damnationem ejus esse damnationem hominis Christiani. Si verò eadem revelatione cognosceret illum fuisse salvatum ob suam in Religione Judaïca perseverantiam , non posset dicere sine intolerabili mendacio salutem ipsius fuisse salutem hominis Christiani , vel aliquem Judæum salvari in Ecclesia Christiana , aut inde argumentari communionem Christianam ex earum esse numero , in quibus salus obtineri potest.

Ergo à pari nemo potest sine turpissimo verborum abusu & mendacio dicere eos qui simulant Pontificios , & tamen rejiciunt eam fidei Romanæ partem in qua residit differentia specifica Romanæ Communionis , esse Pontificium , & si vir ille salvetur , salvari virum Pontificium , aliquem salvari in Ecclesia Romana , inde patere Ecclesiam Romanam non excidisse penitus hac prærogativâ ; ut salus in ejus gremio obtineri valeat. Si itaque Autor Systematis æstimet omnes qui salvari sunt , in locis , ubi nulla professio publica præterquam Religionis Romanæ obtinebat , rejecisse ejus dogmata *distinctiva* , si ita loqui fas est , *specificave* , dicere quoque debet eos non fuisse Romano-Catholicos , neque mortuos aut salvatos fuisse in Ecclesia Romana. Cùm enim illi ideò salutem obtinuerint , quòd Communionem Romanam egressi fuerint internâ ejuratione dogmatum , in quibus consistit essentia viri Romano-Catholici, quâ fronte inde colligas aliquos Romano-Catholicos salutem assequi , & Romanam Communionem non esse usque adeò corrup-

tam ut in ea nemo salvetur ?

Profectò sicut Monachus qui Reformatis sese aggregaret , atque inter eos postea viveret & moreretur , sed ita ut crederet Papam esse caput Ecclesiæ , Corpus Christi adesse Eucharistiæ Sacramento , ibique esse adorandum , quique Sanctos invocaret , eorumque simulacra & reliquias veneraretur , & doleret quod non apertè ea crederet , & faceret , non esset revera membrum Ecclesiæ Reformatæ , neque si ideò salvaretur , quod credidisset & fecisset , quæ modo memorata sunt , inde sequeretur in Reformata Communione aliquem salvari ; parili planè pacto non ille dici debet membrum Ecclesiæ Romanæ qui primatum Papæ , præsentiam & adorationem Corporis Christi in Eucharistia , invocationem Sanctorum , venerationem Imaginum & Reliquiarum clàm sed toto animo abominatur, &c.

Adeò verum est juxta notiones sensus communis , eos solùm esse dicendos sectæ Peripateticæ , Stoïcæ , Cartesianæ , Romanæ , Græcæ , Lutheranæ , Calvinisticæ &c. qui dogmata tenent quibus singulæ discrepant à cæteris.

XX. Viam nobis ipse præit Autor ut hæc verba , *esse membrum Ecclesiæ Romanæ* interpretemur prout fecimus , pag. enim 12. System. duas dicit esse partes essentiales Ecclesiæ , alteram internam nempe fidem & charitatem , alteram externam nempe professionem fidei , & exercitium charitatis. Unde colligit eum qui haberet fidem & charitatem absque professione , habiturum animam sine corpore : illum verò qui haberet professionem fidei sine ipsa fide , fore corpus sine anima. Vult quoque & quidem valdè consequentur nec eum qui habeat fidem , sed non professionem , nec eum qui fidem profitetur , sed ipsam fidem non habeat dici posse pertinere ad Ecclesiam. Ergo ut quis sit membrum alicujus Ecclesiæ necesse est habeat & ejus fidem & ejus fidei professionem, duo nempe attributa constituentia essentiam illius Ecclesiæ, sicut corpus organicum & anima rationalis (hoc enim parallelo inter Ecclesiam & hominem utitur Autor) sunt duæ partes constituentes essentiam naturæ humanæ. Satis autem notum est attributa ex quibus consurgit essentia alicujus rei ita requiri omnia ad eam constituendam , ut vel uno deficiente quantumvis cætera remaneant , res illa tollatur. Quod evidenter probat neque illum esse propriè membrum Communionis Romanæ , qui fidem illius habet sine professione , neque illum qui professionem ejus fidei habet non verò fidem , sicut nec ille qui haberet corpus organicum sine anima rationali , nec qui hanc haberet sine corpore organo , esset naturæ humanæ individuum. Ex quo ulterius inferre licet Electos illos , professione Pontificios sed non re , quòs Autor Systematis nobis obtrudere vellet , vixisse extra Ecclesiam.

Etenim ut qui dici possit Ecclesiæ membrum juxta Autorem , non satis est si fidem habeat absque professione , aut professionem sine fide ; debet habere utramque. Ergo ille qui nullius Ecclesiæ particularis habet simul fidem & professionem (tales erant personati illi Pontificii) nullius Ecclesiæ particularis membrum est ; qui verò ita se habet , ille profectò non magis dici potest esse in Ecclesia quam qui nullius Provinciæ Germanicæ est incola , esse in Germania dici potest.

Quod si quis remissiori jure utens concedat Autori licentiam sua verba sic interpretandi ; ut sufficiat ad manendum in Ecclesia fides unius Communionis , & professio alterius , vel potius fides

fides partialis variarum Communionum, hoc est selecta ex variis Communionibus, & professio totalis unius, quid inde conficiet nisi Electos illos via secretionis salvatos, genus fuisse ambiguum, prolumque biformem, nec absimiles Centauris naturam humanam conjunxisse eum equina, vel si mavis, comparandos esse monstro his versiculis descripto,

Humano capiti cervicem pictor equinam
Jungere si velit, & varias inducere plumas
Undique collitatis membris ut turpiter atrum
Desinat in piscem mulier formosa supernè.

Vide quot absurda fluant ex impropria illa τυ̃ *esse in Romana Communione* interpretatione.

XI.   Sed abutatur, si quis velit, terminis, atque ludat in ambiguo; qui solvet Autor supra laudatus 3. Consectarium fundatum hac observatione, nempe ruere omnino ideam veræ Ecclesiæ, si responsioni stemus quæ hîc refutatur.

Nam si qui salvati sunt in Ecclesia Romana longo illo sæculorum tractu cum illa corruptissima extitit, ignorarunt vel damnarunt mentaliter dogma transsubstantiationis, &c. quis inde non colligat Autorem Systematis tradere nobis veræ Ecclesiæ ideam portento simillimam, ex qua nempe sequatur eam communionem esse veræ Ecclesiæ partem, ideoque veram Ecclesiam; unde tamen necessario egrediendum sit vel animo vel corpore, & quocunque modo valeas, si velis inferorum cruciatus evitare? Nonne hæc doctrina confundit sectas extra veræ Ecclesiæ ambitum positas, & fundamenta evertentes, cum sectis quas vera Ecclesia suo sinu complectitur, quæque fundamentum non evertunt quam tamen distinctionem Autor magna & anxia curâ sæpius proposuit ut rem maximi momenti?

Fieri profecto potest plaudente recta ratione, ut quis dicat aliquam Communionem esse veræ Ecclesiæ partem, licet puritate doctrinæ vincatur ab aliis Communionibus, seu quod idem est, licet non sit vel omnium Communionum Christianorum optima, vel optimis æquiparanda. At prodigii instar jure merito videatur, si quis dicat eam Communionem cujus fidus Discipulus non potest salvari, esse membrum veræ Ecclesiæ, & in qua tunc demum salus obtinetur cum Discipulus respuit, atque detestatur multa ejus dogmata, vel tam male intelligit ut in locum dogmatis ab illa propositi, ipse aliud substituat prorsus diversum, quoque illa ut hæresim damnat.

An nutrix bonæ nutricis partes subtinere potest, cum lac ejus ne illum quidem gradum bonitatis habet qui vitæ fovendæ alumni par sit; sed adeo depravatum est, ut nisi puer vel illo abstineat, cito evomat, vel medicamentis emendato utatur mortem effugere non valeat? Si ad talem usque nutricem extendere velit autor ideam bonæ nutricis, non modo pugnabit cum notionibus communibus, sed etiam non sibi constabir, nam supra sect. 7. n. 3. aliter ex ejus suppositione statutum est de illa idea.

Et quis, quæso, non aliter statueret? Nam si ad rationem veræ nutricis sufficiat tale alimentum prodere alumno quod ipsi mortem non afferat, dummodo vel non sumatur præparatum longe aliter quam ipsa præbuerit, nullus sanè erit veneficus adeò nefarius, quin possit tueri partes boni coqui: etenim cibi quos ipse immani perfidia toxicis infecerit, poterunt esse innoxii, si vel non tangantur, vel sumantur non quales ipse mensæ destinaverat, verùm novâ coctione atque condimento affectos. Eâ lege licebit incolumi cuilibet. Circes ac Medeæ hospitio uti, ipsarumque

accumbere epulis: licebit diversorium appellare bonum, in quo nonnisi pocula Circes apponantur, & fercula herbis incocta, *quas*, ut ait ille, *& Colchos atque Iberia mittit; venenorum ferax.* Hinc ruit omninò distinctio Sectarum evertentium & non evertentium fundamentum.

SECTIO X.

Ulterius probatur non eum manere in Communione Romana qui quæ vult rejicit ex ejus fide. Tanguntur quædam de centro unitatis.

REspondebit Autor non aliquem propterea egredi è Communione Romana, quod non credat ea dogmata quæ ipsa veritatibus Christianis super adjunxit; manere tamen illum unitum eidem Ecclesiæ vi & virtute veritatum fundamentalium quæ adhuc in ea docentur, quæ cùm salutis pabulum animæ præbeant, jure dici posse illum hominem salvari in Communione Romana. Eò spectat centrum illud unitatis quod ipse positum vult in veritatibus fundamentalibus, unde fiat ut omnes Protestantes qui eas amplectuntur dici possint una Ecclesia, licet scissi sint in varias sectas.

XXII.   Sed quis non videt hanc esse viam munitam ut quis dicat Protestantes & Romanos adhuc esse unam & eamdem Ecclesiam, imo Communionem, quandoquidem multa sunt dogmata fundamentalia ipsi communia? Dicam amplius, hinc sequeretur Judæos & Christianos unam esse Ecclesiam quippe perfectè convenientes in variis doctrinis summi momenti. Quin etiam ex omnibus Religionibus per universum orbem sparsis unicam Communionem, Ecclesiam, Religionem conflari dicere possemus propter illud centrum unitatis, si Diis placet, quod Autor si consequenter loqui velit, agnoscere debet in dogmate de providentia, præmiis & pœnis post hanc vitam, communi omnibus Religionibus. Cùm autem nihil excogitari possit portentosius, dicendum est vera & propriè tolli unitatem seu Communionem statim atque quoad articulum quemdam specificum exoriente dissensu, iisdem sacris ambæ partes participare nefas ducunt. Licet verò non appareat hominibus ruptam esse communionem inter eum qui tacitus detestatur dogmata Ecclesiæ Romanæ propria, & eam Ecclesiam, re tamen vera, & Judice Deo rupta est, etiam tum cum ille Sacramenta sumit à Sacerdote. Nonne risu digni sunt hodie illi Pontificii qui in Gallia tot Hæreticos Ecclesiæ Romanæ iterum unitos sibi gratulantur, cùm manifestè absurdum sit eos vocare unitos Ecclesiæ Romanæ qui nonnisi metu pœnarum Missæ assistentes, & Hostiam sumentes, ejus rei statim ut summi flagitii veniam à Deo postulant? Tantum ergo abest ut si qui olim ita affecti, & quia sic affecti salutem obtinuerint, eam obtinuerint in Communione Romana, ut è contra non alia de causa obstinuerint, quàm quod recessissent ab ea Communione.

XXIII.   Cæterum noli credere ideò non posse agnosci inter Protestantes & Romanos centrum unitatis, quia non detur consensus inter Protestantes & Romanos circa omnes veritates fundamentales, sicut datur, ut Autor Systematis credit, inter varias sectas Protestantium, noli, inquam, sic ratiocinari, nam quidquid sit de fundamentalibus, materiâ perquam sanè disputationibus gravida, evidentissimum est dúos cœtus ad unam eandemque Ecclesiam non posse pertinere, quamdiu alteruter suis sacris admittere recusat alterius membra abſque prævia rejectione doctrinæ circa quam eſt diſſenſus. Dic quantumcunque volueris eam doctrinam eſſe parvi momenti; certe non talem videri ambabus partibus, ſed è contra in paucis momentoſam illi ſaltem parti quæ conditiones pacis non admittit, res ipſa loquetur quandiu durabit diſcordia. Quis neſcit Catholicos & Donatiſtas conſenſiſſe olim in præcipuos quoſque fidei articulos? Nonne tamen verum erat eos eſſe realiter diviſos in duas Communiones, & cauſam diviſionis haberi à Donatiſtis redire nolentibus in gratiam pro re maximi momenti?

Nec eſt quod quis dicat cauſam diviſionis in ſe conſideratam, eſſe quid leviſſimi, ſufficit enim ſi graviſſima videatur non dicam ambabus partibus, ſed alterutri, & hinc eſt quod licet Calviniſtæ parati ſint fœdus inire cum Lutheranis retinentibus ſuos errores magno ſanè argumento eos errores videri leves Calviniſtis, non tamen pax promoveatur, quia Lutherani errores Calviniſtarum graviores exſtimant. Hinc quoque fit ut deſiderium unionis quo Remonſtrantes flagant in Belgio ſit nullum, quia eorum (*) Adverſarii gravius ſtatuunt in errores Remonſtrantium quàm hi in errores Adverſariorum. Harum rerum v el in primis nobis dedit documentum Author ſupra laudatus, qui in Religionum Conciliatoribus nomen ſuum profeſſus, pacem obtulit Lutheranis æquiſſimis conditionibus, denegavit verò Arminianis. Sed reſponderunt Lutherani graviores eſſe errores Calviniſtarum quam ut concordia reſarciri queat prius illis repudiatis.

XXIV.   Ut hoc obiter dicam, ſimile omnino eſt centrum illud unitatis de quo Syſtematis Autor, unitati illi formali quam Scholaſtici tantopere crepant dum de Univerſalibus. Eſt nempe centrum unitatis idealis per operationem intellectus, ſed non *à parte rei*. Nam ſicut extra intellectum diverſiſſimi ſunt à ſe invicem boni & mali Angeli, quos tamen noſter intellectus perfectiſſimè convenientes concipit in omnibus attributis narruæ Angelicæ eſſentialibus, ita Lutherani & Calviniſtæ ſectas componunt realiter diverſas & Eccleſias verè & propriè duas; quas tamen per præciſionem intellectus coadunatas concipimus in præcipuis fidei articulis; eece centrum unitatis Proteſtantium. Sed ut jam monui, nihil cauſæ eſt eo poſito, quin ad commune centrum unitatis concurrere jubeamus Pontificios, Proteſtantes, Judæos & Muhammedanos, quemadmodum beſtiæ, homines, plantæ, metalla, elementa, mixta, corpus & ſpiritus gradatim confluunt ad idem centrum unitatis per doctrinam expoſitam in arbore Porphyriana.

Hinc colligas non poſſe prodeſſe Autori hanc exceptionem, Proteſtantes conſentire in omnes veritates fundamentales, non verò Pontificios & Proteſtantes; nam 1. mera videtur eſſe quæſtio de nomine, ſi dum fateri cogeris aliquos Proteſtantes judicare errores aliorum graviores quàm ut iis non rejectis fœdus iniri valeat, inficieris tamen eos pro fundamentalibus habere eoſdem errores. 2. Nonne etiam gloriari omnes veritates quas Proteſtantes habent pro fundamentalibus conſervari in Eccleſia Romana? Cur ergo non fateris Proteſtantes & Pontificios eſſe unitos in eodem centro? An quia Pontificii multa docent ut fundamentalia quæ Proteſtantes rejiciunt? Sed nonne in homine ſunt multa attributa eſſentialia

quæ non ſunt in bruto, multa quæ non ſunt in planta, & tamen æquè rediguntur ad idem centrum unitatis, nempe ad τὸ vivere, ac omnes homines differentes ſolùm penes aliqua attributa accidentalia rediguntur ad commune centrum naturæ humanæ?

Obſerva Socinianos idem jactare quando ſe cæteris Chriſtianis comparant, quod Proteſtantes erga Pontificios. Sed quid reſpondetur Socinianis? Idem quod Proteſtantibus reponere ſolent Pontificii, non ſufficere ſi quidquid affirmativè docent, ſit verum, requiri etiam ut non negent aliquid fundamentale.

Deinde obſerva non eſſe ratiocinandum de unitate Eccleſiarum aut Sectarum juxta doctrinam præciſionum quæ in Logica traditur, ſed juxta notiones quas conſulimus, quando determinandum eſt, an duæ Provinciæ ſint duæ Reſpublicæ, an verò una. Dicimus eſſe duas non mundo cùm incolis unius non licet manere in altera, ſed etiam cùm pace florente inter ambas, incolæ unius ſubſunt Dominationi, cui nec ſubſunt incolæ alterius, neque ſe tradere poſſunt aut directè, aut per provocationem ſine crimine Majeſtatis, & ſemper requiritur ad hoc ut variæ urbes cenſeantur membra ejuſdem corporis, ut omnes agnoſcant ſupremam autoritatem ejuſdem Domini viſibilis & loquentis; nam ut per ſe patet, non ſufficeret, ſi omnes agnoſcerent ſupremam autoritatem rectæ rationis. Hoc ſenſu plane chimærico, omnes gentes orbis terrarum unam facerent Rempublicam, unum propriè dictum populum. Hinc judicare licet an omnes Chriſtiani retinentes veritates fundamentales, & agnoſcentes autoritatem verbi divini poſſint dici unum corpus, una Societas, una Eccleſia.

Quomodo Lutherani dici poſſent conſtituere unam eandemque Eccleſiam cum Calviniſtis quos non modo ſecum iiſdem Templis Deum colere non patiuntur, ſed neque ubi vires ſuppetunt, iiſdem Urbibus, aut Regionibus.

His omnibus adde hanc obſervationem. Civis   XXV qui occultis machinationibus Rempublicam prodit, vel qui parere recuſat Magiſtratibus hoc ipſo rumpere cenſetur vincula quibus alligatur Societati, & deturbatus jure privilegiis civium. Quomodo ergo homo qui ſimulat ſe Pontificium, quique clam violat legem qua nulla eſt antiquior, magiſve fundamentalis in ea Chriſtianorum quæ Romana dicitur Eccleſia, confœderatione (nota erit Autori hæc appellatio) poterit eſſe unitus illi confœderationi, & gaudere privilegiis iſtius?

Nemo ignorat columen præcipuum Eccleſiæ Romanæ in hac lege poſitum, qua jubet filios ſuos ſeſe ſubmittere ipſius autoritati, non ſolùm quoad actus externos, ſed præcipuè quoad internos, & aſſenſum illum animæ qui fidem conſtituit, ita ut hæreſis occulta quidem, ſed tamen hæreſis, perfidia, rebellio judicetur eſſe ſtatus hominis qui tacitus negat quod illa Eccleſia affirmat, vel affirmat quod ipſa negat. Poteſtne ergo talis homo non eſſe realiter ſejunctus ab ejus Eccleſiæ Communione, aut ſalvari qua conjunctus illi? Dic, ſodes, quomodo ſalvaretur ut ei conjunctus, qui non alia de cauſa ſalvatur, quàm quia proculcat leges præcipuas & maximè fundamentales ejus Communionis. Profectò ſi Deus promiſiſſet ſalutem illis duntaxat qui eſſent uniti Eccleſiæ Romanæ, nullus eorum ſalvaretur, qui

oc-

---

occultè violarent leges ejus præcipuas , sicut nemo Regi suo rebelles donaretur unquam muneri-
bus nulli alii concessis , quàm qui Regiis partibus adhæret. Nec obstat , quod rebellio in cordis recessibus manens , nemini nocet apud Reges
terræ , nam rebellio erga Ecclesiam in imis penetralibus abscondita alterius est naturæ , hoc est,
crimen æque Deo Judici & Vindici ingratum
(cæteris paribus) & cognitum , ac rebellio extrinsecus sese prodens.

Hæc fortasse fusiùs quàm par erat persecuti sumus , sed eò nos deduxit desiderium manifestissi-
mæ falsitatis convincendi instantiam initio istius
Sectionis allatam. Eâ verò refutatâ , sartum tec-
tumque manet nostrum argumentum.

Si nemo salvatus est in Communione Romana ,
convellitur penitus Systema Autoris.

Atqui nemo salvatus est in Communione Roma-
na , si vel unus homo damnatus est quà unitus illi
Communioni.

Ergo si vel unus homo damnatus est quà unitus
illi Communioni , convellitur penitus Systema Au-
toris.

Ergo manifeste sequitur ex eo Systemate , nemi-
nem damnari præcise qua Pontificium.

Ergo illud Systema est falsissimum.

Præter tria Consectaria de quibus in 9. Sect. n.
19. & 21. quædam alia non minus importuna
videbuntur satis explicitè in nova Refutatione
quam protinus afferam.

SECTIO XI.

Refutantur exceptiones de quibus Sect. 5. hac ra-
tione, quod juxta illas promissa divina quæ
Autor adhibet ad probandum suum Systema ,
ceciderint irrita.

XVI. I Stud velim diligenter observari veluti Cynosu-
ram nostræ istius velificationis , funditùs everti totum Autoris Systema nisi statuat veram Ecclesiam Christianam celerrimè diffusam in varias
orbis partes magna deinceps extensione perpetuâ
& visibili potitam fuisse ; unde evidenter sequitur
Ecclesiam Romanam fuisse semper partem veræ
Ecclesiæ. Aliter non constaret sua fides , suaque
veritas oraculis Prophetarum , & promissis Jesu-
Christi ut ipsemet fatetur.

Sed dicat nobis, amabo, utrum eæ promissiones factæ sunt quibusdam hominibus consideratis,
quatenus individui naturæ humanæ & privati ,
an verò quatenus sub Ministerio publico viventes
formant Societatem seu Ecclesiam certis legibus
temperatam. Non dicet illud prius , dicet ergo
hoc posterius. Et sane cum expressis verbis pollicitus sit Jesus-Christus portas Inferorum non
prævalituras Ecclesiæ quam ædificaturus esset ;
per illam Ecclesiam non intelligit Vir supra laudatus , ut solent Theologi Reformati, Electos invisibiliter viventes in mundo, sed Communionem
aliquam ingentem , diffusam , visibilem , vel potius aggregationem omnium Communionum
Chistianarum in quibus fundamenta salutis non
sunt destructa. *Concedimus* (inquit pag. 215.)
Episcopo Meldensi Ecclesiam , de qua Christus ibi lo-
quitur , esse Ecclesiam confitentem , fidem publican-
tem , ideoque externam & visibilem. Huc referunt
novissima Jesu-Christi verba ad Apostolos quasi
evidenter indicantia promissionem quam eis facit,
se ipsis semper affore usque ad finem mundi , res-
picere eos qua docentes & baptizantes , ex quo
sequitur promissionem illam specialis patrocinii ,
invisibilisque præsentiæ cadere primario & direc-

tè in eos qui docendi & Sacramenta administran-
di munere funguntur; in Laïcos verò & privatos
nonnisi secundariò & indirectè , quatenus Jesus-
Christus non passurus est ut desint ipsis Pastores ,
à quibus doctrinam salutarem accipiant.

Non sufficit ergo explendis illis promissis Sacræ Scripturæ , prout ab Autore Systematis in-
telliguntur , si quidam privati per miraculum à
via Regia educti quam Pastores sive Autoritas publica Ecclesiæ indicat , salutis æternæ aviis quibusdam diverticulis fiant compotes ; sed requiritur ut Societas ipsa , hoc est qui Ministerio
publico funguntur , & ejus nomine atque autoritate singulis præscribunt quid sentiendum & faciendum sit , veritates ad salutem necessarias retineant , ita ut qui doctrinam ab eis traditam su-
gunt simplici & candido animo , & ut filios decet , matris institutione seduci patiuntur , ad portum salutis appellere valeant. Secus , dicere equidem poteris Deum Christianos ab apostasia libe-
rasse , quatenus sunt hic & ille , sed non quatenus
componunt cœtum visibilem certis legibus tem-
peratum , & legitimo Ministerio donatum. Quod
si res est , cui bono institutum fuerit ministerium , & præscripta Presbyteris , sive Episcopis ,
nec non Laïcis certa munia , cum paucis sæculis
exactis hæc demum futura esset via salutis , si quis
immorigerum se præberet suis Pastoribus , & doctrinam eorum cane pejus & angue fugeret. Ut
prætermittam tunc fatendum esse Ecclesiam Christi quatenus juxta ejus promissa , conservanda fuit
adversus Diabolum , triumphatam fuisse , vicisse
verò quatenus victoriæ spem Christus ipsi non
fecerat.

XXVII. Crescit difficultas, si consideremus ideo institutum fuisse Ministerium à Christo & Apostolis ,
ut populus Christianus erudiretur , regeretur , &
ad salutem dirigeretur more accommodato ad humanam indolem , consuetaque instituta , non verò extraordinariis & miraculosis rationibus ; &
tamen si opus fuit ad salutem obtinendam, ut quilibet privatus institutionem fidei ab Ecclesia traditam emendaret , & peculiari methodo sibi con-
diret ac coqueret , nemo salvari potuit nisi extra
ordinem & miraculosè : ergo ubi illud est necessarium , ibi non est Ministerium , cujus duratio
promissa est à Christo , neque adeò illa vera Ecclesia cujus extensionem visibilem & perennem
prædictam contendit à Prophetis Vir supra laudatus. Ergo juxta ejus placita haud opus esse debet in cœtu Pontificio ejusmodi rationibus extraordinariis , ut quidam privati salventur. Certè si eò
recurrat , colligas licet ejus Systema *rudem esse*
indigestamque molem , nec quicquam nisi pondus iners
congestaque eodem non bene junctarum discordia se-
mina rerum , & inde ulterius inferre datur perperam dixisse eum alicubi, Deum non passum esse
Arrianam Sectam quæ fundamenta salutis everteret perennare ; nam licet universa Ecclesia Christiana lapsa esset in errores fundamentales quamplurimos , miracula quibus opus fuit ad aliquos
salvandos in Communione Romana , vel Græca ,
paria fuissent utique quibusdam salvandis in
Communione Arriana , Sociniana , &c.

XXVIII. Visne confirmari meum argumentum valida
observatione ; cogita quemadmodum ratiocinentur qui promissa Prophetarum Ecclesiæ visibili
applicant , ut fit ab Autore Systematis. Impera-
tum fuit , inquiunt , à Christo discipulis suis , ut
omnes gentes in viam salutis ducerent , & Evangelium Lex est non uni populo dicta instar Mosaïcæ , verùm cunctis Nationibus ceu via salutis
oblata. Hinc sequitur 1. perpetuâ debere teneri
cura

curâ eos qui Ministerium Ecclesiasticum obtinent, mittendi ad gentes infideles à quibus Evangelium doceantur, nunquam enim illæ credent Evangelio nisi ex auditu verbi divini, nec si excipias casus extremæ necessitatis, unusquisque involare debet in Provinciam convertendi populos, relinqui debet hoc munus iis qui legitima missione instruantur. 2. Debere esse Ecclesiam Christianam in mundo conspicuam & valdè extensam, ut famâ ejus excitari possint infideles ad inquirendum quid doceat, & reperire ejus aditum, si forte doctrinâ Christianâ demulceantur. Breviùs dicam, debet Ecclesia Christiana pubulum salutis mittere in loca quæ illo carent, & patentem portum salutis præbere se quærentibus. Neutrum autem præstare poterit, nisi sit sana in ea sui parte quæ Ministerium publicum obtinet; si enim in ea sui parte lethaliter infecta erit, omnes quos mittet apud Gentes infideles, nihil aliud quàm eas imbuent pestifero Christianismo, eorúmque laboris hic erit fructus unicus, ut eas ex una via Inferorum transferant in aliam pejorem, nulli enim damnati asperius torquebuntur in inferis quàm qui Christiani fuerint. Qui verò Infidelis cupidus Christo nomen dandi quem de fama noverit, quæret Ecclesiam, & inveniet, ille nihil aliud docebitur quàm doctrinam pestiferam, non enim invisibiles illos electos, paucos, dispersos, sibi invicem incognitos, adibit, ut se ipsorum cœtui aggreget, sed Pastores publicos, ideoque fidem publicam amplectetur.

Nemo est adeò obesæ naris qui etiam me tacente hinc istud consectarium non eliciat, nihil quicquam facere ad promissa Dei, consiliumque Jesu-Christi in Evangelio manifestatum adimplenda, miraculosas illas rationes extrahendi è doctrina mortifera bonum pabulum, quæ paucissimis iisque soli Deo cognitis prosunt, dum quidquid Ecclesiæ Christianæ incurrit in sensus, & proponitur autoritate publica ducit ad Inferos. Nisi ergo fateatur Autor Ecclesiam Christianam qua docentem in Conciliis, Liturgiis, Catechismis, aliisque libris publica autoritate munitis præbuisse semper doctrinam salutarem, nec vitabit difficultates veteris nostri Systematis de natura veræ Ecclesiæ, quas tamen suo isto Systemate evitatas voluit & credit, & novis latus obdet apertum.

XXIX. Si quis non tangatur ratione paulo ante memoratâ desumpta ex eo quod Ecclesia non foret apta conversioni Infidelium, nisi esset immunis ab omni errore mortali quatenus fungitur Ministerio, perpendat quomodo ulterius ratiocinentur qui visibilitatem veræ Ecclesiæ perpetuam quæ basis est & fulcrum Systematis Juriëani tantopere crepant. Ita esse homines natura sua comparatos dicunt & Christianos haud minus quam cæteros, ut quamcunque doctrinam circa Religionem queri hauserint, in ea vivant & moriantur, saltem intrinsecè; nam fatendum esse persecutionum violentiâ adduci multos ut extrinsecè Religionem patriam deserant. Hanc solum exceptionem admittendam, quosdam esse homines capitaliori ingenio præditos, vel cæteroquin litteris probè instructos & examinandi aut etiam novandi cupidiores, qui nonnunquam detegant errores Religionis publicæ, aliisque ostendant. Hac ope videas, inquiunt, interdum multitudinem incredibilem mulierum, opificum, rusticorum, uno verbo, indoctorum, ex una fide transire in aliam. Sed nisi sese prodat Doctor aliquis externus, & verè Demagogus, omnes omnino qui professionem litterariam non sequuntur (qui certè

se habent etiam in Religione Christiana ad omnes Christianos ut 999. ad 1000.) & plerosque litteratos, qua semel imbuti sunt recentes Religione, eam servare usque ad tumulum. Neque fieri aliter posse si consideremus rationem tum vitæ humanæ, tum doctrinæ fidei. Non enim pari vitæ humanæ necessitates ut multi studiis sese addicant, neque ut plerique litterali tempus necessarium impendere possint accuratissimè examinandis Religionis negotiis. Aliundè tantam occurrere in eo examine difficultatem, si velis eo pervenire ratiocinando ut quod edoctus fuisti deprehendas necessariò verum esse, cætera necessariò falsa ut pauci etiam inter doctos, & otio abundantes huic rei pares esse valeant. Quid facient ergo indocti? Quid illi quibus munia Reip. utilissima nullum fere tempus vacuum relinquunt? Nec solum difficultatem illam maximam esse quoad eos qui, ut in Communione Romana, abstinent à legenda Sacra Scriptura, sed etiam cùm, ut inter Protestantes, quotidie manus teritur, & si verum fateri velimus, non minus hic quam illic vulgus autoritate ducit, nec adeò esse ullam differentiam inter Pontificios & Protestantes hac in parte, nisi quod illi ultrò fateantur se credere fidem suam esse veram quia sic edocti sunt, illi non fateantur.

Non pluribus persequar hanc instantiam, satis enim superque corroborata est à scriptoribus Pontificiis haud ita pridem.

Indè sequi dicunt scopum Dei fuisse non ut quilibet doctrinæ cœlestis sibimet esset promus condus, sed ut eam docili & candido animo sumeret à Pastoribus Ecclesiam regentibus; alioquin iter salutis futurum omninò impervium plebi. Ergo vel fatendum esse Deum non fuisse passum ut Doctrina autoritate Ecclesiæ tradita esset mortalis per universum Christianismum multis sæculis, vel dicendum, fuisse passum dedita opera quo nemo ferè salvavi posset. Idem enim esse velle directè ut aliquis pereat, & velle ut nutiatur immedicabili veneno, cujusmodi fuit doctrina Pontificalia juxta hypothesem hîc refutatam, saltem quoad plebem & quoad sæcula in quibus nullus Doctor plebi proposuit meliorem doctrinam. Evidens esse sine tali Doctore, rusticos, mulieres, & id genus Christianos nunquam habituros facultatem detegendi vera dogmata.

Minor esset difficultas si saltem in lecto mortis venenum in primis lethiferum non propinaretur Christianis; nam si hoc venenum haurias quando supersunt tibi aliquot anni in mundo agendi, spes est fore ut Providentia divina tibi offerat occasionem alicujus alexipharmaci sumendi, quo saluti tuæ consulere possis. At eorum quæ peccas in hora mortis nulla emendatio, nullum remedium superest. Quid ergo statuemus de sorte Ecclesiæ Christianæ, deque mediis salutis in ipsa reperiendis, si Deus ne hoc quidem effecerit ut saltem erga morientes Ecclesia omitteret quæ inferunt animæ mortem æternam? Adeo verò non omittit, nusquam magis, liberaliusve præbeat Ecclesia idolatra venenum idolatriæ suis filiis quàm in ultimo vitæ actu.

Certè quicunque leget paginas 228. & 229. Systemate. ubi Autor fatetur novissima verba Jesu-Christi: *Docete omnes Gentes, baptizantes eos, &c. Et ecce ego vobiscum sum omnibus diebus usque ad consummationem sæculi,* probare semper fore Doctores quibuscum Jesus-Christus docebit veritates fundamentales, & animarum saluti absolutè necessarias; & veram prædicationem, hoc est, annunciantem ejusmodi veritates nun-

quam

quam defituram in Ecclefia, quicunque, inquam, hæc leget, fatis mirari nequibit Autorem, alibi ftatuere non nifi per miraculum in Ecclefia Romana falutem obtineri potuiffe. Nam ex iis quæ loco citato concedit Meldenfi Epifcopo, evidenter fequitur Ecclefiæ Romanæ Doctores propofuiffe femper plebi veritates fundamentales & ad falutem abfolutè neceffarias, idque fuiffe complementum promiffionis Jufu-Chrifti. Non dubitandum quoque, quin quæ afferit pag. 236. *Deum non poffe pati, aut faltem non fuiffe paffum, ut magna Societates Chriftianifmi diu manferint in erroribus mortalibus*, fluere exiftimet ex eadem promiffione Jefu-Chrifti; fed quomodo capere poteft Jefum-Chriftum ftetiffe fuis promiffis, fi doctrina quam à multis fæculis Ecclefia Romana tradit fuis alumnis tot mortalibus erroribus fit coinquinata, ut illi foli Inferorum pœnas vitare poffint, quibus occultis rationibus & extraordinariis datur rejicere, aut evomere venenum illius doctrinæ? Quomodo poteft Jefus-Chriftus verbis fuis fidem præftare docendo cum Doctoribus errorum mortalium, aut qui poffunt ifti effe tales, & nihilominus proponere plebi veritates ad falutem abfolutè neceffarias? Nam ex eo quod iftas faltem veritates retinuerint, fequitur manifeftiffimè divinam Providentiam invigilaffe ne alias veritates corrumperent, præter eas fine quibus ad vitam æternam perveniri poteft; & fi Deus pati voluiffet, ut eorum prædicatio effet damnationis via, fruftra impediiffet, ne ullam veritatem abfolutè neceffariam vitæ æternæ corrumperent.

Plena ergo hæc funt ftupendis contradictionibus, & tamdiu ineluctabilibus, quamdiu quis ftatuet ex una parte, Ecclefiam Romanam effe membrum veræ Ecclefiæ, & ex altera inftitutionem ejus fidei effe infectam veneno mortali. Ecquis non ftupeat quæ Autor p. 229. pro certiffima veritate tradit, *femper fere contingere, ut iifdem Miniftris quibus Jefus-Chriftus docet fuas veritates* (illas nimirum quæ in promiffione noviffima Apoftolis facta continentur veluti medium falutis) *Spiritus mendax fuos errores doceat?* Efto, fi eos errores faluti nequaquam noxios fatearis. Abfit nefarius inter Chriftum & Belial confenfus, fi eos faluti contrarios ftatuas. Certè eo in loco non audet errores Ecclefiæ Romanæ ignominiofis afficere titulis, veritus fine dubio Lectorum judicia minus formidanda quando res inter fe non confentientes interftitio plurium paginarum disjunctæ funt.

Non ferret qui diceret Jefus-Chriftui memorem fui promiffi docere cum Theologis Socinianis. Quare vero illud rejiceret ut Chrifto injurium? Quia credit Theologos illos erroribus infectos mortalibus? Perperam ergo concedit Epifcopo Meldenfi promiffionem Chrifti fuum habuiffe complementum in Ecclefia Romana, hoc eft, femper Chriftum docuiffe cum illa Ecclefia, fi eam credit infectam aliquo errore mortali.

XXI.　Mitto obfervare non aliam Deo hîc tribui providentiam erga Chriftianifmum quàm quæ cerneretur in Imperatore, qui exercitibus fuis curaret ut nullibi deeffent cauponæ efculentis & potulentis omne genus refertiffimæ, pane ex optima farina confecto, carnibus præpinguibus, vino generofiffimo, verùm mixtione pulveris adeo venenati infectis, ut omnibus militibus pereundum effet iis utentibus, nifi fi haberent facultatem fecreticam novi & inufitati ordinis.

Habet hîc Autor imaginem Ecclefiæ Chriftianæ plurium fæculorum retinentis veritates fundamentales, fed eas defœdantis veneno idololatriæ. Quid pejus contingere potuiffet, fi contra promiffum Chrifti portæ Inferorum prævaluiffent Ecclefiæ? Nonne perinde eft diabolo five nulla bona doctrina retineatur, five bona malæ mifceatur, dummodo totum conflatum ex ea mixtione mortem æternam afferat? Imo confultius ipfi videri debet five inefcandi, five fufpicionem amovendi gratiâ, optimas veritates conjungere cum perniciofiffimis erroribus, quam meros errores propinare, quemadmodum aftutus Veneficus cibum delicatiffimum inficere potius elegerit, quàm merum toxicum tradere.

Certiffimum ergo eft Syftema Autoris prout fundatum promiffionibus Sacræ Scripturæ, non aliter ftare poffe quàm fi fateamur inftitutionem fidei quâ Ecclefia Romana fuos fequaces imbuit, nihil continere faluti æternæ contrarium.

Ergo per illud Syftema aperitur Janua Cœlorum omnibus & fingulis Pontificiis, qua Pontificiis, quod mihi probandum incumbit.

SECTIO XII.

Ulteriùs refutatur via illa Secretionis, quâ credit Autor Syftematis, quofdam falvari potuiffe in Communione Romana. Oftenditur rei difficultas, & aliqua tanguntur circa Idololatriam.

I.　Quæ hucufque retulimus de via illa fecretionis, jam fatis per fe incredibilia, non mediocriter abfurdiora videbuntur, fi confideremus mixtionem falfi cum vero, veneni cum bono cibo quæ in Communione Romana reperitur fecundum Autoris placita; inde enim patebit vix ac ne vix quidem fieri potuiffe ut quis rejecto veneno pabulum falutare fumeret duntaxat.

Ratio enim veneni difleminati per totum corpus fidei Romanæ in cultu præfertim confiftit fuperftitiofo & idololatrico Sanctorum, Reliquiarum, Imaginum, & Sacramenti Euchariftiæ; qui cultus haud equidem quoad omnes partes eodem gradu nequitiæ laborat, fed tamen ubi minimo, ibi ufque ad idololatriam pervenit. Nam vel omnes rationes quibus utimur ad probandum Ecclefiam Romanam effe idololatram funt vanæ, aut invocatio Sanctorum, & cultus imaginum eft idololatria.

Duæ funt rationes generales quibus accufationem idololatriæ propugnamus: 1. Quod omnis cultus religiofus five *Dulia*, five *Latria* nuncupetur fit foli Deo debitus; quod invocatio fit è præcipuis partibus cultus religiofi; quodque tunc idololatria committatur quando honor foli Deo debitus communicatur cum creatura: 2. Quod Deus in fecundo Decalogi præcepto Idololatriam prohibuerit, quodque ufus imaginum qualis obtinet in Ecclefia Romana, fit violatio manifefta fecundi præcepti Decalogi.

Hinc evidenter colligere eft eam Communionem quæ fimul Sanctos invocat eorumque Imagines adhibet in cultu Religiofo, duobus nominibus fe obligare crimine idololatriæ: eam vero quæ abfque ullo ufu imaginum in cultu religiofo Sanctos invocat, uno nomine effe idololatram. Erat ergo differentia fecundum magis & minus inter Ecclefiæ Chriftianæ veterum temporum idololatriam, & idololatriam temporum recentiorum, prout nempe iftis plufquam illis temporibus multiplicatus eft modus transferendi in creaturas honorem foli Deo debitum; fed tamen propriè atque univocè convenit idololatriæ ratio ei Communioni quæ folum peccatum invocationis Sanctorum commisit. Revera enim quamvis non omnes adulteræ peccent æqualiter, flagitiosiorque longè habeatur quæ in biviis cuilibet prætereunti sui facit copiam, quàm quæ uni Amasio, idque si non castè saltem cautè; hæc nihilo secius propriè atque univocè adultera est. Non de nihilo utor ista comparatione, quippe in sacris Litteris frequenti ac denotandam naturam idololatriæ. Sicut ergo ita crescunt in immensum uxoris crimina quando in dies libidinosior fit, & tandem instar Messalinæ olenti in fornice, *lassata a viris nondum satiata resurgit*, ut tamen per primum concubitum illegitimum jam fuerit completè & adequatè adultera, sic statuendum est una invocatione Sanctorum completè & adæquatè fuisse factam idololatram Ecclesiam Christianam, licet postea perpetuo novis ac novis accessionibus fœdior evaserit illa turpitudo. Examinabimus alibi exceptiones quibus hac in parte usus est Autor supra laudatus, acriter urgente Adversario.

II.   Jam hinc patet quàm arduum fuerit ne dicam impossibile, salvari viâ *Secretionis*, in Ecclesia Romana.

Oportebat enim non modò cognoscere invocationem Sanctorum, venerationemque Reliquiarum ac Imaginum, quæ tot titulis pietatis sese venditabat, esse nefariam (quod plebi rarò admodum suis Pastoribus refraganti non mediocriter difficile erat) sed etiam ita adesse publicis exercitiis Religionis, ut non participares cultui idolatrico. Hoc vero qua tandem dexteritate ingenii fieri poterat?

1. An egrediendo è Templis quotiescunque Ministri ad eam partem Rituum Sacrorum accedebant quæ spectaret supradictum cultum?

2. An eundo in Templa tunc solùm cum nihil juxta ritus publicos esset adstantibus proponendum circa illum cultum?

3. An stando, sedendo, caput tegendo, cum in Missæ celebratione elevabatur Hostia?

4. An dirigendo suam intentionem aliò quàm quò totus cœtus juxta mentem Pastorum & Ecclesiæ tendebat?

5. An mentaliter negando quæ Sacerdotes & cæteri cives ore affirmabant, omnesque adstantes signis exterioribus, suaque adeò præsentia comprobare testabantur?

Sed quis non videt primum & secundum modum ex earum esse genere rerum quas moraliter impossibiles vocant? Etenim qui talia sexies septiesve fecissent, in suspicionem hæreseos venissent, & pœnis vel civilibus vel Ecclesiasticis afficiendi fuissent. Cùm autem nulla fiat mentio de censuris talium hominum in historia, concludere saltem licet (& hoc mihi satis est ad retundendas exceptiones Autoris) si minus res impossibilis extitit, non evenisse tamen. Ut prætermittam cultum Sanctorum sic esse disseminatum per omnes ritus publici partes, ut nihil sit æquè incredibile quam quosdam divinis Officiis interfuisse non quatenus sunt infecta idolatrico cultu, sed quatenus exempta huic pesti.

Tertius modus, ut per se patet, absolutè est impossibilis; nam vel ictibus adstantium obtueretur illico qui ita se gereret, vel in carcerem duceretur, durissimis pœnis publicè castigandus.

Quartus & quintus modus non aliis probari possunt, quàm qui recentiores Casuistas è Sodalitio præsertim Jesuitarum omnibus bonis invisos, & strenuè vapulantes ob impiam doctrinæ morum depravationem exosculari sustineat, ipsorumque

fretus autoritate Muhammedanorum & Gentilium Sacra assiduè frequentare.

Habet ergo Autor Systematis quod veteri fertur parœmia, *à fronte præcipitium*, *à tergo lupos*, urgente ipsum isto Dilemmate. Vel qui salvati sunt in Ecclesia Romana, quod secernerent ejus errores à veritate, adfuerunt ejus cultui publico, vel non adfuerunt. Si adfuerunt, peccarunt contra conscientiam, & pejores fuerunt idololatræ eis qui intus & in cute erant Pontificii; undè sequitur contra quam ille censet, tales Pontificios potiori jura esse salvatos. Si non adfuerunt, numero quàm paucissimi extiterunt, ex quo sequitur eum in majorem crudelitatis offensionem incurrere eâ quam exprobrat Pontificiis. Quantam enim res hujusmodi possunt esse certæ, indubium est numerum damnatorum esse longè majorem, si supponas ex eo tempore quo idololatria obtinet inter Christianos Orientales & Occidentales, hoc est, per mille ducentos annos plus minus, neminem esse salvatum qui adfuerit publicis exercitiis talis idololatriæ, quàm si supponas cum Ecclesia Romana extra eam non obtineri salutem.

III.   Ut ne remaneat aliqua obscuritas in hac mea instantia, suppono rem quæ vicem quasi principii obtinet inter Christianos, non modo tunc committi peccatum idololatriæ quando cogitatio & signa exteriora inter se concordant quoad cultum idololatricum; sed etiam quando ea signa exteriora edis, quibus solent idololatræ intus & in cute honorem internum testari quem objecto sui cultus habent, licet tu mentaliter detesteris illud objectum. Apud Protestantes istud indubium est, nam in Gallia vim suæ conscientiæ afferri, & in Societatem idololatriæ se rapi questi essent, si coacti fuissent non dicam genua flectere coram sancto Sacramento, ut loquuntur Pontificii, sed etiam aulæa prætendere suis ædibus die festo Corporis Christi. Ne id quidem fuissent passuri viribus potiores, ut Pontificii sua aulæa eò deferrent. Nihil attinet referre quæ primi Christiani docebant circa hunc articulum, notius enim est quàm ut probatione indigeat, reum idololatriæ Paganicæ eum tunc habitum esse Christianum, cætera abominantem Deos Gentilium qui vel granum thuris adolevisset ad eorum aras vel simulacra.

Quid sibi ergo vult Autor Systematis dum elevare nititur idololatriam quorundam Pontificiorum hac ratione, quod cognoverint soli Deo omnem cultum religiosum esse tribuendum? Nec solum elevare vult, verùm omnino purgare; non enim credit idololatras posse salvari, & tamen credit aliquos Pontificios fuisse salvatos, *eos* nempe (refero ejus verba ex pag. 158.) *qui cognoscentes veritatem, & cultum suum rectum facientes quoad ejus fieri poterat, manserunt in Communione Romana, cum absolutè nequirent ab ea secedere, & aliam Communionem componere.* Vult ergo tales homines non fuisse idololatras, tum quia cognoscebant creaturas non esse religiosè colendas, tum quia suum cultum rectum faciebant pro sua virili. Cùm verò hoc non facerent nisi directione quadam intentionis, manebant enim in Communione Romana, ideoque ejus sacris intererant saltem aliquando, hoc sibi vult necessario eos qui tunc idololatras imitabantur extrinsecus; sed ab iis discrepabant tum directione cultus, tum judicio de objectis, non fuisse idololatras. At hoc quid aliud est quam istud monstri alere, nimirum idololatriam ita postulare consensum inter signa exteriora & cogitationem, ut si in temporibus difficillimis co-

gitationem fanam habeas figna exteriora idololatriæ fint innocua.

Abfolvat fi poffit nunc à truciffima morum rigiditate doctrinam eorum qui veftigiis veterum
Patrum infiftentes quoad eos qui fœviente perfe-
cutione Idolis honorem habebant, nefas effe ducunt etiam vitæ confervandæ causâ, vel fi folus
orthodoxus degeres apud Garamantos & Indos
Sacris Gentilium intereffe.

Damnet fi poffit Sapientes Ethnicos qui unitatem Dei ejufque cæteras perfectiones cognofcen-
tes, manferunt tamen in Communione Ethnica,
& profecto *abfolutè nequibant* (ut illi Pontificii
Orthodoxi) *ab ea fecedere & aliam Communionem
componere.*

Dicat nobis quid cenfeat de Lactantio *, non
minus verè quàm nervosè increpante *Doctos &
prudentes viros* qui *cum religionum intelligant vani-
tatem, nihilominus tamen in iis ipfis qua damnant
colendis, nefcio qua perverfitate perftant.* Et paulo
poft Ciceronem alloquens, *Video te,* inquit, *ter-
rena & manufacta venerari: vana effe intelligis,
& tamen eadem facis qua faciunt ipfi, quos ipfe
ftultiffimos confiteris. Quid igitur profuit videffe te
veritatem quam nec defenfurus effes nec fecutu-
rus?*

Eat nunc amarulentiffimè exprobatum Je-
fuitis quæ illi tolerant in Neophytis Sinenfi-
bus.

Denique conciliet ipfe fe cum feipfo, legimus
enim hæc verba pag. 175. Syftem. *Nemo unquam
fimulare poteft abfque crimine perfuafionem opinionum quas credit falfas, fint licet vera, quanto minus poteft cum falfæ funt.* Pag. verò 173. & 174.
legimus eos qui Communionem colunt cum Sectis evertentibus fundamentum per ea quæ ipfi
addunt, nec tamen tollunt, (talem credit Ecclefiam Romanam) peccare neceffario, nec aliter
fperare poffe à Deo quamdam tolerantiam quàm
fi in iis Communionibus nati fint, eifque bona
fide adhæreant credentes fervatam in ipfis effen-
tiam Sacramentorum, nihilque imperari contra
confcientiam, *Si enim credas,* inquit, *eas Communiones ad aliquid obligare confcientiæ contrarium
fecum communicantes, PECCAS MORTA-
LITER, quando earum Sacramentis participas.*
Adde his quæ referuntur ex ejus Alexiterio fect.
17. n. 5.

IV.   Sed parum meâ iftud refert, dummodo evincam, Autorem fupra laudatum in maximas fe difficultates induiffe per viam illam fecretionis, quarum hæ duæ non funt poftremæ, altera quod in
multis circumftantiis orthodoxia eliminat Idololatriam ab eo qui eadem extrinfecus facit quæ Idololatriæ: altera quod poriori jure abfolvendi funt
à culpa qui Sanctos coluerunt quos bona fide ad
majorem Dei gloriam tali honore dignandos exiftimarunt, quam qui eum cultum ut idololatricum taciti damnantes, ore tamen, fignifque
aliis, atque adeò Communione refervatâ cum iis
quos fciebat pollutos Idololatriæ fœditate, Sanctis reddebant.

Nunquam vincet ratio (quod jam obfervatum
eft Sect. 4. n. 2.) ut eorum causâ non fit favorabilior qui rem faciunt quam credunt effe opti-
mam, quique agunt ex dictamine confcientiæ,
exteriora interioribus candidè aptantes, quam
qui in perpetua hypocrifi vitam agunt quoad res
Sacras, inque continuo ferè exercitio Idololatriæ
fibi cognitæ & exofæ, haud infcii folâ Communione cum Idololatris, affines reddi nos criminis illius.

Hoc ultimum non negabit Autor qui in fuo

Alexiterio pag. m. 261. declaravit tantum abeffe
ut Reformati offerant fuam Communionem Lutheranis adorantibus Jefum-Chriftum veluti præ-
fentem in pane & vino Euchariftico, ut talibus fi
qui fint, lubentiffimè Anathema dicant; quam
fententiam non leniiffe in fuo Syftemate teftis
eft pag. 174. ubi negat vel tunc fore nobis
licitum Communionem colere cum Papiftis,
fi abftinere ab adoratione Sacramenti nobis permitterent, aliis verò non permitterent. Hac enim
Communione nos teftaturos perniciofam hanc
fententiam, in qua nec effe oportet nec in eam
cæteros verbis aut praxi adducere, nimirum *rem
effe indifferentem adorare vel non adorare Euchari-
ftiam.*

V.   Millies dictum eft, à Scriptoribus Reformatis
ideò fe tolerabilem judicaffe errorem Lutheranorum quia non effet conjunctus cum adoratione
Euchariftiæ: quod manifeftè probat videri Reformatis nefariam Communionem cum Idololatris, etiam quando pars fana declarat fe tantùm
tolerare Idolatriam, & logiffimè abeffe ab ea
probanda. Quanto magis ergo nefaria eft communio cum ipfis; fi non facias notam tuam
mentem, fed profitearis & facias idem quod
ipfi.

Non aliter de illo negotio judicant Pontificii,
nam Ant. Arnaldus animadverf. 9. in Alexiterium fupra dictum, magno crimini vertit Calvi-
niftis quod credentes adorationem Jefu-Chrifti
in Euchariftia effe Idolatriam, nec ignorare de-
bentes Lutheranos fere omnes eam adorationem
vel reddere, vel permittere, ideoque effe Idololatras, vel Idolatriæ confentire, eos tamen fua
Communione participare voluerint. Quam ra-
tiocinationem ut validiorum redderet munivit autoritate Sancti Pauli Roman. I. 22. non minori
crimini vertentis Philofophis quod confenfiffet
Idolatriæ Paganicæ, quam quod ipfimet Creaturas adoraffent. Sed nefcio an ille fit genuinus
fenfus Apoftoli.

His omnibus fi addas autoritatem Chrifti dicentis fervum qui noverit voluntatem Domini,
nec tamen executus fuerit, gravius vapulaturum
quam qui eam & ignoraverit & non fecerit, colligendum veniet neceffario eos Chriftianos qui cognoverunt Idolatriam Ecclefiæ Romanæ, &
tamen ejus fe participes reddiderunt, effe potius
damnandos quam qui in ea fibi non cognita de-
lituerunt.

Saltem dicere debet Autor Syftematis, fi velit
confequenter philofophari, & eos fuiffe falvatos
qui crediderunt Sanctos effe invocandos, Reliquias, Imagines, &c. effe colendas, & qui non
crediderunt, dummodo honefti fuerint Chriftiani.

VI.   Nec obftat quod dicit pag. 159. cum quis natus eft in errore, & ad ifta præjudicia inftruc-
tus, non effe recedendum ab Ecclefia licet errante, & ideo errores ejus tolerat, hoc non parùm valere ad culpam ejus minuendam; etenim,
præjudicia illa error fuerunt damnofiffimus & tur-
piffimus, ut patet ex eo quod Lutherus & Calvi-
nus cæterique Reformatores contrarium docendo
tum fcriptis tum praxi cenfeantur veritatem docuiffe fanctiffimam, faluberrimam, in primis neceffariam. Si ergo errores adeò turpes, & veritati noxii, ducentes præterea ad praxin Idololatriæ exterioris, elevare funt idonei culpam errantis, quanto excufabiliores funt qui bona fide
crediderunt Ecclefiam non errare, & quæcunque
juxta ejus inftitutionem faciebant effe Deo gra-
tiffima. Ut nihil dicam de Cicerone & aliis fa-

piantibus Ethnicis, ad quos purgandos multum facit Autor inscius, quippe eo præjudicio imbutos non esse conturbandos publicos mores. *Intelligebat Cicero* (Verba sunt Lactantii ubi supra,) *falsa esse quæ ad eversionem Religionum valerent, ait tamen non esse illa vulgo disputanda, ne susceptas publicè Religiones disputatio talis extinguat. Quid ei facies qui, cum errare se sentiat, ultro ipse in lapides impingat, ut populos omnis offendat,* & quæ sequuntur non pauca parum consona sententiæ Autoris eorum culpam veniâ dignissimam facientis qui cognoverunt veritatem nec tamen professi sunt, aliosve docere aggressi. Videsis omnino D. Augustinum (*) non magis parcentem Senecæ quàm Lactantius pepercerit Ciceroni ejusque Histrionæ in Templis scilicet exercitæ infensiorem, quàm Scenicis fallaciis.

SECTIO XIII.

Examinatur via Tolerantiæ *qua quosdam fuisse salvatos in Communione Romana existimat Autor Systematis.*

VII. Dicamus nunc aliquid in viam *Tolerantiæ* quam *Secretionis* viæ succenturiavit Autor supra laudatus, quamque in eo sitam esse vult quod Deus pro sua infinita misericordia aliquos patiatur miserrimè cœcutire absque salutis æternæ dispendio licet nunquam eos pœniteat suorum errorum explicitè, sed tantum implicitè, quatenus nimirum quicunque singulis diebus Orationem Dominicam recitat, per hæc verba, *& dimitte nobis peccata nostra,* nulla peccata excipit, omnia complectitur sive latentia sive patentia. Vult equidem juvari istos quamplurimum zelo, bona intentione, & amore & Dei quibus anima ignara potest ornari, sed neque determinare præsumit quousque Deus extendat illam tolerantiam, neque participes facere illius quorum errores fundamentum tollunt, & Cultus sunt idololatrici, contentus iis tolerantiæ viam pandere quorum Cultus sunt vani, vel etiam superstitiosi. Vide pag. 161. Systematis.

Hîc sane videre est instar scriptoris miris anxietatibus laborantis & insidias undiquaque metuentis, unde fit ut multo labore nihil agat. Fuit enim ostendendum qui salvari potuerint aliqui in Ecclesia Romana, hoc opus hîc labor erat, & ipsius præsertim causa agebatur, quippe cujus Systema funditus ruat, ni multi Romano-Catholici fuerint salutem consecuti. Ille tamen si quid videatur largiri non in loco, denegat in altero, & tandem in abditissima divinæ Providentiæ adita se recipiens, hoc est obscurum per obscurius explicans, excludit à tolerantiæ divinæ beneficio omnes Pontificios, utpote non modo cultibus vanis & superstitiosis, verum etiam idololatricis implicitos. Nisi hoc fortasse intendit contra omnes Reformatores & scriptores alicujus nominis inter Protestantes, cultum *Duliæ* creaturis redditum, honoremque Religiosum habitum simulacris non esse Idololatriam. Qua de re nonnulla erunt delibanda Sectione 17. hujus Tractatus, & Sect. 11. secundi.

Sed donec expressè declaraverit quid intelligat per Idololatriam, licitum erit mihi, opinor, supponere eum non alia docere super eo articulo quam quæ ab ineunte Reformatione usque ad hodiernam diem sancita sunt apud Reformatos, & proposita in Ecclesiam Romanam, quorum summa indicata est superius Sect. 12. n. 1.

Facta est suppositione licet mihi eum ita urgere; si Deus salvavit aliquos in Ecclesia Romana toleratis eorum erroribus in gratiam zeli quo tangebantur & citra conditionem pœnitentiæ explicitæ, sequitur salvatos fuisse eo modo aliquos Idololatras, ergo Idololatriam non esse peccatum naturâ suâ mortale; nam peccatum ejusmodi, ut adulterium, furtum, homicidium, mortalia sunt non huic vel illi duntaxat, sed omnibus ea patrantibus, nisi per pœnitentiam explicitam impetrent à divina misericordia veniam eorum.

VIII. Profecto miram nobis obtrudit hac in parte Vir supra laudatus, & ab analogia fidei maximè abhorrentem Theologiam, qui dicat gravissima peccata condonari aliquando à Deo absque ulla pœnitentia prævia, quæ enim potest esse pœnitentia errorum in eo qui suos errores habet pro veritate à Deo revelata, quique de iis dubitare, vel eos includere in numero peccatorum latentium quorum remissionem petit in Oratione Dominica non secus ac patentium, hæresim & piaculum interpretaretur. Certè si qui delitescunt in tam crassis erroribus quàm sunt Pontificiorum, salvantur absque ulla ejuratione saltem mentali in hora mortis, sequitur vel eos errores esse peccata in iis qui bona fide eos propugnant, vel gravissima peccata condonari impœnitentibus. Si prius dixeris, habeo intentum; nempe neminem esse extra viam salutis præcisè qua Romano-Catholicum: si posterius, avertis universam Doctrinam de gratia & conversione ab omni ævo inter Christianos obtinentem, pœnitentiam esse tabulam post naufragium, & divinam misericordiam in eo sese prodere, non quod peccatores quâ peccatores justificet, verùm quod eorum pœnitentiâ placetur per Jesum-Christum, ipsisque à Deo gratiam pœnitendi impertiatur.

Debebat ergo Autor hoc in primis observare divinam tolerantiam erga quosdam Pontificios superstitioni immersos, cætera probos & pios, in eo consistere quod non patiatur eos obire ante agnitos suos errores & pœnitentiâ expiatos. Cum hoc non dixerit, imo satis clarè docuerit pœnitentiam explicitam errorum non fuisse necessariam Pontificiis per viam tolerantiæ salvatis, sequitur ex ejus doctrina errores Pontificiorum non esse mortales suâ naturâ (nam quis dicere auderet homicidis, adulteris, similibusque hominibus mortali suâ naturâ peccato contaminatis, cætera probis & piis posse quandoque per divinam tolerantiam petere Cœlum absque ulla prævia pœnitentia explicita?) Si non sunt mortales sua naturâ redeunt argumenta quibus demonstratum dedi neminem periisse unquam aut periturum esse præcisè quâ illis infectum.

IX. Erenim sicut in ordine naturali nunquam Deus animam quamdam sejungit à corpore quando corpus cui unitur est perfectè simile quoad conditiones unde pendet vita humana quibusdam aliis cor-

---

(*) Iste quem Philosophi quasi liberum fecerunt, tamen quia illustris Populi Romani Senator erat, colebat quod reprehendebat, agebat quod arguebat, quod culpabat adorabat, quia videlicet magnum aliquid eum Philosophia docuerat ne superstitiosus esset in mundo, sed propter leges Civium moresque hominum non qui-

dem ageret fingentem Scenicum in theatro, sed imitaretur in Templo, eò damnabilius quod illa quæ mendaciter agebat, sic ageret, ut eum Populus veraciter agere existimaret, Scenicus autem ludendo potius delectaret quam fallendo deciperet. *Augustin. de Civit. Dei, l. 6. 10.*

corporibus queis animæ rationales pergunt esse unitæ; sic in ordine supernaturali, sive in regno Gratiæ nunquam Deus aliquem adultum damnat perfectè similem, quoad conditiones unde pendet salus æterna, iis hominibus qui salvantur. Eadem fieri potest comparatio inter vitam & salutem. Nunquam anima unitur alicui corpori carenti dispositionibus necessario prærequisitis ut fiat unio inter animas & reliqua corpora. Sed si Deus velit extra ordinem aut per miraculum aliquem generari ut Isaacum, tunc prius quàm uniat animam fœtui introducit in eum dispositiones prærequisitas. Ita etiam salus nunquam communicatur alicui carenti dispositionibus necessario prærequisitis ut cæteri salventur; sed si Deus velit extra ordinem quempiam salvari, ut alterum est Latronibus crucifixis cum J. C. infundit illi prius conditiones ad salutem necessario prærequisitas, fidem & pœnitentiam. Alioquin fingere quis posset quosdam peculiari tolerantia Dei gaudere visione beatifica absque prævia remissione peccatorum.

Quamobrem dicendum est, si Deus aliquos salvavit Pontificios non pœnitentes errorum, omnes quoque salvavisse, & salvare qui sunt illis perfectè similes; nullos ergo damnare nisi qui sunt illis absimiles, verbi gratia qui malitiosè errant, & scientes ac videntes abutuntur Religione. Jam satis per se patet qui propterea damnantur, neutiquam damnari qua Pontificios. Imo si regere revolueris quosdam excipi è regula generali propter zelum & amorem Dei, quo tanguntur in media ignorantia, ego reponam non modo ut supra, excipi debere eos mediante illuminatione vi cujus rejiciant errores si mortales sint, sed etiam qui non excipiuntur è regula, ideò non excipi quia carent zelo & amore Dei, unde semper sequitur eos non involvi pœnis æternis præcisè qua Pontificios; nam evidens est de ratione Pontificii non esse ut careat zelo & amore Dei.

Concludamus ergo viam tolerantiæ per quam voluit Autor supra laudatus effugere difficultates, ipsi esse inutilem imo contrariam, nisi consequenter philosophando statuat *salutem quorumdam Pontificiorum argumentum esse necessarium pro salute omnium Pontificiorum reduplicativè sumptorum.*

SECTIO XIV.

Refutatur effugium istud aliquos salvatos fuisse in Ecclesia Romana, quia non participarunt ejus Idololatriæ; Refutatur, inquam, ratione desumpta ex paucitate salvatorum, sive retorsione accusationis crudelitatis quam Autor Systematis toties intendit Ecclesiæ Romanæ.

REstat, fateor, novum illi effugium, satis commodum ut prima fronte videtur, si nempe dicat eos qui salvati sunt in Ecclesia Romana abstinuisse semper ab ejus cultibus superstitiosis & idolatricis. Hoc pacto neque premitur necessitate ostendendi quomodo qui in perpetua vivunt professione Idololatriæ, contra conscientiæ dictamen, vel saltem habent conscientiam approbantem hypocrisin, seu professionem externam Idololatriæ, sint salute digniores quàm qui sunt intus & in cute Pontificii, neque cogitur confiteri aliquos Idololatras salvari absque prævia pœnitentia. Sed non ideò tamen sese extricabit ab omni negotio molesto.

Ut enim non reperam quæ jam observata mihi sunt non semel contra hancce viam effugiendi,

nonne præceps agetur in idem crudelitatis crimen quod tam invidiosè impingit Pontificiis, si non alios salvatos fuisse existimat in Communione Romana, quam qui cœtus ejus non frequentabant, neque in extrema vitâ Sacerdotem ad se vocabant?

Quis non videt paucitatem Electorum quæ fluit ex illa hypothesi? Ejusmodi vero paucitas, contemnenda objectio iis qui divinæ revelationi inhærent circa damnationem Idololatrarum, aries est funditus evertens Systema Juriæanum utpote huic sententiæ superstructum, crudelitatem esse portentosam quæque reprobationis notam admittenti Ecclesiæ cuilibet inurere valeat, si quis omnes Christianismi partes exceptâ Romanâ extra viam salutis posuerit. Hinc capiunt magnam vim contra Autorem quæcunque disputatum imus, elumbia cæteroquin & ficulnea adversùm Ecclesiam Reformatam in Universum. Quod velim in primis singulos quosque Lectores bene recordari. Hæc non abs te præfatus, rogo iterum an quem prætereat paucitas Electorum quæ fluit ex illo Autoris effugio?

Quis non sentit fieri vix ac ne vix quidem potuisse ut in Pagis, Oppidis, Villis, Parœchiis ruralibus vel unus homo, nedum integra familia per aliquot annos abstineret ingressu Templorum diebus Festis & tempore quo Missa celebrabatur?

An vicinos istud latuisset qui in locis ejusmodi quotidie sese vident & alloquuntur invicem, præcipuè circa tempus Officiorum divinorum?

An Sacerdotem qui iis in locis suos omnes Parœchos ut plurimum de facie, de nomine cognitos habet?

Si verò non latuit, qua tamen ratione intelligemus mansisse impunitum in Religione pœnarum prodiga in omnem Sacrorum contemptorem, & Hæreticos non secus ac feras indagare ac confodere solitâ, quod Reformati minimè omnium ignorant, & silentio prætermittunt?

Idcirco pro certo habendum est non alios posse allegari tanquam non participes Sacrorum Ecclesiæ Romanæ quoad Oppida & rura, quam in quos fuisse ea de causa animadversum intelligitur ex historia. Horum verò mirum quantum exiguus est numerus. Haud opus observare me hîc non agere de Sectis quæ interdum signa libertatis sustulerunt, ut Valdenses, Albigenses, &c. de quibus tamen nonnihil observabo sub finem istius Sectionis meo proposito haud mediocriter inserviens.

Quod spectat ingentes Urbes & civibus frequentissimas, Parisios, Londinum, aut etiam aliquanto minores fateor difficiliorum esse cognitionem, an quis Religionem publicam non profiteatur. Sed tamen si exceperis virum cœlibem & omni famulatu destitutum, vel familia tenuissimæ sortis, & id genus personas, quæ inconspicuæ larem transferre queunt ex uno vico Urbis in alterum, vix est ut latere possit eos qui rebus divinis præsunt, vicinosque omnes diuturna constansque vivendi ratio extra omnem Religionis professionem. Ut prætermittam ad eo tempore quo solet adorari Hostia ægris delata impossibile fuisse homini manenti in Urbibus amplioribus vitare semper objectum tam sæpe occurrens; nam si, quod licebat Gallis Reformatis occurrente illo in fugam se dedisset, hoc ipso notam fecisset suam hæresin, & rabiem plebis esset expertus.

Ergo si maximè hoc omittamus, saltem dicendum esset neminem fere fuisse salvatum in oppidis & rure, aliquot duntaxat in amplissimis Urbibus qui minime essent patres-familias, vel in ædibus conspicuis non habitarent, neque diu in eadem. Quæ verò hæc esset & quàm puerilis προσωπολη-ψία, nullum rure degentem & extra Urbes Regni primarias eligere, nullum in his Urbibus civem honoratum & opulentum? Quis ferat per tot sæcula Christianismo longè lateque disseminato, imperiaque & regna florentissima occupante, salutem nullorum fere aliorum fuisse quàm qui apud Gallos vocantur, *non domiciliez, vagabons, & sans aveu*, genus hominum suspectum cujuslibet sceleris.

XI.   Omiseram fere quod præcipuè urgeat Autorem supra laudatum, nempe si maximè fieri potuisset, ut quis vel in Urbibus vel extra Urbes abstineret à Sacris Ecclesiæ Romanæ clam Sacerdote, vicinis & familiaribus prosperâ valetudine, saltem in morbis periculosis, & præsertim in ultima vitæ scena non occultaturum fuisse suam Religionem. Nam hoc ipso integra familia in hæreseos suspicionem venisset, quod aliquem mori passa fuisset non accito Sacerdote. Hunc autem accitum si æger respuisset, quot rumores excitati essent, quæ infamia in cadaver fuisset statuta, atque adeò in universam familiam? Harum autem rerum nulla extat mentio in Historiis, vel si uspiam extant exempla, rarissima sunt.

Sic se habent mores humani. Ægrotante aliquo graviter, cognati, affines, necessarii, vicini in ædem vel se conferunt, vel suscitatum mittunt de morbi statu. Multi etiam lecto assident, cùm periculum vitæ instare videtur; patet ingressus saltem Medicis aut Pharmacopœis, & hæc omnia prohibent conscios occultæ Religionis ægri, quominus Sacerdote inconsulto ipsum obire patiantur. Quid te autem juvabit supponere aliquem per totam vitam non adfuisse Missæ Sacrificio, invocationique Sanctorum non adfuisse, si paulo ante obitum à Sacerdote Romano Viaticum sumat, crucem osculetur, ipsoque præeunte verba, animam commendet intercessioni beatæ Virginis & Sanctorum?

XII.   Hæc adeò sese probant cuilibet volenti procul omni cavillatione verum à falso discernere, ut superfluum sit hodierna experientia eorum locorum meam causam fulcire, in quibus ut in Belgio Hispanico degunt aliqui Reformati; sed qui vel agunt Pontificios quoad exteriora, vel cognoscuntur ut Hærerici à multis suis civibus, & nonnunquam muletis aliisve animadversionibus afficiuntur. Quæ res non equidem fugiunt noïtiam publicam, sed multo majori strepitu editæ fuissent tempore quod præcessit Reformationem. Neque hoc prætermittendum facilius esse nunc quam ante Reformationem evitare in Urbibus Pontificiis occasiones idolatriæ frequenter ingruentes, quoties Viaticum ab ægros defertur, nemo enim in quibusdam locis miratur quosdam ad talem occursum aliorum pedem conferre judicans esse Protestantes advenas, vel indigenas libertate conscientiæ fruente.

Quid quod in Hollandia qua non datur Regio, ubi magis liceat unicuique circa Religionem sese gerere prout optimum factu videtur, nemo est etiam inter cives proletarios & capite censos, qui si nullius Sectæ Templa aut Congregationes unquam adeat, non cognoscatur à multis ut expers Religionis externæ. De civibus autem notabilioribus si forte quidam, quod aliquando contingit parci sint concionum auditores & frequentes, ita ut ter quaterve duntaxat in annum publicis exercitiis Religionis assistant, non siletur pia

ignorantia rei; imo verò per urbem fama vagatur. Quanto magis negligentia id genus & gravior quoque utpote totalis circa Missæ Sacrificium speciem cultus divini imperatam Pontificiis sub pœna peccati diebus festis, increbuisset in Communione tyrannicè premente conscientias, hoc est, durissimè exigente professionem exteriorem suorum rituum.

Atenim quid opus est conjecturis, ratiociniis, similibusve ambagibus, quando fides historica in propatulo ponere potest solutionem hujus quæstionis. Nulli ferè sunt ex iis quos Inquisitio Romana tam severè profligavit ceu Hæreticos in Gallia & alibi ante Reformationem, quibus non vitio vertatur sua ne detegerentur, exterior professio Papismi. Legatur Bernardus Serm. 65. in Cantic. ubi asserit Henricianos, seu Albigenses in Ecclesias frequenter ivisse, peccata Sacerdotibus confessos fuisse, & Eucharistiam ab eis sumpsisse. De Valdensibus testatur Renierus eos publicis Cœtibus affuisse, oblationes fecisse, confessione, atque communione usos fuisse, sed simulatè. Addit eos tunc præsertim Eucharistiam sumpsisse quando frequentissimus esset Populi in Templa confluxus, ne dignoscerentur; plures etiam quadriennium vel sexennium abstinuisse à Communione, abscondentes in urbibus aut in pagis tempore Paschatis, ne animadverterentur. Consilium fuisse datum apud eos, ut in Ecclesia sumeretur Eucharistia, sed nonnisi tempore Paschæ, hac simulatione habitos esse pro Christianis. Constat etiam ex interrogationibus Judicum apud quos causam dicere sunt coacti, eos singulis annis Paschatis tempore sumpsisse Corpus Jesu Christi, & peccata Sacerdoti fuisse confessos, verùm celavisse se esse Valdenses, sic jubentibus Ministris Sectæ quos *Barbas* dicebant. Petrus Gillius Autor minimè suspectus quippe Reformatus, testis in sua Historia Ecclesiastica cap. 5. Valdenses qui in finibus Sabaudiæ & Delphinatus diu vixerant, consultis inter initia Reformationis Helvetiis, hoc præcipuè monitos fuisse à Bucero & Oecolampadio, ne amplius permitterent iis qui vellent membra haberi suarum Ecclesiarum, *Missæ adesse, vel adhærere ullo modo superstitionibus Papalibus.* Unde patet hunc abusum fuisse inter eos vulgarem, quod ultro fassus est Oecolampadio unus ex eorum Legatis ait enim apud Scultetum Annal. Ecclef. decad. 2. ad annum 1530. *Sacerdotes Pontificios Valdensibus administrasse Sacramenta quæ illi hucusque septem crediderant, & in his Confessionem auricularem quam in usu habebant. Ministros verò Valdensium eos jussisse veniam à Deo petere sumptorum à Pontificiis Sacerdotibus Sacramentorum invitè, & de cætero non abhærere Antichristi Ceremoniis.* Idem Gillius cap. 3. & 27. nos docet Valdenses qui latuerant in Calabria, cœtus habuisse quam maximâ potuerant curâ, occultos, & multa simulasse invito. Quæ sine dubio verba significant, eos Judæorum more Hispanicorum fecisse extrinsecus quæ à Pontificiis fieri solent, & postea in suas occultas congregationes se contulisse. Hoc ipsum exprobant Valdensibus qui in Bohemiam se receperant Sectarii illi, quos fratrum Bohemicorum nomine donatos Reformati ante Lutherum incubuisse legimus. Isti enim in præfatione Confessionis fide quam ediderunt anno 1572. declarant se esse Valdensibus recentiores, & nunquam unionem cum ipsis habere voluisse, tum quia Valdenses nullum fidei doctrinæque suæ testimonium darent, tum quia pacis conservandæ causa Missam Pontificiam frequentare non dubitarent.

Judicet jam Lector, utrum possibile fuerit iis qui nunquam fecissent, quæ fieri jubet Romana Ecclesia occultare suam fidem, dum ne illi quidem hoc facere potuerint, qui ut non dignoscerentur & punirentur exteriores actus Pontificiorum edebant.

Si quæcunque hac super re congessi minus validum efficerent argumentum, huic uni confidere non dubitem ut liquido probare valenti quam absona sit suppositio, vixisse quosdam in Ecclesia Romana occultos fideles, & ab ejus sordibus incontaminatos. An illi fideles liberos suos baptizabant? Si respondes negativè, quomodo latere poterat vicinos, obstetricem, Rectores Parœchiæ, contemptus Sacramenti quod quia saluti creditur necessarium necessitate medii, anxia & religiosâ curâ infantibus administrari consuevit, ut nulla res faciliùs apud Populum habere valeat offensionem graviorem, & periculosiorem, quàm nutrire familiam non baptizatam. Si respondes affirmativè, vide tuos illos fideles pollutos labe nefariâ in articulo 28. Confessionis Fidei Reformatæ.

SECTIO XV.

Respondetur duabus objectionibus proponi solitis ad probandum vixisse quosdam in media Babylone, non participes illius peccati.

I V. OBjicies 1. vixisse multos in decem Tribubus qui non adorarent vitulos, & Deum sibi reservasse 7. millia virorum qui non genua flexissent Bahali. Respondeo id parum appositè ad præsentem difficultatem afferri; nam cum duo tantùm essent loca, eaque non minus remota à se invicem quam duo regni limites, in quibus vituli colerentur, innumerabilibus Israëlitis facillimum erat si vellent, nunquam eò se conferre, sed in Synagoga proxima Deum ritu patrio colere quem admodum extra urbem Hierosolymitanam Judæi duarum Tribuum colebant. At in Ecclesia Romana nullus est Pagus adeò ignobilis in quo non celebretur Missa statis diebus, vel saltem qui non sit vicinus alicui Sacello in quo Missa celebratur, atque adeo nemini integrum est per totum vitæ curriculum evitare Missam, aut in morbis gravioribus, & ultima hora sacrificuli è vicinia acciti officia.

Quod spectat 7. illa virorum millia qui se immunes servarunt ab idololatria Bahalica, dico magnam esse differentiam inter tempora persecutionis, instar torrentis seu procellæ plurimum, sed non diu furentis, & tempora pacata. Sæviente persecutione ut tunc, in fugam sese dant non pauci, & sese abscondunt in variis recessibus ubi non coguntur Idolis cultum reddere. Nuper hoc contigit in Gallia; nam quod aliqui latere potuerint, ideo non subscripserunt professioni fidei Romanæ. Vita autem illa occulta in sylvis, antris, & montibus non potest esse diuturna, ut per se patet; ideoque si persecutionis violentia diu duraret, necesse esset ut ejusmodi homines patriam omnino desererent, vel in apertam rebellionem sese darent, aut manifestarent fidei suæ à Religione persequente differentiam spretis suppliciis. Jam nemo non videt istanon quadrare temporibus placidis, cùm nemo Religionis causa vexatur, & singuli cives domi manere, agrum colere, artem suam exercere possunt unà cum cæteris civibus. Tunc nemo non in publicum prodit, nemo se in speluncas abdit ferarum more, unusquisque sedem & sibi & familiæ in loco notitiæ publicæ obvio eli-

git. Sed nisi velit impietatis aut hæreseos gravissimas pœnas suo capiti accersere, Missam audire debet diebus solemnibus, alioquin manifestum hæreticæ pravitatis se proderet. Loquor de locis & temporibus, ubi sola Romana Ecclesia professione publicâ gaudet. Adde quod Autor supra laudatus 7. hæc milla litteraliter intelligenda non credit, *Quin potius*, ait, *hoc significabat numerum valde exiguum, revera numerus eorum fidelium adeò parvus erat, ut Elias eos non congnosceret, & se unum superfuisse diceret.* Videsis ejus explicationem Apocalypseos to. 2. pag. m. 207.

Objicies 2. hoc sæculo fuisse homines repertos   XV. in Ecclesia Romana, qui crederent non eam aliud docere quam Eucharistiam esse imaginem & *memoriale* Jesu-Christi; ergo potiori jure tales extitisse in sæculis quæ præcesserunt explicationes distinctas, quibus utendum fuit necessario propter controversias Protestantium. Hæc Autor pag. 157.

Respondeo nullius esse ponderis hanc objectionem, nam præterquam quod ille nullo modo probat quod ait de nostro sæculo contra omnem verisimilitudinem, quid emolumenti traheret ex sua illa hypothesi incertissima, si ultrò ipsi largiremur, cùm per illud judicium de Eucharistia verum quatenus spectat Eucharistiam seu quæstionem juris, falsum quatenus spectat Ecclesiam Romanam, seu quæstionem facti, nemo possit esse in via salutis, si una cum cæteris Pontificiis reddat Sacramento Altaris ut vocant, cultum solitum. Nisi ergo multi ostendantur, qui cum cultum non reddiderint, frustra suppones multos ignorasse quid sit transubstantiatio, penetratio dimensionum, replicatio corporum. Adeò verò non potest ostendi multos abstinuisse ab eo cultu reddendo per totam vitam, ut ne quidem hoc possit supponi cum aliqua possibilitatis, vel saltem veri apparentia.

Mallem ego supponere fuisse multos semper, quales etiam hodie reperiuntur qui vel dubiraverint de iis dogmatibus, vel naso adunco suspenderint. Sed sicut hodie ejusmodi homines non minus quàm si crederentea dogmata, adhærent professioni fidei Romanæ, idem statuendum est quoad superiora sæcula, ideoque ne unam quidem animam hoc pacto lucrari poteris, nisi si recurras ad hypothesim jam refutatam, Idololatriam exteriorem non esse peccatum. Hinc intelliges levitatem objectionis sequentis desumptæ ex cap. 16. l. 3. Systematis, ubi Autor satisfacere conatur Argumentis D. Nicolle in suppositionem fidelium occultè viventium inter Pontificios, at parùm fœliciter, non culpâ ingenii, sed oppressus pondere difficultatis.

SECTIO XVI.

Examinantur responsa Autoris Systematis ad rationes quibus D. Nicolle refutavit hanc hypothesim, vixisse multos fideles occultos in Communione Romana.

OBjicies 3. cum eodem Autore *pag. 553. &*   XVI. *sequent.* I. Potuisse quosdam sæculis præteritis contemnere superstitiones Ecclesiæ Romanæ in ejus sinu, quandoquidem hodie tot reperiuntur viri ejus commatis, nimirum contemnentes Invocationem Sanctorum, Adorationem Imaginum, & cæteras Papismi superstitiones. II. Nec mirum si scriptis non prodant sua cogitata homines veritatis nullo fere amore, nullo zelo affecti, & periculi hinc imminentis haud nescii.

Ac ne illud quidem verum esse, typis non eos mandare quod sentiunt; Marollos, Launoios, & quosdam alios primorum subselliorum satis clarè hoc fecisse. III. Multiplex tamen esse discrimen inter veteres & hodiernos Orthodoxos Communionis Romanæ, illos excusandos quia non esset Ecclesia purior cui se aggregare possent, & sibi invicem ignotiores existerent quàm ut collatis viribus novam Confœderationem conderent. IV. Opus fuisse ut Deus ipsis signum erigeret ad quod convenirent, eò affluxisse revera cumprimum licuit, & inde factum ut tot populi deseruerint Ecclesiam Romanam intra tempus exiguum, quippe dudum optantes egredi, & expectantes januam reseratam quâ id facerent. V. Eos autem qui hodie non exeunt ex illa Ecclesia cujus errores cognoscunt, esse hypocritas majorem partem mundi illecebris inescatos, multos quoque falsâ hac hypothesi occæcatos, *non esse intolerabiles errores Ecclesiæ Romanæ, præstabiliusque esse eos tolerare, quàm ejus unitatem scindere.* VI. Partes esse D. Nicolle probare non extitisse in Romana Communione qui Sanctos non invocarent, nec Sacramentum adorarent; haud posse justè exigi à Protestantibus ut tales homines ostendant vel eorum scripta, quippe mortuos, & fere omnes imperitiores quam ut libros scriberent. VII. Cæterum non difficile fuisse paucissimis hominibus sic latere in confertissima turba, ut non participarent idololatriis publicis. VIII. Non dubitare se quin multi eas apertè culpaverint, & citatos fuisse in *præjudiciis legitimis contra Papismum* plurimos scriptores qui adversus Babylonem in universum clamarunt, apud quos verisimile est quæcunque D. Nicolle postulat reperienda fuisse, si quidquid cogitabant dicere ausi fuissent. IX. Porro sæcula quibus regnavit Papismus ferrea fuisse, ignorantiæque tenebris sepulta, Pastores ita vitio mancipatos, ut nihil quidquam pensi ducerent præter mollem possessionem redituum in voluptatibus insumendorum; dummodo sileres, haud fuisse illis curæ cogitares ne hoc an illud, adorares ne, nec ne, invocares ne Sanctos, an non invocares. Cumque ne ad ipsum quidem Deum invocandum cæteros adigerunt, multo minus ad Sanctos invocandos adegisse.

En compendium ejus ad argumenta Nicolliana responsionis, quam licet contraxerim quoad potui, exurgit tamen illinc objectio in me novem articulis constans, quibus majoris claritatis causâ ordine totidem articulis satisfaciam, præfatus nunquam eum hîc jugulum petere causæ, sed oberrare perpetuò circa id in quo est nodus præcipuus. Rem auctiorem dabo, & nihil ferè ad hoc videndum requiritur aliud quam cognitio status quæstionis.

XVII. Agebatur inter D. Claude & D. Nicolle de ista quæstione, an in Communione Romana ante Reformationem fuerit Ecclesia fidelium latentium. Negat D. Nicolle hac præsertim de causa, quod juxta Reformatos, Invocatio Sanctorum & Adoratio Hostiæ sint peccata mortalia, ex quo sequitur nec ambo, nec alterutrum in eo qui sit fidelis reperiri posse, eos ergo duntaxat potuisse fideles vivere in Ecclesia Romana qui non modo Sanctos non invocabant, sed nunquam genu flectebant coram Hostia. Tales verò homines occultos vivere non potuisse inter Pontificios multis argumentis ostendit. Quomodo enim inter eos latere possit, qui vel nunquam Missam audiat, vel si audiat, stet aut sedeat procumbentibus cæteris in genua, nunquam peccata confiteatur, nunquam Litaniis aut Supplicationibus assistat, nun-

quam in morbis lethalibus Extremam Unctionem & Viaticum accipiat, &c? Evidens est nobis nodis solvendis non sufficere si probes quosdam qui vixerunt inter Pontificios credidisse Sanctos non esse invocandos, Hostiam non esse adorandam, sed requiri præterea ut probes (alioquin frustra futurus) eos neque Litaniis, neque Missæ Sacrificio adfuisse unquam, neque Auriculari Confessione usos fuisse, neque Sacramento Eucharistiæ unquam participasse; nam sicut homo in uno peccato mortali vivens cæterorum purissimus, est tamen membrum mortuum Ecclesiæ, ita qui è quatuor vel quinque Idololatriæ speciebus, unâ duntaxat se polluit, cæteras omnes declinat, est tamen membrum mortuum Ecclesiæ.

XVII I. Hinc patet respondendum esse ad primum articulum objectionis, Autorem Systematis peccasse *ignoratione elenchi*, non enim quærebatur utrum aliqui secus senserint ac profiterentur, sed utrum aliqui externos Idololatriæ Pontificiæ ritus ad unum omnes declinare potuerint clam Communione Romana in qua vivebant. Ergo, ut per se patet, nihil egit in hunc ait hoc modo argumentando, *sunt hodie multi in Ecclesia Romana qui contemnunt Invocationem Sanctorum, Adorationem Imaginum, & cæteras Papismi superstitiones, ergo à pari fuerunt in eadem Ecclesia ante Reformationem qui contemnerent;* nam licet totum argumentum ipsi concedatur, nihil quod nodum solvat concludere potuerit, quia sicut hodie illi qui contemnunt invocationem Sanctorum, adorationem Imaginum, &c. non ideò tamen abstinent à publica professione fidei Romanæ, non à Confessione auriculari, non à Missa audienda: sic etiam statuetur de veteribus illis occultis contemptoribus, vi ac virtute paritatis ab ipso Autore adhibitæ, atque adeò paritas illa validissimè probabit fideles illos occultos fuisse revera idololatras, ergo non fideles.

XIX II. Non minus ipsi nocet sua paritas quoad secundum articulum. Nam si hodierni contemptores superstitionum Pontificiarum, ideò scriptis non produnt sua cogitata, quod nullo fere veritatis amore, nullo zelo tangantur, nec audeant subire periculum inde imminens, eadem quoque causa assignabitur silentii veterum contemptorum, qui proinde non magis dici poterunt fideles, sive membra viva Ecclesiæ, quàm qui medullitùs erant Pontificii. Quod addit de Michaële Marollo, Joanne Launojo, & Autore libelli Gallici cui titulus, *Avis salutaires de la Vierge à ses dévots indiscrets,* nihil habet roboris; nam isti damnarunt equidem immodicam quamdam superstitionem quæ præter Conciliorum Statuta commendata fuit plebi arte Monachorum, & ad quam sequendam nemo obligatur, sed substantiam ipsam doctrinam Pontificiæ prout sanciræ à Conciliis circa Sanctos, Reliquias & Imagines non damnarunt. Si ergo Concilia idololatriam statuerunt, isti Autores idololatræ sunt, utpote semper professi summam adhæsionem Conciliorum Canonibus. Adde quod Autor qui expresse meminit de invocatione Sanctorum, adoratione Imaginum, sublato calice, lingua barbara in sacris Officiis, non ausus est tangere punctum in quo residet maxima Ecclesiæ Romanæ idololatria, nempe Hostiæ adorationem, cùm satis superque pareat, nec Autores quos aut appellavit, aut designavit, nec ullum alium præsentiæ realis dogma, adorationisque Jesu-Christi in Sacramento Altaris in dubium revocasse publicitùs.

Nihil ergo inferri posset aliud ex sua paritate si maximè ipsi indulgeamus, quam vixisse olim in
Ec-

Ecclesia Romana quosdam qui voluntarias & immodicas superstitiones circa Sanctos & Imagines praeter Conciliorum mentem invectas Monachorum technis, improbarunt publicè, de caetero assentientes Canonibus Conciliorum circa cultum Imaginum & Sanctorum, & adorationis Sacramenti. Egregii fideles! quin potius planè perfecteque Idololatrae, ex sententia Reformatorum.

XX. III. Dicesne non deesse quod excusare valeant, ut patet ex tertio articulo. Sed tales excusationes verè ficulneas dixeris, quippe non meliores quam folia quibus primi parentes nuditatem occultarunt nam eodem pacto purgare poteris omnes veteres Ethnicos, qui suae Religionis cognoverunt idololatriam, nec tamen deseruerunt. Quo enim se recepissent puriori Religioni nomen daturi? Quod vexillum ante praedicationem Evangelii ipsis ostensum ad quod confluerent? Atque etiam illi per se non magis quam occulti fideles in Ecclesia Romana novam confoederationem condere valebant. Idem statuas de omnibus Gentilibus, & Muhammedanis (si qui tales extitere) qui probè cognitam suae Religionis foeditatem, professi sunt tamen usque ad mortem per omnia ea tempora, quibus Sacerdotes missi annunciatum Evangelium infidelibus, Congregationes Christianas conspicuas non condiderunt, quae tempora omnia ferme saecula complectuntur, saltem quoad longè majorem partem infidelium; nam Ecclesiae fundatae, verbi gratia à *Missionariis* in quibusdam locis Orientis non reddunt inexcusabiles infideles qui permanent in Religione patria cujus errores irrident si sint remotissimi à locis illis, ut sunt plerique. Ratio est, quae affertur ab Autore Systematis pag. 164. ubi affirmat Arrianos qui vivebant in centro Arrianismi, & in remotis Orientis Regionibus non fuisse obligatos ad profitendam orthodoxiam quam cognoscebant, neque ad egrediendum è Communione Arriana, *Si enim,* inquit, *voluissent se aggregare alteri Communioni, ubi eam reperiissent;* Quanto verius id dici possit de innumerabilibus infidelibus Asiae, Africae, & Americae, imò de omnibus Christianis qui in Turcico Imperio vivunt, & de multis Pontificiis, nemini utcunque subacto in Geographia & Historia obscurum esse potest.

Necdicas idololatriam Romanam leviorem esse quàm Gentilem, ideoque venia digniores qui hanc quàm qui illam simulant, ego enim inferius ostendam, si velimus ratiocinari juxta hypotheses Reformatorum, Romanam idololatriam aequiparandam esse Ethnicae.

Magis ergo magisque patet quam latam viam aperiat Systematis Autor ad Paradisum; nam si hypocritae salvantur in re omnium sceleftissima, nimirum idololatria, quidni salvabuntur idololatrae sinceri & candidi?

Placet hic ob oculos ponere Lectorum quemadmodum vetus Ecclesia Christiana, judex, medius fidius, longè melior doctrinae ac regulae morum, quam sint novissima haec saecula; faex ac veluti amurca Christianismi, opinata sit de iis qui personati degunt in aliqua Communione. Omnium instar fuerit judicium Sancti Augustini. Ille igitur dum solidè refutat in Tractatu *de Mendacio,* eos qui dicebant licitum esse profiteri Priscillianistarum errores, detegendi causâ Priscillianistas, ostendit hanc esse unam ex praecipuis Priscillianistarum haeresibus, & per quam caeteris haereticis essent pejores, nempe *fas esse mendacio obtegere ac velare qua sentias,* dicitque adeò eum qui mentitur haereticum, esse haeretico deteriorem, hunc quippe ignarum, illum verò scientem

blasphemias promere; praeterea illum qui loquitur ut Priscillianistae loquebantur quo eorum fidem detegat, Jesum-Christum negare coram hominibus, eaque re teneri sententia lata à Jesu-Christo in eos à quibus negaretur coram hominibus, quorum poena futura est ut ipse vicissim eos neget coram suo Patre Coelesti. Denique statuit Augustinus praestare occultam manere impietatem Haereticorum quàm ut detegatur simulatione.

Hinc colligas qui colit Idola cognita ut cultu digna, esse venia digniorem, quam qui colit cognita ut omni honore indignissima,

XXI. IV. Quod ait Autor in quarto articulo, ea de causa tot homines derepente transiisse in Castra Reformatorum, quia dudum exoptaverant viam sibi ostendi qua exirent, incertissimum est, non modo propter argumenta à Domino Nicolle allata (in quibus desumptum à formula orationis publicè recitandae in coetibus Reformatis maximè urget) sed etiam quia eodem jure fingere possemus Gentiles ante praedicationem Evangelii dudum exoptasse erectionem melioris Religionis. Haec verò hypothesis si nullo alio nomine esset rejicienda, saltem inutilis est ac superflua, cùm tot populorum repentinae conversionis sufficiens causa assignetur, si supponas ex parte docentium egregia praesidia, ex parte verò dedocendorum futilissimos & crassissimos errores. Jam certum est hanc hypothesim convenire Reformationis saeculo.

XXII. V. Responsio ad quintum articulum peti debet ex ante dictis, quaecunque enim supposueris de causa quamobrem multi hodie manent in Communione Romana, licet quosdam ejus errores improbent, supponi poterit de illis, ut quidem credis, fidelibus qui ante Reformationem manserunt in ejus sinu. Nam si ejus commoda non praetulissent fidei suae, nunquam commisissent, ut in idololatriae professione, re immane quantum Deo detestatae, viverent & morerentur. Vel ergo ut hodierni illi Pontificii dimidiati, mundi illecebris vincebantur, vel judicabant tolerantiam & simulationem errorum Ecclesiae Romanae potiorem esse Schismate.

Ut hoc obiter dicam, parum expedit Autori, quod hodie Ecclesia Romana scateat, ut ipse quidem asserit, viris ejus errores contemnentibus; nam si inde colligat multos quoque olim vixisse ejuscemodi, non propterea salvatorum numerum augebat, cùm ille qui falsas Religiones contemnit, & meliorem non sequitur, praestet equidem ingenio ei qui easdem veneratur, sed probitate longè sit ipsi inferior.

XXIII. VI. Miror Autori supra laudato excinisse ea quae in sexto articulo: nam vel illis qui primoribus labris leges disputandi degustarunt, notissimum est affirmantis esse probare, non verò negantis. Tam ergo juremerito exigit D. Nicolle negans extitisse quosdam in Ecclesia Romana, qui praecipuas ejus doctrinas practicas nec crederent, nec profiterentur, ut qui hoc affirmant, probent, quam immerito qui hoc affirmant, exigunt, ut ipse probet non extitisse tales homines, cùm praesertim ille rem neget ira carentem probabilitate, ut quicunque affirmare sustinuerit, ansam praebeat absurda quaeque affirmandi, verbi gratia omnes Communiones Christianas scatere Muhammedanis & Gentilibus. Nec melior est exceptio, *non posse ostendi illos fideles, quippe qui mortui sint, nec eorum scripta, utpote qui facultate scribendi non instructi fuerint,* nam quot, quàmque diversorum hominum ostenditur existentia monumentorum fide, licet dudum occiderint; & præterea si illi fideles imperitiores erant quàm ut scriptis instruere possent proximum, non poterat in illis solis remanere vera Ecclesia, & continuari successio viri Christianismi (quæ res agebatur inter D. Nicolle, & D. Claude); nam quis ignorat in vera Ecclesia debere esse necessario qui facultatem habeat propugnandi veritatem & confutandi errores qua voce qua scriptis?

XXIV. VII. Septimus articulus mecum facit, nam si fidelium latentium in Ecclesia Romana exiguus fuit numerus, pauci salvati sunt in Christianismo per multa sæcula. Qui ergo reliquos omnes damnat, crudelior est quàm Ecclesia Romana, *& triste jacet lucis evitandumque bidental*, si non bruta sunt fulmina Autoris Systematis.

XXV. VIII. Nec minus iste articulus facit contra eumdem Autorem. Ex eo enim quod multi quos ipse citavit in suis Præjudiciis, acerbè admodum clamitaverint adversus Babylonem, hoc est, Aulæ Romanæ superbiam, avaritiam, luxuriem, sequitur non eos silentio fuisse prætermissuros cultum Sanctorum & Imaginum, ipsamque adeò adorationem Eucharistiæ si credidissent hæc omnia esse Idololatriam in prima legis Tabula prohibitam. Extarent ergo vehementes eorum declamationes in hæc non minus quàm in Aulæ Romanæ & Cleri corruptionem, si ambo illa mala fuissent ipsis æquè cognita. Silentium ergo eorum argumento est probatam fuisse illis Romanam Ecclesiam, si minus quoad mores, saltem quoad doctrinam fidei. Cumque magnum periculum ingrueret ex libertate carpendi Papam & Clerum, quidni ausi fuissent homines verè fideles culpare superstitiones Ecclesiæ, qui Papam & Monachos tam vehementer suggillarent? Præterea quid juvant ejusmodi divinationes quando probationibus opus est, nec timidis hypocritis quoad errores mortales constare potest fidelium cœtus?

XXVI. IX. Ultimus articulus haud quaquam cæteris præstat, qua evidentissimum est in maxima morum corruptione quæ Clerum invaserat, nunquam intermissa fuisse divina Officia. Et fortasse nunquam alias Missæ celebratio fuit frequentior: ut verò multis argumentis historicis evincitur, nunquam affluxus major in Templa, Sacella, & altaria privilegio donata: nunquam donatiorum in Divos, & opum in Ecclesiasticos effusiones uberiores: nunquam Indulgentiarum distributio crebrior. Quæstum faciebant Sacerdotes ex superstitione, quo ergo erant vitiis magis dediti, quo ignorantia grassabatur crassior, eò magis eorum intererat, eò facilius ipsis erat fovere superstitionem, & cultum exteriorem Religionis. Verum est plerosque eorum securos maximè vixisse quid quisque sentiret de Deo & de Religione, dum quoad exteriora se gereret. ut quam maximè remotus à contemptu Ecclesiæ & ab hæresi: sed nequaquam patiebantur Clerus ut quis sermone & professione Ecclesiæ jugum excuteret. Idcirco æque arduum erat temporibus illis impunè vivere absque ullo cultu exteriori Religionis, ac quocunque alio sæculo. Quod addit Autor tunc temporis homines ne ad Deum quidem invocandum excitatos fuisse à Pastoribus, declamatoriam sapit hyperbolem. Nunquam in Christianismo tam malè cum rebus humanis actum est ut deerint Catecheses, Homiliæ ad Populum, & preces divino Numini fusæ in Templis statis horis, imo libri Ascetici, & pii quàm optimi. Extant hodieque tales compositi in sæculis illis ferreis.

XXVII. Ex dictis tota hac sectione & proxime præcedenti patet, si nulli alii fuerunt salvati in Ecclesia Romana ab eo tempore quo in cultum publicum invecta est Invocatio Sanctorum, Adoratio Imaginum & Eucharistiæ, quàm qui ab eo cultu semper abstinuerunt, vel saltem in hora mortis declararunt se abominari illum, & maximâ tangi pœnitentiâ simulationis suæ præteritæ, numerum salvatorum fuisse fere nullum, utpote non majorem numero hominum quorum cadavera infamiæ hæreticæ ergo solitis sepulturæ honoribus fuerunt privata. Quòd cùm non minus intelligi debeat de Communionibus Orientalibus (nam cultus Idololatrici non serius apud illas, quam apud Latinam stabiliti fuere) videat Autor an ejus sit tam sæpe tamque acerbe Romanam Ecclesiam crudelitatis postulare; præsertim cum quæ ille salutem infantium excipere voluerit, vel de pœnitentia tacita supponere eorum qui subitanea morte correpti sunt, aut non statim obierunt atque Sacerdoti Invocationem Sanctorum præeunti, Viaticumque præbenti annuerunt, statuantur ab Ecclesia Romana de salute omnium Baptizatorum morientium ante usum liberi arbitrii, & supponi possint pari jure de adultis qui moriuntur subito inter Hæreticos, aut aliquanto post egressum Ministri. Imo potiori jure supponi possunt quia cultus exterior Religionis Protestantis non trahit secum tot flagitia quoad Pontificium occultum, quot ritus Ecclesiæ Romanæ quoad occultum Reformatum. Deinde certum est inter Græcos nullos esse ritus quos Ecclesia Romana judicet saluti contrarios; idcirco ad eos salvandos sufficit si supponat eos momento mortis agnoscere primatum Papæ.

Quamquam (ut quod verum est liberè dicam) nulla ratio habenda esse videtur in præsenti controversia, conversionum illarum nullo signo in hora mortis se prodeuntium. Et quid, quæso mitius statuas in genere de pœnitentia finali, sed occulta prorsus eorum hominum qui per totam vitam actus edunt quos credunt idololatricos, quàm de simili pœnitentia eorum qui totam vitam agunt in fornicatione, fraudibus & ebrietate? Ut prætermittam quotquot clam pœnituit in mortis articulo professionis hypocriticæ Religionis Romanæ, pertinuisse solum ad Ecclesiam illam invisibilem, de qua nostri vulgo. Theologi, non verò ad Ecclesiam illam visibilem docentem & profitentem, quam verè Christianam, & valè extensam extitisse vult continuo Systematis Autor.

XXVIII. Hæc itaque ne hilum quidem faciunt ad eliminandam ab Autore Systematis invidiam crudelitatis quam conflare nititur Romano gregi, quæque, si accuratè loqui volumus in eo consistit quod omnes adultos quatenus segregatos & animo & corpore à Communione Romana, extra viam salutis esse judicet, non negans interim quin Deus simulationis quorumdam misereatur qui Pontificii animitus, vixerunt in hæreticæ pravitatis exteriori professione, vel quin per miraculum aliquos hæreticos in hora mortis illuminet imbuendo illos fide, ut vocant, Catholica. Cùm ergo istæ & similes exceptiones commune possint esse asylum Pontificiis atque Protestantibus, sic exponenda est utrorumque sententia ut justa fiat comparatio inter utrorumque crudelitatem.

Protestantes damnant omnes adultos qui moriuntur in Communione reddente Creaturis cultum soli Deo debitum, exceptis iis qui non participarunt illi cultui, vel in hora mortis nuncium miserunt, hoc est, si accuratè loquamur, qui non mortui sunt in ea Communione. Damnant ergo omnes adultos morientes in illa.

Pontificii damnant omnes adultos qui moriuntur in Communione segregata à Romana, exceptis iis qui vel corde non participarunt illi separationi, vel in hora mortis nuncium miserunt, hoc est propriè loquendo, qui non moriuntur extra Romanam Ecclesiam. Damnant ergo omnes adultos morientes extra illam.

Hinc manifestè liquet vel mediocriter cognoscenti Historiam Ecclesiasticam & Geographiam, longè plures Christianos damnari juxta Protestantes, quàm juxta Pontificios: Protestantes loquor, qui utuntur restrictionibus Autoris, nec rotundè fatentur ac sine ambage, plenam tenacemque adhæsionem Papismo, non esse impedimentum Salutis, sed eo modo explicant τὸ *salvari in Ecclesia Romana*, unde sequatur illam sibi arrogare posse doctrinam palmariam Systematis, nempe *Electos esse disseminatos per varias Societates Christianismi*, licet aliunde supponat neminem salvari extra se. Dicet enim illos Electos videri equidem membra aliarum Societatum, sed ad se unam nihilominus pertinere.

At immanis est barbaries damnare tot Moreæ incolas (sic enim memini me videre Autorem Systematis Ecclesiæ Romanæ insultantem in quadam Epistolarum Pastoralium) quos fateris Orthodoxos cæteroquin, & uno hoc errore laborantes quod Primatum Papæ non agnoscant. Miror ipsum fugisse quam facile telum retorqueri possit.

Quasi verò iidem Peloponnesiaci, opifices, nautæ, aratores, mulieres, ab incunabulis edocti Cultum Sanctorum, Reliquiarum, Imaginum, Eucharistiæ, Deo esse gratissimum, & huic institutioni se candido ac devoto animo submittentes, horrendos æternosque cruciatus inferorum merere dici valeant absque magna crudelitate, si crudelissimum sit eos iisdem cruciatibus addicere quod primatum Papæ non cognoverint!

At invocatio Sanctorum Deo est injuria, & primatus Papæ jure negatur. Sed nonne vides te petere principium & extra oleas ferri? De hoc jam non est quæstio, quæritur an Pontifici suis principiis innitentes sint crudeliorés quamProtestantes innitentes suis: quæstionis verò statu ita posito evidens est adhæsionem Communioni Schismaticæ grandius flagitium videri debere Pontificiis, quàm invocationem Sanctorum Protestantibus.

At hæc est prima mali labes, quod Pontificii talia principia statuant unde erumpant necessario consequentiæ crudelissimæ, verbi gratia extra Ecclesiam Romanam ipsos quoque Martyres damnari. Sed cave ne tu principia crudeliora adhuc statuas, unde nimirum sequatur Augustinos, Chrysostomos, & Martyres ipsos Græcos & Latinos post quintum sæculum ne ipso quidem Jo. Hussio & Hieron. Pragensi exceptis, ultricibus inferni flammis torqueri.

Hæc crudelitatis objectio alibi rursum eventilabitur, tamque insubidè & cæco impetu proposita est ab Autore Systematis, ut non modo movendo eam Camarinam pessimè sit meritus de Protestantium Communione, sed etiam de Universa Religione Christiana. Quidquid id est legem sanxit in se ipse ne ausit amplius damnare invocantes Sanctos, & colentes Reliquias eorum

ac simulacra, viamque adeo salutis aperuit omnibus Pontificiis qua Pontificiis; nam si ob cultum religiosum creaturarum eis paradiso interdiceret, longe immaniori esset sævitia (utor argumento ad hominem N. B.) quàm Pontifex Romanus.

SECTIO XVII.

An Autor crudelitatis invidiam effugere valeat, dicendo, Idololatriam Christianorum non incepisse statim atque invocatio Sanctorum incepit.

Hæc quoque via extricandi sese à difficultatibus acerrimè prementibus est præcludenda Autori supra laudato, ut tandem agnoscere cogatur non posse Ecclesiæ Systema quod vulgavit, manere aliter firmum, quàm si omnes Pontificii quà tales semper fuerint in via salutis. De Pontificiis enim pravè viventibus non quæstio est, cum æquè verum sit Reformatos prave viventes non posse salvari quà tales, sive in sensu composito, ac hoc verum est de quibuscunque aliis hominibus.

Videtur ille probè subodoratus consectaria, si ejus ideas sequimur, crudelissima quò emergunt ex eo quod in Ecclesia Romana salus obtineri non possit; ergo ut eos scopulos declinaret fassus est illam fuisse semper partem veræ Ecclesiæ in qua Deus suos electos pabulo salutis aluerit. Sed quia nemo tali pabulo nutriri potest dum Idololatriæ participat sive animo simul & corpore, sive alterutro solum, supponendum est necessario Autori electos illos ita vixisse in Ecclesia Romana, ut neque crediderint ejus errores Idololatricos, neque imitati fuerint exteriorem praxim Idololatriæ ejus, nam quæ spectant viam tolerantiæ diruta sunt penitus Sect. 23. & satis evidens est cùm idololatriæ crimen pejus sit homicidio & adulterio, & nemo homicida & adulter aliter toleretur à Deo in salutem æternam quàm quia gratia pœnitendi explicitè donatur, statuendum esse potiori jure nullum idololatram fuisse salvatum absque pœnitentia explicita. Restat ergo ut in Ecclesia Romana (Græcam quoque addere possum) illi solummodo fuerint salvati & salventur, vel qui puros se conservarunt ac conservant ab ejus idololatria, vel qui saltem in lecto mortis personam sibi eripuerunt ac eripiunt nunci misso sacrificulis sacramentisque Ecclesiæ Romanæ. Ex quo sequitur, prout demonstratum dedimus, neminem fere Christianum fuisse salvatum per multa sæcula; ergo juxta propriam Autoris doctrinam, qui talia propugnant reos esse tam stupendæ crudelitatis, ut verisimile sit eos non credere quæ dicunt, utque illa sufficiat probando eorum Communionem esse *Deo inimicam, Christo oppositam & damnationis viam*.

Commodum esset asylum, si dicere posset quamdiu salus tam rara fuit in Ecclesia Romana, mansisse sanam Ecclesiam Græcam; sed illud minimè Gentium dici potest, quandoquidem certum est Ecclesiam Græcam & Sectas Schismaticas Orientis à multis retro sæculis in eodem plus minus cum Romana idololatriæ barathro versari circa Sanctos, Reliquias, Imagines, & Eucharistiam. Passa est equidem idololatria Imaginum aliqua intervalla Iconoclastarum; sed nec illa fuere diuturna, nec idololatriæ finem afferebant, cùm Iconoclastæ Sanctorum invocationem, & cultum Crucis retinuerint. Sectæ autem quæ in Occidente interdum rejecerunt multa Ecclesiæ

Romanæ dogmata, non pauca eorum retinuerunt quæ contraria saluti judicantur à Protestantibus, & simulatione nefaria se polluebant. Videlis Sect. 14. n. 13.

II. Cùm ergo non possit declinari difficultas sanitate aliarum Communionum supposita, reliquum est autori hoc unum effugium, Idololatriam quæ hodie obtinet in Ecclesia Romana & Græca sensim crevisse, ex quo inferet, si mortalis extitit superioribus sæculis, non tamen fuisse Veteribus. Hanc revera esse mentem illius patet ex cap. 24. l. 3. ubi multus est ac sedulus in coacervandis differentiis quæ occurrunt, inter hodiernam invocationem Sanctorum & veterem, ut colligat veterem fuisse dunraxat superstitionem, hodiernam verò esse idololatriam.

Sed nihil ea certè conferunt evitandis Consectariis quæ ego objeci ; nam ut verum sit quod ille ait pag. 612. cultum Reliquiarum, invocationemque Sanctorum non fuisse ab initio tanta mala quanta evaserunt deinceps, & pag. 615. primordia morbi mortalis non esse necessario mortalia, inde non poterit concludi ea mala non fuisse idololatriam ab initio. Observandum enim est qualitates tum bonas tum malas suscipere equidem magis & minus, sed earum tamen essentiam consistere in indivisibili, eo sensu ut certum detur punctum in quo hujus sunt speciei potiùs quàm alterius, quod punctum verè dixeris, fines discriminantes unam speciem ab altera. Verbi gratia ut aliquis actus sit virtuosus non vitiosus, aut vice versa, requiritur certus gradus bonitatis aut malitiæ: hoc gradu semel posito actus est propriè virtuosus vel vitiosus, sed potest deinde fieri vel melior vel pejor. Redeamus ad exemplum adulterii de quo supra, quoque nullum est aptius ad designandum peccatum idololatrum.

Uxor raro admodum ruit in tantum scelus uno quasi impetu, & absque præviis occultisque mali incrementis: non raro etiam evenit ut initia mali leviora sint quàm ut peccatum mortale adversus castitatem constituere valeant. At sensim crescunt donec tandem illa inconcessis amoribus plus nimio indulgens, lascivis blanditiis aurem præbeat, basia contrectationesque illicitas proco permittat. Quamdiu intra hos fines peccatur, læditur sine dubio fides conjugalis, & pudicitia mortaliter, nondum tamen completè fit adulterium. Sed ubi primùm ea concumbit cum proco, jam adæquatè adultera est: adulterium verò illud, licet jam crimen completè mortale, fieri potest in dies gravius, & in immensum crescere, prout nempe illa & sæpius renovabit cum eodem Amasio, cum pluribus, in lupanaria se conseret, totamque se permittet arbitrio libidinosæ juventutis voluptatem exquisitiorem reddere satagentis variis nequitiæ rationi. Hinc sequitur interu duas adulteras posse intercedere ingens discrimen, ut si altera uni tantum proco interdum sui faciat copiam servato decoro humano, altera verò fiat triobolare prostibulum. Sicut autem ineptissimè ex eo quis colligeret priorem non committere adulterium, & ejus culpam non esse mortalem, quod multa essent discrimina inter ejus peccatum & peccata posterioris, ita non juremerito Autor supra laudatus colligere intendit cultum religiosum creaturis olim redditum non fuisse idololatriam & crimen mortale ex eo quod multis nomi-

nibus differat à cultu quem Ecclesia Romana iisdem creaturis reddit.

III. Fatendum est, *morbi mortalis initia non esse necessario mortalia*, vereque admodum dici, *nemo repente fit turpissimus*; sed fatendum quoque est ea quæ dicuntur initia suscipere magis & minus, & non raro usque ad rationem mali mortalis pervenire. Nonne enim latrocinandi consuetudo, quæ in quibusdam adeò invaluit, ut noctedieque vias & plateas infestas habuerint, civium domos ipsaque adeo Templorum Sacraria expilaverint, vi ac cædibus passim sævientes, initia quædam habet non mortalia, & quædam mortalia ? Non sunt mortalia dum in domo paterna triennis vel quadriennis puer poma, cerasa, tæniolas aut quid simile surripere amat & occultare. Sed quamprimum adultus collusoribus aufert aliquid pucuniæ jam peccat mortaliter. Hæc tamen initia mali dixeris jure merito, habita ratione latrociniorum quæ deinceps per totam vitam commisit atrociter, donec crurifragio dederit pœnas.

Utamur exemplo quod ipsemet Autor adhibuit in Epistola 13. (*) Pastorali. Morbi lethalis puta phtisis, & hydropis inconspicua quædam sunt primordia, humorum viscerumve ea intemperies quæ edere libere, dormire, imo etiam venari & militare non prohibeat, crescit malum, ad culmen pervenit, ægrumque ad incitas redigit. Accitus Medicus singula probe sciscitatus initium morbi in ea humorum viscerumve intemperie collocat quæ non fuit obstaculo ne æger sua munia obiret. Huic se Medico similem videri vult Autor ; Antichristianismum jure merito opinatus esse morbum lethiferum Ecclesiæ, in ejus primordia & progressum inquisivit, deprehenditque illum morbum jam inde ab Apostolorum tempore INCEPISSE, superbiam & προεδρίας studium primæ tyrannidis germina fuisse; cultum verò illum Angelorum quem Sanctus Paulus in quibusdam Asiaticis damnat, INITIUM fuisse idololatriæ : sicque existimat ea germina, lento incubationis fomento pluribus sæculis usa, tandem erupisse quinto sæculo, natum fuisse parvum id monstri & varios incrementi gradus subiisse, neque essentiam Ecclesiæ ab eo fuisse eversam quandiu fuit exiguum, licet verò mala Antichristianismi nondum essent extrema sub Leone I. Pontifice Romano, neque talia ut damnarent ipsum Leonem, fuisse tamen ANTICHRISTIANISMI INITIA, nam Leone sedente *Ecclesiam ADMODUM IMMERSAM* (a) *FUISSE IN IDOLOLATRIAM cultus creaturarum, qui unus est Antichristianismi characterum, & INCEPISSE blasphemias in Deum & in Sanctos ejus.*

Habemus hic egregiam confirmationem observationis à me allatæ circa diversitatem initiorum; nam quædam sunt initia morbi quæ non magis reddunt hominem ægrum quam quædam impudicitiæ initia reddant uxorem adulteram : quædam verò sunt initia morbi quæ verè & propriè constituunt hominem in classe eorum quos nec sanos, nec neutros dicunt Medici, sed ægros lethaliter, sicut primus concubitus illicitus verè & propriè uxorem ponit in classe adulterarum. Cæterum immane est intervallum quandoque inter isthæc initia morbi, & ultimam ejus perniciem tum
quoad

(*) Ann. 1689. pag. m. 293 edit. in 12.
(a) *Il est certain aussi que de son tems* (de Leon I) *l'Eglise se TROUVA FORT AVANT ENGAGEE DANS*

quoad tempus, tum quoad sensum mali, sicut
immanis est plerumque intercapedo inter primum
uxoris adulterium & prostitutionem volgivagam,
nec rejicere valet Systematis Autor hanc circa diversitatem *initiorum* observationem, quippe qui
agnoscat tum Antichristianismi *initia* in saeculo
Apostolorum, tum in quinto saeculo. Illa, si
velit, non fuisse mortalia concedemus ipsi, non
vero haec fuisse venalia delicta. ·

Fateri possemus initia quaedam idololatriae
Romanae non fuisse mortalia, sed nisi velimus
ridiculas aut saltem elumbes omnino reddere rationes quibus hodie probamus Ecclesiam Romanam circa Sanctos & Imagines esse idololatriae
ream (vide Sect 12. n. 1.) contendere debemus
honorem Sanctis redditum evasisse in idololatriam statim atque usque ad invocationem pro-
ductus est. Tunc enim actualis translatio fuit
facta in creaturas cultus soli Deo debiti, quae est
juxta Protestantes germana ac genuina essentia
idololatriae seu adulterii Spiritualis, sicut germana ac propria essentia adulterii corporei
completi consistit in eo praecise quod uxor jura-
tori soli viro debita cum altero communicet.
Quaecunque autem accessio facta fuerit cultui
illi Sanctorum, non propterea ille evasit magis
idololatria, sed major; neque enim impudica
mulier adulteria adulteriis cumulans, facit ut sua
libido sit magis adulterium, sed solùm majus
quàm esset. Observari velim statum Ecclesiae
sub Leone I. censeri ab Autore Systematis, *INI-
TIA Antichristianismi* duntaxat, ut paulo ante
vidimus, & tamen fatetur jam tunc Ecclesiam
fuisse *valde immersam in idololatriam*, fateri ergo
debet dari initia quae sint jam magna idololatria,
ideoque morbus lethalis, quae enim subjungit
de salute Leonis valde immersi in idololatriam,
supinam sapiunt contradictionem.

Haec adeò certa esse debent apud Protestantes,
ut nihil necesse sit testimonium D. Claude huc
adducere dicentis in Apologia Reformationis
pag. m. 335. *Dogma invocationis Sanctorum nunquam potuisse credi, nunquam in praxim redigi absque vera fidei & vera pietatis ruina.* Si ergo
velimus scire quando Ecclesia Christiana inceperit esse idololatria, illud tempus indagandum est
quo invocatio Sanctorum obtinere coepit. Verisimillimum est quod ait Autor *tom. 2. explicat.
Apocalyps. cap.* 1. Homines utriusque sexus illitte-
ratos & plebejos omnium primos in usu habuisse
illum cultum: sed cùm non legamus Veteres
Patres hunc morem damnasse, imo à quam plurimis 4. saeculo commendari, quis negare audeat
Pastores & Oves jam tunc eadem lue laborasse,
Oves quia Sanctos invocabant, Pastores quia vel
hoc tolerabant, vel etiam approbabant?

Sed quid opus est ratiociniis aut suppositioni-
bus utcunque cavillationi opportunis? Habemus
confitentem reum, ut enim non repetam quae
ex Pastoralibus litteris adduxi, fatetur Autor in
Systemate expressis verbis p. 615. *Cultum Sanctorum qualis obtinebat in medio quinti saeculi non
esse excusandum, & profecto incepisse esse MA-
XIME IDOLOLATRICUM.* Te-
netur ergo propria confessione; ex qua sequitur Christianismum integrum per undecim saecula plus minus in ea apostasia destituisse in qua nemo salvabatur, & in hanc usque diem à medio
quinti saeculi delitescere exceptis Communionibus Protestantibus.

IV. Instantia gravior esse posset si frui vellem iis
quae concedit idem Autor in loco laudato ex
complemento Prophetiarum, ubi disertè asserit
superstitionem Reliquiarum, venerationem, cultum, & paulo post invocationem & intercessio-
nem Sanctorum invecta fuisse circa annum 360.
aut 380. & ante hoc tempus hanc superstitionem
incepisse à populo. Quo ille argumento probat
tunc incepisse Antichristi regnum, quia supponit
incepisse simul cum Idolatria.

Possem facilè argumentari ex concessis viam
salutis fuisse praeclusam in Ecclesia Christiana
jam inde à 4. saeculo; at sufficiunt mihi decem
vel undecim saecula generalis apostasiae. Quod
enim innuere quamquam timidius conatur, initia
Idololatriae non esse mortalia, falsissimum est si
de initio invocationis sit sermo, nec magis tole-
randum quam si quis diceret primos uxoris concubitus cum alieno viro non esse adulterium,
neque mereri libellum repudii. An ille non
acerbissimè inveheretur in Jesuitas, si forte ex
eorum sodalitio quidam de casibus conscientiae
agentes dicerent mulierem quando incipit esse
maximè adultera, nondum peccare mortaliter in
fidem conjugalem? Quomodo ergo sperare potuit
ut Lectores non concluderent ex eo quod fateatur Ecclesiam Christianam adulto quinto saeculo
*incepisse esse maximè Idololatram & blasphemias fun-
dere in Deum & in Sanctos Dei*, eam tunc fuisse
erga Deum faedifragam mortaliter?

Nec obstat quod tunc Idololatria esset minor
quàm fuit deinceps; quot enim committuntur
quotidie peccata mortalia & propter quae actu
damnabuntur poenis aeternis qui ea fecerunt, quae
tamen sunt veluti prima rudimenta eorum nequi-
tiae quaeque si illi vixissent diutiùs, ad tantum
immanitatis culmen perducta fuissent, ut compa-
rata cum suis initiis non minora discrimina obla-
tura fuissent, quam sint differentiae inter Idolatriam quinti saeculi & Idololatriam saeculorum se-
quentium.

Hinc obiter colliges pueriliter errare qui doctrinam rejicientem distinctionem peccati venialis
& mortalis traducunt quasi aequalitatem omnium
peccatorum inducentem; nam ii quoque qui hanc
distinctionem admittunt fateri coguntur unum
peccatum mortale esse majus altero. Quod si ego
passim peccati mortalis & non mortalis mentionem faciam, non ideo facio quod vel ignorem,
vel sollicitare, nedum quatere velim vulgarem Protestantium hypothesim ejusmodi distinctionem
rejicientem; ita loquor ut me ad principia Autoris
supra laudati accommodem, cui non improbatur
ea distinctio.

V. Caeterum non ille potest aliquos salvare in primis idololatriae saeculis dicendo tunc nemini fuisse
impositam necessitatem invocandi Sanctos; nam
nunc quoque illa necessitas nemini imponitur, &
ipsemet in suo Alexiterio pag. m. 134. Henri-
cum Holden Doctorem Sorbonicum citavit de-
clarantem, omnes Catholicos non teneri actu invocare Sanctos, salutem posse obtineri sine hoc,
& forte aliquos ex salvatis Catholicis nunquam
sanctos invocasse. At quid respondendum sit ei
exceptioni, ipsemet docebit statim subjungens 1.
neminem posse intrare in Ecclesias, in quibus
ritu publico invocentur Sancti quin eos invocet;
nam vel Officio publico carendum esse, vel par-
ticipandum invocationi Sanctorum. 2. Falli eos
qui credunt tunc te non participem futurum illius
cultus, si solum in intimis cordis penetralibus ei
refrageris; illum enim qui eligit aliquam Religionem omnibus devotionibus illius participare,
etiam quas non approbat. Turcam non fore audiendum dicentem, *Amplectimini meam Religionem, & si nolitis invocare Muhammedem, sinite*

illic, & Deum solum invocate. Ministrum publicum orare nomine omnium adstantium, & præ se ferentium adhæsionem cultui solito, quamvis tacita cogitatione rejiciant.

Egregiè omnino ! sed his verbis solidissimè confirmat quæ ego superius probavi adversus viam *secretionis*, & quoad paucitatem incredibilem salvatorum. Fuisse verò ritu publico invocatos Sanctos sæculo quinto cùm ipso fatente cultus Sanctorum jam *inciperet esse maximè idololatricos, & Ecclesia admodum esset immersa in idololatriam, cultus creaturarum, & blasphemias vomeret in Deum & in Sanctos ejus*, negabit ne hac ratione fretus, quod D. Nicolle Litanias mille annis antiquiores ostendere non potuerit? Sed quis credat illum cultum non fuisse vulgarem in cœtibus Christianis sæculo quinto, si consideret quod nemo diffiteri amplius potest, nullum ex Patribus qui vixerunt quarto & quinto sæculo contra Invocationem Sanctorum aliquid scripsisse, & illustrissimos quosque pietate ac eruditione impensiùs eam commendasse. An credibile est plebem à qua incepit ea superstitio, quæque, ut optime conjicit Autor, jamdudum adhæserat illi cultui, minus fuisse pronam in eum quàm Basilios, Gregorios, Chrysostomos, Cyrillos, Ambrosios, Augustinos, & alios bene multos ejusdem dignationis atque autoritatis? An credibile est quod publicè docebatur & commendabatur à viris ejusmodi, & in quod populus pro ingenito sibi studio, dudum jam arserat, non habuisse locum in Officiis publicis?

VI.   Saltem in confesso esse debet 1. plerosque è plebe invocasse Sanctos quarto & quinto sæculo, ergo fuisse idololatras, ideoque reprobos (non enim pœnitebat eos unquam rei ad quam in hora mortis præcipuè confugiebant devotionis ergo, ut solent, qui Sanctorum præcibus se posse juvari credunt) 2. Patres quorum nomen majori semper fuit venerationi invocatione Sanctorum usos fuisse, & ad eos invocandos cæteris auctores extitisse; ergo dicendos esse non modo idololatras, sed etiam idololatriæ præcones, ideoque animarum veneficos; ergo cùm non egerint ejus rei pœnitentiam, inferorum crutiatibus eximiè gravibus addictos. 3. Per mille annos neminem qui congregationes publicas Religionis frequentaverit venum idolatriæ evitare potuisse, licet cogitatione abjiceret invocationem Sanctorum, extant enim Liturgiæ id ætatis continentes eam invocationem.

Qui poterit vir supra laudatus conciliare cum ea hypothesi sententiam quæ basis est totius Systematis Ecclesiæ, quod verum veluti per excellentiam cognominavit, nempe veram Ecclesiam Christianam fuisse semper visibilem & longè lateque diffusam. Num eadem Ecclesia potest esse vera & simul idololatrica, atque Antichristianismus?

Non poterit etiam crudelissimæ doctrinæ vitare invidiam qua oneravit Romanum cœtum; nam ejus hypothesi sequitur viam salutis quæ medio sæculo quinto incepit esse maximè observata, & in Oriente, & in Occidente, novis subinde repagulis & claustris obvallatam mansisse usque ad hodiernam diem, nisi quod currente sæculo decimo sexto aperta est quoad Protestantes. Non enim esse in aliquo numero & loco habendas Sectas Valdensium, Albigensium, Wiclefistarum, & similes quæ interdum capita erexerunt, ab illo edocti sumus dicente pag. 149. se in corpore Ecclesiæ Universalis eas tantum Societates includere quæ notabilem partem Ecclesiæ in mundo occupant,

instructæ Ministerio, disciplina, Sacramentis, Concilii, idque cum splendore. Juxta quod principium Socinianos & Arianos excludit ab Ecclesia Christiana; credit enim paucos fuisse Arrianos, alibi verò eorum brevem durationem tribuit perniciei doctrinæ quoad verò Socinianos, eorumque Patriarchas Arremonem, Paulum Samosatenum, Photinum observat eos nunquam splenduisse in mundo (*avoir fait figure*) numero discipulorum. Idcirco omnes Sectas quæ brevi extinctæ sunt, quæque non occuparunt notabilem Christianismi partem, hoc ipso reprobationis nota infames credere debet, si consequenter philosophetur.

Sed detur ipsi hæc venia, per me licet, ut ex ea regula excipiat Sectas quæ in Occidente identidem apparuerunt, ut quas paulo ante nominavimus; non habebimus tamen paradisi aditum magis patentem, quia si ex una parte illæ rejecerunt aliquos errores saluti contrarios, ex altera aliquos retinuerunt, & plerumque externa professione idolatriæ Romanæ occultabant peculiarem sibi fidem, ut supra observatum Sect. 14. n. 13. Cùm autem quis multis vulneribus lethalibus fuit confossus, frustra remedium adhibe, nisi omnibus adhibeat; unum enim sufficit ad mortem afferendam, neque minus moritur qui uno ictu baculi perit, quàm qui membratim discernitur, aut mille sclopetorum glandes toto corpore excipit.

Hac una se poterit expedire viâ Systematis Autor si dicat, *Institutionem fidei Romanæ non esse mortalem*, unde emerget salus omnium qui nullam aliud obstaculum saluti suæ opposuerint quam quod membra fuerint Ecclesiæ Romanæ: quo semel posito integrum erit ipsi infectari eamdem Ecclesiam nomine barbarici & sævitiei plusquam Scythicæ. Si priùs hoc faciat, grassabitur furiosus in semetipsum, in Ecclesiam Reformatam speciatim; & in totum Christianismum.

SECTIO XVIII.

Ultima Refutatio exceptionem Autoris Systematis ex eo quod per eas tollatur discrimen Sectarum in quibus salus obtineri potest, & Sectarum in quibus non potest.

ULtimum hoc observabo in exceptiones VII.
Autoris supra laudati, reddi per eas omnino nullam distinctionem Communionum quæ ira fundamentum salutis diruunt, ut in iis salus obtineri non possit, & Communionum quæ non ita diruunt, cujus quidem distinctionis sæpissimæ meminit, ne suspectus evadat, quasi omnes Sectas Christianismi ad vitam æternam ducere posse existimet. At ut malignæ esset iniquitatis grande adeò crimen impingere ipsi, qui tam disertè pronuntiaverit neminem Socinianum salvari, ita parum emunctæ naris hominem saperet non deprehendere hîc summam inconsequentiam.

Nam si rem bene perpendamus juxta ejus mentem, dicendum erit institutionem fidei Romanæ esse veluti vinum optimum, sed veneno infectum: institutionem verò fidei Socinianæ esse quasi vappam, seu vinum ex quo partes spirituosiores & nutrice aptiores detractæ sint. Vult enim ille Ecclesiam Romanam retinuisse omnes veritates fundamentales (ecce vinum optimum) sed addidisse illis aliqua dogmata saluti contraria (ecce venenum additum vino) Socinianam divisisse

fiffe in duas partes veritates fundamentales Chriftianifmi, & alteram minus præcipuam retinuiffe,
alteram rejiciffe.

Hinc manifeftè fequitur, contra ejus fcopum,
periculofam effe magis Communionem Romanam quam Socinianam, diutius enim quilibet
vivere poteft bibendo vappam, quàm bibendo
vinum generofiffimum veneno infectum. Imo
promptius perit cui præbetur alimentum optimum, fed toxico mixtum, quàm cui nihil præbetur; nam ifte aliquot dies vivet, ille verò ci-
tiffimè peribit, præfertim fi non femel duntaxat
vefcatur cibo ejufmodi, fed quotiefcunque aliquid
edit, & toties fervatâ proportione illo vefcatur,
quoties in Ecclefia Romana renovatur aliquod
Religionis exercitium.

Hucufque ergo doctrina Autoris plus favet eis
quibus ipfe plus nocere volebat quàm quibus plus
favere. Videfis pag. 151. Syftematis ubi totidem
verbis fatetur circa tres præcipuos fidei Chriftianæ
articulos Ecclefiam Romanam ex una parte fer-
vare fundamentum, ex altera evertere, vult tamen eam effe meliorem quàm Arrianam & Socinianam, fundamentum tollentes. Quis capiat id
genus difcrimina? Quis non videt metaphoram
fundamenti atque ædificii quâ ifthæc controverfia
innititur eò nos deducere ut judicemus parem
effe omninò conditionem Pontificiæ & Socinianæ
Communionis? Nemo enim eft æquus rerum æfti-
mator qui minoris faciat ædem conftructam abfque fundamento, quàm ædem cujus fundamenta
vix dum jacta, diruta fuerint. Quis fi optio detur, malit hanc emere aut conducere quàm illam?
Dicam ampliùs; fi fundamenta relinquas, fed
ædificium tantæ molis imponas, ut illa penitus
fatifcant fub pondere, in idem recidis incommo-
dum quo laborares, fi nulla jeciffes, nec tutior
domum inhabitas. Quid fibi ergo vult vir ifte
quando extollere fe credit Pontificiam fectam fupra quafdam alias, fi dicat ab iftis fublatum fuiffe
fundamentum, ab illa retentum, fed tanta mole
prægravatum ut proftratum fuerit? Apage ergo
iftas diftinctiones, nifi velis puerum melius ali,
ubi quod una manu alimenti præbetur, altera
eripitur, quam ubi nihil ipfi offertur.

Senfit utcunque meram effe contradictionem
in adjecto, fi quis dicat Ecclefiam Romanam retinere fundamentum, & fimul evertere naturâ &
conditione doctrinarum inædificatarum, idcirco
pag. 156. conatur hunc nodum folvere; fed ejus
folutio minimè tollit difficultatem, quoniam femper æquè difficile eft concipere falutis viam meliùs
patere in Communione retinente ex una parte
fundamentum, ex altera funditùs diruente, quàm
in Communione fimpliciter tollente; nec alia
tandem videtur effe differentia inter illas poft ejus
explanationes, quàm quæ erat inter Epicurum
voce admittentem Deos, re non admittentem, &
Atheum; aut quæ effet in ordine ad fublevandos
pauperes inter annonæ præfectos qui fimpliciter
negarent fuccurrendum effe fame laborantibus,
(ecce fundamentum mifericordiæ fublatum) &
annonæ præfectos qui hoc affirmarent, ac deinde fic definirent τὸ fame laborare, ut nullus ege-
nus comprehenderetur fub ea definitione, (en
fundamentum mifericordiæ retentum & poftea
dirutum). Quis mallet egeftatis tempore horum
quàm illorum mifericordiam implorare? Et quis
non videt eâ icone defperandam effe falutem in
Ecclefia fundamentum confervante, & ftatim
profternente, fi defperanda fit in Ecclefia tollente fundamentum? Subit profectò hic ejus
Marcolphi memoria qui fufpendi voluit de ar-

bore à fe electa, nullam tamen voluit eligere.

VIII. Nec dicas errores fundamento in folidum con-
fervato inædificatos hoc præftate aliis, quod fi eos
feparaveris, remaneat tibi fana doctrina, hinc
via *Secretionis* de qua fuperius; nam remanet
femper quæftio qui fiat ea fecretio, & nihil exco-
gitabis cujus vi ac virtute ea fieri poffit, cujus
etiam vi ac virtute non fieri quoque valeat in Sociniana Secta adjunctio veritatum quæ fundamento partim retento, defunt, & tunc dabitur
via *Adjunctionis*, non minus admittenda quàm via
Secretionis, atque adeò non minus obtinebitur falus in Sociniana Communione quàm in Romana.
Ut non dicam viam tolerantiæ æquè poffe pro illis excogitari ac pro Pontificiis.

IX. Dices fortean difficilius effe conjungere veritates fundamentales femel fejunctas, quàm eas con-
junctas cum erroribus libertate ab illa mixtione;
nam promptius effe remedium fi refectione fuper-
flui opus fit, quàm fi additione deficientis, quia
quod deeft, haud præfto eft, quemadmodum
quod redundat. Sed non videtur hic res fic fe habere, quia partes addendæ unicuique præfto funt;
Sociniani enim fuis alumnis proponunt integrum
veræ fidei Syftemata quatenùs docent eos quid fit
credendum rejiciendumve & quare. Quid impe-
diet ergo Petrum & Paulum cognofcere falfas effe rationes propter quas Doctores Sociniani negant Divinitatem Jefu-Chrifti, & quafdam alias
veritates fundamentales? Si hoc cognofcant, nonne amplectentur eas veritates? Ergo per viam
Adjunctionis (quam fi volueris dicere potes *Secretionis*, fit enim illic quoque feparatio veri à falfo)
ad falutem æternam pervenient. Qua tandem arte probabit Autor difficilius effe cognofcere aliqua
deeffe in Syftemate Sociniano, quàm aliqua effe
fuperflua in Romano? Doctoribus Socinianis lectionem Sacræ Scripturæ, examen & interpretationem unicuique juxta propriæ confcientiæ
lumina permittentibus feclufa autoritate Ecclefiæ;
Romanis verò non permittentibus ut Laïci legant
Scripturam, vel faltem ut aliter intelligant quàm
Ecclefia. Si poffet probare Autor difficultatem
effe majorem ex parte Socinianorum, quid aliud
quam redderet eos venia digniores quàm Pontificios?

Concludamus ergo viam *Adjunctionis* æquè patere Socinianis ad falutem æternam adipifcendam,
quàm Pontificiis viam *Secretionis*. Videbimus *
infra Autorem nobis ultro iftud concedentem,
dummodo Socinianifmus fit Societas latè patens. ** Tract. 2. Sect. 6.*

X. Sed demus facilius effe fecernere errores fuper-
ftructos fundamento, quàm veritates fundamento
deficientes adjungere, nonne faltem per miraculum fieri poterit ea adjunctio? Tunc verò ruet
omne difcrimen inter Socinianam & Pontificiam
Ecclefiam, cùm Autor Syftematis difertè doceat
p. 169. neminem falvatum effe in Communione
Romana nifi per miraculum.

Hinc etiam fequitur Judaïcam & Muhammedicam Religionem non effe pejoris conditionis
quàm Romanam, quippe per miraculum fieri
poteft, ut Judæus & Turca veritates quas vident
negari in fua Religione circa Jefum-Chriftum intelligant effe dogmata ad falutem æternam necef-
faria, eaque amplectantur. Tunc verò quid
obftabit, ne falventur abfque eo quod fecedant à
Communione in qua nati funt, quandoquidem
Autor Syftematis non excludit à falute omnes Arrianos & Pontificios qui cognitis fuæ Communionis peftiferis erroribus in ea tamen vivere per-
feverarunt? Fateor juxta ejus principia eos effe

excludendos, quibus facile erat prout sese dabant tempora & loca puriori Communioni se adjungere: sed hinc saltem colligere est Judæos illos & Turcas specie, reverâ Christianos, salvari posse quando per tempora & loca non facile licet ingredi in Communionem visibilem Christianorum. Hinc quoque obiter colliges damnationem eorum qui non utuntur occasione sibi oblata transeundi in Communionem purissimam, oriri non præcisè ex eo quod vivant extra eam Communionem, sed ex eo quod affectus quidam vitiosi avaritia, ambitio, desidia, mollities carnis detineant eos in professione exteriori ejus quod non credunt. Hoc si applices Pontificiis cognoscentibus errores, nec tamen transeuntibus in Castra Reformata, videbis magis ac magis verum esse id quod ego dudum suscepi probandum, nempe *juxta Authoris hypotheses neminem damnari præcisè qua Romano-Catholicum.*

SECTIO XIX.

Conspectio generalis difficultatum hinc & illinc prementium Autorem Systematis, nisi admittat consequentiam memoratam in titulo Sectionis 5.

XI. EX dictis à Sectione quinta huc usque luculenter patet, ni fallor, quocunque se vertat vir supra laudatus; ruat necesse esse in difficultates omnino inextricabiles, nisi fateatur Pontificios quâ tales esse omnes in via salutis.

Nam ex eo quod Ecclesia Romana sit, juxta illum, pars veræ Ecclesiæ, sequitur in ea aliquos salvari.

Sed jam ego quæro utrum illi qui salvantur in illa, sint Pontificii intrinsecùs, nec ne?

Si prius, ergo doctrina Romana non est mortalis, ergo nemo damnatur quatenus eam credens & sequens, ergo tot tuæ distinctiones & exceptiones uno afflatu dissipantur.

Si posterius, rursus quæro an illi adfuerint Officiis publicis Religionis, & in hora mortis fecerint quæ fieri solent à bonis Pontificiis, nec ne?

Si posterius, salvatorum *numerus vix est totidem, quot Thebarum porta, vel divitis ostia Nili,* & plures damnas homines per hanc tuam hypothesim quam Ecclesia Romana per suam: ergo ruis in crudelitatem quæ ex propria tua confessione, nota est doctrinæ falsissimæ, Deo inimicæ, ducentis ad Inferos. Præterea impropriè & abusivè supponis tales homines fuisse membra Ecclesiæ Romanæ. Deinde malè colligis ex eorum salute Ecclesiam Romanam esse partem veræ Ecclesiæ; nam quæ potest esse consequentia magis insulsa quàm hæc, *aliqui salvantur quia nec credunt nec faciunt qua Ecclesia Romana credenda & facienda proponit veluti sua Communionis tesseram, ergo Ecclesia Romana est pars veræ Ecclesiæ?* Adhæc perperam dicis Deum non fuisse passum ut tota Ecclesia periret, cùm id solummodo probes supponendo Ecclesiam Romanam esse partem veræ Ecclesiæ, quam suppositionem probas istâ alterâ, quosdam fuisse salvatos in Ecclesiæ Romanæ Communione, quos tamen supponere debes non adhæsisse illi Communioni. Insuper nemini non suppeditas egregiam ansam probandi Ecclesiam Christianam quatenus cœtum visibilem, docentem & explicantem Evangelium, mancipatam fuisse Diabolo, cùm non aliter hic & ille salvari potuerint, quàm segregando se animo & corpore ab illius Communione. Denique ipsemet evertis discrimen quod tam anxiè inter Ec-

clesiam Romanam & Sectas quæ fundamentum penitus tollunt posueras, in eo quod in istis nemo salutem obtinere possit, in Romana quidam possint. Quis non videt quemlibet salvari posse non modo in Religione Sociniana, sed etiam in Judaïca & Muhammedica iis conditionibus quas requiris ad salutem quorumdam Pontificiorum?

Si verò illi salvati se gesserunt extrinsecus usque ad mortem ut boni Pontificii, sequitur mentientes Religionem falsissimam, & colentes extrinsecè idola per totam vitam, posse salvari licet non habuerint aliam pœnitentiam quàm quæ potest esse in homine optante liberari à peccato, sed perseverante tamen in illo usque ad extremum spiritum, & ne tunc quidem ulla signa pœnitentiæ edente. Unde ulterius inferre est primo Christianos qui Gentiles, Judæos & Muhammedanos simulant per totam vitam quique præcepta secundæ Tabulæ Decalogi violant usque & usque quoad vivunt (quæ violatio ab omni ævo judicatur longe minus delictum quàm idololatria) posse salvari absque ulla meliori pœnitentia quàm quæ mox descripta. Secundò potiori jure dicendos esse in via salutis quos negas esse, nimirum Pontificios intrinsecos, imo Socinianos, &c.

Hæc quanta fieri à me potuit diligentia licet fortasse prolixius æquo pertractanda atque dilucidanda esse credidi argumentando *ad hominem,* quia viam mihi muniunt ad validissimè probandum nulli Religioni denegari debere salutem ab Autore Systematis, si velit consequenter philosophari. Cum itaque sæpius in posterum eodem genere argumentationis, *ad hominem* scilicet, inferre animus possibilitatem salutis in qualibet Religione, ex salute Pontificiorum, necesse fuit ante omnia solidissimè confirmare hanc thesim, SEQUITUR EX SYSTEMATE AUTORIS SUPRA LAUDATI NEMINEM FUISSE DAMNATUM, AUT DAMNARI QUA PONTIFICIUM.

SECTIO XX.

Ostenditur objectiones supra allatas non ferire Ecclesiam Reformatam in universum, sed valere solum in Autorem Systematis.

NOn dubitandum est quin vir supra laudatus hac exceptione suam causam tueri sit conaturus, non posse convelli suum Systema meis objectionibus, utpote quæ nimis probent, hoc est quæ non minus feriant cæteros Autores nostræ Communionis, quàm ipsum, quandoquidem plerique ferè omnes fatentur aliquos fuisse salvatos in Ecclesia Romana. Occurrendum ergo est huic cavillationi, ne fucum faciat lectoribus, neve ille Autor privata & propria peccata occultare imo purgare valeat participando morbum cum nostris Theologis.

Dico igitur 1. Cæteros Scriptores Reformatos cum forte damnare recusant omnes Pontificios, iis niti rationibus quæ causam nostram non labefactent, neque ansam præbeant Adversariis Reformationis opus ut minimè necessarium suggillandi, atque adeò abominandi: nam nostri Theologi non ideo dicunt aliquos fuisse salvatos in Ecclesia Romana, quod illa Ecclesia fuerit membrum veræ Ecclesiæ, quodque ejus visibilitas continua & perpetua, extensioque amplissima per terrarum orbem fuerit complementum promissionum propheticarum, fideique qua ipse Christus sese astrinxit, ad impediendum ne portæ Inferi unquam prævalerent Ecclesiæ suæ. Multo minus hoc

hoc dicunt, quod vereantur ne si omnes damnatent Pontificios qua Pontificios, doctrinam adeò crudelem tradere essent accusandi ut ea immanitas sufficiens argumentum haberi posset falsitatis Ecclesiæ nostræ. Unus Autor Systematis has habet causas quamobrem credat salutem quosdam obtinere potuisse in Ecclesia Romana, ille ergo, non cæteri nostri Scriptores obruuntur supra memoratis objectionibus.

Reformati Theologi considerantes hinc Ecclesiam quæ Corpus est mysticum Christi, ejusque sponsa ad quam pertinent promissiones durationis perpetuæ, esse Ecclesiam Electorum invisibiliter dispersorum per varias gentes; illinc verò paternam Providentiam & curam Dei erga suos Electos suppeditare illis posse quocunque in loco & tempore vel pœnitentiam in hora mortis, vel artem evitandi grassantem idololatriam, haud quaquam verentur affirmare Deum habere semper aliquos Electos in Communionibus corruptissimis, & in media Babylone Romana. Fuerintne pauci an multi qui latere potuerint, saltem in mortis articulo non quærunt, nec morantur paucitatem, quippe haud nescii secundum Jesu-Christi verba multos esse qui vocentur, pauci qui eligentur, Deumque illæsa infinitæ bonitatis ac perfectionis laude ante adventum Christi omnes populos mundi excepto uno angulo, Judæis assignato, viam Inferorum insistere passum fuisse ? Ac ne illud quidem morantur statuendo omnes qui mortui sunt Pontificii, obiisse reprobos, statui simul damnationem ferè omnium majorum nostrorum; nam si talis ratio cursum Reformationis sistere debuisset, Apostolos obmutescere necesse fuisset, Evangeliique prædicationem deserere, cum nullum Gentilem convertere possent quem de damnatione majorum certiorem non efficerent.

Sed præstat alienis verbis quam meis Reformatorum sententiam hic proponere. *Adjiciendum* *(*) præterea quoad prædestinatos, nullos ex eis quavis ætate periisse. Latro extrema hora Christum amplexus est, quodque illi contigit, permultis aliis evenire non est absimile veri. Spiritui Christi non desunt via quibus errantes ad caulam salutis reducat. Magnus est imo amplissimus divinæ misericordiæ complexus, quo vel agentes animam ad se pertrahit. Nec propterea fit, ut nunc non oporteat veritatem patefactam sequi. Verum de salute vel perditione majorum nostrorum quid ita nos obtundimur ? Eadem licuisset opponere Apostolis. Ita Samaritis muliercula Christo dixit, Patres in monte seu loco illo Deum adorasse. Ita potuissent Ethnici à prædicatoribus Evangelii Filii Dei quærere, an omnes majores eorum qui talem doctrinam non audiverant, æternum perierint ? Nostrum non est cum voluntatis Dei patefactio affertur in ejus judicia inquirere, ipsi officium faciamus, relinquemes arbitrio Dei ut de nostris majoribus & de omnibus hominibus ex decretis justitiæ suæ ferat sententiam.*

Dico 2. quàm facile cæteri possunt salvâ & incolumi Confessione Ecclesiarum nostratum dicere, aliquos salutem obtinuisse in Ecclesia Romana, hoc est aliquos fuisse salvatos qui habebantur Pontificii, nec tamen obierunt Pontificii (quod sanè dici non potest salvari in Ecclesia Romana nisi loquendi formâ valdè impropriâ) tam difficile idem statui posse ab Autore Systematis absque summo totius causæ Protestantium detrimento; ille enim vel Andabatarum more pugnat, & nescius quid dicat, quò tendat, quid sibi velit, vel statuit ideò

Tome II.

quosdam salvatos fuisse in Ecclesia Romana, quod nisi ea Ecclesia pertineat ad veram Christi Ecclesiam, non constet sua fides divinis promissis, Deusque sit ens crudelissimum. Inde autem necessario sequitur Pontificios qui fuerunt salvati salvatos fuisse quâ Pontificios, hoc est absque ejuratione vel vocali vel mentali doctrinarum Ecclesiæ Romanæ propriarum, falsissimumque adeò esse quod Reformati affirmant in articulo 31. suæ Confessionis, Ecclesiam Christianam (visibilem scilicet) *cecidisse in ruinam & desolationem :* Hoc enim dici non potest de Communione cujus membrum salutem obtinere potest qua tale, cum si vel unum membrum qua tale salvari potest, nullum damnetur qua tale.

Cæterum non abs re paulo ante nominatim fui loquutus de ejuratione mentali; nam si esset necessarium, ut alicúbi contendit Systematis Autor, Pontificios, qui salvati sunt aliò direxisse cultum suum quò Ecclesia Romana cujus sacris intererant dirigi jubet, non sequeretur ex eorum salute, Ecclesiam Romanam esse partem veræ Ecclesiæ, ruerentque simul juxta hypothesim Autoris, & promissa divina, & ipsa hypothesis. Adde quod directio illa intentionis non potest proponi ut remedium averruncans scelus actionum externarum, quin pervertatur universa Morum docrina & regula, quinque sequatur nunquam hypocritas quoad cultum Religiosum fuisse damnatos qua tales. Etenim si talis hypocrisis conjuncta cum certa directione intentionis salvat aliquem, sequitur eam non esse peccatum natura sua, ideoque nunquam esse causam damnationis, & hodie quoque in Gallia impune posse Reformatos recurrere ad ejusmodi remedium, eo nomine nunquam mortaliter peccaturos, si quædam circunstantiæ peculiares non interveniant. Hoc vero quam turpe, scelestumque dictu sit, nemo non videt.

※※※※※※※※※※※※※※※※※※※

TRACTATUS SECUNUS.

In quo Ostenditur nullas esse Sectas Christianas diversas à Romana in quibus juxta Autorem Systematis salus obtineri nequeat.

SECTIO I.

Fasciculus quarundam propositionum quæ deinceps habere poterunt vim principii.

ANTEQUAM ad ea quæ mihi restant probanda accedam colligere hic juvat multas propositiones quæ vicem esse possint deinceps principii, vel quia per se evidentes, vel quia in superioribus solidissimè probatæ sunt, vel denique quia emanant necessario ex iis quæ Autor supra laudatus vel docuit vel opposuit. Sed meminerit Lector si collectionem hanc meam velit esse completam, ipsi adjungere 4. Aphorismos Sect. 1. & totidem extantes Sect. 8. n. 9. sit itaque nonus qui proximè sequitur.

IX. Omnes Communiones quæ sunt pars veræ Ecclesiæ, quibuscunque cæteroquin erroribus laborent, hoc saltem boni retinent, quod doctrinam tradant ad vitam æternam obtinendam sufficientem. Ergo

X. Hæc est nota generalis omnium aliarum Communionum qua discerni debent à falsa Ecclesia, quod in illis salus obtineri potest.

XI. Præter illam notam quædam sunt aliæ præ-

prærogativæ ejufmodi Communionum; verbi gratia, quod occupent notabilem partem in Chriſtianiſmo, quod ſint diuturnæ, quod habeant vera Sacramenta, quod diſciplinæ formam certis legibus difinitam ſervent, quod earum conſenſus argumenti ſolidi vim habeat ad probandas doctrinas Chriſtianas lumine naturali non cognitas.

XII. Qui dicit aliquos poſſe ſalvari in Religione A, non verò in Religione B. non modo Religionem B. pejorem eſſe affirmat Religione A; ſed etiam encomium, ſeu bonitatis quoddam teſtimonium præbet Religioni A.

XIII. Salvari poſſe in Eccleſia Romana; ſalvari poſſe dum es membrum Religionis Romanæ, dum vivis in Communione Romana; non damnari præcisè quatenus es membrum Religionis ſeu Communionis Romanæ, ſunt propoſitiones ſynonymæ.

XIV. Eſſe membrum Religionis Romanæ, ſeu vivere in ejus Communione non ſignificat manere in urbibus, ubi illa rerum dominatur, aut aliquando ſe conferre in ejus Templa ſpectandi cauſa, vel ne habearis hæreticus, aut denique nulli Communioni à Romana diverſæ palam eſſe adjunctum, ſed ſignificat credere ea quæ tanquam ſaluti neceſſaria proponit credenda, & ejus ſacris præcipuis, hoc eſt, quæ ipſam diſtingunt à cæteris Religionibus participare bonum & juſtum cenſere.

Idem ſtatuendum eſt in genere quoad omnes & ſingulas Religiones cùm quæſtio eſt de ſenſu horum verborum aut ſimilium, *vivere in earum Communione.*

XV. Ideò hæc cenſenda eſt vera ſignificatio iſtius propoſitionis, *eſſe membrum Religionis Romanæ, ſeu vivere in ejus Communione*, quia niſi ſic eam intelligas, non extollis dicendo aliquos poſſe ſalvari in Eccleſia Romana, illam Eccleſiam ſupra Sectas, in quibus credis neminem poſſe ſalvari, quod eſt contra duodecimum Aphoriſmum, nam

XVI. Si ut quis dicatur ſalvari in Eccleſiæ Romanæ Comunione ſufficiat eum vixiſſe in urbibus Pontificiis, & aliquando iviſſe in Templa vel ſpectandi cauſa, vel metu pœnarum, neque cognitum fuiſſe ut adhærentem alteri Religioni, cui tamen intus æquè adhærebat, ac toto animo averſabatur Romanam, jure merito dicere poſſumus quoſdam poſſe ſalvari in Communione Sociniana, Judaïca, & Turcica; & ſic nullum erit ampliùs diſcrimen inter unam Religionem & quamlibet aliam penes τὸ poſſe ſalvari, aut non poſſe ſalvari, contra quam multoties declaravit Syſtematis Autor.

XVII. Commune fatum eſt omnibus Religionibus ſeu veris ſeu falſis, ut quicunque pravè vixerint in iis & mortui ſint impœnitentes, excludantur æqualiter à ſalute. Ergo

XVIII. Nullo modo pertinet ad vituperium alicujus Religionis, quæcunque tandem illa ſit, quod qui in ejus Communione præter aut contra ejus inſtitutionem, corruptis fuerint moribus, nec verè pœnitentes damnentur. Ergo

XIX. Qui dicit ſalutem obtineri non poſſe in aliqua Religione intelligere debet, quicunque ejus dogmata propria atque eſſentialia credunt & in praxim redigunt, damnari hoc ipſo, ſive quamquam nullum vitium perſonale, nullum crimen admiſſum præter aut contra illius Religionis ingenium obſtaculo ſit ſaluti. Ergo à pari,

XX. Qui dicit ſalutem obtineri poſſe in aliqua

Religione intelligere debet, quicunque ejus dogmata propria atque eſſentialia credunt, & in praxim redigunt, manere eatenus in via ſalutis, atque adeò neminem damnari hoc ipſo quod talia dogmata credat, & in praxim redigat. Ergo

XXI. Si nemo damnatur quatenus credens & in praxim redigens talia dogmata, ſequitur, quicunque damnantur in ea Religione, damnari propter aliqua vitia perſonalia non approbata in ea Religione, ex quo ſequitur per decimum octavum Aphoriſmum eorum damnationem non cedere in ullum ejus vituperium. Ergo

XXII. Qui cum Autore ſupra laudato concedit ſalutem obtineri poſſe in Eccleſia Romana, utpote parte veræ Eccleſiæ, concedere debet quicunque dogmata ipſi propria atque eſſentialia credunt, & in praxim redigunt, manere eatenus in via ſalutis, atque adeò neminem damnari hoc ipſo quod talia dogmata credit, & in praxim redigit, & quicunque damnantur in ea Religione, damnari propter aliqua vitia perſonalia ab ipſa non approbata, eorumque proinde damnationem non cedere in ullum ejus vituperium. Ergo

XXIII. Hæc ratiocinatio circa omnes Religiones veriſſima eſt, *Aliqui ſalvantur in illis, ergo nemo damnatur in illis præcisè, quia fuit membrum adhærens ipſarum Communioni.*

XXIV. Quando alicujus Religionis inſtitutio fidei, ſeu Communio eſt mortalis, nemo ipſi adhærens ſalvatur, & ſaltem requiritur, ut qui eam ſunt ſectati, ſecedant in hora mortis ab ea per pœnitentiam explicitam.

XXV. Ut alicujus Religionis inſtitutio fidei ſit mortalis, non requiritur neceſſario eam carere formaliter aut omnibus aut quibuſdam veritatibus fundamentalibus: ſufficit, ſi veritates illas ſic contineat erroribus mixtas, ut totum exurgens ex ea mixtione ſit ſaluti contrarium. Ergo

XXVI. Perinde eſt in ordine ad ſalutem amittendam ſive quædam veritates fundamentales ſubtrahantur, ſive nullæ ſubtrahantur, at illis ſuperaddantur errores lethiferi: quemadmodum in ordine ad vitam eripiendam perinde eſt, ſive particulas nutritivas alimentis ſubtrahas, ſive optimum alimentum veneno inficias. Ergo

XXVII. Frivolum eſt dicere ſalutem obtineri poſſe facilius in Romana, quàm in Sociniana Communione. Nam

XXVIII. Via Secretionis non magis admitti debet quàm via Adjunctionis, neque idololatria conſiſtit ſolùm in cultu interno, ſed etiam in externo. Idcircò

XXIX. Nec qui per totam vitam idololatriæ cognitæ participant, dicendi ſunt ſaluti viciniores, quàm qui eidem habitæ pro cultu Deo gratiſſimo adhæſerunt; neque pœnitentia eorum qui ne dignoſcantur & puniantur tanquam hæretici, faciunt extrinſecus eadem quæ Idololatræ per totam vitam, melior eſt reputanda quàm pœnitentia eorum qui per totam vitam furantur, mœchantur, calumniantur.

XXX. Idololatria Romana non poteſt eſſe hodie mortalis, ſi non fuit mortalis quando reddebatur creaturis cultus Religioſus ſoli Deo debitus, verbi gratia quando ad Sanctorum interceſſionem recurrebatur. Ergo

XXXI. Si tunc non fuit mortalis, nunc quoque non eſt: Si nunc eſt mortalis, tunc quoque erat. Ergo

XXXII. Dicendum eſt vel nullos eorum qui
Sanctos

Sanctos invocarunt explicitè , aut saltem manserunt in Communione Religionum publicè Sanctos invocantium , audientes Missam , Litanias ,
&c. cum reverentia saltem exteriori , & interdum
cramentis utentes , damnatos esse qua tales ; vel
omnes qui hæc fecerunt damnatos esse hoc ipso
quod fecerunt.

XXXIII. Manere in Communione alicujus
Ecclesia , dum non credis ea dogmata quæ illi
sunt propria , & tamen approbare simulas quæcunque illa credenda & facienda precipit , gravius est delictum quam bona fide adhærere illi
Communioni.

XXXIV. Nullus error est censendus mortalis,
quando diù obtinuit in aliqua Ecclesia Christiana
notabiliter extensa & conspicua. *Vide supra pag.*
8. & 9.

XXXV. Nunquam sine crimine profiteri possumus opiniones quas credimus falsas , licet sint
veræ ; multò minus id licet quando sunt falsæ.
Verba sunt Autoris pag. 175. *System.*

XXXVI. Ille qui habet fidem Christianam ,
neque eam profitetur , non potest censeri membrum Ecclesiæ Christianæ. *Hæc est doctrina Auto-*
ris pag. 11. Ergo

XXXVII. Qui habet veram fidem circa suppositum illud quod vocamus JESUM-CHRI-
STUM , & tamen manet in Communione Arriana , Nestoriana , Eutychiana, non potest censeri quoad hunc Articulum Orthodoxiæ, membrum Ecclesiæ Orthodoxæ. Ergo

XXXVIII. Si talis Homo salvatur , censendus est salvari non qua membrum Ecclesiæ Orthodoxæ ; sed qua Arrianus , Nestorianus , &c.
His addas quod ex Sect. 15. hujus Tract. fiet manifestum , nempe

XXXIX. Errores fundamentales alicujus Sectæ non impediunt ne salus in ea obtineri possit.

SECTIO II.

Quomodo probetur juxta hypotheses Autoris , salutem obtineri posse in Ecclesia Græca , ergo
neminem damnari præcisè qua membrum illius.

I.　HOc raciocinium velim diligenter observari
in quo stabiliendo prolixam adeò operam
impendi.

Quando aliqua Ecclesia est pars veræ Ecclesiæ,
in ea quidem possunt salvari :

Atqui quando quidam possunt salvari in aliqua Ecclesia , nemo damnatur præcisè qua membrum illius :

Ergo quando aliqua Ecclesia est pars veræ
Ecclesiæ, nemo damnatur præcisè quam membrum
illius.

Ut ergo in posterum probem omnia Ecclesiæ
Græcæ , Nestorianæ , Euthychianæ, &c. membra
esse in via salutis qua talia, hoc est quatenus suæ
saluti non aliud opponunt obstaculum quam suam
illis Communionibus adhæsionem, satis est superque mihi si vicero eas Ecclesias esse partes veræ
Ecclesiæ. Hoc autem sic facilè probo quoad Ecclesiam Græcam.

II.　I. Illud evidenter sequitur ex eo quod vir supra laudatus ultro nobis concedit Ecclesiam Romanam esse partem veræ Ecclesiæ : nam cùm ille
persuasissimum habeat Romanam esse multò pejorem Græcâ , pro certo habere debet Græcam potiori jure esse quam Romanam veræ Ecclesiæ partem.

I I. Sed demus illum nihil nobis concedere formaliter , & omnia esse per consequentias dedu-
cenda ex ejus principiis , nonne argumenta quibus supra probatum est tota Sect. 4. Ecclesiam
Romanam esse partem veræ Ecclesiæ , id ipsum
probant in gratiam Ecclesiæ Græcæ ? Eò igitur
remitto Lectorem , clarè facileque cogniturum si
modo Græcæ Communioni applicet quæcunque
circa Romanam ibi sunt dicta.

SECTIO III.

Quomodo id ipsum probetur de Communionibus
quæ vulgo Schismaticæ audiunt in
Asia & Africa.

III.　ERrores earum Sectarum maximè perniciosos
judicat Autor eos qui fundamentum Religionis convellunt , qualis est Nestoriana , atque
Eutychiana hæresis illa per distinctionem per-
sonatum in Verbo , hæc per confusionem natura-
rum in eodem Verbo , Incarnationis mysterium
evertens saltem per consequentiam. Tamen expressis verbis affirmat pag. 154. facillimum esse
negotium Electos conservari in Communione Nestoriana & Euthychiana: fatetur ergo in iis Communionibus salutem obtineri posse , ex quo sequitur per 1. Aphorismum , eas esse veræ Ecclesiæ membra.

IV.　Nec dicas eos qui salvantur in iis Communionibus non esse Eutychianos vel Nestorianos intrinsecè , quippe ignorantes , vel abjicientes corde consequentias hæreseos quam docent illæ Communiones ; nam per 38. Aphorismum personati
illi Eutychiani vel Nestoriani non salvari possunt
ut membra Ecclesiæ Orthodoxæ; ergo salvari censendi sunt quatenus membra Communionis Euty-
chianæ vel Nestorianæ.

Ad hæc per Aphorismum 33. si personati illi
salvantur , potiori jure salvari debent qui bona fide adhærent communioni quam profitentur,& ex
zelo erga id quod credunt Deo gloriosissimum ,
& odio ejus doctrinæ quam credunt Deo injuriam.

Ergo licet supponeremus falli Autorem dum ait
pag. 144. hodiernos Nestorianos & Eutychianos
Hæreticos esse duntaxat nomine tenus ; licet à
tempore Nestorii & Eutycheris sectæ quæ eorum nomine censentur , credidissent hucusque
dogmata propter quæ illi extra Ecclesiæ Cathq-
licæ , ùt vocabant , gremium ejecti , oporteret
tamen statuere in iis sectis salutem obtineri semper potuisse , actu collatam fuisse iis qui nullo
alio obstaculo laborabant , quàm quod essent fi-
di & candidi sectatores Nestorianæ, vel Eutychia-
næ hæreseos.

V.　Jam si semel constet Nestorianos & Eutychianos esse in via salutis , omnes Schismatici Asiatici
& Afri erunt quoque in eadem via , etenim sectarum à Nestoriana & Eutychiana distinctarum nulla est hæresis propria quæ sit pejor erroribus Nestorii & Eutycheris.

Idcirco pro omnibus illis Communionibus
Schismaticis militabunt simul argumenta sequen-
tia desumpta ex hypothesibus Autoris explicatis
sect. 2. 3. & 4. Tractatus 1.

I. Nullæ sectæ notabiliter extensæ & viventes
sub certo Ministerio & disciplina possunt diu manere in erroribus mortalibus.

Atqui sectæ illæ schismaticæ sunt notabiliter
extensæ , ac sub certo Ministerio & disciplina.

Ergo nulla earum mansit diu in erroribus mortalibus.

Atqui omnes diu manserunt in suis erroribus, quippe per multa sæcula.

Ergo illi erorres non sunt mortales, ideoque illæ sectæ faciunt partem veræ illius Ecclesiæ quæ viam salutis præbet.

II. Quando aliqua secta negat aliquam veritatem fundamentalem, Deus non patitur ut diu duret.

Atqui passus est ut illæ diu durarent.

Ergo non negant aliquam veritatem fundamentalem, ideoque per 3. Aphorismum aliqui salvantur in illis, & per 1. illæ sunt pars veræ Ecclesiæ.

III. Colligi etiam potest eas esse partes veræ Ecclesiæ ex eo quod prædicatio Verbi Divini in iis perpetuo conservata fuit.

IV. Et ex eo quod illæ sectæ non sunt extra Ecclesiam.

V. Et ex eo quod sunt Christianæ.

VI. Et ex eo quod verum baptisma habent & gratiam salutarem.

VII. Et ex eo quod summa esset crudelitas tot laïcos simplici animo credentes quæ docentur tanquam veritatem cœlestem, damnare, vel quia non sunt dicto audientes huic vel illi sedi Patriarchali vel qui nolunt anathema dicere huic vel illi Hæresiarchæ cujus errores non intelligunt, quemque bona fide credunt eximium & sanctissimum Theologum.

VIII. Denique ex eo quod Protestantes earum consensu fruuntur & gloriantur in rebus lumine naturali non cognitis.

VI. Ad illustrandum 6. argumentum supponere mihi licet haud dubie Autorem fateri qui mortui sunt & moriuntur in Eutychianismo & Nestorianismo ante usum rationis salvari, sive baptisati fuerint sive non nam quomodo illæ Communiones esse possent, quod ipse negare nequit, membra veræ Ecclesiæ si ne infantibus quidem salvis esse liceret in illis ? Quomodo adulti tolerantes earum hæreses, neque tanti judicantes ut ab earum Communione recedendum sit ea de causa, salutem obtinerent quam Autor ipsis largitur, si pueri ullo actu libero adhærentes illatum Communioni, essent hoc ipso salutis extortes quod prognati ex parentibus Eutychianis aut Nestorianis ? Pro certo igitur habere oportet Autorem non damnare infantes eorum Hæreticorum. At inde sequitur Deum effundere dona gratiæ suæ salutaris in eas sectas : nam illi infantes vel salvantur per Baptismum, vel sine Baptismo. Si prius, ergo Baptismus earum sectarum est verus, causa regenerationis Spiritualis Salvificæque. Si posterius, ergo illis condonatur peccatum originale ob fidem parentum, seu quia fœdus divinum ictum cum Ecclesia Christiana, & fundamentum donorum Spiritus Sancti extenditur usque ad eas Communiones. Adde quod ille, ut verisimillimum est, non censeret denuo Baptizandos qui Reformatis venirent se aggregatum ex iis Communionibus. Ut prætermittam quod ipse diserte fatetur, Electos posse nutriri in iis ; magno utique argumento Christum non considerare eas ut membra privata influxu suo vivifico.

VII. Ut vero illustretur 7. argumentum operæ pretium est audire Autorem supra laudatum sic loquentem pag. 22. *Præjudiciorum, Arriani erant pars Ecclesiæ, dicique poterat cum certitudine de ipsorum Communione, ibi sunt aliqui Electi & Prædestinati ; damnare enim omnes illos Christianos innumerabiles qui vivebant sub externa Communione Arrianismi, quorum alii ejus dogmata detestabantur, alii ignorabant, alii tolerabant animo pacifi-*

co, alii silentium servabant metu & autoritate, damnare, inquam, *hoc omnes opinio est Carnificis & digna crudelitate Papismi.* Junge quæ supra Sect. 2. Tractat. 1.

Habet ergo potiori jure pro crudelitate carnificia damnare eos omnes, qui vixerunt sub externa Communione Nestorianismi, Eutychianismi, Monothelismi, &c. Salvat ergo quamplurimos, & si salvat personatos, potiori jure salvare debet genuinos, prout dictum est initio istius Sectionis.

VIII. Illustrari debet 8. argumentum per idem factum quod ille assumpsit, ut premeret *ad Hominem* suos Adversarios, qui ante aliquot annos maximo apparatu scripserant de consensu Græcorum cum Romanis circa Transsubstantiationem. *Si Græci,* inquit pag. 124. *Nestoriani, Armeniani, & cateræ Sectæ sunt extra Ecclesiam, Synagoga Satanæ, Civitates Diaboli, Babylones spirituales, cur tanto labore testimonia accersivistis ex Oriente, eorum circa Transsubstantiationis dogma vobiscum concordia ? Quod momentum esse potest in ejusmodi testimoniis ad persuadendam aliquam veritatem, vel etiam ad formandum aliquod præjudicium ? Si Spiritus Dei non præsidet iis Societatibus conservaturus ibi veritates saluti essentiales ; si spiritui erroris derelictæ sunt, nocet plus quam conducit earum testimonium Communioni Romanæ. An gloriosum est assimilari Societatibus quas Deus suo corpore abdicavit ? Solidior est hac in Pontificios illatio. Si vere probasti omnes Communiones Orientis credere Transsubstantiationem, hac opinio videri debet falsa utpote cui patrocinentur Communiones damnatæ, & Civitates Diaboli.* Statim ipsemet gloriatur se consequenter omnino ad sua principia argumentari adversus Socinianos ex consensu omnium Sectarum, quia nempe supponit omnes illas Communiones adhuc esse Ecclesiæ partes, & Deum in iis præesse conservationi veritatem fundamentalium.

Sed quia Dominus Claude in eadem illa controversia argumentatus in Romanos ex eo quod Transsubstantiatio à nullis Christianis præter Pontificios admitteretur, suum argumentum confirmaturus nullis libris evolvendis, nullis excerptis hinc illinc colligendis pepercerat, quibus fidem faceret nec Græcos, nec Græcorum Schismaticos credere illud dogma Pontificium, vellem scire ab Autore supra laudato, quid sentiat de illo labore. Dicet procul dubio fuisse laudabilem & aptissimum Reformatorum causam constabilire, seque si cum Ant. Arnaldo super eadem controversia litigasset, iisdem vestigiis inhæsurum fuisse quibus Dominus Claude institit. Debet ergo agnoscere :

1. Spiritum Dei præsidere iis Sectis, ut in iis conservet veritas saluti essentiales.

2. Eas non esse derelictas spiritui erroris.

3. Christum habere illas corpori suo adhuc unitas, seu, quod idem est, illas esse membra corporis mystici Jesu-Christi quod alio nomine vocamus sanctam Ecclesiam Catholicam.

4. Eas esse tales non quatenus occulti quidam fideles simulant externam cum ipsis Communionem quæ non eos salute æterna prohibeat, sed quatenus in Synodum congregatæ testimonium præbent authenticum fidei suæ publicæ ; nam evidens est, si quid momenti sit in earum testimonio ad probandas aliquas veritates, ut fatetur Autor magnum esse, hoc esse dicendum de testimonio desumpto ex confessione fidei publicæ, liturgiis, aut similibus scriptis, vel reddito in Synodo generali totius Sectæ.

Hoc

Hoc verò vix dici poteſt quàm mihi faveat ad cogendum Autorem ſupra laudatum fateri rotundè neminem eſſe extra viam ſalutis, præcisè quatenus adhærentem Communionibus illis quoad univerſos & ſingulos fidei articulos quam illæ in ſuis Catechiſmis, Liturgiis, Confeſſionibus publicis, Synodorum Canonibus docent, ut proinde illudentis ſibi vel lectoribus futurum ſit in poſterum recurrere velle ad fideles occultos negantes mentaliter errores quos ſecta in qua vivunt profitetur, ſi ſequaris Juriëanum Syſtema.

Nam ſi ea ſolum ratione dicere poſſemus eas Sectas eſſe partes veræ Eccleſiæ, non opus eſſet ut ſpiritus Dei præſideret illis ad conſervandas in eis veritates ſaluti eſſentiales: ſufficeret ſi impediret ne hic & ille participarent erroribus fundamentalibus quæ docerentur publicè: & tunc illæ Communiones quatenus conſentientes nobiſcum in rejectionem Tranſſubſtantiationis, plus nocerent cauſæ noſtræ quàm faverent, quippe haberent locum in nos eædem interrogationes quibus Autor premit ſuos Adverſarios, *cur tanto labore teſtimonia ex Oriente coacervatis? An glorioſum eſt idem ſentire quod Synagoga Satana, civitates Diaboli, &c?*

IX. Concludamus igitur vel Autorem ſuo ſibi ſe jugulare gladio, vel fateri debere Neſtorianam, Eutychianam, & alias Sectas Chriſtianas Aſiæ atque Africæ retinere omnes veritates ſaluti eſſentiales ſub præſidio Spiritus Sancti ſedulò invigilantis ne tales veritates in illis pereant, retinere, inquam, illas veritates quatenus ſunt Eccleſia publica, docens & profitens Liturgiis, & Synodorum Decretis. Ex quo ſequitur adhæſionem totalem & ſinceram illis Communionibus nullius ſaluti eſſe contrarium. Evidens enim eſt præſidium illum divinum atque curam veritatum ſaluti eſſentialium conſervandarum eò tendere, ut quicunque vivunt in illis Communionibus, & docili animo amplectuntur omnia dogmata ſuorum Paſtorum pabulum ſaluti ſufficiens habere queant. Nam ſi ad hoc ut Petrus & Paulus ſalventur in Communione Neſtoriana vel Eutychiana, neceſſe ſit eos rejicere intrinſecus eam Communionem quoad certos articulos, inutile tunc omnino eſt Deum ſingulari præſidio efficere, ut illæ Sectæ retineant veritates ſaluti eſſentiales.

Non minus clarè ſequitur ex Autoris diſputatione eaſdem Communiones qua docentes in Synodis, Liturgiis & Confeſſionibus publicis eſſe membra realiter unita corpori myſtico Jeſu-Chriſti, atque adeò omnes & ſingulos Neſtorianos, Eutychianos, &c. ſincerè ſubſcribentes omnibus fidei articulis ſuæ Communionis, eſſe membra realiter unita eidem corpori myſtico Jeſu-Chriſti; ergo ſalvari, ſi non alia de cauſa mereant damnationem, quàm quòd puri puti fuerint Neſtoriani vel Eutychiani, &c.

Quia verò ſi Berengarius vel alius oppugnator præſentiæ realis antiquior feciſſet quod D. Claude, argumento uſus fuiſſet optimo adverſus Papiſtas, fatendum eſt Sectas Orientales fuiſſe ſemper ut hodie viam ſalutis qua docentes & in Synodo generali aliquid ſtatuentes; unde ſequitur rejicere formaliter & anathemate ferire doctrinam ſtatuentem in Chriſto duas naturas, ſed honniſi unicam perſonam, non impedire non omnes veritates fundamentales & ſaluti eſſentiales retineantur (*).

(*) Habes in margine Sect. ultimæ hujus Tract. locum expreſſum Autoris pro ſalute in Communioni-

SECTIO IV.

Probatur in particulari de Arriana Secta quod in præcedenti Sectione probatum eſt de Neſtoriana, &c.

X. VIdetur mea Theſis aliquatenus difficilior probatu quoad Arrianos, tum quia minus ipſis favet quàm cæteris ſectis validiſſimum argumentum quod nobis largitur Autor dum ait p. 236. Communiones quas Deus patitur diu perſeverare in quibuſdam erroribus, non poſſe dici immerſas errori mortali, tum quia dum dixit pag. 564. vindiciarum Syſtem. Deum non fuiſſe paſſum ut Arrianiſmus diu duraret propterea quod fundamentum tolleret, ſatis declaravit ſe non credere eam ſectam eſſe veræ Eccleſiæ partem, ſeu quod idem eſt, in ea ſalutem obtineri poſſe. Sed tamen, ut ſpero, non pauca reperiemus in ejus operibus argumenta quorum ope probare poterimus illam quoque ſectam gaudere eodem jure quo alias, ut ſit via ſalutis æternæ.

Primum argumentum continetur in verbis ſuperiori Sect. allatis num. 7. ex pag. 22. *præjudiciorum*, ubi diſertè docet Arrianiſmum fuiſſe partem Eccleſiæ, dicique potuiſſe de illa communione indubitanter, *ibi ſunt aliqui electi & prædeſtinati.* Ergo fateri debet juxta 1. Aphoriſmum eam eſſe partem veræ Eccleſiæ.

Secundum deſumitur ex eodem loco, nam ibi crudelitatem carnificiam interpretatur non excipere è numero damnatorum in Communione Arriana eos qui ejus hæreſim deteſtabantur, eos qui ignorabant, eos qui pacis cauſa tolerabant, & eos quibus metus & autoritas ſilentium imperabant. In eadem fuiſſe ſententia ſcribentem ſuum Syſtema liquido patet ex cap. 16. l. 1. (circa quem locum aliqua mox obſervabo) & ex cap. 20. Ergo fatetur in Communione Arriana multos ſalutem obtinuiſſe; ex quo quid ſequatur vide ſupra Sect. 5. Quid verò ſit reſpondendum huic exceptioni, *eos Arrianos non fuiſſe intrinſecè tales*, vide in eadem ſectione & paſſim alibi.

XI. Sed præterea obſervare non gravabor duo: Alterum ſpectat litem quam Autor cap. 16. l. 1. Syſtematis intendit D. Nicolle ea dicenti de Arrianis; unde neceſſariò colligendum ſit multos in eorum Communione fuiſſe ſalvatos, ſive quod Orthodoxiam retinuerint non capientes ſubtilitates & amphibologias ſuorum Doctorum, ſive quod metus occultare veram fidem coëgerit. Nervoſè omnino premit ſuum Adverſarium ut qui nequeat fateri quoſdam ſalutem aſſequutos in Communione Arriana quin deſerat Papiſmi principium: *Extra Eccleſiam Catholicam unius Romanæ Communionis ambitu contentam ſalutem non poſſe obtineri.* Verùm niſi Autor Syſtematis fateatur quoſdam fuiſſe ſalvatos in Arrianorum Communione qui totaliter & intrinſecè adhærebant illi, aperiet ipſe D. Nicolle viam ſeſe extricandi. Dicere enim poterit iſte omnes Orthodoxos qui manſerunt in Communione externa Arrianiſmi fuiſſe revera Eccleſiæ Catholicæ membra; nam omnes infantes qui baptizantur in Sectis ad ipſam pertinere, neque prius ab ea disjungi quàm liberâ & formali rejectione tam internâ quam externâ veritatum Catholicarum ipſi nuncium miſerint. Imo poterit D. Nicolle ab Autore quærere utrum

dicens

bus iſtis Schiſmatis.

dicens aliquos salvatos esse in Communione Romana intelligat eos fuisse membra illius Communionis tum internè quàm externè. Si respondeat affirmativè, evertet ipse omnes exceptiones de quibus in Sect. 6. Si negativè, hoc est, si intelligat eos fuisse puros intrinsecè ab erroribus Ecclesiæ Romanæ reponet D. Nicolle responsum sibi datum nihil aliud significare quam Christianos puros ab erroribus Ecclesiæ Romanæ, & verè pertinentes ad Ecclesiam Orthodoxam ubicunque illa sit, fuisse salvatos licet larvam Pontificiam gesserint, se verò eumdem in modum nihil aliud statuere quàm multos Orthodoxos & verè pertinentes ad Ecclesiam Catholicam salvatos fuisse licet larvam Arrianam gesserint. Instantiam deinde petitam ex eo quod larvati illi Arriani non profiterentur fidem Romanam, non ejus Sacramentis participarent, non ejus Pastoribus adhærerent, retorquebit facillimè in Autorem ut qui, non minus quam Pontificii statuat professionem externam esse partem essentialem Ecclesiæ prout nobis observatum Sect. 2. n. 20.

Idcirco quamdiu hæc verba: *Salus obtineri potest in variis Communionibus*, sic interpretabitur, *qui credunt omnes veritates saluti essentiales, & internè saltem rejiciunt omnes errores fundamentales, salvari possunt in Communione externa variarum Sectarum*, non erit ferè controversia nisi de nomine inter ipsum, & Pontificios quoad Ecclesiæ naturam. Etenim Pontificii hanc propositionem haud negaverint, *qui credunt omnes veritates saluti essentiales & internè saltem rejiciunt omnes errores fundamentales* (quales sunt juxta illorum principia, omnes quos Ecclesia Romana damnavit) *salvari possunt in Communione externa variarum sectarum*: & tantum abest ut hac in parte crudeles sint Pontificii, ut è contra accusantur nimiæ indulgentiæ, quasi sæpe permittant aut Magnatibus, aut Monachis simulare Religionem Protestantem (quò faciliùs rem Romanam promoveant) & eos qui metu persecutionis in eadem vivunt hypocrisi, excusatos libenter habeant. Esset ergo inter eos & Protestantes qui explicarent superiorem propositionem modo allato, magna consensio circa communionem externam cum vera Ecclesia: Utrique enim crederent illam non esse absolutè necessariam ad salutem. In quo ergo differrent? In hoc solum quod Pontificii veritates essentiales & fundamentales quas credere oportet si velis salvus fieri, determinent Conciliorum decretis, ex quo sequitur salutem pendere ex adhæsione interna Ecclesiæ cuidam visibili & determinatæ: Protestantes verò illi easdem veritates determinarent ratiociniis equidem Sacræ Scripturæ autoritate firmandis, sed quæ in magnas controversias ducunt variarum opinionum circa articulos fundamentales feracissimas, ex quo sequeretur salutem pendere ex adhæsione interna centro cuidam unitatis vago, & invisibili, de quo Sect. 10. Tractat. 1.

Quidquid id est, non poterit Systematis Autor urgere Adversarium argumentis ad hominem, & sine retorsionis metu, nisi fateatur varias esse Christianismi Sectas, in quibus salus obtinere potest ab iis qui & interna & externa adhæsione uniti sunt illis Sectis, cæterarumque omnium Sectarum Communionem non minus internè quàm externè rejiciunt. Alioquin (quod jam sæpe ipso ostendimus) cui bono ex ambitu veræ Ecclesiæ arcet Sectas tollentes fundamentum? Nonne ea distinctio est multiplicatio entium sine necessitate?

Num si adhæsio interna unitatis centro quod comminiscitur in collectione veritatum fundamentalium tibi sufficit ad salutem obtinendam, quando in communione externa Religionis depravatissimæ moreris, ut Romanæ & Arrianæ, obstaculo esse poterit saluti, quando moreris in communione externa Socinianismi? Num si adhæsio interna Arrianismo quatenus retinenti veritatem innocua est dummodo suppleas quæ desunt, adhæsio interna Socinianismo eadem lege erit noxia? Quis ferret res tam similes non gaudere eadem sorte? Et præterea quis non videt eos qui possunt dicere indubitanter, *in Arrianismo sunt aliqui electi & prædestinati*, certos esse debere doctrinam quæ ibi docetur non esse saluti contrariam; & quippe si hoc diceretur supponentes aliqua illius Communionis membra aliter credere quàm profiterentur, quænam esset hæc judicandi temeritas? Aut cur idem non dicerent de Sectis omnino tollentibus fundamentum? Profectò judicium illud *in tali Communione sunt aliqui electi & prædestinati*, niti debet judicio quod fertur de doctrina publica & visibili illius Communionis.

Cæterum iniqui essemus si Autori imputaremus exigere tanquam conditionem saluti obtinendæ omnino necessariam rejectionem Communionis internæ Arrianismi; nam ille salvatos vult Arrianos qui ignorarunt hæresim Arrii, vel qui eam crediderunt tolerabilem; quorum certè neutri crediderunt rejiciendam esse adhæsionem internam Arrianismo, vel alteri cuipiam Communioni internè adhærendum esse necessario.

Alterum quod observare volebam, hic nascitur sponte sua, nempe eos qui Arrianam hæresim tolerabilem existimant, non errare mortaliter juxta Systematis Autorem; nam si is esset error mortalis, non fuissent salvati Arriani illi qui pacis causa tolerabant hæresim suæ Sectæ. Credit etiam peccatum veniale, si quis simulet se Jesum-Christum habere pro creatura, & assentiri ut fraterna sibi Communione junctis docentibus consubstantialitatem Verbi esse dogma absurdum & impium, si quis, inquam, hoc simulet cedens metui & autoritati. Si verò hæc hypocrisis, & illa persuasio *Arrianam hæresim esse tolerabilem*, non sint peccatum mortale, quomodo persuadebit Autor viris judicio pollentibus Arrianos qui una cum lacte suxerunt hæresim suæ Sectæ, eamque bona fide crediderunt veram, peccasse mortaliter? Junge quæ Sect. ultima istius Tract.

Prætermitto illum secum pugnare, ut qui dixerit in judicio de Methodis explicandi gratiam pag. 96. unionem Reformatorum & Arminianorum tamdiu rejectum iri ab illis, quamdiu isti tolerabilem judicabunt Socinianismum; nam hanc Arminianorum sententiam æquè intolerabilem esse, ac eorum qui Muhammedanam Religionem tolerare vellent. Hinc patet errorem ipsi videri fundamentalem, non modo si quis credat cum Socinianis Jesum-Christum non esse Deum, sed etiam si quis credat hanc Socinianam doctrinam esse tolerabilem. Cur ergo tanquam carnificinam seu lanienam Papisticam exercentes increpat eos qui Arrianis januam paradisi occludunt tolerabile judicantibus Arrii dogma circa Jesum-Christum.

Tertium argumentum ex eadem pag. 22. *præjudiciorum* desumitur, in qua non dubitat affirmare Arrianismum fuisse purum præ Papismo (*); nam cùm Arrianismus uno duntaxat errore capitali laboraverit, Papismum infectum esse viginti. Hinc

---

(*) Pag. 255. System. dicit multo difficiliùs concipi quomodo quis servari possit in Papismo, quàm in Arrianismo.

à minori ad majus sic argumentor.

In Communione Romana vicies corruptiore quàm Arrianismo salus obtineri potuit, & alia Communio fuit pars veræ Ecclesiæ:

Ergo à fortiori, salus obtineri potuit in Arrianismo, & hæc Secta fuit veræ Ecclesiæ pars.

Quartum fluet ex eo quod prædicatio Verbi divini & cognitio mysteriorum Evangelii fuerit semper vulgaris in Communione Arriana, adeò ut Autor fateatur Theologos Arrianos fucum fecisse plebi, quia de Jesu-Christo mira & sublimia docebant sub earum vocum involucris quas continere puram putam Orthodoxiam multi simplici & ingenuo animo præditi credebant. Videantur pag. 149. & 152. Systematis. De extensione illius Sectæ aliqua dicam inferiùs.

Quintum desumitur ex eo quod Autor semel factus ea quæ vidimus in ista Sectione, non amplius negare potest quin Arrianismus fuerit intra Ecclesiam, quin Arriani fuerint Christiani, quin gratia salutaris in eorum Cœtus effunderetur.

Sextum desumitur ex eo quod si hodie Arrianismus vigeret in quadam Orbis parte, non minori cura ejus consensu firmaturi essent Reformati suam de Eucharistia Sententiam, quam id facere conatus est consensu Eutychianorum & Nestorianorum D. Claude, plaudente ut verisimillimum est, Systematis Autore, & in pari controversia iisdem armis usuro. Nec ullo modo ambiguum esse debet quin ille adversus Socinianos disputaturus de sensu horum verborum, *antequam Abrahamus esset ego sum*, eos judicio Arrianorum opprimeret, ne non quoad multa loca Sacræ Scripturæ, sicut in universum eos opprimere conatur judicio omnium Communionum pag. 237.

Septimum petitur ex eo quod non sit minor crudelitas damnare omnes Arrianos qui in Gallia, Hispania, &c. aliquot post Arrium sæculis vixerunt, simplici & ingenuo animo hærentes Doctrinis quibus imbuebantur à teneris unguiculis, mulieres, opifices, rusticos examinandi controversiam adeò subtilem minimè capaces, quam damnare eos qui in facti versabantur, hoc est qui credebant Doctrinam Catholicam & Arrianam esse unum & idem (si modo quidam tales extitere) & eos qui tolerabilem judicabant hæresim Arrianorum, nec non eos qui præ metu eam approbabant extrinsecùs. Atqui carnificia est crudelitas juxta Autorem damnare tria isthæc Arrianorum genera. Ergo, &c.

XIV. Major Propositio inde manifestatur 1. quia Arriani versantes in errore facti non aliter possunt excusari quàm quod approbaverint hæresim non formaliter, sed materialiter tantum. Hoc est credebant illi quidem quod approbant esse doctrinam cælestem, sed fallebantur. At idem dici debet de Arrianis bona fide credentibus hæresim Arrii quam intelligebant prout opponebatur Synodo Nicænæ, nam illi non alia de causa talem sententiam approbant quàm quod judicarent esse doctrinam cœlitùs revelatam.

Aliter rem explicabo. Priores adhærebant Arrianis non intelligentes venenum eorum doctrinæ: posteriores adhærebant, intelligentes eorum doctrinam, sed nullum in ea venenum. Cur isti pejores illis? An quia priores si intellexissent doctrinam Arrianam, judicassent esse venenatam, & rejecissent? Sed quid hoc aliud significat nisi eos fuisse tales ut doctrinæ quam cognoscerent venenatam nuncium essent missuri? At non ne poste-

riores dici debent ejusmodi commatis? Adhærent ne ulli doctrinæ postquam cognoverunt esse venenatam? Adhærent non secus ac priores illi quam credunt bonam.

2. Si negate divinitatem J. C. sit ei declarare bellum atrocissimum, & hostiliter se gerere perpetuis blasphemiis in ipsum Deum, quomodo illi poterunt salvari qui Societatem & Comunionem Religionis coluerunt cum Arrianis, judicantes eorum doctrinam esse tolerabilem? An qui fidelis est Deo & Christo potest non modo judicare ejus hostes infensissimos errare venialiter, sed etiam pro fratribus agnoscere, & cum ipsis Communionis Religiosæ vinculis ligari? Certè sicut crimen Majestatis est in terra fœdus inire cum hostibus Principis, nec ab eorum Societate recedere dum ferro flammisque depopulantur Principis fines, quamvis ipse manum operi non admoneas, ita judicandus est læsæ Majestatis divinæ reus quicunque Societati Impiorum & blasphemorum nomen dat, licet nihil aliud quàm annuat aut conniveat eorum blasphemiis.

Hinc patet qui Communionem cum Arrianis coluerunt eorumque hæresim non esse dignam judicarunt propter quam fraternitatis vincula rumperentur, non fuisse in via salutis, nisi si ipsa Societatis Arriana fuerit pars veræ Ecclesiæ; quemadmodum socii alicujus conjurationis non possunt esse innocui, quando ipsa conjuratio crimen est perduellionis insignis. Colligat ipse Lector consequentiam nunc emanantem ex eo quod multos salvatos velit Autor in Communione Arriana.

XV. Sed nolim hoc intactum reliqui, Reformatos (ut ille ait, *Judic. de Methodis pag. 96.*) nunquam pacem inituros cum Arminianis quam cupiunt inire cum Lutheranis quamdiu Arminiani Socinianismum tolerare voluerint: quod idem est ac disertè declarare errorem esse mortalem & fundamentalem eorum qui credunt Socinianam hæresim esse tolerabilem, quippe Autor se optare profitetur ut mutua communio stabiliatur inter omnes sectas à Romana segregatas quæ non errant errores fundamentales. Cùm itaque excipiat Arminianos propterea quod credant Socinianismum esse tolerabilem, sequitur juxta illum hanc Arminianorum opinionem esse errorem fundamentalem, sive saluti contrariam. Quanto magis credere debet eos fore in errore ejusmodi qui manerent in Communione Sociniana eo modo quo olim aliqui manebant in Communione Arrianorum, hoc est credentes hæresim Arrianorum esse tolerabilem? Nec opus est ambage quò detegatur ejus hac de re sententia, cùm expressis verbis eam declaraverit in præfatione Tractatus de Natura & Gratia, ubi de quibusdam Ministris ita loquitur: *Si non formaliter sunt Sociniani, at ex eorum scriptis manifestum est videri saltem illis hæresim Socinianam exiguum quid; ipsos verò Socinianos haud dignos quibus cum Communio rumpatur: fateor ita se habere, & esse Socinianum idem esse propemodum me judice.* Cum igitur eodem fere modo statuat esse judicandum de iis qui formaliter sunt in aliqua hæresi mortali, & de iis eam tolerabilem credunt, non utique potest judicare Arrianorum hæresim esse mortalem, dum judicat multos fuisse in via salutis credentes eam tolerabilem, atque adeò manentes in Arrianorum Communione. Fateatur ergo necesse est illam hæresim non esse mortalem; nam ut exemplo Arminianorum & Socinianorum declaravit, si fuisset mortalis, qui eam judicassent tolerabilem, errassent fundamentaliter, & indigni fuissent Communione Orthodoxorum. Hinc sequitur

quitur (quod notandum) hæresim Arrii deturbantis Jesum-Christum ex folio divinæ naturæ ad conditionem entis facti & creati non esse fundamentalem, sive mortalem, judice Autore Systematis.

SECTIO V.

An Arrianismus fuerit extensus, & diuturnus ?

XVI. ULtimum argumentum, velit nolit, desumam ex eo quod fateatur nullam Societatem Christianam in mundo bene conspicuam hæsisse unquam diu in aliquo errore mortali. Credit fortasse hac conditione cavisse ne Arrianismus egrederetur è numero errorum mortalium; nam alicubi ait eam Sectam instar torrentis præteriisse, pag. verò 149. persuasum se esse profitetur illam non fecisse unquam magnum corpus in mundo. Episcopos quidem non paucos fuisse in ea hæresi, sed non populum que regebant. Vult ergo eam fuisse per quam exiguam tum duratione, tum numero Sectarum, qua in re videtur uti peculiari quadam & inusitatâ mensurâ.

Quippe manifestè constat monumentis historicis unicuique obviis, Arrianismum natum in Ægypto circa annum Christi 320. disseminatum inde fuisse per Orientem & Occidentem, & regna ampla atque opulenta possedisse in Gallia, Africa, Hispania Italia, Panonia, nec prius amisisse forma Communionis visibilis suâ disciplinâ & regimine gaudentis quam circa annum 660. Intercedunt ergo inter ejus ortum & interitum 340. anni. Fateor toto hoc intervallo non æquali floruisse extensione ac viribus; nam ut nihil dicam de illis Imperatoribus Romanis qui illum magno studio fovebant, & Orthodoxos gravissimis cladibus proterebant, quorum haud ita diuturna fuit potentia, certum est Gothos, Valandos, Suevos, Burgundiones, Hunnos, Longobardos, quorum auspiciis rerum summâ potitus est in florentissimis Imperii Romani Provinciis non eodem esse omnes principio & fine usos: quidam citius, quidam tardius, vel fidei Catholicæ nomen dederunt, vel excisi sunt. Sed toto illo tempore nunquam caruit Arrianismus Sectatoribus & sedibus conspicuis: videre erat illum sæpius non uno in loco suis Regibus superbientem suis Episcopis, Templis, Congregationibus gaudentem; parumque abest qui ducentis annis perpetuis regnaverit gloriosè in Hispania.

An hoc est instar torrentis seu fulguris præterire ?

An si hoc non sufficiat ut aliqua Secta dici possit diu durasse cum aliqua extensione, seu ut Autor loquitur, *Faire corps ou figure dans le monde*, ulla certa erit regula in sensu verborum ?

An si Calvinismus hodiè armis principium Pontificiorum penitus opprimeretur, audiendi essent qui negarent illum fuisse partem Ecclesiæ, quia non diu durasset, nec magnum fecisset corpus in mundo ?

Nonne sibilis judicaremus explodendos, & tamen Calvinismus tunc breviori multo foret ævi quam fuerit Arrianismus, nec in tot diversis locis regnasset ?

Quid fiet juxta hanc novam normam durationis & extensionis Sectarum, Sectis illis Valdensium, Albigensium, &c. in quibus veræque Ecclesiæ successionem utcunque visibilem conservatam fuisse creditum est hucusque apud Protestantes ?

Quod supponit Autor plebem Arrianam fuisse Orthodoxam sub Episcopis Hæreticis omni caret probabilitate, neque flocci faciendum est. Cùm enim Arriani & Catholici semper ferè in iisdem locis habitaverint, se invicem non rarò persequentes, scriptis saltem, concionibus & maledictis certantes; alii aliorum cœtibus Ecclesiasticis abstinentes, qui fieri potuisset ut causa dissidii quemquam lateret, exactis præsertim primis illis temporibus cum nodum formula fidei probè carens æquivocationibus proposita fuerat ? Crediderim utique plerosque in plebe Arriana (& idem dic de Catholica plebe) nullam notionem habuisse distinctam de coëssentialitate & consubstantialitate; sed neminem credo fuisse inter Arrianos aut Catholicos adeò blennum aut stupidum, quin sciret hoc differre alios aliis, quod Catholici dicerent ut veritatem sacratissimam Jesum-Christum esse Deum eodem prorsus modo quo Patrem æternum, Arriani verò negarent ut errorem vero Deo injurium. Nullus ergo erat Arrianus (de iis loquor qui supponuntur ignoratione peccasse) qui non distinctè quamvis generalem in modum affirmaret Jesum Christum esse creaturam. Atqui in eo consistit formalis, totalis, & adæquata essentia Atrianæ hæresos; ergo non potest redigi ad paucos ea Secta ratione quam Autor in medium attulit.

Utamur experientia nota & quotidiana Arminianorum dissidentium à Calvinistis penes quæstiones in paucis theoreticas & arduas. Nullus est inter eos adeò ignarus qui nesciat 1. diebus Dominicis eundem esse in certa Templa auditum certos Pastores, & ab iis interdum Eucharistiam sumendam. 2. Esse quædam alia templa in quibus cæteri cives certos alios Pastores audiunt, à quibus interdum sumunt Eucharistiam. 3. Vituperari ab Arminianis eos qui cœtus Arminianorum deserunt ut aliorum Protestantium Communioni se aggregent. 4. Alios Protestantes vituperare vicissim eos qui Arminianorum in Communionem transeunt. 5. Differre Arminianos à cæteris quod credant neminem prædestinari ab æterno vel ad salutem vel ad damnationem, sed unumquemque se collocare in via salutis vel in via Inferorum prout præceptis Evangelii obsequitur, aut non obsequitur, contrarium verò statui à Reformatis.

Generalem illam saltem cognitionem discriminis Arminianismi à Calvinismo deprehendes, si rem indagare volueris, in Arminianis maximè illitteratis, nisi si eos consulas qui vel ipsa elementa Christianismi ejusque à Judaïca Religione differentiam cognoscere neglexerunt, quod genus hominum in ista controversia haudquaquam venit considerandum, in qua satis notum est agi de plebeis illis Christianis, qui si vixissent in Communione Orthodoxorum, non ignorassent sanam doctrinam, ideoque non ignorare censendi sunt hæreticam, non magis vel etiam minus arduam captu, quotiescunque in secta Hæretica vivunt. Nec fieri aliter potest quàm paulo ante supponebam quoad Arminianos, cùm in eadem urbe duæ sunt sectæ quarum Pastores se invicem refutant, & altera alterius congregationes respuit & damnat; ita enim natura comparatum est ut Sectæ ejusmodi diligentius doceant suos alumnos doctrinas sibi proprias, quàm dogmata quæ habent communia cum aliis Sectis, utque non rarò rixas verbis saltem inter se exerceant.

Nemo est fortasse qui me magis persuasum habeat plebem parùm distinctè intelligere articulos fidei suæ, & fidei aliarum Sectarum; sed in animum

mum inducere meum nequeo eam ignorare in quo consistat generaliter discrimen præcipuum Sectæ quam profitetur à Secta quam videt in iisdem Provinciis vel Urbibus. Quis credat verbi gratia in Gallia plebem ignorare potuisse discrimen Pontificiorum & Reformatorum quoad articulos præcipuos, aut in ditionibus Brandenburgicis ignorare discrimen Lutheranorum & Calvinistarum? Ne ipsæ quidem mulieres aut opifices qui in Batavia Voëtiani quam Cocceiani, aut vice versa, audire malunt, non intelligunt in universum differentias multas harum denominationum, quæ tamen non eruperunt in duas Communiones.

Quod si Arriani ita alicubi vixerunt, ut nullos circa se viderent cœtus Catholicos, fieri potuit facilius ut ignorarent fidem Catholicam. Quia tamen apertè audiebant à suis Pastoribus & absque verborum captiosis involucris, tunc solum necessariis quando invidia vel persecutio imminens est declinanda, Jesum-Christum creatum esse à Patre, neque adeò dari tres personas in Deo unica natura gaudentes, pleno poculo hæresim hauriebant, & simul damnabant Ecclesiam Catholicam quæ contrarium doceret.

Idcirco plebs Arriana sive circa se viderit Catholicos cœtus, sive non, opinionem hæreticam Arrii scire & credere potuit eo modo qui facit Populum hæreticum quando est hæreticus. Si hoc pertinaciter negas, quid aliud quam ansam præbes profanis dicendi in Communione Orthodoxa plebem non intelligere mysteria & dogmata, sine quibus dicunt Theologi salutem non obtineri?

Porro cùm fateatur Autor pag. 110. ignaros illos Arrianos quos supponit intellexisse doctrinam suorum Pastorum sensu non hæretico, Ecclesiam Catholicam Synodumque Nicænam toto corde anathemate percussisse, nonne agnoscere debet eos graviter peccasse? Quàm enim hoc unum fœdo crimini & horrendæ audaciæ conjunctum sit, intelligunt quicunque sciunt maledicentiam per se satis grave delictum, fieri scelus abominandum si in Deum & Corpus Christi Mysticum, Ecclesiam nempe quæ fidem tutatur inviolatam, invehatur.

Certum ergo est Arrianos quos Autor vult esse salvos, magnorum criminum fuisse reos, cum dogma Divinitatis Jesu-Christi sit veritas fundamentalis & totius Religionis Christianæ columen præcipuum. Illi enim professi sunt dogma huic veritati contradicens dum vel mentaliter detestabantur (quæ erat hyocrisis aut potius abnegatio Christi contra dictamen conscientiæ non multo minor quàm lapsus Petri) vel tolerabile solùm judicabant (quod præter hypocrisim includit Communionem internam seu confœderationem cum hostibus Jesu-Christi) vel non intelligebant (quod præter similem confœderationem includit temeritatem incredibilem, & contumeliam gravissimam calumniâ mixtam veræ Ecclesiæ illatam). Hujus autem maledicentiæ in Ecclesiam affines sunt censendi plus minus cæteri Arriani salvati.

En tres species Arrianorum, quarum primam si velis eximere culpæ, debes multo magis eximere illos qui bona fide vi educationis amplexi sunt opinionem Arrii. Si verò duas posteriores eximas, fateri debes vel dogma divinitatis Jesu-Christi non esse fundamentale, salutique necessarium, vel gravissimos errores ignaris non esse crimini vertendos. Quod si dicas tùm certè Arrianos omnes includis in via salutis, actu salvandos si non alia

de causa iram Dei in se concitent quàm adhæsione hæresibus Arrii.

SECTIO VI.

Probatur de Socinianismo id ipsum quod de Nestorianismo, Arrianismo, &c. probatum est, & 1. quidem ratione petitâ ex eo quod prædicatio Verbi Divini in eo conservata fuerit. Refutatur quod Autor observat circa exiguitatem Socinianismi.

PAuciora nobis reliquit argumenta ex ejus hypothesibus desumenda vir supra laudatus pro salute Socinianorum, quàm pro salute aliarum Sectarum: sæpissime enim ipsi cautio fuit occupare quæ subodoratus est sibi posse objici in gratiam illorum. Sed tamen vel oblitus est sui propositi quandoque, vel non potuit carere principiis quibusdam unde, velit nolit, colligemus Socinianos esse in via salutis, quos ille quo jure, quave injuria omnes vult damnatos.

1. Argumentabor in illum ex eo quod doceat, XIX. quandoquidem Deus nihil frustra facit, prædicationem Verbi Divini non conservari in aliqua Societate, cum Deus nullos habet electos in illa nutriendos; nam inde sequitur aliquos esse electos in Secta Sociniana, ideoque per 1. Aphorismum eam esse partem veræ Ecclesiæ, & per 4. non evertisse fundamentum, quippe certo certius est prædicationem & lectionem Verbi Divini vigere in illa. Videmus quid occupaverit isti ratiocinationi opponere.

Respondeo, inquit pag. 102. quod si Deus permisisset ut Socinianismus tantum cresceret quantum Papismus, verbi gratia, aut Ecclesia Græca invenisset etiam media nutriendi in eo suos electos, & impediendi participare ejus erroribus mortalibus; sed cùm Sociniani non faciant numerum in mundo, dispersi absque ullo splendore (*sans y faire figure*) & ut plurimum congregationibus careant, vel maxime exiguas habeant, non necesse est supponere Deum inter eos quemquam salvare, quia exigua adeò exceptio non præjudicat regulæ isti generali, *Deus nunquam suum verbum prædicandum curat ubi non habet electos*, quod de Communionibus potius intelligendum est, quàm de gregibus particularibus.

His consona sunt quæ pag. 153. profert in hunc modum. *Certus sum quod si Deus permisisset ut Socinianismus occuparet magnam Christianismi partem, Deus sibi in eo servasset electos (nam mundus nequit esse sine Ecclesia). 1. Impediendo plures simplices participare illius hæresibus. 2. Conservando plures fideles in vera fide per rejectionem formalem hæreseos. Sed quæ est hodierna illius Sectæ constitutio, neque necessarium est neque possibile ut quispiam sit in ea in tali statu. Primò, non necessarium est hoc supponere, quoniam ea Societas nihil est: aliæ Communiones Christianæ sufficiunt alendis & includendis electis, neque necessarium est ut Deus aliquam miraculi speciem faciat ad quosdam nutriendos in Communione Sociniana. Secundò, non possibile est supponere eam Communionem homines continere ignorantes ejus dogmata vel simulantes credere, propterea quod ex una parte Sociniani exigui sunt numero, simplices non possent latere in multitudine: aliunde plerique errori addicti sunt electione, quippe sic oppositi cæteris omnibus Christianis, ut ignorare nequeant quid ipsorum Secta credat, quidve alia: ex altera parte nullibi dominantur, ergo nemo eorum Sectæ adhærere potest timore & simulatione.*

Hæc verba clarius fortasse quàm quæ alibi dixit XX. hac

hac super re, ostendunt quid ille requirat ad hoc, ut aliqua Communio sit pars veræ Ecclesiæ; & mirum sanè est Theologum cæteroquin rigidum (quod clamant & vox publica & ejus libri) contentum esse tam modicis parabilibusque conditionibus. Non enim requirit doctrinam alicujus Communionis esse immunem saltem ab hæresi fundamentali & mortali; requirit solum, ut in ea vivere possint aliqui simplices, qui non intelligant doctrinam pestiferam suæ Communionis; vel aliqui peritiores qui eam intelligentes rejiciant mentaliter, licet professione exteriori retineant, haud absimiles illi qui dicebat, *Linguâ juravi, mentem injuratam gero.* Porrò ut in aliqua Communione evertente quantum volueris fundamenta suis hæresibus mortalibus, qualem ille supponit Socinianam, reperiri valeant ejusmodi membra, vasa electionis mediante sua vel stupiditate vel hypocrisi, nihil aliud requirit nisi eam florere in mundo, & occupare bonam partem Christianismi. Ex quo sequitur, velit nolit, denominationem veræ Ecclesiæ, & magnificum illud privilegium esse partem Corporis Mystici Jesu-Christi, & Membrum illius Sponsæ quæ Deo parit aliique filios dilectissimos, hæreditatis cœlestis compotes futuros, non pendere ex ulla qualitate interna, neque supponere immunitatem à pestiferis erroribus, sed pendere à quibusdam accidentibus vel adjunctis mere extrinsecis, ut occupare varia loca, & cœtus frequentissimos ibi habere.

At quis non videt per eam consequentiam funditùs subverti discrimen quod Autor tam anxius & sæpe posuit inter Sectas tollentes fundamentum, & non tollentes, vel tollentes solum indirectè per consequentias, & ratione errorum illi inædificatorum; nam hæc erat præcipua nota sive effectus illius discriminis, quod in istis ultimis Sectis salus obtineri posset, non verò in aliis. Ergo si salus obtineri potest in omnibus, ruit omnino discrimen: imo quamvis supponas salutem non posse obtineri in quibusdam, ruet discrimen dummodo supponas aliunde non ideò salutis viam esse occlusam in quibusdam, præcisè quia tollunt fundamentum, sed quia carent adjunctis quibusdam merè fortuitis & externis quæ possunt adesse & abesse à qualibet Communione absque eo quod ejus doctrina fiat melior vel pejor, vel ullam mutationem internam patiatur. Atqui sic se habet jam suppositio Autoris supra laudati, dum enim fatetur, si Socinianismi Secta, quæ juxta illum tollit fundamentum directè & formaliter, evasisset in magnam Sectam, aliquos salvandos fuisse in illo, apertè declarat, quod nunc nulli salventur in illo, non pendere ex natura & conditione illius hæreseos, verùm ex ejus tenuitate, & Sectatorum paucitate, quæ sunt adjuncta fortuita & merè extrinseca. Ergo, &c.

Viderit ipse qui sese expedire valeat ex illis difficultatibus, & propugnare quæ asserere videtur alibi viam Secretionis patere quidem, sed non viam Adjunctionis; (vide supra Sect. 18.) Ego interim argumentatus ex concessis facilè evincam Socinianam hæresim non esse fundamentalem.

XXI.　　Per quartum Aphorismum illa Communio in qua salus obtineri potest, non evertit fundamentum Religionis Christianæ.

Atqui in Socinianismo, si esset valdè extensus, salus obtineri posset.

Ergo si Socinianismus esset valdè extensus, non everteret fundamentum Religionis Christianæ.

Atqui si esset valdè extensus, non esset quoad dogmata ullo modo melior quam nunc est, vel ullo modo diversus quoad qualitates internas ab eo quod nunc est.

Ergo nunc quoque non evertit fundamentum Religionis Christianæ, ideoque tertium Aphorismum salus potest in eo obtineri, & per 1. est pars veræ Ecclesiæ; ergo malè ejectus est ab Autore ex ambitu veræ Ecclesiæ Christianæ.

Neminem legi qui in Autorem scripserit post vulgatum ejus Systema, qui non ipsi objecerit, sequi ex ejus doctrina Socinianos non amplius fore hæreticos fundamentaliter, si possent multos facere discipulos, & ope cujusdam Principis bellatoris diffundi per orbem Christianum. Ipse profecto non fuit inscius quàm sit absurdum statuere quod est fundamentale, quando docetur à paucis, evadere non fundamentale quando docetur à multis. Idcirco respondens D. Nicolle negat sibi unquam illud venisse in mentem, quæriturque de ejus importunis cavillationibus, reprehenditque quod supposuerit Socinianos inficere posse mundum & Ecclesiam hæresi sua: vult enim Autor eam suppositionem esse impossibilem. At quod (*) pace ejus dixerim non hoc supposuit D. Nicolle: supposuit solum Socinianos facere posse quamplurimos discipulos. Hoc verò si contingeret, non tamen mundus & Ecclesia Socinianismo inficerentur, remanere possent multæ Communiones intactæ eo contagio: possent quoque illi crescere absque ullo detrimento Ecclesiæ orthodoxæ, si nempe non alios quàm Muhammedanos aut Gentiles ad se traherent. Dabimus illi providentiam Dei non posse pati ut in totus Christianismus fiat Socinianus: sed si supponat eam non posse pati ut Sociniani forment Sectam æquè diffusam ac Calvinismum, Lutheranismum, Nestorianismum, Arrianismum, explodetur meritò, & incrementis quæ Deus permisit Muhammedicæ impietatis redigetur ad incitas.

Legantur pag. 566. & 567. Vindiciarum adversus D. Nicolle, patebit hæsisse (†) à quam Autori Systematis. Ac revera nulla ingenii sagacitate declinare poterat acumen illius teli, si Socinianismus extenderetur, tunc ejus Communio non esset mortalis, ut nunc est; ergo eadem Communio fit mortalis ex non mortali, & vice versâ, prout paucioribus vel pluribus constat membris; de cætero nihil quidquam mutans in sua fide. Hoc verò ita est absurdum ut nihil supra. Stet ergo Autorem, si consequenter disputet fateri debere Socinianismi Communionem vel nunc non esse mortalem, vel fore tunc quoque mortalem, cùm valde esset diffusa. Atqui hoc posterius totum ejus Systema disturbat, ergo fateri debet prius.　　XXII.

Sed revertamur ad consequentiam petitam ex eo quod Deus conservet prædicationem verbi sui in Secta Sociniana. Mihi videntur omnes rationes quibus Autor utitur ad probandum illo medio veram Ecclesiam constare diversis Communionibus esse nullæ, vel probare quoque pro Socinianismo. Nam si hæ rationes sunt bonæ, prædicatio Verbi divini conservata in Communionibus in quibus salus non posset obtineri, argueret mendacii Evangelium, Deumque reum faceret non modo

---

(*) Confer quæ infra Sect. 11.

(†) Animadvertat quæso, Lector, mecum hic & alibi non semel observo D. Juricu fuisse invictè confutatum à Pontificiis, non intelligere causam Reformatorum fuisse victam, sed solum privata cogitata illius quæ ad causam communem nihil pertinent. Hoc semel monuisse sufficiat.

modo crudelitatis durissimæ, verùm etiam insipientiæ, ne illi quidem homini condonandæ qui omnium esset imprudentissimus. Hinc equidem sequitur eas imperfectiones eò fore majores in Deo, quo plures & ampliores Communiones conservabunt prædicationem Verbi Divini, nec tamen salus in iis obtineri poterit; sed tamen fore realiter imperfectiones, si vel uno Communio licet exigua, talis sit. Nisi velis Deum ejusmodi tibi fingere qui careat vitiis gravissimis non verò minoribus, qui non cadat in summam imprudentiam, sed solum in mediocrem.

Si ratione esset certandum haberemus & quæ contra multitudinem Sectatorum, & quæ pro illa diceremus. Nam si ex una parte Urbs amplissima & corruptissima videtur objectum esse debere Deo ingratius quàm exiguum Oppidum & corruptissimum, crescente scilicet irâ Divinâ & fœditate mali pro majori numero scelerum perpetratorum: ex altera parte videtur Deus citiùs movendus clade multorum quàm paucorum, ut contigit quando de Ninive abolenda agebatur. At si missis rationis momentis consulamus autoritatem Evangelii, deprehendemus paucitatem eodem jure gaudere quo multitudinem. Dixit enim Jesus-Christus *ubicunque fuerint duo vel tres congregati in nomine ejus, se in medio eorum fore;* unde invictissimè colligendum venit, 1. Si nihil aliud obstet quominus Jesus-Christus adsit alicui congregationi, quàm paucitas assistentium nihil prorsus obstare. 2. Si Jesus-Christus paratus sit adesse gratia sua salutari cœtibus alicujus Communionis longe lateque diffusæ, paratum quoque esse eadem gratia testari suam præsentiam cœtibus ejusdem Communionis parum diffusæ. Atqui fatetur Autor, si Socinianismus esset valdè extensus, Verbi Divini prædicationem fore salutarem quibusdam Socinianis seu quod idem est, Jesum-Christum additurum externæ prædicationi Verbi gratiam suam efficacem ad salutem quorumdam auditorum; ergo fateri debet idem quoque fieri proportione servata nunc cùm in Communione Sociniana parum extensa annunciatur Evangelium.

Exceptiones quinque quibus istam consequentiam infringere conatur, vanæ sunt.

I. *Sociniani* (inquit) *dispersi sunt absque ullo splendore.* Egregia scilicet nota falsitatis, valde conformis placitis cæterorum Theologorum Reformatorum, qui per multos annos nihil aliud tam sæpe opposuerunt Pontificiis, quam dissipationem & obscuritatem non minus convenire veræ Ecclesiæ, quàm extensionem & pompam Communioni Antichristi Apocalyptici.

II. *Sociniani ut plurimum carent congregationibus, vel admodum exiguas habent.* Quasi verò opus sit pluribus quàm duobus vel tribus in nomine Christi congregatis, ut ipse prout pollicitus est, spirituali sua præsentia eos dignetur. Et fuit cùm Sociniana Secta in Polonia suos haberet cœtus haud contemnendos, suas Synodos, suam Disciplinam, Academiam quoque, viros etiam Magnates. An tunc saltem non continebat aliquos Electos ideoque pars erat veræ Ecclesiæ? An qui videbat eam non modo in Polonia, sed & in Transilvania, minùs dicere poterat quàm dici potuit indubitanter de Arrianismo juxta Autorem, *hic sunt aliqui Electi & prædestinati?* An priusquam id dicetur expectandum erat donec cognosceretur per multa sæcula Socinianismum bene diffusum esse duraturum? Sed quæ hæc esset amentia, nolle judicare de Sectis ex doctrina quam profitentur, sed posteris relinquere rem judicandam, quando eventu pateret an illæ duravissent

plurimis sæculis, & occupavissent bonam partem Christianismi? Dico plurimis sæculis; nam licet Arrianismus valdè conspicuus in orbe duraverit plusquam 300. annis, Autor tamen existimat brevem hanc durationem & torrenti similem, argumento esse eam Sectam fuisse mortali fundamentalique hæresi infectam, oblitus quæ toties dixerat, Deum aluisse in ea suos Electos diversis modis, ex quo sequitur impossibilitatem salutis Arrianorum non movisse Deum ad exscindendam penitus eorum Communionem. Profecto juxta hæc Autoris principia, legitime dubitare poterant de veritate Evangelii, tum qui nil nisi ejus incunabula viderant, tum qui mira ejus incrementa, sed non longissimam durationem cognoverant; & non solum inter exigua Reformationis primordia, sed hodie quoque dubitandum esset de ejus bonitate. Qua fronte hæresim teterrimam si forte hodie nasceretur, damnare auderemus ut viam Inferni, nondum scientes an Deus sit passurus eam diu durare & fimbrias extendere? Quod si esset, tunc ea deberet dici pars veræ Ecclesiæ, & receptaculum multorum Prædestinatorum. Habent hoc pleræque exceptiones quibus se Autor hic se circumvallare nititur, ut valde faveant Pontificiis, quibus si ille operam suam elocare voluisset, non majori eorum gaudio & fructu ambabus ulnis fuisset amplexuras principia quorum ope nascentem Reformationem, & præcursores ejus variis temporibus refutare aggressi sunt.

III. *Aliæ Communiones Christianæ sufficiunt alendis Electis.* Sed si hæc ratio valeat, nulla est secta de qua non possit ferri judicium idem quod hic de Sociniana fertur; nam nulla est jam quo penitus reprobata, Deus non esset habiturus numerum sufficientem Societatum salvandis Electis benè multis. Si nolis de tota aliqua Communione hoc statuere, poteris saltem vel de tota Ecclesia Anglicana (prout Autor de tota Italia & Hispania tantum non pronunciavit dictatoriè pag. 126.) vel de Gallicana, Helvetica, &c. Sed quàm hoc esset temerarium, ne quid gravius dicam? Et quàm parùm sibi constat Autor, dum in eodem capite pugnat Verbum Dei nonnisi propter Electos annunciari, secus, Deo tribui modum agendi à sapientia remotissimum, & fatetur hoc non esse proprie intelligendum de Gregibus particularibus, ac ne quidem de Communionibus omnibus, verbi gratia de Sociniana.

IV. *Simplices non possent latere in multitudine.* Sed quid opus est simplices latere, cùm enim illi præ sua ignorantia nihil mali suspicentur in sua Communione, ejus præceptis, fidei & ritibus morem gerere haud Religioni ducunt?

V. *Nemo Socinianorum Sectæ adhæret præ timore, & simulatione.* Sed unde scies neminem unquam adhæsisse, vel nunc adhærere, vitandæ amicorum, parentum, cognatorum offensionis causa, vel suspicionis molestæ, aut denique persuasum ejus errores tolerabiles, quod judicium de hæresi Arriana latam non credis obfuisse saluti? Præterea hinc satis liquidè declaras Sectam Socinianam fore Electorum receptaculum, & per consequens veræ Ecclesiæ membrum, si posset persequendo metum mortis incutere, aut cæteroquin præmiis & pœnis propositis in retinendis vel augendis suis alumnis laborare. Atqui si hoc faceret, esset turpior quàm est; ergo nunc potiori jure dicenda venit veræ Ecclesiæ pars. Ut prætermittam quod tam sæpe inculcavi, si Sociniani larvati salvantur, multo potius esse in via salutis genuinos per Aphorismum 33.

SECTIO VII.

Continuatio ejusdem materiæ. Exponitur secunda probatio desumpta ex eo quod Sociniani non sint pejores Arrianis. Ostenditur Autor fecisse imprudens Apologiam Socinianismi maledicendo de veteri Ecclesia.

NOn utar ut peculiari argumento hac observatione, Autorem si forte disputaret cum Socinianis, in rem suam sine dubio conversurum quæ illi vera cum cæteris Christianis profitentur, & in particulari agnoscunt de sensu quorumdam Sacræ Scripturæ verborum; si etiam oriretur quædam Secta quæ de realitate humanæ naturæ Jesu-Christi nova somnia ederet, illum in eam non sine fructu & momento, veluti gloriantem adhibiturum consensum ipsorum Socinianorum cum cæteris Christianis quoad facta Evangelica, unde per suum nonum argumentum adigeretur confiteri eorum Sectam esse veræ Ecclesiæ membrum; non utar, inquam, hac observatione ut argumento peculiari. Sint itaque mihi.

XXIV.　Pro secundo argumento quæ Sect. 4. istius secundi Tractatus probata sunt de Communione Arrianorum, in illa nempe salutem obtineri potuisse, atque ideo illam fuisse partem veræEcclesiæ; unde sic argumentor.

Ex concessis & probatis, Communio Arrianorum fuit pars veræ Ecclesiæ, & tamen infecta fuit præcipuis & maximè perniciosis hæresibus quas docet Secta Sociniana.

Ergo præcipuæ & maximè perniciosæ hæreses Sectæ Socinianæ non facere debent ne illa sit pars veræ Ecclesiæ.

Antecedens patet, quia nemini ignotum est Arrianos negasse Jesum-Christum esse Deum PatriÆterno consubstantialem, & tamen illum adorasse, quæ duo sunt peccata palmaria Socinianis hodie exprobrari solita. Frustra reposueris Socinianos negareeum fuisse antequam nasceretur ex Maria Virgine, Arrianos verò dixisse illum fuisse ante quamlibet aliam creaturam, & ejus præstantiam celsissimis quibusque elogiis designasse; cùm enim hoc non impedire ne illum crederent à Deo distinctum realiter, & ens factum, creatumque, vereque subsistens dependenter ab alio, in ordinem certè cogebant illum cum cæteris creaturis: quæcunque autem possit excogitari differentia inter unam creaturam & alteram semper omnium creaturarum perfectissima distabit infinito intervallo à Deo, semper erit finita, semper quoad magis & minusduntaxat præstabit omnium creaturarum infimæ; ergo non magis erit apta ad Deo satisfaciendum pro hominibus, cæteraquepræstanda quæ Orthodoxi fundant in æterna divinitate Jesu-Christi quàm Jesus-Christus Socinianorum, ac per consequens quidquid veneni inesse potest in doctrina Sociniana, inerat revera in Arriana, nec per istam magis quàm per illam parcitur dogmati Trinitatis & Incarnationis, quæ duæ audiunt præcipua fundamenta Religionis Christianæ.

XXV.　Jam si semel constet Socinianismum quatenus negantem Trinitatem, & Incarnationem Verbi non esse membrum avulsum à vera Ecclesia, non poterit utique fieri tale ob alios quosdam errores ipsi cum Arrianismo non communes, verbi gratia propter opinionem circa annihilationem damnatorum, futura contingentia, & immensitatem divinam. Etenim non tam videntur hæc esse dogmata totius Sectæ quam Theologorum quorum-

dam hac in parte peculiarem reliquentium libertatem suis sequacibus negligendi similes explicationes quò melius possint laborare in adimplendis veri Christiani practicis officiis. Sed præterea quis auderet morti æternæ addicere Origenem ideò præcisè quod de divina misericordia magnificentiùs sentire volens, crediderit tandem fore ut omnes mali, ne Diabolis quidem exceptis, satis pœnarum Deo dederint, & Deum placatum experiantur? At hoc multo plus videtur nocere justitiæ divinæ quàm dogma Socinianum de annihilatione reproborum post longas pœnas; nam destructio illa si minùs pœnæ genus est gravius, ut quidam existimant, quam æternitas infœlix, rationem tamen habet pœnæ, ideoque non officit juribus severi & justi Legislatoris. Quidquid id est nemo præjudiciis exutus, & ad rectæ rationis amussim rem expendens, doctrinam mortalem judicabit, si quis veritus lædere divinas perfectiones, malit sibi Deum repræsentare ut judicem ultimo suplicio reos afficientem, quàm ut judicem vitæ reorum parcentem quò per multos annos exquisitis cruciatibus & perpetuis eos torquendo, longiore alieni doloris spectaculo fruatur, nemo, inquam, solidè ratiocinatus talem opinionem mortalem crediderit, qui semel agnoverit Arrianam Hæresim non esse mortalem. Quis auderet Arnobium in Inferis collocare quia crediderit * animas reproborum flammis ultricibus tandem penitus consumi?

* Arnob. Gent. l. 2 m. 52.

Si dicas ex isto errore Socinianorum, quo scilicet statuunt pœnas malorum non fore æternas, sed tandem animam eorum annihilatum iri, plus detrimenti in Rempublicam redundare quam ex negata Trinitate, quandoquidem eo crescit magis improborum civium audacia, quò inferorum cruciatus statuuntur minores; si hoc, inquam, objicias, hoc uno responso missis quibuscunque aliis rationibus, tibi abundè satisfactum fuerit, non esse nimirum statuendum de qualitate hæresim ex usu Reipublicæ, vel noxa. Ducantur ea ratione per me licet Reges ac Principes, si quando de tolerandis vel non tolerandis Sectis agatur, sed Theologi non tali debent uti regula quando æstimanda venit gravitas errorum, dijudicandumque est sintne mortales an veniales. Alioquin mutatis vicibus pro innocuis deberemus habere errores non paucos crassissimos atque fœdissimos unde multum emolumenti capit Respublica, in multas perturbationes casura per introductionem quarumdam veritatum. Sed neque utilitas neque noxa politica per accidens emanans ex aliquo dogmate cujusdam debet esse momenti quando intrinseca penditur opinionum natura. Tum si quis est quem maximè dedeceat imminutæ severitatis divinæ postulare Socinianos, Autor Systematis ille profecto est, ut qui toties iudignetur crudelitatis notam Divino nomini inustam à Pontificiis damnatibus omnes Hæreticos & Schismaticos.

XXV　Quod spectat futura contingentia à causis liberis nempe dependentia, quorum cognitionem Sociniani fere Theologi Deo eximunt, haud negaverim eos pueriliter in eo errare: sed non videtur error ejusmodi sufficiens causa præcipitandi homines in inferos, qui ideò solùm talia se docere dicunt, ne divinam sanctitatem lædere cogantur. Etenim illi secum reputantes (utrum tectè an secus philosophentur, non hìc quæritur) non potuisse Deum ab æterno prævidere peccata humana, si homo sit causa libera, nec hominem posse peccare nisi sit causa libera; ideoque Deum esse causam omnis peccati, & punire creaturas inno-

cuas

euas, nisi homo sit causa libera, maluerunt statuere quædam esse Deo incognita, quàm Deum esse Autorem peccati, & pœnas exigere ab aliis pro peccatis quæ ipse, non verò illi fecisset. Viderunt ergo se in medio duarum extremitatum, quarum alterutrius optio daretur necessario, ut in Deo agnoscerent vel aliquid quod videretur esse imperfectio physica, vel aliquid quod videretur esse imperfectio mortalis, quâ nulla fingi valeat execrabilior. Maluerunt illi Deum eximere imperfectioni morali quàm imperfectioni physicæ, hoc est, imperfectioni quam judicarent execrandam, quàm imperfectioni quam judicarent satis tolerabilem certo modo consideratam. An ideò esse damnandos in æternum pronunciare audebit, qui sanæ rationis lumina consuluerit, & antea asseruerit non obstare saluti æternæ negationem consubstantialitatis & unionis hypostaticæ Verbi Divini. Nec dicas falsissimum in eo esse errorem quod judicent alterutrum esse necessario eligendum inter hæc quo extrema. Respondeo enim 1. non tam hic quæri utrum quis cœcutiat in judicando de objectis, quàm utrum de Deo affirmare studeat, nec ne ea quæ censet maximè gloriosa. Respondeo 2. Orthodoxos satis fateri quàm hæc difficultas sit insuperabilis, cum ultro fateantur concordiam divinæ præscientiæ cum libertate humana, & sanctitatis divinæ cum infinitis suppliciis creaturæ necessario peccantis esse mysterium incomprehensibile. Modestius equidem prudentiusque longè sic agitur, quàm si ut Sociniani rem altius introspicias, & ibi fingens tibi claram & meram contradictionem, non ad mysterium incomprehensibile recurras; sed contendas (quod omnes Orthodoxi faciunt in pari casu, hoc est, quoties se videre credunt manifestam contradictionem) nulli concordiæ esse locum, alterum membrum esse necessario negandum, alterum affirmandum: Verumtamen si minus elevare valet crimen errantium hac in parte rei, difficultas elevabit utique indulgentia Autoris Systematis adversus Arrianorum hæresim, quippe luce meridiana clarius est flagitium esse immane quantum gravius, si Verbo Divino suam divinitatem tollas, quàm si prævisionem actuum quorumdam creaturæ liberæ Deo auferas. Ergo si illa hæresis Socinianorum non est mortalis, ista longe minus erit.

VII. Quod vero aiunt Deum habere extensionem non materialem, sed spiritualem, eamque certis finibus contentam, non videtur esse posse error mortalis, tum quia non pauci ex Sanctis Patribus Deum esse extensum crediderunt, tum quia omnes Theologi & Philosophi Christiani (si Cartesianos excipias) tribuunt Deo præsentiam localem ubique, quod velint nolint, secum trahit extensionem, tum quod fere nemo est qui de Deo cogitans sive in oratione, sive alio tempore, non sibi eum repræsentet ut extensum, tum quia nunc Cartesiani probè explicant divinam omnipotentiam, immensitatem, & omniscientiam, etsi nullam ei localem præsentiam affingant; unde sequitur posse ea attributa explicari quoque ab iis qui præsentiam localem, sed non infinitam Deo tribuunt. Erraverint, si velis, tum illi Sancti Patres, tum Peripatetici, tum Cartesiani, parum hoc mea refert; nam qui fatearis necessario tales errores esse innocuos in ordine ad vitam æternam, fateri idipsum debes de hoc errore Sociniano, cum præsertim Arrianam hæresim tantopere illo turpiorem non censeas mortalem.

Ergo hæreses Socinianismo propriæ, seu distinctæ ab hæresibus Arrianorum, non facere debent

quin sit veræ Ecclesiæ pars: alioquin quod majori malo non tribueres, hoc tribueres minori (quo nihil est absurdius) negari enim non potest quin juxta Pontificios & Protestantes majus sit flagitium, Filium Dei æternum & Spiritum Sanctum spoliare sua natura divina, propitiationemque peccatorum, unicam salutis æternæ spem posteris Adami tollere, quàm speculativis erroribus inquinari circa Dei immensitatem, atque præscientiam, necnon modum puniendi sceleratos.

Recordetur velim Autor ea quæ dixit Epistol. XXVIII. 6. Pastorali anni tertii, nempe plerosque Veterum Patrum credidisse Deum esse corporeum & extensum ut Tertullianus crediderat; hoc est, ita corporeum & extensum, ut simul non possit esse essentia Divina in cœlo & in terra, quæ ipsissima est Socinianorum absurda opinio substantiam Dei cœlorum finibus includentium. Dicit etiam eodem loco generationem Verbi Divini, Secundæ Trinitatis Personæ non fuisse factam equidem juxta Veteris Ecclesiæ Doctores per sejunctionem substantiæ Patris à substantia Filii, ut sit in nativitate animalium; sed tamen factam esse per extensionem seu dilatationem substantiæ Paternæ, ut fit in productione lucis qua Sol Mundum illuminat, quod manifesto esset argumento credidisse Veteres Patres substantiam Dei esse extensam finitè, & rarefactionis condensationisque capacem, mutationumque materialium maximè realium. (Vide quæ infra Sect. 13.) An propterea minus certus est de fœlicitate æterna illorum Veterum Patrum?

Recordetur quoque, amabo, eorum quæ dixit Epistola sequenti, nempe secundum opinionem constantem & regnantem in primis sæculis Ecclesiæ, Deum credidisse penitus Angelis curam rerum omnium sublunarium, ne hominibus quidem exceptis, quasi providentiam immediatam rerum cœlestium duntaxat sibi seposuisset. Miserandum in modum Veteres disserere de Divina Providentia prout influente in malum. Arnobium nitidè statuere otiosum esse Deum penitus tum quoad malum culpæ, tum quoad malum pœnæ (unde infert Autor mortem, luem, famem, bella à Deo non immitti, & mundum integrum providentiæ Dei subduci) nec à Deo fuisse imperatas, directasque actiones in quibus humana vita degitur. Subnectit Autor non dare nobis veteres ullam notitiam illarum æternorum Dei Decretorum quibus mundus regitur, qua tamen cognitione sublata impossibile est concipere providentiam. Doctrinam de Gratia quam nunc, inquit, habemus juremerito pro uno ex articulis Religionis Christianæ maximi momenti prorsus fuisse informem ante S. Augustinum; Patres fuisse alios Stoïcos & Manichæos, alios merè Pelagianos, alios eosque omnium maximè Orthodoxos, Semipelagianos, omnes in universum ita hoc ad argumento disseruisse, ut planum faciant se nulla meditatione prævia, nulloque examine Sacræ Scripturæ illud attigisse. Articulum de satisfactione momentosum, ut si quis alius in tota Religione, mensisse adeo informem usque ad sæculum quartum, ut vix unus & alter locus qui bene illum explicent reperiantur, cùm è contra vel in ipsis Sancti Cypriani omnium Latinorum Theologorum sua ætate doctissimi Scriptis loca extent quæ satisfactioni Jesu-Christi maximè injuria esse videantur. De Justificatione magni momenti articulo Religionis Christianæ nihil fuisse dictum à Patribus, vel nihil quod non sit falsum, indigestum & imperfectum, plerisque fere omnibus tam fuisse parum perspectam justificationem per fidem, ut crediderint sapientes Ethnicos servatos fuisse philosophiâ. Peccatum originale quod inter præcipuos doctrinæ Christianæ articulos habet locum non fuisse ante S. Augustinum cognitum ut postea. De statu animarum post mortem nihil ferè sensisse Veteres Patres quod non sit vanum, falsum, & fundamento destitutum ; juxta quosdam animas Justorum post mortem potestati Dæmonum esse submissas, juxta alios ultra Æquatorem in Zona Torrida exultare, juxta communem illis sæculis opinionem manere in loco invisibili, ubi nec sontes nec insontes quidquam mali vel boni sentientes diem resurrectionis expectant; juxta quosdam Jesum-Christum descendisse in Inferos, & omnes Ethnicorum animas qui illic in eum crediderunt, servasse; nec pœnas damnatorum esse æternas.

Habes hîc vel ipsissimos errores Socinianorum, vel errores quibus hæreses Socinianorum nihilo sunt deteriores, ut patebit quoad negatam ab ipsis Trinitatem ex infra dicendis Sect. 13. & 14. & ut per se patet quoad reliqua. Si ergo nonobstantibus eis erroribus Christiani trium primorum sæculorum salutem sunt consecuti, non est cur credamus Socinianismum esse hæresim saluti contrarium.

Haud me latet errores Socinianorum circa Dei præscientiam, providentiam, extensionem finitam, & circa Liberum Arbitrium, Gratiam, & statum animarum à corpore separatarum, nec non pœnas damnatorum, repræsentatos fuisse ab Autore Systematis in primis Tabulæ Socinianismi Epistolis ut rem oppidò quam abominandam, impiam, & pestem universæ Religionis. Sed hæc ut habitura multum ponderis si ab alio dicerentur, sic risum movere, aut fastidium creare aptissima sunt ab eo Autore dicta qui haud ita multis ante mensibus eorumdem errorum, aut non minus horrendorum accusaverat Veterem Ecclesiam, florem illum delibatum populi Christiani, fideique medullam, Sanctos illos Doctores qui tum vixerunt, cùm, ut verbis utar Joannis Claudii τῦ μακαρίτυ, optima dies seu ætas Ecclesiæ flueret (les beaux jours de l'Eglise) quique jamdudum æterna gloria & visione beatifica in primis subselliis collocati potiuntur. Vel mitius statuendum erat de Socinianorum hæresi in Socinianismi Tabula, vel gravius de hæresi Veterum Patrum in Epistolis Pastoralibus ; nunc autem medius renetur Autor, & suo gladio peribit. Accusavit Veteres Patres iisdem erroribus quibus accusat Socinianos, vel non minoribus, nec dubitat de salute Veterum Patrum. Ludibrium ergo debet Lectoribus quotiescunque dicere audet Socinianismum esse hæresim mortalem.

SECTIO VIII.

Proponitur 3. probatio, ostendendo quatuor argumentis AD HOMINEM, Socinianorum hæreses non esse fundamentales.

XXIX. SEd ecce tertium & ultimum argumentum pro Socinianis quod instar esse poterit omnium. Hîc iterum præfabor quæ initio; nam quâ sunt multi homines in judicando præpostera temeritate, ac iniquitate, non superfluum est bis terve omnes Lectores monere me nulli mortalium remoram afferre, velle quominus tanta rigiditate utatur in sententia de Socinianismo & quacunque alia Religione falsa, quanta utuntur Protestantes rigidissimi, dicere ergo me solum quid statuere

debeat Autor Systematis, ut consequenter ratiocinetur.

Hæreses Socinianismi non sunt fundamentales.

Ergo per 3. Aphorismum salus in eo obtineri potest, ideoque per 1. ille est pars veræ Ecclesiæ.

Antecedens probatur multis modis.

I. Quia hæreses Arrianismi non fuerunt fundamentales, ut patet ex eo quod Autor fatetur multos salvatos fuisse in illius Sectæ Communione, quæ nota est per 4. Aphorismum non eversi ab aliqua Secta fundamenti Religionis Christianæ. Probatum verò dedimus in superiori Sectione idem esse ferendum judicium de Arriana atque de Sociniana hæresi.

II. Idem probatur quia juxta Autorem, peccata in charitatem non impediunt ne quis maneat in vera Ecclesia; quem ille colligit Aphorismum ex eo quod Sacræ Litteræ nobis exhibeant Ecclesiam ut Societatem bonis & malis hominibus constantem, eoque 2. argumento utitur ad probandum suum Systema. Docet nos vero in *Apologia pro suo System parte 3. cap. 2.* eam mixtionem non esse solum individuorum bonorum & malorum, sed etiam integrarum Communionum bonarum & malarum ; ita ut sensus Scripturæ sit, veram Ecclesiam esse compositam ex variis Societatibus bonis & malis, sive Societates malæ, tales sint ob peccata in charitatem, sive ob peccata in fidem. Notum est peccata in charitatem esse impudicitiam, furtum, homicidium, mendacium, &c. in fidem verò errores & hæreses.

Vel ergo Autor nihil probat suo illo 2. argumento, vel probat Communiones peccatis in charitatem coinquinatas furto, cæde, fornicatione, invidiâ, avaritiâ esse partes veræ Ecclesiæ, atque adeò non peccare in fundamentum Religionis Christianæ; ex quo sequitur evidenter ejusmodi peccata non esse fundamentalia, sed solùm venialia; ita ut qui ea patravit non desinat esse in via salutis.

At si hoc semel concedas, quâ fronte pugnare audebis Rusticum, aut Ancillam, imo virum litteratum Sociniana hæresi imbutos, & bona fide credentes hanc esse Doctrinam cælitùs revelatam, & multiplicitatem Personarum in Divinis esse falsissimum errorem divinæ naturæ per quam injurium, errare in fundamentum? An credibile est qui præcepta Decalogi violat, non ignarus se facere rem à Deo prohibitam, leviùs peccare quàm qui reclamat quibusdam fidei articulis credens se facere quod Deus vult? Si ergo asseris peccata in præcepta Decalogi non esse fundamentalia, multo magis fateri debes hæresim Socinianam non esse fundamentalem.

Sed nolim diù insistere huic argumento; nam licet Autor non fassus fuerit expressis verbis malè se tunc ratiocinatum, satis tamen arguitur hoc percepisse post lectam Nicollianam responsionem, magnis atque irritis conatibus quos impendit in eo vindicando ab Adversarii exceptionibus. Profecto, si tali ratiocinationi esset standum, concludere fas esset homicidia, perjuria, latrocinia, & adulteria esse actus indifferentes ; supponere enim debet Autor Orthodoxum qui illos patrat manere in vera Ecclesia eodem sensu quo supponit errantes non fundamentaliter manere in illa. Atqui juxta illum isti salvari possunt absque ulla rejectione, ullave pœnitentia explicita suorum errorum ; ergo etiam Orthodoxus ille salvari potest absque ulla rejectione, ullave pœnitentia explicita supradictorum

pradictorum criminum ; quod dici nequit nisi de peccatis illis levissimis & quotidianæ incursionis , quæ propter suam *venialitatem* , ut sic loquar , *infallibilem* , jure merito dicas actiones indifferentes.

Si verò Autor supponat Orthodoxum illum eatenus solùm manere in vera Ecclesia , qui potest donari pœnitentia seria suorum criminum , eo pacto salvari , nihil concludit pro erroribus non fundamentalibus , quippe ut benè procedat ejus illatio seu paritas, supponere debet eatenus solùm errantes non fundamentaliter manere in vera Ecclesia, quia possunt donari vera fide & sic salvari. Hoc verò ipsi Pontificii morosiores ultro agnoscent , & ne hilum quidem facit ad ejus Systema , evertitque discrimen errorum fundamentalium & non fundamentalium; nam si quis manere in vera Ecclesia hoc ipso censendus sit , quod salvari olim possit beneficio pœnitentiæ , evidens est errantes fundamentaliter dici posse veræ Ecclesiæ membra.

Si quis legat restrictiones quas in Apologia pro suo Systemate apposuit comparationi, de qua hic est quæstio , ille procul dubio intelligere poterit vago more Autorem nunc adhibere velle paritatem quam instituerat inter peccata in fidem , & peccata in charitatem. Vult nempe concludere in universum aliqua esse peccata in fidem quæ non excludant ab Ecclesia , quandoquidem mali bonis intermixti quibus Ecclesia constat , sunt & ei qui errant , & qui violant præcepta Decalogi. Sed redibit nihilò seciùs difficultas; cum enim illi qui violant præcepta Decalogi , ita sint in Ecclesia ut qui tales non salvari possint , concludendum erit juxta comparationem Autoris eos qui errant ita esse in Ecclesia , ut qua tales non salvari valeant, atque ita Pontificii habebunt intentum , nempe qui cadunt in errores ab Ecclesia damnatos non aliter salvari posse quàm si erroribus suis nuncium mittant , quemadmodum Orthodoxi avari , impudici , maledici , superbi , invidi , crudeles , furres , parjuri non aliter salvari possunt , quàm si pœnitentia sincera maculas illas eluant , & vincula omnia obrumpant , quibus peccato erant constricti. Nihil ergo poterat Autor proponere causæ Romanæ confirmandæ aptius quàm sit secundum ejus argumentum , quo id unum obtinere posse videbitur , ut Pontificii admittant aliquos errores veniales , non secus ac admittunt aliqua peccata venialia , nec metuere debet , ne hac in parte se præbeant minus indulgentes, omnium enim eorum atque adeò bene multorum , gratiam facient quos ab Ecclesia non esse damnatos constiterit. Si verò à Protestantibus exigat , ut aliqua peccata venialia admittant in genere opinionis, ea ratione quod aliqua sint admittenda in genere moris , parum proficiet. Illi enim ægrè omnino dant manus distinctioni inter peccatum mortale & veniale ; & si quod peccatum veniale dici patiantur , tam leve illud est , ut juxta hanc decempedam , quamplurimi errores mortales ceu fundamentales sint, quos Autor cupit haberi pro venialibus & non fundamentabilibus, verbi gratia Pelagianismus, Semipelagianismus Remonstrantium & Pajonistarum , Ubiquitas & Consubstantiatio Lutheranorum, &c. Ex altera parte si juxta normam qua ille dijudicat quinam errores sint fundamentales & mortales , statuamus de peccatis mortalibus , paucissima erunt peccata ejusmodi ; nam vix alibi ille ullum errorem mortalem deprehendit , quàm inter Socinianos, cùm tamen fateatur Lutheranos , Arminianos , Græcos & Pontificios innumeris esse infectos erroribus.

Dices benigniori modo esse judicandum de peccatis in genere opinionis , quàm in genere moris , quia isthæc sunt cunjuncta cum cognitione mali in ipsis hærentis , non verò illa : Sed statim atque hac regula uti volueris , pronunciandum erit in genere nullos errores esse peccata quando sunt conjuncti cum bona fide, bona intentione , ignorantia non affectata falsi ipsis inhærentis , & ingenua dispositione ad eos ejurandos simul ac cogniti fuerint, & veritatem amplectendam simul ac patuerit.

Possemus ergo si vellemus , frui multis modis incogitantiâ qua correptus adhibuisse videtur secundam sui Systematis probationem. Sed videamus quasdam alias probationes antecedentis entymematis initio istius Sect. propositi in hunc modum , *Errores Socinianorum non sunt fundamentales.*

III. Probo illud iterum quia docente Autore decem Tribus post Schisma Jeroboamicum & stabilitos vitulos aureos non peccarunt fundamentaliter. Gravissima tamen fuisse peccata Israelitarum decem Tribuum nec negat , nec negare potest , quandoquidem fatetur eos vixisse sejunctos à centro unitatis quod Deus ipse posuerat , simile omnino illi quod Pontificii credunt fuisse positum à Christo sejunctos , inquam , à centro unitatis in quo consistebat tota fere essentia Religionis Judaïcæ quâ Judaïcæ. Separatio enim ab eo centro trahebat secum juxta Authorem *pag.* 274. *Vindiciar. System.* primo privationem Sacramenti Paschatis , 2. omnium Sacrificiorum propitiationis , 3. Capitis Religionis Mosaïcæ , nimirum summi Pontificis , 4. Festi propitiationum, augustissimi omnium Religionis illius mysteriorum , 5. Arcæ omnium Dei Symbolorum post homines natos augustissimi , 6. Festorum solemnium quæ memorabilior erant pars cultus Religiosi. Privatio tot rerum cùm per se reddere debeat aliquem cœtum valde inanem & extorrem beneficii Ecclesiæ promissi quæ res eas possideat , & diligenter conservet , quam perniciem afferre deberi sit voluntaria ? Atqui fatetur Autor fuisse voluntariam , & tantum non sibilis explodit D. Nicolle elevare conantem Israelitarum culpam ideo quod impedirentur communicare cum Religione Herosolymitana. *Scire velim* , inquit pag. 276. *quanam esset impossibilitas decem Tribuum eundi Hierosolymam ? Nonne dicere poterant Jeroboamo præstare Deo obedire quam hominibus , seque salutis jacturam facere nolle humano obsequio ? Nonne poterant in ditionem Regum Judæ commigrare ? . . . . Cur saltem oblationes Hierosolymam non mittebant ?* Et pag. 279. *Nihil facilius erat Judæis decem Tribuum quàm se in Religionis libertatem vindicare , translatis familiis & opibus in Regionem alia adeò vicinam.* Non satis declaraverat in Systemate , an eos quoque Judæos salvare debeamus qui vitulos aureos colebant; sed in responsione ad D. Nicolle apertè significat se de illis non intellexisse quæ de salute decem Tribuum dixit , nec posse de illorum salute benè opinari. At saltem hoc , velit nolit , concedet , Judæos qui non equidem ipsi genua flexerunt coram vitulis , sed Communionem Religionis coluerunt cum flectentibus , mansisse immunes omni errore fundamentali.

Igitur juxta Autorem remanebant fundamenta Religionis Judaïcæ in Societate voluntariè carente Sacramento , Sacrificiis , Festisque præcipuis illius Religionis , & adhæsione Capiti quod Deus in ea constituerat , Symbolisque augustissimis divinæ præsentiæ , & ritibus quos solos sibi placere Deus

XXXI.

Deus ipse declaraverat, & eatenus approbante adorationem Idolorum, ut non crederet justam causam solvendi vincula fraternæ in Religione Communionis.

Arbitrandum nunc relinquo omnibus æquis rerum æstimatoribus, an qui talem statum immunem credat ab omni errore fundamentali quoad Ecclesiam Judaïcam, credere possit Socinianismum non esse immunem à tali errore quoad Religionem Christianam?

XXXII. IV. Quarta probatio supradicti Antecedentis desumitur ex eo quod vir supra laudatus contendit tempore Apostolorum duas fuisse Communiones in Ecclesia Christiana, alteram Judæorum, alteram Gentilium conversorum, ambas immunes ab omni errore fundamentali, quamvis altera tales errores foveret per quos Apostolus Paulus diserte pronunciavit Christum reddi inutilem ac nullum, & gratiam Evangelicam de medio tolli, & quorum hodie fautores ne nomine quidem Christianorum censeri pateremur; imo quamvis tam pertinaciter eos errores foveret, ut neque postquam Concilium Hierosolymitanum eos damnavit, ab illis recedere vel latum unguem voluerit.

Judicare ergo debet errores non esse fundamentales qui teste D. Paulo Christum reddunt inutilem ac nullum, gratiamque Evangelicam de medio tollunt, qui tantæ pertinaciæ sunt conjuncti ut autoritatem Spiritus Sancti per Apostolos loquentem susque deque habeant, qui denique nunc hominem indignum efficerent nomine Christiani; hoc, inquam, judicare debet, quandoquidem vel nihil probat suo argumento 5. vel supponere debet ambas illas Communiones fuisse partes veræ Ecclesiæ, & salutis æternæ participes, quod dici non potest juxta ipsum de Communione fundamentaliter errante.

Sed quis adeò audacter uti audeat duplici pondere & mensura, ut semel fassus errores illius Communionis non fuisse fundamentales, non idem fateatur de Socinianis hæresibus? Quid enim pejus statuas de illis si nullum modum tenere velis, quàm per eos Christum reddi inutilem ac nullum, gratiamque Evangelicam de medio tolli, hominemque effici indignum qui Christianus vocitetur? Accedit quod nemo citra calumniam dicere possit Socinianos doctrinam quam fateantur autoritate Apostolorum munitam, rejicere.

Observetur, quæso, discrimen quod Autor admittit inter hodiernam ætatem & priscam, ut hodie quidam errores sint lethales, qui tempore Apostolorum erant innocui. Per me liceat, sed non poterit stare hoc discrimen nisi isto tibicine fultum, scilicet nunc esse impossibile ut quis erret bona fide tales errores, olim verò hoc fuisse possibile. Unde hæc duo sequuntur, alterum errores quosdam gravissimos non esse mortales naturâ sua, sed solùm quando quis es profitetur contra dictamen conscientiæ, vel in iis perseverat ob malitiose rejectas occasiones sibi oblatas verum cognoscendi. Alterum errores Socinianorum non posse dici mortales nisi erga eos qui sunt Sociniani contra dictamen conscientiæ, vel ex odio & contemptu veritatis remotè saltem explicito. At enim si hoc semel posueris, ruit penitùs discrimen inter verum & falsum quoad salutem adipiscendam, quia si falsum non sit mortale naturâ suâ, sed solùm erga eos qui malâ sunt conscientiâ, odioque & contemptu veritatis infectâ, non magis erit mortale quàm Orthodoxia, quippe hæc mortalis est sine dubio erga homines sic affectos.

Hinc ulteriùs sequitur neminem posse affirmare Socinianos esse damnatos, qui simul non affirmet eos agere vel contra conscientiam, vel ex odio & contemptu veritatis remotè saltem explicito. At hoc quid aliud est quàm involare in jura Dei unius renum & cordium Scrutatoris, dum Ecclesiam spolias jure ipsi conveniente declarandi autoritate Sacræ Scripturæ hæreses in seipsis consideratas talis vel talis esse qualitatis?

SECTIO IX.

Quinta probatio ad Hominem istius propositionis, errores Socinianorum non sunt fundamentales, desumpta ex eo quod errores Pontificiorum non sint fundamentales. Ostenditur Ecclesiam Romanam esse Antichristianam, & quid sit esse eam Antichristianam.

V. ULtima probatio *ad hominem* Anteceden- **XXX**
tis supra memorati desumetur ex eo quod Autor Ecclesiam Romanam agnoscere debeat omni errore fundamentali carentem, vult enim eam esse partem veræ Ecclesiæ, & in ea salutem obtineri potuisse, quæ per 4. Aphorismum nota est non eversi fundamenti Religionis Christianæ. Si ergo semel pateat quàm immanis turpitudo insit, eo judice, in Ecclesia Romana, colligendum veniet hæresim Socinianam non debere ipsi videri fundamentalem, quandoquidem hæresim Romanam non fundamentalem existimat.

Primum omnium observari velim neminem unquam extitisse, ne quidem Calvino excepto, qui & scriptis & concionibus majori ardore & acrimonia contenderit quam Autor supra laudatus, Papam vel Papismum esse Antichristum illum quem Sanctus Paulus & Autor Apocalypseos prædixerunt. Hinc luctuosæ querimoniæ quibus præfationem complementi prophetiarum replevit, *jacuisse per centum annos controversiam de Antichristo, infœliciter derelictam arte politica, & metu Principum Pontificiorum; pravi illius obsequii nunc Reformatos luere pœnas pratiosissimas, neque enim fuisse casuros in teporem hodiernum si magna hæc atque momentosa veritas, Papismum esse Antichristianismum, perpetuo ipsis ob oculos fuisset posita; tristi quodam Dei judicio factum esse ut daretur opera controversis tantùm accessoriis, illâ alterâ præcipui momenti neglectâ, imo adeò capitali ut sine illa verus Christianus esse nequeas; credidisse Pontificios jam fuisse nuncium missum à Reformatis fundamento illi Reformationis quam profecto,* inquit, *ideò duntaxat benè fundatam existimo, quod Ecclesia Romana verus est Antichristianismus.* Hinc etiam ejus in Grotium, Hammondum, & si qui sint alii doctissimi Protestantes aliter explicantes quæ Scriptura dicit de Antichristo, acerbissimæ & contumeliosissimæ querelæ: vult enim *eos fuisse opprobrium & infamiam non modo orbis Reformati, sed etiam nominis Christiani.* Et ne credas illa excidisse nimium calenti adhuc à primo magni operis molimine, lege 2. editionem sub finem 1. partis ubi post renovatas in Grotium & Hammondum expostulationes, sic existimat de quibusdam Ministris qui non paucas lectiones fecissent ad refutandas ceu inania somnia interpretationes vulgares Apocalypsis de Papa & de Papismo, & pro sua virili laborassent in diffundenda sua *detestabili doctrina* per totam Ecclesiam Reformatam Gallicanam, *justam eos dedisse causam Deo non amplius procrastinandi suam vindictam, sed illico castigan-*

di Ecclesiam quæ talia prodigia suo sinu aleret. Dixerat paulo ante, sibi videri doctrinam asserentem Antichristum prædictum ab Apostolis esse Papam & Papismum, ita esse articulum fidei verorum Christianorum, ut pro bonis Christianis habere non valeat negantes eam veritatem. Cæcitates, inquit protinus, Papistarum, eorumque fautorum hæc in parte numeratur mihi inter ea prodigia in quibus agnoscendum est quidpiam supernaturale. Nec mitior factus est in serie complimenti Prophetiarum vulgata non paucis mensibus post 2. editionem; nam pag. 290. Grotium, Grotiique similes non miratur interpretatos Prophetiam Antichristi aliter quàm de Papa, cum in id collineasse videantur, inquit, ut ad Sacram Scripturam & Christianismum everterent.

Nemini jam dubium esse potest quin Autor errorem flagitiosissimum, durissimum, crassissimum & fundamentalem interpretetur, si quis neget Romanam Ecclesiam esse gregem Antichristi Apocalyptici, belluam illam & Babylonem de qua in Litteris Sacris; nam si ei credere dignum est, unus & alter Ministrorum (neque enim plures nominare posset) docentes in Gallia intra privatos parietes eum errorem, & disseminare conantes, dignam reddiderunt universam Ecclesiam Reformatam illius Regni, quæ illicò castigaretur persecutione omnium quotquot unquam fuerunt, ut ipse quidem autumat, funestissimâ. Immane quantum ergo superat atrocitate error ille vitia ea Ecclesiæ Corinthiacæ quæ in causa fuisse ait Divus Paulus, quare multi in ea ægrotarent, & aliqui essent in sepulchro. Dicere debemus errorem hunc paucissimorum Gallorum causam existere propter quam Ecclesia Reformata vultus acceperit longe perniciosissimam.

Hoc fonte derivata clades
In Patriam populumque fluxit.

Judicet jam Lector quàm evidens sit veritas, quàm capitalis & fundamentalis, credere Ecclesiam Romanam esse Antichristianam.

Si quis autem scire aveat, quid sit Ecclesiam aliquam esse Antichristianam, legat, amabo, quæ dicuntur de Antichristo in Sacra Scriptura, & quæ in compendium majoris voluminis exhibet ipse Autor in præfatione seriei complementi Prophetiarum.

Pauca hæc ex Scripturis delibata circa Antichristum instar omnium fuerint. Paulus Apostolus Ep. 2. ad Thessal. cap. 2. eum vocat, hominem illum peccati, filium illum perditionis, qui sese opponit & effert supra quidquid dicitur Deus aut Numen, adeò ut in Templo tanquam Deus sedeat præ se ferens se esse Deum. Adhæc exlegem illum cujus adventus est ex efficacia Satana cum omni potentia & signis ac prodigiis mendacibus, & cum omni seductione injustitiæ in iis qui pereunt. Joannes verò Apocalyp. 11. vocat Bestiam illam ascendentem ex abysso quæ geret bellum adversus Sanctos, & vincet & occidet. Et cap. 13. Bestiam cui datum est os loquens magna & blasphemias, quæque aperuit os suum ad blasphemiam adversùs Deum, ut blasphemaret nomen ejus, & tabernaculum ejus, & eos qui in Cœlo habitant; denique cui datum est bellum gerere cum Sanctis & eos vincere, quamque adorabunt omnes incolæ terræ quorum (N. B.) non sunt scripta nomina in libro vitæ. Et cap. 17. Meretricem illam magnam cum qua scortati sunt Reges terræ, & cujus scortationis vino inebriati sunt incolæ terræ; mulierem insedentem bestiæ plenæ nominibus blasphemiæ, habentem poculum aureum in manu sua plenum abominationibus & immunditiâ scortationis suæ, & in fronte sua nomen scriptum, MYSTERIUM, BABYLON ILLA MAGNA, MATER ILLA SCORTATIONUM ET ABOMINATIONUM TERRÆ; tandem Mulierem ebriam sanguine Sanctorum & Martyrum Jesu Christi.

Jam consulamus Autorem inde sumentem colores quibus graphicè ac genuinè depingat imaginem Romanæ Ecclesiæ, illam enim potius quàm ipsum Papam designari ait descriptione Antichristi quam Scriptura nobis reliquit.

Dicit ergo in Præfatione supra laudata ideam Ecclesiæ Romanæ consideratæ non quatenus retinuit aliquid Christianismi, sed quatenus est corrupta, constare tredecim istis attributis.

1. Quod sit imperium merè mundanum, suam tyrannidem exercens non modo in corpora, sed etiam in conscientias.

2. Quod sit opus artis politicæ astutioris simulque detestabilioris qualibet alia quæ unquam fundaverit aut conservaverit quodcunque aliud mundanum imperium, etenim in illo prout à Magis fieri solet circa sortilegia, adhiberi Religionem & Sacramenta ad stabiliendum imperium merè mundanum in corpora, bona, vitas & conscientias hominum.

3. Quod sit superbus Tyrannus solio magnifico insidens, unde altissimâ voce significet toti orbe se esse Prophetam Dei viventis, infallibilem in sæcula sæculorum.

4. Quod sit inimicus Dei Religionisque, & Sacræ ejus Scripturæ, qui sibi novum Dei verbum condidit è diametro oppositum vero Dei verbo, qui dolosâ simulatione adhibens Sacram Scripturam, eâ miserrimè abutitur sine ratione & conscientia, ridiculè & impiè; ita ut eam exponat irrisioni profanorum & infidelium, qui eam mutilat & adulterat impudenter, horrendisque conviciis proscindit, sibique ita submittit, ut Leges divinas antiquare, ab iis dispensare, prohibere quod illa jubet, jubere quod illa prohibet præsumat, verus Dei inimicus ut qui adversum ejus verbum se perpetuò communiat.

5. Quod sit impuritatis monstrum, utpote cujus caput continuam diuturnamque præ omni alio loco & tempore seriem præbeat libidinis, etiam præposteræ, ebrietatis, magiæ, impietatis, atheismi, crudelitatis, venificii, cœdis, proditionis; cujus etiam Sacerdotes capitis vestigia sequantur, ignari, impii, luxu libidinique perditissimi, negligentes cultus divini, lucro & carnis cupiditatibus inhiantes, dum Monasteria utriusque sexus lupanaria sunt infamiaque prostibula, cunctusque populus torrenti tam horrendæ corruptionis ita se abripi patitur, ut nomine tenus sit Christianus, nihil præterea.

6. Quod sit superbiæ monstrum cujus universa doctrina & Religio ad humilitatem Evangelicam diruendam tendit, nihil aliud spirans quàm arrogantiam dictis & factis, capite præditum sedente in Templo Dei instar Dei, in ipso Altari adorationem postulante, ipsis etiam Regibus pedes osculandos præbente, jus eos spoliandi autoritate regia sibi arrogante, nec non claves Inferorum & Paradisi, nomen Dei, &c.

7. Quod sit nundinatio dolosa, & emporium in quo vænum prostant munera, beneficia, Sacramenta, adulterium, incestus, cædes, parricidium, Sodomia, bestialitas, paradisus, &

Deus ipfe; quâ nundinatione avariſſima immenſæ opes congeſtæ funt.

8. Quod ſit vaſtum corpus impuritate & reprobatione animarum, ſpirituſque impuros ore emittens inſtar ranarum, modo Theologiam inſanam, obſcuram, temerariam ſpargentes; modo leges obſcœnas, flagitioſas, abſurdas, contradictorias, ſuperbas, & omnifariam fœdas; modo doctrinam morum Gentili multo ſolutioném, maxima quæque peccata in nihilum redigentem, amare Deum non obligantem, homicidium, furtum, adulterium, fornicationem, aliud quodvis crimen permittentem, ut ſimplex peccatum veniale; modo fabulas horrendas & fœdus, modo cultus idololutricos & blaſphemias, denique è ſuggeſto Evangelium ridiculum & profanum fabulis abſurdis, verbiſque è trivio petitis, ſimilitudinibuſque confarcinatum abjectiſſimis & hiſtrionicè propoſitum.

9. Quod ſit aggeries prodigialis ſuperſtitionum tunc quoque crimini & idololatriæ conjunctarum cùm intra uſum ſimpliciſſimum cohibentur; ſi verò in abuſum abeant, idololatriæ immodicæ plenarum.

10. Quod ſit revera Paganiſmus renovatus, in quo præter ſummum Deum adorantur infiniti alii Dii minorum Gentium, Genii à materia ſejuncti, & mediatores inter Deum & homines, hominumque Patroni; Defunctorum animæ Templis, Altaribus, Sacrificiis, clientelis donatæ; Mortuorum Reliquiæ, oſſa, cineres, veſtes, imagines & ſimulacra; ita ut non modo cultus ille ſit Paganicus, ſed etiam vacuus ſpiritu & ratione, conſtans unicè ludicris & frivolis motibus inſtrumentiſque corporeis.

11. Quod ſit Religio mendacio animata, nec niſi fabulis innitens craſſiſſimis, abjectiſſimis, impudentiſſimis, tum quoad invocationem Sanctorum ac Virginis, & adorationem Euchariſtiæ, tum quoad Purgatorium, Miſſæque Sacrificium; ex Miraculorum inexputabili numero nullo tendente ad Dei Cultum promovendum, omnibus ad creaturæ adorationem tendentibus.

12. Quod ſit Magiſter crudelis chalybeis dentibus, unguibuſque adamantinis cuncta alia dilanians, devorans, proculcans; qui in nomine Jeſu-Chriſti imperium ſibi fecit ferro & igne; qui contumaces enecat, Urbes Regnaque incendit, diruit, cadaveribus fœdat, qui bellis totam Europam complet, Germaniam, Italiamque depopulatur, Patrem in filios, Reges in ſubditos, & vice verſa ad arma compellit, terram, cruore humano madefacit, patibula erigit, rogos accendit, urit, ſecat; neque ultimis ſuppliciis ſibi reſiſtentium ſatiatus, eos inſuper infamare nititur, opinionibus & actibus à quibus longè abhorrent accuſatos.

13. Quod ſit Tyrannus longa uberrimaque pace beatus, tunc tantum interturbatâ quando cæteris moleſtiam creare & inſontes crudeliſſimis perſecutionibus vexare in animum induxit; gloriatus proinde ſuis opibus & poteſtate, ut meretrix illa Babylonia, ſeſe dulci fortuna inebriavit, & iniquitatum ſuarum largiſſimis proventibus.

XXXV.　En Papiſmus nativis ſuis coloribus depictus citra ullam hyperbolem, ut manifeſtum fore ſperat Autor ſupra laudatus ei qui opus *prejudiciorum*, vel ejus epitomen legerit; nam tredecim ea attributa, vel ſi malis, lineamenta, iis ſe argumentis demonſtraſſe credit quibus nihil æqui ſolidique opponi poſſit. Sed forte non ſine opera pretio legi poterit pars ea Complimenti Prophetiarum in qua ille fuſè & laborioſè applicat Papiſmo quidquid unquam dictum eſt in libris Sacris circa Antichriſtum, hinc enim magis ac magis patebit nihil excogitari poſſe tam fœdum, tamque veræ Religioni contrarium, quod ille non tribuat Eccleſiæ Pontificiæ.

Verùm finem faciamus hujus Sectionis hunc in modum.

Evidens eſt Autorem ita perſuaſum habere Eccleſiam illam eſſe Antichriſtum prædictum in Sacra pagina, ut ſine illa opinione non credat aliquem poſſe eſſe verum Chriſtianum, vel manere integra fundamentâ Reformationis, ac proinde juxta illum hic eſt articulus fundamentalis fides, *Eccleſia Romana eſt Eccleſia Antichriſti.*

Evidens etiam eſt tum ex Sacra Scriptura, tum ex interpretatione Autoris, Eccleſiam Antichriſti eſſe Eccleſiam perditionis, quæ ſeſe opponit & effert ſupra quidquid dicitur Deus; quæ agit ex efficacia Satanæ, quæ bellum gerit adverſus Dei filios & eos occidit; quæ blaſphemias vomit in Deum & tabernaculum ejus; quæ ſeſe inebriat ſanguine Sanctorum & Martyrum Jeſu-Chriſti; quæ incolas terræ inebriat ſanguine Sanctorum & Martyrum Jeſu-Chriſti; quæ incolas terræ inebriat vino ſcortationum ſuarum atque abominationum; quæ tyrannidem exercet in animam & corpus ſumma cum vafritie, ſuperbia, avaritia, rerum ſacrarum nundinatione, ſœvitia; quæ verbum Dei oppugnat, mutilat, profanat, irridet, conculcat; quæ impudiciſſima eſt, & vitiis omne genus fræna laxat corrupta & emollita doctrinâ morum; quæ in horrendo idololatriæ cœno jacens Paganiſmum renovavit, & mendaciis putidiciſſimis rem ſuam promovet, ubi verò illa non ſunt ſatis efficacia, ferro & armis, lanienis & ſuppliciis.

Evidens etiam eſt Autorem docere Eccleſiam Romanam eſſe partem veræ Eccleſiæ, & in ejus Communione ſalutem obtineri poſſe.

Ergo evidens eſt eum debere fateri ſupradictam Eccleſiam Antichriſti eſſe partem veræ Eccleſiæ, & in ejus Communione ſalutem obtineri poſſe, atque adeò per 4. Aphoriſmum eam non evertere fundamenta Religionis Chriſtianæ.

Ergo evidens eſt eum debere fateri nec adhæſionem homini peccati, filio perditionis, inimico Dei, blaſphemias evomenti in Deum, evertenti leges divinas, imperanti quod Deus vetat, vetanti quod Deus imperat, proculcanti divinum Verbum, tyrannicè opprimenti crudeliſſimeque Dei filios; nec immodicam idololatriam, Paganiſmi renovatricem, &c. eſſe errores fundamentales.

Qua fronte ergo dicere audebit deinceps errare fundamentaliter Socinianam Communionem, quæ non modo non agnoſcit, ut facit Eccleſia Romana, pro ſuo Capite Antichriſtum illum ſeſe opponentem atque efferentem ſupra quidquid vocatur Deus, &c. ſed etiam Jeſum-Chriſtum agnoſcit pro unico conditore & capite Religionis Chriſtianæ, proque filio Dei juxta ſenſum maximè ſublimem & glorioſum quem vox ea deſignare poteſt, excepto ſenſu conſubſtantialitatis, cujus nec exemplum ullibi extare, nec ullam ideam excitari poſſe affirmat, quemque ideò ſolùm ſe rejicere profitetur quod contradictorium judicet, impoſſibilem & abſolutè contrarium naturæ divinæ, ipſique adeò naturæ rerum; aliunde præceptorum Evangelii, Ethicæque Chriſtianæ obſervationem puriſſimè commendat, inculcat, totaque in eo eſt?

Nemo

Nemo sanæ mentis si judex sedeat inter Communionem Antichristi qualem descripsit Autor supra laudatus, & Socinianismum, non sit pronunciaturus illam isto esse longè pejorem, & in hoc facillimè salvari hominem posse, si in illa facilè.

Prodiit in lucem anno 1687. libellus cui Titulus, *Parallele du Socinianisme & du Papisme*, in quo disertè affirmantur principia Ecclesiæ Romanæ esse citra comparationem magis impia, & horranda quam principia Socinianorum, & ejus assertionis non paucæ probationes afferuntur; quodque aliter judicent multi Theologi Orthodoxi tribuitur 1. cognitioni haud satis accuratæ Papismi. 2. Prudentiæ cuidam, quasi cùm difficilius sit respondere Socinianorum quàm Pontificiorum objectionibus, major metus incutiendus sit priorum quàm posteriorum doctrinæ. Anno precedenti Vir celeberrimus *Jo. Graverol* verbi divini tunc Amstelodami, nunc Londini Minister, in suis de natura Papismi Epistolis Gallicis dixerat, Ecclesiam Romanam esse qualibet alia Christiana pejorem, & ipsis quoque Socinianis, expertibus, inquit, tyrannidis, superstitionis, & idololatriæ.

SECTIO X.

Occurritur distinctioni qua Autor utitur, dum ait, in Ecclesia Romana duo esse, nempe Christianismum & Papismum.

XVI. SEd ne quid præsidii Autori suboriatur ex eo quod Ecclesiam Romanam non ausus est dicere putuum purum esse Papismum, ostendamus illi 1. in totam illam Ecclesiam competere tales Papismi portiones quæ totam reddere debeant Socinianismo deteriorem. 2. Non posse quod illi restat boni reddere Socinianismo meliorem.

I. Pro certo habet Vir supra laudatus flagitia Antichristianismi Papistici in his tribus consistere, idololatria, tyrannide, & morum corruptione.

Circa idololatriam non potest recurrere ad aliquam distinctionem, quippe Aula Romana nihil docuit hac super re quod Ecclesia Gallicana, Anglicana, Germanica, &c. non amplexæ fuerint, & abusus æqualis fuit ubique, aut parùm intererat.

Idem dicas propemodum de corruptione. Grassata est per universum Clerum luxuries, & sicut Ecclesia Gallicana aut Anglicana nunquam dogmaticè propugnavit eam morum corruptionem esse Deo Gratam, aut in articulis fidei ponendam, ita quoque Aula Romana nunquam dogmaticè id propugnavit. Unò verbo si quid peccatum est dogmaticè ab Aula Romana circa tolerantiam concubinatus, & Indulgentias, aut redemptionem poenæ peccati id totum amplexæ sunt & comprobarunt aliæ partes Orbis Pontificii. Si qui inter Gallos aut Germanos aliquando scripserunt adversus Aulæ Romanæ corruptionem, hoc quoque fecerunt aliqui Itali & Romani. Huc usque ergo paria sunt omnia, vel discrimen exiguum.

Quoad tyrannidem advertas velim ejus fundamentum esse quod Pontifex Romanus agnoscatur supremus Ecclesiæ Christianæ Moderator, eaque Autoritate pollens propter quam illi convenire dicunt Reformati quæ prædixit Apostolus Paulus de filio illo perditionis, de homine illo peccati, ut nempe se esset oppositurus &

Tome II.

elaturus adversus quidquid vocatur Deus, & sessurus in Templo Dei præ se ferens se cesse Deum, Ex ea autoritate fluit jus quod illi tribuitur interpretandi leges divinas & universam Scripturam infallibiliter, hoc est juxta mentem Autoris, munstrum illud superbiæ & impietatis prohibentis quod Deus imperat, imperantis quod Deus vetat, verbumque Dei suo arbitrio atque libidini submittentis. Uno verbo eo nomine adimplentur prædictæ in Apocalypsi blasphemiæ nec non bellum gerendum cum Sanctis, & insatiabilis suis Sanguinis Martyrum Jesu Christi.

His positis fateor Theologos Ultramontanos XXXVII. dictos immodicam facere multo magis Autoritatem Pontificis, quàm statuatur vulgo in Gallia. Sed tum Galli, tum alii inter Doctores Pontificios qui non hac parte assentiuntur Ultramontanis, constanter & perpetuo crediderunt 1. Papam esse caput Ecclesiæ Christianæ, Vicarium J. C. centrum unitatis, nec posse ullum Christianum absque Schismate & hæresi, hoc est absque poena damnationis æternæ, Communionem ejurare Sedis Apostolicæ. 2. Errorem esse tolerabilem minimeque dignum propter quem rumpatur Communio & fraternitas Religionis doctrinam Ultramontanorum. 3. Omnia serè quæ isti tribuunt Papæ, convenire Conciliis, præsertim si Papa vel iis præfuerit aut per se aut per suos Legatos, vel suo calculo eorum Decreta confirmaverit. Ex quo sequitur eos qui moderatiùs Palponibus Papæ sentiunt de ejus potentia, agnoscere tamen alibi nempe in Conciliis superbiæ illud monstrum Autori Systematis adeò invisum, arrogans sibi infallibilitatem, Jusque supremum in conscientias & fidem, & facultatem sibi minus dicto audientes diris devovendi, infamandi, & crudelissimis poenis afficiendi.

Certè si consulamus Annales Ecclesiæ Latinæ, utrumque hoc deprehendere poterimus, tum pauca fuisse à Pontificibus edita crudelitatis & ambitionis facinora absque Conciliorum consensu (expeditiones enim Crucigerorum vel adversus Infideles, vel adversus Hæreticos, bellaque in Principes quos Papa excommunicationis fulmine percusserat, rarò admodum caruerunt Conciliorum autoritate) tum si quæ Concilia modum ponere voluerint nimiæ potentiæ Pontificis, non in eo ab ipsis fuisse laboratum, ut Christianismus leviori dominationis jugo subesset, sed ut sibi assererent dominium quod ipsis Papa rapere vellet; neque enim Concilium Constantiense ac Basileense majorem licentiam concedunt Christianis examinandi articulos fidei, & præponendi suum judicium Decretis Conciliorum, quàm Papa concedat, nec minores intentant poenas Principibus Ecclesiæ immorigeris quàm Papa, nec denique mitius quidquam statuunt de poenis hæreticorum quam Papa. Certum quoque est statum quæstionis quæ ventilatur inter Theologos Gallos & Ultramontanos, non esse an sit inter Christianos autoritas viva & loquens à qua non liceat provocare ad S. Scripturam, & cui omnes conscientiam suam submittere obligati sint (in confesso id apud utrosque) sed an ea Autoritas sit Monarchica, an verò Aristocratica. Quis autem ignorat tyrannidem quandoque esse graviorem sub regimine Aristocratico, quàm sub Monachico? Non ergo pro libertate Christianorum pugnant Theologi Galli. Unam tyrannidem altera commutare satagunt.

Nulla igitur est pars Ecclesiæ Romanæ sit licet minus Papistica, aliis, & utcumque minus faucia, quæ non graviſſima hac fœditate Antichriſtianiſmi coïnquinetur, 1. ut ejus idololatriam ſequatur & probet. 2. ut ſedem ejus, centrum & caput veneretur, ipſique adhæreat ſummiſſo ac reverenti obſequio, judicans ſi Papæ tribuatur quod non ipſi debetur, vel quod debetur Concilio, non minus tamen illum manere Vicarium Chriſti & Ecclesiæ Caput. 3. ut ejus placita quoad autoritatem deſpoticam in conſcientias, juſque ferro flammiſque ſœviendi in contumaces approbet in Theſi. De cætero quando Aula Romana fuit turpiſſima quoad mores, imitatæ hoc ſunt reliquæ partes Ecclesiæ Romanæ. Et hoc ipſum deplorat Autor dum agit de quinto attributo Antichriſtianiſmi; dicit enim Populos abreptos fuiſſe torrente horribilis corruptionis Papalis, & nil niſi nomen Chriſtianiſmi retinuiſſe : neque aliter conſtare potuit fides Oraculis Apocalypticis ubi vides gentes, multitudines, populos, linguas, incolas & Reges terræ ſcortatos eſſe cum meretrice Babylonia, & vino luxuriei ejus inebriatos.

Cùm itaque omnes Ecclesiæ Romanæ portiones fuerint & ſint pollutæ in hunc modum turpitudine Antichriſtianiſmi, ſequitur neceſſario vel omnes fuiſſe extra veræ Ecclesiæ viæque ſalutis cancellos, vel imperium illud Antichriſtianum prædictum in Apocalypſi & alibi & ab Autore deſcriptum tam graphicè dum deſcripſit Papiſmum, fuiſſe ſemper & eſſe veræ Ecclesiæ partem in qua ſalus obtinetur.

Hucuſque ergo nulla diſtinctione effugiet Autor quin concludamus ex ejus hypotheſibus Communionem Romanam eſſe Communionem Antichriſti, quique ſalvantur in venerari & humillimo obſequio colere Antichriſtum ut caput Ecclesiæ Chriſtianæ, ac Vicarium Chriſti, hoc eſt, ſi utamur ſtilo Autoris, ſcortari cum meretrice Apocalyptica, & abominationum ejus atque blaſphemiarum vino ſe ingurgitare, militareque homini illi peccati, filioque perditionis, cujus adventus eſt ex efficacia Satanæ cum omni ſeductione injuſtitiæ in iis qui pereunt, quemque adorabunt omnes incolæ terræ quorum non ſunt ſcripta nomina in libro vitæ. Ex eo quod qui talem ducem ſequuntur ſalvari poſſunt, ſequitur liquido eos potiori jure ſalvari poſſe qui Sociniana hæreſi ſe polluunt.

XXXVIII.   II. Quod ſi diſtinctionem in aliam partem vetat ita ut velit non aliquas partes Ecclesiæ Romanæ anteferri aliis ut minus Papiſticas, ſed in omnibus conſiderare id quod retinuerunt boni Chriſtiani, non video quid inde conſequi poſſit. 1. Enim Aula Romana ſimileſve partes *Catholiciſmi*, ut aiunt, maximè Papales ac per conſequens maximè Antichriſtianæ pari debebunt gaudere prærogativa cum minus Papalibus, certum quippe eſt Symbolum Apoſtolorum, dogma Trinitatis, Incarnationis, &c, æque maniſſe ſarta tectaque in partibus maximè Papalibus, ac in minus Papiſticis. 2. Si ſemel fatearis quæ continentur in Ecclesia Antichriſtiana fieri innocua quando miſcentur cum veritatibus quæ remanſerunt in Communione Romana : inde ego concludam à *pari* & à *fortiori* hæreſes Socinianiſmi fieri innocuas quando miſcentur cum veritatibus quæ in eo remanent.

Idcirco parum mea referet dicaſne Antichriſti mancipia ſalvari quod quaſdam veritates retineant, an verò quod malum Antichriſtianæ So-

cietatis non pervenerit uſque ad gradum mortiferum. Nam ſi prius eligas, ego inde concludam veritates remanentes in Socianiſmo ſalvare debere Socinianos, & tuum erit probare (quod ἐν τοῖς ἀδυνάτοις meritò repoſuerim) veritates remanentes in Antichriſtianiſmo mixtas licet cum horrenda illa malorum colluvie qua ille laborat ſalvare poſſe Antichriſti membra veritates verò remanentes in Socinianiſmo non ſalvare poſſe Socinianos. Certè ſi hoc probaretur ſolidis raciociniis, non deſperanda eſſet ſalus Orthodoxi Chriſtiani qui obiret Magnus, hoc eſt in Societate & fœdere inito cum Dæmone, aut ſaltem in Communione Muhammendana, de qua ſi Spiritus Sanctus prædicere quædam voluiſſet, ut prædixit de Religione Antichriſti, longe pauciores ac tenuiores abominationes aſſeruiſſet, quàm de iſta aſſeruit. Quod ſi poſterius eligas, ego inde concludam malum Socinianiſmo inhærens non perveniſſe uſque ad gradum mortiferum, tuæque poſtea erunt partes nulla unquam virum ingenii contentione adimplendæ, probare tot blaſphemias, ſcelera & abominationes quibus Antichriſti Communio defœdantur eſſe minus malum quàm Socinianam hæreſim.

Illuſtretur utraque pars iſtius Sectionis obſerva-   XXXIX.
tione quam mihi ſuppeditat opuſculum viri ſupra laudati, cui titulus eſt ſi Latinè interpreteris, *Alexiterium in mutationem Religionis.*

Contendit ille toto eo tractatu non eſſe audiendum Epiſcopum Gondomienſem, nunc Meldenſem, qui callida expoſitione doctrinæ Catholicæ perſuadere voluiſſet Proteſtantibus non talem eſſe Ecclesiam Romanam qualem ipſi ſibi fingunt. Multa illi imputari in deteriorem ſenſum rapta quæ ſi ad genuinum ſenſum revocentur nihil mali contineant, multa quoque quibuſdam Doctoribus privata autoritate tradita, vel ſaltem univerſali conſenſu deſtituta, perperam impurari Ecclesiæ cùm ſanior pars Doctorum ejuſmodi ſententiis apertè bellum indicat. Summa reſponſionis eſt 1. Si verum eſſet fidem Romanam eò redigendam eſſe quò contendit Epiſcopus ille, ſuperfore nihilo ſecius eam pravitatem ac falſitatem quæ nefariam redderet noſtram cum illa Communionem. 2. Tamdiu nos juremerito imputaturos eſſe Ecclesiæ Romanæ veluti legitima obſtacula ullius cum ipſa Communionis renovendæ, praxim & dogmata peculiaria Aulæ Romanæ & Monachis, quamdiu erit una eademque Communio eorum qui talia damnant, & eorum qui approbant. Fruſtra ergo nunc videtur Autor in ſuum velle trahere emolumentum veritates eas ſanctiſſimas quæ conſervatæ ſunt ſive in quibuſdam portionibus Ecclesiæ Romanæ, ſive in univerſa illa Ecclesia ; nam fœdiſſimi errores quos obtinere credit vel in tota Ecclesia Romana, vel in dimidia, adducere eum debent ad judicandum, non propterea mutari in melius ſortem ſeu conditionem illius Ecclesiæ, quod aliquid boni contineat in quibuſdam ſui partibus, imo etiam ubique. (*)

Sed nimirum hoc uſu venit Autoribus, ut ſi quæſtiones examinent oppoſitæ naturæ, iis utantur ad alias probandas argumentis, quæ ipſimet confutant cum in aliis probandis occupantur. Ita vir ſupra laudatus oſtendere volens Expoſitionem Epiſcopi Condomienſis imparum eſſe medicinam gravaminibus Reformatorum ſanandis, ſeveriter admodum judicavit de Ecclesiæ Romanæ Apologiis. Idem eliminare coactus à ſuo Syſtemate im-

errorem, & Communionem habentes cum errantibus.

<hr>

(*) Conferat huc Lector quæ ſtatuit Autor ſup p. 839. n. VI. 849. n. V. 859. XV. & c, adverſus tolerantes importunam hanc objectionem, quam verè dixeris ejus fundi calamitatem : *Si non possit salus obtineri in Ecclesia Romana, cecidisse irritas Christi promissiones*, benigniorem se præbuit erga eam, quæque in ea restarunt boni commatis valde commendavit, oblitus se ea nihili fecisse disputando contra alios Adversarios; ut videatur (quod nuper perperam nobis omnibus quoad aliam materiam objectum) si minus explicitè, saltem implicitè sic respondere huic propositioni : *Ecclesia Romana non est adeò corrupta ut salus in ea non possit obtineri;* distinguo : Si respondendum sit iis qui culpant Schisma Reformatorum, & retrahere conantur illos in ejus Ecclesiæ gremium, *nego :* Si respondendum sit iis qui concoquere non possunt per tot sæcula neminem fere salvari potuisse, *concedo.*

Nolim ei negotium facessere eo nomine quòd responsurus Arnaldo de gratiæ inamissibilitate, non aliter se extricaverit quam fatendo homicidas, adulteros, similesque sceleratos excidere proxima aptitudine ad Regnum Cœlorum, atque adeò damnatum iri si morerentur in eo statu, unde sequitur eos quatenus in eo statu non esse Dei filios, & fœdus ab Arnaldo tam acriter exagitatum inter qualitatem Filii Dei, & qualitatem homicidæ, adulteri, &c. rejectum fuisse ab Autore Systematis. Consociatio in eodem homine qualitatum adeò disparium, quam tunc ille rejecit, minus videtur portentosa quàm fœdus & amica concordia quam nunc admittit, Antichristianismi & sponsæ Jesu-Christi in eadem Communione Romana. Sed, ut jam dixi, parum id mea refert; satis est mihi nunc si colligam posito semel eo fœdere, poni etiam debere fœdus inter Socinianismum & veram Ecclesiam.

S E C T I O XI.

Hæc Propositio, Errores Socinianismi non sunt saluti contrarii, si errores Ecclesiæ Romanæ non sunt saluti contrarii, *confirmatur animadversione peculari in Idololatriam Romanam.*

P Rolixior æquo fuerim si examinare aggrediar singula probra Antichristianismi, hinc collecturus Socinianam Sectam leviter errare, si semel constet Antichristianismi Communionem levibus duntaxat erroribus infici. Sufficiat paulisper immorari expendendæ illius Idololatriæ, qua labe nulla est in illa Communione latius grassans utpote per universum corpus ad intimas usque medullas diffusa.

XL. In confesso est apud Protestantes, 1. Idololatriam Romanam consistere in Invocatione Sanctorum, Veneratione Reliquiarum, Cultu Imaginum, & Adoratione Eucharistiæ. 2. Distinctionem Cultus *Duliæ* & *Latriæ*, Cultus directi & relativi frivolam esse, minimèque aptam culpæ amovendæ. Passim videas eorum Scriptores circa hanc materiam præfractè negantes Cultum Imaginis posse terminari ad prototypum, & Deum ut sibi redditum accipere honorem habitum simulacris & symbolis ipsi consecratis. Certum ergo est juxta illos quidquid honoris tribuitur Imaginibus, Cruci, Reliquiis, & Sacramento Eucharistiæ terminari (ut ut intentio adorantis feratur ad majorem veri Dei gloriam tanquam ad finem ultimum) in Imagine, Cruce, Reliquiis & pane Eucharistico : Unde sequitur Deo Judice, norma infallibili veritatis Cultum quem Ecclesia Romana præbet illis rebus, esse puram putam adora-

tionem ligni, lapidis, ossium, cinerum, panis & vini. Quia verò adoratio Eucharistiæ est supremus honor qui possit reddi ullo objecto, Cultus nempe *Latria*, sequitur Papistas adorare panem & vinum, ut ens perfectissimum, supremum, independens, Deum optimum maximum. Jam certum est nihil posse reperiri in tota Idololatria Ethnica fœdius illo; nam certè adorare boves, pisces, feles, tantò leviùs est delictum quàm adorare panem, quantò bestiæ sunt entia perfectiora corporibus vitæ & sensus expertibus. Quoad verò adorationem fontium, ventorum, herbarum, aut id genus corporum etiam viliorum quæ in Paganismo obtinuit, certum est in ea non posse concipi majorem fœditatem quam in adoratione auri, ligni, marmoris ex quibus fiunt statuæ, & in adoratione panis & vini; hæc enim corpora nullam habent perfectionem physicam qua præstent ulli alii corpori, stercori, luto, verbi gratia. Cùm aliunde certum sit Ethnicos nunquam ex professo docuisse eumdem Cultum deberi ventis, fontibus, aut plantis, qui debebatur supremo Numini Divûm Patri atque hominum Regi; Pontificios verò disertè docere eumdem Cultum qui debetur Deo Enti perfectissimo, & Creatori atque summo Moderatori rerum omnium, deberi Sacramento Eucharistiæ, hoc est juxta explicationem Reformatorum pani & vino ; sequitur hac in parte Idololatriam Pontificiam longè esse pejorem Idololatriâ Gentilium.

XLI. Adæquant in multis Pontificii fœditatem Idololatriæ Ethnicæ, & in cæteris superant.

Ergo ipsorum Idololatria execrabilius est delictum quàm Ethnica.

Nihil clarius esse potest illa argumentatione, nihil certius quàm prior ejus propositio, si ratiocinemur consequenter ad Reformatorum principia ; qui ut satis notum est, causam Gentilium ita susceperunt propugnare, ut ostenderint eos nunquam adorasse statuas reduplicativè ut lapidem & lignum, sed quatenus symbolum aut sedem Divinitatis ; neque ignoravisse distinctionem cultus directi, relativi, supremi & medii. Si ergo non obstante Idololatria grassante per universum Ecclesiæ Romanæ corpus deteriori quàm sit Idololatria Pagana, salus obtineri potest in illa Ecclesia, quantò æquius est statuere id ipsum de Secta Sociniana.

Non possunt hîc Reformati elevare crimen Pontificiorum recurrendo ad bonam intentionem, tum quia hoc pacto Gentiles essent excusandi, tum quia bona intentio vel omnino reddit innocuam Idololatriam, aut saltem venialem errorem, vel nullomodo minuit delictum. Atqui secundum Protestantes ne reddit Idololatriam prorsus innocuam, nec errorem venialem; dicunt enim perinde terminari adorationem in lapide & pane, sive mens adorantis referatur ad verum Deum, sive non ; ergo nullomodo minuit delictum ; ergo delictum Pontificiæ Idololatriæ tantum est, quantum si explicitè nullum aliud objectum adorare vellent, quàm ipsam materiam simulacrorum, & panem ac vinum.

Revera enim si hac de causa crimen Pontificii adorantis panem & vinum esset minus quàm Idololatria Ægyptii adorantis bovem Apim, quod Pontificius credat se tunc Christum adorare, Ægyptius vero non credat, sequeretur intentionem Pontificii hoc producere, ut Deus quasi Christo redditm interpretetur cultum quo ille homo Eucharistiam afficit ; nam si Deus hac interpretatione non utitur, si Deus judicat Chris-

tum non esse terminum illius adorationis, sed
eam verè & propriè terminari in Eucharistia, ut
contendunt Reformati, nulla excogitari potest
ratio quamobrem adoratio Eucharistiæ sit minor
Idolatria quàm adoratio boyis Apis. Non potest
ergo esse minor nisi vi & virtute ejusmodi inter-
pretationis divinæ. At si semela admittas ejusmodi
interpretationem, tum nulla supererit ratio cur
potius dicas minui Idololatriæ Pontificiæ crimen,
quàm omnino tolli; ergo vel nullum remanet,
vel integrum remanet, atque adeò Pontificii adorantis Eucharistiam non minus est delictum, quàm
Ægyptii adorantis bovem Apim, etiam si supponas Ægyptii actum esse cultum *Latria*.

XLII.   Nec vereor ne Autor supra laudatus hîc mihi
aliquam dicam impingat; hæc enim nos docuit
cap. 10. *primæ partis complem. Prophetiarum* 1.
Idololatriam Pontificiam esse Apostasiam, & nihil
eâ esse magis Antichristianismum, nihil magis
evertere Christianismum, & unum è præcipuis
articulis Symboli Apostolici, nempe articulum
exaltationis J. C. & sessionis ad dexteram Patris,
quod fusè probat. 2. Invocationem Sanctorum
quocunque fiat prætextu crimen esse Læsæ Majestatis Divinæ, insolentem contemptum Majestatis
ejus, perduellionem veniâ indignissimam; odiosum crimen, abominationem denique & Apostasiam. 3. Idolatriam Judæorum licet nunquam
fuerit sejuncta à cultu veri Dei, sed in eo posita
quod Judæi verum Deum aliquando coluerint in
Symbolo aureo vituli formam referente, vel præterea simul coluerint Deos gentium vicinarum,
crimen fuisse longè injurium magis & exosum,
quàm Idololatriam Ethnicam; quod ille probat,
tum quia Prophetæ atrocibus loquendi formu-
lis usi fuerint ad increpandam Idololatriam Israëlitarum, quàm ad increpandam Idololatriam Gentilium, tum quia Idolatria Israëlitarum fuerit
adulterium respectu Dei, Idolatria verò pagana
simplex fornicatio. Id ipsum deinde statuit circa
Christianorum Idololatriam, observando vincula
Sacri Matrimonii quo Deus sibi despondit Ecclesiam Christianam nobiliora esse, gloriosiora &
intimiora illis quibus Deus Synagogam sibi jun-
xerat; tanto ergo adulteria Christianismi esse fla-
gitiosiora quàm Judaïsmi.

Haud temerè ibi reperias quod juremerito re-
prehendatur; evidentissimum enim est ex Sacris
litteris Ecclesiam Judaïcam & Christianam præcipuè, fœdere peculiari quod nuptiarum meta-
phora innuitur, Deo fuisse conjunctam. Haud minus evidens est lumine naturali & experientiâ,
uxoris impudicis moribus offendi magis & dede-
corari maritum, quàm impudicitia etiam multo
effrænatiori alterius fœminæ affinis vel cognatæ.
Quod addit non minui culpam uxoris adulteræ,
si marito sui copiam facere perseveret, vel si
mariti amicis sese prostituat; unde concludit frustra obtendere Pontificios se cultui Dei semper
studuisse, & solos Dei amicos invocare, hoc,
inquam, nullus ego rejecerim. Transeat ergo,
per me licet haud quaquam reluctantem hæc doctrina Autoris.

Idolatria Pontificia quamquam concederemus
in se & absolutè consideratam minorem esse gentili, tanto tamen gravius est peccatum, Deoque
magis injurium & exosum quam Idolatria Ethnica, quanto adulterium majus crimen est simplici fornicatione, & uxoris impudicitia marito
ingratior ac turpior est quàm impudicitia alterius
fœminæ.

Possemus quoque ex alio fonte derivare similem conclusionem, si nempe diceremus multo

magis esse culpandos Christianos qui cadunt in
Idolatriam tot præsidiis & auxiliis divinis sufful-
tos, quam Ethnicos quibus lumen Verbi Divini
non communicatum fuit. Cui plura sunt data,
ab eo plura exposcentur, & ut ait ipsemet Christus, tolerabilior erit conditio urbium in quibus
non edita sunt miracula, quàm earum ubi edita
sunt. Ergo si Idolatria Ethnica meretur mortem, *à fortiori* Christiana meretur. Si vero hæc
non meretur, videt unusquisque quid sit concludendum in gratiam Hæreticorum, &c.

SECTIO XII.

Ulterius probatur ad hominem, *errores Sociniano-*
rum non esse fundamentales, juxta criterium
veritatis fundamentalis ab *Autore traditum.*
Examinatur disputatio Autoris cum Episcopo
Meldensi *circa principium ab isto propositum in*
Historia Variationum.

Haud quaquam animus est hîc examinare rationes quibus uti solent qui conantur probare absolutè & directè hæresim Socinianam non
esse fundamentalem; mei instituti ratio non id à
me impræsentiarum postulat; sufficit mihi si vincam Autorem Systematis non posse eam hæresim
credere fundamentalem, quin summæ inconsequentiæ fiat reus.

Nihil ergo moror Socinianismi fautores dicen-
tes illam hæresim non esse fundamentalem si veritas opposita talis sit ut multi ejus nescii fuerint
salvati, salvatos autem esse multos absque cognitione Trinitatis, unde pateat eam cognitionem
nec jure naturali nec jure positivo esse absolutè necessariam sive necessitate quam vocant medii, sive necessitate quam vocant præcepti; nam si esset talis jure naturali, Deum nemini fœlicitatem
conferendi habiturum fuisse potestatem, qui non
prius cognovisset Trinitatis mysterium, hoc verò repugnare Historiæ lapsus Adami ex qua patet sortem ejus vel vitæ vel mortis æternæ pe-
pendisse ex alia conditione. Si esset talis jure positivo, extituram in verbo Dei latam legem de
credendo illo mysterio, additis minis mortis
æternæ in non credentes, nullum autem extare
locum in Sacra Scriptura quo pateat voluntatem
Dei esse ut Christianorum salus sit necessario
annexa cognitioni & persuasioni Trinitatis juxta
sensum à Socinianis negatum, hoc est nullum
esse locum nitidè & clarè in hanc sententiam re-
solvendum, *quicunque non habuerit hanc persua-*
sionem, Deum constare tribus personis distinctis à
se invicem quoad personalitatem, & identificatis
inter se quoad naturam divinam, & Christum esse
filium Dei, nec tamen habere naturam numero di-
versam à natura sui Patris, cumque sit idem numero
Deus qui Pater, multa facere nihilominus ac pati
quæ nec facit nec patitur Pater, DAMNAS
ESTO. Si verò nulla existat ejusmodi voluntas Dei expressè revelata, requiri saltem ut per
consequentias & ratiocinia Grammatico-Philoso-
phica ostendi possit Deum revelasse talem voluntatem, at hoc ipso patere supradictam persuasio-
nem non fuisse stabilitam à Deo ut conditionem
salutis necessariam, quippe Deum in Evangelio
sese manifestantem ut tactum misericordia generis
humani majorem in modum, non potuisse annec-
tere salutem hominis conditioni pendenti à ratiociniis Grammatico-Philosophicis scaturigine
fœcundissima disputationum, & à conceptibus
superantibus omnino captum plerorumque mortalium; nam arduum esse imprimis concipere
prout

prout res est concipienda si velis non errare quid sit persona, quid natura, quid hypostasis, quid paternitas, rusticos saltem & opifices impares esse talibus conceptibus formandis, & probè distinguendis à se invicem rationibus personæ & naturæ, filiationis & paternitatis prout ea se habere dicuntur in divinis longè supra & contra omne exemplum, omnemque ideam fundatam in quolibet alio objecto; raros proinde esse inter Anti-Socinianos Theologos qui sint adeo salutis proximi prodigi ut re paulo maturius pensitatâ asserere audeant, omnes Judæos aut Gentiles qui Apostolorum prædicatione convertebantur, vel qui circa ea tempora atque inter Imperatorum Romanorum sævitiem in Christianos, constantia Martyrum ita tangebantur, ut derepente Christianos se profiterentur & Martyrii candidatos, credidisse Jesum Christum esse Dei Filium eo sensu quo Sociniani negant esse, ita ut nemo salvatus fuerit rudium illorum Neophytarum qui non cognoverit & crediderit veritates quas Sociniani negant circa Trinitatem personarum, & unionem hypostaticam. Adeò non posse fingi omnes Christianos qui salvati sunt primis sæculis eas veritates cognovisse, ut facile probari possit quosdam è Sanctis Patribus quorum de salute non dubitatur, ea scriptis consignasse quæ sunt valdè diversa à fide Concilii Nicæni; neque hoc diffiteri Pontificios, ut constat ex Petavio.

Has & similes rationes millies refutatas solidissimè ab Orthodoxis Theologis, fictitiosque triumphos ex consensu Petavii quos tam invictè deleverunt Gardinerus, Bullus, & Stephanus le Moyne haud ita pridem fato functus Lugduni Batavorum, ubi agebat Sacro-Sanctæ Theologiæ Professorem, eximiè doctum, nihil moror, measque solum esse partes existimo argumentari ex concessis adversus Autorem Systematis.

LIV. Dico igitur quas ille debit notas veritatis fundamentalis, eas non convenire Mysterio Trinitatis prout rejecto à Socinianis; ergo juxta illum, hoc Mysterium non posse dici veritatem fundamentalem, neque adeò hæresim Socinianam vocari fundamentalem.

En ejus verba pag. 237. *Hanc ego credo regulam omnium tutissimam ad judicandum quinam articuli sint fundamentales, eosque secernendos à non fundamentalibus, quæ quæstio tam vepribus obsita, tamque ardua definitu est. Nimirum* QUIDQUID CHRISTIANI UNANIMITER CREDIDERUNT, HODIEQUE CREDUNT UBIQUE, EST FUNDAMENTALE ET AD SALUTEM NECESSARIUM.

Multæ sunt objectiones quas ipsi proponere possem, nec tamen proponam; verbi gratia, non illi objiciam esse hodie aliquos Christianos, puta Socinianos qui Trinitatem rejiciunt; nam ille respondere occupavit pag. 238. se nullo loco & numero habere miseras illas Sectas quæ novissimis hisce sæculis prodierunt in lucem, & quibus Communionum Christianarum nomenclaturam, ac ipsum quoque Communionum titulum propriè loquendo dari posse negat.

Propter similem rationem haud ipsi objiciam tot veteres Sectas quæ præcipua quæque Evangelii capita rejecerunt, puta Ebionitas, Cerinthios, Marcionitas, Sabellianos, Arrianos, Macedonianos, Apollinaristas, &c. ille enim jam

respondit pag. 563. *Vindiciar.* se ejusmodi homines nihil ducere, tum quia non habeat eos pro Christianis, tum quia eorum Sectæ nunquam floruerunt in mundo, & satis superque notum se fecisse lectoribus, eas dumtaxat Communiones sibi videri ad Ecclesiam pertinere quæ tria Symbola Ecclesiæ retinent juxta sensum sex primorum Conciliorum Oecumenicorum, quæque sunt extensæ, extiteruntque à multis sæculis, & etiamnum existunt.

Vapulare posset hic egregiè, ut qui ad tuendum unanimem consensum Christianorum quem semel tradidit tanquam notam doctrinæ fundamentalis, eas conditiones exigat ut ille consensus dici possit interruptus, quæ excludant pro suo libitu, & pro necessitate suarum rerum, omnes Sectas in quas Christianismus fuit divisus; nam quid tam procul abest à disputatione seria, quàm si cum primum statuerit illud esse fundamentale quod Christiani unanimiter crediderunt hodieque credunt, statuas deinde eos qui rejecerunt quod tu vis esse fundamentale non esse Christianos vocandos, vel tunc solum deesse consensum unanimem omnium sæculorum Ecclesiæ Christianæ, quando dissentientes Sectam composuere florentem in multis locis, & à multis sæculis in hanc usque diem subsistentem? Hoc utique tolerari posset in eo qui præ se ferret disputandi consilium Agyrtarum more, à quibus citra omnem offensionem audis ludicras cavillationes, & commentitias argutias adversarium illudere aptissimas; sed cum agitur seriò de controversia omnium præcipua, non est ferendum.

XLV. Fingamus Autorem Systematis, coactum fateri Arrianos & Socinianos tam propriè vocari Christianos, quàm propriè Turcæ vocantur Muhammedani (hæc vero denominatio Turcarum tam propria tamque litteralis est quàm quæ maximè, etiamsi illi Muhammedem non credant Deo consubstantialem) non propterea cessaret dicere Christianos ubique & semper unanimi consensu admisisse dogma Trinitatis; diceret enim non sufficere ad refutandam suam illam assertionem, si Arriani & Sociniani propriè & litteraliter sint Christiani; sed requiri præterea ut Sectam componant quæ in hanc usque diem à multis sæculis conspicua & benè extensa sit, quod de Arrianis dici non potest. Si verò Sociniani extensionem acquirerent insignem quod fieri posset salvis cæteris (*a*) Christianismi partibus, conversione Turcarum ad Socinianismum, tunc diceret Autor Socinianismum non floruisse per multa sæcula superiora, ideoque non habere conditiones quas ipse requirit ut consensus unanimis omnium Christianorum & perpetuus læsus fuisse intelligatur. Idem statuas de qualibet alia objectione. Semper sibi pararet evadendi facultatem, gratis confictas novas rerum & verborum notione sibi circumdabo.

Sed nolim ipsi hac in parte esse molestus, satis pœnarum luisse videbitur attentè legenti Caput 6. Tractatus 6. *Vindiciarum* pro suo Systemate, quo in loco facilè deprehendas sibi fuisse ipsum benè conscium suæ causæ infirmitatis, tum ex responsionum subtilitate, tum præcipuè ex iracundia & arrogantia quam illæ responsiones redolent.

XLVI. Fruatur per me licet suis hypothesibus gratis & præter rationem in medium allatis; libens & ultro

---

(*a*) Ideò sic loquor, quia occurrere volo exceptioni qua ille utitur dicens providentiam Dei non posse pati ut Ecclesia Christiana fiat Sociniana. Vid. Sect. 6. hujus Tract. n. 21.

tro ipsi largior Mysterium Trinitatis prout hodie negatur à Socinianis censendum esse gaudere unanimi consensu omnium Communionum Christianarum ab incunabulis Ecclesiæ Christianæ ad hanc usque diem, dummodo cognitum & creditum sit ab antiquis Patribus qui præcesserunt Concilium Nicænum. Sed concedat mihi vicissim tunc non competituram in illud dogma tesseram doctrinæ fundamentalis ad ipso traditam; si primis sæculis non fuerit passim cognitum & creditum in ea Communione quæ sola erat & audiebat Ecclesia Catholica & verè Christiana. En ergo quorsum res evadat & quisnam sit status quæstionis.

Si Mysterium Trinitatis quale rejicitur à Socinianis non fuit passim cognitum & creditum in Veteri Eccclesia, sique de eorum salute nefas sit dubitare qui illud tunc temporis non crediderunt, sequitur ex doctrina Autoris supra laudati, (Nota benè nihil hîc me ex mea sententia dicere, sed *ad hominem*) hoc mysterium non esse articulum fundamentalem, & saluti obtinendæ necessarium.

Atqui verum prius juxta doctrinam Autoris.

Ergo & posterius.

Nulla potest esse difficultas nisi in minori propositione; nam majoris consequentia necessario fluit ex criterio doctrinarum fundamentalium & ad salutem necessariarum, quod supra n. 44. retulimus desumptam ex pag. 237. Systematis. Probemus itaque minorem.

XLVII.

Nemo est adeò hospes in re litteraria qui non inaudierit de *Historia Variationum* ab Episcopo Meldensi vulgata. Antequam justo prælio certaret cum eo Episcopo Jacobus *BASNAGE* Verbi Divini Minister celeberrimus primum Rothomagi in patria, deinde actis in exilium Pastoribus Gallis, Rotterodami, responsumque illud conderet quod tantas laudes meruit eruditionis, judicii atquè ingenii summæ ubertatis nomine, placuit Autori Systematis velitari pugna congredi cum eodem Præsule; quod dum fecit omnium primum convellere suscipit fundamentum præcipuum Historiæ Variationum, sive hanc hypothesim, *Falsitatis & inconsequentiæ argumentum esse si qua Ecclesia expositionem suæ fidei variam tradat; veritatem divinitus homini communicatam statim esse perfectam.*

Vix dici potest quantâ conviciorum copiâ invectus sit Systematis Autor in eam hypothesim, quippe quam (b) dixerit hominis esse non modo imperitissimi, sed etiam infensissimi Religionis Christianæ inimici; nam evidentissimum esse ex Historia Ecclesiastica, mysteriorum fidei cognitionem fuisse modo minorem modo majorem in primis sæculis, atque adeò expositionem fidei non semper fuisse unam apud Sanctos Patres. Hoc ille probat præcipuè exemplo Mysterii Trinitatis.

Hinc jam emunctæ naris quilibet Lector facile intelligit 1. virum supra laudatum non opponere Episcopo Meldensi unius alteriusve ex Sanctis Patribus ignorantiam, errorem, vel inconstantiam (quid enim inde posset colligi adversus Historiam Variationum?) sed Universæ Ecclesiæ sive ignorantiam, sive mutationem, prout eæ res conspicuæ fiunt in monumentis publicam fidem

Ecclesiæ testantibus. 2. Non hic agi de aliqua phraseologia immutata, vel de varietate quadam in rebus merè accidentalibus & indifferentibus; nihil enim inde colligi posset adversum hypothesim Antistitis Meldensis, sed de transitu ex ignorantia in cognitionem quoad quasdam dogmatum partes essentiale. Ergo si maximè vellemus esse contenti hac generali cognitione disputationis istius, colligere deberemus ostensum fuisse ab Autore Systematis ignoratum fuisse malève intellectum ab Antiquis Patribus Mysterium Trinitatis quod nonnulla essentialia nisi enim hoc ostendit, frustra & immeritò hypothesim Adversarii carpsit.

Sed nolumus ratiocinando conjicèrequid abeo ostensum fuerit quædam sigillatim ex ejus disputatione delibare animus est.

Satuit 1. propositionem (c) isti contrariam *veritas divinitus revelata habuit statim suam perfectionem*, hoc est *fuit statim optimè cognita & fœlicissimè explicata*, esse veram, quippe divinam veritatem nonnisi membratim fuisse revelatam, ipsasque adeo revelationes non prius perfectè intellectas, & fœliciter explicatas fuisse, quàm in ea re laboraverint plurima sæcula & lumina coadunata infinitorum Doctorum; per ipsas quoque hæreses & hæreticos adductam veritatum Christianarum notitiam ad perfectionem; disputationibus (d) cum hæreticis factum ut cognito Mysteriorum Trinitatis & Incarnationis statum & perfectionem nacta sit quam habet jam inde à duodecim vel tredecim sæculis; antea hæc fundamenta fidei *valdè imperfectè fuisse explicata*, & Mysterium Trinitatis (e) *mansisse informe* usque ad primum Concilium Nicænum, vel etiam usque ad Constantinopolitanum.

Probat 2. hæc omnia adductis Athenagoræ verbis à Tertulliano explicatis, unde hunc sensum elicit Verbum quo dicitur Filius Dei fuisse in Deo ab æterno, sed initio mundi in materiam informem effusum seminis Sacri instar, virtute cujus omnes creaturæ genitæ sint, eamque effusionem attulisse Verbo ultimam perfectionem, perfectamque existentiam secundæ Personæ Divinitatis. Verba Tatiani Discipuli Justini Martyris, ab eo præceptore mutuo sumpta, ut credit vis supra laudatus, paulo post in medium afferentur nec non verba Theophili Antiocheni, & Tertulliani, quorum hanc esse sententiam asserit (f), *Filium, Sapientiam æternam creatam fuisse à Patre initio mundi; & Deum initio è sinu emisisse Sapientiam in ipso absconditam, quæque Filius ejus erat & Verbum, GERMINE DUNTAXAT ET SEMINE, hoc semen effusum fuisse à Deo in materiam & Chaos ad creaturas ordinandas, & tunc contigisse perfectos natales Verbi.* Inde colligit *Verbum non esse æternum quatenus Filium; latuisse in sinu Patris quatenus Sapientiam, & fuisse quasi productum, & in personam evasisse distinctam à persona Patris paulo ante creationem; ergo Trinitatem personarum incæpisse solùm paulo ante mundum.* Observat ea dogmata (g) fluxisse ex pravis de immutabilitate Dei sententiis.

Statuit 3. Veteres (h) usque ad sæculum quartum inæquales credidisse Personas Divinas, & Filium cum Spiritu Sancto confudisse, ejusque sententiæ profert non pauca testimonia.

4. Denique diserte statuit non solum eos Patres quo-

(b) *Lettre 6. Past. de la 3. année.*
(c) *6. Lettre Past. de la 3. ann. p. 146. édit. in 12.*
(d) Pag. 127.
(e) Pag. 128.

(f) Pag. 131.
(g) Pag. 133.
(h) *Ibid.*

quorum verba in medium adduxit, sed omnes omnino trium primorum sæculorum sic ferè explicuisse Mysterium Trinitatis; *Unam (i) in Deo duntaxat substantiam agnoscebant, in qua tres Personas ponebant,* SED GENITAS ET PRODUCTAS IN TEMPORE; *sæpissimè vero confundebant Filium & Spiritum Sanctum : inæqualem Patri Filium faciebant.*

Luce jam meridiana clarius patet veritas minoris propositionis Syllogismi supra allati n. 46. nimirum credere Autorem Systematis Mysterium Trinitatis quale rejicitur à Socinianis non fuisse passim cognitum & creditum in Veteri Ecclesia, & de eorum salute nefas esse dubitare qui illud tunc temporis non crediderunt.

Luce ergo meridiana clarius est juxta criterium veritatis fundamentalis & ad salutem necessariæ quod tradidit Autor, Mysterium Trinitatis prout nunc creditur & intelligitur, seu quod idem est, quale rejicitur à Socinianis, non esse fundamentalem fidei Christianæ articulum, & saluti necessarium.

Luce ergo meridiana clarius est juxta illum Autorem consequenter ratiocinantem hæresim Socinianam non esse fundamentalem & saluti contrariam, quod erat probandum.

LIX.   Obiter observabo criterium veritatis fundamentalis quod Autor tradit, desumptum ut ipse (k) fatetur à Vincentio Lirinensi, non ita esse intelligendum, quasi consensus omnium Communionum Christianarum per omnia sæcula, reddat fundamentale quod sua natura non est fundamentale, vel non fundamentale, quod sua natura est fundamentale. Hunc sensum rejicit Autor expressis verbis; dicit enim pag. 566. *Vindiciar.* nihil posse facere ut articulus sua natura non fundamentalis, evadat fundamentalis, & nullum consensum ut ut sit unanimus efficere posse non fundamentalem errorem qui natura sua est fundamentalis : Unde colligit Socinianos si hodie universum orbem perverterent, non tamen reddituros suos errores non fundamentales, cùm natura sua sint fundamentales. Dixerat autem pag. 122. se cum loquutus est de consensu omnium sæculorum, veluti de criterio veritatis fundamentalis, nequaquam excludere voluisse sæculum 16. & 17. è numero sæculorum; quod ideò observat ne criterium illud convenire possit doctrinæ Pontificiorum circa Unitatem Ecclesiæ; cùm enim insignes Communiones Christianæ hoc sæculo & superiori credant, crediderintque veram Ecclesiam sub se continere varias Sectas inter se digladiantes, evidens esse dogma Pontificiorum unitatem Ecclesiæ unitate Communionis disinientium non gaudere consensu omnium sæculorum.

L.   Ex ea doctrina duo mihi emergere videntur consectaria oppido quam importuna. Primo enim quid vanius ista distinctione; consensus omnium sæculorum non reddit fundamentalem doctrinam quæ sua natura non est fundamentalis, sed solùm bona est regula qua distinguamus articulos fundamentales à cæteris, quid, inquam, vanius ea distinctione qua veluti clypeo se tuetur Autor supradicta pag. 566. *Vindiciar.* nam quoad nos perinde est sive consensus omnium sæculorum mutet qualitatem doctrinarum, sive certissimè indicet & probet eam qualitatem, quandoquidem semel posito nexu necessario inter consensum omnium sæculorum & doctrinas fundamentales, qualis est nexus inter criterium seu regulam, & rem cujus criterium est criterium, æquè sequitur judicia

nostra debere mutari quoad doctrinas fundamentales prout illis convenit vel non convenit consensus omnium sæculorum, ac si per ejusmodi consensum redderentur intrinsecè fundamentales è non fundamentalibus. Nullomodo ergo solvit objectionem vir supra laudatus, quam solvere habebat.

Eò tendit objectio, si veritates illæ sint fundamentales, quibus nullæ Communiones Christianæ notabiles litem moverunt, sequitur exiguâ Sectâ quæ litem movit, crescente notabiliter, illud quod erat fundamentale, evadere non fundamentale. Respondet Autor Systematis illud non sequi, quippe consensu omnium Communionum notabilium non effici veritates fundamentales, sed indicari duntaxat. Vult ergo nexum inter consensum Christianorum & veritates fundamentales esse non qualis est nexus inter causam necessariam & effectum, sed qualis est inter signum non æquivocum & rem significatam : vanissima ergo est ejus responsio, & verissimè ipsi objectum est per incrementum Sectæ reclamantis alicui veritati, fieri non fundamentale illud quod erat fundamentale; hoc est mutari quoad nos naturam objectorum de quibus judicabamus, quippe non amplius judicare licet illud esse fundamentale, quod tale credideramus. Fareor intrinsecam rei naturam non mutari, sed saltem inde melius cognoscitur, & mens nostra determinatur ad novum judicium formandum intrinsecæ rei naturæ magis congruum. Istud eodem modo se habet quo ubi prædictiones eventu carent : quandiu fides habetur Autori prædictionum, judicantur futuræ res quas prædixit : si eventus desit, judicamus non fuisse futuras. Non propterea mutatur natura intrinseca earum rerum quod prædictio falsa fuerit, nec ideo res è futuris factæ sunt non futuræ; sed mutantur, solum objective, hoc est cognoscimus per eventum illa non fuisse futura quæ credideramus futura. Dic etiam incrementum Sectarum alicui articulo fidei adversantium facere solum ut cognoscamus ea non esse fundamentalia, quæ talia judicaveramus. Meliùs istud intelligetur ex sequenti observatione.

Secundo, si quindecim prima sæcula Ecclesiæ Christianæ non sufficiant efficiendo illi consensui quem statuis esse criterium veritatum fundamentalium & saluti necessariarum; si quia sæculo decimo sexto emerserunt in Dania, in Suecia, in Germania, in Anglia & alibi magnæ Communiones, hodieque florentes, quæ aliter statuerunt de unitate Ecclesiæ, quàm statutum esse antea, verus opinio de unitate Ecclesiæ non gaudet consensu illo sæculorum omnium qui facit regulam veritatis fundamentalis, nihil hodiè vocari potest fundamentale vi & virtute consensus omnium sæculorum; sicut enim tibi placet includere sæculum decimum sextum & decimum septimum in numero sæculorum quorum consensus requiritur ad componendam regulam veritatis fundamentalis, cuilibet alteri eodem jure placebit postulare sæculorum decimi octavi & decimi noni consensum, atque adeò non prius affirmare Mysterium Trinitatis & Incarnationis esse fundamentales fidei articulos salutique necessarios quam cognitum fuerit mansisse Socinianam Sectam & quamlibet similem, in tenui re & curta supellectili in qua nunc est, sæculis futuris.

Unde liquido patet objectionem quam solvere habeat Autor perperam fuisse ab eo vocatam futilem cavillationem *(une petite chicane)* cùm nihil reposuerit non prorsus absonum & frivolum.

SEC-

SECTIO XIII.

Refutantur cavillationes quibus Autor Systematis infringere conatus est consequentias doctrinae quam tribuit Patribus trium primorum saeculorum circa Mysterium Trinitatis.

LII. PRocul dubio credidit Autor tam his in rebus futuri negligens quàm in aliis curiosissimus indagator, Episcopum Meldensem silentio praeteriturum ea quae de erroribus crassissimis veterum Patrum ipsi fuissent objecta evertendae hypothesi cui innititur Variationum Historia. Sed non diu securitate illa potuit frui, expertus est eum eo super argumento Adversarium astutè nec tardè ansam capientem Reformatos Gallos invidiâ onerandi, non mundo proculcatae Veteris Ecclesiae ac de honestate, sed etiam victoriae manibus Socinianorum traditae de majoribus Evangelii Mysteriis. Quam injuriam non sine quodam rationis obtentu inferre ideò potuit universae Ecclesiae nostrae, quod ea quae carperet extent in Epistolis Pastoralibus, & fruerentur omnium Reformatorum approbatione quantum id ex silentio cognosci potest. Sic enim existimant Pontificii (falsò equidem, sed tamen non sine magna verisimilitudine) ejusmodi Epistolas vicem subire concionum quas singuli Pastores Exules haberent, si adessent suis gregibus, cùmque non possit à singulis exerceri munus Pastoritium, unum pro cunctis electum esse Autorem Systematis scribendi facultate pollentem, qui singulorum pensum absolveret, & unus Oves omnium paceret, eo autem in munere pabulum non distribuisse quod non probaretur cunctis dum adeò pravam repraesentavit Veteris Ecclesiae doctrinam, argumento esse omnium taciturnitatem, qua non omnes fuerint usi circa cogitata fanatica in Pastoralibus iisdem Epistolis extantia. Ita ferè rem interpretatur & lucro sibi apponit Episcopus Meldensis in primo Monito. Unus certè inter nos post illud Monitum lectum ausus est obelo transfigere grassantem illam & periculosam Autoris Systematis in Sanctos Patres irreverentiam, nempe ingeniosissimus & tersissimus Scriptor Historiae operum Eruditorum. Quam graviter & iniquo animo id tulerit vir supra laudatus haud opus est dicere, cum scripta publica satis superque testentur. Quidquid id est examinare juvat an Apologia quam laboriosè omninò & anxiè, tum pro Sanctis Patribus, tum pro se elucubravit infringere apta sit argumentum in superiori Sectione propositum. Extat ea Apologia in Tabula Socinianismi Epist. 6.

LIII. Totus ferè in eo est ut ostendat Veterum Patrum errorem circa Trinitatem procul abesse ab Arrianismo & à Socinianismo. At illud ne hilum quidem juverit ejus causam adversus me, nec aliud fuerit quam ignoratio Elenchi, ut enim ex ejus principiis ego eruam Socinianos negantes Mysterium Trinitatis prout Protestantes & Pontificii explicant & intelligunt, non errare fundamentaliter, sufficit ostendere illud Mysterium ita explicatum & intellectum non esse veritatem fundamentalem, quod ut probem sufficit referre quae Autor Systematis emisit in lucem circa doctrinam Veterum Patrum super eo fidei articulo, clarè indicantia longe aliam fuisse eam doctrinam, ab ea quae dudum obtinet inter nos & Pontificios. Sicut ergo qui volens me refellere negantem Moe-

vium esse liberalem, frustra probaret Moevium non esse prodigum; (nam minimè oportet eum qui non sit liberalis, esse prodigum, quippe si sit avarus, non minus abfuturus à liberalitate quàm si esset prodigus) ita profectò oleum & operam perdit quisquis conatur probare Veteres Patres fuisse Orthodoxos in Trinitatis negotio, quia fuerint sani ab Arrianismo & à Socinianismo. Quot aliae viae sunt quibus recedere valeas à Canonibus Synodi Nicaenae? *Frustra vitium vitaveris illud, si te aliò pravum detorseris.*

Forte effugiet istos laqueos dicendo errores Patrum esse exigui momenti, errores verò Arrianorum & Socinianorum esse longè teterrimos. At ut verissimum sit istud ultimum, non tamen effugiet, quia illud primum nequit verè dicere; qui enim tribuerit SS. Patribus ista dogmata (a), 1. *Secundam Personam Trinitatis perfectâ demum fuisse donatam existentiâ paulo ante mundum conditum, nec nisi* GERMINE AC SEMINE *fuisse Filium Dei ab aeterno.* 2. *Verbum non esse aeternum quatenus Filium, nec in personam evasisse distinctam à Persona Patris nisi paulò ante creationem.* 3. *Trinitatem personarum incoepisse solum paulò ante mundum.* 4. *Personas esse inaequales.* 5. *Tres personas genitas & productas esse in tempore.* 6. *Sapientiam quae ab aeterno in sinu Dei abscondita efuerat, vasisse in Filium Dei, & perfectè natum fuisse quando effusa fuit instar seminis Sacri in Chaos & materiam informem,* qui, inquam, talia dogmata Patribus tribuerit, & ab ipsorum de mutabilitate Dei pravis opinionibus fluxisse asseruerit, nonne juremerito pudori ac bonae fidei decoxisse censeatur nisi neget Arrianos & Socinianos in gravioribus versari erroribus quàm Veteres Patres.

LIV. Certè si ea fuit Veterum Patrum sententia, non magis convenit inter eorum Trinitatem & nostram, quam inter nostram & Arrianam, Socinianamve. Etenim nostra Trinitas constat tribus personis quarum unaquaeque est Deus, Trinitas verò Patrum constat tribus personis quarum saltem duae ultimae non sunt Deus: nullum autem majus discrimen fingi aut excogitari potest inter Orthodoxos & Socinianos, quam quod est inter asserentes aliquid esse Deum & negantes illud aliquid esse Deum. Porrò tam evidens est juxta illam Doctrinam Patribus imputatam Filium Dei non esse Deus, quàm quod maximè, cum lumine naturali pateat, quidquid non est aeternum, necessarium, indestructibile, infinitis parasangis distare à Deo; atqui secundum illam doctrinam Filius Dei nec est aeternus, ut qui demum paulo ante creationem Mundi genitus sit, nec est ens necessarium & indestructibile; nam quidquid nascitur potest mori; quidquid non est aeternum, est ens contingens, & quidquid est contingens tam facile spoliari quam donari potest existentia: Ergo Filius Dei infinitis parasangis distat à Deo, ut videatur ferè mera quaestio de nomine si cùm talis sit neges esse creaturam.

Dices non dictum fuisse à Patribus Filium Dei paulo ante Mundum conditum factum fuisse ex nihilo, sed generatum ex propria substantia Divinitatis; ex quo sequitur illum fuisse ab aeterno, verèque Patri suo consubstantialem. At haec responsio absurdiorem longe tribuit Patribus opinionem quam sit haeresis Arriana. Si enim ita construas ipsorum Apologiam, nec vitas quin Filius Dei verè & propriè inceperit, & Divinae substantiae mutabilitatem affingas quae faciat eam ma-

ma-

(a) Vide supra n. 48.

materiæ similem. Revera ultro fatetur Systematis Autor ea Patrum dogmata inde fluere, quod Patres malè omninò sentirent de Dei immutabilitate.

LV.   Ut probem sequi necessario ex illa doctrina Patrum, Filium Dei verè & propriè incepisse, non alia mihi opus esse videtur observatione, quam quæ desumi potest ex phænomeno naturali passim unicuique obvio. Quotannis generantur pulli, quos ens novum verè & propriè vocamus, licet non creentur, & antequam prodeant ex ovo latuerint in ipso, ac secundum recentiorum quorumdam Philosophorum placita habuerint in semine suam organisationem. Sunt profecto inter hodiernos Philosophos qui dicant omnia animalia facta fuisse initio, & crescere tantum in ovo, vel in utero fœminarum; ergo generationem nihil aliud esse quam incrementum animalis dudum organisati, & nativitatem nihil aliud quam egressum animalis ex ovo vel utero post acquisitum certum gradum magnitudinis. Scholastici Philosophi aliter longè rem concipiunt, ut qui dicant formas contineri solum potentia in sinu materiæ, & ex ea educi quando generatur corpus naturale, proinde non credunt animas esse formaliter, sed virtualiter tantum in semine parentum. Nec desunt inter eosqui præexistentiam formarumadmittantquoad mixta, docent enim elementa remanere formaliter in mixtis. Quidquid id est consentiunt varii illi Philosophi in hoc, corpora quæ hic & nunc generantur & nascuntur, esse ens novum sub ratione talis, vel talis corporis naturalis, & nemo (b) est Cartesianus qui minus accuratè aut Philosophicè loqui se putet si dixerit arborem quam videt in suo horto, & equum quem videt in suo equili incepisse qua arborem & equum existere ante tot vel tot annos, ineptissimusque haberetur cavillator qui objiceret eam arborem & illum equum esse corpora mundo coæva; nam licet verum sit materiam ex qua arbor & equus componuntur esse mundo coævam, non tamen verum est illum equum & eam arborem qua tales extitisse ab initio mundi. Rem clarius concipies exemplo picturæ & sculpturæ. Quoties quis pingitur, certum est fieri aliquid de novo, licet colores & tela antea existerunt: quoties etiam sit aliqua statua, sit aliquid de novo, licet figura humana quæ repræsentatur per eam statuam fuerit realiter in marmore vel in ligno ante quemcunque laborem sculptoris. Sufficit enim ut verè & philosophicè vocemus effigiem ac statuam entia de novo producta, si effigies ac statua qua tales non extiterint antea; nec obstat quod componantur ex materia mundo coæva, vel etiam ex materia quæ actu continebat situm partium in quo consistit statua humana. Idem dixerit Aristoteles, quique cum ipso materiam æternam sibi fingunt: non negant quin verè & propriè individua nascantur & moriantur, fiant de novo quotidiè, & sint entia contingentia. Nec ulli sunt inter Veteres Philosophos qui tam acriter pugnaverint pro novitate mundi, quàm Epicurei (c) qui tamen credebant atomos & inane, principia omnium rerum, fuisse ab æterno. Ipse Spinoza qui nullum alium Deum agnoscit quam mundum non diffitetur homines & bestias qua modificationes Dei esse quid ortum in tempore, finitum, & mortale.

Quæ cum ita sint fatendum est, ex doctrina à Viro supra laudato Patribus ascripta, Filium Dei & secundum Personam Trinitatis esse ens novum, gentium, contingens & corruptibile. Fuerit quantum volueris Filius Dei in sinu Patris ab æterno absconditus sub ratione sapientiæ; fuerit Filius Dei ab æterno *Germine & Semine*, non factus fuerit paulo ante mundum conditum ex nihilo, sed ex ea sapientia Deo consubstantiali quæ ab æterno delitescebat in sinu naturæ Divinæ, semper verum erit illum qua Filium, qua personam non esse ab æterno, sed genitum in tempore, ac proinde ens contingens; unde ulterius sequitur naturam Divinam esse instar materiæ Aristotelicæ, ingenerabilem & incorruptibilem ratione sui, sed non ratione formarum quæ ex ejus sinu educi possunt. Eodem modo Filius Dei est ens novum, genitum, contingens, & interitui obnoxium in ista hypothesi quo mundus hæc attributa suscipit juxta sententiam statuentem ab æterno fuisse Chaos, quæ sententia non negat quin semina seu germina elementorum, Cœlorum, mixtorum quorumcunque latuerint ab æterno in Chao, sed sicut evolutio eorum seminum, fuit vera generatio novi mundi, quamvis corpora nihil aliud acquisivisse supponatur quam novum modum essendi, qui ex involuto & abscondito evaserit evolutus & expansus, sic novus ille modus essendi quem Patres contigisse aiunt juxta hunc Autorem Filio Dei paulo ante creationem, vera est generatio illius; ita ut ab illa tam propriè & physicè incipiat ejus existentia sub ratione Filii, quàm propriè & physicè incipit existentia mundi ab evolutione Chaos, in hypothesi de æternitate Chaos.

Quid plura? Hoc unum observetur ratiocinium; neque illis qui credunt omnia corpora organica formata fuisse ab initio mundi, & animas quoque humanas fuisse omnes tunc creatas; neque illis qui credunt elementa remanere formaliter in mixtis, & formam mixtorum exurgere ex unione formarum elementarium, neque illis qui credunt materiam esse ab æterno, objicere fas est tolli ab eis veras & propriè dictas generationes, productionesque novorum individuorum, & sequi ex ipsorum doctrina Bucephalum, & Alexandrum Magnum, non posse dici incepisse qua suppositum equinum, & personam humanam eo duntaxat sæculo in qua Historiæ vixisse testantur; ergo à pari ex doctrina Patrum circa existentiam æternam Filii Dei qua seminis & germinis seu sapientiæ in sinu Divinitatis absconditæ, nullo modo sequitur falsum esse Filium Dei tunc solum incepisse existere in ratione Filii & secundæ personæ Trinitatis, quando ex eo semine seu germine perfectè erupit paulo ante mundum conditum.

Hinc patet quàm hallucinetur Systematis Autor dum ait Epistol. 6. Tabulæ Socinianismi pag. 266. *naturaliter per* generationem *intelligi* actionem quæ dat initium ei quod non erat; si enim supponas generationem dare initium rei quæ non erat id quod fit per generationem, rectè sentis; sed si supponas dare initium rei quæ non erat in ratione substantiæ, vel corporis, toto cœlo erras, cum propriè & accuratè loquendo dicamus generationem plantarum & muscarum, esse actionem

nem

(b) Ideo nominatim de Cartesianis loquor, quia Bestias dicunt esse *Automata*; ergo quidquid substantiæ inest equo hodiè genito, esse mundo coævum.

(c) *Præterea si nulla fuit genitalis origo*
   Terrarum, & Cæli, semperque æterna fuere;

Cur supra bellum Thebanum, &c.
Verùm, ut opinor, habet novitatem summa, recensque
Natura est mundi, neque pridem exordia cepit.
            Lucret. l. 5.

nem quæ substantiam corpoream antea plena perfectaque existentia gaudentem facit ut incipiat habere formam plantæ & muscæ.

LVII.   Melius ergo consuluisset vir supra laudatus rationibus sanæ doctrinæ, famæque Veterum Patrum, si vestigia celeberrimi Bulli sequutus metaphoricis interpretationibus emolliisset eorum dicta; sed cum maluerit rejicere eas metaphoras, & postquam conatus est quam minimo potuit dedecore receptui canere, & contumelias Patribus illatas in mitiorem partem vertere, asseruerit tamen denuo, (d) *Patres secundi & tertii sæculi tribuisse Filio nativitatem quæ non erat æterna, & credidisse Deum Patrem realiter & actu effudisse Filium suum, suumque Sanctum Spiritum in eo existentes in Chaos, præcise quemadmodum Sol spargit radios & calorem suum in agrum in quo latent magnæ messis semina;* cum, inquam, sic iterum loquutus fuerit, rejecta explicatione metaphorica quam fatetur egregiam & bonam, & amplexus explicationem litteralem quam fatetur contrariam perfectæ immutabilitati Dei, profecto Veteres Patres pejus errantes ipsis Arrianis & Socinianis nobis obtrudit, imo ipsis Ethnicis; nam quæ Poëtæ cecinerunt de Minerva nata è cerebro Jovis & de Venere Anadyomene, nata ex Cœli genitalibus partibus in mare projectis, & quæ iidem cecinere in hunc modum:

(e) Vere tument terræ, & genitalia semina poscunt.
Tum patet omnipotens fæcundis imbribus Æther
Conjugis in gremium lætæ descendit, & omnes
Magnus alit, magno commixtus corpore, fœtus.

Ad allegorica & emblematica dicta traxerunt cordatiores Ethnici, Autor verò supra laudatus litteralem sensum imputat Patribus de effusione sacri seminis in Cahos loquentibus, & de perfectis natalibus Verbi Divini circa ea tempora.

Vult etiam iterum eosdem Patres (f) inæqualitatem agnovisse inter personas Sacro Sanctæ Triados, & quidem consequenter eam agnovisse; eam verò inæqualitatem in eo constitisse. 1. Quod (g) Pater absolutè esset æternus, Filius verò esset æternus equidem quoad generationem, sed non quoad plenam illam nativitatem quæ paulo ante mundum conditum ipsi contigit, quamque Autor hic vocat evolutum seu discretum modum essendi à Filio acquisitum ante creationem. 2. Quod Pater liberè produxerit Filium & Spiritum Sanctum, ideoque ipse quidem sit ens necessarium; Filius verò & Spiritus Sanctus qua tales sint ens contingens, liberè productum à Deo ut Creaturæ sunt ab ipso liberè productæ, & solum ens necessarium quatenus substantia sunt quæ habuit in Deo esse æternum & involutum. Meminerit velim hic lector eorum quæ observata n. 56. nempe juxta Peripateticos materiam esse ingenerabilem & incorruptibilem ratione substantiæ suæ, sed ratione formarum quas identidem acquirit & amittit oriri & interire quotidie. Ex quo sequitur animalia quæ hodie generantur, quæque in omni rigore Philosophico incipiunt esse hodie qua sunt hic vel ille canis verbi gratia, esse ab initio mundi in ratione substantiæ corporeæ, in qua existentiam involutam & absconditam habuere, imo ab æterno si valeat impia sen-

tentia Aristotelis de æternitate materiæ. Non ergo vitat Autor per suam illam duplicem generationem, alteram involutam seu implicitam; alteram discretam seu explicitam, quin Filius & Spiritus Sanctus ut tales geniti sint, inceperint, & interire possint, licet esse substantiale habuerint ab æterno in Deo absconditum.

LVIII.   Jam hinc facile est elicere demonstrationem probantem hæresim Arrianam & Socinianam non esse pejorem doctrina quam Autor Systematis Patribus affingit. Mitto observare generabilitatem illam & corruptibilitatem quam illa doctrina agnoscit in substantia divina, & quam Arriani & Sociniani non agnoscunt sic esse Deo injuriam ut instar blasphemiæ abominanda veniat, compensareque valeat varios istorum errores ut ut protentosos, si comparare institueris universum Systema illorum cum universo Systemate Patrum.

Sic argumentor:

Si secundum doctrinam Patrum Filius Dei non est Deus, ea doctrina non præstat hæresi Arrianæ, vel Socinianæ.

Atqui secundum eam doctrinam Filius Dei non est Deus.

Ergo non præstat hæresi Arrianæ, vel Socinianæ.

Consequentia Majoris est evidens, cum virus illius hæreseos consistat in eo quod spoliet Jesum-Christum natura divina; sic autem probo minorem.

Quod minus est Deo Patre, non est Deus.

Atqui secundum Patres Filius Dei est minor Deo Patre.

Ergo non est Deus.

Minor non indiget probatione, quandoquidem inæqualitas quam, ut vult Autor supra laudatus, Patres agnoscunt inter Personas Divinas stare nequit, nisi Filius sit minor suo Patre; probo ergo Majorem in hunc modum.

Quod caret aliqua perfectione quæ est in Deo, non est Deus.

Atqui quod minus est Deo Patre caret aliqua perfectione quæ est in Deo.

Ergo quod minus est Deo Patre non est Deus.

Major est certa & lumine naturali notissima, cum enim per Deum intelligamus ens summè perfectum, quomodo ea res Deus esse posset quæ careret aliqua perfectione Deo debita. Minor non minus est evidens; nam quomodo Filius esset Patre minor si haberet tot perfectiones quot habet Pater? Haud profecto aliunde oriri potest quod sit minor Patre quam ex carentia alicujus perfectionis quæ est in Patre. Non patitur autem nos ignorare Systematis Autor quænam sit ea perfectio Dei qua Filius careat, cum nominatum dixerit Filium qua Filium carere existentia necessaria, æternitatemque, quibus attributis nulla sunt magis essentialiter propria Deo.

LIX.   Nemo si Orthodoxiæ amore tangatur, sanctissimorumque Religionis Christianæ Mysteriorum præsidia salva esse cupiat, non exhorrescat dum hinc legit apud (h) Autorem non esse Concilii Nicæni Canonibus contrarium Veterum Patrum dogma de Nativitate quadam Filii Dei cir-

<hr>

(d) *Tabl. du Soc. lettr.* 6. pag. 266.
(e) Virgil. Georg. l. 2.
(f) *Tableau du Soc.* p. 264.
(g) Cum non omnes articulos inæqualitatis ab Autore recensitos referre velim, non observo eosdem quos ille numeros.
(h) Ubi suprà p. 271.

circa mundi initi, deque inæqualitate Personarum, illinc verò confideret ex eo dogmate oriri necessariò quidquid mali juremerito timemus ab Hæresi Sociniana & Arriana. Ex ista hæresi sequitur Mortem Jesu-Christi utpote entis finiti non potuisse satisfacere divinæ justitiæ; id ipsum sequitur ex dogmate Veterum Patrum non damnato, ut Autor existimat à Concilio Nicæno, cum enim actiones sint suppositorum, & Filius Dei qua Persona Trinitatis sit juxta hoc dogma ens finitum (quippe natum in tempore, contingens, destructibile, minus Deo, quod verò est minus infinito, illud sanè finitum sit necesse est) sequitur satisfactionem emanantem ex ejus morte esse opus rei finitæ, atque adeo impar humano generi divinæ justitiæ propitiandæ.

De cæteris consequentiis Arrianæ Socinianævè Hæreseos idem esto judicium: torqueri omnes possunt ea ratione in dogma Veterum Patrum & in Concilium Nicænum parcens illi dogmati.

Mirum certè videri debet Autori ausos fuisse Veteres Patres exprobrare Ethnicis diversas numinum Classes, cum esset cur retorsionem metuerent: poterat enim objici Veteri Ecclesiæ Christianæ esse illi suos quoque Deos Majorum Gentium & Minorum Gentium, naturamque divinam apud ipsam quoque suscipe magis & minus. Horresco referens.

LX.   Ex dictis tota hac Sectione evidenter sequitur ni fallor, si vera sint quæ Autor tradit de fide Veteris Ecclesiæ, eam non minus fuisse oppositam Mysterio Trinitatis, quam sit eidem Mysterio opposita Hæresis Arrianorum & Socinianorum; unde sequitur id Mysterium non eam esse veritatem in quam consenserint omnia sæcula veræ & Catholicæ Ecclesiæ; ex quo sequitur juxta criterium Autoris, eam non esse fundamentalem, & ad salutem necessariam (cum præsertim supra dictus error Veterum Patrum non censeatur obfuisse ipsorum beatitudini æternæ) unde sequitur Hæresim Socinianam non esse fundamentalem, quod erat probandum.

Possem independenter ab ejus Criterio veritatum fundamentalium ipsi probare eamdem consequentiam; dixit enim totidem verbis (i) Epistola 6. Pastorali, discrimen quod est inter Veterum Patrum dogma, & nostrum circa Trinitatem *non esse essentiale & fundamentale.* Nos tamen hodie (intelligo Protestantes & Pontificios) credimus Filium & Spiritum Sanctum qua Personas Sanctæ Trinitatis, esse ens æternum, necessarium, indestructibile, & æquales Deo Patri: illi vero crediderunt non esse tale ens, neque æquales Deo Patri, ergo non esse Deum. Ergo neque nostra assertio est veritas essentialis Mysterio Trinitatis & fundamentalis, neque assertio è diametro diversa tum Socinianorum, tum Veterum Patrum est falsitas essentialis.& fundamentalis.

Nihil necesse est observare 1. dixisse autorem (k) totidem verbis variationes antiquæ Ecclesiæ non fuisse penes vocabula, sed penes rem ipsam (id enim satis patet ex iis quæ supra sigillatim retulimus) 2. doctrinam (l) Justini Martyris & Clementis Alexandrini *fuisse Theologiam Sæculi; nam certum esse temporibus illis rarà existente scientià inter Christianos, duos tresve doctos viros*

in *suam traxisse sententiam multitudinem* (parum hoc refert hæreticorum, qui abundè patefactum iri existimant fidem Trinitatis nostræ nec esse ad salutem necessariam, necessitate medii neque necessitate præcepti, si aliquot Patres Ecclesiæ Christianæ salutem obtinuerunt sine illa fide) 3. gravissimos fuisse errores Veterum Patrum circa Incarnationem, Providentiam, Gratiam, Justificationem, peccatum Originale. Non veretur affirmare(m) quosdam eorum in doctrina de Gratia fuisse *Stoicos & Manichæos,* quosdam *puros putos Pelagianos,* qui minus errarunt fuisse *Semipelagianos.*

SECTIO XIV.

Examinatur hæc exceptio, Veterum Patrum errores esse venia digniores, quàm Socinianorum.

LXI.   AUdebit-ne dicere ea quæ non erat fundamentalia primis sæculis evasisse fundamentalia post Concilium Nicænum? Non verisimile est, hoc enim pacto ludibrium deberet suis lectoribus quippe contra D. Nicolle tuam fusè tamque (a) anxiè & superciliosè exploserit Pontificiorum dogma statuentium penes esse Ecclesiam facere ut veritates quæ non erant antea ad salutem necessariæ, seu fundamentales, acquirant eam naturam. Recordetur ergo eorum quæ statuit pag. 510. System. non esse Conciliorum adaugere numerum rerum quibus animæ nostræ opus est ad salutem adipiscendam, & inde concludat cùm animæ opus non fuisse existimet primis sæculis Ecclesiæ credere veritate quas Sociniani negant, non eas evasisse in pabulum animæ nostræ prorsus necessarium post Canones Synodi Nicænæ.

Sed saltem hoc uno clypeo sese tutari conabitur, 1. veritates cœlestes non fuisse statim omnes conspicuas, verùm labore Theologorum, & disputationum æstu factas tandem evidentiores (vide quæ supra n. 48. venia ergo esse dignos qui eas non cognoverunt antequam discussæ essent tenebræ & cavillationes hæreticorum, indignos qui eas non cognoscunt post discussas eas tenebras. 2. Deinde Veteres Patres qui aliter sensisse videntur quam sentiendum est circa Trinitatem, longè esse tolerabiliores Socinianis : illos enim non cognovisse consectaria hæc suæ opinionis, Personam Filii non esse Deum, Filium non esse propriè æternum & infinitum; non ergo Deum unitum fuisse naturæ humanæ; non ergo justitiæ Dei oblatam esse satisfactionem condignam; Socinianos verò hæc suæ doctrinæ consectaria probè cognoscere.

LXII.   Parum oculatus sit qui non videat responderi posse ad 1. instantiam, eam largiri Socinianis quidquid postulent, cum manifestè inde sequatur veritates eorum erroribus contrarias non esse absolutè necessarias homini Christiano quò salutis æternæ fiat particeps, sed solum hac posita conditione; si nempe ita illi proponantur ut nulla dubitandi ansa remaneat, solutis fœliciter atque expeditis solidè gravioribus objectionibus. Hoc autem sensu non modo veritates illæ sunt fundamentales, sed quælibet alia; nec solum hæresis Socinianorum, sed quilibet alius error est fundamentalis atque mortalis ; quicunque enim in errore

(i) Pag. 155.
(k) Pastor. de la 3. ann. p. 134.
(l) 7. Lettr. Pastor. p. 149.

(m) Pag. 147.
(a) De unit. Ecclef. toto tract. 7.

rore perseverat postquam veritas illi clarè fuit proposita, refutatis solidè dubiis (solidè, inquam, quoad ipsum; nam si refutatio sit solida, judice refutante, inepta verò judice refutato, non amplius habere potest locum instantia hæc Autoris Systematis) ille sanè peccat mortaliter, nec salvari potest quamdiu tam nefarie veritati resistit, veritatem odit, spernit, aut saltem postponit bonis terrenis. -

Dicam amplius; quicunque perseverat in veritatis professione dum credit eam esse falsam, ille peccat mortaliter, nec dum est in eo statu servari potest, ut proinde merus verborum lusus esse videatur: Si quis dicat dogmata tunc esse fundamentalia quando non possunt rejici & odio vel contemptu veritatis, per maliciosam pertinaciam, per affectatam ignorantiam, per amorem commodorum terrenorum sine peccato mortali; nam illud non solum verè dicitur de dogmate Trinitatis, Incarnationis, Resurrectionis, sed de qualibet alia doctrina sive minimi momenti, sive vera sive falsa, quippe ideo credere rem aliquam esse veram, quia cùpiditatis causa aut propter alium pravum affectum nolles esse falsam, unde factum sit ut omnes occasione melioris instructionis sedulò declinaveris, status est crimini conjunctus etiamsi forte quod credis verum, sit verum.

Idcirco si Autor supra laudatus priorem illam instantiam veluti ultimum asylum sibi circumdare voluerit causâ prorsus cadet, & in illum jure torqueas quod fertur veteri Proverbio, *incidi in Scyllam cupiens vitare Charibdim.* Videat enim Consectaria Orthodoxis invidiosissima quæ fluunt necessario ex ista Thesi: *Impune potuit errari circa Mysterium Trinitatis ante Concilium Nicænum, quia veritas illa hucusque fuerat informis, & nebulis obsita; sed post illud Concilium non potuit impune errari, quia perfectè dilucidatum fuerat hoc Mysterium labore multorum sæculorum, & doctorum, hæresiumque conflictu.*

LXIII. Sequitur 1. ex illa Thesi Mysterium Trinitatis quale post Concilium Nicænum creditur, non esse in se & absolutè consideratum, saluti necessarium, neque adeò fundamentale; nam quod tale est vel sua natura vel ex instituto Divino, nec rejici nec ignorari potest unquam absque salutis dispendio.

Sequitur 2. illud Mysterium non fuisse clarè revelatum à Deo in Sacra Scriptura; nam quod tale est, non indiget multorum sæculorum & doctorum luminibus coadunatis, & præsidiis ex hæreticorum contentione proficiscentibus, ut suam formam nanciscatur, & discussâ nebulâ abscondente, fulgeat. Hinc

Sequitur 3. illud Mysterium non esse ad salutem obtinendam necessarium, nam quod tale est, debet contineri clarè in Sacra Scriptura, & independenter à subsidiis longarum disputationum unicuique esse intelligibile.

Sequitur 4. contra quàm acerrimè disputavit Autor, easdem veritates fieri è non fundamentalibus & saluti necessariis, fundamentales & saluti necessarias, prout lapsu temporis, & ingruentibus disputationum cum hæretica pravitate procellis dogmata obscura dilucidantur, & gradatim perveniunt ad suam perfectionem.

Sequitur 5. necessariam esse in Ecclesia Auroritatem visibilem quæ tempus determinet in quo veritates incipiunt esse necessariæ ad salutem; nam si revelatio est obscura, nec nisi post longas explanationes Doctorum & multos Hæreticorum impetus dilucidatur, judicandum est de variis re-

velationis explicationibus, nisi verò interveniat judicium divina quadam autoritate munitum, licebit unicuique privato dubitare num hæc revelationis obscuræ explicatio melior sit illa, an vice versa.

Sequitur 6. Christianos non esse obligatos ad credendum Mysterium Trinitatis nisi per accidens, & culpam non credentium in eo consistere, non quod veritatem momentosissimam rejiciant, sed quod rem claram & facilem cognitu admittere recusent. Hinc

Sequitur 7. illud Mysterium esse fidei articulum obligantem, ut vulgo dicunt, non respectu omnium Christianorum, sed solum eorum respectu quibus non est amplius obscurum. Si quis ergo sincerè dixisset 4. sæculo non sufficere sibi dilucidationes trium priorum sæculorum, sicut dilucidationes primi & secundi sæculi non suffecerunt viventibus tertio, æquè venia dignus videri debet Autori Systematis, ac qui tertio sæculo in errore versabantur. Hinc

Sequitur 8. Socinianos non posse dici errare errorem fundamentalem & mortalem nisi aliunde constet eos errare ex malitia, ex odio & contemptu veritatis, & quia se ipsi occœcarunt dedita opera ne viderent & profiterentur veritatem evidentissimè propositam. Hinc

Sequitur 9. hac una de causa eorum errorem esse fundamentalem & mortalem, quæ reddit quàmcunque aliam opinionem mortalem sive de cætero sit vera sive falsa, parvi vel magni momenti.

Sequitur 10. si qui sint Sociniani qui non alia de causa manent in sua hæresi quam quia bona fide examinatis hinc & inde rationum momentis crediderunt dogmata Sociniana esse verissima, Deo gloriosissima, doctrinam vero suæ contrariam involvere ineluctabiles contradictiones, entique summè perfecto injuriam affricare, non errare fundamentaliter & mortaliter, nec desinere qua tales esse in via salutis.

Accedo nunc ad 2. instantiam, in qua non minus quàm in priori conjungitur perniciosissimè patrocinium Veterum Patrum quos Autor Systematis crassissimis hæresibus infectos exhibet, cum patrocinio Socinianorum. Sic illlud ostendo. **LXIV.**

Vult igitur Sanctos Patres qui errarunt circa Trinitatem esse veniâ dignissimos eo nomine quod ignoraverint consectaria funesta sui erroris, Socinianos verò non esse venia dignos, quandoquidem non ignorant consectaria funesta sui erroris. Hoc modo, mî doctor, vel videns & sciens, velinscius & imprudens causam agis Socinianorum bona fide errantium, qui quidem fatebuntur se videre consectaria suæ doctrinæ, quæ tu credis fuisse Patribus incognita, sed non videre ea quatenus funesta, & Deo in gloria. Dicent se agnoscere ea consectaria quatenus credunt non modo ea carere omni malo, sed etiam esse Deo gloriosissima, rejicere & damnare si forte quid mali contineant. Nonne hoc ipsum responsuri fuissent Patres quos tu tam turpiter errantes inducis? Negassent sine dubio se ullam consequentiam percipere in sua fide Deo & Evangelio contrariam, multiplex tamen promanabat ejusmodi consequentia ex doctrina quam ipsis tribuis. Si autem cognovissent eas consequentias ut emanantes è sua doctrina, sed non ut continentes aliquod malum, eas quoque non minus quam ipsam doctrinam amplexi essent; ridiculum enim est ac prorsus ineptientis hominis principium aliquod admittere, rejicere verò consequentias quæ cognoscuntur

fluere

fluere ex eo principio, & esse omnis mali expertes. Dicesne Patres fuisse rejecturos si ipsis fuisset explicitè propositum, quod hodiè nòn rejicitur à Socinianis explicitè propositum & intellectum? Ego verò libens à te quæsierim an credas
Patres fuisse rejecturos illud, si tale ipsis appa-
ruisset quale apparet Socinianis, hoc est verum,
conforme Divinæ perfectioni, optimum, salutiferum? Si respondes affirmativè, non modo nugas agis, sed veterum Patrum famam laceras, &
ludibrio habes. Si respondes negativè eodem tu-
taris asylo Socinianos quo primævam Ecclesiam.
Quod si dixeris eadem dogmata Socinianis explicitè proposita videri ipsis innocua, quæ Patribus explicitè proposita visa fuissent veneno mortali infecta, ideoque detestata fuissent, quid aliud
quam laudas perspicaciam ingenii Veterum Patrum præ Socinianis. Egregiam verò laudem cum
de pietate agitur, si quis fugiat quod credit mortale, dum alius non fugit quia credit salutiferum!
Iterum dico; laudas ingenium Patrum, non verò
animum, culpas ingenium Socinianorum, non
verò animum. Sed de hoc non erat quæstio. Eo
candore debemus esse, eaque æquitate erga proximum ut credamus in genere omnes homines esse paratos suam deserere Religionem statim atque
persuasissimum habebunt eam esse causam æterni
mali, seu quod idem est, eam sibi reddere Deum
infensissimum. Nihil ergo dicis eximii in laudem
Veterum Patrum, & quamdiu eos sic purgabis
omnes simul Hæreticos purgabis.

LXV. Verissimè dixit Joannes (b) Dalæus ὁ ἐν ἁγίοις,
per errorum consequentias non debere reddi errantes tolerantiâ indignos, quando eas consequentias non agnoscunt. Licet equidem per leges optimæ disputationis objicere errantibus omnes pravas absurdasque consequentias quæ nascuntur necessariò ex eorum erroribus; sed utendum
est hac distinctione, ut si illi tales consequentias
non agnoscant, non eos accusemus illarum ad-
missarum; si vero agnoscant, tunc eos culpam
præstare jubeamus cum principii, tum consequentiarum. In utraque suppositione urgere & ad vi-
vum resecare possumus consectaria; sed in priori
ea mente id facere debemus, ut errantes animad-
versis consequentis principii, ipsum deserere principium impellamus, non verò ut consequentiarum
nomine quas non agnoscunt, suspectos odiosos-
que efficiamus. Quod non modo habere debet locum respectu consequentiæ materialiter, ut sic loquar, sumptæ, sed etiam respectu qualificationis
consequentiæ; hoc est si quis admittat consequentiam ipsam, sed non turpitudinem quæ nobis videtur ei inesse, non licet eum reddere odiosum nomine turpitudinis quam rejicit. Observare
fas est præterea explanatione pravarum consequentiarum non reddi principium pejus quàm esset;
nam principium in se & extra æstum disputationis, totam habet quantam habere potest pravitatem absurditatemque, sed eadem explanatio culpam admittentis principium augere valdè idonea
est, quia examinatis ejusmodi consequentiis facilius fuit ipsi errorem in principio contentum ani-
madvertere quàm antea non cernebat. Verumtamen non potest admittentium falsum aliquod
principium aliorum culpa esse major aliorum minor, præcisè ex eo quod aliis fuerint propositæ consequentiæ principii, aliis non fuerint; nam si illi
quibus propositæ fuerunt nullum cognoverunt
malum in illis, æquè debet ipsis condonari tradi-
tas ea ingenii per quam factum est ut malè judica-

rent de qualitate consequentiarum, ac condonatur falsum judicium quod tum isti tum alii quibus consequentiæ non fuerunt ostensæ, ferunt
de qualitate principii.

Hæc ideò observo ut ostendam Autori Systematis quàm malis avibus eam camarinam moverit,
hoc est priora Ecclesiæ Christianæ sæcula infama-
verit; ex iis enim quæ imputat Sanctis Patribus
oritur necessario ut vel Socinianos absolvere debeat, vel Veterum Ecclesiam damnare; quippe
si dixerit absolvandos esse Sanctos Patres quia non
cognoverunt consequentias sui erroris, sequitur
eum qui credit Deum esse ens mutabile, genera-
bileque, & Filium Dei qua est secunda persona Trinitatis non esse æternum, necessarium, & Deo
æqualem, tunc solum esse damnandum si plures
alios errores ex illa opinione sobolescentes admittat; ex quo sequitur eam opinionem non esse in
se errorem fundamentalem, sed errorem levem ac
venialem. At si iste error semel habeatur levis,
nunquam probabis consequentias ex eo natas esse
errorem fundamentalem. Quod si quis impune
potest non videre fœditatem supradictorum dogmatum, quomodo probabis damnandos esse eos
qui non vident consequentiarum eorum dogmatum perniciem ac turpitudinem? An difficilius
cognoscitur æternitatem, immutabilitatem, necessariam existentiam, perfectionem qua nulla alia
sit major, convenire Enti quod Deus dicitur,
quam pernicies & turpitudo earum consequentiarum. Qui hoc unquam probaveris, & si tandem
probares, quid aliud vinceres nisi Socinianorum
errores esse pejores erroribus Patrum, quia Sociniani malitiosè errant, ac voluntariè, Patres verò errarunt ignorantia invincibili? Sed præterquam quod hoc modo arripitur judicandi Pro-
vincia hominibus inconcessa, nonne id est statuere principium Orthodoxis perquam odiosum,
nempe malum & peccatum quod est in hæresi
consistere totum in malitia quæ fuit causa per-
suasionis; unde prorsus ruit discrimen errorum
fundamentalium, nam evidens est quemlibet errorem esse mortalem in quem incidere voluimus
malitiosè & perversè, & in quo perennare volumus
eodem modo.

LXVI. Hinc ruit funditus quod alicubi me legere memini in scriptis Autoris, Socinianos non posse hodie falli verborum ambiguitate, ut olim multi
qui præterea explicitè non asserebant innumera
quæ Sociniani explicitè asserunt. Hæc ab alio si
dicerentur, vim haberent non mediocrem. Sed
in ore & scriptis Juriëanis stipula sunt leviora;
qui enim semel largitur multos olim salutem fuisse adeptos absque ulla cognitione explicita veritatis quam Sociniani impugnant imo cum doctrina explicitè diversa, non amplius dicere potest
fidem illius veritatis esse ad salutem obtinendam
necessariam, & de ea fateri debet quod de Sacramentis vulgo dicitur, *contemptus non privatio damnat*, nec probare unquam poterit eos non posse
salvari qui eam fidem explicite rejiciunt, credentes esse falsam.

Vix ergo prævaricatoris notam effugiet, vix
ac ne vix quidem faciet satis Pontificorum que-
rimoniis, quominus qui questus (c) est Religionem Christianam Infidelibus proditoriè traditam
manibus ac pedibus revinctis ab Episcopo Meldensi, is eodem habitu dogma Trinitatis trium-
phandum in manus Socinianorum tradidisse videatur.

SEC-

____

(b) *Réponse à Adam & à Cottiby*, 2. part. p. 68.   (c) 6. *Pastor. de la 3. an. p. 125.*

SECTIO XV.

An posito quod hæresis Sociniana sit fundamentalis, Autor supra laudatus asserere debeat eam esse mortalem ?

SI verè ascripta sint Patribus falsa ea dogmata quæ in Epistolis Pastoralibus Jurieanis illis imputentur, sequitur licuisse Veteri Ecclesiæ Christianæ absque ullo discrimine salutis verba quæ in Novo Testamento extant de Divinitate Jesu-Christi, ejusque generatione sic interpretari, ut non crederet Patri & Filio convenire univocè naturam divinam, vel eamdem numerò Divinitatem; (impossibile enim est ut idem sit se ipso majus aut minus) unde sequitur Deum non affixisse salutem generis humani huic uni supradictorum verborum interpretationi qua significare dicuntur dogma à Socinianis rejectum; vagari ergo posse hanc interpretationem absque ullo salutis periculo per varios sensus in genere quos istæ voces, *Deus*, & *Filius Dei*, habent in Sacra Scriptura, vel juxta analogiam fidei eis tribuere potest recta ratio, & mens sincerè quærens veritatem revelationis; ergo per illum sensum in particulari quem Sociniani amplexi sunt; ergo illum sensum, si minùs verus est, saltem carere errore fundamentali.

En quæ in præc pitia ducat Autor suis Pastoralibus litteris Oves omnium Pastorum è Gallia extorium fame Verbi Divini laborantes, atque adeò suos omnes lectores. Secum ipsi reputent quorum est videre ne quid Ecclesia detrimenti capiat, num diutius venenatum illud pabulum reliqui debeat in manibus Reformatorum.

At nunc operæ pretium fuerit mihi examinare utrum *dato non concesso*, errorem, Socinianorum esse fundamentalem, inde concludere possit Autor Systemaris, eos non posse salvari. Mihi videtur ea conclusio omnino abhorrens à cætera ejus doctrina, ut sequentibus observationibus planum fieri poterit.

LXVII   I. Certum est Autorem docere initio Christianismi multos Christianos fuisse salvatos erroribus imbutos Christum reddentibus inutilem ac nullum, & de medio tollentibus Gratiam Evangelicam, teste Divo Paulo, & nunc hominem indignum reddituris vel ipso nomine Christiani, teste Autore, imbutos, inquam, talibus erroribus adeò pertinaciter, ut in iis perseveraverint contra Autoritatem Apostolorum. Quinam poterit error esse fundamentalis, ille non sit qui Christum & Evangelium reddit nullum autoritatemque Apostolorum flocci facit. Debet ergo Autor fateri supradictos Christianos errasse fundamentaliter, & tamen vult fuisse salvatos: malè ergo in posterum ratiocinaturus est, si ex eo quod errores Socinianorum sint fundamentales concludat Socinianos non posse salvari. Scio dixisse illum errorem illorum Christianorum non fuisse: fundamentalem, sed credibilior longè est ipso Divus Paulus qui dum asserit eumerrorem reddidisse Christum *nullum*, & Gratiam Evangelicam *nullam*, non minus clarè asseruit destruere fundamentum, quàm si vocasset fundamentalem. Et præterea quis ferat eum errorum negari esse fundamentalem ab eo qui tam capitalem credit ut pro Christo non sit hodie habiturus errantem eo modo ?

II. Certum est eum docere (*a*) communionem cum Ecclesia Idololatra tunc quoque quando permittit quibusdam è suis membris credere & facere quidquid libuerit, esse nefariam & includere errorem perniciosissimum. Non ergo negare potest quin ille sit error fundamentalis. Tam fatetur eam communionem non obstitisse saluti Israëlitarum decem Tribuum, vult enim viam salutis ipsis patuisse, licet non modo omittentibus citra causam impossibilitatis præcipuos quosque & capitales ritus Religionis Mosaïcæ, sed etiam manentibus in communione fraterna & Ecclesiastica cum adoratoribus vitulorum aureorum.

Observa hîc me non ipsi objicere salutis viam LXVII apertam adoratoribus vitulorum; scio enim quanta cura se purgaverit de tali accusatione in Apologia Systematis sui, declarans pag. 279. non sibi esse possibile benè opinari de salute eorum; quod idem est ac si diceret, credo equidem eos damnatos, sed non audeo *dictatoriè* seu prætractè opinionem illam meam jactare. Hoc ergo unum ipsi objicio, quod credat eos fuisse in via salutis qui manserunt in communionem visibili, fraterna & Ecclesiastica eorum Idololatrarum; ideo præ se tulerunt eorum Idololatriam rem esse indifferentem, parvi momenti, tolerabilem in Religione, quam tamen communionem judicat ille cæteroquin nefariam & errore perniciosissimo infectam, ut melius patebit ex infra dicendis.

Rogas fortasse qui probem ab eo salvari Israëlitas qui Communionem coluerunt cum adoratoribus vitulorum. Respondeo me illud inde colligere quod velit Autor, eoque fulcro suum Systema statuminet, Israëlitas qui adhæserunt Schismati Jeroboamico mansisse in via salutis, illa autem adhæsio, ut per se patet, hæc saltem duo includebat; alterum, adhæsionem Religioni Mosaïcæ prout Hierosolymis obtinebat non esse rem necessariam : alterum, adorationem vitulorum non esse rem magni momenti; nam impossibile videtur aliquam adærere alicui Schismati, quin judicet Communionem Ecclesiæ quæ derelicta est per Schisma, vel esse malam, vel saltem non necessariam, & quæcunque Autoritate publica stabiliuntur in professione illius Schismatis esse vel bona vel saltem tolerabilia. Revera enim nemo posset hodie adhærere Ecclesiæ Gallicanæ, ut Autor Systematis ipse affirmat pag. 164. si forte *permitteret Reformatis credere & facere quidquid esset libitum in participatione Eucharistiæ, hoc est non adorare Sacramentum, quin declararet SIBI VIDERI REM INDIFFERENTEM ADORARE AN NON ADORARE SACRAMENTUM.* Nec minus evidens est illum necessario declaraturum sibi videri rem indifferentem manere in Communione Protestantium an non manere. Aliunde quis nescit Cultum Vitulorum stabilitum fuisse & viguisse inter decem Tribus eadem Autoritate publica qua ipsum illud Schisma cui adhærere non erat egredi è via salutis juxta Autorem ?

Legatur, amabo, pagina 153. Systematis ubi hæc duo notatu digna cernere est, 1. eos qui cognita Hæresi Arrianorum, manebant tamen in eorum cœtu tolerantes hæresim, simulantes, neque existimantes necesse esse salutis causa ut Patriæ, bonis & dignitatibus valedicerent, quæsituri Communiones Orthodoxas in ultimis mundi plagis, non fuisse omnes in statu damnationis, peccasse equidem, sed non id genus peccatum quod Gratiam destruit. 2. Ideo id esse credendum

dum

---

dum quia septem illa millia hominum qui non genu flexerant coram Bahal , quosque Deus in numero suorum habebat, manserunt in Communione visibili decem Tribuum, & extra Communionem visibilem summi Pontificis Judæorum.

Eò redit summa secundæ meæ observationis , communionem cum Idololatris esse culpam fundamentalem, nec tamen obstaculo saluti. Prior propositio colligitur ex iis quæ statuit Autor adversus eos qui manerent in Ecclesia Pontificia donati libertate non adorandi Eucharistiam, & adversus eos qui tolerabilem judicant hæresim fundamentalem, quos ille, ut vidimus (b) supra, eodem in numero habet ac profitentes hæresim. Posterior propositio colligitur ex iis quæ statuit de salute multorum Israëlitarum decem Tribuum, & multorum Arrianorum. Hic juvat observare non posse illum iisdem uti exceptionibus quoad Arrianos & quoad Israëlitas. Non vult fateri Israëlitas qui salutis æternæ fuerunt compotes in decem Tribubus ex eorum numero fuisse qui exteriorem Idololatriam Vitulorum exercuerunt; sed non potest idem supponere de Arrianis salutem adeptis , cùm enim Arriani in uno alterove duntaxat loco ut decem Tribus vitulos, Jesum-Christum non adorarent ; sed ubicunque fiebat actus publicus Religionis , necesse erat omnes Arrianos seu veros seu spurios exteriorem præbere Jesu-Christo adorationem. Atqui hæc erat Idololatria, ut fatetur (c) Autor & acerrimè exprobat (d) Socinianis: Ergo fateri debet Arrianos salvatos Idololatriæ exteriori dedisse operam.

XIX.   Cæterum notare poterit Lector me uti quandoque argumentis utrinque ferientibus , sicut enim antea probavi ad hominem multos errores non esse fundamentales quia non sunt mortales , ita hic probo aliquos errores non esse mortales, licet sint fundamentales. Hoc mihi permittunt leges optimæ disputationis. Si adversarius meus agnoscat semel hæc Principia, *errores fundamentales sunt mortales, & vice versâ. Errores non fundamentales non sunt mortales, & vice versâ;* integrum est mihi argumentanti *ad hominem* quæcunque tandem sit mea de ejus Principiis sententia, sic ratiocinari, *hic error est fundamentalis, ergo est mortalis; non est fundamentalis, ergo non est mortalis; est mortalis, ergo est fundamentalis; non est mortalis , ergo non est fundamentalis.* At non continuo perit mihi jus si velim in contradictionis vincula induere eum, sive urgere valeam alio modo, inferendi ex ejus Principiis hæreses quæ sint fundamentales , non illico esse mortales. Sic itaque pergam ejus hypotheses discutere.

III. Certum est Autorem docere Arrianismum esse hæresim summoperè fundamentalem, cum enim statuat pag. 150. System. duobus modis posse destrui fundamentum Religionis Christianæ, 1. Si tollas illud , & in ejus locum aliud substituas. 2. Si illud retineas ipsique imponas doctrinas quæ illud diruant, subnectit priori modo destrui fundamentum ab Arrianis. Non tamen probatum dedimus demonstrativè juxta ejus Principia Arrianos potuisse salvari, ideoque eorum hæresim non esse mortalem; ergo licet quis

ei concedat Socinianos diruere fundamentum priori illo modo quo Arriani diruebant, non concedere debebit Socinianismum esse hæresim mortalem.

IV. Certum est Autorem docere pag. novissimè laudata Systematis, fundamentum Religionis Christianæ dirui ab Ecclesia Romana posteriori modo, & quidem per multos errores diversos. Sed longè clarius illud docet in libro de unitate Ecclesiæ quem ego sæpius citavi sub titulo *Vindiciarum* Systematis. Legatur pag. 531. ubi asserit nullam esse Religionem secundum Socinianam quæ tot habeat errores fundamentales quot habet Pontificia (e); pauciores equidem habere eorum qui directè fundamentum diruunt negando illud, sed infinities plures habere eorum qui fundamentum evertunt per consequentias certas , proximas , & immediatas. Protinus observat duas esse species errorum fundamentalium ; alios enim esse fundamentales per se ipsos , alios verè per consequentias non dubias , remotas, & incertas, sed proximas & evidentes. Papismo inter alios inesse hunc errorem ex se ipso fundamentalem , & diruentem fundamentum negando illud , nempe adorationem & cultum Religiosum creaturarum. *Unum Deum adorare,* inquit , *& illi soli Religiosum cultum reddere , est fundamentum Religionis Naturalis. Papismus talem cultum reddit Sanctis , Imaginibus , Reliquiis, frusto panis ; illud est negare & auferre directè fundamentum . . . . . . præter hunc errorem fundamentalem primi ordinis Papismus infinitos habet secundi,* quorum non paucos recenset inibi Autor , & tamen fatetur salutem semper obtineri (f) potuisse in Ecclesia Romana , & nos fusè probatum dedimus in 1. Tractatu , sequi ex ejus doctrina neminem damnari quà Pontificium; ergo ex eo quod aliqui errores sint fundamentales , non colligat eos esse mortales.

V. Sed quid opus est pluribus probare quàm debeat Autor consequenter loquuturus concedere errorem esse posse simul fundamentalem & non ponere extra viam salutis. Considerandum solùm est paulisper quid ille dicat de Idololatria Romana, prout jam supra relatum, & prout patere poterit ex infra dicendis, & quomodo descripserit Antichristianismum Ecclesiæ Romanæ ; nam cùm ex una parte confiteri debeat neque illam Idololatriam, neque illum Antichristianismum esse errorem mortalem, fassus Ecclesiam Romanam esse partem veræ Ecclesiæ in qua salus obtinetur , sequitur evidentissimè ex iis quæ concedere tenetur idem posse esse simul malum fundamentale, & non mortale; nam quid, Deus bone! unquam esse poterit fundamentale, si Idololatria respondens non simplici fornicationi, sed adulterio, aut potius volgivagæ prostitutioni conjugis, & adhæsio Filio perditionis, homini peccanti, Antichristo illi de quo Sacræ Paginæ , non sit error fundamentalis ?

Dato ergo non concesso Socinianos errare fundamentaliter , non sequeretur juxta principia Autoris errare mortaliter, quod erat probandum.

Non

(b) Pag. 858. n. 12. & p 859.
(c) 2. *Lettre Past. de la 1. an. p. m.* 42.
(d) *Tab. du Sæc. p.* 39 109. 188.
(e) Sup. p. 805. n. 13. allatus est locus in quo asserit Communionem Romanam esse vicies pejorem Arrianismo.
(f) Dignus est legi locus cui ego hic innitor. Extat pag. 225. Syst. *Clarum est,* inquit, *juxta nos NULLUM FUISSE SÆCULUM in quo non fuerint Congregationes visibiles ubi Deus electos suos servare poterat. Præter ECCLESIAM ROMANAM, erat Ecclesia Græca ,Ecclesia Jacobitarum , Armeniorum , Cophtarum , Abyssinorum , Nestorianorum , multo minus corrupta Ecclesia quàm Latina, & in quibus per consequens facilius erat servari.* Conferat locum , si placet Lector, in Sectiones ubi probavi de Ecclesia Græca , & Schismaticis Orientalibus quod probaveram de Pontificia.

LXX.
Non prius manum tollam de tabula quam specimen dederim bonæ fidei illius Viri. Vidimus Sect. 6. istius Tractatus quid sequatur ex eo quod fassus sit in Socinianismo fore Electos, si esset valdè extensus. Videamus nunc quid responderit objicientibus illi hanc consequentiam Episcopo Meldensi, & Dom. Nicolle, vel potius videamus solùm quid responderit Episcopo illi, nam quid responderit alteri jam retulimus loco proximè laudato.

Verum est, inquit (g) *alicubi dixi quod si Deus, per suppositionem impossibilem permisisset ut Socinianismus totum orbem invaderet, aut partem, veluti Papismus fecit, in eo sibi conservasset aliquos Electos, sed addidi simul conservaturum sibi fuisse illos per miraculum, ut fecit in Papismo, & præservando eos ab hæresibus mortalibus Socinianismi: id est posse esse Electos & Orthodoxos occultos in Communione Socinianorum, at non inde sequitur posse quem salvari in Communione hæresium Socinianarum.* Et profecto cur doleamus vicem Fratrum nostrorum in Gallia degentium quorum durissimæ oppressioni Religionis; ergo hic cumulus accedit ut videre cogantur Autorem Pastoralium Epistolarum profligatum scriptoribus Pontificiis, quod cum semel ipsi excidit cogitatum absonum & temerarium, malit quibuscunque tergiversationibus uti, quàm palinodiam canere, nimium obsequutus veteri illi adhortamento,

> Tu ne cede malis, sed contra audentior ito,
> Quam tua te fortuna sinet.

Quo nihil est minus consentaneum Autori lapso. Ostendit Episcopus Meldensis facillimè & evidentissimè nihil omnino dictum fuisse ab Autore Systematis quod suppositionem impossibilem subinnueret. Ad eam quasi tabulam post naufragium confugit, heu nimium infirmam eluctandi periculi rationem! Adeò non agebatur de suppositione impossibili ut conjecturam quid faceret Deus si Socinianismus amplificaretur, confirmaverit exemplo ejus rei quam Deus actu fecerat in Arrianismo, ut mirari profectò nemo satis valeat ejus præsidentiam qui bis tali usus fuerit responso, dixerat enim jam respondens D. Nicolle, suppositionem de amplitudine Socinianismo esse *impossibilem & chimaricam, ex qua Hippogryphi & Centauri educi possint.* Stupendam profecto supinitatem! nam quid habet eximii Religio Muhammedis præ Sociniana; propter quod providentia Dei illam mirum in modum crescere permiserit, hanc saltem quantum crevit Lutheranismus crescere non possit pati. Gerræ Siculæ, aut si quid levius illis.

LXXI.
Nec impunè tulit, quippe supradictus Episcopus, quem refutare semper potuisset solidissimè si vulgares nostrum scriptorum rationis adhibere contentus fuisset, patefecit elisis quibuscunque ipsius exceptionibus Socinianos ab ipso fuisse positos in via salutis. Hanc verò ille disputationem sibi malè cessuram usque & usque animadvertens, noluit per partes examinare, sed hisce verbis dirimere maluit. *Si quid (h) concludi posset ex meis scriptis, istud esset, hominem qui dum non esset Socinianus, & detestaretur hæreses Socinianas, viveret in externa Communione Socinianorum inde egredi non valens, salvatum iri. Non illud nego. At de hoc non*

agitur, & *Publicum fallit* (Episcopus Meldensis) *persuadendo secundum me Socinianum imbutum dogmatis Socinianis, & viventem in Communione Sociniana posse salvari; quam ego impietatem toto corde abominor & totis viribus impugno.*

LXXII.
Hinc facta sunt novissima istius Autoris pejora prioribus, nam 1. evidens est illum quando concessit in Socinianismo futuros Electos, si Socinianismus valdè extenderetur, quemadmodum fuere Electi in Arrianismo, intellexisse illud eodem modo quo intellexit similem propositionem respectu Arrianismi & Papismi. Atqui ruit omnino ejus Systema nisi intelligat Papistas qua tales potuisse salvari; ergo vel malè coagmentatum Systema condidit inscius quid faceret, vel intellexit in Socinianismo valde extenso aliquos salvatum iri qua Socinianos. 2. Quid est abuti patientia lectorum, & operam ludere, si ille id non facit qui postquam dixit in Socinianismo valde extenso salutem acquiri posse, ita hæc verba explicat ut significent Socinianum posse salvari dummodo non sit Socinianus, sed odio plus quam Vatiniano Sociniana dogmata prosequatur. Nonne pari jure dicere potes salutem acquiri in Religione Judaïca, Muhammedica, Ethnica, imo in externa Communione vel Confœderatione Magorum & Sagarum. 3. Si illum salvas (quod tandem rotundè fateris) qui per totam vitam Socinianum agit quoad exteriora, cum ipsis Cœnam celebrat statis temporibus eorum concionum & precum frequens est auditor, atque adeò Idololatriæ (i) ipsorum participat adorantium quod habent pro Creatura, nec non blasphemiis horrendis quibus Jesum-Christum & Spiritum Sanctum è solio Divinitatis deturbant, & ad conditionem redigunt tanto deteriorem conditione Summi Imperatoris quem subditi rebelles molam trusatilem versare cogerent aut ad triremes damnarent, quanto major est sublimitas Creatoris supra Creaturam, sublimitate Maximorum Imperatorum supra operas molitorias & nauticas; si, inquam, talem hypocritam salvas potius debes per Aphorismum 33. Socinianum genuinum, quod passim jam (k) observavi. Nullæ unquam Sophisticæ arguiæ obscurabunt notionem illam communem, quâ intelligimus eamdem actionem gravius esse peccatum si fiat contra conscientiam, quam si fiat dictamine conscientiæ; unde sequitur hominem qui contra conscientiam blasphemias fundit in Jesum-Christum & fœderatus vivit cum Jesu-Christi infensissimus hostibus, Giganteo molimine eum quantum in ipsis est è solio Divinitatis deturbantibus, & ad conditionem Creaturæ redigentibus, in qua tamen ipsum adorant, deterius peccare, quàm qui ex dictamine conscientiæ, unicum Deum natura & Persona agnoscit, & Christum tamen adorat. Vide Sect. 13. Tractat. 1. n. 4. Autorem sibi ipsi egregiè vapulantem. (l)

Dicet-ne se Socinianos larvatos non alia lege servare quàm si non possint egredi ex Communione externa Socinianorum? Verum dicat nobis quid intelligat per non posse egredi, & aperiet sine dubio regulas morum perquam commodas & blandas cupiditati humanæ. Dicet enim tunc non posse egredi, vel quando non vident

in

(g) 10. *Lettre Past. de la* 3. *ann. pag.* 237.
(h) *Tab. du Soc. p.* 298.
(i) Vide inf. Sect. 3.
(k) Vide sup. p. 839. 885.
(l) In 17. Pastorali Epist. primi anni. p. m. 397. & 398. Reformatis qui in Gallia manent declarat *eos non fo-*

re in via salutis, quamvis omnes eorum Majores salvati fuissent in Ecclesia Romana participando ejus cultibus, & quam hodie omnes Papista bona fide salvarentur, cujus discriminis causam desumit ex adhæsione illorum Gallorum cultui quem malum credunt.

in vicinia Communiones puriores quibus se adjungant, sed quærendæ essent tales Communiones in remotis orbis partibus; sic enim excusatos habet Arrianos qui vivebant media in Asia, vel quando non possunt declarare quod sententiunt, quin subeundum sit periculum carceris, exilii, paupertatis, mortis. Egregium sane Directorem conscientiarum! Quam verò Christus *(m)* obscurè hæc verba protulerit: *Quisquis abnegaverit me coram hominibus, abnegabo eum & Ego coram Patre meo qui est in Coelis. Qui invenerit animam suam perdet eam: & qui perdiderit animam suam mea causa, inveniet eam.* Quos & quales Electos sibi fingit, Deus bone! in Socinianismo vir supra laudatus: non paterentur tales cives Magistratus Ethnici si cordis arcana dignoscerentur. Nunquam qui Deum amat & veritatem, obstaculo insuperabili prohibetur secedere à consortio impiorum; jactuiâ Patriæ, libertatis, aut denique vitæ semper ipsi suppetit via secedendi. Recordetur Autor quemadmodum *(n)* exploserit D. Nicolle quem supponit dixisse non fuisse possibile Judæis decem Tribuum ire Hierosolymam, nec ejusmodi sibi fingat Electos quales reperire possumus innumeros egregiè simulantes Japonicam & Sinensem Idololatriam. Quod si recurrat ad dolorem quo afficiuntur quod non gaudeant libertate conscientiæ, nos quoque salvabimus adulatores Tyrannorum qui nullum crimen patrare ex ipsorum imperio recusare sustinent præ metu, salvabimus, inquam, dummodo pigeat eos suæ servitutis. Quidni etiam salvaremus eos qui vellent esse casti & sobrii, dolentque sibi esse ingenitam salacitatem & gulam quam cohibere nequeant?

XXIII. Hæc cum sint non modo absurdissima, sed Morali Christianæ tam contraria quam quæ maximè, ne hilum quidem nos remorantur quin concludamus hunc Tractatum hoc ratiocinio.

Ex concessis qui hypocriticè vivit & moritur in Secta Sociniana, potest salvari.

Ergo à fortiori qui Socinianus est sincerè & bona fide, potest salvari.

Antecedens desumitur ex ipsissimis verbis supra allatis n. 65. quæ Systematis Autor protulit quando non semel vexatus & tandem fatigatus importunis Adversariorum objectionibus, ad Sacram veluti anchoram confugit, declarando quæ sit ultima sua voluntas easuper controversia.

Consequentia verò est evidens tum per Aphorismum 33. & sequentes, tum ex ipsius doctrina pag. 173. & 174. System. ubi tolerantiæ spem facit iis qui nati sunt in pravis Religionibus, quique in illis bona fide remanent, Pontificiis verbi gratia, at non Reformatis qui cum Pontificiis communicant. Legesis supr. pag. 820. & 866. col. 2.

XXIV. Venit nunc primum mihi in mentem argumenti quod suppeditat epist. 17. *(o)* Pastorali, ubi fatetur omnes pueros Papistarum mortuos ante usum rationis salvari; unde colligit ex mille Pontificiis salvari nongentos; nam juxta illum è decem pueris novem obeunt ante usum rationis. Ideò verò supponit pueros Pontificios salvari quod participes sint beneficii fœderis generalis quod Deus percussit cum Christianismo, non errorum Romanæ Ecclesiæ. Hinc colligendum venit Socinianos pueros salvari quoque; nam si in Socinianismo extenso aliqui adulti salvandi essent, qui nempe intrinsecus recederent ab hæresi quam

extrinsecus profiterentur, quanto magis illi omnes salvari dicendi sunt in Socinianismo qui moriuntur antequam profiteri possint eum, adhuc expertes omnium ejus errorum. Quod si res est tunc profectò sequitur fœdus divinum cum Christianismo complecti Socinianismum; ergo non fuisse violatum à Socinianismo ullum articulum fundamentalem fœderis divini, ipsosque adeò Socinianos non esse fœdifragos mortaliter. Ac sanè qui possent esse illi mortaliter fœdifragi juxta Autorem, cùm ut ipse quidem docet, fœdus non mortaliter violetur à Pontificiis. Si enim eo modo violaretur, non posset Ecclesia Romana parere Deo tot Electos quot filios gignit ante usum rationis morituros, hoc est ex decem filiis quos gignit, novem Electos Deo parere; atqui hoc facit juxta Autorem; ergo non est fœdifraga mortaliter, quippe evidens est uxorem quæ fœdus conjugale mortaliter violat, & ideo suas res sibi habere jubetur, non posse viro legitimam prolem parere. Unde hoc absurdissimum consectarium fluit Ecclesiam Romanam Sponsam Christi non modo adulteram, sed prostibulum triobolare Antichristi & ejus Mystarum frui beneficio fœderis conjugalis quoad omnes liberos quos gignit; ergo omnes ejus filios nasci legitimos, nec aliter excidere jure hæreditatis quàm si postquam adoleverunt, peccent mortaliter. Quanto equius dixeris Socinianismum non scortantem cum Bestia Apocalyptica gaudere beneficio fœderis conjugalis, omnesque filios quos parit nasci legitimos. Debet ergo fateri Autor Matrem esse uxorem legitimam, cum sit contradictio in adjecto, uxoris adulteræ qua adulteræ prolem esse legitimam.

LXXV. Erunt fortasse qui iniquius agi cum ipso existimabunt, per istas de salute Socinianorum exprobrationes, posteaquam vehementer adeò & significanter declaravit salutem nullam illis se relinquere. Sed respondendum erit tamdiu fore legitimas illas exprobrationes, donec ipse fateatur ingenuè contradictiones in quas ruit, & abjecto malo pudore qui ipsum urget, desierit cavillari, retractaveritque aut emendaverit suas hypotheses. Ac sanè cum id ego præsertim studeam, ut pateat Lectoribus non tam quid ipse sentiat, quam quid legitimè sequatur ex ejus verbis, rectè atque ordine functus fuerim officio meo, si ejus principia refutavero per absurdas & periculosas consequentias quæ ex illis inferuntur, sive ille postea negare velit, sive confiteri culpam. Sæpius ancipites reddit Lectores ecquid revera sentiat, dum uno in loco tollit quod ponit in alio, quàm ut de ejus sententia laborare debeamus. Verbi gratia, legimus pag. 150. System. Arrianismum fuisse ex ea Classe Sectarum quæ fundamentum tollunt, & pag. 151. in Sectis id genus non posse salutem acquiri, & pag. 153. non esse credendum omnes Arrianos qui tolerarunt hæresim, & simularunt fuisse in statu damnationis. In libro præjudiciorum pag. 22. dixerat potuisse *certo dici in Arrianismo sunt quidam Electi & Prædestinati*, & crudelitatis carnificis esse omnes damnare Arrianos. En aliud exemplum pag. 58. System. dicit Pontificios qui cognoscebant veritatem & quoad ejus fieri poterat cultum suum rectum faciebant, fuisse salvatos; pag. vero sequenti asserit *prostrationem coram Idolo cognito ut Idolo crimen esse quod nulli veniæ locum facit, quantumcunque intentionem dirigas, & aliorsum vertas.*

A P-

APPENDIX DE ARMINIANIS. ET ANABAPTISTIS.

LXXVI. HAud opus est probare in Sectis Arminiano-rum & Anabaptistarum credere Autorem Systematis salutis viam esse reseratam, cum nemini ignotum sit quam acriter increpuerit Anton. Arnaldum quod dixisset Controversias propter quas definiendas convocata Synodus Dordracena, haberi fundamentalesapud nos. Negavit hoc præfractè in sua pro (a) nostra Morali Apologia Vir supra laudatus, & declaravit eam Synodum non exclusisse ex Corpore Jesu-Christi eos quos exclusit ex Communione Reformata, sive, ut multi loqui amant, Calvinistica, & hodie neminem ex plebeis teneri inter nos approbare Canones Dordracenes, sub pœnam excommunicationis. Satis liquet ex ejus scriptis facultatem quam tribuit Ecclesiæ expellendi hos vel illos è sinu suo, esse similem facultati qua gaudent Collegia Artificum exauctorandi eos qui nolunt observare statuta;unde sequitur excommunicationem facere solum ut quis non sit membrum Societatis excommunicantis, sed non ut ne sit amplius membrum Ecclesiæ Christi,quemadmodum abactio ex Academia Gallica fecit equidem ne Abbas Furetierius esset unus ex quadraginta Academicis, non verò ne esset Membrum Cleri Gallicani, & Civitatis Parisiensis.

Quidquid id est ultro fatetur Autor errores Arminianorum non esse fundamentales; unde sequitur per 3. Aphorismum salutem obtineri posse in eorum Communione.

LXXVII. Nec dicas fuisse oblatam pacem & reconciliationis modum ab ipso Lutheranis in suo de Methodis explicandi gratiam Judicio, non verò Arminianis; inde enim non sequitur videri illi fundamentales errores à Synodo Dordracena damnatos, quippe si viderentur tales non nisi valdè inconsequenter unionem cum Lutheranis (b) optasset, qui versantur in eis errroribus. Sed inde hoc solum colligere est, reperiri in Communione Arminianorum aliquod peculiare obstaculum distinctum à quinque Articulis Dordracenis.

Hoc obstaculum quale sit variè à variis determinatur. Qui credunt Autorem in obliquitatibus politicis utcunque subactum, & prætextum à verà causa diversum allegandi veterem, sibi fingunt non sincerè fuisse ab ipso assignatam rationem cur nolit pacem iniri cum Arminianis, ut cum Lutheranis; hujus discriminis causam dedit Arminianorum de tolerabilitate hæresis Socinianæ sententiam. Credunt non pauci, quorum ego conjecturas non mei arbitrii facio, non eam esse veram rei causam, sed prætextum; veram causam esse carentiam Regum & Exercituum qua laborat Secta Remonstrantica, unde fiat ut non visa sit idonea consiliis & votis Autoris promovendis, prout Lutherani visi sunt idonei, evertendæ nempe Ecclesiæ Romanæ eodem modo quo Imperium Romanum fuit eversum irruptionibus scilicet exercituum Germaniæ & Scandinaviæ. Alii malunt veram causam non oblatæ pacis fuisse quæ indicata est, tolerantiam Socinianismi.

Quod si res est tunc prima fronte videtur Au-

tor adjudicare Inferis Arminianos, de iis enim qui sunt Sociniani, & de iis qui eos tolerabiles existimant idem fere vult esse judicium, ut supra vidimus (c). Tamen si consequenter loquatur non ita censebit.

Nam cùm eos qui vixerunt in Communione Arriana quod judicarent Arrianam hæresim esse tolerabilem, salvos fieri potuisse existimaverit, ut vidimus (d) supra, debet potiori jure credere eos qui extra Socinianismum vivunt, eumque habent pro hæresi toleranda posse salvari.

LXXVIII. Si quis ipsum purgare contendat dicendo non fuisse in eadem sententia quando pacem obtulit Lutheranis non verò Arminianis, in qua fuerat cum scripsit salvari potuisse eos qui Arrianismum ipsis visum errorem tolerabilem non deserebant, parùm proficiet, nisi extorqueat ab Autore confessionem publicam mutatæ sententiæ. Fortè ne tunc quidem multum proficeret, nisi insuper vadem, bonum nomen, repræsentaret qui fidejuberet constantius mansurum Autorem in posteriori quam in priori sententia.

Sed quid opus ambagibus. Credat quidquid voluerit de Arminianis quatenus Socinianismum tolerant, eoque nomine eos ejusdem criminis reos agat, cujus ipsos Socinianos, parum hoc mea refert; nam qui fusè probaverim esse Socinianis Cœlorum viam patentem juxta ejus principia, probavi hoc ipso idem de Arminianis.

De Anabaptistis nihil attinet dicere, cum satis evidens sit procrastinationem Baptismi usque ad usum rationis non esse errorem mortalem, multo minus error est mortalis abstinentia ab effusione sanguinis humani, cæterisque bellicis actibus, à jurejurando, & à Magistratibus. Necesse est equidem aliquos esse qui supremam Autoritatem & subalternam exerceant, & multos qui militent; sed quicunque reliquent hanc curam aliis quam nimium multi ambiunt, & sibi seponent vitæ genus humilitati & mansuetudini Evangelicæ magis consonum, fungentes cæteroquin optimi civis officio, nonne accedent magis ad perfectionem, ut vocant, consiliorum; tantum abest ut peccent mortaliter?

❧❧❧❧❧❧❧❧❧❧❧❧❧❧❧

TRACTATUS TERTIUS,

In Quo ostenditur sequi ex principiis Autoris Systematis, salutem obtineri posse in omnibus Religionibus à Christiana distinctis.

SECTIO I.

Ostenditur juxta hypotheses Autoris Judæos esse in via salutis æterna.

III. Par. AD tres revocabo omnes Religiones à Christiana distinctas, nimirum ad Judaïcam, Muhammedicam & Ethnicam; de Judaïca primum disputabo, duobus argumentis addicere contentus quod de illa probandum incumbit.

I. I. Primum desumitur ex eo quod Deus conservet inter Judæos cognitionem suæ veritatis, & annunciationem Verbi sui, non illud potest negari; nam sacratissimæ & celsissimæ veritates quas Deus in Veteri Testamento hominibus patefecit circa

---

(a) Lib. 6. c. 2.
(b) Si res indigeret probatione, hîc haberemus argumentum invictè probans credere Autorem Systematis Lutheranos nullo in errore fundamentali versari, ideoque per 3. Aphorism. ipsis patere Januam Cœlorum.
(c) Sect. 4. hujus Tract. n. 15.
(d) Ibid. n. 11. & 12.

circa suam naturam, & rejectionem cujuscunque alterius numinis, sive Idololatriæ, vigent inter Judæos ab eo tempore quo cessarunt esse unicus populus Deo dilectus non secus ac antea, nec non lectio Legis, & Prophetarum singulis Sabbathis in Synagogis, ut & privatim quotidie. Quid vero inde sequatur juxta hypothesim Autoris, haud obscurum esse potest legenti 12. caput libri primi Systematis, ubi post allegata multa loca Sacræ Scripturæ pro efficacia Verbi Divini, in universum pronunciat prædicationem illius Verbi nunquam posse manere quin producat aliquam veram sanctificationem & salutem aliquarum animarum; rem portentosam supponi à Pontificiis, dum supponunt Deum cognitionem suam Verbumque scriptum, & annunciatum dare & conservare innumeris animabus, & Societatibus magnis, numerosis, per totum orbem extensis, nec tamen ullam servare animam. Rogat an illud sit concipere Deum Sapientem & Misericordem, & cui bono annunciati suum Verbum curet populis inter quos non habet electos, nihil hoc aliud quàm reddere illos magis inexcusabiles, hanc verò non misericordiam esse sed crudelitatem carentiamque Sapientiæ quam omnium hominum minimè Sapienti non condonaremus, non ergo æquum esse eam tribuienti quod Sapientia infinita est? Sapientiam postulare ut nunquam media adhibeamus nisi cum ad finem pervenire volumus, ad quem ea media ducunt, & naturaliter ducere debent. Stultitiam fore si quis homo Classem appararet ingentem, multos nautos conscriberet, commeatus longo itineri maritimo necessarios colligeret, ea mente ut nemo in naves conscenderet, utque singuli hortorum culturæ incumbere pergerent, prædicationem Verbi, missionem Ecclesiastum, instructionem à Pastoribus datam suis Catechumenis esse media quibus Deus utitur, & naturaliter destinata producendæ fidei, gratiæ, & saluti hominum. At juxta Pontificios supponendum esse Deum Concionatores fovere in omnibus Societatibus Orientis & Meridiei; Catechumenos erudiendos, Sacramenta administranda curare, & nullius tamen animæ salutem intendere, certum esse ab eo solum tam dura dogmata posse concoqui cui sit robur & æs triplex circa pectus, cor lapideum cuilibet rationi impervium.

Confirmat suum illud argumentum, hac observatione, Deum per prædicationem sui Verbi nihil sibi aliud proponere quam suorum Electorum salutem, nec alium in finem semen illud spargere quam ut germinet in illis; unde infert illud Verbum non posse redire ad Deum sine effectu: Ergo evidens esse Deum non posse conservare cognitionem suam & prædicationem Verbi sui pro Societatibus (quales sunt Ecclesia Æthiopica, Jacobitica, Nestoriana, Græca, & in genere Communiones omnes Orientis divisæ cùm ab Ecclesia Romana, tùm inter se) in quibus nullos haberet Electos. Objicit mox D. Nicolle sequi ex Pontificiorum Hypothesi curasse Deum per septingentos octingentosve annos ut conservaretur verbum suum & cognitio Jesu-Christi, absque ullo alio fructu quàm damnatione infinitarum animarum severius cruciandarum ob veritatis cognitionem qua abusæ fuerint. Et ne forte quis hoc argumentum pro Socinianis militare objiceret, respondere occupat, exiguitatem ipsorum esse causam qua propter excipiendi sint à regula, includendi utique si Deus fuisset passus ut

tantum extenderentur quantum exempli gratia Papismus, vel Ecclesia Græca, vel (nam addere istud debet necessario si velit sibi constare) Nestorianismus, Jacobitismus, Eutychianismus & similes Schismaticæ Sectæ Orientis & Meridiei. Vidimus supra quid sentiendum sit de illa exceptione Socinianismi; ut nihil necesse sit quidquam hic denuo observare eò spectans; actum ageremus.

At unicuique facilè patet Judaïcam Religionem non posse dici obnoxiam exceptioni quam placuit viro supra laudato in Socinianam vibrare, quis enim ignorat Judæos per universum Orbem esse disseminatos, inglorios equidem expertesque supremæ Autoritatis ubique, sed tamen in plurimis locis opibus & numero florentes, ut verisimillimum sit longè plures esse Judæos in Orbe Terrarum, quam Nestorianos, Jocobitas, &c?

Jam argumentari licet omnia illa consectaria quæ Autor exprobrat Pontificiis, divinæ Sapientiæ & misericordiæ gravissimam contumeliam inferentia, aliasque rationes ex Sacra Scriptura depromptas pro efficacia Verbi Divini, nugas esse & apinas, vel Deum sibi semper alere aliquos Electos in Judaïca Religione. Non concedet prius, ergo concedere debet posterius. Quod si res est, salus obtineri potest in Religione Judaïca; ergo per 1. Aphorismum illa est membrum veræ Ecclesiæ, & per 13. 20. ac 23. nemo unquam damnatur præcisè quà Judæus.

Sed antequam ulterius pergam, necesse est vindicare hoc primum argumentum à cavillatione Autoris.

Tertia Ratio qua ille probavit suum Systema, desumpta ut diximus pag. 4. ex conservata in variis Sectis cognitione Dei & prædicatione Verbi Divini, fuit non paucis ictibus afflicta à D. (a) Nicolle, qui non omisit objicere ipsi exemplum Ecclesiæ Judaïcæ. Respondit Autor solens suo more, magno supercilio & ex alta veluti specula contemnens humi quasi repentem Adversarium; nusquam magis id facere amat vir cæteroquin raro discedens ab istiusmodi methodo, quàm cùm sentit adacta profundius tela Adversariorum, *hæretque lateri lethalis arundo.* Legatur caput 3. Tractatus 3. ipsius de unitate Ecclesiæ Operis, animadvertet facile Lector ipsi non obnoxius quam juremerito sic judicem. Movet risum ejus responsio ad objectionem de eversa per tertium ejus argumentum, distinctione Sectarum evertentium fundamentum à non evertentibus, nec melior est responsio ad objectionem de Judæis per idem argumentum servatis; respondet enim apud Judæos non vigere prædicationem Evangelii, & se nec dixisse nec innuisse efficaciam quam tribuit Verbi Divini Annunciationi, convenire Annunciationi partis Scripturæ Sanctæ. Quid futilius eo responso?

Nam ex illo sequitur vitia quælibet, insipientiam (absit verbo blasphemia) & crudelitatem Deo convenire dummodo non perveniant ad summum gradum. Probo evidenter. Juxta illum, si Deus pateretur Vetus & Novum Testamentum conservari in quibusdam Communionibus amplis, sed Electorum expertibus, reus esset crudelitatis, & ejus imprudentiæ quam omnium hominum minimè Sapienti non condonaremus; ergo si patiatur alterutrum eorum Testamentorum conservari in talibus Societatibus, reus erit crudelitatis & imprudentiæ, minoris equidem, utpote dimidiatæ, sed tamen crudelitatis & imprudentiæ,

Rrrrr 3　tiæ,

tiæ; quippe diuturna lectio alterutrius Testamenti nihil aliud quàm reddet auditores impœnitentes magis inexcusabiles, & probabit Deum adhibuisse media quæ non eum adduxerunt ad suum finem. En ergo qui Autor Deum purget ab illa vesania (*extravagance*) quam jure culparemus in Rege qui ingentem Classem construendam curaret, & magnam nautarum & commeatuum vim longo itineri necessarium comparet ea mente ut nemo in naves conscenderet, singuli quique domi manerent rei hortensi addicti; purgat Deum ab ea vesania eodem modo quo eumdem Regem purgaret si ostendere posset Classem ab ipso construi jussam, & sic de cæteris, non fuisse ingentem, sed solum dimidium earum Classium quas ingentes habemus. Certè qui nollet contentionis funem diu trahere cum ipso, missis non paucis solidissimis objectionibus talem Apologiam confutaturis, ipsi responderet, habes ergo Regem semivesanum, si minus ad ultimum usque vesaniæ apicem progressus est. Auditum admissi risum teneatis Amici.

Adeò evidens est tertiam ejus Systematis probationem, significare Deum extincturum fuisse post prædicationem Evangelii, usum & reverentiam Veteris Testamenti inter Judæos, nisi voluisset quosdam eorum ad salutem æternam adducere; ut primo meo argumento constabiliendo diutius immorari res sit omnino supervacanea. Protinus itaque ad secundum transeo certus omnes Lectores præjudiciis exutos, & ratiocinandi prudentes ita Autorem supra laudatum aggressuros.

Vel delere debes totum caput 12. libri 1. Systematis, vel fateri Deum esse ens crudele & parum Sapiens, vel fateri salutem obtineri posse in Religione Judaïca.

Atqui nunquam patietur tuus θυμὸς ἀγήνωρ ut primum facias; secundum est blasphemia ab Atheismo vel parum vel nullo modo sejuncta.

Ergo tertium debes fateri.

II. Alterum meum argumentum sic procedit; quando probare habemus Ethnicis & impiis veritates quasdam lumine naturali non cognitas utimur persuasione Judæorum; nam verbi gratia ad probandum exitum ex Ægypto, scissum in duo mare rubrum, similiaque Mosis Miracula, quibus fulcimus divinitatem Veteris Testamenti, qua fulcimus divinitatem Evangelii, utimur tanquam medio non mediocriter firmo tenacitate legis Mosaïcæ quam hodieque deprehendimus in ea gente: unde colligimus oportuisse eorum Majores Mosi coævos fuisse testes occultatos eorum Miraculorum, alioquin ipsi non futuros dicto audientes præcipienti tot ritus graves & ingratos, sed testimonium oculorum fuisse ipsis argumento invicto Deum loqui & agere per Mosem; unde factum ut de generatione in generationem propagata fuerit tenacissima persuasio quam nec diuturnitas temporum, nec diuturnitas miseriarum obliterare potuerit. Nullus dubito quin Autor hoc argumentum putet esse bonum, illudque adhibere, corroborare, vindicare ab omnibus exceptionibus sit paratus quotiescunque Impios & Paganos convincere susceperit. Illa tamen ratiocinatio, juxta ejus placita, non potest esse bona; si supponas Religionem Judaïcam esse Synagogam Satanæ, civitatem Diaboli, & nisi supponas Spiritum Dei illi præsidere ad conservandas in ea veritates saluti essentiales; nam si Spiritui erroris derelicta esset, noceret plus quam

(*b*) Pag. 836.

conduceret nobis Judæorum testimonium. Idem dicito de consensu illorum quo gloriantur Protestantes circa præceptum Decalogi vetans cultum Religiosum Imaginum & Sculptilium. Certum est Autorem & usum esse in Pontificios, & *toties quoties* uti esse paratum Judæorum ab Idololatria alienatione, ad stabiliendam nostram causam in controversia illa.

Non pluribus urgeo illud argumentum; consultat Lector quæ supra (*b*) observavimus ad probandum eadem ratione Arrianos fuisse partem veræ Ecclesiæ, & potuisse salvari, videbit ovum non esse ovo similius quam mea hæc ratiocinatio in gratiam Judæorum similis est ratiocinationi quam Autor cap. 16. libri 1. Systematis adhibet in gratiam Græcorum Schismaticorum veluti probationem nonam suæ hypothesis, quamque desumit ex commodis quæ Pontificii trahere se gloriantur ex consentientibus secum illis Sectis quoad transubstantiationem.

Mitto utilitatem & fructum quem capimus disputari adversus eosdem Impios & Ethnicos ex confessione Judæorum circa miracula Jesu-Christi.

Mitto argumentationem ad hominem quam mihi commiseratio singularis suppeditat tot rusticorum, & muliercularum Moreæ, qua tangitur Autor quando odiosam reddere vult Ecclesiam Romanam nomine crudelitatis, mitto, inquam, illam, commodiori loco ultima Sectione eventilandam. Hic observabo solùm tanto æquius esse ut Autor venialem faciat incredulitatem Judæorum, quanto diligentius suppeditavit eis in suo complemento Prophetiarum, unde in sua incredulitate perseverent, fassus nimirum pleraque fere omnia Oracula Prophetarum de adventu Messiæ restare adhuc adimplenda; qua de causa publicitùs ipsi gratias egisse Judæum quemdam finxit nonnemo. Extat typis mandata gratiarum actio.

Mitto argumentationem quam possem mutuari ex eo quod Autor ideo credat Arrianismum brevi durasse quia destruebat veritates ad salutem necessarias, credens scilicet nec bonitatem nec sapientiam divinam pati posse ut Sectæ quæ ejusmodi veritates evertunt sint vel amplæ, vel diuturnæ. Ex quo manifeste sequitur Judaïcam Religionem illis Sectis non esse dignam quæ annumeretur, quippe in cujus perenni conservatione sparsæ per universum mundum divina providentia peculiariter laborare videatur.

Mitto denique argumentum à pari quod mihi suppeditat Autor dum fatetur ex una parte Ecclesiam Romanam esse Antichristo illi prædicto in Epistolis Sancti Pauli, & in Apocalypsi, subjectam ut corpus suo Capiti, & ex altera in ea hominem salvari posse; nam quisquis in rerum comparationibus & compensationibus æquato examine lance probe uti noverit, facilè intelliget rejectionem totalem Jesu-Christi non esse adeo magnum scelus præ substitutione Antichristi, bestiæ illius Apocalypticæ in locum Jesu-Christi, ut per immunitatem ab Idololatria Ecclesiæ Romanæ qua gaudet Judaïca, non sarciatur suppleaturque quod deest isti quominus æqualis dicatur illi quoad fidem in Jesum-Christum.

Mitto, inquam, istud, quia in sequentibus Sectionibus tempestivè magis perpendetur, & facilè influent in istam Sectionem quæ in illis continebuntur, si necesse sit. Sed valde miror neque
Au-

Autori , neque D. Nicolle ipfum refutanti & varias anixè querenti caufas quamobrem Deus paria-
tur verbi fui præedicationem durare in Communionibus mortuis , hanc , fortè præcipuam , non
occurriffe , nempe non poffe Deum abolere memoriam & reverentiam Verbi fui in Societatibus
quæ cadunt in errores mortales, in Judaïfmo verbi gratia non cognofcente Meffiam, quin univer-
fas leges quas ipfe fapienter adeò conftituit circa
unionem corporis & animæ fufque deque ferat ;
oporteret enim tot facere miracula quot funt vef-
tigia in cerebro omnium Judæorum, longo ufu
educationifque virtute exarata , & refpondentia
ideis rerum in VeteriTeftamento contentarum, &
affectibus quas tales ideæ excitant.

SECTIO II.

*Probatur de Religione Muhammedana idem quod de
Judaïca probatum in fuperiori Sectione , & 1.
quidem ratione defumpta ex eo quod Muham-
medifmus non fit tam pravus quàm Judaïca Religio, ne tam pravus videri debeat Autori Syftematis quàm Papifmus.*

V. I. **P**Rimum Argumentum iftud efto :
Si falus obtineri poteft in Religione pejori , obtineri poteft in minus mala.

Atqui falus obtineri poteft in Religione pejori
quam Muhammedana.

Ergo falus poteft obtineri in Religione Muhammedana.

Tribus exemplis probo minorem.

1. Sic ; falus obtineri poteft , ut probatum eft Sectione præcedenti , in Religione Judaïca.

Atqui Religio Judaïca eft pejor quam Muhammedana (plus enim diftant Judæi à Chriftianif-
mo regulâ perfectionis in Religionis negotio
quam Muhammedani. Ifti Jefum-Chriftum habent pro fummo Propheta, illi pro Impoftore
quem Majores juftis de caufis cruci affixerunt.)

Ergo falus obtineri poteft in Religione pejori
quàm Muhammedana.

2. Eodem fere modo argumentari licuerit, inf-
tituta comparatione inter Papifmum & Mu-
hammedifmum.

Salus obtineri poteft in Papifmo , ut fufè &
invictè probavimus ad hominem in 1. Tractatu.

Ergo à *fortiori* obtineri poteft in Muhammedifmo.

Negabit procul dubio Autor confenquentiam,
& dabit hanc difparitatem. In Papifmo non ftatui aliquam effe revelationem Evangelio pofterio-
rem quæ Religionem Jefu-Chrifti aboleverit ; in
Muhammedifmo verò id ftatui, ac per confequens
everti omninò Evangelium.

Refpondeo hanc difparitatem nullam effe, quia
difcrimen inter modum quo Muhammedani aliam
Religionem in loco Chriftianæ, & aliud caput Religionis in locum Chrifti fubftituerunt , &
modum quo Pontificii id fecerunt magis eft penes verba quam penes rem ipfam. Priores ita
fubftituunt nova Religionem ut totidem verbis fateantur per eam abrogari Chriftianam , &
ficut adventu Chrifti Religio quam Deus per
Mofem condiderat , defiit effe bona , fic adventu
Muhammedis ea quam Deus per Chriftum mi-
ferat hominibus , defiiffe effe bonam. Ergo formaliter novum Ducem & Legiflatorem ut à Deo
miffum fequentur , rejecto formaliter præcedenti , quemadmodum Chriftiani rejecto formaliter

Mofe poft Prædicationem Jefu-Chrifti iftum formaliter ut novum Ducem, Caput & Legiflatorem à Deo miffum fequuti funt. Pontificii vero
dum realiter novum Ducem, Caput & Legiflatorem fequentur, rejecto realiter Jefu-Chrifto, &
ejus Religione, dicunt tamen fe non rejicere Jefum-Chriftum & ejus Religionem , nec novum
Ducem , Caput , ac Legiflatorem fequi. Difcrimen ergo eft quale inter Epicurum & Diagoram ;
ifte rotundè negabat dari Deum , ille voce tenus
admittebat Deos , reapfe tollebat ; vel quale difcrimen effet inter fubditos qui Regem fuum faterentur fe deturbaffe de folio , & inimicum ejus
Autoritate Regia donaffe , & fubditos qui cum
id ipfum feciffent , negarent tamen.

Certè non melior inftitui poteft comparatio ,
quàm fi comparemus Antichriftum de quo tam
fusè egit Autor in fuis Operibus , cum Prorege
quodam Neapolitano qui licet imperia Regis Hifpaniæ proculcaret omnia , leges illius aboleret ,
novafque pro fuo lubitu è diametro oppofitas conderet , ac fibi vindicaret fidem, obfequium & tri-
buta fubditorum , fpargeret tamen in vulgus fe
nihil quidpiam facere quàm quoad Proregem
Neapolitanum , Hifpaniæ Regis addictiffimum
deceat. Tantum abeft ut illius perfidia minor fit
quàm ejus qui apertam defectionem profiteretur
ut è contra major exiftat, quippe connexa putidif-
fimo fraudulentiffimoque mendacio , arguenti
pertinacius confilium fovendæ Rebellionis, & juris Regii efficaciter proterendi. Ergo Neapolita-
ni confcii & parricipes ejufmodi Rebellionis, ne-
quiores effent habendi , quàm qui novo domino
fe obedire ingenuè fateretur. Ergo conditio
Muhammedanorum videri debet tolerabilior Autori Syftematis quàm Papiftarum , cùm præfertim conditio Muhammedanorum non fit fimilis
Rebellioni Neapolitanorum qui Proregi apertè
Rebellanti obfequerentur ; fed Rebellioni Neapolitanorum qui novum Proregem fibi effe miffum
à Rege Hifpaniæ dicerent , nec veteri utpote cui
datus effet Succeffor amplius effe obfequendum ;
conditio verò Pontificorum fit fimilis rebellioni
Neapolitanorum qui Proregi obfequerentur revera Rebelli , fed fimulanti fidem erga Regem Hifpaniæ. Utrique ergo tum Pontificii tum Muhammedani funt realiter Rebelles Deo, obfequun-
tur enim Proregi quem Deus non ipfis mifit, quique leges divinas proculcat. Utrique etiam funt
Rebelles realiter Jefu-Chrifto, priores quia Muhammedis dictata fubftituunt Evangelio , pofteriores quia Papæ dicta fubftituunt Evangelio.
Sed hoc inter illos intereft quod priores apertè
fateantur fe præferre dictata Muhammedis Evangelio , pofteriores non id fateantur quin potius
mentiantur de dictatis Papæ, ea licet revera è
diametro contraria Evangelio , effe tamen Evangelium. Porro certum eft Rebellionem Muhammedis erga Jefum-Chriftum effe fimilem Rebellioni Præfecti cujufdam Arcis Neapolitanæ qui fe
Proregi datum Succefforem venditaret , Rebellionem verò Papæ effe fimilem Rebellioni præfecti qui faffus Proregis Autoritatem durare inco-
lumem , ejus nomine omnia moderaretur pro lubitu & contra ejus voluntatem , dum ipfum in
vinculis detineret. Cum ergo iftius pofterioris præfecti Rebellio nequior fit erga Proregem , quam
prioris , concludamus licet Rebellionem Papæ erga Chriftum effe nequiorem quam fit Rebellio
Muhammedis erga eumdem Chriftum ; ergo fi
falus obtineri poffit in Papifmo , poffe *à fortiori*
obtineri in Muhammedifmo.

Videat Autor quibus coloribus pinxerit Papifmum   VI.

mum, seu Antichristianismum, & nisi futilissimæ propudiosæque inconsenquentiæ reuseesse velit, fatebitur Muhammedismum præ tali Antichristianismo esse rem bonam. Profecto cùm Sacra Scriptura prædixerit & descripserit certam quamdam Apostasiam & Antichristum Antonomasticè dictum, credere debemus si quæ contigerit Apostasia maximè omnium turpissima, si quis Antichristus extiterit maximè omnium sceleratissimus, tunc impletam esse Sacram Scripturam; atqui secundum Autorem non Apostasia Muhammedana, non Muhammedus, sed Papismus, & Papa sunt Apostasia & Antichristus de quibus Sacra Scriptura; ergo fateri debet Papismum esse Apostasiam omnium turpissimam, & Papam esse Antichristum omnium quotquot esse possunt sceleratissimum : ergo si tali Duce & Auspice ad salutem perveniri possit, multo facilius posse sub vexillis Muhammedanis.

Non desunt qui Muhammedem esse velint Antichristum illum prædictum in Sacris Litteris; sed non ego credulus illis, & hac præsertim ratione moveor, quod tum ille Impostor, tum Religio quam condidit longè mihi abesse videantur à gradu nequitiæ & abominandæ perversitas quem Sacræ Paginæ Antichristo tribuunt.

Nec est quod **Autor** pedem referre aut retrorsum vela dare tentet, quæsitis nescio quibus pro Ecclesia Romana Apologiis. Excidunt quandoque talia seu immemori, seu quærenti præsidia adversus alios adversarios, nec reperienti nisi inter rudera earum arcium quas struxerat magno molimine in Papismum. Sed frustra erit : in memoria omnium Lectorum versatur descriptio Papismi quam in suis libris delineavit, nec non acerbissima ejus querimonia in eos qui peccata elevare conantur commissa secundum dictamen conscientiæ bona fide errantis. Frustra itaque diceret Muhammedanos dicto esse audientes Muhammedi clarè profitenti Evangelium Jesu-Christi esse abrogatum, Pontificios verò credere Papam adhærere Evangelio; nam hoc pacto vel utrosque absolvet vi ac virtute bonæ intentionis, (quippe Muhammedani non alia de causa præferunt Alcoranum Evangelio, quam quia credunt Alcoranum novam esse legem Dei præferendam Evangelio) vel utrosque damnabit natura & conditione erroris in quo delitescunt, quippe juxta supradictam descriptionem Papismi, non minori est error si quis fidem adhibeat Papæ dicenti se nihil docere Evangelio contrariam, quàm si quis fidem adhibeat Muhammedi dicenti se missum esse à Deo novæ Religionis docendæ causa. Nec oderet dicere vir supra laudatus Papas bona fide errare, Muhammedem verò suarum imposturarum si fuisse conscium.

Sed demus illi minorem esse defectionem Papismi à Jesu-Christio, quàm Muhammedismi, & præstare membrum esse Antichristi illius Apocalyptici, cujus abominationes tam horrendis & spurcis coloribus sunt depictæ in Libris Autoris, quam Muhammedem ut Legislatorem à Deo missum sequi; nonne quicquid hac in parte deest Papismo quo minus adæquet pravitatem Muhammedismi, aliundè suppletur per Idololatriam Eth-

nica non minus (*) fœdam qua Papismus infectus est, dum Mahammedismus horret & abominatur cultum idolorum, & adorationem soli Deo deberi contendit ?

Stet ergo ritè perpensis hinc & inde rationibus, & bono maloque simul sumptis ex utraque parte, probè inter se comparatis, veram esse propositionem quam hîc habeo probandam, nempe *ex eo quod salus obtineatur in Papismo, sequi salutem obtineri in Ecclesia qua pejor est Muhammedismo.*

SECTIO III.

Series materiæ de qua in præcedenti Sectione. Ostenditur Socinianismus esse juxta Autorem Systematis pejor Muhammedismo.

TRibus exemplis recepi probandam hanc propositionem, *salus obtineri potest in Religione pejori quàm Muhammedana.* Liberavi fidem quoad duo priora, allatis in medium Judaïca & Pontificia Religione. Super est Sociniana eventilanda impræsentiarum.

3. Itaque sic argumentor :

Salus obtineri potest in Socinianismo, ut fusè & invictè ad hominem probavimus in 2. Tractatu.

Ergo *à fortiori* obtineri potest in Muhammedismo.

Si maximè vellet negare consequentiam (quod vix crediderim) vir supra laudatus, non tamen auderet ; adeò plena sunt ejus scripta propositionibus significantibus evidentissimè Socinianismum esse pejorem Muhammedismo. En collectio quarundam phrasium quibus usus est ad declarandum quid sentiat de Sociniana Secta.

»Qui Jesum (a) Christum habent pro mero
»homine, & magno Propheta non potiori jure
»se dicunt Christianos, quam Abrahamitas &
»Daviditas. Eos (b) ponimus in Ecclesia præci-
»sè quemadmodum profanos & impios qui intra
»veræ Ecclesiæ ambitum degunt. Omnia (c)
»Sacramenta quæ inter Socinianos administran-
»tur, sunt nulla quamvis illi paulo magis intra
»fines generales Christianismi sint quàm Mu-
»hammedani. Si (d) salus obtineri posset in So-
»cinianismo, evidens est obtentum iri in Reli-
»gione naturali. Cum (e) Socinianos non multo
»magis Turcâ sit Christianus, Baptismus So-
»cinianorum haud melior est quam Baptismus
»qui à Turcis administratur. Neque (f) Gno-
»stici nec Manichæi, nec Photiniani, nec So-
»ciniani sunt Christiani. Nunquam (g) habebi-
»mus Socinianos pro Secta Christianorum, nisi
»eodem sensu quo Muhammedanos Christianis
»annumeramus : Itaque semper intolerandam
»putabimus opinionem quæ vult tolerare Soci-
»nianismum, non secus ac eam quæ vellet to-
»lerare Mahometismum. Socinianismus (h) ever-
»tit universam Religionem Christianam, ideoque
»intolerabilis est. Socinianismus (i) diruit uni-
»versam Scripturam Sacram. Hæreses (k) mise-
»ræ illius Sectæ qui recenset, Idola infamia ini-
»micorum nominis Christiani recenset. In ordine

<hr>

(*) Vide supr. Sect. 11. Tract. 2. & infr. Sect. 6.
(a) System. p. 147.
(b) Ibid. p. 148.
(c) Ibid. & p. 149.
(d) Ibid. p. 147.
(e) De l'Unité de l'Egl. p. 116.

(f) Ibid. p. 563.
(g) Jugem. sur les méthod. pag. 95. 96.
(h) Tableau du Socin. p. 13.
(i) Ibid.
(k) Ibid. p. 14. 15.

»dine (l) ad bonos mores Religio Sociniano-
»rum MERUS EST DEISMUS. Ethnicus
»(m) approbare non potuisset talem Deum qua-
»lis est Deus Socinianorum. Pagani nunquam
»stolidiùs de (n) Deo quàm Sociniani loquuti
»sunt. Deus (o) Socinianorum larva est Divini-
»tatis quam identidem eventus nec-opini de sta-
»tu dimovent. Minime mali sunt Sociniani (p)
»qui Numen adorent nobis haud multo nobilius,
»nulla est impietas stultior quam si Deum fingas
»qualem Sociniani fingunt. Nonne (q) Deus
»ille Socinianorum valde ridiculus est, non lon-
»ge melioris commatis quam Deus Epicuri)
»Profecto (r) Stoïci & Platonici longe erant sa-
»pientiores, & Providentiam multo nobilius &
»sublimiùs concipiebant. En (s) in Socinianis-
»mo inferi aboliti, ergo frenum malitiæ humanæ
»fractum, en universa Religio abolita. En (t)
»immortalitas animæ, inferi, resurrectio carnis
»in nihilum redacta ab illa Secta abominanda.
»(v) Socinianismus in nihilum redigit quicquid
»pulchri & magni est in Christianismo, nobisque
»(u) Deum obtrudit vix Jove Ethnicorum per-
»fectiorem. Socinianismus (x) extinguit ignem
»inferorum, dicitque animæ morientur, unà
»cum corpore diruentur; non sunt inferi, ignis-
»que gehennæ Chimæricus est. Sociniani (y)
»directè evertunt Ethicam Christianam multis
»axiomatis. Ethica (z) Epicuri citra compara-
»tionem purior & pudicior erat quam Socinia-
»na. Evidens (a) est Socinianos pessumdare au-
»toritatem Veteris & Novi Testamenti. Soci-
»nianismus (b) non est Christianismi pars, cum
»universum Christianismum diruat, & quidquid
»pulchri magnique in est Religioni Christianæ
»aboleat. Certum (c) est Muhammedismum esse
»Religionem tam bonam quàm sit Socinianis-
»mus, & multa sunt in quibus MUHAMME-
»DISMUS PRÆSTAT SOCINIA-
»NISMO. Certum est (d) quoad prædesti-
»nationem & creationem Religionem Muham-
»medis esse MULTO MELIOREM
»Hæresi Sociniana, & Deum Turcarum MA-
»JORIS ESSE PRETII quàm Deum
»Socinianorum; quoad cultum & adorationem
»Entis summè perfecti, PURIORES LON-
»GE SUNT SENTENTIÆ Muham-
»medanorum quàm Socinianorum. Circa (e)
»mysteria Trinitatis & Incarnationis Muham-
»medani RATIONI MAGIS SUNT
»CONSENTANEI quàm Sociniani. De
»Jesu (f) Christo tam magnificè loquuntur
»Muhammedani quàm Sociniani. Circa (g) pœ-
»nas, & præmia PURIUS MULTO
»SENTIUNT MUHAMMEDANI
»quàm Sociniani; nam quæcunque insit por-
»tentositas & spurcities in illorum imaginatio-
»nibus ea super re, istorum tamen IMPIE-
»TAS LONGE PERICULOSIOR
»EST. Perperam (h) iniquo ferunt animo tole-

»rantes quod sæpius dixerim Socinianos non es-
»se Turcis magis Christianos. Hæc adeo non
»est hyperbole ut nihil amplificando dici queat.
»TURCAS ESSE MAGIS CHRI-
»STIANOS Socinianis, cum in multis
»articulis impietas & deliratio Sociniana SU-
»PERGREDIATUR Muhammeda-
»nam. Muhammedismus (i) PLURA ha-
»bet dogmata sana, & ideam Dei MAGIS
»SANAM p. 113. 114. quàm Socinianismus;
»ergo ea ratione MINUS EST MA-
»LUS Socinianismo. Muhammedismus ha-
»bet deliria quibus caret Socinianismus, & vi-
»cissim Socinianismus impietates habet quas
»horret Muhammedismus; benignè ergo agi-
»tur cum Socinianis, beneficium eis confertur
»cum solum æquiparantur Muhammedanis, nam
»Muhammedismus Religio est, Socinianismus
»verò si propriè loquaris RELIGIO NON
»EST, nec enim Religio est Christiana,
»nec Judaïca (abjecit enim magnum Religionis
»Judaïcæ principium de non adoranda creatura)
»nec Ethnica, nec Muhammedica; nec denique
»ea quam Religionem naturalem nuncupant,
»quæ Deum & novit & adorat ut mundi Rec-
»torem, animarumque immortalitatem, pœ-
»nas & præmia admittit. Socinianismus non
»ea est Religio ut qui providentiam Dei tollat,
»immortalitatemque animarum & pœnarum
»æternitatem; ergo præcisè eversio Religionis
»naturalis: quapropter post cuncta probè exami-
»nata haud aliter Socinianismus definiri valet
»quàm si dixeris, SPECIEM QUAN-
»DAM DEISMI; nam sicut Deistæ, Socinia-
»ni quòque Providentiam Dei revera destruunt
»Religionumque indifferentiam invehunt for-
»maliter; nec multo pluris faciunt sæculum
»venturum quam Deistæ qui naso illud adunco
»suspendunt. Quod si SOCIANISMUS
»EST DEISMUS, non injuria IMPIE-
»TAS VOCATUR. Socinianismus (k)
»non est Religio quandoquidem omnem Reli-
»gionem destruit, utpote qui essentiam Reli-
»gionis communi diruat. Hæresis Sociniana (*)
»tanto atrocius crimen est eorum scelere qui
»Maximum Regnum, legitimum & immeritum
»de solio deturbatum ad vilissimi omnium man-
»ciporum redigunt sortem, quanto divina na-
»tura superior est quolibet ente creato. Hæ-
»resis (A) Sociniana SPECIES EST
»ATHEISMI, nec minorem culpam involvit
»quam si quis negaret Deum Patrem. Est cri-
»men non (B) absimile crimini quod Pagani in
»verum Deum Israëlis perpetrabant. Cùm Pa-
»gani duo crimina in Deum committerent, alte-
»rum minus, consistens in eo quod naturam
»divinam largirentur rebus ad quas non perti-
»nebat, alterum multo majus; consistens in eo
»quod divinitatem denegerent enti ad quod
»pertinebat, Sociniani hoc alterum majus eo-

rum

(l) Ibid. p. 20.
(m) Ibid. p. 22.
(n) Ibid. p. 24.
(o) Ibid. p. 25.
(p) Ibid. p. 25. & 26.
(q) Ibid. p. 27.
(r) Ibid. p. 35.
(s) Ibid. p. 43.
(t) Ibid. p. 45.
(v) Ibid. p. 64.
(u) Ibid. p. 65.
(x) Ibid. p. 78. & 80.
(y) Ibid p. 84.
(z) Ibid. p. 85.

(a) Ibid. p. 92.
(b) Ibid. p. 102.
(c) Ibid. p. 106.
(d) Ibid. p. 108.
(e) Ibid. p. 109.
(f) Ibid. p. 109.
(g) Ibid. p. 110.
(h) Ibid. p. 111.
(i) Ibid. p. 112.
(k) Ibid. p. 115.
(*) Ibid. p. 137. & sequ.
(A) Ibid. p. 146. 147. & 148.
(B) Ibid. p. 148.

»rum crimen imitantur. Ergo Socinianismus
»ex una parte SPECIES EST ATHEIS-
»MI; & ex altera SPECIES PAGANIS-
»MI, & quidem quæ contineat duorum crimi-
»num PAGANISMI LONGE FLAGI-
»TIOSIUS.

VIII.   Hinc liquido patet Autorem tres gradus severitatis observasse in judicando de Socinianismo.
Cum minima severitate pronunciat, haud multo
pejorem facit eo Muhammedismum; cum seve-
riùs, alterum alteri facit æqualem; cum severis-
simè, Socinianismum facit longe altero deteriorem. Ex singulis ejus sententiis eadem mihi licet
conclusionem inferre, nimirum si salus obtinetur
in Socinianismo, obtineri quoque in Muhammedismo.

Nam 1. si Muhammedismus non multo sit pejor ea Religione in qua quis salvatur, in eo quoque salus obtineri potest, quippe discrimen inter
Religionem mortiferam & salutiferam non potest
esse penes magis & minus; aut saltem non potest
esse exiguum. 2. Si Muhammedismus non sit
pejor ea Religione in qua quis salvatur, sequitur
argumento à pari in eo salutem obtineri posse. 3.
Si sit minùs malus ea Religione in qua quis salvatur, sequitur argumento à majori ad minus in
eo salutem obtineri posse. Ergo velit nolit fateri
debet Autor, cum ejus principia Januam Paradisi Socinianis aperiant, aperire quoque impiis
Muhammedis Sectatoribus.

SECTIO IV.

Probatur quibusdam aliis argumentis ad homi-
nem, salutem obtineri posse in Muham-
medana Religione.

IX.   **II.** Secundum Argumentum peto ex amplitudine & diuturnitate Religionis Muham-
medicæ cùm enim Autor agnoscat pag. 148.
System. eam esse revera Sectam Christianismi,
& aliunde statuat (*a*) ideò Deum non fuisse passum ut Ecclesia Arriana duraret, sed fecisse ut
cito evanesceret, quia non conservabat veritates
ad salutem necessarias, sequitur evidentissimè Religionem Muhammedanam conservasse eas veritates; alioquin nunquam Deus fuisset passus ut acquireret & retineret mille annis & quod excurrit
tantam amplitudinem, quantam ab alia Religione fuisse acquisitam haud temerè reperias. Nihil
dico de tempore futuro, quamquam ut sese dant
res humanæ pro certo habere debemus, eamdem
Religionem per multa adhuc sæcula duraturam;
sed nolim insuper haberi loca in quibus autor rejicit tanquam impossibilem & divinæ Providentiæ injuriam suppositionem Socinianismi valdè
extensi; hoc enim apertè significat omnes Christianismi Sectas quas divina Providentia patitur
diu magnâ extensione gaudere, liberari ab obstaculo propter quod Socinianismus neque crevit neque crescet unquam. Atqui obstaculum non aliud
est quam carentia veritatum saluti necessariarum;
ergo Muhammedismus non caret illis veritatibus;
ergo in illo salus obtineri potest; ergo per 23.
Aphorismum nemo damnatur præcisè qua Muhammedanus.

Nolim etiam prætermitti locum in quo disertis
verbis asserit, (*b*) *si Deus permisisset ut occuparet*
magnam Christianismi partem, & tantum cresceret
quantum Papismus aut Ecclesia Græca, Deum sibi
servaturum fuisse in eo electos. Qui hoc credit de
Socinianismo credere etiam debet de quacunque alia Secta non pejori quin potius minus mala
Socinianismo; ergo Autor vel nescit quid sibi velit, certus est Deum servare sibi in Muhammedismo electos; nam conditio quâ posita certus
esset Deum sibi electos conservare in Socinianismo, realiter existit jam inde à multis sæculis
quoad Muhametismum; Sectam Christianam, ut
ipse quidem existimat, haud paulo minus pravam Socinianismo; dudum enim est cum Muhammedana Religio occupat magnam Christianismi
partem, & plus crevit quàm Papismus, vel Ecclesia Græca. Ergo juxta hypothesim Autoris,
Deus ab eo tempore usque ad hanc diem sibi ser-
vavit in Religione Muhammedana aliquos Electos; ergo per 1. Aphorismum illa est pars veræ
Ecclesiæ, & per 4. non evertit fundamentum
Religionis Christianæ, & per 20. quicunque
ejus dogmata propria atque essentialia credunt &
in praxim redigunt, manent eatenus in via salutis, & per 23. nemo damnatur qua Muhammedanus. Adde quod per 34. nullus error generalis illius Religionis est mortalis.

X.   **III.** Tertium Argumentum, appendix supe-
rioris sic procedit.

Juxta virum supra laudatum, opinio tolerans
(*c*) Socinianismum & opinio tolerans Mahometismum sunt in eodem gradu perversitatis; ergo si
altera non est mortalis, altera quoque non est
mortalis.

Atqui juxta eum opinio tolerans Socinianismum
non est mortalis; nam si esset mortalis nulli
Arriani tolerantes hæresim Arrii fuissent salvati,
contra quàm ipse (*d*) statuit, & Deus non posset
salvare in Communione Sociniana aliquos electos,
contra quàm ipse quoque statit (*e*) dummodo
Socinianismus sit valdè extensus (etenim contradictio est in terminis aliquem vivere & mori in
aliqua Communione quam non toleret) & nemo
posse salvari inter Remonstrantes, quod Autor
procul omni dubio non auderet dicere.

Atqui juxta (*f*) eum opinio tolerans Socinianis-
num est ferè æquè hæretica ac ipse Socinianismus, unde sequitur opinionem tolerantem Muhammedismum parùm differre à Muhammedismo.

Ergo Socinianismus ipse, & Muhammedismus ipse est opinio non mortalis; nam absurdum esset qui semel fassus sit duas opiniones esse
propemodum æquè pravas, asserere deinceps,
alteram esse mortalem, alteram non mortalem.

Breviùs proponatur Argumentum.

Quando nullum ferè est discrimen inter duas
opiniones, altera est salutifera, si altera sit salutifera.

Atqui juxta Autorem nullum ferè est discrimen
inter opinionem tolerantem Socinianismum, vel
Muhammedismum; nullum omnino est discrimen inter opinionem tolerantem Socinianismum
& opinionem tolerantem Muhammedismum.

Ergo si opinio tolerans Socinianismum non est
mortalis (non esse verò talem paulo ante ipsi probavimus ad hominem) Muhammedismus non est
mortalis; ergo in eo salus obtineri potest, quod
erat probandum.

XI.   **IV.** Quartum Argumentum petitur ex eo quod
va-

(*a*) Vide supr. tract. 2. Sect. IV. n. 8.
(*b*) Supr. tract. 2. Sect VI. n. 19.
(*c*) Jugem. sur les méthod. p. 95. 96.

(*d*) Supr. tr. 2. §. IV. n. 10.
(*e*) Supr. tr. 2. §. VI. n. 19.
(*f*) Supr. tr. 2. §. IV. n. 15.

validissimè probemus sive adversus Judæos, sive adversus Gentiles, & Libertinos multas veritates lumine naturali non cognitas, per consensum Muhammedanorum, verbi gratia, quæ illi fatentur de miraculis Jesu-Christi, deque ejus narivitate ex intacta Virgine, de ascensione in Cœlum, de vera & genuina ejus Missione qua Messiæ Judæis promissi in Veteri Testamento, suppeditant Christianis solidissimas objectiones tum contra ipsos Muhammedanos, tum contra alios incredulos. Ipsemet Autor procul dubio eas adhiberet si cum talibus adversariis in arenam descenderet. Cum verò adversus Idololatriam Pontificiorum disputat, gloriatur, ut passim Scriptores Protestantes, consensu nobiscum Muhammedanorum in eliminandis à cultu Religionis simulacris omnibus, oneratque Ecclesiam Romanam invidiâ Christianæ Religionis contemptui & odio expositæ Muhammedanis, qui Christianis insultare ut Deum suum comedentibus soleant. Atqui juxta ejus principia id insulsè & damnosè sit si supponamus Muhammedanam Religionem fuisse Satanæ mancipatam, & Spiritui Divino subductam conservatori veritatum fundamentalium; ergo Spiritus Sanctus in eo conservavit veritates fundamentales, ideoque per 2. Aphorismum salus in eo potest obtineri, & per 23. nemo Muhammedanus damnatur qua Muhammedanus.

Multum abest ut tanta indulgentia sit in eam Religionem Jacobus Cappellus, vir cæteroquin mitis erga Muhammedanos, de quibus ita loquitur (g) alicubi. *Mahumetani*, inquit, *non maledicunt, neque patiuntur quemquam impunè maledicere Christo, quin & volunt eum aliquando fuisse fundamentum pietatis & Religionis, sed Deo visum ei substituere Mahometem. Ita dici quodammodo potest peccare potius in fundamento, quàm in fundamentum, quamquam horum errorum alter alterum trahit.*

Quid quod licet nolit fateri Systematis Autor remansisse in Mahometismo veritates fundamentales, non tamen consequenter ratiocinando contendere valet salutem in eo non obtineri; eam enim conclusionem ipsi adimit ultimus probatus Sectione ultima 2. Tractatus. Hæc verò observatio & pro Judaïca & pro Ethnica Religione militare potest.

Possem novum Argumentum depromere ex crudelitate quam objicit Pontificiis damnantibus tot Communiones diversas; sed facile poterit Lector applicare hîc vim illius Argumenti in ultima Sectione debite explicati.

SECTIO V.

Probatur de Religione Ethnica id ipsum quod de Judaïca & Muhammedana jam probatum est. Primum argumentum petitur ex eo quod Systema Autoris reddat veniale quidquid est turpitudinis in Paganismo. Vindicatur hoc argumentum à tribus exceptionibus.

Quædam sunt argumenta quibus uti ad vitandam prolixitatem supersedebo licet non parum sint valida. Exempli causâ supersedeo ab ista ratiocinatione; Romani plusquam annos 170. ex instituto (a) Numæ Pompilii Deum absque ullis imaginibus coluerint, quam rem Veteres Patres non semel adhibuerunt tanquam ar-

gumentum ad hominem adversus Idololatriam. Nullus dubito quin Autor hoc telum vibrare sit paratus cum adversus Gentiles, tum adversus Pontificios controversiam de Imaginibus examinando. Ergo juxta ejus hypotheses prisci illi Romani Numæ institutum sequuti non fuerè Societas Satanæ mancipato, & patrocinio Spiritus Sancti destituta, alioquin plus noceret eorum consensus quàm faveret bonæ causæ Iconoclastarum. Illi tamen Romani si fuerunt in via salutis argumento sunt invicto Religionem Gentilem esse in via salutis; non enim alterius erant Religionis quàm Ethnicæ, nec ullus superstitiosus abominando falsorum Numinum cultui addictissimus inferos metuere debet, si Numa Pompilius salvatus est, ergo &c.

Sed quàmvis nolim hisce animadversionibus immorari, observabo tamen hinc subodorari posse Autorem quàm perniciosam objectionem proposuerit Jansenistis, & Orthodoxiæ funestam futuram si ejus principio esset acquiescendum, quando inferre præsumpsit ad hominem Schismaticos Græcos esse partem veræ Ecclesiæ, ex eo quod ipsorum cum Pontificiis consensus quoad Transubstantiationem in medium fuerit allatus tanquam veritatis Index. Vult enim ejusmodi consensum tunc solum posse valere, si Communiones illæ Schismaticæ peculiari Dei beneficio fruantur conservantis sedulo veritates salutiferas; si vero sint Communiones avulsæ à vera Ecclesiâ, & Satanæ traditæ, tunc earum consensum notam esse falsitatis, nec magis juvare causam Pontificiam, quam juvet eam consensus Indorum, Sinensium, Americanorum cum Pontificiis in adhibenda simulacra in cultu religioso. Tantum abest, inquit, (b) vir supra laudatus, ut ea Pontificiæ Religionis cum omnibus Gentilitatis Sectis conformitas, probare possit cultum Imaginum ut è contra vel ideo rejiciendus veniat quod in Societatibus habeat locum reprobatis à Deo, & Spiritui erroris derelictis. Profectò sic ratiocinatus in duo hæc præcipitia ruit, alterum, quod ansam præbeat profanis & impiis flocci faciendi argumentum solidissimum quo probamus existentiam Dei, providentiam, immortalitatem animæ, pœnas & præmia sæculi futuri, desumptum ex consensu unanimi omnium populorum; alterum, quod non possit argumentari in gratiam nostræ Religionis, ex consensu aliarum, quin supponat illas alias Religiones esse in via salutis, & sub Regimine Spiritus Sancti.

Non me later quod excipit circa illud prius; nempe providentiam, existentiam divinam, immortalitatem animæ, veritates ex conscientia & lumine naturali emanantes, posse probari collectione testimoniorum societatum reprobatarum, sed nonne Libertini armati ejus responso ad argumentum quod quis vellet mutuari pro Imaginibus, ex consensu omnium Gentium, enervarent collectionem eam testimoniorum, dicendo *quid vis faciam consensu Societatum quas ipsemet fateris, à Deo fuisse reprobatas, & Spiritui erroris mancipatas?* Ut prætermittam hypotheses eò nos ducere ut credamus ubicunque providentia divina impedivit ne veritates Religionis naturalis delerentur, ibi Deum aluisse quosdam electos; si enim nec sapientia nec bonitas Dei, ut ipse quidem existimat, pati queant ut cognitionem sui & annunciationem Sacræ Scripturæ conservet in Societatibus in quibus nullos habet electos, haud utique

(g) In Cap. 3. prio. Epist. Petri v. 21.
(a) Vide August. de Civit. Dei l. 4. c. 31. & ibi Commentatores.
(b) System. p. 135.

utique pati possunt ut revelationem naturalem, seu, quod idem est, veritates Religionis naturalis semper conservet in Societatibus ubi nullos habet electos, quippe ille labor irritus caderet, quæ esset summa imprudentia, & nihil aliud hominibus conferret, quam quod redderet eos magis excusatione indignos, quæ esset summa crudelitas, (sic ratiocinari docet nos (c) vir supra laudatus) ergo fateri debet Deum habere electos in omnibus Religionibus, ex quo sequitur omnes veras per 1. Aphorismum & per 23. neminem damnari præcisè quatenus membrum cujuspiam Religionis. Quid inde sequatur in gratiam Paganismi haud opus est dicere.

XIII.   I. Sed ut paulo acrius ipsum urgeam, sic argumentor.

Religio in qua salus obtineri potest nihil docet quod sit mortale.

Atqui ex probatis hucusque in Religione Pontificia, Sociniana, Judaïca, & Mahometica, salus obtineri potest.

Ergo illæ Religiones nihil docent quod sit mortale.

Atqui si nihil docent quod sit mortale, Religio Ethnica nihil quoque docet quod sit mortale.

Ergo salus obtineri quoque potest in Religione Ethnica.

Major illius Prosyllogismi tam clara est ex se, ut nulla probatione indigeat, atque adeò nihil probandum superest præter consequentiam subsumpti. Illa verò facilè probantur, quisquis enim vel mediocri attentione perpendet gravitatem errorum flagitiosissimorum quos docent Ecclesia Romana, Sociniana, Judaïca, & Muhammetica, agnoscet nullum errorem posse esse mortalem, si illi non sunt mortales. Nam quid, quæso, poterit esse lethiferum, si peccatum veniali sit duntaxat 1. horrenda illa malorum colluvies quibus tanquam tredecim lineamentis iconem nobis delineavit Ecclesiæ Romanæ vir (d) supra laudatus? 2. Funestissima illa Religionis Christianæ eversio, & in Jesum-Christum nefaria perduellio, cujus idem Scriptor Socinianam Sectam postulat Sect. 3. istius Tractatus. 3. Execrandæ Judæorum blasphemiæ in Jesum-Christum quem Impostorem, Magum, & quid non, fuisse asserunt. 4. Turpissima adhæsio Muhammedanorum pseudoprophetæ audacissimo, impurissimoque, ac Religionis Christianæ eversori tam violento, ut passim Turcæ hostes nominis Christiani κατ᾽ ἐξοχὴν audiant, quique Regi Galliarum maximam invidiam conflare satagunt, nulla se id consequi dudum via magis compendiaria sperent, quam si occulta cum Aula Ottomannica fœdera ipsi intercedere persuadere valeant.

An si impune liceat vexilla sequi Antichristi sese afferentis supra quidquid vocatur Deus, prohibentis quæ Deus imperat, imperantis quæ Deus vetat, & scortari cum meretrice Babylonia quæ blasphemias vomit in Deum & Sanctos ejus, ferroque flammisque sævit truculentissimè in veram Ecclesiam Christi non impunè licebit adorare Jovem, Neptunum, Minervam & Venerem?

At si impunè liceat universam Religionem Christianam & Scripturam Sacram evertere, eamque Sectam profiteri quæ Deismus est, impietas, species Atheismi ex una parte, species Paganismi ex altera, quæque Jesu-Christo atrociorem infinities injuriam affert, quam sit injuria om-

nium Regum maximo illata quem subditi cloacis purgandis vitam tolerare cogunt, quæ, ne multus sim, Deum colit ridiculum; larvam Divinitatis, longè deteriorem Deo Epicuri, quem Ethnici noluissent approbare, vix Jove Ethnicorum perfectiorem, an, inquam, si impunè liceat Socinianismum, quæ talis est Secta profiteri, non licebit impunè profiteri Religionem antiquæ Romæ & Græciæ, & hodiernorum Sinensium & Japonensium?

An si impunè liceat Jesum-Christum detestari ut summum Impostorem & Cacodæmonis Organum, & plena cera subscribere sententiæ quæ illum cruci affixit, universamque adeo Religionem Christianam abominari, non licebit impunè adorare Bahal, Venerem, Solem & Sydera, imo Molochum victimis humanis placare?

An si impunè liceat nomen dare impudicissimo Muhammedi, & in ejus Impostoris ex omni vitiorum importunitate concreti verba jurare post dejectum Jesum-Christum è solio, ablatamque ipsi non modo naturam divinam, quæ species est Atheismi, sed etiam Capitis fidei nostræ & Consummatoris conditionem, non impune licebit in honorem Veneris scortari, Gentilitatisque adeò esse membrum?

Habemus confitentem reum. Ultro nobis largitur Autor, salutem obtineri posse in Religione naturali, si possit obtineri in Sociniana, & Deum Stoïcorum, Platonicorum, imo Epicureorum præstare Deo Socinianorum, cùm ergo fateatur Professionem Socinianismi non obstare saluti, saltem quando Socinianismus supponitur valdè extensus, vel egressus ex illo impossibilis, hoc est (si quidem velimus Autorem non prorsus nugari) quando Socinianismus supponitur eodem modo stabilitus quo Gentilismus est in Oriente, fateri debet Professionem Gentilismi non esse obstaculo saluti æternæ in India, ex quo sequitur Gentilismum non esse naturâ sua Religionem mortalem; ergo neminem damnari præcisè quâ membrum illius.

Clariùs patebit hæc doctrina post refutatas omnes exceptiones quibus verisimile est virum supra laudatum usurum esse.

Dicere poterit 1. ignorantiam Jesu-Christi insuperabile esse impedimentum ne Pagani salvi fiant, cum nullum aliud nomen sit sub Cœlis, teste Sacra Scriptura, per quod salvari quis possit, quam nomen Jesu-Christi, hæcque sit vita æterna, cognoscere Deum Patrem solum verum Deum, & quem misit Jesum-Christum, teste eadem Scriptura. Sed quàm hæc ratio solida est ab alio Theologo Reformato proposita, tam absurdè proponitur ab eo qui convictus sit agnovisse pro vera Ecclesia in qua salus obtinetur, Communionem Antichristi Apocalyptici, & meretricis Babyloniæ, Bestiæ illius ex abysso ascendentis quâ nullus potest esse adversarius alius Christo infensior. Nemo sanæ mentis non videt plus lædi Jesum-Christum ab iis qui militant Antichristo illi qui ejus sedem & jura invasit, quàm ab iis qui prorsus ipsum nesciunt; ergo si rebellio illorum qui talem Antichristum sequuntur, tyrannum Ecclesiæ Jesu-Christi, raptorem ejus Imperii, constupratorem ipsius sponsæ, non sit obstaculo saluti, ignorantia Evangelii in qua versantur Gentiles multo minus officit vitæ æternæ.

Sed præterea non potest is Scriptor ignorantiam

tiam

(c) Vide supr. Tract. 2. Sect. VI. n. 23. & Sect. 1. n. 1. hujus Tractat.

(d) Supr. Tract. 3. Sect. 9. n. 24.

tiam illam veluti causam damnationis obtrudere erga Ethnicos, qui convictus sit argumentis ad hominem, aperuisse viam salutis Arrianis & Socinianis, qui propriè loquendo Christum nesciunt, nec non Judæis & Muhammedanis qui apertè Christum rejiciunt, illi ut Impostorem, isti, ut cassum munere suo ab eo tempore quo Muhammetes novam legem condidit. Dico Arrianos & Socinianos nescire Jesum-Christum, nec vereor ne id mihi succenseat Systematis Autor, appositè enim & mirum quàm consentaneè ad ejus hypotheses loquar, si dixero multo magis forè expertes cognitionis Papæ Innocentii XI. qui crederent illum esse guttam vini, quàm sint expertes cognitionis Jesu-Christi qui illum credunt esse merum hominem. Sicut ergo quod vulgo observant Philosophi, qui Lupum se videre credunt ubi est canis, non canis, sed Lupi sensationem habent, & sicut pictoris qui volens pingere equum, pingit asinum, opus est imago asini non verò equi, ita Sociniani qui pro filio Dei æterno & consubstantiali Patri quem debent cognoscere; ideam sibi formant Filii Dei meræ Creaturæ, non cognoscunt Jesum-Christum, & ut iterum dicam longè magis distant ab ejus cognitione, quàm distarent à cognitione Innocentii XI. si guttam vini sumerent pro illo. Idem dicas de Muhammedanis. Quod si Arrianis, Socinianis, & Muhammedanis, non fraudi sit ignorantia Jesu-Christi quâ laborant, quominus salventur, unicuique in promptu est colligere Paganos non esse extra viam salutis, ideo præcisè quod Jesum-Christum non cognoscant. Eo magis impune ferent Ethnici juxta hæc Systemata quàm alii, quo gravior est ignorantia positiva, sive judicium falsum, quàm ignorantia negativa, sive absentia cujuscunque notionis, quo in statu nec benè nec malè judicas de objectis.

XIV. Dicere poterit 2. Argumentis ad hominem posse duntaxat confici adversus se eos qui viverent in Gentilitate, sed instructi verâ fidem occultè verum Deum juxta Evangelium coletent salvari posse, me verò in eum invehi quasi salvantem Ethnicos qua Ethnicos. Frustra esse hanc exceptionem eò diligentius ostensum, eo, quod si bona esset, magno ipsi esset usui etiam in solvendis objectionibus circa salutem aliarum Religionum.

Dico igitur per hanc exceptionem impugnari præcipuè principium quod ego & ad hominem, & lumine naturali fretus supposui passim, eos qui bona fide profitentur falsam aliquam Religionem levius peccare quam qui eandem profitentur adversus dictamen conscientiæ. Huic principio innititur Aphorismus 33. & hinc manifestè sequitur, cum vir supra laudatus fateatur in Communione Pontificia & Sociniana salvari posse eos qui intrinsecus sani sunt, salvari ab ipso Pontificios & Socinianos bona fide tales. Sed ecce quid reponat hac 2. responsion qua ipsum utentem inducimus; dicit larvatos illos Pontificios & Socinianos delere occulta pœnitentiâ flagitium suæ hypocrisis, cæteros verò obire impœnitentes; ergo licet in falsis quibuscunque Religionibus salvari possint aliqui, neminem tamen salvari posse quâ Gentilem & Muhammedanum, &c.

Duobus modis ostendo futilitatem istius responsi; 1. quia rectæ rationi, Analogiæ fidei & expressis Redemptoris nostri verbis adversatur, si quis supponat Orthodoxum qui per totam vitam veritatem in injustitia detinet, Jesum-Christum negat coram hominibus, & quoad exteriora agit sequacem Antichristi Apocalyptici, vel hæreseos

Socinianæ, speciei Atheismi, puri puti Deismi, vel Judaïcæ, vel Muhammedicæ, vel Paganicæ impietatis, esse potius in via salutis, beneficio pœnitentiæ, quàm Orthodoxos qui per totam vitam mechantur, furantur, gulæ & abdomini serviunt, &c. sicut ergo exemplum boni latronis tum Jesu-Christo crucifixi non impedit ne homines scelerate & turpiter viventes ad extremum usque vitæ spiritum habeantur pro reprobis, eorum occultâ pœnitentiâ inter res valdè dubias & rarissimas positâ, sic malè opinandum venit de pœnitentia eorum qui contra dictam conscientiæ, os, manus, & oculos exteriori impietatis professione conscelerant per totam vitam, meliusque sperandum de salute eorum qui sequuti sunt lumina conscientiæ.

Dico insuper non posse Autorem eò recurrere quoad Pontificios quin ipse universum Systema diruat suum; nam si nemo salvari potuit qua Pontificius, sequitur salutem non potuisse obtineri in Communione Romana aliter quàm in Muhammedana, Judaïca, Ethnica. Quod si res est, nihil absurdius, & fœdioribus contradictionibus scatens fingi potest quàm Systema Ecclesiæ Juriëanum, ut legenti quæ supra toto Tractatu 1. probavimus, fiat manifestum; ergo vel Autor chartam maculavit duntaxat figuris atris nescius quid faceret, vel credit Pontificios quâ tales fuisse salvatos. Si verò qua tales sunt salvati, idque ob rationes quibus Systema innititur, Sociniani qua tales salvantur; si Sociniani, ergo & Muhammedani multo magis, Judæi quoque & Ethnici, omnes qua tales salvantur.

XV. Dicere poterit 3. in Communione Pontificia remanere veritates multas salutiferas; ergo non sequi si in Papismo aliqui salvantur, aliquos etiam salvari in Gentilitate orba & nuda ejusmodi veritatibus. Istud quoque frustra excipitur; nam si professio purioris Orthodoxiæ non impedit quominus adulterium, furtum, homicidium, parjurium sint peccata mortalia, & adeò non impedit ut reddat quoqne ea peccata gravioribus pœnis digna, (quippe cæteris paribus ea peccata à viro commissa Orthodoxo gravius merentur suplicium quam commissa ab Ethnico) non poterit utique quod restat veritatis Christianæ in Papismo minuere culpam sequacium Antichristi, scortantium cum meretrice Babylonia, & toto se proluentium poculo ejus abominationum, ebriæ sanguine Martyrum Jesu-Christi, sed è contra residuæ illæ veritates reddent istiusmodi scortationes peccatum magis mortale; ergo si tale peccatum non obstet saluti, non obstabit etiam malum quo infecta est Religio Paganica. Si velit causari bonam intentionem Papistarum, licet, Paradisum aperit omnibus fide bona errantibus, Tros Rutulusve fuat, nullo discrimine habetor.

S E C T I O V I.

Vindicatur Argumentum à 4. exceptione, & ostenditur Idololatria novæ Romanæ, seu Christianæ, non esse minor quàm Idololatria veteris Romæ, seu Ethnicæ, & Socinianismus continere totum Paganismum.

XVI. Dicere poterit 4. tam esse abominandam Idololatriam Gentilium, ut non inferri debeat ipsorum salus ex salute Pontificiorum. At cito tempus erit magno cum optaverit emptum intactum istum sermonem; illic Autorem præstolabar. Sic enim ratiocinari mihi fas est.

Si quid excludere posset Paganos à Paradiso, maximè eorum Idolatria.

Atqui eorum Idololatria non debet eos excludere à Paradiso juxta autorem.

Ergo juxta eum nihil debet eos excludere à Paradiso.

Major est certa, quippe veteres Christiani nihil tam culparunt in Ethnicis quàm immodicam & vitiabilem; ergo innumerabiles Deos superstitionem, ut vel in primis observare est in aureo Sancti Augustini de Civitate Dei Volumine. Nec mitiores priore Patres, nam Tertulliano Idololatria audit *Principale crimen generis humani, & summus saeculi reatus*, Cypriano vero *summum delictum*. Multa ejusmodi testimonia non coacervabo quod facile esset: consulat Lector Theophili Raynaudi Hoplothecam pag. 44. & Miscellanea super Cometis Gallicè vulgata anno 1683. pag. 340. §. 116.

Minor, in qua sola residere videtur difficultas, non minus certa est, quippe si Pagani damnarentur ob suam Idololatriam, & Pontificii non damnarentur ob suam, oporteret Idololatriam Ethnicam multis nominibus pejorem Pontificia; atqui secundum Hypotheses Autoris Ethnica nihilo pejor est quam Pontificia, cum ergo ex ejus Systemate sequatur necessario Idololatriam Pontificiam non esse peccatum mortale, ut invictissimè dedimus probatum, fateri debet Ethnicos non excludi è via salutis, ideo quod sint Idololatrae.

Si quis dubitet an juxta Autoris placita Pontificiorum Idololatria sit tantum crimen quantum Idololatria Ethnicorum, consulat, quaeso, Sectionem 11. secundi Tractat. & speciatim n. 42. ubi vir supra laudatus Idololatriam Ethnicorum se habere dicit quemadmodum fornicationem, Idololatriam verò Pontificiorum quemadmodum adulterium. Hinc liquido patet istorum Idololatriam scelus esse multo majus nedum ut sit minus Idololatria illorum. Id ipsum conficeremus ex ejus doctrina quàm facillimè, etiamsi nihil colligere vellemus ex illa cultus idololatrici cum adulterio, vel fornicatione comparatione.

Nam, ut jam supra observatum Sectione proximè laudata, cultus quem Pontificii praebent statuis, & imaginibus aeque terminatur juxta Autorem in illis, ac cultus quem Ethnici praebuerunt & praebent statuis & imaginibus. Ergo & apud illos & apud hos verè ex aequo adoratio lapidis & ligni, nec inde elicere datur aliquod discrimen in gratiam Pontificiorum quod illi nequaquam intendant colere lapidem & lignum, sed illud ens cui simulacra consecrata sunt, hoc, inquam, nullum suppeditare valet discrimen, quia, ut Autor passim in suis libris observat, Ethnici quoque suum cultum referebant & referunt non ad materiam simulacrorum, sed ad ens cui simulacra consecrata sunt; unde ulterius infertur non incommodare posse causae Ethnicorum qualitates objectorum quae colere intendunt quae objecta vel homines fuere flagitiosi, vel fictitia stercorea ve numina, cum è contra Pontificii colere intendant entia vero Deo charissima, vel ipsum verum Deum trinum persona, unicum natura; etenim si eo nomine causa Ethnicorum fieret deterior, sequeretur necessario, contra quàm accerrimè disputavit Autor saepius, honorem à Pontificiis redditum simulacris esse, Deo judice & interprete, honorem ipsi Deo aliquatenus redditum; quod si res esset, tum profecto nulla superesset ratio quare non diceretur honor in solidum Deo redditus juxta mentem Pontificiorum, quo semel posito evanes-

ceret protinus è cultu Romano ratio Idololatriae Ergo vel delere debet Autor quaecunque scripsit in Idololatriam Pontificiam, vel fateri nullam partem honoris redditi simulacris è Pontificiis, accipi à Deo ut redditam prototypo; ergo totum illum honorem esse cultum simulacrorum; ergo nihilo esse levius crimen quam sit Idololatria Ethnica.

Nec dicas ab Aegyptiis non modo fuisse adorata cepas & allia, sed etiam *strepitus per pudenda* (a) *corporis expressos*; nam quidquid opinio nostra statuat de pretio, vel de vilitate quarundam materiae portionum, certum est nullum corpus esse physicè praestantius altero; si ergo marmor, lignum, aurum, ex quibus fiunt statuae Divorum, possint adorari impunè, nulla est materia quaecunque tandem illa sit, è cloacis desumpta, aut ex locis si quae sint, foedioribus, quae non ex aequo impunè adorari valeat. Panis equidem respectu nostri corpus est utilissimum, utpote cibus maximè necessarius, ideoque pluris sit quam lutum ab hominibus, sed absolutè non melior est luto, neque adeò adoratio panis caeteris paribus, minus induit rationem Idololatriae quàm adoratio fimi, vel luti. Cum itaque Autor fateatur cultum latriae quem Pontificii reddunt Sacramento Altaris, ut loqui amant, esse puram putam adorationem panis, & quidem adorationem latriam dictam qua nulla potest esse sublimior, fateri debet Idololatriam Pontificiorum aequalem esse saltem, si major non sit, cuicunque Idololatriae Paganicae, ne cultu quidem excepto praebito ut numini cuidem, ventris crepitui. Quin etiam adhaeret Idololatriae Pontificiorum nescio quid absurdi propter quod vulgo eis objiciamus ne ipsis quidem Infidelibus videri eam posse tolerabilem, quocirca & verba Ciceronis ex libro 3. de natura Deorum *Ecquem tam amentem esse putas qui illud quo vescatur Deum credat esset*, objicimus, & dictum illud Averrois, *nunquam vidi Sectam aut stultiorem aut ludicram magis quàm Christianam qua quod edit adorat*. Fuere quidem inter Ethnicos qui quaedam edulia pro numinibus haberent; at illi neque talibus cibis vescebantur, neque, quod sciam, tali honore dignabantur edulia arte facta, sed solum naturalia, & aliis Ethnicis passim contemptui erant, unde illud Juvenalis Satyr. 15.

Porrum & Cepe nefas violare & frangere morsu.
O Sanctas Gentes, quibus haec nascuntur in hortis Numina!

Pontificii ergo hac in parte videri debent Autori longe turpiores Ethnicis. Sed multitudine forte an Numinum superior est Idololatria Gentilis. Cavesis hoc affirmare, nam neque Judaei illi quos, ut ait Protomartyr Stephanus, Deus tradidit servire militiae Coeli (*à la Gendarmerie des Cieux*) nec illi in quo ea Sacrae Scripturae exclamatio, *Tot habuistis Deos quot Urbes*, nec denique Pagani tempore eo quo Petronius dixit, *facilius est Deum quàm hominem invenire*; & Plinius, *major Coelitum Populus etiam quàm hominum*, plures coluere Deos quam Pontificii. Etenim si, ut nos contendimus, illud quod ab ipsis adoratur non sit Jesus-Christus quem illi adorare volunt, sed panis & vinum Eucharistiae, sequitur numerum Deorum quos illi adorant tantum esse quantus est numerus particularum panis & vini consecrati

quo-

XVII.

(a) Vide Octavium Minuc. Foelic. Caesarium dis. 1.   Hieronym. in Esaïam lib. 13.

quotidie ubicunque celebratur Missa ; quæ multitudo Deorum numero differentium , ea procul dubio est , ut attendenti patebit , cui & maris & terræ numeroque carentis arenæ mensorem illum Architam Tarentinum computandæ imparem non injuria dicamus. Adde si velis tot Sanctos & Angelos, tot Reliquias, tot Simulacra , objecta (ut in Ethnicismo Dii Indigetes & minorum Gentium) cultus Religiosi.

Vereor ne sine necessitate probare videar Autori Systematis Idololatriam Ethnicam non esse pejorem Pontificia , cum ille & in libro Præjudiciorum & in Complemento Prophetiarum sine ullis ambagibus dixerit & ostendendum susceperit Papismum esse PAGANISMUM REDIVIVUM , quam assertionem adeo non leniit ob querimonias Meldensis Episcopi , ut etiam acriorem reddiderit. *Habeo,* (*) *inquit ; Religionem · Romanam pro PAGANISMO ÆQUE CRASSO ac fuit Paganismus Græcorum & Romanorum . . . . Hæc est accusatio quæ Episcopum Meldensem irritat , dicimus ejus Religionem ETHNICAM , sed per Deum immortalem , mi Fratres , spretis civium vestrorum clamoribus , firmi manete in eo puncto , proque certo habetote PAPISMUM ESSE VERUM PAGANISMUM , Papistas esse , ut dictum ab Usserio magno illo Archiepiscopo Armachano PAGANOS illos quibus atrium relictum est proculcandum per 42. menses , & PAGANOS sextæ tubæ quibus plagæ præcedentes pænitentiam non dederunt , quique non cessarunt adorare Dæmones ; vel Genios Mediatores , & Idola aurea ac argentea.*

XVIII. Prodiit ante aliquot annos liber Angelicus, sub Titulo *Juliani Apostatæ,* cujus Autor vir. sanè doctus , & Orthodoxiæ custos rigidusque satelles fusè probat Ecclesiam Romanam non modo esse æque pravam ac Ethnicam , sed etiam longè pejorem , ac speciatim Idololatriæ nomine ; nec solum in ea se esse sententia profitetur , sed illam quoque tribuit Universæ Ecclesiæ Anglicanæ. Haud mediori applausu exceptus liber Gallicè versus est duabus Appendicibus locupletatus ab Interprete , in quibus idem Argumentum prosequutus , intendit probare Diabolum in una Ecclesia Romana fabricanda impendisse coadunatum quidquid mali sejunctim intrusit in Judaïsmum , Muhammedismum , & Paganismum. Nullus dubito quin Autor Systematis totum hunc librum unicè exosculetur. Non ergo necessarium est ipsi probare hanc consequentiam , *si salus obtinetur in Ecclesia Romana , obtinetur quoque in Paganismo.*

Non minus supervacaneum est corroborare meam Thesim in hunc modum ratione petita ex descriptione Socinianismi quam Autor supra exhibuit nobis.

XIX. Si Socinianismus est merus Deismus quoad aliquam sui partem , sique Deus Socinianorum talis est qualem Ethnici nollent approbare , lärva Divinitatis , non multo perfectior homine , valdè ridiculus & longè deterior Deo Epicuri , vix Jove Ethnicorum perfectior (hoc est Jove incestis amoribus , mascula venere , stupris , & adulteriis majorem in modum contaminato) denique Socinianismus est eversio Religionis naturalis , species quædam Deismi , species Atheismi ex una parte ,

& ex altera species Paganismi quæ contineat maximum scelus Religionis Ethnicæ , & tamen in Socinianismo salus obtineri potest , sequitur salutem obtineri posse in Paganismo.

Atqui verum prius , ut supra probatum est : Ergo & posterius.

Miror virum supra laudatum ex duabus præcipuis Paganismi impietatibus alterum duntaxat Socinianismo tribuisse ; nam si consequenter philosophetur utramque debet tribuere , atque adeo statuere peccare Socinianismum tum quia naturam divinam adimat Enti eam possidenti , tum quia eamdem conferat Enti non eam possidenti. Etenim nemo juremerito dixerit naturam divinam pertinere ad Ens deterius Deo Epicuri , vix Jove Ethnicorum perfectius , non multo præstantius homine , Divinitatis larvam , &c. Cum ergo juxta Autorem Sociniani pro summo Numine habeant Ens ejusmodi , sequitur conferri naturam Divinam ab ipsis non vero Deo , figmento suæ imaginationis , & Idolo aut Chimeræ , prout ab Ethnicis factum. Ergo nullo non Paganismi crimine pollutus est Socinianismus , præsertim cum Jesu-Christo quem neget esse Deum , divinos honores tribuat.

SECTIO VII.

Exponitur 2. Argumentum probans ad hominem salutem Paganorum , ex iteratis exprobrationibus crudelitatis quas Autor Systematis Ecclesiæ Romanæ impegit.

Illud ipsum quod basis est ac fundamentum Systematis Dordraci vulgati , suppeditabit mihi coronidem seu fastigium hujus operis.

Magna & Universalis ratio cui Systema Juriëanum inuititur ita fere se habet.

XX. Qui veram Ecclesiam dicunt esse unam Societatem exclusis quibuscunque aliis , rem dicunt qua nihil unquam crudelius absurdiusque dictum est , quam ipsimet non credunt , sed propugnant ex arcano politico nec non astutia diabolica, uno verbo ea crudelitate horridam quæ sola probare possit Ecclesiam hoc dicentem esse (A) DEO INIMICAM, CHRISTO OPPOSITAM ET DAMNATIONIS VIAM.

Ergo dicendum est veram Ecclesiam per varias Communiones esse disseminatam , nec aliter vitari potest supradictæ crudelitatis ignominia.

Hinc ergo *ad hominem* Achilleum prorsus argumentum depromo pro salute Ethnicorum ; quod priusquam dilucido , observare juvat, illam crudelitatis accusationem fore nullam si Deus salva sua bonitate damnare posset omnes Societates præter unam ; unde enim proveniret crudelitas dicentium omnes præter unam Communiones extra viam salutis esse positas , si hoc esset verum ? An ex eo quod optarent & gauderent rem sic se habere ? Sed non hîc est status quæstionis , neque supponit Systematis Autor eos quibus dicam crudelitatis impingit optare damnationem cæterarum omnium Societatum , eaque lætari ; supponit simpliciter eos illam credere. Cum igitur illorum opinio non possit juremerito vocati crudelis , si referat solum ea quæ Deus decreverit , sequitur totam crudelitatem illius sententiæ inde oriri quod Deo tribuat decreta crudelissima. Sic

ergo

<hr>

(*) 14. *Lettr. Past. de la* 3. *ann.* p. 317.
(A) Vide supr. tract. 1. sect. 2. & *Traité de l'Unité de l'Egl.* 369. 370. non hîc refero totum locum ; amputandæ sunt quædam clausulæ , ut quæ nihil ad rem , ne quid dicam. Vide infr. p. 881. col. 2.

ergo resolvenda venit Autoris raciocinatio.

Qui veram Ecclesiam dicunt esse unam Societatem exclusis quibuscunque aliis Deum faciunt Ens adeò crudele, ut vel hinc pateat eos esse Dei & Jesu-Christi inimicos, & viam Inferorum sequi.

Ergo dicendum est veram Ecclesiam per varias Communiones esse diffusam.

XXI. II. En jam meum secundum Argumentum *ad hominem* pro salute Ethnicorum.

Juxta hypothesim viri supra laudati, ideò falsissimum & absurdissimum est, Ecclesiam in qua salus obtineri potest, esse unicam Societatem, quia hoc imputat Deo immanem sævitiam.

Ergo omne dogma imputans Deo immanem sævitiam est falsissimum & absurdissimum.

Atqui si dogma statuens salutem in una duntaxat Communione Romana obtineri, imputat ut ille supponit, Deo immanem sævitiam, quicunque damnant omnes Ethnicos, imputant Deo immanem sævitiam.

Ergo juxta illius hypothesim, falsissimum & absurdissimum est omnes Ethnicos damnari.

Est abhuc fateor, in recessu evidentia istius argumenti, sed non erit valdè difficile eam ponere in propatulo. Observandum solum est 1. qualitates morales sive bonas sive malas non censeri diversæ speciei quando non aliter differunt quàm secundum magis & minus; verbi gratia nemo censetur castus, ideo præcisè quod non sit tam impudicus quam qui est impudicissimus; nemo censetur mansuetus aut misericors ideò præcisè quod non tam barbarus est quam qui crudelissimus. 2. Doctrinam quæ salutem includit in una Communione Romana, doctrinam quæ damnat omnes Ethnicos non posse inter se differre nomine crudelitatis nisi secundum magis & minus, ut patebit examinanti amplitudinem quam habuit Paganismus ab initio mundi usque ad Prædicationem Evangelii, & amplitudinem quam habuit deinceps usque ad hanc diem, imminutam equidem, sed tamen valdè insignem, & ita imminutam, ut bona pars decrementi nihil quidquam faciat ad imminuendam crudelitatem qua de agitur, cùm Muhammedismus qui crevit parte illius decrementi Religio sit infidelis & salutis exsors.

XXII. His positis evidens est si crudelitas damnantis omnes Communiones præter Romano-Catholicam sit summa, crudelitatem damnantis omnes Ethnicos esse quoque summam, vel parum à summa distare; nam qui damnat Ethnicos, damnat quoque Judæos omnes qui vixerunt post annunciatum Evangelium, & omnes Muhammedanos. Si quis vero Chronologiam & Geographiam consuluerit, nullus dubitabit quin damnatio omnium qui non fuerunt Judæi ante Predicationem Evangelii, & omnium qui post eam Prædicationem non fuere Christiani, & damnatio omnium qui non fuerunt Judæi ante conditam Religionem Christianam; & omnium qui ab eo tempore vixerunt extra unitatem Ecclesiæ Catholicæ prout ea phrasis à Pontificiis intelligitur, eodem se habeant modo ac edictum Regium de enecandis è centum millibus captivorum nonaginta novem millibus & edictum Regium de enecandis è centum millibus captivorum, ducentis supra nonaginta novem millibus. Atqui ridiculæ puerilitatis esset si quis contenderet hoc posterius edictum esse valdè crudele, alterum verò esse solummodo crudele; furorem verò saperet, aut imperitiam stupidissimam si quis Autorem posterioris Edicti crudelissimum, Autorem verò prioris clementem vocaret, vel priori justam severitatem, posteriori nimia & inju-

stam tribuerit. Ergo vel sensui communi obloquendum est, vel fatendum damnationem omnium non Judæorum ante Evangelium, & omnium non Christianorum post Evangelium, damnationem omnium non Judæorum ante Evangelium, & omnium non Catholicorum (prout loqui amant Pontificii) post Evangelium, duo esse edicta eadem denominatione donanda, utrumque esse valdè crudele, si posterius sit valdè crudele; neutrum excedere fines justæ severitatis, si prius non excedit; prius esse saltem crudele, si posterius sit valdè crudele, & posterius esse saltem excusandum, si prius valdè excusandum sit. Fateatur ergo necesse est vir supra laudatus dogma damnantium Ethnicos esse saltem valdè crudele, quandoquidem usque & usque vociferatur immanitatem inesse truculentissimam dogmati damnanti omnes Christianos Schismaticos; quia verò tam impossibile est vitia mediocria esse in Deo, quam vitia magna, fateatur necesse est non minus esse falsam doctrinam imputantem Deo crudelitatem quam doctrinam imputantem ipsi magnam crudelitatem, atque adeò salutem obtineri in Gentilitate, quandoquidem ex ejus hypothesi necessario sequitur Deum fore vel summopere crudelem, vel saltem crudelem, si nemo salvari posset inter Ethnicos. Ergo juxta ipsum salus obtineri potest in Paganismo, quod erat probandum; ergo nemo unquam damnatus est aut damnabitur præcisè qua Ethnicus per Aphorismum 23.

Nescio quid dicturi sunt Religionis Antistites si quando examini subjiciant Systema illius Autoris; hoc certè scio arma fuisse ab illo suppedita infensioribus veritatis hostibus quibus Religionem Christianam in genere, & Protestantem in particulari gravissimis vulneribus afficiant; si enim semel acquiescatur in criterio doctrinæ Deo inimicæ, & ducentis inferos quod nobis præbet dum ait eam doctrinam esse talem quæ crudelissima, est eam verò esse crudelissimam quæ vera Ecclesiam in una Societate includit, actum est de Christianismo integro, ut qui statuat neminem posse salvari nisi per fidem in Jesum-Christum. Ut prætermittam Christianismum non posse esse divinam Religionem, si Religio Mosis, Davidis, & Prophetarum fuit falsa; esset vero falsissima juxta supradictum criterium, quæ enim unquam Religio tam gloriata est quam Judaïca se esse solam in via salutis? Actum etiam est de Religione Protestanti, ut quæ asserat non titubanter, sed decretoriè, salutem non posse obtineri in Communionibus Idololatris, quales esse credit omnes quæ invocant Sanctos, colunt Reliquias, Imagines, &c. & Jesum-Christum non creditum Deo consubstantialem adorant, hoc est omnes omnino Communiones Christianas Orientis & Occidentis, Septentrionis & Meridiei, exceptis duabus, ea quæ vulgo Lutherana & ea quæ vulgo Calvinistica dicitur. XXIII.

Quam stragem edent Libertini & Impii in fidem Christianam, si semel eis largiamur supradictum criterium; non modo delebunt peccatum Originale, sed etiam inferorum ignem extingunt. Etenim si ideò rejicias aliquam doctrinam ut crudelissimam & absurdissimam, quod damnet quamplurimos rusticos, opifices, mulieres, cætera orthodoxos, sed adhærentes Communioni Schismaticæ, nonne rejicere debes ut longè crudeliorem & absurdiorem doctrinam addicentem damnationi omnes Adami posteros, unius peccati Originalis nomine? Quæcunque sit simplicitas, & stupiditas incolarum Moreæ, nonne certum est eos magis voluntarie adhærere Schismati Photiano, quam pueros peccato Adami? Si ergo absurdum & crudelissimum

delissimum tibi videtur unius obnoxam Photii qui
Ecclesiam Græcam sejunxit à Latina, multis post
sæculis damnari eos qui vivunt in eo Schismate,
nescii culpæ Photianæ ac cæteroquin Christiana
fide imbuti, quanto absurdius & crudelius videri
debet unius ob esum pomi omnes quotquot fuerunt, sunt & futuri sunt homines, (supponas licet generationes in humana specie in æternum du-
raturas quales ab Adamo usque ad hanc diem extiterunt) vindictæ atque iræ divinæ ita esse submis-
sos, ut si paucos excipias quibus venia indulgetur
delicti, cæteri omnes pœnas luant æternas,
etiam tunc cum obierunt antequàm nefando quidem οὐδὲ κατ' ὄναρ de peccato, de Paradiso, de
lege, de Deo, de Adamo inaudiissent, & nullum
actum moralem edere potuissent. Si autem velis
scire numerum eorum qui damnantur ob peccatum solum originis, consulas virum supra laudatum, qui re ad calculos revocata ut credere dignum est, comperit (*) ex mille pueris qui nascuntur, nongentos mori ante usum rationis, seu ante
tempus in quo peccatum actuale committi potest.
Excogita quidquid volueris ad purgandos incolas
Moreæ, qui adulti moriuntur in Schismate Photiano, futilissimum erit præ ut quod excogitari
potest ad purgandos filios Ethnicorum.

> Quos dulcis vitæ exsortes & ab ubere raptos
> : Abstulit atra dies & funere mersit acerbo.

XIV.   Dicet ne magnum esse discrimen inter hæ duo,
quandoquidem Sacra Scriptura clarè docet peccatum originis, non vero unitatem Ecclesiæ qualem Pontificii sibi fingunt. Scio Autorem Systematis ita cavillatum esse. At profecto indecorum
esset minùs ingenuè profiteri suos errores, quàm
pertinaciter adeò defendere per ejusmodi calum-
nias. Jam enim istud μετάβασις est εἰς ἄλλο γένος vel
mera petitio principii, nec amplius de crudelitate dogmatis erit disputandum quam ut argumentum Achilleum proposueras, sed utrum de fide
sit veram Ecclesiam non posse constare diversis
Communionibus sese invicem excommunicanti-
bus. Qua in quæstione sive pars negans, sive pars af-
firmans potior sit, perperam instituit Autor disputationem, ut qui principii falsitatem aggressus sit
ostendere per consequentias ex eo emanentes,
quas certum est fluere ex principio certissimo,
verissimo, divinissimo. Quæcumque enim ille supponit fluere consectaria crudelia ex principio Pontificio de unitate Ecclesiæ titivillitia sunt præ consectariis doctrinæ de peccato originali, deque salute per cognitionem Evangelii solùm acquiren-
da; ergo cum ista consectaria non impediant quin
duo hæc dogmata habeantur certissima & verissima, quibus malis actus intemperiis ostendere conaris falsum esse dogma Pontificium de unitate
Ecclesiæ, si ex eo sequatur aliquid quod tibi crudelissimum videtur.

Falsum est in se quod Pontificii statuunt in eos
omnes qui adhærent Ecclesiæ Græcæ divulsæ à
Latina Photio Duce & Antesignano primum,
deinde Michaële Cerulario; sed non ideò est falsum quod damnatio Græcorum esset opus judicis
crudelissimi, si hoc solum peccarent Græci quod
non agnoscerent Primatum Papæ. Cùm enim Deo
fuerit summopere liberum statuere ut salus Christianorum penderet à Communione cum Sede Romana, justo ejus judicio damnarentur omnes qui
morerentur Schismatici respectu illius Sedis, si
Deus de facto statuisset quod poterat statuere.

Hôc ergo inquirendum est an statuerit nec ne, &
si velis affirmantibus aliqua consectaria objicere,
quod sane congruum est legibus optimæ disputationis, ea solùm objicias quæ nunquam fluant ex
principio verissimo. Autor Systematis è contra
objecit & ibi posuit jugulum causæ quæ fluunt ex
doctrinis sanctissimis & fundamentalibus.

Observari velim eò tandem adduxisse Autorem
hanc litem cum D. Nicolle, ut (†) statuerit, *omnem Religionem qua de fide esse asserit damnationem myriadum & myriadum Christianorum SINE
FUNDAMENTO, SINE RATIONE
ET SINE CHARITATE esse Religionem
Antichristianam, Deo inimicam, Jesu-Christo ad-
versam, & damnationis viam.* Quis potest esse major contemptus Lectorum quam iste? An quærebatur utrum liceat damnare sine ratione & charitate? An Adversarius ille fassus erat Græcos sic
damnari & cæteros Schismaticos?

Sub finem observo non parùm labefactari ab
Autore dogma illud magni momenti de peccato
originali, dum statuit, ut vidimus Sectione ultima Tractatus 2. n. 74. omnes qui nascuntur in
Ecclesia Romana salvari, si moriantur ante usum
rationis; nam inde satis validum depromi potest
argumentum pro salute omnium qui moriuntur in
infantia ubique terrarum, quia ut illic observavimus non rectè dici possunt infantes Pontificii
servari virtute fœderis quod Deus percussit cum
Ecclesia Christiana, quandoquidem illi non generantur ab Sponsa Jesu-Christi, sed à Meretrice Babylonia cui Christus libellum repudii misit ob in-
numeras scortationes quibus se polluit cum filio
perditionis & homine peccati, Antichristo videlicet, cujus obsequio se totam mancipavit per summam, erga Deum & Jesum-Christum Rebellionem. Si verò infantibus Pontificiis non prodest
fœdus ictum cum Ecclesia Christiana, utpote
nascentibus in Communione mortaliter fœdifraga, neque ex legitima conjuge, sed ex prostibu-
lo repudiato, non est potior ratio cur illi salventur, quam cur salventur omnes omnino infantes.
Si salventur omnes omnino infantes, tum profecto non mediocriter quatis dogma peccati originalis, & statuis decretum reprobationis fundari
prævisione peccatorum actualium, quandoquidem supponis prædestinari ad salutem omnes morituros ante usum rationis.

CONCLUSIO OPERIS.

HAbes hic, candide ac benevole Lector, quæ
non amplius privati esse sed publici fieri
juris, interesse credit CARUS LAREBO-
NIUS Ecclesiæ Reformatæ, ac vel in primis
fratrum nostrorum in Gallia adhuc degentium,
quibus præter multas alias ærumnas, incumbit
cura evitandarum insidiarum quæ ipsis struuntur
sollertissimè quotiescunque aliquid inconsidera-
tius excidit Scriptoribus nostris. Habet locum hac
in parte vetus illud dictum, *quidquid delirant
Reges plectuntur Achivi.* Cæterum hoc te hic
monitum volo, Autorem Systematis nequaquam
esse eadem nota dignum, qua ejus opus. Ipse
alienus est ut qui maximè ab eorum hæresi qui
omnes Religiones in via salutis esse autumant, nec
desunt quibus videtur iniquiori animo laturus (si
alterutra esset futura) salutem, quàm ipse salvus
damnationem universi generis humani. Non ergo is accusandus est illius erroris, sed ejus Systema damnandum, ut continens multa dogmata
quæ

XXV.

quem necessario ducunt ad januam Cœlorum reserandam cunctis Religionibus. Fatendum est aliqua ex illis dogmatibus non esse essentialia ipsius Systemati, ideoque ex iis argumentari, urgere, premere Autorem supersedissem, nisi animadvertissem eum acriter objurgatum, & vapulantem, & probe admonitum de perniciosis consequentiis suorum principiorum, ne latum quidem unguem discessisse ab ipsis, sed omnes ingenii vires appulisse ad ea propugnanda quæ semel in lucem emiserat. Æquum ergo est ut donec errorem confiteatur, objectionum telis impetatur quas ipsa rei natura suscipit. Porro aliqua ex ejus falsis principiis ita sunt Systemati essentialia, ut sine illis corruat totum opus necesse sit; in eo genere est quidquid spectat salutem in Communione Romana obtinendam, nisi enim agnoscat eam pertinere ad veram Ecclesiam, ita ut nemo damnationi sit obnoxius præcisè qua membrum germanum, & fidum illius, Systema ejus coagmentatio est absurdissima; arena sine calce, scopæ dissolutæ, vel potius instar hominis Æsopici ex eodem ore calidum & frigidum afflantis. Revera nunquam vidi opus quod pluribus contradictionibus, & partibus malè cohærentibus scateat, nec dubito primam mali labem esse nimiam Autoris in opere conficiendo festinationem; si enim opus nonum præmisset in annum, & sæpius ad incudem revocasset, percepisset sine dubio, ideoque evitasset vepres in quas sese induit. Sed postquam jacta fuit alea, & adversariorum objectionibus cognovit quod melius fuerat cognoscere vel amicorum monitis, vel tranquilliori & iterata meditatione, sentiens se in arctum prosiliisse unde pedem proferre pudor vetaret, ita conatus est se expedire ut laqueos strictiores reddiderit, concordiamque inter omnia sua dicta fecerit magis impossibilem. Et mirum sanè qui factum fuerit ut idem omnium Scriptorum Protestantium maledictis maximè laceraverit, & en-

comiis maximè ornaverit Ecclesiam Romanam: quid enim Pontificiis lætius, quid optatius contingere poterat, quam si viderent ab ejusmodi Scriptore Ecclesiam Romanam dictam veræ Ecclesiæ partem in qua Deus suos Electos semper aluit, & in qua adimpleta sunt oracula Sacra de extensione, visibilitateque perpetua sponsæ Filii Dei, ut docentis & profitentis. *Hoc Ithacus velit & magno mercentur Atrida*, nec pluribus indigent machinis quo Reformationis opus subruant.

Hoc fuit Autoris πρῶτον ψεῦδος nempe Ecclesiam cui Jesus-Cristus promisit fore ut portæ Inferi non prævalerent, cœtum esse visibilem; eaque falso suppositio ipsi excussit, vellet nollet, portentosam & ridendam simul illam hypothesim qua somniavit eamdem Ecclesiam Christianam posse subesse Jesu-Christo simul & Antichristo Apocalyptico tanquam duobus capitibus, ut videatur Diabolus renovasse id quod de Tyranno Mezentio cecinit Vates,

> Mortua quin etiam jungebat corpora vivis,
> Componens manibusque manus atque oribus ora.
> Tormenti genus, & sanie taboque fluentes;
> Complexu in misero longa sic morte necabat.

Infœlix adeò operis principum & fundamentum non aliam experiri debuit fortunam quam quæ his versiculis Lucretianis describitur.

> Denique ut in fabrica, si prava est regula prima,
> Normaque si fallax rectis regionibus exit,
> Et libella aliqua si ex parte claudicat hilum,
> Omnia mendose fieri, atque obstipa necesse est,
> Prava, cubantia, prona, supina, atque absona tecta,
> Jam ruere ut quædam videantur velle, ruantque,
> Prodita judiciis fallacibus omnia primis.
> Sic igitur ratio tibi rerum prava necesse est,
> Falsaque sit, falsis quæcunque ab sensibus orta est:

FINIS Januæ Cœlorum Reseratæ, &c.